Kalss/Krönke/Völkel
Crypto-Assets

Crypto-Assets

MiCAR, DLT-Pilotregelung, MiFID II,
Prospekt-VO, MAR, E-Geld-RL, GeldwäscheRL,
Steuerrecht, KMAG-E

Kommentar

Herausgegeben von

Prof. Dr. Dr. h. c. Susanne Kalss, LL.M.
Prof. Dr. Christoph Krönke
und Dr. Oliver Völkel, LL.M., Rechtsanwalt

bearbeitet von

Fabian Aubrunner, LL.M., B.Sc
Lutz Auffenberg, LL.M., Rechtsanwalt
Florian Ebner, LL.M.
Daniel Gillenkirch
Dr. Ben-Benedict Hruby, LL.M.
PD Dr. Mona Ladler, Bakk.
Prof. Dr. Matthias Lehmann, D.E.A. LL.M., J.S.D.
Mag. Philipp Ley, Rechtsanwalt
Dr. Manuel Lorenz, LL.M., Rechtsanwalt
Ludmilla Maurer
PD Dr. Martin Miernicki
Prof. Dr. Florian Möslein, LL.M.
Prof. Dr. Michael W. Müller, M. A., LL.M.
Prof. Dr. Sebastian Omlor, LL.M., LL. M. Eur.

Stefan Paulmayer, Rechtsanwalt
Renate Prinz, Rechtsanwältin
Annabelle Juliette Rau, Rechtsanwältin
Dr. Christopher Renn, g
Prof. Dr. Meinhard Schröder
Dr. Philipp Stanek, MBL, M.Sc (HEC), Rechtsanwalt und Steuerberater
Dr. Christian Steiner
Dr. Bettina Stepanek-Bühringer, LL.M.
Prof. Dr. Benedikt Strobel
Elissa Tschachler, LL.M.
Dr. Georg Tuder
Sandra Wittinghofer, Rechtsanwältin
Karsten Wöckener, Rechtsanwalt
Prof. Dr. Claudia Wutscher

2025

Zitiervoschlag:
Kalss/Krönke/Völkel/Bearbeiter MiCAR Art. 1 Rn. 1

beck.de

Manz.at

ISBN 978 3 406 77786 8 (Beck)
ISBN 978 3 214 18612 8 (Manz)

© 2024 Verlag C.H.Beck oHG
Wilhelmstraße 9, 80801 München
Satz, Druck, Bindung und Umschlagsatz: Druckerei C.H.Beck Nördlingen
(Adresse wie Verlag)

chbeck.de/nachhaltig

Gedruckt auf säurefreiem, alterungsbeständigem Papier
(hergestellt aus chlorfrei gebleichtem Zellstoff)

Alle urheberrechtlichen Nutzungsrechte bleiben vorbehalten.
Der Verlag behält sich auch das Recht vor, Vervielfältigungen dieses Werkes
zum Zwecke des Text and Data Mining vorzunehmen.

Vorwort

Wollte man dem vorliegenden Kommentar eine inoffizielle Bezeichnung verleihen, müsste man ihn zweifelsohne den „Wiener Kommentar" zur Regulierung von Crypto-Assets nennen. Zwar haben weder sein Gegenstand – die europäische Verordnung über Märkte für Krypowerten (Markets in Crypto Assets Regulation – MiCAR) sowie weitere für Kryptowerte relevante Unionsrechtsakte –, noch das Verlagshaus, in dem der Kommentar erscheint – der Verlag C. H. Beck mit Sitz in München –, eine spezifische Verbindung zur Hauptstadt der Republik Österreich. Der Kommentar hätte gleichwohl nie das Licht der Welt erblickt, wäre nicht Christoph Krönke im Jahr 2020, damals noch Universitätsprofessor an der Wirtschaftsuniversität Wien (WU), auf den Fluren der WU seiner zivilrechtlichen Kollegin Susanne Kalss begegnet, die sein Interesse an der Regulierung digitaler Finanzprodukte teilte, und hätte er nicht gemeinsam mit Oliver Völkel in den Räumlichkeiten von dessen Kanzlei über den Dächern Wiens eine Abendveranstaltung zum Thema „Decentralized Energy" organisiert. Geburtsort der Idee für den Kommentar ist daher zweifelsohne Wien.

Die besondere Wiener Melange aus öffentlichem Recht und Privatrecht, Wissenschaft und Praxis sowie deutscher und österreichischer Rechtskultur prägt den Kommentar in mehrfacher Hinsicht. Da die Regulierung von Kryptowerten gleichermaßen privat- wie auch aufsichtsrechtliche Rechtsfragen involviert, versammelt der Kommentar Autorinnen und Autoren sowohl aus dem privat- als auch aus dem öffentlich-rechtlichen Bereich mit maßgeschneiderter Expertise. Neben der Herausgeberin Susanne Kalss (Professorin für Unternehmens- und Zivilrecht) und den Herausgebern Christoph Krönke (Professor für Öffentliches Recht) und Oliver Völkel (Gründungspartner einer Rechtsanwaltskanzlei) spiegeln auch die Autorinnen und Autoren das gesamte Spektrum der Zielgruppe des Kommentars wider: Der Kommentar richtet sich an alle Rechtsanwender und -interpreten, insbesondere in der Praxis, aber auch in der Wissenschaft. Auch in geografischer Hinsicht deckt der Kommentar schließlich den gesamten von den kommentierten Vorschriften betroffenen deutschsprachigen Raum ab, d. h. vor allem Deutschland und Österreich, aber auch die Schweiz und Liechtenstein.

Das inhaltliche Kernziel des Kommentars liegt darin, ein möglichst vollständiges Bild der perspektivisch umfassenden Regulierung von Kryptowerten in Europa zu zeichnen und alle wesentlichen unionsrechtlichen Rechtsakte zu verarbeiten. Inhaltlich bezieht sich der Kommentar in erster Linie auf das „Digital Finance Package" der EU-Kommission für ein unionsrechtliches Regime zur Regulierung von Kryptowerten. Neben der MiCAR und dem Pilot-Regime für DLT-Marktinfrastrukturen werden auch ausgewählte Vorschriften anderer, bereits existierender Regime (u. a. MiFID II, Vorschriften zur Geldwäsche sowie steuerrechtliche Bestimmungen) behandelt. Mit der Einarbeitung des in Deutschland vorgelegten Entwurfes zum Gesetz über die Digitalisierung des Finanzmarktes (FinmadiG-E) und insbesondere dem darin enthaltenen Entwurf für ein Kryptomärkteaufsichtsgesetz (KMAG-E) berücksichtigt der Kommentar auch aktuellste Entwicklungen bei der Umset-

Vorwort

zung und Ausdifferenzierung der Regimes auf der Ebene des deutschen nationalen Rechts; Einzelkommentierungen der finalen Umsetzungsakte müssen freilich den Nachauflagen vorbehalten bleiben.

Ein derart umfassend und ambitioniert angelegtes Kommentarprojekt zu einer zudem höchst dynamischen und voraussetzungsreichen Rechtsmaterie können freilich nicht drei Schultern alleine stemmen, sondern bedarf zum einen der tatkräftigen Mitwirkung engagierter und ausgewiesener Autorinnen und Autoren, denen unser allerherzlichster Dank gilt. Nicht minder dankbar sind wir zum anderen dem Verlagsteam des C.H. Beck Verlags – und hier insbesondere Frau Astrid Stanke sowie Herrn Dr. Roland Klaes, die unser Projekt von Beginn an vollumfänglich gefördert und unterstützt sowie kritisch-konstruktiv begleitet haben, in inhaltlich-konzeptioneller wie auch in organisatorischer Hinsicht. Nicht zuletzt dank dieser Unterstützung hat uns die Arbeit an dem Kommentar – neben der unvermeidlichen Anstrengungen – vor allem sehr viel Freude und Erkenntnisgewinne bereitet, die wir nun sehr gerne an die hoffentlich breite interessierte Leserschaft weitergeben möchten.

Bayreuth und Wien, im August 2024

Susanne Klass   Christoph Krönke   Oliver Völkel

Inhaltsverzeichnis

Vorwort V
Literaturverzeichnis XV

Einführung 1

MiCAR

Titel I. Gegenstand, Anwendungsbereich und Begriffsbestimmungen   63
Artikel 1 Gegenstand 68
Artikel 2 Anwendungsbereich 77
Artikel 3 Begriffsbestimmungen 90

Titel II. Andere Kryptowerte als vermögenswertreferenzierte Token und E-Geld-Token 146

Artikel 4 Öffentliche Angebote von anderen Kryptowerten als vermögenswertreferenzierten Token oder E-Geld-Token 146

Artikel 5 Zulassung von anderen Kryptowerten als vermögenswertreferenzierten Token oder E-Geld-Token zum Handel 161

Artikel 6 Inhalt und Form des Kryptowerte-Whitepapers 167

Artikel 7 Marketingmitteilungen 177

Artikel 8 Übermittlung des Kryptowerte-Whitepapers und der Marketingmitteilungen 183

Artikel 9 Veröffentlichung des Kryptowerte-Whitepapers und der Marketingmitteilungen 188

Artikel 10 Ergebnis des öffentlichen Angebots und Sicherheitsvorkehrungen . 191

Artikel 11 Rechte von Anbietern anderer Kryptowerte als vermögenswertereferenzierter Token oder E-Geld-Token und von Personen, die die Zulassung solcher Kryptowerte zum Handel beantragen 194

Artikel 12 Änderung veröffentlichter Kryptowerte-Whitepaper und veröffentlichter Marketingmitteilungen 196

Artikel 13 Widerrufsrecht 203

Artikel 14 Pflichten von Anbietern anderer Kryptowerte als vermögenswertereferenzierter Token oder E-Geld-Token und von Personen, die die Zulassung solcher Kryptowerte zum Handel beantragen 211

Artikel 15 Haftung für die in einem Kryptowerte-Whitepaper enthaltenen Informationen 218

Titel III. Vermögenswertreferenzierte Token 230
Artikel 16 Zulassung 230
Artikel 17 Anforderungen an Kreditinstitute 238

Inhaltsverzeichnis

Artikel 18 Beantragung der Zulassung	246
Artikel 19 Inhalt und Form des Kryptowerte-Whitepapers für vermögenswertereferenzierte Token	253
Artikel 20 Prüfung des Zulassungsantrags	261
Artikel 21 Erteilung oder Verweigerung der Zulassung	268
Artikel 22 Berichterstattung über vermögenswertereferenzierte Token	273
Artikel 23 Beschränkungen der Ausgabe vermögenswertereferenzierter Token, die gemeinhin als Tauschmittel verwendet werden	279
Artikel 24 Entzug der Zulassung	283
Artikel 25 Änderung veröffentlichter Kryptowerte-Whitepaper für vermögenswertereferenzierte Token	289
Artikel 26 Haftung von Emittenten vermögenswertereferenzierter Token für die in einem Kryptowerte-Whitepaper enthaltenen Informationen	296
Artikel 27 Pflicht zu ehrlichem, redlichem und professionellem Handeln im besten Interesse der Inhaber vermögenswertereferenzierter Token	304
Artikel 28 Veröffentlichung des Kryptowerte-Whitepapers	322
Artikel 29 Marketingmitteilungen	328
Artikel 30 Kontinuierliche Unterrichtung der Inhaber vermögenswertereferenzierter Token	337
Artikel 31 Beschwerdeverfahren	346
Artikel 32 Ermittlung, Vermeidung, Regelung und Offenlegung von Interessenkonflikten	350
Artikel 33 Mitteilung von Änderungen im Leitungsorgan	358
Artikel 34 Regelungen zur Unternehmensführung	362
Artikel 35 Eigenmittelanforderungen	372
Artikel 36 Pflicht zum Halten einer Vermögenswertreserve sowie Zusammensetzung und Verwaltung dieser Vermögenswertreserve	379
Artikel 37 Verwahrung des Reservevermögens	387
Artikel 38 Anlage der Vermögenswertreserve	398
Artikel 39 Recht auf Rücktausch	401
Artikel 40 Verbot der Gewährung von Zinsen	406
Artikel 41 Prüfung der geplanten Übernahme eines Emittenten vermögenswertereferenzierter Token	410
Artikel 42 Inhalt der Prüfung der geplanten Übernahme eines Emittenten vermögenswertereferenzierter Token	416
Artikel 43 Signifikante vermögenswertereferenzierte Token	420
Artikel 44 Freiwillige Einstufung vermögenswertereferenzierter Token als signifikante vermögenswertereferenzierte Token	425
Artikel 45 Spezifische zusätzliche Pflichten von Emittenten signifikanter vermögenswertereferenzierter Token	428
Artikel 46 Sanierungsplan	433
Artikel 47 Rücktauschplan	438
Titel IV. E-Geld-Token	**444**
Artikel 48 Anforderungen für das öffentliche Angebot von E-Geld-Token und ihre Zulassung zum Handel	444
Artikel 49 Ausgabe und Rücktauschbarkeit von E-Geld-Token	459

Inhaltsverzeichnis

Artikel 50 Verbot der Gewährung von Zinsen 463

Artikel 51 Inhalt und Form des Kryptowerte-Whitepapers für E-Geld-Token .. 467

Artikel 52 Haftung von Emittenten von E-Geld-Token für die in einem Kryptowerte-Whitepaper enthaltenen Informationen 480

Artikel 53 Marketingmitteilungen 485

Artikel 54 Anlage von im Tausch gegen E-Geld-Token entgegengenommenen Geldbeträgen 488

Artikel 55 Sanierungs- und Rücktauschplan 491

Artikel 56 Einstufung von E-Geld-Token als signifikante E-Geld-Token 492

Artikel 57 Freiwillige Einstufung von E-Geld-Token als signifikante E-Geld-Token 500

Artikel 58 Spezifische zusätzliche Pflichten von Emittenten von E-Geld-Token 503

Titel V. Zulassung und Bedingungen für die Ausübung der Tätigkeit eines Anbieters von Kryptowerte-Dienstleistungen 506

Artikel 59 Zulassung 506

Artikel 60 Erbringung von Kryptowerte-Dienstleistungen durch bestimmte Finanzunternehmen 517

Artikel 61 Erbringung von Kryptowerte-Dienstleistungen auf ausschließlich eigenes Betreiben des Kunden 534

Artikel 62 Antrag auf Zulassung als Anbieter von Kryptowerte-Dienstleistungen 540

Artikel 63 Prüfung des Zulassungsantrags und Erteilung oder Verweigerung der Zulassung 552

Artikel 64 Entzug der Zulassung eines Anbieters von Kryptowerte-Dienstleistungen 562

Artikel 65 Grenzüberschreitende Erbringung von Kryptowerte-Dienstleistungen 570

Artikel 66 Pflicht zu ehrlichem, redlichem und professionellem Handeln im besten Interesse der Kunden 574

Artikel 67 Aufsichtsrechtliche Anforderungen 584

Artikel 68 Regelungen zur Unternehmensführung 591

Artikel 69 Unterrichtung der zuständigen Behörden 599

Artikel 70 Sichere Aufbewahrung der Kryptowerte und Geldbeträge von Kunden 601

Artikel 71 Beschwerdeverfahren 605

Artikel 72 Ermittlung, Vermeidung, Regelung und Offenlegung von Interessenkonflikten 607

Artikel 73 Auslagerung 612

Artikel 74 Geordnete Abwicklung von Anbietern von Kryptowerte-Dienstleistungen 617

Artikel 75 Verwahrung und Verwaltung von Kryptowerten für Kunden 624

Artikel 76 Betrieb einer Handelsplattform für Kryptowerte 635

Artikel 77 Tausch von Kryptowerten gegen einen Geldbetrag oder gegen andere Kryptowerte 645

Artikel 78 Ausführung von Aufträgen über Kryptowerte für Kunden 648

IX

Inhaltsverzeichnis

Artikel 79 Platzierung von Kryptowerten 651
Artikel 80 Annahme und Übermittlung von Aufträgen über Kryptowerte für Kunden 654
Artikel 81 Beratung zu Kryptowerten Portfolioverwaltung von Kryptowerten 656
Artikel 82 Erbringung von Transferdienstleistungen für Kryptowerte für Kunden 677
Artikel 83 Bewertung der geplanten Übernahme eines Anbieters von Kryptowerte-Dienstleistungen 679
Artikel 84 Inhalt der Bewertung der geplanten Übernahme eines Anbieters von Kryptowerte-Dienstleistungen 688
Artikel 85 Ermittlung signifikanter Anbieter von Kryptowerte-Dienstleistungen 694

Titel VI. Verhinderung und Verbot von Marktmissbrauch im Zusammenhang mit Kryptowerten 700

Artikel 86 Geltungsbereich der Vorschriften über Marktmissbrauch 700
Artikel 87 Insiderinformationen 706
Artikel 88 Offenlegung von Insiderinformationen 714
Artikel 89 Verbot von Insidergeschäften 722
Artikel 90 Verbot der unrechtmäßigen Offenlegung von Insiderinformationen 732
Artikel 91 Verbot der Marktmanipulation 736
Artikel 92 Vorbeugung und Aufdeckung von Marktmissbrauch 747

Titel VII. Zuständige Behörde, die EBA und die ESMA 755

Artikel 93 Zuständige Behörden 755
Artikel 94 Befugnisse der zuständigen Behörden 758
Artikel 95 Zusammenarbeit der zuständigen Behörden 769
Artikel 96 Zusammenarbeit mit EBA und ESMA 776
Artikel 97 Förderung der Konvergenz bei der Einstufung von Kryptowerten . 778
Artikel 98 Zusammenarbeit mit anderen Behörden 780
Artikel 99 Übermittlungspflicht 781
Artikel 100 Wahrung des Berufsgeheimnisses 782
Artikel 101 Datenschutz 786
Artikel 102 Vorsorgliche Maßnahmen 787
Artikel 103 Befugnisse der ESMA zur vorübergehenden Intervention 791
Artikel 104 Befugnisse der EBA zur vorübergehenden Intervention 797
Artikel 105 Produktintervention seitens der zuständigen Behörden 799
Artikel 106 Koordinierung mit der ESMA oder der EBA 805
Artikel 107 Zusammenarbeit mit Drittländern 807
Artikel 108 Bearbeitung von Beschwerden durch die zuständigen Behörden . 809
Artikel 109 Register von Kryptowerte-Whitepapers, Emittenten von vermögenswertereferenzierten Token und E-Geld-Token und Anbietern von Kryptowerte-Dienstleistungen 811
Artikel 110 Register der nicht konformen Unternehmen, die Kryptowerte-Dienstleistungen erbringen 815

Inhaltsverzeichnis

Artikel 111 Verwaltungsrechtliche Sanktionen und andere verwaltungsrechtliche Maßnahmen	817
Artikel 112 Wahrnehmung der Aufsichts- und Sanktionsbefugnisse	836
Artikel 113 Rechtsmittel	842
Artikel 114 Öffentliche Bekanntmachung von Entscheidungen	846
Artikel 115 Berichterstattung über verwaltungsrechtliche Sanktionen und sonstige verwaltungsrechtliche Maßnahmen an die ESMA und die EBA	852
Artikel 116 Meldung von Verstößen und Schutz von Hinweisgebern	855
Artikel 117 Aufsichtsaufgaben der EBA in Bezug auf Emittenten signifikanter vermögenswertereferenzierter Token und Emittenten signifikanter E-Geld-Token	856
Artikel 118 Ausschuss der EBA für Kryptowerte	864
Artikel 119 Kollegien für Emittenten signifikanter vermögenswertereferenzierter Token und Emittenten signifikanter E-Geld-Token	872
Artikel 120 Unverbindliche Stellungnahmen der Kollegien für Emittenten signifikanter vermögenswertereferenzierter Token und signifikanter E-Geld-Token	884
Artikel 121 Rechtsprivileg	890
Artikel 122 Informationsersuchen	893
Artikel 123 Allgemeine Untersuchungsbefugnisse	902
Artikel 124 Prüfungen vor Ort	914
Artikel 125 Informationsaustausch	926
Artikel 126 Verwaltungsvereinbarungen über den Informationsaustausch zwischen der EBA und Drittländern	931
Artikel 127 Weitergabe von Informationen aus Drittländern	934
Artikel 128 Zusammenarbeit mit anderen Behörden	940
Artikel 129 Wahrung des Berufsgeheimnisses	943
Artikel 130 Aufsichtsmaßnahmen der EBA	946
Artikel 131 Geldbußen	960
Artikel 132 Zwangsgelder	970
Artikel 133 Offenlegung, Art, Vollstreckung und Zuweisung der Geldbußen und Zwangsgelder	979
Artikel 134 Verfahrensvorschriften für Aufsichtsmaßnahmen und Geldbußen	987
Artikel 135 Anhörung der betreffenden Personen	989
Artikel 136 Überprüfung durch den Gerichtshof	997
Artikel 137 Aufsichtsgebühren	1002
Artikel 138 Übertragung von Aufgaben durch die EBA an die zuständigen Behörden	1008
Titel VIII. Delegierte Rechtsakte	**1017**
Artikel 139 Ausübung der Befugnisübertragung	1017
Titel IX. Übergangs- und Schlussbestimmungen	**1024**
Artikel 140 Berichte über die Anwendung dieser Verordnung	1024
Artikel 141 Jahresbericht der ESMA über Marktentwicklungen	1032

Inhaltsverzeichnis

Artikel 142 Bericht über die jüngsten Entwicklungen bei Kryptowerten	1037
Artikel 143 Übergangsmaßnahmen	1041
Artikel 144 Änderung der Verordnung (EU) Nr. 1093/2010	1045
Artikel 145 Änderung der Verordnung (EU) Nr. 1095/2010	1046
Artikel 146 Änderung der Richtlinie 2013/36/EU	1047
Artikel 147 Änderung der Richtlinie (EU) 2019/1937	1048
Artikel 148 Umsetzung der Änderungen der Richtlinien 2013/36/EU und (EU) 2019/1937	1049
Artikel 149 Inkrafttreten und Anwendung	1051

DLT-Pilotregelung

Artikel 1 Gegenstand und Anwendungsbereich	1068
Artikel 2 Begriffsbestimmungen	1074
Artikel 3 Beschränkungen in Bezug auf Finanzinstrumente, die zum Handel über eine DLT-Marktinfrastruktur zugelassen oder von einer DLT-Marktinfrastruktur verbucht werden können	1080
Artikel 4 Anforderungen und Ausnahmen im Zusammenhang mit DLT-MTF	1093
Artikel 5 Anforderungen und Ausnahmen im Zusammenhang mit dem DLT-SS	1106
Artikel 6 Anforderungen und Ausnahmen im Zusammenhang mit DLT-TSS	1128
Artikel 7 Zusätzliche Anforderungen an DLT-Marktinfrastrukturen	1135
Artikel 8 Besondere Genehmigung für den Betrieb eines DLT-MTF	1158
Artikel 9 Besondere Genehmigungen zum Betrieb von DLT-SS	1161
Artikel 10 Besondere Genehmigungen zum Betrieb von DLT-TSS	1165
Artikel 11 Zusammenarbeit zwischen Betreibern von DLT-Marktinfrastrukturen, zuständigen Behörden und der ESMA	1179
Artikel 12 Benennung der zuständigen Behörden	1185
Artikel 13 Mitteilung der zuständigen Behörden	1185
Artikel 14 Berichterstattung und Überprüfung	1189
Artikel 15 Zwischenberichte	1190
Artikel 16 Änderung der Verordnung (EU) Nr. 600/2014	1193
Artikel 17 Änderung der Verordnung (EU) Nr. 909/2014	1194
Artikel 18 Änderungen der Richtlinie 2014/65/EU	1195
Artikel 19 Inkrafttreten und Geltungsbeginn	1198

RL 2014/65/EU (MiFID II)

Artikel 1 Anwendungsbereich	1215
Artikel 2 Ausnahmen	1216
Artikel 4 Begriffsbestimmungen	1219
Anhang I – Liste der Dienstleistungen und Tätigkeiten und Finanzinstrumente	1227
Artikel 5 Zulassungsanforderung	1254
Artikel 6 Umfang der Zulassung	1254

Inhaltsverzeichnis

Artikel 7 Verfahren für die Erteilung der Zulassung und die Ablehnung von Anträgen auf Zulassung	1255
Artikel 8 Entzug von Zulassungen	1255
Artikel 9 Leitungsorgan	1256
Artikel 16 Organisatorische Anforderungen	1262
Artikel 17 Algorithmischer Handel	1272
Artikel 18 Handel und Abschluss von Geschäften über MTF und OTF	1281
Artikel 19 Besondere Anforderungen für MTF	1282
Artikel 20 Besondere Anforderungen für OTF	1283
Artikel 24 Allgemeine Grundsätze und Kundeninformation	1291
Artikel 25 Beurteilung der Eignung und Zweckmäßigkeit sowie Berichtspflicht gegenüber Kunden	1303
Artikel 34 Freiheit der Wertpapierdienstleistung und der Anlagetätigkeit	1311
Artikel 35 Errichtung einer Zweigniederlassung	1313
Artikel 36 Zugang zu geregelten Märkten	1316
Artikel 37 Zugang zu zentralen Gegenparteien, Clearing- und Abrechnungssystemen sowie Recht auf Wahl eines Abrechnungssystems	1316
Artikel 38 Vereinbarungen mit einer zentralen Gegenpartei und über Clearing und Abrechnung in Bezug auf MTF	1317
Artikel 44 Zulassung und anwendbares Recht	1323
Artikel 45 Anforderungen an das Leitungsorgan eines Marktbetreibers	1324
Artikel 46 Anforderungen an Personen mit wesentlichem Einfluss auf die Verwaltung des geregelten Marktes	1326
Artikel 47 Organisatorische Anforderungen	1327
Artikel 48 Belastbarkeit der Systeme, Notfallsicherungen („circuit breakers") und elektronischer Handel	1328
Artikel 49 Tick-Größen	1332
Artikel 50 *[aufgehoben]*	1333
Artikel 51 Zulassung von Finanzinstrumenten zum Handel	1333
Artikel 52 Aussetzung des Handels und Ausschluss von Finanzinstrumenten vom Handel an einem geregelten Markt	1334
Artikel 53 Zugang zum geregelten Markt	1336
Artikel 67 Benennung der zuständigen Behörden	1356
Artikel 69 Aufsichtsbefugnisse	1361
Artikel 79 Pflicht zur Zusammenarbeit	1368
Artikel 80 Zusammenarbeit zwischen den zuständigen Behörden bei der Überwachung, den Überprüfungen vor Ort oder den Ermittlungen	1371
Artikel 81 Informationsaustausch	1371

VO 2017/2019 (Prospektverordnung)

Artikel 2 Begriffsbestimmungen	1377
Artikel 3 Pflicht zur Veröffentlichung eines Prospekts und Ausnahmen	1381

Inhaltsverzeichnis

Verordnung (EU) Nr. 596/2014 des Europäischen Parlaments und des Rates vom 16. April 2014 über Marktmissbrauch (Marktmissbrauchsverordnung)

Artikel 2 Anwendungsbereich 1385
Artikel 3 Begriffsbestimmungen 1389

Richtlinie 2009/110/EG (E-Geld-Richtlinie)

Artikel 2 Begriffsbestimmungen 1397
Artikel 3 Allgemeine Aufsichtsvorschriften 1406
Artikel 11 Ausgabe und Rücktauschbarkeit 1410
Artikel 12 Verbot der Verzinsung 1414

Geldwäscherichtlinie idF RL 2018/843

Artikel 1 1417
Artikel 2 1421
Artikel 3 1426
Artikel 8 1432
Artikel 11 1436
Artikel 13 1439

Sachverzeichnis 1447

Literaturverzeichnis

Artmann/Bieber/Mayrhofer/Schmidt/Tumpel Crypto Assets	Artmann/Bieber/Mayrhofer/Schmidt/Tumpel, Crypto Assets, Handbuch, 1. Aufl. 2022
Assmann/Schneider/ Mülbert	Assmann/Schneider/Mülbert, Wertpapierhandelsrecht, Kommentar, 8. Aufl. 2023 (zitiert als Assmann/Schneider/Mülbert/Bearbeiter)
Baumbach/Hefermehl/ Casper	Baumbach/Hefermehl/Casper, Wechselgesetz, Scheckgesetz, Recht des Zahlungsverkehrs, Kommentar, 24. Aufl. 2020 (zitiert als Baumbach/Hefermehl/Casper/Bearbeiter)
Beck/Samm/ Kokemoor	Beck/Samm/Kokemoor, Kreditwesengesetz mit CRR, Kommentar, 228. Aufl. 2022 (zitiert als Beck/Samm/Kokemoor/Bearbeiter)
BeckOGK	Gsell/Krüger/Lorenz/Reymann, beck-online.GROSSKOMMENTAR, Kommentar, Band BGB, 44. Aufl. 2022
BeckOK BGB	Hau/Poseck, BeckOK BGB, Kommentar, 66. Aufl, 2023 (zitiert als BeckOK BGB/Bearbeiter)
BeckOK EStG	Kirchhof/Kulosa/Ratschow, BeckOK EStG, Kommentar, 17. Aufl. 2023 (zitiert als BeckOK EStG/Bearbeiter)
BeckOK HGB	Häublein/Hoffmann-Theinert, BeckOK HGB, Kommentar, 41. Aufl. 2024 (zitiert als BeckOK HGB/Bearbeiter)
BeckOK WpHR	Seibt/Buck-Heeb/Harnos, BeckOK Wertpapierhandelsrecht, Kommentar, 10. Aufl. 2024 (zitiert als BeckOK WpHR/Bearbeiter)
Binder/Glos/Riepe BankenaufsichtsR-HdB	Binder/Glos/Riepe, Handbuch Bankenaufsichtsrecht, Handbuch, 2. Aufl. 2020
Bleckmann/Knaipp/ Korenjak HSchG	Bleckmann/Knaipp/Korenjak, HSchG, Kommentar, 1. Aufl. 2023
Brandl/Saria	Brandl/Saria, WAG – Wertpapieraufsichtsgesetz, Kommentar, 2. Aufl. 2010
Calliess/Ruffert	Calliess/Ruffert, EUV/AEUV, Kommentar, 6. Aufl. 2022 (zitiert als Calliess/Ruffert/Bearbeiter)
Casper/Terlau	Casper/Terlau, Zahlungsdiensteaufsichtsgesetz, Kommentar, 3. Aufl. 2023 (zitiert als Casper/Terlau/Bearbeiter)
Dauses/Ludwigs EU-WirtschaftsR-HdB	Dauses/Ludwigs, Handbuch des EU-Wirtschaftsrechts, Handbuch, 59. Aufl. 2023 (zitiert als Dauses/Ludwigs EU-WirtschaftsR-HdB/Bearbeiter)
Dellinger, ...	BWG, Kommentar, inkl. 8. und 10. Lfg.
Dickschen, ...	Empfehlungen und Leitlinien als Handlungsform der Europäischen Finanzaufsichtsbehörden, 2017
Dreier	Dreier, Grundgesetz Kommentar, Kommentar, Band 1, 4. Aufl. 2023 (zitiert als Dreier/Bearbeiter)
Ebenroth/Boujong/ Joost/Strohn	Ebenroth/Boujong/Joost/Strohn, Handelsgesetzbuch, Kommentar, Band 1, 2, 4. Aufl. 2020 (zitiert als Ebenroth/Boujong/Joost/Strohn/Bearbeiter)

Literaturverzeichnis

Ehmann/Selmayr	Ehmann/Selmayr, Datenschutz-Grundverordnung, Kommentar, 2. Aufl. 2018 (zitiert als Ehmann/Selmayr/Bearbeiter)
Ellenberger/Bunte, Exenberger/Höntsch/G. Miernicki, ...	Bankrechts-Handbuch, 6. Aufl. 2022 HSchG, Kommentar, 2024
Ferrari IntVertrR	Ferrari, Internationales Vertragsrecht, Kommentar, 3. Aufl. 2018 (zitiert als Ferrari IntVertrR/Bearbeiter)
Fischer/Schulte-Mattler	Fischer/Schulte-Mattler, KWG, CRR-VO, Kommentar, 6. Aufl. 2023 (zitiert als Fischer/Schulte-Mattler/Bearbeiter)
FK-KartellR	Jaeger/Kokott/Pohlmann/Schroeder/Seeliger, Frankfurter Kommentar zum Kartellrecht, Kommentar, 106. Aufl. 2023 (zitiert als FK-KartellR/Bearbeiter)
Fuchs	Fuchs, Wertpapierhandelsgesetz: WpHG, Kommentar, 2. Aufl. 2016 (zitiert als Fuchs/Bearbeiter)
Geiger/Khan/Kotzur/Kirchmairm	EUV AEUV, Kommentar, 7. Aufl. 2023
Gimigliano/Beroš, ...	The Payment Services Directive II, Kommentar, 2021
Gola/Heckmann	Gola/Heckmann, DS-GVO – BDSG, Kommentar, 3. Aufl. 2022 (zitiert als Gola/Heckmann/Bearbeiter)
Grabitz/Hilf/Nettesheim Das Recht der Europäischen Union	Grabitz/Hilf/Nettesheim, Das Recht der Europäischen Union, Kommentar, 80. Aufl, 2023 (zitiert als Grabitz/Hilf/Nettesheim/Bearbeiter)
Groß KapMarktR	Groß, Kapitalmarktrecht, Kommentar, 8. Aufl. 2022
Grüneberg	Grüneberg, BGB, Kommentar, 82. Aufl. 2023 (zitiert als Grüneberg/Bearbeiter)
Grundmann	Grundmann, Bankvertragsrecht, Kommentar, Band 1, 2, 1. Aufl. 2020
Habersack/Mülbert/Schlitt Unternehmensfinanzierung	Habersack/Mülbert/Schlitt, Unternehmensfinanzierung am Kapitalmarkt, Handbuch, 4. Aufl. 2019
Hanzl/Pelzmann/Schragl Digitalisierung-HdB ..	Hanzl/Pelzmann/Schragl, Handbuch Digitalisierung, Handbuch, 1. Aufl. 2021
Heidel	Heidel, Aktienrecht und Kapitalmarktrecht, Kommentar, 5. Aufl. 2020 (zitiert als Heidel/Bearbeiter)
HK-DS-GVO/BDSG	Sydow/Marsch, DS-GVO – BDSG, Kommentar, 3. Aufl. 2022 (zitiert als HK-DS-GVO/BDSG/Bearbeiter)
Hopt/Binder/Böcking CG-HdB	Hopt/Binder/Böcking, Handbuch Corporate Governance von Banken und Versicherungen, Handbuch, 2. Aufl. 2020 (zitiert als Hopt/Binder/Böcking CG-HdB/Bearbeiter)
Jaeger/Stöger, ...	EUV AEUV, Kommentar, 1. Aufl. 2023
Just/Voß/Ritz/Zeising	Just/Voß/Ritz/Zeising, Wertpapierprospektrecht, Kommentar, 2. Aufl. 2023 (zitiert als Just/Voß/Ritz/Zeising/Bearbeiter)
Kalss/Oppitz/Torggler/Winner, ...	BörseG MAR, Kommentar, 2019
Kalss/Oppitz/Zollner KapMarktR	Kalss/Oppitz/Zollner, Kapitalmarktrecht, Handbuch, 2. Aufl. 2015

Literaturverzeichnis

Kammel/Schütz, ...	BaSAG, Kommentar, 2022 (zitiert als Kammel/Schütz/Bearbeiter).
	Kazimierski, Rechtsschutz im Rahmen der Europäischen Bankaufsicht, 2020
Klöhn	Klöhn, Marktmissbrauchsverordnung, Kommentar, 2. Aufl. 2023 (zitiert als Klöhn/Bearbeiter)
Knyrim DS-GVO	Knyrim, Datenschutz-Grundverordnung, Handbuch, 1. Aufl. 2016
Koch, ...	Naming and shaming im Kapitalmarktrecht, 2019
Köhler/Bornkamm/ Feddersen	Köhler/Bornkamm/Feddersen, UWG, Kommentar, 42. Aufl. 2024 (zitiert als Köhler/Bornkamm/Feddersen/Bearbeiter)
Koller/Lovrek/Spitzer IO	Koller/Lovrek/Spitzer, IO – Insolvenzordnung, Kommentar, 2. Aufl. 2023
Kölner Komm WpHG	Hirte/Möllers, Kölner Kommentar zum WpHG (Kölner Komm WpHG), Kommentar, 2. Aufl. 2014
Koslowski, ...	Die Europäische Bankenaufsichtsbehörde und ihre Befugnisse, 2014
Langenbucher/ Bliesener/Spindler	Langenbucher/Bliesener/Spindler, Bankrechts-Kommentar, Kommentar, 3. Aufl. 2020 (zitiert als Langenbucher/Bliesener/Spindler/Bearbeiter)
Langheid/Wandt	Langheid/Wandt, Münchener Kommentar zum VVG, Kommentar, Band 1, 2, 3. Aufl. 2022 (zitiert als Langheid/Wandt/Bearbeiter)
Lederer, ...	Die unvollendete Bankenunion: Institutionen und Handlungsformen zur Gewährleistung eines einheitlichen europäischen Regulierungs- und Vollzugsrahmens, Dissertation Universität Wien, 2021
Leitner/Brandl Finanz-StrafR-HdB	Leitner/Brandl, Handbuch Finanzstrafrecht, Handbuch, 4. Aufl. 2017
Lenz/Borchardt, ...	EU-Verträge, 6. Aufl. 2012
Maume/Maute Kryptowerte-HdB	Maume/Maute, Rechtshandbuch Kryptowerte, Handbuch, 1. Aufl. 2020 (zitiert als Maume/Maute Kryptowerte-HdB/Bearbeiter)
Meyer/Veil/Rönnau MarktmissbrauchsR-HdB	Meyer/Veil/Rönnau, Handbuch zum Marktmissbrauchsrecht, Handbuch, 2. Aufl. 2023 (zitiert als Meyer/Veil/Rönnau MarktmissbrauchsR-HdB/Bearbeiter)
Michel, ...	Institutionelles Gleichgewicht und EU-Agenturen, 2015
Miernicki	Kryptowerte im Privatrecht, 2023
MiFID II-HdB	Raiffeisen Meine Bank, MiFID II, Handbuch, 1. Aufl. 2017
MüKoBGB	Säcker/Rixecker/Oetker/Limperg, Münchener Kommentar zum Bürgerlichen Gesetzbuch, Kommentar, Band 1, 2, 3, 4/2, 5, 6, 7, 8, 9, 10, 11, 12, 9. Aufl. 2021 (zitiert als MüKoBGB/Bearbeiter)
MüKoHGB	K. Schmidt, Münchener Kommentar zum Handelsgesetzbuch: HGB, Kommentar, Band 1, 2, 3, 4, 5, 6, 7, 4. Aufl. 2016 (zitiert als MüKoHGB/Bearbeiter)
MüKoUWG	Heermann/Schlingloff, Münchener Kommentar zum Lauterkeitsrecht, Kommentar, Band Sonderband, 1, 2, 3. Aufl. 2019 (zitiert als MüKoUWG/Bearbeiter)

Literaturverzeichnis

Omlor/Link Kryptowährungen	Omlor/Link, Kryptowährungen und Token, Handbuch, 2. Aufl. 2022
Paal/Pauly	Paal/Pauly, DS-GVO BDSG, Kommentar, 3. Aufl. 2021 (zitiert als Paal/Pauly/Bearbeiter)
Rademacher, ...	Realakte im Rechtsschutzsystem der Europäischen Union, 2014
Raschauer/Ficulovic/ Knobl/Kreisl/Pfurtscheller/Pracht/Silbernagl/ Stern/Wessely/ Wolfbauer, ...	MiCAR, 1. Aufl, 2024
Schäfer/Omlor/ Mimberg	Schäfer/Omlor/Mimberg, ZAG, Kommentar, 1. Aufl. 2022 (zitiert als Schäfer/Omlor/Mimberg/Bearbeiter)
Schemmel, ...	Europäische Finanzmarktverwaltung, 2018
Schwark/Zimmer	Schwark/Zimmer, Kapitalmarktrechts-Kommentar, Kommentar, 5. Aufl. 2020 (zitiert als Schwark/Zimmer/Bearbeiter)
Schwennicke/Auerbach	Schwennicke/Auerbach, Kreditwesengesetz (KWG) mit Zahlungsdiensteaufsichtsgesetz (ZAG), Kommentar, 4. Aufl. 2021 (zitiert als Schwennicke/Auerbach/Bearbeiter)
Schwintowski BankR ..	Schwintowski, Bankrecht, Handbuch, 6. Aufl. 2022
Staudinger, ...	BGB Rom I-VO, Neubearbeitung 2021
Streinz, ...	EUV/AEUV, Kommentar, 3. Aufl. 2018 (zitiert als Streinz/Bearbeiter)
Terhechte, ...	Verwaltungsrecht der Europäischen Union, 2. Aufl. 2022 (zitiert als Bearbeiter in Terhechte, Verwaltungsrecht)
Toman/Frössel, ...	KMG – Kapitalmarktgesetz, Kommentar, 1. Aufl. 2020
Troll/Gebel/Jülicher/ Gottschalk	Troll/Gebel/Gottschalk/Jülicher, ErbStG, Kommentar, 67. Aufl. 2023 (zitiert als Troll/Gebel/Jülicher/Gottschalk/Bearbeiter)
Tuder, ...	Zahlungsverkehr 4.0, 2023
Uhlenbruck	Uhlenbruck, InsO, Kommentar, Band 2, 16. Aufl. 2023 (zitiert als Uhlenbruck/Bearbeiter)
von der Groeben/ Schwarze/Hatje, ...	Europäisches Unionsrecht, Kommentar, 7. Aufl. 2015
Wörner, ...	Rechtlich weiche Verhaltenssteuerungsformen Europäischer Agenturen als Bewährungsprobe für die Rechtsunion, 2017
Zivny/Mock, ...	Prospekt-VO KMG 2019, Kommentar, 3. Aufl. 2022

Einführung

Übersicht

	Rn.
A. Regulierung von Crypto-Assets	1
I. Regulierung von Crypto-Assets „in a Nutshell"	1
II. (Un-)Nötiges zur Technik und Ökonomie der Cryptos	5
III. Kurze Regulierungsgeschichte	10
IV. Technisches Glossar	16
B. Privatrechtliche Einordnung von Crypto Assets – Deutschland	78
I. Einleitung	78
1. Literatur	
2. Überblick	78
II. Autonome und referenzierte Crypto Assets	85
1. Autonome Crypto Assets	88
2. Referenzierte Crypto Assets	90
III. Tokenisierung	93
1. Vorbemerkung	94
2. Tokenisierung de lege lata	97
3. Tokenisierung de lege ferenda	114
IV. Verpflichtungs- und Übertragungsgeschäfte	115
1. Verpflichtungsgeschäft	116
2. Übertragungsakt	121
3. Belastung	139
V. Erwerb mit Crypto Assets	140
VI. Materiell-rechtlicher Schutz von Crypto Assets	143
1. Herausgabe	146
2. Unterlassung	150
3. Schadensersatz	151
VII. Prozessualer Schutz von Crypto Assets	152
1. Erkenntnisverfahren	153
2. Vollstreckungsverfahren	158
3. Insolvenz	167
C. Steuerrechtliche Einordnung von Crypto-Assets	168
I. Steuerrecht – Deutschland	168
1. Einleitung	168
2. Ertragsbesteuerung von Krypto-Assets	171
3. Umsatzsteuerrecht	190
4. Bilanzierung von Krypto-Assets	200
5. Erbschaft- und schenkungsteuerliche Behandlung von Krypto-Assets	208
II. Österreich	211
1. Einleitung	211
2. Ertragsbesteuerung von Kryptowährungen	215
3. Umsatzsteuerrecht	250
4. Bilanzierung von Kryptowährungen	256

A. Regulierung von Crypto-Assets

I. Regulierung von Crypto-Assets „in a Nutshell". Im Juni 2023, rund drei Jahre nach Vorlage eines ersten Regulierungsvorschlags der Europäischen Kommission, trat mit der „Markets in Crypto Assets Regulation" – 1

Einf. A

kurz: **MiCAR**[1] – das zentrale, mit Ende 2024 verbindliche Element des von der Kommission 2020 geschnürten **Digital Finance Packages**[2] in Kraft. Neben der MiCAR enthielt das Digital Finance Package der Kommission den Entwurf für eine Pilotregelung für auf Distributed-Ledger-Technologie (DLT) basierende Marktinfrastrukturen – im Folgenden: **DLT-PR**[3] –, die bereits seit März 2023 gilt, ferner den Entwurf für die Verordnung von Digital Operational Resilience for the Financial Sector (DORA)[4] sowie zwei Strategiepapiere zum digitalen Finanzwesen[5]. Die Kommission reagierte mit dem Paket auf den **aufgekommenen Handel** mit – und damit korrespondierend: die erheblich gestiegene **ökonomische Bedeutung** von – digital, insbesondere mittels Distributed-Ledger-Technologie dargestellten Werten und Rechten (**„Crypto-Assets"**)[6].

2 Der Regulierungsansatz des europäischen Gesetzgebers im Bereich der Crypto-Assets ist rasch zusammengefasst. Für Crypto-Assets bestehen in Europa prinzipiell **zwei unterschiedliche Regimes,** je nachdem, wie das betreffende Asset finanzmarktrechtlich einzuordnen ist. So existieren Kryptowerte, die in den Anwendungsbereich der seit je her bestehenden Vorschriften der Europäischen Union über Finanzdienstleistungen fallen[7], mit der Folge, dass die Handelsgeschäfte mit ihnen insbesondere den Regelungsansprüchen der Markets in Financial Instruments Directive (MiFID II)[8] und der Central Securities Depositories Regulation (CSDR)[9] unterliegen (können). Für derartige Geschäfte mit als **Finanzinstrumenten im Sinne des MiFID-Regimes** einzuordnenden und mittels DLT begebenen, verbuchten, übertragenen und gespeicherten Kryptowerten (im Folgenden: „DLT-Fi-

---

[1] Verordnung (EU) 2023/1114 des Europäischen Parlaments und des Rates vom 31.5.2023 über Märkte für Kryptowerte und zur Änderung der Verordnungen (EU) Nr. 1093/2010 und (EU) Nr. 1095/2010 sowie der Richtlinien 2013/36/EU und (EU) 2019/1937 (Text von Bedeutung für den EWR).

[2] S.<https://finance.ec.europa.eu/publications/digital-finance-package_en>.

[3] Verordnung (EU) 2022/858 des Europäischen Parlaments und des Rates vom 30.5.2022 über eine Pilotregelung für auf Distributed-Ledger-Technologie basierende Marktinfrastrukturen und zur Änderung der Verordnungen (EU) Nr. 600/2014 und (EU) Nr. 909/2014 sowie der Richtlinie 2014/65/EU.

[4] Verordnung (EU) 2022/2554 des Europäischen Parlaments und des Rates vom 14.12.2022 über die digitale operationale Resilienz im Finanzsektor und zur Änderung der Verordnungen (EG) Nr. 1060/2009, (EU) Nr. 648/2012, (EU) Nr. 600/2014, (EU) Nr. 909/2014 und (EU) 2016/1011.

[5] Mitteilung der Kommission an das Europäische Parlament, den Rat, den Europäischen Wirtschafts- und Sozialausschuss und den Ausschuss der Regionen über eine Strategie für ein digitales Finanzwesen, COM(2020) 591 final, s. dazu etwa Wellerdt EuZW 2021, 52 (52 ff.); Mitteilung der Kommission an das Europäische Parlament, den Rat, den Europäischen Wirtschafts- und Sozialausschuss und den Ausschuss der Regionen über eine EU-Strategie für den Massenzahlungsverkehr, COM(2020) 592 final.

[6] Zum Begriff der „Kryptowerte" bzw. „Crypto-Assets" → Rn. 13.

[7] Art. 18 Nr. 1 DLT-PR enthält in diesem Kontext eine (klarstellende) Neufassung der Definition des Finanzinstruments iSv Art. 4 Abs. 1 Nr. 15 MiFID II, die nun explizit auch mittels DLT emittierte Instrumente erfasst. Dass auch Kryptowerte unter den Begriff der Finanzinstrumente fallen können, wurde bislang kaum ernstlich bestritten, vgl. etwa Hacker/Thomale ECFR 2018, 645 (671 ff.).

[8] Richtlinie 2014/65/EU des Europäischen Parlaments und des Rates vom 15.5.2014 über Märkte für Finanzinstrumente sowie zur Änderung der Richtlinien 2002/92/EG und 2011/61/EU.

[9] Verordnung (EU) Nr. 909/2014 des Europäischen Parlaments und des Rates vom 23.7.2014 zur Verbesserung der Wertpapierlieferungen und -abrechnungen in der Europäischen Union und über Zentralverwahrer sowie zur Änderung der Richtlinien 98/26/EG und 2014/65/EU und der Verordnung (EU) Nr. 236/2012.

nanzinstrumenten")[10] soll nach der Vorstellung des europäischen Gesetzgebers kein gänzlich neues Finanzmarktregime gelten. Vielmehr hat der Gesetzgeber mit der **DLT-Pilotregelung** ergänzende, experimentelle Regelungen geschaffen, die einerseits die Entwicklung von DLT-Finanzinstrumenten ermöglichen, gleichzeitig und andererseits aber auch ein hohes Maß an Anlegerschutz, Marktintegrität, Finanzstabilität und Transparenz wahren soll.[11] Die **MiCAR** soll demgegenüber spezifische Vorschriften für alle übrigen, praktisch deutlich überwiegenden **Crypto-Assets** schaffen, die **nicht unter das MiFID-II- bzw. CSDR-Regime fallen.** Dadurch sollen, einerseits, die aus dem Fehlen rechtlicher Vorgaben folgenden erheblichen Risiken sowohl für die Verbraucher als auch für die Marktintegrität auf dem Sekundärmarkt eingehegt werden und, andererseits, die Entwicklung eines Marktes für derartige Werte befördert werden, einschließlich der damit einhergehenden Chancen für innovative digitale Dienste, alternative Zahlungsinstrumente und neue Finanzierungsquellen für Unternehmen.[12]

Mit Blick auf die **Regulierungsziele,** die der europäische Gesetzgeber mit der Schaffung der beiden – mehr oder weniger – spezifischen Crypto-Assets-Regimes verfolgt, setzt er auf das klassische finanzmarktrechtliche „Zweckduo", dh die **Funktionsfähigkeit der (digitalen) Finanzwirtschaft** insgesamt sowie den (individuellen und institutionellen) **Anlegerschutz** unter den Bedingungen der Tokenisierung, ergänzt durch die typische **binnenmarktrechtliche** Erwägung, dass ein fragmentierter Rechtsrahmen in der Union in Handelshemmnissen resultiere. So führt der Gesetzgeber etwa in Erwgr. Nr. 4 und 5 MiCAR aus, in Ermangelung von „Vorschriften zur Regulierung der Bereitstellung von Dienstleistungen im Zusammenhang mit" Crypto-Assets seien „die **Inhaber von Kryptowerten** insbesondere in Bereichen, die nicht unter die Verbraucherschutzvorschriften fallen, Risiken ausgesetzt. Das Fehlen solcher Vorschriften kann außerdem erhebliche Risiken für die **Marktintegrität** – auch im Hinblick auf Marktmissbrauch und Finanzkriminalität – nach sich ziehen" und „das Vertrauen der Nutzer in diese Werte beeinträchtigen, was wiederum die Entwicklung eines Marktes für diese Werte erheblich behindern und dazu führen könnte, dass Chancen durch innovative digitale Dienste, alternative Zahlungsinstrumente oder neue Finanzierungsquellen für Unternehmen in der Union ungenutzt bleiben." An diesen Regulierungszielen sollen die europäischen Crypto-Asset-Regimes somit durchgehend ausgerichtet sein. 3

Das hier vorgelegte Werk erfasst beide Crypto-Asset-Regimes und steckt damit alle wesentlichen unionsrechtlichen Vorgaben ab, an denen sich der Handel mit Crypto-Assets in Europa messen lassen muss. Es arbeitet, aus- 4

---

[10] S. dazu die Definition in Art. 2 Nr. 11 DLT-PR. Es sei bereits an dieser Stelle darauf hingewiesen, dass die dort ausgegebene Definition des DLT-Finanzinstruments relativ eng gefasst ist, da sie jedenfalls ihrem Wortlaut nach voraussetzt, dass der gesamte Lebenszyklus des Finanzinstruments auf dem Ledger abgebildet wird. Zumindest der daraus bei strenger Interpretation folgende Ausschluss von ursprünglich konventionell begebenen, später tokenisierten Finanzinstrumenten vom Begriff des DLT-Finanzinstruments dürfte richtigerweise nicht intendiert sein. So spricht auch die ESMA von einer „extensive interpretation of the concept of ‚DLT financial instrument', which allows for existing financial instruments to be reissued in digital form", ESMA, Report on the DLT Pilot Regime, 27.9.2022, ESMA70-460-11, S. 49. Vgl. zum Ganzen bereits Ebner GesRZ 2022, 271 (280 f.), sowie → DLT-PR Art. 2 Rn. 15.
[11] Dazu eingehend → DLT-PR Einf. Rn. 4.
[12] Vgl. Erwgr. Nr. 2 MiCAR.

gehend von einer **umfassenden Kommentierung der MiCAR** (dazu → MiCAR Vor Rn. 2) als dem neuen „Kernregime" für Crypto-Assets, die Unterschiede gegenüber dem **klassischen MiFID-Regime** (dazu → MiFID II Vor Rn. 2) heraus, ergänzt durch eine Kommentierung der **DLT-Pilotregelung** (dazu → DLT-PR Einf. Rn. 2 f.). Hinzu treten **punktuelle Kommentierungen** weiterer, für den Handel mit Kryptowerten wesentlicher Normen der europäischen Prospektverordnung (dazu → ProspektVO Art. 2 Rn. 2) und der Marktmissbrauchsverordnung (dazu → MarktmissbrauchsVO Art. 2 Rn. 2), der E-Geld-Richtlinie (dazu → E-Geld-RiL Art. 2 Rn. 2 ff.) sowie der Geldwäscherichtlinie (dazu → GeldwäscheRiL Art. 1 Rn. 2 ff.). Abgerundet wird das Werk durch einführende Abschnitte zu Einordnungen aus **privatrechtlicher** (dazu → Einl. Rn. 78 ff.) und **steuerrechtlicher** Perspektive (dazu → Einl. Rn. 168 f.) von Geschäften mit Crypto-Assets.

5   **II. (Un-)Nötiges zur Technik und Ökonomie der Cryptos.** Die Auflage spezifischer Regulierungsregimes für Crypto-Assets muss sich freilich die Frage gefallen lassen, welche Besonderheiten jene Assets mit sich bringen, die das **Bedürfnis** nach einer solchen **spezifischen Regulierung** hervorrufen. Dies setzt zunächst einen (kurzen) Blick auf die **technisch-ökonomischen Grundlagen** von Kryptowerten voraus – wohl wissend, dass die den Assets zugrunde liegenden technischen Lösungen ausgesprochen vielfältig sind und sich daher kaum abschließend beschreiben lassen. Auch sei darauf hingewiesen, dass die rechtliche Beurteilung von Geschäften mit Crypto-Assets in aller Regel kein tiefergehendes Verständnis der technischen Grundlagen voraussetzt und – im Gegenteil – juristische Streitfragen gerade nicht mit technischen Argumenten beantwortet werden dürfen. Ebenso wie die Befassung mit Vertragsschlüssen im Internet kein Verständnis von TCP/IP voraussetzt, verlangt auch der Umgang mit Crypto-Assets keine abgeschlossenes Informatik-Studium, sondern lediglich ein **funktionales Verständnis** der damit realisierbaren Rechtsgeschäfte.

6   **Klassische Finanzmärkte,** aber auch die mittlerweile verfestigten digitalen Plattform- und Netzwerkmärkte werden von einigen vergleichsweise wenigen Unternehmen dominiert, die typischerweise über weitreichende Gestaltungsmacht in Bezug auf die ökonomischen und technischen Prozesse in den jeweiligen Marktstrukturen verfügen. Aus ökonomischer Perspektive birgt diese zentrale Stellung jener Finanz- bzw. digitalen **Intermediäre** nicht nur erhebliche funktionale Vorteile, sondern auch gewisse „Intermediärsrisiken"[13, 14] Neben den zusätzlichen Kosten und teilweise auch zeitlichen Verzögerungen, die sich aus der Einschaltung eines Intermediärs als eines zusätzlichen Glieds in der Wertschöpfungskette prinzipiell ergeben,[15] verfügen sowohl Finanz- als auch digitale Intermediäre aufgrund ihrer technisch-ökonomischen Gestaltungsmacht sowie infolge von Netzwerkeffekten und anderen wirtschaftlichen Vorteilen gegenüber anderen Marktstrukturen teils überragende ökonomische Machtpositionen im Verhältnis zu den denjenigen Personen, die jene Finanz- und digitalen Infrastrukturen nutzen möchten.

---

[13] Vgl. zum Begriff Micheler/von der Heyde Journal of International Banking & Financial Law 31 (2016), 652 (652 f.); Roßbach in Möslein/Omlor (Hrsg.), FinTech-Handbuch, 2019, § 4 Rn. 10 ff.

[14] Vgl. zum Ganzen Clement/Schreiber/Bossauer/Pakusch, Internet-Ökonomie, 4. Aufl. 2019, S. 155 ff. (allgemein) und 176 ff. (zur Online-Intermediation).

[15] Vgl. etwa Schütte u.a., Blockchain und Smart Contracts – Technologien, Forschungsfragen und Anwendungen, 2017, S. 27 f.

Einführung   Einf. A

Mit den verschiedenen **Distributed-Ledger-Technologien** hat sich seit 7
rund 15 Jahren ein **alternatives Steuerungs- und Marktkonzept** herausgebildet.[16] Gemein ist jenen Technologien, dass sie allesamt auf eine gewisse **Dezentralisierung** der Steuerung von Prozessen angelegt sind. Eine Distributed-Ledger-Technologie (DLT) ist zunächst – allgemein gesprochen – ein Datenbanksystem, in dem die Speicherung und Verifizierung von Daten – im wirtschaftlichen Kontext insbesondere von transaktionsbezogenen Informationen, nach Art eines Kassenbuchs („ledger") – nicht in einem zentralen Datenspeicher erfolgt, sondern verteilt („distributed") auf ein Netzwerk von Computern der an dem jeweiligen System beteiligten Nutzer.[17] Dabei werden auf jedem einzelnen Rechner stets sämtliche Informationen, einschließlich deren Historie, synchron und unveränderbar kryptografisch abgespeichert – im Rahmen einer Blockchain-Technologie etwa in Datenblöcken („blocks"), die logisch unzertrennlich miteinander verkettet („chains") werden.[18] Die Einspeisung neuer Informationen – etwa bezüglich einer Transaktion zwischen zwei Nutzern des Netzwerks – wird im Rahmen teils komplexer Konsensmechanismen[19] durch das gesamte Netzwerk verifiziert. Gerade für wirtschaftliche Transaktionen können diese DLT-Systeme eine wichtige vertrauensbildende Funktion einnehmen, nach Art eines öffentlichen Registers, da sie in hohem Maße transparent, nachvollziehbar und manipulationsresistent sind.[20] Die Ausführung DLT-basierter Transaktionen kann dabei auf der Grundlage vertraglicher Abreden und in Abhängigkeit vom Eintritt bestimmter Bedingungen automatisiert veranlasst werden durch Programmcodes (sog. Smart Contracts), die ihrerseits wiederum in einer DLT-Umgebung gespeichert werden können.[21] Auf diese Weise können nicht nur die üblicherweise mit der Blockchain-Technologie assoziierten Zahlungsdienstleistungen, sondern praktisch alle im Wege der digitalen Dele-

---

[16] Vgl. zum Folgenden ausführlich Krönke, Öffentliches Digitalwirtschaftsrecht, 2020, S. 20 ff.

[17] Vgl. dazu und zum Folgenden statt vieler etwa G. Fridgen u.a., Chancen und Herausforderungen von DLT (Blockchain) in Mobilität und Logistik, 2019, S. 25 ff.; am Beispiel des blockchainbasierten Bitoin-Systems E. Hofert, Regulierung der Blockchains, 2018, S. 14 ff.

[18] Vgl. zur Einordnung und Erläuterung der Blockchain-Technologie als spezielle Form einer Distributed-Ledger-Technologie etwa BNetzA, Die Blockchain-Technologie, 2019, S. 5.

[19] Ein einheitlicher Konsensmechanismus der DLT-Technologien existiert nicht. Die ursprünglichen Blockchain-Technologien wie Bitcoin oder Ethereum folgen einem „Proof of Work"-Konzept, das für die Erzeugung eines neuen Blocks, mit dem eine gewisse Anzahl an Transaktionen zusammengefasst wird, einen „Arbeitsnachweis" erfordert, in Gestalt der Lösung eines kryptografischen Rätsels. Vgl. dazu und zu alternativen Konzepten (zB dem „Proof of Stake"-Ansatz, bei dem die Auswahl des Nutzers, der den nächsten Block hinzufügen darf, nach Maßgabe eines bestimmten „Anteils" der Netzwerkteilnehmer – etwa am Vermögen, an der Nutzungsdauer des Netzwerks usw – erfolgt) eingehend P. Roßbach in F. Möslein/S. Omlor (Hrsg.), FinTech-Handbuch, 2019, § 4 Rn. 49 ff. (Proof of Work) und Rn. 59 ff. (Proof of Stake).

[20] Diese Vorzüge von DLT dürften ungeachtet anderweitiger praktischer Defizite (zB des hohen Energiebedarfs der Erzeugung neuer Blöcke im Wege des Proof-of-Work-Verfahrens sowie des mit zunehmender Nutzerzahl auch steigenden Transaktionsdauer) unbestritten sein, vgl. nur J. Schrey/T. Thalhofer NJW 2017, 1431 (1432 f.); M. Martini/Q. Weinzierl NVwZ 2017, 1251 (1252); C. Simmchen MMR 2017, 162 (162 f.); G. Fridgen u.a., Chancen und Herausforderungen von DLT (Blockchain) in Mobilität und Logistik, 2019, S. 25.

[21] Vgl. etwa D. Paulus/R. Matzke ZfPW 2018, 341 (433 f. zum Begriff des Smart Contracts, und 436 f. zu deren Einbindung in eine DLT-Umgebung).

gation vermittelten Transaktionen (zB getätigte Käufe und Buchungen im E-Commerce, Warenlieferungen und erbrachte Dienstleistungen sowie im Rahmen sozialer Netzwerke kommunizierte Informationen[22]) auf einer Plattform bzw. in einem Netzwerk auf DLT-Basis erbracht werden.[23] Und da jedenfalls öffentlich-genehmigungsfreie DLT-Systeme[24] grundsätzlich ohne zentral positionierten Intermediär auskommen und ihre Nutzung lediglich die Ausführung der betreffenden Software auf dem Endgerät des Nutzers voraussetzt, weckt die DLT typischerweise Hoffnungen auf die perspektivische Entbehrlichkeit der mächtigen Intermediäre,[25] in teils „anarchokommunistischer Tradition" der Internet-Urgemeinde[26].

8   Dass DLT die Grundlage für gänzlich neue Finanzmärkte **ohne klassische Finanzintermediäre** und **ohne herkömmliche Regulierung** bilden wird, darf bei nüchterner Betrachtung freilich **bezweifelt** werden. Die Ersetzbarkeit eines Intermediärs durch dezentrale digitale Strukturen hängt maßgeblich davon ab, welche Funktion der Intermediär praktisch ausübt bzw. nach Maßgabe etwaiger rechtlicher Vorgaben ausüben soll.[27] Soweit es um die Transaktions- und Ordnungsfunktionen einer digitalen Netzwerkstruktur geht, mögen diese in Teilen, nämlich in Bezug auf die manipulationssichere Dokumentation und Verifikation von Transaktionen, auf gänzlich dezentrale DLT-Systeme übertragen werden können – soweit überhaupt (ökonomische oder sonstige) Anreize bestehen, dass die dazu nötige Software-Infrastruktur geschaffen wird. Soweit aber die grundlegenden Integrations- und Informationsfunktionen – etwa die zur Anbahnung von Transaktionen nötigen Leistungen – sowie die Transaktions- und Ordnungsfunktionen im Übrigen – zB die Gewährleistung der Marktintegrität und des Anlegerschutzes – betroffen sind, ist nicht ersichtlich, inwieweit diese in die Hände eines gänzlich dezentralen DLT-Kollektivs gelegt werden sollten. Man wird daher schon aus theoretischer Perspektive wohl nur in begrenztem Umfang auf **Intermediäre** sowie – erst Recht – auf einen **verbindlichen regulatorischen Rahmen** verzichten können und die klassisch-zentralistisch organisierten Strukturen allenfalls in Teilen durch autonome DLT-Mechanismen ergänzen können.

9   Ungeachtet dieser Relativierung ungebremster Crypto-Euphorie sind die **Vorteile,** die DLT speziell im Bereich der **Finanzwirtschaft** sowohl für Marktteilnehmer wie auch für Verbraucher gegenüber den Geschäften mit herkömmlichen Finanzinstrumenten bietet, nicht von der Hand zu weisen. Dazu zählt insbesondere der allein mediumsbedingt deutlich **niedrigschwelligere Zugang** zu den primären und sekundären **Finanzmärkten,** gerade für Endkunden sowie für kleinere und mittelgroße Unternehmen. Auch wird man zugestehen müssen, dass die **Abhängigkeit** von **klassischen Finanzin-**

---

[22] Vgl. speziell dazu das von der Europäischen Union finanzierte HELIOS-Projekt zur Programmierung einer Software für ein blockchain-basiertes soziales Netzwerk, http://helios-social.eu/blog/.
[23] Vgl. zu den denkbar umfassenden Anwendungsmöglichkeiten auch jenseits des Zahlungsverkehrs nur E. Hofert, Regulierung der Blockchains, 2018, S. 2 ff.
[24] Öffentliche Systeme heben sich von privaten Systemen dadurch ab, dass sie prinzipiell von jedermann genutzt und eingesehen werden können. In genehmigungspflichtigen Systemen sind die Lese- und Schreibrechte der Nutzer – anders als in genehmigungsfreien Systemen – eingeschränkt und müssen von dem Betreiber des Systems freigegeben werden. Vgl. dazu bündig und übersichtlich etwa BMWi/BMF, Online-Konsultation zur Erarbeitung der Blockchain-Strategie der Bundesregierung, 2019, S. 6.
[25] Vgl. etwa C. Buchmüller EWeRK 2018, 117 (118).
[26] C. Simmchen MMR 2017, 162 (163).
[27] Vgl. dazu erneut ausführlich Krönke, Öffentliches Digitalwirtschaftsrecht, 2020, S. 19 f.

termediären wie Banken, Zentralverwahrern etc vielleicht nicht völlig aufgehoben, wohl aber **merklich reduziert** wird, und die Märkte tendenziell **dezentralisiert** werden können.[28] Begrifflich eingefangen werden diese Entwicklungen hin zu dezentralen Bank- und Finanzdienstleistungen daher zutreffend mit „Decentralized Finance" – kurz: **„DeFi".**[29]

III. Kurze Regulierungsgeschichte. Bevor der europäische und die nationalen Gesetzgeber aktiv wurden, reagierten im deutschsprachigen Raum allerdings zunächst die **Aufsichtsbehörden,** namentlich die deutsche Bundesanstalt für Finanzdienstleistungsaufsicht (BaFin) und die österreichische Finanzmarktaufsichtsbehörde (FMA), im Wege der **„Regulation by Enforcement"** auf den aufkommenden Handel mit Bitcoins und anderen Kryptowerten. So entschied sich etwa die **BaFin** bereits 2013 dazu, Bitcoins rechtlich bindend als **„Rechnungseinheiten"** im Sinne von § 1 Abs. 11 S. 1 des deutschen Kreditwesengesetzes (KWG) aF zu qualifizieren, also als ein **Finanzinstrument nach deutschem Recht,** das sowohl der MiFID II als auch dem österreichischem Recht fremd ist. Zur Begründung verwies die BaFin gleichsam apodiktisch auf die Definition von Rechnungseinheiten als „Einheiten, die mit Devisen vergleichbar sind und nicht auf gesetzliche Zahlungsmittel lauten. Hierunter fallen Werteinheiten, die die Funktion von privaten Zahlungsmitteln bei Ringtauschgeschäften haben, sowie jede andere Ersatzwährung, die aufgrund privatrechtlicher Vereinbarungen als Zahlungsmittel in multilateralen Verrechnungskreisen eingesetzt wird. Auf einen zentralen Emittenten kommt es hierbei nicht an."[30] Auf Basis letztlich dieser Rechtsansicht erteilte die BaFin kurz darauf einem ersten Spezial-AIF iSv § 1 Abs. 6 des deutschen Kapitalanlagegesetzbuchs (KABG), also einem besonderen alternativen Investmentfonds (AIF), der sich mit dem Mining von virtuellen Währungen beschäftigte, die erforderliche Zulassung. 10

In Österreich ging die **FMA** zunächst einen anderen Weg. Sie erklärte sich, ebenfalls im Jahr 2014, für Geschäftsmodelle rund um Bitcoin für nicht zuständig. Die Zurückhaltung war dabei weniger dem Umstand geschuldet, dass dem österreichischen Recht das Finanzinstrument der Rechnungseinheit unbekannt ist, sondern der behördlichen Einsicht, dass bei der Nutzung von Bitcoin schlicht keine schuldrechtliche Beziehung eingegangen wird, es sich also **nicht** um ein **Finanzinstrument** handeln kann. Damit konnte sich in Österreich ein Markt rund um Crypto-Assets zunächst ohne regulatorische Verengungen entwickeln. Im deutschsprachigen Raum der Union führte dies dazu, dass sich Crypto-Entrepreneure mit deutschen Wurzeln vorwiegend in Österreich niederließen, um ihre Geschäftsmodelle zu erproben. Noch heute finden sich in Österreich in absoluten Zahlen deutlich mehr Unternehmen der Branche als in Deutschland. Doch auch Österreich blieb nicht von einer Regulation by Enforcement verschont. Im Jahr 2018 entwickelte die österreichische FMA für einen Teilbereich der aufkeimenden Industrie ähnlich restriktive Rechtsansichten wie zuvor die deutsche BaFin. Geschäftsmodelle rund um das **Mining** sollten aufgrund des Charakters des Minings als **finanzielle Dienstleistung** ihrer Aufsicht unterliegen, und zwar just unter dem 11

---

[28] Vgl. dazu etwa Erwgr. Nr. 5 Sätze 7 und 8 DLT-PR.
[29] Vgl. etwa Möslein/Kaulartz/Rennig RDi 2021, 517 (517 ff.).
[30] So die BaFin in einem Fachartikel aus 2013, verfügbar unter <https://www.bafin.de/SharedDocs/Veroeffentlichungen/DE/Fachartikel/2014/fa_bj_1401_bitcoins.html>.

Einf. A

AIF-Regime, in dessen Rahmen zuvor in Deutschland ein Spezial-AIF zugelassen wurde.[31]

12 Den **europäischen Gesetzgeber** beschäftigte das Phänomen der Crypto-Assets erstmals im Juli 2016. Damals präsentierte die Kommission einen Vorschlag, um virtuelle Währungen dem Regime zur Verhinderung von Geldwäsche und Terrorismusfinanzierung zu unterstellen. Das diesbezügliche Trilogverfahren dauerte bis ins Jahr 2019 und mündete in die **fünfte Geldwäsche-Richtlinie (5. GW-RL)**.[32] Obwohl die Entwicklung des Markts die Richtlinie längst überholt hatte, ist sie dennoch als Meilenstein zu betrachten. Sie verpflichtete die Mitgliedstaaten dazu, Dienstleister in Bezug auf eigens definierte **„virtuelle Währungen"** denselben Bestimmungen zur Verhinderung von Geldwäsche und Terrorismusfinanzierung zu unterwerfen, die für Kreditinstitute und andere Finanzmarktteilnehmer gelten.

13 In Deutschland trat die Umsetzung der Richtlinie am 1.1.2020 in Kraft. Hierzu wurde im KWG der **„Kryptowert"** als neue Kategorie der Finanzinstrumente qua Legalfiktion verankert. Inhaltlich geht der Kryptowert über den Begriff der virtuellen Währung der 5. GW-RL hinaus. In Österreich traten die Vorgaben der 5. GW-RL mit einer Anpassung des österreichischen Finanzmarkt-Geldwäschegesetzes (FM-GwG) mit Ablauf der Umsetzungsfrist in Kraft, genau am 10. Jänner 2020. Während in Deutschland mit dem **Kryptoverwahrgeschäft** überschießend ein neuer Konzessionstatbestand unter dem KWG geschaffen wurde, beschränkte sich Österreich darauf, den Vorstellungen des europäischen Gesetzgebers entsprechend, auf eine Registrierungspflicht für Unternehmen der Branche.

14 Zur Ruhe kam der europäische Gesetzgeber nach 2019 ob der Vielzahl an neuen Entwicklungen freilich nicht. Im Juni 2019, noch bevor die ersten Mitgliedstaaten die 5. GW-RL umgesetzt hatten, verkündete **Facebook** seine Absicht, unter dem Namen **„Libra"** (später **„Diem"** genannt), einen eigenen sog. **Stablecoin** auflegen zu wollen, also einen Kryptowert, dessen Wertstabilität durch die Bezugnahme auf eine Währung oder einen anderen Vermögenswert gewahrt werden soll. Angesichts der Marktdominanz von Facebook wurde dies von der Union als ernstzunehmende Herausforderung für die Stabilität des Finanzsystems wahrgenommen. Gleichzeitig hatte der europäische Gesetzgeber aber verstanden, dass DLT eine Zukunftstechnologie sein konnte. Zudem machten die Pläne hinter Libra bzw. Diem deutlich, dass eine Blockchain nicht notwendigerweise dezentral betrieben werden muss.

15 Bereits ein Jahr nach der Ankündigung Facebooks, nämlich im **September 2020**, veröffentlichte die Kommission schließlich das besagte **Digital Finance Package**. Sowohl die Regelungen der DLT-PR als auch der MiCAR, die den Kern jenes Legislativpakets bilden, sind als Reaktion auf die oben vorgestellten Entwicklungen zu sehen.

16 **IV. Technisches Glossar.** Um die zahlreichen zumal technischen Begriffe einzufangen, die im Kontext der Regulierung von Crypto-Assets für gewöhnlich verwendet werden, soll im Folgenden als Arbeitshilfe ein bündi-

---

[31] *FMA*, FAQ zur Anwendung des AIFMG vom 22.5.2018, 7.
[32] Richtlinie (EU) 2018/843 des Europäischen Parlaments und des Rates vom 30.5.2018 zur Änderung der Richtlinie (EU) 2015/849 zur Verhinderung der Nutzung des Finanzsystems zum Zwecke der Geldwäsche und der Terrorismusfinanzierung und zur Änderung der Richtlinien 2009/138/EG und 2013/36/EU.

ges **technisches Glossar** zusammengestellt werden. Die Begriffe wie auch die Definitionen sind dabei ganz überwiegend **nicht** an den jeweiligen **Rechtsbegriffen** ausgerichtet, sondern an dem im allgemeinen **Sprachgebrauch der betroffenen Verkehrskreise** vorherrschenden Verständnis. Die Definition der Rechtsbegriffe bleibt daher den Einzelkommentierungen vorbehalten.

Adresse bezeichnet eine alphanumerische Zeichenfolge, die verwendet 17 wird, um die Quelle oder das Ziel einer ⇨Transaktion auf einer ⇨Blockchain oder einen ⇨Smart Contract eindeutig zu identifizieren. Adressen werden erzeugt, indem bestimmte vorab festgelegte mathematische Schritte befolgt werden. Dies geschieht ohne Interaktion mit der ⇨Blockchain und ohne Anschluss an das Internet. Die Erzeugung neuer Adressen erfolgt nach Maßgabe der jeweiligen mathematischen Schritte unter Nutzung eines zufällig generierten ⇨privaten Schlüssels.

Bitcoin bezeichnet den nativen ⇨Coin der Bitcoin ⇨Blockchain. 18

Block bezeichnet eine Zusammenstellung von ⇨Transaktionen. Durch die 19 Aufnahme eines ⇨Transaktionswunsches in einen Block in der ⇨Blockchain wird dieser zur bestätigten ⇨Transaktion.

Block Reward bezeichnet die im jeweiligen ⇨Konsensmechanismus einer 20 ⇨Blockchain vorgesehene Menge des jeweils nativen ⇨Coins, den eine Person durch eine ⇨Transaktion auf eine eigene ⇨Adresse für sich selbst neu schöpft, nachdem diese Person unter Beachtung des ⇨Konsensmechanismus eine für das Bestehen der ⇨Blockchain relevante Funktion erfüllt hat, etwa wenn die Personen im ⇨Proof of Work einen neuen ⇨Block erzeugt, oder im ⇨Proof of Stake einen neuen ⇨Block vorschlägt *(proposing)* oder die Gültigkeit eines vorgeschlagenen ⇨Blocks belegt *(attesting)*.

Blockchain bezeichnet eine Datenbankstruktur zur Speicherung von 21 ⇨Transaktionen, die sich dadurch auszeichnet, dass sie nur (blockweise) um neue Einträge ergänzt werden kann. Bereits bestehende Einträge bzw. ⇨Blöcke in der Struktur sind unveränderlich in dem Sinne, dass jede Änderung die Datenintegrität zerstört und ein Manipulationsversuch sofort auffallen würde. Die Blockchain kann technisch als 'append-only'-Datenbank beschrieben werden, also eine Datenbank, deren Datenstruktur nur durch das Anfügen neuer Transaktionsdaten veränderlich ist.

Builder bezeichnet eine Person, die aus dem ⇨Mempool, also dem öffent- 22 lichen Pool unbestätigter ⇨Transaktionswünsche, sowie anderen (über nichtöffentliche Kanäle empfangene) ⇨Transaktionswünschen einen ⇨Block zusammenstellt. Im Rahmen der ⇨Builder/Proposer Separation übermittelt der Builder den ⇨Block mittels ⇨Gateway and den ⇨Proposer. Außerhalb der ⇨Builder/Proposer Separation fällt die Funktion des Builders und jene des ⇨Proposers beim ⇨Miner (⇨Proof of Work) bzw. beim ⇨Validator (⇨Proof of Stake) zusammen.

Burning bezeichnet die Invalidierung von ⇨Token unter Einsatz eines 23 ⇨Smart Contracts.

Coin bezeichnet eine Einheit, die die einer bestimmten ⇨Blockchain 24 immanent ist, die also im Gegensatz zum ⇨Token konzeptuell und technisch im jeweiligen System verankert ist und die in der Regel von Teilnehmern des jeweiligen ⇨Konsensmechanismus selbst neu geschöpft wird.

Cold Wallet bezeichnet ein nicht mit dem Internet verbundenes Träger- 25 medium, auf dem eine ⇨Adresse und der dazugehörige ⇨private Schlüssel festgehalten sind. Dabei kann es sich um ein rein physisches Trägermedium

Einf. A

(zB Papier, Plastik oder Metall) oder ein elektronisches Trägermedium (zB eine Festplatte), das dauerhaft offline gehalten wird.

26 **Decentralized Autonomous Organization** *oder* **DAO** bezeichnet einen Zusammenschluss von Personen, die zur Regelung interner Verhältnisse einen ⇨Smart Contract verwenden.

27 **Decentralized Finance** *oder* **DeFi** bezeichnet finanzielle Dienstleistungen, die ohne einen klassischen Finanzintermediär erbracht und abgewickelt werden können und in aller Regel mittels ⇨Smart Contracts auf einer ⇨Blockchain abgebildet werden. Die beteiligten Akteure müssen dabei nicht zwingend miteinander in vertragliche Schuldverhältnisse eintreten.

28 **Distributed Ledger Technology** *oder* **DLT** wird in Art. 2 Nr. 1 und 2 DLT-PR spezifisch definiert als eine Technologie, die den Betrieb und die Nutzung von Distributed Ledger ermöglicht, dh eines Informationsspeichers, der Aufzeichnungen über Transaktionen enthält und der unter Verwendung eines Konsensmechanismus auf eine Reihe von DLT-Netzwerkknoten verteilt und zwischen diesen synchronisiert wird. Jenseits dieser spezifischen Legaldefinition wird unter DLT gemeinhin jede Technologie verstanden, bei der die Aufzeichnung eines Datenbestandes nicht durch eine zentrale Instanz erfolgt, sondern unter mehreren ⇨Nodes synchron gehalten wird.

29 **DLT-Netzwerk** bezeichnet im Allgemeinen die Gruppe an ⇨Nodes, die am jeweiligen ⇨Konsensmechanismus einer ⇨Blockchain teilnehmen. Art. 2 Nr. 4 DLT-PR enthält eine Legaldefinition eines DLT-Netzwerkknotens als eines Geräts oder Prozesses, das bzw. der Teil eines Netzwerks ist und das bzw. der eine vollständige oder teilweise Kopie von Aufzeichnungen aller Transaktionen in einem Distributed-Ledger enthält.

30 **Ether** bezeichnet den nativen ⇨Coin der Ethereum ⇨Blockchain.

31 **Ethereum** bezeichnet eine von der Ethereum Foundation entwickelte ⇨Blockchain, die das Ausführen von ⇨Smart Contracts unterstützt.

32 **Fork** bezeichnet eine Änderung am ⇨Konsensmechanismus der jeweiligen ⇨Blockchain, wobei zwischen solchen Änderungen unterschieden wird, die dazu führen, dass die ⇨Konsensmechanismen vor und nach der Änderung inkompatibel sind *(hard fork)* und solchen Änderungen, die nicht dazu führen *(soft fork)*. Beispiele für hard forks sind die Abspaltung von ⇨Ethereum und Ethereum Classic oder Bitcoin Gold und ⇨Bitcoin. Beispiele für *soft forks* sind einfache Softwareupdates.

33 **Gas** bezeichnet bei ⇨Ethereum die ⇨Transaktionsgebühren.

34 **Gateway** bezeichnet eine Person, die von einer Mehrzahl an ⇨Buildern ⇨Blöcke entgegennimmt, um sie nach inhaltlicher Prüfung an ⇨Proposer weiterzuleiten. Ein Gateway ist somit ein Intermediär zwischen ⇨Builder und ⇨Proposer.

35 **Genesis Block** bezeichnet den ersten ⇨Block in einer ⇨Blockchain.

36 **Hot Wallet** bezeichnet eine Software, die – im Gegensatz zu einer ⇨Cold Wallet – mit dem Internet verbunden ist, und die zur Verwaltung von ⇨Adressen und ⇨privaten Schlüsseln verwendet wird, um ⇨Transaktionswünsche an das jeweilige ⇨DLT-Netzwerk zu übermitteln, das eine bestimmte ⇨Blockchain verwaltet.

37 **Initial Coin/Token Offering** *oder* **ICO/ITO:** bezeichnet die erstmalige Ausgabe von ⇨Coins und ⇨Token im Rahmen eines Verkaufs oder Tausches gegen andere ⇨Coins oder ⇨Token.

38 **Knoten** ist eine andere Bezeichnung für ⇨Nodes in einem ⇨DLT-Netzwerk.

Konsensmechanismus bezeichnet die Vereinbarung zwischen den im ⇨DLT-Netzwerk als ⇨Nodes teilnehmenden Personen, wie sie untereinander Einigkeit darüber herstellen, wer als nächstes eine für das Fortbestehen der ⇨Blockchain wesentliche Aufgabe wahrnimmt, etwa wer als nächstes bestimmt, ob und in welcher Reihenfolge ⇨Transaktionswünsche aus dem ⇨Mempool als bestätigte ⇨Transaktionen in einem ⇨Block aufgenommen werden.

Maximal Extractable Value *oder* **MEV** (manchmal auch **Miner Extractable Value**) bezeichnet den Vorgang, bei dem ⇨Builder oder ⇨Proposer versuchen, zusätzlich zu ⇨Transaktionsgebühren weitere Erträge zu erwirtschaften, etwa durch das Ausnutzen von Arbitragemöglichkeiten bei Interaktionen mit ⇨DeFi-Anwendungen.

Mempool bezeichnet den öffentlichen Pool an unbestätigten ⇨Transaktionswünschen. Wird ein ⇨Transaktionswunsch mittels ⇨Wallet-Software an einen ⇨Node öffentlich übermittelt, also nicht über private Kanäle direkt an ⇨Builder, so wird dieser ⇨Transaktionswunsch Teil des Mempools.

Miner bezeichnet beim ⇨Konsensmechanismus des ⇨Proof of Work eine Person, welche die Bestimmungen des jeweiligen ⇨Konsensmechanismus beachtet, um einen neuen ⇨Block zu erzeugen und den damit einhergehenden ⇨Block Reward sowie ⇨Transaktionsgebühren zu vereinnahmen.

Mining bezeichnet bei ⇨Proof of Work den Prozess des Erstellens eines ⇨Blocks an ⇨Transaktionen unter Beachtung des jeweiligen ⇨Konsensmechanismus der jeweiligen ⇨Blockchain. Das Festhalten eines ⇨Transaktionswunsches in einem ⇨Block wird deshalb auch als Mining des jeweiligen ⇨Transaktionswunsches bezeichnet.

Mining Pool bezeichnet den Zusammenschluss mehrerer Personen, die ihre Rechenleistung bündeln wollen, um beim ⇨Konsensmechanismus des ⇨Proof of Work als Gruppe bessere Chancen zur Lösung des jeweiligen mathematischen Problems zu haben als jede Person für sich alleine, wobei die Abrede besteht, den ⇨Block Reward und die ⇨Transaktionsgebühren entsprechend der beigestellten Rechenleistung unter den Teilnehmern des Mining Pools aufzuteilen.

Minting bezeichnet die Schaffung neuer ⇨Token unter Einsatz eines ⇨Smart Contracts.

Mnemonic Phrase bezeichnet eine zwölfstellige Wortfolge aus einem vordefinierten Wörterbuch an 2.048 Wörtern, aus der durch bestimmte mathematische Verfahren eine Vielzahl an ⇨Adressen für ⇨Transaktionen auf einer ⇨Blockchain errechnet werden können.

Multi Signature Wallet *oder* **Multi-Sig Wallet** bezeichnet eine ⇨Wallet bei der zwei oder mehr ⇨private Schlüssel zum ⇨Signieren einer ⇨Transaktion erforderlich sind bzw. der ⇨private Schlüssel in zwei oder mehr Teile aufgeteilt wird.

Node bezeichnet eine Person, die im Rahmen eines ⇨DLT-Netzwerkes ein Computersystem betreibt, um unter Beachtung des ⇨Konsensmechanismus gewisse für das Fortbestehen der ⇨Blockchain erforderliche Aufgaben wahrzunehmen wie etwa das Speichern der Datenstruktur, oder das ⇨Mining eines ⇨Blocks beim ⇨Proof of Work, oder das Vorschlagen eines neuen ⇨Blocks *(proposing)* oder Belegen der Gültigkeit eines vorgeschlagenen ⇨Blocks *(attesting)* beim ⇨Proof of Stake.

Non-Fungible Token oder NFT bezeichnet einen technischen Standard, bei dem einzelne von einem ⇨Smart Contract verwaltete ⇨Token indivi-

Einf. A

dualisierbar und dadurch von anderen ⇨Token unterscheidbar gemacht werden, die von demselben ⇨Smart Contract verwaltet werden.

50   **Oracle** bezeichnet eine Person, die über das Internet Daten zur Verfügung stellt, die von ⇨Smart Contracts für Berechnungen ausgelesen werden können.

51   **Paper Wallet** ist ein Unterfall der ⇨Cold Wallet, bei dem Papier als Trägermedium dient.

52   **Peer-to-Peer** bedeutet, dass die Kommunikation in einem Computernetzwerk nicht über einen oder mehrere zentrale Knotenpunkte organisiert ist sondern dass jeder ⇨Node mit jedem anderen ⇨Node unmittelbar und direkt Informationen austauschen kann. Auf diese Weise wird etwa ein ⇨Transaktionswunsch, der bei einem ⇨Node einlangt an andere ⇨Nodes im ⇨DLT-Netzwerk weitergeleitet.

53   **Penalty** bezeichnet beim ⇨Konsensmechanismus des ⇨Proof of Stake eine Reduktion der als ⇨Stake hinterlegten ⇨Coins wegen der Missachtung des jeweiligen ⇨Konsensmechanismus (Handlung oder Unterlassung).

54   **Pool unbestätigter Transaktionswünsche** ist eine andere Bezeichnung für den ⇨Mempool.

55   **Privater Schlüssel** bezeichnet eine alphanumerische Zeichenfolge, die benötigt wird, um einen ⇨Transaktionswunsch so zu ⇨signieren, dass die darin beschriebene Verfügung über eine ⇨Adresse auf der ⇨Blockchain von ⇨Nodes des jeweiligen ⇨DLT-Netzwerk als authentisch akzeptiert wird, um schließlich als ⇨Transaktion in einem ⇨Block aufgenommen zu werden.

56   **Proof of Stake** *oder* **PoS** bezeichnet einen ⇨Konsensmechanismus, an dem nur teilnehmen kann, wer bereit ist, seine Regeltreue durch das Einsetzen eines ⇨Stakes zu bekräftigen, wobei zur Entscheidung über die Frage, wer als nächstes eine für das Fortbestehen der ⇨Blockchain wesentliche Aufgabe wahrnehmen darf – um ⇨Block Reward und ⇨Transaktionsgebühren zu vereinnahmen – zunächst eine Mehrzahl an ⇨Nodes eine gemeinsame Zufallszahl generieren, auf deren Basis aus der Liste an ⇨Validatoren die nächste Person bestimmt wird.

57   **Proof of Work** *oder* **PoW** bezeichnet einen ⇨Konsensmechanismus, bei dem diejenige Person, der es als erstes gelingt, ein bestimmtes komplexes mathematisches Problem zu lösen, als nächstes eine für die ⇨Blockchain wesentliche Aufgabe wahrnehmen darf – um letztlich ⇨Block Reward und ⇨Transaktionsgebühren zu vereinnahmen.

58   **Proposer** bezeichnet eine Person, die durch Befolgung des jeweiligen ⇨Konsensmechanismus versucht, die jeweilige ⇨Blockchain um einen neuen ⇨Block an Transaktionsdaten zu erweitern. Bei ⇨Proof of Work wird der Proposer auch ⇨Miner genannt, bei ⇨Proof of Stake wird der Proposer auch ⇨Validator genannt.

59   **Satoshi** bezeichnet die kleinste Einheit auf der Bitcoin Blockchain (0,00000001 Bitcoin = 10^{-8} Bitcoin).

60   **Security Token** bezeichnet ⇨tokenisierte übertragbare Wertpapiere iSd MiFID II oder sonstige ⇨tokenisierte Finanzinstrumente, bei denen nicht Papier, sondern ⇨Blockchain-basierte ⇨Token als Publizitätsmedium zum Einsatz gelangen.

61   **Security Token Offering** *oder* **STO** bezeichnet die erstmalige Ausgabe von tokenisierten übertragbaren Wertpapieren oder anderen tokenisierten Finanzinstrumenten nach MiFID II.

62   **Signatur** bezeichnet das Ergebnis des ⇨Signierens.

Einführung   Einf. A

Signieren bezeichnet den Vorgang, bei dem eine Person einen 63
⇨Transaktionswunsch zur Verfügung über eine ⇨Adresse dergestalt vervollständigt, dass ohne Preisgabe des ⇨privaten Schlüssels Dritte in die Lage versetzt werden, zu erkennen, dass der ⇨Transaktionswunsch von einer Person stammt, die tatsächlich Kenntnis vom ⇨privaten Schlüssels hat.

Slashing bezeichnet bei der Implementierung des ⇨Proof of Stake 64 ⇨Konsensmechanismus bei ⇨Ethereum eine bestimmte Form von ⇨Penalty.

Smart Contract bezeichnet ein Computerprogramm, dessen Programm- 65 code in kompilierter Form in einem ⇨Block auf einer ⇨Blockchain gespeichert wird und mit dem im Rahmen von ⇨Transaktionen über die dem jeweiligen Smart Contract zugeordnete ⇨Adresse interagiert werden kann, um etwa Funktionen aufzurufen, mit denen Berechnungen durchgeführt oder der Inhalt von ebenfalls auf der Blockchain gespeicherten Variablen dauerhaft verändert werden kann. Der Einsatzzweck von Smart Contracts ist sehr vielfältig und reicht von der Verwaltung einfacher ⇨Token, also der Neuschöpfung und Zuordnung zu ⇨Adressen, bishin zu komplexen ⇨DeFi-Anwendungen. Durch die Einbindung von ⇨Oracles kann ein Smart Contract Vorgänge verarbeiten, die außerhalb der ⇨Blockchain stattfinden.

Solidity ist die Programmiersprache auf ⇨Ethereum. 66

Stake bezeichnet beim ⇨Konsensmechanismus des ⇨Proof of Stake eine 67 bestimmte Menge ⇨Coins, die von einer Person, die am ⇨Konsensmechanismus teilnehmen möchte zur Sicherstellung dafür hinterlegt werden, dass diese Person sich an die Regeln des ⇨Konsensmechanismus hält. Missachtet die Person diese Regeln, so sieht der ⇨Konsensmechanismus ökonomische Nachteile für diese Person vor, nämlich den Verlust eines Teils oder des gesamten Stakes.

Staking bezeichnet die Teilnahme am ⇨Konsensmechanismus des ⇨Proof 68 of Stake, bei dem eine gewisse Anzahl an ⇨Coins als ⇨Stake eingesetzt werden. Von diesem Verständnis des Staking im engeren Sinn ist Staking im weiteren Sinn zu unterscheiden, bei dem es zur Überlassung oder Hinterlegung von ⇨Coins oder ⇨Token kommt, mit dem Verständnis, dass die überlassende oder hinterlegende Person daraus einen Vorteil zieht, etwa in Form weiterer ⇨Coins oder ⇨Token. Diese Verwendung des Begriffs, also Staking im weiteren Sinn, lässt für sich allein noch keinen Rückschluss auf die rechtliche Qualität eines allenfalls zugrundeliegenden Rechtsgeschäfts oder technischen Mechanismus zu.

Staking Pool bezeichnet eine Gruppe an Personen, die gemeinsam jene 69 Menge an ⇨Coins aufbringen, die zum Betrieb eines ⇨Validators bei ⇨Proof of Stake ⇨Blockchains benötigt werden.

Token bezeichnet Einheiten, die der jeweiligen ⇨Blockchain nicht imma- 70 nent sind. Das bedeutet, dass Token im Gegensatz zu ⇨Coins im ⇨Konsensmechanismus der jeweiligen ⇨Blockchain nicht vorgesehen sind, sondern erst später, etwa durch ⇨Smart Contracts konzeptuell neu geschaffen werden. Nicht jede ⇨Blockchain unterstützt Token. Ein Beispiel für eine ⇨Blockchain, die Token unterstützt, ist ⇨Ethereum. Die Programmierung des ⇨Smart Contract, der den Token verwaltet, bestimmt seine Ausgestaltung. Token können daher äußerst unterschiedlich ausfallen. Sie können beispielsweise übertragbar sein oder auch nicht; oder sie können so ausgestaltet sein, dass Verfügungen Dritter ausgeschlossen sind oder zugelassen werden. Für bestimmte Funktionen von Token auf der ⇨Ethereum ⇨Blockchain haben sich sogenannte ERC-Standards entwickelt (kurz für *Ethereum Re-*

quest for Comments), etwa ERC20 für einfache austauschbare Token, oder ERC721 für ⇨NFTs.

71 **Tokenisierung** bezeichnet die Verknüpfung ⇨Blockchain-basierter ⇨Token mit Vermögenswerten aller Art wie beispielweise Forderungsrechten oder körperlichen Sachen dergestalt, dass zur Ausübung des Rechts am jeweiligen Vermögenswert die Innehabung des dazugehörigen ⇨Tokens notwendig ist.

72 **Transaktion** bezeichnet einen ⇨Transaktionswunsch, der in einem ⇨Block aufgenommen und damit Teil der ⇨Blockchain wurde.

73 **Transaktionsgebühr** bezeichnet eine bestimmte Menge des der jeweiligen ⇨Blockchain nativen ⇨Coins, der von einer Person, die einen ⇨Transaktionswunsch in einem ⇨Block bestätigt sehen möchte, demjenigen ⇨Miner (bei ⇨Proof of Work) oder demjenigen ⇨Validator (bei ⇨Proof of Stake) versprochen wird, der den ⇨Transaktionswunsch in einem ⇨Block festhält.

74 **Transaktionswunsch** bezeichnet die gültig signierte und technisch korrekt aufgebaute technische Instruktion zur Übertragung von ⇨Coins von bestimmten ⇨Adressen (Absender-Adressen) auf eine oder mehrere andere ⇨Adressen (Empfänger-Adresse), oder zur Interaktion mit einem ⇨Smart Contract, etwa das Aufrufen bestimmter Funktionen. Teil des Transaktionswunsches ist neben der technischen Instruktion und der ⇨Signatur auch die versprochene ⇨Transaktionsgebühr.

75 **Validator** bezeichnet bei ⇨Proof of Stake eine Person, die nach Leisten des ⇨Stakes in die Liste der Validatoren aufgenommen wird, um unter Beachtung des ⇨Konsensmechanismus einen neuen ⇨Block vorzuschlagen *(proposing)* oder die Gültigkeit eines vorgeschlagenen ⇨Blocks zu belegen *(attesting)*, um ⇨Block Rewards und ⇨Transaktionsgebühren zu vereinnahmen.

76 **Wallet** bezeichnet die Kombination aus ⇨Adresse und dazugehörigem ⇨privaten Schlüssel.

77 **Wallet-Software** bezeichnet eine Software, die zur Verwaltung von ⇨Wallets und zum Erstellen, ⇨Signieren und Übermitteln von ⇨Transaktionswünschen an das jeweilige ⇨DLT-Netzwerk.

B. Privatrechtliche Einordnung von Crypto Assets – Deutschland

I. Einleitung. 1. Literatur. Ammann, Bitcoin als Zahlungsmittel im Internet, CR 2018, 379; Amend-Traut/Hergenröder, Kryptowährungen im Erbrecht, ZEV 2019, 113; Arndt, Bitcoin-Eigentum, Tübingen 2022; Auffenberg, E-Geld auf Blockchain Basis, BKR 2019, 341; Bachert, Die Kryptowährung Bitcoin im Klage- und Vollstreckungsverfahren, CR 2021, 356; Bartels/Maamar, Verträge über NFTs, GRURPrax 2023, 60; Beck, Bitcoins als Geld im Rechtssinne, NJW 2015, 580; Beck/König, Bitcoin: Der Versuch einer vertragstypologischen Einordnung von kryptographischem Geld, JZ 2015, 130; Behme/Zickgraf, Zivil- und gesellschaftsrechtliche Aspekte von Initial Coin Offerings (ICOs), ZfPW 2019, 66; Bengel/Reimann, Handbuch der Testamentsvollstreckung, 7. Aufl. 2020; Bengel/Reimann: Nunmehr: 8. Aufl. 2023; Bialluch-von Allwörden/von Allwörden, Initial Coin Offerings: Kryptowährungen als Wertpapier oder Vermögensanlage, WM 2018, 2118; Boehm/Pesch, Bitcoins: Rechtliche Herausforderung einer virtuellen Währung, MMR 2014, 75; Brauneck, Der digitale Euro als weltweites

Zahlungsmittel?, EuZW 2024, 397; Brauneck, MiCA im Zahlungsverkehr, Teil 1, EuZW 2024, 13, Teil 2, EuZW 2024, 61; Brauneck, EU-Verordnungsvorschlag zur Einführung des digitalen Euro: Gefährliche Alternative zum Bargeld der EZB?, RdZ 2023, 148; Broemel, Euro-Bargeld und digitaler Euro als gesetzliche Zahlungsmittel, RdZ 2024, 13; Buck-Heeb, Whitepaper-Haftung nach MiCAR, BKR 2023, 689; Denga, Die Regulierung der Blockchain-Infrastruktur, JZ 2017, 227; Denga, Non-Fungible Token im Bank- und Kapitalmarktrecht, BKR 2022, 288; Deuber/Jahromi, Liechtensteiner Blockchain-Gesetzgebung: Vorbild für Deutschland?, MMR 2020, 576; Djazayeri, Die virtuelle Währung Bitcoin – Zivilrechtliche Fragestellungen und internationale regulatorische Behandlung, jurisPR-BKR 6/2014; Eckert, Steuerliche Betrachtung elektronischer Zahlungsmittel am Beispiel sog. Bitcoin-Geschäfte, DB 2013, 2108; Ehning/Schmid, Kaufrechtliche Fragestellungen im Zusammenhang mit NonFungible-Tokens, InTeR 2022, 106; Ekkenga, Bitcoin und andere Digitalwährungen – Spielzeug für Spekulanten oder Systemveränderung durch Privatisierung der Zahlungssysteme?, CR 2017, 762; Engelhard/Klein, Bitcoins – Geschäfte mit Geld, das keines ist. Technische Grundlagen und zivilrechtliche Betrachtung, MMR 2014, 355; Fritz, Anbieter von Kryptowerte-Dienstleistungen nach der MiCAR, BKR 2023, 747; Fromm/Hay, Vorläufiges Ende des Krypto-Höhenfluges – Worauf müssen Verbraucher achten?, DStR 2022, 2444; Geiling, Distributed Ledger, BaFinJournal 2016, 28; Guntermann, Non Fungible Token als Herausforderung für das Sachenrecht, RDi 2022, 200; Hafke, Geld und „Geld" Währung und „Währung", in: Callies, Herausforderungen an Staat und Verfassung, S. 106–123; Härtel, Tokenisierte Genussrechte und Finanzierungsmöglichkeiten für Esport-Organisationen, SpoPrax 2021, 253; Hanten/Stedler, Zahlungsverkehr im EWR unter Geltung der MiCAR, RdZ 2023, 76; Heckelmann, Zulässigkeit und Handhabung von Smart Contracts, NJW 2018, 504; Heine/Stang, Weiterverkauf digitaler Werke mittels Non-Fungible-Token aus urheberrechtlicher Sicht, MMR 2021 755; Hillemann, Bitcoin und andere Kryptowährungen – Eigentum i. S. d. Art 14 GG, CR 2017, 762; Hoeren/Prinz, Das Kunstwerk im Zeitalter der technischen Reproduzierbarkeit – NFTs (Non-Fungible Tokens) in rechtlicher Hinsicht, CR 2021, 565; Hugendubel/Dönch, Der Einsatz von NFTs und anderen Token im Sport, SpoPrax 2022, 451; Jenkouk, Die Digitale Transformation von Zahlungsmittel, in Taeger, Rechtsfrage digitaler Transformationen: Gestaltung digitaler Veränderungsprozesse durch Recht, 1. Aufl. 2018; John, Zur Sachqualität und Eigentumsfähigkeit von Kryptotoken, BKR 2020, 76; Jünemann/Wirtz, ICO: Rechtliche Einordnung von Token: Teil 1, Kreditwesen 2018; Kaulartz, Die Blockchain-Technologie, CR 2016, 474; Kaulartz/Matzke, Die Tokenisierung des Rechts, NJW 2018, 3278; Kaulartz/Schmid, Rechtliche Aspekte sogenannter Non-Fungible-Tokens (NFTs), CB 2021, 298; Kaulartz/Hirzle/Holl, Tokenisierung durch das Auslobungsmodell, RDi 2022, 324; Kaulartz/Schmid/Müller-Eising, Das Metaverse – eine rechtliche Einführung, RDi 2022, 521; Kaulartz/Hirzle/Ferri, Die Tokenisierung von Eigentumsbruchteilen, RDi 2023, 104; Kerkemeyer, Blockchain-Transaktionen im Internationalen Recht, ZHR 184 (2020), 793; Kerscher, Handbuch der digitalen Währungen, 2. Aufl. 2018; Kirschbaum/Stepanova, Widerrufsrecht beim Handel mit Kryptowährungen, BKR 2019, 286; Kraetzig, NFT als juristische Konstruktionsaufgabe, CR 2022, 477; Krüger/Lampert, Augen auf bei der Token-Wahl privatrechtliche und steuerliche Herausforderungen im Rahmen eines Initial Coin Offering, BB 2018, 1154; Kuhlmann, Bitcoins, Funktionsweise und rechtliche Einordnung der digitalen Währung, CR 2014, 691; Kütük-Markendorf, Rechtliche Einordnung von Internetwährungen im deutschen Rechtssystem am Beispiel von Bitcoin, Diss. Erlangen-Nürnberg, 2016; Langenbucher, Digitales Finanzwesen, AcP 2018, 385; Kütük/Sorge, Bitcoin im deutschen Vollstreckungsrecht. Von der „Tulpenmanie" zur „Bitcoinmanie", MMR 2014, 643; Lerch, Bitcoin als Evolution des Geldes: Herausforderungen, Risiken und Regulierungsfragen, ZBB 2015, S. 190–204; Linardatos, Der Mythos vom „Realakt" bei der Umbuchung von Bitcoins – Gedanken zur dinglichen Erfassung von Kryptowährungen, in: Privatrecht 2050 – Blick in die digitale Zukunft, 2020; Lober/Weber, Money für nothing? Der Handel mit virtuellen Gegenständen, MMR 2005, 653; Lorenz, MiCAR - Markets in Crypto-Assets Regulation, ZIP 2024, 58; Martiny, Virtuelle Währungen, insbesondere Bitcoins, im Internationalen Privat- und Zivilverfahrensrecht, IPRax 2018, 553; Maties, Lootboxen aus zivilrechtlicher Sicht, NJW 2020, 3685; Matzke, § 10 Tokenisierung, in: Möslein/Omlor, Fintech-Handbuch: Digitalisierung, Recht, Finanzen, 2. Aufl. 2021; Matzke/Kaulartz, Kapitel 14: Smart Contracts und die Tokenisierung, in: Braegelmann/ Kaulartz/Ernst, Rechtshandbuch Smart Contracts, 2019; Maume/Maute, Rechtshandbuch Kryptowerte: Blockchain, Tokenisierung, Inital Coin Offerings 1. Aufl. 2020; Maume/Fromberger, Die Blockchain-Aktie, ZHR 185 (2021), 507; Maute, Responsio – Warum die Übertragung von Bitcoins kein dingliches Rechtsgeschäft erfordert, in: Privatrecht 2050 – Blick in die digitale Zukunft, 2020; Medler, Sterben 2.0: Erben und Vererben von Kryptowährungen, ZEV 2020, 262; Meier, Übertragung von elektronischen Wertpapieren nach dem eWpG-E, RDi 2021, 1; Nathman, Token in der Unternehmensfinanzierung – Rechtliche Einordnung von Initial Coin Offeings (ICO), BKR 2019, 540; Omlor/Schneider, Der Kommissionsentwurf zur Einführung des digitalen Euro, BKR 2023, 649; Omlor, Blockchain-basierte Zahlungsmittel, ZRP 2018, 85; Omlor, Geld und Währung als Digitales, JZ 2017, 754; Omlor, Blockchain-basierte Zahlungsmittel. Ein Arbeitsprogramm für Gesetzgeber und Rechtswissenschaft, ZRP 2018, 85; Omlor, E-Geld im reformierten Zahlungsdiensterecht, ZIP 2017, 1836; Omlor, Kryptowährungen im Geldrecht, ZHR 183 (2019), 294; Omlor, Digitaler Zahlungsverkehr, JuS 2019, 289; Omlor/Link, Kryptowährungen und Token, 2. Aufl. 2023; Omlor/Birne, Digitales Zentralbankgeld im Euroraum, RDi 2020, 1; Omlor, PayPal Stablecoin (PYUSD) aus Sicht der MiCAR, RdZ 2023, 164; Omlor, Digitales Eigentum an Blockchain-Token – rechtsvergleichende Entwicklungslinien, ZVglRWiss 2020, 41; Omlor, Stablecoins unter MiCAR: EU-Zahlungsverkehrsrecht für vermögensreferenzierte und E-Geld-Token, ZHR 2023, 635; Paulus/Matzke, Smart Contracts und das BGB – Viel Lärm um nichts, ZfPW 2018, 431; Pesch, Cryptocoin-Schulden, Haftung und Risikoverteilung bei der Verschaffung von Bitcoin und Alt-Coins, 2017, Diss. Münster; Plitt/Fischer, Kryptowährungen im Arbeitsrecht – Wieviel Bitcoin darf es sein?, NZA 2016, 799; Rauer/Bibi, Non-fungible Tokens – Was können sie wirklich? ZUM 2022, 20; Richter/Augel, Geld 2.0 (auch) als Herausforderung für das Steuerrecht, FR 2017, 937; Reiter/Methner, Bitcoin und Blockchain-Technologie: Rechtliche Aspekte für Verbraucher und Anbieter beim anonymen Bezahlen, in: Taeger, Rechtsfragen digitaler Transformationen: Gestaltung digitaler Veränderungsprozesse durch Recht, 1. Aufl. 2018; Rolker/Strauß,

Digitaler Euro der EZB: "weiter so" nur mit echtem Mehrwert für die Wirtschaft, RdZ 2024, 21; Roß, Die Rechtsnatur von Kryptowährungsdarlehen, NJW 2021, 3751; Saive, Rückabwicklung von Blockchain-Transaktionen, in Taeger, Rechtsfragen digitaler Transformation, S. 371 – 381; Saive, Volldigitale Eigentumsübertragung mithilfe von asset backed tokens, K&R 2018, 615; Schäfer/Eckold, § 16a Crowdfunding, Crowdlending, Crowdinvesting, Kryptowährungen und Initial Coin Offerings (ICOs), in: Assmann, Handbuch des Kapitalanlagerechts, 5. Aufl. 2020; Schlund/Pongratz, Distributed-Ledger-Technologie und Kryptowährungen – eine rechtliche Betrachtung, DStR 2018, 598; Schmidt/Schmittmann, Elektronische Wertpapiere und Kryptowährungen in der Zwangsvollstreckung und Insolvenz, DZWIR 2021, 648; Schniepp/Giesecke, Virtuelle Anteile und AGB, NZG 2017, 128; Schrey/Thalhofer, Rechtliche Aspekte der Blockchain, NJW 2017, 1431; Schröder/Triantafyllakis, Kryptowerte in der Insolvenz des Kryptoverwahrers, Massebefangen oder aussonderbar, BKR 2023, 12; Schwemmer, Das Tokensachstatut, IPRax 2022, 331; Seitz, Distributed Ledger Technology & Bitcoin – Zur rechtlichen Stellung eines Bitcoin-„Inhabers", K&R 2017, 763; Shmatenko/Möllenkamp, Digitale Zahlungsmittel in einer analog geprägten Rechtsordnung, MMR 2018, 495; Simmchen, Blockchain (R)Evolution, MMR 2017, 162; Skauradszun/Wrede, Der Sanierungsplan für Emittenten von E-Geld-Token, BKR 2024, 19; Sorge/Krohn-Grimberghe, Bitcoin: Eine erste Einordnung, DuD 2012, 479; Skauradszun, Kryptowerte im Bürgerlichen Recht, AcP 2021, 353; Spiegel, Grundfälle zum virtuellen Geld, JuS 2019, 307; Spindler/Bille, Rechtsprobleme von Bitcoins als virtuelle Währung, WM 2014, 1357; Stadtfeld/Hahn, Rechtliche Herausforderungen bei der Vermarktung von NFT-Lizenzprodukten, SpuRt 2022, 146; Stepanova/Kissler, Der Kryptoverwahrvertrag aus zivilrechtlicher Sicht, BKR 2023, 735; Strobel, Die rechtliche Konstruktion des E-Geldes, BKR 2023, 90; Strobel, Digitaler Euro?, BKR 2021, 556; Strobel, Die Verordnungsentwürfe zum digitalen Euro und zu gesetzlichen Zahlungsmitteln, ZIP 2024, 377; Terlau, MiCAR-Stablecoins - Erlaubnispflichten des Emittenten bei öffentlichem Angebot, Zulassung zum Handel und (nur) Ausgabe, BKR 2023, 809; Terlau, in: Ellenberger/Bunte, Bankrechts-Handbuch, 6. Aufl. 2022, § 35, Elektronisches Geld, virtuelle Währungen (Bitcoins, Ether Coins etc.); Tobler, Non-fungible Tokens – Einsatzmöglichkeiten aus Sicht des deutschen Rechts, in: Taeger, Im Fokus der Rechtsentwicklung – Die Digitalisierung der Welt, 2021, S. 251; von Buttlaer/Omlor, Tokenisierung von Eigentums-, Benutzungs-, Zutritts- und Pfandrechten, ZRP 2021, 169; von Oertzen/Biermann/Lindermann, Kryptowährungen und Kryptokunst – Eine erb- und steuerrechtliche Analyse, ErbR 2022, 762; von Oertzen/Grosse, Kryptowährungsguthaben im Erbrecht und Erbschaftssteuerrecht, DStR 2020, 1651; Walter, Bitcoin, Libra und sonstige Kryptowährungen aus zivilrechtlicher Sicht, NJW 2019, 3609; Wegge, Kryptowährungen, Fan-Tokens und NFTs – ein Blick durch die Sportbrille, SpuRt 2022, 354; Weiss, Die Rückabwicklung einer Blockchain-Transaktion, NJW 2022, 1343; Wellerdt, Non-Funigble-Token, Entstehung einer neuen Anlageklasse?, WM 2021, 2379; Wendehorst, Digitalgüter im Internationalen Privatrecht, IPRax 2020, 490; Wirth, Compliance-Risiken bei virtuellen Währungen, CCZ 2018, 139; Zahrte, Das Financial Data Access und Payments Package Teil I: PSD 3 und PSR, ZIP 2023, 2555; Trends im Zahlungsdiensterecht, Teil II: FIDA, Digitaler Euro und Bargeldregulierung, ZIP 2024, 542.

78 2. **Überblick.** Diese Darstellung ordnet Crypto Assets auf der **Grundlage des deutschen Privatrechts** ein. Nicht einzugehen ist demnach auf internationalprivatrechtliche Aspekte[33] sowie auf die Frage, ob EU-weit einheitliche privatrechtliche Regelungen möglich oder gar erforderlich sind.[34]

79 Die **MiCAR** enthält vor allem **aufsichtsrechtliche Vorschriften** und nur wenige privatrechtliche Vorgaben.[35] Daher ist für **Deutschland** grundsätzlich das deutsche Privatrecht anzuwenden. Dieses wiederum weist bislang keine spezialgesetzlichen Vorschriften für Crypto Assets auf, weshalb die **allgemeinen Grundsätze,** namentlich aus dem deutschen Bürgerlichen Gesetzbuch (BGB), heranzuziehen sind:

80 Denn zwar findet sich aufsichtsrechtlich in der MiCAR eine Legaldefinition des Kryptowertes, indem dieser in Art. 3 Abs. 1 Nr. 5 MiCAR bezeichnet wird als „eine digitale Darstellung eines Werts oder eines Rechts, der bzw. das unter Verwendung der Distributed-Ledger-Technologie oder einer ähnlichen Technologie elektronisch übertragen und gespeichert werden kann". Diese aufsichtsrechtliche Definition ist nicht identisch mit dem engeren Begriff des § 1 Abs. 11 S. 1 Nr. 10 KWG. In der Folge wird dann in der **MiCAR** zwischen **E-Money-Token, vermögenswertreferenzierten Token und sonstigen Crypto Assets** differenziert (vgl. EG 18, Art. 4 ff.; 16 ff.; 48 ff.). Nicht klar wird dabei, wie sich die Begriffe „Crypto Asset" und „Token" zueinander verhalten;[36] die hiesige Darstellung verwendet die beiden Begriffe, soweit nicht anders gekennzeichnet, synonym.

81 Jedoch hilft die aufsichtsrechtliche Unterscheidung der MiCAR aufgrund ihrer inhaltlichen und konstruktiven Offenheit für die privatrechtliche Einordnung nur begrenzt weiter; der Begriff der „digitalen Darstellung eines Wertes oder eines Rechts" ist sehr weit gefasst und so privatrechtlich zu unscharf. Daher empfiehlt es sich für das **Privatrecht**, danach zu unterscheiden, ob der Kryptowert ohne Referenzgegenstand für sich selbst steht (sog. **autonomer Token**) oder ob er rechtlich mit einem anderen Gegenstand, namentlich einer Forderung, verbunden ist (sog. **referenzierter** oder aufgeladener **Token**).[37] Die folgende Darstellung arbeitet allgemeine, möglichst abstrakte Grundsätze dazu heraus.

82 Denn im ersten Fall bildet der Kryptowert per se das Objekt des Rechtsverkehrs und hängt rechtlich nicht von einem anderen Gegenstand ab; ein Beispiel ist der Bitcoin, der nur intrinsischen, jedoch keinerlei extrinsischen Wert hat. In der zweiten Fallgruppe hingegen stellt sich die Frage des Verhältnisses des Kryptowertes zu dem Referenzgegenstand; insbesondere ist hier zu überlegen, ob und wie der Kryptowert eine Tokenisierung („Verbriefung") der dahinterstehenden Rechte oder Werte darstellen kann. Ein Beispiel für ein referenziertes Crypto Asset ist ein Stablecoin, soweit dieser letztlich einen Anspruch auf die Zahlung von Geld oder vergleichbaren Werten darstellt, und sei es nur unter bestimmten Voraussetzungen. (Nach der MiCAR ist dies grundsätzlich der Fall, vgl. EG 19, 57, 67, Art. 39, 49 MiCAR.)

---

[33] S. Omlor/Link Kryptowährungen/Lehmann Kapitel 5, S. 181 ff.; Skauradszun ZfPW 2022, 56; Schwemmer IPRax 2022, 33; Wendehorst IPRax 2020, 490; Kerkemeyer ZHR 184 (2020), 793; Martiny IPRax 2018, 553.
[34] Zu anderen Rechtsordnungen siehe Omlor/Link Kryptowährungen/Omlor, Kapitel 6, S. 278 ff., Rn. 8 f., Rn. 113 ff.
[35] Vgl. etwa Art. 2 Abs. 3 MiCAR, EG 10 und 17 (Erfordernisse der Fungibilität und der Übertragbarkeit), Art. 40, 50, EG 58, 68 (Unverzinslichkeit).
[36] Omlor/Link Kryptowährungen/Omlor, Kapitel 5, S. 278 ff., Rn. 7.
[37] Omlor/Link Kryptowährungen/Omlor, Kapitel 5, S. 278 ff., Rn. 25, 36.

Allerdings ist der Begriff des Stablecoins nicht eindeutig: Der Begriff knüpft an das Ziel an, einen Tauschgegenstand zu schaffen, der wertstabil im Sinne einer möglichst geringen Abweichung von einer Währung oÄ ist. Dafür ist an sich eine 100%-ige Deckung notwendig, die freilich – aus wirtschaftlichen Gründen – nicht immer eingehalten wurde und die man oft durch eine algorithmische Absicherung zu ersetzen versuchte. Weil ursprünglich der Fokus auf diesem Aspekt lag, ist es für einen Stablecoin damit nicht denknotwendig, dass sein Inhaber auch einen Anspruch auf die Lieferung des Basiswerts hat. Sachlich ist ein solcher Anspruch jedoch naheliegend, was die MiCAR umgesetzt hat.

Der Fallgruppe der referenzierten Crypto Assets jedenfalls sehr ähnlich sind sog. Utility-Token, bei denen der Kryptowert gewissermaßen einen „Schlüssel" oder eine Zugangsmöglichkeit zu einer Ware oder (Dienst-)Leistung beinhaltet. 83

Die folgende Darstellung charakterisiert zunächst diese beiden privatrechtlichen Grundtypen von Crypto Assets (nachfolgend II.). Dann folgt ein Abschnitt zur Frage der sog. Tokenisierung als Form der „elektronischen Verbriefung"; diese betrifft naturgemäß allein die referenzierten Token, nicht aber die autonomen (nachfolgend III.). Im Anschluss sind die Fragen der rechtsgeschäftlichen Verpflichtung und Übertragung (nachfolgend IV. und V.) sowie des privatrechtlichen Schutzes nach materiellem und Prozessrecht (nachfolgend VI. und VII.) zu behandeln. 84

II. Autonome und referenzierte Crypto Assets. Die Kategorisierung von Crypto Assets kann im Allgemeinen anhand verschiedener Kriterien erfolgen und eine vollkommen einheitliche Terminologie hat sich noch nicht herausgebildet.[38] In funktioneller Hinsicht besteht weitgehend Einigkeit über eine Dreiteilung in Asset/Security Token, Utility Token und Currency Token. Erstere „verbriefen" ein anderweitiges absolutes Recht wie das Eigentum oder ein relatives Recht wie eine Forderung und stellen in der Sache eine moderne Form eines Wertpapiers dar. Zweitere beinhalten eine Art „Schlüssel" oder Zugangsmöglichkeit zu einer Ware oder (Dienst-)Leistung. Currency Token hingegen fungieren als Zahlungsmittel (Beispiel: Bitcoin).[39] 85

Die MiCAR-Verordnung greift diese herkömmliche Unterscheidung in Teilen auf, indem sie im Besonderen zwischen wertreferenzierten Token, E-Geld-Token und Utility Token unterscheidet, vgl. § 3 Abs. 1 Nr. 5, 6, 7, 9 MiCAR. 86

Für die hier interessierende privatrechtliche Einordnung ist nach dem Gesagten hingegen zu differenzieren zwischen **autonomen** und **referenzierten Crypto Assets:** Bei ersteren gibt es keinen Referenzgegenstand, auf den der Kryptowert rechtlich Bezug nimmt; vielmehr steht das Crypto Asset für sich selbst (Beispiel: Bitcoin). Bei referenzierten Crypto Assets verhält es sich hingegen anders. Der Unterschied ist deshalb von Bedeutung, weil sich nur bei referenzierten Crypto Assets, nicht aber bei autonomen die Frage der sog. Tokenisierung als Form der „elektronischen Verbriefung" stellt. Im Übrigen bestehen aber keine wesentlichen Unterschiede, so dass die Fragen von Übertragung, Belastung etc. der beiden privatrechtlichen Kategorien von Crypto Assets prinzipiell parallel verlaufen. 87

---

[38] Überblick etwa Omlor/Link Kryptowährungen/Omlor, Kapitel 6, S. 278 ff., Rn. 17 ff.
[39] Zum Zahlungsverkehr: Omlor JuS 2019, 289; Omlor ZRP 2018, 85. Zu Compliance-Risiken: Wirth CCZ 2018, 139.

88 **1. Autonome Crypto Assets.** Bei **autonomen Crypto Assets,** deren Musterbeispiel der Bitcoin darstellt, **steht der Kryptowert** ohne rechtlichen Referenzgegenstand **für sich selbst.** Andere, gleichbedeutende Begriffe sind intrinsischer Token und Natural Token.[40] Der autonome Token bildet also per se das Objekt des Rechtsverkehrs und ist rechtlich nicht mit einem anderen Gegenstand, namentlich einer Forderung, verbunden. Eine rein wirtschaftliche Anknüpfung, ohne rechtliche Verbundenheit, steht hingegen einem autonomen Crypto Asset nicht entgegen. Beispielsweise könnte privatrechtlich theoretisch ein Token geschaffen werden, der wirtschaftlich die Entwicklung eines Aktienindex abbildet, ohne aber in irgendeiner Weise rechtlich einen Anspruch auf die Lieferung der zugrunde liegenden Aktien zu „verbriefen", so dass der Inhaber eines solchen Crypto Assets – jenseits seines Glaubens an dessen inneren Wert – nicht abgesichert wäre.

89 Ist das autonome Crypto Asset einmal entstanden, also zB der Bitcoin durch Mining zur Entstehung gelangt,[41] was für die hiesigen Betrachtungen vorausgesetzt wird,[42] so stellen sich vor allem die Fragen der Übertragung, der Belastung und des privatrechtlichen Schutzes (einschließlich der prozessualen Seite) des autonomen Crypto Assets (nachfolgend III.-VII.). Anders als bei referenzierten Token kommt es hier naturgemäß nicht darauf an, wie sich Token und zugrunde liegender Basiswert zueinander verhalten und wie der Basiswert mit dem Token verbunden werden kann (sog. Tokenisierung), da ein solcher Basiswert bei autonomen Crypto Assets gerade nicht existiert.

90 **2. Referenzierte Crypto Assets. Referenzierte Crypto Assets** – andere, gleichbedeutende Begriffe sind aufgeladene Token, extrinsische Token und Charged Token[43] – sind solche, die ihren Wert nicht in sich selbst tragen.[44] Vielmehr **nehmen** sie im rechtlichen Sinne **Bezug auf einen anderen Gegenstand,** namentlich eine Forderung. Im Folgenden wird für diesen anderen Gegenstand auch der Begriff „Basiswert" verwendet; dieser Begriff ist im rechtlichen Sinne zu verstehen, nicht hingegen genügt eine rein wirtschaftliche Abhängigkeit. Ein Beispiel ist für ein referenziertes Crypto Asset ein Stablecoin, soweit dieser einen Anspruch auf die Zahlung von Geld „verbrieft". (siehe oben I. 2.) Hier ergeben sich mit Blick auf Übertragung, Belastung und Rechtsschutz grundsätzlich die gleichen Rechtsfragen wie bei autonomen Token (siehe unten IV.-VII.).

91 Hinzu tritt jedoch eine **vorgelagerte,** höchst bedeutende **Frage:** Weil referenzierte Crypto Assets rechtlich von einem Basiswert abhängen und gewissermaßen nur das Vehikel für diesen darstellen, stellt sich die Frage des Verhältnisses des Kryptowertes zu dem Referenzgegenstand. Insbesondere ist hier zu überlegen, ob und wie der Kryptowert eine „Verbriefung" **(Tokenisierung)** der dahinterstehenden Rechte oder Werte darstellen kann.[45] Mit anderen Worten geht es um die Frage, ob funktionell ein Wertpapier geschaffen werden kann.

---

[40] Omlor/Link Kryptowährungen/Omlor, Kapitel 6, S. 278 ff., Rn. 25.
[41] Zur technischen Seite siehe Omlor/Link Kryptowährungen/Siegel, Kapitel 3, S. 76 ff. mwN.
[42] Zu ICOs: Behme/Zickgraf ZfPW 2019, 66; Nathman BKR 2019, 540; Krüger/Lampert BB 2018, 1154; Bialluch-von Allwörden/von Allwörden WM 2018, 2118.
[43] Omlor/Link Kryptowährungen/Omlor, Kapitel 6, S. 278 ff., Rn. 25.
[44] S. nur Omlor/Link Kryptowährungen/Omlor, Kapitel 6, S. 278 ff., Rn. 25.
[45] S. nur Kaulartz/Matzke NJW 2018, 3278; Kaulartz/Hirzle/Holl RDi 2022, 324.

Der in Betracht kommende Basiswert kann dabei **grundsätzlich aus** 92
jedem Objekt des Rechtsverkehrs bestehen. Tokenisiert werden können folglich denkbarerweise namentlich subjektive Rechte wie Ansprüche (Beispiel: Stablecoin) oder absolute Rechte (wie das Eigentum[46] an einer Sache), ferner Unternehmensanteile. Auch möglich sind sog. Utility-Token, bei denen der Kryptowert gewissermaßen einen „Schlüssel" oder eine Zugangsmöglichkeit zu einer Ware oder (Dienst-)Leistung beinhaltet. Praktisch am häufigsten dürfte die Tokenisierung von Forderungen sein; so kann nach dem Gesagten ein Stablecoin eine Forderung auf die Zahlung von Geld darstellen.

III. Tokenisierung. Die Frage einer Tokenisierung als Form der „elektronischen Verbriefung" stellt sich nach dem Gesagten (siehe oben II.) nur bei referenzierten Crypto Assets, nicht aber bei autonomen Crypto Assets. Hier sind viele Fragen noch nicht geklärt.[47] Nachfolgend wird zunächst die grundsätzliche Problematik aufgeworfen (nachfolgend III. 1.). Anschließend folgen eine Erörterung des Status quo (nachfolgend III. 2.) und ein Ausblick de lege lata (nachfolgend III. 3.). 93

1. Vorbemerkung. Crypto Asset und Bezugsobjekt sind an sich zwei 94
verschiedene Rechtsobjekte mit jeweils eigenständigem Schicksal.[48] Sie sollen jedoch fortan miteinander verbunden werden, und zwar dergestalt, dass einer der beiden Gegenstände rechtlich in den Vordergrund tritt, während der andere sein Schicksal als eigenständiges Rechtsobjekt verliert. **A priori** gibt es **zwei Möglichkeiten,** dieses Verhältnis zu regeln: Denkbar ist einerseits, dass die Übertragung des Basiswertes das Crypto Asset mit sich zieht („Das Recht am Crypto Asset folgt dem Recht aus dem Crypto Asset."). Andererseits erscheint es möglich, dass die Übertragung des Crypto Assets als solchen zugleich den Basiswert mitüberträgt („Das Recht aus dem Crypto Asset folgt dem Recht am Crypto Asset."). Weitaus bedeutender und im Zentrum des Interesses ist, wie sogleich zu zeigen sein wird, die zweite Konstellation, die man als „Tokenisierung" als eine moderne Form der Verbriefung zu bezeichnen pflegt.

Die **erstgenannte Möglichkeit,** wonach der Basiswert die Führungsrolle 95
übernimmt und so das Crypto Asset mit sich zieht, ist typischerweise nicht gewollt, weil dies dem Ziel des Rechtsverkehrs widerspricht, wonach gerade das Crypto Asset die Leitrolle übernehmen soll. Sollte sich doch einmal die Frage stellen, so wäre Folgendes zu überlegen, ohne dass diese Rechtslage geklärt wäre: Eine ausdrückliche gesetzliche Regelung gibt es nicht. Daher könnte sich eine Verbindung im genannten Sinne womöglich aus dem Rechtsgedanken des § 952 BGB ergeben.[49] Die Folge wäre dann, dass der Satz gelten würde: **„Das Recht an dem Crypto Asset folgt dem Recht aus dem Crypto Asset".** Wenn man eine solche Möglichkeit hingegen ablehnt,[50] so wären mangels Verbindung beide Rechtsobjekte (Basiswert und Crypto Asset) rechtlich unabhängig voneinander zu beurteilen, selbst wenn

---

[46] Zu Eigentumsbruchteilen siehe Kaulartz/Hirzle/Ferri RDi 2023, 104.
[47] Überblick bei Omlor/Link Kryptowährungen/Omlor, Kapitel 7, S. 278 ff., Rn. 34 ff.; Maume/Maute Kryptowerte-HdB/Maute, 2020, S. 138 ff. Rn. 210 ff.; Braegelmann/Kaulartz/Ernst, Rechtshandbuch Smart Contracts/Matzke/Matzke, 2019, S. 181–195.
[48] Siehe etwa Kaulartz/Hirzle/Holl RDi 2022, 324.
[49] Überlegungen bei Kaulartz/Matzke NJW 2018, 3278 (3281).
[50] Dagegen Omlor/Link Kryptowährungen/Omlor, Kapitel 7, S. 278 ff., Rn. 47 f.

ihre Übertragungen tatsächlich parallel zueinander erfolgten und ggf. wechselseitig zum Beweis dienen könnten.

96 In dem **zweiten**, im Folgenden interessierenden **Fall** soll die Übertragung eines referenzierten Crypto Assets den Basiswert mitübertragen und dabei das rechtlich Ausschlaggebende sein („**Das Recht aus dem Crypto Asset folgt dem Recht am Crypto Asset.**"). Hier soll also eine Tokenisierung („Verbriefung") des dahinterstehenden Wertes erfolgen. Vom Rechtsverkehr ist diese Konstellation regelmäßig gewollt. Die Frage ist aber, ob es de lege lata oder zumindest de lege ferenda möglich ist, den Basiswert so mit dem Crypto Asset zu verknüpfen, dass fortan nicht mehr der Basiswert als solcher übertragen wird, sondern die Übertragung des Crypto Assets das rechtlich Ausschlaggebende ist.

97 **2. Tokenisierung de lege lata.** Zentrale Voraussetzung für die Rechtsverkehrsfähigkeit eines referenzierten Tokens ist, dass dieser überhaupt als solcher zur Entstehung gelangen kann. Das setzt eine zulässige „**Verbriefung**" des dahinterstehenden Basiswertes voraus.[51] Die Frage ist also, ob nach geltendem Recht – oder zumindest de lege ferenda – eine Rechtslage geschaffen werden kann, die der wertpapierrechtlichen Situation entspricht, bei der das Recht aus dem Papier dem Recht am Papier folgt.[52] Richtigerweise kommt es dabei **nicht** darauf an, **ob** der Basiswert vor der Ausgabe des Tokens **schon bestanden hat** ob er **zeitgleich zur Entstehung gelangt**.[53] Beides ist möglich und wirft grundsätzlich die gleichen Rechtsfragen mit Blick auf die Tokenisierung auf.

98 Die Problematik besteht darin, dass die erforderliche Rechtssicherheit (namentlich in Form einer Erga-omnes-Wirkung) nur durch eine sachenrechtliche Konstruktion erfolgen kann und hier sehr fraglich ist, ob das derzeitige Instrumentarium ausreicht (nachfolgend a)).[54] Überlegt werden daher schuldrechtliche Hilfskonstruktionen, die aber sämtlich ihre Grenze im Prinzip der Relativität der Schuldverhältnisse finden (nachfolgend b)).

99 **a) Sachenrechtliche Konstruktionen.** Notwendig für eine Tokenisierung als Parallele zur wertpapierrechtlichen Verbriefung ist es, den Basiswert so mit dem Token zu verbinden, dass der Basiswert fortan nicht mehr als eigenständiges Rechtsobjekt aufgefasst und behandelt wird, sondern im Crypto Asset aufgeht und sich so fortan nach dem rechtlichen Schicksal des Tokens richtet.

100 Eine **gesetzliche Vorgabe**, die allgemein eine privatrechtliche Tokenisierung für schlechthin alle Arten von referenzierten Crypto Assets regelt, **existiert (noch) nicht,** was jedoch, wie sogleich zu zeigen sein wird, notwendig ist. Bis zum Inkrafttreten des „Gesetzes zur Einführung über elektronische Wertpapiere" (eWpG) im Jahre 2021 galt Folgendes: Die wertpapierrechtlichen Vorgaben, einschließlich der Grundnorm des § 793 BGB, enthielten zwar strukturell verwandte Regelungen, fokussieren aber herkömmlicherweise auf den Begriff der (physischen) Urkunde aus regelmäßig

---

[51] Allgemein siehe Möslein/Omlor, FinTech Handbuch/Matzke, 2. Aufl. 2021, Kapitel 10, S. 207 ff.; von Buttlaer/Omlor ZRP 2021, 169; Omlor RDi 2021, 236; Koch ZBB 2018, 359.
[52] Siehe Kaulartz/Matzke NJW 2018, 3278.
[53] Omlor/Link Kryptowährungen/Omlor, Kapitel 6, S. 278 ff., Rn. 94 mwN.
[54] S. Kaulartz/Matzke NJW 2018, 3278; Kaulartz/Hirzle/Holl RDi 2022, 324; Omlor/Link Kryptowährungen/Omlor, Kapitel 6, S. 278 ff., Rn. 93 ff.

Papier,⁵⁵ weshalb eine direkte Anwendung der Normen bislang im Wesentlichen abgelehnt wurde.⁵⁶ Die Rechtslage mit Blick auf eine Tokenisierung war daher so, wie sie historisch auf dem Gebiet des Wertpapierrechts war, bevor sich dort anerkannte Verbriefungsvorschriften herausgebildet hatten.

Fortschritte bringt nunmehr das **eWpG**⁵⁷ mit sich: Zwar betrifft das eWpG nur einen Teilbereich der einschlägigen Sachmaterien, nämlich Schuldverschreibungen auf den Inhaber (§ 1 eWpG) und Anteilsscheine nach § 95 Kapitalanlagegesetzbuch (KAGB). Auch enthält es keine umfassenden privatrechtlichen Regelungen.⁵⁸ **101**

Zu überlegen ist jedoch, **ob** das eWpG **verallgemeinerungsfähige Vorschriften** enthält, die auch für die Frage der Tokenisierung fruchtbar gemacht werden können. Allerdings hat sich darüber noch keine einheitliche Meinung gebildet: **102**

§ 2 Abs. 1 S. 2 eWpG hat zum Inhalt: „Ein elektronisches Wertpapier wird dadurch begeben, dass der Emittent an Stelle der Ausstellung einer Wertpapierurkunde eine Eintragung in ein elektronisches Wertpapierregister (§ 4 Absatz 1) bewirkt." Ferner bestimmt § 25 eWpG für die Übertragung: „(1) Zur Übertragung des Eigentums an einem elektronischen Wertpapier ist es erforderlich, dass das elektronische Wertpapier auf Weisung des Berechtigten auf den Erwerber umgetragen wird und beide sich darüber einig sind, dass das Eigentum übergehen soll. Bis zur Umtragung auf den Erwerber verliert der Berechtigte sein Eigentum nicht. (2) Das Recht aus dem Wertpapier wird mit der Übereignung des elektronischen Wertpapiers nach Absatz 1 übertragen."⁵⁹ **103**

Daraus ist erkennbar: Auch wenn das eWpG keine umfassende privatrechtliche Regelung elektronischer Wertpapiere, geschweige denn weitergehend von Crypto Assets, enthält, so stellt seine Normierung doch privatrechtlich eine bedeutende Neuerung dar. Aus den genannten Normen ist nämlich erkennbar, dass eine „elektronische Verbriefung" grundsätzlich möglich und gesetzlich anerkannt ist. Somit bildet das eWpG ein Vorbild für die Tokenisierung von sonstigen Gegenständen und ist so ist richtigerweise verallgemeinerungsfähig. Aus diesem Grund spricht viel dafür, den Vorschriften der §§ 2 Abs. 1 S. 2, Abs. 3, 25 Abs. 2 eWpG – im Verbund mit der wertpapierrechtlichen Grundnorm des § 793 BGB – den Rechtsgedanken zu entnehmen, dass eine Tokenisierung privatrechtlich ganz allgemein möglich und zulässig ist.⁶⁰ **104**

Sieht man dies so, so ergeben sich **praktisch große Vorteile**, weil damit eine Tokenisierung umfassend und einfach möglich ist: Das referenzierte Crypto Asset entsteht durch Begebung mit Eintragung in das entsprechende, dafür vorgesehene Register. Dennoch ist derzeit festzuhalten, dass sich darüber ein Konsens in Rechtsprechung und Lehre erst noch herausbilden muss und dass diese Heranziehung des Rechtsgedankens des eWpG nichts daran **105**

---

⁵⁵ Genauer: Eine durch Niederschrift verkörperte Gedankenerklärung, siehe nur MüKoBGB/Habersack, 8. Aufl. 2020, BGB § 793 Rn. 5.
⁵⁶ Siehe nur Kaulartz/Matzke NJW 2018, 3278.
⁵⁷ Dazu: Omlor RDi 2021, 236; Linardatos ZBB 2020, 329; Kleinert/Mayer EuZW 2019, 857.
⁵⁸ Siehe zu den Regelungen: Lahusen RDi 2021, 161.
⁵⁹ Zur Übertragung siehe Meier RDI 2021, 1.
⁶⁰ Zurückhaltender: Omlor/Link Kryptowährungen/Omlor, Kapitel 6, S. 278 ff., Rn. 111 (Gesetzgeber müsse tätig werden).

Strobel 23

ändert, dass der Gesetzgeber der Klarstellung und näheren Ausgestaltung wegen eine detaillierte Regelung zur Tokenisierung treffen sollte.

106 Will man mit der Heranziehung des Rechtsgedankens des eWpG de lege lata nicht so weit gehen, gerät man in große Schwierigkeiten, sachenrechtlich die Verknüpfung von Crypto Asset und Basiswert begründen zu können:[61]

107 **Nicht erfolgsversprechend** ist die Überlegung, die Übertragung von Token und Basiswert schlicht **parallel laufen** zu lassen, also etwa die Übertragung des Tokens überdies und zugleich auch als Übertragung des Basiswertes zu vereinbaren oder zumindest auszulegen.[62] Denn zwar könnte man beide Rechtsgeschäfte rechtlich durch einen Bedingungszusammenhang nach § 158 Abs. 1 BGB oder eine Geschäftseinheit nach § 139 BGB zusammenführen.[63] Dies änderte aber nichts daran, dass weiterhin zwei verschiedene, eigenständige Rechtsobjekte vorliegen, die ein unterschiedliches Schicksal nehmen können.[64] Ein Auseinanderfallen ist ohne Weiteres möglich; man denke nur an den Fall, dass der Inhaber den Token und den Basiswert an zwei verschiedene Personen überträgt, und sei es, dass er damit gegen eine anderslautende schuldrechtliche Verpflichtung verstieße (vgl. nur den Unterschied zwischen § 137 S. 2 und 1 BGB). Ebendeshalb bedarf es, wie oben ausgeführt, einer Verbindung im Sinne einer Tokenisierung.

108 **Nicht weiterhelfen** dürfte auch folgende Überlegung: Geht man, wie unten näher ausgeführt wird (siehe unten IV. 2. c) cc)), davon aus, dass die Übertragung eines Crypto Assets nach §§ 413, 398 ff. BGB (analog) erfolgt, so könnte man auf den Gedanken kommen, dass **§ 399 Alt. 2 BGB** (der in gewisser Weise eine Durchbrechung von § 137 S. 1 BGB darstellt) es a fortiori ermöglichte, dass die Übertragung des Tokens nur im Verbund mit einer Übertragung des Basiswertes erfolgen kann. Denn wenn § 399 Alt. 2 BGB schon die Übertragbarkeit ausschließen kann, dann könnte es erst recht zulässig sein, die Übertragung des Tokens von der gleichzeitigen Übertragung des Basiswertes abhängig zu machen. Selbst wenn man aber dies annähme, so wäre damit nicht sichergestellt, dass der Inhaber den Basiswert, der ja auf der Grundlage dieses Gedankens unverändert ein eigenständiges Rechtsobjekt bleibt, nicht doch separat überträgt. Somit stellt sich auch diese Überlegung als praktisch nur beschränkt tauglich dar.

109 **b) Schuldrechtliche Konstruktionen.** Häufig werden angesichts der konstruktiven Schwierigkeiten einer sachenrechtlichen Tokenisierung schuldrechtliche Hilfskonstruktionen vorgeschlagen,[65] die allerdings naturgemäß alle das **Problem der Relativität der Schuldverhältnisse** aufweisen und überdies auch einen gutgläubigen Erwerb nicht ermöglichen. Als Notbehelf können sie allerdings auf den Plan treten, bis sachenrechtlich Klarheit herrscht.

110 So ist es denkbar, dass Basiswert und Crypto Asset **schuldrechtlich verknüpft** werden und sich jeder Erwerber verpflichtet, beides nur im Paket weiter zu übertragen und keinesfalls separate Verfügungen vorzunehmen.[66]

---

[61] Kaulartz/Matzke NJW 2018, 3278; Kaulartz/Hirzle/Holl RDi 2022, 324; Überblick bei Omlor/Link Kryptowährungen/Omlor, Kapitel 6, S. 278 ff., Rn. 102 ff.
[62] Überlegungen bei Omlor/Link Kryptowährungen/Omlor, Kapitel 6, S. 278 ff., Rn. 109 f., der zum gleichen Ergebnis gelangt wie hier.
[63] Kaulartz/Hirzle/Holl RDi 2022, 324 (326).
[64] Omlor/Link Kryptowährungen/Omlor, Kapitel 6, S. 278 ff., Rn. 110.
[65] Kaulartz/Hirzle/Holl RDi 2022, 324 (326) mwN.
[66] Kaulartz/Hirzle/Holl RDi 2022, 324 (326).

Ferner verpflichtet sich jeder Erwerber, diese Verpflichtung seinerseits wieder an einen Einzelrechtsnachfolger weiterzugeben.[67] Solche Abreden sind im Lichte des § 137 S. 2 BGB grundsätzlich möglich (vorbehaltlich namentlich AGB-rechtlicher Regelungen); sie wirken aber nur schuldrechtlich und wegen § 137 S. 1 BGB nicht dinglich. Folglich sind Verstöße dagegen wirksam und führen nur ggf. zu Schadenersatzansprüchen oder zur Verwirkung von Vertragsstrafen.[68] Möglich ist auch ggf. die Durchsetzung eines schuldrechtlichen Unterlassungsanspruchs im Wege der einstweiligen Verfügung.

Ferner wird ein **Auslobungsmodell** überlegt:[69] Hier verspricht der Emittent des Crypto Assets im Wege der Auslobung (§ 657 BGB), er werde jedem, der ihm das Crypto Asset vorlegt, einen bestimmten Vermögenswert leisten.[70] Damit soll sichergestellt werden, dass der jeweilige Inhaber des Crypto Assets den Basiswert verlangen kann. Beispielsweise könnte der Emittent eines Stablecoins jedem, der ihm den Stablecoin vorlegt, die Zahlung von X Euro versprechen. Der Vorteil dieser Lösung ist der grundsätzliche Gleichlauf von Crypto Asset und Basiswert. Problematisch sind jedoch insbesondere die Widerrufsmöglichkeit (vgl. § 658 BGB),[71] der unbegrenzte Adressatenkreis[72] sowie ggf. Formvorgaben (vgl. § 925 BGB; § 15 Abs. 3 GmbHG)[73]. 111

c) Fazit. Gelingt nach den obigen Ausführungen die dingliche Tokenisierung, so ist fortan nur noch das Crypto Asset ein Rechtsobjekt. Der Basiswert verliert seine rechtliche Eigenständigkeit und geht im Crypto Asset auf. Die potentielle Frage, ob eine spätere Trennung mit der Folge des Wiederauflebens der Rechtsobjektivität des Basiswertes möglich ist, wäre genauso zu beantworten wie im klassischen Wertpapierrecht. Regelmäßig wird dies ohnehin nicht gewollt sein. 112

Im Ergebnis fehlt es aber derzeit an umfassenden privatrechtlichen Vorschriften für eine Tokenisierung. Die wertpapierrechtliche Grundnorm des § 793 BGB passt aufgrund ihrer Fokussierung auf den (physischen) Urkundenbegriff nicht. Das eWpG hat nunmehr für seinen Anwendungsbereich ein elektronisches Wertpapier geschaffen. Richtigerweise wird man diesen Rechtsgedanken als verallgemeinerungsfähig ansehen können, so dass man daraus die umfassende Zulässigkeit einer Tokenisierung als „elektronischer Verbriefung" ableiten kann. Ein Konsens darüber hat sich aber noch nicht herausgebildet; es bleibt abzuwarten, ob sich diese Einordnung durchsetzen wird. Wer hingegen diesen Gedanken ablehnt, kann eine Tokenisierung sachenrechtlich de lege lata nicht begründen. Hier bleiben als Ausweichstrategien nur schuldrechtliche Hilfskonstruktionen. 113

3. Tokenisierung de lege ferenda. Nach dem Gesagten (oben III. 1.) ist zwar richtigerweise eine Tokenisierung aufgrund des Rechtsgedankens des § 2 Abs. 3 eWpG iVm § 793 BGB möglich und zulässig. Weil dies aber noch nicht vollständig geklärt ist, sollte der **Gesetzgeber** klarstellen, dass umfas- 114

---

[67] Kaulartz/Hirzle/Holl RDi 2022, 324 (326).
[68] Kaulartz/Hirzle/Holl RDi 2022, 324 (326).
[69] Kaulartz/Hirzle/Holl RDi 2022, 324 (326) mwN; Maume/Maute Kryptowerte-HdB/Maute, 2020, S. 138 ff. Rn. 221 ff.
[70] Kaulartz/Hirzle/Holl RDi 2022, 324 (330).
[71] Kaulartz/Hirzle/Holl RDi 2022, 324 (330 f.).
[72] Kaulartz/Hirzle/Holl RDi 2022, 324 (330 f.).
[73] Kaulartz/Hirzle/Holl RDi 2022, 324 (330 f.).

send eine Tokenisierung im Sinne einer „elektronischen Verbriefung" möglich ist. Einzuführen ist also eine Regelung, die inhaltlich § 2 Abs. 3, 25 Abs. 2, 26 eWpG entspricht.[74]

115 **IV. Verpflichtungs- und Übertragungsgeschäfte.** Die folgende Darstellung gilt im Grundsatz für sämtliche Crypto Assets – gleich ob autonome oder referenzierte –, vorausgesetzt, sie wurden wirksam zur Entstehung gebracht. Mit Blick auf die Verpflichtungs- und Übertragungsgeschäfte als Rechtsgeschäfte unter Lebenden[75] ist im Einzelnen noch vieles strittig. Weitgehend anerkannt ist jedoch, dass als allgemeiner Grundsatz des deutschen Privatrechts das **Trennungsprinzip** Anwendung zu finden hat, wonach zwischen dem auf Übertragung gerichteten **Verpflichtungsgeschäft einerseits** und dem **Übertragungsakt andererseits** zu unterscheiden ist.[76] Ersteres ist im Wesentlichen unproblematisch (nachfolgend IV. 1.), während Zweiteres derzeit noch sehr umstritten ist (nachfolgend IV. 2.).

116 **1. Verpflichtungsgeschäft.** Dem Verpflichtungsgeschäft[77] liegt zugrunde, dass **Inhalt der Leistungspflicht der Erwerb von Crypto Assets** sein soll. Diese Verpflichtung zum Erwerb von Crypto Assets steht mithin im Zentrum (Beispiel: Ankauf von 10 Bitcoin). Davon zu unterscheiden sind diejenigen Fälle, in denen das Crypto Asset (lediglich) die Gegenleistung bildet, während der Leistungsgegenstand ein anderer ist (Beispiel: Kauf eines Autos mit Bitcoin als Zahlungsmittel).[78]

117 Das deutsche **BGB** (und ihm folgend das HGB) weist für Verpflichtungsgeschäfte eine **große inhaltliche Offenheit** auf: Denn zwar orientiert sich das zweite Buch des BGB für schuldrechtliche Verträge häufig am Begriff der „Sache" iSd § 90 BGB, und enthält so scheinbar eine Beschränkung auf körperliche Gegenstände. Beispielsweise spricht § 433 Abs. 1 BGB vom Kaufvertrag über eine „Sache" und § 535 Abs. 1 BGB von der „Mietsache"; Gleiches gilt für Leihe (§ 598 BGB) und Verwahrung (§ 688 BGB). Jedoch ermöglicht die grundsätzliche Inhaltsfreiheit im Schuldrecht die Vereinbarung von Verpflichtungen auch jenseits der gesetzgeberischen Vorschläge der tradierten Vertragstypen. Insbesondere weist die Grundnorm des § 311 Abs. 1 BGB wohlweislich keine Beschränkung auf eine „Sache" iSd § 90 BGB auf. Daher ist anerkannt, dass auch Rechte und noch weitergehend sonstige Gegenstände grundsätzlich Objekte einer Obligation sein können.

118 Im Ergebnis kann damit prinzipiell **jeder Gegenstand**, gleich ob körperlich oder unkörperlich, zum **Inhalt einer schuldrechtlichen Verpflichtung** gemacht werden. Ob man dies bei unkörperlichen Gegenständen wie autonomen Token dogmatisch auf eine analoge Anwendung des jeweiligen Vertragstypus oder auf die Grundnorm des § 311 Abs. 1 BGB stützt, ist im Alltag weitgehend ohne Bedeutung.

---

[74] Vgl. dazu Omlor/Link Kryptowährungen/Omlor, Kapitel 6, S. 278 ff., Rn. 111.
[75] Zum Erbrecht und Erbschaftsteuerrecht siehe v. Oertzen/Biermann/Lindermann ErbR 2022, 762; von Oertzen/Grosse DStR 2020, 1651; zum Erbrecht siehe auch: Medler ZEV 2020, 262; Amend-Traut/Hergenröder ZEV 2019, 113, Bengel/Reimann, Handbuch der Testamentsvollstreckung, 7. Aufl. 2020, § 5.
[76] Siehe nur Koch ZBB 2018, 359 (362).
[77] S. Maume/Maute Kryptowerte-HdB/Maute, 2020, S. 138 ff., 170 ff.; Überblick bei Beck/König JZ 2015, 130.
[78] Dazu → Rn. 140 ff.

119 Für den praktisch wichtigsten Fall, den **Kauf** von Crypto Assets, stellt sich die Frage ohnehin nicht, weil § 453 Abs. 1 BGB ausdrücklich bestimmt, dass auf den Kauf von Rechten und sonstigen Gegenständen die Vorschriften über den Kauf entsprechende Anwendung finden.[79] Der Kauf von Crypto Assets ist demnach gem. **§§ 453 Abs. 1 S. 1 Alt. 2, 433 BGB** („sonstige Gegenstände") ohne Weiteres möglich.[80] In der Folge schuldet der Verkäufer dem Käufer die mängelfreie Verschaffung des betreffenden Crypto Assets, der Käufer den Kaufpreis.[81] Ggf. ist das Widerrufsrecht des Art. 13 MiCAR zu beachten → Art. 13 Rn. 1ff.) sowie sonstiges Verbraucherschutzrecht[82].

120 **Andere Verpflichtungsgeschäfte** sind ohne Weiteres denkbar, beispielsweise ist der Austausch von Token gegen Token ein Tauschvertrag iSd §§ 480, 453 Abs. 1 S. 1 Alt. 2 BGB.[83] Ferner möglich sind etwa ein Schenkungsvertrag gem. § 518 Abs. 1, 2 BGB (in direkter Anwendung, da § 518 BGB nicht den Begriff der „Sache", sondern den weiteren der „Leistung" verwendet), eine unregelmäßige Verwahrung gem. §§ 700, 488 BGB (analog) oder ein Darlehen[84] (sog. crypto lending) gem. §§ 607 ff. BGB analog[85].

121 **2. Übertragungsakt.** Das Vorliegen eines wirksamen Verpflichtungsgeschäftes bewirkt nach nahezu einheiliger Meinung aufgrund des Trennungsprinzips per se noch keinen Übergang des autonomen Crypto Assets. Vielmehr bedarf es eines zusätzlichen und **separaten Übertragungsaktes**. Wie dieser rechtlich aussieht, ist sehr umstritten.[86] Gegenüber stehen sich im Wesentlichen folgende **Auffassungen:** Zum Teil will man die Übertragung des Crypto Assets, zB des Bitcoins, lediglich als Realakt auffassen (siehe nachfolgend b)). Die überwiegende Gegenauffassung verlangt ein Rechtsgeschäft, wobei sie sich in drei Unteransichten aufteilt, deren erste §§ 929 ff. BGB analog anwenden will (siehe nachfolgend c) aa)), während die zweite §§ 878, 925 BGB in entsprechender Anwendung für einschlägig erachtet (siehe nachfolgend c) bb)) und die dritte einen Fall der §§ 413, 398 ff. BGB (analog) gegeben sieht (siehe nachfolgend c) cc)). Zu überlegen ist ferner, ob urheberrechtliche Normen einschlägig sein könnten (siehe nachfolgend d)).

122 **a) Vorbemerkung und Rechtsnatur.** Nahezu Einigkeit besteht darüber, dass eine direkte Anwendung der **§§ 929 ff. BGB nicht** in Betracht kommt.[87] Denn die Normen verlangen eine (bewegliche) „Sache" iSd § 90 BGB und damit definitionsgemäß einen körperlichen Gegenstand. An dieser **Körperlichkeit** aber **fehlt** es bei Crypto Assets, so dass die Norm nicht unmittelbar einschlägig sein kann.[88] Crypto Assets sind keine Sachen, sondern

---

[79] S. nur Maume/Maute Kryptowerte-HdB/Maute, 2020, S. 170 ff., Rn. 122.
[80] Unstrittig, soweit ersichtlich, siehe nur Omlor/Link Kryptowährungen/Omlor, Kapitel 6, S. 278 ff., Rn. 56 f.
[81] Zu weiteren Folgen, einschließlich der Frage von Mängeln, siehe nur Maume/Maute Kryptowerte-HdB/Maute, 2020, Kapitel 2, § 6, S. 170 ff. Rn. 125 ff.
[82] S. dazu Maume/Maute Kryptowerte-HdB/Maume, 2020, § 8, S. 218 ff. mwN.
[83] Maume/Maute Kryptowerte-HdB/Maute, 2020, S. 138 ff., Rn. 140.
[84] Zur Kryptowährungsdarlehen siehe Roß NJW 2021, 3751; Maume/Maute Kryptowerte-HdB/Maute, 2020, S. 138 ff. Rn. 151 ff.
[85] Zur Frage der §§ 491 ff. BGB analog siehe Maume/Maute Kryptowerte-HdB/Maute, 2020, S. 138 ff. Rn. 154.
[86] Überblick bei Omlor/Link Kryptowährungen/Omlor, Kapitel 6, S. 278 ff., Rn. 76 ff. s. ferner Maume/Maute Kryptowerte-HdB/Maute, 2020, § 5, S. 130–137.
[87] Siehe nur Omlor/Link Kryptowährungen/Omlor, Kapitel 6, S. 278 ff., Rn. 81.
[88] Omlor/Link Kryptowährungen/Omlor, Kapitel 6, S. 278 ff., Rn. 81. Siehe auch John BKR 2020, 76. Rechtsvergleichend: Omlor ZVglRWiss 2020, 41.

unkörperliche Gegenstände.⁸⁹ Dies gilt – ebenso wie bei Software als solcher⁹⁰ – unabhängig davon, ob sich das Crypto Asset auf einem Datenträger (CD; USB-Stick etc) befindet oder nicht: Zwar ist dann der Datenträger selbst Sache iSd § 90 BGB, nicht aber wird das Crypto Asset als solches – und nur um dieses geht es hier – zur Sache.

123 **b) Realakt.** Ein Teil der Literatur will aus den technischen Transfermodalitäten oder aus dem Umstand, dass die §§ 929 ff. BGB nicht einschlägig sind, den Schluss ziehen, zur Übertragung des Crypto Assets bedürfe es keines weiteren Rechtsgeschäfts.⁹¹ Ausreichend zur Erfüllung des Verpflichtungsgeschäfts sei vielmehr das **reale Moment der Übertragung,** was rechtlich als Realakt oder „rein tatsächliche Handlung" eingeordnet wird.⁹²

124 Eine solche Lösung entspräche also dem historischen römisch-rechtlichen Verständnis von causa nebst realem Übergabemoment (traditio). Damit aber ist schon das **Gegenargument** de lege lata angeführt: Denn das deutsche BGB hat sich im Gesamtbild gegen ein Konzept entschieden, nach welchem die Übertragung lediglich in einem Realakt besteht. Vielmehr liegt dem Sachenrecht (im weiteren Sinne) insgesamt die Vorstellung zugrunde, wonach aus Gründen der Rechtssicherheit und Rechtsklarheit zum Verpflichtungsgeschäft **ein weiteres Rechtsgeschäft** hinzutritt,⁹³ nämlich das **Verfügungsgeschäft.** Diese Vorgabe muss auch für neue Fallgestaltungen wie Crypto Assets gelten, so dass auch hier nicht auf ein separates Verfügungsgeschäft verzichtet werden kann.

125 **c) Rechtsgeschäftliche Übertragung.** Nach wohl überwiegender Auffassung⁹⁴ ist daher über das Verpflichtungsgeschäft hinaus zur Übertragung des Crypto Assets ein **weiteres Rechtsgeschäft vonnöten.** Allerdings ist umstritten und, soweit ersichtlich, bisher noch nicht höchstrichterlich geklärt, wie dieses auszusehen hat:

126 **aa) §§ 929 ff. BGB analog.** Mitunter werden die Vorschriften der **§§ 929 ff. BGB in analoger Anwendung** herangezogen.⁹⁵ Erforderlich sei zum einen eine dingliche Einigung nach §§ 929 ff., 145 BGB. Zum anderen sei, weil mangels Körperlichkeit an Crypto Assets kein Besitz möglich ist, ein Ersatz für die „Übergabe" erforderlich, um das Publizitätsprinzip zu wahren. Dies geschehe durch die Umschreibung des Crypto Assets auf der Blockchain⁹⁶ bzw. vergleichbare Handlungen.⁹⁷

127 Im Ergebnis wird so verfügungsmäßig das Crypto Asset parallel zu einer Sache behandelt. Auch die Regeln über einen gutgläubigen Erwerb sind einschlägig, §§ 932 ff. BGB, wobei Rechtsscheinträger die Eintragung auf der

---

⁸⁹ Siehe nur BeckOGK/Mössner, Stand: 1.5.2023, BGB § 90 Rn. 98 mwN; Maume/ Maute Kryptowerte-HdB/Maute, 2020, § 4, S. 110–129 (ausführlich zur Rechtsnatur).
⁹⁰ Siehe nur BeckOGK/Mössner, Stand: 1.5.2023, BGB § 90 Rn. 83 ff. mwN.
⁹¹ Vgl. Engelhardt/Klein MMR 2014, 355 (357); Kaulartz/Matzke NJW 2018, 3278 (3280); Lerch ZBB 2015, 190 (196).
⁹² S. Maute, Responsio – Warum die Übertragung von Bitcoins kein dingliches Rechtsgeschäft erfordert, in: Privatrecht 2050 – Blick in die digitale Zukunft, 2020, S. 181–215.
⁹³ Koch ZBB 2018, 359 (362).
⁹⁴ S. nur Omlor/Link Kryptowährungen/Omlor, Kapitel 6, S. 278 ff., Rn. 76 ff. mwN.
⁹⁵ In diese Richtung Spindler/Bille WM 2014, 1357 (1362 f.); Schlund/Pongratz DStR 2018, 598 (600).
⁹⁶ Zur Blockchain siehe auch Schrey/Thalhofer NJW 2017, 1431; Kaulartz CR 2016, 474; Weiss NJW 2022, 1343.
⁹⁷ Vgl. Koch ZBB 2018, 359 (362 ff.).

Blockchain oder der private Schlüssel des Nutzers ist.[98] Der **Vorteil** dieser Lösung, wie auch derjenigen über §§ 873, 925 BGB, ist, dass bei ihr im Ausgangspunkt umfassende Vorschriften vorhanden sind und auch ein gutgläubiger Erwerb möglich ist; Letzteres ist allerdings mit Blick auf Art. 14 Abs. 1 GG nicht unproblematisch.[99]

bb) §§ 873, 925 BGB analog. Andere wollen die grundstücksrechtlichen **128** Übertragungsregeln der **§§ 873, 925 BGB analog** anwenden.[100] Ihr Ansatz ist folgender: Die Eintragung des Crypto Assets auf der Blockchain (bzw. entsprechenden Handlungen) entspreche der Grundbucheintragung, so dass die entsprechende Umschreibung – im Verbund mit der gleichfalls erforderlichen dinglichen Einigung – wirksam zur Übertragung führe.

cc) §§ 413, 398 ff. BGB (analog). Teilweise werden die **§§ 413, 398 ff.** **129** **BGB direkt oder analog** herangezogen;[101] umstritten, aber ohne große praktische Relevanz ist dabei, ob es sich um eine direkte oder analoge Anwendung handelt. Da § 413 BGB alle nicht spezialgesetzlich geregelten subjektiven Rechte zum Inhalt hat, hängt die Beantwortung der Frage davon ab, ob Crypto Assets derzeit unter den Begriff des „Rechts", dh des absoluten Rechts, des relativen Rechts oder des Gestaltungsrechts, subsumiert werden können. Dabei gilt: Solange man Crypto Assets nicht den in Betracht kommenden absoluten Charakter zuerkennt (was gerade noch strittig ist), wird man sie richtigerweise als sonstige unkörperliche Gegenstände aufzufassen haben und daher § 413 BGB analog anzuwenden haben.

Begründet wird die Heranziehung der §§ 413, 398 ff. BGB (analog) damit, **130** dass diese Norm die **allgemeinste Vorschrift für Übertragungen** im deutschen BGB darstellt,[102] indem es dort heißt: „Die Vorschriften über die Übertragung von Forderungen finden auf die Übertragung anderer Rechte entsprechende Anwendung, soweit nicht das Gesetz ein anderes vorschreibt." In der Folge genügt zur Übertragung des Crypto Assets wie bei der Forderungsübertragung ein (dinglicher) Vertrag, der zwischen Veräußerer und Erwerber als formlose Einigung erfolgen kann.

Damit ist zugleich das **Problem** angesprochen: Wenn die bloße Einigung **131** zur Übertragung genügt, dann bedeutet dies umgekehrt, dass der Rechtsübergang ohne Rücksicht auf einen **Publizitätsakt** erfolgt. Namentlich wäre ein technischer Transfer des Assets nicht erforderlich. Für den Fall einer Bitcoin-Transaktion hieße dies also, dass die Rechtsübertragung erfolgen könnte, ohne dass der Bitcoin vom Veräußerer-Wallet in das Erwerber-Wallet gelangen müsste.

Ersichtlich kann dies für Crypto Assets sachlich nicht richtig sein, da diese – **132** anders als Forderungen, welche reine Gebilde der Gedankenwelt sind und so ohne technische „Hilfsmittel" existieren – schon zu ihrer Entstehung einer Eintragung in ein Register bedürfen und auch die Übertragung eine Registeränderung und damit ein reales Moment voraussetzt. Fraglich ist jedoch, wie man – im Rahmen der §§ 413, 398 BGB (analog) – das **Erfordernis des technischen Transfers** in das Rechtsgeschäft einbettet. Überlegt wird eine

---

[98] Koch ZBB 2018, 359 (363 f.).
[99] S. Omlor/Link Kryptowährungen/Omlor, Kapitel 6, S. 278 ff., Rn. 82.
[100] Ammann CR 2018, 379 (382); Veil ZHR 183 (2019), 346 (350). Dagegen: Koch ZBB 2018, 359 (364).
[101] Etwa: Zickgraf AG 2018, 293 (299).
[102] S. nur Omlor/Link Kryptowährungen/Omlor, Kapitel 6, S. 278 ff., Rn. 80, 84 ff.

(dingliche) Modifikation des § 398 BGB aufgrund der lediglich entsprechenden Anwendung.[103] Denkbar ist ferner, eine solche Erweiterung der Voraussetzungen in § 399 Alt. 2 BGB analog zu suchen:[104] Wenn – bei direkter Anwendung – die Übertragung eines Rechts durch Vereinbarung mit dem Schuldner ausgeschlossen werden kann, so könnte es möglich sein, ein Crypto Asset von vornherein mit dem Inhalt und der Bestimmung auszugeben, dass seine Übertragung nur im Verbund mit der Registeränderung erfolgen kann. Überlegt wird überdies, die Lösung durch die Vereinbarung eines Formerfordernisses herbeizuführen.[105] Allgemein anerkannt sind diese Lösungsansätze aber noch nicht.

133 **Im Ergebnis** bedeutet dies: Beim Weg über §§ 413, 398 ff. BGB erscheint es **möglich,** wenn auch noch nicht feststehend, für die Übertragung des Crypto Assets nicht nur eine dingliche Einigung, sondern überdies auch den technischen Transfer, namentlich eine Änderung der Eintragung auf der Blockchain, zu verlangen. Für den Erwerb vom Berechtigten erweisen sich die Vorschriften damit als geeignet. Ungeklärt – und ein **Manko** dieses Lösungsweges – bleibt jedoch, wie sich ein etwaiger **gutgläubiger Erwerb** gestaltete, weil die §§ 398 ff. BGB (abgesehen von § 405 Alt. 2 BGB) keine dahingehenden Vorschriften enthalten.

134 **dd) Urheberrechtliche Überlegungen.** Ein Rechtsschutz nach Urheberrecht wird – soweit ersichtlich, unstrittig – nicht für einschlägig erachtet, weil es an einer persönlichen geistigen Schöpfung iSd § 2 Abs. 2 UrhG fehle.[106]

135 **ee) Fazit und Ausblick de lege ferenda.** Die Frage, wie die Übertragung des Crypto Assets nach deutschem Privatrecht erfolgt, ist umstritten und, soweit ersichtlich, nicht höchstrichterlich geklärt. Weitgehend klar ist, dass die vom schuldrechtlichen Grundgeschäft zu trennende Übertragung nicht lediglich einen Realakt darstellt, sondern ein Rechtsgeschäft verlangt. Nach welchen Normen dieses Rechtsgeschäft erfolgt, ist ungeklärt: Einigkeit besteht noch darüber, dass erstens mangels Sach- oder Grundstücksqualität des Crypto Assets weder §§ 929 ff. BGB noch §§ 873, 925 BGB direkt anwendbar sind, sowie dass zweitens als Mindestvoraussetzung eine dingliche Einigung nach §§ 145 ff. BGB notwendig ist.

136 Diskutiert werden eine Analogie zu §§ 929 ff. BGB oder zu §§ 873, 925 BGB, um begründen zu können, warum neben der dinglichen Einigung auch der technische Transfer, namentlich die Umschreibung auf der Blockchain, erforderlich ist. Eine dritte Auffassung will §§ 413, 398 BGB (analog) heranziehen; das an sich fehlende Erfordernis des technischen Transfers möchte sie durch eine dingliche Modifikation der §§ 413, 398 BGB oder durch ein Formerfordernis begründen. Diese Ansicht hat zwar die dogmatische Folgerichtigkeit für sich, da §§ 413, 398 BGB (analog) die allgemeinste Vorschrift für Übertragungen im deutschen Privatrecht darstellen. Jedoch hat diese Lösung den praktischen Nachteil, dass es an einem Regime für einen gutgläubigen Erwerb mangelt, weshalb sie als nur begrenzt geeignet erscheint.

---

[103] S. nur Omlor/Link Kryptowährungen/Omlor, Kapitel 6, S. 278 ff., Rn. 85.
[104] S. dazu Skauradszun AcP 221 (2021), 353 (376 ff.).
[105] S. nur Omlor/Link Kryptowährungen/Omlor, Kapitel 6, S. 278 ff., Rn. 85.
[106] S. Walter NJW 2019, 3609; Engelhardt/Klein MMR 2014, 355 (357). – Zu NFT: Kaulartz/Schmid CB 2021, 298 (300 f.).

Im Ergebnis besteht somit, unabhängig von dem Streit um die rechtliche 137 Konstruktion, weitgehend **Einigkeit** darüber, dass der Erwerb vom Berechtigten eine **dingliche Einigung und den technischen Transfer, namentlich die Umschreibung auf der Blockchain, erfordert.**[107] Dies ist auch sachgerecht. Offen bleibt hingegen namentlich die Frage eines gutgläubigen Erwerbs.

Um diese Probleme zu überwinden und überdies Klarheit herbeizuführen, 138 sollte der **Gesetzgeber** eine **privatrechtliche Regelung für Crypto Assets** implementieren. Die Einführung eines § 90b BGB, nach welchem die für Sachen geltenden Vorschriften entsprechend anzuwenden sind, würde zwar die grundsätzliche Anwendbarkeit klären, dürfte aber nicht ausreichend sein, weil Crypto Assets aufgrund ihrer fehlenden Körperlichkeit andere Sachprobleme als der „Besitz" hervorrufen.[108] Notwendig werden damit umfangreiche Vorschriften zum Rechtsnatur der Crypto Assets sowie zur Übertragung von Crypto Assets sein.[109]

3. Belastung. Belastungen eines Crypto Assets sind denkbar, beispiels- 139 weise durch **Verpfändung** oder Bestellung eines **Nießbrauchs**. Für die Frage, ob und ggf. wie eine solche erfolgen kann, gelten die Ausführungen zur Übertragung entsprechend (oben IV. 1. und 2.). Zu unterscheiden ist demnach zwischen dem Verpflichtungsgeschäft und dem Übertragungsakt, wo sich die gleichen Fragen wie oben stellen.

V. Erwerb mit Crypto Assets. Eine ganz andere Frage ist, wie es recht- 140 lich zu beurteilen ist, wenn mittels Crypto Assets etwas erworben wird.[110] Das **Crypto Asset** stellt dann (lediglich) die **Gegenleistung** dar, wohingegen im Zentrum des Vertrags eine andere Leistung steht. Praktisch relevant wird dies insbesondere beim Einsatz von sog. Kryptowährungen wie Bitcoin als Zahlungsmittel. Beispielsweise soll ein Auto mittels Bitcoins „bezahlt" werden.

Hier gelten die **allgemeinen schuldrechtlichen Grundsätze**. Zu unter- 141 scheiden ist, wie auch sonst, die Ebene des vereinbarten Leistungsinhaltes von derjenigen der Erfüllbarkeit. Demnach ist zunächst (ggf. durch Auslegung, §§ 133, 157 BGB) zu ermitteln, ob das Crypto Asset **von vornherein** die **Gegenleistung** bilden soll. Besonders bedeutsam ist dies beim Kauf: Ist dies nämlich der Fall, ist kein Kaufpreis im Sinne von § 433 BGB und damit kein Kaufvertrag vereinbart, weil § 433 Abs. 2 BGB durch das Erfordernis des „Kaufpreises" auf Geld im Sinne der (staatlichen) Währung Bezug nimmt, was wiederum bei Bitcoin als rein privatrechtlichem Geldsurrogat nicht der Fall ist.[111] Vielmehr ist ein Tausch nach **§ 480 BGB** intendiert.[112] Beispiel: Ein Auto soll „zwei Bitcoin kosten".[113]

Sollte hingegen die Gegenleistung anfänglich auf Geld und **erst später** auf 142 Crypto Assets lauten, so stellt sich die Frage einer nachträglichen Verände-

---

[107] Für eine Gesamtanalogie Arndt, Bitcoin-Eigentum, 2022 S. 113 ff.
[108] S. Omlor/Link Kryptowährungen/Omlor, Kapitel 6, S. 278 ff., Rn. 36.
[109] S. nur Omlor/Link Kryptowährungen/Omlor, Kapitel 6, S. 278 ff., Rn. 36, 92 ff.
[110] S. nur Omlor/Link Kryptowährungen/Omlor, Kapitel 6, S. 278 ff., Rn. 55 ff.; Maume/Maute Kryptowerte-HdB/Maute, 2020, S. 138 ff. Rn. 143 ff.
[111] Zur geldrechtlichen Seite siehe Omlor ZHR 183 (2019), 294; Spiegel JuS 2019, 307; Omlor JZ 2017, 754.
[112] S. nur Omlor/Link Kryptowährungen/Omlor, Kapitel 6, S. 278 ff., Rn. 56 mwN.
[113] Zur Frage der Relevanz von Wertveränderungen bei Zahlungstoken siehe S. Omlor/Link Kryptowährungen/Omlor, Kapitel 6, S. 278 ff., Rn. 61 ff.

rung durch die Parteienvereinbarung. Je nach Parteienwille liegt dann ein **Änderungsvertrag** (§ 311 Abs. 1 BGB), eine **Ersetzungsbefugnis** (facultas alternativa) oder – was regelmäßig der Fall sein wird – eine **Erfüllung-Statt-Abrede** gem. § 364 Abs. 1 BGB vor. Beispiel: Der Kaufvertrag über ein Auto weist zunächst einen Kaufpreis von 20.000 Euro auf. Später wird vereinbart, dass der Vertrag durch Zahlung von 0,8 Bitcoin erfüllt wird (§ 364 Abs. 1 BGB) bzw. erfüllt werden kann (Ersetzungsbefugnis).

143 **VI. Materiell-rechtlicher Schutz von Crypto Assets.** Für die praktische Rechtsdurchsetzung von erheblicher Bedeutung ist, wie Crypto Assets geschützt werden. Hier empfiehlt sich, wie auch sonst, die Unterscheidung zwischen der materiell-rechtlichen (hier VI.) und der prozessualen Seite (nachfolgend VII.):

144 Die Frage, nach welchen Vorschriften sich der Schutz des Crypto Assets richtet, ist noch nicht vollständig geklärt.[114] Für einen vertraglichen Schutz gelten die herkömmlichen schuldrechtlichen Vorschriften. Die Frage eines **außervertraglichen Schutzes** hängt letztlich von der **Einordnung der Rechtsnatur des Crypto Assets** ab. Hier zugrunde gelegt wird die überwiegende Auffassung, wonach das Crypto Asset einen unkörperlichen Gegenstand (eigener Art) darstellt, siehe oben IV. 2. a.

145 Die folgende Darstellung differenziert zwischen den denkbaren wesentlichen Rechtsschutzzielen (Herausgabe, Unterlassung, Schadensersatz), wobei hier nicht auf etwaige (und vorrangige) vertragliche Ansprüche einzugehen ist, für die die vertragsrechtlichen Regelungen gelten.

146 **1. Herausgabe.** Verlangt der rechtliche Inhaber („Eigentümer") des Crypto Assets die Herausgabe von einem nichtberechtigten „Besitzer", so sind folgende Anspruchsgrundlagen ins Auge zu fassen:

147 Die Vindikation nach **§ 985 BGB** in direkter Anwendung scheidet mangels Sachqualität (§ 90 BGB) aus. Eine analoge Anwendung setzt nach den allgemeinen Regeln eine planwidrige Regelungslücke sowie eine Vergleichbarkeit der rechtlichen Lagen voraus. Da eine Regelungslücke vorliegt, die auch planwidrig sein dürfte, stellt sich die Frage, ob Crypto Assets ein dem Eigentum vergleichbarer absoluter Schutz zukommt, namentlich durch positive Zuweisungs- und negative Ausschlussfunktion. Sofern man dies bejaht, was aber derzeit noch nicht geklärt ist, ist die Bejahung der analogen Anwendung des § 985 BGB folgerichtig.

148 **Besitzschutzansprüche** nach §§ 861 f. sowie 1007 BGB sind nicht anwendbar, weil der Besitz nach deutschem Recht auf Sachen iSd § 90 BGB beschränkt ist und damit auf das Moment der Körperlichkeit abzielt, vergleiche § 854 Abs. 1 BGB. Aufgrund der fehlenden Vergleichbarkeit von tatsächlicher Innehabung und Registereintragung dürfte auch eine Analogie nicht in Betracht kommen.[115]

149 **Bereicherungsrechtliche Ansprüche** aus § 812 Abs. 1 S. 1 Alt. 1 (Leistungskondiktion) und § 812 Abs. 1 S. 1 Alt. 2 BGB (Nichtleistungskondiktion) sind grundsätzlich anwendbar, weil der Begriff der „Leistung" denkbar weit gefasst ist und so auch unkörperliche Gegenstände umfasst. § 816 BGB ist dann einschlägig, wenn eine „Verfügung" über das Crypto Asset vorliegt,

---

[114] Ausführlich Omlor/Link Kryptowährungen/Omlor, Kapitel 6, S. 278 ff., Rn. 38, 65 ff.
[115] So im Ergebnis auch Omlor/Link Kryptowährungen/Omlor, Kapitel 6, S. 278 ff., Rn. 67.

was sich wiederum danach richtet, welche Anforderungen man an die Übertragung (respektive Belastung, Aufhebung oder Inhaltsänderung) eines Crypto Assets stellt, siehe oben IV. Nötigenfalls lässt sich ein Schutz regelmäßig aber auch über die allgemeine Nichtleistungskondiktion des § 812 Abs. 1 S. 1 Alt. 2 BGB oder sowie ggf. über die gleichfalls einschlägige angemaßte Eigengeschäftsführung nach §§ 687 Abs. 2, 681 S. 1, 667 Alt. 2 BGB herbeiführen.

2. Unterlassung. Als außervertraglicher Unterlassungsanspruch kommt § 1004 BGB in Betracht, wiederum in analoger Anwendung, weil eine direkte Anwendung das Eigentum an einer Sache iSd § 90 BGB voraussetzt. Hierzu gilt: Aufgrund der großzügigen Anerkennung eines quasinegatorischen Unterlassungsanspruchs (und Beseitigungsanspruchs) durch die Rechtsprechung genießen alle deliktisch geschützten Rechte und Interessen Schutz. Unerheblich ist dabei, welche Deliktsnorm (§ 823 Abs. 1; § 823 Abs. 2; § 824 BGB etc) den Schutz vermittelt. Damit gibt es für Crypto Assets zwei denkbare Ansatzpunkte: Zum einen könnte man Crypto Assets als eigentumsähnliche, absolut geschützte Gegenstände auffassen; hierzu gilt das oben zu § 985 BGB analog Gesagte. Zum anderen können Crypto Assets über § 823 Abs. 2 BGB in Verbindung mit etwa dem Strafrecht geschützt sein (etwa §§ 202a, 303a StGB) und so in § 1004 BGB analog einbezogen sein.[116] 150

3. Schadensersatz. Für außervertraglichen Schadensersatz sind zunächst die Normen der § 823 Abs. 1 BGB, § 823 Abs. 2 BGB und § 826 BGB ins Auge zu fassen:[117] **§ 823 Abs. 2 BGB** iVm strafrechtlichen Normen wie etwa §§ 202a, 303a StGB sowie **§ 826 BGB** sind ohne Weiteres denkbar, unterliegen aber hohen subjektiven Anforderungen (Vorsatz). Vorzugswürdig wäre es daher, wenn die Möglichkeit eines Rückgriffs auf **§ 823 Abs. 1 BGB** bestünde. Die noch nicht vollständig geklärte Frage ist hier wiederum, ob das Crypto Asset aufgrund seiner Eigentumsähnlichkeit als „sonstiges Recht" eingeordnet werden kann. Wenn man dies bejaht, steht einem entsprechenden deliktischen Schutz nichts entgegen. Ebenfalls denkbar ist ein Schadensersatzanspruch aus §§ 687 Abs. 2, 678 BGB. 151

VII. Prozessualer Schutz von Crypto Assets. Die praktische Bedeutung eines Rechtsinstituts hängt maßgeblich von der prozessualen Durchsetzbarkeit ab. Dies knüpft wiederum an die materiell-rechtliche Einordnung des Crypto Assets an.[118] Da hierzu die Diskussion noch in vollem Gange ist (siehe oben IV. und V.), sind viele prozessuale Fragen gleichfalls noch umstritten. Die folgenden Ausführungen müssen sich auf einen Kurzüberblick beschränken und im Übrigen auf die einschlägige Literatur verweisen.[119] Zu unterscheiden ist, wie auch sonst, zwischen dem **Erkenntnisverfahren** (nachfolgend (1)), der **Zwangsvollstreckung** (nachfolgend (2)) und der **Insolvenz** (nachfolgend (3)). 152

1. Erkenntnisverfahren. Hier gelten grundsätzlich die **allgemeinen Regeln.** Denkbar sind damit die Konstellationen der Leistungsklage, der Feststellungsklage und der Gestaltungsklage. Typische Leistungssituationen sind 153

---

[116] So zu Letzterem Omlor/Link Kryptowährungen/Omlor, Kapitel 6, S. 278 ff., Rn. 72.
[117] S. nur Omlor/Link Kryptowährungen/Omlor, Kapitel 6, S. 278 ff., Rn. 72; Maume/Maute Kryptowerte-HdB/Maute, 2020, § 4, S. 110–129 Rn. 39 ff.
[118] So auch Omlor/Link Kryptowährungen/Werner, Kapitel 7, S. 337 ff., Rn. 97.
[119] Omlor/Link Kryptowährungen/Werner, Kapitel 7, S. 337 ff.; Maume Rechtsprechungsübersicht Rn. 76 ff.

Einf. B   Einführung

etwa:[120] Der Kläger verlangt vom Beklagten die geschuldete Übertragung des Crypto Assets (Situation 1). Der Kläger, der dem Beklagten etwas (zB ein Auto) verkauft hatte, begehrt vom Käufer den vereinbarten „Kaufpreis", der in Form von Crypto Assets erfolgen sollte (Situation 2). Der Inhaber eines Crypto Assets verlangt als Kläger vom Beklagten die „Herausgabe" des Crypto Assets (Situation 3), ggf. kombiniert mit einer auf vorheriger Stufe erhobenen Auskunftsklage.

154   Besondere Schwierigkeiten weist dabei die **Formulierung des Antrags** gem. § 254 Abs. 2 Nr. 2 ZPO (aus Anwaltssicht) bzw. die **Titulierung** (aus Richtersicht) auf. Vorgeschlagen wird für die genannten drei Konstellationen mit Blick auf Bitcoin etwa Folgendes:[121]

155   Situation 1 (Ankauf eines Crypto Assets am Beispiel von virtuellen Währungen): „den Beklagten zu verurteilen, in der Blockchain [präzise bezeichnen] einen Anteil der Größe [präzise bezeichnen] an den Kläger zu übergeben [Details ergänzen]".

156   Situation 2 (Bezahlung mit einer virtuellen Währung): „den Beklagten zu verurteilen, aus der Blockchain [präzise bezeichnen] einen Anteil der Größe [präzise bezeichnen] an den Kläger zu übertragen [Details ergänzen, wie die eigene (Bitcoin-)Adresse] und alle damit verbundenen Rechte an den Kläger abzutreten."

157   Situation 3 (Anspruch auf Herausgabe eines privaten Schlüssels): „den Beklagten zu verurteilen, die auf [Hardware präzise bezeichnen] gespeicherte mit der Software [präzise bezeichnen] erstellte Datei (sog. „Privater Schlüssel") an den Kläger auf einem geeigneten Datenträger [technische Details präzise bezeichnen] herauszugeben."

158   **2. Vollstreckungsverfahren.** Für das Vollstreckungsverfahren gelten die **allgemeinen Regeln der §§ 704 ff. ZPO**.[122] Den Ausgangspunkt bildet daher der im Erkenntnisverfahren erlangte Titel.[123] Angesichts des grundsätzlichen Aufbaus des besonderen Teils des Vollstreckungsrechts der ZPO (§§ 802a ff.) ist zu unterscheiden zwischen der Situation, dass wegen einer Geldforderung vollstreckt werden soll (sog. Geldvollstreckung), und derjenigen wegen anderer Ansprüche (sog. Individualvollstreckung).

159   Bei der **Geldvollstreckung** verhält es sich so, dass der Titelschuldner die Zahlung von Geld schuldet, beispielsweise aufgrund des Kaufes eines Autos die Summe von 10.000 Euro, und nun der Zugriff auf sein Vermögen erfolgen soll. In diesem Rahmen stellt sich die Frage, ob auf vorhandene Crypto Assets des Titelschuldners zugegriffen werden kann. Keine „Geldforderung" liegt hingegen vor, wenn der „Preis" einer Ware in Crypto Assets (wie Bitcoin) ausgezeichnet ist,[124] wie in der oben genannten Situation 2, wo der „Kaufpreis" eines Autos etwa 1 Bitcoin betragen soll.

160   In der Konstellation der **Individualvollstreckung** geht es etwa um Situationen, dass die Herausgabe oder Leistung von Crypto Assets tituliert ist, vgl. die obigen Situationen (1) mit (3).

---

[120] Weiterer Überblick bei Omlor/Link Kryptowährungen/Werner, Kapitel 7, S. 337 ff., Rn. 6.
[121] Omlor/Link Kryptowährungen/Werner, Kapitel 7, S. 337 ff., Rn. 47.
[122] Zu Zwangsvollstreckung siehe Maume/Maute Kryptowerte-HdB/Strauch/Handke, 2020, S. 265 ff.; Schmidt/Schmittmann DZWiR 2021, 648; Bachert CR 2021, 356.
[123] Omlor/Link Kryptowährungen/Werner, Kapitel 7, S. 337 ff., Rn. 97, Rechtsprechungsübersicht Rn. 172 ff.
[124] Vgl. OLG Düsseldorf BeckRS 2021, 10405 Rn. 8 und Omlor/Link Kryptowährungen/Werner, Kapitel 7, S. 337 ff., Rn. 101.

a) Geldvollstreckung. Bei der Vollstreckung wegen einer Geldforderung **161** stellt sich die Frage, ob und wie auf vorhandene Crypto Assets des Titelschuldners zugegriffen werden kann. Dies hängt davon ab, wie man Crypto Assets materiell-rechtlich einordnet (siehe oben IV. und V.). In Betracht kommen a priori eine Pfändung nach den Vorschriften über bewegliche Sachen (§§ 808–827 ZPO direkt bzw. analog), eine Pfändung von Forderungen (§§ 828 ff. ZPO direkt oder analog) sowie eine Pfändung von anderen Vermögensrechten (§§ 857 ZPO direkt oder analog):

Eine **Sachpfändung** nach §§ 808 ff. ZPO in direkter Anwendung ist nicht **162** einschlägig, soweit Crypto Assets keine „Sachen" iSd § 90 BGB sind (siehe oben IV. 2. A)).[125] Zum Teil vertreten wird allerdings eine analoge Anwendung der Vorschriften.[126]

Eine **Forderungspfändung** nach §§ 828 ff. ZPO kommt bei Crypto **163** Assets in direkter Anwendung nicht in Frage, da diese keine „Forderungen", sondern (sonstige) unkörperliche Gegenstände sind (siehe oben IV. 2. a)). Dennoch wird dies teilweise für möglich erachtet.[127]

Vorzugswürdig dürfte es daher sein, auf **§ 857 ZPO (analog)** abzustel- **164** len.[128] Danach gelten die §§ 829 ff. ZPO entsprechend, wenn es sich um ein anderes Vermögensrecht handelt. Dies sind solche geldwerten Rechte, die weder einen Geldanspruch (§ 829 ZPO) noch einen Herausgabeanspruch (§ 846 ZPO) betreffen noch der Zwangsvollstreckung in das unbewegliche Vermögen unterliegen (§ 864 ZPO).[129] Vorausgesetzt ist ferner, dass es sich nicht um ein unselbstständiges Nebenrecht handelt und das Vermögensrecht übertragbar ist. Für Crypto Assets trifft dies grundsätzlich zu. Die Frage der direkten oder analogen Anwendung des § 857 ZPO hängt davon ab, ob man Crypto Assets (schon) absoluten Charakter zuerkennt oder nicht;[130] praktisch dürfte der Streit jedoch ohne große Bedeutung sein.

b) Individualvollstreckung. In der Situation der sog. Individualvollstre- **165** ckung lautet der Titel auf **Herausgabe oder Leistung eines Crypto Assets.** Hier kommen die Vorschriften der **§§ 883–886 ZPO** direkt mangels Sacheigenschaft nicht in Betracht.[131] Zum Teil wird allerdings eine analoge Anwendung der §§ 884 Alt. 2, 883 ZPO vorgeschlagen, soweit man sie Wertpapieren gleichstellt.[132]

Wohl überwiegend werden hingegen die **§§ 887 f. ZPO (analog)** heran- **166** gezogen, wobei im Einzelnen strittig ist, wann bei Crypto Assets eine vertretbare und wann eine unvertretbare Handlung vorliegt.[133]

3. Insolvenz. Crypto Assets fallen grundsätzlich in die **Insolvenzmasse**[134] **167** nach § 35 Abs. 1 InsO.[135] Verwertet werden sie typischerweise im freihändigen Verkauf, wobei der Insolvenzverwalter zur Erlangung eines etwaigen

---

[125] Omlor/Link Kryptowährungen/Werner, Kapitel 7, S. 337 ff., Rn. 110 ff.
[126] Rückert MMR 2016, 295.
[127] Nachweise bei Omlor/Link Kryptowährungen/Werner, Kapitel 7, S. 337 ff., Rn. 125.
[128] Siehe Omlor/Link Kryptowährungen/Omlor, Kapitel 7, S. 337 ff., Rn. 128 ff.
[129] Siehe nur BeckOK ZPO/Riedel, 49. Edition, 1.7.2023, vor Rn. 1.
[130] Vgl. BeckOK ZPO/Riedel, 49. Edition, 1.7.2023, § 857 Rn. 95 ff.
[131] OLG Düsseldorf BeckRS 2021, 10405 Rn. 8.
[132] Vgl. Krüger/Lampert BB 2018, 1154 (1155).
[133] Siehe Omlor/Link Kryptowährungen/Werner, Kapitel 7, S. 337 ff., Rn. 138 ff. mwN.
[134] Omlor/Link Kryptowährungen/Werner, Kapitel 7, S. 337 ff., Rn. 158 ff.
[135] Zur Insolvenz des Kryptoverwahrers: Schröder/Triantafyllakis BKR 2023, 12.

Einf. C   Einführung

persönlichen Schlüssels einen Auskunftsanspruch nach § 97 InsO hat, den er ggf. nach § 98 Abs. 2 InsO durchsetzen kann.[136]

C. Steuerrechtliche Einordnung von Crypto-Assets

168   **I. Steuerrecht – Deutschland. 1. Einleitung. a) Literatur.** *Schroen,* Sind „Bitcoin und Co." Wirtschaftsgüter gemäß der gefestigten BFH-Rechtsprechung?, DStR 2019, 1369; *Schroen,* Besteuerungsmöglichkeit von Veräußerungsgeschäften mit sog. „Krypto-Assets" nach § 23 EStG i. V. m. § 39 AO – Teil I, BB 2021, 2133; *Schroen,* Besteuerungsmöglichkeit von Veräußerungsgeschäften mit sog. „Krypto-Assets" nach § 23 EStG i. V. m. § 39 AO – Teil II, BB 2021, 2199; *Schroen,* Besteuerungsmöglichkeit von Veräußerungsgeschäften mit sog. „Krypto-Assets" nach § 23 EStG i. V. m. § 39 AO – Teil III, BB 2021, 2263; *Andres,* Besteuerung von DLT-Systemen am Beispiel des Bitcoin ohne spezialgesetzliche Grundlage zulässig?, DStR 2021, 1630; *Gessner,* Besteuerung virtueller Werte im Lichte des § 39 AO am Beispiel von Bitcoin, StB 2021, 379; *Lohmar/Jeuckens,* „To the Moon", aber abzüglich Steuern? Die ertragsteuerliche Behandlung von virtuellen Währungen (Teil I), DStR 2022, 1833; *Krauß/Blöchle,* Einkommensteuerliche Behandlung von direkten und indirekten Investments in Kryptowährungen, DStR 2018, 1210; *Brandis/Heuermann,* EStG, Dezember 2023, § 23; *Schmidt,* EStG, 43. Aufl. 2024, § 23; BeckOK, EStG, Stand 15.3.2024, § 23; *Freyenfeld/Bacherler,* Krypto-Assets im Umsatzsteuerrecht, NWB 2023, 426; *Lohmar/Jeuckens,* Besteuerung von Kryptowährungen im Privatvermögen: Bestandsaufnahme und Ausblick, FR 2019, S. 110; *Skauradszun,* Handels- und steuerrechtliche Bilanzierung von Kryptowerten und Kryptowertpapieren iSv § 1 Abs. 11 S. 4 KWG, § 4 Abs. 3 eWpG-E, DStR 2021, 1063; *Link,* Bilanzrechtliche Aspekte des BFH-Urteils zu Kryptowährungen vom 14.2.2023 – Herrscht nunmehr Klarheit in Handels- und Steuerbilanz?, BB 2023, 1643; *Hakert/Kirschbaum,* Ether Classic und Bitcoin Cash: Bilanzierung und Besteuerung von Kryptowährungen aus einer Hard Fork, DStR 2018, 881; *Medler,* Sterben 2.0: Erben und Vererben von Kryptowährungen, ZEV 2020, 262; *Troll/Gebel/Jülicher/Gottschalk,* ErbStG, 68. EL März 2024, § 12 Bewertung; *Oertzen/Grosse,* Kryptowährungsguthaben im Erbrecht und Erbschaftsteuerrecht, DStR 2020, 1651.

169   **b) Krypto-Assets im Steuerrecht.** Krypto-Assets als Investitionsobjekte und digitale Zahlungsmittel haben in den letzten Jahren schneller an Bedeutung gewonnen als die steuerrechtlichen Rahmenbedingungen in Deutschland dem folgen konnten. Anders als in Österreich gibt es bislang im deutschen Steuerrecht **keine Legaldefinition** des Begriffs der Kryptowährungen und auch keine spezialgesetzlichen Regelungen zur Besteuerung von Kryptowährungen. Vielmehr erfolgt die Besteuerung in Anwendung allgemein geltender steuerlicher Grundsätze. Die steuerliche Qualifikation von Krypto-Assets und **Kryptowährungen als Wirtschaftsgüter** und damit ihre Steuerbarkeit wurde bis zur Entscheidung des **BFH**[137] zur Besteuerung von Kryptowährungen **vom 14.3.2023** kontrovers diskutiert. Während einige Stimmen in der Literatur die Wirtschaftsgutqualität von Kryptowährungen aufgrund der technischen Ausgestaltung ablehnten und aus diesem Grund die

---
[136] Omlor/Link Kryptowährungen/Werner, Kapitel 7, S. 337 ff., Rn. 171.
[137] BFH BStBl. II 2023, 571.

Veräußerungserlöse für nicht steuerbar hielten[138], bejahten wohl hM in der Literatur[139] (zumindest implizit) sowie die Finanzgerichte[140] und die Finanzverwaltung[141] die Wirtschaftsgutqualität von Kryptowährungen. Der BFH hat nun entschieden, dass es sich bei Kryptowährungen um digitale Vermögenswerte handelt, die wirtschaftlich betrachtet als „Zahlungsmittel" anzusehen sind, auch wenn sie nicht unter den Begriff des „Geldes" fallen, diese objektiv werthaltige und selbständig bewertbare Positionen darstellen, denen nach der maßgeblichen Verkehrsanschauung ein messbarer Wert innewohnt, und die die für Wirtschaftsgüter erforderliche Verkehrsfähigkeit aufweisen[142]. Damit ist die Wirtschaftsgutqualität von Kryptowährungen höchstrichterlich geklärt.

Bislang gab es in Deutschland keine Bestrebungen ausdrückliche Regelungen zur Besteuerung von Krypto-Assets im Gesetz zu verankern. Der folgende Abschnitt bietet daher einen Überblick über die ertrag-, umsatz-, erbschaft- und schenkungsteuerliche sowie bilanzielle Behandlung von Krypto-Assets in Anwendung allgemein geltender steuerlicher Grundsätze unter Berücksichtigung der bisherigen finanzgerichtlichen Rechtsprechung sowie des **BMF-Schreibens vom 22.5.2022** zur ertragsteuerrechtlichen Behandlung von virtuellen Währungen und von sonstigen Token[143]. Letzteres befasst sich ausführlich mit den verschiedenen Begriffen im Zusammenhang mit den Krypto-Assets und bietet dadurch eine Hilfestellung für das Verständnis der Besteuerung von Krypto-Assets[144]. 170

2. Ertragsbesteuerung von Krypto-Assets. a) Einführung. Mangels einer gesetzlichen Sonderregelung im deutschen Steuerrecht zur Besteuerung von Kryptowährungen ist die ertragsteuerliche Behandlung in Anwendung allgemein geltender Besteuerungsgrundsätze zu bestimmen. Tätigkeiten im Zusammenhang mit Krypto-Assets können damit zu Einkünften aus allen Einkunftsarten iSd § 2 Abs. 1 S. 1 EStG führen. Die Besteuerung richtet sich danach, **ob** Kryptowährungen **im Betriebs- oder im Privatvermögen** gehalten werden. Werden Krypto-Investments in einem Betriebsvermögen einer Kapitalgesellschaft, einer gewerblich tätigen oder gewerblich geprägten Personengesellschaft oder in einem gewerblichen Einzelunternehmen getätigt, sind Gewinne aus der Veräußerung von Kryptowährungen unabhängig von einer Haltefrist vollumfänglich als Betriebseinnahmen steuerpflichtig[145]. Korrespondierend sind Verluste vollumfänglich als Betriebsausgaben abzugsfähig[146]. Während Kapitalgesellschaften grundsätzlich keine außerbetriebliche Sphäre besitzen und sich ihnen gehörende Krypto-Assets daher stets im Betriebsvermögen befinden, können Kryptowährungen von Privatpersonen und Personengesellschaften sowohl im Betriebs- als auch im Privatvermögen gehalten werden. Problematisch ist hier insbesondere die Abgrenzung privater Vermögensverwaltung vom gewerblichen Krypto-Handel. 171

---

[138] Schroen DStR 2019, 1369; Schroen BB 2021, 2133; Schroen BB 2021, 2199; Schroen BB 2021, 2263; Andres DStR 2021, 1630; Gessner StB 2021, 379.
[139] Lohmar/Jeuckens DStR 2022, 1833 (1834) mwN.
[140] FG Berlin-Brandenburg DStRE 2019, 1329; FG Baden-Württemberg DStR 2022, 143; FG Köln DStRE 2022, 667.
[141] BMF 10.5.2022, BStBl. I 2022, 668 Tz. 31.
[142] BFH BStBl. II 2023, 571.
[143] BMF 10.5.2022, BStBl. I 2022, 668.
[144] BMF 10.5.2022, BStBl. I 2022, 668 Tz. 1–29.
[145] Krauß/Blöchle DStR 2018, 1210 (1211).
[146] Krauß/Blöchle DStR 2018, 1210 (1211).

172 Auch wenn es im deutschen Steuerrecht bislang – anders als in Österreich – keine Legaldefinition des Begriffs der Kryptowährungen gibt, so ist die von der Finanzverwaltung in das **BMF-Schreiben** zur ertragsteuerrechtlichen Behandlung von virtuellen Währungen und von sonstigen Token aufgenommene **Definition** der virtuellen Währungen mit der Definition von Kryptowährungen nach österreichischem Recht inhaltlich identisch. Demnach sind **virtuelle Währungen** *„digital dargestellte Werteinheiten, die von keiner Zentralbank oder öffentlichen Stelle emittiert oder garantiert werden und damit nicht den gesetzlichen Status einer Währung oder von Geld besitzen, aber von natürlichen oder juristischen Personen als Tauschmittel akzeptiert werden und auf elektronischem Wege übertragen, gespeichert und gehandelt werden können."*[147]

173 Diese Definition wurde von der Finanzverwaltung ausdrücklich in Anlehnung an die Richtlinie (EU) 2018/843 vom 30.5.2018 zur Änderung der Richtlinie (EU) 2015/948 zur Verhinderung der Nutzung des Finanzsystems zum Zwecke der Geldwäsche und der Terrorismusfinanzierung und zur Änderung der Richtlinien 2009/138/EG und 2013/36/EU[148] aufgenommen, womit in Deutschaland genauso wie in Österreich das steuerrechtliche Verständnis **dem geldwäscherechtlichen Verständnis** folgt[149]. Die Finanzverwaltung nennt beispielhaft Bitcoin, Ether, Litecoin und Ripple als die bekanntesten virtuellen Währungen und verweist im Übrigen bzgl. der Auflistung weiterer Beispiele virtueller Währungen auf die Internetseite https://coinmarketcap.com/de[150].

174 Auch **Currency oder Payment Token,** die als Zahlungsmittel eingesetzt werden, werden nach Auffassung der Finanzverwaltung vom Begriff „virtuelle Währung" umfasst.[151] Während das BMF-Schreiben auch auf die Besteuerung von **Security** und **Utility Token** eingeht[152], die nach Auffassung der Finanzverwaltung keine virtuellen Währungen darstellen, so befasst sich das BMF-Schreiben nicht mit der Besteuerung von **NFTs**. Dazu soll es in der Zukunft ein separates BMF-Schreiben geben.

175 **Wirtschaftlicher Eigentümer** der Krypto-Assets nach Auffassung der Finanzverwaltung ist, wer Transaktionen initiieren und damit über die Zuordnung der Einheiten einer virtuellen Währung oder sonstigen Token zu öffentlichen Schlüsseln „verfügen" kann[153]. Dies ist regelmäßig die Inhaberin oder der **Inhaber des privaten Schlüssels, sog. Private Key**[154]. Es ist für die Zurechnung an den wirtschaftlichen Eigentümer jedoch unschädlich, wenn Transaktionen über Plattformen initiiert werden, die private Schlüssel verwalten oder auf seine Anweisung hin einsetzen[155].

176 **b) Laufende Besteuerung von Krypto-Assets. Krypto-Assets im Betriebsvermögen:** Erträge aus der Überlassung von dem **Betriebsvermögen** zuzuordnenden Einheiten von Krypto-Assets stellen Betriebseinnahmen dar. Für die Nutzungsüberlassung erhaltene Einheiten einer virtuellen Währung und sonstige Token werden angeschafft und sind **mit dem Marktkurs** im

---

[147] BMF 10.5.2022, BStBl. I 2022, 668 Tz. 1.
[148] ABl. 2018 L 156, 43 ff.
[149] BMF 10.5.2022, BStBl. I 2022, 668 Tz. 1.
[150] BMF 10.5.2022, BStBl. I 2022, 668 Tz. 1.
[151] BMF 10.5.2022, BStBl. I 2022, 668 Tz. 3.
[152] BMF 10.5.2022, BStBl. I 2022, 668 Tz. 77 ff.
[153] BMF 10.5.2022, BStBl. I 2022, 668 Tz. 32.
[154] BFH BStBl. II 2023, 571; BMF 10.5.2022, BStBl. I 2022, 668 Tz. 32.
[155] BMF 10.5.2022, BStBl. I 2022, 668 Tz. 32.

Zeitpunkt des Zuflusses **zu bewerten**[156]. Im Rahmen eines **Airdrops** erhaltene Einheiten können mit 0 EUR angesetzt werden, wenn im Zeitpunkt des Erwerbs noch kein Marktkurs ermittelbar ist[157]. Sowohl Mining als auch Forging stellen nach Auffassung der Finanzverwaltung in der Regel eine gewerbliche Tätigkeit dar, da die Tätigkeit dem Bild eines Dienstleisters entspricht.[158] Bei einem Mining-Pool kann nach Auffassung der Finanzverwaltung eine Mitunternehmerschaft vorliegen, ein Staking-Pool stellt regelmäßig keine Mitunternehmerschaft dar.[159]

Krypto-Assets im Privatvermögen: Einkünfte aus der Blockerstellung, die keiner anderen Einkunftsart zugerechnet werden können, sind als Leistung nach § 22 Nr. 3 EStG steuerbar. Einkünfte aus dem **Lending** sind gemäß **§ 22 Nr. 3 EStG** steuerbar[160]. Die Nutzungsüberlassung von Krypto-Assets auf Zeit ist hier die Leistung des Steuerpflichtigen. Einnahmen aus **Staking** führen in der Regel ebenfalls zu Einkünften nach § 22 Nr. 3 EStG. Der temporäre Verzicht auf die Nutzung der Einheiten von Krypto-Assets ist die Leistung des Steuerpflichtigen.[161] Durch **Airdrop** zusätzlich erhaltene Einheiten von Krypto-Assets können auch zu Einkünften nach § 22 Nr. 3 EStG führen, zB wenn von den Interessenten eine Leistung zu erbringen ist, insbesondere also bei aktivem Tun wie der Nennung des Airdrops, der Projektinitiatorin oder des Projektinitiators in Beiträgen in sozialen Medien, dem Hochladen eigener Bilder, Fotos oder Videos, auch wenn das Eigentum an den Bildern, Fotos oder Videos bei den Steuerpflichtigen verbleibt[162], oder Zurverfügungstellung personenbezogener Daten[163]. Das soll allerdings dann nicht gelten, wenn bei Airdrop neben einer Leistung auch „der Zufall" über den Erhalt von Krypto-Assets entscheidet[164]. Eine **Hard Fork** führt hingegen nicht zu Einkünften aus § 22 Nr. 3 EStG[165]. Einkünfte nach § 22 Nr. 3 EStG sind gemäß § 22 Nr. 3 S. 2 EStG nicht einkommensteuerpflichtig, wenn sie zusammen mit anderen Einkünften aus Leistungen weniger als 256 EUR im Kalenderjahr betragen haben.

177

Bei einem **Security Token**, welches als eine Schuldverschreibung eine **Kapitalforderung** iSd § 20 Abs. 1 Nr. 7 EStG darstellt, führen während der Haltezeit vereinnahmte Erträge zu **Einkünften aus Kapitalvermögen** (laufende Kapitalerträge)[166].

178

Werden Krypto-Assets einem **Arbeitnehmer** als Gegenleistung für das Zurverfügungstellen seiner Arbeitskraft verbilligt oder unentgeltlich überlassen, so handelt es ich um einen **Sachbezug** iSd § 8 Abs. 2 S. 1 EStG und damit um **Einkünfte aus nichtselbständiger Arbeit** iSd § 19 EStG. Für den Sachbezug gilt die allgemeine **Freigrenze** des § 8 Abs. 2 S. 11 EStG iHv **50 EUR pro Kalendermonat**. Zufluss ist regelmäßig im Zeitpunkt der Einbuchung in die Wallet, frühestens jedoch zu dem Zeitpunkt, ab dem

179

---

[156] BMF 10.5.2022, BStBl. I 2022, 668 Tz. 43, 64.
[157] BMF 10.5.2022, BStBl. I 2022, 668 Tz. 73.
[158] BMF 10.5.2022, BStBl. I 2022, 668 Tz. 39.
[159] BMF 10.5.2022, BStBl. I 2022, 668 Tz. 40.
[160] BMF 10.5.2022, BStBl. I 2022, 668 Tz. 65.
[161] BMF 10.5.2022, BStBl. I 2022, 668 Tz. 48.
[162] BMF 10.5.2022, BStBl. I 2022, 668 Tz. 70.
[163] BMF 10.5.2022, BStBl. I 2022, 668 Tz. 71.
[164] BMF 10.5.2022, BStBl. I 2022, 668 Tz. 72.
[165] BMF 10.5.2022, BStBl. I 2022, 668 Tz. 68.
[166] BMF 10.5.2022, BStBl. I 2022, 668 Tz. 87.

die Token gehandelt werden können¹⁶⁷. Eine lediglich schuldrechtliche Zusage des Arbeitgebers führt noch nicht zum Zufluss, eine **Abtregung des schuldrechtlichen Anspruchs** des Arbeitnehmers auf die Einbuchung der Token in seine Wallet gegen Entgelt an Dritte führt zu diesem Zeitpunkt zum Zufluss von Arbeitslohn beim Arbeitnehmer in Höhe der Differenz zwischen dem Verkaufserlös und den Erwerbsaufwendungen für die Token¹⁶⁸.

180 c) **Einkünfte aus Veräußerungen von Krypto-Assets**. **Krypto-Assets im Betriebsvermögen:** Werden Krypto-Assets im Betriebsvermögen gehalten, sind die Veräußerungserlöse Betriebseinnahmen. Zur Ermittlung des Veräußerungsgewinns sind die individuellen Anschaffungskosten der veräußerten Einheiten abzuziehen. In der Regel sollte es möglich sein diese zuzuordnen und zu identifizieren. Sollten allerdings die individuellen Anschaffungskosten im Einzelfall nicht ermittelt und individuell zugeordnet werden können, so lässt die Finanzverwaltung in so einem Fall auch eine Bewertung mit den durchschnittlichen Anschaffungskosten zu¹⁶⁹. Wird der Bestand der Krypto-Assets als die Summe der **„Unspent Transaction Output"** (**UTXO**) erfasst, so werden im Fall der anteiligen Veräußerung für den nicht veräußerten Teilbetrag, das sog. „Wechselgeld" oder „Change Output", die ursprünglichen Anschaffungsdaten des veräußerten Coins fortgeführt¹⁷⁰.

181 Bei einem **wiederholten An- und Verkauf oder Tausch von Krypto-Assets** kann kann ein solcher Handel eine **gewerbliche Tätigkeit** darstellen. Die **Abgrenzung zur privaten Vermögensverwaltung** kann in der Praxis problematisch sein. Die Finanzverwaltung verweist hierzu auf die Kriterien zum gewerblichen Wertpapier- und Devisenhandel (H 15.7 (9) (An- und Verkauf von Wertpapieren) EStH 2021)¹⁷¹. Regelmäßig wird Handel mit Krypto-Asssets als bloße Verwaltung eigenen Vermögens einzustufen sein, da selbst der häufige An- und Verkauf von Kryptowährungen nach der BFH-Rechtsprechung¹⁷² zum Wertpapierhandel selbst in großem Umfang nicht zu einer Gewerblichkeit führt.

182 **Krypto-Assets im Privatvermögen:** Werden Krypto-Assets im Privatvermögen gehalten und nicht gewerblich gehandelt, so unterliegen Gewinne aus der Veräußerung von Krypto-Assets nach hM in der Literatur¹⁷³, finanzgerichtlichen Rechtsprechung¹⁷⁴ und nach Auffassung der Finanzverwaltung¹⁷⁵ nur dann der Besteuerung als **Einkünfte aus privaten Veräußerungsgeschäften** nach § 22 Nr. 2 iVm § 23 Abs. 1 S. 1 Nr. 2 EStG, wenn der Zeitraum zwischen der Anschaffung und der Veräußerung nicht **mehr als ein Jahr** beträgt. Diese Auffassung ist nunmehr auch vom BFH bestätigt worden¹⁷⁶. § 23 Abs. 1 S. 1 Nr. 2 S. 4 EStG ist nach Auffassung der Finanz-

---

¹⁶⁷ BMF 10.5.2022, BStBl. I 2022, 668 Tz. 89.
¹⁶⁸ BMF 10.5.2022, BStBl. I 2022, 668 Tz. 89.
¹⁶⁹ BMF 10.5.2022, BStBl. I 2022, 668 Tz. 51.
¹⁷⁰ BMF 10.5.2022, BStBl. I 2022, 668 Tz. 23, 56.
¹⁷¹ BMF 10.5.2022, BStBl. I 2022, 668 Tz. 52.
¹⁷² BFH BStBl. II 1999, 448; BFH BStBl. II 2004, 408.
¹⁷³ Ratschow in Brandis/Heuermann, EStG, Dezember 2023, § 23 Rn. 197; Levedag in Schmidt, EStG, 43. Aufl. 2024, § 23 Rn. 25; BeckOK EStG/Trossen, Stand 15.3.2024, § 23 Rn. 204.1; Lohmar/Jeuckens DStR 2022, 1833 (1838).
¹⁷⁴ FG Berlin-Brandenburg DStRE 2019, 1329; FG Baden-Württemberg DStR 2022, 143; FG Köln DStR 2022, 667.
¹⁷⁵ BMF 10.5.2022, BStBl. I 2022, 668 Tz. 51.
¹⁷⁶ BFH BStBl. II 2023, 571.

verwaltung auf Krypto-Assets nicht anwendbar[177]. Damit erfolgt **keine Verlängerung** der Veräußerungsfrist **auf zehn Jahre**. Die Besteuerung als Einkünfte aus privaten Veräußerungsgeschäften nach § 22 Nr. 2 iVm § 23 Abs. 1 S. 1 Nr. 2 EStG gilt nach Auffassung der Finanzverwaltung auch für **Utility Token,** selbst wenn diese als Zahlungsmittel (hybride Token) verwendet werden[178], und für **Security Token,** wenn es sich bei dem vom Token vermittelten Recht um eine Schuldverschreibung handelt und diese Schuldverschreibung ausschließlich einen Anspruch auf Lieferung einer beim Emittenten hinterlegten festgelegten Menge von Einheiten von Krypto-Assets oder einen Anspruch auf Auszahlung des Erlöses aus der Veräußerung der Krypto-Assets durch den Emittenten vermittelt und damit einen **Sachleistungsanspruch** darstellt[179]. Bei einem **Security Token,** welches als eine Schuldverschreibung eine **Kapitalforderung** iSd § 20 Abs. 1 Nr. 7 EStG darstellt, fallen die Einnahmen hingegen als **Einkünfte aus Kapitalvermögen** unter § 20 Abs. 2 S. 1 Nr. 7 EStG[180].

183 Für die Gewinne aus der Veräußerung von Krypto-Assets gilt die **Freigrenze** des § 23 Abs. 3 S. 5 EStG. Demnach bleiben Gewinne steuerfrei, wenn die Summe der aus sämtlichen privaten Veräußerungsgeschäften im Kalenderjahr erzielten Gewinne (Gesamtgewinn) weniger als **600 EUR** beträgt[181].

184 Als **Anschaffung,** also einen entgeltlichen Erwerb von Dritten, versteht die Finanzverwaltung insbesondere die im Zusammenhang mit der **Blockerstellung**[182], ggf. durch einen **ICO** oder **Airdrop**[183] sowie im **Tausch** gegen Einheiten einer staatlichen Währung (zB Euro), Waren oder Dienstleistungen oder gegen Einheiten anderer Krypto-Assets sowie durch **Lending** und **Staking** erlangten Einheiten von Krypto-Assets[184]. Als **Veräußerung,** also eine entgeltliche Übertragung des angeschafften Wirtschaftsguts auf Dritte, versteht die Finanzverwaltung unter **Tausch** von Krypto-Assets in Einheiten einer staatlichen Währung (zB Euro), Waren oder Dienstleistungen sowie in andere Krypto-Assets.[185] Das **Einlösen von Utility Token** ist keine Veräußerung und damit nach Auffassung der Finanzverwaltung ertragsteuerrechtlich unbeachtlich, da es an einer entgeltlichen Übertragung auf Dritte fehlt, wenn lediglich die in den Token verkörperten Ansprüche auf ein Produkt oder eine Dienstleistung eingelöst werden und unter Nutzung der Token die Ware oder die Dienstleistung erhalten wird[186]. Anders ist es, wenn angeschaffte Utility Token veräußert oder als Zahlungsmittel (hybride Token) verwendet werden[187].

185 **Berechnung der Jahresfrist:** Die Jahresfrist des § 23 Abs. 1 S. 1 Nr. 2 EStG beginnt nach jedem Tausch neu. Bei einer Anschaffung oder Veräußerung über eine Handelsplattform ist für die Ermittlung der Jahresfrist auf die dort aufgezeichneten Zeitpunkte abzustellen. Bei einem Direkterwerb

---

[177] BMF 10.5.2022, BStBl. I 2022, 668 Tz. 63.
[178] BMF 10.5.2022, BStBl. I 2022, 668 Tz. 80.
[179] BMF 10.5.2022, BStBl. I 2022, 668 Tz. 85, 86.
[180] BMF 10.5.2022, BStBl. I 2022, 668 Tz. 87.
[181] BMF 10.5.2022, BStBl. I 2022, 668 Tz. 53.
[182] BMF 10.5.2022, BStBl. I 2022, 668 Tz. 42, 54.
[183] BMF 10.5.2022, BStBl. I 2022, 668 Tz. 54, 75.
[184] BMF 10.5.2022, BStBl. I 2022, 668 Tz. 54.
[185] BMF 10.5.2022, BStBl. I 2022, 668 Tz. 54.
[186] BMF 10.5.2022, BStBl. I 2022, 668 Tz. 79 unter Verweis auf BFH BStBl. II 525.
[187] BMF 10.5.2022, BStBl. I 2022, 668 Tz. 80.

oder einer Direktveräußerung ohne Zwischenschaltung von Intermediären lässt die Finanzverwaltung aus Vereinfachungsgründen zu auf den Zeitpunkt abzustellen, der sich aus der Wallet ergibt[188]. Bei einer **Hard Fork** ist der Anschaffungszeitpunkt der Einheiten der neuen virtuellen Währung der Anschaffungszeitpunkt der Einheiten der vor der Hard Fork existierenden virtuellen Währung[189]. Um das Überschreiten der Jahresfrist und damit die Steuerfreiheit von Veräußerungsgewinnen nachzuweisen, müssen die Steuerpflichtigen den Zeitpunkt des Vertragsabschlusses als das maßgebende schuldrechtliche Verpflichtungsgeschäft durch geeignete Unterlagen nachweisen.[190]

186 **Berechnung des Veräußerungsgewinns/-verlusts:** Der Gewinn oder Verlust aus der Veräußerung von Krypto-Assets ist der Veräußerungserlös abzüglich der Anschaffungs- und Werbungskosten. Als **Veräußerungserlös** gilt grundsätzlich das in Euro vereinbarte Entgelt. Im Fall eines Tauschs ist als Veräußerungserlös der Marktkurs der erlangten Einheiten am Tauschtag anzusetzen[191]. Kann ein Marktkurs der erlangten Einheiten nicht ermittelt werden, so wird von der Finanzverwaltung nicht beanstandet, wenn stattdessen der Marktkurs der hingegebenen Einheiten angesetzt wird[192]. Als **Anschaffungskosten** gilt das in Euro vereinbarte Entgelt für die erstmalige Anschaffung der Krypto-Assets bzw. der Marktkurs der hingegebenen Einheiten am Tauschtag zuzüglich eventuell gezahlter Anschaffungsnebenkosten[193] Gemäß § 23 Abs. 1 S. 3 EStG ist bei unentgeltlichem Erwerb die Anschaffung des Rechtsvorgängers maßgebend. Bei einem **Airdrop** sind die Anschaffungskosten mit dem Wert der hingegebenen Daten oder der vorgenommenen Handlung anzusetzen, wobei nach Auffassung der Finanzverwaltung widerlegbar vermutet werden kann, dass der Wert der hingegebenen Daten oder der vorgenommenen Handlung dem Marktkurs der Gegenleistung entspricht und im Fall eines nicht ermittelbaren Marktkurses 0 EUR sein kann[194]. Die im Zusammenhang mit der Veräußerung aufgewendeten Transaktionsgebühren sind als **Werbungskosten** zu berücksichtigen[195].

187 **Verwendungsreihenfolge:** Grundsätzlich gilt der **Grundsatz der Einzelbetrachtung.** Ist eine Einzelbetrachtung nicht möglich, so sollen nach Auffassung der Finanzverwaltung unter Verweis auf BFH für die Zwecke der Haltefrist die zuerst angeschafften Einheiten der Krypto-Assets als veräußert gelten (**sog. FiFo-Methode,** First in First out) und für die **Wertermittlung** die **Durchschnittsmethode** anzuwenden sein[196]. Aus Vereinfachungsgründen lässt die Finanzverwaltung auch für Zwecke der Wertermittlung die Anwendung der sog. FiFo-Methode zu[197]. Die gewählte Methode muss dabei bis zur vollständigen Veräußerung der Einheiten der Krypto-Assets in einer Wallet beibehalten werden (sog. walletbezogene Betrachtung)[198]. Beim Hal-

---

[188] BMF 10.5.2022, BStBl. I 2022, 668 Tz. 55.
[189] BMF 10.5.2022, BStBl. I 2022, 668 Tz. 68.
[190] BMF 10.5.2022, BStBl. I 2022, 668 Tz. 55.
[191] BMF 10.5.2022, BStBl. I 2022, 668 Tz. 58.
[192] BMF 10.5.2022, BStBl. I 2022, 668 Tz. 58.
[193] BMF 10.5.2022, BStBl. I 2022, 668 Tz. 59.
[194] BMF 10.5.2022, BStBl. I 2022, 668 Tz. 75.
[195] BMF 10.5.2022, BStBl. I 2022, 668 Tz. 59.
[196] BMF 10.5.2022, BStBl. I 2022, 668 Tz. 61.
[197] BMF 10.5.2022, BStBl. I 2022, 668 Tz. 61.
[198] BMF 10.5.2022, BStBl. I 2022, 668 Tz. 62.

d) Verlustverwertung. Werden Krypto-Assets **im Betriebsvermögen** 188 gehalten, so sind Verluste vollumfänglich als Betriebsausgaben abzugsfähig. Werden Krypto-Assets **im Privatvermögen** gehalten, so ist ein Ausgleich der **Verluste aus privaten Veräußerungsgeschäften** gem. § 23 Abs. 3 S. 7 EStG nur mit Gewinnen aus privatem Veräußerungsgeschäft im gleichen Kalenderjahr möglich. Sie dürfen nicht nach § 10d EStG abgezogen werden, mindern jedoch nach Maßgabe des § 10d EStG die Einkünfte, die der Steuerpflichtige in dem unmittelbar vorangegangenen Veranlagungszeitraum oder in den folgenden Veranlagungszeiträumen aus privaten Veräußerungsgeschäften nach § 23 Abs. 1 EStG erzielt hat oder erzielt. **Verluste aus Kapitalvermögen** dürfen nicht mit Einkünften aus anderen Einkunftsarten ausgeglichen werden; mindern jedoch die Einkünfte, die der Steuerpflichtige in den folgenden Veranlagungszeiträumen aus Kapitalvermögen erzielt. § 10d Abs. 4 EStG gilt in beiden Fällen entsprechend, so dass der am Schluss eines Veranlagungszeitraums verbleibende Verlustvortrag gesondert festzustellen ist.

e) Wegzugsbesteuerung. Krypto-Assets fallen nicht in den Anwendungs- 189 bereich des § 6 AStG, der die Wegzugsbesteuerung in Deutschland regelt. Der Wegzug aus Deutschland führt damit in Bezug auf die Kryptowährung zu keiner Entstrickungsbesteuerung.

3. Umsatzsteuerrecht. Bislang hat sich mit der umsatzsteuerlichen Be- 190 handlung von Krypto-Assets neben dem EuGH[200] nur das BMF in einem kurzen Schreiben[201] befasst.

a) Umtausch von gesetzlichen Zahlungsmittel in Kryptowährun- 191 **gen.** Nach der Rechtsprechung des **EuGH**[202] handelt es sich bei dem Umtausch konventioneller Währungen in Einheiten der sog. virtuellen Währung Bitcoin und umgekehrt um eine **Dienstleistung gegen Entgelt** iSd Art. 2 Abs. 1 Buchst. c MwStSystRL, die unter die Steuerbefreiung nach Art. 135 Abs. 1 Buchst. e MwStSystRL fällt.

b) Mining von Kryptowährungen. Bei den **Leistungen der Miner** 192 handelt es sich nach Auffassung der Finanzverwaltung um nicht steuerbare Vorgänge.[203] Erhalten die Miner von anderen Nutzern des Systems eine **sog. Transaktionsgebühr**, so wird diese freiwillig gezahlt und steht in keinem unmittelbaren Zusammenhang mit den Leistungen der Miner.[204] Der Erhalt neuer Einheiten von Kryptowährungen als Entlohnung durch das System selbst ist nicht als Entgelt für die Minerleistungen anzusehen, da die Minerleistungen nicht im Rahmen eines Leistungsaustauschverhältnisses erbracht werden.[205] Dieses setzt neben dem Leistenden das Vorhandensein eines identifizierbaren Leistungsempfängers voraus.

In der Literatur wird die Argumentation der Finanzverwaltung bzgl. der 193 umsatzsteuerlichen Behandlung von Transaktionsgebühren im Zusammen-

---

[199] BMF 10.5.2022, BStBl. I 2022, 668 Tz. 62.
[200] EuGH 22.10.2015 – C-264/14 – Hedqvist.
[201] BMF 27.2.2018, BStBl. I 2018, 316.
[202] EuGH 22.10.2015 – C-264/14 – Hedqvist.
[203] BMF 27.2.2018, BStBl. I 2018, 316.
[204] BMF 27.2.2018, BStBl. I 2018, 316.
[205] BMF 27.2.2018, BStBl. I 2018, 316.

hang mit dem Mining auch auf das **Staking** übertragen. Demnach soll das System Leistungsempfänger sein, weshalb auch insoweit kein identifizierbarer Leistungsempfänger vorliegt.[206]

194 c) **Verwendung von Kryptowährungen im Wirtschaftsverkehr.** Bei dem **Umtausch** von konventionellen Währungen in Kryptowährungen und umgekehrt handelt es sich um eine steuerbare sonstige Leistung, die im Rahmen einer richtlinienkonformen Gesetzesauslegung nach § 4 Nr. 8 Buchst. b UStG umsatzsteuerfrei ist.[207] Das gilt allerdings nach Auffassung der Finanzverwaltung nicht für **virtuelles Spielgeld** (sog. Spielwährungen oder Ingame-Währungen), da dieses kein Zahlungsmittel iSd MwStSystRL darstellt.[208]

195 Die Verwendung von Kryptowährungen **als Entgelt** wird für umsatzsteuerliche Zwecke der Verwendung von konventionellen Zahlungsmitteln gleichgesetzt, soweit sie keinem anderen Zweck als dem eines reinen Zahlungsmittels dienen.[209] Die Hingabe von Kryptowährungen zur bloßen Entgeltentrichtung ist somit nicht steuerbar[210].

196 Bislang ungeklärt ist, was für den **Tausch einer Kryptowährung gegen eine andere Kryptowährung** gelten soll. Sieht man die Hingabe der anderen Kryptowährung als eine Entgeltentrichtung an, so wäre der Vorgang nicht steuerbar. Sieht man den Vorgang allerdings als einen tauschähnlichen Umsatz iSd § 3 Abs. 12 S. 2 UStG an, dann wäre dieser gem. § 4 Nr. 8 Buchst. b UstG steuerbefreit. In der Literatur wird aus Vereinfachungsgründen eine Behandlung als eine bloße Entgeltentrichtung und damit als ein nicht steuerbarer Vorgang für vorzugswürdig gehalten.[211]

197 Bei **Zahlung mit Kryptowährung** bestimmt sich das Entgelt beim Leistenden grundsätzlich nach dem Gegenwert in der Währung des Mitgliedsstaates, in dem die Leistung erfolgt, und zu dem Zeitpunkt, zu dem diese Leistung ausgeführt wird[212]. Nach Auffassung der Finanzverwaltung soll in analoger Anwendung des Art. 91 Abs. 2 MwStSystRL die Umrechnung zum letzten veröffentlichten Verkaufskurs (zB auf entsprechenden Umrechnungsportalen im Internet) erfolgen[213]. Dieser ist vom leistenden Unternehmer zu dokumentieren.

198 Bei der **Zahlung von Gebühren für die digitalen Wallets** handelt es sich um eine auf elektronischem Weg erbrachte sonstige Leistungen iSd § 3a Abs. 5 S. 2 Nr. 3 UStG, die nach Maßgabe des § 3a Abs. 2 bzw. Abs. 5 S. 1 UStG steuerbar und steuerpflichtig sind, soweit der Leistungsort im Inland liegt.[214]

199 Bei **Lending** handelt es sich um eine sonstige Leistung nach § 3 Abs. 9 UStG[215]. Sofern der Ort der Leistung im Inland liegt, ist diese auch umsatzsteuerbar, vorausgesetzt die Voraussetzungen der Unternehmertätigkeit nach § 2 Abs. 1 UStG (selbständige Ausübung der gewerblichen oder beruflichen

---

[206] Freyenfeld/Bacherler NWB 2023, 426 (428); Lohmar/Jeuckens FR 2019, 110.
[207] BMF 27.2.2018, BStBl. I 2018, 316.
[208] BMF 27.2.2018, BStBl. I 2018, 316; Abschn. 4.8.3 Abs. 3a S. 2 UStAE.
[209] BMF 27.2.2018, BStBl. I 2018, 316; Abschn. 4.8.3 Abs. 3a S. 1 UStAE.
[210] BMF 27.2.2018, BStBl. I 2018, 316.
[211] Freyenfeld/Bacherler NWB 2023, 426 (427).
[212] BMF 27.2.2018, BStBl. I 2018, 316.
[213] BMF 27.2.2018, BStBl. I 2018, 316.
[214] BMF 27.2.2018, BStBl. I 2018, 316.
[215] So auch Freyenfeld/Bacherler NWB 2023, 426 (429).

Tätigkeit) sind erfüllt. Nach Auffassung in der Literatur soll es sich allerdings um eine umsatzsteuerfreie Leistung nach § 4 Nr. 8 Buchst. a UStG handeln.[216]

4. Bilanzierung von Krypto-Assets. a) Ansatz von Krypto-Assets. 200 Kryptowährungen sind nach Auffassung der Finanzverwaltung **nicht abnutzbare Wirtschaftsgüter materieller Art,** die nach den allgemeinen bilanzsteuerrechtlichen Grundsätzen dem Anlage- oder Umlaufvermögen zuzuordnen sind.[217] Gegenstände sind im Anlagevermögen auszuweisen, wenn sie bestimmt sind, dauernd dem Geschäftsbetrieb zu dienen. Umgekehrt sind sie im Umlaufvermögen auszuweisen, wenn sie nicht dazu bestimmt sind, dauernd dem Geschäftsbetrieb zu dienen. Sie sind bei Zuordnung zum Anlagevermögen unter **Finanzanlagen** iSd § 266 Abs. 2 A. III. HGB und bei Zuordnung zum Umlaufvermögen unter **sonstige Vermögensgegenstände** iSd § 266 Abs. 2 B. II. 4. HGB auszuweisen.[218]

Die Einordnung von Kryptowährungen als nicht abnutzbare Wirtschafts- 201 güter materieller Art ist in der Literatur auf Kritik gestoßen.[219] Diese hält Kryptowährungen für immaterielle Wirtschaftsgüter.[220] Diese Unterscheidung hat insbesondere Bedeutung für den Emittenten eines **Tokens beim ICO.**[221] Da dieser die Token selbst herstellt, hat er sie nach Auffassung des BMF mit den Herstellungskosten zu aktivieren.[222] Für selbst geschaffene immaterielle Vermögensgegenstände des Anlagevermögens besteht demgegenüber handelsrechtlich gemäß § 248 Abs. 2 S. 1 HGB ein Aktivierungswahlrecht und steuerrechtlich gemäß § 5 Abs. 2 EStG ein Aktivierungsverbot.[223] Diese Unterscheidung ist dann nicht von Bedeutung, wenn die durch Mining geschaffenen Currency Token dem Umlaufvermögen zuzuordnen sind.[224] Im Einzelfall ist zu prüfen, ob aus den Ausgabebedingungen der Token vertragliche Verpflichtungen gegenüber den Inhaberinnen und Inhabern der Token resultieren, die als Verbindlichkeit oder Rückstellung auszuweisen wären.[225]

Utility oder **Security Token** können als Wirtschaftsgüter unter den 202 Finanzanlagen oder als Forderungen zu bilanzieren sein[226].

b) Bewertung von Krypto-Assets. aa) Zugangsbewertung. Entgelt- 203 **lich erworbene** Krypto-Assets sind in der Handelsbilanz nach den Grundsätzen der Zugangsbewertung gemäß § 253 Abs. 1 HGB mit den **Anschaffungskosten** anzusetzen. Zu den Anschaffungskosten zählen nach § 255 Abs. 1 S. 2 HGB auch die Anschaffungsnebenkosten. Die für die Blockerstellung sowie als Transaktionsgebühr zugeteilten Einheiten von Krypto-Assets werden angeschafft und sind aus diesem Grund mit den Anschaffungskosten anzusetzen.[227] Die Anschaffungskosten entsprechen dem Marktkurs

---

[216] Freyenfeld/Bacherler NWB 2023, 426 (429); Lohmar/Jeuckens FR 2019, 110.
[217] BMF 10.5.2022, BStBl. I 2022, 668 Tz. 41.
[218] BMF 10.5.2022, BStBl. I 2022, 668 Tz. 41.
[219] Lohmar/Jeuckens DStR 2022, 1833 (1835).
[220] Lohmar/Jeuckens DStR 2022, 1833 (1835); Skauradszun DStR 2021, 1063 (1065).
[221] Lohmar/Jeuckens DStR 2022, 1833 (1835).
[222] BMF 10.5.2022, BStBl. I 2022, 668 Tz. 76.
[223] Lohmar/Jeuckens DStR 2022, 1833 (1835).
[224] Link BB 2023, 1643 (1644).
[225] BMF 10.5.2022, BStBl. I 2022, 668 Tz. 76.
[226] BMF 10.5.2022, BStBl. I 2022, 668 Tz. 77.
[227] BMF 10.5.2022, BStBl. I 2022, 668 Tz. 42.

Einf. C

(dh dem Börsenkurs, wenn vorhanden) im Zeitpunkt der Anschaffung. Bei fehlenden Börsenkursen kann nach Auffassung der Finanzverwaltung ein Kurs von einer Handelsplattform (zB Kraken, Coinbase und Bitpanda) oder einer webbasierten Liste (zB https://coinmarketcap.com/de) angesetzt werden.[228] Der Emittent eines **Tokens beim ICO** hat nach Auffassung des BMF diesen mit den **Herstellungskosten** nach § 255 Abs. 2 HGB zu aktivieren.[229] Die Zugangsbewertung ist nach § 6 Abs. 1 Nr. 2 S. 1 EStG auch für die Steuerbilanz maßgeblich.

204 bb) Folgebewertung. Wertsteigerung von Krypto-Assets führt in der Handels- und Steuerbilanz zu **stillen Reserven,** da die Vermögensgegenstände bzw. Wirtschaftsgüter nur mit höchstens den Anschaffungskosten angesetzt werden.[230]

205 Bei einer **voraussichtlich dauernden Wertminderung** von Krypto-Assets **im Anlagevermögen** zum Abschlussstichtag sind diese nach § 253 Abs. 3 S. 5 HGB mit dem niedrigeren Wert anzusetzen. In der Steuerbilanz kann der niedrigere Teilwert angesetzt werden, wenn die Wertminderung voraussichtlich dauernd iSd § 6 Abs. 1 Nr. 2 S. 2 EStG ist. Krypto-Assets sind allerdings wesensimmanent einer Schwankung unterworfen. Daher ist bei Währungstoken selten mit einer nachhaltigen Wertminderung, sondern häufiger mit einer bloßen Schwankung zu rechnen.[231] In der Regel wird es sich aus diesem Grund um keine dauernde Wertminderung handeln. Bei Krypto-Assets, die im Anlagevermögen als **Finanzanlage** ausgewiesen werden, kann das **Wahlrecht** des § 253 Abs. 3 S. 6 HGB genutzt werden. Diese können auch bei einer nicht dauernden Wertminderung außerplanmäßig abgeschrieben werden. Erholt sich der Wert, darf der niedrigere Wertansatz nach § 253 Abs. 5 S. 1 HGB nicht beibehalten werden. Sollte dieses Wahlrecht ausgeübt werden, wäre dies nicht für die Steuerbilanz maßgeblich.

206 Krypto-Assets, die im **Umlaufvermögen** ausgewiesen werden, unterliegen dem strengen Niederstwertprinzip des § 253 Abs. 4 S. 1 HGB und sind daher am Abschlussstichtag auf den niedrigeren Wert abzuschreiben, der sich aus einem Börsen- oder Marktpreis ergibt.[232] In der Steuerbilanz kann der niedrigere Teilwert angesetzt werden, wenn die Wertminderung voraussichtlich dauernd iSd § 6 Abs. 1 Nr. 2 S. 2 EStG ist.

207 § 6 Abs. 1 Nr. 1 S. 4 EStG enthält ein **steuerbilanzielles Wertaufholungsgebot:** Hat sich der Wert des Tokens im **Anlage- oder Umlaufvermögen** nach einer vorangegangenen Teilwertabschreibung wieder erhöht, ist diese Betriebsvermögensmehrung bis zum Erreichen der Bewertungsobergrenze steuerlich zu erfassen.

208 5. Erbschaft- und schenkungsteuerliche Behandlung von Krypto-Assets. Im Erbfall oder bei Schenkung unterliegen Krypto-Assets gem. § 3 bzw. § 7 ErbStG Erbschaft- bzw. Schenkungsteuer. Eine Schenkung kommt auch in Betracht, wenn die Zuteilung von Einheiten von Krypto-Assets nicht im wirtschaftlichen Zusammenhang mit einer Leistung steht, wie es zB bei einem **Airdrop** der Fall sein kann[233]. Zufluss neuer Einheiten im Zeitpunkt

---

[228] BMF 10.5.2022, BStBl. I 2022, 668 Tz. 43.
[229] BMF 10.5.2022, BStBl. I 2022, 668 Tz. 76.
[230] Skauradszun DStR 2021, 1063 (1069).
[231] Skauradszun DStR 2021, 1063 (1070).
[232] Skauradszun DStR 2021, 1063 (1070).
[233] BMF 10.5.2022, BStBl. I 2022, 668 Tz. 74.

einer **Hard Fork** ist allerdings mangels Vermögensabfluss auf Seiten eines Dritten keine unentgeltliche Zuwendung iSd § 7 Abs. 1 Nr. 1 ErbStG.[234]

Für den **Zeitpunkt der Wertermittlung** kommt es gem. § 11 ErbStG auf den Zeitpunkt der Entstehung der Steuer an (sog. Stichtagsprinzip). Im Erbfall ist das der Todestag des Erblassers, § 9 Abs. 1 Nr. 1 ErbStG, im Fall einer Schenkung der Zeitpunkt der Ausführung der Zuwendung, § 9 Abs. 1 Nr. 2 ErbStG. **Nachträgliche Wertverluste** bleiben unberücksichtigt. Unbillige Ergebnisse können nur durch **Billigkeitsmaßnahmen** beseitigt bzw. gemildert werden, wobei es sich dabei jeweils um Einzelfallentscheidungen der Finanzbehörden handelt.[235]

Für die Besteuerung nach dem ErbStG sind nach § 12 Abs. 1 ErbStG die allgemeinen **Bewertungsvorschriften** des BewG anwendbar. Nach wohl hM in der Literatur scheidet eine Bewertung nach § 11 BewG mangels Anteilscharakter und nach § 12 BewG mangels einer Kapitalforderung aus.[236] Aus diesem Grund hat die Bewertung nach § 9 BewG mit dem gemeinen Wert zu erfolgen[237]. Das entspricht auch der Auffassung der Finanzverwaltung[238].

II. Steuerrecht – Österreich. 1. Einleitung. a) Literatur. *Adriouich/Deichsel,* Änderungen im Bereich der Einkünfte aus Kapitalvermögen im Zuge des AbgÄG 2023 – eine kritische Replik, ÖStZ 2023, 412; *Anderwald,* Steuererhebung bei Einkünften aus Kryptowährungen, ÖStZ 2023, 61; *Arming/Wurmhöringer,* Kryptowährungen in Privatstiftungen Teil 1: Bilanzierung von Kryptowährungen. SWK 2022/13–14, 622; *Artmann/Bieber/Mayrhofer/Schmidt/Tumpel* (Hrsg), Crypto Assets (2022); *Cserny/Deichsel/Petritz,* Die KESt und ihre Abgeltungs- und Vorauszahlungsfunktion, SWK 2022, 315; *Deichsel,* Besteuerung von Kryptowährungen gem § 27b EStG – Paradigmenwechsel bei der Besteuerung eines immer mehr an Bedeutung gewinnenden Phänomens, ÖStZ 2022/5, 30; *Deichsel/Wedl,* Die Bilanzierung von Krypto-Assets in der Rechnungslegung nach UGB und IFRS, RwSt 2021/4, 61; *Enzinger,* Initial Coin Offerings im Steuerrecht, SWK 2017, 1349; *Hirschler/Kanduth-Kristen/Zinnöcker* (Hrsg), Kryptowährung als unkörperliches Wirtschaftsgut, SWK Spezial Einkommensteuer (2019); *Doralt/Kirchmayr/Mayr/Zorn,* EStG, 23. Aufl. (2022); *Kirchmayr/Mayr/Hirschler/Kofler/Ehrke-Rabel* (Hrsg), Digitalisierung im Konzernsteuerrecht (2018), *Leitner/Brandl* (Hrsg), Finanzstrafrecht 2022 (2023); *Achatz/Brandl/Kert* (Hrsg), Festschrift Roman Leitner (2022); *Kirchmayr/Polivanova-Rosenauer/Schuchter-Mang,* Zur Besteuerung von Kryptowährungen und -assets, taxlex 2022, 28; *Hellebrandt/Lawson,* Der Entwurf zur Besteuerung von Kryptowährungen, ecolex 2022/4, 14; *Stefaner/Schragl* (Hrsg), SWK-Spezial Wegzugsbesteuerung, Erbschaften und Schenkungen (2016); *Kanduth-Kristen/Marschner/Peyerl/Ebner/Ehgartner* (Hrsg), Jakom EStG, 16. Aufl. (2023); *Hanzl/Pelzmann/Schragl* (Hrsg), Hand-

---

[234] Hakert/Kirschbaum DStR 2018, 881 (882).
[235] Medler ZEV 2020, 262 (266); Troll/Gebel/Jülicher/Gottschalk/Gottschal/Jülicher ErbStG § 12 Bewertung/ Rn. 67.
[236] Troll/Gebel/Jülicher/Gottschalk/Jülicher ErbStG § 12 Bewertung/ Rn. 66; Medler ZEV 2020, 262; von Oertzen/Grosse DStR 2020, 1651; Reiter/Nolte BB 2018, 1179; Stein/Lupberger DStR 2019, 311.
[237] Troll/Gebel/Jülicher/Gottschalk/Jülicher ErbStG § 12 Bewertung/ Rn. 66; Oertzen/Grosse DStR 2020, 1651.
[238] BayLfSt 14.1.2019, ZEV 2019, 112; FM Brandenburg 6.3.2019 – 36 – S 3812b – 2018#005.

buch Digitalisierung (2021); *Steinhauser/Egger*, Unternehmens- und steuerbilanzielle Einordnung von Kryptowährungen am Beispiel des Bitcoins, Jahrbuch Bilanzsteuerrecht 2018, 31; *Stückler/Wedl*, Bilanzielle Behandlung von Coins oder Currency Token im Jahresabschluss nach UGB, Grau 2022/28, 120; *Omlor/Link* (Hrsg), Kryptowährungen und Token (2023); *Petritz/Wimmer/Deichsel*, Kryptosteuerguide 2021 (2021); *Wolf*, Besteuerung von Einkünften von Kryptowährung – eine wahrlich kryptische Causa, RWP 2023, 101.

212 **b) Krypto-Assets im Steuerrecht.** Die Bedeutung von Krypto-Assets als Investitionsobjekt und Kryptowährungen als digitales Zahlungsmittel hat innerhalb kurzer Zeit immens an Bedeutung gewonnen. Die steuerliche Einordnung von Krypto-Assets und Kryptowährungen in die Kategorien unkörperliche Wirtschaftsgüter oder gesetzliche Zahlungsmittel wurde in der Literatur breit diskutiert. Eine Einordnung von Kryptowährungen als (fremd) „Währung" wurde für steuerrechtliche Zwecke überwiegend mit der Begründung abgelehnt, dass diese nicht von einer zentralisierten Institution wie etwa einer National- oder Zentralbank ausgegeben und gesteuert wird.[239] Alternativ dazu wurde aufgrund der Übertragungsfähigkeit von Krypto-Assets und der Bewertbarkeit insbesondere von Kryptwährungen eine Einordnung als (unkörperliches) Wirtschaftsgut vertreten.[240] Diese Ansicht hat sich – vor Schaffung der nachgehend dargestellten Sonderbestimmungen – auch das BMF angeschlossen und Einkünfte aus privaten Investments in Kryptowährungen als Einkünfte aus Spekulationsgeschäften gem. § 29 Z 2 iVm § 31 EStG eingeordnet.[241] Der Kauf und Verkauf von Krypto-Assets im Besonderen, aber auch von Kryptowährungen im Privatvermögen war dieser Einordnung folgend daher grundsätzlich nur dann steuerpflichtig, wenn zwischen Ankauf und Verkauf (abstellend auf die Übertragungsmethode des einzelnen Krypto-Assets) des unkörperlichem Wirtschaftsgut ein Zeitraum von nicht mehr als einem Jahr lag. Mit Ablauf der einjährigen Spekulationsfrist war daher eine steuerfreie Veräußerung aus dem Privatvermögen möglich.

213 Im Rahmen der steuerrechtlichen Diskussion werden unter Krypto-Assets zumeist Utility, Security sowie Currency Assets verstanden.[242] Diese Assets werden in Coins und Token unterteilt, wobei Token im Unterschied zu Coins kein eigenes Blockchain-Protokoll nutzen, sondern auf einer bestehenden Blockchain aufbauen.[243] Eine trennscharfe Unterscheidung zwischen Token und Coins erfolgt im Rahmen der steuerrechtlichen Einordnung meist nicht.[244] Im Folgenden werden diese Begriffe daher synonym verwendet.

---

[239] Vgl. Hanzl/Pelzmann/Schragl (Hrsg.), Handbuch Digitalisierung/Massoner/Schelischansky, 2021, Kryptowährungen im Ertragsteuerrecht, 226 (227).

[240] Vgl. dazu die Übersicht in Fahringer-Postl/Stockbauer, Kryptowährung als unkörperliches Wirtschaftsgut, in: Hirschler/Kanduth-Kristen/Zinnöcker (Hrsg.), SWK Spezial Einkommensteuer (2019).

[241] BMF, Steuerliche Behandlung von Krypto-Assets, bmf.gv.at (Stand 1.1.2020).

[242] Vgl. zB Artmann/Bieber/Mayrhofer/Schmidt/Tumpel (Hrsg.), Crypto Assets/Stücker/Schilling/Stücker/Schilling, 2022, Tokens im Ertragsteuerrecht, 217 (218 f.).

[243] Artmann/Bieber/Mayrhofer/Schmidt/Tumpel (Hrsg.), Crypto Assets/Stücker/Schilling/Stücker/Schilling, 2022, Tokens im Ertragsteuerrecht, 217 (218 f.).

[244] Artmann/Bieber/Mayrhofer/Schmidt/Tumpel (Hrsg.), Crypto Assets/Stücker/Schilling/Stücker/Schilling, 2022, Tokens im Ertragsteuerrecht, 217 (218 f.).

Utility Tokens gewähren dem Erwerber einen Anspruch auf Zugang zu **214**
Waren und Dienstleistungen des Emittenten und erfüllen damit eine steuerlich mit Gutscheinen vergleichbare Funktion.[245] Security Tokens ähneln hingegen aus steuerlicher Sicht Finanzinstrumenten, da sich deren Wert von einem zugrundeliegenden Vermögenswert ableitet.[246] Bei Currency Tokens steht hingegen aus steuerlicher Sicht der Zahlungsmittelcharakter im Vordergrund.[247] Die ertragssteuerliche Definition von Kryptowährungen werden vorrangig von Currency Tokens erfüllt, die daher im folgenden Abschnitt im Fokus stehen.[248]

Durch das Ökosoziale Steuerreformgesetz 2022 Teil I[249] wurde die Besteuerung **215**
von Kryptowährungen für Zeiträume ab dem 1.3.2022 grundlegend neu geregelt. Den Gesetzesmaterialien folgend soll die Reform der gestiegenen Praxisrelevanz von Kryptowährungen gerecht werden und eine Angleichung an die Bestimmungen zur Besteuerung von Kapitalvermögen geschaffen werden.[250] Der folgende Abschnitt bietet daher einen Überblick über die ertrag- und umsatzsteuerliche sowie bilanzielle Behandlung von Kryptowährungen nach dem Ökosozialen Steuerreformgesetz 2022. Krypto-Assets, die nicht vom Kryptowährungsbegriff des Ökosozialen Steuerreformgesetzes 2022 erfasst werden, unterliegen weiterhin den Bestimmungen über Spekulationsgeschäfte gem. § 29 Z 2 iVm § 31 EStG.

2. Ertragsbesteuerung von Kryptowährungen. Aus ertragssteuerlicher **216**
Sicht ist insbesondere der durch das Ökosoziale Steuerreformgesetz neu geschaffene § 27b EStG von Bedeutung. Dieser bietet eine Legaldefinition des Begriffs der Kryptowährungen und grenzt laufende Einkünfte von Einkünften aus realisierten Wertsteigerungen aus Kryptowährungen ab. Zudem ist für Einkünfte aus Kryptowährungen seit dem 1.1.2024 verpflichtend ein Kapitalsteuerabzug vorzunehmen. Punktuell wurden diese Bestimmungen zudem durch das Abgabenänderungsgesetz 2023[251] ergänzt.

a) Definition der Kryptowährungen nach § 27b Abs. 4 EStG. Das **217**
neue Besteuerungsregime erfasst ausschließlich solche Krypto-Assets, die unter die Definition als „Kryptowährung" gem. § 27b Abs. 4 EStG fallen. Nach § 27b Abs. 4 EStG sind Kryptowährungen *„eine digitale Darstellung eines Werts, die von keiner Zentralbank oder öffentlichen Stelle emittiert wurde oder garantiert wird und nicht zwangsläufig an eine gesetzlich festgelegte Währung angebunden ist und die nicht den gesetzlichen Status einer Währung oder von Geld besitzt, aber von natürlichen oder juristischen Personen als Tauschmittel akzeptiert wird und die auf elektronischem Wege übertragen, gespeichert und gehandelt werden kann."*

---

[245] Artmann/Bieber/Mayrhofer/Schmidt/Tumpel (Hrsg.), Crypto Assets/Stücker/Schilling/Stücker/Schilling, 2022, Tokens im Ertragssteuerrecht, 217 (218 f.).
[246] Artmann/Bieber/Mayrhofer/Schmidt/Tumpel (Hrsg.), Crypto Assets/Stücker/Schilling/Stücker/Schilling, 2022, Tokens im Ertragssteuerrecht, 217 (218 f.).
[247] Artmann/Bieber/Mayrhofer/Schmidt/Tumpel (Hrsg.), Crypto Assets/Stücker/Schilling/Stücker/Schilling, 2022, Tokens im Ertragssteuerrecht, 217 (218 f.).
[248] Siehe zur ertragssteuerrechtlichen Behandlung von Security und Utility Token überblicksmäßig Omlor/Link (Hrsg.), Kryptowährungen und Token/Pachinger/Kubik/Schneider Kap. 20 Rn. 113 ff.
[249] BGBl. I 2022 Nr. 10/2022.
[250] ErlRV 1293 BlgNR 27. GP 1; AB 1306 BlgNR XXVII. GP.
[251] BGBl. I 2023 2023/110.

218 Diese Definition wurde den Erläuterungen zur Regierungsvorlage folgend an die geldwäscherechtlichen Bestimmungen des FM-GwG angelehnt, womit das steuerrechtliche Verständnis dem geldwäscherechtlichen Verständnis folgt.[252] Die steuerliche Definition ist wie die geldwäscherechtliche Begriffsbestimmung technologieneutral zu sehen und ist daher nicht an eine Blockchain als zugrundeliegende Technologie gebunden.[253] Die Finanzverwaltung geht davon aus, dass aufgrund dieser Definition klassische Kryptowährungen wie Bitcoin oder Ether, aber auch Stablecoins erfasst sind, deren Wert von einer gesetzlichen Fiatwährung oder einem anderen Vermögenswert abhängig ist.

219 Aufgrund der durch die Anknüpfung an das FM-GwG übernommenen Technologieneutralität kommen sowohl Coins als auch Token als Kryptowährungen in Frage.[254] Auch den EStR 2000 folgend können sowohl Coins als auch Token bei Erfüllung der gesetzlichen Voraussetzungen als Kryptowährungen qualifizieren.[255] Maßgebliches Tatbestandsmerkmal der Definition von Kryptowährungen ist die Akzeptanz dieser als Tauschmittel. Dementsprechend können jedenfalls Currency oder Payment Token aber potentiell auch Utility Token als Kryptowährungen iSd § 27b Abs. 4 EStG qualifiziert werden.[256] Regelmäßig sind daher NFT, Asset oder Security Token nicht von der Definition als Kryptowährung gem. § 27b Abs. 4 EStG erfasst.[257] Diese unterliegen daher weiterhin den allgemeinen einkommensteuerrechtlichen Regelungen.[258] Die sich daraus ergebende unterschiedliche Behandlung von Asset-Token und Stablecoin erfährt dabei in der Literatur bereits erste Kritik.[259]

220 Entsprechend den Gesetzesmaterialien geht der Tatbestand der finanziellen Derivate nach § 27 Abs. 4 EStG dem § 27b Abs. 4 EStG vor.[260] Mangels Legaldefinition von Derivaten im EStG kann eine Abgrenzung im Einzelfall Schwierigkeiten bereiten.[261] Nach den Erläuterungen zum Budgetbegleitgesetz 2011 sind sämtliche Termingeschäfte (als Optionen, Futures, Forwards, Swaps usw), sowie andere derivative Finanzinstrumente – und zwar unabhängig davon, ob deren Underlying Finanzvermögen, Rohstoffe oder zB sonstige Wirtschaftsgüter darstellt – vom Begriff der Derivate des § 27 Abs. 4 EStG umfasst. Damit werden auch sämtliche Arten von Zertifikaten (zB Index, Alpha, Hebel, Sport) als sonstige derivative Finanzinstrumente erfasst.[262] Nach *Marschner*[263] handelt sich dabei um Finanzinstrumente, deren Wertentwick-

---

[252] ErlRV 1293 BlgNR 27. GP 12; Leitner/Brandl (Hrsg.), Finanzstrafrecht 2022/Kirchmayr-Schliesselberger/Schuchter-Mang, (2023), Die neuen Besteuerungsregeln für Kryptoassets, 1 (3).

[253] ErlRV 1293 BlgNR 27. GP 12; EStR 2000 Rn. 6178a; Leitner/Brandl (Hrsg.), Finanzstrafrecht 2022/Kirchmayr-Schliesselberger/Schuchter-Mang, (2023), Die neuen Besteuerungsregeln für Kryptoassets, 1 (3).

[254] S. zur Diskussion und Abgrenzung Hellebrandt/Lawson ecolex 2022, 16 mwN; Deichsel ÖStZ 2022, 33.

[255] EStR 2000 Rn. 6178d.

[256] EStR 2000 Rn. 6178d; Deichsel ÖStZ 2022/5, 33.

[257] EStR 2000 Rn. 6178d; ErlRV 1293 BlgNR 27. GP 12.

[258] EStR 2000 Rn. 6178d; siehe zu den anwendbaren Regelungen weiterführend Deichsel ÖStZ 2022/5, 31 f.

[259] Vgl. Omlor/Link (Hrsg.), Kryptowährungen und Token/Pachinger/Kubik/Schneider Kap. 20 Rn. 119.

[260] ErlRV 1293 BlgNR 27. GP 12.

[261] Jakom/Marschner EStG, 16. Aufl. 2023, § 27 Rn. 186.

[262] ErlRV 981 BlgNR 24. GP 116.

[263] Jakom/Marschner EStG, 16. Aufl. 2023, § 27 Rn. 186.

lung von der Entwicklung anderer Werte (Basiswert, Underlying) abhängig ist. Bezieht sich dieser Wert auf Kryptowährungen, sind diese Einkünfte nach den Regelungen für Derivate gem. § 27 Abs. 4 EStG und nicht nach den Bestimmungen des § 27b EStG zu besteuern.[264] Die Gesetzesmaterialien sehen Asset-Token denen reale Werte zugrunde liegen ausdrücklich als Derivate nach § 27 Abs. 4 EStG.[265] Dies gilt jedoch ausweislich der Gesetzesmaterialien nicht für Stablecoins, deren Wert von einer gesetzlichen Fiatwährung abhängen.[266]

b) Laufende Einkünfte aus Kryptowährungen. Laufende Einkünfte aus Kryptowährungen sind gemäß § 27b Abs. 2 EStG Entgelte für die Überlassung von Kryptowährungen und der Erwerb von Kryptowährungen durch einen technischen Prozess, bei dem Leistungen zur Transaktionsverarbeitung zur Verfügung gestellt werden. 221

Der Tatbestand des Entgelts für die Überlassung von Kryptowährungen setzt einen Zuordnungswechsel hinsichtlich der Kryptowährung voraus.[267] Die Kryptowährung wird dabei von einem Steuerpflichtigen einem anderen Marktteilnehmer überlassen, der dafür ein Entgelt leistet.[268] Nach § 27b Abs. 3 Z 2 EStG führt dies zu keinem steuerpflichtigen Realisationsvorgang. Daraus entstehende Forderungen auf die Rückzahlung sind als Kryptowährung iSd § 27 Abs. 4 EStG anzusehen.[269] 222

Hauptanwendungsbereich dieser Regelung ist der Verleih von Kryptowährungen („Krypto-Lending"), bei denen der Überlasser eine zinsähnliche Gegenleistung erhält („Kryptozinsen"). Dabei ist die Art der Gegenleistung nicht eingeschränkt, sondern kann ebenso Entgelte in Form von Kryptowährungen, Fremdwährungen oder auch andere Wirtschaftsgüter umfassen.[270] In diesem Fall hat das Vorgehen von § 27b Abs. 2 EStG vor § 27 Abs. 2 EStG als *lex specialis* zur Folge, dass Zinszahlungen aus Forderungen, bei denen ein Anspruch auf Rückzahlung einer Kryptowährung besteht, zu laufenden Einkünften aus Kryptowährungen führen.[271] 223

Beim Erwerb von Kryptowährungen durch einen technischen Prozess, bei dem Leistungen zur Transaktionsverarbeitung zur Verfügung gestellt werden, sind insbesondere Einkünfte aus Mining-Prozessen erfasst.[272] Dabei ist sowohl das eigenständige Mining, als auch die Teilnahme in Mining Pools erfasst.[273] Die dabei genutzte Technologie bzw. der Konsensalgorithmus ist nicht maßgeblich.[274] Typische Einkünfte sind hierbei Vergütungen, die zum Betrieb des Netzwerks bzw. Aufrechterhaltung der Blockchain geleistet werden (vorrangig „block-rewards" als auch Transaktionsgebühren).[275] Diese Einkünfte sollen nach den erläuternden Bemerkungen solange den Einkünften aus Kapitalvermögen zuzurechnen sein, als die Tätigkeit nach den allgemeinen 224

---

[264] Siehe dazu weiterführend Kirchmayr/Schuchter FS Leitner, 2022, 492 (499 ff.).
[265] ErlRV 1293 BlgNR 27. GP 12.
[266] ErlRV 1293 BlgNR 27. GP 12.
[267] ErlRV 1293 BlgNR 27. GP 11.
[268] ErlRV 1293 BlgNR 27. GP 11; EStR 2000 Rn. 6178k.
[269] Mit dem Abgabenänderungsgesetz 2023 wurde diese zuvor lediglich in den EStR vertretene Auffassung kodifiziert; siehe dazu ErlRV 2086 BlgNR 27. GP 8.
[270] ErlRV 1293 BlgNR 27. GP 11; EStR 2000 Rn. 6178k.
[271] EStR 2000 Rn. 6178k.
[272] ErlRV 1293 BlgNR 27. GP 11.
[273] EStR 2000 Rn. 6178m.
[274] ErlRV 1293 BlgNR 27. GP 11.
[275] EStR 2000 Rn. 6178m.

Einf. C Einführung

Grundsätzen als Vermögensverwaltung qualifiziert werden können.[276] Einkünfte aus Gewerbebetrieb sind anzunehmen, wenn die Tätigkeit nach Art und Umfang über die reine Vermögensverwaltung hinausgeht.[277]

225   Ausdrücklich von der Besteuerung als laufende Einkünfte ausgenommen sind gem. § 27b Abs. 2 Z 2 S. 2 EStG Leistungen zur Transaktionsverarbeitung, wenn diese vorwiegend im Einsatz von vorhandenen Kryptowährungen besteht („Staking") oder die Kryptowährungen unentgeltlich („Airdrops") oder für lediglich unwesentliche sonstige Leistungen („Bounties") übertragen werden, oder dem Steuerpflichtigen Kryptowährungen im Rahmen einer Abspaltung von der ursprünglichen Blockchain zugehen („Hardfork"). Die Ausnahmeregelung gilt gem. § 4 Abs. 3b EStG auch im betrieblichen Bereich. Diese Einkünfte sind gem. § 27a Abs. 4 Z 5 EStG mit Anschaffungskosten von null anzusetzen und im Zuge einer späteren Realisierung nach Maßgabe des § 27b Abs. 3 EStG zu besteuern.[278]

226   **c) Realisierte Wertsteigerungen von Kryptowährungen.** Nach § 27b Abs. 3 EStG gehören zu den Einkünften aus realisierten Wertsteigerungen von Kryptowährungen auch Einkünfte aus der Veräußerung sowie dem Tausch gegen andere Wirtschaftsgüter und Leistungen, einschließlich gesetzlich anerkannter Zahlungsmittel.[279]

227   Der Tausch von Kryptowährungen in andere Kryptowährungen stellt hingegen keinen Realisierungsvorgang dar.[280] Damit soll eine Angleichung an die Rechtsprechung des VwGH[281] zu Fremdwährungen erreicht werden.[282] Die Anschaffungskosten der eingetauschten Kryptowährung sind dabei auf die erhaltene Kryptowährung unter analoger Anwendung des § 6 Z 14 lit. a EStG zu übertragen.[283] Nach den EStR 2000 gilt dies nur insoweit, als die hingegebene und erhaltene Kryptowährung die Legaldefinition des § 27b Abs. 4 EStG erfüllen.[284] Ebenso sind Aufwendungen, die mit solchen Tauschvorgängen in Zusammenhang stehen steuerlich unbeachtlich.[285] Den Gesetzesmaterialien zufolge soll die steuerliche Neutralität der Aufwendungen sicherstellen, dass die Begleichung von tauschbedingten Transaktionskosten in Kryptowährungen selbst keinen steuerpflichtigen Realisationsvorgang auslöst. Andererseits soll durch die Regelung bewirkt werden, dass diese tauschbedingten Transaktionskosten auch keine Werbungskosten oder nachträgliche Anschaffungsnebenkosten darstellen.[286]

228   Die Abkehr von der steuerlichen Erfassung dieser tauschbedingten Realisierungen als Einkünfte ist aus verwaltungsökonomischer Perspektive nach-

---

[276] ErlRV 1293 BlgNR 27. GP 11.
[277] ErlRV 1293 BlgNR 27. GP 11; siehe dazu weiterführend Deichsel ÖStZ 2022/5, 34 f.
[278] EStR 2000 Rn. 6178r.
[279] Den Gesetzesmaterialien umfasst dieser Tatbestand die Veräußerung gegen Euro; siehe dazu ErlRV 1293 BlgNR 27. GP 11.
[280] S. dazu Enzinger SWK 2021, 1374; Deichsel ÖStZ 2022/5, 31.
[281] VwGH 24.9.2008 – 2006/15/0255; 4.6.2009 – 2004/13/0083 nach dem die Konvertierung eines Fremdwährungsdarlehens in eine andere, zum Euro wechselkurslabile Fremdwährung nicht zu Spekulationseinkünften gemäß § 31 EStG 1988 führt, weil der sich durch die Konvertierung ergebende Vermögenszugang endgültig sein muss und durch Konvertierung von einer Fremdwährung in eine andere dasselbe Wirtschaftsgut „Fremdwährung" bestehen bleibt.
[282] ErlRV 1293 BlgNR 27. GP 11.
[283] Deichsel ÖStZ 2022/5, 36.
[284] EStR 2000 Rn. 6178ab.
[285] EStR 2000 Rn. 6178ab ff.
[286] ErlRV 1293 BlgNR 27. GP 11 f.

vollziehbar,²⁸⁷ aus gleichheitsrechtlicher Sicht jedoch bedenklich. Die Sachlage in den Entscheidungen des VwGH zu Fremdwährungen ist nicht mit der bei Kryptowährungen vergleichbar, da bei Konvertierung der Fremdwährungsverbindlichkeit von einer wechselkurslabilen Währung in ein andere nicht über einen fixen Wechselkurs zum Euro gleichgeschaltete Währung das Wirtschaftsgut der Fremdwährungsverbindlichkeit nicht veräußert bzw. gegen ein anderes Wirtschaftsgut Fremdwährungsverbindlichkeit getauscht wird, sondern weiterhin lediglich mit einer Modifikation hinsichtlich der Währung, in der diese zurückzuzahlen ist, bestehen bleibt.²⁸⁸ Hingegen wird beim Tausch von Kryptowährungen untereinander, gerade ein Wirtschaftsgut gegen ein anderes, von diesem in seiner preisbestimmenden Eigenschaften völlig unterschiedlichen Wirtschaftsgut getauscht,²⁸⁹ zumal unterschiedliche Kryptowährungen voneinander unabhängigen und unterschiedlichen Risikoprofilen unterliegen. Zudem können Kryptowährungen als eigenständige Wirtschaftsgüter in andere Wallets transferiert oder auf anderen Börsen gehandelt werden.²⁹⁰ Als Folge der steuerlichen Neutralität kann beim Tausch von risikoreichen und volatilen Kryptowährungen in Stable Coins ohne vergleichbare Volatilität²⁹¹ die Besteuerung erreichter Kursgewinne, selbst im Fall des (zwischenzeitlichen) „Exits" aus der Investment-(Risiko)-Position unbeschränkt aufgeschoben werden.²⁹² Da diese Möglichkeit derzeit nur für Kryptowährungen und nicht für anderes Kapitalvermögen besteht, erfahren diese damit eine aus gleichheitsrechtlichen Gesichtspunkten ungerechtfertigte Besserstellung.²⁹³

Bei einem Tausch von Kryptowährungen gegen andere Wirtschaftsgüter und Leistungen ist hingegen immer eine realisierte Wertsteigerungen aus Kryptowährungen anzunehmen. Darunter soll den Materialien zufolge insbesondere die Begleichung von Rechnungen in Kryptowährungen, ohne vorangegangen Tausch gegen Fiatwährung subsumiert werden.²⁹⁴ **229**

d) Steuersatz und Bemessungsgrundlage. Der folgende Abschnitt gibt einen Überblick über den anwendbaren Steuersatz sowie die Bemessungsgrundlage von Einkünften aus Kryptowährungen. **230**

aa) Laufende Einkünfte aus Kryptowährungen. Laufende Einkünfte aus Entgelt für die Überlassung von Kryptowährungen unterliegen dem besonderen Steuersatz von 27,5 %, wenn diese in rechtlicher und tatsächlicher Hinsicht öffentlich angeboten werden.²⁹⁵ Liegt kein öffentliches Angebot vor, **231**

---

²⁸⁷ Deichsel ÖStZ 2022/5, 37.
²⁸⁸ BFG 24.10.2023, RV/5100900/2021 zur Rechtslage vor dem ÖkoStRefG 2022.
²⁸⁹ Wolf RWP 2023, 102.
²⁹⁰ BFG 24.10.2023, RV/5100900/2021.
²⁹¹ Bei Stable Coins ist der Wert abhängig von einer zugrundeliegenden gesetzlichen Währung oder anderen Vermögenswerten, womit der hohen Volatilität von Kryptowährungen entgegengewirkt werden soll. Für jede ausgegebene Einheit soll der entsprechende Vermögenswert (zB US-Dollar) hinterlegt werden und damit eine jederzeitige Tauschbarkeit gegen diesen Vermögenswert ermöglichen. Siehe dazu Artmann/Bieber/Mayrhofer/Schmidt/Tumpel (Hrsg.), Crypto Assets/Stücker/Schilling/Tuder/Ahari, 2022, Crypto Assets und Crypto-Assets-Handelsplattformen im Aufsichtsrecht, 121 (133 f.).
²⁹² Kirchmayr/Polivanova-Rosenauer/Schuchter-Mang taxlex 2022, 29 f.; Marschner in Jakom EStG¹⁶ (2023) § 27b Rn. 10.
²⁹³ So auch Jakom/Marschner EStG, 16. Aufl. 2023, § 27b Rn. 10.
²⁹⁴ ErlRV 1293 BlgNR 27. GP 12; EStR 2000 Rn. 6178ad.
²⁹⁵ ErlRV 1293 BlgNR 27. GP 10; siehe zum Begriff des öffentlichen Angebots weiterführend EStR 2000 Rn. 6225a.

unterliegen die Einkünfte gem. § 27a Abs. 2 Z 2 TS 3 EStG der Tarifbesteuerung.[296] Nicht verbriefte sonstige Forderungen auf Kryptowährungen die keinen Rückzahlungsanspruch einer überlassenen Kryptowährung vorsehen und damit nicht § 27b Abs. 2 EStG unterliegen, sind nach § 27a Abs. 2 Z 1 EStG vom besonderen Steuersatz ausgenommen.[297] Hingegen sollen Einkünfte aus dem Erwerb von Kryptowährungen durch einen technischen Prozess, bei dem Leistungen zur Transaktionsverarbeitung zur Verfügung gestellt werden, unbeschadet dem Fehlen eines öffentlichen Angebots immer dem besonderen Steuersatz unterliegen.[298]

232 Nach § 27a Abs. 3 Z 4 lit. a EStG sind die bezogenen Kryptowährungen bzw. sonstigen Entgelte als Einkünfte anzusetzen. Dabei sind nach den EStR 2000 die gemeinen Werte der bezogenen Kryptowährungen bzw. sonstigen Entgelte maßgebend. Für die Wertermittlung soll primär der Kurswert einer Kryptowährungsbörse[299] herangezogen werden. Sollte ein solcher nicht vorhanden sein, ist subsidiär der Kurswert eines Kryptowährungshändlers[300] zu berücksichtigen.[301]

233 **bb) Realisierte Wertsteigerungen von Kryptowährungen.** Einkünfte aus realisierten Wertsteigerungen von Kryptowährungen unterliegen nach § 27a Abs. 1 Z 2 EStG dem besonderen Steuersatz von 27,5 %. Die Anwendung des besonderen Steuersatzes setzt im Gegensatz zu den laufenden Einkünften aus den Entgelten für die Überlassung von Kryptowährungen kein öffentliches Angebot voraus.

234 Gem. § 27a Abs. 3 Z 4 lit. b TS 1 EStG sind bei realisierten Wertsteigerungen von Kryptowährungen als Einkünfte der Unterschiedsbetrag zwischen dem Veräußerungserlös und den Anschaffungskosten anzusetzen. Es sind abweichend zu Einkünften aus § 27 Abs. 3 und Abs. 4 EStG Anschaffungskosten inklusive Anschaffungsnebenkosten zu berücksichtigen.[302] Bei Einheiten derselben Kryptowährung auf einer Kryptowährungsadresse bzw. in einem Kryptowährungswallet die in zeitlicher Aufeinanderfolge erworben wurden, ist nach § 27a Abs. 4 Z 3a EStG iVm § 2 KryptowährungsVO der gleitende Durchschnittspreis in Euro als Anschaffungskosten anzusetzen. Anschaffungskosten die gem. § 93 Abs. 4a Z 2 EStG pauschal ermittelt wurden, gehen nicht in den gleitenden Durchschnittspreis ein.[303]

235 Beim Tausch einer Kryptowährung gegen ein anderes Wirtschaftsgut ist der Veräußerungserlös der gemeine Wert der hingegebenen Kryptowährung.[304] Für die im Rahmen des Stakings, als Airdrops, Bounties oder Hard-

---

[296] Leitner/Brandl (Hrsg.), Finanzstrafrecht 2022/Kirchmayr-Schliesselberger/Schuchter-Mang, (2023), Die neuen Besteuerungsregeln für Kryptoassets, 1 (5).
[297] EStR 2000 Rn. 6225a idF Wartungserlass 2024; siehe dazu weiterführend Adriouich/Deichsel ÖStZ 2023, 412 f.
[298] § 27a Abs. 2 Z 2 TS 3 EStG e contrario.
[299] § 6 Z 3 der Verordnung des Bundesministeriums für Finanzen zur Ermittlung der Steuerdaten von Kryptowährungen, BGBl. II 2022 Nr. 455 (KryptowährungsVO).
[300] § 6 Z 4 KryptowährungsVO.
[301] Vgl. EStR 2000 Rn. 6178o mit weiteren Ausführungen zur Einkünfteermittlung.
[302] EStR 2000 Rn. 6178y; Leitner/Brandl (Hrsg.), Finanzstrafrecht 2022/Kirchmayr-Schliesselberger/Schuchter-Mang, (2023), Die neuen Besteuerungsregeln für Kryptoassets, 1 (6).
[303] Zur Absicherung dieser zuvor nur in § 2 KryptowährungsVO geregelten Bestimmung wurde mit dem Abgabenänderungsgesetz 2023 der § 27a Abs. 4 Z 3a EStG eingeführt.
[304] EStR 2000 Rn. 6178y.

Einführung **Einf. C**

forks zugegangen Kryptowährungen ist nach § 27a Abs. 4 Z 5 EStG von Anschaffungskosten von Null auszugehen.[305]

cc) Regelbesteuerungsoption. Auf Antrag des Steuerpflichtigen kann unter den Voraussetzungen des § 27a Abs. 5 EStG alternativ der allgemeine Einkommensteuertarif gem. § 33 EStG auf Einkünfte aus Kryptowährungen angewendet werden (sogenannte „Regelbesteuerungsoption"). Infolge der Inanspruchnahme der Regelbesteuerung findet das Abzugsverbot gem. § 20 Abs. 2 Z 3 lit. a EStG keine Anwendung, da hier das Endbesteuerungsgesetz nicht gilt,[306] womit Aufwendungen und Ausgaben in unmittelbarem wirtschaftlichen Zusammenhang mit Einkünften aus Kryptowährungen abgezogen werden dürfen. 236

e) Verlustverwertung. Einkünfte aus Kryptowährungen unterliegen als Einkünfte aus Kapitalvermögen iSd § 27 EStG den allgemeinen Regelungen der Verlustverwertung.[307] Dementsprechend können diese nach § 27 Abs. 8 Z 1 EStG insbesondere nicht mit Zinsen aus Geldeinlagen bei Kreditinstituten ausgeglichen werden. Auch schließt § 27 Abs. 8 Z 3 EStG einen Ausgleich von Einkünften aus Kryptowährungen auf die der besondere Steuersatz anwendbar ist und Einkünfte die diesem nach § 27a Abs. 2 EStG nicht unterliegen, aus. 237

f) Steuererhebung. Nach § 93 Abs. 1 iVm Abs. 2 Z 3 lit. a EStG wird bei inländischen Einkünfte aus Kryptowährungen seit 1.1.2024 die Einkommensteuer durch KESt-Abzug erhoben, insofern der besondere Steuersatz nach § 27a Abs. 1 EStG angewendet wird.[308] Dabei ist KESt auch einzubehalten, wenn die Einkünfte aus Kryptowährungen den Haupteinkunftsarten nach § 2 Z 1–4 EStG[309] zuzuordnen sind.[310] Inländische Einkünfte liegen infolge § 93 Abs. 2 Z 3 EStG vor, wenn 238

- bei laufenden Einkünften aus Kryptowährungen ein inländischer Schuldner oder inländischer Dienstleister (§ 95 Abs. 2 Z 3 EStG) die Kryptowährungen oder sonstigen Entgelte gutschreibt; sowie
- bei Einkünften aus realisierten Wertsteigerungen ein inländischer Dienstleister (§ 95 Abs. 2 Z 3 EStG) die Realisierung abwickelt.

Mit Verweis auf die geldwäscherechtlichen Bestimmungen sind als inländische Dienstleister iSd § 95 Abs. 2 Z 3 EStG anzusehen: 239

- Dienstleister mit Sitz, Wohnsitz oder Ort der Geschäftsleitung im Inland, die Dienste zur Sicherung privater kryptografischer Schlüssel anbieten, um Kryptowährungen im Namen eines Kunden zu halten, zu speichern oder zu übertragen (§ 2 Z 22 lit. a FM-GwG);
- Dienstleister mit Sitz, Wohnsitz oder Ort der Geschäftsleitung im Inland, die den Tausch von Kryptowährungen in gesetzlich anerkannte Zahlungsmittel und umgekehrt anbieten (§ 2 Z 22 lit. b FM-GwG);

---

[305] Dazu → Rn. 13.
[306] ErlRV 1293 BlgNR 27. GP 10 f.
[307] Leitner/Brandl (Hrsg.), Finanzstrafrecht 2022/Kirchmayr-Schliesselberger/Schuchter-Mang, (2023), Die neuen Besteuerungsregeln für Kryptoassets, 1 (2).
[308] ErlRV 1293 BlgNR 27. GP 14.
[309] Somit insbesondere (bei Kapitalgesellschaften) Einkünften aus Gewerbebetrieb iSd § 23 EStG.
[310] § 93 Abs. 3 iVm § 93 Abs. 5 EStG; siehe Franke/Kirchmayr in Doralt/Kirchmayr/Mayr/Zorn EStG[23] § 93 (Stand 1.11.2022, rdb.at) Rn. 100/1.

Einf. C

- Die inländische Zweigstelle oder Betriebsstätte von ausländischen Dienstleistern iSd § 2 Z 22 lit. a und lit. b FM-GwG.

240 Inländische Dienstleister sind nach § 95 Abs. 1 EStG grundsätzlich zum KESt-Abzug verpflichtet. Die Materialien und EStR schränken die Abzugsverpflichtung der inländischen Dienstleister auf Fälle ein, wo diese in das Realisierungs- bzw. Überlassungsgeschäft eingebunden ist.[311] Inländische Dienstleister sind daher nur dann zum KESt-Abzug verpflichtet, wenn diese selbst die Realisierung abwickeln.[312] Insbesondere werden daher inländische Krypto-Börsen und Wallet-Provider von der Abzugsverpflichtung erfasst.[313] Inländische Wallet-Provider sind daher nur zum Abzug verpflichtet, wenn diese über Zugriff auf den „private key" verfügen.[314] Auch Dienstleister sind bei Umtausch von Kryptowährung in Fiatwährung nur von der Abzugsverpflichtung erfasst, wenn diese entweder Zugriff auf den „privat key" oder die Fiatwährung haben.[315]

241 § 93 Abs. 4a EStG enthält Regelungen zur Feststellung der Anschaffungskosten des Abzugsverpflichten. Dies soll bei Fehlen von notwendigen Informationen zur Ermittlung der Anschaffungskosten einen Kapitalsteuerabzug auf Basis von fingierten Werten erlauben. Die Vorschrift soll dem praktischen Problem entgegenwirken, dass für den Abzugsverpflichteten in vielen Fällen eine lückenlose Feststellung der Anschaffungskosten nicht möglich ist. Denkbar sind Konstellationen in denen Kryptowährungen erstmalig auf eine Kryptowährungsadresse eines Dienstleisters zugehen oder Kryptowährungen nicht durchgängig beim Dienstleister gehalten wurden, sondern zwischenzeitig an andere Kryptowährungsadressen (zB Offline-Wallets) übertragen werden.[316]

242 § 93 Abs. 4a Z 1 EStG erlaubt es dem Abzugsverpflichteten, die vom Steuerpflichtigen bekanntgegebene Informationen zu übernehmen, soweit beim Abzugsverpflichteten keine entgegenstehenden Daten vorhanden sind. Der dazu ergangene § 1 KryptowährungsVO gibt dem Steuerpflichtigen die Möglichkeit zur Bekanntgabe folgender Daten:

- das Anschaffungsdatum der Kryptowährung oder, wenn der Erwerb in zeitlicher Aufeinanderfolge erfolgt ist, der Anschaffungszeitraum;
- die Anschaffungskosten der betreffenden Kryptowährung unter Anwendung des Verfahrens des gleitenden Durchschnittspreises nach § 2 KryptowährungsVO;
- die Information, ob seit Erwerb der betreffenden Kryptowährung ein steuerneutraler Tausch iSd § 27b Abs. 3 Z 2 zweiter Satz EStG erfolgt ist.

Gemäß § 1 Abs. 3 KryptowährungsVO können Inhalt und Struktur der zu übermittelnden Steuerdaten vom inländischer Dienstleister vorgegeben werden, der sich auch externe Dienstleister dafür bedienen kann. Den EStR folgend hat der externe Dienstleister seine Berechnungen auf Verlangen des Steuerpflichtigen, Abzugsverpflichteten oder des Finanzamtes jederzeit nachvollziehbar offenlegen zu können. Darüber hinaus dürfen bei begründeten Zweifeln an den Informationen der externen Dienstleister, diese Daten nicht übernommen werden.[317]

---

[311] ErlRV 1293 BlgNR 27. GP 14; EStR 2000 Rn. 7709 f.
[312] EStR 2000 Rn. 7709 f.
[313] Cserny/Deichsel/Petritz SWK 2022, 318.
[314] ErlRV 1293 BlgNR 27. GP 15; EStR 2000 Rn. 7709 f.
[315] ErlRV 1293 BlgNR 27. GP 15; EStR 2000 Rn. 7709 f.
[316] ErlRV 1293 BlgNR 27. GP 15; siehe dazu weiterführend EStR 2000 Rn. 7735a ff.
[317] EStR 2000 Rn. 7735b.

Die Datenanforderung kann umgehend bei Übertragung der Kryptowährungen erfolgen, wobei diese spätestens unmittelbar vor der Realisierung vorliegen muss.[318] Zu beachten ist, dass nach § 1 Abs. 4 KryptowährungsVO die Daten vor Verwendung zu plausibilisieren sind, wobei eine standardisierte automationsunterstützte Überprüfung genügt. Den EStR folgend soll zu diesem Zweck ein automatisierter Abgleich mit historischen Anschaffungskursen der jeweiligen Kryptowährungen erfolgen, der auch angemessene Schwankungen berücksichtigen kann.[319] Eine tiefergehende Prüfung ist jedoch erforderlich, sollten die Daten des Steuerpflichtigen nicht plausibel erscheinen.[320] In der Folge sind weitere Nachweise wie beispielsweise Kaufbelege von anerkannten Kryptowährungsbörsen oder eine Bestätigung eines Steuerberaters, der unter Heranziehung vorgelegter Kauf- und Verkaufsbelege die Anschaffungskosten (mit dem gleitenden Durchschnittspreis) berechnet hat, anzufordern.[321] Für den außerbetrieblichen Bereich entfaltet der KESt-Abzug auf Basis der (richtigen) Angaben des Steuerpflichtigen Abgeltungswirkung iSd § 97 Abs. 1 EStG.[322] 243

Sind die Anschaffungskosten nicht bekannt, oder hat der Steuerpflichtige keine bzw. unrichtige Angaben gemacht, hat nach § 93 Abs. 4a Z 2 EStG ein pauschaler Wertansatz zu erfolgen. Dabei ist von Anschaffungskosten auszugehen, die dem halben Veräußerungserlös entsprechen. In einem derartigen Fall ist jedenfalls immer von steueranhängigen Neuvermögen auszugehen.[323] Eine Steuerabgeltungswirkung des KESt-Abzugs kommt im Fall der pauschalen Wertermittlung nicht in Betracht, womit die die Einkünfte im Veranlagungsweg zu erklären sind. Die abgezogene KESt ist als Vorauszahlung zu sehen.[324] 244

Gemäß § 96 Abs. 1 Z 3 EStG hat der Abzugsverpflichtete die Kapitalertragsteuer spätestens bis zum 15.2. des Folgejahres abzuführen. 245

g) Wegzugsbesteuerung. Den allgemeinen Regelungen der Wegzugsbesteuerung folgend ist eine Einschränkung des Besteuerungsrechts Österreichs (sogenannte „Entstrickung")[325] nach § 27 Abs. 6 Z 1 EStG von Kryptowährungen als Veräußerungstatbestand zu qualifizieren.[326] Eine Inanspruchnahme des Nichtfestsetzungs[327]- bzw. des Ratenzahlungskonzept[328] für die EU bzw. den EWR soll auch für Kryptowährungen möglich sein.[329] 246

---

[318] EStR 2000 Rn. 7735b.
[319] EStR 2000 Rn. 7735c.
[320] EStR 2000 Rn. 7735c.
[321] EStR 2000 Rn. 7735c.
[322] Anderwald ÖStZ 2023, 64.
[323] EStR 2000 Rn. 7735d.
[324] Siehe weiterführend zu anderen Fällen der Veranlagungspflicht Anderwald ÖStZ 2023, 63 f.
[325] Siehe beispielhaft zu typischen Entstrickungsfällen Jakom/Marschner EStG, 16. Aufl. 2023, § 27 Rn. 353 ff.
[326] Es ist zu beachten, dass Entstrickungsfälle einer Anzeigepflicht nach § 120 BAO unterliegen können; siehe dazu eingehend Volpini/Stanek in SWK-Spezial Wegzugsbesteuerung, Erbschaften und Schenkungen (2016), 111 (111 ff.).
[327] Das Nichtfestsetzungskonzept erlaubt einen Aufschub der Besteuerung bis zur tatsächlichen Veräußerung; siehe weiterführend Jakom/Marschner EStG, 16. Aufl. 2023, § 27 Rn. 359 f.
[328] Das Ratenzahlungskonzept erlaubt die durch die Übertragung entstehende Steuerschuld in Raten abzuführen; siehe weiterführend Marschner in Jakom EStG[16] (2023) § 27 Rn. 361 f.
[329] ErlRV 1293 BlgNR 27. GP 12.

Einf. C

Damit kann etwa bei einem tatsächlichen Wegzug einer natürlichen Person in einen anderen Staat der EU die Anwendung des Nichtfestsetzungskonzepts beantragt werden. Hingegen führt der Wegzug in einen Drittstaat zur sofortigen Entstrickungsbesteuerung.

247 Auch eine unentgeltliche Übertragung an in Österreich steuerlich nicht ansässige natürliche oder juristische Personen kann zu einer Entstrickung nach § 27 Abs. 6 EStG führen. Darunter sind insbesondere Schenkungen und Erbschaften sowie die unentgeltliche Übertragung auf eine ausländische Kapitalgesellschaft, Betriebsstätte oder Stiftung zu verstehen.[330] Nach § 27 Abs. 6 Z 1 lit. a EStG kann das Nichtfestsetzungskonzept nur bei unentgeltlicher Übertragung an in der EU bzw. im EWR steuerlich ansässige natürliche Personen angewendet werden. Dementsprechend kann bei unentgeltlicher Übertragung von Kryptowährungen an eine ausländische Kapitalgesellschaft, Betriebsstätte oder Stiftung nur das Ratenzahlungskonzept des § 6 Z 6 lit. c und d EStG in Anspruch genommen werden. Wiederum führt die Übertragung in einen Drittstaat zur sofortigen Entstrickungsbesteuerung.

248 Als Veräußerungstatbestand hat die Entstrickung nach § 94 Z 7 als Ausnahme von der allgemeinen Regel keinen verpflichtenden KESt-Abzug zur Folge. Ein solcher ist nur vorzunehmen, wenn der Steuerpflichtige die Einschränkung des Besteuerungsrechts dem Abzugsverpflichteten meldet. Sollte der Steuerpflichtige im Zuge der Meldung einen Abgabenbescheid iSd § 27 Abs. 6 Z 1 lit. a EStG vorweisen, kann dennoch vom KESt-Abzug abgesehen werden.[331] Dieser Abgabenbescheid kann für die EU bzw. den EWR bei Inanspruchnahme des Nichtfestsetzungskonzept bewirkt werden.[332]

249 **h) Kryptowährungen im Betriebsvermögen.** Werden Kryptowährungen im Betriebsvermögen von natürlichen Personen gehalten, sind daraus erzielte Einkünfte den Einkunftsarten nach § 2 Abs. 3 Z 1–3 EStG zuzuordnen. Nach § 27a Abs. 6 EStG unterliegen diese auch im Betriebsvermögen dem besonderen Steuersatz nach § 27a EStG. Dies gilt jedoch nicht für Einkünfte aus erzielten Wertsteigerungen von Kryptowährungen, wenn die Erzielung solcher Einkünfte einen Schwerpunkt der betrieblichen Tätigkeit darstellt. Dies betrifft insbesondere den gewerblichen Handel mit Kryptowährungen.[333]

250 Werden Kryptowährungen im Betriebsvermögen von rechnungslegungspflichtigen Kapitalgesellschaften gehalten, stellen daraus erzielte Einkünfte infolge der Fiktion des § 7 Abs. 3 KStG immer Einkünfte aus Gewerbebetrieb gem. § 2 Abs. 3 Z 3 iVm § 23 EStG dar. Gemäß § 5 Abs. 1 EStG sind für die Gewinnermittlung die unternehmensrechtlichen Grundsätze ordnungsgemäßer Buchführung maßgeblich.[334] Der besondere Steuersatz nach § 27a EStG kommt bei § 7 Abs. 3 KStG-Körperschaften nicht zur Anwendung.[335]

251 **3. Umsatzsteuerrecht.** In Anbetracht der wachsenden Bedeutung von Kryptowährungen im Wirtschaftsverkehr soll im Folgenden ein kurzer Um-

---

[330] Siehe weiterführend Maestri/Stanek in SWK-Spezial Wegzugsbesteuerung, Erbschaften und Schenkungen (2016), 111 (112 f.).
[331] Doralt/Kirchmayr/Mayr/Zorn/Franke/Kirchmayr EStG 23. Lieferung § 93, (Stand 1.11.2022, rdb.at) Rn. 125/1.
[332] Siehe dazu weiterführend EStR 2000, 7714.
[333] Artmann/Bieber/Mayrhofer/Schmidt/Tumpel (Hrsg.), Crypto Assets/Stücker/Schilling/Stückler/Schilling, 2022, Tokens im Ertragsteuerrecht, 217 (225).
[334] Artmann/Bieber/Mayrhofer/Schmidt/Tumpel (Hrsg.), Crypto Assets/Stücker/Schilling/Stückler/Schilling, 2022, Tokens im Ertragsteuerrecht, 217 (225).
[335] Petritz/Wimmer/Deichsel Kryptosteuerguide 2021 (2021), 64.

riss einiger praxisrelevanter Vorgänge aus umsatzsteuerlicher Sicht dargestellt werden.

a) Umtausch von gesetzlichem Zahlungsmittel in Kryptowährungen. Nach der Rechtsprechung des EuGH[336] ist der Umtausch konventioneller Zahlungsmittel in Bitcoin (und umgekehrt) von der Umsatzsteuer befreit. Der EuGH subsumiert damit Bitcoins – und damit wohl auch andere vergleichbare Kryptowährungen – entgegen dem des Wortlauts des Art. 135 Abs. 1 lit. d MWSt-System-RL[337] unter den Begriff der gesetzlichen Zahlungsmittel. 252

Ausgehend von der Rechtsprechung des EuGH zu Bitcoins stellt sich die Frage, wie andere Typen von Krypto-Assets umsatzsteuerlich zu behandeln sind.[338] Krypto-Assets die den Kryptowährungsbegriff des § 27b Abs. 4 EStG erfüllen, werden infolge ihrer Eigenschaft als Tausch- bzw. Zahlungsmittel wohl regelmäßig in den Anwendungsbereich der Steuerbefreiung für gesetzliche Zahlungsmittel fallen.[339] 253

b) Mining von Kryptowährungen. Den UStR folgend ist das „Bitcoin-Mining" entweder mangels eines bestimmbaren Leistungsempfängers nicht steuerbar oder im Falle der Verifizierung eines dezidierten Vorganges gegen Transaktionsgebühren steuerbar, aber steuerfrei.[340] Entgegen dieser Auffassung der Finanzverwaltung hat das BFG das Mining als umsatzsteuerbare Ausspielung eines Glücksspiels angesehen, welches gemäß § 6 Abs. 1 Z 9 lit. d sublit. aa UstG von der Umsatzsteuer befreit ist.[341] Eine endgültige Klärung dieser Frage wird erst durch die Entscheidung des VwGH im Zuge der gegen das Erkenntnis des BFG eingebrachten Revision[342] zu erwarten sein. 254

c) Verwendung von Kryptowährungen im Wirtschaftsverkehr. Bei Verwenden von Kryptowährungen als Zahlungsmittel für Lieferungen und sonstige Leistungen, werden diese umsatzsteuerlich als das geleistete Entgelt anzusehen sein.[343] Der zugrundeliegende Umsatz unterliegt den allgemeinen umsatzsteuerlichen Regelungen. Die Kryptowährung ist in diesen Fällen als Zahlungsmittel zu qualifizieren, womit der Wert der Kryptowährung selbst keiner Besteuerung unterworfen wird.[344] Der Wert der Kryptowährung im Zeitpunkt der Leistung bildet die Bemessungsgrundlage des Umsatzes.[345] 255

---

[336] EuGH 22.10.2015 – C-264/14, ECLI:EU:C:2015:718 – Hedqvist.
[337] Umgesetzt in § 6 Abs. 1 Z 8 lit. b UstG.
[338] Siehe dazu weiterführend Artmann/Bieber/Mayrhofer/Schmidt/Tumpel (Hrsg.), Crypto Assets/Stücker/Schilling/Tumpel, 2022, Umsatzsteuerrecht und Crypto Assets, 237 (240 f.).
[339] So auch Artmann/Bieber/Mayrhofer/Schmidt/Tumpel (Hrsg.), Crypto Assets/Stücker/Schilling/Tumpel, 2022, Umsatzsteuerrecht und Crypto Assets, 235 (240 f.).
[340] UStR 2000 Rn. 759.
[341] BFG 20.8.2021, RV/5100226/2021.
[342] Revision anhängig zur Zahl Ro 2022/15/0005.
[343] Artmann/Bieber/Mayrhofer/Schmidt/Tumpel (Hrsg.), Crypto Assets/Stücker/Schilling/Tumpel, 2022, Umsatzsteuerrecht und Crypto Assets, 235 (241 f.); BMF, Steuerliche Behandlung von Kryptowährungen, https://www.bmf.gv.at/themen/steuern/sparen-veranlagen/steuerliche-behandlung-von-kryptowaehrungen.html.
[344] Europäische Kommission, Issues Arising from Recent Judgements of the Court of Justice of the European Union, Working Paper 892, 8, https://circabc.europa.eu/sd/a/add54a49-9991-45ae-aac5-1e260b136c9e/892 %20-%20CJEU%20Ca se%20C-264-14 %20Hedqvist%20-%20Bitcoin.pdf.
[345] Artmann/Bieber/Mayrhofer/Schmidt/Tumpel (Hrsg.), Crypto Assets/Stücker/Schilling/Tumpel, 2022, Umsatzsteuerrecht und Crypto Assets, 235 (241 f.).

256 Beim Tausch von Gegenständen und Dienstleistungen gegen (Utility)-Token ist hinsichtlich des Leistungszeitpunkts (und damit der Entstehung der Steuerschuld) zu differenzieren: Der Leistungszeitpunkt ist abhängig von der Einordnung der (Utility)-Token als Einzweck- oder Mehrzweckgutschein. Bei (Utility)-Token, die als Einzweckgutscheine zu sehen sind, entsteht die Steuerschuld bereits im Zeitpunkt der Einräumung. Sind hingegen die (Utility)-Token als Mehrzweckgutscheine zu qualifizieren, entsteht die Steuerschuld erst bei der Einlösung gegen einen Gegenstand oder eine Dienstleistung.[346]

257 **4. Bilanzierung von Kryptowährungen.** Im folgenden Abschnitt wird ein Überblick über die unternehmensrechtlichen Bilanzierungsgrundlagen von Kryptowährungen iSd § 27 Abs. 4 EStG gegeben.[347] Beleuchtet werden die Zuordnung der Kryptowährungen zum Anlage- oder Umlaufvermögen sowie die anwendbaren Bilanzierungsgrundsätze.

258 **a) Anschaffung von Kryptowährungen.** Kryptowährungen wird von der Literatur weitestgehend die Eigenschaft eines Vermögensstand zuerkannt, womit diese grundsätzlich aktivierungsfähig sind.[348] Entsprechend erfolgt die Zuordnung von Kryptowährungen zum Anlage- oder Umlaufvermögen nach den allgemeinen Regeln.[349] Gegenstände sind im Anlagevermögen auszuweisen, wenn sie bestimmt sind, dauernd dem Geschäftsbetrieb zu dienen. Umgekehrt sind sie im Umlaufvermögen auszuweisen, wenn sie nicht dazu bestimmt sind, dauernd dem Geschäftsbetrieb zu dienen. Dabei ist für die Zuordnung die objektive Komponente der Zweckbestimmung maßgeblich, wobei bei Kryptowährungen für Spekulationszwecke vorrangig auf die subjektive Komponente abzustellen ist.[350]

259 Kryptowährungen bei denen die Zahlungsfunktion im Vordergrund steht. werden regelmäßig im Umlaufvermögen auszuweisen sein.[351] Bei Zuordnung zum Umlaufvermögen sind diese nach der hA unter den sonstigen Vermögensgegenständen gem. § 224 Abs. 2 B II 4 UGB zu bilanzieren.[352]

260 Für Unternehmen die Kryptowährungen im Rahmen ihres Betriebs vertreiben, kommt ein Ausweis als Vorräte (§ 224 Abs. 2 B. I. UGB) in Betracht.[353] Bei Kryptowährungen die im Rahmen des Mining erzeugt werden, wir nach hA ein Herstellungsvorgang nach § 203 Abs. 3 UGB angenommen, womit diese unter den Subposten der fertigen Erzeugnisse zu bilanzieren sind.[354] Hin-

---

[346] Siehe dazu Artmann/Bieber/Mayrhofer/Schmidt/Tumpel (Hrsg.), Crypto Assets/Stücker/Schilling/Tumpel, 2022, Umsatzsteuerrecht und Crypto Assets, 241; Enzinger SWK 2017, 1353.

[347] Siehe dazu umfassend zur Bilanzierung anderer Krypto-Assets Deichsel/Wedl RwSt 2021/4, 61 ff.

[348] Stückler/Wedl Grau 2022/28, 121 mwN.

[349] Hirschler/Stückler in Kirchmayr/Mayr/Hirschler/Kofler/Ehrke-Rabel (Hrsg.), Digitalisierung im Konzernsteuerrecht, Die Bilanzierung von Kryptowährungen, 1 (6).

[350] Hirschler/Stückler in Kirchmayr/Mayr/Hirschler/Kofler/Ehrke-Rabel (Hrsg.), Digitalisierung im Konzernsteuerrecht, Die Bilanzierung von Kryptowährungen, 1 (6).

[351] Stückler/Wedl Grau 2022/28, 121.

[352] Stückler/Wedl Grau 2022/28, 122; Hirschler/Stückler in Kirchmayr/Mayr/Hirschler/Kofler/Ehrke-Rabel (Hrsg.), Digitalisierung im Konzernsteuerrecht, Die Bilanzierung von Kryptowährungen, 1 (7).

[353] Deichsel/Wedl RwSt 2021/4, 77.

[354] Deichsel/Wedl RwSt 2021/4, 77; Hirschler/Stückler in Kirchmayr/Mayr/Hirschler/Kofler/Ehrke-Rabel (Hrsg.), Digitalisierung im Konzernsteuerrecht, Die Bilanzierung von Kryptowährungen, 1 (7).

gegen sind für den Vertrieb von Dritten erworbene Kryptowährungen unter dem Subposten Waren auszuweisen.[355]

Im Falle einer dauernden Widmung für den Geschäftsbetrieb (so zB als Investitions- oder Spekulationsobjekte) sind Kryptowährungen dem Anlagevermögen zuzuordnen. Dennoch kommt ein Ausweis im Finanzanlagevermögen mangels gegenüberstehenden Vertragspartners zumeist nicht in Betracht.[356] Daher erfolgt eine Bilanzierung nach hA unter den immateriellen Vermögensgegenständen gem. § 224 Abs. 2 A I UGB, wobei nach zutreffender Ansicht eine Erweiterung dieses Posten zu erfolgen hat.[357]   261

b) Bewertung von Kryptowährungen. Die Bewertung von Kryptowährungen erfolgt nach den allgemeinen Vorschriften des § 201 UGB. Dabei ist der entgeltliche Erwerb von Kryptowährungen nach § 203 Abs. 2 UGB ein Anschaffungsvorgang, womit sowohl im Anlage- als auch Umlaufvermögen jeweils die Anschaffungskosten anzusetzen sind.[358] Hinsichtlich der Folgebewertung kommen abhängig von der Zuordnung der Kryptowährungen zum Anlage- oder Umlaufvermögen unterschiedliche Vorschriften zur Anwendung. Eine planmäßige Abschreibung scheidet bei Krytpwährungen aufgrund ihrer Eigenschaft als nicht abnutzbare Vermögensgegenstände aus.[359]   262

aa) Kryptowährungen im Anlagevermögen. Bei Zuordnung der Kryptowährungen zum Anlagevermögen sind diese nach § 204 Abs. 2 UGB entsprechend dem gemilderten Niederstwertprinzip zu bewerten. Bei voraussichtlich dauernder Wertminderung sind diese auf den am Abschlussstichtag beizulegenden niedrigeren Wert abzuschreiben.[360] Besteht die Möglichkeit der Zurechnung zukünftiger Zahlungen zu den Kryptowährungen wird der beizulegende Wert mittels Ertragswertmethode zu ermitteln sein. Fehlt diese Zurechnungsmöglichkeit wird als beizulegender Wert der Wiederbeschaffungswert herangezogen.[361] Hinsichtlich der Beurteilung der Dauerhaftigkeit der Wertminderung, sind nach *Stückler/Wedl* die AFRAC 14 Indikatoren heranzuziehen.[362]   263

bb) Kryptowährungen im Umlaufvermögen. Kryptowährungen im Umlaufvermögen werden nach dem strengen Niederwertprinzips des § 207 UGB bewertet. Sie sind auf den am Abschlussstichtag bestehenden niedrigeren Börsen- oder Marktpreis abzuschreiben. Sollte ein solcher nicht feststellbar sein, ist als Vergleichswert der beizulegende Wert analog zu den Vorschriften des Anlagevermögens heranzuziehen.[363]   264

---

[355] Deichsel/Wedl RwSt 2021/4, 77.
[356] Siehe dazu detailliert Arming/Wurmhöringer SWK 2022/13–14, 622; Steinhauser/Egger, Unternehmens- und steuerbilanzielle Einordnung von Kryptowährungen am Beispiel des Bitcoins, Jahrbuch Bilanzsteuerrecht 2018, 31 (31).
[357] Hirschler/Stückler in Kirchmayr/Mayr/Hirschler/Kofler/Ehrke-Rabel (Hrsg.), Digitalisierung im Konzernsteuerrecht, Die Bilanzierung von Kryptowährungen, 1 (8).
[358] Hirschler/Stückler in Kirchmayr/Mayr/Hirschler/Kofler/Ehrke-Rabel (Hrsg.), Digitalisierung im Konzernsteuerrecht, Die Bilanzierung von Kryptowährungen, 1 (4).
[359] Hirschler/Stückler in Kirchmayr/Mayr/Hirschler/Kofler/Ehrke-Rabel (Hrsg.), Digitalisierung im Konzernsteuerrecht, Die Bilanzierung von Kryptowährungen, 1 (4).
[360] Stückler/Wedl Grau 2022/28, 123.
[361] Siehe dazu weiterführend Stückler/Wedl Grau 2022/28, 123.
[362] Siehe dazu weiterführend Stückler/Wedl Grau 2022/28, 123.
[363] Stückler/Wedl Grau 2022/28, 123 f.

MiCAR

Titel I. Gegenstand, Anwendungsbereich und Begriffsbestimmungen

Vorbemerkungen zur Markets in Crypto Assets Regulation (MiCAR)

Übersicht

	Rn.
I. Einführung	1
1. Literatur	1
2. Die MiCAR als spezifisches Kryptoverwaltungsrecht	2
II. Anwendungsbereich	3
III. Regulierte Tätigkeiten	4
1. Angebot von Kryptowerten und Zulassung zum Handel (Titel II bis IV)	4
2. Erbringung von Kryptowerte-Dienstleistungen (Titel V)	5
3. Marktmissbrauch (Titel VI)	6
IV. Organisation, Verfahren, Rechtsschutz (Titel VII)	7

I. Einführung

1. Literatur. *Krönke,* Kryptoverwaltungsrecht – Das spezifische Aufsichts- **1** regime für Kryptowerte nach der MiCAR, RDi 2024, 1; *Maume,* Die Verordnung über Märkte für Kryptowerte (MiCAR) Zentrale Definitionen sowie Rechte und Pflichten beim öffentlichen Angebot von Kryptowerten, RDi 2022, 461; *ders.,* The Regulation on Markets in Crypto-Assets (MiCAR): Landmark Codification, or First Step of Many, or Both?, ECFR 2023, 243.

2. Die MiCAR als spezifisches Kryptoverwaltungsrecht. Im Juni **2** 2023 trat mit der „Markets in Crypto Assets Regulation" – kurz: **MiCAR**[1] – das zentrale, mit Ende 2024 verbindliche Element des von der Kommission 2020 geschnürten Digital Finance Packages[2] in Kraft.[3] Neben der MiCAR enthielt das Digital Finance Package der Kommission den Entwurf für eine Pilotregelung für auf Distributed-Ledger-Technologie (DLT) basierende Marktinfrastrukturen – im Folgenden: **DLT-PR**[4] –, die bereits seit März

---

[1] Verordnung (EU) 2023/1114 des Europäischen Parlaments und des Rates vom 31.5.2023 über Märkte für Kryptowerte und zur Änderung der Verordnungen (EU) Nr. 1093/2010 und (EU) Nr. 1095/2010 sowie der Richtlinien 2013/36/EU und (EU) 2019/1937 (Text von Bedeutung für den EWR).

[2] S.<https://finance.ec.europa.eu/publications/digital-finance-package_en>.

[3] Die folgenden Ausführungen basieren zum Teil auf Überlegungen, die ich bereits in dem Beitrag Krönke RDi 2024, 1 entfaltet habe.

[4] Verordnung (EU) 2022/858 des Europäischen Parlaments und des Rates vom 30.5.2022 über eine Pilotregelung für auf Distributed-Ledger-Technologie basierende Marktinfrastrukturen und zur Änderung der Verordnungen (EU) Nr. 600/2014 und (EU) Nr. 909/2014 sowie der Richtlinie 2014/65/EU.

2023 gilt, ferner den Entwurf für die Verordnung von Digital Operational Resilience for the Financial Sector (DORA)[5] sowie zwei Strategiepapiere zum digitalen Finanzwesen[6]. Die Kommission reagierte damit auf den **aufgekommenen Handel** mit (und die erheblich gestiegene **ökonomische Bedeutung** von) digital, insbesondere mittels Distributed-Ledger-Technologie dargestellten Werten und Rechten („Crypto Assets" bzw. **„Kryptowerten"**). Es ging dabei auch und gerade darum, der möglichen Etablierung privater digitaler Währungssurrogate regulatorisch zu begegnen – einer Vorstellung, die seit der Verbreitung des als Zahlungsmittel gedachten Bitcoins[7] im Raum steht und mit der (inzwischen wohl wieder verworfenen[8]) Idee von Facebook zur Einführung einer eigenen virtuellen Währung[9] zwischenzeitlich bereits konkrete Züge angenommen hatte. Das mit der MiCAR und der DLT-PR geschaffene Krypto-Aufsichtsregime ist daher auch im Zusammenhang mit den Bemühungen der Union zu sehen, als dritte Form des Euro-Basisgeldes einen digitalen Euro zu schaffen – also gleichsam ein öffentliches Gegenstück zu den privaten, teils währungsähnlich fungierenden Kryptowerten, auf das die Europäische Zentralbank unmittelbaren Zugriff haben soll, und das jedenfalls auch ihr geldpolitisches Instrumentarium erweitern könnte.[10] Konkret soll mit der MiCAR und der das MiFID-Regime ergänzenden DLT-PR ein prinzipiell umfassender europäischer Regulierungsrahmen für Kryptowerte geschaffen werden, der einerseits den **klassischen Anliegen des Finanzmarktrechts** dient – also dem individuellen und institutionellen Anlegerschutz sowie der Marktintegrität und Finanzstabilität –, der dabei andererseits aber auch **Innovationen fördern** und die Nutzung des gesamten **Potentials der Kryptowerte** ermöglichen soll (Erwgr. Nr. 112 MiCAR).

Anders als die **DLT-Pilotregelung,** mit der ergänzende, experimentelle Regelungen für als Handel mit Finanzinstrumenten iSd MiFID-II-Regimes bzw. als Dienste unter dem CSDR-Regime einzuordnende Geschäfte eingeführt wurden, schafft die **MiCAR** demgegenüber spezifische Vorschriften für alle übrigen, praktisch deutlich überwiegenden **Kryptowerte** schaffen, die **nicht unter das MiFID-II- bzw. CSDR-Regime fallen.** Dadurch sollen, einerseits, die aus dem Fehlen rechtlicher Vorgaben folgenden erheblichen Risiken sowohl für die Verbraucher als auch für die Marktintegrität auf dem Sekundärmarkt eingehegt werden und, andererseits, die Entwicklung eines

---

[5] Verordnung (EU) 2022/2554 des Europäischen Parlaments und des Rates vom 14.12.2022 über die digitale operationale Resilienz im Finanzsektor und zur Änderung der Verordnungen (EG) Nr. 1060/2009, (EU) Nr. 648/2012, (EU) Nr. 600/2014, (EU) Nr. 909/2014 und (EU) 2016/1011.

[6] Mitteilung der Kommission an das Europäische Parlament, den Rat, den Europäischen Wirtschafts- und Sozialausschuss und den Ausschuss der Regionen über eine Strategie für ein digitales Finanzwesen, COM(2020) 591 final, s. dazu etwa Wellerdt EuZW 2021, 52 (52 ff.); Mitteilung der Kommission an das Europäische Parlament, den Rat, den Europäischen Wirtschafts- und Sozialausschuss und den Ausschuss der Regionen über eine EU-Strategie für den Massenzahlungsverkehr, COM(2020) 592 final.

[7] Eckhold/Schäfer, in; Assmann/Schütze/Buck-Heeb, Handbuch des Kapitalanlagerechts, 2024, § 17 Rn. 1.

[8] → MiCAR Art. 48 Rn. 3.

[9] Murphy, Financial Times: Facebook owner Meta targets finance with 'Zuck Bucks' and creator coins, abrufbar unter: https://www.google.com/search?client=firefox-b-d&q=financial+times (Abruf v. 15.11.2023); Überblick bei Omlor, 3.1 Stanford Journal of Blockchain Law & Policy 83–86 (2020).

[10] Vgl. zu den Zwecksetzungen und möglichen Ausgestaltungen des digitalen Euros eingehend Strobel BKR 2021, 556 (556 ff.).

Marktes für derartige Werte befördert werden, einschließlich der damit einhergehenden Chancen für innovative digitale Dienste, alternative Zahlungsinstrumente und neue Finanzierungsquellen für Unternehmen.[11]

Im Folgenden sollen der **Anwendungsbereich** der MiCAR (II.), die **regulierten Tätigkeiten** (III.) und die allgemeinen **organisations- und verfahrensrechtlichen Regelungen** der MiCAR – (IV.) in den Blick genommen werden. Insgesamt fällt auf, dass der MiCAR-Gesetzgeber einen sehr eklektizistischen Ansatz verfolgt: Die MiCAR orientiert sich überwiegend an Regeln und Normkomplexen aus verschiedenen anderen Regelwerken, nach Art des „Copy and paste".[12]

II. Anwendungsbereich

In **persönlicher** Hinsicht anwendbar ist die MiCAR grundsätzlich[13] auf 3 **natürliche** und **juristische Personen** sowie „**andere Unternehmen**", die in der Union mit der Ausgabe, dem öffentlichen Angebot und der Zulassung zum Handel von Kryptowerten befasst sind oder die Dienstleistungen im Zusammenhang mit Kryptowerten erbringen, Art. 2 Abs. 1 MiCAR. Die MiCAR nimmt damit als Aufsichtsobjekte nicht nur natürliche Personen und Gesellschaften mit eigener Rechtspersönlichkeit in die Pflicht, sondern zielt auf Unternehmen iS wirtschaftlicher Handlungseinheiten unabhängig von ihrer Organisationsform ab und soll daher ausweislich der Erwgr. insbesondere auch **Personenhandelsgesellschaften** erfassen, unabhängig von ihrer Rechtsfähigkeit nach mitgliedstaatlichem Recht (vgl. Erwgr. Nr. 74 S. 2 MiCAR). Ob und inwieweit sich dadurch auch stärker bzw. (vermeintlich)[14] vollständig dezentrale Organisationsformen, wie sie im Rahmen von Strukturen von „**Decentralized Finance**" anzutreffen sind, einhegen lassen, wird sich in der Praxis zeigen müssen.[15]

In **räumlicher** Hinsicht erfasst die Verordnung gemäß Art. 2 Abs. 1 MiCAR sowohl die Emission als auch das Angebot von Kryptowerten in der **Europäischen Union**. Im Ergebnis betrifft dies alle Kryptowerte **weltweit**, es sei denn, die Zeichnung bzw. der Erwerb ist aus der Union nicht möglich.[16]

Der **sachliche** Anwendungsbereich der MiCAR erstreckt sich gemäß Art. 2 Abs. 1 MiCAR auf Kryptowerte in einem engeren Sinne. Eine Legaldefinition des Begriffs des **Kryptowerts** findet sich in Art. 3 Abs. 1 Nr. 5 MiCAR. Demnach ist „Kryptowert" jede digitale Darstellung eines Wertes oder eines Rechts, der bzw. das unter Verwendung der Distributed-Ledger-Technologie oder einer ähnlichen Technologie elektronisch übertragen und

---

[11] Vgl. Erwgr. Nr. 2 MiCAR.
[12] So treffend Maume ECFR 2023, 243 (250).
[13] In Abs. 2 sind schließlich einige Personenkonstellationen und institutionelle Akteure vom persönlichen Anwendungsbereich der MiCAR ausgenommen. Dies betrifft etwa Gesellschaften, die Kryptowerte ausschließlich für In-House-Geschäfte verwenden (lit. a), sowie die EZB und die mitgliedstaatlichen Zentralbanken in deren Eigenschaft als Währungsbehörden (lit. c).
[14] Wie etwa die Deutsche Bundesbank in ihrem Monatsinfo-Beitrag aus 2021 zu „Krypto-Token und dezentrale Finanzanwendungen" hervorhebt: „Dezentralität hat viele Dimensionen und erscheint in Reinform eher als theoretisches Konstrukt" (S. 33, verfügbar unter https://www.bundesbank.de/resource/blob/869610/fe7fd8b5aef8053b1f0a823da5dc58a9/mL/2021-07-kryptotoken-data.pdf).
[15] Vgl. dazu Krönke RDi 2024, 1 (3).
[16] Vgl. Maume RDi 2022, 461 (462 f.).

gespeichert werden kann. Es folgt eine Definitionskaskade[17] der einzelnen Bestandteile dieser Definition. Im Einzelnen erfasst die MiCAR vor allem (aber nicht ausschließlich)[18]

– **vermögenswertreferenzierte Token,** dh Kryptowerte, die kein E-Geld-Token sind und deren Wertstabilität durch Bezugnahme auf einen anderen Wert oder ein anderes Recht oder eine Kombination davon, einschließlich einer oder mehrerer amtlicher Währungen, gewahrt werden soll (Art. 3 Abs. 1 Nr. 6 MiCAR), ferner
– **E-Geld-Token,** dh Kryptowerte, deren Wertstabilität unter Bezugnahme auf den Wert einer **amtlichen Währung** gewahrt werden soll (Art. 3 Abs. 1 Nr. 7 MiCAR), und
– **Utility Token,** dh Kryptowerte, die ausschließlich dazu bestimmt sind, Zugang zu einer Ware oder Dienstleistung zu verschaffen, die von seinem Emittenten bereitgestellt wird (Art. 3 Abs. 1 Nr. 9 MiCAR).

Nicht von den Regelungen der MiCAR erfasst sind demgegenüber gemäß Art. 2 Abs. 4 lit. a MiCAR insbesondere **Finanzinstrumente iSv Art. 4 Abs. 1 Nr. 15** Richtlinie 2014/65/EU (MiFiD II). Art. 2 Abs. 5 MiCAR, statuiert dabei einen Auftrag für die ESMA, bis Ende 2024 Leitlinien für „die Bedingungen und Kriterien für die Einstufung von Kryptowerten als Finanzinstrumente" herauszugeben.[19]

Ebenfalls **nicht** in den Anwendungsbereich der MiCAR fallen außerdem die unter dem Begriff der **Non-fungible Tokens (NFTs)** versammelten Phänomene, siehe Art. 2 Abs. 3 MiCAR. Für NFTs existiert bislang keine exakte Definition, da jeder NFT einzigartig und untrennbar mit dem ihm zugrundeliegenden Vermögenswert verbunden ist.[20] Präziser formuliert: NFTs schöpfen ihren Wert unmittelbar aus der **Individualität** des mit ihnen jeweils **abgebildeten Gegenstandes** (zB eines Bildes, eines Lieds, eines Sammelobjekts usw)[21].[22]

III. Regulierte Tätigkeiten

Gegenständlich lassen sich die Regelungen der MiCAR in spezifisch tätigkeitsbezogene Bestimmungen (dazu im Folgenden) sowie allgemeine organisations- und verfahrensrechtliche Vorschriften (dazu IV.) untergliedern. Von den tätigkeitsbezogenen Bestimmungen betreffen die **Titel II bis IV** die Emission von vermögenswertreferenzierter Token, E-Geld-Token und sonstigen Kryptowerten, insbesondere von Utility-Token, mithin also die **Primärmärkte** für Kryptowerte (dazu 1.). Titel V regelt die Zulassung und die Ausübung der Tätigkeit eines Anbieters von **Kryptowerte-Dienstleistungen** (dazu 2.). Und Titel VI enthält Bestimmungen zur Verhinderung und zum Verbot von **Marktmissbrauch** speziell im Zusammenhang mit Kryptowerten (dazu 3.).

---

[17] Maume ECFR 2023, 243 (254).
[18] Ein Token kann auch unabhängig von den u. g. Kategorien unter die Definition des Art. 3 Abs. 1 Nr. 5 MiCAR fallen, vgl. → MiCAR Art. 4 Rn. 2.
[19] Vgl. Eckhold/Schäfer, in; Assmann/Schütze/Buck-Heeb, Handbuch des Kapitalanlagerechts, 2024, § 17 Rn. 64.
[20] Vgl. Maume ECFR 2023, 243 (259).
[21] Vgl. Maume ECFR 2023, 243 (259).
[22] Vgl. Eckhold/Schäfer, in; Assmann/Schütze/Buck-Heeb, Handbuch des Kapitalanlagerechts, 2024, § 17 Rn. 16, ebenso Guntermann RDi 2022, 200 (201); Denga BKR 2022, 288, 288.

Vorbemerkungen zur Markets in Crypto Assets Regulation MiCAR

1. Angebot von Kryptowerten und Zulassung zum Handel (Titel II bis IV). Die MiCAR enthält je nach Tokenart **ausdifferenzierte Aufsichtsformen** in Bezug auf die **Anbieter** der Token. Sie reichen von einer vorwiegend materiell-rechtlichen Regulierung mit laufender Überwachung ohne gesondertes Gestattungserfordernis für **sonstige Token,** die inhaltlich zwischen Finanzmarkt- und Verbraucherschutzrecht changiert (Titel II), über die schlichte Erstreckung des Zulassungsregimes der E-Geld-Richtlinie auf die Anbieter von **E-Geld-Token** (Titel IV) bis hin zu einer teils an das Aufsichtsmodell der Eigenkapitalrichtlinie anknüpfenden, teils originär für Kryptowerte geschaffenen Aufsicht über die Anbieter von **vermögenswertreferenzierten Token** mit eigenem Zulassungserfordernis und -verfahren und engmaschiger laufender Überwachung, in eindeutiger Anlehnung an das übrige Kapitalmarktrecht (Titel III). Dieser ausdifferenzierte Ansatz erscheint aufgrund des darin gespiegelten typisierten Risikopotenzials der einzelnen Tokenarten durchaus angemessen. Insbesondere die mitunter **komplex strukturierten vermögenswertreferenzierten Token** mit teils diversen Bezugspunkten verdienen zu Recht ein robustes Aufsichtsregime mit engmaschig gestrickter laufender Überwachung, die die Anbieter auch nach erteilter Zulassung gegenüber den Token-Inhabern veritabel in die Pflicht nimmt – Stichworte: Beschwerdeverfahren, Good Governance, Eigenmittel, Vermögenswertreserve, Rücktauschrecht. Demgegenüber genügt es mE mit Blick auf die Emission von **E-Geld-Token,** die jedenfalls **kein erhebliches krypto-spezifisches Risikopotenzial** aufweisen, sich im Wesentlichen darauf zurückzuziehen, das Aufsichtsregime der E-Geld-Richtlinie für entsprechend anwendbar zu erklären.

Ebenso überzeugt der Rückgriff auf (wegen Art. 94 Abs. 1 lit. o, r und v MiCAR) auch aufsichtsrechtlich sanktionierbar gestellte **verbraucherschutzrechtliche Instrumente** in Bezug auf das im Übrigen keiner Zulassungspflicht unterliegende Angebot **sonstiger Token.** Aufgrund der charakteristischen Niedrigschwelligkeit des Zugangs zu Kryptowerten, die mE einen gesteigerten Bedarf nach Transparenz und Übereilungsschutz hervorruft, erscheint es durchweg angemessen, Anlegern auch entsprechende Schutzrechte einzuräumen. Es bleibt dann freilich die Frage im Raum, weshalb der Unionsgesetzgeber nicht für sämtliche, auch nicht fungible Kryptowerte einen entsprechenden „Basisschutz" geschaffen hat.

2. Erbringung von Kryptowerte-Dienstleistungen (Titel V). Neben den Primärmärkten für Kryptowerte reguliert die MiCAR überdies die Tätigkeit eines jeden „Anbieters von Kryptowerte-Dienstleistungen" iSv Art. 3 Abs. 1 Nr. 15 MiCAR. Für diese Anbieter schafft die MiCAR ein im Vergleich zu den Regelungen für herkömmliche Finanzdienstleistungen zurückgenommenes, an die kryptospezifischen Besonderheiten angepasstes **„MiFID light"-Regime,** um keine übermäßigen regulatorischen Belastungen zu bewirken. Ob den betroffenen Akteuren damit tatsächlich geholfen ist, bleibt abzuwarten – gerade der prinzipienorientierte Regulierungsansatz (siehe zB Art. 68 Abs. 7 S. 2 MiCAR)[23] ist theoretisch innovationsoffen, praktisch aber auch mit größerer Unsicherheit verbunden und birgt damit die Gefahr, dass sich Unternehmen im Zweifelsfall an den engmaschigeren, strengeren MiFID-Regeln orientieren. Gerade insofern sind die Akteure auf die Setzung **belastbarer Regulierungsstandards** seitens der Unionsbehörden angewie-

---

[23] Vgl. Fritz BKR 2023, 747 (750).

MiCAR Art. 1 Titel I. Gegenstand, Anwendungsbereich, Begriffsbest.

sen (siehe Art. 66 Abs. 6, Art. 68 Abs. 10, Art. 71 Abs. 5, Art. 72 Abs. 5 MiCAR)[24].

6   3. **Marktmissbrauch (Titel VI).** Art. 86–92 MiCAR formulieren schließlich „für von jedweden Personen vorgenommene Handlungen im Zusammenhang mit Kryptowerten" (Art. 86 Abs. 1 MiCAR) Regeln zur Verhinderung und zum Verbot marktmissbräuchlicher Verhaltensweisen. Sie weisen sehr deutliche Ähnlichkeiten zur **Marktmissbrauchsverordnung** (Verordnung (EU) Nr. 596/2014 – „MAR") auf.[25] Dies erscheint ausgesprochen sinnvoll, zumal mit Blick auf das Verbot der im Umgang mit Kryptowerten wohl besonders relevanten (und freilich auch nicht ohne Weiteres durch Aufsichtsbehörden nachweisbaren) Marktmanipulation (Art. 91 MiCAR – Art. 12 MAR).

IV. Organisation, Verfahren, Rechtsschutz (Titel VII)

7   Als überwiegend aufsichtsrechtliches Regelwerk[26] enthält die MiCAR in Titel VII schließlich auch zahlreiche organisations- und verfahrensrechtliche Bestimmungen. Dazu gehören insbesondere Vorschriften über die **behördlichen Zuständigkeiten** (Art. 93 MiCAR), die (präventiven) **Aufsichtsbefugnisse** (Art. 94 und Art. 102 ff. MiCAR) und die (repressiven) **Sanktionen** (Art. 111 MiCAR), Regelungen über die **behördliche Zusammenarbeit** (Art. 95 ff. MiCAR) sowie die **rechtsschutzbezogenen** Vorgaben (Art. 113 MiCAR).

Vor allem die Ausdifferenzierung der Aufsichts- und Sanktionsbefugnisse der handelnden Behörden entsprechen den allgemeinen finanzmarktrechtlichen, teils auch kartellrechtlichen Eingriffsbefugnissen. Der Unionsgesetzgeber ist insoweit **keine Experimente** eingegangen.[27] Ob er damit den Gefahren und Besonderheiten des Handels mit Kryptowerten speziell im digitalen Raum gerecht geworden ist, wird sich im Rahmen der Aufsichtspraxis zeigen. Schmerzlich zu **vermissen** sind mE **digitalwirtschaftsspezifische Aufsichtsbefugnisse**, zumal sich Verstöße gegen die Verordnung vielfach nur mittels technikspezifisch modifizierter Aufsichtsinstrumente effektiv ermitteln und unterbinden lassen dürften. Zu denken wäre hier insbesondere an spezifische Datenzugangsrechte, an Möglichkeiten zur „digitalen Nachschau", einschließlich des Zugangs zu Informationen über die Organisation, die Funktionsweise, das IT-System, die Algorithmen, die Datenverwaltung und die Geschäftspraktiken sowie Erläuterungen dazu, und an Überwachungsbefugnisse, die den Zugang zu den technischen Infrastrukturen der Anbieter ermöglichen, wie sie etwa im Digital Services Act vorgesehen sind.

Artikel 1 Gegenstand

(1) Mit dieser Verordnung werden einheitliche Anforderungen für das öffentliche Angebot und die Zulassung zum Handel auf einer Handelsplattform von anderen Kryptowerten als vermögenswertereferenzierten Token und E-Geld-Token, von vermögenswertereferenzierten Token

---

[24] Vgl. Michel/Schmitt CCZ 2023, 261 (263).
[25] Vgl. dazu und zum Folgenden Maume ECFR 2023, 243 (270 f.).
[26] Vgl. Maume RDi 2023, 493 (493).
[27] Vgl. zu dieser und den nachfolgenden Einschätzungen bereits ausführlich Krönke RDi 2024, 1 (10).

und E-Geld-Token sowie Anforderungen für Anbieter von Kryptowerte-Dienstleistungen festgelegt.

(2) Insbesondere wird mit dieser Verordnung Folgendes festgelegt:
a) Transparenz- und Offenlegungspflichten für die Ausgabe, das öffentliche Angebot und die Zulassung von Kryptowerten zum Handel auf einer Handelsplattform für Kryptowerte („Zulassung zum Handel");
b) Anforderungen für die Zulassung und Beaufsichtigung von Anbietern von Kryptowerte-Dienstleistungen, Emittenten vermögenswertereferenzierter Token und Emittenten von E-Geld-Token sowie für deren Betrieb, Organisation und Unternehmensführung;
c) Anforderungen für den Schutz der Inhaber von Kryptowerten bei der Ausgabe, dem öffentlichen Angebot und der Zulassung zum Handel mit Kryptowerten;
d) Anforderungen für den Schutz der Kunden von Anbietern von Kryptowerte-Dienstleistungen;
e) Maßnahmen zur Verhinderung von Insidergeschäften, unrechtmäßiger Offenlegung von Insiderinformationen sowie Marktmanipulation im Zusammenhang mit Kryptowerten, um die Integrität der Märkte für Kryptowerte zu wahren.

Übersicht

	Rn.
I. Einführung	1
1. Literatur	1
2. Entstehung und Zweck der Norm	2
3. Normativer Kontext	13
II. Regelungsgegenstand – allgemein	16
III. Konkrete Regelungsgegenstände gemäß Art. 1 Abs. 2	20
1. Transparenz- und Offenlegungspflichten (Abs. 2 lit. a)	21
2. Zulassung und Beaufsichtigung von Kryptowerte-Dienstleistern, Emittenten vermögenswertereferenzierter Token und Emittenten von E-Geld-Token sowie für deren Betrieb, Organisation und Unternehmensführung (Abs. 2 lit. b)	23
3. Schutz der Inhaber von Kryptowerten bei der Ausgabe, dem öffentlichen Angebot und der Zulassung zum Handel mit Kryptowerten (Abs. 2 lit. c)	24
4. Schutz der Kunden von Kryptowerte-Dienstleistern (Abs. 2 lit. d)	26
5. Maßnahmen zur Verhinderung von Marktmissbrauch bei Kryptowerten (Abs. 2 lit. e)	27

I. Einführung

1. Literatur. *Raschauer,* MiCAR ante portas – der neue große Wurf?, ZFR 2023/121, 265; *Toman/Schinerl,* Non Fungible Token – unreguliert?, ZFR 2023/123, 276; *Völkel,* MiCAR versus MiFID – Wann ist ein vermögenswertreferenzierter Token kein Finanzinstrument?, ZFR 2023/122, 268; Verordnung (EU) 2023/1114 vom 31. Mai 2023 über Märkte für Kryptowerte und zur Änderung der Verordnungen (EU) Nr. 1093/2010 und (EU) Nr. 1095/2010 sowie der Richtlinien 2013/36/EU und (EU) 2019/1937, ABl. Nr. L 150 vom 9.6.2023 S. 40; Kommissionsvorschlag COM/2020/593/FINAL.

MiCAR Art. 1   Titel I. Gegenstand, Anwendungsbereich, Begriffsbest.

2   **2. Entstehung und Zweck der Norm.** Art. 1 MiCAR wurde im Zuge des Gesetzgebungsverfahren nicht unwesentlich abgeändert. Neben rein sprachlichen Anpassungen und Optimierungen findet sich ein zusätzlicher Absatz in Art. 1 und der ursprünglich einzige Absatz wurde in den Ziffern etwas umformuliert. Der Wesenskern der Bestimmung – dh die Festlegung des Anwendungsbereichs der MiCAR durch die Aufzählung seiner Regelungsgegenstände – entspricht aber im Grunde der Ursprungsfassung des Kommissionsentwurfs.

3   In der Fassung des Kommissionsentwurfs vom 24.9.2020 war der verfügende Text noch schlanker und normierte, dass mit dieser Verordnung einheitliche Vorschriften für nachfolgende Bereiche festgelegt werden: Transparenz- und Offenlegungspflichten für die Ausgabe von Kryptowerten und ihre Zulassung zum Handel (lit. a); Zulassung und Beaufsichtigung von Anbietern von Krypto-Dienstleistungen, Emittenten wertreferenzierter Token und Emittenten von E-Geld-Token (lit. b); Betrieb, Organisation und Unternehmensführung von Emittenten wertreferenzierter Token, Emittenten von E-Geld-Token und Anbietern von Krypto-Dienstleistungen (lit. c); Verbraucherschutzvorschriften für Ausgabe, Tausch und Verwahrung von Kryptowerten sowie den Handel damit (lit. d); Maßnahmen zur Verhinderung von Marktmissbrauch mit dem Ziel, die Integrität der Märkte für Kryptowerte zu gewährleisten (lit. e).

4   Im Vergleich mit dem Kommissionsentwurf findet sich in der finalen Fassung nun ein neuer Abs. 1, der einleitend auch auf die einheitlichen Anforderungen abstellt, hier aber noch konkreter wird. So wird konkretisiert, dass die MiCAR nicht nur für das öffentliche Angebot und die Zulassung zum Handel auf einer Handelsplattform von anderen Kryptowerten als vermögenswertereferenzierten Token und E-Geld-Token, von vermögenswertereferenzierten Token und E-Geld-Token, sondern auch für die Anforderungen für Anbieter von Kryptowerte-Dienstleistungen einheitliche, unionsweit unmittelbar anwendbare Regelungen festgelegt.

5   Abs. 2 des Art. 1 MiCAR entspricht inhaltlich im Wesentlichen dem Art. 2, der ja nur einen Absatz 5 literae (a bis e) umfasste. Die Anzahl der literae wurde im Vergleich mit dem Kommissionsentwurf beibehalten. Lediglich die sprachlichen Feinheiten und der Grad der Konkretisierung veränderte sich zum Positiven. Dies liegt im Besonderen an dem Umstand, dass man im Lauf der Verhandlungen der EU-Gesetzgeber statt der „Ausgabe von Kryptowerten" konkreter und genauer in Richtung „Ausgabe, das öffentliche Angebot und die Zulassung von Kryptowerten zum Handel auf einer Handelsplattform für Kryptowerte". Besonders erwähnenswert erscheint in diesem Zusammenhang die Veränderungen in lit. e, der im Bereich der Verhinderung von Marktmissbrauch nun wesentlich konkreter ist und explizit auch die Insidergeschäfte und die unrechtmäßige Offenlegung von Insiderinformation zur Sprache bringt, um allfällige Unklarheiten zu verhindern und Interpretationslücken zu schließen.

6   Inhaltlich vergleichbare **Bestimmungen** existieren bisher **nicht,** da insbesondere jene Kryptowerte, die nicht als Finanzinstrumente im Sinne der Begriffsbestimmung in der Richtlinie 2014/65/EU des Europäischen Parlaments und des Rates[1] gelten, von den Gesetzgebungsakten der Union im

---

[1] Richtlinie 2014/65/EU des Europäischen Parlaments und des Rates vom 15.5.2014 über Märkte für Finanzinstrumente sowie zur Änderung der Richtlinien 2002/92/EG und 2011/61/EU (ABl. 2014 L 173, 349).

Gegenstand Art. 1 MiCAR

Bereich der Finanzdienstleistungen bisher nicht erfasst wurden.[2] Bis zur Veröffentlichung der MiCAR gab es mit Ausnahme der Bestimmungen über die Bekämpfung der Geldwäsche keinerlei Regelungen betreffend die Bereitstellung von Dienstleistungen im Zusammenhang mit solchen unregulierten Kryptowerten wie zB der Betrieb von Handelsplattformen für Kryptowerte, der Tausch von Kryptowerten gegen einen Geldbetrag oder gegen andere Kryptowerte und die Verwahrung sowie Verwaltung von Kryptowerten für Kunden.[3]

Darüber hinaus entspricht Art. 1 regelungstechnisch der üblichen Architektur unionsrechtlicher Rechtsakte, die in ihren ersten Artikeln va Regelungen zur normativen Spannbreite enthalten. 7

Der Hintergrund der MiCAR und die Motivation des EU-Gesetzgebers für einen derartigen Regulierungsschritt ergeben sich aus dem evidenten Fehlen einer derartigen Rechtsgrundlage für Kryptowerte, die nicht als Finanzinstrumente im Sinne der Begriffsbestimmung in der Richtlinie 2014/65/EU des Europäischen Parlaments und des Rates[4] gelten, und der zentralen Zielformulierung, dass die legislativen Akte der Europäischen Union im Besonderen auch im Bereich des Finanzsektors dem digitalen Zeitalter entsprechen und zu einer zukunftsfähigen Wirtschaft im Dienste der Menschen beitragen sollen, indem sie bspw. den Einsatz innovativer Technologien ermöglichen. In diesem Zusammenhang ist zu betonen, dass der EU-Gesetzgeber die Entwicklung und Förderung der Einführung transformativer Technologien wie etwa der Distributed-Ledger-Technologie (DLT) im Finanzsektor explizit als politisches Ziel definiert.[5] Bemerkenswert ist an dieser Stelle, dass hier nur bspw. von der DLT gesprochen wird. Man möchte sohin bewusst keine andere transformative Technologie ausschließen und möglichst offen mit Blick auf andere technische Entwicklungen bleiben, die das Potential haben, neue Arten von Geschäftsmodellen hervorzubringen und zusammen mit der Branche der Kryptowerte als wichtigste Anwendung der DLT selbst zum Wirtschaftswachstum und zu neuen Beschäftigungsmöglichkeiten für die BürgerInnen der Europäischen Union beizutragen, in der Zukunft bleiben.[6] 8

Mit Blick auf die aktuell wichtigste Anwendung der DLT, die Kryptowerte, bestanden bis zur MiCAR keinerlei Regelungen zur Bereitstellung von Dienstleistungen in Bezug auf solche unregulierten Kryptowerte. Diese Situation war nicht länger tragbar, da die Inhaber von Kryptowerten beim Fehlen derartiger Regulierung in Bereichen, die nicht unter die Verbraucherschutzvorschriften fallen, mit wesentlichen Risiken konfrontiert sind. Daneben führt ein solch rechtfreier Raum zu signifikanten Risiken für die Marktintegrität, insbes. mit Blick auf potentiellen Marktmissbrauch und Finanzkriminalität.[7] Zudem hat die Absenz eines harmonisierten EU-Rechtsrahmens in diesem Bereich zur Konsequenz, dass das Vertrauen der Nutzer in diese Kryptowerte beeinträchtigt wird, was wiederum die Entwicklung eines Marktes für diese Kryptowerte wesentlich einschränkt und allenfalls zur Folge 9

---

[2] Vgl. insbes. Erwgr. Nr. 3 und 4 MiCAR.
[3] Vgl. Erwgr. Nr. 4 MiCAR.
[4] Richtlinie 2014/65/EU des Europäischen Parlaments und des Rates vom 15.5.2014 über Märkte für Finanzinstrumente sowie zur Änderung der Richtlinien 2002/92/EG und 2011/61/EU (ABl. 2014 L 173, 349).
[5] Vgl. Erwgr. Nr. 1 MiCAR.
[6] Vgl. Erwgr. Nr. 1 und 2 MiCAR.
[7] Vgl. Erwgr. Nr. 4 MiCAR.

hat, dass Chancen durch innovative digitale Dienste, alternative Zahlungsinstrumente oder neue Finanzierungsquellen für Unternehmen in der Europäischen Union ungenutzt bleiben. Darüber hinaus formuliert der EU-Gesetzgeber in Erwgr. Nr. 5 völlig zu Recht, dass Unternehmen, die Kryptowerte nutzen, beim Fehlen der entsprechenden Regulatorik keinerlei Rechtssicherheit hätten, wie ihre Kryptowerte in den verschiedenen Ländern der Europäischen Union rechtlich gestellt wären, was ihren Bestrebungen, Kryptowerte für digitale Innovationen zu nutzen, entgegenstehen würde. Abgesehen davon darf nicht darauf vergessen werden, dass auch die einzelnen Mitgliedstaaten regulatorisch aktiv sind und werden könnten und allfällige fragmentierte Regeln eine Wettbewerbsverzerrung, eine Erschwernis für das grenzüberschreitende Anbieten von Kryptowerte-Dienstleistungen und Aufsichtsarbitrage zur Folge hätte. All diese Effekte möchte man explizit nicht in einem funktionierenden europäischen Binnenmarkt sehen.[8]

10 Nimmt man eine der wichtigsten Zielsetzungen im Bereich der Finanzdienstleistungen in den Fokus, die Wahrung der Finanzmarktstabilität, so ist zu attestieren, dass die Märkte für Kryptowerte aus heutiger Sicht noch nicht eine Größe erreicht haben, die geeignet wäre, erhebliche Implikation auf die Finanzmarktstabilität zu haben. Im Besonderen jene Kryptowerte, die auf Preisstabilisierung im Zusammenhang mit einem bestimmten Vermögenswert oder einem bestimmten Vermögenswertkorb angelegt sind, könnten bei Kleinanlegern aber „künftig großen Anklang finden und eine solche Entwicklung könnte zusätzliche Herausforderungen für die Finanzstabilität, das reibungslose Funktionieren der Zahlungssysteme, die geldpolitische Transmission oder die Währungshoheit mit sich bringen".[9] Auch deshalb erscheint es angezeigt, hier regulatorische aktiv zu werden.

11 Da bereits im ersten Satz des Art. 1 Abs. 1 deutlich wird, dass der EU-Gesetzgeber offensichtlich mehrere Formen bzw. Arten von Kryptowerten ausgeht, ist darauf bereits an dieser Stelle einzugehen. Kryptowerte ist als Überbegriff und Ausgangspunkt der MiCAR zu verstehen und lässt sich dann weiter in iW drei Arten der Kryptowerte unterscheiden. Die erste Art umfasst Kryptowerte, die auf eine Wertstabilisierung durch Bezugnahme auf nur eine amtliche Währung angelegt sind, sog. *„E-Geld-Token"*. Diese Kryptowerte haben eine ganz ähnliche Funktion wie E-Geld im Sinne der Richtlinie 2009/110/EG. Solche Kryptowerte sind ebenso wie E-Geld elektronische Surrogate für Münzen und Banknoten und könnten für Zahlungen verwendet werden. Die zweite Art von Kryptowerten sind *„vermögenswertereferenzierte Token"*, die auf eine Wertstabilisierung durch Bezugnahme auf einen anderen Wert oder ein anderes Recht oder eine Kombination hieraus einschließlich einer oder mehrerer amtlicher Währungen angelegt sind. Die zweite Art umfasst alle anderen Kryptowerte außer E-Geld-Token, deren Wert durch Vermögenswerte gedeckt ist, sodass eine Umgehung verhindert wird und die MiCAR zukunftssicher gemacht wird. Bei der dritten Art schließlich handelt es sich um *andere Kryptowerte als vermögenswertereferenzierte Token und E-Geld-Token;* sie umfasst eine große Bandbreite an Kryptowerten einschließlich Utility-Token.[10] Diese Differenzierung in drei Arten der Kryptowerte erfolgt iW deshalb, weil mit den unterschiedlichen Arten unterschiedliche Risiken

---

[8] Vgl. Erwgr. Nr. 5 und 6 MiCAR.
[9] Vgl. Erwgr. Nr. 5 MiCAR.
[10] Vgl. Raschauer, MiCAR ante portas – der neue große Wurf?, ZFR 2023/121, 265; Erwgr. Nr. 18 MiCAR.

verbunden sind, die in der MiCAR dann auch differenzierten regulatorischen Anforderungen unterliegen. Man kann in diesem Kontext auch mit einer abgestuften Regelungsdichte der MiCAR sprechen. So sind die Bestimmungen für E-Geld-Token die strengsten und für andere Kryptowerte, die weder E-Geld-Token noch vermögenswertereferenzierte Token sind, am wenigsten streng.

Neben dem Angebot und die Ausgabe bzw. die Zulassung zum Handel betreffend diese drei Arten von Kryptowerten ist in Art. 1 Abs. 1 auch von sog. *„Kryptowerte-Dienstleistungen"* zu lesen. Die MiCAR kennt hier iW zwei Kategorien von Dienstleistungen in Bezug auf Kryptowerte. Zum einen der Betrieb einer Handelsplattform für Kryptowerte, der Tausch von Kryptowerten gegen einen Geldbetrag oder gegen andere Kryptowerte, die Verwahrung und Verwaltung von Kryptowerten für Kunden und die Erbringung von Transferdienstleistungen für Kryptowerte für Kunden.[11] Zum anderen die Platzierung von Kryptowerten, die Annahme und Übermittlung von Aufträgen über Kryptowerte für Kunden, die Ausführung von Aufträgen über Kryptowerte für Kunden, die Beratung zu Kryptowerten und die Portfolioverwaltung von Kryptowerten. Wer gewerblich solche Kryptowerte-Dienstleistungen erbringt, ist als „Anbieter von Kryptowerte- Dienstleistungen" iSd MiCAR zu bezeichnen.[12] Bemerkenswert ist in diesem Zusammenhang, dass der Kommissionsentwurf noch nicht die Dienstleistungen „Portfolioverwaltung" und die „Transferdienstleistungen" umfasste, was wohl eher als unbeabsichtigte Lücke interpretiert werden kann. 12

3. Normativer Kontext. Der Regelungsgehalt gemäß Art. 1 MiCAR ist im Wesentlichen selbsterklärend und vom verfügenden Text her betrachtet eher schlank. In concreto ergibt sich der Regelungsgehalt dann in der Folge und in der Zusammenschau mit weiteren Bestimmungen der MiCAR. So knüpft der Regelungsgegenstand des Art. 1 MiCAR an zahlreiche Begrifflichkeiten an (zB „Kryptowert" oder „öffentliches Angebot"), die in den **Begriffsbestimmungen** nach **Art. 3 MiCAR** näher definiert werden. Und auch aus der Ausdifferenzierung der in Art. 1 Abs. 2 lit. a–e MiCAR genannten Regelungsgegenstände der Verordnung ergibt sich grundsätzlich nicht ohne Weiteres, dass der **wesentlichste Regelungsgegenstand** der MiCAR in den **Zulassungen für Emittenten oder Anbieter von vermögenswertereferenzierten Token oder E-Geld-Token sowie Dienstleister in Bezug auf Kryptowerte** nach den Bestimmungen der **Titel III, IV und V** liegt, denn an deren Beantragung und Erteilung knüpft die MiCAR ihre zentralen Rechtsfolgen. 13

Daneben ist aus Art. 1 MiCAR selbst auch nicht prima facie ablesbar, wie der Regelungsanspruch der MiCAR von anderen, insbesondere den regulären aufsichtsrechtlichen Vorgaben (insbes. **MiFID II oder CRR**) abzugrenzen ist. Dass die letztgenannten Regelwerke grundsätzlich unberührt bleiben, ergibt sich erst aus Art. 2 MiCAR, in dem bspw. im Abs. 6 explizit festgehalten wird, dass die CRR (Verordnung (EU) Nr. 1024/2013) unberührt bleibt. Dass die MiFID von MiCAR unberührt bleibt, ist erstmalig in Art. 2 Abs. 4 lit. a erkennbar, da hier angeordnet wird, dass die MiCAR nicht für Kryptowerte gilt, die gleichzeitig auch Finanzinstrumente sind. Da der Dreh- und Angelpunkt der MiFID das Vorliegen eines Finanzinstruments ist, kann 14

---

[11] Vgl. Art. 3 Abs. 1 Nr. 16 MiCAR.
[12] Vgl. Erwgr. Nr. 21 MiCAR und Art. 3 Abs. 1 Nr. 16 MiCAR.

MiCAR Art. 1   Titel I. Gegenstand, Anwendungsbereich, Begriffsbest.

somit festgehalten werden, dass Finanzinstrumente ausschließlich in den Anwendungsbereich der MiFID und nicht der MiCAR fallen, egal welche Technologie im Zusammenhang mit diesem Finanzinstrument eingesetzt wird.

15   Die MiCAR wurde als Verordnung erlassen und ist demzufolge unmittelbar auch in den mitgliedstaatlichen Rechtsordnungen anwendbar. In **begrenztem** Umfang ist die MiCAR aber einer Ergänzung durch **nationale Durchführungsbestimmungen** zugänglich.[13] Dieser begrenzte Umfang besteht – wie in den meisten Begleitlegistikprojekten auf Mitgliedstaaten-Ebene – im Wesentlichen aus der Benennung der zuständigen Behörde, der Konkretisierung der Aufsicht- und Sanktionsbefugnisse und Festlegung der Sanktionstatbestände.

II. Regelungsgegenstand – allgemein

16   Konzeptionell gliedert sich Art. 1 MiCAR mit der Überschrift „Gegenstand" in zwei Absätze, wobei Abs. 1 die allgemeine Umschreibung des MiCAR-Regelungsgegenstandes formuliert. Abs. 2 wird dann etwas konkreter und listet demonstrativ, und eben nicht taxativ, ableitbar durch das im Unionsrecht typische einleiten mit „insbesondere" bei demonstrativen Aufzählungen, gewisse Regelungsbereiche auf, die die MiCAR im Besonderen adressiert.

17   In diesem ersten Absatz werden viele Termini erstmalig verwendet, deren nähere Bestimmung entscheidend ist, um zu wissen, für wen und für was die MiCAR überhaupt Regelungen trifft. Hier sind im Besonderen die Begrifflichkeiten „öffentliches Angebot", „Zulassung zum Handel auf einer Handelsplattform" von „anderen Kryptowerten als vermögenswertereferenzierten Token und E-Geld-Token", von „vermögenswertereferenzierten Token" und von „E-Geld-Token" sowie „Anbieter von Kryptowerte-Dienstleistungen" (vulgo Kryptowerte-Dienstleister). Für die nähere Darlegung dieser Termini empfiehlt sich ein Blick in Art. 3 Abs. 1, der diese Begriffe mE recht elegant definiert. So findet sich für das öffentliche Angebot in Art. 3 Abs. 1 Nr. 12 eine Definition. So ist darunter jede Mitteilung an Personen ohne Formvorschrift gemeint, die ausreichende Informationen über die Angebotsbedingungen und die anzubietenden Kryptowerte enthält, um potenzielle Inhaber in die Lage zu versetzen, über den Kauf dieser Kryptowerte zu entscheiden.[14] Die Definition von anderen Kryptowerten als vermögenswertereferenzierten Token und E-Geld-Token ergibt sich aus einer Schlussfolgerung, die sich systematisch aus der Konzeption der MiCAR mit der Ausgangsbasis der „Kryptowerte" iSd Art. 3 Abs. 1 Nr. 5 ergibt. „Kryptowerte" ist als Überbegriff und Ausgangspunkt der MiCAR zu verstehen und lässt sich dann weiter in iW drei Arten der Kryptowerte unterscheiden. Der Kryptowert wird in Art. 3 Abs. 1 Nr. 5 dahingehend umschrieben, als damit eine digitale Darstellung eines Werts oder eines Rechts, der bzw. das unter Verwendung der Distributed-Ledger-Technologie oder einer ähnlichen Technologie elektronisch übertragen und gespeichert werden kann, gemeint ist. Die erste spezifische Art von Kryptowerten umfasst Kryptowerte, die auf eine Wertstabilisierung durch Bezugnahme auf nur eine amtliche Währung angelegt sind, sog. *„E-Geld-Token"* gemäß Art. 3 Abs. 1 Nr. 7. Diese Krypto-

---

[13] Vgl. etwa das österreichische MiCA-VVG.
[14] Vgl. Art. 3 Abs. 1 Nr. 12.

werte haben eine ganz ähnliche Funktion wie E-Geld im Sinne der Richtlinie 2009/110/EG. Solche Kryptowerte sind ebenso wie E-Geld elektronische Surrogate für Münzen und Banknoten und könnten für Zahlungen verwendet werden. Die zweite Art von Kryptowerten sind *„vermögenswertereferenzierte Token"* gemäß Art. 3 Abs. 1 Nr. 6, die auf eine Wertstabilisierung durch Bezugnahme auf einen anderen Wert oder ein anderes Recht oder eine Kombination hieraus einschließlich einer oder mehrerer amtlicher Währungen angelegt sind. Die zweite Art umfasst alle anderen Kryptowerte außer E-Geld-Token, deren Wert durch Vermögenswerte gedeckt ist, sodass eine Umgehung verhindert wird und die MiCAR zukunftssicher gemacht wird. Bei der dritten Art schließlich handelt es sich um *andere Kryptowerte als vermögenswertereferenzierte Token und E-Geld-Token;* sie umfasst eine große Bandbreite an Kryptowerten einschließlich Utility-Token gemäß Art. 3 Abs. 1 Nr. 9.[15]

„Anbieter von Kryptowerte-Dienstleistungen" (vulgo Kryptowerte-Dienstleister) werden über die Kryptowerte-Dienstleistungen gemäß Art. 3 Abs. 1 Nr. 16 iVm Art. 59 definiert.

Betreffend die Zulassung zum Handel findet sich keine eigene Begriffsbestimmung in Art. 3 MiCAR, was aber keinesfalls schädlich und hinderlich ist, da hier wenig Interpretationsspielraum besteht.

18

19

III. Konkrete Regelungsgegenstände gemäß Art. 1 Abs. 2

Art. 1 Abs. 2 lit. a–e MiCAR führen die wesentlichen Regelungsgegenstände der MiCAR auf. Ein besonderer normativer Gehalt ist damit allerdings jeweils kaum verbunden.

20

1. Transparenz- und Offenlegungspflichten (Abs. 2 lit. a). In der lit. a werden Transparenz- und Offenlegungspflichten für all jene definiert, die die Ausgabe, das öffentliche Angebot oder die Zulassung von Kryptowerten zum Handel auf einer Handelsplattform für Kryptowerte gewerblich beabsichtigen. Ursprünglich war man im Kommissionsentwurf hier noch weit abstrakter geblieben. Es war nämlich lediglich von Transparenz- und Offenlegungspflichten „für die Ausgabe von Kryptowerten und ihre Zulassung zum Handel" die Rede. Im Laufe der Verhandlungen erkannte der Ko-Gesetzgeber auf EU-Ebene, dass man hier bestimmter werden muss, um unterschiedliche Geschäftsmodelle in der Kryptobranche zu erfassen und keine blinden Flecken entstehen zu lassen.

21

Trotz der Nennung dieser Transparenz- und Offenlegungspflichten in der ersten lit. spricht mE vieles dafür, dass hier von keiner Wertung in der Reihenfolge seitens des Gesetzgebers auszugehen ist, da die nächste lit., insbes. die lit. b betreffend die Zulassung und Beaufsichtigung von Anbietern von Kryptowerte-Dienstleistungen, Emittenten vermögenswertereferenzierter Token und Emittenten von E-Geld-Token, auch zur Förderung eines harmonisierten und funktionierenden Binnenmarktes in diesem Bereich (im Wege des Passporting) von grundlegender Bedeutung sind und keinesfalls weniger bedeutsam für den EU-Gesetzgeber sind.

22

---

[15] Vgl. Raschauer, MiCAR ante portas – der neue große Wurf?, ZFR 2023/121, 265; Erwgr. Nr. 18 MiCAR.

23 **2. Zulassung und Beaufsichtigung von Kryptowerte-Dienstleistern, Emittenten vermögenswertereferenzierter Token und Emittenten von E-Geld-Token sowie für deren Betrieb, Organisation und Unternehmensführung (Abs. 2 lit. b).** Die lit. b ist als zentraler Regelungsgegenstand und tragende Säule der MiCAR zu sehen, da sie das Fundament für eine prudente Kryptobranche und Harmonisierung in der EU bereiten soll. Lit. b ordnet an, dass die MiCAR insbesondere auch für die Anforderungen für die Zulassung und Beaufsichtigung von Anbietern von Kryptowerte-Dienstleistungen, Emittenten vermögenswertereferenzierter Token und Emittenten von E-Geld-Token sowie für deren Betrieb, Organisation und Unternehmensführung, in den Folgebestimmungen der MiCAR Regelungen vornimmt. Im Vergleich mit dem Kommissionsentwurf aus dem September 2020 kam es auch hier zu leichten Anpassungen im Gesetzgebungsprozess, wobei hier anzumerken ist, dass diese Änderungen weniger materiell sind, sondern mehr redaktioneller Natur. So ergibt sich eine Änderung aus der Entscheidung des EU-Gesetzgebers, fortan von vermögenswertereferenzierten Token und nicht von wertreferenzierten Token zu sprechen. Die andere Änderung im Vergleich mit dem Kommissionsentwurf ist als rein sprachliche Anpassung einzuordnen. Es wurde vor „Zulassung und Beaufsichtigung (…)" lediglich „Anforderungen für die" gesetzt. Daneben kam es zu einer Verschiebung der Formulierung betreffend den Betrieb, Organisation und Unternehmensführung von Anbietern von Kryptowerte-Dienstleistungen, Emittenten vermögenswertereferenzierter Token und Emittenten von E-Geld-Token aus lit. c (im Kommissionsentwurf aus dem September 2020) in den Schlussteil der lit. b. Hier kam es folglich zu einer Verschmelzung der lit. b mit der lit. c gemäß Kommissionsentwurf und geht nun in der „neuen" lit. b MiCAR auf. Die lit. c MiCAR hat somit auch nichts mehr mit der lit. c des Kommissionsentwurfs zu tun.

24 **3. Schutz der Inhaber von Kryptowerten bei der Ausgabe, dem öffentlichen Angebot und der Zulassung zum Handel mit Kryptowerten (Abs. 2 lit. c).** Lit. c regelt Anforderungen für den Schutz der Inhaber von Kryptowerten bei der Ausgabe, dem öffentlichen Angebot und der Zulassung zum Handel mit Kryptowerten, und ist in dieser Fassung nicht mehr mit der lit. c des Kommissionsentwurfs vergleichbar, da lit. c des Kommissionsentwurfs ja – wie oben dargelegt – in lit. b MiCAR „verschmolzen" wurde und dort somit inhaltlich wiederzufinden ist. Der Kommissionsentwurf hatte in der lit. d „Verbraucherschutzvorschriften für Ausgabe, Tausch und Verwahrung von Kryptowerten sowie den Handel damit" vorgesehen. Lit. c MiCAR ist zur besseren Gegenüberstellung der Änderungen i.Vgl. mit lit. c des Kommissionsentwurfs in der Zusammenschau mit lit. d MiCAR zu lesen, die „Anforderungen für den Schutz der Kunden von Anbietern von Kryptowerte-Dienstleistungen" festlegt. Bei dieser Zusammenschau ist im Rechtsvergleich erkennbar, dass die MiCAR nun konkreter ist und insbesondere auf die Geschäftsfelder „Ausgabe", „öffentliches Angebot", „Zulassung zum Handel" in Bezug auf Kryptowerte abzielt und dann nochmals alle Kunden eines sog. Kryptowerte-Dienstleisters in lit. d in einen besonderen Blick nimmt. Damit sind alle denkbaren Dienstleistungen eines Kryptowerte-Dienstleisters (Kryptowerte-Dienstleistungen gemäß Art. 3 Abs. 1 Nr. 16 MiCAR) wie insbesondere die Ausgabe, der Tausch, die Verwahrung oder der Handel in Bezug auf Kryptowerte im Verhältnis mit einem

Verbraucher (iSd lit. d des Kommissionsentwurfs) jedenfalls abgedeckt. Darüber hinaus führt die Formulierung der lit. c MiCAR dazu, dass auch andere Kryptowerte-Dienstleistungen (Beratungs-Portfoliomanagement- oder Transferdienstleistungen bspw.) auch mitumfasst sind und somit klargestellt wird, dass hier ein umfassender Kunden- und Verbraucherschutz sichergestellt wird.

Klarzustellen ist an dieser Stelle, dass lit. c MiCAR weniger auf Verbraucherinnen und Verbraucher abstellt, sondern alleine auf die Inhaberin oder den Inhaber von Kryptowerten und deren Schutz bei der Ausgabe, dem öffentlichen Angebot oder der Zulassung zum Handel. Es ist somit von dieser Schutzformulierung nicht nur die Privatperson als Verbraucher mitumfasst, sondern auch Unternehmerinnen und Unternehmer. 25

4. Schutz der Kunden von Kryptowerte-Dienstleistern (Abs. 2 lit. d). Lit. d regelt Anforderungen für den Schutz der Kunden von Anbietern von Kryptowerte-Dienstleistungen und ist in dieser Fassung nicht mehr zu 100 % mit der lit. d des Kommissionsentwurfs vergleichbar, da lit. d des Kommissionsentwurfs ja „lediglich" auf den Verbraucherschutz bei der Ausgabe, dem Tausch und der Verwahrung von Kryptowerten sowie dem Handel abzielte. Lit. d MiCAR geht hier mE wesentlich weiter und geht sachlich und persönlich wesentlich weiter. So sind alle Kryptowerte-Dienstleistungen, dh auch insbes. Beratungs-Portfoliomanagement- oder Transferdienstleistungen auch abgedeckt und persönlich wird nicht nur auf die Verbrauchereigenschaft abgestellt. Vielmehr ist jeder Kunde bei Inanspruchnahme einer Kryptowerte-Dienstleistung im Schutzbereich dieser Bestimmung, womit ein umfassender Kunden- und Verbraucherschutz sichergestellt wird. 26

5. Maßnahmen zur Verhinderung von Marktmissbrauch bei Kryptowerten (Abs. 2 lit. e). Die lit. e geht abschließend auf ein zentrales Anliegen der MiCAR ein und adressiert den gesamten Bereich des Marktmissbrauchs. Zur Verhinderung von Insidergeschäften, unrechtmäßiger Offenlegung von Insiderinformationen sowie Marktmanipulation bei Kryptowerten legt die MiCAR in den Folgebestimmungen konkrete Maßnahmen fest, um die Integrität der Märkte für Kryptowerte zu wahren. Diese lit. e hat sich im inhaltlichen Wesenskern im Vgl. mit dem Kommissionsentwurf nicht verändert, sondern wurde bloß sprachlich verfeinert und konkreter gefasst. Im Kommissionsentwurf wurde in lit. e nämlich lediglich von Maßnahmen zur Verhinderung von Marktmissbrauch mit dem Ziel, die Integrität der Märkte für Kryptowerte zu gewährleisten, gesprochen. Hier wurde nun den Begriff „Marktmissbrauch" mit regulatorischen Leben erfüllt und die gängige Differenzierung in unzulässige Insidergeschäfte und Insiderinformationen und Marktmanipulation positiviert, um Missverständnisse zu vermeiden. 27

Artikel 2 Anwendungsbereich

(1) Diese Verordnung gilt für natürliche und juristische Personen und bestimmte andere Unternehmen, die in der Union mit der Ausgabe, dem öffentlichen Angebot und der Zulassung zum Handel von Kryptowerten befasst sind oder die Dienstleistungen im Zusammenhang mit Kryptowerten erbringen.

(2) Diese Verordnung gilt nicht für:
a) Personen, die Kryptowerte-Dienstleistungen ausschließlich für ihre Mutterunternehmen, ihre eigenen Tochterunternehmen oder andere Tochterunternehmen ihrer Mutterunternehmen erbringen;
b) Liquidatoren oder Verwalter, die im Laufe eines Insolvenzverfahrens handeln, außer für die Zwecke des Artikels 47;
c) die EZB, die Zentralbanken der Mitgliedstaaten, wenn sie in ihrer Eigenschaft als Währungsbehörde handeln, oder andere Behörden der Mitgliedstaaten;
d) die Europäische Investitionsbank und ihre Tochtergesellschaften;
e) die Europäische Finanzstabilisierungsfazilität und den Europäischen Stabilitätsmechanismus;
f) internationale Organisationen des öffentlichen Rechts.

(3) Diese Verordnung gilt nicht für Kryptowerte, die einmalig und nicht mit anderen Kryptowerten fungibel sind.

(4) Diese Verordnung gilt nicht für Kryptowerte, die einer oder mehreren der folgenden Kategorien angehören:

a) Finanzinstrumente;
b) Einlagen einschließlich strukturierter Einlagen;
c) Geldbeträge, sofern diese nicht als E-Geld-Token einzustufen sind;
d) Verbriefungspositionen im Zusammenhang mit einer Verbriefung im Sinne von Artikel 2 Nummer 1 der Verordnung (EU) 2017/2402;
e) Nichtlebensversicherungs- oder Lebensversicherungsprodukte, die unter die in den Anhängen I und II der Richtlinie 2009/138/EG des Europäischen Parlaments und des Rates aufgeführten Versicherungszweige fallen, oder Rückversicherungs- und Retrozessionsverträge im Sinne ebendieser Richtlinie;
f) Altersvorsorgeprodukte, die nach nationalem Recht als Produkte anerkannt sind, deren Zweck in erster Linie darin besteht, dem Anleger im Ruhestand ein Einkommen zu gewähren, und mit denen dem Anleger ein Anspruch auf bestimmte Leistungen eingeräumt wird;
g) amtlich anerkannte betriebliche Altersversorgungssysteme, die in den Anwendungsbereich der Richtlinie (EU) 2016/2341 des Europäischen Parlaments und des Rates oder der Richtlinie 2009/138/EG fallen;
h) individuelle Altersvorsorgeprodukte, für die nach nationalem Recht ein finanzieller Beitrag des Arbeitgebers vorgeschrieben ist und die bzw. deren Anbieter weder der Arbeitgeber noch der Beschäftigte selbst wählen kann;
i) ein Paneuropäisches Privates Pensionsprodukt im Sinne von Artikel 2 Nummer 2 der Verordnung (EU) 2019/1238 des Europäischen Parlaments und des Rates;
j) Systeme der sozialen Sicherheit, die in den Anwendungsbereich der Verordnungen (EG) Nr. 883/2004 und (EG) Nr. 987/2009 des Europäischen Parlaments und des Rates fallen.

(5) Bis zum 30. Dezember 2024 gibt die ESMA für die Zwecke von Absatz 4 Buchstabe a des vorliegenden Artikels Leitlinien gemäß Artikel 16 der Verordnung (EU) Nr. 1095/2010 zu den Bedingungen und Kriterien für die Einstufung von Kryptowerten als Finanzinstrumente heraus.

(6) Diese Verordnung lässt die Verordnung (EU) Nr. 1024/2013 unberührt.

Anwendungsbereich

Art. 2 MiCAR

Übersicht

	Rn.
I. Einführung	1
1. Literatur	1
2. Entstehung und Zweck der Norm	2
3. Normativer Kontext	13
II. Anwendungsbereich der MiCAR	14
1. Sachlicher Anwendungsbereich	14
2. Persönlicher Anwendungsbereich	18
3. Zeitlicher Anwendungsbereich	25
III. Konkrete Regelungsgegenstände gemäß Art. 2 Abs. 1–6	28
1. Innerhalb des Anwendungsbereichs (Abs. 1)	29
2. Außerhalb des Anwendungsbereichs (Abs. 2–4)	33
3. Abs. 5 und 6	44

I. Einführung

1. Literatur. *Möslein/Kaulartz/Rennig,* Decentralized Finance (DeFi), RDi 2021, 517; *Raschauer,* MiCAR ante portas – der neue große Wurf?, ZFR 2023/121, 265; *Toman/Schinerl,* Non Fungible Token – unreguliert?, ZFR 2023/123, 276; *Völkel,* MiCAR versus MiFID – Wann ist ein vermögenswertreferenzierter Token kein Finanzinstrument?, ZFR 2023/122, 268; Verordnung (EU) 2023/1114 vom 31. Mai 2023 über Märkte für Kryptowerte und zur Änderung der Verordnungen (EU) Nr. 1093/2010 und (EU) Nr. 1095/2010 sowie der Richtlinien 2013/36/EU und (EU) 2019/1937, ABl. Nr. L 150 vom 9.6.2023 S. 40; Kommissionsvorschlag COM/2020/593/FINAL. 1

2. Entstehung und Zweck der Norm. Art. 2 MiCAR wurde im Zuge des Gesetzgebungsverfahren durch die Unionsgesetzgeber doch merklich abgeändert. Neben rein sprachlichen Anpassungen wurde die Reihenfolge der Abs. 2 (Abs. 3 des Kommissionsentwurfs) und 4 (Abs. 2 des Kommissionsentwurfs) umgedreht. Zudem wurden neue Absätze eingefügt. Neu im Vergleich zum Kommissionsentwurfs vom 24.9.2020 sind die Abs. 3 sowie Abs. 5. und 6. Im Gegensatz zum Kommissionsentwurf, der in den Abs. 4–6 Ausnahmen für nach der Richtlinie 2013/36/EU zugelassene Kreditinstitute und Wertpapierfirmen enthielt, findet sich in Art. 2 MiCAR nun keine dahingehende Ausnahme. 2

Art. 2 Abs. 4 entspricht im Wesentlichen dem Art. 2 Abs. 2 des Kommissionsentwurfs, wobei anzumerken ist, dass die jeweiligen Ziffern etwas umformuliert wurden und lit. e–j zusätzlich aufgenommen wurden. 3

Im Vergleich mit dem Kommissionsentwurf findet sich in Abs. 1 eine Konkretisierung dahingehend, dass alle natürliche und juristische Personen sowie bestimmte andere Unternehmen, die nicht nur die Ausgabe, sondern auch das öffentliche Angebot und die Zulassung zum Handel sowie Dienstleistungen betreffend Kryptowerte gewerblich erbringen möchten, von der MiCAR grds. betroffen sind. Hier wird also nicht nur wie im Kommissionsentwurf auf die Ausgabe und die Dienstleistung in Bezug auf Kryptowerte referenziert, sondern auch auf das öffentliche Angebot und die Zulassung zum Handel explizit eingegangen, um Rechtsunklarheiten hintanzustellen. Daneben ist auch die Präzisierung des persönlichen Anwendungsbereichs ausdrücklich festzuhalten, da nun nicht mehr nur auf „Personen" abgestellt 4

MiCAR Art. 2   Titel I. Gegenstand, Anwendungsbereich, Begriffsbest.

wird, sondern auf „natürliche und juristische Personen sowie bestimmte andere Unternehmen".

5   Vergleicht man den finalen Abs. 2 mit dem Kommissionsentwurf, sind iW sprachliche Verbesserungen in den lit. c und d zu finden. Darüber hinaus wurde konsequenterweise eine lit. entfernt, die Versicherungsunternehmen betraf. In Abs. 3 lit. b des Kommissionsentwurfs wurden nämlich Versicherungsunternehmen vom Anwendungsbereich der MiCAR ausgenommen. Da die Regelungssystematik in der finalen Fassung der MiCAR derart verändert wurde, dass die Versicherungsbranche auf Produktebene vom Anwendungsbereich der MiCAR ausgenommen wird oder eben nicht, findet sich in Abs. 2 keine Referenz auf das Versicherungsgeschäft. Die jeweiligen Ausnahmetatbestände betreffend Versicherungsprodukte sind nun in der neuen Abs. 4 lit. e aufgelistet.

6   Gänzlich neu im Vergleich mit dem Kommissionsentwurf ist Abs. 3, der anordnet, dass die MiCAR für jene Kryptowerte, „die einmalig und nicht mit anderen Kryptowerten fungibel sind", nicht zur Anwendung kommt.

7   Mit Blick auf Abs. 4 ist zu wiederholen, dass dieser Abs. iW Abs. 2 des Kommissionsentwurfs entspricht, wobei nun aufgrund des oa Verschiebens des Versicherungsgeschäfts auf Produktebene und der Einbeziehung der unterschiedlichen Pensionsprodukte in den Ausnahmetatbestand der MiCAR nun neue lit. e–j zu finden sind, die ausschließlich Versicherungs- und Pensionsprodukte betreffen. So sind in lit. e Nichtlebens- und Lebensversicherungsprodukte und in den lit. f–j sind Pensionsprodukte zu finden, dh sog. Altersvorsorgeprodukte (lit. f), amtlich anerkannte betriebliche Altersversorungssysteme (lit. g), individuelle Altersvorsorgeprodukte (lit. h), paneuropäische private Pensionsprodukte (lit. i) und Systeme der sozialen Sicherheit (lit. j).

8   Völlig neu im Vergleich mit dem Kommissionsentwurf sind auch die Abs. 5 und 6. Abs. 5 begründet ein ESMA-Mandat für die Frage, wann ein Kryptowert als Finanzinstrument zu qualifizieren ist. ESMA soll auf Basis des Art. 2 Abs. 5 Kriterien und Bedingungen bis zum 30.12.2024 veröffentlichen, die die Einstufung von Kryptowerten als Finanzinstrumente konkretisieren und festlegen.

9   Abs. 6 hält ausdrücklich fest, dass die MiCAR die Verordnung (EU) Nr. 1024/2013[1] unberührt lässt.

10 Der Wesenskern der Bestimmung – dh die Festlegung des Anwendungsbereichs der MiCAR in persönlicher und sachlicher Hinsicht – entspricht aber im Grunde der Ursprungsfassung des Kommissionsentwurfs.

11 Mit Blick auf die legistische Struktur des Art. 2 ist besonders bemerkenswert, dass sich die meisten Abs. dieses Artikels mit der Frage beschäftigen, wer bzw. was (sohin persönlich und sachlich) nicht in den Anwendungsbereich der MiCAR fallen. Lediglich der erste Abs. geht ausdrücklich auf den positiven Anwendungsbereich ein und stellt auf natürliche und juristische Personen und bestimmte andere Unternehmen ab, die in der Union mit der Ausgabe, dem öffentlichen Angebot und der Zulassung zum Handel von Kryptowerten befasst sind oder die Dienstleistungen im Zusammenhang mit Kryptowerten erbringen möchten.

---

[1] Verordnung (EU) Nr. 1024/2013 des Rates vom 15.10.2013 zur Übertragung besonderer Aufgaben im Zusammenhang mit der Aufsicht über Kreditinstitute auf die Europäische Zentralbank (ABl. 2013 L 287, 63).

Anwendungsbereich **Art. 2 MiCAR**

Abgesehen davon entspricht Art. 2 regelungstechnisch der üblichen Architektur unionsrechtlicher Rechtsakte, die regelmäßig in den ersten Artikeln insbesondere Vorschriften zur normativen Spannweite beinhalten. 12

3. Normativer Kontext. Der Anwendungsbereich gemäß Art. 2 MiCAR erscheint auf den ersten Blick übersichtlich und verständlich. Geht man in die Tiefe, so wird klar, dass Art. 2 MiCAR nicht ohne Art. 3 MiCAR, der die entscheidenden Begrifflichkeiten definiert, abschließend verstanden und angewendet werden kann. Daher kann auch hier festgehalten werden, dass sich der Anwendungsbereich und konkrete Regelungsgehalt der MiCAR erst im Zusammenhang mit weiteren Bestimmungen der MiCAR, insbes. der Begriffsbestimmungen in Art. 3 MiCAR, ergibt. 13

II. Anwendungsbereich der MiCAR

1. Sachlicher Anwendungsbereich. Der **sachliche Anwendungsbereich** der MiCAR setzt – wie bereits eingehend dargelegt im Zusammenhang mit Art. 1 Abs. 1 erwähnt – eine **Ausgabe**, ein **öffentliches Angebot**, die **Zulassung zum Handel** auf einer Handelsplattform von anderen Kryptowerten als vermögenswertereferenzierten Token und E-Geld-Token, von vermögenswertereferenzierten Token und E-Geld-Token oder **Kryptowerte-Dienstleistungen** voraus. Daher ist beim sachlichen Anwendungsbereich in einem ersten Schritt maßgeblich, ob überhaupt ein Kryptowert, ein vermögenswertereferenzierter Token oder ein E-Geld-Token zu bejahen ist. Zur Klärung dieser Frage, ist Terminus „Kryptowert" als Einstieg essentiell. Wird das Vorliegen eines Kryptowertes verneint, endet die Prüfung und es ist auch nicht nach dem Vorliegen eines vermögenswertereferenzierten Token oder eines E-Geld-Token zu fragen. Grund hierfür ist, dass sowohl vermögenswertereferenzierte Token, als auch E-Geld-Token voraussetzen, dass es sich um einen Kryptowert handelt, der dann in der Folge zusätzliche Kriterien erfüllt, die eine potentielle Qualifizierung als vermögenswertereferenzierter Token oder E-Geld-Token erlauben. 14

Der Terminus **„Kryptowert"** gemäß Art. 3 Abs. 1 Nr. 5 MiCAR[2] ist nämlich als Sammelbegriff und Ausgangspunkt der MiCAR zu verstehen und lässt sich dann weiter in iW drei Arten der Kryptowerte unterscheiden. Die erste Art umfasst Kryptowerte, die auf eine Wertstabilisierung durch Bezugnahme auf nur eine amtliche Währung angelegt sind, sog. *„E-Geld-Token"* gemäß Art. 3 Abs. 1 Nr. 7. Diese Kryptowerte haben eine ganz ähnliche Funktion wie E-Geld im Sinne der Richtlinie 2009/110/EG. Solche Kryptowerte sind ebenso wie E-Geld elektronische Surrogate für Münzen und Banknoten und könnten für Zahlungen verwendet werden. Die zweite Art von Kryptowerten sind *„vermögenswertereferenzierte Token"* gemäß Art. 3 Abs. 1 Nr. 6, die auf eine Wertstabilisierung durch Bezugnahme auf einen anderen Wert oder ein anderes Recht oder eine Kombination hieraus einschließlich einer oder mehrerer amtlicher Währungen angelegt sind. Bei der dritten Art schließlich handelt es sich um *andere Kryptowerte als vermögenswertereferenzierte Token und E-Geld-Token;* sie umfasst 15

---

[2] Der Kryptowert wird in Art. 3 Abs. 1 Nr. 5 dahingehend definiert, dass damit eine digitale Darstellung eines Werts oder eines Rechts, der bzw. das unter Verwendung der Distributed-Ledger-Technologie oder einer ähnlichen Technologie elektronisch übertragen und gespeichert werden kann, gemeint ist.

eine große Bandbreite an Kryptowerten inklusive sog. „Utility-Token" gemäß Art. 3 Abs. 1 Nr. 9.[3]

16 In einem zweiten Schritt ist beim sachlichen Anwendungsbereich der MiCAR zu prüfen, ob in Bezug auf diesen Kryptowert eine Ausgabe, ein öffentliches Angebot, die Zulassung zum Handel auf einer Handelsplattform oder eine Dienstleistung vorliegt.

17 Bemerkenswert ist in diesem Zusammenhang, welche Bereiche **sachlich ausgenommen** werden. Hier wählt der EU-Gesetzgeber einen produktbezogenen Zugang, da die Ausnahmetatbestände betreffend den (sachlichen) Anwendungsbereich in den Abs. 3 und 4 auf konkrete Formen von Instrumenten bzw. Produkten abstellen. So wird in Abs. 3 auf sog. „Non-Fungible Token" und in Abs. 4 insbes. auf Finanzinstrumente, Einlagen, Verbriefungen und Versicherungs- und Pensionsprodukte eingegangen und explizit die MiCAR Anwendung ausgeschlossen.[4]

18 2. **Persönlicher Anwendungsbereich.** In **persönlicher** Hinsicht richtet sich die Verordnung gemäß Art. 2 Abs. 1 an **natürliche** und **juristische Personen** und **bestimmte andere Unternehmen** ab, die in der EU mit der Ausgabe, dem öffentlichen Angebot und der Zulassung zum Handel von Kryptowerten befasst sind oder Dienstleistungen im Zusammenhang mit Kryptowerten erbringen.

19 Der persönliche Anwendungsbereich ist bewusst so offen wie möglich formuliert, um ein breites Anwendungsspektrum der MiCAR sicherzustellen. Der EU-Gesetzgeber verfolgt hier offensichtlich das Ziel, dass sich alle, die in irgendeiner Art und Weise, gewerblich mit Kryptowerten in der Europäischen Union aktiv werden möchten, an die Vorschriften der MiCAR zu halten haben. Daher werden nicht einzelne etablierte Rechtsträger-Begriffe verwendet (wie bspw. Kreditinstitute gemäß CRR oder Marktbetreiber und Wertpapierfirmen im Sinne der MiFID), sondern mit der Wortfolge „natürliche und juristische Personen und bestimmte andere Unternehmen" lediglich auf die allgemeinste Form der Rechtspersönlichkeit abgestellt. Diese „Personen" bzw. „bestimmte andere Unternehmen" fallen aber nur dann in den Anwendungsbereich der MiCAR, wenn sie „in der EU mit der Ausgabe, dem öffentlichen Angebot und der Zulassung zum Handel von Kryptowerten befasst sind oder Dienstleistungen im Zusammenhang mit Kryptowerten erbringen".

20 Somit wird klar, dass hier eindeutig auf die gewerbliche Erbringung von Emission, Angebot und Handelszulassung sowie Dienstleistungen in Bezug auf Kryptowerte abgestellt wird. Für die Frage, was unter der Emission, dem Angebot, der Handelszulassung sowie den Dienstleistungen in Bezug auf Kryptowerte konkret verstanden wird, sei auf die Kommentierung der Begriffsbestimmungen der MiCAR verwiesen. Interessant ist diese Bezugnahme auf diese Kryptowerte-Tätigkeiten auch bei der Frage, was mit der Wortfolge „bestimmte andere Unternehmen" gemeint sein könnte. Hier liegt die Vermutung nahe, dass hier sicherheitshalber auch noch die Formulierung aufgenommen wurde, damit allenfalls nicht unter „natürliche und juristische Personen" subsumierbar Rechtskonstrukte immer dann in den MiCAR-Anwendungsbereich fallen, wenn sie „in der EU mit der Ausgabe, dem

---

[3] Vgl. Raschauer, MiCAR ante portas – der neue große Wurf?, ZFR 2023/121, 265; Erwgr. Nr. 18 MiCAR.
[4] Siehe weiter unten zu Abs. 3 und 4 im Detail.

öffentlichen Angebot und der Zulassung zum Handel von Kryptowerten befasst sind oder Dienstleistungen im Zusammenhang mit Kryptowerten erbringen". Erwähnenswert erscheint die Überlegung, wann man von der Emission bzw. einem zurechenbaren Emittenten eines Kryptowertes auszugehen hat. Hier findet sich in den Erwgr. der MiCAR ein sehr hilfreicher Hinweis, wonach „Emittenten von Kryptowerten Rechtsträger (sind), die die Kontrolle über die Schaffung von Kryptowerten ausüben".[5]

21 Hervorzuheben ist in diesem Kontext, dass die MiCAR auch für von natürlichen und juristischen sowie bestimmten anderen Unternehmen direkt oder indirekt erbrachte, ausgeführte oder kontrollierte Dienstleistungen und Tätigkeiten im Zusammenhang mit Kryptowerten zu gelten hat. Dies hat auch dann zu gelten, wenn ein Teil dieser Tätigkeiten oder Dienstleistungen in dezentralisierter Weise ausgeführt bzw. erbracht wird.[6]

22 Werden Kryptowerte-Dienstleistungen ohne eines Intermediäres in ausschließlich dezentralisierter Weise erbracht, so sind die Dienstleistungen grundsätzlich nicht im Anwendungsbereich der MiCAR.[7] Ein Beispiel hierfür wäre eine Handelsplattform in Bezug auf Kryptowerte, der kein Betreiber ieS zugeordnet werden kann, weil diese Plattform vollständig dezentral organisiert ist (sog. „Decentralized Finance").[8] Auf derartige Handelsplattformen kommt weder die MiCAR noch das herkömmliche Aufsichtsregime zur Anwendung.[9]

23 Kann der Emittent eines Kryptowertes nicht identifiziert werden, so sind diese Kryptowerte von der Anwendung der Titel II (spezifische Vorschriften betreffend Kryptowerte, die keine vermögenswertereferenzierten Token oder E-Geld-Token sind), III (spezifische Vorschriften betreffend vermögenswertereferenzierte Token) oder IV (spezifische Vorschriften betreffend E-Geld-Token) der MiCAR ausgenommen. Bemerkenswert ist in diesem Kontext, dass aber die Anbieter von Kryptowerte-Dienstleistungen, die Dienstleistungen für solche Kryptowerte anbieten, in den Anwendungsbereich der MiCAR fallen.[10]

24 Abschließend ist mit Blick auf den persönlichen Anwendungsbereich auch darauf hinzuweisen, wer gemäß Art. 2 Abs. 2 **in persönlicher Hinsicht explizit und taxativ ausgenommen** wird.[11] Besondere Erwähnung verdient in diesem Kontext die EZB und die Zentralbanken der EU-Mitgliedstaaten, wenn sie in ihrer Eigenschaft als Währungsbehörde handeln, oder andere Behörden der Mitgliedstaaten gemäß Art. 2 Abs. 2 lit. c sowie die Europäische Investitionsbank und ihre Tochtergesellschaften gemäß Art. 2 Abs. 2 lit. d, die Europäische Finanzstabilisierungsfazilität und den Europäischen Stabilitätsmechanismus gemäß Art. 2 Abs. 2 lit. e sowie internationale Organisationen des öffentlichen Rechts gemäß Art. 2 Abs. 2 lit. f.

25 **3. Zeitlicher Anwendungsbereich.** Die MiCAR ist **kein vorläufiges regulatorisches Regime,** sondern als Dauerrecht angelegt. Der Anwen-

---

[5] Vgl. Erwgr. Nr. 20 MiCAR.
[6] Vgl. Erwgr. Nr. 22 MiCAR.
[7] Vgl. Erwgr. Nr. 22 MiCAR.
[8] Vgl. dazu auch Möslein/Kaulartz/Rennig, Decentralized Finance (DeFi) RDi 2021, 517 ff.
[9] Vgl. dazu ausf. Möslein/Kaulartz/Rennig RDi 2021, 517 (523 ff.); Zetzsche/Woxholth CMLJ 2022, 212 (220 f. und 231 f.).
[10] Vgl. Erwgr. Nr. 22 MiCAR.
[11] Siehe weiter unten zu den einzelnen Regelungstatbeständen im Detail.

MiCAR Art. 2   Titel I. Gegenstand, Anwendungsbereich, Begriffsbest.

dungsbeginn der MiCAR ist bemerkenswert, da hier zwei unterschiedliche Beginnzeiten verankert sind. Betreffend die **Kapitel III und IV** der MiCAR gilt die Verordnung nämlich schon **ab 30.6.2024**.[12] Diese Kapitel betreffend die Rechtvorschriften in Bezug auf vermögenswertereferenziert Token und E-Geld-Token. Die MiCAR **in ihrer vollen Blüte** gilt 6 Monate später **ab 30.12.2024**.[13]

26   Eine **zeitliche Befristung** der MiCAR findet sich im Verordnungstext nicht, wiewohl zu erwähnen ist, dass eine Evaluierung – wie in vielen finanzmarktrechtlichen EU-Rechtsakten auch – naheliegend erscheint, da in Art. 142 MiCAR bereits ein umfassendes Berichtsmandat in Richtung der Europäischen Kommission (nach Anhörung von EBA und ESMA) vergeben wurde. Dieser Bericht soll gemäß Art. 142 Abs. 2 MiCAR jedenfalls die Themenkreise „Decentralized Finance", „Kreditvergabe und -aufnahme mit Kryptowerten" und „Non-Fungible Tokens" umfassen und ist bereits bis 30.12.2024 dem Europäischen Parlament und dem Rat vorzulegen. Daneben ist in Art. 142 Abs. 1 MiCAR bereits im letzten Beisatz die ausdrückliche Rede davon, dass diesem Bericht auch bereits ein Gesetzgebungsvorschlag beigefügt werden kann.

27   ME ist sohin recht zeitnah mit einer Überarbeitung der MiCAR zu rechnen.

III. Konkrete Regelungsgegenstände gemäß Art. 2 Abs. 1–6

28   Mit Blick auf die legistische Struktur ist bemerkenswert, dass sich die meisten Absätze mit der Frage beschäftigen, wer bzw. was nicht in den Anwendungsbereich der MiCAR fallen. Bloß der erste Absatz geht explizit auf den positiven Anwendungsbereich ein und stellt auf jene ab, die in der Union mit der Ausgabe, dem öffentlichen Angebot und der Zulassung zum Handel von Kryptowerten befasst sind oder die Dienstleistungen im Zusammenhang mit Kryptowerten erbringen möchten.

29   **1. Innerhalb des Anwendungsbereichs (Abs. 1).** Abs. 1 steckt den (positiven) **Anwendungsbereich** der MiCAR recht anschaulich ab und stellt auf natürliche und juristische Personen und bestimmte andere Unternehmen ab, die in der EU mit der Ausgabe, dem öffentlichen Angebot und der Zulassung zum Handel von Kryptowerten befasst sind oder Dienstleistungen im Zusammenhang mit Kryptowerten erbringen.

30   Besondere Erwähnung verdient in diesem Zusammenhang Erwgr. Nr. 9 der MiCAR, der das zentrale Grundprinzip der EU-Kryptowertregulierung deutlich macht. Hier findet sich nämlich der Hinweis auf das tragende Prinzip der EU-Gesetzgebungsakte im Bereich der Finanzdienstleistungen, welches die einschlägigen Regeln vom konkreten Geschäftsmodell und den damit einhergehenden Risiken abhängig macht.[14] Mit Blick auf Art. 2 Abs. 1 ist die Anwendung dieses Prinzips bereits daran zu erkennen, dass hier in erster Linie auf die konkrete (Geschäfts-)Tätigkeit der natürlichen oder juristischen Person (Ausgabe, öffentliches Angebot, Zulassung zum Handel oder Dienstleistung in Bezug auf Kryptowerte) abgestellt wird.

---

[12] Vgl. Art. 149 Abs. 3 MiCAR.
[13] Vgl. Art. 149 Abs. 2 MiCAR.
[14] Vgl. Erwgr. Nr. 9 MiCAR.

Dieses **Prinzip „Gleiches Geschäft, gleiche Risiken, gleiche Regeln"** 31
folgt dabei dem Grundsatz der Technologieneutralität, weshalb auch für die
Frage nach dem Anwendungsbereich der MiCAR nicht ausschlaggebend ist,
ob eine DLT-Technologie eingesetzt wurde.[15] Wird nämlich nicht nur das
Vorliegen des Einsatzes von DLT bejaht, sondern auch die Merkmale eines
Finanzinstruments, so fällt der fragliche Kryptowert trotz DLT-Einsatz nicht in
den Anwendungsbereich. Vielmehr ist in diesem Fall des „Finanzinstrumente-Kryptowertes" die MiFID und die jeweiligen nationalen Umsetzungsgesetze anzuwenden. Generell gilt somit, dass Kryptowerte, die in den Anwendungsbereich bestehender EU-Gesetzgebungsakte im Bereich der Finanzdienstleistungen fallen, unabhängig der fraglichen Technologie auch in Zukunft nicht durch diese Verordnung, sondern durch den bestehenden Rechtsrahmen geregelt werden.[16]

Da sich bei der Ausgabe von Vermögenswerten, im Besonderen bei der 32
Ausgabe von Kryptowerten, wohl des Öfteren die Frage stellen wird, wer
tatsächlich Emittent des fraglichen Kryptowertes ist, ist ein Blick auf die
Erwägungsgründe der MiCAR lohnend. In Erwgr. Nr. 20 findet sich nämlich ein spannender und erhellender Hinweis des EU-Gesetzgebers, wonach
Emittent des Kryptowertes jener Rechtsträger ist, der die Kontrolle über die
Schaffung von Kryptowerten ausübt.[17] Ähnliches gilt auch für die Frage, wer
Dienstleister in Bezug auf Kryptowerte ist. Hier stellt Erwgr. Nr. 22 klar, dass
die MiCAR für natürliche und juristische Personen für von ihnen direkt oder
indirekt erbrachte, ausgeführte oder kontrollierte Dienstleistungen und Tätigkeiten im Zusammenhang mit Kryptowerten gilt, und zwar auch dann, wenn
ein Teil dieser Dienstleistungen in dezentralisierter Weise ausgeführt bzw.
erbracht wird. Der letzte Halbsatz schlägt die Brücke zu sog. „Decentralized
Finance (DeFi)" Anwendungen.

2. Außerhalb des Anwendungsbereichs (Abs. 2–4). Im Abs. 2 findet 33
sich eine **taxative Liste jener Rechtssubjekte, die ausdrücklich vom
Anwendungsbereich der MiCAR ausgenommen** werden. Zu diesen
Rechtssubjekten zählen jene Personen, die Kryptowerte-Dienstleistungen
exklusiv für ihre Mutterunternehmen, ihre eigenen Tochterunternehmen
oder andere Tochterunternehmen ihrer Mutterunternehmen erbringen
(lit. a), Liquidatoren oder Verwalter, die im Laufe eines Insolvenzverfahrens
handeln, außer für die Zwecke des Art. 47 MiCAR (lit. b) die EZB, die
Zentralbanken der EU-Mitgliedstaaten, wenn sie in ihrer Eigenschaft als
Währungsbehörde handeln, oder andere Behörden der Mitgliedstaaten
(lit. c), die Europäische Investitionsbank und ihre Tochtergesellschaften
(lit. d), die Europäische Finanzstabilisierungsfazilität und den Europäischen
Stabilitätsmechanismus (lit. e) sowie internationale Organisationen des öffentlichen Rechts (lit. f).[18]

Auffallend ist hier, dass insbes. im Vergleich mit den Ausnahmetatbeständen der Abs. 3 und 4 in Abs. 2 auf die Rechtssubjekte, die in Bezug auf 34
Kryptowerte tätig werden, abgestellt wird und nicht – wie in den Abs. 3 und
4 – auf den konkreten Vermögenswert.

---

[15] Vgl. Erwgr. Nr. 9 MiCAR.
[16] Siehe detailliert weiter unten bei Ausführungen zu Art. 2 Abs. 4.
[17] Vgl. Erwgr. Nr. 20 MiCAR.
[18] Vgl. auch Erwgr. Nr. 12f MiCAR.

MiCAR Art. 2 Titel I. Gegenstand, Anwendungsbereich, Begriffsbest.

35 Besondere Erwähnung verdient aus meiner Sicht lit. c des Abs. 2, da hier im Vergleich mit dem Kommissionsentwurf eine auf den ersten Blick redaktionelle Änderung bei der Punktuation vorgenommen wurde, die auf den zweiten Blick Interpretationsspielraum zumindest zulässt. Gemeint ist hier, dass im Vergleich mit dem Kommissionsentwurf nun in lit. c zu lesen ist, dass die EZB und Zentralbanken der Mitgliedstaaten, wenn sie in ihrer Eigenschaft als Währungsbehörde handeln, oder andere Behörden der Mitgliedstaaten ausgenommen sind. Geändert hat sich die Beistrichsetzung vor „oder andere Behörden" und aus der Einzahl wurde bei den Behörden der Mitgliedstaaten die Pluralform. Daraus lässt sich ableiten, dass neben der EZB und den Zentralbanken in der Aufgabe der „Währungshüter" auch andere Behörden der Mitgliedstaaten vom Anwendungsbereich der MiCAR ausgenommen sind. Im Kommissionsentwurf ohne Beistrichsetzung hätte man zum Auslegungsergebnis kommen können, dass lediglich die EZB oder die Zentralbanken der Mitgliedstaaten in der Aufgabe der „Währungshüter" oder in einer anderen Behördenaufgabe ausgenommen sind. Durch die nun enthaltene Beistrichsetzung wird sohin Rechtsklarheit und -sicherheit geschaffen.

36 Abs. 3 und 4 thematisieren unterschiedliche Werte, die zwar unter den Begriff des Kryptowertes subsumierbar wären, aber einmalig und nicht mit anderen Kryptowerten fungibel sind, (Abs. 3) und Kryptowerte, die zu einer oder mehreren der folgenden Kategorien zuzuordnen sind (Abs. 4).

37 **Abs. 3** greift einen zeitgeistigen Trend im Bereich der Kryptowerte auf und stellt hier nachdrücklich klar, dass die MiCAR keine Anwendung auf all jene **Kryptowerte** findet, **die einmalig und nicht mit anderen Kryptowerten fungibel, dh austauschbar, sind,** einschließlich digitaler Kunst und Sammlerstücken. Lohnend ist hier der Blick in die Erwgr. der MiCAR, da hier recht ausführlich auf diese „Non-Fungible Token" eingegangen wird und die Aussage zu finden ist, dass der „Wert dieser einzigartigen und nicht fungiblen Kryptowerte den einzigartigen Merkmalen des jeweiligen Kryptowerts und dem Nutzen, den er dem Inhaber des Token bietet, zuschreibbar ist".[19] Entscheidend für die Einordnung als „Non-Fungible Token", dass auch die dargestellten Werte oder Rechte ebenfalls einmalig und nicht fungibel sind.[20]

38 Abgesehen davon ist besonders hervorzuheben, dass diese Ausnahme vom Anwendungsbereich der MiCAR auch für jene Kryptowerte gilt, die einmalige und nicht fungible Dienstleistungen oder materielle Vermögenswerte darstellen. Praktische Beispiele hierfür wären Immobilien Produktgarantien.[21]

39 Zentraler Grund für die Ausnahme dieser „Non-Fungible Token" ist die spekulative Ansammlung dieser Token ohne unmittelbare Austauschbarkeit, da der relative Wert eines solchen einmaligen Kryptowerts im Verhältnis zu einem anderen Wert nicht durch den Vergleich mit einem bestehenden Markt oder einem gleichwertigen Vermögenswert bestimmt werden kann. Dadurch werden derartige Token in deren Möglichkeit, finanzielle Verwendung zu finden, wesentlich eingeschränkt. Aus Finanzmarktstabilitätsperspektive hat dies den positiven Effekt, dass die Risiken für die Inhaber solcher Token und das Finanzsystem verhältnismäßig gering sind. So rechtfertigt der

---

[19] Vgl. Erwgr. Nr. 10 MiCAR.
[20] Vgl. Erwgr. Nr. 11 MiCAR.
[21] Vgl. Erwgr. Nr. 10 MiCAR.

Anwendungsbereich **Art. 2 MiCAR**

EU-Gesetzgeber auch die Ausnahme der „Non-Fungible Token" vom MiCAR-Anwendungsbereich.[22]

Nicht unerwähnt sei die wesentliche Abgrenzung zwischen „Non-Fungible Token" ieS, die aus den oa Gründen folgerichtig von der MiCAR-Anwendung ausgenommen sind, und jenen „Non-Fungible Token", die bei genauerer Betrachtung als „austauschbar" und „fungible" zu qualifizieren wären. So sind Teilanteile an einem einmaligen und nicht fungiblen Kryptowert nicht per se als einmalig und nicht fungibel anzusehen und die Ausgabe von Kryptowerten als nicht fungible Token in einer großen Serie oder Sammlung soll als Indiz für die Fungibilität herangezogen werden. Betont sei in diesem Zusammenhang, dass die Zuweisung einer eindeutigen Kennung – wie bspw. bei Kunstsammlung üblich – zu einem Kryptowert alleine nicht ausreichend ist, um diesen als einmalig und nicht fungibel einzuordnen. Der Anschein soll nicht ausschlaggebend sein, sondern die De-facto-Merkmale des fraglichen Token oder deren Merkmale, die mit ihren De-facto-Verwendungszwecken zusammenhängen, die sie allenfalls fungibel oder nicht einmalig machen. Bei dieser Prüfung und Einordnung der fraglichen Kryptowerte bzw. Token ist eine rein wirtschaftliche Betrachtungsweise einzunehmen. Die Ausweisung durch den Emittenten ist für die Qualifizierung des Krypotwertes somit irrelevant.[23] 40

Zu den Kategorien gemäß **Abs. 4** zählen Finanzinstrumente iSd der Richtlinie 2014/65/EU (lit. a), Einlagen inklusive strukturierter Einlagen (lit. b), Geldbeträge, sofern diese nicht als E-Geld-Token einzustufen sind (lit. c), Verbriefungspositionen im Zusammenhang mit einer Verbriefung im Sinne von Artikel 2 Nummer 1 der Verordnung (EU) 2017/2402 (lit. d), Nichtlebensversicherungs- oder Lebensversicherungsprodukte, die unter die in den Anhängen I und II der Richtlinie 2009/138/EG des Europäischen Parlaments und des Rates aufgeführten Versicherungszweige fallen, oder Rückversicherungs- und Retrozessionsverträge im Sinne ebendieser Richtlinie (lit. e), Altersvorsorgeprodukte, die nach nationalem Recht als Produkte anerkannt sind, deren Zweck in erster Linie darin besteht, dem Anleger im Ruhestand ein Einkommen zu gewähren, und mit denen dem Anleger ein Anspruch auf bestimmte Leistungen eingeräumt wird (lit. f), amtlich anerkannte betriebliche Altersversorgungssysteme, die in den Anwendungsbereich der Richtlinie (EU) 2016/2341 des Europäischen Parlaments und des Rates oder der Richtlinie 2009/138/EG fallen (lit. g), individuelle Altersvorsorgeprodukte, für die nach nationalem Recht ein finanzieller Beitrag des Arbeitgebers vorgeschrieben ist und die bzw. deren Anbieter weder der Arbeitgeber noch der Beschäftigte selbst wählen kann (lit. h), ein Paneuropäisches Privates Pensionsprodukt im Sinne von Artikel 2 Nummer 2 der Verordnung (EU) 2019/1238 des Europäischen Parlaments und des Rates (lit. i), Systeme der sozialen Sicherheit, die in den Anwendungsbereich der Verordnungen (EG) Nr. 883/2004 und (EG) Nr. 987/2009 des Europäischen Parlaments und des Rates fallen (lit. j). 41

Generell gilt somit, dass Kryptowerte, die in den Anwendungsbereich bestehender EU-Gesetzgebungsakte im Bereich der Finanzdienstleistungen fallen, unabhängig der fraglichen Technologie auch in Zukunft nicht durch diese Verordnung, sondern durch den bestehenden Rechtsrahmen geregelt 42

---

[22] Vgl. Erwgr. Nr. 10 MiCAR.
[23] Vgl. Erwgr. Nr. 11 MiCAR.

MiCAR Art. 2 Titel I. Gegenstand, Anwendungsbereich, Begriffsbest.

werden.[24] Dementsprechend sind Kryptowerte, die als Finanzinstrumente im Sinne der Richtlinie 2014/65/EU gelten, Kryptowerte, die als Einlagen im Sinne der Richtlinie 2014/49/EU des Europäischen Parlaments und des Rates[25] gelten, einschließlich strukturierter Einlagen im Sinne der Richtlinie 2014/65/EU, Kryptowerte, die als Geldbeträge im Sinne der Richtlinie (EU) 2015/2366 des Europäischen Parlaments und des Rates[26] gelten, außer sie gelten als elektronische Geld-Token (im Folgenden „E-Geld-Token"), Kryptowerte, die als Verbriefungspositionen im Sinne der Verordnung (EU) 2017/2402 des Europäischen Parlaments und des Rates[27] gelten, und Kryptowerte, die als Nichtlebens- oder Lebensversicherungsverträge, Altersvorsorgeprodukte oder Altersversorgungssysteme und Sozialversicherungssystems gelten, ausdrücklich aus dem **Anwendungsbereich dieser Verordnung ausgenommen.**

43 Der häufigste Praxisfall wird aller Voraussicht nach die Konstellation sein, dass man sich die Frage zu stellen hat, **ob ein Kryptowert, allenfalls auch ein Finanzinstrument** ist. Dies hätte dann gemäß Abs. 4 lit. a zur Folge, dass dieser Kryptowerte von der MiCAR ausgenommen ist und im Gegenzug die Richtlinie 2014/65/EU bzw. die nationale Umsetzungslegistik dieser Richtlinie im jeweiligen Mitgliedstaat anzuwenden hat. Diese „Finanzinstrumente-Kryptowerte" fallen sohin in den Anwendungsbereich bestehender Unionsrechtsakte über Finanzdienstleistungen und Emittenten bzw. Anbieter solcher Kryptowerte und Unternehmen, die Tätigkeiten im Zusammenhang mit solchen Kryptowerten ausüben, haben bereits ein umfassendes Paket aus Unionsvorschriften einzuhalten.[28] Daher ist die Ausnahme von der MiCAR auch aus rechtspolitischer Perspektive nicht alles Deregulierung oder Aufweichung zu interpretieren. Ganz im Gegenteil kann festgehalten werden, dass jene „Finanzinstrumente-Kryptowerte" ein besonders prudente Regelungsdichte einzuhalten haben.

44 **3. Abs. 5 und 6.** Da Kryptowerte vor allem dann ausgenommen sind, wenn sie gleichzeitig Finanzinstrumente iSd der Richtlinie 2014/65/EU sind, (vgl. Abs. 4 lit. a) ist auch wenig überraschend, dass die Abgrenzung zu den Finanzinstrumenten für die MiCAR von zentralster Bedeutung ist. Um hier mehr Rechtssicherheit und -klarheit zu erreichen, wird in Abs. 5 ein **Mandat für die ESMA zur Erarbeitung von Leitlinien zur Einstufung von Kryptowerten als Finanzinstrumente** positiviert. In concreto ordnet Abs. 5 an, dass die ESMA bis zum Jahresende 2024 Leitlinien gemäß Artikel 16 der Verordnung (EU) Nr. 1095/2010 zu den Bedingungen und Kriterien für die Einstufung von Kryptowerten als Finanzinstrumente he-

---

[24] Siehe detailliert weiter unten bei Ausführungen zu Art. 2 Abs. 4.
[25] Richtlinie 2014/49/EU des Europäischen Parlaments und des Rates vom 16.4.2014 über Einlagensicherungssysteme (ABl. 2014 L 173, 149).
[26] Richtlinie (EU) 2015/2366 des Europäischen Parlaments und des Rates vom 25.11.2015 über Zahlungsdienste im Binnenmarkt, zur Änderung der Richtlinien 2002/65/EG, 2009/110/EG und 2013/36/EU und der Verordnung (EU) Nr. 1093/2010 sowie zur Aufhebung der Richtlinie 2007/64/EG (ABl. 2015 L 337, 35).
[27] Verordnung (EU) 2017/2402 des Europäischen Parlaments und des Rates vom 12.12.2017 zur Festlegung eines allgemeinen Rahmens für Verbriefungen und zur Schaffung eines spezifischen Rahmens für einfache, transparente und standardisierte Verbriefung und zur Änderung der Richtlinien 2009/65/EG, 2009/138/EG, 2011/61/EU und der Verordnungen (EG) Nr. 1060/2009 und (EU) Nr. 648/2012 (ABl. 2017 L 347, 35).
[28] Vgl. Erwgr. Nr. 3 MiCAR.

rauszugeben hat. Dieses Mandat ist nicht explizit als hat-Bestimmung formuliert, sondern in der Prosaform („(...) gibt die ESMA (...) heraus"). Dies ist aber keinesfalls so zu verstehen, dass hier eine Diskretion für die ESMA besteht. Vielmehr wird durch die Fristsetzung im Abs. 5 (bis 30.12.2024) eindeutig, dass die ESMA verpflichtet wird, die Bedingungen und Kriterien für die Einstufung von Kryptowerten als Finanzinstrumente zu veröffentlichen.

Diese Leitlinien sollten außerdem ein besseres Verständnis der Fälle ermöglichen, in denen Kryptowerte, die ansonsten als einmalig und nicht fungibel mit anderen Kryptowerten gelten, als Finanzinstrumente eingestuft werden könnten.[29] Im Interesse einer gemeinsamen Herangehensweise bei der Einstufung von Kryptowerten sollten die EBA, die ESMA und die durch die Verordnung (EU) Nr. 1094/2010 des Europäischen Parlaments und des Rates[30] errichtete Europäische Aufsichtsbehörde (Europäische Aufsichtsbehörde für das Versicherungswesen und die betriebliche Altersversorgung – EIOPA) („Europäische Aufsichtsbehörden „ – ESA) die Debatten über diese Einstufung fördern. Die zuständigen Behörden sollten die Möglichkeit haben, bei den ESA Stellungnahmen zur Einstufung von Kryptowerten – unter anderem über Einstufungen, die von Anbietern von Kryptowerten oder Personen, die deren Zulassung zum Handel beantragen, vorgeschlagen wurden – anzufordern. In erster Linie sind Anbieter von Kryptowerten oder Personen, die deren Zulassung zum Handel beantragen, für die korrekte Einstufung von Kryptowerten verantwortlich, die sowohl vor dem Tag der Veröffentlichung des Angebots als auch zu jedem späteren Zeitpunkt von den zuständigen Behörden angefochten werden könnte. Stellt sich heraus, dass die Einstufung eines Kryptowerts nicht mit dieser Verordnung oder anderen einschlägigen Gesetzgebungsakten der Union zu Finanzdienstleistungen kohärent ist, sollten die ESA ihre Befugnisse gemäß den Verordnungen (EU) Nr. 1093/2010, (EU) Nr. 1094/2010 und (EU) Nr. 1095/2010 wahrnehmen, um für eine kohärente Herangehensweise bei der Einstufung zu sorgen. 45

Der Vollständigkeit halber ist auch **Abs. 6** des Art. 2 MiCAR zu erwähnen, der anordnet, dass die MiCAR die **Verordnung (EU) Nr. 1024/2013 unberührt** lässt. Hiermit soll dahingehend Rechtssicherheit und -klarheit gegeben werden, dass die MiCAR die Verordnung (EU) Nr. 1024/2013 des Rates[31] unberührt lässt und so ausgelegt wird, dass sie nicht im Widerspruch zu jener Verordnung steht.[32] 46

---

[29] Vgl. Erwgr. Nr. 14 MiCAR.
[30] Verordnung (EU) Nr. 1094/2010 des Europäischen Parlaments und des Rates vom 24.11.2010 zur Errichtung einer Europäischen Aufsichtsbehörde (Europäische Aufsichtsbehörde für das Versicherungswesen und die betriebliche Altersversorgung, zur Änderung des Beschlusses Nr. 716/2009/EG und zur Aufhebung des Beschlusses 2009/79/EG der Kommission (ABl. 2010 L 331, 48).
[31] Verordnung (EU) Nr. 1024/2013 des Rates vom 15.10.2013 zur Übertragung besonderer Aufgaben im Zusammenhang mit der Aufsicht über Kreditinstitute auf die Europäische Zentralbank (ABl. 2013 L 287, 63).
[32] Vgl. Erwgr. Nr. 15 MiCAR.

Artikel 3 Begriffsbestimmungen

(1) Für die Zwecke dieser Verordnung bezeichnet der Ausdruck

1. „Distributed-Ledger-Technologie" oder „DLT" eine Technologie, die den Betrieb und die Nutzung von Distributed Ledgern ermöglicht;
2. „Distributed Ledger" einen Informationsspeicher, der Aufzeichnungen über Transaktionen enthält und der unter Verwendung eines Konsensmechanismus auf eine Reihe von DLT-Netzwerkknoten verteilt und zwischen ihnen synchronisiert wird;
3. „Konsensmechanismus" die Regeln und Verfahren, durch die eine Übereinstimmung unter DLT-Netzwerkknoten dahingehend erzielt wird, dass eine Transaktion validiert ist;
4. „DLT-Netzwerkknoten" ein Gerät oder Verfahren, das Teil eines Netzwerks ist und das eine vollständige oder partielle Kopie von Aufzeichnungen aller Transaktionen in einem Distributed Ledger enthält;
5. „Kryptowert" eine digitale Darstellung eines Werts oder eines Rechts, der bzw. das unter Verwendung der Distributed-Ledger-Technologie oder einer ähnlichen Technologie elektronisch übertragen und gespeichert werden kann;
6. „vermögenswertereferenzierter Token" einen Kryptowert, der kein E-Geld-Token ist und dessen Wertstabilität durch Bezugnahme auf einen anderen Wert oder ein anderes Recht oder eine Kombination davon, einschließlich einer oder mehrerer amtlicher Währungen, gewahrt werden soll;
7. „E-Geld-Token" einen Kryptowert, dessen Wertstabilität unter Bezugnahme auf den Wert einer amtlichen Währung gewahrt werden soll;
8. „amtliche Währung" eine amtliche Währung eines Landes, die von einer Zentralbank oder einer anderen Währungsbehörde ausgegeben wird;
9. „Utility-Token" einen Kryptowert, der ausschließlich dazu bestimmt ist, Zugang zu einer Ware oder Dienstleistung zu verschaffen, die von seinem Emittenten bereitgestellt wird;
10. „Emittent" eine natürliche oder juristische Person oder ein anderes Unternehmen, die bzw. das Kryptowerte emittiert;
11. „antragstellender Emittenten" einen Emittent von vermögenswertereferenzierten Token oder E-Geld-Token, der die Zulassung dieser Kryptowerte zum öffentlichen Anbieten oder zum Handel beantragt;
12. „öffentliches Angebot" eine Mitteilung an Personen in jedweder Form und auf jedwede Art und Weise, die ausreichende Informationen über die Angebotsbedingungen und die anzubietenden Kryptowerte enthält, um potenzielle Inhaber in die Lage zu versetzen, über den Kauf dieser Kryptowerte zu entscheiden;
13. „Anbieter" eine natürliche oder juristische Person oder ein anderes Unternehmen, die bzw. das Kryptowerte öffentlich anbietet, oder den Emittenten, der Kryptowerte öffentlich anbietet;
14. „Geldbetrag" einen Geldbetrag im Sinne von Artikel 4 Nummer 25 der Richtlinie (EU) 2015/2366;
15. „Anbieter von Kryptowerte-Dienstleistungen" jede juristische Person oder jedes andere Unternehmen, deren bzw. dessen berufliche oder gewerbliche Tätigkeit darin besteht, eine oder mehrere Kryptowerte-

Dienstleistungen gewerblich für Kunden zu erbringen, und der bzw. dem es gestattet ist, gemäß Artikel 59 Kryptowerte-Dienstleistungen zu erbringen;

16. „Krypto-Dienstleistung" eine der folgenden Dienstleistungen und Tätigkeiten im Zusammenhang mit Kryptowerten:
    a) Verwahrung und Verwaltung von Kryptowerten für Kunden;
    b) Betrieb einer Handelsplattform für Kryptowerte;
    c) Tausch von Kryptowerten gegen einen Geldbetrag;
    d) Tausch von Kryptowerten gegen andere Kryptowerte;
    e) Ausführung von Aufträgen über Kryptowerte für Kunden;
    f) Platzierung von Kryptowerten;
    g) Annahme und Übermittlung von Aufträgen über Kryptowerte für Kunden;
    h) Beratung zu Kryptowerten;
    i) Portfolioverwaltung von Kryptowerten;
    j) Erbringung von Transferdienstleistungen für Kryptowerte für Kunden;
17. „Verwahrung und Verwaltung von Kryptowerten für Kunden" die sichere Aufbewahrung oder Kontrolle von Kryptowerten oder der Mittel für den Zugang zu solchen Kryptowerten für Kunden, unter Umständen in Form privater kryptografischer Schlüssel;
18. „Betrieb einer Handelsplattform für Kryptowerte" die Verwaltung eines oder mehrerer multilateraler Systeme, die die Interessen einer Vielzahl Dritter am Kauf und Verkauf von Kryptowerten – im System und gemäß dessen Regeln – auf eine Weise zusammenführen oder deren Zusammenführung erleichtern, dass ein Vertrag über den Tausch von Kryptowerten entweder gegen einen Geldbetrag oder den Tausch von Kryptowerten gegen andere Kryptowerte zustande kommt;
19. „Tausch von Kryptowerten gegen einen Geldbetrag" den Abschluss von Verträgen mit Kunden über den Kauf oder Verkauf von Kryptowerten gegen einen Geldbetrag unter Einsatz eigenen Kapitals;
20. „Tausch von Kryptowerten gegen andere Kryptowerte" den Abschluss von Verträgen mit Kunden über den Kauf oder Verkauf von Kryptowerten gegen einen Geldbetrag unter Einsatz eigenen Kapitals;
21. „Ausführung von Aufträgen über Kryptowerte für Kunden" den Abschluss von Vereinbarungen für Kunden über den Kauf oder Verkauf eines oder mehrerer Kryptowerte oder die Zeichnung eines oder mehrerer Kryptowerte für Kunden, einschließlich des Abschlusses von Verträgen über den Verkauf von Kryptowerten zum Zeitpunkt ihres öffentlichen Angebots oder ihrer Zulassung zum Handel;
22. „Platzierung von Kryptowerten" die Vermarktung von Kryptowerten an Käufer im Namen oder für Rechnung des Anbieters oder einer mit dem Anbieter verbundenen Partei;
23. „Annahme und Übermittlung von Aufträgen über Kryptowerte für Kunden" die Annahme eines von einer Person erteilten Auftrags zum Kauf oder Verkauf eines oder mehrerer Kryptowerte oder zur Zeichnung eines oder mehrerer Kryptowerte und die Übermittlung dieses Auftrags an eine Drittpartei zur Ausführung;
24. „Beratung zu Kryptowerten" das Angebot oder die Abgabe personalisierter Empfehlungen an Kunden oder die Vereinbarung der Abgabe solcher Empfehlungen auf Ersuchen des Kunden oder auf Initiative des die Beratung leistenden Anbieters von Kryptowerte-

Dienstleistungen hinsichtlich eines oder mehrerer Geschäfte in Bezug auf Kryptowerte oder die Nutzung von Kryptowerte-Dienstleistungen;

25. „Portfolioverwaltung von Kryptowerten" die Verwaltung von Portfolios auf Einzelkundenbasis mit einem Ermessensspielraum im Rahmen eines Mandats des Kunden, sofern diese Portfolios einen oder mehrere Kryptowerte enthalten;

26. „Transferdienstleistungen für Kryptowerte für Kunden" das Erbringen von Dienstleistungen zur Übertragung von Kryptowerten von einer Distributed Ledger-Adresse oder einem Distributed-Ledger-Konto auf eine andere solche Adresse oder ein anderes solches Konto für eine natürliche oder juristische Person;

27. „Leitungsorgan" das Organ – oder die Organe – eines Emittenten, eines Anbieters oder einer Person, die eine Zulassung zum Handel beantragt, oder eines Anbieters von Kryptowerte-Dienstleistungen, die nach nationalem Recht bestellt wurden, die befugt sind, Strategie, Ziele und Gesamtpolitik des Unternehmens festzulegen, und die die Entscheidungen der Geschäftsführung des Unternehmens kontrollieren und überwachen, und Personen umfasst, die die Geschäfte des Unternehmens tatsächlich führen;

28. „Kreditinstitut" ein Kreditinstitut im Sinne von Artikel 4 Absatz 1 Nummer 1 der Verordnung (EU) Nr. 575/2013 und mit einer Zulassung gemäß der Richtlinie 2013/36/EU;

29. „Wertpapierfirma" eine Wertpapierfirma im Sinne von Artikel 4 Absatz 1 Nummer 2 der Verordnung (EU) Nr. 575/2013 und mit einer Zulassung gemäß der Richtlinie 2014/65/EU;

30. „qualifizierte Anleger" Personen oder Einrichtungen, die in Anhang II Abschnitt I Nummern 1 bis 4 der Richtlinie 2014/65/EU aufgeführt sind;

31. „enge Verbindungen" enge Verbindungen im Sinne von Artikel 4 Absatz 1 Nummer 35 der Richtlinie 2014/65/EU;

32. „Vermögenswertreserve" den Korb mit Reservevermögen, mit dem die Forderung gegenüber dem Emittenten besichert wird;

33. „Herkunftsmitgliedstaat"
    a) bei Anbietern von anderen Kryptowerten als vermögenswertereferenzierten Token oder E-Geld-Token oder Personen, die die Zulassung solcher Kryptowerte zum Handel beantragen, die ihren Sitz in der Union haben, den Mitgliedstaat, in dem der Anbieter oder die Person seinen bzw. ihren Sitz hat;
    b) bei Anbietern von anderen Kryptowerten als vermögenswertereferenzierten Token oder E-Geld-Token oder Personen, die die Zulassung solcher Kryptowerte zum Handel beantragen, die zwar keinen Sitz, dafür aber eine oder mehrere Zweigniederlassungen in der Union haben, den Mitgliedstaat, den der Anbieter oder die Person aus den Mitgliedstaaten, in denen er bzw. sie Zweigniederlassungen hat, auswählt;
    c) bei Anbietern von anderen Kryptowerten als vermögenswertereferenzierten Token oder E-Geld-Token oder Personen, die die Zulassung solcher Kryptowerte zum Handel beantragen, die ihren Sitz in einem Drittland und keine Zweigniederlassung in der Union haben, entweder den Mitgliedstaat, in dem die Kryptowerte erstmals öffentlich angeboten werden sollen, oder je nach Wahl des Anbieters oder der Person, die eine Zulassung zum Handel be-

antragt, den Mitgliedstaat, in dem der erste Antrag auf Zulassung zum Handel für diese Kryptowerte gestellt wird;
d) bei Emittenten vermögenswertereferenzierter Token den Mitgliedstaat, in dem der Emittent vermögenswertereferenzierter Token seinen Sitz hat;
e) bei Emittenten von E-Geld-Token die Mitgliedstaaten, in denen der Emittent von E-Geld-Token als Kreditinstitut gemäß der Richtlinie 2013/36/EU oder als E-Geld-Institut gemäß der Richtlinie 2009/110/EG zugelassen ist;
f) bei Anbietern von Kryptowerte-Dienstleistungen den Mitgliedstaat, in dem der Anbieter von Kryptowerte-Dienstleistungen seinen Sitz hat;
34. „Aufnahmemitgliedstaat" den Mitgliedstaat, in dem ein Anbieter oder die Person, die eine Zulassung zum Handel beantragt, Kryptowerte öffentlich anbietet oder deren Zulassung zum Handel beantragt oder in dem ein Anbieter von Kryptowerte-Dienstleistungen Kryptowerte-Dienstleistungen erbringt, wenn dies nicht der Herkunftsmitgliedstaat ist;
35. „zuständige Behörde" eine oder mehrere Behörden,
a) die von jedem Mitgliedstaat gemäß Artikel 93 bezüglich Anbietern von anderen Kryptowerten als vermögenswertereferenzierten Token und E-Geld-Token und Personen, die eine Zulassung zum Handel beantragen, Emittenten vermögenswertereferenzierter Token oder Anbietern von Kryptowerte-Dienstleistungen benannt wird bzw. werden;
b) die von jedem Mitgliedstaat für die Zwecke der Anwendung der Richtlinie 2009/110/EG bezüglich Emittenten von E-Geld-Token benannt wird bzw. werden;
36. „qualifizierte Beteiligung" das direkte oder indirekte Halten einer Beteiligung an einem Emittenten vermögenswertereferenzierter Token oder einem Anbieter von Kryptowerte-Dienstleistungen, die mindestens 10 % des Kapitals oder der Stimmrechte gemäß den Artikeln 9 bzw. 10 der Richtlinie 2004/109/EG des Europäischen Parlaments und des Rates unter Berücksichtigung der Voraussetzungen für das Zusammenrechnen der Beteiligungen nach Artikel 12 Absätze 4 und 5 jener Richtlinie ausmacht oder die Ausübung eines maßgeblichen Einflusses auf die Geschäftsführung eines Emittenten vermögenswerte-referenzierter Token oder die Geschäftsführung des Anbieters von Kryptowerte-Dienstleistungen, an der eine solche Beteiligung gehalten wird, ermöglicht;
37. „Kleinanleger" jede natürliche Person, die zu Zwecken handelt, die außerhalb ihrer gewerblichen, geschäftlichen, handwerklichen oder beruflichen Tätigkeit liegen;
38. „Online-Schnittstelle" eine Software, einschließlich einer Website, eines Teils einer Website oder einer Anwendung, die von einem Anbieter oder einem Anbieter von Kryptowerte-Dienstleistungen oder in seinem Namen betrieben wird und dazu dient, Inhabern von Kryptowerten Zugang zu ihren Kryptowerten und Kunden von Kryptowerte-Dienstleistungen Zugang zu ihren Kryptowerte-Dienstleistungen zu gewähren;
39. „Kunde" eine natürliche oder juristische Person, für die ein Anbieter von Kryptowerte-Dienstleistungen Kryptowerte-Dienstleistungen erbringt;

MiCAR Art. 3 Titel I. Gegenstand, Anwendungsbereich, Begriffsbest.

40. „Zusammenführung sich deckender Kundenaufträge" die Zusammenführung sich deckender Kundenaufträge im Sinne von Artikel 4 Absatz 1 Nummer 38 der Richtlinie 2014/65/EU;
41. „Zahlungsdienst" einen Zahlungsdienst im sinne von Artikel 4 Nummer 3 der Richtlinie (EU) 2015/2366;
42. „Zahlungsdienstleister" einen Zahlungsdienstleiter im Sinne von Artikel 4 Nummer 11 der Richtlinie (EU) 2015/2366;
43. „E-Geld-Institut" ein E-Geld-Institut im Sinne von Artikel 2 Nummer 1 der Richtlinie 2009/110/EG;
44. „E-Geld" E-Geld im Sinne von Artikel 2 Nummer 2 der Richtlinie 2009/110/EG;
45. „personenbezogene Daten" personenbezogene Daten im Sinne des Artikels 4 Nummer 1 der Verordnung (EU) 2016/679;
46. „Zahlungsinstitut" ein Zahlungsinstitut im Sinne von Artikel 4 Nummer 4 der Richtlinie (EU) 2015/2366;
47. „OGAW-Verwaltungsgesellschaft" eine Verwaltungsgesellschaft im Sinne von Artikel 2 Nummer 1 Buchstabe b der Richtlinie 2009/65/EG des Europäischen Parlaments und des Rates;
48. „Verwalter alternativer Investmentfonds" einen Verwalter alternativer Investmentfonds (AIFM) im Sinne von Artikel 4 Absatz 1 Buchstabe b der Richtlinie 2011/61/EU des Europäischen Parlaments und des Rates;
49. „Finanzinstrument" Finanzinstrument im Sinne des Artikels 4 Absatz 1 Nummer 15 der Richtlinie 2014/65/EU;
50. „Einlage" eine Einlage im Sinne des Artikels 2 Absatz 1 Nummer 3 der Richtlinie 2014/49/EU;
51. „strukturierte Einlage" eine strukturierte Einlage im Sinne des Artikels 4 Absatz 1 Nummer 43 der Richtlinie 2014/65/EU.

(2) Die Kommission erlässt gemäß Artikel 139 delegierte Rechtsakte zur Ergänzung dieser Verordnung durch die genauere Festlegung der technischen Aspekte der Begriffsbestimmungen von Absatz 1 des vorliegenden Artikels und zur Anpassung dieser Begriffsbestimmungen an Marktentwicklungen und technologische Entwicklungen.

Übersicht

	Rn.
I. Einführung (Lehmann/Völkel)	1
1. Literatur	1
2. Entstehung und Zweck der Norm	2
3. Normativer Kontext	3
a) Innerhalb der MiCAR	3
b) Innerhalb des Kapitalmarktrechts	4
II. Technologiebezogene Begriffe (Völkel)	6
1. Distributed-Ledger-Technologie (DLT) (Nr. 1)	6
2. Distributed Ledger (Nr. 2)	11
3. Konsensmechanismus (Nr. 3)	12
4. DLT-Netzwerkknoten (Nr. 4)	13
III. Abgrenzung verschiedener Kryptowerte (Völkel)	14
1. Kryptowert (Nr. 5)	14
a) Verwendung von DLT oder ähnlicher Technologie	15
b) Elektronische Übertrag- und Speicherbarkeit	19
c) Digitale Darstellung	22
d) Non-Fungible Tokens oder NFTs (Art. 2 Abs. 3)	33

	Rn.
2. Vermögenswertereferenzierter Token (Nr. 6)	39
a) Wertstabilität in Bezug auf Vermögenswerte	41
b) Abgrenzung zu Finanzinstrumenten	45
3. E-Geld-Token (Nr. 7)	60
4. Amtliche Währung (Nr. 8) (Lehmann)	65
5. Utility-Token (Nr. 9) (Völkel)	73
IV. Emissionsbezogene Begriffe (Lehmann)	82
1. Emittent (Nr. 10) (Lehmann/Völkel)	82
2. Antragstellender Emittent (Nr. 11) (Lehmann/Völkel)	91
3. Öffentliches Angebot (Nr. 12) (Lehmann/Völkel)	93
a) Vergleich zum Prospektrecht	95
b) Anzahl der Personen	100
c) Form der Mitteilung	102
d) Abgrenzung zur Marketingmitteilung	105
e) Marktort, Ausrichtung und Disclaimer	107
f) Keine öffentlichen Angebote	110
4. Anbieter (Nr. 13) (Völkel)	114
5. Geldbetrag (Nr. 14) (Völkel)	116
V. Dienstleistungen (Völkel)	118
1. Anbieter von Kryptowerte-Dienstleistungen (Nr. 15)	118
2. Krypto-Dienstleistungen (Nr. 16)	122
3. Verwahrung und Verwaltung (Nr. 17)	123
4. Betrieb einer Handelsplattform (Nr. 18)	128
5. Kauf und Tausch von Kryptowerten (Nr. 19 u. Nr. 20)	133
6. Ausführung von Aufträgen (Nr. 21)	137
7. Platzierung (Nr. 22)	140
8. Annahme und Übermittlung von Aufträgen (Nr. 23)	145
9. Beratung (Nr. 24)	147
10. Portfolioverwaltung (Nr. 25)	153
11. Transferdienstleistungen (Nr. 26)	156
VI. Weitere Begriffe (Lehmann)	160
1. Leitungsorgan (Nr. 27)	160
2. Kreditinstitut (Nr. 28)	162
3. Wertpapierfirma (Nr. 29)	164
4. Qualifizierte Anleger (Nr. 30)	165
5. Enge Verbindungen (Nr. 31)	170
6. Vermögenswertreserve (Nr. 32)	172
7. Herkunftsmitgliedstaat (Nr. 33)	173
8. Aufnahmemitgliedstaat (Nr. 34)	182
9. Zuständige Behörde (Nr. 35)	186
10. Qualifizierte Beteiligung (Nr. 36)	187
11. Kleinanleger (Nr. 37)	190
12. Online-Schnittstelle (Nr. 38)	192
13. Kunde (Nr. 39)	195
14. Zusammenführung sich deckender Kundenaufträge (Nr. 40)	197
15. Zahlungsdienst (Nr. 41)	200
16. Zahlungsdienstleister (Nr. 42)	201
17. E-Geld-Institut (Nr. 43)	202
18. E-Geld (Nr. 44)	203
19. Personenbezogene Daten (Nr. 45)	204
20. Zahlungsinstitut (Nr. 46)	217
21. OGAW-Verwaltungsgesellschaft und AIF-Verwalter (Nr. 47, 48)	218
22. Finanzinstrument (Nr. 49)	219
23. Einlage und Strukturierte Einlage (Nr. 50 und Nr. 51)	223
VII. Delegierte Rechtsakte (Abs. 2)	226

MiCAR Art. 3 — Titel I. Gegenstand, Anwendungsbereich, Begriffsbest.

I. Einführung (Lehmann/Völkel)

1. Literatur. *Annunziata,* An Overview of the Markets in Crypto-Assets Regulation (MiCAR), EBI Working Paper Nr. 158; *Annunziata,* Speak, If You Can: What Are You? An Alternative Approach to the Qualification of Tokens and Initial Coin Offerings, ECFR 2020, 129; *Aubrunner/Reder,* MiCAR: Das Whitepaper bei sonstigen Kryptowerten, GesRZ 2023, 158; *Barsan,* Legal Challenges of Initial Coin Offerings, Revue Trimestrielle de Droit Financier 2017, 54; *Baumbach/Hopt* (Hrsg), Handelsgesetzbuch, 34. Aufl. 2010; *Bechtolf/Vogt,* Datenschutz in der Blockchain – Eine Frage der Technik, ZD 2018, 66; *Brandl/Saria* (Hrsg), Kommentar zum WAG 2018, 43. Lfg; *Brauneck,* MiCA im Zahlungsverkehr – Teil 1, EuZW, 13; *Brauneck,* MiCA im Zahlungsverkehr – Teil 2, EuZW 61; *Buck-Heeb,* Whitepaper-Haftung nach MiCAR, BKR 2023, 689; *Denga,* Non-Fungible Token im Bank- und Kapitalmarktrecht, BKR 2022, 288; *Ebenroth/Boujong/Joost/Strohn* (Hrsg), Handelsgesetzbuch, 2. Aufl. 2008; *Ehmann/Selmayr,* Datenschutz-Grundverordnung, 3. Aufl. 2024; *EK,* Working Paper WK 2349/2021 INIT, 18.2.2021; *EK,* Working Paper WK 4351/2021 INIT, 29.3.2021; *ESMA,* Consultation paper on the draft guidelines on the conditions and criteria for the qualification of crypto-assets as financial instruments v 29.1.2024; *FMA,* Rundschreiben zum Prospektrecht, 2021; *Fritz,* Anbieter von Kryptowerte-Dienstleistungen nach der MiCAR, BKR 2023, 747; *Gola/Heckmann,* DS-GVO – BDSG, 3. Aufl. 2022; Goldschmidt, Handbuch des Handelsrechts, 1864; *Hacker/Thomale,* Crypto-Securities Regulation: ICOs, Token Sales and Cryptocurrencies under EU Financial Law, ECFR 2018, 645; *Hahn,* Währungsrecht, 1990; *Hirte/Möllers* (Hrsg), Kölner Kommentar zum WpHG, 2. Aufl. 2014; *John/Patz,* ZuFinG und FinmadiG – eine Neuordnung der Krypto-Landschaft, BKR 2023, 849; *Kalss/Oppitz/Zollner* (Hrsg), Kapitalmarktrecht, 2. Aufl, 2015; *Kipker/Bruns,* Blockchains für Versorgungsketten im Lebensmittelsektor und der Datenschutz, CR 2020, 210; *Klausberger/Toman* (Hrsg), Wertpapieraufsichtsrecht (im Erscheinen); *Langenbucher,* European Securities Law – are we in need of a new definition?, Revue Trimestrielle de Droit Financier 2018, 40; *Lehmann,* Neuer weltweiter Goldstandard oder Gift für die europäische Kryptoindustrie?, ÖBA 2024, 248; *Lehmann/Schinerl,* The Concept of Financial Instruments: Drawing the Borderline between MiFID and MiCAR, EBI Working Paper Nr. 171; *Lyons/Courcelas/Timsit,* EU Blockchain Observatory and Forum Report: Blockchain and the GDPR, 2018, 20; *Maume/Fromberger,* Regulation of Initial Coin Offerings: Reconciling U.S. and E.U. Securities Laws, Chicago Journal of International Law 2019, 548; *Maume/Maute,* The Law of Crypto Assets, 2022; *Maume,* The Regulation on Markets in Crypto-Assets (MiCAR): Landmark Codification, or First Step of Many, or Both?, ECFR 2023, 243; *Maume,* Das Widerrufsrecht nach MiCAR, RDi 2023, 493; *Maume/Maute/Fromberger,* Rechtshandbuch Kryptowerte, 2020; *Meier/Schneider/Schinerl,* Staking via Intermediär, BKR 2023, 365; *Oberndorfer,* Die Prospektpflicht nach dem KMG, 2014; *Omlor/Link,* Kryptowährungen und Token, 2. Aufl. 2022; *Omlor,* PayPal Stablecoin (PYUSD) aus Sicht der MiCAR, RdZ 2023, 164; *Paal/Pauly,* DS-GVO BDSG, 3. Aufl. 2021; *Rennig,* FinTech-Aufsicht im künftigen EU-Recht, ZBB/JBB 6/20, 385; *Siadat,* Markets in Crypto Assets Regulation – erster Einblick mit Schwerpunktsetzung auf Finanzinstrumente, RdF 2021, 12; *Siadat,* MiCAR –

Regulierte Finanzinstrumente mit Schwerpunktsetzung auf NFT, RdF 2023, 4; *K. Schmidt*, MüKoHGB, 3. Aufl. 2010; *Schmiedinger/Veronesi*, MiCA – ein einheitlicher Rechtsrahmen für Kryptowerte, RdW 2023, 170; *Schopper/ Raschner*, Die aufsichtsrechtliche Einordnung von Krypto-Börsen in Österreich, ÖBA 2019, 249; *Schwark/Zimmer* (Hrsg), Kapitalmarktrecht-Kommentar, 5. Aufl. 2020; *Schwintowski* (Hrsg), Bankrecht, 5. Aufl. 2017; *Stadler/ Falke*, Non-Fungible Token: Digitale Kunst und die Frage nach dem Rücktrittsrecht, VbR 2022, 84; *Steinrötter*, Datenschutzrechtliche Probleme beim Einsatz der Blockchain, ZBB 2021, 373; *Strobel*, Tokenisiertes Geschäftsbankgeld?, BRK 2024, 52; *Sydow/Marsch*, DS-GVO/BDSG, 3. Aufl. 2022; *Toman/Schinerl*, Kryptowerte zwischen WAG 2018 und MiCAR, ÖBA 2023, 182; *Toman/Schinerl*, Non Fungible Token – unreguliert?, ZFR 2023, 276; *v. Hein*, MüKoBGB, 8. Aufl. 2021; *Völkel*, Zum Begriff „virtuelle Währung", ZFR 2019, 346; *Wittig*, Digitales Geld –gegenwärtige und künftige Regulierung von E-Geld und E-Geld-Token nach ZAG und MiCAR, WM 2023, 412; *Zivny*, Kapitalmarktgesetz, 2. Aufl. 2016; *Zetzsche/Buckley/ Arner*, Regulating Libra, Oxf. J. Leg. Stud. 2022, 80.

2. Entstehung und Zweck der Norm. Die Vorschrift ist eine reine Hilfsnorm ohne eigenständigen Regelungsgehalt. Sie enthält Definitionen von Begriffen, die in der gesamten VO verwandt werden. Die Vorschrift gilt nach dem Wortlaut des Art. 149 Abs. 2 MiCAR erst ab 30.12.2024. Allerdings sollen die Titel III und IV bereits ab 30.6.2024 gelten, siehe Art. 149 Abs. 3 MiCAR. Viele der in beiden Titeln verwendeten Begriffe werden in Art. 3 MiCAR definiert. In der Literatur wird bemängelt, dass ohne diese Definitionen die Titel III und IV gegenüber Marktteilnehmern nicht verbindlich seien und diese Titel daher ebenfalls erst am 30.12.2024 in Kraft treten könnten.[1] Dem ist jedoch entgegenzuhalten, dass nur die vorherige Anwendbarkeit dem Willen des europäischen Gesetzgebers entspricht. Art. 149 Abs. 3 MiCAR ist daher teleologisch erweiternd in dem Sinn auszulegen, dass die in Art. 3 MiCAR niedergelegten Definitionen bereits ab 30.6.2024 gelten, soweit sie sich auf in den Titeln III und IV verwendeten Begriffe beziehen.

3. Normativer Kontext. a) Innerhalb der MiCAR. Die Bestimmung soll einen einheitlichen Gebrauch der Begriffe in der gesamten VO sicherstellen. Werden definierte Begriffe verwendet, so sind die auf sie rekurrierenden Bestimmungen der VO stets auf Basis des in Art. 3 MiCAR definierten Begriffsverständnisses auszulegen.

b) Innerhalb des Kapitalmarktrechts. Die konkrete Auswahl definierter Begriffe sowie die verwendeten Definitionen zeugen davon, dass sich der europäische Gesetzgeber in der VO-Genese nur zum Teil an den am Markt vorgefundenen Gegebenheiten orientiert und sich in vielen Bereichen deutlich vom bestehenden Kapitalmarktrecht hat leiten lassen. So kommt es dazu, dass Begriffsdefinitionen im Zusammenhang mit der Ausgabe von Kryptowerten große Ähnlichkeit mit jenen der Prospekt-VO aufweisen. Teils werden Begriffe der Branche auch ohne Definition verwendet (zB das Kryptowerte-Whitepaper), zum Teil werden gänzlich neue Definitionen für Phänomene geschaffen, die am Kryptomarkt unter ganz anderen Namen bekannt sind (zB E-Geld-Token oder vermögenswertreferenzierter Token, die am Markt als Stablecoin bezeichnet werden).

---

[1] Maume, ECFR 20 (2023) 243, 249.

5 Definierte Begriffe werden zum Teil mit demselben Bedeutungsgehalt verwendet wie in MiFID II, der Prospekt-VO und anderen Rechtsakten des Kapitalmarktrechts. Das ist begrüßenswert, bietet sich dadurch doch die Möglichkeit, auf einen großen Bestand an Literatur zurückzugreifen. Gleichzeitig erfordert es aber auch besondere Aufmerksamkeit, weil Begriffe teils anders definiert sind, als der geübte Kapitalmarktjurist dies zunächst erwarten würde. Das ist grundsätzlich verständlich, weil Finanzinstrumente mit Kryptowerten zunächst einmal nichts gemeinsam haben. Es entsteht in der Praxis aber das durchaus beträchtliche Risiko, dass Bestimmungen missverstanden werden, schlicht weil im Kapitalmarktrecht bekannte Begriffe im Kontext von Kryptowerten plötzlich etwas anderes bedeuten.

II. Technologiebezogene Begriffe (Völkel)

6 **1. Distributed-Ledger-Technologie (DLT) (Nr. 1).** MiCAR spricht einheitlich von Distributed-Ledger-Technologie oder DLT. Das Wort Blockchain kommt lediglich an einer Stelle vor, konkret im ersten Erwgr. der VO. Dort dient es zur Klarstellung, dass Blockchain vom Begriff der DLT umfasst wird. Im Allgemeinen werden die beiden Begriffe synonym verwendet, was dem Umstand geschuldet ist, dass aktuell sämtliche (zumindest den Autoren) bekannte öffentliche und dezentrale DLT auf Blockchain basiert.

7 Während es für das Vorliegen einer DLT darauf ankommt, dass das Fortschreiben neuer Transaktionsdaten dezentral erfolgt, also parallel auf mehreren voneinander getrennten Computersystemen, ist für das Vorliegen einer Blockchain das blockweise Abarbeiten mehrerer (oft tausender) Transaktionen auf einmal (in Blöcken) entscheidend. Ohne Blockchain ist (zumindest heute) keine öffentliche und dezentrale DLT vorstellbar; umgekehrt ist freilich auch ohne DLT (zumindest heute) keine Blockchain vorstellbar. Das blockweise Abarbeiten ist aber lediglich eine technologische Krücke, die zur Vereinfachung der Konsensbildung über die Reihenfolge laufend einlangender Transaktionsdaten dient. Es sollte nicht ausgeschlossen werden, dass künftige DLT auf Einzeltransaktionsbasis ebenso Konsens darüber herzustellen vermag. Insofern ist die begriffliche Trennung durchaus sinnvoll.

8 Zur inhaltlichen Ausgestaltung des Begriffs der DLT bedient sich der europäische Gesetzgeber einer Kettendefinition. Auffallend daran ist vor allem, was die Definition nicht enthält, nämlich das Abstellen auf einen dezentralen Betrieb der DLT im Sinne eines Zusammenwirkens mehrerer unterschiedlicher Personen. Auch ein System, das von einer einzelnen Person kontrolliert wird, weil diese etwa alle DLT-Netzwerkknoten selbst betreibt, gilt als Distributed-Ledger-Technologie unter MiCAR. Bitcoin, das auf einer öffentlichen Blockchain basiert, ist damit ebenso ein Kryptowert wie Tokens, die auf einem DLT-Netzwerk basieren, dessen Knoten von einem einzelnen Unternehmen betrieben werden. Der Grund dafür ist, dass der europäische Gesetzgeber bei der Schaffung von MiCAR vor allem eine Antwort auf Facebooks Projekt Libra bzw. später Diem suchte.[2] Dabei hat er erkannt, dass DLT auch als zentral verwaltetes System vorstellbar ist. Auch solch ein System soll als DLT unter MiCAR erfasst sein.

9 In praktischer Hinsicht hat der Verzicht auf Dezentralität (im oben diskutierten Sinne, also eines Zusammenwirkens mehrerer unterschiedlicher Personen) als Definitionsmerkmal zur Konsequenz, dass die oft im Zusam-

---

[2] Zu Libra und Diem s. Zetzsche/Buckley/Arner, Oxf. J. Leg. Stud. 2022, 80.

menhang mit der zivilrechtlichen Aufarbeitung des Phänomens gestellte Frage nach der „*ausreichenden Dezentralität*" für aufsichtsrechtliche Zwecke nicht beantwortet werden muss. Auch zentral kontrollierte DLT wird von MiCAR erfasst.

Inhaltlich entspricht die Definition wortgleich jener des DLT Pilot Regimes. Für Details siehe daher Art. 2 Nr. 1 PilotR. **10**

2. Distributed Ledger (Nr. 2). Die Definition entspricht wortgleich jener des DLT Pilot Regimes. Für Details siehe daher Art. 2 Nr. 2 PilotR. **11**

3. Konsensmechanismus (Nr. 3). Die Definition entspricht wortgleich jener des DLT Pilot Regimes. Für Details siehe daher Art. 2 Nr. 3 PilotR. **12**

4. DLT-Netzwerkknoten (Nr. 4). Die Definition entspricht wortgleich jener des DLT Pilot Regimes. Für Details siehe daher Art. 2 Nr. 4 PilotR. **13**

III. Abgrenzung verschiedener Kryptowerte (Völkel)

1. Kryptowert (Nr. 5). Dreh- und Angelpunkt der MiCAR ist der Begriff des Kryptowerts. Er ist definiert als „*eine digitale Darstellung eines Werts oder eines Rechts, der bzw. das unter Verwendung der Distributed-Ledger-Technologie oder einer ähnlichen Technologie elektronisch übertragen und gespeichert werden kann*".[3] Die Definition umfasst somit drei Elemente: (i) Verwendung der DLT oder ähnlicher Technologie, (ii) elektronische Übertrag- und Speicherbarkeit und letztlich darauf aufbauend (iii) die digitale Darstellung eines Werts oder Rechts. Allgemein ist festzustellen, dass MiCAR eine besonders weite Definition des Begriffes Kryptowert wählt. **14**

a) Verwendung von DLT oder ähnlicher Technologie. Die Begriffsdefinition verlangt ausdrücklich den Einsatz von DLT oder ähnlicher Technologie. Dies ist insofern bemerkenswert, als der europäische Gesetzgeber beim ersten Anlauf einer Regulierung des Phänomens ausdrücklich nicht auf eine bestimmte Technologie abstellte. Gemeint ist die Definition des Begriffs der virtuellen Währung.[4] Dabei handelt es sich um „*eine digitale Darstellung eines Werts, [...] [die] [...] als Tauschmittel akzeptiert wird und die auf elektronischem Wege übertragen, gespeichert und gehandelt werden kann*". Welche Technologie zum Einsatz gelangt, spielt keine Rolle. Im Gegensatz dazu müssen Kryptowerte „*unter Verwendung der Distributed-Ledger-Technologie oder einer ähnlichen Technologie*" übertragen und gespeichert werden. Die Wendung „*oder einer ähnlichen Technologie*" macht die Definition nicht technologieneutral[5], sondern führt lediglich zu Interpretationsfragen bei der Anwendung der Bestimmung.[6] **15**

Die Aufnahme einer bestimmten Technologie als Definitionsmerkmal bedeutet für den Rechtsanwender, dass er (anders als beim Begriff der virtuellen Währung) nicht bloß auf wahrnehmbare Effekte abstellen darf (bei der virtuellen Währung: die Akzeptanz als Tauschmittel), sondern dass tatsächlich die eingesetzte Technologie zu prüfen und unter den Begriff DLT zu subsumieren ist. Die digitale Darstellung eines Werts oder Rechts ist eben kein Krypto- **16**

---

[3] Im Englischen: „crypto-asset means a digital representation of a value or a right which may be transferred and stored electronically, using distributed ledger technology or similar technology".
[4] Art. 3 Nr. 18 der 5. GW-RL.
[5] Vgl. Aubrunner/Reder GesRZ 2023, 158.
[6] S. auch Schmiedinger/Veronesi RdW 2023, 170.

MiCAR Art. 3   Titel I. Gegenstand, Anwendungsbereich, Begriffsbest.

wert, wenn sie nicht zumindest auf einer mit DLT vergleichbaren Technologie basiert.

17   Noch aus einem weiteren Grund verwundert die Entscheidung des europäischen Gesetzgebers, Technologieelemente in die Definition aufzunehmen. Beim Begriff des vermögenswertereferenzierten Tokens (Nr. 6) und des E-Geld-Tokens (Nr. 7) wurde nämlich der regulatorisch sinnvolle Ansatz gewählt, (vereinfacht) lediglich darauf abzustellen, ob Wertstabilität dieser Token zu bestimmten Referenzwerten behauptet wird. Dies kann anhand von Werbeunterlagen oder öffentlichen Äußerungen leicht ermittelt werden. Ob tatsächlich Wertstabilität besteht, ist hingegen irrelevant. Bei der Definition des Kryptowerts wurde dieser sinnvolle Ansatz hingegen nicht gewählt. Die Beantwortung der Frage, ob ein Kryptowert vorliegt, setzt stattdessen eine technische Analyse voraus. Wer behauptet, einen Stablecoin aufzulegen, im Hintergrund aber eine relationale Datenbank und nicht DLT für die Transaktionsaufzeichnung einsetzt, der wird möglicherweise anderorts mit Normen der geltenden Rechtsordnung kollidieren, mangels DLT liegt aber kein Kryptowert vor und MiCAR ist nicht anwendbar.

18   Ob DLT oder eine damit vergleichbare Technologie vorliegt, ist nicht einfach zu beantworten. Das zeigt bereits ein rascher Blick auf den Wortlaut der Kettendefinition: DLT ist *„Technologie, die den Betrieb und die Nutzung von Distributed Ledger ermöglicht"*.[7] Distributed Ledger wiederum ist ein *„Informationsspeicher, der Aufzeichnungen über Transaktionen enthält und der unter Verwendung eines Konsensmechanismus auf eine Reihe von DLT-Netzwerkknoten verteilt und zwischen diesen synchronisiert wird"*.[8] Konsensmechanismus sind *„die Regeln und Verfahren, durch die eine Übereinstimmung unter DLT-Netzwerkknoten dahin gehend erzielt wird, dass eine Transaktion validiert ist"*[9], und DLT-Netzwerkknoten ist *„ein Gerät oder Prozess, das bzw. der Teil eines Netzwerks ist und das bzw. der eine vollständige oder teilweise Kopie von Aufzeichnungen aller Transaktionen in einem Distributed-Ledger enthält"*.[10] Für eine detaillierte Auseinandersetzung siehe die Kommentierungen zu Nr. 1–4.

19   **b) Elektronische Übertrag- und Speicherbarkeit.** Nach der Legaldefinition müssen Kryptowerte elektronisch übertragen und gespeichert werden können.[11] Die deutsche Sprachfassung ist im Gegensatz zur englischen[12] und französischen[13] missverständlich. In der deutschen Fassung spricht MiCAR von der digitalen Darstellung eines Werts oder Rechts, *„der bzw. das [...] elektronisch übertragen und gespeichert werden kann"*. Gemeint ist aber nicht, dass der Wert oder das Recht elektronisch übertragen und gespeichert wird; das scheidet freilich bereits begrifflich aus („Speicherung" eines Rechts?). Wie aus der englischen und französischen Sprachfassung erkenntlich, geht es um die elektronische Übertrag- und Speicherbarkeit der *digitalen Darstellung* dieses Werts oder Rechts. Übertragung und Speicherung beschreiben deshalb auch

---

[7] Art. 3 Abs. 1 Nr. 1 MiCAR.
[8] Art. 3 Abs. 1 Nr. 2 MiCAR.
[9] Art. 3 Abs. 1 Nr. 3 MiCAR.
[10] Art. 3 Abs. 1 Nr. 4 MiCAR.
[11] Im Englischen: „may be transferred and stored electronically".
[12] Vgl. Fn. 2.
[13] Im Französischen: „«crypto-actif»: une représentation numérique d'une valeur ou d'un droit pouvant être transférée et stockée de manière électronique, au moyen de la technologie des registres distribués ou d'une technologie similaire."

jeweils faktische Vorgänge im Hinblick auf diese digitale Darstellung und nicht rechtliche Vorgänge im Hinblick auf den Wert oder das Recht.

Die Möglichkeit zur Übertragung beschreibt das Übergehen der faktischen Verfügungsmöglichkeit von einer Person auf eine andere. Die einmalige Registereintragung eines Tokens im Verzeichnis eines Smart Contracts, die keine Übertragung zulässt, wäre also bspw. nicht als Kryptowert erfasst. Ist eine Übertragung, aus welchem Grund auch immer, in tatsächlicher Hinsicht nicht oder nicht mehr möglich, so handelt es sich nicht (mehr) um einen Kryptowert. Entscheidend ist die generelle Übertragbarkeit und nicht die Übertragbarkeit eines bestimmten Stücks. Dass einzelne Stücke eines Kryptowerts (zB aufgrund des Verlusts des privaten Schlüssels) nicht mehr übertragbar sind, schadet somit der Qualität des Kryptowerts insgesamt nicht.

Die Möglichkeit zur Speicherung beschreibt den faktischen Vorgang des Sicherns des Kryptowerts einer Person für sich selbst. Dies verlangt, dass der Kryptowert gegen den Willen dieser Person nicht übertragen werden kann. Die elektronische Speicherung kann damit als Gegenstück zur Übertragung gelesen werden. Können Kryptowerte, aus welchem Grund auch immer, in tatsächlicher Hinsicht von anderen Personen elektronisch übertragen werden, so handelt es sich nicht (mehr) um einen Kryptowert. Dass einzelne Stücke eines Kryptowerts (zB aufgrund der Kenntniserlangung des privaten Schlüssels durch einen Dritten) nicht gegen Fremdzugriff geschützt werden können, schadet aber wiederum der Qualität des Kryptowerts insgesamt nicht.

c) Digitale Darstellung .... Um als Kryptowert zu gelten, muss es sich um die digitale Darstellung eines Werts oder eines Rechts handeln.[14] Der Beginn der Begriffsdefinition (digitale Darstellung) entspricht jener der virtuellen Währung[15], weshalb auf die dazu angestellten Überlegungen zurückgegriffen werden kann.[16] In praktischer Hinsicht bezeichnet *„digitale Darstellung"* die jeweils auf der Blockchain von Adresse zu Adresse übertragbaren Coins oder Tokens.

aa) ... eines Werts. Darstellung eines Werts umfasst nach den Erwgr. auch einen nicht intrinsischen Wert, der einem Coin oder Token von den betroffenen Verkehrskreisen beigelegt wird. Der Wert kann rein subjektiv und etwa lediglich nachfrageseitig durch das Interesse jener Personen begründet sein, die den fraglichen Kryptowert erwerben möchten.[17] Dieses weite Wertverständnis dient dazu, auch Phänomene wie etwa Bitcoin als Kryptowert zu erfassen, die vergleichbar mit historischen Münzen, Briefmarken oder Sammelkarten gerade kein Recht, keinen Anspruch, gegenüber einer anderen Person vermitteln. Auch solche emittenten- oder gegenparteilose Coins oder Token sind Kryptowerte, wenn sie einen Wert im hier diskutierten Sinne aufweisen, also eine Nachfrage am Markt erfahren.

Inhaltlich entspricht die *„Darstellung eines Werts"* damit wohl weitgehend dem zentralen Definitionsmerkmal des Begriffs der virtuellen Währung, nämlich der Akzeptanz als Tauschmittel, die ebenso ein gewisses Mindestmaß an Nachfrage am Markt verlangt. Überhaupt zeigt ein Vergleich der Definitionen Kryptowert und virtuelle Währung, dass die Eine die Fortentwicklung der Anderen ist. Dabei ist die Definition der virtuellen Währung enger. Unter

---

[14] Im Englischen: „digital representation of a value or a right".
[15] Art. 3 Nr. 18 der 5. GW-RL; § 2 Nr. 22 FM-GwG.
[16] Vgl. Völkel ZFR 2019, 346.
[17] Erwgr. Nr. 2 MiCAR.

MiCAR Art. 3   Titel I. Gegenstand, Anwendungsbereich, Begriffsbest.

anderem stellt sie nur auf digitale Darstellungen von Werten ab, erfasst digitale Darstellungen von Rechten aber nicht. Insofern bilden virtuelle Währungen eine Untergruppe der Kryptowerte.

25   Es lassen sich auch Beispiele von DLT-basierten Token finden, die nicht von MiCAR erfasst sind. Ein Token, der im Rahmen einer Veranstaltung als Souvenir den Teilnehmern kostenlos ausgegeben wird, wäre mangels Darstellung eines Werts oder Rechts kein Kryptowert – solange sich keine Nachfrage am Markt dafür entwickelt –, auch wenn die anderen Elemente der Definition erfüllt sind. Das Gleiche gilt für Tokens, die etwa als reine interne Recheneinheit eines Smart Contracts dienen, nicht übertragen werden können oder keinen Wert im hier diskutierten Sinn aufweisen.

26   Es wird zT vertreten, dass Bitcoin in seiner Gesamtheit eine Sonderstellung einnehme und nicht von MiCAR erfasst würde.[18] Begründet wird dies mit Erwgr. Nr. 22, der (scheinbar) völlig dezentrale Kryptowerte vom Anwendungsbereich der VO ausschließe.[19] Diese Ansicht ist abzulehnen. Abgesehen davon, dass Erwägungsgründe keine normative Wirkung entfalten, beruht die zitierte Ansicht auf einem offenkundigen Missverständnis: Erwgr. Nr. 22 hält lediglich fest, dass MiCAR auf Kryptowerte-Dienstleistungen nicht anwendbar sein sollte, die ohne Hilfe eines Intermediärs in ausschließlich dezentralisierter Weise erbracht werden.[20] Gemeint sind also Dienstleistungen, nicht Kryptowerte. Eine vergleichbare Aussage zu Kryptowerten ist in Erwgr. Nr. 22 nicht enthalten. Ganz im Gegenteil hält der Erwgr. fest, dass bei Krypowerten ohne identifizierbaren Emittenten (wie zB Bitcoin[21]) lediglich Titel II, III oder IV unanwendbar sein sollten. Zu Titel II findet sich sodann auch eine Ausnahmebestimmung.[22] Eine vergleichbare Norm fehlt zu Titel III (vermögenswertereferenzierte Token) und Titel IV (E-Geld-Token), weil für diese Token jeweils verlangt wird, dass es einen identifizierbaren Emittenten gibt.[23]

27   Bitcoin lässt sich zwanglos als digitale Darstellung eines Werts klassifizieren, die unter Verwendung von DLT elektronisch übertragen und gespeichert werden kann. Damit erfüllt Bitcoin sämtliche Tatbestandsmerkmale des Begriffs Kryptowert. Abgesehen davon war Bitcoin das archetypische Beispiel, das der europäische Gesetzgeber bei der Schaffung der Definition des Begriffs der virtuellen Währung vor Augen hatte.[24] Wie oben gezeigt, bilden die virtuellen Währungen als digitale Darstellungen von Werten eine Teilmenge der Kryptowerte. Weshalb das Paradebeispiel Bitcoin kein Kryptowert sein sollte, ist auch vor diesem Hintergrund unverständlich.

28   **bb) ... eines Rechtes.** Was genau unter *„Darstellung eines Rechts"* zu verstehen ist, lässt sich anhand einzelner Bestimmungen der MiCAR ableiten.[25] Gemeint ist eine Art Verknüpfung im weitesten Sinne, wie bspw. das Erfordernis, einen Token zu besitzen oder zu präsentieren, um ein bestimmtes Recht auszuüben.

---

[18] Annunziata, EBI Working Paper Nr. 158, 29.
[19] Vgl. Annunziata 158, 29 „It has already been mentioned that the Regulation does not apply to crypto-assets that are fully decentralised, as expressly stated in Recital (22). It follows that MiCAR, in particular, does not apply to bitcoin (43)".
[20] Vgl. hierzu die Vorb. zu Kap. 3 zur Frage, wann dies genau der Fall ist.
[21] Vgl. die Kommentierung zu Art. 4 Nr. 10 MiCAR.
[22] Vgl. Art. 4 Abs. 3 lit. b MiCAR.
[23] Vgl. Art. 16 ff. sowie Art. 48 ff. MiCAR.
[24] Völkel ZFR 2019, 346 (347) mwN.
[25] Art. 6 Abs. 1 lit. g; Art. 19 Abs. 1 lit. d; Art. 25 Abs. 1 lit. c; Art. 34 Abs. 5 lit. c; Art. 35 Abs. 3 lit. c; Art. 36 Abs. 1 lit. b; Art. 39 Abs. 1; Art. 51 Abs. 1 lit. d MiCAR.

Begriffsbestimmungen **Art. 3 MiCAR**

Hinsichtlich der Art der Rechte, die durch Kryptowerte darstellbar sind, finden sich in MiCAR keine inhaltlichen Anforderungen oder Einschränkungen. Relative Rechte, etwa das Recht auf Herausgabe einer hinterlegten Sache oder Lieferung einer gekauften Ware oder eines Finanzinstruments, sind ebenso vorstellbar wie absolute Rechte, etwa wenn Tokens dazu genutzt werden, um dem Verwahrer einer hinterlegten Sache durch Besitzanweisung anzuzeigen, dass er diese bzw. einen Bruchteil davon nunmehr für eine andere Person besitzt, etwa um dadurch Eigentum an diesen Dritten zu übertragen. 29

Es kommen jedoch nur solche Rechte in Betracht, die einer rechtsgeschäftlichen Verfügung zugänglich sind. Rechte, die aufgrund gesetzlicher oder vertraglicher Zessionsverbote nicht übertragbar sind, können ebenso wie höchstpersönliche Rechte nicht Gegenstand der digitalen Darstellung sein. Bei der Übertragung des Kryptowerts käme es sonst zum Auseinanderfallen zwischen digitaler Darstellung und Recht; das Recht würde nicht mit dem Kryptowert übertragen werden, wäre also nicht mehr von diesem dargestellt. Die Zustimmung des Emittenten zur Übertragung des Rechts zu verlangen, schadet indes ebenso wenig, wie andere Bedingungen dafür vorzusehen, solange die rechtsgeschäftliche Übertragung des Rechts und die technische Übertragung der digitalen Darstellung (also des Coins oder Tokens) im Gleichklang erfolgen. 30

Erlischt das im Kryptowert digital dargestellte Recht, etwa durch rechtsnachfolgelosen Untergang des Emittenten, so verliert der Kryptowert seine Einstufung nicht automatisch, sondern nur dann, wenn er auch mangels Nachfrage am Markt nicht zumindest als digitale Darstellung eines Werts gilt. Daraus folgt auch, dass Kryptowerte, die entgegen anderslautender Behauptungen niemals ein Recht digital dargestellt haben, bei entsprechender Nachfrage am Markt dennoch als Kryptowert einzustufen sind. 31

Besonderes gilt für digitale Darstellungen von Rechten, die unter anderem[26] als (i) Finanzinstrumente iSd MiFID II, (ii) Einlagen einschließlich strukturierter Einlagen, (iii) Geldbeträge, sofern diese nicht als E-Geld-Token einzustufen sind, oder (iv) Verbriefungspositionen iVm einer Verbriefung iSv Art. 2 Nr. 1 Verbriefungs-VO 2017/2402/EU zu qualifizieren sind. Sie können zwar unter die Definition des Kryptowerts fallen, sofern sämtliche Definitionsmerkmale vorliegen. Dennoch sind sie vom Anwendungsbereich der MiCAR ausgenommen.[27] Ist das von einem Token dargestellte Recht bspw. als Derivat und daher als Finanzinstrument iSd MiFID II zu qualifizieren, so liegt zwar ein Kryptowert vor, die Anwendbarkeit der MiCAR ist aber ausgeschlossen und es greift MiFID II. 32

d) Non-Fungible Tokens oder NFTs (Art. 2 Abs. 3). MiCAR ist nicht auf Kryptowerte anwendbar, die einmalig und nicht mit anderen Kryptowerten fungibel sind.[28] Gemeint sind damit NFTs, auch wenn der europäische Gesetzgeber dieses Akronym in der VO nicht verwendet.[29] Die Erwgr. Nr. 10 und 11 beschreiben genauer, wann nicht fungible Kryptowerte von MiCAR ausgenommen sein sollen. 33

Als Anwendungsfälle nennt Erwgr. Nr. 10 zunächst etwa digitale Kunst und Sammlerstücke, aber auch nicht fungible Dienstleistungen, Produktgaran- 34

---

[26] S. die vollständige Liste in Art. 2 Abs. 4 MiCAR.
[27] Art. 2 Abs. 4 MiCAR.
[28] Art. 2 Abs. 3 MiCAR.
[29] Für NFTs im Bank- und Kapitalmarktrecht s. Denga, BKR 2022, 288.

MiCAR Art. 3   Titel I. Gegenstand, Anwendungsbereich, Begriffsbest.

tien oder Immobilien. Der europäische Gesetzgeber möchte Kryptowerte nicht von MiCAR erfasst wissen, deren Wert individuell ermittelt werden muss, bei denen also ein wertneutraler Austausch des einen Stücks gegen ein anderes nicht ohne weiteres möglich ist. Dabei darf nicht auf eine bestimmte Technologie oder einen bestimmten Token-Standard abgestellt werden. Der Umstand, dass zB technisch ein NFT-Token-Standard[30] genutzt wird, sagt also *per se* nichts über die An- bzw. Unanwendbarkeit von MiCAR aus.[31]

35   Um die Brücke zur analogen Welt zu schlagen: Token, die technisch nach einem NFT-Standard erstellt wurden, lassen sich mit durchnummerierten Bögen Papier vergleichen. Diese können durch die Seriennummer zwar individuell voneinander unterschieden werden, für die Frage, ob sie fungibel sind, ist aber nicht die Nummerierung ausschlaggebend, sondern ihr Einsatzzweck. Werden die Bögen mit unterschiedlichen Kunstwerken bemalt oder bedruckt, so sind sie nicht fungibel; werden sie für die Ausgabe durchnummerierter Wertpapiere, Gutscheine oder Geldscheine mit jeweils demselben Gegenwert verwendet, so sind sie trotz Unterscheidbarkeit fungibel. Dasselbe gilt für die digitale Implementierung dieses Gedankens auf DLT-Basis.

36   Damit ist auch klar, was gilt, wenn NFTs zwar eine einzigartige Komponente aufweisen, wie etwa die Verknüpfung zu individualisierten Bilddateien, ihr Einsatzzweck aber insgesamt austauschbar ist (etwa jedes NFT einen Eurogegenwert hat, um in einem Webshop zu diesem Eurogegenwert eingelöst zu werden). Entscheidend ist der hauptsächliche Einsatzzweck, im Beispiel der Austausch gegen Euro. Fungibilität schlägt Individualisierung.

37   Erwgr. Nr. 11 sieht weitere Einschränkungen für NFTs vor. Zum einen sollen die Teilanteile an einem einmaligen und nicht fungiblen Kryptowert selbst als fungibel gelten und somit MiCAR unterliegen. Wer bspw. Miteigentumsanteile an einem Whiskeyfass auf die Blockchain bringen möchte, der soll sich MiCAR nicht bereits dadurch entziehen können, dass er für das Whiskeyfass nur einen einzelnen Token auflegt, und diesen in Teilanteile zerstückelt.

38   Gleichsam soll die Ausgabe von NFTs in einer Serie oder Sammlung als Indikator für ihre Fungibilität dienen.[32] Um am Beispiel der einzelnen Bögen Papier anzuknüpfen: Werden diese im Wesentlichen mit demselben oder sehr vergleichbaren Motiven bemalt, und weisen sie deshalb einen vergleichbaren Wert auf, so soll der Umstand der relativen Individualität der einzelnen Stücke in den Hintergrund treten. Die Fungibilität ist also vor allem vor einem ökonomischen Hintergrund zu ermitteln. Dies kommt besonders deutlich durch den letzten Satz in Erwgr. Nr. 11 zum Ausdruck, wonach bei der Einstufung von Kryptowerten eine wirtschaftliche Betrachtungsweise herangezogen werden soll.

39   **2. Vermögenswertereferenzierter Token (Nr. 6).** Ein vermögenswertereferenzierter Token ist ein *„Kryptowert, der kein E-Geld-Token ist und dessen Wertstabilität durch Bezugnahme auf einen anderen Wert oder ein anderes Recht oder eine Kombination davon, einschließlich einer oder mehrerer amtlicher Währungen, gewahrt werden soll".*[33] Es handelt sich also um einen Token, der seinen Wert

---

[30] Für einen Überblick über die vier gängigsten Tokenstandards s. Siadat, RdF 2023, 4 (7).
[31] So auch Toman/Schinerl ZFR 2023, 276 (277–278).
[32] Zu Bored-Ape NFTs siehe Toman/Schinerl ZFR 2023, 276 (279–280).
[33] Art. 3 Abs. 1 Nr. 6 MiCAR (im Englischen: „,asset-referenced token' means a type of crypto-asset that is not an electronic money token and that purports to maintain a stable value

| Begriffsbestimmungen | Art. 3 MiCAR |

stabil hält (wenn auch nur vorgeblich),³⁴ indem ein oder mehrere Werte oder Rechte (Vermögenswerte) als Bezugsgrundlage verwendet werden.

Die Legaldefinition verlangt, dass es sich beim vermögenswertereferenzier- 40 ten Token um einen Kryptowert handelt. Damit gelten sämtliche Definitionsmerkmale der Legaldefinition des Kryptowerts auch für vermögenswertereferenzierte Token. Es muss sich also um eine auf DLT oder vergleichbarer Technologie speicher- und übertragbare digitale Darstellung eines Werts oder Rechts handeln.

a) Wertstabilität in Bezug auf Vermögenswerte. Um als vermögens- 41 wertereferenzierter Token zu gelten, muss der Kryptowert Wertstabilität aufweisen. Diese Anordnung ließe grds. zwei Lesearten zu. Es könnte mit Wertstabilität einerseits eine Stabilität in Bezug auf eine bestimmte amtliche Währung gemeint sein, sodass ein Token stets einen festen Eurogegenwert aufzuweisen hat. Es könnte aber auch die Stabilität in Bezug auf den oder die jeweils referenzierten Vermögenswert(e) gemeint sein, also bspw. Stabilität in Bezug auf Gold als Referenzwert oder einen Korb bestimmter Wertpapiere.

Es sprechen die besseren Gründe für letztgenannte Auslegung, also Wert- 42 stabilität im Hinblick auf den oder die referenzierten Vermögenswert(e). Dies lässt sich zum einen aus Bestimmungen der MiCAR ableiten, die einen Marktwert des vermögenswertreferenzierten Tokens unterstellen und auch eine Einlösung zum Marktwert vorschreiben.³⁵ Dies setzt voraus, dass die Wertstabilisierung gerade nicht im Hinblick auf eine amtliche Währung, sondern die referenzierten Vermögenswerte erfolgen soll. Weiters regelt MiCAR neben den vermögenswertereferenzierten Token auch E-Geld-Token. Hierbei handelt es sich um Kryptowerte, die im Hinblick auf eine amtliche Währung stabil bleiben sollen, die auch die eines Drittstaats sein kann.³⁶ Auch dies spricht dafür, die Stabilisierung bei vermögenswertreferenzierten Tokens im Hinblick auf die referenzierten Vermögenswerte zu verstehen; andernfalls wäre der Anwendungsbereich von vermögenswertereferenzierten Tokens und E-Geld-Tokens quasi deckungsgleich. Zuletzt ist ein Diskussionspapier³⁷ zu Titel III der VO aufschlussreich, worin vermögenswertereferenzierte Token mit und ohne Zahlungsfunktion voneinander unterschieden werden. Es wird darin festgehalten, dass vermögenswertereferenzierte Token nicht auf Zahlungsfunktion beschränkt sind.³⁸ Sie können daher auch anderen Zwecken dienen, also bspw. zur Anlage oder Spekulationen. Dies setzt aber voraus, dass gerade keine Stabilität im Verhältnis zu einer amtlichen Währung vorliegt. Wertstabilität ist bei vermögenswertereferenzierten Tokens somit als Stabilität zu dem oder den referenzierten Vermögenswert(en) zu verstehen.

aa) Keine Vorgabe zu referenzierten Vermögenswerten. Die VO 43 schweigt zur Frage, welche Vermögenswerte als Referenzwert in Betracht

---

by referencing another value or right or a combination thereof, including one or more official currencies").
³⁴ Arg.: „gewahrt werden soll"; vgl. auch die englische Fassung, die dies noch besser zum Ausdruck bringt („purports to"); diese Auslegung ist sachgerecht, weil andernfalls Kryptowerte, deren Emittenten zwar behaupten, ihr Wert sei stabil, wenn in Wahrheit aber kein Stabilisierungsmechanismus vorliegt, nicht als vermögenswertereferenzierter Token erfasst und damit dem Aufsichtsregime entzogen wären.
³⁵ Vgl. zB Art. 39 Abs. 2 MiCAR.
³⁶ Art. 3 Abs. 1 Nr. 4 MiCAR.
³⁷ WK 1273/2021 INIT 2020/0265 (COD) vom 28.1.2021/4.2.2021.
³⁸ WK 1273/2021 INIT 2020/0265 (COD) vom 28.1.2021/4.2.2021.

kommen. Im Zuge der VO-Genese wurde die Auswahl zulässiger Bezugswerte erweitert, von zunächst nur Währungen, Waren und anderen Kryptowerten[39] zu nunmehr allgemein Werten und Rechten. Während nach dem KOM-Entwurf Finanzinstrumente wie bspw. übertragbare Wertpapiere keine zulässigen Referenzwerte gewesen wären, sind sie nunmehr – als Werte oder Rechte – sehr wohl ein zulässiger Referenzwert. Voraussetzung ist freilich, dass der vermögenswertereferenzierte Token dadurch nicht selbst zum Finanzinstrument wird.

44 **bb) Keine Vorgabe zum Stabilisierungsmechanismus.** Die VO schweigt auch zur Frage des Stabilisierungsmechanismus, macht jedoch mittelbar Vorgaben, indem etwa ein Rücktauschrecht festgeschrieben wird. Die gewählte Methode der Wertstabilisierung darf aber nicht zur Qualifizierung des Kryptowerts als Finanzinstrument führen, denn diese sind ausdrücklich vom Anwendungsbereich ausgenommen.[40] Solche Kryptowerte fallen stattdessen unter MiFID II. Ein Instrument, dessen Wert sich von einem oder mehrerer Referenzwerte ableitet, legt eine Nähe zu Finanzinstrumenten (insbes. Derivaten) freilich nahe. Ein Beispiel eines möglichen Stabilisierungsmechanismus wird sogleich unter b) diskutiert.

45 **b) Abgrenzung zu Finanzinstrumenten.** Zur Veranschaulichung soll ein Beispiel dienen. Die A-Bank möchte einen vermögenswertereferenzierten Token auflegen, der den Anforderungen der MiCAR entspricht.[41] Der Wert eines A-Tokens soll stabil im Verhältnis zu Fondsanteilen gehalten werden, die an einer Börse notieren. Kauft ein Kunde einen A-Token von der A-Bank so bezahlt er dafür den Preis des Fondsanteils und die A-Bank schafft für ihre vorgeschriebene Vermögenswertreserve einen Fondsanteil an. Löst der Kunde den A-Token in der Zukunft bei der A-Bank ein,[42] händigt sie den entsprechenden Fondsanteil an den Kunden aus oder bezahlt den Kurswert des Fondsanteil im Zeitpunkt der Einlösung. Zivilrechtlich wird das Geschäft als Kaufvertrag mit verzögerter Lieferpflicht der A-Bank strukturiert. Im Kaufzeitpunkt wird zunächst nur der A-Token übergeben. Zur Ausübung des Rechts auf Lieferung ist der A-Token wieder zu präsentieren. Soll stattdessen der Kurswert von der A-Bank an den Tokeninhaber bezahlt werden, kommt es zuvor zu einem gegenläufigen Geschäft. Übertragungen des A-Tokens führen zu Übertragungen dieser Rechtstellung. Dies ist der Mechanismus, mit dem Wertstabilität zwischen dem A-Token und dem Fondsanteil hergestellt wird. Untersucht werden soll, ob es sich um ein Finanzinstrument handelt.

46 Ein Diskussionspapier zu Titel I der VO zeigt die Ansichten des europäischen Gesetzgebers:[43] „*Die meisten Mitgliedstaaten baten um die Klärung des Anwendungsbereichs der MiCAR und ihrer Beziehung zum Anwendungsbereich der MiFID. Tatsächlich sind die Anwendungsbereiche von MiCAR und MiFID absichtlich eng miteinander verknüpft, da ein Kryptowert mit Investitionszwecken nur dann in den Anwendungsbereich der MiCAR fällt, wenn es nicht in den Anwendungsbereich der MiFID fällt (d. h. wenn es nicht als Finanzinstrument einzuordnen ist).*

---

[39] Vorschlag für eine Verordnung des Europäischen Parlaments und des Rates on Markets in Crypto-assets, and amending Directive (EU) 2019/1937, KOM(2020)593 endg.
[40] Art. 2 Abs. 4 MiCAR.
[41] Insbes. Art. 36 MiCAR.
[42] Vgl. das unabdingbare Recht auf Einlösung in Art. 39 MiCAR.
[43] WK 191/2021 REV 1 2020/0265(COD) vom 7./14.1.2021.

Mit diesem Ansatz sollen Regulierungslücken vermieden werden, die von Akteuren ausgenutzt werden könnten, um die Vorschriften der MiFID zu umgehen. Da der Anwendungsbereich der MiCAR ‚negativ' definiert wird (und abdeckt, was nicht von der MiFID erfasst ist), lautet die eigentliche Frage jedoch nicht ‚was ist der Anwendungsbereich der MiCAR', sondern ‚was ist der Anwendungsbereich der MiFID'. [...]".

In diesem Zusammenhang soll nicht unerwähnt bleiben, dass der europäische Gesetzgeber der ESMA den Auftrag erteilt, technische Regulierungsstandards zu dieser Frage zu veröffentlichen.[44] Dies ist begrüßenswert, hat sich doch gezeigt, dass die Auslegungspraxis des Finanzinstrumentebegriffs durch Aufsichtsbehörden der einzelnen MS recht unterschiedlich ist.[45] Der Konsultationsprozess hierzu ist bereits im Gange.[46] ESMA vertritt einen praktischen Zugang. Sie beschreibt zunächst Derivate als Finanzkontrakte, deren Wert sich von einem Basiswert wie etwa einem Referenzsatz oder Index ableitet, und hält sodann fest, dass diese Rechte und Pflichten umfassen, während die Definition von Kryptowerten nur auf die digitale Darstellung eines Wertes oder eines Rechts (also keiner Pflichten) abstellt.[47] Nach dieser Ansicht kann es sich beim A-Token nicht um ein Finanzinstrument handeln, weil dieser lediglich Rechte einräumt, aber keine Pflichten (mehr) umfasst (die Pflicht zur Kaufpreiszahlung wurde im Erwerbszeitpunkt erfüllt).

aa) Im Allgemeinen. Um vermögenswertereferenzierte Token von Finanzinstrumenten abzugrenzen, ist also zunächst die Frage relevant, was ein Finanzinstrument ausmacht.[48] MiFID II unterscheidet (vereinfacht) folgende Finanzinstrumente: (i) übertragbare Wertpapiere,[49] das sind handelbare Wertpapiere, wie bspw. Aktien und Schuldtitel einschließlich Zertifikaten, sowie Wertpapiere mit derivativer Komponente; (ii) Geldmarktinstrumente,[50] wie etwa Schatzanweisungen, Einlagenzertifikate oder Commercial Papers, (iii) Anteile an OGAW nach der OGAW-RL,[51] (iv) Derivate,[52] also Optionen, Futures, Swaps, Forwards, finanzielle Differenzgeschäfte und andere derivative Instrumente,[53] sowie (v) Emissionszertifikate.

Als kleinster gemeinsamer Nenner lässt sich zunächst feststellen, dass alle Finanzinstrumente – und zwar unabhängig von ihrer nationalstaatlichen Ausgestaltung – ein bestimmtes Recht oder Rechtsverhältnis zwischen zwei oder mehr Personen beschreiben, etwa schuld-, eigentums-, oder auch gesellschaftsrechtlicher Natur.[54] Ein Stabilisierungsmechanismus, der nicht auf der Einräumung eines Rechts beruht, kann damit auch kein Finanzinstrument sein. Zu denken ist hier an sog. algorithmische Stabilisierungsmechanismen, bei denen durch automatische Anpassung des Angebotspreises und der Angebotsmenge der Wert des Kryptowerts stabil zu einem Referenzwert gehalten wird. Dies hilft allerdings nur bedingt, wenn ein solcher Stabilisierungs-

---

[44] Art. 2 Abs. 5 MiCAR.
[45] Vgl. Toman/Schinerl ÖBA 2023, 178 (182) mwN.
[46] Vgl. ESMA, Consultation paper v. 29.1.2024.
[47] ESMA, Consultation paper v. 29.1.2024 Rn. 48.
[48] Siehe hierzu auch Lehmann/Schinerl, EBI Working Paper Nr. 171, 1 (15–28).
[49] Art. 4 Abs. 1 Nr. 44 MiFID II.
[50] Art. 4 Abs. 1 Nr. 17 MiFID II.
[51] Anh. I C 3 MiFID II.
[52] Art. 4 Abs. 1 Nr. 49 MiFID II.
[53] Vgl. die in Anh. I C 4 bis 10 genannten Instrumente.
[54] Vgl. auch Toman/Schinerl ÖBA 3 (2023), 178 (183); Lehmann/Schinerl, EBI Working Paper Nr. 171, 1 (18).

mechanismus nicht mit den Vorgaben der VO zur Vorhaltung von Vermögenswertreserven und der Einlösung des Kryptowerts vereinbar ist.[55]

50 Doch auch ein Stabilisierungsmechanismus, der letztlich auf einem Rechtsverhältnis zwischen dem Inhaber des Tokens und einer anderen Person beruht wie im hier diskutierten Beispiel des A-Tokens,[56] muss nicht notwendigerweise zur Qualifizierung als Finanzinstrument führen. Vor allem die Derivate sind in diesem Zusammenhang näher zu behandeln.

51 **bb) Derivate im Besonderen.** Da MiFID II als Richtlinie von den MS umzusetzen war, muss die Abgrenzung unter Berücksichtigung der jeweiligen nationalen Vorschriften erfolgen.

52 In Deutschland wird für den aufsichtsrechtlichen Derivatebegriff nach der strengen Typuslehre ein fester Kernbestand an unverzichtbaren Merkmalen gefordert, der für ein Termingeschäft zwingend vorliegen muss; ergänzend seien weitere typusbildende Merkmale erforderlich.[57] Basis für die Typusbildung ist die inhaltliche Legaldefinition der Derivate im dKWG als *„Kauf, Tausch oder anderweitig ausgestaltete Festgeschäfte oder Optionsgeschäfte, die zeitlich verzögert zu erfüllen sind und deren Wert sich unmittelbar oder mittelbar vom Preis oder Maß eines Basiswerts ableitet (Termingeschäfte) [...]".*[58] Notwendige, aber nicht hinreichende Merkmale seien daher der hinausgeschobene Erfüllungszeitpunkt, die Abhängigkeit der Preisbildung des Derivates von einem Basiswert sowie der daraus resultierende Hebeleffekt.[59] Zusätzlich müssten einzelne, nicht jedoch alle weiteren typusbildenden Merkmale vorliegen. Diese seien das aus dem Hebeleffekt folgende Risiko eines Totalverlusts, das Risiko, über das eingesetzte Kapital hinaus zusätzlich Geldmittel aufbringen zu müssen, sowie die zumindest abstrakte Eignung des Geschäfts zur Kurssicherung.

53 Der BGH ist diesem Ansatz gefolgt. Nach deutscher Rsp sind Termingeschäfte *„standardisierte Verträge, die von beiden Seiten erst zu einem späteren Zeitpunkt, dem Ende der Laufzeit, zu erfüllen sind und einen Bezug zu einem Terminmarkt haben".*[60] Ausgehend davon stellt der BGH auf eine besondere Gefährlichkeit dieser Geschäfte aufgrund des hinausgeschobenen Erfüllungszeitpunkts ab. Typischerweise seien mit Termingeschäften *„die Risiken der Hebelwirkung [...] und des Totalverlustes*[61] *des angelegten Kapitals [...] sowie die Gefahr, planwidrig zusätzliche Mittel einsetzen zu müssen, verbunden".* Die BaFin tendiert ebenso zur Anlehnung an notwendige Kernelemente des Termingeschäfts.[62]

54 Nach der strengen Typuslehre und der oben vorgestellten Judikatur liegt die Sache auf der Hand: Der A-Token ist kein Derivat, denn das Vertragsverhältnis wird nicht von beiden Seiten zu einem späteren Zeitpunkt erfüllt; der Kunde hat den Kaufpreis bereits geleistet, lediglich die Erfüllung durch die A-Bank ist ausständig, also die Lieferung des Fondsanteils. Es mangelt damit am herausgeschobenen Erfüllungszeitpunkt im oben diskutierten Sinn.

---

[55] Vgl. zB Art. 36, 39 MiCAR.
[56] Für weitere Beispiele siehe Lehmann/Schinerl, EBI Working Paper Nr. 171, 1 (29–37).
[57] Schwintowski BankR/Köhler/Büscher, 5. Aufl. 2018, Kap. 22 Rn. 34 f.
[58] § 1 Abs. 11 KWG.
[59] Schwintowski BankR/Köhler/Büscher, 5. Aufl. 2017, Kap. 22 Rn. 34 ff.
[60] Schwintowski BankR/Köhler/Büscher, 5. Aufl. 2017, Kap. 22 Rn. 37 mwN.
[61] Das Totalverlustrisiko muss über das Insolvenzrisiko hinausgehen und Teil der vertraglichen Vereinbarung sein.
[62] Vgl. BaFin, Merkblatt – Hinweis zur Erlaubnispflicht von Geschäften im Zusammenhang mit Stromhandelsaktivitäten, II Nr. 1 lit. b.

Abgesehen davon mangelt es auch an den typusbildenden Merkmalen des Hebeleffekts, des Totalverlustrisikos (das über das allgemeine Insolvenzrisiko hinausgehen muss) und des Risikos, zusätzliche Mittel einsetzen zu müssen. Das Ergebnis deckt sich mit der weiter oben zitierten Ansicht von ESMA, die zur Unterscheidung von Finanzinstrumenten von vermögenswertreferenzierten Tokens darauf abstellt, ob im konkreten Fall mit einem Token nur Rechte (dann vermögenswertreferenzierter Token) oder auch Pflichten (dann Finanzinstrument) verbunden sind.

In Österreich besteht kein einheitlicher Rechtsbegriff des Derivats.[63] Der österr Gesetzgeber verweist zur Definition im Rahmen des WAG 2018 stattdessen auf die Definition der MiFIR.[64] Die MiFIR wiederum verweist auf die Definition der MiFID II,[65] nämlich jene Finanzinstrumente, die in Art. 4 Abs. 1 Nr. 44 lit. c MiFID II definiert sind und auf die in Ang I C Nr. 4–10 MiFID II verwiesen wird. Das sind einerseits die Kategorie der übertragbaren Wertpapiere mit derivativer Komponente[66] sowie andererseits bestimmte im Detail aufgezählte finanzielle Vereinbarungen (wie etwa Optionen, Futures, Swaps etc).[67] Eine inhaltliche Auseinandersetzung des österr Gesetzgebers mit dem Derivatebegriff hat jedoch nicht stattgefunden, und soweit ersichtlich haben sich auch ö Höchstgerichte nicht dazu geäußert, welche Merkmale der Begriff aufzuweisen hat.

In der Lit. wird unter Derivat ein Termingeschäft verstanden, das sich von Geschäften des Kassamarkts dadurch unterscheidet, dass (a) der preisrelevante Zeitpunkt vom Abschluss und der wertrelevante Zeitpunkt der Erfüllung zeitlich nicht zusammenfallen und sich (b) sein Wert abhängig von einem Basiswert bestimmt.[68] Ergänzend wird mitunter darauf hingewiesen, dass (noch) ein Kassageschäft vorliegt, wenn die Lieferung des Basiswerts innerhalb von zwei Handelstagen oder innerhalb der sonst längeren Standardlieferfrist für den betreffenden Basiswert erfolgt.[69] Derivate sollen einerseits der Absicherung und andererseits der Spekulation dienen.[70]

Die oben unter (b) genannte Preiskorrelation zwischen Basiswert und Instrument wird häufig als zentrales Element des Derivatebegriffs genannt.[71] Daraus allein ist freilich zur Abgrenzung von vermögenswertreferenziertem Token zu Derivat wenig gewonnen. Es ist ja erklärter Zweck des vermögenswertereferenzierten Tokens, dessen Wert mit dem Wert bestimmter Referenzwerte zu verknüpfen. Auch im oben diskutierten Beispiel des A-Tokens ist das der Fall.

Das oben unter (a) genannte Auseinanderfallen von Abschlusszeitpunkt und Erfüllungszeitpunkt ist ohne weitere Auseinandersetzung ebenso ungeeignet, eine Unterscheidung zwischen Derivat und vermögenswertereferenziertem

---

[63] Kalss/Oppitz/Zollner, Kapitalmarktrecht, 2. Aufl. 2015, § 35 Rn. 2; für eine konzeptionelle Begriffsdefinition siehe Klausberger/Toman/Toman/Schinerl, Wertpapieraufsichtsrecht § 1 WAG Rz. 25–33.
[64] § 1 Nr. 14 WAG 2018.
[65] Art. 2 Abs. 1 Nr. 29 MiFIR.
[66] Art. 4 Abs. 1 Nr. 44 lit. c MiFID II.
[67] Anh. I C Nr. 4 bis 10 MiFID II.
[68] Vgl. Brandl/Saria/Seggermann § 1 Rn. 62 mit Verweis auf KK-WpHG/Roth § 2 Rn. 78.
[69] Art. 7 Abs. 2 DelVO 2017/565/EU.
[70] Brandl/Saria/Seggermann § 1 Rn. 64.
[71] ZB Assmann/Scheider/Mülbert/Assmann, WpHG, 8. Aufl. 2023, § 2 Rn. 48 ff.; Schwintowski BankR/Köhler/Büscher, 5. Aufl. 2017, Kap. 22 Rn. 25 ff.

Token zu ermöglichen. Im Beispiel des A-Tokens fallen Abschlusszeitpunkt und Erfüllungszeitpunkt zumind mit Blick auf die Lieferung des Referenzwerts augenscheinlich um potenziell mehr als zwei Tage auseinander.[72] Zu Recht wird daher vertreten, dass dieses Element allein nicht ausreiche, um Derivate als Termingeschäfte von anderen Vereinbarungen des täglichen Lebens abzugrenzen, wie bspw. von einem einfachen Kauf mit der Abrede einer späteren Lieferung.[73]

59 Doch auch ohne Import der in Deutschland vorherrschenden strengen Typuslehre zeigt sich, dass das oben diskutierte Beispiel des A-Tokens auch nach österr Recht kein Derivat sein kann. Der vermögenswertereferenzierte A-Token verschafft dem Inhaber Position als den unmittelbaren Erwerb. Solange der Kaufpreis für den A-Token gleich beim Erwerb desselben bezahlt wird, und nicht später (etwa bei Einlösung des Tokens gegenverrechnet wird), ist der vermögenswertereferenzierte Token sowohl für Absicherungs- als auch für Spekulationszwecke gänzlich ungeeignet und kann bereits deshalb kein Derivat sein. Das Ergebnis deckt sich mit der weiter oben zitierten Ansicht von ESMA, die zur Unterscheidung von Finanzinstrumenten von vermögenswertereferenzierten Tokens darauf abstellt, ob im konkreten Fall mit einem Token nur Rechte (dann vermögenswertereferenzierter Token) oder auch Pflichten (dann Finanzinstrument) verbunden sind.

60 3. E-Geld-Token (Nr. 7). E-Geld-Token ist *„ein Kryptowert, dessen Wertstabilität unter Bezugnahme auf den Wert einer amtlichen Währung gewahrt werden soll"*. Zur inhaltlichen Begriffsaufarbeitung, insbesondere zur Herausarbeitung der Unterschiede zu E-Geld, lohnt eine Auseinandersetzung mit dessen Definition unter der E-Geld-RL.[74] Dort wird E-Geld definiert als *„jeder elektronisch, darunter auch magnetisch, gespeicherte[r] monetäre[r] Wert in Form einer Forderung gegenüber dem Emittenten, der gegen Zahlung eines Geldbetrags ausgestellt wird, um damit Zahlungsvorgänge [...] durchzuführen, und der auch von anderen natürlichen oder juristischen Personen als dem E-Geld-Emittenten angenommen wird"*.[75]

61 In der E-Geld-RL wurde ein ganz bestimmter Mechanismus zur Stabilisierung des Werts von E-Geld zum Definitionsmerkmal erhoben (*„Forderung gegenüber dem Emittenten"*). Dies führt dazu, dass jede andere Stabilisierungsform eine Qualifizierung als E-Geld ausschließt. Dies hat der europäische Gesetzgeber erst mit dem Aufkommen verschiedener Stablecoins erkannt, die gerade nicht auf Basis eines Forderungsrechts der Inhaber gegenüber einem Emittenten Wertstabilität erzielen.

62 Erwgr. Nr. 19 führt deshalb aus, dass sich trotz ihrer Ähnlichkeiten E-Geld und auf eine amtliche Währung bezogene Kryptowerte in wesentlichen Punkten unterscheiden. Inhaber von E-Geld haben stets einen Forderungsanspruch gegenüber dem E-Geld-Emittenten sowie das vertragliche Recht, dass ihnen der monetäre Wert des gehaltenen E-Geldes jederzeit zum Nennwert erstattet wird. Hingegen begründen manche Kryptowerte, die auf eine amtliche Währung Bezug nehmen – Stablecoins –, keinen solchen Forderungsanspruch ihrer Inhaber gegenüber den Emittenten dieser Kryptowerte

---

[72] Nicht hingegen mit Blick auf Vertragsschluss und Gegenleistung des Käufers des A-Token! Nur dies ist relevant, dazu → Rn. 127.
[73] Schwintowski BankR/Köhler/Büscher, 5. Aufl. 2017, Kap. 22 Rn. 29 ff.
[74] RL 2009/110/EG idF 2015/2366/EU; s. auch Wittig, WM 2023, 412 (413).
[75] Art. 2 Abs. 2 der E-Geld-RL.

und fallen gegebenenfalls nicht in den Anwendungsbereich der E-Geld-RL. Wieder andere Kryptowerte, die auf eine amtliche Währung Bezug nehmen, umfassen keinen nennwertgleichen Forderungsanspruch auf die Referenzwährung oder beschränken die Rücktauschfrist.

Dass die Inhaber solcher Stablecoins gegenüber deren Emittenten keinen Forderungsanspruch besitzen oder die Forderung mit der als Bezugsgrundlage der Kryptowerte dienenden Währung nicht nennwertgleich ist, hat der europäische Gesetzgeber als Problem erkannt. Um zu verhindern, dass die Vorschriften der E-Geld-RL umgangen werden, wurde die Definition des E-Geld-Token ebenso umfassend formuliert wie jene von vermögenswertereferenzierten Tokens. Nach dem Willen des europäischen Gesetzgebers sollen E-Geld-Token alle Arten von Kryptowerten erfassen, die auf eine einzelne amtliche Währung Bezug nehmen, und zwar unabhängig vom gewählten Stabilisierungsmechanismus. Damit entspricht der E-Geld-Token inhaltlich dem vermögenswertereferenzierten Token, mit dem Unterschied, dass als Referenzwert lediglich eine einzelne amtliche Währung zulässig ist.[76] 63

Da die Legaldefinition verlangt, dass es sich beim E-Geld-Token um einen Kryptowert handelt, gelten sämtliche Definitionsmerkmale der Legaldefinition des Kryptowerts auch für E-Geld-Token. Es muss sich also um eine auf DLT oder vergleichbarer Technologie speicher- und übertragbare digitale Darstellung eines Werts oder Rechts handeln. 64

4. Amtliche Währung (Nr. 8) (Lehmann). Der Begriff „amtliche Währung" wird von der MiCAR an verschiedenen Stellen verwendet.[77] Er hat insbesondere im Zusammenhang mit Stablecoins Bedeutung, die sich auf eine amtliche Währung (EMT) oder verschiedene amtliche Währungen (ART) beziehen.[78] 65

Die amtliche Währung wird von Art. 3 Nr. 8 MiCAR definiert als *„amtliche Währung eines Landes, die von einer Zentralbank oder einer anderen Währungsbehörde ausgegeben wird"*. Die Zirkularität dieser Begriffsbestimmung *(„eine amtliche Währung ist eine amtliche Währung")* ist offensichtlich. Ein zusätzlicher, über die bloße Wortwiederholung hinausgehender Informationsgehalt ist ihr lediglich insoweit zu entnehmen, als es nach ihr nicht darauf ankommt, ob die Währung von einer Zentralbank oder einer anderen Währungsbehörde ausgegeben wird. Eine solche andere Währungsbehörde ist etwa die die Hong Kong Monetary Authority, die Monetary Authority of Macau oder die Monetary Authority of Singapore. Während die ersten beiden insofern eine besondere Stellung haben, als sie nicht die Zentralbank ihres Landes (der Volksrepublik China) sind, ist letztere in allen wesentlichen Funktionen einer Zentralbank vergleichbar.

Fraglich ist, ob auch Währungen unter Art. 3 Nr. 8 MiCAR fallen, die von Währungsbehörden völkerrechtlich nicht anerkannter Staaten ausgegeben werden, wie zB der Palestinian Monetary Authority. Der Wortlaut der Bestimmung, die von „Land" und nicht von „Staat" spricht, zeigt in diese Richtung. Im Fall der Palestinian Monetary Authority ist diese Frage jedoch letztlich bedeutungslos, da jene keine eigene Währung ausgibt, sondern 66

---

[76] Für die Einordnung von PayPal USD (PYUSD) s. Omlor RdZ 2023, 164.
[77] S. zB Erwgr. Nr. 18 und 19, Art. 39 Abs. 2 UAbs. 2, Art. 48 Abs. 2 UAbs. 2, Art. 54 lit. b, Art. 56 Abs. 3 UAbs. 2 MiCAR.
[78] S. Art. 3 Nr. 6 und 7 MiCAR.

MiCAR Art. 3   Titel I. Gegenstand, Anwendungsbereich, Begriffsbest.

lediglich die Banken und den Zahlungsverkehr in der West Bank und im Gazastreifen überwacht.

67   Der Begriff „amtliche Währung" wird vom EU-Gesetzgeber ansonsten nur selten verwendet. Die Geldwäsche-RL[79] kennt ihn nicht, sondern spricht von „Vermögensgegenständen" sowie Geld, und, quasi als Gegensatz zur amtlichen Währung, von „virtuellen Währungen".[80] Die PSD2[81] benutzt zwar den Begriff der „Währung",[82] nicht aber den der „amtlichen Währung". Bedeutung hat er lediglich bei der Bemessung von Geldbußen.[83]

68   Als „Währung" wird man im Einklang mit dem allgemeinen Begriffsverständnis alle Gegenstände anzusehen haben, die durch Gewohnheitsrecht oder staatliches Gesetz als Zahlungsmittel festgelegt sind, für die mit anderen Worten ein staatlicher Annahmezwang bei der Erfüllung von Schulden gilt.[84]

69   Der Zusatz „amtlich" ist wegen der Notwendigkeit der staatlichen Anerkennung an sich überflüssig. Eigenständige Bedeutung könnte er allenfalls insoweit haben, als sich mit seiner Hilfe eine lediglich gewohnheitsrechtlich anerkannte Währung ausschließen lässt. Typischerweise hat ein Staat nur eine einzige amtliche Währung; eine in der Praxis daneben gewohnheitsmäßig verwendete ausländische Währung (zB US Dollar in Mexiko oder Euro in der Türkei) ist nicht als „amtlich" anzusehen.

70   Keine amtliche Währung sind virtuelle Währungen im Sinn der Geldwäsche-RL oder Kryptowährungen. Bitcoin ist selbst dann keine amtliche Währung, wenn ein Land diese zum gesetzlichen Zahlungsmittel erklärt hat (wie derzeit El Salvador den Bitcoin; neben dem US Dollar).[85] Um als amtliche Währung zu gelten, muss diese nach dem Wortlaut der Definition nämlich *„von einer Zentralbank oder einer anderen Währungsbehörde ausgegeben"* werden. Mit „Ausgeben" ist nicht das umgangssprachliche „Bezahlen" gemeint, sondern der geldschöpfende Akt, der Zentralbanken bzw. anderen Währungsbehörden vorbehalten ist. Bitcoin und vergleichbare Kryptowerte können daher nicht als amtliche Währung qualifiziert werden. Aus demselben Grund keine amtlichen Währungen sind Stablecoins (ART und EMT). E-Geld ist ebenfalls keine amtliche Währung, sondern eine bestimmte Form

---

[79] Richtlinie (EU) 2015/849 des Europäischen Parlaments und des Rates vom 20.5.2015 zur Verhinderung der Nutzung des Finanzsystems zum Zwecke der Geldwäsche und der Terrorismusfinanzierung, zur Änderung der Verordnung (EU) Nr. 648/2012 des Europäischen Parlaments und des Rates und zur Aufhebung der Richtlinie 2005/60/EG des Europäischen Parlaments und des Rates und der Richtlinie 2006/70/EG der Kommission, ABl. 2015 L 141, 73.
[80] Art. 3 Nr. 18 der GW-RL.
[81] Richtlinie (EU) 2015/2366 des Europäischen Parlaments und des Rates vom 25.11.2015 über Zahlungsdienste im Binnenmarkt, zur Änderung der Richtlinien 2002/65/EG, 2009/110/EG und 2013/36/EU und der Verordnung (EU) Nr. 1093/2010 sowie zur Aufhebung der Richtlinie 2007/64/EG, ABl. 2015 L 337, 35.
[82] Vgl. zB Art. 2 Abs. 2–4 PSD2.
[83] Siehe Art. 111 Abs. 2 lit. e Richtlinie 2014/59/EU des Europäischen Parlaments und des Rates vom 15.5.2014 zur Festlegung eines Rahmens für die Sanierung und Abwicklung von Kreditinstituten und Wertpapierfirmen und zur Änderung der Richtlinie 82/891/EWG des Rates, der Richtlinien 2001/24/EG, 2002/47/EG, 2004/25/EG, 2005/56/EG, 2007/36/EG, 2011/35/EU, 2012/30/EU und 2013/36/EU sowie der Verordnungen (EU) Nr. 1093/2010 und (EU) Nr. 648/2012 des Europäischen Parlaments und des Rates, ABl. 2014 L 173, 190 (BRRD).
[84] Hahn, Währungsrecht, 1990, § 2 Rn. 10, S. 17, unter Verweis auf Goldschmidt, Handbuch des Handelsrechts, Bd. 1, 1864, S. 1069, 1125.
[85] S. Decreto n 57 'Ley Bitcoin' 9 June 2021 (D. O. 110 vol. 431).

institutsseitig ausgegebenen Geldes, die sich auf eine amtliche Währung bezieht.[86]

Wichtig ist, dass der Begriff „amtliche Währung" nicht auf die Währungen der Mitgliedstaaten der EU beschränkt ist, sondern auch solche von Drittstaaten erfasst, zB den US Dollar, das britische Pfund oder den Schweizer Franken.[87] Als Folge sind von der VO auch Stablecoins erfasst, die drittstaatliche Währungen referenzieren. Allerdings sind einige der Regelungen der VO nicht auf diese anwendbar, zB die Berichtspflichten des Art. 22 MiCAR und die Beschränkungen der Ausgabe nach Art. 23 MiCAR.[88] 71

Das nationale Währungsrecht wird von der VO nicht berührt. Das gilt insbesondere, aber nicht nur, für Geschäfte zwischen Gebietsansässigen (vgl. Erwgr. Nr. 63). Ebenfalls nicht berührt wird das Recht der Zahlungsdienste, auch wenn viele der von der VO geregelten Kryptowerte Zahlungsfunktionen haben. Soweit Zahlungsdienste erbracht werden, gelten die einschlägigen Regelungen (zB Geldwäsche-RL, PSD2). 72

5. Utility-Token (Nr. 9) (Völkel). Utility-Token ist ein Kryptowert,[89] der ausschließlich dazu bestimmt ist, Zugang zu einer Ware oder Dienstleistung zu verschaffen, die von seinem Emittenten bereitgestellt wird.[90] Die Kategorie des Utility-Tokens ist gegenüber den anderen Kryptowerten subsidiär. Ist ein Token nicht ausschließlich dazu bestimmt, Zugang zu einer Ware oder Dienstleistung zu verschaffen, sondern kann er etwa auch in eine amtliche Währung getauscht werden oder soll sein Wert stabil zu bestimmten Referenzwerten sein, so greifen stattdessen die Regeln über E-Geld-Token oder vermögenswertreferenzierte Token.[91] 73

Wichtig an dieser Definition ist vor allem der Begriff „ausschließlich". Er dient zur Abgrenzung zu den Finanzinstrumenten, welche der allgemeinen Finanzgesetzgebung (MiFID II/MiFIR, MAD/MAR) unterliegen.[92] Soweit ein Kryptowert auch nur teilweise die Funktionen eines Finanzinstruments erfüllt, fällt dieser nicht unter die MiCAR. Das gilt insbesondere für die sog. hybrid token, welche verschiedene Funktionen vermischen, zB die Finanzanlage und den Zugang zu Waren oder Dienstleistungen. Die Abgrenzung fällt nicht immer leicht. So kann eine Person einen Token erwerben, weil sie bestimmte Online-Dienstleistungen erwerben will und zugleich auf die Wertsteigerung des Token spekuliert. In Fällen wie diesen kann es schon aus Gründen der Rechtssicherheit nicht die Absicht des Erwerbenden ankommen, die von Person zu Person variieren kann. Vielmehr muss auf die Ausgestaltung des Token durch den Emittenten abgestellt werden. Das folgt bereits aus dem Begriff „dazu bestimmt ist", welcher die ursprüngliche Zielsetzung in den Vordergrund stellt. 74

Der Token muss den Zugang zu Waren und Dienstleistungen gewähren. Der Begriff des „Zugangs" *(access)* ist im technischen Sinn gemeint: Die 75

---

[86] Vgl. Art. 2 Nr. 2 Richtlinie 2009/110/EG des Europäischen Parlaments und des Rates vom 16.9.2009 über die Aufnahme, Ausübung und Beaufsichtigung der Tätigkeit von E-Geld-Instituten, zur Änderung der Richtlinien 2005/60/EG und 2006/48/EG sowie zur Aufhebung der Richtlinie 2000/46/EG, ABl. 2009 L 267, 7 (E-Geld-RL).
[87] S. zB Art. 58 Abs. 3 MiCAR, der von einer Währung spricht, die „keine amtliche Währung eines Mitgliedstaates ist").
[88] Vgl. Art. 58 Abs. 3 MiCAR.
[89] Zum Begriff „Kryptowerte" siehe Nr. 5, → Rn. 14 ff.
[90] Art. 3 Abs. 1 Nr. 9 MiCAR.
[91] Arg.: „ausschließlich dazu bestimmt".
[92] Kritisch Siadat RdF 2021, 12 (15).

MiCAR Art. 3 Titel I. Gegenstand, Anwendungsbereich, Begriffsbest.

Innehabung des Token muss Voraussetzung für den Erhalt der Ware oder die Inanspruchnahme der Dienstleistung sein, ähnlich wie ein Passwort. Juristisch gesehen hat der Inhaber einen schuldrechtlichen Anspruch auf die Waren und Dienstleistungen. Seiner Funktion nach kann der Utility Token daher mit einem Inhaberwertpapier verglichen werden, ohne allerdings dessen Körperlichkeit aufzuweisen. Diese ist wegen der Blockchain-Technologie nicht länger notwendig, welche die Authentifizierung, die Exklusivität und die lückenlose Erwerberkette absichert.

76   Der Begriff der Waren und Dienstleistungen ist im europäisch-autonomen Sinn zu verstehen. Maßgeblich ist daher das den Art. 28 und 57 AEUV zugrunde liegende Begriffsverständnis. Insbesondere der Begriff der Dienstleistungen ist deshalb beträchtlich weiter als im nationalen Recht. Er umfasst neben gewerblichen auch kaufmännische, handwerkliche und freiberufliche Tätigkeiten.[93] Die Waren und Dienstleistungen können sowohl physischer als auch virtueller Natur sein. Beispielsweise können Utility Token virtuelle Grundstücke oder andere „in-game items" wie zB Spiel-Charaktere, Waffen oder „skins" repräsentieren. Sie können ebenfalls Zugang zu Dienstleistungen wie „cloud" Speicher, Rechenleistung oder „Apps" *(applications)* gewähren. Sie können auch für Streaming Dienste verwandt werden, zB für Musik, Videos oder Hörbücher, die man als digitale Waren anzusehen hat.[94]

77   Die VO unterscheidet weiter zwischen solchen Utility-Token, die Zugang zu einer bereits bestehenden Ware oder Dienstleistung bieten, und solchen, bei denen dies nicht der Fall ist.[95] Die Unterscheidung dient zur Eingrenzung der Pflicht zur Veröffentlichung eines Whitepapers. Die Ausnahme von der Pflicht zur Veröffentlichung eines Whitepapers im Fall bereits bestehender Waren oder Dienstleistungen lässt sich daraus erklären, dass bei diesen Werten die Informationsasymmetrie zwischen Emittenten und Erwerber geringer ist. Weil diese bereits existieren, besteht kaum Unsicherheit über die zu liefernden Waren oder die zu erbringenden Dienstleistungen. Der Erwerb solcher Token ist vielmehr dem Erwerb der Waren oder Dienstleistungen selbst zu vergleichen. Sie dürften in der Regel auch keine Finanzinstrumente darstellen.

78   Zahlreiche im Internet als „Utility Token" bezeichnete Phänomene gewähren keinen Zugang zu Waren oder Dienstleistungen und entsprechen daher nicht der Definition des Art. 3 Abs. 1 Nr. 9 MiCAR. Dies gilt zB für sog. Attention Token, welche die Bereitsteller von Webseiten für den Besuch durch Kunden erhalten. Ebenso wenig liegen Utility Token vor, wenn User für bestimmte Dienstleistungen bezahlt werden, zB für das Einspeisen von Daten oder das „Staking" ihrer Kryptowerte.[96] Eine Ausnahme besteht nur, wenn mit Hilfe der als Vergütung erhaltenen Token Waren oder Dienstleistungen bezogen werden können.

79   Schwierigkeiten bereitet die Einordnung von Token, mit denen Transaktionsgebühren (sog. „gas fees") bezahlt werden können. Diese wären nur dann erfasst, wenn man die Validierung einer Transaktion auf der Blockchain

---

[93] S. Art. 57 AEUV.
[94] Vgl. die Richtlinie über Digitale Inhalte, Richtlinie (EU) 2019/770 des Europäischen Parlaments und des Rates vom 20.5.2019 über bestimmte vertragsrechtliche Aspekte der Bereitstellung digitaler Inhalte und digitaler Dienstleistungen, ABl. 2019 L 136, 1.
[95] Art. 4 Abs. 3 lit. c MiCAR.
[96] Zum staking s. allgemein Meier/Schneider/Schinerl BKR 2023, 365 (365–366).

als „Dienstleistung" ansieht. Dagegen scheint zu sprechen, dass der „Dienstleister" nicht im Vorhinein feststeht, sondern erst durch einen Zufallsmechanismus ermittelt wird. Die Dienstleistungen werden daher nicht vom Emittenten selbst bereitgestellt, wie es Art. 3 Abs. 1 Nr. 9 MiCAR voraussetzt. Für die Einbeziehung solcher Token in die MiCAR spricht jedoch, dass bei ihnen eine Informationsasymmetrie zwischen Emittenten und Usern besteht. Letztere können die Charakteristika und den davon abhängigen Wert der Token kaum einschätzen. Aus regulatorisch-teleologischer Sicht ist daher die zumindest analoge Anwendung der MiCAR auf solche Kryptowerte zu bejahen.

Die VO stellt keine Anforderungen an die Ware oder Dienstleistung, zu der der Utility-Token Zugang verschafft. Daher erfasst sie zB auch Token, die im Webshop des Emittenten zur Bezahlung von Einkäufen verwendet, oder Token, die beim Emittenten gegen Nachhilfeunterricht eingelöst werden können. Bei Token, die benötigt werden, um ein auf Smart Contracts basierendes Protokoll auf einer Blockchain aufzurufen, ist zu unterscheiden: Nützt der Emittent die Smart Contracts dazu, um selbst eine Dienstleistung zu erbringen, so liegt ein Utility-Token vor. Ist das Protokoll eigenständig – erbringt der Emittent des Tokens keine Dienstleistung – so handelt es sich um einen einfachen Kryptowert und es liegt kein Utility Token vor. Entscheidend ist der Umstand, ob die Ware oder Dienstleistung vom Emittenten bereitgestellt wird. 80

Von der Frage der Bereitstellung der Ware oder Dienstleistung zu unterscheiden ist die Frage, wer den Kryptowert akzeptiert bzw. bei wem der Kryptowert für den Zugang zur Ware oder Dienstleistung des Emittenten eingelöst werden kann. Konkret ist zu beurteilen, ob auch eine andere Person als der Emittent selbst den Kryptowert annehmen darf. Die Antwort auf diese Frage hängt davon ab, wie es zu verstehen ist, dass die Ware oder Dienstleistung vom Emittenten *bereitzustellen* ist. Eine Ware kann grundsätzlich vom Hersteller bereitgestellt, aber von Händlern bezogen werden. Akzeptiert etwa ein Fachhändler die Einlösung des Kryptowerts zum Erwerb der fraglichen Ware, so spricht dies nicht gegen die Qualifikation als Utility-Token, solange die Ware vom Emittenten selbst bereitgestellt wird. 81

IV. Emissionsbezogene Begriffe (Lehmann)

1. Emittent (Nr. 10) (Lehmann/Völkel). Art. 3 Abs. 1 Nr. 10 MiCAR definiert „Emittent" als eine natürliche oder juristische Person oder ein anderes Unternehmen, die bzw. das Kryptowerte emittiert. Der Begriff des Emittenten ist für verschiedene Fragen von Bedeutung. Zum einen muss das Whitepaper Informationen über den Emittenten enthalten.[97] Darüber hinaus müssen Emittenten von Stablecoins (ART und EMT) zahlreiche Pflichten erfüllen, zB Berichtspflichten einhalten[98], Handlungs- und Kommunikationspflichten einhalten[99], das Whitepaper auf ihrer Webseite veröffentlichen[100] und einen Sanierungs- und Rücktauschplan erstellen[101]. Die Emittenteneigenschaft ist losgelöst von der Frage zu beurteilen, wen allfällige Verpflich- 82

---
[97] S. Art. 19 Abs. 1 lit. a MiCAR.
[98] Art. 22 MiCAR bei Ausgabewert von mehr als 100 Mio. EUR; Art. 25 MiCAR bei Änderungen des Geschäftsmodells.
[99] Art. 27 MiCAR.
[100] Art. 28 MiCAR.
[101] Art. 46 f. MiCAR.

MiCAR Art. 3   Titel I. Gegenstand, Anwendungsbereich, Begriffsbest.

tungen zur Veröffentlichung eines Whitepapers treffen. Wer Kryptowerte öffentlich anbietet, ohne Emittent zu sein, gilt als Anbieter.[102]

83   Emittent ist nach der zirkulären Definition der Nr. 10 derjenige, der die Kryptowerte „emittiert". Als „emittieren" könnte man die zunächst die technologische Ausgabe des Kryptowerts ansehen. Diese erfolgt durch das Auslösen (in Gang setzen) des dazu erforderlichen Algorithmus (zB das ERC Protokoll auf der Ethereum Blockchain). Jedoch kann nicht der Programmierer (Coder) automatisch als Emittent angesehen werden. Nicht auszuschließen ist, dass dieser den Algorithmus im Auftrag eines anderen erstellt. In letzterem Fall wird man den Auftraggeber als Emittent ansehen müssen. Das folgt aus Erwgr. Nr. 20 letzter Satz, wonach Emittenten von Kryptowerten Rechtsträger sind, welche die „Kontrolle" über die Schaffung von Kryptowerten ausüben.[103]

84   Statt einer technischen Definition sollte man daher einem rechtlichen Verständnis des Emittenten folgen. Insoweit kann das Wertpapierrecht als Vorbild dienen. Im Wertpapierrecht ist Emittent, wer das Wertpapier begibt.[104] Das ist stets die aus dem Wertpapier primär verpflichtete Person, die für die Übernahme dieser Verpflichtungen (etwa Zins-, Dividenden-, und Rückzahlungen) ein Entgelt erhält, den Zeichnungspreis. Das Emittieren wird also durch zwei Aktivitäten identifiziert, einerseits durch Abgabe bestimmter Leistungsversprechen bzw. dem Eingehen einer Schuldnerstellung, andererseits aber auch durch den Erhalt des Zeichnungspreises als Gegenleistung hierfür. Bei Kryptowerten, die als a) vermögenswertereferenzierte Token zu qualifizieren sind, b) als E-Geld-Token, c) als Utility-Token, oder d) als sonstiger einfacher Kryptowert, der ein Recht darstellt (somit im Gegensatz zu Kryptowerten, die einen Wert darstellen) ist der Emittent jene Person, welche die mit dem Kryptowert verknüpften jeweiligen Leistungsversprechen abgibt und hierfür den Zeichnungspreis als Gegenleistung erhält.

85   Hinsichtlich der Gruppe sonstiger Kryptowerte, die kein Recht, sondern nur einen Wert darstellen, muss eine weitere Unterscheidung getroffen werden. Da diese Kryptowerte keine Rechte vermitteln, umgekehrt also auch von niemandem Verpflichtungen übernommen werden, verlagert sich der Fokus bei der Ermittlung der Emittenteneigenschaft auf den zweiten oben diskutierten Aspekt, also auf den Erhalt des Zeichnungspreises. Emittent ist bei solchen einfachen Kryptowerten, die lediglich einen Wert darstellen, jede Person, die der Zeichnungspreis wirtschaftlich gesehen erhält. Gibt es keine solche Person, so hat der Kryptowert keinen Emittenten (mehr). Es ist durchaus vorstellbar, dass ein Kryptowert in der Vergangenheit einen Emittenten hatte, zu einem späteren Zeitpunkt aber kein Emittent mehr vorliegt (und umgekehrt).

86   Kryptowerte, die als Gegenleistung für die Pflege des Distributed Ledgers oder die Validierung von Transaktionen automatisch geschürft werden, haben keinen Emittenten, wenn stets unterschiedliche Personen neue Kryptowerte für sich selbst schöpfen. Dies ist zB bei Bitcoin der Fall, weil keiner einzelnen Person der Verkaufserlös zuvor geschürfter Bitcoins wirtschaftlich zuzurech-

---

[102] Art. 3 Nr. 13 MiCAR → Rn. 114 f.
[103] Siehe des Weiteren die Unterscheidung zwischen „Token-Emittent" und „Token-Erzeuger" im Liechtensteinischen Gesetz über Token und Vertrauenswürdige Technologien-Dienstleister, Art. 2 Abs. 1 lit. K) und l), das allerdings den Begriff des Token-Emittenten abweichend von der MiCAR definiert.
[104] Vgl. Art. 2 lit. h ProspektVO.

nen ist. Bitcoin und vergleichbare Kryptowerte haben keinen identifizierbaren Emittenten im Sinne des Erwgr. Nr. 22. Sie unterliegen der Ausnahme vom Anwendungsbereich des Titels II nach Art. 4 Abs. 3 lit. b MiCAR. Wer hingegen eine bestehende Blockchain hard-forked, um selbst sämtliche Nodes zu betreiben, sodann Kryptowerte pre-mined und verkauft, der ist Emittent dieser Kryptowerte (auch wenn Titel II in diesem Fall nicht anwendbar ist; vgl. Art. 4 Abs. 3 lit. b MiCAR). Dasselbe gilt für Personen, die neue Kryptowerte (Tokens) mit Hilfe eines Protokolls auf einer programmierbaren Blockchain wie zB Ethereum selbst schöpfen. Es ist stets jene Person Emittent, der die Gegenleistungen wirtschaftlich zuzurechnen ist (also der Kaufpreis des Tokens oder andere werthaltige Leistungen).

Vom Emittenten zu unterscheiden ist der Anbieter.[105] Dies ist die Person oder das Unternehmen, die oder das Kryptowerte öffentlich anbietet, siehe Nr. 13. Viele Pflichten richten sich an den Anbieter. Das ist insbesondere sinnvoll, wenn der Emittent außerhalb der EU sitzt (wie zB bei Ether oder Ripple). 87

Ist im Zusammenhang mit einem Kryptowert kein Emittent bestimmbar (zB bei Bitcoin), so fällt dieser Kryptowert nicht unter die Kapitel II, III und IV MiCAR; die Vorschriften über Krypto-Dienstleistungen in Kapitel V bleiben dagegen anwendbar (Erwgr. Nr. 22 Satz 4). Die Ausnahme von Titel II ist in Art. 4 Abs. 3 lit. b MiCAR normiert. Die Ausnahme von Titel III und IV ergibt sich *e contrario* aus dem Umstand, dass beide Titel einen identifizierbaren Emittenten voraussetzen. 88

Der Begriff des Anbieters kann aber auch den Emittenten einschließen, siehe Nr. 13. Für Stablecoins (ART und EMT) muss der Anbieter sogar zugleich der Emittent sein.[106] Dies bedeutet, dass nur der Emittent von ihm selbst begebene Kryptowerte anbieten kann. Dies erklärt, warum die Zulassung nur gegenüber dem Emittenten widerrufen werden kann[107] und dieser für die im Whitepaper enthaltenen Informationen haftet[108]. 89

Emittenten können nach der Definition der Nr. 11 sowohl natürliche und juristische Personen als auch „ein anderes Unternehmen" sein. Mit letzterem sind insbesondere Personengesellschaften gemeint. Ist die emittierende Personengesellschaft nicht rechtsfähig (zB die österreichische GesbR oder der deutsche nicht eingetragene Verein), so sind alle Gesellschafter oder Mitglieder für die Einhaltung der Pflichten des Emittenten verantwortlich. 90

2. Antragstellender Emittent (Nr. 11) (Lehmann/Völkel). Antragstellender Emittent ist der Emittent von vermögenswertereferenzierten Tokens oder E-Geld-Tokens, der die Zulassung dieser Kryptowerte zum öffentlichen Anbieten oder zum Handel beantragt. Diesen Status hat der Emittent von Beginn der Antragstellung (Art. 18 MiCAR) bis zum Zeitpunkt, in dem über seinen Antrag entschieden wurde (Art. 21 MiCAR). 91

Die MiCAR erwähnt den antragstellenden Emittenten an wenigen Stellen, insbesondere in Art. 20 und 21 MiCAR, welche die Zulassung von Stablecoins (ART und EMT) zum öffentlichen Anbieten oder zum Handel betreffen. Bei diesen Kryptowerten kann nur der Emittent den Antrag auf Zulassung zum öffentlichen Anbieten oder zum Handel stellen.[109] Die Formu- 92

---

[105] S. zB Art. 6 Abs. 1 lit. a und b MiCAR.
[106] S. Art. 16 Abs. 1 MiCAR.
[107] S. Art. 24 MiCAR.
[108] Art. 26 MiCAR.
[109] Vgl. Art. 16 Abs. 1 MiCAR.

MiCAR Art. 3 Titel I. Gegenstand, Anwendungsbereich, Begriffsbest.

lierung „antragstellender Emittent" ist daher ein Pleonasmus. Die Vorschriften über Berichtspflichten und Haftung sprechen bezeichnenderweise nur vom „Emittenten" als solchen, setzen also einen Antrag nicht voraus.[110]

93 **3. Öffentliches Angebot (Nr. 12) (Lehmann/Völkel).** Der Begriff „öffentliches Angebot" ist ein Kernbegriff der MiCAR. Er ist Dreh- und Angelpunkt ihrer Ge- und Verbotsvorschriften. ZB ist er Voraussetzung für die Pflichten des Titel II, insbesondere die zur Erstellung eines Whitepapers[111] und die Pflichten bezüglich Marketingmitteilungen[112]. Er ist ebenfalls Voraussetzung für den Begriff des Anbieters (siehe die Definition in Nr. 13).

94 Der Begriff „öffentliches Angebot" wird in Nr. 12 definiert als „eine Mitteilung an Personen in jedweder Form und auf jedwede Art und Weise, die ausreichende Informationen über die Angebotsbedingungen und die anzubietenden Kryptowerte enthält, um potenzielle Inhaber in die Lage zu versetzen, über den Kauf dieser Kryptowerte zu entscheiden".

95 **a) Vergleich zum Prospektrecht.** Der Begriff des öffentlichen Angebots unter MiCAR ist an die Definition des öffentlichen Angebots übertragbarer Wertpapiere in der Prospekt-VO angelehnt.[113] Öffentliches Angebot ist nach der Prospekt-VO eine Mitteilung an die Öffentlichkeit in jedweder Form und auf jedwede Art und Weise, die ausreichende Informationen über die Angebotsbedingungen und die anzubietenden Wertpapiere enthält, um einen Anleger in die Lage zu versetzen, sich für den Kauf oder die Zeichnung jener Wertpapiere zu entscheiden.[114]

96 Offenkundiger Unterschied zwischen den beiden Definitionen ist der Umstand, dass unter der Prospekt-VO von der „Mitteilung an die Öffentlichkeit" gesprochen wird, während unter MiCA eine „Mitteilung an Personen" ausreicht.

97 Die Mitteilung muss sich nach dem Wortlaut der Definition nicht an die Öffentlichkeit richten, sondern lediglich an „Personen". Das ist zugleich der wichtigste Unterschied zum öffentlichen Angebot von Wertpapieren, das in der Prospekt-VO geregelt ist. Offensichtlich wollte der Gesetzgeber damit Angebote erfassen, die nur über das Internet oder nur in einer bestimmten Gruppe (zB einer Blockchain „community" oder unter den Mitgliedern einer DAO) verbreitet werden.

98 Es ist aber nicht davon auszugehen, dass der europäische Gesetzgeber unter MiCAR mit dem Verzicht der Nennung der Öffentlichkeit einen breiteren Anwendungsbereich schaffen wollte. Aus dem definierten Terminus selbst – öffentliches Angebot – und der Verwendung des Plurals *(„Mitteilung an Personen")* folgt, dass eine Mitteilung an einzelne Personen nicht ausreicht, um als öffentliches Angebot zu gelten. Wer einzelnen Personen direkt ein Angebot legt, der macht kein öffentliches Angebot.

99 Daher muss auch unter der MiCAR der Adressatenkreis nach allgemeinen Merkmalen beschrieben sein muss, zB „alle User der Blockchain X" oder „alle Mitglieder der DAO Y", denn anderenfalls dürfte es sich kaum um ein „öffentliches" Angebot handeln. Stattdessen liegt eine Privatplatzierung von Kryptowerten vor, wenn diese nur individuell ausgewählten Personen zum

---

[110] S. Art. 22 und 26 MiCAR.
[111] Art. 4 Abs. 1 MiCAR.
[112] Art. 7 MiCAR.
[113] Vgl. Art. 2 lit. d VO (EU) 2017/1129.
[114] Art. 2 lit. d ProspektVO.

Kauf angeboten werden. In diesem Fall fehlt es an einem öffentlichen Angebot iSd Nr. 12.

b) Anzahl der Personen. Wie auch im Prospektrecht liegt eine Mitteilung an (eine ausreichende Anzahl an) Personen vor, wenn diese Mitteilung an einen unbestimmten Personenkreis erfolgt, was jedenfalls bei über das Internet abrufbaren Inhalten dar Fall ist (Text, Bilder, Audio, Video, auch über Plattformen, die eine Registrierung erfordern, wie etwa Social Media Plattformen oder private Server) oder bei sonstigen Medien (Zeitungen, Rundfunk, Flugblätter, etc). 100

Gem. Art. 4 Abs. 2 lit. a MiCAR gelten bestimmte Anforderungen unter MiCAR nicht, wenn ein Angebot an weniger als 150 natürliche oder juristische Personen je Mitgliedstaat erfolgt (keine Pflicht zur Erstellung eines Whitepapers, keine Veröffentlichungspflicht von Marketingmitteilungen, udg). Die Beurteilung, ob ein öffentliches Angebot vorliegt, ist aber unabhängig von dieser (und anderen) Ausnahmebestimmungen zu beurteilen. Denn die Ausnahmebestimmungen beseitigen lediglich die genannten Pflichten, nicht jedoch das öffentliche Angebot an sich. Die Beweislast, dass die 150-Personen Ausnahme vorliegt, trägt nach allgemeinen Beweisregeln der Anbieter, der sich auf die Ausnahme beruft. Es empfiehlt sich daher, jedes übermittelte Angebot mit den Daten der Person zu individualisieren, an die es erfolgt, dieses zu nummerieren und über die gelegten Angebote Buch zu führen. 101

c) Form der Mitteilung. Die für ein öffentliches Angebot notwendige Mitteilung kann in jedweder Form und auf jedwede Art und Weise erfolgen. Sie kann also sowohl über klassische Medien (Print, Funk und Fernsehen), das Internet (Webseiten, Social Media, E-Mail) oder auch über eine Blockchain (zB durch Airdrop) verbreitet werden. Selbst mündliche Angebote, persönliche oder telefonische Kontaktaufnahmen, Messstände oder Vorträge, sind denkbar. Allerdings muss die Mitteilung „an Personen" gerichtet sein. Nur maschinenlesbare Angebote, etwa im Rahmen von DeFi, dürften damit ausscheiden. 102

Die Mitteilung muss ausreichende Informationen enthalten, um eine Kaufentscheidung tätigen zu können. Dazu muss sie ausreichende Informationen über die Angebotsbedingungen und die „anzubietenden" Kryptowerte enthalten, um potenzielle Inhaber in die Lage zu versetzen, über den Kauf der Kryptowerte zu entscheiden, siehe Nr. 12. Mit den „anzubietenden" sind wohl die „angebotenen" Kryptowerte gemeint. Ein Angebot liegt jedenfalls dann vor, wenn die wesentlichen Vertragsbestandteile *(essentialia negotii)* bestimmt oder in bestimmbarer Weise enthalten sind, dh der Kryptowert und der Preis oder jedenfalls der Preisrahmen.[115][116] Jedoch ist der regulatorische Begriff des Angebots nicht mit dem zivilrechtlichen Begriff „Angebot" iSd. §§ 145 ff. BGB zu verwechseln. Die Informationen bezüglich der Vertragsbedingungen müssen nicht ausführlich sein und dürfen keinesfalls mit denen verwechselt werden, die das Zivilrecht für die Abgabe eines wirksamen Angebots verlangt. Es genügt, dass die Kryptowerte hinreichend identifiziert und die Absicht ihrer Veräußerung sowie der mögliche Zugang kommuni- 103

---

[115] Siehe zum Begriff des öffentlichen Angebots von Wertpapieren im insoweit mittlerweile aufgehobenen WpPG, Schwark/Zimmer/Heidelbach, 4. Aufl. 2010, WpPG § 2 Rn. 16.
[116] Groß, Kapitalmarktrecht, 8. Aufl. 2022, § 2 WpPG Rn. 12.

MiCAR Art. 3 Titel I. Gegenstand, Anwendungsbereich, Begriffsbest.

ziert werden. Die Einordnung hat den Gesamteindruck zu berücksichtigen und einzelfallbezogen zu erfolgen. Bei Umgehungsversuchen wird im Zweifelsfall von ausreichenden Informationen auszugehen sein.[117]

104 Außerdem muss die „Mitteilung" nicht mit Rechtsbindungswillen oder einem entsprechenden Rechtsschein abgegeben worden sein; die zivilrechtlichen Anforderungen an eine Willenserklärung spielen insoweit keine Rolle.[118] Die bloße Wiedergabe von Sekundärmarktpreisen ist kein Angebot.[119] Allerdings können andere Quellen, auf die eine Person verweist oder die die verlinkt, ihr zuzurechnen sein.[120] Bloße Ankündigungen, Werbung oder Präsentationen sind keine Angebote.[121] Sie können allerdings bedeutsam sein, um festzustellen, ob eine Person ihr an anderer Stelle gemachtes Angebot auf die EU ausrichtet. So kann zB eine Produktplatzierung, eine Werbung bei einer Veranstaltung oder ein Sportsponsorierung in der EU dafür sprechen, dass ein im Internet in englischer Sprache abrufbares Angebot sich (auch) an Personen in der EU richtet. Eine konkrete Zeichnungsmöglichkeit ist nicht Voraussetzung für ein öffentliches Angebot. Eine Anleitung wie die angebotenen Wertpapiere/Veranlagungen erworben werden können, ist ausreichend.[122]

105 **d) Abgrenzung zur Marketingmitteilung.** Anders als die Prospekt-VO enthält MiCAR neben Vorschriften für das öffentliche Angebot von Kryptowerten auch Anforderungen an Marketingmitteilungen. Der Begriff ist nicht definiert; damit ist auf das allgemeine Begriffsverständnis abzustellen. Marketingmitteilung ist eine (freiwillige) Mitteilung (vgl. lit. b oben), welche die Bekanntheit eines Kryptowerts steigern soll. Das veröffentlichte Whitepaper ist keine Marketingmitteilung, da es verpflichtend zu verfassen ist bzw. im Fall des freiwilligen Verfassens die besonderen Bestimmungen zwingend auch auf das freiwillig verfasste Whitepaper anzuwenden sind.[123]

106 Die Abgrenzung, ob es sich bei einer Mitteilung um ein öffentliches Angebot oder lediglich um eine Marketingmitteilung handelt, muss im Einzelfall erfolgen. Hierbei kann an die im Prospektrecht entwickelte Ansicht angeknüpft werden, wonach es für das Vorliegen eines öffentlichen Angebots notwendig ist, dass eine (allenfalls auch zukünftige) Verkaufsabsicht erkennbar ist. Eine solche wird beispielsweise dann angenommen, wenn ein konkreter Hinweis auf eine Zeichnungs- oder Kaufmöglichkeit in einer Mitteilung enthalten ist (etwa Kontaktdaten) oder wenn entsprechende, verkaufsfördernde Formulierungen enthalten sind. Es genügt der objektive Eindruck einer Verkaufsabsicht für das Vorliegen eines öffentlichen Angebots.[124]

107 **e) Marktort, Ausrichtung und Disclaimer.** Für die Frage, ob das öffentliche Angebot in der Union bzw. in einem bestimmten MS der Union stattfindet, ist auf das Marktortprinzip abzustellen. Es müssen gewisse Indizien, etwa gezielte Bewerbung am jeweiligen Markt (auch aus Drittstaaten heraus), Ansprechpartner in der Union bzw. im jeweiligen MS, Vertriebsver-

---

[117] Zivny, Kapitalmarktgesetz, 2. Aufl. 2016, § 1 Rn. 6 f. mwN.
[118] Anders Schwark/Zimmer/Heidelbach, 4. Aufl. 2010, WpPG § 2 Rn. 16.
[119] Schwark/Zimmer/Heidelbach, 4. Aufl. 2010, WpPG § 2 Rn. 16.
[120] Schwark/Zimmer/Heidelbach, 4. Aufl. 2010, WpPG § 2 Rn. 16.
[121] Schwark/Zimmer/Heidelbach, 4. Aufl. 2010, WpPG § 2 Rn. 20.
[122] Oberndorfer, Die Prospektpflicht nach dem KMG, 2014, S. 38 f.
[123] Art. 4 Abs. 8 MiCAR.
[124] Oberndorfer, Die Prospektpflicht nach dem KMG, 2014, S. 37 f.

anstaltungen, nähere Beschreibungen etwa des Steuerrechts der MS oder Abwicklungs- und Zahlstellen im MS, gegeben sein, um von einem öffentlichen Angebot in der Union bzw. im jeweiligen MS ausgehen zu können.[125] Vor allem bei Angeboten im Internet ist die Bestimmung des Zielpublikums entscheidend.

Nützliche Kriterien zur Abgrenzung lassen sich auch aus der (im Zusammenhang mit der Anwendung von Verbraucherrecht ergangenen) Ausrichtungsjudikatur des EuGH ableiten. Danach muss der Unternehmer seinen Willen zum Ausdruck gebracht haben, Geschäftsbeziehungen zu Verbrauchern eines oder mehrerer anderer Mitgliedstaaten, darunter des Wohnsitzmitgliedstaats des Verbrauchers, herzustellen.[126] Die bloße Zugänglichkeit der Website in einem MS ist nicht ausreichend. Zur Abgrenzung kommt es vor allem auf folgende Umstände an, deren Aufzählung nicht erschöpfend ist: (i) der internationale Charakter der Tätigkeit, (ii) die Angabe von Anfahrtsbeschreibungen von anderen Mitgliedstaaten aus zu dem Ort der Niederlassung, (iii) die Verwendung einer anderen Sprache oder Währung als der an der Niederlassung üblicherweise verwendeten Sprache oder Währung mit der Möglichkeit der Buchung und Buchungsbestätigung in dieser anderen Sprache, (iv) die Angabe von Telefonnummern mit internationaler Vorwahl, (v) die Werbung auf Suchmaschinen *("Tätigung von Ausgaben für einen Internetreferenzierungsdienst")* wie etwa Google, um den Zugang zur Website zu erleichtern, (vi) die Verwendung eines anderen Domänennamens oberster Stufe als desjenigen der Niederlassung und (vii) die Erwähnung einer internationalen Kundschaft. **108**

Disclaimer können zur Abgrenzung des Adressatenkreises dienen. Ein Disclaimer kann somit mitteilen, in welchen Ländern ein öffentliches Angebot stattfindet. Der Emittent bzw. Anbieter hat aber jedenfalls angemessene Vorkehrungen zu treffen, damit Anleger aus nicht zum Adressatenkreis gehörenden geographischen Regionen die Kryptowerte nicht erwerben können. Das bedeutet konkret, dass der Anbieter dafür sorgt, dass Kaufangebote von Personen nicht bearbeitet werden, die sich in Regionen aufhalten, in denen nach dem Willen des Anbieters kein öffentliches Angebot erfolgen soll. **109**

f) Keine öffentlichen Angebote. Nicht als öffentliche Angebote gelten wie auch im Prospektrecht einfache Eingaben in Handels- bzw. Ordersysteme, die Veröffentlichung von Geld- und Briefkursen oder gesetzlich gebotene Veröffentlichungen (zB die bloße Veröffentlichung des Whitepapers oder von Marketingmitteilungen im dafür vorgesehenen Archiv auf der Website des Emittenten). Ebenfalls kein gesondertes Angebot stellt die Platzierung von Kryptowerten für andere dar; diese kann als Teil des öffentlichen Angebots des Emittenten oder Anbieters betrachtet werden.[127] Die Veröffentlichung von Listen mit Informationen zu Kryptowerten auf Internetseiten stellen in Anlehnung an die Aufsichtspraxis zu Finanzinstrumenten dann kein öffentliches Angebot dar, wenn: **110**

1. lediglich Identifikationsmerkmale wie zB die Bezeichnung des Kryptowerts sowie die Kurse aufscheinen; und

---

[125] FMA, Rundschreiben zum Prospektrecht, 2021, S. 11.
[126] Vgl. EuGH 7.12.2010 – C-585/08 und C-144/09 Rn. 75, 93 – Pammer und Hotel Alpenhof.
[127] Erwgr. Nr. 88 letzter Satz.

2. es sich um eine Information für den Sekundärmarkt handelt; und
3. ein diesbezüglicher Disclaimer (kein öffentliches Angebot) aufscheint; und
4. keine Mitteilungen auf der Website erfolgen, die ein öffentliches Angebot auslösen könnten.

111 Ein öffentliches Angebot zum An- bzw. Rückkauf von Kryptowerten unterliegt wie auch im Prospektrecht keiner Pflicht zur Veröffentlichung eines Whitepapers.

112 Nimmt ein Kunde mit einem Dienstleister selbst Kontakt auf und äußert einen Kaufwunsch hinsichtlich eines konkreten Kryptowerts, oder erwähnt der Kunde im Rahmen einer Beratung zu Kryptowerten auf Eigeninitiative bestimmte Kryptowerte, ohne vom Dienstleister dazu veranlasst worden zu sein, so wird der Tatbestand des öffentlichen Angebots analog dem Prospektrecht ebenfalls nicht erfüllt.[128]

113 Mehrheitsentscheidungen, bei denen überstimmte Personen sich der Mehrheit unterwerfen müssen, aber auch die automatische Zuteilung neuer Kryptowerte (zB nach einem Hardfork oder bei Airdrops ohne Gegenleistung), sind analog dem Prospektrecht nicht als öffentliche Angebote einzustufen. Verallgemeinernd lässt sich daraus ableiten, dass ein öffentliches Angebot nur dann vorliegt, wenn jeder einzelne Adressat eine individuelle Entscheidungsmöglichkeit hat und daher ein Recht auf Ablehnung der Zuteilung besteht.

114 **4. Anbieter (Nr. 13) (Völkel).** Anbieter bezeichnet eine natürliche oder juristische Person oder ein anderes Unternehmen, die bzw. das Kryptowerte öffentlich anbietet, oder den Emittenten, der Kryptowerte öffentlich anbietet.

115 Der Begriffsinhalt erschließt sich aus den Definitionen zum öffentlichen Angebot (Nr. 12) sowie jener des Emittenten (Nr. 10). Soweit nur der Emittent die Produkte öffentlich anbieten kann[129], ist die Nennung des Emittenten eine Redundanz ohne eigenen Bedeutungsgehalt.[130]

116 **5. Geldbetrag (Nr. 14) (Völkel).** Geldbetrag bezeichnet einen Geldbetrag im Sinne von Art. 4 Nr. 25 PSD2[131], das sind einerseits Banknoten und Münzen, aber auch Giralgeld (also Buchgeld)[132] oder E-Geld nach Art. 2 Nr. 2 der E–Geld–RL[133], also jeden elektronisch, darunter auch magnetisch, gespeicherten monetären Wert in Form einer Forderung gegenüber dem Emittenten, der gegen Zahlung eines Geldbetrags ausgestellt wird, um damit Zahlungsvorgänge durchzuführen, und der auch von anderen natürlichen oder juristischen Personen als dem E-Geld-Emittenten angenommen wird.

117 E-Geld-Token gelten als E-Geld.[134] E-Geld-Token sind damit vom Begriff des Geldbetrags erfasst.

---

[128] S. auch zur Ausnahme der reverse sollicitation bei Krypto-Dienstleistungen Art. 61 MiCAR.
[129] So bei Stablecoin, siehe Art. 16 Abs. 1 MiCAR.
[130] S. auch zum nicht identifizierbaren Emittenten → Rn. 88 f.
[131] Richtlinie (EU) 2015/2366 des Europäischen Parlaments und des Rates vom 25.11.2015 über Zahlungsdienste im Binnenmarkt, zur Änderung der Richtlinien 2002/65/EG, 2009/110/EG und 2013/36/EU und der Verordnung (EU) Nr. 1093/2010 sowie zur Aufhebung der Richtlinie 2007/64/EG, ABl. 2015 L 337, 35.
[132] Zu tokenisiertem Geschäftsbankengeld s. Strobel, BRK 2024, 52.
[133] Richtlinie 2009/110/EG des Europäischen Parlaments und des Rates vom 16.9.2009 über die Aufnahme, Ausübung und Beaufsichtigung der Tätigkeit von E-Geld-Instituten, zur Änderung der Richtlinien 2005/60/EG und 2006/48/EG sowie zur Aufhebung der Richtlinie 2000/46/EG, ABl. 2009 L 267, 7.
[134] Art. 48 Abs. 2 MiCAR.

V. Dienstleistungen (Völkel)

1. Anbieter von Kryptowerte-Dienstleistungen (Nr. 15). Anbieter 118 von Kryptowerte-Dienstleistungen (nachfolgend teils auch kurz als Dienstleister bezeichnet) ist jede juristische Person oder jedes andere Unternehmen, deren bzw. dessen berufliche oder gewerbliche Tätigkeit *("whose occupation or business")* darin besteht, eine oder mehrere solche Dienstleistungen gewerblich *("on a professional basis")* für Kunden zu erbringen. Der Zusatz „und der bzw. dem es gestattet ist, gemäß Art. 59 MiCAR Dienstleistungen zu erbringen" ist irreführend; nähme man ihn ernst, wären Personen ohne Zulassung keine Anbieter und bräuchten demzufolge keine Zulassung gemäß Art. 59 MiCAR.

Die Wendung *„berufliche oder gewerbliche Tätigkeit"* sowie das Abstellen auf 119 die Gewerblichkeit bei der Erbringung der Tätigkeit für den Dienstleisterbegriff findet sich in gleicher Weise in MiFID II[135], sodass auf die zu diesen Rechtsakten entwickelten Überlegungen zum Gewerblichkeitsbegriff bei der Auslegung zurückgegriffen werden kann.

Darunter ist nach der deutschen Rechtsprechung und Literatur zum Han- 120 delsrecht eine (1) erkennbar planmäßige, auf Dauer angelegte, (2) selbstständige, (3) auf Gewinnerzielung ausgerichtete oder jedenfalls wirtschaftliche Tätigkeit am Markt (4) unter Ausschluss freiberuflicher, wissenschaftlicher und künstlerischer Tätigkeit zu verstehen.[136] Dabei ist das Gepräge des Gesamtvorgangs, nicht eine einzelne Handlung entscheidend.[137] Nach öRsp[138] sowie Teilen der öLehre[139] ist gewerblich iSd Umsatzsteuerrechts zu verstehen. Gewerblich erfolgt demnach jede nachhaltige Tätigkeit zur Erzielung von Einnahmen, auch wenn die Absicht, Gewinn zu erzielen, fehlt oder eine Personenvereinigung nur gegenüber Mitgliedern tätig wird. Eine bloß mittelbare Absicht, Einnahmen zu erzielen, soll dafür schon ausreichen. Teils wird auch vertreten, den Gewerblichkeitsbegriff losgelöst vom Umsatzsteuerrecht zu betrachten und stärker auf die Aufsichtswürdigkeit der betroffenen Geschäfte abzustellen; demnach sei entsprechend der Teleologie der Aufsichtsvorschriften Gewerblichkeit erst dann anzunehmen, wenn die Aufsichtsziele Individualschutz und Funktionsschutz dies erforderten.[140]

Wer gelegentlich (nicht nachhaltig) Kryptowerte-Dienstleistungen erbringt, 121 aber auch wer als natürliche Person Kryptowerte-Dienstleistungen erbringt, der ist nicht Anbieter von Kryptowerte-Dienstleistungen im Sinne der hier vorgestellten Definition. Daraus kann aber nicht abgeleitet werden, dass auch keine Zulassungspflicht nach Art. 59 MiCAR besteht. Diese Frage muss stattdessen streng und ausschließlich nach Art. 59 MiCAR beantwortet werden. Natürliche Personen etwa dürfen in der Union Kryptowerte-Dienstleistungen gar nicht anbieten (Art. 59 Abs. 1 MiCAR *e contrario*).

2. Krypto-Dienstleistungen (Nr. 16). Krypto-Dienstleistungen sind die 122 folgenden Tätigkeiten im Zusammenhang mit Kryptowerten, nämlich (a) die

---

[135] Vgl. Art. 4 Abs. 1 Nr. 1 MiFID II.
[136] Baumbach/Hopt, HGB, 34. Aufl. 2010, § 1 Rn. 12; Ebenroth/Boujong/Joost/Strohn/Kindler, 2. Aufl. 2008, § 1 Rn. 20 ff.; MüKoHGB/K. Schmidt, 3. Aufl. 2010, § 1 Rn. 27 ff.
[137] Vgl. BGHZ 74, 273 (276).
[138] VwGH 21.5.2001 – 2000/17/0134; VwGH 15.4.2010 – 2007/17/0208.
[139] Vgl. Brandl/Saria/Zahradnik § 3 Rn. 9 ff. mwN.
[140] Brandl/Saria/Zahraduik § 3 Rn. 9 mwN.

MiCAR Art. 3 Titel I. Gegenstand, Anwendungsbereich, Begriffsbest.

Verwahrung und Verwaltung von Kryptowerten für Kunden; (b) der Betrieb einer Handelsplattform für Kryptowerte; (c) der Tausch von Kryptowerten gegen einen Geldbetrag; (d) der Tausch von Kryptowerten gegen andere Kryptowerte; (e) die Ausführung von Aufträgen über Kryptowerte für Kunden; (f) die Platzierung von Kryptowerten; (g) die Annahme und Übermittlung von Aufträgen über Kryptowerte für Kunden; (h) die Beratung zu Kryptowerten; (i) die Portfolioverwaltung von Kryptowerten; sowie (j) die Erbringung von Transferdienstleistungen für Kryptowerte für Kunden. Da zu sämtlichen dieser Dienstleistungen eigene Definitionen vorhanden sind, werden diese im Rahmen der nachfolgenden Darstellung behandelt.

123   **3. Verwahrung und Verwaltung (Nr. 17).** Verwahrung und Verwaltung von Kryptowerten für Kunden ist die Aufbewahrung oder Kontrolle von Kryptowerten oder der Mittel für den Zugang zu solchen Kryptowerten für Kunden, unter Umständen in Form privater kryptografischer Schlüssel. Mittel für den Zugang zu Kryptowerten sind, *expressis verbis*, entweder private Schlüssel, aber auch sonstige vorstellbare technische Vorrichtungen (zB Hardware-Wallets)[141], die ihrerseits die privaten Schlüssel enthalten oder verwalten. Bei entsprechender Weiterentwicklung von DLT sind auch andere Zugangsformen denkbar. Das Abstellen auf die Kontrolle soll sämtliche Möglichkeiten erfassen, mit denen Verfügungen über Kryptowerte getroffen werden können.

124   Verwahrung und Verwaltung liegt sowohl dann vor, wenn der Kunde die Kontrolle über die Kryptowerte oder über die Mittel für den Zugang uneingeschränkt dem Dienstleister überträgt, aber auch dann, wenn der Kunde die Kryptowerte oder die Mittel für den Zugang zusätzlich selbst verwahrt bzw. weiterhin die Kontrolle über die verwahrten Kryptowerte ausüben kann.[142] Auch das Abspeichern einer Kopie eines privaten Schlüssels ist somit vom Begriff der Verwahrung und Verwaltung erfasst, wenn bzw. sobald (i) dieser private Schlüssel zu einer Adresse gehört, auf der sich Kryptowerte befinden, und (ii) der Dienstleister über diese Kryptowerte Verfügungen treffen (Kontrolle ausüben) kann, sie also etwa an eine andere Adresse übertragen könnte.[143]

125   Umgekehrt ist das bloße Sichern der privaten Schlüssel dann keine zulassungspflichtige Verwahrung und Verwaltung von Kryptowerten, wenn entweder (a) auf den zugehörigen Adressen (noch) keine Kryptowerte lagern, oder (b) das Unternehmen selbst keine Verfügungen über die Kryptowerte treffen kann. Kein Fall der Verwahrung und Verwaltung liegt somit vor, wenn lediglich ein Teil des privaten Schlüssels verwahrt wird oder im Fall von Multi-Sig-Verfahren noch die privaten Schlüssel anderer Personen erforderlich sind, um Verfügungen über die Kryptowerte treffen zu können. In diesem Fall mangelt es an der notwendigen Kontrolle. Ebenso kein Fall der Verwahrung und Verwaltung liegt vor, wenn die Mittel für den Zugang (die privaten Schlüssel) zwar vollständig vom Unternehmen gehalten werden, aber mit einem vom Kunden gewählten Kennwort in verschlüsselter Form gesichert sind, sodass zur Wiederherstellung die Kenntnis des vom Kunden vergebenen Kennworts erforderlich ist.

126   In beiden der zuletzt genannten Fälle ist aber weiters erforderlich, dass die Stellung des Kunden jener entspricht, die er im Fall der Nutzung einer

---

[141] Rennig ZBB/JBB 6/20, 385 (394).
[142] Erwgr. Nr. 83.
[143] EK, Working Paper WK 4351/2021 INIT v. 29.3.2021 2.

Hardware- oder Software-Wallet hat, also bei Nutzung einer „*selbstverwalteten elektronischen Geldbörse*" in der Diktion der VO. Solche Anbieter von Hard- und Software-Wallets fallen nicht in den Anwendungsbereich der VO, die Bereitstellung solcher Lösungen stellt kein Verfahren oder Verwalten von Kryptowerten dar.[144]

Schließt sich an einen Kauf oder Tausch nach Nr. 19 bzw. Nr. 20 nicht unmittelbar die Übertragung der erworbenen Kryptowerte vom Dienstleister an den Kunden on chain, so muss unterschieden werden: Soll die Erfüllung des Kauf- oder Tauschvertrags zu einem späteren Zeitpunkt durch den Dienstleister erfolgen[145], so liegt bis zur Übertragung on chain (bzw. bis zur Übergabe auf andere Weise, wenn keine Übertragung on chain erfolgen soll, zB bei Übergabe einer Hardware-Wallet oder Nennung des privaten Schlüssels) kein Fall der Verwahrung und Verwaltung vor. Der Dienstleister hat schlicht seine Verpflichtung aus dem nach Nr. 19 bzw. Nr. 20 geschlossenen Geschäft noch nicht erfüllt. Der Kunde trägt hier das Ausfallsrisiko des Dienstleisters. Erfüllt der Dienstleister den Kauf- oder Tauschvertrag hingegen, ohne dass es zu einer Übertragung on chain kommt[146], so besitzt der Dienstleister die Kryptowerte nicht mehr für sich selbst, sondern für den Kunden. Dies kann uU ein Fall der Verwahrung und Verwaltung sein. 127

4. Betrieb einer Handelsplattform (Nr. 18). Betrieb einer Handels- 128 plattform für Kryptowerte ist die Verwaltung eines oder mehrerer multilateraler Systeme, die die Interessen einer Vielzahl Dritter am Kauf und Verkauf von Kryptowerten – im System und gemäß dessen Regeln – auf eine Weise zusammenführen oder deren Zusammenführung erleichtert, dass ein Vertrag über den Tausch von Kryptowerten entweder gegen einen Geldbetrag oder Tausch von Kryptowerten gegen andere Kryptowerte zustande kommt. Sowohl der Tausch von Kryptowerten gegen einen Geldbetrag als auch der Tausch von Kryptowerten gegen andere Kryptowerte sind jeweils eigenständige Dienstleistungen[147], deren gewerbliche Erbringung in der Union eine Zulassung unter der VO erfordert. Die Handelsplattform ist vergleichbar mit dem MTF unter MiFID II;[148] hierbei handelt es sich um ein von einer Wertpapierfirma oder einem Marktbetreiber betriebenes multilaterales System, das die Interessen einer Vielzahl Dritter am Kauf und Verkauf von Finanzinstrumenten innerhalb des Systems und nach nichtdiskretionären Regeln in einer Weise zusammenführt, die zu einem Vertrag gemäß Titel II MiFID II führt.

Aus einer Zusammenschau der Definition nach Nr. 18 mit jenen der Art. 3 129 Nr. 19 u. 20 MiCAR ergibt sich folgendes Gesamtbild: Die Handelsplattform führt die Interessen einer Vielzahl Dritter zusammen bzw. erleichtert dies; hierbei handelt es sich um die jeweiligen Kundenaufträge. Nach der Definition liegt aber nur dann eine Handelsplattform vor, wenn sich daran eine weitere Dienstleistung knüpft, nämlich der Tausch von Kryptowerten entweder gegen einen Geldbetrag oder der Tausch von Kryptowerten gegen andere Kryptowerte. Nur ein zugelassener Dienstleister kann diese Dienstleistungen

---

[144] Vgl. Erwgr. Nr. 83 aE.
[145] Nach dt. Recht: durch Übertragung von Kryptowerten auf eine public address des Empfängers; Nach ö. Recht: die Eigentumsverschaffung an den Kryptowerten.
[146] Nach dt. Recht: durch Verschaffung der Kenntnis des private key; Nach ö. Recht: durch Besitzkonstitut.
[147] Art. 3 Abs. 1 Nr. 19 bzw. 20 MiCAR.
[148] Zur Abgrenzung von MiFID-Handelsplatz und MiCAR Dienstleistung s. Schopper/Raschner, ÖBA 2019, 249 (255–260).

MiCAR Art. 3   Titel I. Gegenstand, Anwendungsbereich, Begriffsbest.

in der Union erbringen; es kann sich dabei auch um denselben Dienstleister handeln, der die Handelsplattform betreibt.[149]

130   Das Modell entspricht der Zusammenführung sich deckender Kundenaufträge und entspricht damit der Anordnung des Art. 76 Abs. 6; der Dienstleister ist dabei beim jeweiligen Geschäft zwischen den mit dem Geschäft im Zusammenhang stehenden Käufer und Verkäufer in einer Weise zwischengeschaltet, dass er während der gesamten Ausführung des Geschäfts zu keiner Zeit einem Marktrisiko ausgesetzt ist, und bei dem beide Vorgänge gleichzeitig ausgeführt werden und das Geschäft zu einem Preis abgeschlossen wird, bei dem der Dienstleister abgesehen von einer vorab offengelegten Provision, Gebühr oder sonstigen Vergütung weder Gewinn noch Verlust macht (vgl. Nr. 40).

131   Im Ergebnis schließen Kunden einer Handelsplattform somit nicht Verträge über den Kauf oder Tausch von Kryptowerten miteinander, sondern stets mit einem Dienstleister als Gegenpartei. Das Handelsbuch einer Handelsplattform dient lediglich zur Preisermittlung. Die jeweiligen vertraglichen Ansprüche (Lieferung, Zahlung) bestehen somit für jeden Kunden stets (nur) gegenüber dem jeweiligen Dienstleister und nicht gegenüber anderen Kunden der Handelsplattform. Art. 76 Abs. 6 MiCAR scheint zunächst in eine andere Richtung zu deuten; jedoch bezieht sich diese Bestimmung nur auf die Nutzung des Handelsbuchs, nicht auf die Frage der Vertragsschlüsse.

132   Überlegungen, wie etwa mit Kunden umzugehen ist, die in unterschiedlichen Jurisdiktionen ansässig sind, oder deren Status unterschiedlich ist (etwa Unternehmer auf Verkäufer, Konsumenten auf Käuferseite bei einem ausgeführten Auftrag), können damit unterbleiben. Kunden sind damit auch nicht vom Gegenparteirisiko anderer Kunden betroffen.

133   **5. Kauf und Tausch von Kryptowerten (Nr. 19 u. Nr. 20).** Der *„Tausch von Kryptowerten gegen einen Geldbetrag"* (Nr. 19) und der *„Tausch von Kryptowerten gegen andere Kryptowerte"* (Nr. 20) werden nachfolgend in Einem behandelt, nicht zuletzt, weil die VO zur Definition beider Dienstleistungen exakt denselben Wortlaut verwendet. Beide Dienstleistungen betreffen demnach *„den Abschluss von Verträgen mit Kunden über den Kauf oder Verkauf von Kryptowerten gegen einen Geldbetrag unter Einsatz eigenen Kapitals"*. Dies ist kein Übersetzungsfehler; die englische Sprachversion verwendet ebenfalls einen deckungsgleichen Wortlaut. Bereits der Umstand, dass die definierten Begriffe selbst auf Kauf und Tausch abstellen, legt aber nahe, dass es sich um ein Redaktionsversehen handelt. Die Definition des Tauschs von Kryptowerten (Nr. 20) sollte wohl auf den Abschluss von Verträgen mit Kunden über den Tausch (nicht Kauf) von Kryptowerten gegen andere Kryptowerte (nicht gegen einen Gelbetrag) unter Einsatz eigenen Kapitals abstellen.[150] Der *„Tausch von Kryptowerten gegen einen Geldbetrag"* (Nr. 19) wird nachfolgend kurz als *„Kauf"* bezeichnet, und der *„Tausch von Kryptowerten gegen andere Kryptowerte"* (Nr. 20) als *„Tausch"*.

134   Beim Kauf werden zwischen Dienstleister und Kunde Kaufverträge abgeschlossen (Kryptowert gegen Geldbetrag); beim Tausch werden stattdessen Tauschverträge abgeschlossen (Kryptowert gegen Kryptowert). Der Tausch von E-Geld-Token gegen Kryptowerte ist von beiden Dienstleistungen erfasst, da E-Geld-Token sowohl einerseits als Kryptowert gelten (arg: *„E-Geld-*

---

[149] Vgl. Art. 76 Abs. 6 MiCAR.
[150] Dass das Definitionsmerkmal des eigenen Kapitals wohl bei beiden Dienstleistungen ausschlaggebend sein soll, ergibt sich aus Erwgr. Nr. 85.

Token ist ein Kryptowert [...]"; vgl. Nr. 17), andererseits aber auch als Geldbetrag zählen.[151]

Der Hinweis „*unter Einsatz eigenen Kapitals*" ist als Abgrenzungsmerkmal zu verstehen; die Dienstleistungen des Kaufs und Tauschs erfassen nur den Eigenhandel. Der Dienstleister agiert im eigenen Namen (Abschluss zwischen Dienstleister und Kunde) und auf eigene Rechnung (Einsatz eigenen Kapitals; also Erfüllung aus eigenen Kryptowerten bzw. eigenen Geldbeträgen). Die Einbeziehung von Liquiditätsprovidern schadet nicht; im Zuge des Deckungsgeschäfts (Kauf- bzw. Tauschvertrag zwischen Dienstleister und Liquiditätsprovider) muss der Dienstleister jedoch vor Erfüllung selbst Eigentümer geworden sein (eigenes Kapital); folglich sind Kommissionsgeschäfte nicht von den Dienstleistungen des Kaufs oder Tauschs erfasst.

Beide Dienstleistungen (Kauf, Tausch) erfassen somit den Abschluss von Verträgen über den An- oder Verkauf bzw. Tausch von Kryptowerten durch den Dienstleister mit seinen Kunden im eigenen Namen und auf eigene Rechnung; liegen diese Bedingungen nicht vor, kann das Geschäft allenfalls eine Ausführung von Aufträgen (Nr. 21) oder Annahme und Übermittlung von Aufträgen sein (Nr. 23).

6. Ausführung von Aufträgen (Nr. 21). Die Ausführung von Aufträgen über Kryptowerte für Kunden ist der Abschluss von Vereinbarungen für Kunden über den Kauf oder Verkauf eines oder mehrerer Kryptowerte oder die Zeichnung eines oder mehrerer Kryptowerte für Kunden, einschließlich des Abschlusses von Verträgen über den Verkauf von Kryptowerten zum Zeitpunkt ihres öffentlichen Angebots oder ihrer Zulassung zum Handel. Im Vergleich dazu versteht MiFID II die Ausführung von Aufträgen im Namen von Kunden als die Tätigkeit zum Abschluss von Vereinbarungen, ein oder mehrere Finanzinstrumente im Namen von Kunden zu kaufen oder zu verkaufen, und umfasst den Abschluss von Vereinbarungen über den Verkauf von Finanzinstrumenten, die von einer Wertpapierfirma oder einem Kreditinstitut zum Zeitpunkt ihrer Emission ausgegeben werden.[152]

Abschluss „*für den Kunden*" bedeutet, dass der Dienstleister stets auf fremde Rechnung handelt, die wirtschaftlichen Wirkungen des Kundenauftrags also dem Kunden zufallen. Mangels definitorischer Einschränkung erfasst die Dienstleistung sowohl den Abschluss durch den Dienstleister im eigenen Namen (Dienstleister kontrahiert jeweils gleichlautend mit Kunde und Drittem; Verpflichtungen werden durchgeleitet; indirekte Stellvertretung) als auch im Namen des Kunden (Dienstleister verpflichtet Kunden direkt; offene Stellvertretung). Die Verwendung der Begriffe „*Kauf*", „*Verkauf*" sowie „*Zeichnung*" sowie das Abstellen auf Aufträge im Rahmen eines öffentlichen Angebots bzw. Zulassung zum Handel zeigen an, dass die Ausführung von Aufträgen sowohl Primär- als auch Sekundärmarkttransaktionen erfasst und auch die als IEO (Initial Exchange Offering) bekannten Formen des Vertriebs von Kryptowerten über das Handelsbuch einer Handelsplattform.

Handelt der Dienstleister beim Kauf, Verkauf oder der Zeichnung nicht auf Rechnung des Kunden (erfüllt er den Auftrag aus eigenen Kryptowerten oder Geldbeträgen), so handelt es sich nicht um einen Fall der Ausführung von Aufträgen sondern um Eigenhandel nach Nr. 19 oder Nr. 20.

---

[151] Nr. 14 iVm Art. 48 Abs. 2 MiCAR.
[152] Art. 4 Abs. 1 Nr. 5 MiFID II.

MiCAR Art. 3 Titel I. Gegenstand, Anwendungsbereich, Begriffsbest.

140 **7. Platzierung (Nr. 22).** Platzierung von Kryptowerten ist deren Vermarktung an Käufer im Namen oder für Rechnung des Anbieters oder einer mit dem Anbieter verbundenen Partei. Diese Definition unterscheidet sich wesentlich vom Begriffsverständnis, das unter MiFID II im Zusammenhang mit Finanzinstrumenten für die Platzierungstätigkeit entwickelt wurde.

141 Kernelement der Platzierung von Kryptowerten ist deren Vermarktung (*„marketing"; „commercialisation"*). Dieser Begriff ist weit und umfasst jede Förderung des Absatzes. Eine Beschränkung der Tätigkeit auf Veräußerungsgeschäfte, wie sie im Zusammenhang mit der Platzierung von Finanzinstrumenten vertreten wird[153], widerspricht dem klaren Wortlaut der Definition. Von der Platzierung von Kryptowerten sind also nicht nur solche Geschäfte erfasst, die auf den Erwerb der fraglichen Kryptowerte unter Lebenden gerichtet sind, sondern jede Vermarktung. Darunter fallen etwa Marketingmaßnahmen wie das Schalten von Werbung, das Veröffentlichen von Artikeln zur Absatzförderung, die Kontaktaufnahme mit potentiellen Interessenten, das Abhalten von Veranstaltungen oder das Organisieren von Bounty-Programmen.

142 Allerdings muss diese Tätigkeit im Rahmen der Erfüllung einer Vereinbarung mit dem Anbieter oder einer verbundenen Partei erfolgen, um als Platzierungsdienstleistung erfasst zu sein. Ohne solche Vereinbarung mangelt es am ebenfalls geforderten Auftreten im Namen oder für Rechnung des Anbieters (dazu unten). Wer also lediglich einen Kryptowert im Zusammenhang mit seiner eigenen Tätigkeit erwähnt, ohne mit dessen Anbieter oder verbundenen Parteien eine Vereinbarung über die Vermarktung dieses Kryptowerts geschlossen zu haben, der platziert diese Kryptowerte nicht, auch wenn diese Tätigkeit als Vermarktung anzusehen ist.

143 Die Vermarktung stellt des Weiteren nur dann eine Platzierung dar, wenn sie im Namen oder für Rechnung des Anbieters oder einer mit dieser verbundenen Partei erfolgt. Anbieter ist nach Nr. 13 der Emittent oder auch jede andere Person, die die fraglichen Kryptowerte öffentlich anbietet. Der Begriff der verbundenen Partei ist nicht mit verbundenen Unternehmen gleichzusetzen; eine schuldrechtliche Beziehung mit dem Anbieter genügt, um als verbundene Partei zu gelten. Im fremden Namen oder auf fremde Rechnung bedeutet, dass die einzelnen Vermarktungsschritte für den Anbieter vom Dienstleister so vorgenommen werden, dass entweder bereits der Anbieter oder die verbundene Partei selbst verpflichtet wird, oder dass doch zumindest die wirtschaftlichen Wirkungen diese treffen.

144 Wer vom Anbieter ausschließlich damit beauftragt wurde, Werbesujets zu erstellen, der setzt mangels Tätigkeit im Namen oder auf Rechnung des Anbieters keine Platzierungshandlungen. Dasselbe gilt zB für Personen, die an Bounty-Programmes teilnehmen, und entgeltlich etwa auf Social Media Vermarktungshandlungen für den Kryptowert setzen. Sie handeln ebenso nicht im Namen oder auf Rechnung des Anbieters. Wer hingegen vom Anbieter damit beauftragt wurde, die Bewerbung eines Kryptowerts zu organisieren und im Rahmen dieses Mandats Agenturen mit der Ausarbeitung von Werbesujets im Namen oder auf Rechnung des Anbieters beauftragt, der übt bereits eine Platzierungstätigkeit im Sinne der Nr. 22 aus.

145 **8. Annahme und Übermittlung von Aufträgen (Nr. 23).** Annahme und Übermittlung von Aufträgen über Kryptowerte für Kunden ist die An-

---

[153] Assmann/Schneider/Mülbert/Assmann, WpHG, 8. Aufl. 2023, § 2 Rn. 144.

nahme eines von einer Person erteilten Auftrags zum Kauf oder Verkauf eines oder mehrerer Kryptowerte oder zur Zeichnung eines oder mehrerer Kryptowerte und die Übermittlung dieses Auftrags an eine Drittpartei zur Ausführung. „Annahme" bezeichnet nicht den rechtsgeschäftlichen Vorgang, sondern ist am besten als „Entgegennehmen" zu verstehen. „Ausführung" ist wiederum nicht im rechtsgeschäftlichen Sinn als Erfüllung zu verstehen, sondern bezeichnet die Dienstleistung der Ausführung von Aufträgen über Kryptowerte nach Nr. 21.

Die Annahme und Übermittlung von Aufträgen beginnt somit mit der Entgegennahme eines Auftrags (Kauf-, Verkauf-, Tausch) durch den Dienstleister vom Kunden. Dieser Dienstleister leitet den Auftrag an eine Drittpartei weiter. Je nachdem, ob diese Drittpartei zur Ausführung des Auftrags bereits bei der Entgegennahme vom Kunden verpflichtet sein soll oder nicht, handelt es sich bei dieser Weiterleitung entweder um eine Abschlussvermittlung oder Botenschaft. Beide Formen werden vom Wortlaut der Definition erfasst. Die Drittpartei erbringt sodann gegenüber dem Kunden die Dienstleistung der Ausführung von Aufträgen nach Nr. 21, schließt also für den Kunden (auf fremde Rechnung) eine entsprechende Vereinbarung. Umfasst ist aber wohl (analog) auch der Fall, dass der Dienstleister einen entsprechenden Auftrag entgegennimmt und an einen Dritten weiterleitet, sich daran aber nicht die Ausführung nach Nr. 21 schließt, sondern ein Kauf oder Tausch nach Nr. 19 bzw. Nr. 20, die Drittpartei somit als Eigenhändler auftritt. Dies ergibt sich nicht aus dem Wortlaut der Definition; eine anderslautende Interpretation hätte zur Folge, dass die bloße Annahme und Übermittlung von Aufträgen an Eigenhändler (also Dienstleister, die den Kauf oder Tausch nach Nr. 19 oder Nr. 20 anbieten) nicht vom Katalog der Kryptowerte-Dienstleistungen erfasst wäre. **146**

9. Beratung (Nr. 24). Beratung zu Kryptowerten ist das Angebot oder **147** die Abgabe personalisierter Empfehlungen an Kunden oder die Vereinbarung der Abgabe solcher Empfehlungen auf Ersuchen des Kunden oder auf Initiative des die Beratung leistenden Anbieters von Kryptowerte-Dienstleistungen hinsichtlich eines oder mehrerer Geschäfte in Bezug auf Kryptowerte oder die Nutzung von Kryptowerte-Dienstleistungen. Die Definition geht weiter als jene der Anlageberatung unter MiFID II, die aus der Abgabe persönlicher Empfehlungen an einen Kunden entweder auf dessen Aufforderung oder auf Initiative der Wertpapierfirma besteht, die sich auf ein oder mehrere Geschäfte mit Finanzinstrumenten beziehen.[154]

Ein Vergleich beider Normen zeigt, dass Beratung zu Kryptowerten anders **148** als die Anlageberatung unter MiFID II nicht nur die Abgabe von Empfehlungen erfasst, sondern auch zeitlich vorgelagerte Ereignisse. Bereits das Angebot, Empfehlungen abzugeben, oder eine dazugehörige Vereinbarung gelten als Beratung zu Kryptowerten. Der Begriff des „Angebots" ist nicht rechtsgeschäftlich zu verstehen, sondern bezeichnet die von der Person am Markt dargebotenen Dienstleistungen. Wer also mit Beratung im Sinne personalisierter Empfehlungen wirbt, der nimmt bereits eine Beratung zu Kryptowerten vor, selbst wenn zu keinem Zeitpunkt personalisierte Empfehlungen abgegeben wurden. Nicht nur die tatsächlich erbrachte Leistung ist somit zu prüfen, um zu ermitteln, ob Beratung zu Kryptowerten vorliegt, sondern bereits die Aufmachung bzw. Bewerbung des Angebots.

---

[154] Art. 4 Abs. 1 Nr. 4 MiFID II.

149 Kernelement der Beratung zu Kryptowerten ist, wie auch bei der Anlageberatung, die Abgabe von Empfehlungen. Als Empfehlung ist dabei jede Erklärung anzusehen, die ein bestimmtes Verhalten als für den Adressaten vorteilhaft oder in seinem Interesse liegend darstellt; daran fehlt es, wenn dem Kunden lediglich eine Auskunft erteilt oder eine Information gegeben wird, etwa wenn der Dienstleister dem Kunden lediglich Erläuterungen über dessen in Kryptowerte angelegtes Vermögen gibt, ohne dabei konkrete Vorschläge zur Änderung der Zusammensetzung zu unterbreiten.[155]

150 Anders als die Anlageberatung unter MiFID II, die nur Empfehlungen zu Geschäften mit Finanzinstrumenten erfasst, nicht aber Empfehlungen zu bestimmten Wertpapierdienstleistungen, umfasst die Beratung zu Kryptowerten auch Empfehlungen zur Nutzung bestimmter Kryptowerte-Dienstleistungen. Die Empfehlung, Kryptowerte nicht von einem Dienstleister verwahren zu lassen, sondern diese selbst zu verwahren, zu staken oder auf andere Weise damit zu verfahren, ist eine Empfehlung bezüglich der Nutzung bestimmter Kryptowerte-Dienstleistungen. Das Wort „*Nutzung*" kann auch auf ein bestimmtes Angebot am Markt abstellen. Genauso erfasst ist daher zB die Empfehlung, Kryptowerte bei einem bestimmten namentlich genannten Kryptowerte-Dienstleister zu verwahren. Solche Arten von Empfehlungen sind aber nur dann als Beratung zu Kryptowerten zu verstehen, wenn es sich um eine personalisierte Empfehlung handelt.

151 Personalisierte Empfehlungen umfassen die Erteilung von Informationen, Einschätzungen und Markterwartungen zu Kryptowerten, aber auch sachkundigen Rat zum Aufbau oder Ausbau eines konkreten Kundenportfolios im Wege von Geschäften, mithin die Gestaltung von Kundenvermögen.[156] Allgemeine Ratschläge zu einer Art von Kryptowert stellen nach den zu Finanzinstrumenten entwickelten Grundsätzen grundsätzlich keine Beratung dar weil ohne Berücksichtigung der persönlichen Umstände des Kunden oder zumindest eine erkennbare und individualisierbare Eignung für den Kunden keine personalisierte Empfehlung vorliegen kann.[157] Bloße Tipps, aber auch Finanzanalysen, die beim Kunden nicht die Erwartung erwecken, auf seine persönlichen Umstände einzugehen, fallen nicht unter die Beratung zu Kryptowerten.[158]

152 Wie auch unter MiFID II spielt es bereits nach dem Wortlaut der Bestimmungen für das Vorliegen einer Beratung zu Kryptowerten keine Rolle, ob die Initiative dafür vom Kunden oder vom Dienstleister ausgeht. Es spielt auch keine Rolle, ob eine Empfehlung beachtet wird.

153 **10. Portfolioverwaltung (Nr. 25).** Portfolioverwaltung von Kryptowerten ist die Verwaltung von Portfolios auf Einzelkundenbasis mit einem Ermessensspielraum im Rahmen eines Mandats des Kunden, sofern diese Portfolios einen oder mehrere Kryptowerte enthalten. Die Definition ist wortgleich zur Definition der Portfolioverwaltung unter MiFID II, mit der Ausnahme des unterschiedlichen Portfoliogegenstandes (Finanzinstrumente einerseits, Kryptowerte andererseits). Vor diesem Hintergrund kann uneinge-

---

[155] Im Zusammenhang mit der Anlageberatung vgl. Assmann/Schneider/Mülbert/Assmann, WpHG, 8. Aufl. 2023, § 2 Rn. 168 mwN.
[156] Zu Finanzinstrumenten zB Brandl/Saria/Seggermann § 1 Rn. 29 mwN.
[157] Zu Finanzinstrumenten zB Brandl/Saria/Seggermann § 1 Rn. 30 mwN.
[158] In Anlehnung an die Anlageberatung vgl. Assmann/Schneider/Mülbert/Assmann, WpHG, 8. Aufl. 2023, § 2 Rn. 175.

schränkt auf die zur Portfolioverwaltung nach MiFID II in der Lit. herausgearbeiteten Grundsätze abgestellt werden.

Zentrales Merkmal der Dienstleistung ist die Verwaltung von Portfolios, also von fremdem Vermögen[159], das in Kryptowerten angelegt ist. Übernimmt der Dienstleister im Zuge seiner Verwaltungstätigkeit selbst das Vermögen, so handelt es sich nicht (mehr) um fremdes Vermögen. Allenfalls liegt eine andere Dienstleistung vor. Die Verwaltung muss außerdem auf Einzelkundenbasis erfolgen. Ein Vermischen des Vermögens verschiedener Kunden miteinander verhindert eine Qualifizierung der Dienstleistung als Portfolioverwaltung, allenfalls kann ein AIF vorliegen. Keine Voraussetzung ist, dass das fremde Vermögen ausschließlich aus Kryptowerten besteht. Es reicht aus, wenn einzelne Kryptowerte mitumfasst sind. Ebenso ist es nicht erforderlich, dass das fremde Vermögen bereits bei der Übernahme angelegt war, auch die Übernahme von Geldbeträgen und Investition für Kunden in Kryptowerte auf deren Namen und deren Rechnung wird daher als Portfolioverwaltung erfasst. 154

Der Verwalter muss bei der Verwaltung des Portfolios an Kryptowerten seinen eigenen Entscheidungsspielraum haben. Handelt der Dienstleister nur auf Anweisung des Kunden, so liegt keine Portfolioverwaltung vor; einzelne oder gelegentliche Weisungen schaden aber nicht. 155

11. Transferdienstleistungen (Nr. 26). Transferdienstleistungen für Kryptowerte für Kunden sind *„das Erbringen von Dienstleistungen zur Übertragung von Kryptowerten von einer Distributed Ledger-Adresse oder einem Distributed-Ledger-Konto auf eine andere solche Adresse oder ein anderes solches Konto für eine natürliche oder juristische Person"*. Transferdienstleistung ist somit jede Übertragung von Kryptowerten von einer Adresse oder einem Konto auf eine andere solche Adresse oder ein anderes solches Konto. Die Dienstleistung erfasst sowohl Übertragungen on chain (Adressen) als auch off chain (Konten), zB durch das Setzen entsprechender Buchvermerke in der Datenbank des Dienstleisters. 156

Ein dreipersonales Verhältnis (im Sinne einer Übertragung von Kryptowerten durch den Dienstleister von Person A an Person B unter Nutzung verschiedener Adressen oder Konten) ist nach dem Wortlaut der Definition ganz eindeutig nicht erforderlich. Bereits die Übertragung von einer Adresse oder einem Konto, das auf den Namen des Kunden lautet, an eine andere Adresse oder ein anderes Konto desselben Kunden ist als Transferdienstleistung erfasst. 157

Bietet ein Dienstleister neben dem Kauf oder Tausch (Nr. 19 oder Nr. 20) dem Kunden als weitere Dienstleistung etwa die Verwahrung erworbener Kryptowerte an (Nr. 17), und möchte der Kunde die zuvor vom Dienstleister erworbenen und von diesem verwahrten Kryptowerte später an eine eigene Adresse auf der Blockchain übertragen, so stellt diese Übertragung eine Transferdienstleistung dar. Anders ist der Fall zu beurteilen, wenn die Übertragung von Kryptowerten an eine Adresse des Kunden in Erfüllung eines Kaufs nach Nr. 19 oder Tausches nach Nr. 20 sofort erfolgt, also ohne vorherige Verwahrung nach Nr. 17. Diesfalls kommt es nicht zu einer Übertragung von einer Adresse oder dem Konto eines Kunden auf ein anderes, sondern es werden Kryptowerte von einer Adresse oder einem Konto des Dienstleisters auf eine Adresse oder ein Konto des Kunden übertragen. Anders ausgedrückt handelt es sich bei dieser Übertragung um eine Erfüllungshandlung, nicht um eine Dienstleistung. 158

---

[159] Assmann/Schneider/Mülbert/Assmann, WpHG, 8. Aufl. 2023, § 2 Rn. 150.

159 Die Definition erfasst nicht die Tätigkeiten von Minern oder Validatoren, die am Prozess der Transaktionsbestätigung und der Aktualisierung des Distributed Ledgers beteiligt sind.[160] Auch die Tätigkeit von Searchern und Buildern ist nicht vom Tatbestand der Transferdienstleistung erfasst.

VI. Weitere Begriffe (Lehmann)

160 1. **Leitungsorgan (Nr. 27).** Die Definition des Begriffs „Leitungsorgan" in Nr. 27 ist insofern von Bedeutung, als die VO an dieses verschiedene Anforderungen stellt, insbesondere hinsichtlich ihres Leumunds, ihrer fachlichen Eignung und Zuverlässigkeit.[161] Emittenten müssen die Aufsichtsbehörde über jede Änderung des Leitungsorgans informieren.[162] Dessen Mitglieder müssen dem Whitepaper eine Erklärung hinzusetzen, in der sie bestätigen, dass das Kryptowerte-Whitepaper der VO Rechnung trägt, dass die in ihm enthaltenen Informationen nach bestem Wissen des Leitungsorgans redlich, eindeutig und nicht irreführend sind und dass das Kryptowerte-Whitepaper keine Auslassungen aufweist, die seine Aussagekraft beeinträchtigen könnten.[163] Darüber hinaus spielt der Begriff eine Rolle für die zivilrechtliche Haftungsvorschriften, wird dort aber in einem Atemzug mit den – leider nicht definierten – Verwaltungs- und Aufsichtsorganen genannt.[164]

161 Der Begriff des Leitungsorgans richtet sich Nr. 27 zufolge in erster Linie nach dem nationalen Recht der jeweiligen juristischen Person. Gemeint dürfte damit das Gründungsrecht sein, da die Organe nach diesem bestellt sind. Unter diesen sind „Leitungsorgane" solche, welche die Unternehmensstrategie, -ziele und -politik kontrollieren und die Geschäfte des Unternehmens tatsächlich führen. Nicht gemeint sind also Aufsichtsorgane. Die Anwendung dieser an sich klaren Leitlinie bereitet angesichts der Unterschiedlichkeit der Gesellschaftsrechte Schwierigkeiten. Bei einer deutschen oder österreichischen AG ist das Leitungsorgan der Vorstand, nicht der Aufsichtsrat. Bei einer US Public Ltd. ist es das Management (CEO, CFO, COO etc), nicht jedoch das Board of Directors. Problematisch sind dagegen Gesellschaftsrechte, die dem monistischen Modell folgen (one-tier board), etwa die Schweizer AG oder die französische SA. Hier sollte man auf die jeweils für die Unternehmensführung verantwortlichen Board-Mitglieder (executive directors) abstellen, die lediglich beaufsichtigenden (non-executive directors) dagegen ausnehmen.[165]

162 2. **Kreditinstitut (Nr. 28).** Als „Kreditinstitut" gelten unter der MiCAR nur sog. CRR-Kreditinstitute. Dies sind Institute, die Einlagen oder andere rückzahlbare Gelder des Publikums entgegennehmen und Kredite für eigene Rechnung gewähren, also gleichzeitig das Aktiv- als auch das Passivgeschäft betreiben.[166] Der Begriff ist nicht zu verwechseln mit dem des Kreditinstituts

---

[160] Erwgr. Nr. 93.
[161] Art. 18 Abs. 5, Art. 34 Abs. 2, Art. 63 Abs. 10 MiCAR; zu den Fit & Proper Anforderungen s. Fritz, BKR 2023, 747 (750–751).
[162] Art. 33 MiCAR.
[163] Art. 6 Abs. 6, Art. 19 Abs. 5, Art. 51 Abs. 5 MiCAR.
[164] Art. 15 Abs. 1, Art. 26 Abs. 1, Art. 52 Abs. 1 MiCAR; zur Haftung s. Buck-Heeb, BKR 2023, 689.
[165] In diesem Sinn Art. 3 Abs. 2 CRD IV.
[166] Vgl. Art. 4 Abs. 1 Nr. 1 CRR, Verordnung (EU) 575/2013 des Europäischen Parlaments und des Rates vom 26.6.2013 über Aufsichtsanforderungen an Kreditinstitute und Wertpapierfirmen und zur Änderung der Verordnung (EU) 646/2012, ABl. 2013 L 176, 1.

iSd § 1 Abs. 1 S. 1 dKWG oder des § 1 Abs. 1 öBWG. Dieser ist weiter und erfasst auch solche Institute, die sonstige Bankgeschäfte iSd § 1 Abs. 1 S. 2 dKWG oder § 1 Abs. 1 öBWG erbringen.

CRR-Kreditinstitute haben bestimmte Vorrechte unter der VO; zB können sie ohne besondere Zulassung ART und EMT emittieren[167] und Kryptowerte-Dienstleistungen erbringen.[168] Dafür bedürfen sie selbstverständlich einer Zulassung. Diese erfolgt gemäß der Richtlinie 2013/36/EU (=CRD) und der umsetzenden Gesetzgebung.[169]   163

3. Wertpapierfirma (Nr. 29). Die MiCAR verwendet – ähnlich wie die MiFID II[170] – den Begriff der „Wertpapierfirma". Dieser meint hier nicht den Namen des Unternehmens, sondern dieses selbst. Funktionell entspricht er dem des Wertpapierdienstleistungsunternehmen im Sinne des deutschen WpHG, wörtlich dem der Wertpapierfirma im Sinne des österreichischen WAG. Zur näheren Definition der Wertpapierfirma verweist die MiCAR auf die CRR[171], verlangt aber zusätzlich eine Zulassung gemäß der MiFID II. Ähnlich wie bereits CRR-Kreditinstitute haben Wertpapierfirmen bestimmte Vorrechte unter der MiCAR. Insbesondere können sie Kryptowerte-Dienstleistungen erbringen.[172] Allerdings müssen diese den Dienstleistungen und Anlagetätigkeiten entsprechen, für welche die Wertpapierfirma zugelassen ist.[173]   164

4. Qualifizierte Anleger (Nr. 30). Der Begriff „qualifizierte Anleger" spielt bei der Bestimmung des Anwendungsbereichs einiger Vorschriften eine Rolle. So sehen beispielsweise mehrere Vorschriften Ausnahmen für Angebote vor, die sich ausschließlich an qualifizierte Anleger richten.[174]   165

Die MiCAR regelt den Begriff durch Verweis auf die MiFID II (Richtlinie 2014/65/EU). Damit soll offenbar ein Gleichklang mit dem EU-Finanzmarktrecht erzeugt werden. Allerdings definiert der in Bezug genommene Anhang II Abschnitt I Nr. 1–4 MiFID II nicht den Begriff des „qualifizierten Anlegers", sondern den des „professionellen Kunden". Technisch ist die Verweisung zwar nicht verfehlt, denn sie verweist auf „Personen oder Einrichtungen", die in Anhang II Abschnitt I Nr. 1–4 MiFID II genannt sind. Allerdings ist der abweichende Sprachgebrauch („qualifiziert" statt „professionell") geeignet, Verwirrung zu stiften.   166

Zu beachten ist, dass „gekorene" professionelle Kunden im Sinn des Anhang II Abschnitt II MiFID II keine „qualifizierten" Anleger im Sinn der MiCAR sind. Ein freiwilliges „upgrading" privater Kunden zu professionellen Kunden für die Zwecke von Wertpapierdienstleistungen hat also keine Auswirkungen auf die Vermarktung von Kryptowerten.   167

Erfasst sind demnach vom Begriff des qualifizierten Anlegers (nur): 1. Finanzinstitute wie zB Kreditinstitute, Wertpapierfirmen oder Versicherungs-   168

---

[167] Art. 16 Abs. 1 UAbs. 1 lit. b, Art. 48 Abs. 1 lit. a CRR.
[168] Art. 59 Abs. 1 lit. b CRR.
[169] In Deutschland: § 32 KWG, in Österreich: § 4 BWG.
[170] Richtlinie 2014/65/EU des Europäischen Parlaments und des Rates vom 15.5.2014 über Märkte für Finanzinstrumente sowie zur Änderung der Richtlinien 2002/92/EG und 2011/61/EU, ABl. 2014 L 173, 349.
[171] Art. 4 Abs. 1 Nr. 2 CRR.
[172] Art. 59 Abs. 1 lit. b MiCAR.
[173] Vgl. Art. 60 Abs. 3 UAbs. 1 MiCAR; zur Definition der Gleichwertigkeit siehe Art. 60 Abs. 2 UAbs. 2 MiCAR.
[174] S. Art. 4 Abs. 2 lit. c, Art. 16 Abs. 2 lit. b MiCAR.

MiCAR Art. 3　　Titel I. Gegenstand, Anwendungsbereich, Begriffsbest.

gesellschaften, sowie Warenhändler, örtliche Anleger und sonstige institutionelle Anleger; 2. als „groß" definierte Unternehmen[175]; 3. nationale und regionale Regierungen, Zentralbanken und internationale oder europäische Organisationen; 4. andere institutionelle Anleger, deren Haupttätigkeit in der Anlage in Finanzinstrumenten besteht. Diese Anleger müssen nicht in der EU niedergelassen sein; auch Personen in Drittstaaten sind erfasst.[176]

169　Anhang II Abschnitt I MiFID II erlaubt ein freiwilliges aufsichtsrechtliches „downgrading" der genannten Institutionen. Dieses hat jedoch keine Auswirkungen auf die Einordnung unter Art. 3 Abs. 1 Nr. 30 MiCAR, da dieser seinem Wortlaut nach nur auf die „Personen oder Einrichtungen" abstellt, ohne deren Wahlmöglichkeit auch nur in Betracht zu ziehen. Dafür spricht auch der Ausschluss der Berücksichtigung eines „upgrading". Allerdings ist dieses Ergebnis alles andere als befriedigend. Aus rechtspolitischer Sicht scheint es verfehlt, eine Person beim Vertrieb von Finanzinstrumenten anders zu kategorisieren als beim Vertrieb von Kryptowerten. Den entgegenstehenden Wortlaut der Vorschrift wird man jedoch nur schwer mit dieser Überlegung überwinden können.

170　**5. Enge Verbindungen ("31).** Der Begriff der „engen Verbindungen" spielt in der MiCAR an zwei Stellen eine Rolle. Erstens ist er bei der Zulassung von Kryptowerte-Dienstleistern relevant; dort muss die Aufsichtsbehörde prüfen, ob enge Verbindungen des Antragstellers zu anderen natürlichen oder juristischen Personen bestehen, welche die Behörde an der ordnungsgemäßen Wahrnehmung ihrer Aufsichtsaufgaben hindern.[177] Zweitens hat der Begriff im Rahmen der Regelung von Zuwendungen Bedeutung; hier muss der Kryptowerte-Dienstleister den Anleger informieren, ob er „enge Verbindungen" zum Emittenten oder Anbieter der Kryptowerte unterhält.[178]

171　Die Definition erfolgt durch Verweis auf Art. 4 Abs. 1 Nr. 35 MiFID II (RL 2014/65/EU). Dort sind drei Grundfälle genannt.
1. Im ersten Fall hält eine der beiden Personen mindestens 20 % der Stimmrechte oder des Kapitals der Gesellschaft. Gleichgültig ist, ob sie diese direkt oder indirekt, dh über eine andere Gesellschaft, hält. Erfasst sind damit auch die Beziehung zwischen Mutter- und Enkelunternehmen (Tochter der Tochter) sowie weitergehende „Verwandschaftsverhältnisse".
2. Der zweite Fall „enger Verbindungen" liegt vor, wenn eine Person verpflichtet ist, für beide einen konsolidierten Abschluss und Lagebericht zu erstellen. Letzteres bestimmt sich nach Art. 22 Abs. 1 und 2 der Bilanzrichtlinie (RL 2013/34/EU). Dort ist u. a. auch der Fall eines abgeschlossenen Unternehmensvertrags (zB ein Gewinnabführungs- und/oder Beherrschungsvertrag) und des „acting in concert", dh des abgestimmten Vorgehens durch mehrere Anteilseigner, genannt.[179] Verwirrenderweise

---

[175] Diese müssen zwei von drei Kriterien erfüllen: Bilanzssumme EUR Mio., Nettumsatz 40 Mio. EUR, Eigenmittel 2 Mio EUR.
[176] S. ausdrücklich Anhang II Abschnitt I Nr. 1 MiFID II.
[177] Art. 63 Abs. 7 und 8 MiCAR.
[178] Art. 81 Abs. 2 lit. b und Abs. 3 lit. a ii MiCAR.
[179] S. Art. 22 Abs. 1 lit. c und d ii RL 2013/14/EU, Richtlinie 2013/14/EU des Europäischen Parlaments und des Rates vom 21.5.2013 zur Änderung der Richtlinie 2003/41/EG über die Tätigkeiten und die Beaufsichtigung von Einrichtungen der betrieblichen Altersvorsorge, der Richtlinie 2009/65/EG zur Koordinierung der Rechts- und Verwaltungsvorschriften betreffend bestimmte Organismen für gemeinsame Anlagen in Wertpapieren (OGAW) und der Richtlinie 2011/61/EU über die Verwalter alternativer Investmentfonds im Hinblick auf überäßigen Rückgriff auf Ratings, ABl. 2013 L 145, 1.

umfasst der Verweis in Art. 4 Abs. 1 Nr. 35 MIFID II nicht den Art. 22 Abs. 3 Bilanzrichtlinie, kraft dessen den Stimmrechten der Mutter auch solche einer Tochter hinzurechnen sind, die im eigenen Namen, aber für die Rechnung des Mutterunternehmens handelt. Dadurch werden Umgehungsmöglichkeiten eröffnet, und es droht ein Widerspruch zum Bilanzrecht. Der klare Wortlaut der Bestimmung lässt allerdings keinen Raum für eine abweichende Interpretation.

3. Im dritten Fall, der in Art. 4 Abs. 1 Z 35 MiFID II genannt ist, wird das Kontrollverhältnis über eine dritte Person begründet. Ein Beispiel wäre ein Mutterunternehmen, dass 20% oder mehr der Stimmrechte an beiden Unternehmen hält. In diesem Fall muss das Kontrollverhältnis allerdings „dauerhaft" sein, dh die Absprache über ein bloß einmaliges Verhalten genügt nicht. Hingegen sind auf Dauer angelegte Kontrollverhältnisse schon vor dem ersten Fall der Einflussnahme erfasst.

6. Vermögenswertreserve (Nr. 32). Die Vermögenswertreserve ist eine der wesentlichen Anforderungen unter der MiCAR. Sie trifft alle Emittenten von Stablecoin (ART und EMT). Sie soll die Ansprüche der Anleger sichern (Erwgr. Nr. 54). Art. 37 MiCAR (bei EMT iVm Art. 48 Abs. 3) enthält die Anforderung, eine Vermögenswertreserve zu bilden und jederzeit zu halten; ihre Verwahrung und Investition wird in Art. 37 f. MiCAR näher spezifiziert. Zum Teil sprechen diese Vorschriften auch vom „Reservevermögen" *(reserve assets);* damit sind die konkreten Vermögensgegenstände gemeint, aus denen sich die Vermögenswertreserve (*reserve of assets*) zusammensetzt. 172

7. Herkunftsmitgliedstaat (Nr. 33). Art. 3 Abs. 1 Z 33 definiert den „Herkunftsmitgliedstaat". Bedeutung hat dieser Begriff insbesondere für die Bestimmung der zuständigen Aufsichtsbehörde, zB für die Einreichung des Kryptowerte-Whitepapers.[180] Darüber hinaus ist er auch für die Sprache relevant, in der das Kryptowerte-Whitepaper[181] und die Betriebsvorschriften einer Kryptowerte-Plattform[182] verfasst sein müssen. Zu beachten ist, dass die MiCAR strenge räumliche Anforderungen an Emittenten von Stablecoins (ART und EMT) sowie an Kryptowerte-Dienstleister stellt, die vom Begriff des Herkunftsmitgliedstaats unabhängig sind.[183] 173

Der Herkunftsmitgliedstaat ist vereinfacht gesagt derjenige Staat der EU, aus dem eine Person rechtlich gesehen stammt. Staaten, die nicht der EU angehören, können keine Herkunftsmitgliedstaaten sein. Sollte die VO – wie zu erwarten – auf den EWR ausgedehnt werden, können aber Norwegen, Liechtenstein und Island die Rolle des Herkunftsmitgliedstaats einnehmen. 174

Der Begriff Herkunftsmitgliedstaat wird durch Nr. 33 nach verschiedenen Personengruppen ausdifferenziert. Dabei lehnt sich die MiCAR an Art. 4 Abs. 1 Nr. 55 MiFID II an, von dem sie aber an vielen Stellen abweicht und zudem um neue Elemente erweitert. 175

Unterschieden wird in Personen, die ihren Sitz in der EU haben (lit. a) und solche, die ihren Sitz in Drittstaaten haben, wobei letztere danach 176

---

[180] S. Art. 8 Abs. 1, Art. 17 Abs. 1 lit. a MiCAR, oder die Zulassung als ART-Emittent (Art. 18 Abs. 1 MiCAR).
[181] S. Art. 6 Abs. 9 MiCAR.
[182] Art. 76 Abs. 4 MiCAR.
[183] Vgl. Art. 16 Abs. 1 lit. a, Art. 59 Abs. 2 MiCAR.

MiCAR Art. 3   Titel I. Gegenstand, Anwendungsbereich, Begriffsbest.

unterteilt werden, ob sie eine Zweigniederlassung in der EU haben (lit. b) oder nicht (lit. c).

177 Für Personen mit Sitz in der EU ist der Sitzstaat der Herkunftsmitgliedstaat (lit. a). Gemeint ist hier bei juristischen Personen der statutarische Sitz (Satzungssitz), im Gegensatz zum „reellen" Sitz (Verwaltungssitz).[184] Für natürliche Personen (die ebenfalls Emittent „normaler" Kryptowerte seien können), enthält die Vorschrift keine Regelung. Insoweit wird man in Anlehnung an Art. 4 Abs. 1 Nr. 55 lit. a i MiFID II den Ort der Hauptverwaltung heranziehen müssen.

178 Für Personen mit Sitz in einem Drittstaat, aber einer Niederlassung in der EU, gilt der Staat der Niederlassung als Herkunftsmitgliedstaat. Sollte die Person über mehrere Niederlassungen verfügen, so kann sie zwischen diesen wählen (lit. b).[185]

179 Haben die Personen keine Niederlassung in der Union, aber die Zulassung von Kryptowerten zum Handel in einem oder mehreren Mitgliedstaaten beantragt, so ist Herkunftsmitgliedstaat der Staat des erstmaligen öffentlichen Angebots (lit. c). Stattdessen können diese Personen aber auch den Staat des erstmaligen Zulassungsantrags wählen. Nach dem Wortlaut der Vorschrift ist davon auszugehen, dass mangels abweichender Wahl der Staat des erstmaligen öffentlichen Angebots als Herkunftsstaat gilt. Zwischen verschiedenen Staaten, in dem sie die Zulassung zum Handel beantragt hat, kann die Person nicht wählen; nur der Staat der *ersten* Zulassung kann Herkunftsmitgliedstaat sein.

180 Nr. 33 lit. d gilt für Emittenten vermögenswertreferenzierter Token (ART). Diese können nur in einem EU-Mitgliedstaat niedergelassene juristische Personen oder Unternehmen sein.[186] Daher ist der Staat ihres Sitzes, gleichbedeutend mit der Niederlassung, als Herkunftsmitgliedstaat definiert.

181 Emittenten von E-Geld-Token (EMT) können nur in der EU zugelassene Kreditinstitute oder E-Geld-Institute sein, Art. 48 Abs. 1 lit. a MiCAR. Für sie gilt gemäß Nr. 33 lit. e der Staat ihrer Zulassung als Herkunftsmitgliedstaat.

182 **8. Aufnahmemitgliedstaat (Nr. 34).** Vereinfacht gesagt ist der „Aufnahmemitgliedstaat" derjenige Staat der EU, in dem eine Person handelt. Dieser ist zu unterscheiden vom Herkunftsmitgliedstaat (Nr. 33) als dem Staat, aus dem die Person stammt. Die Unterscheidung geht auf das Konzept des Binnenmarkts zurück, das es Personen erlaubt, Waren und Dienstleistungen in anderen Staaten als ihrem Ursprungsstaat anzubieten. Staaten, die nicht der EU angehören, können keine Aufnahmemitgliedstaaten sein. Sollte die VO – wie zu erwarten – auf den EWR ausgedehnt werden, können aber Norwegen, Liechtenstein und Island die Rolle des Aufnahmemitgliedstaats einnehmen.

183 Wichtig ist, dass eine Person oder ein Unternehmen regelmäßig nicht nur einen, sondern viele Aufnahmemitgliedstaaten hat, nämlich alle, in denen es tätig ist oder Leistungen anbietet. Dies ist ein weiterer wichtiger Unterschied zum Herkunftsmitgliedstaat, der immer nur ein einziger Staat sein kann. Freilich ist nicht ausgeschlossen, dass ein Unternehmen nur einen einzigen Aufnahmemitgliedstaat hat, wenn es zB aus Deutschland stammt und seine Leistungen nur in Österreich anbietet.

---

[184] S. zur gleichlautenden Vorschrift der MiFID II MüKoBGB/Lehmann, IntFinMR, 8. Aufl. 2021, Rn. 171, 178.
[185] Vgl. zu den Modalitäten der Wahl MüKoBGB/Lehmann, IntFinMR, 8. Aufl. 2021, Rn. 155 ff.
[186] Vgl. Art. 16 Abs. 1 lit. a MiCAR.

Ebenfalls möglich ist, dass eine Person nur im Staat ihrer Herkunft tätig ist und Leistungen anbietet. In diesem Fall fällt der Begriff des Aufnahmemitgliedstaats mit dem des Herkunftsstaats zusammen und spielt keine eigenständige Rolle, vgl. Nr. 34 aE. So wird in diesem Fall zB die Pflicht der Behörde des Aufnahmemitgliedstaats zur Information der Behörde des Herkunftsmitgliedstaats nach Art. 110 Abs. 1 MiCAR gegenstandslos; der Herkunftsmitgliedstaat ist zudem der Einzige, der Maßnahmen iSd Art. 110 Abs. 2 MiCAR ergreifen kann.

184

Nr. 34 nennt verschiedene Handlungen, die für die Bestimmung des oder der Aufnahmemitgliedstaaten relevant sind. Dazu gehört 1. das öffentliche Angebot von Kryptowerten, 2. die Beantragung der Zulassung von Kryptowerten zum Handel, sowie 3. die Erbringung von Kryptowerte-Dienstleistungen. Wenn diese Handlungen in verschiedenen Mitgliedstaaten erfolgen, so sind alle von ihnen Aufnahmemitgliedstaaten. Ausgenommen ist nur der Herkunftsmitgliedstaat.

185

9. Zuständige Behörde (Nr. 35). Gemäß Art. 93 MiCAR müssen die EU-Mitgliedstaaten eine oder mehrere ihrer Behörden für die Wahrnehmung der Aufgaben unter der Verordnung als zuständig erklären. Gemäß Nr. 35 gilt die so benannte Behörde als „zuständige Behörde". Das gilt insbesondere für die Aufsicht über Anbieter von Stablecoins (ART und EMT) sowie anderer („normaler") Token und die Aufsicht über Kryptowerte-Dienstleister (lit. a) sowie für die Anwendung der E-Geld-Richtlinie (RL 2009/110/EG)[187]. In Deutschland wird die zuständige Behörde voraussichtlich die BaFin.[188] In Österreich trat bereits am 20. Juli 2024 das MiCA-Verordnung-Vollzugsgesetz (MiCA-VVG) in Kraft, das die FMA als zuständige österreichische Aufsichtsbehörde festgelegt.[189]

186

10. Qualifizierte Beteiligung (Nr. 36). MiCAR enthält Vorschriften über qualifizierte Beteiligungen und über die Zuverlässigkeit der Inhaber, ähnlich der Regelungen der CRD IV für Kreditinstitute und Wertpapierfirmen[190]. Diese betreffen zum einen deren Eignung und Zuverlässigkeit[191], zum anderen die Transparenz solcher Beteiligungen[192].

187

Als „qualifiziert" ist eine Beteiligung gemäß Nr. 36 anzusehen, wenn sie 10 % oder mehr des Kapitals oder der Stimmrechte beträgt. Dabei sind Stimmrechte und Beteiligungen von Personen unter den Voraussetzungen der Art. 9 f. der Transparenz-Richtlinie (RL 2004/109/EG) zusammenzurechnen. Dort genannte Fälle sind zB die Vereinbarung einer langfristigen gemeinsamen Ausübung der Stimmrechte (sog. *acting in concert*), das Halten über Tochterunternehmen oder die Ausübung fremder Stimmrechte im eigenen Interesse[193]. Allerdings gelten gemäß Nr. 36 auch die in Art. 2 Abs. 4 Transparenz-Richtlinie genannten Ausnahmen für die Mutterunter-

188

---

[187] S. Fn. 131.
[188] Die innerstaatliche Zuständigkeit wird in § 3 Kryptomärkteaufsichtsgesetz (KMAG-E) geregelt. Das Gesetz ist aktuell noch nicht beschlossen; der Regierungsentwurf ist hier abrufbar: https://www.bundesfinanzministerium.de/Content/DE/Gesetzestexte/Gesetze_Gesetzesvorhaben/Abteilungen/Abteilung_VII/20_Legislaturperiode/2023-12-20-FinmadiG/0-Gesetz.html (abgerufen am 22.1.2023).
[189] ÖBGBl. I Nr. 111/2024.
[190] Art. 4 Abs. 1 Nr. 36 CRD IV.
[191] S. Art. 41 Abs. 1, Art. 68 Abs. 2, 3 MiCAR.
[192] Art. 41 Abs. 1, Art. 83 Abs. 2, MiCAR.
[193] S. Art. 10 lit. a, d und f Transparenz-Richtlinie.

nehmen von Investmentfonds-Verwaltungsgesellschaften und Portfolioverwalter.

189 Alternativ zur mindestens 10 %igen Beteiligung genügt es, wenn die Beteiligung die Ausübung maßgeblichen Einflusses auf die Geschäftsführung des jeweiligen Emittenten oder Kryptowerte-Dienstleisters ermöglicht. Das kann zB der Fall sein, wenn dieser einen Vorstandsposten besetzen darf oder ein Vetorecht bezüglich bestimmter Entscheidungen innehat.

190 **11. Kleinanleger (Nr. 37).** Der Begriff des Kleinanlegers ist insbesondere für das Widerrufsrecht nach Art. 13 MiCAR bedeutsam. Insofern erklärt sich, warum dieser in Anlehnung an das Verbraucherschutzrecht definiert ist. Wie dieses folgt auch die MiCAR einem rollenbezogenen Verständnis. Kleinanleger ist nach ihr, wer nicht zu gewerblichen, geschäftlichen, handwerklichen oder beruflichen Zwecken handelt, dh zu privaten Zwecken. Diese Definition weicht stark von der in MiFID II ab, die den Begriff des Kleinanlegers als Gegenbegriff zum professionellen Kunden konzipiert[194]. Im Ergebnis ist der Begriff der MiCAR wesentlich weiter, weil er auch erfahrene und vermögende Anleger erfasst, soweit diese zu privaten Zwecken – zB ihrer Altersvorsorge – handeln.

191 Im Verbraucherrecht hat sich eine umfangreiche Rechtsprechung mit der privaten Zweckverfolgung befasst. Diese wird man auf die MiCAR, und insbesondere das Widerrufsrecht des Art. 13, übertragen müssen.[195] Das gilt etwa für die Rechtsprechung des EuGH, nach der im Fall der gleichzeitigen Verfolgung privater und beruflicher Zwecke darauf ankommt, ob letztere klar überwiegen.[196] Ebenso wird man in die MiCAR die Rechtsprechung übertragen müssen, nach der sich der Verbraucher auf seine Verbrauchereigenschaft nicht berufen kann, soweit er diese dem Vertragspartner verheimlicht hat.[197]

192 **12. Online-Schnittstelle (Nr. 38).** Der Begriff „Online-Schnittstelle" *(online interface)* wird von nur einer einzigen Vorschrift der MiCAR verwendet. Art. 94 Abs. 1 lit. z aa MiCAR ermächtigt die zuständige Behörde, soweit keine anderen wirksamen Mittel zur Verfügung stehen, „jede Person" aufzufordern, den Zugang zu einer Online-Schnittstelle zu beschränken oder anzuordnen, dass beim Zugriff ein ausdrücklicher Warnhinweis für die Kunden angezeigt wird (i). Außerdem kann sie anordnen, dass Hosting-Anbieter den Zugang zu einer solchen Online-Schnittstelle entfernen, sperren oder beschränken (ii).

193 Die Online-Schnittstelle nimmt damit eine Schlüsselrolle bei der Durchsetzung der Vorschriften der MiCAR ein. Sollten alle anderen Mittel versagen, dann ist der Zugang zu ihr entweder zu schließen oder einzuschränken. Nr. 38 definiert die Online-Schnittstelle als eine Software, einschließlich einer Webseite oder eines Teils von ihr, oder einer Anwendung *(application – App)*. Diese muss vom Anbieter von Kryptowerten oder Kryptowerte-Dienstleistungen betrieben werden. Webseiten oder Apps Dritter sind demnach nicht erfasst.

194 Zweck der Software muss es sein, den Kunden Zugang zu „ihren" Kryptowerten oder Kryptowerte-Dienstleistungen zu gewähren. Bloße Werbeseiten

---

[194] Art. 4 Abs. 1 Nr. 11 MiFID II.
[195] Vertiefend Maume, RDi 2023, 493 (494–500); zum Widerrufsrecht im Bereich digitaler Kunst s. Stadler/Falke VbR 2022, 84 (86–88).
[196] EuGH 5.12.2022 – C-461/01 Rn. 41–42 – Tessa und Tessas.
[197] Siehe EuGH 9.3.2022 – C-177/22 – Würth Automotive.

fallen also nicht unter den Begriff; jedoch erlaubt die MiCAR auch die Entfernung von „Inhalten" und ganzen Domainnamen, Art. 94 Abs. 1 lit. z aa i und iii MiCAR. Die Online-Schnittstelle iSd MiCAR ist nicht mit einer Programmierschnittstelle (*application programming interface* – API) zu verwechseln. Letztere dient Programmierern zur Verbindung einer Software mit einer anderen und können vom Kunden nicht ohne Weiteres bedient werden.

13. Kunde (Nr. 39). Der in Nr. 39 definierte Begriff Kunde bezieht sich nur auf Kryptowerte-Dienstleistungen. Für die Erwerber von Kryptowerten verwendet die MiCAR den Begriff „Anleger" (siehe Nr. 37). Die Definition in Nr. 39 enthält kaum Erkenntnisse, die nicht bereits aus einer bloßen Wortanalyse gewonnen werden können. Interessant ist einzig die Tatsache, dass auch juristische Personen Kunden sein können. 195

Im Gegensatz zum Begriff des „Kleinanlegers" (Nr. 37) kommt es beim „Kunden" nicht auf den Zweck an, zu dem dieser handelt. Daher erfasst der letztere Begriff auch professionelle und institutionelle Kunden. 196

14. Zusammenführung sich deckender Kundenaufträge (Nr. 40). Den in Nr. 40 definierte Begriff der „Zusammenführung sich deckender Kundenaufträge" verwendet die MiCAR nur in einer einzigen Bestimmung: Art. 76 Abs. 6 MiCAR. Dieser stellt bestimmte Anforderungen an eine solche Zusammenführung innerhalb eines Kryptowerte-Dienstleisters, insbesondere die Zustimmung des Kunden und die Vermeidung von Interessenkonflikten seitens des Anbieters. 197

Zur Bestimmung des Begriffs „Zusammenführung sich deckender Kundenaufträge" verweist Nr. 40 Auf Art. 4 Abs. 1 Nr. 38 MiFID II. Dort ist der Begriff definiert als „ein Geschäft, bei dem der betreffende Vermittler zwischen den mit dem Geschäft im Zusammenhang stehenden Käufer und Verkäufer in einer Weise zwischengeschaltet ist, dass er während der gesamten Ausführung des Geschäfts zu keiner Zeit einem Marktrisiko ausgesetzt ist, und bei dem beide Vorgänge gleichzeitig ausgeführt werden und das Geschäft zu einem Preis abgeschlossen wird, bei dem der Vermittler abgesehen von einer vorab offengelegten Provision, Gebühr oder sonstigen Vergütung weder Gewinn noch Verlust macht". Entscheidend sind demnach drei Elemente: 1. der Ausführende ist zu keiner Zeit einem Marktrisiko ausgesetzt, 2. beide Vorgänge werden gleichzeitig ausgeführt und 3. der Ausführende macht – abgesehen von der zuvor offengelegten Vergütung – weder Gewinn noch Verlust. 198

Angesichts dieser Definition wäre es sehr einfach, die Vorschriften über die „Zusammenführung sich deckender Kundenaufträge" in Art. 76 Abs. 6 MiCAR zu umgehen, indem man das Geschäft zB so ausgestaltet, dass der Ausführende einen nicht offengelegten Gewinn erzielt. Das kann nicht gemeint sein. Daher muss man die „Definition" als Verhaltenserfordernis lesen: Derjenige, der sich deckende Kundenaufträge zusammenführt, soll dabei keinem Marktrisiko ausgesetzt sein, beide Vorgänge gleichzeitig ausführen, und jegliche Vergütung vorab offenlegen. 199

15. Zahlungsdienst (Nr. 41). Der Begriff des „Zahlungsdiensts" spielt in der MiCAR nur eine untergeordnete Rolle. Am prominentesten ist noch seine Erwähnung in Art. 70 Abs. 4 MiCAR. Der Begriff ist der PSD2 (Richtlinie (EU) 2015/2366) entlehnt.[198] Deren Art. 4 Nr. 3 verweist auf die 200

---

[198] Für Kryptowerte an der Schnittstelle zum Zahlungsdiensterecht s. Brauneck, EuZW, 13; ders, EuZW 61.

MiCAR Art. 3 Titel I. Gegenstand, Anwendungsbereich, Begriffsbest.

in Anhang I PSD2 genannten Dienstleistungen. Dort ist u. a. die Ausführung von „Zahlungsvorgängen einschließlich des Transfers von Geldbeträgen" genannt (Nr. 3).

201   **16. Zahlungsdienstleister (Nr. 42).** Der Begriff des „Zahlungsdienstleisters" spielt eine noch untergeordnetere Rolle als der des Zahlungsdiensts. Er ist nur an wenigen Stellen erwähnt.[199] Die MiCAR bezeichnet ihn – in einem offensichtlichen Schreibfehler unter MiCAR – als „Zahlungsdienstleiter" und verweist insoweit auf Art. 4 Nr. 11 PSD2. Dieser verweist seinerseits auf Art. 32 f. PSD2. Danach sind Zahlungsdienstleister unter MiCAR – überraschenderweise – solche, die von der Geltung der PSD2 ausgenommen sind, zB weil sie Zahlungsdienstleistungen nur in geringem Umfang (max. 3 Mio. EUR im letzten Jahr) erbringen. Der Grund dürfte sein, dass alle anderen Zahlungsdienstleister bereits von der PSD2 erfasst sind. Zu Einzelheiten siehe Art. 32 f. PSD2. MiCAR bezeichnet die von der PSD2 erfassten Zahlungsdienstleister als „Zahlungsinstitute", siehe Nr. 46.

202   **17. E-Geld-Institut (Nr. 43).** E-Geld-Institute nehmen eine Schlüsselrolle in der MiCAR ein, weil nur diese – und Kreditinstitute – E-Geld-Token begeben können.[200] Die MiCAR definiert den Begriff durch Verweis auf die E-Geld-Richtlinie (RL 2009/110/EG)[201]. Danach ist ein E-Geld-Institut eine juristische Person, die nach Titel II der RL eine Zulassung für die Ausgabe von E-Geld erhalten hat. Folglich müssen die Emittenten von E-Geld-Token, soweit es sich nicht um Kreditinstitute handelt, über eine Zulassung als E-Geld-Institute verfügen.

203   **18. E-Geld (Nr. 44).** Gemäß Art. 48 Abs. 2 MiCAR gelten E-Geld-Token als E-Geld. Was E-Geld ist, definiert Art. 2 Nr. 2 der E-Geld-Richtlinie (RL 2009/110/EG)[202]. E-Geld gilt als E-Token, so dass es auf die Erfüllung der Merkmale dieser Definition für E-Token nicht ankommt. Es handelt sich um eine juristische Fiktion. Ihre wichtigste Folge ist die Anwendbarkeit der E-Geld-Richtlinie auf E-Geld-Token, neben den Vorschriften des Titel IV der MiCAR.

204   **19. Personenbezogene Daten (Nr. 45).** Der Datenschutz ist ubiquitär, und auch die MiCAR kann sich ihm nicht entziehen. In zahlreichen Vorschriften wird auf die Notwendigkeit des Schutzes personenbezogener Daten hingewiesen.[203] Wichtig ist zudem Art. 4 Abs. 2 UAbs. 2 MiCAR, dem zufolge Angebote von Kryptowerten im Tausch gegen personenbezogene Daten nicht als kostenlos gelten. Damit wird die Bedeutung der Preisgabe personenbezogener Daten unterstrichen.

205   Den Begriff „personenbezogene Daten" definiert die MiCAR durch Verweis auf die DSGVO (VO (EU) 2016/679). Deren Art. 4 Nr. 1 sieht als solche alle Informationen an, „die sich auf eine identifizierte oder identifizierbare natürliche Person (…) beziehen; als identifizierbar wird eine natürliche Person angesehen, die direkt oder indirekt, insbesondere mittels Zuordnung

---

[199] S. zB Art. 122 Abs. 1 lit. e MiCAR für die Bestimmung potentieller Adressaten für behördliche Informationsersuchen.
[200] Art. 48 Abs. 1 UAbs. 1 lit. a MiCAR.
[201] S. Fn. 131.
[202] S. Fn. 131.
[203] S. zB Art. 126 Abs. 3, Art. 130 Abs. 6 S. 3, Art. 133 Abs. 1 Nr. 2 MiCAR.

zu einer Kennung wie einem Namen, zu einer Kennnummer, zu Standortdaten, zu einer Online-Kennung oder zu einem oder mehreren besonderen Merkmalen, die Ausdruck der physischen, physiologischen, genetischen, psychischen, wirtschaftlichen, kulturellen oder sozialen Identität dieser natürlichen Person sind, identifiziert werden kann."

Vereinfacht gesagt handelt es sich danach bei personenbezogenen Daten um alle Informationen, die sich auf eine identifizierte oder identifizierbare natürliche Person beziehen.[204] Zentral sind nach der Definition vier Elemente: 1. Information, 2. Personenbezug, 3. natürliche Person und 4. Identifizierung oder jedenfalls Identifizierbarkeit.[205] **206**

In Betracht kommen alle Arten von Informationen, nicht nur private oder sensible Daten.[206] Selbst vermeintlich belanglose oder für den Verantwortlichen neue Informationen können personenbezogene Daten sein.[207] **207**

Die Informationen müssen sich auf eine bestimmte natürliche Person beziehen. Diese muss aber nicht notwendig bekannt, sondern lediglich identifizierbar sein. Dafür genügt zB das Wissen über deren Online-Kennung (IP-Adresse).[208] **208**

Allerdings kann Anonymisierung oder Pseudonymisierung die Identifizierbarkeit verhindern und damit den Personenbezug aufheben.[209] Die Pseudonoymisierung als solche reicht aber nicht aus, um den Personenbezug der jeweiligen Information aufzuheben.[210] Dies spielt bei der Blockchain eine besondere Rolle, da sie auf dem Prinzip der Pseudonymität beruht. Letztere muss so stark sein, dass die Identifizierung nicht mehr mit vernünftigerweise zu erwartendem Aufwand erreichbar ist.[211] In diesem Fall ist der für die DSGVO notwendige Personenbezug aufgehoben.[212] **209**

Im Ergebnis wird man daher Informationen über das Halten oder den Transfer bestimmter Kryptowerte nur insoweit als personenbezogene Daten ansehen können, als diese mit vernünftigerweise zu erwartendem Aufwand einer individuellen Person zugeordnet werden können. Die genauen Anforderungen sind umstritten, wobei zwischen einer absoluten, einer relativen und einer vermittelnden Auffassung unterschieden wird.[213] Jedoch ist man sich im Ergebnis bis auf wenige abweichende Stimmen einig, dass es sich beim *public key*, beim *private key* und bei den Transaktionsdaten um personenbezogene Daten handeln kann.[214] Grund dafür sei, dass sie sich einer individuellen Person zuordnen lassen.[215] **210**

---

[204] Paal/Pauly/Ernst DS-GVO Art. 4 Rn. 3.
[205] Ehmann/Selmayr/Klabunde DS-GVO Art. 4 Rn. 8.
[206] Gola/Heckmann/Gola DS-GVO Art. 4 Rn. 6.
[207] HK-DS-GVO/BDSG/Ziebarth DS-GVO Art. 4 Rn. 8.
[208] HK-DS-GVO/BDSG/Ziebarth DS-GVO Art. 4 Rn. 20.
[209] HK-DS-GVO/BDSG/Ziebarth DS-GVO Art. 4 Rn. 25.
[210] Vgl. Erwgr. Nr. 26 S. 2 DSGVO.
[211] HK-DS-GVO/BDSG/Ziebarth DS-GVO Art. 4 Rn. 30.
[212] HK-DS-GVO/BDSG/Ziebarth DS-GVO Art. 4 Rn. 91.
[213] Gola/Heckmann/Gola DS-GVO Art. 4 Rn. 20; Maume/Maute Kryptowerte-HdB/Schmid § 16 Rn. 19; Steinrötter ZBB 2021, 373 (379); Omlor/Link Kryptowährungen/Wendehorst/Gritsch Kap. 16 Rn. 8; Kipker/Bruns CR 2020, 210 Rn. 13 f.; EuGH 19.10.2016 – C-582/14 Rn. 39–49 – Breyer zur Datenschutz-RL, eine inhaltliche Änderung ist mit der Einführung der DSGVO nicht eingetreten.
[214] Steinrötter ZBB 2021, 373 (378); Bechtolf/Vogt ZD 2018, 66 (68 f.); für public keys und Transaktionsdaten ebenfalls: Omlor/Link Kryptowährungen/Wendehorst/Gritsch Kap. 16 Rn. 9 f.; Maume/Maute Kryptowerte-HdB/Schmid § 16 Rn. 20 ff.
[215] Steinrötter ZBB 2021, 373 (378).

MiCAR Art. 3 Titel I. Gegenstand, Anwendungsbereich, Begriffsbest.

211 Dem ist ganz grundsätzlich zu widersprechen. Weder der *public* key, noch der *private key* oder die Transaktionsdaten lassen sich mit „verhältnismäßigem Aufwand" einer bestimmten Person zuordnen. Die Blockchain ist bewusst so konzipiert und ausgestaltet, dass eine solche Zuordnung unmöglich ist. Die Kenntnis der Identität der Inhaber der auf ihr gespeicherten Werte ist gerade keine Voraussetzung für die Übertragung von Kryptowerten und damit auch eine Ermittlung der Identität nicht erforderlich *(zero knowledge proof)*. Diese Pseudonymität wird durch aufwändige kryptographische Mittel wie den Hash erreicht. Jede beliebige Person kann zB einen *public key* auf einer Webseite erzeugen, ohne seine Identität zu offenbaren. Der *private key* wird nur ihr mitgeteilt; sie hält diesen vernünftigerweise geheim. Die Transaktionsdaten wiederrum können durch Dritte nicht einer individuellen Person zugeordnet werden, solange nicht die Pseudonymität durch außerhalb der Blockchain liegende Umstände aufgehoben ist. Die Blockchain ist ein hervorragendes Mittel zur Geheimhaltung personenbezogener Daten; genau dazu wurde sie erdacht, und genau deshalb wird sie von Kriminellen missbraucht und von Regulierern misstrauisch beäugt.

212 Fast alle auf der Blockchain gespeicherten oder zu ihrer Veränderung erforderlichen Daten sind daher nicht als personenbezogen anzusehen. Nur in Ausnahmefällen ist dies anders. Eine solche Situation liegt beispielsweise vor, wenn die hinter einer *public address* stehende Person bekannt ist, zB durch vorangehende Geschäfte, und sich daher über die Blockchain weitere Kenntnisse über das Verhalten dieser Person und ihre Vermögenswerte erzielen lassen. Auch ließe sich möglicherweise die Identität mittels Big Data Analyse ausfindig machen.[216] Doch handelt es sich hierbei wie gesagt um Ausnahmefälle.

213 In anderen Mitgliedstaaten der EU wird die DSGVO wesentlich weniger weitgehend und stärker an ihren Zielen orientiert interpretiert. Daher hat man dort auch kaum Probleme, Blockchain und Datenschutz miteinander in Einklang zu bringen.[217]

214 Die herrschende Meinung im deutschsprachigen Raum führt dagegen zu erheblichen Schwierigkeiten bei der Anwendung der DSGVO auf die Blockchain. Diese beginnen bei der Frage der Rechtmäßigkeit, insbesondere durch „Einwilligung" in die Datenverarbeitung, führen weiter über das Problem der für diese verantwortlichen Person und enden bei der (un)möglichen Durchsetzung der DSGVO in globalen Netzwerken.[218] Überall treten vermeintlich diametrale Widersprüche zwischen dem Schutz personenbezogener Daten und der neuen Technologie auf.[219] Letztlich gehen diese jedoch auf die Vertreter der herrschenden Ansicht selbst zurück, die die Anforderungen an die Identifizierbarkeit viel zu niedrig ansetzen.

215 Das heißt nicht, dass DLT und Datenschutz sich komplett ausschließen würden. Dies folgt bereits aus dem bereits erwähnten Erwgr. Nr. 26 S. 2 DSGVO, wonach eine Pseudonymisierung als solche nicht die Anwendbar-

---

[216] Lyons/Courcelas/Timsit, EU Blockchain Observatory and Forum Report: Blockchain and the GDPR, 2018, 20.
[217] Zu Frankreich siehe Commission Nationale de l'Informatique et des Libertés (CNIL), Blockchain and the GDPR, 2018.
[218] Siehe umfassend hierzu Maume/Maute Kryptowerte-HdB/Schmid § 16; Omlor/Link Kryptowährungen/Wendehorst/Gritsch Kap. 16; Bechtolf/Vogt ZD 2018, 66.
[219] S. zB zur Verantwortlichkeit Omlor/Link Kryptowährungen/Wendehorst/Gritsch Kap. 16 Rn. 15 ff.

keit der DSGVO ausschließt. In einigen Fällen können auf der Blockchain gespeicherte Daten durchaus personenbezogen sein. So kann es sich insbesondere bei *permissioned blockchains* verhalten. Ein Beispiel sind diejenigen Blockchains, die dem eWpG unterfallen.[220] Bei ihnen müssen Informationen über den Inhaber eingetragen sein (siehe § 17 Abs. 1 Nr. 6 eWpG); die Bezeichnung des Inhabers muss bei einer Einzeleintragung durch Zuordnung einer eindeutigen Kennung erfolgen (§ 17 Abs. 2 S. 2 eWpG). Hier kann die Person des Inhabers oder Übertragenden durchaus mit vertretbarem Aufwand zu ermitteln sein, so dass personenbezogene Daten vorliegen können.

Ebenso verhält es sich mit Informationen, die nicht auf der Blockchain selbst gespeichert sind. Zum Beispiel sind die Identität eines Nodes oder eines Miners nicht in derselben Weise geschützt wie die des Inhabers eines Kryptowerts, und können daher personenbezogene Daten darstellen. Ebenso können Daten ohne Verschlüsselung auf der Blockchain gespeichert werden. Diese sind ohne Weiteres vom Begriff der personenbezogenen Daten umfasst. **216**

20. Zahlungsinstitut (Nr. 46). Der Begriff des Zahlungsinstituts ist in der MiCAR nur von marginaler Bedeutung.[221] Er entspricht demjenigen der PSD2 (RL (EU) 2015/2366). Den Art. 4 Nr. 4 bezeichnet als Zahlungsinstitut „eine juristische Person, der nach Artikel 11 PSD2 eine Zulassung für die unionsweite Erbringung und Ausführung von Zahlungsdiensten erteilt wurde". Es gilt also ein formeller Begriff. **217**

21. OGAW-Verwaltungsgesellschaft und AIF-Verwalter (Nr. 47, 48). Verwaltungsgesellschaften von Organismen für die gemeinsame Anlage in Wertpapieren (OGAW) und Verwalter alternativer Investmentfonds (AIF) sind unter der MiCAR insofern von Bedeutung, als sie ohne weitere Zulassung Kryptowerte-Dienstleistungen erbringen können.[222] Die Begriffe richten sich nach der UCITS-Richtlinie[223] und der AIFM-Richtlinie.[224] **218**

22. Finanzinstrument (Nr. 49). Der Begriff des Finanzinstruments nimmt eine Schlüsselposition in der MiCAR ein, da er zu deren Abgrenzung vom klassischen Finanzmarktrecht dient. Alle diejenigen Kryptowerte, die den Begriff des Finanzinstruments erfüllen, fallen nicht unter die MiCAR, sondern unter die MiFID II/MiFIR, die Prospekt-VO, und MAD/MAR.[225] Dies folgt aus dem Konzept der technologischen Neutralität, dem das EU-Finanzmarktrecht – nicht aber die MiCAR – verpflichtet ist.[226] **219**

Die MiCAR definiert den Begriff „Finanzinstrument" nicht selbst, sondern verweist auf Art. 4 Abs. 1 Nr. 15 MiFID II, der wiederrum auf Anhang 1 Teil C MiFID II referiert. Dort sind im Wesentlichen – abgesehen von **220**

---

[220] Zur Änderung des eWpG durch das ZuFinG s. John/Patz BKR 2023, 849 (854).
[221] S. zB Art. 122 Abs. 1 lit. e, Art. 125 Abs. 1 lit. e MiCAR.
[222] Art. 59 Abs. 2 MiCAR; S. zu den weiteren Anforderungen Art. 60 Abs. 5 MiCAR.
[223] Art. 2 Nr. 1 lit. b RL 2009/65/EG des Europäischen Parlaments und des Rates vom 13.7.2009 zur Koordinierung der Rechts- und Verwaltungsvorschriften betreffend bestimmte Organismen für gemeinsame Anlagen in Wertpapieren (OGAW), ABl. 2009 L 302, 32.
[224] Art. 4 Abs. 1 lit. b RL 2011/61/EU des Europäischen Parlaments und des Rates vom 8.6.2011 über die Verwalter alternativer Investmentfonds und zur Änderung der Richtlinien 2003/41/EG und 2009/65/EG und der Verordnungen (EG) Nr. 1060/2009 und (EU) Nr. 1095/2010, ABl. 2011 L 174, 1.
[225] S. Art. 2 Abs. 4 lit. a MiCAR.
[226] Näher zu diesem Konzept Maume ECFR 2023, 243 (245–255); Lehmann ÖBA 2024, 248 (251); Annunziata, EBI Working Paper Nr. 158, 1 (19–20).

MiCAR Art. 3   Titel I. Gegenstand, Anwendungsbereich, Begriffsbest.

Emissionszertifikaten – vier große Gruppen von Finanzinstrumenten genannt: 1. übertragbare Wertpapiere, 2. Geldmarktinstrumente, 3. Anteile an Organismen für die gemeinsame Anlage in Wertpapieren (OGAW), und 4. verschiedene Arten von Derivaten.

1. Die erste Kategorie, übertragbare Wertpapiere, umfasst insbesondere Aktien und ihnen gleichzustellende Wertpapiere, Schuldverschreibungen und andere verbriefte Schuldtitel, sowie alle Wertpapiere, die zu deren Kauf berechtigen (Art. 4 Abs. 1 Nr. 44 MiFID II). Hier ist die Schnittmenge mit Kryptowerten besonders groß. Insbesondere ist jede tokenisierte Aktie und jede tokenisierte Anleihe (Schuldverschreibung) ein Finanzinstrument iSd MiFID II und fällt aus dem Anwendungsbereich der MiCAR heraus.
2. Die zweite Kategorie, Geldmarktinstrumente, umfasst Schuldtitel mit kurzer Laufzeit (typischerweise unter einem Jahr).[227] Dazu gehören zB sog. *commercial paper* oder *repurchase agreements* (repos). Diese fallen ebenfalls aus dem Anwendungsbereich der MiCAR heraus, selbst wenn sie auf einer Blockchain registriert werden.
3. In die dritte Kategorie gehören alle Anteile an Investmentfonds, die der UCITS unterfallen (RL 2009/65/EG). Auch diese fallen nicht unter MiCAR, selbst wenn sie unter Nutzung von DLT begeben werden.
4. Die vierte Kategorie wird aus Termingeschäften wie Optionen, Futures oder Swaps gebildet. Diese müssen als Basiswert *(underlying)* auf eine der in Anhang 1 Abschnitt C MiFID II genannten Werte, Benchmarks oder Indizes beziehen. Sie fallen ebenfalls nicht unter MiCAR, selbst wenn sie auf einer Blockchain registriert werden oder sich auf Kryptowerte beziehen.

221 Im Einzelnen bestehen große Unsicherheiten hinsichtlich der präzisen Begriffsbestimmung des Finanzinstruments.[228] Die MiCAR löst diese nicht, sondern beauftragt ESMA mit Regelgebung auf Level 2.[229] Unlängst wurde ein erster Entwurf der Leitlinien veröffentlicht.[230]

222 Auszugehen haben wird man von folgenden Erwägungen: Zunächst fallen alle in Anhang 1 Abschnitt C MiFID II ausdrücklich genannten Finanzprodukte unter den Begriff Finanzinstrument. Dieser ist allerdings in verschiedener Hinsicht offen ausgestaltet.[231] Das ist kein Versehen, sondern diese Art der „flexiblen Definition" soll Umgehungsmöglichkeiten ausschließen und der Aufsicht die Einbeziehung neuer Markterscheinungen erlauben. Als grundlegende Elemente dieser flexiblen Definition wird man die Möglichkeit der Übertragung, die Handelbarkeit, die massenhafte Ausstellung sowie die Funktion der Kanalisierung von Zahlungsströmen oder der Verwaltung von

---

[227] Schwark/Zimmer/Kumpan WpHG § 2 Rn. 33.
[228] S. Barsan RTDF 2017, 54 (56–60); Hacker/Thomale ECFR 2018, 645 (657–689); Langenbucher RTDF 2018, 40 (43–48); Annunziata ECFR 2020, 129 (142–154); Lehmann/Schinerl EBI Working Paper Nr. 171, 1 (2–4); Maume/Fromberger Chicago Journal of International Law 2019, 548 (572–584); Piska/Völkel/Schinerl Blockchain Rules, 2. Aufl. 2024 Rn. 15.24 ff.; Toman/Schinerl ÖBA 2023, 178 (182); Maume/Maute/Fromberger/Zickgraf, The Law of Crypto Assets Rn. 48 ff.
[229] Art. 2 Abs. 5 MiCAR.
[230] ESMA, Consultation Paper on the draft Guidelines on the conditions and criteria for the qualification of crypto-assets as financial instruments, 29.1.2024, ESMA75-453128700-52.
[231] S. zB die offene Definition der übertragbaren Wertpapiere in Art. 4 Abs. 1 Nr. 55 MiFID II („gleichzustellende Wertpapiere", „andere verbriefte Schuldtitel") oder der Derivate in Anhang 1 Abschnitt C Nr. 4–7 MiFID II („alle anderen Derivatkontrakte […]").

Risiken ansehen müssen.[232] Der Überschuss hinsichtlich eines Merkmals kann den Mangel eines anderen kompensieren. Fehlen diese jedoch, liegt kein Finanzinstrument vor. Dann ist der Weg für eine mögliche Anwendung der MiCAR auf den jeweiligen Kryptowert frei.

23. Einlage und Strukturierte Einlage (Nr. 50 und Nr. 51). Die Begriffe der „Einlage" und der „strukturierten Einlage" haben vor allem als Ausschlusstatbestände Bedeutung: soweit ein Kryptowert sie erfüllt, ist er vom Anwendungsbereich der MiCAR ausgeschlossen.[233]

Für den Begriff der Einlage verweist die MiCAR auf die Einlagensicherungs-Richtlinie.[234] Deren Art. 2 Abs. 1 Nr. 3 bezeichnet als „Einlage" ein „Guthaben, das sich aus auf einem Konto verbliebenen Beträgen oder aus Zwischenpositionen im Rahmen von normalen Bankgeschäften ergibt und vom Kreditinstitut nach den geltenden gesetzlichen und vertraglichen Bedingungen zurückzuzahlen ist, einschließlich einer Festgeldeinlage und einer Spareinlage". Ausgenommen sind Guthaben, deren Existenz nur durch ein Finanzinstrument nachgewiesen werden kann, doch greift in diesem Fall die Ausnahme des Art. 2 Abs. 4 lit. a für Finanzinstrumente. Kurz gesagt ist eine Einlage ein unbedingt rückzahlbarer Geldbetrag, der bei einer Bank hinterlegt wird.[235] Diese ist nicht von der MiCAR erfasst, selbst wenn sie durch einen Kryptowert repräsentiert wird.

Der Begriff der strukturierten Einlage entstammt der MiFID II. Danach handelt es sich um eine besondere Art der Einlage, bei der neben dem eingezahlten Betrag auch im Vorhinein festgelegte oder berechenbare Zinsen oder Prämien zu zahlen sind.[236] Auch diese fallen nicht unter die MiCAR, selbst wenn für sie ein Kryptowert ausgestellt wird.

VII. Delegierte Rechtsakte (Abs. 2)

Art. 3 Abs. 2 MiCAR erhält zwei Ermächtigungen an die Kommission. Erstens kann diese technische Aspekte der Definitionen in Art. 3 Abs. 1 MiCAR enthaltenen Begriffe genauer festlegen. Dabei könnte man zB an den Begriff der DLT (Art. 3 Abs. 1 Nr. 1) oder des Konsensmechanismus (Art. 3 Abs. 1 Nr. 3) denken.

Zweitens wird die Kommission ermächtigt, die Begriffsbestimmungen in Art. 3 Abs. 1 MiCAR an Marktentwicklungen und technologische Entwicklungen anzupassen. Diese Ermächtigung ist bedenklich, da sie scheinbar der Kommission erlauben soll, vom Wortlaut der VO abzuweichen. Allein dieser ist jedoch verbindlich; er kann auch nicht durch eine „Anpassung" seitens der Kommission erweitert werden. Eine Anwendungsmöglichkeit für die zweite Ermächtigung könnte jedoch Art. 3 Abs. 1 Nr. 5 in Betracht. Dieser spricht von DLT „oder einer ähnlichen Technologie". Welche Technologie ähnlich iSd Vorschrift ist, könnte die Kommission präzisieren. Dabei könnte sie auch auf künftige Marktentwicklungen und technologische Entwicklungen reagieren. Keinesfalls darf sie aber Begriffe wie zB den Kryptowert oder den Utility-Token abweichend von der in Art. 3 Abs. 1 genannten Bestimmung definieren.

---

[232] Lehmann/Schinerl EBI Working Paper Nr. 171, 1 (20–23).
[233] S. Art. 2 Abs. 4 lit. b MiCAR.
[234] Richtlinie 2014/49/EU des Europäischen Parlaments und des Rates vom 16.4.2014 über Einlagensicherungssysteme, ABl. 2014 L 173, 149.
[235] Vgl. auch § 1 Abs. 1 S. 2 KWG.
[236] S. im Einzelnen Art. 4 Abs. 1 Z 43 MiFID II.

Titel II. Andere Kryptowerte als vermögenswertreferenzierte Token und E-Geld-Token

Artikel 4 Öffentliche Angebote von anderen Kryptowerten als vermögenswertreferenzierten Token oder E-Geld-Token

(1) Eine Person, darf in der Union andere Kryptowerte als vermögenswertereferenzierte Token oder E-Geld-Token nicht öffentlich anbieten, es sei denn, diese Person

a) ist eine juristische Person,
b) hat in Bezug auf diese Kryptowerte ein Kryptowerte-Whitepaper gemäß Artikel 6 erstellt,
c) hat das Kryptowerte-Whitepaper gemäß Artikel 8 übermittelt,
d) hat das Kryptowerte-Whitepaper gemäß Artikel 9 veröffentlicht,
e) hat in Bezug auf diesen Kryptowert die Marketingmitteilungen, sofern vorhanden, gemäß Artikel 7 erstellt,
f) hat in Bezug auf diesen Kryptowert die Marketingmitteilungen, sofern vorhanden, gemäß Artikel 9 veröffentlicht,
g) erfüllt die in Artikel 14 festgelegten Anforderungen für Anbieter.

(2) Absatz 1 Buchstaben b, c, d und f gilt nicht für folgende öffentliche Angebote von anderen Kryptowerten als vermögenswertereferenzierten Token oder E-Geld-Token:

a) Ein Angebot an weniger als 150 natürliche oder juristische Personen je Mitgliedstaat, wenn diese Personen für eigene Rechnung handeln;
b) ein öffentliches Angebot eines Kryptowerts in der Union, dessen Gesamtgegenwert über einen Zeitraum von zwölf Monaten ab dem Beginn des Angebots 1 000 000 EUR oder den Gegenwert in einer anderen amtlichen Währung oder in Kryptowerten nicht übersteigt;
c) ein Angebot eines Kryptowerts, das sich ausschließlich an qualifizierte Anleger richtet, sofern der Kryptowert nur von diesen qualifizierten Anlegern gehalten werden kann.

(3) Dieser Titel findet keine Anwendung auf öffentliche Angebote von anderen Kryptowerten als vermögenswertereferenzierten Token oder E-Geld-Token, wenn einer oder mehrere der folgenden Fälle zutreffen:

a) der Kryptowert wird kostenlos angeboten;
b) der Kryptowert wird als Gegenleistung für die Pflege des Distributed Ledgers oder die Validierung von Transaktionen automatisch geschürft;
c) das Angebot betrifft einen Utility-Token, der Zugang zu einer Ware oder Dienstleistung bietet, die bereits besteht oder bereits erbracht wird;
d) der Inhaber des Kryptowerts ist berechtigt, diesen Kryptowert nur für den Tausch gegen Waren und Dienstleistungen in einem begrenzten Netz von Händlern mit vertraglichen Vereinbarungen mit dem Anbieter zu nutzen.

Für die Zwecke von Unterabsatz 1 Buchstabe a gilt ein Angebot eines Kryptowerts nicht als kostenlos, wenn der Käufer verpflichtet ist oder sich bereit erklären muss, dem Anbieter im Tausch gegen diesen Kryptowert personenbezogene Daten zur Verfügung zu stellen, oder wenn der Anbieter eines Kryptowerts von den potenziellen Inhabern dieses Kryptowerts im Tausch gegen diesen Kryptowert Gebühren, Provisionen, monetäre oder nicht monetäre Vorteile erhält.

Übersteigt der Gesamtgegenwert eines öffentlichen Angebots eines Kryptowerts unter den in Unterabsatz 1 Buchstabe d genannten Umständen in der Union in jedem Zwölfmonatszeitraum ab Beginn des ersten öffentlichen Angebots 1 000 000 EUR, so übermittelt der Anbieter der zuständigen Behörde eine Mitteilung mit einer Beschreibung des Angebots und einer Erläuterung, warum das Angebot gemäß Unterabsatz 1 Buchstabe d von diesem Titel ausgenommen ist.

Auf der Grundlage der in Unterabsatz 3 genannten Mitteilung trifft die zuständige Behörde eine ordnungsgemäß begründete Entscheidung, wenn sie der Auffassung ist, dass die Tätigkeit nicht für eine Ausnahme als begrenztes Netz gemäß Unterabsatz 1 Buchstabe d in Betracht kommt, und unterrichtet den Anbieter entsprechend.

(4) Die in den Absätzen 2 und 3 genannten Ausnahmen gelten nicht, wenn der Anbieter oder eine andere im Namen des Anbieters handelnde Person in einer Mitteilung seine bzw. ihre Absicht bekundet, die Zulassung zum Handel mit einem anderen Kryptowert als einem vermögenswertereferenzierten Token oder E-Geld-Token zu beantragen.

(5) Für die Verwahrung und Verwaltung von Kryptowerten für Kunden oder für Transferdienstleistungen für Kryptowerte im Zusammenhang mit Kryptowerten, für die in Bezug auf das öffentliche Angebot eine Ausnahme gemäß Absatz 3 des vorliegenden Artikels besteht, ist eine Zulassung als Anbieter von Kryptowerte-Dienstleistungen gemäß Artikel 59 nicht erforderlich, es sei denn,

a) es besteht ein anderes öffentliches Angebot für denselben Kryptowert und dieses Angebot fällt nicht unter die Ausnahme, oder
b) der angebotene Kryptowert ist zum Handel auf einer Handelsplattform zugelassen.

(6) Betrifft das öffentliche Angebot eines anderen Kryptowerts als einen vermögenswertereferenzierten Token oder E-Geld-Token einen Utility-Token für einen Dienst, der Zugang zu Waren und Dienstleistungen bietet, die es noch nicht gibt bzw. die noch nicht erbracht werden, so darf die Laufzeit des im Kryptowerte-Whitepaper beschriebenen öffentlichen Angebots zwölf Monate ab dem Tag der Veröffentlichung des Kryptowerte-Whitepapers nicht überschreiten.

(7) Jedes spätere öffentliche Angebot eines anderen Kryptowerts als eines vermögenswertereferenzierten Token oder E-Geld-Token gilt als gesondertes öffentliches Angebot, für das die Anforderungen des Absatzes 1 gelten, unbeschadet der möglichen Anwendung der Absätze 2 und 3 auf das spätere öffentliche Angebot.

Für ein späteres öffentliches Angebot eines anderen Kryptowerts als eines vermögenswertereferenzierten Token oder eines E-Geld-Token ist kein zusätzliches Kryptowerte-Whitepaper erforderlich, sofern ein Kryptowerte-Whitepaper gemäß den Artikeln 9 und 12 veröffentlicht wurde und die für die Erstellung dieses Whitepapers verantwortliche Person seiner Verwendung schriftlich zustimmt.

(8) Ist ein öffentliches Angebot eines anderen Kryptowerts als eines vermögenswertereferenzierten Token oder eines E-Geld-Token von der Verpflichtung zur Veröffentlichung eines Kryptowerte-Whitepapers gemäß Absatz 2 oder 3 ausgenommen, wird aber dennoch freiwillig ein Whitepaper erstellt, so gilt dieser Titel.

MiCAR Art. 4

Titel II. Andere Kryptowerte

Übersicht

	Rn.
I. Einführung	1
1. Literatur	1
2. Entstehung und Zweck der Norm	2
3. Normativer Kontext	4
II. Voraussetzungen für das öffentliche Angebot von anderen Kryptowerten (Abs. 1)	5
1. Juristische Person als Anbieter (lit. a)	7
2. Kryptowerte-Whitepaper und Marketing-Mitteilungen (lit. b, c, d, e, f)	10
3. Anforderungen an Anbieter (lit. g)	11
III. Ausnahmen und Rückausnahmen (Abs. 2–4)	12
1. Partielle Ausnahme (Abs. 2, 7 UAbs. 2)	12
a) Angebot an zahlenmäßig begrenzten Personenkreis	15
b) Kleinstemissionen	19
c) Angebot ausschließlich an qualifizierte Anleger	21
d) Möglichkeit der Kombination von Befreiungstatbeständen?	24
e) Verwendung eines anderen Kryptowerte-Whitepapers	26
2. Vollständige Ausnahme von Titel II (Abs. 3)	27
a) Kostenloses Angebot	28
b) Automatische Schürfung als Gegenleistung für Pflege des Distributed Ledgers oder die Validierung von Transaktionen	30
c) Utility-Token mit Zugang zu bereits bestehender Ware oder erbrachter Dienstleistung	32
d) Nutzung nur in begrenztem Netz von Händlern mit vertraglicher Vereinbarung mit dem Anbieter	34
3. Rückausnahmen	37
a) Beabsichtigte Zulassung zum Handel (Abs. 4)	37
b) Freiwilliges Erstellen eines Kryptowerte-Whitepapers (Abs. 8)	38
IV. (Keine) gesonderte Zulassung für Krypto-Dienstleistungen (Abs. 5)	40
V. Zeitliche Begrenzung öffentlicher Angebote über Utility-Token (Abs. 6)	43
VI. Einfluss des deutschen KMAG-E idF des FinmadiG	45

I. Einführung

1 1. Literatur. Assmann/Schlitt/v. Kopp-Colomb (Hrsg.), Prospektrecht-Kommentar, 4. Aufl. 2022; Beck'scher Online-Großkommentar zum BGB; Ebenroth/Boujong/Joost/Strohn, Handelsgesetzbuch, Band 2, 4. Aufl. 2020; *Groß*, Kapitalmarktrecht, 8. Aufl. 2022; *Guntermann*, Non Fungible Token als Herausforderung für das Sachenrecht, RDi 2022, 200; Habersack/Mülbert/Schlitt (Hrsg.), Handbuch der Kapitalmarktinformation, 3. Aufl. 2020; *Hacker/Thomale*, Crypto-Securities Regulation: ICOs, Token Sales and Cryptocurrencies under EU Financial Law, ECFR 2018, 645; Hofmann/Raue (Hrsg.), Digital Service Act, 2023; *Klöhn/Wimmer*, Die „juristische Person" im europäischen Bank- und Kapitalmarktrecht, WM 2020, 761; *Maume*, Die Verordnung über Märkte für Kryptowerte (MiCAR) – Zentrale Definitionen sowie Rechte und Pflichten beim öffentlichen Angebot von Kryptowerten, RDi 2022, 461; *ders./Fromberger*, Regulation of Initial Coin

Offerings: Reconciling U. S. and E. U. Securities Laws, 19 Chicago Journal of International Law 2019, 548; Möslein/Ostrovski, Token als digitale Produkte, JZ 2024, 593; *Möslein/Rennig,* Das Finanzmarktdigitalisierungsgesetz (FinmadiG) im europäischen Kontext, RDi 2024, 145; *Müller,* Wertpapierprospektgesetz, 2. Online-Aufl. 2017; *Rennig,* FinTech-Aufsicht im künftigen EU-Recht – ECSP-VO und MiCA-VO-E als eigenständiges Aufsichtsregime, ZBB 2020, 385; *ders.,* Prospektpflicht für Stock Token? Europäischer Wertpapierbegriff und digitale Innovationen am Kapitalmarkt, BKR 2021, 402; *Siedler,* Rechtsfragen der Blockchain-Technologie, in: Möslein/Omlor (Hrsg.), FinTech-Handbuch, 3. Aufl. 2023, § 7; *Spindler,* Effektengeschäft – Theoretische Grundlagen, in: Möslein/Omlor (Hrsg.), FinTech-Handbuch, 3. Aufl. 2023, § 27.

2. Entstehung und Zweck der Norm. Systematisch stellt Art. 4 MiCAR eine **Auffangnorm** für sämtliche Kryptowerte iSd Art. 3 Abs. 1 Nr. 5 MiCAR dar, die nicht vermögenswertreferenzierte Token iSd Art. 3 Abs. 1 Nr. 6 MiCAR oder E-Geld-Token iSd Art. 3 Abs. 1 Nr. 7 MiCAR sind und damit nicht den spezielleren Anforderungen der Art. 16 ff. MiCAR bzw. Art. 48 ff. MiCAR unterliegen. Die Vorschrift war in Grundzügen bereits in der ersten Entwurfsfassung des ursprünglichen Verordnungsvorschlags aus dem Jahr 2019 (COM/2020/593 final, im Folgenden MiCAR-E) angelegt, hat im Laufe des Gesetzgebungsverfahrens aber Änderungen und klarstellende Erweiterungen erfahren. Die Änderungen finden ihre Grundlage insbes. darin, dass die Entwurfsfassung noch ausschließlich an den Emittenten als Pflichtadressaten anknüpfte, während die nun in Kraft getretene Fassung primär an den Anbieter anknüpft (vgl. dazu noch → Rn. 5). 2

Zweck der Norm ist einerseits die Festlegung der Voraussetzungen für ein öffentliches Angebot über solche Kryptowerte, andererseits die Bestimmung von Ausnahmefällen, in denen sämtliche oder bestimmte Voraussetzungen nicht zu erfüllen sind. Regelungstechnisch kann der Ansatz überzeugen, da die Vorschrift einen schnellen Überblick zu Voraussetzungen und Ausnahmen ermöglicht und so die folgenden Vorschriften entschlackt. 3

3. Normativer Kontext. An Art. 4 lässt sich besonders gut erkennen, dass der MiCAR **verschiedene kapitalmarktrechtliche Rechtsakte gedanklich Pate standen,** hier vor allem die Prospekt-VO.[1] Dies zeigt sich insbes. an den Teilen der Norm, die eine Ausnahme von der Anwendbarkeit der sich hieraus ergebenden Anforderungen enthalten. Auch das in Abs. 1 enthaltene Verbot einer Tätigkeit unter dem Vorbehalt des Vorliegens gesetzlich spezifizierter Voraussetzungen ist eine typische Regelungstechnik des Bankaufsichts- und Kapitalmarktrechts und damit bestens bekannt, wenn auch in der MiCAR anders ausgestaltet als zB in § 32 KWG. 4

II. Voraussetzungen für das öffentliche Angebot von anderen Kryptowerten (Abs. 1)

Abs. 1 enthält eine Auflistung der Voraussetzungen, die bei einem öffentliches Angebot (Art. 3 Abs. 1 Nr. 12 MiCAR) von anderen Kryptowerten als vermögenswertreferenzierten Token oder E-Geld-Token im Grundsatz (zu den Ausnahmen vgl. noch → Rn. 12 ff.) erfüllt sein müssen. Die Voraussetzungen müssen dabei in der Person des Anbieters vorliegen, also der 5

---

[1] Siehe auch Maume RDi 2022, 461 Rn. 6.

Person, die den Kryptowert öffentlich anbietet (vgl. Art. 3 Abs. 1 Nr. 13 MiCAR). Dies stellt im Vergleich zu Art. 4 MiCAR-E, die noch ausschließlich an den Emittenten iSv Art. 3 Abs. 1 Nr. 10 MiCAR-E anknüpfte,[2] eine bedeutende Änderung dar.[3] Schon nach der Begriffsbestimmung des Art. 3 Abs. 1 Nr. 13 MiCAR ist die für die Praxis typische Konstellation ausdrücklich vorgesehen, in der zwischen dem Emittenten und dem Anbieter des Kryptowerts eine Personenidentität besteht. Allerdings ist durch die Anknüpfung an den Anbieter nach dem finalen Verordnungstext eine **Personenverschiedenheit** möglich, wenn der Kryptowert nicht durch den Emittenten selbst öffentlich angeboten wird.[4] Diese Möglichkeit ergibt sich implizit auch aus Art. 6 Abs. 1 lit. b. Damit unterscheidet sich die rechtliche Situation von den Anforderungen für das öffentliche Angebot von vermögenswertreferenzierten Token sowie E-Geld-Token, da Art. 16 Abs. 1 UAbs. 1 MiCAR bzw. Art. 48 Abs. 1 UAbs. 1 MiCAR zumindest im Grundsatz eine Personenidentität von Emittenten und Anbieter verlangen (→ Art. 16 Rn. 7 f., → Art. 48 Rn. 19).

6   Abs. 1 statuiert im Gegensatz zu Art. 16 Abs. 1 UAbs. 1 MiCAR bzw. Art. 48 Abs. 1 UAbs. 1 MiCAR **kein Verbot mit Erlaubnisvorbehalt,** da der Anbieter des Kryptowerts weder nach der MiCAR selbst noch nach der Maßgabe eines anderen Rechtsakts einer behördlichen Erlaubnis bedarf. Stattdessen lässt sich besser von einem **Verbot des öffentlichen Angebots mit Voraussetzungsvorbehalt** sprechen, da das Angebot der Kryptowerte bei kumulativem Vorliegen der in Abs. 1 genannten Voraussetzungen **ohne weitere behördliche Mitwirkung** wie insbes. einer Genehmigung zulässig ist. Von den in Abs. 1 genannten Voraussetzungen enthält dabei allein lit. a eine eigenständige Voraussetzung; sämtliche anderen Buchstaben fungieren als Verweisnorm auf andere Vorgaben der Art. 4 ff.

7   **1. Juristische Person als Anbieter (lit. a).** Andere Kryptowerte als vermögenswertreferenzierte Token oder E-Geld-Token dürfen gem. Abs. 1 lit. a ausschließlich von juristischen Personen öffentlich angeboten werden. Diese Beschränkung dient dazu, den zuständigen Behörden die Beaufsichtigung und Überwachung sämtlicher öffentlicher Angebote in der Union zu ermöglichen.[5] Hierdurch wird die Existenz eines Rechtsträgers garantiert, gegenüber dem Maßnahmen der zuständigen Behörden bekanntgegeben und durchgesetzt werden können. Der Begriff der „juristischen Person" schließt unproblematisch die **juristischen Personen nach dem Recht der Union bzw. der Mitgliedstaaten** ein, so zB die europäische SE (Art. 1 Abs. 3 SE-VO) und in Deutschland die AG (§ 1 Abs. 1 S. 1 AktG), die GmbH (§ 13 Abs. 1 GmbHG), die UG (§§ 5a iVm 13 Abs. 1 GmbHG) und die KGaA (§ 278 Abs. 1 AktG).

8   Problematisch erscheint allerdings, ob der Begriff der „juristischen Person" unionsautonom weiter auszulegen ist und so auch Erscheinungsformen erfasst, denen nationale Gesetzgeber zwar nicht die Eigenschaft einer juristischen Person, aber immerhin eine Rechtsfähigkeit zuerkennen. Diese Frage stellt sich insbes. für **Personenhandelsgesellschaften** wie die oHG oder die KG, daneben aber auch für rechtsfähige Gesellschaften bürgerlichen

---

[2] Vgl. dazu Rennig ZBB 2020, 385 (394).
[3] Vgl. Maume RDi 2022, 461 Rn. 26 ff.
[4] Möslein/Omlor FinTech-HdB/Spindler § 27 Rn. 47; Maume RDi 2022, 461 Rn. 27.
[5] Erwgr. Nr. 23 MiCAR.

Rechts. Ähnliche Überlegungen existieren im Zusammenhang mit dem europäischen Bank- und Kapitalmarktrecht[6] ebenso wie mit anderen europäischen Digitalrechtsakten der EU, namentlich dem Digital Services Act (DSA) und dem Data Governance Act (DGA), wo jeweils eine Erweiterung des Begriffs der juristischen Person auf Personenhandelsgesellschaften angenommen wird.[7] Auch für die MiCAR wird im Schrifttum vertreten, dass eine Erweiterung stattfindet, da durch die Eintragung von Personenhandelsgesellschaften in das Handelsregister der Aufsichtsaspekt in gleicher Weise Anwendung fände und es widersinnig wäre, wenn eine deutsche KG zwar „echte" Anleihen und (als KGaA) Aktien ausgeben dürfte, nicht hingegen Utility Token.[8] Zudem findet zB durch Art. 15 unterschiedslos für juristische Personen und damit auch für Kapitalgesellschaften eine Erweiterung des Kreises potenzieller Haftungsadressaten auch auf Mitglieder der Verwaltungs-, Leitungs- und Aufsichtsorgane statt, sodass die Beschränkung auf juristische Personen keinen zusätzlichen haftungsrechtlichen Hintergrund hat. Entsprechend wird für das europäische Bank- und Kapitalmarktrecht insgesamt vertreten, dass der Begriff der juristischen Person im Sinne von „Rechtsträger" zu verstehen ist, ohne dass es auf die Verbands- und Organisationsstruktur ankommt.[9]

Auch wenn diese Argumentation im Grundsatz überzeugt, lässt sich der MiCAR in dieser Hinsicht im Ergebnis durchaus etwas anderes entnehmen: Die Verordnung nennt an mehreren Stellen neben natürlichen und juristischen Personen zusätzlich „andere Unternehmen".[10] Einen Hinweis gibt zudem Erwgr. Nr. 74 MiCAR, in dem im Kontext des Angebots von Kryptowerte-Dienstleistungen von Unternehmen die Rede ist, „bei denen es sich nicht um juristische Personen handelt, wie etwa Personenhandelsgesellschaften". Dies spräche im Ergebnis dafür, eine unionsautonome weite Auslegung des Begriffs der „juristischen Person" im Zusammenhang mit der MiCAR trotz überzeugenden Argumenten im Ergebnis nicht vorzunehmen. Aus Sicht der Praxis wünschenswert wäre allerdings, dass sich die genannten teleologischen Argumente gegenüber diesen grammatikalischen und systematischen Erwägungen durchsetzen können und in diesem Zusammenhang eher davon auszugehen ist, dass der Gesetzgeber letztere übersehen und nur aus diesem Grund auf eine Klarstellung verzichtet hat. 9

2. Kryptowerte-Whitepaper und Marketing-Mitteilungen (lit. b, c, d, e, f). Die lit. b, c, d beziehen sich auf die Vorgaben, welche die Art. 6, 8 und 9 für Kryptowerte-Whitepaper vorsehen. Dagegen beziehen sich die lit. e, f auf die Anforderungen an Marketingmitteilungen aus den Art. 7, 9. Abgesehen von der Klarstellung, dass es sich bei Beachtung dieser Vorgaben um konstitutive Voraussetzungen für die Zulässigkeit eines öffentlichen Angebots über einen Kryptowert handelt, enthalten die Buchstaben keinen eigenständigen Regelungsinhalt. Entsprechend wird an dieser Stelle auf die Kommentierungen der genannten Artikel verwiesen. 10

---

[6] Vgl. ausführlich Klöhn/Wimmer WM 2020, 761.
[7] Vgl. zB für den DSA NK-DSA/F. Hofmann Art. 3 Rn. 1; NK-DSA/Grisse Art. 26 Rn. 20.
[8] So Maume RDi 2022, 461 Rn. 30.
[9] So das Ergebnis von Klöhn/Wimmer WM 2020, 761 (765).
[10] So zB in den Begriffsbestimmungen „Emittent" und „Anbieter" in Art. 3 Abs. 1 Nr. 10, 13 sowie in Art. 59 Abs. 1 lit. a.

MiCAR Art. 4 Titel II. Andere Kryptowerte

11 **3. Anforderungen an Anbieter (lit. g).** Dasselbe gilt für lit. g, der auf die sich aus Art. 14 ergebenden Anforderungen für Anbieter verweist. Auch an dieser Stelle wird auf die Kommentierung dieses Artikels verwiesen.

III. Ausnahmen und Rückausnahmen (Abs. 2–4)

12 **1. Partielle Ausnahme (Abs. 2, 7 UAbs. 2).** Abs. 2 statuiert für bestimmte Konstellationen, dass bestimmte der in Abs. 1 aufgelisteten Voraussetzungen für ein öffentliches Angebot des Kryptowerts nicht erfüllt sein müssen. Dies sind namentlich die Anforderungen an die Erstellung, Übermittlung, die Veröffentlichung eines Kryptowerte-Whitepapers (Abs. 2 lit. b, c, d) sowie die Veröffentlichung von Marketingmitteilungen (lit. f). Im Umkehrschluss muss trotz Eingreifens einer der genannten Konstellationen der Anbieter weiterhin eine juristische Person sein (lit. a), die Anforderungen für die Erstellung von Marketingmitteilungen beachtet werden (lit. e) sowie die in Art. 14 MiCAR festgelegten Anforderungen für Anbieter erfüllt sein.

13 Die durch Abs. 2 geregelten und mit dem Verhältnismäßigkeitsgrundsatz begründeten[11] Konstellationen betreffen **angebotsbezogene Umstände** und sind konzeptionell bereits im Zusammenhang mit anderen kapitalmarktrechtlichen Regelwerken bekannt:

- Eine Ausnahme, die wie Abs. 2 lit. a an das Angebot an einen zahlenmäßig begrenzten Personenkreis anknüpft, kennt auch Art. 1 Abs. 4 lit. b VO (EU) 2017/1129 (Prospekt-VO). Eine vergleichbare Regelung findet sich zudem in § 2 Abs. 1 Nr. 6 VermAnlG.
- Die Anknüpfung an den Gesamtgegenwert eines Angebots innerhalb eines bestimmten Zeitraums wie in Abs. 2 lit. b ist Gegenstand von Art. 1 Abs. 3 Prospekt-VO, Art. 3 Abs. 2 lit. c VO (EU) 2020/1503 (ECSP-VO) sowie § 3 WpPG und § 3 Abs. 1 Nr. 3 KMG 2019.
- Die in Abs. 2 lit. c enthaltene Ausnahme für ein ausschließlich an qualifizierte Anleger gerichtetes Angebots ist ebenfalls bereits aus Art. 1 Abs. 4 lit. a Prospekt-VO bekannt. Eine vergleichbare Ausnahme findet sich zudem in § 2 Abs. 1 Nr. 4 VermAnlG.

14 Obwohl diesen Ausnahmevorschriften eine Vorbildfunktion zukommt und entsprechend auf hierzu entwickelte Grundsätze zurückgegriffen werden kann, existieren in Detailfragen durchaus Unterschiede zwischen diesen Vorschriften. Auf diese wird im Folgenden im Rahmen der Darstellung der MiCAR-Tatbestände explizit hingewiesen.

15 **a) Angebot an zahlenmäßig begrenzten Personenkreis.** Dadurch, dass sich das öffentliche Angebot nach Abs. 2 lit. a an weniger als 150 Personen richten darf (in der englischen Sprachfassung: „fewer than"), darf sich das Angebot an **höchstens 149 Personen** richten.[12] Die Ausnahme von dem Informationsregime der MiCAR lässt sich damit begründen, dass insbes. die Pflicht zur Erstellung eines Kryptowerte-Whitepapers einen unverhältnismäßigen Aufwand bedeuten würde, weil dem Aufwand eine geringe Anzahl potenziell geschädigter Personen gegenübersteht.[13] Zu beachten ist, dass die

---

[11] Erwgr. Nr. 27 MiCAR.
[12] So auch für Art. 1 Abs. 4 lit. b Prospekt-VO Assmann/Schlitt/v. Kopp-Colomb/Bauerschmidt Prospekt-VO Art. 1 Rn. 54.
[13] Vgl. Erwgr. Nr. 15 Prospekt-VO; zudem Assmann/Schlitt/v. Kopp-Colomb/Bauerschmidt Prospekt-VO Art. 1 Rn. 55; Ebenroth/Boujong/Joost/Strohn/Groß Prospekt-VO Art. 1 Rn. 15.

Ausnahmeregelung – wie auch bei Art. 1 Abs. 4 lit. b Prospekt-VO – **je Mitgliedstaat** genutzt werden kann,[14] sodass sich ein öffentliches Angebot zB sowohl in Deutschland als auch in Österreich an jeweils 149 personenverschiedene Anleger richten dürfte.

Für die Frage, ob das öffentliche Angebot zahlenmäßig umgrenzt ist, kommt es nur auf eine *ex ante*-Perspektive, namentlich die Zielrichtung des Angebots an, während ein erst *ex post* zu beurteilender Erfolg des Angebots – wenn höchstens 149 Anleger den Kryptowert tatsächlich erwerben – nicht zu berücksichtigen ist.[15] Für die Feststellung, ob das Angebot entsprechend umgrenzt ist, lässt sich dabei auf die zum Wertpapierprospektrecht entwickelten Grundsätze zurückgreifen. Entsprechend ist eine **Gesamtschau aller Indizien aus Anlegerperspektive** vorzunehmen. Da das öffentliche Angebot von Kryptowerten typischerweise im Internet erfolgt, muss für das Angebot eine technische Beschränkung eingerichtet werden, die sicherstellt, dass die Angebotsinformationen tatsächlich nur 149 Anlegern zugänglich sind. Ein entsprechender Disclaimer, das Angebot richte sich an weniger als 150 Anleger bei gleichzeitiger Zugänglichkeit der Angebotsinformationen ohne entsprechende technische Beschränkung, reicht dagegen nicht aus.[16]

16

Im Gegensatz zu Art. 1 Abs. 4 lit. b Prospekt-VO ist nicht erforderlich, dass sich das Angebot ausschließlich an nicht qualifizierte Anleger richtet, sodass auch qualifizierte Anleger angesprochen werden können. Vorstellbar ist damit auch, dass der Personenkreis von 149 Anlegern aus einer Mischung von qualifizierten und nicht qualifizierten Anlegern besteht. Allerdings müssen die angesprochenen Anleger **für eigene Rechnung** handeln. Hier erscheint es von dem Anbieter eines Kryptowerts zu viel verlangt, ein Handeln für eigene Rechnung für jeden angesprochenen Anleger im Einzelnen sicherzustellen, gerade da dies einen von außen nicht ohne weiteres einsehbaren internen Umstand darstellt. Entsprechend sollte hier ein entsprechender Disclaimer, dass sich das Angebot ausschließlich an für eigene Rechnung handelnde Anleger richtet, ausreichen, um dieser Voraussetzung Genüge zu tun.

17

Die Begrenzung des Angebots auf einen zahlenmäßig begrenzten Personenkreis führt im Wertpapierprospektrecht zu Problemen, wenn Kettenemissionen oder Vertriebsketten im Raum stehen:[17]

18

- Unter **Kettenemissionen** sind dabei mehrere aufeinanderfolgende (prospektfreie) Angebote an jeweils weniger als 150 Anleger zu verstehen. Für das Wertpapierprospektrecht wird hier vertreten, dass die Ausnahme dann eingreift, wenn sich die aufeinanderfolgenden Angebote nicht als Umgehung der Prospektpflicht darstellen, sondern es sich bei diesen tatsächlich jeweils um ein eigenständiges Angebot handelt.[18] Entsprechendes ergibt sich auch aus der Anwendung von Abs. 7 UAbs. 1 (→ Rn. 25).

---

[14] Möslein/Omlor FinTech-HdB/Siedler § 7 Rn. 95.
[15] Für Art. 1 Abs. 4 lit. b Prospekt-VO Assmann/Schlitt/v. Kopp-Colomb/Bauerschmidt Prospekt-VO Art. 1 Rn. 56; Groß KapMarktR (EU) 2017/1129 Art. 1 Rn. 15; Habersack/Mülbert/Schlitt KapMarktInfo-HdB § 3 Rn. 48 f.
[16] Für Art. 1 Abs. 4 lit. b Prospekt-VO Assmann/Schlitt/v. Kopp-Colomb/Bauerschmidt Prospekt-VO Art. 1 Rn. 57.
[17] Assmann/Schlitt/v. Kopp-Colomb/Bauerschmidt Prospekt-VO Art. 1 Rn. 58 f.
[18] Assmann/Schlitt/v. Kopp-Colomb/Bauerschmidt Prospekt-VO Art. 1 Rn. 58; Ebenroth/Boujong/Joost/Strohn/Groß Prospekt-VO Art. 1 Rn. 18.

MiCAR Art. 4 Titel II. Andere Kryptowerte

- Ähnliches gilt für **Vertriebsketten** (sog. *retail cascades*), in deren Rahmen mehrere Anbieter die Kryptowerte öffentlich anbieten. Auch hier kommt es entscheidend darauf an, ob es sich um ein oder mehrere Angebote handelt, wobei als Indiz für das Vorliegen eines einzigen öffentlichen Angebots ein einheitlicher und zeitgleicher Auftritt anzusehen ist.[19] Es sind keine Gründe dafür ersichtlich, diese Grundsätze nicht auch auf das öffentliche Angebot von Kryptowerten zu übertragen, sodass der Frage, ob ein oder mehrere öffentliche Angebote iSv Art. 3 Abs. 1 Nr. 12 vorliegen, entscheidende Bedeutung zukommt.

19 **b) Kleinstemissionen.** Abs. 2 lit. b enthält eine Ausnahme für öffentliche Angebote eines Kryptowerts in der Union, dessen Gesamtgegenwert über einen Zeitraum von zwölf Monaten ab dem Beginn des Angebots 1 Mio. EUR oder den Gegenwert in einer anderen amtlichen Währung oder in Kryptowerten nicht übersteigt. Bezweckt wird mit dieser Ausnahme für Kleinstemissionen, dass KMUs und Start-Up-Unternehmen, die sich über das Angebot von Kryptowerten finanzieren wollen,[20] keinen übermäßigen und unverhältnismäßigen Bürokratieanforderungen ausgesetzt sind.[21] Soweit ein öffentliches Angebot von der Ausnahme des Abs. 2 lit. b betroffen ist, kommt in Deutschland die Pflicht zur Veröffentlichung eines Verkaufsprospekts gem. § 6 VermAnlG in Betracht, soweit es sich bei dem Kryptowert im Einzelfall um eine Vermögensanlage iSd § 1 Abs. 2 VermAnlG handelt und keine Ausnahme des VermAnlG eingreift.

20 Zu ermitteln ist der **Gesamtgegenwert** und somit das Volumen aller während eines Zeitraums von 12 Monaten öffentlich angebotenen Kryptowerte in der Union.[22] Schon aus dem Wortlaut („[...] in der Union [...]") ergibt sich, dass es – anders als bei Abs. 2 lit. a (→ Rn. 15) – auf den Gesamtgegenwert in der gesamten Union ankommt, sodass mehrere Angebote bis zu einem Gesamtgegenwert von 1 Mio. EUR in verschiedenen Mitgliedstaaten ausgeschlossen sind. Die offensichtliche Orientierung an Art. 1 Abs. 3 Prospekt-VO spricht dafür, auch hier den **Ausgabepreis** und nicht den letztlichen Verkaufserlös für die Berechnung des Gesamtgegenwerts zugrunde zu legen.[23] Dasselbe gilt für den Fristbeginn, den der Beginn des öffentlichen Angebots darstellt; die Fristberechnung erfolgt gem. den §§ 187 ff. BGB (Deutschland[24]) bzw. dem Europäischen Übereinkommen über die Berechnung von Fristen (Österreich).

21 **c) Angebot ausschließlich an qualifizierte Anleger.** Abs. 2 lit. c erfasst solche Angebote, die sich ausschließlich an qualifizierte Anleger richten, sofern der Kryptowert nur von diesen qualifizierten Anlegern gehalten werden kann. Hinter der Ausnahmeregelung steht der Gedanke, dass qualifizierte Anleger von Natur aus über eine bessere Informationsgrundlage verfügen und

---

[19] Assmann/Schlitt/v. Kopp-Colomb/Bauerschmidt Prospekt-VO Art. 1 Rn. 59.
[20] Vgl. dazu Erwgr. Nr. 2 MiCAR.
[21] Erwgr. Nr. 27 MiCAR.
[22] Für die Parallelregelung in Art. 1 Abs. 3 Prospekt-VO Assmann/Schlitt/v. Kopp-Colomb/Bauerschmidt Prospekt-VO Art. 1 Rn. 42; Groß KapMarktR (EU) 2017/1129 Art. 1 Rn. 6.
[23] Für die Parallelregelung in Art. 1 Abs. 3 Prospekt-VO BT-Drs. 15/4999, 27; Assmann/Schlitt/v. Kopp-Colomb/Bauerschmidt Prospekt-VO Art. 1 Rn. 42; Groß KapMarktR (EU) 2017/1129 Art. 1 Rn. 6.
[24] Groß KapMarktR (EU) 2017/1129 Art. 1 Rn. 6.

deshalb ein geringeres Informations- und Schutzbedürfnis aufweisen.[25] Qualifizierte Anleger sind gem. Art. 3 Abs. 1 Nr. 30 solche Personen oder Einrichtungen, die in Anhang II Abschnitt 1 Nr. 1–4 MiFID II als professionelle Kunden aufgeführt sind.

Im Rahmen von Art. 1 Abs. 4 lit. a Prospekt-VO entspricht es der hM, **22** dass bei einer entsprechenden Beschränkung des Angebots auf qualifizierte Anleger auch der ungewollte Erwerb von Wertpapieren durch nicht qualifizierte Anleger das Eingreifen der Ausnahmevorschrift nicht ausschließt.[26] Der Anbieter muss deshalb nicht sicherstellen, dass die Wertpapiere tatsächlich nur durch qualifizierte Anleger erworben werden.[27] Im Gegensatz hierzu enthält Abs. 2 lit. c eine **Verschärfung,** da die Ausnahme nur eingreift, wenn der Kryptowert nur von qualifizierten Anlegern gehalten werden kann. Es muss damit von vornherein ausgeschlossen sein, dass nicht qualifizierte Anleger den Kryptowert halten können. Dabei spricht der Wortlaut dafür, dass dies nicht nur für den Ersterwerb gilt, sondern zudem auch für Weiterveräußerungen. Weiterhin spricht die Formulierung („kann" statt „darf") dafür, dass die Kryptowerte eine entsprechende **technische Beschränkung** enthalten müssen, die eine solche Übertragung auf nicht qualifizierte Anleger von vornherein ausschließt. Übertragungshindernisse technologischer Art wurden bereits im Rahmen der Einstufung von Token als übertragbare Wertpapiere iSd MiFID II diskutiert.[28] Allerdings ging es dabei um Beschränkungen, die eine Übertragbarkeit insgesamt ausschließen. Vorliegend geht es stattdessen um eine solche Beschränkung, die eine Übertragung nur auf bestimmte Personengruppen verhindert. Eine schuldrechtliche Abrede dürfte dagegen – wie auch im Wertpapierrecht[29] – nicht ausreichen und würde nach deutschem Recht ohnehin keine Wirksamkeit entfalten (vgl. § 137 S. 1 BGB). Es ist somit vor allem Frage des Einzelfalls, ob eine entsprechende technische Beschränkung vorliegt. Ob der Ausnahmevorschrift in der Praxis große Relevanz zukommen wird, ist damit jedenfalls fraglich.

Dies hat Auswirkungen auf die in anderem Kontext bereits diskutierte **23** Frage, wann sich das öffentliche Angebot ausschließlich an qualifizierte Anleger richtet. Im Wertpapierprospektrecht kommt es dabei auf eine Gesamtschau aller Indizien aus Anlegerperspektive an, wobei insbes. ein an hervorgehobener Stelle befindlicher expliziter und unmissverständlicher Hinweis darauf, dass sich das Angebot lediglich an qualifizierte Anleger richtet, gefordert wird.[30] Auch wenn ein solcher Hinweis im Kontext des Angebots eines Kryptowerts sicherlich unschädlich ist, erscheint er aufgrund der erforderlichen technischen Beschränkung auf qualifizierte Anleger als Halter nicht unbedingt erforderlich, wenn bereits durch technische Vorrichtungen

---

[25] Ebenroth/Boujong/Joost/Strohn/Groß Prospekt-VO Art. 1 Rn. 13; Assmann/Schlitt/v. Kopp-Colomb/Bauerschmidt Prospekt-VO Art. 1 Rn. 51; noch für § 3 Abs. 2 S. 1 Nr. 1 WpPG aF unter Geltung der alten Prospekt-RL BT-Drs. 15/4999, 2; Müller, WpPG, 2. Aufl. 2017, § 3 Rn. 3.
[26] Ebenroth/Boujong/Joost/Strohn/Groß Prospekt-VO Art. 1 Rn. 13; Assmann/Schlitt/v. Kopp-Colomb/Bauerschmidt Prospekt-VO Art. 1 Rn. 53; Groß Kapitalmarktrecht (EU) 2017/1129 § 1 Rn. 13.
[27] Ebenroth/Boujong/Joost/Strohn/Groß Prospekt-VO Art. 1 Rn. 13.
[28] Vgl. Hacker/Thomale ECFR 2018, 645 (664); Maume/Fromberger 19 Chicago Journal of International Law 2019, 548 (574); Rennig BKR 2021, 402 (405).
[29] Assmann/Schlitt/v. Kopp-Colomb/Bauerschmidt Prospekt-VO Art. 1 Rn. 12 mwN.
[30] Assmann/Schlitt/v. Kopp-Colomb/Bauerschmidt Prospekt-VO Art. 1 Rn. 53; vgl. auch Groß KapMarktR (EU) 2017/1129 Art. 1 Rn. 13.

sichergestellt wird, dass nicht qualifizierte Anleger den Kryptowert nicht erwerben können.

24 **d) Möglichkeit der Kombination von Befreiungstatbeständen?** Bereits aus dem Kapitalmarktrecht bekannt ist die Frage, ob verschiedene Befreiungstatbestände miteinander kombiniert werden können.[31] Im Kontext der MiCAR stellt sich diese Frage bspw. dann, wenn sich ein öffentliches Angebot an bis zu 149 nicht qualifizierte Anleger, darüber hinaus aber ausschließlich an qualifizierte Anleger richtet und somit die Ausnahmekonstellationen von Abs. 2 lit. a und lit. b kombiniert werden. Problematisch ist an dieser Konstellation allerdings, dass das Erfordernis einer technischen Beschränkung hinsichtlich der als Erwerber des Kryptowerts in Betracht kommenden Personen gleichermaßen ausschließt, dass die Kryptowerte an nicht kundige Anleger angeboten werden können.

25 Zu beachten ist hier jedenfalls noch Abs. 7 UAbs. 1, nach dem jedes spätere öffentliche Angebot als gesondertes öffentliches Angebot gilt, für das die Anforderungen des Abs. 1 gelten. Die Anwendung der Abs. 2, 3 auf die späteren öffentlichen Angebote bleibt jedoch möglich. Entsprechend der Ausführungen zu Kettenemissionen und Vertriebsketten (→ Rn. 18) ist genau zu prüfen, ob es sich tatsächlich um ein neues öffentliches Angebot handelt oder nicht doch um eine Fortsetzung eines vorherigen Angebots. Insbes. die Frage, ob eine Umgehung der Vorschriften zu Kryptowerte-Whitepapern festgestellt werden kann, gewinnt hier an Bedeutung.

26 **e) Verwendung eines anderen Kryptowerte-Whitepapers.** Gem. Abs. 7 UAbs. 2 ist für ein späteres öffentliches Angebot zudem kein zusätzliches Kryptowerte-Whitepaper erforderlich, sofern ein Kryptowerte-Whitepaper gem. Art. 9, 12 veröffentlicht wurde und die für die Erstellung dieses Whitepapers verantwortliche Person seiner Verwendung schriftlich zustimmt. Die schriftliche Zustimmung muss den betroffenen Anlegern ermöglichen, die Einhaltung der Vereinbarung zu überprüfen (so auch bei → Art. 5 Rn. 14).[32] Die Regelung schafft das Potential für effizienzfördernde Synergieeffekte, indem die Erstellung mehrerer Kryptowerte-Whitepaper für einen Kryptowert verhindert wird. Außerdem sinkt dadurch das Risiko, sich widersprechender Informationsdokumente, wodurch es zu einer Gefährdung des intendierten Anlegerschutzes kommen würde.

27 **2. Vollständige Ausnahme von Titel II (Abs. 3).** Im Unterschied zu Abs. 2 ist für die in Abs. 3 genannten Fälle die Anwendbarkeit des gesamten Titels II und damit insbes. auch die zwingende Eigenschaft des Anbieters als juristische Person sowie die Erfüllung der in Art. 14 festgelegten Anforderungen für Anbieter ausgeschlossen.

28 **a) Kostenloses Angebot.** Ein kostenloses Angebot erfordert jedenfalls, dass der Erwerber des Kryptowerts keine Gegenleistung in Form der Zahlung eines **Geldbetrags** (vgl. Art. 3 Abs. 1 Nr. 14) erbringen muss. Zudem enthält Abs. 3 UAbs. 2 Alt. 1 die für das europäische Recht inzwischen bekannte Klarstellung, dass von einer Kostenlosigkeit nicht mehr auszugehen ist, wenn der Käufer verpflichtet ist oder sich bereit erklären muss, dem Anbieter

---

[31] Müller WpPG § 3 Rn. 3.
[32] Vgl. zum entsprechenden Sinn und Zweck des Schriftformerfordernisses bei Art. 5 Abs. 1 UAbs. 2 Prospekt-VO Erwgr. Nr. 26 Prospekt-VO.

im Tausch gegen den Kryptowert **personenbezogene Daten** zur Verfügung zu stellen (vgl. auch Art. 3 Abs. 1 UAbs. 2 DI-RL). Nicht um ein kostenloses Angebot handelt es sich nach Abs. 3 UAbs. 2 Alt. 2 ferner, wenn der Anbieter eines Kryptowerts von den potenziellen Inhabern dieses Kryptowerts im Tausch gegen diesen Kryptowert Gebühren, Provisionen, monetäre oder nicht monetäre Vorteile enthält. Die Vorschrift betrifft gerade solche Fälle, in denen **zwischen dem Emittenten und Anbieter des Kryptowerts keine Personenidentität** besteht und wurde entsprechend durch den oben näher dargestellten Wechsel der durch die Pflichten erfassten Person (→ Rn. 5) erforderlich. Klargestellt wird hierdurch, dass für die Beurteilung der Kostenlosigkeit des Angebots neben dem Verhältnis zwischen dem Emittenten und Anleger auch das Verhältnis zwischen Anbieter und Anleger Berücksichtigung findet. Entsprechend greift die Ausnahme in Abs. 3 lit. a dann nicht ein, wenn zwar der Emittent keine Gegenleistung erhält, der Anleger dafür aber im Verhältnis zum Anbieter zu einer Leistung verpflichtet ist. Die Kostenlosigkeit des Angebots ausschließende Leistungen des Anlegers sind hierbei nicht auf die Kaufpreiszahlung oder ähnliche im Synallagma stehende Leistungen beschränkt, sondern können auch in Nebenleistungen (Provisionen oder Gebühren) bestehen. Zusammenfassend greift die Ausnahme des Abs. 3 lit. a nur dann ein, wenn der **Anleger weder gegenüber dem Emittenten noch gegenüber dem Anbieter zu einer Leistung in irgendeiner Form verpflichtet** ist.

b) Automatische Schürfung als Gegenleistung für Pflege des Distributed Ledgers oder die Validierung von Transaktionen. Durch die Ausnahme in Abs. 3 lit. b wird insbes. die Schaffung neuer Token durch das sog. **Mining** – falls dieses Verfahren nach der Begriffsbestimmung iSv Art. 3 Abs. 1 Nr. 12 als öffentliches Angebot zu qualifizieren ist – aus dem Anwendungsbereich des Titels und damit insbes. der Regelungen zu Kryptowerte-Whitepapern herausgenommen.[33] Dies lässt sich damit begründen, dass der spätere Inhaber des Kryptowerts – abgesehen von der Erbringung von Rechenleistung – keine Gegenleistung erbringen muss und kein entsprechendes Risiko trägt, sodass die Ausnahmevorschrift letztlich als Unterfall eines kostenlosen Angebots angesehen werden kann.

Im Übrigen sollte die Ausnahmevorschrift **restriktiv ausgelegt** werden und ausschließlich den **Ersterwerb** durch das Mining erfassen. Wird der Kryptowert, den der Inhaber hierdurch erlangt hat, danach Gegenstand eines öffentlichen Angebots, greifen die Regelungen von Titel 1 dagegen ein. Das ist damit zu begründen, dass es für den Zweiterwerber keinen Unterschied macht, auf welche Weise der Kryptowert erstellt wurde bzw. in die Inhaberschaft des Veräußerers gelangt ist. Die aus der Inhaberschaft des Kryptowerts resultierenden Risiken werden durch den Modus des Ersterwerbs nicht beeinflusst.

c) Utility-Token mit Zugang zu bereits bestehender Ware oder erbrachter Dienstleistung. Die durch Abs. 3 UAbs. 1 lit. c angesprochenen Utility-Token sind gem. Art. 3 Abs. 1 Nr. 9 solche Kryptowerte, die ausschließlich dazu bestimmt sind, Zugang zu einer Ware oder Dienstleistung zu verschaffen, die von seinem Emittenten bereitgestellt wird (vgl. → Art. 3 Rn. 73 ff.). Besteht die Ware bereits oder wird die Dienstleistung bereits

---

[33] Maume RDi 2022, 461 Rn. 29.

erbracht, so unterfallen öffentliche Angebote nicht den Vorgaben von Titel II. Dies lässt sich damit begründen, dass in solchen Fällen weniger der Erwerb zu Anlagezwecken im Fokus steht, sondern der Kryptowert vielmehr zu **Konsumzwecken** erworben wird, sodass der Gesichtspunkt des Anlegerschutzes zurücktritt.[34] So erklärt sich auch, dass die Ausnahme auf solche Utility-Token trotz Bestehen der Ware keine Anwendung finden soll, wenn diese die nach dem Erwerb gelagert werden und nicht vom Käufer abgeholt werden sollen (zB Kunstgegenstände, Wein).[35] Hintergrund solcher Konstellationen ist häufig die Hoffnung auf Wertsteigerungen der abgebildeten Ware und somit der Erwerb des Kryptowerts zu Anlagezwecken, sodass der Anlegerschutzgedanke betroffen ist. Zu Utility-Token, bei denen die Ware noch nicht besteht bzw. die Dienstleistung noch nicht erbracht wird vgl. noch unten zu Abs. 6, → Rn. 43 f.

33 Gerade in den Konstellationen des Abs. 3 UAbs. 1 lit. c, in denen Anlegerschutz nicht für erforderlich gehalten wird, kommt der Vorstellung des Gesetzgebers, dass dennoch Rechtsakte eingreifen, durch die der **Verbraucherschutz** sichergestellt wird, Bedeutung zu.[36] Explizit genannt sind in der MiCAR die Richtlinie über unlautere Geschäftspraktiken[37] sowie die Klausel-Richtlinie[38]. Daneben können insbes. die Anforderungen der Digitale-Inhalte-Richtlinie (DI-RL[39]) zur Anwendung kommen, soweit Utility-Token digitale Inhalte iSv Art. 2 Nr. 1 DI-RL darstellen.[40] Dies erscheint aufgrund des hinter dem Erwerb von Utility-Token stehenden Konsumzwecks folgerichtig.

34 **d) Nutzung nur in begrenztem Netz von Händlern mit vertraglicher Vereinbarung mit dem Anbieter.** Die Ausnahme des Abs. 3 UAbs. 1 lit. d betrifft das Angebot solcher Kryptowerte, die dessen Inhaber ausschließlich dazu berechtigen, diesen für den Tausch gegen Waren und Dienstleistungen in einem begrenzten Netz von Händlern mit vertraglichen Vereinbarungen mit dem Anbieter zu nutzen. Damit fehlt solchen Kryptowerten eine Zielrichtung, die den durch die MiCAR bezweckten Anlegerschutz betrifft. Verbraucherschützende Vorschriften bleiben dagegen anwendbar.

35 Zu beachten sind in diesem Zusammenhang noch Abs. 3 UAbs. 3, 4: Danach muss der Anbieter der zuständigen Behörde eine Mitteilung übermitteln, die eine Beschreibung des Angebots und eine Erläuterung enthält,

---

[34] Vgl. hierzu im Zusammenhang mit der Einordnung von Utility-Token als Kryptowerte iSv § 1 Abs. 11 S. 4 KWG Möslein/Omlor FinTech-HdB/Siedler § 7 Rn. 70.
[35] Erwgr. Nr. 26 MiCAR.
[36] Erwgr. Nr. 29 MiCAR.
[37] RL 2005/29/EG des Europäischen Parlaments und des Rates vom 11.5.2005 über unlautere Geschäftspraktiken im binnenmarktinternen Geschäftsverkehr zwischen Unternehmen und Verbrauchern und zur Änderung der Richtlinie 84/450/EWG des Rates, der Richtlinien 97/7/EG, 98/27/EG und 2002/65/EG des Europäischen Parlaments und des Rates sowie der Verordnung (EG) Nr. 2006/2004 des Europäischen Parlaments und des Rates (Richtlinie über unlautere Geschäftspraktiken).
[38] RL 93/13/EWG des Rates vom 5.4.1993 über mißbräuchliche Klauseln in Verbraucherverträgen.
[39] RL (EU) 2019/770 des Europäischen Parlaments und des Rates vom 20.5.2019 über bestimmte vertragsrechtliche Aspekte der Bereitstellung digitaler Inhalte und digitaler Dienstleistungen.
[40] Vgl. zu der Einordnung von Token als digitalem Inhalt zB BeckOGK BGB/Fries (Stand: 1.7.2023) § 327 Rn. 8; Guntermann RDi 2022, 200 Rn. 30; Möslein/Ostrovski JZ 2024, 593.

warum das Angebot gem. UAbs. 1 lit. d von Titel II ausgenommen ist, wenn der Gesamtgegenwert eines öffentlichen Angebots über solche Kryptowerte in der Union in einem Zwölfmonatszeitraum ab Beginn des ersten öffentlichen Angebots 1 Mio. EUR übersteigt. Auf Grundlage dieser Mitteilung trifft die Behörde dann eine ordnungsgemäß begründete Entscheidung, wenn sie der Auffassung ist, dass die Tätigkeit nicht für eine Ausnahme als begrenztes Netz in Betracht kommt und unterrichtet den Anbieter entsprechend. Damit sollen solche Netze von der Ausnahme des Abs. 3 UAbs. 1 lit. d ausgeschlossen werden, die üblicherweise für ein ständig wachsendes Netz von Dienstleistern konzipiert sind.[41] Deshalb soll die Ausnahme immer dann behördlich überprüft werden, wenn ein Angebot oder der Gesamtwert von mehr als einem Angebot die Schwelle des Abs. 3 UAbs. 3 überschreitet, sodass ein neues Angebot nicht automatisch in den Genuss einer Ausnahme für ein vorheriges Angebot kommt.[42]

Der Benachrichtigung kommt aufgrund der daraus folgenden Anwendung des Titel II Regelungswirkung und damit die Qualität eines **belastenden Verwaltungsakts** zu. Gegen diesen kann der Anbieter Rechtsschutz beantragen. Vgl. zur aufschiebenden Wirkung bei Widerspruch und Anfechtungsklage gegen diesen unten, → Rn. 45. **36**

3. Rückausnahmen. a) Beabsichtigte Zulassung zum Handel (Abs. 4). Gem. Abs. 4 gelten die in Abs. 2, 3 genannten Ausnahmen nicht, wenn der Anbieter oder eine andere im Namen des Anbieters handelnde Person in einer Mitteilung seine bzw. ihre Absicht bekundet, die Zulassung zum Handel mit einem anderen Kryptowert als einem vermögenswertereferenzierten Token oder E-Geld-Token zu beantragen. Dies steht im Zusammenhang damit, dass die in Abs. 2, 3 genannten Ausnahmen bei einer Zulassung zum Handel nicht zur Anwendung kommen (→ Art. 5 Rn. 15). Die Rückausnahme bewirkt insoweit einen Umgehungsschutz sowie vorgezogenen Anlegerschutz, da diese Kryptowerte nicht zum Erwerb unter Anwendung der Ausnahmen in Abs. 2, 3 verfügbar sein sollen, wenn es ohnehin hinreichend gesichert erscheint, dass zu einem späteren Zeitpunkt die Zulassung zum Handel erfolgt. **37**

b) Freiwilliges Erstellen eines Kryptowerte-Whitepapers (Abs. 8). Abs. 8 sieht ausdrücklich die Möglichkeit vor, trotz Vorliegens einer Ausnahme nach Abs. 2, 3 **freiwillig** ein Kryptowerte-Whitepaper zu erstellen. Konsequenterweise wird dann allerdings die Geltung der Vorschriften des Titels II angeordnet. Insbes. gilt dies für die Geltung der Vorschriften zu Kryptowerte-Whitepapern, da Anleger regelmäßig nicht unterscheiden können, ob ein solches zum Zwecke der Erfüllung einer gesetzlichen Pflicht oder auf freiwilliger Basis erstellt wurde. Um den Anlegerschutz in beiden Fällen sicherzustellen, sind in beiden Fällen insbes. die in Abs. 1 genannten Vorschriften zu beachten. Dazu zählen insbes. die Anforderungen an Kryptowerte-Whitepaper und Marketingmitteilungen, da deren Erstellung auf freiwilliger Basis nicht dazu führen soll, dass Anbieter hinsichtlich deren Inhalt und Gestaltung freie Hand haben. **38**

Da Abs. 8 die Geltung des gesamten Titels anordnet, führt die freiwillige Erstellung eines Kryptowerte-Whitepapers zudem dazu, dass der Anbieter **39**

---

[41] Erwgr. Nr. 26 MiCAR.
[42] Erwgr. Nr. 26 MiCAR.

eine juristische Person sein muss, die die in Art. 14 festgelegten Anforderungen für Anbieter erfüllt. Auch dies ist aus Sicht des Gesetzgebers konsequent, da sich die Beaufsichtigung und Überwachung der Einhaltung gesetzlicher Pflichten durch die zuständigen Behörden[43] im Zusammenhang mit den Vorgaben für Kryptowerte-Whitepaper ebenfalls gegen einen Rechtsträger richten müssen.

IV. (Keine) gesonderte Zulassung für Krypto-Dienstleistungen (Abs. 5)

40 Die in Abs. 5 geregelte Ausnahmevorschrift betrifft nicht die Anbieter der Kryptowerte selbst, sondern **Anbieter bestimmter Krypto-Dienstleistungen**. Rechtsfolge ihres Eingreifens ist, dass diese entgegen Art. 59 keiner Zulassung als Anbieter für Krypto-Dienstleistungen bedürfen. Dies betrifft allerdings ausschließlich bestimmte Krypto-Dienstleistungen, namentlich die

- Verwahrung und Verwaltung von Kryptowerten für Kunden iSv Art. 1 Abs. 1 Nr. 17, also die sichere Aufbewahrung oder Kontrolle von Kryptowerten oder der Mittel für den Zugang zu solchen Kryptowerten für Kunden, unter Umständen in Form privater kryptografischer Schlüssel (vgl. detaillierter → Art. 1 Rn. 123 ff.), sowie
- Transferleistungen für Kryptowerte iSv Art. 1 Abs. 1 Nr. 26, also das Erbringen von Dienstleistungen zur Übertragung von Kryptowerten von einer Distributed-Ledger-Adresse oder einem Distributed-Ledger-Konto auf eine andere solche Adresse oder ein anderes solches Konto für eine natürliche oder juristische Person (vgl. detaillierter → Art. 1 Rn. 156 ff.).

41 Beide Krypto-Dienstleistungen stellen im Kontext der in Art. 1 Abs. 1 Nr. 16 genannten Dienstleistungen für den Erwerb und das Halten von Kryptowerten essenzielle Nebenleistungen dar. Im Umkehrschluss greift die Ausnahmevorschrift selbst bei Vorliegen ihrer Voraussetzungen für **andere Krypto-Dienstleistungen nicht** ein, da deren Zweck stärker an dem Kryptowerten zugrundeliegenden Anlageelement orientiert ist.

42 Sachliche Voraussetzung für das Eingreifen der Ausnahme ist, dass die Dienstleistung im Zusammenhang mit einem Kryptowert steht, für den eine der Ausnahmen des Abs. 3 (→ Rn. 27 ff.) eingreift. Negative Voraussetzung ist allerdings zunächst, dass nicht ein anderes öffentliches Angebot für denselben Kryptowert besteht, welches nicht unter die Ausnahme fällt. Zudem darf der angebotene Kryptowert nicht zum Handel auf einer Handelsplattform zugelassen sein. Nachzudenken ist zudem hier über analoge Anwendung von Abs. 4, sodass die Ausnahme auch dann nicht anwendbar wäre, wenn die Zulassung zum Handel durch den Anbieter oder eine andere im Namen des Anbieters handelnde Person angekündigt ist.

V. Zeitliche Begrenzung öffentlicher Angebote über Utility-Token (Abs. 6)

43 Anders als bei den bereits oben angesprochenen Utility-Token, bei denen die Ware bereits besteht bzw. die Dienstleistung bereits erbracht wird (→ Rn. 31 f.), betrifft Abs. 6 solche Utility-Token für einen Dienst, der Zugang zu Waren oder Dienstleistungen bietet, die noch nicht existieren bzw. die noch nicht erbracht werden. Für solche Angebote schreibt Abs. 6 vor,

---

[43] Vgl. Erwgr. Nr. 23 MiCAR.

dass die **Laufzeit des öffentlichen Angebots zwölf Monate ab dem Tag der Veröffentlichung des Kryptowerte-Whitepapers nicht überschreiten** darf. Die MiCAR berücksichtigt damit das Vorfinanzierungselement solcher Angebote und die aus der Vorleistung resultierenden Risiken für Anleger.[44] Die Begrenzung der Laufzeit ist dabei unabhängig von dem Zeitpunkt, zu dem die Ware bzw. die Dienstleistungen bereitgestellt wird bzw. in Anspruch genommen und vom Inhaber eines Utility-Token nach Ablauf des öffentlichen Angebots genutzt werden kann.[45]

Die Veröffentlichung des Kryptowerte-Whitepapers erfolgt nach Art. 9 Abs. 1 S. 1 durch dessen Zurverfügungstellung auf der öffentlich zugänglichen Webseite des Anbieters. Mangels Regelung durch die MiCAR erfolgt die Fristberechnung nach den §§ 187 ff. BGB (Deutschland) bzw. dem Europäischen Übereinkommen über die Berechnung von Fristen (Österreich). **44**

VI. Einfluss des deutschen KMAG-E idF des FinmadiG

In Deutschland werden die Vorgaben der MiCAR nach der Konzeption des „Finanzmarktdigitalisierungsgesetzes" (FinmadiG[46]) insb. durch das „Kryptomärkteaufsichtsgesetz" (KMAG-E) komplementiert. Hierdurch werden der BaFin entsprechende Befugnisse zur Durchsetzung der aus der Verordnung folgenden Pflichten zugewiesen. Im Kontext des Art. 4 ist hierbei insb. zu beachten, dass Widerspruch und Anfechtungsklage gegen Maßnahmen auf der Grundlage von Abs. 3 (→ Rn. 35 f.) gem. § 5 Abs. 1 KMAG-E **keine aufschiebende Wirkung** haben. **45**

Noch im Regierungsentwurf fehlt allerdings eine Befugnis der BaFin, bei öffentlichen Angeboten von anderen Kryptowerten als vermögenswertereferenzierten Token und E-Geld-Token einzuschreiten, da § 9 Abs. 1 KMAG-E ausschließlich auf die Anforderungen nach Art. 16, 48, nicht aber Art. 4 verweist. Entsprechend wurde angemahnt, die Befugnisse der BaFin in dieser Hinsicht noch zu erweitern, wenn ein öffentliches Angebot dieser Kryptowerte nicht die Voraussetzungen des Art. 4 erfüllt, um insofern das Verbot mit Voraussetzungsvorbehalt durchsetzen zu können.[47] **46**

Artikel 5 Zulassung von anderen Kryptowerten als vermögenswertereferenzierten Token oder E-Geld-Token zum Handel

Eine Person, darf die Zulassung eines anderen Kryptowerts als eines vermögenswertereferenzierten Token oder eines E-Geld-Token zum Handel in der Union nicht beantragen, sofern diese Person nicht
  eine juristische Person ist,
  für diesen Kryptowert ein Kryptowerte-Whitepaper gemäß Artikel 6 erstellt hat,
  das Kryptowerte-Whitepaper gemäß Artikel 8 übermittelt hat,
  das Kryptowerte-Whitepaper gemäß Artikel 9 veröffentlicht hat,
  die Marketingmitteilungen, sofern vorhanden, zu diesem Kryptowert gemäß Artikel 7 erstellt hat,

---

[44] Vgl. zum Vorfinanzierungsaspekt Möslein/Omlor FinTech-HdB/Siedler § 7 Rn. 45.
[45] Erwgr. Nr. 30 MiCAR.
[46] Regierungsentwurf abrufbar unter: https://beck-link.de/tvw2b.
[47] So Möslein/Rennig RDi 2024, 145 Rn. 9.

MiCAR Art. 5 — Titel II. Andere Kryptowerte

die Marketingmitteilungen, sofern vorhanden, zu diesem Kryptowert gemäß Artikel 9 veröffentlicht hat,

die Anforderungen an Personen, die die Zulassung zum Handel beantragen, gemäß Artikel 14 erfüllt.

Wird ein Kryptowert auf Initiative des Betreibers der Handelsplattform zugelassen und wurde in den in dieser Verordnung vorgeschriebenen Fällen kein Kryptowerte-Whitepaper gemäß Artikel 9 veröffentlicht, so trägt der Betreiber der jeweiligen Handelsplattform den in Absatz 1 des vorliegenden Artikels festgelegten Anforderungen Rechnung.

Abweichend von Absatz 1 können eine Person, die die Zulassung eines anderen Kryptowerts als eines vermögenswertereferenzierten Token oder eines E-Geld-Token zum Handel beantragt, und der jeweilige Betreiber der Handelsplattform schriftlich vereinbaren, dass der Betreiber der Handelsplattform alle oder einen Teil der in Absatz 1 Buchstaben b bis g genannten Anforderungen erfüllen muss.

In der in Unterabsatz 1 des vorliegenden Absatzes genannten schriftlichen Vereinbarung wird eindeutig festgelegt, dass die Person, die die Zulassung zum Handel beantragt, verpflichtet ist, dem Betreiber der Handelsplattform alle erforderlichen Informationen zur Verfügung zu stellen, damit dieser Betreiber die Anforderungen gemäß Absatz 1 Buchstaben b bis g erfüllen kann.

Absatz 1 Buchstaben b, c und d finden keine Anwendung, wenn

der Kryptowert bereits zum Handel auf einer anderen Handelsplattform für Kryptowerte in der Union zugelassen ist und

das Kryptowerte-Whitepaper gemäß Artikel 6 erstellt wird, gemäß Artikel 12 aktualisiert wird, und die für die Erstellung des Whitepapers verantwortliche Person seiner Verwendung schriftlich zustimmt.

Übersicht

	Rn.
I. Einführung	1
1. Literatur	1
2. Entstehung und Zweck der Norm	2
3. Normativer Kontext	4
II. Zulassung zum Handel und Verhältnis zum öffentlichen Angebot	5
III. Voraussetzungen für die Zulassung zum Handel von anderen Kryptowerten (Abs. 1)	6
IV. Pflichtadressaten	7
1. Grundsatz: Person, die die Zulassung zum Handel beantragt	7
2. Ausnahme: Betreiber der Handelsplattform	8
a) Zulassung auf Initiative des Betreibers der Handelsplattform (Abs. 2)	8
b) Delegation durch schriftliche Vereinbarung (Abs. 3)	10
V. Ausnahmen von Voraussetzungen des Art. 5	13
1. Ausnahme von Abs. 1 lit. b, c, d	13
2. Im Übrigen keine Ausnahmen	15
VI. Einfluss des deutschen KMAG-E idF des FinmadiG	16

Art. 5 MiCAR

I. Einführung

1. Literatur. *Groß*, Kapitalmarktrecht, 8. Aufl. 2022; *Maume*, Die Verordnung über Märkte für Kryptowerte (MiCAR) – Zentrale Definitionen sowie Rechte und Pflichten beim öffentlichen Angebot von Kryptowerten, RDi 2022, 461; Schwark/Zimmer (Hrsg.), Kapitalmarktrechts-Kommentar, 5. Aufl. 2020. 1

2. Entstehung und Zweck der Norm. Da der ursprüngliche Verordnungsentwurf in Art. 4 MiCAR-E die Pflichten des Emittenten sowohl bei einem öffentlichen Angebot als auch bei einer Beantragung der Zulassung zum Handel erfasste, machte der zwischenzeitlich erfolgte Wechsel der Pflichtadressaten (→ Art. 4 Rn. 5) an dieser Stelle eine Anpassung erforderlich. Regelungstechnisch hat sich der Gesetzgeber dafür entschieden, beide Tätigkeiten in separaten Vorschriften unter einen Voraussetzungsvorbehalt zu stellen. Dies ist trotz der Festlegung derselben Voraussetzungen auch sinnvoll, da gerade die für ein öffentliches Angebot geltenden Ausnahmevorschriften bei einer Zulassung zum Handel nicht zur Anwendung kommen (vgl. dazu → Rn. 15). 2

Sinn und Zweck von Art. 5 ist, auch bei einer Zulassung zum Handel von solchen Kryptowerten, die keine vermögenswertereferenzierten Token oder E-Geld-Token sind, sicherzustellen, dass eine solche nur unter Beachtung des der MiCAR zugrundeliegenden Informationsregimes erfolgt. Damit hat die Vorschrift wie Art. 4 ebenfalls den Charakter einer **Auffangnorm**, betrifft dabei aber eine andere Tätigkeit. 3

3. Normativer Kontext. Art. 5 stellt ähnlich wie Art. 3 Abs. 3 Prospekt-VO für die Zulassung von Wertpapieren zum Handel an einem geregelten Markt Anforderungen an die Zulassung eines Kryptowerts zum Handel. Damit führt die MiCAR die in Art. 3 Prospekt-VO angelegte Unterscheidung zwischen einem öffentlichen Angebot und der Zulassung zum Handel weiter. 4

II. Zulassung zum Handel und Verhältnis zum öffentlichen Angebot

Was mit der Zulassung zum Handel gemeint ist, definiert die MiCAR – anders als das öffentliche Angebot iSd Art. 3 Abs. 1 Nr. 12 – nicht. Nach Erwgr. Nr. 23 MiCAR sind damit **Zulassungen von Kryptowerten zum Handel auf einer Handelsplattform für Kryptowerte** gemeint.[1] Das Verständnis des Gesetzgebers von dem Verhältnis zwischen der Zulassung zum Handel und einem öffentlichen Angebot wird in Erwgr. Nr. 28 MiCAR dargelegt: „Die Zulassung zum Handel [sollte] allein [...] als solche nicht als öffentliches Angebot eingestuft werden. Eine solche Zulassung [...] sollte lediglich als öffentliches Angebot über Kryptowerte eingestuft werden, wenn sie eine Mitteilung umfasst, bei der es sich um ein öffentliches Angebot im Sinne dieser Verordnung handelt." Erwgr. Nr. 28 entspricht dabei im Wesentlichen Erwgr. Nr. 14 Prospekt-VO, aus dem gefolgert wird, dass „Mitteilungen auf Grund des Handels von Wertpapieren an einem organisierten Markt [...] kein öffentliches Angebot darstellen."[2] Es ist nicht ersichtlich, dass 5

---

[1] Vgl. auch Maume RDi 2022, 461 Rn. 9.
[2] So der Wortlaut von § 2 Nr. 4 idF bis 20.7.2019; vgl. Groß KapMarktR WpPG § 2 Rn. 19; Schwark/Zimmer/Preuße WpPG § 2 Rn. 16.

sich für Kryptowerte etwas anderes ergeben müsste. Damit gilt das bloße Einstellen von Kryptowerten auf Handelsplattformen zum Verkauf trotz der dadurch kommunizierten Bereitschaft zur Veräußerung des Kryptowerts zu einem bestimmten Preis nicht als öffentliches Angebot, wenn nicht eine darüberhinausgehende Mitteilung enthalten ist, die zu einer Einstufung als öffentliches Angebot führt (vgl. zum Begriff des öffentlichen Angebots → Art. 3 Rn. 93 ff.).

III. Voraussetzungen für die Zulassung zum Handel von anderen Kryptowerten (Abs. 1)

6   Art. 5 statuiert für die Zulassung eines anderen Kryptowerts als einen vermögenswertereferenzierten Token oder eines E-Geld-Token zum Handel – wie Art. 4 für das öffentliche Angebot – ein **Verbot mit Voraussetzungsvorbehalt**. Die Voraussetzungen des Art. 5 gleichen dabei denen des Art. 4, sodass auf die dortigen Ausführungen im wesentlichen Bezug genommen werden kann. Insbes. bestehen die Unsicherheiten bezüglich der unionsautonomen Auslegung des Begriffes der **juristischen Person** auch bezüglich der Person, die die Zulassung zum Handel beantragt. Im Übrigen müssen die Anforderungen an die Erstellung, Übermittlung und Veröffentlichung von **Kryptowerte-Whitepapern** (Art. 6, 8, 9), die Erstellung und Veröffentlichung von **Marketingmitteilungen** (Art. 7, 9) sowie an **Personen,** die die Zulassung zum Handel beantragen (Art. 14) erfüllt sein.

IV. Pflichtadressaten

7   **1. Grundsatz: Person, die die Zulassung zum Handel beantragt.** Abs. 1 knüpft primär an die **Person an, die eine Zulassung zum Handel des Kryptowerts auf einer Krypto-Handelsplattform beantragt.** Dies kann ohne Weiteres auch der Emittent des Kryptowerts selbst sein; entsprechendes ergab sich bereits aus Art. 4 Abs. 1 MiCAR-E. Gleichermaßen können aber auch Personen die Zulassung des Kryptowerts zum Handel beantragen, die nichts mit dessen Emission zu tun haben und auch nicht Betreiber der Handelsplattform sind (vgl. dazu sogleich).

8   **2. Ausnahme: Betreiber der Handelsplattform. a) Zulassung auf Initiative des Betreibers der Handelsplattform (Abs. 2).** Abs. 2 erfasst Konstellationen, in denen die **Zulassung auf Initiative des Betreibers der Handelsplattform** als Anbieter dieser Kryptowerte-Dienstleistung und nicht des Emittenten oder einer dritten Person erfolgt. Die Vorschrift hat insbes. klarstellende Wirkung, da der Betreiber der Handelsplattform in diesem Fall als Person, die die Zulassung zum Handel beantragt, iSv Abs. 1 angesehen werden kann. Durch Abs. 2 wird aber deutlich, dass hinsichtlich der verschiedenen Tätigkeiten – dh Beantragung der Zulassung zum Handel einerseits und Betrieb der Handelsplattform andererseits – keine Personenverschiedenheit bestehen muss.

9   Nach Abs. 2 trägt der Betreiber der Handelsplattform den in Abs. 1 festgelegten Anforderungen Rechnung, wenn nicht bereits ein Kryptowerte-Whitepaper nach Art. 9 veröffentlicht wurde. Im Umkehrschluss bedeutet dies, dass der Betreiber der Handelsplattform die Anforderungen des Abs. 1 nicht erfüllen muss, wenn bereits anderweitig ein Kryptowerte-Whitepaper veröffentlicht wurde. Abs. 2 ist insoweit missverständlich formuliert, als dass

man davon ausgehen könnte, dass der Betreiber der Handelsplattform an keine der in Abs. 1 genannten Pflichten gebunden ist. Jedenfalls entsprechende Anwendung finden sollten auch in diesem Fall aber die Art. 7 für die Gestaltung von Marketingmitteilungen durch den Betreiber der Handelsplattform und im Zusammenhang mit solchen Mitteilungen der Art. 9, um für die werbliche Kommunikation die Übereinstimmung mit den Vorgaben der MiCAR zu gewährleisten.

b) Delegation durch schriftliche Vereinbarung (Abs. 3). Möglich ist 10 nach Abs. 3 zudem der Abschluss einer **schriftlichen Vereinbarung** zwischen der Person, die die Zulassung zum Handel beantragt, sowie dem jeweiligen Betreiber der Handelsplattform, nach der letzterer alle oder einen Teil der in Abs. 1 lit. b–g genannten Anforderungen erfüllen muss. Denkbar sind also einerseits solche Vereinbarungen, durch die **sämtliche Pflichten** im Zusammenhang mit Kryptowerte-Whitepapern, Marketingmitteilungen und den Anforderungen des Art. 14 übertragen werden, andererseits Vereinbarungen, durch die nur einzelne dieser Pflichten auf den Betreiber der Handelsplattform übertragen werden. Durch eine entsprechende Vereinbarung wird die Verantwortlichkeit für die Erfüllung der Voraussetzungen auf den Betreiber der Handelsplattform übertragen, soweit diese auf ihn delegiert wurden. Für die Erfüllung der Voraussetzungen aus Abs. 1 lit. b–g, die nicht Gegenstand der schriftlichen Vereinbarung sind, bleibt weiterhin die Person verantwortlich, die die Zulassung zum Handel beantragt.[3] Abs. 3 eröffnet Betreibern von Krypto-Handelsplattformen die Möglichkeit, – ähnlich einer Auslagerung – die Erfüllung der regulatorischen Anforderungen aus der MiCAR als **Dienstleistung** anzubieten.

Die Vereinbarung unterliegt der **Schriftform**. Nicht weiter spezifiziert ist 11 allerdings, welche Anforderungen hieraus folgen. Der Sinn und Zweck der Schriftlichkeit der Vereinbarung nach Abs. 3 – dürfte hier – anders zB als bei Art. 4 Abs. 7 UAbs. 2 MiCAR (→ Art. 4 Rn. 26, daneben auch zu Abs. 4 → Rn. 14) oder Art. 5 Abs. 1 UAbs. 2 Prospekt-VO[4] – insbes. darin zu sehen sein, dass die Aufsichtsbehörden die Verantwortlichkeit für die Erfüllung der Voraussetzungen des Abs. 1 bestimmen können. Daneben spielt aus Anlegersicht, wenn es um die Pflichten im Zusammenhang mit Kryptowerte-Whitepapern geht, auch die Möglichkeit der Bestimmung etwaiger Anspruchsgegner für eine Haftung nach Art. 15 eine Rolle. Vor diesem Hintergrund erscheint es nicht erforderlich, dass bspw. die Anforderungen des § 126 BGB mit einer eigenhändigen Namensunterschrift erfüllt sein müssen. Stattdessen muss die Vereinbarung auf eine Weise dokumentiert sein, die insbes. den Aufsichtsbehörden die Überprüfung deren Inhalts ermöglicht.

Abs. 3 UAbs. 2 enthält zudem inhaltliche Vorgaben für eine entsprechende 12 Vereinbarung, da dort ausdrücklich geregelt sein muss, dass die Person, die die Zulassung zum Handel beantragt, verpflichtet ist, dem Betreiber der Handelsplattform alle erforderlichen Informationen zur Verfügung zu stellen, damit dieser Betreiber die Anforderungen gem. Abs. 1 lit. b–g erfüllen kann. Nach Vorstellung des Gesetzgebers sollte die Person, die die Zulassung zum Handel beantragt, weiterhin verantwortlich sein, wenn sie dem Betreiber der

---

[3] Erwgr. Nr. 32 MiCAR.
[4] Sinn und Zweck der Schriftform ist hier, dass den Anlegern die Prüfung ermöglicht wird, ob die Vereinbarung bei der Weiterveräußerung oder endgültigen Platzierung eingehalten wird, Erwgr. Nr. 26 Prospekt-VO.

Handelsplattform irreführende Informationen zur Verfügung stellt.[5] Unklar bleibt, wie sich dieses Verbleiben der Verantwortlichkeit der die Zulassung beantragenden Person realisieren lässt. Denkbar ist eine weiterhin bestehende Haftung im Außenverhältnis – also im Verhältnis zu Aufsichtsbehörden und Anlegern – oder eine Beschränkung im Innenverhältnis zwischen der die Zulassung beantragenden Person und dem Betreiber der Handelsplattform durch eine Haftung auf Schadensersatz wegen der Verletzung einer Pflicht aus der vertraglichen Vereinbarung.

V. Ausnahmen von Voraussetzungen des Art. 5

13   **1. Ausnahme von Abs. 1 lit. b, c, d.** Abs. 4 statuiert eine Ausnahme von Abs. 1 lit. b, c, d und damit von den Pflichten zur Erstellung, Übermittlung und Veröffentlichung eines Kryptowerte-Whitepapers. Weiterhin zu erfüllen sind demgegenüber die Voraussetzungen des lit. a zur Rechtsform der Person, die die Zulassung zum Handel beantragt; der lit. e, f zu Marketingmitteilungen sowie die Anforderungen an Personen, die die Zulassung zum Handel beantragen aus Art. 14 (lit. g).

14   Voraussetzung für das Eingreifen der Ausnahme ist, dass der Kryptowert bereits zum Handel auf einer anderen Handelsplattform für Kryptowerte in der Union zugelassen ist und das Kryptowerte-Whitepaper gem. Art. 6 erstellt wird, gem. Art. 12 aktualisiert wird, und die für die Erstellung des Whitepapers verantwortliche Person seiner Verwendung schriftlich zustimmt. Sinn und Zweck des Schriftformerfordernisses ist hier – anders als bei Abs. 3 UAbs. 2 (→ Rn. 11) – die Möglichkeit für betroffene Anleger, die Einhaltung der Vereinbarung bei der Weiterveräußerung zu überprüfen.[6] Die Regelung ist zu begrüßen, da hierdurch das Potential für Synergieeffekte bei der Erstellung eines Kryptowerte-Whitepapers geschaffen wird und sich zugleich das Risiko der Veröffentlichung mehrerer, sich möglicherweise sogar widersprechender Kryptowerte-Whitepaper zu einem Kryptowert minimiert.

15   **2. Im Übrigen keine Ausnahmen.** Der Blick in die insofern als Vorbild dienende Prospekt-VO zeigt, dass die Pflicht zur Veröffentlichung eines Prospekts gem. Art. 3 Abs. 3 Prospekt-VO auf die in Art. 1 Abs. 5 Prospekt-VO genannten Instrumente keine Anwendung findet. Eine vergleichbare Ausnahmeregelung für die Pflichten aus Abs. 1 findet sich – abgesehen von Abs. 4 – in der MiCAR nicht. Insbes. kommen die **Ausnahmen aus Art. 4 Abs. 2, 3 im Rahmen der Zulassung zum Handel iSd Art. 5 nicht zur Anwendung.**

VI. Einfluss des deutschen KMAG-E idF des FinmadiG

16   Durch § 16 Abs. 3 KMAG-E (vgl. zum Gesetzesentwurf allgemein → Art. 4 Rn. 45 f.) kann die BaFin die Maßnahmen nach § 16 Abs. 1, 2 KMAG-E – namentlich das Verlangen der Änderung oder der Ergänzung des Kryptowerte-Whitepapers um zusätzliche Informationen – in den Fällen von Abs. 3 (→ Rn. 10 ff.) auch gegenüber dem Betreiber der Handelsplattform für Kryptowerte erlassen. Gem. § 5 Abs. 2 KMAG-E haben Widerspruch und Anfechtungsklage gegen diese Maßnahmen **keine aufschiebende Wirkung.**

---

[5] Erwgr. Nr. 32 MiCAR.
[6] Vgl. zum entsprechenden Sinn und Zweck des Schriftformerfordernisses bei Art. 5 Abs. 1 UAbs. 2 Prospekt-VO schon Fn. 4.

Artikel 6 Inhalt und Form des Kryptowerte-Whitepapers

(1) ¹Ein Kryptowerte-Whitepaper muss alle folgenden Informationen, wie in Anhang I näher festgelegt, enthalten:
a) Informationen über den Anbieter oder die Person, die die Zulassung zum Handel beantragt;
b) Informationen über den Emittenten, wenn es sich hierbei nicht um den Anbieter oder die Person handelt, die die Zulassung zum Handel beantragt;
c) Informationen über den Betreiber der Handelsplattform in den Fällen, in denen er das Kryptowerte-Whitepaper erstellt;
d) Informationen über das Kryptowert-Projekt;
e) Informationen über das öffentliche Angebot des Kryptowerts oder dessen Zulassung zum Handel;
f) Informationen über den Kryptowert;
g) Informationen über die mit dem Kryptowert verknüpften Rechte und Pflichten;
h) Informationen über die zugrunde liegenden Technologien;
i) Informationen über die Risiken;
j) Informationen über die wichtigsten nachteiligen Auswirkungen des für die Ausgabe des Kryptowerts verwendeten Konsensmechanismus auf das Klima sowie sonstige entsprechende umweltbezogene nachteilige Auswirkungen.

²Wird das Kryptowerte-Whitepaper nicht von den in Unterabsatz 1 Buchstaben a, b und c genannten Personen erstellt, so muss das Kryptowerte-Whitepaper auch die Identität der Person enthalten, die das Kryptowerte-Whitepaper erstellt hat, sowie den Grund, warum diese Person Kryptowerte-Whitepaper erstellt hat.

(2) ¹Alle in Absatz 1 aufgeführten Informationen müssen redlich und eindeutig und dürfen nicht irreführend sein. ²Das Kryptowerte-Whitepaper darf keine wesentlichen Auslassungen enthalten und ist in knapper und verständlicher Form vorzulegen.

(3) ¹Das Kryptowerte-Whitepaper muss auf der ersten Seite die folgende eindeutige und deutlich erkennbare Erklärung enthalten:
„Dieses Kryptowerte-Whitepaper wurde von keiner zuständigen Behörde eines Mitgliedstaats der Europäischen Union genehmigt. Der Anbieter des Kryptowerts trägt die alleinige Verantwortung für den Inhalt dieses Kryptowerte-Whitepapers."
²Wird das Kryptowerte-Whitepaper von der Person, die die Zulassung zum Handel beantragt, oder von einem Betreiber einer Handelsplattform erstellt, so wird in die Erklärung gemäß Unterabsatz 1 anstelle von „Anbieter" auf die „Person, die die Zulassung zum Handel beantragt" oder den „Betreiber der Handelsplattform" Bezug genommen.

(4) Das Kryptowerte-Whitepaper darf außer der in Absatz 5 genannten Erklärung keine Aussagen über den künftigen Wert des Kryptowerts enthalten.

(5) Das Kryptowerte-Whitepaper muss eine klare und eindeutige Erklärung enthalten, dass
a) der Kryptowert seinen Wert ganz oder teilweise verlieren können,
b) der Kryptowert möglicherweise nicht immer übertragbar ist,
c) der Kryptowert möglicherweise nicht liquide ist,

d) beim öffentlichen Angebot eines Utility-Token dieser Utility-Token, insbesondere im Fall eines Ausfalls oder der Einstellung des Kryptowert-Projekts, möglicherweise nicht gegen die im Kryptowerte-Whitepaper zugesagte Ware oder Dienstleistung getauscht werden kann,
e) der Kryptowert je nach Sachlage nicht unter die Systeme für die Entschädigung der Anleger gemäß der Richtlinie 97/9/EG des Europäischen Parlaments und des Rates fällt,
f) der Kryptowert nicht unter die Einlagensicherungssysteme gemäß der Richtlinie 2014/49/EU fällt.

(6) ¹Das Kryptowerte-Whitepaper muss eine Erklärung des Leitungsorgans des Anbieters der Kryptowerte, der Person, die die Zulassung zum Handel beantragt, oder des Betreibers der Handelsplattform enthalten. ²In dieser Erklärung, die nach der in Absatz 3 genannten Erklärung einzufügen ist, wird bestätigt, dass das Kryptowerte-Whitepaper diesem Titel Rechnung trägt, dass die in ihm enthaltenen Informationen nach bestem Wissen des Leitungsorgans redlich, eindeutig und nicht irreführend sind und das Kryptowerte-Whitepaper keine Auslassungen aufweist, die seine Aussagekraft beeinträchtigen könnten.

(7) ¹Das Kryptowerte-Whitepaper muss eine Zusammenfassung enthalten, die nach der in Absatz 6 genannten Erklärung eingefügt wird und in knapper und nicht fachsprachlicher Ausdrucksweise wesentliche Informationen über das öffentliche Angebot des Kryptowerts oder über die beabsichtigte Zulassung zum Handel liefert. ²Die Zusammenfassung muss leicht verständlich und in Darstellung und Gestaltung verständlich und vollständig sein; es ist eine leserliche Schriftgröße zu verwenden. ³Die Zusammenfassung des Kryptowerte-Whitepapers muss geeignete Informationen über die Merkmale des betreffenden Kryptowerts bieten, um den potenziellen Inhabern des Kryptowerts dabei zu helfen, eine fundierte Entscheidung zu treffen.

Die Zusammenfassung muss einen Warnhinweis enthalten, dass

a) sie als Einführung in das Kryptowerte-Whitepaper zu lesen ist,
b) potenzielle Inhaber jede Entscheidung über den Kauf des Kryptowerts auf der Grundlage des Inhalts des gesamten Kryptowerte-Whitepapers und nicht allein auf der Grundlage der Zusammenfassung treffen sollten,
c) das öffentliche Angebot des Kryptowerts kein Angebot und keine Aufforderung zum Kauf von Finanzinstrumenten darstellt und dass ein solches Angebot oder eine solche Aufforderung nur mittels eines Prospekts oder anderer im geltenden nationalen Recht vorgesehener Angebotsunterlagen erfolgen kann,
d) dass das Kryptowerte-Whitepaper keinen Prospekt im Sinne der Verordnung (EU) 2017/1129 des Europäischen Parlaments und des Rates und kein anderes Angebotsdokument im Sinne von Unionsrecht oder nationalem Recht darstellt.

(8) Das Kryptowerte-Whitepaper muss das Datum seiner Übermittlung und ein Inhaltsverzeichnis enthalten.

(9) Das Kryptowerte-Whitepaper ist in einer Amtssprache des Herkunftsmitgliedstaats oder in einer in der internationalen Finanzwelt gebräuchlichen Sprache abzufassen.

Werden die Kryptowerte auch in einem anderen Mitgliedstaat als dem Herkunftsmitgliedstaat angeboten, so ist das Kryptowerte-Whitepaper auch in einer Amtssprache des Aufnahmemitgliedstaats oder in einer in der internationalen Finanzwelt gebräuchlichen Sprache abzufassen.

(10) Das Kryptowerte-Whitepaper ist in einem maschinenlesbaren Format zur Verfügung zu stellen.

(11) Die ESMA arbeitet in Zusammenarbeit mit der EBA Entwürfe technischer Durchführungsstandards zur Festlegung von Standardformularen, Standardformaten und Mustertexten für die Zwecke des Absatzes 10 aus.

Die ESMA übermittelt der Kommission die in Unterabsatz 1 genannten Entwürfe technischer Durchführungsstandards spätestens am 30. Juni 2024.

Der Kommission wird die Befugnis übertragen, die in Unterabsatz 1 genannten technischen Durchführungsstandards nach Artikel 15 der Verordnung (EU) Nr. 1095/2010 zu erlassen.

(12) [1] Die ESMA arbeitet in Zusammenarbeit mit der EBA Entwürfe technischer Regulierungsstandards für den Inhalt, die Methoden und die Darstellung der in Absatz 1 Unterabsatz 1 Buchstabe j genannten Informationen über die Nachhaltigkeitsindikatoren in Bezug auf nachteilige Auswirkungen auf das Klima und sonstige umweltbezogene nachteilige Auswirkungen aus. [2] Bei der Ausarbeitung der in Unterabsatz 1 genannten Entwürfe technischer Regulierungsstandards berücksichtigt die ESMA die verschiedenen Arten von Konsensmechanismen, die bei der Validierung von Transaktionen mit Kryptowerten zum Einsatz kommen, deren Anreizstrukturen und die Nutzung von Energie, Energie aus erneuerbaren Quellen und natürlichen Ressourcen, die Erzeugung von Abfällen und Treibhausgasemissionen.

Die ESMA aktualisiert diese technischen Regulierungsstandards unter Berücksichtigung rechtlicher und technischer Entwicklungen.

Die ESMA übermittelt der Kommission die in Unterabsatz 1 genannten Entwürfe technischer Regulierungsstandards spätestens am 30. Juni 2024.

Der Kommission wird die Befugnis übertragen, diese Verordnung durch den Erlass der in Unterabsatz 1 genannten technischen Regulierungsstandards gemäß den Artikeln 10 bis 14 der Verordnung (EU) Nr. 1095/2010 zu ergänzen.

Übersicht

	Rn.
I. Einführung	1
1. Literatur	1
2. Entstehung und Zweck der Norm	2
3. Normativer Kontext	4
II. Aufzunehmende Informationen (Abs. 1, 2)	6
1. Informationen zu beteiligten Personen	9
2. Informationen zum Kryptowert-Projekt und zum Kryptowert selbst	10
3. Informationen zu Nachhaltigkeitsindikatoren des dem Kryptowerts zugrundeliegenden Konsensmechanismus	11
III. Notwendige Erklärungen (Abs. 3, 4, 5, 6)	12
1. Erklärung zum Fehlen einer behördlichen Genehmigung des Kryptowerte-Whitepapers	12
2. Übernahme der Verantwortung für den Inhalt des Kryptowerte-Whitepapers	13

	Rn.
3. Erklärungen zu Risiken und Wertentwicklung des Kryptowerts	15
IV. Zusammenfassung (Abs. 7)	17
V. Formale Gestaltung des Kryptowerte-Whitepapers (Abs. 8, 9, 10)	19
VI. Technische Durchführungs- bzw. Regulierungsstandards (Abs. 11, 12)	22

I. Einführung

1 **1. Literatur.** *Auffenberg,* Proof-of-Work am Scheideweg – Könnte die EU den PoW-Konsensmechanismus einfach verbieten?, FIN LAW vom 21.3.2022, abrufbar unter: https://beck-link.de/y2sfa (letzter Abruf: 13.9.2023); Beck'scher Online-Kommentar Datenrecht; *Casper,* Anlegerschutz beim Crowdfunding: eine kritische Evaluation des Kommissionsvorschlages für ein optionales europäisches Modell, FS Schmidt, 2019, 197; Dornseifer/Jesch/Klebeck/Tollmann (Hrsg.), AIFM-Richtlinie, 2013; Habersack/Mülbert/Schlitt (Hrsg.), Handbuch der Kapitalmarktinformation, 3. Aufl. 2020; *Hellgardt/Jouannaud,* Nachhaltigkeitsziele und Privatrecht, AcP 222 (2022), 163; *Maume,* Die Verordnung über Märkte für Kryptowerte – Zentrale Definitionen sowie Rechte und Pflichten beim öffentlichen Angebot von Kryptowerten, RDi 2022, 461; *Zickgraf,* Primärmarktpublizität in der Verordnung über die Märkte für Kryptowerte (MiCAR) – Teil 1, BKR 2021, 196.

2 **2. Entstehung und Zweck der Norm.** Bereits in der ersten Entwurfsfassung des ursprünglichen Verordnungsvorschlags aus dem Jahr 2019 (COM/2020/593 final, im Folgenden MiCAR-E) war mit Art. 5 MiCAR-E eine Vorschrift zu Inhalt und Form des Kryptowerte-Whitepapers enthalten. Im weiteren Verlauf des Gesetzgebungsverfahrens hat sich insbes. durch den Wechsel des Bezugspunkts der Pflichten aus Titel II (vgl. dazu → Art. 4 Rn. 5) Änderungsbedarf ergeben, der durch die nun in Kraft getretene Fassung umgesetzt wurde. Davon abgesehen sind die Anforderungen an Kryptowerte-Whitepaper im Wesentlichen inhaltlich wie formal unverändert geblieben.

3 Der **Zweck** der Norm besteht zunächst darin, potenziellen Anlegern durch Vorgaben zu Informationen und Form von Kryptowerte-Whitepapern eine ausreichende Informationsgrundlage für ihre Anlageentscheidung im Hinblick auf einen Kryptowert zu garantieren. Zudem führt der hohe Grad an Standardisierung zu einer Vergleichbarkeit zwischen verschiedenen Kryptowerten. Kryptowerte-Whitepaper stellen dabei zumindest im Zusammenhang mit Kryptowerten, die keine vermögenswertreferenzierte Token oder E-Geld-Token darstellen, das **entscheidende Element der Regulierungsstrategie** des europäischen Gesetzgebers im Hinblick auf den mit der MiCAR bezweckten Anleger- und Verbraucherschutz dar, gerade weil Anbieter oder Personen, die die Zulassung zum Handel beantragen, keiner Erlaubnispflicht unterliegen. Aus rechtsökonomischer Perspektive lassen sich die für eine ökonomische Vorteilhaftigkeit der Prospektpublizität vorgebrachten Argumente auf Märkte über Kryptowerte übertragen.[1]

---

[1] Vgl. dazu detaillierter Zickgraf BKR 2021, 196 (197) mwN.

3. Normativer Kontext. Da andere kapitalmarktrechtliche Rechtsakte 4
ebenfalls Offenlegungsdokumente zum Zwecke des Anlegerschutzes nutzen,
existieren eine Vielzahl von Vorschriften, denen Vorbildcharakter zukommt.
Vordergründig sind die auf Grundlage von Art. 13 Prospekt-VO in Art. 2–
27 DelVO (EU) 2019/980[2] für Prospekte geltenden Vorgaben hinsichtlich
deren Aufmachung und Inhalt zu nennen. Speziell für eine andere Art von
FinTech-Innovation enthält Art. 23 ECSP-VO entsprechende Vorgaben für
Anlagebasisinformationsblätter, die durch die DelVO (EU) 2022/2119[3] weiter konkretisiert werden. Weitere ähnliche Vorschriften auf Ebene des europäischen Sekundärrechts finden sich in Art. 26–28 PEPP-Verordnung[4] sowie
die Art. 6–8 PRIIP-Verordnung.[5] Auf Ebene des nationalen Rechts statuiert
in Deutschland § 7 VermAnlG sowie die auf Grundlage des Abs. 3 erlassenen
Vermögensanlagen-Verkaufsprospektverordnung Inhaltsvorgaben für Verkaufsprospekte über Vermögensanlagen.

Übergreifend zu beobachten ist hierbei der Trend, dass die in Rechtsakten 5
der Judikative enthaltenen Vorgaben durch delegierte Rechtsakte oder Verordnungen der Exekutive weiter konkretisiert werden. Diese Regelungstechnik liegt auch Art. 7 zugrunde, da insbes. aufgrund von Abs. 11 technische
Durchführungsstandards iSd Art. 291 AEUV durch die Kommission erlassen
werden (→ Rn. 22).

II. Aufzunehmende Informationen (Abs. 1, 2)

Abs. 1 schreibt die zwingend in ein Kryptowerte-Whitepaper aufzuneh- 6
menden Informationen **generalklauselartig** vor. Die dort enthaltene Auflistung enthält Überkategorien, die durch Anhang I zur MiCAR weiter
spezifiziert werden, auf die an dieser Stelle hingewiesen wird.

Abs. 2 enthält den bereits aus Art. 7 Abs. 2 S. 1 Prospekt-VO bekannten 7
übergreifenden Grundsatz, dass die nach Abs. 1 in dem Kryptowerte-Whitepaper enthaltenen Informationen **redlich** und **eindeutig** sein müssen und
zugleich **nicht irreführend** sein dürfen. Im Gegensatz zur Prospekt-VO gilt
der Grundsatz nicht nur für die Zusammenfassung nach Abs. 7, sondern für
das **gesamte Informationsdokument**.[6] Zudem darf das Kryptowerte-Whitepaper keine wesentlichen Auslassungen enthalten und ist in knapper und
verständlicher Form vorzulegen.

An diesem Punkt gewinnt die Frage Bedeutung, welches **Leitbild** einer zu 8
informierenden Person der MiCAR an dieser Stelle zugrunde liegt.[7] Davon

---

[2] Delegierte Verordnung (EU) 2019/980 der Kommission vom 14.3.2019 zur Ergänzung
der Verordnung (EU) 2017/1129 des Europäischen Parlaments und des Rates hinsichtlich
der Aufmachung, des Inhalts, der Prüfung und der Billigung des Prospekts, der beim öffentlichen Angebot von Wertpapieren oder bei deren Zulassung zum Handel an einem geregelten Markt zu veröffentlichen ist, und zur Aufhebung der Verordnung (EG) Nr. 809/2004
der Kommission.
[3] Delegierte Verordnung (EU) 2022/2119 der Kommission vom 13.7.2022 zur Ergänzung
der Verordnung (EU) 2020/1503 des Europäischen Parlaments und des Rates im Hinblick
auf technische Regulierungsstandards für das Anlagebasisinformationsblatt.
[4] VO (EU) 2019/1238 des Europäischen Parlaments und des Rates vom 20.6.2019 über
ein Paneuropäisches Privates Pensionsprodukt (PEPP).
[5] VO (EU) Nr. 1286/2014 des Europäischen Parlaments und des Rates vom 26.11.2014
über Basisinformationsblätter für verpackte Anlageprodukte für Kleinanleger und Versicherungsanlageprodukte (PRIIP).
[6] Zickgraf BKR 2021, 196 (202).
[7] Vgl. im Zusammenhang mit einer Haftung für Whitepaper Maume RDi 2022, 461
Rn. 32 ff.

hängt zB ab, welche Informationen im Sinne der Vorschrift als wesentlich anzusehen sind oder wie das Verhältnis zwischen Knappheit und Verständlichkeit der Ausführungen auszugestalten ist. Hierbei können an einen dem Kapitalmarktrecht regelmäßig zugrundeliegenden „verständigen Anleger" höhere Anforderungen gestellt werden als an einen „verständigen Verbraucher".[8] Nachdem der ursprüngliche Verordnungsentwurf in dieser Hinsicht noch unklar war, sprechen nach dem Gesetzgebungsverfahren die besseren Argumente dafür, das Leitbild der **„verständigen Anlegers"** anzulegen, da sich die endgültige Verordnung sprachlich an der MiFID II und der Prospekt-VO orientiert (Art. 3 Abs. 1 Nr. 37 MiCAR: „retail holder", Art. 4 Abs. 11 MiFID II: „retail client", zB ErwGr. 28, 29 Prospekt-VO: „retail investor").[9] Zudem ist zu beachten, dass zugunsten von Verbrauchern auch im Zusammenhang mit dem Erwerb von Kryptowerten verbraucherschützende Vorschriften zur Anwendung kommen können (vgl. → Art. 4 Rn. 32).

9   **1. Informationen zu beteiligten Personen.** Bezüglich der aufzunehmenden Informationen ist genau zwischen den verschiedenen in Betracht kommenden Erwerbskonstellationen zu unterscheiden. Dies betrifft zunächst die Frage, ob der Emittent des Kryptowerts personenidentisch mit dem Anbieter oder der die Zulassung zum Handel beantragenden Person ist oder ob eine Personenverschiedenheit vorliegt. Aus Abs. 1 lit. b ergibt sich, dass die in Anhang I Teil B genannten **Informationen über den Emittenten in sämtlichen Fällen in das Kryptowerte-Whitepaper aufgenommen** werden müssen (Anhang I Teil B). Da die Anknüpfung der Pflichten primär an die Person des Anbieters bzw. die eine Zulassung zum Handel beantragenden Person (→ Art. 4 Rn. 5) dezentrale Strukturen ohne als Unternehmen oder gar als juristische Person organisierte Emittenten ermöglicht, können an die in diesen Fällen aufzunehmenden Informationen allerdings keine allzu strengen Anforderungen gelten: Wenn Informationen zu der Rechtsform oder der Anschrift des Emittenten nicht offengelegt werden können, ist dies für die pflichtgemäße Gestaltung des Kryptowerte-Whitepapers unschädlich. In Fällen, in denen der Betreiber der Handelsplattform das Kryptowerte-Whitepaper erstellt, sind entsprechend die in Anhang I Teil C genannten Angaben über diese Person aufzunehmen. Inhaltlich zu beachten ist insbes., dass das Kryptowerte-Whitepaper neben allgemeinen Informationen wie Name, Anschrift etc auch solche zur **Finanzlage** des Anbieters oder der Person, die die Zulassung zum Handel beantragt, enthalten muss.

10 **2. Informationen zum Kryptowert-Projekt und zum Kryptowert selbst.** Aus Anhang I Teile D–I ergeben sich die im Kryptowerte-Whitepaper aufzunehmenden Informationen, die das Kryptowert-Projekt sowie den Kryptowert selbst betreffen. Hier ist bei der Erstellung des Kryptowerte-Whitepapers genau auf den Einzelfall zu achten, da zB bei einem Angebot von Utility-Token oder deren Zulassung zum Handel ebenso zusätzliche Angaben zu machen sind (Anhang I Teil G Nr. 4, 5), wie bei Kryptowerten mit Protokollen für die Erhöhung oder Verringerung des Angebots in Reaktion auf Nachfrageveränderungen (Anhang I Teil G Nr. 8).

---

[8] Maume RDi 2022, 461 Rn. 32.
[9] Maume RDi 2022, 461 Rn. 33.

3. Informationen zu Nachhaltigkeitsindikatoren des dem Kryptowerts zugrundeliegenden Konsensmechanismus. Im Vergleich zum MiCAR-E erst nachträglich eingefügt wurde Abs. 1 lit. j, gemäß dem Informationen über die wichtigsten nachteiligen Auswirkungen des für die Ausgabe des Kryptowerts verwendeten Konsensmechanismus auf das **Klima** sowie sonstige entsprechende umweltbezogene nachteilige Auswirkungen aufzunehmen sind. Das Wort „Klima" tauchte im MiCAR-E zunächst nicht auf. Im weiteren Gesetzgebungsverfahren stand dann zeitweilig das Verbot des als besonders energieintensiv erkannten Proof-of-Work-Verfahrens (PoW) in der Diskussion.[10] Informationen über die Auswirkungen des Konsensmechanismus auf das Klima stellen in dieser Hinsicht einen Kompromiss dar. Diesem liegt ein der „Corporate Sustainability Reporting Directive" (CSRD[11]) zur Nachhaltigkeitsberichterstattung von Unternehmen vergleichbarer Regelungsansatz zugrunde, der das verhaltensökonomische Prinzip des *nudgings* nutzt:[12] Zwar enthalten weder die MiCAR selbst noch die nach Abs. 12 durch die ESMA auszuarbeitenden technischen Regulierungsstandards zwingende Vorgaben zu Nachhaltigkeitsindikatoren, doch ist mit einer Offenlegungspflicht die Hoffnung verbunden, dass im Kryptowerte-Whitepaper möglichst vorteilhafte Angaben zu den Auswirkungen des Kryptowerts auf das Klima und sonstige umweltbezogene Faktoren enthalten sein sollen. Zu diesen Informationen enthält Anhang I keine weiteren Konkretisierungen, da diese der nach Abs. 12 zu erlassenden delegierten Verordnung vorbehalten sind. Einen Entwurf der delegierten Verordnung hat die ESMA im Oktober 2023 veröffentlicht[13]

III. Notwendige Erklärungen (Abs. 3, 4, 5, 6)

1. Erklärung zum Fehlen einer behördlichen Genehmigung des Kryptowerte-Whitepapers. Die in Abs. 3 UAbs. 1 wörtlich vorgegebene Erklärung, nach der das Kryptowerte-Whitepaper durch keine Behörde genehmigt wurde, steht im Zusammenhang mit Art. 8 Abs. 3, gemäß dem die zuständigen Behörden vor der Veröffentlichung des Kryptowerte-Whitepapers keine solche Genehmigung verlangen dürfen. Der Hinweis muss auf der **ersten Seite** des Kryptowerte-Whitepapers platziert werden. Der Hinweis ist gerade deshalb erforderlich, weil sich das Verfahren im Zusammenhang mit einem Kryptowerte-Whitepaper von der Billigung eines Wertpapierprospekts deutlich unterscheidet und die Gefahr besteht, dass unerfahrene Anleger von einem vergleichbaren Schutzniveau ausgehen.[14] Fraglich ist vor diesem Hintergrund, ob eine freiwillige zusätzliche Erklärung, das Kryptowerte-Whitepaper sei entsprechend Art. 8 Abs. 1 an die zuständige Behörde übermittelt worden, vor diesem Hintergrund als irreführend iSd Abs. 2 S. 1 anzusehen

---

[10] Vgl. dazu Auffenberg, Proof-of-Work am Scheideweg – Könnte die EU den PoW-Konsensmechanismus einfach verbieten?, FIN LAW vom 21.3.2022, abrufbar unter: https://beck-link.de/y2sfa (letzter Abruf: 13.9.2023).

[11] RL (EU) 2022/2464 des Europäischen Parlaments und des Rates vom 14.12.2022 zur Änderung der Verordnung (EU) Nr. 537/2014 und der Richtlinien 2004/109/EG, 2006/43/EG und 2013/34/EU hinsichtlich der Nachhaltigkeitsberichterstattung von Unternehmen.

[12] Vgl. dazu statt vieler Hellgardt/Jouannaud AcP 222 (2022), 163 (208) mwN.

[13] ESMA, Technical Standards specifying certain requirements of Markets in Crypto Assets Regulation (MiCA) – second consultation paper, Ziff. 9.2.1., abrufbar unter: https://beck-link.de/c67rr (letzter Abruf: 29.8.2024).

[14] Zickgraf BKR 2021, 196 (203).

ist. Begründet würde damit jedenfalls das Risiko, dass es auf Seiten potenzieller Anleger zu einer Verwechslung zwischen einer Übermittlung und einer Genehmigung kommt. Allerdings dürfte – gerade angesichts des hier zugrunde zu legenden Leitbilds eines „verständigen Anlegers" – die Erklärung des Abs. 3 UAbs. 1 hinreichend deutlich machen, dass eine Übermittlung nicht mit einer Genehmigung gleichzusetzen ist.

13   **2. Übernahme der Verantwortung für den Inhalt des Kryptowerte-Whitepapers.** Die in Abs. 3 UAbs. 1 enthaltene Erklärung umfasst zudem die Erklärung, dass der Anbieter die alleinige **Verantwortung für den Inhalt des Kryptowerte-Whitepapers** trägt. Abs. 3 UAbs. 2 stellt nur klar, dass die Erklärung in sprachlicher Hinsicht anzupassen ist, wenn das Kryptowerte-Whitepaper von einer anderen Person als dem Anbieter erstellt wird.

14   Ergänzt wird dies durch Abs. 6, der eine Erklärung der Übernahme der Verantwortung entweder durch das Leitungsorgan (vgl. zum Begriff Art. 3 Abs. 1 Nr. 27) des Anbieters der Kryptowerte, durch die Person, die die Zulassung zum Handel beantragt, oder durch den Betreiber der Handelsplattform verlangt. Umfasst werden soll durch die Erklärung die Bestätigung, dass das Kryptowerte-Whitepaper dem Titel II Rechnung trägt, die in ihm enthaltenen Informationen nach bestem Wissen des Leitungsorgans redlich, eindeutig und nicht irreführend sind und keine Auslassungen vorhanden sind, durch die die Aussagekraft des Kryptowerte-Whitepapers beeinträchtigt werden könnte. Während durch die Übernahme der Verantwortung iRd § 8 WpPG wegen § 9 Abs. 1 S. 1 Nr. 1 WpPG zugleich die Passivlegitimation etwaiger Prospekthaftungsansprüche begründet wird, ist der inhaltliche Nutzen der Erklärung nach Abs. 6 **unklar**. Die Haftungsnorm des Art. 15 knüpft jedenfalls nicht ausdrücklich an die Übernahme der Verantwortung im Kryptowerte-Whitepaper an (vgl. zur Bestimmung der Haftungsadressaten → Art. 15 Rn. 9 ff.).[15] Die Erklärung nach Abs. 6 ist in das Kryptowerte-Whitepaper nach der Erklärung des Abs. 3 einzufügen.

15   **3. Erklärungen zu Risiken und Wertentwicklung des Kryptowerts.** Die durch Abs. 5 vorgeschriebenen Erklärungen betreffen schwerpunktmäßig die **Risiken**, die mit einem Erwerb von Kryptowerten verbunden sind. Aufgeklärt werden muss im Rahmen des Kryptowerte-Whitepapers zunächst über die Gefahr eines vollständigen oder teilweisen Wertverlusts. Abs. 4 bestimmt, dass über diese Erklärung hinaus **keine Aussagen über den künftigen Wert** des Kryptowerts enthalten sein dürfen. Hier besteht ein Unterschied zu der Gestaltung von Wertpapierprospekten, in denen Zukunftsprognosen und unter bestimmten Voraussetzungen insbes. auch Gewinnprognosen enthalten sein müssen.[16] Nicht klar wird aus der MiCAR, was eine Aussage zum künftigen Wert des Kryptowerts konstituiert. Jedenfalls die Aufnahme von Hoffnungen bzw. Erwartungen, welche Kursentwicklung der Kryptowert nehmen wird, werden hiervon ebenso erfasst sein wie definitive Aussagen hierzu. Ebenfalls hierunter fallen dürfte aber auch die **Beschreibung von Begleitumständen**, die sich unmittelbar auf den Wert des Kryptowerts auswirken, zB wenn die Wertentwicklung einer einem Utility-Token zugrunde liegenden Ware prognostiziert wird. Zu Abgrenzungsschwierigkeiten kommen kann es, wenn Prognosen zu Umständen enthalten

---

[15] Dennoch von einem Zusammenhang ausgehend Zickgraf BKR 2021, 196 (203).
[16] Vgl. dazu Habersack/Mülbert/Schlitt KapMarktInfo-HdB/Schlitt § 4 Rn. 83 ff.

sind, die den Wert des Kryptowerts nur mittelbar beeinflussen (zB Prognosen zur allgemeinen Marktentwicklung). Hier ist es anhand des Leitbilds eines „verständigen Anlegers" zu beantwortende Frage des Einzelfalls, ob darin bereits eine Aussage über den künftigen Wert des Kryptowerts erkannt werden kann.

Abs. 5 benennt zudem etwaige Schwierigkeiten hinsichtlich einer Übertragbarkeit sowie das Risiko der Illiquidität des Kryptowerts als Bezugspunkte von Erklärungen im Rahmen des Kryptowerte-Whitepapers. Zudem sind, soweit zutreffend, Hinweise aufzunehmen, dass der Kryptowert nicht unter die Anlegerentschädigungsrichtlinie[17] oder Einlagensicherungssysteme nach der Einlagensicherungsrichtlinie[18] fällt. Hat das Kryptowerte-Whitepaper einen Utility-Token iSd Art. 3 Abs. 1 Nr. 9 zum Gegenstand, so ist nur dann der Hinweis aufzunehmen, dass dieser Kryptowert, insbes. im Fall eines Ausfalls oder der Einstellung des Kryptowert-Projekts, nicht gegen die zugesagte Ware oder Dienstleistung getauscht werden könnte.

16

IV. Zusammenfassung (Abs. 7)

Im Anschluss an die in Abs. 6 genannte Erklärung (→ Rn. 14) ist in das Kryptowerte-Whitepaper gem. Abs. 7 eine Zusammenfassung einzufügen. Die Anforderungen an deren Gestaltung weisen dabei im Vergleich zu Art. 7 Prospekt-VO einen deutlich geringeren Detailgrad auf, was in der einschlägigen Literatur mit Blick auf den Aufwand und die Fehleranfälligkeit bei der Erstellung der Zusammenfassung ausdrücklich begrüßt wird.[19] Zudem kommt hierdurch das Stufenverhältnis zwischen Wertpapierprospekt und Kryptowerte-Whitepaper zum Ausdruck. Enthalten sein müssen nach Abs. 7 UAbs. 1 **wesentliche Informationen** über das öffentliche Angebot des Kryptowerts oder über die beabsichtigte Zulassung zum Handel, wobei für die Wesentlichkeit wiederum das Leitbild eines „verständigen Anlegers" zur Anwendung kommt (vgl. → Rn. 8). Dasselbe gilt für die Verständlichkeit sowohl in sprachlicher als auch in gestalterischer Hinsicht. Voraussetzungen einer **Haftung** für den Fall (nur) einer fehlerhaften Zusammenfassung enthält Art. 15 Abs. 5 (→ Art. 15 Rn. 24).

17

Einen in inhaltlicher Hinsicht zwingenden **Warnhinweis** schreibt Abs. 7 UAbs. 2 vor. Dieser betrifft zunächst die Warnung vor einem übermäßigen Vertrauen in die Zusammenfassung selbst, indem deren Rolle als Einführung in das Kryptowerte-Whitepaper betont wird und potenzielle Anleger angehalten werden, eine Entscheidung über den Kauf des Kryptowerts auf Grundlage des Inhalts des gesamten Kryptowerte-Whitepapers zu treffen. Zugleich muss klargestellt werden, dass das Kryptowerte-Whitepaper kein Werbe-, sondern ein Informationsdokument darstellt. Zudem ist bereits an dieser Stelle auf die unterschiedliche regulatorische Behandlung von Kryptowerten auf der einen und insbes. übertragbaren Wertpapieren iSd Prospekt-VO auf der anderen Seite einzugehen, indem durch eine Negativabgrenzung kommuniziert wird, dass es sich bei dem Kryptowerte-Whitepaper insbes. nicht um einen Wertpapierprospekt iSd Prospekt-VO handelt.

18

---

[17] RL 97/9/EG des Europäischen Parlaments und des Rates vom 3.3.1997 über Systeme für die Entschädigung der Anleger.
[18] RL 2014/49/EU des Europäischen Parlaments und des Rates vom 16.4.2014 über Einlagensicherungssysteme.
[19] Zickgraf BKR 2021, 196 (203).

V. Formale Gestaltung des Kryptowerte-Whitepapers (Abs. 8, 9, 10)

19   Nach Abs. 8 UAbs. 1 ist das Kryptowerte-Whitepaper in einer Amtssprache des Herkunftsmitgliedstaats oder in einer in der internationalen Finanzwelt gebräuchlichen Sprache abzufassen. Für die Bestimmung des Herkunftsmitgliedstaats ist die Begriffsbestimmung in Art. 3 Abs. 1 Nr. 33 lit. a–c heranzuziehen. Mit einer in der internationalen Finanzwelt gebräuchlichen Sprache ist jedenfalls die **englische Sprache** gemeint.[20] Änderungen bezüglich der in der Finanzwelt gebräuchlichen Sprache sind aber nicht von vornherein ausgeschlossen.[21] Abs. 8 UAbs. 2 betrifft Fälle, in denen sich das Angebot von Kryptowerten nicht auf den Herkunftsmitgliedstaat beschränkt, sondern andere Mitgliedstaaten betrifft. Für die Ermittlung der Amtssprache des Aufnahmemitgliedstaats ist die Begriffsbestimmung in Art. 3 Abs. 1 Nr. 34 entscheidend. Auch in diesen Fällen ist die Abfassung in einer in der internationalen Finanzwelt gebräuchlichen Sprache eine Option, sodass ein in englischer Sprache abgefasstes Kryptowerte-Whitepaper insoweit vorteilhaft ist, als dass es sowohl das Angebot in dem Herkunfts- als auch etwaige weitere Angebote in Aufnahmemitgliedstaaten gleichermaßen abdeckt.

20   Für den Begriff des **maschinenlesbaren Formats** enthält die MiCAR selbst keine Definition. Zumindest gedanklich orientieren lässt sich an Art. 2 Nr. 13 PSI-Richtlinie[22], der auf Ebene des europäischen Sekundärrechts ein maschinenlesbares Format definiert als ein Dateiformat, das so strukturiert ist, dass Softwareanwendungen konkrete Daten, einschließlich einzelner Sachverhaltsdarstellungen und deren interner Struktur, leicht identifizieren, erkennen und extrahieren kann. Entscheidend ist damit eine generelle Zugänglichkeit des Dateiformats zu einer **automatisierten Auslesbarkeit und Verarbeitbarkeit durch Software.**[23] Letztlich werden die nach Abs. 11 erlassenen technischen Durchführungsstandards (→ Rn. 22) für die MiCAR maßstabsbildend sein.

21   Keine zwingenden Vorgaben enthält die MiCAR – im Gegensatz zu Art. 23 Abs. 7 S. 2 ECSP-VO für Anlagebasisinformationsblätter über Schwarmfinanzierungsangebote – zum **Umfang** des Kryptowerte-Whitepapers. Diese Vorgaben wurden im Zusammenhang mit der ECSP-VO ohnehin zurecht kritisiert,[24] sodass das Fehlen einer entsprechenden Vorgabe in Art. 7 zu begrüßen ist.

VI. Technische Durchführungs- bzw. Regulierungsstandards (Abs. 11, 12)

22   Nach Abs. 11 wird die ESMA in Zusammenarbeit mit der EBA technische Durchführungsstandards zur Festlegung von Standardformularen, Standardformaten und Mustertexten für die Zwecke von Abs. 10 ausarbeiten, diese bis zum 30.6.2024 an die Kommission übermitteln, die diese wiederum als

---

[20] So auch Erwgr. Nr. 25 MiCAR; im Zusammenhang mit der AIFM-Richtlinie zB Dornseifer/Jesch/Klebeck/Tollmann/Jesch RL 2011/61/EU Art. 32 Rn. 23.

[21] Erwgr. Nr. 25 MiCAR.

[22] RL (EU) 2019/1024 des Europäischen Parlaments und des Rates vom 20.6.2019 über offene Daten und die Weiterverwendung von Informationen des öffentlichen Sektors (Neufassung).

[23] Vgl. auch im Zusammenhang mit Art. 20 DS-GVO BeckOK DatenR/von Lewinski (Stand: 1.5.2023) DS-GVO Art. 20 Rn. 74.

[24] Vgl. zB Casper FS Schmidt, 2019, 197 (203 f.).

Durchführungsrechtsakt iSv Art. 291 AEUV erlässt. Einen Entwurf der delegierten Verordnung hat die ESMA im Oktober 2023 veröffentlicht[25].

Die nach Abs. 12 durch die ESMA in Zusammenarbeit mit der EBA auszuarbeitenden technischen Regulierungsstandards betreffen dagegen ausschließlich die in Abs. 1 UAbs. 1 lit. j genannten Informationen zu den Nachhaltigkeitsindikatoren des für die Ausgabe des Kryptowerts verwendeten Konsensmechanismus. Entwickelt werden dabei Inhalt, Methoden und die Darstellung der genannten Informationen, jeweils unter Berücksichtigung der zugrundeliegenden Technologie (vgl. Abs. 12 UAbs. 2). Die technischen Regulierungsstandards übermittelt die ESMA bis zum 30.6.2024 an die Kommission, die darauf basierend eine **delegierte Verordnung iSd Art. 290 AEUV** erlassen wird.

Abs. 11, 12 gelten gem. Art. 149 Abs. 4 seit dem 29.6.2023. Dadurch wird es den Behörden ermöglicht, die Durchführungs- bzw. Regulierungsstandards bis zum Inkrafttreten des Rests der Verordnung auszuarbeiten.

Artikel 7 Marketingmitteilungen

(1) ¹Marketingmitteilungen zu einem öffentlichen Angebot eines anderen Kryptowerts als vermögenswertereferenzierten Token oder E-Geld-Token oder zur Zulassung eines solchen Kryptowerts zum Handel müssen alle folgenden Anforderungen erfüllen:

a) Die Marketingmitteilungen sind eindeutig als solche erkennbar;
b) die Informationen in den Marketingmitteilungen sind redlich und eindeutig und nicht irreführend;
c) die Informationen in den Marketingmitteilungen stimmen mit den Informationen im Kryptowerte-Whitepaper überein, sofern ein solches Kryptowerte-Whitepaper gemäß Artikel 4 oder 5 erforderlich ist;
d) in den Marketingmitteilungen wird eindeutig darauf hingewiesen, dass ein Kryptowerte-Whitepaper veröffentlicht wurde, und sie enthalten die Adresse der Website des Anbieters der betreffenden Kryptowerte, der Person, die die Zulassung solcher Kryptowerte zum Handel beantragt oder des Betreibers der Handelsplattform für den betreffenden Kryptowert sowie eine Telefonnummer und eine E-Mail-Adresse, über die diese Person kontaktiert werden kann;
e) die Marketingmitteilungen enthalten die folgende eindeutige und deutlich erkennbare Erklärung:
   Diese Kryptowert-Marketingmitteilung wurde von keiner zuständigen Behörde eines Mitgliedstaats der Europäischen Union geprüft oder genehmigt. Der Anbieter des Kryptowerts trägt die alleinige Verantwortung für den Inhalt dieser Kryptowert-Marketingmitteilung."

²Wird die Marketingmitteilung von der Person, die die Zulassung zum Handel beantragt, oder von dem Betreiber einer Handelsplattform erstellt, so wird in die Erklärung gemäß Unterabsatz 1 Buchstabe e anstelle von „Anbieter" auf die „Person, die die Zulassung zum Handel beantragt" oder den „Betreiber der Handelsplattform" Bezug genommen.

(2) ¹Ist ein Kryptowerte-Whitepaper gemäß Artikel 4 oder 5 erforderlich, so dürfen vor der Veröffentlichung des Kryptowerte-Whitepapers

---

[25] ESMA, Technical Standards specifying certain requirements of Markets in Crypto Assets Regulation (MiCA) – second consultation paper, Ziff. 9.2.8., abrufbar unter: https://beck-link.de/c67rr (letzter Abruf: 29.8.2024).

keine Marketingmitteilungen verbreitet werden. ²Die Möglichkeit des Anbieters, der Person, die die Zulassung zum Handel beantragt, oder des Betreibers einer Handelsplattform, Marktsondierungen durchzuführen, bleibt hiervon unberührt.

(3) Die zuständige Behörde des Mitgliedstaats, in dem die Marketingmitteilungen verbreitet werden, ist befugt, die Einhaltung von Absatz 1 in Bezug auf diese Marketingmitteilungen zu prüfen.

Erforderlichenfalls unterstützt die zuständige Behörde des Herkunftsmitgliedstaats die zuständige Behörde des Mitgliedstaats, in dem die Marketingmitteilungen verbreitet werden, bei der Beurteilung der Frage, ob die Marketingmitteilungen mit den Informationen im Kryptowerte-Whitepaper übereinstimmen.

(4) Nutzt die zuständige Behörde eines Aufnahmemitgliedstaats zur Durchsetzung dieses Artikels eine der Aufsichts- und Ermittlungsbefugnisse gemäß Artikel 94, so ist dies unverzüglich der zuständigen Behörde des Herkunftsmitgliedstaats des Anbieters, der Person, die die Zulassung zum Handel beantragt, oder dem Betreiber der Handelsplattform für die Kryptowerte mitzuteilen.

Übersicht

	Rn.
I. Einführung	1
1. Literatur	1
2. Entstehung und Zweck der Norm	2
3. Normativer Kontext	4
II. Marketingmitteilungen	5
1. Begriff	5
2. Verhältnis zu Kryptowerte-Whitepapern (Abs. 2)	7
III. Anforderungen an Marketingmitteilungen (Abs. 1)	10
1. Eindeutige Erkennbarkeit als Marketingmitteilung	11
2. Redliche, eindeutige und nicht irreführende Informationen	12
3. Übereinstimmung mit und Hinweis auf Kryptowerte-Whitepaper	13
4. Erklärung	14
IV. Behördliche Befugnisse	15
V. Aber: Fehlen eines speziellen Haftungstatbestands	17

I. Einführung

1. Literatur. Assmann/Schneider/Mülbert (Hrsg.), Wertpapierhandelsrecht, 8. Aufl. 2023; Beck'scher Online-Großkommentar zum BGB; Beck'scher Online-Kommentar zum Wertpapierhandelsrecht; Beck'scher Online-Kommentar zum UWG; *Rohr/Wright*, Blockchain-Based Token Sales, Initial Coin Offerings, and the Democratization of Public Capital Markets, 70 Hastings Law Journal 2019, 463; Schwark/Zimmer (Hrsg.), Kapitalmarktrechts-Kommentar, 5. Aufl. 2020; *Zickgraf*, Initial Coin Offerings – Ein Fall für das Kapitalmarktrecht?, AG 2018, 293; *ders.*, Primärmarktpublizität in der Verordnung über die Märkte für Kryptowerte (MiCAR) – Teil 1, BKR 2021, 196; *ders.*, Primärmarktpublizität in der Verordnung über die Märkte für Kryptowerte (MiCAR) – Teil 2, BKR 2021, 362.

2. Entstehung und Zweck der Norm. Anforderungen an Marketing- 2
mitteilungen enthielt bereits die Entwurfsfassung des ursprünglichen Verordnungsvorschlags aus dem Jahr 2019 (COM/2020/593 final, im Folgenden MiCAR-E) in Art. 6 MiCAR-E. Diese wurden im Verlaufe des Gesetzgebungsverfahrens ergänzt, insbes. durch die in Abs. 7 UAbs. 1 lit. e vorgegebene Erklärung sowie durch die Abs. 2, 3.

Zweck der Vorschrift ist die **Sicherstellung des durch die MiCAR** 3
angestrebten Abbaus von Informationsasymmetrien auch über Kryptowerte-Whitepaper hinaus. Informationen mit werblichem Charakter und dem Ziel der Absatzförderung sollen die in dem umfangreicheren und deshalb durch den Gesetzgeber als wichtiger erachteten kapitalmarktrechtlichen Offenlegungsdokument enthaltenen Informationen nicht unterlaufen oder gar konterkarieren. Aus diesem Grund werden auch für Marketingmitteilungen Anforderungen an dessen Gestaltung sowie an das Zusammenspiel mit Kryptowerte-Whitepapern gestellt.

3. Normativer Kontext. Kapitalmarktrechtliche Anforderungen an Mar- 4
ketingmitteilungen enthält zunächst Art. 24 Abs. 3 MiFID II. Umgesetzt wurde die Vorschrift in § 63 Abs. 6 S. 2 WpHG bzw. § 49 S. 3 WAG; konkretisiert wird sie durch Art. 36 Abs. 2 DelVO (EU) 2017/565.[1] Die ECSP-VO[2] enthält in den Art. 27, 28 ebenfalls Anforderungen an Marketingmitteilungen im Zusammenhang mit Schwarmfinanzierungsdienstleistungen. Teilweise weitergehende Vorgaben zur Werbung für Kapitalanlagen enthalten ferner § 302 KAGB und Art. 22 Prospekt-VO bzw. § 7 WpPG.

II. Marketingmitteilungen

1. Begriff. Die MiCAR selbst definiert den Begriff der Marketingmittei- 5
lung nicht, sondern nennt in Erwgr. Nr. 24 lediglich beispielhaft „Werbebotschaften und Marketingmaterialien, die auch über neue Kanäle wie Plattformen der sozialen Medien verbreitet werden". Nach Art. 2 Abs. 1 lit. o ECSP-VO sind Marketingmitteilungen alle an potenzielle Anleger oder potenzielle Projektträger gerichteten Informationen oder Mitteilungen eines Schwarmfinanzierungsdienstleisters über seine Dienstleistungen mit Ausnahme der gemäß dieser Verordnung offenzulegenden Angaben für Anleger. Als Orientierung kann weiterhin die Definition des Begriffs **„Werbung"** in Art. 2 lit. k Prospekt-VO[3] dienen: Hiernach muss eine Mitteilung vorliegen, die sich auf ein spezifisches öffentliches Angebot von Wertpapieren oder deren Zulassung zum Handel an einem geregelten Markt bezieht und die darauf abstellt, die potenzielle Zeichnung oder den potenziellen Erwerb von Wertpapieren gezielt zu fördern. Marketingmitteilungen im Kontext

---

[1] Delegierte Verordnung (EU) 2017/565 der Kommission vom 25.4.2016 zur Ergänzung der Richtlinie 2014/65/EU des Europäischen Parlaments und des Rates in Bezug auf die organisatorischen Anforderungen an Wertpapierfirmen und die Bedingungen für die Ausübung ihrer Tätigkeit sowie in Bezug auf die Definition bestimmter Begriffe für die Zwecke der genannten Richtlinie.

[2] VO (EU) 2020/1503 des Europäischen Parlaments und des Rates vom 7.10.2020 über Europäische Schwarmfinanzierungsdienstleister für Unternehmen und zur Änderung der Verordnung (EU) 2017/1129 und der Richtlinie (EU) 2019/1937.

[3] VO (EU) 2017/1129 des Europäischen Parlaments und des Rates vom 14.6.2017 über den Prospekt, der beim öffentlichen Angebot von Wertpapieren oder bei deren Zulassung zum Handel an einem geregelten Markt zu veröffentlichen ist und zur Aufhebung der Richtlinie 2003/71/EG.

MiCAR Art. 7 — Titel II. Andere Kryptowerte

von Art. 7 MiCAR sind damit **Äußerungen mit dem Ziel, den Absatz von Kryptowerten zu fördern**, sodass eine auch nur als Nebenziel vorliegende subjektive Absicht zur Absatzförderung vorliegen muss.[4] Unbeachtlich ist, ob sich die Mitteilung an einen bestimmten oder einen unbestimmten Personenkreis richtet.[5]

6 Beispiele für solche werblichen Ansprachen sind Fernseh-, Radio-, Internet- und Zeitungswerbung sowie Flyer, Plakate, Pressemitteilungen und Kundenanschreiben,[6] wenn darin unter den genannten Voraussetzungen für das öffentliche Angebot oder die Zulassung eines Kryptowerts zum Handel geworben wird. Besondere Bedeutung hat im Zusammenhang mit Kryptowerten die bereits in Erwgr. Nr. 24 angedeutete Werbung über **Social-Media-Kanäle** sowie **digitale Plattformen**.[7] Der Begriff der Marketingmitteilung ist insofern **technologieneutral** zu verstehen und kann daher sämtliche Erscheinungsformen einer werblichen Ansprache im oben genannten Sinne umfassen. Werbung ohne konkreten Bezug zu einem öffentlichen Angebot oder einem zum Handel zugelassenen Kryptowerts ist dagegen schon aufgrund des Wortlauts des Abs. 1 nicht als Marketingmitteilung einzustufen. Dasselbe gilt in Analogie zur Anlageberatung[8] für neutrale Informationen, die Krypto-Dienstleister bei der **Beratung zu Kryptowerten** iSv Art. 3 Abs. 1 Nr. 24 erteilen, selbst wenn dies eine absatzfördernde Wirkung haben soll.

7 **2. Verhältnis zu Kryptowerte-Whitepapern (Abs. 2).** Zu beachten ist, dass die Anforderungen des Art. 7 auch dann Anwendung finden, wenn für das öffentliche Angebot des Kryptowerts wegen einer Ausnahme nach Art. 4 Abs. 2 kein Kryptowert-Whitepaper zu erstellen ist. Dies ist ausdrücklich zu begrüßen, da auch in diesen Fällen gerade die in Abs. 1 UAbs. 1 lit. a, b enthaltenen Anforderungen für Marketingmitteilungen (dazu sogleich näher unter → Rn. 10 ff.) zum Anlegerschutz beitragen, indem sie auch in diesen Fällen den Abbau von Informationsasymmetrien bezwecken.

8 Wenn ein Kryptowert-Whitepaper erstellt werden muss, ist dieses von Marketingmitteilungen naturgemäß streng zu unterscheiden, da es keine werbliche, sondern eine informationelle Zielrichtung hat. Abs. 2 enthält für diese Fälle eine Vorgabe zur **zeitlichen Abfolge**, da Marketingmitteilungen danach nicht verbreitet werden dürfen, bevor das Kryptowerte-Whitepaper veröffentlicht wurde, wobei für die Veröffentlichung die Anforderungen des Art. 9 zu beachten sind. Vor dem Hintergrund der Formulierung bleibt unklar, ob der europäische Gesetzgeber mit dem Begriff der **„Verbreitung"** von Marketingmitteilungen (englische Sprachfassung: „shall be disseminated") etwas anderes meint als deren Veröffentlichung. Mit Blick auf die aufzunehmenden Erklärungen zum Verhältnis von Marketingmitteilungen zu Kryptowerte-Whitepapern (vgl. dazu → Rn. 13 f.) ist allerdings eher von einem **Redaktionsversehen** auszugehen, da diese Erklärungen nur dann wirksam einen Anlegerschutz bezwecken können, wenn das Kryptowerte-

---

[4] Abwandlung der Begriffsbestimmung in BeckOK WpHR/Poelzig (Stand: 1.6.2023) WpHG § 63 Rn. 151; vgl. auch Assmann/Schneider/Mülbert/Beule WpHG § 63 Rn. 58.
[5] Vgl. Schwark/Zimmer/Rothenhöfer WpHG § 63 Rn. 149.
[6] Schwark/Zimmer/Rothenhöfer WpHG § 63 Rn. 149.
[7] Siehe Rohr/Wright 70 Hastings Law Journal 2019, 463 (478); Zickgraf BKR 2021, 196 (203); Zickgraf AG 2018, 293.
[8] BaFin, Rundschreiben 05/2018 (WA) – MaComp, v. 19.4.2018 (Stand: 30.6.2023), BT 3.1.1 Nr. 1; Schwark/Zimmer/Rothenhöfer WpHG § 63 Rn. 149.

Marketingmitteilungen **Art. 7 MiCAR**

Whitepaper bereits veröffentlicht wurde. Deshalb ist Abs. 2 so zu lesen, dass Marketingmitteilungen **frühestens zeitgleich mit dem Kryptowerte-Whitepaper veröffentlicht** werden dürfen.

Nach Abs. 2 S. 2 bleibt die Möglichkeit, **Marktsondierungen** durchzuführen, unberührt. Die MiCAR definiert den Begriff nicht weiter, sodass auf Art. 11 Abs. 1 MAR[9] zurückgegriffen werden kann. Eine Marktsondierung besteht danach in der Übermittlung von Informationen vor der Ankündigung eines Geschäfts an einen oder mehrere potenzielle Anleger, um das Interesse von potenziellen Anlegern an einem möglichen Geschäft und dessen Bedingungen, wie seinem Umfang und seiner preislichen Gestaltung abzuschätzen. Die Durchführung einer solchen Marktsondierung ist somit schon vor Veröffentlichung des Kryptowerte-Whitepapers gestattet. 9

III. Anforderungen an Marketingmitteilungen (Abs. 1)

Die in Abs. 1 enthaltenen Anforderungen an Marketingmitteilungen müssen **kumulativ** vorliegen. Diese betreffen die Gestaltung der Marketingmitteilung selbst sowie das Zusammenspiel mit dem Kryptowerte-Whitepaper. 10

1. Eindeutige Erkennbarkeit als Marketingmitteilung.
Abs. 1 UAbs. 1 lit. a fordert, dass Marketingmitteilungen eindeutig als solche erkennbar sind. Gleiches wird für Marketingmitteilungen durch Art. 24 Abs. 3 S. 2 MiFID II in deren Anwendungsbereich verlangt. Der konkretisierende Art. 36 Abs. 2 UAbs. 1 DelVO (EU) 2017/565 fordert eine eindeutige Kennzeichnung. Mangels über Abs. 1 UAbs. 1 lit. a hinausgehende Vorgaben in der MiCAR erscheint eine **Orientierung an den im Zusammenhang mit der MiFID II entwickelten Grundsätzen** sinnvoll. Eine eindeutige Kennzeichnung ist deshalb nur erforderlich, wenn der werbliche Charakter der Information für durchschnittlich verständige Anleger (vgl. zum Leitbild → Art. 6 Rn. 8) nicht bereits offensichtlich ist, insbes. wenn sich dies eindeutig aus Art, Form und Inhalt der Information ergibt.[10] Daraus ergibt sich, dass insbes. Informationen kennzeichnungspflichtig sind, die nach ihrem objektiven Charakter einen redaktionellen oder informativen Charakter haben, tatsächlich aber eine Absatzförderung als Ziel haben.[11] 11

2. Redliche, eindeutige und nicht irreführende Informationen.
Die Anforderung, dass Marketingmitteilungen fair, eindeutig und nicht irreführend sind, stimmt mit den Anforderungen an Kryptowerte-Whitepaper überein (vgl. dazu → Art. 6 Rn. 7).[12] 12

3. Übereinstimmung mit und Hinweis auf Kryptowerte-Whitepaper.
Eine zentrale Anforderung zur Sicherstellung der Wirksamkeit des gesamten Offenlegungsregimes der MiCAR findet sich in Abs. 1 UAbs. 1 lit. c, 13

---

[9] VO (EU) Nr. 596/2014 des Europäischen Parlaments und des Rates vom 16.4.2014 über Marktmissbrauch (Marktmissbrauchsverordnung) und zur Aufhebung der Richtlinie 2003/6/EG des Europäischen Parlaments und des Rates und der Richtlinien 2003/124/EG, 2003/125/EG und 2004/72/EG der Kommission.
[10] BaFin, Rundschreiben 05/2018 (WA) – MaComp, v. 19.4.2018 (Stand: 30.6.2023), BT 3.1.1 Nr. 1; BeckOK WpHR/Poelzig WpHG § 63 Rn. 152; Assmann/Schneider/Mülbert/ Beule WpHG § 63 Rn. 59.
[11] BaFin, Rundschreiben 05/2018 (WA) – MaComp, v. 19.4.2018 (Stand: 30.6.2023), BT 3.1.1 Nr. 2; BeckOK WpHR/Poelzig WpHG § 63 Rn. 152; Assmann/Schneider/Mülbert/ Beule WpHG § 63 Rn. 59.
[12] Zickgraf BKR 2021, 196 (203).

der eine Übereinstimmung der in Marketingmitteilungen enthaltenen Informationen mit den Informationen in einem gleichzeitig zu erstellenden Kryptowerte-Whitepaper anordnet, wenn ein solches nach Art. 4 zu erstellen ist. In der Literatur wird auf die Bedeutung dieser Vorschrift zum Abbau von Informationsasymmetrien zwischen Emittenten und Anlegern vor dem Hintergrund der in der Praxis fehlenden Beachtung kapitalmarktrechtlicher Informationsdokumente hingewiesen.[13] Ebenfalls hiermit im Zusammenhang steht der notwendige Hinweis auf die Veröffentlichung eines Kryptowert-Whitepapers sowie die Adresse der Webseite sowie der Kontaktdaten des Anbieters des Kryptowerts bzw. der Person, die die Zulassung zum Handel beantragt oder des Betreibers der Handelsplattform.

14   **4. Erklärung.** Die in Abs. 1 UAbs. 1 lit. e enthaltene Erklärung ist – wie Art. 6 Abs. 3 UAbs. 1 dies für die dort enthaltene Erklärung für Kryptowerte-Whitepaper vorschreibt – wortwörtlich in die Marketingmitteilung aufzunehmen, womit das Erfordernis der Eindeutigkeit dieser Erklärung bereits erfüllt ist. Abs. 1 UAbs. 2 gibt sprachliche Anpassungen für Konstellationen vor, in denen die Marketingmitteilung durch die Person, die die Zulassung zum Handel beantragt, oder von dem Betreiber einer Handelsplattform erstellt wird.

IV. Behördliche Befugnisse

15   Abs. 3 enthält eine Ermächtigung für die zuständige Behörde des Mitgliedstaats, in dem die Marketingmitteilung verbreitet wird, die Einhaltung von Abs. 1 zu überprüfen. Sinnvoll ist die in Abs. 3 UAbs. 2 geregelte Unterstützung der zuständigen Behörde eines Aufnahmemitgliedstaates (Art. 3 Abs. 1 Nr. 34) durch die Behörde des Herkunftsmitgliedstaates (Art. 3 Abs. 1 Nr. 33) bei der Prüfung, ob der Inhalt der Marketingmitteilung mit dem Inhalt des Kryptowerte-Whitepapers übereinstimmt. Dies hängt damit zusammen, dass das Kryptowerte-Whitepaper nach Art. 8 Abs. 1 ausschließlich der zuständigen Behörde des Herkunftsmitgliedstaats übermittelt werden muss, sodass diese eine bessere Zugriffsmöglichkeit hierauf hat als die Behörde des Aufnahmemitgliedstaates.

16   Speziell bei einem Verstoß gegen die Anforderungen des Art. 7 können die zuständigen Behörden von Anbietern, von Personen, die die Zulassung von Kryptowerten zum Handel beantragen, gem. Art. 94 Abs. 1 lit. j die Änderung der Marketingmitteilung verlangen. Diese Befugnisse müssen durch entsprechende Änderungen des nationalen Rechts geschaffen werden. Nutzt die Behörde eines Aufnahmemitgliedstaats diese Befugnisse, so hat sie dies gem. Abs. 4 unverzüglich der zuständigen Behörde des Herkunftsmitgliedstaats des Anbieters, der Person, die die Zulassung zum Handel beantragt, oder dem Betreiber der Handelsplattform für die Kryptowerte mitzuteilen.

V. Aber: Fehlen eines speziellen Haftungstatbestands

17   In der Literatur wurde schon auf Grundlage des ersten Entwurfs der MiCAR als kaum erklärlich angesehen, dass trotz der erkannten Bedeutung von Marketingmitteilungen für diese **kein eigener Haftungstatbestand** geschaffen wurde.[14] Diese Kritik hat der Gesetzgeber leider nicht zum Anlass

---

[13] Zickgraf BKR 2021, 196 (203).
[14] Zickgraf BKR 2021, 362 (370).

genommen, einen solchen Tatbestand im weiteren Verlauf des Gesetzgebungsverfahrens zu schaffen. Stattdessen stellt sich die Frage, ob neben den behördlichen Eingriffsbefugnissen ein privatrechtlicher Haftungsmechanismus eingreift, der einen Verhaltensanreiz zur Befolgung der in Art. 7 niedergelegten Anforderungen beinhaltet. Zu denken ist hierbei insbes. an einen **Schadensersatzanspruch auf Grundlage des Wettbewerbsrechts** aus § 9 Abs. 2 iVm §§ 3, 5, 5a UWG bei einer Irreführung, oder aus **§ 823 Abs. 2 BGB**, soweit Art. 7 ein Schutzgesetz darstellt. Ein Anspruch von Verbrauchern aus § 9 Abs. 2 UWG auf Grundlage eines Rechtsbruchs iSd § 3a UWG scheidet dagegen von vornherein aus, weil Verbraucher einen solchen Schadensersatzanspruch nicht auf § 3a UWG stützen können (§ 9 Abs. 2 S. 2 UWG). Beide Rechtsquellen eines Schadensersatzanspruchs hätten aber jedenfalls den Nachteil, dass ein geschädigter Anleger nach allgemeinen Grundsätzen darlegungs- und beweisbelastet wäre.[15]

Artikel 8 Übermittlung des Kryptowerte-Whitepapers und der Marketingmitteilungen

(1) Anbieter von anderen Kryptowerten als vermögenswertereferenzierten Token oder E-Geld-Token, Personen, die die Zulassung solcher Kryptowerte zum Handel beantragen, oder Betreiber von Handelsplattformen für solche Kryptowerte müssen der zuständigen Behörde ihres Herkunftsmitgliedstaats ihr Kryptowerte-Whitepaper übermitteln.

(2) Marketingmitteilungen werden auf Verlangen der zuständigen Behörde des Herkunftsmitgliedstaats und der zuständigen Behörde des Aufnahmemitgliedstaats übermittelt, wenn sie sich an potenzielle Inhaber von anderen Kryptowerten als vermögenswertereferenzierten Token oder E-Geld-Token in diesen Mitgliedstaaten richten.

(3) Die zuständigen Behörden verlangen vor der Veröffentlichung weder eine vorherige Genehmigung eines Kryptowerte-Whitepapers noch eine vorherige Genehmigung damit im Zusammenhang stehender Marketingmitteilungen.

(4) Dem gemäß Absatz 1 übermittelten Kryptowerte-Whitepaper ist eine Erläuterung beizufügen, aus der hervorgeht, weshalb der im Kryptowerte-Whitepaper beschriebene Kryptowert nicht als Folgendes betrachtet werden sollte:
a) als ein Kryptowert, der gemäß Artikel 2 Absatz 4 vom Anwendungsbereich dieser Verordnung ausgenommen ist;
b) als ein E-Geld-Token oder
c) als ein vermögenswertereferenzierter Token.

(5) Die in den Absätzen 1 und 4 genannten Elemente müssen der zuständigen Behörde des Herkunftsmitgliedstaats spätestens 20 Arbeitstage vor dem Tag der Veröffentlichung des Kryptowerte-Whitepapers übermittelt werden.

(6) [1] Anbieter von anderen Kryptowerten als vermögenswertereferenzierten Token oder E-Geld-Token und Personen, die die Zulassung solcher Kryptowerte zum Handel beantragen, müssen der zuständigen Be-

---

[15] Vgl. detaillierter für § 9 Abs. 2 UWG statt vieler BeckOK UWG/Eichelberger (Stand: 1.4.2024) § 9 Rn. 171 ff.; für § 823 Abs. 2 BGB BeckOGK BGB/T. Voigt (Stand: 1.4.2024) § 823 Rn. 277 ff.

MiCAR Art. 8

hörde ihres Herkunftsmitgliedstaats zusammen mit der in Absatz 1 genannten Übermittlung eine Liste der etwaigen Aufnahmemitgliedstaaten, in denen sie beabsichtigen, ihre Kryptowerte öffentlich anzubieten oder deren Zulassung zum Handel zu beantragen, übermitteln. ²Sie müssen die zuständige Behörde ihres Herkunftsmitgliedstaats ferner über das Startdatum des geplanten öffentlichen Angebots oder das Startdatum der geplanten Zulassung zum Handel und jede etwaige Änderung dieses Datums unterrichten.

Die zuständige Behörde des Herkunftsmitgliedstaats unterrichtet die zentrale Kontaktstelle der Aufnahmemitgliedstaaten über das geplante öffentliche Angebot oder die geplante Zulassung zum Handel und übermittelt das entsprechende Kryptowerte-Whitepaper innerhalb von fünf Arbeitstagen nach Erhalt der in Unterabsatz 1 genannten Liste der Aufnahmemitgliedstaaten.

(7) ¹Die zuständige Behörde des Herkunftsmitgliedstaats übermittelt der ESMA die in den Absätzen 1, 2 und 4 genannten Informationen sowie das Startdatum des geplanten öffentlichen Angebots oder der geplanten Zulassung zum Handel und jede etwaige Änderung dieses Datums. ²Sie übermittelt diese Informationen innerhalb von fünf Arbeitstagen nach Erhalt der Informationen vom Anbieter oder von der Person, die die Zulassung zum Handel beantragt.

Die ESMA stellt das Kryptowerte-Whitepaper gemäß Artikel 109 Absatz 2 ab dem Startdatum des öffentlichen Angebots oder der Zulassung zum Handel im Register zur Verfügung.

Übersicht

	Rn.
I. Einführung	1
1. Literatur	1
2. Entstehung und Zweck der Norm	2
3. Normativer Kontext	3
II. Übermittlung an zuständige Behörde	4
III. Keine Erforderlichkeit behördlicher Genehmigung	6
IV. Inhaltliche und zeitliche Anforderungen an eine Übermittlung	9
1. Eigene Erläuterung zum anwendbaren Regulierungsregime	9
2. Zeitliche Anforderungen	11
V. Verfahren bei Angebot bzw. Zulassung über Herkunftsmitgliedstaat hinaus	12
VI. Aufgaben der ESMA	14

I. Einführung

1. Literatur. *Zickgraf,* Primärmarktpublizität in der Verordnung über die Märkte für Kryptowerte (MiCAR) – Teil 2, BKR 2021, 362.

2. Entstehung und Zweck der Norm. Die Vorschrift betrifft die administrative Behandlung von Kryptowerte-Whitepapern und Marketingmitteilungen vor Veröffentlichung eines öffentlichen Angebots eines Kryptowerts bzw. dessen Zulassung zum Handel. Dabei versucht sie, das Spannungsverhältnis aufzulösen, welches durch die Prüfung der Übereinstimmung dieser Offenlegungsdokumente mit den Anforderungen der MiCAR durch die zuständigen Behörden und der angestrebten Vermeidung eines übermäßigen Verwaltungsaufwands entsteht. Das in der ursprünglichen Entwurfsfassung in Art. 7 MiCAR-E angedachte Notifizierungsverfahren für Kryptowerte-Whitepaper wurde dabei in der in Kraft getretenen Fassung der Verordnung im Wesentlichen beibehalten.

3. **Normativer Kontext.** Vorgaben zum behördlichen Umgang im Zusammenhang mit Offenlegungsdokumenten enthält zunächst Art. 20 Prospekt-VO zur Prüfung und Billigung des Prospekts, dem allerdings eine **gänzlich andere Verfahrenskonzeption** zugrunde liegt. Für Anlagebasisinformationsblätter enthält Art. 23 Abs. 14 ECSP-VO eine dem Art. 8 inhaltlich vergleichbare Vorschrift, wenngleich weniger detailliert in ihren Vorgaben. Im deutschen Recht enthält § 8 VermAnlG eine Regelung zu Verkaufsprospekten, der mit deren behördlicher Billigung aber – ähnlich Art. 20 Prospekt-VO – eine andere Verfahrenskonzeption zugrunde liegt. Für grenzüberschreitende Sachverhalte enthält Art. 18 ECSP-VO ein dem Abs. 6 im Grundsatz ähnliches Verfahren, welches aber in Detailfragen abweicht. 3

II. Übermittlung an zuständige Behörde

Abs. 1 legt Anbietern von Kryptowerten, Personen, die die Zulassung solcher Kryptowerte zum Handel beantragen, oder Betreibern von Handelsplattformen die Pflicht auf, Kryptowerte-Whitepaper an die zuständigen Behörden des Herkunftsmitgliedstaats zu übermitteln. Dies dient insbes. der Überprüfung, ob die in Art. 4 Abs. 1 lit. b, 5 Abs. 1 lit. b enthaltene Voraussetzung – die Erstellung eines Kryptowerte-Whitepapers – erfüllt wurde. Eine Übermittlung durch die genannten Personen muss dabei ausschließlich an die zuständige Behörde des Herkunftsmitgliedstaats (Art. 3 Abs. 1 Nr. 33) erfolgen. 4

Im Unterschied dazu sind Marketingmitteilungen iSd Art. 7 nur **auf Verlangen** zu übermitteln. Hierzu berechtigt sind zunächst die zuständigen Behörden des Herkunftsmitgliedstaats, daneben aber auch die zuständigen Behörden weiterer Aufnahmemitgliedstaaten (Art. 3 Abs. 1 Nr. 34), wenn sich die Marketingmitteilungen an potenzielle Inhaber von Kryptowerten in diesen Mitgliedstaaten richten. Diese steht in engem Zusammenhang mit der aus Art. 7 Abs. 3 folgenden Befugnis zur Überprüfung der Marketingmitteilungen, die in einem Mitgliedstaat verbreitet werden. 5

III. Keine Erforderlichkeit behördlicher Genehmigung

Besondere Bedeutung im Kontext des Art. 8 hat dessen Abs. 2, nach dem die zuständigen Behörden vor der Veröffentlichung weder eine Genehmigung des Kryptowert-Whitepapers noch eine Genehmigung von Marketingmitteilungen verlangen. Hierdurch wird nach Ansicht des Gesetzgebers ein übermäßiger Verwaltungsaufwand verhindert.[1] In der Wahl einer **Anzeigepflicht statt eines Genehmigungsvorbehalts** liegt ein wesentlicher Unterschied zu dem in Art. 20 Prospekt-VO geregelten Verfahren, das eine umfassende Prüfung und Genehmigung des Offenlegungsdokuments beinhaltet.[2] Ähnlichkeiten bestehen mit dem Verfahren im Zusammenhang mit Anlagebasisinformationsblättern iSd ECSP-VO, da deren Art. 23 Abs. 14 ebenfalls 6

---

[1] Erwgr. Nr. 33 MiCAR.
[2] Zickgraf BKR 2021, 362.

eine Vorabmitteilung auf Verlangen der Behörde vor der Bereitstellung an Anleger verlangt, zugleich aber keine Genehmigung erforderlich ist.

7 Zu beachten ist, dass die **Genehmigungsfreiheit ohne Unterschied sämtliche Angebote** von Kryptowerten bzw. Zulassungen zum Handel betrifft, also insbes. nicht von einem Angebotsvolumen abhängt. Dies wurde im Verlauf des Gesetzgebungsverfahrens mit Hinweis auf die fehlende Korrelation zwischen den administrativen Kosten und dem Schadenspotential größerer Projekte kritisiert und die Schaffung eines behördlichen Genehmigungsverfahrens für Emissionen oberhalb eines näher festzulegenden Schwellenwerts angeregt.[3] Diese Anregung hat der Gesetzgeber im Rahmen des weiteren Gesetzgebungsverfahrens nicht umgesetzt. Demgegenüber müssen zB Kryptowerte-Whitepaper über vermögensreferenzierte Token durch die zuständigen Behörden insbes. dann genehmigt werden, wenn deren Gesamtgegenwert gem. Art. 16 Abs. 2 lit. a 5 Mio. EUR übersteigt.

8 Gleichwohl haben die zuständigen Behörden auch bei anderen Kryptowerten als vermögenswertreferenzierte Token und E-Geld-Token **Möglichkeiten zur Durchsetzung der für Kryptowerte-Whitepaper geltenden Anforderungen,** insbes. durch die aus Art. 94 resultierenden Befugnisse. Dem steht insbes. nicht entgegen, dass die in Kraft getretene Verordnung anders als der insofern nur deklaratorisch wirkende Art. 7 Abs. 2 S. 2 MiCAR-E nicht mehr ausdrücklich auf diese Befugnisse verweist. Insbes. können Behörden gem. Art. 94 Abs. 1 lit. i die Änderung eines Kryptowerte-Whitepapers sowie die Änderung bereits veränderter Kryptowerte-Whitepaper verlangen, wenn sie feststellen, dass dieses nicht die nach Art. 6 erforderlichen Informationen enthält. Dieselbe Befugnis folgt aus Art. 94 Abs. 1 lit. j für Marketingmitteilungen. Die zuständigen Behörden haben damit die Möglichkeit, auch ohne die Erforderlichkeit einer Genehmigung auf die Einhaltung der Vorgaben der MiCAR hinzuwirken. Haben diese Bemühungen keinen Erfolg, können die zuständigen Behörden das öffentliche Angebot oder die Zulassung zum Handel wegen eines Verstoßes gegen die MiCAR untersagen oder für jeweils höchstens 30 aufeinanderfolgende Arbeitstage aussetzen (Art. 94 Abs. 1 lit. m, n).

IV. Inhaltliche und zeitliche Anforderungen an eine Übermittlung

9 **1. Eigene Erläuterung zum anwendbaren Regulierungsregime.** Der Übermittlung des Kryptowert-Whitepapers ist gem. Abs. 4 zusätzlich eine **Erläuterung** beizufügen, aus der hervorgeht, weshalb der im Kryptowerte-Whitepaper beschriebene Kryptowert weder gem. Art. 2 Abs. 4 vom Anwendungsbereich der Verordnung ausgenommen ist, noch als vermögenswertereferenzierter Token oder als E-Geld-Token einzustufen ist. Dies steht im Einklang mit dem Systemwechsel hin zu einem genehmigungsfreien Verfahren.[4] Im Vergleich mit Art. 7 MiCAR-E stellen die Bezugspunkte der Erläuterung eine **Erweiterung** dar, da hierdurch nur die Abgrenzung zu Finanzinstrumenten iSd MiFID II, E-Geld, Einlagen und strukturierten Einlagen vorzunehmen war.

10 Die Übermittlung der Erläuterung stellt insofern eine Arbeitserleichterung für die zuständigen Behörden dar, als dass sich diese zumindest die durch den Ersteller des Kryptowerte-Whitepapers geleistete Vorarbeit bei der Überprü-

---

[3] Zickgraf BKR 2021, 362 (363).
[4] Zickgraf BKR 2021, 362 (362).

fung, ob der Kryptowert regulatorisch richtig eingeordnet wurde, zunutze machen können. Zugleich bedeutet diese Erläuterung eine Mehrbelastung für Ersteller von Kryptowerte-Whitepapern, gerade weil Abgrenzungsfragen zwischen den einzelnen Kategorien von Kryptowerten einerseits und insbes. zu Finanzinstrumenten iSd MiFID II andererseits durchaus mit Schwierigkeiten verbunden sein können. In der Praxis erscheint es vor diesem Hintergrund ratsam, für die Erstellung der Erläuterung iSd Abs. 4 auf **rechtskundige Unterstützung** zurückzugreifen, um insofern den Beginn des öffentlichen Angebots bzw. der Zulassung zum Handel nicht zu gefährden oder im Falle einer fehlerhaften Einstufung gänzlich andere regulatorische Bedingungen erfüllen zu müssen.

2. **Zeitliche Anforderungen.** Nach Abs. 5 müssen sowohl das Krypto- 11 werte-Whitepaper als auch die Erläuterung iSd Abs. 4 der zuständigen Behörde des Herkunftsmitgliedstaats spätestens **20 Arbeitstage vor dem Tag der Veröffentlichung des Kryptowerte-Whitepapers** (Art. 9 Abs. 1) übermittelt werden. Den Begriff der Arbeitstage definiert die MiCAR selbst nicht; möglich ist aber eine Orientierung an Art. 2 lit. t Prospekt-VO, der Arbeitstage definiert als „die Arbeitstage der jeweiligen zuständigen Behörde unter Ausschluss von Samstagen, Sonntagen und gesetzlichen Feiertagen im Sinne des für diese zuständige Behörde geltenden nationalen Rechts". Es ist also insbes. auf die Feiertage des Herkunftsmitgliedstaats zu achten, an dessen Behörde die Unterlagen übermittelt werden sollen.

V. Verfahren bei Angebot bzw. Zulassung über Herkunftsmitgliedstaat hinaus

Nach der Veröffentlichung des Kryptowerte-Whitepapers dürfen Anbieter 12 nach Art. 11 Abs. 1 Kryptowerte in der gesamten Union anbieten bzw. eine Zulassung zum Handel ist **unionsweit** möglich. Durch die in Abs. 1 vorgesehene Übermittlung des Kryptowerte-Whitepapers ausschließlich an die zuständige Behörde des Herkunftsmitgliedstaats entsteht das Bedürfnis, bei einer über diesen Mitgliedstaat hinausgehenden Reichweite des Kryptowerts auch die Behörden der Aufnahmemitgliedstaaten ins Bild zu setzen.[5] Zu diesem Zweck enthält Abs. 6 Vorgaben für das Vorgehen, wenn ein Angebot des Kryptowerts bzw. dessen Zulassung zum Handel **über den Herkunftsmitgliedstaat hinaus** beabsichtigt ist. Hier müssen Anbieter bzw. Personen, die die Zulassung zum Handel beantragen, der zuständigen Behörde des Mitgliedstaats zusätzlich eine **Liste der Aufnahmemitgliedstaaten übermitteln,** in denen hierzu eine Absicht besteht. Die Liste muss weiter das Startdatum des geplanten öffentlichen Angebots bzw. der geplanten Zulassung in dem jeweiligen Aufnahmemitgliedstaat enthalten. Über etwaige Änderungen dieses Datums muss die zuständige Behörde des Herkunftsmitgliedstaats ebenso informiert werden. Zu beachten ist, dass die Liste nach Abs. 6 durch Abs. 5 nach dessen Wortlaut nicht umfasst ist. Dies lässt sich damit erklären, dass die Erweiterung des Angebots bzw. der Zulassung auf weitere Mitgliedstaaten auch nach erstmaligem Beginn des Angebots bzw. der Zulassung noch möglich ist.

Auf Grundlage dieser Liste informiert die zuständige Behörde des Her- 13 kunftsmitgliedstaats gem. Abs. 5 UAbs. 2 die nach Art. 93 Abs. 2 zu benen-

---
[5] Vgl. auch Zickgraf BKR 2021, 362 (362).

nende zentrale Kontaktstelle der Aufnahmemitgliedstaaten. Zusätzlich übermittelt sie das entsprechende Kryptowerte-Whitepaper innerhalb von fünf Arbeitstagen nach Erhalt der Liste der Aufnahmemitgliedstaaten. Hat der Anbieter bzw. die Person, die die Zulassung zum Handel beantragt, die Liste rechtzeitig vor den dort genannten Startdaten an die zuständige Behörde übermittelt, darf das Angebot bzw. der Handel an diesen Daten ohne weitere behördliche Bestätigung beginnen.

VI. Aufgaben der ESMA

14 Um der ESMA die Aktualisierungen sowie die Pflege des ihr in Art. 109 f. anvertrauten Registers zu ermöglichen, übermittelt die zuständige Behörde des Herkunftsmitgliedstaats ihr das nach Abs. 1 übermittelte Kryptowerte-Whitepaper, die nach Abs. 2 möglicherweise angeforderten Marketingmitteilungen sowie die Erläuterung nach Abs. 4. Diese Übermittlung erfolgt innerhalb von fünf Arbeitstagen nach Erhalt der Informationen durch den Anbieter oder die Person, die die Zulassung zum Handel beantragt. Die ESMA stellt zumindest das Kryptowerte-Whitepaper nach Abs. 7 UAbs. 2 ab dem Startdatum des öffentlichen Angebots oder der Zulassung zum Handel im Register zur Verfügung.

Artikel 9 Veröffentlichung des Kryptowerte-Whitepapers und der Marketingmitteilungen

(1) ¹Anbieter von anderen Kryptowerten als vermögenswertereferenzierten Token oder E-Geld-Token und Personen, die die Zulassung solcher Kryptowerte zum Handel beantragen, müssen ihre Kryptowerte-Whitepaper und ihre etwaigen Marketingmitteilungen auf ihrer öffentlich zugänglichen Website rechtzeitig und in jedem Fall vor dem Startdatum des öffentlichen Angebots dieser Kryptowerte bzw. zum Startdatum der Zulassung veröffentlichen. ²Die Kryptowerte-Whitepaper und die etwaigen Marketingmitteilungen müssen auf der Website der Anbieter oder der Personen, die die Zulassung zum Handel beantragen, so lange verfügbar bleiben, wie die Kryptowerte vom Publikum gehalten werden.

(2) Die veröffentlichten Kryptowerte-Whitepaper und die etwaigen Marketingmitteilungen müssen mit der Fassung, die der zuständigen Behörde gemäß Artikel 8 übermittelt wurde, und mit der etwaigen gemäß Artikel 12 geänderten Fassung übereinstimmen.

Übersicht

	Rn.
I. Einführung	1
1. Literatur	1
2. Entstehung und Zweck der Norm	2
3. Normativer Kontext	3
II. Veröffentlichung auf öffentlich zugänglicher Website	4
III. Zeitpunkt sowie Zeitraum der Veröffentlichung	7
IV. Übereinstimmung mit übermittelten bzw. geänderten Dokumenten	9

Veröffentlichung des Whitepapers & Marketingmitteilungen **Art. 9 MiCAR**

I. Einführung

1. Literatur. Assmann/Schlitt/v. Kopp-Colomb (Hrsg.), Prospektrecht- 1
Kommentar, 4. Aufl. 2022, *Groß,* Kapitalmarktrecht, 8. Aufl. 2022.

2. Entstehung und Zweck der Norm. Die der MiCAR zugrundelie- 2
gende Idee der Schaffung einer ausreichenden Informationsgrundlage für die
Anlageentscheidungen potenzieller Anleger durch Kryptowerte-Whitepaper
erfordert naturgemäß, dass diese Offenlegungsdokumenten zugänglich sind.
Zu diesem Zweck enthält Art. 9 Anforderungen an die **Modalitäten** und
den **Zeitraum einer Veröffentlichung** von Kryptowerte-Whitepapern sowie Marketingmitteilungen. Art. 8 MiCAR-E enthielt eine inhaltlich im
Wesentlichen gleiche Vorschrift; lediglich der Pflichtenadressat hat sich im
Vergleich mit der letztlich in Kraft getretenen Fassung entsprechend des
Wechsels von Emittenten zu Anbietern bzw. Personen, die die Zulassung
zum Handel beantragen (vgl. dazu → Art. 4 Rn. 5) geändert. Die hinter der
Veröffentlichungspflicht stehenden Erwägungen werden in Erwgr. Nr. 35
dargelegt, allerdings ohne inhaltliche Klarstellungen.

3. Normativer Kontext. Vorgaben zu der Veröffentlichung von kapital- 3
marktrechtlichen Offenlegungsdokumenten existieren dort, wo deren Erstellung vorgeschrieben ist. So enthält Art. 21 Prospekt-VO eine detaillierte
Regelung zur Veröffentlichung des Prospekts. Für das deutsche Recht ergeben sich die Anforderungen für die Veröffentlichung eines Verkaufsprospekts aus § 9 VermAnlG. Art. 23 Abs. 7 S. 2 ECSP-VO verlangt für Anlagebasisinformationsblätter die Bereitstellung auf einem eigenständigen, dauerhaften Datenträger.

II. Veröffentlichung auf öffentlich zugänglicher Website

Die Pflicht zur Erstellung von Kryptowerte-Whitepapern sowie etwaigen 4
Marketingmitteilungen trifft gem. Art. 4 Abs. 1 lit. b; 5 Abs. 1 lit. b – je nach
Konstellation im Einzelfall – entweder den Anbieter oder die Person, die die
Zulassung zum Handel eines Kryptowerts beantragt. Da Abs. 1 die Pflicht zur
Veröffentlichung auf „ihre" Kryptowerte-Whitepapern und Marketingmitteilungen bezieht, ist der Pflichtadressat entsprechend in Abhängigkeit davon
zu bestimmen, wer im Einzelfall das Kryptowerte-Whitepaper bzw. die
Marketingmitteilung erstellt hat.

Kryptowerte-Whitepaper sowie etwaige Marketingmitteilungen müssen 5
auf einer öffentlichen zugänglichen Website veröffentlicht werden. Die **öffentliche Zugänglichkeit** wird durch die MiCAR nicht weiter spezifiziert.
Es bietet sich aber an, sich in dieser Hinsicht an Art. 21 Abs. 4 Prospekt-VO
zu orientieren, nach dem für den Zugang zum Prospekt weder eine Registrierung noch die Akzeptanz einer Haftungsbegrenzungsklausel noch die
Entrichtung einer Gebühr erforderlich sein darf. Zugleich ist aber die Abfrage
des Aufenthaltsstaats bzw. -ortes beim Zugang zum Kryptowerte-Whitepaper
mit anschließender Reduzierung des Zugangs auf Angebots- bzw. Zulassungsstaaten nicht als unzulässige Einschränkung des Zugangs anzusehen.[1]

Keine Vorgaben enthält Abs. 1 selbst – im Gegensatz zu Art. 21 Abs. 3 6
Prospekt-VO oder Art. 23 Abs. 7 S. 2 ECSP-VO – zu **weiteren Modalitäten der Veröffentlichung,** zB im Hinblick auf die Durchsuchbarkeit des

---

[1] Vgl. zu Art. 21 Abs. 4 Prospekt-VO Groß KapMarktR (EU) 2017/1129 Art. 21 Rn. 6.

Dokuments und die Möglichkeit eines Downloads oder eines Ausdruckens. Aus Art. 6 Abs. 10 ergibt sich aber, dass zumindest das Kryptowerte-Whitepaper in einem **maschinenlesbaren Format** zur Verfügung zu stellen ist (vgl. dazu → Art. 6 Rn. 20). Aus Anlegerschutzgründen und zur Setzung eines weiteren Anreizes zur Beachtung der Anforderungen der Verordnung wäre an dieser Stelle zudem wünschenswert gewesen, schon zu Zwecken einer Beweissicherung im Hinblick auf etwaige Haftungsfälle zumindest die Möglichkeit eines Downloads oder eines Ausdruckens zwingend vorzuschreiben.

III. Zeitpunkt sowie Zeitraum der Veröffentlichung

7 Abs. 1 bestimmt, dass die Kryptowerte-Mitteilungen und die etwaigen Marketingmitteilungen „rechtzeitig und in jedem Fall vor dem Startdatum des öffentlichen Angebots dieser Kryptowerte bzw. zum Startdatum der Zulassung" veröffentlicht werden müssen. Auch die Rechtzeitigkeit der Veröffentlichung definiert die MiCAR nicht weiter. Für Art. 21 Abs. 1 Prospekt-VO, der insofern inhaltsgleich ist, wird als entscheidend erachtet, dass der Prospekt **spätestens mit Beginn des öffentlichen Angebots** zur Verfügung gestellt wird.[2] Entsprechendes dürfte mangels abweichenden Vorgaben für die Veröffentlichung von Kryptowerte-Whitepapern und etwaigen Marketingmitteilungen nach Art. 9 gelten, sodass auch die Veröffentlichung am Morgen des Beginns des öffentlichen Angebots bzw. der Zulassung zum Handel ausreicht.

8 Hinsichtlich des Zeitraums der Veröffentlichung müssen das Kryptowerte-Whitepaper und etwaige Marketingmitteilungen so lange verfügbar bleiben, wie die Kryptowerte vom Publikum gehalten werden können. Damit geht die MiCAR über Art. 21 Abs. 7 Prospekt-VO hinaus, der eine Zugänglichkeit des Prospekts für zehn Jahre ab Veröffentlichung vorschreibt. Dies bedeutet insbes., dass die Verfügbarkeit des Kryptowerte-Whitepapers über die Dauer eines öffentlichen Angebots bzw. über eine Zulassung zum Handel gewährleistet sein muss. Fraglich ist, unter welchen Bedingungen der Gesetzgeber davon ausging, dass ein Kryptowert nicht mehr gehalten werden kann. Je nach Ausgestaltung im Einzelfall steht hier eine zeitlich unbeschränkte Verfügbarhaltung des Kryptowerte-Whitepapers im Raum.

IV. Übereinstimmung mit übermittelten bzw. geänderten Dokumenten

9 Um eine Verbindung zwischen dem in Art. 8 geregelten behördlichen Verfahren und der Veröffentlichung der Kryptowerte-Whitepaper und etwaigen Marketingmitteilungen zu erreichen, müssen diese mit der Fassung, die gem. Art. 8 übermittelt wurde, und mit der etwaigen gem. Art. 12 geänderten Fassung übereinstimmen.

10 Wegen Art. 12 Abs. 9 müssen die **vorherigen Iterationen des Dokuments** weiterhin abrufbar sein (→ Art. 12 Rn. 17). Dies erleichtert Anlegern in etwaigen Haftungsfällen jedenfalls die Beweisführung im Hinblick auf eine zu einer Haftung führenden Fehlerhaftigkeit des Informationsdokuments (→ Art. 15 Rn. 14).

---

[2] Groß KapMarktR (EU) 2017/1129 Art. 21 Rn. 4; Assmann/Schlitt/v. Kopp-Colomb/Kundold Prospekt-VO Art. 21 Rn. 13.

Artikel 10 Ergebnis des öffentlichen Angebots und Sicherheitsvorkehrungen

(1) Anbieter von anderen Kryptowerten als vermögenswertereferenzierten Token oder E-Geld-Token, die für ihr öffentliches Angebot dieser Kryptowerte eine Frist setzen, müssen auf ihrer Website innerhalb von 20 Arbeitstagen nach Ablauf der Zeichnungsfrist das Ergebnis des öffentlichen Angebots veröffentlichen.

(2) Anbieter von anderen Kryptowerten als vermögenswertereferenzierten Token oder E-Geld-Token, die für ihr öffentliches Angebot dieser Kryptowerte keine Frist setzen, müssen auf ihrer Website fortlaufend, mindestens monatlich, die Zahl der im Umlauf befindlichen Anteile der Kryptowerte veröffentlichen.

(3) [1]Anbieter von anderen Kryptowerten als vermögenswertereferenzierten Token oder E-Geld-Token, die für ihr öffentliches Angebot dieser Kryptowerte eine Frist setzen, müssen wirksame Vorkehrungen treffen, um die während des Angebots eingesammelten Geldbeträge oder anderen Kryptowerte zu überwachen und sicher aufzubewahren. [2]Zu diesem Zweck müssen diese Anbieter sicherstellen, dass die während des öffentlichen Angebots gesammelten Geldbeträge oder Kryptowerte von einer oder beiden der folgenden Stellen verwahrt werden:

a) einem Kreditinstitut, wenn während des öffentlichen Angebots Geldbeträge eingesammelt werden;
b) einem Anbieter von Kryptowerte-Dienstleistungen, der Kryptowerte für Kunden verwahrt und verwaltet.

(4) Ist für das öffentliche Angebot keine Frist vorgesehen, so erfüllt der Anbieter die Anforderungen nach Absatz 3 des vorliegenden Artikels, bis das in Artikel 13 festgelegte Widerrufsrecht des Kleinanlegers erloschen ist.

Übersicht

	Rn.
I. Einführung	1
1. Literatur	1
2. Entstehung und Zweck der Norm	2
3. Normativer Kontext	5
II. Ergebnis des öffentlichen Angebots bei befristetem Angebot (Abs. 1)	7
III. Ergebnis des öffentlichen Angebots bei unbefristetem Angebot (Abs. 2)	8
IV. Sicherheitsvorkehrungen (Abs. 3, 4)	9

I. Einführung

1. Literatur. Beurskens/Ehricke/Ekkenga (Hrsg.), Wertpapiererwerbs- und Übernahmegesetz, 2. Aufl. 2021; *Dittrich/Heinelt,* Der Europäische DORA – neue Sicherheitsvorgaben für den Finanzsektor, RDi 2023, 164; *Zickgraf,* Primärmarktpublizität in der Verordnung über die Märkte für Kryptowerte (MiCAR) – Teil 2, BKR 2021, 362.   **1**

2. Entstehung und Zweck der Norm. Mit Abs. 1, 2 bezweckt der Gesetzgeber die Information der Anleger über den Erfolg eines öffentlichen   **2**

MiCAR Art. 10 Titel II. Andere Kryptowerte

Angebots. Die Information nach Abs. 1 bei einem befristeten Angebot hat für den Anleger insbes. dann Relevanz, wenn der Kryptowert zu einem späteren Zeitpunkt zum Handel zugelassen wird; ein Erwerb im Rahmen des öffentlichen Angebots ist zum Informationszeitpunkt nicht mehr möglich. Abs. 2 gibt Anlegern dagegen schon während der Laufzeit des öffentlichen Angebots die Gelegenheit, sich über dessen Inanspruchnahme durch den Markt ein Bild zu machen und auf Grundlage dieser, zusätzlich zum Kryptowerte-Whitepaper erteilten Information, über den Erwerb des Kryptowerts entscheiden.

3   Durch die in Abs. 3 vorgesehenen Sicherheitsvorkehrungen soll verhindert werden, dass bereits vor Ende des öffentlichen Angebots durch Hackerangriffe das bis dahin gesammelte Kapital – sei es in Form von Geld oder anderen Kryptowerten – entzogen wird.[1] Zudem dient die gesonderte Verwahrung des Emissionserlöses bis zum Ablauf des Widerrufsrechts oder der Stornierung des Angebots[2] der schnellen und ordnungsgemäßen Erfüllung etwaiger Rückgewähransprüche der Anleger.

4   Sowohl die Pflichten zur Veröffentlichung der Ergebnisse von öffentlichen Angeboten als auch die Sicherheitsvorkehrungen waren in ihren Grundzügen bereits in Art. 9 MiCAR-E angelegt. Neben Detailänderungen in der in Kraft getretenen Fassung wurden die Pflichten über befristete Angebote hinaus auch auf solche öffentliche Angebote erweitert, für die der Anbieter keine Zeichnungsfrist bestimmt hat.

5   **3. Normativer Kontext.** Eine den Abs. 1, 2 ähnliche Pflicht zur Information über den Erfolg eines öffentlichen Angebots kennt § 23 WpÜG nach Abgabe eines Übernahmeangebots. Diese sog. Wasserstandsmeldungen erleichtern den Aktionären der Zielgesellschaft u. a. die Einschätzung der Erfolgsaussichten des öffentlichen Angebots und sollen so die Entscheidung der Aktionäre über die Inanspruchnahme des Angebots erleichtern.[3] Im Gegensatz dazu entsteht die Pflicht zur Veröffentlichung des Ergebnisses bei *befristeten* öffentlichen Angeboten über Kryptowerte erst nach Ablauf der Zeichnungsfrist.

6   Vergleichbar ist zudem die in Art. 20 ECSP-VO vorgesehene Veröffentlichung von Ausfallquoten der auf Schwarmfinanzierungsplattformen angebotenen Schwarmfinanzierungsprojekte, die sich allerdings nicht auf einzelne Projekte fokussiert, sondern sämtliche Projekte auf einer Plattform betrifft und mithin potenzielle Anleger generell über die Risiken einer Anlage informiert. Die in Abs. 3, 4 vorgesehenen Sicherheitsvorkehrungen ähneln den Vorgaben zur Erbringung von Dienstleistungen zur Verwahrung des Kundenvermögens im Rahmen von Schwarmfinanzierungsdienstleistungen aus Art. 10 ECSP-VO.

II. Ergebnis des öffentlichen Angebots bei befristetem Angebot (Abs. 1)

7   Abs. 1 betrifft ausschließlich öffentliche Angebote über Kryptowerte, für die der Anbieter eine Frist gesetzt hat. Innerhalb von 20 Arbeitstagen nach Ablauf dieser Zeichnungsfrist müssen diese Anbieter auf ihrer Website das

---

[1] Vgl. Zickgraf BKR 2021, 362 (363 f.) mwN.
[2] Erwgr. Nr. 36 MiCAR.
[3] Beurskens/Ehricke/Ekkenga/Beurskens/Oechsler WpÜG § 23 Rn. 1.

Ergebnis des öffentl. Angebots & Sicherheitsvorkehrungen   **Art. 10 MiCAR**

Ergebnis des öffentlichen Angebots veröffentlichen. Für den in der MiCAR selbst nicht definierten Begriff der Arbeitstage ist auf Art. 2 lit. t Prospekt-VO zurückgreifen (vgl. → Art. 8 Rn. 11). Die Fristberechnung richtet sich mangels anderweitiger Vorgaben nach den §§ 187 ff. BGB, sodass insbes. der letzte Tag der Zeichnungsfrist als fristauslösendes Ereignis bei der Fristberechnung nicht mitgerechnet wird (§ 187 Abs. 1 BGB). Im Vergleich zu Art. 9 MiCAR-E wurde die Frist von 16 auf 20 Arbeitstage erhöht.

III. Ergebnis des öffentlichen Angebots bei unbefristetem Angebot (Abs. 2)

Die Pflicht zur Veröffentlichung des Ergebnisses eines öffentlichen Angebots betrifft auch solche Anbieter, die für das Angebot keine Frist setzen. Abs. 2 enthält in dieser Hinsicht im Vergleich zu Abs. 1 Anpassungen für den Bezugspunkt, den Zeitpunkt sowie den Zeitraum der Veröffentlichung. Informiert werden muss zunächst nicht über das Ergebnis des öffentlichen Angebots, sondern über die Zahl der im Umlauf befindlichen Anteile der Kryptowerte. Da das Angebot keinen Endpunkt hat, ist diese Information fortlaufend, mindestens aber monatlich, zu veröffentlichen. Anbietern bleibt es dabei unbenommen, die Informationen in kürzeren Abständen zu veröffentlichen. Aus dem Erfordernis der fortlaufenden Information ergibt sich zudem, dass die aus Abs. 2 folgende Pflicht bis zum Ende des öffentlichen Angebots besteht. 8

IV. Sicherheitsvorkehrungen (Abs. 3, 4)

Abs. 3 betrifft zunächst öffentliche Angebote über Kryptowerte, für die der **Anbieter eine Frist gesetzt** hat. Anbieter müssen hier nach Abs. 3 S. 1 wirksame Vorkehrungen treffen, um die während des Angebots eingesammelten Geldbeträge oder anderen Kryptowerte zu überwachen und sicher aufzubewahren. Abs. 3 S. 2 konkretisiert diese Anforderung, indem eine Verwahrung von während des öffentlichen Angebots gesammelter Geldbeträge durch ein Kreditinstitut sowie von gesammelten Kryptowerten durch einen Anbieter von Kryptowerte-Dienstleistungen, der Kryptowerte für Kunden verwahrt und verwaltet, angeordnet wird. Als Kreditinstitut gelten gem. Art. 3 Abs. 1 Nr. 28 Kreditinstitute iSv Art. 4 Abs. 1 Nr. 1 CRR-VO[4], die über eine Zulassung gemäß der CRD-RL[5] (umgesetzt in nationales Recht durch § 32 KWG bzw. § 4 BWG) verfügen. Mit einem Anbieter von Kryptowerte-Dienstleistungen, der Kryptowerte für Kunden verwahrt und verwaltet, ist entweder eine Person gemeint, die zumindest auch über eine Zulassung nach Art. 59 Abs. 1 lit. a für die Verwahrung und Verwaltung von Kryptowerten nach Art. 2 Abs. 1 Nr. 16 verfügt oder der es ansonsten nach Art. 60 gestattet ist, diese Kryptowerte-Dienstleistung zu erbringen. 9

Theoretisch denkbar sind Konstellationen, in welchen zwischen dem Anbieter und der verwahrenden Person eine **Personenidentität** bestehen könn- 10

---

[4] VO (EU) Nr. 575/2013 des Europäischen Parlaments und des Rates vom 26.6.2013 über Aufsichtsanforderungen an Kreditinstitute und Wertpapierfirmen und zur Änderung der Verordnung (EU) Nr. 646/2012.
[5] RL 2013/36/EU des Europäischen Parlaments und des Rates vom 26.6.2013 über den Zugang zur Tätigkeit von Kreditinstituten und die Beaufsichtigung von Kreditinstituten und Wertpapierfirmen, zur Änderung der Richtlinie 2002/87/EG und zur Aufhebung der Richtlinien 2006/48/EG und 2006/49/EG.

Rennig

te, weil diese zumindest über eine der in Abs. 3 S. 2 genannten Zulassungen verfügt. Aus den Erwägungsgründen der MiCAR geht allerdings hervor, dass der Gesetzgeber davon ausging, dass die Verwahrung der entgegengenommenen Geldbeträge oder anderer Kryptowerte durch einen **Dritten** erfolgt.[6] Vor diesem Hintergrund stellt sich die Frage, ob der Wortlaut des Abs. 3 S. 2 insofern einschränkend auszulegen ist, dass die Verwahrung durch eine dritte Person – also nicht den Anbieter oder den Anleger – erfolgen muss. Sinn und Zweck der Sicherheitsvorkehrungen besteht insbes. in der Sicherung von Emissionserlösen vor dem unbefugten Zugriff durch Hackerangriffe (→ Rn. 3). Da sowohl Kreditinstitute als auch Anbieter von Kryptowerte-Dienstleistungen den sich aus der DORA ergebenden Anforderungen an die IT-Sicherheit unterliegen,[7] dürfte es aus teleologischen Gründen keine durchgreifenden Argumente gegen die Zulässigkeit einer Personenidentität geben. Auch der Blick auf Art. 10 ECSP-VO stärkt dieses Ergebnis, da auch dort eine Erbringung von unter einem Erlaubnisvorbehalt stehenden Tätigkeiten durch den Schwarmfinanzierungsdienstleister selbst erlaubt ist, wenn dieser über die entsprechende Erlaubnis verfügt, zB als Zahlungsdienstleister, Kreditinstitut, Finanzdienstleistungsinstitut oder Wertpapierunternehmen.

11 Abs. 4 enthält im Vergleich zu Abs. 3 – wie Abs. 2 im Verhältnis zu Abs. 1 – für Angebote, für die **keine Frist** vorgesehen ist, Änderungen im Hinblick auf den Zeitraum, für den die Sicherheitsvorkehrungen zu treffen sind. Danach müssen die Anforderungen des Abs. 3 so lange erfüllt sein, bis das in Art. 13 festgelegte Widerrufsrecht des Kleinanlegers erloschen ist (vgl. dazu noch → Art. 13 Rn. 17 ff.). Da für jeden Kleinanleger, der einen Kryptowert erwirbt, die Widerrufsfrist individuell zu berechnen ist, betrifft die Pflicht, deren Geldbeträge oder andere Kryptowerte zu verwahren, anders als bei Abs. 3 jeden dieser Kleinanleger individuell. Dies bedeutet, dass die durch einen Kleinanleger gezahlten Geldbeträge bzw. übertragenen anderen Kryptowerte so lange iSd Abs. 3 verwahrt werden müssen, bis das Widerrufsrecht eben dieses Kleinanlegers erloschen ist.

Artikel 11 Rechte von Anbietern anderer Kryptowerte als vermögenswertereferenzierter Token oder E-Geld-Token und von Personen, die die Zulassung solcher Kryptowerte zum Handel beantragen

(1) Nach der Veröffentlichung des Kryptowerte-Whitepapers gemäß Artikel 9 und des etwaigen geänderten Kryptowerte-Whitepapers gemäß Artikel 12 können Anbieter Kryptowerte, die keine vermögenswertereferenzierten Token oder E-Geld-Token sind, in der gesamten Union anbieten, und solche Kryptowerte können zum Handel auf einer Handelsplattform für Kryptowerte in der Union zugelassen werden.

(2) Anbieter von anderen Kryptowerten als vermögenswertereferenzierten Token oder E-Geld-Token und Personen, die die Zulassung solcher Kryptowerte zum Handel beantragen, die ein Kryptowerte-Whitepaper gemäß Artikel 9 und ein etwaiges geändertes Kryptowerte-White-

---

[6] Erwgr. Nr. 36 MiCAR aE.
[7] VO (EU) 2022/2554 des Europäischen Parlaments und des Rates vom 14.12.2022 über die digitale operationale Resilienz im Finanzsektor und zur Änderung der Verordnungen (EG) Nr. 1060/2009, (EU) Nr. 648/2012, (EU) Nr. 600/2014, (EU) Nr. 909/2014 und (EU) 2016/1011; vgl. dazu näher Dittrich/Heinelt RDi 2023, 164.

paper gemäß Artikel 12 veröffentlicht haben, unterliegen in Bezug auf das öffentliche Angebot oder die Zulassung dieses Kryptowert zum Handel keinen weiteren Informationspflichten.

Übersicht

	Rn.
I. Einführung	1
1. Literatur	1
2. Entstehung und Zweck der Norm	2
3. Normativer Kontext	3
II. Rechtsfolge des Vorliegens der Veröffentlichung des Kryptowerte-Whitepapers (Abs. 1)	5
III. Keine weiteren Informationspflichten (Abs. 2)	6

I. Einführung

1. Literatur. *Zickgraf,* Primärmarktpublizität in der Verordnung über die Märkte für Kryptowerte (MiCAR) – Teil 1, BKR 2021, 196. **1**

2. Entstehung und Zweck der Norm. Die Vorschrift enthält Klarstellungen, die insbes. der Förderung des Leitgedankens eines in der Union **vollharmonisierend** wirkenden Rechtsakts dienen.[1] Dazu gehört die unionsweite Wirkung der Erfüllung der Voraussetzungen des Titels II (Abs. 1) sowie die Gewährleistung eines unionsweiten Standards im Hinblick auf Informationspflichten (Abs. 2). Inhaltlich war Art. 11 bereits in der Entwurfsfassung als Art. 10 MiCAR-E angelegt. Abgesehen von der aus dem zwischenzeitlich erfolgten Wechsel der Pflichtadressaten (vgl. → Art. 4 Rn. 5) gab es keine inhaltlichen Änderungen. **2**

3. Normativer Kontext. Vorbild für Abs. 1 ist Art. 24 Prospekt-VO,[2] der eine unionsweite Geltung gebilligter Prospekte vorsieht. Im Zusammenhang steht Abs. 1 mit Art. 8 Abs. 6, der das Verwaltungsverfahren bei über den Herkunftsmitgliedstaat hinausgehenden öffentlichen Angeboten und Zulassungen zum Handel regelt (→ Art. 8 Rn. 12 f.). **3**

Abs. 2 ist in Grundzügen mit Art. 1 Abs. 3 ECSP-VO vergleichbar, der durch die Klarstellung, dass weder Projektträger noch Anleger im Rahmen von Schwarmfinanzierungsdienstleistungen einer Zulassung nach nationalem Recht bedürfen, unionsweit einheitliche Verhältnisse schafft und so auch in diesem Zusammenhang den vollharmonisierenden Grundgedanken der Kapitalmarktunion fördert. **4**

II. Rechtsfolge des Vorliegens der Veröffentlichung des Kryptowerte-Whitepapers (Abs. 1)

Aus Abs. 1 ergibt sich, dass die Veröffentlichung des Kryptowerte-Whitepapers nach Art. 9 und des etwaigen nach Art. 12 geänderten Kryptowerte-Whitepapers die Anbieter von Kryptowerten, die keine vermögenswertereferenzierten Token oder E-Geld-Token sind, dazu berechtigt, diese in der gesamten Union anzubieten, und solche Kryptowerte zum Handel auf einer Handelsplattform für Kryptowerte in der Union zugelassen werden können. **5**

---

[1] Vgl. zu dieser Zielsetzung insbes. Erwgr. Nr. 6 MiCAR.
[2] Zickgraf BKR 2021, 196 (199).

MiCAR Art. 12

Dabei ist Abs. 1 in gewisser Weise redundant, da sich entsprechendes bereits aus Art. 4 Abs. 1 und Art. 5 Abs. 1 ablesen lässt, wobei hier mit den Anforderungen an Rechtsform des Anbieters bzw. der die Zulassung beantragenden Person sowie an Marketingmitteilungen noch weitere Voraussetzungen enthalten sind. Der eigenständige Aussagegehalt der Vorschrift besteht damit insbes. darin, dass die Veröffentlichung der Offenlegungsdokumente sowohl im Hinblick auf das Angebot der Kryptowerte als auch die Zulassung zum Handel **unionsweite Wirkung** hat und somit als eine Art **„europäischer Pass"** fungiert.[3] Zudem ergibt sich aus Abs. 1 der Zeitpunkt, zu dem das öffentliche Angebot bzw. die Zulassung zum Handel beginnen darf. Auch dies hat eher klarstellende Wirkung, da sich entsprechendes im Prinzip schon aus Art. 9 ergibt.

III. Keine weiteren Informationspflichten (Abs. 2)

6   Nach Abs. 2 unterliegen Anbieter von Kryptowerten und Personen, die die Zulassung solcher Kryptowerte zum Handel beantragen und ein Kryptowerte-Whitepaper gem. Art. 9 und ein etwaiges geändertes Kryptowerte-Whitepaper gem. Art. 12 veröffentlicht haben, in Bezug auf das öffentliche Angebot oder die Zulassung des dieses Kryptowerts **keinen weiteren Informationspflichten.** Hierdurch schiebt der europäische Gesetzgeber insbes. weiteren Informationspflichten aus **nationalem Recht** einen Riegel vor, um insofern den Leitgedanken der Kapitalmarktunion durch die Gewährleistung unionsweit einheitlicher Standards zu fördern.[4]

Artikel 12 Änderung veröffentlichter Kryptowerte-Whitepaper und veröffentlichter Marketingmitteilungen

(1) [1]Anbieter von anderen Kryptowerten als vermögenswertereferenzierten Token oder E-Geld-Token, Personen, die die Zulassung solcher Kryptowerte zum Handel beantragen, oder Betreiber einer Handelsplattform für Kryptowerte müssen ihre veröffentlichten Kryptowerte-Whitepaper und etwaige veröffentlichte Marketingmitteilungen immer dann ändern, wenn ein wesentlicher neuer Faktor, ein wesentlicher Fehler oder eine wesentliche Ungenauigkeit aufgetreten ist, der bzw. die die Bewertung der Kryptowerte beeinflussen kann. [2]Diese Anforderung gilt für die Dauer des öffentlichen Angebots oder für die Dauer der Zulassung des Kryptowerts zum Handel.

(2) Anbieter von anderen Kryptowerten als vermögenswertereferenzierten Token oder E-Geld-Token, Personen, die die Zulassung solcher Kryptowerte zum Handel beantragen, oder Betreiber einer Handelsplattform für Kryptowerte müssen der zuständigen Behörde ihres Herkunftsmitgliedstaats ihre geänderten Kryptowerte-Whitepaper und ihre etwaigen geänderten Marketingmitteilungen, einschließlich der Gründe für diese Änderung, und den geplanten Veröffentlichungsdatum spätestens sieben Arbeitstage vor ihrer Veröffentlichung übermitteln.

(3) Am Tag der Veröffentlichung – oder früher, falls die zuständige Behörde dies verlangt – muss der Anbieter, die Person, die die Zulassung zum Handel beantragt, oder der Betreiber der Handelsplattform die

---

[3] Zickgraf BKR 2021, 196 (199 f.).
[4] Zickgraf BKR 2021, 196 (200).

Öffentlichkeit auf seiner bzw. ihrer Website umgehend über die Übermittlung eines geänderten Kryptowerte-Whitepapers an die zuständige Behörde seines bzw. ihres Herkunftsmitgliedstaats informieren und eine Zusammenfassung der Gründe liefern, aus denen er bzw. sie ein geändertes Kryptowerte-Whitepaper übermittelt hat.

(4) Die Reihenfolge der Informationen in einem geänderten Kryptowerte-Whitepaper und in etwaigen geänderten Marketingmitteilungen muss mit der Reihenfolge der Informationen in dem gemäß Artikel 9 veröffentlichten Kryptowerte-Whitepaper bzw. in den Marketingmitteilungen übereinstimmen.

(5) Innerhalb von fünf Arbeitstagen nach Eingang des geänderten Kryptowerte-Whitepapers und etwaiger geänderter Marketingmitteilungen übermittelt die zuständige Behörde des Herkunftsmitgliedstaats der in Artikel 8 Absatz 6 genannten zuständigen Behörde der Aufnahmemitgliedstaaten das geänderte Kryptowerte-Whitepaper und die etwaigen geänderten Marketingmitteilungen und unterrichtet die ESMA über die Übermittlung und den Tag der Veröffentlichung.

Die ESMA stellt das geänderte Kryptowerte-Whitepaper bei der Veröffentlichung gemäß Artikel 109 Absatz 2 im Register zur Verfügung.

(6) Anbieter von anderen Kryptowerten als vermögenswertereferenzierten Token oder E-Geld-Token, Personen, die die Zulassung solcher Kryptowerte zum Handel beantragen, oder Betreiber von Handelsplattformen für solche Kryptowerte müssen das Kryptowerte-Whitepaper und die etwaigen geänderten Marketingmitteilungen, einschließlich der Gründe für diese Änderung, gemäß Artikel 9 auf ihrer Website veröffentlichen.

(7) [1] Das geänderte Kryptowerte-Whitepaper und die etwaigen geänderten Marketingmitteilungen sind mit einem Zeitstempel zu versehen. [2] Das zuletzt geänderte Kryptowerte-Whitepaper und die etwaigen zuletzt geänderten Marketingmitteilungen sind als gültige Fassung zu kennzeichnen. [3] Alle geänderten Kryptowerte-Whitepaper und die etwaigen geänderten Marketingmitteilungen müssen so lange verfügbar bleiben, wie die Kryptowerte vom Publikum gehalten werden.

(8) Betrifft das öffentliche Angebot Utility-Token für einen Dienst, der Zugang zu Waren und Dienstleistungen bietet, die es noch nicht gibt bzw. die noch nicht erbracht werden, so bewirken Änderungen im geänderten Kryptowerte-Whitepaper und in den etwaigen geänderten Marketingmitteilungen keine Verlängerung der in Artikel 4 Absatz 6 genannten Frist von zwölf Monaten.

(9) Ältere Versionen des Kryptowerte-Whitepapers und der Marketingmitteilungen müssen nach dem Tag der Veröffentlichung dieser älteren Versionen mindestens zehn Jahre lang auf der Website der Anbieter, der Personen, die die Zulassung zum Handel beantragen, oder der Betreiber von Handelsplattformen öffentlich zugänglich bleiben, wobei ein deutlich erkennbarer Hinweis darauf anzubringen ist, dass sie nicht mehr gültig sind, dem ein Hyperlink zu dem gesonderten Bereich der Website, in dem die neueste Fassung dieser Dokumente veröffentlicht wird, beizufügen ist.

MiCAR Art. 12

Titel II. Andere Kryptowerte

Übersicht

	Rn.
I. Einführung	1
1. Literatur	1
2. Entstehung und Zweck der Norm	2
3. Normativer Kontext	3
II. Pflicht zur Änderung veröffentlicher Kryptowerte-Whitepaper und Marketingmitteilungen (Abs. 1)	4
1. Pflichtadressat	4
2. Voraussetzung und zeitlicher Anwendungsbereich der Änderungspflicht	6
III. Verfahren bei Änderung des Kryptowerte-Whitepapers bzw. der Marketingmitteilung	8
1. Behördliches Verfahren	9
2. Veröffentlichung des geänderten Kryptowerte-Whitepapers bzw. der Marketingmitteilung und Aufmachung	12
IV. Keine Umgehung der Frist des Art. 4 Abs. 6	16
V. Bereithaltung älterer Versionen (Abs. 9)	17
VI. Einfluss des deutschen KMAG-E idF des FinmadiG	18

I. Einführung

1. Literatur. *Groß*, Kapitalmarktrecht, 8. Aufl. 2022; *Maume*, Die Verordnung über Märkte für Kryptowerte (MiCAR) – Zentrale Definitionen sowie Rechte und Pflichten beim öffentlichen Angebot von Kryptowerten, RDi 2022, 461; *Zickgraf*, Primärmarktpublizität in der Verordnung über die Märkte für Kryptowerte (MiCAR) – Teil 2, BKR 2021, 362. **1**

2. Entstehung und Zweck der Norm. Die Vorschrift zur Änderung bereits veröffentlichter Kryptowerte-Whitepaper und veröffentlichter Marketingmitteilungen war bereits in Art. 11 der Entwurfsfassung (MiCAR-E) angelegt. Die Vorschrift findet in den **Erwägungsgründen keine Erwähnung** und wird dort entsprechend nicht weiter erläutert. Primärer Zweck der Norm ist einerseits der **Schutz der Anleger**, indem die Aktualität, Richtigkeit sowie Vollständigkeit von Informationsdokumenten trotz nachträglicher Entwicklungen und ursprünglicher Fehler garantiert wird. Zudem enthält Art. 12 auch einen Schutzmechanismus für Anbieter, Personen, die die Zulassung zum Handel beantragen, sowie Betreiber von Handelsplattforme, indem diese die Möglichkeit erhalten, veraltete oder fehlerhafte Dokumente zu ergänzen oder zu korrigieren, um so etwaige Haftungsrisiken zumindest mit Wirkung für die Zukunft auszuschließen. Das behördliche Verfahren orientiert sich erkennbar an Art. 8, sodass sich als weiterer Zweck der Vorschrift der **Abbau von Bürokratieanforderungen** identifizieren lässt. **2**

3. Normativer Kontext. Das Bedürfnis, bereits veröffentlichte kapitalmarktrechtliche Informationsdokumente nachträglich zu ändern, entsteht auch im Zusammenhang mit anderer solcher Dokumente. So sieht Art. 23 Prospekt-VO eine Nachtragspflicht für Prospekte vor, während Art. 23 Abs. 12 ECSP-VO das Verfahren für Anlagebasisinformationsblätter näher regelt. Im deutschen Recht enthält § 11 VermAnlG eine Vorgabe zur Veröffentlichung ergänzender Angaben zu einem Verkaufsprospekt. **3**

II. Pflicht zur Änderung veröffentlichter Kryptowerte-Whitepaper und Marketingmitteilungen (Abs. 1)

1. Pflichtadressat. Art. 12 statuiert für Anbieter von anderen Kryptowerten als vermögenswertereferenzierten Token oder E-Geld-Token die Pflicht zur Änderung ihrer bereits veröffentlichten Kryptowerte-Whitepaper und Marketingmitteilungen. Die Beschränkung auf „ihre" Kryptowerte-Whitepaper und Marketingmitteilungen weist darauf hin, dass der Pflichtadressat die **Person ist, die das Kryptowerte-Whitepaper erstellt hat.** Im Gegensatz zu Art. 23 Abs. 12 ECSP-VO sehen weder Art. 12 noch andere Vorschriften der MiCAR eine dahingehende Pflicht vor, dass zB der Betreiber einer Handelsplattform die Kryptowerte-Whitepaper der Person, die die Zulassung zum Handel beantragt hat, kontrollieren und auf Fehler hinweisen muss.

Fraglich ist, ob auch für Personen, die sich ursprünglich durch andere Personen erstellte Kryptowerte-Whitepaper im Rahmen eines eigenen, öffentlichen Angebots oder der Beantragung einer Zulassung zum Handel zu eigen machen (Art. 4 Abs. 7 UAbs. 2; Abs. 4 lit. b), eine Pflicht zur Änderung des jeweiligen Kryptowerte-Whitepapers besteht. Dies ist schon deshalb abzulehnen, da diese Personen rein faktisch kaum Möglichkeiten haben werden, auf die Kryptowerte-Whitepaper anderer Personen Einfluss zu nehmen. Die Weiterverwendung des Informationsdokuments trotz Erkennens eines neuen Faktors, der Fehlerhaftigkeit oder der Unvollständigkeit sowie deren Wesentlichkeit dürfte aber im Verhältnis zu potenziellen Anlegern eine Verletzung vorvertraglicher Pflichten darstellen (§§ 311 Abs. 2, 241 Abs. 2, 280 Abs. 1 BGB, sog. *culpa in contrahendo*).

2. Voraussetzung und zeitlicher Anwendungsbereich der Änderungspflicht. Voraussetzung für das Entstehen einer Änderungspflicht ist das Auftreten eines wesentlichen neuen Faktors, eines wesentlichen Fehlers oder einer wesentlichen Ungenauigkeit in einem veröffentlichten Kryptowerte-Whitepaper und etwaig veröffentlichen Marketingmitteilungen. Bedeutung kommt somit der Frage zu, wann von einer **Wesentlichkeit** auszugehen ist, die eine Änderungspflicht auslösen kann. In der Entwurfsfassung wurde noch darauf abgestellt, ob die Veränderung bzw. neue Tatsache geeignet ist, die Kaufentscheidung eines potenziellen Käufers solcher Kryptowerte oder die Entscheidung von Inhabern solcher Kryptowerte, diese zu verkaufen oder zu tauschen, signifikant zu beeinflussen (Art. 11 Abs. 1 MiCAR-E).[1] Trotz der sprachlichen Neufassung spricht nichts dagegen, dies als Prüfungsmaßstab für die Wesentlichkeit anzulegen. Hier kommt es auf die Sicht eines „verständigen Anlegers" im Einzelfall an, dessen Leitbild im Rahmen der MiCAR zur Anwendung kommt (→ Art. 6 Rn. 8). Die Pflicht zur Änderung des Kryptowerte-Whitepapers wird dabei regelmäßig mit der Pflicht der Änderung der Marketingmitteilungen einhergehen, da zwischen beiden wegen Art. 7 Abs. 1 lit. c eine Übereinstimmung vorliegen muss.

Die Pflicht besteht gem. Abs. 1 S. 2 für die Dauer des öffentlichen Angebots oder für die Zulassung des Kryptowerts zum Handel. Bei zeitlich befristeten Angeboten (vgl. Art. 10 Abs. 1) führt das Erkennen eines wesentlichen neuen Faktors, eines Fehlers oder einer Ungenauigkeit entsprechend nicht dazu, dass eine Änderung des Kryptowerte-Whitepapers erforderlich wird. Durch das zeitliche Erfassen des gesamten Zeitraums der Zulassung des

---

[1] Dazu noch Zickgraf BKR 2021, 362 (363).

Kryptowerts zum Handel weicht Abs. 1 S. 2 von Art. 23 Prospekt-VO ab, da dort die Eröffnung des Handels zum Wegfall der Nachtragspflicht führen kann.[2] Diese Abweichung lässt sich damit begründen, dass sich die Pflichten der MiCAR im Rahmen des Titel II vom Primär- in den Sekundärmarkt verschoben haben.[3]

III. Verfahren bei Änderung des Kryptowerte-Whitepapers bzw. der Marketingmitteilung

8 Art. 12 gibt das Verfahren bei einer Änderung des Kryptowerte-Whitepapers bzw. der Marketingmitteilung detailliert vor. Bestandteile sind das **behördliche Verfahren** sowie die **Veröffentlichung** des geänderten Informationsdokuments und dessen Kenntlichmachung gegenüber dem Anlegerpublikum.

9 **1. Behördliches Verfahren.** Aus Abs. 2 folgt die Pflicht für den nach Abs. 1 zu bestimmenden Pflichtadressaten, den zuständigen Behörden ihres Herkunftsmitgliedstaats (Art. 3 Abs. 1 Nr. 33) die geänderten Kryptowerte-Whitepaper und geänderten Marketingmitteilungen, einschließlich der Gründe für diese Änderung, und das geplante Veröffentlichungsdatum spätestens sieben Arbeitstage vor ihrer Veröffentlichung zu übermitteln. Vgl. zum Begriff der Arbeitstage schon → Art. 8 Rn. 11. Im Vergleich zu Art. 23 Abs. 1 UAbs. 2 S. 1 Prospekt-VO bedarf ein geändertes Kryptowerte-Whitepaper bzw. eine geänderte Marketingmitteilung **keiner behördlichen Billigung.** Der zuständigen Behörde stehen jedoch weiterhin die verwaltungsrechtlichen Befugnisse für den Fall zu, dass das Kryptowerte-Whitepaper bzw. die Marketingmitteilung trotz Änderung nicht den Vorgaben der Verordnung entspricht.

10 Über diese Übermittlung der geänderten Dokumente an die Behörde ist die Öffentlichkeit gem. Abs. 3 spätestens am Tag der Veröffentlichung des geänderten Kryptowerte-Whitepapers zu informieren. Diese Information umfasst eine Zusammenfassung der Gründe, weshalb ein geändertes Kryptowerte-Whitepaper übermittelt wurde. Es steht im Ermessen der Behörde, eine frühere Veröffentlichung dieser Information zu verlangen. In Betracht kommen dürfte dies für besonders schwerwiegende neue Faktoren, Fehler oder Ungenauigkeiten, die in besonderem Maße geeignet sind, die Entscheidung (potenzieller) Inhaber des Kryptowerts über den Kauf, Verkauf oder Tausch zu beeinflussen und deshalb möglichst schnell kommuniziert werden müssen. Marketingmitteilungen umfasst Abs. 3 nach seinem Wortlaut nicht. Da sich die übrigen Vorgaben des Art. 12 sowohl auf Kryptowerte-Whitepaper als auch auf Marketingmitteilungen beziehen, ist an dieser Stelle nicht von einem Redaktionsversehen auszugehen. Dennoch erschließt sich der Ausschluss von Marketingmitteilungen hier nicht, da diese ebenfalls (wenn nicht sogar eher) wesentlichen Einfluss auf die Entscheidungen von Anlegern nehmen können. Durch den Ausschluss von Marketingmitteilungen besteht so das Risiko, dass erkannt unvollständige, fehlerhafte oder ungenaue Marketingmitteilungen weitere sieben Arbeitstage ohne Warnhinweise abrufbar sind.

---

[2] Vgl. Groß KapMarktR (EU)2017/1129 Art. 23 Rn. 6 ff.
[3] Maume RDi 2022, 461 Rn. 27.

Die zuständige Behörde des Herkunftsmitgliedstaats übermittelt das geän- 11
derte Kryptowerte-Whitepaper bzw. geänderte Marketingmitteilungen nach
Abs. 5 UAbs. 1 innerhalb von fünf Arbeitstagen nach deren Eingang an die
bei einem internationalen Angebot iSd Art. 8 Abs. 6 zu informierenden
zuständigen Behörden der Aufnahmemitgliedstaaten. Zudem wird die ESMA
über die Übermittlung und den Tag der Veröffentlichung unterrichtet. Da
die ESMA das geänderte Kryptowerte-Whitepaper gem. Abs. 5 UAbs. 2 bei
Veröffentlichung gem. Art. 109 Abs. 2 im Register zur Verfügung stellen
muss, umfasst die Pflicht der zuständigen Behörde aus Abs. 5 UAbs. 1 notwendigerweise über die Unterrichtung hinaus **auch die Übermittlung der
geänderten Dokumente.**

2. Veröffentlichung des geänderten Kryptowerte-Whitepapers bzw. 12
der Marketingmitteilung und Aufmachung. Gem. Abs. 4 muss die
Reihenfolge der Informationen in einem geänderten Kryptowerte-Whitepaper bzw. einer geänderten Marketingmitteilung mit der Reihenfolge der
Informationen in dem gem. Art. 9 veröffentlichten Kryptowerte-Whitepaper
bzw. in den Marketingmitteilungen übereinstimmen. Dies ermöglicht den
Anlegern einen **höheren Grad an Vergleichbarkeit** zwischen dem ursprünglichen und dem geänderten Informationsdokument, da nicht das
Risiko besteht, dass die Änderungen durch eine Neugestaltung verschleiert
werden.

Abs. 6 sieht vor, dass geänderte Kryptowerte-Whitepaper bzw. geänderte 13
Marketingmitteilungen, einschließlich der Gründe für ihre Änderung, nach
Maßgabe des Art. 9 auf der Webseite des Pflichtadressaten (→ Rn. 4 f.) zu
veröffentlichen sind. Von Bedeutung ist hier insbes. die Pflicht zur Veröffent-
lichung der Änderungsgründe, da Inhaber aus diesen Hinweise auf etwaige
Haftungsfälle herauslesen könnten.

Zudem sind das geänderte Kryptowerte-Whitepaper und die geänderten 14
Marketingmitteilungen gem. Abs. 7 S. 1 mit einem **Zeitstempel** zu versehen. Nicht klar wird aus dem Verordnungstext, welcher Zeitpunkt hierdurch kenntlich gemacht werden soll. Neben systematischen – Abs. 7 folgt
auf Abs. 6, der die Modalitäten der Veröffentlichung regelt – sprechen auch
teleologische Erwägungen dafür, den **Zeitpunkt der Veröffentlichung** als
maßgeblich für den Zeitstempel anzusehen. Denn gerade von diesem Zeitpunkt kann abhängen, ob eine Haftung nach Art. 15 besteht oder ob eine
solche mangels haftungsbegründender Kausalität ausscheidet (vgl. detaillierter
→ Art. 15 Rn. 17).

Um gerade vor dem Hintergrund der weiteren Zugänglichkeit zu älteren 15
Versionen (Abs. 9, → Rn. 17) Verwechslungen vorzubeugen, ist das zuletzt
geänderte Kryptowerte-Whitepaper bzw. die zuletzt geänderte Marketingmitteilung gem. Abs. 7 S. 2 als **gültige Fassung zu kennzeichnen.** Sämtliche geänderten Kryptowerte-Whitepaper und die geänderten Marketingmitteilungen müssen gem. Abs. 7 S. 3 so lange verfügbar bleiben, wie die
Kryptowerte vom Publikum gehalten werden. In Abgrenzung zu Abs. 9
betrifft diese Regelung wohl nur die jeweils aktuellen Dokumente und stellt
damit klar, dass die Anforderungen von Art. 9 aE auch für diese gelten.

IV. Keine Umgehung der Frist des Art. 4 Abs. 6

Abs. 8 stellt klar, dass die Änderung des Kryptowerte-Whitepapers bzw. 16
der Marketingmitteilungen nicht dazu genutzt werden kann, um die in Art. 4

Abs. 6 vorgesehene Frist von zwölf Monaten zu umgehen.[4] Diese gilt für das öffentliche Angebot über Utility-Token für einen Dienst, der Zugang zu Waren und Dienstleistungen bietet, die es noch nicht gibt bzw. die noch nicht erbracht werden (→ Art. 4 Rn. 43 f.).

V. Bereithaltung älterer Versionen (Abs. 9)

17 Abs. 9 betrifft das weitere Vorgehen im Hinblick auf die älteren Versionen des Kryptowerte-Whitepapers bzw. der Marketingmitteilungen die zwischenzeitlich Gegenstand einer Änderung geworden sind. Diese müssen nach dem Tag der Veröffentlichung **mindestens zehn Jahre** lang auf der Website des Pflichtadressaten iSd Abs. 1 (→ Rn. 4 f.) **öffentlich zugänglich** bleiben. Dies dient Inhabern, die den Kryptowert vor der Änderung erworben haben, bei einer Geltendmachung von Haftungsansprüchen aus Art. 15 als Erleichterung, um eine haftungsauslösende Unvollständigkeit, Unredlichkeit, Unverständlichkeit oder Irreführung nachweisen zu können (→ Art. 15 Rn. 14). Um auch hier Verwechslungen zu vermeiden, die dazu führen könnten, dass (potenzielle) Inhaber Entscheidungen auf Grundlage der älteren Version treffen, sind diese mit einem deutlich erkennbaren Hinweis darauf zu versehen, dass es sich nicht mehr um die gültige Version handelt. Zudem ist ein Hyperlink zu dem gesonderten Bereich der Website beizufügen, in dem die neueste Fassung dieser Dokumente veröffentlicht wird. Daraus folgt, dass die aktuellen und die älteren Versionen auf den Websites der Pflichtadressaten nicht an einer Stelle gemeinsam zugänglich sein müssen. Es reicht aus, wenn es auf der Website einen gesonderten öffentlich zugänglichen Bereich für ältere Versionen des Kryptowerte-Whitepapers bzw. der Marketingmitteilungen gibt.

VI. Einfluss des deutschen KMAG-E idF des FinmadiG

18 Der deutsche Entwurf eines „Kryptomärkteaufsichtsgesetzes" (KMAG-E), der Bestandteil des „Finanzmarktdigitalisierungsgesetzes" (FinmadiG[5]) ist, sieht in §§ 16, 17 KMAG-E Befugnisse der BaFin vor, wenn Kryptowerte-Whitepaper und Marketingmitteilungen für vermögenswertereferenzierte Token und E-Geld-Token nicht den Anforderungen der Art. 19, 29 bzw. Art. 51, 53 entsprechen. Die Anforderungen an Kryptowerte-Whitepaper und Marketingmitteilungen für andere Kryptowerte aus Art. 6, 7 werden dort allerdings nicht erwähnt. Stattdessen dürfte sich die Befugnis der BaFin zum Einschreiten bei Missständen im Hinblick auf Kryptowerte-Whitepaper und Marketingmitteilungen aus der allgemeinen Ermächtigungsgrundlage des § 4 Abs. 1 KMAG-E ergeben; für Marketingmitteilungen wird dies in § 4 Abs. 1 S. 2 KMAG-E auch ausdrücklich klargestellt. Unklar bleibt, weshalb es hier zu einer Zweiteilung der Ermächtigungsgrundlagen kommt und nicht die §§ 16, 17 KMAG-E um die Anforderungen der Art. 6, 7 ergänzt werden. Gem. § 5 Abs. 2 KMAG-E haben Widerspruch und Anfechtungsklage gegen Maßnahmen, die aufgrund des § 4 KMAG-E erlassen werden, keine aufschiebende Wirkung.

---

[4] Zickgraf BKR 2021, 362 (363).
[5] Regierungsentwurf abrufbar unter: https://beck-link.de/tvw2b.

Artikel 13 Widerrufsrecht

(1) *[1]* Kleinanleger, die andere Kryptowerte als vermögenswertereferenzierte Token und E-Geld-Token entweder direkt von einem Anbieter oder von einem Anbieter von Kryptowerte-Dienstleistungen, der Kryptowerte für diesen Anbieter platziert, erwirbt, genießen ein Widerrufsrecht. *[2]* ¹Kleinanleger haben eine Frist von 14 Kalendertagen, um ihre Zustimmung zum Kauf von anderen Kryptowerten als vermögenswertereferenzierten Token und E-Geld-Token gebührenfrei und kostenlos sowie ohne Angabe von Gründen zu widerrufen. ²Die Widerrufsfrist läuft ab dem Tag der Zustimmung des Kleinanlegers zum Kauf dieser Kryptowerte.

(2) *[1]* Sämtliche von einem Kleinanleger erhaltene Zahlungen, einschließlich etwaiger Gebühren, werden unverzüglich und in jedem Fall spätestens 14 Tage nach dem Tag erstattet, an dem der Anbieter oder der Anbieter von Kryptowerte-Dienstleistungen, der Kryptowerte für diesen Anbieter platziert, über die Entscheidung des Kleinanlegers, von der Zustimmung zum Kauf dieser Kryptowerte zurückzutreten, unterrichtet wird. *[2]* Solche Rückzahlungen erfolgen mittels desselben Zahlungsmittels, das der Kleinanleger beim ursprünglichen Geschäft verwendet hat, es sei denn, mit dem Kleinanleger wird ausdrücklich etwas anderes vereinbart, und vorausgesetzt, für den Kleinanleger fallen infolge einer solchen Rückzahlung keine Gebühren oder Kosten an.

(3) Die Anbieter von Kryptowerten informieren in ihrem Kryptowerte-Whitepaper über das in Absatz 1 genannte Widerrufsrecht.

(4) Das in Absatz 1 genannte Widerrufsrecht gilt nicht, wenn die Kryptowerte bereits vor ihrem Kauf durch den Kleinanleger zum Handel zugelassen waren.

(5) Haben Anbieter für ihr öffentliches Angebot dieser Kryptowerte gemäß Artikel 10 eine Frist gesetzt, so kann das Widerrufsrecht nach Ablauf der Zeichnungsfrist nicht mehr ausgeübt werden.

Übersicht

	Rn.
I. Einführung	1
1. Literatur	1
2. Entstehung und Zweck der Norm	2
3. Normativer Kontext	4
II. Anwendungsbereich	7
1. Persönlicher Anwendungsbereich	7
2. Sachlicher Anwendungsbereich	9
III. Ausübung des Widerrufs und Widerrufsfrist	12
IV. Ausschluss des Widerrufrechts	17
1. Vorherige Zulassung zum Handel (Abs. 4)	17
2. Ausschluss bei befristeten Angeboten (Abs. 5)	19
V. Rechtsfolgen des Widerrufs	20
1. Rückerstattung von Zahlungen und etwaigen Gebühren an Kleinanleger	20
2. Rückübertragung des Kryptowerts?	21
3. Rechtsfolge des Widerrufs bei Daten als „Gegenleistung"	22

MiCAR Art. 13   Titel II. Andere Kryptowerte

	Rn.
VI. Verhältnis zu anderen Widerrufsrechten	23
VII. Widerrufsrechte bei vermögenswertereferenzierten Token und E-Geld-Token	26

I. Einführung

1 **1. Literatur.** Beck'scher Online-Großkommentar zum BGB; Ebenroth/Boujong/Joost/Strohn (Hrsg.), Handelsgesetzbuch – Band 2, 4. Aufl. 2020; Izzo-Wagner/Otto/Schultess, Die EU-Änderungsrichtlinie in Bezug auf im Fernabsatz geschlossene Finanzdienstleistungsverträge, BRK 2024, 81; *Kirschbaum/Stepanova*, Widerrufsrecht beim Handel mit Kryptowährungen, BKR 2019, 286; *Maume*, Die Verordnung über Märkte für Kryptowerte (MiCAR) – Zentrale Definitionen sowie Rechte und Pflichten beim öffentlichen Angebot von Kryptowerten, RDi 2022, 461; ders., Der Bankrechtstag am 30. Juni 2023 in Frankfurt/M., BKR 2023, 522; ders., Das Widerrufsrecht nach MiCAR – oder: Anlegerschutz im Kleid des Verbraucherrechts?, RDi 2023, 493; ders./Maute (Hrsg.), Rechtshandbuch Kryptowerte, 2020; Münchener Kommentar zum BGB – Band 3, 9. Aufl. 2022; Möslein/Ostrovski, Token als digitale Produkte, JZ 2024, 593; *Möslein/Rennig*, in: Möslein/Omlor (Hrsg.), FinTech-Handbuch, 3. Aufl. 2023, § 23; *Neuner*, Die Rechtsfortbildung, in: Riesenhuber (Hrsg.), Europäische Methodenlehre, 4. Aufl. 2021, § 12; *Pech*, Widerrufsrechte bei kostenloser Bereitstellung digitaler Inhalte – Auswirkungen der Mod-RL und DID-RL, MMR 2022, 516; *Rennig*, Loslösungsrechte von Anlegern bei Schwarmfinanzierungsprojekten: Von der Bedenkzeit in die Widerrufsfrist?, BKR 2022, 562; *Zickgraf*, Primärmarktpublizität in der Verordnung über die Märkte für Kryptowerte (MiCAR) – Teil 2, BKR 2021, 362.

2 **2. Entstehung und Zweck der Norm.** Das schon vor endgültigem Inkrafttreten der MiCAR als „Fremdkörper"[1] bezeichnete Widerrufsrecht war bereits in Art. 12 des ersten Entwurfs der MiCAR (MiCAR-E) enthalten. Bis auf den Wechsel der potenziellen Widerrufsgegner, der aufgrund des zwischenzeitlichen Wechsels hinsichtlich der Pflichtadressaten bei anderen Kryptowerten als vermögenswertereferenzierten Token und E-Geld-Token erforderlich geworden ist, ist die Vorschrift im Wesentlichen inhaltsgleich geblieben.

3 Das Widerrufsrecht des Art. 13 soll den Schutz von Kryptowerte-Kleinanlegern in noch höherem Maße sicherstellen.[2] Tatsächlich führt die Gewährung eines Widerrufsrechts zusätzlich zu der Informationserteilung aus dem Kryptowerte-Whitepaper zu einem sehr hohen Schutzniveau im Vergleich zu anderen kapitalmarktrechtlichen Rechtsakten. So wird bspw. das Widerrufsrecht des § 2d VermAnlG (→ Rn. 5) nur dann gewährt, wenn der Anbieter kein Verkaufsprospekt erstellen muss.

4 **3. Normativer Kontext.** Widerrufsrechte sind insbes. aus einem verbraucherschützenden Kontext bekannt, und betreffen hierbei unterschiedlichste Konstellationen, zB außerhalb von Geschäftsräumen geschlossenen Verträge, Fernabsatzverträge, Ratenlieferungsverträge oder Verbraucherdarlehensverträge. Schon an dieser Stelle bemerkenswert erscheint hierbei, dass Krypto-

---

[1] So Maume RDi 2022, 461 Rn. 42.
[2] Erwgr. Nr. 37 MiCAR.

werte und Token dabei häufig von Ausnahmen betroffen sind, die zu einem Ausschluss des Widerrufsrechts führen, insbes. dem § 312g Abs. 2 Nr. 8 BGB.³

Zudem reiht sich Art. 13 in die neuartige Tendenz ein, Anlegern im Zusammenhang mit FinTech-Geschäftsmodellen Widerrufsrechte und ähnliche Loslösungsrechte zu gewähren. So kennt § 2d VermAnlG für die Fällen von §§ 2a–2c VermAnlG und damit insbes. bei Schwarmfinanzierungen iSv § 2a VermAnlG ein Widerrufsrecht. Art. 22 Abs. 2 ECSP-VO gewährt nicht kundigen Anlegern bei einer Anlage in Schwarmfinanzierungsangebote eine vorvertragliche Bedenkzeit, die zwar kein Widerrufsrecht im engeren Sinne darstellt, aber Anlegern dennoch ein Loslösungsrecht an die Hand gibt.⁴

Keine Vergleichbarkeit besteht zwischen Art. 13 und Art. 23 Abs. 3 Prospekt-VO. Letzterer enthält zwar ein Widerrufsrecht, das allerdings auf Fälle begrenzt ist, in denen ein Nachtrag zu einem Angebotsprospekt veröffentlicht wird.⁵ Anlegern, die sich auf Basis des ursprünglichen Prospekts für den Erwerb des Wertpapiers entschieden haben, wird so die Möglichkeit gegeben, ihre Entscheidung auf der Grundlage neuer Informationen zu überdenken. Im Gegensatz dazu enthält Art. 13 keine solche Einschränkung.

II. Anwendungsbereich

1. Persönlicher Anwendungsbereich. Das Widerrufsrecht aus Art. 13 genießen nach dem Wortlaut des Abs. 1 nur Kleinanleger. Darunter fällt gem. Art. 3 Abs. 1 Nr. 37 jede natürliche Person, die zu Zwecken handelt, die außerhalb ihrer gewerblichen, geschäftlichen, handwerklichen oder beruflichen Tätigkeit liegen. Damit entspricht die Definition inhaltlich trotz der abweichenden Bezeichnung als Kleinanleger (englische Sprachfassung: „retail client") dem **Verbraucherbegriff** der Verbraucherrecht-RL⁶ bzw. § 13 BGB, sodass das Widerrufsrecht trotz seines Wortlauts als **materielles Verbraucherschutzrecht** zu qualifizieren ist.⁷ Möglich ist in Zweifelsfällen ein Rückgriff auf die Rechtsprechung und Literatur zum Verbraucherbegriff.⁸

Im Umkehrschluss bedeutet dies, dass Unternehmer unter keinen Umständen das Widerrufsrecht des Art. 13 ausüben können. Juristische Personen sind aufgrund des Wortlauts von vornherein ausgeschlossen. Auch wird der Anwendungsbereich nicht, wie durch § 513 BGB u. a. für das Widerrufsrecht aus § 495 BGB geschehen,⁹ auf Existenzgründer erweitert, selbst wenn diese sich im Zusammenhang mit Geschäften über Kryptowerte unerfahren sind.

---

³ So zB MüKoBGB/Wendehorst § 312g Rn. 49; Kirschbaum/Stepanova BKR 2019, 286 (290); differenzierend zwischen verschiedenen Tokenarten Maume/Maute Kryptowerte-HdB/Maume § 8 Rn. 46 ff.
⁴ Vgl. dazu ausführlicher Rennig BKR 2022, 562 (564).
⁵ Vgl. Ebenroth/Boujong/Joost/Strohn/Groß Prospekt-VO Art. 23 Rn. 24 ff.
⁶ Vgl. Art. 2 Nr. 1 RL 2011/83/EU des Europäischen Parlamentes und des Rates vom 25.10.2011 über die Rechte der Verbraucher, zur Abänderung der Richtlinie 93/13/EWG des Rates und der Richtlinie 1999/44/EG des Europäischen Parlaments und des Rates sowie zur Aufhebung der Richtlinie 85/577/EWG des Rates und der Richtlinie 97/7/EG des Europäischen Parlaments und des Rates.
⁷ Maume RDi 2022, 461 Rn. 42; Izzo-Wagner/Otto/Schultess BKR 2024, 81 (84); vgl. auch Zickgraf BKR 2021, 362 (364); sowie die Aussagen von Möslein im Rahmen des Bankrechtstags 2023, hier zitiert nach Maume BKR 2023, 522 (523).
⁸ Maume RDi 2023, 493 Rn. 14.
⁹ Die Vorschrift hat in der europäischen Verbraucherkredit-RL ohnehin keine Grundlage, vgl. BeckOGK/Haertlein/Schultheiß, (Stand: 1.6.2023), BGB § 513 Rn. 5.

9 **2. Sachlicher Anwendungsbereich.** Das Widerrufsrecht des Art. 13 findet nach dem Wortlaut der Vorschrift sowie nach ihrer systematischen Stellung ausschließlich auf **andere Kryptowerte als vermögenswertreferenzierte Token und E-Geld-Token** Anwendung (vgl. zu den für diese Fälle in Betracht kommenden Widerrufsrechten außerhalb der MiCAR → Rn. 26). Der Erwerb dieser Kryptowerte muss im Rahmen eines öffentlichen Angebots von einem Anbieter oder im Rahmen der Platzierung der Kryptowerte durch einen Anbieter dieser Kryptowerte-Dienstleistung (Art. 3 Abs. 1 Nr. 22) stattgefunden haben, um das Widerrufsrecht zu begründen. Ein Widerrufsrecht besteht, sofern der persönliche Anwendungsbereich eröffnet ist, auch bei Vorliegen einer der **Ausnahmefälle des Art. 4 Abs. 2.**

10 Der in Art. 13 verwendete Begriff des Erwerbs ist **unionsautonom auszulegen,** sodass es entscheidend darauf ankommt, ob eine wie immer geartete Bindung des Kleinanlegers vorliegt, von der er sich durch einen Widerruf lösen könnte.[10] Relevanz hat das vor allem bei einem Erwerb des Kryptowerts mit einem anderen Kryptowert als Gegenleistung, der nach deutschem Recht nicht als Kauf, sondern als Tausch angesehen wird.[11]

11 Aus einem Umkehrschluss zu Abs. 4 folgt zudem, dass für den Erwerb des Kryptowerts auf einer Krypto-Handelsplattform **nach Zulassung des Kryptowerts zum Handel kein Widerrufsrecht** aus Art. 13 besteht. Entsprechendes ergibt sich auch aus Anhang I Teil E Nr. 12, der eine Information über das Kryptowerte-Whitepaper nur für den Fall eines öffentlichen Angebots vorschreibt. Dies ist auch folgerichtig, da ein Widerrufsrecht in diesem Fall dem Kleinanleger – entgegen des in Abs. 4 sowie § 312g Abs. 2 Nr. 8 BGB zum Ausdruck kommenden Grundsatzes – das allgemeine Marktrisiko abnehmen würde und eine Deinvestition zudem erleichtert durch den Verkauf des Kryptowerts auf einer Handelsplattform möglich ist.[12] Zudem umfasst das Widerrufsrecht **nicht die Veräußerung des Kryptowerts** durch den Kleinanleger.[13]

III. Ausübung des Widerrufs und Widerrufsfrist

12 Das Widerrufsrecht kann durch Kleinanleger nach Abs. 1 **ohne Angabe von Gründen** ausgeübt werden. Der Widerruf erfolgt dabei durch Erklärung gegenüber der Person, die Vertragspartner des Kleinanlegers geworden ist. Bei der Widerrufserklärung handelt es sich um eine **einseitige empfangsbedürftige Willenserklärung,** die dem Vertragspartner des Kleinanlegers somit zugehen muss.

13 Die Widerrufsfrist beträgt gem. Abs. 1 UAbs. 2 14 Tage und läuft ab dem Tag der Zustimmung des Kleinanlegers zum Kauf dieser Kryptowerte. Die Fristberechnung richtet sich mangels spezieller Regelungen nach §§ 187 ff. BGB in Deutschland bzw. dem Europäischen Übereinkommen über die Berechnung von Fristen, das der Fristenberechnung in Österreich zugrunde liegt. Das Kryptowerte-Whitepaper muss den Kleinanleger gem. Abs. 3 über das in Abs. 1 genannte Widerrufsrecht informieren; entsprechendes ergibt sich aus Anhang I Teil E Nr. 12.

---

[10] Maume RDi 2023, 493 Rn. 17.
[11] Vgl. dazu Maume RDi 2023, 493 Rn. 18 mwN.
[12] Zickgraf BKR 2021, 362 (364).
[13] Maume RDi 2023, 493 Rn. 20.

Nicht geregelt ist in der MiCAR der trotz Überprüfung durch die zuständige Behörde (Art. 8) denkbare Fall des **Fehlens dieser Information im Kryptowerte-Whitepaper**. Fraglich ist dann, welche Auswirkungen dies insbes. auf den Beginn der Widerrufsfrist hat. Im Kontext anderer verbraucherschützender Widerrufsrechte führt die fehlende oder fehlerhafte Unterrichtung über das Bestehen und/oder die Modalitäten des Widerrufsrechts dazu, dass die Widerrufsfrist nicht zu laufen beginnt (vgl. zB § 356 Abs. 3 S. 1 BGB). Zugleich enthalten diese (meist) Vorgaben dazu, wann ein Widerrufsrecht dann beginnt und welche Höchstfrist gilt: Bspw. beginnt das Widerrufsrecht bei außerhalb von Geschäftsräumen geschlossenen Verträgen und Fernabsatzverträgen gem. § 356 Abs. 3 S. 1, 2 BGB mit der Nachholung der dort genannten Informationen und erlischt spätestens nach zwölf Monaten und 14 Tagen nach dem jeweils für den Einzelfall relevanten Ereignis. Eine ähnliche Regelung enthält die MiCAR nicht. 14

In Betracht kommt hier jedoch eine aufgrund dieser Lücke erforderliche **Rechtsfortbildung**. Eine solche findet allerdings dort Grenzen, wo mehrere primärrechtskonforme Regelungsalternativen bestehen.[14] So liegt der Fall hier zumindest im Hinblick auf die **Höchstfrist**, da diese je nach zugrundeliegendem Sekundärrechtsakt unterschiedlich bemessen ist: Der erwähnte § 356 Abs. 3 S. 1, 2 BGB gibt diese mit zwölf Monaten und 14 Tagen an (vgl. zum Hintergrund dieser Höchstfrist auch Erwgr. 43 VRR-RL), während dem Darlehensnehmer bei einem Allgemein-Verbraucherdarlehensvertrag prinzipiell ein zeitlich unbegrenztes Widerrufsrecht zusteht.[15] Hier scheinen bis auf weiteres die nationalen Gesetzgeber gefragt, eine Vorgabe zu schaffen. Ohne eine solche Vorgabe ist bis auf Weiteres von einem potenziell **ewigen Widerrufsrecht** auszugehen. 15

Bilden lässt sich nach mE aber jedenfalls eine **Gesamtanalogie** zu anderen Rechtsakten, die Verbrauchern ein Widerrufsrecht gewähren und bei denen die Widerrufsfrist in Fällen des Fehlens der jeweils vorgeschriebenen Widerrufsinformation erst durch deren Nachholung beginnt.[16] Im vorliegenden Kontext würde dies bedeuten, dass die Widerrufsfrist erst dann beginnt, wenn das Kryptowerte-Whitepaper iSd Art. 12 geändert wird und veröffentlicht wird. Im bisherigen Schrifttum wird zwar richtigerweise darauf hingewiesen, dass der fehlende Hinweis auf das Widerrufsrecht eine Haftung nach Art. 15 auslösen kann.[17] Allerdings ist insbes. die in Art. 15 Abs. 4 aE enthaltene Beweislastregelung zu beachten, nach der ein Anleger den Nachweis dafür erbringen muss, dass sich die unvollständige Information auf die Entscheidung über den Erwerb des Kryptowerts ausgewirkt hat (vgl. genauer → Art. 15 Rn. 15). Eine erfolgreiche gerichtliche Geltendmachung eines Haftungsanspruchs ist daher mit Unsicherheiten behaftet und erfordert zudem einen höheren zeitlichen Aufwand als die Geltendmachung des Widerrufsrechts, sodass das Widerrufsrecht im Vergleich zu einem Haftungsanspruch – der gleichwohl nicht ausgeschlossen ist – die Interessen der Kleinanleger effizienter schützt. Dies gilt umso mehr, weil das Kryptowerte-Whitepaper für viele Kleinanleger die einzige potenzielle Informationsquelle im Hinblick auf das Bestehen eines solchen Widerrufsrechts darstellt. 16

---

[14] Riesenhuber EurMethodenlehre-HdB/Neuner § 12 Rn. 48 mwN.
[15] MüKoBGB/Fritsche § 356b Rn. 6.
[16] AA Maume RDi 2023, 493 Rn. 26.
[17] Maume RDi 2022, 461 Rn. 48.

IV. Ausschluss des Widerrufrechts

17 **1. Vorherige Zulassung zum Handel (Abs. 4).** Ausgeschlossen ist der Widerruf nach Art. 13 zunächst, wenn die Kryptowerte bereits vor ihrem Kauf durch den Kleinanleger zum Handel zugelassen waren. Diesen Ausschluss begründet der Gesetzgeber damit, dass in diesen Fällen der Preis der betreffenden Kryptowerte von den Schwankungen der Märkte für Kryptowerte abhängig wäre.[18] Vergleichbar ist die Ausnahme damit mit § 312g Abs. 2 Nr. 8 BGB, der ebenfalls Geschäfte mit aleatorischen Elementen von dem verbraucherschützenden Widerrufsrecht ausnimmt.[19] Nicht erforderlich ist damit, dass der Erwerb des Kryptowerts auf einer Handelsplattform stattgefunden hat, sondern nur, dass dieser auf einer solchen gehandelt wurde und damit ein allgemeiner Marktpreis besteht.[20]

18 Zugleich folgt aus der eindeutigen Formulierung, dass das Widerrufsrecht nicht ausgeschlossen ist, wenn der Kleinanleger den Kryptowert noch vor der Zulassung zum Handel erwirbt, die Zulassung dann aber während des Laufs der Widerrufsfrist erfolgt.[21] Dies kann insbes. dann von Bedeutung sein, wenn die Frist – wie hier vertreten (→ Rn. 16) – mangels Information im Kryptowerte-Whitepaper gem. Abs. 3 noch nicht zu laufen begonnen hat.

19 **2. Ausschluss bei befristeten Angeboten (Abs. 5).** Abs. 5 betrifft Angebote, für die der Anbieter gem. Art. 10 eine Frist gesetzt hat. Dann kann das Widerrufsrecht nach Ablauf dieser Frist nicht mehr durch den Kleinanleger ausgeübt werden. Damit hat der Gesetzgeber anscheinend für diese Fälle das Bedürfnis des Anbieters nach Sicherheit hinsichtlich des Angebotserlöses im Vergleich zu der Gewährung einer stets 14-tägigen Bedenkzeit höher gewichtet.[22] Dies ist zu begrüßen, da auch Kleinanlegern durchaus eine dahingehende Eigenverantwortung zugewiesen werden kann, sich innerhalb der Angebotsfrist über dessen Inanspruchnahme final Gedanken zu machen. Faktisch kommt es hierdurch zu einer Verkürzung des Widerrufsrechts, wenn der Erwerb des Kryptowerts innerhalb der letzten zwei Wochen vor Ende der Angebotsfrist erfolgt. Dies wurde in der Literatur auf Grundlage des MiCAR-E kritisiert,[23] durch den Gesetzgeber aber letztlich beibehalten.

V. Rechtsfolgen des Widerrufs

20 **1. Rückerstattung von Zahlungen und etwaigen Gebühren an Kleinanleger.** Gem. Abs. 2 UAbs. 1 werden sämtliche von einem Kleinanleger erhaltene Zahlungen, einschließlich etwaiger Gebühren, unverzüglich und in jedem Fall spätestens 14 Tage nach dem Tag erstattet, an dem der Anbieter oder der Anbieter von Kryptowerte-Dienstleistungen, der Krypto-

---

[18] Erwgr. Nr. 37 MiCAR.
[19] Maume RDi 2022, 461 Rn. 46.
[20] Maume RDi 2022, 461 Rn. 46; so auch für § 312g Abs. 2 Nr. 8 BGB MüKoBGB/Wendehorst § 312g Rn. 41.
[21] Zum gleichen Ergebnis für § 312g Abs. 2 Nr. 8 BGB kommt Maume/Maute Kryptowerte-HdB/Maume § 8 Rn. 53.
[22] Vgl. weiterführend zu den Interessen von Kapitalnehmern und Kapitalgebern bei Crowdfunding-Finanzierungen Möslein/Omlor FinTech-HdB/Möslein/Rennig § 23 Rn. 8 ff.
[23] Zickgraf BKR 2021, 362 (364), der stattdessen eine Verlängerung der Meldepflicht der Emittenten aus Art. 10 Abs. 1 bei gleichzeitigem Verzicht auf Art. 13 Abs. 5 vorgeschlagen hat.

werte für diesen Anbieter platziert, über die Entscheidung des Kleinanlegers, von der Zustimmung zum Kauf dieser Kryptowerte zurückzutreten (gemeint ist hier „widerrufen"), unterrichtet wird. Für den Begriff der Unverzüglichkeit lässt sich trotz unionsautonomer Auslegung der § 121 BGB heranziehen, sodass die Rückzahlung ohne schuldhaftes Zögern erfolgen muss.[24] Fristbeginn ist der Tag, an dem der Widerruf des Kleinanlegers seinem Vertragspartner zugeht. Die Fristberechnung erfolgt auch hier mangels speziellerer Regelung durch die MiCAR nach den §§ 187 ff. BGB in Deutschland bzw. dem Europäischen Übereinkommen über die Berechnung von Fristen, das der Fristenberechnung in Österreich zugrunde liegt, sodass insbes. der Tag des fristauslösenden Ereignisses nicht berücksichtigt wird. Für die Rückzahlung dürfen dem Kleinanleger nach Abs. 2 UAbs. 2 keine Gebühren oder Kosten anfallen.

2. Rückübertragung des Kryptowerts? Abs. 2 UAbs. 1 bezieht sich 21 ausschließlich auf die Rückabwicklung in Bezug auf die Zahlungen des Kleinanlegers. Im Gegensatz zu etwa § 355 Abs. 3 S. 1 BGB wird das Schicksal der Leistungen des Anbieters bzw. des Anbieters der Kryptowerte-Dienstleistungen, der die Kryptowerte platziert hat, die dieser zur Erfüllung des Vertrags über den Erwerb der Kryptowerte erbracht hat nicht angesprochen. Das ist misslich, denn der Erwerb von Kryptowerten weist durchaus Besonderheiten auf, die Gegenstand einer gesetzlichen Regelung sein könnten, wie zB die Weiterübertragung des Kryptowerts innerhalb der Widerrufsfrist oder dessen Verlust durch einen Hackerangriff. In diesen Fällen kämen Wertersatzpflichten des Kleinanlegers in Betracht, wie sie zB § 357a BGB bei außerhalb von Geschäftsräumen geschlossenen Verträgen und Fernabsatzverträgen vorsieht. Da auch hier wesentliche Unterschiede zwischen den einzelnen unionsrechtlich determinierten Widerrufsrechten bestehen und eine Rechtsfortbildung deshalb nicht ohne Weiteres möglich ist (vgl. schon → Rn. 15), richtet sich die Rückabwicklung in Bezug auf den Kryptowert nach dem **Bereicherungsrecht** (§§ 812 ff. BGB), wobei insbes. eine Entreicherung (§ 818 Abs. 3 BGB) in Betracht kommt.

3. Rechtsfolge des Widerrufs bei Daten als „Gegenleistung". Ein 22 weiteres Problem, das sich aufgrund der im Recht der EU inzwischen etablierten Gleichstellung einer Verpflichtung zur Geldzahlung mit der Verpflichtung zur Bereitstellung von personenbezogenen Daten nicht nur im Rahmen der MiCAR (vgl. dazu auch → Art. 4 Rn. 28) stellt, betrifft die „Rückzahlung" in diesen Fällen nach Ausübung des Widerrufsrechts durch den Verbraucher bzw. den Kleinanleger. Anders als Art. 3 Abs. 8 UAbs. 2 Digitale-Inhalte-RL[25] enthält die MiCAR keine Aussage zu einem Vorrang der DS-GVO[26]. Im Zusammenhang mit der Digitale-Inhalte-RL wird bei einem Widerruf solche Verbraucherverträgen mit Daten als „Gegenleistung" angenommen, dass die auf den Widerruf des Vertragsschlusses gerichtete Erklä-

---

[24] So auch Maume RDi 2023, 493 Rn. 35.
[25] RL (EU) 2019/770 des Europäischen Parlaments und des Rates vom 20.5.2019 über bestimmte vertragsrechtliche Aspekte der Bereitstellung digitaler Inhalte und digitaler Dienstleistungen.
[26] VO (EU) 2016/679 des Europäischen Parlaments und des Rates vom 27.4.2016 zum Schutz natürlicher Personen bei der Verarbeitung personenbezogener Daten, zum freien Datenverkehr und zur Aufhebung der Richtlinie 95/46/EG (Datenschutz-Grundverordnung).

rung nach dem objektiven Empfängerhorizont (§§ 133, 157 BGB) zugleich als Widerruf der datenschutzrechtlichen Einwilligung (Art. 7 Abs. 3 S. 1 DS-GVO) ausgelegt werden kann.[27] Nach hier vertretener Ansicht gilt dies auch für das Verhältnis zwischen der Widerrufserklärung nach Art. 13 und einem Widerruf der datenschutzrechtlichen Einwilligung nach Maßgabe der DS-GVO.

VI. Verhältnis zu anderen Widerrufsrechten

23   Innerhalb des Anwendungsbereichs des Art. 13 stellt sich die Frage, wie sich das Verhältnis des Widerrufsrechts für die erfassten anderen Kryptowerte, die keine vermögenswertereferenzierten Token oder E-Geld-Token sind, zu anderen Widerrufsrechten außerhalb der MiCAR gestaltet. Richtigerweise wird darauf hingewiesen, dass der Gesetzgeber zwar davon ausging, dass ein Widerrufsrecht nach der Richtlinie über den Fernabsatz von Finanzdienstleistungen[28] nicht besteht,[29] zu konkurrierenden verbraucherschützenden Widerrufsrechten in der MiCAR jedoch keine Aussage enthalten ist.[30] Aufgrund der Unterschiede, die sich zB im Hinblick auf den Fristbeginn ergeben,[31] kommt diesem Verhältnis durchaus Bedeutung zu. Ein Widerrufsrecht nach § 312g Abs. 1 BGB kommt dabei deshalb in Betracht, weil Verträge über den Erwerb von Kryptowerten regelmäßig Fernabsatzverträge iSd § 312c BGB sind.

24   Für sog. *investment token* bestehen verbraucherschützende Widerrufsrechte nach § 312g BGB regelmäßig schon deshalb nicht, weil die Ausnahme des § 312g Abs. 2 Nr. 8 BGB einschlägig sein wird, vorausgesetzt es findet ein tatsächlicher Handel statt.[32] Dasselbe gilt für *currency token* wie zB Bitcoin, die nicht vermögenswertereferenzierte Token und E-Geld-Token sind: Auch deren Preis wird regelmäßig durch den Handel auf Kryptobörsen bestimmt, wobei es zu erheblichen Kursschwankungen kommen kann.[33] Zusammengefasst lässt sich damit das Ergebnis formulieren, dass Widerrufsrechte nach § 312g BGB ausgeschlossen sind, wenn eine Zulassung zum Handel stattgefunden hat bzw. ein tatsächlicher Handel stattfindet.

25   Im Gegensatz dazu kommt für **Utility-Token** iSd Art. 3 Abs. 1 Nr. 9 ein Widerrufsrecht nach § 312g BGB grds. in Betracht. Die Konkurrenzfrage zu Art. 13 wird sich hier allerdings nur sehr selten stellen, da Utility-Token über bereits bestehende Waren bzw. bereits erbrachte Dienstleistungen vom Anwendungsbereich des Titel II und damit auch von Art. 13 ausgeschlossen sind (Art. 4 Abs. 3 lit. c).[34] In Bezug auf einen Ausschluss nach § 312g Abs. 2 Nr. 8 stellen sich bei Utility-Token schwierige Abgrenzungsfragen im Einzelfall, insbes. bei hybriden Gestaltungen.[35] Zudem ist darauf zu achten, ob

---

[27] Pech MMR 2022, 516 (520).
[28] RL 2002/65/EG des Europäischen Parlaments und des Rates vom 23.9.2002 über den Fernabsatz von Finanzdienstleistungen an Verbraucher und zur Änderung der Richtlinie 90/619/EWG des Rates und der Richtlinien 97/7/EG und 98/27/EG.
[29] Erwgr. Nr. 37 MiCAR.
[30] Maume RDi 2022, 461 Rn. 44.
[31] Vgl. Maume RDi 2022, 461 Rn. 47; Maume/Maute Kryptowerte-HdB/Maume § 8 Rn. 58.
[32] Maume/Maute Kryptowerte-HdB/Maume § 8 Rn. 52.
[33] Maume/Maute Kryptowerte-HdB/Maume § 8 Rn. 53.
[34] Maume RDi 2023, 493 Rn. 42.
[35] Vgl. Maume/Maute Kryptowerte-HdB/Maume § 8 Rn. 54 ff. unter Hinweis auf die Rspr. des BGH.

Pflichten v. Anbietern u. d. Zulassung beantragenden Pers.   **Art. 14 MiCAR**

für den Einzelfall eine andere Ausnahme des § 312g Abs. 2 BGB eingreift, zB wenn sich der Utility-Token auf die Lieferung von alkoholischen Getränken iSd § 312g Abs. 2 Nr. 5 BGB beziehen sollte. Besteht ein Widerrufsrecht, so ist der Erwerber in seiner Eigenschaft als Kleinanleger iSd MiCAR durch das Kryptowerte-Informationsblatt über das Widerrufsrecht nach Art. 13 und als Verbraucher nach Maßgabe des § 312d BGB über das Widerrufsrecht aus § 312g BGB zu informieren. Zudem ist für die Zukunft darauf zu achten, ob der deutsche Gesetzgeber das Widerrufsrecht nach Art. 13 in die Aufzählung des § 312g Abs. 3 BGB aufnehmen wird.

VII. Widerrufsrechte bei vermögenswertereferenzierten Token und E-Geld-Token

Der Erwerb von vermögenswertereferenzierten Token und E-Geld-Token **26** ist von vornherein nicht tauglicher Bezugspunkt für das Widerrufsrecht aus Art. 13, da insofern der sachliche Anwendungsbereich nicht eröffnet ist (→ Rn. 9). Das bedeutet allerdings nicht, dass sich ein Widerrufsrecht nicht aus einer anderen Rechtsquelle ergeben kann, insbes. dem Verbraucherschutzrecht. Zwar besteht für vermögenswertereferenzierte Token und E-Geld-Token jeweils ein Recht der Inhaber zum Rücktausch (Art. 39, Art. 49 Abs. 4) zum Nennwert. Allerdings kann ein Widerruf für den Anleger vorteilhaft sein, wenn zB während des Laufs der Widerrufsfrist der Token durch einen Hackerangriff verloren geht. Zu beachten wäre dann insbes. der § 357a BGB, nach dem ein Verbraucher bei dem Widerruf eines Vertrags über die Bereitstellung von nicht auf einem körperlichen Datenträger befindlichen digitalen Inhalten keinen Wertersatz zu leisten hat. Ob Token im Allgemeinen und vermögenswertereferenzierte Token und E-Geld-Token im Speziellen als digitale Inhalte qualifizieren, ist bislang nicht abschließend geklärt.[36] Denkbar ist zudem, dass die §§ 327 ff. BGB hier von vornherein keinen Einfluss haben können, weil es sich bei dem Vertrag über den Erwerb von vermögenswertereferenzierten Token und E-Geld-Token um einen Vertrag über Finanzdienstleistungen iSd § 327 Abs. 6 Nr. 5 BGB handelt. Nach Erwgr. Nr. 23 DI-RL aE sollen virtuelle Währungen zudem als digitale Darstellungen eines Wertes einzig und allein den Zweck haben, als Zahlungsmethode zu dienen und deshalb nicht selbst als digitaler Inhalt oder digitale Dienstleistung iSd DI-RL angesehen werden.

Artikel 14 Pflichten von Anbietern anderer Kryptowerte als vermögenswertereferenzierter Token oder E-Geld-Token und von Personen, die die Zulassung solcher Kryptowerte zum Handel beantragen

(1) Anbieter von anderen Kryptowerten als vermögenswertereferenzierten Token oder E-Geld-Token und Personen, die die Zulassung solcher Kryptowerte zum Handel beantragen, müssen
a) ehrlich, redlich und professionell handeln,
b) mit den Inhabern und potenziellen Inhabern von Kryptowerten auf redliche, eindeutige und nicht irreführende Weise kommunizieren,

---

[36] Vgl. zu Token allgemein BeckOGK BGB/Fries (Stand: 1.5.2024) § 327 Rn. 8 mwN; Möslein/Ostrovski JZ 2024, 593.

c) mögliche Interessenkonflikte ermitteln, vermeiden, handhaben und offenlegen,
d) ihre Systeme und Protokolle zur Gewährleistung der Zugriffssicherheit entsprechend den einschlägigen Standards der Union pflegen.

Für die Zwecke von Unterabsatz 1 Buchstabe d gibt die ESMA in Zusammenarbeit mit der EBA bis zum 30. Dezember 2024 Leitlinien gemäß Artikel 16 der Verordnung (EU) Nr. 1095/2010 heraus, in denen diese Standards der Union spezifiziert werden.

(2) Anbieter von anderen Kryptowerten als vermögenswertereferenzierten Token oder E-Geld-Token und Personen, die die Zulassung solcher Kryptowerte zum Handel beantragen, handeln im besten Interesse der Inhaber solcher Kryptowerte und behandeln sie gleich, es sei denn, im Kryptowerte-Whitepaper und in den etwaigen Marketingmitteilungen sind eine Vorzugsbehandlung bestimmter Inhaber und die Gründe für diese Vorzugsbehandlung ausgewiesen.

(3) Wird ein öffentliches Angebot eines anderen Kryptowerts als eines vermögenswertereferenzierten Token oder eines E-Geld-Token annulliert, so stellen die Anbieter solcher Kryptowerte sicher, dass alle von Inhabern oder potenziellen Inhabern gesammelten Geldbeträge diesen spätestens 25 Kalendertage nach dem Tag der Annullierung ordnungsgemäß zurückerstattet werden.

Übersicht

	Rn.
I. Einführung	1
1. Literatur	1
2. Entstehung und Zweck der Norm	2
3. Normativer Kontext	3
II. Allgemeine Verhaltenspflichten (Abs. 1)	4
1. Ehrliches, redliches und professionelles Handeln (lit. a)	5
2. Redliche, eindeutige und nicht irreführende Kommunikation (lit. b)	8
3. Ermittlung, Vermeidung, Handhabung und Offenlegung von Interessenkonflikten (lit. c)	9
4. Pflege von Systemen und Protokollen (lit. d)	12
III. Grundsätzliche Pflicht zur Gleichbehandlung (Abs. 2)	13
IV. Erstattung bei Annullierung des öffentlichen Angebots (Abs. 3)	14
V. Rechtsfolge des Verstoßes gegen die Pflichten aus Art. 14	16
1. Einfluss auf vertragliches Pflichtenprogramm?	16
2. Verwaltungsrechtliche Sanktionen	18

I. Einführung

1. Literatur. Assmann/Schneider/Mülbert (Hrsg.), Wertpapierhandelsrecht, 8. Aufl. 2023; Beck'scher Online-Kommentar zum Wertpapierhandelsrecht; *Maume*, Die Verordnung über Märkte für Kryptowerte (MiCAR) – Zentrale Definitionen sowie Rechte und Pflichten beim öffentlichen Angebot von Kryptowerten, RDi 2022, 461; *Möslein/Rennig*, Anleger- und Verbraucherschutz bei Crowdfunding-Finanzierungen, in: Möslein/Omlor (Hrsg.), FinTech-Handbuch, 3. Aufl. 2023, § 23; Schwark/Zimmer (Hrsg.),

Kapitalmarktrechts-Kommentar, 5. Aufl. 2020; *Zickgraf,* Primärmarktpublizität in der Verordnung über die Märkte für Kryptowerte (MiCAR) – Teil 2, BKR 2021, 362.

2. Entstehung und Zweck der Norm. Bereits Art. 13 MiCAR-E enthielt die nunmehr in Art. 14 festgelegten Pflichten, knüpfte dabei jedoch noch an den Emittenten als Pflichtadressaten an. Aufgrund des zwischenzeitlichen Wechsels des Anknüpfungspunkts der Pflichten der MiCAR (vgl. → Art. 4 Rn. 5) sind nunmehr Anbieter anderer Kryptowerte als vermögenswertereferenzierte Token oder E-Geld-Token sowie Personen, die die Zulassung solcher Kryptowerte zum Handel beantragen, die Adressaten der Pflichten aus Art. 14. Erläuterungen zu Art. 14 finden sich in Erwgr. Nr. 38, wobei die Ausführungen hier kaum über den eigentlichen Wortlaut der Vorschrift hinausgehen. 2

3. Normativer Kontext. Art. 14 enthält Pflichten, die Finanzintermediären in einem kapitalmarktrechtlichen Kontext üblicherweise auferlegt werden.[1] So finden sich Vorbilder insbes. für Abs. 1 lit. a, b, c in Art. 23, 24 Abs. 1, 3 MiFID II. Umgesetzt wurden die MiFID II-Vorgaben durch § 63 Abs. 1, 2 WpHG bzw. §§ 45, 46, 47 Abs. 1 WAG. Konkretisiert werden diese Pflichten noch durch die DelVO (EU) 2017/565.[2] Im Vergleich zu Art. 14 sind die bereits aus dem Kontext der MiFID II bekannten Pflichten durch die Umsetzung in nationales Recht sowie die Konkretisierung auf europäischer Ebene deutlich detaillierter geregelt. Es bietet sich aufgrund der offensichtlichen Anlehnung der MiCAR an die MiFID II an, die hierzu herausgearbeiteten Grundsätze zumindest im Ausgangspunkt als **Grundlage für die praktische Anwendung des Art. 14** zu nutzen. Dabei ist allerdings zu berücksichtigen, dass zwischen Anbietern von Kryptowerten bzw. Personen, die deren Zulassung zum Handel beantragen, und Anlegern kein vergleichbares vertragliches Näheverhältnis besteht wie zwischen Wertpapierdienstleistungsunternehmen und ihren Kunden.[3] 3

II. Allgemeine Verhaltenspflichten (Abs. 1)

Durch die Festlegung allgemeiner Verhaltenspflichten in Art. 14 erhalten diese den Charakter öffentlich-rechtlicher Pflichten, deren Einhaltung durch die zuständige Aufsichtsbehörde kontrolliert werden kann.[4] Vgl. zur Frage, inwieweit die Pflichten des Abs. 1 das (vor-)vertragliche Pflichtenprogramm von Anbietern bzw. Personen, die die Zulassung beantragen, beeinflusst noch unter → Rn. 16 f. 4

1. Ehrliches, redliches und professionelles Handeln (lit. a). Die Pflicht zu ehrlichem, redlichem und professionellem Handeln wird für Wertpapierdienstleistungsunternehmen in § 63 Abs. 1 WpHG bzw. § 47 Abs. 1 WAG statuiert. Es handelt sich bei den verwendeten Begrifflichkeiten – 5

---
[1] Maume RDi 2022, 461 Rn. 39.
[2] DelVO (EU) 2017/565 der Kommission vom 25.4.2016 zur Ergänzung der Richtlinie 2014/65/EU des Europäischen Parlaments und des Rates in Bezug auf die organisatorischen Anforderungen an Wertpapierfirmen und die Bedingungen für die Ausübung ihrer Tätigkeit sowie in Bezug auf die Definition bestimmter Begriffe für die Zwecke der genannten Richtlinie.
[3] Maume RDi 2022, 461 Rn. 41, vgl. dazu auch noch unten im Zusammenhang mit einer Ausstrahlungswirkung des Art. 14 auf das Zivilrecht, → Rn. 16 f.
[4] So auch für § 63 WpHG Schwark/Zimmer/Rothenhöfer WpHG § 63 Rn. 8.

ehrlich, redlich und professionell – um **unbestimmte Rechtsbegriffe**, die einer Konkretisierung bedürfen.[5] Die Pflicht besteht sowohl gegenüber **Inhabern** als auch gegenüber **potenziellen Inhabern** von Kryptowerten. Im Unterschied dazu verlangt die MiCAR an dieser Stelle (noch) nicht, dass die Anbieter bzw. Personen, die die Zulassung zum Handel beantragen, im bestmöglichen Interesse ihrer Kunden handeln (vgl. dazu aber → Rn. 13). Dies ist folgerichtig, da Wertpapierdienstleistungsunternehmen zwar eigene Interessen verfolgen, im Vergleich zu Anbietern von Kryptowerten bzw. Personen, die die Zulassung zum Handel beantragen, noch stärker zur Wahrnehmung von Kundeninteressen verpflichtet sind.

6 Aufgrund des Auftretens unseriöser Teilnehmer auf Märkten für Kryptowerte[6] kommt der Pflicht zu **ehrlichem** und **redlichem Handeln** besondere Bedeutung zu. Ehrlich bedeutet im Kontext der durch die MiFID II determinierten Vorschriften, dass Kunden nicht bewusst irregeführt werden dürfen.[7] Insbes. die Begehung von **Vermögensstraftaten** wird als mit dieser Pflicht unvereinbar angesehen.[8] Redliches Handeln liegt vor, wenn angemessene Mittel zur Verfolgung eigener Interessen eingesetzt werden.[9] Dabei wird das Handeln des Wertpapierdienstleistungsunternehmens im Anwendungsbereich des WpHG einer moralischen Bewertung unterzogen, wobei als Leitbild der ordentliche Kaufmann herangezogen werden kann, der sein Handeln nicht lediglich am Gewinnstreben, sondern auch von ethischen Motiven leiten lässt.[10] Diese Anforderungen an das Handeln von Anbietern von Kryptowerten bzw. Personen, die die Zulassung zum Handel beantragen, dürften hier aufgrund der dargestellten Unterschiede im Verhältnis zu den Anlegern etwas weniger streng auszulegen sein. Auch für die Pflicht aus § 63 Abs. 1 WpHG wird betont, dass das Wertpapierdienstleistungsunternehmen seine Interessen nicht gänzlich zurücktreten lassen muss.[11] Entsprechendes gilt für die MiCAR, da gerade die Anbieter ein schutzwürdiges Interesse haben, die Kryptowerte zu veräußern.

7 Professionelles Handeln erfordert, dass ausreichende Sachkompetenz vorhanden ist und die verkehrserforderliche Sorgfalt gewahrt wird.[12] Dies erfordert zunächst eine allgemeine Sachkompetenz, im Kontext des Angebots von Kryptowerten bzw. der Beantragung einer Zulassung zum Handel aber vor allem **Kenntnisse im Hinblick auf den in Frage stehenden konkreten Kryptowert,** dessen Funktionsweise, technische Grundlagen sowie potenzielle Risiken. Fehlen diese Kenntnisse, besteht eine Pflicht zur Informationsbeschaffung.[13] Durch den Anbieter bzw. die Person, die die Zulassung zum Handel beantragt, muss sichergestellt sein, dass Mitarbeiter ebenfalls über

---

[5] Vgl. für § 63 Abs. 1 WpHG Schwark/Zimmer/Rothenhöfer WpHG § 63 Rn. 8 mwN.
[6] Zickgraf BKR 2021, 362 (364) mwN.
[7] Assmann/Schneider/Mülbert/Beule WpHG § 63 Rn. 16.
[8] Schwark/Zimmer/Rothenhöfer WpHG § 63 Rn. 11.
[9] Assmann/Schneider/Mülbert/Beule WpHG § 63 Rn. 17.
[10] Schwark/Zimmer/Rothenhöfer WpHG § 63 Rn. 10.
[11] Assmann/Schneider/Mülbert/Beule WpHG § 63 Rn. 17.
[12] Assmann/Schneider/Mülbert/Beule WpHG § 63 Rn. 18; vgl. detailliert zum Erfordernis professionellen Handelns im Kontext des § 63 WpHG Schwark/Zimmer/Rothenhöfer WpHG § 63 Rn. 14 ff.
[13] Vgl. im Kontext des § 63 WpHG Schwark/Zimmer/Rothenhöfer WpHG § 63 Rn. 19.

ausreichende Sachkompetenz verfügen, insbes. durch die regelmäßige Kontrolle der Sachkunde sowie entsprechende Schulungen.[14]

2. Redliche, eindeutige und nicht irreführende Kommunikation (lit. b). Die Pflicht zu einer redlichen, eindeutigen und nicht irreführenden Kommunikation statuieren bereits Art. 6 Abs. 2 für Kryptowerte-Whitepaper (→ Art. 6 Rn. 7) sowie Art. 7 Abs. 1 UAbs. 1 lit. b für Marketingmitteilungen (→ Art. 7 Rn. 12), die gegenüber der Pflicht aus Art. 14 insofern spezieller sind. Die Pflicht aus Art. 14 betrifft dementsprechend die sonstige Kommunikation zwischen Anbietern bzw. Personen, die die Zulassung zum Markt beantragen, und Anlegern. Einfluss nimmt hier wiederum das **Leitbild des „verständigen Anlegers"**, nach dem insbes. zu beurteilen ist, ob die Kommunikation eindeutig und nicht irreführend ist. 8

3. Ermittlung, Vermeidung, Handhabung und Offenlegung von Interessenkonflikten (lit. c). Der Pflicht zur Ermittlung, Vermeidung, Handhabung – vorgeschlagen wurde stattdessen zur Vermeidung von Unklarheiten die Formulierung „Abstellen"[15] – und Offenlegung von Interessenkonflikten dient Art. 23 MiFID II als Vorbild, wobei diese im Vergleich zu Abs. 1 UAbs. 1 lit. c stärker konkretisiert ist. Zudem enthalten Art. 33, 34 DelVO (EU) 2017/565 Konstellationen, in denen von einem Interessenkonflikt zumindest ausgegangen werden muss sowie weitergehende Grundsätze für den Umgang mit solchen. Das noch im WpHG angelegte **zweistufige System** mit **organisationsbezogenen** Pflichten zur Erkennung, Vermeidung oder Regelung von Interessenkonflikten (§ 80 Abs. 1 S. 1 Nr. 2 WpHG) und **verhaltensbezogenen** Pflichten zur Offenlegung von Interessenkonflikten (§ 63 Abs. 2 WpHG) überführt die MiCAR in Abs. 1 UAbs. 1 lit. c in eine Vorgabe. Da die MiCAR sich hier dennoch offensichtlich an der MiFID II orientiert, dürfte die **Beachtung der für die MiFID II entwickelten Grundsätze für Anbieter von Kryptowerten bzw. Personen, die die Zulassung zum Handel beantragen, jedenfalls ausreichen,** um der Pflicht aus Abs. 1 UAbs. 1 lit. c Genüge zu tun. Dies gilt umso mehr, als dass für die Pflichten im Zusammenhang mit Interessenkonflikten – anders als für die Pflege von Systemen und Protokollen – keine weitere Konkretisierung zu erwarten ist. 9

Zu den zu beachtenden Grundsätzen gehören für Wertpapierdienstleistungsunternehmen insbes.: 10

- Schriftliche Festlegung und dauerhafte Umsetzung wirksamer, der Größe und Organisation der jeweiligen Firma sowie der Art, des Umfangs und der Komplexität ihrer Geschäfte angemessener Grundsätze für den Umgang mit Interessenkonflikten (Art. 34 Abs. 1 DelVO (EU) 2017/565) unter Beachtung der inhaltlichen Vorgaben des Art. 34 Abs. 2 DelVO (EU) 2017/565,
- die Gestaltung von Verfahren und Maßnahmen, die bewirken, dass relevante Personen, die mit Tätigkeiten befasst sind, bei denen ein Interessenkonflikt besteht, diese Tätigkeiten mit einem Grad an Unabhängigkeit ausführen, der der Größe und dem Betätigungsfeld der Wertpapierfirma und der Gruppe, der diese angehört, sowie der Höhe des Risikos, dass die Interessen

---

[14] Vgl. im Kontext des § 63 WpHG Schwark/Zimmer/Rothenhöfer WpHG § 63 Rn. 20.
[15] Zickgraf BKR 2021, 362 (364).

von Kunden geschädigt werden, angemessen ist (Art. 34 Abs. 3 DelVO (EU) 2017/565), und
- regelmäßige, mindestens jährliche Beurteilungen und Prüfungen der Grundsätze für den Umgang mit Interessenkonflikten (Art. 34 Abs. 3 DelVO (EU) 2017/565).

11 Die ebenfalls in Abs. 1 UAbs. 1 lit. c vorgeschriebene **Offenlegung** von Interessenkonflikten gegenüber Kunden bzw. Anlegern kommt nach Art. 34 Abs. 3 DelVO (EU) 2017/565 nur als *ultima ratio* für solche Interessenkonflikte in Betracht, die nicht durch die dargestellten organisatorischen Vorkehrungen vermieden werden können.[16] Vorrangig sind Interessenkonflikte also abzustellen. Anforderungen an Inhalt, Umfang, Art und Zeitpunkt der Offenlegung enthalten § 63 Abs. 2 S. 2 WpHG sowie Art. 34 Abs. 4 DelVO (EU) 2017/565.[17]

12 **4. Pflege von Systemen und Protokollen (lit. d).** Abs. 1 UAbs. 1 lit. d enthält die Pflicht für Anbieter und Personen, die die Zulassung zum Handel beantragen, ihre Systeme und Protokolle zur Gewährleistung der Zugriffssicherheit entsprechend den einschlägigen Standards der Union zu pflegen. Vor diesem Hintergrund ist zu beachten, dass die Pflichtadressaten nicht durch den in Art. 2 Abs. 1 DORA[18] umrissenen Geltungsbereich dieser Verordnung über die digitale operationale Resilienz im Finanzsektor umfasst sind. Nach Abs. 1 UAbs. 2 gibt die ESMA in Zusammenarbeit mit der EBA bis zum 30.12.2024 Leitlinien heraus, in denen diese Standards weiter spezifiziert werden. Derzeit liegen die Leitlinien in Entwurfsfassungen vor, die durch die ESMA zum Zwecke der Konsulation herausgegeben wurden.[19]

III. Grundsätzliche Pflicht zur Gleichbehandlung (Abs. 2)

13 Abs. 2 verpflichtet Anbieter von anderen Kryptowerten als vermögenswertereferenzierten Token und E-Geld-Token und Personen, die die Zulassung solcher Kryptowerte zum Handel beantragen, im besten Interesse der Inhaber solcher Kryptowerte zu handeln und diese gleich zu behandeln, es sei denn, im Kryptowerte-Whitepaper und in den etwaigen Marketingmitteilungen sind eine Vorzugsbehandlung bestimmter Inhaber und die Gründe für diese Vorzugsbehandlung ausgewiesen. Die Vorschrift wurde im Lichte häufig anzutreffender Frühzeichnerrabatte als praxisrelevant angesehen, da sie potenziellen Anlegern eine realistische Einschätzung der Erfolgsaussichten der Transaktion und ihrer wirtschaftlichen Beteiligung am Projekt ermöglicht.[20] Auffällig ist dabei aber, dass die Pflicht ausweislich des Wortlauts und anders als Abs. 1 UAbs. 1 lit. b ausschließlich gegenüber **Inhabern, nicht aber gegenüber potenziellen Inhabern von Kryptowerten** besteht. Um der Vorschrift zu praktischer Wirksamkeit zu verhelfen, wird man an dieser Stelle

---

[16] Vgl. auch Schwark/Zimmer/Rothenhöfer WpHG § 63 Rn. 56.
[17] Vgl. dazu Schwark/Zimmer/Rothenhöfer WpHG § 63 Rn. 58 ff.
[18] VO (EU) 2022/2554 des Europäischen Parlaments und des Rates vom 14.12.2022 über die digitale operationale Resilienz im Finanzsektor und zur Änderung der Verordnungen (EG) Nr. 1060/2009, (EU) Nr. 648/2012, (EU) Nr. 600/2014, (EU) Nr. 909/2014 und (EU) 2016/1011.
[19] ESMA, Draft technical standards and guidelines specifying certain requirements of the Markets in Crypto Assets Regulation (MiCA) on detection and – third consultation paper, 25.3.2024, Ziff. 7.2.4, abrufbar unter: https://beck-link.de/5hx53 (letzter Abruf: 29.8.2024).
[20] Zickgraf BKR 2021, 362 (365).

aber wohl von einem **Redaktionsversehen** ausgehen müssen, da die Pflicht zur Gleichbehandlung – wie der Bezug zu Frühzeichnerrabatten zeigt – insbes. im **vorvertraglichen Stadium** Sinn ergibt. Die Pflicht aus Abs. 2 sollte sich daher über den Wortlaut hinaus auch auf potenzielle Inhaber beziehen.

IV. Erstattung bei Annullierung des öffentlichen Angebots (Abs. 3)

Abs. 3 verpflichtet die Anbieter von Kryptowerten bei der Annullierung eines öffentlichen Angebots, alle von Inhabern oder potenziellen Inhabern gesammelten Geldbeträge spätestens 25 Kalendertage nach dem Tag der Annullierung ordnungsgemäß zurückzuerstatten. Zu beachten ist, dass hier nicht – wie zB in Art. 9 Abs. 5 oder Art. 10 Abs. 1 – Arbeitstage, sondern **Kalendertage** für die Berechnung der Rückerstattungsfrist zugrunde zu legen sind. Ordnungsgemäß ist die Rückerstattung dann, wenn sie auf demselben Wege erfolgt wie die ursprüngliche Zahlung des Geldbetrags durch den Anleger. Durch den Wortlaut nicht ausdrücklich erfasst, aber dennoch von der Vorschrift als umfasst anzusehen, ist die Rückübertragung von **anderen Kryptowerten,** die Anleger – wie dies in Art. 10 Abs. 3 ausdrücklich angedacht ist – zum Zwecke des Erwerbs des Kryptowerts übertragen haben, für den das Angebot annulliert wurde. 14

In dieselbe Kerbe wie die Diskussion über eine Ausstrahlungswirkung kapitalmarktrechtlicher Pflichten auf das Zivilrecht (vgl. dazu sogleich unter → Rn. 16 f.) schlägt die Frage, ob Abs. 3 die Rechtsnatur einer zivilrechtlichen **Anspruchsgrundlage** aufweist oder es sich hierbei um eine andere Anspruchsgrundlagen (zB § 812 BGB) konkretisierende Regelung handelt. Hier dürfte allerdings keine andere Antwort zu formulieren sein als in → Rn. 16 f., sodass es sich bei Abs. 3 bis auf Weiteres um eine öffentlich-rechtliche Pflicht handeln dürfte. 15

V. Rechtsfolge des Verstoßes gegen die Pflichten aus Art. 14

1. Einfluss auf vertragliches Pflichtenprogramm? Eine eigene zivilrechtliche Haftungsvorschrift für den Fall eines Verstoßes gegen die Pflichten aus Art. 14 enthält die MiCAR nicht und es besteht mangels entsprechender Anordnung auch keine Pflicht der Mitgliedstaaten, eine entsprechende Haftungsnorm zu schaffen.[21] Deshalb stellt sich die im Zusammenhang mit kapitalmarktrechtlich determinierten und damit der öffentlich-rechtlichen Säule angehörenden Pflichten klassische Frage, ob diese geeignet sind, auch das (vor-)vertragliche Pflichtenprogramm zu beeinflussen. Dadurch wären bei Verstößen insbes. vertragliche Schadensersatzansprüche der Anleger denkbar, was diesen ein *private enforcement* der MiCAR-Pflichten ermöglichen würde. Zu den Verhaltenspflichten der MiFID II hat sich zu deren Auswirkungen auf vertragliche Pflichten der Wertpapierdienstleistungsunternehmen in Literatur und Rechtsprechung ein vielfältiges Meinungsspektrum entwickelt.[22] Für die Praxis maßgeblich ist ein Urteil des BGH aus dem Jahr 2014: Dort hat der XI. Zivilsenat entschieden, dass sich das deutsche Aufsichtssystem 16

---

[21] Maume RDi 2022, 461 Rn. 40.
[22] Vgl. dazu statt vieler den Überblick bei BeckOK WpHR/Poelzig (Stand: 1.6.2023) WpHG § 63 Rn. 222 ff. mwN.

17 Für die Pflichten aus Abs. 1 führt dies zu schwierigen Abgrenzungsproblemen. Denn einerseits sind gerade die Pflichten zu einem ehrlichen, redlichen und professionellen Verhalten eindeutig der MiFID II entlehnt, die gerade ein Grundpfeiler des flächendeckenden Transparenzgebots sind. Andererseits hat die MiCAR mit Märkten über Kryptowerte neuartige Erscheinungsformen von Instrumenten und Märkten zum Gegenstand, für die sich weder eine gefestigte aufsichtsrechtliche Normierung noch eine flächendeckende Verbreitung dieser Verhaltenspflichten in der Praxis herausbilden konnte.[24] Weiterhin wurde in der Literatur zu bedenken gegeben, dass bei der Tokenemission bzw. einem Angebot kein der Anlageberatung- bzw. -vermittlung vergleichbares besonderes vertragliches Näheverhältnis besteht.[25] Zudem erfolgt für die MiCAR als Verordnung gerade keine Umsetzung in deutsches Recht. Auf Grundlage der BGH-Rechtsprechung erscheint es deshalb jedenfalls **zweifelhaft, ob Anleger die in der MiCAR enthaltenen Pflichten selbst geltend machen können.**[26]

Der Text vor diesem Absatz lautet:

inzwischen zu einem nahezu flächendeckenden Transparenzgebot verdichtet habe und Anleger die Einhaltung dieses allgemeinen Rechtprinzips erwarten dürften, sodass der Inhalt des Aufsichtsrechts im Wege der ergänzenden Vertragsauslegung zu berücksichtigen sei.[23]

18 **2. Verwaltungsrechtliche Sanktionen.** Der Verstoß gegen die Pflichten aus Art. 14 stellt einen Verstoß gegen die Pflichten aus der MiCAR iSd Art. 94 dar. Dies berechtigt die zuständigen Behörden, im Wege des *public enforcements* zB das öffentliche Angebot oder die Zulassung von Kryptowerten zu untersagen, Marketingmitteilungen auszusetzen oder zu verbieten oder den Handel mit Kryptowerten auf einer Handelsplattform zu untersagen.

Artikel 15 Haftung für die in einem Kryptowerte-Whitepaper enthaltenen Informationen

(1) Hat ein Anbieter, eine Person, die die Zulassung zum Handel beantragt, oder der Betreiber einer Handelsplattform in einem Kryptowerte-Whitepaper oder einem geänderten Kryptowerte-Whitepaper unvollständige, unredliche, unverständliche oder irreführende Informationen zur Verfügung gestellt und damit gegen Artikel 6 verstoßen, so sind der Anbieter, die Person, die die Zulassung zum Handel beantragt, oder der Betreiber einer Handelsplattform und die Mitglieder ihres Verwaltungs-, Leitungs- oder Aufsichtsorgans gegenüber dem Inhaber des Kryptowerts für aufgrund dieses Verstoßes erlittene Schäden haftbar.

(2) Ein vertraglicher Ausschluss oder eine vertragliche Beschränkung der zivilrechtlichen Haftung gemäß Absatz 1 hat keine Rechtswirkung.

(3) Werden das Kryptowerte-Whitepaper und die Marketingmitteilungen vom Betreiber der Handelsplattform gemäß Artikel 5 Absatz 3 erstellt, so ist die Person, die die Zulassung zum Handel beantragt, auch verantwortlich, wenn sie dem Betreiber der Handelsplattform unvollstän-

---

[23] BGHZ 201, 310 Rn. 19 ff.; vgl. zur Kritik an dieser Entscheidung BeckOK WpHR/Poelzig WpHG § 63 Rn. 228.1 mwN.
[24] Vgl. zu ähnlichen Erwägungen im Zusammenhang mit den anlegerschützenden Vorschriften der ECSP-VO Möslein/Omlor FinTech-HdB/Möslein/Rennig § 23 Rn. 47.
[25] Maume RDi 2022, 461 Rn. 41.
[26] So im Ergebnis auch Maume RDi 2022, 461 Rn. 40.

dige, unredliche, unverständliche oder irreführende Informationen zur Verfügung stellt.

(4) Es obliegt dem Inhaber des Kryptowerts, den Nachweis dafür zu erbringen, dass der Anbieter von anderen Kryptowerten als vermögenswertereferenzierten Token oder E-Geld-Token, die Person, die die Zulassung zum Handel von Kryptowerten beantragt, oder der Betreiber der Handelsplattform für solche Kryptowerte gegen Artikel 6 verstoßen hat, indem er bzw. sie unvollständige, unredliche, unverständliche oder irreführende Informationen zur Verfügung gestellt hat und dass sich das Verlassen auf diese Informationen auf die Entscheidung des Inhabers, diesen Kryptowert zu kaufen, zu verkaufen oder zu tauschen, ausgewirkt hat.

(5) Der Anbieter, die Person, die die Zulassung zum Handel beantragt, oder der Betreiber der Handelsplattform und die Mitglieder ihres Verwaltungs-, Leitungs- oder Aufsichtsorgans haften einem Inhaber eines Kryptowerts nicht für Verluste, die durch den Verlass auf Informationen entstehen, die in einer Zusammenfassung gemäß Artikel 6 Absatz 7, einschließlich deren Übersetzung, zur Verfügung gestellt werden, es sei denn, die Zusammenfassung

a) ist, wenn sie zusammen mit den anderen Teilen des Kryptowerte-Whitepapers gelesen wird, irreführend, unrichtig oder widersprüchlich oder

b) enthält, wenn sie zusammen mit den anderen Teilen des Kryptowerte-Whitepapers gelesen wird, nicht die wesentlichen Informationen, die potenziellen Inhabern von des Kryptowerts bei der Entscheidung über den Kauf solcher Kryptowerte helfen sollen.

(6) Dieser Artikel lässt jede sonstige zivilrechtliche Haftung gemäß dem nationalen Recht unberührt.

Übersicht

	Rn.
I. Einführung	1
1. Literatur	1
2. Entstehung und Zweck der Norm	2
3. Normativer Kontext	5
II. Art. 15 als unmittelbare unionsrechtliche Anspruchsgrundlage	7
III. Anspruchsinhaber und Haftungsadressaten	8
1. Anspruchsinhaber	8
2. Haftungsadressaten	9
IV. Haftungsvoraussetzungen und Beweislastfragen	12
1. Informationspflichtverletzung	12
2. Haftungsbegründende Kausalität	15
3. Verschuldensmaßstab	18
V. Inhalt des Anspruchs und Verjährung	21
VI. Kein vertraglicher Ausschluss bzw. keine vertragliche Beschränkung	23
VII. Haftung für Zusammenfassung des Kryptowerte-Whitepapers	24
VIII. Weitergehende zivilrechtliche Ansprüche	25
IX. Bestehen von Haftungslücken?	26

	Rn.
1. Haftung bei Fehlen eines Kryptowerte-Whitepapers?	26
2. Haftung bei fehlerhaften Marketingmitteilungen	27
X. Prozessuales	28

I. Einführung

1 **1. Literatur.** Beck'scher Online-Großkommentar zum Bürgerlichen Gesetzbuch; Beck'scher Online-Großkommentar zum Produkthaftungsgesetz; Beck'scher Online-Kommentar zum Wertpapierhandelsrecht; *Buck-Heeb,* Whitepaper-Haftung nach MiCAR, BKR 2023, 689; Busch/Lehmann, Uniform Prospectus Liability Rules for Europe, JETL 2023, 113; Habersack/Mülbert/Schlitt (Hrsg.), Handbuch der Kapitalmarktinformation, 3. Aufl. 2020; *Maume,* Die Verordnung über Märkte für Kryptowerte (MiCAR) – Zentrale Definitionen sowie Rechte und Pflichten beim öffentlichen Angebot von Kryptowerten, RDi 2022, 461; *Möslein/Rennig,* Das Finanzmarktdigitalisierungsgesetz (FinmadiG) im europäischen Kontext, RDi 2024, 145; *Omlor,* Publizität auf Kryptomärkten – MiCAR-Prospektrecht für Zahlungstoken, ZDiW 2023, 131; *Rennig,* Finanztechnologische Innovationen im Bankaufsichtsrecht, 2022; Schwark/Zimmer (Hrsg.), Kapitalmarktrechts-Kommentar, 5. Aufl. 2020; *Zickgraf,* Primärmarktpublizität in der Verordnung über die Märkte für Kryptowerte (MiCAR) – Teil 2, BKR 2021, 362.

2 **2. Entstehung und Zweck der Norm.** Der Verordnungsvorschlag der MiCAR (MiCAR-E) sah bereits in Art. 14 MiCAR-E eine Haftung der Emittenten von anderen Kryptowerten als wertreferenzierten Token oder E-Geld-Token für die in einem Kryptowert-Whitepaper enthaltenen Informationen vor. Als Haftungsadressat war dort noch der Emittent der Kryptowerte genannt. Der zwischenzeitliche Wechsel der Pflichtadressaten der Art. 4 ff. (→ Art. 4 Rn. 5) hat in dieser Hinsicht eine Anpassung erforderlich gemacht, sowohl hinsichtlich der Haftungsadressaten als auch durch Ergänzung des Abs. 3. Ansonsten sind im Vergleich zur Entwurfsfassung nur wenige Änderungen festzustellen, was aufgrund der an der Haftungsvorschrift im Entwurfsstadium geäußerten Kritik überrascht.

3 Der Haftungsvorschrift kommt gerade für die angestrebte Innovationsförderung[1] eine erhebliche Bedeutung zu, da die Ausgestaltung der Haftung geeignet ist, Einfluss auf die Innovationsbereitschaft der Marktteilnehmer zu nehmen.[2] Relevanz hat dabei zB der Verschuldensmaßstab (Gefährdungshaftung oder Verschuldensprinzip), daneben aber auch die Frage, ob die Haftungsvorschrift für die Praxis rechtssicher zur Anwendung gebracht werden kann. Vor diesem Hintergrund ist die Vorschrift trotz guter Ansätze nach mE insgesamt **misslungen,** zB wegen der Beweislastregelung des Abs. 4 (→ Rn. 14 f.) und Unklarheiten hinsichtlich des Verschuldensmaßstabs (→ Rn. 18 ff.). Noch im Entwurfsstadium geäußerte Kritik an einzelnen Aspekten der Haftung hat der Gesetzgeber nicht aufgegriffen.

4 Zweck der Norm ist der „weitere Schutz der Inhaber von Kryptowerten".[3] Weitere der Haftungsvorschrift zugrundeliegende Erwägungen werden nicht

---

[1] Erwgr. Nr. 6 MiCAR.
[2] Vgl. ausführlicher hierzu Rennig, Finanztechnologische Innovationen im Bankaufsichtsrecht, S. 46 mwN.
[3] Erwgr. Nr. 39 MiCAR.

dargelegt. Naturgemäß stellen flankierende Haftungsvorschriften nach der Vorstellung des Gesetzgebers ein wichtiges Instrument dar, um die Wirksamkeit der Informationsvorschriften – hier insbes. Art. 6 – zu sichern.

3. Normativer Kontext. Art. 15 statuiert für Kryptowerte-Whitepaper eine **spezialgesetzliche Prospekthaftung**[4] und ist damit vergleichbar mit §§ 9 f., 14 WpPG, §§ 20 f. VermAnlG, §§ 32c, 32d WpHG und § 306 KAGB. Daneben ordnen auch Art. 11 PRIIP-VO sowie Art. 31 PEPP-VO eine Haftung für fehlerhafte Kapitalmarktinformation an.

Innerhalb der MiCAR selbst finden sich im Wesentlichen inhaltsgleiche Vorschriften in Art. 26 für vermögenswertereferenzierte Token und Art. 52 für E-Geld-Token. Unterschiede bestehen hier im Hinblick auf den Kreis potenzieller Haftungsadressaten, da zumindest im Grundsatz nur bei anderen Kryptowerten als vermögenswertereferenzierten Token und E-Geld-Token eine Personenverschiedenheit zwischen Emittenten und den Personen, die das Kryptowerte-Whitepaper erstellen, bestehen kann.

II. Art. 15 als unmittelbare unionsrechtliche Anspruchsgrundlage

Die MiCAR enthält für den europäischen Rechtskreis – soweit ersichtlich – erstmals eine unmittelbar im Unionsrecht verankerte Haftungsvorschrift für Informationen aus kapitalmarktrechtlichen Offenlegungsdokumenten. Eine mitgliedstaatliche Umsetzung ist damit, anders als bei Art. 11 Prospekt-VO oder Art. 23 ECSP-VO, nicht erforderlich. Dies ist aufgrund der daraus folgenden unionsweiten Vereinheitlichung der Haftungsvoraussetzungen im Grundsatz begrüßenswert.[5] Regelungsvorbild scheint insoweit **Art. 35a Rating-VO**[6] zu sein,[7] der unmittelbar im Unionsrecht eine zivilrechtliche Haftung für Zuwiderhandlungen durch Ratingagenturen iSd Art. 3 Abs. 1 lit. b Rating-VO begründet. Zu beachten ist hierbei aber, dass sich die Tätigkeiten von Ratingagenturen und den durch Art. 15 erfassten Haftungsadressaten wesentlich voneinander unterscheiden: Während die Informationserteilung bei letzteren notwendige Durchgangsstation zu der eigentlich gewünschten Aktivität ist, ist diese für Ratingagenturen gerade die Haupttätigkeit.

III. Anspruchsinhaber und Haftungsadressaten

1. Anspruchsinhaber. Als Inhaber des Anspruchs benennt Abs. 1 ausschließlich den **Inhaber des Kryptowerts,** der einen Rückabwicklungsschaden geltend machen kann. Kritisiert wurde bereits bei Vorliegen der Entwurfsfassung, dass hierdurch zumindest durch den Wortlaut solche Fälle nicht erfasst seien, in denen der ursprüngliche Erwerber den **Kryptowert zwischenzeitlich veräußert** hat und einen etwaigen Kursdifferenzschaden geltend macht (dazu noch → Rn. 22).[8]

---

[4] Für die Parallelvorschrift in Art. 52 Omlor ZDiW 2023, 131 (132).
[5] So auch Zickgraf BKR 2021, 362 (365); zudem wird der Haftungsvorschriften der MiCAR bereits Vorbildfunktion für eine Vereinheitlichung des Prospekthaftungsrechts zugeschrieben, vgl. Busch/Lehmann JETL 2023, 113 (119 f.).
[6] VO (EG) Nr. 1060/2009 des Europäischen Parlaments und des Rates vom 16.9.2009 über Ratingagenturen.
[7] Zickgraf BKR 2021, 362 (365).
[8] Zickgraf BKR 2021, 362 (365).

9 2. **Haftungsadressaten.** Als Haftungsadressaten und Anspruchsschuldner benennt Abs. 1 den Anbieter, eine Person, die die Zulassung zum Handel beantragt, oder den Betreiber einer Handelsplattform, daneben aber auch die Mitglieder ihres Verwaltungs-, Leitungs- oder Aufsichtsorgans. Anders als § 9 Abs. 1 S. 1 Nr. 1 WpPG stellt die Vorschrift nicht darauf ab, wer gem. Art. 6 Abs. 1 die Verantwortung für das Kryptowerte-Whitepaper übernommen hat. Der **Verantwortungsübernahme** wird bei der Bestimmung des Haftungsadressaten allerdings zumindest eine gewichtige Indizwirkung zukommen. Dasselbe gilt für die **schriftliche Übernahme der Verantwortlichkeit** für die Beachtung der Vorschriften über Kryptowerte-Whitepaper durch den Betreiber einer Handelsplattform gem. Art. 5 Abs. 3. Zu beachten ist dann allerdings Abs. 3, der auch in diesen Fällen die Verantwortung der Person, die die Zulassung zum Handel beantragt, zuweist, in denen diese dem Betreiber der Handelsplattform unvollständige, unredliche, unverständliche oder irreführende Informationen zur Verfügung stellt. Für den Inhaber des Kryptowerts wird dies von außen kaum erkennbar sein, sodass dieser das Risiko trägt, die richtige Person in Anspruch zu nehmen. Die Beweislast für den Erhalt der Informationen, die eine Haftung auslösen, trägt bei einer Klage gegen den Betreiber der Handelsplattform gemäß den allgemeinen Grundsätzen dieser selbst. Für den Inhaber des Kryptowerts als Anspruchsteller reicht es zunächst aus, die nach außen getretene Informationspflichtverletzung durch das Kryptowerte-Whitepaper nachzuweisen.

10 Zudem erweitert Abs. 1 den Kreis der Haftungsadressaten zwingend auf **Mitglieder der Verwaltungs-, Leitungs- oder Aufsichtsorgane.** Der insoweit etwas missverständliche Wortlaut ist so zu lesen, dass nicht nur die Organmitglieder des Betreibers der Handelsplattform, sondern auch die Organmitglieder von Anbietern und Personen, die die Zulassung zum Handel beantragen, taugliche Haftungsadressaten sind.[9] Demgegenüber hat Art. 11 Prospekt-VO den Mitgliedstaaten eine solche Erweiterung bei der Umsetzung der Haftungsvorschriften in nationales Recht noch freigestellt. Weder der deutsche noch der österreichische Gesetzgeber haben hiervon Gebrauch gemacht, sodass die kapitalmarktrechtliche Außenhaftung als bislang unüblich bezeichnet werden kann.[10] Obwohl im Kontext des Kapitalmarktrechts eher ungewöhnlich, wird die Haftungserweiterung im Kontext der MiCAR insgesamt begrüßt, da es sich bei Anbietern von Kryptowerten häufig um Start-Up-Unternehmen mit entsprechend geringer Kapitalausstattung handelt, weshalb eine auf Unternehmen beschränkte Haftung regelmäßig leerlaufen würde.[11] Nicht ausgeschlossen ist durch die Erweiterung naturgemäß, dass auch die zusätzlich als Haftungsadressaten in Betracht kommenden Personen – insbes. Organmitglieder junger Start-Up-Unternehmen – ebenfalls weitestgehend vermögenslos sind, sodass sich die abschreckende Wirkung der Haftung nicht entfalten kann.[12] Zu begrüßen ist, dass Art. 15 hinsichtlich der Haftungsvoraussetzungen für Mitglieder der Verwaltungs-, Leitungs- oder Aufsichtsorgane – anders als §§ 32c, 32d WpHG dies im Anwendungsbereich der ECSP-VO vor ihrer Neufassung im Rahmen des Zukunftsfinanzierungs-

---

[9] Maume RDi 2022, 461 Rn. 35.
[10] So Maume RDi 2022, 461 Rn. 35.
[11] Maume RDi 2022, 461 Rn. 36; so auch Zickgraf BKR 2021, 362 (365), der in diesem Zusammenhang auf das judgement proof problem hinweist; unentschieden wohl Buck-Heeb BKR 2023, 689 (691 f.).
[12] Zickgraf BKR 2021, 362 (366).

gesetzes (ZuFinG) festlegten –[13] – **keine Unterschiede** enthält; entsprechende Abgrenzungsschwierigkeiten werden so vermieden.

Lassen sich, wie es regelmäßig der Fall sein wird, mehrere Personen als **11** Haftungsadressaten heranziehen, so haften diese auch ohne die einer § 9 Abs. 1 S. 1 WpPG vergleichbaren Festlegung als **Gesamtschuldner** iSd § 421 BGB.

IV. Haftungsvoraussetzungen und Beweislastfragen

1. Informationspflichtverletzung. Voraussetzung für eine Haftung aus **12** Art. 15 ist zunächst, dass ein Haftungsadressat gegen die Informationspflicht des Art. 6 verstoßen hat, indem er unvollständige, unredliche, unverständliche oder irreführende Informationen zur Verfügung gestellt hat. Das Vorliegen eines dieser Tatbestandsmerkmale reicht bereits für eine potenzielle Haftung aus. Im Einzelnen sind diese Merkmale wie folgt zu verstehen:

- **Unvollständig** sind Angaben in einem Wertpapierprospekt, wenn dort nicht alle wesentlichen Angaben enthalten sind.[14] Anders als in § 9 WpPG enthält Abs. 1 für Kryptowerte-Whitepaper allerdings nicht die Einschränkung, dass die fehlenden Angaben wesentlich sein müssen. Fraglich ist daher, ob das Fehlen irgendeiner der in Art. 6 iVm Anhang I genannten Informationen – anders als bei der Wertpapierprospekthaftung[15] – bereits zu einer haftungsauslösenden Unvollständigkeit des Kryptowerte-Whitepapers führt.[16] Dies würde das Haftungsrisiko deutlich erweitern.[17] Zugleich ließe sich für eine solche Lesart anführen, dass auf Grundlage des Art. 6 Abs. 11 u. a. Standardformulare und Mustertexte veröffentlicht werden, durch deren Nutzung sämtliche Informationen standardisiert aufgenommen werden können, sodass eine Unvollständigkeit besonders schwer wiegt.

- Als misslich erweist sich bei genauerem Hinsehen das Abstellen auf die **Unredlichkeit** der Informationen (englische Sprachfassung: „fair"). Wahrscheinlich meinte der Gesetzgeber hiermit die Unrichtigkeit der Information, also deren Abweichen von der Wahrheit.[18] Mit dem Begriff der Unredlichkeit ist allerdings aus dem Kontext der Pflichten von Wertpapierdienstleistungsunternehmen eine moralische Bewertung verbunden (vgl. → Art. 14 Rn. 6). Es ist allerdings nicht davon auszugehen, dass der Gesetzgeber die Haftung bei unrichtigen Angaben von einer solchen moralischen Bewertung abhängig machen wollte, sodass unter dieses Merkmal – auch, um insoweit den Effektivitätsgrundsatz zu beachten – **sämtliche inhaltlichen Fehler** innerhalb des Kryptowerte-Whitepapers gefasst werden sollten. Für die Frage nach der Wesentlichkeit der Informationen, die fehlerhaft aufgenommen wurden, gilt das zur Unvollständigkeit Gesagte.

- **Unverständliche** und **irreführende** Informationen müssen demgegenüber nicht notwendigerweise inhaltlich fehlerhaft sein. Eine Irreführung kann deshalb auch bei Angabe von für sich genommen richtigen Informationen gegeben sein, wenn der Anleger aufgrund der Aufmachung, Zusammenstellung oder sonstiger Darstellung richtiger Informationen zu einer be-

---

[13] Vgl. dazu BeckOK WpHR/Rennig (Stand: 1.4.2024) WpHG § 32c Rn. 50.
[14] Habersack/Mülbert/Schlitt KapMarktInfo-HdB/Habersack § 28 Rn. 19.
[15] Vgl. dazu Habersack/Mülbert/Schlitt KapMarktInfo-HdB/Habersack § 28 Rn. 19.
[16] Buck-Heeb BKR 2023, 689 (692).
[17] In diese Richtung Buck-Heeb BKR 2023, 689 (692).
[18] Habersack/Mülbert/Schlitt KapMarktInfo-HdB/Habersack § 28 Rn. 18.

stimmten Bewertung des Angebots geleitet wird.[19] Die Unverständlichkeit kann insbes. aus der Verwendung sprachlicher Konstruktionen folgen, die für den „verständigen Anleger" (dazu noch sogleich, → Rn. 13) nicht nachvollziehbar sind.

13 Das zugrunde zu legende **Leitbild des „verständigen Anlegers"** (vgl. dazu → Art. 6 Rn. 8) gewinnt jedenfalls bei der Prüfung Bedeutung, ob Informationen auf unverständliche oder irreführende Weise erteilt wurden. Will man die Tatbestandsmerkmale der Unvollständigkeit und Unredlichkeit über den Wortlaut hinaus um das Erfordernis der Wesentlichkeit der betroffenen Information ergänzen, spielt das Leitbild auch bei der Prüfung eine Rolle, ob die Information tatsächlich wesentlich war.

14 Die **Beweislast** für die Aufnahme unvollständiger, unredlicher, unverständlicher oder irreführender weist Abs. 4 dem **Inhaber des Kryptowerts** als Anspruchsteller zu. Besteht die behauptete Verletzung der Informationspflicht in einer unvollständigen oder unredlichen (also fehlerhaften, → Rn. 12) Information, ist insoweit der Nachweis zu führen, dass der Ist-Zustand vom Soll-Zustand abweicht. Besteht die behauptete Verletzung in der unverständlichen und irreführenden Informationserteilung, so ist nachzuweisen, dass die Informationen eine entsprechende Wirkung auf den verständigen Anleger haben. Bedeutung erlangt hier die aus Art. 12 Abs. 7 S. 2 folgende Pflicht des Anbieters, der Person, die die Zulassung zum Handel beantragt, oder des Betreibers der Handelsplatzes, geänderte Kryptowerte-Whitepaper so lange verfügbar zu halten, wie die Kryptowerte vom Publikum gehalten werden (→ Art. 12 Rn. 17). Dies erleichtert Anspruchstellern zumindest den Nachweis des Ist-Zustands im Zeitpunkt des Erwerbs.

15 **2. Haftungsbegründende Kausalität.** Einem Grundsatz des Haftungsrechts entspricht es, dass für einen Anspruch eine haftungsbegründende Kausalität erforderlich ist, dass sich also die **Fehlerhaftigkeit des Kryptowerte-Whitepapers auf den Erwerb des Kryptowerts ausgewirkt** hat.[20] Abs. 4 enthält hierfür eine Beweislastregelung, indem angeordnet wird, dass der Anspruchsinhaber nachweisen muss, dass sich das Verlassen auf die unter Verletzung der Informationspflicht erteilten Informationen auf die Entscheidung des Inhabers, diesen Kryptowert zu kaufen, zu verkaufen oder zu tauschen, ausgewirkt hat. Die Regelung ist Art. 35a Abs. 1 UAbs. 2 Rating-VO entlehnt. Jedoch wurde richtigerweise angemerkt, dass eine solche Beweislastregelung auf die vorliegende Situation nicht passt und kapitalmarkttheoretische Erkenntnisse wie die *fraud-on-the-market*-Theorie und auch die BGH-Rechtsprechung zur sog. Anlagestimmung[21] missachtet.[22] Entsprechend weist zB § 12 Abs. 2 Nr. 1 WpPG den Haftungsadressaten die Beweislast dafür zu, dass Wertpapiere nicht auf Grund des Prospekts erworben wurden.[23] Für die Zwecke dieser Kommentierung soll hierauf nicht weiter

---

[19] Vgl. im Zusammenhang mit der Haftung für Angaben in Anlagebasisinformationsblättern im Anwendungsbereich der ECSP-VO BeckOK WpHR/Rennig (Stand: 1.10.2023) § 32c Rn. 45.
[20] Vgl. für die Prospekthaftung nach § 9 WpPG Habersack/Mülbert/Schlitt KapMarktInfo-HdB/Habersack § 28 Rn. 35.
[21] BGHZ 139, 225 (233 f.) = NJW 1998, 3345 (3347).
[22] Ausführlich Zickgraf BKR 2021, 362 (366 ff.) mwN.
[23] Zu beachten ist hier aber zusätzlich noch das Zusammenspiel mit der Darlegungs- und Beweislast des Anspruchstellers hinsichtlich des in § 9 Abs. 1 S. 1 WpPG festgelegten

eingegangen werden, da Abs. 4 nunmehr geltendem Recht entspricht und insofern für die Rechtsanwendung maßgeblich ist.²⁴

Für den nach Abs. 4 dem Anspruchsteller obliegenden Beweis muss dieser nachweisen, von den Informationen im Kryptowerte-Whitepaper Kenntnis gehabt zu haben. Ob diese Kenntnis durch eine eigene Lektüre des Informationsdokuments erlangt werden muss, erscheint zumindest zweifelhaft. So dürfte zB eine empfangene Beratung zu Kryptowerten iSd Art. 3 Abs. 1 Nr. 24, die auf den Angaben des Kryptowerte-Whitepapers basiert, ausreichen, um die erforderliche Kenntnis zu erlangen. Dafür spricht auch der Wortlaut des Abs. 4, da sich dieser auf das „Verlassen auf diese Informationen" stützt und nicht auf das „Verlassen auf das Kryptowerte-Whitepaper". Zusätzlich muss der Anspruchsteller einen kausalen Zusammenhang zwischen diesen Informationen und seiner Entscheidung zum Kauf, Verkauf oder Tausch des Kryptowerts beweisen. **16**

Ausgeschlossen ist ein dem Abs. 4 genügender Beweis, wenn der Kauf, Verkauf oder Tausch eines Kryptowerts zu einem Zeitpunkt stattgefunden hat, zu der die Informationspflichtverletzung nicht (mehr) aktuell war.²⁵ Relevant wird dies insbes. im Falle der **Änderung** eines ursprünglich fehlerhaften Kryptowerte-Whitepapers iSd Art. 12.²⁶ Die Veröffentlichung des geänderten Kryptowerte-Whitepapers hat hierbei *ex nunc*-**Wirkung**,²⁷ insbes. eine zB § 15 Abs. 2 S. 2 HGB vergleichbare Frist, innerhalb derer Anleger noch auf das veraltete Informationsdokument vertrauen dürfen, statuiert die MiCAR nicht. Zugleich folgt aus dieser *ex nunc*-Wirkung, dass bereits entstandene Ansprüche nicht berührt werden.²⁸ Dasselbe dürfte, auch ohne eine § 12 Abs. 2 Nr. 3 WpPG vergleichbare Vorgabe, bei einer **Kenntnis des Anlegers** von der Unvollständigkeit und Unredlichkeit gelten. Hierfür ist nach allgemeinen Grundsätzen die Beweislast dem Haftungsadressaten zuzuweisen. **17**

3. Verschuldensmaßstab. Art. 15 enthält keine unmittelbare Aussage zu einem Verschuldensmaßstab. Rechtsdogmatisch ließe sich deshalb durchaus von einer **strengen Gefährdungshaftung** ausgehen. Im bisherigen Schrifttum wird dies allerdings verneint. So vertrat *Zickgraf* zum MiCAR-E die Ansicht, dass eine Informationspflichtverletzung erforderlich sei, die einem dem § 1 ProdHaftG ähnelnden **objektiven Sorgfaltspflichtverstoß** entspricht.²⁹ Seine Aufforderung an den Gesetzgeber, ein Verschuldenserfordernis in den Verordnungstext aufzunehmen, fand keine Berücksichtigung. *Maume* hält den Verordnungstext für auslegungsfähig, weil dort kein Ver- **18**

---

zeitlichen Rahmens, vgl. Habersack/Mülbert/Schlitt KapMarktInfo-HdB/Habersack § 28 Rn. 35.

²⁴ So auch Buck-Heeb BKR 2023, 689 (693).
²⁵ In diese Richtung geht auch der Vorschlag, im Rahmen des Art. 15 klarzustellen, dass nur solche Anleger einen Anspruch geltend machen können, die den Kryptowert während der Desinformationskampagne erworben haben, vgl. Zickgraf BKR 2021, 362 (365).
²⁶ Vgl. zur Zerstörung der „Anlagestimmung" durch eine spätere Prospektberichtigung Habersack/Mülbert/Schlitt KapMarktInfo-HdB/Habersack § 28 Rn. 51.
²⁷ Vgl. für die Prospekthaftung nach dem WpPG Habersack/Mülbert/Schlitt KapMarkt-Info-HdB/ § 28 Rn. 51.
²⁸ Vgl. für die Prospekthaftung nach dem WpPG Habersack/Mülbert/Schlitt KapMarkt-Info-HdB/Habersack § 28 Rn. 51.
²⁹ Zickgraf BKR 2021, 362 (368). Vgl. zur Diskussion um den bei § 1 ProdHaftG geltenden Haftungsmaßstab ausführlich BeckOGK ProdHaftG/Seibl (Stand: 1.7.2023) § 1 Rn. 18 ff.

schuldensmaßstab genannt wird und stellt einen Vergleich mit verwandten Vorschriften wie zB Art. 11 Prospekt-VO an. Aus deren mitgliedstaatlicher Umsetzung folge, dass nicht davon auszugehen sei, dass eine Gefährdungshaftung gewollt sei.[30] Auch die Existenz von Abs. 4 spreche gegen eine solche, da eine weitergehende Haftung nach nationalem Recht in diesem Fall kaum vorstellbar sei.[31] *Omlor* argumentiert im Zusammenhang mit der Haftung aus Art. 52 Abs. 1 ähnlich und kommt zu dem Ergebnis, dass sich der Verschuldensmaßstab in Anlehnung an Art. 11 Abs. 2 Prospekt-VO nach den nationalen Vorschriften richtet.[32] Auch *Buck-Heeb* geht davon aus, dass wohl keine verschuldensunabhängige Garantiehaftung iSe Garantiehaftung gewollt sei und untermauert dieses Ergebnis argumentativ.[33]

19 Diesen Ausführungen ist **in ihrer Grundausrichtung vollumfänglich zuzustimmen**. Die potenziellen Auswirkungen der Vorschrift auf die Innovationsbereitschaft der Marktteilnehmer (→ Rn. 3) bei Annahme einer reinen Gefährdungshaftung können dazu führen, dass diese auf Märkten für Kryptowerte aufgrund eines übermäßigen Haftungsrisikos nicht mehr tätig sein wollen. Es leuchtet nicht ein, dass der Gesetzgeber diese Auswirkungen der Verordnung beabsichtigt hat. Eine verschuldensunabhängige Haftung für sämtliche Fehler im Rahmen eines Kryptowerte-Whitepapers kann zudem auch deshalb nicht überzeugen, weil durch die zwischen MiCAR-E und endgültiger Verordnung erfolgten Änderungen in die Personenverschiedenheit zwischen Emittenten und Anbietern bzw. Personen, die die Zulassung zum Handel beantragen, denkbar ist (→ Art. 4 Rn. 5), und es nicht gerechtfertigt scheint, diese auch ohne eigenes Verschulden sämtliche Risiken einer falschen oder unvollständigen Informationsweitergabe durch den Emittenten tragen zu lassen. Aus diesen Gründen sollte auch nach der hier vertretenen Auffassung eine Verschuldenserfordernis in Art. 15 hineingelesen werden. Das Erfordernis einer groben Fahrlässigkeit wie zB in § 12 Abs. 1 WpPG, ist im Zusammenhang mit der dort ebenfalls geregelten Beweislastumkehr zu sehen. Deren Fehlen in der MiCAR spricht eher dafür, dem Anspruchsteller nicht die Beweislast für das Vorliegen einer groben Fahrlässigkeit aufzuerlegen. Stattdessen sollte **zumindest eine leichte Fahrlässigkeit** der Person, die das Kryptowerte-Whitepaper erstellt hat, festgestellt werden können.

20 Gleichwohl hat der Gesetzgeber der Innovationsbereitschaft durch die konkrete Formulierung der Haftungsvorschrift möglicherweise einen **Bärendienst** erwiesen. Denn eine rechtssichere Beurteilung des anzulegenden Verschuldensmaßstabs ist jedenfalls nicht möglich, da ein Verschuldensmaßstab ohne Wenn und Aber im Verordnungstext nicht angelegt ist. Für die Praxis ist bis auf Weiteres sicherheitshalber von einer der Gefährdungshaftung zumindest angenäherten Haftung auszugehen. Es bleibt abzuwarten, wie sich Gerichte bei der Entscheidung über erste Haftungsfälle nach der MiCAR positionieren.[34]

---

[30] Maume RDi 2022, 461 Rn. 37.
[31] Maume RDi 2022, 461 Rn. 38.
[32] Omlor ZDiW 2023, 131 (133).
[33] Buck-Heeb BKR 2023, 689 (693 f.).
[34] Auch Buck-Heeb BKR 2023, 689 (695) weist darauf hin, dass ein letztinstanzliches nationales Gericht die Frage dem EuGH vorlegen werden muss, wenn diese entscheidungserheblich ist.

V. Inhalt des Anspruchs und Verjährung

Die Vorschrift enthält – anders als § 9 Abs. 1 S. 1, 2, Abs. 2 WpPG oder § 20 Abs. 1 S. 1, Abs. 2 VermAnlG – keine Aussagen dazu, welchen Inhalt der Haftungsanspruch hat; diesbezügliche Kritik wurde wiederum nicht zum Anlass für Ergänzungen im weiteren Verlauf des Gesetzgebungsverfahrens genommen. Nach Abs. 1 können die „erlittenen Schäden" ersetzt werden, wobei allerdings darauf hingewiesen wird, dass es sich hierbei um eine unpräzise Übersetzung handelt, und es eigentlich „erlittene Verluste" heißen müsste.[35] Eine Schadensberechnung wird nach den **allgemeinen Grundsätzen der §§ 249 ff. BGB** erfolgen müssen.[36] Der Inhaber kann dabei den Ersatz des negativen Interesses bzw. Vertrauensschadens verlangen, also jenen Schaden, der daraus resultiert, dass er auf die Richtigkeit und Vollständigkeit des Kryptowerte-Whitepapers und der darin enthaltenen Informationen vertraut hat.[37] Ein Anspruch auf Ersatz des positiven Interesses besteht nicht. Richtigerweise als umfasst angesehen wird dabei der **Kursdifferenzschaden** des Inhabers.[38] Hinsichtlich des **Rückabwicklungsschadens** besteht Uneinigkeit, da dieser einerseits als durch den Wortlaut (wahrscheinlich) erfasst angesehen wird,[39] andererseits eine Ersatzfähigkeit verneint wird.[40]

21

Aufgrund der fehlenden Nennung eines Erwerbers, der **nicht mehr Inhaber des Kryptowerts** ist, als möglichen Anspruchsinhaber (→ Rn. 8), kann nicht mit Sicherheit beantwortet werden, ob auch dieser einen Kursdifferenzschaden geltend machen kann. Zeitliche Grenzen für den Zeitpunkt des Erwerbs, wie sie in §§ 9 Abs. 1 S. 1, 10 Nr. 1 WpPG vorgesehen sind, enthält Art. 15 nicht. Die **Verjährung** der Ansprüche aus Art. 15 richtet sich mangels abweichender Regelung nach der allgemeinen Regelverjährung von Ansprüchen nach §§ 195, 199 BGB.

22

VI. Kein vertraglicher Ausschluss bzw. keine vertragliche Beschränkung

Nach Abs. 2 kommt weder einem vertraglichen Ausschluss noch einer vertraglichen Beschränkung der zivilrechtlichen Haftung Rechtswirkung zu. Die Vereinbarung ähnelt § 16 Abs. 1 WpPG und § 32e Abs. 2 WpHG, unterscheidet sich jedoch insoweit, als dass **keine Beschränkung auf im Voraus getroffene Vereinbarungen** stattfindet. Entsprechend sind hier auch im Nachhinein getroffene Vereinbarungen von der Unwirksamkeit betroffen. Bei Abs. 2 handelt es sich um ein **gesetzliches Verbot** iSd § 134 BGB.[41]

23

VII. Haftung für Zusammenfassung des Kryptowerte-Whitepapers

Nach Abs. 5 grundsätzlich ausgeschlossen ist eine Haftung für Verluste, die durch den Verlass auf Informationen entstehen, die in einer Zusammenfas-

24

---

[35] Buck-Heeb BKR 2023, 689 (695).
[36] So auch Buck-Heeb BKR 2023, 689 (695).
[37] So für die bürgerlich-rechtliche Prospekthaftung im engeren Sinne BeckOGK BGB/Herresthal (Stand: 15.2.2024) § 311 Rn. 679.
[38] Zickgraf BKR 2021, 362 (369); Buck-Heeb BRK 2023, 689 (695).
[39] Zickgraf BKR 2021, 362 (369).
[40] Buck-Heeb BRK 2023, 689 (695).
[41] Für § 16 Abs. 1 WpPG Schwark/Zimmer/Heidelbach WpPG § 16 Rn. 3; für § 32e Abs. 2 WpHG BeckOK WpHR/Rennig (Stand: 1.4.2024) WpHG § 32e Rn. 4.

sung gem. Art. 6 Abs. 7, einschließlich deren Übersetzung, zur Verfügung gestellt werden. Nur ausnahmsweise kommt eine Haftung in Betracht, wenn die Zusammenfassung, wenn sie zusammen mit den anderen Teilen des Kryptowerte-Whitepapers gelesen wird, irreführend, unrichtig oder widersprüchlich ist, oder die Zusammenfassung, wenn sie zusammen mit den anderen Teilen des Kryptowerte-Whitepapers gelesen wird, nicht die wesentlichen Informationen (→ Art. 6 Rn. 17) enthält, die den potenziellen Inhabern des Kryptowerts bei der Entscheidung über den Kauf solcher Kryptowerts helfen sollen. Die Vorschrift ähnelt damit § 12 Abs. 2 Nr. 5 WpPG. Deshalb kann auch im Rahmen von Abs. 5 zusammengefasst werden, dass der Haftungsausschluss nur die einer jeden Zusammenfassung eigenen, die Grundaussagen des Kryptowerte-Whitepapers nicht verzerrenden Unvollständigkeiten erfasst.[42]

VIII. Weitergehende zivilrechtliche Ansprüche

25   Nach Abs. 6 lässt der Art. 15 jede sonstige zivilrechtliche Haftung gemäß dem nationalen Recht unberührt. Die Vorschrift enthält nicht die Aussage, dass Mitgliedstaaten andere zivilrechtliche Haftungsinstrumente einführen müssen. Stattdessen steht es den Privatrechtsordnungen der Mitgliedstaaten frei, die spezialgesetzliche Prospekthaftung aus der MiCAR um andere zivilrechtliche Haftungsansprüche zu ergänzen, wie etwa die bürgerlich-rechtliche Prospekthaftung im engeren und im weiteren Sinne.[43] In Betracht kommen zudem vertragliche Ansprüche und deliktische Ansprüche aus § 826 BGB, § 823 Abs. 2 BGB iVm § 263 StGB.

IX. Bestehen von Haftungslücken?

26   **1. Haftung bei Fehlen eines Kryptowerte-Whitepapers?** Kritisiert wurde im Entwurfsstadium das Fehlen einer ausdrücklichen Haftungsvorschrift für das vollständige Fehlen eines Kryptowerte-Whitepapers.[44] Auch hierauf hat der Gesetzgeber nicht durch eine Anpassung des Verordnungstexts reagiert. Dennoch ist nicht von einer Haftungslücke auszugehen, da das fehlende Kryptowerte-Whitepaper einem unvollständigen Kryptowerte-Whitepaper gleichsteht.[45] Stellt man entscheidend auf die Informationspflicht aus Art. 6 ab, bleiben die innerhalb des Kryptowerte-Whitepapers zu erteilenden Informationen nämlich gerade dann unvollständig, wenn überhaupt kein Kryptowerte-Whitepaper erstellt und veröffentlicht wird. Der deutsche Gesetzgeber sieht in § 19 KMAG-E (vgl. zum Gesetzesentwurf allgemein → Art. 4 Rn. 45 f.) nun eine eigenständige mitgliedstaatliche Haftungsgrundlage für das Fehlen eines Kryptowerte-Whitepapers vor. Nach hier vertretener Ansicht wäre dies erstens nicht erforderlich und zweitens droht dadurch ein Verstoß gegen das unionsrechtliche Normwiederholungsverbot.[46]

27   **2. Haftung bei fehlerhaften Marketingmitteilungen.** Vgl. hierzu → Art. 7 Rn. 17.

---

[42] So für § 12 Abs. 2 Nr. 5 WpPG Habersack/Mülbert/Schlitt KapMarktInfo-HdB/Habersack § 28 Rn. 54.
[43] Omlor ZDiW 2023, 131 (133).
[44] Zickgraf BKR 2021, 362 (370).
[45] So auch Omlor ZDiW 2023, 131 (133).
[46] Möslein/Rennig RDi 2024, 145 Rn. 11.

X. Prozessuales

Die internationale Zuständigkeit richtet sich nach der Brüssel Ia-VO[47], wobei hier neben einer Anwendung von Art. 4 Brüssel Ia-VO insbes. an Art. 7 Nr. 2 Brüssel Ia-VO zu denken ist. Die örtliche Zuständigkeit für die gerichtliche Geltendmachung des Schadensersatzanspruchs wegen falscher, irreführender oder unterlassener Kapitalmarktinformation aus Art. 15 richtet sich in Deutschland nach § 32b ZPO. Hieraus folgt eine **ausschließliche Zuständigkeit** des Gerichts am Sitz des Anbieters, der Person, die die Zulassung zum Handel beantragt, oder des Betreibers der Handelsplattform, die das fehlerhafte Informationsdokument veröffentlicht hat. Sachlich ist ein solcher Rechtsstreit wegen **§ 71 Abs. 2 Nr. 3 GVG** ohne Rücksicht auf den Streitwert den **Landgerichten** zugewiesen.

28

---

[47] VO (EU) Nr. 1215/2012 des Europäischen Parlaments und des Rates vom 12.12.2012 über die gerichtliche Zuständigkeit und die Anerkennung und Vollstreckung von Entscheidungen in Zivil- und Handelssachen.

Titel III. Vermögenswertreferenzierte Token

Kapitel 1. Zulassungspflicht für ein öffentliches Angebot vermögenswertreferenzierter Token und für die Beantragung von deren Zulassung zum Handel auf einer Handelsplattform für Kryptowerte

Artikel 16 Zulassung

(1) Eine Person, darf einen vermögenswertereferenzierten Token in der Union nicht öffentlich anbieten oder die Zulassung vermögenswertereferenzierter Token zum Handel beantragen, sofern sie nicht Emittent dieses vermögenswertereferenzierten Token ist und

a) eine juristische Person oder ein anderes Unternehmen ist, die bzw. das in der Union niedergelassen ist und von der zuständigen Behörde ihres bzw. seines Herkunftsmitgliedstaats gemäß Artikel 21 hierzu eine Zulassung erhalten hat,
oder
b) ein Kreditinstitut ist, das Artikel 17 einhält.

Ungeachtet des Unterabsatzes 1 können mit schriftlicher Zustimmung des Emittenten eines vermögenswertereferenzierten Token andere Personen diesen vermögenswertereferenzierten Token öffentlich anbieten oder dessen Zulassung zum Handel beantragen. Diese Personen müssen die Artikel 27, 29 und 40 einhalten.

Für die Zwecke von Unterabsatz 1 Buchstabe a dürfen andere Unternehmen vermögenswertereferenzierte Token nur dann ausgeben, wenn ihre Rechtsform ein Schutzniveau in Bezug auf die Interessen Dritter sicherstellt, das dem durch juristische Personen gewährten Schutzniveau gleichwertig ist, und wenn sie einer gleichwertigen, ihrer Rechtsform entsprechenden Aufsicht unterliegen.

(2) Absatz 1 findet keine Anwendung, wenn

a) über einen Zeitraum von zwölf Monaten, berechnet am Ende jedes Kalendertags, der durchschnittliche ausstehende Wert des vermögenswertereferenzierten Token, der von einem Emittenten ausgegeben wurde, 5 000 000 EUR oder den Gegenwert in einer anderen amtlichen Währung niemals überstiegen hat und der Emittent nicht mit einem Netzwerk anderer ausgenommener Emittenten in Verbindung steht
oder
b) sich das öffentliche Angebot des vermögenswertereferenzierten Token ausschließlich an qualifizierte Anleger richtet, und der vermögenswertereferenzierten Token nur von solchen qualifizierten Anlegern gehalten werden kann.

Findet dieser Absatz Anwendung, so erstellen die Emittenten vermögenswertereferenzierter Token ein Kryptowerte-Whitepaper gemäß Artikel 19 und übermitteln dieses Kryptowerte-Whitepaper und, auf Antrag, sämtliche Marketingmitteilungen der zuständigen Behörde ihres Herkunftsmitgliedstaats.

(3) Die einer in Absatz 1 Unterabsatz 1 Buchstabe a genannten Person von der zuständigen Behörde erteilte Zulassung gilt für die gesamte Union und erlaubt es einem Emittenten eines vermögenswertreferenzierten Token, den vermögenswertereferenzierten Token, für den er die Zulassung erhalten hat, in der gesamten Union öffentlich anzubieten oder eine Zulassung des vermögenswertereferenzierten Token zum Handel zu beantragen.

(4) Die von der zuständigen Behörde gemäß Artikel 17 Absatz 1 oder Artikel 21 Absatz 1 erteilte Genehmigung des Kryptowerte-Whitepapers eines Emittenten oder gemäß Artikel 25 erteilte Genehmigung eines geänderten Kryptowerte-Whitepapers gilt für die gesamte Union.

Übersicht

	Rn.
I. Einführung	1
1. Literatur	1
2. Entstehung und Zweck der Norm	2
3. Normativer Kontext	4
a) Innerhalb der MiCAR	4
b) Innerhalb des Kapitalmarktrechts	5
II. Kommentierung	6
1. Zulassungserfordernis (Abs. 1)	6
2. Bagatellgrenze (Abs. 2)	10
3. Passporting hinsichtlich der Zulassung (Abs. 3)	12
4. Passporting hinsichtlich der Genehmigung des Whitepapers (Abs. 4)	13
5. Auswirkungen des Kryptomärkteaufsichtsgesetzes	14

I. Einführung

1. Literatur. *Buchardi*, Fintechs im europäischen Binnenmarkt, EuZW 2021, 1013; *Feger/Gollasch*, MiCAR – Ein erster Überblick für Compliance-Beauftragte zur Krypto-Regulierung, CB 2022, 248; *Gringel*, Der Entwurf der Europäischen Kommission für eine einheitliche europäische Regulierung von Kryptowerten in Europa, AG 2020 R296; *Hirzle/Hugendubel*, Die Entwicklung des Kryptorechts im Jahr 2022, BKR 2022, 821; *Lösing/John*, Die Regulierung von E-Geld-Token – Analyse und Einordnung im regulatorischen Kontext (insbesondere MiCAR), BKR 2023, 373, *Maume*, Die Verordnung über Märkte für Kryptowerte (MiCAR) – Zentrale Definitionen sowie Rechte und Pflichten beim öffentlichen Angebot von Kryptowerten, RDi 2022, 461; *Maume*, Die Verordnung über Märkte für Kryptowerte (MiCAR) – Stablecoins, Kryptodienstleistungen und Marktmissbrauchsrecht, RDi 2022, 497; *Omlor/Franke*, Europäische DeFi-Regulierungsperspektiven – Ein- und Ausblicke der EU-Kommission, BKR 2022, 679, *Patz*, Überblick über die Regulierung von Kryptowerten und Kryptowertedienstleistern, BKR 2021, 725; *Read/Diefenbach*, The Rise of Stable Coins and the Reaction to Regulate Crypto-assets in the EU, CF 2022, 319; *Siadat*, Markets in Crypto Assets Regulation – erster Einblick mit Schwerpunktsetzung auf Finanzinstrumente, RdF 2021, 12; *Wellerdt*, FinTech Regulierung – Wie werden innovative Geschäftsmodelle beaufsichtigt – Am Beispiel der EU-Regulierung von Kryptowerten und Kryptodienstleistungen, WM 2021, 1171; *Wittek/Kutsarov*, Stable Coins im DeFi-Zahlungsverkehr und Regulie-

MiCAR Art. 16 Titel III. Vermögenswertreferenzierte Token

rungswirkung durch MiCAR, RdZ 2022, 156; *Wittig*, Digitales Geld – Gegenwärtige und künftige Regulierng von E-Geld und E-Geld-Token nach ZAG und MiCAR, WM 2023, 412; *Zickgraf*, Primärpublizität in der Verordnung über die Märkte für Kryptowerte (MiCAR) – Teil 1, BKR 2021, 196; *Zickgraf*, Primärpublizität in der Verordnung über die Märkte für Kryptowerte (MiCAR) – Teil 2, BKR 2021, 362.

2 **2. Entstehung und Zweck der Norm.** Der Titel III der MiCAR umfasst die Regelungen zu **vermögenswertreferenzierten Token** und stellt damit einen Grundpfeiler der dreiteiligen Kategorisierung von Kryptowerten in E-Geld-Token, vermögenswertreferenzierte Token und andere Kryptowerte dar.[1] Unter einem vermögenswertreferenzierten Token versteht man dabei gemäß Art. 3 Abs. 1 Nr. 6 MiCAR Kryptowerte, die keine E-Geld-Token sind und deren Wertstabilität durch Bezugnahme auf einen anderen Wert, ein anderes Recht oder eine Kombination davon, einschließlich einer oder mehrerer amtlicher Währungen, gewahrt werden soll. Kryptowerte, die sich lediglich auf eine einzelne Fiatwährung beziehen, stellen hingegen E-Geld-Token iSd Art. 3 Abs. 1 Nr. 7 MiCAR dar.[2]

3 Vermögenswertreferenzierte Token stellen zusammen mit den E-Geld-Token die sog. **Stable Coins** dar,[3] welche vor allem als Zahlungsmittelersatz dienen.[4] Besonders beim Einsatz sogenannter Smart Contracts spielen diese eine entscheidende Rolle.[5] Will man nämlich durch einen solchen eine DLT-Transaktion automatisieren, bedarf es hierfür eines blockchainfähigen Zahlungsmittels.[6] Mangels Ausgabe solcher durch die Zentralbanken hilft sich die Praxis mit der Schaffung vermeintlich wertstabiler Krypto-Token.[7] In der Nutzung von Stable Coins als alternative Zahlungsmittel liegt auch der Grund, weswegen sie zusammen mit den E-Geld Token durch die MiCAR im Vergleich zu den übrigen Kryptowerten besonders geregelt werden.[8] Es wird nämlich davon ausgegangen, dass ein solcher Einsatz von Stable Coins eine Gefahr für die Finanzstabilität, Zahlungssysteme, geldpolitische Transmission und Währungshoheit herbeiführen könnte.[9] Hierbei stehen vor allem zwei Geschehnisse im Vordergrund, welche das besondere Regelungsbedürfnis begründen.[10] Zunächst sorgte die Ankündigung des „Libra-Coins", dessen Name später zu Diem geändert wurde, für tiefe Diskussion und Kritik.[11] Hinter dieser stand ein Konsortium aus verschiedenen Unternehmen der Digital- und Finanzbranche, unter anderem auch der Facebook-Betreiber Meta. Dieser Coin sollte als alternatives Zahlungsmittel im Internet dienen. Etablierte Finanzmarktteilnehmer sahen die Schaffung eines solchen Coins außerhalb der bestehenden Regulierung und ohne Zugriff politischer Akteu-

---

[1] Vgl. Erwgr. Nr. 18 MiCAR.
[2] Hirzle/Hugendubel BKR 2022, 821 (824); Maume RDi 2022, 461 (464).
[3] Gringel AG 2020, R296; Hirzle/Hugendubel BKR 2022, 821 (824); Patz BKR 2021, 725 (734); Wittig WM 2023, 412 (416); Zickgraf BKR 2021, 196 (199).
[4] Lösing/John BKR 2023, 373 (374 f.); Siadat RdF 2021, 12 (14); Wellerdt WM 2021, 1171 (1173); Wittek/Kutsarov RdZ 2022, 156 (157, 159).
[5] Omlor/Franke BKR 2022, 679 (680); Wittek/Kutsarov RdZ 2022, 156 (157).
[6] Wittek/Kutsarov RdZ 2022, 156 (157).
[7] Omlor/Franke BKR 2022, 679 (680).
[8] Vgl. Erwgr. Nr. 5, 18, 40, 41, 43 MiCAR.
[9] Vgl. Erwgr. Nr. 5 MiCAR.
[10] Maume RDi 2022, 497 (498); Read/Diefenbach CF 2022, 319.
[11] Maume RDi 2022, 497 (498); Read/Diefenbach CF 2022, 319; Wittig WM 2023, 412 (416).

re als Gefahr für die Finanzstabilität und Geldpolitik an.[12] Das Interesse an der Regulierung solcher Stable Coins wuchs auch durch den Crash des algorithmusbasierten Stable Coins TerraUSD im Mai 2022.[13] Die von Stable Coins ausgehende Gefahr soll im Kern dadurch eingeschränkt werden, dass Emittenten einem fortlaufenden Pflichtenkatalog nachkommen müssen.[14] Dies stellt einen wesentlichen Unterschied zu der Emission einfacher Kryptowerte dar.[15] Denn bei diesen soll Sicherheit durch Publizität, konkret durch die Veröffentlichung eines lediglich notifizierungsbedürftigen Whitepapers iSd Art. 5, 8 MiCAR, gewährleistet werden.[16] Die Unterscheidung zu einfachen Kryptowerten erscheint sinnvoll, da die Wertstabilität eines vermögenswertreferenzierten Token maßgeblich von der dauerhaften und verlässlichen Bindung an den zugrundeliegenden Wert abhängt.[17] Emittenten vermögenswertreferenzierter Token werden dadurch ähnlich reguliert wie Banken und Finanzdienstleister.[18]

3. **Normativer Kontext. a) Innerhalb der MiCAR.** Das 1. Kapitel des Titels III regelt das **Zulassungsverfahren für Emittenten,** welche einen vermögenswertreferenzierten Token öffentlich anbieten bzw. an einer EU-Kryptohandelsplattform zulassen wollen. Inhaltlich baut dieses Kapitel auf den Artikeln 4–15 MiCAR und somit auf den Regelungen zur Emission eines einfachen Kryptowerts auf. Dabei kommt es allerdings zu erheblichen Zusatzerfordernissen, die der Verordnungsgeber mit der von Stable Coins ausgehenden Gefahr für die Finanzstabilität, Zahlungssysteme, geldpolitische Transmission und Währungshoheit begründet. Wesentlicher Unterschied ist, dass der Emittent eines vermögenswertreferenzierten Token gemäß Art. 16 Abs. 1 UAbs. 1 lit. (a) MiCAR grundsätzlich einer entsprechenden Zulassung bedarf. Hiervon besteht in Fällen des Abs. 2 aber eine Ausnahme. Darüber hinaus muss das für die Emission eines solchen Token vorbereitete Whitepaper behördlich genehmigt werden, wie sich aus Art. 21 Abs. 1 S. 2 MiCAR ergibt. Dies stellt eine Hürde im Vergleich zur Emission einfacher Kryptowerte dar, bei denen gemäß Art. 8 Abs. 1 MiCAR das Whitepaper der zuständigen Behörde lediglich übermittelt werden muss, ohne dass dieser ein Genehmigungsvorbehalt zusteht.[19] Durch die umfassende Prüfung des Kryptowerte-Whitepapers durch die zuständige Behörde bei der Begebung eines vermögenswertreferenzierten Token wird das Emissionsverfahren im Vergleich zu dem Verfahren bei einfachen Kryptowerten erheblich verlängert. Ein weiterer Unterschied liegt im Fehlen eines Widerrufsrechts bei vermögenswertreferenzierten Token, welches bei einfachen Kryptowerten in Art. 13 MiCAR vorgesehen ist. Für **Kreditinstitute** im Sinne der Richtlinie CRD IV gelten nach Art. 17 MiCAR geringere Emissionsanforderungen.[20] Dies ergibt sich daraus, dass Kreditinstitute bereits streng reguliert sind und dadurch eine Doppelregulierung vermieden wird.[21]

---

[12] Maume RDi 2022, 497 (498).
[13] Wittek/Kutsarov RdZ 2022, 156 (159); Read/Diefenbach CF 2022, 319.
[14] Maume RDi 2022, 497 (498).
[15] Maume RDi 2022, 497 (498).
[16] Erwgr. Nr. 24 MiCAR; Zickgraf BKR 2021, 196 (199).
[17] Maume RDi 2022, 497 (498).
[18] Maume RDi 2022, 497 (498).
[19] Maume RDi 2022, 497 (498).
[20] Erwgr. Nr. 44 MiCAR.
[21] Maume RDi 2022, 497 (499).

5 b) Innerhalb des Kapitalmarktrechts. Die MiCAR orientiert sich an etablierten Regelungen des Kapitalmarkts und adaptiert sie entsprechend der Natur von Krypto-Assets. So sind die Regelungen zum Kryptowerte-Whitepaper an die Prospekt-VO angelehnt.[22] Parallel zur Ausnahme von der Prospektpflicht nach Art. 3 Abs. 2 UAbs. 1 lit. (b) Prospekt-VO sieht Art. 16 Abs. 2 UAbs. 1 lit. (a) MiCAR eine Ausnahmeregelung für die Genehmigung des Krypto-Whitepapers vor, wenn der durchschnittliche ausstehende Wert des vermögenswertreferenzierten Token, über einen Zeitraum von zwölf Monaten, 5.000.000 EUR nicht übersteigt oder sich das öffentliche Angebot ausschließlich an qualifizierte Anleger richtet. Das Passporting innerhalb der EU für zugelassene Emittenten ist beispielsweise aus Art. 34, 35 und Annex I MiFID II und Art. 35, 36, 39 CRD IV bekannt.[23] Das Erlaubnisverfahren nach Art. 16 ff. MiCAR orientiert sich an den aus der MiFID II bekannten Regelungen, vor allem an Art. 5 ff. MiFID II.[24] Die Anforderungen an eine ordnungsmäßige Unternehmensführung nach Art. 34 MiCAR sind vergleichbar mit § 80 WpHG, Art. 21–26 DelVO (EU) 2017/565, AT 6 MaComp, § 41 WpIG und § 25a Abs. 1 KWG iVm MaRisk.[25]

II. Kommentierung

6 1. Zulassungserfordernis (Abs. 1). Art. 16 Abs. 1 UAbs. 1 MiCAR verbietet grundsätzlich das öffentliche Angebot[26] vermögenswertreferenzierter Token bzw. die Beantragung deren Zulassung zu einem Kryptohandelsplatz.[27] Von diesem Grundsatz bestehen für zwei Emittentengruppen Ausnahmen: für **Kreditinstitute** im Sinne der Richtlinie CRD IV, Art. 16 Abs. 1 UAbs. 1 lit. (b) MiCAR,[28] und für solche **Emittenten, die keine Finanzinstitute darstellen,** aber nach Art. 21 MiCAR zugelassen wurden, Art. 16 Abs. 1 UAbs. 1 lit. (a) MiCAR. Der wesentliche Grund für diese Unterscheidung liegt darin, dass Finanzinstitute bereits streng reguliert sind. So müssen Kreditinstitute beispielsweise Vorgaben zur Unternehmensführung und –kontrolle[29] oder zum guten Leumund der Leitungsorgane[30] auch ohne Begebung eines vermögenswertreferenzierten Token beachten. Auch unterliegt der Erwerb einer bedeutenden Beteiligung an einem Kreditinstitut der Anzeigepflicht, die wiederum ein Inhaberkontrollverfahren auslöst.[31]

Als Ausfluss einer risikoorientierten Aufsicht unterliegen Kreditinstitute zudem einer Überprüfung der Mindestanforderungen an die Eigenmittel durch Ermittlung einer Kapitalquote, um eine angemessene Ausstattung der Institute mit Eigenmitteln zu gewährleisten.[32] Eine Zulassungspflicht für Kreditinstitute nach der MiCAR würde danach einer **Doppelbelastung**

---

[22] Feger/Gollasch CB 2022, 248 (249).
[23] Buchardi EuZW 2021, 1013 (1016).
[24] Maume RDi 2022, 497 (499).
[25] Feger/Gollasch CB 2022, 248 (250).
[26] S. zur Definition Art. 3 Abs. 1 Nr. 12 MiCAR.
[27] S. zur Definition Art. 3 Abs. 1 Nr. 18 MiCAR; Art. 76 MiCAR.
[28] S. zur Definition in Art. 3 Abs. 1 Nr. 28; Erwgr. Nr. 44 MiCAR.
[29] S. Art. 88 Richtlinie (EU) 2013/36.
[30] S. Art. 91 Richtlinie (EU) 2013/36.
[31] § 2c KWG.
[32] Art. 92 VO (EU) 575/2013.

Zulassung **Art. 16 MiCAR**

gleichkommen.³³ Sie müssen daher nur die deutlich weniger strengen Voraussetzungen des Art. 17 MiCAR einhalten.

Handelt es sich bei dem Emittenten nicht um ein Kreditinstitut, kommen nach Art. 16 Abs. 1 UAbs. 1 lit. (a) MiCAR grundsätzlich nur **juristische Personen** in Betracht, welche ihren Sitz in der Europäischen Union haben. Die Form- und Sitzvoraussetzungen sollen die sichere Überwachung des Emittenten gewährleisten.³⁴ Gemäß Art. 16 Abs. 1 UAbs. 1 lit. (a) iVm UAbs. 3 MiCAR kommen in Ausnahmefällen auch **natürliche Personen** als Emittenten in Betracht. Voraussetzung hierfür ist gemäß Art. 16 Abs. 1 UAbs. 3 MiCAR, dass Drittinteressen genauso geschützt sind wie bei der Emission durch eine juristische Person. Darüber hinaus muss der Emittent einer gleichwertigen und der jeweiligen Rechtsform entsprechenden Aufsicht unterliegen. Diese Ausnahme ist auch auf deutsche Personengesellschaften anzuwenden.³⁵ 7

Art. 16 Abs. 1 UAbs. 2 MiCAR eröffnet die Möglichkeit, dass auch **andere Personen als der Emittent** den vermögenswertreferenzierten Token öffentlich anbieten oder die Zulassung zum Handel auf einem EU-Kryptohandelsplatz beantragen dürfen. Dies ist allerdings nur mit schriftlicher Zustimmung des Emittenten möglich. Dabei wird verlangt, dass solche Personen die Voraussetzungen der Art. 27, 29 und 40 MiCAR erfüllen. Konkret bedeutet dies, dass diese Drittpersonen gemäß Art. 27 MiCAR verpflichtet sind, ehrlich, redlich und professionell im Interesse des Inhabers eines vermögenswertreferenzierten Token zu handeln. Art. 29 MiCAR stellt Anforderungen an die Marketing-Kommunikation der Drittpersonen. Des Weiteren müssen Drittpersonen ebenfalls das Verzinsungsverbot des Art. 40 MiCAR beachten. Insoweit besteht auch eine Parallele zu der Möglichkeit der Zustimmung zum öffentlichen Angebot von Wertpapieren nach Art. 5 Abs. 1 UAbs. 2 Prospekt-VO („Consent to use of Prospectus"). 8

Da der Token gemäß Art. 16 Abs. 1 UAbs. 1 MiCAR von einem konkreten Emittenten begeben werden muss, ist eine Emission über ein **Decentraliced Finance – System** nicht von dieser Vorschrift umfasst.³⁶ Aus dem Wortlaut „eine Person darf einen vermögenswertreferenzierten Token in der Union nicht öffentlich anbieten. […], sofern sie nicht Emittent dieses vermögenswertreferenzierten Token ist" geht hervor, dass wertrefernzierte Token, die nach dem Decentraliced Finance – System keinen Emittenten haben, nicht öffentlich in der EU angeboten werden dürfen.³⁷ Für sonstige Token iSd Titels III der MiCAR gilt diese Einschränkung hingegen nicht. 9

2. Bagatellgrenze (Abs. 2). Gemäß Art. 16 Abs. 2 UAbs. 1 MiCAR ist eine Emission ohne Einhaltung der Voraussetzungen des Art. 16 Abs. 1 MiCAR in zwei Fällen möglich.³⁸ Zunächst nach Art. 16 Abs. 2 UAbs. 1 lit. (a) MiCAR, wenn der durchschnittlich ausstehende Wert³⁹ des vermögenswertreferenzierten Token über einen Zeitraum von zwölf Monaten die Grenze von **5.000.000 EUR**⁴⁰ nicht überstiegen hat und der Emittent 10

---

³³ Maume RDi, 2022, 497 (499).
³⁴ Erwgr. Nr. 23, 42 MiCAR.
³⁵ S. dazu Maume RDi 2022, 461 (466) zur Auslegung des Begriffs einer juristischen Person iSd Art. 4 Abs. 1 lit. (a) MiCAR.
³⁶ Hirzle/Hugendubel BKR 2022, 821 (825); Maume RDi, 2022, 497 (499).
³⁷ S. Art. 16 Abs. 1 UAbs. 1 MiCAR; Maume RDi 2022, 497 (499).
³⁸ Erwgr. Nr. 43 MiCAR.
³⁹ Jeweils am Ende jedes Kalendertages berechnet.
⁴⁰ Oder den Gegenwert in einer anderen amtlichen Währung.

nicht mit einem Netzwerk anderer ausgenommener Emittenten in Verbindung steht. Außerdem gemäß Art. 16 Abs. 2 UAbs. 1 lit. (b) MiCAR, wenn sich das Angebot des vermögenswertreferenzierten Token nur an **qualifizierte Anleger**[41] richtet und auch nur solche den Token halten können. Diese Ausnahmen fügen sich nahtlos in das strenge Regulierungssystem für vermögenswertreferenzierte Token ein. Denn die besonderen Vorgaben werden mit der Gefahr für die Finanzstabilität und geldpolitische Transmission durch die weitgehende Nutzung eines Token als Zahlungsmittelersatz begründet. Eine solch umfassende Nutzung des Token liegt in den Fällen des Abs. 2 aber nicht vor, so dass es auch keiner strengeren Regulierung bedarf.

11 In beiden Ausnahmefällen müssen die Emittenten gemäß Art. 16 Abs. 2 UAbs. 2 MiCAR ein Kryptowerte-Whitepaper nach Art. 19 MiCAR erstellen und dieses der zuständigen Behörde übermitteln, wobei eine genaue Präzisierung der darzustellenden Informationen in Anhang II der MiCAR erfolgt. Insoweit weist das Kryptowerte-Whitepaper nach Art. 19 MiCAR gewisse Pralellen zu dem nach § 4 Abs. 1 S. 1 WpPG zu erstellenden Wertpapier-Informationsblatt auf. Auch das sog. Wertpapier-Informationsblatt dient – als Ausnahmeregelung von der grundsätzlichen Prospektpflicht für Wertpapieremissionen nach Art. 3 Abs. 1 Prospekt-VO – als Informationsquelle bei öffentlichen Emissionen, die einen gewissen Gesamtgegenwert nicht überschreiten.[42] Vergleichbar damit erfolgt auch die Darstellung der wesentlichen Informationen über die vermögenswertreferenzierten Token in dem Kryptowerte-Whitepaper nach Art. 19 MiCAR in kurzer und verständlicher Weise, wobei eine Übermittlung an die zuständige Aufsichtsbehörde einhergeht. Insbesondere die Darstellung der Informationen über den Emittenten, über den Token bzw. das Wertpapier sowie die verbundenen Risiken sind miteinander vergleichbar. Marketingmitteilungen müssen auf Anfrage der zuständigen Behörde dieser ebenfalls übermittelt werden.[43]

12 **3. Passporting hinsichtlich der Zulassung (Abs. 3).** Die von der zuständigen Behörde des Herkunftsmitgliedstaates[44] ausgestellte Zulassung gilt gemäß Art. 16 Abs. 3 MiCAR für die gesamte EU. Dieses sogenannte Passporting ist bereits aus Art. 34, 35 und Annex I MiFID II wie auch Art. 35, 37, 39 CRD IV bekannt.[45] Ziel ist es, durch diesen Europäischen Pass den Finanzbinnenmarkt zu fördern.[46]

13 **4. Passporting hinsichtlich der Genehmigung des Whitepapers (Abs. 4).** Wurde das Kryptowerte-Whitepaper durch die zuständige Behörde des Heimatmitgliedstaates nach Art. 17 Abs. 1 oder Art. 21 Abs. 1 MiCAR genehmigt, gilt dieses gemäß Art. 16 Abs. 4 MiCAR ebenfalls für die gesamte EU. Die Vorschrift orientiert sich an Art. 24 Abs. 1 S. 1 Prospekt-VO, welche das Passporting bei Prospekten regelt. Vergleichbar mit der Regelung zum Sprachregime in Art. 27 Prospekt-VO i.V.m. § 21 WpPG gilt auch für die Erstellung des Kryptowerte-Whitepaper nach Art. 19 Abs. 8 MiCAR, dass dieses grundsätzlich in der Amtssprache des Herkunftsmitglied-

---

[41] S. zur Definition Art. 3 Abs. 1 Nr. 30 MiCAR.
[42] Im Gegensatz zur Bagatellgrenze des Art. 16 Abs. 2 UAbs. 2 MiCAR beträgt diese nach § 4 Abs. 1 S. 1 WpPG jedoch 8.000.000 EUR.
[43] S. Art. 16 Abs. 2 UAbs. 2 MiCAR.
[44] S. zur Definition Art. 3 Abs. 1 Nr. 33 MiCAR.
[45] Buchardi EuZW 2021, 1013 (1016).
[46] Wellerdt WM 2021, 1171 (1177).

staats oder in einer in der internationalen Finanzwelt gebräuchlichen Sprache abzufassen ist bzw. bei einem Angebot in einem anderen Mitgliedstaat als dem Herkunftsmitgliedstaat, in einer Amtssprache des Aufnahmemitgliedstaats des Emittenten oder in einer in der internationalen Finanzwelt gebräuchlichen Sprache.

5. Auswirkungen des Kryptomärkteaufsichtsgesetzes. Der Inhalt des Art. 16 MiCAR wird durch das innerhalb des Entwurfs eines Gesetzes über die Digitalisierung des Finanzmarktes (Finanzmarktdigitalisierungsgesetz) geplante Kryptomärkteaufsichtsgesetz („**KMAG**")[47] erheblich ergänzt. So beinhaltet § 9 KMAG-E die Berechtigung der BaFin zur Anordnung der sofortigen Einstellung des Geschäftsbetriebs des Emittenten und dessen unverzügliche Abwicklung bei Begebung eines Token ohne Zulassung iSd Art. 16 MiCAR. § 10 KMAG-E regelt die Informationserlangung für die Feststellung eines solchen Sachverhalts durch die BaFin. Der BaFin wird durch § 15 KMAG-E die Ermächtigung eingeräumt, das öffentliche Angebot eines vermögenswertreferenzierten Token oder dessen Zulassung zum Handel auszusetzen oder zu untersagen, wenn der Emittent gegen Vorschriften der MiCAR oder des KMAG-E verstoßen hat. § 20 KMAG-E sieht vor, dass die BaFin im Rahmen ihrer Aufgabenerfüllung Auskünfte vom Emittenten verlangen und Prüfungen vornehmen kann. Gemäß § 21 KMAG-E ist der Emittent verpflichtet, bestimmte ihn oder den vermögenswertreferenzierten Token betreffende Informationen der BaFin unverzüglich anzuzeigen. Außerdem wird die BaFin gemäß § 22 KMAG-E ermächtigt, an Hauptversammlungen des Emittenten wie auch Sitzungen seines Leitungsorgans teilzunehmen. Nach § 23 KMAG-E ist es der BaFin möglich, bei Fehlverhalten eines Mitglieds des Leitungsorganes dieses zu verwarnen und unter Umständen dessen Abberufung zu verlangen. Darüber hinaus kann die BaFin gemäß § 24 KMAG-E Mitgliedern des Leitungsorgans vorübergehend oder dauerhaft die Wahrnehmung von Leitungsaufgaben bei Unternehmen in der Rechtsform einer juristischen Person untersagen. § 26 KMAG-E umfasst außerdem eine Generalklausel, wonach die BaFin ermächtigt wird, Maßnahmen zur Einhaltung der sog. DORA-VO[48] zu ergreifen. Darüber hinaus umfasst das KMAG-E Bußgeldvorschriften, welche ein gegen Art. 16 MiCAR verstoßendes Verhalten ahnden. Gemäß § 47 Abs. 3 Nr. 13 KMAG-E liegt eine Ordnungswidrigkeit vor, wenn ein Kreditinstitut einen vermögenswertreferenzierten Token begibt, ohne die Voraussetzungen des Art. 16 Abs. 1 UAbs. 1 lit. (b) iVm. Art. 17 MiCAR zu erfüllen. Das öffentliche Anbieten eines vermögenswertreferenzierten Token stellt gemäß § 47 Abs. 4 Nr. 3 KMAG-E eine Ordnungswidrigkeit dar, wenn der Anbieter nicht auch Emittent des Token ist und von dem eigentlichen Begeber keine Zustimmung iSd. Art. 16 Abs. 1 UAbs. 2 MiCAR eingeholt hat.

---

[47] S. RegE Finanzmarktdigitalisierungsgesetz, BT-Drucks. 20/10280, S. 10 ff.
[48] Verordnung (EU) 2022/2554 des europäischen Parlaments und des Rates vom 14. Dezember 2022 über die digitale operationale Resilienz im Finanzsektor und zur Änderung der Verordnungen (EG) Nr. 1060/2009, (EU) Nr. 648/2012, (EU) Nr. 600/2014, (EU) Nr. 909/2014 und (EU) 2016/1011.

Artikel 17 Anforderungen an Kreditinstitute

(1) Ein von einem Kreditinstitut ausgegebener vermögenswertereferenzierter Token kann öffentlich angeboten oder zum Handel zugelassen werden, wenn das Kreditinstitut
a) für den vermögenswertreferenzierten Token ein Kryptowerte-Whitepaper gemäß Artikel 19 erstellt und dieses Kryptowerte-Whitepaper der zuständigen Behörde seines Herkunftsmitgliedstaats gemäß dem Verfahren, das in den nach Absatz 8 des vorliegenden Artikels angenommenen technischen Regulierungsstandards festgelegt ist, zur Genehmigung vorlegen und das Kryptowerte-Whitepaper von der zuständigen Behörde genehmigt wird;
b) die jeweils zuständige Behörde mindestens 90 Arbeitstage vor der erstmaligen Ausgabe des vermögenswertereferenzierten Token benachrichtigt, indem es folgende Informationen übermittelt:
   i) einen Geschäftsplan mit Angabe des Geschäftsmodells, das das Kreditinstitut zu befolgen beabsichtigt;
   ii) ein Rechtsgutachten, dem zufolge der vermögenswertereferenzierte Token nicht als eines der Folgenden einzustufen ist:
   – ein Kryptowert, der gemäß Artikel 2 Absatz 4 vom Anwendungsbereich dieser Verordnung ausgenommen ist;
   – ein E-Geld-Token;
   iii) eine detaillierte Beschreibung der Regelungen zur Unternehmensführung nach Artikel 34 Absatz 1;
   iv) die in Artikel 34 Absatz 5 Unterabsatz 1 aufgeführten Strategien und Verfahren;
   v) eine Beschreibung der in Artikel 34 Absatz 5 Unterabsatz 2 genannten vertraglichen Vereinbarungen mit Drittunternehmen;
   vi) eine Beschreibung der in Artikel 34 Absatz 9 genannten Strategie zur Fortführung des Geschäftsbetriebs;
   vii) eine Beschreibung der in Artikel 34 Absatz 10 genannten Mechanismen für die interne Kontrolle und Risikomanagementverfahren;
   viii) eine Beschreibung der in Artikel 34 Absatz 11 genannten Systeme und Verfahren zum Schutz der Verfügbarkeit, Authentizität, Integrität und Vertraulichkeit von Daten.

(2) Ein Kreditinstitut, das die zuständigen Behörden im Einklang mit Absatz 1 Buchstabe b zuvor bei der Ausgabe anderer vermögenswertereferenzierter Token benachrichtigt hat, ist nicht verpflichtet, der zuständigen Behörde die zuvor von ihr übermittelten Informationen erneut zu übermitteln, wenn diese Informationen identisch wären. Bei der Übermittlung der in Absatz 1 Buchstabe b aufgeführten Informationen bestätigt das Kreditinstitut ausdrücklich, dass alle nicht erneut übermittelten Informationen noch aktuell sind.

(3) Die zuständige Behörde, bei der eine Übermittlung nach Absatz 1 Buchstabe b eingeht, prüft innerhalb von 20 Arbeitstagen nach Eingang der darin aufgeführten Informationen, ob alle gemäß diesem Buchstaben erforderlichen Informationen bereitgestellt wurden. Gelangt die zuständige Behörde zu dem Schluss, dass eine Mitteilung aufgrund fehlender Informationen nicht vollständig ist, so teilt sie dies dem übermittelnden Kreditinstitut sofort mit und legt eine Frist fest, innerhalb deren das Kreditinstitut die fehlenden Informationen bereitstellen muss.

Die Frist für die Bereitstellung der fehlenden Informationen darf 20 Arbeitstage ab dem Tag des Antrags nicht überschreiten. Bis zum Ablauf dieser Frist wird der in Absatz 1 Buchstabe b festgelegte Zeitraum ausgesetzt. Die Anforderung weiterer Ergänzungen oder Klarstellungen zu den Informationen liegt im Ermessen der zuständigen Behörde, führt jedoch nicht zu einer Aussetzung des in Absatz 1 Buchstabe b festgelegten Zeitraums.

Das Kreditinstitut darf der vermögenswertereferenzierte Token nicht öffentlich anbieten oder die Zulassung zum Handel beantragen, solange die Übermittlung unvollständig ist.

(4) Ein Kreditinstitut, das vermögenswertereferenzierte Token, einschließlich signifikanter vermögenswertereferenzierter Token, ausgibt, unterliegt nicht den Artikeln 16, 18, 20, 21, 24, 35, 41 und 42.

(5) Die zuständige Behörde übermittelt die vollständigen erhaltenen Informationen nach Absatz 1 unverzüglich der EZB und, wenn das Kreditinstitut in einem Mitgliedstaat niedergelassen ist, dessen amtliche Währung nicht der Euro ist, oder wenn eine amtliche Währung eines Mitgliedstaats, die nicht der Euro ist, als Bezugsgröße für den vermögenswertereferenzierte Token gilt, auch der Zentralbank des betreffenden Mitgliedstaats.

Die EZB und gegebenenfalls die Zentralbank des Mitgliedstaats gemäß Unterabsatz 1 geben innerhalb von 20 Arbeitstagen nach Erhalt der vollständigen Informationen eine Stellungnahme zu diesen Informationen ab und übermitteln diese Stellungnahme der zuständigen Behörde.

Die zuständige Behörde verpflichtet das Kreditinstitut, den vermögenswertereferenzierten Token nicht öffentlich anzubieten oder die Zulassung zum Handel nicht zu beantragen, wenn die EZB oder gegebenenfalls die Zentralbank des Mitgliedstaats gemäß Unterabsatz 1 aus Gründen eines Risikos für das reibungslose Funktionieren der Zahlungssysteme, der geldpolitischen Transmission oder der Währungshoheit eine ablehnende Stellungnahme abgibt.

(6) Die zuständige Behörde teilt der ESMA die in Artikel 109 Absatz 3 genannten Informationen mit, nachdem sie die Vollständigkeit der gemäß Absatz 1 des vorliegenden Artikels eingegangenen Informationen überprüft hat.

Die ESMA stellt diese Informationen ab dem Startdatum des öffentlichen Angebots oder der Zulassung zum Handel gemäß Artikel 109 Absatz 3 in dem Register zur Verfügung.

(7) Die jeweils zuständige Behörde unterrichtet die ESMA innerhalb von zwei Arbeitstagen ab dem Entzug der Zulassung über den Entzug der Zulassung eines Kreditinstituts, der vermögenswertereferenzierte Token ausgibt. Die ESMA stellt die Informationen über den Entzug gemäß Artikel 109 Absatz 3 unverzüglich in dem Register zur Verfügung.

(8) Die EBA arbeitet in enger Zusammenarbeit mit der ESMA und der EZB Entwürfe technischer Regulierungsstandards zur näheren Spezifizierung des Verfahrens für die Genehmigung eines Kryptowerte-Whitepapers nach Absatz 1 Buchstabe a aus.

Die EBA übermittelt der Kommission die in Unterabsatz 1 genannten Entwürfe technischer Regulierungsstandards
 spätestens am 30. Juni 2024.

Der Kommission wird die Befugnis übertragen, diese Verordnung durch die Annahme der in Unterabsatz 1 dieses Absatzes genannten technischen Regulierungsstandards gemäß den Artikeln 10 bis 14 der Verordnung (EU) Nr. 1093/2010 zu ergänzen.

Übersicht

	Rn.
I. Einführung	1
1. Literatur	1
2. Entstehung und Zweck der Norm	2
3. Normativer Kontext	4
II. Kommentierung	5
1. Voraussetzungen (Abs. 1)	5
a) Kryptowerte-Whitepaper (lit. a)	6
b) Anzeigepflicht bei der zuständigen Behörde (lit. b)	7
2. Ausnahme bei wiederholter Emission (Abs. 2)	11
3. Vollständigkeit und Nachlieferung von Informationen; Untersagung der Emission (Abs. 3)	12
4. Weitere Ausnahmen bei der Begebung durch Kreditinstitute (Abs. 4)	13
5. Benachrichtigung der Zentralbanken (Abs. 5)	15
a) Einleitung	15
b) Norminhalt	17
6. Weiterleitung von Informationen an die ESMA; Veröffentlichung dieser im Register iSd Art. 109 (Abs. 6)	20
7. Benachrichtigung der ESMA bei Genehmigungsentzug (Abs. 7)	21
8. Technische Regulierungsstandards (Abs. 8)	22
a) Einleitung	22
b) Norminhalt	23
9. Auswirkungen des Kryptomärkteaufsichtsgesetzes	24

I. Einführung

1 1. Literatur. *Feger/Gollasch,* MiCAR – Ein erster Überblick für Compliance-Beauftragte zur Krypto-Regulierung, CB 2022, 248; *Hirzle/Hugendubel,* Die Entwicklung des Kryptorechts im Jahr 2022, BKR 2022, 821; *Maume,* Die Verordnung über Märkte für Kryptowerte (MiCAR), RDi 2022, 497; *Zickgraf,* Primärmarktpublizität in der Verordnung über die Märkte für Kryptowerte (MiCAR) – Teil 2, BKR 2021, 362.

2 2. Entstehung und Zweck der Norm. Art. 17 MiCAR sieht ein vereinfachtes Emissionsverfahren für vermögenswertreferenzierte Token[1] vor, welche durch **Kreditinstitute**[2] im Sinne der Richtlinie CRD IV begeben werden.[3] Bereits im Kommissionsentwurf vom 24.9.2020 wurde ein vereinfachtes Verfahren für die Emission vermögenswertreferenzierter Token durch Kreditinstitute vorgesehen. Im Vergleich zur Fassung vom 24.9.2020 wurden die Vorgaben jedoch erweitert. Die finale Fassung verlangt in Art. 17 Abs. 1 MiCAR neben der Veröffentlichung und Genehmigung eines Kryptowerte-Whitepapers, lit. (a), auch die Übermittlung spezifischer Informationen an die zuständige Behörde[4], lit. (b). Der Katalog an geforderten Informationen orientiert sich dabei an denen, welche einem Zulassungsantrag für

---

[1] S. zur Definition Art. 3 Abs. 1 Nr. 6 MiCAR.
[2] S. zur Definition Art. 3 Abs. 1 Nr. 28 MiCAR.
[3] S. Erwgr. Nr. 44 MiCAR.
[4] S. zur Definition Art. 3 Abs. 1 Nr. 35 MiCAR.

Nicht-Kreditinstitute gemäß Art. 16 Abs. 2 MiCAR beigefügt werden müssen. Allerdings ist der Umfang der von Kreditinstituten geforderten Informationen geringer.

Der **wesentliche Unterschied** im Vergleich zum Begebungsverfahren bei Nicht-Kreditinstituten liegt vor allem darin, dass Kreditinstitute für die Emission vermögenswertreferenzierter Token **keiner Zulassung** iSd Art. 16 Abs. 1 S. 1 lit. (a) iVm Art. 21 MiCAR bedürfen.[5] Des Weiteren müssen sie die in der MiCAR vorgesehenen Vorgaben zum Eigenkapital und zur Gesellschafterstruktur nicht berücksichtigen.[6] Begründet wird dies damit, dass Kreditinstitute durch die Richtlinie CRD IV und Verordnung CRR bereits streng reguliert sind und die in der MiCAR vorgesehene Zulassung einer Doppelbelastung gleichkommen würde.[7] 3

3. **Normativer Kontext.** Art. 17 regelt einen der beiden Fälle des Art. 16 Abs. 1 UAbs. 1 MiCAR, in welchen vermögenswertreferenzierte Token öffentlich angeboten[8] werden können oder deren Zulassung zum Handel auf einem EU-Kryptohandelsplatz[9] beantragt werden kann. Die Vorschrift gehört somit zu den Kernregelungen des Titels III. Sie steht dabei als **Ausnahmeregelung** den Zulassungsvorschriften für Nicht-Kreditinstitute gemäß Art. 18, 20 ff. MiCAR gegenüber. 4

II. Kommentierung

1. **Voraussetzungen (Abs. 1).** Art. 17 Abs. 1 MiCAR regelt die **Voraussetzungen** für die Begebung vermögenswertreferenzierter Token durch Kreditinstitute. Dabei lassen sich diese in zwei Vorgaben unterteilen, nämlich der Erstellung des **Kryptowerte-Whitepapers** nach Art. 17 Abs. 1 lit. (a) MiCAR, und die **Informationsversorgung** der zuständigen Behörde[10] nach Art. 17 Abs. 1 lit. (b) MiCAR. 5

a) **Kryptowerte-Whitepaper (lit. a).** Art. 17 Abs. 1 lit. (a) MiCAR verlangt, dass das Kreditinstitut ein **Kryptowerte-Whitepaper** nach Art. 19 MiCAR erstellt. Dieses Whitepaper muss gemäß Art. 17 Abs. 1 lit. (a) MiCAR der zuständigen Behörde zugeleitet und von dieser genehmigt werden. Das Genehmigungsverfahren richtet sich dabei nach den technischen Regulierungsstandards iSd Art. 17 Abs. 8 MiCAR. 6

b) **Anzeigepflicht bei der zuständigen Behörde (lit. b).** Art. 17 Abs. 1 lit. (b) MiCAR beinhaltet einen Katalog mit Informationen, welche der Emittent der zuständigen Behörde anzuzeigen hat. Vorbild hierfür war der Katalog des Art. 18 Abs. 2 MiCAR, dessen Inhalt entsprechend der bereits strengen Regulierung von Kreditinstituten nur in reduzierter Form in Art. 17 Abs. 1 lit. (b) MiCAR übernommen wurde. Die zur Verfügung gestellten Informationen müssen gemäß Art. 17 Abs. 3 UAbs. 1 MiCAR von der zuständigen Behörde überprüft werden. Sollten diese unvollständig sein, darf der vermögenswertreferenzierte Token gemäß Art. 17 Abs. 3 UAbs. 3 7

---

[5] S. Erwgr. Nr. 44 MiCAR.
[6] S. Erwgr. Nr. 44 MiCAR.
[7] S. Erwgr. Nr. 44 MiCAR, Maume RDi 2022, 497 (499).
[8] S. zur Definition Art. 3 Abs. 1 Nr. 12 MiCAR.
[9] S. zur Definition Art. 3 Abs. 1 Nr. 18 MiCAR; Art. 76 MiCAR.
[10] S. zur Definition Art. 3 Abs. 1 Nr. 35 MiCAR.

MiCAR weder öffentlich angeboten noch seine Zulassung zum Handel beantragt werden.

8   **aa) Geschäftsplan inkl. Angabe des Geschäftsmodells (sublit. i).** Gemäß Art. 17 Abs. 1 lit. (b) sublit. (i) MiCAR muss das Kreditinstitut einen Geschäftsplan, in welchem dessen Geschäftsmodell beschrieben wird, vorlegen. Diese Vorschrift wurde aus Art. 18 Abs. 2 lit. (d) MiCAR übernommen. Allerdings muss sie hier entsprechend ausgelegt werden. Handelt es sich bei dem Emittenten um ein Nicht-Kreditinstitut, ist davon auszugehen, dass dessen primärer Geschäftszweck sich auf die Tokenemission bezieht. Dies ist bei Kreditinstituten jedoch nicht der Fall. Die Norm ist daher einschränkend so zu verstehen, dass das **Geschäftsmodell** des Kreditinstituts nicht im Ganzen, sondern **nur bezüglich der Emission** des vermögenswertreferenzierten Token zu beschreiben ist.

9   **bb) Rechtsgutachten zur Qualifikation des zu emittierenden Token (sublit. ii).** Kreditinstitute werden gemäß Art. 17 Abs. 1 lit. (b) sublit. (ii) MiCAR dazu verpflichtet, ein **Rechtsgutachten** zu erstellen, wonach die zu begebenen vermögenswertreferenzierten Token nicht unter die Ausnahme des Art. 2 Abs. 4 MiCAR fallen, (i), und dass diese keine E-Geld-Token[11] darstellen, (ii). Das Erstellen eines solchen Gutachtens ist gemäß Art. 18 Abs. 2 lit. (e) MiCAR auch bei der Zulassung von Nicht-Kreditinstituten vorgesehen. Es ist gemäß Art. 17 Abs. 1 lit. (b) MiCAR an die zuständige Behörde zu adressieren.

10 **cc) Weitere Informationen**[12] **(sublit. iii–viii).** Darüber hinaus muss der Emittent der zuständigen Behörde eine Reihe weiterer Informationen zur Verfügung stellen. Im Kern handelt es sich bei diesen um Beschreibungen, wie der Emittent weitere Vorgaben aus der MiCAR zu erfüllen anstrebt. Diese zielen zum einen darauf ab, den Schutz von Kleinanlegern sicherzustellen.[13] Zum anderen soll sichergestellt werden, dass die Stabilität des vermögenswertreferenzierten Token nach der Emission gewährleistet ist.[14]

So müssen folgende Beschreibungen beigefügt werden:

– sublit. (iii): eine detaillierte Beschreibung der Unternehmensführungsregelungen iSd. Art. 34 Abs. 1 MiCAR.[15] Diese soliden Regelungen zur Unternehmensführung umfassen insbesondere (i) eine klare Organisationsstruktur mit genau definierten, transparenten und kohärenten Verantwortungsbereichen, (ii) wirksame Verfahren zur Ermittlung, Regelung, Überwachung und Meldung der tatsächlichen und potentiellen Risiken, sowie (iii) angemessene Mechanismen interner Kontrollen mit soliden Verwaltungs- und Rechnungslegungsverfahren;

– sublit. (iv): eine Beschreibung der in Art. 34 Abs. 5 UAbs. 1 MiCAR aufgeführten Strategien und Verfahren. Diese müssen hinreichenden wirksam sein und insbesondere die in Art. 36 MiCAR genannte Vermögenswertreserve (lit. (a)), Interessenkonflikte gem. Art. 32 MiCAR (lit. (k)), sowie die Bearbeitung von Beschwerden gem. Art. 31 MiCAR (lit. (j)) umfassen;

---

[11] S. zur Definition Art. 3 Abs. 1 Nr. 7 MiCAR.
[12] S. Erwgr. Nr. 47 ff. MiCAR.
[13] S. Erwgr. Nr. 47 MiCAR.
[14] Vgl. Erwgr. Nr. 48 MiCAR.
[15] S. Erwgr. Nr. 51 VO MiCAR.

– sublit. (v): eine Beschreibung der in Art. 34 Abs. 5 UAbs. 2 MiCAR genannten vertraglichen Vereinbarungen mit Drittunternehmen,[16] in denen die Aufgaben, Zuständigkeiten, Rechte und Pflichten sowohl der Emittenten als auch der Drittunternehmen, sowie bei rechtsordnungsübergreifenden Auswirkungen, das anzuwendende Recht festgelegt werden;
– sublit. (vi): eine Beschreibung der in Art. 34 Abs. 9 MiCAR genannten Strategie der Emittenten zur Fortführung des Geschäftsbetriebs, um sicherzustellen, dass für den Fall der Unterbrechung der IKT-Systeme und Verfahren die Bewahrung wesentlicher Daten und Funktionen und die Aufrechterhaltung ihrer Tätigkeiten gewährleistet ist, oder, soweit dies nicht möglich ist, die zeitnah Wiederherstellung dieser Daten und Funktionen und die Wiederaufnahme ihrer Tätigkeiten erfolgt;
– sublit. (vii): eine Beschreibung der in Art. 34 Abs. 10 MiCAR genannten internen Mechanismen für interne Kontrollen und Risikomanagementverfahren, worunter auch wirksame Kontroll- und Schutzvorkehrungen für das Management von IKT-Systemen[17] fallen und die eine umfassende Bewertung der Inanspruchnahme von Drittunternehmen gem. Art. 34 Abs. 5 Uabs. 1 lit. (h) MiCAR vorsehen;[18] und
– sublit. (viii): eine Beschreibung der in Art. 34 Abs. 11 MiCAR genannten Systeme und Verfahren zum Schutz der Verfügbarkeit, Authentizität, Integrität und Vertraulichkeit der relevanten Daten und Informationen, die im Rahmen der Tätigkeiten der Emittenten erhoben und generiert werden.[19]

2. Ausnahme bei wiederholter Emission (Abs. 2). Art. 17 Abs. 2 S. 1 MiCAR sieht eine Ausnahme von Abs. 1 vor und ermöglicht, dass sich der Emittent bei der Emission eines neuen vermögenswertreferenzierten Token auf die bereits verwendeten und der zuständigen Behörde zur Verfügung gestellten Informationen nach Art. 17 Abs. lit. (b) MiCAR beruft. Voraussetzung hierfür ist, dass die bereits abgegebenen Informationen mit denen des neuen Token identisch wären. Art. 17 Abs. 2 S. 2 MiCAR verlangt jedoch, dass der Emittent bei der Antragsstellung angibt, dass die nicht erneut vorgelegten Angaben, auf welche er sich nach S. 1 beruft, noch aktuell sind. 11

3. Vollständigkeit und Nachlieferung von Informationen; Untersagung der Emission (Abs. 3). Art. 17 Abs. 3 MiCAR regelt das **Verfahren** zum Umgang der zuständigen Behörde mit den nach Art. 17 Abs. 1 lit. (b) MiCAR zur Verfügung gestellten Informationen. Diese muss gemäß Art. 17 Abs. 3 UAbs. 1 S. 1 MiCAR innerhalb von **20 Arbeitstagen** nach Zugang der Informationen dem Emittenten mitteilen, ob alle benötigten Informationen vorliegen. Sollte dies nicht der Fall sein, muss die Behörde gemäß Art. 17 Abs. 3 UAbs. 1 S. 2 MiCAR dem Emittenten diesen Missstand sofort melden. Dabei setzt die Behörde eine Frist zur Nachreichung der fehlenden Informationen, Art. 17 Abs. 3 UAbs. 1 S. 2 MiCAR, wobei diese nicht länger als **20 Arbeitstage** sein darf, Art. 17 Abs. 3 UAbs. 2 S. 1 MiCAR. Die Aufforderung zur Nachreichung unterbricht gemäß Art. 17 Abs. 3 UAbs. 2 S. 2 MiCAR die Bekanntgabefrist des Abs. 3 UAbs. 1 S. 1. 12

---

[16] S. Erwgr. Nr. 50, 52 MiCAR.
[17] Gemäß der Verordnung (EU) 2022/2554 („*Digital Operational Resilience Act*").
[18] S. Erwgr. Nr. 51 MiCAR.
[19] Entsprechend der VO (EU) 2022/2554 und der VO (EU) 2016/679.

MiCAR Art. 17 Titel III. Vermögenswertreferenzierte Token

Alle weiteren Ersuchen der zuständigen Behörden zur Vervollständigung oder Klärung der Informationen liegen im Ermessen der zuständigen Behörden. Sie führen jedoch nicht zu einer Aussetzung der Frist nach Absatz 1 lit. (b), Art. 17 Abs. 3 UAbs. 2 S. 3 MiCAR. Solange die Informationen nicht vollständig sind, ist es dem Kreditinstitut gemäß Art. 17 Abs. 3 UAbs. 3 MiCAR untersagt, den vermögenswertreferenzierten Token zu begeben.

13 **4. Weitere Ausnahmen bei der Begebung durch Kreditinstitute (Abs. 4).** Art. 17 Abs. 4 MiCAR stellt klar, dass die Artikel 16, 18, 20, 21, 24, 35, 41 und 42 MiCAR bei der Begebung vermögenswertreferenzierter Token durch Kreditinstitute **keine Anwendung** finden. Diese Ausnahmeregelung gilt auch für die Emission signifikanter vermögenswertreferenzierter Token.

14 Die nicht anzuwendenden Normen lassen sich in drei Kategorien unterteilen. Die Artikel 16, 18, 20, 21 und 24 MiCAR regeln die Zulassung eines Nicht-Kreditinstitutes als Emittenten eines vermögenswertreferenzierten Token. Art. 35 MiCAR betrifft die Eigenkapitalregelungen eines solchen Emittenten. Art. 41 und 42 MiCAR setzen besondere Anforderungen und Hinweispflichten zugunsten der zuständigen Behörde bei der Übernahme eines Nicht-Kreditinstituts, welches vermögenswertreferenzierte Token begeben hat. Art. 17 Abs. 4 MiCAR ist somit zentrale Vorschrift bei der Vereinfachung des Emissionsverfahrens für Kreditinstitute, welche mit deren strengen Regulierung durch die bestehende Rechtsordnung begründet wird (→ Rn. 2 f.).

15 **5. Benachrichtigung der Zentralbanken (Abs. 5). a) Einleitung.** Art. 17 Abs. 5 MiCAR regelt das Verfahren zur **Benachrichtigung der EZB** und, falls anwendbar, **anderer Zentralbanken der Mitgliedstaaten** wie auch die Auswirkung deren Entscheidung auf die Begebung eines vermögenswertreferenzierten Token durch ein Kreditinstitut.[20]

16 Die Parallelvorschriften für Nicht-Kreditinstitute sind in Art. 20 Abs. 4, 5 und Art. 21 Abs. 4 MiCAR geregelt. In beiden Konstellationen überprüfen die EZB und, falls anwendbar, die Zentralbanken der Mitgliedstaaten die Gefährdung des Finanz- und Zahlungssystems durch die Begebung des vermögenswertreferenzierten Token. Wesentlicher Unterschied ist jedoch, dass bei Nicht-Kreditinstituten gemäß Art. 20 Abs. 4 MiCAR auch die ESMA und EBA benachrichtigt werden. Diese geben gemäß Art. 20 Abs. 5 S. 1 MiCAR ihre Einschätzung bezüglich des Rechtsgutachten nach Art. 18 Abs. 2 lit. (e) MiCAR ab. Eine solche Überprüfung durch die ESMA und EBA ist bei Kreditinstituten nicht vorgesehen.

17 **b) Norminhalt.** Art. 17 Abs. 5 UAbs. 1 MiCAR sieht vor, dass die zuständige Behörde die Informationen nach Abs. 1 **unverzüglich** der EZB weiterleiten soll. Ist die Währung des Mitgliedstaates, in welchem das Kreditinstitut seinen Sitz hat, nicht Teil der Währungsunion, müssen die Informationen auch an die Zentralbank dieses Mitgliedstaates übermittelt werden. Gleiches gilt, wenn eine andere Währung eines Mitgliedstaates als Reservevermögen iSd Art. 36 MiCAR dient. Sind Währungen verschiedener Mitgliedstaaten Teil des Reservevermögens, müssen alle entsprechenden Zentralbanken informiert werden. Dieses Verfahren soll sicherstellen, dass die Aus-

---

[20] Vgl. Erwgr. Nr. 46 MiCAR.

wirkungen auf alle involvierten Finanz- und Zahlungssysteme von den zuständigen Zentralbanken begutachtet werden.

Die EZB und ggf. die Zentralbanken der entsprechenden Mitgliedstaaten 18 sollen gemäß Art. 17 Abs. 5 UAbs. 2 MiCAR innerhalb von **20 Arbeitstagen** nach Zugang der Informationen iSd Abs. 1 ihre Einschätzung zur Begebung des vermögenswertreferenzierten Token und dessen Auswirkung auf die Sicherheit der betreffenden Finanz- und Zahlungssysteme der zuständigen Behörde mitteilen.

Gemäß Art. 17 Abs. 5 UAbs. 3 MiCAR muss die zuständige Behörde dem 19 Kreditinstitut auferlegen, den vermögenswertreferenzierten Token **nicht zu begeben,** wenn die EZB und ggf. die Zentralbank des entsprechenden Mitgliedstaates davon ausgehen, dass die Emission das reibungslose Funktionieren der Zahlungssysteme, der geldpolitischen Transmission oder der Währungshoheit **negativ beeinträchtigt.**

6. Weiterleitung von Informationen an die ESMA; Veröffent- 20 **lichung dieser im Register iSd Art. 109 (Abs. 6).** Die zuständige Behörde leitet gemäß Art. 17 Abs. 6 UAbs. 1 MiCAR die Informationen nach Art. 109 Abs. 3 MiCAR an die **ESMA** weiter. Darüber hinaus informiert sie diese über das anvisierte Datum des öffentlichen Angebots bzw. der Beantragung der Handelszulassung wie auch über alle Änderungen hierüber nach Bestätigung der Vollständigkeit der Informationen iSd Abs. 1. Die ESMA veröffentlicht diese Informationen gemäß Art. 17 Abs. 6 UAbs. 2 MiCAR in dem entsprechenden **Register** iSd Art. 109 MiCAR am Tag des öffentlichen Angebots bzw. des Antrags zur Handelszulassung.[21]

7. Benachrichtigung der ESMA bei Genehmigungsentzug (Abs. 7). 21 Sollte dem Emittenten die Zulassung als Kreditinstitut **entzogen** werden, informiert die zuständige Behörde die ESMA gemäß Art. 17 Abs. 7 S. 1 MiCAR hierüber. Diese Benachrichtigung muss gemäß Art. 17 Abs. 7 S. 1 MiCAR innerhalb von zwei Arbeitstagen ab dem Entzug der Zulassung erfolgen. Nach Art. 17 Abs. 7 S. 2 MiCAR muss die Information über den Entzug von der ESMA in das Register iSd Art. 109 MiCAR aufgenommen werden.

8. Technische Regulierungsstandards (Abs. 8). a) Einleitung. Um 22 die einheitliche Ausübung der MiCAR in der EU durch die zuständigen Behörden zu gewährleisten, sieht die MiCAR an mehreren Stellen vor, dass **technische Regulierungsstandards** entworfen werden sollen.[22] Art. 17 Abs. 8 MiCAR stellt solch einen Baustein zur Vereinheitlichung der Rechtsanwendung dar. Denn hierdurch wird die EBA damit beauftragt, Standards zum Genehmigungsverfahren über von Kreditinstituten entworfene Kryptowerte-Whitepaper zu erstellen.[23] Im zweiten Schritt wird der Kommission die Ermächtigung erteilt, die MiCAR durch die Annahme dieser Standards durch Erlass delegierter Rechtsakte zu ergänzen.[24]

b) Norminhalt. Gemäß Art. 17 Abs. 8 UAbs. 1 MiCAR erstellt die 23 **EBA,** in Kooperation mit der **ESMA** und **EZB,** technische Regulierungsstandards zur Genehmigung von Kryptowerte-Whitepaper nach Art. 17

---

[21] Vgl. Erwgr. Nr. 101 MiCAR.
[22] Vgl. Erwgr. Nr. 109, 110 MiCAR.
[23] Vgl. Erwgr. Nr. 110 MiCAR.
[24] Vgl. Erwgr. Nr. 110 MiCAR.

MiCAR Art. 18 — Titel III. Vermögenswertreferenzierte Token

Abs. 1 lit. (a) MiCAR. Diese Standards müssen gemäß Art. 17 Abs. 8 UAbs. 2 MiCAR bis zum 30.6.2024 von der EBA an die Kommission übermittelt werden. In Art. 17 Abs. 8 UAbs. 3 MiCAR wird die Kommission dazu ermächtigt, die MiCAR zu ergänzen, in dem sie die technischen Regulierungsstandards nach Art. 17 Abs. 8 S. 1 MiCAR mittels delegierter Rechtsakte nach Art. 10–14 VO (EU) 1093/2019 erlässt.

24   **9. Auswirkungen des Kryptomärkteaufsichtsgesetzes.** Der Inhalt des Art. 17 MiCAR wird durch das innerhalb des Entwurfs eines Gesetzes über die Digitalisierung des Finanzmarktes (Finanzmarktdigitalisierungsgesetz) geplante Kryptomärkteaufsichtsgesetz („KMAG")[25] ergänzt. § 5 Abs. 1 KMAG-E sieht vor, dass der Widerspruch wie auch die Anfechtungsklage gegen die seitens der BaFin nach Art. 17 Abs. 5 UAbs. 3 MiCAR ausgesprochene Verpflichtung, den vermögenswertreferenzierten Token nicht öffentlich anzubieten bzw. die Zulassung zum Handel nicht zu beantragen, keine aufschiebende Wirkung hat. Der BaFin wird außerdem durch § 15 KMAG-E die Ermächtigung eingeräumt, das öffentliche Angebot eines vermögenswertreferenzierten Token oder dessen Zulassung zum Handel auszusetzen oder zu untersagen, wenn das Kreditinstitut gegen Vorschriften der MiCAR oder des KMAG-E verstoßen hat. Zuwiderhandlungen gegen die Vorgaben des Art. 17 MiCAR können außerdem bußgeldbewehrt sein. So stellt das öffentliche Angebot eines vermögenswertreferenzierten Token unter Nichtbeachtung der Vorgaben der Art. 16 Abs. 1 UAbs. 2 lit. (b) iVm. Art. 17 MiCAR eine Ordnungswidrigkeit dar. Eine Ordnungswidrigkeit liegt gemäß § 47 Abs. 3 Nr. 13 KMAG-E ebenfalls vor, wenn ein vermögenswertreferenzierter Token öffentlich angeboten oder dessen Zulassung zum Handel beantragt wird, obwohl eine vollziehbare Anordnung nach Art. 17 Abs. UAbs. 3 MiCAR vorliegt, dies wegen eines Risikos für das reibungslose Funktionieren der Zahlungssysteme, die geldpolitische Transmission oder die Währungshoheit zu unterlassen.

Art. 18 Beantragung der Zulassung

(1) Juristische Personen oder andere Unternehmen, die beabsichtigen, vermögenswertreferenzierte Token öffentlich anzubieten oder deren Zulassung zum Handel zu beantragen, stellen ihren Antrag auf Zulassung nach Artikel 16 bei der zuständigen Behörde ihres Herkunftsmitgliedstaats.

(2) Der in Absatz 1 genannte Antrag muss alle folgenden Informationen enthalten:
a) Anschrift des antragstellenden Emittenten;
b) Rechtsträgerkennung des antragstellenden Emittenten;
c) Satzung des antragstellenden Emittenten, sofern zutreffend;
d) Geschäftsplan mit Angabe des Geschäftsmodells, das der antragstellende Emittent zu befolgen beabsichtigt;
e) Rechtsgutachten, dem zufolge der vermögenswertreferenzierte Token nicht als eines der Folgenden einzustufen ist:
   i) ein Kryptowert, der gemäß Artikel 2 Absatz 4 vom Anwendungsbereich dieser Verordnung ausgenommen ist, oder
   ii) ein E-Geld-Token;

---

[25] S. RegE Finanzmarktdigitalisierungsgesetz, BT-Drucks. 20/10280, S. 10 ff.

f) detaillierte Beschreibung der Regelungen des antragstellenden Emittenten zur Unternehmensführung nach Artikel 34 Absatz 1;
g) wenn Kooperationsvereinbarungen mit konkreten Anbietern von Kryptowerte-Dienstleistungen bestehen, eine Beschreibung der Mechanismen und Verfahren für die interne Kontrolle, mit denen die Einhaltung der Verpflichtungen im Zusammenhang mit der Verhinderung von Geldwäsche und Terrorismusfinanzierung gemäß der Richtlinie (EU) 2015/849 sichergestellt wird;
h) Identität der Mitglieder des Leitungsorgans des antragstellenden Emittenten;
i) Nachweis, dass die unter Buchstabe h genannten Personen ausreichend gut beleumundet sind und über die angemessenen Kenntnisse, Fähigkeiten und Erfahrungen verfügen, um den antragstellenden Emittenten zu führen;
j) Nachweis, dass Anteilseigner oder Gesellschafter, die direkt oder indirekt qualifizierte Beteiligungen an dem antragstellenden Emittenten halten, ausreichend gut beleumundet sind;
k) das in Artikel 19 genannte Kryptowerte-Whitepaper;
l) die in Artikel 34 Absatz 5 Unterabsatz 1 genannten Strategien und Verfahren;
m) Beschreibung der in Artikel 34 Absatz 5 Unterabsatz 2 genannten vertraglichen Vereinbarungen mit Drittunternehmen;
n) Beschreibung der in Artikel 34 Absatz 9 genannten Strategie zur Fortführung des Geschäftsbetriebs des antragstellenden Emittenten;
o) Beschreibung der in Artikel 34 Absatz 10 genannten Mechanismen für die interne Kontrolle und Risikomanagementverfahren;
p) Beschreibung der in Artikel 34 Absatz 11 genannten Systeme und Verfahren zum Schutz der Verfügbarkeit, Authentizität, Integrität und Vertraulichkeit von Daten;
q) Beschreibung der in Artikel 31 genannten Beschwerdeverfahren des antragstellenden Emittenten;
r) gegebenenfalls eine Liste der Aufnahmemitgliedstaaten, in denen der antragstellende Emittent beabsichtigt, den vermögenswertereferenzierten Token öffentlich anzubieten oder die Zulassung des vermögenswertereferenzierten Token zum Handel zu beantragen.

(3) Emittenten, die bereits eine Zulassung zur Ausgabe eines vermögenswertereferenzierten Token erhalten haben, sind nicht verpflichtet, der zuständigen Behörde bereits von ihnen übermittelte Informationen zur Zulassung eines anderen vermögenswertereferenzierten Token erneut zu übermitteln, wenn diese Informationen identisch wären. Bei der Übermittlung der in Absatz 2 aufgeführten Informationen bestätigt der Emittent ausdrücklich, dass alle nicht erneut übermittelten Informationen noch aktuell sind.

(4) Die zuständige Behörde bestätigt dem antragstellenden Emittenten den Eingang des Antrags gemäß Absatz 1 umgehend, in jedem Fall aber innerhalb von zwei Arbeitstagen schriftlich.

(5) Für die Zwecke von Absatz 2 Buchstaben i und j liefert der antragstellende Emittent des vermögenswertereferenzierten Token Nachweise dafür,

a) dass es für Mitglieder des Leitungsorgans keine Einträge im Strafregister in Bezug auf Verurteilungen oder Strafen nach dem geltenden Handelsrecht, Insolvenzrecht und Finanzdienstleistungsrecht, oder im

Zusammenhang mit der Bekämpfung von Geldwäsche und Terrorismusfinanzierung, Betrug oder Berufshaftpflicht gibt;
b) dass die Mitglieder des Leitungsorgans des antragstellenden Emittenten vermögenswertereferenzierter Token kollektiv über die angemessene Kenntnisse, Fähigkeiten und Erfahrungen verfügen, um den Emittenten des vermögenswertreferenzierten Token zu verwalten, und dass diese Personen verpflichtet sind, ausreichend Zeit für die Wahrnehmung ihrer Aufgaben aufzuwenden.
c) dass es für keine Anteilseigner oder Gesellschafter, die direkt oder indirekt qualifizierte Beteiligungen an dem antragstellenden Emittenten halten, Einträge im Strafregister in Bezug auf Verurteilungen oder Strafen nach dem geltenden Handelsrecht, dem Insolvenzrecht und dem Finanzdienstleistungsrecht, oder im Zusammenhang mit der Bekämpfung von Geldwäsche und Terrorismusfinanzierung, Betrug oder Berufshaftpflicht gibt.

(6) Die EBA arbeitet in enger Zusammenarbeit mit der ESMA und der EZB Entwürfe technischer Regulierungsstandards aus, um die in Absatz 2 genannten Informationen näher zu präzisieren.

Die EBA übermittelt der Kommission die in Unterabsatz 1 genannten Entwürfe technischer Regulierungsstandards spätestens am 30. Juni 2024.

Der Kommission wird die Befugnis übertragen, diese Verordnung durch die Annahme der in Unterabsatz 1 dieses Absatzes genannten technischen Regulierungsstandards gemäß den Artikeln 10 bis 14 der Verordnung (EU) Nr. 1093/2010 zu ergänzen.

(7) Die EBA arbeitet in enger Zusammenarbeit mit der ESMA Entwürfe technischer Durchführungsstandards zur Festlegung von Standardformularen, Mustertexten und Verfahren für die in den Antrag aufzunehmenden Informationen aus, um im Gebiet der Union für Einheitlichkeit zu sorgen.

Die EBA übermittelt der Kommission die in Unterabsatz 1 genannten Entwürfe technischer Durchführungsstandards spätestens am 30. Juni 2024.

Der Kommission wird die Befugnis übertragen, die in Unterabsatz 1 genannten technischen Durchführungsstandards gemäß Artikel 15 der Verordnung (EU) Nr. 1093/2010 zu erlassen.

Übersicht

	Rn.
I. Einführung	1
1. Literatur	1
2. Entstehung und Zweck der Norm	2
3. Normativer Kontext	3
II. Kommentierung	5
1. Antrag an die zuständige Behörde des Herkunftsmitgliedstaats (Abs. 1)	5
2. Antragsinhalt (Abs. 2)	6
a) Einleitung	6
b) Informationskatalog	7
3. Ausnahme bei wiederholter Emission (Abs. 3)	9
4. Bestätigung des Antragseingangs (Abs. 4)	10
5. Konkretisierung der Zuverlässigkeitsnachweise (Abs. 5)	11
6. Technische Regulierungsstandards zum Antragsinhalt (Abs. 6)	12

	Rn.
7. Technische Durchführungsstandards zum Verfahren (Abs. 7)	13
8. Auswirkungen des Kryptomärkteaufsichtsgesetzes	14

I. Einführung

1. Literatur. *Feger/Gollasch,* MiCAR – Ein erster Überblick für Compliance-Beauftragte zur Krypto-Regulierung, CB 2022, 248; *Maume,* Die Verordnung über Märkte für Kryptowerte (MiCAR) – Stable Coins, Kryptodienstleistungen und Marktmissbrauchsrecht, RDi 2022, 497; *Siadat,* Markets in Crypto Assets Regulation – erster Einblick mit Schwerpunktsetzung auf Finanzinstrumente, RdF 2021, 12 ff. – *Wellerdt,* FinTech Regulierung – Wie werden innovative Geschäftsmodelle beaufsichtigt? – Am Beispiel der EU-Regulierung von Kryptowerten und Kryptodienstleistungen, WM 2021, 1171; *Zickgraf,* Primärmarktpublizität in der Verordnung über die Märkte für Kryptowerte (MiCAR) – Teil 1 – Eine kritische Untersuchung der Art. 4 – 14 des Kommissionsvorschlags, BKR 2021, 196.

2. Entstehung und Zweck der Norm. Art. 18 MiCAR regelt den **Inhalt des Zulassungsantrags** zur Emission von vermögenswertreferenzierten Token durch Nicht-Kreditinstitute nach Art. 16 Abs. 1 S. 1 lit. (a) MiCAR. Dabei bildet die Norm den ersten Baustein des **Zulassungsverfahrens für Nicht-Kreditinstitute** gemäß Art. 18, 20, 21 und 24 MiCAR.[1] Dieses orientiert sich an bereits bekannten Grundsätzen zur Zulassung von Kredit- und Finanzdienstleistungsinstituten, vor allem an den Art. 8 ff. Richtlinie (EU) 2013/36 und Art. 5 ff. MiFID II.[2] Daraus lässt sich auch das vereinfachte Verfahren für die Emission vermögenswertreferenzierter Token durch Kreditinstitute nach der RL (EU) 2013/36 ableiten, da diese bereits ein ähnliches Verfahren zur Zulassung als solches Institut durchlaufen mussten.[3]

3. Normativer Kontext. Art. 18 MiCAR stellt die erste Vorschrift aus dem **Zulassungsverfahren für Nicht-Kreditinstitute** als Emittenten vermögenswertreferenzierter Token dar. Sie ist daher im Kontext der weiteren Verfahrensvorschriften[4] zu betrachten. Die nach Art. 18 Abs. 2 MiCAR verlangten Informationen bestehen Großteils aus Beschreibungen, in denen der Emittent seinen Ansatz zur Erfüllung der MiCAR-Vorgaben darstellen muss. Diese sollen der Stabilität des vermögenswertreferenzierten Token dienen, indem der Emittent fortlaufende Berichtspflichten zu erfüllen hat.[5] Art. 18 Abs. 6 MiCAR sieht vor, dass die EBA die Anforderungen an die verlangten Informationen durch technische Regulierungsstandards spezifiziert. In diesem Rahmen soll die EBA gemäß Art. 18 Abs. 7 MiCAR durch technische Durchführungsstandards auch entsprechende Mustervorlagen erstellen.

Die Parallelvorschrift für **Kreditinstitute** ist Art. 17 Abs. 1 lit. (b) MiCAR, wobei ein Kreditinstitut die im Katalog genannten Informationen der zuständigen Behörde lediglich zur Verfügung stellen muss, während sie bei einem Nicht-Kreditinstitut Teil des Zulassungsantrags sind. Darüber hinaus

---

[1] Vgl. Erwgr. Nr. 43 MiCAR.
[2] Gringel AG 2020, R 296; Maume RDi 2022, 497 (499).
[3] S. Erwgr. Nr. 44 MiCAR; Maume RDi 2022, 497 (499).
[4] Art. 20, 21 und 24 MiCAR.
[5] Vgl. Erwgr. Nr. 48 MiCAR; Maume RDi 2022, 497 (498).

MiCAR Art. 18 Titel III. Vermögenswertreferenzierte Token

ist der Katalog des Art. 18 Abs. 2 MiCAR umfangreicher als der des Art. 17 Abs. 1 lit. (b) MiCAR.

II. Kommentierung

5 **1. Antrag an die zuständige Behörde des Herkunftsmitgliedstaats (Abs. 1).** Art. 18 Abs. 1 MiCAR bestimmt, dass der potenzielle Emittent vermögenswertreferenzierter Token den Zulassungsantrag nach Art. 16 Abs. 1 S. 1 lit. (a) MiCAR bei der zuständigen Behörde[6] seines Herkunftsmitgliedstaates[7] stellen muss. Der Inhalt des Antrags bestimmt sich dabei nach Art. 18 Abs. 2 MiCAR. Nur Nicht-Kreditinstitute müssen einen Zulassungsantrag stellen, für Kreditinstitute ist Art. 18 MiCAR gemäß Art. 17 Abs. 4 MiCAR nicht anwendbar. Die zuständige Behörde wird gemäß Art. 3 Abs. 1 Nr. 35 iVm Art. 93 MiCAR durch den Mitgliedstaat bestimmt. In der Bundesrepublik ist die zuständige Behörde die **Bundesanstalt für Finanzdienstleistungsaufsicht** („BaFin").

6 **2. Antragsinhalt (Abs. 2). a) Einleitung.** Art. 18 Abs. 2 MiCAR beinhaltet einen Katalog mit **Informationen**, welche der Emittent in seinem **Zulassungsantrag** angeben muss. Macht er dies in unrichtiger oder unvollständiger Weise, muss die zuständige Behörde die Zulassung gemäß Art. 21 Abs. 2 lit. (d) MiCAR verweigern. Bezüglich der inhaltlichen Anforderungen des Antrags ist die EBA gemäß Art. 18 Abs. 6 UAbs. 1 MiCAR damit beauftragt, diese in entsprechenden technischen Regulierungsstandards zu konkretisieren (→ Rn. 12). Des Weiteren ist die EBA gemäß Art. 18 Abs. 7 UAbs. 1 MiCAR verpflichtet, technische Durchführungsstandards für Standardformulare, Mustertexte und Verfahren für den Zulassungsantrag zu entwerfen (→ Rn. 13). Bis dahin lohnt sich bei der Auslegung des Informationskatalogs der Vergleich mit etablierten Vorschriften,[8] welche den Vorgaben iSd Art. 34 MiCAR ähneln.[9]

7 **b) Informationskatalog.** Der **Informationskatalog** des Art. 18 Abs. 2 MiCAR lässt sich in verschiedene Schwerpunkte einteilen. Die lit. (a) – (c), (h), (i), (j) dienen der Identifikation des Emittenten, der Mitglieder seiner Leitungsorgane[10] wie auch von Personen mit qualifizierter Beteiligung[11] am Emittenten. Das Rechtsgutachten nach lit. (e) soll sicherstellen, dass es sich bei der angestrebten Emission um einen vermögenswertreferenzierten und keinen anderen Token handelt. Darüber hinaus umfasst der Katalog vor allem Beschreibungen, in denen der Emittent seine Ansätze zur Erfüllung bestimmter MiCAR-Vorgaben darstellen muss.

8 Konkret werden folgende Informationen gefordert:
– lit. (a): die Anschrift des antragstellenden Emittenten;
– lit. (b): die Rechtsträgerkennung (auch Legal Entity Identifier, LEI) des antragstellenden Emittenten;
– lit. (c): die Satzung des antragstellenden Emittenten, sofern zutreffend;

---

[6] S. zur Definition Art. 3 Abs. 1 Nr. 35 MiCAR.
[7] S. zur Definition Art. 3 Abs. 1 Nr. 33 MiCAR.
[8] Bspw. § 80 WpHG, Art. 21–26 DelVO (EU) 2017/565, AT 6 MaComp, § 41 WpIG und § 25a Abs. 1 KWG iVm MaRisk.
[9] Feger/Gollasch CB 2022, 248 (250).
[10] S. zur Definition Art. 3 Abs. 1 Nr. 27 MiCAR.
[11] S. zur Definition Art. 3 Abs. 1 Nr. 36 MiCAR.

- lit. (d): einen Geschäftsplan mit Angabe des Geschäftsmodells, das der antragstellende Emittent zu befolgen beabsichtigt;
- lit. (e): ein Rechtsgutachten, dem zufolge der vermögenswertreferenzierte Token keinen nach Art. 2 Abs. 4 MiCAR von dieser Verordnung ausgenommenen Kryptowert (i) oder E-Geld-Token (ii) darstellt;
- lit. (f): eine detaillierte Beschreibung der Regelungen des antragstellenden Emittenten zur Unternehmensführung nach Art. 34 Abs. 1;
- lit. (g): wenn Kooperationsvereinbarungen mit konkreten Anbietern von Kryptowerte-Dienstleistungen bestehen, eine Beschreibung der Mechanismen und Verfahren für die interne Kontrolle, mit denen die Einhaltung der Verpflichtungen im Zusammenhang mit der Verhinderung von Geldwäsche und Terrorismusfinanzierung gemäß der Richtlinie (EU) 2015/849 sichergestellt wird;
- lit. (h): die Identität der Mitglieder des Leitungsorgans[12] des antragstellenden Emittenten;
- lit. (i): einen Nachweis, dass die unter lit. (h) genannten Personen ausreichend gut beleumundet sind und über angemessene Kenntnisse, Fähigkeiten und Erfahrungen verfügen, um den antragstellenden Emittenten zu führen;
- lit. (j): einen Nachweis, dass Anteilseigner oder Gesellschafter, die direkt oder indirekt qualifizierte Beteiligungen[13] an dem antragstellenden Emittenten halten, ausreichend gut beleumundet sind;
- lit. (k): das Kryptowerte-Whitepaper nach Art. 19 MiCAR;
- lit. (l): die in Art. 34 Abs. 5 UAbs. 1 MiCAR genannten Strategien und Verfahren;
- lit. (m): eine Beschreibung der in Art. 34 Abs. 5 UAbs. 2 MiCAR genannten vertraglichen Vereinbarungen mit Dritten;
- lit. (n): eine Beschreibung der in Art. 34 Abs. 9 MiCAR genannten Strategie zur Fortführung des Geschäftsbetriebs des antragstellenden Emittenten;
- lit. (o): eine Beschreibung der in Art. 34 Abs. 10 MiCAR genannten internen Kontrollmechanismen und Risikomanagementverfahren;
- lit. (p): eine Beschreibung der in Art. 34 Abs. 11 MiCAR genannten Systeme und Verfahren zum Schutz der Verfügbarkeit, Authentizität, Integrität und Vertraulichkeit von Daten;
- lit. (q): eine Beschreibung der in Art. 31 MiCAR genannten Beschwerdeverfahren des antragstellenden Emittenten; und
- lit. (r): ggf. eine Liste der Aufnahmemitgliedstaaten, in denen der antragstellende Emittent beabsichtigt, den vermögenswertreferenzierten Token öffentlich anzubieten oder die Zulassung zum Handel zu beantragen. Interessanterweise wird diese Anforderung lediglich bei Nicht-Kreditinstituten gestellt. Kreditinstitute müssen eine solche Liste nicht erstellen.

3. Ausnahme bei wiederholter Emission (Abs. 3). Art. 18 Abs. 3 S. 1 MiCAR sieht eine **Ausnahme** von Art. 18 Abs. 2 MiCAR vor und ermöglicht, dass sich der Emittent bei der Emission eines neuen vermögenswertreferenzierten Token auf die bereits verwendeten und zur Verfügung gestellten Informationen nach Art. 18 Abs. 2 MiCAR bezieht. Voraussetzung hierfür ist, dass die abgegebenen Informationen mit denen des neuen Token

---

[12] S. zur Definition Art. 3 Abs. 1 Nr. 27 MiCAR.
[13] S. zur Definition Art. 3 Abs. 1 Nr. 36 MiCAR.

MiCAR Art. 18

identisch wären. Art. 18 Abs. 3 S. 2 MiCAR verlangt außerdem, dass der Emittent bei der Antragsstellung angibt, dass die nicht erneut vorgelegten Angaben, auf welche er sich bezieht, noch aktuell sind.

10   4. **Bestätigung des Antragseingangs (Abs. 4)**. Gemäß Art. 18 Abs. 4 MiCAR muss die zuständige Behörde den Antragseingang dem antragstellenden Emittenten **unverzüglich**, spätestens aber zwei Arbeitstage nach Eingang schriftlich bestätigen.

11   5. **Konkretisierung der Zuverlässigkeitsnachweise (Abs. 5)**. In Art. 18 Abs. 5 MiCAR wird spezifiziert, wie die **Zuverlässigkeitsnachweise** der Art. 18 Abs. 2 lit. (i) und (j) MiCAR zu erbringen sind. Gem. Art. 18 Abs. 5 lit. (a) MiCAR sind für Mitglieder des Leitungsorgans[14] des Emittenten Nachweise zu erbringen, dass für diese keine Einträge im Strafregister in Bezug auf Verurteilungen oder Strafen nach dem geltenden Handelsrecht, Insolvenzrecht und Finanzdienstleistungsrecht, oder im Zusammenhang mit der Bekämpfung von Geldwäsche oder Terrorismusfinanzierung, Betrug oder Berufshaftpflicht bestehen. Gemäß Art. 18 Abs. 5 lit. (c) MiCAR muss dieser Nachweis auch für Anteilseigner oder Gesellschafter, die direkt oder indirekt qualifizierte Beteiligungen[15] an dem antragstellenden Emittenten halten, erbracht werden. Art. 18 Abs. 5 lit. (b) MiCAR verlangt, dass für die Mitglieder des Leitungsorgans des Emittenten Nachweise erbracht werden müssen, aus denen sich ergibt, dass diese gemeinsam über ausreichende Kenntnisse, Fähigkeiten und Erfahrungen verfügen, um den Emittenten zu verwalten.[16] Darüber hinaus muss belegt werden, dass diese Personen verpflichtet sind, ausreichend Zeit für die Wahrnehmung ihrer Aufgaben aufzuwenden.

12   6. **Technische Regulierungsstandards zum Antragsinhalt (Abs. 6)**. Art. 18 Abs. 6 MiCAR stellt einen weiteren Baustein[17] zur Vereinheitlichung der Anwendung der MiCAR in der EU dar (→ Art. 17 Rn. 22 f.).[18] Denn gemäß Art. 18 Abs. 6 UAbs. 1 MiCAR wird die EBA, in enger Zusammenarbeit mit der ESMA und EZB, mit der Erstellung **technischer Regulierungsstandards** zur Spezifizierung der in dem Antrag aufzunehmenden Informationen nach Art. 18 Abs. 2 MiCAR beauftragt. Diese Standards müssen gemäß Art. 18 Abs. 6 UAbs. 2 MiCAR bis zum 30.6.2024 der Kommission übermittelt werden. Art. 18 Abs. 6 UAbs. 3 MiCAR sieht eine Ermächtigung der Kommission vor, diese Standards per delegierten Rechtsakt nach Art. 10–14 VO (EU) 1093/2010 zu erlassen.[19]

13   7. **Technische Durchführungsstandards zum Verfahren (Abs. 7)**. Art. 18 Abs. 7 UAbs. 1 MiCAR sieht vor, dass die EBA, in Zusammenarbeit mit der ESMA, **technische Durchführungsstandards** für Standardformulare, Mustertexte und Verfahren für die im Antrag aufzunehmenden Informationen entwirft. Auch diese Maßnahme soll zur einheitlichen Rechtsanwendung innerhalb der EU beitragen.[20] Die Durchführungsstandards müssen

---

[14] S. zur Definition Art. 3 Abs. 1 Nr. 27 MiCAR.
[15] S. zur Definition Art. 3 Abs. 1 Nr. 36 MiCAR.
[16] S. Erwgr. Nr. 51 MiCAR.
[17] S. für Kreditinstitute Art. 17 Abs. 8 MiCAR.
[18] S. Erwgr. Nr. 109 ff. MiCAR.
[19] S. Erwgr. Nr. 111 MiCAR.
[20] S. Erwgr. Nr. 109 ff. MiCAR.

gemäß Art. 18 Abs. 7 UAbs. 2 MiCAR bis zum 30.6.2024 von der EBA an die Kommission übermittelt werden. Art. 18 Abs. 7 UAbs. 3 MiCAR sieht ebenfalls eine Ermächtigung der Kommission zum Erlass dieser Standards durch delegierte Rechtsakte nach Art. 15 VO (EU) 1093/2010 vor.

8. Auswirkungen des Kryptomärkteaufsichtsgesetzes. Bei der Erstellung des Antrags nach Art. 18 MiCAR ist der § 11 Abs. 1 Nr. 2 des durch den Entwurf eines Gesetzes über die Digitalisierung des Finanzmarktes (Finanzmarktdigitalisierungsgesetz) vorgesehenen Kryptomärkteaufsichtsgesetzes („KMAG")[21] zu beachten. Hiernach kann die BaFin die Zulassung des Emittenten verweigern, wenn dieser nicht innerhalb der Frist des Art. 20 Abs. 1 S. 1 MiCAR bzw. Art. 20 Abs. 3 S. 2 MiCAR die Unvollständigkeit des Antrags nach Art. 18 MiCAR durch die Nachreichung der fehlenden Informationen behebt.

14

Artikel 19 Inhalt und Form des Kryptowerte-Whitepapers für vermögenswertereferenzierte Token

(1) Ein Kryptowerte-Whitepaper für einen vermögenswertereferenzierten Token muss alle folgenden Informationen enthalten, die in Anhang II näher präzisiert sind:

a) Informationen über den Emittenten des vermögenswertereferenzierten Token,

b) Informationen über den vermögenswertereferenzierten Token,

c) Informationen über das öffentliche Angebot des vermögenswertreferenzierten Token oder dessen Zulassung zum Handel,

d) Informationen über die mit dem vermögenswertereferenzierten Token verbundenen Rechte und Pflichten,

e) Informationen über die zugrunde liegende Technologie,

f) Informationen über die Risiken,

g) Informationen über die Vermögenswertreserve,

h) Informationen über die wichtigsten nachteiligen Auswirkungen des für die Ausgabe des vermögenswertereferenzierten Token verwendeten Konsensmechanismus auf das Klima sowie andere umweltbezogene nachteilige Auswirkungen.

Das Kryptowerte-Whitepaper enthält auch die Identität der Person, bei der es sich nicht um den Emittenten handelt und die gemäß Artikel 16 Absatz 1 Unterabsatz 2 vermögenswertereferenzierte Token öffentlich anbietet oder deren Zulassung zum Handel beantragt, sowie den Grund, warum diese bestimmte Person diesen vermögenswertereferenzierten Token anbietet oder dessen Zulassung zum Handel beantragt. Wird das Kryptowerte-Whitepaper nicht vom Emittenten erstellt, enthält das Kryptowerte-Whitepaper auch die Identität der Person, die das Kryptowerte-Whitepaper erstellt hat, und den Grund, warum diese Person dieses erstellt hat.

(2) Die in Absatz 1 aufgeführten Informationen müssen redlich und eindeutig sein und dürfen nicht irreführend sein. Das Kryptowerte-Whitepaper darf keine wesentlichen Auslassungen enthalten und ist in knapper und verständlicher Form vorzulegen.

---

[21] S. RegE Finanzmarktdigitalisierungsgesetz, BT-Drucks. 20/10280, S. 10 ff.

(3) Das Kryptowerte-Whitepaper darf außer der in Absatz 4 genannten Erklärung keine Aussagen über den künftigen Wert der Kryptowerte enthalten.

(4) Das Kryptowerte-Whitepaper muss eine klare und eindeutige Erklärung enthalten, dass
a) der vermögenswertereferenzierte Token seinen Wert ganz oder teilweise verlieren kann;
b) der vermögenswertereferenzierte Token möglicherweise nicht immer übertragbar ist;
c) der vermögenswertereferenzierte Token möglicherweise nicht liquide ist;
d) der vermögenswertereferenzierte Token nicht unter die Systeme für die Entschädigung der Anleger gemäß der Richtlinie 97/9/EG fällt;
e) dass der vermögenswertereferenzierte Token nicht unter die Einlagensicherungssysteme gemäß der Richtlinie 2014/49/EU fällt.

(5) Das Kryptowerte-Whitepaper enthält eine Erklärung des Leitungsorgans des Emittenten des vermögenswertereferenzierten Token. In dieser Erklärung wird bestätigt, dass das Kryptowerte-Whitepaper diesem Titel entspricht, dass die in ihm enthaltenen Informationen nach bestem Wissen des Leitungsorgans redlich, eindeutig und nicht irreführend sind und dass das Kryptowerte-Whitepaper keine Auslassungen aufweist, die seine Aussagekraft beeinträchtigen könnten.

(6) Das Kryptowerte-Whitepaper enthält eine Zusammenfassung, die nach der Erklärung gemäß Absatz 5 eingefügt wird und in knapper und nicht fachsprachlicher Ausdrucksweise wesentliche Informationen über das öffentliche Angebot des vermögenswertereferenzierten Token oder über die beabsichtigte Zulassung des vermögenswertereferenzierten Token zum Handel liefert. Die Zusammenfassung muss in leicht verständlicher Sprache und in klarer und verständlicher Form dargestellt und gestaltet sein, wobei eine leserliche Schriftgröße zu verwenden ist. Die Zusammenfassung des Kryptowerte-Whitepapers bietet geeignete Informationen über die Merkmale des betreffenden vermögenswertereferenzierten Token, um potenziellen Inhabern des vermögenswertereferenzierten Token beim Treffen einer fundierten Entscheidung zu helfen.

Die Zusammenfassung muss einen Warnhinweis darauf enthalten, dass
a) sie als Einführung in das Kryptowerte-Whitepaper zu lesen ist;
b) potenzielle Inhaber ihre Entscheidung zum Kauf des vermögenswertereferenzierten Token auf der Grundlage des Inhalts des gesamten Kryptowerte-Whitepapers und nicht allein auf der Grundlage der Zusammenfassung treffen sollten;
c) das öffentliche Angebot des vermögenswertereferenzierten Token kein Angebot und keine Aufforderung zum Kauf von Finanzinstrumenten darstellt und dass ein solches Angebot oder eine solche Aufforderung nur mittels eines Prospekts oder anderer Angebotsunterlagen gemäß den nationalen Rechtsvorschriften erfolgen kann;
d) das Kryptowerte-Whitepaper keinen Prospekt im Sinne der Verordnung (EU) 2017/1129 und kein anderes Angebotsdokument im Sinne von Unionsrecht oder nationalem Recht darstellt.

In der Zusammenfassung wird darauf hingewiesen, dass die Inhaber vermögenswertereferenzierter Token jederzeit ein Recht auf Rücktausch haben, und die Bedingungen für einen solchen Rücktausch werden dargelegt.

(7) Das Kryptowerte-Whitepaper enthält das Datum seiner Übermittlung und ein Inhaltsverzeichnis.

(8) Das Kryptowerte-Whitepaper ist in einer Amtssprache des Herkunftsmitgliedstaats oder in einer in der internationalen Finanzwelt gebräuchlichen Sprache abzufassen.

Wird der vermögenswertereferenzierte Token auch in einem anderen Mitgliedstaat als dem Herkunftsmitgliedstaat angeboten, ist das Kryptowerte-Whitepaper auch in einer Amtssprache des Aufnahmemitgliedstaats des Emittenten oder in einer in der internationalen Finanzwelt gebräuchlichen Sprache abzufassen.

(9) Das Kryptowerte-Whitepaper wird in einem maschinenlesbaren Format zur Verfügung gestellt.

(10) Die ESMA arbeitet in Zusammenarbeit mit der EBA Entwürfe technischer Durchführungsstandards zur Festlegung von Standardformularen, Standardformaten und Mustertexten für die Zwecke des Absatzes 9 aus.

Die ESMA übermittelt der Kommission die in Unterabsatz 1 genannten Entwürfe technischer Durchführungsstandards spätestens am 30. Juni 2024.

Der Kommission wird die Befugnis übertragen, die in Unterabsatz 1 genannten technischen Durchführungsstandards gemäß Artikel 15 der Verordnung (EU) Nr. 1095/2010 zu erlassen.

(11) Die ESMA arbeitet in Zusammenarbeit mit der EBA Entwürfe technischer Regulierungsstandards für den Inhalt, die Methoden und die Darstellung der in Absatz 1 Unterabsatz 1 Buchstabe h genannten Informationen über die Nachhaltigkeitsindikatoren in Bezug auf nachteilige Auswirkungen auf das Klima und andere umweltbezogene nachteilige Auswirkungen aus.

Bei der Ausarbeitung der in Unterabsatz 1 genannten Entwürfe technischer Regulierungsstandards berücksichtigt die ESMA die verschiedenen Arten von Konsensmechanismen, die bei der Validierung von Transaktionen mit Kryptowerten zum Einsatz kommen, deren Anreizstrukturen und die Nutzung von Energie, Energie aus erneuerbaren Quellen und natürlichen Ressourcen, die Erzeugung von Abfällen und Treibhausgasemissionen. Die ESMA aktualisiert diese technischen Regulierungsstandards unter Berücksichtigung rechtlicher und technischer Entwicklungen.

Die ESMA übermittelt der Kommission die in Unterabsatz 1 genannten Entwürfe technischer Regulierungsstandards spätestens am 30. Juni 2024.

Der Kommission wird die Befugnis übertragen, diese Verordnung durch Annahme der in Unterabsatz 1 dieses Absatzes genannten technischen Regulierungsstandards gemäß den Artikeln 10 bis 14 der Verordnung (EU) Nr. 1095/2010 zu ergänzen.

Übersicht

	Rn.
I. Einführung	1
1. Literatur	1
2. Entstehung und Zweck der Norm	2
3. Normativer Kontext	4

MiCAR Art. 19   Titel III. Vermögenswertreferenzierte Token

	Rn.
II. Kommentierung	6
1. Inhalt des Kryptowerte-Whitepapers (Abs. 1)	6
2. Redlich- und Vollständigkeit (Abs. 2)	7
3. Verbot zukünftiger wertbezogener Aussagen (Abs. 3)	8
4. Warnhinweise (Abs. 4)	9
5. Bestätigung der Vollständigkeit (Abs. 5)	10
6. Zusammenfassung des Kryptowerte-Whitepapers (Abs. 6)	11
7. Datierung und Inhaltsverzeichnis (Abs. 7)	15
8. Sprache des Kryptowerte-Whitepapers (Abs. 8)	16
9. Maschinenlesbares Format (Abs. 9)	17
10. Technische Durchführungsstandards (Abs. 10)	18
11. Technische Regulierungsstandards (Abs. 11)	19
12. Auswirkungen des Kryptomärkteaufsichtsgesetzes	20

I. Einführung

1   **1. Literatur.** *Buck-Heeb,* Whitepaper-Haftung nach MiCAR, BKR 2023, 689; *Feger/Gollasch,* MiCAR – Ein erster Überblick für Compliance-Beauftragte zur Krypto-Regulierung, CB 2022, 248; *Maume,* Die Verordnung über Märkte für Kryptowerte (MiCAR) – Stablecoins, Kryptodienstleistungen und Marktmissbrauchsrecht, RDi 2022, 497; *Siadat,* Markets in Crypto Assets Regulation – erster Einblick mit Schwerpunktsetzung auf Finanzinstrumente, RdF 2021, 12*Wellerdt,* FinTech Regulierung – Wie werden innovative Geschäftsmodelle beaufsichtigt – Am Beispiel der EU-Regulierung von Kryptowerten und Kryptodienstleistungen, WM 2021, 1171; *Wittig,* Digitales Geld – Gegenwärtige und künftige Regulierung von E-Geld und E-Geld-Token nach ZAG und MiCAR, WM 2023, 412; *Zickgraf,* Primärpublizität in der Verordnung über die Märkte für Kryptowerte (MiCAR) – Teil 1, BKR 2021, 196.

2   **2. Entstehung und Zweck der Norm.** Art. 19 MiCAR hat im Laufe des Gesetzgebungsverfahrens erhebliche Änderungen erfahren. So sah der Kommissionsentwurf vom 24.9.2020 vor, dass das Kryptowerte-Whitepaper für vermögenswertreferenzierte Token sich an dem für einfache Kryptowerte orientiert. Dies geschah, indem die Vorschrift für vermögenswertreferenzierte Token[1] auf die für einfache Kryptowerte[2] verwies. Um den besonderen Gefahren vermögenswertreferenzierter Token gerecht zu werden (→ Art. 16 Rn. 2 f.), sollte das Kryptowerte-Whitepaper für vermögenswertreferenzierte Token Beschreibungen beinhalten, inwiefern die spezifischen Vorgaben für die Emission eines solchen Token erfüllt werden. Die heutige Fassung des Art. 19 MiCAR kommt ohne Verweis aus und nennt die anzugebenden Informationen vollständig. Auch müssen die Beschreibungen, inwiefern die MiCAR-Vorgaben erfüllt werden, nicht mehr im Whitepaper angegeben werden. Sie werden aber immer noch in dem Zulassungsantrag für Nicht-Kreditinstitute gemäß Art. 18 Abs. 2 MiCAR wie auch in den anzeigepflichtigen Informationen für Kreditinstitute gemäß Art. 17 Abs. 1 lit. (b) MiCAR verlangt.

3   Das Kryptowerte-Whitepaper dient dem **Anlegerschutz,** indem potenzielle Investoren durch das Whitepaper über die Merkmale, Funktionen und

---
[1] Damals Art. 17 MiCAR-E.
[2] Damals Art. 4 MiCAR-E.

Risiken des vermögenswertreferenzierten Token informiert werden.³ Bereits vor dem Erlass der MiCAR war es üblich, bei sog. *„Initial Coin Offerings"*, also der Emission von Krypto-Token, prospektähnliche Whitepaper zu veröffentlichen.⁴ Allerdings fehlten Standards zum Inhalt solcher Whitepaper, welche nun durch die MiCAR bestimmt werden.⁵ Die besondere Bedeutung des Kryptowerte-Whitepapers bei der Emission vermögenswertreferenzierter Token wird unter anderem dadurch betont, dass der Zulassungsantrag für Nicht-Kreditinstitute gemäß Art. 21 Abs. 1 MiCAR nur genehmigt werden kann, wenn das Whitepaper vollständig ist.⁶ Auch bei Kreditinstituten spielt das Whitepaper eine entscheidende Rolle, da diese ihr Kryptowerte-Whitepaper gemäß Art. 17 Abs. 1 lit. (a) MiCAR genehmigen lassen müssen, bevor sie einen vermögenswertreferenzierten Token begeben können.⁷ Dies stellt einen erheblichen Unterschied zur Emission eines einfachen Kryptowerts dar, da hier das Kryptowerte-Whitepaper gemäß Art. 8 Abs. 1, 3 MiCAR der zuständigen Behörde lediglich übermittelt werden muss, ohne dass dieser ein Genehmigungsvorbehalt zusteht. Des Weiteren wird das Vertrauen der Anleger auf Richtig- und Vollständigkeit des Kryptowerte-Whitepapers durch den **Haftungsanspruch** aus Art. 26 Abs. 1 MiCAR geschützt.

3. Normativer Kontext. Das Kryptowerte-Whitepaper ist unabhängig 4 davon, ob ein Nicht-Kreditinstitut oder ein Kreditinstitut einen vermögenswertreferenzierten Token begibt, **genehmigungspflichtig.**⁸ Die inhaltlichen Vorgaben des Kryptowerte-Whitepapers gemäß Art. 19 Abs. 1 MiCAR werden durch den Anhang II MiCAR konkretisiert. Sollten sich nach der Tokenemission relevante Umstände ändern, muss der Emittent diese gemäß Art. 25 Abs. 1 MiCAR der zuständigen Behörde mitteilen und das Whitepaper entsprechend **überarbeiten,** wobei auch hier gemäß Art. 25 Abs. 2 MiCAR erneut die Genehmigung der Behörde notwendig ist.⁹ Das Vertrauen der Anleger in die Richtig- und Vollständigkeit des Kryptowerte-Whitepapers wird durch den **Haftungsanspruch** aus Art. 26 Abs. 1 MiCAR geschützt. Sollte der Emittent unvollständige, unredliche, nicht eindeutige oder irreführende Informationen zur Verfügung gestellt und dadurch gegen Art. 19 MiCAR verstoßen haben, kann der Anleger den daraus resultierenden Schaden gemäß Art. 26 Abs. 1 MiCAR vom Emittenten oder von dessen Organen verlangen. Das genehmigte Kryptowerte-Whitepaper muss gemäß Art. 28 MiCAR auf der **Website** des Emittenten veröffentlicht werden und während des Zeitraums, in welchem der Token vom Publikum gehalten werden kann, stets verfügbar sein. Die Parallelvorschriften bei einfachen Kryptowerten sind Art. 6 zum Inhalt, Art. 12 für den Nachtrag und Art. 15 MiCAR für die Haftung.

Die Regelungen zum Kryptowerte-Whitepaper orientieren sich an denen 5 zu Prospekten.¹⁰ So entspricht beispielsweise der Art. 19 MiCAR einer

---

³ Vgl. Erwgr. Nr. 24 MiCAR.
⁴ Buck-Heeb BKR 2023, 689; Siadat RdF 2021, 12 (17); Wittig WM 2023, 412 (418).
⁵ Siadat RdF 2021, 12 (17).
⁶ Maume RDi 2022, 497 (499).
⁷ S. Erwgr. Nr. 44 MiCAR.
⁸ Für Nicht-Kreditinstitute: Art. 21 Abs. 1 S. 2 MiCAR, für Kreditinstitute: Art. 17 Abs. 1 lit. (a) MiCAR.
⁹ Diese Vorschrift orientiert sich an Art. 23 ProspektVO.
¹⁰ Feger/Gollasch CB 2022, 248 (249); Siadat RdF 2021, 12 (17); Wellerdt WM 2021, 1171 (1174); Zickgraf BKR 2021, 196 (200).

MiCAR Art. 19 Titel III. Vermögenswertreferenzierte Token

Kurzfassung der Art. 6, 13 Prospekt-VO. Eine Zusammenfassung des Informationsdokuments, wie in Art. 7 Prospekt-VO vorgesehen, wird nach Art. 19 Abs. 6 MiCAR auch bei vermögenswertreferenzierten Token verlangt. Die Parallelvorschrift zur Prospekthaftung nach Art. 11 Prospekt-VO Prospekt-VO ist in Art. 26 MiCAR zu finden. Jedoch ist zu beachten, dass Art. 19 Abs. 6 UAbs. 2 lit. (d) MiCAR ausdrücklich verlangt, dass im Kryptowerte-Whitepaper angegeben wird, dass es sich bei diesem nicht um ein Prospekt im Sinne der Prospekt-VO handelt. Durch diesen Hinweis soll betont werden, dass es sich bei dem Token nicht um ein übliches Finanzinstrument handelt und somit auch nicht die bewährten Schutzmechanismen greifen.[11]

II. Kommentierung

6 **1. Inhalt des Kryptowerte-Whitepapers (Abs. 1).** Art. 19 Abs. 1 MiCAR beinhaltet einen Katalog mit den **Informationen,** welche in einem Kryptowerte-Whitepaper für einen vermögenswertreferenzierten Token enthalten sein müssen. Diese Informationen werden in Anhang II MiCAR konkretisiert:

– lit. (a): Informationen über den Emittenten des vermögenswertreferenzierten Token.[12] Dabei stellt Art. 19 Abs. 1 UAbs. 2 MiCAR klar, dass in dem Kryptowerte-Whitepaper auch ggf. die Person genannt werden muss, bei der es sich nicht um den Emittenten handelt und die gemäß Art. 16 Abs. 1 UAbs. 2 MiCAR den vermögenswertreferenzierten Token öffentlich anbieten oder seine Zulassung beantragen möchte. Auch der Grund, warum diese Person den Token öffentlich anbieten bzw. zulassen will, muss dargestellt werden. Gleiches gilt für Personen, die statt dem Emittenten das Kryptowerte-Whitepaper erstellt haben;
– lit. (b): Informationen über den vermögenswertreferenzierten Token;[13]
– lit. (c): Informationen über das öffentliche Angebot oder die Zulassung zum Handel;[14]
– lit. (d): Informationen über die mit dem vermögenswertreferenzierten Token verbundenen Rechte und Pflichten;[15]
– lit. (e): Informationen über die dem vermögenswertreferenzierten Token zugrundeliegende Technologie;[16]
– lit. (f): Informationen über die mit dem vermögenswertreferenzierten Token verbundenen Risiken;[17]
– lit. (g): Informationen über die Vermögenswertreserven;[18]
– lit. (h): Informationen über die wichtigsten nachteiligen Auswirkungen des für die Ausgabe des vermögenswertreferenzierten Token verwendeten Konsensmechanismus auf das Klima sowie andere umweltbezogene nachteilige Auswirkungen.[19]

---

[11] Zickgraf BKR, 2021, 196 (203).
[12] S. hierzu Anhang II MiCAR Part A.
[13] S. hierzu Anhang II MiCAR Part B.
[14] S. hierzu Anhang II MiCAR Part C.
[15] S. hierzu Anhang II MiCAR Part D.
[16] S. hierzu Anhang II MiCAR Part E.
[17] S. hierzu Anhang II MiCAR Part F.
[18] S. hierzu Anhang II MiCAR Part G.
[19] S. hierzu die technischen Regulierungsstandards iSd Art. 19 Abs. 11 MiCAR; Erwgr. Nr. 7 MiCAR.

2. Redlich- und Vollständigkeit (Abs. 2). Art. 19 Abs. 2 MiCAR be- 7
inhaltet ein **Fairnessgebot,** wonach die genannten Informationen iSd Abs. 1
redlich, eindeutig und nicht irreführend sein müssen (S. 1).[20] Außerdem darf
das Whitepaper keine wesentlichen Informationen auslassen und muss in
knapper wie auch verständlicher Form abgefasst werden (S. 2).

3. Verbot zukünftiger wertbezogener Aussagen (Abs. 3). Art. 19 8
Abs. 3 MiCAR verbietet Erklärungen über den **künftigen Wert** des vermögenswertreferenzierten Token. Diese Vorschrift dient dem Schutz der
Anleger vor falschen Prognosen, da sich der künftige Wert des Token grundsätzlich nicht bestimmen lässt. Von diesem Verbot sind lediglich die Angaben
nach Art. 19 Abs. 4 MiCAR ausgenommen.

4. Warnhinweise (Abs. 4). Art. 19 Abs. 4 MiCAR verlangt, dass das 9
Kryptowerte-Whitepaper einen klaren und eindeutigen **Hinweis** beinhalten
muss, dass der vermögenswertreferenzierte Token seinen Wert teilweise oder
vollständig **verlieren** kann (lit. (a)), dass dieser möglicherweise nicht jederzeit
übertragbar (lit. (b)) und **liquide** (lit. (c)) ist. Des Weiteren muss gemäß
Art. 19 Abs. 4 lit. (d) MiCAR darauf hingewiesen werden, dass der vermögenswertreferenzierte Token nicht von den Systemen für **die Entschädigung von Anleger** nach der Richtlinie (EG) 97/9 umfasst ist. Außerdem
muss der Hinweis gemäß Art. 19 Abs. 4 lit. (e) MiCAR eine **Risikowarnung** beinhalten, dass der vermögenswertreferenzierte Token nicht von den
Einlagensicherungssystemen iSd Richtlinie (EU) 2014/49 umfasst ist.

5. Bestätigung der Vollständigkeit (Abs. 5). Gemäß Art. 19 Abs. 5 10
MiCAR muss das Kryptowerte-Whitepaper für vermögenswertreferenzierte
Token eine **Erklärung der Leitungsorgane**[21] des Emittenten enthalten. In
dieser sollen die Leitungsorgane bestätigen, dass das Whitepaper den Anforderungen dieses Titels entspricht, dass die im Whitepaper enthaltenen Informationen nach bestem Wissen und Gewissen des Leitungsorgans den Tatsachen entsprechen und dass es keine Auslassungen enthält, welche die Aussagekraft des Whitepapers beeinträchtigen könnten.

6. Zusammenfassung des Kryptowerte-Whitepapers (Abs. 6). 11
Art. 19 Abs. 6 MiCAR sieht vor, dass das Kryptowerte-Whitepaper eine
Zusammenfassung beinhalten muss, welche nach der Vollständigkeitserklärung der Leitungsorgane nach Art. 19 Abs. 5 MiCAR zu platzieren ist. Die
Whitepaper-Zusammenfassung dient den Anlegern als erste Orientierung bei
ihrer Anlageentscheidung. Dieser Ansatz ist bereits aus der Prospektverordnung bekannt.[22]

In der Zusammenfassung müssen gemäß Art. 19 Abs. 6 UAbs. 1 S. 1 Mi- 12
CAR in **kurzer und nichttechnischer Sprache** die wichtigsten Informationen über das öffentliche Angebot bzw. über die beabsichtigte Zulassung zu
einer Handelsplattform und insbesondere die wichtigsten Merkmale des vermögenswertreferenzierten Token enthalten sein. Die Zusammenfassung muss
gemäß Art. 19 Abs. 6 UAbs. 1 S. 2 MiCAR in leicht verständlicher Sprache
und in klarer wie auch umfassender Form unter Verwendung von Schriftzeichen in lesbarer Größe erstellt werden. Gemäß Art. 19 Abs. 6 UAbs. 1 S. 3

---

[20] S. Erwgr. Nr. 24 MiCAR.
[21] S. zur Definition Art. 3 Abs. 1 Nr. 27 MiCAR.
[22] S. Erwgr. Nr. 28 der Prospekt-VO.

MiCAR Art. 19   Titel III. Vermögenswertreferenzierte Token

MiCAR muss die Darstellung und der Inhalt der Zusammenfassung in Verbindung mit dem Kryptowerte-Whitepaper jegliche Informationen über die Merkmale des vermögenswertreferenzierten Token umfassen, welche notwendig sind, damit potenzielle Erwerber eine fundierte Anlageentscheidung treffen können.

13   Des Weiteren sind gemäß Art. 19 Abs. 6 UAbs. 2 MiCAR in der Zusammenfassung folgende **Warnhinweise** zu beinhalten:
- lit. (a): die Zusammenfassung ist als Einführung in das Krytowerte-Whitepaper zu lesen;
- lit. (b): potenzielle Inhaber sollten ihre Entscheidung zum Kauf vermögenswertreferenzierter Token auf der Grundlage des Inhalts des gesamten Kryptowerte-Whitepapers treffen;
- lit. (c): das öffentliche Angebot vermögenswertreferenzierter Token stellt weder ein Angebot zum Erwerb eines Finanzinstruments noch eine Aufforderung zur Abgabe eines solchen Angebots dar. Ein solches Angebot bzw. eine solche Aufforderung kann nur mittels eines Prospekts oder anderer vergleichbarer Angebotsunterlagen gemäß den nationalen Vorschriften abgegeben werden;
- lit. (d): das Kryptowerte-Whitepaper stellt keinen Prospekt im Sinne der Prospekt-VO oder andere Angebotsunterlagen nach Unions- bzw. nationalem Recht dar.

14   Darüber hinaus ist gemäß Art. 19 Abs. 6 UAbs. 3 MiCAR in der Zusammenfassung anzugeben, dass den Anlegern ein jederzeit ausübbares **Rücktauschrecht** zusteht und wie dieses Recht ausgeübt werden kann.[23]

15   **7. Datierung und Inhaltsverzeichnis (Abs. 7).** Gemäß Art. 19 Abs. 7 MiCAR muss jedes Kryptowerte-Whitepaper das **Datum** der Übermittlung wie auch ein **Inhaltsverzeichnis** beinhalten.

16   **8. Sprache des Kryptowerte-Whitepapers (Abs. 8).** Gemäß Art. 19 Abs. 8 UAbs. 1 MiCAR muss das Kryptowerte-Whitepaper in mindestens einer der **Amtssprachen** des Herkunftsmitgliedstaats[24] oder in einer in der **internationalen Finanzwelt** gebräuchlichen **Sprachen** abgefasst werden. Dabei kommt vor allem ein in Englisch gefasstes Kryptowerte-Whitepaper in Frage.[25] Wird der vermögenswertreferenzierte Token darüber hinaus auch in einem anderen Mitgliedstaat als dem Herkunftsmitgliedstaat angeboten, muss der Emittenten gemäß Art. 19 Abs. 8 UAbs. 2 MiCAR das Kryptowerte-Whitepaper auch in der Sprache des Aufnahmemitgliedstaats oder in einer in der internationalen Finanzwelt gebräuchlichen Sprache erstellen.

17   **9. Maschinenlesbares Format (Abs. 9).** Das Kryptowerte-Whitepaper muss gemäß Art. 19 Abs. 9 MiCAR in maschinenlesbarem Format zur Verfügung gestellt werden. Die ESMA ist damit beauftragt, hierzu in technischen Durchführungsstandards entsprechende Muster zu entwerfen.[26]

18   **10. Technische Durchführungsstandards (Abs. 10).** Art. 19 Abs. 10 MiCAR stellt einen Baustein zur Vereinheitlichung der Anwendung der

---

[23] Vgl. Art. 39 MiCAR.
[24] S. zu Definition Art. 3 Abs. 1 Nr. 33 MiCAR.
[25] S. Erwgr. Nr. 25 MiCAR.
[26] S. Art. 19 Abs. 10 MiCAR.

MiCAR in der EU dar.[27] Denn Art. 19 Abs. 10 UAbs. 1 MiCAR beauftragt die ESMA, in enger Zusammenarbeit mit der EBA, mit der Erstellung **technischer Durchführungsstandards** zur Festlegung von maschinenlesbaren Formaten nach Art. 19 Abs. 9 MiCAR. Diese Standards müssen gemäß Art. 19 Abs. 10 UAbs. 2 MiCAR bis zum 30.6.2024 der Kommission übermittelt werden. Art. 19 Abs. 10 UAbs. 3 MiCAR sieht eine Ermächtigung für die Kommission vor, diese Standards durch delegierten Rechtsakt nach Art. 15 VO (EU) 1093/2010 zu erlassen.[28]

11. Technische Regulierungsstandards (Abs. 11). Gemäß Art. 19 Abs. 11 UAbs. 1 MiCAR wird die ESMA, in Zusammenarbeit mit der EBA, damit beauftragt, **technische Regulierungsstandards** iSd Art. 10–14 VO (EU) 1093/2010 über Inhalt, Methodik und Darstellung der in Art. 19 Abs. 1 lit. (h) MiCAR genannten Informationen in Bezug auf die **Nachhaltigkeitsindikatoren** zu entwerfen.[29] Bei der Ausarbeitung dieser technischen Regulierungsstandards muss die ESMA gemäß Art. 19 Abs. 11 UAbs. 2 MiCAR die verschiedenen Arten von Konsensmechanismen zur Validierung von Kryptotransaktionen und ihre Auswirkungen darstellen. Darin müssen auch die Anreizstruktur, der Verbrauch von konventioneller und erneuerbarer Energie wie auch natürlicher Ressourcen, das Abfallaufkommen und die Treibhausgasemissionen beschrieben werden.[30] Gemäß Art. 19 Abs. 11 UAbs. 3 MiCAR muss die ESMA ihre Entwürfe der Regulierungsstandards bis zum 30.6.2024 der Kommission übermitteln. Art. 19 Abs. 11 UAbs. 4 MiCAR sieht eine Ermächtigung der Kommission vor, diese Standards durch delegierten Rechtsakt nach Art. 10–14 VO (EU) 1093/2010 zu erlassen.[31]

12. Auswirkungen des Kryptomärkteaufsichtsgesetzes. Im Rahmen der Erstellung des Kryptowerte-Whitepapers ist außerdem das geplante Kryptomärkteaufsichtsgesetz (**„KMAG")**[32] zu beachten. Gemäß § 15 Abs. 2 KMAG-E hat die Bundesanstalt grundsätzlich ein öffentliches Angebot eines vermögenswertreferenzierten Token zu untersagen, wenn hierfür kein genehmigtes Kryptowerte-Whitepaper vorliegt. Hinsichtlich der konkreten Vorgaben des Art. 19 MiCAR sieht § 16 Abs. 1 KMAG-E vor, dass die BaFin vom Emittenten verlangen kann, das Kryptowerte-Whitepaper zu ändern, soweit dieses nicht die in Art. 19 MiCAR vorgeschriebenen Informationen beinhaltet oder der in dieser Vorschrift vorgegebenen Form nicht entspricht.

Artikel 20 Prüfung des Zulassungsantrags

(1) Zuständige Behörden, bei denen gemäß Artikel 18 eine Zulassung beantragt wird, prüfen innerhalb von 25 Arbeitstagen nach Eingang des Antrags, ob dieser, einschließlich des in Artikel 19 genannten Kryptowerte-Whitepapers, alle erforderlichen Informationen enthält. Sie teilen dem antragstellenden Emittenten umgehend mit, ob im Antrag, einschließlich des Kryptowerte-Whitepapers, erforderliche Informationen

---

[27] S. Erwgr. Nr. 109 MiCAR.
[28] S. Erwgr. Nr. 110 MiCAR.
[29] S. Erwgr. Nr. 7 MiCAR.
[30] S. Erwgr. Nr. 7 MiCAR.
[31] S. Erwgr. Nr. 110 MiCAR.
[32] S. RegE Finanzmarktdigitalisierungsgesetz, BT-Drucks. 20/10280, S. 10 ff.

fehlen. Ist der Antrag, einschließlich des Kryptowerte-Whitepapers, nicht vollständig, setzen die zuständigen Behörden dem antragstellenden Emittenten eine Frist, bis zu der er etwaige fehlende Informationen vorlegen muss.

(2) Die zuständigen Behörden prüfen innerhalb von 60 Arbeitstagen nach Eingang eines vollständigen Antrags, ob der antragstellende Emittent die Anforderungen dieses Titels erfüllt, und erstellen einen umfassend begründeten Entwurf einer Entscheidung über die Erteilung oder Ablehnung der Zulassung. Innerhalb dieser 60 Arbeitstage kann die zuständige Behörde vom antragstellenden Emittenten weitere Informationen über den Antrag anfordern, einschließlich Informationen über das in Artikel 19 genannte Kryptowerte-Whitepaper.

Während des Prüfungsverfahrens können die zuständigen Behörden mit den für die Bekämpfung von Geldwäsche und Terrorismusfinanzierung zuständigen Behörden, den Zentralstellen für Geldwäsche-Verdachtsanzeigen oder anderen öffentlichen Stellen zusammenarbeiten.

(3) Die Prüfungsfrist gemäß den Absätzen 1 und 2 ist für den Zeitraum zwischen dem Tag der Anforderung der fehlenden Information durch die zuständigen Behörden und dem Eingang einer Antwort des antragstellenden Emittenten bei diesen ausgesetzt. Die Aussetzung darf 20 Arbeitstage nicht überschreiten. Es liegt im Ermessen der zuständigen Behörden, weitere Ergänzungen oder Klarstellungen zu den Informationen anzufordern, doch dies führt Die Anforderung weiterer Ergänzungen oder Klarstellungen zu den Informationen liegt im Ermessen der zuständigen Behörde, führt jedoch nicht zu einer Aussetzung der Prüfungsfrist gemäß den Absätzen 1 und 2.

(4) Die zuständigen Behörden übermitteln nach Ablauf des in Absatz 2 genannten Zeitraums von 60 Arbeitstagen ihren Entwurf einer Entscheidung zusammen mit dem Antrag an die EBA, ESMA und EZB. Ist der antragstellende Emittent in einem Mitgliedstaat niedergelassen, dessen amtliche Währung nicht der Euro ist, oder wenn eine amtliche Währung eines Mitgliedstaats, die nicht der Euro ist, als Bezugsgröße für die vermögenswertereferenzierten Token, so übermitteln die zuständigen Behörden ihren Entwurf einer Entscheidung und den Antrag auch der Zentralbank des betreffenden Mitgliedstaats.

(5) Die EBA und die ESMA geben auf Ersuchen der zuständigen Behörde innerhalb von 20 Arbeitstagen nach Eingang des Entwurfs der Entscheidung und des Antrags eine Stellungnahme zu ihrer Bewertung des in Artikel 18 Absatz 2 Buchstabe e genannten Rechtsgutachtens ab und übermitteln ihre jeweiligen Stellungnahmen der betroffenen zuständigen Behörde. Die EZB oder gegebenenfalls die in Absatz 4 genannte Zentralbank gibt innerhalb von 20 Arbeitstagen nach Eingang des Entwurfs einer Entscheidung und des Antrags eine Stellungnahme zu ihrer Bewertung der Risiken, die die Ausgabe dieses vermögenswertereferenzierten Token für die Finanzstabilität, das reibungslose Funktionieren der Zahlungssysteme, die geldpolitische Transmission und die Währungshoheit mit sich bringen könnte, ab und übermittelt ihre Stellungnahme der betroffenen zuständigen Behörde.

Unbeschadet von Artikel 21 Absatz 4 sind die in den Unterabsätzen 1 und 2 des vorliegenden Absatzes genannten Stellungnahmen nicht verbindlich.

Die in den Unterabsätzen 1 und 2 des vorliegenden Absatzes genannten Stellungnahmen müssen von der zuständigen Behörde jedoch gebührend berücksichtigt werden.

Übersicht

	Rn.
I. Einführung	1
1. Literatur	1
2. Entstehung und Zweck der Norm	2
3. Normativer Kontext	6
II. Kommentierung	9
1. Vollständigkeitsprüfung (Abs. 1)	9
2. Prüfung des Zulassungsantrags (Abs. 2)	10
3. Hemmung der Frist (Abs. 3)	11
4. Weiterleitung des Entscheidungsentwurfs und des Zulassungsantrags (Abs. 4)	13
5. Einschätzungen der EBA, ESMA und EZB (Abs. 5)	14
a) Einleitung	14
b) Norminhalt	16
6. Auswirkungen des Kryptomärkteaufsichtsgesetzes	19

I. Einführung

1. Literatur. *Maume,* Die Verordnung über Märkte für Kryptowerte (MiCAR) – Stablecoins, Kryptodienstleistungen und Marktmissbrauchsrecht, RDi 2022, 497; *Wellerdt,* FinTech Regulierung – Wie werden innovative Geschäftsmodelle beaufsichtigt – Am Beispiel der EU-Regulierung von Kryptowerten und Kryptodienstleistungen, WM 2021, 1171. 1

2. Entstehung und Zweck der Norm. Art. 20 MiCAR hat im Laufe 2 des Gesetzgebungsverfahrens erhebliche Änderungen erfahren. Diese betreffen vor allem die Verfahrensdauer und die Stellungnahmen der europäischen Behörden. So sah der Kommissionsentwurf vom 24.9.2020 noch vor, dass der zuständigen Behörde bis zu 7 Monate für ihre Zulassungsentscheidung zur Verfügung stehen.[1] Dieser Zeitraum wurde als zu groß und somit auch als potenzieller Nachteil für den europäischen Standort angesehen.[2] Nach der aktuellen Fassung muss die zuständige Behörde nun innerhalb von **130 Arbeitstagen** ihre Entscheidung treffen. Dieser Zeitraum setzt sich aus 25 Arbeitstagen für die Vollständigkeitsprüfung[3], 60 Arbeitstagen für die Inhaltsprüfung[4], 20 Arbeitstagen für die Stellungnahmen der europäischen Institutionen[5] und letztlich 25 Arbeitstagen für die finale Zulassungsentscheidung[6] zusammen. Die Zeitersparnis von 10 Arbeitstagen im Vergleich zum Kommissionsentwurf wird dadurch erreicht, dass die europäischen Behörden ihre Stellungnahmen nach Art. 20 Abs. 5 MiCAR nicht mehr in 2 Monaten, sondern in 20 Arbeitstagen erstellen und übermitteln müssen. Allerdings wurde der Zeitraum für die Vollständigkeitsprüfung nach Art. 20 Abs. 1 Mi-

---
[1] Wellerdt WM 2021, 1171 (1174).
[2] Wellerdt WM 2021, 1171 (1174).
[3] S. Art. 20 Abs. 1 MiCAR.
[4] S. Art. 20 Abs. 2 MiCAR.
[5] S. Art. 20 Abs. 5 MiCAR.
[6] S. Art. 21 Abs. 1 MiCAR.

MiCAR Art. 20

CAR wie auch für die Zulassungsentscheidung nach Art. 21 Abs. 1 MiCAR jeweils von 20 auf 25 Arbeitstage erhöht.

3 Diese Verfahrensbeschleunigung wird allerdings durch den ursprünglich nicht vorgesehenen Art. 20 Abs. 3 MiCAR **relativiert**. Denn diese Vorschrift bestimmt, dass die Fristen für die Vollständigkeits- und Inhaltsprüfung nach Art. 20 Abs. 1, 2 MiCAR gehemmt werden, wenn die zuständige Behörde während dieser Verfahrensschritte gemäß Art. 20 Abs. 1 bzw. 2 MiCAR weitere Informationen vom Emittenten zum Antrag anfordert. Dabei können die Fristen gemäß Art. 20 Abs. 3 S. 2 MiCAR jeweils um maximal 20 Arbeitstage gehemmt werden. Berücksichtigt man diese Hemmungsmöglichkeiten, bedeutet dies, dass das Verfahren im Vergleich zum Kommissionsentwurf vom 24.9.2020 somit 30 Arbeitstage länger und insgesamt 170 Arbeitstage dauern kann. Dazu kommen noch 5 Arbeitstage, in denen die zuständige Behörde dem antragstellenden Emittenten ihre Entscheidung mitteilen muss. Das **gesamte Verfahren** kann somit insgesamt bis zu **175 Arbeitstage** dauern.

4 Bezüglich der **Stellungnahmen** der EBA, ESMA und EZB wie auch ggf. der Zentralbank eines Mitgliedstaates[7] sah die Fassung vom 24.9.2020[8] vor, dass diese unverbindliche Stellungnahmen zum gesamten Zulassungsantrag abgeben, denen die zuständige Behörde gebührend Rechnung tragen muss. Kritisiert wurde, dass den europäischen Behörden hierfür ein relativ langer Zeitraum von 2 Monaten zur Verfügung steht, ohne dass diese Stellungnahmen für die entscheidende Behörde verpflichtend sind.[9] In der aktuellen Fassung des Art. 20 Abs. 5 MiCAR wurden den europäischen Behörden nun konkrete Bereiche, zu denen sie Stellungnahmen abgeben sollen, zugeteilt.[10] So äußern sich die EBA und ESMA zu dem Rechtsgutachten nach Art. 18 Abs. 2 lit. (e) MiCAR. Allerdings ist eine Beteiligung der EBA und ESMA nicht mehr in jedem Fall, sondern nur bei einem entsprechenden Ersuchen der zuständigen Behörde vorgesehen. Die EZB und ggf. die Zentralbank eines Mitgliedstaates überprüfen das von dem vermögenswertreferenzierten Token ausgehende Risiko für die Finanzstabilität, das reibungslose Funktionieren der Zahlungssysteme, die geldpolitische Transmission und die Währungshoheit.

5 Auch nach der aktuellen Fassung bleibt es grundsätzlich beim unverbindlichen Charakter der Stellungnahmen. Davon macht Art. 20 Abs. 5 UAbs. 2 MiCAR jedoch eine Ausnahme, wenn ein Fall des Art. 21 Abs. 4 MiCAR vorliegt. Dieser Absatz des Art. 21 MiCAR[11] war in der Fassung vom 24.9.2020 ebenfalls noch nicht vorgesehen. Hiernach muss die zuständige Behörde die **Zulassung** des Emittenten **verweigern,** wenn die EZB oder ggf. die Zentralbank eines Mitgliedstaats in ihrer Stellungnahme nach Art. 20 Abs. 5 MiCAR feststellen, dass der vermögenswertreferenzierte Token ein Risiko für die Finanzstabilität, das reibungslose Funktionieren der Zahlungssysteme, die geldpolitische Transmission und die Währungshoheit darstellt.[12] Eine vergleichbare Vorschrift für den Fall, dass die EBA und

---

[7] S. hierzu Art. 20 Abs. 4 S. 2 MiCAR.
[8] Damals Art. 18 Abs. 4 MiCAR-E.
[9] Wellerdt WM 2021, 1171 (1174).
[10] S. Erwgr. Nr. 45 MiCAR.
[11] Damals noch Art. 19 MiCAR-E.
[12] S. Erwgr. Nr. 46 MiCAR.

Prüfung des Zulassungsantrags **Art. 20 MiCAR**

ESMA die Ansicht des Rechtsgutachten nach Art. 18 Abs. 2 lit. (e) MiCAR nicht teilen, wurde jedoch nicht eingeführt.

3. Normativer Kontext. Art. 20 MiCAR regelt zusammen mit 6 Art. 21 MiCAR das **Entscheidungsverfahren** über die Zulassung potenzieller Emittenten vermögenswertreferenzierter Token. Das Verfahren lässt sich in vier Schritte unterteilen.[13] Zuerst nimmt die zuständige Behörde gemäß Art. 20 Abs. 1 MiCAR eine Vollständigkeitsprüfung bezüglich des Zulassungsantrags vor. Im zweiten Schritt prüft die Behörde gemäß Art. 20 Abs. 2 MiCAR den Inhalt des Zulassungsantrags und erstellt einen Entscheidungsentwurf. Dieser wird darauffolgend gemäß Art. 20 Abs. 5 MiCAR der EBA, ESMA, EZB und ggf. der Zentralbank eines Mitgliedstaates[14] übermittelt. Die EBA und ESMA überprüfen dann das Rechtsgutachten nach Art. 18 Abs. 2 lit. (e) MiCAR, während die EZB und ggf. die Zentralbank eines Mitgliedstaates die von dem vermögenswertreferenzierten Token ausgehenden Gefahren überprüfen. Nachdem die entsprechenden Stellungnahmen der europäischen Behörden an die zuständige Behörde weitergeleitet wurden, entscheidet diese im vierten Schritt gemäß Art. 21 MiCAR über die Zulassung des Emittenten.

Bei einfachen Kryptowerten sind keine vergleichbaren Vorschriften vor- 7 handen, da bei diesen keine Zulassungspflicht für den Emittenten besteht. Begründet wird diese Unterscheidung damit, dass von vermögenswertreferenzierten Token eine besondere Gefahr für die Finanz-, Geld- und Zahlungssysteme ausgeht (→ Art. 16 Rn. 2 f.).

Bei E-Geld-Token fehlen innerhalb der MiCAR trotz ähnlicher Gefahren 8 für die Finanz-, Geld- und Zahlungssysteme ebenfalls vergleichbare Vorschriften. Das liegt jedoch daran, dass lediglich Kreditinstitute oder E-Geld Institute als Emittenten von E-Geld-Token gemäß Art. 48 Abs. 1 lit. (a) MiCAR in Frage kommen. Da für beide bereits besondere Zulassungspflichten bestehen, würde eine zusätzliche Regelung durch die MiCAR eine Doppelbelastung bedeuten.

II. Kommentierung

1. Vollständigkeitsprüfung (Abs. 1). Gemäß Art. 20 Abs. 1 S. 1 Mi- 9 CAR muss die zuständige Behörde, bei welcher ein Zulassungsantrag gemäß Art. 18 MiCAR eingegangen ist, prüfen, ob dieser alle nach Art. 19 MiCAR erforderlichen **Informationen** enthält. Diese Prüfung umfasst auch das in Art. 18 Abs. 2 lit. (k) MiCAR genannte Kryptowerte-Whitepaper.[15] Der zuständigen Behörde steht dabei ein Zeitraum von **25 Arbeitstagen** zur Verfügung. Sollte die zuständige Behörde feststellen, dass Informationen fehlen, hat sie dies gemäß Art. 20 Abs. 1 S. 2 MiCAR dem Antragsteller unverzüglich mitzuteilen. Dabei setzt sie diesem nach Art. 20 Abs. 1 S. 3 MiCAR eine Frist, innerhalb derer der antragstellende Emittent die fehlenden Angaben nachreichen muss.

2. Prüfung des Zulassungsantrags (Abs. 2). Wurde ein vollumfäng- 10 licher Antrag eingereicht bzw. die fehlenden Informationen nachgereicht, muss die zuständige Behörde gemäß Art. 20 Abs. 2 UAbs. 1 S. 1 MiCAR

---

[13] Wellerdt WM 2021, 1171 (1174).
[14] S. hierzu Art. 20 Abs. 4 S. 2 MiCAR.
[15] Maume RDi 2022, 497 (499).

innerhalb von **60 Arbeitstagen** prüfen, ob der Antragsteller die Voraussetzungen des Titels III erfüllt. Binnen dieses Zeitraums muss die zuständige Behörde einen vollständig begründeten **Entscheidungsentwurf** über den Zulassungsantrag erstellen. Sollte sich dabei herausstellen, dass der Behörde für ihre Entscheidung Informationen über den Antrag oder das Kryptowerte-Whitepaper fehlen, kann sie diese gemäß Art. 20 Abs. 2 UAbs. 1 S. 2 MiCAR vom Emittenten anfordern. Während des Prüfungsverfahrens ist die zuständige Behörde gemäß Art. 20 Abs. 2 UAbs. 2 MiCAR berechtigt, mit den für die Bekämpfung von Geldwäsche und Terrorismusfinanzierung zuständigen Behörden, den Zentralstellen für Geldwäsche-Verdachtsanzeigen oder anderen öffentlichen Stellen zu kooperieren.

11   **3. Hemmung der Frist (Abs. 3).** Art. 20 Abs. 3 S. 1 MiCAR sieht vor, dass die **Fristen** nach Art. 20 Abs. 1, 2 MiCAR ausgesetzt werden, wenn die zuständige Behörde zur Vollständigkeits- bzw. Inhaltsprüfung weitere Informationen vom potenziellen Emittenten anfordern. Die Frist ist dabei zwischen dem Zeitpunkt der Informationsanforderung und dem Eingang der Antwort des Antragstellers ausgesetzt. Die Aussetzung kann gemäß Art. 20 Abs. 3 S. 2 MiCAR jeweils maximal **20** und insgesamt **40 Arbeitstage** dauern. Dies soll sicherstellen, dass der Antragsteller die fehlenden Informationen zügig nachreicht. Denn nach Ablauf der Aussetzung ist die Behörde gezwungen, die Vollständigkeits- bzw. Inhaltsprüfung trotz fehlender Informationen durchzuführen, womit der Antragsteller einen Negativbescheid riskiert.

12   Gemäß Art. 20 Abs. 3 S. 3 MiCAR kann die zuständige Behörde ihrem Ermessen nach den Emittenten auffordern, zur **Ergänzung oder Klarstellung der Informationen** beizutragen. Eine solche Aufforderung führt gemäß Art. 20 Abs. 3 S. 3 MiCAR aber nicht mehr zur Hemmung der Beurteilungsfrist. Dadurch wird dem Interesse des Antragstellers an einem schnellen Entscheidungsverfahren Rechnung getragen. Denn hierdurch wird vermieden, dass die zuständige Behörde durch wiederholtes Einfordern weiterer Informationen den Entscheidungszeitraum verlängert.

13   **4. Weiterleitung des Entscheidungsentwurfs und des Zulassungsantrags (Abs. 4).** Art. 20 Abs. 4 S. 1 MiCAR sieht vor, dass die zuständige Behörde nach Ablauf der Prüfungsfrist von **60 Arbeitstagen** iSd Art. 20 Abs. 2 MiCAR ihren **Entscheidungsentwurf** wie auch das **Antragsdossier** der EBA, ESMA und EZB übermittelt. Diese Dokumente dienen als Grundlage zur Erstellung der Stellungnahmen nach Art. 20 Abs. 5 MiCAR. Sollte der Emittent in einem Mitgliedstaat niedergelassen sein, dessen Währung nicht der Euro ist, muss die zuständige Behörde gemäß Art. 20 Abs. 4 S. 2 MiCAR ihren Entscheidungsentwurf wie auch das Antragsdossier der Zentralbank des betreffenden Mitgliedstaats zukommen lassen. Gleiches gilt, wenn eine andere Währung eines Mitgliedstaats Bezugsgröße des vermögenswertreferenzierten Token ist.

14   **5. Einschätzungen der EBA, ESMA und EZB (Abs. 5). a) Einleitung.** Art. 20 Abs. 5 MiCAR[16] hat im Laufe des Gesetzgebungsverfahrens erhebliche Änderungen erfahren (→ Rn. 2 ff.). So sah der Entwurf vom 24.9.2020 noch vor, dass die EBA, ESMA, EZB wie auch ggf. die Zentral-

---

[16] Damals Art. 20 Abs. 4 MiCAR-E.

bank eines Mitgliedstaats[17] zum ganzen Antrag Stellungnahmen erstellen sollen. In der aktuellen Fassung wurden den jeweiligen Behörden konkrete Überprüfungsbereiche zugewiesen. So äußern sich die EBA und ESMA nun gemäß Art. 20 Abs. 5 UAbs. 1 MiCAR zum Rechtsgutachten nach Art. 18 Abs. 2 lit. (e) MiCAR. Dies allerdings nur, wenn sie von der zuständigen Behörde hierzu aufgefordert wurden.[18] Die EZB und ggf. die Zentralbank eines Mitgliedstaates prüfen nach Art. 20 Abs. 5 UAbs. 2 MiCAR die von dem zu emittierenden vermögenswertreferenzierten Token ausgehenden Gefahren für die Geld-, Zahlungs- oder Finanzsysteme.

Darüber hinaus wurde von dem unverbindlichen Charakter der Stellungnahmen eine Ausnahme für den Fall, dass die EZB oder die Zentralbank eines Mitgliedstaates von einer Gefahr für die Geld-, Zahlungs- oder Finanzsysteme ausgehen, geschaffen. So verweist Art. 20 Abs. 5 UAbs. 3 MiCAR nun auf den ebenfalls im Laufe des Gesetzgebungsverfahrens eingeführten Art. 21 Abs. 4 MiCAR, wonach die Zulassung bei einer solchen Gefahr zu verweigern ist. 15

b) Norminhalt. Art. 20 Abs. 5 UAbs. 1 MiCAR sieht vor, dass die EBA und ESMA bei Ersuchen der zuständigen Behörde eine **Stellungnahme zum Rechtsgutachten** nach Art. 18 Abs. 2 lit. (e) MiCAR erstellen. Dabei steht ihnen ein Zeitraum von 20 Arbeitstagen nach Empfang des Entscheidungsentwurfs und Antragsdossiers zur Verfügung. 16

Die EZB und ggf. die Zentralbank eines Mitgliedstaates[19] müssen gemäß Art. 20 Abs. 5 UAbs. 2 MiCAR innerhalb von **20 Arbeitstagen** nach Empfang des Entscheidungsentwurfs und Antragsdossiers eine **Stellungnahme** über die von dem zu emittierenden vermögenswertreferenzierten Token ausgehende Gefahr für die Finanzstabilität, das reibungslose Funktionieren der Zahlungssysteme, die geldpolitische Transmission und die Währungshoheit erstellen und der zuständigen Behörde übermitteln. 17

Art. 20 Abs. 5 UAbs. 3 MiCAR sieht vor, dass die **Stellungnahmen grundsätzlich unverbindlich** sind. Dabei wird aber eine Ausnahme in Fällen des Art. 21 Abs. 4 MiCAR gemacht, wenn die EZB oder ggf. die Zentralbank eines Mitgliedstaates von einer durch den vermögenswertreferenzierten Token ausgehenden Gefahr iSd Art. 20 Abs. 5 UAbs. 2 MiCAR ausgehen.[20] Den **Stellungnahmen** muss die zuständige Behörde gemäß Art. 20 Abs. 5 UAbs. 4 MiCAR **gebührend Rechnung** tragen. Auch hier gilt, dass die Stellungnahme der EZB und ggf. der Zentralbank eines Mitgliedstaates im Falle einer Gefahr iSd Art. 20 Abs. 5 UAbs. 2 MiCAR, verbindlich sind. 18

6. Auswirkungen des Kryptomärkteaufsichtsgesetzes. Durch das geplante Kryptomärkteaufsichtsgesetz (**„KMAG"**)[21] wird die Bedeutung der Stellungnahme der EZB bzw. einer Zentralbank iSd. Art. 20 Abs. 4 S. 2 MiCAR nach Art. 20 Abs. 5 UAbs. 2 MiCAR betont. Kommt eines dieser Institute zu dem Ergebnis, dass der vermögenswertreferenzierte Token eine Bedrohung für das reibungslose Funktionieren der Zahlungssysteme, die geldpolitische Transmission oder die Währungshoheit darstellt, hat die BaFin 19

---

[17] S. hierzu Art. 20 Abs. 4 S. 2 MiCAR.
[18] Im MiCAR-E war in jedem Fall eine Beteiligung der EBA und ESMA vorgesehen.
[19] S. hierzu Art. 20 Abs. 4 S. 2 MiCAR.
[20] S. Erwgr. Nr. 45, 46 VO (EU) 2023/1114.
[21] S. RegE Finanzmarktdigitalisierungsgesetz, BT-Drucks, 20/10280, S. 10 ff.

eine Obergrenze der auszugebenden Menge der Token oder eine Mindeststückelung anzuordnen.

Artikel 21 Erteilung oder Verweigerung der Zulassung

(1) Die zuständigen Behörden treffen innerhalb von 25 Arbeitstagen nach Eingang der in Artikel 20 Absatz 5 genannten Stellungnahmen eine umfassend begründete Entscheidung über die Erteilung oder Verweigerung der Zulassung an den antragstellenden Emittenten und teilen sie dem antragstellenden Emittenten innerhalb von fünf Arbeitstagen, nachdem die Entscheidung getroffen wurde, mit. Wird ein antragstellender Emittent zugelassen, so gilt sein Kryptowerte-Whitepaper als genehmigt.

(2) Die zuständigen Behörden verweigern die Zulassung, wenn objektive und Anhaltspunkte dafür vorliegen, dass
a) das Leitungsorgan des antragstellenden Emittenten eine Gefahr für die wirksame, solide und umsichtige Führung und Fortführung des Geschäftsbetriebs sowie die angemessene Berücksichtigung der Interessen seiner Kunden und die Integrität des Marktes darstellen könnte;
b) die Mitglieder des Leitungsorgans die in Artikel 34 Absatz 2 festgelegten Kriterien nicht erfüllen;
c) Anteilseigner oder Gesellschafter, die qualifizierte Beteiligungen halten, die Kriterien des ausreichend guten Leumunds nach Artikel 34 Absatz 4 nicht erfüllen;
d) die antragstellende Emittent eine der Anforderungen dieses Titels nicht erfüllt oder wahrscheinlich nicht erfüllt;
e) das Geschäftsmodell des antragstellenden Emittenten eine ernsthafte Bedrohung für die Marktintegrität, die Finanzstabilität und das reibungslose Funktionieren der Zahlungssysteme darstellen könnte oder den Emittenten oder den Sektor ernsten Risiken der Geldwäsche und Terrorismusfinanzierung aussetzt.

(3) Die EBA und die ESMA geben bis zum 30. Juni 2024 gemäß Artikel 16 der Verordnung (EU) Nr. 1093/2010 beziehungsweise Artikel 16 der Verordnung (EU) Nr. 1095/2010 gemeinsam Leitlinien heraus für die Bewertung der Eignung der Mitglieder des Leitungsorgans von Emittenten vermögenswertereferenzierter Token und der Anteilseigner oder Gesellschafter, die direkt oder indirekt qualifizierte Beteiligungen an Emittenten vermögenswertereferenzierter Token halten.

(4) Die zuständigen Behörden lehnen die Zulassung ab, wenn die EZB oder gegebenenfalls die Zentralbank im Einklang mit Artikel 20 Absatz 5 eine ablehnende Stellungnahme aufgrund eines Risikos für das reibungslose Funktionieren der Zahlungssysteme, der geldpolitischen Transmission oder der Währungshoheit abgibt.

(5) Die zuständigen Behörden übermitteln der zentralen Kontaktstelle der Aufnahmemitgliedstaaten, der ESMA, der EBA, der EZB und gegebenenfalls den in Artikel 20 Absatz 4 genannten Zentralbanken innerhalb von zwei Arbeitstagen nach Erteilung der Zulassung die in Artikel 109 Absatz 3 genannten Informationen.

Die ESMA stellt diese Informationen ab dem Startdatum des öffentlichen Angebots oder der Zulassung zum Handel gemäß Artikel 109 Absatz 3 in dem genannten Register zur Verfügung.

(6) Die zuständigen Behörden unterrichten die EBA, die ESMA und die EZB sowie gegebenenfalls die in Artikel 20 Absatz 4 genannte Zentralbank über alle abgelehnten Anträge auf Zulassung und legen die Gründe für die Entscheidung und gegebenenfalls eine Begründung für Abweichungen von den in Artikel 20 Absatz 5 genannten Stellungnahmen vor.

Übersicht

	Rn.
I. Einführung	1
1. Literatur	1
2. Entstehung und Zweck der Norm	2
a) Entstehung	2
b) Zweck der Norm	4
3. Normativer Kontext	5
II. Kommentierung	7
1. Zulassungsentscheidung; Genehmigung des Kryptowerte-Whitepapers (Abs. 1)	7
2. Verweigerungsgründe (Abs. 2)	9
3. Leitlinien zur Eignungsbewertung (Abs. 3)	10
4. Verweigerung bei negativer Stellungnahme iSd Art. 20 Abs. 5 (Abs. 4)	11
5. Unterrichtung über erteilte Zulassungen (Abs. 5)	12
6. Unterrichtung über verweigerte Zulassungen (Abs. 6)	13
7. Auswirkungen des Kryptomärkteaufsichtsgesetzes	14

I. Einführung

1. Literatur. *Maume,* Die Verordnung über Märkte für Kryptowerte (MiCAR) – Stablecoins, Kryptodienstleistungen und Marktmissbrauchsrecht, RDi 2022, 497; *Wellerdt,* FinTech Regulierung – Wie werden innovative Geschäftsmodelle beaufsichtigt – Am Beispiel der EU-Regulierung von Kryptowerten und Kryptodienstleistungen, WM 2021, 1171. **1**

2. Entstehung und Zweck der Norm. a) Entstehung. Bereits im Kommissionsentwurf vom 24.9.2020 spielte Art. 21 MiCAR[1] eine entscheidende Rolle. Denn die Emission eines vermögenswertreferenzierten Token durch ein Nicht-Kreditinstitut ist gemäß Art. 16 Abs. 1 lit. (a) MiCAR nur möglich, wenn der Emittent gemäß Art. 21 MiCAR durch die zuständige Behörde seines Herkunftsmitgliedstaates[2] zugelassen wurde. Dies steht im Gegensatz zur Emission eines einfachen Kryptotoken nach Art. 4 ff. MiCAR, denn hier wird eine solche Zulassung nicht verlangt. Gerechtfertigt wird dieses **Mehrerfordernis** durch die von vermögenswertreferenzierten Token ausgehende Gefahr für Geld-, Zahlungs- und Finanzsysteme (→ Art. 16 Rn. 2 f.). **2**

Die Norm hat im Laufe des Gesetzgebungsverfahren eine Reihe von Änderungen erfahren. Besonders relevant ist dabei die Einführung des **Art. 21 Abs. 4 MiCAR,** wonach die Zulassung zu verweigern ist, wenn die EZB oder ggf. die Zentralbank eines Mitgliedstaates[3] davon ausgeht, dass der vermögenswertreferenzierten Token eine Gefahr für das Geld-, Zahlungs- **3**

---

[1] Damals noch Art. 19 MiCAR-E.
[2] S. zur Definition Art. 3 Abs. 1 Nr. 33 MiCAR.
[3] S. hierzu Art. 20 Abs. 4 MiCAR.

oder Finanzsystem darstellt.[4] Daneben ist der Katalog des Art. 21 Abs. 2 MiCAR um weitere Verweigerungsgründe erweitert worden. In der aktuellen Fassung kam außerdem Art. 21 Abs. 3 MiCAR hinzu, wonach die EBA und ESMA damit beauftragt sind, Richtlinien zur Eignungsbewertung von Leitungsorganen[5] und Personen mit qualifizierter Beteiligung[6] am Emittenten zu erstellen. Darüber hinaus wurde die Norm um den Abs. 6 erweitert, wonach die EBA, ESMA, EZB und ggf. die Zentralbank eines Mitgliedstaates auch über verweigerte Zulassungen zu informieren sind.

4 **b) Zweck der Norm.** Art. 21 MiCAR regelt die **Erteilung** wie auch **Verweigerung der Zulassung** eines Nicht-Kreditinstitutes als Emittenten eines vermögenswertreferenzierten Token. Sie stellt damit eine entscheidende Vorschrift im Normenkomplex vermögenswertreferenzierter Token dar, welche im Vergleich zu einfachen Kryptowerten strenger reguliert sind (→ Art. 16 Rn. 2f.). Begründet wird dies mit der von solchen Token ausgehenden Gefahr für Geld-, Zahlungs- und Finanzsysteme. Die Norm umfasst dabei in Abs. 2 einen Katalog mit den Zulassungsverweigerungsgründen. Darüber besteht gemäß Art. 21 Abs. 4 MiCAR seitens der zuständigen Behörde die Verpflichtung, die Zulassung zu verweigern, wenn die EZB oder ggf. die Zentralbank eines Mitgliedstaates von einer Gefahr für Geld-, Zahlungs- und Finanzsysteme ausgeht.[7]

5 **3. Normativer Kontext.** Art. 21 MiCAR stellt zusammen mit Art. 18, 20 und 24 MiCAR das **Zulassungsverfahren** für Nicht-Kreditinstitute als Emittenten vermögenswertreferenzierter Token dar. Art. 21 MiCAR regelt dabei die Genehmigung wie auch Verweigerung der Zulassung und stellt den vierten und somit letzten Schritt des Zulassungsverfahrens für Nicht-Kreditinstitute dar.[8]

6 Das Zulassungsverfahren orientiert sich an bereits bekannten Grundsätzen aus etablierten Kapitalmarktregelungen. So lässt sich das Zulassungsverfahren für Nicht-Kreditinstitute grundsätzlich mit dem für Wertpapierfirmen nach Art. 5ff. Richtlinie 2014/65/EU (MiFID II) vergleichen,[9] wobei Art. 21 MiCAR das Pendant zu Art. 7 MiFID II darstellt.

II. Kommentierung

7 **1. Zulassungsentscheidung; Genehmigung des Kryptowerte-Whitepapers (Abs. 1).** Art. 21 Abs. 1 S. 1 MiCAR bestimmt, dass die zuständige Behörde[10] innerhalb von **25 Arbeitstagen** nach Eingang der von den europäischen Behörden nach Art. 20 Abs. 5 MiCAR ausgestellten Stellungnahmen eine umfassend begründete Entscheidung über die Erteilung oder Verweigerung der Zulassung treffen muss. Allerdings ist nicht geregelt, was unter einer umfassend begründeten Entscheidung zu verstehen ist. Diese Vorgabe ist vor allem im Hinblick auf Zulassungsverweigerungen so zu verstehen, dass sich die Entscheidung auf die konkreten Voraussetzungen, an denen die Zulassung scheitert, beziehen muss. Denn nur so ist es dem Emittenten im

---

[4] S. Erwgr. Nr. 45 MiCAR.
[5] S. zur Definition Art. 3 Abs. 1 Nr. 27 MiCAR.
[6] S. zur Definition Art. 3 Abs. 1 Nr. 36 MiCAR.
[7] S. Erwgr. Nr. 46 MiCAR.
[8] Wellerdt WM 2021, 1171 (1174).
[9] Vgl. Maume RDi 2022, 497 (499).
[10] S. zur Definition Art. 3 Abs. 1 Nr. 35 MiCAR.

Erteilung oder Verweigerung der Zulassung **Art. 21 MiCAR**

Falle einer verweigerten Zulassung möglich, seine Defizite zu beseitigen und einen erfolgreichen Zweitantrag zu stellen. Die Antragsentscheidung muss innerhalb von **5 Arbeitstagen,** nach dem sie getroffen wurde, dem Antragsteller mitgeteilt werden.

Sollte der Antragsteller zugelassen werden, ergeben sich daraus eine Reihe von **Rechtsfolgen.**[11] In erster Linie ist der Emittent nun berechtigt, den vermögenswertreferenzierten Token gemäß Art. 16 Abs. 4 MiCAR innerhalb der EU öffentlich anzubieten oder dessen Zulassung zu einem Krypto-Handelsplattform zu beantragen. Darüber hinaus gilt das Kryptowerte-Whitepaper durch die Zulassung des Emittenten gemäß Art. 21 Abs. 1 S. 2 MiCAR als genehmigt. Weiterhin wird die zuständige Behörde gemäß Art. 21 Abs. 5 UAbs. 1 MiCAR verpflichtet, die in Art. 109 Abs. 3 MiCAR genannten Informationen innerhalb von zwei Arbeitstagen der ESMA, der EBA, der EZB und in Fällen des Art. 20 Abs. 4 MiCAR auch weiteren Zentralbanken zu übermitteln. Die ESMA muss gemäß Art. 21 Abs. 5 UAbs. 2 MiCAR diese Informationen ab dem Startdatum des öffentlichen Angebots oder der Zulassung zum Handel in dem Register iSd Art. 109 Abs. 3 MiCAR zur Verfügung stellen. Der Emittent wird außerdem gemäß Art. 25 Abs. 1 MiCAR dazu verpflichtet, bei bestimmten Umstandsänderungen die zuständige Behörde zu informieren. In einem solchen Fall muss er gemäß Art. 25 Abs. 2 MiCAR ein geändertes Kryptowerte-Whitepaper erstellen. Kommt der Emittent dieser Verpflichtung nicht nach, kann dies zu einem Schadensersatzanspruch nach Art. 26 Abs. 1 MiCAR führen.

2. Verweigerungsgründe (Abs. 2). Art. 21 Abs. 2 MiCAR beinhaltet einen Katalog mit Gründen, bei deren objektiven Vorliegen die **Zulassung zu verweigern** ist. Konkret muss die Zulassung aus folgenden Gründen verweigert werden:

– lit. (a): das Leitungsorgan[12] des Emittenten könnte eine Gefahr für die wirksame, solide und umsichtige Führung und Fortführung des Geschäftsbetriebs sowie die angemessene Berücksichtigung der Interessen seiner Kunden und die Integrität des Marktes darstellen;
– lit. (b): die Mitglieder des Leitungsorgans erfüllen nicht die in Art. 34 Abs. 2 MiCAR festgelegten Kriterien;
– lit. (c): die Anteilseigner oder Gesellschafter, die qualifizierte Beteiligungen[13] am Emittenten halten, erfüllen nicht die Kriterien des ausreichend guten Leumunds nach Art. 34 Abs. 4 MiCAR;[14]
– lit. (d): der antragstellende Emittent erfüllt nicht oder erfüllt wahrscheinlich nicht die Anforderungen des Titel III;
– lit. (e): das Geschäftsmodell des antragstellenden Emittenten könnte eine ernsthafte Bedrohung für die Marktintegrität, die Finanzstabilität und das reibungslose Funktionieren der Zahlungssysteme darstellen oder den Emittenten oder den Sektor[15] ernsten Risiken der Geldwäsche und Terrorismusfinanzierung aussetzen.

8

9

---

[11] Wellerdt WM 2021, 1171 (1174).
[12] S. zur Definition Art. 3 Abs. 1 Nr. 27 MiCAR.
[13] S. zur Definition Art. 3 Abs. 1 Nr. 36 MiCAR.
[14] S. hierzu Art. 21 Abs. 3 MiCAR.
[15] Hiermit ist der Finanzmarkt gemeint, vgl. Erwgr. Nr. 77 MiCAR.

10 **3. Leitlinien zur Eignungsbewertung (Abs. 3).** Art. 21 Abs. 3 MiCAR sieht vor, dass die EBA und ESMA **gemeinsame Leitlinien**[16] zur Bewertung der Eignung der Mitglieder des Leitungsorgans von Emittenten vermögenswertereferenzierter Token und der Anteilseigner oder Gesellschafter, die direkt oder indirekt qualifizierte Beteiligungen an solchen Emittenten halten, herausgeben. Diese sollen gemäß Art. 21 Abs. 3 MiCAR bis zum 30.6.2024 erstellt werden.

11 **4. Verweigerung bei negativer Stellungnahme iSd Art. 20 Abs. 5 (Abs. 4).** Art. 21 Abs. 4 MiCAR war im Kommissionsentwurf vom 24.9.2020 noch nicht vorgesehen und wurde im Laufe des Gesetzgebungsverfahrens hinzugefügt. Die Vorschrift verpflichtet die zuständige Behörde zur Verweigerung der Zulassung, wenn die EZB oder ggf. die Zentralbank eines Mitgliedstaates[17] in ihrer **Stellungnahme** iSd Art. 20 Abs. 5 MiCAR davon ausgehen, dass von dem vermögenswertreferenzierten Token ein Risiko für das reibungslose Funktionieren der Zahlungssysteme, der geldpolitischen Transmission oder der Währungshoheit ausgeht.[18] Allerdings umfasst Art. 21 Abs. 4 MiCAR nicht die Zulassungsverweigerung bei Gefahr für die Finanzstabilität, obwohl das Vorliegen einer solchen ausdrücklich nach Art. 20 Abs. 5 S. 2 MiCAR überprüft werden muss. Hierbei handelt es sich jedoch um ein Redaktionsversehen. Andernfalls wäre es widersinnig, dass die zuständige Behörde bei einer solchen Gefahr die Zulassung nach Art. 21 Abs. 2 lit. (d) MiCAR verweigern kann, dies aber bei einer entsprechenden Stellungnahme der Zentralbanken nicht der Fall ist.

12 **5. Unterrichtung über erteilte Zulassungen (Abs. 5).** Gemäß Art. 21 Abs. 5 UAbs. 1 MiCAR ist die zuständige Behörde verpflichtet, den zentralen Kontaktstellen der Aufnahmemitgliedstaaten,[19] der ESMA, der EBA, der EZB und ggf. weiteren Zentralbanken[20] innerhalb von zwei Arbeitstagen nach Erteilung der Zulassung die in Art. 109 Abs. 3 MiCAR genannten Informationen zu **übermitteln**. Art. 21 Abs. 5 UAbs. 2 MiCAR beauftragt die ESMA mit der Bereitstellung dieser Informationen ab dem Startdatum des öffentlichen Angebots oder der Zulassung zum Handel in dem **Register** iSd Art. 109 Abs. 3 MiCAR.

13 **6. Unterrichtung über verweigerte Zulassungen (Abs. 6).** Während der Kommissionsentwurf vom 24.9.2020 lediglich vorsah, dass die europäischen Behörden[21] nur über erteilte Zulassungen informiert werden, sieht der im Laufe des Gesetzgebungsverfahrens hinzugefügte Art. 21 Abs. 6 MiCAR vor, dass ihnen auch **Zulassungsverweigerungen** mitgeteilt werden müssen. Die zuständige Behörde ist nun verpflichtet, diese über Zulassungsverweigerungen wie auch über die entsprechenden Begründungen zu informieren. Sollte die zuständige Behörde den Zulassungsantrag ablehnen, obwohl eine gegenteilige Stellungnahme der EZB bzw. ggf. der Zentralbank eines Mitgliedstaats iSd Art. 20 Abs. 5 UAbs. 2 MiCAR vorliegt, muss die zuständige Behörde ihre **Abweichung** ausdrücklich erklären.

---

[16] S. hierzu Art. 16 VO (EU) 1093/2010.
[17] Vgl. Art. 20 Abs. 4 MiCAR.
[18] S. Erwgr. Nr. 45, 46 MiCAR.
[19] S. zur Definition Art. 3 Abs. 1 Nr. 34 MiCAR.
[20] S. Art. 20 Abs. 4 MiCAR.
[21] EBA, ESMA, EZB und in Fällen des Art. 20 Abs. 4 MICAR weitere Zentralbanken.

7. Auswirkungen des Kryptomärkteaufsichtsgesetzes. Das Zulas- 14
sungsverfahren wird neben den Vorgaben der MiCAR maßgeblich durch
das geplante Kryptomärkteaufsichtsgesetz („KMAG")[22] geregelt. So beinhaltet § 11 Abs. 1 KMAG-E weitere Zulassungsverweigerungsgründe. Gemäß § 11 Abs. 1 Nr. 1 KMAG-E kann die BaFin die Zulassung des Emittenten verweigern, wenn der Antragsteller Tochterunternehmen eines ausländischen Kreditinstituts ist und die für dieses Kreditinstitut zuständige
ausländische Aufsichtsbehörde der Gründung des Tochterunternehmens
nicht zugestimmt hat. Die Zustimmung kann gemäß § 11 Abs. 1 Nr. 2
KMAG-E verweigert werden, wenn der Antrag nach Art. 18 MiCAR trotz
Ablauf der nach Art. 20 Abs. 1 MiCAR, ggf. iVm. Art. 20 Abs. 3 S. 2
MiCAR, gesetzten Frist weiterhin unvollständig ist. § 14 KMAG-E sieht
vor, dass die BaFin die Erteilung, den Entzug und das Erlöschen einer
Zulassung zum öffentlichen Angebot oder die Beantragung der Zulassung
zum Handel im Bundesanzeiger bekannt zu machen hat. § 15 KMAG-E
beinhaltet eine Ermächtigung, wonach die BaFin das öffentliche Angebot
eines vermögenswertreferenzierten Token oder dessen Zulassung zum Handel aussetzen oder untersagen kann, wenn der begründete Verdacht besteht,
dass der Emittent gegen Vorschriften der MiCAR oder des KMAG-E verstoßen hat. Nach § 23 KMAG-E ist es der BaFin möglich, bei Fehlverhalten
eines Mitglieds des Leitungsorganes dieses zu verwarnen und unter Umständen dessen Abberufung zu verlangen. Darüber hinaus kann die BaFin gemäß
§ 24 KMAG-E Mitgliedern des Leitungsorgans vorübergehend oder dauerhaft die Wahrnehmung von Leitungsaufgaben bei Unternehmen in der
Rechtsform einer juristischen Person untersagen. Liegt die Annahme nahe,
dass der Emittent die Vorgaben zur Eigenmittelausstattung nach Art. 35 Mi-
CAR nicht mehr erfüllt oder voraussichtlich nicht erfüllt, kann die BaFin
deren dauerhafte Erfüllung wie auch weitere Maßnahmen zur Verbesserung
der Eigenmittelausstattung anordnen. Bei organisatorischen Mängeln kann
die BaFin dem Emittenten ebenfalls Maßnahmen zur ordnungsgemäßen
Unternehmensführung iSd Art. 34 MiCAR auferlegen. Sollte der Emittent
einen vermögenswertreferenzierten Token begeben, ohne dass eine Zulassung iSd Art. 16 Abs. 1 UAbs. 1 lit. (a) MiCAR vorliegt, macht sich das
verantwortliche Mitglied des Leitungsorgan gemäß § 46 Abs. 1
Nr. 1 KMAG-E strafbar. Hierbei muss er mit einer Freiheitsstrafe von bis zu
fünf Jahren oder mit einer Geldstrafe rechnen.

Artikel 22 Berichterstattung über vermögenswertereferenzierte Token

(1) Bei jedem vermögenswertreferenzierten Token mit einem Ausgabewert von mehr als 100 000 000 EUR berichtet der Emittent der zuständigen Behörde vierteljährlich folgende Informationen:
  a) die Zahl der Inhaber;
  b) den Wert des ausgegebenen vermögenswertreferenzierten Token und
     den Umfang der Vermögenswertreserve;
  c) die durchschnittliche Zahl und den durchschnittlichen aggregierten
     Wert der Transaktionen pro Tag im entsprechenden Quartal;

---

[22] S. RegE Finanzmarktdigitalisierungsgesetz, BT-Drucks. 20/10280, S. 10 ff.

d) eine Schätzung der durchschnittlichen Zahl und des durchschnittlichen aggregierten Werts der Transaktionen pro Tag im entsprechenden Quartal, die mit ihrer Verwendung als Tauschmittel innerhalb eines einheitlichen Währungsraums zusammenhängen.

Für die Zwecke von Unterabsatz 1 Buchstaben c und d ist unter „Transaktion" eine Änderung der natürlichen oder juristischen Person zu verstehen, die infolge der Übertragung des vermögenswertereferenzierten Token von einer Distributed-Ledger-Adresse auf eine andere oder von einem Distributed-Ledger-Konto auf ein anderes Anspruch auf der vermögenswertereferenzierte Token hat.

Transaktionen, die mit dem Tausch gegen einen Geldbetrag oder andere Kryptowerte bei dem Emittenten oder bei einem Anbieter von Kryptowerte-Dienstleistungen zusammenhängen, gelten nicht als mit der Verwendung des vermögenswertereferenzierten Token als Tauschmittel in Zusammenhang stehend, es sei denn, es gibt Belege dafür, dass der vermögenswertereferenzierte Token für die Abwicklung von Transaktionen mit anderen Kryptowerten verwendet wird.

(2) Die zuständige Behörde kann von Emittenten vermögenswertereferenzierter Token verlangen, der Berichterstattungspflicht nach Absatz 1 in Bezug auf vermögenswertereferenzierte Token nachzukommen, die mit einem Wert von weniger als 100 000 000 EUR ausgegeben wurden.

(3) Anbieter von Kryptowerte-Dienstleistungen, die Dienstleistungen im Zusammenhang mit vermögenswertereferenzierten Token anbieten, stellen dem Emittenten des vermögenswertereferenzierten Token die für die Vorbereitung der Meldung gemäß Absatz 1 erforderlichen Informationen zur Verfügung, unter anderem durch die Meldung von Transaktionen außerhalb des Distributed Ledgers.

(4) Die zuständige Behörde leitet die erhaltenen Informationen an die EZB und gegebenenfalls an die Zentralbank nach Artikel 20 Absatz 4 sowie an die zuständigen Behörden der Aufnahmemitgliedstaaten weiter.

(5) Die EZB und gegebenenfalls die Zentralbank nach Artikel 20 Absatz 4 können der zuständigen Behörde für ein Quartal ihre eigenen Schätzungen der durchschnittlichen Zahl und des durchschnittlichen aggregierten Wertes der Transaktionen pro Tag im Zusammenhang mit der Verwendung vermögenswertereferenzierter Token als Tauschmittel in ihrem jeweiligen Währungsraum vorlegen.

(6) Die EBA erarbeitet in enger Zusammenarbeit mit der EZB Entwürfe technischer Regulierungsstandards zur Spezifizierung der Methodik für die Schätzung für ein Quartal der durchschnittlichen Zahl und des durchschnittlichen aggregierten Werts der Transaktionen pro Tag im Zusammenhang mit der Verwendung des wertereferenzierten Token als Tauschmittel in einem einzelnen einheitlichen Währungsraum.

Die EBA übermittelt der Kommission die in Unterabsatz 1 genannten Entwürfe technischer Regulierungsstandards spätestens am 30. Juni 2024.

Der Kommission wird die Befugnis übertragen, diese Verordnung durch die Annahme der in Unterabsatz 1 dieses Absatzes genannten technischen Regulierungsstandards gemäß den Artikeln 10 bis 14 der Verordnung (EU) Nr. 1093/2010 zu ergänzen.

(7) Die EBA arbeitet Entwürfe technischer Durchführungsstandards aus, um Standardformulare, Standardformate und Mustertexte für die

Zwecke der Berichterstattung gemäß Absatz 1 und das Zurverfügungstellen der Information gemäß Absatz 3 festzulegen.

Die EBA übermittelt der Kommission die in Unterabsatz 1 genannten Entwürfe technischer Durchführungsstandards spätestens am 30. Juni 2024.

Der Kommission wird die Befugnis übertragen, die in Unterabsatz 1 dieses Absatzes genannten technischen Durchführungsstandards gemäß Artikel 15 der Verordnung (EU) Nr. 1093/2010 zu erlassen.

Übersicht

	Rn.
I. Einführung	1
1. Literatur	1
2. Entstehung und Zweck der Norm	2
3. Normativer Kontext	4
II. Kommentierung	5
1. Berichtspflichten (Abs. 1)	5
2. Anwendung des Abs. 1 bei Behördenanordnung (Abs. 2)	9
3. Zusammenarbeit der Anbieter von Kryptowerte-Dienstleistungen (Abs. 3)	11
4. Benachrichtigung weiterer Behörden (Abs. 4)	12
5. Einschätzungen der Zentralbanken (Abs. 5)	13
6. Technische Regulierungsstandards (Abs. 6)	15
7. Technische Durchführungsstandards (Abs. 7)	16
8. Auswirkungen des Kryptomärkteaufsichtsgesetzes	17

I. Einführung

1. Literatur. *Maume,* Die Verordnung über Märkte für Kryptowerte (MiCAR) – Zentrale Definitionen sowie Rechte und Pflichten beim öffentlichen Angebot von Kryptowerten, RDi 2022, 461; *Maume,* Die Verordnung über Märkte für Kryptowerte (MiCAR) – Stablecoins, Kryptodienstleistungen und Marktmissbrauchsrecht, RDi 2022, 497. 1

2. Entstehung und Zweck der Norm. Bereits der Kommissionsentwurf vom 24.9.2020[1] sah vor, dass die zuständige Behörde[2] der EBA jährlich die Informationen zukommen lassen soll, welche für die Einordnung eines vermögenswertreferenzierten Token als signifikant iSd Art. 43 Abs. 1 MiCAR relevant sind. Allerdings fehlte der zuständigen Behörde eine Ermächtigungsgrundlage, um diese Informationen vom Emittenten des vermögenswertreferenzierten Token zu verlangen. Diese Rolle übernimmt nun der im Laufe des Gesetzgebungsverfahrens eingeführte Art. 22 MiCAR. 2

Die in Art. 22 MiCAR geregelten **Berichtspflichten** des Emittenten gegenüber der zuständigen Behörde dienen der Bestimmung des tatsächlichen Umlaufvolumens und der Nutzung des vermögenswertreferenzierten Token.[3] Diese Informationen stellen die Grundlage zur Einordnung eines vermögenswertreferenzierten Token als signifikant iSd Art. 43 Abs. 1 MiCAR dar.[4] Stellt die EBA fest, dass es sich um einen signifikanten vermögenswertreferen- 3

---

[1] Damals Art. 39 Abs. 2 MiCAR-E, heute Art. 43 Abs. 4 MiCAR.
[2] S. zur Definition Art. 3 Abs. 1 Nr. 35 MiCAR.
[3] S. Erwgr. Nr. 60 MiCAR-E.
[4] Maume RDi 2022, 497 (501).

MiCAR Art. 22 Titel III. Vermögenswertreferenzierte Token

zierten Token handelt, folgen daraus strengere Regulierungsvorgaben.[5] Diese zielen vor allem darauf ab, die Stabilität des Kapitalmarkts wie auch des Währungssystems zu sichern.[6]

4 **3. Normativer Kontext.** Art. 22 MiCAR regelt zusammen mit Art. 30 MiCAR die **Berichtspflichten** des Emittenten. Während Art. 30 MiCAR den Emittenten zur Informationsversorgung gegenüber den **Anlegern** verpflichtet, bezieht sich Art. 22 MiCAR auf die Berichtspflicht gegenüber der zuständigen **Aufsichtsbehörde**. Art. 22 MiCAR spielt eine entscheidende Rolle bei der Einordnung eines vermögenswertreferenzierten Token als signifikant durch die EBA gemäß Art. 43 Abs. 2 MiCAR.[7] Denn Entscheidungsgrundlage hierfür sind die gemäß Art. 22 MiCAR übermittelten Informationen, welche die zuständige Aufsichtsbehörde der EBA gemäß Art. 43 Abs. 4 MiCAR zukommen lassen muss.

II. Kommentierung

5 **1. Berichtspflichten (Abs. 1).** Art. 22 Abs. 1 UAbs. 1 MiCAR sieht für Emittenten vermögenswertreferenzierter Token mit einem Ausgabewert von mehr als 100.000.000 EUR vor, dass diese bestimmte Informationen vierteljährlich an die zuständige Behörde übermitteln müssen. Bei Verletzung dieser **Berichterstattungspflicht** riskiert der Emittent den Entzug seiner Zulassung gemäß Art. 24 Abs. 1 UAbs. 1 lit. (d) MiCAR. Sollte der vermögenswertreferenzierte Token als signifikant iSd Art. 43 MiCAR eingestuft worden sein, droht dem Emittenten bei Nichtbeachtung des Art. 22 MiCAR eine Geldbuße gemäß Art. 131 Abs. 1 UAbs. 1 lit. (a) iVm Anhang V Nr. 1 MiCAR.

6 Zu den geforderten Informationen gehören die Zahl der **Inhaber**, lit. (a), wie auch der **Wert** der ausgegebenen Token und der Umfang der **Vermögenswertreserve**, lit. (b). Nach lit. (c) muss der Emittent die Behörde über die durchschnittliche Zahl und den durchschnittlichen aggregierten Wert der **Transaktionen** pro Tag im entsprechenden Quartal informieren.

7 Des Weiteren sieht lit. (d) vor, dass der Emittent der zuständigen Behörde eine Schätzung übermittelt, in welcher er die durchschnittliche Zahl und den durchschnittlichen aggregierten Wert der Transaktionen pro Tag im entsprechenden Quartal, die mit der Verwendung des Token als **Tauschmittel** innerhalb eines einheitlichen Währungsraums zusammenhängen, darstellt. Die Verwendung eines Token als Tauschmittel bedeutet, dass der Token als **Zahlungsmittelersatz** genutzt wird.[8] Da mit der verbreiteten Nutzung eines vermögenswertreferenzierten Token als Zahlungsmittelersatz eine Gefährdung der Finanzstabilität, Zahlungssysteme und geldpolitischen Transmission befürchtet wird, kommt dieser Berichterstattungspflicht eine besondere Bedeutung zu.[9] Jedoch gelten gemäß Art. 22 Abs. 1 UAbs. 3 Hs. 1 MiCAR Transaktionen, die mit dem Tausch gegen einen Geldbetrag[10] oder andere Kryptowerte[11] bei dem **Emittenten** oder bei einem Anbieter von **Krypto-**

---

[5] S. Art. 43 ff. MiCAR.
[6] Maume RDi 2022, 497 (501).
[7] Maume RDi 2022, 497 (501).
[8] Vgl. Erwgr. Nr. 61 MiCAR.
[9] S. Erwgr. Nr. 6, 40 MiCAR.
[10] S. zur Definition Art. 3 Abs. 1 Nr. 14, 19 MiCAR.
[11] S. zur Definition Art. 3 Abs. 1 Nr. 20 MiCAR.

werte-Dienstleistungen zusammenhängen, nicht als mit der Verwendung des Token als Tauschmittel in Zusammenhang stehend. Diese Ausnahme bezieht sich auf Übertragungen, welche im Kontext von Krypto-Dienstleistungen[12] ausgeführt werden. Hiervon macht Art. 22 Abs. 1 UAbs. 3 Hs. 2 MiCAR aber eine Rückausnahme, wenn es Belege dafür gibt, dass der Token für die Abwicklung von Transaktionen mit anderen Kryptowerten verwendet wird. Gemeint sind damit Transaktionen, welche nicht mit dem Krypto-Dienstleister, sondern im Rahmen des **üblichen Handels** mit Kryptowerten zwischen zwei unterschiedlichen Personen stattfinden.

Der Begriff der **Transaktion** iSd Art. 22 Abs. 1 UAbs. 1 lit. (c), (d) MiCAR wird in Art. 22 Abs. 1 UAbs. 2 MiCAR definiert. Hiernach versteht man unter einer Transaktion eine Änderung der natürlichen oder juristischen Person, die infolge der Übertragung eines vermögenswertreferenzierten Token von einer Distributed-Ledger-Adresse auf eine andere oder von einem Distributed-Ledger-Konto auf ein anderes Anspruch auf den vermögenswertreferenzierten Token hat. 8

2. Anwendung des Abs. 1 bei Behördenanordnung (Abs. 2). Art. 22 Abs. 2 MiCAR ermächtigt die zuständige Behörde[13] dazu, Emittenten zur Informationsübermittlung nach Art. 22 Abs. 1 MiCAR zu verpflichten, auch wenn das Emissionsvolumen des Token **unter 100.000.000 EUR** liegt. 9

Problematisch ist jedoch, dass hierzu **keine weiteren Tatbestandsvoraussetzungen** genannt werden. Dies stellt eine erhebliche Rechtsunsicherheit dar, denn so liegt es im Ermessen der Aufsichtsbehörde, dem Emittenten die Berichtspflichten des Art. 22 Abs. 1 MiCAR aufzuerlegen. Des Weiteren fügt sich Art. 22 Abs. 2 MiCAR nicht in die Systematik der Einordnung vermögenswertreferenzierter Token ein. Diese lässt sich grundsätzlich in **drei Stufen** unterteilen. Zunächst sind die „einfachen" vermögenswertreferenzierten Token zu nennen. Die zweite Stufe stellt die Einordnung eines vermögenswertreferenzierten Token der gemeinhin als Tauschmittel verwendet isd Art. 23 MiCAR dar. Diese Kategorie ist eine Zwischenstufe zur dritten, nämlich der Feststellung, ob es sich um einen signifikanten vermögenswertreferenzierten Token iSd Art. 43 ff. MiCAR handelt. Zweck des Art. 22 MiCAR ist es, frühzeitig Informationen über solche Token zu sammeln, welche in eine der beiden letzten Kategorien fallen könnten.[14] Dabei nennt Art. 22 Abs. 1 MiCAR konkret einen Ausgabewert von 100.000.000 EUR als Voraussetzung für die Berichterstattungspflicht des Emittenten. Der Gesetzgeber geht wohl davon aus, dass bei diesem Wert eine gewisse Wahrscheinlichkeit besteht, dass die Grenzwerte des Art. 23 Abs. 1 MiCAR bzw. des Art. 43 Abs. 1 MiCAR erreicht werden den könnten. Will die zuständige Behörde die Berichterstattungspflicht des Art. 22 Abs. 1 MiCAR nun auf Emittenten eines Token mit einem Ausgabewert von unter 100.000.000 EUR anwenden, müssen daher konkrete Anzeichen vorliegen, dass dieser Token die Werte der Art. 23, 43 MiCAR erreichen könnte. 10

---

[12] S. zur Definition Art. 3 Abs. 1 Nr. 16 MiCAR.
[13] S. zur Definition Art. 3 Abs. 1 Nr. 35 MiCAR.
[14] Maume RDi 2022, 497 (501).

11 **3. Zusammenarbeit der Anbieter von Kryptowerte-Dienstleistungen (Abs. 3).** Art. 22 Abs. 3 MiCAR verpflichtet **Anbieter von „Kryptowerte-Dienstleistungen"**[15], welche Dienstleistungen im Zusammenhang mit dem vermögenswertreferenzierten Token anbieten, zur Übermittlung der Informationen an den Emittenten des Token, die dieser zur Erfüllung seiner Berichtspflicht nach Art. 22 Abs. 1 MiCAR bedarf. Diese Verpflichtung bezieht sich auch auf außerhalb des Distributed Ledgers stattfindende Transaktionen.

12 **4. Benachrichtigung weiterer Behörden (Abs. 4).** Gemäß Art. 22 Abs. 4 MiCAR muss die zuständige Behörde die vom Emittenten nach Art. 22 Abs. 1 MiCAR erhaltenen Informationen an die **EZB**, ggf. an die **Zentralbank** eines Mitgliedstaates[16] und an die zuständigen **Aufsichtsbehörden der Aufnahmemitgliedstaaten**[17] übermitteln.

13 **5. Einschätzungen der Zentralbanken (Abs. 5).** Gemäß Art. 22 Abs. 5 MiCAR können die **EZB** und ggf. die **Zentralbank** eines Mitgliedstaates[18] der zuständigen Behörde ihre **eigenen Quartalsschätzungen** bezüglich der Transaktionen iSd Art. 22 Abs. 1 UAbs. 1 lit. (d) MiCAR zukommen lassen, wenn der vermögenswertreferenzierte Token innerhalb ihres jeweiligen Währungsraumes als Tauschmittel, also als Zahlungsmittelersatz, verwendet wird. Für die EZB bedeutet dies, dass sie immer dann tätig werden kann, wenn der Token innerhalb der Währungsunion als Tauschmittel genutzt wird.

14 Die Zentralbanken unterstützen somit bei der Feststellung, ob der vermögenswertreferenzierte Token gemeinhin als Tauschmittel iSd Art. 23 MiCAR verwendet wird[19], bzw. ob es sich bei diesem um einen signifikanten Token iSd Art. 43 MiCAR[20] handelt. Dies dient der Einschränkung der Gefahr, welche von einer verbreiteten Nutzung eines vermögenswertreferenzierten Token als Tauschmittel für die Finanzstabilität, Zahlungssysteme und geldpolitischen Transmission ausgehen kann.[21] Denn die Einordnung als signifikanter[22] bzw. gemeinhin als Tauschmittel verwendeter[23] Token führt dazu, dass der Emittent strengere Vorgaben berücksichtigen muss.

15 **6. Technische Regulierungsstandards (Abs. 6).** Art. 22 Abs. 6 UAbs. 1 MiCAR sieht vor, dass die EBA, in enger Zusammenarbeit mit der **EZB, technische Regulierungsstandards** erarbeitet, welche zur Spezifizierung der Methodik für die Schätzung für ein Quartal der durchschnittlichen Zahl und des durchschnittlichen aggregierten Werts der Transaktionen pro Tag im Zusammenhang mit der Verwendung des vermögenswertreferenzierten Token als Tauschmittel in einem einzelnen einheitlichen Währungsraum dienen. Dieser Entwurf muss gemäß Art. 22 Abs. 6 UAbs. 2 MiCAR bis zum 30.6.2024 von der EBA an die Kommission übermittelt werden. Die Kommission wird gemäß Art. 22 Abs. 6 UAbs. 3 MiCAR dazu ermächtigt, die technischen Regulierungsstandards mittels delegierten Rechtsakts iSd Art. 10–14 VO (EU) 1093/2010 zu erlassen.

---

[15] S. zur Definition Art. 3 Abs. 1 Nr. 16 MiCAR.
[16] S. hierzu Art. 20 Abs. 4 MiCAR.
[17] S. zur Definition Art. 3 Abs. 1 Nr. 34 MiCAR.
[18] S. hierzu Art. 20 Abs. 4 MiCAR.
[19] Vgl. auch Art. 23 Abs. 2 MiCAR.
[20] Vgl. auch Art. 43 Abs. 5 MiCAR.
[21] S. Erwgr. Nr. 6, 40, 59, 60 VO (EU) 2023/1114.
[22] S. Art. 43 ff. MiCAR.
[23] S. Art. 23 MiCAR.

7. Technische Durchführungsstandards (Abs. 7). Art. 22 Abs. 7 16
UAbs. 1 MiCAR beauftragt die EBA mit der Erstellung **technischer
Durchführungsstandards**, welche der Festlegung von Standardformularen,
Standardformaten und Mustertexten für die Berichterstattung nach Absatz 1
dienen. Der Entwurf der EBA muss gemäß Art. 22 Abs. 7 UAbs. 2 MiCAR
bis zum 30.6.2024 von der EBA an die Kommission übermittelt werden. Die
Kommission wird gemäß Art. 22 Abs. 7 UAbs. 3 MiCAR dazu ermächtigt,
die technischen Durchführungsstandards mittels delegierten Rechtsakts iSd
Art. 15 VO (EU) 1093/2010 zu erlassen.

8. Auswirkungen des Kryptomärkteaufsichtsgesetzes. Neben den 17
Vorgaben zur Berichterstattung nach Art. 22 MiCAR sind die des geplanten
Kryptomärkteaufsichtsgesetzes (**„KMAG"**)[24] zu beachten. So sieht § 5
Abs. 1 KMAG-E vor, dass Widerspruch und Anfechtungsklage gegen eine
Anordnung iSd Art. 22 Abs. 2 MiCAR, der Berichterstattungspflicht bei
vermögenswertereferenzierten Token mit einem Ausgabewert von mehr als
100.000.000 EUR nachzukommen, keine aufschiebende Wirkung entfalten.
Zuwiderhandlungen gegen Art. 22 MiCAR können außerdem ein Bußgeld
zur Folge haben. Widersetzt sich der Emittent vorsätzlich oder fahrlässig der
vollziehbaren Anordnung der BaFin iSd Art. 22 Abs. 2 MiCAR, der Berichterstattungspflicht nach Art. 22 Abs. 1 MiCAR nachzukommen, begeht
er gemäß § 47 Abs. 3 Nr. 2 lit. (b) KMAG-E eine Ordnungswidrigkeit.
Erstattet der Emittent den Bericht iSd Art. 22 Abs. 1 MiCAR nicht, nicht
richtig, nicht vollständig oder nicht rechtzeitig, liegt gemäß § 47 Abs. 3
Nr. 14 KMAG-E ebenfalls eine Ordnungswidrigkeit vor. Anbieter von Kryptowerte-Dienstleistungen müssen gemäß § 47 Abs. 3 Nr. 15 KMAG-E mit
einem Bußgeld rechnen, wenn sie entgegen Art. 22 Abs. 3 MiCAR eine
vom Emittenten verlangte Information nicht, nicht richtig oder nicht vollständig zur Verfügung stellen.

**Artikel 23 Beschränkungen der Ausgabe vermögenswertereferenzierter Token, die gemeinhin als Tauschmittel
verwendet werden**

**(1) Übersteigen bei einem bestimmten vermögenswertereferenzierten
Token die geschätzte durchschnittliche Zahl und der geschätzte durchschnittliche aggregierte Wert der Transaktionen pro Tag im Zusammenhang mit der Verwendung als Tauschmittel für ein Quartal innerhalb
eines einheitlichen Währungsraums eine Million Transaktionen bzw.
200 000 000 EUR, so muss der Emittent**
**a) die Ausgabe dieses vermögenswertereferenzierten Token einstellen
und**
**b) der zuständigen Behörde innerhalb von 40 Arbeitstagen nach Erreichen dieses Schwellenwerts einen Plan vorlegen, um sicherzustellen, dass
die geschätzte durchschnittliche Zahl und der durchschnittliche aggregierte Wert dieser Transaktionen pro Tag unter einer Million Transaktionen bzw. 200 000 000 EUR gehalten werden.**

**(2) Um zu beurteilen, ob der in Absatz 1 genannte Schwellenwert
erreicht wird, verwendet die zuständige Behörde die vom Emittenten**

---

[24] S. RegE Finanzmarktdigitalisierungsgesetz, BT-Drucks. 20/10280, S. 10 ff.

bereitgestellten Informationen, ihre eigenen Schätzungen oder die Schätzungen der EZB oder gegebenenfalls der in Artikel 20 Absatz 4 genannten Zentralbank, je nachdem, welcher Wert höher ist.

(3) Geben mehrere Emittenten denselben vermögenswertereferenzierten Token aus, so werden die in Absatz 1 genannten Kriterien nach Aggregation der Daten aller Emittenten von der zuständigen Behörde bewertet.

(4) Der Emittent legt der zuständigen Behörde den in Absatz 1 Buchstabe b genannten Plan zur Genehmigung vor. Die zuständige Behörde verlangt erforderlichenfalls Änderungen, etwa die Festlegung einer Mindeststückelung, um einen zügigen Rückgang der Verwendung des vermögenswertereferenzierten Token als Tauschmittel sicherzustellen.

(5) Die zuständige Behörde darf es dem Emittenten nur dann gestatten, den vermögenswertereferenzierten Token erneut auszugeben, wenn sie über Belege verfügt, dass die geschätzte durchschnittliche Zahl und der durchschnittliche aggregierte Wert der Transaktionen pro Tag im Zusammenhang mit seiner Verwendung als Tauschmittel innerhalb eines einheitlichen Währungsraums weniger als eine Million Transaktionen bzw. 200 000 000 EUR betragen.

Übersicht

	Rn.
I. Einführung	1
1. Literatur	1
2. Entstehung und Zweck der Norm	2
3. Normativer Kontext	4
II. Kommentierung	5
1. Ausgabebeschränkungen; Bestimmung des Schwellenwerts; Bestimmung bei mehreren Emittenten desselben Token (Abs. 1–3)	5
2. Genehmigungsvorbehalt der zuständigen Behörde (Abs. 4)	9
3. Wiederaufnahme der Emission (Abs. 5)	10
4. Auswirkungen des Kryptomärkteaufsichtsgesetzes	11

I. Einführung

1. Literatur. *John/Patz,* Verordnung über Märkte für Kryptowerte (MiCA) – Überblick über das neue EU-Regime für Kryptowerte und Kryptowerte-Dienstleister, DB 2023, 1906; *Read,* Inkrafttreten der MiCA-Verordnung: Harmonisierte EU-Regulierung von Krypto-Assets?, CF 2023, 211.

2. Entstehung und Zweck der Norm. Die aktuelle Version des Art. 23 MiCAR war im Kommissionsentwurf vom 24.9.2020 noch nicht vorgesehen und wurde erst im Laufe des Gesetzgebungsverfahrens der MiCAR eingefügt. Die Vorschrift führt neben den bereits seit dem Kommissionsentwurf etablierten einfachen und signifikanten wertreferenzierten Token noch eine **dritte Kategorie** solcher Kryptowerte ein. Diese werden vermögenswertereferenzierte Token, die **gemeinhin als Tauschmittel verwendet** werden, genannt.[1]

---

[1] S. Erwgr. Nr. 61 MiCAR.

Beschränk. d. Ausgabe vermögenswertereferenziert. Token   **Art. 23 MiCAR**

Die Vorschrift sieht vor, dass der Emittent die Ausgabe seines vermögens- 3
wertreferenzierten Token einstellen muss, wenn die tägliche **Transaktionsanzahl** oder das tägliche **Handelsvolumen** dieses Token innerhalb eines
Währungsgebiets die Schwelle von **einer Million Transaktionen** bzw. ein
Volumen von **200.000.000 EUR** überschreitet. Dadurch wird vermieden,
dass ein vermögenswertreferenzierter Token sich im erheblichen Umfang als
Tauschmittel und Zahlungsmittelersatz etabliert.[2] Dies dient der Einschränkung potenzieller Gefahren für die Finanzstabilität, Zahlungssysteme und
geldpolitischen Transmission, welche von weithin genutzten vermögenswertreferenzierten Token ausgehen können.[3]

    3. Normativer Kontext. Art. 23 MiCAR steht in enger Verbindung mit 4
den Vorschriften bezüglich **signifikanter vermögenswertreferenzierter
Token** nach Art. 43 ff. MiCAR. Denn Art. 23 MiCAR regelt Fälle, in
denen sich ein vermögenswertreferenzierter Token faktisch in Richtung
Signifikanz iSd Art. 43 MiCAR bewegt. Art. 23 MiCAR zielt somit auf vermögenswertreferenzierte Token ab, die bereits in einem erheblichen Umfang
gehandelt werden, ohne dass es sich bei diesen um signifikante vermögenswertreferenzierte Token iSd Art. 43 MiCAR handelt.

II. Kommentierung

    1. Ausgabebeschränkungen; Bestimmung des Schwellenwerts; Be- 5
stimmung bei mehreren Emittenten desselben Token (Abs. 1–3).
Art. 23 Abs. 1 MiCAR findet Anwendung, wenn bei einem vermögenswertreferenzierten Token die geschätzte durchschnittliche **Zahl** und der geschätzte durchschnittliche aggregierte **Wert der Transaktionen** pro Tag für den
Betrachtungszeitraum eines Quartals innerhalb eines einheitlichen Währungsraums eine **Million Transaktionen** bzw. ein Volumen von
200.000.000 EUR übersteigt. Bei der Bestimmung dieser Grenzwerte
kommt es aber nur auf Transaktionen an, bei welcher der Token als Tauschmittel, also als Zahlungsmittelersatz, verwendet wird (→ Art. 22 Rn. 7).[4]

    Wird der vermögenswertreferenzierte Token in einem solchen Umfang 6
gehandelt, muss der Emittent gemäß Art. 23 Abs. 1 lit. (a) MiCAR die
Ausgabe des vermögenswertreferenzierten Token **einstellen**. Damit ist gemeint, dass der Emittent keine weiteren Token derselben Gattung ausgeben
darf. Der Handel mit bereits emittierten Token ist von dieser Rechtsfolge
nicht betroffen. Die Wiederaufnahme der Begebung bedarf gemäß Art. 23
Abs. 5 MiCAR der **Genehmigung** der zuständigen Behörde. Des Weiteren
muss der Emittent gemäß Art. 23 Abs. 1 lit. (b) MiCAR innerhalb von 40
Arbeitstagen einen **Plan** an die zuständige Behörde übermitteln, in welchem
dieser darstellt, wie die Transaktionen unter die Schwellenwerte des Abs. 1
gesenkt werden sollen.

    Unklar ist, ob die Restriktionen des Abs. 1 **von Gesetzes wegen** zu 7
befolgen sind oder ob hierfür erst eine entsprechende Anordnung der zuständigen Behörde notwendig ist. Hier hilft die Heranziehung des Art. 23
Abs. 2 MiCAR weiter. Danach verwendet die zuständige Behörde zur Beurteilung, ob die Schwellenwerte des Abs. 1 erreicht sind, Informationen,

---

[2] S. Erwgr. Nr. 61 MiCAR.
[3] S. Erwgr. Nr. 61 MiCAR.
[4] Vgl. Erwgr. Nr. 61 MiCAR.

MiCAR Art. 23 Titel III. Vermögenswertreferenzierte Token

welche von ihr selbst, dem Emittenten, der EZB oder ggf. der Zentralbank eines Mitgliedstaates[5] erfasst wurden. Die Vorschrift spricht eindeutig davon, dass die Behörde zu beurteilen hat, ob die Schwellenwerte erreicht wurden. Dementsprechend bedarf es der Aufforderung der zuständigen Behörde zur Berücksichtigung der Restriktionen nach Abs. 1.

8   Sollte derselbe vermögenswertreferenzierte Token von mehreren Emittenten begeben worden sein, werden die Grenzwerte gemäß Art. 23 Abs. 3 MiCAR durch die Aggregation der Daten aller Emittenten ermittelt.

9   **2. Genehmigungsvorbehalt der zuständigen Behörde (Abs. 4).** Gemäß Art. 23 Abs. 4 S. 1 MiCAR muss der **Plan** iSd Art. 23 Abs. 1 lit. (b) MiCAR von der zuständigen Aufsichtsbehörde genehmigt werden. Dabei kann die zuständige Behörde gemäß Art. 23 Abs. 4 S. 2 MiCAR Änderungen verlangen. Die Vorschrift nennt hier als mögliche Maßnahme die Einführung einer **Mindeststückelung,** um einen zügigen Rückgang der Verwendung des vermögenswertreferenzierten Token als Tauschmittel zu erreichen. Anderweitige Änderungen stehen im Ermessen der zuständigen Behörde.

10 **3. Wiederaufnahme der Emission (Abs. 5).** Der Emittent darf die Begebung des vermögenswertreferenzierten Token gemäß Art. 23 Abs. 5 MiCAR erst dann wieder aufnehmen, wenn die zuständige Behörde dies **gestattet** hat. Voraussetzung hierfür ist, dass der zuständigen Behörde genügend Belege vorliegen, dass die geschätzte durchschnittliche Zahl und der durchschnittliche aggregierte Wert der Transaktionen pro Tag im Zusammenhang mit der Nutzung des Token als Tauschmittel unter die Schwellenwerte des Abs. 1 gesunken sind.

11 **4. Auswirkungen des Kryptomärkteaufsichtsgesetzes.** Die Vorgaben des Art. 23 MiCAR zur Ausgabebeschränkung bei vermögenswertreferenzierten Token, die gemeinhin als Tauschmittel verwendet werden, werden durch das geplante Kryptomärkteaufsichtsgesetz („KMAG")[6] ergänzt. So sieht § 5 Abs. 1 KMAG-E vor, dass Widerspruch und Anfechtungsklage gegen eine Anordnung iSd Art. 23 Abs. 4 S. 2 MiCAR, den Plan zur Einschränkung der Nutzung des Token als Tauschmittel iSd Art. 23 Abs. 1 lit. (b) MiCAR zu ändern, keine aufschiebende Wirkung entfalten. Die Möglichkeit der BaFin, eine solche Planänderung zu verlangen, ist auch von § 27 Abs. 1 KMAG-E umfasst. Bei Nichtbeachtung der Vorgaben des Art. 23 MiCAR muss der Emittent außerdem mit einem Bußgeld rechnen. So liegt gemäß § 47 Abs. 3 Nr. 16 KMAG-E eine Ordnungswidrigkeit vor, wenn der Emittent die Ausgabe des vermögenswertreferenzierten Token iSd Art. 23 Abs. 1 lit. (a) MiCAR nicht, nicht vollständig oder nicht rechtzeitig einstellt. Legt der Emittent entgegen Art. 23 Abs. 1 lit. (b) MICAR den Plan zur Reduzierung des Handelsvolumens der vermögenswertreferenzierten Tokens nicht, nicht richtig, nichtig vollständig oder nicht rechtzeitig vor, begeht er gemäß § 47 Abs. 3 Nr. 17 KMAG-E ebenfalls eine Ordnungswidrigkeit. Widersetzt sich der Emittent einer vollziehbaren Anordnung der BaFin iSd Art. 23 Abs. 4 S. 2 MiCAR, die vorgeschlagenen Änderungen an einem Plan zur Reduzierung des Handelsvolumens des Token iSd Art. 23 Abs. 1 lit. (b) MiCAR umzusetzen, ist auch gemäß § 47 Abs. 3 Nr. 2 lit. (b) KMAG-E eine Ordnungswidrigkeit gegeben.

---

[5] S. hierzu Art. 20 Abs. 4 MiCAR.
[6] S. RegE Finanzmarktdigitalisierungsgesetz, BT-Drucks. 20/10280, S. 10 ff.

Artikel 24 Entzug der Zulassung

(1) In folgenden Situationen entziehen die zuständigen Behörden dem Emittenten eines vermögenswertreferenzierten Token die Zulassung:
a) der Emittent hat seine Geschäftstätigkeit sechs aufeinanderfolgende Monate lang eingestellt oder von seiner Zulassung binnen zwölf aufeinanderfolgenden Monaten keinen Gebrauch gemacht;
b) der Emittent hat seine Zulassung auf unrechtmäßige Weise erhalten, z. B. durch Falschangaben in dem in Artikel 18 genannten Zulassungsantrag oder in einem gemäß Artikel 25 geänderten Kryptowerte-Whitepaper;
c) der Emittent erfüllt nicht mehr die Voraussetzungen, unter denen die Zulassung erteilt wurde;
d) der Emittent hat in schwerwiegender Weise gegen die Bestimmungen dieses Titels verstoßen;
e) der Emittent befand sich in einem Insolvenzverfahren;
f) der Emittent hat ausdrücklich auf seine Zulassung verzichtet oder beschlossen, seine Tätigkeit einzustellen;
g) die Tätigkeit des Emittenten stellt eine ernsthafte Bedrohung für die Marktintegrität, die Finanzstabilität und das reibungslose Funktionieren der Zahlungssysteme dar oder setzt den Emittenten oder den Sektor ernsten Risiken der Geldwäsche und Terrorismusfinanzierung aus.

Der Emittent des vermögenswertreferenzierten Token melden der für ihn zuständigen Behörde jede der in Unterabsatz 1 Buchstaben e und f genannten Situationen.

(2) Die zuständigen Behörden entziehen einem Emittenten eines ermögenswertreferenzierten Token ebenfalls die Zulassung, wenn die EZB oder gegebenenfalls die Zentralbank nach Artikel 20 Absatz 4 eine Stellungnahme abgibt, wonach der vermögenswertreferenzierte Token eine ernsthafte Bedrohung für das reibungslose Funktionieren der Zahlungssysteme, die geldpolitische Transmission oder die Währungshoheit darstellt.

(3) Die zuständigen Behörden begrenzen die Menge eines auszugebenden vermögenswertreferenzierten Token oder schreiben eine Mindeststückelung des vermögenswertreferenzierten Token vor, wenn die EZB oder gegebenenfalls die Zentralbank nach Artikel 20 Absatz 4 eine Stellungnahme abgibt, wonach der vermögenswertreferenzierte Token eine Bedrohung für das reibungslose Funktionieren der Zahlungssysteme, die geldpolitische Transmission oder die Währungshoheit darstellt, und legen die anzuwendende Obergrenze oder Mindeststückelung fest.

(4) Die jeweils zuständigen Behörden informieren die zuständige Behörde eines Emittenten eines vermögenswertreferenzierten Token unverzüglich über folgende Situationen:
a) ein in Artikel 34 Absatz 5 Unterabsatz 1 Buchstabe h dieser Verordnung. genanntes Drittunternehmen hat seine Zulassung als Kreditinstitut gemäß Artikel 8 der Richtlinie 2013/36/EU, als Anbieter von Kryptowerte-Dienstleistungen gemäß Artikel 59 dieser Verordnung, als Zahlungsinstitut oder als E-Geld-Institut verloren;
b) die Mitglieder des Leitungsorgans des Emittenten oder Anteilseigner oder Gesellschafter, die qualifizierte Beteiligungen an dem Emittenten

halten, haben gegen nationale Vorschriften zur Umsetzung der Richtlinie (EU) 2015/849 verstoßen.

(5) Die zuständigen Behörden entziehen einem Emittenten eines vermögenswertreferenzierten Token die Zulassung, wenn sie der Auffassung sind, dass die in Absatz 4 genannten Situationen den guten Leumund der Mitglieder des Leitungsorgans dieses Emittenten oder eines Anteilseigners oder Gesellschafters, der eine qualifizierte Beteiligung an dem Emittenten hält beeinträchtigen oder auf ein Versagen der in Artikel 34 genannten Regelungen zur Unternehmensführung oder Mechanismen für die interne Kontrolle hindeuten.

Wird die Zulassung entzogen, führt der Emittent des vermögenswertreferenzierten Token das Verfahren nach Artikel 47 durch.

(6) Die zuständigen Behörden unterrichten die ESMA innerhalb von zwei Arbeitstagen nach dem Entzug der Zulassung über den Entzug der Zulassung des Emittenten des vermögenswertreferenzierten Token. Die ESMA stellt die Informationen über den Entzug gemäß Artikel 109 unverzüglich in dem Register zur Verfügung.

Übersicht

	Rn.
I. Einführung	1
1. Literatur	1
2. Entstehung und Zweck der Norm	1
3. Normativer Kontext	4
II. Kommentierung	5
1. Entzugsgründe (Abs. 1)	5
2. Stellungnahme der EZB oder anderer Zentralbanken (Abs. 2)	6
3. Mengenmäßige Begrenzung; Mindeststückelung (Abs. 3)	7
4. Informationsversorgung der zuständigen Behörde (Abs. 4)	9
5. Beeinträchtigen des guten Leumunds; Versagen der Unternehmensführung oder internen Kontrolle (Abs. 5)	10
6. Unterrichtung der ESMA (Abs. 6)	11
7. Auswirkungen des Kryptomärkteaufsichtsgesetzes	12

I. Einführung

1 **1. Literatur.** *Maume,* Die Verordnung über Märkte für Kryptowerte (MiCAR) – Stablecoins, Kryptodienstleistungen und Marktmissbrauchsrecht, RDi 2022, 497.

2 **2. Entstehung und Zweck der Norm.** Art. 24 MiCAR regelt das Verfahren zum **Zulassungsentzug bei Nicht-Kreditinstituten**. Die Vorschrift war bereits im Kommissionsentwurf vom 24.9.2020 („MiCAR-E") vorgesehen und wurde während des Gesetzgebungsverfahrens um weitere Entzugsgründe ergänzt. Diese zielen vor allem auf die Sicherung der Zahlungssysteme, geldpolitischen Transmission und Währungshoheit ab. So muss die zuständige Behörde[1] nun gemäß Art. 24 Abs. 1 UAbs. 1 lit. (g) MiCAR die Zulassung bei Vorliegen einer ernsthaften Bedrohung für die genannten

---

[1] S. Art. 3 Abs. 1 Nr. 35 MiCAR.

Interessen entziehen. Gleiches gilt gemäß Art. 24 Abs. 2 MiCAR, wenn die EZB oder die Zentralbank eines Mitgliedstaates[2] eine solche ernsthafte Bedrohung feststellt.[3] Des Weiteren ist es der zuständigen Behörde nach dem im Kommissionsentwurf noch nicht vorgesehenen Art. 24 Abs. 3 MiCAR nun möglich, eine Mengenbegrenzung wie auch eine Mindeststückelung des vermögenswertreferenzierten Token bei Vorliegen einer „einfachen", noch nicht ernsthaften Bedrohung anzuordnen.[4]

Darüber hinaus wurde der Art. 24 Abs. 1 UAbs. 1 lit. (f) MiCAR eingeführt, wonach die Zulassung entzogen werden muss, wenn der Emittent ausdrücklich auf seine Zulassung verzichtet oder beschlossen hat, seine Tätigkeit einzustellen. Art. 24 MiCAR wurde weiterhin um den Abs. 6 ergänzt, welcher die zuständige Behörde verpflichtet, die ESMA über den Zulassungsentzug zu informieren. Diese muss nun die Informationen bezüglich des Entzugs in dem Register iSd Art. 109 MiCAR veröffentlichen. 3

Die Möglichkeit, dem Emittenten bei Fehlverhalten seine Zulassung iSd Art. 16 Abs. 1 UAbs. 1 lit. (a) MiCAR zu entziehen, soll diesen dazu anhalten, den Vorgaben zur Emission eines vermögenswertreferenzierten Token wie auch den damit einhergehenden **fortdauernden Pflichten** nachzukommen. Somit dient der Zulassungsentzug unmittelbar dem Anlegerschutz, denn diese Regularien sollen die Wertstabilität des vermögenswertreferenzierten Token gewährleisten.[5] Darüber hinaus werden die Marktintegrität, Finanzstabilität und Zahlungssysteme wie auch die Vermeidung von Geldwäsche und Terrorismusfinanzierung sichergestellt, denn bei Vorliegen einer Gefahr für diese Güter muss die Zulassung ebenfalls entzogen werden.[6] 4

3. Normativer Kontext. Art. 24 MiCAR bildet den **abschließenden Teil des Genehmigungsverfahrens**[7] für Nicht-Kreditinstitute. Für **Kreditinstitute** ist die Vorschrift gemäß Art. 17 Abs. 4 MiCAR ausdrücklich nicht anwendbar. Für einfache Kryptowerte fehlt eine vergleichbare Vorschrift, da die Emittenten solcher Token keiner Zulassung bedürfen. Die Norm orientiert sich an den Entzugsgründen des Art. 18 RL (EU) 2013/36, welcher die Zulassungsentziehung bei Kreditinstituten regelt. 5

II. Kommentierung

1. Entzugsgründe (Abs. 1). Art. 24 Abs. 1 UAbs. 1 MiCAR beinhaltet einen **Katalog** mit Sachverhalten, bei deren Vorliegen die zuständige Behörde[8] dem Emittenten die Zulassung iSd Art. 16 Abs. 1 lit. (a) MiCAR entziehen muss. Die Vorschrift findet gemäß Art. 17 Abs. 4 MiCAR bei Kreditinstituten keine Anwendung. Konkret listet Abs. 1 folgende Entzugsgründe auf: 6

– lit. (a): der Emittent hat seine Geschäftstätigkeit sechs aufeinanderfolgende Monate lang **eingestellt** oder von seiner Zulassung binnen zwölf aufeinanderfolgender Monate **keinen Gebrauch** gemacht;

---

[2] Vgl. Art. 20 Abs. 4 MiCAR.
[3] S. Erwgr. Nr. 62 MiCAR.
[4] S. Erwgr. Nr. 62 MiCAR.
[5] Vgl. Maume RDi 2022, 497 (498).
[6] S. Erwgr. Nr. 62 MiCAR.
[7] S. Art. 18, 20, 21, 24 MiCAR.
[8] S. Art. 3 Abs. 1 Nr. 35 MiCAR.

- lit. (b): der Emittent hat seine Zulassung auf **unrechtmäßige Weise** erhalten. Die Vorschrift zielt darauf ab, Täuschungen, welche im Laufe des Genehmigungsverfahrens stattfanden, zu pönalisieren. Dabei nennt lit. (b) als nicht abschließende Beispiele Falschangaben in dem Zulassungsantrag iSd Art. 18 MiCAR oder in dem geänderten Kryptowerte-Whitepaper iSd Art. 25 MiCAR;
- lit. (c): der Emittent **erfüllt nicht mehr die Voraussetzungen,** unter denen die Zulassung erteilt wurde. Hierdurch wird gewährleistet, dass Anleger durchgehend das gleiche Schutzniveau genießen. Denn der Emittent wird durch lit. (c) dazu angehalten, die Umstände, unter denen er die Zulassung beantragt hat, auch während der weiteren Unterhaltung des Token aufrechtzuerhalten. Lit. (c) ist daher im engen Zusammenhang mit lit. (b) zu sehen: lit. (b) schützt das Vertrauen der Anleger, dass der Emittent bei Zulassungsbeantragung ehrlich gehandelt hat. Lit. (c) zielt darauf ab, dass der Emittent die Umstände, unter denen die Zulassung gewährt wurde, nicht im Nachhinein verändert;
- lit. (d): der Emittent hat in **schwerwiegender Weise** gegen die Bestimmungen des Titel III der MiCAR verstoßen. Problematisch ist allerdings, dass die MiCAR keine Aussage darüber enthält, was unter schwerwiegend zu verstehen ist. Auch ein Vergleich mit der Regelung für Kreditinstitute nach Art. 18 lit. (f) iVm Art. 67 Abs. 1 lit. (o) RL (EU) 2013/36, wonach die Zulassung bei schwerwiegenden Verstößen gegen nationale Bestimmungen entzogen werden kann, hilft mangels entsprechender Definition nicht weiter. Vom Wortlaut ausgehend kann zumindest festgestellt werden, dass nicht bereits ein einfacher Verstoß gegen die MiCAR-Bestimmungen zum Zulassungsentzug reichen soll. Vielmehr muss eine qualifizierte Zuwiderhandlung vorliegen;
- lit. (e): der Emittent befand sich in einem **Insolvenzverfahren;**
- lit. (f): der Emittent hat ausdrücklich auf seine Zulassung **verzichtet** oder beschlossen, seine **Tätigkeit einzustellen;**
- lit. (g): die Tätigkeit des Emittenten stellt eine **ernsthafte Bedrohung** für die Marktintegrität, die Finanzstabilität und das reibungslose Funktionieren der Zahlungssysteme dar oder setzt den Emittenten oder den Sektor[9] ernsten Risiken der Geldwäsche oder Terrorismusfinanzierung aus.

Befand sich der Emittent in einem **Insolvenzverfahren,** lit. (e), oder hat er auf seine **Zulassung verzichtet** bzw. beschlossen, seine Tätigkeit einzustellen, lit. (f), muss er die zuständige **Behörde** gemäß Art. 24 Abs. 1 UAbs. 2 MiCAR hierüber **informieren.**

7 **2. Stellungnahme der EZB oder anderer Zentralbanken (Abs. 2).** Art. 24 Abs. 2 MiCAR normiert einen weiteren Entzugsgrund. Hiernach hat die zuständige Behörde die Zulassung zu entziehen, wenn die EZB oder ggf. die Zentralbank eines Mitgliedstaates[10] eine **Stellungnahme** abgibt, wonach der vermögenswertreferenzierte Token eine **ernsthafte Bedrohung** für das reibungslose Funktionieren der Zahlungssysteme, die geldpolitische Transmission oder die Währungshoheit darstellt.[11] Der Begriff der ernsthaften Bedrohung ist jedoch nicht gesetzlich festgelegt. Auch ein Vergleich mit dem Regulierungsvorbild, nämlich der Finanzmarktrichtlinie II (MiFID II)

---

[9] Hiermit ist der Finanzmarkt gemeint, vgl. s. Erwgr. Nr. 77 MiCAR.
[10] S. Art. 20 Abs. 4 MiCAR.
[11] S. Erwgr. Nr. 62 MiCAR.

(→ Art. 16 Rn. 5), hilft mangels entsprechender Definition nicht weiter. So ist zunächst die Auslegungspraxis der jeweiligen Behörden abzuwarten.

3. Mengenmäßige Begrenzung; Mindeststückelung (Abs. 3). Art. 24 Abs. 3 MiCAR ermöglicht es der zuständigen Behörde, eine **mengenmäßige Begrenzung** wie auch eine **Mindeststückelung** des vermögenswertreferenzierten Token anzuordnen. Voraussetzung hierfür ist, dass die EZB oder die Zentralbank eines Mitgliedstaates[12] eine Stellungnahme abgibt, wonach eine „einfache", aber noch keine ernsthafte Bedrohung iSd Art. 24 Abs. 2 MiCAR für das reibungslose Funktionieren der Zahlungssysteme, die geldpolitische Transmission oder die Währungshoheit vorliegt. Auch hier besteht keine gesetzliche Definition der „einfachen" Bedrohung, so dass die Behördenpraxis abzuwarten ist (→ Rn. 6). Ordnet die zuständige Behörde eine Mengenbegrenzung oder Mindeststückelung an, muss sie auch die entsprechende Mengenobergrenze bzw. Mindeststückelung festlegen. 8

Fraglich ist jedoch, ob die zuständige Behörde diese Maßnahmen auch erlassen kann, wenn der vermögenswertreferenzierte Token, von welchem die Bedrohung ausgeht, durch ein **Kreditinstitut** begeben wurde. Es leuchtet nicht ein, warum diese Regelung nicht für von Kreditinstituten emittierte Token gelten soll. Der eindeutige Wortlaut des Art. 17 Abs. 4 MiCAR spricht allerdings dagegen. Hiernach findet Art. 24 MiCAR bei Kreditinstituten keine Anwendung. Allerdings muss beachtet werden, dass der Abs. 3 erst im Laufe des Gesetzgebungsverfahrens in den Art. 24 MiCAR aufgenommen wurde, während aber der Anwendungsausschluss des Art. 17 Abs. 4 MiCAR bereits in dem Erstentwurf der Kommission vom 24.9.2020 beinhaltet war. Dies spricht eher dafür, dass es sich bei der Aufnahme des Abs. 3 in den Art. 24 MiCAR bei gleichzeitigem Anwendungsausschluss für Kreditinstitute um ein Redaktionsversehen handelt. Bestätigend wirkt dabei ein Vergleich mit dem Erwgr. Nr. 62 MiCAR. Demnach hat die Behörde bei entsprechender Stellungnahme einer Zentralbank die mengenmäßige Beschränkung bzw. eine Mindeststückelung anzuordnen. Dabei wird keine Unterscheidung zwischen Kreditinstituten und anderen Emittenten vorgenommen. Letztlich ist aber wohl davon auszugehen, dass die Vorschrift aufgrund des eindeutigen Wortlauts des Art. 17 Abs. 4 MiCAR bei Kreditinstituten keine Anwendung findet. Schließlich erscheint auch eine Rechtsfortbildung unter dem Aspekt der Analogie zu Lasten des Emittenten kritisch. 9

4. Informationsversorgung der zuständigen Behörde (Abs. 4). Art. 24 Abs. 4 MiCAR sieht vor, dass die für die Zulassung der Emittenten zuständige Behörde iSd Art. 3 Abs. 1 Nr. 35 MiCAR über **bestimmte Sachverhalte** von den in diesen Konstellationen zuständigen Behörden **informiert** wird. So ist die zuständige Behörde nach lit. (a) zu benachrichtigen, wenn ein in Art. 34 Abs. 5 UAbs. 1 lit. (h) MiCAR genanntes **Drittunternehmen**[13] seine Zulassung als Kreditinstitut[14], als Anbieter von Kryptowerte-Dienstleistungen[15], als Zahlungsinstitut[16] oder als E-Geld-Insti- 10

---

[12] S. Art. 20 Abs. 4 MiCAR.
[13] Also ein Unternehmen, welches für den Emittenten Vermögenswertreserven verwaltet, Reservevermögen anlegt bzw. verwahrt oder den Token des Emittenten vertreibt, s. Art. 34 Abs. 5 UAbs. 1 lit. (h) MiCAR.
[14] S. Art. 18 RL (EU) 2013/36.
[15] S. Art. 3 Abs. 1 Nr. 15 MiCAR.
[16] S. Art. 3 Abs. 1 Nr. 46 MiCAR iVm Art. 4 Nr. 4 RL (EU) 2015/2366.

MiCAR Art. 24   Titel III. Vermögenswertreferenzierte Token

tut[17] verloren hat. Des Weiteren ist die zuständige Behörde gemäß lit. (b) zu informieren, wenn die Mitglieder des **Leitungsorgans**[18] des Emittenten oder **Anteilseigner** bzw. **Gesellschafter,** die qualifizierte Beteiligungen[19] an dem Emittenten halten, gegen Vorschriften zur Umsetzung der RL (EU) 2015/849 zu Geldwäsche und Terrorismusfinanzierung[20] verstoßen haben.

11   5. **Beeinträchtigen des guten Leumunds; Versagen der Unternehmensführung oder internen Kontrolle (Abs. 5).** Art. 24 Abs. 5 UAbs. 1 MiCAR setzt an die Informationsversorgung der zuständigen Behörde nach Abs. 4 lit. (b) an. Die zuständige Behörde muss dem Emittenten die Zulassung entziehen, sollte diese der Auffassung sein, dass der Verstoß gegen Vorschriften zur Umsetzung der Geldwäsche-RL[21] den **guten Leumund** der Mitglieder des Leistungsorgans[22] des Emittenten oder eines Anteileigners bzw. Gesellschafters mit qualifizierter Beteiligung[23] am Emittenten **beeinträchtigt.** Gleiches gilt, wenn die zuständige Behörde davon ausgeht, dass der Verstoß gegen Vorschriften zur Umsetzung[24] der Geldwäsche-RL auf ein **Versagen** der in Art. 34 MiCAR genannten Regelungen zur **Unternehmensführung** oder der Mechanismen für die **interne Kontrolle** hindeutet. Sollte die Zulassung entzogen werden, muss der Emittent gemäß Art. 24 Abs. 5 UAbs. 2 MiCAR das Verfahren nach Art. 47 MiCAR durchführen.

12   6. **Unterrichtung der ESMA (Abs. 6).** Gemäß Art. 24 Abs. 6 UAbs. 1 MiCAR muss die zuständige Behörde die **ESMA** über den **Zulassungsentzug** unterrichten. Hierfür stehen der zuständigen Behörde maximal zwei Arbeitstage nach dem Zulassungsentzug zur Verfügung. Die ESMA muss im Anschluss die Informationen über den Entzug unverzüglich in das **Register** iSd Art. 109 MiCAR aufnehmen.

13   7. **Auswirkungen des Kryptomärkteaufsichtsgesetzes.** Die Vorgaben des Art. 24 MiCAR zum Zulassungsentzug werden durch das geplante Kryptomärkteaufsichtsgesetz (**„KMAG"**)[25] ergänzt. Gemäß § 5 Abs. 1 KMAG-E entfalten Widerspruch und Anfechtungsklage gegen den Zulassungsentzug nach Art. 24 Abs. 1 lit. (b) bis (e), (g), Abs. 2, Abs. 3 und Abs. 5 MiCAR keine aufschiebende Wirkung. § 12 KMAG-E beinhaltet außerdem weitere Bestimmungen zum Zulassungsentzug. Durch § 13 KMAG-E wird die BaFin dazu ermächtigt, die Abwicklung des Emittenten bei Zulassungsentzug oder Erlöschen der Zulassung nach § 12 Abs. 4 KMAG-E anzuordnen. Widersetzt sich der Emittent einer vollziehbaren Anordnung gemäß Art. 24 Abs. 3 MiCAR, die Menge der auszugebenden Token zu begrenzen bzw. eine Mindeststückelung des Token einzuführen, handelt er gemäß § 47 Abs. 3 Nr. 2 lit. (c) KMAG-E ordnungswidrig.

---

[17] S. Art. 3 Abs. 1 Nr. 43 MiCAR iVm Art. 2 Nr. 1 RL (EU) 2009/110.
[18] S. Art. 3 Abs. 1 Nr. 27 MiCAR.
[19] S. Art. 3 Abs. 1 Nr. 36 MiCAR.
[20] In Deutschland ist die Geldwäsche-Richtlinie im Gesetz über das Aufspüren von Gewinnen aus schweren Straftaten („GwG") umgesetzt worden.
[21] RL (EU) 2015/849.
[22] S. Art. 3 Abs. 1 Nr. 27 MiCAR.
[23] S. Art. 3 Abs. 1 Nr. 36 MiCAR.
[24] In Deutschland: GwG.
[25] S. RegE Finanzmarktdigitalisierungsgesetz, BT-Drucks. 20/10280, S. 10 ff.

Artikel 25 Änderung veröffentlichter Kryptowerte-Whitepaper für vermögenswertereferenzierte Token

(1) Emittenten vermögenswertereferenzierter Token unterrichten die zuständige Behörde ihres Herkunftsmitgliedstaats über jede beabsichtigte Änderung ihres Geschäftsmodells, die nach der Erteilung der in Artikel 21 genannten Zulassung oder nach der Genehmigung des Kryptowerte-Whitepapers gemäß Artikel 17 sowie im Zusammenhang mit Artikel 23 erfolgt und geeignet ist, die Kaufentscheidung eines Inhabers oder eines potenziellen Inhabers vermögenswertereferenzierter Token signifikant zu beeinflussen. Zu solchen Änderungen gehören unter anderem alle wesentlichen Änderungen in Bezug auf
a) die Regelungen zur Unternehmensführung, einschließlich der Berichterstattungspflichten gegenüber dem Leitungsorgan und des Rahmens für das Risikomanagement;
b) das Reservevermögen und die Verwahrung des Reservevermögens;
c) die Rechte, die den Inhabern vermögenswertereferenzierter Token gewährt werden;
d) den Mechanismus für die Ausgabe und den Rücktausch eines vermögenswertreferenzierten Token;
e) die Protokolle für die Validierung der Transaktionen mit vermögenswertereferenzierten Token;
f) die Funktionsweise der unternehmenseigenen Distributed-Ledger-Technologie der Emittenten, wenn die vermögenswertereferenzierten Token mittels einer solchen Distributed-Ledger-Technologie ausgegeben, übertragen und gespeichert werden;
g) die Mechanismen zur Gewährleistung der Liquidität vermögenswertereferenzierter Token, einschließlich der in Artikel 45 genannten Strategien und Verfahren für das Liquiditätsmanagement für Emittenten signifikanter vermögenswertereferenzierter Token;
h) die Vereinbarungen mit Drittunternehmen, einschließlich Vereinbarungen über Verwaltung und Anlage des Reservevermögens, Verwahrung des Reservevermögens und gegebenenfalls den Vertrieb der vermögenswertereferenzierten Token an die Öffentlichkeit;
i) die Beschwerdeverfahren;
j) die Risikobewertung in Bezug auf Geldwäsche und Terrorismusfinanzierung sowie die damit verbundenen allgemeinen Strategien und Verfahren.

Die Emittenten vermögenswertereferenzierter Token unterrichten die zuständige Behörde ihres Herkunftsmitgliedstaats mindestens 30 Arbeitstage vor dem Wirksamwerden der beabsichtigten Änderungen entsprechend.

(2) Wurde der zuständigen Behörde eine beabsichtigte Änderung nach Absatz 1 mitgeteilt, so erstellt der Emittent eines vermögenswertreferenzierten Token den Entwurf eines geänderten Kryptowerte-Whitepapers und stellt dabei sicher, dass die Reihenfolge der dort erscheinenden Informationen mit der des ursprünglichen Kryptowerte-Whitepapers übereinstimmt.

Der Emittent des vermögenswertereferenzierten Token übermittelt den Entwurf des geänderten Kryptowerte-Whitepapers der zuständigen Behörde des Herkunftsmitgliedstaats.

Die zuständige Behörde bestätigt den Eingang des Entwurfs eines geänderten Kryptowerte-Whitepapers umgehend, spätestens jedoch innerhalb von fünf Arbeitstagen nach Erhalt, auf elektronischem Weg.

Die zuständige Behörde erteilt innerhalb von 30 Arbeitstagen nach der Bestätigung des Eingangs die Genehmigung des Entwurfs des geänderten Kryptowerte-Whitepapers oder lehnt die Genehmigung ab. Die zuständige Behörde kann im Laufe der Prüfung des Entwurfs des geänderten Kryptowerte-Whitepapers zusätzliche Informationen, Erläuterungen oder Begründungen zum Entwurf des geänderten Kryptowerte-Whitepapers anfordern. Stellt die zuständige Behörde einen solchen Antrag, so läuft die Frist von 30 Arbeitstagen erst, wenn die zuständige Behörde die angeforderten zusätzlichen Informationen erhalten hat.

(3) Ist die zuständige Behörde der Auffassung, dass die Änderungen an einem Kryptowerte-Whitepaper möglicherweise für das reibungslose Funktionieren der Zahlungssysteme, die geldpolitische Transmission oder die Währungshoheit relevant sind, konsultiert sie die EZB und gegebenenfalls die Zentralbank gemäß Artikel 20 Absatz 4. Die zuständige Behörde kann in solchen Fällen auch die EBA und die ESMA konsultieren.

Die EZB oder die betreffende Zentralbank und gegebenenfalls die EBA und die ESMA geben innerhalb von 20 Arbeitstagen nach Eingang der in Unterabsatz 1 genannten Konsultation eine Stellungnahme ab.

(4) Genehmigt die zuständige Behörde das geänderte Kryptowerte-Whitepaper, so kann sie den Emittenten des vermögenswertreferenzierten Token auffordern,

a) Mechanismen einzuführen, die den Schutz der Inhaber des vermögenswertreferenzierten Token sicherstellen, wenn eine potenzielle Änderung der Geschäftstätigkeit des Emittenten signifikante Auswirkungen auf Wert, Stabilität oder Risiken des vermögenswertereferenzierten Token oder des Reservevermögens haben kann;
b) geeignete Korrekturmaßnahmen zu ergreifen, um Bedenken hinsichtlich der Marktintegrität, der Finanzstabilität oder des reibungslosen Funktionierens der Zahlungssysteme auszuräumen.

Die zuständige Behörde fordert den Emittenten des vermögenswertreferenzierten Token auf, geeignete Korrekturmaßnahmen zu ergreifen, um Bedenken hinsichtlich des reibungslosen Funktionierens der Zahlungssysteme, der geldpolitischen Transmission oder der Währungshoheit auszuräumen, wenn solche Korrekturmaßnahmen von der EZB oder gegebenenfalls von der in Artikel 20 Absatz 4 genannten Zentralbank im Rahmen von Konsultationen nach Absatz 3 dieses Artikels vorgeschlagen werden.

Haben die EZB oder die in Artikel 20 Absatz 4 in Bezug genommene Zentralbank andere Maßnahmen als die von der zuständigen Behörde geforderten vorgeschlagen, so werden die vorgeschlagenen Maßnahmen kombiniert oder, falls dies nicht möglich ist, wird die strengste Maßnahme vorgeschrieben.

(5) Die zuständige Behörde übermittelt das geänderte Kryptowerte-Whitepaper innerhalb von zwei Arbeitstagen nach Erteilung der Genehmigung an die ESMA, die zentralen Kontaktstellen des Aufnahmemitgliedstaats, die EBA, die EZB und gegebenenfalls die Zentralbank des betreffenden Mitgliedstaats.

Änderung veröffentlichter Kryptowerte-Whitepaper **Art. 25 MiCAR**

Die ESMA stellt das geänderte Kryptowerte-Whitepaper in dem in Artikel 109 genannten Register unverzüglich zur Verfügung.

Übersicht

	Rn.
I. Einführung	1
1. Literatur	1
2. Entstehung und Zweck der Norm	2
3. Normativer Kontext	4
a) Innerhalb der MiCAR	4
b) Innerhalb des Kapitalmarktrechts	6
II. Kommentierung	7
1. Verpflichtung zur Unterrichtung (Abs. 1)	7
2. Erstellung eines geänderten Kryptowerte-Whitepapers (Abs. 2)	11
3. Konsultation mit weiteren Behörden (Abs. 3)	15
4. Auflagen (Abs. 4)	16
a) Einleitung	16
b) Inhalt	17
5. Weiterleitung des geänderten Kryptowerte-Whitepapers (Abs. 5)	19
6. Auswirkungen des Kryptomärkteaufsichtsgesetzes	20

I. Einführung

1. Literatur. *Wittig*, Digitales Geld – Gegenwärtige und künftige Regulie- **1** rung von E-Geld und E-Geld-Token nach ZAG und MiCAR, WM 2023, 412; *Zickgraf*, Primärpublizität in der Verordnung über die Märkte für Kryptowerte (MiCAR) – Teil 2, BKR 2021, 362.

2. Entstehung und Zweck der Norm. Bereits der Kommissionsentwurf **2** vom 24.9.2020[1] sah vor, dass der Emittent die zuständige Behörde über eine beabsichtigte Änderung seines Geschäftsmodells informieren und **sein Kryptowerte-Whitepaper** diesbezüglich **anpassen** muss. Im Laufe des Gesetzgebungsverfahrens hat die Vorschrift kleinere Änderungen erfahren. Hervorzuheben ist dabei die Einführung der Konsultation der EZB und ggf. der Zentralbank eines Mitgliedstaates[2] durch die zuständige Behörde[3] gemäß Art. 25 Abs. 3 MiCAR. Die Zentralbanken müssen hiernach hinzugezogen werden, wenn die zuständige Behörde davon ausgeht, dass die Änderung des Kryptowerte-Whitepapers für die Zahlungssysteme, geldpolitische Transmission oder Währungshoheit relevant ist. Mit der Konsultation geht gemäß Art. 25 Abs. 4 UAbs. 2 MiCAR die Möglichkeit der Zentralbanken einher, die zuständige Behörde damit zu beauftragen, dem Emittenten Korrekturmaßnahmen aufzuerlegen.

Die Pflicht das Kryptowerte-Whitepaper bei geändertem Geschäftsmodell **3** anzupassen zielt auf den **Schutz der Anlegerinteressen** ab. Denn das Kryptowerte-Whitepaper ist für Anleger die maßgebliche Informationsquelle und somit Grundlage ihrer Kaufentscheidung. Gleichzeitig dient die Vorschrift auch der Sicherung der Zahlungssysteme, geldpolitischen Transmission und Währungshoheit. Denn die zuständige Behörde kann gemäß Art. 25

---

[1] Damals Art. 21 MiCAR-E.
[2] S. Art. 20 Abs. 4 MiCAR.
[3] S. Art. 3 Abs. 1 Nr. 35 MiCAR.

MiCAR Art. 25   Titel III. Vermögenswertreferenzierte Token

Abs. 4 UAbs. 1 lit. (b) MiCAR die Genehmigung des geänderten Kryptowerte-Whitepapers mit Maßnahmen zur Gefahrenabwehr bezüglich dieser Güter verbinden.

4   3. **Normativer Kontext. a) Innerhalb der MiCAR.** Art. 25 MiCAR steht in engem Zusammenhang mit Art. 19 MiCAR. Denn Art. 25 MiCAR bestimmt, dass ein genehmigtes Kryptowerte-Whitepaper iSd Art. 19 MiCAR **aktualisiert** werden muss, wenn der Emittent sein Geschäftsmodell nach der Genehmigung des Whitepapers ändert. Das Vertrauen der Anleger in das geänderte Kryptowerte-Whitepaper wird, wie bei solchen nach Art. 19 MiCAR, von Art. 26 Abs. 1 MiCAR geschützt. Sollte der Emittent bei der Änderung des Kryptowerte-Whitepapers unvollständige, unredliche, nicht eindeutige oder irreführende Informationen verwendet haben, kann hieraus ein **Haftungsfall** entstehen. Das geänderte Kryptowerte-Whitepaper ist gemäß Art. 28 MiCAR während des gesamten Zeitraums, in welchem der Token vom Publikum gehalten werden kann, auf der **Website** des Emittenten zur Verfügung zu stellen. Es wird außerdem gemäß Art. 25 Abs. 5 UAbs. 2 MiCAR von der **ESMA** in das **Register** iSd Art. 109 MiCAR aufgenommen.

5   Die Parallelvorschrift für einfache Kryptowerte befindet sich in Art. 12 MiCAR. Allerdings gilt die Aktualisierungspflicht bei einfachen Kryptowerten gemäß Art. 12 Abs. 1 UAbs. 2 MiCAR nur für die Dauer des öffentlichen Angebots bzw. für die Dauer der Zulassung des Kryptowerts zum Handel. Bei vermögenswertreferenzierten Token besteht sie während des **gesamten Zeitraums**, in welchem der Token vom Publikum gehalten werden kann.[4]

6   b) **Innerhalb des Kapitalmarktrechts.** Art. 25 MiCAR orientiert sich grundsätzlich an den Regelungen für Nachträge zum Wertpapierprospekt gemäß Art. 23 Prospekt-VO. Allerdings besteht ein erheblicher Unterschied hinsichtlich des Zeitraums der Nachtragsverpflichtungen. Bei Prospekten besteht diese gemäß Art. 23 Abs. 1 UAbs. 1 S. 1 ProspektVO zwischen der Prospektbilligung und dem Auslaufen der Angebotsfrist oder – falls später – der Handelseröffnung an einem geregelten Markt. Nach diesem Zeitraum werden die Vorschriften des Primärmarkts zum Prospektnachtrag von der Ad-hoc-Publizitätspflicht auf Sekundärebene nach Art. 17 MAR abgelöst.[5] Auch bei einfachen Kryptowerten besteht die Aktualisierungspflicht gemäß Art. 12 Abs. 1 UAbs. 2 MiCAR für die Dauer des öffentlichen Angebots bzw. für die Dauer der Zulassung[6] des Kryptowerts zum Handel. Bei vermögenswertreferenzierten Token besteht die Verpflichtung zur Erstellung und Veröffentlichung geänderter Kryptowerte-Whitepaper aber gemäß Art. 25 Abs. 1 UAbs. 1 MiCAR[7] während des **gesamten Zeitraums,** in welchem der Token vom Publikum gehalten werden kann. Diese Verpflichtung vereint somit Elemente einer primären Publizitätspflicht mit einer dauerhaften Berichterstattung, welche so in den Prospektvorschriften nicht vorgesehen ist. Dieser Mehraufwand im Vergleich zu prospektpflichtigen Wertpapieren erscheint erstaunlich, da in Art. 88 MiCAR ebenfalls eine Ad-hoc-Publizitätspflicht vorgesehen ist, welche mit Art. 17 MAR vergleichbar ist.

---

[4] S. hierzu Art. 28 Abs. 1 MiCAR.
[5] Hopt/Voigt in Hopt/Voigt, Prospekt- und Kapitalmarktinformationshaftung, 1. Auflage 2005, S. 107 f.
[6] Womit das Zulassungsverfahren gemeint ist.
[7] Vgl. hierzu Art. 28 Abs. 1 MiCAR.

Allerdings besteht die Aktualisierungspflicht gemäß Art. 25 MiCAR lediglich bei **Änderungen des Geschäftsmodells** des Emittenten, während Art. 12 MiCAR eine Änderung bei Auftreten wesentlicher neuer Faktoren, Fehler und Ungenauigkeiten verlangt.

II. Kommentierung

1. Verpflichtung zur Unterrichtung (Abs. 1). Art. 25 Abs. 1 UAbs. 1 S. 1 MiCAR beinhaltet die Verpflichtung des Emittenten zur Unterrichtung der zuständigen Behörde[8] seines Herkunftsmitgliedstaats[9] bei beabsichtigter **Änderung seines Geschäftsmodells.** Diese Geschäftsänderung muss dazu geeignet sein, die **Kaufentscheidung** eines (potenziellen) Inhabers des vermögenswertreferenzierten Token **signifikant zu beeinflussen**.

Art. 25 Abs. 1 UAbs. 1 S. 2 MiCAR beinhaltet einen **nicht abschließenden Katalog** mit Sachverhalten, bei deren Änderung eine Berichtspflicht besteht. Diese Änderungen müssen allerdings **wesentlich** sein. Zwar beinhaltet die MiCAR keine Definition zur Wesentlichkeit, hier hilft jedoch der Vergleich mit dem Regulierungsvorbild weiter. Im Rahmen des Art. 23 ProspektVO wird von einer Wesentlichkeit ausgegangen, wenn der neue Umstand das zutreffende Urteil des verständigen, durchschnittlichen Anlegers beeinflussen kann.[10]

Konkret besteht eine Unterrichtungspflicht bei wesentlichen Änderungen in Bezug auf:

- lit. (a): Regelungen zur Unternehmensführung, einschließlich der Berichterstattungspflichten gegenüber dem Leitungsorgan und des Rahmens für Risikomanagement;[11]
- lit. (b): das Reservevermögen und die Verwahrung des Reservevermögens;[12]
- lit. (c): die Rechte, die den Inhabern vermögenswertreferenzierter Token gewährt werden;[13]
- lit. (d): den Mechanismus für die Ausgabe und den Rücktausch eines vermögenswertreferenzierten Token;[14]
- lit. (e): die Protokolle für die Validierung der Transaktionen mit vermögenswertreferenzierten Token;
- lit. (f): die Funktionsweise der unternehmenseigenen Distributed-Ledger-Technologie[15] der Emittenten, wenn die vermögenswertreferenzierten Token mittels einer solchen Distributed-Ledger-Technologie ausgegeben, übertragen und gespeichert werden;[16]
- lit. (g): die Mechanismen zur Gewährleistung der Liquidität vermögenswertreferenzierter Token,[17] einschließlich der in Art. 45 MiCAR genannten Strategien und Verfahren für das Liquiditätsmanagement für Emittenten signifikanter vermögenswertreferenzierter Token;

---

[8] S. Art. 3 Abs. 1 Nr. 35 MiCAR.
[9] S. Art. 3 Abs. 1 Nr. 33 MiCAR.
[10] Groß in Groß KapMarktR, ProspektVO Art. 23 Rn. 4.
[11] S. Art. 34 MiCAR.
[12] S. Art. 37 MiCAR.
[13] S. hierzu Anhang II Teil D MiCAR.
[14] S. hierzu Anhang II Teil G Nr. 3 MiCAR.
[15] S. zur Definition Art. 3 Abs. 1 Nr. 1 MiCAR.
[16] S. hierzu Anhang II Teil E Nr. 4 MiCAR.
[17] S. hierzu Anhang II Teil D Nr. 11 MiCAR.

- lit. (h): die Vereinbarungen mit Drittunternehmen, einschließlich Vereinbarungen über Verwaltung und Anlage des Reservevermögens, Verwahrung des Reservevermögens und gegebenenfalls den Vertrieb der vermögenswertreferenzierten Token an die Öffentlichkeit;[18]
- lit. (i): die Beschwerdeverfahren;[19]
- lit. (j): die Risikobewertung in Bezug auf Geldwäsche und Terrorismusfinanzierung sowie die damit verbundenen allgemeinen Strategien und Verfahren.

9 Bei **Nicht-Kreditinstituten** besteht die Unterrichtungsverpflichtung **ab der Zulassungserteilung**,[20] während bei **Kreditinstituten** die **Genehmigung** des Kryptowerte-Whitepapers[21] der relevante Zeitpunkt ist. Bei beiden Emittentengruppen besteht die Aktualisierungspflicht gemäß Art. 25 Abs. 1 UAbs. 1 S. 1 MiCAR außerdem, wenn die Änderung des Geschäftsmodells mit Maßnahmen zur Beschränkung der Nutzung eines Token, welcher iSd Art. 23 MiCAR gemeinhin als Tauschmittel verwendet wird, zusammenhängt.

10 Beabsichtigt der Emittent, sein Geschäftsmodell in einer für Abs. 1 relevanten Weise zu ändern, muss er gemäß Art. 25 Abs. 1 UAbs. 2 MiCAR die zuständige Behörde innerhalb von **30 Arbeitstagen** vor dem Wirksamwerden der Änderung benachrichtigen.

11 **2. Erstellung eines geänderten Kryptowerte-Whitepapers (Abs. 2).** Hat der Emittent die Absicht, sein Geschäftsmodell zu ändern, der zuständigen Behörde nach Abs. 1 mitgeteilt, muss er gemäß Art. 25 Abs. 2 UAbs. 1 MiCAR den **Entwurf** eines geänderten Kryptowerte-Whitepapers erstellen und diesen gemäß Art. 25 Abs. 2 UAbs. 2 MiCAR der zuständigen Behörde[22] übermitteln. Dabei muss er gemäß Art. 25 Abs. 2 UAbs. 1 MiCAR sicherstellen, dass die Reihenfolge der Informationen mit der des ursprünglichen Whitepapers übereinstimmt. Dadurch sollen die Anleger die beiden Dokumente schneller vergleichen und die Unterschiede leichter erkennen können.[23]

12 Die zuständige Behörde hat den Eingang des Entwurfs gemäß Art. 25 Abs. 2 UAbs. 3 MiCAR **umgehend**, spätestens aber innerhalb von **fünf Arbeitstagen** nach dem Eingang auf elektronischem Wege zu bestätigen. Unter elektronischem Wege ist die Kommunikation über die im Whitepaper angegebene Mail gemeint. Dies ist für vermögenswertreferenzierte Token zwar nicht unmittelbar geregelt, ergibt sich aber bei einem Vergleich mit dem Whitepaper-Inhalt für einfache Kryptowerte und E-Geld-Token.[24]

13 Nach Bestätigung des Eingangs steht der zuständigen Behörde gemäß Art. 25 Abs. 2 UAbs. 4 S. 1 MiCAR ein Zeitraum von **30 Arbeitstagen** zur Verfügung, um über die Genehmigung des geänderten Kryptowerte-Whitepapers zu entscheiden. In diesem Zeitraum kann sie nach Art. 25 Abs. 2 UAbs. 4 S. 2 MiCAR weitere Informationen zur Beurteilung des Whitepaper-Entwurfs vom Emittenten verlangen. Kommt es zu einer solchen

---

[18] S. Art. 34 Abs. 5 UAbs. 1 lit. (h), UAbs. 2 MiCAR.
[19] S. Art. 31 MiCAR.
[20] S. Art. 21 MiCAR.
[21] S. Art. 17 Abs. 1 lit. (a) MiCAR.
[22] S. Art. 3 Abs. 1 Nr. 35 MiCAR.
[23] Zickgraf BKR 2021, 362 (363) zu Art. 12 MiCAR.
[24] Vgl. Anhang I Teil A Nr. 6 und Anhang III Teil A Nr. 6 MiCAR.

Nachfrage, beginnt die Frist nach S. 1 gemäß Art. 25 Abs. 2 UAbs. 4 S. 3 MiCAR erst, wenn die zuständige Behörde die angefragten Informationen erhalten hat.

Sollte der Emittent die Aktualisierung des Whitepapers trotz Geschäfts- 14
änderung unterlassen, kann es zu einem **Schadensersatzanspruch** nach Art. 26 Abs. 1 MiCAR kommen. Außerdem kann dem Emittenten die **Zulassung** gemäß Art. 24 Abs. 1 lit. (d) MiCAR **entzogen** werden.

3. Konsultation mit weiteren Behörden (Abs. 3). Gemäß Art. 25 15
Abs. 3 UAbs. 1 S. 1 MiCAR ist die zuständige Behörde verpflichtet, die **EZB** und ggf. die **Zentralbank** eines Mitgliedstaates[25] zu konsultieren, wenn sie davon ausgeht, dass die Änderungen an dem Kryptowerte-Whitepaper möglicherweise für das reibungslose Funktionieren der Zahlungssysteme, die geldpolitische Transmission oder die Währungshoheit relevant sind. Die Vorschrift dient somit als Ergänzung zur anfänglichen Überprüfung des Token durch die Zentralbanken nach Art. 20 Abs. 5 bzw. Art. 17 Abs. 5 MiCAR. Daneben kann die zuständige Behörde in solchen Fällen gemäß Art. 25 Abs. 3 UAbs. 1 S. 2 MiCAR auch die **EBA** und **ESMA** befragen. Die konsultierten Behörden müssen gemäß Art. 25 Abs. 3 UAbs. 2 MiCAR ihre Stellungnahmen zu der möglicherweise von der Änderung ausgehenden Gefahr innerhalb von **20 Arbeitstagen** nach Eingang der Konsultation gegenüber der zuständigen Behörde abgeben.

4. Auflagen (Abs. 4). a) Einleitung. Ziel des Art. 25 MiCAR ist es, 16
den Schutz der Tokeninhaber wie auch der Marktintegrität, Finanzstabilität und Zahlungssysteme bei beabsichtigter Geschäftsänderung des Emittenten sicherzustellen. Dies wird einerseits durch die Anzeigepflicht gemäß Art. 25 Abs. 1 MiCAR und der damit einhergehenden Aktualisierungspflicht des Kryptowerte-Whitepapers gemäß Art. 25 Abs. 2 MiCAR gewährleistet. Daneben ermöglicht Art. 25 Abs. 4 MiCAR, dass die zuständige Behörde die Genehmigung des aktualisierten Kryptowerte-Whitepapers mit der **Anordnung** von Maßnahmen zum Schutze dieser Interessen verbindet. Diese Herangehensweise ist mit der Verbindung eines Verwaltungsaktes mit einer Auflage iSd § 36 Abs. 2 Nr. 4 VwVfG vergleichbar.

b) Inhalt. aa) Einschätzung der zuständigen Behörde (UAbs. 1). 17
Art. 25 Abs. 4 UAbs. 1 MiCAR sieht vor, dass die zuständige Behörde[26] die Genehmigung eines geänderten Kryptowerte-Whitepapers iSd Abs. 2 von der **Einhaltung bestimmter Bedingungen** abhängig machen kann. So kann die zuständige Behörde den Emittenten nach lit. (a) auffordern **Mechanismen** einzuführen, die den Schutz der Tokeninhaber sicherstellen. Voraussetzung hierfür ist, dass die potenzielle Änderung der Geschäftstätigkeit des Emittenten signifikante Auswirkungen auf Wert, Stabilität oder Risiken des vermögenswertreferenzierten Token hat. Gleiches gilt, wenn solche Auswirkungen für das Reservevermögen iSd Art. 36 ff. MiCAR bestehen könnten. Sollte die zuständige Behörde Bedenken haben, dass sich die Geschäftsänderung negativ auf die Marktintegrität, die Finanzstabilität oder das reibungslose Funktionieren der Zahlungssysteme auswirkt, kann sie den Emittenten nach lit. (b) zur Durchführung geeigneter **Korrekturmaßnahmen** verpflichten.

---

[25] S. Art. 20 Abs. 4 MiCAR.
[26] S. Art. 3 Abs. 1 Nr. 35 MiCAR.

Die Auswahl des geeigneten Mittels liegt dabei im Ermessen der zuständigen Behörde.

18 **bb) Einschätzung der Zentralbanken (UAbs. 2, 3).** Sollte sich aufgrund der Konsultation der Zentralbanken nach Abs. 3 herausstellen, dass diese Bedenken hinsichtlich des reibungslosen Funktionierens der Zahlungssysteme, der geldpolitischen Transmission oder Währungshoheit haben, muss die zuständige Behörde gemäß UAbs. 2 den Emittenten zur Ergreifung von **Korrekturmaßnahmen** verpflichten. Auch hier liegt die Wahl des geeigneten Mittels grundsätzlich im Ermessen der zuständigen Behörde. Haben die Zentralbanken aber andere Maßnahmen als die zuständige Behörde vorgeschlagen, müssen diese gemäß UAbs. 3 Alt. 1 **kombiniert** werden. Sollten die Maßnahmen nicht kombinierbar sein, muss nach UAbs. 3 Alt. 2 von den vorgeschlagenen die **strengste Maßnahme** vorgeschrieben werden.

19 **5. Weiterleitung des geänderten Kryptowerte-Whitepapers (Abs. 5).** Die zuständige Behörde muss gemäß Art. 25 Abs. 5 UAbs. 1 MiCAR das geänderte Kryptowerte-Whitepaper innerhalb von **zwei Arbeitstagen** nach der Genehmigung an die ESMA, die zentralen Kontaktstellen des Aufnahmemitgliedstaats, die EBA, die EZB und ggf. die Zentralbank des betreffenden Mitgliedstaats[27] übermitteln. Die **ESMA** muss daraufhin gemäß Art. 25 Abs. 5 UAbs. 2 MiCAR das geänderte Kryptowerte-Whitepaper unverzüglich in dem **Register** iSd Art. 109 MiCAR veröffentlichen.

20 **6. Auswirkungen des Kryptomärkteaufsichtsgesetzes.** Neben dem Art. 25 MiCAR ist bei der Änderung des Tokens auch das geplante Kryptomärkteaufsichtsgesetz („**KMAG**")[28] zu beachten. Denn gemäß § 5 Abs. 1 KMAG-E entfalten Widerspruch oder Anfechtungsklage gegen eine Anordnung nach Art. 25 Abs. 4 UAbs. 1 und 2 MICAR keine aufschiebende Wirkung. Zuwiderhandlungen gegen Art. 25 MiCAR sind außerdem teilweise bußgeldbewehrt. Unterrichtet der Emittent entgegen Art. 25 Abs. 1 UAbs. 2 MiCAR die BaFin nicht mindestens 30 Arbeitstage vor dem Wirksamwerden der beabsichtigen Änderungen am Token, handelt er gemäß § 47 Abs. 3 Nr. 18 KMAG-E ordnungswidrig. Widersetzt sich der Emittent einer vollziehbaren Aufforderung der BaFin iSd Art. 25 Abs. 4 UAbs. 1 MiCAR, begeht er ebenfalls gemäß § 47 Abs. 3 Nr. 2 lit. (b) KMAG-E eine Ordnungswidrigkeit.

Artikel 26 Haftung von Emittenten vermögenswertereferenzierter Token für die in einem Kryptowerte-Whitepaper enthaltenen Informationen

> (1) Hat ein Emittent in einem Kryptowerte-Whitepaper oder in einem geänderten Kryptowerte-Whitepaper unvollständige, unredliche, nicht eindeutige oder irreführende Informationen zur Verfügung gestellt und damit gegen Artikel 19 verstoßen, so sind der Emittent und die Mitglieder von dessen Verwaltungs-, Leitungs- oder Aufsichtsorgan gegenüber einem Inhaber eines solchen vermögenswertereferenzierten Token für aufgrund dieses Verstoßes erlittene Verluste haftbar.

---

[27] S. Art. 20 Abs. 4 MiCAR.
[28] S. RegE Finanzmarktdigitalisierungsgesetz, BT-Drucks. 20/10280, S. 10 ff.

(2) Ein vertraglicher Ausschluss oder eine vertragliche Beschränkung der zivilrechtlichen Haftung gemäß Absatz 1 hat keine Rechtswirkung.

(3) Es obliegt dem Inhaber des vermögenswertreferenzierten Token, den Nachweis dafür zu erbringen, dass der Emittent dieses vermögenswertereferenzierten Token gegen Artikel 19 verstoßen hat, indem er in seinem Kryptowerte-Whitepaper oder in einem geänderten Kryptowerte-Whitepaper unvollständige, unredliche, nicht eindeutige oder irreführende Informationen zur Verfügung gestellt hat, und sich das Verlassen auf diese Informationen auf die Entscheidung des Inhabers, diesen vermögenswertereferenzierten Token zu kaufen, zu verkaufen oder zu tauschen, ausgewirkt hat.

(4) Der Emittent und die Mitglieder seines Verwaltungs-, Leitungs- oder Aufsichtsorgans haften nicht für Verluste, die durch den Verlass auf Informationen entstehen, die in einer Zusammenfassung gemäß Artikel 19, einschließlich deren Übersetzung, zur Verfügung gestellt werden, es sei denn, die Zusammenfassung

a) ist, wenn sie zusammen mit den anderen Teilen des Kryptowerte-Whitepapers gelesen wird, irreführend, unrichtig oder widersprüchlich oder

b) enthält, wenn sie zusammen mit den anderen Teilen des Kryptowerte-Whitepapers gelesen wird, nicht die wesentlichen Informationen, die potenziellen Inhabern bei der Entscheidung über den Kauf des vermögenswertereferenzierten Token helfen sollen.

(5) Dieser Artikel lässt jede sonstige zivilrechtliche Haftung gemäß dem nationalen Recht unberührt.

Übersicht

	Rn.
I. Einführung	1
1. Literatur	1
2. Entstehung und Zweck der Norm	2
3. Normativer Kontext	3
II. Kommentierung	5
1. Anspruch auf Schadensersatz (Abs. 1)	5
a) Anspruchsberechtigte	5
b) Haftungsadressaten	7
c) Informationspflichtverletzung	8
d) Haftungsbegründende Kausalität	13
e) Verschulden	14
f) Rechtsfolgen	16
2. Unwirksamkeit vertraglicher Beschränkungen (Abs. 2)	18
3. Beweispflicht des Inhabers (Abs. 3)	19
4. Haftung bei Zusammenfassungen gemäß Art. 19 Abs. 6 (Abs. 4)	21
5. Haftungskonkurrenzen (Abs. 5)	22
6. Auswirkungen des Kryptomärkteaufsichtsgesetzes	23

I. Einführung

1. Literatur. *Bauerfeind/Hille/Loff*, Aufsichtsregime nach MiCAR aus Instituts- und Produktperspektive – Widerstreit oder Homogenität, RdF 2023, 84; *Baur*, MiCA („Regulation on Markets in Crypto-Assets") – Ein europäi- 1 scher Rechtsrahmen für Kryptowerte kommt, jurisPR-BKR 9/2021, Anmerkung 1; *Buck-Heeb,* Whitepaper-Haftung nach MiCAR, BKR 2023, 689; *Feger/Gollasch,* MiCAR – Ein erster Überblick für Compliance-Beauftragte zur Krypto-Regulierung, CB 2022, 248; *Hirzle/Hugendubel,* Die Entwicklung des Kryptorechts im Jahr 2022, BKR 2022, 821; *Maume,* Die Verordnung über Märkte für Kryptowerte (MiCAR) – Zentrale Definitionen sowie Rechte und Pflichten beim öffentlichen Angebot von Kryptowerten, RDi 2022, 461; *Maume,* Die Verordnung über Märkte für Kryptowerte (MiCAR) – Stablecoins, Kryptodienstleistungen und Marktmissbrauchsrecht, RDi 2022, 497; *Siadat,* Markets in Crypto Assets Regulation – erster Einblick mit Schwerpunktsetzung auf Finanzinstrumente, RdF 2021, 12; *Wellerdt,* FinTech Regulierung – Wie werden innovative Geschäftsmodelle beaufsichtigt – Am Beispiel der EU-Regulierung von Kryptowerten und Kryptodienstleistungen, WM 2021, 1171; *Wittig,* Digitales Geld – Gegenwärtige und künftige Regulierng von E-Geld und E-Geld-Token nach ZAG und MiCAR, WM 2023, 412; *Zickgraf,* Primärpublizität in der Verordnung über die Märkte für Kryptowerte (MiCAR) – Teil 2, BKR 2021, 362.

2   2. **Entstehung und Zweck der Norm.** Art. 26 MiCAR nahm bereits im Kommissionsentwurf vom 24.9.2020 eine zentrale Rolle ein. Die Vorschrift schützt das Vertrauen der Anleger in das Kryptowerte-Whitepaper, indem sie einen unmittelbar aus der MiCAR resultierenden Anspruch[1] auf **Schadensersatz** bei dessen Unrichtig- und Unvollständigkeit begründet.[2] Art. 26 MiCAR dient somit der Durchsetzung der Publizitätspflicht nach Art. 17 Abs. 1 lit. (a) MiCAR[3] bzw. Art. 18 Abs. 2 lit. (k) MiCAR[4] wie auch der Nachtragspflicht des Art. 25 MiCAR.

3   3. **Normativer Kontext.** Art. 26 MiCAR orientiert sich an Art. 15 MiCAR, welcher die Haftung für Kryptowerte-Whitepaper bei einfachen Kryptowerten regelt.[5] Dadurch, dass die inhaltlichen Vorgaben eines Kryptowerte-Whitepapers für vermögenswertreferenzierte Token umfangreicher als bei einfachen Kryptowerten sind, ergibt sich auch der **weitere Haftungstatbestand** des Art. 26 MiCAR im Vergleich zu Art. 15 MiCAR. Die Parallelvorschrift für E-Geld-Token befindet sich in Art. 52 MiCAR.

4   Art. 26 MiCAR ist von verschiedenen Vorschriften des klassischen Kapitalmarktrechts beeinflusst. In erster Linie ist hier das **Prospektrecht** relevant, da das Kryptowerte-Whitepaper die Rolle eines Wertpapierprospekts einnimmt.[6] Während aber die Haftungsvorschrift des Art. 11 Prospekt-VO lediglich die Mitgliedstaaten verpflichtet, eine Anspruchsgrundlage in den jeweiligen nationalen Rechtsordnungen zu schaffen, ergibt sich diese bei vermögenswertreferenzierten Token **unmittelbar** aus Art. 26 MiCAR.[7] Dadurch wird ein unionsweiter Mindeststandard gewährleistet. Diesbezüglich

---

[1] Zickgraf BKR 2021, 362 (365) zu Art. 15 MiCAR; Maume RDi 2022, 461 (466) zu Art. 15 MiCAR.
[2] S. Erwgr. Nr. 39 VO (EU) 2023/1114.
[3] Für Kreditinstitute.
[4] Für Nicht-Kreditinstitute.
[5] Baur jurisPR-BKR 9/2021, Anmerkung 1 S. 4.
[6] Bauerfeind/Hille/Loff RdF 2023, 84 (90); Feger/Gollasch CB 2022, 248 (249); Siadat, RdF 2021, 12 (17); Wellerdt WM 2021, 1171 (1174).
[7] Zickgraf BKR 2021, 362 (365) zu Art. 15 MiCAR; Maume RDi 2022, 461 (466) zu Art. 15 MiCAR.

lässt sich Art. 26 MiCAR eher mit Art. 35a Rating-VO vergleichen, welcher die unionsweite Haftung für ein fehlerhaftes Rating regelt.[8]

II. Kommentierung

1. Anspruch auf Schadensersatz (Abs. 1). a) Anspruchsberechtigte. 5
Anspruchsberechtigter ist der Inhaber des vermögenswertreferenzierten Token. Der Begriff des Inhabers ist, obwohl er mehrmals im Gesetzestext[9] wie auch in den Erwägungsgründen[10] genutzt wird, nicht legal definiert.[11] Aus der Funktionsweise der Blockchain ergibt sich, dass Inhaber derjenige ist, der die Herrschaft über den Token ausübt.[12] Dies ist der Fall, wenn die Person über den zum Token gehörigen privaten Schlüssel verfügt.[13] Solch ein privater Schlüssel ist mit der PIN und TAN bei einem Konto vergleichbar.[14] Ohne diesen kann der Token nicht übertragen werden. Inhaber ist aber auch derjenige, dessen Token aufgrund von vertraglichen Beziehungen von einem Dritten, beispielsweise einem Kryptoverwahrer, verwahrt wird.[15]

Zum Teil wird mit dem Wortlaut der Vorschrift vertreten, dass nur der 6 aktuelle Inhaber anspruchsberechtigt sei.[16] Allerdings ist hier Art. 26 Abs. 3 MiCAR zu beachten. Dort heißt es, dass sich die Informationen auf die Entscheidung des Inhabers, den Token zu kaufen, zu verkaufen oder zu tauschen, ausgewirkt haben müssen. Dies bedeutet, dass auch Anleger, welche den Token bereits verkauft bzw. getauscht haben und somit nicht mehr aktuelle Inhaber sind, den Anspruch aus Art. 26 MiCAR geltend machen können.

b) Haftungsadressaten. Anspruchsgegner sind der Emittent wie auch 7 die Mitglieder dessen Verwaltungs-, Leitungs- oder Aufsichtsorgans. Die Berücksichtigung dieser Organe soll dazu beitragen, dass die verantwortlichen Personen in monistischen wie auch dualistischen Organisationen umfasst sind.[17] Da Gesellschaftsorgane im deutschen Kontext keine Rechtssubjekte sind, kommt es auf die jeweiligen Mitglieder an.[18] Die Außenhaftung der Gesellschaftsorgane stellt eine Besonderheit dar, welche im Rahmen der Haftung bei einfachen Kryptowerten nach Art. 15 MiCAR mit dem Start-Up-Charakter der Emittenten gerechtfertigt wird.[19] Da deren Kapitalausstattung überschaubar ist, soll ein Rückgriff auf die hinter dem Emittenten stehenden Personen möglich sein.[20] Diese Argumentation lässt sich jedoch nicht auf die Haftung bei vermögenswertreferenzierten Token nach Art. 26 MiCAR übertragen. Denn bei solchen Token sind die Emittenten besonders reguliert, was sich unter anderem auch in der notwendigen Eigen-

---

[8] Zickgraf BKR 2021, 362 (365) zu Art. 15 MiCAR.
[9] Bspw. Art. 3 Abs. 1 Nr. 12; Art. 14 Abs. 1 UAbs. 1 lit. (b); Art. 26 Abs. 3 MiCAR.
[10] Bspw. Erwgr. Nr. 4, 10, 17 MiCAR.
[11] Maume RDi 2022, 497 (499).
[12] Maume RDi 2022, 497 (499 f.).
[13] Maume RDi 2022, 497 (500).
[14] Omlor/Link Kryptowährungen/Wendehorst/Gritsch Kapital 16 Rn. 9.
[15] Maume RDi 2022, 497 (500).
[16] Zickgraf BKR 2021, 362 (365) zu Art. 15 MiCAR.
[17] Buck-Heeb 2023, 689 (691).
[18] Buck-Heeb 2023, 689 (691).
[19] Zickgraf BKR 2021, 362 (365) zu Art. 15 MiCAR; Maume RDi 2022, 461 (467) zu Art. 15 MiCAR.
[20] Zickgraf BKR 2021, 362 (365) zu Art. 15 MiCAR; Maume RDi 2022, 461 (467) zu Art. 15 MiCAR.

mittelausstattung äußert.[21] Vielmehr ist davon auszugehen, dass die Außenhaftung aus dem Regulierungsvorbild des Art. 11 Abs. 1 Prospekt-VO übernommen wurde. Darüber hinaus ist eine solche publizitätsbezogene Außenhaftung auch in Art. 23 Abs. 9 Crowdfunding-VO vorgesehen. Bei den Regulierungsvorbildern besteht allerdings der Unterschied, dass diese die Organe nach dem Wortlaut („oder") nur alternativ in die Haftung einbeziehen.[22] Die kumulative Haftung[23] trat zuerst in der MiCAR auf und stellt somit tatsächlich eine Besonderheit dar.[24] Die Praxis wird sich hier wohl mit internen Versicherungen abhelfen müssen.[25]

8   c) **Informationspflichtverletzung. aa) Einleitung.** Voraussetzung des Schadensersatzanspruchs ist, dass der Emittent in dem Kryptowerte-Whitepaper **unvollständige, unredliche, nicht eindeutige oder irreführende Informationen** zur Verfügung gestellt und damit gegen Art. 19 MiCAR verstoßen hat. Gleiches gilt für geänderte Kryptowerte-Whitepaper nach Art. 25 MiCAR. Hinsichtlich des Haftungstatbestands wurde in der MiCAR ein eigener Wortlaut gewählt, welcher sich nur bedingt von den Regulierungsvorbildern ableitet.[26] Der dabei zu berücksichtigende Verständnishorizont ist nicht ausdrücklich geregelt.[27] Im Gleichklang mit etablierten Kapitalmarktvorschriften ist von dem Horizont eines **verständigen Anlegers** auszugehen.[28] Die Beweislast für die Informationspflichtverletzung liegt gemäß Art. 26 Abs. 3 MiCAR beim Anspruchsteller (→ Rn. 14).

9   bb) **Tatbestandmerkmale. Unvollständig** ist eine Information, wenn nicht alle für den potenziellen Token-Inhaber erforderlichen Informationen vorliegen.[29] Allerdings soll nicht jeder Vollständigkeitsmangel sanktioniert werden.[30] Die ausgelassene Information muss eine gewisse Relevanz aufweisen, die vorliegen soll, wenn ein Anleger diese eher als nicht bei seiner Investmententscheidung berücksichtigt.[31]

10 Bei der **Unredlichkeit** einer Information handelt es sich um einen MiCAR spezifischen Haftungstatbestand, welcher in den Regulierungsvorbildern nicht zu finden ist.[32] Jedoch wird bei diesen im Rahmen der Regelung des Prospektinhalts auch von der Redlichkeit der anzugebenden Informationen gesprochen.[33] Allerdings ist auch im Kontext etablierter Vorschriften unklar, wann eine Information unredlich sein soll.[34] Teilweise wird vertreten, dass dies der Fall sein soll, wenn eine Information auf die Ungleichbehandlung der Anleger abzielt.[35] Ein weiterer Ansatz geht davon aus, dass Unred-

---

[21] Bei Kreditinstituten ergeben sich die Eigenmittelanforderungen aus Art. 12 RL (EU) 2013/36, bei Nicht-Kreditinstituten aus Art. 35 MiCAR.
[22] Buck-Heeb 2023, 689 (691).
[23] Ausgedrückt durch den Wortlaut „und".
[24] Buck-Heeb 2023, 689 (692).
[25] Maume RDi 2022, 461 (467) zu Art. 15 MiCAR.
[26] Buck-Heeb BKR 2023, 689 (692).
[27] Buck-Heeb BKR 2023, 689 (690).
[28] Maume RDi 2022, 461 (466 f.) zu Art. 15 MiCAR; Buck-Heeb BKR 2023, 689 (690).
[29] Buck-Heeb BKR 2023, 689 (692).
[30] Buck-Heeb BKR 2023, 689 (692).
[31] Buck-Heeb BKR 2023, 689 (692).
[32] Buck-Heeb BKR 2023, 689 (692).
[33] Buck-Heeb BKR 2023, 689 (692).
[34] S. hierzu darstellend Buck-Heeb BKR 2023, 689 (692 f.).
[35] Siadat RdF 2021, 12 (17).

lichkeit das Auslassen von Informationen, welche einen Token weniger attraktiv wirken lassen, bedeutet.[36] Andere stellen darauf ab, dass die Informationen objektiv zutreffend sein müssen bzw. mit der Sorgfalt eines redlichen Kaufmanns festgestellt wurden.[37]

Eine Information ist **uneindeutig,** wenn diese Interpretationsspielräume lässt und dadurch zu einem Fehlverständnis bei den potenziellen Anlegern führen kann.[38] 11

Eine **irreführende** Information liegt vor, wenn diese grundsätzlich zutreffend ist, aber beim Anleger eine unrichtige Vorstellung über die Chancen und Risiken des Token herbeiführen kann.[39] 12

d) Haftungsbegründende Kausalität. Gemäß Art. 26 Abs. 3 MiCAR muss der Antragsteller darlegen, dass sich sein Vertrauen bezüglich der im Whitepaper zur Verfügung gestellten Informationen auf seine Entscheidung, den Token zu kaufen, zu verkaufen oder zu tauschen, ausgewirkt hat (→ Rn. 14). Diese **Beweispflicht** lässt sich mit derjenigen aus Art. 35a Abs. 1 UAbs. 2 RatingVO vergleichen.[40] 13

e) Verschulden. Bezüglich des **Verschuldens** ist unklar, welche Voraussetzungen Art. 26 Abs. 1 MiCAR verlangt.[41] Der Wortlaut lässt dies **offen.**[42] Grundsätzlich wäre daher eine verschuldensunabhängige Gefährdungshaftung denkbar.[43] Dies ist jedoch abzulehnen. Zum einen spricht der Vergleich mit den Regulierungsvorbildern des Art. 26 MiCAR hiergegen.[44] Dabei lohnt sich vor allem der Blick auf Art. 11 Prospekt-VO. Zwar regelt dessen Absatz 1 lediglich, dass die Mitgliedstaaten eine Haftungsvorschrift für den Prospekt einzuführen haben.[45] In den jeweiligen nationalen Umsetzungen wurde aber zumindest eine Fahrlässigkeitshaftung vorgesehen.[46] Es ist nicht ersichtlich, weswegen nun bei Kryptowerten von diesem Regulierungsvorbild abgewichen werden soll.[47] Darüber hinaus verlangt Art. 26 Abs. 1 MiCAR, dass der Emittent gegen Art. 19 MiCAR verstoßen hat. Es bedarf demnach einer Informationspflichtverletzung des Emittenten, also einer objektiven Sorgfaltspflichtverletzung.[48] Demzufolge ist bei Art. 26 Abs. 1 MiCAR ein subjektives Fehlverhalten des Emittenten zu verlangen.[49] Es muss also **Vorsatz oder** 14

---

[36] Moritz/Jesch/Klebeck/Helios/Busse, Frankfurter Kommentar zum Kapitalanlagerecht, KAGB, § 269 Rn. 34.
[37] Assmann/Wallach/Zetzsche/Wilhelmi, Kapitalanlagegesetzbuch, 2. Aufl. PRIIP-VO Art. 6 Rn. 4 zum Basisinformationsblatt; Just/Voß/Ritz/Becker/Voß § 31 Rn. 192 mwN zu § 31 WpHG.
[38] Buck-Heeb BKR 2023, 689 (693).
[39] Assmann/Schneider/Mülbert/Buck-Heeb, 8. Aufl. 2023, VO Nr. 1286/2014 Art. 6 Rn. 21 zum Basisinformationsblatt.
[40] Zickgraf BKR 2021, 362 (367) zu Art. 15 MiCAR.
[41] Hirzle/Hugendubel BKR 2022, 821 (825) zu Art. 15 MiCAR; Maume RDi 2022, 461 (467) zu Art. 15 MiCAR; Siadat RdF 2021, 12 (19) zu Art. 15 MiCAR; Zickgraf BKR 2021, 362 (368) zu Art. 15 MiCAR.
[42] Buck-Heeb BKR 2023, 689 (694).
[43] Maume RDi 2022, 461 (467) zu Art. 15 MiCAR; Zickgraf BKR 2021, 362 (368) zu Art. 15 MiCAR.
[44] Maume RDi 2022, 461 (467) zu Art. 15 MiCAR; Buck-Heeb BKR 2023, 689 (693).
[45] Maume RDi 2022, 461 (467) zu Art. 15 MiCAR.
[46] Maume RDi 2022, 461 (467) zu Art. 15 MiCAR.
[47] Maume RDi 2022, 461 (467) zu Art. 15 MiCAR; Buck-Heeb BKR 2023, 689 (694).
[48] Zickgraf BKR 2021, 362 (368) zu Art. 15 MiCAR; Hirzle/Hugendubel BKR 2022, 821 (825) zu Art. 15 MiCAR.
[49] Zickgraf BKR 2021, 362 (368) zu Art. 15 MiCAR.

Fahrlässigkeit vorliegen, wobei unklar ist, ob bereits einfache Fahrlässigkeit genügt.[50]

15   Ob die Kenntnis des Anlegers über die Informationspflichtverletzung zu berücksichtigen ist, ergibt sich nicht unmittelbar aus dem Wortlaut.[51] Mangels konkreter Regelung auf europäischer Ebene wird vertreten, dass nationale Regelungen anwendbar sein sollen, wodurch ein Mitverschulden im Wege des § 254 BGB zu berücksichtigen sei.[52]

16   f) **Rechtsfolgen.** Liegen die genannten Voraussetzungen vor, kann der Anleger den Ersatz seiner **erlittenen Verluste** geltend machen. Dabei wurde die Whitepaper-Haftung in zeitlicher Hinsicht weitreichend gestaltet, denn für die Geltendmachung ist **keine zeitliche Begrenzung** vorgesehen.[53] Bezüglich des Haftungsumfangs ist jedenfalls der Kursdifferenzschaden beinhaltet.[54] Der Wortlaut lässt auch den Ersatz des Vertragsabschlussschadens zu, was jedoch zumindest beim Sekundärmarkt hinterfragt wird.[55] Dies basiert auf der grundsätzlichen Kritik am Ersatz des Rückabwicklungsschadens für den Bereich der Sekundärmarkthaftung, welche mit der geringeren Beeinträchtigung der Kapitalallokation im Vergleich zum Schadenseintritt auf primärer Ebene begründet wird.[56]

17   Der Anleger kann den Schadensersatz vom **Emittenten** wie auch von den Mitgliedern dessen **Verwaltungs-, Leitungs- oder Aufsichtsorganen** verlangen. Art. 26 Abs. 1 MiCAR beinhaltet dabei keine Regelung bezüglich der vorrangigen Inanspruchnahme einer der genannten Personen. Es ist aufgrund des Wortlauts vielmehr davon auszugehen, dass den Anlegern hierbei ein Wahlrecht zusteht.[57] In der Praxis werden sich Emittenten und deren Organe über interne Regelungen absichern müssen.[58]

18   **2. Unwirksamkeit vertraglicher Beschränkungen (Abs. 2).** Art. 26 Abs. 2 MiCAR bestimmt, dass der vertragliche Ausschluss wie auch die Beschränkung der Haftung nach Absatz 1 unwirksam ist. AGB des Emittenten sind hierauf anzupassen.[59]

19   **3. Beweispflicht des Inhabers (Abs. 3).** Art. 26 Abs. 3 MiCAR normiert die **Beweispflicht** des Anlegers. Einerseits muss dieser darlegen, dass der Emittent durch die Zurverfügungstellung unvollständiger, unredlicher, nicht eindeutiger oder irreführender Informationen gegen Art. 19 MiCAR verstoßen hat. Des Weiteren muss der Anleger beweisen, dass sich sein Vertrauen in diese Informationen auf seine Entscheidung, den Token zu (ver-)kaufen oder zu tauschen ausgewirkt hat.

20   Vor allem der zweite Teil der Beweispflicht wirkt im Vergleich zu den Anforderungen anderer kapitalmarktrechtlicher Schadensersatzansprüche, die im deutschen Rechtsraum unter dem Begriff der Anlagestimmung diskutiert

---

[50] Buck-Heeb BKR 2023, 689 (694 f.).
[51] Buck-Heeb BKR 2023, 689 (695).
[52] Buck-Heeb BKR 2023, 689 (695 f.).
[53] S. Wittig WM 2023, 412 (418) zu E-Geld-Token; Buck-Heeb BKR 2023, 689 (690).
[54] Zickgraf BKR 2021, 362 (369) zu Art. 15 MiCAR.
[55] Zickgraf BKR 2021, 362 (369) zu Art. 15 MiCAR mwN.
[56] Zickgraf BKR 2021, 362 (369) zu Art. 15 MiCAR mwN.
[57] S. auch Lösing/John BKR 2023, 373 (378) zu Art. 52 MiCAR, die dort aber eine Unklarheit bezüglich der gesamtschuldnerischen Haftung annehmen.
[58] Maume RDi 2022, 461 (467) zu Art. 15 MiCAR.
[59] Buck-Heeb BKR 2023, 689 (690).

werden, einschränkend.[60] Im nationalen Kontext wird der Zusammenhang zwischen Kapitalmarktinformation und Anlageentscheidung vermutet.[61] Dieser Ansatz wurde beispielsweise auch in § 12 Abs. 2 Nr. 1 WpPG normiert.[62] Hiernach ist die Haftung nach § 9 WpPG ausgeschlossen, wenn der Anspruchsgegner beweist, dass der Anleger das Wertpapier nicht aufgrund des Prospektes erworben hat. Dies ist insofern interessant, als §§ 9, 12 WpPG der nationalen Umsetzung des Art. 11 ProspektVO dienen,[63] welcher eines der Regulierungsvorbilder des Art. 26.[64]

4. Haftung bei Zusammenfassungen gemäß Art. 19 Abs. 6 21 **(Abs. 4).** Art. 26 Abs. 4 MiCAR stellt keine eigene Anspruchsgrundlage[65] dar, sondern modifiziert die Haftung nach Abs. 1 bei **Zusammenfassungen** iSd Art. 19 Abs. 6 MiCAR. Die Vorschrift orientiert sich an Art. 11 Abs. 2 UAbs. 2 Prospekt-VO.[66] Dabei sieht Abs. 4 zwei Konstellationen vor, in denen für die in der Zusammenfassung beinhaltete Informationen gehaftet werden soll. Nach lit. (a) ist dies der Fall, wenn die in der Zusammenfassung beinhalteten Informationen, wenn sie zusammen mit den anderen Teilen des Kryptowerte-Whitepapers gelesen werden, irreführend, unrichtig oder widersprüchlich sind. Lit. (b) eröffnet eine Haftung, wenn die Zusammenfassung nicht die wesentlichen Informationen enthält, die potenziellen Investoren über den Kauf des Token helfen sollen. Bezüglich der Beweispflichten ist hier ebenfalls Abs. 3 zu berücksichtigen.

5. Haftungskonkurrenzen (Abs. 5). Art. 26 Abs. 5 MiCAR bestimmt, 22 dass jede sonstige zivilrechtliche Haftung nach dem jeweiligen nationalen Recht der Mitgliedstaaten **unberührt** bleibt. Art. 26 MiCAR beinhaltet somit einen unionsweiten Mindeststandard, ermöglicht es den Mitgliedstaaten aber gleichzeitig, eine strengere bzw. anders gelagerte Whitepaper-Haftung vorzusehen.

6. Auswirkungen des Kryptomärkteaufsichtsgesetzes. Art. 26 Mi- 23 CAR regelt die Haftung des Emittenten für die in einem Kryptowerte-Whitepaper enthaltenen Informationen. Durch das geplante Kryptomärkteaufsichtsgesetz („**KMAG**")[67] kommt eine weitere Haftungsvorschrift für den Fall hinzu, dass der Emittent das Kryptowerte-Whitepaper im Widerspruch zu Art. 28 MiCAR nicht auf seiner Website veröffentlicht hat. In einer solchen Konstellation kann der Erwerber des vermögenswertreferenzierten Token gemäß § 19 Abs. 1 1. Hs. KMAG-E von dem Emittenten, dem Anbieter, dem Antragsteller, dem Betreiber einer Handelsplattform und den Mitgliedern des Leitungsorgans des Emittenten, des Anbieters oder des Antragstellers als Gesamtschuldnern die Übernahme des Token gegen Erstattung des Erwerbspreises[68] und dem mit dem Erwerb verbundenen üblichen Kosten verlangen. Allerdings muss das Erwerbsgeschäft gemäß § 19 Abs. 1 2. Hs. KMAG-E vor der Veröffentlichung eines Kryptowerte-Whitepapers abge-

---

[60] Zickgraf BKR 2021, 362 (367) zu Art. 15 MiCAR.
[61] BGHZ 139, 225, 233 = NJW 1999, 3345, 3347.
[62] Schwark/Zimmer/Heidelbach § 12 WpPG Rn. 14.
[63] Groß KapMarktR/Groß § 9 WpPG Rn. 6.
[64] Zickgraf BKR 2021, 362 (366).
[65] Abweichend Buck-Heeb BKR 2023, 689 (693).
[66] Zickgraf BKR 2021, 362 (366).
[67] S. RegE Finanzmarktdigitalisierungsgesetz, BT-Drucks. 20/10280, S. 10 ff.
[68] Soweit dieser den ersten Erwerbspreis nicht überschreitet.

schlossen worden sein. Gemäß § 19 Abs. 2 KMAG-E kann der ehemalige Inhaber des Token die Zahlung der Differenz zwischen dem Erwerbs- und Veräußerungspreis des Token sowie die mit dem Erwerb und der Veräußerung verbundenen üblichen Kosten verlangen. § 19 Abs. 3 KMAG-E begrenzt die Haftung bei Emissionen ausländischer Emittenten oder Anbietern, bei welchen der Token auch im Ausland öffentlich angeboten oder zum Handel zugelassen wurde, auf Sachverhalte, bei denen Token vom Anspruchsteller im Inland erworben wurde. Die Haftung nach den Abs. 1 bis 3 wird allerdings gemäß § 19 Abs. 4 KMAG-E für den Fall ausgeschlossen, dass der Erwerber die Pflicht zur Veröffentlichung eines Kryptowerte-Whitepapers beim Erwerb kannte.

Kapitel 2. Pflichten aller Emittenten vermögenswertreferenzierter Token

Artikel 27 Pflicht zu ehrlichem, redlichem und professionellem Handeln im besten Interesse der Inhaber vermögenswertereferenzierter Token

(1) Die Emittenten vermögenswertereferenzierter Token handeln ehrlich, redlich und professionell und kommunizieren mit den Inhabern und potenziellen Inhabern vermögenswertereferenzierter Token auf redliche, eindeutige und nicht irreführende Weise.

(2) Emittenten vermögenswertereferenzierter Token handeln im besten Interesse der Inhaber solcher Token und behandeln sie gleich, es sei denn, im Kryptowerte-Whitepaper und, falls relevant, in den Marketingmitteilungen ist eine Vorzugsbehandlung vorgesehen.

Übersicht

	Rn.
I. Einführung	1
1. Literatur	1
2. Zweck und Entstehung der Norm	2
3. Normativer Kontext	7
a) Kontext des gesamten Rechtsakts	7
b) Kontext des Kapitels zu den Pflichten von Emittenten vermögenswertereferenzierter Token	11
II. Sorgfalts- und Interessenwahrungspflicht	16
1. Pflicht zu ehrlichem, redlichem und professionellem Handeln (Art. 27 Abs. 1 Hs. 1 MiCAR)	16
2. Pflicht zu Handeln im besten Interesse der Inhaber vermögenswertereferenzierter Token (Art. 27 Abs. 2 Hs. 1 MiCAR)	20
III. Transparenzgebot (Art. 27 Abs. 1 Hs. 2 MiCAR)	23
IV. Gleichbehandlungsgebot (Art. 27 Abs. 2 Hs. 2 MiCAR)	25
V. Durchführungsvorschriften im KMAG-E	27

I. Einführung

1 **1. Literatur.** Assmann/Schneider/Mülbert (Hrsg.), Wertpapierhandelsrecht – Kommentar, 8. Aufl. 2023; *Bialluch,* Privatrecht oder öffentliches

Recht: Zur Rechtsnatur der kapitalmarktrechtlichen Wohlverhaltenspflichten, JZ 2021, 547; *Balzer*, Anlegerschutz bei Verstößen gegen die Verhaltenspflichten nach §§ 31 ff. Wertpapierhandelsgesetz (WpHG), ZBB 1997, 260; *Binder*, Vom offenen zum regulierten Markt: Finanzintermediation, EU-Wirtschaftsverfassung und der Individualschutz der Kapitalanbieter, ZEuP 2017, 569; *Buck-Heeb*, Vom Kapitalanleger- zum Verbraucherschutz, ZHR 176 (2012) 66; *dies./Poelzig*, Die Verhaltenspflichten (§§ 63 ff. WpHG n. F.) nach dem 2. FiMaNoG – Inhalt und Durchsetzung, BKR 2017, 485, 494; *Einsele*, Verhaltenspflichten im Bank- und Kapitalmarktrecht – öffentliches Recht oder Privatrecht?, ZHR 180 (2016), 234; *dies.*, Anlegerschutz durch Information und Beratung, JZ 2008, 477 (482); Ellenberger/Bunte (Hrsg.), Bankrechts-Handbuch, 6. Aufl. 2022 (BankR-HdB); *Enriques/Gargantini*, The overarching duty to act in the best interest of the client in MiFID II, in Busch/Ferrarini (Hrsg.), Regulation of EU financial markets: MiFID II, 2017, S. 85; *Fleischer*, Investor Relations und informationelle Gleichbehandlung im Aktien-, Konzern- und Kapitalmarktrecht, ZGR 2009, 505; Grundmann, Bankvertragsrecht, Band 2 – Investmentbanking, 2021; *Guntermann*, Non Fungible Token als Herausforderung für das Sachenrecht, RDi 2022, 200; *Habersack/Tröger*, „Ihr naht Euch wieder, schwankende Gestalten ..." – Zur Frage eines europarechtlichen Gleichbehandlungsgebots beim Anteilshandel, NZG 2010, 1; *Herz*, Informationelle Gleichbehandlung und Informationsprivilegien im Aktienrecht, NZG 2020, 285; *Hopt*, Grundsatz- und Praxisprobleme nach dem Wertpapierhandelsgesetz, ZHR 159 (1995), 135; Lehmann/Kumpan (Hrsg.), European Financial Services Law, 2019; *Möllers/Poppele*, Paradigmenwechsel durch MiFID II: divergierende Anlegerleitbilder und neue Instrumentarien wie Qualitätskontrolle und Verbote, ZGR 2013, 437; *Möslein*, Anleger- und Funktionsschutz im Recht der Kryptowerte, WM 2024, im Erscheinen; *ders.*, Third Parties in the European Banking Union: Regulatory and Supervisory Effects on Private Law Relationships Between Banks and their Clients or Creditors, EBOR 16 (2015), 547; *ders.*, Ein allgemeiner Gleichbehandlungsgrundsatz, auch im Europäischen Gesellschaftsrecht, EWS 2009, 1; *Möslein/Rennig*, Das Finanzmarktdigitalisierungsgesetz (FinmadiG) im europäischen Kontext, RDi 2024, 145; Münchener Kommentar zum Bürgerlichen Gesetzbuch (MüKoBGB), Bd. 8: Sachenrecht, 9. Aufl. 2023; Münchener Kommentar zum Handelsgesetzbuch (MüKoHGB), Bd. 6: Bankvertragsrecht, 5. Aufl. 2023; Münchener Kommentar zum VVG (MüKoVVG), 3. Aufl. 2022; Omlor, Kryptowährungen im Geldrecht, ZHR 183 (2019), 294; *ders.*, Privatrecht der Kryptowerte, NJW 2024, 335; *ders./Wilke/Blöcher*, Zukunftsfinanzierungsgesetz, MMR 2022, 1044; *Poelzig*, Normdurchsetzung durch Privatrecht, 2012; *Preuße/Wöckener/Gillenkirch*, Das Gesetz zur Einführung elektronischer Wertpapiere, BKR 2021, 460; *Rast*, Unternehmerische Organisationsfreiheit und Gemeinwohlbelange, 2022; *Reimer*, Juristische Methodenlehre, 2. Aufl. 2020; *Riesenhuber*, Europäisches Vertragsrecht, 2. Aufl. 2006; *Schröder/Triantafyllakis*, Kryptowerte in der Insolvenz des Kryptoverwahrers, BKR 2023, 12, 15; Schwark/Zimmer (Hrsg.), Kapitalmarktrechts-Kommentar, 5. Aufl. 2020; Seibt/Buck-Heeb/Harnos (Hrsg.), BeckOK Wertpapierhandelsrecht, 9. Ed. 2023 (BeckOK WpHR); *Stepanova/Kissler*, Der Kryptoverwahrvertrag aus zivilrechtlicher Sicht, BKR 2023, 735; *Vig*, Inhaberschuldverschreibungen auf der Blockchain, BKR 2022, 443; *Wank*, Die juristische Begriffsbildung, 1985; *Zeidler*, Marketing nach MiFID, WM 2008, 238.

MiCAR Art. 27

2. Zweck und Entstehung der Norm. Die Vorschrift des Art. 27 MiCAR bildet den Auftakt des Kapitels zu Pflichten von Emittenten vermögenswertereferenzierter Token, das auf die aufsichtsrechtlich zugeschnittenen Vorschriften zu den Zulassungspflichten für öffentliche Angebote solcher Token sowie zur Beantragung von deren Zulassung zum Handel auf Handelsplattformen für Kryptowerte in Art. 16–26 MiCAR anknüpft und aufbaut. Gegenstand des vorliegenden Kapitels sind eine Reihe materiell-rechtlicher **Transparenz-, Verhaltens- und Organisationspflichten der Emittenten vermögenswertereferenzierter Token.** Dieses Pflichtengefüge hat regulatorische Vorbilder im Kapitalmarkt- und Wertpapierhandelsrecht, wo inhaltlich vergleichbare Pflichten insbesondere in §§ 63 ff. WpHG normiert sind und als „Herz des WpHG und auch breiter der Regulierung des Wertpapierhandels" gelten.[1] Im Recht der Kryptowerte statuiert Art. 27 MiCAR gemeinsam mit den nachfolgenden Vorschriften ähnlich zentrale Pflichten, die jedoch (nicht für Wertpapierdienstleistungsunternehmen, sondern) für Emittenten gelten. Sie werden in den Parallelvorschriften der Art. 66–73 MiCAR um weitgehend gleichlaufende Pflichten der Anbieter von Kryptowerte-Dienstleistungen ergänzt (→ Art. 66 Rn. 7 ff.). Art. 14 MiCAR formuliert zudem ganz ähnliche Pflichten für Anbieter anderer Kryptowerte als vermögenswertereferenzierter Token oder E-Geld-Token sowie für Personen, die die Zulassung solcher Kryptowerte zum Handel beantragen (→ Art. 14 Rn. 4 ff.).

Charakteristisch ist – für diese Pflichtenregime der MiCAR ebenso wie für jene des Wertpapierhandelsrechts – dass die **Wirkrichtung** der jeweiligen Pflichten zweierlei Dimensionen aufweist, die nicht primär aufsichts-, sondern privatrechtlichen Charakter haben:[2] Während die Verhaltenspflichten den Bereich der Kundenbeziehungen betreffen, zielen die Organisationspflichten auf die interne Governance-Struktur (hier: der Emittenten); die Transparenzpflichten schließlich überwölben sowohl die Kundenbeziehungen als auch die Organisationsverfassung.[3] Angesichts dieser beiden markt- bzw. organisationsbezogenen Dimensionen, die funktional vertrags- bzw. gesellschaftsrechtlichen Charakter haben, lautet die zentrale Anwendungsfrage des gesamten Regelungskomplexes, ob die Pflichten **individualschützenden Gehalt** haben und somit von Vertragspartnern (oder auch Gesellschaftern) geltend gemacht werden können. Bejaht man diese Frage, würden Pflichtverletzungen nicht nur aufsichtsrechtlich sanktioniert, sondern könnten auch zivilrechtliche Haftungsansprüche begründen. Ähnlich wie diese Frage im Wertpapierhandelsrecht eine zentrale Rolle spielt, aber nach wie vor klärungsbedürftig ist,[4] wird sie absehbar auch im Recht der Kryptowerte – sowohl bei Art. 27 ff. als auch bei Art. 66 ff. MiCAR – grundlegende Bedeutung gewinnen.[5]

---

[1] Grundmann/Grundmann Achter Teil Rn. 123.
[2] Mit Blick auf das WpHG dazu etwa Bialluch JZ 2021, 547; vgl. ferner Buck-Heeb/Poelzig BKR 2017, 485 (494).
[3] S. nochmals Grundmann/Grundmann Achter Teil Rn. 123.
[4] Überblicksweise Assmann/Schneider/Mülbert/Beule WpHG § 63 Rn. 8 ff.; Mü-KoHGB/Zahrte Abschn. M Rn. 504 f.; vgl. außerdem etwa Binder ZEuP 2017, 569 (585–588); Einsele ZHR 180 (2016), 234 (266 f.); Einsele JZ 2008, 477 (482); Hopt ZHR 159 (1995), 135 (160 f.); mit Blick auf die Regelungen zur Europäischen Bankenunion ferner Möslein EBOR 16 (2015), 547.
[5] Vgl. hierzu Möslein WM 2024, im Erscheinen.

Auch im Rahmen der MiCAR lässt sich diese Frage nur mit Blick auf die grundlegenden Regelungsziele beantworten, denen dieser Rechtsakt dienen soll. Die Verordnung benennt den Anleger- und auch den Verbraucherschutz mehrfach als spezifisches Regelungsziel (Anlegerschutz: Art. 103 Abs. 2 lit. a und Abs. 8, Art. 104 Abs. 2 lit. a und Abs. 8, Art. 105 Abs. 2 lit. a und Abs. 7 sowie 12., 73., 74. und 108. Erwägungsgrund; Verbraucherschutz: Art. 130 Abs. 1 lit. j und Abs. 2 lit. h sowie 80., 85. und 89. Erwägungsgrund). Im Gegensatz zum klassischen Kapitalmarktrecht statuiert sie zudem in Art. 13 MiCAR sogar das spezifisch verbraucherschützende Instrument des Widerrufsrechts, wenngleich nur für nicht-vermögenswertereferenzierte Token (→ Art. 13 Rn. 7 ff.). Übergreifend betont schließlich vor allem der sechste Erwägungsgrund **Anleger- und Funktionsschutz** ausdrücklich als doppeltes Schutzziel der Verordnung („hohes Maß an Schutz von Kleinanlegern und an Integrität der Märkte für Kryptowerte").[6] Während die Judikatur des EuGH zu den wertpapierhandelsrechtlichen Parallelvorschriften bislang vage bleibt, sich aber durchaus im Sinne eines europäisch vorgegebenen, individualschützenden Charakters verstehen lässt, bei dem die privatrechtlichen Sanktionsfolgen (Nichtigkeit oder Schadensersatzpflicht) jedoch dem nationalen Recht überlassen bleiben,[7] gibt es im Recht der Kryptowerte umso gewichtigere Gründe für eine individualschützende Wirkung der Art. 27 ff. MiCAR, zumal das Regelungsinstrument der unmittelbar wirkenden Verordnung hier sogar für eine bindende Festlegung auch hinsichtlich der Sanktionsfolgen auf europäischer Ebene spricht. Mitgliedstaatliche Gerichte dürfen die individualschützende Wirkung jedenfalls nicht letztgültig ablehnen, ohne die Frage dem EuGH gem. Art. 267 AEUV zur Vorabentscheidung vorzulegen.[8]

Die Vorschrift des Art. 27 MiCAR lässt sich in drei inhaltlich unterschiedliche, teils jedoch korrespondierende Bauelemente unterteilen: Erstens statuiert die Norm die zentrale **Sorgfalts- und Interessewahrungspflicht** der Emittenten, indem sie diese in Abs. 1 Hs. 1 zu ehrlichem, redlichem und professionellem Handeln verpflichtet und in Abs. 2 Hs. 1 zudem ein Handeln im besten Interesse der Inhaber solcher Token verlangt. Zweitens ergänzt Abs. 1 in Hs. 2 diese Pflicht um ein **allgemeines Transparenzgebot:** Die Vorschrift definiert den Grundsatz, dass die Kommunikation des Emittenten mit den Inhabern und potentiellen Inhabern vermögenswertereferenzierter Token redlich und eindeutig sein muss und nicht irreführend sein darf. Drittens statuiert Art. 27 Abs. 2 Hs. 2 MiCAR ein **Gleichbehandlungsgebot,** indem die Norm verlangt, dass Inhaber vermögenswertereferenzierter Token vorbehaltlich abweichender Vorgaben im Kryptowerte-Whitepaper sowie ggf. in den Marketingmitteilungen grundsätzlich gleich zu behandeln sind. Wenngleich Informations- und Gleichbehandlungspflicht denkbar grundlegend und breit formuliert sind, lassen sie sich ihrerseits als spezifischere Ausprägungen der allgemeineren Sorgfalts- und Interessewahrungspflicht verstehen: Entsprechende Kommunikation und Gleichbehandlung stellt näm-

---

[6] S. nochmals Möslein WM 2024, im Erscheinen.
[7] EuGH 30.5.2013 – C-604/11, ECLI:EU:C:2013:344 – Bankinter; bestätigt durch EuGH 3.12.2015 – C-312/14, ECLI:EU:C:2015:794 – Banif; vgl. dazu etwa Grundmann/Grundmann Achter Teil Rn. 125 f.
[8] Zur Vorlagepflicht bereits EuGH 6.10.1982 – 283/81, ECLI:EU:C:1982:335 – Cilfit; kürzlich außerdem EuGH 6.10.2021 – C-561/19, ECLI:EU:C:2021:799 – Consorzio Italian Management.

lich redliches, professionelles Marktverhalten dar und entspricht zugleich den Interessen der Tokeninhaber. Zudem sind Aufklärung und Gleichbehandlung insofern nachgeordnet, als sie Mittel zur Vermeidung von Interessekonflikten und somit Präventionsmaßnahmen darstellen, mit denen sich im Regelfall insbesondere der allgemeineren Interessewahrungspflicht Genüge tun lässt.[9]

6 **Entstehungsgeschichtlich** war die Pflicht zu ehrlichem, fairem und professionellem Handeln im besten Interesse der Tokeninhaber bereits im ursprünglichen Verordnungsvorschlag der Europäischen Kommission von 2020 enthalten und dort als Artikel 23 nahezu wortgleich formuliert (COM(2020) 593 final, im Folgenden MiCAR-E). Als wichtigstes inhaltliches Vorbild hatte ersichtlich **Art. 24 MiFID II** gedient, der zwar Intermediäre adressiert und zudem viel ausführlicher formuliert ist, zwei der drei genannten Bauelemente jedoch in ganz ähnlichen Worten umschreibt: Art. 24 Abs. 1 MiFID II statuiert die allgemeine Sorgfalts- und Interessenwahrungspflicht („ehrlich, redlich und professionell im bestmöglichen Interesse [der] Kunden"), Art. 24 Abs. 3 MiFID II formuliert die Pflicht, „redlich, eindeutig und nicht irreführend" zu informieren.[10] Ein Gleichbehandlungsgebot enthält diese Vorschrift jedoch im Gegensatz zu Art. 27 MiCAR nicht.[11] Insoweit dürften stattdessen die Regelungen der **Art. 17 Abs. 1 und Art. 18 Abs. 1 Transparenz-RL** als Vorbild gedient haben, die vorsehen, dass Emittenten von Aktien und Schuldtiteln, die zum Handel an einem geregelten Markt zugelassen sind, allen Aktionären bzw. Inhabern von Schuldtiteln, die sich in der gleichen Lage befinden, die gleiche informationelle Behandlung sicherstellen müssen. Ähnlich wie bei Art. 27 Abs. 2 MiCAR handelt es sich um ein emittentenbezogenes Gleichbehandlungsgebot, das allerdings unter dem Vorbehalt steht, dass Gleichbehandlung lediglich bei vergleichbarer Lage erforderlich ist; umgekehrt eröffnet Art. 27 Abs. 2 MiCAR die Möglichkeit der Freizeichnung durch entsprechende Vorbehalte in Kryptowerte-Whitepaper bzw. Marketing-Mitteilungen (näher → Rn. 23). Im **Kommissionsentwurf der MiCAR** war die Vorschrift seinerzeit noch als Artikel 23 MiCAR-E, aber bereits nahezu inhaltsgleich enthalten. Abgesehen vom formalen Unterschied einer ursprünglich etwas stärkeren Strukturierung (Unterteilung von Abs. 1 in lit. a und b) sowie von kleineren Abweichungen im Wortlaut (insbesondere: „fair" statt „redlich") unterschied sich die Entwurfsfassung inhaltlich insofern von der verabschiedeten Version, als das Kommunikationsgebot des Art. 27 Abs. 1 MiCAR nunmehr nicht nur gegenüber Inhabern vermögenswertereferenzierter Token gilt, sondern auch gegenüber „potenziellen Inhabern". Diese Ausweitung auf Kaufinteressenten und Erwerber solcher Token erscheint im Grundsatz konsequent, weil sich Publizitätsdokumente wie Kryptowerte-Whitepaper und Marketing-Mitteilungen primär an diese Adressaten richten. Die Formulierung ist allerdings überaus vage, weil das Adjektiv „potenziell" nicht trennscharf eingrenzt, wie weit der Kreis der Adressaten zu ziehen ist.

7 **3. Normativer Kontext. a) Kontext des gesamten Rechtsakts.** Innerhalb der Verordnung finden sich verschiedene **Parallelvorschriften zu**

---

[9] Näher Grundmann/Grundmann Achter Teil Rn. 146–157.
[10] S. etwa Brenncke, in Lehmann/Kumpan (Hrsg.), European Financial Services Law, Art. 24 MiFID II Rn. 5 f.; Enriques/Gargantini, in Busch/Ferrarini (Hrsg.), Regulation of EU financial markets: MiFID II (Oxford University Press 2017), Rn. 4.01 f.
[11] Zur Begründung: Grundmann/Grundmann Achter Teil Rn. 156.

Art. 27 MiCAR, die ganz ähnliche Transparenz-, Verhaltens- und Organisationspflichten formulieren, sich jedoch jeweils an andere Pflichtadressaten richten, insbesondere an Emittenten nicht-vermögenswertereferenzierter Token sowie an Anbieter von Kryptowerte-Dienstleistungen. Die Pflichtvorgaben ähneln sich gleichwohl in ihrem Wortlaut (etwa indem sie jeweils ehrliches, redliches und professionelles Handeln fordern) wie auch in den zugrunde liegenden Wertungen. Zumindest im Ausgangspunkt liegt daher eine einheitliche Auslegung dieser unterschiedlichen Normen nahe, auch wenn im Einzelfall sachliche Gründe unterschiedliche Intensitäten der Pflichtbindung rechtfertigen können (Relativität der Rechtsbegriffe).[12]

Namentlich statuiert **Art. 14 MiCAR** die Pflichten von **Anbietern anderer Kryptowerte** als vermögenswertereferenzierter Token oder E-Geld-Token sowie von Personen, die die Zulassung solcher Kryptowerte zum Handel beantragen. Die Vorschrift normiert neben einigen zusätzlichen, spezielleren Vorgaben ebenfalls Sorgfalts- und Interessewahrungspflicht (Art. 14 Abs. 1a), c) und Abs. 2 Hs. 1 MiCAR), allgemeines Transparenzgebot (Art. 14 Abs. 1b) MiCAR) sowie Gleichbehandlungsgebot (Art. 14 Abs. 2 Hs. 2 MiCAR) und ähnelt Art. 27 MiCAR nicht nur im Wortlaut, sondern auch in Struktur und Inhalt in vielerlei Hinsicht (näher → Art. 14 Rn. 3 ff.). Ins Auge fällt, dass die Interessewahrungspflicht nicht nur positiv, dh im Sinne eines Handelns im besten Interesse der jeweils Begünstigten formuliert ist (Art. 14 Abs. 2 Hs. 1 MiCAR wie auch Art. 27 Abs. 2 Hs. 1 MiCAR), sondern auch negativ zum Ausdruck kommt, indem den Pflichtadressaten explizit auferlegt wird, mögliche Interessenkonflikte zu ermitteln, zu vermeiden, handzuhaben und offenzulegen (Art. 14 Abs. 1 lit. c MiCAR). Eine vergleichbare Formulierung enthält Art. 27 MiCAR selbst zwar nicht; sie findet sich jedoch in der spezielleren und ausführlicheren Regelung des Art. 32 MiCAR (→ Art. 32 Rn. 5).

Weitere Parallelvorschriften betreffen insbesondere **Anbieter von Kryptowerte-Dienstleistungen:** Die generelle Regelung in **Art. 66 MiCAR** verpflichtet diese wiederum zu ehrlichem, redlichem und professionellem Handeln im besten Interesse ihrer Kunden und potenziellen Kunden (Abs. 1; → Art. 66 Rn. 7 ff.). Die Vorschrift verlangt zudem, dass die Anbieter ihren Kunden Informationen zur Verfügung stellen müssen, die redlich, eindeutig und nicht irreführend sind (Abs. 2; → Art. 66 Rn. 15 ff.). Ähnlich wie bei Art. 32 MiCAR ist die explizitere Pflicht zur Ermittlung, Vermeidung, Handhabung (bzw. Regelung) und Offenlegung von Interessenkonflikten wiederum in eine spezifischere Norm ausgelagert (vgl. → Art. 72 Rn. 5 ff.). Eine spezifischere Regelung findet sich schließlich in **Art. 37 Abs. 8 MiCAR**. Sie gilt (wiederum) für Anbieter von Kryptowerte-Dienstleistungen, aber zudem auch für Kreditinstitute und Wertpapierfirmen, die jeweils als **Verwahrstellen für das Reservevermögen** vermögenswertereferenzierter Token gem. Art. 37 Abs. 4 MiCAR agieren (vgl. → Art. 37 Rn. 15 ff.). Auch diese Vorschrift verpflichtet wiederum zu ehrlichem, redlichem und professionellem, zusätzlich jedoch auch zu unabhängigem Handeln im besten Interesse der Emittenten und der Inhaber vermögenswertereferenzierter Token. Aus der besonderen Stellung der Verwahrstellen für das Reservever-

---

[12] Zum Spannungsfeld zwischen der Einheit der Rechtsordnung und der Relativität der Rechtsbegriffe s. BVerfG NJW 2015, 3641 Rn. 15, unter Verweis auf BVerfG NJW 1992, 1219; vgl. außerdem Engisch, Die Relativität d. Rechtsbegriffe, 1958, S. 59 ff.; Reimer, Juristische Methodenlehre, Rn. 284 ff.; Wank, Die juristische Begriffsbildung, S. 110 ff.

mögen ergibt sich hier die Besonderheit, dass Verwahrer auf zweierlei Fremdinteressen verpflichtet werden, weil sie nicht nur die Interessen ihrer eigenen Vertragspartner (der Emittenten) zu wahren haben, sondern auch diejenigen der eigentlich Begünstigten (der Tokeninhaber). Entsprechend ist auch die explizitere Regelung zur Konfliktvermeidung in Art. 37 Abs. 9 MiCAR dreiseitig ausgestaltet, indem Interessenkonflikte zwischen Emittenten, Inhabern vermögenswertereferenzierter Token und den Verwahrstellen selbst grundsätzlich unterbunden werden (vgl. → Art. 37 Rn. 16).

10 Während Sorgfalts- und Interessewahrungspflicht sowie das allgemeine Transparenzgebot mithin für Emittenten und Dienstleister – abgesehen von spezifisch erklärbaren Besonderheiten – in den Parallelvorschriften und in Art. 27 MiCAR weitgehend wortgleich formuliert sind, unterliegen Kryptowerte-Dienstleister (einschließlich der Verwahrer), ähnlich wie Wertpapierdienstleister gem. Art. 24 MiFID II (→ Rn. 5), im Gegensatz zu den Anbietern von Krypto-Token keinem **Gleichbehandlungsgebot**. Dieser Unterschied erscheint jedoch systemstimmig, weil Dienstleister sowohl im Wertpapier- als auch im Kryptowertebereich kein vergleichbar enges und dauerhaftes Näheverhältnis zu ihren Kunden haben wie Emittenten gegenüber ihren Anlegern. Deshalb fehlt die Grundlage, um aus allgemeinen Grundsätzen Gleichbehandlungspflichten herzuleiten und Dienstleistern beispielsweise zu verbieten, Großkunden Vorteile anzubieten, die Kleinkunden versagt bleiben.[13] Die Differenzierung liegt auf der Linie der Audiolux-Rechtsprechung des EuGH, nach der im Unionsrecht kein allgemeiner Rechtsgrundsatz gilt, der einen Hauptaktionär, der die Kontrolle über eine Gesellschaft erwirbt oder ausübt, zur Gleichbehandlung der (anderen) Minderheitsaktionäre verpflichten würde.[14] Ähnlich wie zwischen Dienstleister und Anleger fehlt es nämlich auch zwischen Aktionären grundsätzlich an einem entsprechenden Näherverhältnis, anders als zwischen der Aktiengesellschaft und ihren Aktionären (§ 53a AktG) oder eben zwischen Emittenten und Tokeninhabern.

11 **b) Kontext des Kapitels zu den Pflichten von Emittenten vermögenswertereferenzierter Token.** Innerhalb des Kapitels zu den Pflichten von Emittenten vermögenswertereferenzierter Token dient die Vorschrift des Art. 27 MiCAR als zentraler Dreh- und Angelpunkt, weil sie nach Art einer **Generalklausel** das grundlegende Pflichtengefüge definiert, dem die Emittenten vermögenswertereferenzierter Token unterworfen sind. Alle nachfolgenden Vorschriften haben dagegen deutlich spezifischeren Charakter, weil sie diese Pflichten ausbuchstabieren und entfächern; teils lassen sich unmittelbar den oben genannten Bauelementen des Art. 27 MiCAR zuordnen (→ Rn. 4).

12 So buchstabieren die drei nachfolgenden Vorschriften das allgemeine **Transparenzgebot** aus, indem sie die Pflicht zur Veröffentlichung eines Kryptowerte-Whitepapers statuieren (Art. 28 MiCAR), Anforderungen an Marketingmitteilungen zu öffentlichen Angeboten vermögenswertereferenzierter Token oder zur Zulassung solcher Token zum Handel formulieren

---

[13] Ähnlich mit Blick auf Wertpapierdienstleister: Grundmann/Grundmann Achter Teil Rn. 156.
[14] EuGH 15.10.2009 – C-101/08, ECLI:EU:C:2009:626 – Audiolux; dazu ausf. Habersack/Tröger NZG 2010, 1; Herz NZG 2020, 285 (290); noch zur Vorlage: Möslein EWS 2009, 1.

(Art. 29 MiCAR) und nach dem Vorbild der Kapitalmarktpublizität deren Emittenten verpflichten, bestimmte wertbeeinflussende Faktoren periodisch (Art. 30 Abs. 1 MiCAR) oder auch anlassbezogen (Art. 30 Abs. 2 und 3 MiCAR) zu veröffentlichen.

Andererseits lässt sich Art. 32 MiCAR, wie bereits angedeutet, als Norm verstehen, die das allgemeine **Interessenwahrungsgebot** des Art. 27 Abs. 2 Hs. 1 MiCAR konkretisiert, indem sie spezifischere Pflichten zur Ermittlung, Vermeidung, Regelung und Offenlegung von Interessenkonflikten formuliert. Zusätzlich ergibt sich aus dieser Norm, wessen spezifische Interessen jeweils zu berücksichtigen sind (Art. 32 Abs. 1 Hs. 2 lit. a–f MiCAR). Überdies findet Transparenz als Mittel der Konfliktvermeidung explizit Erwähnung (Art. 32 Abs. 3 und 4 MiCAR). Nicht zuletzt bekommt die EBA die Kompetenz eingeräumt, technische Regulierungsstandards zu erlassen (Art. 32 Abs. 5 MiCAR), und wird dadurch weitere Konkretisierung des allgemeinen Interessenwahrungsgebots ermöglicht.

Prozeduraler Charakter zeichnet demgegenüber die Vorgabe des Art. 31 MiCAR aus, die verlangt, Beschwerdeverfahren zu ermöglichen. Innerhalb dieser Verfahrensregel scheinen jedoch wiederum einzelne substanzielle Bauelemente des Art. 27 MiCAR auf, etwa Sorgfalts- und Interessewahrungspflicht sowie das Gleichbehandlungsgebot, wenn eine „umgehende, redliche und einheitliche Bearbeitung von Beschwerden" gefordert wird, oder auch das Transparenzgebot, wenn die Veröffentlichung der Erläuterungen dieser Verfahren verlangt wird (vgl. Art. 31 Abs. 1 MiCAR).

Während alle bislang genannten Vorschriften Verhaltenspflichten primär für den Bereich der Kundenbeziehungen vorsehen, haben die Regelungen am Ende des Kapitels zu den Pflichten von Emittenten vermögenswertereferenzierter Token eine andere Wirkrichtung, weil sie auf die interne Governance-Struktur der Emittenten zielen. Art. 33–35 MiCAR statuieren **Organisationspflichten** (zur Unterscheidung beider Wirkrichtungen vgl. bereits → Rn. 3).[15] Zentral sind insoweit die Regelungen des Art. 34 MiCAR zur Unternehmensführung; ergänzend treten die Vorschriften zu Mitteilungen von Änderungen im Leitungsorgan (Art. 33 MiCAR) sowie zu Eigenmittelanforderungen (Art. 35 MiCAR) hinzu. Innerhalb dieser Organisationspflichten spiegeln sich jedoch wiederum einzelne Bauelemente des Art. 27 MiCAR wider. So lässt es sich als individuelle Ausprägung der Sorgfalts- und Interessewahrungspflicht verstehen, wenn von den Mitgliedern des Leitungsorgans der Emittenten vermögenswertereferenzierter Token hinreichend guter Leumund sowie angemessene Kenntnisse, Fähigkeiten und Erfahrung gefordert werden, damit sie ihre Aufgaben wahrnehmen können (Art. 34 Abs. 2 S. 1 MiCAR). Gleiches gilt für die Pflicht der Mitglieder des Leitungsorgans nachzuweisen, dass sie in der Lage sind, ausreichend Zeit für die wirksame Wahrnehmung ihrer Aufgaben aufzuwenden (Art. 34 Abs. 2 S. 3 MiCAR). Demgegenüber ist das Transparenzgebot im Bereich dieser Organisationspflichten nicht stark ausgeprägt, weil die Mitteilungspflicht des Art. 33 MiCAR lediglich gegenüber der zuständigen Behörde, nicht jedoch gegenüber den Tokeninhabern gilt. Das Gleichbehandlungsgebot schließlich findet innerhalb den Organisationspflichten keinerlei Pendant, trotz seiner aktienrechtlichen Wurzeln (§ 53a AktG, Art. 42 Kapital-RL). Jedoch ist das

---

[15] Für einen allgemeinen Überblick zu aufsichtsrechtlichen Organisationsregeln vgl. Rast, Unternehmerische Organisationsfreiheit und Gemeinwohlbelange, bes. S. 55 ff.

Gleichbehandlungsgebot eben kein allgemeiner, über Verfassungsrang verfügender Rechtsgrundsatz.[16] Seine Geltung beschränkt sich im europäischen Recht jeweils auf ganz bestimmte, eng zugeschnittene Sachzusammenhänge.[17] Zudem gilt dieses Gebot im Unionsrecht nur für Aktiengesellschaften (Art. 42 Kapital-RL) bzw. sogar nur für Gesellschaften, deren Aktien zum Handel auf einem geregelten Markt zugelassen sind (Art. 17 Transparenz-RL; vgl. außerdem Art. 3 Abs. 1 lit. a Übernahme-RL), während Emittenten vermögenswertereferenzierter Token ganz unterschiedliche Rechtsformen haben können.[18]

II. Sorgfalts- und Interessenwahrungspflicht

16 **1. Pflicht zu ehrlichem, redlichem und professionellem Handeln (Art. 27 Abs. 1 Hs. 1 MiCAR).** Dass Emittenten vermögenswertereferenzierter Token ehrlich, redlich und professionell handeln müssen, bedeutet inhaltlich keine völlig neue Anforderung. Die gleiche Trias findet sich nicht nur in der Verordnung selbst in mehreren anderen Zusammenhängen (u. a. in Art. 14 Abs. 1 lit. a, Art. 38 Abs. 8 und Art. 66 Abs. 1 MiCAR), sondern ist auch ansonsten im Unionsrecht oft verankert (vgl. etwa Art. 24 Abs. 1 MiFID II, ferner Art. 17 Abs. 1 Versicherungsvertriebs-RL 2016/97). Vor allem gelten bereits nach den Grundsätzen von Treu und Glauben gem. § 242 BGB innerhalb von vertraglichen Beziehungen weitgehend entsprechende Maßstäbe[19] und obliegen insbesondere Kaufleuten handelsrechtlich entsprechende Sorgfaltspflichten (vgl. etwa § 384 Abs. 1 HGB).[20] In § 31 Abs. 1 Nr. 1 WpHG aF hatte der deutsche Gesetzgeber seinerzeit noch die Begriffe der „Sorgfalt" und „Gewissenhaftigkeit" verwendet, die aufgrund der Pflicht zur richtlinienkonformen Auslegung jedoch bereits damals im Sinne von Ehrlichkeit und Redlichkeit zu verstehen waren.[21] Die eigentliche Bedeutung der Normierung in Art. 27 Abs. 1 Hs. 1 MiCAR liegt deshalb – ähnlich wie bei den vergleichbaren finanzaufsichtsrechtlichen Normen – in der **öffentlich-rechtlichen Verankerung** dieser **zivilrechtlich ohnehin geltenden Pflichtbindung**.[22] Diese Verankerung hat einerseits zur Folge, dass die gem. Art. 93 Abs. 1 MiCAR zuständigen Aufsichtsbehörden die Einhaltung der Verhaltenspflichten überwachen und Fehlverhalten sanktionieren, so dass privat- und öffentlich-rechtliche Normdurchsetzung (private and public enforcement) nebeneinander treten.[23] Andererseits verhindert die öffentlich-rechtliche Verankerung die vertragliche Abbedingung oder Beschränkung der Sorgfaltspflicht: Aus grundsätzlich dispositivem wird zwingendes Recht.[24]

---

[16] EuGH 15.10.2009 – C-101/08, ECLI:EU:C:2009:626 Rn. 63 – Audiolux.
[17] Habersack/Tröger NZG 2010, 1 (6).
[18] Vgl. Art. 1 Abs. 2 MiCAR (Anwendbarkeit auf „natürliche und juristische Personen und bestimmte andere Unternehmen").
[19] IdS BT-Drs. 18/11627, 42 (zu § 1a Abs. 1 VVG, allerdings „möglicherweise keine völlige Deckungsgleichheit"); MüKoVVG/Reiff § 1a Rn. 14; zur Einordnung vgl. außerdem Riesenhuber, Europäisches Vertragsrecht, S. 146 und S. 232 (§ 12 Rn. 319 f. und § 20 Rn. 556).
[20] Balzer ZBB 1997, 260 (264); Ellenberger/Bunte BankR-HdB/Seiler/Geier Effektengeschäft § 84 Rn. 102; Schwark/Zimmer/Rothenhöfer WpHG § 63 Rn. 8.
[21] Näher Schwark/Zimmer/Rothenhöfer WpHG § 63 Rn. 9.
[22] S. etwa zu § 63 Abs. 1 WpHG: Schwark/Zimmer/Rothenhöfer WpHG § 63 Rn. 8.
[23] Hierzu allgemein Poelzig, Normdurchsetzung durch Privatrecht, S. 18 ff.
[24] IdS Schwark/Zimmer/Rothenhöfer WpHG § 63 Rn. 8.

Die **Pflicht zu ehrlichem Handeln** bedeutet, dass Emittenten ver- 17
mögenswertereferenzierter Token die Inhaber und potenziellen Inhaber
dieser Token nicht bewusst irreführen dürfen.[25] Während der Begriff der
Irreführung in Art. 27 Abs. 1 MiCAR explizit nur im Hinblick auf die
Kommunikation des Emittenten Verwendung findet (allgemeines Transparenzgebot, → Rn. 23), gilt er über die Pflicht zu ehrlichem Handeln („obligation to act honestly" bzw. „obligation d'agir de manière honnête") implizit auch für sonstige Handlungen des Emittenten. Insoweit bestehen Parallelen zum Verbot der Marktmanipulation gem. Art. 91 MiCAR in dessen handels- bzw. handlungsgestützter Ausprägung (Abs. 1 lit. a und b, → Art. 91 Rn. 6). Der Emittent darf daher bereits nach Art. 27 Abs. 1 Hs. 1 MiCAR nicht durch Geschäftsabschlüsse oder Erteilung von Handelsaufträgen auf den Wert vermögenswertereferenzierter Token einwirken oder durch sonstige Tätigkeiten oder Handlungen deren inneren Wert manipulieren. Maßgeblich ist jeweils die Eignung der Geschäftsabschlüsse, Handelsaufträge oder sonstigen Handlungen, falsche oder irreführende Signale für das Angebot, die Nachfrage oder den Kurs der vermögenswertereferenzierten Token zu geben oder ein anormales oder künstliches Kursniveau solcher Token herbeizuführen (vgl. wiederum Art. 91 Abs. 2 lit. a i und ii MiCAR). Entsprechende Signale sind als irreführend zu qualifizieren, wenn sie geeignet sind, (Klein-) Anleger zu täuschen. Als Referenzmaßstab dürfte der hinreichend aufmerksame, sog. informierte Verbraucher dienen,[26] weil die Anforderungen jedenfalls nicht höher sein dürfen als im Finanzaufsichtsrecht.[27] Der Maßstab eines verständigen, mit dem Markt für Kryptowerte gut vertrauten Anlegers wäre iRd Art. 27 Abs. 1 MiCAR jedoch bereits deshalb zu streng, weil Erwgr. Nr. 49 ausdrücklich deutlich macht, dass die Regelung den Schutz von Kleinanlegern sicherstellen soll. Bereits wenn ein aufmerksamer Laie ein Signal vernünftigerweise falsch verstehen darf, ist Irreführungseignung daher grundsätzlich zu bejahen.[28] Maßgeblich ist iRd Art. 27 Abs. 1 MiCAR im Übrigen alleine die objektive Eignung zur Irreführung.[29] Auf das Verständnis oder gar die Irreführungsabsicht des Emittenten kommt es nicht an, selbst wenn insoweit iRd Art. 91 MiCAR ein anderer, strengerer Maßstab gelten mag (→ Art. 91 Rn. 7).

Die **Pflicht zu redlichem Handeln** erfordert, dass Emittenten ver- 18
mögenswertereferenzierter Token „angemessene Mittel einsetzen, um ihre

---

[25] Ähnlich zu § 63 Abs. 1 WpHG: Assmann/Schneider/Mülbert/Beule WpHG § 63 Rn. 16.
[26] Ähnlich mit Blick auf das Wertpapierhandelsrecht: Grundmann/Grundmann Achter Teil Rn. 166 mwN; im Rahmen der MiFID II hingegen ein Leitbild des „verständigen Anlegers" annehmend Möllers/Poppele ZGR 2013, 437, bes. 446 ff., 465 f., 476. Vgl. ferner allgemein zum Verhältnis von Anleger- und Verbraucherschutz Buck-Heeb ZHR 176 (2012), 66.
[27] In diese Richtung jdf. hinsichtlich der Regelungen zum Marktmissbrauch Erwgr. Nr. 95 („Da es sich bei den Emittenten von Kryptowerten [...] jedoch sehr häufig um KMU handelt, wäre es unverhältnismäßig, sämtliche Bestimmungen [der Marktmissbrauchs-VO] auf sie anzuwenden").
[28] Ähnlich, wiederum mit Blick auf das Wertpapierhandelsrecht: Grundmann/Grundmann Achter Teil Rn. 166.
[29] So jedenfalls für Art. 24 MiFID II mit Blick auf informationsgestützte Irreführung explizit Erwgr. Nr. 68 DelVO 2017/565 („Eine Information sollte als irreführend angesehen werden, wenn sie den Adressaten oder eine Person, die sie wahrscheinlich erhält, irreführen kann, unabhängig davon, ob die Person, die die Information übermittelt, sie für irreführend hält oder die Irreführung beabsichtigt"); vgl. ferner Assmann/Schneider/Mülbert/Beule WpHG § 63 Rn. 62.

Zwecke zu verfolgen".[30] Unter redlich, so heißt es in einer wertpapierhandelsrechtlichen Kommentierung, sei „ein anständiges Verhalten zu verstehen",[31] aber diese Umschreibung ist ähnlich unbestimmt wie der Begriff der Redlichkeit selbst. Ebenfalls begriffsoffen sind die gleichermaßen verbindlichen fremdsprachigen Formulierungen des Regelungstextes („fairly" bzw. „loyale"). Das Wertpapierhandelsrecht liefert immerhin gewisse Anhaltspunkte für die Konkretisierung. Die Emittenten müssen die Inhaber und potenziellen Inhaber der Token loyal behandeln.[32] Sie dürfen daher in Anlehnung an § 12 Abs. 4 S. 2 WpDVerOV deren Interessen nicht auf Grund von wirtschaftlichem oder finanziellem Druck beeinträchtigen. Zu diesem Zweck müssen sie zunächst die Umstände und Bedürfnisse der Inhaber und von ihnen ausgewählten potenziellen Inhaber vermögenswertereferenzierter Token angemessen ermitteln und bewerten, auch wenn man in das Redlichkeitserfordernis alleine wohl noch keine umfassende Explorationspflicht („know your customer") hineinlesen kann.[33] Einige Beispiele für unredliches Vertriebshandeln benennt die ESMA mit Blick auf Querverkaufspraktiken, etwa mit Blick auf finanzielle Nachteile beim Paketverkauf verschiedener Produkte bzw. Token oder auf Angebote, die Kunden zum Kauf nicht gewünschter oder unnötiger Produkte bzw. Token drängen.[34] Allgemeiner müssen die Emittenten die Inhaber und potenziellen Inhaber von Token bei der Verfolgung ihrer Interessen unterstützen und der Selbständigkeit und Riskobereitschaft, soweit bekannt, respektieren.[35] Aus dem Redlichkeitsgebot folgt allerdings keine strikte Pflicht zur Fremdinteressenwahrung in dem Sinne, dass der Emittent eigenen Interessen gänzlich hintanzustellen hätte.[36] Anders als im Falle von Wertpapierdienstleistern (oder auch von Anbietern von Kryptowerte-Dienstleistungen) begründet der Vertrag zwischen Emittenten und Tokeninhabern keine Pflicht zur Erbringung der Leistung im Interesse des Kunden; er ist vielmehr ein nicht-fremdnütziger Austauschvertrag. Regelungen wie Art. 11 f. RL (EU) 2017/593 zeigen überdies, dass selbst bei Wertpapierdienstleistern die Gewinninteressen des Unternehmens nicht stets und unter allen Umständen zurückzustehen brauchen.[37] Die Pflicht zum redlichen Handeln steht namentlich der Forderung einer Vergütung durch den Emittenten nicht entgegen. Aus Art. 27 Abs. 1 Hs. 1 MiCAR lässt sich kein zwingendes Gebot ableiten, fremdnützig den Interessen der (potenziellen) Inhaber von Token zu dienen;[38] selbst deren etwaige

---

[30] Assmann/Schneider/Mülbert/Beule WpHG § 63 Rn. 17.
[31] BeckOK WpHR/Rothenhöfer WpHG § 69 Rn. 8.
[32] Assmann/Schneider/Mülbert/Beule WpHG § 63 Rn. 17; ähnlich Ellenberger/Bunte BankR-HdB/Faust Verhaltensregeln und Compliance § 89 Rn. 23.
[33] S. nochmals § 12 Abs. 4 S. 2 WpDVerOV und dazu MüKoHGB/Ekkenga Abschn. P Rn. 95.
[34] ESMA 2016/574 DE v. 11.7.2016, Leitlinien zu Querverkäufen, abrufbar unter https://www.esma.europa.eu/document/guidelines-cross-selling-practices, S. 12 (Ziff. 28, unter Nr. 7).
[35] Assmann/Schneider/Mülbert/Beule WpHG § 63 Rn. 17.
[36] IdS Assmann/Schneider/Mülbert/Beule WpHG § 63 Rn. 17; vgl. auch Ellenberger/Bunte BankR-HdB/Faust Verhaltensregeln und Compliance § 89 Rn. 23.
[37] Assmann/Schneider/Mülbert/Beule WpHG § 63 Rn. 20; BeckOK WpHR/Poelzig WpHG § 63 Rn. 52.
[38] In diese Richtung jedoch für Wertpapierdienstleister: Grundmann/Grundmann Achter Teil Rn. 134 („Interessenwahrungspflicht stricto sensu"); weniger strikt dagegen bspw. Assmann/Schneider/Mülbert/Beule WpHG § 63 Rn. 17; BeckOK WpHR/Poelzig WpHG § 63 Rn. 57.

Schwächen im Einzelfall auszunutzen schließt Redlichkeit nicht pauschal aus.[39] Entsprechend gilt auch keine allgemeine Pflicht, bloße Geschäftschancen von (potenziellen) Tokeninhabern zu wahren. Strengere Anforderungen können sich jedoch aus der Pflicht zu Handeln im besten Interesse der Inhaber vermögenswertereferenzierter Token gem. Art. 27 Abs. 2 Hs. 1 MiCAR ergeben (→ Rn. 20).

Die **Pflicht zu professionellem Handeln** betrifft demgegenüber nicht 19 die Interessen, die der Emittent berücksichtigen muss oder darf, sondern das Maß der Bemühungen, die er den Inhabern und potenziellen Inhabern vermögenswertereferenzierter Token schuldet.[40] Um dem Professionalitätserfordernis gerecht zu werden, müssen Emittenten einerseits über ausreichende Sachkenntnis verfügen und andererseits die verkehrserforderliche Sorgfalt wahren.[41] Geschuldet ist in beiderlei Hinsicht zwar nicht das theoretisch denkbare Maximum, aber angesichts des Wortlauts dennoch ein sehr anspruchsvolles Maß: Professionalität erfordert sowohl fachkundige Expertise als auch eine präzise und konsequente, standesgemäße Ausführung, die hohen, berufsmäßigen Standards gerecht wird.[42] Als Referenzpunkt dient dabei nicht die tatsächliche, individuelle Situation des betreffenden Emittenten, die von dessen Größe und Spezialisierung abhängt und insbesondere mit Anzahl, Qualifikation und Fähigkeiten der Mitarbeiter korreliert.[43] Ansonsten hätte es der Emittent nämlich selbst in der Hand, den Pflichtenmaßstab abzusenken, was schon aus Wettbewerbsgründen bedenklich wäre.[44] Zudem darf Professionalität nicht durch tatsächliche Umstände relativiert werden, weil sie als normativer Standard auf die Wahrung des Kundeninteresses abzielt.[45] Ein Krypto-Startup darf daher gegenüber etablierteren Emittenten keine Privilegierung hinsichtlich der Professionalitätsanforderung erwarten. Selbst die explizite Offenlegung etwaiger Defizite gegenüber potentiellen Tokeninhabern kann lediglich auf zivilrechtlicher Ebene entlasten.[46] Umgekehrt ist jedoch das jeweils betroffene Marktsegment sehr wohl maßgeblich („welche Dienste angeboten werden"),[47] weil letztlich Branchenüblichkeit als Referenzmaßstab dient. Daher fällt durchaus ins Gewicht, dass es sich bei den Emittenten von Kryptowerten „sehr häufig um KMU handelt" (wie Erwgr. Nr. 95 mit Blick auf den Marktmissbrauch explizit anerkennt), und dass der Verordnungsgeber im Kryptowerterecht insgesamt zwar ähnliche, in ihrer Intensität aber geringere Anforderungen stellen wollte als im Finanzaufsichtsrecht (vgl. dazu bereits → Rn. 17). Entsprechend abgesenkt sind daher auch die Professionalitätserwartungen, die (potentielle) Tokeninhaber als Vertragspartner legitimerweise an Emittenten vermögenswertereferenzierter Token stellen dürfen. Auf der anderen Seite erscheint allerdings auch angemessen,

---

[39] S. wiederum Assmann/Schneider/Mülbert/Beule WpHG § 63 Rn. 17.
[40] Grundmann/Grundmann Achter Teil Rn. 140.
[41] Assmann/Schneider/Mülbert/Beule WpHG § 63 Rn. 17; Schwark/Zimmer/Rothenhöfer WpHG § 63 Rn. 14; (nur) zur Sachkunde dagegen BeckOK WpHR/Poelzig WpHG § 63 Rn. 51.
[42] Ähnlich Grundmann/Grundmann Achter Teil Rn. 141.
[43] IdS Schwark/Zimmer/Rothenhöfer WpHG § 63 Rn. 14; Assmann/Schneider/Mülbert/Beule WpHG § 63 Rn. 18; aA jedoch LG Frankfurt a. M. WM 1993, 194 (195).
[44] Assmann/Schneider/Mülbert/Beule WpHG § 63 Rn. 18.
[45] Schwark/Zimmer/Rothenhöfer WpHG § 63 Rn. 14, mwN.
[46] Assmann/Schneider/Mülbert/Beule WpHG § 63 Rn. 18.
[47] Assmann/Schneider/Mülbert/Beule WpHG § 63 Rn. 18; ähnlich Schwark/Zimmer/Rothenhöfer WpHG § 63 Rn. 15 (abhängig von der „spezifischen Aufgabe").

dass diese Erwartungen höher sein dürfen als die Erwartungen an Emittenten anderer, nicht-vermögenswertereferenzierter Kryptowerte, korrespondierend wiederum zu dem relativ strengeren Pflichtenregime hier nun innerhalb der MiCAR, das in den unterschiedlichen Regelungsregimen des Titels II bzw. III zum Ausdruck kommt.

20 2. **Pflicht zu Handeln im besten Interesse der Inhaber vermögenswertereferenzierter Token (Art. 27 Abs. 2 Hs. 1 MiCAR).** Die Pflicht von Emittenten vermögenswertereferenzierter Token, im besten Interesse der Inhaber solcher Token zu handeln, die Art. 27 Abs. 2 Hs. 1 MiCAR statuiert, korreliert inhaltlich mit der Verpflichtung zum redlichen Handeln gem. Art. 27 Abs. 1 Hs. 1 MiCAR (→ Rn. 17), weil beide Normen die **Interessenwahrungspflicht des Emittenten** betreffen. Die wertpapierhandelsrechtliche Parallelvorschrift des Art. 24 Abs. 1 MiFID II macht diese inhaltliche Verknüpfung noch deutlicher, weil dort die beiden Pflichtenregime miteinander verschränkt formuliert sind („ehrlich, redlich und professionell im bestmöglichen Interesse ihrer Kunden").[48] Dass Art. 27 Abs. 2 Hs. 1 MiCAR die Interessenwahrungspflicht demgegenüber in seine beiden Absätze aufspaltet, ändert nichts an der inhaltlich gleichen Stoßrichtung. Dieser strukturelle Unterschied gewinnt jedoch insofern Bedeutung, als sich die jeweils Begünstigten und somit auch die jeweils zu berücksichtigenden Interessen unterscheiden: Art. 27 Abs. 2 MiCAR beschränkt sich nämlich auf die Inhaber vermögenswertereferenzierter Token, während Abs. 1 zusätzlich auch die potenziellen Inhaber solcher Token – vergleichbar den „Kunden" gem. Art. 24 Abs. 1 MiFID II – in Bezug nimmt. Zugleich sind die inhaltlichen Anforderungen der Pflicht, im besten Interesse anderer zu handeln, deutlich höher als diejenigen des Redlichkeitsgebots.

21 Bezugspunkt der Pflicht des Art. 27 Abs. 2 Hs. 1 MiCAR sind die Interessen der **Inhaber vermögenswertereferenzierter Token.** Weil die Vorschrift die bestehenden, nicht jedoch alle potentiellen Tokeninhaber in Bezug nimmt, stehen Maßnahmen des Emittenten, die lediglich den Erwerb von Token weniger attraktiv machen, dieser Pflicht nicht entgegen, solange sie keinen Nachteil für die derzeitigen Tokeninhaber mit sich bringen und auch nicht dem Redlichkeitsgebot zuwiderlaufen. Entscheidend für die Einbeziehung in den Schutzbereich ist die Inhaberschaft an Token. Allerdings ist fraglich, was Inhaberschaft konkret bedeutet. § 3 Abs. 1 eWpG definiert den Inhaber eines elektronischen Wertpapiers als denjenigen, „der als Inhaber [...] in einem elektronischen Wertpapierregister eingetragen ist".[49] Ein solches Register existiert jedoch nur für solche Krypto-Token, die dem Anwendungsbereich des eWpG unterfallen (Namensaktien und Inhaberschuldverschreibungen sowie künftig Namensaktien, vgl. § 1 eWpG), also grundsätzlich nicht für vermögenswertereferenzierte Token. Alternativ könnte man auf das Eigentum iSv §§ 903, 985 BGB abstellen. Weil bzw. soweit Token jedoch die Sacheigenschaft gem. § 90 BGB fehlt, entbehren sie der zivilrechtlichen Eigentumsfähigkeit; außerhalb von § 2 Abs. 3 eWpG kann daher nach hM im geltenden Recht kein Eigentum an Token begründet werden.[50] Auf den Besitz, dessen Rolle nach der gesetzlichen Konzeption des eWpG bei elek-

---

[48] Dazu etwa Grundmann/Grundmann Achter Teil Rn. 132.
[49] Näher etwa Preuße/Wöckener/Gillenkirch BKR 2021, 460 (462).
[50] Vgl. etwa Omlor ZHR 183 (2019), 294 (308); Guntermann RDi 2022, 200 (203) mwN.

tronischen Wertpapieren die Inhaberschaft erfüllt, lässt sich bei vermögenswertereferenzierten Token ebenfalls nicht abstellen, weil ihnen mangels Körperlichkeit nach hM auch die Besitzfähigkeit fehlt.[51] Auch die rein faktische, technikbasierte Zugriffsmöglichkeit auf Token insbesondere durch Verwendung des Private Key reicht somit nicht aus, um Inhaberschaft iSd Art. 27 Abs. 2 Hs. 1 MiCAR zu reklamieren.[52] Die Interessen derjenigen, die ohne rechtliche Grundlage Zugriff auf vermögenswertereferenzierte Token haben, schützt die Vorschrift nicht. Solange dem europäischen Kryptowerterecht der MiCAR die Grundlage eines (mitgliedstaatlichen oder europäischen) Tokenprivatrechts fehlt,[53] lässt sich die Inhaberschaft somit nicht dinglich, sondern allenfalls schuldrechtlich bestimmen: Inhaber vermögenswertereferenzierter Tokens sind demnach diejenigen, die Ansprüche geltend machen können, die die fraglichen Token gewähren. In Fällen der Kryptoverwahrung von Token droht infolge dieser schuldrechtlichen Beurteilung allerdings unklar zu bleiben, ob im Einzelfall die Interessen des Kryptoverwahrers oder des Kunden maßgeblich sind.[54] Andererseits beschränkt sich die Pflichtbindung auf die Interessen der Inhaber vermögenswertereferenzierter Token; sie erstreckt sich somit nicht auf Interessen anderer Tokeninhaber. Ein Emittent, der unterschiedliche Arten von Token herausgegeben hat, unterliegt somit keinem übergreifenden Gleichbehandlungsgebot, sondern muss die Inhaber vermögenswertereferenzierter Token gegenüber anderen Tokeninhabern im Zweifel sogar privilegieren, weil die Regelung des Art. 27 Abs. 2 Hs. 1 MiCAR lediglich deren Interessen schützt.

Die Emittenten haben gem. Art. 27 Abs. 2 Hs. 1 MiCAR **im besten** **22** **Interesse** der Inhaber vermögenswertereferenzierter Token zu handeln. Ähnlich wie bei Art. 24 Abs. 1 MiFID II beschränkt sich die Formulierung nicht auf legitime Interessen.[55] Maßgeblich sind daher die konkreten, subjektiven Interessen der individuellen Tokeninhaber, selbst wenn diese Interessen aus Sicht des Emittenten objektiv unvernünftig erscheinen mögen.[56] Im Zweifelsfall muss der Emittent daher Mittel und Wege finden, um diese subjektiven Interessen zu ermitteln, obwohl im Gegensatz zur Situation des Token- bzw. Wertpapiererwerbs eine explizite Regelung fehlt, die eine solche Exploration explizit verlangt (vgl. demgegenüber Art. 25 Abs. 2 MiFID II), und obwohl auch nicht auf der Hand liegt, zu welchem spezifischen Zeitpunkt diese stattfinden muss: Die Inhaberschaft von Token ist potentiell Dauerzustand, während sich die Interessen der Tokeninhaber dynamisch verändern können.[57] Emittenten dürfen Tokeninhaber aber jedenfalls „nicht blind nach Maßgabe irgendwelcher Routinen oder nach einer Einordnung in Gruppen" behandeln.[58] Art. 27 Abs. 2 Hs. 1 MiCAR

---

[51] Ähnlich Omlor/Wilke/Blöcher MMR 2022, 1044, 1044 (Besitzschutz nicht anwendbar); allg. zur Maßgeblichkeit physischer Greifbarkeit iRv § 854 Abs. 1 BGB: MüKoBGB/Schäfer § 854 Rn. 28.
[52] Tendenziell anders Vig BKR 2022, 443 (Vergleichbarkeit von „Blockchain-Register" und Kryptowertpapierregister).
[53] Allgemein zur Notwendigkeit eines Token-Privatrechts: Omlor/Wilke/Blöcher MMR 2022, 1044, 1044 f.; Omlor, NJW 2024, 335.
[54] Zur zivilrechtlichen Einordnung allgemein Schröder/Triantafyllakis BKR 2023, 12 (15); Stepanova/Kissler BKR 2023, 735 (737 f.).
[55] S. etwa Assmann/Schneider/Mülbert/Beule WpHG § 63 Rn. 19.
[56] Vgl. Schwark/Zimmer/Rothenhöfer WpHG § 63 Rn. 35.
[57] Näher zur Explorationspflicht des Wertpapierdienstleisters: BeckOK WpHR/Poelzig WpHG § 64 Rn. 46–51; Schwark/Zimmer/Rothenhöfer WpHG § 64 Rn. 62–112.
[58] Assmann/Schneider/Mülbert/Beule WpHG § 63 Rn. 19.

verpflichtet sie vielmehr, in deren bestem Interesse zu handeln. Im Gegensatz zu den Geboten von Redlichkeit und Professionalität folgt aus dieser Formulierung ein Maximierungserfordernis: Anders als der Wortlaut von Art. 24 Abs. 1 MiFID II macht die Regelung nicht nur das „best*mögliche*" Interesse, sondern das „beste" Interesse und damit einen Superlativ zum Maßstab.[59] Es gilt daher ein absolutes Gebot, die Interessen der Inhaber vermögenswertereferenzierter Token zum Maßstab der Entscheidungen des Emittenten zu machen. Einerseits ist somit verboten, dass Emittenten Eigeninteressen verfolgen und dadurch die Interessen der Inhaber vermögenswertereferenzierter Token beeinträchtigen. Aus dem Wertpapierhandelsrecht bekannte, einschlägige Beispiele betreffen Eigengeschäfte, aber auch die Vornahme konkurrierender Wettbewerbshandlungen, das „Wegschnappen" von Geschäftschancen oder die Ausnutzung erlangter Geschäftsgeheimnisse.[60] Andererseits kann ein Emittent mit mehreren Tokeninhabern konfrontiert sein, deren Interessen entweder in die gleiche oder aber in unterschiedliche Richtungen gehen können. Im ersten Fall stellen sich Verteilungsfragen (welchem der Tokeninhaber überlässt der Anbieter besonders gewinnbringende, aber nur begrenzt verfügbare Nutzungsmöglichkeiten), im zweiten Fall drohen Pflichtenkollisionen, etwa wenn ein Emittent verschiedene Arten vermögenswertereferenzierter Token emittiert hat.[61]

III. Transparenzgebot (Art. 27 Abs. 1 Hs. 2 MiCAR)

23 Art. 27 Abs. 1 Hs. 2 MiCAR verpflichtet Emittenten, mit den Inhabern und potenziellen Inhabern vermögenswertereferenzierter Token auf redliche, eindeutige und nicht irreführende Weise zu kommunizieren. Während die drei Adjektive denjenigen, die in Art. 27 Abs. 1 Hs. 1 MiCAR Verwendung finden, teils entsprechen und teils zumindest ähneln, ist dieser zweite Halbsatz hinsichtlich seines **sachlichen Anwendungsbereichs** insofern spezieller, als er sich ausschließlich auf **kommunikatives Handeln des Emittenten** bezieht. Die Vorschrift statuiert selbst keine eigenständige Pflicht zur Weitergabe von Information, sondern definiert lediglich einen inhaltlichen Standard, den Emittenten einhalten müssen, wenn sie Inhaber oder potenzielle Inhaber vermögenswertereferenzierter Token freiwillig oder auch pflichtgemäß – soweit Mitteilungen nach anderen Regelungen vorgeschrieben sind – informieren.[62] Der Anwendungsbereich der Vorschrift hängt nicht von der Form der Information oder vom gewählten Kommunikationsmedium ab.[63] Sie findet grundsätzlich auch für Informationen in Kryptowerte-Whitepaper und Marketingmitteilungen Anwendung, wird insoweit jedoch teils von den spezielleren Regelungen der Art. 28 f. MiCAR überlagert bzw. durch die wortlautgleiche Vorgabe des Art. 29 Abs. 1 lit. c MiCAR ersetzt (→ Art. 29

---

[59] Umgekehrt werden bei der wertpapierhandelsrechtlichen Formulierung „Superlative vermieden": Grundmann/Grundmann Achter Teil Rn. 141.
[60] S. etwa Ellenberger/Bunte BankR-HdB/Omlor/Möslein FinTech und PayTech § 34 Rn. 21.
[61] Vgl. nochmals Ellenberger/Bunte BankR-HdB/Omlor/Möslein FinTech und PayTech § 34 Rn. 21.
[62] Ähnlich zu § 63 Abs. 6 WpHG: Assmann/Schneider/Mülbert/Beule WpHG § 63 Rn. 55; Schwark/Zimmer/Rothenhöfer WpHG § 64 Rn. 148; vgl. ferner BeckOK WpHR/Poelzig WpHG § 63 Rn. 126.
[63] Assmann/Schneider/Mülbert/Beule WpHG § 63 Rn. 55; Schwark/Zimmer/Rothenhöfer WpHG § 64 Rn. 148.

Rn. 10).⁶⁴ Jedes Kommunizieren des Emittenten mit Inhabern und potenziellen Inhabern vermögenswertereferenzierter Token setzt voraus, dass die fragliche Information für die (potentiellen) Tokeninhaber zugänglich ist, indem sie entweder gezielt an diese gerichtet oder jedenfalls so verbreitet werden, dass sie wahrscheinlich davon Kenntnis erlangen.⁶⁵ Ausreichend ist namentlich ein Hinweis auf die Webseite des Unternehmens, von der die betreffende Information dann vom Tokeninhaber ohne weiteres Mitwirken des Emittenten abrufbar ist.⁶⁶ Auf die tatsächliche Kenntnisnahme kommt es hingegen nicht an.⁶⁷ Auch der Inhalt der Information ist für die Anwendbarkeit der Vorschrift nicht relevant. Es kann sich um Tatsachen, Werturteile oder auch eine Kombination von beidem handeln.⁶⁸ Es muss lediglich ein sachlicher Bezug zu den betreffenden Token bestehen.⁶⁹ Daran mag es fehlen, wenn die (potenziellen) Tokeninhaber ausschließlich deshalb adressiert werden, weil sie zugleich auch als Kunden oder Lieferanten in Beziehung zum Unternehmen des Emittenten stehen und von diesem beispielsweise Produktwerbung erhalten.⁷⁰

Die inhaltlichen **Transparenzanforderungen,** die sich aus der Trias „auf redliche, eindeutige und nicht irreführende Weise" gem. Art. 27 Abs. 1 Hs. 2 MiCAR auf kommunikativer Ebene ergeben, entsprechen dem Standard, der gem. Art. 27 Abs. 1 Hs. 1 MiCAR auf tatsächlicher Ebene für jedes sonstige Handeln des Emittenten gilt („ehrlich, redlich und professionell", → Rn. 16–18). Zugleich kann sich die Konkretisierung wiederum an den Grundsätzen orientieren, die zu den wortgleichen Anforderungen des Wertpapierhandelsrechts an Informationen von Wertpapierfirmen in Art. 24 Abs. 3 MiFID II bzw. § 63 Abs. 6 S. 1 WpHG („müssen redlich und eindeutig sein und dürfen nicht irreführend sein") entwickelt worden sind, einschließlich deren Konkretisierung durch Art. 44 DelVO 2017/565.⁷¹ Der Verständnishorizont eines „durchschnittlichen Angehörigen der Gruppe, an die [die Informationen] gerichtet sind bzw. zu der sie wahrscheinlich gelangen" kann daher in Anlehnung an Art. 44 Abs. 2 lit. d DelVO 2017/565 auch für das Kryptowerterecht als Referenzmaßstab dienen. Zugleich ist zu berücksichtigen, dass die Regelung gem. Erwgr. Nr. 49 den Schutz von Kleinanlegern sicherstellen soll und sich die Anforderungen somit an deren Verständnishorizont orientieren sollten (vgl. → Rn. 16). Ähnlich wie im Lauterkeitsrecht kann daher der hinreichend aufmerksame, sog. informierte Verbraucher als Referenzmaßstab dienen.⁷² Je komplizierter ein vermögenswertereferenzierter Token ausgestal-

---

⁶⁴ Ähnlich zur wertpapierhandelsrechtlichen Parallelfrage: BeckOK WpHR/Poelzig WpHG § 63 Rn. 126 („keine über die gesetzlichen Informationspflichten hinausgehenden Pflichten").
⁶⁵ BeckOK WpHR/Poelzig WpHG § 63 Rn. 128 mwH; Schwark/Zimmer/Rothenhöfer WpHG § 64 Rn. 158.
⁶⁶ Assmann/Schneider/Mülbert/Beule WpHG § 63 Rn. 57; Schwark/Zimmer/Rothenhöfer WpHG § 64 Rn. 158.
⁶⁷ Assmann/Schneider/Mülbert/Beule WpHG § 63 Rn. 57.
⁶⁸ Vgl. Schwark/Zimmer/Rothenhöfer WpHG § 64 Rn. 148.
⁶⁹ Assmann/Schneider/Mülbert/Beule WpHG § 63 Rn. 55; Schwark/Zimmer/Rothenhöfer WpHG § 64 Rn. 148.
⁷⁰ Ähnlich Grundmann/Grundmann Achter Teil Rn. 165.
⁷¹ In der Kommentarliteratur vgl. außerdem: Assmann/Schneider/Mülbert/Beule WpHG § 63 Rn. 61–69; Schwark/Zimmer/Rothenhöfer WpHG § 64 Rn. 162–202; BeckOK WpHR/Poelzig WpHG § 63 Rn. 132–150; Grundmann/Grundmann Achter Teil Rn. 166.
⁷² Vgl. Grundmann/Grundmann Achter Teil Rn. 166 mwN; ferner auch BeckOK WpHR/Poelzig WpHG § 63 Rn. 133.

tet ist, etwa aufgrund der Art und Zusammensetzung der in Art. 36 MiCAR genannten Vermögenswertreserve, umso mehr Erklärungen und Erläuterungen muss die Information des Emittenten in der Regel enthalten.[73] Aus dem Gebot der Redlichkeit (dazu bereits → Rn. 17) folgt auf kommunikativer Ebene, dass die Informationen des Emittenten zutreffend, aktuell, verständlich und vollständig sein müssen.[74] Sie dürfen nicht unlauter iSd Wettbewerbsrechts sein.[75] Die Redlichkeit ist aufgrund eines objektiven Maßstabs und im Wege einer Gesamtbetrachtung der erteilten Information zu beurteilen.[76] Inhaltlich überlappen Redlichkeitsgebot und Irreführungsverbot, das Kommunikation untersagt, die bei den Adressaten Vorstellungen hervorruft, die mit den tatsächlichen Verhältnissen nicht im Einklang stehen.[77] Ebenso wie beim Irreführungsverbot auf tatsächlicher Ebene (→ Rn. 16) kommt es dabei nicht auf das subjektive Verständnis oder gar die Irreführungsabsicht des Emittenten an; vielmehr unterfällt jede Information dem Verbotstatbestand, die sich objektiv zur Irreführung eignet.[78] Angesichts des Referenzmaßstabs ist Irreführungseignung grundsätzlich bereits dann zu bejahen, wenn ein aufmerksamer Laie eine Information vernünftigerweise falsch verstehen darf.[79] Maßgeblich ist auch insoweit der Gesamteindruck, weshalb durch die Kommunikation wichtige Punkte, Aussagen oder Warnungen nicht verschleiert, abgeschwächt oder unverständlich gemacht werden dürfen (so Art. 44 Abs. 2 lit. e DelVO 2017/565). Risiken müssen klar benannt werden, weshalb nicht ausreicht, dass diese lediglich aus der Token-Beschreibung gefolgert werden können; auch dürfen wichtige Informationen zu Risiken nicht unter wenig aussagekräftigen Überschriften verborgen werden.[80] Ähnlich verlangt schließlich auch das Eindeutigkeitsgebot, dass „wesentliche Aussagen klar ausgedrückt werden und wesentliche Informationen nicht unerwähnt bleiben".[81] Die Informationen bedürfen daher einer möglichst transparenten Gliederung und einer verständlichen Sprache.[82] Diese strukturellen Anforderungen können jedoch abhängig von Informationsdokument und Komplexität des Tokens variieren; jedenfalls für das Kryptowerte-Whitepaper dürften jedoch ähnlich strenge Anforderungen gelten wie in Sachen Prospekthaftung für den Emissionsprospekt.[83]

---

[73] IdS für Wertpapierprodukte: BaFin MaComp v. 19.4.2018 (Stand: 15.7.2021), BT 3.3.1 Nr. 2.
[74] S. etwa Schwark/Zimmer/Rothenhöfer WpHG § 64 Rn. 164.
[75] Näher Zeidler WM 2008, 238 (240).
[76] Schwark/Zimmer/Rothenhöfer WpHG § 64 Rn. 164; vgl. außerdem MüKoHGB/Ekkenga Abschn. P Rn. 342, der die Formulierung für irreführend hält, weil sie einen subjektiven Maßstab suggeriere.
[77] IdS zu § 5 UWG: BGH GRUR 2018, 1263 Rn. 11 – Vollsynthetisches Motorenöl, mwN.
[78] Nachw. Fn. 29.
[79] Ähnlich Grundmann/Grundmann Achter Teil Rn. 166.
[80] S. hierzu ein Negativbeispiel in BaFin MaComp v. 19.4.2018 (Stand: 15.7.2021), BT 3.3.1 Nr. 4 (S. 24), https://www.bafin.de/SharedDocs/Downloads/DE/Rundschreiben/dl_rs_0518_MaComp_fassung_juli_2021.html; vgl. ferner z. sog. framing Assmann/Schneider/Mülbert/Beule WpHG § 63 Rn. 62.
[81] BeckOK WpHR/Poelzig WpHG § 63 Rn. 134; ähnlich Assmann/Schneider/Mülbert/Beule WpHG § 63 Rn. 61.
[82] Grundmann/Grundmann Achter Teil Rn. 166.
[83] Vgl. nochmals Grundmann/Grundmann Achter Teil Rn. 166.

IV. Gleichbehandlungsgebot (Art. 27 Abs. 2 Hs. 2 MiCAR)

Art. 27 Abs. 2 Hs. 2 MiCAR verpflichtet **Emittenten** vermögenswertere- 25
ferenzierter Token schließlich zur **Gleichbehandlung der Tokeninhaber**.
Die Vorschrift orientiert sich an den Regelungen in Art. 17 Abs. 1, Art. 18
Abs. 1 Transparenz-RL, die in § 48 Abs. 1 Nr. 1 WpHG umgesetzt worden
sind und vorsehen, dass Emittenten von Aktien und Schuldtiteln, die zum
Handel an einem geregelten Markt zugelassen sind, allen Aktionären und
Inhabern der Schuldtitel, die sich in der gleichen Lage befinden, die gleiche
informationelle Behandlung sicherstellen müssen (→ Rn. 5); Parallelen bestehen
außerdem zum Grundsatz der Gleichbehandlung der Aktionäre (vgl.
Art. 85 GesR-RL bzw. Art. 4 Aktionärsrechte-RL sowie § 53a AktG).[84]
Ähnlich wie Art. 17 Abs. 1, Art. 18 Abs. 1 Transparenz-RL adressiert auch
Art. 27 Abs. 2 MiCAR den Emittenten; es bindet „sämtliche Organe des
Emittenten bei Entscheidungen, die das Gleichbehandlungsgebot der Sache
nach berühren können".[85] Das Gebot gilt dagegen nicht für die Konzerngesellschaft
oder den Mehrheitsaktionär des Emittenten.[86] Es gilt nur gegenüber
gegenwärtigen, nicht jedoch gegenüber ehemaligen oder künftigen
Tokeninhabern und betrifft auch nicht das Verhältnis der Tokeninhaber
untereinander.[87]

Während sich das wertpapierhandelsrechtliche Gleichbehandlungsgebot 26
entsprechend dem Telos der Transparenz-RL auf die informationelle Gleichbehandlung
fokussiert,[88] ist die **sachliche Reichweite** des kryptowerterechtlichen
Gebots entsprechend dem informations- aber auch handlungsbezogenen
Norminhalten des Art. 27 MiCAR breiter. Ein inhaltlicher Unterschied
besteht zudem darin, dass das Gleichbehandlungsgebot gem. Art. 17 Abs. 1
und Art. 18 Abs. 1 Transparenz-RL im Gegensatz zu Art. 27 Abs. 2 MiCAR
zusätzlich unter dem Vorbehalt steht, dass Gleichbehandlung lediglich bei
vergleichbarer Lage gefordert ist.[89] Möglicherweise schien dieser Vorbehalt,
der als allgemeine Voraussetzung von Gleichbehandlungsgeboten gilt, dem
Regelgeber der MiCAR so selbstverständlich, dass er eine explizite Formulierung
für entbehrlich hielt. Umgekehrt eröffnet Art. 27 Abs. 2 MiCAR im
Gegensatz zu Art. 17 Abs. 1 Transparenz-RL die Möglichkeit der Abbedingung
durch Vorbehalte in den Dokumenten der (Pflicht-)Publizität. Ein Verzicht
von Wertpapierinhabern auf ihre durch das Gleichbehandlungsgebot der
Transparenz-RL geschützte Position gegenüber dem Emittenten ist „nur im
konkreten Entscheidungsfall für bestimmte eindeutig definierte Positionen
zulässig", kann also nicht abstrakt durch Satzungsbestimmung, Akzeptanz
allgemeiner Emissionsbedingungen oder Freizeichnung im Emissionsprospekt
erfolgen.[90] Dagegen ist der Verzicht von Tokeninhabern durch entsprechende
Vorbehalte in Kryptowerte-Whitepaper bzw. Marketing-Mitteilungen

---

[84] Näher Lehmann/Kumpan/Ringe, European Financial Services Law, TD Art. 17 Rn. 7; vgl. ferner Habersack/Tröger NZG 2010, 1 (5).
[85] Schwark/Zimmer/Heidelbach WpHG § 48 Rn. 7.
[86] EuGH 15.10.2009 – C-101/08, ECLI:EU:C:2009:626 – Audiolux; vgl. außerdem Schwark/Zimmer/Heidelbach WpHG § 48 Rn. 7.
[87] S. nochmals Schwark/Zimmer/Heidelbach WpHG § 48 Rn. 7.
[88] Fleischer ZGR 2009, 505 (528); anders jedoch zur deutschen Umsetzung: BeckOK WpHR/Staake WpHG § 48 Rn. 10 mwN.
[89] Lehmann/Kumpan/Ringe, European Financial Services Law, TD Art. 17 Rn. 8 („important and essential limitation").
[90] So Schwark/Zimmer/Heidelbach WpHG § 48 Rn. 8.

MiCAR Art. 28   Titel III. Vermögenswertreferenzierte Token

nach dem Wortlaut des Art. 27 Abs. 1 MiCAR ohne Weiteres möglich. Ein Verstoß gegen das Gleichbehandlungsgebot liegt vor, wenn Tokeninhaber ungleich behandelt, insbesondere ungleich informiert werden, ohne dass hierfür ein sachlicher Grund vorliegt und ohne dass die Ungleichbehandlung gestattet ist.[91] Anders als nach der Transparenz-RL ist Gestattung nicht nur durch eine klar definierte, individuelle Zustimmung möglich,[92] sondern auch abstrakt in den genannten Informationsdokumenten. Ansonsten bedarf es eines rechtfertigenden sachlichen Grundes, um einzelne Tokeninhaber selektive zu informieren oder anderweitig zu privilegieren.[93] Anders als der Wortlaut des Art. 27 Abs. 2 Hs. 2 MiCAR zunächst vermuten lässt, ist eine solche Rechtfertigung iRv aber immerhin möglich.

V. Durchführungsvorschriften im KMAG-E

27   Im Regierungsentwurf eines Gesetzes über die Digitalisierung des Finanzmarktes (Finanzmarktdigitalisierungsgesetz – FinmadiG)[94] finden sich im Gesetz zur Aufsicht über Märkte für Kryptowerte (Kryptomärkteaufsichtsgesetz – KMAG-E) **Durchführungsvorschriften zu Art. 27 MiCAR**. Insbesondere hat der Abschlussprüfer gem. § 40 Abs. 1 S. 3 Nr. 2 KMAG-E zu prüfen, ob das Institut seinen Verpflichtungen (auch) nach Art. 27 MiCAR nachgekommen ist.

Artikel 28 Veröffentlichung des Kryptowerte-Whitepapers

Ein Emittent eines vermögenswertreferenzierten Token veröffentlicht auf seiner Website das in Artikel 17 Absatz 1 oder Artikel 21 Absatz 1 genannte, genehmigte Kryptowerte-Whitepaper und, falls vorhanden, das in Artikel 25 genannte, geänderte Kryptowerte-Whitepaper. Das genehmigte Kryptowerte-Whitepaper wird bis zum Startdatum des öffentlichen Angebots des vermögenswertereferenzierten Token bzw. zum Startdatum der Zulassung dieser Token zum Handel öffentlich zugänglich gemacht. Das genehmigte Kryptowerte-Whitepaper und, falls vorhanden, das geänderte Kryptowerte-Whitepaper bleibt auf der Website des Emittenten solange verfügbar, wie die vermögenswertereferenzierten Token vom Publikum gehalten werden.

Übersicht

	Rn.
I. Einführung	1
1. Literatur	1
2. Entstehung und Zweck der Norm	2
3. Normativer Kontext	5
II. Veröffentlichung auf der Website	6
III. Zeitpunkt der Veröffentlichung	9
IV. Dauer der Verfügbarkeit	10
V. Durchführungsvorschriften im KMAG-E	11

---

[91] Vgl. Assmann/Schneider/Mülbert WpHG § 48 Rn. 7 f.; Schwark/Zimmer/Heidelbach WpHG § 48 Rn. 8; BeckOK WpHR/Staake WpHG § 48 Rn. 12.
[92] Schwark/Zimmer/Heidelbach WpHG § 48 Rn. 8.
[93] Vgl. nochmals Schwark/Zimmer/Heidelbach WpHG § 48 Rn. 8.
[94] BT-Drs. 20/10280; dazu näher Möslein/Rennig RDi 2024, 145.

I. Einführung

1. Literatur. *Akerlof*, The Market for „Lemons": Quality Uncertainty and 1
the Market Mechanism, Quart. Journ. Econ. 84 (1970) 488; *Black*, The Legal
and Institutional Preconditions for Strong Securities Markets, UCLA L. Rev.
48 (2001) 781; *Buck-Heeb*, Whitepaper-Haftung nach MiCAR, BKR 2023,
689; Ellenberger/Bunte (Hrsg.), Bankrechts-Handbuch, 6. Aufl. 2022
(BankR-HdB); *Groß*, Kapitalmarktrecht, 8. Aufl 2022 (KapMarktR); *Maume*,
Die Verordnung über Märkte für Kryptowerte (MiCAR), RDi 2022, 497;
Möslein, Anleger- und Funktionsschutz im Recht der Kryptowerte, WM
2024, im Erscheinen; *Möslein/Rennig*, Das Finanzmarktdigitalisierungsgesetz
(FinmadiG) im europäischen Kontext, RDi 2024, 145; Münchener Kommentar zum Handelsgesetzbuch (MüKoHGB), Bd. 6: Bankvertragsrecht,
5. Aufl. 2023; *Patz*, Überblick über die Regulierung von Kryptowerten und
Kryptowertedienstleistern, BKR 2021, 725; *Terlau*, MiCAR-Stablecoins,
BKR 2023, 809; *Zickgraf*, Primärmarktpublizität in der Verordnung über die
Märkte für Kryptowerte (MiCAR), BKR 2021, 196.

2. Entstehung und Zweck der Norm. Art. 28 MiCAR wurde im 2
Gesetzgebungsverfahren kaum verändert. Im ursprünglichen Verordnungsvorschlag der Europäischen Kommission von 2020 war die Norm als
Artikel 24 in nahezu wortgleiche Formulierung enthalten (COM(2020) 593
final, im Folgenden MiCAR-E). Die meisten Unterschiede sind rein sprachlicher Natur und ohne inhaltliche Bedeutung, etwa wenn der Verordnungsvorschlag den Plural verwendete („Emittenten"), Art. 28 MiCAR dagegen
im Singular formuliert ist. Zwei kleinere inhaltliche Unterschiede sind dennoch zu verzeichnen. Zum einen beschränkte sich der ursprüngliche Regelungsvorschlag nicht auf Kryptowerte-Whitepaper, sondern erfasste auch
Marketingmitteilungen. Stattdessen sieht für solche Mitteilungen nunmehr
Art. 29 Abs. 3 MiCAR eine schlankere, inhaltlich aber vergleichbare Regelung vor. Zum anderen knüpfte der Kommissionsentwurf hinsichtlich der
Veröffentlichungszeitpunkts alternativ zum öffentlichen Angebot an die Zulassung zum Handel „auf einer Handelsplattform für Kryptowerte"; ähnlich
wie in vielen anderen Vorschriften (vgl. nur Art. 16 MiCAR) ist die letztgenannte Qualifikation in Art. 28 MiCAR entfallen.

Eine inhaltlich vergleichbare **Modellregelung,** die auf ähnliche Weise 3
Veröffentlichungsfragen der Primärmarktpublizität regelt, findet sich in
Art. 21 Prospekt-VO zur Veröffentlichung des Prospekts.[1] Diese Regelung
ist ungleich stärker ausdifferenziert, klärt aber ebenso wie Art. 28 MiCAR,
(1.) dass die fraglichen Dokumente auf einer Webseite zu veröffentlichen sind,
vgl. Art. 21 Abs. 2 Prospekt-VO bzw. Art. 28 S. 1 MiCAR, (2.) den Zeitpunkt der Veröffentlichung, vgl. Art. 21 Abs. 1 Prospekt-VO bzw. Art. 28
S. 2 MiCAR, sowie (3.) die Veröffentlichungsdauer, vgl. Art. 21 Abs. 7 Prospekt-VO bzw. Art. 28 S. 3 MiCAR. Im Einzelnen sind diese Punkte dann
jedoch unterschiedlich geregelt; beispielsweise muss der Prospekt mindestens
zehn Jahre lang öffentlich zugänglich bleiben,[2] während das KryptowerteWhitepaper solange verfügbar bleiben muss, wie die vermögenswertereferenzierten Token vom Publikum gehalten werden.

---

[1] Vgl., auch zur Historie: Groß KapMarktR (EU) 2017/1129 Art. 21 Rn. 1–3.
[2] Ellenberger/Bunte BankR-HdB/Grundmann/Denga Emissionsgeschäft § 92 Rn. 70.

MiCAR Art. 28 — Titel III. Vermögenswertreferenzierte Token

4   Art. 28 MiCAR flankiert und ergänzt die übrigen Regelungen zum Kryptowerte-Whitepaper (→ Rn. 4). Die Vorschrift dient daher mittelbar dem gleichen **Regelungszweck** wie die zu Grunde liegende Pflicht, ein solches Whitepaper zu erstellen.[3] Erwgr. Nr. 24 fordert allgemein, dass „potenzielle Kryptowerte-Kleinanleger über die Merkmale, Funktionen und Risiken der Kryptowerte, die sie zu kaufen beabsichtigen, informiert werden" sollten, und zwar, grammatikalisch unscharf, „im Interesse ihres Schutzes" (in anderen Sprachfassungen: „in order to ensure their protection" bzw. „afin de garantir leur protection"). Auch wenn der Verordnungsgeber somit scheinbar ausschließlich auf den Anlegerschutz bzw. auf den Schutz der Kleinanleger abstellt, ist aus der kapitalmarktrechtlichen Diskussion wohlbekannt, dass Emissionspublizität durchaus auch dem Funktionsschutz dient,[4] weil Kapitalmärkte – ebenso wie Kryptomärkte – ohne solche Information nicht stabil funktionieren können: Ansonsten droht nämlich ein „market for lemons".[5] Information muss jedoch naturgemäß zugänglich sein, um von Marktakteuren sinnvoll wahrgenommen, verarbeitet und berücksichtigt werden zu können. Diese Zugänglichkeit will Art. 28 MiCAR gewährleisten, indem die Vorschrift die Veröffentlichung des Kryptowerte-Whitepapers regelt.

5   **3. Normativer Kontext.** Die Vorschrift des Art. 28 MiCAR zählt zu den zahlreichen **Regelungen innerhalb der MiCAR zu sog. Kryptowerte-Whitepapers.** Mit Einführung dieser Regelungen entwickelt sich das Whitepaper von einer bloßen PR-Maßnahme bzw. einem Kommunikationsmittel[6] hin zu einem rechtlich verfassten „Informationsdokument" (vgl. Erwgr. Nr. 24 S. 2), das Ähnlichkeiten zur kapitalmarktrechtlichen Primärmarktpublizität aufweist. Fortan unterliegen Emittenten nämlich einer rechtlichen Verpflichtung, ein solches Informationsdokument mit den in der MiCAR vorgesehenen Inhalten und im Rahmen des ebenfalls regulierten Verfahrens zu erstellen und zu veröffentlichen; andernfalls droht neben behördlichen Sanktionen auch die Geltendmachung zivilrechtlicher Prospekthaftungsansprüche.[7] Regelungen zu Inhalt und Form des Kryptowerte-Whitepapers, die gewährleisten sollen, dass Whitepaper alle für eine fundierte Kaufentscheidung notwendige Angaben enthalten, sind in Art. 6 MiCAR (für andere Kryptowerte als vermögenswertereferenzierte Token oder E-Geld-Token), in Art. 19 MiCAR (für die hier relevanten vermögenswertereferenzierten Token) sowie in Art. 51 MiCAR (für E-Geld-Token) statuiert; ergänzende Konkretisierungen finden sich in den Anhängen I, II und III MiCAR.[8] Die grundlegende Pflicht, ein solches Whitepaper zu erstellen, findet sich speziell für vermögenswertereferenzierte Token in zwei unterschiedlichen Vorschriften, deren Anwendbarkeit entsprechend der Unterscheidung in Art. 16 Abs. 1 MiCAR davon abhängt, ob der Token von einem Kreditinstitut

---

[3] Zu dieser Pflicht näher Maume RDi 2022, 461 (466).
[4] Vgl. hierzu Möslein WM 2024, im Erscheinen.
[5] Black UCLA L. Rev. 48 (2001) 781 (786); grundlegend zum market for lemons: Akerlof Quart. Journ. Econ. 84 (1970) 488. In kryptowerterechtlichem Zusammenhang ähnlich: Zickgraf BKR 2021, 196 (197).
[6] IdS noch BaFin, Merkblatt: Zweites Hinweisschreiben zu Prospekt- und Erlaubnispflichten im Zusammenhang mit der Ausgabe sogenannter Krypto-Token, 2019, S. 1 (abrufbar unter https://www.bafin.de/SharedDocs/Downloads/DE/Merkblatt/WA/dl_wa_merkblatt_ICOs.html).
[7] Näher Buck-Heeb BKR 2023, 689; Maume RDi 2022, 461 (466 f.).
[8] Zur Unterscheidung dieser drei Token-Kategorien vgl. etwa Terlau BKR 2023, 809 (810); noch zur Entwurfsfassung: Patz BKR 2021, 725 (734).

ausgegeben wird (Art. 17 Abs. 1 lit. a MiCAR) oder einer Zulassung bedarf (Art. 21 Abs. 1 iVm Art. 18 Abs. 2 lit. k MiCAR). Art. 25 MiCAR sieht überdies Regelungen zur Änderung bereits veröffentlichter Kryptowerte-Whitepaper für vermögenswertereferenzierte Token vor. Parallelvorschriften zu den Veröffentlichungsvorgaben des Art. 28 MiCAR selbst finden sich lediglich für „andere" Kryptowerte in Art. 9 MiCAR; im Titel zu den E-Geld-Token hat der Verordnungsgeber diese Veröffentlichungsvorgaben dagegen in denkbar knapper Form in die Grundnorm des Art. 51 MiCAR integriert; sie finden sich dort in Abs. 12 und 13 (→ Art. 51 Rn. 36 f.).

II. Veröffentlichung auf der Website

Nach Art. 28 S. 1 MiCAR muss der Emittent eines vermögenswertreferenzierten Token auf seiner Website das in Art. 17 Abs. 1 lit. a oder Art. 21 Abs. 1 MiCAR genannte, genehmigte Kryptowerte-Whitepaper sowie, falls vorhanden, das in Art. 25 MiCAR genannte, geänderte Kryptowerte-Whitepaper veröffentlichen. Die Vorschrift statuiert mithin die **Pflicht zur Veröffentlichung des Kryptowerte-Whitepapers**, und sie spezifiziert zudem die Form der Veröffentlichung, die auf der Webseite des Emittenten vorgesehen ist. Einer eigenständigen Veröffentlichungspflicht bedarf es, weil die in Bezug genommenen Vorschriften der Art. 17 Abs. 1 lit. a, Art. 21 Abs. 1 MiCAR jeweils nur die Erstellung, nicht jedoch die Veröffentlichung des Whitepapers vorsehen, und weil andererseits Art. 19 MiCAR zwar Regelungen zu Inhalt und Form des Kryptowerte-Whitepapers für vermögenswertereferenzierte Token statuiert, dabei aber (im Gegensatz zu als Art. 51 MiCAR, → Rn. 4) keine Vorgaben zur Veröffentlichung macht. Art. 25 MiCAR bezieht sich zwar auf veröffentlichte Kryptowerte-Whitepaper und regelt deren Änderung, macht aber seinerseits ebenfalls keine Vorgaben zur Veröffentlichung dieser Änderungen.

6

Art. 28 S. 1 MiCAR sieht nicht nur vor, dass das (ggf. geänderte) Kryptowerte-Whitepaper zu veröffentlichen ist, sondern spezifiziert zudem die **Form der Veröffentlichung**, die auf der Website des Emittenten zu erfolgen hat. Gefordert wird mithin eine elektronische Veröffentlichung im Internet, nicht in Printmedien, und auch keine Bereitstellung auf Papier. Insoweit besteht teils Gleichlauf, teils jedoch ein bemerkenswerter Unterschied zur Parallelvorschrift für „andere" Kryptowerte in Art. 9 Abs. 1 S. 1 MiCAR: Dort ist zwar ebenfalls die Veröffentlichung auf der Website des Emittenten vorgesehen, ergänzt allerdings um die Vorgabe, dass diese Website öffentlich zugänglich sein muss (→ Art. 9 Rn. 4 ff.). Aus diesem redaktionellen Unterschied wird man gleichwohl nicht schließen dürfen, dass bei Anwendbarkeit von Art. 28 S. 1 MiCAR die Zugänglichkeit der Website beliebig beschränkt werden darf. Aus teleologischen Gründen ist vielmehr erforderlich, dass die Adressaten der im Whitepaper enthaltenen Information, also Inhaber und potenzielle Inhaber der vermögenswertereferenzierten Token, auf diese Information auch zugreifen können. Ansonsten würde der von der Norm intendierte Ausgleich von Informationsasymmetrien zur Vermeidung eines market for lemons (→ Rn. 3) verfehlt. Auch begrifflich setzt jede „Veröffentlichung" die Möglichkeit einer Kenntnisnahme durch eine breitere Öffentlichkeit voraus. Das Einstellen auf einer passwortgeschützten Website dürfte deshalb selbst dann unzulässig sein, wenn das Passwort an bestimmte Adressaten weitergegeben wird. In diesem Fall ist nämlich nicht gewähr-

7

leistet, dass alle potentiellen Inhaber von Token, dh im Zweifel alle Marktteilnehmer, vom Whitepaper Kenntnis nehmen können. An der leichten Zugänglichkeit fehlt es auch dann, wenn Zugang nur gegen Registrierung (mit Angabe der e-mail-Adresse) gewährt wird oder Dokumente lediglich in begrenzter Anzahl pro Tag heruntergeladen werden können oder wenn der Zugang kostenpflichtig ist oder nur gegen Haftungsbegrenzung gewährt wird.[9]

8 Im **Vergleich** zum kapitalmarktrechtlichen Prospektrecht fallen gleich mehrere Unterschiede ins Auge, obwohl **Art. 21 Abs. 2 Prospekt-VO** (inzwischen) ebenfalls Veröffentlichung im Internet vorsieht. Erstens müssen die prospektrechtlich Verpflichteten (Emittent, Anbieter, Antragsteller und deren Finanzintermediäre), anders als die Emittenten vermögenswertereferenzierter Token, dem Anleger gem. Art. 21 Abs. 11 Prospekt-VO auf Verlangen zusätzlich eine Papierversion kostenlos zur Verfügung stellen.[10] Zweitens erlaubt Art. 21 Abs. 2 Prospekt-VO alternativ zur Veröffentlichung auf der eigenen Webseite des Emittenten (lit. a) die Veröffentlichung auf Internetseiten der platzierenden oder verkaufenden Finanzintermediäre (lit. b) sowie auf Internetseiten des organisierten Marktes, für den die Zulassung beantragt wurde (lit. c). Weil Art. 28 S. 1 MiCAR keine vergleichbaren Möglichkeiten vorsieht, wäre die Veröffentlichung (ausschließlich) auf Webseiten Dritter pflichtwidrig; insoweit sind die Anforderungen des Kryptowerterechts strenger als jene des Kapitalmarktrechts. Drittens macht Art. 21 Abs. 3 Prospekt-VO spezifischere Vorgaben zur Veröffentlichung im Internet, die der Benutzerfreundlichkeit dienen (Zugänglichkeit in eigener Rubrik auf der Webseite; Möglichkeit von Download und Druck der Datei; Ausstattung mit Suchfunktion; Hyperlinks zu ergänzenden Dokumenten).[11] Aus teleologischen Gründen spricht viel dafür, dass sich auch Emittenten von Kryptowerte-Whitepapers an diesen Maßgaben orientieren, selbst wenn Art. 28 S. 1 MiCAR diese nicht ausdrücklich statuiert. Andernfalls wäre die Zugänglichkeit beschränkt und die Veröffentlichung daher möglicherweise nicht ordnungsgemäß erfolgt. Die Maßgaben des Art. 21 Abs. 3 Prospekt-VO lassen sich gleichsam als Grundstandard einer pflichtgemäßen Internetveröffentlichung verstehen, der auch über die Prospekt-VO hinaus Geltung beanspruchen kann.

III. Zeitpunkt der Veröffentlichung

9 Die Vorschrift des Art. 28 S. 2 MiCAR regelt den Zeitpunkt der Veröffentlichung, indem sie vorsieht, dass genehmigte Kryptowerte-Whitepaper bis zum **Startdatum des öffentlichen Angebots** des vermögenswertereferenzierten Token **oder** bis zum Startdatum **der Zulassung dieser Token zum Handel** öffentlich zugänglich gemacht werden müssen. Die Veröffentlichung auf der Webseite muss mithin spätestens bis zu diesem Startdatum erfolgt sein. Die Parallelvorschrift in Art. 9 Abs. 1 S. 1 MiCAR knüpft zwar ebenfalls an dieses Startdatum an, allerdings nur hilfsweise („rechtzeitig und in jedem Fall vor dem Startdatum des öffentlichen Angebots dieser Kryptowerte

---

[9] So mit Blick auf das Prospektrecht: Ellenberger/Bunte BankR-HdB/Grundmann/Denga Emissionsgeschäft § 92 Rn. 70.
[10] Näher Ellenberger/Bunte BankR-HdB/Grundmann/Denga Emissionsgeschäft § 92 Rn. 70.
[11] Vgl. dazu nochmals Ellenberger/Bunte BankR-HdB/Grundmann/Denga Emissionsgeschäft § 92 Rn. 70; ferner MüKoHGB/Singhof Abschn. L Rn. 58.

bzw. zum Startdatum der Zulassung"). Ähnlich lautet auch die Vorgabe des Art. 21 Abs. 1 Prospekt-VO („rechtzeitig vor und spätestens mit Beginn des öffentlichen Angebots oder der Zulassung").[12] Aus teleologischen Gründen erscheint der zusätzliche Vorlauf, der sich aus diesem Erfordernis der Rechtzeitigkeit ergibt, durchaus sinnvoll, damit Anleger ausreichend Zeit haben, um die im Kryptowerte-Whitepaper enthaltenen Informationen verarbeiten zu können. Schon aus Gründen der Redlichkeit, die der allgemeinere Grundsatz des Art. 27 Abs. 1 MiCAR gebietet (→ Art. 27 Rn. 18), aber letztlich auch im eigenen Interesse an der Vermarktung ihrer Token sollten Emittenten die Frist des Art. 28 S. 2 MiCAR daher keinesfalls bis zur letzten Minute ausschöpfen, sondern zumindest einen marktüblichen Vorlauf gewähren, indem sie das Whitepaper „so bald wie praktisch möglich" hochladen.[13]

IV. Dauer der Verfügbarkeit

Art. 28 S. 3 MiCAR sieht schließlich vor, dass das genehmigte Kryptowerte-Whitepaper und, falls vorhanden, das geänderte Kryptowerte-Whitepaper auf der Website des Emittenten solange verfügbar bleiben müssen, wie die vermögenswertereferenzierten Token **vom Publikum gehalten** werden. Erst ein Going Private oder die vollständige Beendigung bzw. Einziehung der Token befreien somit von der Pflicht, das Whitepaper auf der Website verfügbar zu halten. Die Parallelvorschrift in Art. 9 Abs. 1 S. 2 MiCAR sieht den gleichen Verfügbarkeitszeitraum vor, den sie zudem auf Marketingmitteilungen erstreckt (→ Art. 9 Rn. 8). Demgegenüber verlangt Art. 21 Abs. 7 Prospekt-VO, dass Prospekte nach ihrer Veröffentlichung mindestens zehn Jahre verfügbar (und sogar etwaige Hyperlinks funktionstüchtig) bleiben. Dieser Zeitraum kann länger, jedoch auch kürzer andauern als der in Art. 28 S. 3 MiCAR vorgeschriebene. Demgegenüber hatte das prospektrechtliche Vorläuferregime die Verfügbarkeit noch auf den Zeitraum des öffentlichen Angebots beschränkt, also einen erheblich kürzeren Zeitraum vorgesehen.[14] Entscheidend ist, dass mit den längeren Fristen in Art. 28 S. 3 MiCAR (und auch in Art. 21 Abs. 7 Prospekt-VO) im Regelfall der Zeitraum abgedeckt sein dürfte, in dem Ansprüche insbesondere aus Prospekthaftung geltend gemacht werden können. Verjährungsregeln für entsprechende Haftungsansprüche statuiert die MiCAR selbst zwar nicht; die Bemessung solcher Fristen dürfte jedoch dem nationalen Recht überlassen sein.[15] Es wird tendenziell kürzere Zeiträume vorsehen, so dass etwaige Anspruchsteller nur ausnahmsweise – wenn Token nur kurze Zeit vom Publikum gehalten werden – Gefahr laufen, nicht mehr auf das Informationsdokument zugreifen zu können.

10

V. Durchführungsvorschriften im KMAG-E

Im Regierungsentwurf eines Gesetzes über die Digitalisierung des Finanzmarktes (Finanzmarktdigitalisierungsgesetz – FinmadiG)[16] finden sich im Ge-

11

---

[12] Vgl. jedoch MüKoHGB/Singhof Abschn. L Rn. 58 („sogar ein taggleicher Beginn des Angebots möglich"); s. ferner Ellenberger/Bunte BankR-HdB/Grundmann/Denga Emissionsgeschäft § 92 Rn. 70.
[13] So die Formulierung in Art. 14 Abs. 1 S. 1 EG-Prospekt-RL 2003/71/EG, der Vorgängervorschrift zu Art. 21 Prospekt-VO.
[14] Ellenberger/Bunte BankR-HdB/Grundmann/Denga Emissionsgeschäft § 92 Rn. 70.
[15] Vgl. Buck-Heeb BKR 2023, 689 (694).
[16] BT-Drs. 20/10280; dazu näher Möslein/Rennig RDi 2024, 145.

MiCAR Art. 29   Titel III. Vermögenswertreferenzierte Token

setz zur Aufsicht über Märkte für Kryptowerte (Kryptomärkteaufsichtsgesetz – KMAG-E) **Durchführungsvorschriften zu Art. 28 MiCAR.** Insbesondere hat der Abschlussprüfer gem. § 40 Abs. 1 S. 3 Nr. 2 KMAG-E zu prüfen, ob das Institut seinen Verpflichtungen (auch) nach Art. 28 MiCAR nachgekommen ist.

Artikel 29 Marketingmitteilungen

(1) Marketingmitteilungen zu einem öffentlichen Angebot eines vermögenswertereferenzierten Token oder zur Zulassung eines solchen vermögenswertereferenzierter Token zum Handel müssen jede der folgenden Anforderungen erfüllen:
a) **Die Marketingmitteilungen sind eindeutig als solche erkennbar;**
b) **die Informationen in den Marketingmitteilungen sind redlich, eindeutig und nicht irreführend;**
c) **die Informationen in den Marketingmitteilungen stimmen mit den Angaben im Kryptowerte-Whitepaper überein;**
d) **in den Marketingmitteilungen wird eindeutig darauf hingewiesen, dass ein Kryptowerte-Whitepaper veröffentlicht wurde, und es wird eindeutig die Adresse der Website des Emittenten des vermögenswertereferenzierten Token angegeben, sowie eine Telefonnummer und E-Mail-Adresse des Emittenten für die Kontaktaufnahme.**

(2) In den Marketingmitteilungen wird klar und eindeutig angegeben, dass Inhaber des vermögenswertereferenzierten Token beim Emittenten jederzeit ein Recht auf Rücktausch haben.

(3) Marketingmitteilungen und jegliche sie betreffende Änderungen werden auf der Website des Emittenten veröffentlicht.

(4) Die zuständigen Behörden verlangen keine Vorabgenehmigung von Marketingmitteilungen vor ihrer Veröffentlichung.

(5) Marketingmitteilungen werden den zuständigen Behörden auf Anfrage übermittelt.

(6) Vor der Veröffentlichung des Kryptowerte-Whitepapers dürfen keine Marketingmitteilungen verbreitet werden. Diese Beschränkung hindert den Emittenten des vermögenswertereferenzierten Token nicht daran, Marktsondierungen durchzuführen.

Übersicht

	Rn.
I. Einführung	1
1. Literatur	1
2. Entstehung und Zweck der Norm	2
3. Normativer Kontext	5
II. Anwendungsbereich	7
III. Materielle Grundsätze (Abs. 1 und 2)	9
1. Eindeutige Erkennbarkeit (Abs. 1 lit. a)	10
2. Redliche, eindeutige, nicht irreführende Informationen (Abs. 1 lit. b)	11
3. Bezug zum Kryptowerte-Whitepaper (Abs. 1 lit. c und d)	12
4. Information zum Rücktauschrecht (Abs. 2)	15

	Rn.
IV. Veröffentlichung und Verbreitung (Abs. 3 und 6)	16
V. Rolle der Behörden (Abs. 4 und 5)	18
VI. Durchführungsvorschriften im KMAG-E	19

I. Einführung

1. Literatur. Assmann/Schneider/Mülbert (Hrsg.), Wertpapierhandelsrecht – Kommentar, 8. Aufl. 2023; Ebenroth/Boujong/Joost/Strohn (Hrsg.), Handelsgesetzbuch, Bd. 2: Bank- und Börsenrecht, 4. Aufl. 2020 (EBJS); Ellenberger/Bunte (Hrsg.), Bankrechts-Handbuch, 6. Aufl. 2022 (BankR-HdB); *Fleischer/Bedkowski*, Aktien- und kapitalmarktrechtliche Probleme des Pilot Fishing bei Börsengängen und Kapitalerhöhungen, DB 2009, 2195; *Groß*, Kapitalmarktrecht, 8. Aufl 2022 (KapMarktR); Grundmann, Bankvertragsrecht, Band 2 – Investmentbanking, 2021; *Heidelbach/Preuße*, Einzelfragen in der praktischen Arbeit mit dem neuen Wertpapierprospektregime, BKR 2006, 316; Lehmann/Kumpan (Hrsg.), European Financial Services Law, 2019; *Maume*, Die Verordnung über Märkte für Kryptowerte (MiCAR), RDi 2022, 497; *Möslein/Rennig*, Das Finanzmarktdigitalisierungsgesetz (FinmadiG) im europäischen Kontext, RDi 2024, 145; *Ott*, Impressumspflicht für Webseiten, MMR 2007, 354; Schwark/Zimmer (Hrsg.), Kapitalmarktrechts-Kommentar, 5. Aufl. 2020; *Skauradszun/Wrede*, Der Sanierungsplan für Emittenten von E-Geld-Token, BKR 2024, 19; *Terlau*, MiCAR-Stablecoins, BKR 2023, 809; *Zickgraf*, Primärmarktpublizität in der Verordnung über die Märkte für Kryptowerte (MiCAR), BKR 2021, 196 und 362.

2. Entstehung und Zweck der Norm. Der zentrale materielle Regelungsgehalt des Art. 29 MiCAR war in Art. 25 des ursprünglichen **Verordnungsvorschlag** der Europäischen Kommission von 2020 (COM(2020) 593 final, im Folgenden MiCAR-E) bereits enthalten, weil der erste Absatz nahezu wortgleich formuliert war. Der zweite Absatz war dagegen genau gegenteilig formuliert, weil nur für den Fall, dass keinem Inhaber der vermögenswertereferenzieren Token ein direkter Anspruch oder ein Rücktauschrecht gewährt wurde, eine klare und eindeutige Erklärung dieses Inhalts erforderlich sein sollte. Weil vermögenswertereferenzierte Token nunmehr gem. Art. 39 MiCAR zwingend ein Recht auf Rücktausch gewähren, hat diese Formulierung jedoch ihren Sinn verloren; sie wurde deshalb durch eine Formulierung ersetzt, die umgekehrt eine klare und eindeutige Bestätigung dieses Rücktauschrechts in den Marketingmitteilungen verlangt. Die verfahrensmäßigen Regelungen in Art. 29 Abs. 3–6 MiCAR waren im Kommissionsentwurf noch nicht enthalten; zumindest die Pflicht zur Veröffentlichung von Marketingmitteilungen (Art. 29 Abs. 3 MiCAR) fand sich seinerzeit jedoch in Art. 24 MiCAR-E, der die Veröffentlichung von Kryptowerte-Whitepaper und Marketingmitteilungen gleichermaßen regelte und erst im Laufe des Gesetzgebungsverfahrens auf Kryptowerte-Whitepaper beschränkt wurde (→ Art. 28 Rn. 2).

Eine inhaltlich vergleichbare **Modellregelung**, die auf ähnliche Weise Werbemaßnahmen regelt, die sich auf ein öffentliches Angebot von Wertpapieren oder auf eine Zulassung zum Handel an einem geregelten Markt bezieht, findet sich in **Art. 22 Prospekt-VO**. Diese Regelung wird ihrseits

MiCAR Art. 29   Titel III. Vermögenswertreferenzierte Token

durch Art. 13 ff. DelVO (EU) 2019/979 näher konkretisiert, in denen detaillierte Vorgaben für die konkrete Kennzeichnung des Prospekts, den Inhalt der Werbung und deren Verbreitung und sogar für über Werbung hinausgehende Informationen aufgestellt werden.[1] Die Regelungsgehalte der prospektrechtlichen und der kryptowerterechtlichen Vorschrift ähneln sich insoweit, als in Art. 22 Abs. 2 und 3 Prospekt-VO genau die gleichen materiellen Grundsätze zu finden sind wie in Art. 29 Abs. 1 lit. a–d MiCAR. Die Vorschrift zum Rücktauschrecht in Art. 29 Abs. 2 MiCAR regelt demgegenüber eine Besonderheit vermögenswertereferenzierter Token und hat daher keine Parallele in Art. 22 Prospekt-VO. Umgekehrt statuieren Art. 22 Abs. 4 und 5 Prospekt-VO Vorgaben, die in Art. 29 MiCAR keine Parallele finden, sich aber teils ähnlich aus den allgemeinen Vorgaben des Art. 27 MiCAR ableiten lassen, etwa der Grundsatz der informationellen Gleichbehandlung (vgl. Art. 22 Abs. 5 Prospekt-VO bzw. Art. 27 Abs. 2 Hs. 2, → Art. 27 Rn. 23 f.). Größere Unterschiede finden sich schließlich bei den Vorschriften, die Verfahrensfragen betreffen (vgl. Art. 22 Abs. 6 ff. ProspektVO bzw. Art. 29 Abs. 3–6 MiCAR).

4   Die Vorschrift des Art. 29 MiCAR verfolgt den Regelungszweck, die **Informationsvermittlung** bei öffentlichen Angeboten von vermögenswertereferenzierten Token oder bei deren Zulassung zum Handel **zu regulieren**. Sie berücksichtigt den tatsächlichen Umstand, dass Werbung über Social Media wie Facebook oder GitHub sowie über digitale Plattformen wie Youtube einen zentralen Bestandteil herkömmlicher Intial Coin Offerings darstellt.[2] Erwgr. Nr. 24 spricht von „Werbebotschaften und Marketingmaterialien, die auch über neue Kanäle wie Plattformen der sozialen Medien verbreitet werden". Neben dem Informationsdokument des Kryptowerte-Whitepapers, dessen Veröffentlichung in Art. 28 MiCAR geregelt ist, bedurfte daher auch diese weitere Kommunikation des Emittenten eines rechtlichen Rahmens. Sichergestellt werden soll vor allem die **Vertrauenswürdigkeit von Marketing-Mitteilen** sowie auch der inhaltliche Gleichlauf mit dem Kryptowerte-Whitepaper.

5   **3. Normativer Kontext. Parallelvorschriften zu Marketingmitteilungen,** die Art. 29 MiCAR vergleichbar sind, finden sich in Art. 7 MiCAR für andere Kryptowerte als vermögenswertereferenzierte Token oder E-Geld-Token und in Art. 53 MiCAR für E-Geld-Token. Der Regelungsgehalt aller drei Vorschriften stimmt insoweit überein, als jeweils in Abs. 1 die gleichen materiellen Grundsätze in gleicher Gliederungsstruktur und nahezu wortgleicher Formulierung zu finden sind. Der einzige größere Unterschied besteht darin, dass Art. 7 MiCAR punktuell der Besonderheit Rechnung trägt, dass Marketingmitteilungen sonstiger Token nicht behördlich geprüft und genehmigt werden; er sieht daher in einer zusätzlichen lit. e eine Verantwortlichkeitserklärung vor. Umgekehrt findet sich in Art. 7 MiCAR naturgemäß keine Parallele zu der nach Art. 29 Abs. 2 MiCAR – ebenso wie nach Art. 52 Abs. 2 MiCAR erforderlichen Information über das Rücktauschrecht. Bei den Vorschriften, die Verfahrensfragen betreffen, laufen die Regelungen in Art. 29 und Art. 52 MiCAR ebenfalls parallel (vgl. jeweils Abs. 3–6). Im Vergleich zu Art. 7 MiCAR fällt dagegen ins Auge, dass zwar ein ähnliches Vorveröffentlichungsverbot gilt (vgl. Art. 7 Abs. 2 MiCAR

---

[1] Vgl. auch zur Historie: Groß KapMarktR (EU) 2017/1129 Art. 21 Rn. 1–3.
[2] Zickgraf BKR 2021, 196 (203).

bzw. Art. 29 Abs. 6, Art. 52 Abs. 6 MiCAR), jedoch im Hinblick auf das Zusammenspiel mit den Behörden größere Unterschiede zu verzeichnen sind. Vorgaben zur Übermittlung an die Behörde (vgl. in Art. 29 und 52 MiCAR jeweils Abs. 5) und zur Veröffentlichung auf der Website (vgl. in Art. 29 und 52 MiCAR jeweils Abs. 3) fehlen in Art. 7 MiCAR zwar, sind aber inhaltlich ähnlich in Art. 8 und 9 MiCAR, die zugleich auch die Übermittlung und Veröffentlichung von Kryptowerte-Whitepapers regeln, zu finden.

Punktuelle Bezugnahmen auf Marketingmitteilungen finden sich zudem in zahlreichen weiteren Vorschriften der MiCAR, sowohl bei den allgemeinen Verhaltenspflichten des Emittenten (vgl. etwa Art. 27 Abs. 2 Hs. 2 MiCAR) und der Anbieter von Kryptowerte-Dienstleistungen (vgl. Art. 66 Abs. 2 MiCAR) als auch bei den Zulassungsvorschriften (vgl. etwa Art. 16 Abs. 2 S. 2 sowie Art. 59 Abs. 5 MiCAR) und schließlich bei den behördlichen Aufsichtsbefugnissen (vgl. Art. 94 Abs. 1 lit. j MiCAR). 6

II. Anwendungsbereich

Die Regelung des Art. 29 MiCAR gilt für Marketingmitteilungen zu einem öffentlichen Angebot eines vermögenswertereferenzierten Token oder zur Zulassung eines solchen vermögenswertereferenzierter Token zum Handel. Der Begriff der **Marketingmitteilung** ist in den Begriffsbestimmungen des Art. 3 MiCAR nicht definiert. Zumindest eine Umschreibung findet sich in Erwgr. Nr. 24, der „Werbebotschaften und Marketingmaterialien, die auch über neue Kanäle wie Plattformen der sozialen Medien verbreitet werden" zu Marketingmitteilungen zählt (bereits → Rn. 3). Der Begriff der Marketing-Mitteilung findet auch in Art. 24 Abs. 3 MiFID II Verwendung, ist dort aber ebenfalls nicht legaldefiniert.[3] Umgekehrt fällt die begriffliche Diskrepanz zur vorbildhaften Regelung in Art. 22 Prospekt-VO ins Auge, wo von „Werbung" statt von Marketingmitteilungen die Rede ist.[4] Der Begriff der Werbung ist seinerseits in Art. 2 lit. k Prospekt-VO definiert als eine Mitteilung, die sich auf ein spezifisches öffentliches Angebot von Wertpapieren oder deren Zulassung zum Handel an einem geregelten Markt bezieht, und die zugleich darauf abstellt, die potenzielle Zeichnung oder den potenziellen Erwerb von Wertpapieren gezielt zu fördern.[5] Da sich die Begriffe Marketing und Werbung zumindest ähneln, und da zudem über die prospektrechtliche Definition klargestellt ist, dass auch iRv Art. 22 Prospekt-VO Mitteilungen (und nicht etwa sonstige, nonverbale Werbemittel) gemeint sind, dürfte der terminologische Unterschied nicht ins Gewicht fallen. Beide Begriffe sind somit gleich auszulegen. Marketingmitteilungen erfassen deshalb neben den internetbasierten Marketinginstrumenten, die Erwgr. Nr. 24 benennt, in Anlehnung an das übliche Verständnis iRv Art. 22 Prospekt-VO auch „so unterschiedliche Bereiche wie Zeitungsanzeigen oder TV- oder Radio-Werbespots, aber auch Road-Show-Materialien und (wenn man auf deren Zweck, die Erstellung der absatzfördernden Analystenreports zu ermöglichen und zu fördern, abstellt) Analysten- 7

---

[3] Zur Auslegung knapp Brenncke in Lehmann/Kumpan (Hrsg.), European Financial Services Law, MiFID II Art. 24 Rn. 15.
[4] Der Unterschied besteht ähnlich auch in anderen Sprachfassungen („Marketing communications" vs. „Advertisements" bzw. „Communications commerciales" vs. „Communications à caractère promotionnel").
[5] Näher Groß KapMarktR (EU) 2017/1129 Art. 22 Rn. 38.

präsentationen".[6] Der Begriff der Mitteilung beschränkt sich nicht auf einseitige Kommunikation, sondern erfasst auch Formen des gegenseitigen Gedankenaustauschs und Dialogs; stützen lässt sich dieses breite Begriffsverständnis auf einen Umkehrschluss zu Art. 29 Abs. 6 S. 2 MiCAR, weil es der dortigen Ausnahme von Marktsondierungen ansonsten nicht bedürfte. Hinweise, die gesetzlich vorgeschrieben sind und sich auf das gesetzlich geforderte Maß beschränken, sind von Art. 29 MiCAR hingegen nicht erfasst, weil sie nicht primär werblichen Charakter haben, sondern Pflichtmitteilung sind.[7]

8   Wichtig ist andererseits die Einschränkung, dass die betreffende Marketingmitteilung **Bezug zu einem öffentlichen Angebot eines vermögenswertereferenzierten Token oder zur Zulassung eines solchen vermögenswertereferenzierter Token zum Handel** haben muss. Ähnlich wie im Prospektrecht ist daher nicht nur der Fokus der Marketingmitteilung auf die Absatzförderung, sondern auch der zeitliche und sachliche Zusammenhang mit dem öffentlichen Angebot oder der Zulassung Anwendungsvoraussetzung.[8] Allgemeine Werbung für (vermögenswertereferenzierte) Token oder auch Werbung für den konkreten Token, die jedoch nicht mit einem konkreten öffentlichen Angebot oder der Zulassung verbunden ist, unterfällt den Regelungen des Art. 29 MiCAR daher nicht; Gleiches gilt für routinemäßige Investor-Relations-Arbeit des Emittenten.[9]

III. Materielle Grundsätze (Abs. 1 und 2)

9   Innerhalb der Vorschrift des Art. 29 MiCAR haben die Regeln in Abs. 1 und 2 gemeinsam, dass sie jeweils **materielle Grundsätze** statuieren, die Marketing-Mitteilungen erfüllen müssen, während die übrigen Absätze verfahrensbezogene Vorgaben machen, die einerseits die Veröffentlichung und Verbreitung von Marketing-Mitteilungen (Abs. 3 und 6, → Rn. 16) und andererseits die Rolle der Behörden betreffen (Abs. 4 und 5, → Rn. 18). Der Unterschied zwischen Abs. 1 und 2 besteht darin, dass Abs. 1 allgemeingültige Regeln statuiert, die nahezu wortgleich auch für andere Token gelten (vgl. Art. 7 Abs. 1, Art. 53 Abs. 1 MiCAR), während Abs. 2 das Rücktauschrecht betrifft, das eine Eigenheit vermögenswertereferenzierter Token darstellt, ähnlich jedoch auch E-Geld-Token kennzeichnet (vgl. Art. 53 Abs. 2 MiCAR; außerdem bereits → Rn. 5). Die einzelnen Grundsätze, die der Katalog des Abs. 1 aufzählt, müssen die Emittenten nach dem eindeutigen Wortlaut („müssen jede der folgenden Anforderungen erfüllen") kumulativ einhalten und sind somit alle gleichermaßen relevant.

10 **1. Eindeutige Erkennbarkeit (Abs. 1 lit. a).** Art. 29 Abs. 1 lit. a MiCAR verlangt zunächst, dass Marketingmitteilungen eindeutig als solche erkennbar sind. Ähnliche Anforderungen sind nicht nur nach Prospektrecht (Art. 22 Abs. 3 S. 1 Prospekt-VO), sondern beispielsweise auch im E-Commerce zu beachten (Art. 6 lit. a E-Commerce-RL). Sie gelten im Kapital-

---

[6] Ebenroth/Boujong/Joost/Strohn/Groß Prospekt-VO Art. 22 Rn. 3; vgl. außerdem Ellenberger/Bunte BankR-HdB/Grundmann/Denga Emissionsgeschäft § 92 Rn. 72; ferner Heidelbach/Preuße BKR 2006, 316 (322).
[7] Ähnlich zum Prospektrecht Ellenberger/Bunte BankR-HdB/Grundmann/Denga Emissionsgeschäft § 92 Rn. 72 mwN.
[8] So zu § 2 WpPG: Groß KapMarktR WpPG § 2 Rn. 38 mwN.
[9] Vgl. nochmals Groß KapMarktR WpPG § 2 Rn. 38.

markt- und Kryptowerterecht zu Recht als besonders wichtig, weil potentielle Anleger Informationen in der Mitteilung nur bei **Kenntnis des werblichen Charakters** richtig einschätzen können: „Schließlich macht es einen entscheidenden Unterschied, ob es sich bei der Aussage eines (vermeintlichen) ‚Experten' um eine neutrale Empfehlung oder in Wahrheit um bezahlte Werbung handelt".[10]

2. Redliche, eindeutige, nicht irreführende Informationen (Abs. 1 lit. b). Weiterhin müssen die Informationen in den Marketingmitteilungen gem. Art. 29 Abs. 1 lit. b MiCAR redlich, eindeutig und nicht irreführend sein. Diese Trias **entspricht** wortgleich den **Vorgaben des allgemeinen Transparenzgebots** gem. Art. 27 Abs. 1 Hs. 2 MiCAR; die gleichen Anforderungen sind überdies wortgleich in Art. 24 Abs. 3 MiFID II zu finden, mit Konkretisierung in Art. 44 DelVO 2017/565. Auch wenn Art. 29 Abs. 1 lit. b MiCAR als speziellere Regelung das wortlautgleiche, aber allgemeinere Transparenzgebot des Art. 27 Abs. 1 Hs. 2 MiCAR verdrängt, kann daher hinsichtlich der Auslegung der drei Begriffe, aber auch hinsichtlich des maßgeblichen Verständnishorizonts auf die Ausführungen zu Art. 27 Abs. 1 Hs. 2 MiCAR (→ Art. 27 Rn. 21 f.) sowie die einschlägigen wertpapierhandelsrechtlichen Kommentierungen verwiesen werden.[11] Weil Marketingmitteilungen naturgemäß deutlich weniger umfassend und detailliert verfasst sind als beispielsweise Whitepaper, gilt jedoch insbesondere beim Eindeutigkeitsgebot ein etwas großzügiger Maßstab hinsichtlich der strukturellen Anforderungen an die Gliederungstiefe und -logik.[12]

3. Bezug zum Kryptowerte-Whitepaper (Abs. 1 lit. c und d). Gem. Art. 29 Abs. 1 lit. c MiCAR müssen die **Informationen in den Marketingmitteilungen mit den Angaben im Kryptowerte-Whitepaper übereinstimmen**. Eine ganz ähnliche Vorgabe findet sich im Prospektrecht für Werbung in Art. 22 Abs. 3 S. 2 Prospekt-VO.[13] Der inhaltliche Gleichlauf von Marketingmitteilungen und Kryptowerte-Whitepaper hat vor allem deshalb Bedeutung, weil Anleger und speziell die von der MiCAR primär adressierten Kleinanleger das ausführliche Informationsdokument des Whitepapers typischerweise nicht lesen: Investitionsentscheidungen werden daher häufig auf Grundlage der Marketing-Mitteilungen, nicht des Whitepapers getroffen.[14] Fehlt es an formaler Übereinstimmung von Kryptowerte-Whitepaper und Marketingmitteilungen, so droht zudem – unabhängig von der Richtigkeit – Verwirrung der Anleger.[15] Inhaltliche Diskrepanzen sind daher ohnehin nicht mit der Anforderung redlicher, eindeutiger und nicht irreführender Information vereinbar, die sowohl in Art. 29 Abs. 1 lit. b MiCAR bezüglich der Marketing-Mitteilungen als auch in Art. 27 Abs. 1 Hs. 2 MiCAR bezüglich des gesamten Kommunikationsverhalten des Emittenten statuiert sind. Insofern lässt sich die Regelung als speziellere Ausprägung dieser allgemeineren Regeln verstehen.

---

[10] Zickgraf BKR 2021, 196 (203).
[11] Assmann/Schneider/Mülbert/Koller WpHG § 63 Rn. 61–69; Schwark/Zimmer/Rothenhöfer WpHG § 64 Rn. 162–202; BeckOK WpHR/Poelzig WpHG § 63 Rn. 132–150; Grundmann/Grundmann Achter Teil Rn. 166.
[12] Vgl. nochmals Grundmann/Grundmann Achter Teil Rn. 166.
[13] S. dazu etwa Ebenroth/Boujong/Joost/Strohn/Groß Prospekt-VO Art. 22 Rn. 6 mwN.
[14] Zickgraf BKR 2021, 196 (204).
[15] Ellenberger/Bunte BankR-HdB/Grundmann/Denga Emissionsgeschäft § 92 Rn. 73.

13 Ergänzend zum Erfordernis des inhaltlichen Gleichlaufs verlangt Art. 29 Abs. 1 lit. d MiCAR einen **Hinweis auf das Kryptowerte-Whitepaper:**[16] Die Regelung sieht vor, dass in den Marketingmitteilungen eindeutig darauf hingewiesen werden muss, dass ein Kryptowerte-Whitepaper veröffentlicht wurde.[17] Einerseits verhilft diese Verpflichtung dem Erfordernis des inhaltlichen Gleichlaufs zur Durchsetzung, weil der Abgleich beider Dokumente voraussetzt, dass die Anleger überhaupt erst Kenntnis von der Existenz des Whitepapers haben. Andererseits eröffnet und erleichtert die Regelung Anlegern zusätzlich die Möglichkeit, über den Inhalt der (typischerweise kürzeren) Marketingmitteilungen hinaus noch weitere Informationen zu bekommen, die für ihre Anlageentscheidung möglicherweise von Bedeutung sind. Die Hinweispflicht des Art. 29 Abs. 1 lit. d MiCAR verbessert mithin die Zugänglichkeit des Kryptowerte-Whitepapers und ergänzt somit auch die Regelungen zu dessen Veröffentlichung in Art. 28 MiCAR. Um diesen Zweck zu erreichen, muss der erforderliche Hinweis inhaltlich hinreichend deutlich („eindeutig") sein; einer besonderen formalen Hervorhebung bedarf er dagegen nach dem Wortlaut nicht, sondern kann bspw. auch erst am Ende einer Pressemitteilung oder sonst im „Kleingedruckten" genannt sein.[18]

14 Zusätzlich bedarf es schließlich verschiedener Angaben zur **Erreichbarkeit des Emittenten:** Art. 29 Abs. 1 lit. d MiCAR verlangt, dass in Marketingmitteilungen eindeutig die Adresse der Website des Emittenten des vermögenswertereferenzierten Token angegeben wird, sowie eine Telefonnummer und E-Mail-Adresse des Emittenten für die Kontaktaufnahme. Die Angabe der Website des Emittenten erleichtert insbesondere das Auffinden des Kryptowerte-Whitepapers, das gem. Art. 28 S. 1 MiCAR zwingend auf dieser Website zu veröffentlichen ist. Dass zusätzlich die Kontaktaufnahme durch Angabe von Telefonnummer und E-Mail-Adresse ermöglicht wird, soll einerseits erleichtern, im Vorfeld eines Token-Erwerbs Rückfragen an den Emittenten zu stellen, stellt andererseits jedoch auch sicher, dass der Emittent ggf. leichter haftbar gemacht werden kann. Allerdings erfordert bereits die Pflicht zur Kennzeichnung von Website-Anbietern gem. § 5 Telemediengesetzes (TMG) iVm § 18 Medienstaatsvertrag (MStV) entsprechende (sowie weitere) Angaben auf der Website, so dass diese für Anleger ohnehin leicht verfügbar sind.[19] Die prospektrechtliche Parallelregelung ist in diesem Punkt von vornherein weniger explizit, weil sie lediglich den Hinweis verlangt, wo die Anleger den Prospekt erhalten können.[20]

15 **4. Information zum Rücktauschrecht (Abs. 2).** Art. 28 Abs. 2 MiCAR verlangt schließlich eine Angabe zu einer Besonderheit von vermögenswertereferenzierten Token (und allgemeiner von MiCAR-Stablecoins, weil sich in Art. 53 Abs. 2 iVm Art. 49 MiCAR Parallelvorschriften für E-Geld-Token finden).[21] Gem. Art. 39 Abs. 1 S. 1 MiCAR haben die Inhaber vermögenswertereferenzierter Token jederzeit das **Recht auf Rücktausch** ge-

---

[16] Vgl. zur Parallelvorschrift des Art. 22 Abs. 2 Prospekt-VO: Ellenberger/Bunte BankR-HdB/Grundmann/Denga Emissionsgeschäft § 92 Rn. 73.
[17] Vgl. Zickgraf BKR 2021, 196 (204).
[18] Ähnlich für das Prospektrecht Ebenroth/Boujong/Joost/Strohn/Groß Prospekt-VO Art. 22 Rn. 4.
[19] Näher Ott MMR 2007, 354.
[20] Vgl. Ebenroth/Boujong/Joost/Strohn/Groß Prospekt-VO Art. 22 Rn. 4; zur Aufsichtspraxis der BaFin.
[21] S. Terlau BKR 2023, 809 (815).

genüber den Emittenten der vermögenswertereferenzierten Token und in Bezug auf das Reservevermögen, wenn die Emittenten bestimmten Verpflichtungen nicht nachkommen können.[22] Über dieses Recht müssen die Marketingmitteilungen informieren: Art. 28 Abs. 2 MiCAR verlangt eine klare und eindeutige Angabe, dass Inhaber des vermögenswertreferenzierten Token beim Emittenten jederzeit ein Recht auf Rücktausch haben. Nach dem Wortlaut bedarf es lediglich der Information über das grundsätzliche, gesetzlich ohnehin festgelegte Bestehen dieses Rechts, während Angaben zu den spezifischen Konditionen des Rücktauschs trotz ihrer Relevanz für Anleger nicht zwingend erforderlich sind.

IV. Veröffentlichung und Verbreitung (Abs. 3 und 6)

Art. 29 Abs. 3 MiCAR sieht vor, dass auch die Marketingmitteilungen 16 selbst und jegliche sie betreffende Änderungen auf der **Website des Emittenten** veröffentlicht werden. Die Regelung stellt sicher, dass mit Marketingmitteilungen und Kryptowerte-Whitepaper die beiden zentralen Informationsdokumente, die für die Anlageentscheidung relevant sind, am gleichen (virtuellen) Ort verfügbar und damit für Anleger leicht zugänglich sind. Anders als ursprünglich im Kommissionsentwurf geplant (Art. 24 MiCAR-E, → Art. 28 Rn. 2), unterliegen Marketingmitteilungen – trotz grundsätzlich gleichlaufender Veröffentlichungspflicht gem. Art. 29 Abs. 3 MiCAR – allerdings nicht ein- und demselben Veröffentlichungsregime wie das Kryptowerte-Whitepaper gem. Art. 28 MiCAR. Deshalb gelten die Regelungen zu Zeitpunkt der Veröffentlichung und Dauer der Verfügbarkeit, die Art. 28 S. 2 und 3 MiCAR für Kryptowerte-Whitepaper vorsieht (→ Art. 28 Rn. 8 f.), nicht für Marketingmitteilungen. Die Regelung des Art. 29 Abs. 3 MiCAR schließt andererseits nicht aus, dass solche Mitteilungen auch auf Papier oder durch andere Medien verbreitet werden; sie verlangt jedoch zumindest zusätzlich die Veröffentlichung auf der Website. Im Falle etwa von Analystenpräsentationen oder Werbespots mag diese zusätzliche Veröffentlichungsform im Einzelfall praktisch schwierig umsetzbar sein, weil möglicherweise technische oder auch rechtliche Hindernisse entgegenstehen. Der Emittent sollte die Veröffentlichungspflicht des Art. 29 Abs. 3 MiCAR daher bereits bei der Konzeption der Marketingstrategie bedenken. Umgekehrt droht bei Marketingstrategien, die eine Vielzahl an Marketingmitteilungen mit sich bringen, eine Überfrachtung der Website, weil Art. 29 Abs. 3 MiCAR pauschal vorsieht, dass dort jede solche Mitteilung zu veröffentlichen ist. Eine Beschränkung auf wesentliche Informationen nach dem Vorbild von Art. 22 Abs. 5 Prospekt-VO hätte dieser Gefahr vorbeugen können und wäre zur Gewährleistung der einfachen Zugänglichkeit der für Anleger relevanten Information zugleich ausreichend gewesen.[23]

Gem. Art. 29 Abs. 6 MiCAR dürfen – ganz anders als im Prospektrecht, 17 wo ausweislich des Wortlauts von Art. 22 Abs. 2 und 3 Prospekt-VO Werbung (auch lange) vor Veröffentlichung des Prospekts ohne Weiteres zulässig ist –[24] **vor Veröffentlichung des Kryptowerte-Whitepapers keine Mar-**

---

[22] Näher Skauradszun/Wrede BKR 2024, 19 (20) auch zur geplanten Konkretisierung durch § 27 Abs. 8 S. 2 KMAG-RefE).

[23] Näher zur Regelung des Art. 22 Abs. 5 Prospekt-VO: Ellenberger/Bunte BankR-HdB/Grundmann/Denga Emissionsgeschäft § 92 Rn. 72.

[24] Umgekehrt ist dort streitig, wie lange im Voraus die Regelungen des Art. 22 Prospekt-VO bereits eingreifen: Ebenroth/Boujong/Joost/Strohn/Groß Prospekt-VO Art. 22 Rn. 5.

ketingmitteilungen verbreitet werden. Die Zielvorgabe inhaltlicher und formaler Kongruenz, die bereits in Art. 29 Abs. 1 lit. c und d MiCAR (→ Rn. 12 f.) und auch mit der Veröffentlichung beider Informationsdokumente auf der Website zum Ausdruck kommt, gilt somit auch hinsichtlich des Zeitpunkts der Veröffentlichung. Jedoch bekommt das Kryptowerte-Whitepaper in zeitlicher Hinsicht eine Vorrangrolle eingeräumt, weil es zwar vor den Marketingmitteilungen veröffentlicht werden kann, diese aber umgekehrt nicht vor dem Whitepaper verbreitet werden dürfen – durchaus sinnvoll, weil ansonsten die Verweise auf das Kryptowerte-Whitepaper ins Leere gingen. Der Begriff der Verbreitung reicht sachlich weiter und erfasst nicht nur die Veröffentlichung auf der Website, sondern grundsätzlich jede Weitergabe nach außen. Die Regelung würde daher auch informatorische Gespräche mit potentiellen Investoren ausschließen, die jedoch im Vorfeld der Begebung von Token aus wirtschaftlichen Gründen, insbesondere zur Preisfindung, unverzichtbar sind. Aus diesem Grund sieht Art. 29 Abs. 6 S. 2 MiCAR als Ausnahmeregelung vor, dass die Beschränkung Emittenten vermögenswertreferenzierter Token nicht daran hindert, Marktsondierungen durchzuführen. Sog. Pilot Fishing, durch das bei Börsengängen im Vorfeld des eigentlichen Emissions-Marketings einige ausgewählte Investoren angesprochen werden, um insbesondere preisliche Fehlvorstellungen des Emittenten frühzeitig zu erkennen und dadurch einen späteren Misserfolg der Emission zu vermeiden,[25] sind somit auch im Vorfeld einer Emission von vermögenswertereferenzierten Token zulässig.

V. Rolle der Behörden (Abs. 4 und 5)

18   Art. 29 Abs. 4 MiCAR sieht schließlich vor, dass die zuständigen Behörden **keine Vorabgenehmigung von Marketingmitteilungen** vor ihrer Veröffentlichung verlangen (dürfen). Bei vermögenswertereferenzierten Token verdient dieser Umstand deshalb Betonung, weil gem. Art. 20 Abs. 1 S. 1 MiCAR in bestimmten Fällen ein Erlaubnisvorbehalt gilt, der sich auf das Kryptowerte-Whitepaper erstreckt.[26] Bei den anderen Kategorien von Token bedürfen dagegen weder Kryptowerte-Whitepaper noch Marketingmitteilungen der vorherigen Genehmigung (vgl. Art. 51 Abs. 11 S. 2 sowie Art. 53 Abs. 4 MiCAR für Kryptowerte-Whitepaper bzw. Marketingmitteilungen bei E-Geld-Token; sowie Art. 8 Abs. 3 MiCAR für beide Informationsdokumente bei sonstigen Token).[27] Parallelvorschriften finden sich jedoch auch in anderen finanzmarktrechtlichen Rechtsakten, etwa für das Anlagebasisinformationsblatt in Art. 23 Abs. 14 S. 2 ECSP-VO.[28] Während diese Regelung nachweislich der Erwägungsbegründung darauf abzielt, einen reibungslosen und raschen Zugang zu den Kapitalmärkten sicherzustellen und Finanzierungskosten zu verringern,[29] begründet der Verordnungsgeber der MiCAR das Absehen von Genehmigungserfordernissen alleine mit der Verhinderung übermäßigen Verwaltungsaufwands.[30] Um den zuständigen Behörden dennoch die Möglichkeit zu geben, die Einhaltung der Regelungen zu Marketingmitteilungen (nachträglich) zu überwachen und Verstöße ggf.

---

[25] Ausf. Fleischer DB 2009, 2195.
[26] S. etwa Maume RDi 2022, 497 (499) (zum Kommissionsentwurf).
[27] Näher etwa Zickgraf BKR 2021, 362, 362 f.
[28] Dazu näher BeckOK WpHR/Rennig WpHG § 32c Rn. 37.
[29] Vgl. Erwgr. Nr. 54 ECSP-VO.
[30] Erwgr. Nr. 33 MiCAR.

zu sanktionieren, sieht Art. 29 Abs. 5 MiCAR flankierend vor, dass Marketingmitteilungen den zuständigen Behörden **auf Anfrage übermittelt** werden.

VI. Durchführungsvorschriften im KMAG-E

Im Regierungsentwurf eines Gesetzes über die Digitalisierung des Finanzmarktes (Finanzmarktdigitalisierungsgesetz – FinmadiG)[31] finden sich im Gesetz zur Aufsicht über Märkte für Kryptowerte (Kryptomärkteaufsichtsgesetz – KMAG-E) **Durchführungsvorschriften zu Art. 29 MiCAR.** § 17 KMAG-E gibt der Bundesanstalt für Finanzdienstleistungen (BaFin) die Möglichkeit, eine Änderung von Marketingmitteilungen zu verlangen, sofern diese nicht den Vorgaben des Art. 29 MiCAR entsprechen. Die Behörde kann in diesem Fall außerdem die Aussetzung und Untersagung von Marketingmitteilungen anordnen. Flankierend bekommt sie die Möglichkeit eingeräumt, die Übermittlung von Marketingmitteilungen auch ohne konkreten Verdacht auf Rechtsverstoß verlangen zu können. Gem. § 40 Abs. 1 S. 3 Nr. 2 KMAG-E hat der Abschlussprüfer zu prüfen, ob das Institut seinen Verpflichtungen (auch) nach Art. 29 MiCAR nachgekommen ist. 19

Artikel 30 Kontinuierliche Unterrichtung der Inhaber vermögenswertereferenzierter Token

(1) Emittenten vermögenswertereferenzierter Token legen auf ihrer Website an einer öffentlich und leicht zugänglichen Stelle auf klare, präzise und transparente Weise den Betrag der in Umlauf befindlichen vermögenswertereferenzierten Token sowie den Wert und die Zusammensetzung der in Artikel 36 genannten Vermögenswertreserve offen. Diese Informationen müssen mindestens monatlich aktualisiert werden.

(2) Emittenten vermögenswertereferenzierter Token veröffentlichen auf ihrer Website an einer öffentlich und leicht zugänglichen Stelle schnellstmöglich eine kurze, klare, präzise und transparente Zusammenfassung des Prüfberichts und den vollständigen und unbearbeiteten Prüfbericht in Bezug auf die in Artikel 36 genannte Vermögenswertreserve.

(3) Unbeschadet des Artikels 88 legen Emittenten vermögenswertereferenzierter Token auf ihrer Website an einer öffentlich und leicht zugänglichen Stelle so schnell wie möglich und in klarer, präziser und transparenter Weise alle Ereignisse offen, die signifikante Auswirkungen auf den Wert der vermögenswertereferenzierten Token oder auf die in Artikel 36 genannte Vermögenswertreserve haben oder wahrscheinlich haben werden.

Übersicht

	Rn.
I. Einführung	1
1. Literatur	1
2. Entstehung und Zweck der Norm	2
3. Normativer Kontext	5

---

[31] BT-Drs. 20/10280; dazu näher Möslein/Rennig RDi 2024, 145.

	Rn.
II. Periodische Offenlegung zu Zwecken der Beurteilung der Wertstabilität	8
III. Periodische Offenlegung des Prüfberichts	11
IV. Anlassbezogene Offenlegung	13
V. Durchführungsvorschriften im KMAG-E	16

I. Einführung

1 **1. Literatur.** Assmann/Schütze/Buck-Heeb (Hrsg.), Handbuch des Kapitalanlagerechts, 6. Aufl. 2024 (KapAnlR-HdB); *Buck-Heeb,* Kapitalmarktrecht, 13. Aufl. 2023; Ellenberger/Bunte (Hrsg.), Bankrechts-Handbuch, 6. Aufl. 2022 (BankR-HdB); Grundmann, Bankvertragsrecht, Band 2 – Investmentbanking, 2021; *Klöhn,* Ad-hoc-Publizität und Insiderverbot nach „Lafonta", NZG 2015, 809; Kumpan/Misterek, Der verständige Anleger in der Marktmissbrauchsverordnung, ZHR 184 (2020), 180; *Lösing/John,* Die Regulierung von E-Geld Token, BKR 2023, 373; *Maume,* Die Verordnung über Märkte für Kryptowerte (MiCAR), RDi 2022, 497; *Möslein,* Insiderinformationen in mehrgliedrigen Gerüchteketten, LMK 2022, 808769; *ders.,* Anleger- und Funktionsschutz im Recht der Kryptowerte, WM 2024, im Erscheinen; *Möslein/Rennig,* Das Finanzmarktdigitalisierungsgesetz (FinmadiG) im europäischen Kontext, RDi 2024, 145; Münchener Kommentar zum Handelsgesetzbuch (MüKoHGB), Bd. 6: Bankvertragsrecht, 5. Aufl. 2023; *Patz,* Überblick über die Regulierung von Kryptowerten und Kryptowertedienstleistern, BKR 2021, 725; *Pavlova,* Anlassbezogene Informationspflichten des Emittenten nach dem WpHG, 2008; Roth, Die Ad-hoc-Publizitätspflichten nach Art. 17 MAR und der Kommissionsentwurf zum EU Listing Act, BKR 2023, 514; Schwark/Zimmer (Hrsg.), Kapitalmarktrechts-Kommentar, 5. Aufl. 2020; *Terlau,* MiCAR-Stablecoins, BKR 2023, 809.

2 **2. Entstehung und Zweck der Norm.** Nachweislich seiner Überschrift betrifft Art. 30 MiCAR **laufende Publizitätspflichten der Emittenten** vermögenswertereferenzierter Token. Die Vorschrift regelt Elemente der periodischen (Abs. 1 und 2) und anlassbezogenen Publizität (Abs. 3). Der Gehalt der Regelung entspricht weitgehend den Vorschlägen in Art. 26 des ursprünglichen **Verordnungsvorschlag** der Europäischen Kommission von 2020 (COM(2020) 593 final, im Folgenden MiCAR-E). Im Laufe des Gesetzgebungsverfahrens wurden lediglich einzelne Formulierungen verändert; Struktur und Inhalt der Vorschrift blieben jedoch im Wesentlichen unverändert. Geändert hat sich im Laufe des Gesetzgebungsverfahrens hingegen die Definition der für Art. 30 MiCAR zentralen Begriffe der vermögenswertereferenzierten Token und der Vermögenswertreserve (vgl. Art. 3 Abs. 1 Nr. 6 und Nr. 32 MiCAR).[1]

3 Inhaltlich vergleichbare **Vorgänger- oder Modellregelungen** existieren nur insofern, als sich die Vorschrift am allgemeinen Zuschnitt kapitalmarktrechtlicher Pflichtpublizität orientiert, namentlich am Regime zur Regelpublizität (vgl. Art. 4 f. Transparenz-RL bzw. §§ 114 f. WpHG) sowie an der anlassbezogenen ad-hoc-Pflicht (Art. 17 MAR).[2] Die Besonderheit von Art. 30 MiCAR besteht jedoch darin, dass diese Publizitätspflicht unabhängig

---
[1] Näher Patz BKR 2021, 725 (734 f.).
[2] Einführend etwa Buck-Heeb Kapitalmarktrecht Rn. 483 ff. und Rn. 854 ff.

davon gilt, ob die betreffenden Kryptowerte zum Handel zugelassen sind.[3] Es handelt sich mithin nicht um eine kapitalmarktorientierte Publizitätspflicht. Vielmehr soll die Offenlegung vor allem die fortwährende, verlässliche Koppelung an die zugrunde liegende Vermögenswertreserve gem. Art. 36 ff. MiCAR gewährleisten und insbesondere das Rücktauschrecht gem. Art. 39 MiCAR absichern (→ Rn. 4). Vergleichbare, primär auf den zur Wertsicherung zu Grunde liegenden Vermögenswert zielende Publizitätspflichten, die als Modell hätten dienen können, existieren bislang ersichtlich nicht, auch wenn die kapitalmarktrechtliche Pflichtpublizität entsprechende Koppelungen punktuell berücksichtigt und beispielsweise die ad-hoc-Publizität auf Informationen erstreckt, die geeignet wären, den Kurs derivativer Finanzinstrumente erheblich zu beeinflussen, die mit dem fraglichen Finanzinstrument verbunden sind (vgl. Art. 7 Abs. 1 lit. a iVm Art. 17 MAR).[4] Bei Derivaten ist diese Koppelung jedoch allenfalls vertraglich vereinbart (bei Vereinbarung einer Lieferung des Basiswerts am Ende der Laufzeit); es besteht kein gesetzlich verbürgtes Recht auf Rücktausch.[5] Das für vermögenswertereferenzierte Token charakteristische Konzept der stabilitätswahrenden Koppelung ist umgekehrt zwar aus der E-Geld-Richtlinie bekannt (vgl. Art. 11 Zweite E-Geld-RL bzw. § 33 Abs. 1 S. 2 ZAG), dort aber nicht mit einem Art. 30 MiCAR vergleichbaren Publizitätsregime verknüpft.[6]

Obwohl es sich mithin um eine durchaus innovative Regelung handelt, 4 sucht man in den in den Erwägungsgründen vergeblich nach einer inhaltlichen Begründung. In Anknüpfung an den Normtext heißt es dort lediglich, Emittenten vermögenswertereferenzierter Token sollten zusätzlich zu den im Kryptowerte-Whitepaper enthaltenen Informationen verpflichtet werden, den Inhabern dieser Token auch fortlaufend Informationen zur Verfügung zu stellen; zudem gibt Erwgr. Nr. 48 in verkürzter Form den Inhalt von Art. 30 Abs. 1 und 3 MiCAR wieder. Das Zusammenspiel mit den benachbarten Erwgr. Nr. 47 und 49 deutet darauf hin, dass (auch) die Publizitätspflicht dem Schutz vor allem von Kleinanlegern dienen soll. Im Kern dürfte der **Regelungszweck** vor allem darin bestehen, vermögenswertereferenzierte Token zu echten „Stablecoins" zu machen, indem Art. 30 MiCAR zur **Sicherung der Wertstabilität** solcher Token beiträgt.[7] Vermögenswertereferenzierte Token sollen sich bereits nach ihrer Definition dadurch auszeichnen, dass ihre „Wertstabilität durch Bezugnahme auf einen anderen Wert oder ein anderes Recht oder eine Kombination davon, einschließlich einer oder mehrerer amtlicher Währungen, gewahrt werden soll" (Art. 3 Abs. 1 Nr. 6 MiCAR; → Art. 3 Rn. 39 ff.). Zu dieser Stabilität sollen die Publizitätspflichten des Art. 30 MiCAR beitragen. Die Vorschrift flankiert die Regelungen zur Vermögenswertreserve, die in Art. 36 ff. MiCAR niedergelegt sind, indem sie Emittenten verpflichtet, Anleger insbesondere über Wert und Zusammensetzung der Vermögenswertreserve sowie über die Inhalte des Prüfberichts zu informieren. Zudem korrespondiert sie mit dem Rücktauschrecht gem. Art. 39 MiCAR, indem sie die unverzügliche Offenlegung von Ereignissen vorsieht, die erhebliche Auswirkungen auf den Wert der vermögenswertereferenzierten Token oder auf das Reservevermögen haben oder haben dürften,

---

[3] So explizit Erwgr. Nr. 48 aE.
[4] Zum Hintergrund vgl. Klöhn NZG 2015, 809 (813).
[5] Näher zu den Gestaltungsformen Schwark/Zimmer/Kumpan WpHG § 2 Rn. 40.
[6] Ähnlich Maume RDi 2022, 497 (498); vgl. außerdem Terlau BKR 2023, 809 (811).
[7] Zu Begriff und Konzept s. Terlau BKR 2023, 809 (811 f.).

MiCAR Art. 30   Titel III. Vermögenswertreferenzierte Token

und zwar (im Gegensatz zur ad-hoc-Pflicht gem. Art. 88 MiCAR) unabhängig davon, ob die betreffenden Kryptowerte zum Handel zugelassen sind.[8]

5   **3. Normativer Kontext.** Die Vorschrift des Art. 30 MiCAR dient somit dazu, die laut Definition **vermögenswertereferenzierter Token gem. Art. 3 Abs. 1 Nr. 6 MiCAR** charakteristische Wertstabilität zu verbürgen, die aus der Bezugnahme auf einen anderen Wert oder ein anderes Recht oder eine Kombination davon, einschließlich einer oder mehrerer amtlicher Währungen, resultiert. Die Regelung steht somit in normativem Zusammenhang mit den Vorschriften zur Vermögenswertreserve in Art. 36 ff. MiCAR, die sie durch ein Offenlegungsregime ergänzt. Erst auf dieser Grundlage können Anleger die Wertstabilität der Token zuverlässig einschätzen und Kauf- oder Verkaufsentscheidungen informiert treffen. Zudem erleichtert Offenlegung die Durchsetzung der Regelungen zur Vermögenswertreserve. Ein vergleichbarer Konnex fehlt bei Token, die kein Reservevermögen aufweisen.

6   Für die anderen Token-Gattungen finden sich daher **keine echten Parallelregelungen** zu Art. 30 MiCAR. Es bestehen lediglich gewisse inhaltliche Parallelen zwischen Art. 30 Abs. 3 MiCAR und Art. 12 MiCAR, der Anbieter von anderen Kryptowerten als vermögenswertereferenzierte Token oder E-Geld-Token bei Auftritt wesentlicher neuer Faktoren, wesentlicher Fehler oder wesentlicher Ungenauigkeiten dazu verpflichtet, veröffentlichte Kryptowerte-Whitepaper und Marketingmitteilungen zu ändern und diese Änderung sodann ihrerseits mit einer Begründung auf der Website zu veröffentlichen (vgl. Art. 12 Abs. 1 bzw. Abs. 6 MiCAR, (→ Art. 12 Rn. 4 ff.). Eine ähnliche, jedoch stärker komprimierte Regelung findet sich für E-Geld-Token in Art. 51 Abs. 12 MiCAR (→ Art. 51 Rn. 37 f.). In beiden Fällen handelt es sich jedoch um bloße Aktualisierungspflichten, die sich auf Kryptowerte-Whitepaper und Marketingmitteilungen beziehen, nicht um eigenständige Informationspflichten. Zudem knüpfen beide Vorschriften nicht explizit an die Kurs- bzw. Wertrelevanz an, auch wenn sich das Kriterium der Wesentlichkeit wohl in diesem Sinne auslegen lässt. Für signifikante E-Geld-Token verweist Art. 58 Abs. 1 MiCAR zwar auf zahlreiche Vorschriften zur Vermögenswertreserve, namentlich auf Art. 36–38 MiCAR, nicht jedoch auf die Offenlegungspflicht des Art. 30 MiCAR.[9]

7   Größere Überschneidungen bestehen demgegenüber zur **Pflicht zur Offenlegung von Insiderinformationen gem. Art. 88 Abs. 1 S. 1 MiCAR**. Ähnlich wie bei Art. 30 MiCAR ist bei dieser Ad-hoc-Publizitätspflicht durch die Anknüpfung an den Begriff der Insiderinformation die Kursrelevanz maßgeblich (vgl. Art. 87 Abs. 1 lit. a MiCAR: Eignung „den Kurs dieser Kryptowerte oder den Kurs eines damit verbundenen Kryptowerts erheblich zu beeinflussen"; → Art. 87 Rn. 11 f.). Der Maßstab dieser Relevanz ist jedoch anders formuliert (erhebliche Beeinflussung statt signifikanter Auswirkung). Als Bezugspunkt dient zudem der Kurs des Kryptowerts, nicht dessen Wert. Trotz der gleichwohl bestehenden Ähnlichkeit beider Regelungen kommen diese, sofern der betreffende Kryptower zum Handel zugelassen sind, parallel zur Anwendung (vgl. Art. 30 Abs. 3 MiCAR: „Unbeschadet des Artikels 88"), so dass Emittenten die betreffenden Ereignisse zweifach offenlegen müssen. Aufgrund der unterschiedlichen Regelungszwecke beider Publizitätsregime (→ Rn. 4) und aufgrund zahlreicher Detail-

---

[8] Vgl. nochmals Erwgr. Nr. 48 aE.
[9] Vgl. Lösing/John BKR 2023, 373 (379).

unterschiede bei deren Ausgestaltung genügt es freilich nicht, ein- und dieselbe Information blindlings doppelt zu veröffentlichen. Stattdessen müssen Emittenten die jeweiligen Eigenheiten beider Offenlegungspflichten beachten.

II. Periodische Offenlegung zu Zwecken der Beurteilung der Wertstabilität

Art. 30 Abs. 1 S. 1 MiCAR verpflichtet Emittenten vermögenswertereferenzierter Token, den Umlaufbetrag dieser Token sowie den Wert und die Zusammensetzung des Vermögenswertreserve offenzulegen. Somit verpflichtet die Regelung zur **Offenlegung** derjenigen Faktoren, die zur Beurteilung der **werthaltigen Absicherung der Token durch das Reservevermögen** erforderlich sind. Inhaltlich spielt die Regelung mit der Vorgabe des Art. 36 Abs. 7 MiCAR zusammen, die den Emittenten verpflichtet, den aggregierten Wert der Vermögenswertreserve anhand von Marktpreisen zu ermitteln, und die zudem verlangt, dass dieser Wert mindestens dem aggregierten Wert der Ansprüche der Inhaber des im Umlauf befindlichen vermögenswertereferenzierten Tokens gegen den Emittenten entsprechen muss. Die Zusammensetzung des Reservevermögens bildet ihrerseits einen notwendigen Teil der gem. Art. 36 Abs. 8 MiCAR erforderlichen Strategie des Emittenten (vgl. lit. a dieser Vorschrift, → Art. 36 Rn. 13). Auf Grundlage dieser Verpflichtungen des Art. 36 MiCAR haben die Emittenten vermögenswertereferenzierter Token die offenzulegenden Informationen ohnehin verfügbar; umgekehrt ermöglicht deren Offenlegung auf Grundlage von Art. 30 Abs. 1 MiCAR den Tokeninhabern und der Öffentlichkeit, den in Art. 36 MiCAR vorgesehenen Abgleich sowie die Einhaltung der dort vorgesehenen Anlagestrategie selbst zu überprüfen. 8

Die Vorschrift des Art. 30 Abs. 1 S. 1 MiCAR regelt nicht nur die Inhalte, sondern auch die **Form der Veröffentlichung**. Demnach müssen die erforderlichen Informationen auf der Website des Emittenten an einer öffentlich und leicht zugänglichen Stelle auf eine klare, präzise und transparente Weise offengelegt werden. Mit der Anforderung, die Informationen an einer öffentlich und leicht zugänglichen Stelle der Website zu platzieren, macht Art. 30 Abs. 1 MiCAR eine formale Anforderung explizit, die sich ähnlich im kapitalmarktrechtlichen Prospektrecht findet (s. etwa Art. 21 Abs. 3 Prospekt-VO), in die kryptowerterechtlichen Regelungen zum Kryptowerte-Whitepaper dagegen erst im Wege der Auslegung hineingelesen werden muss und kann (vgl. → Art. 28 Rn. 6 f.). Sie steht technischen Zugangshindernissen unterschiedlicher Art entgegen; unzulässig sind beispielsweise Passwortschutz, Registrierungserfordernis, Downloadbegrenzung oder Kostenpflicht.[10] Der Emittent sollte zudem für Benutzerfreundlichkeit sorgen, etwa indem er die publizitätspflichtigen Informationen in eigener Rubrik auf der Webseite zugänglich macht, die Möglichkeit zu Download und Druck als Datei bietet, und die Website mit Suchfunktion ausstattet und ggf. um Hyperlinks zu ergänzenden Dokumenten ergänzt.[11] Solche Hilfsmitteln entsprechen zudem der Anforderung, die Informationen auf eine klare, präzise 9

---

[10] So mit Blick auf das Prospektrecht: Ellenberger/Bunte BankR-HdB/Grundmann/Denga Emissionsgeschäft § 92 Rn. 70.
[11] Vgl. dazu nochmals Ellenberger/Bunte BankR-HdB/Grundmann/Denga Emissionsgeschäft § 92 Rn. 70; ferner MüKoHGB/Singhof Abschn. L Rn. 58.

und transparente Weise offenzulegen. Im Übrigen betrifft diese Anforderung die gestalterische Aufbereitung der Information, etwa deren Darstellung und Strukturierung. Insoweit dürfte die begriffliche Trias „auf eine klare, präzise und transparente Weise" trotz der etwas anderen Formulierung die gleichen Anforderungen beinhalten wie die drei Adjektive das allgemeinen Transparenzgebots in Art. 27 Abs. 1 Hs. 2 MiCAR („auf redliche, eindeutige und nicht irreführende Weise", dazu ausführlich → Art. 27 Rn. 22), das gem. Art. 29 Abs. 1 lit. b MiCAR wortgleich auch für Marketingmitteilungen gilt (→ Art. 29 Rn. 11). Insbesondere müssen Risiken klar benannt werden (näher → Art. 27 Rn. 22). Die Informationen bedürfen zudem einer möglichst transparenten Gliederung und einer verständlichen Sprache.[12]

10 Die Vorschrift des Art. 30 Abs. 1 S. 2 MiCAR regelt schließlich die **Periodizität der Veröffentlichung.** Eine Veröffentlichung lediglich zum Emissionszeitpunkt wäre keinesfalls ausreichend; die Vorschrift verlangt vielmehr periodische Publizität. Die erforderlichen Informationen müssen demnach mindestens monatlich aktualisiert werden. Eine bloße Überprüfung dürfte nach dem Wortlaut nicht ausreichen; vielmehr muss die Aktualität auf der Website erkennbar sein. Selbst, wenn alle Informationen unverändert geblieben sind, bedarf es deshalb eines Eintrags auf der Website.

III. Periodische Offenlegung des Prüfberichts

11 Art. 30 Abs. 2 MiCAR verlangt die Offenlegung des vollständigen und unbearbeiteten Prüfberichts in Bezug auf die in Art. 36 MiCAR genannte Vermögenswertreserve samt einer kurzen, klaren, präzisen und transparenten Zusammenfassung dieses Berichts. Ergänzend zu den Daten, die den Informationsadressaten gem. Art. 30 Abs. 1 MiCAR eine eigenständige Beurteilung der werthaltigen Absicherung der Token durch das Reservevermögen ermöglichen sollen, verbürgt diese Vorschrift die **periodische Offenlegung der Beurteilung dieser Wertstabilität durch einen neutralen und sachverständigen Dritten.** Die Periodizität ist aus dem Normtext des Art. 30 Abs. 2 MiCAR selbst nicht ersichtlich, sondern ergibt sich erst im Zusammenspiel mit der Vorschrift des Art. 36 Abs. 9 MiCAR, die Emittenten vermögenswertereferenzierter Token dazu verpflichtet, ab dem Tag ihrer Zulassung oder ab dem Tag der Genehmigung des Kryptowerte-Whitepapers alle 6 Monate eine unabhängige Prüfung der Vermögenswertreserve in Auftrag zu geben, in der die Einhaltung der Vorschriften zur Vermögenswertreserve gem. Art. 36 ff. MiCAR geprüft wird (→ Art. 36 Rn. 12). Die Veröffentlichung dieses Prüfberichts ist – neben der Mitteilung an die zuständige Behörde – bereits in Art. 36 Abs. 10 MiCAR samt einer Veröffentlichungsfrist (spätestens insgesamt acht Wochen nach dem Referenzdatum der Bewertung, näher → Art. 36 Rn. 12) verpflichtend vorgesehen. Die Offenlegungspflicht gem. Art. 30 Abs. 2 MiCAR dürfte keine separate, weitere Veröffentlichungspflicht statuieren, sondern mit der Pflicht des Art. 36 Abs. 10 MiCAR ineinandergreifen, indem sie die Modalitäten der Offenlegung klärt und die Ergänzung um eine Kurzfassung verlangt. Ansonsten – bei Annahme zweier eigenständiger Publizitätspflichten – käme es nicht nur zu einer Doppelung, sondern gingen auch die Regelungen des Art. 36 Abs. 10 S. 2 MiCAR ins Leere, die unter bestimmten Umständen einen Aufschub der Veröffentlichung auf behördliche Anordnung vorsehen

---

[12] Grundmann/Grundmann Achter Teil Rn. 166.

(→ Art. 36 Rn. 12). Die Ergänzung der Offenlegungspflicht des Art. 30 Abs. 2 um den „vollständigen und unbearbeiteten Prüfbericht" hat insofern primär deklaratorischen Charakter, stellt aber immerhin klar, dass der ohnehin gem. Art. 36 Abs. 10 MiCAR zu publizierende Bericht vom Emittenten vor der Offenlegung weder gekürzt noch bearbeitet werden darf und zudem schnellstmöglich an einer öffentlich und leicht zugänglichen Stelle zu publizieren ist.

Der Schwerpunkt des eigenständigen Regelungsgehalts des Art. 30 Abs. 2 MiCAR liegt jedoch auf dem ersten Halbsatz, der zusätzlich zum Prüfbericht die **Offenlegung einer kurzen, klaren, präzisen und transparenten Zusammenfassung** verlangt. Einzig mit dieser Schwerpunktsetzung lässt sich die etwas ungewöhnliche Reihenfolge im Normtext erklären, der diese Zusammenfassung zuerst benennt. Inhaltlich reiht sich die Vorgabe in die vielfältigen Regelungen des Kapitalanlagerechts ein, die verkürzte Informationsblätter unterschiedlichen Zuschnitts verlangen, um „vertriebsbezogene Publizitätsinstrumente anlegergerechter auszugestalten und stärker für den individuellen Anlegerschutz nutzbar zu machen" (vgl. etwa § 13 Abs. 1 VermAnlG bzw. § 64 Abs. 2 WpHG).[13] Hinsichtlich des Umfangs der Zusammenfassung, der sich aus der allgemeinen Anforderung der Kürze allenfalls vage bestimmen lässt, kann man sich daher an den Maßgaben orientieren, die für solche andere Informationsblätter entwickelt bzw. konkretisiert worden sind. Für Informationsblätter bei nicht komplexen Finanzinstrumenten iSd Art. 57 DelVO (EU) 2017/565 sieht § 4 Abs. 1 S. 1 WpDVerOV beispielsweise vor, dass das Informationsblatt maximal zwei Din-A4-Seiten umfassen darf, bei allen übrigen Finanzinstrumenten gilt eine Obergrenze von maximal drei Din-A4-Seiten.[14] Da die Veröffentlichung im Falle des Art. 30 Abs. 2 MiCAR auf der Website erfolgt, bedürfen diese Obergrenzen entsprechender „Umrechnung" etwa in eine Zeichenzahl (etwa 1.800 Zeichen inkl. Leerzeichen pro Seite); vorbehaltlich einer anderweitigen Konkretisierung der Regelung liefern sie aber ohnehin nur einen Orientierungswert. Die übrigen drei Adjektive (klar, präzise und transparent) betreffen die gestalterische Aufbereitung der Zusammenfassung hinsichtlich der inhaltlichen Darstellung und Strukturierung. Ähnlich wie in Art. 30 Abs. 1 MiCAR (→ Rn. 9) dürfte diese Trias wiederum die gleichen Anforderungen beinhalten wie jene des allgemeinen Transparenzgebots in Art. 27 Abs. 1 Hs. 2 MiCAR („auf redliche, eindeutige und nicht irreführende Weise", dazu ausführlich → Art. 27 Rn. 22). Auch in der Zusammenfassung müssen deshalb Risiken klar benannt werden und bedarf die Informationsdarstellung einer möglichst transparenten Gliederung und verständlichen Sprache.[15]

IV. Anlassbezogene Offenlegung

Art. 30 Abs. 3 MiCAR sieht vor, dass Emittenten vermögenswertereferenzierter Token auf ihrer Website an einer öffentlichen und leicht zugänglichen Stelle so schnell wie möglich und in klarer, präziser und transparenter Weise alle Ereignisse offenlegen müssen, die signifikante Auswirkungen auf den Wert der vermögenswertereferenzierten Token oder auf die in Art. 36 MiCAR genannten Vermögenswertreserve haben oder wahrscheinlich haben

---

[13] Assmann/Schütze/Buck-Heeb KapAnlR-HdB/Assmann/Buck-Heeb § 1 Rn. 100.
[14] Näher Schwark/Zimmer/Rothenhöfer WpHG § 64 Rn. 40.
[15] Vgl. Grundmann/Grundmann Achter Teil Rn. 166.

werden. Während die **allgemeinen Transparenzanforderungen** – Veröffentlichung auf der Website an einer öffentlich und leicht zugänglichen Stelle, in klarer, präziser und transparenter Weise, so schnell wie möglich – den entsprechenden Anforderungen in Art. 30 Abs. 1 und 2 MiCAR gleichen und daher auch im Rahmen dieses Absatzes gleichsinnig auszulegen sind (→ Rn. 9 und 12), unterscheidet sich die Vorgabe des Art. 30 Abs. 3 MiCAR insofern von den ersten beiden Absätzen, als sie keine periodische, regelmäßige Publizität einfordert (monatlich bzw. alle sechs Monate), sondern punktuell bei bestimmten Ereignissen eingreift – anlassbezogen, ähnlich der kapitalmarktrechtlichen ad-hoc Publizitätspflicht gem. Art. 17 MAR.[16]

14 Anlass und Inhalt der Offenlegung sind gem. Art. 30 Abs. 3 MiCAR alle Ereignisse, die **signifikante Auswirkungen auf den Wert** der vermögenswertereferenzierten Token oder auf die in Art. 36 MiCAR genannte Vermögenswertreserve haben oder wahrscheinlich haben werden. Die Besonderheit der Regelung besteht darin, dass sie nicht voraussetzt, dass die betreffenden Kryptowerte zum Handel zugelassen sind (→ Rn. 3 f.).[17] Es fehlt mithin der Marktbezug, der die tradierte ad-hoc Publizität wie auch die anlassbezogene Publizität gem. Art. 88 MiCAR auszeichnet.[18] Die Vorschrift dient daher nicht dem marktbezogenen Funktions- sondern ausschließlich dem individuellen Anlegerschutz (→ Rn. 4),[19] was sich in deren Formulierung niederschlägt und auch bei deren Auslegung zu berücksichtigen ist. Anders als die ad-hoc Publizitätspflichten gem. Art. 17 MAR bzw. gem. Art. 88 MiCAR korreliert die anlassbezogene Offenlegung gem. Art. 30 Abs. 3 MiCAR aus dem gleichen Grund nicht mit dem Insiderrecht; sie kann daher nicht an den Begriff der Insiderinformation (vgl. dagegen Art. 17 Abs. 1 MAR, Art. 88 Abs. 1 MiCAR) anknüpfen.[20] Gleichwohl ähnelt die Umschreibung der publizitätspflichtigen Ereignisse, die Art. 30 Abs. 3 MiCAR selbst statuiert, trotz einiger inhaltlicher Unterschiede der Definition der Insiderinformation in Art. 7 Abs. 1 lit. a MAR bzw. Art. 87 Abs. 1 lit. a MiCAR. Gemeinsam ist beiden Definitionen vor allem das Kriterium der Kurs- bzw. Wertrelevanz. Nach der Formulierung von Art. 30 Abs. 3 MiCAR müssen die fraglichen Ereignisse geeignet sein, sich signifikant auf den Wert der Token oder des Reservevermögens auszuwirken. Ähnlich wie im Fall der marktbezogenen ad-hoc-Publizitätspflichten bedarf es somit einer Beurteilung aus ex-ante-Perspektive.[21] Ähnlich dürfte außerdem, trotz fehlendem Kapitalmarktbezug, die Signifikanz aus Perspektive eines verständigen, rational handelnden (Klein-)Anlegers zu beurteilen sein.[22] Ähnlich wie die Erheblichkeit dürfte sich schließlich auch die Signifikanz nicht anhand

---

[16] Näher zu Funktionen und Einordnung der anlassbezogenen Publizität: Ellenberger/Bunte BankR-HdB/Hopt/Kumpan Insider- und Ad-hoc-Publizitätsprobleme § 86 Rn. 133 f.; monographisch: Pavlova, Anlassbezogene Informationspflichten des Emittenten, 2008.
[17] So Erwgr. Nr. 48 aE.
[18] Vgl. etwa Roth BKR 2023, 514, 514 f.
[19] Dazu allgemein Möslein WM 2024, im Erscheinen.
[20] Vgl. dagegen zu Art. 17 MAR, statt aller: Ellenberger/Bunte BankR-HdB/Hopt/Kumpan Insider- und Ad-hoc-Publizitätsprobleme § 86 Rn. 133 („in engem Zusammenhang mit dem Verbot von Insidergeschäften nach Art. 14 lit. a MAR").
[21] IdS Erwgr. Nr. 14 MAR; vgl. außerdem etwa Ellenberger/Bunte BankR-HdB/Hopt/Kumpan Insider- und Ad-hoc-Publizitätsprobleme § 86 Rn. 54.
[22] S. etwa Buck-Heeb Kapitalmarktrecht Rn. 402; ausführlich Kumpan/Misterek ZHR 184 (2020), 180.

fixer, prozentualer Marktschwellen beurteilen lassen.[23] Im Gegensatz zu den marktbezogenen ad-hoc-Publizitätspflichten sieht Art. 30 Abs. 3 MiCAR dagegen keine weiteren Tatbestandsvoraussetzungen vor. Es bedarf daher keines Emittenten- bzw. Tokenbezugs, so dass auch allgemeine Marktentwicklungen signifikante Ereignisse iSv Art. 30 Abs. 3 MiCAR sein können. Mangels Wechselbezüglichkeit zum Insiderrecht kommt außerdem nicht darauf an, ob das fragliche Ereignis bereits öffentlich bekannt ist oder nicht. Der wichtigste Unterschied jedoch dürfte darin bestehen, dass iRv Art. 30 Abs. 3 MiCAR Ereignisse, nicht (präzise) Informationen publizitätspflichtig sind. Die EuGH-Rechtsprechung zu mehrstufigen Entscheidungsprozessen[24] und zu mehrgliedrigen Gerüchteketten[25] ist daher im Rahmen der Offenlegung gem. Art. 30 Abs. 3 MiCAR nicht unmittelbar relevant. Stattdessen steht alleine die Eignung eines Ereignisses, signifikante Auswirkungen auf den Wert der vermögenswertereferenzierten Token oder auf die Vermögenswertreserve zu haben, im Vordergrund des Prüfungsprogramms.

Angesichts dieser Parallelen und Unterschiede (auch) zur marktbezogenen ad-hoc-Publizitätspflicht verdient schließlich das **Verhältnis zwischen Art. 30 Abs. 3 MiCAR und Art. 88 MiCAR** Beachtung (→ Rn. 7). Der Wortlaut zu Beginn von Art. 30 Abs. 3 MiCAR („Unbeschadet des Artikels 88") macht deutlich, dass beide Publizitätspflichten nebeneinander und unabhängig voneinander gelten. Sofern die tatbestandlichen Voraussetzungen beider Publizitätsregeln erfüllt sind, bedarf es daher einer doppelten Veröffentlichung. Umgekehrt steht es der Pflicht zur Veröffentlichung gem. Art. 30 Abs. 3 MiCAR nicht entgegen, wenn eine Publizität gem. Art. 88 MiCAR entbehrlich ist, etwa weil eines der dort zusätzlich enthaltenen Tatbestandsmerkmale nicht gegeben ist. Auch in Fällen, in denen zwar der Tatbestand dieser Norm erfüllt ist, Emittenten die Offenlegung aber ausnahmsweise gem. Art. 88 Abs. 2 MiCAR aufschieben dürfen (→ Art. 88 Rn. 11 f.), befreit dieser Aufschub daher nicht von der Pflicht zur Veröffentlichung „so schnell wie möglich" gem. Art. 30 Abs. 3 MiCAR. **15**

V. Durchführungsvorschriften im KMAG-E

Im Regierungsentwurf eines Gesetzes über die Digitalisierung des Finanzmarktes (Finanzmarktdigitalisierungsgesetz – FinmadiG)[26] finden sich im Gesetz zur Aufsicht über Märkte für Kryptowerte (Kryptomärkteaufsichtsgesetz – KMAG-E) **Durchführungsvorschriften zu Art. 30 MiCAR**. Insbesondere hat der Abschlussprüfer gem. § 40 Abs. 1 S. 3 Nr. 2 KMAG-E zu prüfen, ob das Institut seinen Verpflichtungen (auch) nach Art. 30 MiCAR nachgekommen ist. **16**

---

[23] Vgl. wiederum Buck-Heeb Kapitalmarktrecht Rn. 404; näher, auch zur Aufsichtspraxis der BaFin: Ellenberger/Bunte BankR-HdB/Hopt/Kumpan Insider- und Ad-hoc-Publizitätsprobleme § 86 Rn. 54.
[24] EuGH 28.6.2012 – C-19/11, ECLI:EU:C:2012:153 – Geltl.
[25] EuGH 15.3.2022 – C-302/20, ECLI:EU:C:2021:747 – Autorité des marchés financiers; vgl. dazu Möslein LMK 2022, 808789.
[26] BT-Drs. 20/10280; dazu näher Möslein/Rennig RDi 2024, 145.

Artikel 31 Beschwerdeverfahren

(1) Emittenten vermögenswertereferenzierter Token führen wirksame und transparente Verfahren für eine umgehende, redliche und einheitliche Bearbeitung von Beschwerden von Inhabern vermögenswertereferenzierter Token und von anderen interessierten Parteien, einschließlich Verbraucherverbänden, die Inhaber von vermögenswertereferenzierten Token vertreten, ein und erhalten sie aufrecht; außerdem veröffentlichen sie Erläuterungen dieser Verfahren. Werden die vermögenswertereferenzierten Token ganz oder teilweise von in Artikel 34 Absatz 5 Unterabsatz 1 Buchstabe h genannten Drittunternehmen vertrieben, so legen die Emittenten des vermögenswertereferenzierten Token Verfahren fest, um auch die Bearbeitung von Beschwerden zwischen Inhabern des vermögenswertereferenzierten Token und solchen Drittunternehmen zu erleichtern.

(2) Die Inhaber vermögenswertereferenzierter Token haben die Möglichkeit, bei den Emittenten ihrer vermögenswertereferenzierten Token oder gegebenenfalls bei den in Absatz 1 genannten Drittunternehmen unentgeltlich Beschwerde einzureichen.

(3) Emittenten vermögenswertereferenzierter Token und gegebenenfalls die in Absatz 1 genannten Drittunternehmen erstellen ein Muster für die Einreichung von Beschwerden, das sie den Inhabern vermögenswertereferenzierter Token zur Verfügung stellen, und führen Aufzeichnungen über alle eingegangenen Beschwerden und daraufhin getroffene Maßnahmen.

(4) Emittenten vermögenswertereferenzierter Token sorgen für eine zeitnahe und redliche Behandlung sämtlicher Beschwerden und teilen den Inhabern ihrer vermögenswertereferenzierten Token die Ergebnisse ihrer Untersuchungen innerhalb eines angemessenen Zeitraums mit.

(5) Die EBA arbeitet in enger Abstimmung mit der ESMA Entwürfe technischer Regulierungsstandards zur Präzisierung der Anforderungen, Standardformate und Beschwerdeverfahren aus.

Die EBA übermittelt der Kommission die in Unterabsatz 1 genannten Entwürfe technischer Regulierungsstandards spätestens am 30. Juni 2024.

Der Kommission wird die Befugnis übertragen, diese Verordnung durch die Annahme der in Unterabsatz 1 genannten technischen Regulierungsstandards gemäß den Artikeln 10 bis 14 der Verordnung (EU) Nr. 1093/2010 zu ergänzen.

Übersicht

	Rn.
I. Einführung	1
1. Literatur	1
2. Entstehung und Zweck der Norm	2
3. Normativer Kontext	5
II. Regelungsgehalt (Überblick)	7
1. Bearbeitung von Beschwerden	7
2. Einreichung von Beschwerden	10
3. Ergänzung durch technische Regulierungsstandards	12
III. Durchführungsvorschriften im KMAG-E	13

Art. 31 MiCAR

I. Einführung

1. Literatur. *Krönke,* Kryptoverwaltungsrecht, RDi 2024, 1; *Michel/ Schmidt,* MiCAR – Governance- & Compliance-Anforderungen für Kryptodienstleister, CCZ 2023, 261; *Möslein/Rennig,* Das Finanzmarktdigitalisierungsgesetz (FinmadiG) im europäischen Kontext, RDi 2024, 145; Schwark/Zimmer (Hrsg.), Kapitalmarktrechts-Kommentar, 5. Aufl. 2020.   1

2. Entstehung und Zweck der Norm. Die Regelung des Art. 31 MiCAR wurde im **Gesetzgebungsverfahren** nur geringfügig verändert. Im ursprünglichen Verordnungsvorschlag der Europäischen Kommission von 2020 war die Norm als Artikel 27 enthalten (COM(2020) 593 final, im Folgenden MiCAR-E). Abgesehen von Änderungen, die rein sprachlicher Natur oder der systematischen Stimmigkeit geschuldet sind (Einbeziehung der in Art. 34 Abs. 5 UAbs. 1 lit. h MiCAR genannten Drittunternehmen auch iRv Abs. 2 und Abs. 3), fällt vor allem ins Auge, dass die in Abs. 1 vorgesehene Beschwerdemöglichkeit der Token-Inhaber ergänzt wurde um eine gleichlaufende Befugnis von anderen interessierten Parteien, einschließlich Verbraucherverbänden, die Inhaber vermögenswertereferenzierter Token vertreten, gleichermaßen Beschwerde zu erheben. Zudem wurde die Verpflichtung eingefügt, die Erläuterungen der Beschwerdeverfahren zu veröffentlichen.   2

Eine inhaltlich vergleichbare **Vorgänger- und Modellregelung** findet sich in Art. 16 Abs. 2 MiFID II iVm Art. 26 und Art. 22 Abs. 2 lit. d DVO (EU) 2017/5658 **zum Beschwerdemanagement von Wertpapierdienstleistungsunternehmen.** Während die Richtlinienregel nur sehr allgemein angemessene Strategien und Verfahren verlangt, um die Einhaltung einschlägiger Vorschriften sicherzustellen, also lediglich eine wirksame Compliance fordert, sind die Vorgaben der Durchführungsverordnung ungleich ausführlicher. Sie enthalten mit Art. 31 MiCAR vergleichbare Regelungsgedanken, insbesondere wenn sie wirksame und transparente Strategien und Verfahren für das Beschwerdemanagement und deren Umsetzung auf Dauer verlangen, damit die Beschwerden von Kunden oder potenziellen Kunden unverzüglich abgewickelt werden.[1]   3

Ähnlich wie ihr Regelungsvorbild ist auch Art. 31 MiCAR im Compliance-Zusammenhang zu sehen.[2] Erwgr. Nr. 49 benennt die Einrichtung klarer Verfahren für den Umgang mit Beschwerden der Token-Inhaber als Instrument, um den **Regelungszweck des Schutzes von Kleinanlegern** zu erreichen. Das Beschwerdemanagement dient freilich nur als eine Art Transmissionsriemen, weil Anlegerschutz in erster Linie durch die materiell-rechtlichen Regelungen der Verordnung gewährleistet wird, die Einrichtung von Verfahren für das Beschwerdemanagement aber zu deren effektiver Einhaltung beitragen kann. Dabei bildet dieses Beschwerdemanagement eine Vorstufe zu den herkömmlichen Mechanismen des public sowie des private enforcement; es ähnelt dem vorgeschalteten Widerspruchsverfahren im Verwaltungsrecht.[3]   4

---

[1] Ausführlicher Schwark/Zimmer/Fett WpHG § 80 Rn. 66.
[2] Ähnlich zur Parallelvorschrift für Krypto-Dienstleister in Art. 71 MiCAR: Michel/Schmidt CCZ 2023, 261 (265).
[3] Vgl. Krönke RDi 2024, 1 (6) (Beschwerdemanagent als Element eines robusten Aufsichtsregimes).

MiCAR Art. 31 Titel III. Vermögenswertreferenzierte Token

5 **3. Normativer Kontext.** Eine **Parallelvorschriften zu Beschwerdeverfahren von Anbietern von Kryptowerte-Dienstleistungen,** die Art. 31 MiCAR in Inhalt und Struktur sehr ähnelt, findet sich in Art. 71 MiCAR. Art. 108 MiCAR verpflichtet überdies die zuständigen Behörden, Verfahren einzurichten, die es den Kunden und anderen interessierten Kreisen, insbesondere auch Verbraucherverbänden, ermöglichen, bei diesen Behörden Beschwerde einzulegen, wenn Anbieter, Personen, die die Zulassung zum Handel beantragen, Emittenten von vermögenswertereferenzierten Token oder E-Geld-Token oder Anbieter von Kryptowerte-Dienstleistungen mutmaßlich gegen die Verordnung verstoßen. Diese Regelung ist deutlich schlanker als die Vorschriften in Art. 31 und Art. 71 MiCAR, eröffnet den beschwerdeberechtigten Personen jedoch einen zweiten, alternativen Beschwerdeweg. Insbesondere in Fällen, in denen das Vertrauen etwa in den Emittenten erschüttert ist, erscheint eine solche Alternative durchaus sinnvoll.

6 Innerhalb der Verordnung bestehen **Querbezüge** zu den Regelungen über die Beantragung der Zulassung. Art. 18 Abs. 2 lit. q MiCAR sieht nämlich vor, dass der Antrag auf Zulassung u. a. eine Beschreibung der in Art. 31 MiCAR genannten Beschwerdeverfahren des antragstellenden Emittenten enthält. Auch im Rahmen der Kryptowerte-Whitepapers muss das Beschwerdeverfahren Berücksichtigung finden (vgl. Art. 25 Abs. 1 lit. i MiCAR). Emittenten vermögenswertereferenzierter Token müssen zudem gem. Art. 34 Abs. 5 lit. j MiCAR Strategien und Verfahren auch in Bezug auf die Bearbeitung von Beschwerden gem. Art. 31 MiCAR festlegen, aufrechterhalten und umsetzen.

II. Regelungsgehalt (Überblick)

7 **1. Bearbeitung von Beschwerden.** Die Regelung des Art. 31 Abs. 1 S. 1 MiCAR verpflichtet Emittenten vermögenswertereferenzierter Token, wirksame und transparente **Verfahren für eine umgehende, redliche und einheitliche Bearbeitung von Beschwerden** von Inhabern vermögenswertereferenzierter Token einzuführen und dauerhaft aufrechtzuerhalten. Die Verpflichtung richtet sich auf die Einrichtung sowie den dauerhaften Betrieb eines effektiven Beschwerdemanagements. Zugleich macht die Vorschriften inhaltliche Vorgaben, indem sie eine Verfahrensgestaltung verlangt, die eine umgehende, redliche und einheitliche Bearbeitung von Beschwerden gewährleistet. Diese inhaltlichen Standards entsprechen (und folgen bereits aus) der grundlegenden Pflicht zu ehrlichem, redlichem und professionellem Handeln, die einschließlich eines Gleichbehandlungsgebots bereits in Art. 27 MiCAR verankert ist. Das Verfahren muss auch anderen interessierten Parteien, einschließlich Verbraucherverbänden, offenstehen, die Inhaber vermögenswertereferenzierter Token vertreten. Umgekehrt muss sich gem. Art. 31 Abs. 1 S. 2 MiCAR auf Beschwerden gegen Drittunternehmen iSv Art. 34 Abs. 5 UAbs. 1 lit. h MiCAR erstrecken, die vermögenswertereferenzierte Token des Emittenten vertreiben. Um den Tokeninhabern und anderen interessierten Parteien die Einlegung von Beschwerdeverfahren zu erleichtern, sieht Art. 31 Abs. 1 S. 1 Hs. 2 MiCAR vor, dass die Emittenten Erläuterungen dieser Verfahren veröffentlichen.

8 Die Regelung in Art. 31 Abs. 4 MiCAR verpflichtet Emittenten vermögenswertereferenzierter Token, für eine **zeitnahe und redliche Behandlung sämtlicher Beschwerden** zu sorgen und den Token-Inhabern

348 Möslein

die Ergebnisse ihrer Untersuchungen innerhalb eines angemessenen Zeitraums mitzuteilen. Die Vorschrift hat jedoch keinen eigenen Regelungsgehalt, weil das Gebot der umgehenden und redlichen Bearbeitung von Beschwerden teils wortgleich bereits in Art. 31 Abs. 1 S. 1 MiCAR enthalten ist und notwendig auch deren Beantwortung umfasst.

In Art. 31 Abs. 3 Hs. 2 MiCAR findet sich eine weitere Regelung, die das Verfahren der Bearbeitung von Beschwerden betrifft. Sie sieht eine **Dokumentationspflicht** vor. Die Regelung verpflichtet Emittenten vermögenswertereferenzierter Token, Aufzeichnungen über alle eingegangenen Beschwerden und daraufhin getroffene Maßnahmen zu führen. Die gleiche Verpflichtung gilt für Drittunternehmen iSv Art. 34 Abs. 5 UAbs. 1 lit. h MiCAR.

2. Einreichung von Beschwerden. Art. 31 Abs. 2 MiCAR regelt die **Beschwerdebefugnis.** Die Regelung räumt Inhabern vermögenswertereferenzierter Token die Möglichkeit ein, bei den Emittenten dieser Token Beschwerde einzureichen. Die gleiche Möglichkeit muss, ähnlich wie gem. Art. 31 Abs. 1 MiCAR, auch bei Drittunternehmen iSv Art. 34 Abs. 5 UAbs. 1 lit. h MiCAR bestehen. Die Einreichung muss jeweils unentgeltlich möglich sein. Bemerkenswert ist, dass Art. 31 Abs. 2 MiCAR ausschließlich Inhaber vermögenswertereferenzierter Token als beschwerdebefugt benennt, während Art. 31 Abs. 1 MiCAR auch andere interessierte Parteien, die Inhaber vermögenswertereferenzierter Token vertreten (einschließlich Verbraucherverbände), mit einbezieht. Diese Diskrepanz mag bedeuten, dass die Einreichung lediglich für die Tokeninhaber selbst kostenfrei sein muss; möglicherweise handelt es sich jedoch nur um ein Redaktionsversehen.

Als Erleichterung sieht Art. 31 Abs. 3 MiCAR **Muster für die Einreichung von Beschwerden** vor, die die Emittenten vermögenswertereferenzierter Token bzw. die in Art. 31 Abs. 1 genannten Drittunternehmen den Inhabern vermögenswertereferenzierter Token zur Verfügung stellen müssen. Bemerkenswert ist wiederum, dass auch insoweit andere interessierte Parteien, die Inhaber vermögenswertereferenzierter Token vertreten (einschließlich Verbraucherverbände), keine Erwähnung finden, so dass jene anderen interessierten Parteien auch nicht in den Genuß dieser Verfahrenserleichterung kommen.

3. Ergänzung durch technische Regulierungsstandards. Art. 31 Abs. 5 MiCAR sieht schließlich eine **Präzisierung der Anforderungen, Standardformate und Beschwerdeverfahren** vor. Diese Präzisierung soll durch technische Regulierungsstandards erfolgen, die von der EBA in enger Abstimmung mit der ESMA erarbeitet werden. Diese Entwürfe sollen spätestens am 30.6.2024 der Kommission übermittelt werden. Nimmt die Kommission die technischen Regulierungsstandards an, so ergänzen diese gem. Art. 10–14 Verordnung (EU) Nr. 1093/2010 die Regelungen der MiCAR. Art. 31 Abs. 5 S. 3 MiCAR überträgt der Kommission die einschlägige Befugnis.

III. Durchführungsvorschriften im KMAG-E

Im Regierungsentwurf eines Gesetzes über die Digitalisierung des Finanzmarktes (Finanzmarktdigitalisierungsgesetz – FinmadiG)[4] finden sich im Ge-

---

[4] BT-Drs. 20/10280; dazu näher Möslein/Rennig RDi 2024, 145.

setz zur Aufsicht über Märkte für Kryptowerte (Kryptomärkteaufsichtsgesetz – KMAG-E) **Durchführungsvorschriften zu Art. 31 MiCAR.** Insbesondere hat der Abschlussprüfer gem. § 40 Abs. 1 S. 3 Nr. 2 KMAG-E zu prüfen, ob das Institut seinen Verpflichtungen (auch) nach Art. 31 MiCAR nachgekommen ist.

Artikel 32 Ermittlung, Vermeidung, Regelung und Offenlegung von Interessenkonflikten

(1) Emittenten vermögenswertereferenzierter Token führen wirksame Strategien und Verfahren zur Ermittlung, Vermeidung, Regelung und Offenlegung von Interessenkonflikten ein und erhalten diese aufrecht, und zwar in Bezug auf Interessenkonflikte zwischen ihnen und

a) ihren Anteilseignern oder Gesellschaftern;
b) jedem Anteilseigner oder Gesellschafter, der direkt oder indirekt eine qualifizierte Beteiligung an ihnen hält;
c) den Mitgliedern ihres Leitungsorgans;
d) ihren Beschäftigten;
e) den Inhabern vermögenswertereferenzierter Token, oder
f) Dritten, die eine der in Artikel 34 Absatz 5 Unterabsatz 1 Buchstabe h genannten Aufgaben wahrnehmen.

(2) Die Emittenten vermögenswertereferenzierter Token ergreifen insbesondere alle geeigneten Maßnahmen zur Ermittlung, Vermeidung, Regelung und Offenlegung von Interessenkonflikten, die sich aus der Verwaltung und Anlage des in Artikel 36 genannten Reservevermögens ergeben.

(3) Die Emittenten vermögenswertereferenzierter Token legen den Inhabern ihrer vermögenswertereferenzierten Token an gut sichtbarer Stelle auf ihrer Website die allgemeine Art und die Quellen von den in Absatz 1 genannten Interessenkonflikten sowie die zur Begrenzung dieser Risiken getroffenen Vorkehrungen offen.

(4) Die Offenlegung nach Absatz 3 muss so präzise sein, dass die potenziellen Inhaber der vermögenswertereferenzierten Token eine fundierte Entscheidung über den Kauf vermögenswertereferenzierter Token treffen können.

(5) Die EBA arbeitet Entwürfe technischer Regulierungsstandards aus, in denen Folgendes präzisiert wird:

a) die Anforderungen bezüglich der in Absatz 1 genannten Strategien und Verfahren;
b) die Einzelheiten und das Verfahren betreffend den Inhalt der Offenlegung nach Absatz 3.

Die EBA übermittelt der Kommission die in Unterabsatz 1 genannten Entwürfe technischer Regulierungsstandards spätestens am 30. Juni 2024.

Der Kommission wird die Befugnis übertragen, diese Verordnung durch die Annahme der in Unterabsatz 1 des vorliegenden Absatzes genannten technischen Regulierungsstandards gemäß den Artikeln 10 bis 14 der Verordnung (EU) Nr. 1093/2010 zu ergänzen.

Art. 32 MiCAR

Übersicht

	Rn.
I. Einführung	1
1. Literatur	1
2. Entstehung und Zweck der Norm	2
3. Normativer Kontext	5
II. Strategien und Verfahren der Konfliktbewältigung	7
1. Arten und Quellen von Interessenkonflikten	7
2. Interessenkonflikte bezüglich des Reservevermögens	8
3. Ermittlung, Vermeidung, Regelung und Offenlegung	9
III. Offenlegung der getroffenen Vorkehrungen	10
1. Gegenstand der Offenlegung	10
2. Format der Offenlegung	11
3. Genauigkeit der Offenlegung	12
IV. Konkretisierung durch technische Regulierungsstandards	13
V. Durchführungsvorschriften im KMAG-E	14

I. Einführung

1. Literatur. Ellenberger/Bunte (Hrsg.), Bankrechts-Handbuch, 6. Aufl. 1 2022 (BankR-HdB); Grundmann, Bankvertragsrecht, Band 2 – Investmentbanking, 2021; *Grundmann/Hacker,* Conflicts of interest, in: Busch/Ferrarini (Hrsg.), Regulation of EU financial markets: MiFID II, 2017; *Hopt,* Interessenwahrung und Interessenkonflikte im Aktien-, Bank- und Berufsrecht, ZGR 2004, 51; *Krönke,* Kryptoverwaltungsrecht, RDi 2024, 1; *Kumpan,* Der Interessenkonflikt im deutschen Privatrecht, 2014; Lehmann/Kumpan (Hrsg.), European Financial Services Law, 2019; *Michel/Schmitt,* MiCAR – Governance- & Compliance-Anforderungen für Kryptodienstleister, CCZ 2023, 261; *Möslein/Rennig,* Das Finanzmarktdigitalisierungsgesetz (FinmadiG) im europäischen Kontext, RDi 2024, 145; Münchener Kommentar zum Handelsgesetzbuch (MüKoHGB), Bd. 6: Bankvertragsrecht, 5. Aufl. 2023; Schulze/Janssen/Kadelbach (Hrsg.), Europarecht, 4. Aufl. 2020; Veil (Hrsg.), Europäisches und deutsches Kapitalmarktrecht, 3. Aufl. 2022 (EuKapMR).

2. Entstehung und Zweck der Norm. Der materielle Regelungsgehalt 2 des Art. 32 MiCAR war im Wesentlichen bereits in Art. 28 des ursprünglichen **Verordnungsvorschlag** der Europäischen Kommission von 2020 (COM(2020) 593 final, im Folgenden MiCAR-E) enthalten. Diese Norm war nahezu wortgleich formuliert; im Laufe des Gesetzgebungsverfahrens wurden lediglich einzelne Formulierungen verändert. Struktur und Inhalt der Vorschrift blieben ebenfalls weitgehend unverändert, auch wenn der ursprüngliche erste Absatz in der verabschiedeten Fassung auf Abs. 1 und 2 aufgeteilt worden ist und umgekehrt die urspünglichen Abs. 2 und 3 nunmehr in Art. 32 Abs. 3 MiCAR zusammengeführt worden sind. Auch in der Auflistung des Abs. 1 finden sich einzelne Umgruppierungen. Dass sich der ursprüngliche Art. 28 Abs. 1 lit. g in der Endfassung dieser Auflistung nicht mehr wiederfindet, ist lediglich eine Folgeänderung, die aus der umfassenden Neuformulierung der Rechte gegenüber den Emittenten resultiert (nunmehr: Recht auf Rücktausch, → Art. 39 Rn. 5 ff.).

Inhaltlich zumindest grob vergleichbare **Vorgänger- und Modellrege-** 3 **lungen** finden sich **im Wertpapierhandelsrecht zum Umgang von Wertpapierfirmen mit Interessenkonflikten,** namentlich in Art. 16

MiCAR Art. 32   Titel III. Vermögenswertreferenzierte Token

Abs. 3 sowie in Art. 23 MiFID II.[1] Die dortigen Regelungen sind im Vergleich zu Art. 32 MiCAR jedoch etwas anders gefasst. Art. 16 Abs. 3 MiFID selbst sieht lediglich knapp vor, dass Wertpapierfirmen auf Dauer wirksame organisatorische und verwaltungsmäßige Vorkehrungen für angemessene Maßnahmen treffen müssen, um zu verhindern, dass Interessenkonflikte iSv Art. 23 MiFID II den Kundeninteressen schaden.[2] Art. 23 MiFID II ist ungleich ausführlicher. Er benennt in Abs. 1 auf ähnliche Weise wie Art. 32 MiCAR die Personengruppen, zwischen denen relevante Interessenkonflikte auftreten können und verlangt ähnlich auch deren Erkennung, Vermeidung und Regelung. Die Offenlegung der Interessenkonflikte dagegen ist – lediglich subsidiär zu Art. 16 Abs. 3 MiFID – Gegenstand des Art. 23 Abs. 2 MiFID II. Im Zusammenspiel mit Abs. 3 verpflichtet diese Vorschrift in ähnlicher Weise wie Art. 32 Abs. 3 f. MiCAR die Normadressaten dazu, die allgemeine Art und die Quellen von Interessenkonflikten sowie die zur Begrenzung dieser Risiken ergriffenen Maßnahmen eindeutig darzulegen. Vorschriften zur Art und Weise dieser Offenlegung sind ebenfalls bereits in Art. 23 MiFID II enthalten. Wiederum ähnlich wie Art. 33 Abs. 5 MiCAR sieht die wertpapierhandelsrechtliche Regelung schließlich in ihrem letzten Absatz auch die Befugnis zum Erlass konkretisierender, delegierter Rechtsakte vor; die entsprechenden Vorgaben finden sich inzwischen in Art. 33–43 DelVO 2017/565 in einem eigenen Abschnitt zu Interessenkonflikten.

4   Ebenso wie dieses Regelungsvorbild zählt auch Art. 33 MiCAR zum Aufgabenkreis der **Compliance-Funktion,** steht aber zugleich auch **in engem funktionalem Zusammenhang mit den Wohlverhaltenspflichten** des Art. 27 MiCAR, die insbesondere ein Handeln im besten Interesse der Tokeninhaber verlangen (Art. 27 Abs. 2 Hs. 2 MiCAR, → Art. 27 Rn. 19–21).[3] Im Zusammenspiel mit den Organisationspflichten des Art. 34 MiCAR soll die Vorschrift Interessenkonflikte, die sich aus Prinzipal-Agent-Verhältnissen zwischen den genannten Personengruppen typischerweise ergeben, präventiv einhegen.[4] Sie adressiert vor allem das Problem, dass Emittenten typischerweise nicht ausschließlich zum Zweck der Wahrung der für vermögenswertreferenzierte Token charakteristischen Wertstabilität handeln (vgl. etwa → Art. 30 Rn. 4),[5] sondern auch gegenläufige, eigene Interessen verfolgen können. Indem die Regelung darauf abzielt, durch prozedurale Vorgaben der Zielsetzung der Wertstabilität trotz dieser Interessenkonflikte zur Durchsetzung zu verhelfen, dient sie letztlich wiederum dem Schutz der Kleinanleger (ähnlich etwa → Art. 31 Rn. 4). Den Erwägungsgründen sind diese teleologischen Begründungsmuster indessen nicht zu entnehmen. Erwgr. Nr. 50 besagt lediglich, dass die Emittenten vermögenswertreferenzierter Token eine Strategie für die Ermittlung, Verhinderung, Regelung

---

[1] Vgl. zu Finanzdienstleistungen allgemein Tröger in Schulze/Janssen/Kadelbach § 21 Rn. 112; s. außerdem Veil/Wundenberg EuKapMR § 33 Rn. 36 („Management von Interessenkonflikten" als Compliance-Aufgabe).
[2] Zu den unterschiedlichen Strategien zur Vermeidung von Interessenkonflikten vgl. nur Ellenberger/Bunte BankR-HdB/Faust Verhaltensregeln und Compliance § 89 Rn. 32 f.
[3] Ähnlich zu den wertpapierhandelsrechtlichen Regelungsvorbildern Grundmann/Binder Siebter Teil Rn. 59; vgl. auch Veil/Wundenberg EuKapMR § 33 Rn. 1.
[4] S. Grundmann/Binder Siebter Teil Rn. 60.
[5] IdS bereits die Definition solcher Token in Art. 3 Abs. 1 Nr. 6 MiCAR (maßgeblich, dass „Wertstabilität durch Bezugnahme auf einen anderen Wert oder ein anderes Recht oder eine Kombination davon, einschließlich einer oder mehrerer amtlicher Währungen, gewahrt werden soll").

und Offenlegung von Interessenkonflikten festlegen sollten, die sich aus ihren Beziehungen zu ihren Anteilseignern oder Gesellschaftern oder jedem Anteilseigner oder Gesellschafter, der direkt oder indirekt eine qualifizierte Beteiligungen an ihnen hält, oder zwischen ihnen und den Mitgliedern ihres Leitungsorgans, ihren Beschäftigten oder, Inhabern vermögenswertereferenzierter Token oder Drittdienstleistern ergeben könnten.

3. Normativer Kontext. Funktional spielt Art. 32 MiCAR, wie bereits angedeutet (→ Rn. 4), eng mit den Wohlverhaltenspflichten des Art. 27 MiCAR zusammen: Die Vorschrift zielt auf einen prozeduralen Rahmen, der dem materiellen Gebot, im besten Interesse der Tokeninhaber zu handeln (Art. 27 Abs. 2 Hs. 2 MiCAR, → Art. 27 Rn. 19–21), zur Durchsetzung verhelfen soll. Ein **funktionaler Zusammenhang** besteht außerdem mit den Regelungen zur Unternehmensführung in Art. 34 MiCAR, die ihrerseits – weitgehend gleichsinnig zu Art. 32 MiCAR und damit „doppelt" – verlangen, dass Emittenten vermögenswertereferenzierter Token Strategien und Verfahren in Bezug auf Interessenkonflikte gem. Art. 32 MiCAR festlegen, aufrechterhalten und umsetzen. Die Vorschrift spielt schließlich auch im Rahmen der Regelungen zur Vermögenswertreserve eine Rolle. Sie wirkt insbesondere mit der Vorgabe des Art. 37 Abs. 9 MiCAR zusammen, die den Anbietern von Kryptowerte-Dienstleistungen, Kreditinstituten und Wertpapierfirmen, die gemäß Art. 37 Abs. 4 MiCAR als Verwahrstellen bestellt werden, im Umgang mit Emittenten vermögenswertereferenzierter Token jede Tätigkeit untersagt, die zu Interessenkonflikten zwischen diesen Emittenten, den Inhabern der vermögenswertereferenzierten Token und ihnen selbst führen könnte; gem. Art. 37 Abs. 4 lit. b MiCAR gilt jedoch eine Ausnahme, wenn die potenziellen Interessenkonflikte von den Emittenten der vermögenswertereferenzierten Token gemäß Art. 32 MiCAR ordnungsgemäß ermittelt, überwacht, geregelt und den Inhabern der vermögenswertereferenzierten Token offengelegt werden.

Während sich für die anderen Token-Gattungen keine **Parallelregeln** zu Art. 32 MiCAR finden,[6] statuiert Art. 72 MiCAR ganz ähnliche Anforderungen **für Anbieter von Kryptowerte-Dienstleistungen**.[7] Beide Vorschriften weisen große strukturelle und inhaltliche **Ähnlichkeiten** auf: Art. 72 Abs. 1 MICAR statuiert ganz ähnlich wie Art. 32 Abs. 1 MiCAR eine allgemeine Pflicht, wirksame Strategien und Verfahren zur Ermittlung, Vermeidung, Regelung und Offenlegung von Interessenkonflikten zu entwickeln und zu verfolgen, und er benennt gleichermaßen die relevanten Interessenträger (→ Art. 72 Rn. 5 ff.). Art. 72 Abs. 2 und 3 MiCAR regeln in vergleichbarer Weise wie Art. 32 Abs. 3 und 4 MiCAR die Grundsätze der Offenlegung (→ Art. 72 Rn. 13 ff.), und Art. 72 Abs. 5 MiCAR statuiert ähnlich wie Art. 32 Abs. 5 MiCAR eine Befugnis zum Erlass konkretisierender, delegierter Rechtsakte. (→ Art. 72 Rn. 18). **Unterschiede** bestehen andererseits insofern, als Art. 32 Abs. 2 MiCAR in Art. 72 MiCAR keine Parallele hat, weil er sich auf die Verwaltung und Anlage des in Art. 36 MiCAR genannten Reservevermögens bezieht, also auf eine spezifische Eigenheit vermögenswertereferenzierter Token. Schwerer zu erklären ist dagegen auf den ersten Blick, weshalb Art. 72 Abs. 4 MiCAR umgekehrt keine Parallele in Art. 32 MiCAR hat. Die Vorschrift sieht eine jährliche

---

[6] Vgl. Krönke RDi 2024, 1 (5 f.) (Element einer besonders „robuste[n] Kryptoaufsicht").
[7] Näher Michel/Schmitt CCZ 2023, 261 (264 f.).

Überprüfung der Strategie für den Umgang mit Interessenkonflikten vor und verpflichtet die Regelungsadressaten, alle geeigneten Maßnahmen zu ergreifen, um etwaige diesbezügliche Mängel zu beheben (→ Art. 72 Rn. 17). Entsprechende periodische Kontrollen der Strategien für den Umgang mit Interessenkonflikten sind zweifelsohne auch für Emittenten vermögenswertereferenzierter Token sinnvoll, weil sie dazu beitragen, diese Strategien fortzuentwickeln und zu verbessern. Der Verordnungsgeber hat sie jedoch nicht iRv Art. 32 MiCAR vorgesehen, sondern eine entsprechende Verpflichtung stattdessen in Art. 34 Abs. 3 MiCAR verortet (→ Art. 34 Rn. 10).

II. Strategien und Verfahren der Konfliktbewältigung

7   1. **Arten und Quellen von Interessenkonflikten.** Art. 32 Abs. 1 MiCAR benennt in Form einer **Aufzählung von Interessenträgern** die Arten und Quellen von Interessenkonflikten, um deren Bewältigung es geht.[8] Relevant sind demnach, erstens, Konflikte zwischen dem Emittenten der vermögenswertereferenzierten Token und dessen Anteilseignern bzw. Gesellschaftern (lit. a). Resultieren können solche Konflikte vor allem aus deren Gewinninteresse, das den Interessen des Emittenten, etwa an langfristiger Wertstabilität, nicht notwendig entspricht. Eigenständige Erwähnung finden Anteilseigner oder Gesellschafter, die direkt oder indirekt eine qualifizierte Beteiligung am Emittenten halten (lit. b). Angesichts der Einflussmacht, die über solche Beteiligungen vermittelt wird, besteht hier noch größere Gefahr, dass den Anteilseignerinteressen Vorrang eingeräumt wird. Zweitens sind Konflikte zwischen dem dem Emittenten der vermögenswertereferenzierten Token und den Mitgliedern seines Leitungsorgans relevant (lit. c). Weil diese befugt sind, Strategie, Ziele und Gesamtpolitik des Unternehmens festzulegen, und die Entscheidungen der Geschäftsführung des Unternehmens kontrollieren und überwachen (vgl. Art. 3 Abs. 1 Nr. 27 MiCAR), genießen sie ebenfalls ein großes Maß an Entscheidungsmacht. Im Gegensatz zu den Anteilseignern haben die Mitglieder des Leitungsorgans jedoch nicht das unternehmerische Risiko zu tragen, so dass sie typischerweise risikofreudig agieren. Auch aus dieser Risikofreude kann ein Interessenkonflikt resultieren, weil sie tendenziell dem Ziel der Wertstabilität der vermögenswertereferenzierten Token zuwiderläuft. Weniger offensichtlich ist das Konfliktpotential im Verhältnis zwischen Emittenten und deren Beschäftigten (lit. d). Es ist aber denkbar, dass beispielsweise aus bestimmten Vergütungsmodellen ähnlich risikofreudiges Verhalten resultiert wie bei den Mitgliedern des Leitungsorgans. Ähnlich wie die Beschäftigten stehen auch Drittunternehmen mit dem Emittenten in einer vertraglichen Beziehung, wenn sie mit diesen Unternehmen Vereinbarungen über die Verwaltung der Vermögenswertreserve, die Anlage und Verwahrung des Reservevermögens und, falls vorhanden, den öffentlichen Vertrieb der vermögenswertereferenzierten Token getroffen haben (lit. f iVm Art. 34 Abs. 5 lit. h MiCAR). Auch bei solchen Vereinbarungen kann inbesondere die Struktur der Vergügusvereinbarung Interessenkonflikte begünstigen. Die Inhaber vermögenswertereferenzierter Token finden in der Aufzählung gleichrangig Erwähnung (lit. e), obwohl sie

---

[8] Die Parallelvorschriften im Wertpapierhandelsrecht nehmen (auch) auf den Begriff der „relevanten Person" Bezug, der in Art. 2 Nr. 1 DelVO 2017/565 definiert ist; vgl. MüKoHGB/Ekkenga Abschn. P Rn. 479.

letztlich die Begünstigten der gesamten Regelung des Art. 32 MiCAR sind. Interessenkonflikte im bilateralen Verhältnis zwischen ihnen und dem Emittenten können sich nämlich ebenso zu Lasten der Tokeninhaber auswirken wie auch Interessenkonflikte im Verhältnis zwischen dem Emittenten und allen genannten Dritten.[9]

2. Interessenkonflikte bezüglich des Reservevermögens. Art. 32 Abs. 2 MiCAR betont, dass insbesondere Maßnahmen zur Ermittlung, Vermeidung, Regelung und Offenlegung von Interessenkonflikten ergriffen werden müssen, die sich aus der Verwaltung und Anlage des in Art. 36 MiCAR genannten Reservevermögens ergeben. Diese besondere Relevanz lässt sich damit erklären, dass die Bewältigung von Interessenkonflikten, zu der die Regelung des Art. 32 MiCAR beitragen soll, insbesondere der **Wahrung der Wertstabilität** dient, die vermögenswertereferenzierte Token nach der Vorstellung des Verordnungsgebers auszeichnen soll (vgl. deren Definition in Art. 3 Abs. 1 Nr. 6 MiCAR). Interessenkonflikten, die eine Gefahr für diese Wertstabilität darstellen können, müssen Emittenten daher besondere Aufmerksamkeit schenken, wenn sie Maßnahmen zur Ermittlung, Vermeidung, Regelung und Offenlegung von Interessenkonflikten konzipieren und ergreifen. Umgekehrt zeigt die Formulierung des Art. 32 Abs. 2 MiCAR („insbesondere") freilich auch, dass auch andere Interessenkonflikte, die nicht aus der Verwaltung und Anlage des Reservevermögens resultieren, der Vorgabe des Art. 32 Abs. 1 MiCAR unterfallen. Denkbar sind beispielsweise Interessenkonflikte, die das sonstige Vermögen, die Eigenmittel oder die Liquidität des Emittenten gefährden, weil sie beispielsweise übermäßige unternehmerische Risiken zur Folge haben können. 8

3. Ermittlung, Vermeidung, Regelung und Offenlegung. Art. 32 Abs. 1 MiCAR verlangt wirksame **Strategien und Verfahren** zur Ermittlung, Vermeidung, Regelung und Offenlegung der Interessenkonflikte, die zwischen den genannten Interessenträgern entstehen können. Die vielfältigen denkbaren Mechanismen der Konfliktlösung können hier nicht im Einzelnen skizziert werden, so dass insoweit auf das Schrifttum zu Interessenkonflikten von Wertpapierfirmen und zu Interessenkonflikten allgemein zu verweisen ist.[10] Benennen lassen sich zumindest einige der wichtigsten allgemeinen Grundsätze für solche Konfliktlösungsmechanismen, die sich im Wortlaut der Aufzählung des Art. 32 Abs. 1 MiCAR widerspiegeln. Erstens gilt die organisatorische oder funktionale Trennung von Geschäftsbereichen, zwischen denen Pflichtenkollisionen entstehen können, durch sog. Chinese Walls als „Königsweg" eines präventiven Mittels der Konfliktvermeidung.[11] Zweitens kommt die regelgeleitete Behandlung von Interessenkonflikten als Mechanismus der Konfliktlösung in Betracht, insbesondere durch ein sog. Interessenkonfliktmanagement („Conflict of Interest Policy"), das beispielsweise Regelungen wie das Prioritätsprinzip oder die pro rata Repartierung 9

---

[9] Zu den diversen Richtungen von Interessenkonflikten im Zusammenhang des Wertpapierhandelsrechts: Ellenberger/Bunte BankR-HdB/Faust Verhaltensregeln und Compliance § 89 Rn. 26a und 28 f.
[10] Grundlegend Hopt ZGR 2004, 51; vgl. außerdem, statt aller, Ellenberger/Bunte BankR-HdB/Faust Verhaltensregeln und Compliance § 89 Rn. 32; monographisch Kumpan, Der Interessenkonflikt im deutschen Privatrecht, 2014.
[11] S. etwa Ellenberger/Bunte BankR-HdB/Faust Verhaltensregeln und Compliance § 89 Rn. 32; Veil/Wundenberg EuKapMR § 33 Rn. 61 ff.; vgl. ausführlich Grundmann/Binder Siebter Teil Rn. 65.

beinhalten kann.¹² Solche Regelungen spielen zwar primär im Wertpapierhandel eine Rolle, können jedoch auch hinsichtlich der Verwaltung des Reservevermögens dienlich sein. Drittens kommt die Offenlegung potentieller oder bestehender Interessenkonflikte gegenüber den Tokeninhabern als Mittel der Konfliktbewältigung in Betracht, weil sie ihnen Gelegenheit gibt, die Art und Schwere des Konflikts selbst einzuschätzen und die Vertrauenswürdigkeit der Konfliktbehandlung zu prüfen.¹³ Viertens schließlich können Interessenkonflikte vermieden werden, indem bestimmte Aufträge oder Transaktionen bei widerstreitenden Interessen schlicht unterlassen werden.¹⁴

III. Offenlegung der getroffenen Vorkehrungen

10   **1. Gegenstand der Offenlegung.** Den Gegenstand der Offenlegung bilden gem. Art. 32 Abs. 3 MiCAR die allgemeine Art und die Quellen von den genannten Interessenkonflikten sowie die zur Begrenzung dieser Risiken getroffenen Vorkehrungen. Insoweit geht es also nicht um die Offenlegung konkreter Interessenkonflikte (die ihrerseits Gegenstand der betreffenden Strategien und Verfahren sein kann, → Rn. 10), sondern um die **Offenlegung der abstrakten Konfliktlagen,** indem insbesondere die skizzierten Arten und Quellen (→ Rn. 7) dargelegt werden. Zugleich sind die zur Begrenzung dieser Risiken getroffenen Vorkehrungen offenzulegen, also die in → Rn. 10 skizzierten Strategien und Verfahren. Entsprechend muss die Beschreibung die allgemeine Art und die Ursachen eines Interessenkonflikts sowie die Risiken, die sich für den Kunden aus einem Interessenkonflikt ergeben, darlegen und die Maßnahmen, die zur Minderung dieser Risiken ergriffen wurden, erläutern.¹⁵

11   **2. Format der Offenlegung.** Als Format der Offenlegung sieht Art. 32 Abs. 3 MiCAR vor, dass die Informationen **an gut sichtbarer Stelle auf ihrer Website** zu veröffentlichen sind. Es bedarf somit nicht der Zusendung oder direkten Übermittlung an alle Tokeninhaber. Umgekehrt ist jedoch wichtig, dass die Informationen auf der Webseite gut zugänglich sind. Es dürfen weder Zugangshindernissen (Passwortschutz oä) bestehen noch darf die Darstellung auf der Website unübersichtlich sein. Es gelten mithin ähnliche Anforderung wie an die Offenlegung gem. Art. 30 Abs. 1 S. 1 MiCAR, so dass auf die dortigen Ausführungen verwiesen werden kann (→ Art. 30 Rn. 9).

12   **3. Genauigkeit der Offenlegung.** Hinsichtlich der Genauigkeit und Detailtiefe der Offenlegung verlangt Art. 32 Abs. 4 MiCAR, dass die Informationen so **präzise** sind, dass sie dem potenziellen Inhaber der vermögenswertereferenzierten Token **eine fundierte Entscheidung über den Kauf vermögenswertereferenzierter Token ermöglichen.** Die Anforderung ähnelt dem Erfordernis des Art. 23 Abs. 3 lit. b MiFID II, nach der die

---

¹² Näher wiederum Grundmann/Binder Siebter Teil Rn. 64.
¹³ Vgl. Ellenberger/Bunte BankR-HdB/Faust Verhaltensregeln und Compliance § 89 Rn. 32.
¹⁴ Dazu ausführlich am Beispiel von Vertriebsvorgaben Grundmann/Binder Siebter Teil Rn. 69; s. außerdem Ellenberger/Bunte BankR-HdB/Faust Verhaltensregeln und Compliance § 89 Rn. 32.
¹⁵ S. etwa Lehmann/Kumpan/Brenncke, European Financial Services Law, MiFID II Art. 23 Rn. 7.

Offenlegung je nach Status des Kunden so ausführlich zu sein hat, dass dieser seine Entscheidung über die Dienstleistung, in deren Zusammenhang der Interessenkonflikt auftritt, in Kenntnis der Sachlage treffen kann. Entsprechend muss die Offenlegung auch im Rahmen von Art. 32 Abs. 4 MiCAR für den durchschnittlichen Anleger innerhalb der betreffenden Kundenkategorie (zB professionelle Kunden oder Kleinanleger) ausreichen, um eine fundierte Entscheidung in Bezug auf einen Token-Erwerb zu treffen. Entsprechend dem allgemeinen Zuschnitt der MiCAR gilt im Zweifel der Maßstab eines Kleinanlegers.[16] Die Beschreibung braucht jedoch nicht unbedingt aus Perspektive eines bestimmten Anlegers hinreichend ausführlich zu sein.[17] Diese Auslegung mag allerdings – ähnlich wie bei Art. 23 Abs. 3 lit. b MiFID II – deshalb in Frage gestellt werden, weil die Bestimmung auf (spezifische?) potenzielle Inhaber der vermögenswertereferenzierten Token Bezug nimmt, so dass möglicherweise Bedarf nach größerer Personalisierung der offengelegten Information besteht.[18] Umgekehrt steht die vorgesehene Veröffentlichung auf der Website einer solchen Personalisierung, anders als im Wertpapierhandelsgeschäft, tendenziell entgegen. Entscheidend dürfte daher die ex-ante Beurteilung aus Perspektive eines (beliebigen) verständigen (Klein-)Anlegers sein.

IV. Konkretisierung durch technische Regulierungsstandards

13 Art. 32 Abs. 5 MiCAR sieht schließlich eine **Präzisierung der Anforderungen der** in Art. 32 Abs. 1 MiCAR genannten **Strategien und Verfahren sowie der Einzelheiten und Verfahren betreffend den Inhalt der Offenlegung** gem. Art. 32 Abs. 3 MiCAR vor. Diese Präzisierung soll durch technische Regulierungsstandards erfolgen, die von der EBA erarbeitet werden. Diese Entwürfe sollen spätestens am 30.6.2024 der Kommission übermittelt werden. Nimmt die Kommission die technischen Regulierungsstandards an, so ergänzen diese gem. Art. 10–14 Verordnung (EU) Nr. 1093/2010 die Regelungen der MiCAR. Art. 32 Abs. 5 S. 3 MiCAR überträgt der Kommission die einschlägige Befugnis.

V. Durchführungsvorschriften im KMAG-E

14 Im Regierungsentwurf eines Gesetzes über die Digitalisierung des Finanzmarktes (Finanzmarktdigitalisierungsgesetz – FinmadiG)[19] finden sich im Gesetz zur Aufsicht über Märkte für Kryptowerte (Kryptomärkteaufsichtsgesetz – KMAG-E) **Durchführungsvorschriften zu Art. 32 MiCAR**. Insbesondere hat der Abschlussprüfer gem. § 40 Abs. 1 S. 3 Nr. 2 KMAG-E zu prüfen, ob das Institut seinen Verpflichtungen (auch) nach Art. 32 MiCAR nachgekommen ist.

---

[16] IdS bspw. Erwgr. Nr. 47.
[17] Vgl. nochmals Lehmann/Kumpan/Brenncke, European Financial Services Law, MiFID II Art. 23 Rn. 7.
[18] Busch/Ferrarini/Grundmann/Hacker, Regulation of EU financial markets: MiFID II, paras 7.49-7.52.
[19] BT-Drs. 20/10280; dazu näher Möslein/Rennig RDi 2024, 145.

Artikel 33 Mitteilung von Änderungen im Leitungsorgan

Die Emittenten vermögenswertereferenzierter Token unterrichten ihre zuständige Behörde sofort über jede Änderung in ihrem Leitungsorgan und stellen ihr alle Informationen zur Verfügung, die erforderlich sind, um die Einhaltung von Artikel 34 Absatz 2 zu bewerten.

Übersicht

	Rn.
I. Einführung	1
1. Literatur	1
2. Entstehung und Zweck der Norm	2
3. Normativer Kontext	5
II. Unterrichtung über Änderungen im Leitungsorgan	6
1. Änderung im Leitungsorgan	6
2. Sofortige Unterrichtung der zuständigen Behörde	8
III. Bereitstellung von Informationen	10
IV. Durchführungsvorschriften im KMAG-E	11

I. Einführung

1 **1. Literatur.** *Mohr/Maume*, Wirecard-Skandal – Personenüberprüfungen im Finanzsektor, ZRP 2021, 2; *Möslein/Rennig*, Das Finanzmarktdigitalisierungsgesetz (FinmadiG) im europäischen Kontext, RDi 2024, 145; Schäfer/Omlor/Mimberg (Hrsg.), ZAG – Zahlungsdiensteaufsichtsgessetz, 2021; Schwennicke/Auerbach (Hrsg.), KWG – Kreditwesengesetz, 4. Aufl. 2021.

2 **2. Entstehung und Zweck der Norm.** Die Regelung des Art. 32 MiCAR wurde im **Gesetzgebungsverfahren** teilweise verändert. Im ursprünglichen Verordnungsvorschlag der Europäischen Kommission von 2020 war ihr zentraler Regelungsgehalt bereits im damaligen Artikel 29 enthalten (COM(2020) 593 final, im Folgenden MiCAR-E). Während der erste Halbsatz lediglich kleinere sprachliche Veränderungen erfahren hat, die zudem teils aus insgesamt geänderten Begrifflichkeiten innerhalb der MiCAR resultieren (vermögenswertereferenziert statt wertereferenziert), wurde der zweite Halbsatz, der die Bereitstellung aller Informationen verlangt, die erforderlich sind, um die Einhaltung von Art. 34 Abs. 2 zu bewerten, im Laufe des Gesetzgebungsverfahrens neu in die Vorschrift eingefügt.

3 Inhaltlich vergleichbare **Vorgänger- und Modellregelungen** finden sich verschiedentlich im Finanzaufsichtsrecht, dass von regulierten Instituten verlangt, der Bundesanstalt für Finanzdienstleistungen (BaFin) als zuständiger Behörde insbesondere die beabsichtigte Bestellung sowie das Ausscheiden von Geschäftsleitern unverzüglich anzuzeigen, im deutschen Recht namentlich in § 24 Abs. 1 Nr. 1 f. KWG sowie in § 28 Abs. 1 Nr. 1 f. ZAG.[1] Die europäischen Regelungen, die mit diesen Vorschriften umgesetzt werden, sind allerdings weniger explizit. So enthält beispielsweise Art. 19 Abs. 1 lit. a PSD2-RL lediglich die allgemeine Verpflichtung zur Mitteilung der Namen von Geschäftsleitern, ohne anlassbezogen auf Veränderungen abzustellen. Die genannten Regelungen betreffen regulierte Institute, die einer behördlichen

---

[1] Näher etwa Schwennicke/Auerbach/Süßmann KWG § 24 Rn. 9–13; Schäfer/Omlor/Mimberg/Wilting ZAG § 28 Rn. 5–21.

Zulassung bedürfen. Für Geschäftsleiter solcher Institute gilt die materielle Anforderung, dass sie fachlich geeignet und zuverlässig sein und der Wahrnehmung ihrer Aufgaben ausreichend Zeit widmen müssen (vgl. § 25c KWG).[2] Die Mitteilungspflicht dient vor allem dazu, der Aufsichtsbehörde die Möglichkeit zu geben, diese Anforderungen bei Veränderungen im Leitungsorgan effektiv zu prüfen.[3]

Der **Regelungszweck der Unterrichtungspflicht** des Art. 33 MiCAR besteht gleichermaßen darin, eine effektive behördliche Überwachung von Qualifikationsanforderungen an Geschäftsleiter zu ermöglichen. Die materiellen Anforderungen finden sich in diesem Fall in Art. 34 Abs. 2 MiCAR (→ Art. 34 Rn. 8 ff.), auf die Art. 33 Hs. 2 MiCAR explizit Bezug nimmt. Emittenten vermögenswertereferenzierter Token bedürfen ähnlich wie Finanzinstitute einer behördlichen Zulassung; sie unterliegen entweder als Kreditinstitut ohnehin dem finanzaufsichtsrechtlichen Zulassungsregime (vgl. Art. 16 Abs. 1 lit. b MiCAR, → Art. 16 Rn. 6), oder sie müssen das MiCAR-spezifische Zulassungsverfahren durchlaufen, das die Vorschriften in Art. 18 ff. MiCAR vorsehen (vgl. Art. 16 Abs. 1. lit. a MiCAR, → Art. 16 Rn. 7). Auch insoweit bestehen daher Ähnlichkeiten zu den vorbildhaften Regelungen des Finanzaufsichtsrechts. Dass die Mitglieder des Leitungsorgans im Rahmen des Zulassungsverfahrens wie auch der laufenden Aufsicht vielfältigen regulatorischen Anforderungen unterliegen, lässt sich letztlich mit ihrer zentralen Bedeutung für die Wertstabilität vermögenswertereferenzierter Token begründen: Der Verordnungsgeber weist dem Leitungsorgan nämlich in Art. 36 Abs. 6 MiCAR die grundlegende Aufgabe zu, die wirksame und umsichtige Verwaltung der Vermögenswertreserve zu gewährleisten. Die Wertstabilität wiederum ist das charakteristische Merkmal vermögenswertereferenzierter Token, die sich bereits nach ihrer Definition dadurch auszeichnen, dass ihre „Wertstabilität durch Bezugnahme auf einen anderen Wert oder ein anderes Recht oder eine Kombination davon, einschließlich einer oder mehrerer amtlicher Währungen, gewahrt werden soll" (Art. 3 Abs. 1 Nr. 6 MiCAR; → Art. 3 Rn. 41 ff.).

3. Normativer Kontext. Die Regelung steht in einem engen normativen Zusammenhang mit der Vorschrift des Art. 34 Abs. 2 MiCAR, auf die Art. 33 Hs. 2 MiCAR verweist. Diese Vorschrift statuiert nämlich die materiellen **Anforderungen an die Zuverlässigkeit und Eignung von Geschäftsleitern** von Emittenten vermögenswertereferenzierter Token: Die Mitglieder des Leitungsorgans müssen demnach hinreichend gut beleumundet sein und sowohl einzeln als auch gemeinsam über die angemessenen Kenntnisse, Fähigkeiten und Erfahrung verfügen, um ihre Aufgaben wahrnehmen zu können. Sie dürfen zudem nicht wegen Straftaten im Zusammenhang mit Geldwäsche oder Terrorismusfinanzierung oder anderen Straftaten verurteilt worden sein, die ihren guten Leumund beeinträchtigen würden, und müssen ferner nachweisen, dass sie in der Lage sind, ausreichend Zeit für die wirksame Wahrnehmung ihrer Aufgaben aufzuwenden. Art. 33 MiCAR korreliert weiterhin mit allen Vorschriften, nach denen die Mitglieder des Leitungsorgans im Rahmen des Zulassungsverfahrens involviert sind. Beispielsweise muss bereits der Zulassungsantrag gem. Art. 18

---

[2] Zur Personenüberprüfung im Finanzsektor (und ihren Defiziten) näher Mohr/Maume ZRP 2021, 2, 2 f.
[3] So etwa Schwennicke/Auerbach/Süßmann KWG § 24 Rn. 9.

MiCAR Art. 33   Titel III. Vermögenswertreferenzierte Token

Abs. 1 MiCAR Informationen zur Identität der Mitglieder des Leitungsorgans des antragstellenden Emittenten enthalten (Art. 18 Abs. 2 lit. h MiCAR); zugleich sind Nachweise für die Erfüllung der Anforderungen an der Zuverlässigkeit und Eignung zu liefern (Art. 18 Abs. 5 MiCAR). Andererseits hängt die Erteilung dieser Zulassung von der Qualifikation und Integrität des Leitungsorgans sowie von der Einhaltung dieser Anforderungen ab (Art. 21 Abs. 2 lit. a bzw. b MiCAR). Die gemeinsamen Leitlinien, die EBA und ESMA gem. Art. 21 Abs. 3 MiCAR u. a. für die Bewertung der Eignung der Mitglieder des Leitungsorgans von Emittenten vermögenswertereferenzierter Token herausgeben sollen, gewinnen auch für die Beurteilung auch der gem. Art. 33 MiCAR einzureichenden Unterlagen Bedeutung. Da Art. 33 MiCAR ebenso wie die übrigen regulatorischen Anforderungen an Geschäftsleiter mit dem charakteristischen Merkmal der Wertstabilität korrelieren (→ Rn. 4), das spezifisch vermögenswertereferenzierte Token auszeichnet, finden sich für die anderen Token-Gattungen keine Parallelvorschriften zu Art. 33 MiCAR.

II. Unterrichtung über Änderungen im Leitungsorgan

6   **1. Änderung im Leitungsorgan.** Die Unterrichtungspflicht des Art. 33 Hs. 1 MiCAR wird durch jede Änderung im Leitungsorgan ausgelöst. Der **Begriff des Leitungsorgans** unterscheidet sich begrifflich von der im Finanzaufsichtsrecht ansonsten üblichen Bezugnahme auf Geschäftsleiter (vgl. etwa § 24 Abs. 1 Nr. 1 KWG). Dieser Begriff wird in Art. 3 Abs. 1 Nr. 27 MiCAR legaldefiniert; er bezeichnet demnach „das Organ − oder die Organe − eines Emittenten [...], die befugt sind, Strategie, Ziele und Gesamtpolitik des Unternehmens festzulegen, und die die Entscheidungen der Geschäftsführung des Unternehmens kontrollieren und überwachen, und Personen umfasst, die die Geschäfte des Unternehmens tatsächlich führen" (Art. 3 → Rn. 160 f.). Erfasst sind demnach beispielsweise die Geschäftsführer von Gesellschaften mit beschränkter Haftung sowie die Vorstands- und Aufsichtsratsmitglieder von Aktiengesellschaften. Weil nach dem Wortlaut jedoch auch tatsächliche Umstände relevant sind, die von der rechtlichen Gestaltung abweichen können, erfasst die Regelung nicht nur die sog. geborenen Geschäftsleiter iSv § 1 Abs. 2 KWG, die nach Gesetz, Satzung oder Gesellschaftsvertrag zur Führung der Geschäfte und zur Vertretung berufen sind,[4] sondern auch gekorene Geschäftsleiter[5] sowie selbst faktische Mitglieder des Leitungsorgans. Die Anzeigepflicht gilt auch für kommissarisch eingesetzte Geschäftsleiter oder sonstige Personen, die maßgeblichen Einfluss auf die Geschäftspolitik haben.

7   Auch durch den **Begriff „jede Änderung"** unterscheidet sich Art. 33 MiCAR von den finanzaufsichtsrechtlichen Parallelregelungen, die jeweils spezifischer auf die Bestellung oder umgekehrt das Ausscheiden bzw. die Entziehung der Vertretungsbefugnis abstellen (vgl. wiederum § 24 Abs. 1 Nr. 1 und 2 KWG).[6] Entsprechend breiter dürfte der Anwendungsbereich der Regelung sein, zumal nicht nur wesentliche Änderungen, sondern eben „jede Änderung" die Meldepflicht auslöst. Daher sind beispielsweise auch

---

[4] Zum Begriff Schwennicke/Auerbach/Schwennicke KWG § 1 Rn. 163; vgl. ferner Schäfer/Omlor/Mimberg/Danwerth ZAG § 1 Rn. 284.
[5] Dazu Schäfer/Omlor/Mimberg/Danwerth ZAG § 1 Rn. 297 ff.
[6] Ausf. Schwennicke/Auerbach/Süßmann KWG § 24 Rn. 9–13.

geänderte Zuständigkeitsverteilungen innerhalb des Leitungsorgans erfasst, die weder mit einer Neubestellung noch mit einer Abberufung einhergehen. Gleiches gilt für bloße Änderungen der Vertretungs- oder Geschäftsführungsbefugnis einzelner Organmitglieder.

2. Sofortige Unterrichtung der zuständigen Behörde. Die Unterrichtung der zuständigen Behörde muss **sofort** erfolgen. Der Begriff dürfte ähnlich auszulegen sein wie das Wort „unverzüglich", das bei den finanzaufsichtsrechtlichen Parallelregelungen Verwendung findet (vgl. wiederum § 24 Abs. 1 Nr. 1 und 2 KWG).[7] Die Unterrichtung muss daher ohne schuldhaftes Zögern (§ 121 BGB) nach Eintritt des unterrichtungspflichtigen Vorgangs, hier der Änderung im Leitungsorgan, erfolgen. 8

Formale Anforderungen an die Unterrichtung der zuständigen Behörde statuiert Art. 33 MiCAR nicht. Im Gegensatz dazu verlangt beispielsweise § 1 ZAGAnzV, dass die erforderlichen Anzeigen in jeweils einfacher Ausfertigung einzureichen sind und die Einreichung in deutscher Sprache zu erfolgen hat. Sofern Unterlagen nicht in deutscher Sprache verfasst sind, bedarf es einer amtlich beglaubigten Übersetzung, sofern nicht die BaFin auf diese Übersetzung verzichtet.[8] Vergleichbare Anforderungen wird man auch iRv Art. 33 MiCAR stellen können, sofern die zuständigen Behörden die Regelung entsprechend konkretisieren. Einer speziellen Konkretisierungsbefugnis bedarf es dafür nicht. 9

III. Bereitstellung von Informationen

Art. 33 Hs. 2 MiCAR verlangt schließlich, dass Emittenten die zuständige Behörde nicht nur über die Änderung unterrichten, sondern ihr zusätzlich alle Informationen zur Verfügung stellen, die erforderlich sind, um die Einhaltung von Art. 34 Abs. 2 MiCAR zu bewerten. Entsprechend sind alle Dokumente und Unterlagen beizubringen, die auch im Rahmen der Zulassung vorzulegen sind, damit die Behörde die **Zuverlässigkeit und Eignung der Mitglieder des Leitungsorgans** von Emittenten vermögenswertereferenzierter Token sinnvoll beurteilen kann. Art. 33 Hs. 2 MiCAR erfasst daher insbesondere diejenigen Nachweise, die in Art. 18 Abs. 5 MiCAR explizit benannt sind (Art. 18 → Rn. 11 f.). 10

IV. Durchführungsvorschriften im KMAG-E

Im Regierungsentwurf eines Gesetzes über die Digitalisierung des Finanzmarktes (Finanzmarktdigitalisierungsgesetz – FinmadiG)[9] finden sich im Gesetz zur Aufsicht über Märkte für Kryptowerte (Kryptomärkteaufsichtsgesetz – KMAG-E) **Durchführungsvorschriften zu Art. 33 MiCAR.** Insbesondere hat der Abschlussprüfer gem. § 40 Abs. 1 S. 3 Nr. 2 KMAG-E zu prüfen, ob das Institut seinen Verpflichtungen (auch) nach Art. 33 MiCAR nachgekommen ist. 11

---

[7] Näher Schwennicke/Auerbach/Süßmann KWG § 24 Rn. 3.
[8] Vgl. dazu etwa Schäfer/Omlor/Mimberg/Wilting ZAG § 28 Rn. 4.
[9] BT-Drs. 20/10280; dazu näher Möslein/Rennig RDi 2024, 145.

Artikel 34 Regelungen zur Unternehmensführung

(1) Die Emittenten vermögenswertereferenzierter Token legen solide Regelungen zur Unternehmensführung fest, einschließlich einer klaren Organisationsstruktur mit genau abgegrenzten, transparenten und kohärenten Verantwortungsbereichen, wirksamer Verfahren für die Ermittlung, Regelung, Überwachung und Meldung der Risiken, denen sie ausgesetzt sind oder ausgesetzt sein könnten, sowie angemessener Mechanismen interner Kontrollen mit soliden Verwaltungs- und Rechnungslegungsverfahren.

(2) Die Mitglieder des Leitungsorgans von Emittenten vermögenswertereferenzierter Token müssen hinreichend gut beleumundet sein und sowohl einzeln als auch gemeinsam über die angemessenen Kenntnisse, Fähigkeiten und Erfahrung verfügen, um ihre Aufgaben wahrnehmen zu können. Insbesondere dürfen sie nicht wegen Straftaten im Zusammenhang mit Geldwäsche oder Terrorismusfinanzierung oder anderen Straftaten verurteilt worden sein, die ihren guten Leumund beeinträchtigen würden. Sie müssen ferner nachweisen, dass sie in der Lage sind, ausreichend Zeit für die wirksame Wahrnehmung ihrer Aufgaben aufzuwenden.

(3) Das Leitungsorgan der Emittenten vermögenswertereferenzierter Token bewertet und überprüft regelmäßig die Wirksamkeit der Strategien und Verfahren, die zur Erfüllung der Kapitel 2, 3, 5 und 6 dieses Titels eingeführt wurden, und ergreift geeignete Maßnahmen zur Behebung etwaiger diesbezüglicher Mängel.

(4) Anteilseigner oder Gesellschafter, die direkt oder indirekt qualifizierte Beteiligungen an Emittenten vermögenswertereferenzierter Token halten, müssen hinreichend gut beleumundet sein und dürfen insbesondere nicht für Straftaten im Zusammenhang mit Geldwäsche oder Terrorismusfinanzierung oder für andere Straftaten, die ihrem guten Leumund schaden würden, verurteilt worden sein.

(5) Die Emittenten vermögenswertereferenzierter Token legen Strategien und Verfahren fest, die hinreichend wirksam sind, um die Einhaltung dieser Verordnung sicherzustellen. Die Emittenten vermögenswertereferenzierter Token müssen insbesondere Strategien und Verfahren festlegen, aufrechterhalten und umsetzen in Bezug auf:

a) die in Artikel 36 genannte Vermögenswertreserve;
b) die Verwahrung des Reservevermögens, einschließlich der Trennung der Vermögenswerte, gemäß Artikel 37;
c) die Rechte, die Inhabern vermögenswertereferenzierter Token gemäß Artikel 39 gewährt werden;
d) den Mechanismus für die Ausgabe und den Rücktausch vermögenswertereferenzierter Token;
e) die Protokolle für die Validierung von Geschäften mit vermögenswertereferenzierten Token;
f) die Funktionsweise der unternehmenseigenen Distributed-Ledger-Technologie des Emittenten, wenn die vermögenswertereferenzierten Token mittels einer solchen von Emittenten oder von einem für sie handelnden Dritten betriebenen Distributed-Ledger-Technologie oder vergleichbare Technologie ausgegeben, übertragen und gespeichert werden;
g) die Mechanismen zur Gewährleistung der Liquidität vermögenswertereferenzierter Token, einschließlich der in Artikel 45 genannten Stra-

tegien und Verfahren für das Liquiditätsmanagement für Emittenten signifikanter vermögenswertereferenzierter Token;
h) Vereinbarungen mit Drittunternehmen über die Verwaltung der Vermögenswertreserve, die Anlage und Verwahrung des Reservevermögens und, falls vorhanden, den öffentlichen Vertrieb der vermögenswertereferenzierten Token;
i) die schriftliche Zustimmung, die Emittenten vermögenswertereferenzierter Token anderen Personen erteilt haben, die die vermögenswertereferenzierten Token öffentlich anbieten oder deren Zulassung zum Handel beantragen;
j) die Bearbeitung von Beschwerden gemäß Artikel 31;
k) Interessenkonflikte gemäß Artikel 32.

Schließen Emittenten vermögenswertereferenzierter Token Vereinbarungen gemäß Unterabsatz 1 Buchstabe h ab, so werden diese Vereinbarungen in einem Vertrag mit den Drittunternehmen festgelegt. In diesen vertraglichen Vereinbarungen werden die Aufgaben, Zuständigkeiten, Rechte und Pflichten sowohl der Emittenten vermögenswertereferenzierter Token als auch der Drittunternehmen festgelegt. Bei vertraglichen Vereinbarungen mit rechtsordnungsübergreifenden Auswirkungen ist eine eindeutige Auswahl des anzuwendenden Rechts zu treffen.

(6) Sofern die Emittenten vermögenswertereferenzierter Token keinen Rücktauschplan gemäß Artikel 47 aufgestellt haben, wenden sie geeignete und verhältnismäßige Systeme, Ressourcen und Verfahren zur Sicherstellung einer kontinuierlichen und regelmäßigen Erbringung ihrer Dienstleistungen und Tätigkeiten an. Zu diesem Zweck führen die Emittenten vermögenswertereferenzierter Token all ihre Systeme und Protokolle zur Wahrung der Zugriffssicherheit im Einklang mit den einschlägigen Standards der Union.

(7) Beschließt der Emittent eines vermögenswertereferenzierten Token, die Erbringung seiner verbundener Dienstleistungen und Tätigkeiten einzustellen, auch indem er die Ausgabe dieses vermögenswertereferenzierten Token einstellt, so legt er der zuständigen Behörde einen Plan zur Genehmigung dieser Einstellung vor.

(8) Die Emittenten vermögenswertereferenzierter Token ermitteln Quellen operationeller Risiken und minimieren diese Risiken durch Entwicklung geeigneter Systeme, Kontrollen und Verfahren.

(9) Die Emittenten vermögenswertereferenzierter Token legen eine Strategie zur Fortführung des Geschäftsbetriebs und Pläne fest, mit denen im Falle der Unterbrechung ihrer IKT-Systeme und Verfahren die Bewahrung wesentlicher Daten und Funktionen und die Aufrechterhaltung ihrer Tätigkeiten oder, wenn dies nicht möglich ist, zeitnah die Wiederherstellung dieser Daten und Funktionen und die Wiederaufnahme ihrer Tätigkeiten sichergestellt werden.

(10) Die Emittenten vermögenswertereferenzierter Token müssen über interne Kontrollmechanismen und wirksame Verfahren für Risikomanagement, einschließlich wirksam wirksamer Kontroll- und Schutzvorkehrungen für das Management von IKT-Systemen gemäß der Verordnung (EU) 2022/2554 des Europäischen Parlaments und des Rates (37) verfügen. In diesen Verfahren ist eine umfassende Bewertung der Inanspruchnahme von Drittunternehmen gemäß Absatz 5 Unterabsatz 1 Buchstabe h des vorliegenden Artikels vorzusehen. Emittenten vermögenswertereferenzierter Token überwachen und bewerten regelmäßig die Angemessenheit und

Wirksamkeit der Mechanismen der internen Kontrolle und der Verfahren für die Risikobewertung und ergreifen geeignete Maßnahmen zur Behebung etwaiger diesbezüglicher Mängel.

(11) Die Emittenten vermögenswertereferenzierter Token richten angemessene Systeme und Verfahren ein, um die Verfügbarkeit, Authentizität, Integrität und Vertraulichkeit der Daten gemäß der Verordnung (EU) 2022/2554 und der Verordnung (EU) 2016/679 zu schützen. Über diese Systeme werden relevante Daten und Informationen, die im Rahmen der Tätigkeiten der Emittenten erhoben und generiert werden, erfasst und gesichert.

(12) Die Emittenten vermögenswertereferenzierter Token stellen sicher, dass sie regelmäßig von unabhängigen Prüfern geprüft werden. Die Ergebnisse dieser Prüfungen werden dem Leitungsorgan des betreffenden Emittenten mitgeteilt und der zuständigen Behörde zur Verfügung gestellt.

(13) Bis zum 30. Juni 2024 gibt die EBA in enger Zusammenarbeit mit der ESMA und der EZB Leitlinien gemäß Artikel 16 der Verordnung (EU) Nr. 1093/2010 heraus, in denen die inhaltlichen Mindestanforderungen an die Regelungen zur Unternehmensführung im Hinblick auf folgende Elemente spezifiziert werden:

a) die Instrumente zur Überwachung der Risiken nach Absatz 8;
b) den in Absatz 9 genannten Plan zur Fortführung des Geschäftsbetriebs;
c) den in Absatz 10 genannten internen Kontrollmechanismus;
d) die in Absatz 12 genannten Prüfungen, einschließlich der Unterlagen, die mindestens bei der Prüfung zu verwenden sind.

Beim Herausgeben der in Unterabsatz 1 genannten Leitlinien berücksichtigt die EBA die Bestimmungen über die Anforderungen an die Unternehmensführung aus anderen Gesetzgebungsakten der Union über Finanzdienstleistungen, einschließlich der Richtlinie 2014/65/EU.

Übersicht

	Rn.
I. Einführung	1
1. Literatur	1
2. Entstehung und Zweck der Norm	2
3. Normativer Kontext	5
II. Regelungsgegenstände (Überblick)	6
1. Ordnungsmäßigkeit der Geschäftsorganisation (Abs. 1)	7
2. Persönliche und fachliche Anforderungen (Abs. 2 und Abs. 4)	8
3. Compliance-Organisation (Abs. 3 und Abs. 5–7)	10
4. Risikomanagement (Abs. 8–11)	13
5. Unabhängige Prüfung (Abs. 12)	14
6. Konkretisierung durch Leitlinien (Abs. 13)	15
III. Durchführungsvorschriften im KMAG-E	16

I. Einführung

1 **1. Literatur.** Dauses/Ludwigs (Hrsg.), Handbuch des EU-Wirtschaftsrechts, Werkstand: 59. EL Oktober 2023 (Hdb EU-WirtR); Fischer/Schulte-Mattler (Hrsg.), KWG CRR – Kommentar zu Kreditwesengesetz, VO (EU)

Nr. 575/2013 (CRR) und Ausführungsvorschriften, Bd. 1, 6. Aufl. 2023 (FSM-KWG); *Krönke,* Kryptoverwaltungsrecht, RDi 2024, 1; *Michel/Schmitt,* MiCAR – Governance- & Compliance-Anforderungen für Kryptodienstleister, CCZ 2023, 261; *Möslein,* Corporate Governance von Zahlungs- und E-Geld-Instituten: What's different about payment services?, RdZ 2021, 35; *Möslein/Rennig,* Das Finanzmarktdigitalisierungsgesetz (FinmadiG) im europäischen Kontext, RDi 2024, 145; *Rast,* Unternehmerische Organisationsfreiheit und Gemeinwohlbelange, 2022; Schäfer/Omlor/Mimberg (Hrsg.), ZAG – Zahlungsdiensteaufsichtsgesetz, 2021; Hopt/Binder/Böcking (Hrsg.), Handbuch Corporate Governance von Banken und Versicherungen, 2. Aufl. 2020; Schwennicke/Auerbach (Hrsg.), KWG – Kreditwesengesetz, 4. Aufl. 2021.

2. **Entstehung und Zweck der Norm.** Die umfangreiche Vorschrift des Art. 34 MiCAR wurde im **Gesetzgebungsverfahren** etwas verändert. Sie war im ursprünglichen Verordnungsvorschlag der Europäischen Kommission von 2020 als Artikel 30 enthalten (COM(2020) 593 final, im Folgenden MiCAR-E). Abgesehen von kleineren sprachlichen Veränderungen, die insbesondere aus insgesamt geänderten Begrifflichkeiten innerhalb der MiCAR resultieren (etwa: vermögenswertereferenziert statt wertereferenziert), wurden zwei Absätze neu eingefügt und in den übrigen Absätzen einzelne Vorschriften spezifiziert. So sind beispielsweise im zweiten Absatz die persönlichen Anforderungen an die Geschäftsleiter geschärft und um Regelbeispiele strafrechtlicher Sanktionierung in einem neuen Satz 2 ergänzt, die einem guten Leumund zwingend entgegenstehen; ähnliche Änderungen sind im (jetzigen) vierten Absatz zu verzeichnen. Der dritte Absatz, dessen Regelungsgehalt Bezüge zu Art. 32 MiCAR aufweist (vgl. → Art. 32 Rn. 6), wurde neu eingefügt. In der Auflistung des fünften Absatzes wurde lit. i eingefügt. Neu ist schließlich auch der jetzige siebte Absatz, der Emittenten verpflichtet, den Behörden einen Plan zur Genehmigung der Einstellung der Erbringung verbundener Dienstleistungen und Tätigkeiten vorzulegen. 2

Inhaltlich vergleichbare **Vorgänger- und Modellregulierungen** finden sich bei den Organisationsregeln des Finanzaufsichtsrechts, im deutschen Recht namentlich in §§ 25a ff. KWG und § 27 ZAG.[1] Während die die zahlungsdiensteaufsichtlichen Regelungen (größtenteils) autonom gesetztes Recht darstellen,[2] beruhen die Regelungen für Kreditinstitute auf europäischen Vorgaben, insbesondere auf Art. 74 CRD IV-RL. Inhaltlich gleichen sich vor allem die grundlegenden, jeweils ersten Absätze von Art. 34 MiCAR und Art. 74 CRD IV-RL; die Formulierungen sind größtenteils wortgleich. Die übrigen Absätze von Art. 34 MiCAR weisen gewisse Ähnlichkeiten zu anderen, spezifischeren Vorschriften der CRD IV-RL auf. So sind beispielsweise Anforderungen an den guten Leumund (vgl. Art. 34 Abs. 2 und 4 MiCAR) bei den Zulassungsregeln insbesondere in Art. 16 Abs. 3 sowie in Art. 23 Abs. 1 lit. a und b CRD IV-RL zu finden; Regeln zum Risikomanagement, die Art. 34 Abs. 8 und 10 MiCAR zumindest ähneln, sind in den Regeln zur Behandlung von Risiken (Art. 76 ff. CRD IV-RL) verortet. 3

Der **Regelungszweck von Art. 34 MiCAR** wird in dem eigentlich sehr umfangreichen Erwgr. Nr. 51 lediglich knapp angedeutet, weil dieser Erwä- 4

---

[1] Näher etwa Schwennicke/Langen/Donner KWG § 25a Rn. 1–9; Schäfer/Omlor/Mimberg/Möslein ZAG § 27 Rn. 1–3.
[2] Schäfer/Omlor/Mimberg/Möslein ZAG § 27 Rn. 9.

gungsgrund vor allem den Inhalt der Norm wiedergibt. Ganz am Ende enthält er jedoch zumindest noch den Hinweis, mit diesen Verpflichtungen solle „der Schutz der Inhaber vermögenswertereferenzierter Token und insbesondere von Kleinanlagern sichergestellt werden, ohne dass unnötige Hindernisse geschaffen werden". Mehr Aufschluss gibt ein Blick in die finanzaufsichtsrechtlichen Organisationsregeln. Demnach sollen diese Regelungen den Zielen der Aufsicht dienen und „Missständen im Kredit- und Finanzdienstleistungswesen entgegenwirken, welche die Sicherheit der den Instituten anvertrauten Vermögenswerte gefährden, die ordnungsgemäße Durchführung der Bankgeschäfte oder Finanzdienstleistungen beeinträchtigen oder erhebliche Nachteile für die Gesamtwirtschaft herbeiführen können".[3] Auf ähnliche Weise dienen die Corporate-Governance-Vorgaben an Emittenten, die Art. 34 MiCAR statuiert, letztlich der Wertstabilität der vermögenswertereferenzierten Token (und dadurch mittelbar dem in Erwgr. Nr. 51 angesprochenen Anlegerschutz). Die Besonderheit der Vorgaben besteht darin, dass sie keine konkreten Handlungsanweisungen geben, sondern abstrakt die unternehmensinterne, strukturelle Gestaltung organisatorischer Abläufe, eben Governance-Fragen regeln.[4] Inhaltlich lassen sich diese Vorgaben größtenteils als Ausprägung der organschaftlichen Legalitätskontrollpflicht verstehen, weil und soweit sie die Pflicht der Geschäftsleitung zur Ausgestaltung einer ordnungsgemäßen Compliance-Organisation betreffen.[5] Gleichwohl sind die Normen genuin aufsichtsrechtlicher Natur; sie dienen dazu, der zuständigen Behörde Aufsichts- und Kontrollbefugnisse hinsichtlich der unternehmensinternen Compliance-Organisation einzuräumen.[6]

5   **3. Normativer Kontext.** Funktional spielt Art. 34 MiCAR mit den Wohlverhaltenspflichten des Art. 27 MiCAR zusammen: Die Vorschrift zielt auf einen prozeduralen Rahmen, der dem materiellen Gebot, im besten Interesse der Tokeninhaber zu handeln (Art. 27 Abs. 2 Hs. 2 MiCAR, → Art. 27 Rn. 19–21), zur Durchsetzung verhelfen soll. Ein **funktionaler Zusammenhang** besteht zudem mit den Regelungen zur Vermeidung von Interessenkonflikten in Art. 32 MiCAR, die insbesondere im Gleichlauf mit Art. 34 Abs. 5 lit. k MiCAR ebenfalls verlangen, dass Emittenten vermögenswertereferenzierter Token Strategien und Verfahren in Bezug auf Interessenkonflikte festlegen und aufrechterhalten; zugleich baut Art. 34 Abs. 3 MiCAR u. a. auf der Regelung des Art. 32 MiCAR auf (vgl. → Art. 32 Rn. 5). Während sich für die anderen Token-Gattungen keine **Parallelregeln** zu Art. 34 MiCAR finden,[7] statuiert Art. 68 MiCAR ganz ähnliche Anforderungen **für Anbieter von Kryptowerte-Dienstleistungen**.[8] Beide Vorschriften weisen strukturelle und inhaltliche **Ähnlichkeiten** auf: Art. 68 Abs. 1 und 2 MiCAR statuieren Anforderungen an den guten Leumund, die Art. 34 Abs. 2 und 4 MiCAR ähneln; auch die spezielleren Vorgaben etwa zur Gewährleistung der Stabilität von IKT-Systemen sind vergleichbar (Art. 34 Abs. 10 bzw. 68 Abs. 7 MiCAR). Die beiden Regelungen unterscheiden sich jedoch insofern grundlegend, als Art. 68 MiCAR

---

[3] Schwennicke/Langen/Donner KWG § 25a Rn. 2 mwH.
[4] Möslein RdZ 2021, 35.
[5] Ähnlich Schäfer/Omlor/Mimberg/Möslein ZAG § 27 Rn. 5.
[6] Für einen allgemeinen Überblick zu aufsichtsrechtlichen Organisationsregeln vgl. Rast, Unternehmerische Organisationsfreiheit und Gemeinwohlbelange, bes. S. 55 ff.
[7] Vgl. Krönke RDi 2024, 1 (5 f.) (Element einer besonders „robuste[n] Kryptoaufsicht").
[8] Näher Michel/Schmitt CCZ 2023, 261 (263 f.).

keine grundlegende, allgemeine Anforderung an Organisationsstruktur und Verantwortungsbereiche enthält, die Art. 34 Abs. 1 MiCAR vergleichbar wäre.

II. Regelungsgegenstände (Überblick)

Die Regelungsgegenstände der sehr umfangreichen Vorschrift können hier nur sehr **überblicksweise skizziert** werden, zumal praktische Anwendungserfahrung bislang naturgemäß fehlt. Bei Auslegungsfragen lässt sich jedoch auf die Kommentierung der Parallelvorschrift in Art. 68 MiCAR sowie auf die Kommentarliteratur zu den Organisationsregeln des Finanzaufsichtsrechts (→ Rn. 3) rekurrieren. 6

1. Ordnungsmäßigkeit der Geschäftsorganisation (Abs. 1).

Die Regelung in Art. 34 Abs. 1 MiCAR verpflichtet Emittenten vermögenswertereferenzierter Token, **solide Regelungen zur Unternehmensführung** festzulegen. Die Formulierung entspricht Art. 74 Abs. 1 CRD IV-RL, der jedes Institut verpflichtet, über solide Regelungen für die Unternehmensführung und -kontrolle zu verfügen. Gemeint ist dort eine angemessene Gestaltung der internen Corporate Governance im Einklang mit den detaillierteren Vorschriften der Art. 76–95 CRD-IV RL.[9] Ähnliche Anforderungen dürften auch iRv Art. 34 Abs. 1 MiCAR gelten. Als Orientierungspunkt können zudem die Leitlinien dienen, die von der EBA gem. Art. 74 Abs. 3 CRD IV-RL für ein solches System interner Corporate Governance ausgearbeitet worden sind.[10] Die Vorschrift des Art. 34 Abs. 1 MiCAR selbst benennt in beispielhafter, nicht-abschließender Weise („einschließlich") drei Bereiche, die geregelt werden müssen: Erstens bedarf es demnach einer klaren Organisationsstruktur mit genau abgegrenzten, transparenten und kohärenten Verantwortungsbereichen. Zweitens sind wirksame Verfahren für die Ermittlung, Regelung, Überwachung und Meldung der Risiken erforderlich, denen die normierten Verantwortungsbereiche ausgesetzt sind oder ausgesetzt sein könnten. Drittens sind schließlich angemessene Mechanismen interner Kontrollen mit soliden Verwaltungs- und Rechnungslegungsverfahren vorzusehen. Insgesamt bedarf es einer wirksamen, umsichtigen Unternehmensorganisation, die insbesondere eine Aufgabentrennung in der Organisation und die Vorbeugung von Interessenkonflikten sowie klare Überwachungs- und Verantwortlichkeitsmechanismen vorsieht; zudem muss der Grundsatz gelten, dass das Leitungsorgan die Gesamtverantwortung für das Institut trägt und die Umsetzung der strategischen Ziele, der Risikostrategie und der internen Führung und Kontrolle des Instituts genehmigt und überwacht.[11] 7

2. Persönliche und fachliche Anforderungen (Abs. 2 und Abs. 4).

Die Regelung in Art. 34 Abs. 2 MiCAR stellt Anforderungen an die **persönliche Zuverlässigkeit, fachliche Eignung und zeitliche Verfügbarkeit der Mitglieder des Leitungsorgans** von Emittenten vermögenswertereferenzierter Token. In den Worten des Normtexts müssen sie hinreichend 8

---

[9] Ähnlich Dauses/Ludwigs EU-WirtschaftsR-HdB/Kalss/Klampfl Rn. 440.
[10] EBA, Leitlinien zur internen Governance v. 2.7.2021, EBA/GL/2021/05, abrufbar unter https://extranet.eba.europa.eu/sites/default/documents/files/document_library/Publications/Guidelines/2021/EBA-GL-2021-05 %20Guidelines%20on%20internal%20governance/translations/1021314/GL%20on%20internal%20governance%20under%20CRD_DE%20-%20updated.pdf?retry=1.
[11] Vgl. Art. 88 Abs. 1, 2 lit. a CRD IV-RL.

gut beleumundet sein und sowohl einzeln als auch gemeinsam über die angemessenen Kenntnisse, Fähigkeiten und Erfahrung verfügen, um ihre Aufgaben wahrnehmen zu können. Sie müssen ferner nachweisen, in der Lage zu sein, ausreichend Zeit für die wirksame Wahrnehmung ihrer Aufgaben aufzuwenden. Es gelten damit ähnliche Anforderungen wie für Geschäftsleiter von Kreditinstituten.[12] In der dortigen Aufsichtspraxis muss die Zuverlässigkeit nicht positiv nachgewiesen werden, sondern wird unterstellt, sofern keine Tatsachen erkennbar sind, die die Unzuverlässigkeit der betreffenden Person begründen.[13] Eine solche Unzuverlässigkeit ist anzunehmen, wenn persönliche Umstände nach der allgemeinen Lebenserfahrung die Annahme nahelegen, dass sie die sorgfältige und ordnungsgemäße Tätigkeit als Geschäftsleiter beeinträchtigen können; entscheidend ist dabei nicht die retrospektive Bewertung, sondern die Prognose für die Zukunft.[14] Nach dem Wortlaut von Art. 35 Abs. 2 MiCAR dürfen die Mitglieder des Leitungsorgans insbesondere nicht wegen Straftaten im Zusammenhang mit Geldwäsche oder Terrorismusfinanzierung oder anderen Straftaten verurteilt worden sein, weil ansonsten ihr guter Leumund beeinträchtigt wäre. Fachliche Eignung bedeutet andererseits, dass die Mitglieder des Leitungsorgans „in ausreichendem Maße theoretische und praktische Kenntnisse in den betreffenden Geschäften sowie Leitungserfahrung" haben.[15] Weil diese Anforderungen auf Grundlage des Proportionalitätsprinzips in Abhängigkeit von Größe und Struktur des jeweiligen Unternehmens (hier: des Emittenten) sowie der Art und der Vielfalt der betriebenen Geschäfte einzelfallorientiert zu interpretieren sind,[16] gelten bei Token-Emittenten tendenziell geringere Anforderungen als für die flächendeckend regulierten Bankinstitute, die im Regelfall größer und komplexer sind. Zugleich dürften die Anforderungen für die beiden in Art. 16 Abs. 1 MiCAR genannten Gruppen von Emittenten vermögenswertereferenzierter Token (vgl. → Art. 16 Rn. 6 f.) regelmäßig unterschiedlich streng ausfallen: Während für Leitungsorgane von Kreditinstituten eher strengere Anforderungen gelten, sind sie für die anderen Emittenten, die einer Zulassung gem. Art. 16 ff. MiCAR bedürfen, typischerweise geringer. Das Erfordernis der zeitlichen Verfügbarkeit verlangt schließlich eine Gesamtschau auf alle Tätigkeiten und Mandate, die das fragliche Organmitgliede bereits wahrnimmt, und eine Abschätzung des zeitlichen Aufwands, den die neue Tätigkeit verursachen wird.[17] Die Mitglieder des Leitungsorgans müssen unter Berücksichtigung ihrer beruflichen und gesellschaftlichen Verpflichtungen in der Lage sein, ausreichend Zeit aufzuwenden, und sie müssen diese Zeit auch tatsächlich aufbringen.[18]

---

[12] Hierzu etwa Hopt/Binder/Böcking CG-HdB/Schuster § 7 Rn. 4 ff.
[13] BaFin, Merkblatt zu den Geschäftsleitern gemäß KWG, ZAG und KAGB vom 29.12.2020, S. 27 (Rn. 106), https://www.bafin.de/SharedDocs/Downloads/DE/Merkblatt/dl_mb_29_12_2020_GL_KWG_ZAG_KAGB.pdf?__blob=publicationFile&v=2; ähnlich: ESMA/EBA, Leitlinien zur Bewertung der Eignung von Mitgliedern des Leitungsorgans und Inhabern von Schlüsselfunktionen v. 2.7.2021, EBA/GL/2021/06, S. 26 (Rn. 72), abrufbar unter https://www.eba.europa.eu/sites/default/files/document_library/Publications/Guidelines/2021/EBA-GL-2021-06%20Joint%20EBA%20and%20ESMA%20GL%20on%20the%20assessment%20of%20sustainability/1022102/Joint%20EBA%20and%20ESMA%20GL%20on%20the%20assessment%20of%20suitability_DE.pdf.
[14] IdS Hopt/Binder/Böcking CG-HdB/Schuster § 7 Rn. 6.
[15] So § 25c Abs. 1 S. 2 KWG.
[16] Fischer/Schulte-Mattler/Braun KWG § 25c Rn. 13.
[17] BaFin, Merkblatt zu den Geschäftsleitern (Fn. 13), S. 22 (Rn. 72).
[18] Fischer/Schulte-Mattler/Braun KWG § 25c Rn. 23.

Art. 34 Abs. 4 MiCAR erstreckt eine dieser Anforderungen, nämlich die 9
der **persönlichen Zuverlässigkeit**, auf **Anteilseigner oder Gesellschafter**, die direkt oder indirekt qualifizierte Beteiligungen an Emittenten vermögenswertereferenzierter Token halten: Auch diese müssen hinreichend gut beleumundet sein und dürfen insbesondere nicht für Straftaten im Zusammenhang mit Geldwäsche oder Terrorismusfinanzierung oder für andere Straftaten, die ihrem guten Leumund schaden würden, verurteilt worden sein. Angesichts der Einflussmacht, die qualifizierte Beteiligungen iSd Art. 3 Abs. 1 Nr. 36 MiCAR vermitteln, kann – ähnlich wie im Rahmen der Zulassungsvoraussetzungen sowie bei Art. 68 Abs. 2 MiCAR – persönliche Unzuverlässigkeit von der Gesellschafter- auf die Gesellschaftsebene „durchschlagen". Im Gegensatz zu Art. 68 Abs. 3 MiCAR (vgl. → Art. 68 Rn. 12 f.) fehlt für Emittenten vermögenswertereferenzierter Token jedoch eine Regelung, die den zuständigen Behörden die Befugnis einräumt, Maßnahmen gegen Anteilseigner oder Gesellschafter zu ergreifen, die direkt oder indirekt qualifizierte Beteiligungen an Emittenten vermögenswertereferenzierter Token halten und der soliden und umsichtigen Geschäftsführung dieses Emittenten voraussichtlich abträglich sind.[19]

3. Compliance-Organisation (Abs. 3 und Abs. 5–7). Um die Wirk- 10
samkeit der Strategien und Verfahren, die zur Erfüllung der Vorschriften in Kapitel 2, 3, 5 und 6 des Titels zu vermögenswertereferenzierten Token (Art. 27–40 und Art. 43–47 MiCAR) eingeführt worden sind, stetig zu verbessern, verpflichtet Art. 34 Abs. 3 MiCAR das Leitungsorgan von Emittenten vermögenswertereferenzierter Token zu deren **regelmäßigen Bewertung und Überprüfung**. Die Vorschrift ähnelt § 25a Abs. 1 S. 5 KWG, der die regelmäßige Überprüfung der Angemessenheit und Wirksamkeit des Risikomanagements von Bankinstituten verlangt. Art. 34 Abs. 3 MiCAR verpflichtet das Leitungsorgan zusätzlich, geeignete Maßnahmen zur Behebung etwaiger diesbezüglicher Mängel zu ergreifen. In welchem Turnus die Überprüfung zu erfolgen hat, legt die Vorschrift nicht fest.

Mit dieser Bewertungs- und Überprüfungspflicht des Art. 34 Abs. 3 Mi- 11
CAR hängt die Verpflichtung des Art. 34 Abs. 5 MiCAR eng zusammen, hinreichend wirksame **Strategien und Verfahren zur Sicherstellung der Einhaltung** der Verordnung festzulegen. Es geht um die gleichen Strategien und Verfahren, auch wenn die Regelungen, auf die sich diese beziehen, scheinbar unterschiedlich sind. Art. 34 Abs. 5 MiCAR bezieht sich dem Wortlaut nach auf die gesamte Verordnung, Art. 34 Abs. 3 MiCAR lediglich auf vier Kapitel. Die Regelbeispiele, die Abs. 5 sodann benennt, finden sich jedoch größtenteils in genau diesen Kapiteln. Genannt sind nämlich beispielsweiße die Regelungen zu Vermögenswertreserve und Verwahrung des Reservevermögens (Art. 36 f. MiCAR) sowie zu den Rechten der Inhaber vermögenswertereferenzierter Token (Art. 39 MiCAR); außerdem die Mechanismen für Ausgabe und Rücktausch vermögenswertereferenzierter Token, die Protokolle für die Validierung von Token-Geschäften und die Funktionsweise der ggf. zum Einsatz kommenden DLT-Technologie; ferner die Mechanismen zur Gewährleistung der Liquidität vermögenswertereferenzierter Token (vgl. Art. 45 MiCAR), die Bearbeitung von Beschwerden (Art. 31 MiCAR) und Interessenkonflikte (Art. 32 MiCAR) und schließlich Vereinbarungen mit Drittunternehmen über die Verwaltung, Anlage, Verwahrung

---
[19] Näher zu dieser Vorschrift: Michel/Schmitt CCZ 2023, 261 (264).

MiCAR Art. 34   Titel III. Vermögenswertreferenzierte Token

und Vertrieb von Vermögenswertreserve, Reservevermögens bzw. vermögenswertereferenzierten Token sowie auf öffentliches Angebot und Zulassung bezogene Zustimmung.

12   Art. 34 Abs. 6 MiCAR betrifft Emittenten vermögenswertereferenzierter Token, die keinen Rücktauschplan gem. Artikel 47 aufgestellt haben. Diese Emittenten müssen geeignete und verhältnismäßige Systeme, Ressourcen und Verfahren zur Sicherstellung einer **kontinuierlichen und regelmäßigen Erbringung ihrer Dienstleistungen und Tätigkeiten** anwenden. Sofern ein Emittent beschließt, die Erbringung verbundener Dienstleistungen und Tätigkeiten einzustellen, auch indem er die Ausgabe dieses vermögenswertereferenzierten Token einstellt, verpflichtet ihn Art. 34 Abs. 7 MiCAR, der zuständigen Behörde einen Plan zur Genehmigung dieser Einstellung vorzulegen.

13   4. Risikomanagement (Abs. 8–11). Art. 34 Abs. 8 MiCAR enthält eine grundlegende Regelung zum Risikomanagement. Die Vorschrift verpflichtet Emittenten vermögenswertereferenzierter Token zur **Ermittlung und Minimierung operationeller Risiken.** Hierzu müssen die Emittenten geeignete Systeme, Kontrollen und Verfahren entwickeln. Die Folgevorschriften konkretisieren diese Pflicht und betreffen jeweils spezifische operationelle Risiken. Art. 34 Abs. 9 MiCAR verlangt die Festlegung einer Strategie zur Fortführung des Geschäftsbetriebs sowie Pläne, mit denen im Falle der Unterbrechung ihrer IKT-Systeme und Verfahren die Bewahrung wesentlicher Daten und Funktionen und die Aufrechterhaltung ihrer Tätigkeiten gewährleistet werden. Sofern dies nicht möglich ist, muss zumindest die zeitnahe Wiederherstellung dieser Daten und Funktionen sowie die Wiederaufnahme ihrer Tätigkeiten sichergestellt werden. Weiterhin müssen die Emittenten vermögenswertereferenzierter Token gem. Art. 37 Abs. 10 MiCAR über interne Kontrollmechanismen und wirksame Verfahren für das Risikomanagement, einschließlich wirksamer Kontroll- und Schutzvorkehrungen für das Management von IKT-Systemen verfügen. Diese Verfahren müssen auch die Inanspruchnahme von Drittunternehmen bewerten. Die Angemessenheit und Wirksamkeit der Mechanismen der internen Kontrolle und der Verfahren für die Risikobewertung müssen überwacht und regelmäßig bewertet werden. Ähnlich wie gem. Art. 34 Abs. 3 MiCAR bedarf es auch insoweit geeigneter Maßnahmen zur Behebung etwaiger Mängel. Die Regelung in Art. 34 Abs. 11 MiCAR betrifft die Datensicherheit und verlangt angemessene Systeme und Verfahren, um die Verfügbarkeit, Authentizität, Integrität und Vertraulichkeit der Daten zu schützen.

14   5. Unabhängige Prüfung (Abs. 12). Die Vorschrift des Art. 34 Abs. 12 MiCAR verpflichtet Emittenten vermögenswertereferenzierter Token zur **regelmäßigen Prüfung durch unabhängige Prüfer.** Der Begriff der unabhängigen Prüfung, der sich ähnlich auch in Art. 36 Abs. 9 MiCAR im Hinblick auf die Vermögenswertreserve findet (vgl. → Art. 36 Rn. 12), ist in der Verordnung nicht definiert. Daher fehlen Anhaltspunkte, welche Anforderungen an das Kriterium der Unabhängigkeit und an die erforderliche Qualifikation der Prüfer zu stellen sind. Es ist nicht einmal klar, ob die Prüfung extern erfolgen muss oder ob eine hinreichend unabhängige interne Revision möglicherweise ausreicht. In welchen Zeitabständen die Prüfung zu erfolgen hat („regelmäßig"), bleibt ebenso offen wie die zentrale Frage, was eigentlich Gegenstand der unabhängigen Prüfung ist. Es ist denkbar, aber

keineswegs zwingend, dass sich die Prüfung den gleichen Inhalt wie die Bewertung und Überprüfung durch das Leitungsorgan gem. Art. 34 Abs. 3 MiCAR hat und somit die Wirksamkeit der Strategien und Verfahren betrifft, die zur Erfüllung der Kapitel 2, 3, 5 und 6 des Titels zu vermögenswertereferenzierten Token (Art. 27–40 und Art. 43–47 MiCAR) eingeführt wurden. Die Ergebnisse dieser Prüfung müssen jedenfalls dem Leitungsorgan des betreffenden Emittenten mitgeteilt und der zuständigen Behörde zur Verfügung gestellt werden.

6. Konkretisierung durch Leitlinien (Abs. 13). Art. 34 Abs. 13 Mi- 15
CAR sieht schließlich eine **Präzisierung der** in Art. 34 Abs. 8–12 MiCAR genannten **Anforderungen hinsichtlich der Instrumente der Risikoüberwachung, des Plans zur Fortführung des Geschäftsbetriebs, der internen Kontrollmechanismen sowie der unabhängigen Prüfung** vor. Diese Präzisierung soll durch Leitlinien gem. Art. 16 VO (EU) Nr. 1093/2010 erfolgen, die von der EBA in enger Zusammenarbeit mit der ESMA und der EZB erarbeitet werden. Anders als bei den Parallelvorschriften zu technischen Regulierungsstandards in Art. 31 Abs. 5, Art. 32 Abs. 5 und Art. 35 Abs. 6 MiCAR bedarf es nicht der Einbindung der Kommission, weil es sich lediglich um Leitlinien handelt. Vielmehr gibt die EBA diese Leitlinien selbst heraus, und zwar spätestens am 30.6.2024. Sie hat dabei jedoch die Bestimmungen über die Anforderungen an die Unternehmensführung aus anderen Gesetzgebungsakten der Union über Finanzdienstleistungen, einschließlich der Richtlinie 2014/65/EU, zu berücksichtigen.

III. Durchführungsvorschriften im KMAG-E

Im Regierungsentwurf eines Gesetzes über die Digitalisierung des Finanz- 16
marktes (Finanzmarktdigitalisierungsgesetz – FinmadiG)[20] finden sich im Gesetz zur Aufsicht über Märkte für Kryptowerte (Kryptomärkteaufsichtsgesetz – KMAG-E) **Durchführungsvorschriften zu Art. 34 MiCAR.** So unterwirft § 8 Abs. 1 Nr. 4 KMAG-E auch die Personen, die mit der gesetzlichen Prüfung der Unternehmensführung nach Art. 34 Abs. 12 MiCAR betraut sind, sowie die Stellen, die diese Personen beaufsichtigen, einer Verschwiegenheitspflicht. Gem. § 40 Abs. 1 S. 3 Nr. 2 KMAG-E hat der Abschlussprüfer zu prüfen, ob das Institut seinen Verpflichtungen (auch) nach Art. 34 MiCAR nachgekommen ist. Der Gesetzentwurf sieht außerdem in § 42 KMAG-E die Möglichkeit besonderen Maßnahmen vor, sofern gegen die Vorgaben in Art. 34 MiCAR verstoßen wird. Sofern ein Institut nicht über die in dieser Norm vorgesehene ordnungsgemäße Unternehmensführung verfügt, kann die Bundesanstalt beispielsweise anordnen, dass das Institut Maßnahmen zur Reduzierung von Risiken ergreift, soweit sich diese Risiken aus bestimmten Arten von Geschäften und Produkten oder aus der Nutzung bestimmter Systeme oder aus der Auslagerung von Aktivitäten und Prozessen auf ein anderes Unternehmen ergeben; auch können dem Institut einzelne Geschäftsarten untersagt werden.

---

[20] BT-Drs. 20/10280; dazu näher Möslein/Rennig RDi 2024, 145.

Artikel 35 Eigenmittelanforderungen

(1) Die Emittenten vermögenswertereferenzierter Token verfügen jederzeit über Eigenmittel in Höhe eines Betrags, der mindestens dem höchsten der folgenden Beträge entspricht:
a) EUR 350 000;
b) 2 % des Durchschnittsbetrags des in Artikel 36 genannten Reservevermögens;
c) einem Viertel der fixen Gemeinkosten des Vorjahres.

Für die Zwecke von Unterabsatz 1 Buchstabe b gilt als Durchschnittsbetrag des Reservevermögens der über die vorangegangenen sechs Monate berechnete Durchschnittsbetrag des Reservevermögens am Ende jeden Kalendertages.

Bietet ein Emittent mehr als einen vermögenswertreferenzierten Token an, so entspricht der unter Unterabsatz 1 Buchstabe b genannte Betrag der Summe des Durchschnittsbetrags des Reservevermögens für jeden vermögenswertreferenzierten Token.

Der in Unterabsatz 1 Buchstabe c genannte Betrag wird jährlich überprüft und gemäß Artikel 67 Absatz 3 berechnet.

(2) Die in Absatz 1 dieses Artikels genannten Eigenmittel bestehen aus den in den Artikeln 26 bis 30 der Verordnung (EU) Nr. 575/2013 genannten Posten und Instrumenten des harten Kernkapitals nach den vollständig erfolgten Abzügen gemäß Artikel 36 der genannten Verordnung und ohne Anwendung der Schwellenwerte für Ausnahmen nach Artikel 46 Absatz 4 und Artikel 48 der genannten Verordnung.

(3) Die zuständige Behörde des Herkunftsmitgliedstaats kann einem Emittenten eines vermögenswertreferenzierten Token vorschreiben, Eigenmittel in einer Höhe vorzuhalten, die um bis zu 20 % über dem Betrag liegen, der sich aus der Anwendung von Absatz 1 Unterabsatz 1 Buchstabe b ergibt, wenn aufgrund einer Bewertung eines der folgenden Faktoren auf ein höheres Risiko zu schließen ist:
a) Evaluierung der in Artikel 34 Absätze 1, 8 und 10 genannten Verfahren des Risikomanagements und der Mechanismen der internen Kontrolle des Emittenten des vermögenswertreferenzierten Token;
b) Qualität und Volatilität des in Artikel 36 genannten Reservevermögens;
c) Arten von Rechten, die der Emittent des vermögenswertreferenzierten Token Inhabern vermögenswertreferenzierter Token gemäß Artikel 39 gewährt;
d) falls die Vermögenswertreserve Anlagen umfasst, Risiken, die sich aus der Anlagepolitik für die Vermögenswertreserve ergeben;
e) Gesamtwert und Gesamtzahl der Transaktionen, die mit dem vermögenswertereferenzierten Token getätigt wurden;
f) Bedeutung der Märkte, auf denen der vermögenswertereferenzierten Token angeboten und vertrieben werden;
g) falls vorhanden, Marktkapitalisierung des vermögenswertereferenzierten Token.

(4) Die zuständige Behörde des Herkunftsmitgliedstaats kann einem Emittenten eines nicht signifikanten vermögenswertereferenzierten Token verpflichten, die in Artikel 45 festgelegten Anforderungen zu erfüllen, wenn dies zur Bewältigung des gemäß Absatz 3 des vorliegenden

Artikels ermittelten höheren Risikos oder anderer gemäß Artikel 45 berücksichtigter Risiken – etwa Liquiditätsrisiken – erforderlich ist.

(5) Unbeschadet Absatz 3 führen Emittenten vermögenswertereferenzierter Token regelmäßig Stresstests durch, bei denen schwere, aber plausible finanzielle Stressszenarien wie Zinsschocks und nichtfinanzielle Stressszenarien wie operationelle Risiken berücksichtigt werden. Auf der Grundlage der Ergebnisse solcher Stresstests schreibt die zuständige Behörde des Herkunftsmitgliedstaats den Emittenten vermögenswertereferenzierter Token vor, dass sie unter bestimmten Umständen hinsichtlich der Risikoprognose und der Stresstestergebnisse einen Betrag an Eigenmitteln halten, der zwischen 20 % und 40 % höher ist als der Betrag, der sich aus der Anwendung von Absatz 1 Unterabsatz 1 Buchstabe b ergibt.

(6) Die EBA arbeitet in enger Zusammenarbeit mit der ESMA und der EZB Entwürfe technischer Regulierungsstandards aus, in denen Folgendes präzisiert wird:

a) das Verfahren und die Fristen für die Anpassung eines Emittenten eines signifikanten vermögenswertereferenzierten Token an höhere Eigenmittelanforderungen gemäß Absatz 3;

b) die Kriterien für die Forderung eines höheren Eigenmittelbetrags gemäß Absatz 3;

c) die Mindestanforderungen an die Gestaltung von Stresstests unter Berücksichtigung des Volumens, der Komplexität und Art des vermögenswertereferenzierten Token, einschließlich, aber nicht beschränkt auf:

   i) die Arten von Stresstests und ihre wichtigsten Ziele und Anwendungen;

   ii) die Häufigkeit der verschiedenen Stresstests;

   iii) die internen Regelungen zur Unternehmensführung;

   iv) die entsprechende Dateninfrastruktur;

   v) die Methodik und Plausibilität der Annahmen;

   vi) die Anwendung des Grundsatzes der Verhältnismäßigkeit auf alle quantitativen oder qualitativen Mindestanforderungen und

   vii) die Mindesthäufigkeit der Stresstests und die gemeinsamen Referenzparameter der Stresstestszenarien.

Die EBA übermittelt der Kommission die in Unterabsatz 1 genannten Entwürfe technischer Regulierungsstandards spätestens am 30. Juni 2024.

Der Kommission wird die Befugnis übertragen, diese Verordnung durch die Annahme der in Unterabsatz 1 des vorliegenden Absatzes genannten technischen Regulierungsstandards gemäß den Artikeln 10 bis 14 der Verordnung (EU) Nr. 1093/2010 zu ergänzen.

Übersicht

	Rn.
I. Einführung	1
1. Literatur	1
2. Entstehung und Zweck der Norm	2
3. Normativer Kontext	5
II. Regelungsgegenstände (Überblick)	7
1. Berechnung der Eigenmittelanforderungen (Abs. 1 und 2)	8
2. Risikospezifische Anpassung (Abs. 3 und 4)	10
3. Stresstests (Abs. 5)	12

	Rn.
4. Konkretisierung durch technische Regulierungsstandards (Abs. 6)	13
III. Durchführungsvorschriften im KMAG-E	14

I. Einführung

1. Literatur. Ellenberger/Bunte (Hrsg.), Bankrechts-Handbuch, 6. Aufl. 2022 (BankR-HdB); Fischer/Schulte-Mattler (Hrsg.), KWG CRR – Kommentar zu Kreditwesengesetz, VO (EU) Nr. 575/2013 (CRR) und Ausführungsvorschriften, Bd. 1, 6. Aufl. 2023 (FSM-KWG); *Fritz*, Anbieter von Kryptowerte-Dienstleistungen nach der MiCAR, BKR 2023, 747; *Krönke*, Kryptoverwaltungsrecht, RDi 2024, 1; *Michel/Schmitt*, MiCAR – Governance- & Compliance-Anforderungen für Kryptodienstleister, CCZ 2023, 261; *Möslein/Rennig*, Das Finanzmarktdigitalisierungsgesetz (FinmadiG) im europäischen Kontext, RDi 2024, 145; *Mülbert/Sajnovits*, Vertrauen und Finanzmarktrecht, ZfPW 2016, 1; *Lutz/Röhl/Schneider*, Bankenaufsicht und unternehmerische Entscheidungen, ZBB 2012, 342; *Paraschiakos*, Bankenaufsicht zwischen Risikoverwaltung und Marktbegleitung, 2017; *Rudolph*, Eigenkapitalanforderungen in der Bankenregulierung, ZHR 175 (2011), 284; Wahrenburg, Die Reformen der Kapitalregulierung von Kreditinstituten seit der Finanzkrise, ZBB 2019, 81.

2. Entstehung und Zweck der Norm. Die ausführliche, teils komplexe Vorschrift des Art. 35 MiCAR wurde im **Gesetzgebungsverfahren** in einigen Punkten verändert. Sie war im ursprünglichen Verordnungsvorschlag der Europäischen Kommission von 2020 als Artikel 31 enthalten (COM (2020) 593 final, im Folgenden MiCAR-E). Abgesehen von kleineren sprachlichen Veränderungen, die besonders mit Begriffsänderungen in der gesamten MiCAR zusammenhängen (insbesondere: vermögenswertereferenziert statt wertereferenziert), wurden zwei Absätze neu eingefügt und in den übrigen Absätzen einzelne Vorschriften spezifiziert. Beispielsweise wurden im ersten Absatz die relevanten Kennzahlen um eine weitere Kategorie (Gemeinkosten des Vorjahres) ergänzt und zudem der Mechanismus einer jährlichen Überprüfung dieser Kennzahlen verankert. Neu eingefügt wurden der vierte und fünfte Absatz, was in der Sache vor allem die Einführung sog. Stresstests mit sich brachte. Mit Blick auf solche Stresstests wurde schließlich auch die Konkretisierungsermächtigung in Art. 35 Abs. 6 MiCAR um die umfangreiche lit. c ergänzt.

Inhaltlich vergleichbare **Vorgänger- und Modellregulierungen** finden sich bei den finanzaufsichtsrechtlichen Solvabilitätsanforderungen. Vergleichbare Eigenmittelanforderungen für Kreditinstitute ergeben sich bspw. aus der VO (EU) 575/2013 und der Solvabilitätsverordnung (SolvV); ähnliche Anforderungen für Wertpapierinstitute finden sich in VO (EU) 2019/2033.[1] Gemeinsam ist diesen Regelungen, dass sie den unternehmerischen Handlungsspielraum der Regelungsadressaten nicht substantiell einschränken, aber doch „organisatorisch-prozedurale und betriebswirtschaftlichen Mindestanforderungen für das eigenverantwortliche Verhalten der Institute" aufstellen.[2] Das

---

[1] Überblicksweise zu den bankaufsichtsrechtlichen Kapitalanforderungen Rudolph ZHR 175 (2011), 284; Wahrenburg ZBB 2019, 81.
[2] IdS Paraschiakos, Bankenaufsicht, S. 118; allgemein zum Zusammenspiel mit unternehmerischen Entscheidungen Lutz/Röhl/Schneider ZBB 2012, 342.

Instrument ermöglicht es der Aufsicht indessen, mittelbar das Marktverhalten zu beeinflussen, indem sie die wirtschaftlichen Rahmenparameter bestimmter unternehmerischer Entscheidungen durch Festlegung spezifischer Solvabilitätsanforderungen verändert: Erhöht die Aufsicht die Eigenkapitalanforderungen für bestimmte riskante Geschäftstätigkeiten, so verlieren diese an Attraktivität, weil sie mehr Eigenmittel erfordern.[3] Entsprechend haben sich Solvabilitätsanforderungen als wichtiges Instrument der (Banken-)Aufsicht inzwischen fest etabliert. Gleichwohl differiert der Zuschnitt der jeweiligen Eigenmittelanforderungen erheblich, weil sich die Risikoprofile der unterschiedlichen Regelungsadressaten und ihrer Geschäftstätigkeiten unterscheiden und daher für die verschiedenen Akteure auf Finanzmärkten auch unterschiedlich zugeschnittene Solvabilitätsanforderungen gelten.

4 Der **Regelungszweck von Art. 35 MiCAR** kommt in Erwgr. Nr. 53 deutlich zum Ausdruck: Emittenten vermögenswertereferenzierter Token sollten demnach Eigenmittelanforderungen unterliegen, „um Risiken für die Finanzstabilität des Finanzsystems insgesamt einzudämmen". Dass die Systemrelevanz vermögenswertereferenzierter Token als so hoch eingeschätzt wird, dass solche fundamentalen Risiken drohen, erscheint bemerkenswert, zumal in vielen anderen Erwägungsgründen auf Belange des Anlegerschutzes statt auf (oder: zusätzlich zum) Funktionsschutz Bezug genommen wird.[4] Die Anforderungen an Eigenmittel dienen aber jedenfalls dazu, mit der Stärkung des Vertrauens in den einzelnen Emittenten als Endziel letztlich eine Stärkung des Vertrauens in Märkte für Kryptowerte als Ganzes zu erzielen.[5] Obwohl primär Risiken für Märkte für Kryptowerte drohen, hat der Regelgeber offenbar breitflächigere Ansteckungsgefahren befürchtet und daher kein geringeres Ziel als die Finanzstabilität des gesamten Finanzsystems in Bezug genommen.

5 **3. Normativer Kontext.** Die Regelung des Art. 35 MiCAR steht mit den genannten **bankaufsichtsrechtlichen Eigenmittelanforderungen** auch insofern in Zusammenhang, als sie gleichsam für ein „level playing field" der gem. Art. 16 Abs. 1 MiCAR unterschiedlichen beiden Gruppen von Emittenten vermögenswertereferenzierter Token sorgt (vgl. → Art. 16 Rn. 6 f.): Während Kreditinstitute ohnehin den bankaufsichtsrechtlichen Solvabilitätsregelungen unterliegen, gelten die Eigenmittelanforderungen dieser Regelung auch für die anderen Emittenten, die einer Zulassung gem. Art. 16 ff. MiCAR bedürfen. Daneben bestehen jedoch auch inhaltliche Bezüge zu den bankaufsichtsrechtlichen Regeln, weil Art. 35 Abs. 2 MiCAR auf die Posten und Instrumente des harten Kernkapitals verweist, die in VO (EU) 575/2013 geregelt sind.[6]

6 **Innerhalb der MiCAR** finden sich zwar für die anderen Token-Gattungen wiederum keine Parallelregeln zu Art. 35 MiCAR.[7] Art. 67 MiCAR statuiert aber ähnliche, wenngleich etwas allgemeiner zugeschnittene Anforderungen für Anbieter von Kryptowerte-Dienstleistungen.[8] Beide Rege-

---

[3] Paraschiakos, Bankenaufsicht, S. 119 (sowie ausf. zur Funktionsweise von Eigenmittelanforderungen auf S. 228 ff.).
[4] Vgl. etwa Erwgr. Nr. 40, 47 und 49.
[5] Ähnlich Mülbert/Sajnovits ZfPW 2016, 1 (10).
[6] Einführend zu dieser Messgröße: Ellenberger/Bunte BankR-HdB/Fischer/Boegl Eigenmittel und Liquidität § 114 Rn. 30.
[7] Vgl. Krönke RDi 2024, 1 (5 f.) (Element einer besonders „robuste[n] Kryptoaufsicht").
[8] Näher Fritz BKR 2023, 747 (752); Michel/Schmitt CCZ 2023, 261 (264).

Möslein 375

lungsregime greifen auch funktional ineinander, weil Art. 35 Abs. 1 S. 4 MiCAR insbesondere auf die Berechnungsmethoden verweist, die in Art. 67 Abs. 3 MiCAR vorgesehen sind (vgl. → Art. 67 Rn. 15 f.). Inhaltliche Zusammenhänge bestehen außerdem mit den Regeln zu Risikomanagement und internen Kontrollmechanismen gem. Art. 34 MiCAR, zum Reserververmögen gem. Art. 35 MiCAR, sowie zu den Arten gewährter Rechte gem. Art. 39 MiCAR, weil Art. 35 Abs. 3 MiCAR die Bemessung der Eigenmittel (auch) von der Einhaltung dieser Regelungen abhängig macht. Schließlich besteht mit Art. 45 MiCAR ein funktionaler Zusammenhang, weil Art. 35 Abs. 4 MiCAR die Anwendung dieser Vorschrift ausnahmsweise auch auf Emittenten nicht signifikanter vermögenswertereferenzierter Token ermöglicht, wenn dies zur Bewältigung der gem. Art. 35 Abs. 3 MiCAR ermittelten höheren Risiken oder anderer gem. Artikel 45 berücksichtigter Risiken (zB Liquiditätsrisiken) erforderlich ist.

II. Regelungsgegenstände (Überblick)

7   Die Regelungsgegenstände der umfangreichen und teils eher technischen Vorschrift können hier nur sehr **überblicksweise skizziert** werden. Bei Auslegungsfragen lässt sich jedoch auf die Kommentierung der Parallelvorschrift in Art. 67 MiCAR sowie auf die Kommentarliteratur zu den Solvabilitätsanforderungen des Finanzaufsichtsrechts (→ Rn. 3) zurückgreifen.

8   **1. Berechnung der Eigenmittelanforderungen (Abs. 1 und 2).** Die Berechnung der Eigenmittelanforderungen ist in den ersten beiden Absätzen geregelt. Als Grundregel gilt, dass die Emittenten über Eigenmittel in Höhe eines Betrags verfügen müssen, der mindestens dem **Maximum der drei in Abs. 1 UAbs. 1 genannten Beträge** entspricht. Maßgeblich sind demnach entweder der minimale Fixbetrag von 350.000 Euro (lit. a), ein prozentualer Anteil des Durchschnittsbetrags des in Art. 36 MiCAR genannten Reservevermögens über die letzten sechs Monate, ggf. bezogen auf jede einzelne Kategorie vermögenswertereferenzierter Token (vgl. UAbs. 2 und 3; hiervon 2 % gem. lit. b), oder ein prozentualer Anteil der fixen Gemeinkosten des Vorjahres (hiervon 25 % gem. lit. c). Aus dem Verweis in UAbs. 4 auf Art. 67 Abs. 3 MiCAR ergibt sich, dass zur Berechnung dieser Gemeinkosten die Zahlen des geltenden Rechnungslegungsrahmens zugrunde zu legen sind; von den Gesamtaufwendungen sollen nach Ausschüttung von Gewinnen an die Aktionäre bzw. Gesellschafter in ihrem Jahresabschluss die in Art. 67 Abs. 3 MiCAR genannten Posten (etwa: Boni und Gewinnbeteiligungen, einmalige Aufwendungen aus unüblichen Tätigkeiten) abgezogen werden (näher → Art. 67 Rn. 15 f.). Zudem ist in Art. 35 Abs. 1 UAbs. 4 MiCAR die jährliche Überprüfung des Betrags der fixen Gemeinkosten vorgesehen.

9   Aus der Regelung in Art. 35 Abs. 2 MiCAR ergibt sich, dass der **Begriff der Eigenmittel**, auf den sich Art. 35 Abs. 1 MiCAR bezieht, im Sinne der Posten und Instrumente des harten Kernkapitals gem. Art. 26–30 Verordnung (EU) Nr. 575/2013 zu verstehen ist, und zwar unter Berücksichtigung aller Abzüge gem. Art. 36 VO (EU) Nr. 575/2013, aber ohne Anwendung der Schwellenwerte für Ausnahmen gem. Art. 46 Abs. 4, Art. 48 VO (EU) Nr. 575/2013. Im Kern sind somit die Kapitalinstrumente iSv Art. 28 f. VO (EU) Nr. 575/2013 sowie das mit den Instrumenten verbundene Agio erfasst, ergänzt um einbehaltene Gewinne, das kumulierte sonstige Ergebnis, sonstige Rücklagen, und ggf. den Fonds für allgemeine Bankrisiken, sofern diese

Mittel dem Emittenten uneingeschränkt und unmittelbar zur sofortigen Deckung von Risiken oder Verlusten zur Verfügung stehen. Abzuziehen sind insbesondere die Verluste des laufenden Geschäftsjahres (vgl. Art. 36 Abs. 1 lit. a VO (EU) Nr. 575/2013).

2. Risikospezifische Anpassung (Abs. 3 und 4). Die Eigenmittelanforderung, die sich gem. Art. 35 Abs. 1 UAbs. 1 lit. b MiCAR **in Bezug auf das Reservevermögen** ergibt, kann gem. Art. 35 Abs. 3 MiCAR behördlich um bis zu 20 % erhöht werden, um bestimmten, in lit. a–g aufgezählten **Risikofaktoren** Rechnung zu tragen. Zu diesen Faktoren zählen insbesondere die Qualität des Risikomanagements und der Mechanismen der internen Kontrolle (vgl. Art. 34 Abs. 1, 8 und 10 MiCAR, dazu → Art. 34 Rn. 7, 13), die Qualität und Volatilität des Reserververmögens sowie die Arten der den Tokeninhabern gewährten Rechte. Zudem fallen Faktoren der Verwaltung des Reserververmögens (Risiken aus der Anlagepolitik, Gesamtwert und -zahl der Transaktionen) sowie Marktrelevanz und -kapitalisierung der vermögenswertereferenzierten Token ins Gewicht. 10

Eine weitere – und deutlich weiter reichende – risikospezifische Anpassung sieht Art. 35 Abs. 4 MiCAR vor. Die Vorschrift erlaubt der zuständigen Behörde, die Anforderungen des Art. 45 MiCAR, die (eigentlich nur) speziell für signifikante vermögenswertereferenzierte Token gelten, auf Emittenten nicht signifikanter vermögenswertereferenzierter Token auszuweiten. In diesem Fall werden solche Emittenten, obwohl die von ihnen emittierten Token nicht gem. Art. 43 f. MiCAR als signifikant eingestuft sind, so behandelt, als ob dies der Fall wäre. Eine solche **Erstreckung der signifikanzbezogenen Pflichten,** die sich insbesondere auf Vergütungspolitik, Verwahrungsmodalitäten und Liquidität beziehen (und somit weit über Eigenmittelanforderungen hinausreichen, näher → Art. 45 Rn. 5 ff.), setzt voraus, dass diese Erstreckung zur Bewältigung der aus den in Art. 35 Abs. 3 MiCAR genannten Faktoren resultierenden Risiken erforderlich ist. Alternativ kommt eine Erstreckung jedoch auch dann in Betracht, wenn sie zur Bewältigung anderer in Art. 45 MiCAR berücksichtigter Risiken, etwa Liquiditätsrisiken, erforderlich ist (zu solchen Risiken vgl. → Art. 45 Rn. 7). Die Vorschrift reicht somit hinsichtlich der Rechtsfolgen, mit der letztgenannten Alternative jedoch auch tatbestandlich weit über den eigentlichen Regelungsgegenstand des Art. 35 MiCAR hinaus und ist überdies in (bedenklich) hohem Maße unbestimmt. 11

3. Stresstests (Abs. 5). Die Regelung in Art. 35 Abs. 5 MiCAR verpflichtet Emittenten vermögenswertereferenzierter Token zur **Durchführung regelmäßiger Stresstests,** wie sie seit der globalen Finanzkrise im Aufsichtsrecht der Banken Bedeutung gewonnen haben (vgl. Art. 177 VO (EU) 575/2013). Unter Stresstests sind Risikomanagementtechniken zur Beurteilung der potenziellen Auswirkungen eines spezifischen Ereignisses oder von Veränderungen der ökonomischen Rahmenbedingungen auf die finanzielle Situation von Kreditinstituten – bzw. hier von Emittenten – zu verstehen.[9] Es handelt mithin um ein Instrument zur Berücksichtigung erhöhter Risiken, das ergänzend neben die behördliche Möglichkeit der risikospezifischen Anpassung gem. Art. 35 Abs. 3 MiCAR tritt („unbeschadet Absatz 3"), zusätzlich jedoch auch die unbestimmte Anpassung gem. Art. 35 12

---

[9] So Fischer/Schulte-Mattler/Loch KWG VO (EU) 575/2013 Art. 177 Rn. 3.

Abs. 4 MiCAR ergänzt (ohne dass die Norm das Verhältnis zu Abs. 4 klarstellt). Die Stresstests sollen laut Wortlaut „schwere, aber plausible finanzielle Stressszenarien wie Zinsschocks und nichtfinanzielle Stressszenarien wie operationelle Risiken" berücksichtigen. Die Ergebnisse der Stresstests ermöglichen der zuständigen Behörde je nach Risikoprognose, den Betrag der erforderlichen Eigenmittel im Vergleich zu dem gem. Art. 35 Abs. 1 UAbs. 1 lit. b MiCAR erforderlichen Betrag (ggf. nochmals, weil „unbeschadet Absatz 3") um 20 % bis 40 % zu erhöhen. Insgesamt sind gem. Art. 35 Abs. 3–5 MiCAR somit Erhöhung um maximal 60 % (nebst Erstreckung der der signifikanzbezogenen Pflichten) denkbar.

13 **4. Konkretisierung durch technische Regulierungsstandards (Abs. 6).** Art. 35 Abs. 6 MiCAR sieht schließlich eine **Präzisierung der** in Art. 35 Abs. 3 und 5 MiCAR genannten **Eigenmittelanforderungen und Mindestanforderungen an die Gestaltung von Stresstests** vor. Diese Präzisierung soll durch technische Regulierungsstandards erfolgen, die von der EBA in Zusammenarbeit mit der ESMA und der EZB erarbeitet werden. Diese Entwürfe sollen spätestens am 30.6.2024 der Kommission übermittelt werden. Nimmt die Kommission die technischen Regulierungsstandards an, so ergänzen diese gem. Art. 10–14 Verordnung (EU) Nr. 1093/2010 die Regelungen der MiCAR. Art. 35 Abs. 6 UAbs. 3 MiCAR überträgt der Kommission die einschlägige Befugnis.

III. Durchführungsvorschriften im KMAG-E

14 Im Regierungsentwurf eines Gesetzes über die Digitalisierung des Finanzmarktes (Finanzmarktdigitalisierungsgesetz – FinmadiG)[10] finden sich im Gesetz zur Aufsicht über Märkte für Kryptowerte (Kryptomärkteaufsichtsgesetz – KMAG-E) **Durchführungsvorschriften zu Art. 35 MiCAR.** So sieht § 5 KMAG-E die sofortige Vollziehbarkeit von Maßnahmen u. a. gem. Art. 35 Abs. 3, 4 und 5 S. 2 MiCAR vor. Die Vorschrift des § 21 Abs. 1 Nr. 6 KMAG-E statuiert eine Pflicht zur unverzüglichen Anzeige in Fällen, in denen das Anfangskapital unter die Mindestanforderungen nach Art. 35 MiCAR absinkt. Gem. § 40 Abs. 1 S. 3 Nr. 2 KMAG-E hat der Abschlussprüfer zu prüfen, ob das Institut seinen Verpflichtungen (auch) nach Art. 35 MiCAR nachgekommen ist. Wenn die Vermögens-, Finanz- oder Ertragsentwicklung eines Instituts oder andere Umstände die Annahme rechtfertigen, dass das Institut den Vorgaben des Art. 35 MiCAR nicht erfüllt oder zukünftig voraussichtlich nicht erfüllen wird, räumt § 41 KMAG-E der BaFin die Befugnis ein, gegenüber dem Institut Maßnahmen zur dauerhaften Erfüllung der Vorgaben anzuordnen, beispielsweise Entnahmen oder Gewinnausschüttungen zu untersagen oder zu begrenzen.

---

[10] BT-Drs. 20/10280; dazu näher Möslein/Rennig RDi 2024, 145.

Kapitel 3. Vermögenswertreserve

Art. 36 Pflicht zum Halten einer Vermögenswertreserve sowie Zusammensetzung und Verwaltung dieser Vermögenswertreserve

(1) Die Emittenten vermögenswertereferenzierter Token bilden und halten jederzeit eine Vermögenswertreserve. Die Vermögenswertreserve sollte so zusammengesetzt sein und verwaltet werden, dass

a) die Risiken im Zusammenhang mit den Vermögenswerten, auf die sich die vermögenswertereferenzierten Token beziehen, abgedeckt sind und

b) die Liquiditätsrisiken, die mit den dauerhaften Rücktauschrechten der Inhaber verbunden sind, beachtet werden.

(2) Die Vermögenswertreserve wird im Interesse der Inhaber vermögenswertereferenzierter Token nach geltendem Recht vom Vermögen des Emittenten und von der Vermögenswertreserve anderer vermögenswertereferenzierter Token in einer Weise rechtlich getrennt, dass die Gläubiger des Emittenten – insbesondere bei Insolvenz – keinen Zugriff auf die Vermögenswertreserve haben.

(3) Die Emittenten vermögenswertereferenzierter Token stellen sicher, dass die Vermögenswertreserve operativ von ihrem Vermögen und von der Vermögenswertreserve anderer Token getrennt ist.

(4) Die EBA arbeitet in enger Zusammenarbeit mit der ESMA und der EZB Entwürfe technischer Regulierungsstandards aus, in denen die Liquiditätsanforderungen unter Berücksichtigung des Umfangs, der Komplexität und der Art der Vermögenswertreserve und des vermögenswertereferenzierten Token weiter präzisiert werden.

In dem technischen Regulierungsstandard wird insbesondere Folgendes festgelegt:

a) der jeweilige Prozentsatz der Vermögenswertreserve aus täglich fällig werdenden Vermögenswerten, einschließlich umgekehrten Rückkaufsvereinbarungen, die mit einer Frist von einem Arbeitstag gekündigt werden können, oder der Prozentsatz der Barmittel, der unter Einhaltung einer Frist von einem Arbeitstag abgehoben werden kann;

b) der jeweilige Prozentsatz der Vermögenswertreserve aus wöchentlich fällig werdenden Vermögenswerten, einschließlich umgekehrten Rückkaufsvereinbarungen, die mit einer Frist von fünf Arbeitstagen gekündigt werden können, oder der Prozentsatz der Barmittel, der unter Einhaltung einer Frist von fünf Arbeitstagen abgehoben werden kann;

c) sonstige relevante Fälligkeiten und allgemeine Techniken für das Liquiditätsmanagement;

d) die Mindestbeträge in jeder referenzierten amtlichen Währung, die als Einlagen bei Kreditinstituten gehalten werden sollen, die nicht unter 30 % des in den einzelnen amtlichen Währungen referenzierten Betrags liegen dürfen.

Für die Zwecke von Unterabsatz 2 Buchstaben a, b und c berücksichtigt die EBA unter anderem die in Artikel 52 der Richtlinie 2009/65/EG festgelegten einschlägigen Schwellenwerte.

Die EBA übermittelt der Kommission die in Unterabsatz 1 genannten Entwürfe technischer Regulierungsstandards spätestens am 30. Juni 2024. Der Kommission wird die Befugnis übertragen, diese Verordnung durch die Annahme der in Unterabsatz 1 des vorliegenden Absatzes genannten technischen Regulierungsstandards gemäß den Artikeln 10 bis 14 der Verordnung (EU) Nr. 1093/2010 zu ergänzen.

(5) Emittenten, die zwei oder mehr vermögenswertereferenzierter Token öffentlich anbieten, bilden und halten getrennt für jeden vermögenswertreferenzierten Token Vermögenswertreserven. Jede dieser Vermögenswertreserven wird getrennt verwaltet.

Bieten verschiedene Emittenten vermögenswertereferenzierter Token denselben vermögenswertereferenzierten Token öffentlich an, so bilden und halten diese Emittenten nur eine Vermögenswertreserve für diesen vermögenswertreferenzierten Token.

(6) Die Leitungsorgane von Emittenten vermögenswertereferenzierter Token gewährleisten die wirksame und umsichtige Verwaltung der Vermögenswertreserve. Die Emittenten stellen sicher, dass der Ausgabe und dem Rücktausch vermögenswertereferenzierter Token stets eine entsprechende Erhöhung oder Verminderung der Vermögenswertreserve gegenübersteht.

(7) Der Emittent eines vermögenswertreferenzierten Token ermittelt den aggregierten Wert der Vermögenswertreserve anhand von Marktpreisen. Ihr aggregierter Wert entspricht mindestens dem aggregierten Wert der Ansprüche der Inhaber des im Umlauf befindlichen vermögenswertereferenzierten Tokens gegen den Emittenten.

(8) Die Emittenten vermögenswertereferenzierter Token verfügen über eine klare und detaillierte Strategie und beschreiben darin den Stabilisierungsmechanismus für diese Token. Diese Strategie umfasst insbesondere Folgendes:

a) eine Liste der Vermögenswerte, auf die sich die vermögenswertereferenzierten Token beziehen, und die Zusammensetzung dieser Vermögenswerte;
b) eine Beschreibung der Art der Vermögenswerte und die genaue Zuordnung der Vermögenswerte, die Teil der Vermögenswertreserve sind;
c) eine detaillierte Bewertung der Risiken, einschließlich des Kreditrisikos, Marktrisikos, Konzentrationsrisikos und Liquiditätsrisikos, die sich aus dem Reservevermögen ergeben;
d) eine Beschreibung des Verfahrens für die Emission und den Rücktausch der vermögenswertereferenzierten Token sowie des Verfahrens, nach dem eine solche Emission oder ein solcher Rücktausch zu einer entsprechenden Erhöhung oder Verminderung der Vermögenswertreserve führt;
e) die Angabe, ob ein Teil der Vermögenswertreserve gemäß Artikel 38 angelegt ist;
f) wenn Emittenten vermögenswertereferenzierter Token einen Teil der Vermögenswertreserve gemäß Artikel 38 anlegen, eine ausführliche Beschreibung der Anlagepolitik und eine Bewertung möglicher Auswirkungen dieser Anlagepolitik auf den Wert der Vermögenswertreserve;
g) eine Beschreibung des Verfahrens für den Kauf vermögenswertereferenzierter Token und den Rücktausch dieser Token gegen die Ver-

mögenswertreserve und eine Liste der dazu berechtigten Personen oder Kategorien von Personen.

(9) Unbeschadet des Artikels 34 Absatz 12, müssen Emittenten vermögenswertereferenzierter Token ab dem Tag ihrer Zulassung gemäß Artikel 21 oder ab dem Tag der Genehmigung des Kryptowerte-Whitepapers gemäß Artikel 17 alle sechs Monate eine unabhängige Prüfung der Vermögenswertreserve in Auftrag geben, in der die Einhaltung dieses Kapitels geprüft wird.

(10) Der Emittent teilt der zuständigen Behörde das Ergebnis der in Absatz 9 genannten Prüfung der zuständigen Behörde unverzüglich, spätestens jedoch sechs Wochen nach dem Referenzdatum der Bewertung mit. Der Emittent veröffentlicht das Ergebnis der Prüfung binnen zweier Wochen nach der Benachrichtigung der zuständigen Behörde. Die zuständige Behörde kann den Emittenten anweisen, die Veröffentlichung der Ergebnisse der Prüfung aufzuschieben, wenn

a) der Emittent aufgefordert wurde, eine oder mehrere Sanierungsmaßnahmen gemäß Artikel 46 Absatz 3 umzusetzen;
b) der Emittent aufgefordert wurde, einen Rücktauschplan gemäß Artikel 47 umzusetzen;
c) es für notwendig erachtet wird, um die wirtschaftlichen Interessen der Inhaber der vermögenswertereferenzierten Token zu schützen;
d) es für notwendig erachtet wird, um erhebliche nachteilige Auswirkungen auf das Finanzsystem des Herkunftsmitgliedstaats oder eines anderen Mitgliedstaats zu verhindern.

(11) Die Bewertung zu Marktpreisen gemäß Absatz 7 des vorliegenden Artikels erfolgt nach Möglichkeit im Sinne von Artikel 2 Nummer 8 der Verordnung (EU) 2017/1131 des Europäischen Parlaments und des Rates.

Bei der Bewertung zu Marktpreisen wird das Reservevermögen auf der vorsichtigen Seite des Geld-/Briefkurses bewertet, es sei denn, das Reservevermögen kann zum Mittelkurs glattgestellt werden. Für die Bewertung zu Marktpreisen werden nur Marktdaten von guter Qualität verwendet, und diese Daten werden auf der Grundlage aller folgenden Faktoren bewertet:

a) Anzahl und Qualität der Gegenparteien;
b) Marktvolumen des Reservevermögenswerts und damit erzielter Marktumsatz;
c) Umfang der Vermögenswertreserve.

(12) Ist die Bewertung zu Marktpreisen gemäß Absatz 11 des vorliegenden Artikels nicht möglich oder sind die Marktdaten nicht von ausreichender Qualität, so wird das Reservevermögen konservativ zu Modellpreisen im Sinne von Artikel 2 Nummer 9 der Verordnung (EU) 2017/1131 bewertet.

Das Modell muss eine präzise Schätzung des dem Reservevermögen inhärenten Wertes liefern und sich auf alle folgenden aktuellen Schlüsselfaktoren stützen:

a) Marktvolumen des Reservevermögens und damit erzielter Marktumsatz;
b) Umfang der Vermögenswertreserve;
c) Marktrisiko, Zinsrisiko und mit dem Reservevermögen verbundenes Kreditrisiko.

MiCAR Art. 36

Bei der Bewertung zu Modellpreisen wird nicht die Methode der Bewertung zu fortgeführten Anschaffungskosten gemäß Artikel 2 Nummer 10 der Verordnung (EU) 2017/1131 angewandt.

Übersicht

	Rn.
I. Einführung	1
1. Literatur	1
2. Entstehung und Zweck der Norm	2
3. Normativer Kontext	4
II. Begriff der Vermögenswertreserve	6
III. Zusammensetzung und Verwaltung der Vermögenswertreserve	7
IV. Trennungsgebot	9
V. Bewertung der Vermögenswertreserve	11
VI. Unabhängige Prüfung der Vermögenswertreserve	12
VII. Pflicht zur Vorhaltung einer Strategie	13
VIII. Umsetzung im KMAG-E	14

I. Einführung

1. Literatur. *Hirzle/Hugendubel,* Die Entwicklung des Kryptorechts im Jahr 2022, BKR 2022, 821, *Völkel,* MiCAR versus MiFID – Wann ist ein vermögenswertreferenzierter Token kein Finanzinstrument?, ZFR 2023/122, 269. 1

2. Entstehung und Zweck der Norm. Im ersten Verordnungsentwurf der EU-Kommission vom 24.9.2020 war der heutige Art. 36 noch als Art. 32 vorgesehen. Inhaltlich hat sich Art. 36 im Laufe des **Verordnungsgebungsverfahrens** erheblich verändert. Waren im ersten Entwurf lediglich fünf Absätze mit überschaubarer Regelungstiefe zur Ausgestaltung der Pflicht von Emittenten vermögenswertereferenzierter Token zur Bildung, Vorhaltung und Verwaltung einer Vermögenswertreserve vorgesehen, enthält der aktuelle Art. 36 derer zwölf und geht im Vergleich zur ersten Entwurfsfassung deutlich tiefer ins Detail. Erweiterungen erfuhr die Vorschrift insbesondere in Bezug auf Anforderungen an die **Zusammensetzung der Vermögenswertreserve** (Abs. 1 und 4), die **Trennung** der Vermögenswertreserve vom **Vermögen des Emittenten** (Abs. 2 und 3), ihre **Verwaltung** (Abs. 6) und die zur **Bewertung der Vermögensreserve** zulässigen Methoden (Abs. 7 und 9–12). Hinsichtlich der bei der Zusammensetzung der Vermögenswertreserve zu berücksichtigenden **Schwellenwerte** greift Art. 36 Abs. 4 S. 3 auf das investmentrechtliche Vorbild des Art. 52 der **OGAW-Richtlinie**[1] zurück. Für die durch Emittenten vermögenswertereferenzierter Token anzustellende **Bewertung nach Marktpreisen** verweist Art. 36 in seinem Abs. 11 UAbs. 1 und Abs. 12 UAbs. 1 auf die Bewertungsvorschriften der Art. 2 Nr. 8 und 9 der **Geldmarktfonds-Verordnung**[2]. Im Übrigen stellt die Pflicht von Emittenten vermögenswertereferenzierter Token zum Halten 2

---

[1] Richtlinie 2009/65/EG des Europäischen Parlaments und des Rates vom 13.7.2009 zur Koordinierung der Rechts- und Verwaltungsvorschriften betreffend bestimmte Organismen für gemeinsame Anlagen in Wertpapieren (OGAW).

[2] Verordnung (EU) 2017/1131 des Europäischen Parlaments und des Rates vom 14.6.2017 über Geldmarktfonds.

einer Vermögenswertreserve ein grundlegend **neuartiges Regulierungskonzept** dar, für das es **kein Vorbild** aus aufsichtsrechtlichen Parallelvorschriften gibt.

Die Vermögenswertreserve iSv Art. 36 soll nach der Vorstellung des Verordnungsgebers insbesondere dazu dienen, die **Haftung der Emittenten** vermögenswertereferenzierter Token gegenüber den Tokeninhabern zu decken (s. **Erwgr. Nr. 54 Satz 1**). Praktischer Hintergrund für die Pflicht zur Vorhaltung einer Vermögenswertreserve ist damit das in Art. 39 verankerte Recht der Inhaber vermögenswertereferenzierter Token auf **Rücktausch** gegenüber dem Emittenten. Um diese Ansprüche decken zu können, muss die Vermögenswertreserve **jederzeit mindestens den Wert** der im Umlauf befindlichen vermögenswertereferenzierten Token haben, für die sie angelegt ist (s. **Erwgr. Nr. 54 Satz 4**). In der ersten Entwurfsfassung der EU-Kommission war ein solches Rücktauschrecht der Inhaber vermögenswertereferenzierter Token demgegenüber noch nicht vorgesehen. Die seinerzeitige legislative Motivation lag daher nicht in der Deckung von Rücktauschansprüchen der Tokeninhaber. Vielmehr sollte die Vermögenswertreserve ursprünglich der **Wertstabilisierung** ausgegebener vermögenswertereferenzierter Token dienen. (s. **Erwgr. Nr. 37 aF**). Der Schutz der Tokeninhaber vor Wertminderungen sollte lediglich mittelbar, dh ohne echtes Rücktauschrecht gegenüber dem Emittenten erreicht werden (s. **Erwgr. Nr. 39 Satz 1 aF**).

3. **Normativer Kontext.** Art. 36 ist die einleitende Norm zu **Kapitel 3** des **Titels III** der MiCAR, das den Regelungskomplex über die von Emittenten vermögenswertereferenzierter Token vorzuhaltende **Vermögenswertreserve** enthält. Die ihm nachfolgenden Art. 37–40 konkretisieren die in Art. 36 geregelte Pflicht zur **Vorhaltung, Verwahrung** und **Verwaltung** der Vermögenswertreserve. Probleme bereiten dem Rechtsanwender die in Art. 36 genutzten **Begrifflichkeiten,** die anscheinend teilweise synonym verwendet werden. Besonders problematisch ist insoweit der für die Bestimmungen der Art. 36–40 zentrale Begriff der **Vermögenswertreserve** in Abgrenzung zum ebenfalls verwendeten Begriff des **Reservevermögens** (dazu sogleich → Rn. 6).

Die **Liquiditätsanforderungen** an die Vermögenswertreserve sollen nach Art. 36 Abs. 4 von der EBA, der ESMA und der EZB unter Berücksichtigung des Umfangs, der Komplexität und der Art der Vermögenswertreserve sowie des sie jeweils betreffenden vermögenswertreferenzierenden Token durch spätestens bis am 30.6.2024 der Kommission zu übermittelnde **technische Regulierungsstandards** weiter präzisiert werden (→ Rn. 6).

II. Begriff der Vermögenswertreserve

Der Begriff der **Vermögenswertreserve** wird in Art. 3 Abs. 1 Nr. 32 definiert als der **Korb mit Reservevermögen,** mit dem die Forderung gegenüber dem Emittenten besichert wird. Nach der Definition stellt der Begriff der Vermögenswertreserve einen **Oberbegriff** dar, während der Begriff des Reservevermögens sich auf **einzelne Vermögensgegenstände** bezieht, die Teil der Vermögenswertreserve sind. Leider hält der Verordnungsgeber diese begriffliche Unterscheidung im deutschen Verordnungstext nicht konsequent durch. Vielmehr drängt sich teilweise der Eindruck auf, dass der Verordnungsgeber die Begriffe der Vermögenswertreserve und des Reservevermögens synonym verwenden würde. Für die inhaltliche Übereinstimmung der zwei Begriffe streiten insbesondere **Erwgr. Nr. 52** und **Erwgr. Nr. 53**. Während in **Erwgr. Nr. 52 Satz 2** das Reservevermögen in Bezug genommen wird, mit dem der Wert der Token unterlegt ist, spricht **Erwgr. Nr. 53 Satz 2** von der Vermögenswertreserve, mit der der Wert der vermögenswertereferenzierten Token unterlegt ist. Beide Begriffe werden hier vom Verordnungsgeber nahezu **wortlautidentisch** umschrieben. Zurückzuführen ist diese sprachliche Verwirrung letztlich auf **Übersetzungsfehler**, wie sich durch einen Vergleich der deutschen mit der **englischen Fassung** ergibt. In letzterer ist in Erwgr. Nr. 52 von „the **reserve assets** backing the asset referenced tokens" die Rede, was in der deutschen Fassung durch die Verwendung des Begriffs des Reservevermögens im Singular sinnverändernd übersetzt wurde. Ein weiteres Beispiel findet sich in Abs. 8 lit. c, wo in der deutschen Fassung der Begriff des **Reservevermögens** zu lesen ist, während in der englischen Fassung von „**reserve of assets**", mithin der Vermögenswertreserve die Rede ist. Die von der Definition des Art. 3 Nr. 32 vorgegebene Unterscheidung ist deshalb im Rahmen der **Auslegung** der Vorschriften des Kapitels 3 des Titels III zu berücksichtigen. Der in der deutschen Fassung redaktionell unglücklich gewählte Begriff des Reservevermögens steht deshalb für einen von gegebenenfalls mehreren Bestandteilen einer Vermögenswertreserve.

III. Zusammensetzung und Verwaltung der Vermögenswertreserve

7   Abs. 1 UAbs. 2 stellt Anforderungen an die **Zusammenstellung** und **Verwaltung** der Vermögenswertreserve auf. Danach müssen Emittenten vermögenswertereferenzierter Token die Vermögenswertreserve so zusammensetzen, dass die **Risiken** im Zusammenhang mit den Vermögenswerten, auf die sich die vermögenswertereferenzierten Token beziehen, abgedeckt sind und die **Liquiditätsrisiken**, die mit den **dauerhaften Rücktauschrechten** der Tokeninhaber verbunden sind, beachtet werden.[3] Neben diesen allgemeinen Anforderungen verpflichtet Abs. 4 die EBA zur Ausarbeitung von Entwürfen **technischer Regulierungsstandards** (RTS) bis zum 30.6.2024, in denen die Anforderungen an die Zusammenstellung von Vermögenswertreserven weiter **konkretisiert** werden sollen. In den RTS soll nach Abs. 4 UAbs. 2 insbesondere festgelegt werden, zu welchem **prozentualen Anteil** Vermögenswerte in einer Vermögenswertreserve enthalten sein dürfen, die (a) **täglich** und (b) **wöchentlich** fällig werden. Von einer täglichen Fälligkeit geht die Vorschrift dabei bei einer Liquidierungsfrist von maximal einem Arbeitstag, von einer wöchentlichen Fälligkeit bei einer Aufhebbarkeit innerhalb von fünf Arbeitstagen aus. Abs. 4 UAbs. 2 lit. c ordnet darüber hinaus an, dass die RTS auch Festlegungen zu sonstigen relevanten Fälligkeiten der in Vermögenswertreserven gehaltenen Vermögensgegenstände und **allgemeine Techniken** für das **Liquiditätsmanagement** enthalten sollen. Emittenten vermögenswertereferenzierter Token sind somit in der Zusammenstellung ihrer Vermögenswertreserve **keineswegs frei**, sondern haben insbesondere auf die **Liquidierungsfristen** der einzelnen Vermögensgegenstände zu achten.

8   Neben den Anforderungen an die **Liquidierbarkeit** der in Vermögenswertreserven gehaltenen Vermögensgegenstände werden Emittenten auch

---

[3] Hirzle/Hugendubel BKR 2022, 821 (826); Völkel ZFR 2023/122 (269, 273).

qualitative **Aspekte** zu beachten haben. Die von der EBA auszuarbeitenden RTS sollen insoweit nach Abs. 4 UAbs. 2 lit. d **Mindestbeträge** festlegen, die, soweit der Wert eines vermögenswertereferenzierten Token auf eine oder mehrere **amtliche Währungen** referenziert, bei Kreditinstituten als Einlagen gehalten werden müssen. Diese Einlagen sollen **nicht weniger als 30 %** des in der betreffenden amtlichen Währung referenzierten Betrags ausmachen dürfen. Zudem soll die EBA bei der Erarbeitung der RTS die in Art. 52 der Richtline 2009/65/EG festgelegten einschlägigen **Schwellenwerte** beachten, die die Vermeidung von **Konzentrationsausfallrisiken** betreffen. Insofern ist zu erwarten, dass Emittenten sich im Rahmen der Zusammenstellung und Verwaltung von Vermögenswertreserven auch um eine hinreichende **Streuung** und **Emittentenvielfalt** werden kümmern müssen.

IV. Trennungsgebot

Vermögenswertreserven sollen insbesondere zur Sicherstellung der **Erfüllbarkeit** von **Rücktauschansprüchen** der Inhaber vermögenswertereferenzierter Token nach Art. 39 dienen (s. Erwgr. Nr. 54 Satz 1). Zur Erreichung dieses Zwecks ist zum einen erforderlich, dass der in der Vermögensreserve vorhandene Gegenwert jederzeit zur Erfüllung der Ansprüche ausreicht. Darüber hinaus ist jedoch auch erforderlich, dass Vermögenswertreserven im Fall der **Insolvenz des Emittenten** nicht in die Insolvenzmasse fallen. Aus diesem Grund ordnet Abs. 2 an, dass die Vermögenswertreserve im Interesse der Tokeninhaber vom Vermögen des Emittenten und von der Vermögenswertreserve anderer vermögenswertereferenzierter Token in einer Weise **rechtlich getrennt** werden müssen, dass die **Gläubiger des Emittenten keinen Zugriff** auf sie haben. Zur Umsetzung verweist Abs. 2 auf das geltende Recht, womit die **nationalen Gesetzgeber** in die Pflicht genommen werden. Sie haben damit sicherzustellen, dass ihr nationales Zivilrecht die **insolvenzfeste Trennung** einer Vermögenswertreserve vom Vermögen des Emittenten ermöglicht. Erforderlich ist insoweit eine Insolvenzfestigkeit in Bezug auf **alle einzelnen Vermögensgegenstände**, aus denen sich eine Vermögenswertreserve zusammensetzt.

Flankierend zum Gebot der rechtlichen Trennung verpflichtet Abs. 3 Emittenten vermögenswertereferenzierter Token auch zur **operativen Trennung** der Vermögenswertreserve vom Emittentenvermögen und der Vermögenswertreserve anderer vermögenswertereferenzierter Token. **Anlageentscheidungen** für die Vermögenswertreserve müssen daher unabhängig vom operativen Geschäft des Emittenten und eventuell im Zusammenhang mit anderen ausgegebenen vermögenswertereferenzierten Token gehaltenen Vermögenswertreserven getroffen werden. Emittenten, die **zwei oder mehr** vermögensreferenzierte Token öffentlich anbieten, müssen nach Abs. 5 für jeden vermögenswertereferenzierten Token **getrennte Vermögenswertreserven** bilden, halten und verwalten. Hier dürfte der Verordnungsgeber nicht einzelne Token, sondern Gesamtemissionen von vermögenswertereferenzierten Token in Bezug nehmen wollen. Für den Fall, dass **verschiedene Emittenten denselben** vermögenswertereferenzierten Token öffentlich anbieten, haben sie für diese Emission nur **eine Vermögenswertreserve** zu bilden.

V. Bewertung der Vermögenswertreserve

11 Der **aggregierte Wert** einer Vermögenswertreserve muss nach Abs. 7 durch den Emittenten anhand von **Marktpreisen ermittelt** werden. Die Emittenten vermögenswertereferenzierter Token sollen die Bewertung zu Marktpreisen nach Möglichkeit im Sinne von Art. 2 Nr. 8 der **Geldmarktfonds-Verordnung**[4] vornehmen. Einzelne Positionen sollen somit auf der Grundlage einfach feststellbarer Glattstellungspreise bewertet werden, die aus **neutralen Quellen** bezogen werden, wie beispielsweise Börsenkurse, Handelssystempreise oder Quotierungen angesehener Broker. Nach Abs. 11 ist nur die Verwendung von **Marktdaten guter Qualität** zulässig. Die auf sie gestützte Bewertung muss zudem die Faktoren der (a) Anzahl und Qualität der **Gegenparteien**, (b) des **Marktvolumens** des einzelnen (Reserve-)Vermögenswerts (→ Rn. 6) und des damit erzielten **Marktumsatzes** sowie (c) den **Umfang** der Vermögenswertreserve berücksichtigen. Ist die Bewertung zu Marktpreisen nach Abs. 11 nicht möglich, etwa weil die erforderlichen **Daten nicht verfügbar** oder **nicht von ausreichender Qualität** sind, sind gem. Abs. 12 **Modellpreise** heranzuziehen. Abs. 7 legt nicht fest, in welchen Zeitabständen die Ermittlung des aggregierten Werts erfolgen muss. In Anbetracht der geringen Halbwertszeit von Marktdaten sollte die Ermittlung regelmäßig in **kurzen Zeitabständen** erfolgen.

VI. Unabhängige Prüfung der Vermögenswertreserve

12 Die Einhaltung der Pflichten nach Art. 36 ist gem. Abs. 9 Gegenstand **unabhängiger Prüfungen**. Emittenten vermögenswertereferenzierter Token müssen insoweit entweder ab dem Tag ihrer **Zulassung** gem. Art. 21 oder – für den Fall, dass sie Kreditinstitut sind und daher eine Zulassung nach Art. 21 nicht benötigen – ab dem Tag der **Genehmigung des Kryptowerte-Whitepapers** nach Art. 17 alle **sechs Monate** eine unabhängige Prüfung der Vermögenswertreserve **auf eigene Kosten** in Auftrag geben. Das Ergebnis der Prüfung ist nach Abs. 10 grundsätzlich **unverzüglich**, spätestens jedoch **sechs Wochen** nach dem Referenzdatum der Prüfung der zuständigen Behörde mitzuteilen. Zwei Wochen nach erfolgter Mitteilung des Ergebnisses an die zuständige Behörde muss das **Ergebnis** zudem **veröffentlicht** werden. Diesbezüglich haben die zuständigen Behörden im Fall des Vorliegens besonderer Umstände die Möglichkeit, den Emittenten anzuweisen, die Veröffentlichung aufzuschieben. Wann solche Umstände vorliegen, regelt Abs. 10 Satz 3 abschließend.

VII. Pflicht zur Vorhaltung einer Strategie

13 Abs. 8 verpflichtet Emittenten vermögenswertereferenzierter Token zur Erstellung einer **klaren** und **detaillierten Strategie**, in der insbesondere der **Stabilisierungsmechanismus** für die vermögenswertreferenzierten Token beschrieben werden muss. Daneben hat die Strategie weitere Beschreibungen zu umfassen, die sich auf die **referenzierten Vermögenswerte**, die **Zusammensetzung** der **Vermögensreserve**, die sich aus den einzelnen Vermögensgegenständen ergebenden **Risiken**, das **Verfahren** für die **Emission**

---

[4] Verordnung (EU) 2017/1131 des Europäischen Parlaments und des Rates vom 14.6.2017 über Geldmarktfonds.

und den **Rücktausch** der vermögenswertereferenzierten Token und den damit verbundenen **Auswirkungen** auf die Vermögenswertreserve, Angaben zur **Anlage der Vermögenswertreserve** sowie das Verfahren für den **Kauf oder Rücktausch** von Token gegen die Vermögenswertreserve beziehen. Die Strategie ist zunächst lediglich ein **internes Dokument,** deren Existenz freilich der zuständigen Aufsichtsbehörde nachzuweisen sein wird. Eine **Veröffentlichungspflicht** folgt aus Abs. 8 indes **nicht unmittelbar,** obgleich die in der Strategie enthaltenen Informationen größtenteils auch in einem nach Art. 19 zu veröffentlichenden **Kryptowerte-Whitepaper** werden enthalten sein müssen.

VIII. Umsetzung im KMAG-E

Zur Transposition der Vorschriften der MiCAR plant der deutsche Gesetzgeber den Erlass eines **Kryptomärkteaufsichtsgesetzes** (KMAG-E), das zum Datum dieser Kommentierung Stadium eines **Regierungsentwurfs** vorliegt.[5] Relevanz für die Vorschrift des Art. 36 dürften insbesondere die §§ 5, 6, 8, 28 und 39 KMAG-E entfalten. Nach § 5 KMAG-E ist vorgesehen, dass **Widerspruch** und **Anfechtungsklage** gegen Maßnahmen, einschließlich der Androhung und Festsetzung von Zwangsmitteln, auf der Grundlage auch des Art. 36 Abs. 10 S. 3 bezüglich die Mitteilung des Ergebnisses der **Prüfung der Vermögenswertreserve** keine **aufschiebende Wirkung** haben sollen. Nach § 6 Abs. 1 S. 3 Nr. 1 KMAG-E soll die BaFin mit der Deutschen Bundesbank insbesondere bei der **Auswertung** der nach Abs. 10 einzureichenden Prüfberichte **zusammenarbeiten.** Ebenfalls konkret Bezug auf Abs. 10 nimmt § 8 Abs. 1 S. 5 Nr. 4 KMAG-E, der die auf Seiten der Aufsicht tätigen Personen sowie Sonderbeauftragte, Treuhänder und bestellte Abwickler von ihrer grundsätzlichen **Verschwiegenheitspflicht** gegenüber Personen **entbindet,** die mit der gesetzlichen Prüfung der Vermögenswertreserven nach Abs. 9 betraut sind. Auch § 28 KMAG-E erwähnt Art. 36 ausdrücklich und soll **Institute** verpflichten, das Reservevermögen **getrennt** von ihrem **sonstigen Vermögen** und von **anderen Reservevermögen** zu halten. Schließlich ist auch der Bußgeldvorschriften enthaltende § 47 KMAG-E relevant, der in § 47 Abs. 3 Nr. 2 lit. b) KMAG-E die **Zuwiderhandlung** gegen eine **vollziehbare Anordnung** nach Abs. 10 zu einer **Ordnungswidrigkeit** macht.

14

Art. 37 Verwahrung des Reservevermögens

(1) Die Emittenten vermögenswertereferenzierter Token müssen Strategien und Verfahren sowie vertragliche Vereinbarungen für die Verwahrung festlegen, aufrechterhalten und umsetzen, um jederzeit sicherzustellen, dass

a) das Reservevermögen weder belastet noch als „Finanzsicherheit" im Sinne von Artikel 2 Absatz 1 Buchstabe a der Richtlinie 2002/47/EG des Europäischen Parlaments und des Rates verpfändet wird;
b) das Reservevermögen gemäß Absatz 6 des vorliegenden Artikels verwahrt wird;

---

[5] Gesetzesentwurf der Bundesregierung, Entwurf eines Gesetzes über die Digitalisierung des Finanzmarktes, Art. 1, BT-Drucks. 20/10280.

c) die Emittenten vermögenswertereferenzierter Token umgehend Zugang zum Reservevermögen haben, um etwaige Rücktauschforderungen der Inhaber vermögenswertereferenzierter Token bedienen zu können;
d) Konzentrationen hinsichtlich der Verwahrstellen des Reservevermögens vermieden werden;
e) das Risiko einer Konzentration des Reservevermögens vermieden wird.

(2) Emittenten vermögenswertereferenzierter Token, die in der Union zwei oder mehr vermögenswertereferenzierter Token ausgeben, legen für jede Vermögenswertreserve eine eigene Strategie für deren Verwahrung fest. Verschiedene Emittenten vermögenswertereferenzierter Token, die den gleichen vermögenswertereferenzierten Token ausgeben, legen nur eine Verwahrstrategie fest und erhalten diese aufrecht.

(3) Das Reservevermögen wird bis höchstens fünf Arbeitstage nach Emission des vermögenswertereferenzierten Token von einer oder mehreren der folgenden Stellen verwahrt:

a) einem Anbieter von Kryptowerte-Dienstleistungen, der Kryptowerte für Kunden verwahrt oder verwaltet, sofern es sich bei dem Reservevermögen um Kryptowerte handelt;
b) einem Kreditinstitut bei allen Arten von Reservevermögen;
c) einer Wertpapierfirma, die die Nebendienstleistung der Verwahrung und Verwaltung von Finanzinstrumenten für Rechnung von Kunden gemäß Anhang I Abschnitt B Nummer 1 der Richtlinie 2014/65/EU erbringt, wenn das Reservevermögen die Form von Finanzinstrumenten hat.

(4) Die Emittenten vermögenswertereferenzierter Token gehen bei der Auswahl, Bestellung und Überprüfung der gemäß Absatz 3 als Verwahrstelle für das Reservevermögen bestellten Anbieter von Kryptowerte-Dienstleistungen, Kreditinstitute und Wertpapierfirmen mit der erforderlichen Sachkenntnis, Sorgfalt und Gewissenhaftigkeit vor. Die Verwahrstelle muss eine vom Emittenten verschiedene juristische Person sein.

Die Emittenten vermögenswertereferenzierter Token stellen sicher, dass die als Verwahrstelle für das Reservevermögen gemäß Absatz 3 bestellten Anbieter von Kryptowerte-Dienstleistungen, Kreditinstitute und Wertpapierfirmen über die erforderliche Sachkenntnis und Marktreputation verfügen, um als Verwahrstelle für ein solches Reservevermögen zu fungieren, wobei die Rechnungslegungsverfahren, die Verfahren für die sichere Aufbewahrung und die internen Kontrollmechanismen dieser Anbieter von Kryptowerte-Dienstleistungen, Kreditinstitute und Wertpapierfirmen zu berücksichtigen sind. Durch die vertraglichen Vereinbarungen zwischen den Emittenten vermögenswertereferenzierter Token und den Verwahrstellen wird sichergestellt, dass das verwahrte Reservevermögen gegen Forderungen der Gläubiger der Verwahrstellen geschützt ist.

(5) In den Strategien und Verfahren für die Verwahrung nach Absatz 1 werden die Auswahlkriterien für die Bestellung von Anbietern von Kryptowerte-Dienstleistungen, Kreditinstituten oder Wertpapierfirmen als Verwahrstellen für das Reservevermögen und das Verfahren zur Überprüfung einer solcher Bestellung festgelegt.

Die Emittenten vermögenswertereferenzierter Token überprüfen regelmäßig die Bestellung von Anbietern von Kryptowerte-Dienstleistungen,

Kreditinstituten oder Wertpapierfirmen als Verwahrstellen für das Reservevermögen. für die Zwecke dieser Bewertung bewerten die Emittenten vermögenswertereferenzierter Token ihre Risikopositionen gegenüber solchen Verwahrstellen unter Berücksichtigung ihrer gesamten Beziehungen zu ihnen und überwachen fortlaufend die finanzielle Lage dieser Verwahrstellen.

(6) Die Verwahrstellen für das Reservevermögen gemäß Absatz 4 stellen sicher, dass die Verwahrung dieses Reservevermögens folgendermaßen erfolgt:

a) Kreditinstitute verwahren Geldbeträge auf einem Konto, das in den Büchern des Kreditinstituts eröffnet wurde;
b) im Falle verwahrbarer Finanzinstrumente nehmen die Kreditinstitute oder Wertpapierfirmen alle Finanzinstrumente, die auf einem in den Büchern der Kreditinstitute oder Wertpapierfirmen eröffneten Konto für Finanzinstrumente verbucht werden können, sowie alle Finanzinstrumente, die physisch an diese Kreditinstitute oder Wertpapierfirmen geliefert werden können, in Verwahrung;
c) im Fall verwahrbarer Kryptowerte nehmen die Anbieter von Kryptowerte-Dienstleistungen die Kryptowerte, die Teil des Reservevermögens sind, oder die Mittel für den Zugang zu solchen Kryptowerten, gegebenenfalls in Form privater kryptografischer Schlüssel, in Verwahrung;
d) im Fall anderer Vermögenswerte überprüfen die Kreditinstitute die Eigentumsverhältnisse der Emittenten der vermögenswertereferenzierten Token und führen Aufzeichnungen über das Reservevermögen, bei dem sie sich davon überzeugt haben, dass sein Eigentümer die Emittenten der vermögenswertereferenzierten Token sind.

Für die Zwecke von Unterabsatz 1 Buchstabe a stellen die Kreditinstitute sicher, dass Geldbeträge in den Büchern der Kreditinstitute gemäß den nationalen Rechtsvorschriften zur Umsetzung des Artikels 16 der Richtlinie 2006/73/EG der Kommission (40) auf getrennten Konten verbucht werden. Dieses Konto wird für die Zwecke der Verwaltung des Reservevermögens jeden vermögenswertereferenzierten Token auf den Namen des Emittenten der vermögenswertereferenzierten Token eröffnet, sodass die verwahrten Geldbeträge eindeutig als Teil jeder Vermögenswertreserve identifiziert werden können.

Für die Zwecke von Unterabsatz 1 Buchstabe b stellen die Kreditinstitute und Wertpapierfirmen sicher, dass alle Finanzinstrumente, die auf einem in den Büchern des Kreditinstituts und Wertpapierfirmen eröffneten Konto für Finanzinstrumente verbucht werden können, in den Büchern der Kreditinstitute und Wertpapierfirmen gemäß den nationalen Rechtsvorschriften zur Umsetzung des Artikels 16 der Richtlinie 2006/73/EG auf getrennten Konten verbucht werden. Die Konten für Finanzinstrumente werden für die Zwecke der Verwaltung des Reservevermögens jedes vermögenswertereferenzierten Token auf den Namen der Emittenten der vermögenswertereferenzierten Token eröffnet, sodass die verwahrten Finanzinstrumente eindeutig als Teil jeder Vermögenswertreserve identifiziert werden können.

Für die Zwecke von Unterabsatz 1 Buchstabe c öffnen die Anbieter von Kryptowerte-Dienstleistungen zur Verwaltung des Reservevermögens jedes vermögenswertereferenzierten Token ein Register der Risikopositionen auf den Namen der Emittenten der vermögenswertereferenzierten

Token, sodass die verwahrten Kryptowerte eindeutig als Teil jeder Vermögenswertreserve identifiziert werden können

Für die Zwecke von Unterabsatz 1 Buchstabe d stützt sich die Bewertung, ob Emittenten vermögenswertereferenzierter Token Eigentümer des Reservevermögens sind, auf Informationen oder Unterlagen, die die Emittenten der vermögenswertereferenzierten Token zur Verfügung stellen, und, soweit verfügbar, auf externe Nachweise.

(7) Die Bestellung von Anbietern von Kryptowerte-Dienstleistungen, Kreditinstituten oder Wertpapierfirmen als Verwahrstellen für das Reservevermögen gemäß Absatz 4 des vorliegenden Artikels wird durch den in Artikel 34 Absatz 5 Unterabsatz 2 genannten schriftlichen Vertrag belegt. In diesen vertraglichen Vereinbarungen wird unter anderem geregelt, welcher Informationsfluss als notwendig erachtet wird, damit die Emittenten vermögenswertereferenzierter Token sowie die Anbieter von Kryptowerte-Dienstleistungen, die Kreditinstitute und die Wertpapierfirmen ihre Aufgaben als Verwahrstellen erfüllen können.

(8) Anbieter von Kryptowerte-Dienstleistungen, Kreditinstitute und Wertpapierfirmen, die gemäß Absatz 4 als Verwahrstellen bestellt werden, handeln ehrlich, redlich, professionell, unabhängig und im Interesse der Emittenten und der Inhaber der vermögenswertereferenzierten Token.

(9) Anbieter von Kryptowerte-Dienstleistungen, Kreditinstitute und Wertpapierfirmen, die gemäß Absatz 4 als Verwahrstellen bestellt werden, unterlassen im Umgang mit Emittenten vermögenswertereferenzierter Token jede Tätigkeit, die zu Interessenkonflikten zwischen diesen Emittenten, den Inhabern der vermögenswertereferenzierten Token und ihnen selbst führen könnte, es sei denn, alle folgenden Bedingungen sind erfüllt:

a) Die Anbieter von Kryptowerte-Dienstleistungen, Kreditinstitute oder Wertpapierfirmen haben die Wahrnehmung ihrer Verwahraufgaben in funktionaler und hierarchischer Hinsicht von potenziell kollidierenden Aufgaben getrennt;
b) die potenziellen Interessenkonflikte werden von den Emittenten der vermögenswertereferenzierten Token gemäß Artikel 32 ordnungsgemäß ermittelt, überwacht, geregelt und den Inhabern der vermögenswertereferenzierten Token offengelegt.

(10) Im Falle des Verlusts eines nach Absatz 6 verwahrten Finanzinstruments oder Kryptowerts sorgen der Anbieter von Kryptowerte-Dienstleistungen, das Kreditinstitut oder die Wertpapierfirma, die das Finanzinstrument oder den Kryptowert verloren haben, unverzüglich für die Entschädigung oder Rückerstattung durch ein Finanzinstrument oder einen Kryptowert derselben Art oder des entsprechenden Wertes an den Emittenten des vermögenswertereferenzierten Token. Die betreffenden Anbieter von Kryptowerte-Dienstleistungen, Kreditinstitute oder Wertpapierfirmen müssen keine Entschädigung oder Rückerstattung leisten, wenn sie nachweisen können, dass der Verlust auf ein äußeres Ereignis zurückzuführen ist, das sich nach vernünftigem Ermessen ihrer Kontrolle entzieht und dessen Folgen trotz aller zumutbaren Anstrengungen nicht vermieden werden konnten.

Verwahrung des Reservevermögens **Art. 37 MiCAR**

Übersicht

	Rn.
I. Einleitung	1
1. Literatur	1
2. Entstehung und Zweck der Norm	2
3. Normativer Kontext	5
II. Strategien, Verfahren und Gebot der vertraglichen Vereinbarung	6
1. Strategien, Abs. 1, 2, 4 und 5	6
2. Verfahren, Abs. 1	11
3. Vertragliche Vereinbarungen, Abs. 7	12
III. Pflichten der Verwahrstellen	13
1. Grundlegende Anforderungen an die Verwahrstellen, Abs. 3	13
2. Qualitative Anforderungen an die Verwahrung, Abs. 6	14
3. Complianceanforderungen an die Verwahrstellen, Abs. 8 und 9	15
IV. Entschädigungs- oder Rückerstattungsanspruch gegen die Verwahrstelle	17
V. Umsetzung im KMAG-E	18

I. Einleitung

1. Literatur. *Rothenhöfer* in: Schwark/Zimmer, Kapitalmarktrechts-Kommentar, 5. Auflage 2020, WpHG § 63; *Maume*, Die Verordnung über Märkte für Kryptowerte (MiCAR), RDi 2022, 497. 1

2. Entstehung und Zweck der Norm. Art. 37 legt die Anforderungen an die **Verwahrung** der von Emittenten vermögenswertereferenzierter Token zu bildenden und haltenden **Vermögenswertreserve** fest. In der ursprünglichen Fassung des ersten Verordnungsentwurfs war der heutige Art. 37 noch als Art. 33 aF vorgesehen. Inhaltlich gab es während des Verordnungsgebungsverfahrens zwar Erweiterungen. Diese fielen jedoch vergleichsweise gering aus und beziehen sich auf geringfügige **inhaltliche Konkretisierungen** und einige **redaktionelle Umformulierungen**. Eine solche Erweiterung betrifft etwa die Möglichkeit der Emittenten, Reservevermögen bei neben den bereits in der Entwurfsfassung vorgesehenen Kreditinstituten und Anbietern von Kryptowerte-Dienstleistungen auch bei **Wertpapierfirmen** verwahren zu lassen, soweit das betreffende Reservevermögen die Form von **Finanzinstrumenten** hat und die Wertpapierfirma die Nebendienstleistung der Verwahrung und Verwaltung von Finanzinstrumenten nach **Anhang I Abschnitt B Nr. 1 der MiFID II**[1] erbringen darf. 2

Eine **Vorgängerregelung** zu Art. 37 gibt es naturgemäß nicht, zumal die Emission vermögenswertereferenzierter Token mit der MiCAR **erstmalig** einer Regulierung unterstellt wird. Mit der Verwaltung und Verwaltung von Reservevermögen **vergleichbare Regelungen** finden sich insbesondere auch nicht in der die Tätigkeit von **E-Geld-Instituten** regulierenden **EMD II**[2], zumal solche zur Sicherung der Rückzahlungsansprüche von E-Geld- 3

---

[1] Richtlinie 2014/65/EU des Europäischen Parlaments und des Rates vom 15.5.2014 über Märkte für Finanzinstrumente sowie zur Änderung der Richtlinien 2002/92/EG und 2011/61/EU.
[2] Richtlinie 2009/110/EG des Europäischen Parlaments und des Rates vom 16.9.2009 über die Aufnahme, Ausübung und Beaufsichtigung der Tätigkeit von E-Geld-Instituten, zur

MiCAR Art. 37 Titel III. Vermögenswertreferenzierte Token

Inhabern **keine Vermögenswertreserve anlegen,** sondern lediglich die **Sicherungsanforderungen** nach Art. **7 EMD II**[3] erfüllen müssen. Der Gegenwert der von Emittenten vermögenswertereferenzierter Token anzulegenden Vermögenswertreserve soll demgegenüber mindestens dem Wert der im Umlauf befindlichen vermögenswertereferenzierten Token entsprechen (s. **Erwgr. Nr. 54**).

4   Die **Zielsetzung** des Verordnungsgebers in Bezug auf die Verwahrung des Reservevermögens ergibt sich aus **Erwgr. Nr. 55 Satz 1.** Danach soll sichergestellt werden, dass das **Verlustrisiko** bei vermögenswertereferenzierten Token **ausgeräumt** und der **Wert** der betreffenden Vermögenswerte **erhalten** wird. Zur Erreichung dieser Zielsetzung sollen nach dem Verordnungsgeber Emittenten vermögenswertereferenzierter Token über eine **ausgeklügelte Verwahrpolitik** verfügen. Nach **Erwgr. Nr. 55** soll diese Anforderungen in Bezug auf die **Trennung des Reservevermögens** vom Vermögen des Emittenten, auf den Kreis der **zulässigen Verwahrdienstleister,** die Vermeidung von **Konzentrationen** sowohl hinsichtlich der Verwahrstellen als auch von Vermögensgegenständen bei den zu beauftragenden Verwahrstellen selbst und an die **Haftung der Verwahrstellen** beinhalten.

5   **3. Normativer Kontext.** Art. 37 enthält die Anforderungen an die Verwahrung von Reservevermögen, das Gegenstand der Vermögensreserve iSd Art. 36 ist. Die sich aus der Vorschrift ergebenden **aufsichtsrechtlichen Pflichten** betreffen zwar zunächst den **Emittenten** vermögenswertereferenzierter Token. Jedoch normiert die Vorschrift auch zahlreiche Anforderungen, die von den jeweils durch den Emittenten bestellten **Verwahrstellen** zu beachten sind. So werden Verwahrstellen, die von Emittenten vermögenswertereferenzierter Token zur Verwahrung von Reservevermögen angefragt werden, etwa eigenständig zu prüfen haben, ob sie für die konkrete Art der Verwahrung über die **hinreichende Zulassung** verfügen. Abs. 6 richtet sich unmittelbar an die Verwahrstellen und legt fest, in welcher **Form** die Verwahrung von Reservevermögen zu erfolgen hat. Anforderungen an die **Art der Dienstleistungserbringung** und die Vermeidung von **Interessenkonflikten** von Verwahrstellen regeln Abs. 8 und 9. Schließlich normiert Abs. 10 einen **Entschädigungs-** bzw. **Rückerstattungsanspruch** zugunsten des Emittenten vermögenswertereferenzierter Token gegen die von ihm beauftragte Verwahrstelle im Fall des **Verlusts** eines Finanzinstruments oder Kryptowerts aus dem Reservevermögen.

II. Strategien, Verfahren und Gebot der vertraglichen Vereinbarung

6   **1. Strategien, Abs. 1, 2, 4 und 5.** Nach Art. 37 Abs. 1 sind Emittenten vermögenswertereferenzierter Token zur **Festlegung, Aufrechterhaltung** und **Umsetzung** einer **internen Strategie** in Bezug auf die Verwahrung von Reservevermögen verpflichtet **(Verwahrstrategie).** Es handelt sich um eine unmittelbar den Emittenten betreffende **Geschäftsorganisationspflicht,** deren Umsetzung als solche Gegenstand der laufenden Beaufsichti-

---
Änderung der Richtlinien 2005/60/EG und 2006/48/EG sowie zur Aufhebung der Richtlinie 2000/46/EG.
[3] Richtlinie 2009/110/EG des Europäischen Parlaments und des Rates vom 16.9.2009 über die Aufnahme, Ausübung und Beaufsichtigung der Tätigkeit von E-Geld-Instituten, zur Änderung der Richtlinien 2005/60/EG und 2006/48/EG sowie zur Aufhebung der Richtlinie 2000/46/EG.

gung durch die zuständigen Behörden ist. Emittenten müssen somit eine **interne Dokumentation** – etwa in Form von **Handbüchern** oder internen **Leitlinien** – vorhalten müssen, die laufend an die tatsächliche Geschäftstätigkeit und die sich entwickelnden aufsichtlichen Anforderungen der im Einzelfall zuständigen Behörde anzupassen und zu aktualisieren sein wird.

Inhaltlich muss die **Verwahrstrategie** jedenfalls sicherstellen, dass das 7 Reservevermögen jederzeit **unverpfändet** und **frei von Rechten Dritter** bleibt, was auch beinhaltet, dass es nicht als „**Finanzsicherheit**" iSv Art. 2 Abs. 1 lit. a der **Finanzsicherheitenrichtlinie**[4] belastet werden darf, vgl. Abs. 1 lit. a. Der Emittent muss sich zudem nach Abs. 1 lit.b) strategisch festlegen, **wie** das Reservevermögen gem. Abs. 6 verwahrt werden soll und wie der **jederzeitige Zugang** zu den verwahrten Vermögensgegenständen gewährleistet wird (Abs. 1 lit. c). Zudem ist gem. Abs. 1 lit. d festzulegen, welche **strategischen Maßnahmen** gegen mögliche **Konzentrationen** der beauftragten Verwahrstellen getroffen werden und nach Abs. 1 lit. e, welche strategischen Maßnahmen gegen das **Risiko von Konzentrationen** des Reservevermögens selbst getroffen werden. Abs. 2 Satz 1 stellt klar, dass **Emittenten,** die in der Europäischen Union **mehrere vermögenswertereferenzierte Token** ausgeben, für jede Vermögenswertreserve eine **eigene Verwahrstrategie** festlegen und aufrechterhalten müssen, die den Besonderheiten des jeweiligen vermögenswertereferenzierten Token gerecht wird. In der Konstellation, dass **mehrere Emittenten** gemeinsam **einen** vermögenswertereferenzierten Token ausgeben, ist demgegenüber nach Abs. 2 Satz 2 nur **eine einheitliche Verwahrstrategie** festzulegen und aufrechtzuerhalten. Nicht ausdrücklich durch Abs. 2 geregelt wird der Fall, dass mehrere Emittenten mehrere vermögenswertereferenzierte Token ausgeben. Insoweit lasst sich Abs. 2 so auslegen, dass für **jede Vermögenswertreserve** stets **eine** sich konkret auf sie beziehende Verwahrstrategie existieren muss. Auf die **Anzahl** der verantwortlichen Emittenten kommt es **nicht** an.

Ebenfalls Gegenstand der **Verwahrstrategie** sollte eine Festlegung dazu 8 sein, wie der Emittent die Anforderungen des Abs. 4 erfüllt. Danach muss der Emittent vermögenswertereferenzierter Token mit der erforderlichen **Sachkenntnis, Sorgfalt** und **Gewissenhaftigkeit** bei der Auswahl, Bestellung und Überwachung der **Verwahrstellen** vorgehen. Die Verwahrstrategie sollte insoweit Festlegungen dazu enthalten, welche Anforderungen im Hinblick auf die **Sachkenntnis** des in diesem Prozess einzubeziehenden **Personals** gestellt werden und welche Minimalanforderungen bei der **Gestaltung** der **Auswahl-, Bestellungs-** und **Überwachungsprozesse** zu berücksichtigen sein werden.

Der Emittent muss zudem sicherstellen, dass die beauftragten **Verwahr-** 9 **stellen** ihrerseits die zur Erfüllung ihrer Pflichten als Verwahrstelle von Reservevermögen erforderliche **Sachkenntnis** und **Marktreputation** haben, um als Verwahrstelle für ein solches Reservevermögen zu fungieren. Während das erstgenannte Kriterium bei nach Abs. 3 zulässigen Verwahrstellen grundsätzlich vorliegen, jedoch dennoch durch den Emittenten aktiv überprüft werden sollte, ist das zweite Kriterium der Marktreputation **kritisch** zu sehen. Bei zu strenger Auslegung im Sinne einer konkret als Verwahrstelle für Reservevermögen nachgewiesenen **Referenzliste** würde **neu-**

---

[4] Richtlinie 2002/47/EG des Europäischen Parlaments und des Rates vom 6.6.2002 über Finanzsicherheiten.

en **Marktteilnehmern** die Bestellung als Verwahrstelle für Reservevermögen unmöglich gemacht. Die Anforderung der Marktreputation sollte daher **weich ausgelegt** werden und sich auf die Reputation des Kandidaten im Hinblick auf **Zuverlässigkeit** und **Fachkenntnisse** konzentrieren.

10   Abs. 5 Satz 1 legt fest, dass die Verwahrstrategie auch Aussagen dazu enthalten soll, wie die **Auswahlkriterien** für die **Bestellung von Verwahrstellen** durch den Emittenten erfolgen soll. Abs. 5 Satz 2 verpflichtet die Emittenten darüber hinaus zur **regelmäßigen Überprüfung** der von ihnen bestellten Verwahrstellen. Im Rahmen dieser Überwachung haben sie unter **Bewertung** ihrer eigenen **Risikopositionen** und der gesamten Beziehungen zu den von ihnen bestellten Verwahrstellen auch die **finanziellen Verhältnisse** der Verwahrstellen laufend zu überwachen.

11   **2. Verfahren, Abs. 1.** Die Verwahrstrategie muss nach Abs. 1 Satz 1 vom Emittenten auch **umgesetzt** werden. Insoweit ist erforderlich, dass sie sich im Geschäftsablauf des Emittenten in **adäquaten Prozessen** und **Verfahren** widerspiegelt. Hierzu sollten **Organisationshandbücher, Leitlinien** und **Verfahrensanweisungen** erstellt und laufend aktualisiert werden, die einer Überprüfung durch die **Aufsicht** zugänglich sind. Neben den Verfahren zur Erfüllung aller sich aus Art. 37 ergebenden Pflichten des Emittenten sollte die insoweit vorzuhaltende **Dokumentation** u. a. auch **Zuständigkeiten** und **Verantwortlichkeiten** festlegen.

12   **3. Vertragliche Vereinbarungen, Abs. 7.** Abs. 7 schreibt Emittenten vor, die **Bestellung von Verwahrstellen** für das Reservevermögen in einem **schriftlichen Vertrag** zu belegen. Die Pflicht zum Abschluss eines Vertrags wird bereits durch Art. 34 Abs. 5 UAbs. 2 normiert, weshalb Abs. 7 Satz 1 **kein eigenständiger Regelungsgehalt** zukommt. Abs. 7 Satz 2 enthält demgegenüber eine Konkretisierung in Bezug auf den **Inhalt** des Vertrags. Danach müssen in diesem auch Vereinbarungen darüber getroffen werden, welcher **Informationsfluss** als **notwendig** erachtet wird, damit der Emittent sowie die Anbieter von Kryptowerte-Dienstleistungen, die Kreditinstitute und die Wertpapierfirmen ihre Aufgaben als Verwahrstelle erfüllen können. Erforderlich dürfte insoweit sein, dass im Vertrag für **beide Parteien** festgelegt wird, welche **Informationen** von der jeweils anderen Vertragspartei benötigt werden, um die Vertragspflichten erfüllen zu können. Da es sich um bi- oder – soweit mehrere Emittenten Vertragspartei sind (vgl. Abs. 2) – multilaterale Verträge handeln wird, sind nach dem Wortlaut der Vorschrift offenbar **alle Vertragsparteien** für die Erfüllung der sich aus Abs. 7 Satz 1 ergebenden Pflicht aufsichtsrechtlich verantwortlich. Besondere Probleme bereitet der Wortlaut der Vorschrift durch seine Bezugnahme auf **„ihre Aufgaben als Verwahrstelle"**, zumal diese ausschließlich die Verwahrstelle, nicht jedoch die ebenfalls genannten Emittenten betreffen werden.

III. Pflichten der Verwahrstellen

13   **1. Grundlegende Anforderungen an die Verwahrstellen, Abs. 3.** Je nach **Form** des Reservevermögens können nach Abs. 3 nur **bestimmte Arten** von Verwahrstellen bestellt werden.[5] Besteht das Reservevermögen aus Kryptowerten, können **Anbieter** von **Kryptowerte-Dienstleistungen** nach Art. 3 Abs. 1 Nr. 15 mit der Befugnis zur **Verwahrung** und Ver-

---

[5] Maume BKR 2022, 497 (500).

waltung von **Kryptowerten** für Kunden iSv Art. 3 Abs. 1 Nr. 16 lit. a bestellt werden. Wie sich aus der Bezugnahme auf den Begriff des Anbieters von Kryptowerte-Dienstleistungen und damit auf die Definition des Art. 3 Abs. 1 Nr. 15 ergibt, muss es diesen Anbietern gestattet sein, gem. **Art. 59** Kryptowerte-Dienstleistungen zu erbringen. In Betracht kommen somit Anbieter mit **Zulassung** nach Art. 63 und Unternehmen, denen es gem. Art. 60 gestattet ist, Kryptowerte-Dienstleistungen zu erbringen wie insbesondere **Kreditinstitute** und **Zentralverwahrer**. Allerdings ist es Kreditinstituten bereits originär nach Abs. 3 lit. b gestattet, als Verwahrstelle für **alle Arten von Reservevermögen** zu fungieren, mithin auch für Reservevermögen in Form von Kryptowerten. Dieses Privileg steht im **Widerspruch** zu Art. 60 Abs. 1, wonach ein Kreditinstitut nur dann Kryptowerte-Dienstleistungen erbringen darf, wenn es der zuständigen Behörde die Informationen gem. Art. 60 Abs. 7 vollständig übermittelt hat. Eine **Wertpapierfirma** darf nach Abs. 3 lit. c als Verwahrstelle für Reservevermögen aus Finanzinstrumenten agieren, sofern sie die **Wertpapiernebendienstleistung** der **Verwahrung** und **Verwaltung** von **Finanzinstrumenten** für Rechnung von Kunden gemäß **Anhang I Abschnitt B Nr. 1 MiFID II**[6] erbringen darf. Für alle Arten von Verwahrstelle gilt, dass sie in Ansehung der konkreten Bestellung eine vom Emittenten **verschiedene juristische Person** sein müssen, wie sich aus Abs. 4 Satz 2 ergibt.

2. Qualitative Anforderungen an die Verwahrung, Abs. 6. Abs. 6 14 legt Anforderungen an die **konkrete Art** der Verwahrung von Reservevermögen für die Verwahrstellen fest. Die Vorschrift unterschiedet zwischen der Verwahrung von **Geldbeträgen, Finanzinstrumenten, Kryptowerten** und **anderen Vermögensgegenständen**. Geldbeträge müssen nach Abs. 6 lit. a iVm UAbs. 2 in den Büchern des Kreditinstituts, jedoch auf einem Konto verbucht sein, das **vom Vermögen des Kreditinstituts getrennt**, auf den **Namen** des **Emittenten** der vermögensreferenzierten Token und ausdrücklich für die Verwaltung der Vermögenswertreserve eröffnet ist, zu der das Reservevermögen gehört. Eine entsprechende Anforderung stellt Abs. 6 lit. b iVm UAbs. 3 für die Verwahrung von **Finanzinstrumenten** auf. Hinsichtlich der Verwahrung von **Kryptowerten** verpflichtet Abs. 6 lit. c iVm UAbs. 4 Anbieter von Kryptowerte-Dienstleistungen zur Verwahrung der Kryptowerte und soweit möglich der **zugehörigen privaten kryptografischen Schlüssel** und weitergehend dazu, ein „**Register der Risikopositionen**" auf den Namen des Emittenten zu öffnen. Ein Vergleich mit der englischen Fassung der Verordnung zeigt, dass an dieser Stelle ein **Übersetzungsfehler** vorliegt, zumal die **englische Fassung** lediglich von einem „**register of positions**" spricht. Erforderlich dürfte demnach die Führung eines Registers sein, das die **(Kryptowerte-)Positionen** des jeweiligen Emittenten in Bezug auf eine konkrete Vermögenswertreserve ausweist. Eine **weitere Ungenauigkeit** im Wortlaut der Vorschrift liegt darin, dass nur Anbieter von **Kryptowerte-Dienstleistungen** adressiert werden, obwohl gem. Abs. 3 lit. b auch **Kreditinstitute** nach Art. 60 Abs. 1 als Verwahrstelle für Kryptowerten in Frage kommen (zuvor → Rn. 13). Bei anderen Arten von Vermögenswerten müssen die reservevermögenverwahrenden Kredit-

---

[6] Richtlinie 2014/65/EU des Europäischen Parlaments und des Rates vom 15.5.2014 über Märkte für Finanzinstrumente sowie zur Änderung der Richtlinien 2002/92/EG und 2011/61/EU.

MiCAR Art. 37   Titel III. Vermögenswertreferenzierte Token

institute sich gem. Abs. 6 lit. d iVm UAbs. 5 von der **Eigentumsposition des Emittenten** überzeugen und darüber **Aufzeichnungen** führen. Die Überprüfung hat auf der Grundlage sowohl von durch den Emittenten zur Verfügung gestellten als auch von **externen Nachweisen** zu erfolgen.

15 3. **Complianceanforderungen an die Verwahrstellen, Abs. 8 und 9.** Auch wenn Verwahrstellen von Reservevermögen von den Emittenten vermögenswertereferenzierter Token bestellt werden, müssen sie **unabhängig** und **im Interesse** sowohl des **Emittenten** als auch der **Inhaber** der vermögenswerterferezierten Token handeln, wie Abs. 8 festlegt. Die Vorschrift verpflichtet Verwahrstellen zudem und in diesen Zielrichtungen zu **ehrlichem, redlichem** und **professionellem** Handeln. Als Vorbild für die Ausgestaltung dieser Verhaltenspflichten darf Art. 24 Abs. 1 **MiFID II**[7] angesehen werden, der Wertpapierfirmen im Kern ähnliche Pflichten auferlegt. Auch Anbieter von Kryptowerte-Dienstleistungen sind nach **Art. 66 Abs. 1** zu ehrlichem, redlichem und professionellem Handeln verpflichtet. Seine Existenzberechtigung erhält Abs. 8 vor diesem Hintergrund daraus, dass sowohl Art. 24 Abs. 1 **MiFID II**[8] als auch Art. 66 Abs. 1 lediglich im Verhältnis zum **Kunden** gelten. Verwahrstellen sollen nach der Formulierung in Abs. 8 jedoch gerade auch im Verhältnis zu den **Inhabern** der vermögenswertereferenzierten Token verpflichtet sein. Im Verhältnis zum **Emittenten** wird durch die Norm die üblicherweise nach den **nationalen Zivilordnungen** der Mitgliedstaaten geregelte vertragliche **Sorgfalts- und Treuepflicht** als **aufsichtsrechtliche Pflicht** verankert und so für die zuständigen Behörden im Rahmen der laufenden Aufsicht über die Verwahrstellen **kontrollierbar** gemacht.[9]

16 Als Verwahrstellen bestellte Institute werden nach Abs. 9 Hs. 1 dazu verpflichtet, im Umgang mit Emittenten vermögenswertereferenzierter Token jegliche Tätigkeit zu **unterlassen,** die zu **Interessenskonflikten** zwischen ihnen und den Emittenten sowie den Inhabern der vermögenswertereferenzierten Token führen könnte. Die **Schutzrichtung** der Regelung bezieht sich damit ebenso auf die Emittenten wie auch auf die Tokeninhaber, wenngleich die Unterlassungspflicht nur im Verhältnis zum Emittenten gilt. Abs. 9 Hs. 2 sieht für diese Beschränkung indessen eine **Ausnahme** vor. Sie greift, wenn die Verwahrstelle die Wahrnehmung ihrer **Verwahraufgaben** in **funktionaler** und **hierarchischer** Hinsicht von **potenziell kollidierenden Aufgaben** getrennt hat und zudem potenzielle Interessenkonflikte von den betroffenen Emittenten nach Maßgabe von Art. 32 ordnungsgemäß **ermittelt, überwacht, geregelt** und den Inhabern der vermögenswertereferenzierten Token **offengelegt** werden. Da die Pflichten nach Art. 32 von Emittenten vermögenswertereferenzierter Token **zwingend** zu erfüllen sind, müssen Verwahrstellen zur Inanspruchnahme der Rückausnahme in erster Linie für die **Trennung ihrer Verwahraufgaben von potenziell kollidierenden Aufgaben** sorgen. In Bezug auf die Erfüllung der Pflichten nach

---

[7] Richtlinie 2014/65/EU des Europäischen Parlaments und des Rates vom 15.5.2014 über Märkte für Finanzinstrumente sowie zur Änderung der Richtlinien 2002/92/EG und 2011/61/EU.
[8] Richtlinie 2014/65/EU des Europäischen Parlaments und des Rates vom 15.5.2014 über Märkte für Finanzinstrumente sowie zur Änderung der Richtlinien 2002/92/EG und 2011/61/EU.
[9] So in Bezug auf § 63 Abs. 1 WpHG bereits in Schwark/Zimmer/Rothenhöfer WpHG § 63 Rn. 8.

Art. 32 durch den Emittenten werden sie allerdings **nicht** blind auf die ordnungsgemäße Einhaltung **vertrauen** dürfen. Vielmehr wird erforderlich sein, dass sie die Einhaltung **laufend aktiv überprüfen.** In der Praxis wird eine solche Überprüfung schwierig zu bewerkstelligen sein, zumal den Verwahrstellen hierfür durch den Emittenten weitreichende **Auskunfts- und Prüfungsrechte** eingeräumt werden müssen. Inwieweit Emittenten dazu bereit sind, wird stets eine Frage des Einzelfalls sein.

IV. Entschädigungs- oder Rückerstattungsanspruch gegen die Verwahrstelle

Emittenten vermögenswertereferenzierter Token steht gem. Abs. 10 gegen die von ihnen beauftragte Verwahrstelle ein Anspruch auf **Entschädigung** oder **Rückerstattung** für den Fall zu, dass die Verwahrstelle ein **Finanzinstrument** oder einen **Kryptowert** aus einem nach Abs. 6 verwahrten Reservevermögen **verloren** hat. Gerichtet ist der Anspruch auf Übertragung eines Finanzinstruments oder Kryptowerts **derselben Art** oder alternativ auf **Wertersatz.** Es handelt sich **sowohl** um eine **aufsichtsrechtliche Pflicht** der Verwahrstelle als auch um einen **zivilrechtlichen Anspruch** des Emittenten gegen die Verwahrstelle, der über die jeweils anwendbare Zivilrechtsordnung eines Mitgliedstaates durchsetzbar ist. Auf den ersten Blick erscheint fragwürdig, weshalb der Anspruch sich nur auf verlorene Finanzinstrumente und Kryptowerte, **nicht** jedoch auch auf **durch Kreditinstitute verlorene Geldbeträge** bezieht. Zwar werden Kreditinstitute, die Geldbeträge aus dem Reservevermögen eines Emittenten verlieren, etwa durch **Buchungsfehler** oder **unautorisierte Zahlung,** nach den jeweils anwendbaren nationalen Vorschriften zur Umsetzung der **PSD2**[10] dem Emittenten als ihrem Kunden entsprechend **haften.** Jedoch entsteht durch die Auslassung eine nicht nachvollziehbare **aufsichtsrechtliche Lücke** hinsichtlich der **Eingriffsmöglichkeiten** der zuständigen **Behörden.** Abs. 10 Satz 2 gewährt der Verwahrstelle eine **Exkulpationsmöglichkeit,** wenn sie nachweisen kann, dass der Verlust auf ein **äußeres Ereignis** zurückzuführen ist, das sich nach vernünftigem Ermessen ihrer Kontrolle entzieht und dessen Folgen trotz aller zumutbaren Anstrengungen nicht vermieden werden konnten.

V. Umsetzung im KMAG-E

Im **Regierungsentwurf** zum **KMAG**[11] wird auf Art. 37 ausdrücklich lediglich in § 47 Abs. 3 Nr. 37 bis 41 KMAG-E Bezug genommen. Danach sollen bestimmte Handlungen in Bezug auf die Festlegung, Umsetzung und Aufrechterhaltung von **Strategien** vor dem öffentlichen Angebot vermögenswertereferenzierter Token (Nr. 37), auf die **Verwahrung** ebensolcher (Nr. 38 und 39), auf **Interessenkonflikte** hervorrufende Tätigkeiten (Nr. 40) sowie auf die **Entschädigung** oder **Rückerstattung** i. S. v. Abs. 10 S. 1 als **Ordnungswidrigkeiten** geahndet werden können.

17

18

---

[10] Richtlinie (EU) 2015/2366 des Europäischen Parlaments und des Rates vom 25.11.2015 über Zahlungsdienste im Binnenmarkt, zur Änderung der Richtlinien 2002/65/EG, 2009/110/EG und 2013/36/EU und der Verordnung (EU) Nr. 1093/2010 sowie zur Aufhebung der Richtlinie 2007/64/EG.

[11] Gesetzesentwurf der Bundesregierung, Entwurf eines Gesetzes über die Digitalisierung des Finanzmarktes, Art. 1, BT-Drucks. 20/10280.

Artikel 38 Anlage der Vermögenswertreserve

(1) Emittenten vermögenswertereferenzierter Token, die einen Teil der Vermögenswertreserve anlegen, investieren diese Vermögenswerte nur in hochliquide Finanzinstrumente mit minimalem Marktrisiko, Kreditrisiko und Konzentrationsrisiko. Die Anlagen müssen schnell und mit minimalem negativem Preiseffekt liquidierbar sein.

(2) Anteile an einem Organismus für gemeinsame Anlagen in Wertpapieren (OGAW) gelten für die Zwecke des Absatzes 1 als Vermögenswerte mit minimalem Markt-, Kredit- und Konzentrationsrisiko, wenn dieser OGAW ausschließlich in von der EBA gemäß Absatz 5 näher spezifizierte Vermögenswerte investiert und wenn der Emittent des vermögenswertereferenzierten Token sicherstellt, dass die Vermögenswertreserve so angelegt wird, dass das Konzentrationsrisiko minimiert wird.

(3) Die Finanzinstrumente, in die die Vermögenswertreserve investiert wird, werden gemäß Artikel 37 verwahrt.

(4) Alle Gewinne oder Verluste, einschließlich der Wertschwankungen der in Absatz 1 genannten Finanzinstrumente, sowie etwaige Gegenparteirisiken oder operationelle Risiken, die sich aus der Anlage der Vermögenswertreserve ergeben, werden vom Emittenten des vermögenswertereferenzierten Token getragen.

(5) Die EBA arbeitet gemeinsam mit der ESMA und der EZB Entwürfe technischer Regulierungsstandards zur Spezifizierung der Finanzinstrumente aus, die als hochliquide betrachtet werden können und mit minimalem Markt-, Kredit- und Konzentrationsrisiko nach Absatz 1 verbunden sind. Bei Spezifizierung dieser Finanzinstrumente berücksichtigt die EBA:

a) die verschiedenen Arten von Vermögenswerten, auf die sich ein vermögenswertereferenzierter Token beziehen kann;
b) die Korrelation zwischen den Vermögenswerten, auf die sich der vermögenswertereferenzierte Token bezieht, und den hochliquiden Finanzinstrumenten, in die der Emittent investieren könnte;
c) die Liquiditätsdeckungsanforderung gemäß Artikel 412 der Verordnung (EU) Nr. 575/2013 und nach Maßgabe der Delegierten Verordnung (EU) 2015/61 der Kommission;
d) Konzentrationsbeschränkungen, die den Emittenten daran hindern,
   i) mehr als einen bestimmten Prozentsatz des Reservevermögens in hochliquide Finanzinstrumente mit minimalem Marktrisiko, Kreditrisiko und Konzentrationsrisiko, die von einem einzigen Unternehmen begeben werden, anzulegen;
   ii) mehr als einen bestimmten Prozentsatz von Kryptowerten oder Vermögenswerten befindlich bei Anbietern von Kryptowerte-Dienstleistungen oder Kreditinstituten, die derselben Gruppe im Sinne von Artikel 2 Absatz 11 der Richtlinie 2013/34/EU des Europäischen Parlaments und des Rates angehören, oder Wertpapierfirmen zu verwahren.

Für die Zwecke von Unterabsatz 1 Buchstabe d Ziffer i legt die EBA geeignete Grenzwerte zur Festlegung der Konzentrationsanforderungen fest. Diese Grenzwerte tragen unter anderem den in Artikel 52 der Richtlinie 2009/65/EG festgelegten einschlägigen Schwellenwerten Rechnung.

Die EBA übermittelt der Kommission die in Unterabsatz 1 des vorliegenden Absatzes genannten Entwürfe technischer Regulierungsstandards bis zum 30. Juni 2024.

Der Kommission wird die Befugnis übertragen, diese Verordnung durch die Annahme der in Unterabsatz 1 des vorliegenden Absatzes genannten technischen Regulierungsstandards gemäß den Artikeln 10 bis 14 der Verordnung (EU) Nr. 1093/2010 zu ergänzen.

Übersicht

	Rn.
I. Einführung	1
1. Literatur	1
2. Entstehung und Zweck der Norm	2
3. Normativer Kontext	4
II. Anlagemöglichkeiten für Emittenten, Abs. 1 und 3	5
III. Privileg für Anteile an bestimmten OGAW, Abs. 2	6
IV. Tragung von Gewinnen und Verlusten aus der Anlage, Abs. 4	7
V. Umsetzung im KMAG-E	8

I. Einführung

1. Literatur. *Maume,* Die Verordnung über Märkte für Kryptowerte (MiCAR), RDi 2022, 497.   1

2. Entstehung und Zweck der Norm. Art. 38 legt fest, ob und in welcher Form Emittenten vermögenswertereferenzierter Token die nach Art. 36 zu haltende Vermögenswertreserve **anlegen** dürfen.[1] In der ersten Entwurfsfassung der EU-Kommission war die Vorschrift noch als Art. 34 vorgesehen. Im Vergleich zur Entwurfsfassung der EU-Kommission wurde Art. 38 im Laufe des Gesetzgebungsverfahrens neben einigen **geringfügigen Umformulierungen** lediglich um den heutigen Abs. 2 erweitert, der eine **Privilegierung** für Anteile an **bestimmten OGAWs** enthält (→ Rn. 6). Da die Vorhaltung einer Vermögenswertreserve durch Emittenten vermögenswertereferenzierter Token und damit auch die Anlage der darin enthaltenen Vermögensgegenstände **erstmalig** einer Regulierung unterstellt wird, existiert **keine Vorläuferregelung** zu Art. 38.   2

Die in Art. 38 enthaltenen **Beschränkungen** hinsichtlich der **Anlage** von Teilen der Vermögenswertreserve durch Emittenten vermögenswertereferenzierter Token dienen ausweislich **Erwgr. Nr. 56 Satz 1** in erster Linie dem **Ziel**, die **Inhaber** der vermögenswertereferenzierten Token vor einer **Wertminderung** des Vermögens, mit dem der Wert der Token unterlegt ist, zu **schützen**. Eine **Spekulation** mit der Vermögenswertreserve soll dem Emittenten weitestmöglich **untersagt** sein. Die in Art. 38 geregelten Beschränkungen tragen somit zur **Erhaltung der Wertstabilität** der Vermögenswertreserve und damit der vermögenswertereferenzierten Token bei, wie sich auch aus **Erwgr. Nr. 56 Satz 2** ergibt. Etwaige **Gewinne** oder **Verluste** aus der Anlagetätigkeit des Emittenten mit den Mitteln der Vermögenswertreserve sollen danach allein dem **Emittenten** zufallen.   3

---

[1] Maume RDi 2022, 497 (500).

3. Normativer Kontext. Die **Beschränkungen** des Emittenten vermögenswertereferenzierter Token bei der **Anlage** von Vermögensgegenständen aus der Vermögensreserve werden durch Art. 38 **nur grundlegend** festgelegt. Nach Abs. 5 sollen sie bis zum 30.6.2024 durch die **EBA** gemeinsam mit der ESMA und der EZB in Form **technischer Regulierungsstandards** weiter konkretisiert werden. Diese sollen insbesondere festlegen, welche **konkreten Spezifikationen** Finanzinstrumente aufweisen müssen, die für eine Investition durch Emittenten vermögenswertereferenzierter Token in Frage kommen.

II. Anlagemöglichkeiten für Emittenten, Abs. 1 und 3

Abs. 1 gestattet Emittenten vermögenswertereferenzierter Token lediglich in sehr **eingeschränktem Ausmaß** die Anlage von Vermögensgegenständen aus der Vermögensreserve.[2] Möglich ist nach der Vorschrift ausschließlich eine Anlage in **hochliquide Finanzinstrumente** mit **minimalem Marktrisiko, Kreditrisiko** und **Konzentrationsrisiko**. Weiter wird vorgeschrieben, dass die Anlagen **schnell** und mit **minimalem negativen Preiseffekt liquidierbar** sein müssen. Der Begriff des **Finanzinstruments** wird für die Zwecke der MiCAR in Art. 3 Abs. 1 Nr. 49 als Finanzinstrument iSd **Art. 4 Abs. 1 Nr. 3 MiFID II**[3] definiert, womit als **Anlagegegenstände** nach Abs. 1 ausschließlich die Finanzinstrumente nach **Anhang I Abschnitt C MiFID II**[4] in Betracht kommen. **Kryptowerte** sind **nicht erfasst** und damit keine zulässigen Anlagegegenstände. Ebenso wenig ist eine Anlage in **Sachwerte** möglich. Nicht ausdrücklich ausgeschlossen wird durch Abs. 1 die Möglichkeit, Kryptowerte aus der Vermögenswertreserve im Rahmen eines **sog. delegated Staking** einzusetzen, bei dem eine Investition in Form einer Transferierung der Kryptowerte nicht erforderlich ist, sondern vielmehr eine **Delegierung** durch Registrierung der Kryptowerte in einem entsprechenden **Smart Contract** ausreichend ist. Welche konkreten Finanzinstrumente die Spezifikationen des Abs. 1 erfüllen, soll durch von der **EBA** gem. Abs. 5 zu erarbeitende **technische Regulierungsstandards** erarbeitet werden. Diese wird die EBA bis zum **30.6.2024** an die EU-Kommission übermittelt haben müssen, die ihrerseits gem. Abs. 5 UAbs. 4 die Befugnis hat, die technischen Regulierungsstandards gem. Art. 10–14 der **EBA-Verordnung**[5] zu ergänzen. Die **Finanzinstrumente,** in die die Vermögenswertreserve investiert wird, müssen gem. Abs. 3 nach Maßgabe von Art. 37 verwahrt werden. Sie haben somit bei einem als Verwahrstelle bestellten **Kreditinstitut** oder einer zur Verwahrung der Finanzinstrumente befugten **Wertpapierfirma** verwahrt werden.

---

[2] Maume RDi 2022, 497 (500).
[3] Richtlinie 2014/65/EU des Europäischen Parlaments und des Rates vom 15.5.2014 über Märkte für Finanzinstrumente sowie zur Änderung der Richtlinien 2002/92/EG und 2011/61/EU.
[4] Richtlinie 2014/65/EU des Europäischen Parlaments und des Rates vom 15.5.2014 über Märkte für Finanzinstrumente sowie zur Änderung der Richtlinien 2002/92/EG und 2011/61/EU.
[5] Verordnung (EU) Nr. 1093/2010 des Europäischen Parlaments und des Rates vom 24.11.2010 zur Errichtung einer Europäischen Aufsichtsbehörde (Europäische Bankenaufsichtsbehörde), zur Änderung des Beschlusses Nr. 716/2009/EG und zur Aufhebung des Beschlusses 2009/78/EG der Kommission.

III. Privileg für Anteile an bestimmten OGAW, Abs. 2

Abs. 2 enthält eine **Privilegierung** für Anteile an Organismen für gemein- 6
same Anlagen in Wertpapieren (**OGAW**), die ausschließlich in nach Art. 38
zulässige Finanzinstrumente investieren. Soweit der Emittent vermögenswertereferenzierter Token sicherstellt, dass die Vermögenswertreserve in ihrer
Gesamtheit so angelegt wird, dass das **Konzentrationsrisiko minimiert**
wird, gelten solche Anteile für die Zwecke von Abs. 1 als Vermögenswerte
mit minimalem Markt-, Kredit- und Konzentrationsrisiko. Das **Privileg**
befreit Emittenten nicht von der Anforderung, nur in hochliquide und
schnell mit minimalem negativen Preiseffekt liquidierbare Finanzinstrumente
investieren zu dürfen. Diese Anforderungen müssen entsprechende Anteile
daher tatsächlich erfüllen. Die weiter erforderliche Minimierung des Konzentrationsrisikos der Vermögenswertreserve wird u. a. voraussetzen, dass der
Emittent nur einen **geringen Anteil** der Vermögensreserve in Produkte
desselben Anbieters bzw. **derselben Gruppe** von Anbietern investiert.

IV. Tragung von Gewinnen und Verlusten aus der Anlage, Abs. 4

Alle aus einer Anlage der Vermögenswertreserve resultierenden **Gewinne** 7
oder **Verluste** werden gem. Abs. 4 vom Emittenten der vermögenswertereferenzierten Token getragen. Die Vorschrift dient der Umsetzung von
Erwgr. Nr. 56 Satz 2, der ebendiese Festlegung vorgibt. Der **Begriff** der
Verluste ist dabei **weit auszulegen** und umfasst auch **Wertschwankungen**
der Finanzinstrumente sowie etwaige **Gegenparteirisiken** und **operationelle Risiken,** die sich aus der Anlage der Vermögenswertreserve ergeben.
Durch die Vorschrift wird sichergestellt, dass die über die Vermögenswertreserve zu erhaltene **Wertstabilität** nicht durch die Anlage von Vermögensgegenständen aus ihr gefährdet wird, sowohl im Fall von Gewinnen als auch
im Fall von Verlusten. Zugleich erhält der Emittent neben dem ihm auf-
gebürdeten Verlustrisiko die Möglichkeit, zumindest **geringe Anlagege-
winne** mit der Vermögenswertreserve zu erwirtschaften, die ihm zugute-
kommen.

V. Umsetzung im KMAG-E

Der **Gesetzgebungsvorschlag** der Bundesregierung zum **KMAG**[6] er- 8
wähnt Art. 38 lediglich im Rahmen des die **Ordnungswidrigkeiten** regelnden § 47 KMAG-E, nach dessen Abs. 3 Nr. 42 **ordnungswidrig** handeln
soll, wer vorsätzlich oder fahrlässig entgegen Abs. 1 S. 1 eine Vermögenswertreserve **investiert**.

Artikel 39 Recht auf Rücktausch

(1) Die Inhaber vermögenswertereferenzierter Token haben jederzeit
das Recht auf Rücktausch gegenüber den Emittenten der vermögenswertereferenzierten Token und in Bezug auf das Reservevermögen, wenn
die Emittenten ihren in Kapitel 6 dieses Titels genannten Verpflichtungen
nicht nachkommen können. Die Emittenten legen klare und detaillierte

---

[6] Gesetzesentwurf der Bundesregierung, Entwurf eines Gesetzes über die Digitalisierung des Finanzmarktes, Art. 1, BT-Drucks. 20/10280.

Strategien und Verfahren in Bezug auf solche dauerhaften Rücktauschrechte fest, halten diese aufrecht und setzen sie um.

(2) Auf Wunsch eines Inhabers eines vermögenswertreferenzierten Token muss ein Emittent eines solchen Token den Rücktausch entweder im Wege der Zahlung eines dem Marktwert der Vermögenswerte, auf die die vermögenswertereferenzierten Token Bezug nehmen, entsprechenden Geldbetrags, wobei es sich nicht um elektronisches Geld handelt, oder im Wege der Bereitstellung der Vermögenswerte, auf die den Token Bezug nehmen, vornehmen. Emittenten legen eine Strategie für ein solches dauerhaftes Recht auf Rücktausch fest, in der Folgendes geregelt ist:

a) die Modalitäten, einschließlich einschlägiger Schwellenwerte, Fristen und Zeitrahmen, nach denen Inhaber vermögenswertereferenzierter Token ein solches Recht auf Rücktausch ausüben können;

b) die Mechanismen und Verfahren, durch die der Rücktausch der vermögenswertereferenzierten Token gewährleistet wird, auch unter angespannten Marktbedingungen sowie im Zusammenhang mit der Durchführung des Sanierungsplans gemäß Artikel 46 oder im Falle eines geordneten Rücktausches vermögenswertereferenzierter Token gemäß Artikel 47;

c) die Bewertung oder die Grundsätze für die Bewertung der vermögenswertereferenzierten Token und des Reservevermögens bei Ausübung des Rechts auf Rücktausch durch den Inhaber vermögenswertereferenzierter Token, auch unter Anwendung der Bewertungsmethode gemäß Artikel 36 Absatz 11;

d) die Bedingungen für die Abwicklung des Rücktausches und

e) Maßnahmen, die die Emittenten ergreifen, um Erhöhungen oder Rückgänge der Reserve angemessen zu verwalten, damit nachteilige Auswirkungen der in der Reserve enthaltenen Vermögenswerte auf den Markt der Reservevermögen vermieden werden.

Akzeptieren Emittenten beim Verkauf eines vermögenswertereferenzierten Token eine Zahlung eines Geldbetrags, bei dem es sich nicht um elektronisches Geld handelt und der auf eine bestimmte amtliche Währung eines Landes lautet, so müssen sie stets die Möglichkeit einräumen, den Token in einen Geldbetrag, bei dem es sich nicht um elektronisches Geld handelt und der auf dieselbe amtliche Währung lautet, zurückzutauschen.

(3) Unbeschadet des Artikels 46 ist der Rücktausch von vermögenswertereferenzierten Token nicht gebührenpflichtig.

Übersicht

	Rn.
I. Einführung	1
1. Literatur	1
2. Entstehung und Zweck der Norm	2
3. Normativer Kontext	4
II. Anspruchsgegner	5
III. Anspruchsvoraussetzungen	6
IV. Anspruchsinhalt	8
V. Strategien und Verfahren	9
VI. Umsetzung im KMAG-E	12

Art. 39 MiCAR

I. Einführung

1. Literatur. *Maume,* Die Verordnung über Märkte für Kryptowerte (MiCAR), RDi 2022, 497; *Hirzle/Hugeldubel,* Die Entwicklung des Kryptorechts im Jahr 2022, BKR 2022, 821.

2. Entstehung und Zweck der Norm. Ein jederzeitiges **Recht** des Inhabers auf **Rücktausch** vermögenswertereferenzierter Token gegen den Emittenten war in der **Entwurfsfassung** der EU-Kommission **nicht vorgesehen**. Dortiger Art. 35 sah lediglich die Möglichkeit vor, dass Emittenten den Inhabern vermögenswertereferenzierter Token das Recht zum Rücktausch **zugestehen** *können*. In der nun finalen Verordnungsfassung gesteht Art. 39 Abs. 1 S. 1 den Inhabern demgegenüber ein **jederzeitiges Rücktauschrecht** gegen den Emittenten zu.[1] Aus diesem Grund erscheint Art. 39 gegenüber Art. 35 der Entwurfsfassung auf den ersten Blick verschlankt. Sah die Entwurfsfassung noch fünf Absätze vor, enthält Art. 39 derer nur drei.

Die Abkehr des Verordnungsgebers von der Einräumung der Möglichkeit an den Emittenten vermögenswertereferenzierter Token, den Inhabern **nach eigenem Ermessen** ein Rücktauschrecht zuzugestehen, findet auch Niederschlag in dem der Vorschrift zugrundeliegenden **Erwgr. Nr. 57**. Hierin wird nun ausdrücklich das **Bestehen** eines **jederzeitigen Rücktauschrechts** der Tokeninhaber gegen den Emittenten gefordert und Vorgaben für die Ausgestaltung des Rücktauschs formuliert. In **Erwgr. Nr. 40** der Entwurfsfassung wurde demgegenüber noch davon gesprochen, dass *die Möglichkeit* besteht, dass Emittenten **allen oder einigen Inhabern** vermögenswertereferenzierter Token Rechte wie zB Rücktauschrechte oder Forderungsansprüche zugestehen. Der Verordnungsgeber formulierte insofern die Zielvorgabe, dass die solche Rechte betreffenden Vorschriften so **flexibel ausgestaltet** sein sollten, dass alle diese Fälle erfasst werden. Unter der verabschiedeten Fassung des Art. 39 wird der Emittent indessen **keinen Spielraum** in Bezug auf die Gewährung eines Rücktauschrechts haben. **Erwgr. Nr. 57** formuliert daher neben der Zielvorgabe des jederzeitigen Rücktauschrechts Anforderungen an die **Modalitäten der Rückzahlung,** die ebenfalls durch die Verordnung festgelegt werden sollten. **Zweck** des Art. 39 ist damit der **Schutz der Inhaber** vermögenswertereferenzierter Token gegen das **Liquidierungsrisiko,** das weitestmöglich durch die jederzeitige Rücktauschbarkeit ausgeschlossen werden soll.

3. Normativer Kontext. Die Ausgabe von vermögenswertereferenzierten Token wird durch die MiCAR **erstmalig** reguliert. Eine **Vorgängervorschrift** zu Art. 39 existiert daher **nicht**. Der Verordnungsgeber konnte sich im Rahmen der Rechtsetzung auch nur in engen Grenzen an bestehenden Vorbildregulierungen orientieren. Die insoweit allenfalls in Betracht kommende **EMD II**[2], die in **Art. 11 Abs. 2 EMD II**[3] ebenfalls einen Rück-

---

[1] Hirzle/Hugedubel BKR 2022, 821 (826).
[2] Richtlinie 2009/110/EG des Europäischen Parlaments und des Rates vom 16.9.2009 über die Aufnahme, Ausübung und Beaufsichtigung der Tätigkeit von E-Geld-Instituten, zur Änderung der Richtlinien 2005/60/EG und 2006/48/EG sowie zur Aufhebung der Richtlinie 2000/46/EG.
[3] Richtlinie 2009/110/EG des Europäischen Parlaments und des Rates vom 16.9.2009 über die Aufnahme, Ausübung und Beaufsichtigung der Tätigkeit von E-Geld-Instituten, zur Änderung der Richtlinien 2005/60/EG und 2006/48/EG sowie zur Aufhebung der Richtlinie 2000/46/EG.

tauschanspruch gegen den Emittenten vorsieht, weist **nur geringfügige Ähnlichkeit** zu Art. 39 auf, da die Zielrichtungen sich erheblich unterscheiden.[4] Während **Art. 11 Abs. 2 EMD II**[5] die jederzeitige Rücktauschbarkeit von **E-Geld-Einheiten** zum Nennwert des ursprünglich vom Emittenten für die Einheit erhaltenen Geldbetrags sicherstellen soll, hängt der Gegenwert vermögenswertereferenzierter Token vom Wert des oder der referenzierten Vermögensgegenstands bzw. Vermögensgegenstände ab und weist insoweit **nicht unbedingt eine 1:1 Kopplung** zum ursprünglichen Ausgabepreis auf.

II. Anspruchsgegner

5 Der **Rücktauschanspruch** nach Abs. 1 Satz 1 richtet sich nach dem **Wortlaut** gegen den Emittenten des betreffenden vermögenswertereferenzierten Token. Zu bedienen ist der Rücktauschanspruch damit aus dem **Vermögen des Emittenten,** das gem. Art. 36 Abs. 3 von der Vermögenswertreserve **getrennt** ist. Der Wortlaut von Abs. 1 Satz 1 ist etwas **unpräzise formuliert,** da der Eindruck entstehen kann, dass sich der Rücktauschanspruch auch *gegen das Reservevermögen* richten kann. Weitergehend stellt sich dann die Frage, ob insoweit auch die das betreffende Reservevermögen verwahrenden **Verwahrstellen** Anspruchsgegner des Rücktauschanspruchs sein können. Da jedoch das Reservevermögen **vermögensrechtlich** dem **Emittenten** der vermögenswertereferenzierten Token **zuzuordnen** ist, der nach Art. 36 Abs. 1 zur Bildung und zum Halten der Vermögenswertreserve verpflichtet ist, kann allein der **Emittent Anspruchsgegner** gem. Abs. 1 Satz 1 sein. Das in der Vorschrift in Bezug genommene Reservevermögen wird demgegenüber lediglich im Rahmen der **Anspruchsdurchsetzung** relevant. Kann gem. Abs. 1 Satz 2 der Emittent seine Pflichten nach **Kapitel 6 des Titels III,** mithin die Pflichten der Erstellung und Aufrechterhaltung eines Art. 46 genügenden **Sanierungsplans** und eines Art. 47 genügenden **Rücktauschplans,** nicht einhalten, steht dem Anspruchsinhaber neben dem Vermögen des Emittenten auch das Reservevermögen zur Verfügung.

III. Anspruchsvoraussetzungen

6 Die **Anspruchsvoraussetzungen** von Abs. 1 Satz 1 sind überschaubar. Da es sich um einen **jederzeitigen** und **dauerhaften** Anspruch der Tokeninhaber handelt, ist letztlich nur erforderlich, dass der Inhaber vermögenswertereferenzierter Token den Anspruch **gegenüber dem Emittenten** ebendieser vermögenswertereferenzierten Token geltend macht. Offen lässt die MiCAR leider, was genau unter dem **Begriff** des **Inhabers** zu verstehen ist. Hier wäre eine Aufnahme des Begriffs in die **Begriffsbestimmungen nach Art. 3** hilfreich gewesen. Vertretbar wäre einerseits, dass die **Inhaberschaft an einem Kryptowert** die Verfügungsmöglichkeit über sie voraussetzt in dem Sinne, dass **Kenntnis über die zugehörigen privaten Schlüssel** besteht. Diese Auslegung würde jedoch zu kurz greifen, da dann beispiels-

---

[4] AA noch zur Entwurfsfassung: Maume RDi 2022, 497 (500).
[5] Richtlinie 2009/110/EG des Europäischen Parlaments und des Rates vom 16.9.2009 über die Aufnahme, Ausübung und Beaufsichtigung der Tätigkeit von E-Geld-Instituten, zur Änderung der Richtlinien 2005/60/EG und 2006/48/EG sowie zur Aufhebung der Richtlinie 2000/46/EG.

weise auch **Kryptoverwahrer** iSv Art. 3 Abs. 1 Nr. 15, 16 lit. a als **Inhaber** gelten würden, die über die privaten Schlüssel zu den Kryptowerten ihrer Kunden verfügen. Vorzugswürdig ist deshalb eine Auslegung, nach der Inhaber nur **derjenige** ist, der als der **Berechtigte** im Hinblick auf den Kryptowert und alle mit ihm verbundenen Rechte angesehen werden kann.

Der Anspruch auf Rücktausch nach Abs. 1 Satz 1 besteht gleichermaßen, 7 wenn der Emittent **nicht** in der **Lage** ist, seine **Pflichten** nach den **Art. 46** und **47** zu erfüllen. Für diesen Fall sieht Abs. 1 Satz 1 allerdings einen nicht unerheblichen Vorteil für den Inhaber vermögenswertereferenzierter Token vor, nach dem zur **Befriedigung des Anspruchs** nicht nur das **Vermögen des Emittenten** zur Verfügung steht, sondern auch das davon getrennt verwahrte **Reservevermögen**. Bei der **gerichtlichen Geltendmachung** des Rücktauschanspruchs in einem solchen Fall sollte der Inhaber deshalb darauf achten, nach der jeweils im Einzelfall anwendbaren Rechtsordnung im zu erwirkenden Urteil oder sonstigen Rechtstitel **feststellen** zu lassen, dass der **Emittent** seinen **Pflichten nach Art. 46 und Art. 47** nicht nachkommt, um Vollstreckungshandlungen in das Reservevermögen zu ermöglichen.

IV. Anspruchsinhalt

Nach Abs. 2 UAbs. 1 Satz 1 schuldet der Emittent dem Inhaber ver- 8 mögenswertereferenzierter Token, der seinen Anspruch nach Abs. 1 Satz 1 gegen ihn geltend macht, den Rücktausch entweder **im Wege der Zahlung** eines dem Marktwert der Vermögenswerte, auf die die vermögenswertereferenzierten Token Bezug nehmen, entsprechenden Geldbetrags oder **im Wege der Bereitstellung der Vermögenswerte**, auf die den Token Bezug nehmen. Welche der zwei Alternativen für den Rücktausch gewählt wird, entscheidet grundsätzlich der **Emittent**. Die Entscheidung wird regelmäßig davon abhängen, ob die mit einer Überweisung eines Geldbetrags oder die mit der Auslieferung der Vermögenswerte für den Emittenten **günstiger** sind. Abs. 2 UAbs. 2 enthält eine **Einschränkung** dieser **Entscheidungsfreiheit** des Emittenten für den Fall, dass dieser beim Verkauf der vermögenswertereferenzierten Token Zahlungen in Form eines Geldbetrags akzeptiert, der auf eine **bestimmte amtliche Währung** eines Landes lautet. Der Emittent muss in einem solchen Fall den Inhabern dieser vermögenswertereferenzierten Token stets die Möglichkeit geben, den Token in einem Geldbetrag in **ebendieser amtlichen Währung** zurückzutauschen. Geldbeträge in Form von **E-Geld** sind von der Regelung **ausgenommen**. **Gebühren** dürfen dem seinen Rücktauschanspruch geltend machenden Inhaber gem. Abs. 4 **nicht** entstehen. Eine Ausnahme von diesem Grundsatz besteht ausschließlich für Fälle, in denen ein **Sanierungsplan** iSd Art. 46 greift.

V. Strategien und Verfahren

In Bezug auf die dauerhaften Rücktauschansprüche der Tokeninhaber nach 9 Art. 39 haben Emittenten vermögenswertereferenzierter Token gem. Abs. 1 Satz 2 **klare** und **detaillierte Strategien** und **Verfahren** festzulegen, **aufrechtzuerhalten** und **umzusetzen**. Die inhaltlichen Anforderungen an die Strategie folgen aus Abs. 2 Satz 2. Insbesondere muss der Emittent sich strategisch festlegen, nach welchen **Modalitäten** Inhaber vermögenswertereferenzierter Token ihr Recht auf Rücktausch **ausüben** können.

MiCAR Art. 40   Titel III. Vermögenswertreferenzierte Token

10 Nach Abs. 2 lit. a sollen insoweit auch **Schwellenwerte, Fristen** und **Zeitrahmen** betreffend die Rechtsausübung geregelt werden. Offen bleibt nach den Vorschriften der MiCAR leider, welchen **Spielraum** Emittenten bei der **Gestaltung** solcher **Modalitäten** und insbesondere bei der **Festlegung** von **Schwellenwerten, Zeiträumen** und **Fristen** im Hinblick auf die in Abs. 1 Satz 1 festgelegte Vorgabe haben, dass das Rücktauschrecht den Inhabern **jederzeit** zustehen muss. Nach **hier vertretener Ansicht** wird die Festlegung jedenfalls nicht dazu führen dürfen, dass die Inhaber der vermögenswertereferenzierten Token hinsichtlich der Ausübung ihres Rücktauschanspruchs unangemessen eingeschränkt werden. Anderenfalls stünde dies im Widerspruch zu der in Abs. 1 Satz 1 verankerten Anforderung, dass der Rücktausch **jederzeit möglich** sein muss.

11 Weiter muss die Strategie nach Abs. 2 UAbs. 1 die **Mechanismen** und **Verfahren** im Fall des Rücktauschs (lit. b), die **Grundsätze** für die **Bewertung** der vermögenswertereferenzierten Token und der Vermögensreserve bei **Ausübung** des **Rücktauschrechts** (lit. c), die **Bedingungen** für die **Rücktauschabwicklung** (lit. d) sowie die **Maßnahmen** regeln, die der Emittent zur **angemessenen** Verwaltung von **Erhöhungen** oder **Rückgängen** der Vermögensreserve im Fall von Rücktauschfällen ergreifen. Zu beachten ist, dass Abs. 1 Satz 2 iVm Abs. 2 Satz 2 den Emittenten vorschreibt, eine den dort genannten Anforderungen genügende Strategie festzulegen. Diese Strategie muss im zweiten Schritt von den Emittenten über die **Implementierung interner Verfahren** und **Prozesse** umgesetzt werden. Dies beinhaltet auch die sorgfältige **Dokumentation** sowohl der Strategie als auch der Verfahrens- und Prozessbeschreibungen, um sie einer Überprüfung durch die zuständigen Aufsichtsbehörden zugänglich zu machen.

VI. Umsetzung im KMAG-E

12 Im aktuell vorliegenden **Gesetzesentwurf** der Bundesregierung für ein **Kryptomärkteaufsichtsgesetz**[6] wird Art. 39 ausdrücklich in § 28 Abs. 2 und 8 KMAG-E in Bezug genommen. Während § 28 Abs. 2 KMAG-E klarstellt, dass **Arreste** und **Zwangsvollstreckungen** in das **Reservevermögen** nur wegen Ansprüchen nach Art. 39 und **Vergütungs- und Auslagenersatz** von **Abwicklern** gemäß § 28 Abs. 6 KMAG-E stattfinden, dient § 28 Abs. 8 KMAG-E der Klärung des Verhältnisses zwischen **Rücktauschplan** und **Insolvenzmasse** des Emittenten im Falle dessen Insolvenz für Inhaber vermögenswertereferenzierter Token, die mit ihren aus Art. 39 resultierenden Forderungen **lediglich in der Höhe** anteilsmäßige Befriedigung aus der **Insolvenzmasse** verlangen können, in der sie bei der **Erlösauskehr** nach dem **Rücktauschplan** unbefriedigt geblieben sind.

Artikel 40 Verbot der Gewährung von Zinsen

(1) Emittenten vermögenswertereferenzierter Token gewähren keine Zinsen im Zusammenhang mit vermögenswertereferenzierten Token.

---

[6] Gesetzesentwurf der Bundesregierung, Entwurf eines Gesetzes über die Digitalisierung des Finanzmarktes, Art. 1, BT-Drucks. 20/10280.

(2) Bei der Erbringung von Kryptowerte-Dienstleistungen im Zusammenhang mit vermögenswertereferenzierten Token gewähren die Anbieter von Kryptowerte-Dienstleistungen keine Zinsen.

(3) Für die Zwecke der Absätze 1 und 2 gelten alle Vergütungen oder sonstigen Vorteile, die mit der Zeitspanne zusammenhängen, in der ein Inhaber vermögenswertereferenzierter Token diese vermögenswertereferenzierten Token hält, als Zinsen. Dazu gehören Nettovergütungen oder -abschläge, die einer vom Inhaber vermögenswertereferenzierter Token erhaltenen Verzinsung gleichkommen, unabhängig davon, ob sie unmittelbar vom Emittenten stammen oder durch Dritte gewährt werden, und unabhängig davon, ob sie unmittelbar im Zusammenhang mit den vermögenswertereferenzierten Token stehen oder durch die Vergütung oder Preisgestaltung anderer Produkte gewährt werden.

Übersicht

	Rn.
I. Einleitung	1
1. Literatur	1
2. Entstehung und Zweck der Norm	2
3. Normativer Kontext	4
II. Zinsverbot aus Emittentensicht, Abs. 1	6
III. Zinsverbot aus Sicht von Anbietern von Kryptowerte-Dienstleistungen, Abs. 2	8
IV. Reichweite des Zinsbegriffs, Abs. 3	9
V. Umsetzung im KMAG-E	10

I. Einleitung

1. Literatur. *Auffenberg,* E-Geld auf Blockchain-Basis, BKR 2019, 341; **1** *Hirzle/Hugendubel,* Die Entwicklung des Kryptorechts im Jahr 2022, BKR 2022, 821.

2. Entstehung und Zweck der Norm. Art. 40 hat ein **Verbot** der **2** **Gewährung von Zinsen** an Inhaber von vermögenswertereferenzierten Token zum Gegenstand, das sowohl die **Emittenten** vermögenswertereferenzierter Token als **auch Kryptowerte-Dienstleister** adressiert, deren Dienstleistungen sich auf vermögenswertereferenzierte Token beziehen. Die Vorschrift wurde im Laufe des Verordnungsgebungsverfahrens **erweitert** und **konkretisiert**. In der Entwurfsfassung der EU-Kommission war sie noch als Art. 36 vorgesehen und bestand lediglich aus einem das Verbot transportierenden Satz. In der letztlich in Kraft getretenen finalen Fassung weist die Vorschrift nunmehr drei Absätze auf und reguliert das **Zinsverbot** etwas **detaillierter** als ursprünglich vorgesehen, auch wenn Art. 40 nach wie vor als vergleichsweise schlanke Vorschrift der MiCAR bezeichnet werden darf.

Nach **Erwgr. Nr. 58** soll das **Zinsverbot** des Art. 40 das Risiko ver- **3** ringern, dass vermögenswertereferenzierte Token als **Wertaufbewahrungsmittel** verwendet werden. In der Entwurfsfassung der EU-Kommission hieß es in **Erwgr. Nr. 41** noch, dass das Zinsverbot sicherstellen soll, dass wertreferenzierte Token **hauptsächlich als Tauschmittel** und **nicht** als **Wertaufbewahrungsmittel** verwendet werden. Die damit verbundene Förderung der vornehmlichen Nutzung vermögenswertereferenzierter Token als Tauschmittel wurde jedoch gestrichen und findet sich in der finalen Fassung

MiCAR Art. 40   Titel III. Vermögenswertreferenzierte Token

nicht mehr. Weshalb nach der Auffassung des Verordnungsgebers die Nutzung vermögenswertereferenzierter Token als Wertaufbewahrungsmittel ein zu verhinderndes Risiko darstellt, führt **Erwgr. Nr. 58** leider nicht aus. Bei objektiver Betrachtung ist davon auszugehen, dass das Zinsverbot die Nutzung vermögenswertereferenzierter Token in Einzelfällen sicherlich unattraktiv machen kann. Je nach konkret durch einen Token **referenzierten Werten** kann jedoch trotz Zinsverbot die **Eignung** eines vermögenswertereferenzierten Token als Wertaufbewahrungsmittel **gegeben** sein, weshalb **fraglich** erscheint, ob das Zinsverbot nach Art. 40 ein zur Erreichung des in **Erwgr. Nr. 58** angeführten Zwecks **geeignetes Mittel** darstellt.

4   **3. Normativer Kontext.** In der MiCAR findet sich ein Zinsverbot nicht nur in **Art. 40** für die Emittenten vermögenswertereferenzierter Token und Anbieter von Kryptowerte-Dienstleistungen, deren Dienste sich auf diese Tokenart beziehen, sondern auch in **Art. 50** für Emittenten und Anbieter von Kryptowerte-Dienstleistungen, die **E-Geld Token**[1] ausgegeben haben bzw. Kryptowerte-Dienstleistungen in Bezug auf E-Geld Token anbieten. **Inspiriert** dürften die Zinsverbote der Art. 40 und 50 von dem Zinsverbot gem. **Art. 12 EMD II**[2] sein, das sich jedoch ausschließlich an **E-Geld-Emittenten** richtet. Das Zinsverbot nach **Art. 12 EMD II**[3] dient gem. **Erwgr. Nr. 13 Satz 1 EMD II**[4] zur Sicherstellung, dass E-Geld als **elektronischer Ersatz** für **Münzen** und **Banknoten** und **nicht zu Sparzwecken** genutzt wird.[5] Während diese Zweckrichtung im Fall von E-Geld Token ohne Weiteres übertragbar erscheint, bereitet sie im Fall vermögenswertereferenzierter Token **Schwierigkeiten**. Zwar ist die Nutzung vermögenswertereferenzierter Token als elektronischer Ersatz für Münzen und Banknoten denkbar und der Verordnungsgeber geht davon aus, dass vermögenswertereferenzierte Token Kryptowerte darstellen, die umgangssprachlich als „**Stablecoins**" bezeichnet werden.[6] Sie ist jedoch keinesfalls stets gegeben. Nichtsdestotrotz scheint der Verordnungsgeber der MiCAR mit den Zinsverboten der Art. 40 und 50 sicherstellen zu wollen, dass vermögensreferenzierte Token und E-Geld Token **nicht zu Sparzwecken** genutzt werden.

5   Als Vorschrift einer EU-Verordnung ist Art. 40 **unmittelbar** auf die **Marktteilnehmer** anwendbar. Sie bedarf insoweit für ihre Wirksamkeit **keiner Umsetzung** in die nationalen Privatrechtsordnungen der Mitgliedstaaten. Neben seiner **privatrechtlichen Wirkung** hebt Art. 40 das Zinsverbot auch auf eine **verwaltungsrechtliche Ebene** und ermöglicht der jeweils

---

[1] Zur grundsätzlichen Möglichkeit der Ausgabe von E-Geld über eine Blockchain-Lösung: Auffenberg, E-Geld auf Blockchain-Basis, BKR 2019, 341.
[2] Richtlinie 2009/110/EG des Europäischen Parlaments und des Rates vom 16.9.2009 über die Aufnahme, Ausübung und Beaufsichtigung der Tätigkeit von E-Geld-Instituten, zur Änderung der Richtlinien 2005/60/EG und 2006/48/EG sowie zur Aufhebung der Richtlinie 2000/46/EG.
[3] Richtlinie 2009/110/EG des Europäischen Parlaments und des Rates vom 16.9.2009 über die Aufnahme, Ausübung und Beaufsichtigung der Tätigkeit von E-Geld-Instituten, zur Änderung der Richtlinien 2005/60/EG und 2006/48/EG sowie zur Aufhebung der Richtlinie 2000/46/EG.
[4] Richtlinie 2009/110/EG des Europäischen Parlaments und des Rates vom 16.9.2009 über die Aufnahme, Ausübung und Beaufsichtigung der Tätigkeit von E-Geld-Instituten, zur Änderung der Richtlinien 2005/60/EG und 2006/48/EG sowie zur Aufhebung der Richtlinie 2000/46/EG.
[5] Vgl. RegBegr., BT-Drs. 17/3023, 42 für die Umsetzung von Art. 12 EMD II in das deutsche Recht; Schäfer/Omlor/Mimberg/Schäfer ZAG § 3 Rn. 34.
[6] Hirzle/Hugendubel BKR 2022, 821 (824).

Verbot der Gewährung von Zinsen **Art. 40 MiCAR**

zuständigen Aufsichtsbehörde gegen etwaige Verstöße mit **aufsichtsrechtlichen Maßnahmen** vorzugehen.

II. Zinsverbot aus Emittentensicht, Abs. 1

Abs. 1 verbietet Emittenten vermögenswertereferenzierter Token die Gewährung von Zinsen im Zusammenhang mit vermögenswertereferenzierten Token. Die **doppelte Nennung** vermögenswertereferenzierter Token in der Vorschrift macht deutlich, dass sich das die Emittenten treffende Zinsverbot **allein** auf Token solcher Art bezieht. **Nicht** vom Wortlaut **untersagt** wird demgegenüber die Gewährung von Zinsen in **anderem Zusammenhang**, etwa wenn ein Emittent vermögenswertereferenzierter Token ein zugelassenes **Kreditinstitut** ist und seinen Kunden – unabhängig von vermögenswertereferenzierten Token (beachte hier auch Abs. 3, → Rn. 9) – Zinsen etwa auf **Einlagen in Form von Giralgeld** gewährt. In solchen Fällen wird jedoch darauf zu achten sein, dass die Zinsgewährung in **keinem Zusammenhang** mit vermögenswertereferenzierten Token stehen darf. Der Wortlaut schließt auch aus, dass ein Emittent vermögenswertereferenzierter Token Zinsen an Inhaber nicht von ihm ausgegebener vermögenswertereferenzierter Token zahlt. 6

Das im **deutschen Recht** über § 3 Abs. 3 S. 2 ZAG umgesetzte Zinsverbot für E-Geld-Emittenten erlaubt nach der **Gesetzesbegründung** im Wege einer **teleologischen Reduktion** die Einzahlung der bei der Ausgabe des E-Gelds entgegengenommenen Geldbeträge auf ein **verzinsliches Treuhandkonto** bei einem Kreditinstitut und die anteilige **Weitergabe** auf diese Weise erhaltener Zinsen an die E-Geld-Inhaber.[7] Diese teleologische Reduktion dürfte auf Emittenten vermögenswertereferenzierter Token **nicht anwendbar** sein, da sich erstens entsprechende Anhaltspunkte in den Erwägungsgründen und weiteren Gesetzesmaterialien nicht finden und zweitens **Art. 38 Abs. 4** (→ Art. 38 Rn. 7) entgegenstehen dürfte, der festlegt, dass alle **Gewinne** und **Verluste** aus der Anlage der Vermögenswertreserve vom **Emittenten** getragen werden. 7

III. Zinsverbot aus Sicht von Anbietern von Kryptowerte-Dienstleistungen, Abs. 2

Auch **Anbieter von Kryptowerte-Dienstleistungen** sind **Adressaten** des Zinsverbots nach Maßgabe von Abs. 2. Ihnen wird untersagt, bei der Erbringung von Kryptowerte-Dienstleistungen im Zusammenhang mit vermögenswertereferenzierten Zinsen zu gewähren. Abs. 2 rundet das an den Emittenten gerichtete Zinsverbot ab und stellt sicher, dass eine **Umgehungsmöglichkeit** des Zinsverbots über Kryptowerte-Dienstleister **ausgeschlossen** sen ist. Betroffen sind vom Zinsverbot nach Abs. 2 insbesondere Anbieter von Kryptowerte-Dienstleistungen, die die **Verwahrung** oder **Verwaltung** von **Kryptowerten** für Kunden anbieten. Auch im Rahmen von Abs. 2 ist jedoch zu beachten, dass das Verbot sich **nur** auf die Erbringung von Kryptowerte-Dienstleistungen im **Zusammenhang** mit vermögenswertereferenzierten Zinsen zu gewähren. 8

---

[7] RegBegr., BT-Drs. 17/3023, 42; darauf hinweisend: Schäfer/Omlor/Mimberg/Schäfer ZAG § 3 Rn. 34 mwN; auch: BaFin, Merkblatt – Hinweise zum Zahlungsdiensteaufsichtsgesetz (ZAG), (Stand 4.5.2023), Ziffer E.III.4., abrufbar unter: https://www.bafin.de/SharedDocs/Veroeffentlichungen/DE/Merkblatt/mb_111222_zag.html?nn=19643912#doc19610236bodyText39.

Auffenberg 409

renzierten Token bezieht. Die Gewährung von Zinsen beispielsweise für die Verwahrung und Verwaltung von **anderen Kryptowerten** als vermögenswertereferenzierten Token oder E-Geld Token wird von Abs. 2 **nicht** untersagt.

IV. Reichweite des Zinsbegriffs, Abs. 3

9   Abs. 3 legt die **Reichweite** des **Begriffs** der **Zinsen** fest, der für die in Abs. 1 und 2 geregelten Verzinsungsverbote gilt. Nach Satz 1 der Vorschrift gelten **alle Vergütungen** oder **sonstigen Vorteile** als Zinsen, die mit der **Zeitspanne** zusammenhängen, in der eine Person vermögenswertereferenzierte Token **hält**. Abs. 3 Satz 2 **konkretisiert** diese Anordnung durch die **explizite Qualifikation** von **Nettovergütungen** und **Nettoabschlägen** als Zinsen im Sinne von Art. 40, die einer Verzinsung zugunsten des Inhabers vermögenswertereferenzierter Token gleichkommen. Dabei ist unerheblich, ob solche Nettovergütungen oder Nettoabschläge vom **Emittenten** oder von **Dritten** gewährt werden und auch, ob sie unmittelbar im Zusammenhang mit den vermögenswertereferenzierten Token stehen oder durch die **Vergütung** oder **Preisgestaltung anderer Produkte** gewährt werden. Abs. 3 Satz 2 lässt keine Zweifel daran, dass der Verordnungsgeber die **Umgehung** des Zinsverbots des Art. 40 **weitestmöglich ausschließen** will. In diesem Sinne werden Abs. 1 und 2 **streng auszulegen** sein.

V. Umsetzung im KMAG-E

10   Auf Art. 40 nimmt der gegenwärtig vorliegende **Regierungsentwurf** zum **Kryptomärkteaufsichtsgesetz**[8] nur in § 47 Abs. 3 Nr. 43 KMAG-E Bezug. Danach soll die **Gewährung von Zinsen** entgegen Abs. 1 als **Ordnungswidrigkeit** geahndet werden können.

Kapitel 4. Übernahme von Emittenten vermögenswertrefernzierter Token

Art. 41 Prüfung der geplanten Übernahme eines Emittenten vermögenswertereferenzierter Token

(1) Natürliche oder juristische Personen oder gemeinsam handelnde natürliche oder juristische Personen, die direkt oder indirekt eine qualifizierte Beteiligung an einem Emittenten eines vermögenswertereferenzierten Token zu erwerben oder eine solche qualifizierte Beteiligung direkt oder indirekt weiter zu erhöhen beabsichtigen (im Folgenden „interessierter Erwerber"), sodass ihr Anteil an den Stimmrechten oder dem Kapital 20 %, 30 % oder 50 % erreichen oder überschreiten oder der Emittent des vermögenswertereferenzierten Token ihr Tochterunternehmen würde, teilen dies der für den betreffenden Emittenten zuständigen Behörde schriftlich unter Angabe des Umfangs der geplanten Beteiligung und zusammen mit den Informationen, die nach den von der Kommission gemäß Artikel 42 Absatz 4 verabschiedeten technischen Regulierungsstandards erforderlich sind, mit.

---

[8] Gesetzesentwurf der Bundesregierung, Entwurf eines Gesetzes über die Digitalisierung des Finanzmarktes, Art. 1, BT-Drucks. 20/10280.

(2) Eine natürliche oder juristische Person, die entschieden hat, ihre an einem Emittenten eines vermögenswertreferenzierten Token gehaltene qualifizierte Beteiligung direkt oder indirekt zu veräußern, übermittelt vor der Veräußerung dieser Beteiligung unter Angabe des Umfangs der betreffenden Beteiligung der zuständigen Behörde ihre Entscheidung schriftlich. Die betreffende natürliche oder juristische Person übermittelt der zuständigen Behörde auch ihre Entscheidung, ihre an einem Emittenten vermögenswertereferenzierter Token gehaltene qualifizierte Beteiligung so zu verringern, dass ihr Anteil an den Stimmrechten oder am Kapital 10 %, 20 %, 30 % oder 50 % unterschreiten würde oder der Emittent des vermögenswertereferenzierten Token nicht mehr ihr Tochterunternehmen wäre.

(3) Die zuständige Behörde bestätigt umgehend, in jedem Fall aber innerhalb von zwei Arbeitstagen nach Eingang einer Mitteilung gemäß Absatz 1, schriftlich deren Eingang.

(4) Die zuständige Behörde prüfen die in Absatz 1 des vorliegenden Artikels genannte geplante Übernahme und die Informationen, die nach den von der Kommission gemäß Artikel 42 Absatz 4 verabschiedeten technischen Regulierungsstandards erforderlich sind, innerhalb von 60 Arbeitstagen ab dem Tag der schriftlichen Empfangsbestätigung nach Absatz 3 des vorliegenden Artikels. Bei Bestätigung des Eingangs der Mitteilung teilt die zuständige Behörde dem interessierten Erwerber mit, an welchem Tag die Prüfungsfrist abläuft.

(5) Bei der Prüfung nach Absatz 4 kann die zuständige Behörde den interessierten Erwerber um zusätzliche Informationen ersuchen, die für den Abschluss dieser Prüfung erforderlich sind. Ein solches Ersuchen muss vor Abschluss der Prüfung, spätestens jedoch am 50. Arbeitstag nach dem Tag der schriftlichen Empfangsbestätigung nach Absatz 3 ergehen. Diese Ersuchen ergehen schriftlich unter Angabe der zusätzlich benötigten Informationen.

Die zuständige Behörde setzt die in Absatz 4 genannte Prüfungsfrist aus, bis sie die in Unterabsatz 1 des vorliegenden Absatzes genannten zusätzlichen Informationen erhalten hat. Die Aussetzung darf 20 Arbeitstage nicht überschreiten. Weitere Ersuchen der zuständigen Behörde um zusätzliche Informationen oder um Klarstellung der erhaltenen Informationen bewirken keine erneute Aussetzung der Prüfungsfrist.

Die zuständige Behörde kann die Aussetzung nach Unterabsatz 2 des vorliegenden Absatzes auf bis zu 30 Arbeitstage ausdehnen, wenn der interessierte Erwerber außerhalb der Union ansässig ist oder nach dem Recht eines Drittstaats reguliert wird.

(6) Eine zuständige Behörde, die nach Abschluss der Prüfung gemäß Absatz 4 entscheidet, Einspruch gegen die geplante Übernahme nach Absatz 1 zu erheben, teilt dies dem interessierten Erwerber innerhalb von zwei Arbeitstagen, und in jedem Fall vor dem in Absatz 4 genannten Tag, mit, wobei etwaige Fristverlängerungen gemäß Absatz 5 Unterabsätze 2 und 3 zu berücksichtigen sind. In dieser Mitteilung sind die Gründe für die getroffene Entscheidung anzugeben.

(7) Erhebt die zuständige Behörde bis zu dem in Absatz 4 genannten Tag unter Berücksichtigung etwaiger Fristverlängerungen gemäß Absatz 5 Unterabsätze 2 und 3 keine Einwände gegen die geplante Übernahme nach Absatz 1, so gilt die geplante Übernahme als genehmigt.

MiCAR Art. 41

(8) **Die zuständige Behörde kann für den Abschluss der in Absatz 1 genannten geplanten Übernahme eine Maximalfrist festlegen, die unter Umständen verlängert werden kann.**

Übersicht

	Rn.
I. Einführung	1
1. Literatur	1
2. Entstehung und Zweck der Norm	2
3. Normativer Kontext	4
II. Anzeigepflicht des interessierten Erwerbers, Abs. 1	5
III. Anzeigepflicht des Veräußerers, Abs. 2	7
IV. Ablauf des Verfahrens, Abs. 3–8	8
V. Umsetzung im KMAG-E	13

I. Einführung

1 **1. Literatur.** *Herz,* Die Entwicklung des europäischen Bankaufsichtsrechts in den Jahren 2017/2018 (Teil II), EuZW 2019, 60.

2 **2. Entstehung und Zweck der Norm.** In der Entwurfsfassung der EU-Kommission war Art. 41 noch als Art. 37 vorgesehen. **Änderungen** erfuhr die Entwurfsfassung gegenüber dem finalen Verordnungstext **kaum**. Lediglich **redaktionelle Anpassungen** und **geringfügige Umformulierungen** wurden vorgenommen. Die Vorschrift ähnelt in ihrer Formulierung sehr stark der Vorschrift des **Art. 83**, der die Bewertung der **geplanten Übernahme** eines **Anbieters von Kryptowerte-Dienstleistungen** zum Gegenstand hat. Sicher hätte für den Verordnungsgeber die Möglichkeit bestanden, die Vorschriften über die Übernahme von Emittenten vermögenswertereferenzierter Token und von Anbietern von Kryptowerte-Dienstleistungen **zusammengefasst** in einem Titel der MiCAR darzustellen. Er zog es jedoch vor, die entsprechenden Vorschriften mit nahezu identischem Wortlaut in den jeweiligen Titeln als Kapitel unterzubringen, was letztlich zu einer gewissen **Redundanz** führt und den textlichen Umfang der MiCAR unnötig aufbläht. Systematisch bestehen zudem erhebliche Ähnlichkeiten zu den Vorschriften über den Erwerb von qualifizierten Beteiligungen an Wertpapierfirmen nach **Art. 11 und 12 MiFID II**[1].

3 Die mit der Regelung des Art. 41 verfolgten **verordnungsgeberischen Ziele** können **Erwgr. Nr. 51 Satz 3** entnommen werden. Darin wird die **Zielvorgabe** erklärt, dass Anteilseigner und Gesellschafter, die qualifizierte Beteiligungen an Emittenten vermögenswertereferenzierter Token halten, **gut beleumundet** und insbesondere **nicht** für **Straftaten** im Zusammenhang mit **Geldwäsche** oder **Terrorismusfinanzierung** oder für andere Straftaten, die ihrem guten Leumund schaden würden, verurteilt worden sein sollten. Art. 41 setzt diese Zielvorgabe im Verordnungstext für den Fall des **Erwerbs qualifizierter Beteiligungen** an Emittenten vermögenswertereferenzierter Token um.

---

[1] Richtlinie 2014/65/EU des Europäischen Parlaments und des Rates vom 15.5.2014 über Märkte für Finanzinstrumente sowie zur Änderung der Richtlinien 2002/92/EG und 2011/61/EU.

3. Normativer Kontext. Art. 41 muss im Zusammenhang mit Art. 42 **4**
gelesen werden. Gemeinsam bilden die Artikel das **vierte Kapitel des Titels
III MiCAR**, das die Übernahme von Emittenten vermögenswertereferenzierter Token regelt. Während Art. 41 für den interessierten Erwerber die
Anzeigepflicht und den **Ablauf** der von der für den Emittenten zuständigen
Behörde durchzuführenden Prüfung festlegt, regelt Art. 42 die inhaltlichen
Aspekte der Prüfung. Die spezifische Regulierung der **Inhaberkontrolle** für
Emittenten vermögenswertereferenzierter Token über eine **EU-Verordnung** bestätigt die bereits im Zusammenhang mit **Wertpapierfirmen** in
Gestalt der **delegierten Verordnung 2017/1946**[2] zu Tage getretene **Tendenz**, die Inhaberkontrolle bei beaufsichtigten Unternehmen auf **europäischer Ebene** zu regulieren.[3]

II. Anzeigepflicht des interessierten Erwerbers, Abs. 1

Etwas **irreführend** ist die Überschrift von Art. 41, wenn sie von der **5**
Prüfung der geplanten „**Übernahme**" eines Emittenten vermögenswertereferenzierter Token spricht. Denn eine **Anzeigepflicht** gegenüber der für
den betreffenden Emittenten vermögenswertereferenzierter Token zuständigen Aufsichtsbehörde wird nach Abs. 1 bereits dann **ausgelöst**, wenn der
Erwerb einer **direkten** oder **indirekten qualifizierten Beteiligung** an
dem Emittenten im Raum steht. Eine vollständige Übernahme des Emittenten ist wie auch in den Parallelvorschriften der **Art. 11 f. MiFID II**[4] im Fall
von Wertpapierfirmen nicht erforderlich. Ebenso wird die Anzeigepflicht des
Abs. 1 ausgelöst, wenn eine **bereits bestehende** qualifizierte Beteiligung in
einem Umfang erhöht wird, dass ihr Anteil an den Stimmrechten oder dem
Kapital **20 %**, **30 %** oder **50 % erreicht** oder **überschreitet** oder der Emittent Tochterunternehmen des interessierten Erwerbers wird.

Zentral ist für die Auslegung von Art. 41 zunächst der **Begriff** der **qualifi- 6
zierten Beteiligung**, den **Art. 3 Abs. 1 Nr. 36** für die Zwecke der MiCAR definiert. Die Definition ist der Definition des Begriffs aus **Art. 4
Abs. 1 Nr. 31 MiFID II**[5] nachempfunden mit der Maßgabe, dass sie sich
anstelle von **Wertpapierfirmen** auf **Emittenten** vermögenswertereferenzierter Token bezieht. Für die **Auslegung** der Definition nach Art. 3 Abs. 1
Nr. 36 darf sich der Rechtsanwender deshalb an der sich im Zusammenhang
mit **Art. 4 Abs. 1 Nr. 31 MiFID II**[6] herausgebildeten Auslegung orientieren. **Qualifiziert** ist eine Beteiligung, wenn sie **mindestens 10 %** des
Kapitals oder der **Stimmrechte** in Bezug auf einen Emittenten vermögens-

---

[2] Delegierte Verordnung (EU) 2017/1946 der Kommission vom 11.7.2017 zur Ergänzung der Richtlinien 2004/39/EG und 2014/65/EU des Europäischen Parlaments und des Rates durch technische Regulierungsstandards für eine erschöpfende Liste der Informationen, die interessierte Erwerber in die Anzeige des beabsichtigten Erwerbs einer qualifizierten Beteiligung an einer Wertpapierfirma aufnehmen müssen.
[3] Herz EuZW 2019, 60 (64).
[4] Richtlinie 2014/65/EU des Europäischen Parlaments und des Rates vom 15.5.2014 über Märkte für Finanzinstrumente sowie zur Änderung der Richtlinien 2002/92/EG und 2011/61/EU.
[5] Richtlinie 2014/65/EU des Europäischen Parlaments und des Rates vom 15.5.2014 über Märkte für Finanzinstrumente sowie zur Änderung der Richtlinien 2002/92/EG und 2011/61/EU.
[6] Richtlinie 2014/65/EU des Europäischen Parlaments und des Rates vom 15.5.2014 über Märkte für Finanzinstrumente sowie zur Änderung der Richtlinien 2002/92/EG und 2011/61/EU.

werereferenzierter Token ausmacht oder die Möglichkeit der Wahrnehmung eines **maßgeblichen Einflusses** auf die Geschäftsleitung vermittelt.[7] Für das Verständnis der Begriffe Kapital und Stimmrechte verweist die Vorschrift auf Art. 9 und 10 der Richtlinie 2004/109/EG.

III. Anzeigepflicht des Veräußerers, Abs. 2

7   Flankierend zur Anzeigepflicht des interessierten Erwerbers nach Abs. 1 trifft den **Halter** einer qualifizierten Beteiligung an einem Emittenten vermögenswertereferenzierter Token nach Abs. 2 Satz 1 eine **Anzeigepflicht** gegenüber der für den Emittenten **zuständigen Behörde**, sofern er entscheidet, die qualifizierte Beteiligung direkt oder indirekt zu **veräußern**. Die Anzeigepflicht greift auch, wenn der Inhaber einer qualifizierten Beteiligung die Entscheidung trifft, eine von ihm gehaltene qualifizierte Beteiligung zu **verringern**, wenn dadurch sein Anteil an den Stimmrechten oder am Kapital **10%, 20%, 30%** oder **50%** unterschreiten würde oder der Emittent des vermögenswertereferenzierten Token **nicht** mehr sein **Tochterunternehmen** wäre. Die Anzeige hat **schriftlich** zu erfolgen und muss den **Umfang** der Verringerung angeben.

IV. Ablauf des Verfahrens, Abs. 3–8

8   Die Abs. 3–8 legen den **Ablauf** des **Verfahrens** zur **Überprüfung** eines Erwerbs nach Abs. 1 fest. Sie treffen indessen **keine Aussagen** über den **Verfahrensverlauf** einer Anzeige des **Veräußerers** nach Abs. 2.

9   Zunächst hat die zuständige Behörde dem interessierten Erwerber gem. Abs. 3 den **Eingang** seiner Anzeige schriftlich zu **bestätigen**. Die Bestätigung hat dabei **schriftlich** und **umgehend**, spätestens aber innerhalb von **zwei Arbeitstagen** zu erfolgen. Die durch Abs. 3 angeordnete **Bestätigungsfrist** ist für die Berechnung der weiteren im Verfahrensverlauf beachtlichen Fristen nach Abs. 4–8 relevant. Gemäß Art. 3 Abs. 2 lit. b der **Verordnung zur Festlegung der Regeln für die Fristen, Daten und Termine**[8] beginnt die Frist am **Anfang** der ersten Stunde des **ersten Tages** und endet mit **Ablauf** der letzten Stunde des **letzten Tages** der Frist. Maßgeblich für den **Fristbeginn** der Bestätigungsfrist des Abs. 3 ist damit der **Beginn des Tages,** an dem die Anzeige bei der zuständigen Behörde **eingeht.** Sie endet bereits mit Ablauf des **darauffolgenden** Arbeitstags.

10   Für die **inhaltliche Prüfung** der Anzeige (dazu → Art. 42 Rn. 5) hat die zuständige Behörde nach Abs. 4 **60 Arbeitstage** ab dem Tag Zeit, an dem sie die **Eingangsbestätigung** an den interessierten Erwerber übermittelt hat. In dem Fall, in dem die zuständige Behörde die Bestätigungsfrist nach Abs. 3 **versäumt**, muss bei **verständiger Auslegung** von Abs. 3 der Tag maßgeblich sein, an dem die Behörde die Bestätigung **spätestens hätte übermitteln müssen.** In der Eingangsbestätigung nach Abs. 3 muss die zuständige Behörde gem. Abs. 4 Satz 2 angeben, an welchem Tag die Prüfungsfrist abläuft. Die Behörde hat somit dem interessierten Erwerber

---

[7] Vgl. zu Art. 4 Abs. 1 Nr. 36 CRR-VO: Dauses/Ludwigs EU-WirtschaftsR-HdB/Burgard/Heimann, EL April 2023, E.IV.Bankrecht Rn. 124; auch Fischer/Schulte-Mattler/Glaser KWG, CRR-VO, 6. Auflage 2023, CRR-VO Art. 28 Rn. 46.

[8] Verordnung (EWG, Euratom) Nr. 1182/71 des Rates vom 3.6.1971 zur Festlegung der Regeln für die Fristen, Daten und Termine.

ihre **Fristberechnung offenzulegen**, damit es bezüglich der Fristen keine Missverständnisse gibt.

Abs. 5 ermöglicht der zuständigen Behörde, vom interessierten Erwerber **zusätzliche Informationen** anzufordern, die für den Abschluss der Prüfung **erforderlich** sind. Gemeint sind insoweit zunächst Informationen, die **nicht** bereits nach Art. 42 iVm den nach Art. 42 Abs. 4 zu entwickelnden technischen Regulierungsstandards eingereicht werden **müssen**, denn nur solche Informationen können als „**zusätzliche Informationen**" bezeichnet werden. Dies ergibt sich auch mittelbar aus **Abs. 1 aE**, wonach die Anzeige des interessierten Erwerbers „zusammen mit den Informationen, die nach den von der Kommission gemäß Artikel 42 Abs. 4 verabschiedeten technischen Regulierungsstandards erforderlich sind" abgegeben werden muss. Möchte die zuständige Behörde von der Möglichkeit der **Anforderung** zusätzlicher Informationen Gebrauch machen, kann sie die **60-tägige Prüfungsfrist** nach Abs. 5 UAbs. 2 für bis zu 20 Arbeitstage **aussetzen**, wobei ihr diese Möglichkeit **nur einmalig** zur Verfügung steht. Im Fall eines interessierten Erwerbers, der seinen **Sitz außerhalb der Europäischen Union** hat oder nach dem Recht eines **Drittstaates reguliert** wird, beträgt die maximale Aussetzung **30 Arbeitstage** gem. Abs. 5 UAbs. 4. Fraglich ist, ob der zuständigen Behörde die Möglichkeit der Fristaussetzung auch in Fällen zur Verfügung steht, in denen die Anzeige des interessierten Erwerbers **unvollständig** ist und sie Informationen zur Vervollständigung der Anzeige anfordert. Dem **Wortlaut** nach wäre diese Möglichkeit **nicht** gegeben, zumal er die Anforderung „**zusätzlicher Informationen**" voraussetzt.

Die **Erhebung** eines **Einspruchs** gegen einen geplanten Erwerb muss die zuständige Behörde gem. Abs. 6 innerhalb von **zwei Tagen** nach Abschluss ihrer Prüfung nach Abs. 4 und spätestens vor dem mitgeteilten Tag des Prüfungsabschlusses dem interessierten Erwerber **begründet** mitteilen. Lässt die zuständige Behörde diese Frist ohne Erhebung eines Einspruchs **verstreichen**, gilt gem. Abs. 7 eine gesetzliche **Fiktion** der **Genehmigung** des geplanten Erwerbs. Für den Abschluss des Erwerbs der qualifizierten Beteiligung kann die zuständige Behörde nach Abs. 8 Satz 1 eine **Maximalfrist** festlegen. Diese Frist ist nach Abs. 8 Satz 2 **verlängerbar**.

V. Umsetzung im KMAG-E

Der **KMAG-E** in der aktuellen Fassung[9] sieht in § 25 Abs. 1 Nr. 1 KMAG-E vor, dass die **Auskunftspflichten** nach § 20 Abs. 1 KMAG-E auch gegenüber Personen und Unternehmen gelten sollen, die eine **Beteiligungsabsicht** nach Abs. 1 anzeigen. Darüber hinaus **konkretisiert** § 25 KMAG-E die Vorgaben der MiCAR im Hinblick auf die **Übernahme** von Emittenten vermögenswertereferenzierter Token. Hingewiesen sei zudem auf die **Bußgeldvorschrift** des § 47 Abs. 3 Nr. 44 lit. a) KMAG-E.

---

[9] Gesetzesentwurf der Bundesregierung, Entwurf eines Gesetzes über die Digitalisierung des Finanzmarktes, Art. 1, BT-Drucks. 20/10280.

Art. 42 Inhalt der Prüfung der geplanten Übernahme eines Emittenten vermögenswertereferenzierter Token

(1) Bei der in Artikel 41 Absatz 4 genannten Prüfung beurteilt die zuständige Behörde die Eignung des interessierten Erwerbers und die finanzielle Solidität der geplanten Übernahme gemäß Artikel 41 Absatz 1 anhand aller folgenden Kriterien:

a) des Leumunds des interessierten Erwerbers,

b) des Leumunds, der Kenntnisse, der Fähigkeiten und der Erfahrung der Personen, die die Geschäfte des Emittenten des vermögenswertreferenzierten Token infolge der geplanten Übernahme leiten sollen,

c) der finanziellen Solidität des interessierten Erwerbers, insbesondere in Bezug auf die Art der geplanten und tatsächlichen Geschäfte des Emittenten des vermögenswertreferenzierten Token, dessen Übernahme geplant ist,

d) der Fähigkeit des Emittenten des vermögenswertreferenzierten Token, die Bestimmungen dieses Titels dauerhaft einzuhalten,

e) der Frage, ob ein hinreichend begründeter Verdacht besteht, dass im Zusammenhang mit der geplanten Übernahme Geldwäsche oder Terrorismusfinanzierung im Sinne von Artikel 1 Absatz 3 bzw. Absatz 5 der Richtlinie (EU) 2015/849 stattfinden oder stattgefunden haben könnten oder ob diese Straftaten versucht wurden und ob die geplante Übernahme das Risiko eines solchen Verhaltens erhöhen könnte.

(2) Die zuständige Behörde können gegen die geplante Übernahme nur dann Einspruch erheben, wenn dies auf der Grundlage der in Absatz 1 des vorliegenden Artikels genannten Kriterien hinreichend begründet ist oder wenn die gemäß Artikel 41 Absatz 4 beigebrachten Informationen unvollständig oder falsch sind.

(3) Die Mitgliedstaaten dürfen weder Vorbedingungen an die Höhe der gemäß dieser Verordnung für den Erwerb erforderliche qualifizierte Beteiligung knüpfen noch den für sie zuständigen Behörden gestatten, bei der Prüfung der geplanten Übernahme auf die wirtschaftlichen Bedürfnisse des Marktes abzustellen.

(4) Die EBA arbeitet in enger Zusammenarbeit mit der ESMA Entwürfe technischer Regulierungsstandards aus, in denen ausführlich der Inhalt der Informationen festgelegt wird, die für die Durchführung der in Artikel 41 Absatz 4 Unterabsatz 1 genannten Prüfung erforderlich sind. Die beizubringenden Informationen müssen für eine aufsichtsrechtliche Beurteilung relevant und ihrem Umfang nach der Art des interessierten Erwerbers und der geplanten Übernahme nach Artikel 41 Absatz 1 angemessen und angepasst sein.

Die EBA übermittelt der Kommission die in Unterabsatz 1 genannten Entwürfe technischer Regulierungsstandards spätestens am 30. Juni 2024.

Der Kommission wird die Befugnis übertragen, diese Verordnung durch die Annahme der in Unterabsatz 1 des vorliegenden Absatzes genannten technischen Regulierungsstandards gemäß den Artikeln 10 bis 14 der Verordnung (EU) Nr. 1093/2010 zu ergänzen.

Übersicht

	Rn.
I. Einführung	1
1. Literatur	1
2. Entstehung und Zweck der Norm	2
3. Normativer Kontext	4
II. Prüfungskriterien, Abs. 1	5
III. Einspruchsmöglichkeit der Behörde, Abs. 2	6
IV. Technische Regulierungsstandards der EBA, Abs. 4	7
V. Umsetzung im KMAG-E	8

I. Einführung

1. Literatur. *Herz,* Die Entwicklung des europäischen Bankaufsichtsrechts in den Jahren 2017/2018 (Teil II), EuZW 2019, 60. **1**

2. Entstehung und Zweck der Norm. Art. 42 regelt den **Inhalt** der **2 Prüfung** eines geplanten Erwerbs einer **qualifizierten Beteiligung** an einem Emittenten vermögenswertereferenzierter Token gem. Art. 41 Abs. 4 durch die zuständige Behörde. Die Vorschrift war in der Entwurfsfassung der EU-Kommission noch als Art. 38 vorgesehen. Inhaltlich hat sie sich während des legislativen Prozesses **kaum** verändert. Lediglich einige Anpassungen hinsichtlich der Formulierungen und der in Bezug genommenen Fachbegriffe wurden vollzogen.

Die Vorschrift dient dem Zweck der Sicherstellung der **jederzeitigen 3 Zuverlässigkeit** und **finanziellen Solidität** der **Inhaber qualifizierter Beteiligungen** an Emittenten von vermögenswertereferenzierten Token. Dies folgt insbesondere aus **Erwgr. Nr. 51 Satz 3**, der fordert, dass die **Anteilseigner** und **Gesellschafter** eines Emittenten vermögenswertereferenzierter Token mit **direkt** oder **indirekt** gehaltenen qualifizierten Beteiligungen **gut beleumundet** sein und insbesondere nicht für Straftaten im Zusammenhang mit **Geldwäsche** oder **Terrorismusfinanzierung** oder für **andere Straftaten**, die ihrem guten Leumund schaden würden, verurteilt worden sein sollten.

3. Normativer Kontext. Während **Art. 41** den **Verfahrensablauf** für **4** eine Anzeige des geplanten Erwerbs einer qualifizierten Beteiligung an einem Emittenten vermögenswertereferenzierter Token regelt und die Pflicht selbst statuiert, legt **Art. 42** fest, welche **Inhalte** die zuständige Behörde in einem solchen Verfahren zu **prüfen** hat. Die Vorschriften bilden gemeinsam das **vierte Kapitel** des Titels III der MiCAR und regeln damit **abschließend** die **Inhaberkontrolle** im Fall des Erwerbs von qualifizierten Beteiligungen an Emittenten vermögenswertereferenzierter Token. Die **Regelungstiefe** von Art. 42 ist **überschaubar**. Nach dem in Abs. 4 verankerten Willen des Verordnungsgebers sollen die **Details** zu den im Anzeigeverfahren vorzulegenden und zu überprüfenden **Informationen** in **technischen Regulierungsstandards** durch die **EBA** in Zusammenarbeit mit der ESMA erarbeitet werden. Zum Datum dieser Kommentierung existiert bereits ein von der EBA veröffentlichtes **Konsultationspapier**[1], das den Entwurf einer **delegierten Verordnung** betreffend die im Anzeigeverfahren nach Art. 41 f. MiCAR vorzulegenden **Informationen** zum Gegenstand hat.

---

[1] EBA/CP/2023/14 vom 12.7.2023.

MiCAR Art. 42   Titel III. Vermögenswertreferenzierte Token

II. Prüfungskriterien, Abs. 1

5   **Zielsetzung** der Prüfung nach Art. 41 Abs. 4 durch die zuständige Behörde ist gem. Abs. 1 die **Feststellung** zum einen der **Eignung** des interessierten Erwerbers sowie zum anderen die **finanzielle Solidität** des geplanten Erwerbs. Das Vorliegen dieser zwei Voraussetzungen soll die zuständige Behörde anhand bestimmter, im Gesetz in Form einer **Aufzählung** aufgeführter **Kriterien** überprüfen. Zu überprüfen hat sie insoweit nach Abs. 1 lit. a und b den **Leumund** des interessierten Erwerbers sowie den **Leumund**, die **Kenntnisse, Fähigkeiten** und **Erfahrungen** derjenigen Personen, die **nach** erfolgtem Erwerb die **Geschäfte** des Emittenten vermögenswertereferenzierter Token **leiten** sollen. Die Prüfung soll damit in erster Linie auf das **Schicksal** des **Emittenten** nach der geplanten Übernahme abzielen. Diese Zielrichtung der Prüfung zeigt sich auch an dem Kriterium des **Abs. 1 lit. c**, nach dem die **finanzielle Solidität** des interessierten Erwerbers insbesondere in Bezug auf die Art der geplanten **tatsächlichen Geschäfte** des betroffenen Emittenten des vermögenswertereferenzierten Token geprüft werden soll. Sichergestellt werden soll, dass die Geschäfte des Emittenten durch die finanzielle Ausstattung des interessierten Erwerbers **nicht beeinträchtigt** werden. Auch das in **Abs. 1 lit. d** genannte Kriterium weist diese Stoßrichtung auf. Danach soll geprüft werden, ob der Emittent vermögenswertereferenzierter Token nach dem Erwerb **dauerhaft in der Lage** sein wird, die Vorschriften nach **Titel III** der MiCAR einzuhalten. Schließlich soll die zuständige Behörde nach **Abs. 1 lit. e** überprüfen, ob ein hinreichend **begründeter Verdacht** besteht, dass im Zusammenhang mit der geplanten Übernahme **Geldwäsche-** oder **Terrorismusfinanzierungsstraftaten** stattfinden oder stattgefunden haben könnten oder versucht wurden und ob die Übernahme das **Risiko** solcher Straftaten ggf. **erhöhen** könnte. Die Prüfungskriterien nach Abs. 1 müssen nach dem unmissverständlichen Wortlaut der Vorschrift *alle* in die Prüfung nach Art. 41 Abs. 4 einbezogen werden. Das bedeutet freilich nicht, dass die Behörde nicht noch **weitere Kriterien** im Rahmen der Prüfung abfragen kann. Hierzu hat sie insbesondere nach Art. 41 Abs. 5 UAbs. 1 (→ Art. 41 Rn. 11) die Möglichkeit, vom interessierten Erwerber **zusätzliche Informationen** anzufordern.

III. Einspruchsmöglichkeit der Behörde, Abs. 2

6   In der **Bescheidung** einer Anzeige nach Art. 41 Abs. 1 ist die zuständige Behörde **nicht** vollkommen **frei**. **Einspruch** gegen eine Übernahme darf sie lediglich dann erheben, wenn sie dies anhand der in **Abs. 1** genannten Kriterien **hinreichend begründet** oder die vom interessierten Erwerber mitgeteilten **Informationen nicht vollständig** oder **falsch** sind. Der Einspruch einer zuständigen Behörde muss somit eine **Begründung** enthalten, die sich entweder darauf stützt, dass eines oder mehrere **Kriterien** nach Abs. 1 **nicht erfüllt** sind oder alternativ darauf, dass die vom interessierten Erwerber im Verfahren mitgeteilten Informationen entweder **unvollständig** oder **falsch** sind. **Andere Argumente** kann eine zuständige Behörde zur Begründung eines Einspruchs **nicht** anführen.

IV. Technische Regulierungsstandards der EBA, Abs. 4

Nach **Abs. 4** hat die **EBA** in enger Zusammenarbeit mit der ESMA Entwürfe **technischer Regulierungsstandards** zu den im Verfahren nach Art. 41 Abs. **4 vorzulegenden Informationen** auszuarbeiten. Die Regulierung der **Inhaberkontrolle** von Emittenten vermögenswertereferenzierter Token wird damit wie auch im Bereich der **Wertpapierfirmen (Delegierte Verordnung 2017/1946**[2]**)** auf die **europäische Ebene** gehoben.[3] Zum Datum dieser Kommentierung wurde von der EBA insoweit bereits ein **Entwurf** für eine **delegierte Verordnung** zur **Konsultation** gestellt, der die insoweit durch den interessierten Erwerber bereitzustellenden Informationen festlegt.[4] **Marktteilnehmer** waren eingeladen, bis zum **12.10.2023** Kommentare zu den im Konsultationspapier angebotenen Vorschlägen abzugeben.[5] Die nach dem Entwurf der zur Konsultation gestellten delegierten Verordnung vorzulegenden Informationen weisen **wenig** bis **keine Überraschungen** auf. Der Text der delegierten Verordnung orientiert sich hinsichtlich des Aufbaus und des Inhalts sehr stark am Vorbild der **Delegierten Verordnung (EU) 2017/1946**[6]**,** die im Bereich beabsichtigter Erwerbe qualifizierter Beteiligungen an **Wertpapierfirmen** Anwendung findet.

V. Umsetzung im KMAG-E

In dem zum Zeitpunkt der Kommentierung lediglich als **Entwurf der Bundesregierung** vorliegenden KMAG-E[7] werden in § 25 KMAG-E **ergänzende nationalgesetzliche Bestimmungen** zur Übernahme von Instituten nach Art. 41 f. MiCAR geschaffen. Besonders relevant ist insoweit § 25 Abs. 1 S. 2 KMAG-E, der der BaFin ermöglichen soll, dem **Vorlagepflichtigen auf dessen Kosten** die für die Übernahmeanzeige relevanten **Unterlagen** nach Art. 41 Abs. 1 durch einen von der **BaFin** zu bestimmenden **Wirtschaftsprüfer** prüfen zu lassen. Eine weitere relevante Konkretisierung gegenüber den Regelungen des Art. 42 findet sich in § 25 Abs. 4 KMAG-E, der der **BaFin** ermöglichen soll, **anstelle einer Untersagung** des Erwerbs nach Abs. 2 Anordnungen gegenüber dem interessierten Erwerber zu treffen, die **geeignet** und **erforderlich** sind, das Eintreten eines Untersagungsgrundes **auszuschließen.**

---

[2] Delegierte Verordnung (EU) 2017/1946 der Kommission vom 11.7.2017 zur Ergänzung der Richtlinien 2004/39/EG und 2014/65/EU des Europäischen Parlaments und des Rates durch technische Regulierungsstandards für eine erschöpfende Liste der Informationen, die interessierte Erwerber in die Anzeige des beabsichtigten Erwerbs einer qualifizierten Beteiligung an einer Wertpapierfirma aufnehmen müssen.
[3] Herz EuZW 2019, 60.
[4] EBA/CP/2023/14 vom 12.7.2023.
[5] EBA/CP/2023/14 vom 12.7.2023, S. 3.
[6] Delegierte Verordnung (EU) 2017/1946 der Kommission vom 11.7.2017 zur Ergänzung der Richtlinien 2004/39/EG und 2014/65/EU des Europäischen Parlaments und des Rates durch technische Regulierungsstandards für eine erschöpfende Liste der Informationen, die interessierte Erwerber in die Anzeige des beabsichtigten Erwerbs einer qualifizierten Beteiligung an einer Wertpapierfirma aufnehmen müssen.
[7] Gesetzesentwurf der Bundesregierung, Entwurf eines Gesetzes über die Digitalisierung des Finanzmarktes, Art. 1, BT-Drucks. 20/10280.

Kapitel 5. Signifikante vermögenswertreferenzierter Token

Art. 43 Signifikante vermögenswertereferenzierte Token

(1) Für die Einstufung vermögenswertereferenzierter Token als signifikante vermögenswertereferenzierte Token gelten folgende Kriterien, die in den gemäß Absatz 11 erlassenen delegierten Rechtsakten näher ausgeführt werden:
a) die Anzahl der Inhaber des vermögenswertereferenzierten Token übersteigt 10 Mio.,
b) der Wert der ausgegebenen vermögenswertereferenzierten Token, deren Marktkapitalisierung oder der Umfang der Vermögenswertreserve des Emittenten der vermögenswertereferenzierten Token beträgt mehr als 5 000 000 000 EUR,
c) die durchschnittliche Zahl und der geschätzte aggregierte Wert der Geschäfte mit diesen vermögenswertereferenzierten Token pro Tag im relevanten Zeitraum liegen über 2,5 Mio. Transaktionen bzw. 500 000 000 EUR,
d) der Emittent des vermögenswertereferenzierten Token ist ein Betreiber zentraler Plattformdienste, der gemäß der Verordnung (EU) 2022/1925 des Europäischen Parlaments und des Rates (43) als Torwächter benannt wurde,
e) Bedeutung der Tätigkeiten des Emittenten des vermögenswertereferenzierten Token auf internationaler Ebene, einschließlich der Verwendung der vermögenswertereferenzierten Token für Zahlungen und Überweisungen,
f) Verflechtung des vermögenswertereferenzierten Token oder seines Emittenten mit dem Finanzsystem,
g) derselbe Emittent gibt mindestens einen zusätzlichen vermögenswertereferenzierten Token oder E-Geld-Token aus und erbringt mindestens eine Krypto-Dienstleistung.

(2) Die EBA stuft vermögenswertereferenzierte Token als signifikante vermögenswertereferenzierte Token ein, sofern zumindest drei der in Absatz 1 des vorliegenden Artikels festgelegten Kriterien erfüllt sind:
a) in dem vom ersten Bericht mit Informationen gemäß Absatz 4 des vorliegenden Artikels abgedeckten Zeitraum nach der Zulassung gemäß Artikel 21 oder nach Genehmigung des Kryptowerte-Whitepapers gemäß Artikel 17 oder
b) in dem Zeitraum, der von mindestens zwei aufeinanderfolgenden Berichten mit Informationen abgedeckt ist.

(3) Geben mehrere Emittenten dasselbe vermögenswertereferenzierte Token aus, so wird die Erfüllung der in Absatz 1 festgelegten Kriterien nach Aggregation der Daten dieser Emittenten bewertet.

(4) Die zuständigen Behörden des Herkunftsmitgliedstaats des Emittenten berichten der EBA und der EZB mindestens zweimal jährlich die Informationen, die zur Bewertung der Erfüllung der in Absatz 1 des vorliegenden Artikels genannten Kriterien dienlich sind, einschließlich einschlägigen falls der gemäß Absatz 22 eingegangenen Informationen.

Ist der Emittent in einem Mitgliedstaat niedergelassen, dessen amtliche Währung nicht der Euro ist, oder gilt eine andere amtliche Währung als der Euro in einem Mitgliedstaat als Bezugsgröße für die vermögenswertereferenzierten Token, so übermitteln die zuständigen Behörden die Informationen gemäß Unterabsatz 1 auch der Zentralbank des betreffenden Mitgliedstaats.

(5) Gelangt die EBA zu der Auffassung, dass ein vermögenswertereferenzierter Token die in Absatz 1 genannten Kriterien gemäß Absatz 2 erfüllt, so erstellt sie einen entsprechenden Entwurf eines Beschlusses zur Einstufung vermögenswertereferenzierter Token als signifikante vermögenswertereferenzierte Token und übermittelt diesen Entwurf eines Beschlusses dem Emittenten dieses vermögenswertereferenzierten Token und der zuständigen Behörde des Herkunftsmitgliedstaats des Emittenten, der EZB und in den in Absatz 2 genannten Fällen der Zentralbank des betreffenden Mitgliedstaats.

Die Emittenten dieser vermögenswertereferenzierten Token, die für sie zuständigen Behörden, die EZB und gegebenenfalls die Zentralbank des betreffenden Mitgliedstaats haben ab dem Tag der Übermittlung des Entwurfs des Beschlusses der EBA 20 Arbeitstage Zeit, um schriftlich Stellung zu nehmen und Bemerkungen vorzubringen. Die EBA trägt diesen Stellungnahmen und Bemerkungen vor der Annahme eines endgültigen Beschlusses gebührend Rechnung.

(6) Die EBA fasst innerhalb von 60 Arbeitstagen nach dem Tag der in Absatz 5 genannten Übermittlung, ihren endgültigen Beschluss darüber, ob sie den vermögenswertereferenzierten Token als signifikanten vermögenswertereferenzierten Token einstuft, und übermittelt diesen Beschluss umgehend den Emittenten dieses vermögenswertereferenzierten Token und der für diesen zuständigen Behörde.

(7) Wurde ein vermögenswertereferenzierter Token gemäß einem Beschluss der EBA nach Absatz 6 als signifikant eingestuft, so wird die Zuständigkeit für die Beaufsichtigung in Bezug auf einen Emittenten dieses signifikanten vermögenswertereferenzierten Token innerhalb von 20 Arbeitstagen ab dem Tag der Übermittlung dieses Beschlusses von der zuständigen Behörde des Herkunftsmitgliedstaats des Emittenten auf die EBA übertragen.

Die EBA und die zuständige Behörde arbeiten zusammen, um einen reibungslosen Übergang der Aufsichtsbefugnisse sicherzustellen.

(8) Die EBA bewertet jährlich erneut die Einstufung der signifikanten vermögenswertereferenzierten Token auf der Grundlage der zur Verfügung stehenden Informationen einschließlich der in Absatz 4 genannten Berichte oder der gemäß Artikel 22 erhaltenen Informationen.

Gelangt die EBA der Auffassung, dass gewisse vermögenswertereferenzierte Token die in Absatz 1 festgelegten Kriterien gemäß Absatz 2 nicht mehr erfüllen, so erstellt sie einen Entwurf eines Beschlusses, die vermögenswertereferenzierte Token nicht länger als signifikant einzustufen, und übermittelt diesen Entwurf eines Beschlusses den Emittenten dieser vermögenswertereferenzierten Token und der zuständigen Behörde des Herkunftsmitgliedstaats des Emittenten, der EZB oder in den in Absatz 4 Unterabsatz 2 genannten Fällen der Zentralbank des betreffenden Mitgliedstaats.

Die Emittenten dieser vermögenswertereferenzierten Token, die für sie zuständigen Behörden, die EZB und die in Absatz 4 genannte Zentralbank haben ab dem Tag der Übermittlung dieses Entwurfs eines Beschlusses 20 Arbeitstage Zeit, um schriftlich Stellung zu nehmen und Bemerkungen vorzubringen. Die EBA trägt diesen Stellungnahmen und

Bemerkungen vor der Annahme eines endgültigen Beschlusses gebührend Rechnung.

(9) Die EBA fasst innerhalb von 60 Arbeitstagen nach der in Absatz 8 genannten Übermittlung ihren endgültigen Beschluss darüber, ob ein vermögenswertereferenzierter Token nicht mehr als signifikant eingestuft wird, und übermittelt diesen Beschluss sofort den Emittenten dieser vermögenswertereferenzierten Token und den für sie zuständigen Behörden.

(10) Ist ein vermögenswertereferenzierter Token gemäß einem Beschluss der EBA gemäß Absatz 9 nicht mehr als signifikant eingestuft, so wird die Zuständigkeit für die Beaufsichtigung in Bezug auf einen Emittenten dieses vermögenswertereferenzierten Token innerhalb von 20 Arbeitstagen nach dem Tag der Übermittlung dieses Beschlusses von der EBA auf die zuständige Behörde des Herkunftsmitgliedstaats des Emittenten übertragen.

Die EBA und die zuständige Behörde arbeiten zusammen, um einen reibungslosen Übergang der Aufsichtsbefugnisse sicherzustellen.

(11) Die Kommission erlässt gemäß Artikel 139 delegierte Rechtsakte zur Ergänzung dieser Verordnung, indem sie die in Absatz 1 genannten Kriterien für die Einstufung als signifikanter vermögenswertereferenzierter Token spezifiziert und Folgendes festlegt:
a) die Umstände, unter denen die Tätigkeiten des Emittenten des vermögenswertereferenzierten Token auf internationaler Ebene außerhalb der Union als signifikant gelten,
b) die Umstände, unter denen vermögenswertereferenzierte Token und ihre Emittenten als mit dem Finanzsystem verflochten zu betrachten sind,
c) Inhalt und Format der Informationen, die die zuständigen Behörden der EBA und der EZB gemäß Absatz 4 des vorliegenden Artikels und Artikel 56 Absatz 3 übermitteln.

Übersicht

	Rn.
I. Einführung	1
1. Literatur	1
2. Entstehung und Zweck der Norm	2
3. Normativer Kontext	4
II. Einstufungskriterien für signifikante vermögenswertereferenzierte Token, Abs. 1–3	5
III. Verfahren der Einstufung und Übergang der Aufsicht, Abs. 4–10	6

I. Einführung

1 **1. Literatur.** *Maume*, Die Verordnung über Märkte für Kryptowerte (MiCAR), RDi 2022, 497; *Patz*, Überblick über die Regulierung von Kryptowerten und Kryptowertedienstleistern, BKR 2021, 725.

2 **2. Entstehung und Zweck der Norm.** Art. 43 wurde im Verordungsgebungsverfahren **erheblich erweitert**. In der Entwurfsfassung der EU-Kommission hatte die seinerzeit als Art. 39 vorgesehene Bestimmung noch sechs Absätze. In der **finalen Fassung** weist die Vorschrift demgegenüber

nunmehr elf Absätze auf. Auch inhaltlich wurde die Vorschrift letztlich deutlich **detaillierter** umgesetzt als im Entwurfsstadium ursprünglich vorgesehen, insbesondere im Hinblick auf **Verfahrensregelungen.** Dies verwundert zunächst, zumal das **Libra**-Projekt und das Nachfolge-Projekt **Diem** des Facebook-Konzerns, die offenbar den Anstoß zur **Regulierung von Stabelcoins unter MiCAR** gegeben hatten, während der Verordnungsgenese eingestellt wurden.[1] Dies hinderte den Verordnungsgeber nicht daran, die Regularien für **(signifikante) Stablecoins** in der MiCAR ausführlich zu regulieren. **Kritisiert** wird im Schrifttum, dass in der finalen Fassung der Vorschrift die meisten **Schwellenwerte** für die Einstufung von vermögenswertereferenzierten Token als signifikant in Art. 43 Abs. 1 **unmittelbar aufgeführt** sind, während die Entwurfsfassung vorsah, die Kriterien durch die **Kommission spezifizieren** zu lassen.[2] Dies führe zu einem **Verlust** an **Flexibilität.**[3] Inhaltlich vergleichbare Regulierungen aus anderen Bereichen existieren nicht. Insbesondere weist die **EMD II** keine spezifischen Vorschriften für signifikante E-Geld-Institute auf.

Art. 43 bezweckt zum einen die Festlegung, **wann** ein vermögenswertereferenzierter Token als **signifikant** gelten soll und darüber hinaus die **Übertragung** der **Beaufsichtigung** des oder der Emittenten solcher signifikanten Token von der zuständigen (nationalen) Behörde eines Mitgliedstaates auf die **EBA.** Hintergrund ist die Festlegung des Verordnungsgebers in **Erwgr. Nr. 59,** dass vermögenswertereferenzierte Token mit besonders hohem **Kundenstamm,** besonders hoher **Marktkapitalisierung** oder besonders hohem **Transaktionsvolumen** strengeren Anforderungen unterliegen sollten, weil ihre Nutzung in Bezug auf die **Finanzstabilität,** die **geldpolitische Transmission** oder die **Währungshoheit besondere Herausforderungen** mit sich bringen könnte. Der Verordnungsgeber sieht die Gefahr ausweislich **Erwgr. Nr. 59 Satz 2** besonders in Fällen, in denen vermögenswertereferenzierte Token bei Nutzern eine **breite Verwendung** als **Tauschmittel** finden.[4] Art. 43 legt darüber hinaus **Verfahrensregeln** für die Einstufung und den sich daran anschließenden **Übergang der Aufsichtsbefugnisse** über Emittenten signifikanter vermögenswertereferenzierter Token von den national zuständigen Behörden auf die EBA fest.

3. Normativer Kontext. Art. 43 ist der einleitende Artikel des **fünften Kapitels** des **Titels III** der MiCAR, das sich mit signifikanten vermögenswertereferenzierten Token befasst. Insoweit sollte er **im Zusammenhang** insbesondere mit **Art. 45** gelesen werden, in dem letztlich die sich für Emittenten signifikanter vermögenswertereferenzierter Token **ergebenden spezifischen zusätzlichen Pflichten** geregelt werden. Art. 44 stellt demgegenüber lediglich Regeln für Emittenten auf, die die von ihnen ausgegebenen vermögenswertereferenzierten Token **freiwillig** als signifikant einordnen lassen wollen.

---

[1] Maume RDi 2022, 497 (498).
[2] Maume RDi 2022, 497 (502).
[3] Maume RDi 2022, 497 (502).
[4] Patz BKR 2021, 725 (734).

II. Einstufungskriterien für signifikante vermögenswertereferenzierte Token, Abs. 1–3

5   Abs. 1 legt die **Kriterien** fest, die für eine Einstufung eines vermögenswertereferenzierten Token als **signifikant** von Bedeutung sind. Die im Katalog des Abs. 1 dargestellten Kriterien müssen **nicht vollständig** und **kumulativ** vorliegen. Nach Abs. 2 ist es für eine Einstufung eines vermögenswertereferenzierten Token vielmehr **ausreichend**, wenn **drei** der in Abs. 1 genannten Kriterien vorliegen. Die Kriterien selbst sind **teilweise selbsterklärend** und legen **starre** und eindeutig bestimmbare **Schwellenwerte** fest (lit. a, b, c). Andere Kriterien erfordern demgegenüber ein gewisses Maß an **Subsumtion,** indem sie etwa fordern, dass der Emittent ein Betreiber **zentraler Plattformdienste** gem. Verordnung (EU) 2022/1925, der als **Torwächter** benannt wurde oder dass der Emittent mindestens einen **weiteren vermögenswertereferenzierten Token** oder **E-Geld-Token** ausgibt und zudem **mindestens eine Kryptowerte-Dienstleistung** erbringt (lit. d, g). Die in Abs. 1 lit. e und f genannten Kriterien bedürfen indessen einer **weitergehenden Auslegung,** die der Verordnungsgeber nach Abs. 11 über zu erlassende **delegierte Rechtsakte** in Aussicht stellt. Liegen **mindestens drei** der genannten Kriterien vor, **muss** die EBA nach Abs. 2 die vermögenswertereferenzierten Token als signifikant einstufen. Soweit **mehrere Emittenten denselben** vermögenswertereferenzierten Token ausgeben, erfolgt nach Abs. 3 eine **Aggregation der Daten** zur Bewertung der in Abs. 1 genannten Kriterien. Wie bereits aus dem **Titel** des **Art. 43** folgt, bezieht sich die Einstufung auf den vermögenswertereferenzierten Token. Die **Anzahl** der **Emittenten** ist für die Einstufung daher **nicht** von Belang.

III. Verfahren der Einstufung und Übergang der Aufsicht, Abs. 4–10

6   Die Abs. 4–10 regeln das **Verfahren,** nach dem die **EBA** in Zusammenarbeit mit der für den Emittenten des betroffenen vermögenswertereferenzierten Token die Einstufung als signifikant vornimmt. Gelangt sie danach zu einer **Einstufung** als **signifikant,** gehen die **Aufsichtsbefugnisse** gem. Abs. 7 von der eigentlich für die Beaufsichtigung des Emittenten der betreffenden vermögenswertereferenzierten Token zuständigen nationalen Behörde auf die **EBA** über. Der EBA wird damit **erstmalig** ein echtes auf **Marktteilnehmer** bezogenes **Aufsichtsmandat** erteilt. Diese Aufgabe fällt originär den nationalen Aufsichtsbehörden zu. Im Fall von **Emittenten signifikanter Token** kann der Übergang der Aufsichtsbefugnisse zwar mit der grundsätzlichen Zuständigkeit der EBA nach Art. 2 Abs. 1 der **EBA Verordnung**[5] für die Gewährleistung der **Finanzstabilität in der EU** gerechtfertigt werden, die auch von **Erwgr. Nr. 59** in Bezug genommen wird. Die EBA wird jedoch zur Bewerkstelligung dieser Aufgabe zunächst **Voraussetzungen** und **Substanz** schaffen müssen, so dass die **Sinnhaftigkeit** der Regelung zumindest angezweifelt werden darf.

---

[5] Verordnung (EU) Nr. 1093/2010 des Europäischen Parlaments und des Rates vom 24.11.2010 zur Errichtung einer Europäischen Aufsichtsbehörde (Europäische Bankenaufsichtsbehörde), zur Änderung des Beschlusses Nr. 716/2009/EG und zur Aufhebung des Beschlusses 2009/78/EG der Kommission.

Die Einstufung von vermögenswertereferenzierten Token als signifikant 7
erfolgt gem. Abs. 8 auf **jährlicher Basis**. Ergibt die jährliche Überprüfung,
dass ein als signifikant eingestufter Token die seine Signifikanz rechtfertigenden Kriterien nach Abs. 1 **nicht länger erfüllt**, erfolgt nach Abs. 10 eine
Rückübertragung der Aufsichtsbefugnisse von der EBA auf die zuständige
nationalstaatliche Behörde. Dies kann im Einzelfall mit erheblichem **administrativem Aufwand** verbunden sein. Eine Möglichkeit des Emittenten,
dem **Risiko** einer potenziell jährlich drohenden **Übertragung** der Zuständigkeit für die laufende Aufsicht zwischen EBA und national zuständiger
Behörde zu entgehen, sieht die MiCAR **nicht** vor.

Art. 44 Freiwillige Einstufung vermögenswertereferenzierter Token als signifikante vermögenswertereferenzierte Token

(1) Antragstellende Emittenten vermögenswertereferenzierter Token
können in ihrem Zulassungsantrag gemäß Artikel 18 oder in ihrer Übermittlung gemäß Artikel 17 angeben, dass sie ihre vermögenswertereferenzierten Token als signifikante vermögenswertereferenzierte Token
einstufen lassen möchten. In diesem Fall übermittelt die zuständige Behörde der EBA, der EZB und in den in Artikel 43 Absatz 4 genannten
Fällen der Zentralbank des betreffenden Mitgliedstaats sofort den Antrag
des antragstellenden Emittenten.

Damit ein vermögenswertereferenzierter Token gemäß dem vorliegenden Artikel als signifikant eingestuft werden kann, muss der antragstellende Emittent des vermögenswertereferenzierten Token durch einen detaillierten Geschäftsplan gemäß Artikel 17 Absatz 1 Buchstaben b und i
und Artikel 18 Absatz 2 Buchstabe d nachweisen, dass er voraussichtlich
mindestens drei der in Artikel 43 Absatz 1 festgelegten Kriterien erfüllt.

(2) Die EBA erstellt innerhalb von 20 Arbeitstagen nach Übermittlung
gemäß Absatz 1 des vorliegenden Artikels einen Entwurf eines Beschlusses, der ihre auf dem Geschäftsplan des potenziellen Emittenten beruhende Stellungnahme dazu enthält, ob der vermögenswertereferenzierte Token tatsächlich oder voraussichtlich zumindest drei der in Artikel 43
Absatz 1 festgelegten Kriterien erfüllt, und übermittelt der zuständigen
Behörde des Herkunftsmitgliedstaats des antragstellenden Emittenten,
der EZB und in den in Artikel 43 Absatz 4 Unterabsatz 2 genannten
Fällen der Zentralbank des betreffenden Mitgliedstaats diesen Entwurf
eines Beschlusses.

Die für die Emittenten dieser vermögenswertereferenzierten Token
zuständigen Behörden, die EZB und gegebenenfalls die Zentralbank des
betreffenden Mitgliedstaats haben ab dem Tag der Übermittlung des
Entwurfs eines Beschlusses 20 Arbeitstage Zeit, um schriftlich Stellung zu
nehmen und Bemerkungen vorzubringen. Die EBA trägt diesen Stellungnahmen und Bemerkungen vor der Annahme eines endgültigen Beschlusses gebührend Rechnung.

(3) Die EBA fasst innerhalb von 60 Arbeitstagen nach der in Absatz 1
genannten Übermittlung ihren endgültigen Beschluss darüber, ob es sich
bei einem vermögenswertereferenzierten Token um einen signifikanten
vermögenswertereferenzierten Token handelt, und übermittelt diesen
Beschluss sofort dem antragstellenden Emittenten dieses vermögenswertereferenzierten Token und seiner zuständigen Behörde.

(4) Wurden vermögenswertereferenzierte Token gemäß einem Beschluss der EBA nach Absatz 3 des vorliegenden Artikels als signifikant eingestuft, so wird die Zuständigkeit für die Beaufsichtigung der Emittenten dieser vermögenswertereferenzierten Token zu dem Zeitpunkt des Beschlusses der zuständigen Behörde, die in Artikel 21 Absatz 1 genannte Zulassung zu erteilen, oder zu dem Zeitpunkt der Genehmigung des Kryptowerte-Whitepapers gemäß Artikel 17 von der zuständigen Behörde auf die EBA übertragen.

Übersicht

	Rn.
I. Einführung	1
1. Literatur	1
2. Entstehung und Zweck der Norm	2
3. Normativer Kontext	4
II. Antrag des Emittenten, Abs. 1	5
III. Verfahren, Abs. 2–4	6

I. Einführung

1 **1. Literatur.** *Patz,* Überblick über die Regulierung von Kryptowerten und Kryptowertedienstleistern, BKR 2021, 725; *Hirzle/Hugendubel,* BKR 2022, 821.

2 **2. Entstehung und Zweck der Norm.** Emittenten vermögenswertereferenzierter Token wird über Art. 44 die Möglichkeit gegeben, **selbst** auf die Einstufung der von ihnen ausgegebenen vermögenswertereferenzierte Token als signifikant **hinzuwirken**. Die Vorschrift wurde im Laufe des Verordnungsgebungsverfahrens lediglich im Hinblick auf den in ihr geregelten **Verfahrensablauf** geringfügig verändert. Ursprünglich war die Vorschrift in der Entwurfsfassung der EU-Kommission noch als Art. 40 vorgesehen. Der Standort der Vorschrift hat sich durch die Ergänzungen im legislativen Verfahren somit etwas nach hinten verlagert.

3 Was genau der Verordnungsgeber mit der Vorschrift des Art. 44 bezwecken wollte, lässt sich leider **nicht** unmittelbar aus den **Erwägungsgründen** herleiten. Es darf jedoch davon ausgegangen werden, dass die Möglichkeit für Emittenten vermögenswertereferenzierter Token, auf eine Einstufung ihrer Token als signifikante vermögenswertereferenzierte Token freiwillig hinzuwirken dazu dienen soll, sowohl dem Emittenten selbst als auch den beteiligten Aufsichtsbehörden eine **gewisse Planungssicherheit** zu geben. So müssen Emittenten signifikanter vermögenswertereferenzierter Token die **strengeren aufsichtsrechtlichen Anforderungen** nach Art. 45 erfüllen[1], was sinnvollerweise bereits bei **Beantragung** der Zulassung nach Art. 18 bzw. Übermittlung der Informationen nach Art. 17 berücksichtigt werden sollte. Auf Seiten der Aufsichtsbehörden ist gem. Art. 43 Abs. 7 die **EBA** anstelle der nationalen Aufsichtsbehörde für die **Beaufsichtigung** eines Emittenten signifikanter vermögenswertereferenzierter Token **zuständig,** weshalb die Einrichtung einer laufenden Aufsicht durch die nationale Aufsichtsbehörde zu Beginn eine **unnötige Ressourcenverschwendung** be-

---

[1] Patz BKR 2021, 725 (735); Hirzle/Hugendubel BKR 2022, 821 (826).

Freiw. Einstuf als signifik. vermögenswertereferenz. Token **Art. 44 MiCAR**

deuten würde, wenn bereits von Beginn an feststünde, dass die Zuständigkeit perspektivisch bei der EBA anzusiedeln sein wird.

3. Normativer Kontext. Art. 44 ist im **Kontext** von **Art. 43** und **Art. 45** zu lesen, mit denen gemeinsam die Vorschrift das signifikante vermögenswertereferenzierte Token betreffende **fünfte Kapitel** des **Titels III** der MiCAR bildet. Für den Fall, dass ein Emittent sich bereits im Zeitpunkt seines **Zulassungsantrags** nach Art. 18 oder seiner **Übermittlung von Informationen** nach Art. 17 sein kann, dass die von ihm auszugebenden vermögenswertereferenzierten Token als **signifikant** einzuordnen sein werden, kann er über Art. 44 **direkt** auf eine Beaufsichtigung durch die EBA **hinwirken.** Die dafür zu erfüllenden Anforderungen ergeben sich aus Art. 43; die im Fall der Einstufung als signifikante vermögenswertereferenzierte Token geltenden **strengeren aufsichtsrechtlichen Pflichten** aus Art. 45.

4

II. Antrag des Emittenten, Abs. 1

Die Möglichkeit von Emittenten gem. Art. 44, auf eine **freiwillige Einstufung** der von ihnen auszugebenden vermögenswertereferenzierten Token als **signifikant** hinzuwirken, ergibt sich gem. Abs. 1 unmittelbar bei **Beantragung einer Zulassung** als Emittent vermögenswertereferenzierter Token nach Art. 18 bzw. im Fall von **bereits zugelassenen Kreditinstituten** bei **Übermittlung** der nach → Art. 17 vorgeschriebenen **Informationen.** Nach Zulassungserteilung gem. Art. 18 bzw. vollständiger Übermittlung der Informationen nach Art. 17 ist das **Zeitfenster** für eine **Initiative** des **Emittenten** geschlossen. Dann ist eine Einstufung allein über den durch Art. 43 vorgesehenen **Mechanismus** und durch die **EBA** möglich, auch wenn dem Emittenten häufig eine gewisse **Einflussnahmemöglichkeit** hinsichtlich der Erfüllung der Kriterien nach Art. 43 Abs. 1 verbleiben wird. Die **Freiwilligkeit** nach Art. 44 bedeutet **nicht,** dass der Emittent selbst frei entscheiden kann, ob seine vermögenswertereferenzierten Token als **signifikant** eingestuft werden. Der Maßstab des Vorliegens von **mindestens drei Kriterien** nach Art. 43 Abs. 1 gilt auch hier. Allerdings ist aufgrund der noch nicht erfolgten Emission der vermögenswertereferenzierten Token **nicht** die **tatsächliche Erfüllung,** sondern gem. Abs. 1 UAbs. 2 die **nachvollziehbare und begründete Darstellung** in dem nach Art. 17 Abs. 1 lit. b und i bzw. Art. 18 Abs. 2 lit. d einzureichenden detaillierten **Geschäftsplan** erforderlich, dass nach erfolgter Emission mindestens drei der Kriterien des Art. 43 Abs. 1 erfüllt werden. Auch wenn ein Emittent in seinem Zulassungsantrag bzw. Übermittlungsschreiben angibt, dass er seine vermögenswertereferenzierten Token als signifikant einstufen lassen möchte, hat er den Antrag **zunächst** an die **national zuständige Aufsichtsbehörde** zu übersenden. Diese hat sodann im **zweiten Schritt** den Antrag **sofort** an die **EBA,** die **EZB** und in Fällen nach Art. 43 Abs. 4 auch an die Zentralbank des betreffenden Mitgliedstaates weiterzuleiten.

5

III. Verfahren, Abs. 2–4

Die **EBA** hat gem. Abs. 2 innerhalb von **20 Arbeitstagen** nach Übermittlung des Antrags des Emittenten an sie einen **Beschluss** zu **entwerfen,** den sie der zuständigen Behörde des Herkunftsmitgliedstaats des antragstellenden

6

Auffenberg

Emittenten, der EZB und ggf. – in den Fällen des Art. 43 Abs. 4 – auch der Zentralbank des betroffenen Mitgliedstaates **übermitteln** muss. Der Beschlussentwurf muss eine **Stellungnahme** dazu enthalten, ob der vermögenswertereferenzierte Token **tatsächlich** bzw. **voraussichtlich** zumindest **drei** der in Art. 43 Abs. 1 festgelegten Kriterien erfüllen wird. Die genannten Empfänger haben sodann nach Abs. 2 UAbs. 2 **20 Arbeitstage** Zeit, um gegenüber der EBA **schriftlich** zum Entwurf Stellung zu nehmen. Dabei steht allen zwei bzw. drei Institutionen das **Recht zur eigenen Stellungnahme** zu, wie aus der Formulierung im **Plural** in Bezug auf die Stellungnahmen in Abs. 2 UAbs. 2 Satz 2 folgt. Danach hat die EBA **den Stellungnahmen** und Bemerkungen vor der Annahme eines endgültigen Beschlusses gebührend **Rechnung zu tragen.**

7   Den Beschluss über die Einstufung als signifikanter vermögenswertereferenzierter Token muss die EBA nach Abs. 3 innerhalb von **60 Arbeitstagen** fassen. Er ist **direkt** an den oder die antragstellenden **Emittenten** und die für die Zulassung **zuständige Behörde** zu übermitteln.

8   Die **nationale Aufsichtsbehörde** bleibt nach Abs. 4 bis zum **Abschluss** des Verfahrens über die Zulassung nach Art. 18 bzw. die **Genehmigung** des Kryptowerte-Whitepapers nach Art. 17 für den Emittenten zuständig. Erst **nach Abschluss** der in Bezug genommenen **Verfahren** geht die **Zuständigkeit** für die Beaufsichtigung des Emittenten von der nationalen Behörde auf die **EBA** über.

Art. 45 Spezifische zusätzliche Pflichten von Emittenten signifikanter vermögenswertereferenzierter Token

(1) Die Emittenten signifikanter vermögenswertereferenzierter Token legen eine Vergütungspolitik fest, die dem soliden und wirksamen Risikomanagement dieser Emittenten förderlich ist und mit der keine Anreize für eine Lockerung der Risikostandards geschaffen werden, setzen diese Vergütungspolitik um und erhalten sie aufrecht.

(2) Die Emittenten signifikanter vermögenswertereferenzierter Token stellen sicher, dass diese Token von verschiedenen Anbietern von Kryptowerte-Dienstleistungen, die für die Verwahrung und Verwaltung von Kryptowerten für Kunden zugelassen sind, einschließlich Anbietern von Kryptowerte-Dienstleistungen, die nicht derselben Gruppe im Sinne von Artikel 2 Nummer 11 der Richtlinie 2013/34/EU angehören, auf redliche, angemessene und nichtdiskriminierende Weise verwahrt werden können.

(3) Die Emittenten signifikanter vermögenswertereferenzierter Token bewerten und überwachen den Liquiditätsbedarf für die Erfüllung von Rücktauschforderungen durch Inhaber vermögenswertereferenzierter Token. Die Emittenten signifikanter vermögenswertereferenzierter Token führen zu diesem Zweck Strategien und Verfahren für das Liquiditätsmanagement ein, erhalten sie aufrecht und setzen sie um. Mit diesen Strategien und Verfahren wird ein robustes Liquiditätsprofil des Reservevermögens sichergestellt, das es Emittenten signifikanter vermögenswertereferenzierter Token ermöglicht, auch bei Liquiditätsengpässen den normalen Betrieb fortzusetzen.

(4) Emittenten signifikanter vermögenswertereferenzierter Token führen regelmäßig Liquiditätsstresstests durch. Je nach Ergebnis dieser Tests

kann die EBA beschließen, die in Absatz 7 Unterabsatz 1 Buchstabe b des vorliegenden Artikels und in Artikel 36 Absatz 6 genannten Liquiditätsanforderungen zu verschärfen.

Bieten Emittenten signifikanter vermögenswertereferenzierter Token zwei oder mehr vermögenswertereferenzierten Token an oder erbringen sie Kryptowerte-Dienstleistungen, so müssen die Stresstests all diese Tätigkeiten vollständig und allumfassend abdecken.

(5) Der in Artikel 35 Absatz 1 Unterabsatz 1 Buchstabe b genannte Prozentsatz wird für Emittenten signifikanter vermögenswertereferenzierter Token auf 3 % des durchschnittlichen Betrags des Reservevermögens festgelegt.

(6) Bieten mehrere Emittenten denselben als signifikant eingestuften vermögenswertereferenzierten Token an, so gelten die Absätze 1 bis 5 für jeden Emittenten.

Bietet ein Emittent in der Union zwei oder mehr vermögenswertereferenzierter Token an und ist mindestens einer dieser vermögenswertereferenzierten Token als signifikant eingestuft, so gelten für diesen Emittenten die Absätze 1 bis 5.

(7) Die EBA arbeitet in enger Zusammenarbeit mit der ESMA Entwürfe technischer Regulierungsstandards aus, in denen Folgendes präzisiert wird:
a) die in den Regelungen für die Unternehmensführung festzulegenden Mindestvorgaben hinsichtlich der in Absatz 1 genannten Vergütungspolitik,
b) der Mindestinhalt der Strategien und Verfahren für das in Absatz 3 festgelegte Liquiditätsmanagement sowie Liquiditätsanforderungen, einschließlich durch Klarstellung des Mindestbetrags der Einlagen in jeder genannten amtlichen Währung, der nicht unter 60 % des in den einzelnen amtlichen Währungen genannten Betrags liegen darf,
c) das Verfahren und die Fristen für einen Emittenten eines signifikanten vermögenswertereferenzierten Token, die Höhe seiner Eigenmittel gemäß Absatz 5 anzupassen.

Im Fall von Kreditinstituten kalibriert die EBA die technischen Standards unter Berücksichtigung etwaiger Wechselwirkungen zwischen den durch diese Verordnung festgelegten regulatorischen Anforderungen und den durch andere Gesetzgebungsakte der Union festgelegten regulatorischen Anforderungen.

Die EBA übermittelt der Kommission die in Unterabsatz 1 genannten Entwürfe technischer Regulierungsstandards spätestens am 30. Juni 2024.

Der Kommission wird die Befugnis übertragen, diese Verordnung durch die Annahme der in Unterabsatz 1 des vorliegenden Absatzes genannten technischen Regulierungsstandards gemäß den Artikeln 10 bis 14 der Verordnung (EU) Nr. 1093/2010 zu ergänzen.

(8) Die EBA gibt in enger Zusammenarbeit mit der ESMA und der EZB Leitlinien zur Festlegung der gemeinsamen Referenzparameter der Stresstestszenarien gemäß Artikel 16 der Verordnung (EU) Nr. 1093/ 2010 heraus, die in die in Absatz 4 des vorliegenden Artikels genannten Stresstests einzubeziehen sind. Diese Leitlinien werden unter Berücksichtigung der jüngsten Marktentwicklungen regelmäßig aktualisiert.

MiCAR Art. 45

Titel III. Vermögenswertreferenzierte Token

Übersicht

	Rn.
I. Einführung	1
1. Literatur	1
2. Entstehung und Zweck der Norm	2
3. Normativer Kontext	4
II. Zusätzliche Pflichten, Abs. 1–5	5
1. Vergütungspolitik, Abs. 1	5
2. Verwahrmöglichkeit durch Dritte, Abs. 2	6
3. Bewertung und Überwachung des Liquiditätsbedarfs, Abs. 3	7
4. Durchführung von Liquiditätsstresstests, Abs. 4	8
5. Zusätzliche Eigenmittel, Abs. 5	9
6. Adressaten des Art. 45	10

I. Einführung

1. Literatur. *Patz*, Überblick über die Regulierung von Kryptowerten und Kryptowertedienstleistern, BKR 2021, 725; *Maume*, Die Verordnung über Märkte für Kryptowerte (MiCAR), RDi 2022, 497. 1

2. Entstehung und Zweck der Norm. Art. 45 beinhaltet die spezifischen zusätzlichen Anforderungen, die Emittenten signifikanter vermögenswertereferenzierter Token zu erfüllen haben und ergänzt die ohnehin bereits sehr weitgehende Regulierung von Emittenten vermögenswertereferenzierter Token um **strengere Anforderungen** in den Bereichen der **Vergütungspolitik** (Abs. 1), der **Verwahrung** der signifikanten Token durch Dritte (Abs. 2), der Überwachung ihres **Liquiditätsbedarfs** (Abs. 3), der Durchführung von **Liquiditätsstresstests** (Abs. 4) sowie der vorzuhaltenden **Eigenmittel** (Abs. 5). Die Liquiditätsstresstests nach Abs. 4 waren in dem nach der Entwurfsfassung der EU-Kommission zunächst vorgeschlagenen Wortlaut der Vorschrift noch **nicht vorgesehen**. Insoweit wurden im Rahmen der Verordnungsgebung mithin **Ergänzungen** vorgenommen, die neben Abs. 4 auch Abs. 8 betreffen. 2

Die über Art. 45 erfolgte Festlegung **spezifischer** zusätzlicher aufsichtsrechtlicher **Pflichten** gegenüber Emittenten signifikanter vermögenswertereferenzierter Token ist vor dem Hintergrund zu sehen, dass zum Zeitpunkt der Veröffentlichung der Entwurfsfassung der EU-Kommission der Facebook-Konzern erwog, einen als „**Libra**" und später als „**Diem**" bezeichneten vermögenswertereferenzierten Token ins Leben zu rufen, der sich als echte **Konkurrenz für staatliche Währungen** hätte etablieren können.[1] Wie **Erwgr. Nr. 59 Satz 2** zu entnehmen ist, sah der Verordnungsgeber die **Gefahr**, dass bei Nutzung entsprechender Produkte in der **breiten Masse** besondere Herausforderungen für die **Finanzstabilität**, die **geldpolitische Transmission** oder die **Währungshoheit** entstehen könnten. Mit der Anordnung noch strengerer aufsichtsrechtlicher Pflichten versucht der Verordnungsgeber der MiCAR diesen Herausforderungen entgegenzutreten. 3

3. Normativer Kontext. Art. 45 ist als **Ergänzung** zu den Vorschriften über die aufsichtsrechtlichen Pflichten nach **Kapitel 2** des **Titels III** zu verstehen. Während Art. 27–35 die grundsätzlichen, alle Emittenten vermögenswertereferenzierter Token betreffenden aufsichtsrechtlichen Pflichten fest- 4

---

[1] Patz BKR 2021, 725 (735); Maume RDi 2022, 497 (498).

legen, **erweitert** Art. 45 diese Pflichten teilweise oder legt **zusätzliche Pflichten** fest, die ausschließlich Emittenten **signifikanter** vermögenswertereferenzierter Token zu beachten haben. Um ein **vollständiges Bild** über die von Emittenten signifikanter vermögenswertereferenzierter Token zu erfüllenden aufsichtsrechtlichen Pflichten zu erhalten, muss Art. 45 daher **im Zusammenhang** mit den Vorschriften des zweiten Kapitels des Titels III gelesen werden.

II. Zusätzliche Pflichten, Abs. 1–5

1. Vergütungspolitik, Abs. 1. Emittenten signifikanter vermögenswertereferenzierter Token haben nach Abs. 1 eine **Vergütungspolitik** festzulegen, umzusetzen und aufrechtzuerhalten, die ihrem **soliden und wirksamen Risikomanagement** förderlich ist und mit der **keine Anreize** für eine **Lockerung** der Risikostandards geschaffen werden. An die Vergütungspolitik der Emittenten signifikanter vermögenswertereferenzierter Token stellt der Verordnungsgeber damit insbesondere die Anforderung, sie am **Risikomanagement** auszurichten. Präzisere Anweisungen sollen die noch von der EBA gem. Abs. 7 UAbs. 1 lit. a zu entwerfenden technischen Regulierungsstandards aufstellen. Bis zur Veröffentlichung dieser technischen Regulierungsstandards sollte im Sinne einer strengen Auslegung davon ausgegangen werden, dass bei der Vergütungsgestaltung **im gesamten Unternehmen** des Emittenten **auf allen Personalebenen** konkret die Risiken zu berücksichtigen sein werden, denen der Emittent ausgesetzt ist. Praktisch bedeutet dies, dass der Emittent für jedes von seinem Risikomanagement adressierte Risiko eine **Bewertung** wird vornehmen müssen, ob eine konkrete Vergütungsgestaltung einen **negativen Effekt auf das Risikomanagement** haben könnte. Abs. 1 stellt ausdrücklich heraus, dass die Vergütungspolitik der Emittenten signifikanter vermögenswertereferenzierter Token keine Anreize für eine Lockerung der Risikostandards schaffen darf. Das könnte beispielsweise gegeben sein, wenn ein Emittent seinem Geschäftsleiter **Boni** verspricht, die sich an der mit der Vermögenswertreserve erwirtschafteten Rendite bemessen. Dies könnte den Anreiz schaffen, in vergleichsweise risikoreichere Anlageinstrumente zu investieren, als es bei vorausschauender und risikobewusster Investitionstätigkeit angezeigt wäre. Die Pflicht der Emittenten signifikanter vermögenswertereferenzierter Token hat nicht nur die **Festlegung** einer Vergütungspolitik zum Gegenstand, sondern beinhaltet auch deren **Umsetzung** und **Aufrechterhaltung**.

2. Verwahrmöglichkeit durch Dritte, Abs. 2. Darüber hinaus müssen Emittenten signifikanter vermögenswertereferenzierter Token nach Abs. 2 sicherstellen, dass die von ihnen ausgegebenen vermögenswertereferenzierten Token von **verschiedenen** Anbietern von Kryptowerte-Dienstleistungen, die für die Verwahrung und Verwaltung von Kryptowerten für Kunden zugelassen sind, auf **redliche, angemessene** und **nichtdiskriminierende** Weise verwahrt werden können. Diesbezüglich stellt Abs. 2 klar, dass die Verwahrung der vermögenswertereferenzierten Token gerade auch durch Verwahranbieter ermöglicht werden muss, die **nicht derselben Gruppe** iSv Art. 2 Abs. 11 der **Bilanzrichtlinie**[2]. Möglich muss somit auch die Ver-

---

[2] Richtlinie 2013/34/EU des Europäischen Parlaments und des Rates vom 26.6.2013 über den Jahresabschluss, den konsolidierten Abschluss und damit verbundene Berichte von

wahrung durch Unternehmen sein, die **nicht Mutter-** oder **Tochterunternehmen** des Emittenten signifikanter vermögenswertereferenzierter Token sind. Die aufsichtsrechtliche Pflicht zur Ermöglichung der Verwahrung auch für fremde Unternehmen existiert für Emittenten nicht signifikanter vermögenswertereferenzierter Token nicht.

7 **3. Bewertung und Überwachung des Liquiditätsbedarfs, Abs. 3.** Im Vergleich mit Emittenten nicht signifikanter vermögenswertereferenzierter Token müssen Emittenten signifikanter vermögenswertereferenzierter Token nach Abs. 3 auf der Grundlage einer ausdrücklichen aufsichtsrechtlichen Pflicht ihren **Liquiditätsbedarf** für die Erfüllung von **Rücktauschforderungen** durch Inhaber der signifikanten vermögenswertereferenzierten Token **überwachen**. Zwar sind auch Emittenten nicht signifikanter vermögenswertereferenzierter Token gem. Art. 36 Abs. 1 lit. b (→ Art. 36 Rn. 7) bei der **Zusammensetzung** der **Vermögenswertereserve** dazu verpflichtet, die **Liquiditätsrisiken** im Hinblick auf die **dauerhaften Rücktauschrechte** der Inhaber zu beachten. Emittenten signifikanter vermögenswertereferenzierter Token trifft über Abs. 3 jedoch darüber hinaus eine **ausdrückliche** und durch die EBA als zuständige Aufsichtsbehörde hinsichtlich ihrer Einhaltung **überprüfbare Pflicht** zur Einführung, Umsetzung und Aufrechterhaltung von **Strategien** und **Verfahren** für ihr Liquiditätsmanagement. Ziel ist nach Abs. 3 Satz 2 die Sicherstellung eines **robusten Reservevermögens**, das es den Emittenten ermöglicht, auch bei **Liquiditätsengpässen** den normalen **Betrieb fortzusetzen**. Präzisierungen sollen noch durch die EBA gem. Abs. 7 lit. b über **technische Regulierungsstandards** festgelegt werden.

8 **4. Durchführung von Liquiditätsstresstests, Abs. 4.** Nach Abs. 4 Satz 1 haben Emittenten signifikanter vermögenswertereferenzierter Token regelmäßig **Liquiditätsstresstests** durchzuführen. Zwar sieht die Verordnung nicht ausdrücklich vor, dass die **Ergebnisse** dieser **Stresstests** der **EBA** als zuständiger Aufsichtsbehörde zu **übermitteln** sind. Eine entsprechende Pflicht lässt sich aber aus Abs. 4 Sat 2 herleiten, der der EBA **aufsichtsrechtliche Befugnisse** im Hinblick auf die Liquiditätsanforderungen der Emittenten einräumt.

9 **5. Zusätzliche Eigenmittel, Abs. 5.** Anders als Emittenten nichtsignifikanter vermögenswertereferenzierter Token, die nach Art. 35 Abs. 1 UAbs. 1 lit. b zur Vorhaltung eines Betrags in Höhe von **2 %** des **Durchschnittsbetrags** der **Vermögenswertreserve** als **Eigenmittel** verpflichtet sind, müssen Emittenten signifikanter vermögenswertereferenzierter Token gem. Abs. 5 **Eigenmittel** in Höhe von **3 %** der durchschnittlichen Vermögenswertreserve vorhalten. Soweit der Verordnungsgeber in diesem Zusammenhang anstelle der Vermögenswertreserve von dem Reservevermögen spricht, ist dies zumindest **irreführend**. Denn im grundsätzlich die **Eigenmittelanforderungen** der Emittenten vermögenswertereferenzierter Token regelnden Art. 35 Abs. 1 UAbs. 1 lit. b wird auf die in Art. 36 genannte Reservevermögen Bezug genommen, während Art. 36 die Vorschriften über

---

Unternehmen bestimmter Rechtsformen und zur Änderung der Richtlinie 2006/43/EG des Europäischen Parlaments und des Rates und zur Aufhebung der Richtlinien 78/660/EWG und 83/349/EWG des Rates.

Sanierungsplan   **Art. 46 MiCAR**

die **Vermögenswertreserve** zum Gegenstand hat, die sich gem. der Definition des Art. 3 Nr. 32 aus einem **Korb von Reservevermögen** zusammensetzt, mit dem die Forderung gegenüber dem Emittenten besichert wird. Gem. Abs. 7 lit. c hat die EBA bis zum 30.6.2024 **technische Regulierungsstandards** zu entwerfen, über die das **Verfahren** und die **Fristen** für Emittenten signifikanter vermögenswertereferenzierter Token, die Höhe ihrer **Eigenmittel** anzupassen, präzisiert werden sollen.

6. Adressaten des Art. 45. Abs. 6 legt fest, für wen die **zusätzlichen** **Pflichten** nach Art. 45 gelten. Abs. 6 UAbs. 1 betrifft den Fall, in dem **mehrere Emittenten denselben** als signifikant eingestuften vermögenswertereferenzierten Token anbieten. Hier sind **alle** Emittenten Adressaten der Pflichten nach Abs. 1–5.

Abs. 6 UAbs. 2 betrifft demgegenüber den Fall, in dem **ein Emittent mehrere** vermögenswertereferenzierte Token ausgibt und **nicht alle** davon als **signifikant** einzustufen sind. In diesem Fall soll der Emittent **dennoch Adressat** der Abs. 1–5 sein, wobei die einzelnen in den Absätzen festgelegten Pflichten unterschiedliche Reichweite haben. Während die Abs. 1, 3 und 4 sich auf den **Emittenten** selbst beziehen, verpflichtet Abs. 2 den Emittenten nach dem Wortlaut nur dazu, die Verwahrmöglichkeit in Bezug auf die signifikanten vermögenswertreferenzierten **Token** („*diese* Token") redlich, angemessen und nichtdiskriminierend sicherzustellen. In Bezug auf die übrigen von ihm ausgegebenen, nichtsignifikanten Token gilt diese zusätzliche Pflicht demnach **nicht**.

10

11

Kapitel 6. Sanierungs- und Rücktauschpläne

Art. 46 Sanierungsplan

(1) **Ein Emittent eines vermögenswertreferenzierten Token muss einen Sanierungsplan erstellen und aufrechterhalten, der Maßnahmen vorsieht, die der Emittent zu ergreifen hat, um die Einhaltung der für die Vermögenswertreserve geltenden Anforderungen wiederherzustellen, wenn der Emittent diese Anforderungen nicht einhält.**

Der Sanierungsplan muss auch die Aufrechterhaltung der Dienstleistungen des Emittenten im Zusammenhang mit dem vermögenswertereferenzierten Token, die rasche Sanierung des Geschäftsbetriebs und die Erfüllung der Pflichten des Emittenten im Fall von Ereignissen, die ein beträchtliches Risiko einer Störung des Geschäftsbetriebs bergen, umfassen.

Der Sanierungsplan muss geeignete Voraussetzungen und Verfahren enthalten mit denen sichergestellt wird, dass die Sanierungsmaßnahmen rasch durchgeführt werden können, und eine breite Palette von Sanierungsoptionen umfassen, darunter

a) Liquiditätsgebühren bei Rücktausch,
b) Begrenzungen der Menge der an einem Arbeitstag rücktauschbaren vermögenswertereferenzierten Token,
c) Aussetzung des Rücktauschs.

(2) **Der Emittent des vermögenswertreferenzierten Token muss der zuständigen Behörde den Sanierungsplan innerhalb von sechs Monaten ab dem Tag der Zulassung gemäß Artikel 21 oder innerhalb von sechs**

Auffenberg 433

Monaten ab dem Tag der Genehmigung des Kryptowerte-Whitepapers gemäß Artikel 17 übermitteln. Die zuständige Behörde verlangt erforderlichenfalls Änderungen am Sanierungsplan, um für dessen ordnungsgemäße Umsetzung zu sorgen, und übermittelt dem Emittenten ihre Entscheidung, mit der diese Änderungen verlangt werden, innerhalb von 40 Arbeitstagen ab dem Tag der Übermittlung des Sanierungsplans. Diese Entscheidung ist vom Emittenten innerhalb von 40 Arbeitstagen ab dem Tag der Übermittlung dieser Entscheidung umzusetzen. Der Emittent muss den Sanierungsplan regelmäßig überprüfen und aktualisieren.

Der Emittent muss den Sanierungsplan neben der zuständigen Behörde auch den etwaigen für ihn zuständigen Abwicklungs- und Aufsichtsbehörden übermitteln.

(3) Erfüllt der Emittent die für die in Kapitel 3 des vorliegenden Titels genannte Vermögenswertreserve geltenden Anforderungen nicht oder aufgrund einer sich rasch verschlechternden Finanzlage in naher Zukunft wahrscheinlich nicht, so ist die zuständige Behörde zur Sicherstellung der Erfüllung der geltenden Anforderungen befugt, von dem Emittenten zu verlangen, eine oder mehrere der im Sanierungsplan festgelegten Vorkehrungen oder Maßnahmen zu treffen oder den Sanierungsplan zu aktualisieren, wenn sich die Umstände von den im ursprünglichen Sanierungsplan festgelegten Annahmen unterscheiden, und eine oder mehrere der im Sanierungsplan festgelegten Vorkehrungen oder Maßnahmen innerhalb einer bestimmten Frist umzusetzen.

(4) Unter den in Absatz 3 genannten Umständen ist die zuständige Behörde befugt, den Rücktausch vermögenswertereferenzierter Token vorübergehend auszusetzen, sofern die Aussetzung unter Berücksichtigung der Interessen der Inhaber vermögenswertereferenzierter Token und der Finanzstabilität gerechtfertigt ist.

(5) Die zuständige Behörde benachrichtigt die für den Emittenten zuständigen Abwicklungs- und Aufsichtsbehörden über alle etwaigen gemäß den Absätzen 3 und 4 ergriffenen Maßnahmen.

(6) Die EBA gibt nach Konsultation mit der ESMA Leitlinien gemäß Artikel 16 der Verordnung (EU) Nr. 1093/2010 zur Spezifizierung des Formats des Sanierungsplans und der Informationen, die in ihm gegeben werden müssen, heraus.

Übersicht

	Rn.
I. Einführung	1
1. Literatur	1
2. Entstehung und Zweck der Norm	2
3. Normativer Kontext	4
II. Inhalt des Sanierungsplans, Abs. 1	5
III. Pflicht zur Übermittlung des Sanierungsplans, Abs. 2	8
IV. Aktivierung des Sanierungsplans, Abs. 3–5	11
V. Umsetzung im KMAG-E	14

I. Einführung

1 **1. Literatur.** *Maume,* Die Verordnung über Märkte für Kryptowerte (MiCAR), RDi 2022, 497.

2. Entstehung und Zweck der Norm. Die Pflicht von Emittenten zur 2
Erstellung und Aufrechterhaltung eines Sanierungsplans nach Art.
46 war in der ursprünglichen Entwurfsfassung der EU-Kommission nicht vorgesehen.[1]
Diese verpflichtete die Emittenten noch lediglich zur Aufstellung eines angemessenen Plans für eine **geordnete Abwicklung** ihrer Tätigkeiten nach geltendem nationalem Recht. In der finalen Fassung der Verordnung wird nunmehr der Fokus auf die **Sanierung** statt auf die Abwicklung gelegt. Als Vorbild für die Vorschrift dürfte Art. 5 der **Sanierungs- und Abwicklungsrichtlinie**[2] hergehalten haben, der die Mitgliedstaaten verpflichtet, Kreditinstitute und Wertpapierfirme über nationales Recht zu verpflichten, Sanierungspläne zu erstellen und laufend zu aktualisieren.

Zweck der Vorschrift ist die Sicherstellung der aufsichtsrechtlichen Anforderungen an die von Emittenten vermögenswertereferenzierter Token vorzuhaltende **Vermögenswertreserve** und damit mittelbar der **Schutz der Inhaber vermögenswertereferenzierter Token** sowie der **Finanzstabilität**. Dies folgt auch aus **Erwgr. Nr. 64,** nach dessen Satz 1 die Sanierungspläne der Emittenten vermögenswertereferenzierter Token Maßnahmen vorsehen sollten, die zur Wiederherstellung der Einhaltung der für die Vermögenswertreserve geltenden Anforderungen von den Emittenten ergriffen werden sollten. **Erwgr. Nr. 64 Satz 2** hebt ausdrücklich auf den Schutz der Inhaber und der Finanzstabilität ab und will den zuständigen Behörden die Befugnis einräumen, den Rücktausch vermögenswertereferenzierter Token vorübergehend auszusetzen.

3. Normativer Kontext. Art. 46 ist der erste von zwei Artikeln des 4 sechsten und letzten Kapitels des Titels III der MiCAR. Die Vorschrift dient der **Wiederherstellung** der von Emittenten vermögenswertereferenzierten Token einzuhaltenden Anforderungen betreffend die Vermögenswertreserve, sofern sie einmal nicht eingehalten werden und steht damit in sehr engem Zusammenhang insbesondere mit Art. 36. Dies sollte jedoch nicht darüber hinwegtäuschen, dass die in Bezug auf die Vermögenswertreserve einzuhaltenden Anforderungen nicht nur aus der insoweit zentralen Norm des Art. 36 folgen. Art. 46 ist offen formuliert und bezieht sich daher auch auf die Anforderungen in Bezug auf die Vermögenswertreserve, die aus den **übrigen Bestimmungen des Titels III** folgen (dazu sogleich → Rn. 5).

II. Inhalt des Sanierungsplans, Abs. 1

Emittenten vermögenswertereferenzierter Token müssen nach Abs. 1 5
UAbs. 1 einen Sanierungsplan **erstellen** und **aufrechterhalten**. Der Sanierungsplan muss Maßnahmen vorsehen, der der Emittent zu ergreifen hat, um im Fall der (temporären) Nichteinhaltung die Einhaltung der für die Vermögenswertreserve geltenden Anforderungen wiederherzustellen. Die für die Vermögenswertreserve geltenden Anforderungen im Sinne von Abs. 1 UAbs. 1 sind insbesondere diejenigen des dritten Kapitels des Titels III, mit-

---

[1] Maume RDi 2022, 497 (502).
[2] Richtlinie 2014/59/EU des Europäischen Parlaments und des Rates vom 15.5.2014 zur Festlegung eines Rahmens für die Sanierung und Abwicklung von Kreditinstituten und Wertpapierfirmen und zur Änderung der Richtlinie 82/891/EWG des Rates, der Richtlinien 2001/24/EG, 2002/47/EG, 2004/25/EG, 2005/56/EG, 2007/36/EG, 2011/35/EU, 2012/30/EU und 2013/36/EU sowie der Verordnungen (EU) Nr. 1093/2010 und (EU) Nr. 648/2012 des Europäischen Parlaments und des Rates.

MiCAR Art. 46   Titel III. Vermögenswertreferenzierte Token

hin die **Art. 36–40**. Dies ergibt sich aus Abs. 3, nach dem die zuständige Behörde die Aktivierung des Sanierungsplans vom Emittenten verlangen kann, wenn dieser die für die in Kapitel 3 genannte Vermögenswertreserve geltenden Anforderungen nicht oder aufgrund einer sich rasch verschlechternden Finanzlage in naher Zukunft wahrscheinlich nicht erfüllt bzw. erfüllen wird. Relevant sind jedoch auch andere sich auf die Vermögenswertreserve beziehende Vorschriften wie beispielsweise die strengen Anforderungen an ein **Liquiditätsmanagement** von Emittenten signifikanter vermögenswertereferenzierter Token nach Art. 45 Abs. 3.

6   Daneben muss der Sanierungsplan nach Abs. 1 UAbs. 2 auch die Aufrechterhaltung der **Dienstleistungen** des Emittenten im Zusammenhang mit dem vermögenswertereferenzierten Token, die rasche **Sanierung des Geschäftsbetriebs** und die Erfüllung der Pflichten des Emittenten im Fall von Ereignissen, die ein beträchtliches **Risiko einer Störung des Geschäftsbetriebs** bergen, umfassen. Erforderlich dürfte insoweit die Aufnahme von **Maßnahmen** in den Sanierungsplan sein, die zur Erreichung dieser Ziele geeignet sind. Die Maßnahmen als Satzsubjekt werden gleichwohl in Abs. 1 UAbs. 2 – weder in der deutschen noch in der englischen Fassung – benannt.

7   Abs. 1 UAbs. 3 verpflichtet Emittenten vermögenswertereferenzierter Token dazu, geeignete **Voraussetzungen und Verfahren** in ihren Sanierungsplan zur Sicherstellung aufzunehmen, dass die Sanierungsmaßnahmen rasch durchgeführt werden können. Das beinhaltet nach der Vorschrift die Aufnahme einer breiten Palette an **Sanierungsoptionen,** wobei drei besonders relevante Sanierungsoptionen ausdrücklich benannt werden, die in Sanierungsplänen enthalten sein sollen. Dies sind **Liquiditätsgebühren** bei Rücktausch (lit. a), **Begrenzungen der Menge** der an einem Arbeitstag rücktauschbaren vermögenswertereferenzierten Token (lit. b) sowie die **Aussetzung** des Rücktauschs (lit. c). Alle drei genannten Sanierungsmaßnahmen bedeuten dem Grunde nach **Verstöße** gegen das **jederzeitige Rücktauschrecht** der Tokeninhaber nach Art. 39 Abs. 1. Für die in lit. a genannten Rücktauschgebühren sieht Art. 39 Abs. 3 eine **Ausnahmeregelung** für Fälle des Art. 46 vor. Für die Maßnahmen nach lit. b und c sieht Art. 39 jedoch keine sich auf den ersten Blick erschließenden Ausnahmetatbestände vor. Zu beachten ist in diesem Zusammenhang jedoch, dass das Konzept des Sanierungsplans gemäß Abs. 3 vorsieht, dass nicht der Emittent selbst, sondern die **zuständige Behörde** berechtigt ist, den Sanierungsplan zu aktivieren, wenn der Emittent die Anforderungen nicht erfüllt oder zukünftig wahrscheinlich nicht erfüllen wird. Die Rücktauschbegrenzung (lit. b) und -aussetzung (lit. c) können den Tokeninhabern somit nur im Wege der **behördlichen Anordnung** drohen. Zudem richtet sich der jederzeitige Rücktauschanspruch der Inhaber in einem solchen Fall nicht wie im Normalfall gegen den Emittenten, sondern **gegen das Reservevermögen,** vgl. Art. 39 Abs. 1 S. 1 Hs. 2 Der Rücktausch ist für die Inhaber somit auch im Fall der Aktivierung einer Sanierungsmaßnahme nach Abs. 3 lit. b und c weiter möglich, solange die zuständige Behörde in den Fällen des Abs. 4 nicht dazu berechtigt ist, die **Rücknahme vorübergehend vollständig auszusetzen.** Dies ist der Fall, wenn die Aussetzung unter Berücksichtigung der Interessen der Inhaber vermögenswertereferenzierter Token und der Finanzstabilität gerechtfertigt ist (→ Rn. 12).

III. Pflicht zur Übermittlung des Sanierungsplans, Abs. 2

Abs. 2 verpflichtet Emittenten vermögenswertereferenzierter Token zur **Übermittlung** ihrer gem. Abs. 1 aufgestellten Sanierungspläne an die für sie zuständige Behörde. Dies ist in der Regel die gem. Art. 3 Nr. 35 durch den Mitgliedstaat bestimmte Behörde oder im Fall von Emittenten signifikanter vermögenswertereferenzierter Token die EBA. Für die Übermittlung haben Emittenten etwas Zeit. Sie haben die Übermittlung bis spätestens **sechs Monate** ab dem Tag ihrer Zulassung nach Art. 21 oder – sofern eine Zulassung nach Art. 21 nicht erforderlich ist – ab dem Tag der Genehmigung des Kryptowerte-Whitepapers gem. Art. 17 vorzunehmen. Die zuständige Behörde prüft ihr übermittelte Sanierungspläne innerhalb von **40 Arbeitstagen** und teilt dem Emittenten mit, ob sie Änderungen am Sanierungsplan verlangt. Nicht eindeutig geregelt ist, ob die zuständige Behörde nach eigenem **Ermessen** entscheiden kann, ob sie im Einzelfall bestimmte Änderungen verlangt, oder ob sie sich insoweit streng an die gem. Abs. 6 von der **ESMA** herauszugebenden **Leitlinien** zur Spezifizierung des Formats des Sanierungsplans und der Informationen, die in ihm gegeben werden müssen, halten muss. Änderungsforderungen der zuständigen Behörde hat der Emittent gem. Abs. 2 Satz 3 innerhalb von 40 Arbeitstagen ab Bekanntgabe ihm gegenüber umzusetzen. 8

Abs. 2 Satz 4 sieht die Pflicht der Emittenten vermögenswertereferenzierter Token vor, ihre Sanierungspläne regelmäßig zu **überprüfen** und zu **aktualisieren**. Zwar regelt die Vorschrift nicht ausdrücklich, ob Emittenten geänderte Sanierungspläne erneut der zuständigen Behörde vorlegen müssen. Aufgrund des in Abs. 2 Satz geregelten Prüfungsmandats der zuständigen Behörde spricht jedoch viel für die Annahme einer solchen Pflicht. 9

Emittenten vermögenswertereferenzierter Token sind gem. Abs. 2 UAbs. 2 nicht nur zur Übermittlung ihres Sanierungsplans an die zuständige Behörde, sondern auch an etwaige andere für sie zuständige **Abwicklungs- und Aufsichtsbehörden** verpflichtet. 10

IV. Aktivierung des Sanierungsplans, Abs. 3–5

Die Aktivierung des Sanierungsplans erfolgt nicht auf Grundlage einer **Entscheidung** des Emittenten, sondern der **zuständigen Behörde**, wie Abs. 3 Satz 1 klarstellt. Sofern der Emittent die Anforderungen iSv Abs. 1 nicht erfüllt oder aufgrund einer sich rasch verschlechternden Finanzlage in naher Zukunft wahrscheinlich nicht erfüllen wird, ist die zuständige Behörde zur Sicherstellung der geltenden Anforderungen befugt, indem sie den Emittenten zur Durchführung **einer oder mehrerer Maßnahmen** aus dem Sanierungsplan zwingt. Unterscheiden sich die im Sanierungsplan festgelegten Annahmen von den tatsächlichen Umständen, kann die Behörde von dem Emittenten auch die **Aktualisierung** des Sanierungsplans verlangen und hierfür eine bestimmte **Frist** setzen. Wie knapp diese Frist bemessen sein darf, wird sich im Einzelfall aus den im jeweiligen Mitgliedstaat geltenden nationalstaatlichen Regeln über die **behördliche Ermessensausübung** ergeben. 11

Zur **vorübergehenden Aussetzung des Rücktauschs** vermögenswertereferenzierter Token ist die Zuständige Behörde gem. Abs. 4 nur befugt, wenn kumulativ der Emittent die für die Vermögenswertreserve geltenden Anforderungen nicht oder aufgrund einer sich rasch verschlechternden Fi- 12

MiCAR Art. 47   Titel III. Vermögenswertreferenzierte Token

nanzlage in naher Zukunft wahrscheinlich nicht erfüllt bzw. erfüllen wird und die Aussetzung unter Berücksichtigung der **Interessen der Inhaber** vermögenswertereferenzierter Token und der **Finanzstabilität** gerechtfertigt ist.

13   Die zuständige Behörde muss die für den Emittenten zuständigen **Abwicklungs- und Aufsichtsbehörden** über alle Maßnahmen nach Abs. 3 und Abs. 4 benachrichtigen.

V. Umsetzung im KMAG-E

14   Art. 46 wird im zum Zeitpunkt dieser Kommentierung vorliegenden **Regierungsentwurf** zum KMAG-E[3] in den §§ 5 und 40 **KMAG-E** in Bezug genommen. § 5 Abs. 1 KMAG-E stellt klar, dass **Widerspruch** und **Anfechtungsklage** gegen **Maßnahmen** der **zuständigen Behörde** auf Grundlage von Abs. 2 S. 2 sowie Abs. 3 und 4 **keine aufschiebende Wirkung** haben. § 40 Abs. 1 S. 3 Nr. 2 KMAG-E nimmt allgemein auf **Titel III Kapitel 6** der **MiCAR** Bezug und verpflichtet den **Abschlussprüfer** von Emittenten vermögenswertreferenzierter Token konkret dazu, seine Prüfung auch auf die **Einhaltung** der Vorschriften über den **Sanierungsplan** auszurichten.

Art. 47 Rücktauschplan

(1) Ein Emittent eines vermögenswertreferenzierten Token muss einen operativen Plan zur Unterstützung des geordneten Rücktauschs jedes vermögenswertreferenzierten Token erstellen und aufrechterhalten, der umzusetzen ist, wenn die zuständige Behörde feststellt, dass der Emittent seine Verpflichtungen nicht oder wahrscheinlich nicht erfüllen kann, auch im Fall einer Insolvenz oder einer etwaigen Abwicklung oder im Fall des Entzugs der Zulassung des Emittenten, unbeschadet der Ergreifung von Krisenpräventions- oder Krisenmanagementmaßnahmen im Sinne von Artikel 2 Absatz 1 Nummern 101 bzw. 102 der Richtlinie 2014/59/EU oder einer Abwicklungsmaßnahme im Sinne von Artikel 2 Nummer 11 der Verordnung (EU) 2021/23 des Europäischen Parlaments und des Rates (44).

(2) Im Rücktauschplan ist zu belegen, dass der Emittent des vermögenswertreferenzierten Token zum Rücktausch des ausstehenden ausgegebenen vermögenswertreferenzierten Token in der Lage ist, ohne seinen Inhabern oder der Stabilität der Märkte des Reservevermögens unangemessenen wirtschaftlichen Schaden zuzufügen.
Der Rücktauschplan muss vertragliche Vereinbarungen, Verfahren und Systeme einschließlich der Benennung eines vorläufigen Verwalters gemäß dem anwendbaren Recht enthalten, mit denen sichergestellt wird, dass alle Inhaber vermögenswertreferenzierter Token gerecht behandelt werden und dass die Erlöse aus dem Verkauf des verbleibenden Reservevermögens fristgerecht den Inhabern der vermögenswertreferenzierten Token ausgezahlt werden.

---

[3] Gesetzesentwurf der Bundesregierung, Entwurf eines Gesetzes über die Digitalisierung des Finanzmarktes, Art. 1, BT-Drucks. 20/10280.

Rücktauschplan **Art. 47 MiCAR**

Im Rücktauschplan muss die Kontinuität kritischer Tätigkeiten sichergestellt werden, die für den geordneten Rücktausch erforderlich sind und die von Emittenten oder von Drittunternehmen durchgeführt werden.

(3) Der Emittent des vermögenswertreferenzierten Token muss der zuständigen Behörde den Rücktauschplan innerhalb von sechs Monaten ab dem Tag der Zulassung gemäß Artikel 21 oder innerhalb von sechs Monaten ab dem Tag der Genehmigung des Kryptowerte-Whitepapers gemäß Artikel 17 übermitteln Die zuständige Behörde verlangt erforderlichenfalls Änderungen am Rücktauschplan, um für dessen ordnungsgemäße Umsetzung zu sorgen, und teilt dem Emittenten ihre Entscheidung, mit der diese Änderungen verlangt werden, innerhalb von 40 Arbeitstagen ab dem Tag der Übermittlung dieses Plans mit. Diese Entscheidung ist vom Emittenten innerhalb von 40 Arbeitstagen ab dem Tag der Übermittlung dieser Entscheidung umzusetzen. Der Emittent muss den Rücktauschplan regelmäßig überprüfen und aktualisieren.

(4) Die zuständige Behörde übermittelt den Rücktauschplan gegebenenfalls den für den Emittenten zuständigen Abwicklungs- und Aufsichtsbehörden.

Die Abwicklungsbehörde kann den Rücktauschplan prüfen, um Maßnahmen in dem Rücktauschplan zu ermitteln, die sich nachteilig auf die Abwicklungsfähigkeit des Emittenten auswirken können, und der zuständigen Behörde diesbezüglich Empfehlungen geben.

(5) Die EBA gibt zu folgenden Sachverhalten Leitlinien gemäß Artikel 16 der Verordnung (EU) Nr. 1093/2010 heraus:

a) zu dem Inhalt des Rücktauschplans und der Regelmäßigkeit der Überprüfung, wobei sie den Umfang, die Komplexität und die Art des vermögenswertereferenzierten Token und das damit verbundene Geschäftsmodell des Emittenten berücksichtigt, und
b) zu den Elementen, durch die die Umsetzung des Rücktauschplans ausgelöst wird.

Übersicht

	Rn.
I. Einführung	1
1. Literatur	1
2. Entstehung und Zweck der Norm	2
3. Normativer Kontext	4
II. Erstellung und Aufrechterhaltung eines Rücktauschplans, Abs. 1	5
III. Inhalt des Rücktauschplans, Abs. 2	8
IV. Verfahrensfragen, Abs. 3 und 4	10
V. Umsetzung im KMAG-E	12

I. Einführung

1. Literatur. *Maume,* Die Verordnung über Märkte für Kryptowerte (MiCAR), BKR 2022, 497.   **1**

2. Entstehung und Zweck der Norm. Das sechste Kapitel des Titels III **2** wurde im Laufe des Verordnungsgebungsverfahrens grundlegend verändert. In der Entwurfsfassung der EU-Kommission war lediglich eine Vorschrift zur geordneten Abwicklung als Art. 42 vorgesehen, mit der jedoch lediglich die

Auffenberg 439

MiCAR Art. 47   Titel III. Vermögenswertreferenzierte Token

Grundzüge grob vorgegeben wurden.[1] Nunmehr sieht das sechste Kapitel des Titels III die Pflicht von Emittenten vermögenswertereferenzierter Token vor, einen **Sanierungsplan** (Art. 46) sowie einen **Rücktauschplan** (Art. 47) zu erstellen und aufrechtzuerhalten. Als **Vorbildregulierung** für Art. 47 kommt Art. 10 der **Sanierungs- und Abwicklungsrichtlinie**[2] nur begrenzt in Betracht, denn nach diesem müssen die EU-Mitgliedstaaten nicht den Instituten, sondern vielmehr den für die Institute zuständigen **Abwicklungsbehörden** die Erstellung und Aufrechterhaltung von Abwicklungsplänen nach ihrem nationalen Recht aufgeben. Den Instituten kommt insoweit allenfalls eine **unterstützende Rolle** zu. Regelungen zu einem **Rücktausch** sieht die Vorschrift anders als Art. 47 nicht vor, da es dort nicht um Emittenten, sondern um Institute geht. Andere Regulierungsregime kommen als Vorbildregulierung soweit ersichtlich nicht in Betracht. Es handelt sich bei Art. 47 somit um einen grundsätzlich **neuartigen Regulierungsansatz** für die **Sicherstellung der Rücktauschbarkeit** vermögenswertereferenzierter Token im Fall der Schieflage ihres Emittenten.

3 Der mit Art. 47 verfolgte Zweck kann **Erwgr. Nr. 65 Satz 1** entnommen werden. Danach will der Verordnungsgeber sicherstellen, dass die **Rechte der Inhaber** der vermögenswertereferenzierten Token geschützt sind, wenn Emittenten nicht in der Lage sind, ihren Verpflichtungen nachzukommen. **Erwgr. Nr. 65 Satz 1** führt insoweit das Beispiel der Unterbrechung der Ausgabe der vermögenswertereferenzierten Token an. Der Schutz der Rechte der Inhaber soll somit nach **Erwgr. Nr. 65 Satz 1** nicht nur im Fall einer Abwicklung des Emittenten, sondern generell sichergestellt werden.

4 **3. Normativer Kontext.** Art. 47 bildet den Abschluss zum sechsten Kapitel des Titels III der MiCAR und enthält Regelungen über die Umsetzung eines **geordneten Rücktauschs** der von einem Emittenten ausgegebenen vermögenswertereferenzierten Token in Fällen, in denen der Emittent seine Verpflichtungen nicht erfüllt oder zukünftig wahrscheinlich nicht wird erfüllen können. Die Inbezugnahme der Verpflichtungen der Emittenten hat zur Folge, dass die Vorschrift gemeinsam mit den übrigen, auf den Emittenten vermögenswertereferenzierter Token anwendbaren Bestimmungen der MiCAR, aber auch eventueller sonstiger Vorschriften aus **anderen Rechtsbereichen** gelesen werden muss (vgl. dazu → Rn. 5).

II. Erstellung und Aufrechterhaltung eines Rücktauschplans, Abs. 1

5 Jeder Emittent vermögenswertereferenzierter Token ist gem. Abs. 1 zur Erstellung und Aufrechterhaltung eines **operativen Plans** zur Unterstützung des **geordneten Rücktauschs** der vermögenswertereferenzierten Token verpflichtet. Die Umsetzung der darin enthaltenen Maßnahmen obliegt indes nicht dem Emittenten, sondern der für ihn **zuständigen Behörde**. Grundsätzlich ist dies die zuständige Behörde iSv Art. 3 Abs. 1 Nr. 35 und im Fall von Emittenten signifikanter vermögenswertereferenzierter Token die EBA,

---

[1] Maume BKR 2022, 497 (502).
[2] Richtlinie 2014/59/EU des Europäischen Parlaments und des Rates vom 15.5.2014 zur Festlegung eines Rahmens für die Sanierung und Abwicklung von Kreditinstituten und Wertpapierfirmen und zur Änderung der Richtlinie 82/891/EWG des Rates, der Richtlinien 2001/24/EG, 2002/47/EG, 2004/25/EG, 2005/56/EG, 2007/36/EG, 2011/35/EU, 2012/30/EU und 2013/36/EU sowie der Verordnungen (EU) Nr. 1093/2010 und (EU) Nr. 648/2012 des Europäischen Parlaments und des Rates.

Rücktauschplan **Art. 47 MiCAR**

vgl. Art. 43 ff. Voraussetzung für die Umsetzung der Maßnahmen des Rücktauschplans ist, dass die Behörde feststellt, dass der Emittent seine Verpflichtungen nicht oder wahrscheinlich nicht erfüllen kann, auch im Fall einer **Insolvenz** oder einer etwaigen **Abwicklung** oder im Fall des **Entzugs der Zulassung** des Emittenten. Auf welche konkreten Verpflichtungen der Wortlaut des Abs. 1 Bezug nimmt, wird nicht ausdrücklich klargestellt. Unter Berücksichtigung der Zielsetzung des **Schutzes der Tokeninhaber** gem. **Erwgr. Nr.** 65 Satz 1 ist der Begriff der Verpflichtungen **weit auszulegen,** da eine die Rechte der Tokeninhaber gefährdende Schieflage des Emittenten vermögenswertereferenzierter Token auch durch die Nichterfüllung von anderen Verpflichtungen als jenen resultieren kann, die unmittelbar aus der MiCAR folgen.

Der Wortlaut von Abs. 1 stellt heraus, dass die (drohende) Nichterfüllung 6 der Verpflichtungen des Emittenten auch im Falle einer **Insolvenz** oder etwaigen **Abwicklung** oder dem **Entzug der Zulassung** des Emittenten durch die zuständige Behörde festgestellt werden kann. Die Klarstellung macht im Wege eines **Umkehrschlusses** deutlich, dass die Insolvenz oder Abwicklung des Emittenten keineswegs Voraussetzung für die Aktivierung des Rücktauschplans ist, sondern ein Rücktauschplan nach Art. 47 auch im Fall eines liquiden, zahlungsfähigen und nicht abzuwickelnden Emittenten umzusetzen sein kann.[3] Ein Emittent etwa, der dauerhaft gegen Verpflichtungen aus Art. 38 bei der Anlage der Vermögenswertreserve verstößt, könnte Gefahr laufen, dass die zuständige Behörde seinen Rücktauschplan aktiviert. Harte Voraussetzung wäre aber auch in einem solchen Fall, dass die Behörde feststellt, dass der Emittent seine Verpflichtungen nicht erfüllen **kann.** In den meisten Fällen wird daher eine andere, auf die Wiederherstellung der Erfüllung der Pflicht gerichtete behördliche Maßnahme das Mittel der Wahl sein, während die Aktivierung des Rücktauschplans als **ultima ratio** eingesetzt werden sollte.

Die Aktivierung eines Rücktauschplans kann unbeschadet der Ergreifung 7 von Krisenpräventions- oder Krisenmanagementmaßnahmen iSv Art. 2 Abs. 1 Nr. 101 und 102 der **Sanierungs- und Abwicklungsrichtlinie** bzw. Art. 2 Nr. 11 der **Verordnung (EU) 2021/23**[4] erfolgen.

III. Inhalt des Rücktauschplans, Abs. 2

Abs. 2 legt in **Grundzügen** fest, was inhaltlich im Rücktauschplan nach 8 Abs. 1 geregelt sein muss. Die Einzelheiten werden gem. Abs. 5 lit. a durch die EBA in Form von **Leitlinien** gem. Art. 16 der **EBA-Verordnung**[5] festgelegt, die zum Zeitpunkt der Kommentierung noch nicht vorliegen. Jedenfalls wird aber im Rücktauschplan gem. Abs. 2 UAbs. 1 belegt werden müssen, dass der Emittent des vermögenswertereferenzierten Token zum

---

[3] So im Ergebnis auch: Maume BKR 2022, 497 (502).
[4] Verordnung (EU) 2021/23 des Europäischen Parlaments und des Rates vom 16.12.2020 über einen Rahmen für die Sanierung und Abwicklung zentraler Gegenparteien und zur Änderung der Verordnungen (EU) Nr. 1095/2010, (EU) Nr. 648/2012, (EU) Nr. 600/2014, (EU) Nr. 806/2014 und (EU) 2015/2365 sowie der Richtlinien 2002/47/EG, 2004/25/EG, 2007/36/EG, 2014/59/EU und (EU) 2017/1132.
[5] Verordnung (EU) Nr. 1093/2010 des Europäischen Parlaments und des Rates vom 24.11.2010 zur Errichtung einer Europäischen Aufsichtsbehörde (Europäische Bankenaufsichtsbehörde), zur Änderung des Beschlusses Nr. 716/2009/EG und zur Aufhebung des Beschlusses 2009/78/EG der Kommission.

MiCAR Art. 47   Titel III. Vermögenswertreferenzierte Token

Rücktausch des ausstehenden ausgegebenen vermögenswertreferenzierten Token in der Lage ist, ohne seinen **Inhabern** oder der **Stabilität der Märkte des Reservevermögens** unangemessenen wirtschaftlichen Schaden zuzufügen. Emittenten werden somit im Rücktauschplan ein **ausgewogenes Vorgehen** zum Rücktausch sowohl im Hinblick auf die wirtschaftliche Unversehrtheit der Tokeninhaber als auch der Märkte darstellen müssen, in denen das Reservevermögen investiert ist. Dies könnte beispielsweise im Einzelfall voraussetzen, dass Abverkäufe sukzessive in Form von Tranchen zu erfolgen haben.

9   Nach Abs. 2 UAbs. 2 muss der Rücktauschplan zudem **vertragliche Vereinbarungen, Verfahren** und **Systeme** einschließlich der Benennung eines **vorläufigen Verwalters** gemäß dem anwendbaren Recht enthalten, mit denen sichergestellt wird, dass alle Inhaber vermögenswertereferenzierter Token **gerecht** behandelt werden. Die Vorschrift stellt sicher, dass bei Aktivierung des Rücktauschplans die Konditionen für alle Inhaber bereits ausdefiniert sind. Weiter schreibt Abs. 2 UAbs. 2 vor, dass der Rücktauschplan vorsehen soll, dass die Erlöse aus dem Verkauf des verbleibenden Reservevermögens fristgerecht den Inhabern der vermögenswertereferenzierten Token ausgezahlt werden. Ebenso soll der Rücktauschplan nach Abs. 2 UAbs. 3 sicherstellen, dass diejenigen **Tätigkeiten** des Emittenten oder beauftragten Drittunternehmen, die für den Rücktausch der Token **kritisch** sind, bis zur Beendigung des Rücktauschs erbracht werden. Sind etwa für den Abverkauf von Finanzinstrumenten aus dem Reservevermögen die Dienste einer Wertpapierfirma erforderlich, sollte der Emittent beispielsweise vertraglich sicherstellen, dass diese Dienstleistungen auch im Fall eines aktivierten Rücktauschplans zur Verfügung stehen.

IV. Verfahrensfragen, Abs. 3 und 4

10   Emittenten vermögenswertereferenzierter Token müssen den Rücktauschplan nicht bereits ab Aufnahme ihrer Tätigkeit, sondern erst bis spätestens **sechs Monate** nach dem Tag der Erteilung ihrer Zulassung nach Art. 21 oder dem Tag der Genehmigung des Kryptowerte-Whitepapers nach Art. 17 übermitteln. Die zuständige Behörde hat sodann nach Abs. 3 Satz 2 **40 Arbeitstage** zur Prüfung des übermittelten Rücktauschplans Zeit und teilt dem Emittenten eventuelle **Änderungsforderungen** mit. Der Emittent hat diese innerhalb von **40 Arbeitstagen** ab Zugang der Nachbesserungsentscheidung umzusetzen. Darüber hinaus trifft den Emittenten vermögenswertereferenzierter Token nach Abs. 3 Satz 4 die Pflicht zur **regelmäßigen Überprüfung und Aktualisierung**. Zwar besteht nach dem Wortlaut der Vorschrift keine ausdrückliche Pflicht zur Einreichung einer eventuell aktualisierten Fassung des Rücktauschplans. Es darf jedoch davon ausgegangen werden, dass eine solche Pflicht des Emittenten besteht, da ansonsten **Sinn und Zweck des Abs. 3** konterkariert würden, der der zuständigen Behörde gerade die Überprüfung der Umsetzbarkeit des Rücktauschplans ermöglichen soll.

11   Abs. 4 UAbs. 1 verpflichtet die zuständige Behörde gegebenenfalls zur Übermittlung des Rücktauschplans an die für den Emittenten zuständigen Abwicklungs- und Aufsichtsbehörden. Das Wort „**gegebenenfalls**" ist in diesem Zusammenhang so zu verstehen, dass die Übermittlung nur dann erforderlich ist, wenn sie im Einzelfall relevant ist. Insbesondere wird dies der

442   *Auffenberg*

Fall sein, wenn der Emittent **tatsächlich abgewickelt** wird oder wenn die Umsetzung des Rücktauschplans auch für andere für den Emittenten zuständige Aufsichtsbehörden relevant sein kann.

V. Umsetzung im KMAG-E

Die Regelungen der MiCAR zum **Rücktauschplan** sollen auf **nationaler Ebene** durch ein **Kryptomärkteaufsichtsgesetz**[6] konkretisiert werden. Die Bundesregierung hat diesbezüglich zum Zeitpunkt dieser Kommentierung mit dem **KMAG-E** einen entsprechenden **Gesetzesentwurf** veröffentlicht. § 5 Abs. 1 KMAG-E soll die **aufschiebende Wirkung** von **Widerspruch** und **Anfechtungsklage** gegen Maßnahmen der **zuständigen Behörde** auf Grundlage von Abs. 1 und 3 S. 2 **entfallen** lassen. § 13 Abs. 2 KMAG-E regelt, dass im Fall des **Entzugs** oder des **Erlöschens** einer **Zulassung** die BaFin **Weisungen** erlassen darf und, soweit die zur Abwicklung berufenen Personen **unzuverlässig, fachlich ungeeignet** oder aus sonstigen gründen keine Gewähr für die ordnungsgemäße Abwicklung bieten, einen **Abwickler bestellen** bzw. gerichtlich bestellen lassen kann, der sodann insbesondere die **Befugnis** zur Anordnung der Durchführung des **Rücktauschplans** erhält. Grundsätzlich soll der Abwickler durch den Emittenten nach § 28 Abs. 3 KMAG-E bereits **im Rücktauschplan benannt** werden müssen. § 28 Abs. 4 KMAG-E regelt das weitere Verfahren im Fall der Anordnung der **Durchführung** des **Rücktauschplans**. Der Abschlussprüfer eines Emittenten vermögenswertereferenzierter Token hat nach § 40 Abs. 1 S. 3 Nr. 2 KMAG-E seine Prüfung auch auf die Einhaltung der **Vorschriften** über den **Rücktauschplan** zu beziehen.

12

---

[6] Gesetzesentwurf der Bundesregierung, Entwurf eines Gesetzes über die Digitalisierung des Finanzmarktes, Art. 1, BT-Drucks. 20/10280.

Titel IV. E-Geld-Token

Kapitel 1. Anforderungen an alle Emittenten von E-Geld-Token

Artikel 48 Anforderungen für das öffentliche Angebot von E-Geld-Token und ihre Zulassung zum Handel

(1) Personen, darf E-Geld-Token in der Union nicht öffentlich anbieten oder die Zulassung von E-Geld-Token zum Handel beantragen, wenn es sich bei der Person nicht um einen Emittenten solcher E-Geld-Token und sie

a) als Kreditinstitut oder als E-Geld-Institut zugelassen ist und
b) der zuständigen Behörde ein Kryptowerte-Whitepaper übermittelt hat und dieses Kryptowerte-Whitepaper gemäß Artikel 51 veröffentlicht hat.

Ungeachtet des Unterabsatzes 1 können mit schriftlicher Zustimmung des Emittenten andere Personen E-Geld-Token öffentlich anbieten oder deren Zulassung zum Handel beantragen. Diese Personen müssen die Artikel 50 und 53 einhalten.

(2) E-Geld-Token gelten als E-Geld.

Beziehen sich E-Geld-Token auf eine amtliche Währung eines Mitgliedstaats, wird von einem öffentlichen Angebot dieser Token in der Union ausgegangen.

(3) Die Titel II und III der Richtlinie 2009/110/EG gelten für E-Geld-Token, sofern in dem vorliegenden Titel nichts anderes bestimmt ist.

(4) Absatz 1 des vorliegenden Artikels gilt nicht für Emittenten von E-Geld-Token, die gemäß Artikel 9 Absatz 1 der Richtlinie 2009/110/EG ausgenommen sind.

(5) Mit Ausnahme von Absatz 7 des vorliegenden Artikels und von Artikel 51 gilt dieser Titel nicht für Emittenten von E-Geld-Token, die gemäß Artikel 1 Absätze 4 und 5 der Richtlinie 2009/110/EG unter die Ausnahmeregelung fallen.

(6) Wenn Emittenten von E-Geld-Token beabsichtigen, diese E-Geld-Token öffentlich anzubieten oder ihre Zulassung zum Handel zu beantragen, müssen sie der für sie zuständigen Behörde diese Absicht mindestens 40 Arbeitstage vor dem betreffenden Tag mitteilen.

(7) In den Fällen, in denen Absatz 4 oder 5 Anwendung findet, müssen die Emittenten von E-Geld-Token ein Kryptowerte-Whitepaper erstellen und der zuständigen Behörde gemäß Artikel 51 übermitteln.

Übersicht

	Rn.
I. Einführung	1
1. Literatur	1
2. Entstehung und Zweck der Norm	2
II. Anwendungsbereich	5
1. Allgemeiner Anwendungsbereich der Verordnung	5

Anforderungen f. d. öffentl. Angebot v. E-Geld-Token **Art. 48 MiCAR**

	Rn.
2. Sachlicher Anwendungsbereich (Abs. 1 UAbs. 1)	7
a) Tätigkeiten	7
b) E-Geld-Token	9
3. Persönlicher Anwendungsbereich	17
a) Person	17
b) Emittent	19
III. Anforderungen an Emittenten	20
1. Betroffene Emittenten	21
a) Erlaubnispflicht (Abs. 1 UAbs. 1 lit. a)	21
b) Ausnahmen	24
2. Delegationsbefugnis des Emittenten (Abs. 1 UAbs. 2)	31
3. Kryptowerte-Whitepaper (Abs. 1 UAbs. 1 lit. b, Abs. 7)	32
4. Wartefrist (Abs. 6)	33
IV. Rechtliche Einordnung von E-Geld-Token	34
1. Rechtsnatur (Abs. 2 UAbs. 1)	34
2. Funktionen	36
3. Anwendbare Vorschriften	38
a) E-Geld-Recht (Abs. 3)	38
b) Zahlungsdiensterecht	41
c) Geldprivatrecht	47
V. Deutsches Durchführungsgesetz (KMAG-E)	48

I. Einführung

1. Literatur. *Auffenberg*, E-Geld auf Blockchain-Basis, BKR 2019, 341; **1** *Behrendt*, Die Ausgabe elektronischen Geldes, 2007; *Ellenberger/Bunte*, Bankrechts-Handbuch, 6. Auflage 2022; *Heermann*, Geld und Geldgeschäfte, 2003; *Herresthal*, Das Ende der Geldschuld als sog. qualifizierte Schickschuld, ZGS 2008, 259; *ders.*, Fälligkeit der Miete unter dem neuen Recht des Zahlungsverkehrs, NZM 2011, 833; *John/Patz*, ZuFinG und FinmadiG – eine Neuordnung der Krypto-Landschaft, BKR 2023, 849; *Maume*, Die Verordnung über Märkte für Kryptowerte, RDi 2022, 497; *Meier*, Geld- und Mietzinsschulden sind modifizierte Bringschulden!, ZMR 2018, 899; *Mienert*, Dezentrale autonome Organisationen (DAOs) und Gesellschaftsrecht, 2022; *Möslein/Rennig*, Das Finanzmarktdigitalisierungsgesetz (FinmadiG) im europäischen Kontext, RDi 2024, 145; *Omlor*, CISG and Libra: A Monetary Revolution for International Commercial Transactions?, 3.1 Stanford Journal of Blockchain Law & Policy 83–86 (2020); *ders.*, Stablecoin unter MiCAR: EU-Zahlungsverkehrsrecht für vermögenswertereferenzierte und E-Geld-Token, ZHR 187 (2023) 635; *ders.*, Geldprivatrecht, 2014; *ders.*, Die Anpassung von Fremdwährungsverbindlichkeiten an geänderte devisenrechtliche Rahmenbedingungen nach BGB und CISG, ZfPW 2017, 154; *ders.*, Publizität auf Kryptomärkten: MiCAR-Prospektrecht für Zahlungstoken, ZdiW 2023, 131; *Omlor/Birne*, Digitales Zentralbankgeld im Euroraum, RDi 2020, 1; *dies.*, Digitales Zentralbankgeld im grenzüberschreitenden Zahlungsverkehr, ZIP 2022, 1785; *Omlor/Link*, Handbuch Kryptowährungen und Token, 2. Auflage 2023; *Reifner*, Alternatives Wirtschaftsrecht am Beispiel der Verbraucherverschuldung, 1979; *Schimansky/Bunte/Lwowski*, Bankrechts-Handbuch, 5. Auflage 2017; *Schwab*, Geldschulden als Bringschulden?, NJW 2011, 2833; *Schwintowski*, Bankrecht, 6. Auflage 2022; *Terlau*, MiCAR-Stablecoins, Erlaubnispflichten des Emittenten bei öffentlichem Angebot, Zulassung zum Handel und (nur) Ausgabe, BKR 2023, 809; *Weller/Harms*, Die

Kultur der Zahlungstreue im BGB – Zur Umsetzung der neuen EU-Zahlungsverzugsrichtlinie ins deutsche Recht, WM 2012, 2305.

2. Entstehung und Zweck der Norm. Art. 48 legt die Grundlagen für die **rechtliche Einordnung von E-Geld-Token** (Abs. 2–3), die als Sonderfall des E-Geldes eingeordnet werden. Als Ausgangsnorm von Titel IV dient sie als Anknüpfungspunkt für weitere Pflichten von Emittenten, insbesondere bei der Ausgabe, dem Rücktausch, der Verzinsung und der Publizität (Art. 49–51). Zudem statuiert die Vorschrift ein **Verbot mit Erlaubnisvorbehalt** für das öffentliche Angebot und die Zulassung zum Handel von E-Geld-Token (Abs. 1 UAbs. 1), das an Erlaubnistatbestände außerhalb der MiCAR anknüpft. Ergänzt werden diese Kerninhalte durch **zwei Ausnahmetatbestände** zur Erlaubnispflicht (Abs. 4–5), welche an bestehenden Sonderregeln für E-Geld anknüpfen. Hinzu tritt eine Delegationsbefugnis des Emittenten (Abs. 1 UAbs. 2). Festgeschrieben wird zudem die Pflicht zur Erstellung, Übermittlung und Veröffentlichung eines **Kryptowerte-Whitepapers** (Abs. 1 UAbs. 1 lit. b, Abs. 7), deren Ausgestaltung jedoch Art. 51 überlassen wird.

Die erstmalige Regulierung von E-Geld-Token, die als rechtliche Kategorie durch die MiCAR geschaffen wurde, geht **entstehungsgeschichtlich** auf unterschiedliche Motive zurück. Generell für die MiCAR dürfte ein Teil der Aktivierungsenergie aus den Bestrebungen von Meta Platforms (früher: Facebook) basieren, über ein privates Konsortium eine globale Kryptowährung zu etablieren.[1] Das ursprünglich als **Libra** gestartete und später in Diem umbenannte Projekt scheiterte zwar letztlich, aber die Regulierungsnotwendigkeit war erkannt. Damit verbunden war die gesetzgeberische Erkenntnis eines weltweiten **Standortwettbewerbs,** dem sich die Union mit einem harmonisierten Binnenmarkt für Kryptowerte stellen sollte. Auch das **Innovationspotential** von **Stablecoins** galt es zu heben.[2]

Mit E-Geld-Token hat der Unionsgesetzgeber ein **hybrides Produkt** zwischen disruptiver DLT-Welt und tradierten Zahlungsdiensten geschaffen. Ausdrücklich erlaubt er die Nutzung von DLT und namentlich der Blockchain-Technologie. Damit öffnet er für die zuvor weitgehend unregulierten Stablecoins die Tür zur **Rechtssicherheit im Massenverkehr.** Zudem übernimmt er mit dem Kryptowerte-Whitepaper am Markt akzeptierte Publizitätskonzepte und entwickelt sie fort. Auf der anderen Seite integriert der Gesetzgeber das von Disintermediation und Dezentralität geprägte Phänomen der Stablecoins in das Geschäftsbesorgungsrecht der Zahlungsdienste und -dienstleister. Damit erfolgt eine **Abkehr von** einer umfassenden **Disintermediation,** sofern E-Geld-Token zum Einsatz kommen sollen.

II. Anwendungsbereich

1. Allgemeiner Anwendungsbereich der Verordnung. Der Anwendungsbereich von Art. 48 reicht nicht weiter als der allgemeine Anwendungsbereich der gesamten Verordnung. Damit sind die in **Art. 2 Abs. 2** genannten Personen auch keine Normadressaten von Art. 48 und scheiden aus dem persönlichen Anwendungsbereich aus. Gleiches gilt in sachlicher Hinsicht für die in **Art. 2 Abs. 3–4** genannten Kryptowerte. Zudem greifen die Ein-

---

[1] Überblick bei Omlor, 3.1 Stanford Journal of Blockchain Law & Policy 83–86 (2020).
[2] Erwgr. Nr. 1 f.

schränkungen aus Art. 2 Abs. 1, die sich weitgehend auch in Art. 48 Abs. 1 UAbs. 1 widerspiegeln.

Im Wortlaut von Art. 48 Abs. 1 nicht gesondert erwähnt ist aber der **geographische Anwendungsbereich** nach Art. 2 Abs. 1 („in der Union"), der sich auch auf Art. 48 erstreckt. Eine Sonderregel findet sich lediglich für die geographische Verortung des öffentlichen Angebots von E-Geld-Token. Sofern sich die E-Geld-Token auf die amtliche Währung eines Mitgliedstaats beziehen, liegt eine **unwiderlegliche Vermutung** vor, wonach das öffentliche Angebot in der Union erfolgt und damit der geographische Anwendungsbereich der Verordnung eröffnet ist (Art. 48 Abs. 2 UAbs. 2). Methodisch handelt es sich nicht um eine Fiktion; dafür spricht nicht nur der abweichende Wortlaut zu UAbs. 1 („gelten"), sondern auch das Regelungsanliegen, die unionale Währungshoheit auch aufsichts- und kapitalmarktrechtlich möglichst umfassend zu schützen. 6

2. Sachlicher Anwendungsbereich (Abs. 1 UAbs. 1). a) Tätigkeiten. Zusammen mit der amtlichen Überschrift von Art. 48 legt der erste Halbsatz von Art. 48 Abs. 1 UAbs. 1 den sachlichen Anwendungsbereich der Vorschrift fest. Zwei gleichwertige Tatbestandsalternativen werden aufgestellt: das öffentliche Angebot und die Beantragung der Zulassung zum Handel. Darin spiegelt sich zugleich der Gegenstand der gesamten Verordnung wider, der grundlegend in Art. 1 Abs. 1 niedergelegt ist. 7

Das **öffentliche Angebot** wird in Art. 3 Abs. 1 Nr. 12 **legaldefiniert**. Die damit korrespondierende Legaldefinition des Anbieters (Art. 3 Abs. 1 Nr. 13) gewährt hinsichtlich des sachlichen Anwendungsbereichs der erfassten Tätigkeiten keinen zusätzlichen Erkenntniswert. Danach ist ein öffentliches Angebot „eine Mitteilung an Personen in jedweder Form und auf jedwede Art und Weise, die ausreichende Informationen über die Angebotsbedingungen und die anzubietenden Kryptowerte enthält, um potenzielle Inhaber in die Lage zu versetzen, über den Kauf dieser Kryptowerte zu entscheiden". Damit **orientiert sich** die Verordnung **eng an** der Begriffsbestimmung in Art. 2 lit. d **ProspektVO**[3], auf welche auch § 2 Nr. 2 WpPG verweist. Zwar grenzt sich die MiCAR verschiedentlich vom unionalen Prospektrecht ausdrücklich ab, etwa indem das Kryptowerte-Whitepaper aus dem förmlichen Prospektbegriff ausgenommen wird (Art. 19 Abs. 6 UAbs. 2 lit. d, Art. 51 Abs. 6 UAbs. 2 lit. c). Funktional handelt es sich dennoch um einen Prospekt, der lediglich abweichenden Sonderregeln der MiCAR und damit außerhalb des eigentlichen Prospektrechts unterliegt.[4] Die weitgehende Wortlautparallele erscheint auch daher nicht als Zufälligkeit oder Redaktionsversehen. Auch die kapitalmarktrechtlichen Zielsetzungen der MiCAR verfestigen die systematischen Bindungen an das bestehende Prospektrecht, auch soweit der Begriff des öffentlichen Angebots betroffen ist. Daher lässt sich im Grundsatz auf die prospektrechtliche Rechtsprechung und Literatur zum öffentlichen Angebot zurückgreifen,[5] soweit die MiCAR keine abweichenden Wertungen aufstellt. Die **Zulassung zum Handel** bezieht sich stets auf Handelsplattformen für Kryptowerte (arg. e Art. 1 Abs. 2 lit. a). 8

---

[3] VO (EU) Nr. 2017/1129.
[4] Omlor ZdiW 2023, 131 (134).
[5] Überblick bei Terlau BKR 2023, 809 (813 ff.).

MiCAR Art. 48

9 **b) E-Geld-Token. aa) MiCAR-Legaldefinition.** Die Erlaubnispflicht nach Art. 48 Abs. 1 beschränkt sich auf Tätigkeiten mit einem Bezug zu E-Geld-Token. Für sonstige Kryptowerte stellt die Verordnung abweichende Lizenzerfordernisse auf. Als E-Geld-Token **legaldefiniert** Art. 3 Abs. 1 Nr. 7 solche Kryptowerte, deren „Wertstabilität unter Bezugnahme auf den Wert einer amtlichen Währung gewahrt werden soll". Die Legaldefinition äußert sich aber nicht dazu, wie diese Wertstabilität technisch erreicht werden soll.[6] Immerhin stellt Erwgr. Nr. 41 Satz 2 klar, dass auch **algorithmische Stablecoins** als E-Geld-Token eingeordnet werden können. Entscheidend ist lediglich, dass eine Anbindung an den Wert einer amtlichen Währung erfolgt. Wenn ein anderes Bezugsobjekt (zB Edelmetalle) gewählt wird, handelt es sich nicht um E-Geld-Token; es gelten lediglich die Bestimmungen nach Titel II[7] oder für vermögenswertereferenzierte Token.

10 Die Eigenschaft als E-Geld-Token geht nicht verloren, wenn der **Stabilisierungsmechanismus faktisch** nur unzureichend oder gar nicht **funktioniert**. Tatbestandlich genügt es, wenn **ex ante** ein objektiv nicht völlig ungeeigneter Mechanismus implementiert und damit das **Ziel der Wertstabilität** verfolgt wird. Für eine solche weite Auslegung sprechen verschiedene Gesichtspunkte: Erstens befürwortet auch der Unionsgesetzgeber eine weite Auslegung des Tatbestands,[8] die sich zudem auch im Wortlaut niedergeschlagen hat („soll"). Zweitens entstünden erhebliche Rechtsunsicherheiten, wenn die E-Geld-Token-Eigenschaft im Zeitverlauf entfallen und wieder entstehen könne, wenn sich die Wertstabilität ex post als unzureichend herausstellt. Drittens würden die Inhaber von E-Geld-Token ihrem intendierten Schutz entzogen, wenn sie nicht nur eine defizitäre Wertstabilität, sondern auch einen Wegfall der MiCAR-Schutzvorschriften – insbesondere des obligatorischen Rücktauschanspruchs zum Nennwert – hinzunehmen hätten.

11 E-Geld-Token stellen zwar Kryptowerte iSd MiCAR-Terminologie dar, aber sie verbriefen keine ihren Wert sichernden Ansprüche in einem wertpapierrechtlichen Sinne. Damit erfolgt **keine dingliche Tokenisierung**[9] etwa des Rückzahlungsanspruchs des Inhabers gegen den Emittenten. Keinesfalls handelt es sich um eine unionsrechtliche Sonderform eines Kryptowertpapiers nach eWpG. Ihre Wertstabilität folgt dennoch maßgeblich aus der Existenz und Ausgestaltung des jederzeitigen Rücktauschanspruchs gegen den Emittenten.[10] Tatbestandlich wird ein E-Geld-Token aber auch nicht automatisch ausgeschlossen, falls er zusätzlich einen Anspruch oder einen sonstigen Vermögenswert durch dingliche Tokenisierung verbrieft.

12 **bb) Abgrenzung zu sonstigen Kryptowerten.** In Abgrenzung zu vermögenswertereferenzierten Token ist entscheidend, wie die tatbestandlich geforderte Wertstabilität erzielt werden soll. Der Tatbestand der **vermögenswertereferenzierten Token** ist dabei systematisch **subsidiär** zu E-Geld-Token (Art. 3 Abs. 1 Nr. 6: „der kein E-Geld-Token ist"). Zudem soll der Begriff des E-Geld-Tokens „so weit gefasst wie möglich"[11] sein. Ein E-Geld-Token gründet seine Wertstabilität ausschließlich durch seine Anbindung an

---

[6] Maume RDi 2022, 497 Rn. 7.
[7] Erwgr. Nr. 41 Satz 3.
[8] Erwgr. Nr. 19.
[9] Zum Begriff vgl. Omlor/Link Kryptowährungen/Omlor Kap. 6 Rn. 108 ff.
[10] Omlor ZHR 187 (2023), 635 (650 ff.).
[11] Erwgr. Nr. 19.

den Wert einer singulären amtlichen Währung. Vermögenswertereferenzierte Token können zwar auch auf amtliche Währungen Bezug nehmen, aber nicht ausschließlich auf eine einzige amtliche Währung. E-Geld-Token stellen stets Zahlungstoken und Geld im Rechtssinne dar. Gesetzgeberisch konstruiert sind sie als „elektronische Surrogate für Münzen und Banknoten"[12]. Vermögenswertereferenzierte Token können diese Rechtsnatur aufweisen, müssen es aber nicht.

cc) Sonstige E-Geld-Merkmale. E-Geld-Token bilden zwar einen Sonderfall des E-Geldes und werden kraft Fiktion pauschal zu E-Geld erklärt (Art. 48 Abs. 2 UAbs. 1). Die Erfüllung der tatbestandlichen Anforderungen an E-Geld ist daher nicht erforderlich, solange nur die Einordnung als E-Geld-Token nach MiCAR gesichert ist. Entsprechend verweist Art. 48 Abs. 3 explizit nicht auf die Legaldefinition des E-Geldes, die sich in Titel I EMD2 findet. Dennoch stellt die MiCAR **weitgehend parallele Anforderungen an E-Geld-Token**, wie sie die Legaldefinition für E-Geld ebenfalls formuliert. Allerdings ergeben sich diese Merkmale nicht aus dem Wortlaut der kurzen Legaldefinition in Art. 3 Abs. 1 Nr. 7, sondern vielmehr aus deren **systematischer und teleologischer Auslegung**. 13

Grundlegend ordnet dabei Erwgr. Nr. 18 E-Geld-Token als weitgehendes Funktionsäquivalent zu sonstigem E-Geld ein. Durch die MiCAR-Regulierung von E-Geld-Token sollten die zuvor bestehenden rechtlichen Unterschiede zwischen E-Geld und solchen Stablecoins, die MiCAR als E-Geld-Token erfasst, vollständig oder in maßgeblichen Teilen beseitigt werden.[13] Als wesentlich stuft der Gesetzgeber dabei den jederzeitigen **Rücktauschanspruch** zum Nominalwert und die **Erlaubnispflicht** für die Ausgabe von E-Geld-Token ein.[14] Beide Anforderungen gelten für E-Geld-Token und E-Geld in strukturähnlicher Weise. Erlaubnispflichtige Akteure sind sowohl für E-Geld-Token als auch für E-Geld die aus der EMD2 bekannten E-Geld-Institute. Der Rücktauschanspruch wird in Art. 11 EMD2 und Art. 49 MiCAR im Wesenskern parallel ausgestaltet, da er in beiden Fällen jederzeit zum Nennwert und unentgeltlich geltend gemacht werden kann. 14

Auch bei einem Detailabgleich mit dem allgemeinen E-Geld-Tatbestand offenbaren sich Abweichungen allenfalls in Nuancen. Das Erfordernis der **elektronischen Speicherung** ist technologieneutral formuliert[15] und versteht sich lediglich als Gegenbegriff zu einer körperlich-gegenständlichen Niederlegung. Auch ein Blockchain-Netzwerk eignet sich als Speicherort für E-Geld.[16] Weiterhin werden E-Geld-Token ebenso wie E-Geld **gegen Geldzahlung erworben**. E-Geld-Token dürfen nur „zum Nennwert des entgegengenommenen Geldbetrags" (Art. 49 Abs. 3) ausgegeben werden. Als taugliches Geld in diesem Sinne gilt Bargeld, Buchgeld und E-Geld (→ Art. 49 Rn. 10). Das Austauschverhältnis zwischen Emittent und Erwerber macht auch Erwgr. Nr. 69 deutlich, der von einer „Kaufentscheidung" spricht. Überdies vollzieht sich der Erwerb ebenfalls gegen **Vorauszahlung** des Geldbetrags, die zumindest Zug-um-Zug erfolgen muss.[17] Die zeitliche Chronologie zeigt sich im 15

---

[12] Erwgr. Nr. 18.
[13] Erwgr. Nr. 19.
[14] Erwgr. Nr. 19.
[15] Erwgr. Nr. 8 EMD2.
[16] Auffenberg BKR 2019, 341 (342 f.).
[17] Vgl. zum E-Geld stellvertretend Behrendt, Die Ausgabe elektronischen Geldes, 2007, S. 41; Schäfer/Omlor/Mimberg/Mimberg ZAG § 1 Rn. 223.

MiCAR Art. 48   Titel IV. E-Geld-Token

Wortlauterfordernis, dass der Geldbetrag bereits entgegengenommen sein muss, wenn die E-Geld-Token ausgegeben werden. Zudem dienen auch E-Geld-Token dazu, **Zahlungsvorgänge durchzuführen**.[18] Durch die Einbindung in das Zahlungsdiensterecht können mit E-Geld-Token Zahlungsvorgänge iSd Art. 4 Nr. 5 PSD2 – und damit auch § 675f Abs. 4 S. 1 BGB – vollzogen werden. Schließlich müssen auch E-Geld-Token **durch Dritte akzeptiert** werden. Das Erfordernis der Drittakzeptanz folgt bereits aus den allgemeinen Geldfunktionen, ein neutrales Universaltauschmittel zu sein.[19] Diese Einordnung nimmt auch die MiCAR für E-Geld-Token vor (→ Rn. 9 ff.).

16   **dd) Abgrenzung zu sonstigem E-Geld.** Da auch E-Geld auf DLT-Basis ausgegeben und verwaltet werden kann, stellt sich die Abgrenzungsfrage zwischen E-Geld-Token nach MiCAR und E-Geld auf DLT-Basis. Auszugehen ist dabei von **Art. 2 Abs. 4 lit. c**, wonach E-Geld, das nicht zugleich als E-Geld-Token einzuordnen ist, nicht der MiCAR, sondern dem (sonstigen) Zahlungsdiensterecht unterfällt. E-Geld-Token bilden daher einen Sonderfall des E-Geldes, für welchen die MiCAR teilweise abschließende Sonderregeln aufstellt. Auch wenn E-Geld daher eine elektronische Speicherung über eine Distributed Ledger iSv Art. 3 Abs. 1 Nr. 1–2 erfährt, unterliegt es damit weiterhin der E-Geld-Regulierung außerhalb der MiCAR. Zum E-Geld-Token wird es erst dann, wenn zusätzlich der **Stabilitätsmechanismus** mit einer Anbindung an eine amtliche Währung hinzutritt. Darin liegt zusammen mit dem MiCAR-Anwendungsausschluss für allgemeines E-Geld die systematisch-tatbestandliche Wasserscheide zwischen MiCAR und EMD2/PSD2.

17   **3. Persönlicher Anwendungsbereich. a) Person.** Die Verordnung kennt keine eigenständige Definition von „Person" im Katalog des Art. 3 Abs. 1. Vielmehr stellt die Verordnung je nach Kontext und betroffener Tätigkeit andere Anforderungen an die tauglichen Adressaten. Deutlich wird diese Offenheit in Art. 2 Abs. 1, der **natürliche und juristische Personen** sowie „bestimmte andere Unternehmen" einander gegenüberstellt. Auch solche Unternehmen, die keine natürlichen oder juristischen Personen sind, können nach Art. 2 Abs. 1 mit dem öffentlichen Angebot oder der Zulassung zum Handel von Kryptowerten befasst sein. Für E-Geld-Token als besonderer Unterfall der Kryptowerte grenzt Art. 48 Abs. 1 UAbs. 1 diese tatbestandliche Weite von Art. 2 Abs. 1 jedoch wieder ein. Das öffentliche Angebot und die Zulassung zum Handel dürfen bei E-Geld-Token nur von Personen, nicht aber von sonstigen Unternehmen vorgenommen werden.

18   Die Verordnung äußert sich nicht unmittelbar und eindeutig, welche **Unternehmen** (genauer: Unternehmensträger), die nicht zugleich natürliche oder juristische Personen sind, existieren können. Einen mittelbaren Rückschluss lässt Art. 122 Abs. 4 zu, der nicht rechtsfähige Vereine ausdrücklich benennt und von den zuvor aufgezählten Personen abgrenzt. Nicht rechtsfähige Organisationsformen scheiden jedenfalls aus. Einer Abgrenzung im Einzelfall bedürfen damit Strukturen wie dezentrale autonome Organisationen (Decentralized Autonomous Organisations – **DAO**).[20]

---

[18] Vgl. entsprechend zum E-Geld Schäfer/Omlor/Mimberg/Mimberg ZAG § 1 Rn. 226 f.
[19] Schwintowski BankR/Omlor Kapitel 11 Rn. 33.
[20] Zur rechtlichen Einordnung grundlegend Mienert, Dezentrale autonome Organisationen (DAOs) und Gesellschaftsrecht, 2022, S. 80 ff.

b) Emittent. Über den Kreis von Personen iSd Art. 48 Abs. 1 UAbs. 1 **19**
hinaus nimmt die Vorschrift eine weitere Einschränkung vor.
Die regulierten Tätigkeiten in Bezug auf E-Geld-Token dürfen nur Emittenten vornehmen, die zudem weitere Anforderungen erfüllen müssen. Zwar umfasst die allgemeine Definition des Emittenten in Art. 3 Abs. 1 Nr. 10 sowohl (natürliche und juristische) Personen als auch andere Unternehmen. Für die Ausgabe und die Handelszulassung von E-Geld-Token schränkt aber Art. 48 Abs. 1 UAbs. 1 diesen persönlichen Anwendungsbereich ein und begrenzt ihn auf natürliche und juristische Personen. Die praktische Bedeutung dieser Einschränkung ist offen, weil Erwgr. Nr. 20 Satz 2 jegliche Emittenten als Rechtsträger einordnet. Die Rechtsfähigkeit der Emittenten von E-Geld-Token erklärt sich jenseits von aufsichtsrechtlichen Belangen auch aus der privatrechtlichen Konstruktion von E-Geld-Token. Emittenten von E-Geld-Token müssen taugliche Adressaten von Forderungen der Inhaber von E-Geld-Token sein (Art. 49 Abs. 2 und 4).[21] Hierzu müssen sie **rechtsfähig** sein und vor Gerichten **verklagt werden können.**

III. Anforderungen an Emittenten

Die von Art. 48 erfassten Tätigkeiten der Ausgabe und der Zulassung zum **20** Handel von E-Geld-Token dürfen nur solche Emittenten durchführen, die zusätzliche Anforderungen erfüllen. Dabei stellt Art. 48 Abs. 1 UAbs. 1 eine personen- und zulassungsbezogene (lit. a) und eine handlungsbezogene (lit. b) Anforderung auf. Inhaltlich handelt es sich um ein einheitliches **Verbot mit Erlaubnisvorbehalt.**

1. Betroffene Emittenten. a) Erlaubnispflicht (Abs. 1 UAbs. 1 21 lit. a). Die Emittenten von E-Geld-Token müssen entweder als Kreditinstitut oder als E-Geld-Institut zugelassen sein. Damit **verzichtet** die Verordnung anders als bei vermögenswertereferenzierten Token (Art. 16 Abs. 1 UAbs. 1 lit. a, Art. 21) **auf ein gesondertes Zulassungsverfahren,** sondern inkorporiert die bestehenden Erlaubnisverfahren für Kreditinstitute und E-Geld-Institute. Damit zeigt sich die Intention des unionalen Gesetzgebers, die Markteintrittshürden für bestehende Akteure zu reduzieren und E-Geld-Token auch insofern als Sonderform des klassischen E-Geldes zu etablieren. Das Erlaubnisregime harmoniert mit dem Verweis auf das allgemeine Zahlungsdiensterecht hinsichtlich des sonstigen Rechtsrahmens für E-Geld-Token (Art. 48 Abs. 2–3). Ein E-Geld-Token kann auch **mehrere Emittenten** haben, wie sich aus Art. 56 Abs. 2 ergibt.

Ob ein Emittent als **Kreditinstitut** zugelassen ist, richtet sich nach der **22** Richtlinie 2013/36/EG und deren Umsetzung in den einzelnen Mitgliedstaaten. Für den Begriff des Kreditinstituts verweisen sowohl Art. 3 Abs. 1 Nr. 28 MiCAR als auch Art. 3 Abs. 1 Nr. 1 Richtlinie 2013/36/EG auf die einheitliche Legaldefinition in Art. 4 Abs. 1 Nr. 1 Verordnung (EU) Nr. 575/2013 (nachfolgend: **CRR**). Damit besteht kein vollständiger Gleichlauf mit dem Begriff des Kreditinstituts aus § 1 Abs. 1 S. 1 KWG.[22] Um Emittent von E-Geld-Token sein zu können, sind allein die autonom auszulegenden CRR-Vorgaben maßgeblich, auch wenn der Emittent im geographischen Anwendungsbereich des KWG tätig ist.

---

[21] Erwgr. Nr. 67.
[22] Fischer/Schulte-Mattler/Schäfer KWG § 1 Rn. 14 ff.

23 Auch für die Eigenschaft als **E-Geld-Institut** verweist die MiCAR auf das einschlägige Sekundärrecht der Union. Derzeit bezieht sich Art. 3 Abs. 1 Nr. 43 noch auf die **Zweite E-Geld-Richtlinie** (nachfolgend: EMD2)[23]. Zukünftig dürfte mit dem Inkrafttreten der Dritten Zahlungsdiensterichtlinie (nachfolgend: PSD3)[24] und der Zahlungsdiensteverordnung (nachfolgend: PSR)[25] eine Umstellung auf Zahlungsinstitute zu erwarten sein, da mit der Integration der EMD2 in die PSD3 die eigenständige Kategorie des E-Geld-Instituts entfallen wird. In der deutschen Umsetzung existiert zumindest bereits eine einheitliche Kodifikation in Gestalt des ZAG, das E-Geld-Institute als Unterfall des Zahlungsdienstleisters einordnet (§ 1 Abs. 1 S. 1 Nr. 2 ZAG). Das Erlaubnisverfahren für E-Geld-Institute richtet sich nach § 11 ZAG.

24 b) **Ausnahmen. aa) E-Geld-Umlauf bis 5 Mio. EUR (Abs. 4).** Die Zweite E-Geld-Richtlinie sieht Ausnahmemöglichkeiten für juristische Personen vor, deren durchschnittlicher E-Geld-Umlauf 5 Millionen EUR nicht übersteigt. Nach Art. 9 Abs. 1 EMD2 können die Mitgliedstaaten von den allgemeinen Zulassungs- und Aufsichtsregeln für E-Geld-Institute teilweise befreien. Diese Privilegierung wird auch auf die Ausgabe von E-Geld-Token übertragen. Zwar ist der Wortlaut von Art. 48 Abs. 4 etwas missverständlich gefasst. Aber aus Erwgr. Nr. 66 Satz 4 ergibt sich eindeutig, dass auch die durch Art. 9 Abs. 1 EMD2 (und ihre Umsetzungsvorschriften) privilegierten Personen als Emittenten von E-Geld-Token auftreten dürfen. Insofern **gilt** das grundsätzliche **Verbot aus Art. 48 Abs. 1 UAbs. 1 lit. a nicht** („Eine Person darf... nicht anbieten oder die Zulassung... beantragen, wenn... nicht...").

25 Unklar bleibt jedoch, warum der gesamte Absatz 1 für unanwendbar erklärt wird. Dort findet sich weiterhin die Pflicht zur Übermittlung und Veröffentlichung eines **Kryptowerte-Whitepapers** (Art. 48 Abs. 1 UAbs. 1 lit. b) sowie die Delegationsbefugnis des Emittenten zugunsten von anderen Personen (Art. 48 Abs. 1 UAbs. 2). Zumindest die auf ein Kryptowerte-Whitepaper bezogenen Pflichten treffen auch Emittenten, die nach Art. 9 Abs. 1 EMD2 privilegiert sind. Dagegen spricht zwar der systematische Vergleich mit Art. 48 Abs. 5, der ausdrücklich auf eine Fortgeltung von Art. 51 hinweist. Für eine Unterwerfung unter die Kryptowerte-Whitepaperpflicht streiten hingegen Erwgr. Nr. 66 Satz 5 („nach wie vor") und die eindeutige Anordnung in Art. 48 Abs. 7.

26 Auch die **übrigen Vorgaben aus Titel IV Kapitel 1 gelten** für die nach Art. 48 Abs. 4 privilegierten Emittenten. Nach seiner amtlichen Überschrift stellt Kapitel 1 Vorgaben für „alle" Emittenten von E-Geld-Token auf. Vor allem unterscheiden sich die Nichtanwendbarkeitsaussagen aus Art. 48 Abs. 4 und 5 voneinander. Während bei Art. 48 Abs. 5 der gesamte Titel IV (mit wenigen Ausnahmen) für nicht anwendbar erklärt wird, beschränkt sich Art. 48 Abs. 4 auf Art. 48 Abs. 1. Damit handelt es sich bei E-Geld-Token, die von den nach Art. 48 Abs. 4 privilegierten juristischen Personen ausgegeben werden, um ansonsten reguläre E-Geld-Token; insbesondere unterliegen sie dem identischen zahlungsdiensterechtlichen Rechtsrahmen (Art. 48

---

[23] RL 2009/110/EG.
[24] COM(2023) 366 final.
[25] COM(2023) 367 final.

Abs. 2–3) einschließlich der Vorgaben zur Rücktauschbarkeit (Art. 49) und zum Verzinsungsverbot (Art. 50).

bb) Begrenzte Netze und Anbieter elektronischer Kommunikationsnetze (Abs. 5). Weitgehend **von der Regulierung für E-Geld-Token** werden bestimmte Emittenten **ausgenommen,** die ebenfalls nicht der EMD2-Regulierung unterfallen würden. Konkret befreit Art. 48 Abs. 5 Emittenten von E-Geld-Token in begrenzten Netzen iSd Art. 1 Abs. 4 EMD2 und Emittenten als Anbieter elektronischer Kommunikationsnetze iSd Art. 1 Abs. 5 EMD2 auch von der MiCAR-Regulierung für Emittenten von E-Geld-Token. Insofern wird ein Gleichlauf zwischen allgemeiner E-Geld-Regulierung und spezieller E-Geld-Token-Regulierung hergestellt.[26] Die entsprechenden Bereichsausnahmen finden sich in § 2 Abs. 1 Nr. 10–11 ZAG, die inzwischen auf Art. 3 lit. k–l PSD2 beruhen.[27] 27

Damit unterscheiden sich die beiden Ausnahmeregelungen in Art. 48 Abs. 4–5 in ihren Auswirkungen deutlich. Während die juristischen Personen iSd Art. 48 Abs. 4 durchaus E-Geld-Token emittieren, **geben** die Emittenten iSd Art. 48 Abs. 5 gerade **keine E-Geld-Token aus.** Insofern spiegelt die MiCAR die EMD2-Rechtslage auch hinsichtlich der Rechtsnatur der ausgegebenen Einheiten. Parallel dazu nimmt nämlich § 1 Abs. 2 S. 4 ZAG monetäre Werte, die den beiden Bereichsausnahmen unterfallen, ausdrücklich vom E-Geld-Begriff aus. Gleiches geschieht durch Art. 48 Abs. 4 für Einheiten, die E-Geld-Token wären, unterfielen sie nicht einer der in Bezug genommenen Bereichsausnahmen. 28

cc) Grenzen der Ausnahmen (Abs. 7). Die Privilegierung durch eine der Ausnahmen nach Art. 48 Abs. 4–5 befreit nicht von der Pflicht zur Erstellung eines Kryptowerte-Whitepapers. Hinsichtlich der Ausnahme nach Art. 48 Abs. 4 ist diese Anordnung in Art. 48 Abs. 7 **klarstellend,** weil sich die Privilegierung auf eine Befreiung von Art. 48 Abs. 1 UAbs. 1 lit. a beschränkt (→ Rn. 21 ff.). Demgegenüber kommt ihr bei der Bereichsausnahme nach Art. 48 Abs. 5 eine **konstitutive** Bedeutung zu, weil es sich in diesen Fällen nicht um E-Geld-Token handelt und daher deren Regulierung ansonsten nicht eingreifen würde (→ Rn. 27 f.). 29

Der Wortlaut von Art. 48 Abs. 7 verweist in der Rechtsfolge lediglich auf eine Erstellung und Übermittlung des Kryptowerte-Whitepapers. Nicht erfasst wird hingegen die in Art. 48 Abs. 1 UAbs. 1 lit. b gesondert angeführte **Veröffentlichung** nach Art. 51. Dabei dürfte es sich um ein **Redaktionsversehen** handeln. Dafür spricht Erwgr. Nr. 66, der die Veröffentlichung gesondert erwähnt. Zudem könnte dem Publizitäts- und Informationsanliegen des Kryptowerte-Whitepapers ohne eine Veröffentlichung nicht entsprochen werden. 30

2. Delegationsbefugnis des Emittenten (Abs. 1 UAbs. 2). Der Emittent muss das öffentliche Angebot oder die Beantragung der Zulassung zum Handel nicht selbst vornehmen, sondern kann die Befugnis dazu an Dritte weiterreichen. Art. 48 Abs. 1 UAbs. 2 lässt eine solche Delegation nicht nur zu, sondern stellt zugleich zwei Voraussetzungen auf. Erstens bedarf es einer 31

---

[26] Erwgr. Nr. 66 Satz 4.
[27] Zur Entwicklung der Kodifizierung vgl. Schäfer/Omlor/Mimberg/Mimberg ZAG § 2 Rn. 87 ff.; zur Reichweite der Bereichsausnahmen vgl. Schwintowski BankR/Omlor Kapitel 11 Rn. 41 ff.

schriftlichen Zustimmung des Emittenten zu einem solchen Verfahren. Zu den Anforderungen an die Schriftform äußert sich die MiCAR nicht, obwohl eine solche verschiedentlich in der MiCAR gefordert wird (zB Art. 56 Abs. 4 UAbs. 2 S. 1, Abs. 8 UAbs. 3 S. 1, Art. 57 Abs. 2 UAbs. 2 S. 1, Art. 63 Abs. 1, 8 und 12 UAbs. 1, Art. 73 Abs. 1 UAbs. 2, Abs. 3). Daher sollte systematisch zur Förderung der Kohärenz des Unionsprivatrechts an der Schriftform nach MiFID2[28] angeknüpft werden.[29] Zweitens werden das Verzinsungsverbot (Art. 50) und die Vorgaben zu Marketingmitteilungen (Art. 53) auch auf diese Dritte für anwendbar erklärt, obwohl sie keine Emittenten sind.

32   **3. Kryptowerte-Whitepaper (Abs. 1 UAbs. 1 lit. b, Abs. 7).** Den Emittenten trifft neben der Erlaubnispflicht auch eine handlungsbezogene Pflicht. Nach Art. 48 Abs. 1 UAbs. 1 lit. b muss er vor der Ausgabe von E-Geld-Token ein Kryptowerte-Whitepaper erstellen, der Aufsichtsbehörde übermitteln und sodann veröffentlichen. Inhalt, Form und Verfahren richten sich nach **Art. 51** (→ Art. 51 Rn. 6 ff.). Zur Chronologie äußert sich Art. 51 Abs. 13 präzisierend und differenzierend. Das Kryptowerte-Whitepaper muss veröffentlicht sein, bevor das öffentliche Angebot erfolgt oder die Zulassung zum Handel beantragt wird.

33   **4. Wartefrist (Abs. 6).** Vor dem öffentlichen Angebot oder dem Antrag auf Zulassung zum Handel muss der Emittent die zuständige Aufsichtsbehörde über diese Absicht informieren. Zwischen dem Zugang dieser Mitteilung und der Vornahme der erlaubnispflichtigen Tätigkeit müssen mindestens **40 Arbeitstage** liegen. Die MiCAR kennt an zahlreichen Stellen ähnliche Zeitvorgaben, die in Arbeitstagen der zuständigen Behörde bemessen sind (zB Art. 51 Abs. 11 und 14, Art. 56 Abs. 4–6, Abs. 8–10). Das Ziel dieser Vorgaben liegt in der verlässlichen Planbarkeit der Abläufe für die regulierten Akteure.

IV. Rechtliche Einordnung von E-Geld-Token

34   **1. Rechtsnatur (Abs. 2 UAbs. 1).** E-Geld-Token stellen eine gesetzlich geregelte **Sonderform des E-Geldes** und damit des **Buchgeldes** dar.[30] Durch die in Art. 48 Abs. 2 UAbs. 1 enthaltene **Fiktion** werden E-Geld-Token zugleich als E-Geld iSd unionalen Zahlungsdiensterechts eingeordnet. Die MiCAR-Legaldefinition für E-Geld (Art. 3 Abs. 1 Nr. 44) stellt klar, dass damit auf die Zweite E-Geld-Richtlinie verwiesen wird. Damit kann auf die identische Legaldefinition aus § 1 Abs. 2 S. 3 ZAG zurückgegriffen werden,[31] der über § 675c Abs. 3 BGB auch im Zivilrecht gilt. Allerdings wird diese durch die MiCAR-Legaldefinition für E-Geld-Token teilweise überlagert. Primär will die Fiktion aus Art. 48 Abs. 2 UAbs. 1 sicherstellen, dass E-Geld-Token in der Rechtsfolge ebenfalls als E-Geld behandelt werden.

35   Die rechtliche Bedeutung der Fiktion reicht aber über eine schlichte Rechtsanwendungsanordnung hinaus. Ansonsten hätte im systematischen Vergleich mit Abs. 3 auf die Fiktion verzichtet werden können. Der Unions-

---

[28] RL 2014/65/EU.
[29] Dazu Assmann/Schneider/Mülbert/Koller WpHG § 63 Rn. 165.
[30] Zur Einordnung von E-Geld als Buchgeld vgl. Omlor, Geldprivatrecht, 2014, S. 79.
[31] Eingehend dazu Schäfer/Omlor/Mimberg/Mimberg ZAG § 1 Rn. 211 ff.; Schwintowski BankR/Omlor Kapitel 11 Rn. 6 ff., jeweils mwN.

gesetzgeber wollte E-Geld-Token auch funktionell und ihrem Wesen nach dem E-Geld gleichstellen.[32] Daraus folgt, dass auch E-Geld-Token kraft Gesetzes als **Geld im Rechtssinne** gelten.[33] Zugleich bilden E-Geld-Token einen **Geldbetrag** iSd des unionalen Zahlungsdiensterechts. Insofern unterscheiden sie sich von anderen Kryptowerten, die nicht als Geldbetrag in diesem Sinne eingeordnet werden (vgl. Art. 2 Abs. 4 lit. c, Art. 3 Abs. 1 Nr. 14). Trotz ihrer hoheitlichen Regulierung handelt es sich bei E-Geld-Token aber weiterhin **nicht** um eine **Währung** im technischen Sinne. Für eine Einordnung als Währung fehlt ihnen der hoheitliche Charakter.[34] Insofern unterscheiden sie sich konstruktiv von **digitalem Zentralbankgeld**,[35] das nicht der MiCAR unterfallen soll (Art. 2 Abs. 2 lit. c).[36] Der digitale Euro wird daher ausschließlich durch gesonderte Verordnungen erfasst, die einen Teil des unionalen Währungsrechts bilden.[37]

36 **2. Funktionen.** E-Geld-Token stellen auch ihrer Funktion und Konzeption nach eine Sonderform des E-Geldes dar. Der Unionsgesetzgeber weist ihnen ausdrücklich „ganz ähnliche Funktionen wie E-Geld"[38] zu. Damit stellen auch E-Geld-Token ein **digitales Bargeldsurrogat** dar.[39] In Anlehnung an Erwgr. Nr. 13 EMD2 ordnet auch Erwgr. Nr. 18 MiCAR E-Geld-Token „ebenso wie E-Geld [als] elektronische Surrogate für Münzen und Banknoten" ein. Mit dieser Funktionalität ist nicht die Ersetzung von Bargeld durch E-Geld-Token verbunden. Vielmehr weist die Rechtsordnung beiden Erscheinungsformen des Geldes im Grundsatz äquivalente Aufgaben zu. Gerade im Geldprivatrecht besteht damit eine normative Gleichwertigkeit von Bargeld und E-Geld-Token. Darin liegt der zentrale Gehalt der Einordnung als digitales Bargeldsurrogat. Verbleibende Unterschiede resultieren aus dem fehlenden hoheitlichen Charakter von E-Geld-Token, die auch nicht über einen gesetzlichen Annahmezwang verfügen. Damit unterscheiden sie sich von Bargeld (Art. 10 S. 2, 11 S. 2 Euro-EinführungsVO[40]), aber auch vom digitalen Euro.

37 Zu den E-Geld-Funktionen, die auch E-Geld-Token übernehmen, zählt auch die Eignung zur **Durchführung von Zahlungsvorgängen**. Damit wird auf das unionale Zahlungsdiensterecht Bezug genommen, das in Art. 4 Nr. 5 den Zahlungsvorgang legaldefiniert. Die Übernahme dieses Tatbestandsmerkmals von E-Geld auch für E-Geld-Token folgt aus der engen Anbindung von E-Geld-Token an das allgemeine Zahlungsdiensterecht, das vorbehaltlich von MiCAR-Sonderregeln ebenfalls auf E-Geld-Token Anwendung findet (→ Rn. 41).

38 **3. Anwendbare Vorschriften. a) E-Geld-Recht (Abs. 3).** Der gesetzliche Verweis auf Titel II und III EMD2 in Art. 48 Abs. 3 nimmt vor allem die aufsichtsrechtlichen Vorgaben zur **Erlaubnis für E-Geld-Institute** in

---

[32] Erwgr. Nr. 18.
[33] Zum rechtlichen Geldbegriff vgl. Staudinger/Omlor BGB Vorb. zu §§ 244 ff. Rn. A62 ff.; zur Einordnung von E-Geld als Geld im Rechtssinne vgl. Schwintowski BankR/Omlor Kapitel 11 Rn. 3 f.
[34] Staudinger/Omlor, 2021, Vorb. A193a zu §§ 244–248.
[35] Dazu Omlor/Birne RDi 2020, 1 ff.; Omlor/Birne ZIP 2022, 1785 ff.
[36] Erwgr. Nr. 13.
[37] Vgl. die Kommissionsentwürfe COM(2023) 368 final und COM(2023) 369 final.
[38] Erwgr. Nr. 18.
[39] Zum E-Geld bereits Schwintowski BankR/Omlor Kapitel 11 Rn. 5 mwN.
[40] VO (EG) Nr. 974/98.

Bezug. Systematisch besteht ein Zusammenhang mit Art. 48 Abs. 1 UAbs. 1 lit. a Alt. 2, wonach in der EMD2 regulierte E-Geld-Institute auch taugliche Emittenten von E-Geld-Token sind. Insofern stellt Art. 48 Abs. 3 klar, dass identische Anforderungen gelten.

39 **Titel III EMD2** bleibt nur ein sehr eingeschränkter Anwendungsbereich für E-Geld-Token, weil Art. 49 und 50 bereits abschließende Sonderregeln gegenüber Art. 11 und 12 EMD2 normieren. Art. 10 EMD2 bleibt neben Art. 48 Abs. 1 UAbs. 1 keine eigenständige Bedeutung für E-Geld-Token. Somit verbleibt lediglich die Regelung zu **außergerichtlichen Beschwerde- und Streitbeilegungsverfahren** aus Art. 13 EMD2.

40 Ungeachtet des beschränkten Verweises aus Art. 48 Abs. 3 inkorporiert die E-Geld-Fiktion des Art. 48 Abs. 2 UAbs. 1 zusammen mit den MiCAR-Erwägungsgründen, insbesondere Erwgr. Nr. 18, weitere Regelungselemente der EMD2. Dazu gehören vor allem die **EMD2-Erwägungsgründe**, die das Wesen und die Funktionen von E-Geld konturieren. Ein Rückgriff ist erlaubt und geboten, weil die MiCAR insofern im Hinblick auf die EMD2 auf wiederholende Ausführungen verzichtet.

41 **b) Zahlungsdiensterecht.** Die Einfügung von E-Geld-Token als Geldbetrag in das klassische Zahlungsdiensterecht führt dazu, dass sich die Rechtsbeziehungen der beteiligten Nutzer und Dienstleister ebenfalls nach zahlungsdienstrechtlichen Strukturen richten. Im **zahlungsdiensterechtlichen Rechteck** von Zahler, Empfänger und ihren jeweiligen Zahlungsdienstleistern sind das Valutaverhältnis (Zahler – Empfänger), das Deckungsverhältnis (Zahler – Zahlungsdienstleister des Zahlers), das Interbankenverhältnis (zwischen den transferierenden Zahlungsdienstleistern von Zahler und Empfänger) und das Inkassoverhältnis (Empfänger – Zahlungsdienstleister des Empfängers) zu unterscheiden. Wegen der Anbindung an das E-Geld tritt noch das Vorauszahlungsverhältnis von Erwerber, dh dem späteren Zahler, und dem Emittenten hinzu.

42 **aa) Valutaverhältnis.** Die eigentliche wirtschaftliche Wertbewegung findet im Valutaverhältnis statt. Dort besteht typischerweise eine Geldschuld, die durch eine Zahlung mit E-Geld-Token erfüllt werden soll. Die Zahlung mit E-Geld-Token führt zur **Erfüllung nach § 362 Abs. 1 BGB**.[41] Keinesfalls handelt es sich um eine Leistung an Erfüllung statt oder erfüllungshalber. Da es sich bei E-Geld-Token um vollwertiges Geld im Rechtssinne handelt (→ Rn. 35), leistet der Geldschuldner mit E-Geld-Token das Geschuldete iSd § 362 Abs. 1 BGB. Anders als Buchgeldzahlungen mittels SEPA-Überweisung[42] weisen E-Geld-Token gegenwärtig eine deutlich geringere Marktdurchdringung auf und werden auch nicht durch einen gesetzlichen Zugangsanspruch (vgl. § 38 Abs. 2–4 ZKG) abgesichert. Daher besteht (noch) regelmäßig kein vertraglicher Annahmezwang für E-Geld-Token, sondern es bedarf im Einzelfall einer – auch konkludent oder formularvertraglich möglichen – **Einigung der Parteien über die Akzeptanz von E-Geld-Token**. Keine Anwendung auf E-Geld-Token-Zahlungen findet hingegen das Entgeltverbot aus § 270a BGB.[43] Demgegenüber wirkt § 312a Abs. 4 BGB unabhängig von der Art der bargeldlosen Zahlung.

---

[41] Omlor ZHR 187 (2023), 635 (653).
[42] Staudinger/Omlor, 2021, Vorb. B91 ff. zu §§ 244–248.
[43] Vgl. zu PayPal OLG München BKR 2020, 204 f.; differenzierend BGH NJW-RR 2021, 975 Rn. 15 ff.

bb) Vorauszahlungsverhältnis. Konstruktiv und chronologisch der Erlangung von E-Geld-Token vorgelagert ist die Ausgabe von E-Geld-Token, die nur gegen eine **Vorauszahlung** erfolgen darf (→ Rn. 15). Die Vorauszahlung von Geld zur Erlangung nominal entsprechender E-Geld-Token stellt einen **gesonderten Zahlungsvorgang** dar, der von der Zahlung im Valutaverhältnis rechtlich zu unterscheiden ist.[44] Irrelevant für die Vertragsbeziehungen und Zahlungsvorgänge ist dabei die technische Umsetzung in der Nutzeroberfläche, bei welcher Vorauszahlung und E-Geld-Token-Zahlung einaktig scheinen können (zB bei einer PayPal-Zahlung mit E-Geld). Auch in solchen Fällen vollziehen sich im Hintergrund zwei hintereinander geschaltete Zahlungsvorgänge: die Vorauszahlung auf das E-Geld-Token-Konto und sodann die eigentliche Zahlung mit E-Geld-Token. Die Vorauszahlung kann mit jeder Geldform iSd Art. 3 Abs. 1 Nr. 14, dh mit Bargeld, Buchgeld oder E-Geld, erfolgen. Der Vorauszahlungsvorgang unterliegt je nach Zahlungsart unterschiedlichen Regelungen, die sich aus dem jeweils anwendbaren Zahlungsdiensterecht ergeben. 43

cc) Deckungsverhältnis. Zwischen dem Zahler als Inhaber der E-Geld-Token und dem Emittenten als Zahlungsdienstleister des Zahlers besteht das Deckungsverhältnis. In diesem wird ein Zahlungsdienstevertrag geschlossen, der regelmäßig in Form eines **Zahlungsdiensterahmenvertrags** (§ 675f Abs. 2 BGB) vorliegt. Führt der Emittent kein Zahlungskonto für den Zahler, kann ausnahmsweise auch ein Einzelzahlungsvertrag vorliegen (§ 675f Abs. 1 BGB). Typischerweise dürfte aber eine dauerhafte Kundenbeziehung im Deckungsverhältnis bestehen, welche die Führung eines Zahlungskontos einschließt. Auch E-Geld-Token werden als Folge der Einbindung in das E-Geld- und damit Zahlungsdiensterecht auf Zahlungskonten iSd § 1 Abs. 17 ZAG verwaltet. 44

Die Zahlung mit E-Geld-Token erfolgt auf zahlungsdienste- und damit geschäftsbesorgungsrechtlicher Grundlage.[45] Der Zahler erteilt seinem Zahlungsdienstleister im Deckungsverhältnis einen **Zahlungsauftrag** nach § 675f Abs. 4 S. 2 BGB, der bei pflichtgemäßer Ausführung einen korrespondierenden **Aufwendungsersatzanspruch** des Zahlungsdienstleisters gegen den Zahler nach sich zieht (§§ 675c Abs. 1, 670 BGB). Damit muss es nicht zu einem dinglichen Transfer eines E-Geld-Tokens vom Zahlerkonto auf das Empfängerkonto kommen. Vielmehr kann im Interbankenverhältnis auch rein schuldrechtlich analog zum klassischen Zahlungsverkehr jenseits von MiCAR abgerechnet werden. Zahlungsvorgänge mit E-Geld-Token können durch den Zahler (analog zur Überweisung) oder durch den Empfänger (analog zur Lastschrift) ausgelöst werden. 45

dd) Inkassoverhältnis. Zwischen dem Empfänger und seinem Zahlungsdienstleister besteht ein **Zahlungsdiensterahmenvertrag**. Dieser empfangende Zahlungsdienstleister kann zudem ein Zahlungskonto des Empfängers führen, auf welchem die Gutschrift der transferierten E-Geld-Token erfolgt. In allen Fällen steht dem Empfänger nach Eingang beim empfangenden Zahlungsdienstleister im Inkassoverhältnis ein **Anspruch auf unverzügliche Verfügbarmachung** zu (§ 675t Abs. 1 BGB). 46

---

[44] Vgl. parallel zu sonstigem E-Geld Ellenberger/Bunte BankR-HdB/Terlau § 35 Rn. 26; BeckOGK/Foerster, Stand: 1.6.2023, BGB § 675c Rn. 290.
[45] Zur Funktionsweise bei Überweisungen vgl. Staudinger/Omlor BGB § 675f Rn. 38 ff.

47 **c) Geldprivatrecht.** Für E-Geld-Token gelten die identischen geldschuldrechtlichen Regeln wie für sonstiges E-Geld. Damit handelt es sich bei Geldschulden, die auf die Leistung von E-Geld-Token gerichtet sind, um **modifizierte Bringschulden.**[46] Die Kosten und die Gefahr der Übermittlung von E-Geld-Token trägt der Geldschuldner,[47] so dass der **Erfolgsort** grundsätzlich am Wohn-/Geschäftssitz des Geldgläubigers liegt. Der **Gefahrübergang** findet grundsätzlich erst mit Erfüllung statt. Auch die **Geldentwertung** während des Zahlungsvorgangs stellt, sofern er wegen der Geschwindigkeit der Abwicklung überhaupt von Relevanz ist, einen teilweisen Verlust auf dem Transportweg dar.[48] Die subjektive **Unmöglichkeit** von Geldschulden ist ausgeschlossen, da § 275 BGB insofern durch zwangsvollstreckungs- und insolvenzrechtliche Spezialregelungen verdrängt wird.[49] Die objektive Unmöglichkeit scheitert daran, dass Geld als abstrakter Wertträger geschuldet ist, der als solcher stets verfügbar ist. Schließlich stellen E-Geld-Token-Schulden, E-Geld-Schulden und sonstige Geldschulden gleichartige Gegenstände iSd § 387 BGB dar, so dass eine **Aufrechnung** möglich ist.

V. Deutsches Durchführungsgesetz (KMAG-E)

48 Zur Durchführung der MiCAR wird der deutsche Gesetzgeber im Rahmen des Finanzmarktdigitalisierungsgesetzes (FinmadiG) ein Begleitgesetz in Gestalt des **Kryptomärkteaufsichtsgesetzes** (KMAG-E) erlassen.[50] In Bezug auf Art. 48 MiCAR sind insbesondere §§ 3, 9, 23 und 40 KMAG-E von Relevanz. Bereits in § 3 KMAG-E wird die **BaFin** auf Grundlage von Art. 93 Abs. 1 Satz 1 MiCAR zur **zuständigen Behörde** erklärt. Darauf aufbauend befugt § 9 Abs. 1 Satz 1 Nr. 2 KMAG-E die BaFin zum Einschreiten, falls gegen das in Art. 48 Abs. 1 UAbs. 1 lit. a, UAbs. 2 Satz 1 MiCAR enthaltene Verbot mit Erlaubnisvorbehalt verstoßen wird. Die Vorschrift dient der Durchführung von Art. 94 Abs. 1 lit. u MiCAR; sie nimmt sich § 37 KWG und § 7 ZAG zum Vorbild.[51] Aufsichtsmaßnahmen der BaFin können sich auch gegen einzelne **Mitglieder des Leitungsorgans** eines Instituts richten (§ 23 KMAG-E). Die Einhaltung des Verbots mit Erlaubnisvorbehalts aus Art. 48 Abs. 1 MiCAR wird zudem durch die **Abschlussprüfer** untersucht (§ 40 Abs. 1 Satz 3 Nr. 3 Alt. 1 KMAG-E).

---

[46] Allgemein für Geldschulden Staudinger/Omlor BGB Vorb. zu §§ 244 ff. Rn. B20, B 23 ff. (mwN); Staudinger/Bittner/Kolbe BGB § 270 Rn. 3 f.; Ellenberger/Bunte, BankR-HdB/ Schmieder § 28 Rn. 194 ff.; BeckOGK/Beurskens, Stand: 1.5.2023, BGB § 270 Rn. 2 ff.; MüKoBGB/Krüger BGB § 270 Rn. 3 f.; Meier ZMR 2018, 899; Herresthal ZGS 2008, 259 (260 f.); Herresthal NZM 2011, 833 (837 ff.); aA Schwab NJW 2011, 2833 (2344 ff.); Weller/Harms WM 2012, 2305 (2307); Schimansky/Bunte/Lwowski BankR-HdB/Nobbe § 60 Rn. 295.
[47] Allgemein für Geldschulden Staudinger/Omlor BGB Vorb. zu §§ 244 ff. Rn. B30 f.; Staudinger/Bittner/Kolbe BGB § 270 Rn. 39; Schwab NJW 2011, 2833 (2833, 2836).
[48] Vgl. zur Geldschuld Heermann, Geld und Geldgeschäfte, 2003, § 3 Rn. 62.
[49] Staudinger/Omlor, 2021, Vorb. B59 zu §§ 244 ff.; MüKoBGB/Ernst BGB § 275 Rn. 13 ff.; HK-BGB/Reiner Schulze BGB § 275 Rn. 8; Staudinger/Caspers BGB § 275 Rn. 74; Omlor ZfPW 2017, 154 (155 f.); Weller/Harms WM 2012, 2305 (2306); BGH NJW 89, 1276 (1278); OLG Karlsruhe BeckRS 2010, 17627; aA Reifner, Alternatives Wirtschaftsrecht am Beispiel der Verbraucherverschuldung, 1979, S. 311 f.
[50] Überblick bei John/Patz BKR 2023, 849 ff.; Möslein/Rennig RDi 2024, 145 ff.
[51] BT-Drucks. 20/10280, S. 136.

Artikel 49 Ausgabe und Rücktauschbarkeit von E-Geld-Token

(1) Abweichend von Artikel 11 der Richtlinie 2009/110/EG gelten für Emittenten von E-Geld-Token im Hinblick auf Ausgabe und Rücktauschbarkeit von E-Geld-Token lediglich die in dem vorliegenden Artikel aufgeführten Anforderungen.

(2) Den Inhabern von E-Geld-Token steht gegen den Emittenten der betreffenden E-Geld-Token ein Forderungsanspruch zu.

(3) Emittenten von E-Geld-Token geben E-Geld-Token zum Nennwert des entgegengenommenen Geldbetrags aus.

(4) Auf Verlangen des Inhabers eines E-Geld-Token zahlt der Emittent den monetären Wert dieses E-Geld-Token dem Inhaber dieses E-Geld-Token jederzeit und zum Nennwert zurück.

(5) Die Emittenten von E-Geld-Token geben in dem in Artikel 51 Unterabsatz 1 Absatz 1 Buchstabe d genannten Kryptowerte-Whitepaper an gut erkennbarer Stelle die Bedingungen für den Rücktausch an.

(6) Unbeschadet des Artikels 46 ist der Rücktausch von E-Geld-Token nicht gebührenpflichtig.

Übersicht

	Rn.
I. Einführung	1
1. Literatur	1
2. Entstehung und Zweck der Norm	2
II. Anwendungsbereich und Systematik	3
III. Ausgabe von E-Geld-Token (Abs. 3)	5
1. Nennwert	5
2. Vorauszahlung	6
IV. Rücktausch von E-Geld-Token	8
1. Sinn und Zweck	8
2. Forderung (Abs. 2)	9
3. Anspruchsinhalt (Abs. 4 und 6)	10
4. Disponibilität	12
5. Schutz	13
6. Transparenz der Rücktauschbedingungen (Abs. 5)	14
V. Deutsches Durchführungsgesetz (KMAG-E)	15

I. Einführung

1. Literatur. *Behrendt*, Die Ausgabe elektronischen Geldes, 2007; *Escher*, Bankaufsichtsrechtliche Änderungen im KWG durch das Vierte Finanzmarktförderungsgesetz, BKR 2002, 652; *John/Patz*, ZuFinG und FinmadiG – eine Neuordnung der Krypto-Landschaft, BKR 2023, 849; *Möslein/Rennig*, Das Finanzmarktdigitalisierungsgesetz (FinmadiG) im europäischen Kontext, RDi 2024, 145; *Omlor*, Kundenbindung per Zahlungsdienst? Grund und Grenzen der E-Geld-Regulierung bei Treuepunkteprogrammen – Teil I, WM 2020, 951; *ders.*, Kundenbindung per Zahlungsdienst? Grund und Grenzen der E-Geld-Regulierung bei Treuepunkteprogrammen – Teil II, WM 2020, 1003; *ders.*, Stablecoins unter MiCAR: EU-Zahlungsverkehrsrecht für vermögenswertereferenzierte und E-Geld-Token, ZHR 187 (2023) 635. 1

2. Entstehung und Zweck der Norm.
Art. 49 knüpft an die E-Geld-Fiktion aus Art. 48 Abs. 2 UAbs. 2 an, indem **zentrale Merkmale** der allgemeinen **E-Geld-Legaldefinition** (insbesondere Buchgeldforderung, Rücktauschanspruch, Ausgabe und Rücktausch zum Nennwert) auf E-Geld-Token übertragen werden. Der Verweis in Art. 48 Abs. 3 wird eingeschränkt, indem Art. 49 **Sonderregeln** für die Ausgabe und den Rücktausch von E-Geld-Token aufstellt, die als **lex specialis** Art. 11 Zweite E-Geld-Richtlinie (nachfolgend: EMD2)[1] vorgehen. Die Abweichungen gegenüber der EMD2 liegen aber überwiegend im Detail, etwa hinsichtlich der vollständigen Entgeltfreiheit.

II. Anwendungsbereich und Systematik

Art. 49 knüpft an der Grundnorm des Art. 48 an und übernimmt auch deren persönlichen, sachlichen und geographischen Anwendungsbereich. Adressat von Art. 49 ist daher vor allem der **Emittent** (→ Art. 48 Rn. 19) von **E-Geld-Token** (→ Art. 48 Rn. 9 ff.). Geographisch muss der von Art. 2 Abs. 1, Art. 48 Abs. 1 UAbs. 1 geforderte Bezug zum Gebiet der Union bestehen (→ Art. 48 Rn. 6).

Systematisch steht Art. 49 in enger Verbindung mit dem Verweis aus Art. 48 Abs. 3 auf die EMD2, dessen Reichweite damit eingeschränkt wird. Durch Art. 49 wird „anderes bestimmt" iSd Art. 48 Abs. 3 und damit eine die EMD2 insofern verdrängende Spezialregelung normiert. Art. 11 EMD2 ist in der Folge vom Verweis nicht erfasst und wird vollständig durch den spezielleren Art. 49 ersetzt. Dieses Verhältnis stellt Art. 49 Abs. 1 nochmals klar.

III. Ausgabe von E-Geld-Token (Abs. 3)

1. Nennwert. Bei der Pflicht zur Ausgabe von E-Geld-Token zum Nennwert handelt es sich um eine **parallele** Anordnung **zu Art. 11 Abs. 1 EMD2** und § 33 Abs. 1 S. 1 ZAG. Die ratio legis ist in beiden Fällen identisch. Der Vorgabe liegen **währungspolitische Erwägungen** zugrunde, welche die EZB[2] bereits vor der erstmaligen Einführung von E-Geld vorgebracht hatte.

2. Vorauszahlung. Ebenso wie sonstiges E-Geld (Art. 11 Abs. 1 EMD2, § 33 Abs. 1 S. 1 ZAG)[3] dürfen auch E-Geld-Token nur gegen eine **Geldzahlung** ausgegeben werden, die zeitlich vorgelagert ist oder **zumindest Zug-um-Zug** erfolgt (→ Art. 48 Rn. 15). Der taugliche Geldbetrag für diese Vorauszahlung wird durch Art. 3 Abs. 1 Nr. 14 festgelegt und umfasst daher Bargeld, Buchgeld und E-Geld. Im Wortlaut von Art. 49 Abs. 3 drückt sich das zeitliche Erfordernis der Vorauszahlung durch das Adjektiv „entgegengenommenen" aus. Systematisch basiert es zudem auf der Existenz eines Rücktausches (Art. 49 – amtliche Überschrift), bei welchem der Emittent den monetären Wert zurückzahlt (Art. 49 Abs. 4). Hat diese Rückzahlung jederzeit nach der Ausgabe erfolgen zu können, muss die Geldzahlung vorher, dh spätestens bei Ausgabe, vollzogen sein.

---

[1] RL 2009/110/EG.
[2] EZB, Report on Electronic Money, August 1998, S. 13 f.
[3] Stellvertretend Behrendt, Die Ausgabe elektronischen Geldes, 2007, S. 41; Schäfer/Omlor/Mimberg/Mimberg ZAG § 1 Rn. 223.

Die Geldzahlung hat **unmittelbar** zwischen dem Emittenten und dem Erwerber zu erfolgen. Damit scheiden **Treuepunkte** aus Kundenbindungsprogrammen als E-Geld-Token aus, weil nicht der Kunde, sondern der Kooperationspartner an die Systemzentrale des Kundenbindungsprogramms eine Zahlung leistet.[4] Zudem fehlt es bei Kundenbindungsprogrammen auch an der für E-Geld-Token erforderlichen Eigenschaft als Universaltauschmittel.[5]

7

IV. Rücktausch von E-Geld-Token

1. Sinn und Zweck. In Parallele zum sonstigen E-Geld liegt auch dem Rücktauschanspruch bei E-Geld-Token nach Art. 49 Abs. 4 eine dreigeteilte Zielsetzung zugrunde.[6] Die Geldpolitik der EZB soll in ihrer Wirksamkeit nicht tangiert werden, indem die Liquiditätssteuerung und die Preisstabilität durch eine grenzenlose Emission von E-Geld-Token beeinträchtigt werden könnten (**währungspolitische** Teleologie). E-Geld-Token sollen als vertrauenswürdiges Zahlungsmittel etabliert werden und somit eine hohe Marktakzeptanz erfahren (**systemschützende** Teleologie). Ein Schutz der einzelnen Inhaber von E-Geld-Token soll durch die Zuerkennung eines eigenen Anspruchs auf Rücktausch gewährleistet werden (**individualschützende** Teleologie).

8

2. Forderung (Abs. 2). Dem jeweiligen Inhaber eines E-Geld-Tokens spricht Art. 49 Abs. 2 einen Anspruch gegen den Emittenten zu. Insofern liegt eine Parallelregelung zur allgemeinen Legaldefinition von E-Geld in Art. 2 Nr. 2 EMD2 vor, wonach E-Geld „in Form einer Forderung gegenüber dem Emittenten" besteht. Dem Anspruch kommt dogmatisch eine **Doppelnatur zwischen Zivil- und Aufsichtsrecht** zu.[7] Die Verordnung äußert sich zu dieser Einordnung nicht, weil dem Sekundärrecht die deutsche Unterscheidung zwischen Zivil- und Aufsichtsrecht fremd ist. Privatrechtlich liegt nach deutschem Sachrecht eine modifizierte Form des Herausgabeanspruchs aus §§ 675c Abs. 1, 667 BGB vor.[8] Da es sich bei E-Geld-Token wie bei sonstigem E-Geld um Buchgeld handelt, stellt diese in Art. 49 Abs. 2 lediglich benannte Forderung die wesenstypische **Buchgeldforderung** dar.[9] Inhaltlich ist sie auf den **Rücktausch** zum Nennwert gerichtet. Damit wird sie durch Art. 49 Abs. 4 und 6 näher ausgestaltet.

9

3. Anspruchsinhalt (Abs. 4 und 6). Der Inhaber kann vom Emittenten einen Rücktausch in der Form verlangen, dass der ursprüngliche Geldzahlungsvorgang bei der Ausgabe der E-Geld-Token rückabgewickelt wird. Daher richtet sich der Rückzahlungsanspruch auf die **Geldform, die auch ursprünglich zur Erlangung der E-Geld-Token hingegeben** wurde. Erfolgte die Einzahlung auf das E-Geld-Token-Konto beispielsweise mit Buchgeld (zB Lastschrift oder Kreditkarte), kann die Rückzahlung nicht in Bargeld verlangt werden. Konsensual können die Parteien davon aber abwei-

10

---

[4] Ebenso zu E-Geld OLG Köln NJW 2013, 1454 (1455); Escher BKR 2002, 652 (653); Omlor WM 2020, 951 (956) mwN.
[5] Vgl. zu E-Geld Omlor WM 2020, 951 (955).
[6] Omlor ZHR 187 (2023), 635 (656 ff.).
[7] Omlor ZHR 187 (2023), 635 (657).
[8] Parallel zu E-Geld Omlor WM 2020, 1003 (1004 f.).
[9] Für E-Geld zustimmend Baumbach/Hefermehl/Casper/Casper Abschnitt E Rn. 60; Schäfer/Omlor/Mimberg/Mimberg ZAG § 1 Rn. 218; aA BeckOGK/Köndgen, Stand: 1.6.2023, BGB § 675c Rn. 124.

MiCAR Art. 49   Titel IV. E-Geld-Token

chen, sofern sie eine Abrede nach § 364 Abs. 1 BGB schließen. Auf den misslungenen und richtlinienkonform auszulegenden Wortlaut von § 33 Abs. 1 S. 2 ZAG, der lediglich gesetzliche Zahlungsmittel erwähnt,[10] kommt es für E-Geld-Token nicht an; Art. 49 Abs. 4 ist als Vorschrift in einer Verordnung unmittelbar in allen Mitgliedstaaten anwendbar und bedarf keiner Umsetzung.

11 Der Emittent darf für den Rücktausch **kein Entgelt** berechnen. Die Terminologie von Art. 49 Abs. 6 in der deutschen Sprachfassung („nicht gebührenpflichtig") ist öffentlich-rechtlich geprägt, obwohl der Emittent nicht als Hoheitsträger handelt. Insofern weicht die Regelung für E-Geld in Art. 11 Abs. 4 EMD2 (§ 33 Abs. 3 ZAG) davon ab, weil dort für bestimmte Fälle ein Entgelt vereinbart werden darf. Klarstellend wird einschränkend auf mögliche Nachteile infolge eines **Sanierungs- und Rücktauschplans** nach Art. 46 verwiesen, der auf E-Geld-Token über Art. 55 entsprechende Anwendung findet. Die Vorgaben aus einem solchen Plan werden durch die Entgeltfreiheit des Rücktausches nicht eingeschränkt. Die sog. **Liquiditätsgebühren** nach Art. 46 Abs. 1 UAbs. 3 lit. a haben systematisch Vorrang vor dem Entgeltverbot nach Art. 49 Abs. 6.

12 **4. Disponibilität.** Anders als bei sonstigem E-Geld[11] ist der Rücktauschanspruch bei E-Geld-Token **zwingendes Recht** und unterliegt nicht der Parteidisposition. Art. 49 Abs. 2 stünde einer vertraglichen Abbedingung entgegen.

13 **5. Schutz.** Durch die Sicherungsanforderungen für die durch den Emittenten bei Ausgabe der E-Geld-Token erlangten Geldbeträge erfährt der Rücktauschanspruch einen **wirtschaftlichen Werthaltigkeitsschutz**. Die Anforderungen an die Besicherung dieser Geldbeträge nach Art. 7 Abs. 1 EMD2, auf welchen Art. 48 Abs. 3 verweist, werden durch Art. 54 nochmals verschärft (→ Art. 54 Rn. 4 ff.).

14 **6. Transparenz der Rücktauschbedingungen (Abs. 5).** Die Emittenten von E-Geld-Token treffen Publizitätspflichten hinsichtlich der Rücktauschbedingungen, auch soweit sie durch die MiCAR zwingend vorgegeben sind. Art. 49 Abs. 5 ordnet diese Bedingungen als verpflichtenden Teil der nach Art. 51 Abs. 1 UAbs. 1 lit. d[12] anzugebenden Informationen über E-Geld-Token im **Kryptowerte-Whitepaper** ein. Innerhalb dieses Informationskonvoluts müssen die Rücktauschbedingungen „**an gut erkennbarer Stelle**" verortet sein. Damit werden die Anforderungen aus Art. 51 Abs. 2 nochmals verschärft. Parallele Vorgaben finden sich in Art. 66 Abs. 4–5.

V. Deutsches Durchführungsgesetz (KMAG-E)

15 Zur Durchführung der MiCAR wird der deutsche Gesetzgeber im Rahmen des Finanzmarktdigitalisierungsgesetzes (FinmadiG) ein Begleitgesetz in Gestalt des **Kryptomärkteaufsichtsgesetzes** (KMAG-E) erlassen.[13] In Bezug auf Art. 49 MiCAR sind insbesondere §§ 3 und 40 KMAG-E von Relevanz. In § 3 KMAG-E wird allgemein die **BaFin als zuständige (Auf-**

---
[10] Schwintowski BankR/Omlor Kapitel 11 Rn. 109.
[11] Zu den Ausnahmefällen Omlor WM 2020, 1003 (1005); generell gegen eine Disponibilität Schäfer/Omlor/Mimberg/Werner ZAG § 33 Rn. 9 mwN.
[12] Im Verordnungstext wurde die Reihenfolge von Absatz und Unterabsatz vertauscht.
[13] Überblick bei John/Patz BKR 2023, 849 ff.; Möslein/Rennig RDi 2024, 145 ff.

sichts-)Behörde gemäß Art. 93 Abs. 1 Satz 1 MiCAR benannt. Die Einhaltung der Pflichten aus Art. 49 MiCAR ist zudem Gegenstand der Prüfung durch den Abschlussprüfer (§ 40 Abs. 1 Satz 3 Nr. 3 Alt. 1 KMAG-E).

Artikel 50 Verbot der Gewährung von Zinsen

(1) Abweichend von Artikel 12 der Richtlinie 2009/110/EG gewähren Emittenten von E-Geld-Token keine Zinsen in Bezug auf E-Geld-Token.

(2) Bei der Erbringung von Kryptowerte-Dienstleistungen im Zusammenhang mit E-Geld-Token dürfen die Anbieter von Kryptowerte-Dienstleistungen keine Zinsen gewähren.

(3) Für die Zwecke der Absätze 1 und 2 gelten alle Vergütungen oder sonstigen Vorteile, die mit der Zeitspanne zusammenhängen, in der ein Inhaber eines E-Geld-Token diesen E-Geld-Token hält, als Zinsen. Dazu gehören Nettovergütungen oder -abschläge, die einer vom Inhaber eines E-Geld-Token erhaltenen Verzinsung gleichkommen, unabhängig davon, ob sie unmittelbar vom Emittenten stammen oder durch Dritte gewährt werden, und unabhängig davon, ob sie unmittelbar im Zusammenhang mit dem E-Geld-Token stehen oder durch die Vergütung oder Preisgestaltung anderer Produkte gewährt werden.

Übersicht

	Rn.
I. Einführung	1
1. Literatur	1
2. Entstehung und Zweck der Norm	2
II. Anwendungsbereich	3
III. Verzinsungsverbot	5
1. Normadressaten	6
a) Emittent (Abs. 1)	6
b) Anbieter von Kryptowerte-Dienstleistungen (Abs. 2)	7
c) Dritte (Abs. 3 Satz 2)	9
2. Begriff des Zinses (Abs. 3)	10
a) Grundlagen (Abs. 3 Satz 1)	10
b) Nettovergütungen und -abschläge (Abs. 3 Satz 2)	13
IV. Deutsches Durchführungsgesetz (KMAG-E)	14

I. Einführung

1. Literatur. *John/Patz,* ZuFinG und FinmadiG – eine Neuordnung der Krypto-Landschaft, BKR 2023, 849; *Möslein/Rennig,* Das Finanzmarktdigitalisierungsgesetz (FinmadiG) im europäischen Kontext, RDi 2024, 145. 1

2. Entstehung und Zweck der Norm. Art. 50 stellt eine Fortentwicklung des Verzinsungsverbots für E-Geld aus Art. 12 EMD2 dar, das für E-Geld-Token erweitert und präzisiert wird. Das Verzinsungsverbot für E-Geld-Token verfügt über eine aufsichtsrechtliche und eine währungspolitische Zielsetzung. **Aufsichtsrechtlich** soll eine Trennung der Gelder des Emittenten und der Inhaber von E-Geld-Token sichergestellt werden.[1] Da- 2

---

[1] Schäfer/Omlor/Mimberg/Schäfer ZAG § 3 Rn. 37 (zu sonstigem E-Geld); Casper/Terlau/Terlau ZAG § 3 Rn. 53.

mit wird auch die Abgrenzung zum Einlagengeschäft fortgeschrieben. Zugleich dient diese **Kontentrennung** auch dem Insolvenzschutz, so dass diese Gelder in Zwangsvollstreckung und Insolvenz nicht dem Zugriff der Gläubiger des Emittenten unterliegen. **Währungspolitisch** will das Verzinsungsverbot erreichen, dass E-Geld-Token – ebenso wie sonstiges E-Geld[2] – **nicht als Wertaufbewahrungsmittel** eingesetzt werden.[3] Vielmehr sollen E-Geld-Token als Tausch- und Zahlungsmittel dienen, ohne dass eine längere Aufbewahrungszeit zwischen Erwerb und Verwendung beabsichtigt ist.

II. Anwendungsbereich

3   Das Verzinsungsgebot des Art. 50 beschränkt sich in sachlicher Hinsicht auf **E-Geld-Token** (→ Art. 48 Rn. 9 ff.). Für vermögenswertereferenzierte Token existiert in Art. 40 eine Parallelregelung. Andere Kryptowerte kennen hingegen kein Verzinsungsverbot. Sonstiges E-Geld, das kein E-Geld-Token ist, unterliegt dem gesonderten Verzinsungsverbot nach Art. 12 EMD2 und § 3 Abs. 2 S. 2 Nr. 2, Abs. 3 S. 2 ZAG.

4   Erfasst ist in persönlicher Hinsicht zum einen der **Emittent** (→ Art. 48 Rn. 19) von E-Geld-Token (Abs. 1) und zum anderen der **Anbieter von Kryptowerte-Dienstleistungen**. In beiden Fällen nimmt Art. 50 Abs. 3 S. 2 eine erhebliche Erweiterung vor, da auch von **Dritten** gewährte Vorteile erfasst sein können (→ Rn. 9). Das Verzinsungsverbot greift unabhängig davon ein, welche **Geldmittel** (Bargeld, Buchgeld, E-Geld) zur Erlangung von E-Geld-Token hingegeben wurden.[4] Auch kommt es nicht darauf an, ob die E-Geld-Token durch den Emittenten auf einem **Zahlungskonto** (Art. 4 Nr. 12 PSD2) verwaltet werden.

III. Verzinsungsverbot

5   Das Verbot zur Gewährung von Zinsen trifft drei Gruppen von Normadressaten: die Emittenten (→ Rn. 6), die Anbieter von Kryptowerte-Dienstleistungen (→ Rn. 7 f.) und in Ausnahmefällen auch Dritte, sofern Nettovergütungen oder -abschläge gewährt werden (→ Rn. 9).

6   **1. Normadressaten. a) Emittent (Abs. 1).** Für die Tätigkeiten des Emittenten (→ Art. 48 Rn. 20 ff.) von E-Geld-Token stellt Art. 50 Abs. 1 eine **abschließende Sonderregelung** auf, die ein weitreichendes Verzinsungsverbot enthält. Der ausdrücklich benannte Art. 12 EMD2 wird damit aus dem Verweis in Art. 48 Abs. 3 ausgenommen. Damit folgt auf Art. 49 eine weitere Abweichung von Titel III EMD2, der damit entgegen dem Wortlaut von Art. 48 Abs. 3 weitgehend auf E-Geld-Token unangewendet bleibt (→ Art. 48 Rn. 38 ff.). Art. 12 EMD2 wird vollständig durch Art. 50 verdrängt, soweit E-Geld-Token betroffen sind. Zwar weicht die deutsche Sprachfassung von Art. 50 Abs. 1 von der englischen („Notwithstanding...") und französischen („Nonobstant...") ab, die auf eine ergänzende Geltung von Art. 12 EMD2 hindeuten. Auch ist in der **englischen wie französischen Sprachfassung** die Eingangsformulierung von Art. 49 Abs. 1 („By way of derogation from...")„Par dérogation à...") abweichend zu Art. 50 Abs. 1 formuliert, während die deutsche Sprachfassung jeweils identisch ist

---

[2] Erwgr. Nr. 13 RL 2009/110/EG (nachfolgend: EMD2).
[3] Erwgr. Nr. 68.
[4] Schäfer/Omlor/Mimberg/Schäfer ZAG § 3 Rn. 37 (zu sonstigem E-Geld).

Verbot der Gewährung von Zinsen   **Art. 50 MiCAR**

(„Abweichend von..."). Für eine vollständige Verdrängung von Art. 12 EMD2 spricht aber, dass neben Art. 50 kein eigenständiger Regelungsgehalt mehr für Art. 12 EMD2 verbliebe und die gleiche Regelungstechnik wie bei Art. 49 angewendet wird. Der MiCAR-Gesetzgeber wollte jeweils ein punktuelles Sonderrecht für E-Geld-Token statuieren.

b) Anbieter von Kryptowerte-Dienstleistungen (Abs. 2). Die Erstreckung des Verzinsungsverbots auf die Anbieter von Kryptowerte-Dienstleistungen steht in systematischem Zusammenhang mit den allgemeinen **Sicherungspflichten** solcher Anbieter in Bezug auf Kundenvermögen nach **Art. 70 Abs. 1**, ergänzend aber auch mit den konkretisierenden Sonderregeln in Titel IV Kapitel 3. Damit setzt sich die aufsichtsrechtliche Zielsetzung aus dem allgemeinen E-Geld-Recht, durch eine **Kontentrennung** das Kundenvermögen vor Zugriffen Dritter zu schützen (→ Rn. 2), im Sonderbereich der Kryptowerte-Dienstleistungen fort. Auch insofern wird sie durch die währungspolitische Zielsetzung ergänzt, E-Geld-Token nicht als attraktives Wertaufbewahrungsmittel, sondern primär als permanent umlaufendes Tauschmittel auszugestalten. 7

Anwendbar ist das Verzinsungsverbot auf **sämtliche Kryptowerte-Dienstleistungen** iSd Art. 3 Abs. 1 Nr. 16. Die erbrachte Kryptowerte-Dienstleistung muss „im Zusammenhang mit E-Geld-Token" stehen; insofern spiegelt Art. 50 Abs. 2 den Wortlaut der Legaldefiniton der Kryptowerte-Dienstleistung und begrenzt ihn dabei auf E-Geld-Token statt auf sämtliche Kryptowerte. Besondere Praxisrelevanz dürfte aber der **Verwahrung und Verwaltung** von Kryptowerten (Art. 3 Abs. 1 Nr. 16 lit. a, Nr. 17) zukommen, weil das für den Zins erforderliche Zeitmoment auch bei der Verwahrung eine charakteristische Rolle spielt. Auch diese Intermediäre dürfen ebenso wie die Emittenten keine Zinsen an die Inhaber von E-Geld-Token auszahlen. Wegen ihrer ausdrücklichen Einbeziehung durch Art. 50 Abs. 2 bedarf es keiner Prüfung, ob es sich um einen Dritten iSv Abs. 3 Satz 2 handelt. 8

c) Dritte (Abs. 3 Satz 2). Für die Sonderkonstellation der **Nettovergütungen und -abschläge** (→ Rn. 13) erweitert Art. 50 Abs. 3 S. 2 den Adressatenkreis auf Dritte. Bei sonstigen Zinsen, die nicht Nettovergütungen oder -abschläge darstellen, bleibt es hingegen bei einer Beschränkung des persönlichen Anwendungsbereichs auf Emittenten und Kryptowerte-Dienstleister. Ansonsten würde das Verzinsungsverbot tatbestandlich ausufern, sofern die Erweiterungen um Dritte und mittelbar gewährte Vorteile für jegliche Zinsformen gelten würden. Dritter ist, wer nicht bereits als Emittent oder Kryptowerte-Dienstleister nach Art. 50 Abs. 1 und 2 erfasst ist. Ob Dritte nur rechtsfähige Personen oder auch sonstige Organisationsformen sein können, legt Art. 50 Abs. 3 S. 2 nicht fest; daher ist von einem **weiten Begriffsverständnis** auszugehen. 9

2. Begriff des Zinses (Abs. 3). a) Grundlagen (Abs. 3 Satz 1). Der Zinsbegriff von Art. 50 umfasst auch die geldprivatrechtliche („enge") Zinsdefinition,[5] geht aber über diese hinaus. Vielmehr ist Zins iSv Art. 50 **untechnisch und weit** zu verstehen. Aus der geldprivatrechtlichen Zinsdefinition greift Art. 50 Abs. 3 S. 1 die **Zeitabhängigkeit** als charakteristisch heraus. Insofern lehnt sich das Verzinsungsverbot der MiCAR eng an dessen 10

---

[5] Dazu BGH WM 2023, 1126 Rn. 26 mwN.

Omlor   465

MiCAR Art. 50   Titel IV. E-Geld-Token

Vorbild in Art. 12 EMD2 an. Erforderlich ist ein Zusammenhang mit dem Zeitraum, in welchem ein Inhaber seinen E-Geld-Token hält. Daher bedarf es eines positiven Guthabens des Inhabers an E-Geld-Token. Keine Bedeutung kommt dabei der Darstellungsweise zu, ob der Zins **prozentual oder absolut** angegeben wird. Entscheidend ist, dass der Umfang der Zinsgewährung je nach Zeitspanne geringer oder größer wird. Weiterhin kommt es nicht darauf an, worin genau die Zinsleistung besteht. Der normspezifische Zinsbegriff ist nicht auf Geld beschränkt, sondern umfasst ausdrücklich auch „**sonstige Vorteile**" materieller oder immaterieller Art.

11 Unzulässig sind danach namentlich an die Laufzeit degressiv gekoppelte **Entgeltstrukturen** und ein laufzeitabhängiges **Disagio**.[6] Auch darf der Emittent oder der Kryptowerte-Dienstleister den Inhaber nicht an seinem Gewinn beteiligen, sofern die Höhe der Beteiligung wiederum zeitabhängig ist.[7] **Nicht erfasst** sind hingegen Vorteile, die im **Valutaverhältnis** zwischen Zahler und Empfänger gewährt werden. Ein Nachlass vom Kaufpreis oder einer sonstigen Gegenleistung, die mit E-Geld-Token beglichen wird, bleibt daher zulässig.[8] Keine Vorteile zugunsten des Inhabers sind weiterhin **Negativzinsen**, die der Sache nach Verwahrentgelte darstellen.[9]

12 Aus einem **Umkehrschluss** zur Sonderregelung für Nettovergütungen und -abschläge in Art. 50 Abs. 3 S. 2 folgt, dass der Zinsbegriff im Regelfall auf **unmittelbar** von den Normadressaten gewährte Vorteile beschränkt ist. Auch bedarf es eines unmittelbaren Zusammenhangs mit E-Geld-Token, während andere Produkte ohne Bezug zu E-Geld-Token unberücksichtigt bleiben. **Mittelbare** Vorteile können nur dann ausnahmsweise einbezogen werden, wenn sie in Umgehungsabsicht gewährt werden. Wären mittelbare oder durch Dritte gewährte Vorteile regelmäßiger Inhalt des Zinsbegriffs, hätte es der Sonderregel in Art. 50 Abs. 3 S. 2 nicht bedurft.

13 **b) Nettovergütungen und -abschläge (Abs. 3 Satz 2).** Als gesetzliche Beispiele für Zinsen benennt Art. 50 Abs. 3 S. 2 Nettovergütungen und -abschläge. Ihnen gilt der im Vergleich zu sonstigen Zinsen deutlich erweiterte **Sondertatbestand**, der auch mittelbare Vorteile durch Dritte ohne unmittelbaren Zusammenhang mit E-Geld-Token umfasst. Ebenso wie in Art. 40 Abs. 3 S. 2 erläutert die Verordnung nicht näher, welche Vorteile davon erfasst sein sollen. Einschränkend wird lediglich gefordert, dass die Nettovergütungen oder -abschläge einer **Verzinsung „gleichkommen"** müssen; damit wird eine funktionale oder wirtschaftliche Äquivalenz statuiert.

IV. Deutsches Durchführungsgesetz (KMAG-E)

14 Zur Durchführung der MiCAR wird der deutsche Gesetzgeber im Rahmen des Finanzmarktdigitalisierungsgesetzes (FinmadiG) ein Begleitgesetz in Gestalt des **Kryptomärkteaufsichtsgesetzes** (KMAG-E) erlassen.[10] In Bezug auf Art. 50 MiCAR sind insbesondere §§ 3 und 40 KMAG-E von Relevanz. In § 3 KMAG-E wird allgemein die **BaFin als zuständige (Auf-**

---

[6] Schäfer/Omlor/Mimberg/Schäfer ZAG § 3 Rn. 34 (zu sonstigem E-Geld).
[7] So bereits zur EMD2 und sonstigem E-Geld Schwennicke/Auerbach/Schwennicke ZAG § 3 Rn. 15.
[8] Schäfer/Omlor/Mimberg/Schäfer ZAG § 3 Rn. 35 (zu sonstigem E-Geld).
[9] Zur Einordnung BGH WM 2023, 1126 Rn. 26 ff. mwN.
[10] Überblick bei John/Patz BKR 2023, 849 ff.; Möslein/Rennig RDi 2024, 145 ff.

sichts-)Behörde gemäß Art. 93 Abs. 1 Satz 1 MiCAR benannt. Die Einhaltung der Pflichten aus Art. 50 MiCAR ist zudem Gegenstand der Prüfung durch den Abschlussprüfer (§ 40 Abs. 1 Satz 3 Nr. 3 Alt. 1 KMAG-E).

Artikel 51 Inhalt und Form des Kryptowerte-Whitepapers für E-Geld-Token

(1) Ein Kryptowerte-Whitepaper für einen E-Geld-Token muss alle folgenden Informationen enthalten, die in Anhang III näher präzisiert sind:
a) Informationen über den Emittenten des E-Geld-Token,
b) Informationen über den E-Geld-Token,
c) Informationen über das öffentliche Angebot des E-Geld-Token oder dessen Zulassung zum Handel,
d) Informationen über die mit dem E-Geld-Token verbundenen Rechte und Pflichten,
e) Informationen über die zugrunde liegende Technologie,
f) Informationen über die Risiken,
g) Informationen über die wichtigsten nachteiligen Auswirkungen des für die Ausgabe des E-Geld-Token verwendeten Konsensmechanismus auf das Klima und andere umweltbezogene nachteilige Auswirkungen des E-Geld-Token.

Das Kryptowerte-Whitepaper muss auch die Identität der Person enthalten, bei der es sich nicht um den Emittenten handelt, der gemäß Artikel 48 Absatz 1 Unterabsatz 2 den E-Geld-Token öffentlich anbietet oder seine Zulassung zum Handel beantragt, sowie den Grund, warum diese bestimmte Person diesen E-Geld-Token anbietet oder dessen Zulassung zum Handel beantragt.

(2) Alle in Absatz 1 aufgeführten Informationen müssen redlich und eindeutig und dürfen nicht irreführend sein. Das Kryptowerte-Whitepaper darf keine wesentlichen Auslassungen enthalten und ist in knapper und verständlicher Form vorzulegen.

(3) Das Kryptowerte-Whitepaper muss auf der ersten Seite die folgende eindeutig und deutlich erkennbare Erklärung enthalten:
„Dieses Kryptowerte-Whitepaper wurde von keiner zuständigen Behörde eines Mitgliedstaats der Europäischen Union genehmigt. Der Emittent des Kryptowerts trägt die alleinige Verantwortung für den Inhalt dieses Kryptowerte-Whitepapers."

(4) Das Kryptowerte-Whitepaper muss einen klaren Warnhinweis enthalten, dass
a) der E-Geld-Token nicht unter die Systeme für die Entschädigung der Anleger gemäß der Richtlinie 97/9/EG fällt,
b) der E-Geld-Token nicht unter die Einlagensicherungssysteme gemäß der Richtlinie 2014/49/EU fällt.

(5) Das Kryptowerte-Whitepaper enthält eine Erklärung des Leitungsorgans des Emittenten des E-Geld-Token. In dieser Erklärung, die nach der in Absatz 3 genannten Erklärung einzufügen ist, wird bestätigt, dass das Kryptowerte-Whitepaper die Anforderungen des vorliegenden Titels erfüllt, dass die in ihm enthaltenen Informationen nach bestem Wissen des Leitungsorgans vollständig, redlich, eindeutig und nicht irreführend

sind und dass das Kryptowerte-Whitepaper keine Auslassungen aufweist, die seine Aussagekraft beeinträchtigen könnten.

(6) Das Kryptowerte-Whitepaper enthält eine Zusammenfassung, die nach der in Absatz 5 genannten Erklärung eingefügt wird und in knapper und nicht fachsprachlicher Ausdrucksweise wesentliche Informationen über das öffentliche Angebot des E-Geld-Token oder über die beabsichtigte Zulassung eines solchen E-Geld-Token zum Handel liefert. Die Zusammenfassung ist in leicht verständlicher Sprache und in eindeutiger und verständlicher Form darzustellen und zu gestalten, wobei eine leserliche Schriftgröße zu verwenden ist. Die Zusammenfassung des Kryptowerte-Whitepapers bietet geeignete Informationen über die Merkmale der betreffenden Kryptowerte, um potenziellen Inhabern der Kryptowerte beim Treffen einer fundierten Entscheidung zu helfen.

Die Zusammenfassung muss einen Warnhinweis enthalten,

a) dass sie als Einführung in das Kryptowerte-Whitepaper zu lesen ist,
b) dass potenzielle Inhaber ihre Entscheidung zum Kauf des E-Geld-Token auf der Grundlage des Inhalts des gesamten Kryptowerte-Whitepapers und nicht allein auf der Grundlage der Zusammenfassung treffen sollten,
c) dass das öffentliche Angebot des E-Geld-Token kein Angebot und keine Aufforderung zum Kauf von Finanzinstrumenten darstellt und dass ein solches Angebot oder eine solche Aufforderung nur mittels eines Prospekts oder anderer Angebotsunterlagen gemäß den nationalen Rechtsvorschriften erfolgen kann,
d) dass das Kryptowerte-Whitepaper keinen Prospekt im Sinne der Verordnung (EU) 2017/1129 und kein anderes Angebotsdokument im Sinne des Unionsrecht oder des nationalen Recht darstellt.

In der Zusammenfassung ist darauf hinzuweisen, dass der Inhaber des E-Geld-Token jederzeit ein Recht auf Rücktausch zum Nennwert hat, und es sind die Bedingungen für den Rücktausch anzugeben.

(7) Das Kryptowerte-Whitepaper muss das Datum seiner Übermittlung und ein Inhaltsverzeichnis enthalten.

(8) Das Kryptowerte-Whitepaper ist in einer Amtssprache des Herkunftsmitgliedstaats oder in einer in der internationalen Finanzwelt gebräuchlichen Sprache abzufassen.

Wird der E-Geld-Token auch in einem anderen Mitgliedstaat als dem Herkunftsmitgliedstaat angeboten, so ist das Kryptowerte-Whitepaper auch in einer Amtssprache des Aufnahmemitgliedstaats oder in einer in der internationalen Finanzwelt gebräuchlichen Sprache abzufassen.

(9) Das Kryptowerte-Whitepaper ist in einem maschinenlesbaren Format zur Verfügung zu stellen.

(10) Die ESMA arbeitet in Zusammenarbeit mit der EBA Entwürfe technischer Durchführungsstandards zur Festlegung von Standardformularen, Standardformaten und Mustertexten für die Zwecke des Absatzes 9 aus.

Die ESMA übermittelt der Kommission die in Unterabsatz 1 genannten Entwürfe technischer Durchführungsstandards spätestens am 30. Juni 2024.

Der Kommission wird die Befugnis übertragen, die in Unterabsatz 1 des vorliegenden Absatzes genannten technischen Durchführungsstandards gemäß Artikel 15 der Verordnung (EU) Nr. 1095/2010 zu erlassen.

(11) Die Emittenten von E-Geld-Token müssen ihr Kryptowerte-Whitepaper der für sie zuständigen Behörde spätestens 20 Arbeitstage vor der Veröffentlichung übermitteln. Die zuständigen Behörden verlangen keine Vorabgenehmigung von Kryptowerte-Whitepapers vor ihrer Veröffentlichung.

(12) Jeder wesentliche neue Faktor, jeder wesentliche Fehler oder jede wesentliche Ungenauigkeit, der bzw. die die Bewertung des E-Geld-Token beeinträchtigen kann, ist in einem geänderten Kryptowerte-Whitepaper zu beschreiben, das die Emittenten erstellen, der zuständigen Behörde übermitteln und auf den Websites der Emittenten veröffentlichen.

(13) Bevor der E-Geld-Token in der Union öffentlich angeboten wird oder eine Zulassung des E-Geld-Token zum Handel beantragt wird, muss der Emittent des E-Geld-Token auf seiner Website ein Kryptowerte-Whitepaper veröffentlichen.

(14) Der Emittent des E-Geld-Token übermittelt der zuständigen Behörde zusammen mit der Übermittlung des Kryptowerte-Whitepapers gemäß Absatz 11 des vorliegenden Artikels die in Artikel 109 Absatz 4 genannten Informationen. Die zuständige Behörde übermittelt der ESMA innerhalb von fünf Arbeitstagen nach Eingang der Angaben des Emittenten die in Artikel 109 Absatz 4 genannten Informationen.

Die zuständige Behörde unterrichtet die ESMA ebenfalls über geänderte Kryptowerte-Whitepaper und den Entzug der Zulassung des Emittenten des E-Geld-Token.

Die ESMA stellt diese Informationen in dem Register gemäß Artikel 109 Absatz 4 ab dem Startdatum des öffentlichen Angebots oder der Zulassung zum Handel oder im Falle eines geänderten Kryptowerte-Whitepapers oder des Entzugs der Zulassung unverzüglich zur Verfügung.

(15) Die ESMA arbeitet in Zusammenarbeit mit der EBA Entwürfe technischer Regulierungsstandards für den Inhalt, die Methoden und die Darstellung der in Absatz 1 Buchstabe g genannten Informationen über die Nachhaltigkeitsindikatoren in Bezug auf nachteilige Auswirkungen auf das Klima und andere umweltbezogene nachteilige Auswirkungen aus.

Bei der Ausarbeitung der in Unterabsatz 1 genannten Entwürfe technischer Regulierungsstandards berücksichtigt die ESMA die verschiedenen Arten von Konsensmechanismen, die bei der Validierung von Transaktionen mit Kryptowerten zum Einsatz kommen, deren Anreizstrukturen und die Nutzung von Energie, Energie aus erneuerbaren Quellen und natürlichen Ressourcen, die Erzeugung von Abfällen und Treibhausgasemissionen. Die ESMA aktualisiert die technischen Regulierungsstandards unter Berücksichtigung rechtlicher und technischer Entwicklungen.

Die ESMA übermittelt der Kommission die in Unterabsatz 1 genannten Entwürfe technischer Regulierungsstandards spätestens am 30. Juni 2024.

Der Kommission wird die Befugnis übertragen, diese Verordnung durch Erlass der in Unterabsatz 1 des vorliegenden Absatzes genannten technischen Regulierungsstandards gemäß den Artikeln 10 bis 14 der Verordnung (EU) Nr. 1095/2010 zu ergänzen.

MiCAR Art. 51

Titel IV. E-Geld-Token

Übersicht

	Rn.
I. Einführung	1
1. Literatur	1
2. Entstehung und Zweck der Norm	2
II. Anwendungsbereich	5
III. Erstellung des Kryptowerte-Whitepapers	6
1. Konzeption des Kryptowerte-Whitepapers	7
2. Zuständigkeit	9
3. Inhalt	10
a) Gegenstände (Abs. 1)	10
b) Inhaltliche Darstellung (Abs. 2, 6 und 7)	13
c) Pflichthinweise	28
d) Sprache (Abs. 8)	32
e) Format (Abs. 9–10)	33
IV. Übermittlung und Veröffentlichung des Kryptowerte-Whitepapers	34
1. Chronologie (Abs. 11 und 13)	34
2. Inhalt der Übermittlung und ESMA-Register (Abs. 14)	35
3. Ort der Veröffentlichung (Abs. 13)	36
4. Aktualisierungspflicht (Abs. 12)	37
V. Technische Regulierungsstandards (Abs. 15)	39
VI. Behördliche Befugnisse und Haftung	40
VII. Deutsches Durchführungsgesetz (KMAG-E)	41

I. Einführung

1 **1. Literatur.** *Bada/Damianou/Angelopoulos/Katos,* Towards a Green Blockchain: A Review of Consensus Mechanisms and their Energy Consumption, 17th International Conference on Distributed Computing in Sensor Systems (DCOSS) 2021, S. 503; *Eigelshoven/Ullrich/Gronau,* Konsens-Algorithmen von Blockchain, Industrie 4.0 Management, 2020 (2), S. 29; *Habersack/Mülbert/Schlitt,* Unternehmensfinanzierung am Kapitalmarkt, 4. Auflage 2019; *John/Patz,* ZuFinG und FinmadiG – eine Neuordnung der Krypto-Landschaft, BKR 2023, 849; *Maume/Maute,* Rechtshandbuch Kryptowerte, 2020; *Möslein/Rennig,* Das Finanzmarktdigitalisierungsgesetz (FinmadiG) im europäischen Kontext, RDi 2024, 145; *Nathmann,* Token in der Unternehmensfinanzierung, BKR 2019, 540; *Omlor/Link,* Handbuch Kryptowerte und Token, 2. Auflage 2023.

2 **2. Entstehung und Zweck der Norm.** Die MiCAR hat **erstmals** die Pflicht zur Erstellung und Veröffentlichung eines Kryptowerte-Whitepapers im Unionsrecht erschaffen. Kryptowerte-Whitepaper stellen das bedeutsamste Instrument zur Herstellung von **Publizität** für E-Geld-Token dar. Phänomenologisch knüpft die Verordnung damit an die verbreitete Praxis an, in einem sog. Whitepaper bestimmte Eckpunkte einer Tokenemission zu veröffentlichen. Eine solche Mitteilung diente faktisch jedoch auch Marketingzwecken und unterlag keinem spezifischen Rechtsrahmen.[1] Mit dem Inkraft-

---

[1] Zur rechtlichen Einordnung und Haftung vgl. Nathmann BKR 2019, 540 (541); BaFin, Merkblatt. Zweites Hinweisschreiben zu Prospekt- und Erlaubnispflichten im Zusammenhang mit der Ausgabe sogenannter Krypto-Token, S. 1; Habersack/Mülbert/Schlitt Unternehmensfinanzierung/van Aubel in § 20 Rn. 20.49.

treten der MiCAR existiert ein gesetzlicher Rahmen für Kryptowerte-Whitepaper, die **sämtliche Arten von Kryptowerten** umfassen. Während Art. 51 E-Geld-Token adressiert, betrifft Art. 19 die vermögenswertereferenzierten Token und Art. 6 die übrigen Kryptowerte. In allen Fällen wird die Erstellung und Veröffentlichung des Kryptowerte-Whitepapers zu einer **zentralen Zulassungsvoraussetzung** erhoben (Art. 4 Abs. 1 lit. c–d, 5 Abs. 1 lit. c–d, Art. 17 Abs. 1 lit. a, 18 Abs. 2 lit. k, Art. 48 Abs. 1 UAbs. 1 lit. b).

Systematisch knüpft Art. 51 an Art. 48 Abs. 1 UAbs. 1 lit. b an, der die die Übermittlung und Veröffentlichung eines Kryptowerte-Whitepapers generell zur Voraussetzung eines öffentlichen Angebots und der Zulassung zum Handel von E-Geld-Token erhebt. Insofern ist Art. 50 Teil dieses Verbots mit Erlaubnisvorbehalt, das in Bezug auf das Kryptowerte-Whitepaper konkretisiert und **ausgestaltet** wird. **Eigenständige Pflichten** enthält allenfalls Art. 51 Abs. 12, da dort in zeitlicher Hinsicht das Szenario des erstmaligen Angebots bzw. der erstmaligen Zulassung verlassen wird. Ergänzt werden die Regelungen zum Kryptowerte-Whitepaper zum einen durch die **Haftungsanordnung** in Art. 51. Zum anderen treten die Vorgaben für **Marketingmitteilungen** in Art. 52 hinzu, da die Inhalte der Marketingmitteilungen mit dem Kryptowerte-Whitepaper abgestimmt sein sollen (Art. 53 Abs. 1 lit. c).[2]

Das Kryptowerte-Whitepaper soll als umfassendes Informationsdokument die potenziellen Nutzer von E-Geld-Token über das Wesen, die Funktionen und die Risiken spezifisch dieser Teilgruppe der Kryptowerte aufklären.[3] Im Fokus stehen auch **Kryptowerte-Kleinanleger**,[4] bei denen der Gesetzgeber von einer typischerweise im Vergleich zu professionellen Anlegern geringeren Markt- und Produktkenntnis ausgehen dürfte. Maßgeblich ist das **Leitbild eines durchschnittlich verständigen Anlegers** mit angemessener Unterrichtung und Aufmerksamkeit sowie kritischem Marktbewusstsein (→ Rn. 13). Da es sich bei E-Geld-Token um ein Zahlungsmittel handelt, ist die wahrscheinlich aus der MiFID2[5] übernommene Bezeichnung als „Anleger" unscharf; passender wäre in Anlehnung an das Zahlungsdiensterecht die Einordnung als „Nutzer". **Keine gesonderte Zielgruppe** der durch die Kryptowerte-Whitepaper angestrebten Publizität stellen **Verbraucher** dar. Insofern grenzt sich die MiCAR ausdrücklich von spezifischen Verbraucherschutzgesetzen ab.[6] Auch wird der Verbraucherschutz zwar für andere MiCAR-Instrumente erwähnt,[7] nicht aber für Kryptowerte-Whitepaper.

II. Anwendungsbereich

Der sachliche, persönliche und geographische Anwendungsbereich von Art. 51 **deckt sich mit Art. 48 Abs. 1.** Danach trifft in **persönlicher** Hinsicht die Pflicht zur Übermittlung und Veröffentlichung des Kryptowerte-Whitepapers den Emittenten, dh das Kreditinstitut oder E-Geld-Institut (→ Art. 48 Rn. 20 ff.). **Sachlich** betroffen sind das öffentliche Angebot (→ Art. 48 Rn. 7 f.) und die Zulassung zum Handel (→ Art. 48 Rn. 8) von E-Geld-Token (→ Art. 48 Rn. 9 ff.). **Geographisch** müssen diese Tätigkei-

---

[2] Erwgr. Nr. 24.
[3] Erwgr. Nr. 24.
[4] Erwgr. Nr. 24; ohne eine solche Einschränkung hingegen Erwgr. Nr. 69.
[5] RL 2014/65/EU.
[6] Erwgr. Nr. 4, 29.
[7] Erwgr. Nr. 79 f., 85, 89, 109.

MiCAR Art. 51

Titel IV. E-Geld-Token

ten in der Union ausgeübt werden (→ Art. 48 Rn. 6), wobei einer Erleichterung bei einem Bezug zur amtlichen Währung eines Mitgliedstaates gilt (→ Art. 48 Rn. 6).

III. Erstellung des Kryptowerte-Whitepapers

6 Die Phase der Erstellung des Kryptowerte-Whitepapers wird im Verordnungstext nicht gesondert behandelt, sondern vorausgesetzt. Art. 48 Abs. 1 UAbs. 1 lit. b beginnt **chronologisch** erst bei der **Übermittlung** des Kryptowerte-Whitepapers, die denklogisch dessen vorherige Erstellung erfordert. Die Pflicht zur Übermittlung und **Veröffentlichung** eines ordnungsgemäßen Kryptowerte-Whitepapers umfasst daher sachnotwendigerweise auch dessen Erstellung. Rechtliche Relevanz erlangen etwaige Fehler bei der Erstellung jedoch nicht vor der Übermittlung an die zuständige Aufsichtsbehörde.

7 **1. Konzeption des Kryptowerte-Whitepapers.** Das Kryptowerte-Whitepaper steht im Mittelpunkt der **MiCAR-Publizität für E-Geld-Token**, die daneben durch Vorgaben zu den laufenden Marketingmitteilungen (Art. 53) getragen wird. E-Geld-Token stellen keine Wertpapiere iSd ProspektVO dar[8] und unterliegen daher **keiner** entsprechenden **Prospektpflicht**. Das Kryptowerte-Whitepaper soll stattdessen verbindliche Informationen für das Publikum enthalten, die über die Website des Emittenten verbreitet werden. Zusammen mit den Anforderungen an Werbebotschaften und Marketingmaterialien (Art. 53) soll daher eine möglichst einheitliche Informationsgrundlage geschaffen werden, die auf den Kriterien der Redlichkeit, Eindeutigkeit und Nicht-Irreführung beruht (Art. 51 Abs. 2 S. 1, Art. 53 Abs. 1 lit. b).

8 Formal stellt ein Kryptowerte-Whitepaper **keinen Prospekt** iSd unionalen Prospektrechts dar (arg. e Art. 51 Abs. 6 UAbs. 2 lit. d). Damit findet insbesondere die ProspektVO[9] keine – zumindest keine unmittelbare – Anwendung auf Kryptowerte-Whitepaper. **Materiell** bestehen aber hinsichtlich ihrer Funktionen deutliche **Parallelen**. In beiden Fällen handelt es sich um kapitalmarktrechtliche Publizitätsinstrumente, die mit einer Haftung bei Fehlern, Lücken oder einem gänzlichen Fehlen versehen sind. Durch kleinteilige Vorgaben zum Informationsumfang entsteht ein formalisiertes Informationsdokument. Jedoch bestehen in der technischen Umsetzung sichtbare **Unterschiede** zum klassischen Prospektrecht. Eher nachrangig erscheint unterschiedliche der Veröffentlichungsort. Während bei Prospekten eine gesetzliche Liste mit verschiedenen Websites existiert (Art. 21 Abs. 2 ProspektVO), muss das Kryptowerte-Whitepaper zwingend auf der Website des Emittenten veröffentlicht werden (Art. 51 Abs. 13). Von Gewicht ist hingegen, dass ein Prospekt zunächst von der zuständigen Aufsichtsbehörde geprüft und gebilligt wird (Art. 20 ProspektVO), ein Kryptowerte-Whitepaper hingegen nicht (arg. e Art. 51 Abs. 3).

9 **2. Zuständigkeit.** Für die Erstellung, Übermittlung und Veröffentlichung des Kryptowerte-Whitepapers ist der **Emittent** der betroffenen E-Geld-Token verantwortlich. Diese Zuständigkeitsregelung wird von Art. 51 vorausgesetzt und schlägt sich verschiedentlich in dessen Wortlaut nieder. Letzt-

---

[8] Zum Ausschluss von Zahlungsinstrumenten vgl. Groß KapMarktR WpPG § 2 Rn. 2.
[9] VO (EU) 2017/1129.

lich basiert sie jedoch auf Art. 48 Abs. 1 UAbs. 1 lit. b. Daran zeigt sich erneut die systematische Verknüpfung zwischen dem Verbot mit Erlaubnisvorbehalt in Art. 48 Abs. 1 und der Ausgestaltung des Kryptowerte-Whitepapers in Art. 51. An der exklusiven Zuständigkeit des Emittenten ändert sich auch dann nichts, wenn eine **andere Person** mit Zustimmung des Emittenten das öffentliche Angebot oder die Zulassung zum Handel betreibt (Art. 48 Abs. 1 UAbs. 2). Im Gegenteil erstreckt sich die Publizität des Kryptowerte-Whitepapers auch auf diese Delegation (Art. 51 Abs. 1 UAbs. 2).

3. **Inhalt. a) Gegenstände (Abs. 1).** Die Informationsgegenstände des Kryptowerte-Whitepapers werden in Art. 51 Abs. 1 aufgelistet. Anhang III präzisiert die einzelnen Vorgaben **verbindlich und abschließend.** Anders als im Prospektrecht (Art. 13 ProspektVO) genügt daher bei Änderungen an den Informationsgegenständen keine Anpassung einer delegierten Verordnung, sondern es bedarf einer Änderung unmittelbar der MiCAR in einem umfangreichen Gesetzgebungsverfahren. Übergreifend sollen alle Informationen erfasst sein, die für eine **fundierte Kaufentscheidung** und das **Verständnis** der damit verbundenen **Risiken** erforderlich sind.[10] Begrenzend wirkt bei der Auslegung von Anhang III die Zielsetzung, unvorhersehbare *und* höchstwahrscheinlich nicht eintretende Risiken nicht darzustellen.[11] Im Umkehrschluss müssen lediglich **wahrscheinlich nicht eintretende Risiken** in das Kryptowerte-Whitepaper aufgenommen werden. Auch eine Unvorhersehbarkeit als solche genügt allein nicht, sofern damit nicht zugleich eine sehr geringe Wahrscheinlichkeit des Risikoeintritts verbunden ist (Erwgr. Nr. 24: „und"). Diese teleologischen Erwägungen fließen in die Auslegung von Anhang III mit ein. 10

Zur Einhaltung der gesetzlichen Anforderungen genügt die Angabe der in Art. 51 Abs. 1 genannten Informationen. Dennoch ist es nicht generell ausgeschlossen, **weitere Angaben** hinzuzufügen, ohne dass eine entsprechende Pflicht bestünde. Allerdings wirkt deutlich begrenzend, dass das Kryptowerte-Whitepaper „in knapper... Form" (Art. 51 Abs. 2 S. 2, → Rn. 20 ff.) zu erstellen ist. 11

Gesondert aufgeführt sind nähere Angaben zu einer **Delegation** nach Art. 48 Abs. 1 UAbs. 2. In das Kryptowerte-Whitepaper müssen die **Identität** der anderen Person, die nicht Emittent ist, und der **Grund** der Delegation einbezogen werden. Hinsichtlich des Grundes stellt die MiCAR keine inhaltlichen Vorgaben auf. Gefordert ist lediglich eine schriftliche Zustimmung des Emittenten (→ Art. 48 Rn. 31). Insofern geht es bei dieser Offenlegung lediglich um Publizität und Nachvollziehbarkeit, nicht um eine inhaltliche Prüfbarkeit durch die Aufsichtsbehörde. 12

b) Inhaltliche Darstellung (Abs. 2, 6 und 7). aa) Anlegerleitbild. In Anlehnung an Art. 44 Abs. 2 lit. d VO (EU) 2017/565 bemisst sich die Erfüllung der Anforderungen an Informationen nach der Sicht eines **durchschnittlichen Anlegers aus der angesprochenen Zielgruppe.**[12] Ein solcher Anleger verfügt zwar im Regelfall nicht über ein ausgeprägtes Fachwissen. Allerdings kann davon ausgegangen werden, dass er **angemes-** 13

---

[10] Erwgr. Nr. 69.
[11] Erwgr. Nr. 24.
[12] Ebenso zur MiFID2 Heidel/Schäfer WpHG § 63 Rn. 100; BeckOK WpHR/Poelzig, 12. Ed. 1.4.2024, WpHG § 63 Rn. 133, jeweils mwN.

MiCAR Art. 51

sen unterrichtet und aufmerksam sowie kritisch ist.[13] Insofern hängt die Informationstiefe auch von der Komplexität des Produkts ab. Speziell bei Kryptowerten ist weiterhin relevant, inwieweit die jeweilige Anlegergruppe eine Vertrautheit mit deren technologischen, rechtlichen und ökonomischen Besonderheiten bereits aufgebaut hat.

14 **bb) Redlich, eindeutig, nicht irreführend (Abs. 2 Satz 1). (1) Überblick und Systematik.** Die MiCAR verwendet in verschiedenen Zusammenhängen das Erfordernis, bestimmte Informationen müssten redlich, eindeutig und nicht irreführend sein (zB Art. 6 Abs. 2 S. 1, Abs. 6 S. 2, Art. 7 Abs. 1 UAbs. 1 lit. b, Art. 14 Abs. 1 UAbs. 1 lit. b, Art. 19 Abs. 2 S. 1, Art. 27 Abs. 1, Art. 29 Abs. 1 lit. b). Teilweise werden die identischen Anforderungen lediglich negativ formuliert (zB Art. 15 Abs. 3–4, Art. 26 Abs. 1 und 3). Zum Inhalt dieser Kriterien äußert sich die MiCAR jedoch an keiner Stelle. Auch die Erwägungsgründe beschränken sich auf eine wiederholende Wiedergabe des Verordnungstextes (zB Erwgr. Nr. 24).

15 Die Vorgabe bedarf daher einer **systematischen und teleologischen Auslegung** vorrangig innerhalb der MiCAR. Übergreifend steht die Zielsetzung, eine fundierte Kaufentscheidung und ein angemessenes Risikoverständnis zu ermöglichen (→ Rn. 10), wobei auch den besonderen Bedürfnissen von Kryptowerte-Kleinanlegern Rechnung zu tragen ist (→ Rn. 4). Demgegenüber stellt die MiCAR nicht auf den Verständnishorizont eines informierten Durchschnittsverbrauchers ab. Begrenzend wirkt die teilweise **gegenläufige Anforderung einer knappen** (und verständlichen) **Form**, die ebenfalls in Abs. 2 und damit in engem Regelungszusammenhang aufgestellt wird.

16 Soweit keine Wertungen der MiCAR entgegenstehen, kann **ergänzend** auf die Begrifflichkeiten der **MiFID2**[14] zurückgegriffen werden. Art. 24 Abs. 3 MiFID2 zählt zu den Bedingungen für die Ausübung der Tätigkeit von Wertpapierfirmen, dass alle Informationen an Kunden oder potenzielle Kunden „redlich, eindeutig und nicht irreführend" sind. Umgesetzt wurde diese unionsrechtliche Anforderung in § 63 Abs. 6 S. 1 WpHG. Die Vorgaben aus Art. 24 Abs. 3 MiFID2 werden durch Art. 44 VO (EU) 2017/565 konkretisiert; auch diese Präzisierung in der **delegierten Verordnung** kann als Auslegungshilfe für Art. 51 Abs. 2 dienen.

17 **(2) Redlichkeit.** Das Merkmal der Redlichkeit bestimmt sich nach **objektiver** Würdigung, nicht nach der subjektiven Beurteilung durch den Emittenten.[15] Vorzunehmen ist eine **Gesamtbetrachtung** aller erteilten Informationen.[16] Im Kern geht es darum, ob die Information **sachlich zutreffend** war.[17] Ausnahmsweise kann aber auch eine sachlich unzutreffende Information redlich sein, wenn sich der Emittent mit der Sorgfalt eines ordentlichen Kaufmanns auf eine als zuverlässig eingestufte Fachquelle verlassen hat.[18]

---

[13] Ebenso zur MiFID2 BeckOK WpHR/Poelzig, 12. Ed. 1.4.2024, WpHG § 63 Rn. 133; Fuchs/Fleischer WpHG § 20a Rn. 26, Vor §§ 31 ff. Rn. 87.

[14] RL 2014/65/EU.

[15] Ebenso zu § 63 Abs. 6 S. 1 WpHG Schwark/Zimmer/Rothenhöfer WpHG § 63 Rn. 164; Heidel/Schäfer WpHG § 63 Rn. 97, jeweils mwN.

[16] Ebenso zu § 63 Abs. 6 S. 1 WpHG Schwark/Zimmer/Rothenhöfer WpHG § 63 Rn. 164 mwN.

[17] Ebenso zu § 63 Abs. 6 S. 1 WpHG Assmann/Schneider/Mülbert/Beule WpHG § 63 Rn. 63.

[18] Ebenso zu § 63 Abs. 6 S. 1 WpHG Schwark/Zimmer/Rothenhöfer WpHG § 63 Rn. 165; Heidel/Schäfer WpHG § 63 Rn. 97.

(3) Eindeutigkeit. Eine Information ist eindeutig, wenn sie **klar, verständlich und vollständig** erteilt wird.[19] Innere Widersprüche in der Aussage stehen einer Eindeutigkeit entgegen. Um hinreichend klar zu sein, müssen vermeidbare Auslegungsunschärfen der Information beseitigt werden. Vollständig ist die Information, wenn sie keine wesentlichen Auslassungen enthält (Art. 51 Abs. 2 S. 2).   18

(4) Keine Irreführung. Auch das Erfordernis, nicht irreführend zu wirken, ist **objektiv** zu bestimmen.[20] Es kommt nicht darauf an, ob die Irreführung tatsächlich erfolgt ist, sondern ob die Information objektiv dazu geeignet war. Bei den Anlegern darf **keine Fehlvorstellung über Tatsachen hervorgerufen** werden.[21] In Anlehnung an Art. 44 Abs. 2 lit. e VO (EU) 2017/565 dürfen die Informationen nicht durch begleitende Aussagen verschleiert oder abgeschwächt werden. Ergänzend kann auf die aus § 5 UWG folgenden Maßstäbe an eine Irreführung zurückgegriffen werden.[22]   19

cc) Knappe und verständliche Form (Abs. 2 Satz 2). Während sich das Erfordernis einer redlichen, eindeutigen und nicht irreführenden Information nach dem Wortlaut von Art. 51 Abs. 2 S. 1 spezifisch auf jede erteilte Information zu beziehen scheint, nimmt der nachfolgende Satz 2 das **gesamte Kryptowerte-Whitepaper** in den Blick. Dieser scheinbare Kontrast wird dadurch entschärft, dass auch im ersten Satz eine Gesamtbetrachtung aller erteilten Informationen vorzunehmen ist (→ Rn. 17). Insofern überschneiden sich die Anwendungsbereiche beider Sätze von Art. 51 Abs. 2 erheblich, wenn nicht sogar weitgehend bis vollständig.   20

Sowohl das Verbot wesentlicher Auslassungen als auch die Verständlichkeit des Kryptowerte-Whitepapers spiegeln sich zugleich in den Grundsätzen aus dem **vorherigen Satz.** Insofern liegt teilweise eine **Wiederholung und Verstärkung** vor. Einer unvollständigen Information droht die Einstufung als nicht eindeutig oder irreführend. Gerade bei einer wesentlichen Auslassung liegt regelmäßig eine nicht eindeutige Information vor.   21

Eine **normative Eigenständigkeit** kommt hingegen dem Gebot der **knappen Form** zu. Zwar lässt sich an der Verständlichkeit zweifeln, wenn eine Überinformation **(information overload)** erfolgt.[23] Allerdings reicht der Regelungsgehalt deutlich darüber hinaus. Ausgegeben wird das **Ziel maximaler Prägnanz.** Gemessen wird dabei quantitativ und qualitativ. Damit wird der Umfang der Informationspflichten auf ein für den Adressaten erfassbares Maß begrenzt. Die sprachliche Verbindung als „knapp und verständlich" zeigt zudem, dass die Knappheit der Verständlichkeit dient.   22

dd) Zusammenfassung (Abs. 6). Um der Gefahr eines „information overload" zu begegnen und eine effektive Information des Publikums zu erleichtern, beginnt das Kryptowerte-Whitepaper – direkt nach der Pflicht-   23

---

[19] Ähnlich zu § 63 Abs. 6 S. 1 WpHG BeckOK WpHR/Poelzig, 12. Ed. 1.4.2024, WpHG § 63 Rn. 134; Schwark/Zimmer/Rothenhöfer WpHG § 63 Rn. 169.
[20] Ebenso zu § 63 Abs. 6 S. 1 WpHG Assmann/Schneider/Mülbert/Beule WpHG § 63 Rn. 62.
[21] Ebenso zu § 63 Abs. 6 S. 1 WpHG Heidel/Schäfer WpHG § 63 Rn. 99.
[22] Dazu weiterführend Köhler/Bornkamm/Feddersen/Bornkamm/Feddersen UWG § 5 Rn. 1.51 ff.; MüKoUWG/Ruess UWG § 5 Rn. 145 ff.; BeckOK UWG/Rehart/Ruhl/Isele, 25. Ed. 1.7.2024, UWG § 5 Rn. 61 ff.
[23] Ebenso zu § 63 Abs. 6 S. 1 WpHG Assmann/Schneider/Mülbert/Beule WpHG § 63 Rn. 66.

erklärung des Leitungsorgans nach Art. 51 Abs. 5 (→ Rn. 31) – mit einer verpflichtenden und formalisierten Zusammenfassung über seinen **wesentlichen Inhalt**. Nur teilweise ist festgelegt, worin der wesentliche Inhalt besteht. Zwingend sind erstens Angaben zu den **Merkmalen der betreffenden Kryptowerte** (Art. 51 Abs. 6 UAbs. 1 S. 3), wie sie auch nach Anhang III Teil B Nr. 2 vorgeschrieben sind. Zweitens bedarf es eines Hinweises auf das **Rücktauschrecht** und einer Angabe der entsprechenden Bedingungen (Art. 51 Abs. 6 UAbs. 3).[24] Im Übrigen sollte sich der wesentliche Inhalt vor allem an den Gegenständen nach Anhang III Teil C, D und F orientieren.

24   Nicht zu den wesentlichen Inhalten ieS gehört der **Warnhinweis**, der durch Art. 51 Abs. 6 UAbs. 2 weitgehend vorformuliert ist. Einer textlichen Umformulierung oder deutlichen Erweiterung bedarf es nicht. Im Gegenteil könnte eine zu umfangreiche Einrahmung des Warnhinweises zu einer Verschleierung führen, so dass er nicht mehr hinreichend eindeutig und verständlich dargeboten wäre. Inhaltlich stellt der Warnhinweis die **Abgrenzung zur MiFID2** durch die Ausnahme für Finanzinstrumente (Art. 2 Abs. 4 lit. a) **und zum Prospektrecht** klar.

25   In ihrer **Form** unterliegt die Zusammenfassung **teilweise abweichenden** Vorgaben gegenüber dem sonstigen Inhalt des Kryptowerte-Whitepapers. Parallelen zu Art. 51 Abs. 2 bestehen insofern, als die Zusammenfassung in knapper, eindeutiger und verständlicher Form zu gestalten ist. Abweichend wird zudem eine „nicht fachsprachliche" und „leicht verständliche" Formulierung vorgeschrieben. Dadurch soll insbesondere Kryptowerte-Kleinanlegern eine **grobe Erstorientierung** auch ohne fachkundige Unterstützung durch Dritte eröffnet werden. Die **Grenze** zwischen einer Fachsprache und dem allgemeinen Sprachgebrauch ist jedoch **fließend.** Auch besteht ein **Spannungsverhältnis** mit der Eindeutigkeit der Angaben, das es im Einzelfall aufzulösen gilt. Die **Lesbarkeit** der Schriftgröße wird nicht näher definiert, bedarf einer objektiv-überindividuellen Auslegung und ist im Streitfall einem Sachverständigenbeweis zugänglich.

26   ee) **Datum und Inhaltsverzeichnis (Abs. 7).** Die Beifügung des **Datums** der Übermittlung steht in systematischem Zusammenhang mit der **Frist von 20 Arbeitstagen** nach Abs. 11 UAbs. 1. Insofern dient es vor allem der Dokumentation des ordnungsgemäßen Verfahrens hinsichtlich der Chronologie von Erstellung, Übermittlung und Veröffentlichung. Für die Anleger ist es nur von nachrangiger Relevanz.

27   Das Erfordernis eines **Inhaltsverzeichnisses** dient der **Verständlichkeit und Eindeutigkeit** der Informationen. Daher besteht ein enger systematischer Zusammenhang mit den Grundsätzen aus Abs. 2. Zur genauen Ausgestaltung des Inhaltsverzeichnisses schweigt die MiCAR. Insofern besteht im Rahmen der allgemeinen Anforderungen (insbesondere aus Abs. 2) ein **Gestaltungsspielraum,** der sich u. a. auf die Anzahl der Gliederungsebenen bezieht.

28   **c) Pflichthinweise. aa) Erklärung zur fehlenden Genehmigung (Abs. 3).** In **Abgrenzung zum Prospekt** nach Art. 20 ProspektVO[25] bedarf das Kryptowerte-Whitepaper keiner vorherigen Prüfung und Geneh-

---

[24] Erwgr. Nr. 69 Satz 2.
[25] VO (EU) Nr. 2017/1129.

migung durch die zuständige Aufsichtsbehörde. Um etwaigen Fehlvorstellungen des Publikums entgegenzuwirken, zwingt Art. 51 Abs. 3 zu einem verpflichtenden Hinweis. Die Übernahme der gesetzlichen **Formulierung** ist **obligatorisch**. Eine auch nur geringe Abweichung wird nicht zugelassen.

bb) Warnhinweis (Abs. 4). E-Geld-Token unterfallen nicht der Richt- 29 linie 97/9/EG über Systeme für die **Entschädigung der Anleger** noch der **Einlagensicherungsrichtlinie**[26]. Darauf muss in der durch Art. 51 Abs. 2 vorgeschriebenen Form (→ Rn. 20 ff.) hingewiesen werden. Der Hinweis muss sich nach dem eindeutigen Wortlaut nicht auf die nationalen Umsetzungsregelungen erstrecken (zB EinSiG), um ein einheitliches Kryptowerte-Whitepaper auch grenzüberschreitend im Binnenmarkt – unter Wahrung des Spracherfordernisses nach Abs. 8 – verwenden zu können. Den genauen Standort dieses Warnhinweises innerhalb des Kryptowerte-Whitepapers legt Art. 51 Abs. 4 nicht fest.

Aufschlussreich ist in systematischer Auslegung, worauf sich der Warnhin- 30 weis *nicht* erstreckt. In **Abgrenzung zu vermögenswertereferenzierten Token** sieht der Gesetzgeber keinen Aufklärungsbedarf hinsichtlich eines vollständigen oder teilweisen Wertverlusts, einer nicht durchgängigen Übertragbarkeit und einer fehlenden Liquidität von E-Geld-Token (arg. e Art. 19 Abs. 4 lit. a–c). Daraus lässt sich nicht zwingend folgern, dass diese Risiken bei E-Geld-Token vollständig nicht bestehen. Jedenfalls sieht der Gesetzgeber sie als allenfalls in vernachlässigbarem Umfang existent an.

cc) Erklärung des Leitungsorgans (Abs. 5). Die Konformitätserklärung 31 des Leitungsorgans nach Art. 51 Abs. 5 sichert dogmatisch die **Außenhaftung nach Art. 52** für fehlerhafte Kryptowerte-Whitepaper ab. Auch insofern dient das unionale **Prospektrecht als Vorbild,** da Art. 11 Abs. 1 S. 2 Hs. 2 ProspektVO eine vergleichbare Erklärungspflicht vorsieht. Die Formulierung der Erklärung ist anders als nach Abs. 3 nicht vorgegeben, sollte sich aber eng an Abs. 5 Satz 2 anlehnen. Inhaltlich wird die Einhaltung der Vorgaben nach dem Titel IV durch das Kryptowerte-Whitepaper „nach bestem Wissen des Leitungsorgans" bestätigt. Die Aufzählung der einzelnen Anforderungen im Verordnungstext ist lediglich erläuternder Natur und spiegelt die Vorgaben aus Abs. 2.

d) Sprache (Abs. 8). Die **Amtssprachen** der Europäischen Union legt 32 die mehrfach angepasste **Verordnung Nr. 1** zur Regelung der Sprachenfrage für die Europäische Wirtschaftsgemeinschaft[27] fest. Als in der internationalen Finanzwelt gebräuchliche Sprache, die nach dem Wortlaut nicht notwendig auch eine Amtssprache sein muss, gilt gegenwärtig ausschließlich **Englisch.**[28] Diese Sprache ist auch ausreichend, wenn der E-Geld-Token außerhalb des Herkunftsmitgliedstaats (Art. 3 Abs. 1 Nr. 33 lit. e) angeboten wird. Damit kann im gesamten Binnenmarkt ein auch sprachlich einheitliches Kryptowerte-Whitepaper verwendet werden.

e) Format (Abs. 9–10). Ebenso wie auch die anderen Kryptowerte-Whi- 33 tepaper (vgl. Art. 6 Abs. 10–11, Art. 19 Abs. 9–10) muss auch das Kryptowerte-Whitepaper für E-Geld-Token in **maschinenlesbarer Form** zur

---

[26] RL 2014/49/EU.
[27] IdF der VO (EU) Nr. 517/2013.
[28] Erwgr. Nr. 25 Satz 2.

Verfügung gestellt werden. Standardformulare, -formate und Mustertexte darf die Kommission nach Entwürfen von ESMA und EBA in einer delegierten Verordnung festlegen. **Diese technischen Durchführungsstandards** können auch erst nach Anwendbarkeit von Titel IV erlassen werden (vgl. Art. 51 Abs. 10 UAbs. 2, Art. 149 Abs. 3).

IV. Übermittlung und Veröffentlichung des Kryptowerte-Whitepapers

34   1. **Chronologie (Abs. 11 und 13).** Zum Prozess der **Erstellung** des Kryptowerte-Whitepapers äußert sich Art. 51 nur mittelbar (→ Rn. 6). Zeitliche Vorgaben gelten erst für die Übermittlung an die zuständige Aufsichtsbehörde und die anschließende Veröffentlichung durch den Emittenten. Zwischen der Übermittlung und der Veröffentlichung des Kryptowerte-Whitepapers müssen mindestens **20 Arbeitstage** liegen. In dieser Zeit kann die zuständige Behörde das Kryptowerte-Whitepaper rechtlich prüfen. Jedoch bedarf es **keiner Genehmigung** oder sonstigen Freigabe durch die Behörde, wie Abs. 11 UAbs. 2 klarstellt. Zwischen der Veröffentlichung und der Aufnahme der zulassungspflichtigen Tätigkeit iSd Art. 48 Abs. 1 UAbs. 1 muss hingegen lediglich eine **juristische Sekunde** liegen (Art. 51 Abs. 13: „Bevor...“). Für die in Abs. 11 und 13 genannten Fristen ist es irrelevant, ob und wann die Registerangaben iSv Art. 109 Abs. 4 übermittelt werden (arg. e Abs. 14 UAbs. 1 Satz 1).

35   2. **Inhalt der Übermittlung und ESMA-Register (Abs. 14).** Durch den Emittenten an die zuständige Behörde sind das Kryptowerte-Whitepaper nach Maßgabe der Abs. 1–10 und die für das ESMA-Register erforderlichen Angaben nach Art. 109 Abs. 4 zu übermitteln. Hinsichtlich dieser Registerangaben trifft die zuständige Behörde eine **Weiterleitungspflicht** an die ESMA, die innerhalb von fünf Arbeitstagen nach Eingang zu erfüllen ist. Miterfasst davon sind auch nachträgliche Änderungen am Kryptowerte-Whitepaper, das nach Abs. 12 zu übermitteln ist, und der Entzug der Zulassung des Emittenten (Abs. 14 UAbs. 2). Als Zulassung in diesem Sinne sind die von Art. 48 Abs. 1 UAbs. 1 lit. a inkorporierten Zulassungen als Kreditinstitut oder E-Geld-Institut erfasst. **Systematisch** handelt es sich um **Konkretisierungen** zur allgemeinen Kooperationspflicht der zuständigen Behörden mit der ESMA aus Art. 109 Abs. 1 UAbs. 2 S. 2 UAbs. 3, Abs. 6. Auch die Veröffentlichungspflicht der ESMA nach Art. 51 Abs. 14 UAbs. 3 spezifiziert lediglich die allgemeinen Vorgaben aus Art. 109 Abs. 1 UAbs. 2 S. 1.

36   3. **Ort der Veröffentlichung (Abs. 13).** Die finale Veröffentlichung des zuvor an die zuständige Behörde übermittelten Kryptowerte-Whitepapers liegt in der **Zuständigkeit des Emittenten,** nicht der Behörde. Auf seiner **Website** hat die Veröffentlichung zu erfolgen. Besondere Anforderungen an die Website und die Platzierung des Kryptowerte-Whitepapers formuliert Art. 51 Abs. 13 nicht. Nach Sinn und Zweck der Veröffentlichung hat der Emittent aber eine unkomplexe Auffindbarkeit durch den maßgeblichen Adressatenkreis (zum Anlegerleitbild → Rn. 13) sicherzustellen. Der Emittent darf **keine Änderungen** am Kryptowerte-Whitepaper vornehmen, das er zuvor übermittelt hatte, sofern nicht die zuständige Behörde solche Änderungen verlangt hat (Art. 94 Abs. 1 lit. i). Ansonsten muss das Verfahren nach Art. 51 Abs. 11 neu starten.

4. Aktualisierungspflicht (Abs. 12). Der Emittent muss eigeninitiativ die **Aktualität** seines Kryptowerte-Whitepapers **fortlaufend überwachen.** Dabei handelt es sich allerdings lediglich um eine – zivilrechtlich formuliert – Obliegenheit im Eigeninteresse. Zur Pflicht erhebt Art. 51 Abs. 12 erst die daran anknüpfende Erstellung, Übermittlung und Veröffentlichung des angepassten Kryptowerte-Whitepapers. 37

Die Aktualisierungspflicht besteht nicht nur bei **nachträglichen Änderungen** der für den Inhalt relevanten Daten, sondern auch bei einer bereits **anfänglichen Fehlerhaftigkeit,** die lediglich erst nachträglich bemerkt wird. Um eine gewisse Konstanz zu bewahren, bedarf es einer **Wesentlichkeit** der Änderungen oder des Fehlers, um eine Aktualisierungspflicht auszulösen. Regelmäßig als wesentlich sind die Angaben in der Zusammenfassung (Abs. 6) anzusehen, denen die MiCAR ein hohes Gewicht zuschreibt. Auch Fehler bei den Pflichtangaben nach den Abs. 3–5 überschreiten im Regelfall die Schwelle zur Wesentlichkeit. 38

V. Technische Regulierungsstandards (Abs. 15)

Spezifisch für die Darstellung der **Nachhaltigkeitsindikatoren** im Kryptowerte-Whitepaper erstellt die ESMA zusammen mit der EBA technische Regulierungsstandards, die sodann von der Kommission erlassen werden. Im Fokus steht dabei der für die E-Geld-Token verwendete **Konsensmechanismus** (Art. 3 Abs. 1 Nr. 3). Den entstehungsgeschichtlichen Hintergrund dieser Publizitätskomponente bilden rechtspolitische Debatten im Gesetzgebungsverfahren, ob das namentlich im Bitcoin-Netzwerk verwendete **Proof-of-Work**-Verfahren[29] generell verboten werden sollte.[30] Im Vergleich zu anderen Konsensmechanismen wie namentlich **Proof-of-Stake**[31] liegt der Energieverbrauch deutlich höher, weil eine Vielzahl von ansonsten nutzlosen Rechenoperationen durchgeführt werden muss.[32] 39

VI. Behördliche Befugnisse und Haftung

Die in Art. 51 vielfach genannte „zuständige Behörde" stellt in Abgrenzung zur EBA und ESMA eine **Behörde der Mitgliedstaaten** dar. Welche Behörde in den jeweiligen Mitgliedstaaten zuständig ist, legen diese fest und **benennen** sie sodann nach Art. 93 Abs. 1 S. 1. In Deutschland handelt es sich nach § 3 KMAG-E um die Bundesanstalt für Finanzdienstleistungsaufsicht (BaFin). 40

---

[29] Einzelheiten bei Omlor/Link Kryptowährungen/Siegel Kap. 3 Rn. 24 ff.
[30] Erwgr. Nr. 7. Standpunkt des Europäischen Parlaments festgelegt in erster Lesung am 20.4.2023 im Hinblick auf den Erlass der Verordnung (EU) 2023/1114 des Europäischen Parlaments und des Rates über Märkte für Kryptowerte und zur Änderung der Verordnungen (EU) Nr. 1093/2010 und (EU) Nr. 1095/2010 sowie der Richtlinien 2013/36/EU und (EU) 2019/1937, 20.4.2023, EP-PE_TC1-COD(2020)0265.
[31] Überblick bei Omlor/Link Kryptowährungen/Siegel Kap. 3 Rn. 94 ff.
[32] Zum Energieverbrauch je nach Konsensmechanismus vgl. Maume/Maute Kryptowerte-HdB/Gschnaidtner § 2 Rn. 85 ff.; Deutscher Bundestag, Dokumentation Energieverbrauch von Kryptowährungen, 25.3.2022, Az. WD 5 – 3000 – 043/22, verfügbar unter https://www.bundestag.de/resource/blob/894044/1e5bfad6ca73dee5558a9eae40a4a711/WD-5-043-22-pdf-data.pdf; Eigelshoven/Ullrich/Gronau, Konsens-Algorithmen von Blockchain. Industrie 4.0 Management, 2020 (2), S. 29, verfügbar unter https://library.gito.de/wp-content/uploads/2021/08/eigelshoven-IM2020-1.pdf; Bada/Damianou/Angelopoulos/Katos, Towards a Green Blockchain: A Review of Consensus Mechanisms and their Energy Consumption, 17th International Conference on Distributed Computing in Sensor Systems (DCOSS) 2021, S. 503 ff.

MiCAR Art. 52 Titel IV. E-Geld-Token

Für das Kryptowerte-Whitepaper sind insbesondere ihre Befugnisse nach Art. 94 Abs. 1 lit. i und k, aber auch lit. l–o von Bedeutung. Etwaige Sanktionen richten sich nach den allgemeinen Regeln von Titel VII Kapitel 3 und 4. Die **zivilrechtliche Haftung** ist in Art. 52 gesondert geregelt.

VII. Deutsches Durchführungsgesetz (KMAG-E)

41 Zur Durchführung der MiCAR wird der deutsche Gesetzgeber im Rahmen des Finanzmarktdigitalisierungsgesetzes (FinmadiG) ein Begleitgesetz in Gestalt des **Kryptomärkteaufsichtsgesetzes** (KMAG-E) erlassen.[33] In Bezug auf Art. 51 MiCAR sind insbesondere §§ 3, 16 und 40 KMAG-E von Relevanz. Die nach § 3 KMAG-E zur zuständigen (Aufsichts-)Behörde erklärte **BaFin** erhält durch § 16 KMAG-E besondere Befugnisse in Bezug auf Kryptowerte-Whitepaper. Danach kann sie die **Änderung oder Ergänzung** eines Kryptowerte-Whitepapers verlangen. Adressaten dieses Verlangens können sowohl die Anbieter und Antragssteller i. S. d. Art. 48 Abs. 1 MiCAR als auch die Betreiber von Handelsplattformen für Kryptowerte i. S. d. Art. 3 Abs. 1 Nr. 16 lit. b MiCAR sein. § 16 Abs. 1–2 KMAG-E dient der Durchführung von Art. 94 Abs. 1 lit. i und k MiCAR.[34] Die Einhaltung der Pflichten aus Art. 51 MiCAR ist zudem Gegenstand der Prüfung durch den **Abschlussprüfer** (§ 40 Abs. 1 Satz 3 Nr. 3 Alt. 1 KMAG-E).

Artikel 52 Haftung von Emittenten von E-Geld-Token für die in einem Kryptowerte-Whitepaper enthaltenen Informationen

(1) Hat ein Emittent eines E-Geld-Token gegen Artikel 51 verstoßen, indem er in einem Kryptowerte-Whitepaper oder in einem geänderten Kryptowerte-Whitepaper unvollständige, unredliche, nicht eindeutige oder irreführende Informationen zur Verfügung gestellt hat, so sind der Emittent und die Mitglieder seines Verwaltungs-, Leitungs- oder Aufsichtsorgans einem Inhaber solcher E-Geld-Token für aufgrund dieses Verstoßes erlittene Verluste haftbar.

(2) Ein vertraglicher Ausschluss oder eine vertragliche Beschränkung der zivilrechtlichen Haftung gemäß Unterabsatz 1 hat keine Rechtswirkung.

(3) Es obliegt den Inhabern des E-Geld-Token, den Nachweis dafür zu erbringen, dass der Emittent dieses E-Geld-Token gegen Artikel 51 verstoßen hat, indem er in seinem Kryptowerte-Whitepaper oder in einem geänderten Kryptowerte-Whitepaper unvollständige, unredliche, nicht eindeutige oder irreführende Informationen zur Verfügung gestellt hat, und sich das Verlassen auf diese Informationen auf die Entscheidung des Inhabers, diesen E-Geld-Token zu kaufen, zu verkaufen oder zu tauschen, ausgewirkt hat.

(4) Der Emittent und die Mitglieder seines Verwaltungs-, Leitungs- oder Aufsichtsorgans haften nicht für Verluste, die durch den Verlass auf Informationen entstehen, die in einer Zusammenfassung gemäß Artikel 51 Absatz 6, einschließlich deren Übersetzung, zur Verfügung gestellt werden, es sei denn, die Zusammenfassung

---

[33] Überblick bei John/Patz BKR 2023, 849 ff.; Möslein/Rennig RDi 2024, 145 ff.
[34] BT-Drucks. 20/10340, S. 141 f.

a) ist, wenn sie zusammen mit den anderen Teilen des Kryptowerte-Whitepapers gelesen wird, irreführend, unrichtig oder widersprüchlich oder

b) enthält, wenn sie zusammen mit den anderen Teilen des Kryptowerte-Whitepapers gelesen wird, nicht die wesentlichen Informationen, die potenziellen Inhabern bei der Entscheidung über den Kauf solcher E-Geld-Token helfen sollen.

(5) Dieser Artikel lässt jede sonstige zivilrechtliche Haftung gemäß dem nationalen Recht unberührt.

Übersicht

	Rn.
I. Einführung	1
1. Literatur	1
2. Entstehung und Zweck der Norm	2
II. Anwendungsbereich	3
III. Whitepaperhaftung	4
1. Einordnung	4
2. Gläubiger und Schuldner	6
3. Pflichtverletzung	7
4. Verschulden	10
5. Beweislast (Abs. 3)	11
6. Vertragliche Abweichungen (Abs. 2)	12
7. Verjährung	13
8. Schaden	14
IV. Verhältnis zum mitgliedstaatlichen Zivilrecht (Abs. 5)	15

I. Einführung

1. Literatur. *Assmann/Schütze/Buck-Heeb,* Handbuch des Kapitalanlagerechts, 6. Auflage 2024; *Maume,* Die Verordnung über Märkte für Kryptowerte (MiCAR), RDi 2022 461; *Omlor,* Publizität auf Kryptomärkten: MiCAR-Prospektrecht für Zahlungstoken, ZdiW 2023, 131; *Schwark/Zimmer,* Kapitalmarktrechts-Kommentar, 5. Auflage 2020; *Zickgraf,* Primärmarktpublizität in der Verordnung über die Märkte für Kryptowerte (MiCAR) – Teil 2, BKR 2021, 362. **1**

2. Entstehung und Zweck der Norm. Anknüpfend an die Pflicht zur **2** Erstellung eines Kryptowerte-Whitepapers (Art. 48 Abs. 1 UAbs. 1 lit. b) und die Vorgaben zu dessen Übermittlung und Veröffentlichung (Art. 51) legt Art. 52 die **zivilrechtlichen Haftungsfolgen** für fehlerhafte und fehlende Kryptowerte-Whitepaper fest. Die Erforderlichkeit einer Sonderregelung in der MiCAR folgt daraus, dass die unionale Prospekthaftung mangels Prospekts nicht auf Kryptowerte-Whitepaper anwendbar ist. Eine Beschränkung auf mitgliedstaatliche Regelungen, wie sie beispielsweise nach deutschem Schuldstatut die bürgerlich-rechtliche Prospekthaftung bereitstellen könnte, wäre mit dem Binnenmarkt- und Harmonisierungsgedanken kaum vereinbar gewesen.

II. Anwendungsbereich

Der sachliche Anwendungsbereich von Art. 52 ist auf **Kryptowerte-Whi- 3 tepaper** iSv Art. 48 Abs. 1 UAbs. 1 lit. b, 51 beschränkt, die sich auf E-

MiCAR Art. 52

Geld-Token beziehen. Für vermögenswertereferenzierte Token (Art. 19) und sonstige Kryptowerte (Art. 15) bestehen Sonderregeln. Der persönliche Anwendungsbereich umfasst den Emittenten von E-Geld-Token und dessen Organmitglieder als Schuldner sowie den Inhaber von E-Geld-Token als Gläubiger (→ Rn. 6).

III. Whitepaperhaftung

4   **1. Einordnung.** Die Haftung für fehlerhafte und fehlende Kryptowerte-Whitepaper nach Art. 52 stellt eine **spezialgesetzliche Prospekthaftung** dar, auch wenn es sich technisch bei einem Kryptowerte-Whitepaper nicht um einen Prospekt iSd ProspektVO[1] handelt (→ Art. 51 Rn. 7 f.). Eine Haftung nach § 306 KAGB, §§ 20 f. VermAnlG und §§ 9 f., 14 WpPG besteht daher nicht.[2] Einer Abgrenzung zur bürgerlich-rechtlichen Prospekthaftung[3] bedarf es daher bei Kryptowerte-Whitepaper ebenfalls nicht. Daran ändert die Öffnungsklausel in Art. 52 Abs. 5 nichts, da die Nichtanwendbarkeit der bürgerlich-rechtlichen Prospekthaftung nicht auf einem – nicht gegebenen – abschließenden Charakter von Art. 52 beruht.

5   Die materiell-rechtliche **Anspruchsgrundlage** stellt Art. 52 Abs. 1 dar, der als Teil einer Verordnung unmittelbar in allen Mitgliedstaaten gilt (Art. 288 Abs. 2 AEUV). Auch um eine **autonome Auslegung** sicherzustellen, bedarf es keines ergänzenden oder ersetzenden Rückgriffs auf das mitgliedstaatliche Zivilrecht.[4] Zwar wäre eine Anwendung von Haftungstatbeständen des mitgliedstaatlichen Zivilrechts möglich, wie Art. 52 Abs. 5 vorsieht. Allerdings folgen alle Merkmale eines Anspruchs bereits aus Art. 52, der – wie die restliche MiCAR auch – eine Harmonisierung im Binnenmarkt für Kryptowerte (Art. 1 Abs. 1: „einheitliche Anforderungen") anstrebt. Letztlich zeigt ein Umkehrschluss zu Art. 52 Abs. 5, dass in den vorherigen Absätzen bereits eine eigenständige Haftung angeordnet wird („sonstige… Haftung"). Bei Anwendbarkeit des deutschen Schuldstatuts gehören daher namentlich § 280 Abs. 1 BGB als Anspruchsgrundlage oder § 311 Abs. 2 BGB für das Bestehen eines Schuldverhältnisses nicht zu den anspruchsbegründenden Normen.

6   **2. Gläubiger und Schuldner.** Der Schadensersatzanspruch steht dem **Inhaber** der betroffenen E-Geld-Token als Gläubiger zu. Schuldner des Schadensersatzes sind sowohl der Emittent (→ Art. 48 Rn. 19) als auch die Mitglieder seines Verwaltungs-, Leitungs- oder Aufsichtsorgans. Die Haftung trifft sie als **Gesamtschuldner**. Gesellschaftsrechtlich handelt es sich bei einer solchen **Außenhaftung von Organmitgliedern** um einen Fremdkörper. Im Außenverhältnis tritt sowohl rechtsgeschäftlich als auch deliktisch grundsätzlich nur die Gesellschaft in Erscheinung. Nach dem Vorbild von Art. 11 Abs. 1 ProspektVO wird aber das Gesellschaftsrecht durch das insofern speziellere Prospektrecht überlagert.[5] Sinn und Zweck der Außenhaftung liegt darin, einen wirtschaftlich leistungsfähigen Schuldner zu erhalten; gerade bei

---

[1] VO (EU) Nr. 2017/1129.
[2] Omlor ZdiW 2023, 131 (132).
[3] Dazu BGH BKR 2022, 791 Rn. 8 ff. mwN.
[4] Omlor ZdiW 2023, 131 (132); aA wohl Maume RDi 2022, 461 Rn. 37 (zu Art. 14 MiCAR-E = Art. 15 MiCAR).
[5] Omlor ZdiW 2023, 131 (133).

3. Pflichtverletzung. Die für die Whitepaperhaftung maßgebliche 7
Pflichtverletzung liegt in der **Veröffentlichung eines fehlerhaften oder
der Nichtveröffentlichung eines fehlerfreien Kryptowerte-Whitepapers.** Ein fehlerhaftes Kryptowerte-Whitepaper liegt vor, wenn die Vorgaben
aus Art. 51 zur Vollständigkeit, **Redlichkeit, Eindeutigkeit** und zum **Verbot der Irreführung** (→ Art. 51 Rn. 14 ff.) nicht eingehalten wurden. Der
Wortlaut von Art. 52 Abs. 1 ist missverständlich, weil er darauf hinzudeuten
scheint, nur ein Teil des Pflichtenprogramms aus Art. 51 – nämlich Abs. 2 –
führe zu einer Schadensersatzhaftung. Allerdings fungiert die im Haftungstatbestand explizit genannte **Vollständigkeit** der Informationen (→ Art. 51
Rn. 18) als systematisch-kodifikatorischer Hebel, um die **wesentlichen
Pflichtinformationen nach Art. 51 Abs. 1, 3–5** ebenfalls zu tauglichen
Anknüpfungspunkten einer Schadensersatzhaftung zu erheben. Deren vollständiges oder teilweises Fehlen kann daher ebenfalls eine Schadensersatzhaftung nach Art. 52 auslösen.

Ein **fehlendes** Kryptowerte-Whitepaper steht einem fehlerhaften gleich.[7] 8
Infolgedessen liegt ein umfassender **Verstoß gegen das Gebot der Vollständigkeit** aus Art. 51 Abs. 2 S. 1 vor, der zugleich eine Pflichtverletzung
nach Art. 52 Abs. 1 begründet. Insofern trägt bestätigend ein **argumentum
a fortiori,** weil die angestrebte Publizität bei einem vollständigen Fehlen des
Kryptowerte-Whitepapers nochmals geringer als bei einem Fehlen von einzelnen Informationen ist, die ebenfalls eine Schadensersatzhaftung auslösen
können.

Für fehlerhafte **Zusammenfassungen** nach Art. 51 Abs. 6 haftet der 9
Emittent nur in den in Art. 52 **Abs. 4** gesondert und abschließend geregelten
Fällen. Systematisch liegt ansonsten **keine Pflichtverletzung** nach Art. 52
Abs. 1 vor. Der Ausnahmetatbestand schränkt die Reichweite der haftungsauslösenden Pflichten ein. Bedeutsam ist insbesondere das Erfordernis, dass
die Zusammenfassung nicht allein gelesen werden dürfe. Insofern handelt es
sich um eine Folgeregelung zum Warnhinweis, wonach die Zusammenfassung lediglich als Einführung diene und nicht die Lektüre des gesamten
Kryptowerte-Whitepapers ersetzen könne (Art. 51 Abs. 6 UAbs. 2 lit. a–b).

4. Verschulden. Entgegen dem insofern schweigenden Wortlaut von 10
Art. 52 Abs. 1 setzt der Schadensersatzanspruch ein Verschulden voraus.[8]
Darin zeigt sich die **systematische Verbindung zu Art. 11 ProspektVO.**
Dort wird über den Verweis in das nationale Recht (Art. 11 Abs. 2 ProspektVO) den Mitgliedstaaten der Regelungsspielraum eingeräumt, ob sie ein
Verschuldenserfordernis vorsehen wollen (vgl. § 12 Abs. 1 WpPG). Die
spezialgesetzliche Prospekthaftung, der materiell auch Art. 52 zugehört
(→ Rn. 4), ist ansonsten von einem Verschuldenserfordernis geprägt. Bei
einer derart fundamentalen Abweichung wäre eine gesetzgeberische Äußerung (zB in den Erwägungsgründen) erwartbar gewesen.[9] Nur für den **Verschuldensmaßstab** bedarf es in Anlehnung an Art. 11 Abs. 2 ProspektVO
eines Rückgriffs auf das mitgliedstaatliche Recht nach Art. 52 Abs. 5.

---

[6] Zickgraf BKR 2021, 362 (365); Maume RDi 2022, 461 Rn. 36.
[7] Zickgraf BKR 2021, 362 (370) (rechtspolitisch zum MiCAR-Kommissionsentwurf).
[8] Maume RDi 2022, 461 Rn. 37; Omlor ZdiW 2023, 131 (133).
[9] Omlor ZdiW 2023, 131 (133).

MiCAR Art. 52 Titel IV. E-Geld-Token

11 **5. Beweislast (Abs. 3).** Der **Anspruchsgläubiger** trägt die Darlegungs- und Beweislast für erstens die **Fehlerhaftigkeit** oder das **Fehlen** des Kryptowerte-Whitepapers, dh die Pflichtverletzung iSd Art. 52 Abs. 1 (→ Rn. 7 ff.), und zweitens für deren Kausalität für seine Anlageentscheidung. Von Art. 52 Abs. 3 geregelt ist somit lediglich die **haftungsbegründende Kausalität**. Der Anspruchsschuldner kann daher seine Haftung durch einen Nachweis vermeiden, dass die E-Geld-Token nicht aufgrund des Kryptowerte-Whitepapers gekauft, verkauft oder getauscht wurden. Die MiCAR stellt **keine Vermutung** für das Vorliegen einer haftungsbegründenden Kausalität auf. Im Hinblick auf die Anordnung zur Verteilung der Beweislast zulasten des Gläubigers steht es den Mitgliedstaaten nicht offen, eine Beweislastumkehr oder eine Kausalitätsvermutung über ihr Zivilrecht zu etablieren. Insofern unterscheidet sich die Whitepaperhaftung von der sonstigen Prospekthaftung (zB nach § 12 Abs. 2 Nr. 1 WpPG).[10] Art. 52 Abs. 5 erfasst nur eine „sonstige… Haftung", lässt aber keine Abweichung von den vorherigen Absätzen zu. Nicht von Art. 52 Abs. 3 erfasst ist hingegen die haftungsausfüllende Kausalität, die dem mitgliedstaatlichen Zivilrecht überlassen bleibt (Art. 52 Abs. 5).

12 **6. Vertragliche Abweichungen (Abs. 2).** Die Whitepaperhaftung kann vertraglich – **auch individualvertraglich** – nur verschärft, nicht aber gemildert werden. Erfasst ist nicht nur der **Grundtatbestand aus Art. 52 Abs. 1**, auf den infolge eines Redaktionsversehens als „Unterabsatz 1" verwiesen wird. Ebenso gehört dazu die **Beweislastverteilung nach Art. 52 Abs. 3**, die vertraglich nicht zulasten des Gläubigers (weiter) verschärft werden darf. Insofern bedarf es einer teleologischen Auslegung von Art. 52 Abs. 2. Nicht einbezogen ist hingegen der Ausschlusstatbestand aus Art. 52 Abs. 4. Dessen Beschränkung führte zu einer zulässigen Haftungsverschärfung, eine unzulässige Erweiterung stellte zugleich eine Einschränkung von Abs. 1 dar.

13 **7. Verjährung.** Nicht harmonisiert wurden die Verjährungsregeln zum Anspruch aus Whitepaperhaftung. Daher ergibt sich die Verjährung nach dem **kollisionsrechtlich anwendbaren nationalen Zivilrecht** (Art. 52 Abs. 5). Nach deutschem Schuldstatut gelten daher §§ 195, 199 BGB.

14 **8. Schaden.** Ebenso wie für die Verjährung bedarf es auch für das Schadensrecht einschließlich der haftungsausfüllenden Kausalität eines Rückgriffs auf das **nationale Zivilrecht,** das nach den **kollisionsrechtlichen Regeln** anzuwenden ist. Die harmonisierte Beweislastregelung nach Art. 52 Abs. 3 gilt lediglich für die haftungsbegründende Kausalität (→ Rn. 11). Insofern kann auf die zur Prospekthaftung entwickelten Grundsätze zurückgegriffen werden.

IV. Verhältnis zum mitgliedstaatlichen Zivilrecht (Abs. 5)

15 Auch wenn Art. 52 Abs. 1 eine eigenständige Anspruchsgrundlage darstellt, harmonisiert die MiCAR weitere Aspekte des zivilrechtlichen Haftungsregimes nicht. Namentlich das **Schadens-** und das **Verjährungsrecht** sind kollisionsrechtlich zu bestimmen, so dass insofern nationales Zivilrecht heranzuziehen ist (→ Rn. 13 f.).

---

[10] Zur Beweisverteilung nach §§ 9, 10, 12 WpPG vgl. Assmann/Schütze/Buck-Heeb KapAnlR-HdB/Assmann/Kumpan, § 5 Rn. 178; Schwark/Zimmer/Heidelbach WpPG § 12 Rn. 12.

Dem nationalen Zivilrecht wird überdies die Entscheidung überlassen, 16
ob neben der sekundärrechtlichen Whitepaperhaftung noch eine weitere
hinzutreten soll. Für das deutsche Schuldstatut ist damit insbesondere das
Verhältnis zur bürgerlich-rechtlichen Prospekthaftung betroffen. Die
MiCAR entscheidet diese Frage nicht. Für die Whitepaperhaftung kann
jedoch angesichts von Art. 52 Abs. 5 **nicht** in Anknüpfung an das bestehende Prospektrecht[11] auf ein **Exklusivitätsverhältnis** der spezialgesetzlichen
Haftungsregeln gegenüber der bürgerlich-rechtlichen Prospekthaftung verwiesen werden. Anders wäre zu entscheiden, wenn der deutsche Gesetzgeber
einen abschließenden Charakter der MiCAR-Whitepaperhaftung vorsehen
würde. In diesem Fall hätte das nationale Recht zulässigerweise entschieden,
keine „sonstige zivilrechtliche Haftung" iSd Art. 52 Abs. 5 zuzulassen.

Artikel 53 Marketingmitteilungen

(1) Marketingmitteilungen zu einem öffentlichen Angebot eines E-Geld-Token oder zur Zulassung eines E-Geld-Token zum Handel müssen alle folgenden Anforderungen erfüllen:
a) die Marketingmitteilungen sind eindeutig als solche erkennbar,
b) die Informationen in den Marketingmitteilungen sind redlich, eindeutig und nicht irreführend,
c) die Informationen in den Marketingmitteilungen stimmen mit den Angaben im Kryptowerte-Whitepaper überein,
d) in den Marketingmitteilungen wird eindeutig darauf hingewiesen, dass ein Kryptowerte-Whitepaper veröffentlicht wurde, und es wird eindeutig die Adresse der Website des Emittenten des E-Geld-Token sowie eine Telefonnummer und E-Mail-Adresse des Emittenten für die Kontaktaufnahme angegeben.

(2) In den Marketingmitteilungen ist klar und eindeutig anzugeben, dass Inhaber eines E-Geld-Token beim Emittenten jederzeit ein Recht auf Rücktausch zum Nennwert haben.

(3) Marketingmitteilungen und jegliche sie betreffende Änderungen sind auf der Website des Emittenten zu veröffentlichen.

(4) Die zuständigen Behörden verlangen keine Vorabgenehmigung von Marketingmitteilungen vor ihrer Veröffentlichung.

(5) Marketingmitteilungen sind den zuständigen Behörden auf Aufforderung zu übermitteln.

(6) Vor der Veröffentlichung des Kryptowerte-Whitepapers dürfen keine Marketingmitteilungen verbreitet werden. Diese Beschränkung hindert den Emittenten eines E-Geld-Token nicht daran, Marktsondierungen durchzuführen.

Übersicht

	Rn.
I. Einführung	1
1. Literatur	1
2. Entstehung und Zweck der Norm	2

---

[11] Anders zur spezialgesetzlichen Prospekthaftung BGH BKR 2022, 791 Rn. 8 ff.; Überblick zum Streitstand bei BeckOGK/Herresthal, Stand: 15.1.2023, BGB § 311 Rn. 603 ff.

MiCAR Art. 53

Titel IV. E-Geld-Token

	Rn.
II. Anwendungsbereich	3
1. Allgemein	3
2. Begriff der Marketingmitteilung	5
III. Anforderungen an Marketingmitteilungen	6
1. Werbung im Eigeninteresse	6
2. Inhaltliche Gestaltung (Abs. 1–2)	7
3. Veröffentlichung (Abs. 3–5)	8
4. Zeitliche Sperre (Abs. 6)	10
IV. Haftung und Aufsicht	11
V. Deutsches Durchführungsgesetz (KMAG-E)	13

I. Einführung

1 **1. Literatur.** *John/Patz,* ZuFinG und FinmadiG – eine Neuordnung der Krypto-Landschaft, BKR 2023, 849; *Möslein/Rennig,* Das Finanzmarktdigitalisierungsgesetz (FinmadiG) im europäischen Kontext, RDi 2024, 145; *Omlor,* Publizität auf Kryptomärkten: MiCAR-Prospektrecht für Zahlungstoken, ZdiW 2023, 131; *Zickgraf,* Primärmarktpublizität in der Verordnung über die Märkte für Kryptowerte (MiCAR) – Teil 1, BKR 2021, 196.

2 **2. Entstehung und Zweck der Norm.** Die **Publizitätsvorschriften** für E-Geld-Token werden durch Art. 53 auch auf Marketingmitteilungen erstreckt. Damit ergänzt Art. 53 die umfangreichen Vorgaben für **Kryptowerte-Whitepaper** aus Art. 51. Beide Regelungen stehen in engem **systematischem Zusammenhang,** auch weil die Marketingmitteilungen inhaltlich auf das Kryptowerte-Whitepaper Bezug nehmen müssen.

II. Anwendungsbereich

3 **1. Allgemein.** In **sachlicher** Hinsicht beschränkt sich Art. 53 auf solche Marketingmitteilungen, die sich auf eine **erlaubnispflichtige Tätigkeit iSd Art. 48 Abs. 1 UAbs. 1** (→ Art. 48 Rn. 7 ff.) beziehen. Für Marketingmitteilungen zu vermögenswertereferenzierten Token (Art. 29) und zu sonstigen Kryptowerten (Art. 7) existieren Sonderregeln, so dass Art. 53 lediglich E-Geld-Token erfasst. Für das Format eines Kryptowerte-Whitepapers gilt nicht Art. 53, sondern ausschließlich Art. 51.

4 Der **persönliche** Anwendungsbereich von Art. 53 ist auf die **Emittenten** von E-Geld-Token beschränkt. Zwar benennt Art. 53 in seinem Wortlaut keinen Verantwortlichen für die Einhaltung seiner Anforderungen. Allerdings folgt eine solche Einschränkung aus der Systematik, da sich Art. 53 in Titel IV Kapitel 1 befindet, der „Anforderungen an alle Emittenten von E-Geld-Token" aufstellt. Dritte Hilfspersonen, die der Emittent zur Veröffentlichung seiner Marketingmitteilungen einschaltet (zB Betreiber von Online-Plattformen), unterliegen daher nicht Art. 53.

5 **2. Begriff der Marketingmitteilung.** Weder Art. 53 noch Art. 3 enthalten eine Legaldefinition der Marketingmitteilung. Auch die Erwägungsgründe äußern sich nicht präzise, sondern benennen lediglich **Werbebotschaften** und **Marketingmaterialien** als Anwendungsfälle.[1] Immerhin stellen die Erwägungsgründe klar, dass auch Werbebotschaften über Online-Plattformen

---
[1] Erwgr. Nr. 24.

und **soziale Medien** erfasst sein sollen.[2] Die Abgrenzung zwischen Marketingmitteilungen, Werbebotschaften und Marketingmaterialien erscheint fließend und im Ergebnis für Art. 53 tatbestandlich ohne Bedeutung. Dennoch erscheinen die Marketingmitteilungen im Lichte von Erwgr. Nr. 24 als **Oberbegriff**, der sämtliche Werbemaßnahmen umfasst.[3] **Kryptowerte-Whitepaper** stellen hingegen keine Marketingmitteilung dar, so dass Art. 51 als lex specialis den allgemeineren Art. 53 verdrängt.

III. Anforderungen an Marketingmitteilungen

1. Werbung im Eigeninteresse. Anders als beim Kryptowerte-Whitepaper trifft die Emittenten **keine Pflicht** zur Veröffentlichung von Marketingmitteilungen. Im Gegenteil könnte aus Sicht der MiCAR rechtlich auch vollständig auf Marketingmitteilungen verzichtet werden. Insofern **unterscheiden** sich Marketingmitteilungen konzeptionell von der **Ad-hoc-Publizität** nach Art. 17 MAR[4]. Marketingmitteilungen verwendet der Emittent vielmehr im Eigeninteresse an einem effektiven Vertrieb seiner E-Geld-Token. Inhaltlich handelt es sich um Werbeaktivitäten, die einer erlaubnispflichtigen Tätigkeit nach Art. 48 Abs. 1 UAbs. 1 zuzurechnen sind.

2. Inhaltliche Gestaltung (Abs. 1–2). Die Marketingmitteilung muss ihren **werbenden Charakter offenlegen** (Abs. 1 lit. a), um dem Publikum eine Einordnung und Bewertung zu ermöglichen. Zudem unterliegen sie wie Kryptowerte-Whitepaper den gleichen Anforderungen an **Redlichkeit, Eindeutigkeit** und dem **Verbot der Irreführung** (→ Art. 51 Rn. 14 ff.). Inhaltlich müssen die Marketingmitteilungen konvergent mit den Informationen im Kryptowerte-Whitepaper sein (Abs. 1 lit. c). Zudem bedarf es eines weiterführenden Hinweises auf das Kryptowerte-Whitepaper und dessen Zugänglichkeit über die Website des Emittenten (Abs. 1 lit. d). Verpflichtend ist der Hinweis auf das Rücktauschrecht des Inhabers von E-Geld-Token (Abs. 2); insofern handelt es sich um eine Parallelregelung zu Art. 51 Abs. 6 UAbs. 3 (→ Art. 51 Rn. 23).

3. Veröffentlichung (Abs. 3–5). Die Pflicht zur Veröffentlichung auf der Website des Emittenten zielt darauf ab, eine **einheitliche Informationsplattform** für das Publikum und die Aufsichtsbehörden zu schaffen. Dabei handelt es sich aber typischerweise um einen **zusätzlichen Veröffentlichungsort**. Art. 51 Abs. 3 monopolisiert die Werbeaktivitäten nicht zugunsten der Website des Emittenten. Ansonsten wären Marketingmitteilungen in den sozialen Medien, wie sie Erwgr. Nr. 24 explizit vorsieht, ausgeschlossen.

Anders als bei einem Kryptowerte-Whitepaper bedarf es vor Veröffentlichung **keiner vorherigen Übermittlung** an die zuständigen Behörden. Vielmehr erfolgt eine solche Übermittlung nur fallweise auf Aufforderung (Abs. 5) und dürfte typischerweise der Veröffentlichung zeitlich nachgelagert sein. Parallel zum Kryptowerte-Whitepaper (→ Art. 51 Rn. 28) findet auch bei Marketingmitteilungen **keine vorherige Prüfung** oder Genehmigung durch die zuständigen Behörden statt (Abs. 4), die mangels einer vorgeschalteten Übermittlung auch nicht praktikabel wäre.

---

[2] Erwgr. Nr. 24; ebenso Zickgraf BKR 2021, 196 (203).
[3] Omlor ZdiW 2023, 131 (133).
[4] VO (EU) Nr. 596/2014.

10 **4. Zeitliche Sperre (Abs. 6).** Wegen der herausgehobenen Publizitätswirkung des umfassenden Kryptowerte-Whitepapers dürfen Marketingmitteilungen erst nach Veröffentlichung des Kryptowerte-Whitepapers (→ Art. 51 Rn. 34 ff.) verbreitet werden. Auch könnten zuvor die Vorgaben aus Art. 53 Abs. 1 lit. d nicht sinnhaft eingehalten werden. In diesem Zeitraum gilt ein **Verbreitungsverbot**.

IV. Haftung und Aufsicht

11 Anders als bei Kryptowerte-Whitepaper existiert in der MiCAR **kein zivilrechtlicher Haftungstatbestand** für fehlerhafte Marketingmitteilungen. Art. 52 ist keiner Analogie für Marketingmitteilungen zugänglich, weil eine planwidrige Regelungslücke fehlt.[5] Ob eine solche Haftung existiert, richtet sich daher nach dem jeweils anwendbaren **nationalen Zivilrecht**. Anders als bei einem Kryptowerte-Whitepaper kann jedoch keine Haftung für fehlende Marketingmitteilungen bestehen. Da es keine Pflicht zur Veröffentlichung von Marketingmitteilungen gibt, kann gegen eine solche auch nicht verstoßen werden.

12 Die Durchsetzung der Vorgaben für Marketingmitteilungen obliegt innerhalb der MiCAR daher ausschließlich den zuständigen Behörden. Ihnen steht insbesondere die Befugnis zu, die **Änderung** (Art. 94 Abs. 1 lit. j), die **vorübergehende Einstellung** (Art. 94 Abs. 1 lit. q) sowie die Aussetzung und das **Verbot** (Art. 94 Abs. 1 lit. p) zu verlangen.

V. Deutsches Durchführungsgesetz (KMAG-E)

13 Zur Durchführung der MiCAR wird der deutsche Gesetzgeber im Rahmen des Finanzmarktdigitalisierungsgesetzes (FinmadiG) ein Begleitgesetz in Gestalt des **Kryptomärkteaufsichtsgesetzes** (KMAG-E) erlassen.[6] In Bezug auf Art. 53 MiCAR sind insbesondere §§ 3, 17 und 40 KMAG-E von Relevanz. Allgemein wird die **BaFin** nach § 3 KMAG-E zur zuständigen (Aufsichts-)Behörde erklärt. Konkret kann sie **Änderungen** und das Aussetzen von Marketingmitteilungen verlangen sowie deren **Verbot** aussprechen (§ 17 Abs. 1–2 KMAG-E). Diese Kompetenz beruht teilweise bereits auf Art. 94 Abs. 1 lit. j MiCAR. § 17 KMAG-E soll die MiCAR-Befugnisse kodifikatorisch bündeln.[7] Vorbereitend darf die BaFin zudem ohne das Erfordernis eines konkreten Verdachts die Übermittlung von Marketingmitteilungen verlangen, wodurch die bereits aus Art. 53 Abs. 5 MiCAR folgende Pflicht präzisiert wird. Die Einhaltung der Pflichten aus Art. 51 MiCAR ist zudem Gegenstand der Prüfung durch den **Abschlussprüfer** (§ 40 Abs. 1 Satz 3 Nr. 3 Alt. 1 KMAG-E).

Artikel 54 Anlage von im Tausch gegen E-Geld-Token entgegengenommenen Geldbeträgen

Geldbeträge, die Emittenten von E-Geld-Token im Tausch gegen E-Geld-Token entgegengenommen haben und die gemäß Artikel 7 Ab-

---

[5] Omlor ZdiW 2023, 131 (134).
[6] Überblick bei John/Patz BKR 2023, 849 ff.; Möslein/Rennig RDi 2024, 145 ff.
[7] BT-Drucks. 20/10340, S. 142.

satz 1 der Richtlinie 2009/110/EG besichert sind, müssen das Folgende einhalten:

a) Mindestens 30 % der erhaltenen Geldbeträge sind stets auf gesonderten Konten bei Kreditinstituten zu hinterlegen.
b) Die übrigen Geldbeträge müssen in sichere Aktiva mit niedrigem Risiko investiert werden, die gemäß Artikel 38 Absatz 1 dieser Verordnung als hochliquide Finanzinstrumente mit minimalem Marktrisiko, Kreditrisiko und Konzentrationsrisiko gelten, die auf dieselbe amtliche Währung lauten, auf die sich der E-Geld-Token bezieht.

Übersicht

	Rn.
I. Einführung	1
1. Literatur	1
2. Entstehung und Zweck der Norm	2
II. Anwendungsbereich	3
III. Sicherungsanforderungen	4
1. Sonderregeln für E-Geld-Token	4
2. Subsidiäre Geltung von allgemeinen EMD2-Regeln	6
IV. Rechtsfolgen einer Pflichtverletzung	7

I. Einführung

1. Literatur. Siehe Literatur zu Art. 48 MiCAR. 1

2. Entstehung und Zweck der Norm. In Abweichung zu den allgemei- 2 nen Sicherungsanforderungen für Geldbeträge, die für die Ausgabe von E-Geld eingenommen werden, stellt Art. 54 für E-Geld-Token **teilweise** ein **Sonderregime** auf. Systematisch handelt es sich um eine **andere Bestimmung iSd Art. 48 Abs. 3**, da insofern in Titel IV von Art. 7 EMD2[1] und damit von Titel II EMD2 abgewichen wird. Das Ziel der Sicherungsanforderungen ist erstens der **Gläubigerschutz** vor Risiken infolge einer Insolvenz des Emittenten oder einer Zwangsvollstreckung in sein Vermögen.[2] Zweitens tritt ein **systemschützender** Zweck hinzu, womit das Vertrauen in die Stabilität der Kryptomärkte und des Finanzsystems insgesamt gewährt werden soll.[3] Ausgeglichen werden soll damit der fehlende Schutz durch die gesetzlichen Einlagensicherungssysteme nach dem EinSiG. Auch E-Geld-Token stellen **keine Einlagen** in diesem Sinne dar (Art. 2 Abs. 4 lit. b, Art. 3 Abs. 1 Nr. 50 und 51).

II. Anwendungsbereich

Erfasst von Art. 54 sind solche **Geldbeträge**, die durch den Emittenten 3 bei der Ausgabe von E-Geld-Token (→ Art. 48 Rn. 9 ff.) nach Art. 49 Abs. 3 erlangt wurden und daher wegen Art. 48 Abs. 3 den Sicherungsanforderungen nach Art. 7 EMD2 unterliegen. Nicht erfasst ist insbesondere die Vermögenswertreserve von vermögenswertereferenzierten Token, die ab-

---
[1] RL 2009/110/EG.
[2] Vgl. ebenso zur deutschen Umsetzung der EMD2 Casper/Terlau/Terlau ZAG § 17 Rn. 6 mwN.
[3] Vgl. ebenso zur deutschen Umsetzung der EMD2 Schäfer/Omlor/Mimberg/Janßen ZAG § 17 Rn. 3.

schließenden Sonderregeln nach Titel III unterliegt. Auch E-Geld, das kein E-Geld-Token ist, unterliegt nicht Art. 54. Normadressat von Art. 54 ist der **Emittent** (→ Art. 48 Rn. 19) von E-Geld-Token.

III. Sicherungsanforderungen

4   1. **Sonderregeln für E-Geld-Token.** Aus Art. 54 folgt zunächst klarstellend, dass E-Geld-Token ebenfalls den allgemeinen Sicherungsanforderungen für im Tausch gegen E-Geld entgegengenommene Geldbeträge unterliegen. Dabei greift die Verweiskette von Art. 48 Abs. 3 MiCAR auf Art. 7 Abs. 1 EMD2, der wiederum auf Art. 10 PSD2[4] Bezug nimmt. Nach Art. 10 Abs. 1 PSD2 bestehen zwei gleichwertige Alternativoptionen, um die Sicherungsanforderungen zu erfüllen: erstens das **Treuhandkonto oder liquide Aktiva** und zweitens die Versicherung oder vergleichbare Garantien. Art. 54 schließt für E-Geld-Token die zweite Option aus und formuliert stattdessen gesonderte Anforderungen für Art. 10 Abs. 1 lit. a PSD2. Einer Absicherung durch eine **Versicherungspolice** oder eine vergleichbare Garantie (Art. 10 Abs. 1 lit. b PSD2, § 17 Abs. 1 S. 2 Nr. 2 ZAG) ist daher **ausgeschlossen.** Der Wortlaut von Art. 54 („... müssen das Folgende einhalten:") ist insofern eindeutig. Anders als für sonstiges E-Geld besteht **kein Wahlrecht** des Sicherungsverpflichteten, das lediglich durch die Aufsichtsbehörde beschränkt werden kann (§ 17 Abs. 1 S. 3 ZAG).

5   Für Emittenten von E-Geld-Token steht lediglich das gesonderte Konto zur Verfügung, das durch sichere Aktiva ergänzt werden kann, sofern das **Mindestniveau von 30 %** (Art. 54 lit. a) nicht unterschritten wird. Insofern engt Art. 54 die Gestaltungsfreiheit aus Art. 10 Abs. 1 lit. a PSD2 deutlich ein. Dem Emittenten steht es dabei frei, vollständig auf liquide Aktiva zu verzichten und die gesamten Geldbeträge auf gesonderten Konten zu hinterlegen. Investiert der Emittent aber daneben in sichere Aktiva, unterliegt er den strengen Anforderungen aus **Art. 38 Abs. 1** (→ Art. 38 Rn. 5). Die Anlage darf nur in diese **hochliquiden Finanzinstrumente mit minimalen Risiken** erfolgen. Daher gilt Art. 7 Abs. 2 EMD2 für E-Geld-Token nicht. Der Verweis in Art. 48 Abs. 3 wird durch Art. 54 lit. b entsprechend eingeschränkt. Durch weitere Beschränkung der sicheren Aktiva auf die identische Währung, auf welche auch die E-Geld-Token lauten, sollen Währungsrisiken ausgeschlossen werden.[5]

6   2. **Subsidiäre Geltung von allgemeinen EMD2-Regeln.** Im Übrigen gelten die Sicherungsanforderungen der EMD2 auch für E-Geld-Token. Betroffen sind namentlich die Bestimmung des **Sicherungsgegenstands,**[6] die Reichweite der Sicherung bei **zukünftigen Zahlungsvorgängen** (Art. 10 Abs. 2 PSD2, § 17 Abs. 2 ZAG)[7] und der **zeitliche Beginn** der Sicherungsanforderungen (Art. 7 Abs. 1 S. 2–3 EMD2). Auch gilt das **Vermischungsverbot** aus Art. 10 Abs. 1 lit. a PSD2 (vgl. § 17 Abs. 1 S. 2

---
[4] RL (EU) 2015/2366.
[5] Erwgr. Nr. 70.
[6] Dazu im Einzelnen Schäfer/Omlor/Mimberg/Janßen ZAG § 17 Rn. 25 ff.; Casper/Terlau/Terlau ZAG § 17 Rn. 12 ff.; Schwennicke/Auerbacher/Schwennicke KWG §§ 17, 18 Rn. 3 f.
[7] Einzelheiten bei Casper/Terlau/Terlau ZAG § 17 Rn. 45 ff.; Schäfer/Omlor/Mimberg/Janßen ZAG § 17 Rn. 134 ff.; Ellenberger/Findeisen/Nobbe/Böger/Findeisen ZAG § 17 Rn. 50 ff.

Nr. 1 lit. a ZAG) ebenfalls für Emittenten von E-Geld-Token.[8] Zu diesen Aspekten enthält die MiCAR keine anderen Bestimmungen iSd Art. 48 Abs. 3, so dass subsidiär das reguläre E-Geld-Recht anzuwenden ist.

IV. Rechtsfolgen einer Pflichtverletzung

Die MiCAR enthält keine Sonderregeln zu den **zivil- und strafrechtlichen** Folgen der Nichteinhaltung von Sicherungsanforderungen. Insofern gelten die allgemeinen Grundsätze zu E-Geld entsprechend.[9] **Aufsichtsrechtlich** hingegen greifen die allgemeinen Befugnisse nach der MiCAR, die insofern die EMD2 verdrängen. 7

Artikel 55 Sanierungs- und Rücktauschplan

Titel III Kapitel 6 gilt entsprechend für Emittenten von E-Geld-Token.

Abweichend von Artikel 46 Absatz 2 muss der Zeitpunkt, bis zu dem der Sanierungsplan der zuständigen Behörde mitzuteilen ist, in Bezug auf Emittenten von E-Geld-Token innerhalb von sechs Monaten nach dem öffentlichen Angebot oder der Zulassung zum Handel liegen.

Abweichend von Artikel 47 Absatz 3 muss der Zeitpunkt, bis zu dem der Rücktauschplan der zuständigen Behörde mitzuteilen ist, in Bezug auf Emittenten von E-Geld-Token innerhalb von sechs Monaten nach dem Zeitpunkt des öffentlichen Angebots oder der Zulassung zum Handel liegen.

Übersicht

	Rn.
I. Einführung	1
1. Literatur	1
2. Entstehung und Zweck der Norm	2
II. Anwendungsbereich	3
III. Verweis auf vermögenswertereferenzierte Token	4

I. Einführung

1. Literatur. Siehe Literatur zu Art. 48 MiCAR. 1

2. Entstehung und Zweck der Norm. Durch den Verweis in den Titel III zu vermögenswertereferenzierten Token vermeidet Art. 55 eine Doppelnormierung. In das Recht der E-Geld-Token wird damit zugleich auch die Teleologie von Art. 46 (→ Art. 46 Rn. 2 f.) und 47 (→ Art. 47 Rn. 2 f.) inkorporiert. Zwar existiert bei E-Geld-Token **keine Vermögenswertreserve**. Stattdessen wird der **Rücktauschanspruch** gegen den Emittenten nach Art. 49 Abs. 4 **abgesichert**;[1] insofern besteht eine teilweise Parallele zu vermögenswertereferenzierten Token (vgl. Art. 39). Sowohl auf 2

---

[8] Eingehend dazu Schäfer/Omlor/Mimberg/Janßen ZAG § 17 Rn. 58 ff.; Casper/Terlau/Terlau, ZAG § 17 Rn. 16; Schwennicke/Auerbach/Schwennicke KWG §§ 17, 18 Rn. 12; Ellenberger/Findeisen/Nobbe/Böger/Findeisen ZAG § 17 Rn. 27 ff.

[9] Zum Streitstand vgl. Schäfer/Omlor/Mimberg/Janßen ZAG § 17 Rn. 151 ff.; Casper/Terlau/Terlau ZAG § 17 Rn. 8 ff., jeweils mwN.

[1] Offen Erwrg. Nr. 72: jegliche Verpflichtungen der Emittenten gegenüber den Inhabern von E-Geld-Token.

den Sanierungs- als auch den Rücktauschplan ist im Kryptowerte-Whitepaper einzugehen (Art. 51 Abs. 1 UAbs. 1 iVm Anhang III Teil D Nr. 4–5).

II. Anwendungsbereich

3 Art. 55 gilt für jegliche **Emittenten** (→ Art. 48 Rn. 19) von **E-Geld-Token** (→ Art. 48 Rn. 9 ff.). Auf sonstiges E-Geld oder vermögenswertereferenzierte Token findet er keine Anwendung. Irrelevant ist wegen der systematischen Verortung in Kapitel 1, ob es sich um signifikante E-Geld-Token handelt.

III. Verweis auf vermögenswertereferenzierte Token

4 Die Regelungen zum Sanierungs- **(Art. 46)** und Rücktauschplan **(Art. 47)** aus dem Titel III zu vermögenswertereferenzierten Token gelten **entsprechend** für Emittenten von E-Geld-Token. Bei der entsprechenden Anwendung ist zu berücksichtigen, dass der Sanierungs- und der Rücktauschplan der Absicherung des Rücktauschanspruchs nach Art. 49 Abs. 4 dienen, da bei E-Geld-Token keine Vermögenswertreserve existiert. Angesichts des Rücktauschrechts aus Art. 39 (auch) bei vermögenswertereferenzierten Token und der teilweise parallelen Sicherungsmechanismen (Art. 54 lit. b, 38 Abs. 1) besteht aber hinsichtlich des Sicherungsbedürfnisses der Tokeninhaber eine **teleologische Nähe** zwischen E-Geld-Token und vermögenswertereferenzierten Token. Daher bedarf es im Rahmen der entsprechenden Anwendung nur geringer Anpassungen für E-Geld-Token.

5 Zudem gelten hinsichtlich des **Zeitrahmens** für die Mitteilungspflicht **Besonderheiten** für Emittenten von E-Geld-Token. Der Sanierungsplan ist in Abweichung zu Art. 46 Abs. 2 UAbs. 1 S. 1 innerhalb von sechs Monaten nach dem öffentlichen Angebot oder der Zulassung zum Handel der zuständigen Behörde mitzuteilen. Die übrigen Vorgaben aus Art. 46 Abs. 2 gelten auch für Emittenten von E-Geld-Token. Die Mitteilung des Rücktauschplans unterliegt einer parallelen Frist von sechs Monaten, so dass insofern von Art. 47 Abs. 3 S. 1 abgewichen wird. Der restliche Regelungsgehalt von Art. 47 Abs. 3 gilt auch entsprechend für Emittenten von E-Geld-Token.

Kapitel 2. Signifikante E-Geld-Token

Artikel 56 Einstufung von E-Geld-Token als signifikante E-Geld-Token

(1) Die EBA stuft E-Geld-Token gemäß Artikel 43 Absatz 1 als signifikante E-Geld-Token ein, wenn mindestens drei der in Artikel 43 Absatz 1 festgelegten Kriterien erfüllt sind:

a) in dem vom ersten Bericht mit Informationen gemäß Absatz 3 des vorliegenden Artikels abgedeckten Zeitraum nach dem öffentlichen Angebot oder dem Antrag auf Zulassung zum Handel dieser Token, oder

b) in dem Zeitraum, der von mindestens zwei aufeinanderfolgenden Berichten mit Informationen gemäß Absatz 3 des vorliegenden Artikels abgedeckt ist.

Art. 56 MiCAR

(2) Geben mehrere Emittenten denselben E-Geld-Token aus, so wird die Erfüllung der in Artikel 43 Absatz 1 festgelegten Kriterien nach Aggregation der Daten dieser Emittenten bewertet.

(3) Die zuständigen Behörden des Herkunftsmitgliedstaats des Emittenten übermitteln der EBA und der EZB mindestens zweimal im Jahr die Informationen, die für die Bewertung der Erfüllung der in Artikel 43 Absatz 1 genannten Kriterien erheblich sind, gegebenenfalls einschließlich der gemäß Artikel 22 eingegangenen Informationen.

Ist der Emittent in einem Mitgliedstaat niedergelassen, dessen amtliche Währung nicht der Euro ist, oder gilt eine andere amtliche Währung als der Euro in einem Mitgliedstaat als Bezugsgröße für die E-Geld-Token, so übermitteln die zuständigen Behörden die Informationen gemäß Unterabsatz 1 auch der Zentralbank des betreffenden Mitgliedstaats.

(4) Gelangt die EBA zu der Auffassung, dass ein E-Geld-Token gemäß Absatz 1 des vorliegenden Artikels die in Artikel 43 Absatz 1 genannten Kriterien gemäß Absatz 1 des vorliegenden Artikels erfüllt, so erstellt sie einen Entwurf eines Beschlusses zur Einstufung des E-Geld-Token als signifikanten E-Geld-Token und übermittelt diesen Entwurf eines Beschlusses dem Emittenten des E-Geld-Token und der zuständigen Behörde des Herkunftsmitgliedstaats des Emittenten, der EZB und in den in Absatz 3 Unterabsatz 2 des vorliegenden Artikels genannten Fällen der Zentralbank des betreffenden Mitgliedstaats.

Die Emittenten dieser E-Geld-Token, die für sie zuständigen Behörden, die EZB und gegebenenfalls die Zentralbank des betreffenden Mitgliedstaats haben ab dem Tag der Übermittlung des Entwurfs eines Beschlusses 20 Arbeitstage Zeit, um schriftlich Stellung zu nehmen und Bemerkungen vorzubringen. Die EBA trägt diesen Stellungnahmen und Bemerkungen vor der Annahme eines endgültigen Beschlusses gebührend Rechnung.

(5) Die EBA trifft innerhalb von 60 Arbeitstagen ab dem Tag der in Absatz 4 genannten Übermittlung ihren endgültigen Beschluss darüber, ob ein E-Geld-Token als signifikanter E-Geld-Token eingestuft wird, und übermittelt dem Emittenten dieses E-Geld-Token und der für ihn zuständigen Behörde umgehend diesen Beschluss.

(6) Wurde ein E-Geld-Token gemäß einem Beschluss der EBA nach Absatz 5 als signifikant eingestuft, so wird gemäß Artikel 117 Absatz 4 die Zuständigkeit für die Beaufsichtigung des Emittenten dieses E-Geld-Token innerhalb von 20 Arbeitstagen nach dem Tag der Übermittlung dieses Beschlusses von der zuständigen Behörde des Herkunftsmitgliedstaats des Emittenten auf die EBA übertragen.

Die EBA und die zuständige Behörde arbeiten zusammen, um einen reibungslosen Übergang der Aufsichtsbefugnisse sicherzustellen.

(7) Abweichend von Absatz 6 wird die Zuständigkeit für die Beaufsichtigung der Emittenten von signifikanten E-Geld-Token, die auf eine andere amtliche Währung eines Mitgliedstaats als den Euro lauten, nicht der EBA übertragen, wenn mindestens 80 % der Anzahl der Inhaber und des Volumens der Geschäfte mit diesen signifikanten E-Geld-Token im Herkunftsmitgliedstaat konzentriert sind.

Die zuständige Behörde des Herkunftsmitgliedstaats des Emittenten stellt der EBA jährlich Informationen über die Fälle zur Verfügung, in denen die in Unterabsatz 1 genannte Ausnahmeregelung angewendet wird.

Für die Zwecke von Unterabsatz 1 wird bei einer Transaktion davon ausgegangen, dass sie im Herkunftsmitgliedstaat stattfindet, wenn der Zahler oder der Zahlungsempfänger in diesem Mitgliedstaat niedergelassen sind.

(8) Die EBA bewertet jährlich erneut die Einstufung der signifikanten vermögenswertereferenzierten Token auf der Grundlage der zur Verfügung stehenden Information, einschließlich solcher aus den in Absatz 3 des vorliegenden Artikels genannten Berichten oder der gemäß Artikel 22 erhaltenen Informationen.

Gelangt die EBA zu der Auffassung, dass gewisse E-Geld-Token gemäß Absatz 1 des vorliegenden Artikels die in Artikel 43 Absatz 1 genannten Kriterien nicht mehr erfüllen, so erstellt sie einen entsprechenden Entwurf eines Beschlusses, den E-Geld-Token nicht länger als signifikant einzustufen und übermittelt diesen Entwurf eines Beschlusses den Emittenten dieser E-Geld-Token, der zuständigen Behörde des Herkunftsmitgliedstaats des Emittenten, der EZB und in den in Absatz 3 Unterabsatz 2 des vorliegenden Artikels genannten Fällen der Zentralbank des betreffenden Mitgliedstaats.

Die Emittenten dieser E-Geld-Token, die für sie zuständigen Behörden, die EZB und die Zentralbank des betreffenden Mitgliedstaats haben ab dem Tag der Übermittlung des Entwurfs eines Beschlusses 20 Arbeitstage Zeit, um schriftlich Stellung zu nehmen und Bemerkungen vorzubringen. Die EBA trägt diesen Stellungnahmen und Bemerkungen vor der Annahme eines endgültigen Beschlusses gebührend Rechnung.

(9) Die EBA trifft innerhalb von 60 Arbeitstagen nach dem Tag der Übermittlung der in Absatz 8 genannten Informationen liegt, ihren endgültigen Beschluss darüber, ob der E-Geld-Token nicht länger als signifikant eingestuft wird, und übermittelt diesen Beschluss unverzüglich dem Emittenten dieses E-Geld-Token und der für ihn zuständigen Behörde.

(10) Ist ein E-Geld-Token gemäß einem Beschluss der EBA nach Absatz 9 nicht mehr als signifikant eingestuft, so wird die Zuständigkeit für die Beaufsichtigung in Bezug auf einen Emittenten dieses E-Geld-Token innerhalb von 20 Arbeitstagen nach dem Tag der Übermittlung dieses Beschlusses von der EZB auf die zuständige Behörde des Herkunftsmitgliedstaats des Emittenten übertragen.

Die EBA und die zuständige Behörde arbeiten zusammen, um einen reibungslosen Übergang der Aufsichtsbefugnisse sicherzustellen.

Übersicht

	Rn.
I. Einführung	1
1. Literatur	1
2. Entstehung und Zweck der Norm	2
II. Anwendungsbereich	4
III. Materielle Signifikanzvoraussetzungen	7
1. Mindestens drei Kriterien aus Art. 43 Abs. 1 (Abs. 1 und 2)	7
2. Relevanter Zeitraum (Abs. 1)	9
3. Berichtspflicht (Abs. 3)	11
a) Zuständigkeit	11
b) Umfang	12
c) Zeitpunkt	15
d) Adressaten	16

	Rn.
IV. Formale Einstufung	17
1. Entwurf eines Beschlusses (Abs. 4)	17
2. Beschluss über die Einstufung (Abs. 5)	19
3. Rechtsfolgen (Abs. 6–7)	21
4. Fortlaufende Überprüfung (Abs. 8 UAbs. 1)	23
5. Aufhebung der Einstufung (Abs. 8 UAbs. 2–3, Abs. 9–10)	25

I. Einführung

1. Literatur. Siehe Literatur zu Art. 48 MiCAR. **1**

2. Entstehung und Zweck der Norm. Die MiCAR sieht bei einer **2** bestimmten Gruppe von E-Geld-Token „besondere Herausforderungen"[1], die eine **verschärfte Regulierung** (Art. 58) und im Regelfall eine **Beaufsichtigung durch die EBA** (→ Rn. 21) nach sich ziehen. Erhöhte Risiken sollen in diesen Fällen für die **Finanzstabilität**, die **Effektivität der Geldpolitik** und die **Währungshoheit** bestehen.[2] Zu einem verbesserten Individualschutz äußern sich die Erwägungsgründe nicht, so dass es sich dabei lediglich um einen teleologischen Reflex und keinen Primärzweck handelt. Nicht ausdrücklich in den Erwägungsgründen genannt, aber im Hinblick auf die Rückausnahmen in Art. 56 Abs. 7 und Art. 57 Abs. 5 in die Teleologie einbezogen ist die Annahme einer bestimmten Relevanz dieser E-Geld-Token für die gesamte Union. Insofern lehnt sich die Konzeption teilweise an die Zusammenarbeit im einheitlichen Aufsichtsmechanismus (Single Supervisory Mechanism – **SSM**) und der Zuständigkeitsverteilung nach Art. 6 Abs. 4 SSM-Verordnung[3] an. Ein ähnliches Verfahren besteht auch für vermögenswertereferenzierte Token nach Titel III Kapitel 5.

Art. 56 legt die **materielle Signifikanzschwelle** und das **formelle Ver- 3 fahren** fest, um einen E-Geld-Token als signifikant einzustufen und um später diese Einstufung wieder aufzuheben. Während nach Art. 56 die EBA das alleinige **Initiativrecht** hat, liegt bei einer freiwilligen Einstufung nach Art. 57 die Initiierungslast und -befugnis beim Emittenten.

II. Anwendungsbereich

Ebenso wie das gesamte Kapitel 2 gilt Art. 56 in **sachlicher** Hinsicht nur **4** für **E-Geld-Token** (→ Art. 48 Rn. 9 ff.), die signifikant sind. Die **materielle** Voraussetzung für die Einordnung als signifikant durch die EBA bilden die Kriterien aus Art. 56 Abs. 1, 43 Abs. 1. Allein die tatsächliche Überschreitung dieser abstrakten Signifikanzschwelle löst jedoch nur die Rechtsfolge aus, dass die EBA eine Einstufung als signifikante E-Geld-Token vornehmen darf. Ob Emittenten allerdings der EBA-Aufsicht unterliegen (Art. 56 Abs. 6, 117 Abs. 4) und den strengeren Anforderungen für signifikante E-Geld-Token nach Art. 58 einhalten müssen, entscheidet sich nach formalen, nicht materiellen Kriterien. Entscheidend ist insofern nicht, ob materiell die Anforderungen aus Art. 56 Abs. 1, 43 Abs. 1 eingehalten sind. Vielmehr kommt es **formal** darauf an, ob die EBA eine solche Einordnung durch Beschluss nach Art. 56 Abs. 5 getroffen und nicht wieder nach Art. 56 Abs. 9 zurück-

---
[1] Erwgr. Nr. 59 Satz 2.
[2] Erwgr. Nr. 59 Satz 2, 71 Satz 1.
[3] VO (EU) Nr. 1024/2013.

genommen hat. Der Beschluss ist **konstitutiv** für die Einstufung als signifikante E-Geld-Token.

5 Der **persönliche** Anwendungsbereich von Art. 56 umfasst jegliche Emittenten von E-Geld-Token, dh sowohl **E-Geld-Institute** als auch **Kreditinstitute** (→ Art. 48 Rn. 21 ff.). Eine Differenzierung zwischen Kreditinstituten und E-Geld-Instituten erfolgt lediglich auf Rechtsfolgenseite. Die verschärften Bestimmungen aus Art. 58 treffen nur E-Geld-Institute, weil Kreditinstitute nicht den EMD2-Anforderungen unterliegen.[4] Für Kreditinstitute, die signifikante E-Geld-Token ausgeben, gilt aber die EBA-Zuständigkeit nach Art. 56 Abs. 6.

6 Der **zeitliche** und **geographische** Anwendungsbereich von Art. 56 entspricht Art. 48 (→ Art. 48 Rn. 5 f.).

III. Materielle Signifikanzvoraussetzungen

7 **1. Mindestens drei Kriterien aus Art. 43 Abs. 1 (Abs. 1 und 2).** Sowohl für **vermögenswertereferenzierte Token** als auch E-Geld-Token gelten die gleichen Kriterien, um als signifikant eingeordnet zu werden. Kodifikatorisch zeigt sich dieser **Gleichlauf** am ausdrücklichen Verweis in Art. 56 Abs. 1 auf Art. 43 Abs. 1. Zudem fasst auch Erwgr. Nr. 59 beide Tatbestände teleologisch zusammen. Besonders hervorgehoben erscheinen dabei die Größe des Kundenstamms (Art. 43 Abs. 1 lit. a, → Art. 43 Rn. 5), der Umfang der Marktkapitalisierung (Art. 43 Abs. 1 lit. b, → Art. 43 Rn. 5) und die Anzahl der Transaktionen (Art. 43 Abs. 1 lit. c, → Art. 43 Rn. 5).[5] Allerdings sind sämtliche Kriterien aus der Liste des Art. 43 Abs. 1 normativ gleichwertig. Es genügt die Erfüllung von drei beliebigen Kriterien daraus. Für E-Geld-Token kann daher vollständig auf die Anforderungen an signifikante vermögenswertereferenzierte Token verwiesen werden (→ Art. 43 Rn. 5 ff.).

8 Erfolgt die Ausgabe eines E-Geld-Tokens durch **mehrere Emittenten**, werden deren Daten kalkulatorisch für die Erfüllung der Kriterien aus Art. 43 Abs. 1 **zusammengerechnet** (Art. 56 Abs. 2). Daher kommt es bei einer solchen gemeinschaftlichen Emission nicht darauf an, ob einer der Emittenten isoliert die Signifikanzschwelle überschreitet. Vielmehr ist eine rechnerische Gesamtbetrachtung vorzunehmen, wie es Art. 43 Abs. 3 parallel für vermögenswertereferenzierte Token anordnet.

9 **2. Relevanter Zeitraum (Abs. 1).** In Abweichung von Art. 43 Abs. 2, der auf E-Geld-Token nicht anwendbar ist, legt Art. 56 Abs. 1 den für die Erreichung der Signifikanzschwelle relevanten Zeitraum fest. Die **Länge** dieses Zeitraums ist **nicht absolut** bestimmt, sondern richtet sich nach dem Intervall der Berichte der zuständigen Behörden, die diese mindestens zweimal im Jahr erstellen müssen (Art. 56 Abs. 3 UAbs. 1). Durch die Beschränkung auf eine Mindestzahl von Berichten pro Jahr kann die tatsächliche Länge des Untersuchungszeitraums nochmals variieren. Zudem differenziert Art. 56 Abs. 1 zwischen der erstmaligen Zulassung (lit. a) und den Folgezeiträumen (lit. b).

10 In der Phase nach dem **erstmaligen** Angebot oder der erstmaligen Zulassung zum Handel (vgl. Art. 48 Abs. 1 UAbs. 1) wird der durch lediglich

---

[4] Erwgr. Nr. 71.
[5] Erwgr. Nr. 59 Satz 1.

einen Bericht umfasste Zeitraum einbezogen. Diese Zeitspanne kann kürzer als sechs Monate sein, die als durchschnittliche Mindesttaktung durch Art. 56 Abs. 3 UAbs. 1 vorgegeben ist. Sobald jedoch der zweite Bericht erstellt wurde, erweitert sich der Untersuchungszeitraum auf **mindestens zwei aufeinanderfolgende Berichtszeiträume**. Ab diesem Zeitpunkt darf nicht mehr auf den kürzeren Anfangszeitraum nach lit. a abgestellt werden. Insofern kommt lit. b eine **Sperrwirkung** gegenüber lit. a zu, sobald der chronologisch zweite Bericht vorliegt. Angestrebt wird eine hinreichende empirische Grundlage für die Prüfung der Signifikanzkriterien, die lediglich im Sonderfall der Anfangsphase einmalig verkürzt werden soll.

3. Berichtspflicht (Abs. 3). a) Zuständigkeit. Die **zuständigen Behörden** des Herkunftsmitgliedstaats des Emittenten von E-Geld-Token trifft eine fortlaufende Berichtspflicht gegenüber der EBA und der EZB. **Herkunftsmitgliedstaat** ist der Mitgliedstaat, in dem der Emittent in seiner nach Art. 48 Abs. 1 UAbs. 1 lit. a maßgeblichen Rolle als Kreditinstitut oder E-Geld-Institut zugelassen ist (Art. 3 Abs. 1 Nr. 33 lit. e). 11

b) Umfang. Der Berichtspflicht kommt eine **dienende Funktion** innerhalb des Prüfungsverfahrens zu, ob ein E-Geld-Token die Signifikanzschwelle aus Art. 56 Abs. 1, 43 Abs. 1 überschreitet. Daher richtet sich auch der Berichtsgegenstand und -umfang akzessorisch nach den Kriterien, die für die Einstufung als signifikant maßgeblich sind. **Systematisch** handelt es sich um einen kodifizierten und konkretisierten Sonderfall zur allgemeinen Informationspflicht aus Art. 95 Abs. 3. 12

Die Datensammlung der zuständigen Behörde hat alle Informationen zu umfassen, die für die materielle Signifikanzprüfung „**erheblich**" sind. Eine Erforderlichkeitsgrenze stellt der Wortlaut nicht auf. Daher neigt Art. 56 Abs. 3 UAbs. 1 eher zu einem weiten Informationsumfang, so dass die EBA eigenständig die für sie letztlich ausreichenden und maßgeblichen Berichtsteile identifizieren muss. 13

Der Verweis auf die nach Art. 22 eingegangenen Informationen betrifft nur E-Geld-Token, die sich auf eine Währung beziehen, die **keine amtliche Währung eines EU-Mitgliedstaats** ist (Art. 58 Abs. 3). Für alle anderen E-Geld-Token gibt es keine Berichtspflichten nach dem Vorbild von Art. 22. Titel III Kapitel 1 kennt keine Entsprechung zu Art. 22. 14

c) Zeitpunkt. Für die Festlegung des genauen Zeitpunkts der Berichte kommt der zuständigen Behörde ein **Ermessen** zu. Begrenzt wird es durch die **Mindestanzahl** von zwei Berichten pro Jahr, die Pflicht zur Amtshilfe der zuständigen Behörden für die EBA (Art. 95 Abs. 1 UAbs. 1 S. 2) und generell zur Zusammenarbeit einschließlich des Informationsaustausches (Art. 96 Abs. 1). Als Bezugsrahmen gilt **nicht notwendig das Kalenderjahr**, sondern der Beginn des Jahres kann auch innerhalb eines Kalenderjahres liegen. Andernorts spricht die MiCAR ausdrücklich von Kalenderjahr (Art. 85 Abs. 1, Art. 132 Abs. 3 S. 1), in Art. 56 Abs. 3 UAbs. 1 jedoch nicht. Die zuständige Behörde muss daher keine gleichmäßige Taktung verwenden, solange diese Grenzen – insbesondere zur Mindestanzahl – gewahrt bleiben. 15

d) Adressaten. Die Adressaten der Berichte sind stets die **EBA** und die **EZB**. Zusätzlich hat die zuständige Behörde ihre Berichte in zwei Sonderkonstellationen an eine **nationale Zentralbank** zu übermitteln. Erstens kann 16

MiCAR Art. 56

der Emittent seine Niederlassung in einem Mitgliedstaat außerhalb des Euroraums haben (Art. 56 Abs. 3 UAbs. 2 Alt. 1). Zweitens kann sich der E-Geld-Token auf die amtliche Währung (Art. 3 Abs. 1 Nr. 8) eines Mitgliedstaats beziehen, ohne dass es sich dabei um den Euro handelt (Art. 56 Abs. 3 UAbs. 2 Alt. 2). In keinem Fall sind die Berichte jedoch an Zentralbanken außerhalb der Union zu übermitteln.

IV. Formale Einstufung

17 1. **Entwurf eines Beschlusses (Abs. 4).** Zum Zweck der Einbeziehung und Anhörung des betroffenen Emittenten und der beteiligten Behörden ist der Einstufung durch die EBA ein **Vorverfahren** vorgeschaltet. Die EBA hat dieses Vorverfahren zu eröffnen, wenn nach ihrer Auffassung die Signifikanzschwelle aus Art. 56 Abs. 1, 43 Abs. 1 überschritten ist. Das auslösende Moment weist dabei eine **subjektive Prägung** auf, weil entscheidend auf die Würdigung durch die EBA abgestellt wird.

18 Ab der Übermittlung des Entwurfs steht den Empfängern ein Zeitraum von **20 Arbeitstagen** zur Verfügung, um **schriftlich** Stellung zu nehmen. Zum Inhalt dieser Schriftform äußert sich die MiCAR jedoch nicht. Die EBA hat diese Stellungnahmen zur Kenntnis zu nehmen. Der Umfang der Einbeziehung in den anschließenden Beschluss ist jedoch nicht statisch festgelegt, weil er davon abhängt, inwieweit die Stellungnahmen objektiv Anlass zur Auseinandersetzung und Berücksichtigung geben („gebührend Rechnung"). Insofern steht die Berücksichtigung auch nicht im subjektiven Belieben der EBA.

19 2. **Beschluss über die Einstufung (Abs. 5). Konstitutiv** für die Einordnung als signifikant ist die Entscheidung der EBA nach Abschluss des Anhörungsverfahrens. Erst durch diesen Beschluss werden die **Rechtsfolgen ausgelöst**, die mit einer Einstufung als signifikante E-Geld-Token verbunden sind. Allein die materielle Erfüllung der Kriterien genügt nicht. Die formale Anknüpfung an den Beschluss dient dabei der **Rechtssicherheit** und -klarheit. Zudem wird verhindert, dass sich bei schwankenden Märkten die Einstufung mit hoher Frequenz ändert, sofern die Schwellenwerte knapp erreicht oder verfehlt werden.

20 Für den endgültigen Beschluss über die Einstufung stehen der EBA **60 Arbeitstage** ab dem Zeitpunkt der Übermittlung des Entwurfs nach Art. 56 Abs. 4 zur Verfügung. Der Beschluss ist auch zu fassen, wenn die Einstufung als signifikant **abgelehnt** wird. Der endgültige Beschluss ist an den Emittenten und die in Art. 56 Abs. 4 genannten Behörden zu übermitteln.

21 3. **Rechtsfolgen (Abs. 6–7).** Die Einstufung eines E-Geld-Tokens als signifikant führt grundsätzlich dazu, dass die **Aufsichtszuständigkeit** von der mitgliedstaatlichen Behörde **auf die EBA übergeht** (Art. 56 Abs. 6). Hierfür ist ein Zeitraum von 20 Arbeitstagen vorgesehen, der mit der Übermittlung des endgültigen Beschlusses beginnt. Zudem greifen für Emittenten, die als E-Geld-Institute zugelassen sind, die verschärfenden **Sonderregeln nach Art. 58**.

22 Eine **Ausnahme** bei der Aufsichtszuständigkeit der EBA besteht, wenn eine hinreichende **gesamteuropäische Relevanz** nach Maßgabe von Art. 56 Abs. 7 **fehlt**. Hierfür müssen additiv zwei Bedingungen erfüllt sein: **Erstens** darf der E-Geld-Token nicht auf Euro, sondern muss auf eine andere

amtliche Währung eines Mitgliedstaats lauten. Damit ist sichergestellt, dass die Währungshoheit der Union nicht betroffen ist.[6] Amtliche Währungen von Staaten außerhalb der Union (zB USD, CHF) erfüllen das Ausnahmekriterium hingegen nicht. **Zweitens** müssen sich mindestens 80 % der Inhaber und des Transaktionsvolumens innerhalb des Herkunftsmitgliedstaats (Art. 3 Abs. 1 Nr. 33 lit. e) abspielen. Maßgeblich ist insofern, ob der Zahler oder der Empfänger im Herkunftsmitgliedstaat niedergelassen sind (Art. 56 Abs. 7 UAbs. 3). In diesen national geprägten Fällen erscheint eine Zuweisung an die supranationale Aufsichtsbehörde nicht gerechtfertigt.

4. Fortlaufende Überprüfung (Abs. 8 UAbs. 1). Die Einstufung als 23 signifikant unterliegt einer **jährlichen** Überprüfung durch die EBA. Die Häufigkeit der Überprüfung ist zwingend auf einmal pro Jahr festgelegt. Davon kann die EBA nicht abweichen. Jedoch hindert diese gesetzliche Taktung die EBA nicht daran, ein fortlaufendes Monitoring durchzuführen. Lediglich das formalisierte Überprüfungsverfahren mit der möglichen Aufhebung der Einstufung als signifikant beschränkt sich auf diesen Jahresrhythmus.

Wie auch bei der Prüfung, ob ein E-Geld-Token erstmals als signifikant 24 eingestuft werden soll, ist die EBA auch bei der regelmäßigen Folgeprüfung auf **Informationen** angewiesen, die ihr **von den zuständigen Behörden** zur Verfügung gestellt werden. Als Informationsquelle dienen insbesondere die **Berichte** nach Art. 56 Abs. 3. Der im Wortlaut enthaltene Verweis auf die nach Art. 22 erhaltenen Informationen bezieht sich nur auf E-Geld-Token iSd Art. 58 Abs. 3, da es ansonsten keine Berichtspflichten des Emittenten gibt.

5. Aufhebung der Einstufung (Abs. 8 UAbs. 2–3, Abs. 9–10). Die 25 Einstufung als signifikanter E-Geld-Token besteht fort, bis sie durch die EBA in einem **actus contrarius** wieder aufgehoben wird. Entsprechend findet auch ein zur ursprünglichen Einstufung nach Art. 56 Abs. 4–5 **gespiegeltes Verfahren** (→ Rn. 17 ff.) statt, das zunächst mit dem Entwurf eines Beschlusses, einer Anhörung des Emittenten und der betroffenen Behörden beginnt und sodann mit einem endgültigen Beschluss endet. Auch die Fristen von 20 bzw. 60 Arbeitstagen sind identisch. Ebenfalls kann die EBA zunächst einen Beschluss entwerfen, der eine Aufhebung der Einstufung als signifikant vorsieht, danach aber in dem endgültigen Beschluss ein Fortbestehen der Einstufung feststellen.

Der **Beschluss** der EBA zur Aufhebung ist **konstitutiv**. Aus Gründen der 26 Rechtssicherheit und -klarheit lässt es Art. 56 nicht genügen, wenn nur die materiellen Voraussetzungen einer Signifikanz entfallen. Daher kann die Signifikanzschwelle bis zu einem Jahr unterschritten werden, bevor die EBA die entsprechenden Konsequenzen ziehen muss und kann.

Auch die behördliche **Zuständigkeit** zur Beaufsichtigung des betroffenen 27 Emittenten wandert nach einer Aufhebung wieder zurück zur zuvor zuständigen Behörde. Dabei spiegelt Art. 56 Abs. 10 das vorherige Überleitungsverfahren nach Art. 56 Abs. 6 (→ Rn. 21).

---

[6] Vgl. Erwgr. Nr. 59 Satz 2.

Artikel 57 Freiwillige Einstufung von E-Geld-Token als signifikante E-Geld-Token

(1) Ein Emittent eines E-Geld-Token, der als Kreditinstitut oder als E-Geld-Institut zugelassen ist oder eine solche Zulassung beantragt, kann mitteilen, dass er seinen E-Geld-Token als signifikanten E-Geld-Token einstufen möchten. In diesem Fall übermittelt die zuständige Behörde der EBA, der EZB und in den in Artikel 56 Absatz 3 Unterabsatz 2 genannten Fällen der Zentralbank des betreffenden Mitgliedstaats sofort den Antrag des potenziellen Emittenten.

Damit der E-Geld-Token gemäß dem vorliegenden Artikel als signifikant eingestuft werden kann, muss der potenzielle Emittent des E-Geld-Token durch einen detaillierten Geschäftsplan nachweisen, dass er voraussichtlich mindestens drei der in Artikel 43 Absatz 1 festgelegten Kriterien erfüllt.

(2) Die EBA erstellt innerhalb von 20 Tagen ab dem Tag der Übermittlung gemäß Absatz 1 des vorliegenden Artikels einen Entwurf eines Beschlusses, der ihre auf dem Geschäftsplan des Emittenten beruhende Stellungnahme dazu enthält, ob der E-Geld-Token tatsächlich oder voraussichtlich zumindest 3 der in Artikel 43 Absatz 1 festgelegten Kriterien erfüllt, und übermittelt der zuständigen Behörde des Herkunftsmitgliedstaats des Emittenten, der EZB und in den in Artikel 56 Absatz 3 Unterabsatz 2 genannten Fällen der Zentralbank des betreffenden Mitgliedstaats diesen Entwurf eines Beschlusses.

Die für die Emittenten dieser E-Geld-Token zuständigen Behörden, die EZB und gegebenenfalls die Zentralbank des betroffenen Mitgliedstaats haben ab dem Tag der Übermittlung dieses Entwurfs eines Beschlusses 20 Arbeitstage Zeit, um schriftlich Stellung zu nehmen und Bemerkungen vorzubringen. Die EBA trägt diesen Stellungnahmen und Bemerkungen vor der Annahme eines endgültigen Beschlusses gebührend Rechnung.

(3) Die EBA trifft innerhalb von 60 Arbeitstagen nach dem Tag der in Absatz 1 genannten Übermittlung ihren endgültigen Beschluss darüber, ob ein E-Geld-Token als signifikanter E-Geld-Token einzustufen ist, und übermittelt dem Emittenten dieses E-Geld-Token und der für ihn zuständigen Behörde sofort diesen Beschluss.

(4) Wurden ein E-Geld-Token gemäß einem Beschluss der EBA nach Absatz 3 als signifikant eingestuft, so wird gemäß Artikel 117 Absatz 4 die Zuständigkeit für die Beaufsichtigung der Emittenten dieser E-Geld-Token innerhalb von 20 Arbeitstagen ab dem Tag der Übermittlung dieses Beschlusses von der zuständigen Behörde auf die EBA übertragen.

Die EBA und die zuständigen Behörden arbeiten zusammen, um einen reibungslosen Übergang der Aufsichtsbefugnisse sicherzustellen.

(5) Abweichend von Absatz 4 wird die Zuständigkeit für die Beaufsichtigung der Emittenten von signifikanten E-Geld-Token, die auf eine andere amtliche Währung eines Mitgliedstaats als den Euro lauten, nicht auf die EBA übertragen, wenn davon ausgegangen wird, dass mindestens 80 % der Anzahl der Inhaber und des Volumens der Geschäfte mit den signifikanten E-Geld-Token im Herkunftsmitgliedstaat konzentriert sind.

Art. 57 MiCAR

Die zuständige Behörde des Herkunftsmitgliedstaats des Emittenten stellt der EBA jährlich Informationen über die Anwendung der in Unterabsatz 1 genannten Ausnahme zur Verfügung.

Für die Zwecke von Unterabsatz 1 wird bei einer Transaktion davon ausgegangen, dass sie im Herkunftsmitgliedstaat stattfindet, der Zahler oder der Zahlungsempfänger in diesem Mitgliedstaat niedergelassen sind.

Übersicht

	Rn.
I. Einführung	1
1. Literatur	1
2. Entstehung und Zweck der Norm	2
II. Anwendungsbereich	4
III. Materielle Signifikanzvoraussetzungen (Abs. 2 UAbs. 1)	5
IV. Förmliches Einstufungsverfahren	6
1. Initiativrecht (Abs. 1)	6
2. Entscheidung der EBA (Abs. 2–3)	7
3. Rechtsfolgen (Abs. 4–5)	9
4. Aufhebung der Einstufung	10

I. Einführung

1. Literatur. Siehe Literatur zu Art. 48 MiCAR. **1**

2. Entstehung und Zweck der Norm. Teleologisch partizipiert **2** Art. 57 an Art. 56, soweit die Konzeption von signifikanten E-Geld-Token als aufsichtsrechtliche Sonderkategorie betroffen ist (→ Art. 56 Rn. 4). Die Bedeutung von Art. 57 liegt in der Gewährung eines **Initiativrechts an den Emittenten** eines E-Geld-Tokens, um als signifikant durch die EBA eingestuft zu werden. Während Art. 56 Abs. 4 und 5 ein solches Initiativrecht ausschließlich der EBA zuweist, darf nach Art. 57 Abs. 1 auch der Emittent ein Einstufungsverfahren beginnen.

Das **Interesse eines Emittenten** an einer Einstufung seiner E-Geld- **3** Token als signifikant kann unterschiedlich ausgeprägt sein. Zunächst kann es ihm um eine **beschleunigte Rechtssicherheit** gehen, wenn er die Voraussetzungen einer Signifikanz als gegeben ansieht und nicht abwarten möchte, bis die EBA nach Vorlage des ersten Berichts der zuständigen Behörde entscheiden könnte (Art. 56 Abs. 1 lit. a, Abs. 3). Weiterhin kann er ein **Marktsignal** der Seriosität und paneuropäischen Bedeutung aussenden wollen, welches mit einer EBA-Beaufsichtigung verbunden werden könnte. Schließlich kann ein **Kreditinstitut** als Emittent insofern an einer EBA-Zuständigkeit interessiert sein, weil es die zusätzlichen Pflichten aus Art. 58 nicht treffen und es bei der EBA eine höhere Professionalität erwartet.

II. Anwendungsbereich

Der Anwendungsbereich ist mit Art. 56 identisch (→ Art. 56 Rn. 4 ff.). **4**

III. Materielle Signifikanzvoraussetzungen (Abs. 2 UAbs. 1)

Die materiellen Voraussetzungen zur Einstufung als signifikant sind **bei** **5** **Art. 56 und Art. 57 identisch;** sie richten sich nach Art. 56 Abs. 1, 43 Abs. 1 (→ Art. 56 Rn. 7 ff.). Auch die **Rechtsfolgen** unterscheiden nicht

MiCAR Art. 57

danach, von wem die Initiative für die Einstufung als signifikanter E-Geld-Token ausgegangen ist.

IV. Förmliches Einstufungsverfahren

6 1. **Initiativrecht (Abs. 1).** Das Einstufungsverfahren wird nach Art. 57 Abs. 1 durch den **Emittenten** eröffnet. Den Auslöser bildet eine **Mitteilung** des Emittenten **an die zuständige Behörde**. Seiner Mitteilung hat er einen detaillierten **Geschäftsplan** beizufügen, der nachweist, dass er – genauer: die von ihm ausgegebenen E-Geld-Token – die Signifikanzschwelle bereits überschreitet oder voraussichtlich überschreiten wird (Art. 57 Abs. 1 UAbs. 2). Anders als die Emittenten von vermögenswertereferenzierten Token (vgl. Art. 17 Abs. 1 lit. b [i], Art. 18 Abs. 2 lit. d) müssen die Emittenten von E-Geld-Token nicht bereits für ihre Zulassung zwingend einen Geschäftsplan vorlegen, auf welchen sie in diesem Kontext zumindest teilweise zurückgreifen können. Ohne einen solchen Nachweis, der zwingend mit einem entsprechenden Geschäftsplan zu erbringen ist, kann das Einstufungsverfahren nicht eingeleitet werden und muss die EBA nicht nach Art. 57 Abs. 2 tätig werden. **Funktionell ersetzt** der Geschäftsplan bei der freiwilligen Einstufung nach Art. 57 den **Bericht** der zuständigen Behörde im Verfahren nach Art. 56 (→ Art. 56 Rn. 11 ff.).

7 2. **Entscheidung der EBA (Abs. 2–3).** Ist eine Mitteilung des Emittenten mit dem erforderlichen Nachweis nach Art. 57 Abs. 1 der EBA übermittelt worden, erstellt die EBA innerhalb von 20 (Arbeits-)Tagen den **Entwurf** eines Beschlusses. Die EBA nimmt darin zur Erfüllung der materiellen Signifikanzanforderungen Stellung. Diese Einschätzung muss ihre empirische Grundlage zumindest auch im Geschäftsplan des Emittenten finden („beruhen auf"). Das **Anhörungs- und Stellungnahmeverfahren** ist weitgehend Art. 56 Abs. 4 nachgebildet (→ Art. 56 Rn. 17 f.). Jedoch besteht die Besonderheit, dass der Emittent nicht einbezogen wird. Vor dem Hintergrund, dass die EBA auch zu einer gegenteiligen Einschätzung im Vergleich zum Emittenten gelangen kann, überrascht diese Abweichung.

8 Parallel zu Art. 56 Abs. 5 endet das Einstufungsverfahren auch nach Art. 57 Abs. 3 mit einem **konstitutiven Beschluss** der EBA. Darin kann sie entweder eine Einstufung als signifikant vornehmen oder ablehnen. Diesen endgültigen Beschluss übermittelt die EBA an den Emittenten und die zuständige Behörde, auch um letztere auf die Übertragung der Zuständigkeit nach Art. 57 Abs. 4 vorzubereiten.

9 3. **Rechtsfolgen (Abs. 4–5).** Der **Übergang der Aufsichtszuständigkeit auf die EBA** nach Art. 57 Abs. 4 ist parallel zu Art. 56 Abs. 6 (→ Art. 56 Rn. 21) ausgestaltet. Ebenfalls liegt ein Gleichlauf von Art. 57 Abs. 5 und Art. 56 Abs. 7 vor. Die Vorschriften sind **weitgehend wortlautidentisch.** Inhaltlich bestehen keine Unterschiede, so dass es sich um **Doppelnormierungen** handelt.

10 4. **Aufhebung der Einstufung.** Der actus contrarius zur Einstufung als signifikant, dh die Aufhebung dieser Einstufung, ist nicht in Art. 57 geregelt. Insofern gilt das **Verfahren aus Art. 56 Abs. 8–10** (→ Art. 56 Rn. 25 ff.). Art. 57 enthält lediglich für die Verfahrenseinleitung eine Sonderregel, nicht aber für den Rechtsrahmen von signifikanten E-Geld-Token im Übrigen.

Artikel 58 Spezifische zusätzliche Pflichten von Emittenten von E-Geld-Token

(1) Für E-Geld-Institute, die signifikante E-Geld-Token ausgeben, gelten
a) die in Artikel 36, 37, 38 und 45 Absätze 1 bis 4 der vorliegenden Verordnung genannten Anforderungen anstelle von Artikel 7 der Richtlinie 2009/110/EG;
b) die in Artikel 35 Absätze 2, 3 und 5 und Artikel 45 Absatz 5 der vorliegenden Verordnung genannten Anforderungen anstelle von Artikel 5 der Richtlinie 2009/110/EG.

Abweichend von Artikel 36 Absatz 9 wird die unabhängige Prüfung in Bezug auf Emittenten signifikanter E-Geld-Token alle sechs Monate ab dem Tag des vorgeschrieben, an dem der Beschluss gemäß Artikel 56 oder 57 angenommen wurde, einen Token als signifikant einzustufen.

(2) Die zuständigen Behörden der Herkunftsmitgliedstaaten können E-Geld-Institute, die nicht signifikante E-Geld-Token ausgeben, verpflichten, die in Absatz 1 genannten Anforderungen zu erfüllen, wenn dies erforderlich ist, um den Risiken entgegenzuwirken, die mit diesen Bestimmungen angegangen werden sollen, etwa Liquiditätsrisiken, operationelle Risiken oder Risiken aus der unterlassenen Einhaltung der Anforderungen an die Verwaltung von Vermögenswertreserven.

(3) Artikel 22, Artikel 23 und Artikel 24 Absatz 3 gelten für E-Geld-Token, die auf eine Währung lauten, die keine amtliche Währung eines Mitgliedstaats ist.

Übersicht

	Rn.
I. Einführung	1
1. Literatur	1
2. Entstehung und Zweck der Norm	2
II. Anwendungsbereich	3
III. Zusätzliche Pflichten	4
1. Signifikante E-Geld-Token (Abs. 1)	4
2. Nicht signifikante E-Geld-Token (Abs. 2)	5
3. Signifikante und nicht signifikante E-Geld-Token (Abs. 3)	6
IV. Deutsches Durchführungsgesetz (KMAG-E)	8

I. Einführung

1. Literatur. *John/Patz,* ZuFinG und FinmadiG – eine Neuordnung der Krypto-Landschaft, BKR 2023, 849; *Möslein/Rennig,* Das Finanzmarktdigitalisierungsgesetz (FinmadiG) im europäischen Kontext, RDi 2024, 145. 1

2. Entstehung und Zweck der Norm. Emittenten von E-Geld-Token können besonderen Zusatzpflichten unterliegen: erstens als E-Geld-Institut, das signifikante E-Geld-Token ausgibt (Abs. 1), zweitens als E-Geld-Institut, das nicht signifikante E-Geld-Token ausgibt (Abs. 2) und drittens als Emittent, dessen E-Geld-Token nicht auf eine amtliche Währung eines EU-Mitgliedstaats lauten (Abs. 3). Die Teleologie von Art. 58 Abs. 1–2 spiegelt sich im Wortlaut von Art. 58 Abs. 2 wider; es geht namentlich um die Bekämp- 2

MiCAR Art. 58

fung von **Liquiditätsrisiken** und **operationellen Risiken**. Generell sieht die MiCAR gesteigerte Risiken für die **Finanzstabilität**.[1] Mit den Berichterstattungspflichten und Ausgabebeschränkungen nach Art. 58 Abs. 3 soll hingegen vor allem die **Währungshoheit** innerhalb der Union gesichert werden.[2]

II. Anwendungsbereich

3   Der **zeitliche** und **geographische** Anwendungsbereich ist mit Art. 56 identisch (→ Art. 56 Rn. 6). Der **persönliche** Anwendungsbereich weicht insofern ab, weil Art. 58 Abs. 1 und 2 nicht auf Emittenten anwendbar ist, die als Kreditinstitute zugelassen sind. Vielmehr beschränkt sich Art. 58 auf **E-Geld-Institute,** die signifikante E-Geld-Token ausgeben. Für die Einordnung als signifikant kommt es nicht darauf an, ob die E-Geld-Token die materiellen Signifikanzanforderungen erfüllen. Entscheidend ist, dass die **EBA** eine solche **formale Einstufung** wirksam vorgenommen hat (Art. 56 Abs. 5, Art. 57 Abs. 3) und nicht wieder aufgehoben hat (Art. 56 Abs. 9). Demgegenüber gilt Art. 58 Abs. 3 für jegliche Emittenten von signifikanten E-Geld-Token und damit auch für Kreditinstitute. Auch der **sachliche** Anwendungsbereich ist nicht vollständig mit Art. 56 deckungsgleich, weil Art. 58 Abs. 2 für nicht signifikante E-Geld-Token gilt; nur für Art. 58 Abs. 1 und 3 kann auf Art. 56 verwiesen werden (→ Art. 56 Rn. 4).

III. Zusätzliche Pflichten

4   **1. Signifikante E-Geld-Token (Abs. 1).** E-Geld-Institute, die als Emittenten von signifikanten E-Geld-Token auftreten, unterliegen verschärften Pflichten in Bezug auf die **Eigenkapital- und Interoperabilitätsanforderungen** und müssen eine Strategie für ihr **Liquiditätsmanagement** erstellen.[3] Weiterhin werden die allgemeinen Sicherungsanforderungen für E-Geld durch die Vorgaben zur Vermögenswertreserve ersetzt (Einzelheiten → Art. 22 Rn. 6). Die unabhängige Prüfung nach Art. 36 Abs. 9 wird zeitlich an die Einstufungsbeschlüsse nach Art. 56 Abs. 5 und Art. 57 Abs. 3 angebunden (Art. 58 Abs. 1 UAbs. 2). Systematisch wird durch die Bezugnahmen auf Titel III der Verweis aus Art. 48 Abs. 3 auf die EMD2[4] eingeschränkt.

5   **2. Nicht signifikante E-Geld-Token (Abs. 2).** Sofern nicht signifikante E-Geld-Token vergleichbare Risiken wie signifikante E-Geld-Token hervorrufen, können sie durch die zuständigen Behörden der Herkunftsmitgliedstaaten (Art. 3 Abs. 1 Nr. 33 lit. e) ebenfalls den Anforderungen nach Art. 58 Abs. 1 unterworfen werden. Voraussetzung ist, dass der Emittent als E-Geld-Institut tätig wurde und es sich um **Risiken** handelt, deren Abwehr durch diese Zusatzpflichten angestrebt ist. Die im Wortlaut ausdrücklich genannten Risiken sind nur als Beispiele zu verstehen. Risiken im Kontext der Vermögenswertreserve können jedoch bei E-Geld-Token gar nicht entstehen, weil es anders als bei vermögenswertereferenzierten Token keine Vermögenswertreserve gibt. Insofern liegt ein **Redaktionsversehen** vor. Die Entschei-

---

[1] Erwgr. Nr. 71.
[2] Erwgr. Nr. 59 Satz 2.
[3] Erwgr. Nr. 71.
[4] RL 2009/110/EG.

dung der zuständigen Behörde nach Art. 58 Abs. 2 unterliegt einer **Erforderlichkeitskontrolle.**

3. Signifikante und nicht signifikante E-Geld-Token (Abs. 3). E- 6
Geld-Token, die sich nicht auf eine amtliche Währung eines EU-Mitgliedstaats beziehen, unterliegen ebenfalls den **Berichterstattungspflichten** (Art. 22, Einzelheiten → Art. 22 Rn. 5) und **Ausgabebeschränkungen** (Art. 23, 24 Abs. 3, Einzelheiten → Art. 23 Rn. 6, → Art. 24 Rn. 7 f.) für vermögenswertereferenzierte Token. Vorzunehmen ist eine entsprechende Anwendung. Teleologisch dürfte die gesetzgeberische Befürchtung zugrunde liegen, dass bei Währungen, die nicht als amtliche Währung (Art. 3 Abs. 1 Nr. 8) eines EU-Mitgliedstaats fungieren, aus Unionssicht erhöhte Risiken hinsichtlich der **Währungshoheit** bestehen. Anders als bei Art. 58 Abs. 1 und 2 kommt es bei Art. 58 Abs. 3 nicht darauf an, ob der Emittent ein E-Geld-Institut ist; auch Kreditinstitute in der Rolle aus Emittenten werden erfasst.

Entgegen ihrer systematischen Stellung in Kapitel 2 („Signifikante E-Geld- 7
Token") beschränkt sich Art. 58 Abs. 3 nicht auf signifikante E-Geld-Token, sondern erfasst **jegliche E-Geld-Token,** solange sie nur nicht auf eine amtliche Währung eines EU-Mitgliedstaats lauten. Der Wortlaut von Art. 58 Abs. 3 schränkt dessen Anwendung nicht auf signifikante E-Geld-Token ein. Anders als die amtlichen Überschriften von Art. 56 und 57 grenzt auch die amtliche Überschrift von Art. 58 nicht auf signifikante E-Geld-Token ein. Vor allem aber lässt sich ansonsten **Art. 56 Abs. 3 UAbs. 1** nicht erklären. Danach bildet die Berichterstattung nach Art. 22 auch einen Teil der Entscheidungsgrundlage für die EBA, ob eine erstmalige Einstufung als signifikanter E-Geld-Token erfolgt. Würde ein solcher Bericht aber nur bei signifikanten E-Geld-Token fällig, könnte er vor einer Anerkennung als signifikant in keinem Fall vorliegen. Damit liefe Art. 56 Abs. 3 UAbs. 1 leer; dies kann gesetzgeberisch nicht intendiert gewesen sein. Die konditionale Einschränkung in Art. 56 Abs. 3 UAbs. 1 („gegebenenfalls") reflektiert den Umstand, dass Art. 58 Abs. 3 nur bei bestimmten Bezugswährungen eingreift.

IV. Deutsches Durchführungsgesetz (KMAG-E)

Zur Durchführung der MiCAR wird der deutsche Gesetzgeber im Rah- 8
men des Finanzmarktdigitalisierungsgesetzes (FinmadiG) ein Begleitgesetz in Gestalt des **Kryptomärkteaufsichtsgesetzes** (KMAG-E) erlassen.[5] In Bezug auf Art. 58 MiCAR sind insbesondere §§ 3 und 5 KMAG-E von Relevanz. Erlässt die durch § 3 KMAG-E für zuständig erklärte **BaFin** eine Verpflichtungsmaßnahme nach Art. 58 Abs. 2 MiCAR, ist diese nach § 5 Abs. 1 KMAG-E **sofort vollziehbar.** Als Vorbild wird § 9 ZAG herangezogen.[6]

---

[5] Überblick bei John/Patz BKR 2023, 849 ff.; Möslein/Rennig RDi 2024, 145 ff.
[6] BT-Drucks. 20/10280, S. 135.

Titel V. Zulassung und Bedingungen für die Ausübung der Tätigkeit eines Anbieters von Kryptowerte-Dienstleistungen

Kapitel 1. Zulassung von Anbietern von Kryptowerte-Dienstleistungen

Artikel 59 Zulassung

(1) Eine Person, darf in der Union Kryptowerte-Dienstleistungen nicht anbieten, sofern diese Person nicht
a) eine juristische Person oder ein anderes Unternehmen ist, die bzw. das gemäß Artikel 63 als Anbieter von Kryptowerte-Dienstleistungen zugelassen wurde, oder
b) ein Kreditinstitut, ein Zentralverwahrer, eine Wertpapierfirma, ein Marktteilnehmer, ein E-Geld-Institut, eine OGAW-Verwaltungsgesellschaft oder ein Verwalter alternativer Investmentfonds ist, dem bzw. der es gemäß Artikel 60 gestattet ist, Kryptowerte-Dienstleistungen zu erbringen.

(2) Anbieter von Kryptowerte-Dienstleistungen, die nach Artikel 63 zugelassen wurden, müssen einen Sitz in einem Mitgliedstaat haben, in dem sie zumindest einen Teil ihrer Krypto-Dienstleistungsgeschäfte ausführen. Sie müssen ihren Ort der tatsächlichen Geschäftsführung in der Union haben, und mindestens einer der Geschäftsführer muss in der Union ansässig sein.

(3) Für die Zwecke von Absatz 1 Buchstabe a dürfen andere Unternehmen, bei denen es sich nicht um juristische Personen handelt, Kryptowerte-Dienstleistungen nur dann erbringen, wenn durch ihre Rechtsform ein Schutzniveau in Bezug auf die Interessen Dritter gewährleistet ist, das dem durch juristische Personen gewährten Schutzniveau gleichwertig ist, und wenn sie einer gleichwertigen, ihrer Rechtsform entsprechenden prudentiellen Aufsicht unterliegen.

(4) Nach Artikel 63 zugelassene Anbieter von Kryptowerte-Dienstleistungen müssen die Voraussetzungen für ihre Zulassung jederzeit erfüllen.

(5) Eine Person, die kein Anbieter von Kryptowerte-Dienstleistungen ist, darf keinen Namen oder Firmennamen verwenden bzw. keine Marketingmitteilungen veröffentlichen oder keine sonstigen Prozesse anwenden, die nahelegen, dass sie ein Anbieter von Kryptowerte-Dienstleistungen ist, oder die in dieser Hinsicht Verwirrung stiften könnten.

(6) Die zuständigen Behörden, die Zulassungen nach Artikel 63 erteilen, stellen sicher, dass in diesen Zulassungen genau angegeben ist, welche Kryptowerte-Dienstleistungen Anbieter von Kryptowerte-Dienstleistungen erbringen dürfen.

(7) Anbieter von Kryptowerte-Dienstleistungen dürfen Kryptowerte-Dienstleistungen in der gesamten Union erbringen; dies kann entweder im Rahmen der Niederlassungsfreiheit, einschließlich der Errichtung einer Zweigniederlassung, oder im Rahmen des freien Dienstleistungsver-

kehrs geschehen. Anbieter von Kryptowerte-Dienstleistungen, die Kryptowerte-Dienstleistungen grenzüberschreitend erbringen, brauchen im Hoheitsgebiet eines Aufnahmemitgliedstaats nicht physisch präsent zu sein.

(8) Anbieter von Kryptowerte-Dienstleistungen, die ihre Zulassung um weitere Kryptowerte-Dienstleistungen auf die in Artikel 63 genannte Art und Weise erweitern wollen, beantragen bei den zuständigen Behörden, die ihnen die Erstzulassung erteilt haben, eine Erweiterung ihrer Zulassung und ergänzen und aktualisieren zu diesem Zweck die in Artikel 62 genannten Informationen. Der Antrag auf Erweiterung der Zulassung wird gemäß Artikel 63 bearbeitet.

Übersicht

	Rn.
I. Einführung	1
1. Literatur	1
2. Entstehung und Zweck der Norm	2
3. Normativer Kontext	6
II. Überblick über die Norm	9
III. Anwendungsbereich	17
1. Sachlicher Anwendungsbereich	17
2. Persönlicher Anwendungsbereich	20
IV. Regelungsinhalt	23
1. Verbot der Erbringung von Kryptowerte-Dienstleistungen mit Erlaubnisvorbehalt (Abs. 1)	23
a) Juristische Person oder ein anderes Unternehmen	24
b) Erbringung von Kryptowerte-Dienstleistungen durch bereits zugelassene Finanzinstitute	25
2. Sitz und Ort der tatsächlichen Geschäftsführung (Abs. 2)	27
a) Sitz im Mitgliedstaat	28
b) Ort der Ausübung der Kryptowerte-Dienstleistungen	29
c) Ort der Geschäftsführung	31
3. Unternehmen, die keine juristische Person sind, als Kryptowerte-Dienstleister (Abs. 3)	37
a) Allgemein	37
b) Personengesellschaften nach deutschem Recht	44
4. Dauerhafte Erfüllung der Zulassungsvoraussetzungen (Abs. 4)	46
5. Schutz vor Irreführung (Abs. 5)	48
6. Angabe der zugelassenen Kryptowerte-Dienstleistungen (Abs. 6)	51
7. Erbringung der Kryptowerte-Dienstleistungen in der Union (Abs. 7)	52
8. Erweiterung der Zulassung (Abs. 8)	54
V. Regelungen und Verweise des KMAG-E	57

I. Einführung

1. Literatur. *Korte*, in *Omlor/Franke*, Europäische DeFi-Regulierungsperspektiven: Ein- und Ausblicke der EU-Kommission, BKR 2022, 679 ff.; *Wegge*, Kryptowährungen, Fan-Tokens und NFTs – ein Blick durch die Sportbrille, SpuRT 2022, 354 ff.; *Maume*, Die Verordnung über Märkte für Kryptowerte (MiCAR): Zentrale Definitionen sowie Rechte und Pflichten beim öffentlichen Angebot von Kryptowerten, RDi 2022, 497 ff.

MiCAR Art. 59 Titel V. Zulassung und Bedingungen

2   **2. Entstehung und Zweck der Norm.** Art. 59 ist die zentrale Norm für die Zulassung von Kryptowerte-Dienstleistern, welche mit der Verordnung als zentraler Bestandteil umfassend, wie auch im Bereich anderer Finanzdienstleistungen, der Finanzaufsicht unterzogen werden. Zweck der Regulierung ist der Verbraucher- und Anlegerschutz, Marktintegrität und Finanzmarktstabilität.[1] Wie auch in den anderen Bereichen der Finanzmarktregulierung wird so die hoheitliche Kontrolle über den Anbieter von Krypto-Dienstleistungen abgesichert und Vertrauen in den Markt und über die Erbringung der betreffenden Dienstleistungen geschaffen.

3   In den meisten Mitgliedstaaten ist die Regulierung und Zulassungspflicht speziell für Kryptowerte-Dienstleister neu und die betreffenden Dienstleister werden mit der Regelung erstmals einer Regulierung und den entsprechenden Zulassungsanforderungen zugeführt. Die Geschehnisse auf dem Finanzmarkt haben gezeigt, dass die Integrität und Zuverlässigkeit von Anbietern für Kryptowerte-Dienstleistungen mitentscheidend ist für die Sicherheit im Umgang mit Kryptowerten. Hier ist ein hohes Maß an Anleger- und Verbraucherschutz gewünscht, um auch die Zuverlässigkeit und das Vertrauen in den gesamten Kryptowerte-Markt herzustellen und zu erhalten und so ein möglichst hohes und dem europäischen Standard entsprechendes Maß an Finanzstabilität über den Dienstleistungsbereich abzusichern.

4   Der **Zweck der Erlaubnispflicht** ist deckungsgleich mit den sonstigen Zulassungsnormen im Aufsichtsrecht – Sicherstellung der personellen und finanziellen Gewähr für eine ordnungsgemäße und zuverlässige Geschäftsführung. Unternehmen, die die erforderliche Zuverlässigkeit nicht bieten, sollen, ebenso wie beteiligte Personen, die als ungeeignet oder unzuverlässig erscheinen, von der Möglichkeit, Kryptowerte-Dienstleistungen zu erbringen, ausgeschlossen werden. Durch das Zulassungsverfahren wird eine zwingende Kontrolle vorweggeschaltet.[2] Die Kryptowerte-Dienstleister werden einheitlichen operationellen, organisatorischen und aufsichtsrechtlichen Anforderungen unterworfen.[3]

5   Art. 59 hat sich im Gesetzgebungsprozess nur marginal verändert und entwickelt. In den ursprünglichen Gesetzesentwürfen war die Erlaubnis juristischen Personen vorbehalten. Die Regelung, dass auch andere Unternehmen mit gleichwertigem Schutzniveau eine Zulassung erhalten können, fand erst in die heute geltende Fassung in Art. 59 Eingang.

6   **3. Normativer Kontext.** Art. 59 ist das Eingangstor in die Regulierung für Kryptowerte-Dienstleister. Die in diesem Artikel enthaltenen Regelungen wollte der Gesetzgeber wohl als zentrale Normen vor die Klammer ziehen. Einige der hierin aufgenommenen **Grundsätze** sind dann in den folgenden Artikeln genauer ausgestaltet. Art. 59 kommt daher in seiner Struktur eher untypisch daher, da einzelne Aspekte, die thematisch anderen Normen des Titels zuzuordnen sind, herausgenommen wurden in eine Art Sammelbecken. Teilweise dürfte dies vor dem Hintergrund erfolgt sein, dass sie für den Bereich der Zulassung als Anbieter von Kryptowerte-Dienstleistungen so zentral sind, dass sie (ergänzend) für das gesamte Zulassungssystem vorweggestellt werden sollten.

---

[1] Erwgr. Nr. 73; Omlor/Franke BKR 2022, 679 (685).
[2] Fischer/Schulte-Mattler/Fischer/Krolop KWG, § 32 Rn. 4.
[3] Erwgr. Nr. 73.

Die Regulierung der Zulassung entspricht in vielen Bereichen derjenigen 7
Regulierung, wie wir sie auch von anderen Bereichen der Finanzdienstleistungen kennen.

In Deutschland wird mit der Regelung der Art. 59 ff. der Verordnung die 8
Erlaubnis für das **Kryptoverwahrgeschäft** (§ 1 Abs. 1a S. 2 Nr. 6 KWG)
überlagert bzw. obsolet, da der Tatbestand auch von den Kryptowerte-Dienstleistungen im Sinne der Verordnung erfasst ist und **Vorrang** genießt.

II. Überblick über die Norm

Abs. 1 normiert einen **Verbotstatbestand** mit **Erlaubnisvorbehalt.** 9
Dhd, das Erbringen von Krypto-Dienstleistungen ist grundsätzlich verboten, wenn und soweit die zuständige Aufsichtsbehörde nicht eine Zulassung zum Betreiben des jeweiligen Geschäfts erlassen hat. Die Vorschrift schreibt ein Mindestmaß an kooperationsrechtlicher Verfasstheit vor, die Anbieter von Krypto-Dienstleistungen aufbringen müssen und stellt zugleich einige, bereits nach anderen Aufsichtsgesetzen lizenzierte, Finanzdienstleister vom Erlaubnisvorbehalt frei.

Abs. 2 legt fest, dass alle nach Art. 63 zugelassenen Anbieter von Krypto- 10
werte-Dienstleistungen, einen Sitz in einem Mitgliedstaat haben müssen, in dem sie auch ihre Dienstleistungen zumindest zum Teil ausführen. Der **Ort der tatsächlichen Geschäftsführung** muss in der EU liegen und mindestens ein Geschäftsführer muss auch in der EU ansässig sein.

Abs. 3 stellt klar, dass **Unternehmen,** die keine juristischen Personen sind, 11
Kryptowerte-Dienstleistungen nur erbringen dürfen, wenn ihre Rechtsform ein **Schutzniveau für Dritte** bietet, das dem einer juristischen Person gleichwertig ist und sie einer entsprechenden Aufsicht unterliegen.

Abs. 4 normiert, dass die Voraussetzungen für die Zulassung von Krpyto- 12
werte-Dienstleistungen jederzeit erfüllt werden müssen.

Abs. 5 regelt das **Verbot der Irreführung** über das Vorliegen einer Zu- 13
lassung als Kryptowerte-Dienstleister bzw. überhaupt über das Anbieten von Kryptowerte-Dienstleistungen. Eine Person, die kein Kryptowerte-Dienstleister ist, darf in der Öffentlichkeit durch ihren Namen, Firmennamen, Marketingmitteilungen oder dergleichen nicht den Eindruck erwecken, dass sie Kryptowerte-Dienstleistungen anbietet.

Abs. 6 regelt, dass die jeweils national zuständigen Aufsichtsbehörden in 14
der Zulassung nach Art. 63 genau angeben müssen, welche Kryptowerte-Dienstleistungen von den jeweiligen Anbietern erbracht werden dürfen.

Abs. 7 stellt klar, dass auf Basis der **Niederlassungs- und Dienstleis-** 15
tungsfreiheit Kryptowerte-Dienstleistungen von zugelassenen Anbietern in der gesamten Union erbracht werden dürfen, auch ohne im Hoheitsgebiet eines anderen Mitgliedsstaats physisch präsent zu sein, wie es für das Heimatland des Anbieters für die Zulassung gefordert ist.

Abs. 8 schließlich normiert, dass zugelassene Anbieter von Kryptowerte- 16
Dienstleistungen bei der für ihre Erstzulassung zuständigen Behörde eine entsprechende Erweiterung ihrer Zulassung nach Art. 63 unter Ergänzung und Aktualisierung der erforderlichen Informationen nach Art. 62 beantragen können. Die Zulassung wird entsprechend Art. 63 bearbeitet.

III. Anwendungsbereich

17 **1. Sachlicher Anwendungsbereich.** Art. 59 findet, ebenso wie die folgenden Regelungen, auf **Anbieter von Kryptowerte-Dienstleistungen** Anwendung. Kryptowerte-Dienstleistungen sind definiert in Art. 3 Abs. 1 Nr. 16 der Verordnung (vgl. → Art. 3 Rn. 122). Erfasst ist insbesondere die Verwahrung und Verwaltung von Kryptowerten, der Betrieb einer Handelsplattform für Kryptowerte, der Tausch von Kryptowerten gegen Geld oder andere Kryptowerte ebenso wie die Beratung, Vermittlung, Verwaltungs- und Transferdienstleistungen in Bezug auf Kryptowerte für Kunden. Die erfassten Dienstleistungen entsprechen damit im Grundsatz denjenigen Dienstleistungen, die wir bereits aus dem Finanz- und Wertpapierdienstleistungsbereich kennen, mit der entsprechenden Spezialisierung auf den Bereich der Kryptowerte.

18 Die in Deutschland im KWG normierte Finanzdienstleistung des **Kryptoverwahrgeschäfts** (§ 1 Abs. 1a S. 2 Nr. 6 KWG) ist damit nunmehr auch von der einheitlichen EU-Regulierung erfasst.

19 Der reine Erwerb von Kryptoassets zu **Vermögensanlagezwecken** unterfällt nicht dem Anwendungsbereich der Verordnung, denn Letztere „gilt für Personen, die in der Union Kryptowerte ausgeben oder Dienstleistungen im Zusammenhang mit Kryptowerten erbringen." (vgl. Art. 2 Abs. 1). Durch eine Nutzung von Kryptowährungen als Vermögensanlage erbringt der Nutzer keine Krypto-Dienstleistung iSd Verordnung.[4]

20 **2. Persönlicher Anwendungsbereich.** Art. 59 ff. finden Anwendung auf alle Personen, die Kryptowerte-Dienstleistungen innerhalb der EU anbieten bzw. anbieten wollen. Die Definition des Kryptowerte-Dienstleisters ist angelehnt an die der Wertpapierfirma nach Art. 4 Abs. 1 Nr. 1 MiFID II, insbesondere die Regelung zur juristischen Person oder anderen Unternehmen mit gleichwertigem Schutzniveau entspricht im Wortlaut dem Vorbild aus der MiFID II.

21 Das in Art. 59 normierte Verbot gilt dabei für alle Personen. Die Möglichkeit zum Erhalt einer Zulassung für die Erbringung von Kryptowerte-Dienstleistungen steht nur dem in Art. 59 ff. eingeschränkten Personenkreis zu.

22 Anders jedoch als Art. 4 Abs. 1 Nr. 1 MiFID II, sieht Art. 59 keine Zulassung für natürliche Personen vor, auch nicht in bestimmten Grenzen oder unter Einhaltung bestimmter Voraussetzungen.

IV. Regelungsinhalt

23 **1. Verbot der Erbringung von Kryptowerte-Dienstleistungen mit Erlaubnisvorbehalt (Abs. 1).** Grundsätzlich gilt ein **Verbot,** in der Union Kryptowerte-Dienstleistungen anzubieten, wenn der Anbieter nicht gemäß Art. 63 als Anbieter von Kryptowerte-Dienstleistungen zugelassen wurde oder es dem Anbieter als bereits reguliertes Unternehmen des Finanzmarkts nach Art. 60 gestattet ist, Kryptowerte-Dienstleistungen zu erbringen.

24 **a) Juristische Person oder ein anderes Unternehmen.** Die Zulassung für Kryptowerte-Dienstleister ist nur möglich für **juristische Personen** oder **andere Unternehmen,** wobei letztere in Abs. 3 der Norm näher definiert

---
[4] Wegge SpuRT 2022, 354 (357).

werden (→ Rn. 37 ff.). Wann es sich um eine juristische Person handelt, richtet sich nach dem jeweiligen Gesellschaftsrecht des **Sitzstaates**.

b) Erbringung von Kryptowerte-Dienstleistungen durch bereits zugelassene Finanzinstitute. In der Union bereits regulierte und zugelassene Finanzinstitute, wie Kreditinstitute, Zentralverwahrer, Wertpapierfirmen, E-Geld-Institute, OGAW-Verwaltungsgesellschaften oder Verwalter alternativer Investmentfonds können nach Art. 60 Kryptowerte-Dienstleistungen erbringen, wenn sie die lt. **Art. 60 Abs. 7** erforderlichen **Informationen** übermitteln und die Aufsichtsbehörde die Vollständigkeit der Informationen mitteilt (→ Art. 60 Rn. 27). 25

Die Regelung greift den Grundsatz auf, der dann in Art. 60 detailliert mit den genauen Voraussetzungen für diese Art der Zulassung ausgestaltet ist, dass bereits regulierte Institute von einer zusätzlichen Erlaubnispflicht ausgenommen sind und sich ihr „Zulassungsverfahren" nur auf die Bereitstellung derjenigen Informationen beschränkt, die für die Erbringung der Kryptowerte-Dienstleistungen ergänzend erforderlich und relevant sind **(Äquivalenzverfahren).** 26

2. Sitz und Ort der tatsächlichen Geschäftsführung (Abs. 2). Anbieter von Kryptowerte-Dienstleistungen, die nach Art. 63 zugelassen wurden, müssen ihren **Sitz in der Union** haben und in dem Mitgliedstaat ihres Sitzes zumindest auch einen Teil ihrer **Kryptowerte-Dienstleistungen ausführen**. Zudem muss der **Ort der tatsächlichen Geschäftsführung** (Verwaltungssitz) in der Union liegen und mindestens einer der Geschäftsführer muss in der Union ansässig sein. Der Regelungsinhalt scheint in Art. 59 eigentlich wesensfremd, setzt Abs. 2 doch in seinem Kern Voraussetzungen für die Zulassung als Kryptowerte-Dienstleister nach Art. 63 voraus. Hier ist die Verordnung strukturell nicht konsequent, hätte man Zulassungsvoraussetzungen einheitlich in einem Artikel zu regeln. Der Verordnungsgeber wollte hingegen vermutlich in Art. 59 die ganz wesentlichen Maßstäbe für die Zulassung als Kryptowerte-Dienstleister zentral direkt im Eingang des Titels regeln. 27

a) Sitz im Mitgliedstaat. Der Sitz eines zugelassenen Kryptowerte-Dienstleisters muss in einem **Mitgliedstaat** liegen. Das ist schon allein für eine funktionierende Aufsicht und den Schutz der Anleger zwingend, um sicherzugehen, dass zwingend das gesamte Unionsrecht auf den Dienstleister selbst Anwendung findet. Der Sitz meint hier, in Abgrenzung zum separat geregelten Ort der Geschäftsleitung, den Satzungssitz der Gesellschaft. 28

b) Ort der Ausübung der Kryptowerte-Dienstleistungen. Der Sitz der Gesellschaft muss in dem Mitgliedstaat liegen, in dem auch zumindest ein Teil der Kryptowerte-Dienstleistungen ausgeübt wird. Dies zielt auf **Briefkastenfirmen** in Mitgliedstaaten mit besonders „**kryptofreundlicher**" **Aufsicht** ab, in denen aber keine Geschäftstätigkeit stattfindet. Die Norm stellt sicher, dass immer auch ein Konnex zwischen Sitz der Gesellschaft und operativer Tätigkeit bestehen muss. Dies führt zu einer praktikableren und effektiven Aufsicht.[5] Die Aufsicht ist in dem Land zuständig, in dem die Gesellschaft ihren Satzungssitz hat.[6] So ist sichergestellt, dass die danach 29

---

[5] Erwgr. Nr. 76.
[6] Vgl. Art. 93.

jeweils zuständige Aufsicht, auch in ihrem eigenen Finanzmarkt die **tatsächliche Tätigkeit** des ihrer Aufsicht unterstehenden Kryptowerte-Dienstleisters sehen und auch operativ beaufsichtigen kann.

30   Deutschland dürfte angesichts vergleichsweiser hoher bürokratischer Hürden kein Mitgliedstaat sein, in dem ein Anbieter seinen Sitz hat, ohne auch ohnehin auf dem lokalen Markt tätig zu werden. Zugleich besteht in Deutschland jedoch ein sehr großer Markt potentieller Kunden, so dass Anbieter von Kryptowerte-Dienstleistungen auf diesem Markt tätig werden wollen.

31   **c) Ort der Geschäftsführung.** Der Ort der **tatsächlichen Geschäftsführung** muss in der Union liegen und mindestens ein Geschäftsführer muss in der Union ansässig sein (→ Rn. 35). Das soll eine effektive Aufsicht und Zugriffsmöglichkeit auf den Kryptowerte-Dienstleister ermöglichen. Auch hier dürfte der weitgehende Zweck sein, Briefkastenfirmen zu vermeiden, bei denen das eigentliche Geschäft von außerhalb gesteuert wird, so dass eine tatsächliche Kontrolle durch die Aufsicht innerhalb der Union dieser entzogen oder zumindest erschwert würde.[7]

32   In Erwgr. Nr. 74 wird hierzu ausgeführt: „*Die Anbieter von Kryptowerte-Dienstleistungen müssen ihre* **Aktivitäten in der Union** *unbedingt wirksam verwalten, damit die wirksame Beaufsichtigung nicht unterlaufen wird und die Durchsetzung der Anforderungen nach dieser Verordnung sichergestellt ist, die den Anlegerschutz, die Marktintegrität und die Finanzstabilität sicherstellen sollen. Regelmäßige enge direkte Kontakte zwischen den Aufsichtsbehörden und der zuständigen Geschäftsführung des Anbieters von Kryptowerte-Dienstleistungen sollten ein grundlegender Bestandteil dieser Beaufsichtigung sein.*"

33   Gerade der enge und direkte Kontakt der Aufsicht zur Geschäftsführung ist für eine effiziente und praxisnahe Aufsicht wichtig und richtig, es dürfte viele Prozesse gerade zeitlich erheblich erleichtern.

34   Die Verordnung verlangt zugleich nicht, dass der Ort der tatsächlichen Geschäftsführung, der innerhalb der Union liegen muss, und der Sitz der Gesellschaft in dem Mitgliedstaat, in dem auch ein Teil der Kryptowerte-Dienstleistungen erbracht werden muss, identisch sein muss. Dh es dürfte ohne weiteres zulässig sein, dass der **Sitz des Anbieters** sowie ein Teil der Kryptowerte-Dienstleistung in Mitgliedstaat A liegt, der Verwaltungssitz der Gesellschaft, also der Ort der **tatsächlichen Geschäftsführung** in Mitgliedstaat B. Ebenso ist es dabei weitergehend zulässig, dass einer der Geschäftsführer in Mitgliedstaat C ansässig ist. Nur so dürfte es auch unionskonform sein mit Blick auf **Dienstleistungs- und Niederlassungsfreiheit.** Für die Aufsicht ist eine solche Verteilung gleichwohl erschwerend, dürfte mitunter ein Amtshilfegesuch bzw. Konsultationsverfahren an die jeweilige mitgliedstaatliche Aufsichtsbehörde erforderlich sein.

35   Der Begriff des Orts der **tatsächlichen Geschäftsführung** bzw. „effective management" wird in Erwgr. Nr. 74 e. E. definiert als der Ort, an dem die wichtigsten Leitungs- und Geschäftsentscheidungen getroffen werden, die für den Ablauf der Geschäftstätigkeit von Bedeutung sind.

36   Bei der **Ansässigkeit** dürfte man zugunsten der wirksamen Beaufsichtigung von einer örtlichen Ansässigkeit eines der Geschäftsführer im Sinne des Hauptwohnsitzes in der Union ausgehen, so dass jedenfalls nicht alle Geschäftsführer beispielsweise wohnhaft in den USA sein können. Nach Uni-

---

[7] Maume RDI 2022, 497 (503).

onsrecht jedoch ist der Begriff der Ansässigkeit grundsätzlich nicht mit dem Wohnsitz oder gewöhnlichen Aufenthalt, sondern dem Ort der gewerblichen Tätigkeit abzustellen. Es kommt danach nach überwiegender Auffassung darauf an, dass eine tatsächliche und dauerhafte Verbindung mit der Wirtschaft eines Mitgliedsstaates besteht.[8]

3. Unternehmen, die keine juristische Person sind, als Kryptowerte-Dienstleister (Abs. 3). a) Allgemein. Absatz 3 setzt in Ergänzung zu Abs. 1 lit. a voraus, dass **Unternehmen**, bei denen es sich nicht um juristische Personen handelt, nur dann zugelassen werden können, wenn ihre Rechtsform ein **gleichwertiges Schutzniveau** in Bezug auf die Interessen Dritter gewährleistet und wenn diese einer gleichwertigen prudentiellen Aufsicht unterliegen. Der Begriff der prudentiellen Aufsicht dürfte, wie in Art. 4 Abs. 1 Nr. 1 der MiFID II enthalten, eine *angemessene* Aufsicht bedeuten. 37

Die Regelung soll insbesondere **Personenhandelsgesellschaften** erfassen, bei denen es sich nicht um juristische Personen handelt, die aber unter bestimmten Bedingungen auch Kryptowerte-Dienstleistungen erbringen können sollen.[9] 38

Grund für diese Einschränkung in Bezug auf die Rechtsform bzw. rechtliche Identität ist auch hier die ordnungsgemäße Überwachung und Beaufsichtigung und der Schutz der Anleger, für die sichergestellt sein soll, dass sie ihre Ansprüche gegen den Kryptowerte-Dienstleister durchsetzen können. Das soll beispielsweise dadurch ermöglicht werden, dass der Anbieter einen registrierten Sitz (in der Union) hat. 39

Natürliche Personen sind von der Zulassung als Kryptowerte-Dienstleister vollständig ausgeschlossen, anders als Art. 4 Nr. 1 MiFID II, der für natürliche Personen noch eine Regelung für bestimmte Dienstleistungen unter Erfüllung bestimmter Voraussetzungen enthält. 40

Natürlichen Personen fehlt es, ebenso wie Unternehmen, die keine **eigene Rechtspersönlichkeit** und keinen registrierten Sitz haben, an einem gleichwertigen Schutzniveau, nicht zuletzt auch wegen einer verfestigten örtlichen Verwurzelung und einem festgelegten Haftungsregime, was die Geltendmachung und Durchsetzung von Ansprüchen für Verbraucher, ebenso wie die Durchsetzung aufsichtsrechtlicher Maßnahmen durch die zuständige Behörde, erheblich erschwert. 41

Eine **Personengesellschaft ohne gleichwertiges Schutzniveau** dürfte jedenfalls eine solche sein, der es insgesamt an einer eigenen anerkannten Rechtspersönlichkeit in ihrem jeweiligen Sitzstaat fehlt. Die Vorschrift ist generisch gehalten und formuliert, da gerade das Recht der Personengesellschaften im Unionsrecht ausdrücklich nicht einheitlichen Standards und Anforderungen unterliegt und allein Sache der jeweiligen mitgliedstaatlichen Gesetzgebung und Rechtsprechung ist. Da es sich bei Personengesellschaften um rein zivil- bzw. schuldrechtliche Konstrukte handelt, sind die Rechtskonstrukte in den einzelnen Mitgliedstaaten mitunter sehr unterschiedlich. 42

Die Einordnung, ob ein Unternehmen ein der juristischen Person gleichwertiges Schutzniveau in Bezug auf die Interessen Dritter gewährleistet, richtet sich dementsprechend jeweils nach nationalem Recht. 43

---

[8] Grabitz/Nettesheim/Forsthoff/Forsthoff, AEUV, Stand 79. EL Mai 2023, Art. 49 Rn. 56; Calliess/Ruffert/Korte AEUV Art. 49 Rn. 54.
[9] Erwgr. Nr. 74.

MiCAR Art. 59

44 **b) Personengesellschaften nach deutschem Recht.** In Deutschland haben Personenhandelsgesellschaften **(KG und OHG)** ein den juristischen Personen gleichwertiges Schutzniveau mit eigener Rechtspersönlichkeit und Eintragung im Handelsregister. Sie sind juristischen Personen von der Rechtsprechung und auch von Gesetzes wegen weitgehend gleichgestellt (vgl. § 14 Abs. 2 BGB, welcher rechtsfähige Personengesellschaften legaldefiniert und § 1059a BGB, wonach rechtsfähige Personengesellschaften der juristischen Person gleichgestellt sind).

45 Für die registrierte **Gesellschaft bürgerlichen Rechts** nach neuem Personengesellschaftsrecht in Deutschland könnte eine Gleichwertigkeit grundsätzlich ebenfalls angenommen werden, da sie sowohl in einem Register registriert ist und vom Gesetz als registrierte GbR eine eigene Rechtspersönlichkeit zugesprochen bekommen hat.[10] Der Kryptowerte-Dienstleister dürfte jedoch stets ein Handelsgewerbe betreiben, so dass die GbR hier in der Praxis keine Relevanz haben dürfte.

46 **4. Dauerhafte Erfüllung der Zulassungsvoraussetzungen (Abs. 4).** Absatz 4 normiert, dass die Zulassungsvoraussetzungen nach Art. 63 nicht nur im Moment der Erteilung der Erlaubnis vorliegen müssen, sondern dauerhaft, solange die Erlaubnis besteht. Die Regelung ist in Art. 64 Abs. 1 lit. e zum Erlaubnisentzug ebenfalls erfasst und mit weiteren Regelungen zum Verfahren versehen.

47 Zum möglichen Entzug der Zulassung und Verfahren (→ Art. 64 Rn. 7 ff.).

48 **5. Schutz vor Irreführung (Abs. 5).** Zum **Schutz des Vertrauens** in den Finanzmarkt ist es nicht zulässig, dass ein Unternehmen, das keine Zulassung als Kryptowerte-Dienstleister hat, einen **Firmennamen** verwendet, der darauf schließen lassen würde, dass es sich um einen zugelassenen Kryptowerte-Dienstleister handelt. Ebenso dürfen keine entsprechenden Marketingmitteilungen veröffentlicht oder sonstige Prozesse angewendet werden, die nahelegen, dass es sich um einen zugelassenen Kryptowerte-Dienstleister handelt. Die Regelung ist soweit eindeutig und im Grunde aus dem regulierten Bereich bekannt.

49 Das zusätzliche Merkmal, dass der Name/die Marketingmitteilung/sonstige Prozess „in dieser Hinsicht **Verwirrung** stiften könnte" gibt dem Tatbestand einen sehr weiten Interpretationsspielraum, wann denn eine solche Irreführung vorliegt. Für die Erfüllung des Verbotstatbestands des Abs. 5 ist es eben nicht erforderlich, dass die Tätigkeit als Kryptowerte-Dienstleister naheliegt, sondern es scheint dann auch schon ausreichend, wenn diesbzgl. Unklarheit herrscht. Das lässt den Aufsichtsbehörden einen sehr weiten Spielraum und kann in der Praxis zu schwer eingrenzbaren Tatbeständen führen. Richtigerweise muss es konkrete Anhaltspunkte geben, die auf eine Kryptowerte-Dienstleistung schließen lassen und dadurch „Verwirrung stiften", um nicht die Berufsfreiheit zu stark einzuschränken.

50 Neben der BaFin, die im Hinblick auf die **Kontrolle** einer irreführenden Namensführung tätig werden könnte, kann eine Kontrolle der Firmierung in Deutschland auch durch das **Handelsregister** oder schon die lokale **Industrie- und Handelskammer** bei der Abfrage der firmenrechtlichen Unbedenklichkeit (im Falle einer Neugründung oder Umfirmierung) erfolgen. In

---

[10] Grüneberg/Retzlaff BGB § 705 Rn. 2, 3.

der Praxis erfolgt bei einer Firmierung, die eine Tätigkeit im regulierten Finanzbereich nahelegen lässt, die Prüfung durch das Handelsregister, das einen entsprechenden Hinweis auf Irreführung bzw. Erforderlichkeit einer Erlaubnis gibt. Das Registergericht entscheidet dabei aus eigener Prüfungskompetenz und nach eigenem Ermessen.[11] Das gilt gleichermaßen für die Prüfung des Unternehmensgegenstands. Anders als die Prüfungskompetenz des Handelsregisters ist die Prüfungskompetenz der IHK im Hinblick auf die Unbedenklichkeitsbescheinigung eher restriktiv auszulegen.[12]

6. Angabe der zugelassenen Kryptowerte-Dienstleistungen (Abs. 6). Regulatorischer Standard ist im Grunde die Regelung in Abs. 6. Die Zulassung als Anbieter für Kryptowerte-Dienstleistungen wird **nicht pauschal** erteilt und gilt dann für alle Dienstleistungen, die unter die gesetzliche Definition fallen können, sondern die Zulassung erfolgt individuell für einen genau definierten Bereich der erlaubten Dienstleistungen. Nur eine so spezialisierte und individuelle Erlaubniserteilung ermöglicht eine effektive und effiziente Aufsicht. Dies ist auch entsprechend im öffentlich geführten Register anzugeben.

7. Erbringung der Kryptowerte-Dienstleistungen in der Union (Abs. 7). Absatz 7 greift die auf Basis der Niederlassungsfreiheit und des freien Dienstleistungsverkehrs in der Union im Grunde zwingende und aus allen Bereichen der Finanzmarktregulierung bekannte Regelung auf, dass die Erbringung der entsprechenden von der Zulassung umfassten Kryptowerte-Dienstleistungen nicht nur in dem Mitgliedstaat erlaubt ist, in dem die Zulassung erteilt wurde, sondern innerhalb der Union grenzüberschreitend im Wege des sogenannten Passportings möglich ist.

Die Verordnung regelt dies im Einzelnen in Art. 65 (dort → Art. 65 Rn. 8 ff.).

8. Erweiterung der Zulassung (Abs. 8). Abs. 8 stellt – im Grunde als Ergänzung zu Abs. 6 – dar, dass eine Erweiterung der Zulassung nur unter erneuter Einhaltung des entsprechenden Zulassungsverfahrens erfolgt.

Auch dies ist für die Einführung und Einhaltung einer **effizienten Aufsicht** erforderlich. Die Aufsichtsbehörde prüft immer nur das, was auch angefragt und akut erforderlich ist. Auf Antrag und unter Vorlage der entsprechend erforderlichen ergänzenden Informationen, die dann aber auch nur in diesem individuellen Fall zu prüfen sind, kann die Erlaubnis erweitert werden. Das Verfahren richtet sich dann nach Art. 63.

Nicht explizit geregelt ist, wie die Erweiterung der Erlaubnis im Falle der **Finanzunternehmen** nach Art. 60 erfolgt, sofern das Finanzunternehmen nicht den vollen Umfang über das Art. 60 Verfahren geltend macht, dass es angesichts der aktuellen Zulassung geltend machen könnte. Richtigerweise dürfte hier aber selbiges gelten. Auch hier wird die Zulassung nur für die individuell angegebenen Kryptowerte-Dienstleistungen erteilt (→ Art. 60 Abs. 11 Rn. 35).

---

[11] Schwennicke/Auerbach/Habetha KWG § 43 Rn. 20, 21.
[12] BeckOK HGB/Fedke, Stand 1.4.2023, § 17 Rn. 149 f.

V. Regelungen und Verweise des KMAG-E

57 Am 22.12.2023 veröffentlichte die Bundesregierung den Regierungsentwurf zum Finanzmarktdigitalisierungsgesetz (**FinmadiG-E**).[13] Dieses soll nahezu das gesamte Spektrum des aufsichtsrechtlichen Kanons deutscher Gesetzgebung im Hinblick auf die Vorgaben der MiCAR harmonisieren, um so eine Doppelregulierung, unter Berücksichtigung des europäischen Anwendungsvorrangs zu vermeiden.[14] Durch Art. 1 FinmadiG soll das vollständig neue Kryptomärkteaufsichtsgesetz (**KMAG-E**) eingeführt werden. Das KMAG-E regelt Zuständigkeiten und Sanktionen zur Umsetzung der MiCAR auf nationaler Ebene.[15] Dabei werden diese aus dem KWG herausgelöst und in das KMAG-E als eigenes Gesetz ausschließlich für die Regulierung für Märkte von Kryptowerten überführt. Der Gesetzgeber bringt hiermit zum Ausdruck, dass es sich bei Kryptowerten um Werte eigener Art handelt.[16] Dabei setzt das KMAG-E die Regelungen der MiCAR um, ohne eigene weitere Impulse zu setzen. Lediglich an einigen wenigen Stellen ergänzt und präzisiert das KMAG-E die Regelungen der MiCAR.

58 Das KMAG-E verweist mehrfach auf Art. 59, meist mit Bezug auf Ermächtigungen der BaFin zur Anordnung der Aussetzung und Untersagung der Erbringung von Kyptowerte-Dienstleistungen (§ 29 KMAG-E) sowie zum Verbot oder Einschränkung von einzelnen Geschäftsarten (§ 42 Abs. 1 Nr. 3 KMAG-E). Ferner wird die BaFin ermächtigt, inhaltliche Anforderungen an den Abschlussbericht der Gesellschaft zu stellen (§ 40 Abs. 4 KMAG-E). Ferner kann sie einen anderen Abschlussprüfer bestellen (§ 39 Abs. 3 KMAG-E), wenn dieser seiner Anzeigepflicht nicht nachkommt (§ 40 Abs. 2 KMAG-E).

In Bezug auf einen Verstoß gegen die Zulassungsvoraussetzungen der MiCAR sowie den eben genannten Aussetzungs- Untersagungs-, Verbots- und Einschränkungsnormen des KMAG-E, regelt das KMAG-E auch die Straf- und Ordnungswidrigkeiten einschließlich Bußgeldvorschriften, wie wir sie auch aus den anderen nationalen Finanzmarktregulierungen kennen. So regelt § 46 KMAG-E die Strafbarkeit eines Verstoßes gegen die MICAR (§ 46 Abs. 1 Nr. 3 KMAG-E im Speziellen im Falle des Verstoßes gegen Art. 59 Abs. 1 lit. a MICAR) und § 47 die entsprechenden Ordnungswidrigkeiten (§ 47 Abs. 2, Abs. 3 Nr. 48, 49 Abs. 4 Nr. 11 KMAG-E in Bezug auf Verstöße gegen Art. 59 MICAR).

Hinsichtlich bereits bestehenden Erlaubnisbescheiden, insbesondere nach § 32 KWG, § 15 WpIG und § 11 Abs. 1 ZAG, bestehen diese nach § 50 Abs. 1 KMAG-E fort. Jedoch müssen die Zulassungs- beziehungsweise Mitteilungsverfahren nach Art. 60 und 63 MiCAR dennoch durchgeführt werden. Dies ergibt sich aus der Systematik des § 50 Abs. 2 KMAG-E, der festschreibt, dass entweder nach Bestandskraft der Entscheidung im Zulassungsverfahren oder nach Ablauf der jeweils einschlägigen Meldefrist die als fortbestehend geltende Erlaubnis erlischt. Grundsätzlich Gleiches gilt auch für Tätigkeiten, die bislang erlaubnisfrei waren und nun unter die Regelungen

---

[13] Bundesregierung, Entwurf eines Gesetzes über die Digitalisierung des Finanzmarktes, Finanzmarktdigitalisierungsgesetz – FinmadiG, https://beck-link.de/tvw2b.
[14] Bauerfeind/Hille ZRP 2024, 9 (9); John/Patz BKR 2023, 849 (849).
[15] John/Patz BKR 2023, 849 (849); Glos/Hildner/Kühne/Schneider BKR 2024, 127 (133).
[16] Bauerfeind/Hille ZRP 2024, 9 (9).

Erbringung durch bestimmte Finanzunternehmen **Art. 60 MiCAR**

der MiCAR fallen. Die Unternehmen, die solche Tätigkeiten erbringen, haben nun ihre Tätigkeit bis 1. August 2024 der BaFin formlos anzuzeigen (§ 50 Abs. 4 KMAG-E).

Artikel 60 Erbringung von Kryptowerte-Dienstleistungen durch bestimmte Finanzunternehmen

(1) Ein Kreditinstitut darf Kryptowerte-Dienstleistungen erbringen, wenn es der zuständigen Behörde seines Herkunftsmitgliedstaats spätestens 40 Arbeitstage vor der erstmaligen Erbringung dieser Dienstleistungen die in Absatz 7 genannten Informationen übermittelt.

(2) Ein gemäß der Verordnung (EU) Nr. 909/2014 des Europäischen Parlaments und des Rates[1] zugelassener Zentralverwahrer darf Kryptowerte für Kunden nur dann verwahren und verwalten, wenn er der zuständigen Behörde seines Herkunftsmitgliedstaats spätestens 40 Arbeitstage vor der erstmaligen Erbringung dieser Dienstleistungen die in Absatz 7 genannten Informationen übermittelt.

Für die Zwecke von Unterabsatz 1 gilt die Verwahrung und Verwaltung von Kryptowerten für Kunden als dem Angebot, der Führung oder dem Betrieb von Depotkonten in Bezug auf die in Abschnitt B Nummer 3 des Anhangs der Verordnung (EU) Nr. 909/2014 genannte Abwicklungsdienstleistung gleichwertig.

(3) Eine Wertpapierfirma darf in der Union Kryptowerte-Dienstleistungen, die den Wertpapierdienstleistungen und Anlagetätigkeiten gleichwertig sind, für die sie nach der Richtlinie 2014/65/EU eigens zugelassen ist, erbringen, wenn sie der zuständigen Behörde des Herkunftsmitgliedstaats spätestens 40 Arbeitstage vor der erstmaligen Erbringung dieser Dienstleistungen die in Absatz 7 des vorliegenden Artikels angegebenen Informationen übermittelt.

Für die Zwecke dieses Absatzes

a) gelten die Verwahrung und Verwaltung von Kryptowerten für Kunden als den in Anhang I Abschnitt B Nummer 1 der Richtlinie 2014/65/EU genannten verbundenen Dienstleistungen gleichwertig;
b) gilt der Betrieb einer Handelsplattform für Kryptowerte als dem in Anhang I Abschnitt A Nummern 8 und 9 der Richtlinie 2014/65/EU genannten Betrieb eines multilateralen Handelssystems bzw. Betrieb eines organisierten Handelssystems gleichwertig;
c) gilt der Tausch von Kryptowerten gegen einen Geldbetrag oder andere Kryptowerte als dem in Anhang I Abschnitt A Nummer 3 der Richtlinie 2014/65/EU genannten Handel für eigene Rechnung gleichwertig;
d) gilt die Ausführung von Aufträgen über Kryptowerte für Kunden als der in Anhang I Abschnitt A Nummer 2 der Richtlinie 2014/65/EU genannten Ausführung von Aufträgen im Namen von Kunden gleichwertig;
e) gilt die Platzierung von Kryptowerten als der in Anhang I Abschnitt A Nummern 6 und 7 der Richtlinie 2014/65/EU genannten Übernahme oder Platzierung von Finanzinstrumenten mit fester Übernahmever-

---

[1] Verordnung (EU) Nr. 909/2014 des Europäischen Parlaments und des Rates vom 23.7.2014 zur Verbesserung der Wertpapierlieferungen und -abrechnungen in der Europäischen Union und über Zentralverwahrer sowie zur Änderung der Richtlinien 98/26/EG und 2014/65/EU und der Verordnung (EU) Nr. 236/2012 (ABl. 2014 L 257, 1).

pflichtung bzw. Platzierung von Finanzinstrumenten ohne feste Übernahmeverpflichtung gleichwertig;
f) gelten die Annahme und Übermittlung von Aufträgen über Kryptowerte für Kunden als der in Anhang I Abschnitt A Nummer 1 der Richtlinie 2014/65/EU genannten Annahme und Übermittlung von Aufträgen über ein oder mehrere Finanzinstrumente gleichwertig;
g) gilt die Beratung zu Kryptowerten als der in Anhang I Abschnitt A Nummer 5 der Richtlinie 2014/65/EU genannten Anlageberatung gleichwertig;
h) gilt die Portfolioverwaltung von Kryptowerten als der in Anhang I Abschnitt A Nummer 4 der Richtlinie 2014/65/EU genannten Portfolioverwaltung gleichwertig.

(4) Ein gemäß der Richtlinie 2009/110/EG zugelassenes E-Geld-Institut darf im Hinblick auf die von ihm ausgegebenen E-Geld-Token die Verwahrung und Verwaltung von Kryptowerten im Namen von Kunden und Transferdienstleistungen für Kryptowerte im Namen von Kunden erbringen, wenn es der zuständigen Behörde des Herkunftsmitgliedstaats spätestens 40 Arbeitstage vor der erstmaligen Erbringung dieser Dienstleistungen die in Absatz 7 des vorliegenden Artikels genannten Informationen übermittelt.

(5) Eine OGAW-Verwaltungsgesellschaft oder ein Verwalter alternativer Investmentfonds darf Kryptowerte-Dienstleistungen, die der individuellen Verwaltung einzelner Portfolios und den Nebendienstleistungen gleichwertig sind, für die sie bzw. er nach der Richtlinie 2009/65/EG bzw. der Richtlinie 2011/61/EU zugelassen ist, erbringen, wenn sie bzw. er der zuständigen Behörde des Herkunftsmitgliedstaats spätestens 40 Arbeitstage vor der erstmaligen Erbringung dieser Dienstleistungen die in Absatz 7 des vorliegenden Artikels genannten Informationen übermittelt.

Für die Zwecke dieses Absatzes
a) gelten die Annahme und Übermittlung von Aufträgen über Kryptowerte für Kunden als der in Artikel 6 Absatz 4 Buchstabe b Ziffer iii der Richtlinie 2011/61/EU genannten Annahme und Übermittlung von Aufträgen über Finanzinstrumente gleichwertig;
b) gilt die Beratung zu Kryptowerten als der in Artikel 6 Absatz 4 Buchstabe b Ziffer i der Richtlinie 2011/61/EU und in Artikel 6 Absatz 3 Buchstabe b Ziffer i der Richtlinie 2009/65/EG genannten Anlageberatung gleichwertig;
c) gilt die Portfolioverwaltung von Kryptowerten als der in Artikel 6 Absatz 4 Buchstabe a der Richtlinie 2011/61/EU und in Artikel 6 Absatz 3 Buchstabe a der Richtlinie 2009/65/EG genannten Portfolioverwaltung gleichwertig.

(6) Ein gemäß der Richtlinie 2014/65/EU zugelassener Marktbetreiber darf eine Handelsplattform für Kryptowerte betreiben, wenn er der zuständigen Behörde des Herkunftsmitgliedstaats spätestens 40 Arbeitstage vor der erstmaligen Erbringung dieser Dienstleistung die in Absatz 7 des vorliegenden Artikels genannten Informationen übermittelt.

(7) Für die Zwecke der Absätze 1 bis 6 müssen folgende Informationen übermittelt werden:
a) Ein Geschäftsplan, aus dem hervorgeht, welche Arten von Kryptowerte-Dienstleistungen der antragstellende Anbieter von Kryptowerte-Dienstleistungen zu erbringen beabsichtigt, einschließlich Ort und Art der Vermarktung dieser Dienstleistungen;

b) eine Beschreibung
   i) der Mechanismen, Strategien und Verfahren für die interne Kontrolle, um die Einhaltung der Bestimmungen des nationalen Rechts über die Umsetzung der Richtlinie (EU) 2015/849 sicherzustellen,
   ii) der Risikobewertungsrahmen für die Eindämmung von Geldwäsche- und Terrorismusfinanzierungsrisiken; und
   iii) des Plans zur Aufrechterhaltung des Geschäftsbetriebs;
c) die technische Dokumentation der IKT-Systeme und der Sicherheitsvorkehrungen und deren nicht fachsprachliche Beschreibung;
d) eine Beschreibung des Verfahrens für die Trennung von Kryptowerten und Geldbeträgen der Kunden;
e) eine Beschreibung der Verwahrungs- und Verwaltungsgrundsätze sofern beabsichtigt ist, Kryptowerte für Kunden zu verwahren und zu verwalten;
f) eine Beschreibung der Betriebsvorschriften der Handelsplattform und der Verfahren und des Systems zur Aufdeckung von Marktmissbrauch, sofern beabsichtigt ist, eine Handelsplattform für Kryptowerte zu betreiben;
g) eine Beschreibung der nichtdiskriminierenden Geschäftspolitik hinsichtlich der Beziehung zu den Kunden sowie eine Beschreibung der Methode für die Festlegung des Kurses der Kryptowerte, die für einen Tausch gegen einen Geldbetrag oder gegen andere Kryptowerte angeboten werden, sofern beabsichtigt ist, Kryptowerte gegen einen Geldbetrag oder gegen andere Kryptowerte zu tauschen;
h) eine Beschreibung der Grundsätze der Auftragsausführung, sofern beabsichtigt ist, Aufträge über Kryptowerte für Kunden auszuführen;
i) Belege dafür, dass die natürlichen Personen, die im Namen des antragstellenden Anbieters von Kryptowerte-Dienstleistungen Beratungsdienste leisten oder Portfolioverwaltung erbringen, über die erforderlichen Kenntnisse und die erforderliche Fachkompetenz verfügen, um ihren Verpflichtungen nachzukommen, sofern beabsichtigt ist, Beratungsdienste zu Kryptowerten zu leisten oder Portfolioverwaltung von Kryptowerten zu erbringen;
j) ob sich die Kryptowerte-Dienstleistung auf vermögenswertereferenzierte Token, E-Geld-Token oder andere Kryptowerte bezieht;
k) Informationen zur Art und Weise der Ausführung dieser Transferdienstleistungen, sofern beabsichtigt ist, Transferdienstleistungen für Kryptowerte für Kunden auszuführen.

(8) Eine zuständige Behörde, bei der eine in den Absätzen 1 bis 6 genannte Mitteilung eingeht, prüft innerhalb von 20 Arbeitstagen nach Eingang dieser Mitteilung, ob alle erforderlichen Informationen bereitgestellt wurden. Gelangt die zuständige Behörde zu dem Schluss, dass eine Mitteilung nicht vollständig ist, so teilt sie dies dem mitteilenden Rechtsträger sofort mit und legt eine Frist fest, bis zu deren Ablauf der Rechtsträger die fehlenden Informationen bereitstellen muss.

Die Frist für die Bereitstellung der fehlenden Informationen darf 20 Arbeitstage ab dem Tag der Anforderung nicht überschreiten. Bis zum Ablauf dieser Frist werden die jeweiligen in den Absätzen 1 bis 6 festgelegten Zeiträume ausgesetzt. Die Anforderung weiterer Ergänzungen oder Klarstellungen zu den Informationen liegt im Ermessen der zuständigen Behörde, führt jedoch nicht zu einer Aussetzung des in den Absätzen 1 bis 6 festgelegten Zeiträume.

Der Anbieter von Kryptowerte-Dienstleistungen darf die Erbringung der Kryptowerte-Dienstleistungen nicht beginnen, solange die Mitteilung unvollständig ist.

(9) Die in den Absätzen 1 bis 6 genannten Rechtsträger sind nicht verpflichtet, in Absatz 7 genannte Informationen, die sie der zuständigen Behörde bereits übermittelt haben, erneut zu übermitteln, sofern diese Informationen identisch sind. Bei der Übermittlung der in Absatz 7 genannten Informationen müssen die in den Absätzen 1 bis 6 genannten Rechtsträger ausdrücklich darauf hinweisen, dass alle bereits übermittelten Informationen noch aktuell sind.

(10) Erbringen die in den Absätzen 1 bis 6 des vorliegenden Artikels genannten Rechtsträger Kryptowerte-Dienstleistungen, so finden die Artikel 62, 63, 64, 67, 83 und 84 auf sie keine Anwendung.

(11) Das Recht zur Erbringung der in den Absätzen 1 bis 6 genannten Kryptowerte-Dienstleistungen erlischt mit dem Entzug der einschlägigen Zulassung, die es dem betreffenden Rechtsträger ermöglicht hat, die Kryptowerte-Dienstleistungen zu erbringen, ohne eine Zulassung gemäß Artikel 59 beantragen zu müssen.

(12) Die zuständigen Behörden teilen der ESMA die in Artikel 109 Absatz 5 genannten Informationen Kryptowerte- Dienstleistungen mit, nachdem sie die Vollständigkeit der in Absatz 7 des vorliegenden Artikels genannten Informationen überprüft haben.

Die ESMA stellt diese Informationen ab dem Startdatum der beabsichtigten Erbringung von Kryptowerte-Dienstleistungen in dem in Artikel 109 genannten Register zur Verfügung.

(13) Die ESMA arbeitet in enger Zusammenarbeit mit der EBA Entwürfe technischer Regulierungsstandards aus, um die in Absatz 7 genannten Informationen zu präzisieren.

Die ESMA übermittelt der Kommission die in Unterabsatz 1 genannten Entwürfe technischer Regulierungsstandards spätestens am 30. Juni 2024.

Der Kommission wird die Befugnis übertragen, diese Verordnung durch Erlass der in Unterabsatz 1 genannten technischen Regulierungsstandards gemäß den Artikeln 10 bis 14 der Verordnung (EU) Nr. 1095/2010 zu ergänzen.

(14) Die ESMA arbeitet in enger Zusammenarbeit mit der EBA Entwürfe technischer Durchführungsstandards zur Festlegung von Standardformularen, Mustertexten und Verfahren für die Mitteilung gemäß Absatz 7 aus.

Die ESMA übermittelt der Kommission die in Unterabsatz 1 genannten Entwürfe technischer Durchführungsstandards spätestens am 30. Juni 2024.

Der Kommission wird die Befugnis übertragen, die in Unterabsatz 1 genannten technischen Durchführungsstandards gemäß Artikel 15 der Verordnung (EU) Nr. 1095/2010 zu erlassen.

Übersicht

	Rn.
I. Einführung	1
1. Literatur	1
2. Entstehung und Zweck der Norm	2
3. Normativer Kontext	4

	Rn.
II. Überblick über die Norm	5
III. Regelungsinhalt	10
1. Erfasste Finanzunternehmen (Abs. 1–6)	10
a) Kreditinstitute (Abs. 1)	13
b) Zentralverwahrer (Abs. 2)	15
c) Wertpapierfirmen (Abs. 3)	18
d) E-Geld-Institute (Abs. 4)	21
e) OGAW-Verwaltungsgesellschaft/Verwalter alternativer Investmentfonds (Abs. 5)	23
f) Marktbetreiber (Abs. 6)	25
2. Beizubringende Informationen (Abs. 7)	26
3. Fristen für die Prüfung der Unterlagen (Abs. 8)	28
4. Keine erneute Übermittlung noch aktueller Informationen (Abs. 9)	32
5. Keine Anwendbarkeit einzelner Vorschriften (Abs. 10)	34
6. Nur bestimmte Kryptowerte-Dienstleistungen (Abs. 11)	35
7. Mitteilungspflicht der Behörden gegenüber der ESMA (Abs. 12)	36
8. ESMA Standards (Abs. 13 und 14)	39
IV. Regelungen und Verweise des KMAG-E	40

I. Einführung

1. Literatur. *Igl,* in Grieser/Heemann, Europäisches Bankaufsichtsrecht, 1
2. Auflage 2020, S. 162 ff.; *Bauerfeind/Hille/Loff,* Aufsichtsregime nach MiCAR aus Instituts- und Produktperspektive – Widerstreit oder Homogenität?, RdF 2023, 84; *Lösing/John,* Die Regulierung von E-Geld Token Analye und Einordnung im regulatorischen Kontext (insbesondere MiCAR), BKR 2023, 373; *Maume,* Zentrale Definitionen sowie Rechte und Pflichten beim öffentlichen Angebot von Kryptowerten, RDI 2022, 497; *Siadat/Asatiani,* Vereinfachtes Verfahren vs. Äquivalenzverfahren nach MiCAR, BKR 2023, 221.

2. Entstehung und Zweck der Norm. Finanzunternehmen, die bereits 2 nach einer EU-Regulierung beaufsichtigt sind und eine Erlaubnis für die Erbringung von Finanz-Dienstleistungen haben, müssen keine neue Erlaubnis für die Erbringung von Kryptowerte-Dienstleistungen nach der Verordnung beantragen. Zugleich stellt die Norm sicher, dass die Sicherheit und Zuverlässigkeit für die Erbringung der Kryptowerte-Dienstleistungen durch diese Unternehmen gewährleistet ist, in dem die genannten Finanzunternehmen vor der erstmaligen Erbringung von Kryptowerte-Dienstleistungen bestimmte Informationen übermitteln müssen, die spezifische Anforderungen für den neuen Geschäftsbereich aufgreifen.

Statt eines vollen Zulassungsverfahrens verlangt die Verordnung hier mithin 3 ein reines Notifizierungs-Verfahren, um den zusätzlichen Anforderungen der Erbringung von Dienstleistungen in Bezug auf Kryptowerte gerecht zu werden. Das ist praxisgerecht und dürfte von regulierten Einheiten sehr begrüßt werden.

3. Normativer Kontext. Den in Abs. 1–6 genannten Unternehmen wird 4 die Erbringung der Kryptowerte-Dienstleistungen explizit erlaubt, so dass der Verbotstatbestand des Art. 59 Abs. 1 nicht gilt. Die Norm ist mithin die entsprechende Ergänzung zu der Ausnahme in Art. 59 Abs. 1 lit. b.

II. Überblick über die Norm

5 Art. 60 Abs. 1–6 listen die einzelnen Finanzunternehmen auf, die einer EU-Regulierung unterliegen und damit nach der Verordnung für die Erbringung von Kryptowerte-Dienstleistungen keiner Zulassung nach Art. 59 bedürfen.

6 Erfasst sind davon **Kreditinstitute** (Abs. 1), **Zentralverwahrer** (Abs. 2), **Wertpapierfirmen** (Abs. 3), **E-Geld-Institute** (Abs. 4), **OGAW**-Verwaltungsgesellschaften und **Verwalter alternativer Investmentfonds** (Abs. 5), **Marktbetreiber** (Abs. 6). Die Absätze enthalten jeweils Konkretisierungen, welche Kryptowerte-Dienstleistungen durch die jeweiligen Finanzunternehmen erbracht werden dürfen.

7 Abs. 7 listet diejenigen Informationen auf, die durch die in Abs. 1–6 genannten Finanzunternehmen der Aufsicht 40 Tage vor der erstmaligen Erbringung der Kryptowerte-Dienstleistungen erbracht werden müssen. Abs. 7 ist damit zentrale Regelung der Norm, da Art. 1–6 jeweils auf sie verweisen. Abs. 9 und 10 enthalten weitere Erleichterungen bzw. Ausnahmen für die Finanzunternehmen nach Abs. 1–6.

8 Abs. 11 stellt den zwingenden Konnex her, dass die Erlaubnis zur Erbringung von Kryptowerte-Dienstleistungen erlischt, wenn auch die jeweilige Zulassung als Finanzunternehmen entfällt.

9 Abs. 12 richtet sich an die zuständigen nationalen Aufsichtsbehörden bezüglich der Weitergabe der Informationen an die ESMA. Die Abs. 13 und 14 normieren den Erlass der technischen Regulierungsstandards und der technischen Durchführungsstandards durch die ESMA in Zusammenarbeit mit der EBA.

III. Regelungsinhalt

10 **1. Erfasste Finanzunternehmen (Abs. 1–6).** Die **Finanzunternehmen**, die bereits über eine Erlaubnis im Finanzdienstleistungsbereich verfügen, die auf Basis einer vereinheitlichen Regulierung der Union besteht, und darüber schon der Finanzaufsicht unterliegen, können ohne Durchführung des Erlaubnisverfahrens mit ihrer Erlaubnis vergleichbare Kryptowerte-Dienstleistungen erbringen, wenn sie die in Absatz 2 genannten Informationen mit einer Frist von 40 Arbeitstagen der zuständigen Aufsichtsbehörde übermitteln (Äquivalenzverfahren). Zuständige Behörde ist in Deutschland die BaFin (→ Art. 93 Rn. 11).

11 Das einfachere **Äquivalenzverfahren** ist nicht anwendbar für diejenigen Unternehmen, die bereits nach nationalem Recht eine Erlaubnis für Kryptowerte-Dienstleistungen innehaben. In Deutschland sind dies Unternehmen mit einer Lizenz zum Kryptoverwahrgeschäft im Sinne von § 1 Abs. 1a S. 2 Nr. 6 KWG sowie diese mit einer Lizenz zur Kryptowertpapierregisterführung im Sinne von § 1 Abs. 1a S. 2 Nr. 8 KWG. Die in Deutschland zugelassenen Kryptoverwahrer und Kryptowertpapierregisterführer können gleichwohl ein **vereinfachtes Zulassungsverfahren** nach Art. 143 Abs. 6 der Verordnung führen (→ Art. 143 Rn. 14).

12 Für alle folgenden Finanzunternehmen gilt, dass sie die entsprechenden Kryptowerte-Dienstleistungen nur nach Durchführung der Notifizierung, des Äquivalenzverfahrens, durchführen dürfen.

Erbringung durch bestimmte Finanzunternehmen **Art. 60 MiCAR**

a) Kreditinstitute (Abs. 1). Gemäß Abs. 1 darf ein **Kreditinstitut** Kryptowerte-Dienstleistungen nach Durchführung des Äquivalenzverfahrens erbringen. Für Kreditinstitute sind keine weiteren Einschränkungen für die Erbringung der Kryptowerte-Dienstleistungen normiert. Das ist zu begrüßen und scheint folgerichtig, ist doch die Zulassung als Kreditinstitut quasi die strengste und umfassendste Form der Regulierung. Sofern die zusätzlichen Informationen des Abs. 7 vorgelegt werden, ist eine zusätzliche Einschränkung in Bezug auf die Kryptowerte-Dienstleistungen nicht erforderlich. 13

Die Verordnung verfolgt damit einen anderen Weg, als der deutsche Gesetzgeber ihn mit der Regulierung für das Kryptoverwahrgeschäft (und die Kryptowertpapierregisterführung) gewählt hatte. Nach der bisherigen deutschen Regulierung müssen auch zugelassene Kreditinstitute noch eine eigene Erlaubnis für die Kryptodienstleistungen nach § 1 Abs. 1a S. 2 Nr. 6 und 8 KWG einholen und das bislang sehr langwierige Erlaubnisverfahren bei der BaFin durchlaufen. Gerade für deutsche Kreditinstitute bringt die Regelung daher einen entscheidenden Vorteil.[2] Soweit eine Erlaubnis für Kryptoverwahrgeschäft nach deutschem Recht noch nicht beantragt wurde, könnte es sich lohnen, die Geltung der MiCAR abzuwarten, um dann lediglich das Äquivalenzverfahren durchlaufen zu müssen und damit alle Kryptowerte-Dienstleistungen im Sinne der MiCAR erbringen zu dürfen. 14

b) Zentralverwahrer (Abs. 2). Gemäß Art. 60 Abs. 2 UAbs. 1 MiCAR darf ein zugelassener **Zentralverwahrer** Kryptowerte für Kunden nach Durchführung des Äquivalenzverfahrens verwahren und verwalten. Für Kryptowerte-Dienstleistungen darüber hinaus ist das reguläre Zulassungsverfahren unter der Verordnung einzuhalten. 15

Gemäß Art. 2 Abs. 1 Nr. 1 der Verordnung 909/2014 ist ein „Zentralverwahrer" eine juristische Person, die ein Wertpapierliefer- und -abrechnungssystem nach Abschnitt A Nummer 3 des Anhangs betreibt und die wenigstens eine weitere Kerndienstleistung nach Abschnitt A des Anhangs erbringt. In Deutschland ist der Zentralverwahrer in § 1 Abs. 1 S. 2 Nr. 6, Abs. 6 KWG geregelt. 16

Die Verwahrung und Verwaltung von Kryptowerten für Kunden gilt als dem Angebot, der Führung oder dem Betrieb von Depotkonten in Bezug auf die in Abschnitt B Nr. 3 des Anhangs der Verordnung 909/2014 genannte Abwicklungsdienstleistung gleichwertig (Art. 60 Abs. 2 UAbs. 2). In Abschnitt B Nr. 3 des Anhangs der Verordnung 909/2014 heißt es: *„Von den Zentralverwahrern erbrachte Dienstleistungen, die zur Verbesserung der Sicherheit, Effizienz und Transparenz der Wertpapiermärkte beitragen, umfassen unter anderem, jedoch nicht ausschließlich Einrichtung von Zentralverwahrer-Verbindungen, Angebot, Führung oder Betrieb von Depotkonten im Zusammenhang mit der Abwicklungsdienstleistung, Verwaltung von Sicherheiten, andere Nebendienstleistungen."* 17

c) Wertpapierfirmen (Abs. 3). Gemäß Abs. 3 darf eine **Wertpapierfirma** (in Deutschland **Wertpapierinstitut**) nach Durchführung des Äquivalenzverfahrens in der Union diejenigen Kryptowerte-Dienstleistungen erbringen, die den Wertpapierdienstleistungen und Anlagetätigkeiten *gleichwertig* sind, für die sie nach der Richtlinie 2014/65/EU eigens zugelassen ist. 18

Anders als bei den Kreditinstituten gilt hier eine Einschränkung. Die Erlaubnis für die Erbringung von Kryptowerte-Dienstleistungen kann nicht 19

---

[2] Siadat/Asatiani BKR 2023, 221 (224).

Prinz/Rau 523

weitergehen, als die entsprechende Erlaubnis für die Erbringung von Wertpapierdienstleistungen. Für andere Kryptowerte-Dienstleistungen wäre eine entsprechende Erlaubnis neu zu beantragen und das entsprechende Zulassungsverfahren zu durchlaufen. Richtigerweise ist hier anzunehmen, dass die Wertpapierfirma letztendlich die Wahl hat, ob sie für die entsprechend als gleichwertig eingestufte Wertpapierdienstleistung die ergänzende Erlaubnis (nach WpIG) beantragt und auch für diese das Äquivalenzverfahren durchläuft oder (nur) die entsprechende Erlaubnis für die jeweilige Kryptowerte-Dienstleistung nach dieser Verordnung separat beantragt.

20 Als gleichwertig gelten Wertpapierdienstleistungen wie folgt:

Norm	Kryptowerte-Dienstleistung	Gleichwertige Wertpapierdienstleistungen und Anlagetätigkeiten
Art. 60 Abs. 3 lit. a	Verwahrung und Verwaltung von Kryptowerten für Kunden	Verwahrung und Verwaltung von Finanzinstrumenten für Rechnung von Kunden, einschließlich Depotverwahrung und verbundener Dienstleistungen wie Cash-Management oder Sicherheitenverwaltung und mit Ausnahme der Führung von Wertpapierkonten auf oberster Ebene nach MiFID II[3]. Das Kryptoverwahrgeschäft § 1 Abs. 1a S. 2 Nr. 6 KWG beruht auf der (überschießenden Umsetzung der) Änderungsrichtlinie zur vierten Geldwäscherichtlinie und nicht auf der Finanzmarktrichtlinie, sodass eine Zulassung nach dieser Norm nicht einschlägig ist.
Art. 60 Abs. 3 lit. b	Betrieb einer Handelsplattform für Kryptowerte	Betrieb eines MTF (Richtlinie 20114/65/EU Anhang I Abschnitt A Nr. 8) sowie der Betrieb eines OTF (Richtlinie 2014/65/EU Anhang I Abschnitt A Nr. 9). In Deutschland sind davon insbesondere die folgenden Tatbestände erfasst: – Betrieb eines multilateralen Handelssystems als Unterform der Finanzdienstleistung (§ 1 Abs. 1a S. 2 Nr. 1b KWG, § 2 Abs. 2 Nr. 6 WpIG) sowie – Betrieb eines organisierten Handelssystems als Unterform der Finanzdienstleistung (§ 1 Abs. 1a S. 2 Nr. 1d KWG, § 2 Abs. 2 Nr. 7 WpIG).
Art. 60 Abs. 3 lit. c	Tausch von Kryptowerten gegen einen Geldbetrag oder andere Kryptowerte	Handel für eigene Rechnung (Richtlinie 2014/65/EU Anhang I Abschnitt A Nr. 3) In Deutschland ist davon insbesondere der Eigenhandel als Unterform der Finanzdienstleistung (§ 1 Abs. 1a S. 2 Nr. 4 KWG, § 2 Abs. 2 Nr. 10 WpIG) erfasst.

---

[3] Richtlinie 2014/65/EU Anhang I Abschnitt B Nummer 1 (MiFID II).

Norm	Kryptowerte-Dienstleistung	Gleichwertige Wertpapierdienstleistungen und Anlagetätigkeiten
Art. 60 Abs. 3 lit. d	Ausführung von Aufträgen über Kryptowerte für Kunden	Ausführung von Aufträgen im Namen von Kunden (Richtlinie 2014/65/EU Anhang I Abschnitt A Nr. 3). In Deutschland ist dies insbesondere die Erlaubnis zum Finanzkommissionsgeschäft als Unterform des Bankgeschäfts (§ 1 Abs. 1 S. 2 Nr. 4 KWG) bzw. des Wertpapiergeschäfts (§ 2 Abs. 2 Nr. 1 WpIG).
Art. 60 Abs. 3 lit. e	Platzierung von Kryptowerten	Übernahme der Emission von Finanzinstrumenten und/oder Platzierung von Finanzinstrumenten mit fester Übernahmeverpflichtung (Richtlinie 2014/65/EU Anhang I Abschnitt A Nr. 6) und Platzierung von Finanzinstrumenten ohne feste Übernahmeverpflichtung (Richtlinie 2014/65/EU Anhang I Abschnitt A Nr. 7) In Deutschland sind davon insbes. die folgenden Tatbestände erfasst: – Emissionsgeschäft als Unterform des Bankgeschäfts (§ 1 Abs. 1 S. 2 Nr. 1 KWG) bzw. für Wertpapierinstitute § 2 Abs. 2 Nr. 2 WpIG) – Platzierungsgeschäft als Unterform der Finanzdienstleistung (§ 1 Abs. 1a S. 2 Nr. 3 KWG) bzw. für Wertpapierinstitute (§ 2 Abs. 2 Nr. 8 WpIG).
Art. 60 Abs. 3 lit. f	Annahme und Übermittlung von Aufträgen über Kryptowerte für Kunden	Annahme und Übermittlung von Aufträgen, die ein oder mehrere Finanzinstrument(e) zum Gegenstand haben (Richtlinie 2014/65/EU Anhang I Abschnitt A Nr. 1). In Deutschland entspricht dies der Erlaubnis zur Anlagevermittlung als Unterform der Finanzdienstleistung (§ 1 Abs. 1a S. 2 Nr. 1 KWG) bzw. für Wertpapierinstitute (§ 2 Abs. 2 Nr. 3 WpIG).
Art. 60 Abs. 3 lit. g	Beratung zu Kryptowerten	Anlageberatung (Richtlinie 2014/65/EU Anhang I Abschnitt A Nr. 5); in Deutschland entsprechend die Erlaubnis zur Anlageberatung als Unterform der Finanzdienstleistung (§ 1 Abs. 1a S. 2 Nr. 1a KWG) bzw. für Wertpapierinstitute (§ 2 Abs. 2 Nr. 4 WpIG).
Art. 60 Abs. 3 lit. h	Portfolioverwaltung von Kryptowerten	Portfolio-Verwaltung (Richtlinie 2014/65/EU Anhang I Abschnitt A Nr. 4); in Deutschland entsprechend die Erlaubnis zur Finanzportfolioverwaltung als Unterform der Finanzdienstleistung (§ 1 Abs. 1a S. 2 Nr. 3 KWG) bzw. für Wertpapierinstitute (§ 2 Abs. 2 Nr. 9 WpIG).

MiCAR Art. 60   Titel V. Zulassung und Bedingungen

21   **d) E-Geld-Institute (Abs. 4).** Gemäß Abs. 4 darf ein gemäß der Richtlinie 2009/110/EG zugelassenes **E-Geld-Institut** (dh für Deutschland nach § 11 ZAG) im Hinblick auf *die von ihm ausgegebenen E-Geld-Token* die Verwahrung und Verwaltung von Kryptowerten im Namen von Kunden erbringen. E-Geld Institute erhalten mithin im Hinblick auf die Erbringung von Kryptowerte-Dienstleistungen eine noch erheblichere Einschränkung.

22   Hier erschließt sich das Erfordernis dieser weitgehenden Einschränkung nicht direkt. Für die Sicherheit und ordnungsgemäße Erbringung der Dienstleistungen einschließlich des Vorhandenseins des fachlichen Know-hows dürfte es keinen Unterschied machen, ob die E-Geld-Token von dem E-Geld-Institut selbst ausgegeben wurden oder nicht. Für die weitergehende Erbringung von Kryptowerte-Dienstleistungen, auch bezüglich der Verwahrung und Verwaltung von E-Geld-Token, die Dritte ausgegeben haben, ist mithin das reguläre Zulassungsverfahren von dem E-Geld-Institut durchzuführen.

23   **e) OGAW-Verwaltungsgesellschaft/Verwalter alternativer Investmentfonds (Abs. 5).** Gemäß Art. 60 Abs. 5 MiCAR darf eine **OGAW-Verwaltungsgesellschaft** oder ein **alternativer Investmentfonds** Kryptowerte-Dienstleistungen, die *der individuellen Verwaltung einzelner Portfolios und den Nebendienstleistungen gleichwertig* sind, für die sie bzw. er nach der Richtlinie 2009/65/EG bzw. der Richtlinie 2011/61/EU zugelassen ist, nach Durchführung des Äquivalenzverfahrens erbringen.

24   Als gleichwertig gelten die Verwaltung der Portfolios und Nebendienstleistungen wie folgt:

Norm	Kryptowerte-Dienstleistung	Gleichwertige Wertpapierdienstleistungen und Anlagetätigkeiten
Art. 60 Abs. 5 lit. a	Annahme und Übermittlung von Aufträgen über Kryptowerte für Kunden	Annahme und Übermittlung von Aufträgen, die Finanzinstrumente zum Gegenstand haben (Richtlinie 2011/61/EU Art. 6 Abs. 4 lit. b Nr. 3) In Deutschland entspricht dies der Anlagevermittlung (§ 20 Abs. 3 Nr. 5 KAGB)
Art. 60 Abs. 5 lit. b	Beratung zu Kryptowerten	Anlageberatung (Richtlinie 2011/61/EU Art. 6 Abs. 4 lit. b Nr. 1) sowie Anlageberatung in Bezug auf eines oder mehrere der in Anhang I Abschnitt C der Richtlinie 2004/39/EG genannten Instrumente (Richtlinie 2009/65/EG Art. 6 Abs. 3 lit. b Nr. 1) In Deutschland ist dies entsprechend wie folgt im KAGB umgesetzt: – Anlageberatung (§ 20 Abs. 2 Nr. 2 KAGB) – Individuelle Vermögensverwaltung und Anlageberatung (§ 20 Abs. 3 Nr. 1 KAGB) – Finanzportfolioverwaltung (§ 20 Abs. 3 Nr. 2, 3 KAGB). Nach Nr. 3 ist bei bestehender Erlaubnis zur Finanzportfolioverwaltung auch die Anlageberatung gestattet.

Norm	Kryptowerte-Dienstleistung	Gleichwertige Wertpapierdienstleistungen und Anlagetätigkeiten
Art. 60 Abs. 5 lit. c	Portfolioverwaltung von Kryptowerten	Individuelle Verwaltung einzelner Portfolios, einschließlich solcher, die von Pensionsfonds und Einrichtungen der betrieblichen Altersversorgung gehalten werden, gemäß Artikel 19 Absatz 1 der Richtlinie 2003/41/EG und im Einklang mit von den Anlegern erteilten Einzelmandaten mit Ermessensspielraum (Richtlinie 2011/61/EU Art. 6 Abs. 4 lit. a). In Deutschland ist dies entsprechend wie folgt im KAGB umgesetzt: – Individuelle Vermögensverwaltung und Anlageberatung (§ 20 Abs. 3 Nr. 1 KAGB) – Finanzportfolioverwaltung (§ 20 Abs. 3 Nr. 2, 3 KAGB). Nach Nr. 3 ist bei bestehender Erlaubnis zur Finanzportfolioverwaltung auch die Anlageberatung gestattet.

f) **Marktbetreiber (Abs. 6).** Gemäß Abs. 6 darf ein **Marktbetreiber** 25 nach Art. 4 Abs. 1 Nr. 18 MiFID II (2014/65/EU), dh eine Person, die das Geschäft eines geregelten Markts, eines **multilateralen Handelssystems** oder eines **organisierten Handelssystems** verwaltet und betreibt, eine Handelsplattform für Kryptowerte betreiben, wenn er der zuständigen Behörde des Herkunftsmitgliedstaats spätestens 40 Arbeitstage vor der erstmaligen Erbringung dieser Dienstleistung die in Art. 60 Abs. 7 MiCAR genannten Informationen übermittelt.

2. Beizubringende Informationen (Abs. 7). Absatz 7 regelt dann 26 schließlich, welche **Informationen** spätestens **40 Arbeitstage** vor der erstmaligen Erbringung der jeweiligen Kryptowerte-Dienstleistung an die zuständige nationale Aufsicht übermittelt werden müssen. Die hierin aufgelisteten Informationen entsprechen den Vorgaben, die auch für andere regulierte Bereiche im Finanzsektor im Zuge der Erlaubniserteilung für einen spezifischen Geschäftsbereich erforderlich sind, so dass sich hier für die Finanzunternehmen wenige Überraschungen bieten dürften. Ein Schwerpunkt in der Zusammenstellung der beizubringenden Informationen dürften die **IT-Vorgaben** sein, die entsprechend hohe Sicherheit erfordern angesichts der rein digitalen Abbildung der hier gegenständlichen Dienstleistung.

Für Finanzunternehmen, die bisher noch keinerlei Dienstleistungen im 27 Kryptobereich erbringen, dürfte hier vor allem die Bereitstellung von entsprechendem Knowhow in den Leitungsfunktionen sowie die Errichtung der erforderlichen IT-Struktur die größte Hürde darstellen.

Abs. 7 lit.	Einzureichende Informationen	Anmerkung und Erläuterung
a)	Geschäftsplan aus dem hervorgeht, welche Arten von Kryptowerte-	Die Einreichung eines Geschäftsplans ist üblich und bekannt bei jeder Antragsstellung für eine Erlaubniserteilung als Fi-

Abs. 7 lit.	Einzureichende Informationen	Anmerkung und Erläuterung
	Dienstleistungen er zu erbringen beabsichtigt, einschließlich Ort und Art der Vermarktung dieser Dienstleistungen.	nanzdienstleister. Hier erfolgt dies nicht im Wege einer Antragstellung, daher ist nicht der volle drei-Jahres-Geschäftsplan, wie sonst üblich, einzureichen, sondern nur der Teil, der sich auf die neu zu erbringende Kryptowerte-Dienstleistung des Finanzunternehmens bezieht. Der bestehende, der Aufsicht bereits bekannte Teil des Geschäftsplans, wird mit der Einreichung entsprechend ergänzt. So muss folgerichtig nicht noch einmal der organisatorische Aufbau des Antragstellers und die ordnungsgemäße Geschäftsorganisation als solche dargestellt werden. Die nationale Aufsicht muss auf der Basis einen Einblick in das geplante Geschäftsmodell bekommen. Dazu sind die wesentlichen Parameter der geplanten Kryptowerte-Dienstleistungen darzustellen, um auf der Basis der Aufsicht die Möglichkeit zu geben, einzuordnen, welche Risiken hieraus potenziell entstehen und ob es beispielsweise aus der Art der Erbringung oder Vermarktung ein besonderes Sicherheitsbedürfnis für Dienstleistungsempfänger und den Finanzmarkt gibt. Nicht enthalten ist die Vorgabe, dass es sich um einen tragfähigen Geschäftsplan handeln muss, wie dies sonst bei Zulassungsanträgen erforderlich ist. Es sind mithin nach dem Wortlaut der Norm keine Worst-Case-Szenarien aufzuzeigen oder Planbilanzen und Prognosen zur Geschäftsentwicklung aufzunehmen. Auch eine Darstellung von Markt und Wettbewerb ist nicht erforderlich.
b) (i)	Beschreibung der Mechanismen, Strategien und Verfahren für die interne Kontrolle, um die Einhaltung der Bestimmungen des nationalen Rechts über die Umsetzung der geldwäscherechtlichen Vorgaben sicherzustellen	Die Einhaltung geldwäscherechtlicher Vorgaben, in Deutschland entsprechend umgesetzt im GWG, hat in der Finanzaufsicht höchste Priorität bekommen. Gerade in rein digital erfolgenden Geschäftsmodellen, wie bei der Erbringung von Kryptowerte-Dienstleistungen, ist die Einhaltung geldwäscherechtlicher Standards wesentlich. Die Einhaltung der geldwäscherechtlichen Vorgaben führt auch nach wie vor in der laufenden Auf-

Abs. 7 lit.	Einzureichende Informationen	Anmerkung und Erläuterung
	(Richtlinie (EU) 2015/849)	sicht häufig zu Mängeln, gerade bei noch jungen Unternehmen im Finanzsektor. Da es sich auch für die Finanzunternehmen nach Abs. 1–6 um neue Geschäftsmodelle mit neuen Kunden in einer rein digitalen Umgebung handelt, wird auf diese Faktoren in der Prüfung ausreichender Informationen entsprechend der aktuellen Priorisierung in der Aufsichtspraxis ein hohes Augenmerk gelegt werden.
b) (ii)	Beschreibung der Risikobewertungsrahmen für die Eindämmung von Geldwäsche- und Terrorismusfinanzierungsrisiken	Ein wesentlicher Bestandteil geldwäscherechtlicher Kontrolle und Eindämmung entsprechender Risiken im Bereich Geldwäsche und Terrorismusfinanzierung ist die Risikobewertung. Diese erfolgt bereits sowohl im Rahmen des Onboardings der Kunden als auch laufend in einer bestehenden Geschäftsbeziehung. Das Geldwäscherecht trifft hierzu keine konkreten Vorgaben, so dass ein entsprechender vorab festgelegter Rahmen für die Sicherstellung einheitlicher Bewertungsparameter erforderlich ist.
b) (iii)	Beschreibung des Plans zur Aufrechterhaltung des Geschäftsbetriebs	Anders als angesichts der systematischen Stellung der Norm anzunehmen, besteht kein Konnex zu den beiden vorherigen Regelungen der Ziffer. Einzureichen ist danach nach wortlautgerechter Auslegung ein Geschäftsfortführungsplan, Angaben zu Notfallsystemen und Notfallwiederherstellungsverfahren.
c)	Technische Dokumentation der IKT-Systeme der Sicherheitsvorkehrungen und deren nicht fachsprachliche Beschreibung	Weiter ist eine Beschreibung der Technik, die für die Erhebung, Weiterverarbeitung und Speicherung von Daten genutzt wird, einzureichen. Wesentlich dürften hierbei die Themen IT, Informationssicherheit, Cyber-Security und das IT-Notfallmanagement sein. Damit wird ganz zentral das Thema IT-Sicherheit aufgegriffen, was wie schon dargestellt, in dem Geschäftsmodell der Kryptowerte-Dienstleistungen natürlich die maßgebliche Bedeutung hat. Auch der Finanzsektor ist in den vergangenen Jahren mehrfach Opfer entsprechender Angriffe auf die IT-Systeme geworden.

MiCAR Art. 60 — Titel V. Zulassung und Bedingungen

Abs. 7 lit.	Einzureichende Informationen	Anmerkung und Erläuterung
		Hier steht zu erwarten, dass die technischen Regulierungsstandards noch weiteren Aufschluss bieten dürften, was die exakten Anforderungen gerade in dieser Hinsicht sind. Entsprechende IKT Leitlinien gibt es bereits (EBA Guidelines 2019/04, sowie die entsprechend angepassten BAIT-Leitlinien der BaFin) und dürften für den hier konkreten Fall entsprechend eingeführt werden.
d)	Beschreibung des Verfahrens für die Trennung von Kryptowerten und Geldbeträgen der Kunden	Die Kryptowerte und die Geldbeträge der Kunden sind strikt voneinander zu trennen. Um dem Rechnung zu tragen und ausreichende Sicherheit zu gewährleisten, sind auch die Systeme entsprechend auszurichten. Nicht ganz vollständig scheint hier die Regelung insoweit, als dass die Regelung nur für die Anbieter des Kryptoverwahrgeschäfts einschlägig sein dürfte. So ist nicht ersichtlich, inwieweit ein Verfahren für die Trennung von Kryptowerten und Geldern der Kunden für ein Finanzunternehmen relevant ist, das ausschließlich Beratung zu Kryptowerten durchführen möchte oder mangels Lizenz gar keine Geldbeträge von Kunden selbst verwahrt. Hier sollte eine entsprechende Klarstellung spätestens durch die Leitlinien der ESMA erfolgen.
e)	Beschreibung der Verwahrungs- und Verwaltungsgrundsätze sofern beabsichtigt ist, Kryptowerte für Kunden zu verwahren und zu verwalten.	Hier ist richtigerweise die Einschränkung enthalten, dass eine entsprechende Beschreibung nur für den Fall beizubringen ist, in dem eine Verwahrung und Verwaltung von Kryptowerten beabsichtigt ist.
f)	Beschreibung der Betriebsvorschriften der Handelsplattform und der Verfahren und des Systems zur Aufdeckung von Marktmissbrauch sofern beabsichtigt ist, eine Handelsplattform für	Auch hierunter ist eine entsprechende Beschreibung des Systems und der entsprechenden Vorgaben für den Fall der Nutzung einer Handelsplattform erforderlich. Detailgrad und genauer Inhalt ist durch die ESMA in ihren technischen Durchführungs- und Regulierungsstandards zu setzen. Eine Orientierung an den

Abs. 7 lit.	Einzureichende Informationen	Anmerkung und Erläuterung
	Kryptowerte zu betreiben.	vorhandenen Anforderungen von anderen Handelsplattformen ist naheliegend. Hier ist auch der für die Verordnung als grundlegend erachtete Aspekt aufgegriffen, dass ein System zu errichten ist, das die Aufdeckung eines potenziellen Marktmissbrauchs durch Kunden ermöglicht (Erwgr. Nr. 81).
g)	Beschreibung der nicht diskriminierenden Geschäftspolitik hinsichtlich der Beziehung zu den Kunden sowie der Methode für die Festlegung des Kurses der Kryptowerte, die für einen Tausch gegen einen Geldbetrag oder gegen andere Kryptowerte angeboten werden, sofern beabsichtigt ist, Kryptowerte gegen einen Geldbetrag oder gegen andere Kryptowerte zu tauschen.	Die Regelung erfolgt spezifisch für den Tausch von Kryptowerten, wobei insbesondere die Festlegung des Kurses der Kryptowerte von hoher Relevanz sein dürfte, gerade angesichts der hohen Volatilität. Die Anforderung, dass die Geschäftspolitik hinsichtlich der Beziehung zu den Kunden und die Festlegung der Methode nicht diskriminierend sein darf, erscheint zwar genauso wie nachvollziehbar auch schwer greifbar und messbar. Auch hier wird die entsprechende Konkretisierung durch die EMSA maßgeblich werden.
h)	Beschreibung der Grundsätze der Auftragsausführung, sofern beabsichtigt ist, Aufträge über Kryptowerte für Kunden auszuführen.	Hier erfolgt wiederum die geschäftsspezifische Beschreibung für die Annahme und Übermittlung von Aufträgen über Kryptowerte für Dritte. Die Regelung ist sehr unspezifisch. Was genau die Grundsätze mindestens beinhalten müssten, bleibt weiterer Spezifizierung überlassen.
i)	Belege dafür, dass die natürlichen Personen, die im Namen des antragstellenden Anbieters von Kryptowerte-Dienstleistungen Beratungsdienste leisten oder Portfolioverwaltung erbringen, über die erforderlichen Kenntnisse und die erforderliche Fachkompetenz verfügen, sofern beabsichtigt ist, Bera-	Dies beinhaltet im Grunde den fit und proper Nachweis für die fachlich mit der Kryptowerte-Dienstleistung betrauten Mitarbeiter des Finanzunternehmens, welches Beratungsleistungen in Bezug auf Kryptowerte erbringen möchte. Die entsprechende Kenntnis und Fachkompetenz ist für die Marktsicherheit und den Verbraucherschutz von ganz wesentlicher Bedeutung, kann doch nur so eine entsprechend qualitativ ausreichend hohe Beratung sichergestellt werden, die für den sicheren Umgang und beispielsweise eine

Abs. 7 lit.	Einzureichende Informationen	Anmerkung und Erläuterung
	tungsdienste zu Kryptowerten zu leisten oder Portfolioverwaltung von Kryptowerten zu erbringen	Investitionsentscheidung zwingend erforderlich ist.
j)	Informationen darüber, ob sich die Kryptowerte-Dienstleistung auf vermögenswertereferenzierte Token, E-Geld-Token oder andere Kryptowerte bezieht	Durch das Finanzunternehmen ist die Information beizubringen, auf welche Art von Kryptowerten sich die Kryptowerte-Dienstleistung beziehen soll. Dies dürfte grundsätzlich und regelmäßig bereits im Rahmen des Geschäftsplans nach lit. a erfolgen.
k)	Informationen zur Art und Weise der Ausführung dieser Transferdienstleistungen, sofern beabsichtigt ist, Transferdienstleistungen für Kryptowerte für Kunden auszuführen.	Mit Transferdienstleistungen sind nach Art. 3 Nr. 26 das Erbringen von Dienstleistungen zur Übertragung von Kryptowerten von einer Distributed Ledger-Adresse oder einem Distributed-Ledger-Konto auf eine andere solche Adresse oder ein anderes solches Konto für eine natürliche oder juristische Person gemeint.[4]

28 **3. Fristen für die Prüfung der Unterlagen (Abs. 8).** Die zuständige Behörde, die die entsprechenden Informationen nach Abs. 7 durch die Finanzunternehmen, wie in den Abs. 1–6 genannt, erhält, muss innerhalb von **20 Arbeitstagen** nach **Eingang der Mitteilung** mit den entsprechenden Informationen nach Abs. 7 prüfen, ob alle erforderlichen Informationen bereitgestellt wurden. Das setzt voraus, dass entsprechend der Regelungen in Abs. 1–6 das jeweilige Finanzunternehmen die Mitteilung an die zuständige nationale Aufsichtsbehörde des Herkunftsmitgliedstaats richtet. Die Mitteilung soll dabei nach den Abs. 1–6 mindestens 40 Arbeitstage vor der geplanten erstmaligen Erbringung der jeweiligen Kryptowerte-Dienstleistung erfolgen.

29 Kommt die Behörde innerhalb der 20-Tages-Frist zu dem Schluss, dass die **Informationen nicht vollständig** sind, teilt sie dies dem Finanzunternehmen „sofort" mit. Hier dürfte es richtigerweise im deutschen eigentlich **„unverzüglich"** heißen, um sich an der im nationalen Recht festen Terminologie zu orientieren, was dann einer Mitteilung „ohne schuldhaftes Zögern" nach Kenntniserlangung der Unvollständigkeit der Unterlagen entspricht. Die Aufsicht muss zugleich mit dieser Mitteilung eine neue Frist festlegen, innerhalb derer die fehlenden Unterlagen einzureichen sind. Diese Frist darf wiederum 20 Arbeitstage ab dem Tag der Anforderung durch die Behörde nicht überschreiten.

30 Die **praktische Umsetzung** der Regelung erscheint fraglich. Das jeweilige Institut wird sich den Zeitpunkt der Mitteilung und Einreichung der

---

[4] Vgl. Erwgr. Nr. 93; vgl. Bauerfeind/Hille/Loff RdF 2023, 84 (89).

Informationen gut überlegen müssen und umfassend sicherstellen, möglichst vollständig Informationen einzureichen, wenn ein Beginn der Kryptowerte-Dienstleistungen innerhalb eines festen Zeitraums geplant ist. Wie aus allen Erlaubnisverfahren ist das lange Hin und Her zwischen Aufsicht und Antragsteller bekannt, nachdem häufig noch Informationen nachgefordert werden und Nachbesserungen in der Qualität der Informationen erforderlich werden. Gerade zu Beginn, an dem es noch an einer gängigen Marktpraxis bei Instituten und Beratern fehlt, dürfte es hier einen erhöhten Abstimmungsbedarf geben, der die grundsätzlich gesetzten Fristen meist wird einreißen lassen.

31 Diese **40-Tages-Frist**, wie sie die Absätze 1–6 festlegen, ist für den jeweiligen Zeitraum ausgesetzt, jedoch maximal für den ergänzenden von der Aufsicht gesetzten Zeitraum von weiteren 20 Tagen. Danach obliegt der Behörde ein weiterer **Ermessensspielraum**, Ergänzungen und Klarstellungen der Informationen zu verlangen. Hier sollen jedoch die Zeiträume der Absätze 1–6 (40 Arbeitstage insgesamt) nicht mehr ausgesetzt sein. Dies heißt faktisch, der Verordnungsgesetzgeber wollte hier sicherstellen, dass die Behörde (1) initiale 20 Arbeitstage zur Prüfung hat, (2) weitere 20 Arbeitstage Frist setzen kann für das Finanzunternehmen, fehlende Informationen nachzuliefern und dann wiederum die 40-Tages-Frist der Abs. 1–6 läuft, auch wenn es noch weitere Ergänzungen gibt. Das kann praktisch nur funktionieren, wenn das Finanzunternehmen auch in der Lage ist, innerhalb dieser Zeiträume die entsprechenden Informationen beizubringen.

32 **4. Keine erneute Übermittlung noch aktueller Informationen (Abs. 9).** Die in Abs. 1–6 genannten Rechtsträger müssen Informationen nach Abs. 7 nicht erneut übermitteln, sofern und soweit diese der Behörde bereits vorliegen und sich nicht geändert haben. Bei der Übersendung der Informationen nach Absatz 7 an die zuständige Behörde ist entsprechend zu vermerken, dass die der Behörde insoweit vorliegenden Informationen noch aktuell und unverändert sind. Dies soll die **Effizienz der Informationsübermittlung** sicherstellen und Doppelarbeit vermeiden.

33 „Noch aktuell" in S. 2 ist wohl im Sinne eines „noch korrekt und unverändert" zu verstehen.

34 **5. Keine Anwendbarkeit einzelner Vorschriften (Abs. 10).** Im Umkehrschluss folgt aus dieser enumerativen Aufzählung, dass insbes. die Verhaltens- und Organisationspflichten aus Art. 59, 61, 63, 65 in jedem Fall Anwendung finden, was für die lizensierten und damit bereits beaufsichtigten Finanzunternehmen nach den Abs. 1–6 zumindest teilweise eine Kumulation von aufsichtsrechtlichen Pflichten zur Folge haben dürfte.[5] Die verbleibenden anwendbaren Normen dieses Titels sind aber insbesondere organisatorische Regelungen in Bezug auf die jeweilige spezifische Kryptowerte-Dienstleistung.

35 **6. Nur bestimmte Kryptowerte-Dienstleistungen (Abs. 11).** Die Regelung stellt nochmal klar, dass immer nur für spezifische Kryptowerte-Dienstleistungen eine Erlaubnis erteilt wird. Darauf zielen auch die Regelungen des Art. 60 insgesamt ab. Im Falle einer späteren Erweiterung der Erlaubnis ist im Falle der Erfüllung der Voraussetzungen der Abs. 1–6 das Äquivalenzverfahren für die jeweils neue Kryptowerte-Dienstleistung erneut zu

---

[5] Maume RDI 2022, 497 (504).

führen oder, wenn es an einer Äquivalenz zu einer bereits bestehenden Erlaubnis fehlt, das reguläre Zulassungsverfahren zu durchlaufen.

36   **7. Mitteilungspflicht der Behörden gegenüber der ESMA (Abs. 12).** Nach Art. 109 der Verordnung führt die ESMA ein Register, welches auch die Anbieter von Kryptowerte-Dienstleistern enthält. Nach Art. 109 Abs. 5 (→ Art. 109 Rn. 6) sind dort bestimmte Informationen zu den Kryptowerte-Diensleistern anzugeben.

37   Die zuständigen Behörden (in Deutschland die BaFin) sind dementsprechend verpflichtet, die jeweiligen Informationen über Kryptowerte-Dienstleistungen auch der Unternehmen nach Abs. 1–6 nach Überprüfung **vollständig an die ESMA** zu übermitteln. Die ESMA wird diese Informationen in dem ESMA-Register speichern und sie ab dem geplanten Startdatum der Kryptowerte-Dienstleistungen verfügbar machen.

38   Auch bei Art. 60 Abs. 12 scheint ein redaktionelles Versehen im Wortlaut des Gesetzes vorhanden zu sein. Der Begriff „Kryptowerte-Dienstleistungen" scheint hier nicht korrekt. Auf Basis des englischen Textes müsste der Wortlaut wohl richtigerweise heißen: *„Die zuständigen Behörden teilen der ESMA die in Artikel 109 Absatz 5 genannten Informationen mit, nachdem sie [...]"* (Im englischen: *„Competent authorities shall communicate to ESMA the information specified in Article 109(5), after verifying [...]"*.

39   **8. ESMA Standards (Abs. 13 und 14).** Die Absätze 13 und 14 regeln entsprechend die Erarbeitung der **technischen Regulierungsstandards und technischen Durchführungsstandards** in enger Zusammenarbeit mit der EBA. Hiermit werden die für die Praxis ganz wesentlichen Leitlinien gesetzt. Es steht also zu hoffen, dass diese in naher zeitlicher Abfolge erscheinen. Bei anderen Gesetzeswerken ließen die Standards mitunter sehr lange auf sich warten, was die praktische Handhabe für die Anwender der Verordnung sehr schwierig macht.

IV. Regelungen und Verweise des KMAG-E

40   Art. 29 KMAG-E (zum KMAG-E allgemein → Art. 59 Rn. 57) regelt das Einschreiten der Aufsichtsbehörde bei Erbringung von Kryptowerte-Dienstleistungen entgegen Art. 60 MICAR. Desweiteren greift § 50 Abs. 3 KMAG-E Art. 60 MiCAR in Bezug auf die Übergangsregelungen auf.

Artikel 61 Erbringung von Kryptowerte-Dienstleistungen auf ausschließlich eigenes Betreiben des Kunden

(1) Beginnt ein Kunde, der in der Union ansässig oder niedergelassen ist, auf ausschließlich eigenes Betreiben durch ein Unternehmen aus einem Drittland damit, eine Kryptowerte-Dienstleistung zu erbringen oder eine Tätigkeit im Zusammenhang mit Kryptowerten auszuüben, so gilt die Anforderung einer Zulassung nach Artikel 59 nicht für die Erbringung dieser Kryptowerte-Dienstleistung oder die Ausübung dieser Tätigkeit für diesen Kunden und auch nicht für Beziehungen, die in direktem Zusammenhang mit der Erbringung dieser Kryptowerte-Dienstleistung oder der Ausübung dieser Tätigkeit stehen.

Unbeschadet konzerninterner Beziehungen gilt unabhängig von den für die Akquise, die Absatzförderung oder die Werbung in der Union verwendeten Kommunikationsmitteln eine Dienstleistung nicht als auf ausschließlich eigenes Betreiben des Kunden erbrachte Dienstleistung, wenn ein Unternehmen aus einem Drittland, auch über einen Rechtsträger, der in seinem Namen handelt oder enge Beziehungen zu diesem Unternehmen aus einem Drittland oder einer anderen im Namen dieses Rechtsträgers handelnden Person unterhält, Kunden oder potenzielle Kunden in der Union akquiriert.

Unterabsatz 2 gilt unbeschadet etwaiger Vertrags- oder Ausschlussklauseln, die etwas anderes besagen, darunter auch etwaige Vertrags- oder Ausschlussklauseln, wonach die Erbringung von Dienstleistungen durch ein Unternehmen aus einem Drittland als auf ausschließlich eigenes Betreiben des Kunden erbrachte Dienstleistung gilt.

(2) Ein in Absatz 1 genanntes Ersuchen eines Kunden auf ausschließlich eigenes Betreiben berechtigt ein Unternehmen aus einem Drittland nicht, diesem Kunden neue Arten von Kryptowerten oder Kryptowerte-Dienstleistungen zu vermarkten.

(3) Die ESMA gibt bis zum 30. Dezember 2024 Leitlinien gemäß Artikel 16 der Verordnung (EU) Nr. 1095/2010 heraus, in denen festgelegt wird, in welchen Fällen davon ausgegangen wird, dass ein Unternehmen aus einem Drittland in der Union niedergelassene oder ansässige Kunden akquiriert.

Im Interesse der Angleichung und der kohärenten Beaufsichtigung bezüglich des Risikos von Verstößen gegen den vorliegenden Artikel gibt die ESMA auch Leitlinien gemäß Artikel 16 der Verordnung (EU) Nr. 1095/2010 für die Aufsichtspraxis im Hinblick auf die Aufdeckung und Verhinderung der Umgehung dieser Verordnung heraus.

Übersicht

	Rn.
I. Einführung	1
1. Literatur	1
2. Entstehung und Zweck der Norm	2
3. Normativer Kontext	4
II. Regelungsinhalt	8
1. Tätigwerden auf ausschließliches Betreiben des Kunden (Abs. 1 UAbs. 1)	8
a) Wortlaut von Abs. 1 UAbs. 1	8
b) Inhalt von Absatz 1 Unterabsatz 1	11
2. Vermarktung durch Dritte (Abs. 1 UAbs. 2)	18
3. Vertrags- und Abschlussklauseln zur reverse solicitation (Abs. 1 UAbs. 3)	19
4. Erneutes Anbieten von Dienstleistungen an den Kunden (Abs. 2)	22
5. Leitlinien der ESMA (Abs. 3)	24

I. Einführung

1. Literatur. Lit. zu MiFiD II Regelung re. Reverse Solicitation; Lit. allg. re. Reverse Solicitation; Lit. zu § 293 KAGB; Erklärung der ESMA vom 13. Januar 2021 (ESMA35-43-2509) abrufbar unter: https://www.esma.europa.eu/press-news/esma-news/esma-reminds-firms-mifid-ii-rules-reverse-solicitation; ESMA: Questions and Answers on MiFID II and MiFIR investor protection and intermediaries topics (ESMA35-43-349) (zuletzt abgerufen am

15. September 2023); Michel/Schmitt, MiCAR – Marktzugang für Kryptodienstleister, BB 2023, 905 ff.

2 **2. Entstehung und Zweck der Norm.** Art. 61 greift die sogenannte **Reverse Solicitation Rule** auf, die eine Ausprägung der **passiven Dienstleistungsfreiheit** ist. Sie ermöglicht es dem Dienstleistungsempfänger, seinen Dienstleister weltweit frei zu wählen, ohne dabei grundsätzlich von regulatorischen Vorgaben beschränkt zu sein. Gerade im Bereich der Kryptowerte-Dienstleistungen ist die Regelung von zentraler Bedeutung. Die klare Regelung dazu in der Verordnung ist daher sehr zu begrüßen.

3 Im Bereich der Erbringung von Kryptowerte-Dienstleistungen stammen die Dienstleister sehr häufig aus Drittländern und werden durch die Kunden ausschließlich über das **Internet** kontaktiert. Die Union neigt schon seit einigen Jahren dazu, die Reverse Solicitation Rule stärker auch in ihr Regelungsregime aufzunehmen, um gerade auch nach dem Brexit eine einheitliche Handhabe der Ausnahmeregelung durch die Mitgliedsstaaten zu implementieren. Hierbei versucht der Gesetzgeber wie auch die Aufsichtsbehörden sicherzustellen, dass es sich um eine Ausnahmeregelung handelt, die nur unter ganz bestimmten Grenzen zur Anwendung kommen kann.

4 **3. Normativer Kontext.** Art. 61 orientiert sich im Wesentlichen an der Regelung nach **Art. 42 MiFID II**[1], der die passive Dienstleistungsfreiheit schon für den **Wertpapierbereich** normiert. Ebenso findet sich eine Regelung zur reverse solicitation in **§ 293 Abs. 1 S. 3 KAGB,** der klarstellt, dass es sich bei dem Fall der reverse solicitation nicht um einen Vertrieb iSd § 293 Abs. 1 S. 1 KAGB handelt. Auch hat die ESMA zuletzt erst mit einem Schreiben vom 13.1.2021[2] anlässlich des Endes der **Brexit**-Übergangsregelungen an die Grenzen der reverse solicitation rule nach Art. 42 MiFID II erinnert und klargestellt, in welch engen Grenzen sich diese Ausnahme bewegt.

5 Der Umfang und Inhalt der Regelung ist dabei in den bisher ergangenen Regelungen und Schreiben identisch und zeigt das strenge Maß, dass die Union sich hier für die Praxis wünscht.

6 Während in der MiFID II die Regelung noch „nur" im Rahmen einer Richtlinie mit entsprechendem nationalen Umsetzungsspielraum Eingang gefunden hat, erfährt sie nun mit der MiCAR erstmals eine einheitliche verbindliche Regelung für alle Mitgliedstaaten.

7 Erwgr. Nr. 75 führt zur reverse solicitation rule aus, dass die Kryptowerte-Dienstleistungen, die aufgrund der alleinigen Initiative des Kunden erbracht werden, nicht als in der Union erbracht gelten. Diesen Ansatz verfolgt die Norm gleichwohl nach ihrem Wortlaut nicht, sondern Art. 61 Abs. 1 UAbs. 1 besagt ausdrücklich und ausschließlich, dass für den Anbieter für die jeweilige Dienstleistung Art. 59 nicht gilt, ohne auf den (fiktiven) Ort der Erbringung der Dienstleistung abzustellen. Vom Ergebnis macht die Herangehensweise gleichwohl keinen Unterschied. Je nach technischer Umsetzung und Art der erbrachten Kryptowerte-Dienstleistung dürfte die Unterscheidung nach dem Ort der Erbringung der Dienstleistung komplex sein und ein Abstellen darauf ggf. zu Unsicherheiten führen.

---

[1] Richtlinie 2014/65/EU.
[2] ESMA Schreiben vom 13.1.2021 „ESMA reminds firms of the MiFID II rules on reverse solicitation" abrufbar unter https://www.esma.europa.eu/press-news/esma-news/esma-reminds-firms-mifid-ii-rules-reverse-solicitation (zuletzt abgerufen am 10.9.2023).

II. Regelungsinhalt

1. Tätigwerden auf ausschließliches Betreiben des Kunden (Abs. 1 UAbs. 1). a) Wortlaut von Abs. 1 UAbs. 1. Art. 61 Abs. 1 der deutschen Fassung der Verordnung hat im Gesetzgebungsverfahren offensichtlich einen Übersetzungsfehler erfahren. So heißt es in der deutschen Fassung „*Beginnt ein Kunde, der in der Union ansässig oder niedergelassen ist, auf ausschließlich eigenes Betreiben durch ein Unternehmen aus einem Drittland damit, eine Kryptowerte-Dienstleistung zu erbringen oder eine Tätigkeit im Zusammenhang mit Kryptowerten auszuüben ...*". Selbstredend erbringt aber natürlich nicht der Kunde, der in der Union ansässig oder niedergelassen ist eine Kryptowerte-Dienstleistung sondern er empfängt diese. Satz 1 müsste richtigerweise nicht beginnen mit „Beginnt ein Kunde" sondern „Veranlasst ein Kunde ...". Im englischen Text heißt es dementsprechend richtig: „*Where a client established or situated in the Union initiates ...*". 8

Legt man die Regelung danach mit ihrem reinen Wortlaut aus, würde ein Kunde mit Sitz in der Union Kryptowerte-Dienstleistungen erbringen und wäre in diesem Fall von der Zulassungspflicht des Art. 59 befreit. Dies wird, wie klar sein dürfte, nicht gemeint sein und bestätigt spätestens der Blick in den englischen Gesetzestext. Hier muss der Gesetzgeber nochmal nachbessern, in der Praxis dürfte aber die Auslegung allein zum richtigen Ergebnis führen. Richtigerweise müsste der Gesetzestext wohl wie folgt lauten: 9

„*Veranlasst ein Kunde, der in der Union ansässig oder niedergelassen ist, auf ausschließlich eigenes Betreiben, ein Unternehmen aus einem Drittland damit, eine Kryptowerte-Dienstleistung zu erbringen oder eine Tätigkeit im Zusammenhang mit Kryptowerten auszuüben, so gilt die Anforderung einer Zulassung nach Artikel 59 nicht für die Erbringung dieser Kryptowerte-Dienstleistung oder die Ausübung dieser Tätigkeit für diesen Kunden und auch nicht für Beziehungen, die in direktem Zusammenhang mit der Erbringung dieser Kryptowerte-Dienstleistung oder der Ausübung dieser Tätigkeit stehen.*" 10

b) Inhalt von Absatz 1 Unterabsatz 1. Zentrale Bedeutung hat das Tätigwerden auf **ausschließliche Veranlassung des Kunden.** 11

Die Ausnahme leitet sich ab aus den Grundfreiheiten der im Inland ansässigen oder niedergelassenen Person, die sich auf ihre passive Dienstleistungsfreiheit beruft.[3] Demnach steht es ihr zu, Dienstleistungen von Dienstleistern aus Drittstaaten anzufragen. Von besonderer Relevanz ist die Regelung also bei grenzüberschreitenden Sachverhalten, wenn sich der Kryptowerte-Dienstleister in einem Drittstaat befindet. Gerade im Kryptowerte-Dienstleistungsbereich ist dies sehr häufig der Fall mit Anbietern, die ihren Sitz in den USA, Asien oder auch Offshore-Gebieten wie den British Virgin Islands (BVI) oder Cayman Islands haben. Für den Kunden macht es im rein digitalen Dienstleistungsverkehr bei der initialen Inanspruchnahme zunächst keinen Unterschied, wo die jeweiligen Dienstleister ansässig sind. 12

Im **Umkehrschluss** der Norm liegt damit nur eine **erlaubnispflichtige Tätigkeit** vor, wenn die Vermarktung des Produkts oder der Dienstleistung durch den Kryptowerte-Dienstleister aus dem Drittstaat erfolgt. Eine initiative Kontaktaufnahme durch den Kunden sorgt hingegen dafür, dass es einer 13

---

[3] Michel/Schmitt BB 2023, 905 (910).

Erlaubnis des Kryptowerte-Dienstleisters nicht bedarf und auch weitere regulatorische Pflichten nicht zu erfüllen sind.

14   Entscheidend ist die Vorgabe „auf ausschließlich eigenes Betreiben". Jede auch nur geringfügige Veranlassung durch den Anbieter, unmittelbar oder mittelbar, führt zu einem Ausschluss der Ausnahme.

15   Die ESMA hat dabei in der Vergangenheit mehrfach im Zusammenhang mit der entsprechenden Regelung der MiFID II darauf hingewiesen, wie streng diese Regelung zu verstehen ist. So heißt es in dem Schreiben der ESMA vom 13.1.2021[4], dass jedes Kommunikationsmittel, wie Pressemitteilungen, Internetwerbung, Broschüren, Telefonanrufe oder persönliche Treffen für die Beurteilung relevant sind. Dieser Maßstab ist auch für die entsprechende Regelung der MiCAR anzulegen.

16   Aus Art. 61 ergibt sich gleichwohl **kein Recht des Drittstaaten-Anbieters,** sich auf die reverse solicitation rule zu berufen. Das Recht, seinen Vertragspartner frei zu wählen, liegt bei dem in der Union ansässigen Kunden. Der Anbieter aus dem Drittstaat kann sich hier nur insoweit auf die Vorschrift berufen, als eine inländische Aufsicht ihn der unerlaubten Erbringung von Kryptowerte-Dienstleistungen beschuldigt. Hier kann der Anbieter aus dem Drittstaat entgegenbringen, dass er allein auf Veranlassung des Kunden in der Union tätig geworden ist.

17   Der Kunde muss in der Union ansässig oder niedergelassen sein. Der Anbieter der Kryptowerte-Dienstleistungen muss einem Drittstaat ansässig sein und eine Kryptowerte-Dienstleistung oder eine Tätigkeit im Zusammenhang mit Kryptowerten ausüben. Hier ist nicht ganz klar, was der Gesetzgeber mit der Ergänzung **„Tätigkeit im Zusammenhang mit Kryptowerten"** meinte, denn die Zulassungsnorm des Art. 59 stellt ausschließlich auf die in der Verordnung legal definierten Kryptowerte-Dienstleistungen ab. Da es sich dabei um ein Verbot mit Erlaubnisvorbehalt handelt, dürfte das Verbot bereits per se nicht für andere, nicht von der Legaldefinition erfasste, Kryptowerte-Dienstleistungen handeln bzw. solche, die nicht von der Verordnung erfasst sind. Gemeint sein könnten andere Dienstleistungen, die nach anderen gesetzlichen Regelungen einer Erlaubnis bedürfen, beispielsweise im Wertpapierbereich, was dann einen rein klarstellenden Charakter haben dürfte.

18   **2. Vermarktung durch Dritte (Abs. 1 UAbs. 2).** Unterabsatz 2 stellt sicher, dass auch eine Vermarktung durch einen Dritten, der in irgendeiner **Verbindung mit dem Anbieter** aus einem Drittland steht, dazu führt, dass eine Dienstleistung nicht als auf alleinige Veranlassung des Kunden zustande gekommen gilt. Die Regelung wird dabei der praktischen Handhabe gerecht, in der Verträge über **digitale Dienstleistungen** in der Regel online über diverse unterschiedlichste Vermarktungstools zustandekommen, die nicht durch den Anbieter selbst erbracht werden. Hier soll zugunsten des Verbraucherschutzes sichergestellt werden, dass die reverse solicitation in keinem Fall gilt, in dem der Anbieter aus dem Drittland auch nur mittelbar eine Vermarktung seiner Produkte innerhalb der Union lanciert hat und sich in dem Fall nicht darauf berufen können soll, dass er selbst eine solche Vermarktung nicht durchgeführt. Eine Aufforderung, Werbung oder Vermarktung soll grundsätzlich unabhängig von der Person oder dem Unternehmen betrachtet werden, über das sie erfolgt. D.h sowohl die Vermarktung durch

---

[4] ESMA Schreiben vom 13.1.2021 „ESMA reminds firms of the MiFID II rules on reverse solicitation".

den Drittland-Anbieter selbst führt zu einem Ausschluss der Anwendbarkeit, ebenso aber auch diese durch eine in seinem Namen handelnde oder eng mit ihr **verbundene Einrichtung**. In der Praxis dürfte diese sehr weitläufige Regelung zu Abgrenzungsschwierigkeiten führen. Wann wird der inländische Markt durch eine Vermarktung auf einer Homepage angesprochen, wie können Anbieter verhindern, dass eine solche Ansprache über das Internet erfolgt, die ggf. gar nicht auf den europäischen Markt zielgerichtet ist.

3. Vertrags- und Abschlussklauseln zur reverse solicitation (Abs. 1 UAbs. 3). Eine **Klausel im Vertrag**, die ausdrückt, dass der Vertrag auf ausschließliche Veranlassung des Kunden zustande gekommen ist, führt allein nicht zu einer Erlaubnisfreiheit nach dieser Norm. 19

Unterabsatz 3 greift ein in der Praxis übliches und verbreitetes Vorgehen auf, mit dem sich Dienstleistungs-Anbieter aus Drittstaaten die Berufung auf die reverse solicitation absichern wollen, indem allgemeine Klauseln in den Verträgen oder allgemeinen Geschäftsbedingungen aufgenommen werden, mit denen der Kunde erklärt, dass eine Dienstleistung ausschließlich auf **Initiative des Kunden** ausgeführt wird und nicht auf eine Marktansprache des Anbieters hin. Im digitalen Rechtsverkehr erfolgt dies auch durch Verwendung von **Online-Pop-up-Feldern**[5]. 20

Dem aktuellen Graubereich setzt die Verordnung aus **Verbraucherschutz-Aspekten** und Gründen der Marktintegrität ein Ende. Es kommt ausschließlich auf die tatsächliche Vertragsanbahnung an und nicht auf eine entsprechende Klausel in einem Vertrag, die dem Kunden vorgegeben wird. Wie die Unterscheidung und Verfolgung in der Praxis aussehen soll, bleibt abzuwarten. Deutlich wird mit der Regelung, dass der Unions-Gesetzgeber versucht, die erlaubnisfreie Erbringung aus Drittländern soweit wie möglich zu reduzieren bzw. über die Einschränkungen mittelbar Drittland-Anbieter zu einer Zulassung in der EU zu zwingen. 21

4. Erneutes Anbieten von Dienstleistungen an den Kunden (Abs. 2). Wenn ein Anbieter aus dem Drittland einmal eine Dienstleistung an einen Kunden in der Union auf Basis der reverse solicitation Ausnahme erbracht hat, die Vertragsbeziehung mithin auf der Basis zustandegekommen ist, führt dies nicht dazu, dass der Anbieter auch in der Folge erlaubnisfrei diesem Kunden weitere Dienstleistungen anbieten darf. Die Regelung schränkt Absatz 1 nochmal weiter ein. Es wäre naheliegend, dass das Zustandekommen des ersten Vertrags auf Initiative des Kunden sich quasi perpetuiert, die so zustandegekommene erlaubnisfreie Vertragsbeziehung und Erbringung der Dienstleistung auch erlaubnisfrei für weitere Geschäfte „fortlebt". Der Gesetzgeber wollte genau dies aber gerade verhindern und stets auf **jeden Einzelfall** blicken. Wenn mithin ein **weiterer Vertrag** auf ein Angebot des Drittland-Anbieters zustande kommt, fällt dies unter die reguläre Erlaubnispflicht des Art. 59. 22

Das schränkt den Drittland-Anbieter sehr weit ein. Er hat als Vertragspartner nicht einmal die Möglichkeit, den Kunden auf weitere Dienstleistungen hinzuweisen und ihm diese anzubieten. Das muss nicht nur zum Vorteil des Kunden sein. So könnte beispielsweise der Kunde eine Dienstleistung in Anspruch nehmen, die nicht dem optimalen Zuschnitt in Umfang, Kosten 23

---

[5] ESMA Schreiben vom 13.1.2021 „ESMA reminds firms of the MiFID II rules on reverse solicitation".

MiCAR Art. 62   Titel V. Zulassung und Bedingungen

und Leistung entspricht, die er benötigt. Ein Hinweis des Drittland-Anbieters auf das entsprechend günstigere Angebot würde der Erlaubnispflicht unterfallen, die Norm unterscheidet hier nicht. In diesem Verhältnis ist mithin der Kunde auch weiterhin gezwungen, sich selbst nach neuen Angeboten zu informieren, die für ihn günstiger sein könnten.

24   **5. Leitlinien der ESMA (Abs. 3).** Die **ESMA** gibt **Leitlinien** heraus, die die Grenzen der reverse solicitation anhand von einzelnen Fällen genauer festlegen wird. Ebenso wird sie Leitlinien für die Aufsichtspraxis erlassen, um eine einheitliche Aufsicht und Praxis in den Mitgliedstaaten sicherzustellen.

Artikel 62 Antrag auf Zulassung als Anbieter von Kryptowerte-Dienstleistungen

(1) Juristische Personen oder andere Unternehmen, die beabsichtigen, Kryptowerte-Dienstleistungen zu erbringen, beantragen bei der zuständigen Behörde ihres Herkunftsmitgliedstaats eine Zulassung als Anbieter von Kryptowerte-Dienstleistungen.

(2) Der in Absatz 1 genannte Antrag muss alle folgenden Informationen enthalten:

a) den Namen einschließlich des eingetragenen Namens und sonstiger zu verwendender Firmennamen, die Rechtsträgerkennung des antragstellenden Anbieters von Kryptowerte-Dienstleistungen, die von diesem Anbieter betriebene Website, eine E-Mail-Adresse und eine Telefonnummer zur Kontaktaufnahme sowie die physische Adresse des Anbieters;

b) die Rechtsform des antragstellenden Anbieters von Kryptowerte-Dienstleistungen;

c) die etwaige Satzung des antragstellenden Anbieters von Kryptowerte-Dienstleistungen;

d) den Geschäftsplan, aus dem hervorgeht, welche Arten von Kryptowerte-Dienstleistungen der antragstellende Anbieter von Kryptowerte-Dienstleistungen zu erbringen beabsichtigt, einschließlich Ort und Art der Vermarktung dieser Dienstleistungen;

e) den Nachweis, dass der antragstellende Anbieter von Kryptowerte-Dienstleistungen die aufsichtsrechtlichen Anforderungen gemäß Artikel 67 einhält;

f) die Beschreibung der Regelungen für die Unternehmensführung des antragstellenden Anbieters von Kryptowerte- Dienstleistungen;

g) den Nachweis, dass die Mitglieder des Leitungsorgans des antragstellenden Anbieters von Kryptowerte-Dienstleistungen ausreichend gut beleumundet sind und über angemessene Kenntnisse, Fähigkeiten und Berufserfahrung verfügen, um diesen Anbieter zu leiten;

h) die Identität aller Anteilseigner oder Gesellschafter, die direkt oder indirekt qualifizierte Beteiligungen an dem antragstellenden Anbieter von Kryptowerte-Dienstleistungen halten, und die Höhe dieser Beteiligungen sowie den Nachweis, dass diese Personen ausreichend gut beleumundet sind;

i) eine Beschreibung der Mechanismen für die interne Kontrolle und der Strategien und Verfahren des antragstellenden Anbieters von Kryptowerte-Dienstleistungen zur Ermittlung, Bewertung und Eindämmung von Risiken einschließlich Geldwäsche- und Terrorismus-

finanzierungsrisiken und eine Beschreibung der Strategie zur Fortführung des Geschäftsbetriebs;
j) die technische Dokumentation der IKT-Systeme und der Sicherheitsvorkehrungen und deren nicht fachsprachliche Beschreibung;
k) eine Beschreibung des Verfahrens für die Trennung von Kryptowerten und Geldbeträgen der Kunden;
l) eine Beschreibung der Beschwerdeverfahren des antragstellenden Anbieters von Kryptowerte-Dienstleistungen;
m) falls der antragstellende Anbieter von Kryptowerte-Dienstleistungen beabsichtigt, Kryptowerte für Kunden zu verwahren und zu verwalten, eine Beschreibung der Verwahrungs- und Verwaltungsgrundsätze;
n) falls der antragstellende Anbieter von Kryptowerte-Dienstleistungen beabsichtigt, eine Handelsplattform für Kryptowerte zu betreiben, eine Beschreibung der Betriebsvorschriften der Handelsplattform und des Verfahrens und Systems zur Aufdeckung von Marktmissbrauch;
o) falls der antragstellende Anbieter von Kryptowerte-Dienstleistungen beabsichtigt, Kryptowerte gegen einen Geldbetrag oder gegen andere Kryptowerte zu tauschen, eine Beschreibung der Geschäftspolitik, die die Beziehung zu den Kunden regelt und nichtdiskriminierend ist, sowie eine Beschreibung der Methode für die Festlegung des Kurses der Kryptowerte, die der antragstellende Anbieter von Kryptowerte-Dienstleistungen für einen Tausch gegen einen Geldbetrag oder gegen andere Kryptowerte anbietet;
p) falls der antragstellende Anbieter von Kryptowerte-Dienstleistungen beabsichtigt, Aufträge über Kryptowerte für Kunden auszuführen, eine Beschreibung der Grundsätze der Auftragsausführung;
q) falls der antragstellende Anbieter von Kryptowerte-Dienstleistungen beabsichtigt, Beratungsdienste zu Kryptowerten zu leisten oder Portfolioverwaltung von Kryptowerten zu erbringen, den Nachweis, dass die natürlichen Personen, die im Namen des antragstellenden Anbieters von Kryptowerte-Dienstleistungen Beratungsdienste leisten oder Portfolioverwaltung erbringen, über die erforderlichen Kenntnisse und Fachkompetenz verfügen, um ihren Verpflichtungen nachzukommen;
r) falls der antragstellende Anbieter von Kryptowerte-Dienstleistungen beabsichtigt, Transferdienstleistungen für Kryptowerte für Kunden auszuführen, eine Beschreibung der Art und Weise der Ausführung dieser Transferdienstleistungen;
s) die Art der Kryptowerte, auf die sich die Kryptowerte-Dienstleistung bezieht;

(3) Für die Zwecke von Absatz 2 Buchstaben g und h liefert ein antragstellender Anbieter von Kryptowerte-Dienstleistungen Nachweise dafür,
a) dass es für Mitglieder des Leitungsorgans des antragstellenden Anbieters von Kryptowerte-Dienstleistungen keine Einträge im Strafregister in Bezug auf Verurteilungen oder Strafen nach dem geltenden Handelsrecht, dem Insolvenzrecht und den Rechtsvorschriften über Finanzdienstleistungen, oder im Zusammenhang mit der Bekämpfung von Geldwäsche und Terrorismusfinanzierung, Betrug oder Berufshaftpflicht gibt;
b) dass die Mitglieder des Leitungsorgans des antragstellenden Anbieters von Kryptowerte-Dienstleistungen kollektiv über die angemessenen Kenntnisse, Fähigkeiten und Erfahrung verfügen, um den Anbieter

von Kryptowerte-Dienstleistungen zu leiten, und dass diese Personen verpflichtet sind, ausreichend Zeit für die Wahrnehmung ihrer Aufgaben aufzuwenden;
c) dass es für Anteilseigner oder Gesellschafter, die direkt oder indirekt qualifizierte Beteiligungen an dem antragstellenden Anbieter von Kryptowerte-Dienstleistungen halten, keine Einträge im Strafregister in Bezug auf Verurteilungen oder Strafen nach dem geltenden Handelsrecht, dem Insolvenzrecht und der Rechtsvorschriften über Finanzdienstleistungen, oder im Zusammenhang mit der Bekämpfung von Geldwäsche und Terrorismusfinanzierung, Betrug oder Berufshaftpflicht gibt.

(4) Die zuständigen Behörden verlangen von einem antragstellenden Anbieter von Kryptowerte-Dienstleistungen keine der in den Absätzen 2 und 3 des vorliegenden Artikels genannten Informationen, die sie bereits im Zuge des jeweiligen Zulassungsverfahrens gemäß der Richtlinie 2009/110/EG, 2014/65/EU, (EU) 2015/2366 oder gemäß den für Kryptowerte bis zum 29. Juni 2023 geltenden nationalen Recht erhalten haben, vorausgesetzt, die bereits übermittelten Informationen oder Unterlagen sind nach wie vor aktuell.

(5) Die ESMA arbeitet in enger Zusammenarbeit mit der EBA Entwürfe technischer Regulierungsstandards aus, um die in den Absätzen 2 und 3 genannten Informationen zu präzisieren.

Die ESMA übermittelt der Kommission die in Unterabsatz 1 genannten Entwürfe technischer Regulierungsstandards spätestens am 30. Juni 2024.

Der Kommission wird die Befugnis übertragen, diese Verordnung durch Erlass der in Unterabsatz 1 des vorliegenden Absatzes genannten technischen Regulierungsstandards gemäß den Artikeln 10 bis 14 der Verordnung (EU) Nr. 1095/2010 zu ergänzen.

(6) Die ESMA arbeitet in enger Zusammenarbeit mit der EBA Entwürfe technischer Durchführungsstandards zur Festlegung von Standardformularen, Mustertexten und Verfahren für die Informationen, die dem Antrag auf Zulassung als Anbieter von Kryptowerte-Dienstleistungen beizufügen sind, aus.

Die ESMA übermittelt der Kommission die in Unterabsatz 1 genannten Entwürfe technischer Durchführungsstandards spätestens am 30. Juni 2024.

Der Kommission wird die Befugnis übertragen, die in Unterabsatz 1 des vorliegenden Absatzes genannten technischen Durchführungsstandards gemäß Artikel 15 der Verordnung (EU) Nr. 1095/2010 zu erlassen.

Übersicht

	Rn.
I. Einführung	1
1. Literatur	1
2. Entstehung und Zweck der Norm	2
3. Normativer Kontext	4
II. Überblick über die Norm	5
III. Regelungsinhalt	11
1. Antragstellung (Abs. 1)	11
2. Einzureichende Informationen für den Zulassungsantrag (Abs. 2)	14

	Rn.
3. Nachweise über die Mitglieder der Leitungsorgane und Inhaber bedeutender Beteiligungen (Abs. 3)	15
a) Keine Vorbelastungen der Mitglieder des Leitungsorgans des Antragstellers	16
b) Ausreichende Fachkenntnisse der Mitglieder der Leitungsorgane	21
c) Keine Vorbelastungen der Anteilseigner oder Gesellschafter	22
4. Keine doppelte Einreichung von Informationen (Abs. 4)	23
5. Leitlinien der ESMA (Abs. 5 und 6)	25
IV. Regelungen und Verweise des KMAG-E	26

I. Einführung

1. Literatur. Leitlinien der EBA und ESMA „Leitlinien zur Bewertung 1 der Eignung von Mitgliedern des Leitungsorgans und Inhabern von Schlüsselfunktionen" (EBA/GL/2017/12); *Patz,* Überblick über die Regulierung von Kryptowerten und Kryptowertedienstleistern, BKR 2021, 725 ff.; *Michel/ Schmitt,* MiCAR – Marktzugang für Kryptodienstleister, BB 2023, 905 ff.

2. Entstehung und Zweck der Norm. Art. 62 regelt das Zulassungs- 2 verfahren für Kryptowerte-Dienstleister, welches von den jeweiligen nationalen Behörden geführt wird. Es ist damit die zentrale Zulassungsnorm, da aus der Norm alle zentralen Bestandteile des Antragsverfahrens und ihr Ablauf hervorgehen.

Die Norm zielt darauf ab, sicherzustellen, dass Unternehmen, die im 3 Bereich Kryptowerte-Dienstleistungen tätig sind bzw. sein wollen, bestimmte Standards erfüllen und den rechtlichen Anforderungen innerhalb der Europäischen Union entsprechen. Dadurch wird die Integrität und Sicherheit des Kryptowerte-Markts gewährleistet und Verbraucher sowie Investoren geschützt.

3. Normativer Kontext. Die Norm entspricht in Struktur und Inhalt 4 weitestgehend den bekannten Zulassungsnormen und enthält die typischen Anforderungen an ein Zulassungsverfahren für die Erbringung von Finanzdienstleistungen. Der Gesetzgeber hat sich hier an der schon vorhandenen Regulierung für andere Finanzdienstleistungstatbestände orientiert, was insbesondere auch die Arbeit für die nationalen Aufsichtsbehörden erleichtern dürfte.

II. Überblick über die Norm

Die Norm folgt in ihrem Inhalt der bekannten Struktur für ein Antrags- 5 verfahren.

Abs. 1 ist die Grundnorm, wonach die Antragsteller ihre Zulassung als 6 Anbieter für Kryptowerte-Dienstleistungen bei der zuständigen nationalen Behörde beantragen.

Abs. 2 normiert dann sehr umfassend, welche Informationen dem Antrag 7 beizufügen sind.

Abs. 3 qualifiziert weitergehend, wie der Nachweis darüber, dass Ge- 8 schäftsführer und Anteilseigner gut beleumdet sind und über ausreichend Fachwissen verfügen (letztere in Bezug auf die Leitungsorgane des Antragstellers), erbracht wird.

9 Abs. 4 stellt klar, dass die zuständigen Aufsichtsbehörden keine doppelten Informationen verlangen sollen, sondern dass ein Verweis auf noch aktuelle Informationen aus bereits durchlaufenen Zulassungsverfahren möglich und ausreichend ist.

10 Die Absätze 5 und 6 normieren die Ausarbeitung der technischen Regulierungsstandards und der technischen Durchführungsstandards durch die ESMA in Zusammenarbeit mit der EBA, welche dann bis zum 30.6.2024 an die Kommission zu übermitteln sind.

III. Regelungsinhalt

11 **1. Antragstellung (Abs. 1).** Juristische Personen oder andere Unternehmen (→ Art. 59 Rn. 37 ff.) die Kryptowerte-Dienstleistungen anbieten möchten und noch nicht über eine Erlaubnis als Finanzunternehmen nach Art. 60 Abs. 1–6 verfügen, müssen eine Zulassung von der zuständigen Behörde in ihrem Herkunftsmitgliedstaat beantragen.

12 Die zuständige Behörde für die Antragstellung ergibt sich aus Art. 93 in Verbindung mit den jeweiligen nationalen Regelungen. Wie schon dargestellt, ist in Deutschland die BaFin für den Zulassungsprozess entsprechend zuständig.

13 Die auf Basis des Antrags erteilte Zulassung stellt sicher, dass das Unternehmen die erforderlichen Voraussetzungen erfüllt und den gesetzlichen Anforderungen entspricht.

14 **2. Einzureichende Informationen für den Zulassungsantrag (Abs. 2).** Abs. 2 listet umfassend die sämtlichen Informationen auf, die vom Antragsteller einzureichen sind. Für die Inhalte werden im Detail noch die technischen Regulierungs- und Durchführungsstandards der ESMA relevant sein. Diese hat gerade in der Vergangenheit zu Aspekten wie der Zuverlässigkeit und Fähigkeit der Leitungsorgane von regulierten Instituten bereits Leitlinien herausgegeben[1], die die maßgeblichen Parameter für die Prüfung im Zulassungsverfahren wie auch in der laufenden Aufsicht aufstellen und konkretisieren. Das stellt insbesondere ein nach Möglichkeit gleichwertiges Niveau der Prüfung im Zulassungsverfahren innerhalb der Union sicher.

Abs. 2 lit.	Einzureichende Informationen	Anmerkung und Erläuterung
a)	Die Namen einschließlich des eingetragenen Namens und sonstiger zu verwendender Firmennamen, die Rechtsträgerkennung des antragstellenden Anbieters von Kryptowerte-Dienstleistungen, die von diesem Anbieter betriebene Website, eine E-Mail-Adresse und eine Telefonnummer zur	Die Kontaktangaben zur Identifizierung und eindeutigen Zuordnung des Dienstleisters sind bereitzustellen, wie bei allen Zulassungsverfahren. Hier ergeben sich keine Besonderheiten. Insbesondere die vom Anbieter betriebene Website ist in ihrer Rolle als maßgebliches Kommunikationsmittel zwischen Endverbraucher und Dienstleister prüfungsrelevant.[2]

---

[1] Vgl. bspw.: Leitlinien der EBA und ESMA „Leitlinien zur Bewertung der Eignung von Mitgliedern des Leitungsorgans und Inhabern von Schlüsselfunktionen" (EBA/GL/2017/12).

[2] Art. 30 MiCAR; Erwgr. Nr. 48.

Abs. 2 lit.	Einzureichende Informationen	Anmerkung und Erläuterung
	Kontaktaufnahme sowie die physische Adresse des Anbieters.	
b)	Die Rechtsform des antragstellenden Anbieters von Kryptowerte-Dienstleistungen.	
c)	Die etwaige Satzung des antragstellenden Anbieters von Kryptowerte-Dienstleistungen	Das Einreichen der Satzung entspricht dem regulären Erlaubnisverfahren für aufsichtspflichtige Finanzdienstleister. Gegenwärtig wird jedoch allein die Satzung genannt, sodass zumindest dem Wortlaut nach sonstige Gründungsdokumente nicht einzureichen sind.
d)	Der Geschäftsplan, aus dem hervorgeht, welche Arten von Kryptowerte-Dienstleistungen der antragstellende Anbieter von Kryptowerte-Dienstleistungen zu erbringen beabsichtigt, einschließlich Ort und Art der Vermarktung dieser Dienstleistungen.	Die Einreichung eines Geschäftsplans ist üblich und bekannt bei jeder Antragsstellung für eine Erlaubniserteilung als Finanzdienstleister (→ Art. 60 Abs. 7 lit. a Rn. 27).
e)	Der Nachweis, dass der antragstellende Anbieter von Kryptowerte-Dienstleistungen die aufsichtsrechtlichen Anforderungen gemäß Artikel 67 einhält.	Der Nachweis muss gem. Art. 67 Abs. 1 die Deckung der Mindestkapitalanforderungen im Verhältnis zur Art der erbrachten Kryptowerte-Dienstleistung (Anhang IV) und die Rücklage eines Viertels der jährlich neu berechneten gemeinen Fixkosten des Vorjahres umfassen. Jene Sicherheitsvorkehrungen können gem. Art. 67 Abs. 4 in Form von Eigenmitteln (Art. 26–30 CRR – Verordnung (EU) Nr. 575/2013), Versicherungspolice innerhalb der Europäischen Union oder einer vergleichbaren Garantie erbracht werden. Es gelten zudem die weiteren Anforderungen des Art. 67, insbesondere Art. 67 Abs. 2, III für die Berechnung der gemeinen Fixkosten des Vorjahres (→ Art. 67 Rn. 13).

Abs. 2 lit.	Einzureichende Informationen	Anmerkung und Erläuterung
		Der Nachweis über die Verfügbarkeit von erforderlichen finanziellen Mitteln findet seine vergleichbare Regelungsparallele in § 32 Abs. 1 S. 2 Nr. 1 KWG. Demnach müsste ebenfalls zum Nachweis die Bestätigung eines Kreditinstituts im europäischen Wirtschaftsraum vorgelegt werden können, aus der sich ergibt, dass das Kapital eingezahlt und frei von Rechten Dritter ist bzw. zur freien Verfügung steht.[3]
f)	Die Beschreibung der Regelungen für die Unternehmensführung des antragstellenden Anbieters von Kryptowerte-Dienstleistungen.	Inhalt und Umfang der erforderlichen Regeln für die Unternehmensführung sind in Art. 68 geregelt (→ Art. 68).
g)	Der Nachweis, dass die Mitglieder des Leitungsorgans des antragstellenden Anbieters von Kryptowerte-Dienstleistungen ausreichend gut beleumundet sind und über angemessene Kenntnisse, Fähigkeiten und Berufserfahrung verfügen, um diesen Anbieter zu leiten.	Es müssen Nachweise über die fachliche Qualifikation der Mitglieder des Leitungsorgans und insbesondere die Abwesenheit von geldwäscherechtlichen bzw. terrorismusfinanzierungsrechtlichen oder sonstige Vorstrafen jener Personen nachgewiesen werden.[4] Abs. 3 (→ Rn. 15 ff.) trifft nähere Regelungen hierzu. Im deutschen Recht ist sonst typischerweise nicht von ausreichend guter Beleumndung die Rede. Hier kommt der Wortlaut aus dem englischen „good repute", der auch in den EBA Leitlinien zur Bewertung der Eignung von Mitgliedern des Leitungsorgans und Inhabern von Schlüsselfunktionen verwendet wird.[5] Die BaFin hat dies im deutschen in dem aktualisierten Merkblatt[6] zu Geschäftsleitern nach KWG, ZAG und KAGB wie auch in ihrem bisherigen Sprachgebrauch übernommen als

---

[3] Fischer/Schulte-Mattler/Fischer/Krolop KWG § 32 Rn. 45.
[4] Vgl. Erwgr. Nr. 81.
[5] Leitlinien der EBA und ESMA „Leitlinien zur Bewertung der Eignung von Mitgliedern des Leitungsorgans und Inhabern von Schlüsselfunktionen" (EBA/GL/2017/12) vom 26.9.2017; BaFin Merkblatt zu den Geschäftsleitern gemäß KWG, ZAG und KAGB, Frankfurt/Bonn 29.12.2020.
[6] BaFin Merkblatt zu den Geschäftsleitern gemäß KWG, ZAG und KAGB, Frankfurt/Bonn 29.12.2020.

Zulassungsantrag **Art. 62 MiCAR**

Abs. 2 lit.	Einzureichende Informationen	Anmerkung und Erläuterung
		Zuverlässigkeit, worunter die Unvoreingenommenheit und Abwesenheit von Interessenkonflikten fällt, neben den weiteren konkreten Anforderungen an Freiheit von Vorstrafen und fachlicher Qualifikation. Der Nachweis entspricht im Wesentlichen den Anforderungen anderer Erlaubnisverfahren, wie beispielsweise aus § 32 Abs. 1 S. 2 Nr. 2–4a KWG. Einzureichen sind demnach jegliche Unterlagen, welche die fachliche Eignung und persönliche Zuverlässigkeit nachweisen. Die fachliche Eignung der betreffenden Personen lässt sich nachweisen, wenn jene in ihrem bisherigen beruflichen Werdegang ausreichende theoretische Kenntnisse gesammelt haben und über einschlägige praktische Erfahrungen für das angestrebte Geschäftsmodell sowie Leitungserfahrung verfügen (→ Art. 68 Rn. 7 ff.).
h)	Die Identität aller Anteilseigner oder Gesellschafter, die direkt oder indirekt qualifizierte Beteiligungen an dem antragstellenden Anbieter von Kryptowerte-Dienstleistungen halten, und die Höhe dieser Beteiligungen sowie den Nachweis, dass diese Personen ausreichend gut beleumundet sind.	Neben den persönlichen Angaben (Name, Vorname, Geburtsname, Geburtstag, Geburtsort, Namen der Eltern, Anschrift, Staatsangehörigkeit) sind insbesondere die Angaben zur Höhe der Beteiligung (sowohl Kapital- als auch Stimmrechtsanteile) von Relevanz, um das Maß an Einflussmöglichkeit bestimmen zu können. Auch hier ist ein Nachweis über die Abwesenheit von Leumund-beeinträchtigenden Vorstrafen zu erbringen. Abs. 3 (→ Rn. 15 ff.) trifft nähere Regelungen hierzu. Die Mitteilungspflicht für Angaben zu Inhabern bedeutender Beteiligungen findet ihre Parallele beispielsweise in § 32 Abs. 1 S. 2 Nr. 6 KWG.[7]
i)	Eine Beschreibung der Mechanismen für die interne Kontrolle und der Strategien und Verfahren des antrag-	Die Einhaltung geldwäscherechtlicher Vorgaben, in Deutschland entsprechend umgesetzt im GWG, hat in der Finanzaufsicht höchste Priori-

---

[7] Fischer/Schulte-Mattler/Fischer/Krolop KWG § 32 Rn. 51 ff.

Abs. 2 lit.	Einzureichende Informationen	Anmerkung und Erläuterung
	stellenden Anbieters von Kryptowerte-Dienstleistungen zur Ermittlung, Bewertung und Eindämmung von Risiken einschließlich Geldwäsche- und Terrorismusfinanzierungsrisiken und eine Beschreibung der Strategie zur Fortführung des Geschäftsbetriebs	tät bekommen. Gerade in rein digital erfolgenden Geschäftsmodellen, wie bei der Erbringung von Kryptowerte-Dienstleistungen, ist die Einhaltung geldwäscherechtlicher Standards wesentlich (vgl. hierzu bereits Ausführungen zu Art. 60 Abs. 7 lit. b) (→ Rn. 27).
j)	Die technische Dokumentation der IKT-Systeme und der Sicherheitsvorkehrungen und deren nicht fachsprachliche Beschreibung.	Weiter ist eine Beschreibung der Technik, die für die Erhebung, Weiterverarbeitung und Speicherung von den Daten genutzt wird, einzureichen. Wesentlich dürften hierbei die Themen IT, Informationssicherheit, Cyber-Security und das IT-Notfallmanagement sein (hierzu bereits Ausführungen zu Art. 60 Abs. 7 lit. c) (→ Rn. 27).
k)	Eine Beschreibung des Verfahrens für die Trennung von Kryptowerten und Geldbeträgen der Kunden.	Die Kryptowerte und die Geldbeträge der Kunden sind strikt voneinander zu trennen. Um dem Rechnung zu tragen und ausreichende Sicherheit zu gewährleisten, sind auch die Systeme entsprechend auszurichten (hierzu bereits Ausführungen zu Art. Art. 60 Abs. 7 lit. d) (→ Rn. 27).
l)	Eine Beschreibung der Beschwerdeverfahren des antragstellenden Anbieters von Kryptowerte-Dienstleistungen.	Die Anforderungen an das Beschwerdeverfahren der Anbieter von Kryptowerte-Dienstleistungen sollten vergleichbar sein mit denen, die aus dem Wertpapierrecht bekannt sind. Für Wertpapierdienstleistungsunternehmen iSd § 2 Abs. 10 WpHG wird die Bearbeitung von Beschwerden im Zusammenhang mit der Erbringung von Wertpapierdienstleistungen und Wertpapiernebendienstleistungen durch § 80 Abs. 1 S. 3 WpHG iVm Art. 26 der Delegierten Verordnung (EU) 2017/565 geregelt. Inhalt des zu beschreibenden Beschwerdeverfahrens ist im Wesentlichen ein wirksames und transparentes

Abs. 2 lit.	Einzureichende Informationen	Anmerkung und Erläuterung
		Verfahren einer angemessenen Beschwerdebearbeitung, in welchem die Beschwerdeeinreichung, die Beschwerdebearbeitung einschließlich der Zuständigkeiten, die Weiterverfolgung von Maßnahmen zur Einhaltung der Grundsätze und Verfahren und das interne Berichtswesen geregelt ist.[8]
m)	Falls der antragstellende Anbieter von Kryptowerte-Dienstleistungen beabsichtigt, Kryptowerte für Kunden zu verwahren und zu verwalten, eine Beschreibung der Verwahrungs- und Verwaltungsgrundsätze.	Vgl. hierzu bereits Ausführungen zu Art. 60 Abs. 7 lit. e Rn. 27.
n)	Falls der antragstellende Anbieter von Kryptowerte-Dienstleistungen beabsichtigt, eine Handelsplattform für Kryptowerte zu betreiben, eine Beschreibung der Betriebsvorschriften der Handelsplattform und des Verfahrens und Systems zur Aufdeckung von Marktmissbrauch.	Vgl. hierzu bereits Ausführungen zu Art. 60 Abs. 7 lit. f Rn. 27.
o)	Falls der antragstellende Anbieter von Kryptowerte-Dienstleistungen beabsichtigt, Kryptowerte gegen einen Geldbetrag oder gegen andere Kryptowerte zu tauschen, eine Beschreibung der Geschäftspolitik, die die Beziehung zu den Kunden regelt und nichtdiskriminierend ist, sowie eine Beschreibung der Methode für die Festlegung des Kurses der Kryptowerte, die der antragstellende Anbieter von Kryptowerte-Dienstleistun-	Vgl. hierzu bereits Ausführungen zu Art. 60 Abs. 7 lit. g Rn. 27.

[8] Vgl. BaFin Gemeinsames Rundschreiben BA, WA und VA 06/2018 – Mindestanforderungen an das Beschwerdemanagement.

MiCAR Art. 62   Titel V. Zulassung und Bedingungen

Abs. 2 lit.	Einzureichende Informationen	Anmerkung und Erläuterung
	gen für einen Tausch gegen einen Geldbetrag oder gegen andere Kryptowerte anbietet.	
p)	Falls der antragstellende Anbieter von Kryptowerte-Dienstleistungen beabsichtigt, Aufträge über Kryptowerte für Kunden auszuführen, eine Beschreibung der Grundsätze der Auftragsausführung.	Vgl. hierzu Ausführungen zu Art. 60 Abs. 7 lit. h Rn. 27.
q)	Falls der antragstellende Anbieter von Kryptowerte-Dienstleistungen beabsichtigt, Beratungsdienste zu Kryptowerten zu leisten oder Portfolioverwaltung von Kryptowerten zu erbringen, den Nachweis, dass die natürlichen Personen, die im Namen des antragstellenden Anbieters von Kryptowerte-Dienstleistungen Beratungsdienste leisten oder Portfolioverwaltung erbringen, über die erforderlichen Kenntnisse und Fachkompetenz verfügen, um ihren Verpflichtungen nachzukommen.	Vgl. hierzu Ausführungen zu Art. 60 Abs. 7 lit. i Rn. 27.
r)	Falls der antragstellende Anbieter von Kryptowerte-Dienstleistungen beabsichtigt, Transferdienstleistungen für Kryptowerte für Kunden auszuführen, eine Beschreibung der Art und Weise der Ausführung dieser Transferdienstleistungen.	Vgl. hierzu Ausführungen zu Art. 60 Abs. 7 lit. k Rn. 27.
s)	Die Art der Kryptowerte, auf die sich die Kryptowerte-Dienstleistung bezieht.	Vgl. hierzu Ausführungen zu Art. 60 Abs. 7 lit. j Rn. 27.

3. **Nachweise über die Mitglieder der Leitungsorgane und Inhaber bedeutender Beteiligungen (Abs. 3).** Abs. 3 konkretisiert die **Anforderungen** nach Abs. 2 lit. g und h für die **Leitungsorgane des Antragstellers sowie Anteilseigner oder Gesellschafter** bezüglich Reputation bzw. dass diese „gut beleumdet" sind, dh keine Vorbelastungen durch Straffälligkeiten, Vermögensdelikte, Insolvenzen oder dergleichen haben und für die Leitungsorgane des Antragstellers, dass sie über ausreichend Fachkenntnis verfügen. Abs. 3 konkretisiert mithin die gemeinhin als „fit & proper" bekannten Voraussetzungen im Finanzdienstleistungsbereich.

a) **Keine Vorbelastungen der Mitglieder des Leitungsorgans des Antragstellers.** Die Mitglieder des Leitungsorgans des antragstellenden Unternehmens müssen dem Wortlaut gemäß Nachweise darüber erbringen, dass sie **keine Einträge im Strafregister** in Bezug auf Verurteilungen oder Strafen nach geltendem Handelsrecht, Insolvenzrecht und Vorschriften über Finanzdienstleistungen oder im Zusammenhang mit Geldwäsche und Terrorismusfinanzierung, Betrug und Berufshaftpflicht haben.

Auch hier muss zum besseren und richtigen Verständnis der Norm ein Blick in die englische Fassung geworfen werden. „Verurteilungen oder Straftaten nach geltendem Handelsrecht" für sich allein genommen ist missverständlich und der flüchtige Leser könnte annehmen, nur Verstöße gegen das Handelsrecht, die zu entsprechender Verurteilung führten, seien relevant.

Der englische Text ist hier jedoch unmissverständlich: „[...] *the absence of a criminal record in respect of convictions <u>and</u> the absence of penalties imposed under the applicable commercial law [...]*". Voraussetzung ist also richtigerweise, in Einklang mit den bisher bekannten Zuverlässigkeitsprüfungen, dass keine strafrechtlichen Einträge und Verurteilungen bestehen und keine Strafen, die unter dem jeweils geltenden Handelsrecht verhängt wurden.

Die Prüfung dürfte damit insgesamt in Bezug auf die Zuverlässigkeit gleichlautend sein mit den bekannten Verfahren. Nach dem aktuellen Merkblatt der BaFin zu Geschäftsleitern nach KWG, ZAG und KAGB[9] ist der Nachweis dahingehend zu erbringen, dass **Straffreiheit** besteht, wozu unter anderem ein **Führungszeugnis** einzureichen ist. Auch bei den abgefragten Angaben zur **Zuverlässigkeit und zeitlichen Verfügbarkeit** gemäß Artikel 4 Delegierte Verordnung (EU) 2017/1943 wird für die Zulassung von Geschäftsleitern für Wertpapierinstitute entsprechend nach „strafrechtlichen Ermittlungen und Verfahren" gefragt. Der Prüfungsinhalt dürfte hier gleichlautend sein.

Auch der Ausschluss von Verstößen in Bezug auf Finanzdienstleistungen und **Vermögensdelikte** sowie Geldwäsche und Terrorismusfinanzierung entspricht den üblichen Vorgaben.

b) **Ausreichende Fachkenntnisse der Mitglieder der Leitungsorgane.** Die Vorgabe zur angemessenen **Fachkenntnis** und **Erfahrung** für die Leitungsorgane des Antragstellers entspricht ebenfalls der bekannten Vorgabe zum „**fit & proper**" **Regime** aus den schon bekannten Aufsichtsregimen. Die Vorgaben und Prüfung dürften auch hier gleichermaßen erfolgen.

c) **Keine Vorbelastungen der Anteilseigner oder Gesellschafter.** Auch die Anteilseigner oder Gesellschafter einer **qualifizierten Beteiligung**

---

[9] BaFin Merkblatt zu den Geschäftsleitern gemäß KWG, ZAG und KAGB, Frankfurt/Bonn 29.12.2020 (Rn. 35).

MiCAR Art. 63 Titel V. Zulassung und Bedingungen

(Art. 3 Abs. 1 Nr. 36) müssen, wie auch in den anderen Aufsichtsregimen, die entsprechende Zuverlässigkeit aufweisen. Hier hilft inhaltlich das zu lit. a Gesagte → Rn. 16. Die Zuverlässigkeitsprüfung einer juristischen Person erfolgt dabei maßgeblich über deren **Organmitglieder**.

23 **4. Keine doppelte Einreichung von Informationen (Abs. 4).** Schon nach der **E-Geld-Richtlinie, MiFID II** oder der **Zahlungsdiensterichtlinie** regulierte Institute (dh E-Geld bzw. Zahlungsinstitute und Wertpapierfirmen) müssen Informationen, die der Behörde bereits aus den vorhandenen Zulassungsverfahren und bestehenden Aufsichtsregimen für den Antragsteller vorliegen, nicht erneut einreichen, soweit diese unverändert (aktuell) sind. Die Regelung betrifft insbesondere diese Unternehmen, die nicht schon unter Art. 60 und das erleichterte Notifizierungsverfahren fallen, weil sie solche Kryptowerte-Dienstleistungen anbieten, die denjenigen Finanzdienstleistungen, für die sie bereits zugelassen sind, nicht gleichwertig sind. Die entsprechende Erleichterung, wie sie auch im Notifizierungsverfahren für die Finanzunternehmen gilt (Art. 60 Abs. 9), soll dann entsprechend auch im „regulären" Zulassungsverfahren gelten und so sowohl der Behörde als auch dem Antragsteller eine entsprechende Erleichterung verschaffen.

24 Dasselbe soll auch für solche Unternehmen gelten, die Dienstleistungen für Kryptowerte bereits vor Geltung der Verordnung unter einer jeweiligen nationalen Regulierung erbracht haben. In Deutschland betrifft diese Erleichterung insbesondere die unter dem KWG zugelassenen Kryptoverwahrer.

25 **5. Leitlinien der ESMA (Abs. 5 und 6).** Nach den Absätzen 5 und 6 wird die ESMA zusammen mit der EBA technische Durchführungs- und Regulierungsstandards zum näheren Verfahren herausbringen.

IV. Regelungen und Verweise des KMAG-E

26 Nach § 11 Abs. 2 KMAG-E (zum KMAG-E allgemein → Art. 59 Rn. 57) ist die BaFin dazu ermächtigt, hinsichtlich der Durchführung des Zulassungsverfahrens Bestimmungen zu treffen, sofern und soweit dies nach Erlass der technischen Regulierungs- und Durchführungsstandards aufgrund nationaler Besonderheiten oder Effizient notwendig ist.

Artikel 63 Prüfung des Zulassungsantrags und Erteilung oder Verweigerung der Zulassung

(1) Die zuständigen Behörden bestätigen dem antragstellenden Anbieter von Kryptowerte-Dienstleistungen den Eingang des Antrags nach Artikel 62 Absatz 1 umgehend, in jedem Fall aber innerhalb von fünf Arbeitstagen schriftlich.

(2) Die zuständigen Behörden prüfen innerhalb von 25 Arbeitstagen nach Eingang eines Antrags gemäß Artikel 62 Absatz 1, ob er vollständig ist, und überprüfen zu diesem Zweck, ob die in Artikel 62 Absatz 2 aufgeführten Informationen übermittelt wurden.

Ist der Antrag unvollständig, so setzen die zuständigen Behörden dem antragstellenden Anbieter von Kryptowerte-Dienstleistungen eine Frist, bis zu deren Ablauf er sämtliche fehlenden Informationen vorlegen muss.

(3) Die zuständigen Behörden können die Bearbeitung von Anträgen ablehnen, wenn ein Antrag nach Ablauf der von ihnen gemäß Absatz 2 Unterabsatz 2 gesetzten Frist weiterhin unvollständig ist.

(4) Sobald ein Antrag vollständig ist, teilen die zuständigen Behörden dies dem antragstellenden Anbieter von Kryptowerte-Dienstleistungen umgehend mit.

(5) Vor Erteilung oder Verweigerung der Zulassung als Anbieter von Kryptowerte-Dienstleistungen konsultieren die zuständigen Behörden die zuständigen Behörden eines anderen Mitgliedstaats, wenn der antragstellende Anbieter von Kryptowerte-Dienstleistungen in einem der folgenden Verhältnisse zu einem Kreditinstitut, einer Wertpapierfirma, einem Marktbetreiber, einer OGAW-Verwaltungsgesellschaft, einem Verwalter alternativer Investmentfonds, einem Zahlungsinstitut, einem Versicherungsunternehmen, einem E-Geld-Institut oder einer Einrichtung der betrieblichen Altersversorgung mit Zulassung in diesem anderen Mitgliedstaat steht:
a) er ist ein Tochterunternehmen:
b) er ist ein Tochterunternehmen dieses Rechtsträgers;
c) er wird durch die gleichen natürlichen oder juristischen Personen kontrolliert wie diese Rechtsträger.

(6) Vor der Erteilung oder Verweigerung der Zulassung als Anbieter von Kryptowerte-Dienstleistungen
a) können die zuständigen Behörden die für die Bekämpfung von Geldwäsche und Terrorismusfinanzierung zuständigen Behörden und die Zentralstellen für Geldwäsche-Verdachtsanzeigen konsultieren, um überprüfen zu lassen, ob gegen den antragstellenden Anbieter von Kryptowerte-Dienstleistungen keine Ermittlungen wegen Handlungen im Zusammenhang mit Geldwäsche oder Terrorismusfinanzierung eingeleitet wurden;
b) müssen die zuständigen Behörden sicherstellen, dass der antragstellende Anbieter von Kryptowerte-Dienstleistungen, der in gemäß Artikel 9 der Richtlinie (EU) 2015/849 ermittelten Drittländern mit hohem Risiko Niederlassungen betreibt oder sich auf dort niedergelassene Dritte stützt, die Bestimmungen des nationalen Rechts zur Umsetzung von Artikel 26 Absatz 2, Artikel 45 Absatz 3 und Artikel 45 Absatz 5 der genannten Richtlinie einhält;
c) müssen die zuständigen Behörden sicherstellen, dass der antragstellende Anbieter von Kryptowerte-Dienstleistungen zur Einhaltung etwaiger Bestimmungen des nationalen Rechts zur Umsetzung von Artikel 18a Absätze 1 und 3 der Richtlinie (EU) 2015/849 geeignete Verfahren eingeführt hat

(7) Bestehen zwischen dem antragstellenden Anbieter von Kryptowerte-Dienstleistungen und anderen natürlichen oder juristischen Personen enge Verbindungen, so erteilen die zuständigen Behörden die Zulassung nur dann, wenn diese Verbindungen sie nicht an der ordnungsgemäßen Wahrnehmung ihrer Aufsichtsfunktionen hindern.

(8) Die zuständigen Behörden verweigern die Zulassung, wenn sie bei der ordnungsgemäßen Wahrnehmung ihrer Aufsichtsfunktionen durch die Rechts- oder Verwaltungsvorschriften eines Drittlands, denen eine oder mehrere natürliche oder juristische Personen unterliegen, zu denen der Anbieter von Kryptowerte-Dienstleistungen enge Verbindungen hat, oder durch Schwierigkeiten bei deren Anwendung behindert werden.

(9) Die zuständigen Behörden prüfen innerhalb von 40 Arbeitstagen nach dem Tag des Eingangs eines vollständigen Antrags, ob der antragstellende Anbieter von Kryptowerte-Dienstleistungen die Anforderungen dieses Titels erfüllt, und erlassen eine umfassend begründete Entscheidung über die Erteilung oder Verweigerung der Zulassung als Anbieter von Kryptowerte-Dienstleistungen. Die zuständigen Behörden teilen dem Antragsteller ihre Entscheidung innerhalb von fünf Arbeitstagen ab dem Tag der genannten Entscheidung mit. Bei dieser Prüfung ist zu berücksichtigen, welcher Art, wie umfangreich und wie komplex die Kryptowerte-Dienstleistungen, die der antragstellende Anbieter von Kryptowerte-Dienstleistungen zu erbringen beabsichtigt, sind.

(10) Die zuständigen Behörden verweigern die Zulassung als Anbieter von Kryptowerte-Dienstleistungen, wenn objektive und nachweisbare Anhaltspunkte dafür vorliegen, dass

a) das Leitungsorgan des antragstellenden Anbieters von Kryptowerte-Dienstleistungen eine Gefahr für die wirksame, solide und umsichtige Führung und Fortführung des Geschäftsbetriebs und die angemessene Berücksichtigung der Interessen seiner Kunden und die Integrität des Marktes darstellen kann oder den Anbieter von Kryptowerte-Dienstleistungen einem schwerwiegenden Risiko der Geldwäsche oder der Terrorismusfinanzierung aussetzt;
b) die Mitglieder des Leitungsorgans des Anbieters von Kryptowerte-Dienstleistungen die in Artikel 68 Absatz 1 festgelegten Kriterien nicht erfüllen;
c) die Anteilseigner oder Gesellschafter, die direkt oder indirekt qualifizierte Beteiligungen an dem Anbieter von Kryptowerte-Dienstleistungen halten, die in Artikel 68 Absatz 2 festgelegten Kriterien des ausreichend guten Leumunds nicht erfüllen;
d) der antragstellende Anbieter von Kryptowerte-Dienstleistungen eine der Anforderungen dieses Titels nicht erfüllt oder wahrscheinlich nicht erfüllt.

(11) Die ESMA und die EBA geben gemeinsam Leitlinien gemäß Artikel 16 der Verordnung (EU) Nr. 1095/2010 beziehungsweise Artikel 16 der Verordnung (EU) Nr. 1093/2010, für die Beurteilung der Eignung der Mitglieder des Leitungsorgans von Anbietern von Kryptowerte-Dienstleistungen und der Anteilseigner oder Gesellschafter, die direkt oder indirekt qualifizierte Beteiligungen an dem jeweiligen Anbieter von Kryptowerte-Dienstleistungen halten, heraus.

Die ESMA und die EBA geben die in Unterabsatz 1 genannten Leitlinien bis zum 30. Juni 2024 heraus.

(12) Die zuständigen Behörden können bis spätestens am 20. Arbeitstag der in Absatz 9 genannten Prüfungsfrist weitere Informationen anfordern, die für den Abschluss der Beurteilung notwendig sind. Solche Ersuchen werden dem antragstellenden Anbieter von Kryptowerte-Dienstleistungen unter Angabe der zusätzlich benötigten Informationen schriftlich übermittelt.

Die Prüfungsfrist gemäß Absatz 9 wird für den Zeitraum zwischen dem Tag der Anforderung der fehlenden Informationen durch die zuständigen Behörden und dem Eingang einer diesbezüglichen Antwort des antragstellenden Anbieters von Kryptowerte-Dienstleistungen ausgesetzt. Die Aussetzung darf 20 Arbeitstage nicht überschreiten. Die Anforderung weiterer Ergänzungen oder Klarstellungen zu den Informationen liegt im

Ermessen der zuständigen Behörde, führt jedoch nicht zu einer Aussetzung der Prüfungsfrist gemäß Absatz 9.

(13) Die zuständigen Behörden teilen der ESMA innerhalb von zwei Arbeitstagen nach Erteilung der Zulassung die in Artikel 109 Absatz 5 genannten Informationen mit. Die zuständigen Behörden unterrichten die ESMA auch über alle verweigerten Zulassungen. Die ESMA stellt die in Artikel 109 Absatz 5 aufgeführten Informationen ab dem Startdatum der Erbringung von Kryptowerte-Dienstleistungen in dem dort genannten Register zur Verfügung.

Übersicht

	Rn.
I. Einführung	1
1. Literatur	1
2. Zweck der Norm und normativer Kontext	2
II. Überblick über die Norm	4
III. Regelungsinhalt	10
1. Zeitlicher Ablauf des Zulassungsverfahrens (Abs. 1–4, Abs. 9)	10
a) Verfahrenseingang, Vollständigkeitsprüfung und Bestätigung (Abs. 1–4)	10
b) Bearbeitungszeit und Mitteilung der Entscheidung (Abs. 9, 12, 13)	16
2. Konsultation von Behörden anderer Mitgliedstaaten (Abs. 5)	24
3. Zwingende und fakultative Prüfungsinhalte im Zulassungsverfahren (Abs. 6)	30
a) Fakultative Konsultation der Behörde für die Bekämpfung von Geldwäsche und Terrorismusfinanzierung (lit. a)	30
b) Obligatorische Sicherstellung der Bestimmungen der Geldwäscherichtlinie in Bezug auf Hochrisiko-Staaten (lit. b)	31
c) Obligatorische Sicherstellung der verstärkten Sorgfaltspflichten bei erhöhtem Geldwäscherisiko (lit. c)	33
4. Verweigerung der Zulassung aufgrund enger Verbindungen zu natürlichen oder juristischen Personen, die die Aufsicht erschweren (Abs. 7 und 8)	34
5. Verweigerung der Zulassung (Abs. 10)	37
IV. Regelungen und Verweise des KMAG-E	41

I. Einführung

1. Literatur. Vgl. Lit. Art. 62. 1

2. Zweck der Norm und normativer Kontext. Art. 63 normiert das 2 gesamte Verfahren bei der zuständigen Behörde ab Antragstellung bis zur Entscheidung und Mitteilung über die Bescheidung des Antrags. Die Norm legt dabei strikte Bearbeitungs- und Entscheidungsfristen, so dass es, anders als aktuell bei anderen Zulassungsverfahren nationaler Behörden möglich, nicht zu einem unabsehbar langen Zulassungsverfahren kommen kann.

Die Verordnung legt damit nicht nur in Sachen der Inhalte des Zulassungs- 3 verfahrens, sondern auch der strengen zeitlichen Vorgaben und Fristen für die Bearbeitung einheitliche Standards für alle Verfahren vor den mitgliedsstaatli-

MiCAR Art. 63

chen Behörden fest. Dies trägt entscheidend dem Ziel Rechnung, dass die Verfahren in den einzelnen Ländern vergleichbar verlaufen und nicht wegen eines (vermeintlich) weniger strengen oder schnelleren Verfahrens ein bestimmtes EU-Land ausgewählt wird.[1]

II. Überblick über die Norm

4 Abs. 1, 2 und 9 regeln die Fristen für die Bestätigung des Antragseingangs (Abs. 1), für die Vollständigkeitsbestätigung (Abs. 2) sowie für die Bearbeitung des Antrags und Entscheidung (Abs. 9). Abs. 4 regelt die Mitteilung über die Vollständigkeit durch die Behörde, wobei die Behörden nach Abs. 12 im Laufe des Prüfverfahrens noch innerhalb einer bestimmten Frist ergänzende Informationen für die Beurteilung des Antrags anfordern können.

5 Abs. 3 gibt den Behörden die Möglichkeit, die Bearbeitung eines Antrags abzulehnen, wenn die erforderlichen Informationen nicht innerhalb einer gesetzten Frist eingegangen sind.

6 Abs. 5 regelt die Zusammenarbeit mit den Behörden anderer Mitgliedstaaten. Abs. 6 normiert die zusätzlichen Maßnahmen, die die Behörden vor einer Entscheidung über die Erteilung oder Verweigerung der Zulassung ergreifen können bzw. müssen.

7 Abs. 7 und 8 normieren für das Zulassungsverfahren zu beachtende wesentliche Parameter die zu prüfen sind bzw. zwingend zu einer Verweigerung der Zulassung führen. Ebenso legt Abs. 10 Gründe fest, die zwingend zu einer Verweigerung der Zulassung führen.

8 Art. 11 ermächtigt ESMA und EBA, Leitlinien für die Beurteilung der Eignung der Leitungsorgane herauszugeben. Nach Absatz 13 ist das Ergebnis des Zulassungsverfahrens der ESMA mitzuteilen.

9 **Bearbeitende Behörde** ist hier wie auch in den anderen Normen des Titels die zuständige nationale Aufsichtsbehörde, in Deutschland die Bundesanstalt für Finanzdienstleistungsaufsicht (BaFin) (vgl. Art. 93).

III. Regelungsinhalt

10 **1. Zeitlicher Ablauf des Zulassungsverfahrens (Abs. 1–4, Abs. 9).**
a) **Verfahrenseingang, Vollständigkeitsprüfung und Bestätigung (Abs. 1–4).** Nach Absatz 1 müssen die zuständigen nationalen Aufsichtsbehörden dem Antragsteller den Eingang des Antrags nach Art. 62 Abs. 1 umgehend, jedenfalls aber innerhalb von fünf Arbeitstagen schriftlich bestätigen. „Umgehend" dürfte hier entsprechend des im deutschen Recht verankerten „unmittelbar" verstanden werden als „ohne schuldhaftes Zögern" (§ 121 Abs. 1 S. 1 BGB).

11 Nach **Antragseingang** haben die Behörden 25 Arbeitstage Zeit, den Antrag auf Vollständigkeit zu prüfen. Das heißt insbesondere zu prüfen, ob alle nach Art. 62 Abs. 1 einzureichenden Informationen vollständig vorliegen (Unterabsatz 1).

12 Kommt die Behörde zu dem Ergebnis, dass Informationen fehlen und der Antrag mithin **unvollständig** ist, setzt sie dem Antragsteller eine Frist, bis zu deren Ablauf sämtliche fehlenden Informationen vorliegen müssen. Für diese ergänzende Frist zur **Nachlieferung von Informationen** ist keine Frist durch die Verordnung vorgegeben. Die Setzung dieser Frist liegt mithin im

---

[1] Erwgr. Nr. 5 und 6.

Ermessen der Behörde. Das erscheint auch zwingend, da die Frist zur Nachlieferung individuell danach zu bemessen ist, welche Qualität der eingereichte Antrag hat und ob hier nur einzelne Daten und Informationen nachzuliefern sind oder weitreichende Dokumentation fehlt, die gegebenenfalls erst noch erstellt oder im Ausland eingeholt werden muss (Unterabsatz 2).

Wenn nicht innerhalb der durch die Behörde gesetzten Frist zur Nachlieferung fehlender Informationen nach Abs. 2 UAbs. 2 die Informationen durch den Antragsteller vollständig eingereicht werden, kann die Behörde die **Bearbeitung des Antrags ablehnen** (Abs. 3). Die Entscheidung liegt im Ermessen der Behörde und wird insbesondere von der Qualität und Gesamteindruck des bereits eingereichten Antrags und Informationen abhängen. Die Behörden sollen nicht durch „**Scheinanträge**" überlastet werden und es soll sichergestellt werden, dass die Anträge, die bearbeitet werden, durch die Unternehmen ausreichend vorbereitet werden und mit der nötigen Disziplin weiterverfolgt werden. Hierdurch sind die antragstellenden Unternehmen gehalten, im Erlaubnisverfahren entsprechende Kapazitäten vorzuhalten, um nicht auf der anderen Seite Kapazitäten bei den bearbeitenden Behörden zu blocken. 13

Nach Abs. 4 der Norm informiert die Behörde sodann den Antragsteller umgehend (→ Rn. 10) über die **Vollständigkeit des Antrags**. Dies meint sowohl die Vollständigkeit nach erstmaliger Prüfung nach Abs. 2 UAbs. 1 als auch nach Setzen einer Nachfrist durch die Behörde nach Abs. 2 UAbs. 2. Abs. 2 UAbs. 1 setzt eine Frist nur für die Prüfung der Vollständigkeit des Antrags, nicht hingegen dazu, dass auch innerhalb dieser Frist die Mitteilung an den Antragsteller erfolgt. 14

Anders als in den bekannten nationalen Verfahren, hat in diesem **Zulassungsprozess** mithin die Behörde nicht uneingeschränkt Zeit, die Vollständigkeit eines Antrags zu prüfen und festzustellen. In den Erlaubnisverfahren für eine Erlaubnis nach dem KWG gilt ebenso wie für die Erlaubnisverfahren nach ZAG oder WpIG nur eine Frist ab Feststellung der **Vollständigkeit der Unterlagen** durch die Behörde[2]. Das führt dazu, dass die Dauer eines Verfahrens tatsächlich nicht absehbar ist, da der Prüfungszeitraum bis zur Feststellung der Vollständigkeit vollständig im Ermessen der Behörde liegt. 15

b) Bearbeitungszeit und Mitteilung der Entscheidung (Abs. 9, 12, 13). Ab dem **Tag des vollständigen Antragseingangs** (nicht der Mitteilung über die Vollständigkeit gegenüber dem Antragsteller) hat die Behörde 40 Arbeitstage Zeit zu prüfen, ob der Antragsteller alle Anforderungen dieses Titels für die Zulassung als Anbieter von Kryptowerte-Dienstleistungen erfüllt. 16

Die **Entscheidung** über die Erteilung oder Verweigerung der Zulassung ist umfassend zu begründen und dem Antragsteller innerhalb von zusätzlichen 5 Arbeitstagen mitzuteilen (Abs. 9). 17

Abs. 9 gibt zudem der Behörde vor, dass **Umfang und Komplexität** der Kryptowerte-Dienstleistung bei der Entscheidungsfindung maßgeblich zu berücksichtigen sind. Dies trägt insbesondere der Vielfalt und unterschiedlichen Art der umfassten Kryptowerte-Dienstleistungen Rechnung, welche insbesondere auch unterschiedliche Risiken und Einfluss auf den Finanzmarkt und die Marktintegrität haben können. 18

---

[2] Vgl. § 33 Abs. 4 KWG, § 10 Abs. 3 ZAG, § 16 Abs. 3 WpIG.

MiCAR Art. 63 Titel V. Zulassung und Bedingungen

19   Diese Frist von 40 Arbeitstagen wird **ausgesetzt,** wenn die Behörde bis zum 20. Arbeitstag des Bearbeitungszeitraums nach Absatz 9 weitere Informationen anfordert, die für den Abschluss der Beurteilung notwendig sind (Abs. 12). Dem Antragsteller ist die Aussetzung nebst Informationsersuchen schriftlich mitzuteilen. Es ist anzunehmen, dass der Gesetzgeber hiermit den Ausnahmecharakter klarstellen wollte und so sichergestellt werden soll, dass die Behörde dies nicht leichtfertig und unbegründet veranlasst.

20   Die **Aussetzung** dauert von dem Tag der Anforderung der fehlenden Informationen bis zum Eingang der Antwort hierzu durch den Antragsteller, darf jedoch **20 Arbeitstage** nicht überschreiten. Dies wird der Praxis nicht gerecht. Je nach angefragten Informationen wird es dem Antragsteller gegebenenfalls nicht möglich sein, die angefragten zusätzlichen Informationen innerhalb einer Frist von 20 Arbeitstagen zu liefern, zugleich ist die Behörde aber nach Ablauf der 20 Arbeitstage an die dann weiterlaufende Frist nach Absatz 9 von gegebenenfalls nur noch 20 Arbeitstagen gebunden. Sie hat dann nach Ablauf der Aussetzung von 20 Arbeitstagen zwar noch die Möglichkeit, nach Abs. 12 UAbs. 2 Satz 3 noch weitere Ergänzungen oder klarstellende Informationen nach ihrem Ermessen zu fordern, dies führt jedoch nicht mehr zu einer Aussetzung der laufenden Frist nach Absatz 9. Das Ergebnis dieses Verfahrens wird im Zweifel sein, dass wenn die Behörde nach Absatz 12 ergänzende Informationen anfordert, die für die Beurteilung maßgeblich sind, der Antragsteller diese jedoch nicht innerhalb der gebotenen Frist liefern kann, die Behörde den Zulassungsantrag verweigert, wenn sie aufgrund der fehlenden Informationen Zweifel an der Erfüllung sämtlicher Voraussetzungen dieses Titels haben darf.

21   Hier kommt der Wille des Gesetzgebers nach einem einheitlichen und streng **fristgebundenen Verfahren** und den individuellen Anforderungen und Gegebenheiten eines Verfahrens im Einzelfall an seine Grenzen. Die Praxis zeigt, dass Verfahren mit den Aufsichtsbehörden und die Zusammenstellung der erforderlichen Informationen zu deren Zufriedenheit mitunter schwierig sein kann. Dies ist erfahrungsgemäß gerade dann der Fall bei Verfahren, in denen maßgebliche Beteiligte des Antragstellers (Organmitglieder oder Inhaber bedeutender Beteiligungen) oder der Antragsteller selbst nicht in dem Mitgliedstaat der bearbeitenden Behörde beheimatet sind, so dass Inhalt und Qualität von Informationen an unterschiedlichen zugrundeliegenden Rechtssystemen begründet sind und nicht ad hoc beidseitig zufriedenstellend gelöst werden können. Gerade in dem üblicherweise internationalen Bereich der Kryptowerte-Dienstleistungen ist dies relevant. Da für die Verweigerung der Zulassung nach Abs. 10 lit. d ausreicht, dass der Antragsteller die Anforderungen „wahrscheinlich nicht erfüllt", dürfte die Ablehnung die entsprechende Folge einer nicht rechtzeitigen Lieferung von Informationen im Verfahren nach Abs. 12 sein.

22   Die **Dauer des Verfahrens** beträgt mithin maximal die folgenden Zeiträume:

– Arbeitstag 1: Antragseingang; bis zu Arbeitstag 6: Mitteilung über den Eingang;
– bis Arbeitstag 25: Prüfung der Vollständigkeit;
– Verlängerung der Frist zur Vollständigkeit nach Ermessen der Behörde.

Ab Eingang des vollständigen Antrags (das kann bereits mit Arbeitstag 1 beginnen) 40 Arbeitstage Bearbeitungszeitraum der Behörde, der für maximal 20 Arbeitstage ausgesetzt werden kann. Begründete Mitteilung über die Entscheidung innerhalb von maximal 5 Arbeitstagen. Das Zulassungsverfahren ist mithin auf einen **Gesamtzeitraum** von ca. 45–65 Arbeitstagen angesetzt, was 2–3 Monaten entspricht und als solches insgesamt im Vergleich zu anderen Verfahren sehr kurz erscheint, zumal hier bereits die Vollständigkeitsprüfung erfasst ist, die in anderen Verfahren den Bearbeitungsfristen vorgelagert wird (→ Rn. 11 ff.). Der Zeitraum verlängert sich jedoch auf eine quasi unbestimmte Zeit, wenn die Behörde nach Abs. 2 fehlende Informationen anfordert und hierzu eine Frist nach eigenem Ermessen bzw. nationalen Verwaltungsvorgaben setzen kann. Hierdurch kann die Behörde sich zusätzliche Zeit verschaffen, in der sie parallel auch schon vorhandene Informationen prüfen kann. Um die Fristen einzuhalten, werden die zuständigen nationalen Behörden gerade in der Anfangszeit gehalten sein, ein entsprechend hohes Maß an Kapazität für die Bearbeitung der Anträge bereit zu halten.

Im Falle der **Zulassung** teilt die Behörde der ESMA innerhalb von 2 Arbeitstagen die **Informationen nach Art. 109 Abs. 5** mit, welche diese entsprechend veröffentlicht und dem Register zur Verfügung stellt. Auch die Verweigerung der Zulassung ist der Behörde mitzuteilen, hierfür ist jedoch keine Frist gesetzt (Abs. 13). 23

2. Konsultation von Behörden anderer Mitgliedstaaten (Abs. 5). 24
Nach Absatz 5 sind die **zuständigen Behörden eines anderen Mitgliedsstaates** durch die prüfende Behörde zu **konsultieren,** bevor eine Entscheidung über den Zulassungsantrag gestellt wird, wenn eine gesellschaftsrechtliche Verbindung zu einem regulierten Unternehmen, wie in Abs. 5 aufgelistet, in dem oder den jeweils anderen Mitgliedsstaat(en) besteht.

Die lit. a–c listen die jeweiligen Verhältnisse auf, zu denen der Antragssteller mit dem regulierten Institut eines anderen Mitgliedstaats steht, um die entsprechende **Konsultationspflicht** zu begründen. 25

Die deutsche Fassung ist hier erneut nicht korrekt im Wortlaut. Lit. a der benennt wortwörtlich die Stellung als **Tochterunternehmen.** Hier fehlt es im Wortlaut an der Bezugnahme zu dem jeweiligen regulierten Unternehmen mit Sitz in dem anderen Mitgliedstaat. Richtig müsste es wie in der englischen Fassung heißen „es ist *sein* Tochterunternehmen" (im englischen *„it is subsidiary"*). Diese Bedeutung kann auch aus dem Kontext des Satzes entnommen werden *(„[…]in einem der folgenden Verhältnisse zu einem […] in diesem anderen Mitgliedstaat steht: […]"),* so das in der Auslegung deutlich wird, dass hier entsprechend gemeint ist, dass der Antragssteller Tochterunternehmen eines der vorgenannten Finanzunternehmen ist. 26

Lit. b normiert sodann jedoch das Verhältnis, ein „Tochterunternehmen dieses Rechtsträgers" zu sein. Hier lässt der reine Wortlaut vermuten, lit. a und b gehen beide von der Stellung als Tochterunternehmen eines vorgenannten Finanzunternehmen aus. Auch hier hilft nur ein Blick in die englische Fassung weiter, nach der richtigerweise ein Tochterunternehmen des Mutterunternehmens eines der vorgenannten Finanzunternehmen gemeint ist („it is a subsidiary *of the parent undertaking of that entity"),* mithin das regulierte Unternehmen in dem anderen Mitgliedstaat ein **Schwesterunternehmen des Antragsstellers** ist. Dies entspricht auch dem Wortlaut, wie er in der ähnlich lautenden Norm für den Entzug der Zulassung in Art. 64 Abs. 5 gewählt ist. 27

28 Lit. c benennt sodann zuletzt die **Kontrolle** beider Unternehmen durch dieselbe juristische oder natürliche Person, sprich sonstige, weiter gefasste, Verbundenheit der Unternehmen.

29 In Bezug auf die **Beherrschungsverhältnisse** dürfte auf die bekannten Normen insbesondere aus § 290 HGB sowie die konzernrechtlichen Auslegungsgrundsätze aus § 17 Abs. 1 AktG prinzipiell für die Auslegung der „beherrschenden Stellung" herangezogen werden.[3]

30 **3. Zwingende und fakultative Prüfungsinhalte im Zulassungsverfahren (Abs. 6). a) Fakultative Konsultation der Behörde für die Bekämpfung von Geldwäsche und Terrorismusfinanzierung (lit. a).** Nach Abs. 6 lit. a kann die Behörde im Prüfverfahren die zuständige Behörde für Geldwäsche und Terrorismusfinanzierung konsultieren, ob gegen den Antragsteller Ermittlungen dieser Behörde wegen Geldwäsche oder Terrorismusfinanzierung eingeleitet wurden. In Deutschland ist die BaFin selbst gem. § 50 GwG für Geldwäsche und Terrorismusfinanzierung zuständig.

31 **b) Obligatorische Sicherstellung der Bestimmungen der Geldwäscherichtlinie in Bezug auf Hochrisiko-Staaten (lit. b).** Im Zulassungsverfahren muss die zuständige Behörde sicherstellen, dass ein Antragsteller, der in **Drittländern mit hohem Risiko** (Art. 9 Geldwäscherichtlinie, sog. „Hochrisiko-Staaten") Niederlassungen betreibt oder „sich auf dort niedergelassene Dritte stützt" die jeweils nationalen Bestimmungen über die **erhöhten Sorgfaltspflichten** einhält (§ 17 Abs. 2 GWG in Umsetzung von Art. 26 Abs. 2 Geldwäsche-Richtlinie, § 9 Abs. 3 S. 1 GWG in Umsetzung von Art. 45 Abs. 3 Geldwäsche-Richtlinie, § 9 Abs. 3 S. 2, 3 GWG in Umsetzung von Art. 45 Abs. 5 Geldwäsche-Richtlinie. Die Hochrisikostaaten werden auf Grundlage von Art. 9 der Geldwäscherichtlinie durch die Europäische Kommission festgelegt bzw. fortlaufend angepasst.[4]

32 Der Passus „sich auf dort niedergelassene Dritte stützen" ist untechnisch und dürfte sich jedenfalls auf eine Auslagerung beziehen, die für die Durchführung der Kryptowerte-Dienstleistungen wesentlich ist (in Anlehnung an bspw. § 25b Abs. 1 S. 1 KWG).

33 **c) Obligatorische Sicherstellung der verstärkten Sorgfaltspflichten bei erhöhtem Geldwäscherisiko (lit. c).** Die zuständige Behörde muss im Zulassungsverfahren zudem zwingend sicherstellen, dass der Antragsteller die geeigneten Verfahren zur Geldwäscheprävention eingerichtet hat, die im Falle eines erhöhten Risikos nach nationalem Recht erforderlich sind.

34 **4. Verweigerung der Zulassung aufgrund enger Verbindungen zu natürlichen oder juristischen Personen, die die Aufsicht erschweren (Abs. 7 und 8).** Nach Absatz 7 kann die zuständige Behörde die Zulassung verweigern, wenn zwischen dem Antragsteller und einer anderen natürlichen oder juristischen Person eine **enge Verbindung** besteht, die die Behörde an einer ordnungsgemäßen Wahrnehmung ihrer **Aufsichtsfunktion hindert.**

35 Die Regelung dient als Auffangtatbestand und zur Sicherstellung des Ziels einer effektiven Aufsicht, ist jedoch so wenig greifbar wie klar definiert und gibt der Behörde damit einen weiten Ermessensspielraum, wann eine solche enge Verbindung vorliegt und was die Verbindung qualifiziert, die die ordnungs-

---

[3] MüKoHGB/Busse von Colbe/Fehrenbacher § 290 Rn. 13.
[4] Vgl. zuletzt Delegierte Verordnung (EU) 2023/1219 der Kommission vom 17.5.2023.

gemäße Wahrnehmung ihrer Aufsichtsfunktionen zu hindern. Gedacht wurde hier mutmaßlich an einen erheblichen Einfluss durch eine dritte Person, die jedoch kein Inhaber einer qualifizierten Beteiligung ist und damit der Aufsicht und Prüfung der Zuverlässigkeit entzogen ist. Zumindest lässt der Wortlaut der „anderen natürlichen oder juristischen Personen" mit „enger Verbindung" darauf schließen, dass gerade nicht der Inhaber einer bedeutenden Beteiligung gemeint ist. Hier bleibt zu hoffen, dass die Leitlinien der ESMA den Tatbestand klarer eingrenzen und definieren.

Nach Abs. 8 ist die **Zulassung zu verweigern,** wenn die Rechts- oder Verwaltungsvorschriften eines Drittlands, denen natürliche oder juristische Personen unterliegen zu denen eine entsprechende enge Verbindung mit dem Antragsteller besteht, die zuständige Aufsichtsbehörde in der Wahrnehmung ihrer Aufsicht behindern. Gleiches gilt, wenn dies durch Schwierigkeiten bei der Anwendung der Rechts- und Verwaltungsvorschriften des jeweiligen Drittlandes der Fall ist. Auch hier sind Leitlinien der ESMA für eine ggf. nähere Erläuterung und Eingrenzung wünschenswert und abzuwarten. 36

5. Verweigerung der Zulassung (Abs. 10). Absatz 10 legt die Tatbestände fest, unter denen die zuständige Behörde die Zulassung als Kryptowerte-Dienstleister verweigert. Wenn einer der Tatbestände der lit. a–d erfüllt ist (alternativ, nicht kumulativ), ist die **Zulassung zwingend zu verweigern,** der Behörde obliegt ein sehr **eingeschränkter Entscheidungsspielraum** nur insoweit, als sie zu beurteilen hat, objektive und nachweisbare Anhaltspunkte vorliegen, dass einer der Tatbestände als gegeben anzusehen ist. Sie hat so dann kein Entscheidungsermessen, wie auf der Basis über den Antrag beschieden wird. Dies entspricht auch den bekannten nationalen Zulassungsverfahren. 37

Insgesamt zielt diese Regelung darauf ab, sicherzustellen, dass Anbieter von Kryptowerte-Dienstleistungen die erforderlichen **Standards** in Bezug auf **Führung, Integrität** und **gesetzliche Anforderungen** erfüllen, um die Interessen der Kunden zu schützen und die Finanzmärkte vor Geldwäsche und Terrorismusfinanzierung zu sichern. 38

Die einzelnen Tatbestände, die zu einer zwingenden Verweigerung führen, sind konsequent insbesondere auf eine unzuverlässige oder nicht hinreichend qualifizierte Geschäftsleitung ausgelegt (lit. a und b) bzw. auf fehlende Zuverlässigkeit und Integrität eines Inhabers einer bedeutenden Beteiligung gestützt (lit. c) sowie zuletzt die Nichterfüllung der Anforderungen des Titels V der Verordnung. Dies entspricht den bekannten **Zulassungsverweigerungstatbeständen** nationaler Normen.[5] 39

Nach Abs. 11 geben ESMA und EBA gemeinsame **Leitlinien** für die Beurteilung der Eignung der Mitglieder der Leitungsorgane der Kryptowerte-Dienstleister heraus. Insbesondere für die Beurteilung der Versagungstatbestände nach Abs. 10 dürfte dies hilfreich sein für eine einheitliche Beurteilung in allen Mitgliedstaaten. 40

IV. Regelungen und Verweise des KMAG-E

Wie schon in Art. 62 regelt das KMAG-E (zum KMAG-E → Art. 59 Rn. 57) hinsichtlich des Art. 63 lediglich die Zuständigkeit der BaFin nach 41

---

[5] Vgl. § 33 KWG, § 12 ZAG, § 18 WpIG.

MiCAR Art. 64   Titel V. Zulassung und Bedingungen

§ 11 Abs. 2 KMAG-E zur Durchführung und Bescheidung des Zulassungsverfahrens.

Artikel 64 Entzug der Zulassung eines Anbieters von Kryptowerte-Dienstleistungen

(1) Die zuständigen Behörden entziehen einem Anbieter von Kryptowerte-Dienstleistungen die Zulassung, falls er
a) seine Zulassung innerhalb von zwölf Monaten nach dem Tag ihrer Erteilung nicht in Anspruch genommen hat;
b) ausdrücklich auf seine Zulassung verzichtet;
c) neun aufeinanderfolgende Monate lang keine Kryptowerte-Dienstleistungen erbracht hat;
d) die Zulassung auf rechtswidrige Weise, etwa durch Falschangaben in seinem Zulassungsantrag, erlangt hat;
e) nicht mehr die Voraussetzungen erfüllt, unter denen die Zulassung erteilt wurde, und die von der zuständigen Behörde geforderten Abhilfemaßnahmen nicht innerhalb der gesetzten Frist getroffen hat;
f) nicht über Systeme, Verfahren und Vorkehrungen verfügt, mit denen Geldwäsche und Terrorismusfinanzierung gemäß der Richtlinie (EU) 2015/849 aufgedeckt und verhindert werden;
g) in schwerwiegender Weise gegen diese Verordnung verstoßen hat, etwa auch gegen die Bestimmungen über den Schutz der Inhaber von Kryptowerten, der Kunden von Anbietern von Kryptowerte-Dienstleistungen oder der Marktintegrität.

(2) Die zuständigen Behörden sind ferner befugt, in folgenden Fällen die Zulassung als Anbieter von Kryptowerte- Dienstleistungen zu entziehen:

a) Der Anbieter von Kryptowerte-Dienstleistungen hat gegen nationale Rechtsvorschriften zur Umsetzung der Richtlinie (EU) 2015/849 verstoßen;
b) der Anbieter von Kryptowerte-Dienstleistungen hat seine Zulassung als Zahlungsinstitut oder als E-Geld-Institut verloren und er hat es versäumt, innerhalb von 40 Kalendertagen Abhilfe zu schaffen.

(3) Bei Entzug einer Zulassung als Anbieter von Kryptowerte-Dienstleistungen durch eine zuständige Behörde teilt diese Behörde dies der ESMA und den zentralen Kontaktstellen der Aufnahmemitgliedstaaten unverzüglich mit. Die ESMA stellt diese Informationen in dem in Artikel 109 genannten Register zur Verfügung.

(4) Die zuständigen Behörden können die Zulassung auch nur in Bezug auf eine bestimmte Kryptowerte-Dienstleistung entziehen.

(5) Vor dem Entzug einer Zulassung als Anbieter von Kryptowerte-Dienstleistungen konsultieren die zuständigen Behörden die zuständige Behörde eines anderen Mitgliedstaats, wenn der betreffende Anbieter von Kryptowerte-Dienstleistungen

a) ein Tochterunternehmen eines in diesem anderen Mitgliedstaat zugelassenen Anbieters von Kryptowerte-Dienstleistungen ist;
b) ein Tochterunternehmen des Mutterunternehmens eines in diesem anderen Mitgliedstaat zugelassenen Anbieters von Kryptowerte-Dienstleistungen ist;

c) durch die gleichen natürlichen oder juristischen Personen kontrolliert wird wie ein in diesem anderen Mitgliedstaat zugelassener Anbieter von Kryptowerte-Dienstleistungen.

(6) Vor dem Entzug einer Zulassung als Anbieter von Kryptowerte-Dienstleistungen können die zuständigen Behörden die für die Überwachung der Einhaltung der Vorschriften über die Bekämpfung von Geldwäsche und Terrorismusfinanzierung durch den Anbieter von Kryptowerte-Dienstleistungen zuständige Behörde konsultieren.

(7) Die EBA, die ESMA und jede zuständige Behörde eines Aufnahmemitgliedstaats können jederzeit verlangen, dass die zuständige Behörde des Herkunftsmitgliedstaats prüft, ob der Anbieter von Kryptowerte-Dienstleistungen die Bedingungen, unter denen die Zulassung erteilt wurde, noch erfüllt, wenn Grund zu dem Verdacht besteht, dass dies möglicherweise nicht mehr der Fall ist.

(8) Die Anbieter von Kryptowerte-Dienstleistungen müssen geeignete Verfahren einrichten, umsetzen und aufrechterhalten, mit denen sie sicherstellen, dass Kryptowerte und Geldbeträge ihrer Kunden bei Entzug einer Zulassung zeitnah und ordnungsgemäß auf einen anderen Anbieter von Kryptowerte-Dienstleistungen übertragen werden.

Übersicht

	Rn.
I. Einführung	1
1. Literatur	1
2. Entstehung und Zweck der Norm	2
3. Normativer Kontext	3
II. Überblick über die Norm	5
III. Regelungsinhalt	7
1. Verpflichtender Zulassungsentzug (Abs. 1)	7
a) Untätigkeit (lit. a–c)	8
b) Mangelnde Erfüllung der Zulassungsvoraussetzungen (lit. d, e)	11
c) Verfahren und Vorkehrungen zur Prävention von Geldwäsche- und Terrorismusfinanzierung (lit. f)	14
d) Schwerwiegender Verordnungsverstoß (lit. g)	16
2. Entzugskompetenzen mit Ermessensspielraum (Abs. 2)	17
3. Notifikationsverfahren und Registereintragung (Abs. 3)	21
4. Auswahlermessen (Abs. 4)	22
5. Konsultierung bei grenzüberschreitender Tätigkeit (Abs. 5)	23
6. Konsultierung bei Geldwäsche und Terrorismusfinanzierung (Abs. 6)	26
7. Untersuchungsaufforderung bei Verdacht (Abs. 7)	27
8. Verfahren für den Entzugsfall (Abs. 8)	28
IV. Regelungen und Verweise des KMAG-E	30

I. Einführung

1. Literatur. Vgl. Art. 59, 62.   1

2. Entstehung und Zweck der Norm. Art. 64 normiert den Entzug der   2 Zulassung des jeweiligen Kryptowerte-Dienstleisters. Der Entzug dient, als *ultima ratio* des Aufsichtsrechts, insbesondere dem Verbraucherschutz sowie der Marktintegrität, Finanzstabilität und der Vermeidung von zwecklosem Verwaltungsaufwand.[1]

3   **3. Normativer Kontext.** Normative europarechtliche Entsprechungen für den **Entzug der Zulassung** von Finanzdienstleistern bzw. Wertpapierinstituten finden sich jeweils in **Art. 8 MiFID II** und **Art. 13 PSD2**. Materiell beinhalten beide Richtlinien jeweils Vorgaben für die zuständigen Behörden für den Entzug der Zulassung. Auch hier richtet sich der Entzug der Zulassung im Grundsatz nach den Kriterien der Untätigkeit (Art. 8 lit. a MiFID II, Art. 13 Abs. 1 lit. a PSD2) oder mangelnder Konformität mit aufsichtsrechtlichen Vorschriften (Art. 8 lit. b–e MiFID II, Art. 13 Abs. 1 lit. b–e PSD2).

4   **National** wurden jene Richtlinien jeweils in § 35 KWG, § 13 ZAG und § 19 WpIG umgesetzt. Alle nationalen Vorschriften beinhalten dabei sowohl Gründe für das automatische Erlöschen der Zulassung, sowie Entzugskompetenzen für die zuständige Behörde. Im Unterschied dazu finden sich in Art. 64 keine Erlöschensgründe, sondern Tatbestände, welche gebundene Entscheidungen und Ermessensentscheidungen der zuständigen Behörde normieren. Im Grundsatz sind jedoch die Regelungssystematik und Schutzrichtung der nationalen Vorschriften mit Art. 64 vergleichbar.[2]

II. Überblick über die Norm

5   Im Einzelnen sind die zuständigen Behörden (bzw. richtigerweise die jeweilige Behörde des Herkunftsmitgliedstaats) in den Fällen des Abs. 1 verpflichtet, und in den Fällen des Absatz 2 befugt, die Zulassung ganz oder teilweise zu entziehen. Es sollen nur solche Kryptowerte-Dienstleister zugelassen sein und beaufsichtigt werden, welche auch tatsächlich am Markt tätig sind (Abs. 1 lit. a–c) und sowohl im Einklang mit den Anforderungen dieser Verordnung (Abs. 1 lit. d, e, g) als auch unter Beachtung der geldwäsche- und terrorismusfinanzierungsrechtlichen Bestimmungen (Abs. 1 lit. f) agieren.

6   Der Entzug der Zulassung ist den europäischen Aufsichtsbehörden EBA und ESMA mitzuteilen, die dies entsprechend im ESMA-Register für Anbieter von Kryptowerte-Dienstleistungen vermerken (Abs. 3). Absatz 4 der Norm konkretisiert die Entzugspflichten und Entzugskompetenzen und gewährt den zuständigen Behörden ein Auswahlermessen in Bezug auf die konkreten Maßnahmen. Abs. 5 regelt die Konsultierung der mitgliedstaatlichen Aufsichtsbehörden untereinander bei grenzüberschreitender Tätigkeit des Kryptowerte-Dienstleisters bzw. Verbundenheit mit einem Unternehmen in einem anderen Mitgliedstaat. Zur Sicherstellung der Geldwäscheprävention und Terrorismusfinanzierung normiert Absatz 6 auch für die jeweils zuständige Behörde ein Konsultationsrecht, ebenso ist nach Absatz 7 die EBA, ESMA sowie jede zuständige Behörde eines Aufnahmemitgliedstaats befugt, bei grenzüberschreitender Tätigkeit die zuständige Aufsichtsbehörde des Herkunftsmitgliedstaats eines Kryptowerte-Anbieters bei grenzüberschreitender Tätigkeit zu einer Untersuchung aufzufordern, sofern ein Verdacht besteht, dass die Bedingungen der Zulassung nicht mehr erfüllt werden. Absatz 8 stellt

---

[1] Vgl. Erwgr. Nr. 112, Art. 64 Abs. 1 lit. a–c MiCAR (die Aufsicht von untätigen Dienstleistern würde einen überflüssigen Verwaltungsaufwand bedeuten).
[2] Fischer/Schulte-Mattler/Fischer/Krolop KWG § 35 Rn. 1; Casper/Terlau/Walter ZAG § 13 Rn. 2.

Entzug der Zulassung   **Art. 64 MiCAR**

sicher, dass die Kryptowerte auch nach Entzug der Zulassung sicher verwahrt und übertragen werden.

III. Regelungsinhalt

1. Verpflichtender Zulassungsentzug (Abs. 1). Die in Abs. 1 vorgese- 7
henen Gründe für den **Entzug der Zulassung** eines Anbieters von Kryptowerte-Dienstleistungen verpflichtet die zuständige Behörde direkt zum Handeln. Demnach liegt eine **gebundene Behördenentscheidung** vor. Im Unterschied zur nationalen Gesetzgebung (vgl. § 35 Abs. 1 KWG, § 13 Abs. 1 ZAG und § 19 Abs. 1 WpIG) entfalten die Gründe jedoch keine eigene Rechtswirkung in Form des Erlöschens der Zulassung kraft Gesetzes. Vielmehr ist ein aktives Verwaltungshandeln der zuständigen Behörde notwendig. Folglich stehen dem Kryptowerte-Dienstleister (anders als bei den vorangegangenen nationalen Gesetzen) auch Rechtsmittel zur Verfügung.[3] Zu beachten ist dabei, dass der Behörde nach Abs. 4 ein gewisser Handlungsspielraum im Wege des Auswahlermessens gewährt wird. Sie ist demnach befugt, den Entzug der Zulassung auf bestimmte Kryptowerte zu beschränken.

a) Untätigkeit (lit. a–c). Ein regelmäßiger, auch auf europäischer Ebene 8
bekannter (vgl. Art. 8 lit. a MiFID II, Art. 13 Abs. 1 lit. a PSD2), **Entzugsgrund** ist die **Untätigkeit** des jeweiligen Rechtssubjekts. Bezweckt wird damit, dass Zulassungen nicht auf Vorrat beantragt werden und somit ein unnötiges Maß an Verwaltungsaufwand für die Aufsicht von untätigen Akteuren verwendet wird.[4]

Beide Richtlinien beinhalten gerade drei Aufhebungsgründe, welche ent- 9
sprechend in Art. 64 lit. a–c ihre Entsprechung finden. Die Aufhebungsgründe sind namentlich der Nichtgebrauch der Zulassung ab Erteilung, der ausdrückliche Verzicht und die Untätigkeit für eine gewisse Dauer. Art. 64 ist insoweit identisch, als dass der Zeitraum des Nichtgebrauchs ab Erteilung auch auf zwölf Monate angelegt ist. Allerdings hat die zuständige Behörde die Erlaubnis gem. lit. c erst dann zu entziehen, wenn der Anbieter von Kryptowerte-Dienstleistungen neun Monate keine solchen Dienstleistungen erbracht hat. Sowohl die europäischen Richtlinien als auch die richtlinienumsetzenden nationalen Gesetze sehen im Gegensatz dazu eine Untätigkeitsdauer von sechs Monaten vor (vgl. Art. 8 lit. a Var. 3 MiFID II, Art. 13 Abs. 1 lit. a Var. 3 PSD2, § 35 Abs. 2 Nr. 1 KWG, § 13 Abs. 2 Nr. 1 ZAG und § 19 Abs. 2 Nr. 1 WpIG). Die unterschiedlich lange Frist könnte in der mitunter hohen Komplexität der digitalen Infrastruktur für Kryptowerte-Dienstleistungen begründet sein.

Im Übrigen können die **Auslegungsgrundsätze** der genannten Richt- 10
linien und nationalen Gesetze aufgrund des fast identischen Regelungsgehalts auch auf Art. 64 angewendet werden. Mithin dürften auch hier bloße **Vorbereitungshandlungen,** wie die Anmietung von Geschäftsräumen oder die Einstellung von Personal kein Bestandteil des Tätigwerdens im Sinne von lit. a und c sein.[5] Für die Aufnahme der Tätigkeit iSd lit. a ist erforderlich,

---

[3] Vgl. Casper/Terlau/Walter ZAG § 13 Rn. 3.
[4] So die Begründung des Bundesrates zum Entzug der Erlaubnis nach dem ZAG, welches die PSD2 umsetzt: BR-Drs. 827/08, 82.
[5] Vgl. Casper/Terlau/Walter ZAG § 13 Rn. 4.

Prinz/Rau 565

dass mindestens eine der zugelassenen Kryptowerte-Dienstleistungen ausgeführt wird.[6]

11 **b) Mangelnde Erfüllung der Zulassungsvoraussetzungen (lit. d, e).** Die Zulassung ist durch die zuständige Behörde auch dann zu entziehen, wenn sie auf **rechtswidrige Weise** – etwa durch **Falschangaben** – erlangt wurde oder die Voraussetzungen der ursprünglich erteilten Zulassung nicht mehr erfüllt werden. In letzterem Fall (lit. e) ist außerdem erforderlich, dass die zuständige Behörde **Abhilfemaßnahmen** fordert und diese jedoch innerhalb einer gesetzten Frist nicht getroffen werden.

12 Die **rechtswidrige Erlangung** aus lit. b. findet eine deckungsgleiche **Entsprechung** in Art. 8 lit. b MiFID II und Art. 13 Abs. 1 lit. b PSD2. § 13 Abs. 2 Nr. 2 ZAG setzt diese Norm in nationales Recht und ebenfalls inhaltlich deckungsgleiches Recht um. Demnach liegt eine rechtswidrige Erlangung vor, wenn falsche Angaben getätigt oder etwa Maßnahmen wie Bestechung, Vorteilsgewährung oder Drohung verwendet wurden, um die Zulassung zu erlangen.[7]

13 Die Versagung der Erlaubnis aufgrund der (nachträglichen) Nichterfüllung von Zulassungsvoraussetzungen nach lit. e ist bereits bspw. in § 19 Abs. 2 Nr. 2 WpIG oder § 35 Abs. 2 Nr. 3 KWG vorzufinden. Diese nationalen Regelungsparallelen verweisen jeweils auf den Gesamtbestand oder Teile der Versagungsgründe im Rahmen des Erlaubnisantrags. Trotz eines mangelnden ausdrücklichen Verweises in lit. e kann gegenwärtig nichts anderes gelten. Demnach ist eine Zulassung zu entziehen, wenn der Kryptowerte-Dienstleister einen Versagungsgrund aus Art. 63 erfüllt oder dem konkret erteilten Erlaubnisrahmen (etwa der Umfang der gewährten Dienstleistungsarten) nicht mehr entspricht. Die zuständige Aufsichtsbehörde hat vor dem Entzug entsprechende **Abhilfemaßnahmen zu fordern.** Der Entzug der Zulassung kann erst nach deren fehlender Umsetzung erfolgen. Offen ist danach, wann von einer mangelnden bzw. fehlenden Umsetzung der Maßnahmen auszugehen ist. Fristen werden von den zuständigen Behörden gesetzt, mangels weiterer gesetzlicher Regelung dürfte sich dies nach den nationalen verwaltungsrechtlichen Vorgaben für die zuständige Behörde richten. Möglicherweise wird es durch die Leitlinien der ESMA noch nähere Konkretisierung auch hierzu geben.

14 **c) Verfahren und Vorkehrungen zur Prävention von Geldwäsche- und Terrorismusfinanzierung (lit. f).** Nach Abs. 1 lit. f ist die Zulassung zu entziehen, wenn der Kryptowerte-Dienstleister nicht über geeignete Systeme, Verfahren und Vorkehrungen für **Aufdeckung und Verhinderung** von **Geldwäsche** und **Terrorismusfinanzierung** verfügt. Die Regelung ist in dem Umfang und Härte neu, entspricht aber der Zielsetzung der Verordnung, mit einer einheitlichen Regelung des Kryptowerte-Marktes zu einem gesteigerten Maß an Geldwäsche- und Terrorismusfinanzierungsprävention beizutragen und geldwäscherechtliche Verstöße härter zu ahnden und zu verfolgen.[8] Gerade im Bereich der Kryptowerte ist der Vorwurf und die Sorge stets besonders hoch, dass der rein digitale Marktplatz mit Kryptowerten als **nicht nachverfolgbares Zahlungsmittel** für Zwecke der Geld-

---

[6] Vgl. Fischer/Schulte-Mattler/Fischer/Krolop KWG § 35 Rn. 6.
[7] Schäfer/Omlor/Mimberg/Schäfer ZAG § 13 Rn. 9.
[8] Vgl. Erwgr. Nr. 16.

wäsche und Terrorismusfinanzierung missbraucht werden kann. Die Einhaltung der gesetzlichen Standards soll für Kryptowerte-Dienstleister dementsprechend eine hohe Priorität haben.

Zu den Pflichten der Kryptowerte-Dienstleister zählt sodann etwa auch die 15
Festlegung von Betriebsvorschriften für die Zulassung von Kryptowerten auf Handelsplattformen iSd Art. 76 Abs. 1 lit. a., welche auch Sorgfaltspflichten und Genehmigungsverfahren umfassen müssen. Im Übrigen sind die Anforderungen des Art. 8 der RL EU 2015/849 maßgebend anzuwenden.

d) Schwerwiegender Verordnungsverstoß (lit. g). Die zuständige Be- 16
hörde hat gem. lit. g die Zulassung des Kryptowerte-Dienstleisters zu entziehen, wenn Letzterer in schwerwiegender Weise gegen diese Verordnung verstoßen hat. Eine nähere Konkretisierung des Tatbestandsmerkmals „schwerwiegend" kann systematisch aus der beispielhaften Nennung von Bestimmungen in lit. g erfolgen. Demnach sind Verstöße zumindest dann als schwerwiegend anzusehen, wenn sie sich auf Bestimmungen über den Schutz der Inhaber von Kryptowerten (bspw. Art. 70), der Kunden von Kryptowerte-Dienstleistern (bspw. Art. 66) oder der Marktintegrität (bspw. Art. 63 Abs. 10 lit. a, Art. 67) beziehen. Dies ist aber nicht abschließend zu verstehen („etwa auch"). Im Wesentlichen sind Verstöße erfasst, welche gänzlich unvereinbar mit den grundsätzlichen Zielsetzungen der Verordnung – dem Schutz von Endkunden, sowie der Marktintegrität und Finanzstabilität – sind.

2. Entzugskompetenzen mit Ermessensspielraum (Abs. 2). Absatz 2 17
normiert durch den Wortlaut „sind [...] befugt" eine **Handlungskompetenz** der zuständigen Behörde. Der Behörde wird demnach ein Ermessensspielraum bezüglich des Entzugs der Zulassung eingeräumt. Dieser Ermessensspielraum (Entschließungsermessen) gilt in zwei Fallkonstellationen.

Zum einen ist die zuständige Behörde gem. lit. a dazu befugt, die Zu- 18
lassung ganz oder teilweise zu entziehen, wenn der Anbieter von Kryptowerte-Dienstleistungen gegen die **geldwäscherechtlichen** und **terrorismusfinanzierungsrechtlichen** Vorschriften **nationaler Gesetze** (in Umsetzung von RL EU 2015/849) verstoßen hat. Zu solchen nationalen Gesetzen zählen in Deutschland insbesondere die Vorschriften des GwG sowie eine Vielzahl an weiteren Gesetzen und Verordnungen.[9] Abs. 2 lit. b ist insoweit in Abgrenzung zu Abs. 1 lit. f zu sehen, wonach die Zulassung zwingend entzogen wird, wenn der Kryptowerte-Dienstleister nicht über die erforderlichen Systeme, Verfahren und Vorkehrungen zur Aufdeckung und Verhinderung von Geldwäsche und Terrorismusfinanzierung verfügt.

Lit. a ist insoweit eine Stufe schwächer, da ein Entzug erfolgen kann bei 19
einem entsprechenden **Verstoß** gegen die jeweiligen **geldwäscherechtlichen Normen**. Die Regelung ist mit den nationalen Vorschriften § 35 Abs. 2 Nr. 6 KWG, § 13 Abs. 2 Nr. 5 ZAG und § 19 Abs. 2 Nr. 4 WpIG vergleichbar, welche ebenfalls eine Entzugskompetenz der zuständigen Behörde bei einem Verstoß gegen nationale Vorschriften für Geldwäsche und Terrorismusfinanzierung normieren. Allerdings sehen die nationalen Bestimmungen das Erfordernis einen schwerwiegenden, wiederholten und systematischen (bzw. das KWG einen nachhaltigen) Verstoß vor.[10] Die gegenwärtige

---

[9] Umfassend: Gesetz zur Umsetzung der Vierten EU-Geldwäscherichtlinie, Bundesgesetzblatt Jahrgang 2017 Teil I Nr. 39.
[10] Vgl. Schäfer/Omlor/Mimberg/Schäfer ZAG § 13 Rn. 26.

MiCAR Art. 64   Titel V. Zulassung und Bedingungen

Verordnung erfordert hingegen lediglich einen einfachen (nichtqualifizierten) Verstoß. Auch das ist im Einklang mit der vorgenannten Zielsetzung, gerade im Kryptowertebereich mit einem Null-Toleranz Ansatz gegen Geldwäsche und Terrorismusfinanzierung vorzugehen (→ Rn. 14).

20   Zum anderen wird der zuständigen Behörde gem. lit. b die Entzugskompetenz gewährt, wenn der Anbieter von Kryptowerte-Dienstleistungen seine **Zulassung als Zahlungsinstitut** oder als **E-Geld-Institut verloren** hat und er es versäumt, innerhalb von 40 Kalendertagen Abhilfe zu schaffen. Umfasst sind dabei Zahlungsinstitute nach Maßgabe des Art. 4 Nr. 4 der RL (EU) 2015/2366 und E-Geld-Institute iSd Art. 2 Nr. 1 RL 2009/110/EG (vgl. Art. 1 Abs. 1 Nr. 43, 46). Die Erlöschung oder Aufhebung der Zulassung als Zahlungsinstitut oder als E-Geld-Institut richtet sich zudem national nach § 13 ZAG. Für Finanzunternehmen im Sinne von Art. 60, die von der eigenen zusätzlichen Zulassungspflicht befreit sind, gilt eine entsprechende Regelung gem. Art. 60 Abs. 11 (→ Art. 60 Rn. 11).

21   **3. Notifikationsverfahren und Registereintragung (Abs. 3).** Erfolgt der Entzug der Zulassung nach Abs. 1 oder 2, hat die national zuständige Behörde dies unverzüglich der **ESMA** und (bei grenzüberschreitender Tätigkeit des Kryptowerte-Dienstleisters) den zentralen Kontaktstellen der Aufnahmemitgliedstaaten **mitzuteilen.** Hiermit soll die Zusammenarbeit der jeweiligen Behörden und die Einhaltung der aufsichtsrechtlichen Vorschriften auch außerhalb des Herkunftsstaates im Sinne einer einheitlichen Aufsichtspraxis gewährleistet werden.[11] Mit der verpflichtenden Registereintragung durch die ESMA iSd Art. 109 werden außerdem Transparenzanforderungen insoweit erfüllt, dass die jeweiligen Marktteilnehmer den Entzug der Zulassung einsehen und daraufhin weiterführende geschäftliche Interaktionen mit diesem Dienstleister vermeiden können.[12]

22   **4. Auswahlermessen (Abs. 4).** Abs. 4 gewährt der zuständigen Behörde innerhalb des verpflichtenden Zulassungsentzugs nach Abs. 1 und der Entzugsermächtigung nach Abs. 2 zusätzlich **Auswahlermessen,** die Zulassung insgesamt oder nur im Hinblick auf bestimmte Kryptowerte-Dienstleistungen zu entziehen. Insbesondere in Bezug auf die fehlende Nutzung der Zulassung dürfte dies relevant sein. Hier dürfte es insbesondere zwingend sein, im Wege einer Ermessensreduktion auf Null, nur in Bezug auf diejenigen Kryptowerte-Dienstleistungen die Zulassung zu entziehen, für welche eine Inanspruchnahme nach Erteilung nicht erfolgt ist (Abs. 1 lit. a) oder über neun Monate nicht gebraucht wurde (Abs. 1 lit. c). Für die übrigen Entzugsbefugnisse dürfte es jeweils auf Ausmaß und Schweregrad des Verstoßes ankommen. Insofern wird eine flexible und den aufsichtsrechtlichen Verstößen entsprechende Verwaltungspraxis ermöglicht. Abs. 4 verdeutlicht damit insbesondere den Stellenwert eines vollständigen Zulassungsentzugs als *ultima ratio* der behördlichen Handlungsmöglichkeiten.

23   **5. Konsultierung bei grenzüberschreitender Tätigkeit (Abs. 5).** Steht ein Anbieter von Kryptowerte-Dienstleistungen in einer mittelbaren oder unmittelbaren **Verbindung zu einem Kryptowerte-Dienstleister in einem anderen Mitgliedstaat** iSd Abs. 5 lit. a–c, hat die zuständige Behör-

---

[11] Vgl. Erwgr. Nr. 100.
[12] Vgl. Erwgr. Nr. 101.

Entzug der Zulassung   **Art. 64 MiCAR**

de vor Entzug der Zulassung zunächst die Behörde dieses Mitgliedstaates zu konsultieren.

Erfasst ist sowohl die direkte Verbindung, wenn der Kryptowerte-Dienstleister **Tochtergesellschaft** (hier kann wohl auf § 290 Abs. 2 Nr. 1 HGB zurückgegriffen werden) eines Kryptowerte-Dienstleisters aus einem anderen Mitgliedstaat ist (lit. a) als auch die mittelbare Verbindung, wenn der inländische (in Rede stehende) Kryptowerte-Dienstleister und ein Dienstleister, welcher in einem anderen Mitgliedstaat zugelassen ist, dasselbe Mutterunternehmen haben (sprich, **Schwestergesellschaft,** lit. b), aber auch die **mittelbare Verbindung,** in der der in dem anderen Mitgliedstaat zugelassene Kryptowerte-Dienstleister und der inländische Kryptowerte-Dienstleister durch dieselbe juristische oder natürliche Person **kontrolliert** werden (lit. c). Letzteres dürfte als Auffangtatbestand gesehen werden. Da die Strukturen insgesamt in Bezug auf bedeutende Beteiligungen und gegenseitige Verbindungen mit anderen regulierten Unternehmen im Rahmen des Zulassungsverfahrens offengelegt werden, sind die Strukturen und unmittelbaren und mittelbaren Verbindungen der zuständigen Aufsichtsbehörde bekannt. 24

In Bezug auf die Beherrschungsverhältnisse dürfte auf die bekannten Normen insbesondere aus § 290 HGB sowie die konzernrechtlichen Auslegungsgrundsätze aus § 17 Abs. 1 AktG prinzipiell für die Auslegung der „**beherrschenden Stellung**" herangezogen werden.[13] 25

6. Konsultierung bei Geldwäsche und Terrorismusfinanzierung (Abs. 6). Abs. 6 sieht eine Konsultierungsmöglichkeit der zuständigen Behörde und der für Geldwäsche und Terrorismusfinanzierung zuständigen Behörde vor. In Deutschland ist die BaFin jedoch gem. § 50 GwG ebenso für Geldwäsche und Terrorismusfinanzierung wie für die Zulassung von Kryptowerte-Dienstleistern zuständig. Abs. 6 hat somit im nationalen Kontext keine praktische Relevanz. 26

7. Untersuchungsaufforderung bei Verdacht (Abs. 7). Im Sinne einer ergänzenden Zusammenarbeit der verschiedenen Aufsichtsbehörden[14], normiert Abs. 7 die Möglichkeit einer **Untersuchungsaufforderung** durch die EBA und ESMA, sowie die zuständige Behörde des Aufnahmemitgliedstaats (Letztere kann nur bei grenzüberschreitender Tätigkeit des Kryptowerte-Dienstleisters tätig werden). Notwendige Voraussetzung für eine solche Aufforderung ist, dass ein Grund zum Verdacht besteht, dass die Bedingungen – unter welchen die Zulassung erteilt wurde – nicht mehr von dem jeweiligen Kryptowerte-Dienstleister erfüllt werden. Zu beachten ist dabei im systematischen Vergleich, dass kein hinreichend begründeter Verdacht erforderlich ist (wie bspw. in Art. 94 Abs. 1 lit. b, l oder m). Es genügt demnach ein einfacher (sachlicher) Grund zum Verdacht. Somit ist die Schwelle zur berechtigten Untersuchungsaufforderung vergleichsweise niedrig. Eine solche Untersuchungs- bzw. Handlungsaufforderung ist auch in Art. 79 Abs. 4 MiFID II geregelt. In diesem Zusammenhang ist ebenfalls ein Grund zum Anlass bzw. ein „begründeter Anlass" erforderlich. 27

8. Verfahren für den Entzugsfall (Abs. 8). Abs. 8 normiert vorsorgliche Pflichten für Anbieter von Kryptowerte-Dienstleistungen. Demnach muss der jeweilige Kryptowerte-Dienstleister, für den Fall der **Zulassungs-** 28

---

[13] MüKoHGB/Busse von Colbe/Fehrenbacher § 290 Rn. 13.
[14] Vgl. Erwgr. Nr. 100.

MiCAR Art. 65 Titel V. Zulassung und Bedingungen

entziehung nach Abs. 1 und 2, **geeignete Verfahren** für die zeitnahe und ordnungsgemäße Übertragung von Kryptowerten und Geldbeträgen auf einen anderen Anbieter einrichten, umsetzen und aufrechterhalten. Wird einem Kryptowerte-Dienstleister die Zulassung entzogen, so kann dies unter anderem aus Gründen von mangelnden finanziellen Sicherheiten geschehen (bspw. Art. 64 Abs. 1 lit. g iVm Art. 67 Abs. 1). In einem solchen Fall kann nicht gewährleistet werden, dass die Kryptowerte und Geldbeträge der Kunden gesichert sind. Im Sinne des Endkundenschutzes und der Marktintegrität soll diese Gefahr der mangelnden finanziellen Sicherung durch eine unmittelbare Übertragung an einen anderen Kryptowerte-Dienstleister verhindert werden. Bestehen die Verfahren und Mechanismen zur Übertragung bereits im Vorhinein, ist die Gefahr der fehlenden Sicherung nahezu ausgeschlossen. Die konkreten Anforderungen an die Einrichtung, Umsetzung und Aufrechterhaltung solcher Verfahren sind durch die behördliche Verwaltungspraxis zu konkretisieren.

29 Die Verpflichtung nach Abs. 8 gilt nach seinem Wortlaut grundsätzlich für Krypowerte-Dienstleister, nicht erst dann, wenn der Zulassungsentzug „droht".

IV. Regelungen und Verweise des KMAG-E

30 Das KMAG-E (zum KMAG-E allgemein → Art. 59 Rn. 57) regelt zu Art. 64 MiCAR insbesondere prozessrechtliche Auswirkungen. Der § 5 Abs. 1 KMAG-E legt fest, dass ein Entzug der Zulassung sofort vollziehbar ist und Widerspruch und Anfechtungsklage gegen Maßnahmen auf Grundlage des Art. 64 keine aufschiebende Wirkung haben, wie auch aus anderen finanzaufsichtsrechtlichen Vorschriften bekannt.

31 Zusätzlich normiert § 47 Abs. 3 Nr. 50 KMAG-E den vorsätzlichen oder fahrlässigen Verstoß gegen Art. 64 Abs. 8 als Ordnungswidrigkeit. Dabei gilt der Verstoß umfassend dann erfüllt, wenn das in Art. 64 Abs. 8 genannte Verfahren nicht, nicht richtig oder nicht vollständig eingerichtet bzw. aufrechterhalten wird.

Artikel 65 Grenzüberschreitende Erbringung von Kryptowerte-Dienstleistungen

(1) **Ein Anbieter von Kryptowerte-Dienstleistungen, der beabsichtigt, Kryptowerte-Dienstleistungen in mehr als einem Mitgliedstaat zu erbringen, übermittelt der zuständigen Behörde des Herkunftsmitgliedstaats die folgenden Informationen:**

 a) **eine Liste der Mitgliedstaaten, in denen der Anbieter von Kryptowerte-Dienstleistungen beabsichtigt, Kryptowerte- Dienstleistungen zu erbringen;**
 b) **die Kryptowerte-Dienstleistungen, die der Anbieter von Kryptowerte-Dienstleistungen grenzüberschreitend zu erbringen beabsichtigt;**
 c) **das Startdatum für die beabsichtigte Erbringung der Kryptowerte-Dienstleistungen;**
 d) **eine Liste aller sonstigen Tätigkeiten des Anbieters von Kryptowerte-Dienstleistungen, die nicht unter diese Verordnung fallen.**

(2) **Die zuständige Behörde des Herkunftsmitgliedstaats teilt die in Absatz 1 genannten Informationen innerhalb von zehn Arbeitstagen nach**

deren Eingang den zentralen Kontaktstellen der Aufnahmemitgliedstaaten, der ESMA und der EBA mit.

(3) Die zuständige Behörde des Mitgliedstaats, der die Zulassung erteilt hat, unterrichtet den betreffenden Anbieter von Kryptowerte-Dienstleistungen unverzüglich über die in Absatz 2 genannte Mitteilung.

(4) Der Anbieter von Kryptowerte-Dienstleistungen kann ab dem Tag des Eingangs der in Absatz 3 genannten Mitteilung, spätestens aber ab dem 15. Kalendertag nach Vorlage der in Absatz 1 genannten Informationen mit der Erbringung von Kryptowerte-Dienstleistungen in einem anderen Mitgliedstaat als ihrem Herkunftsmitgliedstaat beginnen.

Übersicht

	Rn.
I. Einführung	1
1. Literatur	1
2. Entstehung und Zweck der Norm	2
3. Normativer Kontext	4
II. Überblick über die Norm	7
III. Regelungsinhalt	8
1. Einleitung des Notifikationsverfahrens (Abs. 1)	8
2. Weiterleitung an die Behörden der Aufnahmemitgliedstaaten, sowie ESMA und EBA (Abs. 2)	12
3. Mitteilung der zuständigen Behörde an Kryptowerte-Dienstleister (Abs. 3)	14
4. Fristen für die Aufnahme der Dienstleistungstätigkeit (Abs. 4)	15
IV. Regelungen und Verweise des KMAG-E	17

I. Einführung

1. Literatur. *Casper/Terlau*, ZAG, § 38; BaFin Europäischer Pass für Kreditinstitute, Stand: 8.4.2022; *Dornis*, in BeckOGK IPR Internationales und europäisches Finanzmarktrecht, Stand 1.11.2022, R. 484; Europäischer Pass für Wertpapierinstitute, Stand 10.1.2023, abrufbar unter www.bafin.de; *Asatiani/Siadat*, Das vereinfachte Zulassungsverfahren im Rahmen der MiCAR, RDi 2023, 98. **1**

2. Entstehung und Zweck der Norm. Art. 65 greift den sog. „Europäischen Pass"[1] als Prinzip für **grenzüberschreitende Dienstleistungen** innerhalb der Mitgliedstaaten auf. Damit wird gewährleistet, dass Anbieter von Kryptowerte-Dienstleistungen grundsätzlich nur ein einmaliges Erlaubnisverfahren in ihrem Herkunftsstaat durchlaufen müssen, um Dienstleistungen auf dem gesamten Gebiet der EU erbringen zu können. Art. 65 ist insoweit als Ausprägung der Dienstleistungsfreiheit (Art. 65 f. AEUV) zu verstehen. Kryptomärkte sind von Natur aus grenzüberschreitend, sodass eine derartige Anerkennung der Aufsicht eines einzelnen Mitgliedstaats im gesamten Unionsgebiet auch schon hinsichtlich des Ziels der internationalen Wettbewerbsfähigkeit zwingend ist.[2] **2**

Bezweckt wird durch das **Notifikationsverfahren,** dass die nationalen Aufsichtsbehörden zusammenarbeiten und insoweit die Einhaltung der auf- **3**

---

[1] Fischer/Schulte-Mattler/Braun KWG § 24a Rn. 1.
[2] Vgl. Erwgr. Nr. 6.

sichtsrechtlichen Vorschriften auch außerhalb des Herkunftsstaates gewährleistet wird.³

4   3. **Normativer Kontext.** Die Regelung zum Europäischen Pass findet sich für alle Erlaubnistatbestände auf EU-Ebene. Eine Regelungsparallele des Art. 65 findet sich in Art. 34 MiFID II, welcher das Prinzip der einmaligen Zulassung zum Dienstleistungsverkehr innerhalb der Europäischen Union für Wertpapierdienstleister normiert.

5   In der deutschen Gesetzgebung finden sich die Regelungen in § 24a KWG und §§ 70–72 WpIG für den sogenannten „Outgoing Pass", dh ein in Deutschland ansässiges Institut möchte im EWR-Ausland tätig werden und in den § 53b KWG und §§ 73, 74 WpIG für den sogenannten Incoming Pass, dh ein Institut aus einem anderen (EWR) Mitgliedstaat wird in Deutschland tätig. Gleichermaßen regelt § 38 ZAG (outgoing) und § 39 ZAG (incoming) das Prinzip des Europäischen Passes, in Umsetzung von Art. 28 PSD2, für Zahlungsdienstleister.⁴ Insgesamt ist das Konzept einer einheitlichen **Herkunftsstaatsaufsicht** im europäischen Finanzaufsichtsrecht grundlegend verankert.

6   Art. 65 unterscheidet sich jedoch insoweit von den nationalen Vorschriften, als dass die Notifikation auch gem. Abs. 2 neben der Aufsichtsbehörde des Mitgliedstaats die ESMA und EBA umfasst und die Fristen wesentlich verkürzt sind im Vergleich zu den bekannten deutschen Regelungen.

II. Überblick über die Norm

7   Das in Art. 65 normierte Notifikationsverfahren findet einen im Grunde vergleichbaren Regelungsinhalt wie in den bekannten Regelungen zum Europäischen Pass, wobei das hier normierte Verfahren den Prozess noch einmal stärker vereinfacht und damit dem typischerweise grenzüberschreitenden Geschäftsmodell des Kryptowerte-Dienstleisters gerecht wird.

III. Regelungsinhalt

8   **1. Einleitung des Notifikationsverfahrens (Abs. 1).** Der **Anwendungskreis** des Art. 65 beschränkt sich auf Anbieter von Kryptowerte-Dienstleistungen iSd Art. 3 Abs. 1 Nr. 15 iVm Nr. 5, 13, 16. Beabsichtigt ein Anbieter von Kryptowerte-Dienstleistungen neben dem Herkunftsmitgliedstaats auch in anderen Mitgliedstaaten tätig zu werden, so sind der zuständigen Behörde des Herkunftsmitgliedstaat Informationen gem. lit. a–d zu übermitteln. Dazu zählt eine **Liste der Länder,** in welchen der Dienstleister tätig werden möchte (lit. a), die Art der Dienstleistungen, welche erbracht werden sollen (lit. b), ebenso ist das Startdatum anzugeben, ab dem die jeweiligen Kryptowerte-Dienstleistungen in den jeweiligen Ländern erbracht werden sollen (lit. c) und es ist eine Liste aller sonstigen – außerhalb der Verordnung fallenden – Tätigkeiten des Dienstleisters einzureichen (lit. d).

9   Das **Notifikationsverfahren** (oder auch **Absichtsanzeige** genannt) kann dabei gebündelt für alle Länder erfolgen, in denen die Dienstleistungen erbracht werden sollen und nicht jeweils separat für jedes Land. Durch die **Auflistung der Mitgliedstaaten** wird gewährleistet, dass die zuständige

---

³ Vgl. Erwgr. Nr. 100.
⁴ Vgl. Übersicht der BaFin zum Europäischen Pass, abrufbar unter www.bafin.de.

Behörde des Herkunftsmitgliedstaats ihre **Weiterleitungspflicht** aus Art. 65 Abs. 2 erfüllen kann. Dabei sollte der einreichende Kryptowerte-Dienstleister die jeweiligen formalen Anforderungen der Länder, also bspw. notwendige Übersetzungen, beachten.[5]

10 Im Gegensatz zum Notifikationsverfahren nach § 24a Abs. 3, 1 KWG, normiert Art. 65 dem Wortlaut nach nicht das Einreichen eines Geschäftsplans (mit den beabsichtigten Dienstleistungen). Allerdings genügt auch im Rahmen des § 24a KWG, nach Verwaltungspraxis der BaFin, eine (formlose) Beschreibung der geplanten Aktivitäten.[6] Lediglich eine **Auflistung der beabsichtigten Dienstleistungen** ist demnach ausreichend. Mit Hinblick auf die Tatsache, dass die national zuständige Behörde diese Auflistung als Grundlage derjenigen Prüfung nehmen wird, welche entscheidet, ob die inländische Erlaubnis das beabsichtigte Geschäft umfasst, kann eine Konkretisierung durch weitere Angaben im Einzelfall empfehlenswert sein.[7] Wobei eine inhaltliche zusätzliche Prüfung hier gerade nicht stattfindet, sondern allein die **Übermittlung** der erforderlichen Informationen an die zuständige nationale Aufsichtsbehörde erfolgen soll und diese die Informationen entsprechend weiterleitet (vgl. Abs. 2).

11 Zuletzt ist das Startdatum für die beabsichtigte Erbringung der Kryptowerte-Dienstleistung sowie eine Liste aller sonstigen Tätigkeiten des Dienstleisters, welche außerhalb der Verordnung stehen, anzugeben. Insbesondere die Liste aller sonstigen Tätigkeiten soll eine **erweiterte Risikoabschätzung** durch die im Herkunftsmitgliedstaat zuständige Behörde ermöglichen. In diesem Sinne kann geprüft werden, ob Tätigkeiten vorliegen, welche ein gesteigertes Risiko für die Anleger oder die Marktintegrität hervorrufen.[8]

12 **2. Weiterleitung an die Behörden der Aufnahmemitgliedstaaten, sowie ESMA und EBA (Abs. 2).** Für die Weiterleitung der in Abs. 1 bereitgestellten Informationen an die **zentralen Kontaktstellen** der Aufnahmemitgliedstaaten, die ESMA und die EBA, ist eine Frist von zehn Arbeitstagen normiert. Diese – im Verhältnis zur Frist eines Monats in Vorschriften für Finanzdienstleister (vgl. § 38 Abs. 4 ZAG, § 24a Abs. 3 S. 3 KWG, § 71 Abs. 3 WpIG bzw. Art. 34 Abs. 3 MiFID II, Art. 28 Abs. 2 PSD2) – verkürzte Weiterleitungsfrist ermöglicht eine schnelle Erweiterung des geografischen Tätigkeitskreises von Kryptowerte-Dienstleistern. Die kürzere Frist entspricht auch der verkürzten inhaltlichen Prüfung.

13 Das Verfahren insgesamt zeigt, dass die **Qualifikation** für die Erbringung der Kryptowerte-Dienstleistungen grundsätzlich mit der Zulassung gegeben ist und es im weiteren Verfahren für das Passporting allein um die Mitteilung der grenzüberschreitend erbrachten Dienstleistungen geht. Das Verfahren ist damit noch einmal wesentlich verschlankt worden, was der Eigenschaft der hier rein digitalen Geschäftsmodelle, die quasi naturgemäß grenzüberschreitend erbracht werden, entspricht. Hinzu kommt, dass im Rahmen der Verordnung alle Kryptowerte-Dienstleister in der EU denselben Regelungen unterliegen und keine nationalen Abweichungen möglich sind. Die 10 Tages Frist wird einem schnellen und effizienten Notifikationsverfahren daher gerecht.

---

[5] Vgl. Casper/Terlau/Walter ZAG § 38 Rn. 32.
[6] BaFin Europäischer Pass für Kreditinstitute, Stand: 8.4.2022.
[7] Fischer/Schulte-Mattler/Braun KWG § 24a Rn. 54.
[8] Vgl. Erwgr. Nr. 6.

MiCAR Art. 66   Titel V. Zulassung und Bedingungen

14   **3. Mitteilung der zuständigen Behörde an Kryptowerte-Dienstleister (Abs. 3).** Die Mitteilung der im Herkunftsmitgliedstaat zuständigen Behörde, dass die Angaben des Dienstleisters nach Abs. 2 weitergeleitet wurden, hat **unverzüglich** zu erfolgen. In der Theorie ist demnach die Aufnahme von grenzüberschreitenden Dienstleistungen bereits innerhalb eines Tages bzw. weniger Tage möglich, sofern die zuständige Aufsichtsbehörde des Herkunftsmitgliedstaats unmittelbar ihre Weiterleitungs- und Mitteilungspflichten aus Abs. 2 und 3 erfüllt.

15   **4. Fristen für die Aufnahme der Dienstleistungstätigkeit (Abs. 4).** Die Mitteilung aus Abs. 3 erwirkt den grundsätzlichen **Startzeitpunkt** für die (zulässige) Aufnahme der grenzüberschreitenden Tätigkeit. Kommt die nach Absatz 3 zuständige Behörde ihrer **Mitteilungspflicht** nicht nach, so ist der Kryptowerte-Dienstleister am 15. Kalendertag nach Einreichung der gem. Abs. 1 erforderlichen Angaben befugt, die grenzüberschreitende Tätigkeit aufzunehmen. Das ermöglicht dem Kryptowerte-Dienstleister den planmäßigen Beginn seiner Tätigkeit, ohne auf etwaige Verzögerungen seitens der Behörde warten zu müssen. Da die Zulassung bereits erteilt ist und es um eine reine Informationsübermittlung geht, ist die Regelung markt- und praxisgerecht.

16   Mangels inhaltlicher Prüfung sieht die Norm auch keine **Untersagungsmöglichkeit** der Behörde im Hinblick auf die geplante grenzüberschreitende Tätigkeit vor.

IV. Regelungen und Verweise des KMAG-E

17   Wer vorsätzlich oder fahrlässig bereits vor dem in Art. 64 Abs. 4 genannten Zeitpunkt (Mitteilung der BaFin oder ab dem 15. Kalendertag) mit der Erbringung einer Kryptowerte-Dienstleistung in einem anderen Mitgliedstaat beginnt, handelt ordnungswidrig (§ 47 Abs. 4 Nr. 12 KMAG-E) (zum KMAG-E allgemein → Art. 59 Rn. 57).

Kapitel 2. Pflichten aller Anbieter von Kryptowerte-Dienstleistungen

Artikel 66 Pflicht zu ehrlichem, redlichem und professionellem Handeln im besten Interesse der Kunden

(1) Die Anbieter von Kryptowerte-Dienstleistungen müssen ehrlich, redlich und professionell und im besten Interesse ihrer Kunden und potenziellen Kunden handeln.

(2) Die Anbieter von Kryptowerte-Dienstleistungen müssen ihren Kunden Informationen zur Verfügung stellen, die redlich, eindeutig und nicht irreführend sind, auch in Marketingmitteilungen, die als solche zu kennzeichnen sind. Die Anbieter von Kryptowerte-Dienstleistungen dürfen Kunden in Bezug auf die tatsächlichen oder vermeintlichen Vorteile von Kryptowerten nicht vorsätzlich oder fahrlässig irreführen.

(3) Die Anbieter von Kryptowerte-Dienstleistungen warnen die Kunden vor Risiken im Zusammenhang mit Transaktionen mit Kryptowerten.

Beim Betrieb einer Handelsplattform für Kryptowerte, beim Tausch von Kryptowerten gegen einen Geldbetrag oder andere Kryptowerte, bei der Beratung zu Kryptowerten oder bei der Portfolioverwaltung von Kryptowerten stellen die Anbieter von Kryptowerte-Dienstleistungen ihren Kunden Hyperlinks zu allen Kryptowerte-Whitepapers für die Kryptowerte zur Verfügung, in Bezug auf die sie diese Dienstleistungen erbringen.

(4) Die Anbieter von Kryptowerte-Dienstleistungen machen ihre Preis-, Kosten- und Gebührenpolitik auf ihrer Website an gut erkennbarer Stelle öffentlich zugänglich.

(5) Die Anbieter von Kryptowerte-Dienstleistungen machen Informationen, die sich auf die wichtigsten nachteiligen Auswirkungen auf das Klima und andere umweltbezogene nachteilige Auswirkungen des Konsensmechanismus beziehen, der für die Ausgabe jedes Kryptowerts, in Bezug auf den sie Dienstleistungen erbringen, verwendet wird, auf ihrer Website an gut erkennbarer Stelle öffentlich zugänglich. Diese Informationen dürfen aus den Kryptowerte-Whitepapers stammen.

(6) Die ESMA arbeitet in Zusammenarbeit mit der EBA Entwürfe technischer Regulierungsstandards zu Inhalt, Methoden und Darstellung der in Absatz 5 genannten Informationen über die Nachhaltigkeitsindikatoren in Bezug auf nachteilige Auswirkungen auf das Klima und andere umweltbezogene nachteilige Auswirkungen aus.

Bei der Ausarbeitung der in Unterabsatz 1 genannten Entwürfe technischer Regulierungsstandards berücksichtigt die ESMA die verschiedenen Arten von Konsensmechanismen, die bei der Validierung von Transaktionen mit Kryptowerten verwendet werden, deren Anreizstrukturen und die Nutzung von Energie, Energie aus erneuerbaren Quellen und natürlichen Ressourcen, die Erzeugung von Abfällen und die Treibhausgasemissionen. Die ESMA aktualisiert die technischen Regulierungsstandards unter Berücksichtigung rechtlicher und technischer Entwicklungen.

Die ESMA übermittelt der Kommission die in Unterabsatz 1 genannten Entwürfe technischer Regulierungsstandards spätestens am 30. Juni 2024.

Der Kommission wird die Befugnis übertragen, diese Verordnung durch Erlass der in Unterabsatz 1 des vorliegenden Absatzes genannten technischen Regulierungsstandards gemäß den Artikeln 10 bis 14 der Verordnung (EU) Nr. 1095/2010 zu ergänzen.

Übersicht

	Rn.
I. Einführung	1
1. Literatur	1
2. Entstehung und Zweck der Norm	2
3. Normativer Kontext	3
II. Überblick über die Norm	4
III. Anwendungsbereich	5
IV. Sorgfalts- und Interessenwahrungspflichten (Abs. 1)	7
1. Sorgfaltspflicht	8
a) Ehrlich	9
b) Redlich	10
c) Professionell	12
2. Interessenwahrungspflicht	13

	Rn.
V. Informationspflichten (Abs. 2)	15
VI. Darstellung von Risiken und Bereitstellung von Hyperlinks (Abs. 3)	21
VII. Veröffentlichung der Kosten und Gebühren (Abs. 4)	23
VIII. ESG-Angaben (Abs. 5)	24
IX. Entwicklung technischer Regulierungsstandards zur Veröffentlichung der ESG-Angaben durch ESMA und EBA (Abs. 6)	29
X. Rechtsfolgen bei Verstößen	31
1. Verwaltungsrechtliche Sanktionen	31
2. Private Enforcement	32
XI. Regelungen und Verweise des KMAG-E	37

I. Einführung

1 1. **Literatur.** *Asatiani/Siadat,* Das vereinfachte Zulassungsverfahren im Rahmen der MiCAR, RDi 2023, 98; *Bauerfeind/Hille/Loff,* Aufsichtsregime nach MiCAR aus Instituts- und Produktperspektive – Widerstreit oder Homogenität?, RdF 2023, 84; *Baur,* MiCA („Regulation on Markets in Crypto-Assets") – Ein europäischer Rechtsrahmen für Kryptowerte kommt, jurisPR-BKR 9/2021 Anm. 1; *Brauneck,* Zur heiklen Rolle des Emittenten in der EU-Regulierung von Kryptowerten durch MiCA, WM 2022, 1258; *Feger/Gollasch,* MiCAR – Ein erster Überblick für Compliance-Beauftragte zur Krypto-Regulierung, CB 2022, 248; *Klöhn/Parhofer/Resas,* Markt, Ökonomik und Regulierung, ZBB 2018, 89: *Maume,* Die Verordnung über Märkte für Kryptowerte (MiCAR): Zentrale Definitionen sowie Rechte und Pflichten beim öffentlichen Angebot von Kryptowerten, RDi 2022, 497; *Siadat,* Markets in Crypto Assets Regulation – Vertrieb von Kryptofinanzinstrumenten, RdF 2021, 172.

2 2. **Entstehung und Zweck der Norm.** Um **Verbraucherschutz, Marktintegrität** und **Finanzstabilität** zu gewährleisten, sollen Anbieter von Kryptowerte-Dienstleistungen stets ehrlich, redlich und professionell und im besten Interesse der Kunden handeln.[1] Sie sollen daher ihren Kunden vollständige, redliche, verständliche und nicht irreführende Informationen zur Verfügung stellen und sie auf die mit Kryptowerten verbundenen Risiken hinweisen sowie ihre Preispolitik offenlegen.[2] Der Inhalt der Erwägungsgründe geht damit nahezu wortlautidentisch in den Inhalt der Norm auf. Darüber hinaus stellt **Erwgr. Nr. 79** klar, dass Kryptowerte-Dienstleistungen als „Finanzdienstleistungen" im Sinne der **Finanzdienstleistungs-Fernabsatz-Richtlinie**[3] verstanden werden sollen, sofern die darin genannten Kriterien erfüllt sind. Werden die Kryptowerte-Dienstleistungen im Fernabsatz vertrieben, unterliegen die Verträge zwischen Kryptowerte-Dienstleistern und ihren Kunden daher ebenfalls der Finanzdienstleistungs-Fernabsatz-Richtlinie, sofern die Verordnung nicht ausdrücklich etwas anderes vorsieht.[4]

---

[1] Erwgr. Nr. 79.
[2] Erwgr. Nr. 79.
[3] RL 2002/65/EG.
[4] Fromm/Hay DStR 2022, 2444 (2446) mwN.

3. Normativer Kontext. Konzeption und Wortlaut der in Art. 66 ge- 3
regelten Verhaltenspflichten decken sich in weiten Teilen mit den **Pflichten
der MiFID II**[5], die in Deutschland in den §§ 63 ff. WpHG umgesetzt wurde.
Da die Verordnung nicht für Finanzinstrumente iSv Art. 4 Abs. 1 Nr. 15
MiFID II gilt, ist auch für die Verhaltenspflichten von Kryptowerte-Dienstleistern entscheidend, wie der Kryptowert zu klassifizieren ist. Handelt es sich
um *Security Token* iSd MiFID II, finden weiterhin die wertpapierrechtlichen
Verhaltenspflichten gem. §§ 63 ff. WpHG Anwendung. Für die (übrigen)
Kryptowerte im Sinne der MiCAR gilt hingegen das neue Regelungsregime
der Art. 66 ff.

II. Überblick über die Norm

Abs. 1 enthält eine **allgemeine Sorgfalts- und Interessenwahrungs-** 4
pflicht für Anbieter von Kryptowerte-Dienstleistungen, die sie gegenüber
ihren Kunden zu wahren haben. Gem. **Abs. 2** werden Anbieter von Kryptowerte-Dienstleistungen zur redlichen, eindeutigen und nicht irreführenden
Unterrichtung ihrer Kunden verpflichtet und die vorsätzliche und fahrlässige
Irreführung bezüglich tatsächlicher oder vermeintlicher Vorteile der Kryptowerte verboten. **Abs. 3** verpflichtet die Kryptowerte-Dienstleister zur Aufklärung der Kunden über die **spezifischen Risiken** im Zusammenhang mit
Transaktionen mit Kryptowerten. Im Fall bestimmter Kryptowerte-Dienstleistungen haben die Anbieter zudem einen **Hyperlink** zum Whitepaper derjenigen Kryptowerte zur Verfügung zu stellen, zu denen sie die Dienstleistung
erbringen. Gem. **Abs. 4** sind Anbieter von Kryptowerte-Dienstleistungen zur
Veröffentlichung von Informationen über **Preise, Kosten und Gebühren**
verpflichtet, die im Rahmen der konkreten Dienstleistungen erhoben werden.
Abs. 5 erweitert diese Transparenzpflicht um Angaben zu **ESG-Aspekten**,
insbesondere klimabezogene Informationen, die nach **Abs. 6** von der ESMA
im Wege technischer Regulierungsstandard zu konkretisieren sind.

III. Anwendungsbereich

Art. 66 richtet sich an Anbieter von Kryptowerte-Dienstleistungen (Art. 3 5
Abs. 1 Nr. 15 → Art. 3 Rn. 118) und verpflichtet diese zu bestimmten
Wohlverhaltenspflichten, die sie gegenüber ihren Kunden zu wahren haben. Von den allgemeinen Wohlverhaltenspflichten werden sämtliche Anbieter von Kryptowerte-Dienstleistungen erfasst. Die darüberhinausgehende
Pflicht zur Verweisung auf das **White Paper** des von der Dienstleistung
umfassten Kryptowertes gilt hingegen nur für Anbieter spezieller Kryptowerte-Dienstleistungen **(Abs. 3).**

Die Regelung gilt unterschiedslos gegenüber allen **Kunden.** Anders als in 6
der wertpapierrechtlichen Parallelregelung variiert die Intensität der Wohlverhaltenspflichten nicht je nach Art und Kenntnisstand des Kunden (§§ 63,
67 WpHG). Eine Definition des Begriffs „Kunden" lässt sich in der MiCAR
hingegen vergeblich finden. Da der Begriff der zentrale Anknüpfungspunkt
für die Verhaltenspflichten der Kryptowerte-Dienstleister gem. Art. 66 ff.
darstellt, liegt es nahe, darunter alle Empfänger der Kryptowerte-Dienstleistungen zu verstehen.[6] Anders als § 63 Abs. 1 WpHG, statuiert Art. 66 Abs. 1

---

[5] Richtlinie 2014/65/EU.
[6] Bauerfeind/Hille/Loff RdF 2023, 84 (89).

jedoch bereits im Vorfeld der Vertragsbeziehung Sorgfalts- und Interessenwahrungspflichten der Kryptowerte-Dienstleister, da die Pflichten ausweislich des Wortlauts schon gegenüber „**potenziellen Kunden**" gelten.[7]

IV. Sorgfalts- und Interessenwahrungspflichten (Abs. 1)

7   Anbieter von Kryptowerte-Dienstleistungen werden verpflichtet, ihre Dienstleistungen **ehrlich, redlich und professionell** und **im besten Interesse ihrer Kunden und potenziellen Kunden** zu erbringen. Die so normierte **Sorgfalts- und Interessenwahrungspflicht** findet sich beinahe wortlautidentisch in § 63 Abs. 1 WpHG, womit ein grundsätzlicher Gleichlauf mit den Verhaltenspflichten von Wertpapierdienstleistern begründet wird. Für die Praxis kann daher auf die etablierte Auslegung der Verhaltenspflichten für Wertpapierdienstleistungsunternehmen gem. § 63 Abs. 1 WpHG zurückgegriffen werden.

8   **1. Sorgfaltspflicht.** Die **allgemeine Sorgfaltspflicht** wahrt ein Anbieter von Kryptowerte-Dienstleistungen, wenn er sich ehrlich, redlich und professionell verhält. Wie auch im Wertpapierrecht ist hier auf die **verkehrsübliche Sorgfalt** abzustellen und damit auf den Maßstab eines für die Finanzbranche als ordentlich angesehenen Verhaltens.[8]

9   **a) Ehrlich. Ehrliches Handeln** verlangt im Wertpapierhandelsrecht, dass die Kunden nicht in die Irre geführt werden.[9] Etwas anderes kann nicht für Anbieter von Kryptowerte-Dienstleistungen gelten. Mehr noch dürfte dem **Verbot irreführenden Verhaltens** hier besondere Bedeutung zukommen, da es sich bei dem Katalog von Kryptowerte-Dienstleistungen im Vergleich zu den tradierten Wertpapierdienstleistungen um neuartige Geschäftsmodelle handelt, deren Funktionsweise und technische Details einer Vielzahl von Kunden noch unbekannt sein dürften.

10 **b) Redlich.** Wie auch Anbieter von Wertpapierdienstleistungen iSv § 63 Abs. 1 WpHG, haben Kryptowerte-Dienstleister ihre Dienstleistungen **redlich** zu erbringen. Damit geht auch für Kryptowerte-Dienstleister die Verpflichtung einher, Verhaltensweisen zu unterlassen, die von einer Mehrheit der Gesellschaft als unmoralisch bezeichnet werden.[10] Hierbei ist jedenfalls die **Begehung von Vermögensstraftaten** mit der Pflicht fairen Verhaltens nicht zu vereinbaren; auch wenn sie sich nicht gegen den Kunden, sondern gegen das Vermögen Dritter richtet.[11]

11 Analog zum Wertpapierrecht verlangt das Redlichkeitsgebot hingegen nicht, dass wirtschaftlich versierte Kunden erneut grundlegend aufzuklären sind, wenn sie wirtschaftlich nicht sinnvolle Geschäfte tätigen oder zu tätigen beabsichtigen.[12]

---

[7] Den Anwendungsbereich über die Voraussetzung eines Näheverhältnisses zwischen potenziellen Kunden und Krypto-Dienstleister einschränkend Bauerfeind/Hille/Loff RdF 2023, 84 (90).
[8] Poelzig in Seibt/Buck-Heeb/Harnos, 6. Ed., WpHG § 63 Rn. 49; Schwark/Zimmer/Rothenhöfer WpHG § 63 Rn. 13.
[9] Assmann/Schneider/Mülbert/Koller WpHG § 63 Rn. 16.
[10] Schwark/Zimmer/Rothenhöfer WpHG § 63 Rn. 10.
[11] Schwark/Zimmer/Rothenhöfer WpHG § 63 Rn. 11.
[12] Schwark/Zimmer/Rothenhöfer WpHG § 63 Rn. 10.

c) Professionell. Professionelles Verhalten der Kryptowerte-Dienstleister 12 erfordert **Sachkenntnis** der Mitarbeiter. Umfang und Art der notwendigen Sachkunde richtet sich nach der konkreten Tätigkeit und umfasst zunächst die allgemeine Sachkenntnis im Hinblick auf unterschiedliche Erscheinungsformen von Kryptowerten und dabei insbesondere Wissen bezüglich der Funktionsweise und allgemeinen Risiken von Kryptowerten. Darüber hinaus ist analog zum Wertpapierrecht insbesondere **Kenntnis der Funktionsweise** und der **spezifischen Risiken** derjenigen Kryptowerte zu verlangen, die von der Dienstleistung umfasst sind.[13]

2. Interessenwahrungspflicht. Die Interessenwahrungspflicht ver- 13 pflichtet Kryptowerte-Dienstleister dazu, die Dienstleistung im bestmöglichen Interesse des Kunden zu erbringen, dh die Tätigkeit uneingeschränkt am individuellen Interesse des Kunden auszurichten.[14] Dritt- oder Eigeninteressen des Kryptowerte-Dienstleisters dürfen daher die Erbringung der Kryptowerte-Dienstleistung nicht beeinflussen.

Maßgeblich ist stets das individuelle konkrete Interesse des Kunden, un- 14 abhängig davon, ob es objektiv rational ist. Lediglich wenn ein solches **individuelles Kundeninteresse** nicht erkennbar ist, dürfte analog zu den wertpapierhandelsrechtlichen Verhaltenspflichten das objektive Interesse eines durchschnittlich verständigen und vernünftig handelnden Kunden ohne besondere Risikoneigung zugrunde gelegt werden können.[15]

V. Informationspflichten (Abs. 2)

Gem. Art. 66 Abs. 2 S. 1 stellen die Anbieter von Kryptowerte-Dienst- 15 leistungen ihren Kunden **redliche, eindeutige und nicht irreführende Informationen** zur Verfügung. Dies soll auch in **Marketingmitteilungen** erfolgen, die als solche zu kennzeichnen sind. Dabei dürfen die Kryptowerte-Dienstleister Kunden in Bezug auf die tatsächlichen oder vermeintlichen Vorteile von Kryptowerten nicht vorsätzlich oder fahrlässig irreführen (Art. 66 Abs. 2 S. 2).

Die Begriffe „redlich" und „eindeutig" decken sich mit den wertpapier- 16 handelsrechtlichen Begriffen bei den Anforderungen an die Informationserteilung im Rahmen von § 63 Abs. 6 S. 1 WpHG.[16] Abzustellen ist dabei auf einen **durchschnittlich verständigen Anleger**[17], wobei naturgemäß mit steigender Komplexität des Kryptowertes und der Dienstleistung auch die Anforderungen an die mitzuteilenden erläuternden Informationen zunehmen.

Die Informationen gelten dann als **eindeutig,** wenn die **wesentlichen** 17 **Aussagen zum Produkt und zur Dienstleistung** mitgeteilt werden. Dies umfasst jedenfalls den Namen des Kryptowerte-Dienstleisters sowie eine genaue Bezeichnung der Kryptowerte, die von der Dienstleistung umfasst sind.

Um **nicht irreführend** zu sein, dürfen die Informationen ferner die 18 tatsächlichen Verhältnisse nicht verschleiern. Eine Konkretisierung des Irreführungsverbotes erfährt S. 1 durch S. 2, welcher explizit die vorsätzliche

---

[13] Schwark/Zimmer/Rothenhöfer WpHG § 63 Rn. 14.
[14] Ebenroth/Boujong/Joost/Strohn/Poelzig WpHG, 4. Aufl. 2020, § 63 Rn. 3.
[15] Assmann/Schneider/Mülbert/Koller, WpHR, 7. Aufl. 2019, WpHG § 63 Rn. 19.
[16] Schwark/Zimmer/Rothenhöfer § 63 Rn. 181.
[17] Für § 63 WpHG BeckOK WpHR/Poelzig WpHG § 63 Rn. 133.

oder fahrlässige Irreführung im Hinblick auf die **tatsächlichen oder vermeintlichen Vorteile** von Kryptowerten verbietet. Die Konkretisierung im Hinblick auf **etwaige Vorteile** findet sich in dieser Form nicht in den wertpapierrechtlichen Vorschriften, womit die Annahme naheliegt, dass der Verordnungsgeber hier einer Besonderheit der Märkte für Kryptowerte gerecht werden wollte, deren rasantes Wachstum zu einem Teil auch durch übertriebenen Optimismus *(overoptimism)* und Wunschdenken *(wishful thinking)* begründet werden kann.[18]

19 Analog zum Wertpapierrecht dürfte im Hinblick auf die **Sprache** der Informationen das Gebot der Einheitlichkeit gelten. **Eindeutig,** dh verständlich, sind Angaben dann, wenn sie dem Kunden durchgängig in derselben Sprache zugänglich gemacht werden.[19] Maßgeblich ist dabei die Sprache, in der dem Kunden auch die Vertragsunterlagen vorliegen werden. Etwas anderes wird lediglich dann gelten, wenn der Kunde sich bereit erklärt, Informationen in mehreren Sprachen zu akzeptieren.

20 **Marketingmitteilungen** müssen als solche erkennbar sein (Art. 66 Abs. 2 S. 1). Bei einer Marketingmitteilung handelt es sich um eine Information, welche die Adressaten zum Erwerb eines Finanzinstruments oder zur Beauftragung einer Wertpapierdienstleistung bewegen will (**absatzfördernde Zielrichtung**).[20] Eine Pflicht zur ausdrücklichen Kennzeichnung dürfte den wertpapierhandelsrechtlichen Grundsätzen folgend nur bestehen, wenn die Äußerung andernfalls nicht als Werbung erkennbar ist.[21]

VI. Darstellung von Risiken und Bereitstellung von Hyperlinks (Abs. 3)

21 Die Anbieter von Kryptowerte-Dienstleistungen müssen Kunden vor **Risiken** im Zusammenhang mit dem Erwerb von Kryptowerten warnen (Art. 66 Abs. 3 UAbs. 1 S. 1). Das Gebot, auf die mit dem Finanzinstrument zusammenhängenden Risiken hinzuweisen, findet sich auch in den Vorschriften des Wertpapierhandelsrechts wieder. Die Risiken dürfen dabei nicht verharmlost werden, was beispielsweise angenommen werden dürfte, wenn sie als „lediglich theoretisch" bezeichnet werden. Entsprechend dem in Abs. 2 formulierten **Verständlichkeitsgebot** sind auch die Risiken in einer Weise darzustellen, dass sie für den durchschnittlich versierten Kunden verständlich sind. Im Hinblick auf Kryptowerte-Dienstleistungen dürfte dies insbesondere hinsichtlich der den Krypto-Märkten eigenen **Terminologie** gelten, welche sich im Sprachgebrauch der Branche zur Bezeichnung spezieller Risiken[22] herausgebildet hat.

---

[18] Klöhn/Parhofer/Resas ZBB 2018, 89 (95) mWn zum grundlegenden psychologischen Schrifttum dazu.
[19] Für § 63 WpHG BeckOK WpHR/Poelzig WpHG § 63 Rn. 137.
[20] BaFin Rundschreiben zu den Mindestanforderungen an die Compliance-Funktion und die weiteren Verhaltens-, Organisations- und Transparenzpflichten für Wertpapierdienstleistungsunternehmen (MaComp), BT 3.1.1.
[21] Für § 63 WpHG BeckOK WpHR/Poelzig WpHG § 63 Rn. 151.
[22] Bspw. die Bezeichnung dusting attack als der Versuch, die Privatsphäre von Benutzern zu kompromittieren, indem sehr kleine Mengen einer Kryptowährung („Dust") an ihre Wallets gesendet werden oder slashing als der Prozess, bei dem ein gewisser Teil oder die Gesamtheit der hinterlegten Kryptowährung (Stake) eines Validators als Strafe weggenommen wird (also „geslashed") wird, wenn dieser Validator schädliches Verhalten zeigt oder gegen die Netzwerkregeln verstößt.

Abs. 3 UAbs. 2 verpflichtet **Anbieter bestimmter Kryptowerte-** 22
Dienstleistungen dazu, auf **White Paper** über diejenigen Kryptowerte, für
die sie ihre Dienstleistungen erbringen, mittels Hyperlink zu verweisen. Die
Vorschrift war im ursprünglichen Kommissionsentwurf nicht vorgesehen und
fand erst im Rahmen der Trilogverhandlungen Eingang in die MiCAR. Von
der Pflicht betroffen sind nur solche Anbieter, die eine der folgenden Kryptowerte-Dienstleistungen erbringen: Betrieb einer Handelsplattform für Kryptowerte (Art. 3 Abs. 1 Nr. 16 lit. b); Tausch von Kryptowerten gegen einen
Geldbetrag (Art. 3 Abs. 1 Nr. 16 lit. c); Tausch von Kryptowerten gegen
andere Kryptowerte (Art. 3 Abs. 1 Nr. 16 lit. d); Beratung zu Kryptowerten
(Art. 3 Abs. 1 Nr. 16 lit. h) und Portfolioverwaltung von Kryptowerten
(Art. 3 Abs. 1 Nr. 16 lit. i).

VII. Veröffentlichung der Kosten und Gebühren (Abs. 4)

Die Anbieter von Kryptowerte-Dienstleistungen müssen ihre **Preis-, Kos-** 23
ten- und Gebührenpolitik an gut sichtbarer Stelle auf ihrer Website öffentlich zugänglich machen.

VIII. ESG-Angaben (Abs. 5)

Die Anbieter von Kryptowerte-Dienstleistungen sind verpflichtet, an gut 24
sichtbarer Stelle auf ihrer Website Informationen über die **prinzipiellen
negativen Umwelt- und Klimaauswirkungen des Konsensmechanismus** öffentlich zugänglich zu machen, der für die Emission jener Kryptowerte, für die sie die Dienstleistung erbringen, verwendet wird. Die **ESG-
Angaben** können dabei dem Whitepaper der Kryptowerte entnommen
werden.

Konsensmechanismus beschreibt das Regelwerk oder Protokoll, das in 25
einem Distributed Ledger Technology **(DLT)-Netzwerk**, wie einer Blockchain, verwendet wird. Es legt fest, wie die Netzwerkteilnehmer (auch
„**Nodes**" genannt) Entscheidungen treffen und bestätigen, einschließlich,
aber nicht beschränkt auf, die Validierung von Transaktionen und die Anordnung von Blöcken in der Blockchain. Der Konsensmechanismus ist ein
zentraler Bestandteil von DLTs und Blockchain-Technologien, da er für die
Integrität und Sicherheit des Netzwerks sorgt. Es gibt verschiedene Arten von
Konsensmechanismen, aber alle haben das gemeinsame Ziel, einen einheitlichen Stand des **Ledgers** (dh dem Hauptbuch des DLT-Netzwerks, das alle
Transaktionen und deren Historie enthält) über alle Nodes hinweg sicherzustellen.

Hintergrund der Regelung sind die erheblichen Unterschiede der Energie- 26
intensität der möglichen Konsensmechanismen beim Schürfen neuer Kryptowerte. So sind beispielsweise **Proof of Work (PoW)** und **Proof of Stake
(PoS)** zwei unterschiedliche Konsensmechanismen, die in Blockchain-Netz-
werken eingesetzt werden, um die Integrität und Sicherheit der Transaktionshistorie zu gewährleisten, sich jedoch signifikant in ihrer **Energieeffizienz**
unterscheiden.

Beim **PoW-Mechanismus** wird der Konsens durch das Lösen krypto- 27
graphischer Probleme erreicht, die einen erheblichen Rechenaufwand erfordern. So genannte Miner konkurrieren dabei miteinander, um das Problem
zu lösen, und derjenige, der als Erster eine Lösung präsentiert, erhält das
Recht, den nächsten Block zur Blockchain hinzuzufügen und eine Beloh-

nung in Form der jeweiligen Kryptowährung zu erhalten. Die energieintensive Natur des PoW-Mechanismus führt zu erheblichen Umweltbelastungen, da der Einsatz von Hochleistungsrechenzentren und der damit verbundene Energieverbrauch beträchtlich sind.[23] Im **PoS-Mechanismus** wird der Konsens hingegen auf der Grundlage des Anteils eines Teilnehmers an der gesamten Kryptowährung des Netzwerks erreicht. Die Auswahl des Teilnehmers, der den nächsten Block erstellt, erfolgt durch einen algorithmischen Prozess, der den relativen Anteil der gehaltenen Kryptowährung berücksichtigt. Im Gegensatz zum PoW ist der PoS-Mechanismus energieeffizienter, da er keine rechenintensiven kryptographischen Probleme erfordert und daher weniger Ressourcen verbraucht.[24]

28 Abs. 5 wurde erst nachträglich im Zuge des Trilogs eingeführt und geht auf die im Rahmen der Trilog-Verhandlung aufgekommene Forderung zurück, der Energieintensität des Proof-of-Work-Konsensmechanismus und den damit verbundenen Ausschüttungen von CO2-Emissionen Rechnung zu tragen. Zwischenzeitlich wurde im Rahmen der Verhandlung unter dem Schlagwort „**Bitcoin Ban**" ein vollständiges Verbot des PoW-Mechanismus gefordert, was das Aus für energieintensive Kryptowerte – wie beispielsweise Bitcoin – im europäischen Raum bedeutet hätte. Im Ergebnis einigte sich der Trilog jedoch darauf, den PoW-Mechanismus nicht vollständig zu verbieten, sondern die Kryptowerte-Dienstleister einer Hinweispflicht zur Vereinbarkeit des jeweiligen Kryptowertes mit der EU-Taxonomie zu unterwerfen.[25]

IX. Entwicklung technischer Regulierungsstandards zur Veröffentlichung der ESG-Angaben durch ESMA und EBA (Abs. 6)

29 Die **ESMA** wird in Kooperation mit der **EBA** gemäß der Art. 10–14 der Verordnung (EU) Nr. 1095/2010 dazu verpflichtet, Entwürfe **technischer Regulierungsstandards** auszuarbeiten. Diese betreffen den Inhalt, die Methoden und die Präsentation von Informationen gemäß Abs. 5 im Hinblick auf die **Nachhaltigkeitsindikatoren,** die auf negative Klimafolgen und andere umweltbezogene Auswirkungen abzielen.

30 Bei der Ausarbeitung der Entwürfe für die technischen Regulierungsstandards hat die ESMA die verschiedenen Arten von **Konsensmechanismen** zur Validierung von Krypto-Transaktionen, deren Anreizstrukturen und den Einsatz von Energie, erneuerbarer Energie und natürlichen Ressourcen, die Abfallproduktion und Treibhausgasemissionen zu berücksichtigen. Der ESMA wird dabei aufgegeben, die Standards im Lichte regulatorischer und technologischer Entwicklungen zu aktualisieren. Eine Vorlage der technischen Regulierungsstandards durch die ESMA soll innerhalb von 12 Monaten nach Inkrafttreten der MiCAR erfolgen. Die Befugnis zur Annahme der in UAbs. 1 genannten technischen Regulierungsstandards wird gemäß den Art. 10–14 der Verordnung (EU) Nr. 1095/2010 an die Kommission delegiert.

---

[23] Maume/Maute/Gschnaidtner Kryptowerte-HdB § 2 Rn. 89.
[24] Weiterführend zu den Konsensmechanismen Möslein/Omlor FinTech-HdB Blockchain-Technologien § 5 Rn. 13 f.
[25] Beck-aktuell, 8. März 2022, Verbotspläne für Bitcoin durch EU-Parlament vorerst vom Tisch, (abgerufen am: 26.9.2023).

X. Rechtsfolgen bei Verstößen

1. Verwaltungsrechtliche Sanktionen. Bei **Verstößen** gegen die in 31 Art. 66 normierten Verhaltenspflichten drohen den Anbietern von Kryptowerte-Dienstleistungen **verwaltungsrechtliche Sanktionen und Maßnahmen**, die gem. Art. 111, 112 von den Mitgliedstaaten im Einklang mit dem nationalen Recht festgelegt und ergriffen werden (→ Art. 111 Rn. 11). Neben **Geldbußen** sollen die nationalen Behörden einen Mindestkatalog von verwaltungsrechtlichen Sanktionen und Maßnahmen verhängen können, die von einer **öffentlichen Bekanntgabe** (sog. *Naming and Shaming*, Art. 11 Abs. 5 S. 1 lit. a) über **Tätigkeitsverbote** für Mitglieder des Leitungsorgans oder die verantwortlich zu machenden Personen (lit. e) sowie **Gewinneinziehung** (lit. c) bis hin zur **Aussetzung oder dem Entzug der Zulassung** eines Anbieters von Kryptowerte-Dienstleistungen (lit. d) reichen.

2. Private Enforcement. Der europäische Gesetzgeber hat sich in der 32 Verordnung grundsätzlich für eine Rechtsdurchsetzung im Wege verwaltungsrechtlicher Sanktionen *(Public Enforcement)* entschieden und von einer Harmonisierung des Haftungsrechts abgesehen. Eine Ausnahme bildet lediglich die unmittelbar in der Verordnung geregelte Haftung für die im Kryptowerte-Whitepaper enthaltenen Informationen in den Art. 15, 26 und 52 (im Einzelnen → Art. 15 Rn. 1, Art. 26 Rn. 1, Art. 52 Rn. 1).

Offen bleibt daher die Frage einer **zivilrechtlichen Haftung** wegen eines 33 Verstoßes gegen Art. 66 nach nationalem Haftungsrecht. In Betracht kommen neben vertraglichen Ansprüchen insbesondere solche des nationalen Deliktsrechts, namentlich gem. § 823 Abs. 2 BGB und § 826 BGB. Für eine Haftung gem. § 823 Abs. 2 BGB wird es dabei auf die Entscheidung des bereits zu den in §§ 63 ff. BGB geführten Streits zur **Schutzgesetzeigenschaft** der **Wohlverhaltenspflichten** ankommen.[26]

Im Hinblick auf die im nationalen Recht in §§ 63 ff. BGB umgesetzten 34 Wohlverhaltenspflichten geht die wohl überwiegende Meinung davon aus, dass den aufsichtsrechtlichen Verhaltenspflichten **kein individueller Schutzzweck** zukommt.[27] Der BGH hat im sog. IKB-Urteil zudem eine Schutzgesetzeigenschaft kapitalmarktrechtlicher Verhaltensnormen verneint, da diese keinen Individualschutz bezweckten oder zum Inhalt hätten.[28] Der Anlegerschutz sei dabei bloßer Rechtsreflex, womit eine Haftung gem. § 823 Abs. 2 BGB ausgeschlossen ist.

Im Hinblick auf die nun unmittelbar europarechtlich geregelten Verhal- 35 tensnormen von Kryptowerte-Dienstleistern, kann diese Rechtsprechung nicht ohne Weiteres übertragen werden.[29] Insbesondere die Berücksichtigung des **gesetzgeberischen Willens** und der **Entstehungsgeschichte** bedingt eine Neubewertung der Frage einer individualschützenden Richtung der Wohlverhaltenspflichten.

---

[26] Zum Streitstand mwN Langenbucher/Bliesener/Spindler/Spindler 33. Kap. Rn. 355 ff.
[27] MwN Assmann/Schneider/Mülbert/Koller WpHG § 63 Rn. 9 ff.; Ellenberger/Bunte BankR-HdB Verhaltensregeln und Compliance § 89 Rn. 11.
[28] BGH NZG 2012, 263 Rn. 21.
[29] Rau BKR 2017, 57 (61) für das ebenfalls durch den europäischen Verordnungsgeber eingeführte Verbot der Referenzwertmanipulation gem. Art. 15 iVm Art. 12 MAR.

36 Dem **Wortlaut** des Art. 66 kann keine eindeutig individualschützende Absicht entnommen werden, gleichzeitig ist aber auch eine in etwa § 26 Abs. 3 WpHG entsprechende Ausschlussklausel[30] nicht ersichtlich. Für einen Individualschutz dürfte jedenfalls **Erwgr. Nr.** 79 der Verordnung herangezogen werden können, der hinsichtlich der Wohlverhaltenspflichten neben dem Schutzzweck der Marktintegrität und Finanzstabilität ausdrücklich und an erster Stelle auf den **Verbraucherschutz** abstellt. Dagegen lässt sich allerdings im Hinblick auf die **Regelungssystematik** der Verordnung einwenden, dass der europäische Verordnungsgeber im Rahmen der Prospekthaftung unmittelbar geltende Haftungsnormen vorgesehen und im Übrigen von einer Rechtsangleichung der zivilrechtlichen Haftung abgesehen hat.[31]

XI. Regelungen und Verweise des KMAG-E

37 Vorsätzliche oder fahrlässige Verstöße gegen einzelne, in Art. 66 normierte Pflichten sollen gem. § 47 Abs. 3 Nr. 51–54 KMAG-E als Ordnungswidrigkeit geahndet werden (zum KMAG-E → Art. 59 Rn. 57). Dies betrifft die Pflicht zur Verfügungstellung der in Art. 66 Abs. 2 genannten Informationen und zur Kennzeichnung von Marketingmitteilungen, die Risikotransparenzpflichten gem. Art. 66 Abs. 3 sowie die Preis- und Gebührenaufklärungspflichten und ESG-Informationspflichten gem. Art. 66 Abs. 4 und 5.

Artikel 67 Aufsichtsrechtliche Anforderungen

(1) Die Anbieter von Kryptowerte-Dienstleistungen verfügen jederzeit über prudentielle aufsichtsrechtliche Sicherheitsvorkehrungen in Höhe eines Betrags, der mindestens dem höheren der folgenden Beträge entspricht:

a) dem Betrag der in Anhang IV aufgeführten permanenten Mindestkapitalanforderungen entsprechend der Art der erbrachten Kryptowerte-Dienstleistungen;

b) einem Viertel der jährlich neu berechneten fixen Gemeinkosten des Vorjahres.

(2) Anbieter von Kryptowerte-Dienstleistungen, die ab dem Datum, zu dem sie mit der Erbringung der Dienstleistungen begonnen haben, ein Jahr lang nicht tätig gewesen sind, verwenden für die Berechnung gemäß Absatz 1 Buchstabe b die projizierten fixen Gemeinkosten aus ihren Prognosen für die ersten zwölf Monate der Erbringung der Dienstleistungen, die sie mit ihrem Zulassungsantrag vorgelegt haben.

(3) Für die Zwecke von Absatz 1 Buchstabe b legen die Anbieter von Kryptowerte-Dienstleistungen bei der Berechnung ihrer fixen Gemeinkosten des Vorjahres die Zahlen des geltenden Rechnungslegungsrahmens zugrunde und ziehen von den Gesamtaufwendungen nach Ausschüttung von Gewinnen an die Aktionäre oder Gesellschafter in ihrem jüngsten geprüften Jahresabschluss oder, falls nicht vorhanden, in dem von nationalen Aufsichtsbehörden geprüften Jahresabschluss folgende Posten ab:

---

[30] So sieht bspw. § 26 Abs. 3 WpHG eine Ausschlussklausel ausdrücklich vor.
[31] Art. 15, 26 und 52.

a) Boni für die Beschäftigten und sonstige Vergütungen, soweit sie von einem Nettogewinn des Anbieters von Kryptowerte-Dienstleistungen im betreffenden Jahr abhängen;
b) Gewinnbeteiligungen der Beschäftigten, Geschäftsführer und Gesellschafter;
c) sonstige Gewinnausschüttungen und variablen Vergütungen, soweit sie vollständig diskretionär sind;
d) einmalige Aufwendungen aus unüblichen Tätigkeiten.

(4) Die in Absatz 1 genannten prudentiellen aufsichtsrechtlichen Sicherheitsvorkehrungen können wie folgt oder in einer Kombination daraus getroffen werden:

a) in Form von Eigenmitteln, bestehend aus den in den Artikeln 26 bis 30 der Verordnung (EU) Nr. 575/2013 genannten Posten und Instrumenten des harten Kernkapitals nach vollständiger Anwendung der Abzüge gemäß Artikel 36 der genannten Verordnung und ohne Anwendung der Schwellenwerte für Ausnahmen gemäß den Artikeln 46 und 48 der genannten Verordnung;
b) in Form einer Versicherungspolice für die Gebiete der Union, in denen Kryptowerte-Dienstleistungen erbracht werden, oder in Form einer vergleichbaren Garantie.

(5) Die in Absatz 4 Buchstabe b genannte Versicherungspolice wird auf der Website des Anbieters von Kryptowerte-Dienstleistungen öffentlich zugänglich gemacht und muss mindestens die folgenden Merkmale aufweisen:

a) Die Anfangslaufzeit beträgt mindestens ein Jahr;
b) die Kündigungsfrist beträgt mindestens 90 Tage;
c) sie wird bei einem Unternehmen abgeschlossen, das gemäß dem Unionsrecht oder dem nationalen Recht zum Versicherungsgeschäft zugelassen ist;
d) sie wird von einem Drittunternehmen bereitgestellt.

(6) Die in Absatz 4 Buchstabe b genannte Versicherungspolice umfasst die Deckung aller folgenden Risiken

a) des Verlusts von Unterlagen;
b) von Fehldarstellungen oder irreführenden Aussagen;
c) von Handlungen, Fehlern oder Auslassungen, aufgrund deren gegen Folgendes verstoßen wird:
  i) gesetzliche Pflichten und Verwaltungsvorgaben;
  ii) die Pflicht zu ehrlichem, redlichem und professionellem Handeln gegenüber den Kunden;
  iii) die Pflicht zur Vertraulichkeit;
d) des Versäumnisses, angemessene Verfahren zur Prävention von Interessenkonflikten zu schaffen, umzusetzen und aufrechtzuerhalten;
e) von Verlusten aufgrund von Betriebsunterbrechungen oder Systemausfällen;
f) sofern für das Geschäftsmodell relevant, grober Fahrlässigkeit bei der sicheren Aufbewahrung der Kryptowerte und Geldbeträge der Kunden;
g) der Haftung des Anbieters von Kryptowerte-Dienstleistungen gegenüber Kunden gemäß Artikel 75 Absatz 8.

MiCAR Art. 67

Titel V. Zulassung und Bedingungen

Übersicht

	Rn.
I. Einführung	1
1. Literatur	1
2. Entstehung und Zweck der Norm	2
3. Normativer Kontext	4
II. Allgemeines	6
III. Höhe der aufsichtsrechtlichen Sicherheitsvorkehrungen (Abs. 1)	8
1. Mindestkapitalanforderungen (lit. a)	9
2. Fixe Gemeinkosten (lit. b)	13
IV. Fingierte fixe Gemeinkosten (Abs. 2)	14
V. Berechnung der fixen Gemeinkosten (Abs. 3)	15
VI. Formen der aufsichtsrechtlichen Sicherungsvorkehrungen (Abs. 4)	17
1. Eigenmittel (lit. a)	18
2. Versicherungspolice oder vergleichbare Garantie (lit. b)	21
VII. Anforderungen an die Versicherungspolice (Abs. 5, 6)	22
1. Erforderliche Merkmale der Versicherungspolice (Abs. 5)	22
2. Versicherte Risiken (Abs. 6)	23
VIII. Regelungen und Verweise des KMAG-E	28

I. Einführung

1. Literatur. *Asatiani/Siadat,* Das vereinfachte Zulassungsverfahren im Rahmen der MiCAR, RDi 2023, 98; *Baur,* MiCA („Regulation on Markets in Crypto-Assets") – Ein europäischer Rechtsrahmen für Kryptowerte kommt, jurisPR-BKR 9/2021 Anm. 1; *Claussen/Erne,* Bank- und Kapitalmarktrecht, 6. Aufl. 2023; *Maume,* Die Verordnung über Märkte für Kryptowerte (MiCAR): Zentrale Definitionen sowie Rechte und Pflichten beim öffentlichen Angebot von Kryptowerten, RDi 2022, 497; *Rennig,* FinTech-Aufsicht im künftigen EU-Recht: ECSP-VO und MiCA-VO-E als eigenständiges Aufsichtsregime, ZBB 2020, 385; *Siadat,* Markets in Crypto Assets Regulation – Vertrieb von Kryptofinanzinstrumenten, RdF 2021, 172; *Siadat/Asatiani,* Vereinfachtes Verfahren vs. Äquivalenzverfahren nach MiCAR, BKR 2023, 221.

2. Entstehung und Zweck der Norm. Zum **Schutz der Verbraucher** sollen Anbieter von Kryptowerte-Dienstleistungen bestimmte **Aufsichtsanforderungen** erfüllen. Diese Aufsichtsanforderungen sollen als fester Betrag oder anteilig zu den im Vorjahr angefallenen fixen Gemeinkosten der Kryptowerte-Dienstleister festgelegt werden.[1] Die Eigenkapitalanforderungen gehören zu den *key requirements,* die für alle Anbieter von Kryptowerte-Dienstleistungen gelten[2]; Unterschiede gelten lediglich bei der konkreten Höhe der erforderlichen Kapitalausstattung.

Die ausdrücklich formulierte Möglichkeit, die aufsichtsrechtlichen Sicherungsvorkehrungen auch durch eine **Kombination von Eigenmittel und Versicherungspolice** zu erbringen (Abs. 4), fand erst im Trilog Eingang in den Verordnungstext. Ebenso war im Kommissionsentwurf noch nicht vor-

---

[1] Erwgr. Nr. 80 S. 1.
[2] Arbeitsdokument der Kommission vom 24.9.2020, SWD (2020) 380, S. 36.

gesehen, dass Kryptowerte-Dienstleister, wenn sie von einer Versicherungspolice zur Erfüllung der Sicherungsvorkehrungen Gebrauch machen, dies auf ihrer Website veröffentlichen müssen, (Abs. 5).[3]

3. Normativer Kontext. Aufsichtsrechtliche Kapitalanforderungen finden sich bereits in zahlreichen nationalen Regelungen, jeweils spezifisch geregelt für Kreditinstitute, Wertpapierdienstleistungsunternehmen, Finanzdienstleistungsinstitute und Zahlungsdienstleister. Die Abgrenzung zu bereits bestehenden prudentiellen Anforderungen vollzieht sich anhand der **Klassifizierung des Kryptowertes,** auf den sich die Kryptowerte-Dienstleistung bezieht. Unterfällt der Kryptowert nicht der Definition des Finanzinstruments iSd Art. 4 Abs. 1 Nr. 15 MiFID II und ist damit der (subsidiäre) Anwendungsbereich der MiCAR eröffnet, finden die aufsichtsrechtlichen Anforderungen des Art. 67 Anwendung. 4

Handelt es sich hingegen um ein als Finanzinstrument iSd Art. 2 Abs. 1 Nr. 3 MiFID II einzuordnenden **Security Token,** unterliegt der Anbieter der Kryptowerte-Dienstleistung den Vorgaben für Wertpapierdienstleistungsunternehmen bzw. den Eigenkapitalanforderungen gem. KWG. Den zentralen Rechtsrahmen für die prudentiellen Anforderungen bildet auch in diesem Fall die Kapitaladäquanzverordnung (Verordnung (EU) Nr. 575/2013 – **CRR**), welche Anwendung findet auf alle CRR-Kreditinstitute (Kreditinstitute, die das Einlagengeschäft und das Kreditgeschäft betreiben), CRR-Wertpapierfirmen, vgl. Art. 4 Abs. (1) Nr. 1 und 2 CRR, § 1 Abs. 3d KWG sowie nach Maßgabe von § 1a KWG auch auf alle Kreditinstitute und Finanzdienstleistungsinstitute iSd KWG.[4] 5

II. Allgemeines

Art. 67 verpflichtet Anbieter von Kryptowerte-Dienstleistungen zu Vorkehrungen zum Schutz ihrer Kunden. **Abs. 1 normiert iVm Anhang IV** die erforderliche **Höhe des Betrages** aufsichtsrechtlicher Sicherheitsvorkehrungen. **Abs. 2** gibt vor, auf welche Weise der nach Abs. 1 erforderliche Betrag berechnet werden kann, wobei die Vorlage von Eigenmitteln oder der Abschluss aufsichtsrechtlicher Versicherungspolicen in Betracht kommt. **Abs. 3** normiert die **Berechnungsgrundlage** für neue Kryptowerte-Dienstleister im Fall des Abschlusses einer Versicherungspolice. **Abs. 4** normiert die **Mindestmerkmale der Versicherungspolicen** sowie die Pflicht der Kryptowerte-Dienstleister, die verwendete Versicherung auf ihrer **Website** öffentlich zugänglich zu machen. Schließlich legt **Abs. 5** fest, welche **Risiken** eine entsprechende Versicherungspolice abzudecken hat. 6

Art. 67 verweist hinsichtlich der Höhe und Berechnung des Mindestkapitals auf die Kapitaladäquanzverordnung (Verordnung (EU) Nr. 575/2013 – **CRR**). Damit wird ein gewisser Gleichlauf mit Wertpapierinstituten geschaffen, die ihre Eigenmittelanforderungen ebenfalls im Wege des Verweises in den Regulierungsbereich von CRD und CRR ermitteln. Auch die Ermittlung des regulatorischen Mindestkapitals im Wege eines Vergleichs der fixen Gemeinkosten mit den fest vorgegebenen Mindestkapitalanforderungen entspricht der Vorgehensweise der für Wertpapierinstituten geltenden **IFR** (s. Art. 11 Abs. 1 IFR). Wie auch bei Wertpapierinstituten wird die **Defini-** 7

---

[3] Vgl. Dok. COM(2020) 593 final.
[4] Claussen/Erne/Kirchhartz, Bank- und Kapitalmarktrecht, § 1 Rn. 193.

MiCAR Art. 67 Titel V. Zulassung und Bedingungen

tion der **Eigenmittel** daher durch die CRR bestimmt, während die Berechnung der konkreten Höhe durch die spezifische Verordnung vorgegeben wird. Anbieter von Kryptowerte-Dienstleistungen können daher bereits auf die im Rahmen der IFR gesammelten Erfahrungen und Erkenntnisse zur Ermittlung der Eigenmittelanforderungen zurückgreifen.

III. Höhe der aufsichtsrechtlichen Sicherheitsvorkehrungen (Abs. 1)

8   Die **Höhe** des als aufsichtsrechtliche Sicherheitsvorkehrung vorzuhaltenden Betrages richtet sich grundsätzlich nach den in **Anhang IV** aufgeführten **permanenten Mindestkapitalanforderungen (lit. a)** oder einem **Viertel der jährlich neu berechneten fixen Gemeinkosten des Vorjahres (lit. b)**. Maßgeblich ist dabei stets der höhere der beiden genannten Beträge.

9   1. **Mindestkapitalanforderungen (lit. a).** Die **Mindestkapitalanforderungen** berechnen sich nach **Art. 67 Abs. 1 lit. a iVm Anhang IV** und richten sich nach der Art der erbrachten Kryptowerte-Dienstleistungen. Dabei wird der bereits in Parallelnormen des Aufsichtsrecht geltende **Proportionalitätsgrundsatz** aufgegriffen.[5] Die Höhe des Mindestkapitals ist somit unmittelbar abhängig vom konkreten Geschäftsmodell des Kryptowerte-Dienstleisters. Der Anhang IV sieht hierzu **drei Klassen** von Eigenkapitalanforderungen vor.

10   **Klasse 1** erfordert ein **Eigenkapital iHv 50.000 EUR** und ist einschlägig für die Annahme und Übermittlung von Aufträgen über Kryptowerte für Kunden (Art. 3 Abs. 1 Nr. 16 lit. g), Beratung zu Kryptowerten (Art. 3 Abs. 1 Nr. 16 lit. h), Ausführung von Aufträgen über Kryptowerte für Kunden (Art. 3 Abs. 1 Nr. 16 lit. e), Platzierung von Kryptowerten (Art. 3 Abs. 1 Nr. 16 lit. f), Transferdienstleistungen für Kryptowerte für Kunden (Art. 3 Abs. 1 Nr. 16 lit. j) und die Portfolioverwaltung (Art. 3 Abs. 1 Nr. 16 lit. i).

11   Für Kryptowerte-Dienstleister der **Klasse 2** ist ein **Eigenkapital iHv 125.000 EUR** vorgesehen, davon umfasst sind Dienstleister, die eine der in Klasse 1 genannten Dienstleistungen sowie zusätzlich eine der folgenden Dienstleistungen erbringen: Verwahrung und Verwaltung von Kryptowerten für Kunden (Art. 3 Abs. 1 Nr. 16 lit. a), Tausch von Kryptowerten gegen andere Kryptowerte (Art. 3 Abs. 1 Nr. 16 lit. d) oder Tausch von Kryptowerten gegen Geldbeträge (EU) 2015/2366 (Art. 3 Abs. 1 Nr. 16 lit. c).

12   Kryptowerte-Dienstleister der **Klasse 3** haben ein **Eigenkapital iHv 150.000 EUR** vorzuhalten. Hiervon betroffen sind die Erbringer von Klasse 2-Dienstleistungen, die zusätzlich ein Handelsplattform für Kryptowerte betreiben (Art. 3 Abs. 1 Nr. 16 lit. b).

13   2. **Fixe Gemeinkosten (lit. b).** Kryptowerte-Dienstleister haben ein Viertel ihrer jährlich neu berechneten fixen Gemeinkosten (*fixed overhead requirement* – **FOR**) des Vorjahres vorzuhalten, wenn dieser Betrag höher als das nach lit. a berechnete Mindestkapital ist. Die Inbezugnahme der fixen Gemeinkosten findet sich auch bei Eigenkapitalanforderungen von größeren Wertpapierinstituten **(Art. 97 CRR)** sowie von kleineren und mittleren Wertpapierinstituten[6] gem. Art. 11 Abs. 1 Verordnung (EU) 2019/2033 **(IFR)**.

---

[5] Bspw. gem. § 25a Abs. 1 S. 4 KWG.
[6] Der Begriff des Wertpapierinstituts ist dem der „Wertpapierfirma" iSd IFR gleichzusetzen.

IV. Fingierte fixe Gemeinkosten (Abs. 2)

Sind Anbieter von Kryptowerte-Dienstleistungen innerhalb der 12 Monate 14 ab dem Datum der Erbringung der Dienstleistung nicht tätig geworden, können sie für die Berechnung der erforderlichen Höhe der aufsichtsrechtliche Sicherungsvorkehrungen gem. Abs. 1 nicht auf die fixen Gemeinkosten des Vorjahres iSv Abs. 1 lit. b zurückgreifen. Für diese Fälle normiert Abs. 2, dass die Kryptowerte-Dienstleister für die Berechnung auf die **projizierten fixen Gemeinkosten** aus ihren **Prognosen** für die ersten zwölf Monate der Erbringung der Dienstleistung, die sie mit ihrem Zulassungsantrag vorgelegt haben, zurückgreifen müssen.

V. Berechnung der fixen Gemeinkosten (Abs. 3)

Abs. 3 konkretisiert die Berechnung der fixen Gemeinkosten des Vorjahres 15 iSv Abs. 1 lit. b. Demnach sind die Zahlen des **geltenden Rechnungslegungsrahmens** zugrunde zu legen. Von den **Gesamtaufwendungen nach Ausschüttung von Gewinnen** an die Aktionäre oder Gesellschafter in ihrem jüngsten geprüften Jahresabschluss oder, falls nicht vorhanden, in dem von nationalen Aufsichtsbehörden geprüften Jahresabschluss sind sodann die folgenden Posten abzuziehen: Boni sowie sonstige gewinnabhängige Vergütungen im betreffenden Jahr (lit. a), Gewinnbeteiligungen der Beschäftigten, Geschäftsführer und Gesellschafter (lit. b), sonstige Gewinnausschüttungen und variable, vollständig diskretionäre Vergütungen (lit. c) und einmalige Aufwendungen aus unüblichen Tätigkeiten (lit. d).

Der Abzug der in Art. 3 genannten Posten von den Gesamtaufwendungen 16 zur Berechnung der fixen Gemeinkosten ähnelt dabei **Art. 34b** der unter Art. 97 CRR ergangenen **Delegierte Verordnung der EU-Kommission zur Bestimmung der fixen Gemeinkosten**[7], welcher ebenfalls diverse diskretionäre Zahlungen aus den fixen Gemeinkosten ausnimmt.

VI. Formen der aufsichtsrechtlichen Sicherungsvorkehrungen (Abs. 4)

Die nach Abs. 1 zu ermittelnden Kapitalanforderungen können durch 17 **Eigenmittel (Abs. 4 lit. a)** oder durch Abschluss einer **Versicherungspolice oder vergleichbaren Garantie (Abs. 4 lit. b)** erbracht werden. Möglich ist zudem eine **Kombination** aus beiden Sicherheitsvorkehrungen.

1. Eigenmittel (lit. a). Für die **Berechnung der Eigenmittel** verweist 18 Abs. 4 auf die Kapitaladäquanzverordnung **(CRR)**.[8] Die nach MiCAR erforderlichen Eigenmittel setzen sich dabei ausschließlich aus den in **Art. 26– 30 CRR** genannten Posten und Instrumenten des harten **Kernkapitals (Common Equity Tier 1 – CET1)** zusammen, wobei die Abzüge gemäß Artikel 36 CRR vollständig angewendet werden und die Schwellenwerte für Ausnahmen gemäß den Artikeln 46 und 48 CRR außer Betracht bleiben.

Die CET1-Kapitalposten umfassen gem. **Art. 26 Abs. 1 S. 1 CRR** Ka- 19 pitalinstrumente, die die Voraussetzungen des Art. 28 CRR, oder gegebenenfalls des Art. 29 CRR erfüllen, das mit diesen Instrumenten verbundene Agio, einbehaltene Gewinne, das kumulierte sonstige Ergebnis, sonstige

---

[7] Delegierte Verordnung (EU) 2015/488.
[8] Verordnung (EU) Nr. 575/2013.

Rücklagen und den Fonds für allgemeine Bankrisiken. Es handelt sich dabei um das **Eigenkapital der höchsten Qualitätsstufe,** welches grundsätzlich nur Instrumente umfasst, die auch bilanzrechtlich als Eigenkapital qualifizieren.[9]

20   Gemäß Art. 36 sind von den CET1-Kapitalposten bestimmte Abzüge vorzunehmen, beispielsweise Verluste des laufenden Geschäftsjahres und immaterielle Vermögenswerte. Die **Nichtanwendung der Schwellenwerte** für Ausnahmen gemäß den Artikeln 46 und 48 bedeutet, dass keine Ausnahmeregelungen für bestimmte Posten (zB signifikante Beteiligungen an Finanzinstituten) gewährt werden, die sonst teilweise vom Abzug ausgenommen wären.

21   **2. Versicherungspolice oder vergleichbare Garantie (lit. b).** Die aufsichtsrechtlichen Sicherungsvorkehrungen können neben der Bereitstellung von Eigenmitteln auch durch eine **Versicherungspolice** für die Gebiete der EU, in denen die Kryptowerte-Dienstleistungen erbracht werden, oder in Form einer **vergleichbaren Garantie** erfüllt werden.

VII. Anforderungen an die Versicherungspolice (Abs. 5, 6)

22   **1. Erforderliche Merkmale der Versicherungspolice (Abs. 5).** Die Verordnung sieht detaillierte Merkmale vor, die eine Versicherungspolice **kumulativ** zu erfüllen hat, um als aufsichtsrechtliche Sicherungsvorkehrung gem. Abs. 4 lit. b zu gelten. Die Versicherungspolice muss eine **Anfangslaufzeit von mindestens einem Jahr** haben (Abs. 5 lit. a) und die **Kündigungsfrist** hat **mindestens 90 Tage** zu betragen (Abs. 5 lit. b). Darüber hinaus darf Versicherungsgeber lediglich ein **Unternehmen** sein, dass gemäß Unionsrecht oder nationalem Recht **zum Versicherungsgeschäft zugelassen** ist (Abs. 5 lit. c). Im Falle eines deutschen Versicherungsunternehmens ist der daher eine Erlaubnis gem. § 8 VAG erforderlich. Letztlich muss die Versicherungspolice von einem **Drittunternehmen** bereitgestellt werden (Abs. 5 lit. d); die Inanspruchnahme einer Versicherung bspw. durch ein verbundenes Unternehmen scheidet daher aus.

23   **2. Versicherte Risiken (Abs. 6).** Abs. 6 regelt, welche **Risiken** die Versicherungspolice abzudecken hat, um als aufsichtsrechtlich Sicherungsvorkehrung gem. Art. 4 lit. b anerkannt werden zu können. Hiervon sind insbesondere auch Risiken der Verletzung solcher Pflichten umfasst, die die Verordnung für Anbieter von Kryptowerte-Dienstleister aufstellt.

24   Im Einzelnen hat die Versicherungspolice die Deckung des Risikos des **Verlusts von Unterlagen** (Abs. 6 lit. a) und von **Fehldarstellungen** oder **irreführenden Aussagen** (Abs. 6 lit. b) zu decken. Abs. 6 lit. b korrespondiert dabei mit der Pflicht der Anbieter von Kryptowerte-Dienstleistungen, ihren Kunden redliche, eindeutige und nicht irreführende Informationen zur Verfügung zu stellen (Art. 66 Abs. 2 S. 1).

25   Weiterhin hat die Versicherungspolice nach Abs. 6 lit. c das Risiko solcher Handlungen, Fehler oder Auslassungen abzudecken, die zu **Verstößen gegen gesetzliche Pflichten und Verwaltungsvorgaben** (Abs. 6 lit. i), die **Pflicht zu ehrlichem, redlichem und professionellem Handeln gegenüber den Kunden** (Abs. 6 lit. ii) und die **Pflicht zur Vertraulichkeit** (Abs. 6 lit. iii) führen. Abs. 6 lit. ii entspricht dabei den in Art. 66 Abs. 1

---

[9] Wundenberg, Europäisches Bankenaufsichtsrecht, § 8 Rn. 26.

normierten Interessen- und Sorgfaltswahrungspflichten. Die Versicherungspolice hat ferner das Risiko des Versäumnisses zu abzudecken, angemessene Verfahren zur Prävention von **Interessenkonflikten** zu schaffen, umsetzen und aufrechtzuerhalten (Abs. 6 lit. d).

Weiterhin muss das Risiko von Verlusten aufgrund von **Betriebsunter-** 26 **brechungen** oder **Systemausfällen** von der Versicherungspolice gedeckt sein (Abs. 6 lit. e). Sofern für das Geschäftsmodell relevant, ist zudem das Risiko grober Fahrlässigkeit bei der **sicheren Aufbewahrung der Kryptowerte und Gelbeträge der Kunden** zu versichern (Abs. 6 lit. f). Konkret dürfte dies insbesondere für die Verwahrung und Verwaltung von Kryptowerten für Kunden gem. Art. 3 Abs. 1 Nr. 16 lit. a gelten. Das zu versichernde Risiko korrespondiert dabei mit der in Art. 70 normierten Pflicht.

Im Rahmen des Trilogs hinzugekommen ist darüber hinaus das Risiko des 27 Anbieters von Kryptowerte-Dienstleistungen, gegenüber Kunden gem. Art. 75 Abs. 8 für den **Verlust von Kryptowerten** zu haften. Hiervon betroffen sind lediglich Anbieter von Kryptowerte-Dienstleistungen, die für die Verwahrung und Verwaltung von Kryptowerten für Dritte zugelassen sind.[10] Es ist daher davon auszugehen, dass dieses Risiko lediglich von der Versicherungspolice gedeckt sein muss, wenn der Kryptowerte-Dienstleister auch eine entsprechende Dienstleistung erbringt.

VIII. Regelungen und Verweise des KMAG-E

Gem. § 47 Abs. 4 Nr. 13 lit. a KMAG-E handelt ordnungswidrig, wer 28 vorsätzlich oder fahrlässig nicht den aufsichtsrechtlichen Anforderungen gem. Art. 67 Abs. 1 entspricht. Ferner sieht § 47 Abs. 3 Nr. 55 KMAG-E eine Ordnungswidrigkeit bei vorsätzlich oder fahrlässig begangenem Verstoß gegen die in Art. 67 Abs. 5 normierte Pflicht zur öffentlichen Zugänglichmachung der Versicherungspolice vor.

Artikel 68 Regelungen zur Unternehmensführung

(1) Die Mitglieder des Leitungsorgans von Anbietern von Kryptowerte-Dienstleistungen müssen ausreichend gut beleumundet sein und sowohl einzeln als auch gemeinsam über die angemessenen Kenntnisse, Fähigkeiten, Erfahrung verfügen, um ihre Aufgaben wahrnehmen zu können. Insbesondere dürfen die Mitglieder des Leitungsorgans von Anbietern von Kryptowerte-Dienstleistungen nicht für Straftaten im Zusammenhang mit Geldwäsche oder Terrorismusfinanzierung oder für andere Straftaten, die ihrem guten Leumund schaden würden, verurteilt worden sein. Sie müssen ferner nachweisen, dass sie in der Lage sind, ausreichend Zeit für die wirksame Wahrnehmung ihrer Aufgaben aufzuwenden.

(2) Anteilseigner oder Gesellschafter, die direkt oder indirekt qualifizierte Beteiligungen an Anbietern von Kryptowerte-Dienstleistungen halten, müssen ausreichend gut beleumundet sein und dürfen insbesondere nicht für Straftaten im Zusammenhang mit Geldwäsche oder Terrorismusfinanzierung oder für andere Straftaten, die ihrem guten Leumund schaden würden, verurteilt worden sein.

---

[10] Art. 3 Abs. 1 Nr. 16 lit. a.

(3) Ist der Einfluss, den Anteilseigner oder Gesellschafter, die qualifizierte Beteiligungen an Anbietern von Kryptowerte-Dienstleistungen halten, direkt oder indirekt ausüben, der soliden und umsichtigen Geschäftsführung dieses Anbieters von Kryptowerte-Dienstleistungen voraussichtlich abträglich, so ergreifen die zuständigen Behörden geeignete Maßnahmen, um diesem Risiko zu begegnen.

Diese Maßnahmen können Anträge auf richterliche Anordnungen, die Verhängung von Sanktionen gegen die Geschäftsführer und die Geschäftsführung oder die Aussetzung des Stimmrechts im Zusammenhang mit den Aktien und Anteilen umfassen, die von den Anteilseignern oder Gesellschaftern direkt oder indirekt gehalten werden, die qualifizierte Beteiligungen halten.

(4) Die Anbieter von Kryptowerte-Dienstleistungen führen Strategien und Verfahren ein, die hinreichend wirksam sind, um die Einhaltung dieser Verordnung sicherzustellen.

(5) Die Anbieter von Kryptowerte-Dienstleistungen beschäftigen Personal, das über die für die Wahrnehmung der ihnen übertragenen Aufgaben erforderlichen Kenntnisse, Fähigkeiten und Fachkenntnisse verfügt, wobei Umfang, Art und Bandbreite der erbrachten Kryptowerte-Dienstleistungen zu berücksichtigen sind.

(6) Das Leitungsorgan der Anbieter von Kryptowerte-Dienstleistungen bewertet und überprüft regelmäßig die Wirksamkeit der Strategien und Verfahren, die zur Erfüllung der Kapitel 2 und 3 dieses Titels eingeführt wurden, und ergreift geeignete Maßnahmen zur Behebung etwaiger diesbezüglicher Mängel.

(7) Die Anbieter von Kryptowerte-Dienstleistungen ergreifen alle angemessenen Maßnahmen, um für die Kontinuität und Regelmäßigkeit der Erbringung ihrer Kryptowerte-Dienstleistungen zu sorgen. Zu diesem Zweck setzen die Anbieter von Kryptowerte-Dienstleistungen angemessene und verhältnismäßige Ressourcen und Verfahren ein, einschließlich widerstandsfähiger und sicherer IKT-Systeme gemäß den Anforderungen der Verordnung (EU) 2022/2554.

Die Anbieter von Kryptowerte-Dienstleistungen legen eine Strategie für die Fortführung des Geschäftsbetriebs fest, die IKT-Geschäftsfortführungspläne sowie IKT-Reaktions- und Wiederherstellungspläne gemäß den Artikeln 11 und 12 der Verordnung (EU) 2022/2554 umfasst, mit denen im Falle einer Unterbrechung ihrer IKT-Systeme und -Verfahren die Bewahrung wesentlicher Daten und Funktionen und die Aufrechterhaltung der Kryptowerte-Dienstleistungen oder, wenn dies nicht möglich ist, zeitnah die Wiederherstellung dieser Daten und Funktionen und die Wiederaufnahme der Kryptowerte-Dienstleistungen sichergestellt werden soll.

(8) Die Anbieter von Kryptowerte-Dienstleistungen verfügen über Mechanismen, Systeme und Verfahren gemäß den Anforderungen der Verordnung (EU) 2022/2554 sowie über wirksame Verfahren und Vorkehrungen für die Risikobewertung, um den nationalen Rechtsvorschriften zur Umsetzung der Richtlinie (EU) 2015/849 nachzukommen. Sie überwachen und bewerten regelmäßig die Angemessenheit und Wirksamkeit dieser Mechanismen, Systeme und Verfahren, berücksichtigen dabei Umfang, Art und Bandbreite der erbrachten Kryptowerte-Dienstleistungen und ergreifen geeignete Maßnahmen zur Behebung etwaiger diesbezüglicher Mängel.

Die Anbieter von Kryptowerte-Dienstleistungen richten Systeme und Verfahren ein, um die Verfügbarkeit, Authentizität, Integrität und Vertraulichkeit von Daten gemäß der Verordnung (EU) 2022/2554 zu schützen.

(9) Die Anbieter von Kryptowerte-Dienstleistungen sorgen dafür, dass Aufzeichnungen über ihre sämtlichen Kryptowerte-Dienstleistungen, Tätigkeiten, Aufträge und Geschäfte geführt werden. Diese Aufzeichnungen müssen ausreichen, um den zuständigen Behörden die Wahrnehmung ihrer Aufsichtsaufgaben und die Ergreifung von Durchsetzungsmaßnahmen zu ermöglichen und sie insbesondere in die Lage zu versetzen, festzustellen, ob die Anbieter von Kryptowerte- Dienstleistungen alle Verpflichtungen erfüllen, einschließlich der Pflichten gegenüber Kunden oder potenziellen Kunden und der Pflichten zur Erhaltung der Integrität des Markts.

Die im Einklang mit Unterabsatz 1 geführten Aufzeichnungen werden den Kunden auf Anfrage zur Verfügung gestellt und fünf Jahre lang aufbewahrt; wenn dies von der zuständigen Behörde vor Ablauf des Zeitraums von fünf Jahren verlangt wird, werden sie bis zu sieben Jahre lang aufbewahrt.

(10) Die ESMA arbeitet Entwürfe technischer Regulierungsstandards aus, in denen Folgendes präzisiert wird:
a) die in Absatz 7 genannten Maßnahmen zur Sicherstellung der Kontinuität und Regelmäßigkeit bei der Erbringung der Kryptowerte-Dienstleistungen,
b) die in Absatz 9 genannten Aufzeichnungen über alle Kryptowerte-Dienstleistungen, Tätigkeiten, Aufträge und Geschäfte.

Die ESMA übermittelt der Kommission die in Unterabsatz 1 genannten Entwürfe technischer Regulierungsstandards spätestens am 30. Juni 2024.

Der Kommission wird die Befugnis übertragen, diese Verordnung durch Annahme der in Unterabsatz 1 dieses Absatzes genannten technischen Regulierungsstandards gemäß den Artikeln 10 bis 14 der Verordnung (EU) Nr. 1095/2010 zu ergänzen.

Übersicht

	Rn.
I. Einführung	1
1. Literatur	1
2. Entstehung und Zweck der Norm	2
3. Normativer Kontext	3
II. Überblick über die Norm	5
III. Anforderungen an die Leitungsorgane (Abs. 1)	7
IV. Anforderungen an Inhaber qualifizierter Beteiligungen (Abs. 2 und 3)	12
V. Strategien, Verfahren und laufende Überprüfung zur Einhaltung der Verordnung (Abs. 4 und 6)	17
VI. Anforderungen an das Personal von Kryptowerte-Dienstleistern (Abs. 5)	18
VII. DORA Compliance (Abs. 7, 8 und 10)	19
VIII. Geldwäscherechtliche Compliance (Abs. 8 UAbs. 1)	25
IX. Aufzeichnungs- und Aufbewahrungspflichten (Abs. 9 und 10)	26
X. Regelungen und Verweise des KMAG-E	30

I. Einführung

1 **1. Literatur.** *Bauerfeind/Hille/Loff*, Aufsichtsregime nach MiCAR aus Instituts- und Produktperspektive – Widerstreit oder Homogenität? RdF 2023, 84; *Bernau/Lutterbach,* Digital Operational Resilience Act (DORA) Paradigmenwechsel in der IT-Aufsicht, BKR 2023, 506; *Dittrich/Heinelt,* Der Europäische DORA – neue Sicherheitsvorgaben für den Finanzsektor, RDi 2023, 164; *Feger/Gollasch,* MiCAR – Ein erster Überblick für Compliance-Beauftragte zur Krypto-Regulierung MiCAR – Ein erster Überblick für Compliance-Beauftragte zur Krypto-Regulierung, CB 2022, 248; *Patz,* Überblick über die Regulierung von Kryptowerten und Kryptowertedienstleistern, BKR 2021, 725.

2 **2. Entstehung und Zweck der Norm.** Kryptowerte-Dienstleister sollen ausweislich der Erwägungsgründe strengen **organisatorischen Anforderungen** unterliegen.[1] Bislang existierten keine inhaltlich vergleichbare einheitliche Vorgängerregelungen speziell für Anbieter von auf Kryptowerte bezogenen Dienstleistungen. Lediglich das Kryptoverwahrgeschäft gem. § 1 Abs. 1a S. 2 Nr. 6 KWG wurde in Deutschland bereits als spezifische Kryptowerte-Dienstleistung als erlaubnispflichtiger Tatbestand in das KWG aufgenommen. Mit der Regelung des **Kryptoverwahrgeschäfts** unmittelbar durch die MiCAR wird der nationale erlaubnispflichtige Tatbestand in die Kryptowerte-Dienstleistung der Verwahrung und Verwaltung von Kryptowerten für Kunden gem. Art. 3 Abs. 1 Nr. 6 lit. a aufgehen[2], sodass für Anbieter des Kryptoverwahrgeschäfts zukünftig nicht mehr auf die Anforderungen für Finanzdienstleister nach KWG, sondern auf die Vorgaben MiCAR zurückgegriffen wird.

3 **3. Normativer Kontext.** Art. 68 ist von **Regelungen zur Unternehmensführung gem. §§ 25a–25d KWG** bzw. den gem. WpIG geltenden Anforderungen für Wertpapierinstitute abzugrenzen. Die anzuwendenden Normen bestimmen sich anhand der **Klassifizierung des Kryptowertes,** auf den sich die Kryptowerte-Dienstleistung bezieht. Unterfällt der Kryptowert dem (subsidiären) Anwendungsbereich der MiCAR, finden die Regelungen zur Unternehmensführung gem. Art. 68 Anwendung. Handelt es sich hingegen um ein als Finanzinstrument iSd MiFID II einzuordnenden **Security Token,** unterliegt der Anbieter der Kryptowerte-Dienstleistung den Vorgaben gem. KWG bzw. WpIG.[3]

4 Art. 68 wird flankiert durch **Art. 69,** wonach die Anbieter von Kryptowerte-Dienstleistungen zur **Unterrichtung der zuständigen Behörde** über Änderungen in der Geschäftsführung verpflichtet sind. Auf diese Weise wird die Aufsichtsbehörde in die Lage versetzt, die Einhaltung von Art. 68 laufend zu überprüfen.

II. Überblick über die Norm

5 Art. 68 regelt die **organisatorischen Anforderungen** an Anbieter von Kryptowerte-Dienstleistungen. Unter organisatorischen Anforderungen sind dabei insbesondere solche Voraussetzungen zu verstehen, die an die **persön-**

---

[1] EwGr. 81 S. 1.
[2] Bauerfeind/Hille/Loff RdF 2023, 84 (87).
[3] Zur Abgrenzung Patz BKR 2021, 725 (728 f.).

liche **Professionalität** und den **Leumund** derjenigen Personen anknüpfen, die Einfluss auf den Anbieter von Kryptowerte-Dienstleistungen ausüben können. Davon umfasst sind die Anforderungen an die **Leitungsorgane (Abs. 1), Inhaber bedeutender Beteiligungen (Abs. 2)** sowie an das **Personal des Kryptowerte-Dienstleisters (Abs. 5)**.

Neben diesen personellen Anforderungen wird die Einrichtung **interner Kontrollmechanismen** gefordert. Geregelt werden dabei die Pflicht zur Errichtung eines **Compliance Managements (Abs. 4), interner Kontroll- und Risikobewertungsmechanismen (Abs. 6)**, Pflichten im Zusammenhang mit der **Verordnung (EU) 2022/2554 (DORA; Abs. 7 und 8)** sowie **Aufzeichnungs- und Aufbewahrungspflichten (Abs. 9)**. Letztlich normiert **Abs. 10** noch die Ermächtigung für Ausarbeitung und Erlass technischer Regulierungsstandards. 6

III. Anforderungen an die Leitungsorgane (Abs. 1)

Die Mitglieder des Leitungsorgans von Kryptowerte-Dienstleistern müssen **ausreichend gut beleumundet** und **fachlich geeignet** sein, um ihre Aufgaben erfüllen zu können. Der sog. *Fit and Proper*-Test gehört zum Standard aufsichtsrechtlicher Anforderungen an das Leitungsorgan regulierter Unternehmen und findet sich inhaltlich deckungsgleich bspw. in § 25c Abs. 1 KGW für Kredit- und Finanzdienstleistungsinstitute, § 20 Abs. 1 S. 1 WpIG für kleinere oder mittlere Wertpapierinstitute und ähnlich in § 12 Abs. 5 ZAG für Zahlungsinstitute. 7

Aus **Erwgr. Nr. 81 S. 2** dürfte sich ableiten lassen, dass der ausreichend gute **Leumund** mit einer **Zuverlässigkeit** der Leitungsorgane gleichgestellt wird. Das Merkmal der Zuverlässigkeit entspricht dabei der gängigen deutschen aufsichtsrechtlichen Terminologie, während der in Art. 68 Abs. 1 S. 1 genannte „Leumund" den deutschen aufsichtsrechtlichen Normen fremd ist. Demgegenüber deckt sich der Wortlaut von Art. 68 Abs. 1 S. 1 auf EU-Ebene mit der Formulierung in Art. 91 Abs. 1 S. 1 CRD, wonach die Mitglieder des Leitungsorgans von Kreditinstituten „gut beleumundet" zu sein haben. Art. 91 Abs. 1 S. 1 CRD wurde hingegen im deutschen Recht mit o. g. Merkmal der Zuverlässigkeit umgesetzt.[4] Gelten die Leitungsorgane der Kryptowerte-Dienstleister als zuverlässig dürfte daher zugleich auch ein guter Leumund angenommen werden können. 8

Als **zuverlässig** gilt regelmäßig, wer nach dem Gesamtbild seines Verhaltens die Gewähr dafür bietet, dass er das Gewerbe – hier das Anbieten der Kryptowerte-Dienstleistungen – ordnungsgemäß ausüben wird.[5] Die Zuverlässigkeit wird durch S. 2 ergänzend konkretisiert: Demnach dürfen die Leitungsorgane insbesondere nicht für Straftaten im Zusammenhang mit **Geldwäsche oder Terrorismusfinanzierung oder anderen Straftaten** verurteilt worden sein, die ihrem Leumund schaden würden. 9

Im Hinblick auf die **fachliche Eignung** müssen die Leitungsorange sowohl einzeln als auch gemeinsam über die für die Aufgabenerfüllung erforderlichen **angemessenen Kenntnisse, Fähigkeiten und Erfahrungen** verfügen (Abs. 1 S. 1). Die bisherige Verwaltungspraxis der BaFin bezüglich nationaler Parallelregelungen lässt vermuten, dass es auch hinsichtlich der 10

---

[4] Ausf. zum Begriff Hopt/Binder/Böcking CG-HdB Rn. 30.
[5] Schwennicke/Auerbach/Schwennicke KWG § 25c Rn. 3.

Anforderungen der MiCAR auf eine Einzelfallprüfung[6] ankommen wird, innerhalb derer die fachliche Eignung nachgewiesen werden muss. In diesem Zusammenhang dürfte **einschlägige Berufserfahrung** unabdingbar sein, jedoch auch **Größe und Geschäftsart** des Kryptowerte-Dienstleisters berücksichtigt werden.

11 Weiterhin müssen die Geschäftsleiter der Wahrnehmung ihrer Aufgaben **nachweisbar ausreichend Zeit** widmen können. In ihrer bisherigen Verwaltungspraxis zu den Anforderungen an KWG-Geschäftsleiter nahm die BaFin hierfür eine Gesamtschau aufgrund aller haupt- und nebenamtlichen Tätigkeiten einschließlich der künftigen Tätigkeiten beim regulierten Institut vor[7].

IV. Anforderungen an Inhaber qualifizierter Beteiligungen (Abs. 2 und 3)

12 Abs. 2 und 3 normieren die Anforderungen an **Inhaber qualifizierter Beteiligungen** und **Maßnahmen der Aufsichtsbehörden,** einem der Geschäftsführung der Kryptowerte-Dienstleister abträglichen Einfluss solcher Inhaber zu begegnen.

13 Unter einer „**qualifizierten Beteiligung**" versteht die Verordnung in diesem Zusammenhang das direkte oder indirekte Halten einer Beteiligung an einem Anbieter von Kryptowerte-Dienstleistungen, die mindestens 10 % des Kapitals oder der Stimmrechte gemäß den Art. 9 bzw. 10 der RL 2004/109/EG unter Berücksichtigung der Voraussetzungen für das Zusammenrechnen der Beteiligungen nach Art. 12 Abs. 4 und 5 jener Richtlinie ausmacht oder die Ausübung eines maßgeblichen Einflusses auf die Geschäftsführung eines Anbieters von Kryptowerte-Dienstleistungen, an der eine solche Beteiligung gehalten wird, ermöglicht (Art. 3 Abs. 1 Nr. 36).

14 Die in Abs. 1 S. 1 und 2 normierte **Zuverlässigkeitsvoraussetzung** gilt ebenso für die Anteilseigner oder Gesellschafter, die direkt oder indirekt qualifizierte Beteiligungen an den Kryptowerte-Dienstleistern halten (Art. 68 Abs. 2). Für die Auslegung des Merkmals eines guten Leumunds wird daher auf die Kommentierung zu Art. 68 Abs. 1 verwiesen (→ Rn. 8 f.)

15 Ist der Einfluss, den die Inhaber qualifizierter Beteiligungen ausüben, der soliden und umsichtigen Geschäftsführung des Kryptowerte-Dienstleisters voraussichtlich abträglich, sind die zuständigen Behörden gem. Abs. 3 UAbs. 1 dazu ermächtigt, geeignete **Maßnahmen** zu ergreifen, um diesem Risiko zu begegnen. Die Behörden haben zur Beurteilung eines solchen Abträglichseins beispielsweise die **früheren Aktivitäten der Inhaber und das Risiko, dass sie an illegalen Tätigkeiten beteiligt** sind sowie den **Einfluss oder die Kontrolle durch die Regierung eines Drittlands** zu berücksichtigen.[8]

16 **Geeignete Maßnahmen** sind gem. Abs. 3 UAbs. beispielsweise Anträge auf richterliche Anordnung, die Verhängung von Sanktionen gegen die Geschäftsführer und die Geschäftsführung oder die Aussetzung des Stimmrechts im Zusammenhang mit den Aktien und Anteilen an dem Kryptowerte-Dienstleister.

---

[6] Schwennicke/Auerbach/Schwennicke KWG § 33 Rn. 41 mwN.
[7] Schwennicke/Auerbach/Schwennicke KWG § 25c Rn. 19.
[8] Erwgr. Nr. 81 S. 3.

V. Strategien, Verfahren und laufende Überprüfung zur Einhaltung der Verordnung (Abs. 4 und 6)

Die Verordnung verpflichtet Anbieter von Kryptowerte-Dienstleistungen 17 dazu, **Strategien und Verfahren** zu führen, die hinreichend wirksam sind, um die **Einhaltung ihrer gesetzlichen Vorgaben** sicherzustellen **(Abs. 4)**. Zur Kontrolle hat das Leitungsorgan des Kryptowerte-Dienstleisters die Strategien und Verfahren, die zur Erfüllung der Pflichten aller Anbieter von Kryptowerte-Dienstleistungen **(Art. 66 ff.)** sowie der Pflichten in Bezug auf spezifische Kryptowerte-Dienstleistungen **(Art. 75 ff.)** eingeführt wurden, regelmäßig zu **bewerten und** zu **überprüfen (Abs. 6)**. Sollten diesbezüglich Mängel bestehen, hat das Leitungsorgan Maßnahmen zur Behebung dieser Mängel zu ergreifen.

VI. Anforderungen an das Personal von Kryptowerte-Dienstleistern (Abs. 5)

Die Verordnung stellt nicht nur Anforderungen an die Leitungsorgane von 18 Kryptowerte-Dienstleistern. Auch das **Personal** hat über die für die Wahrnehmung der ihnen übertragenen Aufgaben erforderlichen **Kenntnisse, Fähigkeiten und Fachkenntnisse** zu verfügen. Die Qualifikationsanforderungen sollen sich dabei nach Umfang, Art und Bandbreite der erbrachten Dienstleistung richten **(Abs. 5)**.

VII. DORA Compliance (Abs. 7, 8 und 10)

Durch die ebenfalls als Bestandteil des EU-Pakets zur Digitalisierung des 19 Finanzsektors verabschiedete Verordnung (EU) 2022/2554 des Europäischen Parlaments und des Rates vom 14.12.2022 über die digitale operationelle Resilienz im Finanzsektor **(DORA)** wurden einheitliche Anforderungen an die Sicherheit von Netzwerken und Informationssystemen sowohl von Finanzunternehmen als auch von kritischen Drittanbietern von Informations- und Kommunikationstechnologie **(IKT)** geschaffen.[9]

Vor diesem Hintergrund werden Kryptowerte-Dienstleistern verschiedene 20 Pflichten zur Einhaltung der DORA-Vorgaben auferlegt. Zunächst haben Kryptowerte-Dienstleister alle angemessenen Maßnahmen zu ergreifen, um für die **Kontinuität und Regelmäßigkeit der Erbringung ihrer Kryptowerte-Dienstleistungen** zu sorgen. Sie haben zu diesem Zweck angemessene und verhältnismäßige Ressourcen und Verfahren einzusetzen, die auch **widerstandsfähige und sichere IKT-Systeme** iSd DORA zu umfassen haben (Abs. 7 UAbs. 1).

Darüber hinaus haben Kryptowerte-Dienstleister eine **Strategie für die** 21 **Fortführung des Geschäftsbetriebes** festzulegen. Diese Strategie muss auch **IKT-Geschäftsfortführungspläne** sowie **IKT-Reaktions- und Wiederherstellungspläne** gem. den Art. 11 und 12 DORA umfassen, mit denen im Fall einer Unterbrechung ihrer IKT-Systeme und -Verfahren die Bewahrung wesentlicher Daten und Funktionen und die Aufrechterhaltung der Kryptowerte-Dienstleistungen sichergestellt wird. Sollte eine Bewahrung der Daten und Funktionen und eine Aufrechterhaltung der Kryptowerte-Dienstleistungen nicht möglich sein, soll durch die Pläne zudem eine zeitnahe

---

[9] Bernau/Lutterbach BKR 2023, 506; Dittrich/Heinelt RDi 2023, 164.

Wiederherstellung dieser Daten und Funktionen und die Wiederaufnahme der Kryptowerte-Dienstleistungen sichergestellt werden (Abs. 7 UAbs. 2).

22 Die Kryptowerte-Dienstleister haben zudem über **Mechanismen, Systeme und Verfahren gemäß den Anforderungen der DORA** zu verfügen (Abs. 8 UAbs. 1 S. 1). Die Angemessenheit und Wirksamkeit dieser Mechanismen, Systeme und Verfahren sind regelmäßig – unter Berücksichtigung von Umfang, Art und Bandbreite der erbrachten Kryptowerte-Dienstleistungen – zu **überwachen** und zu **bewerten**. Bestehen Mängel bezüglich der Mechanismen, Systeme und Verfahren, sind geeignete Maßnahmen zur Behebung dieser Mängel zu ergreifen (Abs. 8 UAbs. 1 S. 2).

23 In diesem Zusammenhang haben Kryptowerte-Dienstleister Systeme und Verfahren einzurichten, um die **Verfügbarkeit, Authentizität, Integrität und Vertraulichkeit** von Daten gem. DORA zu schützen (Abs. 8 UAbs. 2).

24 Abs. 10 S. 1 lit. a sieht eine Ermächtigung der ESMA zur Erarbeitung **technischer Regulierungsstandards** vor, in denen die in Abs. 7 genannten Maßnahmen zur Sicherstellung der Kontinuität und Regelmäßigkeit bei der Erbringung der Kryptowerte-Dienstleistungen präzisiert werden. Die Frist für die Übermittlung der Entwürfe technischer Regulierungsstandards durch die ESMA endet am 30.6.2024.

VIII. Geldwäscherechtliche Compliance (Abs. 8 UAbs. 1)

25 Neben Compliance-Maßnahmen im Zusammenhang mit den Anforderungen der DORA haben Kryptowerte-Dienstleister auch die Einhaltung **geldwäscherechtlicher Anforderungen** sicherzustellen. Hierzu haben Kryptowerte-Dienstleister wirksame Verfahren und Vorkehrungen für die Risikobewertung einzurichten, um den nationalen Umsetzungsvorschriften zur Richtlinie (EU) 2015/849 (Vierten Geldwäscherichtlinie – **AMLD 4**) nachzukommen (Abs. 8 UAbs. 1 S. 1).

IX. Aufzeichnungs- und Aufbewahrungspflichten (Abs. 9 und 10)

26 Kryptowerte-Dienstleister unterliegen **eigenen Aufzeichnungs- und Aufbewahrungspflichten** (Abs. 9). Entsprechende Vorgaben finden sich im deutschen Recht bereits für Wertpapierdienstleistungsunternehmen in § 83 Abs. 1–2 WpHG, Art. 72–75 Del. VO (EU) 2017/565 sowie AT 8 MaComp und Abschnitt A der Auslegungsentscheidungen der BaFin zu MiFID II-Wohlverhaltensregeln nach §§ 63 ff. WpHG.[10]

27 Kryptowerte-Dienstleister müssen über ihre sämtlichen Kryptowerte-Dienstleistungen, Tätigkeiten, Aufträge und Geschäfte Aufzeichnungen führen. Die Aufzeichnungen sind so zu führen, dass sie der zuständigen Behörden die Wahrnehmung ihrer Aufsichtsaufgaben und die die Ergreifung von Durchsetzungsmaßnahmen ermöglichen. Insbesondere müssen die zuständigen Behörden durch die Aufzeichnungen in die Lage sein, die Erfüllung der Verpflichtungen der Kryptowerte-Dienstleister zu überprüfen, wobei hiervon insbesondere die Pflichten gegenüber Kunden oder potenziellen Kunden und die Pflichten zur Erhaltung der Integrität des Marktes umfasst sind. Konkret müssen die Kryptowerte-Dienstleister daher über Systeme verfügen, mit

---

[10] Feger/Gollasch CB 2022, 248 (251).

denen potenzieller Marktmissbrauch durch Kunden aufgedeckt werden kann.[11]

Spiegelbildlich zu den Aufzeichnungspflichten sind Kryptowerte-Dienstleister auch zur **Aufbewahrung** der Aufzeichnungen verpflichtet. Die Aufzeichnungen sind fünf Jahre lang aufzubewahren und dem Kunden auf Anfrage zur Verfügung zu stellen. Die zuständige Behörde kann auch einen längeren Aufbewahrungszeitraum verlangen. In diesem Fall sind die Aufzeichnungen maximal sieben Jahre lang aufzubewahren. Das Verlangen der Behörde muss vor dem Ablauf der Aufbewahrungsfrist von fünf Jahren gestellt werden. 28

Abs. 10 S. 1 lit. b sieht eine **Ermächtigung der ESMA** zur Erarbeitung technischer Regulierungsstandards vor, in denen die Aufzeichnungen über alle Kryptowerte-Dienstleistungen, Tätigkeiten, Aufträge und Geschäfte konkretisiert werden. Eine Veröffentlichung der gegebenenfalls von der Kommission nach Abs. 10 S. 2 ergänzten technischen Regulierungsstandards ist bislang noch nicht erfolgt. Die Frist für die Übermittlung der Entwürfe technischer Regulierungsstandards durch die ESMA endet am 30.6.2024. 29

X. Regelungen und Verweise des KMAG-E

Nach § 5 Abs. 1 KMAG-E (zum KMAG-E → Art. 59 Rn. 57) haben Widerspruch und Anfechtungsklage gegen behördliche Maßnahmen nach Art. 68 Abs. 3 keine aufschiebende Wirkung. 30

Ferner wird gem. § 47 Abs. 3 Nr. 56–59 KMAG-E der vorsätzliche oder fahrlässige Verstoß gegen einzelne Regelungen zur Unternehmensführung als Ordnungswidrigkeit geahndet. Hierunter fallen Verstöße gegen die Anforderungen an das Personal (Art. 68 Abs. 5), eine unterlassene oder unzureichende Erbringung von nach Art. 68 Abs. 7 und 8 erforderlichen Maßnahmen sowie Verstöße gegen die Art. 68 Abs. 9 S. 1 normierte Aufzeichnungspflicht. 31

Artikel 69 Unterrichtung der zuständigen Behörden

Die Anbieter von Kryptowerte-Dienstleistungen unterrichten die für sie zuständige Behörde unverzüglich über jede Änderung in ihrem Leitungsorgan, bevor etwaige neue Mitglieder ihre Tätigkeit aufnehmen, und stellen ihr alle Informationen zur Verfügung, die erforderlich sind, um die Einhaltung von Artikel 68 zu bewerten.

Übersicht

	Rn.
I. Einführung	1
1. Literatur	1
2. Entstehung und Zweck der Norm	2
3. Normativer Kontext	3
II. Pflicht zur Mitteilung von Änderungen	4
III. Regelungen und Verweise des KMAG-E	7

---

[11] Erwgr. Nr. 81 S. 8.

MiCAR Art. 69 Titel V. Zulassung und Bedingungen

I. Einführung

1 **1. Literatur.** *Asatiani/Siadat,* Das vereinfachte Zulassungsverfahren im Rahmen der MiCAR, RDi 2023, 98.

2 **2. Entstehung und Zweck der Norm.** Kryptowerte-Dienstleister sollen ausweislich der Erwägungsgründe strengen **organisatorischen Anforderungen** unterliegen.[1] Damit einher geht eine **laufende Aufsicht** über einmal zugelassene Kryptowerte-Dienstleister, welche nur bei einer korrespondierenden Anzeigepflicht hinsichtlich aufsichtsrechtlicher relevanter Änderungen wirksam ausgeübt werden kann. Die zuständige Aufsichtsbehörde soll so in die Lage versetzt werden, die „*Fit & Proper*-Eignung" der designierten Organe zu überprüfen.[2]

3 **3. Normativer Kontext.** Eine vergleichbare Anzeigepflicht von Instituten findet sich bereits in **§ 24 Abs. 1 Nr. 1 und 2 KWG**. Bemerkenswert ist, dass Art. 69 anders als die aufsichtsrechtlichen Vorgaben des KWG die Anzeigepflicht auf **Änderungen im Leitungsorgan** beschränkt. Für die Unterrichtungspflicht gem. Art. 69 gilt die bereits zu Art. 68 beschriebene Abgrenzungssystematik, sodass auf die dortige Kommentierung verwiesen werden kann (→ § 68 Rn. 3).

II. Pflicht zur Mitteilung von Änderungen

4 Gem. Art. 69 sind Kryptowerte-Dienstleister verpflichtet, die für sie zuständige Behörde unverzüglich über eine Änderung in ihrem Leitungsorgan zu unterrichten. Die Pflicht ähnelt dabei der für Kredit- und Finanzdienstleistungsinstitute geltenden Anzeigepflicht gem. § 24 Abs. 1 Nr. 1 und 2 KWG. Anders als im Rahmen von § 24 Abs. 1 Nr. 1 und 2 KWG ist aber dem Wortlaut nach nicht die bloße Absicht das die Anzeigepflicht auslösende Ereignis. Da der Wortlaut auf eine Änderung im Leitungsorgan und damit auf ein bereits eingetretenes Ereignis abstellt, dürfte erst der **Bestellungsakt** und nicht schon die **Absicht der Bestellung** die Anzeigepflicht auslösen. Die Unterrichtung hat jedoch zu erfolgen, bevor etwaige neue Mitglieder ihre Tätigkeit aufnehmen. Da mit der Bestellung üblicherweise auch die Tätigkeit des Leitungsorgans von diesem aufgenommen wird, wird in praxi die Unterrichtung bereits vor der Bestellung des neuen Leitungsorgans erfolgen. Dies dürfte auch zu empfehlen sein, da andernfalls eine rechtzeitige Überprüfung der in Art. 68 Abs. 1 formulierten Anforderungen an das Leitungsorgan durch die zuständige Behörde nicht erfolgen könnte.

5 Abweichend von § 24 Abs. 1 Nr. 1 und 2 KWG differenziert Art. 69 zudem nicht zwischen der Bestellung und dem Ausscheiden eines Mitglieds des Leitungsorgans, knüpft lediglich allgemein an die „Änderung" im Leitungsorgan des Kryptowerte-Dienstleisters an. Die zeitliche Vorgabe, dass dies vor Tätigkeitsaufnahme etwaig neuer Mitglieder zu erfolgen hat, ist allerdings nicht dahingehend zu verstehen, dass lediglich die Bestellung neuer Mitglieder anzuzeigen ist. Der Wortlaut „etwaig" belegt viel mehr, dass darüber hinaus auch ein anzeigepflichtiger Vorfall vorliegen kann, wenn keine neuen Leitungsorgane bestellt wurden, die Änderung mithin im **Ausscheiden** eines solchen liegt. Andernfalls könnte die Aufsichtsbehörde dem Zweck der

---

[1] Erwgr. 81 S. 1.
[2] Asatiani/Siadat RDi 2023, 98 (101).

Sichere Aufbewahrung   Art. 70 MiCAR

Unterrichtungspflicht – eine laufende Aufsicht über die Zusammensetzung des Leitungsorgans und Einhaltung der an sie formulierten Anforderungen – kaum sinnvoll nachkommen.

Die Kryptowerte-Dienstleister haben der Behörde bei der Unterrichtung 6 alle Informationen zur Verfügung zu stellen, die erforderlich sind, um die Einhaltung von Art. 68 zu bewerten. Konkret umfasst dies insbesondere die **Nachweise zur Zuverlässigkeit und Geeignetheit der Mitglieder des Leitungsorgans** nach Art. 68 Abs. 1 (→ Art. 68 Rn. 7).

III. Regelungen und Verweise des KMAG-E

Gem. § 47 Abs. 3 Nr. 60 KMAG-E (zum KMAG-E → Art. 59 Rn. 57) 7 handelt ordnungswidrig, wer die Unterrichtung über die Änderung in einem Leitungsorgan oder die Information hinsichtlich der Zuverlässigkeit und Geeignetheit nach Art. 69 nicht, nicht richtig oder nicht vollständig vornimmt, beziehungsweise zur Verfügung stellt.

Artikel 70 Sichere Aufbewahrung der Kryptowerte und Geldbeträge von Kunden

(1) Anbieter von Kryptowerte-Dienstleistungen, die Kryptowerte von Kunden oder die Mittel für den Zugang zu solchen Kryptowerten halten, treffen angemessene Vorkehrungen, um insbesondere im Falle der Insolvenz des Anbieters von Kryptowerte-Dienstleistungen die Eigentumsrechte der Kunden zu schützen und zu verhindern, dass die Kryptowerte von Kunden für eigene Rechnung verwendet werden.

(2) Erfordern das Geschäftsmodell oder die Kryptowerte-Dienstleistungen das Halten von Geldbeträgen von Kunden, bei denen es sich nicht um E-Geld-Token handelt, so treffen die Anbieter von Kryptowerte-Dienstleistungen angemessene Vorkehrungen, um die Eigentumsechte der Kunden zu schützen und zu verhindern, dass Geldbeträge von Kunden für eigene Rechnung verwendet werden.

(3) Die Anbieter von Kryptowerte-Dienstleistungen zahlen diese Geldbeträge bis zum Ende des Werktags, der auf den Tag folgt, an dem die Geldbeträge der Kunden, bei denen es sich nicht um E-Geld-Token handelt, eingegangen sind, bei einem Kreditinstitut oder einer Zentralbank ein.

Die Anbieter von Kryptowerte-Dienstleistungen treffen alle erforderlichen Maßnahmen, um sicherzustellen, dass die einem Kreditinstitut oder bei einer Zentralbank gehaltenen Geldbeträge von Kunden, bei denen es sich nicht um E-Geld-Token handelt, auf Konten geführt werden, die separat von Konten identifizierbar sind, auf denen Geldbeträge der Anbieter von Kryptowerte-Dienstleistungen geführt werden.

(4) Die Anbieter von Kryptowerte-Dienstleistungen können selbst oder über einen Dritten Zahlungsdienste im Zusammenhang mit den von ihnen angebotenen Kryptowerte-Dienstleistungen erbringen, sofern der Anbieter von Kryptowerte-Dienstleistungen selbst oder der Dritte im Einklang mit der Richtlinie (EU) 2015/2366 für die Erbringung dieser Dienstleistungen zugelassen ist.

Werden Zahlungsdienste erbracht, unterrichten die Anbieter von Kryptowerte-Dienstleistungen ihre Kunden über Folgendes

a) die Art dieser Dienste und die dafür geltenden Geschäftsbedingungen, einschließlich Verweisen auf das geltende nationale Recht und die Rechte der Kunden;
b) darüber, ob diese Dienste unmittelbar von ihnen oder von einem Dritten erbracht werden.

(5) Die Absätze 2 und 3 gelten nicht für Anbieter von Kryptowerte-Dienstleistungen, bei denen es sich um E-Geld- Institute, Zahlungsinstitute oder Kreditinstitute handelt.

Übersicht

	Rn.
I. Einführung	1
1. Literatur	1
2. Entstehung und Zweck der Norm	2
3. Normativer Kontext	3
II. Pflichten im Umgang mit Kryptowerten von Kunden (Abs. 1)	6
III. Pflichten im Umgang mit Kundengeldern (Abs. 2, 3 und 5)	8
IV. Zahlungsdienste im Zusammenhang mit Kryptowerte-Dienstleistungen (Abs. 4)	12
V. Regelungen und Verweise des KMAG-E	14

I. Einführung

1. Literatur. *D'Avoine/Hamacher,* Die Insolvenz des Kryptoverwahrers Aussonderungsrechte an Kryptowerten? ZIP 2022, 2214; *Schröder/Triantafyllakis,* Kryptowerte in der Insolvenz des Kryptoverwahrers. Massebefangen oder aussonderbar? BKR 2023, 12; *Skauradszun/Schweizer/Kümpel,* Das Kryptoverwahrgeschäft und der insolvenzrechtliche Rang der Kunden – Aussonderung oder Insolvenzquote? ZIP 2022, 2101. 1

2. Entstehung und Zweck der Norm. Um den **Schutz ihrer Kunden** sicherzustellen, sollten die Kryptowerte-Dienstleister angemessene Vorkehrungen haben, um die **Eigentumsrechte der Kunden** an den von ihnen gehaltenen Kryptowerten zu wahren.[1] 2

3. Normativer Kontext. Bereits vor Inkrafttreten der MiCAR unterfielen Kryptowerte nach den nationalen Vorschriften nicht den nach dem Depotgesetz verwahrbaren Finanzinstrumenten. Dies hat zur Folge, dass den Kunden verwahrter Kryptowerte beispielsweise das für Depotkunden als (Mit-)Eigentümer der Wertpapiere oder des Wertpapiersammelbestandes geltende **Aussonderungsrecht gem.** § 47 InsO nicht zustand.[2] In der Literatur wurde daher bereits um eine Analogie zur Auslandsverwahrung von Wertpapieren gerungen, womit ein entsprechendes Treuhandeigentum an den vom Kryptoverwahrer verwahrten Kryptowerten begründet wurde.[3] 3

Der bezweckte Schutz durch **Trennung der Vermögensmassen der Kunden vom Eigenvermögen des Dienstleisters,** um die Kunden im Falle einer Insolvenz des Anbieters von Kryptowerte-Dienstleistungen abzusi- 4

---

[1] Erwgr. Nr. 82.
[2] Schröder/Triantafyllakis BKR 2023, 12 (15).
[3] Schröder/Triantafyllakis BKR 2023, 12 (15); krit. D'Avoine/Hamacher ZIP 2022, 2214.

chern, ist an zwei Stellen in der MiCAR angelegt. Art. 70 Abs. 1 normiert dabei eine **allgemeine Pflicht** zum Schutz der Kunden eines Anbieters von Kryptowerte-Dienstleistungen.[4] Daneben stellt Art. 75 Abs. 7 eine **Spezialregelung** auf, die nur für Anbieter des Kryptoverwahrgeschäfts gem. Art. 3 Abs. 1 Nr. 16 lit. a gilt und wegen ihrer Spezialität den Vorgaben des Art. 70 Abs. 1 vorgeht.

Vergleichbar ist Art. 70 mit Art. 16 Abs. 8 MiFID II bzw. dessen Umsetzung ins nationale Recht in § 84 WpHG, wonach eine Wertpapierfirma, die Kunden gehörende Finanzinstrumente hält, geeignete Vorkehrungen zu treffen hat, um deren Eigentumsrechte insbesondere in der Insolvenz der Wertpapierfirma zu schützen und zu verhindern, dass die Finanzinstrumente eines Kunden ohne dessen ausdrückliche Zustimmung für eigene Rechnung verwendet werden. Es findet das zweigleisige Regelungsregime für Kryptowerte-Dienstleister Anwendung: Werden Dienstleistungen im Hinblick auf solche Kryptowerte erbracht, die als Finanzinstrumente iSd MiFID II gelten, bleibt es wegen der Subsidiarität der MiCAR[5] bei der Anwendung der Vorgaben gem. Art. 16 Abs. 8 MiFID II. Für Kryptowerte im Übrigen finden die Regelungen der MiCAR Anwendung. 5

II. Pflichten im Umgang mit Kryptowerten von Kunden (Abs. 1)

Abs. 1 verpflichtet Kryptowerte-Dienstleister zu einer verantwortungsvollen Verwaltung der Kryptowerte ihrer Kunden. Kryptowerte-Dienstleister, die die Kryptowerte ihrer Kunden oder die Zugangsmittel zu diesen Kryptowerten innehaben, sind verpflichtet, geeignete Maßnahmen zu ergreifen, um insbesondere im Falle einer potenziellen Insolvenz die Eigentumsrechte ihrer Kunden zu schützen. Darüber hinaus soll durch diese Maßnahmen gewährleistet werden, dass Kryptowerte von Kunden nicht für eigene Rechnung des Dienstleisters verwendet werden. Dem Wortlaut nach umfasst die Pflicht nicht nur wertreferenzierte Kryptowerte, sondern Kryptowerte iSd MiCAR im Allgemeinen.[6] 6

Da ausweislich Abs. 1 die **Eigentumsrechte** der Kunden an den Kryptowerten geschützt werden sollen, geht der Verordnungsgeber davon aus, dass die Kryptowerte ausschließlich dem Kundenvermögen und nicht dem des Kryptowerte-Dienstleisters zugeordnet werden.[7] Der Begriff der Eigentumsrechte ist autonom auszulegen, womit die die fehlende Qualität von Kryptowerten als Sache iSd § 90 BGB und damit die Unmöglichkeit des Erwerbs von Eigentum an Kryptowerten nach nationalem Zivilrecht, unschädlich bleibt.[8] 7

III. Pflichten im Umgang mit Kundengeldern (Abs. 2, 3 und 5)

Kryptowerte-Dienstleister, die Geldbeträge von Kunden verwalten, die nicht als E-Geld-Token definiert sind, unterliegen einer **besonderen Sorgfaltspflicht**. Geldbeträge meint dabei Geldbeträge im Sinne der Richtlinie 8

---

[4] Skauradszun/Schweizer/Kümpel ZIP 2022, 2101 (2112).
[5] Art. 2 Abs. 4 lit. a, Art. 3 Abs. 1 Nr. 49 MiCAR iVm Art. 4 Abs. 1 Nr. 15 der Richtlinie 2914/65/EU.
[6] Skauradszun/Schweizer/Kümpel ZIP 2022, 2101 (2113).
[7] Skauradszun/Schweizer/Kümpel ZIP 2022, 2101 (2113).
[8] Skauradszun/Schweizer/Kümpel ZIP 2022, 2101 (2113).

MiCAR Art. 70   Titel V. Zulassung und Bedingungen

(EU) 2015/2366 in Form von Banknoten, Münzen, Giralgeld oder E-Geld der Kunden.[9]

9   Die betroffenen Kryptowerte-Dienstleister haben nicht nur dafür Sorge zu tragen, dass die Eigentumsrechte ihrer Kunden gewahrt bleiben, sondern sie müssen zudem sicherstellen, dass die entsprechenden Beträge nicht für eigene Rechnung verwendet werden **(Abs. 2)**. Verhindert werden soll also eine **Vermögensvermischung,** da hierdurch die Kunden im Falle der Insolvenz des Anbieters deutlich schlechter gestellt sind. Zu einer Vermögensvermischung kommt es nach Formulierung der Norm insbesondere dann, wenn Anbieter von Kryptowerte-Dienstleistungen Kundengelder für eigene Rechnung verwenden.

10   Hinsichtlich der konkreten **Verwahrpraxis** werden Kryptowerte-Dienstleister angehalten, die genannten Beträge unverzüglich, spätestens jedoch bis zum Ablauf des auf den Erhalt folgenden Werktags, bei einem Kreditinstitut oder einer Zentralbank einzuzahlen **(Abs. 3 S. 1)**. Hierbei ist es von zentraler Bedeutung, dass diese Mittel in einer Art und Weise gehalten werden, die eine klare Unterscheidung und Identifizierung von den eigenen Geldern des Kryptowerte-Dienstleisters ermöglicht, um so eine unzulässige Vermischung von Kunden- und Eigenmitteln des Dienstleisters zu verhindern. Praktisch soll dies durch **separate geführte Konten für Kundengelder** erfolgen (Abs. 3).

11   Schließlich moduliert Abs. 5 die Anwendungsbreite dieser Anforderungen, indem er klarstellt, dass sie nicht für Kryptowerte-Dienstleister gelten, die gleichzeitig als **E-Geld-Institute**[10], **Zahlungsinstitute**[11] oder **Kreditinstitute**[12] auftreten. Damit berücksichtigt der Gesetzgeber die bereits bestehenden regulatorischen Rahmenbedingungen, denen solche Institute unterliegen.

IV. Zahlungsdienste im Zusammenhang mit Kryptowerte-Dienstleistungen (Abs. 4)

12   Art. 70 ermöglicht den Kryptowerte-Dienstleistern, entweder selbst oder über einen Dritten, **Zahlungsdienste** in Zusammenhang mit den von ihnen angebotenen Kryptowerte-Dienstleistungen zu erbringen (Abs. 4). Dies ist jedoch nur unter der Voraussetzung zulässig, dass der Kryptowerte-Dienstleister selbst oder der Dritte im Einklang mit der **Richtlinie (EU) 2015/2366** für die Erbringung dieser Dienstleistungen zugelassen ist. In Deutschland wurde die Richtlinie im **ZAG** umgesetzt. Aus deutschrechtlicher Perspektive adressiert die Norm somit die Zahlungsinstitute iSd ZAG, die über eine **Erlaubnis nach § 10 ZAG** verfügen.

13   Bei der Erbringung der Zahlungsdienste liegt es in der Verantwortung des Dienstleisters, seine Kunden transparent über die Art der erbrachten Dienste und die geltenden Geschäftsbedingungen zu informieren. Dazu gehören auch die Verweise auf das geltende nationale Recht und die Rechte der Kunden (Abs. 4 lit. a). Ferner muss darauf hingewiesen werden, ob die Zahlungsdienste direkt vom Kryptowerte-Dienstleister oder von einem Dritten erbracht werden (Abs. 4 lit. b).

---

[9] Erwgr. Nr. 82 S. 2.
[10] Art. 2 Nr. 1 der Richtlinie 2009/110/EG.
[11] Art. 4 Nr. 4 der Richtlinie (EU) 2015/2366.
[12] Art. 3 Abs. 1 Nr. 28 der Verordnung iVm Richtlinie 2013/36/EU.

V. Regelungen und Verweise des KMAG-E

In Bezug auf Art. 70 liegt gem. KMAG-E (zum KMAG-E → Art. 59 Rn. 57) eine Ordnungswidrigkeit vor im Fall eines vorsätzlichen oder fahrlässigen Verstoßes gegen die Pflicht, Vorkehrungsmaßnahmen nach Art. 70 Abs. 1 und 2 zu treffen (§ 47 Abs. 3 Nr. 61 KMAG-E), Einzahlungen gem. Art. 70 Abs. 3 UAbs. 2 vorzunehmen (§ 47 Abs. 3 Nr. 62 KMAG-E) und die Kunden gem. Art. 70 Abs. 4 UAbs. 2 zu unterrichten (§ 47 Abs. 3 Nr. 5 lit. b KMAG-E).

14

Artikel 71 Beschwerdeverfahren

(1) Die Anbieter von Kryptowerte-Dienstleistungen führen wirksame und transparente Verfahren für die umgehende, redliche und einheitliche Bearbeitung von Kundenbeschwerden ein, erhalten sie aufrecht und veröffentlichen Beschreibungen dieser Verfahren.

(2) Die Kunden können Beschwerden bei den Anbietern von Kryptowerte-Dienstleistungen unentgeltlich einreichen.

(3) Die Anbieter von Kryptowerte-Dienstleistungen unterrichten die Kunden über die Möglichkeit, eine Beschwerde einzureichen. Die Anbieter von Kryptowerte-Dienstleistungen stellen den Kunden ein Muster für die Einreichung von Beschwerden zur Verfügung und führen Aufzeichnungen über alle eingegangenen Beschwerden sowie die daraufhin getroffenen Maßnahmen.

(4) Die Anbieter von Kryptowerte-Dienstleistungen sorgen für eine zeitnahe und redliche Untersuchung sämtlicher Beschwerden und teilen ihren Kunden die Ergebnisse ihrer Untersuchungen innerhalb eines angemessenen Zeitraums mit.

(5) Die ESMA arbeitet in enger Abstimmung mit der EBA Entwürfe technischer Regulierungsstandards zur Präzisierung der Anforderungen, Muster und Verfahren für die Bearbeitung von Beschwerden aus.

Die ESMA übermittelt der Kommission die in Unterabsatz 1 genannten Entwürfe technischer Regulierungsstandards spätestens am 30. Juni 2024.

Der Kommission wird die Befugnis übertragen, diese Verordnung durch Annahme der in Unterabsatz 1 dieses Absatzes genannten technischen Regulierungsstandards gemäß den Artikeln 10 bis 14 der Verordnung (EU) Nr. 1095/2010 zu ergänzen.

Übersicht

	Rn.
I. Einführung	1
1. Literatur	1
2. Entstehung und Zweck der Norm	2
3. Normativer Kontext	3
II. Pflichten der Kryptowerte-Dienstleister im Beschwerdeverfahren	5
1. Einrichtungspflicht	5
2. Anforderungen an das Beschwerdeverfahren	6
3. Konkretisierung durch technische Regulierungsstandards	7
III. Regelungen und Verweise des KMAG-E	8

MiCAR Art. 71

I. Einführung

1. **1. Literatur.** *Feger/Gollasch*, MiCAR – Ein erster Überblick für Compliance-Beauftragte zur Krypto-Regulierung, CB 2022, 248.

2. **2. Entstehung und Zweck der Norm.** Um **Verbraucherschutz, Marktintegrität** und **Finanzstabilität** zu gewährleisten, sollen Kryptowerte-Dienstleister **Beschwerdeverfahren** einrichten.[1] Dies gilt insbesondere für einen Markt, der sich noch einem frühen Entwicklungsstadium befindet, da es hier besonders wichtig ist, den Kunden die Möglichkeit zu geben, ihre Probleme und Unzufriedenheit mit den Dienstleistungen, die sie erhalten, in der gesamten Union einheitlich zu äußern, um den Anlegerschutz und eine gemeinsame Kultur der Bearbeitung von Beschwerden durch die Kryptowerte-Dienstleistungen zu fördern.[2] Ziel dürfte daher auch eine Annäherung des Standards für Kundenbeschwerden von teilweise bislang noch nicht regulierten Kryptowerte-Dienstleister an die differenzierten und umfangreichen Vorgaben für das Beschwerdemanagement von bereits regulierten Instituten sein.

3. **3. Normativer Kontext.** Für regulierte Dienstleistungen existieren bereits umfangreiche aufsichtsrechtliche Anforderungen an das **Beschwerdemanagement**, wie beispielsweise § 80 Abs. 1 S. 3 WpHG iVm Art. 26 der Delegierten Verordnung (EU) 2017/565, BT 12 MaComp, § 62 ZAG und dem BaFin-Rundschreiben zu den „Mindestanforderungen an das Beschwerdemanagement"[3]. Bereits nach nationalen Normen zugelassene Dienstleister können sich daher für die Compliance-Anforderungen an dem Beschwerdemanagement gemäß KWG/MaRisk und WpHG/MaComp orientieren.[4] Die Anforderungen gem. WpHG finden zudem weiterhin Anwendung für Anbieter, die Dienstleistungen hinsichtlich solcher Kryptowerte erbringen, die ein Finanzinstrument iSv Art. 2 Abs. 1 Nr. 15, Anlage I Abschnitt C MiFID II sind, weil die MiCAR in diesem Fall subsidiär ist.

4. Analog zu dem Beschwerdemanagement von Kryptowerte-Dienstleistern regelt Art. 31 MiCAR inhaltlich in Teilen deckungsgleich die Anforderungen an das **Beschwerdeverfahren**, welche von Emittenten wertreferenzierter Token zu beachten sind (im Einzelnen → Art. 31 Rn. 1). Der Kreis der Personen, die Beschwerden einreichen können, ist im Gegensatz zu Art. 31 Abs. 1 jedoch auf die „**Kunden**" der Anbieter von Kryptowerte-Dienstleistungen begrenzt.

II. Pflichten der Kryptowerte-Dienstleister im Beschwerdeverfahren

5. **1. Einrichtungspflicht.** Art. 71 legt konkrete Anforderungen für Kryptowerte-Dienstleister im Umgang mit Kundenbeschwerden fest. Grundsätzlich sieht die Verordnung vor, dass Kryptowerte-Dienstleister **wirksame** und **transparente** Verfahren für die Behandlung von Kundenbeschwerden implementieren und pflegen müssen. Diese Verfahren sollen nicht nur der

---

[1] Erwgr. Nr. 79.
[2] So auch ESMA in ihren am 12.6.2024 zur Konsultation gestellten Entwurf für technische Regulierungsstandards veröffentlicht und zur Konsultation gestellt, abrufbar unter https://www.esma.europa.eu/sites/default/files/2023-07/ESMA74-449133380-425_MiCA_Consultation_Paper_1st_package.pdf (abgerufen am 17.9.2023).
[3] Gemeinsames Rundschreiben BA, WA und VA 06/2018.
[4] Feger/Gollasch CB 2022, 248 (250).

Interessenkonflikte **Art. 72 MiCAR**

umgehenden Bearbeitung von Beschwerden dienen, sondern auch sicherstellen, dass die Bearbeitung **redlich** und **einheitlich** erfolgt (Abs. 1). In diesem Kontext hebt der Artikel auch die Verpflichtung der Dienstleister hervor, die Kunden über die Möglichkeit der Beschwerdeeinreichung zu **informieren** und ihnen ein **standardisiertes Muster** für solche Beschwerden zur Verfügung zu stellen.

2. Anforderungen an das Beschwerdeverfahren. Für die Kunden selbst stellt der Artikel sicher, dass sie das Recht haben, ihre Beschwerden **unentgeltlich**, dh ohne zusätzliche Kosten einzureichen (Abs. 2). Darüber hinaus sind die Dienstleister angehalten, **Aufzeichnungen** über alle eingegangenen Beschwerden und die daraufhin getroffenen Maßnahmen zu führen (Abs. 3). Im Weiteren legt die Verordnung den Kryptowerte-Dienstleistern die Verpflichtung auf, sämtliche Beschwerden **zeitnah** und **redlich zu untersuchen** und den Kunden die **Ergebnisse** ihrer Untersuchungen **in einem angemessenen Zeitrahmen** mitzuteilen (Abs. 4). 6

3. Konkretisierung durch technische Regulierungsstandards. Abs. 5 befasst sich mit den **technischen Regulierungsstandards** im Kontext des Beschwerdeverfahrens. Die Verordnung legt fest, dass die Europäische Wertpapier- und Marktaufsichtsbehörde **(ESMA)** in Zusammenarbeit mit der Europäischen Bankenaufsichtsbehörde **(EBA)** technische Regulierungsstandards entwickelt, um die Anforderungen, Muster und Verfahren für die Bearbeitung von Beschwerden präziser zu definieren (Abs. 5 UAbs. 1). Die ESMA hat der Europäischen Kommission diese Entwürfe spätestens bis zum 30.6.2024 vorzulegen (Abs. 5 UAbs. 2).[5] Die Kommission wird ermächtigt, die Verordnung durch Annahme dieser technischen Regulierungsstandards, gemäß den Artikeln 10–14 der Verordnung (EU) Nr. 1095/2010, zu ergänzen (Abs. 5 UAbs. 3). Die Vorgehensweise entspricht damit den Stufen des *Lamfalussy*-**Verfahrens**, in welcher technische Regulierungsstandards durch die Aufsichtsbehörden entwickelt und dann durch die Kommission angenommen werden.[6] 7

III. Regelungen und Verweise des KMAG-E

§ 47 Abs. 4 Nr. 13 lit. b KMAG-E (zum KMAG-E → Art. 59 Rn. 57) sieht eine Ordnungswidrigkeit für den Fall des Verstoßes gegen die Pflicht zur Einrichtung eines Beschwerdeverfahrens nach Art. 71 Abs. 1 vor. 8

Artikel 72 Ermittlung, Vermeidung, Regelung und Offenlegung von Interessenkonflikten

(1) Die Anbieter von Kryptowerte-Dienstleistungen entwickeln und verfolgen unter Berücksichtigung des Umfangs, der Art und der Bandbreite der erbrachten Kryptowerte-Dienstleistungen wirksame Strategien und Verfahren zur Ermittlung, Vermeidung, Regelung und Offenlegung von Interessenkonflikten zwischen

---

[5] Die ESMA hat zu diesem Zweck am 12.6.2023 einen Entwurf für technische Regulierungsstandards veröffentlicht und zur Konsultation gestellt, abrufbar unter https://www.esma.europa.eu/sites/default/files/2023-07/ESMA74-449133380-425_MiCA_Consultation_Paper_1st_package.pdf (abgerufen am 17.9.2023).

[6] Klöhn MAR Einl. Rn. 32.

(a) ihnen und
   i) ihren Anteilseignern oder Gesellschaftern,
   ii) Personen, die durch Kontrolle eine direkte oder indirekte Verbindung zu den Anbietern von Kryptowerte-Dienstleistungen oder ihren Anteilseignern oder Gesellschaftern aufweisen,
   iii) den Mitgliedern ihrer Führungsgremien,
   iv) ihren Beschäftigten oder
   v) ihren Kunden oder
(b) zwei oder mehr Kunden, zwischen denen ein Interessenkonflikt besteht.

(2) Die Anbieter von Kryptowerte-Dienstleistungen legen ihren Kunden und potenziellen Kunden an gut sichtbarer Stelle auf ihrer Website die allgemeine Art und die Quellen von Interessenkonflikten gemäß Absatz 1 sowie die zur Begrenzung dieser Interessenkonflikte getroffenen Vorkehrungen offen.

(3) Die in Absatz 2 genannte Offenlegung muss in elektronischem Format erfolgen und je nach Status des Kunden hinreichend Details enthalten, um es jedem Kunden zu ermöglichen, Entscheidungen über die Kryptowerte-Dienstleistung, in deren Zusammenhang der Interessenkonflikt auftritt, in Kenntnis der Sachlage zu treffen.

(4) Die Anbieter von Kryptowerte-Dienstleistungen bewerten und überprüfen zumindest einmal jährlich ihre Strategie für den Umgang mit Interessenkonflikten und ergreifen alle geeigneten Maßnahmen, um etwaige diesbezügliche Mängel zu beheben.

(5) Die ESMA arbeitet in enger Abstimmung mit der EBA Entwürfe technischer Regulierungsstandards aus, in denen Folgendes präzisiert wird:

(a) die Anforderungen an die in Absatz 1 genannten Strategien und Verfahren, wobei Umfang, Art und Bandbreite der erbrachten Kryptowerte-Dienstleistungen zu berücksichtigen sind,
(b) die Einzelheiten und das Verfahren betreffend den Inhalt der Offenlegung nach Absatz 2.

Die ESMA übermittelt der Kommission die in Unterabsatz 1 genannten Entwürfe technischer Regulierungsstandards spätestens am 30. Juni 2024.

Der Kommission wird die Befugnis übertragen, diese Verordnung durch Annahme der in Unterabsatz 1 dieses Absatzes genannten technischen Regulierungsstandards gemäß den Artikeln 10 bis 14 der Verordnung (EU) Nr. 1095/2010 zu ergänzen.

Übersicht

	Rn.
I. Einführung	1
1. Literatur	1
2. Entstehung und Zweck der Norm	2
3. Normativer Kontext	3
II. Umgang mit Interessenkonflikten (Abs. 1)	5
1. Begriff des Interessenkonflikts	6
2. Ermittlung, Vermeidung, Regelung	10
III. Offenlegungspflichten (Abs. 2 und 3)	13
IV. Überprüfung (Abs. 4)	17
V. Technische Regulierungsstandards (Abs. 5)	18
VI. Regelungen und Verweise des KMAG-E	19

Art. 72 MiCAR

I. Einführung

1. Literatur. *Armbrüster/Tremurici*, Chinese Walls als Schutzinstrument bei Interessenkonflikten, ZIP 2020, 2305; *Feger/Gollasch*, MiCAR – Ein erster Überblick für Compliance-Beauftragte zur Krypto-Regulierung, CB 2022, 248; *Heller/Lindner/Löbig*, Kryptowerte und Handelsüberwachung – Umgang mit Kryptowerten aus Sicht der Kapitalmarkt-Compliance, WM 2022 Heft 45, 2159; *Maume*, Die Verordnung über Märkte für Kryptowerte (MiCAR), RDi 2022, 497; *Siadat*, Markets in Crypto Assets Regulation – Vertrieb von Kryptofinanzinstrumenten, RdF 2021, 172.

2. Entstehung und Zweck der Norm. Um Verbraucherschutz, Marktintegrität und Finanzstabilität zu gewährleisten, sollen Kryptowerte-Dienstleister über robuste Strategien für die Ermittlung, Vermeidung, Regelung und Offenlegung von Interessenkonflikten verfügen.[1] Art. 72 zielt darauf ab, die Integrität der Kryptowerte-Dienstleistungen durch klare Richtlinien für die Handhabung von Interessenkonflikten zu stärken. Dem Kundeninteresse kommt damit neben der Integrität des Kryptomarktes im Rahmen der MiCAR eine besondere Bedeutung zu.[2] Art. 72 schafft einen Rahmen für die Transparenz gegenüber den Kunden und stellt sicher, dass Anbieter ihre Verfahren regelmäßig überprüfen und anpassen. Interessenkonflikte müssen daher von Kryptowerte-Dienstleister identifiziert, vermieden und offengelegt werden.[3] Gleichzeitig werden spezifische technische Regulierungsstandards erwartet, die diesen Rahmen weiter verfeinern sollen.

3. Normativer Kontext. Die Anforderungen an die Vermeidung und den Umgang mit Interessenkonflikten finden sich bereits in Art. 23 MiFID II bzw. den nationalen Anforderungen an Wertpapierdienstleister gem. § 63 Abs. 2 WpHG wieder. Im Anwendungsbereich der MiFID II werden potenzielle Interessenkonflikte ausführlicher behandelt.[4] Inhaltlich orientieren sich die in Art. 72 normierten Regelungen zum Interessenkonfliktmanagement jedoch stark an Art. 23 MiFID II.[5]

Die Vorgaben der MiFID II bzw. deren nationalen Umsetzungsgesetze finden weiterhin Anwendung für den Fall, dass es sich bei dem bei dem Kryptowert um ein Finanzinstrument iSv Art. 2 Abs. 1 Nr. 15, Anl. I Abschnitt C MiFID II handelt und die Vorgaben der MiCAR im Wege der Subsidiarität zurücktreten. Für Kryptowerte im Übrigen, die dem Anwendungsbereich der Verordnung unterfallen, findet Art. 72 Anwendung. Für Dienstleister, die klassische Wertpapier(neben)dienstleistungen und zugleich Kryptowerte-Dienstleistungen iSd MiCAR erbringen wollen, dürften zukünftig beide Regelungsregime parallel Anwendung finden.[6]

II. Umgang mit Interessenkonflikten (Abs. 1)

Art. 72 adressiert das kritische Thema der Interessenkonflikte im Rahmen von Kryptowerte-Dienstleistungen. Er legt fest, dass Dienstleister **wirksame**

---
[1] Erwgr. Nr. 79.
[2] Siadat RdF 2021, 172 (176).
[3] Maume RDi 2022, 497 (501).
[4] Vgl. Art. 16 Abs. 3, Art. 18 Abs. 4, Art. 23 MiFID II; Lindner/Heller/Löbig WM 2022, Heft 45, 2159 (2163).
[5] Lindner/Heller/Löbig WM 2022, Heft 45, 2159 (2163).
[6] Lindner/Heller/Löbig WM 2022, Heft 45, 2159 (2163).

MiCAR Art. 72 Titel V. Zulassung und Bedingungen

Strategien und **Verfahren** entwickeln und implementieren müssen, die auf die **Ermittlung, Vermeidung, Regelung** und **Offenlegung** von Interessenkonflikten abzielen.

6 **1. Begriff des Interessenkonflikts.** Analog zu den für Wertpapierdienstleistungen entwickelten Grundsätzen liegen **Interessenkonflikte** vor, wenn das individuelle Interesse des jeweiligen Kunden an der jeweiligen Kryptowerte-Dienstleistung nur auf Kosten anderer Interessenträger realisiert werden kann und umgekehrt; im Hinblick auf die Kryptowerte-Dienstleistung also gegenläufige Interessen bestehen.[7]

7 Die Anbieter müssen dabei verschiedene **Beziehungsebenen** berücksichtigen, von Anteilseignern und Gesellschaftern (i) sowie die sie kontrollierenden Personen (ii) über die Mitglieder ihrer Führungsgremien (iii) und Beschäftigten (iv) bis hin zu den Kunden selbst (v) **(Abs. 1).** Interessenkonflikte können dabei sowohl zwischen dem Anbieter und diesen Gruppen als auch zwischen zwei oder mehr Kunden (Abs. 2) auftreten. Die Verordnung greift damit grundsätzlich die aus dem Wertpapierhandelsrecht bekannte Unterscheidung zwischen **vertikalen (lit. a) und horizontalen (lit. b) Interessenkonflikten** auf.

8 Anders als bei Wertpapierdienstleistungen ist **maßgeblicher Bezugspunkt des vertikalen Interessenkonflikts** hier aber nicht das Kundeninteresse, welches in einen Konflikt mit den Interessen des regulierten Dienstleisters, einschließlich seiner Geschäftsleitung, seiner Mitarbeiter, seiner vertraglich gebundenen Vermittler und der mit ihm direkt oder indirekt durch Kontrolle verbundenen Personen und Unternehmen tritt.[8] Die Verordnung normiert vielmehr als maßgebliches Interesse das **Interesse des Kryptowerte-Dienstleisters,** dem konfligierend die verschiedenen in Abs. 1 lit. a genannten Gruppen gegenüberstehen können. Damit bleibt offen, wie Kryptowerte-Dienstleister mit den aus dem Wertpapierhandelsrecht bekannten Fallgruppen umzugehen haben, die vom Wortlaut der MiCAR nicht erfasst sind. Denkbar sind hier bspw. vertikale Interessenkonflikte zwischen Kundeninteresse und den Interessen der Mitarbeiter des Kryptowerte-Dienstleisters aus einer variablen Vergütung des Mitarbeiters resultieren, die Anreize für ein Handeln gegen die Kundeninteressen vermittelt.[9] Da dem Kryptowerte-Dienstleister jedoch unter Umständen eine Wissenszurechnung droht[10], dürfte für die Praxis auch die Berücksichtigung vertikaler Interessenkonflikte iSd Wertpapierhandelsrecht zu empfehlen sein.

9 Die **horizontalen Interessenkonflikte** beschreiben – insofern im Einklang mit den Regelungen des Wertpapierhandelsrechts – die im Verhältnis zwischen verschiedenen Kunden des Dienstleisters entstehenden Interessenkonflikte. Denkbar sind solche Interessenkonflikte analog zum Wertpapierhandelsrecht bspw. im Hinblick auf das Platzierungsgeschäft oder der Annahme und Übermittlung von Aufträgen über Kryptowerte für Kunden, wenn mehrere Kunden sich bei den Geschäften gegenüberstehen, mithin konfligierende Interessen

---

[7] BeckOK WpHR/Poelzig WpHG § 63 Rn. 65 mwN.
[8] Zum vertikalen Interessenkonflikt im Wertpapierrecht BeckOK WpHR/Poelzig WpHG §§ 67 ff.
[9] § 80 Abs. 1 S. 1 Nr. 2 Hs. 2 WpHG; zur Fallgruppe BeckOK WpHR/Poelzig WpHG § 63 Rn. 69.
[10] Armbrüster/Tremurici ZIP 2020, 2305 (2310).

haben.¹¹ Der Kryptowerte-Dienstleister ist in solchen Konstellationen verpflichtet, Kriterien zur Auflösung der Interessenkonflikte zu finden.

2. Ermittlung, Vermeidung, Regelung. Im Hinblick auf Interessenkonflikte haben Kryptowerte-Dienstleister organisatorische Maßnahmen („**Strategien und Verfahren**") zur entwickeln und verfolgen, mit denen sie die Konflikte (in dieser Reihenfolge¹²) ermitteln, vermeiden, regeln und offenlegen (zur Offenlegung → Rn. 14). 10

Die **Identifikation** von Interessenkonflikten setzt dabei voraus, dass die Kryptowerte-Dienstleister fortlaufend sich selbst und ihre Geschäftsbeziehungen darauf analysieren, ob Interessenkonflikte vorliegen (können).¹³ 11

Für die **Vermeidung und Regelung** von Interessenkonflikten dürften, je nach Größe des regulierten Unternehmens und Umfang sowie Komplexität, auf die für Wertpapierdienstleistungsunternehmen etablierten und bewährten Strategien zurückgegriffen werden können. Darunter fallen beispielsweise die Einrichtung von Vertraulichkeitsbereichen¹⁴ und die gesonderte Überwachung bestimmter relevanter Personen einschließlich der Führung von Beobachtungslisten oder die Einrichtung von Sperrlisten zur Einschränkung eines ungebührlichen Einflusses.¹⁵ 12

III. Offenlegungspflichten (Abs. 2 und 3)

Abs. 2 und 3 verpflichten die Kryptowerte-Dienstleister zur Transparenz durch Offenlegung. Anbieter müssen nicht nur Informationen zur **allgemeinen Art und** den **Quellen** solcher Konflikte veröffentlichen, sondern auch darlegen, welche **Maßnahmen** sie **zur Begrenzung** dieser Konflikte getroffen haben (Abs. 2). Dabei ist die Platzierung dieser Informationen auf der Website besonders wichtig: Sie muss an einer gut sichtbaren Stelle erfolgen, um sicherzustellen, dass Kunden und potenzielle Kunden die Möglichkeit haben, sich umfassend zu informieren. 13

Der **Inhalt der Offenlegung** deckt sich mit dem Mindestinhalt der wertpapierhandelsrechtlichen Offenlegungspflicht gem. § 63 Abs. 2 S. 1. Eine mit dem Wertpapierhandelsrecht vergleichbare Regelung, wonach die Offenlegung unterbleiben kann, wenn nach vernünftigem Ermessen gewährleistet ist, dass das Risiko der Beeinträchtigung von Kundeninteressen vermieden wird, findet sich in der MiCAR hingegen nicht. 14

Abs. 3 präzisiert die Offenlegung weiter und stellt sicher, dass diese in einem **elektronischen Format** erfolgt. Die Offenlegung muss zudem „**hinreichend Details**" enthalten, wobei der genaue Umfang dieser Details vom Status des Kunden abhängig ist. Das bedeutet, je nachdem, ob es sich um einen Kleinanleger oder einen professionellen Anleger handelt, könnten die Anforderungen an die Offenlegung variieren, wenngleich die Verordnung – anders als das Wertpapierhandelsrecht – eine solche Kategorisierung der Kunden bei den Pflichten der Kryptowerte-Dienstleister nicht vorsieht. Ziel ist es, dem Kunden alle notwendigen Informationen zur Verfügung zu stellen, 15

---

[11] Für das Wertpapierhandelsrecht Schwark/Zimmer/Rothenhöfer WpHG § 63 Rn. 51.
[12] Maume RDi 2022, 497 (501).
[13] Für das Wertpapierhandelsrecht Schwark/Zimmer/Rothenhöfer WpHG § 63 Rn. 52.
[14] Zu Chinese Walls als Schutzinstrument wertpapierhandelsrechtlicher Interessenkonflikten vgl. Armbrüster/Tremurici ZIP 2020, 2305.
[15] Schwark/Zimmer/Rothenhöfer WpHG § 63 Rn. 52; BeckOK WpHR/Poelzig WpHG § 63 Rn. 72.

damit dieser eine informierte Entscheidung treffen kann, insbesondere im Kontext der spezifischen Kryptowerte-Dienstleistung, bei der der Interessenkonflikt auftreten könnte.

16 Hier unterscheiden sich die Anforderungen von den bereits gem. § 63 Abs. 2 WpHG bekannten Offenlegungspflichten, da die Offenlegung der allgemeinen Art und der Quellen von Interessenkonflikten sowie die zur Begrenzung dieser Risiken getroffenen Vorkehrungen nach der MiCAR nicht mittels eines dauerhaften Datenträgers zu erfolgen hat, sondern die Veröffentlichung an einer gut sichtbaren Stelle auf der Website des Dienstleisters genügt.[16]

IV. Überprüfung (Abs. 4)

17 Kryptowerte-Dienstleister sind verpflichtet, die Strategien und Verfahren **mindestens einmal jährlich** zu **bewerten** und zu **überprüfen**. Gegebenenfalls sind dann geeignete Maßnahmen zur Behebung von Mängeln zu ergreifen.

V. Technische Regulierungsstandards (Abs. 5)

18 Abs. 5 legt fest, dass die Europäische Wertpapier- und Marktaufsichtsbehörde (**ESMA**) in Zusammenarbeit mit der Europäischen Bankenaufsichtsbehörde (**EBA**) technische Regulierungsstandards ausarbeiten soll. Diese sollen die Anforderungen an die in Abs. 1 genannten Strategien und Verfahren präzisieren und Einzelheiten zum Offenlegungsverfahren nach Abs. 2 klären. Die ESMA muss diese Entwürfe bis spätestens 30.6.2024 der Europäischen Kommission vorlegen. Die Kommission hat dann die Befugnis, die Verordnung entsprechend zu ergänzen, und zwar gemäß den Art. 10–14 der Verordnung (EU) Nr. 1095/2010, die den Rahmen für die Annahme technischer Standards festlegen.[17]

VI. Regelungen und Verweise des KMAG-E

19 Im KMAG-E (zum KMAG-E → Art. 59 Rn. 57) wird eine Ordnungswidrigkeit vorgesehen für Verstöße gegen die Pflicht Interessenkonfliktvermeidung durch Strategien und Verfahren i. S. v. Art. 70 Abs. 1 und zur Offenlegung von Interessenkonflikten gem. Art. 70 Abs. 2 (§ 47 Abs. 4 Nr. 13 lit. c KMAG-E). Ferner handelt gem. § 47 Abs. 3 Nr. 63 KMAG-E ordnungswidrig, wer der in Art. 72 Abs. 4 geregelten Pflicht zur Bewertung und Überprüfung sowie zur etwaigen Behebung von Mängeln nicht oder nur unzureichend nachkommt.

Artikel 73 Auslagerung

(1) Anbieter von Kryptowerte-Dienstleistungen, die bei der Wahrnehmung betrieblicher Aufgaben Dienstleistungen oder Tätigkeiten an Dritte auslagern, treffen alle angemessenen Vorkehrungen, um zusätzli-

---

[16] Feger/Gollasch CB 2022, 248 (251).
[17] Die ESMA hat zu diesem Zweck am 12.6.2023 einen Entwurf für technische Regulierungsstandards veröffentlicht, abrufbar unter https://www.esma.europa.eu/sites/default/files/2023-07/ESMA74-449133380-425_MiCA_Consultation_Paper_1st_package.pdf (abgerufen am 17.9.2023).

che operationelle Risiken zu vermeiden. Sie tragen weiterhin die volle Verantwortung für die Erfüllung all ihrer Verpflichtungen aus diesem Titel und stellen jederzeit sicher, dass die folgenden Bedingungen erfüllt sind:

(a) Die Auslagerung führt nicht zur Übertragung der Verantwortung der Anbieter von Kryptowerte-Dienstleistungen.

(b) Die Auslagerung ändert weder die Beziehung zwischen den Anbietern von Kryptowerte-Dienstleistungen und ihren Kunden noch die Pflichten der Anbieter von Kryptowerte-Dienstleistungen gegenüber ihren Kunden.

(c) Die Auslagerung führt zu keiner Veränderung der Voraussetzungen für die Zulassung der Anbieter von Kryptowerte- Dienstleistungen.

(d) An der Auslagerung beteiligte Dritte arbeiten mit der zuständigen Behörde des Herkunftsmitgliedstaats des Anbieters von Kryptowerte-Dienstleistungen zusammen, und die Auslagerung steht der Wahrnehmung der Aufsichtsfunktionen zuständiger Behörden, einschließlich des Zugangs vor Ort zur Erlangung aller relevanten Informationen, die für die Erfüllung dieser Aufgaben erforderlich sind, nicht entgegen.

(e) Die Anbieter von Kryptowerte-Dienstleistungen verfügen über das Fachwissen und die Ressourcen, die erforderlich sind, um die Qualität der erbrachten Dienstleistungen zu bewerten, die ausgelagerten Dienstleistungen wirksam zu überwachen und die mit der Auslagerung verbundenen Risiken kontinuierlich zu steuern.

(f) Die Anbieter von Kryptowerte-Dienstleistungen haben direkten Zugang zu relevanten Informationen über die ausgelagerten Dienstleistungen.

(g) Die Anbieter von Kryptowerte-Dienstleistungen stellen sicher, dass an der Auslagerung beteiligte Dritte die Datenschutzstandards der Union erfüllen.

Für die Zwecke von Unterabsatz 1 Buchstabe g sind die Anbieter von Kryptowerte-Dienstleistungen dafür verantwortlich, sicherzustellen, dass die Datenschutzstandards in der in Absatz 3 genannten schriftlichen Vereinbarung aufgeführt sind.

(2) Die Anbieter von Kryptowerte-Dienstleistungen verfügen über eine Auslagerungsstrategie, einschließlich Notfallplänen und Ausstiegsstrategien, wobei Umfang, Art und Bandbreite der erbrachten Kryptowerte-Dienstleistungen zu berücksichtigen sind.

(3) Die Anbieter von Kryptowerte-Dienstleistungen legen in einer schriftlichen Vereinbarung ihre Rechte und Pflichten sowie die Rechte und Pflichten der Dritten fest, an die sie Dienstleistungen oder Tätigkeiten auslagern. In Vereinbarungen über die Auslagerung wird den Anbietern von Kryptowerte-Dienstleistungen das Recht gewährt, diese Vereinbarungen zu kündigen.

(4) Die Anbieter von Kryptowerte-Dienstleistungen und die Dritten stellen den zuständigen und anderen maßgeblichen Behörden auf Anfrage alle Informationen zur Verfügung, die diese Behörden benötigen, um beurteilen zu können, ob die ausgelagerten Tätigkeiten den Anforderungen dieses Titels entsprechen.

Übersicht

	Rn.
I. Einführung	1
1. Literatur	1
2. Entstehung und Zweck der Norm	2
3. Normativer Kontext	5
II. Anforderungen an Auslagerungen (Abs. 1)	7
III. Auslagerungsstrategie (Abs. 2)	15
IV. Auslagerungsvertrag (Abs. 3)	16
V. Informationsrechte der Aufsichtsbehörden (Abs. 4)	18
VI. Regelungen und Verweise des KMAG-E	19

I. Einführung

1 **1. Literatur.** *Bauer,* MiCA („Regulation on Markets in Crytpo-Assets") – Ein europäischer Rechtsrahmen für Kryptowerte kommt, jurisPR-BKR 9/2021 Anm. 1; *Feger/Gollasch,* MiCAR – Ein erster Überblick für Compliance-Beauftragte zur Krypto-Regulierung, CB 2022, 248; *Michel/Schmitt,* MiCAR – Marktzugang für Kryptodienstleister, BB 2023, 905; *Söbbing,* Outsourcing und Cloud Computing in der Finanzbranche. Aktualisierungen bei der Auslagerung von IT-Services von Banken und Finanzinstituten, RDi 2022, 373.

2 **2. Entstehung und Zweck der Norm.** Kreditinstitute und andere Finanzdienstleister nutzen das Instrument der **Auslagerung** *(Outsourcing)* zum Fremdbezug bspw. von externen IT-Dienstleistungen, um ihr Geschäftsmodell zu digitalisieren, ohne dabei selbst entsprechende IT-Infrastrukturen aufzubauen.[1] Im Allgemeinen sollen die gesetzlichen Anforderungen an die Auslagerung von Aktivitäten und Prozessen verhindern, dass sensible Aspekte im Zusammenhang mit Finanzdienstleistern auf externe Unternehmen übertragen und derart die Steuerungsmöglichkeiten der Geschäftsleitung und der aufsichtsrechtlichen Kontrolle gelockert werden.[2]

3 In den **Erwägungsgründen** der Verordnung bleibt die Regulierung von Auslagerungen unerwähnt. Ihr Zweck dürfte sich jedoch unter dem allgemeinen Ziel der Verordnung subsumieren lassen, Kryptowerte-Dienstleistern strengen organisatorischen Anforderungen zu unterwerfen, um **Verbraucherschutz, Marktintegrität und Finanzstabilität** zu gewährleisten.[3] Andernfalls könnten die Verantwortung für die Einhaltung der im vorliegenden Titel normierten allgemeinen Anforderungen an Kryptowerte-Dienstleister schlicht durch Auslagerung auf nicht regulierte Dritte umgangen werden.

4 Praktisch relevant werden die Vorgaben der Auslagerung auch für Unternehmen, die auf dem Markt für Kryptowerte tätig werden, jedoch keine eigene Erlaubnis beantragen möchten. In diesem Fall kommt eine Kooperation mit einem gem. MiCAR zugelassenen Kryptowerte-Dienstleister in Betracht, der bspw. die technische Infrastruktur und den Kundenkontakt *(Frontend)* auf einen Dritten auslagert.[4] Hierbei betreffen auch den nicht regulierten Dritten die in Art. 73 normierten Anforderungen mittelbar über

---

[1] Zu aktuellen rechtlichen Entwicklungen in der gesamten Finanzbranche Söbbing RDi 2022, 373.
[2] Binder/Glos/Riepe BankenaufsichtsR-HdB § 11 Rn. 185 ff. mwN.
[3] Erwgr. Nr. 79, 81.
[4] Michel/Schmitt BB 2023, 905 (909).

den mit dem Kryptowerte-Dienstleister zu schließenden **Auslagerungsvertrag** (→ Rn. 16 f.).

3. Normativer Kontext. Auf **nationaler Ebene** finden sich bereits vergleichbare Anforderungen an Auslagerungen. So regeln §§ 25b, 25c Abs. 4a Nr. 6, Abs. 4b Nr. 6 KWG iVm AT 9 MaRisk und § 40 WpIG bereits Anforderungskataloge, die den Vorgaben der MiCAR in weiten Teilen entsprechen.[5] Relevant sind zudem die am 30.9.2019 in Kraft getretenen **EBA-Leitlinien zur Auslagerung**[6], welche nicht nur für Kredit- und Finanzdienstleistungsinstitute, sondern auch für Zahlungs- und E-Geld-Institute gelten. 5

In Abgrenzung zu den bestehenden Vorschriften findet Art. 73 Anwendung, wenn es sich um Kryptowerte-Dienstleistungen handelt, die in den Anwendungsbereich der Verordnung fallen. Für Dienstleistungen, die sich auf **Security Token** und damit auf Finanzinstrumente iSd Finanzinstrumente iSd Art. 2 Abs. 1 Nr. 15, Anlage I Abschnitt C MiFID II beziehen, finden vorranging die Anforderungen gem. WpIG bzw. KWG Anwendung. 6

II. Anforderungen an Auslagerungen (Abs. 1)

Abs. 1 sieht eine differenzierte Regelung für Anbieter von Kryptowerte-Dienstleistungen vor, die bestimmte betriebliche Aufgaben an Dritte auslagern. Die grundlegende Prämisse ist die Notwendigkeit, alle angemessenen Vorkehrungen zu treffen, **um zusätzliche operationelle Risiken zu vermeiden.** Darüber hinaus verbleibt die **volle Verantwortung** für die Erfüllung aller Pflichten aus dem zugrundeliegenden Titel beim Anbieter. 7

Geregelt werden zudem die **Bedingungen**, die bei jeder Auslagerung erfüllt sein müssen und deren Einhaltung die Kryptowerte-Dienstleister sicherzustellen haben. Diese Bedingungen umfassen eine Vielzahl von Aspekten, darunter die klare Feststellung, dass die Auslagerung **nicht** zu einer **Übertragung der Verantwortung des Anbieters** führen darf (**lit. a).** Letztverantwortlich bleibt daher der regulierte Kryptowerte-Dienstleister bzw. dessen Leitungsorgane, was dem allgemeinen Auslagerungsgrundsatz paralleler aufsichtsrechtlicher Regelungen entspricht.[7] 8

Ebenso soll die Auslagerung die Beziehung zwischen Anbieter und Kunde oder die **Pflichten** des Anbieters gegenüber dem Kunden **nicht modifizieren (lit. b).** Darüber hinaus darf die Auslagerung **keine Veränderungen der Voraussetzungen für die Zulassung der Anbieter** von Kryptowerte-Dienstleistungen bewirken (lit. c). Konkret ist dies der Fall, wenn durch die Auslagerung die in Art. 59 normierten Voraussetzungen beeinträchtigt werden. 9

Eine weitere wesentliche Anforderung ist die **Kooperation** der an der Auslagerung beteiligten Dritten **mit der zuständigen Behörde** des Herkunftsmitgliedstaats. Diese Kooperation soll die Wahrnehmung der Aufsichtsfunktionen der zuständigen Behörden, einschließlich des Zugangs vor Ort nicht einschränken (lit. d). Im Rahmen der Auslagerung muss sichergestellt sein, dass die zuständige Behörde weiterhin über die in Art. 94 genannten Aufsichts- und Untersuchungsbefugnisse verfügt und den Dritten genauso 10

---

[5] Feger/Gollasch CB 2022, 248 (252).
[6] EBA/GL/2019/02.
[7] § 25 Abs. 2 KWG.

wie den beaufsichtigen Kryptowerte-Dienstleister kontrollieren kann (im Einzelnen → Art. 94 Rn. 12). Die Informations- und Prüfungsrechte der Aufsicht auch gegenüber Dritten finden sich ebenfalls in aufsichtsrechtlichen Parallelvorschriften.[8]

11 In Bezug auf das erforderliche Fachwissen und die Ressourcen, die Anbieter von Kryptowerte-Dienstleistungen mitbringen müssen, verlangt **lit. e** nicht nur eine generelle Kompetenz (**„Fachwissen"**), sondern auch die konkrete Kapazität (**„Ressourcen"**), die Qualität der in ihrem Auftrag durchgeführten Dienstleistungen zu bewerten und die Dienstleistungserbringung zu überwachen. Hierdurch gewährleistet die Regelung eine effiziente Kontrolle und Überwachung der ausgelagerten Aktivitäten. Zusätzlich wird hervorgehoben, dass diese Anbieter fortlaufend die Risiken, die mit der Auslagerung verbunden sind, im Griff haben müssen. Dabei reicht es nicht aus, lediglich einen initialen Risikoeinschätzung durchzuführen; vielmehr ist eine fortwährende Steuerung dieser Risiken gefordert. Den nationalen Anforderungen an Auslagerungen bei Kredit- und Finanzdienstleistungsinstituten entsprechend dürfte hier die laufende Überwachung der Leistung des Auslagerungsunternehmens anhand vorzuhaltender Kriterien (zB *Key Performance Indicators, Key Risk Indicators*) und vertraglich vereinbarter Informationen des Auslagerungsunternehmens zu empfehlen sein.[9]

12 Um einer solchen Überwachungs- und Steuerungspflicht nachkommen zu können, müssen Anbieter von Kryptowerte-Dienstleistern **direkten Zugang zu relevanten Informationen** über die ausgelagerten Dienstleistungen haben (lit. f). Analog zu den nationalen Vorgaben zur Auslagerung bei Kredit- und Finanzdienstleistungsinstituten dürfte auch hier eine unzulässige Einschränkung der Informations- und Prüfungsrechte des beaufsichtigen Kryptowerte-Dienstleister vorliegen, wenn diesem die Rechte nur unter bestimmten Voraussetzungen gewährt werden.[10]

13 Die letzte der für eine aufsichtsrechtliche zulässige Auslagerung erforderlichen Bedingungen adressiert die **Einhaltung der Datenschutzstandards der Union**, die von den an der Auslagerung beteiligten Dritten unbedingt befolgt werden müssen (lit. g). Darüber hinaus wird für diese Bedingung festgelegt, dass diese Datenschutzstandards explizit in der schriftlichen Vereinbarung des Auslagerungsvertrags nach Abs. 3 aufgeführt sein müssen.

14 Bemerkenswert ist, dass Art. 73 den Kryptowerte-Dienstleistern bei einer beabsichtigten Auslagerung keine Pflicht zur **Wesentlichkeits- und Risikoanalyse** iSv AT 9 Ziff. 2 MaRisk auferlegt. Im Hinblick auf die Verpflichtung zu einer Auslagerungsstrategie (Art. 73 Abs. 2) sollte eine Wesentlichkeits- und Risikoanalyse jedoch sinnvoll einbezogen werden können.[11]

III. Auslagerungsstrategie (Abs. 2)

15 Abs. 2 verlangt, dass Anbieter eine **Auslagerungsstrategie** besitzen, die auch **Notfallpläne** und **Ausstiegsstrategien** beinhaltet. Relevant ist hierbei, dass die „Umfang, Art und Bandbreite der erbrachten Kryptowerte-Dienstleistungen" berücksichtigt werden müssen. Das bedeutet, die Strategie muss spezifisch und angepasst an die jeweiligen Dienstleistungen sein.

---

[8] § 25 Abs. 3 S. 1 KWG.
[9] MaRisk AT 9 Ziff. 9.
[10] Fischer/Schulte-Mattler/Braun/Siering KWG § 25b Rn. 116.
[11] Feger/Gollasch CB 2022, 248 (252).

IV. Auslagerungsvertrag (Abs. 3)

Abs. 3 legt fest, dass ein **schriftlicher Vertrag** zwischen den Kryptowerte-Dienstleistern und den Dritten, an den Dienstleistungen oder Tätigkeiten ausgelagert werden, geschlossen werden muss, welcher die Rechte und Pflichten beider Parteien klar definiert. Den Kryptowerte-Dienstleistern muss hierin ein **Kündigungsrecht** in diesen Vereinbarungen eingeräumt werden, wodurch sie eine zusätzliche Kontrollmöglichkeit erhalten. Ferner hat der Auslagerungsvertrag die in Abs. 1 lit. g UAbs. 2 genannten **Datenschutzstandards** der Union aufzuführen. Für die Vertragsgestaltung dürfte darüber hinaus empfehlenswert sein, zumindest auch die in Abs. 1 lit. a, b, d und f genannten Bedingungen für die Zulässigkeit der Auslagerung vertraglich abzubilden. 16

Die Anforderungen sind damit geringer als die auf nationaler Ebene bereits bestehenden Anforderungen an den Auslagerungsvertrag gem. AT 9 Ziff. 7 MaRisk, welche einen umfassenden Katalog des Pflichtinhalts regeln. In der Praxis dürfte sich AT 9 Ziff. 7 MaRisk dennoch eine verlässliche Orientierungshilfe leisten, bei der Frage des Mindestinhalts eines Auslagerungsvertrages für Kryptowerte-Dienstleister. 17

V. Informationsrechte der Aufsichtsbehörden (Abs. 4)

Abs. 4 normiert schließlich die **Informationsrechte der Behörden.** Anbieter und Dritte sind verpflichtet, den zuständigen Behörden auf deren Anfragen hin alle Informationen zur Verfügung zu stellen, die für die Beurteilung erforderlich sind, ob die ausgelagerten Aktivitäten den Anforderungen des Artikels entsprechen. Die Informationspflichten sollen ausweislich des Wortlauts auch für „andere maßgeblichen Behörden" gelten, wobei diese von der Verordnung nicht näher konkretisiert werden. 18

VI. Regelungen und Verweise des KMAG-E

Gemäß dem § 47 Abs. 4 Nr. 14 KMAG-E (zum KMAG-E → Art. 59 Rn. 57) handelt ordnungswidrig, wer nicht sicherstellt, dass die in Art. 73 Abs. 1 UAbs. 1 S. 2 genannten Auslagerungsbedingungen erfüllt sind. Zudem handelt ordnungswidrig, wer entgegen Art. 73 Abs. 4 eine Information nicht, nicht richtig, nicht vollständig oder nicht rechtzeitig zur Verfügung stellt (§ 47 Abs. 3 Nr. 25 lit. b KMAG-E). 19

Artikel 74 Geordnete Abwicklung von Anbietern von Kryptowerte-Dienstleistungen

Anbieter von Kryptowerte-Dienstleistungen, die die in den Artikeln 75 bis 79 genannten Dienstleistungen erbringen, stellen einen angemessenen Plan zur Unterstützung einer geordneten Abwicklung ihrer Tätigkeiten nach geltendem nationalem Recht auf, der Vorkehrungen für die Fortführung oder Wiederaufnahme kritischer Tätigkeiten dieser Dienstleistungsanbieter umfasst. Dieser Plan muss belegen, dass Anbieter von Kryptowerte-Dienstleistungen zu einer geordneten Abwicklung in der Lage sind, die ihren Kunden keinen ungebührlichen wirtschaftlichen Schaden zufügt.

MiCAR Art. 74

Titel V. Zulassung und Bedingungen

Übersicht

	Rn.
I. Einführung	1
1. Literatur	1
2. Entstehung und Zweck der Norm	2
3. Normativer Kontext	5
II. Anwendungsbereich	6
III. Anforderungen an den Abwicklungsplan	7
IV. Regelungen und Verweise des KMAG-E	9

I. Einführung

1 **1. Literatur.** *Feger/Gollasch,* MiCAR – Ein erster Überblick für Compliance-Beauftragte zur Krypto-Regulierung, CB 2022, 248; *John/Patz* Verordnung über Märkte für Kryptowerte (MICA) – Überblick über das neue EU-Regime für Kryptowerte und Kryptowerte-Dienstleister, DB 2023, 1906 (1910).

2 **2. Entstehung und Zweck der Norm.** Art. 74 regelt die **geordnete Abwicklung** von Anbietern von speziellen Kryptowerte-Dienstleistungen. Das Hauptziel dieses Artikels ist es, sicherzustellen, dass die Anbieter im Falle ihrer Abwicklung, sei es aus wirtschaftlichen, rechtlichen oder anderen Gründen, ihre Aktivitäten in einer Weise beenden, die die **Interessen ihrer Kunden und die Integrität des Marktes** nicht gefährdet.

3 Die Sanierungs- und Abwicklungsplanung allgemein stellt ein **präventives Instrument** der Restrukturierung und Abwicklung von Finanzdienstleistern dar[1] und soll dem herkömmlichen Insolvenzverfahren vorgreifen, indem nicht die möglichst weitgehende Befriedigung der Insolvenzgläubiger, sondern die Sicherung und Fortführung der von dem Finanzdienstleister ausgeübten „kritischen Funktionen" („*critical activities*") bezweckt werden.[2] Dementsprechend setzt der Abwicklungsplan nicht erst in der Insolvenz, dh bei Vorliegen eines Insolvenzeröffnungsgrundes (§§ 17 ff. InsO), sondern vorher (man spricht auch in Abgrenzung zur Insolvenz von „Krise") an. Die ordnungsgemäße Abwicklung umfasst Maßnahmen zur dauerhaften Einstellung, zum Verkauf und zur Übertragung kritischer Tätigkeiten des Anbieters für Kryptowerte-Dienstleistungen, so dass das Risiko der Ausbreitung erheblicher Liquiditäts- oder Kreditprobleme unter Finanzdienstleistern nicht erhöht und dadurch die Stabilität des Finanzsystems nicht gefährdet wird. Die Norm bildet daher eine Regelung zur vorinsolvenzlichen Sanierung und Restrukturierung eines Anbieters von Kryptowerte-Dienstleistungen.

4 Die Norm findet keine Entsprechung in den Erwägungsgründen und wurde nachträglich, dh erst nach Konsultation des Trilogs in die Verordnung eingefügt.

5 **3. Normativer Kontext.** Im Zuge des Gesetzes zur Restrukturierung und geordneten Abwicklung von Kreditinstituten wurden die **§§ 46b ff. in das KWG** eingefügt. Dieses ausdifferenzierte und umfangreiche Regelungsregime ist nicht mit dem übersichtlichen Art. 66a MiCAR vergleichbar. In Abgrenzung zu den bestehenden Vorschriften des KWG findet Art. 74 An-

---

[1] Zu den Hintergründen Cichy/Behrens WM 2014, 438 f.
[2] Für die Sanierungs- und Abwicklungsplanung von Kreditinstituten Binder/Glos/Riepe/ Cichy, Handbuch Bankaufsichtsrecht, § 15 Rn. 1 f.

Geordnete Abwicklung　　　　　　　　　　　　　　**Art. 74 MiCAR**

wendung, wenn es sich um Kryptowerte-Dienstleistungen handelt, die in den Anwendungsbereich der Verordnung fallen. Für Dienstleistungen, die sich auf **Security Token** und damit auf Finanzinstrumente iSd Art. 2 Abs. 1 Nr. 15, Anlage I Abschnitt C MiFID II beziehen, finden vorranging die Anforderungen gem. WpIG, KWG bzw. SAG Anwendung.[3]

II. Anwendungsbereich

Die Pflicht zur Erstellung eines **Abwicklungsplans**[4] betrifft lediglich die Anbieter der in Art. 75–79 normierten **spezifischen Kryptowerte-Dienstleistungen**. Diese reichen von der Verwahrung und Verwaltung von Kryptowerten (Art. 75) über den Betrieb von Handelsplattformen (Art. 76) und den Tausch von Kryptowerten (Art. 77) bis hin zur Ausführung von Aufträgen über Kryptowerte (Art. 78) und der Platzierung von Kryptowerten (Art. 79). Aus der enumerativen Aufzählung folgt im Umkehrschluss, dass die Anbieter der übrigen Kryptowerte-Dienstleistungen von der Norm ausgenommen sind. 6

III. Anforderungen an den Abwicklungsplan

Art. 74 verpflichtet die Anbieter von bestimmten (→ Rn. 6) Kryptowerte-Dienstleistungen, einen angemessenen Plan zur Unterstützung einer geordneten Abwicklung ihrer Tätigkeiten nach geltendem nationalen Recht aufzustellen. Im Rahmen des Plans sollen Vorkehrungen für die Fortführung oder Wiederaufnahme sogenannter „**kritischer Tätigkeiten**" getroffen werden. Bestimmte Tätigkeiten werden damit als so wichtig für den Anbieter und/oder seine Kunden angesehen werden, dass sie auch im Fall einer Abwicklung in irgendeiner Form fortgeführt oder wieder aufgenommen werden sollten. 7

Welche Tätigkeiten als „kritisch" gelten, wird im Artikel selbst nicht spezifiziert. Durch den Verweis auf das **geltende nationale Recht** liegt ein Rückgriff auf die in § 2 Abs. 3 Nr. 38 SAG definierten „kritischen Funktionen" nahe. Solche sind definiert als „Tätigkeiten, Dienstleistungen und Geschäfte, deren Einstellung zu einer Störung der für die Realwirtschaft unverzichtbaren Dienste oder zu einer Störung der Finanzmarktstabilität in einem oder mehreren Mitgliedstaaten aufgrund der Größe des Instituts oder der Gruppe oder deren Marktanteils, deren externen und internen Verflechtungen, deren Komplexität oder deren grenzüberschreitenden Tätigkeiten führen kann, und zwar insbesondere im Hinblick auf ihre Substituierbarkeit." Im Kern fußt diese Überlegung auf der Erkenntnis, dass Finanzinstitute Geschäftsfelder besitzen können, die für andere Beteiligte – ob im Finanzbereich oder in der Realwirtschaft – von essenzieller Relevanz sind. Der abrupte Entfall dieser Geschäftsbereiche könnte für diese anderen Akteure wiederum problematische Folgen nach sich ziehen.[5] **Ziel** des Abwicklungs- 8

---

[3] Zum Anwendungsbereich des SAG Beck/Samm/Kokemoor/Schröder/Skauradszun KWG § 46e Rn. 130 ff.

[4] Terminologisch dürfte es sich nach nationalem Recht eher um einen Sanierungsplan handeln, da ein solcher von den Instituten selbst erstellt wird, während der Abwicklungsplan von der zuständigen Abwicklungsbehörde aufgestellt wird, s. Binder/Glos/Riepe/Cichy, Handbuch Bankaufsichtsrecht, § 15 Rn. 8.

[5] Hopt/Binder/Böcking/Wojcik, Handbuch Corporate Governance von Banken und Versicherungen § 24 Rn. 32.

Prinz/Rau　　619

plans muss die Sicherstellung sein, dass die geordnete Abwicklung keinen ungebührlichen wirtschaftlichen Schaden für die Kunden verursacht.

IV. Regelungen und Verweise des KMAG-E

9   Gem. § 47 Abs. 3 Nr. 64 KMAG-E (zum KMAG-E → Art. 59 Rn. 57) handelt ordnungswidrig, wer vorsätzlich oder fahrlässig der in Art. 74 normierten Pflicht zur Aufstellung des Abwicklungsplans nicht nachkommt.

Vorbemerkungen zu Kapitel 3

Übersicht

	Rn.
1. Literatur	1
2. Klassen von Dienstleistungen, Begriffe	2
3. Gewerblichkeit als Anwendungsvoraussetzung	5
4. Dezentralität als Ausschlussmerkmal	7
5. Self-Hosting als Ausschlussmerkmal	16

1   **1. Literatur.** *Brandl/Saria* (Hrsg), Wertpapieraufsichtsgesetz 2018 (2. Aufl); *EK*, Working Paper WK 2349/2021 INIT v 18.2.2021; *EK*, Working Paper WK 4351/2021 INIT v 29.3.2021; *EK*, Working Paper WK 7016/2021 INIT v 27.5.2021; *Völkel*, Zur Bedeutung der Dezentralität von Blockchains im Privatrecht, ZFR 2019, 601; *Machacek*, Die Anwendung der neuen MiCA-Verordnung auf Dezentrale Finanzanwendungen, EuZW 2021, 923; *Machacek*, Die Antwort auf DeFi, RDi 2021, 572.

2   **2. Klassen von Dienstleistungen, Begriffe.** Die VO unterteilt Kryptowerte-Dienstleistungen in drei Klassen.[1] Zu Klasse 1 zählen (i) die Auftragsausführung für Kunden, (ii) die Platzierung von Kryptowerten, (iii) Transferdienstleistungen für Kryptowerte für Kunden, (iv) die Annahme und Übermittlung von Aufträgen über Kryptowerte für Kunden, (v) die Beratung zu Kryptowerten sowie (vi) die Portfolioverwaltung von Kryptowerten. Zu Klasse 2 zählen (i) die Verwahrung und Verwaltung von Kryptowerten für Kunden, (ii) der Tausch von Kryptowerten gegen Geldbeträge und (iii) der Tausch von Kryptowerten gegen andere Kryptowerte. Klasse 3 umfasst schließlich nur den Betrieb einer Handelsplattform für Kryptowerte.

3   Diese Klassifikation hat Auswirkungen auf das benötigte Mindestkapital (Art. 67 Abs. 1 lit. a). In praktischer Hinsicht ist davon auszugehen, dass die Aufsichtsbehörden (entsprechend dem Proportionalitätsgrundsatz und in Anbetracht unterschiedlicher Risiken) einen unterschiedlichen Aufsichtsansatz je Klasse wählen werden. Kryptowerte-Dienstleistungen der Klasse 1 haben gemeinsam, dass der Dienstleister zu keinem Zeitpunkt mit Vermögenswerten des Kunden in Berührung gelangt. Sie weisen daher ein anderes Risikoprofil auf als Dienstleistungen der Klasse 2, die durch das Verwahren und Übertragen von Vermögenswerten für bzw. mit dem Kunden charakterisiert sind. Der Betrieb einer Handelsplattform für Kryptowerte schafft wiederum andere und zusätzliche Risiken, weshalb er als eigene Klasse normiert ist.

---

[1] Vgl. Anhang IV MiCAR.

Zur einfacheren Lesbarkeit werden Kryptowerte-Dienstleistungen nach- 4
folgend auch vereinfachend als Dienstleistungen bezeichnet und Anbieter
von Kryptowerte-Dienstleistungen als Anbieter oder Dienstleister.

3. Gewerblichkeit als Anwendungsvoraussetzung. Nur die gewerb- 5
liche Erbringung von Dienstleistungen wird von der VO erfasst. Erwgr.
Nr. 21 hält hierzu fest: *„Wer gewerblich Kryptowerte-Dienstleistungen gemäß dieser
Verordnung erbringt, sollte als ‚Anbieter von Kryptowerte-Dienstleistungen' gelten".*
Der Erwgr. ist freilich keine Norm. Die Einschränkung des Anwendungsbereichs der VO auf gewerbliches Handeln ergibt sich aus der Definition des
Anbieters von Dienstleistungen.[2] Ein Dienstleister ist nur, wessen berufliche
oder gewerbliche Tätigkeit *(„whose occupation or business")* darin besteht, eine
oder mehrere Dienstleistungen gewerblich *(„on a professional basis")* für Kunden zu erbringen.

Die Wendung *„berufliche oder gewerbliche Tätigkeit"* sowie das Abstellen auf 6
die Gewerblichkeit bei der Erbringung der Tätigkeit findet sich in gleicher
Weise in MiFID II[3], sodass auf die zu diesem Rechtsakt entwickelten Überlegungen zum Gewerblichkeitsbegriff bei der Auslegung zurückgegriffen
werden kann. Nach öRsp[4] sowie Teilen der öL[5] ist Gewerblichkeit iSd
Umsatzsteuerrechts zu verstehen. Gewerblich ist demnach jede nachhaltige
Tätigkeit zur Erzielung von Einnahmen, auch wenn die Absicht, Gewinn zu
erzielen, fehlt oder eine Personenvereinigung nur gegenüber Mitgliedern
tätig wird. Eine bloß mittelbare Absicht, Einnahmen zu erzielen, soll also
ausreichen. Teils wird auch vertreten, den Gewerblichkeitsbegriff losgelöst
vom Umsatzsteuerrecht zu betrachten und stärker auf die Aufsichtswürdigkeit der betroffenen Geschäfte abzustellen; demnach sei entsprechend der
Teleologie der Aufsichtsvorschriften Gewerblichkeit erst dann anzunehmen,
wenn die Aufsichtsziele Individualschutz und Funktionsschutz dies erforderten.[6]

4. Dezentralität als Ausschlussmerkmal. Dezentrale Protokolle wie 7
etwa der gesamte Bereich dezentralisierter Finanzanwendungen (*decentralized
finance*, DeFi) fallen nicht in den Anwendungsbereich der VO. Erwgr. Nr. 22
hält hierzu fest:

*„[...] Werden Kryptowerte-Dienstleistungen ohne eines Intermediärs in aus-
schließlich dezentralisierter Weise erbracht, so sollten sie nicht in den Anwendungsbereich dieser Verordnung fallen. [...]."*

Der Ausschluss von DeFi war bereits während des Konsultationsprozesses 8
diskutiert und beschlossen worden.[7] Der Erwgr. ist freilich keine Norm.
Stattdessen ist er zunächst Ausfluss der Erkenntnis, dass Computerprogramme
auf DLT-Basis (Smart Contracts) (a) auf unveränderliche Weise so veröffentlicht werden können, dass (b) ein unbegrenztes Publikum darauf zugreifen
kann, und dass (c) diese Smart Contracts ohne Involvierung eines Dritten
(*„ohne eines Intermediärs in ausschließlich dezentralisierter Weise"*) Funktionen

---

[2] Art. 3 Abs. 1 Z 13 MiCAR.
[3] Vgl. Art. 4 Abs. 1 Z 1 MiFID II.
[4] VwGH 21.5.2001 – 2000/17/0134; 15.4.2010 – 2007/17/0208.
[5] Vgl. Brandl/Saria (Hrsg.) WAG 2018 § 3 Rn. 9 ff. mwN.
[6] Vgl. Brandl/Saria (Hrsg.) WAG 2018 § 3 Rn. 9 ff. mwN.
[7] Vgl. zB EK, Working Paper WK 7016/2021 INIT v. 27.5.2021.

bieten können, die (d) inhaltlich betrachtet eine Kryptowerte-Dienstleistung sind. Ein einfaches Beispiel ist eine dezentrale Börse (DEX).[8]

9 Der im Erwgr. festgehaltene Schluss des VO-Gebers, dass solche Phänomene „*nicht in den Anwendungsbereich dieser Verordnung fallen [sollten]*" dokumentiert sodann die sachgerechte Kapitulation vor dem Faktischen: Nur Personen, also Rechtssubjekte, können Träger von Rechten und Pflichten sein, rechtsgeschäftliche Erklärungen abgeben und empfangen, Leistungen erbringen und erhalten, aber auch Normadressat und Beaufsichtigter unter einem Aufsichtsgesetz wie der gegenständlichen VO sein. Daran mangelt es aber, wie der VO-Geber richtig erkannt hat, wenn eine Kryptowerte-Dienstleistung ohne Intermediär in ausschließlich dezentralisierter Weise abrufbar ist.[9]

10 Freilich stellt sich sodann die Frage, was in diesem Zusammenhang genau unter „*ohne Intermediär*" und „*in ausschließlich dezentralisierter Weise*" zu verstehen ist. Der Umstand etwa, dass Smart Contracts bei der Erbringung einer Kryptowerte-Dienstleistung zum Einsatz gelangen, ist für sich allein genommen noch nicht einmal geeignet, den Anschein ausschließlicher Dezentralität iSd VO zu erwecken. Unternehmen können solche Smart Contracts nutzen, um im eigenen Namen Kryptowerte-Dienstleistungen zu erbringen. Der Smart Contract ist in solchen Fällen lediglich ein Werkzeug des Unternehmens.[10] Stattdessen ist die Frage, ob ein Fall ausschließlicher Dezentralität im Sinne der VO vorliegt, mE mit der Frage gleichzusetzen, ob vertragliche Schuldverhältnisse zwischen Nutzern und einem Anbieter begründet werden oder nicht.[11] Werden vertragliche Schuldverhältnisse begründet, so existiert auch ein Rechtssubjekt, an dem die aufsichtsrechtlichen Anforderungen der VO anknüpfen können (vgl. oben). Ausschließliche Dezentralität im Sinne der VO bedeutet also, dass bei Interaktion mit einer dezentralen Anwendung keine vertraglichen Schuldverhältnisse mit anderen Personen begründet werden.

11 Eine Begründung dafür kann aus Art. 4 abgeleitet werden: Der gesamte Titel II der VO gilt nicht für Kryptowerte, „*die als Gegenleistung für die Pflege des Distributed Ledgers oder die Validierung von Transaktionen automatisch geschürft*" werden (Art. 4 Abs. 3 lit. b). Erwgr. Nr. 26 hält dazu fest, dass die „*Wartung eines Distributed Ledger oder die Validierung von Transaktionen im Rahmen eines Konsensmechanismus*" gemeint ist. Der VO-Geber hatte hier Bitcoin und vergleichbare archetypische Beispiele von Kryptowerten vor Augen. Der gesamte Titel II gilt also nicht für Bitcoin und auf vergleichbare Weise dezentrale Kryptowerte. An die Dezentralität von Bitcoin und vergleichbare Kryptowerte knüpfen sich zivilrechtliche Folgen.[12] Dezentralität bedeutet im Verhältnis der Miner bzw. Validatoren untereinander, dass keine zentrale Stelle besteht, die den Distributed Ledger um neue Datensätze erweitert und dass auch keine zentrale Stelle bestimmt, wer diese Aufgabe übernimmt. Erreicht wird dies durch die Einigung auf einen Mechanismus, der es erlaubt, dezentral Konsens über die Auswahl der jeweils nächsten dafür zuständigen Person herzustellen (der Konsensmechanismus). Die Verein-

---

[8] EK, Working Paper WK 4351/2021 INIT v. 29.3.2021 3.2.
[9] Vgl. auch Machacek EuZW 2021, 923 ff.; Machacek RDi 2021, 572.
[10] Vgl. die Ausführungen in EK, Working Paper WK 2349/2021 INIT v. 18.2.2021 3.1 f.
[11] Dieser Ansatz ist jedenfalls mit jenem Teil des Erwgr. vereinbar, in dem eine Erbringung der Dienstleistung „ohne Intermediär" gefordert wird. Wo kein Vertragsverhältnis, da auch kein Intermediär.
[12] Für Details siehe Völkel ZFR 2019, 601 ff.

barung eines Konsensmechanismus ist aber nicht darauf gerichtet, Rechtsfolgen auszulösen. Mangels Rechtsfolgewillens handelt es sich bei der Vereinbarung des Konsensmechanismus nicht um ein Rechtsgeschäft.[13] Die Dezentralität bei mit Bitcoin vergleichbarer DLT führt also dazu, dass alleine aus dem Umstand, dass Personen Mining-Hardware bzw. Validatoren betreiben, nicht auf das Bestehen einer vertraglichen Beziehung der Miner bzw. Validatoren untereinander geschlossen werden kann. Im Verhältnis der Miner bzw. Validatoren zu den Nutzern der Technologie ist mit Dezentralität der Umstand gemeint, dass ein Transaktionswunsch nicht nur zentral von einem Miner oder Validator behandelt wird, sondern grundsätzlich parallel von allen im Netzwerk. Der Nutzer verspricht demjenigen eine Belohnung (die Transaktionsgebühr), der die Transaktion in einem Block festhält. Da dem Nutzer gleichgültig ist, wer den Transaktionswunsch bestätigt, handelt es sich um die Zusage einer Belohnung für die Herbeiführung eines Erfolgs, die nicht an eine bestimmte Person gerichtet ist. Transaktionswünsche sind daher einseitig verbindliche Willenserklärungen in Form der Auslobung.[14] Dem Leistungsangebot des auslobenden Nutzers steht somit keine korrespondierende Leistungspflicht einer bestimmten Person gegenüber und es besteht mangels übereinstimmender Willenserklärungen auch keine vertragliche Beziehung zwischen Miner bzw. Validator und Nutzer. Kern der Dezentralität bei den archetypischen Kryptowerten wie Bitcoin ist also der Umstand, dass die Teilnehmer an diesen Systemen keine Rechtsgeschäfte miteinander schließen. Dennoch werden über diese dezentralen Systeme Vermögenswerte zuverlässig übertragen. Wenn der VO-Geber nun nach dem eingangs zitierten Art. 4 Abs. 3 lit. b solche Kryptowerte von der VO ausnimmt, so kann mE problemlos auch für das Verständnis des Erwgr. Nr. 22 auf die hier herausgearbeiteten Grundsätze abgestellt werden: Kommt es bei der Nutzung von Smart Contracts nicht zum Abschluss von Rechtsgeschäften, so handelt es sich um einen Fall ausschließlicher Dezentralität im Sinn der VO. Solche Systeme oder Protokolle fallen dann nicht in den Anwendungsbereich der VO. Nur klarstellend sei noch erwähnt, dass dies freilich nicht für die Kryptowerte gilt, die zur Nutzung dieser Protokolle erforderlich sind.

Zum besseren Verständnis, kann das nachfolgende einfache Beispiel dienen: **12**

Das Unternehmen A entwickelt einen Smart Contract, der beim Empfang einer bestimmten Menge Ether und USDT einen A-Token neu schöpft und an jene Adresse überträgt, von der diese Kryptowerte übertragen wurden. Die gesammelten Ether und USDT werden an eine Adresse von A weiterübertragen, wenn eine bestimmte Mindestmenge eingesammelt wurde. Wer in diesem Beispiel die erforderlichen Kryptowerte an den Smart Contract überträgt, der macht dem A ein Anbot, dafür den A-Token erhalten zu wollen. A ist Erklärungsempfänger, erhält die übertragenen Ether und USDT als Leistung und bedient sich des Smart Contracts als Werkzeug, um das Anbot durch Erfüllung anzunehmen, also einen A-Token zu liefern.

Dies ist kein Fall ausschließlicher Dezentralität im oben diskutierten Sinn. **13** Es kommt zur Begründung eines vertraglichen Schuldverhältnisses zwischen A und jener Person, die die erforderlichen Kryptowerte an den Smart Contract geschickt hat. Damit existiert auch eine Person, konkret A, der als Normadressat der VO in Betracht kommt. Ob A im konkreten Fall auch eine

---

[13] Völkel ZFR 2019, 601 (603).
[14] Völkel ZFR 2019, 601 (605).

MiCAR Art. 75 — Titel V. Zulassung und Bedingungen

Kryptowerte-Dienstleistung erbringt, ist eine Frage, die gesondert zu beantworten ist. Das Beispiel lässt sich jedoch weiterentwickeln:

Das Unternehmen A wird ohne Rechtsnachfolger liquidiert. Es gibt niemanden mehr, der noch Kontrolle über die Adresse ausüben kann, auf der die empfangenen Ether und USDT vom Smart Contract weiterübertragen werden. Der A-Token hat jedoch einen Marktwert entwickelt, weshalb weiterhin Personen die erforderlichen Kryptowerte übertragen, um A-Token zu erhalten.

14 Das Beispiel ist vergleichbar mit einem Verkaufsautomaten, der von einem Unternehmen aufgestellt wurde, das jedoch rechtsnachfolgelos untergegangen ist. Ebenso wie es bei der Bedienung eines solchen Automaten nicht (mehr) zum Abschluss eines Kaufvertrags mit dem (untergegangenen) Aufsteller kommen kann, so kommt es auch bei der Interaktion mit dem Smart Contract im weiterentwickelten Beispiel nicht (mehr) zur Begründung vertraglicher Schuldverhältnisse. Der Smart Contract existiert freilich trotz Untergang des Unternehmens weiter und führt seine Programmierung weiterhin aus. Da es aber nicht zur Begründung eines vertraglichen Schuldverhältnisses zwischen dem Nutzer des Smart Contracts und einer anderen Person kommt, handelt es sich um einen Fall ausschließlicher Dezentralität. Der Fall unterliegt nicht der VO.

15 Es ist selbstverständlich auch vorstellbar, dass die Nutzer von DeFi-Anwendungen zwar nicht mit einer zentralen Instanz in vertragliche Beziehung treten, stattdessen aber miteinander Verträge abschließen. In solchen Fällen ist die VO jedenfalls anwendbar. Es wird die Kryptowerte-Dienstleistung zwar „ohne eines Intermediärs" erbracht, aber nicht „in ausschließlich dezentralisierter Weise". Es ist in solchen Fällen im Einzelfall zu prüfen, ob diese Personen Kryptowerte-Dienstleistungen für eine andere Person erbringen. Ist auch dies der Fall, so wird dem Gewerblichkeitskorrektiv (vgl oben) hier besondere praktische Bedeutung zukommen.

16 **5. Self-Hosting als Ausschlussmerkmal.** Hardware- und Software-Anbieter von selbstverwalteten elektronischen Geldbörsen sollten nicht in den Anwendungsbereich dieser Verordnung fallen (Erwgr. Nr. 83). Gemeint sind damit Entwickler, die lediglich Software bereitstellen, aber zu keinem Zeitpunkt Zugriff auf die privaten Schlüssel zu den Kryptowerten der Nutzer dieser Software haben. Der Erwgr. ist freilich keine Norm. Er dokumentiert stattdessen, dass im Rahmen der VO dem Umstand eine besondere Bedeutung zukommt, dass eine fremde Person Zugriff auf die privaten Schlüssel zu den eigenen Kryptowerten hat.

Kapitel 3. Pflichten in Bezug auf die Erbringung spezifischer Kryptowerte-Dienstleistungen

Artikel 75 Verwahrung und Verwaltung von Kryptowerten für Kunden

(1) Anbieter von Kryptowerte-Dienstleistungen, die Kryptowerte für Kunden verwahren oder verwalten, schließen mit ihren Kunden eine Vereinbarung, in der ihre Pflichten und Aufgaben festgelegt werden. Eine solche Vereinbarung muss zumindest Folgendes enthalten:

a) Angaben zur Identität der Vertragspartner,
b) Angaben zur Art der erbrachten Kryptowerte-Dienstleistung und eine Beschreibung dieser Dienstleistung,
c) die Verwahrstrategie,
d) Angaben zu den Mitteln für die Kommunikation zwischen dem Anbieter von Kryptowerte-Dienstleistungen und dem Kunden, einschließlich des Authentifizierungssystems des Kunden,
e) eine Beschreibung der vom Anbieter von Kryptowerte-Dienstleistungen verwendeten Sicherheitssysteme,
f) Angaben zu den vom Anbieter von Kryptowerte-Dienstleistungen erhobenen Gebühren, Kosten und Entgelten,
g) einen Hinweis auf das anwendbare Recht.

(2) Anbieter von Kryptowerte-Dienstleistungen, die Kryptowerte für Kunden verwahren oder verwalten, führen ein Register der im Namen jedes Kunden eröffneten Positionen, die dem Kunden Rechte an den Kryptowerten verleihen. Sofern relevant, erfassen die Anbieter von Kryptowerte-Dienstleistungen in diesem Register umgehend alle Bewegungen infolge von Anweisungen ihrer Kunden. In diesen Fällen stellen sie durch ihre internen Verfahren sicher, dass jede Bewegung, die sich auf die Registrierung der Kryptowerte auswirkt, durch ein regelmäßig im Register der Positionen des Kunden registriertes Geschäft belegt wird.

(3) Anbieter von Kryptowerte-Dienstleistungen, die Kryptowerte für Kunden verwahren oder verwalten, legen eine Verwahrstrategie mit internen Vorschriften und Verfahren fest, anhand derer die sichere Aufbewahrung oder Kontrolle solcher Kryptowerte oder der Mittel für den Zugang zu den Kryptowerten sichergestellt wird.

Mit der in Unterabsatz 1 genannten Verwahrstrategie wird das Risiko des Verlusts der Kryptowerte der Kunden, der mit diesen Kryptowerten verbundenen Rechte oder der Mittel für den Zugang zu den Kryptowerten aufgrund von Betrug, Cyberbedrohungen oder Fahrlässigkeit minimiert.

Den Kunden wird auf Anfrage eine Zusammenfassung der Verwahrstrategie in elektronischem Format zur Verfügung gestellt.

(4) Sofern relevant, erleichtern die Anbieter von Kryptowerte-Dienstleistungen, die Kryptowerte für Kunden verwahren oder verwalten, die Ausübung der mit den Kryptowerten verbundenen Rechte. Jedes Ereignis, das voraussichtlich Rechte eines Kunden begründet oder verändert, wird sofort in das Register der Positionen des Kunden eingetragen.

Im Falle von Änderungen der zugrunde liegenden Distributed-Ledger-Technologie oder anderen Ereignissen, die voraussichtlich Rechte eines Kunden begründen oder verändern, stehen dem Kunden sämtliche Kryptowerte oder Rechte zu, die auf der Grundlage und entsprechend der Positionen des Kunden zum Zeitpunkt des Eintritts der Veränderung oder des Ereignisses neu begründet werden, es sei denn, in einer gültigen Vereinbarung, die gemäß Absatz 1 vor dem Ereignis mit dem Anbieter von Kryptowerte-Dienstleistungen, der Kryptowerte für Kunden verwahrt oder verwaltet, unterzeichnet wurde, ist ausdrücklich etwas anderes vorgesehen.

(5) Anbieter von Kryptowerte-Dienstleistungen, die Kryptowerte für Kunden verwahren oder verwalten, stellen ihren Kunden mindestens einmal alle drei Monate und auf Verlangen des betreffenden Kunden eine Aufstellung der Positionen der im Namen dieser Kunden verbuchten

Kryptowerte zur Verfügung. Diese Aufstellung der Positionen ist in elektronischem Format bereitzustellen. In der Aufstellung der Positionen sind die betreffenden Kryptowerte, ihr Saldo, ihr Wert und die Übertragung von Kryptowerten während des betreffenden Zeitraums anzugeben.

Anbieter von Kryptowerte-Dienstleistungen, die Kryptowerte für Kunden verwahren oder verwalten, informieren ihre Kunden umgehend über Tätigkeiten im Zusammenhang mit Kryptowerten, die eine Reaktion dieser Kunden erfordern.

(6) Anbieter von Kryptowerte-Dienstleistungen, die Kryptowerte für Kunden verwahren oder verwalten, stellen sicher, dass die erforderlichen Verfahren vorhanden sind, damit die im Namen ihrer Kunden gehaltenen Kryptowerte oder Mittel für den entsprechenden Zugang diesen Kunden umgehend zurückgegeben werden können.

(7) Anbieter von Kryptowerte-Dienstleistungen, die Kryptowerte für Kunden verwahren oder verwalten, sorgen für eine Trennung der für Kunden gehaltenen Beteiligungen an Kryptowerten von ihren eigenen Beteiligungen und stellen sicher, dass die Mittel für den Zugang zu den Kryptowerten ihrer Kunden eindeutig als solche gekennzeichnet sind. Sie stellen sicher, dass Kryptowerte ihrer Kunden auf dem Distributed Ledger getrennt von ihren eigenen Kryptowerten geführt werden.

Die verwahrten Kryptowerte werden im Einklang mit dem geltenden Recht im Interesse der Kunden des Anbieters von Kryptowerte-Dienstleistungen rechtlich vom Vermögen des Anbieters von Kryptowerte-Dienstleistungen getrennt, sodass Gläubiger des Anbieters von Kryptowerte-Dienstleistungen — insbesondere im Falle einer Insolvenz — nicht auf Kryptowerte zurückgreifen können, die vom Anbieter von Kryptowerte-Dienstleistungen verwahrt werden.

Die Anbieter von Kryptowerte-Dienstleistungen stellen sicher, dass die verwahrten Kryptowerte operativ vom Vermögen des Anbieters von Kryptowerte-Dienstleistungen getrennt sind.

(8) Anbieter von Kryptowerte-Dienstleistungen, die Kryptowerte für Kunden verwahren oder verwalten, haften ihren Kunden für Verluste von Kryptowerten oder der Mittel für den Zugang zu diesen Kryptowerten, die infolge von Vorfällen erlitten werden, die diesen Anbietern von Kryptowerte-Dienstleistungen zuzuschreiben sind. Die Haftung der Anbieter von Kryptowerte-Dienstleistungen ist auf den Marktwert der verloren gegangenen Kryptowerte zum Zeitpunkt des Verlusts begrenzt.

Zu den nicht dem Anbieter von Kryptowerte-Dienstleistungen zuzuschreibenden Vorfällen gehören alle Ereignisse, bei denen der Anbieter von Kryptowerte-Dienstleistungen nachweist, dass sie unabhängig von der Erbringung der betreffenden Dienstleistung oder von den Tätigkeiten des Anbieters von Kryptowerte-Dienstleistungen aufgetreten sind, etwa ein mit dem Betrieb des Distributed Ledger verbundenes Problem, über das der Anbieter von Kryptowerte-Dienstleistungen keine Kontrolle hat.

(9) Wenn Anbieter von Kryptowerte-Dienstleistungen, die Kryptowerte für Kunden verwahren und verwalten, für diesen Dienst andere Anbieter von Kryptowerte-Dienstleistungen in Anspruch nehmen, dürfen sie nur Anbieter von Kryptowerte-Dienstleistungen in Anspruch nehmen, die gemäß Artikel 59 zugelassen sind.

Anbieter von Kryptowerte-Dienstleistungen, die Kryptowerte für Kunden verwahren und verwalten und für diesen Dienst andere Anbieter von

Kryptowerte-Dienstleistungen in Anspruch nehmen, setzen ihre Kunden davon in Kenntnis.

Übersicht

	Rn.
I. Einführung	1
1. Literatur	1
2. Entstehung und Zweck der Norm	2
3. Normativer Kontext	3
II. Anwendungsbereich	4
III. Vertragliche Vereinbarung mit Kunden	8
IV. Führung eines Positionsregisters	10
V. Verwahrstrategie	14
VI. Ausübung von Rechten	18
VII. Positionsaufstellung und Call-to-Action	23
VIII. Aushändigung von Kryptowerten	26
IX. Trennungsprinzip bei Kundenvermögen	28
X. Haftung für Verluste	30
XI. Inanspruchnahme anderer Dienstleister	32

I. Einführung

1. Literatur. *EK,* Working Paper WK 4351/2021 INIT v 29.3.2021; *Rennig,* FinTech-Aufsicht im künftigen EU-Recht, ZBB/JBB 6/20, 385. **1**

2. Entstehung und Zweck der Norm. Art. 75 legt Anforderungen an die Verwahrung und Verwaltung von Kryptowerten für Kunden fest. Die Norm ist vor dem Hintergrund zu sehen, dass eine Untergruppe der Kryptowerte (konkret die digitalen Darstellungen von Werten) anders als etwa Geld oder Wertpapiere im Fall ihres Verlusts nicht von einer zentralen Stelle (Notenbank, Emittent oder Zentralverwahrer) ersetzt werden können. Wer die privaten Schlüssel zu solchen Kryptowerten verliert, der hat im Fall einer dezentralen DLT keine Möglichkeit, die verlorengegangenen Werte wiederzuerlangen. Vor diesem Hintergrund verlangt die VO u.a., dass der Dienstleister mit seinem Kunden konkrete vertragliche Vereinbarungen über die geschuldete Leistung schließt, ein Register zu den Positionen des Kunden führt und aktuell hält, oder Kryptowerte des Kunden von eigenen getrennt hält. **2**

3. Normativer Kontext. Art. 75 muss im Zusammenspiel mit Art. 3 Nr. 15 u. Nr. 17 gelesen werden, der bestimmt, was Verwahrung und Verwaltung von Kryptowerten für Kunden ausmacht. Art. 75 legt sodann Anforderungen an Anbieter von Kryptowerte-Dienstleistungen fest, die diese Dienstleistung erbringen. **3**

II. Anwendungsbereich

Art. 75 legt Anforderungen für Dienstleister fest (Art. 3 Abs. 1 Nr. 15), wenn sie die Dienstleistung der Verwahrung und Verwaltung von Kryptowerten für Kunden anbieten (Art. 3 Abs. 1 Nr. 17). Zur besseren Lesbarkeit werden die Anbieter dieser Kryptowerte-Dienstleistung als Verwahrer und **4**

Verwalter bezeichnet; die entsprechende Dienstleistung als Verwahren und Verwalten.

5 Für eine detaillierte Auseinandersetzung der Begriffskonturen der Dienstleistung des Verwahrens und Verwaltens siehe die Kommentierung zu Art. 3 Abs. 1 Nr. 17. Zusammenfassend versteht der europäische Gesetzgeber darunter die sichere Aufbewahrung oder Kontrolle von Kryptowerten oder der Mittel für den Zugang zu solchen Kryptowerten (auch zB Hardware-Wallets[1]) für Kunden, unter Umständen in Form privater kryptografischer Schlüssel. Der Teilaspekt der Verwaltung erfasst somit nur solche Tätigkeiten, die dem Zweck der Aufbewahrung oder Kontrolle von Kryptowerten oder der Mittel für den Zugang zu solchen Kryptowerten dienen. Klar abzugrenzen ist der Verwaltungsbegriff von anderen Verwaltungstätigkeiten wie etwa der Portfolioverwaltung, die als eigene Dienstleistung erfasst ist (Art. 3 Abs. 1 Nr. 25). Art. 75 ist in seiner Gesamtheit vor dem Hintergrund dieses Begriffsverständnisses zu interpretieren.

6 Verwahrung und Verwaltung liegt sowohl dann vor, wenn der Kunde die Kontrolle über die Kryptowerte oder über die Mittel für den Zugang uneingeschränkt dem Dienstleister überträgt, aber auch dann, wenn der Kunde die Kryptowerte oder die Mittel für den Zugang zusätzlich selbst verwahrt bzw. weiterhin die Kontrolle über die verwahrten Kryptowerte ausüben kann.[2] Auch das Abspeichern einer Kopie eines privaten Schlüssels ist somit vom Begriff der Verwahrung und Verwaltung erfasst, wenn bzw. sobald (i) dieser private Schlüssel zu einer Adresse gehört, auf der sich Kryptowerte befinden, und (ii) der Dienstleister über diese Kryptowerte Verfügungen treffen (Kontrolle ausüben) kann, sie also etwa an eine andere Adresse übertragen könnte.[3]

7 Umgekehrt ist das bloße Sichern der privaten Schlüssel dann keine zulassungspflichtige Verwahrung und Verwaltung von Kryptowerten, wenn entweder (a) auf den zugehörigen Adressen (noch) keine Kryptowerte lagern, oder (b) das Unternehmen selbst keine Verfügungen über die Kryptowerte treffen kann. Kein Fall der Verwahrung und Verwaltung liegt somit vor, wenn lediglich ein Teil des privaten Schlüssels verwahrt wird oder im Fall von Multi-Sig-Verfahren noch die privaten Schlüssel anderer Personen erforderlich sind, um Verfügungen über die Kryptowerte treffen zu können. In diesem Fall mangelt es an der notwendigen Kontrolle. Ebenso kein Fall der Verwahrung und Verwaltung liegt vor, wenn die Mittel für den Zugang (die privaten Schlüssel) zwar vollständig vom Unternehmen gehalten werden, aber mit einem vom Kunden gewählten Kennwort in verschlüsselter Form gesichert sind, sodass zur Wiederherstellung die Kenntnis des vom Kunden vergebenen Kennworts erforderlich ist.

III. Vertragliche Vereinbarung mit Kunden

8 Art. 75 Abs. 1 verlangt, dass Verwahrer und Verwalter mit dem Kunden eine Vereinbarung abschließen, in der die Pflichten und Aufgaben der Vertragsparteien festgelegt werden. Zur Form der Vereinbarung enthält die VO keine Angaben, es gelten die jeweils nationalen Formvorschriften (etwa zu beachten beim Abschluss formpflichtiger Geschäfte, wie zB im Fall einer

---

[1] Rennig ZBB/JBB 6/20, 385 (394).
[2] Erwgr. Nr. 83.
[3] EK, Working Paper WK 4351/2021 INIT v. 29.3.2021 2.

Verpfändung, bei gleichzeitiger Verwahrung der Kryptowerte). Werden Verträge mit Konsumenten abgeschlossen, so ist in der Vertragsgestaltung die Verbraucherrechte-RL bzw. deren nationale Umsetzung zu beachten; werden Verträge im Wege des Fernabsatzes geschlossen, sind ergänzend die Bestimmungen der Fernabsatz-RL bzw. deren nationale Umsetzung zu beachten.

Die Vereinbarung zwischen Anbieter und Kunde muss zumindest Folgendes enthalten: 9

(a) Identität der Vertragspartner: Es sind sämtliche Vertragsparteien anzuführen, mit denen der Kunde eine vertragliche Beziehung eingeht. Werden Teilaspekte der Verwahrung oder Verwaltung – oder auch gänzlich andere Dienstleistungen – von unterschiedlichen Unternehmen erbracht, so ist dies entsprechend offenzulegen. Es sind hinreichend Angaben aufzunehmen, die dem Kunden die Identifizierung seines Vertragspartners erlauben.

(b) Art und Beschreibung der Kryptowerte-Dienstleistung: Die notwendigen Angaben erfassen sowohl die vertragliche Hauptleistungspflicht, also das im Zusammenhang mit der Verwahrung und Verwaltung vom Dienstleister seinem Kunden Geschuldete, aber auch die damit in Zusammenhang stehenden wesentlichen Nebenpflichten, die sich sowohl aus der individuellen vertraglichen Vereinbarung ergeben können, aber auch aufgrund zwingender nationaler Vorschriften.

(c) Verwahrstrategie (lit. c): Die vertragliche Vereinbarung mit dem Kunden muss eine klar definierte Strategie der Verwahrung der Kryptowerte des Kunden umfassen. Die Verwahrstrategie darf nicht beliebig ausgestaltet sein, sondern muss dazu geeignet sein, das Risiko zu minimieren, dass die Kryptowerte in Verlust geraten, oder die damit verbundenen Rechte oder Mittel für den Zugang zu den Kryptowerten (vgl. Abs. 3). Die Einhaltung der Verwahrstrategie durch den Dienstleister wird damit zum zwingenden Vertragsinhalt.

(d) Kommunikationsmittel und Authentifizierungssystem: Die Möglichkeiten der wechselseitigen Kommunikation sind ebenfalls zwingender Vertragsbestandteil. Die Kommunikationsmittel können neben einer Online-Plattform auch E-Mail-Adressen oder Telefonnummern umfassen. Mit der Vereinbarung eines Authentifizierungssystems ist die Art und Weise gemeint, wie der Dienstleister sicherstellt, dass er mit seinem Kunden und nicht mit einem Dritten interagiert.

(e) Beschreibung der Sicherheitssysteme: Zwingender Inhalt der Vertragsgrundlage zwischen Anbieter und Kunden sind weiters die eingesetzten Sicherheitssysteme. Dies ist weit zu verstehen und umfasst anbieterseitig Maßnahmen im Zusammenhang mit der Verwahrstrategie (lit. c bzw. Abs. 3) sowie kundenseitig Maßnahmen zum Schutz des Kundenvermögens im Fall einer missbräuchlichen Verwendung von Authentifizierungssystemen.

(f) Gebühren, Kosten und Entgelte: Die vertragliche Vereinbarung muss Gebühren, Kosten und Entgelte ausdrücklich ausweisen. Die übliche Praxis eines Verweises auf eine im Laufe der Zeit adaptierbare Gebührentabelle ist damit expressis verbis unzulässig. Änderungen der Gebühren und Entgelte erfordern damit entweder die ausdrückliche Zustimmung des Kunden zu einer Neufassung der Vertragsbedingungen oder sind entsprechend mit Änderungsklauseln abzusichern.

(g) Anwendbares Recht: Zwingender Vertragsbestandteil sind weiters Angaben zum anwendbaren Recht. In diesem Zuge empfiehlt sich die Aufnahme von Vereinbarungen über den Gerichtstand oder Schiedsvereinbarungen.

IV. Führung eines Positionsregisters

10 Art. 75 Abs. 2 verlangt von Verwahrern und Verwaltern das Führen eines Positionsregisters. In diesem Register sind sämtliche im Namen eines Kunden eröffneten Positionen aufzuzeichnen. Damit sind Transaktionen gemeint, aufgrund derer dem Kunden Rechte an Kryptowerten zustehen, unabhängig von der vertraglichen Gegenpartei (also etwa gegenüber dem Dienstleister, einem anderen Kunden des Dienstleisters, einem Emittenten des Kryptowerts oder einem Dritten). Bei einem Kryptowert, der eine digitale Darstellung eines Rechts ist, müssen damit auch sämtliche Ereignisse im Positionsregister erfasst werden, die (im Verhältnis zum Emittenten des Kryptowerts oder einem anderen Schuldner) voraussichtlich Rechte des Kunden begründen oder verändern (Art. 75 Abs. 4). Aus dem Register muss sich somit zu jeder Zeit eindeutig erschließen, welchem Kunden welche Menge an welchen Kryptowerten zusteht, und auch konkret welche Rechte ab welchem Zeitpunkt wem gegenüber zustehen. Weist der Kunde den Verwahrer und Verwalter an, auf eine bestimmte Weise mit den Kryptowerten zu verfahren, so ist dies sofort im Positionsregister zu vermerken, also auch dann, wenn der Dienstleister dieser Anweisung (noch) nicht nachgekommen ist.

11 Nicht nur der Umstand der vorgenommenen Transaktion ist im Positionsregister zu erfassen, sondern auch der Grund dafür. Art. 75 Abs. 2 aE verpflichtet den Verwahrer und Verwalter, jede Bewegung im Positionsregister durch ein ebenso im Register zu erfassendes Geschäft zu belegen. Der Begriff des Geschäfts ist weit zu verstehen und erfasst etwa den Erwerb von Kryptowerten vom Dienstleister, die Übertragung von Kryptowerten von anderen Kunden, die Übernahme zur Verwahrung von Kryptowerten des Kunden aus dessen Eigenverwahrung, den Erwerb neuer Kryptowerte durch DLT-Maßnahmen wie etwa Coin-Splits, oder den Erwerb zusätzlicher Kryptowerte entsprechend der durch die Kryptowerte vermittelten Rechte.

12 Die VO enthält keine Angaben dazu, welche Detailinformationen im Zusammenhang mit dem jeweiligen Geschäft aufzuzeichnen sind. Ausgehend vom in der Bestimmung genannten Zweck (Aufzeichnung der dem Kunden zustehenden Rechte an Kryptowerten), sind im Positionsregister zumindest jene Angaben zu erfassen, die den wirksamen Erwerb der jeweiligen Rechte belegen. Das kann je nach Art der Transaktion die Aufzeichnung ganz unterschiedlicher Informationen verlangen.

13 Die Sicherstellung des Rechteerwerbs kann allerdings nicht vom Dienstleister verlangt werden. Gibt bspw. ein Emittent an, dass auf Kryptowerte bestimmte Rechte entfallen, stellt sich dies aber später als unzutreffend heraus, so kann allein aus dem Umstand der (tatsächlich unzutreffenden) Einträge im Positionsregister kein Recht gegenüber dem Dienstleister abgeleitet werden.

V. Verwahrstrategie

14 Anders als die Verwahrung von Wertpapieren, oder auch Bar- oder Buchgeld, kann der Verlust von Kryptowerten in vielen Fällen nicht ausgeglichen

werden. Dies ist bei Kryptowerten besonders augenscheinlich, die keine Rechte darstellen. Mangels eines Emittenten oder einer Gegenpartei kann bspw. für verlorene Bitcoin grs von niemandem Ersatz verlangt werden. Der sicheren Verwahrung solcher Kryptowerte kommt daher besondere Bedeutung zu. Vor diesem Hintergrund verpflichtet Art. 75 Abs. 3 Verwahrer und Verwalter, eine Verwahrstrategie festzulegen.

Die Strategie umfasst interne Vorschriften und Verfahren, anhand derer die sichere Aufbewahrung oder Kontrolle verwahrter Kryptowerte oder der Mittel für den Zugang zu den Kryptowerten sichergestellt wird. Mit Aufbewahrung oder Kontrolle sind im Zusammenhang mit DLT die privaten Schlüssel zu den jeweiligen Adressen gemeint, auf denen Kryptowerte auf der Blockchain verwahrt werden. Mittel für den Zugang sind im Zusammenhang mit DLT jene Verfahren, mit denen der Dienstleister letztlich Übertragungen unmittelbar auf der Blockchain vornimmt. Die Verwahrstrategie umfasst also mehr als die bloße Verwahrung, sondern erstreckt sich auch auf die notwendigen Schritte, um später Übertragungen auf der Blockchain vornehmen zu können. 15

Zweck der Verwahrstrategie ist es, das Risiko des Verlusts der Kryptowerte der Kunden, bzw. der mit diesen Kryptowerten verbundenen Rechte oder der Mittel für den Zugang zu den Kryptowerten zu minimieren. Die VO nennt im Rahmen einer nicht abschließenden Aufzählung als potentielle Risiken Betrug, Cyberbedrohungen oder Fahrlässigkeit. Die Verwahrstrategie soll also wirksam vor externen Bedrohungen schützen, gleichsam aber auch vor Fehlern (Fahrlässigkeit) im Umgang mit den Kryptowerten selbst. Mangels einer Beschränkung auf Fahrlässigkeit des Dienstleisters ist damit auch ein fahrlässiges Handeln des Kunden gemeint. Der Dienstleister hat also zumutbare Vorkehrungen zu treffen, um auch das Risiko aus fahrlässigem Verhalten des Kunden zu minimieren. Dazu zählt beispielsweise, dass Kunden versehentlich unrichtige Adressen für die Übernahme von Kryptowerten in Eigenverwahrung angeben. Es sind also Vorkehrungen zu treffen, die solche und andere Risiken adressieren. 16

Kunden ist auf Verlangen eine Zusammenfassung der Verwahrstrategie in elektronischem Format zur Verfügung zu stellen. Es ist also nicht die Verwahrstrategie in ihrer Gesamtheit offenzulegen, sondern lediglich eine Zusammenfassung davon. Die Frage nach dem Detaillierungsgrad der Angaben steht dabei in einem doppelten Spannungsverhältnis. Einerseits kann eine zu detaillierte Preisgabe der Verwahrstrategie dem angestrebten Zweck zuwiderlaufen, vor externen Bedrohungen zu schützen. Denn je detaillierter die Angaben ausfallen, desto höher das Risiko, dass Angreifer diese Informationen nutzen, um an verwahrte Kryptowerte zu gelangen. Andererseits ist die Verwahrstrategie Teil der vertraglichen Vereinbarung mit dem Kunden (vgl. Abs. 1 lit. c). Dies verlangt, dass bis zu einem gewissen Grad konkrete Angaben gemacht werden, auf deren Einhaltung der Kunde einen vertraglichen Anspruch hat. 17

VI. Ausübung von Rechten

Art. 75 Abs. 4 bestimmt, dass Verwahrer und Verwalter ihren Kunden die Ausübung der mit den für sie verwahrten Kryptowerten verbundenen Rechte zu erleichtern haben. Diese Verpflichtung bezieht sich offenkundig nur auf Kryptowerte, die digitale Rechte darstellen; mangels Einräumung von Rech- 18

MiCAR Art. 75 Titel V. Zulassung und Bedingungen

ten aber nicht hingegen für Kryptowerte in der Form von digitalen Darstellungen von Werten.

19 Was konkret unter Erleichterung zu verstehen ist, lässt sich am besten durch einen Vergleich des vom Dienstleister angebotenen Verfahrens mit den notwendigen Schritten ermitteln, die der Kunde im Fall der Eigenverwahrung der Kryptowerte zur Rechtsausübung setzen müsste. Ist mit dem Kryptowert etwa die Ausübung eines Stimmrechts verbunden, so müsste der Kunde zunächst die Kryptowerte vom Dienstleister auf der Blockchain auf einer eigenen Adresse unter seine Kontrolle nehmen, um in einem nächsten Schritt die notwendige Interaktion mit einem Smart Contract vorzunehmen, bevor die Kryptowerte mittels Blockchain wieder an den Verwahrer und Verwalter zurückübertragen werden. Eine Erleichterung ist somit bereits dann gegeben, wenn diese doppelte Übertragung zur Rechtsausübung vermieden werden kann, beispielsweise mittels einer Funktion, um die notwendigen Interaktionen mit den entsprechenden Smart Contracts direkt auf der Website des Dienstleisters vorzunehmen.

20 Im Falle von Änderungen der zugrundeliegenden DLT oder anderen Ereignissen, die voraussichtlich Rechte eines Kunden begründen oder verändern, stehen dem Kunden sämtliche Kryptowerte oder Rechte zu, die auf der Grundlage und entsprechend der Positionen des Kunden zum Zeitpunkt des Eintritts des Ereignisses neu begründet werden. Gemeint sind damit Ereignisse wie etwa Hardforks, Coin-Splits, Airdrops oder Ausschüttungen in Form von Kryptowerten, vorausgesetzt, dass diese Ereignisse den für den Kunden verwahrten Kryptowerten zugeordnet werden können. Die VO geht also vom Grundsatz aus, dass sämtliche Ereignisse, die zu neuen Werten oder Rechten führen (Zuwachs) auch dem Kunden zukommen sollen, für den der Anbieter die Kryptowerte verwahrt, ganz so als hätte der Kunde die Kryptowerte in Eigenverwahrung und nicht beim Verwahrer und Verwalter hinterlegt.

21 Von diesem Grundsatz kann auf Basis einer Vereinbarung zwischen Dienstleister und Kunde abgewichen werden. Die Vereinbarung muss jedoch vor dem Eintritt des jeweiligen Ereignisses abgeschlossen worden sein, und sie muss von den Parteien unterzeichnet werden. Klauseln in Allgemeinen Geschäftsbedingungen, die lediglich mittels Setzens eines Häkchens akzeptiert werden, sind somit unwirksam. Fraglich ist, ob eine entsprechende Bestimmung in AGB generell zulässig ist und wirksam vereinbart werden kann, wenn die gesamten AGB mittels Unterzeichnung vom Kunden am Bildschirm akzeptiert werden. Dagegen spricht einerseits der Umstand, dass es nicht bloß auf die Unterschrift des Kunden ankommt, sondern nach dem Wortlaut der Bestimmungen beide Parteien zu unterschreiben haben. Unterstellt man der Bestimmung als Zweck weiters, den Kunden besonders auf den Verzicht auf künftigen Zuwachs aufmerksam zu machen, so ließe sich eine entsprechende Klausel in AGB wohl nicht wirksam vereinbaren, selbst wenn es zur Gegenzeichnung durch den Dienstleister in jedem einzelnen Fall käme.

22 Bedeutung hat die Bestimmung wohl vor allem im Zusammenhang mit Groß- oder Whitelabel-Kunden. Im Rahmen individuell ausgehandelter Vereinbarungen steht einer anderen Regelung des Zuwachses nichts entgegen. Schließt der Groß- oder Whitelabel-Kunde seinerseits Verträge auf Basis von AGB mit eigenen Kunden ab, kann der Umstand eintreten, dass solche Beschränkungen vertraglich nicht an die eigenen Kunden weitergeben wurden.

Völkel

VII. Positionsaufstellung und Call-to-Action

Art. 75 Abs. 5 verpflichtet Verwahrer und Verwalter, ihren Kunden quartalsweise sowie jederzeit auf Verlangen eine Aufstellung der Positionen der im Namen dieser Kunden verbuchten Kryptowerte zur Verfügung zu stellen. Die Positionsaufstellung ist in elektronischem Format bereitzustellen. In der Aufstellung sind zum jeweiligen Stichtag der Aufstellung die betreffenden Kryptowerte, ihr Saldo, ihr Wert am Stichtag und die Übertragung von Kryptowerten während des betreffenden Zeitraums anzugeben. 23

Zusätzlich sind Verwahrer und Verwalter verpflichtet, ihre Kunden umgehend über Tätigkeiten im Zusammenhang mit Kryptowerten zu informieren, die eine Reaktion dieser Kunden erfordern. Die VO geht nicht näher darauf ein, was unter Tätigkeiten im Zusammenhang mit Kryptowerten zu verstehen ist. Vom äußerst möglichen Wortsinn erfasst sind damit alle Handlungen des Dienstleisters aber auch etwa vom Emittenten des Kryptowerts oder sonstigen Dritten, und alle sich daran anschließenden Entwicklungen auf Basis solcher Handlungen. 24

Da die Verpflichtung nicht auf Tätigkeiten beschränkt ist, die dem Dienstleister bekannt wurden, sondern alle Tätigkeiten umfasst, impliziert dies eine Überwachungspflicht aller vom Dienstleister für den Kunden verwahrten Kryptowerte. Tätigkeiten im Zusammenhang mit Kryptowerten, die eine Reaktion des Kunden erfordern, sind beispielsweise: Entscheidung des Dienstleisters, die Verwahrung eines bestimmten Kryptowerts nicht mehr anbieten zu wollen; Insolvenz des Emittenten des Kryptowerts; Ereignisse, die die Ausübung von mit dem Kryptowert verbundenen Rechten betreffen. 25

VIII. Aushändigung von Kryptowerten

Art. 75 Abs. 6 verlangt, dass Verwahrer und Verwalter über die erforderlichen Verfahren verfügen, um die für Kunden verwahrten Kryptowerte oder Mittel für den entsprechenden Zugang diesen Kunden umgehend zurückgegeben. Die VO stellt selbst keine Anforderungen auf, auf welche Weise verwahrte Kryptowerte an den Kunden zu übergeben sind. Die Aushändigung der Kryptowerte kann bspw. durch Übertragung auf eine Adresse erfolgen, die sich unter Kontrolle des Kunden befindet. Wurden die Kryptowerte auf Hardware-Wallets verwahrt, wäre auch denkbar dem Kunden das Hardware-Wallet auszuhändigen. Auch die Preisgabe der privaten Schlüssel zur jeweiligen Adresse, auf der die Kryptowerte für den Kunden gehalten haben, stellt unter eine zulässige Möglichkeit dar. 26

Nach dem Wortlaut muss die Aushändigung der Kryptowerte an den Kunden erfolgen. Eine Überlassung der Kryptowerte an andere Personen als den Kunden ist nicht von der Dienstleistung des Verwahrens und Verwaltens gedeckt, sondern stellt eine Transferdienstleistung dar (Art. 82). Im Fall der Übertragung auf eine Adresse des Kunden hat sich der Dienstleister somit zu vergewissern, dass es sich tatsächlich um eine Adresse des Kunden handelt. Im Fall der Übergabe eines Hardware-Wallets darf dieses nur an den Kunden ausgehändigt werden. Nennt der Dienstleister dem Kunden den privaten Schlüssel zu den verwahrten Kryptowerten, so ist sichergestellt, dass jedenfalls dem Kunden die Kryptowerte ausgehändigt wurden, selbst wenn der Kunde die Kryptowerte sofort an eine andere (eigene oder auch fremde fremde) Adresse überträgt. 27

IX. Trennungsprinzip bei Kundenvermögen

28 Art. 75 Abs. 7 verlangt, dass Verwahrer und Verwalter für eine Trennung zwischen den für Kunden gehaltenen Beteiligungen an Kryptowerten und ihren eigenen Beteiligungen sorgen. Es ist sicherzustellen, dass die Mittel für den Zugang zu den Kryptowerten der Kunden eindeutig als solche gekennzeichnet sind. Diese Trennung des Kunden- vom Eigenbestand erfolgt nicht nur im Rahmen einer internen buchhalterischen Zuordnung, sondern direkt auf dem Distributed Ledger. Für Kunden sind also andere Adressen auf der Blockchain zu verwenden als für den Eigenbestand.

29 Die verwahrten Kryptowerte sind im Einklang mit dem geltenden Recht – gemeint sind die jeweils anwendbaren nationalen sachenrechtlichen Bestimmungen – im Interesse der Kunden rechtlich vom Vermögen des Anbieters zu trennen, sodass Gläubiger des Anbieters, insbesondere im Falle einer Insolvenz, nicht auf Kryptowerte zurückgreifen können, die vom Anbieter für die Kunden verwahrt werden. Diese Bestimmung schafft selbst keinen Schutz des Kundenvermögens im Fall der Insolvenz sondern ist ausschließlich als Anordnung an den Dienstleister zu verstehen, dafür zu sorgen, dass entsprechende Vorkehrungen getroffen werden. Auch operativ sind die verwahrten Kryptowerte vom Vermögen des Anbieters zu trennen. Es soll also durch entsprechende Trennung nicht dazu kommen, dass versehentlich Verfügungen über Kundenbestände getroffen werden.

X. Haftung für Verluste

30 Art. 75 Abs. 8 sieht eine Haftung von Verwahrern und Verwaltern gegenüber ihren Kunden für Verluste von Kryptowerten oder der Mittel für den Zugang zu diesen Kryptowerten vor, die infolge von Vorfällen erlitten werden, die den Verwahrern und Verwaltern zuzuschreiben sind. Die Bestimmung schafft eine unmittelbare Anspruchsgrundlage, auf deren Basis nach den nationalen Vorschriften Schadenersatzansprüche geltend gemacht werden können. Die jeweiligen Haftungsvoraussetzungen sind dabei nach dem nationalen Recht zu bestimmen. Die Haftung des Dienstleisters ist auf den Marktwert der verloren gegangenen Kryptowerte zum Zeitpunkt des Verlusts begrenzt.

31 Zu den nicht dem Dienstleister zuzuschreibenden Vorfällen gehören alle Ereignisse, bei denen der Dienstleister nachweist, dass sie unabhängig von der Erbringung der betreffenden Dienstleistung oder von den Tätigkeiten des Dienstleisters aufgetreten sind, etwa ein mit dem Betrieb des Distributed Ledger verbundenes Problem, über das der Dienstleister keine Kontrolle hat. Beispiele für solche Ereignisse sind Programmierfehler im Konsensmechanismus der Blockchain oder in Smart Contracts, die zum Verlust der Kryptowerte führen; im Zusammenhang mit privaten Blockchains etwa auch die Einstellung des Betriebs.

XI. Inanspruchnahme anderer Dienstleister

32 Verwahrer und Verwalter können zur Erbringung ihrer Dienstleistung andere Verwahrer und Verwalter in Anspruch nehmen. Voraussetzung hierfür ist lediglich, dass diese ihrerseits gemäß Art. 59 zugelassen sind. Aus der Definition der Dienstleistung des Verwahrens und Verwaltens folgt, dass die Inanspruchnahme Dritter nur insofern zulässig ist, als dadurch weiterhin der

Dienstleister selbst die sichere Aufbewahrung oder Kontrolle von Kryptowerten oder der Mittel für den Zugang zu solchen Kryptowerten für Kunden ausübt. Der Dienstleister muss somit selbst in Kenntnis der privaten Schlüssel zu den verwahrten Kryptowerten sein und muss unter anderem jederzeit die Möglichkeit haben, selbst die Herausgabe der Kryptowerte an den Kunden zu veranlassen (Abs. 6). Die Kenntnis weiterer Personen von den privaten Schlüsseln, also etwa bei Inanspruchnahme eines anderen Dienstleisters nach Abs. 9 kann im Rahmen der Verwahrstrategie zulässig sein. Kunden des Dienstleisters sind über den Umstand der Inanspruchnahme eines weiteren Dienstleisters jedoch *expressis verbis* aufzuklären.

Artikel 76 Betrieb einer Handelsplattform für Kryptowerte

(1) Anbieter von Kryptowerte-Dienstleistungen, die eine Handelsplattform für Kryptowerte betreiben, legen klare und transparente Betriebsvorschriften für die Handelsplattform fest, halten diese aufrecht und wenden sie an. In diesen Betriebsvorschriften muss mindestens Folgendes festgelegt werden:

a) Genehmigungsverfahren, einschließlich der Sorgfaltspflichten gegenüber Kunden, die dem vom Antragsteller ausgehenden Risiko der Geldwäsche oder Terrorismusfinanzierung gemäß der Richtlinie (EU) 2015/849 entsprechen und vor Zulassung von Kryptowerten an der Handelsplattform anzuwenden sind,

b) gegebenenfalls Ausschlusskategorien hinsichtlich der Arten von Kryptowerten, die nicht zum Handel zugelassen werden,

c) Strategien und Verfahren in Bezug auf etwaige Gebühren für die Zulassung zum Handel und deren Höhe,

d) objektive, nichtdiskriminierende Vorschriften und verhältnismäßige Kriterien für die Teilnahme an den Handelstätigkeiten mit dem Ziel der Förderung eines redlichen und offenen Zugangs von Kunden, die Handel treiben wollen, zur Handelsplattform,

e) ermessensunabhängige Regeln und Verfahren für die Sicherstellung eines redlichen und ordnungsgemäßen Handels sowie objektive Kriterien für die wirksame Ausführung von Aufträgen,

f) Bedingungen zur Sicherstellung der Handelbarkeit von Kryptowerten, einschließlich Liquiditätsschwellen und periodischen Offenlegungspflichten,

g) Bedingungen für die mögliche Aussetzung des Handels mit Kryptowerten,

h) Verfahren zur Sicherstellung einer wirksamen Abrechnung sowohl von Kryptowerten als auch von Geldbeträgen.

Für die Zwecke von Unterabsatz 1 Buchstabe a wird in den Betriebsvorschriften eindeutig festgelegt, dass Kryptowerte nicht zum Handel zugelassen werden, wenn in den von dieser Verordnung vorgeschriebenen Fällen kein entsprechendes Kryptowerte-Whitepaper veröffentlicht wurde.

(2) Vor der Zulassung von Kryptowerten zum Handel stellen Anbieter von Kryptowerte-Dienstleistungen, die eine Handelsplattform für Kryptowerte betreiben, sicher, dass die Kryptowerte den Betriebsvorschriften der Handelsplattform entsprechen, und bewerten die Eignung des betreffenden Kryptowerts. Bei der Bewertung der Eignung eines Kryptowerts

bewerten die Anbieter von Kryptowerte-Dienstleistungen, die eine Handelsplattform betreiben, insbesondere die Zuverlässigkeit der verwendeten technischen Lösungen und die potenzielle Verbindung zu illegalen oder betrügerischen Tätigkeiten, und berücksichtigen dabei die Erfahrung, die Erfolgsbilanz und den Leumund des Emittenten dieser Kryptowerte und seines Entwicklungsteams. Die Anbieter von Kryptowerte-Dienstleistungen, die eine Handelsplattform betreiben, bewerten auch die Eignung der in Artikel 4 Absatz 3 Unterabsatz 1 Buchstaben a bis d genannten Kryptowerte, bei denen es sich nicht um vermögenswertereferenzierte Token oder E-Geld-Token handelt.

(3) In den Betriebsvorschriften der Handelsplattform für Kryptowerte wird die Zulassung von Kryptowerten mit eingebauter Anonymisierungsfunktion zum Handel ausgeschlossen, es sei denn, die Anbieter von Kryptowerte-Dienstleistungen, die eine Handelsplattform für Kryptowerte betreiben, können die Inhaber dieser Kryptowerte und ihre Transaktionshistorie identifizieren.

(4) Die in Absatz 1 genannten Betriebsvorschriften werden in einer Amtssprache des Herkunftsmitgliedstaats oder in einer in der internationalen Finanzwelt gebräuchlichen Sprache abgefasst.

Wird eine Handelsplattform für Kryptowerte in einem anderen Mitgliedstaat betrieben, werden die in Absatz 1 genannten Betriebsvorschriften in einer Amtssprache des Aufnahmemitgliedstaats oder in einer in der internationalen Finanzwelt gebräuchlichen Sprache abgefasst.

(5) Anbieter von Kryptowerte-Dienstleistungen, die eine Handelsplattform für Kryptowerte betreiben, handeln auf der von ihnen betriebenen Handelsplattform für Kryptowerte nicht für eigene Rechnung, selbst wenn sie den Tausch von Kryptowerten gegen einen Geldbetrag oder gegen andere Kryptowerte anbieten.

(6) Anbieter von Kryptowerte-Dienstleistungen, die eine Handelsplattform für Kryptowerte betreiben, dürfen nur dann auf die Zusammenführung sich deckender Kundenaufträge zurückgreifen, wenn der Kunde dem zugestimmt hat. Die Anbieter von Kryptowerte-Dienstleistungen stellen der zuständigen Behörde Informationen zur Erläuterung ihres Rückgriffs auf die Zusammenführung sich deckender Kundenaufträge zur Verfügung. Die zuständige Behörde überwacht den Rückgriff von Anbietern von Kryptowerte-Dienstleistungen auf die Zusammenführung sich deckender Kundenaufträge und stellt sicher, dass die der Rückgriff auf die Zusammenführung sich deckender Kundenaufträge die Definition eines solchen Handels weiterhin erfüllt und nicht zu Interessenkonflikten zwischen den Anbietern von Kryptowerte-Dienstleistungen und ihren Kunden führt.

(7) Anbieter von Kryptowerte-Dienstleistungen, die eine Handelsplattform für Kryptowerte betreiben, müssen über wirksame Systeme, Verfahren und Vorkehrungen verfügen, um sicherzustellen, dass ihre Handelssysteme
a) widerstandsfähig sind,
b) über ausreichende Kapazitäten verfügen, um Spitzenvolumina an Aufträgen und Mitteilungen zu bewältigen,
c) in der Lage sind, unter extremen Stressbedingungen auf den Märkten einen ordnungsgemäßen Handel sicherzustellen,
d) in der Lage sind, Aufträge abzulehnen, die vorab festgelegte Volumen- und Preisschwellen überschreiten oder eindeutig fehlerhaft sind,

e) vollständig geprüft werden, um sicherzustellen, dass die Bedingungen gemäß den Buchstaben a bis d erfüllt sind,

f) wirksamen Vorkehrungen zur Sicherstellung der Fortführung des Geschäftsbetriebs unterliegen, um im Falle eines Ausfalls des Handelssystems die Kontinuität ihrer Dienstleistungen sicherzustellen,

g) in der Lage sind, Marktmissbrauch zu verhindern oder aufzudecken,

h) hinreichend robust sind, um zu verhindern, dass sie zum Zwecke der Geldwäsche und der Terrorismusfinanzierung missbraucht werden.

(8) Anbieter von Kryptowerte-Dienstleistungen, die eine Handelsplattform für Kryptowerte betreiben, unterrichten die für sie zuständige Behörde, wenn sie Fälle von Marktmissbrauch oder versuchtem Marktmissbrauch in ihren Handelssystemen oder über ihre Handelssysteme aufdecken.

(9) Anbieter von Kryptowerte-Dienstleistungen, die eine Handelsplattform für Kryptowerte betreiben, veröffentlichen alle Geld- und Briefkurse sowie die Tiefe der Handelsinteressen zu diesen Preisen, die über ihre Handelsplattformen angezeigt werden. Die betreffenden Anbieter von Kryptowerte-Dienstleistungen machen diese Informationen während der Handelszeiten kontinuierlich öffentlich zugänglich.

(10) Anbieter von Kryptowerte-Dienstleistungen, die eine Handelsplattform für Kryptowerte betreiben, veröffentlichen Kurs, Volumen und Zeitpunkt der Geschäfte mit auf ihren Handelsplattformen gehandelten Kryptowerten. Sie veröffentlichen diese Einzelheiten für alle Transaktionen, soweit technisch möglich, in Echtzeit.

(11) Anbieter von Kryptowerte-Dienstleistungen, die eine Handelsplattform für Kryptowerte betreiben, machen die gemäß den Absätzen 9 und 10 veröffentlichten Informationen zu angemessenen kaufmännischen Bedingungen öffentlich zugänglich und sorgen für einen nichtdiskriminierenden Zugang zu diesen Informationen. Diese Informationen werden 15 Minuten nach ihrer Veröffentlichung in maschinenlesbarem Format kostenlos zur Verfügung gestellt und bleiben mindestens zwei Jahre lang veröffentlicht.

(12) Anbieter von Kryptowerte-Dienstleistungen, die eine Handelsplattform für Kryptowerte betreiben, leiten die endgültige Abwicklung einer Transaktion mit Kryptowerten auf dem Distributed Ledger innerhalb von 24 Stunden nach Ausführung der Geschäfte auf der Handelsplattform oder — im Falle von außerhalb des Distributed Ledger abgewickelten Transaktionen — spätestens bis Börsenschluss ein.

(13) Anbieter von Kryptowerte-Dienstleistungen, die eine Handelsplattform für Kryptowerte betreiben, stellen sicher, dass ihre Gebührenstrukturen transparent, redlich und nichtdiskriminierend sind und dass sie keine Anreize schaffen, Aufträge so zu platzieren, zu ändern oder zu stornieren oder Geschäfte in einer Weise auszuführen, dass dies zu marktstörenden Handelsbedingungen oder Marktmissbrauch nach Titel VI beiträgt.

(14) Anbieter von Kryptowerte-Dienstleistungen, die eine Handelsplattform für Kryptowerte betreiben, müssen über Ressourcen und Backup-Einrichtungen verfügen, die es ihnen ermöglichen, der für sie zuständigen Behörde jederzeit Bericht zu erstatten.

(15) Anbieter von Kryptowerte-Dienstleistungen, die eine Handelsplattform betreiben, halten die einschlägigen Daten zu sämtlichen Auf-

trägen über Kryptowerte, die über ihre Systeme gehandelt werden, mindestens fünf Jahre lang für die zuständige Behörde bereit oder gewähren der zuständigen Behörde Zugang zum Auftragsbuch, damit die zuständige Behörde die Handelstätigkeit überwachen kann. Diese einschlägigen Daten enthalten die Merkmale des Auftrags, darunter diejenigen, die einen Auftrag mit den Transaktionen verknüpfen, die sich aus diesem Auftrag ergeben.

(16) Die ESMA arbeitet Entwürfe technischer Regulierungsstandards aus, in denen Folgendes präzisiert wird:

a) die Art, in der Daten zur Transparenz, darunter der Grad der Aufschlüsselung der gemäß den Absätzen 1, 9 und 10 zu veröffentlichenden Daten, darzustellen sind,

b) der Inhalt und das Format der Einträge in dem gemäß Absatz 15 zu führenden Auftragsbuch.

Die ESMA übermittelt der Kommission die in Unterabsatz 1 genannten Entwürfe technischer Regulierungsstandards spätestens am 30. Juni 2024.

Der Kommission wird die Befugnis übertragen, diese Verordnung durch Annahme der in Unterabsatz 1 dieses Absatzes genannten technischen Regulierungsstandards gemäß den Artikeln 10 bis 14 der Verordnung (EU) Nr. 1095/2010 zu ergänzen.

Übersicht

	Rn.
I. Einführung	1
1. Literatur	1
2. Entstehung und Zweck der Norm	2
3. Normativer Kontext	3
II. Anwendungsbereich	4
III. Betriebsvorschriften	10
IV. Due Diligence vor Handelszulassung	11
V. Ausschluss von Kryptowerten mit Anonymisierungsfunktion	12
VI. Sprachregelung	13
VII. Verbot des Handels auf eigene Rechnung	14
VIII. Zusammenführen sich deckender Kundenaufträge	15
IX. Resilienz des Handelssystems	18
X. Marktmissbrauch	19
XI. Veröffentlichung von Daten	20
XII. Endgültige Abwicklung	21
XIII. Gebührenstruktur	22
XIV. Backup, Berichtsmöglichkeit und Aufbewahrungspflicht	23

I. Einführung

1 **1. Literatur.** Keine.

2 **2. Entstehung und Zweck der Norm.** Art. 76 legt Anforderungen an den Betrieb einer Handelsplattform für Kryptowerte fest. Vor Inkrafttreten der Bestimmungen bestanden keinerlei Anordnungen an den Betrieb solcher multilateraler Systeme. Anders als MTF oder OTF konnten sie weitgehend ohne Einschränkungen betrieben werden. Vor diesem Hintergrund verlangt

die VO u.a., dass der Dienstleister vor Zulassung neuer Kryptowerte eine Due Diligence im Interesse seiner Kunden durchführt, dass das Handelssystem eine gewisse Resilienz aufweisen muss, dass Daten über die Handelsaktivität veröffentlicht werden, oder dass Sicherheit im Hinblick auf die Finalität von Transaktionen und deren Gebühren besteht.

3. **Normativer Kontext.** Art. 76 muss im Zusammenspiel mit Art. 3 Nr. 18 gelesen werden, der bestimmt, was den Betrieb einer Handelsplattform für Kryptowerte als Kryptowerte-Dienstleistung ausmacht. Art. 76 legt sodann Anforderungen an Anbieter von Kryptowerte-Dienstleistungen fest, die diese Dienstleistung erbringen.

3

II. Anwendungsbereich

Art. 76 legt Anforderungen an Dienstleister fest, die eine Handelsplattform für Kryptowerte betreiben. Für eine Begriffsdiskussion siehe Art. 3 Nr. 18. Zusammenfassend stellt der Betrieb einer Handelsplattform für Kryptowerte die Verwaltung eines oder mehrerer multilateraler Systeme dar, die die Interessen einer Vielzahl Dritter am Kauf und Verkauf von Kryptowerten – im System und gemäß dessen Regeln – auf eine Weise zusammenführen oder deren Zusammenführung erleichtern, dass ein Vertrag (mit einem Dienstleister; dazu sogleich) (a) über den Tausch von Kryptowerten gegen einen Geldbetrag (vgl. Art. 3 Nr. 19; nachfolgend Kauf) oder (b) den Tausch von Kryptowerten gegen andere Kryptowerte (vgl. Art. 3 Nr. 20; nachfolgend Tausch) zustande kommt. Sowohl Kauf als auch der Tausch sind jeweils eigenständige Krypto-Dienstleistungen mit besonderen Vorschriften für deren Ausübung (vgl. Art. 77).

4

Obwohl die VO für Kauf und Tausch jeweils eigene Definitionen in Art. 3 vorsieht, sind beide mit demselben Wortlaut definiert. Beide betreffen *„den Abschluss von Verträgen mit Kunden über den Kauf oder Verkauf von Kryptowerten gegen einen Geldbetrag unter Einsatz eigenen Kapitals"* (Art. 3 Nr. 19, 20). Hierbei dürfte es sich um ein Redaktionsversehen handeln; die Definition des Tauschs sollte wohl auf den Abschluss von Verträgen mit Kunden über den Tausch (nicht Kauf) von Kryptowerten gegen andere Kryptowerte (nicht gegen einen Gelbetrag) unter Einsatz eigenen Kapitals abstellen. Beide Dienstleistungen stellen zusammenfassend also darauf ab, dass zwischen Dienstleister und Kunde ein Vertrag über Kauf oder Tausch abgeschlossen wird, unter Einsatz eigenen Kapitals.

5

Aus einer Zusammenschau der drei oben erwähnten Definitionen (Art. 3 Nr. 18, 19, 20) ergibt sich folgendes Bild: Die Handelsplattform führt die Interessen einer Vielzahl Dritter zusammen bzw. erleichtert dies; hierbei handelt es sich um die Aufträge der Kunden des Dienstleisters (über den Kauf oder Tausch). Im Ergebnis schließen Kunden jedoch untereinander keine Verträge über den Kauf oder Tausch von Kryptowerten, sondern es kommt stets zum Abschluss von Verträgen zwischen den Kunden und einem Dienstleister als einziger Vertragspartei. Das Handelsbuch einer Handelsplattform dient also gegebenenfalls lediglich zur Preisermittlung.[1]

6

Die jeweiligen vertraglichen Ansprüche (Lieferung, Zahlung) bestehen somit für jeden Kunden stets gegenüber einem Dienstleister wie etwa der Handelsplattform und nicht gegenüber anderen Kunden der Handelsplatt-

7

---

[1] Vgl. auch die Kommentierung zu Art. 3 Nr. 18.

form, die selbst keine Dienstleister sind. Überlegungen, wie etwa mit Kunden umzugehen ist, die in unterschiedlichen Jurisdiktionen ansässig sind, oder deren Status unterschiedlich ist (wenn etwa Unternehmer mit Konsumenten über die Handelsplattform interagieren) können damit unterbleiben.

8 Als weitere Folge erfordert der Betrieb der Handelsplattform (Art. 3 Nr. 18) somit zwingend auch eine Zulassung zur Erbringung der Dienstleistungen des Kaufs (Art. 3 Nr. 19), wenn die Handelsplattform entweder den Tausch von Kryptowerten gegen einen Geldbetrag im eigenen Namen ermöglicht, bzw. die Zulassung zur Erbringung der Dienstleistung des Tauschs iSd Art. 3 Nr. 20 wenn die Handelsplattform den Tausch von Kryptowerten gegen andere Kryptowerte im eigenen Namen ermöglicht, wenn diese Dienstleistungen von der Mandelplattform selbst erbracht werden sollen. Zur einfacheren Lesbarkeit werden Anbieter von Kryptowerte-Dienstleistungen, die eine Handelsplattform für Kryptowerte betreiben, nachfolgend auch kurz als Dienstleister oder Handelsplattformen bezeichnet.

9 Aus dem Erfordernis, der Aufsichtsbehörde Zugang zum Auftragsbuch zu geben (siehe Abs. 14 f.) ist lediglich abzuleiten, dass die Handelsplattform über ein solches Auftragsbuch verfügen muss. Anforderungen an die verwendete Technik (zB ein zentralisiertes System im Gegensatz zu einem dezentralen System) sind aus der VO nicht ableitbar. Auch eine dezentrale Handelsplattform kann damit den Vorgaben der VO entsprechen.[2]

III. Betriebsvorschriften

10 Art. 76 Abs. 1 verlangt, dass Handelsplattformen klare und transparente Betriebsvorschriften festlegen, aufrecht halten und anwenden. Unter Aufrechthalten ist ein gewisses Mindestmaß an Kontinuität zu verstehen. Änderungen der Betriebsvorschriften werden damit nur in angemessenen Abständen und nur dann zulässig sein, wenn objektivierbare Gründe dies erfordern. Die Betriebsvorschriften betreffen drei Aspekte, nämlich Bestimmungen zu handelbaren Kryptowerten, Bestimmungen zum Handel mit den Kryptowerten, und Bestimmungen zur Abrechnung. Konkret sind folgende Punkte zu regeln:

(a) Genehmigungsverfahren hinsichtlich neuer Kryptowerte: Die Handelsplattform muss über ein Genehmigungsverfahren verfügen, und dieses vor Zulassung eines neuen Kryptowerts anwenden. Das Genehmigungsverfahren umfasst eine Bewertung der Kryptowerte (siehe unten). Ausdrücklich sind Sorgfaltspflichten einzuhalten, um das vom Antragsteller ausgehenden Risiko der Geldwäsche oder Terrorismusfinanzierung zu adressieren. Es ist weiters eine Bestimmung aufzunehmen, wonach Kryptowerte nicht zum Handel zugelassen werden, wenn kein Whitepaper veröffentlicht wurde, obwohl eines nach der VO erforderlich wäre (Abs. 1 aE). In diesem Zusammenhang wird besonders auf die Bestimmung des Art. 66 Abs. 3 hingewiesen, wonach Handelsplattformen (und andere Dienstleister) ihren Kunden Hyperlinks zu allen Whitepapers zur Verfügung stellen müssen, in Bezug auf die sie ihre Dienstleistungen erbringen, was mE dazu führt, dass keine Dienstleistung erbracht werden darf, wenn der Dienstleister dieser Anordnung nicht folgen kann (etwa weil kein Whitepaper existiert). Dies gilt selbst dann, wenn nach der VO

---

[2] Vgl. auch die Kommentierung Vor Art. 75–82.

für das öffentliche Angebot ausnahmsweise nach Art. 4 Abs. 2 oder Abs. 3 kein Whitepaper erstellt werden muss. Normadressat von Art 4 sind nämlich Anbieter von Kryptowerten, während Normadressat von Art. 66 die Dienstleister sind. Der Zweck der Norm (Information und letztlich Schutz der Interessenten) wiegt höher als das Interesse eines Dienstleisters, für einen Kryptowert Dienstleistungen zu erbringen, für den kein Whitepaper veröffentlicht wurde. Der Dienstleister hat es ja in der Hand, selbst ein Whitepaper zu verfassen. Die Bestimmung, keine Kryptowerte zum Handel zuzulassen, wenn kein Whitepaper veröffentlicht wurde, komplementiert diesen Regelungsansatz.

(b) Ausschlusskategorien hinsichtlich bestimmter Arten von Kryptowerten: Die Handelsplattform muss anhand objektivierter Kriterien festlegen, welche Arten von Kryptowerten nicht zum Handel zugelassen werden. Diese Ausschlusskriterien sind im Rahmen des Genehmigungsverfahrens für die Zulassung neuer Kryptowerte zu prüfen.

(c) Gebühren für die Zulassung zum Handel: Die Handelsplattform muss festlegen, auf welche Weise sie Gebühren für die Zulassung zum Handel festlegt (arg *„Strategien und Verfahren"*). Die VO gibt keine weiteren Kriterien vor, weshalb auch eine abgestufte Gebührenstruktur (etwa nach Marktkapitalisierung oder Handelsvolumen) zulässig ist.

(d) Regeln zur Teilnahme an der Handelstätigkeit: Die Handelsplattform muss über objektive und nichtdiskriminierende Vorschriften sowie verhältnismäßige Kriterien für die Teilnahme an den Handelstätigkeiten verfügen; dies soll dem Ziel der Förderung eines redlichen und offenen Zugangs von Kunden zur Handelsplattform dienen, die diese für den Handel nutzen wollen. Gemeint sind Vorgaben zur Aufnahme neuer Nutzer der Plattform, nicht zur Aufnahme neuer Kryptowerte.

(e) Regeln für einen redlichen und ordnungsgemäßen Handel: Die Handelsplattform muss über ermessensunabhängige Regeln und Verfahren verfügen, um einen redlichen und ordnungsgemäßen Handel zu ermöglichen. Es fließen die Überlegungen des Art. 66 ein. Außerdem sind objektive Kriterien für die wirksame Ausführung von Aufträgen vorzusehen.

(f) Sicherstellung der Handelbarkeit: Die Handelsplattform hat Bedingungen festzulegen, um die Handelbarkeit von Kryptowerten sicherzustellen. Hierzu gehört auch das Festlegen von Liquiditätsschwellen und periodischen Offenlegungspflichten. Bei der Festlegung dieser Bedingungen ist auf die Marktmissbrauchsvorschriften des Titels VI der VO zu achten.

(g) Bestimmungen zur Aussetzung des Handels: Die Handelsplattform hat genaue Bedingungen vorzusehen, wenn es zur Aussetzung des Handels mit bestimmten Kryptowerten kommen soll.

(h) Sicherstellung der Abrechnung: Die Handelsplattform muss dafür sorgen, dass im Rahmen des Kaufs und Tauschs eine Abrechnung der Kryptowerte und von Geldbeträgen sichergestellt ist.

IV. Due Diligence vor Handelszulassung

Art. 76 Abs. 2 verlangt, dass der Dienstleister vor Zulassung eines neuen Kryptowerts zum Handel sicherstellt, dass dieser Kryptowert den Betriebsvorschriften der Handelsplattform entspricht (vgl. Art. 76 Abs. 1 lit. a). Weiters ist die Eignung des Kryptowerts für die Handelszulassung zu bewerten.

MiCAR Art. 76   Titel V. Zulassung und Bedingungen

Diese Bewertung umfasst einerseits die Zuverlässigkeit der verwendeten technischen Lösungen, aber auch die potenzielle Verbindung zu illegalen oder betrügerischen Tätigkeiten. Bei dieser Bewertung ist die Erfahrung, die Erfolgsbilanz und der Leumund des Emittenten und seines Entwicklungsteams zu berücksichtigen. Auch Kryptowerte, die entweder kostenlos angeboten werden (Airdrops), die geschürft werden (PoW, PoS, etc), bei denen es sich um Utility-Token handelt, die bereits eingelöst werden können, oder bei denen es sich um Kryptowerte im Rahmen eines begrenzten Netzes handelt (vgl. Art. 4 Abs. 3 lit. a–d) sind zu prüfen, sofern es sich nicht um vermögenswertereferenzierte Tokens oder E-Geld-Tokens handelt. Da für diese eine eigene Zulassung vorgesehen ist, betrachtet der VO-Geber diese Art von Kryptowert als weniger risikogeneigt.

V. Ausschluss von Kryptowerten mit Anonymisierungsfunktion

12   Art. 76 Abs. 3 verlangt, dass die Betriebsvorschriften der Handelsplattform die Zulassung von Kryptowerten mit eingebauter Anonymisierungsfunktion ausschließen. Anonymisierungsfunktionen sind solche, die auf Protokollebene eine Nachverfolgbarkeit der einzelnen Übertragungen erschweren oder verunmöglichen. Eine Zulassung ist aber dann zulässig, wenn die Handelsplattform die Inhaber dieser Kryptowerte und ihre Transaktionshistorie identifizieren kann. Der Wortlaut erfasst zunächst DLT-Systeme mit Anonymisierungsfunktion, die von der Handelsplattform selbst betrieben werden, und bei denen sämtliche Aufträge über die Handelsplattform abgewickelt werden. In diesem Fall kennt die Handelsplattform jeden Inhaber und kann die Transaktionshistorie identifizieren. Sodann erfasst der Wortlaut weiters DLT-Systeme mit Anonymisierungsfunktion, bei denen nur die Handelsplattform, etwa durch Kenntnis bestimmter Schlüssel, die Transaktionshistorie nachvollziehen kann, auch wenn Transaktionen nicht ausschließlich über die Handelsplattform vorgenommen werden. Ob der Wortlaut auch Kryptowerte mit Anonymisierungsfunktion erfasst, die nicht unter einer solchen Kontrolle der Handelsplattform stehen, ist unklar (zB Monero oder Dash) – es sprechen gute Gründe für die Zulässigkeit, solange weder solche Kryptowerte vom Kunden entgegengenommen werden, deren Herkunft nicht vom Dienstleister nachvollzogen wurde, und auch keine Kryptowerte an den Kunden herausgegeben werden – wenn Erwerb und Veräußerung also nur über die Handelsplattform zulässig sind. Hier kann Art. 76 Abs. 3 auch zur Rechtfertigung einer Ausnahme von der Verpflichtung der Handelsplattform zur Herausgabe der für den Kunden verwahrten Kryptowerte gelesen werden.

VI. Sprachregelung

13   Art. 76 Abs. 4 schreibt vor, dass die Betriebsvorschriften in der Amtssprache des Herkunftsmitgliedstaats der Handelsplattform abgefasst werden, oder in der Amtssprache des Aufnahmemitgliedstaats, wenn die Handelsplattform in einem anderen Mitgliedstaat betrieben wird. Alternativ können die Betriebsvorschriften in beiden Fällen in einer in der internationalen Finanzwelt gebräuchlichen Sprache abgefasst werden. Englisch gilt als solche Sprache. Eine andere Sprachfassung ist dann nicht mehr notwendig.

VII. Verbot des Handels auf eigene Rechnung

Art. 76 Abs. 5 verbietet Handelsplattformen das Handeln auf eigene Rechnung auf der eigenen Plattform. Dies gilt selbst dann, wenn sie den Tausch von Kryptowerten gegen einen Geldbetrag oder gegen andere Kryptowerte anbieten. Damit ist gemeint, dass die Handelsplattform keine Aufträge in das Orderbuch im eigenen Namen oder im Namen einer Person einstellen darf, die der Handelsplattform zuzurechnen ist (also auf Rechnung der Handelsplattform agiert). Die gleichzeitige Tätigkeit der Handelsplattform als Market Maker ist damit untersagt. 14

VIII. Zusammenführen sich deckender Kundenaufträge

Art. 76 Abs. 6 verlangt, dass die Handelsplattform nur dann auf die Zusammenführung sich deckender Kundenaufträge zurückgreift, wenn der Kunde dem zugestimmt hat. Die Zusammenführung sich deckender Kundenaufträge ist legaldefiniert (Art. 3 Abs. 1 Nr. 40), wobei die Bestimmung auf die Definition in Art. 4 Abs. 1 Nr. 38 MiFID II verweist. Dort ist der Begriff definiert als *„ein Geschäft, bei dem der betreffende Vermittler zwischen den mit dem Geschäft im Zusammenhang stehenden Käufer und Verkäufer in einer Weise zwischengeschaltet ist, dass er während der gesamten Ausführung des Geschäfts zu keiner Zeit einem Marktrisiko ausgesetzt ist, und bei dem beide Vorgänge gleichzeitig ausgeführt werden und das Geschäft zu einem Preis abgeschlossen wird, bei dem der Vermittler abgesehen von einer vorab offengelegten Provision, Gebühr oder sonstigen Vergütung weder Gewinn noch Verlust macht".* 15

Eine Zusammenschau von Art. 3, Nr. 18, Nr. 19 und Nr. 20 zeigt, dass sich beim Betrieb einer Handelsplattform an die Zusammenführung der Kundenaufträge die Erbringung einer weiteren Dienstleistung knüpft, nämlich der Kauf oder Tausch zwischen Kunden und Dienstleister. Das Handelsbuch dient hier der bloßen Preisbestimmung. Die sich anschließende Dienstleistung (Kauf, Tausch) kann ebenso von demselben Dienstleister erbracht werden, der auch die Handelsplattform betreibt. Vor diesem Hintergrund ist Art. 76 Abs. 6 zu verstehen. Die Nutzung des Handelsbuchs kann für den Kunden zu einem anderen Preis führen als bei unmittelbarer Inanspruchnahme der Kauf- oder Tauschdienstleistung, denn in den beiden zuletzt genannten Fällen muss das Entgelt bereits vorab feststehen. Der Dienstleister darf aber nur dann auf das Handelsbuch zurückgreifen – darf nur dann auf die Zusammenführung sich deckender Kundenaufträge zurückgreift –, wenn der Kunde dem ausdrücklich zugestimmt hat. 16

Weiters sind der zuständigen Behörde Informationen zur Erläuterung zur Verfügung zu stellen. Die zuständige Behörde überwacht dies und stellt sicher, dass die Definition eines solchen Handels weiterhin erfüllt wird und nicht zu Interessenkonflikten zwischen den Anbietern von Kryptowerte-Dienstleistungen und ihren Kunden führt. 17

IX. Resilienz des Handelssystems

Art. 76 Abs. 7 schreibt vor, dass Dienstleister über wirksame Systeme, Verfahren und Vorkehrungen verfügen müssen, um sicherzustellen, dass ihre Handelssysteme bestimmte Eigenschaften aufweisen. Konkret muss die Handelsplattform 18

(a) widerstandsfähig sein: Das System soll in Bedrohungsszenarien einsatzbereit bleiben; dies betrifft sowohl technische als auch menschliche Faktoren.
(b) über ausreichende Kapazitäten verfügen, um Spitzenvolumina an Aufträgen und Mitteilungen zu bewältigen: Dies verlangt eine technische Lösung.
(c) in der Lage sein, unter extremen Stressbedingungen auf den Märkten einen ordnungsgemäßen Handel sicherzustellen: Unter Stressbedingungen sind sich rapide ändernde Marktgegebenheiten zu verstehen.
(d) in der Lage sein, Aufträge abzulehnen, die vorab festgelegte Volumen- und Preisschwellen überschreiten oder eindeutig fehlerhaft sind: Eindeutig fehlerhaft sind solche Aufträge, für die sich keine wirtschaftliche Rechtfertigung finden lässt; das Abstellen auf Formeln zur Ermittlung zulässiger Preiskorridore ist empfehlenswert.
(e) vollständig geprüft werden, um sicherzustellen, dass die oben unter (a) bis (d) genannten Bedingungen erfüllt sind: Dies setzt voraus, das die Programmierung der Handelsplattform in regelmäßigen Abständen und vor der Ausrollung neuerer Versionen auf die Einhaltung der genannten Punkte getestet wird.
(f) wirksamen Vorkehrungen zur Sicherstellung der Fortführung des Geschäftsbetriebs unterliegen, um im Falle eines Ausfalls des Handelssystems die Kontinuität ihrer Dienstleistungen sicherzustellen: Siehe hierzu Art. 68 Abs. 7.
(g) in der Lage sein, Marktmissbrauch zu verhindern oder aufzudecken: Hierzu gehört es, eingehende Aufträge auf das Vorliegen bekannter Marktmanipulationstaktiken zu prüfen (zB Front Running, Wash Trading), aber auch Transaktionen im Nachhinein auf Auffälligkeiten zu prüfen (etwa auffallend hohe Transaktionsvolumina in zeitlichem Zusammenhang mit einer später erfolgten kursbeeinflussenden Marktmitteilung).
(h) hinreichend robust sein, um zu verhindern, dass sie zum Zwecke der Geldwäsche und der Terrorismusfinanzierung missbraucht werden: Dies ist in aller Regel nur durch Marktmissbrauchsaktivitäten vorstellbar, etwa wenn es einer Gruppe von miteinander abgesprochenen Personen gelingt durch Wash Trading und Einsatz eigenen Kapitals den Kurs eines Kryptowerts künstlich zu erhöhen, um so einen Kursgewinn legitimen Ursprungs vorzutäuschen.

X. Marktmissbrauch

19   Art. 76 Abs. 8 verlangt, dass Handelsplattformen die für sie zuständige Aufsichtsbehörde verständigen, wenn sie Fälle von Marktmissbrauch oder versuchtem Marktmissbrauch in ihren Handelssystemen oder über ihre Handelssysteme aufdecken. Dies verlangt, dass die Handelsplattform über entsprechende Möglichkeiten verfügt, solche Vorgänge tatsächlich zu erkennen (vgl. bereits Art. 76 Abs. 7).

XI. Veröffentlichung von Daten

20   Art. 76 Abs. 9–11 verlangt, dass Handelsplattformen bestimmte Daten über die Handelstätigkeit veröffentlichen. Konkret sind alle Geld- und Briefkurse

sowie die Tiefe des Handelsbuchs während der Handelszeiten kontinuierlich zu veröffentlichen (Art. 76 Abs. 9). Weiters sind der Kurs, das Volumen und der Zeitpunkt aller Transaktionen in Echtzeit zu veröffentlichen (Art. 76 Abs. 10). Die Veröffentlichung dieser Daten kann innerhalb der ersten 15 Minuten zu angemessenen kaufmännischen Bedingungen (also gegen Entgelt) erfolgen. Nach Ablauf dieser 15 Minuten sind die Daten in maschinenlesbarem Format kostenlos zur Verfügung zu stellen und mindestens zwei Jahre lang veröffentlicht zu halten.

XII. Endgültige Abwicklung

Art. 76 Abs. 12 bestimmt, dass Handelsplattformen die endgültige Abwicklung einer Transaktion mit Kryptowerten auf dem Distributed Ledger innerhalb von 24 Stunden nach Ausführung der Geschäfte auf der Handelsplattform einleiten. Sofern die Transaktion nicht auf dem Distributed Ledger abgewickelt wird – also im Regelfall – ist die Abwicklung spätestens bis Börsenschluss vorzunehmen. Abwicklung einer Transaktion bezieht sich auf den Prozess, durch den die Verpflichtungen aus einer Transaktion erfüllt werden. Konkret also, dass nach dem Abschluss eines Geschäfts (Kauf oder Tausch von Kryptowerten) die beteiligten Parteien (Dienstleister und Kunde) die Lieferung der gekauften Kryptowerte und die Zahlung des vereinbarten Preises durchführen. 21

XIII. Gebührenstruktur

Art. 76 Abs. 13 verlangt, dass die Handelsplattform über eine transparente, redliche und nichtdiskriminierende Gebührenstruktur verfügt. Außerdem ist darauf zu achten, dass sie keine Anreize schafft, Aufträge so zu platzieren, zu ändern oder zu stornieren oder Geschäfte in einer Weise auszuführen, dass dies zu marktstörenden Handelsbedingungen oder Marktmissbrauch beiträgt. Dies wäre etwa bei sich im Tagesverlauf ändernden Gebühren zu befürchten, oder Gebühren, die sich (nur) für neue Aufträge ändern, wenn bestimmte Volumina überschritten wurden. 22

XIV. Backup, Berichtsmöglichkeit und Aufbewahrungspflicht

Art. 76 Abs. 14 u. 15 bestimmen, dass Handelsplattformen über Ressourcen und Backup-Einrichtungen verfügen, die es ihnen ermöglichen, der für sie zuständigen Aufsichtsbehörde jederzeit Bericht zu erstatten. Dazu sind die einschlägigen Daten zu sämtlichen Aufträgen über Kryptowerte, die über ihre Systeme gehandelt werden, mindestens fünf Jahre lang bereit zu halten oder es ist Zugang zum Handelsbuch (Auftragsbuch) zu geben, damit die zuständige Behörde die Handelstätigkeit überwachen kann. Die Daten des Handelsbuchs sind mit den Daten der daraus abgewickelten Transaktionen zu verknüpfen. 23

Artikel 77 Tausch von Kryptowerten gegen einen Geldbetrag oder gegen andere Kryptowerte

(1) Anbieter von Kryptowerte-Dienstleistungen, die Kryptowerte gegen einen Geldbetrag oder gegen andere Kryptowerte tauschen, verfolgen eine nichtdiskriminierende Geschäftspolitik, mit der insbesondere fest-

gelegt wird, welche Art von Kunden sie akzeptieren und welche Bedingungen diese Kunden zu erfüllen haben.

(2) Anbieter von Kryptowerte-Dienstleistungen, die Kryptowerte gegen einen Geldbetrag oder gegen andere Kryptowerte tauschen, veröffentlichen einen festen Preis der Kryptowerte oder eine Methode zur Bestimmung des Preises der Kryptowerte, die sie zum Tausch gegen einen Geldbetrag oder gegen andere Kryptowerte vorschlagen, sowie die von diesem Anbieter für Kryptowerte-Dienstleistungen festgelegte anzuwendende Obergrenze für den zu tauschenden Betrag.

(3) Anbieter von Kryptowerte-Dienstleistungen, die Kryptowerte gegen einen Geldbetrag oder gegen andere Kryptowerte tauschen, führen Kundenaufträge zu den zum Zeitpunkt des endgültigen Tauschauftrags angezeigten Preisen aus. Die Anbieter von Kryptowerte-Dienstleistungen unterrichten ihre Kunden über die Voraussetzungen, unter denen ihr Auftrag als endgültig gilt.

(4) Anbieter von Kryptowerte-Dienstleistungen, die Kryptowerte gegen einen Geldbetrag oder gegen andere Kryptowerte tauschen, veröffentlichen Informationen über die von ihnen abgeschlossenen Geschäfte, einschließlich Transaktionsvolumen und -preisen.

Übersicht

	Rn.
I. Einführung	1
1. Literatur	1
2. Entstehung und Zweck der Norm	2
3. Normativer Kontext	3
II. Anwendungsbereich	4
III. Nichtdiskriminierende Geschäftspolitik	5
IV. Verkaufspreis bzw. Kurs	7

I. Einführung

1 **1. Literatur.** Keine.

2 **2. Entstehung und Zweck der Norm.** Art. 77 legt Anforderungen an den Tausch von Kryptowerten gegen einen Geldbetrag oder gegen andere Kryptowerte fest. Die Norm hat im Wesentlichen den Zweck, Klarheit für Kunden beim Abschluss solcher Verträge mit dem Dienstleister zu schaffen.

3 **3. Normativer Kontext.** Art. 77 muss im Zusammenspiel mit Art. 3 Nr. 19 u. Nr. 20 gelesen werden, die bestimmen, was als Tausch von Kryptowerten gegen einen Geldbetrag (nachfolgend Kauf) und was als Tausch von Kryptowerten gegen andere Kryptowerte (nachfolgend Tausch) zu verstehen ist. Art. 77 legt sodann Anforderungen an Anbieter von Kryptowerte-Dienstleistungen fest, die diese Dienstleistung erbringen.

II. Anwendungsbereich

4 Art. 77 legt Anforderungen an Dienstleister fest, die Kryptowerte gegen einen Geldbetrag oder gegen andere Kryptowerte tauschen. Obwohl die VO für beide Dienstleistungen jeweils eigene Definitionen in Art. 3 vorsieht, sind sowohl der Kauf als auch der Tausch mit demselben Wortlaut definiert. Beide betreffen *„den Abschluss von Verträgen mit Kunden über den Kauf oder Verkauf*

von Kryptowerten gegen einen Geldbetrag unter Einsatz eigenen Kapitals" (Art. 3 Nr. 19, 20). Hierbei dürfte es sich um ein Redaktionsversehen handeln; die Definition des Tauschs sollte wohl auf den Abschluss von Verträgen mit Kunden über den Tausch (nicht Kauf) von Kryptowerten gegen andere Kryptowerte (nicht gegen einen Gelbetrag) unter Einsatz eigenen Kapitals abstellen. Beide Dienstleistungen stellen zusammenfassend also darauf ab, dass zwischen Dienstleister und Kunde ein Vertrag über Kauf oder Tausch abgeschlossen wird, unter Einsatz eigenen Kapitals. Anforderungen an die verwendete Technik (zentralisiertes System im Gegensatz zu einem dezentralen System) sind aus der VO nicht ableitbar. Der Einsatz von Smart Contracts, um den Kauf oder Tausch abzuwickeln, ist damit zulässig. Für eine genauere Auseinandersetzung mit dem Begriffsverständnis vgl. auch die Kommentierung zu Art. 3 Nr. 19 u. Nr. 20.

III. Nichtdiskriminierende Geschäftspolitik

Art. 77 Abs. 1 verlangt, dass der Dienstleister eine nichtdiskriminierende 5
Geschäftspolitik verfolgt, mit der insbesondere festgelegt wird, welche Art von Kunden der Dienstleister akzeptiert und welche Bedingungen diese Kunden zu erfüllen haben. Nichtdiskriminierend bedeutet dabei, dass der Dienstleister eine faire und gleiche Behandlung aller Kunden gewährleistet. Er darf keine Kunden bevorzugen oder benachteiligen. Der Dienstleister muss transparente und klare Kriterien für seine Geschäftspraktiken festlegen und diese Kriterien müssen für alle Kunden gleich sein. Dies soll sicherstellen, dass alle Kunden gleichermaßen Zugang zu den Dienstleistungen haben und dass sie nicht aufgrund willkürlicher oder ungerechter Kriterien benachteiligt werden.

Nichtdiskriminierend sind Bedingungen, die für alle Kunden gleicherma- 6
ßen gelten. Kunden nur aus bestimmten geographischen Regionen zu akzeptieren ist zulässig, wenn dafür objektive Gründe vorliegen. Es ist zulässig, nur Kunden anzunehmen, die bestimmte Mindestumsätze erreichen müssen. Ebenso ist zulässig, nur Kunden zu akzeptieren, die bereit sind, bestimmte Verpflichtungen zu übernehmen.

IV. Verkaufspreis bzw. Kurs

Art. 77 Abs. 2 verlangt, dass Dienstleister einen festen Preis oder eine 7
Methode zur Bestimmung des Preises der Kryptowerte veröffentlichen, zu dem sie bereits sind, Verträge abzuschließen. Ebenso sind bestimmte Obergrenzen zu veröffentlichen, sollte der Dienstleister solche vorsehen. Unter festem Preis ist zu verstehen, dass der Dienstleister den aktuell akzeptierten Preis (im Fall des Kaufs) bzw. Umtauschkurs (im Fall des Tauschs) sowie die Dauer der Gültigkeit dieses Preises anzeigt. Unter Methode zur Bestimmung des Preises sind Formeln und externe Preisquellen gemeint. Der Kunde muss objektiv in der Lage sein, den vom Dienstleister akzeptierten Preis bzw. den akzeptierten Kurs selbst zu bestimmen.

Nach Art. 77 Abs. 3 sind Kundenaufträge jedenfalls zu den zum Zeitpunkt 8
des endgültigen Tauschauftrags angezeigten Preis auszuführen. Der jeweilige Kauf- oder Tauschvertrag kommt somit zu diesem Preis zustande. Eine nachträgliche Änderung, etwa entsprechend einem Marktauftrag ist somit im Rahmen dieser Dienstleistung nicht zulässig. Der Händler muss im Vorhinein

seine Kunden informieren, unter welchen Voraussetzungen ihr Auftrag als endgültig gilt.

9 Nach Art. 77 Abs. 4 müssen die Dienstleister – sowie auch Betreiber von Handelsplattformen – Informationen über die von ihnen abgeschlossenen Geschäfte veröffentlichen, einschließlich Transaktionsvolumen und -preisen.

Artikel 78 Ausführung von Aufträgen über Kryptowerte für Kunden

(1) Anbieter von Kryptowerte-Dienstleistungen, die Aufträge über Kryptowerte für Kunden ausführen, ergreifen alle erforderlichen Maßnahmen, um bei der Ausführung von Aufträgen das bestmögliche Ergebnis für ihre Kunden zu erzielen, und berücksichtigen dabei die Faktoren Preis, Kosten, Schnelligkeit, Wahrscheinlichkeit der Ausführung und Abwicklung, Umfang, Art der Auftragsausführung und Bedingungen der Verwahrung von Kryptowerten sowie jegliche sonstigen für die Auftragsausführung relevanten Faktoren.

Ungeachtet des Unterabsatzes 1 sind Anbieter von Kryptowerte-Dienstleistungen, die Aufträge über Kryptowerte für Kunden ausführen, nicht verpflichtet, die in Unterabsatz 1 genannten erforderlichen Maßnahmen zu ergreifen, wenn sie Aufträge über Kryptowerte nach den spezifischen Anweisungen ihrer Kunden ausführen.

(2) Um die Einhaltung von Absatz 1 sicherzustellen, müssen Anbieter von Kryptowerte-Dienstleistungen, die Aufträge über Kryptowerte für Kunden ausführen, wirksame Vorkehrungen für die Auftragsausführung treffen und umsetzen. Sie legen insbesondere Grundsätze der Auftragsausführung fest, die es ihnen erlauben, Absatz 1 einzuhalten, und setzen diese Grundsätze um. Die Grundsätze der Auftragsausführung sehen unter anderem eine umgehende, redliche und zügige Ausführung von Kundenaufträgen vor und verhindern den Missbrauch von Informationen über Kundenaufträge durch Mitarbeiter der Anbieter von Kryptowerte-Dienstleistungen.

(3) Anbieter von Kryptowerte-Dienstleistungen, die Aufträge über Kryptowerte für Kunden ausführen, stellen ihren Kunden angemessene und eindeutige Informationen über ihre in Absatz 2 genannten Grundsätze der Auftragsausführung und jegliche wesentlichen Änderungen dieser Grundsätze zur Verfügung. In diesen Informationen wird klar, ausführlich und auf eine für Kunden verständliche Weise erläutert, wie die Kundenaufträge von den Anbietern von Kryptowerte-Dienstleistungen auszuführen sind. Die Anbieter von Kryptowerte-Dienstleistungen holen die vorherige Zustimmung jedes Kunden zu den Grundsätzen der Auftragsausführung ein.

(4) Anbieter von Kryptowerte-Dienstleistungen, die Aufträge über Kryptowerte für Kunden ausführen, müssen in der Lage sein, ihren Kunden auf Anfrage nachzuweisen, dass sie ihre Aufträge im Einklang mit ihren Grundsätzen der Auftragsausführung ausgeführt haben, und der zuständigen Behörde auf Antrag nachzuweisen, dass sie die Bedingungen dieses Artikels erfüllen.

(5) Wenn die Grundsätze der Auftragsausführung vorsehen, dass Kundenaufträge außerhalb einer Handelsplattform ausgeführt werden könnten, informieren die Anbieter von Kryptowerte-Dienstleistungen, die Aufträge über Kryptowerte für Kunden ausführen, ihre Kunden über

diese Möglichkeit und holen vor der Ausführung ihrer Aufträge außerhalb einer Handelsplattform die vorherige ausdrückliche Zustimmung ihrer Kunden in Form entweder einer allgemeinen Zustimmung oder einer Zustimmung in Bezug auf einzelne Geschäfte ein.

(6) Anbieter von Kryptowerte-Dienstleistungen, die Aufträge über Kryptowerte für Kunden ausführen, müssen die Wirksamkeit ihrer Vorkehrungen zur Auftragsausführung und ihrer Grundsätze der Auftragsausführung überwachen, damit sie etwaige diesbezügliche Mängel ermitteln und bei Bedarf beheben können. Insbesondere prüfen sie regelmäßig, ob die in den Grundsätzen der Auftragsausführung genannten Handelsplätze das bestmögliche Ergebnis für die Kunden erbringen oder ob die Vorkehrungen zur Auftragsausführung geändert werden müssen. Anbieter von Kryptowerte-Dienstleistungen, die Aufträge über Kryptowerte für Kunden ausführen, informieren ihre Kunden, mit denen sie Geschäftsbeziehungen unterhalten, über alle wesentlichen Änderungen ihrer Vorkehrungen zur Auftragsausführung oder ihrer Grundsätze der Auftragsausführung.

Übersicht

	Rn.
I. Einführung	1
1. Literatur	1
2. Entstehung und Zweck der Norm	2
3. Normativer Kontext	3
II. Anwendungsbereich	4
III. Grundsatz der bestmöglichen Ausführung	6
IV. Wirksame Vorkehrungen	7
V. Information & Zustimmung	8
VI. Nachweis der Ausführung	9
VII. Ausführung außerhalb einer Handelsplattform	10
VIII. Überwachungspflicht	11

I. Einführung

1. Literatur. Keine. 1

2. Entstehung und Zweck der Norm. Art. 78 legt Anforderungen an 2 die Ausführung von Aufträgen über Kryptowerte für Kunden fest. Die Norm hat im Wesentlichen den Zweck, Kunden gegenüber sicherzustellen, dass Aufträge entsprechend dem Grundsatz der bestmöglichen Ausführung behandelt werden.

3. Normativer Kontext. Art. 78 muss im Zusammenspiel mit Art. 3 3 Nr. 21 gelesen werden, der bestimmt, was als Ausführung von Aufträgen zu verstehen ist. Art. 78 legt sodann Anforderungen an Anbieter von Kryptowerte-Dienstleistungen fest, die diese Dienstleistung erbringen.

II. Anwendungsbereich

Art. 78 legt Anforderungen an Dienstleister fest, die Aufträge über Krypto- 4 werte für Kunden ausführen. Hierbei handelt es sich um den Abschluss von Vereinbarungen für Kunden über den Kauf oder Verkauf eines oder mehrerer Kryptowerte oder die Zeichnung eines oder mehrerer Kryptowerte für Kunden, einschließlich des Abschlusses von Verträgen über den Verkauf von Kryptowerten zum Zeitpunkt ihres öffentlichen Angebots oder ihrer Zulassung zum Handel (Art. 4 Nr. 21).

5 Abschluss *„für den Kunden"* bedeutet, dass der Dienstleister stets auf fremde Rechnung handelt, die wirtschaftlichen Wirkungen des Kundenauftrags also dem Kunden zufallen. Mangels definitorischer Einschränkung erfasst die Dienstleistung sowohl den Abschluss durch den Dienstleister im eigenen Namen (Dienstleister kontrahiert jeweils gleichlautend mit Kunde und Drittem; Verpflichtungen werden durchgeleitet; indirekte Stellvertretung) als auch im Namen des Kunden (Dienstleister verpflichtet Kunden direkt; offene Stellvertretung). Die Verwendung der Begriffe *„Kauf"*, *„Verkauf"* sowie *„Zeichnung"* sowie das Abstellen auf Aufträge im Rahmen eines öffentlichen Angebots bzw. Zulassung zum Handel zeigen an, dass die Ausführung von Aufträgen sowohl Primär- als auch Sekundärmarkttransaktionen erfasst und auch die als IEO (Initial Exchange Offering) bekannten Formen des Vertriebs von Kryptowerten über das Handelsbuch einer Handelsplattform. Siehe auch die Kommentierung zu Art. 4 Nr. 21.

III. Grundsatz der bestmöglichen Ausführung

6 Art. 78 Abs. 1 enthält die Verpflichtung des Dienstleisters, das bestmögliche Ergebnis für seine Kunden zu erzielen, wenn er Aufträge über Kryptowerte ausführt. Bei der Ausführung dieser Aufträge können unterschiedliche Faktoren berücksichtigt werden, darunter Preis, Kosten, Schnelligkeit, Wahrscheinlichkeit der Ausführung und Abwicklung, Umfang, Art der Auftragsausführung, Bedingungen der Verwahrung von Kryptowerten und andere relevante Faktoren. Es handelt sich somit nicht um eine taxative Aufzählung; andere Faktoren können eine Rolle spielen. Von diesem Grundsatz besteht eine Ausnahme: Wenn Kunden spezifische Anweisungen geben, wie ihre Aufträge auszuführen sind, muss der Dienstleister diese berücksichtigen und darf nicht anderen Faktoren ein größeres Gewicht geben.

IV. Wirksame Vorkehrungen

7 Art. 78 Abs. 2 legt fest, dass der Dienstleister wirksame Vorkehrungen für die Auftragsausführung treffen und umsetzen muss, um den Grundsatz der bestmöglichen Ausführung einzuhalten. Es sind Grundsätze der Auftragsausführung festzulegen und umzusetzen. Diese Grundsätze müssen eine umgehende, redliche und zügige Ausführung von Kundenaufträgen sicherstellen und den Missbrauch von Informationen über Kundenaufträge durch Mitarbeiter verhindern.

V. Information & Zustimmung

8 Art. 78 Abs. 3 bestimmt, dass der Dienstleister seinen Kunden klare und angemessene Informationen über die Grundsätze der Auftragsausführung und jegliche wesentliche Änderung dieser Grundsätze zur Verfügung stellen muss. Diese Informationen müssen in einer für Kunden verständlichen Weise dargestellt werden. Bevor die Grundsätze angewendet werden, ist die Zustimmung jedes Kunden einzuholen. Dies muss auch für geänderte Grundsätze der Auftragsausführung gelten.

VI. Nachweis der Ausführung

Nach Art. 78 Abs. 4 muss der Dienstleister in der Lage sein, den Nachweis zu erbringen, dass er die Aufträge seiner Kunden gemäß seinen Grundsätzen ausgeführt hat. Er muss auch in der Lage sein, der zuständigen Behörde auf Anfrage nachzuweisen, dass er die Anforderungen der VO erfüllt. 9

VII. Ausführung außerhalb einer Handelsplattform

Art. 78 Abs. 5 sieht für den Fall, dass die Grundsätze der Auftragsausführung vorsehen, dass Kundenaufträge auch außerhalb einer Handelsplattform ausgeführt werden könnten (OTC, zB mit einem Dienstleister als Gegenpartei, der den Kauf oder Tausch von Kryptowerten nach Art. 3 Nr. 9 u. Nr. 20 anbietet) eine Informationspflicht dem Kunden gegenüber vor. Bevor solche Aufträge außerhalb einer Handelsplattform ausgeführt werden, muss der Dienstleister die ausdrückliche Zustimmung seines Kunden dazu einholen, entweder als allgemeine Zustimmung für eine Vielzahl von Geschäften oder bezogen auf ein einzelnes Geschäft. 10

VIII. Überwachungspflicht

Art. 78 Abs. 6 verlangt, dass der Dienstleister die Wirksamkeit seiner Vorkehrungen zur Auftragsausführung und die Grundsätze der Auftragsausführung überwacht. Die zuvor definierten Grundsätze müssen in der Praxis eingehalten werden; dies ist laufend zu kontrollieren. Dazu gehört es auch, die in den Grundsätzen der Auftragsausführung genannten Handelsplätze dahingehend zu kontrollieren, ob das bestmögliche Ergebnis für die Kunden erzielt wird. Gegebenenfalls sind Änderungen an den Grundsätzen zur Auftragsausführung vorzunehmen. Bei wesentlichen Änderungen sind die Kunden zu informieren (vgl. bereits Abs. 3). 11

Artikel 79 Platzierung von Kryptowerten

(1) Anbieter von Kryptowerte-Dienstleistungen, die Kryptowerte platzieren, übermitteln Anbietern, Personen, die die Zulassung zum Handel beantragen, oder in ihrem Namen handelnden Dritten vor Abschluss einer Vereinbarung mit ihnen folgende Informationen:
a) Art der in Betracht gezogenen Platzierung, einschließlich der etwaigen Garantie eines Mindestkaufbetrags,
b) Angabe der Höhe der Transaktionsgebühren im Zusammenhang mit der vorgeschlagenen Platzierung,
c) voraussichtlicher Zeitplan, voraussichtliches Verfahren und voraussichtlicher Preis des vorgeschlagenen Vorhabens,
d) Informationen über die Käuferzielgruppe.
Anbieter von Kryptowerte-Dienstleistungen, die Kryptowerte platzieren, holen vor der Platzierung der betreffenden Kryptowerte die Zustimmung der Emittenten dieser Kryptowerte oder in ihrem Namen handelnder Dritter zu den unter Unterabsatz 1 genannten Informationen ein.

(2) Die in Artikel 72 Absatz 1 genannten Vorschriften der Anbieter von Kryptowerte-Dienstleistungen für Interessenkonflikte enthalten spezifische und angemessene Verfahren zur Ermittlung, Vermeidung, Rege-

MiCAR Art. 79

lung und Offenlegung jeglicher Interessenkonflikte, die sich aus folgenden Situationen ergeben:
a) Die Anbieter von Kryptowerte-Dienstleistungen platzieren die Kryptowerte bei ihren eigenen Kunden.
b) Der vorgeschlagene Preis für die Platzierung von Kryptowerten wurde zu hoch oder zu niedrig angesetzt.
c) Der Anbieter zahlt oder gewährt den Anbietern von Kryptowerte-Dienstleistungen Anreize, auch nicht monetäre Anreize.

Übersicht

	Rn.
I. Einführung	1
1. Literatur	1
2. Entstehung und Zweck der Norm	2
3. Normativer Kontext	3
II. Anwendungsbereich	4
III. Mindestvertragsinhalt	7
IV. Interessenskonflikte	10

I. Einführung

1 **1. Literatur.** Keine.

2 **2. Entstehung und Zweck der Norm.** Art. 79 legt Anforderungen an die Platzierung von Kryptowerten fest. Die Norm ist vor dem Hintergrund zu sehen, dass diese Tätigkeit iaR für andere Unternehmen derselben Branche erbracht wird; insofern steht der Gedanke im Vordergrund, einen bestimmten Mindestinhalt für die abzuschließenden Platzierungsvereinbarungen vorzusehen.

3 **3. Normativer Kontext.** Art. 79 muss im Zusammenspiel mit Art. 3 Nr. 22 gelesen werden, der bestimmt, was als Platzierungstätigkeit anzusehen ist.

II. Anwendungsbereich

4 Art. 79 legt Anforderungen an Dienstleister fest, die Kryptowerte platzieren. Platzierung von Kryptowerten ist die Vermarktung von Kryptowerten an Käufer im Namen oder für Rechnung des Anbieters oder einer mit dem Anbieter verbundenen Partei (Art. 3 Nr. 22).

5 Kernelement der Platzierung ist deren Vermarktung („*marketing*"; „*commercialisation*"). Dieser Begriff ist weit und umfasst jede Förderung des Absatzes. Eine Beschränkung der Tätigkeit auf Veräußerungsgeschäfte wie sie im Zusammenhang mit der Platzierung von Finanzinstrumenten vertreten wird[1], widerspricht dem klaren Wortlaut der Definition. Von der Platzierung von Kryptowerten sind also nicht nur solche Geschäfte erfasst, die auf den Erwerb der fraglichen Kryptowerte unter Lebenden gerichtet sind, sondern jede Vermarktung. Darunter fallen etwa Marketingmaßnahmen wie das Schalten von Werbung, das Veröffentlichen von Artikeln zur Absatzförderung, die Kontaktaufnahme mit potentiellen Interessenten, das Abhalten von Veranstaltungen oder das Organisieren von Bounty-Programmen.

---

[1] Assmann Rn. 144.

Allerdings muss diese Tätigkeit im Rahmen der Erfüllung einer Vereinbarung mit dem Anbieter oder einer verbundenen Partei erfolgen, um als Platzierungsdienstleistung erfasst zu sein. Ohne solche Vereinbarung mangelt es am ebenfalls geforderten Auftreten im Namen oder für Rechnung des Anbieters (dazu sogleich). Wer also lediglich einen Kryptowert im Zusammenhang mit seiner eigenen Tätigkeit erwähnt, ohne mit dessen Anbieter oder verbundenen Parteien eine Vereinbarung über die Vermarktung dieses Kryptowerts geschlossen zu haben, der platziert diese Kryptowerte nicht, auch wenn diese Tätigkeit als Vermarktung anzusehen ist. Die Vermarktung stellt aber nur dann eine Platzierung dar, wenn sie im Namen oder für Rechnung des Anbieters oder einer mit dieser verbundenen Partei erfolgt. Siehe dazu im Einzelnen die Kommentierung zu Art. 3 Nr. 22.

III. Mindestvertragsinhalt

Art. 79 Abs. 1 geht davon aus, dass der Dienstleister entweder vom Anbieter (Art. 3 Nr. 13) beauftragt wird, oder von der Person, die die Zulassung zum Handel beantragt (Art. 5 Abs. 1), oder von einem Dritten, der im Namen dieser Personen handelt. Anbieter ist dabei jede natürliche oder juristische Person oder anderes Unternehmen, das Kryptowerte im Rahmen eines öffentlichen Angebots (Art. 3 Nr. 12) anbietet. Der Emittent ist Anbieter, wenn er die Kryptowerte öffentlich anbietet.

Wer Platzierungsdienstleistungen anbieten möchte, der muss den oben genannten Personen vor bzw. im Zusammenhang mit dem Abschluss einer vertraglichen Vereinbarung folgende Informationen übermitteln:

(a) Art der Platzierung: Gemeint sind die vertraglichen Eckpunkte der vom Dienstleiter geschuldeten Platzierungstätigkeit; etwa hinsichtlich fester Übernahmeverpflichtungen, oder Höchst- und Mindestbeträge, ggf. wer die Funktion von Zahl- und Einreichstellen übernimmt. Wie eingangs ausgeführt, kann die Platzierungstätigkeit aber auch aus gänzlich anderen Leistungen bestehen wie etwa der Organisation einer Marketingkampagne.[2]

(b) Transaktionsgebühren: Anzugeben ist das vom Dienstleister vereinnahmte Entgelt und allenfalls dem Zeichner in Rechnung gestellte zusätzliche Beträge im Zusammenhang mit der vorgeschlagenen Platzierung.

(c) Zeitplan: Anzugeben sind der Beginn, die Dauer, allfällige Unterbrechungen, voraussichtliche Verfahren und voraussichtlicher Preis des vorgeschlagenen Vorhabens. Da lediglich voraussichtliche Verfahren und ein voraussichtlicher Preis anzugehen ist, können Vereinbarungen in der Umsetzung Spielraum vorsehen.

(d) Käuferzielgruppe (lit. d): Es sind Angaben darüber zu machen, wer die Zielgruppe für den Kauf der zu platzierenden Kryptowerte ist, etwa Retail oder institutionelle Investoren. Die Angaben sind in jenem Detaillierungsgrad zu machen, der notwendig ist, um zu entscheiden, ob sich an die Platzierungstätigkeit die Pflicht zur Veröffentlichung eines Whitepapers knüpft oder allenfalls andere Bestimmungen der VO zur Anwendung gelangen.

Vor Aufnahme der Tätigkeit hat der Dienstleister die Zustimmung des Emittenten einzuholen oder jener Personen, die im Namen des Emittenten

---

[2] Vgl. die Ausführungen zu Art. 3 Nr. 22.

MiCAR Art. 80 Titel V. Zulassung und Bedingungen

handeln. Der Auftrag zur Platzierung muss damit nicht notwendigerweise vom Emittenten eines Kryptowerts oder im Namen des Emittenten handelnden Person stammen. Dies ist gerade im Zusammenhang mit Sekundärmarktplatzierungen vorstellbar, bei denen ein ursprünglicher Anleger die Platzierung in der Union anstrebt.

IV. Interessenskonflikte

10 Art. 79 Abs. 2 erweitert die Vorgaben der VO zum Umgang mit potentiellen und bestehenden Interessenskonflikten (Art. 72 Abs. 1). Konkret sind in den für Interessenkonflikte vorgesehenen Verfahren zur Ermittlung, Vermeidung, Regelung und Offenlegung von Interessenkonflikten folgende Fälle zu beachten: (a) Platzierung an eigene Kunden, für die andere Kryptowerte-Dienstleistungen erbracht werden, (b) Fälle unangemessen hoher oder niedriger Preise, (c) Zusätzliche Anreize (ggf. nicht monetärer Natur), die der Anbieter eines Kryptowerts dem Dienstleister gewährt.

Artikel 80 Annahme und Übermittlung von Aufträgen über Kryptowerte für Kunden

(1) Anbieter von Kryptowerte-Dienstleistungen, die Aufträge über Kryptowerte für Kunden annehmen und übermitteln, legen Verfahren und Vorkehrungen für eine umgehende und ordnungsgemäße Übermittlung von Kundenaufträgen zur Ausführung über eine Handelsplattform für Kryptowerte oder an einen anderen Anbieter von Kryptowerte-Dienstleistungen fest und setzen diese um.

(2) Anbieter von Kryptowerte-Dienstleistungen, die Aufträge über Kryptowerte für Kunden annehmen und übermitteln, erhalten für die Weiterleitung von Kundenaufträgen an eine bestimmte Handelsplattform für Kryptowerte oder an einen anderen Anbieter von Kryptowerte-Dienstleistungen weder eine Vergütung noch Rabatte oder sonstige nicht monetäre Vorteile.

(3) Anbieter von Kryptowerte-Dienstleistungen, die Aufträge über Kryptowerte für Kunden annehmen und übermitteln, dürfen Informationen über noch nicht ausgeführte Kundenaufträge nicht missbrauchen und treffen alle angemessenen Maßnahmen zur Verhinderung eines Missbrauchs dieser Informationen durch ihre Mitarbeiter.

Übersicht

	Rn.
I. Einführung	1
1. Literatur	1
2. Entstehung und Zweck der Norm	2
3. Normativer Kontext	3
II. Anwendungsbereich	4
III. Ordnungsgemäße Übermittlung	6
IV. Vergütungsverbot	7
V. Missbrauchsverbot	8

Art. 80 MiCAR

I. Einführung

1. Literatur. Keine.   **1**

2. Entstehung und Zweck der Norm. Art. 80 legt Anforderungen an **2**
die Annahme und Übermittlung von Aufträgen fest. Die Norm umfasst ein
Gebot ordnungsgemäßer Übermittlung sowie ein Vergütungs- und Missbrauchsverbot.

3. Normativer Kontext. Art. 80 muss im Zusammenspiel mit Art. 3 **3**
Nr. 23 gelesen werden, der bestimmt, was als Annahme und Übermittlung
von Aufträgen anzusehen ist.

II. Anwendungsbereich

Art. 80 legt Anforderungen an Dienstleister fest, die Aufträge über Krypto- **4**
werte für Kunden annehmen und übermitteln. Hierbei handelt es sich um die
Annahme eines von einer Person erteilten Auftrags zum Kauf oder Verkauf
eines oder mehrerer Kryptowerte oder zur Zeichnung eines oder mehrerer
Kryptowerte und die Übermittlung dieses Auftrags an eine Drittpartei zur
Ausführung (Art. 3 Nr. 23). Die Tätigkeit erstreckt sich somit lediglich
darauf, Aufträge von Kunden entgegenzunehmen und diese an einen anderen
Dienstleister (zB eine Handelsplattform) zur Ausführung weiterzuleiten. Der
Dienstleister nimmt den Auftrag des Kunden entgegen, führt ihn jedoch nicht
selbst aus. Stattdessen leitet er den Auftrag an einen Dritten weiter, der die
Ausführung vornimmt.

„*Annahme*" bezeichnet nicht den rechtsgeschäftlichen Vorgang, sondern ist **5**
am besten als „*Entgegennehmen*" zu verstehen. „*Ausführung*" ist wiederum
nicht im rechtsgeschäftlichen Sinn als Erfüllung zu verstehen, sondern bezeichnet die Dienstleistung der Ausführung von Aufträgen über Kryptowerte
nach Nr. 21. Siehe ergänzend die Kommentierung zu Art. 3 Nr. 23.

III. Ordnungsgemäße Übermittlung

Art. 80 Abs. 1 legt fest, dass der Dienstleister Verfahren und Vorkehrungen **6**
für eine umgehende und ordnungsgemäße Übermittlung von Kundenaufträgen zur Ausführung über eine Handelsplattform oder einen anderen Dienstleister festzulegen und umzusetzen hat. Festlegen bedeutet, dass der Dienstleister die einzelnen Prozessschritte im Zusammenhang mit der Dienstleistung
festzulegen bzw. zu dokumentieren hat. Diese Schritte sind sodann vom
Dienstleister in allen künftigen Fällen gleichermaßen einzuhalten, also umzusetzen.

IV. Vergütungsverbot

Für die Annahme und Übermittlung von Aufträgen darf der Dienstleister **7**
weder eine Vergütung noch Rabatte oder sonstige nicht monetäre Vorteile
erhalten (Art. 80 Abs. 2). Das Vergütungsverbot bezieht sich mangels einer
diesbezüglichen ausdrücklichen Einschränkung nicht nur auf diejenigen Personen (Handelsplattform), an die ein Auftrag weitergeleitet wird, sondern
umfasst nach ihrem Wortlaut auch die Person, die den Auftrag zur Weiterleitung erteilt hat. Die Dienstleistung könnte bei diesem Begriffsverständnis
somit alleinstehend nicht monetarisiert werden.

V. Missbrauchsverbot

8 Nach Art. 80 Abs. 3 darf der Dienstleister Informationen über noch nicht ausgeführte Kundenaufträge nicht missbrauchen und muss angemessene Maßnahmen zur Verhinderung eines Missbrauchs dieser Informationen durch Mitarbeiter treffen. Diese Verpflichtung besteht freilich bereits aufgrund der allgemeinen Bestimmungen zur Verhinderung von Marktmissbrauch und Insiderhandel (Art. 86). Zu denken ist zB an Aufträge, die ein kursbeeinflussendes Ausmaß erreichen könnten.

Artikel 81 Beratung zu Kryptowerten Portfolioverwaltung von Kryptowerten

(1) Anbieter von Kryptowerte-Dienstleistungen, die eine Beratung zu Kryptowerten erbringen oder eine Portfolioverwaltung von Kryptowerten anbieten, beurteilen, ob die Kryptowerte-Dienstleistungen oder Kryptowerte für ihre Kunden oder potenziellen Kunden geeignet sind, und berücksichtigen dabei ihre Kenntnisse und Erfahrung mit Investitionen in Kryptowerte, ihre Anlageziele, einschließlich ihrer Risikotoleranz, und ihre finanziellen Verhältnisse, einschließlich ihrer Fähigkeit, Verluste zu tragen.

(2) Anbieter von Kryptowerte-Dienstleistungen, die eine Beratung zu Kryptowerten erbringen, informieren potenzielle Kunden rechtzeitig vor dieser Beratung darüber, ob die Beratung

a) unabhängig erbracht wird,

b) auf einer umfangreichen oder einer eher beschränkten Analyse verschiedener Kryptowerte beruht und insbesondere auf Kryptowerte beschränkt ist, die von Rechtsträgern emittiert oder angeboten werden, die enge Verbindungen zum Anbieter von Kryptowerte-Dienstleistungen haben oder andere rechtliche oder wirtschaftliche Beziehungen, wie etwa Vertragsbeziehungen, zu diesem unterhalten, die die Unabhängigkeit der Beratung beeinträchtigen können.

(3) Teilt ein Anbieter von Kryptowerte-Dienstleistungen, der eine Beratung zu Kryptowerten erbringt, dem potenziellen Kunden mit, dass die Beratung unabhängig erbracht wird, so

a) bewertet er eine ausreichende Palette von auf dem Markt angebotenen Kryptowerten, die hinreichend divers sein müssen, damit die Anlageziele des Kunden in geeigneter Form erreicht werden können, und die nicht auf Kryptowerte beschränkt sein dürfen, die
  i) von diesem Anbieter von Kryptowerte-Dienstleistungen emittiert oder angeboten werden,
  ii) von Rechtsträgern emittiert oder angeboten werden, die enge Verbindungen zu diesem Anbieter von Kryptowerte-Dienstleistungen haben, oder
  iii) von anderen Rechtsträgern emittiert oder angeboten werden, zu denen dieser Anbieter von Kryptowerte-Dienstleistungen so enge rechtliche oder wirtschaftliche Beziehungen, wie etwa Vertragsbeziehungen, unterhält, dass das Risiko besteht, dass die Unabhängigkeit der Beratung beeinträchtigt wird,

b) ist es ihm nicht gestattet, für die Erbringung der Dienstleistung für die Kunden Gebühren, Provisionen oder andere monetäre und nicht monetäre Vorteile anzunehmen oder zu behalten, die von einem Dritten oder einer im Namen eines Dritten handelnden Person gezahlt oder gewährt werden.

Ungeachtet des Unterabsatzes 1 Buchstabe b sind geringfügige nichtmonetäre Vorteile, durch die die Qualität der einem Kunden erbrachten Kryptowerte-Dienstleistungen verbessert werden kann und die so geringfügig und so beschaffen sind, dass sie die Erfüllung der Pflicht eines Anbieters von Kryptowerte-Dienstleistungen, im besten Interesse seines Kunden zu handeln, nicht beeinträchtigen, zulässig, sofern sie dem Kunden eindeutig offengelegt werden.

(4) Anbieter von Kryptowerte-Dienstleistungen, die eine Beratung zu Kryptowerten erbringen, stellen potenziellen Kunden auch Informationen zu sämtlichen Kosten und Nebenkosten zur Verfügung, einschließlich gegebenenfalls der Beratungskosten, der Kosten der dem Kunden empfohlenen oder an ihn vermarkteten Kryptowerte und der diesbezüglichen Zahlungsmöglichkeiten des Kunden sowie etwaiger Zahlungen durch Dritte.

(5) Anbieter von Kryptowerte-Dienstleistungen, die eine Portfolioverwaltung von Kryptowerten anbieten, dürfen im Zusammenhang mit der Portfolioverwaltung von Kryptowerten für ihre Kunden keine Gebühren, Provisionen oder anderen monetären oder nichtmonetären Vorteile annehmen und behalten, die von Emittenten, Anbietern, Personen, die die Zulassung zum Handel beantragen, Dritten oder im Namen eines Dritten handelnden Personen gezahlt oder gewährt werden.

(6) Teilt ein Anbieter von Kryptowerte-Dienstleistungen einem potenziellen Kunden mit, dass seine Beratung nicht unabhängig erbracht wird, darf er Anreize entgegennehmen, sofern die Zahlung oder der Vorteil

a) dazu bestimmt ist, die Qualität der jeweiligen Dienstleistung für den Kunden zu verbessern, und

b) die Erfüllung der Pflicht des Anbieters von Kryptowerte-Dienstleistungen, ehrlich, redlich und professionell sowie im bestmöglichen Interesse seiner Kunden zu handeln, nicht beeinträchtigt.

Die Existenz, die Art und der Betrag der in Absatz 4 genannten Zahlung oder des dort genannten Vorteils oder – wenn der Betrag nicht feststellbar ist – die Methode für die Berechnung dieses Betrags werden dem Kunden vor Erbringung der betreffenden Kryptowerte-Dienstleistung in umfassender, zutreffender und verständlicher Weise unmissverständlich offengelegt.

(7) Anbieter von Kryptowerte-Dienstleistungen, die eine Beratung zu Kryptowerten erbringen, stellen sicher, dass natürliche Personen, die in ihrem Namen eine Beratung zu Kryptowerten oder zu einer Kryptowerte-Dienstleistung anbieten oder einschlägige Informationen erteilen, über die erforderlichen Kenntnisse und Kompetenzen verfügen, um ihren Verpflichtungen nachzukommen. Die Mitgliedstaaten veröffentlichen die Kriterien, anhand derer diese Kenntnisse und Kompetenzen zu beurteilen sind.

(8) Für die Zwecke der in Absatz 1 genannten Beurteilung der Eignung holen die Anbieter von Kryptowerte-Dienstleistungen, die eine Beratung zu Kryptowerten erbringen oder eine Portfolioverwaltung von Kryptowerten anbieten, von ihren Kunden oder potenziellen Kunden die erforderlichen Informationen über ihre Kenntnisse und Erfahrungen in Bezug

auf Investitionen, auch in Kryptowerte, ihre Anlageziele, einschließlich ihrer Risikotoleranz, ihre Finanzlage, einschließlich ihrer Fähigkeit, Verluste zu tragen, und ihr grundlegendes Verständnis der mit dem Erwerb von Kryptowerten verbundenen Risiken ein, damit die Anbieter von Kryptowerte-Dienstleistungen Kunden oder potenziellen Kunden empfehlen können, ob die Kryptowerte für sie geeignet sind und insbesondere ihrer Risikotoleranz und ihrer Fähigkeit, Verluste zu tragen, entsprechen.

(9) Anbieter von Kryptowerte-Dienstleistungen, die eine Beratung zu Kryptowerten erbringen oder eine Portfolioverwaltung von Kryptowerten anbieten, machen die Kunden und potenziellen Kunden darauf aufmerksam, dass

a) der Wert von Kryptowerten schwanken kann,
b) die Kryptowerte ihren Wert ganz oder teilweise verlieren können,
c) die Kryptowerte möglicherweise nicht liquide sind,
d) die Kryptowerte eventuell nicht unter die Systeme für die Entschädigung der Anleger gemäß der Richtlinie 97/9/EG fallen,
e) die Kryptowerte nicht unter die Einlagensicherungssysteme gemäß der Richtlinie 2014/49/EU fallen.

(10) Anbieter von Kryptowerte-Dienstleistungen, die eine Beratung zu Kryptowerten erbringen oder eine Portfolioverwaltung von Kryptowerten anbieten, müssen Strategien und Verfahren festlegen, aufrechterhalten und umsetzen, die es ihnen ermöglichen, alle für die in Absatz 1 genannte Beurteilung jedes Kunden erforderlichen Informationen zu sammeln und zu bewerten. Sie müssen alle angemessenen Schritte unternehmen, um sicherzustellen, dass die über ihre Kunden oder potenziellen Kunden gesammelten Informationen zuverlässig sind.

(11) Wenn Kunden die gemäß Absatz 8 erforderlichen Informationen nicht bereitstellen, oder wenn Anbieter von Kryptowerte-Dienstleistungen, die eine Beratung zu Kryptowerten erbringen oder eine Portfolioverwaltung für Kryptowerte anbieten, zu der Auffassung gelangen, dass die Kryptowerte-Dienstleistungen oder Kryptowerte für ihre Kunden nicht geeignet sind, dürfen sie diese Kryptowerte-Dienstleistungen oder Kryptowerte nicht empfehlen und nicht mit der Portfolioverwaltung in Bezug auf diese Kryptowerte beginnen.

(12) Anbieter von Kryptowerte-Dienstleistungen, die eine Beratung zu Kryptowerten erbringen oder eine Portfolioverwaltung von Kryptowerten anbieten, müssen für jeden Kunden die in Absatz 1 genannte Beurteilung der Eignung regelmäßig mindestens alle zwei Jahre nach der gemäß jenem Absatz vorgenommenen ersten Beurteilung überprüfen.

(13) Sobald die Beurteilung der Eignung nach Absatz 1 oder deren Überprüfung nach Absatz 12 abgeschlossen ist, übermitteln die Anbieter von Kryptowerte-Dienstleistungen, die eine Beratung zu Kryptowerten erbringen, den Kunden einen Bericht über die Eignung, in dem die erteilte Beratung enthalten ist und dargelegt wird, wie diese Beratung den Präferenzen, Zielen und anderen Merkmalen der Kunden entspricht. Dieser Bericht wird in elektronischem Format erstellt und den Kunden in diesem Format übermittelt. Dieser Bericht enthält mindestens

a) aktualisierte Informationen über die Beurteilung gemäß Absatz 1,
b) einen Überblick über die geleistete Beratung.

Aus dem in Unterabsatz 1 genannten Bericht über die Eignung geht eindeutig hervor, dass die Beratung auf den Kenntnissen und Erfahrungen des Kunden in Bezug auf Investitionen in Kryptowerte, den Anlagezielen des Kunden, seiner Risikotoleranz, seiner Finanzlage und seiner Fähigkeit, Verluste zu tragen, beruht.

(14) Anbieter von Kryptowerte-Dienstleistungen, die eine Portfolioverwaltung von Kryptowerten anbieten, müssen ihren Kunden regelmäßig Erklärungen in elektronischem Format über die in ihrem Namen ausgeführten Tätigkeiten der Portfolioverwaltung bereitstellen. Diese regelmäßigen Erklärungen enthalten eine redliche und ausgewogene Überprüfung der ausgeführten Tätigkeiten und der Wertentwicklung des Portfolios während des Berichtszeitraums, eine aktualisierte Erklärung darüber, wie die ausgeführten Tätigkeiten den Präferenzen, Zielen und sonstigen Merkmalen des Kunden entsprechen, sowie aktualisierte Informationen über die Beurteilung der Eignung gemäß Absatz 1 oder deren Überprüfung nach Absatz 12.

Die in Unterabsatz 1 des vorliegenden Absatzes genannte regelmäßige Erklärung wird alle drei Monate vorgelegt, es sei denn, der Kunde hat Zugang zu einem Online-System, auf dem aktuelle Bewertungen des Kundenportfolios und aktualisierte Informationen über die Beurteilung der Eignung nach Absatz 1 zugänglich sind, und der Anbieter von Kryptowerte-Dienstleistungen hat einen Nachweis darüber, dass der Kunde mindestens einmal im betreffenden Quartal auf eine Bewertung zugegriffen hat. Ein solches Online-System gilt als elektronisches Format.

(15) Die ESMA gibt bis zum 30. Dezember 2024 Leitlinien gemäß Artikel 16 der Verordnung (EU) Nr. 1095/2010 heraus, in denen Folgendes präzisiert wird:

a) die Kriterien für die Bewertung der Kenntnisse und Kompetenzen des Kunden gemäß Absatz 2,
b) die Informationen nach Absatz 8 und
c) das Format der regelmäßigen Erklärung nach Absatz 14.

Übersicht

	Rn.
I. Einführung	1
1. Literatur	1
2. Entstehung und Zweck der Norm	2
3. Normativer Kontext	6
II. Anwendungsbereich	9
1. Persönlich	9
2. Sachlich	10
III. Eignungsprüfung	12
1. Informationseinholung	15
2. Beurteilung der Eignung	21
IV. Besondere Informationen bei Beratung	24
V. Anforderungen an unabhängige Beratung	28
VI. Pflicht zur Kostenaufklärung	37
VII. Provisionsverbot bei Portfolioverwaltung	41
VIII. Zulässige Vorteilsannahme	45
IX. Anforderungen an Berater	49
X. Verpflichtende Risikohinweise	53
XI. Strategien und Verfahren	55
XII. Verbot der Dienstleistungserbringung	61

MiCAR Art. 81

Titel V. Zulassung und Bedingungen

	Rn.
XIII. Berichtspflicht	63
XIV. Geeignetheitserklärung	66
XV. ESMA	69

I. Einführung

1 **1. Literatur.** *Assmann/Uwe H. Schneider/Mülbert* (Hrsg), Wertpapierhandelsrecht (7. Aufl. 2019); *BaFin*, 15.8.2018, Zuwendungen – Verbot mit Ausnahme: Verschärfte Spielregeln für Provisionen und andere Vorteile; *Bohrn/Just/Kammel/Leustek/Moth/Samhaber/Zahradnik*, Praxishandbuch MiFID II, Finanzverlag (2023); *F. Bydlinski*, Juristische Methodenlehre und Rechtsbegriff (2. Aufl. 2011); *Brandl/Saria* (Hrsg), Wertpapieraufsichtsgesetz 2018 (2. Aufl. 2021); ESMA/2012/387, 25.6.2012, Leitlinien zu einigen Aspekten der MiFID-Anforderungen an die Eignung; ESMA/2015/1886 DE, 22.3.2016, Leitlinien für die Beurteilung von Kenntnissen und Kompetenzen; ESMA35-43-3172, 3.4.2023, Leitlinien zu einigen Aspekten der MiFID II-Anforderungen an die Geeignetheit; ESMA35-43-349, 15.12.2023, Questions and Answers: On MiFID II and MiFIR investor protection and intermediaries topics; ESMA75-453128700-1002, 25.3.2024, Consultation Paper, Draft technical standards and guidelines specifying certain requirements of the Markets in Crypto Asset Regulation (MiCA) on detection and prevention of market abuse, investor protection and operational resilience; *Kalss/Oppitz/Zollner* (Hrsg), Kapitalmarktrecht (2. Aufl. 2015); *Schwintowski* (Hrsg), Bankrecht (5. Aufl, 2017); *Schopper*, WAG 2018: Ausgewählte Neuerungen im Anlegerschutz, VbR 2018/3; *Völkel*, Zur Bedeutung der Dezentralität von Blockchains im Privatrecht, ZFR 2019, 601.

2 **2. Entstehung und Zweck der Norm.** Bereits der Legislativvorschlag zur MiCAR vom 24.9.2020 enthielt in Art. 73 eine Regelung betreffend die Beratung zu Kryptowerten, die an die „Wohlverhaltensregeln" der MiFID II angelehnt war.[1] Später wurde der Text adaptiert, mit der Folge, dass nicht nur Beratung zu Kryptowerten, sondern auch die Portfolioverwaltung von Kryptowerten zulässigerweise nur dann erbracht werden darf, wenn bestimmte Informationspflichten den Kunden gegenüber eingehalten werden.[2] Als Vorbild der Bestimmung dienten die für den klassischen Finanzmarkt bestehenden Regelungen der MiFID II.[3] Ähnlich wie dort werden neben allgemeinen Informationspflichten für den Bereich der Beratung zu Kryptowerten und der Portfolioverwaltung von Kryptowerten besondere Regelungen zum Schutz der Verbraucher getroffen.[4] Die ESMA ist zudem der Ansicht, dass einige Grundsätze der MiFID-II-Leitlinien[5] für alle Marktteilnehmer gelten sollen, unabhängig davon, ob die Beratungsdienstleistung in Bezug auf Finanzinstrumente oder Kryptowerte erbracht wird.[6]

---

[1] EU-Kommission, Verordnungsvorschlag, 24.9.2020, COM (2020) 593 final.
[2] EU-Kommission, Verordnungsvorschlag, 19.11.2021, COM (2020) 593 final.
[3] ErwG 89 MiCAR; Art 24 MiFID II; *K/O/Z*, Kapitalmarktrecht² (2015) § 5 Rn. 1 ff.
[4] *Brandl/Klausberger* in *Brandl/Saria*, WAG 2018² § 48 Rn. 1 ff.
[5] ESMA35-43-3172, 3.4.2023, Leitlinien zu einigen Aspekten der MiFID II-Anforderungen an die Geeignetheit.
[6] ESMA75-453128700-1002, 25.3.2024, Consultation Paper, Draft technical standards and guidelines specifying certain requirements of the Markets in Crypto Asset Regulation

Kernelement von Art. 81 MiCAR ist die Verpflichtung der Anbieter, 3
Informationen von Kunden einzuholen, um die Eignung einer beabsichtigten
Beratung zu Kryptowerten oder Portfolioverwaltung von Kryptowerten beurteilen zu können. Damit dem Kundenschutz Rechnung getragen wird, muss
der Anbieter seine Kunden bzw. potenzielle Kunden kennen und darf erst
nachdem er sich Kenntnis von den Zielen und Bedürfnissen des Kunden
verschafft hat, auf ihn zugeschnittene Dienstleistungen erbringen. Wesentlicher Bestandteil dieser Regelungen zum Anlegerschutz, die ihren Ursprung
in der MiFID I haben, ist die Durchführung einer Geeignetheitsprüfung
(Eignungstest) und der Erstellung von Geeignetheitserklärungen.[7] Diese Vorschriften haben nunmehr in angepasster Form auch Einzug in die MiCAR
gefunden, die verpflichtend die Durchführung einer Geeignetheitsprüfung
für Kunden vorschreibt.[8]

Zweck der Bestimmung des Art. 81 MiCAR ist der Schutz von Verbrau- 4
chern.[9] Daher sollen die Anbieter von Kryptowerte-Dienstleistungen eine
Beurteilung dahingehend vornehmen, ob die angebotene Beratungstätigkeit
in Bezug auf Kryptowerte oder Portfolioverwaltung von Kryptowerten für
Kunden in Frage kommt. Nur jenen Anbietern, die über ausreichend Informationen über ihre Kunden verfügen, ist es gestattet, eine Beratungstätigkeit
oder Portfolioverwaltung zu erbringen.[10] Ohne entsprechende Informationsbasis ist die Erbringung einer Beratungstätigkeit unzulässig.

Durch die erwähnte Eignungsprüfung wird das Schutzniveau für Durch- 5
schnittsverbraucher erhöht, die wenige oder keine Kenntnisse von Kryptowerten haben. Dies betrifft zwei verschiedene Ebenen: Kryptowerte werden
als ähnlich risikoreiche Form der Veranlagung wie Finanzinstrumente eingestuft, weshalb für Verbraucher besondere Vorsicht bei der Investition von
Kapital in Kryptowerte geboten erscheint.[11] Zum anderen besteht bei Kryptowerten das Erfordernis eines gewissen technischen Grundverständnisses.
Kunden von Anbietern von Kryptowerte-Dienstleistungen können etwa unmittelbar über ihre Kryptowerte verfügen, wenn sie im Besitz des privaten
Schlüssels sind. Sollte der jeweilige Anbieter von Kryptowerte-Dienstleistungen nicht auch die Verwahrung des privaten Schlüssels anbieten, so kann
unter Umständen für einen mit Kryptowerten nicht versierten Verbraucher
der Umstand, dass bei Verlust des privaten Schlüssels auch der Zugang zu den
Kryptowerten verloren geht, überraschend sein. Das Zurverfügungstellen von
Informationen reicht daher nicht, der Anbieter selbst wird bereits vor Entfaltung seiner Tätigkeit vorgelagert in die Pflicht genommen, zu prüfen, ob ein
Kunde überhaupt für seine Dienstleistungen in Frage kommt. Diesem Zweck
dient die Geeignetheitsprüfung.[12]

3. Normativer Kontext. Der Begriff der Beratung zu Kryptowerten wird 6
in Art. 3 Nr. 24 MiCAR legaldefiniert, jener der Portfolioverwaltung von

---

(MiCA) on detection and prevention of market abuse, investor protection and operational resilience, 62.
[7] Assmann/Schneider/Mülbert/Koller, 7. Aufl. 2019, WpHG § 64 Rn. 48 f.; Erwgr. Nr. 89 MiCAR.
[8] Schwintowski BankR/Bracht, 5. Aufl. 2018, Kap. 19 Rn. 24.
[9] Erwgr. Nr. 89 MiCAR.
[10] Art. 81 Abs. 11 MiCAR.
[11] Erwgr. Nr. 4 MiCAR.
[12] Zu Finanzinstrumenten siehe Art. 25 Abs. 2 MiFID II, § 64 Abs. 3 WpHG; Schwintowski BankR/Bracht, 5. Aufl. 2018, Kap. 19 Rn. 24.

Kryptowerten in Art. Nr. 25.¹³ Danach ist Beratung zu Kryptowerten das Angebot oder die Abgabe personalisierter Empfehlungen an Kunden oder die Vereinbarung der Abgabe solcher Empfehlungen auf Ersuchen des Kunden oder auf Initiative des die Beratung leistenden Anbieters von Kryptowerte-Dienstleistungen hinsichtlich eines oder mehrerer Geschäfte in Bezug auf Kryptowerte oder die Nutzung von Kryptowerte-Dienstleistungen. Dem Begriff der Beratung ist ein Abstellen auf die persönlichen Verhältnisse des Kunden inhärent.¹⁴

7   Portfolioverwaltung von Kryptowerten ist die Verwaltung von Portfolios auf Einzelkundenbasis mit einem Ermessensspielraum im Rahmen eines Mandats des Kunden, sofern diese Portfolios einen oder mehrere Kryptowerte enthalten. Die Legaldefinition der Portfolioverwaltung ist ident zu jener der MiFID II.¹⁵

8   Art. 81 MiCAR gilt nur für Anbieter von Kryptowerte-Dienstleistungen, die eine Beratung zu Kryptowerten oder Portfolioverwaltung von Kryptowerten erbringen. Systematisch knüpft Art. 81 MiCAR spezifische Verpflichtungen an die sogenannte zweite Kategorie von Kryptowerte-Dienstleistungen, worunter auch die Beratung zu Kryptowerten und Portfolioverwaltung von Kryptowerten fallen.¹⁶ Die besonderen Bestimmungen sind als Zusatz zu den allgemeinen Informations- und Wohlverhaltensregeln zu sehen, die uneingeschränkt für Anbieter von Kryptowerten-Dienstleistungen gelten. So enthält bereits Art. 66 Abs. 2 MiCAR für sämtliche Anbieter die Verpflichtung, ihren Kunden Informationen zur Verfügung stellen, die redlich, eindeutig und nicht irreführend sind.

II. Anwendungsbereich

9   **1. Persönlich.** Nach dem Wortlaut der Bestimmung des Art. 81 Abs. 1 MiCAR sind nur Anbieter von Kryptowerte-Dienstleistungen erfasst. Die Pflicht zur Beurteilung für den Anbieter betrifft sämtliche Kunden sowie potentielle Kunden des jeweiligen Rechtsträgers. Das Gesetz verlangt also nicht nur dann eine Eignungsprüfung, wenn es sich um neue Kunden handelt, sondern auch bei bestehenden Kunden, die bisher andere Dienstleistungen des Anbieters von Kryptowerte-Dienstleistungen in Anspruch genommen haben.¹⁷

10 **2. Sachlich.** Art. 81 Abs. 1 MiCAR legt fest, dass Anbieter von Kryptowerte-Dienstleistungen, die eine Beratung zu Kryptowerten erbringen oder eine Portfolioverwaltung anbieten, eine Prüfung der Eignung dieser Tätigkeiten für ihre Kunden oder potenziellen Kunden vornehmen müssen. Dabei sind die Kenntnisse und Erfahrungen der Kunden mit Kryptowerten, ihre Anlageziele, einschließlich ihrer Risikotoleranz, und ihre finanziellen Verhältnisse zu berücksichtigen, inklusive ihrer Fähigkeit, Verluste zu tragen. Die Bestimmung des Art. 81 MiCAR ist also nur auf jene Anbieter von Kryptowerte-Dienstleistungen anwendbar, die eine Beratung von Kryptowerten

---

¹³ Siehe zu Beratung Lehmann/Völkel MiCAR Art. 3 Rn. 125 f.; zu Portfolioverwaltung Lehmann/Völkel MiCAR Art. 3 Rn. 131 f.
¹⁴ Assmann/Schneider/Mülbert/Koller, 7. Aufl. 2019, WpHG § 64 Rn. 2 f.
¹⁵ Lehmann/Völkel MiCAR Art. 3 Rn. 131.
¹⁶ Erwgr. Nr. 21 MiCAR.
¹⁷ Art. 81 Abs. 1 MiCAR; Art. 81 Abs. 14 und Erwgr. Nr. 89 MiCAR betreffend regelmäßige Eignungsbeurteilungen.

gemäß Art. 3 Nr. 24 MiCAR oder eine Portfolioverwaltung von Kryptowerten gemäß Art. 3 Nr. 25 MiCAR erbringen.

Wie bereits in der Kommentierung zu Art. 3 Nr. 24 MiCAR erläutert, geht die Beratung von Kryptowerten dabei über die Anlageberatung im Sinne der MiFID II hinaus, die aus der Abgabe persönlicher Empfehlungen an einen Kunden entweder auf dessen Aufforderung oder auf Initiative der Wertpapierfirma besteht, die sich auf ein oder mehrere Geschäfte mit Finanzinstrumenten beziehen.[18] Aufgrund dieses insofern erweiterten Begriffsverständnisses der „Beratung" sind auch bereits vorgelagerte Tätigkeiten, nämlich das Angebot personalisierter Empfehlungen in Bezug auf Kryptowerte oder die Nutzung von Kryptowerte-Dienstleistungen erfasst. 11

III. Eignungsprüfung

Kern der Regelungen ist die Durchführung eines Eignungstests: Art. 81 Abs. 1 MiCAR verlangt, dass der Dienstleister beurteilt, ob die Kryptowerte-Dienstleistungen oder Kryptowerte für ihre Kunden oder potenziellen Kunden **geeignet** sind. Dabei haben sie deren Kenntnisse und Erfahrungen mit Investitionen in Kryptowerte zu beurteilen, weiters ihre Anlageziele, einschließlich ihrer Risikotoleranz, und ihre finanziellen Verhältnisse, sowie ihrer Fähigkeit, Verluste zu tragen. 12

Die Anbieter müssen daher eine **Eignungsprüfung** vornehmen, um beurteilen zu können, ob ihre (potenziellen) Kunden für eine Beratungstätigkeit oder die Portfolioverwaltung von Kryptowerten in Frage kommen. Die ESMA hat Leitlinien zu einigen Aspekten der MiFID II-Anforderungen an die Geeignetheit veröffentlicht, die zuletzt am 3.4.2023 aktualisiert worden sind und auch für MiCAR nutzbar gemacht werden können.[19] 13

Die Leitlinien der ESMA bieten einen ersten Anhaltspunkt für den Begriff der „Geeignetheit". Dieser wird dort definiert wie folgt: *„Der gesamte Prozess, der die Einholung von Informationen über einen Kunden und die nachfolgende Beurteilung der Eignung/Geeignetheit eines bestimmten Anlageprodukts für diesen Kunden durch die Firma einschließt und auch auf dem soliden Verständnis der Firma hinsichtlich der Produkte beruht, die sie empfehlen oder in die sie im Auftrag des Kunden anlegen kann".*[20] Die Prüfung der Geeignetheit umfasst daher folgende Schritte des Anbieters: 14

A. Einholung von Informationen über den Kunden
B. Beurteilung der Eignung der Kryptowerte/Kryptowerte-Dienstleistung
C. Abgabe einer Empfehlung/Portfolioverwaltung

1. Informationseinholung. Die vorzunehmende Eignungsprüfung oder Prüfung der Geeignetheit umfasst auch den vorgelagerten Prozess der eigentlichen Tätigkeit des Anbieters, nämlich die Einholung der erforderlichen Informationen. Erst auf Basis einer entsprechenden **Informationslage** kann der Anbieter eine Eignungsprüfung seiner Produkte und Dienstleistungen vornehmen. Dies wird ausdrücklich in Art. 81 Abs. 8 MiCAR verpflichtend festgelegt. Die Informationseinholung zum Zweck der Beurteilung der Eig- 15

---

[18] Lehmann/Völkel MiCAR Art. 3 Rn. 125 f.
[19] ESMA35-43-3172, 3.4.2023, Leitlinien zu einigen Aspekten der MiFID II-Anforderungen an die Geeignetheit.
[20] ESMA35-43-3172, 5.

MiCAR Art. 81
Titel V. Zulassung und Bedingungen

nung hat vor Durchführung des Eignungstests zu erfolgen.[21] Erhält ein Anbieter nicht die in Art. 81 Abs. 1 MiCAR genannten Informationen, darf er dem Kunden keine Kryptowerte-Dienstleistungen empfehlen oder Portfolioverwaltung anbieten. Weigert sich der Kunde diese Informationen zu erteilen, ist der Anbieter nicht in der Lage eine Empfehlung abzugeben.[22]

16 Die Form der Informationseinholung wird nicht näher bestimmt. Welche Informationen von (potenziellen) Kunden einzuholen sind, wird hingegen festgelegt. Konkret sind gemäß Art. 81 Abs. 8 MiCAR folgende Informationen einzuholen: Kenntnisse und Erfahrungen in Bezug auf Investitionen von Kunden, auch in Kryptowerte, ihre Anlageziele, ihrer Risikotoleranz, ihre Finanzlage, einschließlich ihrer Fähigkeit, Verluste zu tragen, und ihr grundlegendes Verständnis der mit dem Erwerb von Kryptowerten verbundenen Risiken, damit die Anbieter von Kryptowerte-Dienstleistungen (potenziellen) Kunden empfehlen können, ob die Kryptowerte für sie geeignet sind und insbesondere ihrer Risikotoleranz und ihrer Fähigkeit, Verluste zu tragen, entsprechen.

17 Einzelheiten zu der Informationseinholung dieser teils nur vagen Regelungen lässt die MiCAR offen. Ein Blick in die DelVO 2017/565 betreffend die Durchführung von **Eignungstests** im Anwendungsbereich der MiFID II lässt jedoch auch Rückschlüsse auf die Informationseinholung unter MiCAR zu.[23] So bestimmt Art. 54 DelVO 2017/565, dass Wertpapierfirmen von (potenziellen) Kunden jene Informationen einzuholen haben, die sie benötigen, um unter Berücksichtigung der Art und des Umfangs der betreffenden Dienstleistung nach vernünftigem Ermessen davon ausgehen zu können, dass das Geschäft, das dem Kunden empfohlen werden soll, die folgenden Anforderungen erfüllt:[24]

A. Es entspricht den **Anlagezielen** des betreffenden Kunden, auch hinsichtlich seiner Risikobereitschaft;
B. es ist so beschaffen, dass etwaige mit dem Geschäft einhergehende Anlagerisiken für den Kunden seinen Anlagezielen entsprechend **finanziell tragbar** sind; und
C. es ist so beschaffen, dass der Kunde mit seinen **Kenntnissen und Erfahrungen** die mit dem Geschäft oder der Verwaltung seines Portfolios einhergehenden Risiken verstehen kann.

18 Hierzu holen die Berater oder Portfolioverwalter von ihren (potenziellen) Kunden die erforderlichen Informationen ein. Den Kunden ist zu verdeutlichen, dass eine **ordnungsgemäße Beurteilung** nur anhand **wahrheitsgemäßer Angaben** erfolgen kann.[25] Außerdem müssen die an den Kunden gerichteten Fragen verständlich im Sinne des Verbraucherschutzes formuliert sein.[26] Bei Ermittlung der Kenntnisse und Erfahrungen des Kunden ist etwa zu erfragen, ob der Kunde mit der konkreten zu erbringenden Kryptowerte-Dienstleistung oder mit Kryptowerten im Allgemeinen vertraut ist sowie ob

---
[21] Schwintowski BankR/Bracht, 5. Aufl. 2018, Kap. 19 Rn. 22.
[22] Art. 81 Abs. 11 MiCAR; Erwgr. Nr. 89; Kalss/Oppitz/Zollner KapMarktR § 5 Rn. 125 ff.
[23] DelVO 2017/565/EU der Kommission vom 25.4.2016.
[24] Art. 54 DelVO 2017/565.
[25] ESMA/2012/387, 25.6.2012, Leitlinien zu einigen Aspekten der MiFID-Anforderungen an die Eignung, S. Rn. 15.
[26] Assmann/Schneider/Mülbert/Koller, 7. Aufl. 2019, WpHG § 64 Rn. 38 f.; Erwgr. Nr. 89.

der Kunde bereits über Erfahrungen im Zusammenhang mit der zu erbringenden Kryptowerte-Dienstleistung verfügt. Auch der Bildungsstand, der Beruf sowie die Zielsetzungen des Kunden sollten in Betracht gezogen werden. Zu diesem Zweck hat der Berater auch den Horizont der Veranlagungen oder Investition sowie die mit der Anlage verbundenen Zwecke zu ermitteln. Möchte der Kunde beispielsweise Kryptowerte zum Zweck der Vermögensanlage erwerben, so hat der Berater zu erfragen, ob der Kunde kurz- oder langfristig investieren möchte und das bei der Auswahl der Kryptowerte, die er dem Kunden empfiehlt, zu berücksichtigen. Der Anbieter hat es dabei selbst in der Hand die **Zuverlässigkeit** der Informationseinholung sicherzustellen, indem die Methoden zur Informationseinholung so gestaltet sind, dass sie die für eine Eignungsprüfung erforderlichen Informationen liefern. Die Beantwortung der Fragen durch Kunden sollte möglichst objektiv erfolgen.

Anstatt einen Kunden zu fragen, ob er sich ausreichend erfahren fühlt, um in bestimmte Kryptowerte zu investieren, könnte der Anbieter den Kunden fragen, mit welchen Kryptowerten oder Kryptowerte-Dienstleistungen er vertraut ist; anstatt zu fragen, ob die Kunden der Meinung sind, dass sie über ausreichende Mittel verfügen, könnte der Anbieter nach konkreten Details zu der finanziellen Situation des Kunden fragen.[27]

Anbieter von Kryptowerte-Dienstleistungen sollten darüber hinaus für der Beurteilung der **Risikobereitschaft** ihrer (potenziellen) Kunden gewisse Kundengruppen festlegen, etwa geringe, mittlere und hohe (spekulativ) Risikobereitschaft. Dies darf allerdings nicht dazu führen, dass die konkreten Anlageziele des Kunden unberücksichtigt bleiben. Eine pauschale Einteilung in Kundengruppen, ohne auf das konkret gewünschte Geschäft des Kunden abzustellen, greift zu kurz.[28] So könnte ein risikofreudiger Kunde auch an dem Erwerb eines vergleichsweise risikoarmen Kryptowerts interessiert sein.[29] Werden zugleich die einzelnen Kryptowerte kategorisiert, kann der Berater anhand der Angaben des Kunden die passenden Kryptowerte auswählen und dies seiner Empfehlung zugrunde legen. Im Nachgang der Beratungstätigkeit erleichtert dies außerdem die Empfehlung nachzuvollziehen (auch → Rn. 53 zu den Erfordernissen des Art. 81 Abs. 10 MiCAR). 19

Der Anbieter muss sich Informationen über die Fähigkeit des Kunden, Verluste zu tragen, einholen. Ein Berater wird daher etwa im Rahmen eines Beratungsgesprächs das regelmäßige Einkommen des (potenziellen) Kunden, bestehende finanzielle Verpflichtungen (Kredite) sowie Vermögenswerte des Kunden erheben. Sollte der Kunde nur Dienstleistungen in Anspruch nehmen, die ein geringes Risiko aufweisen, kann auch bereits das regelmäßig verfügbare Nettoeinkommen Auskunft über die Fähigkeit des Kunden, Verluste zu tragen, geben. 20

2. Beurteilung der Eignung. In einem zweiten Schritt ist eine Beurteilung der Eignung anhand der Angaben des Kunden vorzunehmen. Die **Eignungsprüfung** erfordert eine auf den Kunden zugeschnittene Prüfung der Kryptowerte und Kryptowerte-Dienstleistungen des Anbieters. Art. 81 MiCAR umschreibt lediglich, was unter Eignung zu verstehen. Für Finanzinstrumente wurden drei wesentliche Kriterien herausgearbeitet: Die Emp- 21

---

[27] ESMA/2012/387 Rn. 41.
[28] Assmann/Schneider/Mülbert/Koller, 7. Aufl. 2019, WpHG § 63 Rn. 19.
[29] MwN Kalss/Oppitz/Zollner KapMarktR § 5 Rn. 134 f.

fehlung muss den **Anlagezielen** des Kunden entsprechen, die mit dem Geschäft verbundenen Risiken müssen für den Kunden seinen Anlagezielen entsprechend **finanziell tragbar** sein und der Kunde muss in der Lage sein, die mit dem Geschäft einhergehenden **Risiken** aufgrund seiner Erfahrungen und Kenntnisse zu **verstehen**.[30] Bei der Prüfung der Eignung ist wesentlicher Faktor die Angemessenheit der Dienstleistung.[31] Daher muss die Prüfung der Eignung nicht zwangsläufig zu einem einzigen, als richtig angesehenen Ergebnis führen. Dem Rechtsträger wird stattdessen ein bestimmter Grad an Handlungsspielraum eingeräumt.[32]

22 Der Anbieter muss **Verfahren** für die Durchführung solcher Eignungsprüfungen festlegen, aufrechterhalten und umsetzen, die es ermöglichen, alle diese für diese Beurteilung der Kunden erforderlichen Informationen zu sammeln und zu bewerten.[33] Anbieter müssen alle angemessenen Schritte unternehmen, um sicherzustellen, dass die über ihre Kunden oder potenziellen Kunden gesammelten Informationen zuverlässig sind. Die Beurteilung der Eignung muss regelmäßig, mindestens alle zwei Jahre, überprüft werden.[34] Dem Kunden ist ein Bericht über die Eignung zu übermitteln, in dem die erteilte Beratung enthalten ist und dargelegt wird, wie diese Beratung den Präferenzen, Zielen und anderen Merkmalen der Kunden entspricht. Dieser Bericht wird in elektronischem Format erstellt und übermittelt.

23 Dieser Bericht enthält mindestens (a) aktualisierte Informationen über die Beurteilung der Eignung und (b) einen Überblick über die geleistete Beratung. Darüber hinaus muss eindeutig hervorgehen, dass die Beratung auf den Kenntnissen und Erfahrungen des Kunden in Bezug auf Investitionen in Kryptowerte, den Anlagezielen des Kunden, seiner Risikotoleranz, seiner Finanzlage und seiner Fähigkeit, Verluste zu tragen, beruht.

IV. Besondere Informationen bei Beratung

24 Vor der Erbringung der Beratung zu Kryptowerten verlangt Art. 81 Abs. 2 MiCAR, dass der Berater potenzielle Kunden rechtzeitig vor dieser Beratung darüber informiert, ob die Beratung (a) unabhängig erbracht wird, und (b) auf einer umfangreichen oder einer eher beschränkten Analyse verschiedener Kryptowerte beruht und insbesondere auf Kryptowerte beschränkt ist, die von Rechtsträgern emittiert oder angeboten werden, die enge Verbindungen zum Berater haben oder andere rechtliche oder wirtschaftliche Beziehungen, wie etwa Vertragsbeziehungen, zu diesem unterhalten, die die Unabhängigkeit der Beratung beeinträchtigen können.

25 Vorbild dieser Bestimmung ist erneut die mit der MiFID II eingeführte Differenzierung zwischen unabhängiger und abhängiger Anlageberatung, deren Ziel es war **Interessenkonflikte** zu vermeiden.[35] Kerngedanke der unabhängigen Beratung besteht darin, dass der Kunde den Anbieter für die Beratungsleistung bezahlt und der Anbieter keine Provisionen von Dritten

---

[30] OGH 29.1.2013 – 10 Ob 7/12w, ÖBA 2013/1930.
[31] Assmann/Schneider/Mülbert/Koller, 7. Aufl. 2019, WpHG § 63 Rn. 133 f.
[32] Schwintowski BankR/Bracht, 5. Aufl. 2018, Kap. 19 Rn. 24; siehe auch Erwgr. Del-VO 2017/565.
[33] Art. 81 Abs. 10 MiCAR; vgl. auch Just/Zahradnik in Praxishandbuch MiFID II (2023), III-2-14 f.
[34] Art. 81 Abs. 12 MiCAR.
[35] Assmann/Schneider/Mülbert/Koller, 7. Aufl. 2019, WpHG § 63 Rn. 36 f.; Erwgr. Nr. 48 MiFID II.

annimmt.[36] Ob eine Beratungstätigkeit unabhängig erfolgt oder nicht, liegt im Ermessen des Anbieters. In jedem Fall muss der Kunde im Sinne der Informationsgleichheit darüber informiert werden, ob die Beratung unabhängig erfolgt oder nicht. Der Kunde ist also nicht bloß zu informieren, sofern die Beratung unabhängig erfolgt, sondern auch, wenn dies nicht der Fall ist.[37]

Art. 81 Abs. 2 lit. b MiCAR bestimmt, dass der Anbieter den Kunden auch darüber zu informieren hat, ob die Beratung auf einer **umfangreichen oder eingeschränkten Analyse** verschiedener Kryptowerte beruht. Die Berater dürfen in ihrer Tätigkeit somit auch eine beschränkte Analyse bestimmter Kryptowerte durchführen, sofern sie den Kunden darüber informieren.[38] Kunden sind vom Anbieter vor der Erbringung der Beratungstätigkeit auf diesen Umstand hinzuweisen. Darüber hinaus sind Kunden zu informieren, ob die Analyse auf Kryptowerte beschränkt ist, die vom Anbieter selbst stammen oder von anderen Rechtsträgern, die dem Anbieter nahestehen (Eigenprodukte). Nicht ausreichend ist es, den Kunden lediglich zu informieren, dass eine eingeschränkte Analyse bestimmter Kryptowerte vorgenommen wurde, sondern auch um welche Palette an Kryptowerten es sich handelt und wer die Emittenten dieser Kryptowerte sind. Es genügt auch nicht, darauf hinzuweisen, dass es sich um eine umfangreiche oder beschränkte Analyse handelt, sondern es ist die Anzahl der analysierten Kryptowerte zu nennen.[39]

Art. 81 Abs. 2 MiCAR bestimmt nicht, wann eine enge Verbindung zum Anbieter vorliegt oder was unter anderen rechtlichen oder wirtschaftlichen Beziehungen zu verstehen ist, die die **Unabhängigkeit** der Beratung beeinträchtigen. In Anbetracht der angedachten Zielsetzung der Bestimmung, nämlich dem Kunden die Unabhängigkeit offenzulegen, wird jegliche Form von Naheverhältnis zwischen Anbieter und Emittent als Beeinträchtigung der Unabhängigkeit auszulegen sein.[40] Zu denken ist also nicht nur an direkte gesellschaftsrechtliche oder schuldrechtliche Verbindungen, sondern auch an rein wirtschaftliche Verknüpfungen. Diese könnten etwa darin bestehen, dass ein Anbieter von Kryptowerte-Dienstleistungen, der auch eine Handelsplattform für Kryptowerte betreibt, nur jene Kryptowerte als Teil seiner Beratungstätigkeit Kunden empfiehlt, die auf seiner Plattform gehandelt werden.

In welcher Form Kunden diese Informationen erteilt werden, bleibt den Anbietern von Kryptowerte-Dienstleistungen selbst überlassen. Erforderlich ist aber, dass die verwendete Form Kontrollen ermöglicht, um festzustellen zu können, ob die Informationen tatsächlich erteilt worden sind.[41]

V. Anforderungen an unabhängige Beratung

Art. 81 Abs. 3 MiCAR legt Anforderungen für den Fall fest, dass ein Anbieter seinen Kunden mitteilt, dass eine **unabhängige Beratung** erbracht wird. Diesfalls muss der Berater eine ausreichende Palette von auf dem Markt angebotenen Kryptowerten beurteilen, die hinreichend divers sein müssen, damit die Anlageziele des Kunden in geeigneter Form erreicht werden

---

[36] Schopper, WAG 2018: Ausgewählte Neuerungen im Anlegerschutz, VbR 2018/3, 5.
[37] Brandl/Saria/Brandl/Klausberger § 48 Rn. 74 f.
[38] Brandl/Saria/Brandl/Klausberger § 48 Rn. 75.
[39] Assmann/Schneider/Mülbert/Koller, 7. Aufl. 2019, WpHG § 65 Rn. 11; Koller fordert, dass in jedem Fall die Zahl der analysierten Instrumente zu nennen ist, weil die Angabe der Begriffe „umfangreich" oder „eher beschränkt" bedeutungslos sei.
[40] F. Bydlinski, Juristische Methodenlehre und Rechtsbegriff (2011), S. 453.
[41] ESMA35-43-3172, 13.

können. Dabei darf sich die Beratung nicht auf Kryptowerte beschränken, die a) vom Berater emittiert oder angeboten werden, und b) von Rechtsträgern emittiert oder angeboten werden, die enge Verbindungen zum Berater haben, oder c) von anderen Rechtsträgern emittiert oder angeboten werden, zu denen der Berater so enge rechtliche oder wirtschaftliche oder vertragliche Beziehungen unterhält, dass das Risiko besteht, dass die Unabhängigkeit der Beratung beeinträchtigt wird.

29   Nach dem Wortlaut des Gesetzes darf die Palette von auf dem Markt angebotenen Kryptowerten nicht auf Kryptowerte beschränkt sein, die von diesem Anbieter emittiert oder angeboten werden bzw. von Rechtsträgern angeboten werden, die enge Verbindungen zum Anbieter aufweisen. Es ist demnach gestattet, dass ein Anbieter eigene Kryptowerte in seine Analyse aufnimmt, solange er eine ausreichend diverse Palette von Kryptowerten bewertet.

30   Wesentliche Folge der unabhängigen Beratung ist, dass es Anbietern nicht gestattet ist, für die Erbringung der Dienstleistung Gebühren, Provisionen oder andere **monetäre und nicht monetäre Vorteile** anzunehmen oder zu behalten, die von einem Dritten oder einer im Namen eines Dritten handelnden Person gezahlt oder gewährt werden. Um eine Beeinflussung bei der Beratungstätigkeit zu verhindern, sieht der Gesetzgeber in Art. 81 Abs. 3 MiCAR also ein pauschales **Provisionsverbot** vor. Insofern ist das Schutzniveau für Kunden im Bereich der Beratung zu Kryptowerten (und der Portfolioverwaltung) gegenüber den übrigen Kryptowerte-Dienstleistungen deutlich erhöht. Gerade in der Beratung (Anlageberatung) besteht das Risiko, dass sich der Berater stärker an seinen eigenen Provisionszielen als am Wohl des Kunden ausrichtet.[42]

31   Nicht übersehen werden darf, dass im Bereich der Anlageberatung unter MiFID II die provisionsbasierte Tätigkeit die Regel und nicht die Ausnahme darstellt. So erhalten Berater regelmäßig diverse Vorteile, wenn sie bestimmte Finanzinstrumente verkaufen, etwa in Form von Rückvergütungen (Kickback-Zahlungen) oder Vertriebsprovisionen.[43]

32   Anders als im Bereich der MiFID II werden durch Art. 81 MiCAR auch nicht monetäre Vorteile erfasst. Die Bestimmung erfasst daher zunächst sämtliche geldwerten Vorteile, Gebühren, Provisionen etc. Die Währung ist unerheblich, sodass auch Vorteile in Form von Kryptowerten als monetäre Vorteile gelten sollten.[44] Die Annahme dieser Vorteile ist für die Erfüllung des Tatbestands bereits ausreichend (arg: „oder zu behalten"). Nach dem Wortlaut des Gesetzes erfasst Art. 81 Abs. 3 lit. d MiCAR Vorteile, die für die **Erbringung der Dienstleistung** angenommen oder behalten werden. Dies könnte man nun so verstehen, dass nur jene Vorteile, die in einem direkten Zusammenhang mit der Dienstleistungserbringung stehen, von dem Verbot erfasst sind. Allerdings ergibt sich meines Erachtens aus der Ausnahmebestimmung für geringfügige nichtmonetäre Vorteile, dass auch mittelbare Vorteile erfasst sind. Denn nichtmonetäre Vorteile werden regelmäßig nicht in einem direkten Zusammenhang mit einer konkreten Dienstleistung für einen Kunden stehen. Somit hätte die Ausnahmebestimmung wahrscheinlich nahezu keinen Anwendungsbereich, wenn ohnehin nur jene Vorteile

---

[42] Assmann/Schneider/Mülbert/Koller, 7. Aufl. 2019, WpHG § 64 Rn. 43.
[43] BaFin, 15.8.2018, Zuwendungen – Verbot mit Ausnahme: Verschärfte Spielregeln für Provisionen und andere Vorteile.
[44] Assmann/Schneider/Mülbert/Koller, 7. Aufl. 2019, WpHG § 70 Rn. 4.

erfasst wären, die in direktem Zusammenhang mit der Dienstleistungserbringung stehen.⁴⁵

33 Geringfügige nichtmonetäre Vorteile, durch die die Qualität der einem Kunden gegenüber erbrachten Kryptowerte-Dienstleistungen verbessert werden kann und die so geringfügig und so beschaffen sind, dass sie die Erfüllung der Pflicht eines Anbieters von Kryptowerte-Dienstleistungen, im besten Interesse seines Kunden zu handeln, nicht beeinträchtigen, sind zulässig, sofern sie dem Kunden eindeutig offengelegt werden. An diese Ausnahmebestimmung werden zunächst zwei Anforderungen geknüpft: Es muss sich um **geringfügige** und **nichtmonetäre** Vorteile handeln.

34 Geringfügigkeit soll dann vorliegen, wenn die Leistung für den Anbieter in seiner Dienstleistungserbringung so beschaffen ist, dass ein Interessenkonflikt nicht zu erwarten ist, der Anbieter also weiterhin im besten Interesse des Kunden handeln kann.⁴⁶ Mit anderen Worten handelt es sich um Vorteile, die verhältnismäßig sind und eine negative Beeinflussung der Beratungstätigkeit nicht zu erwarten ist. Zum anderen muss es sich um nichtmonetäre Vorteile handeln. Die Vorteile dürfen demnach nicht in der Zahlung von Geld bestehen, sondern in anderen Leistungen.

35 Als weitere Voraussetzung müssen die nichtmonetären Vorteile zur **Verbesserung** der Qualität der Dienstleistung für den Kunden beitragen. In welcher Form die Verbesserung bestehen soll und welcher Maßstab hier angelegt werden soll, lässt der Gesetzestext offen. Für den Bereich der klassischen Anlageberatung und Portfolioverwaltung wird etwa Informationsmaterial und die Teilnahme an Seminaren genannt, allerdings nur dann, wenn sie die Anforderungen der Ausnahmeregelung erfüllen, also die Zuwendung gegenüber dem Kunden offenlegen und diese auch qualitätsverbessernd verwenden.⁴⁷

36 Als letztes Erfordernis legt Art. 81 Abs. 3 MiCAR fest, dass die geringfügigen nichtmonetären Vorteile dem Kunden eindeutig **offengelegt** werden müssen. Nähere Anforderungen an die Offenlegung enthält die zitierte Bestimmung nicht. Zu beachten ist allerdings die allgemeine Regelung betreffend Anbieter von Kryptowerte-Dienstleistungen nach Art. 66 MiCAR, dass Informationen redlich, eindeutig und nicht irreführend sind. Dieser Maßstab wird auch hier anzulegen sein. Darüber hinaus muss die Offenlegung vor Erbringung der Dienstleistung erfolgen, weil sonst der Zweck der Informationserteilung des Kunden nicht erfüllt wäre. Die genannten Anforderungen an die Ausnahmebestimmung müssen **kumulativ** vorliegen.

VI. Pflicht zur Kostenaufklärung

37 Bei der Beratung zu Kryptowerten trifft Anbieter eine umfassende **Pflicht zur Aufklärung** über die anfallenden Kosten und Nebenkosten. Konkret verlangt Art. 81 Abs. 4 MiCAR, dass Berater potenziellen Kunden Informationen zu Kosten und Nebenkosten zur Verfügung stellen, einschließlich gegebenenfalls Beratungskosten, Kosten der dem Kunden empfohlenen oder an ihn vermarkteten Kryptowerte und der diesbezüglichen Zahlungsmöglichkeiten des Kunden sowie etwaiger Zahlungen durch Dritte.

---

⁴⁵ Assmann/Schneider/Mülbert/Koller, 7. Aufl. 2019, WpHG § 70 Rn. 8.
⁴⁶ Brandl/Saria/Brandl/Klausberger § 53 Rn. 19 f.
⁴⁷ BaFin, 15.8.2018, Zuwendungen – Verbot mit Ausnahme: Verschärfte Spielregeln für Provisionen und andere Vorteile.

38 Die Informationen zu den Kosten sind dem Kunden zur Verfügung zu stellen. Eine mündliche Auskunftserteilung im Rahmen eines Beratungsgesprächs ist nicht ausreichend. Dem Kunden ist eine Übersicht über die angefallenen Kosten zu übermitteln, wobei das Gesetz nicht vorschreibt in welcher Form dies zu geschehen hat. Die **Kosteninformation** hat sowohl die Kosten der Beratungstätigkeit selbst als auch jene Kosten des empfohlenen Kryptowertes oder der empfohlenen Kryptowerte-Dienstleistung zu enthalten.

39 Kosten der dem Kunden empfohlenen oder an ihn vermarkteten Kryptowerte umfassen jedenfalls auch **Transaktionsgebühren,** die bei der Übertragung von Kryptowerten anfallen und dem Kunden vom Anbieter in Rechnung gestellt werden, weil diese Kosten für die Durchführung des angedachten Geschäfts anfallen. Über solche Kosten ist nicht nur im Rahmen der Beratungstätigkeit aufzuklären, sondern es ist eine Information über die (voraussichtliche) Höhe der Transaktionsgebühren dem Kunden zu übermitteln. Können die Kosten nicht festgestellt werden, so muss der Anbieter eine Schätzung vornehmen und diese dem Kunden mitteilen.

40 Neben einer Aufstellung der Kosten ist der Kunde auch über die **Zahlungsmöglichkeiten** der an ihn empfohlenen oder vermarkteten Kryptowerte zu informieren.[48] Da Kryptowerte oftmals nur durch Tausch gegen andere Kryptowerte erworben werden können, besteht offenbar nach Ansicht des Gesetzgebers erhöhter Aufklärungsbedarf betreffend die Zahlungsmöglichkeiten für Kunden. Der Anbieter hat außerdem über Zahlungen durch Dritte zu informieren. Diese Verpflichtung zur Aufklärung über Zahlungen durch Dritte trifft auf Anbieter von unabhängiger und nicht unabhängiger Beratung gleichermaßen zu. Gerade im Bereich der nicht unabhängigen Beratung wird allerdings der Anbieter regelmäßig zur Erfüllung dieser Transparenzanforderungen dem Kunden gegenüber aufschlüsseln müssen, welche Zahlungen er erhält.

VII. Provisionsverbot bei Portfolioverwaltung

41 Für den Bereich der Portfolioverwaltung findet sich in Art. 81 Abs. 5 MiCAR das Verbot der Annahme und des Behaltens von Gebühren, Provisionen oder anderen monetären oder nichtmonetären Vorteilen. Die Regelung des Art. 81 Abs. 5 MiCAR gilt stets bei der Erbringung der Portfolioverwaltung durch Anbieter von Kryptowerte-Dienstleistungen. Eine Differenzierung zwischen unabhängiger und nicht unabhängiger Portfolioverwaltung gibt es nicht.

42 Der Personenkreis ist anders als im Fall der Beratung zu Kryptowerten weiter gefasst und erfordert etwa nicht, dass eine enge Verbindung zwischen Emittenten und dem die Portfolioverwaltung erbringenden Anbieter besteht. Dies ist auch sachgerecht. Schließlich besteht im Bereich der Portfolioverwaltung das Risiko, dass der Anbieter Kryptowerte von Emittenten in Portfolios für Kunden aufnimmt, von denen er Zahlungen erhalten hat. Solche Anreize von dritter Seite sollen nicht bestehen, eine Portfolioverwaltung muss demnach stets unabhängig erfolgen.

43 Hinsichtlich der erfassten geldwerten oder nicht geldwerten Vorteile kann auf die Ausführungen zur Beratung verwiesen werden (→ Rn. 22 ff.). Die Bestimmung erfasst somit jede Form von Zuwendungen, seien es Geld, Sach-

---

[48] Art. 81 Abs. 4 MiCAR.

leistungen oder sonstige Dienstleistungen. Für den Bereich der Portfolioverwaltung legt Art. 81 Abs. 5 MiCAR fest, dass Zuwendungen von Dritten nicht **angenommen und behalten** werden dürfen. Im Bereich der Beratung ist das Annehmen **oder** Behalten durch einen Anbieter verboten.[49] Hier könnte man zu dem Schluss gelangen, dass das Gesetz somit auf das Annehmen und Behalten abstellt, sodass die Annahme von Vorteilen allein den Tatbestand nicht erfüllt. Im Anwendungsbereich der MiFID II ist für die Portfolioverwaltung im Zusammenhang mit Finanzinstrumenten der Tatbestand der unzulässigen Annahme von Vorteilen nur dann erfüllt, wenn diese behalten und nicht an den Kunden weitergegeben werden.[50] Selbiges wird daher mE für den Bereich der Portfolioverwaltung von Kryptowerten gelten. Der Anbieter darf daher Zuwendungen von Dritten zulässigerweise annehmen, solange er diese an den Kunden weitergibt.

So sieht Art. 24 Abs. 9 MiFID II vor, dass die Wertpapierfirma den Kunden über den Mechanismus der **Weitergabe der Vorteile** zu informieren hat. Um einen Verstoß zu vermeiden, müssen angenommene Vorteile an Kunden weitergegeben werden.[51] Art. 81 MiCAR enthält hingegen keine Regelungen betreffend die Weiterleitung von angenommenen Vorteilen an Kunden. Da der Gesetzestext im Bereich der Portfolioverwaltung zur Beratung zu Kryptowerten abweicht, wird eine rasche Weiterleitung von Vorteilen an den Kunden auch ohne konkrete Regelung erforderlich sein. Andernfalls ist der Tatbestand erfüllt, weil der Anbieter die Vorteile behält. Es ist davon auszugehen, dass die ESMA in Leitlinien oder die Kommission in einer Delegierten Verordnung näher auf die Zuwendungsproblematik eingehen wird. **44**

VIII. Zulässige Vorteilsannahme

Teilt der Anbieter mit, dass die Beratung nicht unabhängig erbracht wird, so darf er Anreize entgegennehmen, sofern die Zahlung oder der Vorteil (a) dazu bestimmt ist, die Qualität der jeweiligen Dienstleistung für den Kunden zu verbessern, und (b) die Erfüllung der Pflicht des Anbieters, ehrlich, redlich und professionell sowie im bestmöglichen Interesse seiner Kunden zu handeln, nicht beeinträchtigt wird. **45**

Bei der nicht unabhängigen Beratung zu Kryptowerten ist es dem Anbieter demnach gestattet, auch monetäre Vorteile anzunehmen. Voraussetzung ist aber, dass die Zahlung oder der Vorteil einen **Mehrwert für den Kunden** hat, indem die Qualität der jeweiligen Dienstleistung für den Kunden verbessert wird. Als Verbesserung wird es etwa anzusehen sein, wenn eine breitere Palette an verschiedenen Kryptowerten in die Analyse miteinbezogen wird. **46**

Neben der Qualitätsverbesserung der Dienstleistung für den Kunden darf der Anbieter in seiner Erfüllung im **besten Interesse** des Kunden zu handeln, nicht beeinträchtigt werden. Die Pflicht zu ehrlichem, redlichem und professionellem Handeln im besten Interesse der Kunden trifft nach Art. 66 MiCAR sämtliche Anbieter von Kryptowerte-Dienstleistungen gleichermaßen, unabhängig davon, ob sie Vorteile von Dritten erhalten. Art. 81 Abs. (6) MiCAR umschreibt hier in negativer Hinsicht nochmals, was ohne- **47**

---

[49] Art. 81 Abs. 3 MiCAR.
[50] Erwgr. Nr. 74 MiFID II.
[51] Brandl/Saria/Brandl/Klausberger § 53 Rn. 15 f.; Erwgr. Nr. 74 MiFID II.

MiCAR Art. 81 — Titel V. Zulassung und Bedingungen

hin stets zu gelten hat: Der Kunde muss sicher sein dürfen, dass der Anbieter in seinem besten Interesse handelt. Bei der Annahme von Anreizen oder Vorteilen hat der Anbieter daher in besonderer Weise zu prüfen, ob ein Interessenkonflikt bestehen könnte.

48 Vor Durchführung der Beratungstätigkeit sind dem Kunden das Bestehen, die Art und der Betrag solcher Anreize oder – wenn der Betrag nicht feststellbar ist – die Methode für die Berechnung in umfassender, zutreffender und verständlicher Weise unmissverständlich offenzulegen.

IX. Anforderungen an Berater

49 Vorbild der Bestimmung des Art. 81 Abs. 7 MiCAR ist Art. 25 Abs. 1 MiFID II, der erstmals für den Bereich der klassischen Anlageberatung erforderliche Kenntnisse und Kompetenzen der Berater festlegte. Nunmehr sieht Art. 81 Abs. 7 MiCAR für die Beratung zu Kryptowerten vor, dass natürliche Personen, die im Namen eines Anbieters Beratung anbieten oder einschlägige Informationen erteilen, über die erforderlichen Kenntnisse und Kompetenzen verfügen, um ihren Verpflichtungen nachzukommen. Die Bestimmung richtet sich an jene Rechtsträger, die Beratung zu Kryptowerten anbieten.[52] Die Portfolioverwaltung ist nicht zwar nicht genannt, aber Art. 81 Abs. 7 spricht von einer Beratung zu Kryptowerten **oder zu einer Kryptowerte-Dienstleistung,** sodass indirekt die Portfolioverwaltung als Ergebnis einer Beratung erfasst sein kann.

50 Anforderungen werden an die natürlichen Personen gestellt, die für den Anbieter tätig werden. Das konkrete Rechtsverhältnis zwischen Berater und Anbieter wird von Art. 81 Abs. 7 MiCAR offengelassen. Lediglich erforderlich ist, dass die natürlichen Personen **im Namen** des Anbieters auftreten. Erfasst sind damit sowohl selbständige wie unselbständige Erwerbstätige, die für den Anbieter Beratungstätigkeiten übernehmen. Nicht erfasst sind nach dem Wortlaut der Bestimmung juristische Personen, was auch nicht erforderlich ist, weil die für juristische Personen handelnden natürlichen Personen dann die Anforderungen erfüllen müssen.[53]

51 Nach Art. 81 Abs. 7 MiCAR sollen die Mitgliedstaaten die Kriterien veröffentlichen, anhand derer diese Kenntnisse und Kompetenzen zu beurteilen sind. Für den Bereich der Anlageberatung unter MiFID II hat die ESMA Leitlinien für die Beurteilung von Kenntnissen und Kompetenzen der natürlichen Personen veröffentlicht.[54] Laut den Leitlinien der ESMA sollen **Mitarbeiter** etwa über folgende **Kenntnisse und Kompetenzen** verfügen:[55]

a) Verständnis der wesentlichen Merkmale, Risiken und Funktionen der über die Firma erhältlichen Anlageprodukte, einschließlich aller allgemeinen steuerlichen Auswirkungen und Kosten, die dem Kunden im Zusammenhang mit den Geschäften entstehen. Besondere Sorgfalt sollte bei der Erteilung von Informationen über Produkte gewahrt werden, die sich durch eine größere Komplexität auszeichnen;

---

[52] Art. 81 Abs. 7 MiCAR.
[53] Brandl/Saria/Brandl/Klausberger § 55 Rn. 9 ff.
[54] ESMA/2015/1886 DE, 22.3.2026, Leitlinien für die Beurteilung von Kenntnissen und Kompetenzen.
[55] ESMA/2015/1886 DE, 17 f.; Just/Zahradnik in Praxishandbuch MiFID II (2023), III-2–2.

b) Verständnis der Summe der Kosten und Gebühren, die für den Kunden im Zusammenhang mit Geschäften in Anlageprodukten oder im Zusammenhang mit Wertpapier- oder Nebendienstleistungen anfallen;
c) Verständnis der Merkmale und des Umfangs von Wertpapier- oder Nebendienstleistungen;
d) Verständnis, wie die Finanzmärkte funktionieren und wie sie sich auf den Wert und die Preisbildung der Anlageprodukte auswirken, über die die Mitarbeiter den Kunden Informationen erteilen;
e) Verständnis des Einflusses von wirtschaftlichen Kennzahlen oder von nationalen, regionalen oder globalen Ereignissen auf die Märkte und auf den Wert der Anlageprodukte, über die die Mitarbeiter Informationen erteilen;
f) Verständnis des Unterschieds zwischen vergangenen und zukünftigen Wertentwicklungsszenarien sowie der Grenzen vorausschauender Prognosen;
g) Verständnis der auf Marktmissbrauch und die Bekämpfung der Geldwäsche bezogenen Aspekte;
h) Bewertung der relevanten Daten für die Anlageprodukte, über die die Mitarbeiter den Kunden Informationen erteilen, zum Beispiel Wesentliche Anlegerinformationen, Prospekte, Jahresabschlüsse oder Finanzdaten;
i) Verständnis der spezifischen Marktstrukturen für die Anlageprodukte, über die die Mitarbeiter den Kunden Informationen erteilen, und, sofern relevant, Kenntnis der Handelsplätze dieser Anlageprodukte oder der Existenz von Sekundärmärkten;
j) Grundkenntnisse der Bewertungsgrundsätze für die Art von Anlageprodukten, über die Informationen erteilt werden.

Es ist zu erwarten, dass aufgrund der Vorbildwirkung der MiFID II für 52 zahlreiche Regelungsbereiche der MiCAR die genannten Kompetenzen und Kriterien auch für die Beratung zu Kryptowerten wesentlich sein werden. Klarerweise werden für Mitarbeiter nicht Kenntnisse des Finanzmarkts oder der erhältlichen Anlageprodukte entscheidend sein, sondern der Markt für Kryptowerte und die vom Anbieter angebotenen Kryptowerte. Darüber hinaus wird ein technisches Grundverständnis für Mitarbeiter erforderlich sein. Mitarbeiter sollten in der Lage sein, die technischen Besonderheiten der Distributed-Ledger-Technologie in ihren Grundzügen zu verstehen und zu erklären.

X. Verpflichtende Risikohinweise

Art. 81 Abs. 9 MiCAR sieht eine Verpflichtung der Anbieter von Krypto- 53 werte-Dienstleistungen vor, Kunden auf gewisse **Kryptowert-spezifische Risiken** hinzuweisen. So verlangt Art. 81 Abs. 9 MiCAR, dass Anbieter ihre Kunden und potenziellen Kunden darauf aufmerksam machen, dass (a) der Wert von Kryptowerten schwanken kann, (b) die Kryptowerte ihren Wert ganz oder teilweise verlieren können, (c) die Kryptowerte möglicherweise nicht liquide sind, d) die Kryptowerte eventuell nicht unter die Systeme für die Entschädigung der Anleger gemäß der Richtlinie 97/9/EG fallen, sowie e) die Kryptowerte nicht unter die Einlagensicherungssysteme gemäß der Richtlinie 2014/49/EU fallen.

Diese verpflichtende Aufklärung über die mit Kryptowerten verbundenen 54 Risiken trifft nur Anbieter der Beratung zu Kryptowerten und Portfolioverwaltung von Kryptowerten. Im Sinne des Verbraucherschutzes besteht das

Bedürfnis, die Kunden ausdrücklich auf die mit Kryptowerten verbundenen Risiken, insbesondere das Risiko der Wertschwankungen, hinzuweisen.[56] Es ist sachgerecht, dass Anbieter der Beratung zu Kryptowerten und der Portfolioverwaltung von Kryptowerten, in die Pflicht genommen werden, diese Risikohinweise zu erteilen, besteht doch gerade bei diesen Dienstleistungen die Gefahr, dass der Kunde dem Ratschlag des Beraters folgt. Zu diesem Zweck sollen ihm die Risiken, die mit einer Investition in Kryptowerte verbunden sind, vor Augen geführt werden.

XI. Strategien und Verfahren

55 Im Anwendungsbereich des Art. 81 MiCAR müssen Anbieter von Kryptowerte-Dienstleistungen **Strategien und Verfahren** festlegen, aufrechterhalten und umsetzen, die es ihnen ermöglichen, alle für Eignungsbeurteilung jedes Kunden erforderlichen Informationen zu sammeln und zu bewerten. Anbieter müssen alle angemessenen Schritte unternehmen, um sicherzustellen, dass die über ihre Kunden oder potenziellen Kunden gesammelten Informationen zuverlässig sind.[57]

56 In welcher Form die Anbieter Strategien und Verfahren umsetzen, lässt der Gesetzestext offen. Im Sinne einer einheitlichen und vollständigen Informationseinholung bietet es sich an, dass Anbieter Richtlinien, **Fragebögen** und Checklisten für ihre Mitarbeiter erstellen, die anschaulich die zu einholenden Informationen für die Eignungsprüfung darstellen.[58] Im Rahmen dieser Richtlinien könnte etwa festgelegt werden, dass bei Angaben des Kunden zu seinem privaten Vermögen, entsprechende Auskünfte oder Informationen zur Mittelherkunft eingeholt werden. Gibt der Kunde an, bereits Erfahrungen mit Kryptowerten zu haben, sollte erfragt werden, welche Erfahrungen der Kunde bereits gemacht hat. Auf diese Weise können die vom Kunden eingeholten Informationen plausibel überprüft werden.

57 Die Einholung der erforderlichen Informationen kann auch durch standardisierte Fragebögen oder Formblätter sichergestellt werden, die jeder Kunde vor einer Beratungstätigkeit oder Portfolioverwaltung ausfüllen muss. Es ist sicherzustellen, dass die Fragebögen **verständlich** und in **einfacher Sprache** verfasst sind. Den Fragebögen sind im Idealfall Erläuterungen anzuschließen, die die wesentlichen Begrifflichkeiten im Zusammenhang mit Kryptowerten erklären. Fragebögen sollten zumindest zahlreiche Kategorien aufweisen, damit realitätsnahe Ergebnisse erzielt werden.[59] Darüber hinaus sollten die Anbieter Überlegungen zur Gestaltung und Form der Fragebögen anzustellen, um eine Beeinflussung des Kunden zu vermeiden.[60] Die für die Eignungsprüfung eingeholten Informationen sind gleichermaßen relevant und sollten nicht gereiht werden.

58 Kunden sind verständlich darauf hinzuweisen, dass sie sämtliche erforderliche Informationen für die Geeignetheitsprüfung zu erteilen haben. Dabei sollten sie auch informiert werden, dass eine vollständige und wahrheitsgemäße Auskunftserteilung in ihrem Interesse ist, um die bestmögliche **Informationsbasis** für die Durchführung der Geeignetheitsprüfung zu haben. Mit-

---

[56] Erwgr. Nr. 89 MiCAR.
[57] Art. 81 Abs. 10 MiCAR.
[58] Schwintowski BankR/Bracht, 5. Aufl. 2018, Kap. 19 Rn. 23.
[59] Assmann/Schneider/Mülbert/Koller, 7. Aufl. 2019, WpHG § 64 Rn. 38.
[60] ESMA35-43-3006, 12.4.2022, Leitlinien zu einigen Aspekten der MiFID-II-Anforderungen an die Angemessenheit und das reine Ausführungsgeschäft, 22.

arbeiter sollten außerdem dahingehend geschult werden, die vom Kunden erteilten Informationen zu kontrollieren und im Fall von Widersprüchen oder unplausiblen Auskünften nachzufragen.[61]

Um die **Zuverlässigkeit** der vom Kunden zur Verfügung gestellten Informationen sicherstellen, sollten die Verfahren Maßnahmen zur Reduzierung von Umgehungen beinhalten. So könnten Anbieter die Möglichkeit, Fragebögen mehrmals auszufüllen innerhalb eines gewissen Zeitraums begrenzen, verschiedene Fragebögen verwenden, falls Kunden eine erneute Beantwortung wünschen, oder eine Wartezeit vor dem erneuten Ausfüllen von Fragebögen einführen.[62] Die eingeholten Informationen könnten außerdem in gewissen Abständen überprüft werden, indem der Kunde gebeten wird den Fragebogen erneut auszufüllen, andernfalls wird die fortlaufende Erbringung von Dienstleistungen für den Kunden beendet.[63] 59

Ganz allgemein gilt, dass Anbieter im Zuge der Informationseinholung Fragen vermeiden sollten, die dem Kunden eine **eigene Einschätzung** ermöglichen, oder die schlicht mit Ja oder Nein zu beantworten sind.[64] Im Speziellen bei der Erfragung der Kenntnisse des Kunden in einem bestimmten Bereich sollte der Fragebogen solche Fragen beinhalten, die auf eine Beurteilung der Kenntnisse des Kunden abzielen. So ergibt sich etwa ein bestimmter Kenntnisstand des Kunden aus Multiple-Choice-Fragen und überlässt auf diese Weise die Einschätzung der Kenntnisse nicht dem Kunden.[65] 60

XII. Verbot der Dienstleistungserbringung

Wie oben bereits erläutert (→ Rn. 13 f.), darf ein Anbieter die Beratung zu Kryptowerten und Portfolioverwaltung von Kryptowerten nur dann erbringen, wenn er **sämtliche Informationen** für die Prüfung der Geeignetheit vom Kunden erhalten hat. Art. 81 Abs. 11 MiCAR bestimmt nur für den Fall, dass ein Kunde die geforderten Informationen zu seiner Einstufung nicht bereitstellt, der Anbieter keine Empfehlung für einen bestimmten Kryptowert oder eine Kryptowerte-Dienstleistung abgeben darf und nicht mit der Portfolioverwaltung in Bezug auf diese Kryptowerte beginnen darf. Grundgedanke ist hier, dass der Anbieter eine Empfehlung im besten Interesse des Kunden ohnehin nur dann abgeben kann, wenn er vom Kunden sämtliche Informationen zur Geeignetheitsprüfung erhalten hat. 61

Als zweiten Fall regelt Art. 81 Abs. 11 MiCAR ein Verbot der Dienstleistungserbringung, wenn der Anbieter zu dem Ergebnis gelangt, dass die Kryptowerte-Dienstleistungen oder Kryptowerte für seine Kunden nicht geeignet sind. Folge der Beratungstätigkeit oder Portfolioverwaltung ist also nicht zwingend die Empfehlung irgendeines Kryptowerts oder einer Kryptowerte-Dienstleistung, die für den Kunden am geeignetsten erscheint. Viel- 62

---

[61] Assmann/Schneider/Mülbert/Koller, 7. Aufl. 2019, WpHG § 64 Rn. 30; zu Anlageberatung Art. 54 Abs. 7 DelVO 2017/565.
[62] ESMA35-43-3006, 23.
[63] Dies muss nicht sogleich geschehen; als erste Maßnahme sollte der Kunde darauf hingewiesen werden, dass die Überprüfung seiner Informationen für die Eruierung der geeigneten Produkte und Dienstleistungen erforderlich ist. Erst in einem zweiten Schritt kann der Kunde auf die Unterbrechung der Dienstleistungserbringung des Anbieters für den Kunden hingewiesen werden.
[64] Dazu auch → Rn. 16.
[65] ESMA35-43-3006, 26.

mehr muss der Anbieter in einer Gesamtschau prüfen, ob die Dienstleistungen für den Kunden abhängig von seinen Zielen und Wünschen überhaupt in Frage kommen. Auch in diesem Fall ist es dem Anbieter nicht gestattet, mit dem Kunden einen Vertrag über die Beratung zu Kryptowerten oder die Portfolioverwaltung von Kryptowerten abzuschließen.

XIII. Berichtspflicht

63 Anbieter sind verpflichtet, einen **Bericht** über die Eignung zu erstellen. Dies nach der ersten Überprüfung der Geeignetheit von Kryptowerten und Kryptowerte-Dienstleistung für Kunden und nach den gemäß Art. 81 Abs. 12 MiCAR mindestens alle zwei Jahre durchzuführenden Prüfungen der Eignung. In diesem Bericht ist die erteilte Beratung enthalten und darzulegen, wie diese Beratung den Präferenzen, Zielen und anderen Merkmalen der Kunden entspricht. Der Bericht muss zumindest a) aktualisierte Informationen über die Beurteilung der Eignung und b) einen Überblick über die geleistete Beratung enthalten. Aus dem genannten Bericht muss außerdem eindeutig hervorgehen, dass die Beratung auf den Kenntnissen und Erfahrungen des Kunden in Bezug auf Investitionen in Kryptowerte, den Anlagezielen des Kunden, seiner Risikotoleranz, seiner Finanzlage und seiner Fähigkeit, Verluste zu tragen, beruht.

64 Der Berater wird zur Erfüllung dieser Berichtspflicht ein Beratungsprotokoll oder eine andere Erklärung zu erstellen haben.[66] Dieses Dokument enthält Angaben, inwiefern die abgegebene Empfehlung mit den Zielen des Kunden vereinbar ist. Der Berater hat die Möglichkeit, in seinem Protokoll bestimmte Angaben des Kunden aufzunehmen, etwa auch den Hinweis, dass der Kunde trotz einer anderweitigen Empfehlung des Beraters bestimmte Kryptowerte erwirbt oder eine Kryptowerte-Dienstleistung in Anspruch nimmt. Der Bericht ist insofern eine Sicherstellung für den Berater, dass er seinen Verpflichtungen nachgekommen ist und eine angemessene Empfehlung abgegeben hat.

65 Art. 81 Abs. 13 MiCAR sieht auch vor, dass der Bericht in **elektronischem Format** zu erstellen ist und in diesem Format dem Kunden zu übermitteln ist. Regelmäßig wird daher eine Übermittlung per E-Mail an die vom Kunden bekanntgegebene Adresse erfolgen. Eine Übermittlung per Post scheidet aufgrund dieser Bestimmung aus.

XIV. Geeignetheitserklärung

66 Nach Art. 81 Abs. 14 MiCAR müssen Portfolioverwalter ihren Kunden regelmäßig Erklärungen in elektronischem Format über die in ihrem Namen ausgeführten Tätigkeiten der Portfolioverwaltung bereitstellen. **Geeignetheitserklärungen** stammen ursprünglich auch aus dem Bereich der klassischen Anlageberatung für Finanzinstrumente und ersetzten das vormals erforderliche Beratungsprotokoll.[67] Diese regelmäßigen Erklärungen enthalten eine redliche und ausgewogene Überprüfung der ausgeführten Tätigkeiten und der Wertentwicklung des Portfolios während des Berichtszeitraums, eine aktualisierte Erklärung darüber, wie die ausgeführten Tätigkeiten den Präferenzen, Zielen und sonstigen Merkmalen des Kunden entsprechen, sowie

---

[66] Zu Portfolioverwaltung siehe Art. 81 Abs. 14 MiCAR.
[67] Schwintowski BankR/Bracht, 5. Aufl. 2018, Kap. 19 Rn. 25.

aktualisierte Informationen über die Beurteilung der Eignung des Kunden bzw. deren Überprüfung. Die Geeignetheitserklärung muss auf den konkreten Kunden zugeschnitten sein und seine Anlageziele, Kenntnisse und Präferenzen enthalten.[68]

Das Format dieser regelmäßigen Erklärung wird durch die ESMA in Leitlinien präzisiert. In einer solchen Geeignetheitserklärung werden erwartungsgemäß Angaben über den Kunden enthalten sein, seine Kenntnisse und Erfahrungen mit Kryptowerten und Kryptowerte-Dienstleistungen, Auskünfte zu bisher getätigten Geschäften im Zusammenhang mit Kryptowerten, die finanziellen Verhältnisse des Kunden, seine Anlagezielen sowie seine eigenen Risikoangaben, insbesondere zu seiner Risikotoleranz und seiner Bereitschaft, Verluste in Kauf zu nehmen. 67

Diese regelmäßige Erklärung wird alle drei Monate vorgelegt, es sei denn, der Kunde hat Zugang zu einem **Online-System,** auf dem aktuelle Bewertungen des Kundenportfolios und aktualisierte Informationen über die Beurteilung der Eignung zugänglich sind, und der Dienstleister einen Nachweis darüber hat, dass der Kunde mindestens einmal im betreffenden Quartal auf eine Bewertung zugegriffen hat. Ein solches Online-System gilt als elektronisches Format. Eine vergleichbare Regelung sieht Art. 81 MiCAR nicht für die Beratung zu Kryptowerten vor, sodass ein Online-System offenbar – außer für den Bereich der Portfolioverwaltung – nicht als elektronisches Format gilt. 68

XV. ESMA

Die ESMA gibt bis zum 30.12.2024 Leitlinien gemäß Artikel 16 der Verordnung 1095/2010/EU heraus, in denen Folgendes präzisiert wird: 69
A. die Kriterien für die Bewertung der Kenntnisse und Kompetenzen des Kunden nach Abs. 2,
B. die Informationen nach Abs. 8 und
C. das Format der regelmäßigen Erklärung Abs. 14.

Artikel 82 Erbringung von Transferdienstleistungen für Kryptowerte für Kunden

(1) Anbieter von Kryptowerte-Dienstleistungen, die Transferdienstleistungen für Kryptowerte für Kunden erbringen, müssen mit ihren Kunden eine Vereinbarung schließen, in der ihre Pflichten und Aufgaben festgelegt werden. Eine solche Vereinbarung muss zumindest Folgendes enthalten:

a) die Identität der Vertragspartner,
b) eine Beschreibung der Modalitäten der erbrachten Transferdienstleistung,
c) eine Beschreibung der vom Anbieter von Kryptowerte-Dienstleistungen verwendeten Sicherheitssysteme,
d) die vom Anbieter von Kryptowerte-Dienstleistungen erhobenen Gebühren und
e) das anwendbare Recht.

---

[68] Assmann/Schneider/Mülbert/Koller, 7. Aufl. 2019, WpHG § 64 Rn. 49.

MiCAR Art. 82

Titel V. Zulassung und Bedingungen

(2) Die ESMA gibt in enger Zusammenarbeit mit der EBA Leitlinien gemäß Artikel 16 der Verordnung (EU) Nr. 1095/2010 heraus für Anbieter von Kryptowerte-Dienstleistungen, die Transferdienstleistungen für Kryptowerte für Kunden erbringen, in Bezug auf Verfahren und Grundsätze, einschließlich der Rechte der Kunden, im Zusammenhang mit Transferdienstleistungen für Kryptowerte.

Übersicht

	Rn.
I. Einführung	1
1. Literatur	1
2. Entstehung und Zweck der Norm	2
3. Normativer Kontext	3
II. Anwendungsbereich	4
III. Vertragliche Vereinbarung	5

I. Einführung

1 1. **Literatur.** Keine.

2 2. **Entstehung und Zweck der Norm.** Art. 82 legt Anforderungen an die Erbringung von Transferdienstleistungen fest. Die Norm ist vor dem Hintergrund zu sehen, dass diese Tätigkeit iaR als Nebendienstleistung im Zusammenhang mit anderen Dienstleistungen erbracht wird. Die VO legt daher nur bestimmte Anforderungen an die zu treffende vertragliche Vereinbarung fest.

3 3. **Normativer Kontext.** Art. 82 muss im Zusammenspiel mit Art. 3 Nr. 26 gelesen werden, der bestimmt, was als Erbringung von Transferdienstleistungen anzusehen ist.

II. Anwendungsbereich

4 Art. 82 legt die Anforderungen fest, die Dienstleister erfüllen müssen, wenn sie Transferdienstleistungen für Kryptowerte für ihre Kunden erbringen. Der Begriff der Transferdienstleistung (Art. 3 Nr. 26) bezieht sich auf die Übertragung von Kryptowerten von einer DLT-Adresse oder einem DLT-Konto auf eine andere Adresse oder Konto für eine natürliche oder juristische Person. Ein dreipersonales Verhältnis (im Sinne einer Übertragung von Person A an Person B unter Nutzung verschiedener Adressen oder Konten) ist nicht gefordert. Bereits die Übertragung von einer Adresse oder einem Konto im Namen des Kunden an eine andere Adresse oder ein anderes Konto desselben Kunden ist erfasst. Stellt der Dienstleister (etwa im Zuge des Betriebs einer Handelsplattform) dem Kunden ein Kundenkonto zur Verfügung, und möchte der Kunde die gekauften und vom Dienstleister für den Kunden gehaltenen Kryptowerte an eine eigene Adresse übertragen, so stellt auch dies eine Transferdienstleistung dar. Handelt es sich beim Dienstleister um einen Händler iS Art. 77 und erfolgt die Übertragung der Kryptowerte im Zuge der Erfüllung eines Kaufvertrags an eine vom Kunden bekannt gegebene Adresse, so ist in der Überlassung der Kryptowerte keine Transferdienstleistung zu erblicken, weil es nicht zu einer Übertragung von einer Adresse oder dem Konto eines Kunden auf ein anderes kommt. Siehe auch die Kommentierung zu Art. 3 Nr. 26 Rn. 156 ff.

III. Vertragliche Vereinbarung

Art. 82 Abs. 1 betont die Notwendigkeit einer klaren Vereinbarung zwischen dem Dienstleister und dem Kunden, wenn Transferdienstleistungen für Kryptowerte erbracht werden. Dies soll dem Kundenschutz dienen und sicherstellen, dass beide Parteien ihre Rechte und Pflichten kennen. Die Vereinbarung muss bestimmte Schlüsselinformationen enthalten, nämlich:

(a) Identität der Vertragspartner: Es soll sichergestellt sein, dass der Kunde weiß, mit welcher Gesellschaft er bei der Transferdienstleistung in Vertragsbeziehung tritt.

(b) Beschreibung der Transferdienstleistung: Dies soll dem Kunden ein klares Verständnis darüber geben, welche spezifische Dienstleistung er erhält. Gleichzeitig wird damit das eigentliche Schuldverhältnis zwischen Dienstleister und Kunde skizziert.

(c) Beschreibung der Sicherheitssysteme: Zwingender Inhalt der Vertragsgrundlage zwischen Dienstleister und Kunden sind weiters die eingesetzten Sicherheitssysteme. Dies ist weit zu verstehen und umfasst sämtliche Maßnahmen die getroffen werden, um die sichere Abwicklung der Transferdienstleistung zu gewährleisten.

(d) Gebühren: Die vertragliche Vereinbarung muss Gebühren ausweisen. Die übliche Praxis eines Verweises auf eine im Laufe der Zeit adaptierbare Gebührentabelle ist damit expressis verbis unzulässig. Änderungen der Gebühren und Entgelte erfordern damit entweder die ausdrückliche Zustimmung des Kunden zu einer Neufassung der Vertragsbedingungen oder sind entsprechend mit Änderungsklauseln abzusichern.

(e) Anwendbares Recht: Zwingender Vertragsbestandteil sind weiters Angaben zum anwendbaren Recht. In diesem Zuge empfiehlt sich die Aufnahme von Vereinbarungen über den Gerichtstand oder Schiedsvereinbarungen.

Kapitel 4. Übernahme eines Anbieters von Kryptowerte-Dienstleistungen

Artikel 83 Bewertung der geplanten Übernahme eines Anbieters von Kryptowerte-Dienstleistungen

(1) Eine natürliche oder juristische Person oder gemeinsam handelnde natürliche oder juristische Personen, die entschieden haben, direkt oder indirekt eine qualifizierte Beteiligung an einem Anbieter von Kryptowerte-Dienstleistungen zu erwerben (im Folgenden „interessierte Erwerber") oder eine solche qualifizierte Beteiligung direkt oder indirekt zu erhöhen, sodass ihr Anteil an den Stimmrechten oder dem Kapital 20%, 30% oder 50% erreichen oder überschreiten würde oder der Anbieter von Kryptowerte-Dienstleistungen ihr Tochterunternehmen würde, teilen dies der für den betreffenden Anbieter von Kryptowerte-Dienstleistungen zuständigen Behörde schriftlich unter Angabe des Umfangs der geplanten Beteiligung und zusammen mit den Informationen, die nach den von der Kommission gemäß Artikel 84 Absatz 4 verabschiedeten technischen Regulierungsstandards erforderlich sind, mit.

(2) Eine natürliche oder juristische Person, die entschieden hat, ihre an einem Anbieter von Kryptowerte-Dienstleistungen gehaltene qualifizierte Beteiligung direkt oder indirekt zu veräußern, unterrichtet vor der Veräußerung dieser Beteiligung die zuständige Behörde schriftlich über ihre Entscheidung und gibt dabei den Umfang der betreffenden Beteiligung an. Die betreffende natürliche oder juristische Person teilt der zuständigen Behörde auch ihre Entscheidung mit, eine qualifizierte Beteiligung so zu verringern, dass ihr Anteil an den Stimmrechten oder am Kapital 10 %, 20 %, 30 % oder 50 % unterschreiten würde oder der Anbieter von Kryptowerte-Dienstleistungen nicht mehr ihr Tochterunternehmen wäre.

(3) Die zuständige Behörde bestätigt umgehend, in jedem Fall aber innerhalb von zwei Arbeitstagen nach Eingang einer Mitteilung gemäß Absatz 1, schriftlich deren Eingang.

(4) Die zuständige Behörde bewertet die in Absatz 1 des vorliegenden Artikels genannte geplante Übernahme und die Informationen, die aufgrund der von der Kommission gemäß Artikel 84 Absatz 4 verabschiedeten technischen Regulierungsstandards erforderlich sind, innerhalb von 60 Arbeitstagen ab dem Tag der schriftlichen Empfangsbestätigung nach Absatz 3 des vorliegenden Artikels. Bei Bestätigung des Eingangs der Mitteilung teilt die zuständige Behörde dem interessierten Erwerber mit, zu welchem Zeitpunkt der Bewertungszeitraum abläuft.

(5) Für die Zwecke der in Absatz 4 genannten Bewertung kann die zuständige Behörde die für die Bekämpfung von Geldwäsche und Terrorismusfinanzierung zuständigen Behörden sowie die Zentralstellen für Geldwäsche-Verdachtsanzeigen konsultieren, wobei sie deren Standpunkten gebührend Rechnung trägt.

(6) Bei der Bewertung nach Absatz 4 kann die zuständige Behörde den interessierten Erwerber um zusätzliche Informationen ersuchen, die für den Abschluss dieser Bewertung erforderlich sind. Ein solches Ersuchen muss vor Abschluss der Bewertung, spätestens jedoch am 50. Arbeitstag nach dem Tag der schriftlichen Empfangsbestätigung nach Absatz 3 ergehen. Solche Ersuchen ergehen schriftlich unter Angabe der zusätzlich benötigten Informationen.

Die zuständige Behörde setzt den in Absatz 4 genannten Bewertungszeitraum aus, bis sie die in Unterabsatz 1 dieses Absatzes genannten zusätzlichen Informationen erhalten hat. Die Aussetzung darf 20 Arbeitstage nicht überschreiten. Weitere Ersuchen der zuständigen Behörde um zusätzliche Informationen oder um Klarstellung der erhaltenen Informationen bewirken keine erneute Aussetzung des Bewertungszeitraums.

Die zuständige Behörde kann die Aussetzung nach Unterabsatz 2 dieses Absatzes auf bis zu 30 Arbeitstage ausdehnen, wenn der interessierte Erwerber außerhalb der Union ansässig ist oder nach dem Recht eines Drittstaats reguliert wird.

(7) Eine zuständige Behörde, die nach Abschluss der Bewertung gemäß Absatz 4 entscheidet, Einspruch gegen die geplante Übernahme nach Absatz 1 zu erheben, teilt dies dem interessierten Erwerber innerhalb von zwei Arbeitstagen, und in jedem Fall vor dem in Absatz 4 genannten Tag, mit, wobei etwaige Fristverlängerungen gemäß Absatz 6 Unterabsätze 2 und 3 zu berücksichtigen sind. In dieser Mitteilung sind die Gründe für die getroffene Entscheidung anzugeben.

(8) Erhebt die zuständige Behörde bis zu dem in Absatz 4 genannten Tag unter Berücksichtigung etwaiger Fristverlängerungen gemäß Ab-

satz 6 Unterabsätze 2 und 3 keine Einwände gegen die geplante Übernahme nach Absatz 1, so gilt die geplante Übernahme als genehmigt.

(9) Die zuständige Behörde kann für den Abschluss der in Absatz 1 genannten geplanten Übernahme eine Maximalfrist festlegen, die gegebenenfalls verlängert werden kann.

Übersicht

	Rn.
I. Einführung	1
1. Literatur	1
2. Entstehung und Zweck der Norm	2
3. Normativer Kontext	3
II. Allgemeines	4
III. Anwendungsbereich	5
IV. Qualifizierte Beteiligung	6
1. Allgemeines	6
2. Stimmrechts- und Kapitalbeteiligungen	8
3. Maßgeblicher Einfluss auf die Geschäftsführung	10
4. Direkte und indirekte Beteiligung	11
5. Gemeinsam handelnde Personen	14
V. Anzeigepflicht und Einleitung eines Eigentümerkontrollverfahrens bei Erwerb oder Ausbau einer qualifizierten Beteiligung (Abs. 1)	15
VI. Verfahren (Abs. 3–9)	18
1. Einleitung des Verfahrens und Beginn des Fristenlaufs	18
2. Weiterer Ablauf des Verfahrens	19
3. Beendigung des Verfahrens	20
VII. Anzeigepflicht bei Veräußerung und Beteiligungsabbau (Abs. 2)	21
VIII. Verstöße und Sanktionen	22

I. Einführung

1. Literatur. *Emde/Nemeczek/Pitz*, Materielle Aspekte des Inhaberkontrollverfahrens bei Kredit- und Finanzdienstleistungsinstituten, WM 2022, 1525 (Teil I), 1569 (Teil II); *Emde/Nemeczek/Pitz*, Die Inhaberkontrolle bei Kredit- und Finanzdienstleistungsinstituten: Verfahren, Verlauf und Rechtsschutz, WM 2023, 1005 (Teil I), 1053 (Teil II); *Kalss*, Die Anzeige- sowie Bewilligungspflicht gem §§ 20 ff. BWG für indirekte Beteiligungen, in FS Laurer, 2009, 401; *Kittner*, „Inhaberkontrollverordnung 2.0" – Neue Herausforderungen und Erleichterungen für die Praxis, GWR 2023, 79; *Koppensteiner*, Verbundtatbestände im Finanzbereich, ÖBA 2005, 623; *Wieland*, Unternehmen der „Realwirtschaft" als Adressaten des Bank- und Aufsichtsrechts, BB 2012, 1108; *Wieland*, Inhaberkontrollverfahren, 2013. 1

2. Entstehung und Zweck der Norm. Die Bestimmung beinhaltet wesentliche Teile der Eigentümerkontrolle (Inhaberkontrolle) für Anbieter von Kryptowerte-Dienstleistungen, die insgesamt abträgliche Einwirkungen durch Anteilseigner hintanhalten soll (Erwgr. Nr. 81).[1] Art. 83 baut auf dem Begriff der qualifizierten Beteiligung auf (→ Rn. 6 ff.). Die Bestimmung normiert eine **Anzeigepflicht bei Erwerb oder Ausbau einer qualifi-** 2

---
[1] Zu den Normzwecken Brandl/Saria/Saria WAG 2018 § 13 Rn. 1 ff.

zierten **Beteiligung** (→ Rn. 15 ff.), die Einleitung, den Ablauf und die Beendigung des nachfolgenden **Eigentümerkontrollverfahrens** (Inhaberkontrollverfahrens) (→ Rn. 18 ff.) und eine **Anzeigepflicht für die Veräußerung oder den Abbau einer qualifizierten Beteiligung** (→ Rn. 21), die kein Eigentümerkontrollverfahren nach sich zieht. Die Norm war bereits im Kommissionsentwurf enthalten[2] und wurde nahezu ohne Änderungen in die Endfassung übernommen.

3   **3. Normativer Kontext.** Die Bestimmungen über die **Eigentümerkontrolle** sind auf mehrere Normen verteilt, die eine Einheit bilden: Art. 3 Abs. 1 Nr. 36 definiert die „qualifizierte Beteiligung". In Art. 62 f. finden sich Zulassungsanforderungen in Bezug auf Personen, die bereits zum Zeitpunkt des Zulassungsantrags qualifizierte Beteiligungen am Anbieter von Kryptowerte-Dienstleistungen halten. Art. 68 stellt die laufende Einhaltung der Anforderungen sicher und sieht Maßnahmen (u. a. die Aussetzung des Stimmrechts) vor, um abträglichen Einflussnahmen zu begegnen. Art. 83 f. beinhalten insbes. die Bestimmungen über das Verfahren bei Änderungen der Beteiligungsstruktur (Eigentümerkontrollverfahren), wobei Art. 83 die auslösenden Tatbestände und das Verfahren, Art. 84 die inhaltlichen Kriterien für die Bewertung regelt. Eine vergleichbare Eigentümerkontrolle gilt für **Emittenten von ART** (→ Art. 41 Rn. 2).[3] In **anderen finanzmarktrechtlichen Rechtsakten** gibt es auf europäischer Ebene bzw. in den nationalen Umsetzungsgesetzen ähnliche Bestimmungen u. a. für Kreditinstitute[4], Versicherungs- und Rückversicherungsunternehmen[5], Wertpapierfirmen[6], Zahlungsinstitute[7], E-Geld Institute[8] und zentrale Gegenparteien[9].

II. Allgemeines

4   Eigentümerkontrolle und Eigentümerkontrollverfahren gehören zum Standardrepertoire des Finanzmarktrechts. Daher kann auf umfassende **Literatur, Erfahrungen und Problemberichte aus anderen Sektoren** (→ Rn. 3) zurückgegriffen werden.[10] Darüber hinaus besteht eine Tendenz zur Vereinheitlichung der Auslegung und der behördlichen Verfahren durch **sektorübergreifende Leitlinien** auf europäischer[11] und nationaler[12] Ebene. Die **technischen Regulierungsstandards (RTS) nach Art. 84 Abs. 4**

---

[2] Art. 74 MiCAR-E idF KOM(2020) 593 endg.

[3] Die Eigentümerkontrolle für Emittenten von EMT, bei denen es sich um Kreditinstitute oder E-Geld Institute handeln muss (Art. 48 Abs. 1), findet sich in den aufsichtsrechtlichen Rahmen für die jeweiligen Institute.

[4] Vgl. insbes. Art. 22 ff. RL 2013/36/EU (CDR IV) sowie Art. 4 Abs. 1 lit.c und Art. 15 VO (EU) 1024/2013 (SSM-VO).

[5] Vgl. insbes. Art. 57 ff. RL 2009/138/EG (Solvency II).

[6] Vgl. insbes. Art. 10 ff. RL 2014/65/EU (MiFID II).

[7] Vgl. insbes. Art. 3 RL 2009/110/EG (EMD).

[8] Vgl. insbes. Art. 6 RL (EU) 2015/2366 (PSD2).

[9] Vgl. insbes. Art. 30 ff. VO (EU) 648/2012.

[10] Vgl. zuletzt ausf. und mit zahlreichen Hinweisen aus der Praxis Emde/Nemeczek/Pitz WM 2022, 1525 (Teil I), 1569 (Teil II); Emde/Nemeczek/Pitz WM 2023, 1005 (Teil I), 1053 (Teil II).

[11] Gemeinsame Leitlinien zur aufsichtsrechtlichen Beurteilung des Erwerbs und der Erhöhung von qualifizierten Beteiligungen im Finanzsektor, JC/GL/2016/01. Zur Relevanz für die MiCAR vgl. ESMA Consultation Paper, ESMA74-449133380-425 Rn. 135.

[12] In Deutschland: Verordnung über die Anzeigen nach § 2c des Kreditwesengesetzes und § 17 des Versicherungsaufsichtsgesetzes (Inhaberkontrollverordnung) vom 20.3.2009

(→ Art. 84 Rn. 5 ff.) folgen den Gemeinsamen Leitlinien der ESAs.[13] Der sektorale Ansatz führt dennoch zu einer **Unübersichtlichkeit** hinsichtlich Rechtslage, Meinungsstand und Behördenpraxis.

III. Anwendungsbereich

Art. 83 kommt nur auf **Dienstleister mit Zulassung nach Art. 63** zur Anwendung. **Ausgenommen** sind gem. Art. 60 Abs. 10 **Finanzunternehmen**, die nach Art. 60 Kryptowerte-Dienstleistungen erbringen. Für sie gilt die jeweilige sektorale Regelung. Unternehmen aus Drittländern, die Kryptowerte-Dienstleistungen nach Art. 61 an Kunden in der EU erbringen **(Reverse Solicitation)**, fallen nicht in den Anwendungsbereich, da Dienstleistungen idZ nicht als in der EU erbracht gelten (Erwgr. Nr. 75) und keine Zuständigkeit für die Beaufsichtigung besteht.

IV. Qualifizierte Beteiligung

1. Allgemeines. Zentraler Anknüpfungspunkt für die Eigentümerkontrolle ist der Begriff der „qualifizierten Beteiligung" in Art. 3 Abs. 1 Nr. 36 (→ Art. 3 Rn. 187 ff.), der sich an den übrigen finanzmarktrechtlichen Rechtsakten orientiert. Eine qualifizierte Beteiligung ist das **direkte** oder **indirekte** (→ Rn. 11 ff.) Halten einer **Beteiligung,** die

i) **mindestens 10 % des Kapitals** oder
ii) **mindestens 10 % der Stimmrechte** ausmacht oder
iii) die Ausübung eines **maßgeblichen Einflusses auf die Geschäftsführung** ermöglicht.

In keinem Fall ist eine Beherrschung des Dienstleisters nötig.[14] Ob die gemeinsame Wurzel der Tatbestandsalternativen überhaupt die mögliche Einflussnahme auf den Dienstleister ist, bleibt unklar, weil auch eine bloße Kapitalbeteiligung ohne gesicherte Einflussmöglichkeit ausreicht.[15] Aus der Bezugnahme auf das Wort *„Halten"* in der Begriffsbestimmung und dem Zweck der Eigentümerkontrolle wird vereinzelt gefolgert, dass eine gewisse Dauerhaftigkeit der Verbindung nötig ist und kurzfristige Beteiligungen (zB bei der Platzierung von Kryptowerten) nicht darunter fallen.[16] Jedenfalls zu beachten sind die Ausnahmen der Transparenz-RL.

Für die Ermittlung der Beteiligungshöhe und die Zusammenrechnung sieht Art. 3 Abs. 1 Nr. 36 einen **Verweis auf bestimmte Vorgaben der Transparenz-RL**[17] vor. Allerdings ist dieser undeutlich und legt nicht offen, ob die Bestimmungen nur auf Stimmrechtsbeteiligungen oder auch auf Kapitalbeteiligungen anzuwenden sind (→ Rn. 9). Außerdem ist das Verhältnis der Zurechnungsbestimmungen zum Kriterium des Vorliegens einer indirekten Beteiligung unklar. Das ist bedauerlich, da für die Ermittlung indirekter

---

(dBGBl. I 562); dazu Kittner GWR 2023, 79. In Österreich: Eigentümerkontrollverordnung 2016 vom 16.12.2015 (öBGBl. I Nr. 425).
[13] Vgl. ESMA74-449133380-425 Rn. 135 f.
[14] Irreführend insofern die Überschriften zu Kapitel 4 und Art. 83 f., die von einer „Übernahme" sprechen.
[15] Vgl. dazu Koppensteiner ÖBA 2005, 623 (625).
[16] So etwa Oppitz/Chini/Oppitz BWG § 20 Rn. 6; aA FSM-KWG/Schäfer § 1 Rn. 272.
[17] RL 2004/109/EG.

MiCAR Art. 83   Titel V. Zulassung und Bedingungen

Beteiligungen in anderen Sektoren Unterschiedliches vertreten wird (→ Rn. 11 ff.).[18]

8   **2. Stimmrechts- und Kapitalbeteiligungen. Stimmrechtsbeteiligungen** berechnen sich gem. **Art. 9 Abs. 1 UAbs. 2 Transparenz-RL** ausgehend von der Gesamtzahl der Stimmrechte, auch wenn die Ausübung der Stimmrechte (zB im Fall des Erwerbs eigener Aktien) ausgesetzt ist. Vorzugsaktien, die schon regulär keine Stimmrechte vermitteln, sind keine Stimmrechtsbeteiligungen,[19] sondern Kapitalbeteiligungen.[20] Wann im Übrigen eine **Kapitalbeteiligung** vorliegt, ist umstritten: Während ein Teil der Lehre allein die zivil- bzw. gesellschaftsrechtliche Rechtslage für maßgeblich hält,[21] stellen andere Autoren[22] und die Behördenpraxis[23] auf eine bilanzielle Betrachtungsweise ab, die uU auch hybride Finanzierungsinstrumente erfasst.

9   Bestimmte Beteiligungen werden bei der Beurteilung, ob ein Schwellenwert erreicht wurde, nach **Art. 9 Transparenz-RL** nicht miteinberechnet, sofern der Inhaber keinen Einfluss ausübt bzw. ausüben kann.[24] Außerdem werden von Verwaltungsgesellschaften verwaltete Beteiligungen – in Ausnahme von Art. 10 Transparenz-RL – dem Mutterunternehmen in bestimmten Fällen nicht zugerechnet **(Art. 12 Abs. 4 und 5 Transparenz-RL)**. Obwohl die genannten Ausnahmen der Transparenz-RL ursprünglich auf Stimmrechtsanteile zugeschnitten sind, kommen sie mE sinngemäß auch auf **Kapitalanteile** zur Anwendung, da die Ausnahmen sonst im Regelfall (Übereinstimmen von Kapital- und Stimmrechtsanteilen) leerlaufen würden. Darüber hinaus gelten nach **Art. 10 Transparenz-RL** umfassende Zurechnungsregeln (zB für Pool- bzw. Syndikatsverträge, Treuhandschaften und kontrollierte Rechtsträger), die wiederum auf Stimmrechtsanteile zugeschnitten sind, aber zumindest teilw. (insbes. bei treuhändig gehaltenen Anteilen) auf Kapitalanteile erstreckt werden müssen (zu indirekten Beteiligungen → Rn. 12).

10   **3. Maßgeblicher Einfluss auf die Geschäftsführung.** Eine qualifizierte Beteiligung liegt auch vor, wenn die Schwelle von 10 % nicht erreicht wird, aber dennoch maßgeblicher Einfluss auf die Geschäftsführung des Dienstleisters ausgeübt werden kann. Die **Möglichkeit** der Ausübung genügt.[25] Das Kriterium wird durch die MiCAR wiederum nicht definiert; die **Gemeinsamen Leitlinien der ESAs** stellen einen **demonstrativen Katalog mit Faktoren** auf, der denkbar weit gefasst ist: Zu berücksichtigen sind u. a. Organmandate und personelle Verflechtungen, vertraglich oder satzungs-

---

[18] Die Behördenpraxis wendet allerdings idR ohnehin die Gemeinsamen Leitlinien an (→ Rn. 12).
[19] Kalss/Oppitz/Torggler/Winner/Edelmann/Winner BörseG 2018 § 130 Rn. 58 ff.
[20] Emde/Nemeczek/Pitz WM 2022, 1525 (1528).
[21] Emde/Nemeczek/Pitz WM 2022, 1525 (1528 f.).
[22] Vgl. Kalss FS Laurer, 2009, 401 (403); Dellinger/Wagner BWG § 20 Rn. 17.
[23] MkritAnm Emde/Nemeczek/Pitz WM 2022, 1525 (1528 f.).
[24] Dazu gehören – jeweils unter bestimmten Voraussetzungen – Anteile, die lediglich für den Zweck der Abrechnung während des üblichen kurzen Abwicklungszyklus erworben werden („Abwicklungsprivileg"), von Verwahrstellen gehaltene Anteile („Depotprivileg") und Anteile von **Market Makern**. Wohl ebenfalls anzuwenden ist das „**Handelsbestandprivileg**" für Kreditinstitute und Wertpapierfirmen, das in der Transparenz-RL als Wahlrecht der Mitgliedstaaten ausgestaltet ist.
[25] JC/GL/2016/01, Punkt 5.1; Schwennicke/Auerbach/Süßmann KWG § 2c Rn. 11.

mäßig vorbehaltene Rechte, die Eigentümerstruktur und wesentliche und regelmäßige Geschäftsbeziehungen mit dem Dienstleister.[26]

4. Direkte und indirekte Beteiligung. Qualifizierte Beteiligungen können sowohl durch direkte als auch durch indirekte Beteiligung, dh über zwischengeschaltete Rechtsträger, gehalten bzw. erworben werden. Was eine **indirekte Beteiligung** ist und wie sich die Beteiligungshöhe in diesem Fall berechnet, ist in der MiCAR – wie in den anderen einschlägigen Rechtsakten – nicht definiert und zumindest in der Lit. umstritten: 11

Die Berechnung von **Stimmrechtsanteilen** soll sich nach der üA ausschließlich nach den Zurechnungsregeln der Transparenz-RL (bzw. den nationalen Umsetzungsnormen) richten.[27] Diese stellen im Kern darauf ab, ob eine Person Einfluss auf die Ausübung der Stimmrechte nehmen kann, und führen bejahendenfalls zu einer vollständigen Zurechnung. Für **Kapitalbeteiligungen** wird aufgrund des Fehlens gesetzlicher Verweise teils eine Durchrechnung (Multiplikation der Beteiligungen) befürwortet.[28] Ein anderer Teil der Lehre rechnet wie bei Stimmrechten nur Anteile zu, die von einem kontrollierten (beherrschten) Rechtsträger gehalten werden – diese dafür in vollem Ausmaß.[29] Die **Gemeinsamen Leitlinien der ESAs**, denen die Mehrzahl der nationalen Behörden nun folgt,[30] sehen dagegen ein **mehrstufiges Verfahren** vor, das im Ergebnis beide Varianten zur Anwendung bringt und nicht zwischen Stimmrechts- und Kapitalanteilen unterscheidet: 12

– Im ersten Schritt wird geprüft, ob die betreffende Person die **Kontrolle**[31] über den Inhaber einer qualifizierten Beteiligung hat. Ist dies der Fall, wird die qualifizierte Beteiligung vollständig zugerechnet.
– Liegt keine Kontrolle vor, werden in einem zweiten Schritt die Anteile entlang der Beteiligungskette multipliziert **(Durchrechnung)**. Die Beteiligung wird entsprechend des Ergebnisses anteilig berücksichtigt.[32]

Eine Zu- bzw. Durchrechnung auf diese Weise findet auch in Kombination und über mehrere Ebenen statt.[33] Die **RTS gem. Art. 84 Abs. 4** setzen die Anwendung des mehrstufigen Verfahrens voraus und differenzieren den Umfang der einzureichenden Informationen nach den beiden Varianten.[34]

Die dritte Fallvariante des Art. 3 Abs. 1 Nr. 36 bezieht sich stets auf die Möglichkeit, **maßgeblichen Einfluss auf die Geschäftsführung** des Anbieters von Kryptowerte-Dienstleistungen (nicht einer Konzerngesellschaft) auszuüben.[35] Strittig ist, ob in diesen Fällen zusätzlich eine Stimmrechts- oder Kapitalbeteiligung nötig ist.[36] 13

---

[26] Vgl. JC/GL/2016/01, Punkt 5.
[27] Für Deutschland: Emde/Nemeczek/Pitz WM 2022, 1525 (1529 ff.); für Österreich: Kalss FS Laurer, 2009, 401 (505 ff.).
[28] Emde/Nemeczek/Pitz WM 2022, 1525 (1529); Koppensteiner ÖBA 2005, 623 (625).
[29] Für Deutschland: Schwennicke/Auerbach/Süßmann KWG § 2c Rn. 16; für Österreich: Kalss FS Laurer, 2009, 401 (409 ff.).
[30] Vgl. im Detail den Joint Guidelines Compliance Table, JC/GL/2016/27 Appendix 1.
[31] Die Gemeinsamen Leitlinien verweisen auf Art. 22 Bilanz-RL (RL 2013/34/EU).
[32] Vgl. JC/GL/2016/01, Punkt 6.
[33] Vgl. die praktischen Beispiele in JC/GL/2016/01 Anhang II.
[34] ESMA74-449133380-425 Rn. 148 ff. sowie Art. 4 des RTS-E.
[35] Wieland BB 2012, 1108 (1110).
[36] Emde/Nemeczek/Pitz WM 2022, 1525 (1532 f.). ME ist dies zu verneinen, da die Gemeinsamen Leitlinien auch auf Faktoren abstellen, die von einer Stimmanteils- oder Kapitalbeteiligung völlig unabhängig sind (→ Rn. 10).

14 **5. Gemeinsam handelnde Personen.** Nach Art. 83 Abs. 1 kann eine qualifizierte Beteiligung auch durch gemeinsam handelnde Personen erworben werden, wobei die Beteiligungen wechselseitig zuzurechnen sind.[37] Eine **gesetzliche Konkretisierung fehlt;** auch das Verhältnis zu Art. 10 lit. a Transparenz-RL, der eine Zusammenrechnung nur bei beidseitiger Verpflichtung zur langfristigen Verfolgung einer gemeinsamen Geschäftspolitik vorsieht, bleibt unklar (→ Rn. 7). Die Gemeinsamen Leitlinien sehen wiederum einen weit gefassten, über Art. 10 Transparenz-RL hinausgehenden Katalog von Faktoren vor, normieren aber auch Ausnahmen.[38] Das gemeinsame Handeln iSd Art. 83 ist nach dem unionsrechtlichen Ansatz **nicht** deckungsgleich mit dem *„acting in concert"* iSd **Übernahme-RL**[39].[40]

V. Anzeigepflicht und Einleitung eines Eigentümerkontrollverfahrens bei Erwerb oder Ausbau einer qualifizierten Beteiligung (Abs. 1)

15 Art. 83 Abs. 1 sieht zwei Fälle einer Anzeigepflicht vor, die zugleich das Eigentümerkontrollverfahren auslösen (vgl. Art. 83 Abs. 4): Eine Meldung ist notwendig, wenn eine natürliche oder juristische Person oder gemeinsam handelnde Personen entschieden haben,

i) direkt oder indirekt eine **qualifizierte Beteiligung zu erwerben** oder

ii) eine bereits **bestehende qualifizierte Beteiligung** direkt oder indirekt **zu erhöhen,** sodass der Anteil an den Stimmrechten oder am Kapital 20 %, 30 % oder 50 % erreichen oder überschreiten würde oder der Dienstleister als Tochterunternehmen[41] anzusehen wäre.

16 Die Meldepflicht knüpft nicht am Titel- oder Verfügungsgeschäft, sondern an der **Entscheidung** über den Erwerb oder die Erhöhung an; der genaue Zeitpunkt ist fraglich. Die Gemeinsamen Leitlinien legen ein weites Verständnis zu Grunde.[42] Da Art. 83 keine absolute Sperrwirkung entfaltet (→ Rn. 22), besteht ein Interesse an einer frühzeitigen Meldung. Um die Behörden und potenzielle Erwerber nicht mit dem Aufwand für „theoretische Erwerbe" zu überfrachten, ist jedoch mE Voraussetzung, dass sich (i) die Erwerbsabsicht nach außen manifestiert hat[43] und (ii) die Transaktion auf Seiten des potenziellen Erwerbers (idR Vorliegen aller nötigen Organbeschlüsse) und des potenziellen Veräußerers (konkrete, nach außen getretene Veräußerungsabsicht) hinreichend wahrscheinlich ist.[44]

17 Die **Anzeige** bei der zuständigen Behörde hat schriftlich und unter Angabe des Umfangs der geplanten Beteiligung zu erfolgen. Anzuschließen sind die in den **RTS vorgeschriebenen Informationen** (→ Art. 84 Rn. 5 ff.). Die

---

[37] JC/GL/2016/01, Punkt 4.3 f.
[38] Vgl. JC/GL/2016/01, Punkt 4.5 ff.; dazu Emde/Nemeczek/Pitz WM 2022, 1569 (1571 ff.).
[39] Art. 2 Abs. 1 lit. d RL 2004/25/EG.
[40] JC/GL/2016/01, Punkt 4.12.
[41] Der Begriff „Tochterunternehmen" dürfte iSd Bilanz-RL zu verstehen sein, vgl. Art. 111 MiCAR.
[42] Vgl. JC/GL/2016/01, Punkt 7.2.
[43] Oppitz/Chini/Oppitz BWG § 20 Rn. 4.
[44] Ähnlich und mit ausf. Begründung Emde/Nemeczek/Pitz WM 2022, 1569 (1575 ff.); siehe auch Dellinger/Wagner BWG § 20 Rn. 40 ff.

Meldung muss auch gemacht werden, wenn noch nicht alle in den RTS vorgesehenen Informationen vorliegen.[45]

VI. Verfahren (Abs. 3–9)

1. Einleitung des Verfahrens und Beginn des Fristenlaufs. Die zuständige Behörde muss umgehend, spätestens aber innerhalb von **zwei Arbeitstagen** eine **schriftliche Empfangsbestätigung** ausstellen (Abs. 3). Der Empfangsbestätigung kommt entscheidende Bedeutung zu, weil sie nach Abs. 4 die Entscheidungsfrist in Gang setzt. In anderen sektoralen Rechtsakten ist klargestellt, dass der Fristenlauf erst mit der vollständigen Übermittlung der vorgeschriebenen Unterlagen beginnt, deren Eingang ggf. separat zu bestätigen ist.[46] Daraus resultiert das praktische Problem, dass Behörden versuchen, die Abgabe der Vollständigkeitserklärung und damit den Fristenlauf durch Nachforderung von Informationen zu verzögern.[47] Obwohl ein entsprechender Hinweis fehlt, ist die **Vollständigkeit** mE auch nach Art. 83 für den Fristenlauf entscheidend, da eine Bewertung nur auf dieser Grundlage erfolgen kann. Sie ist daher **von der Behörde zu prüfen** und – bei Nachreichung von Unterlagen – **ggf. separat zu bestätigen.** Das mutwillige Hinauszögern der Vollständigkeitserklärung ist freilich rechtswidrig: Für die Vollständigkeit kommt es allein auf die formal vollständige Übermittlung der in den RTS vorgesehenen Unterlagen an;[48] zusätzliche Informationen können nur nach Abs. 6 verlangt werden und hemmen den Fristenlauf nur beschränkt. 18

2. Weiterer Ablauf des Verfahrens. Ab dem Tag der schriftlichen Empfangsbestätigung hat die Behörde eine **Entscheidungsfrist von 60 Arbeitstagen,** um den Erwerb oder Ausbau der qualifizierten Beteiligung zu bewerten und ggf. Einspruch zu erheben. Die Bewertung erfolgt anhand der Kriterien nach Art. 84 und der in den RTS vorgeschriebenen Unterlagen (→ Art. 84 Rn. 5 ff.). Sofern für den Abschluss der Bewertung erforderlich, kann die Behörde nach Abs. 6 **bis zum 50. Arbeitstag** ab Fristbeginn schriftlich und mit genauen Angaben **zusätzliche Informationen oder Klarstellungen** verlangen. Die Entscheidungsfrist kann nur beim ersten Ersuchen bis zum Einlangen der Informationen, längstens aber für 20 Arbeitstage (bei Erwerbern aus Drittstaaten für 30 Arbeitstage) ausgesetzt werden. 19

3. Beendigung des Verfahrens. Das Eigentümerkontrollverfahren ist als **Widerspruchsverfahren** ausgestaltet: Kommt die Behörde zu einem negativen Ergebnis, muss sie ggü. dem interessierten Erwerber innerhalb von zwei Arbeitstagen und jedenfalls **vor Ablauf der Entscheidungsfrist** Einspruch erheben und den Erwerb bzw. den Ausbau der Beteiligung **untersagen,** andernfalls gilt dieser als genehmigt (Abs. 7 f.). Ein etwaiger Einspruch ist zu begründen und in der national vorgesehenen, überprüfbaren Form zu erlassen (Art. 113). Als gelinderes Mittel ist eine **Genehmigung unter Auflagen** möglich und uU geboten.[49] Für die **Durchführung** einer nicht beeinspruchten Transaktion kann die Behörde eine verlängerbare Frist setzen (Abs. 9). 20

---

[45] Emde/Nemeczek/Pitz WM 2022, 1569 (1577).
[46] Vgl. etwa Art. 22 Abs. 2 CRD IV.
[47] Mit ausf. Kritik Emde/Nemeczek/Pitz WM 2023, 1005 (1009 f.).
[48] JC/GL/2016/01, Punkt 9.1; ausf. Emde/Nemeczek/Pitz WM 2023, 1005 (1009).
[49] Emde/Nemeczek/Pitz WM 2023, 1053 (1056 ff.).

VII. Anzeigepflicht bei Veräußerung und Beteiligungsabbau (Abs. 2)

21 Nach Art. 83 Abs. 2 besteht auch eine Anzeigepflicht, wenn eine natürliche oder juristische Person entschieden hat, eine **qualifizierte Beteiligung**
i) direkt oder indirekt **zu veräußern** oder
ii) so **zu verringern**, dass der Anteil an den Stimmrechten oder am Kapital 10 %, 20 %, 30 % oder 50 % unterschreiten würde oder der Dienstleister nicht mehr als Tochterunternehmen[50] anzusehen wäre.
Die Anzeigepflicht muss auch bei indirekter Verringerung gelten. **Keine Anzeigepflicht** wird bei einer Verringerung durch das Erreichen einer Schwelle ausgelöst. Die Erfüllung des Tatbestands löst **kein Eigentümerkontrollverfahren** aus, sofern der Erwerber nicht unter Abs. 1 fällt.

VIII. Verstöße und Sanktionen

22 Die Bestimmungen über Eigentümerkontrollverfahren begründen idR **keine absolut wirkenden Verfügungsverbote;**[51] auch in der MiCAR findet sich kein gegenteiliger Hinweis. Wird eine Beteiligung unter Verletzung der Anzeigepflicht, vor Ablauf der Entscheidungsfrist oder entgegen einem behördlichen Einspruch erworben, ist der Erwerb **zivilrechtlich wirksam,** der Erwerber muss aber mit Sanktionen rechnen. Ein Teil der Lehre vertritt, dass ein Erwerb vor Ablauf der Entscheidungsfrist nicht nur wirksam, sondern zulässig sei (kein **Vollzugsverbot**).[52] Dagegen spricht mE neben der Genehmigungsfiktion in Abs. 8[53] auch der Umstand, dass Abs. 8 f. erkennbar von einem Vollzug nach Beendigung des Verfahrens ausgehen und den umgekehrten Fall nicht erwähnen. Art. 83 wird durch umfassende **verwaltungsbehördliche Befugnisse** (Art. 94) **und Sanktionen** (Art. 111 Abs. 1 lit. d)[54] abgesichert. Nach Art. 68 Abs. 3 muss die Behörde, wenn der Einfluss des Inhabers einer qualifizierten Beteiligung der soliden und umsichtigen Geschäftsführung voraussichtlich abträglich wäre, zudem geeignete Maßnahmen ergreifen, wozu auch die **Aussetzung des Stimmrechts** gehören kann.

Artikel 84 Inhalt der Bewertung der geplanten Übernahme eines Anbieters von Kryptowerte-Dienstleistungen

(1) Bei der Bewertung nach Artikel 83 Absatz 4 prüft die zuständige Behörde die Eignung des interessierten Erwerbers und die finanzielle Solidität der in Artikel 83 Absatz 1 genannten geplanten Übernahme anhand aller folgenden Kriterien:

a) Leumund des interessierten Erwerbers;

---

[50] Der Begriff „Tochterunternehmen" dürfte iSd Bilanz-RL zu verstehen sein, vgl. Art. 111 MiCAR.
[51] Vgl. Emde/Nemeczek/Pitz WM 2023, 1053 (1058 ff.); Oppitz/Chini/Oppitz BWG § 20 Rn. 13.
[52] Emde/Nemeczek/Pitz WM 2023, 1005 (1011 f.); Schwennicke/Auerbach/Süßmann KWG § 2c Rn. 18.
[53] AA Emde/Nemeczek/Pitz WM 2023, 1005 (1010).
[54] Vgl. auch Art. 111 Abs. 3 lit. c und Abs. 4.

b) Leumund und Erfahrung aller Personen, die die Geschäfte des Anbieters von Kryptowerte-Dienstleistungen infolge der geplanten Übernahme führen werden;
c) finanzielle Solidität des interessierten Erwerbers, insbesondere in Bezug auf die Art der tatsächlichen und geplanten Geschäfte des Anbieters von Kryptowerte-Dienstleistungen, dessen Übernahme geplant ist;
d) die Frage, ob der Anbieter von Kryptowerte-Dienstleistungen in der Lage sein und bleiben wird, die Bestimmungen dieses Titels einzuhalten;
e) die Frage, ob ein hinreichender Verdacht besteht, dass im Zusammenhang mit der geplanten Übernahme Geldwäsche oder Terrorismusfinanzierung im Sinne von Artikel 1 Absatz 3 bzw. Artikel 1 Absatz 5 der Richtlinie (EU) 2015/849 stattfinden oder stattgefunden haben könnte oder ob diese Straftaten versucht wurden und ob die geplante Übernahme das Risiko eines solchen Verhaltens erhöhen könnte.

(2) die zuständige Behörde kann gegen die geplante Übernahme nur dann Einspruch erheben, wenn es dafür vernünftige Gründe auf der Grundlage der in Absatz 1 des vorliegenden Artikels genannten Kriterien gibt oder wenn die gemäß Artikel 83 Absatz 4 beigebrachten Informationen unvollständig oder falsch sind.

(3) Die Mitgliedstaaten dürfen weder Vorbedingungen an die Höhe der gemäß der vorliegenden Verordnung zu erwerbenden qualifizierten Beteiligung knüpfen noch ihren zuständigen Behörden gestatten, bei der Prüfung der geplanten Übernahme auf die wirtschaftlichen Bedürfnisse des Marktes abzustellen.

(4) Die ESMA arbeitet in enger Zusammenarbeit mit der EBA Entwürfe technischer Regulierungsstandards aus, in denen ausführlich der Inhalt der Informationen festgelegt wird, die für die Durchführung der in Artikel 83 Absatz 4 Unterabsatz 1 genannten Prüfung erforderlich sind. Die beizubringenden Informationen müssen für eine aufsichtsrechtliche Beurteilung relevant und ihrem Umfang nach der Art des interessierten Erwerbers und der geplanten Übernahme nach Artikel 83 Absatz 1 angemessen und angepasst sein.

Die ESMA übermittelt der Kommission die in Unterabsatz 1 genannten Entwürfe technischer Regulierungsstandards spätestens am 30. Juni 2024.

Der Kommission wird die Befugnis übertragen, diese Verordnung durch den Erlass der in Unterabsatz 1 dieses Absatzes genannten technischen Regulierungsstandards gemäß den Artikeln 10 bis 14 der Verordnung (EU) Nr. 1095/2010 zu ergänzen.

Übersicht

	Rn.
I. Einführung	1
1. Literatur	1
2. Entstehung und Zweck der Norm	2
3. Normativer Kontext	3
II. Allgemeines	4
III. Erforderliche Informationen (RTS)	5
IV. Inhaltliche Kriterien für die Bewertung	9
1. Beurteilungsmaßstab	9
2. Konkrete Beurteilungskriterien	11
a) Zuverlässigkeit des interessierten Erwerbers	12

		Rn.
b) Zuverlässigkeit und Erfahrung prospektiver Geschäftsleiter		13
c) Finanzielle Solidität des interessierten Erwerbers		14
d) Einhaltung der aufsichtsrechtlichen Vorschriften		15
e) Verdacht der Geldwäsche und Terrorismusfinanzierung		16

I. Einführung

1 **1. Literatur.** *Emde/Nemeczek/Pitz,* Die Inhaberkontrolle bei Kredit- und Finanzdienstleistungsinstituten: Verfahren, Verlauf und Rechtsschutz, WM 2023, 1005 (Teil I), 1053 (Teil II); *Hörtnagl/Hiebinger,* Die Umsetzung der Akquisitionsrichtlinie in das österreichische Bankwesengesetz, ÖBA 2010, 366; *Kittner,* „Inhaberkontrollverordnung 2.0" – Neue Herausforderungen und Erleichterungen für die Praxis, GWR 2023, 79; *Wieland,* Unternehmen der „Realwirtschaft" als Adressaten des Bank- und Aufsichtsrechts, BB 2012, 1108; *Wieland,* Inhaberkontrollverfahren, 2013.

2 **2. Entstehung und Zweck der Norm.** Art. 84 betrifft das **Eigentümerkontrollverfahren** in Bezug auf Anbieter von Kryptowerte-Dienstleistungen (→ Art. 83 Rn. 2) und normiert die **inhaltlichen Kriterien** für die Bewertung (→ Rn. 9 ff.). Zugleich beinhaltet die Norm eine Ermächtigung zur ausführlichen *(sic)* Festlegung des **Inhalts der zu übermittelnden Informationen,** welche die Grundlage der Bewertung bilden (→ Rn. 4, 5 ff.). Die Norm war bereits im Kommissionsentwurf enthalten[1] und wurde nahezu ohne Änderungen in die Endfassung übernommen.

3 **3. Normativer Kontext.** Die Bestimmungen über die **Eigentümerkontrolle** für Anbieter von Kryptowerte-Dienstleistungen sollen insgesamt abträgliche Einwirkungen durch Anteilseigner hintanhalten (Erwgr. Nr. 81) und sind in der MiCAR auf mehrere Normen verteilt (→ Art. 83 Rn. 3). Art. 83 f. regeln zusammen das Verfahren bei Änderungen der Beteiligungsstruktur (Eigentümerkontrollverfahren). Art. 84 normiert die inhaltlichen Kriterien der Bewertung, während Art. 83 die auslösenden Tatbestände und das Verfahren betrifft. Vergleichbare Bestimmungen gelten für **Emittenten von ART** (→ Art. 42 Rn. 4)[2] sowie in **anderen Sektoren** (näher → Art. 83 Rn. 3).

II. Allgemeines

4 Eigentümerkontrolle und Eigentümerkontrollverfahren bestehen in ähnlicher Form auch in **anderen Sektoren,** u. a. für Kreditinstitute, Wertpapierfirmen und Versicherungsunternehmen, weshalb auf die entsprechenden Materialien und Erfahrungen zurückgegriffen werden kann (→ Art. 83 Rn. 4). Auf europäischer Ebene beinhalten die **Gemeinsamen Leitlinien der ESAs**[3] sektorübergreifende Richtlinien für die Beurteilungskriterien und für den Inhalt der erforderlichen Informationen. Die Leitlinien werden teilw. (zB

---

[1] Art. 75 MiCAR-E idF KOM(2020) 593 endg.
[2] Die Eigentümerkontrolle für Emittenten von EMT, bei denen es sich um Kreditinstitute oder E-Geld Institute handeln muss (Art. 48 Abs. 1), findet sich in den aufsichtsrechtlichen Rahmen für die jeweiligen Institute.
[3] Gemeinsame Leitlinien zur aufsichtsrechtlichen Beurteilung des Erwerbs und der Erhöhung von qualifizierten Beteiligungen im Finanzsektor, JC/GL/2016/01.

für Wertpapierfirmen)[4] durch delegierte Verordnungen flankiert und im Übrigen auf nationaler Ebene durch sektorübergreifende Leitlinien berücksichtigt.[5] Die erforderliche Informationen für Eigentümerkontrollverfahren von Kryptowerte-Dienstleistern finden sich in den **technischen Regulierungsstandards (RTS) gem. Art. 84 Abs. 4**, die von der ESMA in Zusammenarbeit mit der EBA ausgearbeitet und von der Kommission als DelVO erlassen werden.[6] Die RTS folgen den Gemeinsamen Leitlinien der ESAs, orientieren sich an der DelVO (EU) 2017/1946 für Wertpapierfirmen und entsprechen weitestgehend den parallelen Vorgaben für ART.[7]

III. Erforderliche Informationen (RTS)

Nach Art. 83 Abs. 1 sind der zuständigen Behörde zusammen mit der **Anzeige des geplanten Erwerbs oder der geplanten Erhöhung** die nach den RTS erforderlichen Informationen zu übermitteln. Zum Zeitpunkt der Anzeigepflicht noch nicht vorliegende Unterlagen sind **ggf. nachzureichen** (→ Art. 83 Rn. 17; zu Vollständigkeitsprüfung und Beginn des Fristenlaufs → Art. 83 Rn. 18). 5

In Eigentümerkontrollverfahren werden **umfassende Informationen** verlangt,[8] die nicht nur den interessierten Erwerber selbst, sondern ggf. auch Führungskräfte, Anteilseigner und nahestehende Personen betreffen. Art. 84 Abs. 4 verankert jedoch ein zwingendes **Proportionalitätsprinzip**, dem die RTS Rechnung tragen. Die erforderlichen Informationen unterscheiden sich 6

i) je nach **Höhe der qualifizierten Beteiligung** (bis zu 20 %, >20–50 % oder >50 %)[9],

ii) nach den **bereits vorhandenen Daten** (zB Überprüfung im Rahmen eines früheren Erwerbs oder Zulassungsverfahrens) und

iii) ggf. nach **Art der indirekten Beteiligung** (Kontrolle oder Durchrechnung → Art. 83 Rn. 12).[10]

Die erforderlichen Informationen beinhalten u. a. 7

– **Informationen über die Identität des interessierten Erwerbers (Art. 1 RTS-E):** Diese unterscheiden sich je nach Rechtsform (natürliche Person, juristische Person, Trust, private und öffentliche Fonds)[11] und beinhalten zB persönliche Daten und Lebenslauf bzw. Firmendaten und Informationen über Führungskräfte und wirtschaftliche Eigentümer.

– **Zusätzliche Informationen zur Beurteilung der Zuverlässigkeit und finanziellen Solidität (Art. 2–3 RTS-E):** Dazu gehören Informationen über Straf-, Verwaltungs-, Zivil- und Insolvenzverfahren, Finanzdaten und

---

[4] DelVO (EU) 2017/1946.
[5] In Deutschland: Verordnung über die Anzeigen nach § 2c des Kreditwesengesetzes und § 17 des Versicherungsaufsichtsgesetzes (Inhaberkontrollverordnung) vom 20.3.2009 (dBGBl. I 562); dazu Kittner GWR 2023, 79. In Österreich: Eigentümerkontrollverordnung 2016 vom 16.12.2015 (öBGBl. I Nr. 425).
[6] Vgl. die Entwurfsversion im ESMA Final Report, ESMA18-72330276-1634 Punkt 6.8 (Annex VIII) (die finalen RTS waren zum Zeitpunkt Fertigstellung des Manuskripts noch nicht veröffentlicht).
[7] ESMA74-449133380-425 Rn. 134 f.
[8] MkritAnm Emde/Nemeczek/Pitz WM 2023, 1005 (1006 f.).
[9] Vgl. ESMA74-449133380-425 Rn. 144 f. und Art. 9–11 RTS-E idF ESMA18-72330276-1634, wobei sich die Schwellenwerte in den Erläuterungen und im RTS-E nicht decken.
[10] ESMA74-449133380-425 Rn. 142 ff.
[11] JC/GL/2016/01, Punkt 11.1.

Interessenkonflikte, und zwar bei natürlichen Personen auch in Bezug auf alle in den letzten 10 Jahren geleiteten oder kontrollierten Unternehmen, bei juristischen Personen in Bezug auf kontrollierte Unternehmen und Anteilseigner.
- **Zusätzliche Informationen bei indirekten Beteiligungen (Art. 4 RTS-E)**
- **Informationen über prospektive Geschäftsleiter (Art. 5 RTS-E)**
- **Informationen über den geplanten Beteiligungserwerb und ggf. die neue Konzernstruktur (Art. 6–7 RTS-E)**
- **Informationen über die Finanzierung der Transaktion (Art. 8 RTS-E)**
- **Zusätzliche Informationen nach Beteiligungshöhe (Art. 9–11 RTS-E):** Je nach Anteil muss eine einfache oder eine detailliertere Strategie in Bezug auf die Beteiligung und das Zielunternehmen, bei mehr als 50 % ein vollständiger Geschäftsplan für 3 Jahre übermittelt werden.

8   Interessierte Erwerber, die (i) bei derselben Behörde innerhalb der letzten zwei Jahre ein Eigentümerkontrollverfahren durchlaufen haben oder (ii) von der prüfenden Behörde beaufsichtigt werden, unterliegen **reduzierten Anforderungen** und müssen nur Aktualisierungen und ergänzende Informationen in Bezug auf die konkrete Beteiligung übermitteln (vgl. **Art. 12 RTS-E**).

IV. Inhaltliche Kriterien für die Bewertung

9   **1. Beurteilungsmaßstab.** Die Behörde bewertet die Eignung des interessierten Erwerbers und die finanzielle Solidität des geplanten Erwerbs bzw. der geplanten Erhöhung anhand der in Abs. 1 lit. a–d **taxativ genannten Kriterien**. Sie darf nur Einspruch erheben,

i) wenn es dafür **vernünftige Gründe auf Grundlage der genannten Kriterien** gibt,
ii) die übermittelten **Informationen unvollständig** sind, oder
iii) die übermittelten **Informationen falsch** sind.

Abs. 3 stellt klar, dass andere Aspekte, insbes. die wirtschaftlichen Bedürfnisse des Marktes, im Eigentümerkontrollverfahren außer Betracht bleiben.

10   Die Vorgaben für die Entscheidung offenbaren, dass die Behörde im Rahmen **gebundenen Ermessens** entscheidet, wobei die Gemeinsamen Leitlinien für jedes Kriterium eine **Gesamtbetrachtung** indizieren.[12] Die Vollständigkeit und Glaubwürdigkeit vorgelegter Informationen ist nach den Gemeinsamen Leitlinien ebenso in die Entscheidung über den Einspruch miteinzubeziehen,[13] sodass nicht jede Unvollständigkeit oder Unrichtigkeit zu einer negativen Entscheidung führt. Das **Verhältnismäßigkeitsprinzip** verlangt zudem, dem Anzeigepflichtigen Gelegenheit zur Ergänzung oder Klarstellung zu geben.[14] Anstelle einer negativen Entscheidung ist uU die **Genehmigung unter Auflagen** geboten, wenn Bedenken dadurch ausgeräumt werden können (→ Art. 83 Rn. 20).[15]

11   **2. Konkrete Beurteilungskriterien.** Die in Abs. 1 lit. a–d festgelegten Beurteilungskriterien orientieren sich an anderen sektoralen Regelun-

---

[12] Vgl. etwa JC/GL/2016/01, Punkt 10.16 hinsichtlich der Zuverlässigkeit.
[13] Vgl. u. a. JC/GL/2016/01, Punkt 10.19, 14.6 und 14.7.
[14] Schwennicke/Auerbach/Süßmann KWG § 2c Rn. 44.
[15] Emde/Nemeczek/Pitz WM 2023, 1053 (1056 ff.).

gen[16] und decken sich mit den Gemeinsamen Leitlinien der ESAs.[17] Damit steht eine umfassende Auslegungshilfe zur Verfügung:

a) Zuverlässigkeit des interessierten Erwerbers. Die Zuverlässigkeitsprüfung beinhaltet die Prüfung der **Integrität** und der **fachlichen Kompetenz**.[18] Während der Maßstab für die Integrität nicht von der Beteiligungshöhe abhängt, ist die fachliche Kompetenz umso strenger zu prüfen, je mehr Einfluss der interessierte Erwerber ausüben kann und will.[19] Die Beurteilung bezieht sich ggf. auch auf rechtliche und wirtschaftliche Eigentümer, Geschäftsleiter und nahestehende Personen.[20] Für die Integrität ist neben Straf- und Verwaltungssanktionen sowie Kenntnissen aus Vor-Ort Prüfungen auch der **Umgang mit Aufsichts- und Regulierungsbehörden** relevant. Das sollte freilich nicht dazu führen, dass sich Beaufsichtigte stets der Ansicht der Behörden beugen; Meinungsverschiedenheiten dürfen einer Entscheidung im Rechtsweg zugeführt werden. — 12

b) Zuverlässigkeit und Erfahrung prospektiver Geschäftsleiter. Im Zuge des Erwerbs oder der Erhöhung einer qualifizierten Beteiligung kann es zu Änderungen bei den Personen kommen, welche die Geschäfte des Dienstleisters führen. Die Zuverlässigkeit solcher Personen ist jedoch **nur zu prüfen,** wenn der interessierte Erwerber die **Möglichkeit** hat, neue Personen zur Führung der Geschäfte zu bestellen, und dies auch **beabsichtigt**.[21] Die inhaltliche Beurteilung erfolgt anhand der **Anforderungen an Geschäftsleiter** nach Art. 68 Abs. 1 MiCAR (→ Art. 68 Rn. 7 ff.). — 13

c) Finanzielle Solidität des interessierten Erwerbers. Beurteilt wird, ob der interessierte Erwerber den beabsichtigten **Erwerb finanzieren** und auf absehbare Zeit (idR 3 Jahre) eine **solide Finanzstruktur** aufrechterhalten kann. Letzteres bezieht sich nicht nur auf den interessierten Erwerber, sondern – aufgrund der möglichen Auswirkungen finanzieller Probleme – auch auf das Zielunternehmen. Kommt der interessierte Erwerber während des Erwerbsprozesses oder in absehbarer Zeit danach voraussichtlich in finanzielle Schwierigkeiten, ist der Erwerb zu untersagen.[22] — 14

d) Einhaltung der aufsichtsrechtlichen Vorschriften. Da sich der beabsichtigte Erwerb nicht negativ auf die Einhaltung von Aufsichtsvorschriften auswirken soll,[23] ist zu prüfen, ob die Einhaltung der Bestimmungen des **Titel V MiCAR** weiterhin gewährleistet ist. Relevant sind nicht nur Anforderungen an die **Organisation und Unternehmensführung** oder das **Risikomanagement**, sondern auch die **Kapitalausstattung**.[24] Die Intensität der Prüfung richtet sich nach der Höhe der Beteiligung; bei mehr als 50 % ist das Kriterium anhand des übermittelten Geschäftsplans zu beurteilen.[25] — 15

---

[16] Vgl. etwa Art. 13 MiFID II und Art. 23 CRD IV.
[17] JC/GL/2016/01, Kapitel 3.
[18] JC/GL/2016/01, Punkt 10.1; mkritAnm Schwennicke/Auerbach/Süßmann KWG § 2c Rn. 32.
[19] JC/GL/2016/01, Punkt 10.3; Oppitz/Chini/Oppitz BWG § 20b Rn. 3.
[20] JC/GL/2016/01, Punkt 10.2, 10.4 und 10.21.
[21] JC/GL/2016/01, Punkt 11.1.
[22] JC/GL/2016/01, Punkt 12; Hörtnagl/Hiebinger ÖBA 2010, 366 (371).
[23] JC/GL/2016/01, Punkt 13.1.
[24] JC/GL/2016/01, Punkt 13; Hörtnagl/Hiebinger ÖBA 2010, 366 (371).
[25] JC/GL/2016/01, Punkt 13.9.

16 e) Verdacht der Geldwäsche und Terrorismusfinanzierung. Zur Bekämpfung von Geldwäsche und Terrorismusfinanzierung wird einerseits geprüft, ob in Bezug auf die **geplante Transaktion** eine Verdachtslage besteht. Für die Beurteilung muss der interessierte Erwerber die Herkunft der Finanzmittel lückenlos nachweisen,[26] was in der Praxis teils Schwierigkeiten bereitet.[27] Die Transaktion muss außerdem über AML-verpflichtete Finanzintermediäre ablaufen.[28] Andererseits wird beurteilt, ob es durch den Erwerb oder Beteiligungsausbau künftig zu einem **erhöhten Risiko in Bezug auf Geldwäsche und Terrorismusfinanzierung beim Dienstleister** kommt. Ein erhöhtes Risiko kann sich auch durch wesentliche Beziehungen zu einem Land mit eklatanten Mängeln bei der Geldwäschebekämpfung ergeben.[29] Nach Art. 83 Abs. 5 kann die Behörde für die Geldwäscheprüfung andere Behörden und Meldestellen kontaktieren.

Kapitel 5. Signifikante Anbieter von Kryptowerte-Dienstleistungen

Artikel 85 Ermittlung signifikanter Anbieter von Kryptowerte-Dienstleistungen

(1) Ein Anbieter von Kryptowerte-Dienstleistungen gilt als signifikant, wenn er in der Union durchschnittlich mindestens 15 Mio. aktive Nutzer in einem Kalenderjahr hat, wobei der Durchschnitt als Durchschnitt der täglichen Zahl aktiver Nutzer im vorangegangenen Kalenderjahr berechnet wird.

(2) Anbieter von Kryptowerte-Dienstleistungen benachrichtigen die für sie zuständigen Behörden innerhalb von zwei Monaten ab dem Erreichen der in Absatz 1 festgelegten Anzahl der aktiven Nutzer. Stimmt die zuständige Behörde zu, dass der in Absatz 1 genannte Schwellenwert erreicht ist, teilt sie dies der ESMA mit.

(3) Unbeschadet der Zuständigkeiten der zuständigen Behörden nach dieser Verordnung unterrichten die zuständigen Behörden der Herkunftsmitgliedstaaten den Rat der Aufseher der ESMA jährlich über den neuesten Stand bei den folgenden aufsichtlichen Entwicklungen in Bezug auf signifikante Anbieter von Kryptowerte-Dienstleistungen:

a) laufende oder abgeschlossene Zulassungen nach Artikel 59,
b) laufende oder abgeschlossene Verfahren zum Entzug von Zulassungen nach Artikel 64,
c) die Ausübung der Aufsichtsbefugnisse nach Artikel 94 Absatz 1 Unterabsatz1 Buchstaben b, c, e, f, g, y und aa.

Die zuständige Behörde des Herkunftsmitgliedstaats kann den Rat der Aufseher der ESMA häufiger über den aktuellen Stand unterrichten oder ihn benachrichtigen, bevor die zuständige Behörde des Herkunftsmitgliedstaats eine Entscheidung in Bezug auf Unterabsatz 1 Buchstaben a, b oder c trifft.

---

[26] JC/GL/2016/01, Punkt 14.5.
[27] Emde/Nemeczek/Pitz WM 2023, 1005 (1007).
[28] JC/GL/2016/01, Punkt 14.5.
[29] JC/GL/2016/01, Punkt 14.4.

(4) Auf die in Absatz 3 Unterabsatz 2 genannte Unterrichtung über den aktuellen Stand kann im Rat der Aufseher der ESMA ein Meinungsaustausch folgen.

(5) Die ESMA kann gegebenenfalls von ihren Befugnissen nach den Artikeln 29, 30, 31 und 31b der Verordnung (EU) Nr. 1095/2010 Gebrauch machen.

Übersicht

	Rn.
I. Einführung	1
1. Literatur	1
2. Entstehung und Zweck der Norm	2
3. Normativer Kontext	4
II. Anwendungsbereich	5
III. Schwellenwert und Meldepflicht des Dienstleisters	6
IV. Rechtsfolgen	9
1. Allgemeines	9
2. Berichtspflichten und Einbindung der ESMA	10
3. Befugnisse der ESMA	12
4. Berichte der Kommission an das Europäische Parlament und den Rat	13

I. Einführung

1. Literatur. *Oppitz,* Kapitalmarktaufsicht, 2017; *Wymeersch,* Das neue 1 europäische Finanzmarktregulierungs- und Aufsichtssystem, ZGR 2011, 443.

2. Entstehung und Zweck der Norm. Ebenso wie für vermögenswert- 2 referenzierte Token und E-Geld-Token, kennt die MiCAR eine Regelung für signifikante, dh **besonders bedeutsame Dienstleister.** Die Regelungsidee entspricht *cum grano salis* jener der finanzmarktrechtlichen Regelungen für unterschiedliche Arten von bedeutenden bzw. systemrelevanten Instituten, die einer erweiterten Aufsicht und/oder zusätzlichen Anforderungen unterliegen.[1] Anders als die Regelungen für Emittenten signifikanter ART (Art. 43 ff.) und EMT (Art. 56 ff.) und andere finanzmarktrechtliche Bestimmungen sieht Art. 85 jedoch **keine zusätzlichen Anforderungen** und auch **keine direkte Beaufsichtigung durch europäische Aufsichtsbehörden** vor. Die Bestimmung beschränkt sich stattdessen auf die Festlegung eines Schwellenwerts, die Anordnung einer Meldepflicht und die Etablierung von **Berichtspflichten der zuständigen Behörde an die ESMA.** Die ESMA kann ggf. von ihren **Befugnissen nach der ESMA-VO** Gebrauch machen (→ Rn. 12).

Die Regelung für signifikante Dienstleister wurde erst während des **Ge-** 3 **setzgebungsverfahrens** aufgenommen und mehrfach angepasst; Gegenstand der Verhandlungen war insbes. die Zuständigkeit für die Beaufsichtigung:

- Der **Kommissionsentwurf** enthielt **keine Regelung** für signifikante Dienstleister.
- In Art. 53 Abs. 1 des **Parlamentsentwurfs** (Bericht des ECON)[2] war dagegen für signifikante Anbieter von Kryptowerte-Dienstleistungen eine

---

[1] Vgl. exemplarisch FSM-KWG/Lindemann § 12 Rn. 1 ff.
[2] A9-0052/2022.

MiCAR Art. 85 Titel V. Zulassung und Bedingungen

Zulassung und Beaufsichtigung durch die ESMA – wenngleich in enger Zusammenarbeit mit den zuständigen nationalen Behörden – vorgesehen.
– Durch die **interinstitutionelle Einigung**[3] erhielt die Bestimmung im Wesentlichen die Form der Endfassung. Hiernach bleiben die **nationalen Behörden** für die Beaufsichtigung signifikanter Dienstleister zuständig; die Einbindung der ESMA erfolgt indirekt über Berichte der zuständigen Behörden, einen informellen Meinungsaustausch und ggf. die Ausübung der Befugnisse nach der ESMA-VO. Die Kommission muss dem Europäischen Parlament und dem Rat nach Art. 140 Abs. 2 lit. ac über die Vor- und Nachteile der getroffenen Zuständigkeitsverteilung berichten (→ Rn. 13).

4 **3. Normativer Kontext.** Art. 85 verweist auf die **Befugnisse nach der ESMA-VO**[4] (→ Rn. 12), die aufgrund der Änderung durch Art. 145 auch für Anbieter von Kryptowerte-Dienstleistungen gilt (Erwgr. Nr. 116). Die MiCAR sieht auch Regelungen für signifikante ART (Art. 43 ff.) und EMT (Art. 56 ff.) vor, die jedoch eine andere Ausrichtung aufweisen (→ Rn. 2).

II. Anwendungsbereich

5 Die Regelungen in Art. 85 differenziert nicht zwischen unterschiedlichen Arten von Kryptowerte-Dienstleistern. **Nach Art. 63 zugelassene Dienstleister** fallen jedenfalls in den Anwendungsbereich. Fraglich ist, ob Art. 85 auch auf **Finanzunternehmen** anzuwenden ist, die Kryptowerte-Dienstleistungen nach Art. 60 erbringen: Dafür spricht die Klarstellung in Erwgr. Nr. 78, dass solche Dienstleister als Anbieter von Kryptowerte-Dienstleistungen gelten und die in der MiCAR vorgesehenen Befugnisse der Verwaltungsbehörden zur Anwendung kommen; in Art. 60 Abs. 10 fehlt außerdem eine Ausnahmebestimmung für Art. 85. Da lediglich eine indirekte Einbindung der ESMA vorgesehen ist, ergeben sich zumindest keine Zuständigkeitskonflikte. Fraglich ist, ob bei einer Anwendung auf Finanzunternehmen für die Berechnung des Schwellenwerts nur Nutzer heranzuziehen sind, die Kryptowerte-Dienstleistungen in Anspruch nehmen. **Unternehmen aus Drittländern**, die Kryptowerte-Dienstleistungen nach Art. 61 an Kunden in der EU erbringen (Reverse Solicitation), fallen nicht in den Anwendungsbereich, da Dienstleistungen idZ nicht als in der EU erbracht gelten (Erwgr. Nr. 75) und keine Zuständigkeit für die Beaufsichtigung besteht.

III. Schwellenwert und Meldepflicht des Dienstleisters

6 Ein Anbieter von Kryptowerte-Dienstleistungen gilt als signifikant, wenn er durchschnittlich **mindestens 15 Millionen aktive Nutzer in der EU** hat. Schwankt die Zahl der Nutzer um den Schwellenwert, wird zur Beurteilung ein **Jahresdurchschnitt** auf Grundlage der vorhandenen aktiven Nutzer an jedem Kalendertag herangezogen. Ungeachtet der etwas undeutlichen Formulierung, muss ein **aktiver Nutzer** die Plattform des Dienstleisters mE weder zwingend täglich noch in jedem Kalenderjahr besuchen.[5] Es

---

[3] Art. 75a MiCAR-E idF PE737.216.
[4] VO (EU) 1095/2010.
[5] Vereinfachtes Rechenbeispiel: Hatte ein Dienstleister während der ersten 100 Tage des vergangenen Kalenderjahres jeweils lediglich 14,9 Mio. aktive Nutzer, in den verbleibenden

Signifikante Anbieter von Kryptowerte-Dienstleistungen **Art. 85 MiCAR**

zählen zB auch Kunden, die Kryptowerte von einem Dienstleister verwahren lassen und über mehrere Kalenderjahre nicht bewegen,[6] da sie zur systemischen Bedeutung des Dienstleisters beitragen. Maßgeblich ist, ob die Nutzer die Dienstleistungen des Anbieters in Anspruch nehmen. Keine aktiven Nutzer sind „Karteileichen", für die weder Vermögen verwahrt wird noch andere Dienstleistungen erbracht werden.

Als maßgeblichen **Beobachtungszeitraum** bestimmt Abs. 1 das vorangegangene Kalenderjahr. Die **Meldepflicht** nach Abs. 2 kann daher bei erstmaligem Erreichen des Schwellenwerts – anders als der Wortlaut auf den ersten Blick suggeriert – wohl nur jeweils **Ende Februar** eintreten. Sollte ein Dienstleister zum Zeitpunkt der Zulassung nach der MiCAR[7] bereits über mindestens 15 Millionen Nutzer in der EU verfügen, ist dies mE bereits im Zulassungsverfahren offenzulegen. 7

Wird der Schwellenwert erreicht, besteht zunächst eine Verpflichtung des Anbieters von Kryptowerte-Dienstleistungen zur **Meldung an die zuständigen Behörden**. Aus Abs. 2 S. 2 ergibt sich, dass eine **Plausibilitätsprüfung** durch die zuständige Behörde stattfindet, die nur anhand von entsprechenden Informationen bzw. Unterlagen erfolgen kann.[8] Kommt die Behörde zum Ergebnis, dass der Schwellenwert erreicht wurde, setzt sie die **ESMA** darüber in Kenntnis. 8

IV. Rechtsfolgen

1. Allgemeines. Das Erreichen des Schwellenwerts zieht – mit Ausnahme der Meldepflicht nach Abs. 2 – keine unmittelbaren Folgen für den Anbieter der Kryptowerte-Dienstleistungen nach sich. Insbes. gelten **keine zusätzlichen Anforderungen** und es kommt zu **keinem Wechsel der Zuständigkeit:** Signifikante Dienstleister werden weiterhin durch die zuständigen nationalen Behörden beaufsichtigt. Allerdings ist die **ESMA** einerseits über **Berichtspflichten** und andererseits über einen **informellen Austausch** mit den nationalen Behörden eingebunden (→ Rn. 10 f.). Wie Abs. 5 klarstellt, kann und soll die ESMA außerdem ihre **Befugnisse nach der ESMA-VO** ausüben (→ Rn. 12). 9

2. Berichtspflichten und Einbindung der ESMA. Mindestens einmal jährlich unterrichten die zuständigen Behörden die ESMA über aufsichtliche Entwicklungen in Bezug auf signifikante Dienstleister. Dieses **jährliche „Update"**[9] richtet sich direkt an den **Rat der Aufseher**, der aus einem Vorsitzenden, den Leitern der nationalen Behörden sowie (nicht stimmberechtigten) Vertretern der Kommission, des ESRB und der beiden anderen ESAs besteht.[10] Die Unterrichtung beinhaltet zumindest Informationen über 10

---

265 Tagen aber 15,1 Mio. aktive Nutzer, beträgt der Jahresdurchschnitt 15,05 Mio. und der Dienstleister gilt als signifikant. Nicht relevant ist, ob und an welchen Tagen die Nutzer während des Kalenderjahres eine Plattform des Dienstleisters besucht haben, sofern es sich um aktive Nutzer handelt.

[6] Solche langfristigen Anleger bilden gerade bei Bitcoin einen größeren Teil und werden in der Community als „Hodler" bezeichnet.

[7] Das ist im Rahmen der Übergangsbestimmung nach Art. 143 Abs. 3 oder bei Zulassung eines Unternehmens aus einem Drittland denkbar.

[8] Vgl. noch Art. 75a Abs. 2 MiCAR-E idF der interinstitutionellen Einigung, PE737.216.

[9] Vgl. Abs. 3 und 4 in der engl. Sprachfassung.

[10] Art. 40 Abs. 1 ESMA-VO.

Ebner 697

- laufende und abgeschlossene **Zulassungsverfahren** nach Art. 59 (lit. a),
- laufende und abgeschlossene Verfahren über den **Entzug von Zulassungen** nach Art. 64 (lit. b), sowie
- die **Ausübung bestimmter Aufsichtsbefugnisse** (Aussetzung und Untersagung der Erbringung von Kryptowerte-Dienstleistungen, „Naming and Shaming", Übertragung von Verträgen bei Entzug der Zulassung, Abberufung einer natürlichen Person aus dem Leitungsorgan, Internetsperren) (lit. c)

in Bezug auf signifikante Dienstleister (Abs. 3 UAbs. 1). Geht man davon aus, dass auch Finanzunternehmen vom Anwendungsbereich erfasst sind (→ Rn. 5), sind entsprechende Informationen in Bezug auf Notifikationsverfahren nach Art. 59 Abs. 1 lit. b und den Entzug einer Zulassung nach Art. 60 Abs. 11 aufzunehmen. Bei Bedarf kann der Rat der Aufseher **öfter** unterrichtet werden.

11 Auf das „Update" kann – wie Abs. 4 explizit ausführt – ein **„Meinungsaustausch"** im Rat der Aufseher folgen. Nach Abs. 3 UAbs. 2 besteht außerdem die Möglichkeit, den Rat der Aufseher zu benachrichtigen, *bevor* eine Entscheidung über eine berichtspflichtige Tatsache iSd Abs. 3 UAbs. 1 getroffen wird. Das macht deutlich, dass der Rat der Aufseher nicht nur informiert wird, sondern auch **„mitredet"**. Eine rechtsverbindliche Wirkung kann sich daraus – schon aus Gründen des Rechtsschutzes – freilich nicht ergeben.

12 **3. Befugnisse der ESMA.** Der ESMA werden keine zusätzlichen Kompetenzen an die Hand gegeben, sie kann aber ihre **Befugnisse nach der ESMA-VO**[11] nutzen, die mit der Änderung durch Art. 145 auch für Anbieter von Kryptowerte-Dienstleistungen gilt. Die Regelung in Abs. 5 hat zwar rechtlich nur klarstellende Bedeutung, dürfte aber auch als „Auftrag" an die ESMA gedacht sein (vgl. Erwgr. Nr. 116) und verweist auf

- Maßnahmen zur Förderung der gemeinsamen Aufsichtskultur (Art. 29 ESMA-VO),
- die Durchführung von Peer Reviews (Art. 30 ESMA-VO),
- die Ausübung der allgemeinen „Koordinatorfunktion" (Art. 31 ESMA-VO) und
- die besondere Koordinierungsfunktion in Bezug auf Aufträge, Geschäfte und Tätigkeiten mit erheblichen grenzüberschreitenden Auswirkungen (Art. 31b ESMA-VO).

Im Rahmen von **Art. 31b ESMA-VO** müssen die zuständigen Behörden die ESMA von sich aus unverzüglich informieren, wenn sie klare Hinweise auf Aktivitäten mit grenzüberschreitenden Auswirkungen haben, die das ordnungsgemäße Funktionieren, die Integrität oder die Stabilität der Finanzmärkte gefährden; die ESMA kann anschließend eine Stellungnahme mit geeigneten Folgemaßnahmen an die Behörden betroffener Mitgliedstaaten richten.

13 **4. Berichte der Kommission an das Europäische Parlament und den Rat.** Nach Art. 140 muss in den **Bericht und Zwischenbericht der Kommission** an das Europäische Parlament und den Rat aufgenommen werden:

---

[11] Dazu Oppitz Kapitalmarktaufsicht S. 151 ff.; Wymeersch ZGR 2011, 443 (461 ff.).

Signifikante Anbieter von Kryptowerte-Dienstleistungen **Art. 85 MiCAR**

- die **Anzahl** der zugelassenen signifikanten Anbieter von Kryptowerte-Dienstleistungen (Art. 140 Abs. 2 lit. h),
- eine Bewertung der Angemessenheit der **Schwellenwerte** nach Art. 85 und eine Bewertung, ob die Schwellenwerte regelmäßig überprüft werden sollten (Art. 140 Abs. 2 lit. u),
- eine Bewertung der **Zusammenarbeit zwischen den zuständigen Behörden und der ESMA** sowie eine Bewertung der Vor- und Nachteile der **Zuständigkeit der nationalen Behörden** (→ Rn. 3) bzw. der Befugnisse der ESMA (Art. 140 Abs. 2 lit. ac).

Titel VI. Verhinderung und Verbot von Marktmissbrauch im Zusammenhang mit Kryptowerten

Artikel 86 Geltungsbereich der Vorschriften über Marktmissbrauch

(1) Dieser Titel gilt für von jedweden Personen vorgenommene Handlungen im Zusammenhang mit Kryptowerten, die zum Handel zugelassen sind oder deren Zulassung zum Handel beantragt wurde.

(2) Dieser Titel gilt auch für alle Geschäfte, Aufträge und Handlungen, die in Absatz 1 genannte Kryptowerte betreffen, unabhängig davon, ob ein solches Geschäft, ein solcher Auftrag oder eine solche Handlung auf einer Handelsplattform getätigt wurde.

(3) Dieser Titel gilt für Handlungen und Unterlassungen in der Union und in Drittländern im Zusammenhang mit den in Absatz 1 genannten Kryptowerten.

Übersicht

	Rn.
I. Einführung	1
1. Literatur	1
2. Entstehung, Zweck und normativer Kontext	2
II. Geltungsbereich der Marktmissbrauchsvorschriften	6
1. Sachlicher Geltungsbereich	6
2. Räumlicher Geltungsbereich	9
3. Persönlicher Geltungsbereich	10
III. Relevante Durchführungsbestimmungen im Kryptomärkteaufsichtsgesetz	11

I. Einführung

1 **1. Literatur.** *Maume,* The Regulation on Markets in Crypto-Assets (MiCAR): Landmark Codification, or First Step of Many, or Both? ECFR 2023, 243; *Raschner,* Das (neue) Marktmanipulationsrecht für Kryptowerte. Eine Analyse des Entwurfs der Verordnung über Märkte für Kryptowerte (MiCAR), BKR 2022, 217.

2 **2. Entstehung, Zweck und normativer Kontext.** Art. 86 MiCAR stellt die erste Vorschrift des **Titel VI** der Verordnung dar, der mit „Verhinderung und Verbot von Marktmissbrauch im Zusammenhang mit Kryptowerten" betitelt ist. Die Bestimmungen dieses Titels zielen darauf ab, „Vertrauen in die Märkte für Kryptowerte und die Integrität dieser Märkte zu gewährleisten", und sollen abschreckend wirken (s. **Erwgr. Nr. 95 Satz 1 und 2).** Mit dieser Zielsetzung knüpfen sie an der allgemeinen Zielsetzung der MiCAR an, „Innovation und fairen Wettbewerb [zu] fördern und zugleich ein hohes Maß an Schutz von Kleinanlegern und an Integrität der Märkte für Kryptowerte [zu] gewährleisten" **(Erwgr. Nr. 6).** Kryptomärkte haben sich freilich als besonders anfällig für missbräuchliche Praktiken erwiesen.[1] Die

---

[1] Vgl. Commission Staff Working Document, Impact Assessment, SWD(2020) 380 final, S. 18.

Geltungsbereich   Art. 86 MiCAR

Marktmissbrauchsbestimmungen werden denn auch im Rahmen des Art. 1 Abs. 2 als einer der Inhalte genannt, die mit der MiCAR „insbesondere" („in particular") festgelegt werden. Mit dieser Ausrichtung der MiCAR im Allgemeinen und der Marktmissbrauchsbestimmungen im Besonderen am **Vertrauens- und Anlegerschutz** sowie dem Schutz der (freilich schwer greifbaren)[2] **Marktintegrität** geht sie mit der Zielsetzung der **MAR** konform.[3]

Zwar weisen Kryptomärkte teilweise ähnliche Marktmissbrauchspraktiken **3** auf (zB „Pump and Dump" oder „Spoofing", → MiCAR Art. 91 Rn. 7), wie sie auch auf traditionellen Finanzmärkten zu beobachten sind.[4] Allerdings fallen Kryptowerte, die nicht als Finanzinstrumente iSd MiFID II anzusehen sind, nicht in den Anwendungsbereich der MAR. Das betrifft etwa Kryptowährungen (zB BTC oder Ether), Stablecoins (zB Tether) oder Utility-Token.[5] Freilich erschien dem Unionsgesetzgeber die vollständige Anwendbarkeit der MAR im Zusammenhang mit solchen Kryptowerten als unverhältnismäßig, zumal es sich bei den Emittenten von Kryptowerten und CASP häufig um KMUs handle (s. **Erwgr. Nr. 95 Satz 3**). Vor diesem Hintergrund enthält die MiCAR ein **spezifisches Marktmissbrauchsregime**[6] für Kryptowerte, das freilich jenes der MAR teilweise (und mitunter fast wortgleich) überträgt.[7] Nicht enthalten sind etwa Bestimmungen über Marktsondierung (Art. 11 MAR), Insiderlisten (Art. 18 MAR) oder Eigengeschäfte von Führungskräften (Art. 19 MAR). Der „EU Listing Act"[8] wird freilich gerade in diesen Bereichen durch Änderungen der MAR einen leichteren Zugang insbes. von KMUs zu öffentlichen Kapitalmärkten ermöglichen.[9]

Die Marktmissbrauchsregelungen der MiCAR sind anwendbar, wenn **4** Kryptowerte zum Handel zugelassen sind (vgl. **Erwgr. Nr. 95 Satz 5**).[10] Art. 86 zum Geltungsbereich knüpft damit insbes. an den zentralen Begriff des **„Kryptowerts"** als „digitale Darstellung eines Werts oder eines Rechts, der bzw. das unter Verwendung der Distributed-Ledger-Technologie oder einer ähnlichen Technologie elektronisch übertragen und gespeichert werden kann", an (s. Art. 3 Abs. 1 Z 5; vgl. → MiCAR Art. 3 Rn. 14 ff.). Darunter

---

[2] Raschner BKR 2022, 217 (218).
[3] S. Art. 1 MAR, wonach mit der VO „ein gemeinsamer Rechtsrahmen für Insidergeschäfte, die unrechtmäßige Offenlegung von Insiderinformationen und Marktmanipulation (Marktmissbrauch) sowie für Maßnahmen zur Verhinderung von Marktmissbrauch geschaffen [wird], um die Integrität der Finanzmärkte in der Union sicherzustellen und den Anlegerschutz und das Vertrauen der Anleger in diese Märkte zu stärken".
[4] Commission Staff Working Document, Impact Assessment, SWD(2020) 380 final, S. 18.
[5] Raschner BKR 2022, 217 (218 f.).
[6] In Erwgr. Nr. 95 ist in der engl. Fassung von „bespoke rules" die Rede. Vgl. Raschner BKR 2022, 217 (218): „sektorspezifisches Marktmissbrauchsrecht".
[7] Vgl. die Umschreibung als „MAR in Kurzfassung" bei Assmann/Schütze/Buck-Heeb HdB Kapitalanlagerecht[6]/Eckhold/F. Schäfer § 17 Rn. 70. Dass die MiCAR als „Patchwork" diverser Akte europäischer Finanzmarktregulierung beschrieben werden kann (so Maume ECFR 2023, 243 (251)) ist insofern auch dem Titel VI geschuldet.
[8] COM(2022) 762 final – 2022/0411/COD. Bis Ende 2024 ist mit der Veröffentlichung der Änderungen im ABl. zu rechnen. Die vorläufige Einigung (PE 759.040) wurde Ende April 2024 vom Europäischen Parlament in 1. Lesung angenommen.
[9] Außerdem soll insbes. eine Eingrenzung des Umfangs und Klarstellungen zu Umfang und Zeitpunkt der Offenlegungspflicht bei Insiderinformationen erfolgen. Dazu vgl. MiCAR Art. 87 Rn. 3 und MiCAR Art. 88 Rn. 4. Zur Gefahr, dass die Regime sich auseinanderentwickeln, wenn keine entsprechenden Anpassungen der MiCAR erfolgen vgl. Maume ECFR 2023, 243 (252).
[10] Aus Art. 1 Abs. 2 lit. a ergibt sich, dass mit der „Zulassung zum Handel" die „Zulassung von Kryptowerten zum Handel auf einer Handelsplattform für Kryptowerte" gemeint ist; vgl. auch Erwgr. Nr. 23.

MiCAR Art. 86

fallen Utility-Token (Art. 3 Abs. 1 Z 9), vermögenswertereferenzierte Token (Art. 3 Abs. 1 Z 6) sowie E-Geld-Token (Art. 3 Abs. 1 Z 7). Sind Kryptowerte allerdings als Finanzinstrumente iSd MiFID II zu qualifizieren, fallen sie nicht in den Anwendungsbereich der MiCAR (s. Art. 2 Abs. 4 lit. a MiCAR),[11] weshalb auch deren Marktmissbrauchsregelungen nicht anwendbar sind. Das betrifft etwa Security Token oder Derivate mit Kryptowerten als Basiswert.[12] Für solche Krypowerte ist die MAR anwendbar.[13] Dagegen fallen NFTs weder unter die MiCAR (s. Art. 2 Abs. 3 MiCAR) noch unter die MAR.[14] Für Verstöße gegen die Ge- und Verbote des Titels VI (konkret: der Art. 88–92 MiCAR) müssen die Mitgliedstaaten den zuständigen Behörden die Befugnis übertragen, „angemessene verwaltungsrechtliche Sanktionen und andere verwaltungsrechtliche Maßnahmen" vorzusehen **(Art. 111 Abs. 1 lit. e)**, wobei Art. 111 Abs. 5 MiCAR für diese Sanktionen und Maßnahmen nähere Vorgaben macht und etwa Mindesthöhen für die maximalen Verwaltungsgeldbußen festlegt. Alternativ können im nationalen Recht strafrechtliche Sanktionen vorgesehen werden (Art. 111 Abs. 1 UAbs. 2 MiCAR).[15]

5   Titel VI der MiCAR erfuhr im **Gesetzgebungsverfahren** zahlreiche Änderungen. So wurde bereits die Überschrift des Titels erweitert, sprach doch der Kommissionsvorschlag[16] noch lediglich von der „Verhinderung" von Marktmissbrauch und die Ergänzung um das „Verbot" wurde erst im Verhandlungsmandat des Rates eingefügt. Im Art. 86 MiCAR zum „Geltungsbereich der Vorschriften über Marktmissbrauch" selbst kam es ebenfalls zu signifikanten Änderungen, die auf das **Ratsmandat** zurückgehen. Die Bestimmung hatte ursprünglich lediglich den ersten Absatz enthalten und auch bei jenem wurde die Textierung im Vergleich zum Kommissionsvorschlag stark verändert und dabei nicht bloß verschlankt, sondern insbes. durch Streichung des Verweises auf von „zugelassenen" Anbietern betriebene Handelsplattformen auch erweitert. Durch die vom Rat außerdem vorgeschlagenen und schließlich angenommenen Ergänzungen um die Abs. 2 und 3 wurde der **Geltungsbereich** der Marktmissbrauchsbestimmungen zusätzlich **ausgedehnt**, sodass nunmehr alle Geschäfte, Aufträge und Handlungen in Bezug auf die in Abs. 1 genannten Kryptowerte erfasst werden, auch wenn sie nicht auf einer Handelsplattform getätigt werden (**Abs. 2**, → Rn. 7), und Handlungen und Unterlassungen nicht nur in der Union, sondern auch in Drittländern umfasst sind (**Abs. 3**, → Rn. 9). Damit sollte insofern eine Angleichung an die Regelungen der **MAR**[17] erfolgen, als Geschäfte mit Kryptowerten im Vergleich zu solchen mit Finanzinstrumenten, die unter die MAR fallen,[18] nicht weniger streng behandelt würden.

---

[11] Krit. Maume ECFR 2023, 243 (255 f.).
[12] Maume ECFR 2023, 243 (255); Raschner BKR 2022, 217 (219). Vgl. Lindner/Heller/Löbig WM 2022, 2159 (2162).
[13] Vgl. Erwgr. Nr. 97 MiCAR. Angesichts der bisweilen schwierigen Angrenzung ist der ESMA die Aufgabe übertragen, bis 30.12.2024, dh dem Beginn der Anwendbarkeit des Großteils der MiCAR, Leitlinien zu den Bedingungen und Kriterien für die Einstufung von Kryptowerten als Finanzinstrumente herauszugeben. S. Art. 2 Abs. 5 MiCAR.
[14] Vgl. Maume ECFR 2023, 243 (260 f.); Raschner BKR 2022, 217 (219). Vgl. auch Erwgr. Nr. 10 f. MiCAR.
[15] Dagegen gibt es keine der CRIM-MAD vergleichbaren Vorgaben in der/begleitend zur MiCAR.
[16] COM/2020/593 final.
[17] Vgl. Art. 2 Abs. 3 und 4 MAR.
[18] S. Art. 3 Abs. 1 Z 1 MAR iVm Art. 4 Abs. 1 Z 15 MiFID II.

II. Geltungsbereich der Marktmissbrauchsvorschriften

1. Sachlicher Geltungsbereich. Wie in der MAR,[19] wird auch im Titel VI der MiCAR „Marktmissbrauch" als **Oberbegriff** für Insiderhandel und Marktmanipulation gebraucht. Titel VI enthält insofern die Bestimmungen über die Definition und Offenlegung von Insiderinformationen (Art. 87 und 88), das Verbot von Insidergeschäften (Art. 89) und von unrechtmäßiger Offenlegung von Insiderinformationen (Art. 90) sowie das Verbot der Marktmanipulation (Art. 91). Ergänzend sind Vorgaben für die Vorbeugung und Aufdeckung von Marktmissbrauch vorgesehen (Art. 92). Art. 86 steckt den sachlichen Geltungsbereich jener Marktmissbrauchsvorschriften ab. Er ist **weit** gefasst.[20] Gem. Art. 86 Abs. 1 sind Handlungen iZm Kryptowerten erfasst, die zum Handel zugelassen sind oder deren Zulassung zum Handel beantragt wurde (s. **Art. 86 Abs. 1**). Unter der „Zulassung zum Handel" ist gem. Art. 1 Abs. 2 lit. a die „Zulassung von Kryptowerten zum Handel auf einer Handelsplattform für Kryptowerte" zu verstehen (vgl. auch Erwgr. Nr. 23). **Handelsplattformen** für Kryptowerte sind multilaterale Systeme, „die die Interessen einer Vielzahl Dritter am Kauf und Verkauf von Kryptowerten – im System und gemäß dessen Regeln – auf eine Weise zusammenführen oder zusammenführen erleichtern, dass ein Vertrag über den Tausch von Kryptowerten entweder gegen einen Geldbetrag oder den Tausch von Kryptowerten gegen andere Kryptowerte zustande kommt" (Art. 3 Abs. 1 Z 18).

Es bedarf daher insofern eines **Plattformbezugs** als ein Bezug zu Kryptowerten gegeben sein muss, die zum Handel zugelassen sind oder für die eine solche Zulassung beantragt wurde.[21] Gem. **Art. 86 Abs. 2** ist die Anwendbarkeit der Marktmissbrauchsregelungen allerdings unabhängig davon zu beurteilen, ob ein Geschäft, ein Auftrag oder eine Handlung auf einer Handelsplattform getätigt wird. Der Wortlaut des Art. 86 Abs. 2 ist dem Art. 2 Abs. 3 MAR nachgebildet.[22] Umfasst sind demnach auch Verhaltensweisen **außerhalb von Handelsplattformen,** sofern der Bezug zu den in Abs. 1 genannten Kryptowerten besteht, also zu Kryptowerten, die zum Handel auf einer Handelsplattform für Kryptowerte zugelassen sind bzw. deren Zulassung zum Handel beantragt wurde. Das gilt zweifelsohne auch dann, wenn, was der Regelfall sein dürfte, die Geschäfte (Aufträge bzw. Handlungen) nicht face-to-face getätigt werden,[23] und ist somit unabhängig von den Modalitäten einer Geschäftsanbahnung bzw. Beauftragung. Dagegen sind Handlungen in Bezug auf Kryptowerte, die als Finanzinstrumente iSd Art. 4 Abs. 1 Nr. 15 MiFID II zu qualifizieren sind, nicht vom sachlichen Geltungsbereich des Marktmissbrauchsregimes der MiCAR umfasst, sondern fallen (ausschließlich) unter die MAR. Denn **Art. 2 Abs. 4 lit. a** schließt die Anwendbarkeit der MiCAR auf solche Kryptowerte von Vorneherein aus.

---

[19] Vgl. Erwgr. Nr. 7 MAR.
[20] Vgl. Michel/Schmitt CCZ 2023, 261 (266).
[21] Raschner BKR 2022, 217 (219).
[22] Vgl. Kalss/Oppitz/U. Torggler/Winner/Guggenberger BörseG/MAR MAR Art. 2 Rn. 16, wonach diese Bestimmung die Intention der MAR widerspiegle, den Handel mit Finanzinstrumenten so weit wie möglich zu erfassen.
[23] Vgl. zu Art. 2 MAR, Kalss/Oppitz/U. Torggler/Winner/Guggenberger BörseG/MAR MAR Art. 2 Rn. 16 mwN.

MiCAR Art. 86

8 Dass in Abs. 1 von „Handlungen", in Abs. 2 von „Geschäften, Aufträgen und Handlungen" und in Abs. 3 von „Handlungen und Unterlassungen" die Rede ist, ist sprachlich unglücklich, weil drei Mal der Begriff der **„Handlungen"** vorkommt, er aber offenkundig in je unterschiedlicher Bedeutung verwendet wird. Was gemeint ist, wird bei einem Blick auf die **englische** sowie die **französische Sprachfassung** deutlich: In Abs. 1 wird demnach mit „acts" bzw. „actes" ein weiter Handlungsbegriff verwendet, der alle in Abs. 2 genannten Verhaltensweisen einschließt. Denn „any transaction, order or behaviour" bzw. „toute transaction, tout ordre ou tout comportement" lässt sich unschwer als „act" bzw. „acte" qualifizieren. Der Begriff der „Handlungen" ist in Abs. 2 folglich bloß Auffangtatbestand für die nicht als Geschäft oder Auftrag einzuordnenden, sonstigen Verhaltensweisen. Allerdings können auch die Begriffe des Geschäfts und des Auftrags bereits einiges abdecken, zumal anzunehmen ist, dass auch Änderungen und Stornierungen erfasst sind und es auch nicht entscheidend ist, ob ein Geschäft oder Auftrag tatsächlich durchgeführt wurde.[24] Abs. 3 wiederum nimmt nicht nur auf den räumlichen Geltungsbereich (→ Rn. 9), sondern auch auf die möglichen Modalitäten der in Abs. 1 genannten „acts"/„actes" Bezug. Demnach können sie sich in „actions" oder „omissions" ausdrücken. Abs. 3 verwendet den Begriff der Handlungen daher iS eines „Tuns" als Gegenstück zur „Unterlassung".

9 **2. Räumlicher Geltungsbereich.** Gem. **Art. 86 Abs. 3** gelten die Marktmissbrauchsregelungen der MiCAR in räumlicher Hinsicht nicht nur für Handlungen und Unterlassungen in der Union, sondern auch für solche in Drittländern und damit **extraterritorial**.[25] Auch der räumliche Geltungsbereich ist daher ein weiter,[26] zumal beim Krypto-Handel ein globaler Markt besteht.[27] So unterliegt etwa die Verbreitung irreführender Gerüchte in Indien oder Südamerika dem Marktmissbrauchsregime der MiCAR, wenn sich diese Gerüchte auf einen Kryptowert beziehen, der in Europa über eine Zulassung zum Handel auf einer Handelsplattform für Kryptowerte verfügt.[28] Auch beim räumlichen Geltungsbereich orientierte sich der Unionsgesetzgeber am Vorbild der MAR (s. Art. 2 Abs. 4 MAR), obschon angesichts ihrer besonderen Eigenschaften der extraterritorialen Anknüpfung iZm mit Kryptowerten größere Bedeutung zukommen könnte.[29] Der Betrieb einer Handelsplattform für Kryptowerte durch Unternehmen aus einem Drittland erfordert als Krypto-Dienstleistung (s. Art. 3 Abs. 1 Nr. 16) aber, wenn (potentielle) Kunden in der Union akquiriert oder Kryptowerte-Dienstleistungen oder -Tätigkeiten in der Union beworben oder inseriert werden, eine Zulassung in der Union (s. **Erwgr. Nr. 75** und **Art. 59 ff.**).

10 **3. Persönlicher Geltungsbereich.** Der persönliche Geltungsbereich des Marktmissbrauchsregimes der MiCAR wird durch Art. 86 nicht näher eingeschränkt. Vielmehr gilt der Titel VI gem. Abs. 1 leg cit für Handlungen **„jedweder Personen"**. Davon sind natürliche wie juristische Per-

---

[24] Vgl. zum Begriff des Handelsauftrags i. H. a. das Marktmanipulationsverbot der MAR, Erwgr. Nr. 10 der delegVO (EU) 2016/522, ABl. 2016 L 88, 1.
[25] Vgl. Raschner BKR 2022, 217 (220).
[26] Vgl. Michel/Schmitt CCZ 2023, 261 (266).
[27] So Raschner BKR 2022, 217 (220).
[28] Maume ECFR 2023, 243 (270).
[29] Vgl. Maume ECFR 2023, 243 (270).

sonen gleichermaßen umfasst (s. Art. 2 Abs. 1 MiCAR).[30] Ausnahmen ergeben sich lediglich aus den allgemeinen Ausnahmen vom Anwendungsbereich gem. Art. 2 MiCAR, weshalb etwa der ESM oder die EZB nicht zum möglichen Täterkreis zählen.[31] Auch insofern besteht ein Gleichklang zur MAR, obschon der Kreis der Handelsteilnehmer auf Kryptomärkten durch den weitgehend freien Zugang zum Handel zumindest potentiell deutlich größer ist als im traditionellen Börsenhandel.[32] Einschränkungen im Hinblick auf den persönlichen Geltungsbereich können sich zudem aus den einzelnen Bestimmungen des Titels VI ergeben: So treffen etwa die Offenlegungspflichten gem. Art. 88 „Emittenten, Anbieter und Personen, die die Zulassung zum Handel beantragen" (→ MiCAR Art. 88 Rn. 5). Auch die Pflichten gem. Art. 92 iZm der Vorbeugung und Aufdeckung von Marktmissbrauch richten sich lediglich an Personen, die beruflich Geschäfte mit Kryptowerten vermitteln oder ausführen (→ MiCAR Art. 92 Rn. 4).

III. Relevante Durchführungsbestimmungen im Kryptomärkteaufsichtsgesetz

Das in Art. 1 des Regierungsentwurfs des deutschen Finanzmarktdigitalisierungsgesetzes („FinmadiG") enthaltene **Kryptomärkteaufsichtsgesetz („KMAG")** enthält die zur Anwendung der MiCAR in Deutschland erforderlichen nationalen Regelungen, insbes. betreffend die Befugnisse der zuständigen Behörden sowie zur Sanktionierung von Verstößen. Als zuständige Behörde im Sinne des Art. 93 Abs. 1 MiCAR für die Aufsicht über der MiCAR unterfallende Institute und Unternehmen sowie über den Handel an Handelsplätzen ist darin grundsätzlich die **Bundesanstalt** vorgesehen.[33] § 7 KMAG-Regierungsentwurf verpflichtet sie zur Zusammenarbeit mit sonstigen Stellen und sieht für die Aufsicht über die Marktmissbrauchsbestimmungen, ergänzend zu den Art. 95, 96 und 98 MiCAR, für die internationale Zusammenarbeit die sinngemäße Geltung des § 18 WpHG[34] vor. Kapitel 4, Abschnitt 4 des KMAG-Regierungsentwurfs enthält sodann in den §§ 31 ff. insbes. die der Bundesanstalt zur **Verhinderung von Marktmissbrauch auf Handelsplattformen** zukommenden **Befugnisse**, etwa zur Durchsuchung von Geschäfts- und Wohnräumen oder zur Aussetzung des Handels mit einem Kryptowert. Außerdem sieht § 29 KMAG-Regierungsentwurf die Möglichkeit der Anordnung einer Aussetzung der Tätigkeit gegenüber **CASP**, die gegen die Art. 88 bis 92 MiCAR verstoßen, vor. § 24 KMAG-Regierungsentwurf i. d. F. des Art. 2 Nr. 16 FinmadiG soll bei solchen Verstößen auch Maßnahmen gegenüber verantwortlichen Leitungsorganen ermöglichen. Die **Straf- und Bußgeldvorschriften** des Kapitels 7 (§§ 46 ff. KMAG-Regierungsentwurf) knüpfen ebenfalls u. a. an Verstößen

---

[30] Vgl. auch Art. 89 Abs. 6 MiCAR, der eine ausdrückliche Regelung für den Fall enthält, dass es sich bei der ein Insidergeschäft tätigenden Person um eine juristische Person handelt.
[31] Raschner BKR 2022, 217 (220).
[32] Raschner BKR 2022, 217 (220). Vgl. freilich zum sog. „EU Listing Act", COM(2022) 762 final – 2022/0411/COD, mit dem der Zugang zu öffentlichen Kapitalmärkten insbes. für KMUs erleichtert wird.
[33] Siehe § 3 Regierungsentwurf KMAG. § 6 KMAG-Regierungsentwurf weist auch der Deutschen Bundesbank Aufgaben zu.
[34] Wertpapierhandelsgesetz, BGBl. I S. 2708, zuletzt geändert durch BGBl. 2023 I Nr. 354.

gegen Bestimmungen des Titel VI der MiCAR an. Die künftige Anwendung der Bestimmungen des KMAG-E erfordert daher die durch Art. 86 MiCAR vorgenommene Abgrenzung des Geltungsbereichs der MiCAR-Vorschriften über Marktmissbrauch.

Artikel 87 Insiderinformationen

(1) Für die Zwecke dieser Verordnung umfasst der Begriff „Insiderinformationen" folgende Arten von Informationen:
a) nicht öffentlich bekannte präzise Informationen, die direkt oder indirekt einen oder mehrere Emittenten, Anbieter oder Personen, die die Zulassung zum Handel beantragen, oder einen oder mehrere Kryptowerte betreffen und die, wenn sie öffentlich bekannt würden, geeignet wären, den Kurs dieser Kryptowerte oder den Kurs eines damit verbundenen Kryptowerts erheblich zu beeinflussen;
b) für Personen, die mit der Ausführung von Aufträgen über Kryptowerte für Kunden beauftragt sind, bezeichnet der Begriff auch präzise Informationen, die von einem Kunden mitgeteilt wurden und sich auf die noch nicht ausgeführten Aufträge des Kunden über Kryptowerte beziehen, die direkt oder indirekt einen oder mehrere Emittenten, Anbieter oder Personen, die die Zulassung von Kryptowerten zum Handel beantragen, oder einen oder mehrere Kryptowerte betreffen und die, wenn sie öffentlich bekannt würden, geeignet wären, den Kurs dieser Kryptowerte oder den Kurs eines damit verbundenen Kryptowerts erheblich zu beeinflussen.

(2) Für die Zwecke des Absatzes 1 sind Informationen dann als präzise anzusehen, wenn damit eine Reihe von Umständen gemeint ist, die bereits gegeben sind oder bei denen man vernünftigerweise erwarten kann, dass sie in Zukunft gegeben sein werden, oder ein Ereignis, das bereits eingetreten ist oder von dem man vernünftigerweise erwarten kann, dass es in Zukunft eintreten wird, und diese Informationen darüber hinaus spezifisch genug sind, um einen Schluss auf die mögliche Auswirkung dieser Reihe von Umständen oder dieses Ereignisses auf die Kurse der Kryptowerte zuzulassen. So können im Fall eines zeitlich gestreckten Vorgangs, der einen bestimmten Umstand oder ein bestimmtes Ereignis herbeiführen soll oder hervorbringt, dieser betreffende zukünftige Umstand bzw. das betreffende zukünftige Ereignis und auch die Zwischenschritte in diesem Vorgang, die mit der Herbeiführung oder Hervorbringung dieses zukünftigen Umstandes oder Ereignisses verbunden sind, in dieser Hinsicht als präzise Information betrachtet werden.

(3) Ein Zwischenschritt in einem zeitlich gestreckten Vorgang wird als eine Insiderinformation betrachtet, falls er für sich genommen die Kriterien für Insiderinformationen gemäß Absatz 2 erfüllt.

(4) Für die Zwecke des Absatzes 1 sind unter „Informationen, die, wenn sie öffentlich bekannt würden, geeignet wären, den Kurs von Kryptowerten erheblich zu beeinflussen" Informationen zu verstehen, die ein verständiger Inhaber von Kryptowerten wahrscheinlich als Teil der Grundlage seiner Anlageentscheidungen nutzen würde.

Art. 87 MiCAR

Übersicht

	Rn.
I. Einführung	1
1. Literatur	1
2. Entstehung, Zweck und normativer Kontext	2
II. Begriff der Insiderinformation	4
1. Merkmale, Informationsbegriff und Bezugsobjekt	4
2. Art der Informationen	7
a) Nicht öffentlich bekannt	7
b) Präzise	8
3. Kurserheblichkeit	11
III. Relevante Durchführungsbestimmungen im Kryptomärkteaufsichtsgesetz	13

I. Einführung

1. Literatur. Siehe das Schrifttum zur Vorbildbestimmung des Art. 7 **1** MAR.

2. Entstehung, Zweck und normativer Kontext. Art. 87 MiCAR de- **2** finiert den **Begriff der Insiderinformation.** Er orientiert sich dabei am Vorbild des **Art. 7 MAR** und überträgt dessen Abs. 1 lit. a. und d., Abs. 2, 3 und 4 in die MiCAR.[1] Die Bestimmung war im Kommissionsvorschlag[2] noch nicht enthalten. Sie wurde auf Betreiben des Rates eingefügt, der eine Definition von Insiderinformationen für das Funktionieren der daran anknüpfenden und bereits im Kommissionsvorschlag vorgesehenen Offenlegungspflichten (sog. Ad-Hoc-Publizität, s. nunmehr Art. 88) zurecht als notwendig erachtete. Darüber hinaus besteht ein enger systematischer Zusammenhang mit dem Verbot von Insidergeschäften gem. Art. 89 sowie dem Verbot der unrechtmäßigen Offenlegung von Insiderinformationen gem. Art. 90, stellen diese Bestimmungen doch auf den Besitz und die Nutzung bzw. die Offenlegung von „Insiderinformationen" gem. dem Verständnis des Art. 87 ab. Auch die in Art. 92 geforderten „wirksame[n] Vorkehrungen, Systeme und Verfahren für die Vorbeugung und Aufdeckung von Marktmissbrauch" setzen insofern das Begriffsverständnis des Art. 87 voraus, als sich die genannten Vorkehrungen, Systeme und Verfahren auch auf die Vorbeugung und Aufdeckung von Insiderhandel und die Vermeidung unrechtmäßiger Offenlegungen beziehen (→ Art. 92 Rn. 3, 5). Die Einfügung der Begriffsbestimmung des Art. 87 MiCAR dient damit der „Rechtssicherheit für die Teilnehmer an Märkten für Kryptowerte" (s. Erwgr. Nr. 96). Wie auch im der MAR, sieht die MiCAR ein **einstufiges Modell** vor, in dem an die Begriffsdefinition des Art. 87 sämtliche insiderrechtliche Gebote und Verbote anknüpfen.[3]

Art. 87 MiCAR ist Teil des Titel VI der Verordnung („Verhinderung und **3** Verbot von Marktmissbrauch im Zusammenhang mit Kryptowerten"). Diese Bestimmungen schaffen ein **spezifisches Marktmissbrauchsregime**[4] für

---

[1] Nicht übernommen wurden lediglich die sich auf Warenderivate und Emissionszertifikate beziehenden Teile der Bestimmung. Der Begriff der Insiderinformation geht in seinen Grundzügen bereits auf die Insider-RL 89/592/EWG zurück. Zur Entstehungsgeschichte vgl. Klöhn/Klöhn MAR Art. 7 Rn. 4 ff.
[2] COM/2020/593 final.
[3] Zur MAR Meyer/Veil/Rönnau Marktmissbrauch-HdB[2]/Krause § 6 Rn. 1; Meyer/Veil/Rönnau MarktmissbrauchsR-HdB/Veil § 7 Rn. 7; Klöhn/Klöhn MAR Art. 7 Rn. 9.
[4] In Erwgr. Nr. 95 ist in der engl. Fassung von „bespoke rules" die Rede. Vgl. Raschner BKR 2022, 217 (218): „sektorspezifisches Marktmissbrauchsrecht".

MiCAR Art. 87

Kryptowerte, das jenem der MAR nachgebildet ist (→ Art. 86 Rn. 3). Auch in der MiCAR dient das Insiderrecht demnach der Schaffung eines gleichberechtigten Informationszugangs.[5] Weil Emittenten von Kryptowerten und CASP häufig KMUs sind, wurde eine vollständige Übertragung der MAR als unverhältnismäßig angesehen (s. **Erwgr. Nr. 95 Satz 3**). Mit „EU Listing Act"[6] wird freilich künftig auch am traditionellen Kapitalmarkt ein leichterer Zugang insbes. von KMUs zu öffentlichen Kapitalmärkten ermöglicht. Zwar ist darin auch eine Änderung der Offenlegungsvorschriften vorgesehen (vgl. dazu → MiCAR Art. 88 Rn. 4), die Definition des Insidergeschäftes nach Art. 7 MAR soll demnach aber weitgehend unverändert bleiben. Anders als noch im Kommissionsvorschlag sieht die beschlossene vorläufige Einigung eine Ausweitung der Definition des Art. 7 Abs. 1 lit. d MAR insofern vor als künftig alle Kategorien von Personen erfasst werden, die Kenntnis von einem künftigen Auftrag haben könnten. Soll der Gleichklang mit der MAR gewahrt bleiben, bedürfte es daher einer Anpassung des Art. 87 Abs. 1 lit. b MiCAR.

II. Begriff der Insiderinformation

4 **1. Merkmale, Informationsbegriff und Bezugsobjekt.** Insiderinformationen verschaffen dem Insider einen ungerechtfertigten Vorteil im Verhältnis zu allen anderen Marktteilnehmern, der insbes. darin besteht, dass er Vermögensvorteile erzielen kann, ohne den gleichen Risiken ausgesetzt zu sein wie die übrigen Marktteilnehmer.[7] Als Insiderinformationen kommen gem. Art. 87 MiCAR „nicht öffentlich bekannte präzise Informationen" in Betracht, die geeignet sind, die Preise der Kryptowerte erheblich zu beeinflussen. Eine Insiderinformation wird demnach durch das Vorliegen von **zwei unabdingbaren Merkmalen** charakterisiert (s. **Erwgr. Nr. 96**): Entscheidend ist demnach erstens die **Art der Information**. Es muss sich nämlich einerseits um eine „nicht öffentlich bekannte" (→ Rn. 7) und andererseits um eine „präzise" Information handeln (→ Rn. 8 ff.). Zweitens muss die **Eignung** bestehen, dass durch diese Information die **Preise** der Kryptowerte erheblich beeinflusst werden (→ Rn. 11 f.). Für die Prüfung dieser beiden Elemente sind „beispielsweise die Nutzung der sozialen Medien, der Rückgriff auf intelligente Verträge für die Ausführung von Aufträgen und die Konzentration von Mining-Pools zu berücksichtigen" (s. **Erwgr. Nr. 96 Satz 2**). In der Lit. zur MAR, aus der die Definition der MiCAR übernommen wurde, werden als **typische Beispiele** für Insiderinformationen etwa „Informationen zu kommenden Unternehmensübernahmen, Delistings, Squeeze-Outs, Dividendenkürzungen, Gewinnwarnungen und Krisenmeldungen, Änderungen der Unternehmensstruktur und Kapitalmaßnahmen [sowie] Änderungen der Zusammensetzung der Unternehmensleitung" genannt.[8] Freilich könnten angesichts der besonderen Eigenschaften von Kryp-

---

[5] Klöhn/Klöhn MAR Art. 7 Rn. 2.
[6] Vorschlag für eine Verordnung zur Änderung der Verordnungen (EU) 2017/1129, (EU) Nr. 596/2014 und (EU) Nr. 600/2014 zur Steigerung der Attraktivität der öffentlichen Kapitalmärkte in der Union für Unternehmen und zur Erleichterung des Kapitalzugangs für kleine und mittlere Unternehmen, COM(2022) 762 final – 2022/0411/COD.
[7] Vgl. Erwgr. Nr. 23 MAR sowie, zur Marktmissbrauchsrichtlinie 2003/6/EG, EuGH 8.2.2008 – C-45/08, ECLI:EU:C:2009:806 Rn. 52 = BeckEuRS 2008, 469788 – Spector.
[8] Maume/Maute Kryptowerte-HdB/Maume Kap. 3 Rn. 35.

towerten auch andere Informationen etwa i.H.a die technischen Merkmale oder die Sicherheit jener Werte Insiderinformationen sein.[9]

Was „**Informationen**" sind, wird weder in der MAR noch in der MiCAR näher definiert. Schon die Bezugnahme auf **gegenwärtige oder künftige Umstände bzw. Ereignisse** als Gegenstand der Informationen in Art. 87 Abs. 2 leg. cit. suggeriert aber ein weites Begriffsverständnis, können darunter doch, bei Vorliegen der sonstigen Voraussetzungen, nicht nur Tatsachen, sondern auch unsichere bzw. „weiche" Informationen wie etwa Gerüchte, Werturteile oder Prognosen fallen.[10] Aus wessen (Ex-ante-)**Perspektive** – der des Insiders, Informationsempfängers oder des Emittenten – das Vorliegen einer Information gem. Art. 87 Abs. 1 MiCAR zu beurteilen ist, hängt von der jeweils anzuwendenden insiderrechtlichen Bestimmung ab.[11] Art. 87 MiCAR regelt in diesem Zusammenhang lediglich das **Bezugsobjekt** der erfassten Informationen. Eine Insiderinformation muss demnach „direkt oder indirekt einen oder mehrere Emittenten, Anbieter oder Personen, die die Zulassung zum Handel beantragen, oder einen oder mehrere Kryptowerte betreffen" **(Art. 87 Abs. 1 lit. a)**. Bei Personen, die Kundenaufträge ausführen, können sich solche auch aus Mitteilungen von Kunden ergeben und auf „die noch nicht ausgeführten Aufträge des Kunden über Kryptowerte beziehen" **(Art. 87 Abs. 1 lit. b)**. Daraus ergibt sich, dass (ansonsten nach den allgemeinen Grundsätzen zu bestimmende) Insiderinformationen auch handelsbezogene Informationen sein können, die insbes. beim sog. Front Running ausgenutzt werden (vgl. → MiCAR Art. 89 Rn. 7).[12]

Auch beim Bezugsobjekt orientiert sich die MiCAR an der MAR, die gem. Art. 2 Abs. 1 lit. a ebenfalls bereits für Finanzinstrumente gilt, für die ein Antrag auf Zulassung zum Handel an einem geregelten Markt gestellt wurde. Allerdings erfasst Art. 87 MiCAR nicht nur (prospektive) Emittenten[13], sondern auch Anbieter[14]. Es darf freilich, analog zur MAR, bezweifelt werden, ob der Festlegung des Bezugsobjekts eine eigenständige Abgrenzungsfunktion zukommt, betreffen doch **kurserhebliche Informationen** (→ Rn. 11 f.) immer zumindest mittelbar Kryptowerte oder deren Emittenten, Anbieter oder Personen, die die Zulassung zum Handel beantragen.[15] Aus der Rsp. des EuGH[16] ergibt sich zudem für den Anwendungsbereich der MAR, dass ein **Drittbezug nicht erforderlich** ist und daher auch selbst geschaffene innere Tatsachen Gegenstand einer Insiderinformation sein können.[17] Dieses Begriffsverständnis dürfte mangels gegenteiliger Anhaltspunkte auf die MiCAR übertragbar sein. Obschon eine dem Art. 9 MAR („Legitime Handlungen") entsprechende Bestimmung in der MiCAR fehlt, ist allerdings auch für den Anwendungsbereich der MiCAR anzunehmen, dass eine Person

---

[9] Maume ECFR 2023, 243 (270).
[10] Vgl. zur MAR, umfassend Klöhn/Klöhn MAR Art. 7 Rn. 54 ff.
[11] Zur MAR näher Klöhn/Klöhn MAR Art. 7 Rn. 47 ff.
[12] Zur MAR Klöhn/Klöhn MAR Art. 7 Rn. 304 f.
[13] S. Art. 3 Abs. 1 Z 10 MiCAR.
[14] S. Art. 3 Abs. 1 Z 13 MiCAR.
[15] Vgl. zur MAR, Klöhn/Klöhn MAR Art. 7 Rn. 116 ff. Zu unterscheiden ist der in Art. 87 MiCAR geforderte Bezug zu Emittenten, Anbietern oder Personen, die die Zulassung zum Handel beantragen, bzw. zu Kryptowerten vom Erfordernis der unmittelbaren Betroffenheit iSd Art. 88 Abs. 1 MiCAR; dazu näher → Art. 88 Rn. 7.
[16] EuGH 10.5.2007 – C-391/04, ECLI:EU:C:2007:272 Rn. 33 ff. = BeckRS 2007, 70311 – Georgakis.
[17] Meyer/Veil/Rönnau Marktmissbrauch-HdB/Krause § 6 Rn. 24. Vgl. auch Klöhn/Klöhn MAR Art. 7 Rn. 26.

das Wissen darüber, dass sie beschlossen hat, Kryptowerte zu erwerben oder zu veräußern, beim Erwerb oder der Veräußerung dieser Kryptowerte nutzen kann, ohne dass dies an sich bereits eine Nutzung von Insiderinformationen darstellt (vgl. → MiCAR Art. 89 Rn. 9).

7 **2. Art der Informationen. a) Nicht öffentlich bekannt.** Damit eine Information „Insiderinformation" ist, darf sie **nicht öffentlich bekannt** sein. Daraus folgt e contrario, dass eine Information, die öffentlich bekannt ist, keine Insiderinformation mehr ist, wobei irrelevant ist, wie die Information an die Öffentlichkeit gelangt ist.[18] Öffentlich bekannt ist eine Information in Analogie zur MAR sohin unabhängig von der veröffentlichenden Person oder dem konkreten Verbreitungsweg, wenn die (Krypto-)Marktöffentlichkeit die Möglichkeit zur Kenntnisnahme hat.[19] Auf die tatsächliche Kenntnisname kommt es dagegen nicht an.[20] Angesichts der direkten Übernahme der Definition aus der MAR wird auch bei der MiCAR im Sinne eines *public access approach* die Zugänglichkeit für ein breites Anlegerpublikum und damit nicht bloß eine Bereichsöffentlichkeit erforderlich sein.[21] Das wird auch durch systematische Erwägungen bestätigt (die ebenfalls bereits zur MAR angestellt wurden)[22], ist doch die „Öffentlichkeit", gegenüber der die Offenlegung gem. Art. 88 MiCAR vorzunehmen ist, in ebendiesem Sinne zu verstehen. Eine Information ist daher öffentlich bekannt, wenn sie (was aus einer objektiven Perspektive zu beurteilen ist[23]) eine mit der Ad-hoc-Publizität vergleichbare Verbreitung aufweist,[24] wobei die technischen Mittel für die Bekanntgabe in den technischen Durchführungsstandards gem. Art. 88 Abs. 4 MiCAR festzulegen sind (näher → MiCAR Art. 88 Rn. 13 f.).[25] Die örtliche Dimension für die Beurteilung der öffentlichen Bekanntheit lässt Art. 87 MiCAR offen. Geht man aber auch hier von einem Gleichklang zur MAR aus, ist auf die Öffentlichkeit in dem/den Mitgliedstaat/en der (beantragten) Handelszulassung abzustellen.[26]

8 **b) Präzise.** Die zweite Voraussetzung dafür, dass eine Information Insiderinformation sein kann, ist ihre präzise Natur (vgl. Erwgr. Nr. 18 MAR). Der Ausschluss unpräziser Informationen bewirkt eine Filterfunktion.[27] **Art. 87 Abs. 2 und 3** enthalten Konkretisierungen dazu, wann von einer präzisen Information auszugehen ist. Demnach ist zunächst in **zeitlicher Hinsicht** zu unterscheiden: Insiderinformationen können sich auf **bereits gegebene Umstände/eingetretene Ereignisse** oder aber auf Umstände bzw. Ereignisse beziehen, von denen man **vernünftigerweise erwarten** kann, dass sie **in Zukunft** gegeben sein bzw. eintreten werden. Bezieht sich der Gegenstand der Information auf die Zukunft, muss folglich eine „realistische Wahr-

---

[18] Kalss/Oppitz/U. Torggler/Winner/Kalss/Hasenauer BörseG/MAR MAR Art. 17 Rn. 24.
[19] Zur MAR zB Meyer/Veil/Rönnau Marktmissbrauch-HdB/Krause § 6 Rn. 76 mwN.
[20] Zur MAR zB Meyer/Veil/Rönnau Marktmissbrauch-HdB/Krause § 6 Rn. 82 mwN.
[21] Zur MAR zB Meyer/Veil/Rönnau Marktmissbrauch-HdB/Krause § 6 Rn. 76–81a mwN.
[22] Meyer/Veil/Rönnau Marktmissbrauch-HdB/Krause § 6 Rn. 77a f, 82.
[23] Klöhn/Klöhn MAR Art. 7 Rn. 133.
[24] Meyer/Veil/Rönnau Marktmissbrauch-HdB/Krause § 6 Rn. 82; Klöhn/Klöhn MAR Art. 7 Rn. 126, 130 ff.
[25] Vgl. zu Art. 17 MAR, Art. 2 Durchführungsverordnung (EU) 2016/1055, ABl. L 173, 47.
[26] Vgl. Klöhn/Klöhn MAR Art. 7 Rn. 148 ff.
[27] Zur MAR zB Meyer/Veil/Rönnau Marktmissbrauch-HdB/Krause § 6 Rn. 26.

scheinlichkeit"[28] gegeben sein, dass die Umstände entstehen bzw. das Ereignis auch eintritt, wobei die hA im Schrifttum zur MAR das im Sinne einer überwiegenden Wahrscheinlichkeit versteht.[29] Eine solcherart hinreichende Eintrittswahrscheinlichkeit liegt nach der insofern übertragbaren Rsp. zur Marktmissbrauchsrichtlinie 2003/6/EG vor, wenn „eine umfassende Würdigung der bereits verfügbaren Anhaltspunkte ergibt, dass tatsächlich erwartet werden kann, dass sie in Zukunft existieren oder eintreten werden".[30] Zukunftsbezogene Informationen über Umstände bzw. Ereignisse, deren Eintritt nicht wahrscheinlich ist, können sohin keine Insiderinformationen sein.[31] Präzision und Eintrittswahrscheinlichkeit sind aus der Perspektive des verständigen Inhabers von Kryptowerten iSd Art. 87 Abs. 4 (vgl. → Rn. 11 f.) und unabhängig von den erwarteten Kursauswirkungen zu beurteilen.[32]

Für das Vorliegen einer präzisen Information ist deren **Kursspezifität** erforderlich: Informationen müssen demnach spezifisch genug sein, „um einen Schluss auf die mögliche Auswirkung [...] auf die Kurse der Kryptowerte zuzulassen". Nach der Rsp. des EuGH zur Marktmissbrauchsrichtlinie 2003/6/EG handelt es sich dabei um ein von der Frage der „Kurserheblichkeit" (→ Rn. 11 f.) zu unterscheidendes Kriterium, dessen Intention es ist, „vage oder allgemeine Informationen [auszuschließen], die keine Schlussfolgerung hinsichtlich ihrer möglichen Auswirkung auf den Kurs der betreffenden Finanzinstrumente zulassen".[33] Dagegen sei es nicht schädlich für die Kursspezifität und damit die präzise Natur einer Information, wenn sich die Richtung nicht bestimmen lasse, in die sich der Kurs der betreffenden Finanzinstrumente ändern werde.[34] Eine eigenständige Abgrenzungswirkung des Kriteriums der Kursspezifität wird allerdings im Schrifttum zur MAR bestritten.[35] Daher seien auch dieselben Kriterien wie für die Kurserheblichkeit (wieder → Rn. 11 f.) anzulegen und die Perspektive des verständigen Anlegers zugrunde zu legen.[36] Der Kursspezifität wird daher (bloß, aber immerhin) die Funktion attestiert, im Sinne einer **Evidenzkontrolle** offensichtlich irrelevante Informationen auszufiltern, ohne eine vollständige Prüfung der Kurserheblichkeit durchführen zu müssen.[37] 9

Zusätzliche Konkretisierungen der Vorgaben an die präzise Natur von Informationen sind für **zeitlich gestreckte Vorgänge**, „die einen bestimmten Umstand oder ein bestimmtes Ereignis herbeiführen [sollen] oder her- 10

---

[28] Erwgr. Nr. 16 MAR.
[29] S. die Nachweise bei Klöhn/Klöhn MAR Art. 7 Rn. 97.
[30] EuGH 28.6.2012 – C-19/11, ECLI:EU:C:2012:397 Rn. 49 = BeckEuRS 2011, 570048 – Geltl.
[31] EuGH 28.6.2012 – C-19/11, ECLI:EU:C:2012:397 Rn. 48 = BeckEuRS 2011, 570048 – Geltl. Aber auch für gegenwärtige unsichere Umstände wird zur MAR analog gefordert, dass ihre Existenz vernünftigerweise erwartet werden kann; s. Klöhn/Klöhn MAR Art. 7 Rn. 112 ff.
[32] Zur MAR Klöhn/Klöhn MAR Art. 7 Rn. 49, 85, 95, 99.
[33] EuGH 11.3.2015 – C-628/13, ECLI:EU:C:2015:162 = BeckRS 2015, 80360 Rn. 31 – Lafonta; EuGH 15.3.2022 – C-302/20, ECLI:EU:C:2022:190 Rn. 38 = NJW 2022, 2671 – A/AMF.
[34] EuGH 11.3.2015 – C-628/13, ECLI:EU:C:2015:162 = BeckRS 2015, 80360 Rn. 34 – Lafonta.
[35] Demnach gehe sie insofern in der Kursrelevanz auf, als es keine kursrelevante Information gäbe, „die nicht auch so spezifisch wäre, dass sie einen Schluss auf ihre Kursrelevanz zulassen würde"; s. Klöhn/Klöhn MAR Art. 7 Rn. 82. Vgl. auch Meyer/Veil/Rönnau Marktmissbrauch-HdB/Krause § 6 Rn. 28b ff.
[36] Klöhn/Klöhn MAR Art. 7 Rn. 85.
[37] Klöhn/Klöhn MAR Art. 7 Rn. 82, 90.

MiCAR Art. 87

vorbring[en]", vorgesehen (**Art. 87 Abs. 2 S. 2 MiCAR**). Demnach sind in solchen Fällen nicht nur der zukünftige Umstand bzw. das zukünftige Ereignis, sondern auch die **Zwischenschritte** in diesem Vorgang als präzise Informationen anzusehen. Bei **mehrstufigen Geschehensverläufen** ist folglich nicht nur der gesamte Vorgang, sondern auch jeder Zwischenschritt potentiell Gegenstand einer Insiderinformation.[38] Ein Zwischenschritt wird allerdings nur dann als eine Insiderinformation behandelt, wenn er für sich genommen die Voraussetzungen des Abs. 2, also die hinreichende Präzision inkl. Kursspezifität (→ Rn. 9 f.) erfüllt (**Art. 87 Abs. 3 MiCR**). Das setzt (nur) bei zukünftigen Umständen bzw. Ereignissen eine gewisse Eintrittswahrscheinlichkeit voraus. Diese Konkretisierungen zu mehrstufigen Geschehensverläufen wurden ebenfalls direkt aus der MAR übernommen, in die sie wiederum in Reaktion auf die Rsp. des EuGH zur Marktmissbrauchsrichtlinie 2003/6/EG[39] Eingang gefunden hatten.[40] Inwiefern sie dort tatsächlich eine klarstellende Funktion erfüllen, ist umstritten.[41] Dass Zwischenschritte, die für sich genommen die Voraussetzungen einer Insiderinformation erfüllen, selbst als Insiderinformation anzusehen sind,[42] ist aber auch unter der MiCAR anzunehmen.

11 3. **Kurserheblichkeit**. Insiderinformationen liegen nur dann vor, wenn deren öffentliches Bekanntwerden (→ Rn. 7) geeignet wäre, den Kurs von Kryptowerten erheblich zu beeinflussen (s. **Art. 87 Abs. 1 lit. a MiCAR**). Die **Kurserheblichkeit** (auch: Kursrelevanz) von Informationen setzt demnach eine Einschätzung über das „Ausmaß ihrer potenziellen Wirkung auf die Preise der Kryptowerte"[43] voraus. Den Bezug zu einem „Kryptowert" (s. Art. 3 Abs. 1 Z 5 MiCAR) vorausgesetzt, ist dafür zunächst entscheidend, welche Auswirkungen ein öffentliches Bekanntwerden der betreffenden (handels- oder fundamentalwertbezogen[44]) Informationen hätte, wobei es auf eine Aufdeckungswahrscheinlichkeit nicht ankommt.[45] Kurserheblichkeit liegt gem. **Art. 87 Abs. 4 MiCAR** vielmehr dann vor, wenn „ein verständiger Inhaber von Kryptowerten" die Informationen „wahrscheinlich als Teil der Grundlage seiner Anlageentscheidungen nutzen würde". Die demnach einzunehmende **Ex-ante-Perspektive** des **verständigen Inhabers von Kryptowerten** (engl. „reasonable holder of crypto-assets") hat ihr Vorbild im „verständigen Anleger" der MAR, weshalb die dazu entwickelten Grundsätze[46] *mutatis mutandis* auf die MiCAR übertragen werden können. Inhaber eines Kryptowerts wird dabei eine Person sein, die den Kryptowert hält.

12 Die Ermittlung der Kurserheblichkeit erfolgt in **zwei Schritten:**[47] zunächst ist zu prüfen, inwieweit ein Bekanntwerden der betreffenden Information eine Veränderung der gesamten Informationslage bewirkt; sodann ist

---
[38] S. Erwgr. Nr. 16 MAR. Vgl. Klöhn/Klöhn MAR Art. 7 Rn. 92 ff.
[39] ABl. 2003 L 96, 16.
[40] S. insbes. EuGH 28.6.2012 – C-19/11, ECLI:EU:C:2012:397 = BeckEuRS 2011, 570048 – Geltl. Vgl. Kalss/Oppitz/U. Torggler/Winner/Hössl-Neumann/U.Torggler BörseG/MAR MAR Art. 7 Rn. 13.
[41] Vgl. zB Klöhn/Klöhn MAR Art. 7 Rn. 3, der iZm Art. 7 Abs. 3 von einem „redundanten Hinweis" spricht.
[42] Vgl. Erwgr. Nr. 16 MAR.
[43] Erwgr. Nr. 96 MiCAR.
[44] Zu dieser Unterscheidung Klöhn/Klöhn MAR Art. 7 Rn. 160 ff.
[45] Klöhn/Klöhn MAR Art. 7 Rn. 155b ff.
[46] Umfassend zB Klöhn/Klöhn MAR Art. 7 Rn. 156 ff.
[47] Vgl. Klöhn/Klöhn MAR Art. 7 Rn. 176 ff.

eine Prognose i. H. a. die dadurch bewirkten Veränderungen des Fundamentalwerts des betreffenden Kryptowertes vorzunehmen. Kurserheblich ist eine Information daher dann, wenn sie einen Handelsanreiz gibt, wobei der verständige Inhaber von Kryptowerten als Personifizierung eines effizienten Kryptomarktes verstanden wird.[48] Freilich können vergleichbare Informationen (etwa über Unternehmenszusammenschlüsse) i. H. a. ihre Kurserheblichkeit bei Kryptowerten anders zu beurteilen sein, als wenn es um traditionelle Finanzinstrumente geht.[49] Stets handelt es sich aber um eine **Einzelfallprüfung**, die von hoher Unsicherheit gekennzeichnet und unabhängig von der tatsächlichen Kursreaktion ist.[50] Die Kurserheblichkeit hängt daher nicht bloß davon ab, inwieweit das Ereignis bzw. der Umstand, der Gegenstand der Information ist, den Wert des Kryptowerts beeinflussen würde, sondern auch von der Verlässlichkeit[51] der Information sowie der (Existenz- bzw. Eintritts-) Wahrscheinlichkeit des Umstands oder Ereignisses.[52] Abhängig davon, ob es sich um „harte" oder „weiche" Informationen handelt, wird sohin die Prognose unterschiedlich erfolgen.[53] Weil es sich demnach bei der Kurserheblichkeit um einen **Erwartungswert** handelt, sind für die Kurserheblichkeit von Informationen über gegenwärtige Ereignisse potentielle Auswirkungen auch dann einzubeziehen, wenn deren Eintritt nicht überwiegend wahrscheinlich ist.[54]

III. Relevante Durchführungsbestimmungen im Kryptomärkteaufsichtsgesetz

Im vorgeschlagenen **Kryptomärkteaufsichtsgesetz („KMAG")**[55] sind die zur Anwendung der MiCAR in Deutschland erforderlichen nationalen Regelungen enthalten (s. MiCAR Art. 86 Rn. 11). Die der **Bundesanstalt** als zuständige Behörde im Sinne des Art. 93 Abs. 1 MiCAR zukommenden Befugnisse zur Verhinderung von **Markmissbrauch auf Handelsplattformen** finden sich darin insbes. in **Kapitel 4, Abschnitt 4** (§§ 31 ff. KMAG-Regierungsentwurf), die Straf- und Bußgeldbestimmungen in **Kapitel 7** (§§ 46 ff. KMAG-Regierungsentwurf). Diese Befugnisse und Sanktionen betreffen auch Verstöße gegen die Offenlegungspflicht von Insiderinformationen gem. Art. 88 MiCAR sowie das Verbot von Insidergeschäften gem. Art. 89 MiCAR und knüpfen damit indirekt an die in Art. 87 MiCAR enthaltene Definition des Begriffs der Insiderinformation (→ Rn. 4 ff.) an. Gegenüber Anbietern von Kryptowerte-Dienstleistungen ist in § 29 KMAG-Regierungsentwurf außerdem vorgesehen, dass die Aussetzung der Tätigkeit

13

---

[48] S. Klöhn/Klöhn MAR Art. 7 Rn. 211 ff., 271. Vgl. Erwgr. Nr. 23 MAR.
[49] Maume ECFR 2023, 243 (270 f.).
[50] Klöhn/Klöhn MAR Art. 7 Rn. 207, 244; allerdings dient die tatsächliche Marktreaktion demnach als Indiz, mit dem eine (mangelnde) Kurserheblichkeit belegt werden kann. Vgl. allerdings zur Kursspezifizität EuGH 15.3.2022 – C-302/20, ECLI:EU:C:2022:190 Rn. 56 = NJW 2022, 2671 – A/AMF.
[51] Vgl. Erwgr. Nr. 14 MAR.
[52] Zur MAR Klöhn/Klöhn MAR Art. 7 Rn. 37, 201 ff. Vgl. EuGH 28.6.2012 – C-19/11, ECLI:EU:C:2012:397 Rn. 55 = BeckEuRS 2011, 570048 – Geltl.
[53] Näher Klöhn/Klöhn MAR Art. 7 Rn. 191 ff.
[54] Klöhn/Klöhn MAR Art. 7 Rn. 111, 196 ff., 210, 220, wonach dafür die Probability/Magnitude-Formel zur Anwendung gebracht werden kann, bei der die erwarteten Kursauswirkungen (magnitude) mit der (Existenz-/Eintritts-/Zutreffens-)Wahrscheinlichkeit (probability) multipliziert werden.
[55] Siehe Art. 1 des Regierungsentwurfs des deutschen Finanzmarktdigitalisierungsgesetzes („FinmadiG").

angeordnet werden kann, wenn ein hinreichend begründeter Verdacht eines Verstoßes gegen die MiCAR besteht oder ein Verstoß gegen einen der Art. 88 bis 92 MiCAR vorliegt. Solche Verstöße ermächtigen gem. § 24 KMAG-Regierungsentwurf i. d. F. des Art. 2 Nr. 16 FinmadiG auch zu Maßnahmen gegenüber Leitungsorganen.

Artikel 88 Offenlegung von Insiderinformationen

(1) Emittenten, Anbieter und Personen, die die Zulassung zum Handel beantragen, geben der Öffentlichkeit Insiderinformationen im Sinne des Artikels 87, die sie unmittelbar betreffen, unverzüglich in einer Art und Weise bekannt, die der Öffentlichkeit einen schnellen Zugang und eine vollständige, korrekte und rechtzeitige Bewertung ermöglicht. Emittenten, Anbieter und Personen, die die Zulassung zum Handel beantragen, dürfen die Offenlegung von Insiderinformationen an die Öffentlichkeit nicht mit der Vermarktung ihrer Tätigkeiten verbinden. Emittenten, Anbieter oder Personen, die die Zulassung zum Handel beantragen, veröffentlichen alle Insiderinformationen, die sie veröffentlichen müssen, auf ihrer Website und halten sie mindestens fünf Jahre lang bereit.

(2) Emittenten, Anbieter und Personen, die die Zulassung zum Handel beantragen, können auf eigene Verantwortung die Offenlegung von Insiderinformationen im Sinne des Artikel 87 gegenüber der Öffentlichkeit aufschieben, sofern alle nachfolgenden Bedingungen erfüllt sind:

a) Bei einer sofortigen Offenlegung ist davon auszugehen, dass sie die berechtigten Interessen der Emittenten, Anbieter oder Personen, die die Zulassung zum Handel beantragen, beeinträchtigt;

b) der Aufschub der Offenlegung wäre nicht geeignet, die Öffentlichkeit irrezuführen;

c) die Emittenten, Anbieter oder Personen, die die Zulassung zum Handel beantragen, können die Geheimhaltung dieser Informationen sicherstellen.

(3) Haben Emittenten, Anbieter oder Personen, die die Zulassung zum Handel beantragen, die Offenlegung von Insiderinformationen gemäß Absatz 2 aufgeschoben, so informieren sie die zuständige Behörde unmittelbar nach der Offenlegung der Informationen über den Aufschub der Offenlegung und erläutern schriftlich, inwieweit die in Absatz 2 festgelegten Bedingungen erfüllt waren. Alternativ können die Mitgliedstaaten festlegen, dass die Aufzeichnung einer solchen Erläuterung nur auf Ersuchen der zuständigen Behörde übermittelt werden muss.

(4) Um für die Anwendung dieses Artikels einheitliche Bedingungen sicherzustellen, erarbeitet die ESMA Entwürfe technischer Durchführungsstandards der technischen Mittel für

a) die angemessene Offenlegung von Insiderinformationen im Sinne von Absatz 1 und

b) den Aufschub der Offenlegung von Insiderinformationen im Sinne der Absätze 2 und 3.

Die ESMA übermittelt der Kommission die in Unterabsatz 1 genannten Entwürfe technischer Durchführungsstandards spätestens am 30. Juni 2024.

Offenlegung von Insiderinformationen　　　　　　　　　**Art. 88 MiCAR**

Der Kommission wird die Befugnis übertragen, die in Unterabsatz 1 dieses Absatzes genannten technischen Durchführungsstandards gemäß Artikel 15 der Verordnung (EU) Nr. 1095/2010 zu erlassen.

Übersicht

	Rn.
I. Einführung	1
1. Literatur	1
2. Entstehung, Zweck und normativer Kontext	2
II. Offenlegungspflicht für Insiderinformationen	5
1. Normadressaten	5
2. Umfang und Form	6
3. Zeitpunkt	10
III. Aufschub der Offenlegung	11
1. Bedingungen	11
2. Offenlegungspflicht aufgrund des Aufschubs	12
IV. Erarbeitung und Erlassung technischer Durchführungsstandards	13
V. Relevante Durchführungsbestimmungen im Kryptomärkteaufsichtsgesetz	15

I. Einführung

1. Literatur. Siehe das Schrifttum zur Vorbildbestimmung des Art. 17 MAR. **1**

2. Entstehung, Zweck und normativer Kontext. Art. 88 MiCAR ist **2** die zweite von insgesamt vier insiderrechtlichen Bestimmungen des Titels VI der MiCAR über „Verhinderung und Verbot von Marktmissbrauch im Zusammenhang mit Kryptowerten". Die Bestimmung regelt die Offenlegung von Insiderinformationen sowie Möglichkeiten und Bedingungen für deren Aufschub und knüpft damit an den in Art. 87 definierten Begriff der Insiderinformation an (→ MiCAR Art. 87 Rn. 4 ff.). Das **spezifische Marktmissbrauchsregime**[1] der MiCAR für Kryptowerte ist jenem der MAR nachgebildet (→ MiCAR Art. 86 Rn. 3). Das Insiderrecht der MiCAR dient daher wie jenes der MAR allgemein der Herstellung eines **gleichberechtigten Informationszugangs**[2] und dem Abbau von Informationsasymmetrien[3]. Der Wortlaut des Art. 88 MiCAR orientiert sich unmittelbar an Art. 17 MAR. Damit übernimmt Art. 88 MiCAR die sog. **Ad-Hoc-Publizitätspflicht** aus dem europäischen Kapitalmarktrecht, die dort zu den „praktisch und dogmatisch wichtigsten Publizitätspflichten"[4] gehört. Der Zweck der Ad-Hoc-Publizität im Besonderen kann als „Schutz eines kompetitiven Marktes für Informationshändler"[5] umschrieben werden. **Art. 111 Abs. 1 lit. e MiCAR** verlangt von den Mitgliedstaaten, den zuständigen Behörden die Befugnis zu übertragen, angemessene verwaltungsrechtliche Sanktionen und andere verwaltungsrechtliche Maßnahmen in Bezug auf Verstöße gegen das Marktmissbrauchsregime und damit auch die Offenlegungs-

---

[1] In Erwgr. Nr. 95 ist in der engl. Fassung von „bespoke rules" die Rede. Vgl. Raschner BKR 2022, 217 (218): „sektorspezifisches Marktmissbrauchsrecht".
[2] Zur MAR zB Klöhn/Klöhn MAR Art. 7 Rn. 2, MAR Art. 17 Rn. 10.
[3] Zur MAR zB Maume/Maute Kryptowerte-HdB/Maume Kap. 3 Rn. 33.
[4] Klöhn/Klöhn MAR Art. 17 Rn. 1.
[5] Zur MAR zB Klöhn/Klöhn MAR Art. 17 Rn. 5 ff.

MiCAR Art. 88

pflicht vorzusehen.[6] Ein Verstoß dürfte idZ auch dann anzunehmen sein, wenn die Bedingungen i. H. a. die Form (→ Rn. 8) sowie den Zeitpunkt (→ Rn. 10) der Offenlegung nicht erfüllt sind (s. bzgl. Emittenten signifikanter vermögenswertereferenzierter Token **Anhang V Nr. 87**).

3   Art. 88 MiCAR war bereits im Kommissionsvorschlag[7] enthalten, wurde aber im **Gesetzgebungsprozess** (insbes. durch das Ratsmandat) durchaus signifikant verändert. So wurde einerseits der persönliche Anwendungsbereich der gesamten Bestimmung, der im Vorschlag der Kommission lediglich „Emittenten" erfasst hatte, auf Anbieter und Personen, die eine Zulassung zum Handeln beantragt haben, ausgedehnt, und andererseits eine stärkere **Angleichung an das Vorbild in Art. 17 MAR** vorgenommen. In Abs. 1 wurde demnach klargestellt, dass eine Offenlegungspflicht nur bei „unmittelbarer" Betroffenheit (→ Rn. 7) besteht und damit der relativ weite Wortlaut des Kommissionsvorschlags an jenen der MAR angepasst. Außerdem wurden die Vorgaben aus Art. 17 Abs. 1 UAbs. 2 MAR übernommen, wonach die Offenlegung nicht mit der Vermarktung verbunden und offenzulegende Informationen auch auf der Website zu veröffentlichen und für mindestens fünf Jahre bereitzuhalten sind (→ Rn. 9). Auch die Abs. 3 und 4 waren im Kommissionsvorschlag noch nicht enthalten. Sie dienen ebenfalls vor allem der Angleichung an die MAR und übernehmen Teile des Art. 17 Abs. 6 und Abs. 10 MAR.

4   Obschon sich das Marktmissbrauchsregime der MiCAR an der MAR orientiert, wurde angesichts der Struktur des Kryptomarkts, auf dem Emittenten bzw. CASP häufig KMUs sind, von einer vollständigen Übertragung abgesehen (s. Erwgr. Nr. 95 Satz 3). Der „**EU Listing Act**"[8] zielt darauf ab, künftig am traditionellen Kapitalmarkt einen leichteren Zugang insbes. von KMUs zu öffentlichen Kapitalmärkten zu ermöglichen. Damit wird u. a. die nach der MAR bestehende Offenlegungspflicht für Insiderinformationen insofern eingeschränkt,[9] als festgelegt wird, dass die Ad-Hoc-Publizitätspflicht nicht für auf **Zwischenschritte** in einem zeitlich gestreckten Vorgang bezogene Insiderinformationen gelten, „wenn diese Schritte mit der Herbeiführung einer Reihe von Umständen oder eines Ereignisses verbunden sind".[10] Solche Informationen, die „noch vorläufig und daher nicht offenlegungsreif sind",[11] werden daher zwar auch in Zukunft unter die Definition der Insiderinformation fallen und daher auch mit Geheimhaltungsverpflichtungen verbunden,[12] aber keine Offenlegungspflichten mehr bewirken. Angesichts der den vorgeschlagenen Erleichterungen entsprechenden Zielsetzung des Marktmissbrauchsregimes der MiCAR wäre es sinnvoll, die dessen Art. 17 betreffenden Änderungen der MAR auch in der MiCAR nachzuvollziehen.

---

[6] Abs. 5 leg. cit. macht idZ nähere Vorgaben, insbes. sind auch Mindesthöhen für die maximalen Verwaltungsgeldbußen vorgesehen, wobei diese bei Verstößen gegen Art. 88 MiCAR geringer ausfallen als bei Verstößen gegen die Art. 89–92.

[7] COM/2020/593 final.

[8] COM(2022) 762 final – 2022/0411/COD. Das Europäische Parlament hat die vorläufige Einigung (PE 759.040) bereits Ende April 2024 angenommen.

[9] Ziel der Änderungen ist es, die Offenlegungsregelungen „für die Emittenten weniger kostspielig, für die Anleger berechenbarer und für eine effektive Preisbildung günstiger zu machen", COM(2022) 762 final, S. 8.

[10] Art. 2 Nr. 38 lit. a des Vorschlags für den EU-Listing-Act, COM(2022) 762 final; Art. 2 (5) (a) der vorläufigen Einigung, PE 759.040.

[11] COM(2022) 762 final, S. 8, 28.

[12] Art. 2 (5) (b) der vorläufigen Einigung, PE 759.040.

II. Offenlegungspflicht für Insiderinformationen

1. Normadressaten. Die Offenlegungspflicht für Insiderinformationen richtet sich an „Emittenten, Anbieter und Personen, die die Zulassung zum Handel beantragen". Damit knüpft sie gleich mehrfach an die Begriffsbestimmungen des Art. 3 MiCAR an (dazu → MiCAR Art. 3 Rn. 82 ff., 114 ff.). **Emittenten** sind demnach natürliche oder juristische Personen bzw. Unternehmen, die Kryptowerte emittieren (Art. 3 Abs. 1 Z 10), also (etwa im Rahmen eines Initial Coin Offering (ICO)) ausgeben bzw. in Verkehr bringen. Das erfasst auch die Initiatoren einer Blockchain.[13] Unter **Anbietern** versteht die MiCAR natürliche oder juristische Personen, andere Unternehmen oder Emittenten, die Kryptowerte öffentlich anbieten (Art. 3 Abs. 1 Z 13). Personen, die eine **Zulassung zum Handel** (vgl. Art. 1 Abs. 2 lit. a) beantragen, werden wegen Art. 5 Abs. 1 lit. a bzw. Art. 16 Abs. 1 lit. a MiCAR juristische Personen sein. Ihre Stellung (und damit die Pflichten nach Art. 88 MiCAR) beginnt dabei mit der Antragsstellung.[14] Dem steht es nicht entgegen, dass die MiCAR auch das öffentliche Anbieten nur juristischen Personen erlaubt.[15] Denn das Marktmissbrauchsrecht soll wohl gerade auch dann anwendbar sein, wenn Emittenten bzw. Anbieter die Vorgaben der MiCAR nicht einhalten.

2. Umfang und Form. Bei der Offenlegungspflicht nach Art. 88 MiCAR handelt es sich wie bei ihrem Vorbild in der MAR um eine **anlassbezogene** Publizitätspflicht.[16] Sie entsteht (nur) soweit, als bei einem Normadressaten (→ Rn. 5) Insiderinformationen vorhanden sind, die ihn unmittelbar betreffen. Für die Einordnung von Informationen als Insiderinformationen knüpft die Bestimmung sohin am **Begriffsverständnis des Art. 87 MiCAR** an (→ MiCAR Art. 87 Rn. 4 ff.). Demnach sind davon nicht öffentlich bekannte präzise Informationen umfasst, denen Kurserheblichkeit zukommt und die „direkt oder indirekt einen oder mehrere Emittenten, Anbieter oder Personen, die die Zulassung zum Handel beantragen, oder einen oder mehrere Kryptowerte betreffen". Nach den dortigen Kriterien fallen auch **Zwischenschritte** bei zeitlich gestreckten Vorgängen darunter (→ MiCAR Art. 87 Rn. 10), obschon uU ein Aufschub nach Art. 88 Abs. 2 MiCAR (→ Rn. 11) in Frage kommt. Zumal mit der MiCAR ein der MAR nachgebildetes, aber angesichts der Struktur des Kryptomarktes, auf dem viele KMUs aktiv sind, weniger strenges Marktmissbrauchsregime geschaffen werden sollte (→ MiCAR Art. 86 Rn. 3), bringt die im **EU Listing Act** (→ Rn. 4) vorgesehene Einschränkung der Ad-hoc-Publizität bei gestreckten Vorgängen für den Anwendungsbereich der MAR auch diesbezüglichen Anpassungsbedarf bei der MiCAR mit sich.

Damit eine nach Art. 87 MiCAR als Insiderinformation einzustufende Information eine Offenlegungspflicht bedingt, muss sie den Normadressaten, also den Emittenten, Anbieter oder die Person, die die Zulassung zum Handel beantragt, **unmittelbar betreffen.** Daraus folgt, dass keine Offenlegungspflicht entsteht, wenn eine bloß mittelbare Betroffenheit eines Normadressaten oder (wie etwa bei Marktstatistiken) lediglich ein Bezug zu Kryptowerten,

---

[13] Maume/Maute Kryptowerte-HdB/Fromberger/Zimmermann Kap. 1 Rn. 79.
[14] Zur MAR, näher Klöhn/Klöhn MAR Art. 17 Rn. 56.
[15] Art. 4 Abs. 1 lit. a, Art. 16 Abs. 1 MiCAR.
[16] Zur MAR Klöhn/Klöhn MAR Art. 17 Rn. 2.

MiCAR Art. 88
Titel VI. Marktmissbrauch

nicht aber zu spezifischen Emittenten, Anbietern oder Personen, die die Zulassung zum Handel beantragen, vorliegt.[17] Demnach bewirken die in Art. 87 Abs. 1 lit. b MiCAR angesprochenen **handelsbezogenen Informationen** über auszuführende Kundenaufträge mangels unmittelbarer Betroffenheit eines Normadressaten (→ Rn. 5) regelmäßig **keine Ad-hoc-Pflicht**.[18] Im Anwendungsbereich der MAR ist strittig, wie weit eine Wissenszurechnung einfacher Mitarbeiter erfolgt sowie, ob für die Offenlegungspflicht überhaupt positive Kenntnis beim Normadressaten erforderlich ist oder den Emittenten vielmehr insofern eine Informationsbeschaffungspflicht trifft.[19] Diese Diskussion wird man *mutatis mutandis* auf Art. 88 MiCAR übertragen können.

8 Für die **Form der Offenlegung** kommen unterschiedliche Wege in Betracht. Die technischen Modalitäten für die angemessene Offenlegung von Insiderinformationen sind in den **technischen Durchführungsstandards** gem. Art. 88 Abs. 4 MiCAR (→ Rn. 13 f.) festzulegen, die von der ESMA ausgearbeitet und von der Kommission als Durchführungsrechtsakt isd Art. 291 AEUV beschlossen werden. Der zur Konsultation vorgelegte Entwurf der ESMA[20] orientiert sich weitgehend an den zu Art. 17 MAR ergangenen Regeln der DVO (EU) 2016/1055[21]. Darin ist eine diskriminierungsfreie, unentgeltliche und in der gesamten Union zeitgleiche **Verbreitung** sowie die **Übermittlung an Medien** gefordert, die für eine Weiterleitung an die Öffentlichkeit sorgen.[22] Entscheidend ist gem. Art. 88 MiCAR jedenfalls, dass die Offenlegung „in einer Art und Weise" erfolgt, „die der Öffentlichkeit einen schnellen Zugang und eine vollständige, korrekte und rechtzeitige Bewertung ermöglicht". Voraussetzung ist also nicht nur die **Vollständigkeit** der Information, sondern auch deren **Zugänglichkeit** und **Verständlichkeit** für die Öffentlichkeit. Werden diese Vorgaben nicht eingehalten, ist der Ad-hoc-Pflicht nicht entsprochen (vgl. **Anhang V Nr. 87** i.H.a Emittenten signifikanter vermögenswertereferenzierter Token).

9 Es besteht, darüber hinaus ein **Vermarktungsverbot** dergestalt, dass die Erfüllung der Ad-hoc-Pflicht durch die Normadressaten (→ Rn. 5) nicht mit einer Vermarktung ihrer Tätigkeiten einhergehen darf **(Art. 88 Abs. 1 S. 2 MiCAR)**. Ad-hoc-Meldungen dürften demnach nicht als „als Werbe- oder Investor Relations-Instrumente missbraucht werden",[23] etwa indem eine Marketing-Veröffentlichung als Ad-hoc-Meldung oder im Rahmen einer solchen erfolgt.[24] Was unter einer Vermarktung zu verstehen ist, definiert Art. 88 MiCAR nicht, es wird aber analog zur MAR anzunehmen sein, dass im Zweifel offengelegt werden sollte und daher nur Fälle unter das Vermarktungsverbot fallen, in denen die Offenlegungspflicht offenkundig nicht

---

[17] Zur MAR, zB Kalss/Oppitz/U. Torggler/Winner/Kalss/Hasenauer BörseG/MAR MAR Art. 17 Rn. 21.
[18] Vgl. zur MAR, Klöhn/Klöhn MAR Art. 7 Rn. 304.
[19] ZB Klöhn/Klöhn MAR Art. 17 Rn. 110 ff. mwN.
[20] S. ESMA Consultation Paper v. 5.10.2023, Technical Standards specifying certain requirements of Markets in Crypto Assets Regulation (MiCA) – second consultation paper, ESMA75-453128700-438.
[21] ABl. 2016 L 173, 47.
[22] Art. 2 Abs. 1 und 2 DVO (EU) 2016/1055.
[23] Zur MAR Klöhn/Klöhn MAR Art. 17 Rn. 569 [ohne Hervorhebungen des Originals].
[24] Zur MAR, wieder, Klöhn/Klöhn MAR Art. 17 Rn. 571 ff.

besteht.²⁵ Zusätzlich²⁶ zur Verbreitung und Übermittlung an die Medien besteht für die Ad-hoc-Meldungen eine Pflicht zur **Veröffentlichung** auf der **Website,** wo die Informationen mindestens **fünf Jahre** lang bereit gehalten werden müssen. Für den Anwendungsbereich der MAR sieht die DVO (EU) 2016/1055 dazu vor, dass die Insiderinformationen auf den Websites ebenfalls diskriminierungsfrei und unentgeltlich zugänglich, in chronologischer Reihenfolge aufgelistet und mit Angaben zu Datum und Uhrzeit der Bekanntgabe versehen sowie leicht auffindbar sein müssen.²⁷ Diese Vorgaben übernimmt die ESMA in ihrem zur Konsultation vorgelegten Entwurf²⁸ für die ITS nach Art. 88 Abs. 4 MiCAR.

3. Zeitpunkt. Art. 88 Abs. 1 MiCAR verlangt die **unverzügliche** Offenlegung der erfassten Informationen (→ Rn. 6 f.). Analog zur MAR wird anzunehmen sein, dass der Offenlegungspflicht somit sobald als möglich („as soon as possible"), dh „ohne schuldhaftes Zögern" nachzukommen ist.²⁹ Eine Offenlegungspflicht kann demnach auch außerhalb der üblichen Arbeitszeiten entstehen.³⁰ Allerdings muss dem Normadressaten (→ Rn. 5) eine angemessene Zeit eingeräumt werden, um die betreffende Information suchen, erkennen, aufklären, bewerten und über das Vorliegen der Bedingungen zum Aufschub gem. Art. 88 Abs. 2 MiCAR (→ Rn. 11) befinden zu können.³¹ Freilich hat er dafür auch die erforderlichen Organisationsstrukturen einzurichten. **10**

III. Aufschub der Offenlegung

1. Bedingungen. Normadressaten (→ Rn. 5) können unter den Bedingungen des Art. 88 Abs. 2 MiCAR im eigenen Interesse die **Offenlegung aufschieben.** Anders als die MAR,³² enthält Art. 88 MiCAR aber keine Grundlage für einen Aufschub der Offenlegungspflicht im öffentlichen Interesse der Finanzstabilität. Die **Bewertung,** ob die Bedingungen eines Aufschubs der Offenlegung erfüllt sind, liegt in der **eigenen** Verantwortung der Normadressaten. Art. 88 Abs. 2 MiCAR sieht **drei Bedingungen** vor, die **kumulativ** vorliegen müssen. Erstens muss eine **Beeinträchtigung der berechtigten Interessen** des Normadressaten gegeben sein. Das kann etwa vorliegen, wenn laufende Verhandlungen und Entscheidungen oder Verträge betroffen sind, die noch der Zustimmung eines anderen Organs bedürfen.³³ Eine nicht abschließende, indikative Liste der berechtigten Interessen findet sich für den Anwendungsbereich der MAR in den ESMA-Leitlinien „Aufschub der Offenlegung von Insiderinformationen und Interaktionen mit der Aufsicht" idF vom 13.4.2022.³⁴ Sie kann auch für die MiCAR illustrativ sein. **11**

---

[25] Zur MAR Klöhn/Klöhn MAR Art. 17 Rn. 573 ff.
[26] Vgl. ESMA Consultation Paper v. 5.10.2023, Technical Standards specifying certain requirements of Markets in Crypto Assets Regulation (MiCA) – second consultation paper, ESMA75-453128700-438, Rn. 283 ff.
[27] Art. 3 DVO (EU) 2016/1055.
[28] S. ESMA Consultation Paper v. 5.10.2023, Technical Standards specifying certain requirements of Markets in Crypto Assets Regulation (MiCA) – second consultation paper, ESMA75-453128700-438.
[29] Zur MAR Klöhn/Klöhn MAR Art. 17 Rn. 105.
[30] Vgl. zur MAR, Klöhn/Klöhn MAR Art. 17 Rn. 131.
[31] Vgl. zur MAR, Klöhn/Klöhn MAR Art. 17 Rn. 119 ff.
[32] S. Art. 17 Abs. 5 MAR.
[33] Vgl. Erwgr. Nr. 50 MAR.
[34] ESMA70-159–4966 DE.

Zweitens darf der Aufschub der Offenlegung nicht geeignet sein, die Öffentlichkeit **irrezuführen**. Schließlich muss, drittens, der Normadressat die **Geheimhaltung** der betreffenden Information sicherstellen können. Ein Aufschub der Offenlegung kann auch aus **grundrechtlichen Erwägungen,** also zum Schutz individueller Interessen geboten sein.[35] So könnten etwa die Krankheit eines Leitungsorgans oder intime Details zu dessen Lebensstil dem Grunde nach Ad-hoc-pflichtige Informationen darstellen. Es wird im Rahmen einer Abwägung aber der jeweilige Grundrechtseingriff mit den öffentlichen Interessen an der Veröffentlichung der Information abzuwägen sein.[36] Auch ohne ausdrückliche Bezugnahme (vgl. aber Art. 17 Abs. 4 MAR) gilt die Möglichkeit des Aufschubs der Offenlegung auch in Bezug auf ansonsten offenlegungspflichtige Zwischenschritte gestreckter Sachverhalte.

12   **2. Offenlegungspflicht aufgrund des Aufschubs.** Im Sinne einer Selbstbefreiung ist die Ausnahme von der unverzüglichen Offenlegungspflicht des Art. 88 Abs. 2 MiCAR nicht abhängig von einer Genehmigung durch die Aufsichtsbehörde.[37] Sobald auch nur eine der drei Bedingungen (→ Rn. 11) wegfällt, ist die Offenlegung allerdings **unverzüglich nachzuholen**.[38] Unmittelbar nach einer solchen nachgeholten Offenlegung ist die zuständige **Behörde zu informieren** und dabei das Vorliegen der Bedingungen **schriftlich** zu **erläutern**. Die Mitliedstaaten können auch vorsehen, dass zunächst nur über den Aufschub zu informieren und die Erläuterung nur auf Ersuchen der zuständigen Behörde nachzureichen ist. Die technischen Mittel für den Aufschub der Offenlegung von Insiderinformationen werden in den nach Art. 88 Abs. 4 MiCAR zu erlassenden **technischen Durchführungsstandards** festgelegt (→ Rn. 13 f.). Der von der ESMA zur Konsultation vorgelegte Entwurf[39] dafür orientiert sich an den Regelungen der für den Anwendungsbereich der MAR erlassenen DVO (EU) 2016/1055. Demnach hat etwa die Mitteilung des Aufschubs der Offenlegung die Identität des Normadressaten (→ Rn. 5) und der mitteilenden Person sowie deren Kontaktangaben, Angaben zu den offengelegten Insiderinformationen, zu Datum und Uhrzeit der Entscheidung über den Aufschub sowie die Identität aller für die Entscheidung über den Aufschub verantwortlichen Personen zu beinhalten. Auch für den Anwendungsbereich der MiCAR wird überdies gefordert sein, dass die Mitteilung der aufgeschobenen Offenlegung von Insiderinformationen sowie, soweit erforderlich, die schriftliche Erläuterung der zuständigen Behörde über von ihr benannte **sichere elektronische Kommunikationsmittel** erfolgt.[40]

IV. Erarbeitung und Erlassung technischer Durchführungsstandards

13   **Art. 88 Abs. 4 MiCAR** enthält eine Ermächtigung und Verpflichtung an die ESMA zur Erarbeitung von Entwürfen **technischer Durchführungsstandards** (engl. „implementing technical standards", abgk. „**ITS**") sowie

---

[35] Vgl. zur MAR, Klöhn/Klöhn MAR Art. 17 Rn. 137, 379 ff.
[36] Zur MAR, Klöhn/Klöhn MAR Art. 17 Rn. 383 ff.
[37] Vgl. zur MAR, Klöhn/Klöhn MAR Art. 17 Rn. 134.
[38] Vgl. zur MAR, Klöhn/Klöhn MAR Art. 17 Rn. 135.
[39] S. ESMA Consultation Paper v. 5.10.2023, Technical Standards specifying certain requirements of Markets in Crypto Assets Regulation (MiCA) – second consultation paper, ESMA75-453128700-438.
[40] S. Art. 5 Abs. 1 des ITS-Entwurfs (ESMA75-453128700-438); vgl. Erwgr. Nr. 4 DVO (EU) 2016/1055.

an die Kommission zu deren Erlassung.[41] Mit diesen ITS werden die technischen Mittel für die angemessene Offenlegung sowie für den Aufschub der Offenlegung von Insiderinformationen festgelegt. Es handelt sich um Durchführungsrechtsakte iSd Art. 291 AEUV, wobei **Art. 15 der ESMA-VO (EU) Nr. 1095/2010**[42] zur Anwendung gelangt. Demnach können die ITS nur in Form von **Verordnungen oder Beschlüssen** ergehen und müssen im Amtsblatt veröffentlicht werden.[43] Sie dürfen außerdem keine strategischen oder politischen Entscheidungen beinhalten, sondern legen lediglich die Anwendungsbedingungen des Basisrechtsakts fest.[44] Die Kommission darf den Inhalt eines von der ESMA ausgearbeiteten Entwurfs auch nicht ändern, ohne sich mit ihr abzustimmen.[45] Vor Übermittlung an die Kommission gibt es, sofern nicht im konkreten Fall unangemessen, offene öffentliche Konsultationen sowie eine Kosten-Nutzen-Analyse und die ESMA holt den Rat der Interessengruppe Wertpapiere und Wertpapiermärkte[46] ein. Die Entwürfe der ESMA sind der Kommission zur Annahme vorzulegen und gleichzeitig dem Parlament und dem Rat weiterzuleiten. Die Kommission hat sodann drei Monate Zeit, um über die Annahme des Entwurfes zu entscheiden, wobei diese Frist um einen Monat verlängert werden kann. Aus Unionsinteresse kann die Kommission auch lediglich teilweise oder mit Änderungen annehmen, muss in diesem Fall aber der ESMA den Entwurf mit entsprechenden Erläuterungen zurücksenden, die wiederum sechs Wochen Zeit hat, ihn der Kommission in Form einer förmlichen Stellungnahme[47] erneut vorzulegen. Erfolgt das nicht, kann die Kommission den ITS entweder mit den von ihr als wichtig erachteten Änderungen annehmen oder ihn ablehnen.

Der ESMA war für die Erarbeitung der Entwürfe der ITS eine **Frist bis spätestens 30.6.2024** gesetzt. Daher sieht Art. 149 Abs. 4 MiCAR auch ein vorzeitiges **in Geltung treten** des Art. 88 Abs. 4 leg. cit. mit **29.6.2023** vor. Der von der ESMA zur Konsultation vorgelegte Entwurf[48] für die ITS orientiert sich inhaltlich weitgehend an der zu Art. 17 MAR ergangenen DVO (EU) 2016/1055. Wird die Frist für die Vorlage an die Kommission nicht eingehalten, könnte die Kommission gem. Art. 15 Abs. 2 ESMA-VO (EU) Nr. 1095/2010 einen neuen Entwurf innerhalb einer neuen Frist anfordern, wobei die ESMA dem Parlament, dem Rat und der Kommission rechtzeitig mitteilen müsste, falls sie diese neue Frist nicht einhalten wird. Nur wenn dann immer noch kein Entwurf vorgelegt wird, wäre die Kommission berechtigt, den ITS ohne Entwurf der ESMA anzunehmen, wobei auch in solchen Fällen, sofern nicht unangemessen, Konsultationen und eine Kosten-Nutzen-Analyse durchzuführen, der Rat der Interessengruppe einzuholen sowie die Entwürfe vor ihrer Annahme an das Parlament und den Rat

14

---

[41] Vgl. Erwgr. Nr. 111 MiCAR.
[42] ABl. 2010 L 331, 84.
[43] Art. 15 Abs. 4 VO (EU) Nr. 1095/2010.
[44] Art. 15 Abs. 1 UAbs. 1 VO (EU) Nr. 1095/2010.
[45] Art. 15 Abs. 5 UAbs. 6 und Abs. 3 UAbs. 7 VO (EU) Nr. 1095/2010.
[46] S. Art. 37 VO (EU) Nr. 1095/2010.
[47] Eine Kopie dieser förmlichen Stellungnahme ist wiederum an das Parlament und den Rat zu übermitteln.
[48] S. ESMA Consultation Paper v. 5.10.2023, Technical Standards specifying certain requirements of Markets in Crypto Assets Regulation (MiCA) – second consultation paper, ESMA75-453128700-438, dort fälschlicherweise als Entwurf einer „Delegated Regulation" bezeichnet.

weiterzuleiten wären.[49] Außerdem wäre ein von der Kommission ausgearbeiteter Entwurf der ESMA zu übermitteln, die ihn binnen sechs Wochen ändern und der Kommission in Form einer förmlichen Stellungnahme vorlegen,[50] widrigenfalls die Kommission den ITS erlassen kann. Liegt ein geänderter Entwurf vor, kann ihn die Kommission mit den von der ESMA vorgeschlagenen oder „mit den von ihr als wichtig erachteten Änderungen erlassen".[51]

V. Relevante Durchführungsbestimmungen im Kryptomärkteaufsichtsgesetz

15 Der Regierungsentwurf für ein **Kryptomärkteaufsichtsgesetz** („**KMAG**")[52] enthält die zur Anwendung der MiCAR in Deutschland erforderlichen nationalen Regelungen (s. Wutscher Art. 86 → Rn. 11). Insbes. in **Kapitel 4, Abschnitt 4** (§§ 31 ff. KMAG-Regierungsentwurf) werden der **Bundesanstalt** als zuständige Behörde im Sinne des Art. 93 Abs. 1 MiCAR **Befugnisse** zur Verhinderung von **Marktmissbrauch auf Handelsplattformen** übertragen. Kapitel 7 (§§ 46 ff KMAG-Regierungsentwurf) enthält die **Straf- und Bußgeldbestimmungen**. Diese Befugnisse und Sanktionen knüpfen auch an (Verstöße gegen) die Offenlegungspflicht von Insiderinformationen gem. Art. 88 MiCAR an (s. insbes. § 34 Abs. 1 Nr. 3, § 35 Abs. 1 und 2, § 46 Abs. 1 Nr. 9, § 47 Abs. 2 und Abs. 3 Nr. 110–112 KMAG-Regierungsentwurf, vgl. auch § 29 KMAG-Regierungsentwurf und § 24 KMAG-Regierungsentwurf idF des Art. 2 Nr. 16 FinmadiG). § 36 KMAG-Regierungsentwurf enthält Regelungen betreffend die Übermittlung von Insiderinformationen sowie eine an das Bundesministerium der Finanzen gerichtete (aber an die Bundesanstalt übertragbare) Ermächtigung zur Regelung des Mindestinhalte der Übermittlungen mittels (im Benehmen bzw Einvernehmen mit der Deutschen Bundesbank zu erlassender) Rechtsverordnung.

Artikel 89 Verbot von Insidergeschäften

(1) Für die Zwecke dieser Verordnung liegt ein Insidergeschäft vor, wenn eine Person über Insiderinformationen verfügt und unter Nutzung derselben für eigene oder fremde Rechnung direkt oder indirekt Kryptowerte, auf die sich diese Informationen beziehen, erwirbt oder veräußert. Die Nutzung von Insiderinformationen in Form der Stornierung oder Änderung eines Auftrags in Bezug auf einen Kryptowert, auf den sich die Informationen beziehen, gilt auch als Insidergeschäft, wenn der Auftrag vor Erlangen der Insiderinformationen erteilt wurde. Die Nutzung von Insiderinformationen schließt auch die Übermittlung, Änderung oder Zurücknahme eines Gebots durch eine Person für eigene Rechnung oder für Rechnung eines Dritten ein.

---

[49] Art. 15 Abs. 3 VO (EU) Nr. 1095/2010.
[50] Eine Kopie dieser förmlichen Stellungnahme ist wiederum an das Parlament und den Rat zu übermitteln.
[51] Art. 15 Abs. 1 UAbs. 5 VO (EU) Nr. 1095/2010.
[52] Siehe Art. 1 des Regierungsentwurfs des deutschen Finanzmarktdigitalisierungsgesetzes („FinmadiG").

(2) Niemand darf Insidergeschäfte tätigen oder versuchen, Insidergeschäfte zu tätigen, oder Insiderinformationen über Kryptowerte nutzen, um diese Kryptowerte, direkt oder indirekt, für eigene Rechnung oder für Rechnung eines Dritten, zu erwerben oder zu veräußern. Niemand darf Dritten empfehlen, Insidergeschäfte zu tätigen, oder Dritte dazu zu verleiten, Insidergeschäfte zu tätigen.

(3) Niemand, der im Besitz von Insiderinformationen über Kryptowerte ist, darf auf der Grundlage dieser Insiderinformationen Dritten empfehlen oder sie dazu verleiten,

a) Kryptowerte zu erwerben oder zu veräußern oder
b) einen Auftrag, der diese Kryptowerte betrifft, zu stornieren oder zu ändern.

(4) Die Nutzung von Empfehlungen oder Verleitungen gemäß Absatz 3 erfüllt den Tatbestand des Insidergeschäfts im Sinne dieses Artikels, wenn die Person, die die Empfehlung nutzt oder der Anstiftung folgt, weiß oder wissen sollte, dass diese auf Insiderinformationen beruht.

(5) Dieser Artikel gilt für jede Person, die über Insiderinformationen verfügt, weil sie

a) einem Verwaltungs-, Leitungs- oder Aufsichtsorgan des Emittenten, des Anbieters oder der Person, die die Zulassung zum Handel beantragt, angehört,
b) am Kapital des Emittenten, des Anbieters oder der Person, die die Zulassung zum Handel beantragt, beteiligt ist,
c) aufgrund der Ausübung einer Arbeit oder eines Berufs, der Erfüllung von Aufgaben oder im Zusammenhang mit ihrer Rolle im Bereich Distributed-Ledger-Technologie oder einer ähnlichen Technologie Zugang zu den betreffenden Informationen hat oder
d) an kriminellen Handlungen beteiligt ist.

Dieser Artikel gilt auch für jede Person, die Insiderinformationen unter anderen Umständen als nach Unterabsatz 1 besitzt und weiß oder wissen müsste, dass es sich dabei um Insiderinformationen handelt.

(6) Handelt es sich bei der in Absatz 1 genannten Person um eine juristische Person, so gilt dieser Artikel nach Maßgabe des nationalen Rechts auch für die natürlichen Personen, die an der Entscheidung, den Erwerb, die Veräußerung, die Stornierung oder Änderung eines Auftrags für Rechnung der betreffenden juristischen Person zu tätigen, beteiligt sind oder diesen beeinflussen.

Übersicht

	Rn.
I. Einführung	1
1. Literatur	1
2. Entstehung, Zweck und normativer Kontext	2
II. Anwendungsbereich	4
1. Persönlicher Anwendungsbereich	4
2. Sachlicher Anwendungsbereich	6
III. Insiderhandelsverbot	7
1. Definition des Insidergeschäfts	7
2. Verbotene Handlungen	10
a) Verbot von Insidergeschäften	10
b) Empfehlungs- und Verleitungsverbot	11

MiCAR Art. 89   Titel VI. Marktmissbrauch

	Rn.
c) Verbot der Nutzung von Empfehlungen und Verleitungen	13
IV. Relevante Durchführungsbestimmungen im Kryptomärkteaufsichtsgesetz	14

I. Einführung

1 1. **Literatur.** Siehe das Schrifttum zu den Vorbildbestimmungen der Art. 8 und 14 MAR.

2 2. **Entstehung, Zweck und normativer Kontext.** Als dritte von insgesamt vier insiderrechtlichen Bestimmungen des **spezifischen Marktmissbrauchsregimes**[1] des Titels VI der MiCAR enthält Art. 89 MiCAR das Verbot von **Insidergeschäften**. Im der MAR nachgebildeten Marktmissbrauchsregime der MiCAR (→ MiCAR Art. 86 Rn. 3) dient das Insiderrecht vor allem der Schaffung eines gleichberechtigten Informationszugangs,[2] beim Verbot von Insidergeschäften spielt auch der Aspekt des Vertrauens in die Märkte für Kryptowerte sowie des Schutzes der Integrität dieser Märkte eine wichtige Rolle (**Erwgr. Nr. 95 Satz 4**),[3] sind doch Kryptomärkte besonders anfällig für Insiderhandel.[4] Im Sinne eines einstufigen Modells (→ MiCAR Art. 87 Rn. 2) knüpft auch Art. 89 MiCAR an den in Art. 87 definierten **Begriff der Insiderinformation** an (→ MiCAR Art. 87 Rn. 4 ff.). Art. 89 MiCAR enthält nicht nur die Definition des Insidergeschäfts und übernimmt damit die Inhalte des **Art. 8 MAR** (teilweise wortgleich), sondern schließt auch den Verbotstatbestand mit ein und überträgt insofern auch die **Art. 14 lit. a und b MAR**.[5] Weil diese Bestimmungen der MAR durch den auf einen leichteren Kapitalmarktzugang insbes. für KMUs abzielenden „EU Listing Act"[6] nicht geändert werden, entsteht dadurch auch für Art. 89 MiCAR kein Anpassungsbedarf.

3 Dem Grunde nach war Art. 89 MiCAR bereits im Kommissionsvorschlag[7] enthalten, durch das Ratsmandat kam es allerdings noch zu signifikanten Änderungen im **Gesetzgebungsverfahren**. So wurde die Definition des Insidergeschäfts im jetzigen Abs. 1 eingefügt und auch insofern der Gleichklang zur **MAR** hergestellt, als nunmehr Empfehlungen oder Verleitungen zum Tätigen von Insidergeschäften (→ Rn. 11 f.) sowie unter gewissen Voraussetzungen auch die Nutzung solcher Empfehlungen oder Verleitungen (Abs. 4 sowie → Rn. 13) ebenfalls unter das Verbot fallen. Auch die Klarstellungen, dass auch der **Versuch** umfasst ist (s. Abs. 2), sowie zum persönlichen Geltungsbereich des Verbots (Abs. 5 und 6 → Rn. 4 f.) wurden erst aufgrund des Ratsmandats in den Text aufgenommen. Die Mitgliedstaaten sind gem. **Art. 111 Abs. 1 lit. e und Abs. 5 MiCAR** verpflichtet, den zuständigen

---

[1] In Erwgr. Nr. 95 ist in der engl. Fassung von „bespoke rules" die Rede. Vgl. Raschner BKR 2022, 217 (218): „sektorspezifisches Marktmissbrauchsrecht".
[2] Klöhn/Klöhn MAR Art. 7 Rn. 2, MAR Art. 8 Rn. 43.
[3] Vgl. zur MAR zB Maume/Maute Kryptowerte-HdB/Maume Kap. 3 Rn. 32; Meyer/Veil/Rönnau MarktmissbrauchsR-HdB/Veil § 7 Rn. 1 ff. Dagegen sind die Vermögensinteressen einzelner Anleger nicht geschützt; vgl., zur MAR Klöhn/Klöhn MAR Art. 8 Rn. 44.
[4] Vgl. Maume ECFR 2023, 243 (271).
[5] Dagegen enthält die MiCAR keine dem Art. 9 MAR entsprechende Ausnahme vom Insiderhandelsverbot; vgl. → Rn. 9.
[6] COM(2022) 762 final – 2022/0411/COD.
[7] COM/2020/593 final.

Behörden die Befugnis zur Ergreifung angemessener verwaltungsrechtlicher Sanktionen und anderer verwaltungsrechtlicher Maßnahmen zu übertragen, wobei für die maximalen Geldbußen bei Verstößen gegen Art. 89 MiCAR Mindesthöhen von 5 Mio. EUR bei natürlichen bzw. 15 Mio. EUR oder 2 % des jährlichen Gesamtumsatzes bei juristischen Personen vorgesehen sind. Möglich ist gem. Art. 111 Abs. 1 UAbs. 2 alternativ auch die Festlegung strafrechtlicher Sanktionen. Zusätzlich zu den in Art. 94 Abs. 1 MiCAR genannten, haben die mitgliedstaatlichen Behörden zur Wahrnehmung ihrer Aufgaben im Marktmissbrauchsregime auch die Aufsichts- und Untersuchungsbefugnisse des **Art. 94 Abs. 3 MiCAR**. Diese Bestimmung sieht in lit. c ein Betretungsrecht der Räumlichkeiten natürlicher und juristischer Personen zum Zweck der Beschlagnahme von Unterlagen und Daten jeglicher Form bei begründetem Verdacht ihrer Relevanz zum Nachweis von Insidergeschäften vor. Zu den **zivilrechtlichen Folgen** (zB Rücktrittsrechte, Schadensersatzansprüche) von Geschäften, die unter Verstoß gegen die Verbote des Art. 89 MiCAR zustande gekommen sind, äußert sich die MiCAR nicht. Sie richten sich daher nach dem nationalen Recht.[8]

II. Anwendungsbereich

1. Persönlicher Anwendungsbereich. Die Definition des Insider- 4 geschäfts in Art. 89 Abs. 1 MiCAR stellt darauf ab, dass „**eine Person**" über Insiderinformationen verfügt und diese für sich auf Kryptowerte beziehende Geschäfte nutzt. Dass es sich dabei sowohl um **natürliche** als auch um **juristische Personen** handeln kann, folgt aus Abs. 6 leg. cit. (vgl. → Rn. 5). Allerdings soll das Insiderverbot nur für solche Personen greifen, die die Insiderqualität der Informationen, über die sie verfügen, erkennen können.[9] Der persönliche Anwendungsbereich ist daher in Art. 89 Abs. 5 MiCAR näher ausdifferenziert. Diese Bestimmung übernimmt Art. 8 Abs. 4 MAR fast wörtlich und unterwirft demnach in UAbs. 1 bestimmte Personen dem Insiderhandelsverbot (→ Rn. 10) sowie dem Empfehlungs- und Verleitungsverbot (→ Rn. 11 f.), die einen besonderen Zugang zu Insiderinformationen haben und daher allein aufgrund der objektiven Situation (also insbes.: ohne dass es darauf ankäme, ob sie die Insiderqualität der Informationen kannten oder kennen mussten) erfasst sind.[10] Solche Personen werden im Marktmissbrauchsrecht als **Primärinsider** bezeichnet.[11] Darunter fallen Angehörige von Verwaltungs-, Leitungs- oder Aufsichtsorganen (lit.a)[12] und Beteiligte am Kapital (lit. b)[13] von Emittenten, Anbietern oder Personen, die die Zulassung zum Handel beantragt haben. Außerdem sind Personen umfasst, die an kriminellen Handlungen beteiligt sind (lit. d)[14] oder die in Ausübung von Beruf oder Arbeit, der Aufgabenerfüllung (sog. Berufsinsi-

---

[8] Vgl. zur MAR, Meyer/Veil/Rönnau MarktmissbrauchsR-HdB/Veil § 7 Rn. 10, 100 ff.
[9] Klöhn/Klöhn MAR Art. 8 Rn. 16.
[10] Vgl. zur MAR, Klöhn/Klöhn MAR Art. 8 Rn. 15 f.; Maume/Maute Kryptowerte-HdB/Maume Kap. 3 Rn. 40.
[11] Vgl. zB Klöhn/Klöhn MAR Art. 8 Rn. 15, 19 ff.; Maume/Maute Kryptowerte-HdB/Maume Kap. 3 Rn. 40.
[12] Näher, zur MAR, Meyer/Veil/Rönnau MarktmissbrauchsR-HdB/Veil § 7 Rn. 17.
[13] Art. 89 Abs. 5 UAbs. 1 lit. b MiCAR umfasst nur die Eigenkapitalbeteiligung, also insbes. Gesellschafter. Zur MAR s. Klöhn/Klöhn MAR Art. 8 Rn. 22.
[14] Erfasst sind sowohl unmittelbare Täter als auch Teilnehmer; s. zur MAR Meyer/Veil/Rönnau MarktmissbrauchsR-HdB/Veil § 7 Rn. 20.

MiCAR Art. 89 — Titel VI. Marktmissbrauch

der[15]) oder iZm ihrer Rolle in der DLT-Technologie oder einer ähnlichen Technologie Zugang zu den Informationen haben (lit. c). Vorausgesetzt ist freilich bei allen Primärinsidern, dass ihre Eigenschaft als Primärinsider **kausal** für die Erlangung der Insiderinformation war (arg. „weil sie").

5 Dagegen unterfallen **alle anderen Personen** gem. Art. 89 Abs. 5 **UAbs. 2** MiCAR nur dann dem Insiderverbot, wenn sie **wissen oder wissen müssten**, dass es sich bei den Informationen, die sie besitzen, um Insiderinformationen handelt (sog. **Sekundärinsider**).[16] Es spielt dabei keine Rolle, von wem eine Person die Information erhalten hat.[17] Ob insofern ein „Wissen" um die Insiderqualität einer Information vorliegt, richtet sich nach einer **Parallelwertung** in der Laiensphäre, für die Beurteilung des Wissen-Müssens reicht (einfache) **Fahrlässigkeit**.[18] Diese Kriterien gelten auch für Fälle, in denen in Art. 89 Abs. 5 UAbs. 1 MiCAR genannte Personen Insiderinformationen nicht aufgrund dieser Eigenschaften, sondern etwa privat erlangen.[19] Allerdings ist an Personen, die zB durch ihre berufliche Tätigkeit über eine gewisse Nähe zu Emittenten oder Anbietern verfügen, ein höherer Sorgfaltsmaßstab zu stellen.[20] Juristischen Personen wird das Wissen bzw. Wissen-Müssen aller Personen zugerechnet, deren Handlungen für das Insiderhandelsverbot zugerechnet werden. **Art. 89 Abs. 6 MiCAR** erweitert dabei den persönlichen Anwendungsbereich nicht, sondern legt lediglich fest, dass natürliche Personen, die für eine **juristische Person** handeln, **nur nach Maßgabe des nationalen Rechts,** also nicht bereits nach der MiCAR, selbst unter das Insiderhandelsverbot fallen (können).[21]

6 **2. Sachlicher Anwendungsbereich.** Damit ein Insidergeschäft am Maßstab der MiCAR beurteilt werden kann, muss es sich zunächst auf **Kryptowerte** iSd Art. 3 Abs. 1 Z 5 MiCAR beziehen (vgl. → MiCAR Art. 3 Rn. 14 ff.). Geschäfte mit Bezug zu Kryptowerten, die nicht unter die MiCAR fallen, sondern als Finanzinstrumente iSd MiFID II qualifiziert werden können, sind dagegen (ausschließlich) nach den insiderrechtlichen Regen der MAR zu beurteilen. Ansonsten richtet sich der sachliche Anwendungsbereich des Art. 89 MiCAR nach **Art. 86** leg. cit. (→ MiCAR Art. 86 Rn. 6 ff.). Demnach bedarf es eines **Plattformbezugs,** dh es sind nur Geschäfte mit Bezug zu solchen Kryptowerten erfasst, die zum Handel zugelassen sind oder für die eine solche Zulassung beantragt wurde, allerdings unabhängig davon, ob das Geschäft selbst auf einer Handelsplattform stattfindet (vgl. Art. 86 Abs. 2 MiCAR). Es sind daher auch Geschäfte außerhalb von Handelsplattformen erfasst.[22] Sofern der Plattformbezug vorliegt, können aber auch Handlungen in **Drittländern** unter das Verbot der Insidergeschäfte fallen (s. Art. 86 Abs. 3 MiCAR).

---

[15] Zur MAR Klöhn/Klöhn MAR Art. 8 Rn. 26; Meyer/Veil/Rönnau MarktmissbrauchsR-HdB/Veil § 7 Rn. 19.
[16] Zur MAR Klöhn/Klöhn MAR Art. 8 Rn. 15, 31 ff.
[17] Zur MAR Meyer/Veil/Rönnau MarktmissbrauchsR-HdB/Veil § 7 Rn. 21.
[18] Klöhn/Klöhn MAR Art. 8 Rn. 31, 34; Meyer/Veil/Rönnau MarktmissbrauchsR-HdB/Veil § 7 Rn. 22.
[19] Vgl. zur MAR, Klöhn/Klöhn MAR Art. 8 Rn. 21, 23, 27, 29.
[20] S., zur MAR, Klöhn/Klöhn MAR Art. 8 Rn. 35 f.
[21] Vgl. zur MAR, Klöhn/Klöhn MAR Art. 8 Rn. 10, 39.
[22] Vgl. zur MAR Meyer/Veil/Rönnau MarktmissbrauchsR-HdB/Veil § 7 Rn. 14.

III. Insiderhandelsverbot

1. Definition des Insidergeschäfts. Nach Art. 89 Abs. 1 MiCAR liegt 7 ein Insidergeschäft vor, wenn eine Person (→ Rn. 4 f.) über Insiderinformationen **verfügt** und diese beim direkten oder indirekten Erwerb oder der Veräußerung für eigene oder fremde Rechnung von **Kryptowerten,** auf die sich diese Informationen beziehen, **nutzt** (Art. 89 Abs. 1 S. 1). Verfügung und Nutzung müssen sich daher auf Insiderinformationen iSd Art. 87 MiCAR beziehen, also auf Informationen, die Kryptowerte oder Emittenten, Anbieter oder Personen, die die Zulassung zum Handel beantragen, betreffen, nicht öffentlich bekannt und präzise sind und denen Kurserheblichkeit zukommt (näher → MiCAR Art. 87 Rn. 4 ff.). Davon sind auch **Zwischenschritte** bei zeitlich gestreckten Vorgängen umfasst (→ MiCAR Art. 87 Rn. 10).[23] Aus Art. 87 Abs. 1 lit. b MiCAR ergibt sich, dass auch handelsbezogene Informationen über noch nicht ausgeführte Kundenaufträge Insiderinformationen darstellen können. Beim **Front Running** sowie beim Parallel Running werden solche Informationen für Eigengeschäfte ausgenutzt, indem vor bzw. zeitgleich mit der Ausführung der Kundenaufträge und unter Erwartung der dadurch bewirkten Kursänderungen Kryptowerte gekauft oder verkauft werden. Die MiCAR will solche Praktiken auch dadurch eindämmen, dass sie von CASP verlangt, Grundsätze der Auftragsausführung festzulegen, stets das bestmögliche Ergebnis für ihre Kunden anzustreben und alle notwendigen Schritte zu unternehmen, um den Missbrauch von Informationen über Kundenaufträge durch ihre Mitarbeiter zu verhindern.[24]

Ein „**Verfügen**" über die Insiderinformation setzt eine entsprechende 8 Entscheidung der Person voraus.[25] Dafür ist auf die **tatsächliche Kenntnis** im **Zeitpunkt** der letzten aktiven Willensbetätigung abzustellen.[26] Geschäfte, die vor Kenntnis der Insiderinformation getätigt werden, können demnach keine Insidergeschäfte sein.[27] Eine „Nutzung" der Insiderinformationen erfolgt iZm einem **Erwerb** oder einer **Veräußerung** von Kryptowerten, wobei auch für die MiCAR nicht auf den dinglichen Rechtserwerb, sondern auf den gesicherten Anspruch auf die Erlangung der Inhaberschaft am Kryptowert im Rahmen eines entgeltlichen Vorgangs abzustellen ist.[28] Erfasst sind **Eigen-** ebenso wie **Fremdgeschäfte,** etwa im Rahmen einer Stellvertretung.[29] Im Anwendungsbereich des insofern gleichlautenden Art. 8 MAR ist strittig, ob als „indirekte" Geschäfte auch solche erfasst werden, die über Mittelsmänner (zB Treuhänder) abgewickelt werden, oder ob solche Fälle allenfalls und ausschließlich unter den Tatbestand des Verleitens (Abs. 2 und 3 → Rn. 11 f.) fallen.[30] Auch die aufgrund der Nutzung der Insiderinformati-

---

[23] In diesem Zusammenhang würde es auch durch den Vorschlag für einen „EU Listing Act" zu keinen Änderungen kommen, weshalb das Verbot von Insidergeschäften weiterhin auch durch einen als Insiderinformation zu qualifizierenden Zwischenschritt eines zeitlich gestreckten Vorgangs ausgelöst wird.
[24] S. insbes. Erwgr. Nr. 86 und Art. 78 MiCAR.
[25] Vgl. Erwgr. Nr. 31 MAR.
[26] S. zur MAR, Meyer/Veil/Rönnau MarktmissbrauchsR-HdB/Veil § 7 Rn. 36.
[27] Vgl. Erwgr. Nr. 25 MAR.
[28] Zur MAR umfassend Klöhn/Klöhn MAR Art. 8 Rn. 48 ff.; Meyer/Veil/Rönnau MarktmissbrauchsR-HdB/Veil § 7 Rn. 26 ff.
[29] Vgl. zur MAR, Klöhn/Klöhn MAR Art. 8 Rn. 68 ff.; Meyer/Veil/Rönnau MarktmissbrauchsR-HdB/Veil § 7 Rn. 33.
[30] Dagegen zB Klöhn/Klöhn MAR Art. 8 Rn. 71 ff.; dafür zB Meyer/Veil/Rönnau MarktmissbrauchsR-HdB/Veil § 7 Rn. 33.

MiCAR Art. 89 Titel VI. Marktmissbrauch

on erfolgte nachträgliche **Stornierung oder Änderung** eines bereits erteilten Auftrags i. H. a. einen Kryptowert gilt als Insidergeschäft **(Art. 89 Abs. 1 S. 2)**, nicht hingegen ein bloßes Unterlassen eines Geschäfts oder das Nichtausüben einer Option.[31] Außerdem liegt eine Nutzung bei der **Übermittlung, Änderung oder Zurücknahme eines Gebots** für eigene oder fremde Rechnung vor **(Art. 89 Abs. 1 S. 3)**. Alle diese Fallgruppen stellen „Handlungen" iSd Art. 86 Abs. 1 MiCAR dar (→ MiCAR Art. 86 Rn. 8).

9 Eine **„Nutzung"** der Insiderinformation liegt nur vor, wenn sie für die betreffende Handlung (→ Rn. 8) zumindest mitursächlich ist.[32] Bei Primärinsidern (vgl. → Rn. 4 f.) besteht nach der zur Marktmissbrauchsrichtlinie 2003/6/EG ergangenen **Spector-Entscheidung** des EuGH freilich eine **widerlegliche Vermutung,** dass jemand, der in Kenntnis einer Insiderinformation Geschäfte tätigt, diese Information dabei auch genutzt hat.[33] Zwar lässt sich dieser Grundsatz nicht nur auf Sekundärinsider,[34] sondern auch auf die MiCAR übertragen. Allerdings wird, zumal mit der MiCAR kein im Verhältnis zur MAR strengeres Regime geschaffen werden sollte,[35] anzunehmen sein, dass trotz **Fehlens** einer dem **Art. 9 MAR** („Legitime Handlungen") entsprechenden Bestimmung in „bestimmte[n] Situationen eine vertiefte Prüfung der tatsächlichen Umstände"[36] erforderlich und die **Kausalität** des Verfügens über die Insiderinformation für die gesetzte Handlung daher nicht ohne Weiteres zu vermuten sein wird. Folglich gilt auch bei Kryptowerten die Spector-Vermutung zumindest in mit den in Art. 9 MAR genannten vergleichbaren Situationen nicht und sie kann in anderen Fällen widerlegt werden.[37] Auch im Anwendungsbereich der MiCAR ist demnach auf ihre **Zielsetzung** (vgl. Erwgr. Nr. 95 Satz 4) abzustellen und es stellt nur eine dieser Zielsetzung zuwiderlaufende Nutzung von Insiderinformationen ein verbotenes Insidergeschäft dar.[38] Denn wie die MAR, soll auch die MiCAR nicht verhindern, dass Personen „lediglich ihr legitimes Geschäft gemäß den für sie geltenden Regeln ausüben".[39] Ebenso ist das Insiderhandelsverbot demnach bei gleichem Kenntnisstand von Insider und Vertragspartei nicht anzuwenden.[40] Schließlich ist, auch wenn für das Vorliegen einer Insiderinformation grundsätzlich kein Drittbezug erforderlich ist (→ MiCAR Art. 87 Rn. 6), anzunehmen, dass Personen ihr Wissen darüber, dass sie beschlossen haben, Kryptowerte zu erwerben oder zu veräußern, beim Erwerb oder der Veräußerung dieser Kryptowerte nutzen können, ohne dass dies an sich bereits eine Nutzung von Insiderinformationen darstellt.[41]

---

[31] Vgl. zur MAR, Klöhn/Klöhn MAR Art. 8 Rn. 66; Meyer/Veil/Rönnau MarktmissbrauchsR-HdB/Veil § 7 Rn. 35.
[32] Vgl. zur MAR, Meyer/Veil/Rönnau MarktmissbrauchsR-HdB/Veil § 7 Rn. 40.
[33] EuGH 8.2.2008 – C-45/08, ECLI:EU:C:2009:806 Rn. 54 = BeckEuRS 2008, 469388 – Spector. Vgl. Erwgr. Nr. 24 zur MAR.
[34] ZB Meyer/Veil/Rönnau MarktmissbrauchsR-HdB/Veil § 7 Rn. 41. Vgl. wieder Erwgr. Nr. 24 zur MAR.
[35] Vgl. Erwgr. Nr. 95 Satz 3 MiCAR.
[36] EuGH 8.2.2008 – C-45/08, ECLI:EU:C:2009:806 Rn. 55 = BeckEuRS 2008, 469388 – Spector.
[37] Vgl. zur MAR, Meyer/Veil/Rönnau MarktmissbrauchsR-HdB/Veil § 7 Rn. 87 f.
[38] Vgl. EuGH 8.2.2008 – C-45/08, ECLI:EU:C:2009:806 Rn. 61 = BeckEuRS 2008, 469388 – Spector.
[39] EuGH 8.2.2008 – C-45/08, ECLI:EU:C:2009:806 Rn. 58 = BeckEuRS 2008, 469388 – Spector.
[40] Vgl. zur MAR Meyer/Veil/Rönnau MarktmissbrauchsR-HdB/Veil § 7 Rn. 46.
[41] Vgl. Art. 9 Abs. 5 MAR.

2. Verbotene Handlungen. a) Verbot von Insidergeschäften. Gem. 10
Art. 89 Abs. 2 S. 1 MiCAR darf niemand Insidergeschäfte tätigen oder versuchen, Insidergeschäfte zu tätigen. Die Bestimmung verbietet daher nicht nur das Tätigen von Insidergeschäften (→ Rn. 7 ff.), sondern, wie auch Art. 14 lit. a MAR, bereits den **Versuch**.[42] Außerdem greift die Bestimmung Teile der Definition des Art. 89 Abs. 1 MiCAR auf, indem sie bestimmt, dass es verboten ist, Insiderinformationen über Kryptowerte zu nutzen, „um diese Kryptowerte, direkt oder indirekt, für eigene Rechnung oder für Rechnung eines Dritten, zu erwerben oder zu veräußern". Der Mehrwert dieses Zusatzes ist unklar, denn die genannten Fallkonstellationen sind alle bereits von der Definition des Insidergeschäfts des Abs. 1 umfasst. Sie dürfte sich aus der Entstehungsgeschichte erklären, war Abs. 1 doch im Vorschlag der Kommission noch nicht enthalten. Der Zusatz ist daher auch nicht als Einschränkung dergestalt zu verstehen, dass etwa nur der Erwerb bzw. die Veräußerung vom Verbot erfasst wären. Vielmehr können auch die Stornierung oder Änderung bereits erteilter Aufträge sowie die Übermittlung, Änderung oder Zurücknahme eines Gebots unter das Verbot fallen (Art. 89 Abs. 1 S. 2 und 3, → Rn. 8).

b) Empfehlungs- und Verleitungsverbot. Art. 89 **Abs.** 2 S. 2 MiCAR 11
verbietet es Primär- wie Sekundärinsidern (→ Rn. 4 f.),[43] **Dritten** zu empfehlen, Insidergeschäfte zu tätigen, oder Dritte dazu zu verleiten, Insidergeschäfte zu tätigen. Außerdem sieht Art. 89 **Abs.** 3 MiCAR vor, dass kein Besitzer von Insiderinformationen über Kryptowerte auf der Grundlage dieser Insiderinformationen Dritten den Erwerb oder die Veräußerung von Kryptowerten bzw. die Stornierung oder Änderung eines diese Kryptowerten betreffenden Auftrags empfehlen oder sie dazu verleiten darf. Beide Bestimmungen enthalten also ein je unterschiedlich formuliertes **Empfehlungs- und Verleitungsverbot** gegenüber Dritten (nicht aber gegenüber der Öffentlichkeit[44]). Dabei handelt es sich um eine Ergänzung zum Offenlegungsverbot des Art. 90 MiCAR, mit der im Sinne einer „Umgehungsschranke" verhindert werden soll, dass ein Insider auf Dritte einwirkt, um sie zu Handlungen zu bewegen, die als Insidergeschäfte zu qualifizieren wären, würde sie der Insider selbst tätigen.[45] Das Vorbild für ein solches Empfehlungs- und Verleitungsverbot findet sich in **Art. 14 lit. b iVm Art. 8 Abs. 2 MAR**. Die Empfehlung stellt dabei einen praktisch bedeutsamen Unterfall des Verleitens, also einer (objektiv) auf die Willensbeeinflussung eines Dritten gerichteten Handlung, dar.[46] Auch dafür kann die **Spector-Vermutung** (→ Rn. 9) herangezogen werden: Wenn ein Insider jemanden zu Handlungen in Bezug auf Kryptowerte verleitet, wird daher regelmäßig (widerleglich) zu vermuten sein, dass er das auf Grundlage der Insiderinformationen getan hat.[47] Es

---

[42] Meyer/Veil/Rönnau MarktmissbrauchsR-HdB/Veil § 7 Rn. 6.
[43] Verbotsadressaten sind demnach auch juristische Personen; vgl., zur MAR, Klöhn/Klöhn MAR Art. 8 Rn. 229.
[44] Zur MAR Klöhn/Klöhn MAR Art. 8 Rn. 218.
[45] S. zur MAR, Meyer/Veil/Rönnau MarktmissbrauchsR-HdB/Veil § 9 Rn. 2, 8. Vgl. auch Klöhn/Klöhn MAR Art. 8 Rn. 213.
[46] Zur MAR Klöhn/Klöhn MAR Art. 8 Rn. 219 ff.; Meyer/Veil/Rönnau MarktmissbrauchsR-HdB/Veil § 9 Rn. 15 f., 19. Der Dritte muss dabei zumindest die Möglichkeit der Kenntnisnahme haben; s. wieder Meyer/Veil/Rönnau MarktmissbrauchsR-HdB/Veil § 9 Rn. 26 f.
[47] Vgl. zur MAR Klöhn/Klöhn MAR Art. 8 Rn. 237 f.; Meyer/Veil/Rönnau MarktmissbrauchsR-HdB/Veil § 9 Rn. 11 f.

müssen jene Informationen die Voraussetzungen von Insiderinformationen iSd Art. 87 MiCAR erfüllen, auf deren Grundlage die Empfehlung/Verleitung erfolgt ist.[48] Unerheblich ist dagegen, ob der Dritte einen konkreten Entschluss zum Geschäftsabschluss fasst oder das Insidergeschäft tatsächlich abschließt.[49] Es ist außerdem nicht erforderlich, dass die Insiderinformation weitergegeben und damit der Kreis der Insider erweitert wird.[50] **Nicht erfasst** sind allerdings Empfehlungen bzw. Verleitungen zu **Unterlassungen**, obschon sie ähnliche Wirkungen haben.[51] In Abgrenzung zu Art. 90 Abs. 2 MiCAR (→ MiCAR Art. 90 Rn. 5) erfasst das Empfehlungs- und Verleitungsverbot des Art. 89 MiCAR außerdem nur die **eigene**, nicht aber die Weitergabe einer fremden Verleitung; eine Handlung kann allerdings beide Tatbestände erfüllen.[52] Ebenfalls ist denkbar, dass zusätzlich eine Anstiftung zum Tätigen eines Insidergeschäfts verwirklicht wird.[53]

12 Fraglich ist, wie sich **Art. 89 Abs. 2 S. 2 MiCAR zu Abs. 3 leg. cit. verhält**. Denn es scheint, dass angesichts der Definition des Insidergeschäfts in Art. 89 Abs. 1 MiCAR (→ Rn. 7 ff.) die in Abs. 3 genannten Fälle bereits von Abs. 2 Satz 2 erfasst sind und insofern jede Empfehlung/Verleitung durch einen Insider „aufgrund", dh kausal bedingt durch die Insiderinformation iSd Abs. 3 auch eine Empfehlung/Verleitung zu einem Insidergeschäft iSd Abs. 2 Satz 2 ist. Anders als für die Frage, ob das Verbot der *Nutzung* von Empfehlungen/Verleitungen gem. Art. 89 Abs. 4 MiCAR verletzt wurde (→ Rn. 13) kommt es für einen Verstoß gegen das Empfehlungs- und Verleitungsverbot nämlich nicht gerade nicht darauf an, ob der *Dritte* weiß oder wissen sollte, dass die Empfehlung/Verleitung auf einer Insiderinformation beruht.[54] Abs. 2 Satz 2 ist auch insofern weiter gefasst, als sich in Abs. 3 kein Verweis auf die Übermittlung, Änderung oder Zurücknahme eines Gebots findet, diese Fälle aber ausweislich des Abs. 1 als Nutzung von Insiderinformationen zu qualifizieren sind und damit diesbezügliche Empfehlungen bzw. Verleitungen wohl nach Abs. 2 Satz 2 verboten sind. Alternativ wäre aufgrund des Wortlauts auch denkbar, Abs. 2 Satz 2 einschränkend nur auf solche Fälle zu beziehen, in denen der Dritte selbst Insidergeschäfte tätigt und damit gegen Art. 89 Abs. 4 MiCAR (→ Rn. 13) verstößt, wenn er der Empfehlung/Verleitung folgt, und in allen anderen Fällen (nur) Art. 89 Abs. 3 MiCAR heranzuziehen. Eine solche Auslegung weicht dann freilich vom Vorbild der MAR ab.[55] Die insofern etwas unklare Struktur des Art. 89 MiCAR dürfte durch die Entstehungsgeschichte der Bestimmung erklärbar sein (→ Rn. 3), wurden Abs. 2 Satz 2 sowie die Definition des Insidergeschäfts in Abs. 1 doch erst durch das Ratsmandat eingefügt.

13 c) **Verbot der Nutzung von Empfehlungen und Verleitungen.** Gem. Art. 89 **Abs. 4** MiCAR ist die **Nutzung** von Empfehlungen oder Verleitungen als Insidergeschäft verboten, „wenn die Person, die die Empfehlung nutzt oder der Verleitung folgt, weiß oder wissen sollte, dass diese auf Insider-

---

[48] Zur MAR Klöhn/Klöhn MAR Art. 7 Rn. 42, 44.
[49] Zur MAR Klöhn/Klöhn MAR Art. 8 Rn. 223 f., 227 f.; Meyer/Veil/Rönnau MarktmissbrauchsR-HdB/Veil § 9 Rn. 23 ff.
[50] Zur MAR Meyer/Veil/Rönnau MarktmissbrauchsR-HdB/Veil § 9 Rn. 10.
[51] S. zur MAR, Meyer/Veil/Rönnau MarktmissbrauchsR-HdB/Veil § 9 Rn. 14.
[52] Zur MAR Klöhn/Klöhn MAR Art. 8 Rn. 220, 225.
[53] Zur MAR Meyer/Veil/Rönnau MarktmissbrauchsR-HdB/Veil § 9 Rn. 32.
[54] Vgl. zur MAR, Meyer/Veil/Rönnau MarktmissbrauchsR-HdB/Veil § 9 Rn. 2.
[55] S. Art. 8 Abs. 2 MAR.

informationen beruht". Art. 89 Abs. 4 MiCAR normiert demnach eine Form der **„Tippempfänger-Haftung"**, die durch Art. 90 Abs. 2 MiCAR (→ MiCAR Art. 90 Rn. 5) ergänzt wird.[56] Sie soll verhindern, dass sich (natürliche wie juristische)[57] Personen unter Verwertung von auf Insiderinformationen beruhenden Empfehlungen und Verleitungen wie Insider verhalten und damit den gleichberechtigten Informationszugang beeinträchtigen.[58] „Wissen" heißt, dass die Person im Sinne einer Parallelwertung in der Laiensphäre versteht, dass die Empfehlung/Verleitung aufgrund einer nicht öffentlich bekannten, präzisen, kurserheblichen Information abgegeben wurde, für das „Wissen-Müssen" reicht aber bereits (einfache) Fahrlässigkeit.[59] „Genutzt" wird eine Empfehlung/Verleitung dann, wenn **auf** ihrer **Grundlage** das Geschäft getätigt (der Auftrag storniert/geändert) wird, die Empfehlung/Verleitung also **kausal** für dessen Durchführung ist.[60] Im Gegensatz zu Fällen direkten Verfügens über Insiderinformationen, ist bei der Nutzung von Empfehlungen und Verleitungen die Spector-Vermutung (→ Rn. 9, 11) nicht anwendbar.[61] Es handelt sich insofern um eine **Erweiterung** des Tatbestandes des Art. 89 Abs. 1 MiCAR, als der Täter nach Abs. 4 leg. cit. nicht die Insiderinformation selbst nutzt, sondern eine Empfehlung oder Verleitung, und daher auch nicht über diese verfügen muss.[62] Auch wenn der Wortlaut des Art. 89 **Abs.** 5 MiCAR („Dieser Artikel gilt [...]") keine Einschränkung enthält, ist es für das Verbot der Nutzung von Empfehlungen und Verleitungen nach Abs. 4 daher gerade nicht erforderlich, dass der Tippempfänger über die Insiderinformation verfügt. Im Gegenteil: Sobald die Person nämlich selbst im Besitz der Insiderinformation ist, bräuchte es die Sonderregel des Art. 89 Abs. 4 MiCAR nicht mehr. Denn solche Personen fallen bereits gem. Art. 89 Abs. 1 iVm Abs. 5 letzter Satz MiCAR unter das Insiderhandelsverbot. Es ist daher anzunehmen, dass Art. 89 Abs. 4 MiCAR insofern eine lex specialis zu Abs. 5 leg. cit. darstellt.[63]

IV. Relevante Durchführungsbestimmungen im Kryptomärkteaufsichtsgesetz

Der Regierungsentwurf für ein **Kryptomärkteaufsichtsgesetz** 14 (**„KMAG"**)[64] enthält die zur Durchführung der MiCAR erforderlichen nationalen Regelungen (s. Wutscher Art. 86 → Rn. 11). Besondere Bedeutung kommt in gegebenen Zusammenhang den der **Bundesanstalt** durch **Kapitel 4, Abschnitt 4** (§§ 31 ff. KMAG-Regierungsentwurf) übertragenen Befugnissen zur Verhinderung von **Marktmissbrauch auf Handelsplattformen** sowie den Straf- und Bußgeldbestimmungen in **Kapitel 7** (§§ 46 ff.

---

[56] Zur MAR Klöhn/Klöhn MAR Art. 8 Rn. 242.
[57] Zur MAR Klöhn/Klöhn MAR Art. 8 Rn. 255.
[58] Zur MAR Klöhn/Klöhn MAR 8 Rn. 242.
[59] Zur MAR Klöhn/Klöhn MAR 8 Rn. 257 ff.
[60] Vgl. zur MAR, Klöhn/Klöhn MAR 8 Rn. 252 ff. Das setzt naturgemäß die Kenntnis der Empfehlung/Verleitung voraus, wobei bei juristischen Personen keine Wissenszusammenrechnung stattfindet, sondern auf das Wissen der konkreten, für die juristische Person handelnden natürlichen Person abzustellen ist; s. wieder Klöhn/Klöhn MAR 8 Rn. 251, 255.
[61] Zur MAR Klöhn/Klöhn MAR 8 Rn. 253 ff.
[62] Zur MAR Klöhn/Klöhn MAR 8 Rn. 240 f.
[63] Vgl. zur analogen Problematik in der MAR, Klöhn/Klöhn MAR 8 Rn. 245 f.
[64] Siehe Art. 1 des Regierungsentwurfs des deutschen Finanzmarktdigitalisierungsgesetzes („FinmadiG").

MiCAR Art. 90 — Titel VI. Marktmissbrauch

KMAG-Regierungsentwurf) zu. Diese Befugnisse und Sanktionen beziehen sich auch auf Verstöße gegen das Verbot von Insidergeschäften gem. Art. 89 MiCAR. Insbes. sei auf die möglichen Maßnahmen gem. § 31 sowie die Strafvorschriften in § 46 Abs. 1 Nr. 4 und 5 KMAG-Regierungsentwurf hingewiesen. § 32 KMAG-Regierungsentwurf verpflichtet die Adressaten überdies zur Verschwiegenheit über Maßnahmen gem. § 31 wegen eines möglichen Verstoßes gegen Art. 89 oder 91 MiCAR. Außerdem besteht die Möglichkeit der Anordnung von Maßnahmen gegenüber Leitungsorganen (§ 24 KMAG-Regierungsentwurf idF des Art. 2 Nr. 16 FinmadiG) sowie einer Aussetzung der Tätigkeit gegenüber **CASP**, die gegen die Art. 88 bis 92 MiCAR verstoßen (§ 29 KMAG-Regierungsentwurf).

Artikel 90 Verbot der unrechtmäßigen Offenlegung von Insiderinformationen

(1) Niemand, der über Insiderinformationen verfügt, darf diese Insiderinformationen unrechtmäßig Dritten offenlegen, es sei denn, diese Offenlegung erfolgt im Zuge der normalen Ausübung einer Beschäftigung oder eines Berufs oder der normalen Erfüllung von Aufgaben.

(2) Die Weitergabe von Empfehlungen oder das Verleiten anderer gemäß Artikel 89 Absatz 4 gilt als unrechtmäßige Offenlegung von Insiderinformationen, wenn die Person, die die Empfehlung weitergibt oder andere verleitet, weiß oder wissen sollte, dass die Empfehlung bzw. Verleitung auf Insiderinformationen beruht.

Übersicht

	Rn.
I. Einführung	1
1. Literatur	1
2. Entstehung, Zweck und normativer Kontext	2
II. Offenlegungsverbot	3
1. Verbotsadressaten	3
2. Verbotene Handlungen	4
3. Rechtmäßige Offenlegung	6
III. Relevante Durchführungsbestimmungen im Kryptomärkteaufsichtsgesetz	8

I. Einführung

1 **1. Literatur.** Siehe das Schrifttum zu den Vorbildbestimmungen der Art. 10 und 14 MAR.

2 **2. Entstehung, Zweck und normativer Kontext.** Art. 90 MiCAR über das **Verbot der unrechtmäßigen Offenlegung von Insiderinformationen** gegenüber Dritten ist die letzte der insgesamt vier insiderrechtlichen Bestimmungen des Marktmissbrauchsregimes des Titels VI der MiCAR. Indem es die mit einer Verbreitung von Insiderinformationen steigende Gefahr der Durchführung verbotener Insidergeschäfte eindämmen will, ergänzt das Offenlegungsverbot das Insiderhandelsverbot des Art. 89 MiCAR.[1] Es dient

---
[1] S. zur MAR, Meyer/Veil/Rönnau MarktmissbrauchsR-HdB/Veil § 8 Rn. 1; vgl. auch Klöhn/Klöhn MAR 10 Rn. 13.

Verbot d. unrechtmäß. Offenleg. v. Insiderinformat. **Art. 90 MiCAR**

wie allgemein das Insiderrecht der MiCAR nicht dem Schutz einzelner Anleger, sondern der Schaffung eines **gleichberechtigten Informationszugangs**[2] und dem Schutz der **Integrität** und des **Vertrauens** in die Kryptomärkte.[3] Inhaltlich übernimmt Art. 90 MiCAR die **Art. 10 und Art. 14 lit. c MAR**. Wie auch die anderen insiderrechtlichen Bestimmungen der MiCAR knüpft Art. 90 an die **Begriffsdefinition** der **Insiderinformation** des Art. 87 MiCAR an (→ MiCAR Art. 87 Rn. 4 ff.). Bei Verstößen müssen nach dem nationalen Recht angemessene verwaltungsrechtliche Sanktionen und andere verwaltungsrechtliche Maßnahmen ergriffen werden können (s. **Art. 111 Abs. 1 lit. e und Abs. 5 MiCAR**), alternativ können die Mitgliedstaaten aber auch strafrechtliche Sanktionen festlegen (s. Art. 111 Abs. 1 UAbs. 2 MiCAR). Das Verbot der unrechtmäßigen Offenlegung von Insiderinformationen war bereits im Kommissionsvorschlag[4] enthalten, erfuhr aber im **Gesetzgebungsverfahren** bedeutende Erweiterungen. Denn erst durch das Ratsmandat wurde **Abs. 2** zur Weitergabe fremder Empfehlungen und Verleitungen eingefügt. Auch das Adverb „unrechtmäßig" war im Kommissionsentwurf noch nicht enthalten.

II. Offenlegungsverbot

1. Verbotsadressaten. Das Verbot nach Art. 90 Abs. 1 MiCAR richtet 3 sich an jede **natürliche oder juristische Person,** die über Insiderinformationen verfügt. Im Gesetzgebungsverfahren sollte auf Betreiben des Rates in Abs. 1 analog zu Art. 10 Abs. 1 UAbs. 2 MAR auch ein Verweis auf den nunmehr in Art. 89 Abs. 5 MiCAR geregelten Geltungsbereich eingefügt werden. Dieser Verweis ist in der schließlich beschlossenen Fassung nicht mehr enthalten. Das Verbot gilt daher unabhängig von einer Position als Primär- oder Sekundärinsider (→ MiCAR Art. 89 Rn. 4 f.) und ist insofern strenger als die MAR. Denn „verfügen" über eine Insiderinformation kann auch jemand, der zwar die Information kennt, dem **deren Qualität** als Insiderinformation (zu diesem Begriff, → MiCAR Art. 87 Rn. 4 ff.) aber **nicht bekannt** ist. Die beschriebene Genese der Vorschrift dürfte es ausschließen, Art. 89 Abs. 5 MiCAR analog heranzuziehen, wurde der Verweis auf diese Bestimmung in der finalen Fassung doch bewusst wieder gestrichen. Allerdings sagt die Anwendbarkeit des Verbotstatbestandes noch nichts über die **Strafbarkeit** einer unrechtmäßigen Offenlegung aus. Damit die Offenlegung vorwerfbar ist, wird nämlich regelmäßig ein subjektives Element erforderlich sein. Wusste ein Normadressat daher nichts von der Qualität der von ihm offengelegten Information als Insiderinformation und hätte er dies auch nicht wissen müssen, wird eine Bestrafung regelmäßig ausscheiden.

2. Verbotene Handlungen. Art. 90 MiCAR unterscheidet zwischen der 4 unrechtmäßigen Offenlegung („disclosure") von Insiderinformationen gegenüber Dritten **(Abs. 1)** und der Weitergabe („onward disclosure") von Empfehlungen und Verleitungen **(Abs. 2),** wobei demnach auch die Weitergabe als unrechtmäßige Offenlegung „gilt". Eine **Offenlegung** kann etwa

---

[2] Klöhn/Klöhn MAR 7 Rn. 2, MAR 8 Rn. 43, Art. 10 Rn. 15.
[3] Erwgr. Nr. 95 Satz 4 MiCAR. Vgl. zur MAR zB Maume/Maute Kryptowerte-HdB/ Maume Kap. 3 Rn. 32; Meyer/Veil/Rönnau MarktmissbrauchsR-HdB/Veil § 7 Rn. 1 ff. Dagegen sind die Vermögensinteressen einzelner Anleger nicht geschützt; vgl., zur MAR, Klöhn/Klöhn MAR 8 Rn. 44.
[4] COM/2020/593 final.

Wutscher

MiCAR Art. 90

in einer Mitteilung, aber auch in einem **Zugänglichmachen** (durch Tun oder Unterlassen) im Sinne eines Ermöglichens der Kenntnis ohne wesentliche Schwierigkeiten liegen.[5] Weil eine Insiderinformation keinen Drittbezug voraussetzt (→ MiCAR Art. 87 Rn. 6), kann auch die Weitergabe eines selbst gefassten Entschlusses eine unrechtmäßige Offenlegung darstellen.[6] „Dritte", dh „Empfänger" der Offenlegung, können dabei (einzelne oder mehrere) natürliche wie juristische Personen sein, obschon das Offenlegungsverbot unabhängig davon greift, ob der Dritte von der Insiderinformation tatsächlich Kenntnis erlangt.[7] Wird eine Information dagegen **öffentlich bekannt** gemacht (veröffentlicht), liegt keine Insiderinformation und somit auch keine unrechtmäßige Offenlegung einer solchen mehr vor.[8] Auch wenn der Dritte die Information **bereits kennt,** kann aufgrund einer teleologischen Reduktion kein Verstoß gegen das Verbot vorliegen, kommt es in solchen Fällen doch nicht zu einer Erweiterung des Kreises an Insidern.[9] Verboten sind nur „**unrechtmäßige**" Offenlegungen, also solche, die nicht rechtmäßig sind, insbes. weil sie zur normalen Ausübung einer Beschäftigung oder eines Berufs oder der normalen Erfüllung von Aufgaben erforderlich sind (→ Rn. 6 f.).

5   Art. 90 Abs. 2 MiCAR erweitert das Offenlegungsverbot, indem er festlegt, dass auch die **Weitergabe** von Empfehlungen und Verleitungen als unrechtmäßige Offenlegung von Insiderinformationen gilt, sofern die weitergebende Person weiß oder wissen sollte, dass die Empfehlung bzw. Verleitung auf Insiderinformationen beruht. Es ist dabei nicht erforderlich, dass der Täter selbst über die Insiderinformation verfügt.[10] Für das Wissen/Wissen-Müssen gelten dieselben Anforderungen wie für das Empfehlungs- und Verleitungsverbot gem. Art. 89 MiCAR (→ MiCAR Art. 89 Rn. 5). Die englische Sprachfassung („**onward disclosure**"), der Regelungskontext sowie der Gleichlauf mit dem Vorbild in der MAR[11] legen nahe, dass mit der Weitergabe gem. Art. 90 Abs. 2 MiCAR nur die Weitergabe **fremder Empfehlungen/Verleitungen** gemeint ist. Denn die Weitergabe eigener Empfehlungen/Verleitungen Dritten gegenüber ist bereits vom Verbot des Art. 89 Abs. 2 S. 2 und Abs. 3 MiCAR umfasst. Art. 90 Abs. 2 MiCAR ergänzt daher das Empfehlungs- und Verleitungsverbot des Art. 89 MiCAR (→ MiCAR Art. 89 Rn. 11).[12] Damit soll sichergestellt werden, dass sich der Kreis jener Personen, die sich **wie Insider verhalten,** nicht erhöht.[13] Freilich kann eine Tathandlung durchaus gleichzeitig die Weitergabe einer fremden und eine eigene Empfehlung/Verleitung sein.[14]

6   **3. Rechtmäßige Offenlegung.** Art. 90 MiCAR verbietet nur unrechtmäßige Offenlegungen von Insiderinformationen. Auch wenn das sprachlich

---

[5] Vgl. zur MAR, Meyer/Veil/Rönnau MarktmissbrauchsR-HdB/Veil § 8 Rn. 4; Klöhn/Klöhn MAR 10 Rn. 28, 30.
[6] Vgl. zur MAR, Klöhn/Klöhn MAR 10 Rn. 19.
[7] Vgl. zur MAR, Meyer/Veil/Rönnau MarktmissbrauchsR-HdB/Veil § 9 Rn. 5, 7; Klöhn/Klöhn MAR 10 Rn. 21, 27.
[8] Vgl. zur MAR, Klöhn/Klöhn MAR 10 Rn. 20, 23.
[9] S. zur MAR, Klöhn/Klöhn MAR 10 Rn. 22, 29.
[10] Vgl. zur MAR, Klöhn/Klöhn MAR 10 Rn. 232.
[11] S. Art. 10 Abs. 2 MAR, der allerdings jedenfalls in der deutschen Fassung „sprachlich mehr als verunglückt […]" scheint; so Klöhn/Klöhn MAR 10 Rn. 229.
[12] Vgl. zur MAR, Meyer/Veil/Rönnau MarktmissbrauchsR-HdB/Veil § 9 Rn. 2.
[13] Vgl. zur MAR, Klöhn/Klöhn MAR 10 Rn. 230.
[14] Vgl. zur MAR, Klöhn/Klöhn MAR 10 Rn. 231.

nicht ganz klar zum Ausdruck kommt,[15] normiert der **zweite Satzteil** des Abs. 1 leg. cit. eine **Einschränkung** des Offenlegungsverbots und damit Fälle, in denen die Offenlegung **rechtmäßig** ist.[16] Demnach gilt das Offenlegungsverbot nicht, wenn die Offenlegung im Zuge der „normalen Ausübung einer Beschäftigung oder eines Berufs oder der normalen Erfüllung von Aufgaben" erfolgt. Wann das der Fall ist, bestimmt sich nach der insofern auf die MiCAR übertragbaren Rechtsprechung[17] des EuGH zur Insiderrichtlinie 89/592/EG[18] „in Ermangelung einer Harmonisierung in diesem Bereich [...] weitestgehend nach den Vorschriften, die diese Fragen in den einzelnen nationalen Rechtsordnungen regeln"[19]. Für die dem Art. 90 Abs. 1 MiCAR entsprechende Ausnahme in Art. 10 Abs. 1 MAR folgt daraus die Notwendigkeit einer **Abwägung** des sich nach dem nationalen Recht ergebenden **Offenlegungsinteresses** (des Weitergebenden[20]) gegenüber dem aus dem Unionsrecht folgenden Marktinteresse an einer Informationseindämmung.[21] Als Ausnahmebestimmung ist diese Einschränkung des Verbots auf Offenlegungen zur normalen Ausübung einer Beschäftigung/eines Berufs oder der normalen Aufgabenerfüllung **eng** auszulegen.[22] Demnach ist eine **Verhältnismäßigkeitsprüfung** erforderlich,[23] die nach den allgemeinen Regeln in Form einer Prüfung von legitimem Interesse,[24] Eignung, Erforderlichkeit und Angemessenheit erfolgt.[25] Dabei ist zu fragen, ob die Information für die Tätigkeit/Aufgabe **unerlässlich**[26] im Sinne von erforderlich[27] ist (sog. **Need-to-know-Prinzip**[28]). Auf dieser Grundlage kann zB auch die Offenlegung an externe Berater zulässig sein.[29]

Unklar ist angesichts des Wortlauts, ob auch **private Interessen** ein Offenlegungsinteresse begründen können. Soweit das **grundrechtlich** gefordert ist (man denke etwa an die Weitergabe von Insiderinformationen im Rahmen einer Beichte, oder die Offenlegung einer Erkrankung durch ein Vorstandsmitglied gegenüber einem Arzt), wird man ein solches Offenlegungsinteresse

7

---

[15] Rein semantisch bezieht sich der Nebensatz ab „es sei denn" („except") auf das „unrechtmäßig [...] [O]ffenlegen", weshalb in solchen Fällen eigentlich ebenfalls eine „unrechtmäßige" Offenlegung vorläge, diese aber bloß nicht verboten wäre.
[16] Vgl. zur MAR, Klöhn/Klöhn MAR 10 Rn. 35.
[17] Zur Übertragbarkeit auf die MAR, der die Bestimmungen der MiCAR nachgebildet sind, EuGH 15.3.2022 – C-302/20, ECLI:EU:C:2022:190 Rn. 78 = NJW 2022, 2671 – A/AMF.
[18] ABl. 1989 L 334, 30.
[19] EuGH 22.11.2005 – C-384/02, ECLI:EU:C:2005:708 Rn. 40 = BeckRS 2005, 70889 – Grøngaard und Bang.
[20] Zur MAR Klöhn/Klöhn MAR 10 Rn. 49.
[21] Klöhn/Klöhn MAR 10 Rn. 42.
[22] EuGH 15.3.2022 – C-302/20, ECLI:EU:C:2022:190 Rn. 78 = NJW 2022, 2671 – A/AMF.
[23] EuGH 15.3.2022 – C-302/20, ECLI:EU:C:2022:190 Rn. 78 = NJW 2022, 2671 – A/AMF; EuGH 22.11.2005 – C-384/02, ECLI:EU:C:2005:708 Rn. 31, 34 = BeckRS 2005, 70889 – Grøngaard und Bang. Vgl. Klöhn/Klöhn MAR 10 Rn. 43 ff.
[24] Dafür muss der Zweck der Offenlegung rechtlich zulässig sein; vgl., zur MAR, Meyer/Veil/Rönnau MarktmissbrauchsR-HdB/Veil § 8 Rn. 10; Klöhn/Klöhn MAR 10 Rn. 46 ff.
[25] Klöhn/Klöhn MAR 10 Rn. 44.
[26] EuGH 15.3.2022 – C-302/20, ECLI:EU:C:2022:190 Rn. 78 = NJW 2022, 2671 – A/AMF; EuGH 22.11.2005 – C-384/02, ECLI:EU:C:2005:708 Rn. 34 = BeckRS 2005, 70889 – Grøngaard und Bang.
[27] EuGH 15.3.2022 – C-302/20, ECLI:EU:C:2022:190 Rn. 81 = NJW 2022, 2671 – A/AMF. Vgl. Klöhn/Klöhn MAR 10 Rn. 73 ff.
[28] S., zur MAR, Meyer/Veil/Rönnau MarktmissbrauchsR-HdB/Veil § 8 Rn. 11.
[29] Vgl. zur MAR, Meyer/Veil/Rönnau MarktmissbrauchsR-HdB/Veil § 8 Rn. 13.

bejahen können und insofern eine teleologische Reduktion des Offenlegungsverbots annehmen müssen.[30] Auch sonstige gesetzliche Offenlegungsverpflichtungen können (als leges speciales) Ausnahmen vom Offenlegungsverbot begründen.[31] Ihrem Wortlaut nach gilt die Ausnahme darüber hinaus nur im Rahmen der unrechtmäßigen Weitergabe von Insiderinformationen gem. Art. 90 Abs. 1 MiCAR, **nicht** hingegen bei der **Weitergabe fremder Empfehlungen bzw. Verleitungen** gem. Abs. 2 leg. cit.[32] Freilich könnte ein Größenschluss für eine analoge Anwendung der Ausnahme sprechen. Wenn nämlich nach Art. 90 Abs. 1 MiCAR bereits die Weitergabe der Insiderinformation selbst zulässig ist, muss dies umso mehr für eine mit überwiegenden (insbes. durch die berufliche Tätigkeit bedingten) Interessen begründbare Weitergabe fremder Empfehlungen gelten. Allerdings sieht auch Art. 89 MiCAR keine entsprechende Ausnahme vom Empfehlungs- und Verleitungsverbot vor, weshalb man, folgt man dieser Auslegung, eine analoge Anwendung wohl auch für die Weitergabe eigener Empfehlungen bzw. Verleitungen annehmen müsste.

III. Relevante Durchführungsbestimmungen im Kryptomärkteaufsichtsgesetz

8 Das vorgeschlagene **Kryptomärkteaufsichtsgesetz ("KMAG")**[33] enthält die zur Anwendung der MiCAR erforderlichen nationalen Regelungen und damit insbes. die der Bundesanstalt zukommenden Befugnisse sowie die Sanktionsregelungen (s. Wutscher Art. 86 → Rn. 11). Diese Regelungen beziehen sich auch auf (Verstöße gegen) das Verbot der unrechtmäßigen Offenlegung von Insiderinformationen gem. Art. 90 MiCAR. Hinzuweisen sei insbes. auf § 29 KMAG-Regierungsentwurf, der die Anordnung der Aussetzung der Tätigkeit gegenüber CASP ermöglicht, und auf die Maßnahmen gegenüber Leitungsorganen gem. § 24 KMAG-Regierungsentwurf i. d. F. des Art. 2 Nr. 16 FinmadiG, sowie allgemein auf die **Befugnisse** zur Verhinderung von Markmissbrauch auf Handelsplattformen gem. Kapitel 4, Abschnitt 4 (§§ 31 ff. KMAG-Regierungsentwurf), von denen im gegebenen Zusammenhang vor allem die Maßnahmen gem. § 31 und § 35 relevant sind. Aus den Straf- und Bußgeldbestimmungen des Kapitels 7 (§§ 46 ff. KMAG-Regierungsentwurf) ist insbes. auf die **Strafvorschrift** des § 46 Abs. 1 Nr. 6 KMAG-Regierungsentwurf hinzuweisen.

Artikel 91 Verbot der Marktmanipulation

(1) Niemand darf Marktmanipulation betreiben oder einen entsprechenden Versuch unternehmen.

(2) Für die Zwecke dieser Verordnung umfasst der Begriff „Marktmanipulation" folgende Handlungen:

---

[30] Vgl. Klöhn/Klöhn MAR 10 Rn. 55, wonach auch private Interessen an der Weitergabe bestehen können.
[31] Vgl. zur MAR, Meyer/Veil/Rönnau MarktmissbrauchsR-HdB/Veil § 8 Rn. 15.
[32] Vgl. zur MAR, Klöhn/Klöhn MAR 10 Rn. 242.
[33] S. Art. 1 des Regierungsentwurfs des deutschen Finanzmarktdigitalisierungsgesetzes („FinmadiG").

Verbot der Marktmanipulation   **Art. 91 MiCAR**

a) – sofern keine legitimen Gründe vorliegen – den Abschluss eines Geschäfts, die Erteilung eines Handelsauftrags oder jede andere Handlung, die
  i) falsche oder irreführende Signale hinsichtlich des Angebots oder des Kurses von Kryptowerten oder der Nachfrage danach gibt oder bei der dies wahrscheinlich ist;
  ii) für einen oder mehrere Kryptowerte ein anormales oder künstliches Kursniveau herbeiführt oder bei denen dies wahrscheinlich ist;
b) der Abschluss eines Geschäfts, die Erteilung eines Handelsauftrags oder eine andere Tätigkeit oder Handlung, die unter Vorspiegelung falscher Tatsachen oder unter Verwendung sonstiger Kunstgriffe oder Formen der Täuschung den Kurs eines oder mehrerer Kryptowerte beeinflusst oder hierzu geeignet ist;
c) die Verbreitung von Informationen über die Medien, einschließlich des Internets oder auf anderem Wege, die falsche oder irreführende Signale hinsichtlich des Angebots oder des Kurses eines oder mehrerer Kryptowerte oder der Nachfrage danach geben oder bei denen dies wahrscheinlich ist oder die für einen oder mehrere Kryptowerte ein anormales oder künstliches Kursniveau herbeiführen oder bei denen dies wahrscheinlich ist, einschließlich der Verbreitung von Gerüchten, wenn die Person, die diese Informationen verbreitet hat, wusste oder hätte wissen müssen, dass sie falsch oder irreführend waren.

(3) Als Marktmanipulation gelten unter anderem die folgenden Handlungen:

a) die Sicherung einer marktbeherrschenden Stellung in Bezug auf das Angebot an einem Kryptowert oder die Nachfrage danach, die eine unmittelbare oder mittelbare Festsetzung des Kauf- oder Verkaufskurses oder andere unlautere Handelsbedingungen bewirkt oder hierzu geeignet ist;
b) die Erteilung von Aufträgen an eine Handelsplattform für Kryptowerte, einschließlich deren Stornierung oder Änderung, mittels aller zur Verfügung stehenden Handelsmethoden, die eine der in Absatz 2 Buchstabe a genannten Auswirkungen hat, durch
  i) Störung oder Verzögerung des Betriebs der Handelsplattform für Kryptowerte oder Ausübung von Tätigkeiten, die wahrscheinlich eine solche Wirkung haben;
  ii) Erschwerung der Ermittlung echter Aufträge auf der Handelsplattform für Kryptowerte durch Dritte oder Ausübung von Tätigkeiten, die wahrscheinlich eine solche Wirkung haben, einschließlich der Erteilung von Aufträgen, die zur Destabilisierung des normalen Betriebs der Handelsplattform für Kryptowerte führen;
  iii) das Setzen falscher oder irreführender Signale hinsichtlich des Angebots oder des Preises eines Kryptowerts oder der Nachfrage danach, insbesondere durch Erteilung von Aufträgen zur Einleitung oder Verschärfung eines Trends oder durch Ausübung von Tätigkeiten, die wahrscheinlich eine solche Wirkung haben;
c) Ausnutzung des gelegentlichen oder regelmäßigen Zugangs zu traditionellen oder elektronischen Medien durch Veröffentlichung von Stellungnahmen zu einem Kryptowert, nachdem zuvor Positionen in diesem Kryptowert eingegangen wurden und anschließend aus den Auswirkungen der Stellungnahme auf den Kurs dieses Kryptowerts Nutzen gezogen wird, ohne dass der Öffentlichkeit gleichzeitig dieser

Interessenkonflikt ordnungsgemäß und wirksam bekannt gegeben wird.

Übersicht

	Rn.
I. Einführung	1
1. Literatur	1
2. Entstehung, Zweck und normativer Kontext	2
II. Anwendungsbereich des Marktmanipulationsverbots	4
1. Persönlicher Anwendungsbereich	4
2. Sachlicher und räumlicher Anwendungsbereich	5
III. Verbotene Handlungen	6
1. Begriff der Marktmanipulation	6
2. Zwingende Beispiele des Abs. 3	11
3. Subjektive Voraussetzungen	15
IV. Relevante Durchführungsbestimmungen im Kryptomärkteaufsichtsgesetz	16

I. Einführung

1 1. Literatur. *Raschner,* Das (neue) Marktmanipulationsrecht für Kryptowerte. Eine Analyse des Entwurfs der Verordnung über Märkte für Kryptowerte (MiCAR), BKR 2022, 217. Siehe außerdem das Schrifttum zu den Vorbildbestimmungen der Art. 12 und 15 MAR.

2 2. Entstehung, Zweck und normativer Kontext. Art. 91 MiCAR regelt das **Verbot der Marktmanipulation.** Neben dem Insiderrecht (Art. 87–90 MiCAR) handelt es sich dabei um das zweite Standbein des **spezifischen Marktmissbrauchsregimes**[1] für Kryptowerte des Titels VI der MiCAR. Wie auch beim Insiderhandelsverbot (s. Art. 89 MiCAR) und dem Verbot unrechtmäßiger Offenlegung von Insiderinformationen (s. Art. 90 MiCAR), fasst die MiCAR in Art. 91 daher Definition und Verbotstatbestand in einer Bestimmung zusammen.[2] Vorbild des Art. 91 MiCAR sind demnach die **Art. 12 und 15 MAR,** die mit Ausnahme des Art. 12 Abs. 1 lit. d, Abs. 2 lit. b und e sowie der Abs. 3–5 *mutatis mutandis* übertragen wurden. Dem Verbot der Marktmanipulation kommt iZm Kryptowerten zentrale Bedeutung zu,[3] haben sich Kryptomärkte doch als besonders anfällig für missbräuchliche Praktiken erwiesen.[4] Marktmanipulation wird sohin als erhebliches Risiko für „das Vertrauen der Nutzer in die Märkte für Kryptowerte und die Integrität dieser Märkte" angesehen **(Erwgr. Nr. 95).** **Zweck** des Marktmanipulationsverbot ist demnach die Gewährleistung des **Vertrauens in die Kryptomärkte** sowie die **Sicherung ihrer Integrität**[5]

---

[1] In Erwgr. Nr. 95 ist in der engl. Fassung von „bespoke rules" die Rede. Vgl. Raschner BKR 2022, 217 (218): „sektorspezifisches Marktmissbrauchsrecht".
[2] Vgl. Raschner BKR 2022, 217 (220).
[3] Maume ECFR 2023, 243 (271); Maume/Maute Kryptowerte-HdB/Maume Kap. 3 Rn. 16 („Eckpfeiler der Marktverhaltensregeln"). Vgl. auch die begründenden Ausführungen im Kommissionsvorschlag zur MiCAR, COM/2020/593 final, der Marktmanipulation beispielhaft unter „einigen der bedeutsamsten Risiken, die von Kryptowerten ausgehen" anführt.
[4] Vgl. Commission Staff Working Document, Impact Assessment, SWD(2020) 380 final, S. 18. Private Initiativen wie die „Crypto Market Integrity Coalition" sind zur Hintanhaltung von Marktmanipulation nicht ausreichend; vgl. Raschner BKR 2022, 217 (218).
[5] Vgl. Raschner BKR 2022, 217 (218).

Verbot der Marktmanipulation   **Art. 91 MiCAR**

durch einen Schutz der freien und unverfälschten Preisbildung an den Kryptomärkten⁶. Das Verbot der Marktmanipulation war bereits im **Kommissionsvorschlag**⁷ enthalten und wurde im Gesetzgebungsverfahren kaum verändert. Die bedeutendste Änderung der schließlich beschlossenen Fassung im Vergleich zum Vorschlag der Kommission liegt in der ausdrücklichen **Einbeziehung des Versuchs** in den Verbotstatbestand.

Art. 91 MiCAR knüpft an den zentralen Begriff des Kryptowertes gem. **3** Art. 3 Abs. 1 Z 5 MiCAR an (noch → Rn. 5). Außerdem beziehen sich andere Bestimmungen der MiCAR (auch) auf das Markmanipulationsverbot. So sind die Mitgliedstaaten unter anderem zur Durchsetzung des Marktmanipulationsverbots verpflichtet, den zuständigen Behörden die Befugnis zur Ergreifung angemessener verwaltungsrechtlicher Sanktionen und anderer verwaltungsrechtlicher Maßnahmen zu übertragen, wobei etwa Mindesthöhen für die maximalen Geldbußen vorgesehen sind (s. **Art. 111 Abs. 1 lit. e und Abs. 5 MiCAR**). Möglich ist alternativ auch die Festlegung strafrechtlicher Sanktionen (Art. 111 Abs. 1 UAbs. 2 MiCAR). Die den mitgliedstaatlichen Behörden zukommenden Aufsichts- und Untersuchungsbefugnisse richten sich nach **Art. 94 MiCAR**. Gem. Abs. 3 sind besondere Befugnisse für die Wahrnehmung der Aufgaben im Marktmissbrauchsregime vorgesehen. Demnach muss etwa den mitgliedstaatlichen Behörden ein Betretungsrecht der Räumlichkeiten natürlicher und juristischer Personen zum Zweck der Beschlagnahme von Unterlagen und Daten jeglicher Form bei begründetem Verdacht ihrer Relevanz zum Nachweis von Marktmanipulation zukommen. **Zivilrechtliche Folgen** (zB Rücktrittsrechte, Schadensersatzansprüche) von Verstößen gegen Art. 91 MiCAR sind in der MiCAR dagegen nicht normiert, sondern richten sich nach nationalem Recht.⁸

II. Anwendungsbereich des Marktmanipulationsverbots

1. Persönlicher Anwendungsbereich. Das Marktmanipulationsverbot **4** gilt grundsätzlich für **jedermann** (arg: „Niemand [...]". Das umfasst natürliche wie juristische Personen gleichermaßen und unabhängig von ihrer Staatsangehörigkeit.⁹ Jenen natürlichen oder juristischen Personen ist aber etwa auch der Einsatz von (gewisse Handlungen automatisiert setzenden) Bots nach den allgemeinen Regeln zuzurechnen.¹⁰ Ausgenommen vom persönlichen Anwendungsbereich sind lediglich die von der Geltung der MiCAR allgemein ausgenommenen Institutionen, wie EZB, EIB oder ESM (Art. 2 Abs. 2 MiCAR).¹¹ Trotz Verpflichtung zur Festlegung von Teilnahmevoraussetzungen für Betreiber von Handelsplattformen nach der MiCAR (Art. 76 Abs. 1 lit. d MiCAR) und umgekehrten Bestrebungen, die traditionellen Kapitalmärkte künftig auch für KMUs leichter zugänglich zu machen,¹² dürfte allerdings der Kreis der Handelsteilnehmer auf Kryptomärkten deutlich weiter sein, was auch den potentiellen Täterkreis signifikant erweitert.¹³ Anders als

---

⁶ Zur MAR Maume/Maute Kryptowerte-HdB/Maume Kap. 3 Rn. 16.
⁷ COM/2020/593 final.
⁸ Vgl. Raschner BKR 2022, 217 (223 f.); vgl. dagegen die in Art. 15 MiCAR vorgesehene Haftung für die in einem Kryptowerte-Whitepaper enthaltenen Informationen.
⁹ Vgl. Art. 2 Abs. 1 MiCAR.
¹⁰ Vgl. Maume ECFR 2023, 243 (271).
¹¹ Vgl. Raschner BKR 2022, 217 (220).
¹² S. den „EU Listing Act", COM(2022) 762 final – 2022/0411/COD.
¹³ Vgl. Raschner BKR 2022, 217 (220).

Wutscher   739

beim Insiderhandelsverbot, wo die Regelung des Art. 8 Abs. 5 MAR zur Verantwortlichkeitserstreckung „nach Maßgabe des nationalen Rechts" von natürlichen Personen, die für juristische Personen handeln, in Art. 89 Abs. 6 MiCAR aufgenommen wurde (→ MiCAR Art. 89 Rn. 5), **fehlt** eine der Parallelregelung des **Art. 12 Abs. 4 MAR** zum Marktmanipulationsverbot entsprechende Regelung in der MiCAR. Es bleibt unklar, weshalb diese Regelung nicht ebenfalls übernommen wurde. Im Ergebnis ist damit aber keine Einschränkung des persönlichen Anwendungsbereichs verbunden, zumal auch Art. 12 Abs. 4 MAR lediglich auf das nationale Recht verweist.

5   **2. Sachlicher und räumlicher Anwendungsbereich.** Der sachliche Anwendungsbereich des Marktmanipulationsverbots ergibt sich aus Art. 86 MiCAR (→ MiCAR Art. 86 Rn. 6 ff.). Demnach braucht es zunächst einen Bezug zu **Kryptowerten** iSd **Art. 3 Abs. 1 Z 5 MiCAR** (vgl. → MiCAR Art. 3 Rn. 14 ff.), worunter die „digitale Darstellung eines Werts oder eines Rechts" zu verstehen ist, „der bzw. das unter Verwendung der Distributed-Ledger-Technologie oder einer ähnlichen Technologie elektronisch übertragen und gespeichert werden kann". Das umfasst Utility-Token (Art. 3 Abs. 1 Z 9), vermögenswertereferenzierte Token (Art. 3 Abs. 1 Z 6) und E-Geld-Token (Art. 3 Abs. 1 Z 7). Kryptowerte, die (wie zB Security Token oder Derivate mit Kryptowerten als Basiswert[14]) als Finanzinstrumente iSd MiFID II qualifiziert werden können, fallen dagegen ausschließlich unter die Regelungen der MAR. Das Marktmanipulationsverbot ist zudem nur dann anwendbar, wenn die Kryptowerte, auf die sich die zu prüfende Handlung bezieht, nach der MiCAR zum Handel zugelassen sind oder für sie eine solche Zulassung beantragt wurde, also insofern ein **Plattformbezug** vorliegt. Unerheblich ist dagegen, ob die Handlung selbst auf einer Handelsplattform erfolgt (vgl. Art. 86 Abs. 2 MiCAR). Besteht der Plattformbezug, können angesichts der extraterritorialen Geltung des Marktmissbrauchsregimes allerdings auch Handlungen und Unterlassungen in **Drittländern** eine verbotene Marktmanipulation darstellen (vgl. Art. 86 Abs. 3 MiCAR und → MiCAR Art. 86 Rn. 9).

III. Verbotene Handlungen

6   **1. Begriff der Marktmanipulation.** Dem „zweispurigen Ansatz"[15] der Vorbildbestimmung des Art. 12 MAR folgend, definiert Art. 91 MiCAR in seinem Abs. 2 den Begriff der Marktmanipulation und ergänzt dann in Abs. 3 in einer demonstrativen Aufzählung zwingende Beispiele (→ Rn. 11 ff.). Die **Begriffsbestimmung** ist dabei **nicht abstrakt umschrieben,** sondern unterscheidet drei **unterschiedliche Handlungsvarianten** (lit. a–c).[16] Auch dabei übernimmt die MiCAR die aus der MAR bekannte Einordnung. Die lit. a und b. erfassen demnach **handels- und handlungsgestützte** Manipulationen, lit. c die **informationsgestützte** Marktmanipulation, wobei die einzelnen Varianten sehr offen gefasst und damit nicht trennscharf abgrenzbar sind.[17] Lediglich Art. 12 Abs. 1 lit. d MAR zur Referenzwert-Manipulation

---

[14] Maume ECFR 2023, 243 (255); Raschner BKR 2022, 217 (219).
[15] Raschner BKR 2022, 217 (220).
[16] Raschner BKR 2022, 217 (220).
[17] Raschner BKR 2022, 217 (220). Vgl. zur MAR, Klöhn/Schmolke MAR 12 Rn. 6; Maume/Maute Kryptowerte-HdB/Maume Kap. 3 Rn. 16. Vgl. auch Art. 5 Abs. 2 CRIM-MAD.

(„benchmark manipulation"),[18] die insbes. einen Sonderfall der informationsgestützten Manipulation erfasst,[19] wurde nicht übernommen. Die Manipulation der Kurse einzelner Kryptowerte fällt aber unter Art. 92 Abs. 2 lit. a oder b MiCAR. Durchschnittspreise von Kryptowerten, die als Index mehrerer Kryptobörsen ermittelt werden, könnten allerdings bereits unter den Tatbestand der MAR subsumiert werden.[20] Anders als die MAR enthält die MiCAR außerdem weder Indikatoren für die Anwendung der handels- und handlungsgestützten Tatbestandsvarianten noch nähere Konkretisierung (smöglichkeiten) mittels delegierten Rechtsakten.[21]

Gem. Art. 91 Abs. 2 lit. a MiCAR umfasst der Begriff der „Marktmanipulation" zunächst den Abschluss eines Geschäfts, die Erteilung eines Handelsauftrags oder jede andere Handlung („any other behaviour"), die entweder **falsche oder irreführende Signale** i. H. a. Angebot oder Kurs von bzw. Nachfrage nach Kryptowerten geben oder ein **anormales oder künstliches Kursniveau** für einen oder mehrere Kryptowerte herbeiführen. Marktmanipulation liegt demnach aber bereits dann vor, wenn es **wahrscheinlich** ist, dass falsche oder irreführende Signale gegeben bzw. ein anormales oder künstliches Kursniveau herbeigeführt werden. Es geht bei dieser Tatbestandsvariante also um den objektiv zu bestimmenden **(potentiellen) Effekt** des Verhaltens als Kurseinwirkung bzw. als Preissignal für einen verständigen Marktteilnehmer.[22] Mit dem Abstellen auf Geschäfte, Aufträge und andere Handlungen wird auf den Handlungsbegriff des Art. 86 Abs. 2 MiCAR („transaction, order or behaviour") Bezug genommen. Dass auf den Geschäfts*abschluss* abgestellt wird, verdeutlicht, dass die Ausführung des Geschäfts nicht erforderlich ist.[23] Der Begriff des Handelsauftrags wird, analog zur MAR, ebenfalls weit zu verstehen sein.[24] Wegen Art. 86 Abs. 3 MiCAR kann außerdem „jede andere Handlung" auch in einer Unterlassung bestehen (zu den unterschiedlichen „Handlungs-„Begriffen des Art. 86 MiCAR → MiCAR Art. 86 Rn. 8).[25] Die in Anhang I zur MAR gelisteten „Indikatoren für manipulatives Handeln durch Aussenden falscher oder irreführender Signale und durch Herbeiführen bestimmter Kurse" (Abschnitt A) sowie deren Konkretisierungen durch die **DelVO (EU) 2016/522**[26] lassen sich, schon um Wertungswidersprüche zu vermeiden,[27] auf den Anwendungsbereich der MiCAR zT *mutatis mutandis* übertragen. Demnach können etwa Umfang und Art erteilter Aufträge oder abgewickelter Geschäfte, deren Zeit-

7

---

[18] Zum Begriff des Referenzwertes s. Art. 3 Abs. 1 Nr. 29 MAR.
[19] Klöhn/Schmolke MAR 12 Rn. 6, 13 f.
[20] S. Raschner BKR 2022, 217 (221) mwN.
[21] Raschner BKR 2022, 217 (222 f.).
[22] Vgl. zur MAR, Klöhn/Schmolke MAR 12 Rn. 8, 42 ff., 54 ff.; Kalss/Oppitz/U. Torggler/Winner/Kalss BörseG/MAR MAR 12 Rn. 2, 11.
[23] Zur MAR, Kalss/Oppitz/U. Torggler/Winner/Kalss BörseG/MAR MAR 12 Rn. 9.
[24] Vgl. Erwgr. Nr. 10 der DelVO (EU) 2016/522, ABl. 2016 L 88, 1: „Für die Zwecke der in dieser Verordnung aufgeführten Indikatoren für manipulatives Handeln umfasst jede Bezugnahme auf einen „Handelsauftrag" alle Arten von Aufträgen, einschließlich Erstaufträgen, Änderungen, Aktualisierungen und Stornierungen, unabhängig davon, ob sie ausgeführt haben, welche Mittel genutzt wurden, um Zugang zum Handelsplatz zu erlangen oder ein Geschäft zu schließen oder einen Handelsauftrag auszuführen, und ob der Auftrag in das Orderbuch des Handelsplatzes aufgenommen wurde."
[25] Vgl. Raschner BKR 2022, 217 (221). Das wird auch zur MAR vertreten, vgl. zB Kalss/Oppitz/U. Torggler/Winner/Kalss BörseG/MAR MAR 12 Rn. 10.
[26] ABl. 2016 L 88, 1.
[27] Raschner BKR 2022, 217 (383).

punkt oder die Tatsache, dass die Geschäfte nicht mit einer Änderung des wirtschaftlichen Eigentums der Kryptowerte verbunden sind, als **Indikatoren** für das Vorliegen von Marktmanipulation herangezogen werden. Unter Art. 91 Abs. 2 lit. a MiCAR können folglich etwa „Wash Trading"[28], „Layering and Spoofing"[29] oder „Pump and Dump"[30] in Bezug auf die der MiCAR unterliegenden Kryptowerte fallen.[31]

8 Bereits auf Tatbestandsebene[32] ausgenommen von Art. 91 Abs. 2 lit. a MiCAR sind Geschäfte, Aufträge und andere Handlungen, die zwar falsche oder irreführende Signale aussenden oder ein anormales oder künstliches Kursniveau herbeiführen, für die aber **legitime Gründe** vorliegen. Wann das der Fall ist, definiert die MiCAR nicht. Insbes. **fehlt** auch eine dem **Art. 13 MAR** („**Zulässige Marktpraxis**") entsprechende Bestimmung in der MiCAR, aufgrund derer die zuständige Behörde ex ante eine zulässige Marktpraxis feststellen könnte. Es ist daher im Anwendungsbereich der MiCAR nicht erforderlich, dass zusätzlich zum legitimen Grund eine behördlich festgestellte zulässige Marktpraxis besteht, wodurch der Ausnahme potentiell **größere Praxisrelevanz** zukommt.[33] Legitime Gründe können zB angenommen werden, wenn Handlungen aus unbedenklichen Motiven, etwa aus Geldnot,[34] oder im Rahmen der Ausübung der Meinungsäußerungsfreiheit[35] gesetzt werden. Außerdem dürfte anzunehmen sein, dass in der Übereinstimmung mit einer sich grundsätzlich positiv bzw. zumindest nicht schädlich auswirkenden, gängigen Marktpraxis ein legitimer Grund für Handlungen mit den in Art. 91 Abs. 2 lit. a MiCAR genannten Wirkungen liegen kann. Daher wird zB die Liquiditätsbereitstellung durch Market Maker einen legitimen Grund darstellen.[36] Gleiches gilt für ein den

---

[28] Vgl. die *mutatis mutandis* auf den Geltungsbereich der MiCAR übertragbare Definition in Anhang II Abschn. 1 Punkt 3. der DelVO (EU) 2016/522: „Vorkehrungen für den Kauf oder Verkauf eines Finanzinstruments, eines verbundenen Waren-Spot-Kontrakts oder eines auf Emissionszertifikaten beruhenden Auktionsobjekts, bei dem es nicht zu einer Änderung des wirtschaftlichen Eigentums oder des Marktrisikos kommt oder bei dem eine Übertragung des wirtschaftlichen Eigentums zwischen den gemeinschaftlich oder in Absprache handelnden Parteien stattfindet".

[29] Vgl. die *mutatis mutandis* auf den Geltungsbereich der MiCAR übertragbare Definition in Anhang II Abschn. 1 Punkt 6. der DelVO (EU) 2016/522: „Übermittlung von Großaufträgen oder mehreren Aufträgen, die häufig auf der einen Seite des Orderbuchs nicht sichtbar sind, mit der Absicht, ein Geschäft auf der anderen Seite des Orderbuchs auszuführen. Nachdem das Geschäft abgeschlossen wurde, werden die fiktiven Aufträge entfernt."

[30] Vgl. die *mutatis mutandis* auf den Geltungsbereich der MiCAR übertragbare Definition in Anhang II Abschn. 1 Punkt 4 der DelVO (EU) 2016/522: „Einnahme einer Long-Position bei einem Finanzinstrument, einem verbundenen Waren-Spot-Kontrakt oder einem auf Emissionszertifikaten beruhenden Auktionsobjekt mit anschließenden weiteren Ankäufen und/oder Ausstreuung irreführender positiver Informationen über das Finanzinstrument, den verbundenen Waren-Spot-Kontrakt oder das auf Emissionszertifikaten beruhende Auktionsobjekt in der Absicht, den Kurs des Finanzinstruments, des verbundenen Waren-Spot-Kontrakts oder des auf Emissionszertifikaten beruhenden Auktionsobjekts mittels Anlocken weiterer Käufer hochzutreiben. Hat der Kurs dann einen künstlich hohen Stand erreicht, wird die Long-Position abgestoßen."

[31] Raschner BKR 2022, 217 (221). Vgl. Maume ECFR 2023, 243 (271).

[32] Der Wortlaut spricht für einen Ausschluss auf Tatbestandsebene, nicht für einen Rechtfertigungsgrund; aA noch zum insofern gleich gebliebenen Kommissionsvorschlag dagegen Raschner BKR 2022, 217 (221).

[33] Raschner BKR 2022, 217 (221, 224).

[34] Vgl. zur Rsp, Klöhn/Schmolke MAR 12 Rn. 47c f.

[35] Vgl. Maume/Maute Kryptowerte-HdB/Maume Kap. 3 Rn. 16.

[36] Raschner BKR 2022, 217 (221).

in Art. 5 MAR geregelten Verbotsausnahmen entsprechendes Verhalten.[37] Analog zur MAR dürfte der **Nachweis** legitimer Gründe durch die Person zu erfolgen haben, die das Geschäft abschließt, den Handelsauftrag erteilt oder die andere Handlung vornimmt (also durch den potentiellen Manipulator[38]).

Gem. Art. 91 Abs. 2 **lit. b** MiCAR liegt eine Marktmanipulation auch vor, wenn ein Geschäft, ein Handelsauftrag oder eine andere Tätigkeit oder Handlung unter **Vorspiegelung falscher Tatsachen** oder unter Verwendung sonstiger **Kunstgriffe oder Formen der Täuschung** den Kurs eines oder mehrerer Kryptowerte (potentiell) beeinflusst. Es handelt sich dabei um einen **Auffangtatbestand**[39] zu lit. a, mit dem sonstige handels- und handlungsgestützte Manipulationen mit einer Kursbeeinflussungseignung umfasst werden.[40] Auch hier wird daher auf den (potentiellen) **Effekt** abgestellt.[41] Weil eine „Vorspiegelung", ein „Kunstgriff" bzw. eine „Täuschung" aber ein „ziel- oder zweckgerichtetes Verhalten" voraussetzt, ist zur Erfüllung der Tatbestandsvariante des Art. 91 Abs. 2 lit. b MiCAR Vorsatz notwendig.[42] Dafür kann es daher, anders als bei Art. 91 Abs. 2 lit. a MiCAR (→ Rn. 8), auch **keine legitimen Gründe** geben.[43] Zur Konkretisierung des Art. 91 Abs. 2 lit. b MiCAR werden die im Anhang I zur MAR enthaltenen „**Indikatoren** für manipulatives Handeln durch Vorspiegelung falscher Tatsachen sowie durch sonstige Kunstgriffe oder Formen der Täuschung" (Abschnitt B) und deren nähere Bestimmung durch die DelVO (EU) 2016/522 *mutatis mutandis* übertragen werden können. Eine trennscharfe Abgrenzung ist freilich angesichts der jeweils offenen Formulierungen des Art. 91 Abs. 2 MiCAR (wie auch nach der MAR) nicht möglich. So kann etwa die Praxis des „Pump and Dump" sowohl unter lit. a als auch unter lit. b subsumiert werden.[44]

9

Nach Art. 91 Abs. 2 **lit. c** MiCAR fällt schließlich eine **Verbreitung von Informationen** oder **Gerüchten**[45], die (potentiell) falsche oder irreführende Signale aussenden oder ein anormales oder künstliches Kursniveau herbeiführen (könnten) unter das Marktmanipulationsverbot, wenn die verbreitende Person „wusste oder hätte wissen müssen", dass die Informationen bzw. Gerüchte falsch oder irreführend waren. Eine „Verbreitung" wird dabei bei einem Zugänglichmachen für die Öffentlichkeit oder eine nicht ganz kleinen Anzahl an Einzelpersonen anzunehmen sein.[46] Diese Tatbestandsvariante kann „im Erfinden offensichtlich falscher Informationen, aber auch in der absichtlichen Unterschlagung wesentlicher Sachverhalte sowie in der wissent-

10

---

[37] Raschner BKR 2022, 217 (223).
[38] Raschner BKR 2022, 217 (221).
[39] Raschner BKR 2022, 217 (221). Vgl. zur MAR, zB Kalss/Oppitz/U. Torggler/Winner/Kalss BörseG/MAR MAR 12 Rn. 21 mwN.
[40] Unter diese Tatbestandsvariante wäre wohl auch die sog. Oracle-Manipulation zu subsumieren, bei der die als Schnittstelle zwischen Blockchains und externen Daten fungierenden Oracles manipuliert und so der Kurs der Kryptowerte beeinflusst wird.
[41] Zur MAR, Kalss/Oppitz/U. Torggler/Winner/Kalss BörseG/MAR MAR 12 Rn. 2.
[42] Zur MAR, Klöhn/Schmolke MAR 12 Rn. 298.
[43] Zur MAR, Klöhn/Schmolke MAR 12 Rn. 298.
[44] Raschner BKR 2022, 217 (221). Vgl. auch Anhang II Abschn. 1 Punkt 4 und Abschn. 2 Punkt 1. der DelVO (EU) 2016/522.
[45] Unter Gerüchten versteht man unverbürgte Nachrichten mit ungewissem Wahrheitsgehalt; so Klöhn/Schmolke MAR 12 Rn. 244 mwN.
[46] Zur MAR, Klöhn/Schmolke MAR 12 Rn. 246 ff.; aA Kalss/Oppitz/U. Torggler/Winner/Kalss BörseG/MAR MAR 12 Rn. 25.

lichen Angabe unrichtiger Informationen bestehen"[47]. Sie erfasst sohin die sog. **informationsgestützte** Manipulation, unabhängig vom verwendeten Medium.[48] In Abgrenzung zu handels- und handlungsgestützte Manipulationen erfordert die informationsgestützte Manipulation ein kommunikatives Verhalten.[49] Sie kann daher insbes. auch iZm Social Media- oder Blog-Postings einflussreicher Personen oder der Offenlegung von Insiderinformationen gem. Art. 88 MiCAR einschlägig werden.[50] Das schlichte Verschweigen von Informationen ist dagegen noch keine informationsgestützte Marktmanipulation.[51] Art. 91 Abs. 2 lit. c MiCAR sieht zwar iS eines subjektiven Erfordernisses das Wissen bzw. Wissen-Müssen um den falschen oder irreführenden Charakter der Informationen (Gerüchte) vor, wobei dafür wohl wie bei Art. 89 MiCAR bereits (einfache) **Fahrlässigkeit** ausreicht (→ MiCAR Art. 89 Rn. 5, 13).[52] Allerdings enthält die MiCAR kein dem **Art. 21 MAR** entsprechendes **Journalistenprivileg** für informationsgestützte Manipulationen. Wegen der nach Art. 11 Abs. 2 GRC primärrechtlich gebotenen Achtung der Freiheit der Medien und ihrer Pluralität dürfte allerdings insofern eine grundrechtskonforme Auslegung des Art. 91 Abs. 2 lit. c MiCAR geboten sein.[53]

11   **2. Zwingende Beispiele des Abs. 3.** Art. 91 Abs. 3 MiCAR enthält eine dem Art. 12 Abs. 2 MAR nachgebildete, **demonstrative Aufzählung** von Beispielen für marktmanipulatives Verhalten. Wie bei ihrer Vorbildbestimmung in der MAR werden mit Art. 91 Abs. 3 MiCAR sohin keine selbstständigen Marktmanipulationstatbestände geschaffen, sondern lediglich **Konkretisierungen** zu den Grundtatbeständen des Abs. 2 (→ Rn. 6 ff.) vorgenommen.[54] Insgesamt drei Verhaltensweisen (lit. a–c) werden genannt und übernehmen die Art. 12 Abs. 2 lit. a, c und d MAR *mutatis mutandis*.[55] Ihre Auslegung wird sich daher im Zweifel an jener der Vorbildbestimmung zu orientieren haben. Bei Erfüllung der tatbestandlichen Voraussetzungen ist demnach zwingend vom Vorliegen einer Marktmanipulation auszugehen.[56] Ebenso ist anzunehmen, dass die analoge Heranziehung der Indikatoren nach dem Anhang zur MAR sowie deren näherer Bestimmung in der DelVO (EU) 2016/522 grundsätzlich ausscheidet, wenn der Tatbestand eines der zwingenden Beispiele erfüllt ist.[57] Während Art. 91 Abs. 3 lit. a und b MiCAR eine Konkretisierung der Tatbestandsvariante des Art. 91 Abs. 2 lit. a MiCAR bewirken, bezieht sich Art. 91 Abs. 3 lit. c MiCAR auf Art. 91 Abs. 2 lit. b MiCAR.

---

[47] Erwgr. Nr. 47 MAR, der insofern sinngemäß auf die MiCAR übertragen werden kann.
[48] Vgl. zur MAR, Klöhn/Schmolke MAR 12 Rn. 6, 249.
[49] Zur MAR, Klöhn/Schmolke MAR 12 Rn. 250.
[50] Vgl. Raschner BKR 2022, 217 (221). Vgl. auch Erwgr. Nr. 48 MAR.
[51] Zur MAR, Klöhn/Schmolke MAR 12 Rn. 252.
[52] Vgl. Raschner BKR 2022, 217 (222).
[53] Raschner BKR 2022, 217 (223).
[54] Raschner BKR 2022, 217 (221). Zur MAR, Klöhn/Schmolke MAR 12 Rn. 306.
[55] Nicht übernommen wurde etwa Art. 12 Abs. 2 lit. b MAR, der die Praxis des „Marking the Open" bzw. „Marking the Close" als Beispiele unzulässiger Marktmanipulation nennt, auf Kryptomärkte aber mangels „Schließzeiten" grundsätzlich nicht passt; s. näher Raschner BKR 2022, 217 (222).
[56] Zur MAR, Klöhn/Schmolke MAR 12 Rn. 305.
[57] Zur MAR, Klöhn/Schmolke MAR 12 Rn. 308.

Gem. Art. 91 Abs. 3 **lit. a** MiCAR gilt zunächst die „Sicherung einer 12
marktbeherrschenden Stellung in Bezug auf das Angebot an einem Kryptowert oder die Nachfrage danach, die eine unmittelbare oder mittelbare Festsetzung des Kauf- oder Verkaufskurses oder andere unlautere Handelsbedingungen bewirkt oder hierzu geeignet ist", als Marktmanipulation. Es geht dabei demnach um Fälle, in denen der Marktmechanismus durch die Ausnutzung der Marktbeherrschung, zB einer Monopolstellung, außer Kraft gesetzt wird, was im Allgemeinen als **„Abusive Squeeze"** bezeichnet und auch in der DelVO (EU) 2016/522 ähnlich beschrieben[58] wird.[59] Die Marktabgrenzung ist bei Kryptowerten allerdings herausfordernd.[60]

Art. 91 Abs. 3 **lit. b** MiCAR umschreibt in einem zweiten, sehr weit 13
gefassten Beispieltatbestand mehrere Verhaltensweisen (Unterpunkte i) bis iii)) iZm der Erteilung (Stornierung/Änderung) von Aufträgen an eine Handelsplattform für Kryptowerte, mit denen die Wirkungen des Abs. 2 lit. a einhergehen, also falsche oder irreführende Signale ausgesendet oder anormale bzw. künstliche Kursniveaus herbeigeführt werden (→ Rn. 7). Dass der in der MAR enthaltene Einschub der Erteilung von Aufträgen „auch in elektronischer Form, beispielsweise durch algorithmische und Hochfrequenzhandelsstrategien" nicht übernommen wurde, bewirkt keine Einschränkung. Die Erteilung von Aufträgen an eine Handelsplattform für Kryptowerte wird regelmäßig in elektronischer Form und oftmals auch im Rahmen von algorithmischem Hochfrequenzhandel erfolgen, was eben eine „zur Verfügung stehende Handelsmethode" darstellt.[61]

Nach der ersten in Art. 91 Abs. 3 lit. b MiCAR genannten Verhaltensweise liegt eine verbotene Marktmanipulation in der **Störung oder Verzögerung des Betriebs** der Handelsplattform für Kryptowerte oder in Tätigkeiten, denen eine solche Wirkung wahrscheinlich zukommt (Unterpunkt i)), zB wenn aufgrund des Volumens der erteilten Aufträge der Betrieb der Handelsplattform beeinträchtigt wird (sog. „Quote Stuffing"[62]).[63] Außerdem kann die (wahrscheinliche) **Erschwerung der Ermittlung echter Aufträge** eine verbotene Marktmanipulation darstellen (Unterpunkt ii)), wobei darunter wiederum „Quote Stuffing", aber auch „Layering und Spoofing", „Momentum Ignition"[64] oder „Painting the Tape"[65] fallen kann. Schließlich ist als dritte Verhaltensweise des Art. 91 Abs. 3 lit. b MiCAR das

---

[58] Anhang II Abschn. 1 Punkt 2. lit. b DelVO (EU) 2016/522.
[59] Zur MAR, Klöhn/Schmolke MAR 12 Rn. 312, 314.
[60] Vgl. Raschner BKR 2022, 217 (222).
[61] Wohl im Ergebnis auch Raschner BKR 2022, 217 (222).
[62] Vgl. die *mutatis mutandis* auf den Geltungsbereich der MiCAR übertragbare Definition in Anhang II Abschn. 1 Punkt 4 lit. e der DelVO (EU) 2016/522: „Erteilung einer großen Zahl von Handelsaufträgen und/oder Auftragsstornierungen und/oder -aktualisierungen, um Unsicherheit für die anderen Teilnehmer zu erzeugen, deren Prozess zu verlangsamen und/oder die eigene Strategie zu verschleiern". Oftmals werden dabei Hochfrequenzhändler tätig.
[63] Zur MAR, Klöhn/Schmolke MAR 12 Rn. 352.
[64] Vgl. die *mutatis mutandis* auf den Geltungsbereich der MiCAR übertragbare Definition in Anhang II Abschn. 1 Punkt 4 lit. f der DelVO (EU) 2016/522: „Erteilung von Handelsaufträgen oder einer Auftragsserie bzw. Abwicklung von Transaktionen oder einer Transaktionsserie mit der Absicht, einen Trend auszulösen oder zu verschärfen und andere Teilnehmer zu ermutigen, den Trend zu beschleunigen oder zu erweitern, um eine Gelegenheit für die Auflösung oder Eröffnung einer Position zu einem günstigen Preis zu schaffen".
[65] Vgl. die *mutatis mutandis* auf den Geltungsbereich der MiCAR übertragbare Definition in Anhang II Abschn. 1 Punkt 3 lit. b der DelVO (EU) 2016/522: „Erteilung von Handelsaufträgen oder Ausführung von Handelsaufträgen bzw. einer Reihe von Handelsaufträgen, die auf einer öffentlichen Anzeigetafel erscheinen, um bei einem Finanzinstrument, einem

(wahrscheinliche) Setzen eines falschen oder irreführenden Preissignals umschrieben (Unterpunkt iii)), wobei dieses „Beispiel" kaum Konkretisierung im Verhältnis zu Art. 91 Abs. 2 lit. a MiCAR liefert.[66] Daher dürften nicht nur sämtliche von Art. 91 Abs. 2 lit. a MiCAR erfasste Praktiken darunter subsumierbar sein, sondern muss außerdem der dort vorgesehene Tatbestandsausschluss bei Vorliegen „legitimer Gründe" in das Beispiel des Art. 91 Abs. 3 lit. b Unterpunkt iii) hineingelesen werden.[67]

14 Art. 91 Abs. 3 lit. c MiCAR umschreibt schließlich das sog. **„Scalping"**, worunter ein Ausnutzen eines Zugangs zu Medien durch Veröffentlichung von Stellungnahmen zu einem Kryptowert verstanden wird, wobei die Auswirkungen der Stellungnahme auf den Kurs ausgenutzt werden, ohne den Interessenskonflikt bekannt zu geben.[68] Weil demnach eine Täuschungshandlung vorausgesetzt wird, konkretisiert das Beispiel die Tatbestandsvariante des Art. 91 Abs. 2 lit. b MiCAR. Sieht man die in dieser Bestimmung genannte Stellungnahme als „Verbreitung von Informationen", kann das in Art. 91 Abs. 3 lit. c MiCAR umschriebene Beispiel freilich auch als Beispiel einer informationsgestützten Manipulation iSd Art. 91 Abs. 2 lit. c MiCAR verstanden werden.[69] Das „Scalping" stellt dagegen kein verbotenes Insidergeschäft dar, weil Personen ihr Wissen um die eigene Handelsabsicht beim Erwerb oder der Veräußerung von Kryptowerten nutzen können, ohne dass dies an sich bereits eine Nutzung von Insiderinformationen darstellt (→ MiCAR Art. 89 Rn. 9).

15 **3. Subjektive Voraussetzungen.** Für die Manipulation durch **Vorspiegelung falscher Tatsachen** sowie durch sonstige Kunstgriffe oder Formen der **Täuschung** gem. Art. 91 Abs. 2 lit. b MiCAR (→ Rn. 9) sowie für die **informationsgestützte Manipulation** gem. Art. 91 Abs. 2 lit. c MiCAR (→ Rn. 10) lassen sich bereits aus dem Wortlaut der Tatbestandsvarianten subjektive Voraussetzungen ableiten. Außerdem setzt der **Versuch,** der gem. Art. 91 Abs. 1 MiCAR ebenfalls unter das Verbot der Marktmanipulation fällt, stets (also auch bei handels- und handlungsgestützter Manipulation gem. Art. 91 Abs. 2 lit. a MiCAR) einen Tatentschluss und damit **Vorsatz** voraus.[70] Art. 91 MiCAR sieht aber **kein allgemeines Vorsatzerfordernis** vor.[71] Zwar kann, ausgehend von der Debatte zu Art. 12 MAR,[72] auch beim Verbot der Marktmanipulation der MiCAR diskutiert werden, inwieweit bereits der Begriff der „Marktmanipulation" selbst subjektive Voraussetzungen indiziert, zumal der Täter (→ Rn. 4) sie gem. Art. 91 Abs. 1 MiCAR „betreiben" (engl. „engage in", frz. „se livrer") muss, was durchaus für ein zielgerichtetes Handeln spricht. Zur Vorbildbestimmung in der MAR geht die ESMA[73] sowie die wohl hA im Schrifttum[74] allerdings davon aus, dass

---

verbundenen Waren-Spot-Kontrakt oder einem auf Emissionszertifikaten beruhenden Auktionsobjekt den Eindruck lebhafter Umsätze oder Kursbewegungen zu erwecken".

[66] Krit., zur MAR, Klöhn/Schmolke MAR 12 Rn. 354.
[67] Zur MAR, Klöhn/Schmolke MAR 12 Rn. 311, 354 ff.
[68] Vgl. zur MAR, Klöhn/Schmolke MAR 12 Rn. 358 ff.
[69] Vgl. zur MAR, Klöhn/Schmolke MAR 12 Rn. 362.
[70] Zur MAR, Klöhn/Schmolke MAR 12 Rn. 299.
[71] Vgl. Raschner BKR 2022, 217 (222).
[72] Näher zB Klöhn/Schmolke MAR 12 Rn. 294 ff.
[73] ESMA, Final Report v. 3.2.2015, ESMA's technical advice on possible delegated acts concerning the Market Abuse Regulation, ESMA/2015/224, 78 Rn. 12.
[74] Klöhn/Schmolke MAR 12 Rn. 301 mwN.

kein allgemeines Vorsatzerfordernis abgeleitet werden kann.[75] Dieser Ansicht ist auch für den Anwendungsbereich der MiCAR der Vorzug zu geben, würde die Annahme zusätzlicher subjektiver Voraussetzungen doch dem **Zweck** (→ Rn. 2) einer unverfälschten Preisbildung und damit der Sicherung der Integrität der Kryptomärkte zuwiderlaufen. Neben Wortlaut und Telos spricht dafür auch ein systematisches Argument: Art. 112 Abs. 1 lit. b MiCAR sieht nämlich ausdrücklich vor, dass die zuständigen Behörden bei der Festlegung von Art und Umfang einer verwaltungsrechtlichen Sanktion oder sonstigen verwaltungsrechtlichen Maßnahme berücksichtigen, „ob der Verstoß vorsätzlich oder fahrlässig begangen wurde".[76] Art. 91 MiCAR schließt es damit aber noch nicht aus, im nationalen Recht für eine Sanktionierung zusätzliche subjektive Voraussetzungen aufzustellen.[77]

IV. Relevante Durchführungsbestimmungen im Kryptomärkteaufsichtsgesetz

16 Die zur Anwendung der MiCAR erforderlichen nationalen Regelungen im Regierungsentwurf für ein **Kryptomärkteaufsichtsgesetz („KMAG")**[78] übertragen der Bundesanstalt als zuständiger Behörde im Sinne des Art. 93 Abs. 1 MiCAR **Befugnisse** und sehen **Sanktionen** bei Verstößen vor (→ MiCAR Art. 86 Rn. 11). Diese Befugnisse und Sanktionen beziehen sich auch auf das Verbot der Marktmanipulation gem. Art. 91 MiCAR. Hingewiesen sei insbes. auf die Befugnisse gegenüber CASP gem. § 29 KMAG-Regierungsentwurf bzw. gegenüber Leitungsorganen gem. § 24 KMAG-Regierungsentwurf idF des Art. 2 Nr. 16 FinmadiG, auf die Befugnisse zur Verhinderung von Markmissbrauch auf Handelsplattformen gem. Kapitel 4, Abschnitt 4 (§§ 31 ff. KMAG-Regierungsentwurf) und die diesbezüglichen Straf- und Bußgeldbestimmungen in Kapitel 7 (§§ 46 ff. KMAG-Regierungsentwurf), und dabei vor allem auf die in §§ 31 und 34 KMAG-Regierungsentwurf genannten Maßnahmen sowie die Sanktionen gem. § 46 Abs. 2 und § 47 Abs 3 Nr. 113 KMAG-Regierungsentwurf. Hinsichtlich der Maßnahmen gem. § 31 sieht § 32 KMAG-Regierungsentwurf überdies eine Pflicht zur Verschwiegenheit für die Adressaten vor. Außerdem verpflichtet § 33 KMAG-Regierungsentwurf die Bundesanstalt bei Verdacht der Marktmanipulation gem. Art. 91 Abs. 1 MiCAR i. V. m. § 46 Abs. 2 i. V. m. § 47 Abs 3 Nr. 113 KMAG-Regierungsentwurf zur unverzüglichen Anzeige bei der zuständigen Staatsanwaltschaft.

Artikel 92 Vorbeugung und Aufdeckung von Marktmissbrauch

(1) Eine Person, die beruflich Geschäfte mit Kryptowerten vermittelt oder ausführt, muss über wirksame Vorkehrungen, Systeme und Verfahren für die Vorbeugung und Aufdeckung von Marktmissbrauch verfügen. Diese Person unterliegt den Meldepflichten des Mitgliedstaats, in dem sie registriert ist oder ihre Hauptniederlassung hat, oder — im Falle einer Zweigniederlassung — des Mitgliedstaats, in dem sich die Zweig-

---
[75] Vgl. auch Erwgr. Nr. 23 CRIM-MAD.
[76] Vgl. Raschner BKR 2022, 217 (222).
[77] Raschner BKR 2022, 217 (222). Vgl. zur MAR, Klöhn/Schmolke MAR 12 Rn. 303.
[78] Siehe Art. 1 des Regierungsentwurfs des deutschen Finanzmarktdigitalisierungsgesetzes („FinmadiG").

MiCAR Art. 92

Titel VI. Marktmissbrauch

niederlassung befindet, und meldet der zuständigen Behörde unverzüglich jeden begründeten Verdacht in Bezug auf einen Auftrag oder ein Geschäft, einschließlich einer Stornierung oder Änderung desselben, und anderer Aspekte der Funktionsweise der Distributed-Ledger-Technologie wie des Konsensmechanismus, wenn Umstände vorliegen könnten, die darauf hindeuten, dass Marktmissbrauch begangen wurde, begangen wird oder wahrscheinlich begangen wird.

Die zuständigen Behörden, denen verdächtige Aufträge oder Geschäfte gemeldet werden, übermitteln diese Informationen unverzüglich den zuständigen Behörden der betreffenden Handelsplattformen.

(2) Die ESMA arbeitet Entwürfe technischer Regulierungsstandards aus, in denen Folgendes präzisiert wird:

a) geeignete Vorkehrungen, Systeme und Verfahren mittels derer Personen die Anforderungen des Absatzes 1einhalten können;
b) der Mustertext, der von Personen zur Einhaltung des Absatzes 1 zu verwenden ist;
c) für Fälle von grenzüberschreitendem Marktmissbrauch Verfahren für die Abstimmung zwischen den jeweils zuständigen Behörden bei der Aufdeckung von Marktmissbrauch und dessen Belegung mit Sanktionen.

Die ESMA übermittelt der Kommission die in Unterabsatz 1 genannten Entwürfe technischer Regulierungsstandards spätestens am 30. Dezember 2024.

(3) Um die Kohärenz der Aufsichtspraktiken nach diesem Artikel sicherzustellen, gibt die ESMA bis zum 30. Juni 2025 Leitlinien gemäß Artikel 16 der Verordnung (EU) Nr. 1095/2010 für die Aufsichtspraktiken der zuständigen Behörden zur Verhinderung und Aufdeckung von Marktmissbrauch heraus, sofern diese nicht bereits durch die in Absatz 2 genannten technischen Regulierungsstandards abgedeckt sind.

Übersicht

	Rn.
I. Einführung	1
1. Literatur	1
2. Entstehung, Zweck und normativer Kontext	2
II. Pflichten	4
III. Ausgestaltung durch RTS und Leitlinien	8
IV. Relevante Durchführungsbestimmungen im Kryptomärkteaufsichtsgesetz	11

I. Einführung

1 **1. Literatur.** Siehe das Schrifttum zur Vorbildbestimmung des Art. 16 MAR.

2 **2. Entstehung, Zweck und normativer Kontext.** Der mit „Vorbeugung und Aufdeckung von Marktmissbrauch" betitelte Art. 92 MiCAR regelt einerseits **Pflichten** iZm der Vorbeugung und Aufdeckung von Marktmissbrauch, insbes. von Personen, die beruflich Geschäfte mit Kryptowerten (s. Art. 3 Abs. 1 Z 5 MiCAR) vermitteln oder ausführen (→ Rn. 4 ff.), und enthält andererseits **Ermächtigungen** an die ESMA zur Ausarbeitung von RTS unter anderem i. H. a. die Erfüllung der genannten

Pflichten (→ Rn. 8 f.) bzw. zur Herausgabe von Leitlinien für die Aufsichtspraktiken der nationalen Behörden (→ Rn. 10). Die Bestimmung ist die letzte der insgesamt sieben Bestimmungen des **Titels VI** der MiCAR, mit dem ein der MAR nachgebildetes, spezifisches Marktmissbrauchsregime[1] für Kryptowerte geschaffen wurde. Ein solches Regime soll „Vertrauen in die Märkte für Kryptowerte und die Integrität dieser Märkte [...] gewährleisten", und abschreckend wirken (s. **Erwgr. Nr. 95 Satz 1 und 2**). Die Bestimmung über die „Vorbeugung und Aufdeckung von Marktmissbrauch" war im Kommissionsvorschlag[2] noch nicht enthalten. Sie wurde erst in den Verhandlungen aufgenommen. Im Unterschied zu den meisten Bestimmungen der MiCAR, die erst ab dem 30.12.2024 (bzw. dem 30.6.2024 i. H. a. Titel III und IV) gelten,[3] standen die Art. 92 Abs. 2 und 3 mit den Ermächtigungen an die ESMA gem. Art. 149 Abs. 4 MiCAR bereits **ab 29.6.2023 in Geltung.**

Art. 92 MiCAR **übernimmt** sinngemäß die Vorgaben des **Art. 16 Abs. 2–5 MAR.** Nicht in Art. 92 MiCAR übertragen wurde Art. 16 Abs. 1 MAR, der Pflichten für Betreiber von Märkten/Handelsplätzen normiert und dabei an Art. 31 und 54 MiFID II anknüpft. **Betreiber einer Handelsplattform** für Kryptowerte müssen allerdings dennoch „über wirksame Systeme, Verfahren und Vorkehrungen verfügen, um sicherzustellen, dass ihre Handelssysteme" unter anderem „in der Lage sind, Marktmissbrauch zu verhindern oder aufzudecken" **(Art. 76 Abs. 7 lit. g MiCAR).**[4] Art. 76 Abs. 8 MiCAR sieht in diesem Zusammenhang auch eine spezifische Unterrichtungspflicht gegenüber der zuständigen Behörde vor.[5] Außerdem sind die Vorgaben des Art. 92 Abs. 1 MiCAR ihrem Wortlaut nach so weit, dass auch die Subsumtion eines Betreibers einer Handelsplattform als „Person, die beruflich Geschäfte mit Kryptowerten vermittelt oder ausführt" in Frage käme (noch → Rn. 4). Obschon nicht ausdrücklich übernommen, findet sich daher auch Art. 16 Abs. 1 MAR sinngemäß in der MiCAR. Umgekehrt enthält Art. 92 MiCAR teilweise Vorgaben ohne unmittelbares Vorbild in der MAR. Konkret gilt das für die Art. 92 Abs. 2 lit. c (RTS zu Verfahren für die Abstimmung und Sanktionierung bei grenzüberschreitendem Marktmissbrauch) sowie Abs. 3 (Leitlinien zu Aufsichtspraktiken) MiCAR. Wie in der MAR,[6] verwendet auch Art. 92 MiCAR den Begriff „Marktmissbrauch" als **Oberbegriff** für Insiderhandel, unrechtmäßige Offenlegung von Insiderinformationen und Marktmanipulation.

II. Pflichten

Art. 92 Abs. 1 **UAbs. 1** MiCAR sieht zunächst **Organisations- und Meldepflichten** für Personen vor, die beruflich Geschäfte mit Kryptowerten (s. Art. 3 Abs. 1 Z 5 MiCAR) vermitteln oder ausführen. Anders als die

---

[1] In Erwgr. Nr. 95 ist in der engl. Fassung von „bespoke rules" die Rede. Vgl. Raschner BKR 2022, 217 (218): „sektorspezifisches Marktmissbrauchsrecht".
[2] COM/2020/593 final.
[3] Art. 149 Abs. 2 und 3 MiCAR.
[4] Vgl. auch Erwgr. Nr. 81 MiCAR.
[5] Vgl. idZ auch Art. 76 Abs. 13 MiCAR (und dazu Erwgr. Nr. 84), wonach die Gebührenstrukturen [...] keine Anreize schaffen [dürfen], Aufträge so zu platzieren, zu ändern oder zu stornieren oder Geschäfte in einer Weise auszuführen, dass dies zu marktstörenden Handelsbedingungen oder Marktmissbrauch nach Titel VI beiträgt".
[6] Vgl. Erwgr. Nr. 7 MAR.

MiCAR Art. 92

MAR (s. Art. 3 Abs. 1 Z 13 und Z 28 MAR) enthält die MiCAR zwar keine Definition des Begriffs der „**Person**" oder gar der „Person, die beruflich Geschäfte mit Kryptowerten vermittelt oder ausführt". Es wird aber angesichts der Übernahme der Formulierung aus der MAR auch für Art. 92 Abs. 1 MiCAR davon auszugehen sein, dass „Personen" iS dieser Bestimmung natürliche oder juristische Personen sein können, sofern sie nicht gem. Art. 2 MiCAR allgemein von der Geltung der MiCAR ausgenommen sind. Die Vermittlung oder Ausführung (im engl. „arranging or executing") von Geschäften mit Kryptowerten muss „**beruflich**" (engl. „professionally") erfolgen. Das verlangt wohl ähnlich einer Gewerbsmäßigkeit[7] eine gewisse Eigenverantwortung, Regelmäßigkeit und Ertragserzielungsabsicht. Erfasst sind demnach insbes. **CASP**,[8] deren Dienstleistungen sich als **Vermittlung oder Ausführung** von Geschäften mit Kryptowerten beschreiben lassen, auch wenn sie über eine Zulassung als Kreditinstitute nach der CRD oder als Wertpapierfirmen nach der MiFID II verfügen. Ob auch Betreiber von Handelsplattformen für Kryptowerte[9] in diesem Sinne Geschäfte mit Kryptowerten „vermitteln", kann insofern dahingestellt bleiben als für sie Organisations- und Meldepflichten auch an anderer Stelle normiert sind.[10] Der Wortlaut der engl. Sprachfassung („arranging [...] transactions") lässt eine solche Interpretation aber durchaus zu und durch die ESMA dürfte dieser Ansicht sein (s. Consaltation Paper v. 25.3.2023, ESMA 75-453128700-1002).

5   Gem. Art. 92 Abs. 1 **UAbs. 1 S. 1** MiCAR bestehen zunächst **Organisationspflichten**. Die erfassten Personen haben demnach über **wirksame Vorkehrungen, Systeme und Verfahren** für die Vorbeugung und Aufdeckung von Marktmissbrauch zu verfügen. Das setzt die Einrichtung, Aufrechterhaltung und ggf. Anpassung einer schlagkräftigen **Compliance-Struktur**[11] voraus, die in der Lage ist, verbotene Insidergeschäfte, Marktmanipulationen und unrechtmäßige Offenlegungen von Insiderinformationen zu verhindern bzw. ggf. aufzudecken. Die Pflichten bestehen unabhängig davon, ob die in Art. 92 Abs. 1 MiCAR bezogenen „Geschäfte mit Kryptowerten" auf einer Handelsplattform getätigt werden oder nicht.[12] Gem. Art. 86 Abs. 1 MiCAR gelangt aber das Marktmissbrauchsregime der MiCAR und damit auch Art. 92 leg. cit. nur zur Anwendung, wenn die Kryptowerte, um die es geht, insofern einen **Plattformbezug** haben, als sie nach der MiCAR zum Handel zugelassen sind oder für sie eine solche Zulassung beantragt wurde (→ MiCAR Art. 88 Rn. 7). Die konkrete Ausgestaltung der Organisationspflichten ist den **RTS** nach Art. 92 Abs. 2 MiCAR (→ Rn. 8 f.) vorbehalten. Der im Consultation Paper vom 25.3.2023 (ESMA 75-453218700-1002) enthaltene und gegenwärtig noch in Konsultation befindliche draft RTS orientiert sich dabei an den zu Art. 16 MAR ergangenen Regelungen der **DelVO (EU) 2016/957**[13]. Demnach muss eine, das gesamte Spektrum der Handelsaktivitäten abdeckende, wirksame und fortlaufende Überwachung aller eingegangenen und übermittelten Aufträge

---

[7] Vgl. die Terminologie der ursprünglichen Fassung des Art. 3 Abs. 1 Z 28 MAR sowie der zu Art. 16 MAR ergangenen DelVO (EU) 2016/957, ABl. 2016 L 160, 1.
[8] Vgl. Art. 3 Abs. 1 Nr. 15 MiCAR.
[9] Vgl. Art. 3 Abs. 1 Nr. 18 MiCAR.
[10] Siehe Art. 76 Abs. 7 lit. g MiCAR.
[11] Vgl. zur MAR, Klöhn/Klöhn MAR 16 Rn. 47, 51 ff.
[12] Vgl. zur MAR Art. 2 Abs. 2 lit. c DelVO (EU) 2016/957 sowie Klöhn/Klöhn MAR 16 Rn. 50.
[13] ABl. 2016 L 160, 1.

Art. 92 MiCAR

und aller ausgeführten Geschäfte zum Zweck der Aufdeckung und Identifizierung (versuchten) Marktmissbrauchs erfolgen, die nicht nur einzelne und vergleichende Untersuchungen ermöglicht, sondern auch Warnmeldungen produziert.[14] Die vorgesehenen Vorkehrungen, Systeme und Verfahren müssen iS eines Proportionalitätsgebots[15] darüber hinaus **geeignet** sein und in einem **angemessenen Verhältnis** zu Umfang, Größe und Art der Geschäftstätigkeit stehen (s. Art. 2 Abs. 1 draft RTS). Außerdem ist die regelmäßige Bewertung und schriftliche Dokumentation der Regelungen, Systeme und Verfahren,[16] die Aufbewahrung von Informationen über Untersuchungen für fünf Jahre[17] sowie die entsprechende Schulung des Personals[18] vorgeschrieben. Analog zu Art. 3 Abs. 3 DelVO (EU) 2016/957 ist auch im derzeit in Konsultation befindlichen draft RTS gem. Art. 92 Abs. 2 MiCAR eine Pflicht zum Einsatz von Softwaresystemen für Betreiber von Handelsplattformen für Kryptowerte vorgesehen (s. Art. 3 Abs. 1 UAbs. 2 draft RTS).

Gem. Art. 92 Abs. 1 **UAbs. 1 S. 2** MiCAR werden die von UAbs. 1 leg. **6** cit. erfassten Personen außerdem verpflichtet, hinsichtlich **begründeter Verdachtsfälle** eines Marktmissbrauchs (dh: verbotener Insidergeschäfte, Marktmanipulationen oder unrechtmäßiger Offenlegungen von Insiderinformationen) **Meldung** an die zuständige Behörde zu erstatten (**UAbs. 1 Satz 2**). **Zuständig** ist demnach jeweils der Mitgliedstaat, in dem die Person registriert ist oder ihre Hauptniederlassung hat, im Fall einer Zweigniederlassung aber der Mitgliedstaat der Zweigniederlassung. Auch hinsichtlich der **Meldepflichten** bietet die DelVO (EU) 2016/957 Orientierung. Demnach werden die in Art. 92 Abs. 1 UAbs. 1 S. 1 MiCAR genannten Vorkehrungen, Systeme und Verfahren so auszugestalten sein, dass man mit ihrer Hilfe beurteilen kann, ob Marktmissbrauch vorliegen könnte.[19] Dafür wird insbes. an die in Art. 89 (→ MiCAR Art. 89 Rn. 7 ff.), Art. 90 (→ MiCAR Art. 91 Rn. 4 f.) und Art. 91 MiCAR (→ MiCAR Art. 91 Rn. 6 ff.) umschriebenen Verhaltensweisen anzuknüpfen sein.[20] Die Verdachtsmeldung (nach der zum Marktmissbrauchsrecht am Kapitalmarkt entwickelten Terminologie als Suspicious Transactions and Orders Report, STOR, bezeichnet) hat **unverzüglich,** also wie im Rahmen des Art. 88 MiCAR die Offenlegung von Insiderinformationen (→ MiCAR Art. 88 Rn. 4) „ohne schuldhaftes Zögern"[21] bei Auftreten des Verdachtsfalls zu erfolgen. Sie kann sich aber, wenn der Verdacht erst aufgrund von Folgeereignissen oder späteren Informationen entstanden ist, auch auf Geschäfte und Aufträge aus der Vergangenheit beziehen.[22] Die Meldepflicht besteht nur bei einem auf konkreten Tatsachen basierenden Verdacht, für den die Möglichkeit des Rechtsverstoßes nachvollziehbar begründet werden kann.[23] Die Verdachtsmeldungen haben den in den RTS

---

[14] Art. 3 Abs. 2 draft RTS; vgl. Art. 2 Abs. 1 lit. a und Art. 3 Abs. 1 DelVO (EU) 2016/957.
[15] Klöhn/Klöhn MAR 16 Rn. 48.
[16] Art. 2 Abs. 3 draft RTS; vgl. Art. 2 Abs. 5 DelVO (EU) 2016/957.
[17] Art. 3 Abs. 5 draft RTS; vgl. Art. 3 Abs. 8 DelVO (EU) 2016/957.
[18] Art. 4 draft RTS; vgl. Art. 4 DelVO (EU) 2016/957.
[19] Vgl. Art. 5 Abs. 1 DelVO (EU) 2016/957.
[20] Vgl. Art. 5 Abs. 1 S. 2 DelVO (EU) 2016/957.
[21] Zur MAR, Klöhn/Klöhn MAR 16 Rn. 86.
[22] Vgl. Art. 6 DelVO (EU) 2016/957.
[23] So, zur MAR, Klöhn/Klöhn MAR 16 Rn. 80.

nach Art. 92 Abs. 2 lit. b MiCAR (→ Rn. 9) festgelegten **Mustertext** zu verwenden.

7 Schließlich enthält Art. 92 Abs. 1 **UAbs. 2** MiCAR auch eine **Übermittlungspflicht** der **zuständigen Behörden,** denen die Verdachtsmeldungen gem. UAbs. 1 leg. cit. erstattet werden. Diese Behörden werden nämlich verpflichtet, die ihnen gemeldeten Informationen „unverzüglich den zuständigen Behörden der betreffenden Handelsplattformen" zu übermitteln. Gemeint sind die Handelsplattformen, an denen die Kryptowerte, auf die sich die Geschäfte beziehen, zugelassen sind. Vorausgesetzt ist dabei, dass es sich um grenzüberschreitende Sachverhalte und damit um jeweils andere Behörden handelt als jene, die für die meldepflichtigen Personen zuständig sind. Auch hier meint „unverzüglich" eine Übermittlung ohne schuldhaften Zögerns.[24] Der Begriff der **„zuständigen Behörde"** knüpft an die Begriffsbestimmung des Art. 3 Abs. 1 Z 35 MiCAR an, meint also die nach der MiCAR von den Mitgliedstaaten benannten Behörden (vgl. → MiCAR Art. 3 Rn. 186).

III. Ausgestaltung durch RTS und Leitlinien

8 Aufgrund von Art. 92 **Abs.** 2 MiCAR werden die Pflichten gem. Abs. 1 leg. cit. durch technische Regulierungsstandards näher ausgestaltet. Konkret **ermächtigt und verpflichtet** diese Bestimmung die **ESMA** zur Erarbeitung von Entwürfen **technischer Regulierungsstandards** (engl. „regulatory technical standards", abgk. **„RTS"**). Der ESMA ist für die Erarbeitung der Entwürfe der RTS eine **Frist bis 30.12.2024** gesetzt (Art. 92 Abs. 2 **UAbs.** 2). Derzeit (Sommer 2024) läuft eine Konsultation der ESMA über ein Consultation Paper[25] das Entwürfe für die gem. Art. 92 Abs. 2 auszuarbeitenden RTS und Leitlinien enthält. Es handelt sich bei den RTS um **delegierte Rechtsakte** iSd Art. 290 AEUV. Solche können zur Ergänzung oder Änderung bestimmter nicht wesentlicher Vorschriften des Basisrechtsaktes aufgrund einer in diesem enthaltenen, Ziele, Inhalt, Geltungsbereich und Dauer festlegenden Befugnisübertragung erlassen werden. Im Unterschied sowohl zu Art. 92 Abs. 3 als auch zu Art. 88 Abs. 4 MiCAR enthält Art. 92 Abs. 2 MiCAR zwar **keinen ausdrücklichen Verweis** auf die ESMA-VO (EU) Nr. 1095/2010[26]. Dennoch sind, auch weil die ESMA gem. Art. 1 Abs. 2 der ESMA-VO neben den dort genannten auch aufgrund „aller weiteren verbindlichen Rechtsakte der Union, die der Behörde Aufgaben übertragen", handelt, die **Art. 10–14 der ESMA-VO** für die RTS nach Art. 92 Abs. 2 MiCAR anwendbar (s. **Erwgr. Nr. 110**). Die RTS werden demnach nach dem dort geregelten Verfahren aufgrund eines Entwurfs der ESMA von der Kommission erlassen, wobei das Europäische Parlament sowie der Rat dagegen binnen einer ebenfalls in der ESMA-VO festgelegten Frist[27] Einwände erheben können.[28] Sie müssen in Form von **Verordnungen oder Beschlüssen** ergehen und im Amtsblatt veröffentlicht werden.[29] **Art. 139 MiCAR** über die „Ausübung der Befugnisübertragung" könnte nur insofern als lex specialis relevant sein, als er die Konsultation der

---

[24] Zur MAR, Klöhn/Klöhn MAR 16 Rn. 91.
[25] Consultation Paper v. 25.3.2023, ESMA 75-453128700-1002.
[26] ABl. 2010 L 331, 84.
[27] S. Art. 113 Abs. 1 ESMA-VO (EU) Nr. 1095/2010.
[28] Vgl. Art. 290 Abs. 2 lit. b AEUV.
[29] Art. 10 Abs. 4 VO (EU) Nr. 1095/2010.

von den einzelnen Mitgliedstaaten benannten Sachverständigen vorsieht. Dagegen ist *Tuder* der Ansicht, dass die Erlassung von RTS von Art. 139 MiCAR überhaupt nicht angesprochen wird (vgl. → MiCAR Art. 139 Rn. 11).[30]

Die RTS gem. Art. 92 Abs. 2 MiCAR beziehen sich auf drei Bereiche, wobei der Wortlaut offenlässt, ob mehrere delegierte Rechtsakte erlassen oder alle Bereiche in einem zusammengefasst werden. Der im Consultation Paper der ESMA enthaltene draft RTS geht zweiteren Weg. Zunächst werden in den RTS, indem „geeignete Vorkehrungen, Systeme und Verfahren mittels derer Personen die Anforderungen des Absatzes 1 einhalten können", **präzisiert** werden, die Pflichten des Art. 92 Abs. 1 MiCAR (→ Rn. 4 f.) konkretisiert (lit. a). Der zur Konsultation angewendete draft RTS orientiert sich wie erwähnt an der DelVO (EU) 2016/957. Außerdem wird für die Erfüllung der ebenfalls in Art. 92 Abs. 1 MiCAR enthaltenen Meldepflichten (→ Rn. 6) ein **Mustertext** festgelegt **(lit. b)**, wobei hier ebenfalls das in der DelVO (EU) 2016/957 enthaltene Muster für Verdachtsmeldungen die Blaupause liefern dürfte. Schließlich sind Verfahren für die Abstimmung zwischen den jeweils zuständigen Behörden in Fällen von **grenzüberschreitendem Marktmissbrauch** vorzusehen **(lit. c)**. Die RTS betreffen demnach sowohl die Abstimmung zwischen den jeweils zuständigen Behörden bei der Aufdeckung von Marktmissbrauch als auch bei der Belegung mit Sanktionen.[31] Diese Bestimmung hat kein unmittelbares Vorbild in der MAR. Die systematische Stellung legt nahe, dass es insbes. um die Konkretisierung der **Übermittlungspflicht** nach Art. 92 Abs. 1 UAbs. 2 MiCAR (→ Rn. 7) geht, wobei bereits der gem. Art. 92 Abs. 2 lit. b MiCAR in den RTS festzulegende Mustertext den Informationsaustausch bei grenzüberschreitenden Untersuchungen erleichtert.[32] Von einem solchen Verständnis geht auch der Konsultation befindliche draft RTS aus. Der Wortlaut ließe freilich auch die Annahme einer weitergehenden Befugnis zu. IdZ gilt es aber zu bedenken, dass der in Titel VII enthaltene **Art. 95 MiCAR** die Zusammenarbeit der zuständigen Behörden und die damit verbundenen Ermächtigungen zum Erlass delegierter Rechtsakte regelt.

Gem. Art. 92 **Abs. 3** MiCAR ist schließlich vorgesehen, dass die **ESMA** bis **30.6.2025 Leitlinien für die Aufsichtspraktiken** der zuständigen Behörden zur Verhinderung und Aufdeckung von Marktmissbrauch herausgibt. Es handelt sich um **soft law**-Instrumente. Die Leitlinien dürften nur die Bereiche bedecken, die nicht schon von den RTS (→ Rn. 8 f.) umfasst sind. Die Bestimmung enthält einen Verweis auf **Art. 16 der ESMA-VO,** weshalb die dortigen Regelungen anzuwenden sind. Demnach müssen gegebenenfalls[33] offene öffentliche Anhörungen sowie eine Kosten-Nutzen-Analyse durchgeführt werden. Außerdem ist aufgrund des Verweises anzunehmen, dass sich die Leitlinien sowohl an die zuständigen Behörden als auch **an die Teilnehmer der Kryptomärkte** richten können und die Adressaten iS einer

9

10

---

[30] Art. 139 Abs. 2, 3 und 6 MiCAR beziehen sich lediglich auf Art. 3 Abs. 2, Art. 43 Abs. 11, Art. 103 Abs. 8, Art. 104 Abs. 8, Art. 105 Abs. 7, Art. 134 Abs. 10 und Art. 137 Abs. 3, Art. 139 Abs. 5 MiCAR entspricht dem Art. 11 Abs. 2 ESMA-VO.

[31] Was in diesem Sinne eine „zuständige Behörde" ist, richtet sich nach Art. 3 Abs. 1 Z 35 MiCAR.

[32] Vgl. Erwgr. Nr. 6 DelVO (EU) 2016/957.

[33] Die Anhörungen und Analysen müssen gem. Art. 16 Abs. 2 ESMA-VO im Verhältnis zu Umfang, Natur und Folgen der Leitlinien oder Empfehlungen angemessen sein.

MiCAR Art. 92

über die allg. Loyalitätspflicht hinausgehenden **Berücksichtigungspflicht** „alle erforderlichen Anstrengungen" unternehmen müssen, um den Leitlinien nachzukommen. Die zuständigen Behörden unterliegen außerdem einem **comply-or-explain**-Mechanismus gem. Art. 16 Abs. 3 ESMA-VO.

IV. Relevante Durchführungsbestimmungen im Kryptomärkteaufsichtsgesetz

11 Die erforderlichen nationalen Befugnisse (insbes. der Bundesanstalt) und Sanktionen zur Durchführung der MiCAR in Deutschland finden sich im in Art. 1 des Regierungsentwurfs des deutschen Finanzmarktdigitalisierungsgesetzes („FinmadiG") enthaltenen **Kryptomärkteaufsichtsgesetz („KMAG")** (→ MiCAR Art. 86 → Rn. 11). Diese Regelungen beziehen sich auch auf Verstöße gegen die Vorgaben des Art. 92 MiCAR. Besonders relevant sind dabei die Befugnisse gegenüber CASP gem. § 29 KMAG-Regierungsentwurf bzw. gegenüber Leitungsorganen gem. § 24 KMAG-Regierungsentwurf i. d. F. des Art. 2 Nr. 16 FinmadiG. Hinzuweisen sei außerdem allgemein auf die Befugnisse zur Verhinderung von Markmissbrauch auf Handelsplattformen gem. Kapitel 4, Abschnitt 4 (§§ 31 ff. KMAG-Regierungsentwurf), von denen aus der Perspektive des Art. 92 MiCAR insbes. § 31 und § 35 hervorzuheben sind. Bei den Straf- und Bußgeldbestimmungen des Kapitels 7 (§§ 46 ff. KMAG-Regierungsentwurf) nehmen § 47 Abs 3 Nr. 114 und Abs 4 Nr. 17 KMAG-Regierungsentwurf direkt auf Art. 92 MiCAR Bezug. Mit § 40 Abs. 1 Nr. 4 KMAG-Regierungsentwurf idF des Art. 2 Nr. 19 FinmadiG wird dem **Abschlussprüfer** die Prüfung der Einhaltung der Verpflichtungen des Art. 92 MiCAR aufgetragen.

Titel VII. Zuständige Behörde, die EBA und die ESMA

Kapitel 1. Befugnisse der zuständigen Behörden und Zusammenarbeit zwischen den zuständigen Behörden, der EBA und ESMA

Artikel 93 Zuständige Behörden

(1) Die Mitgliedstaaten benennen die zuständigen Behörden, die für die Wahrnehmung der in dieser Verordnung vorgesehenen Funktionen und Aufgaben verantwortlich sind. Die Mitgliedstaaten teilen der EBA und der ESMA diese zuständigen Behörden mit.

(2) Benennen die Mitgliedstaaten mehr als eine zuständige Behörde nach Absatz 1, so legen sie deren jeweilige Aufgaben fest und benennen eine zuständige Behörde als zentrale Kontaktstelle für die grenzüberschreitende Verwaltungszusammenarbeit zwischen den zuständigen Behörden sowie mit der EBA und der ESMA. Die Mitgliedstaaten können eine getrennte zentrale Kontaktstelle für jede dieser Arten der Verwaltungszusammenarbeit benennen.

(3) Die ESMA veröffentlicht auf ihrer Website eine Liste der gemäß den Absätzen 1 und 2 benannten zuständigen Behörden.

Übersicht

	Rn.
I. Einführung	1
1. Literatur	1
2. Entstehung und Zweck der Norm	2
3. Systematik	4
II. Behördenbenennung	7
1. Zuständigkeitsbestimmung (Abs. 1)	7
2. Mehrere Behörden (Abs. 2)	9
3. Liste der benannten Behörden (Abs. 3)	10
III. Umsetzungs-/Vollzugsvorschriften	11

I. Einführung

1. Literatur. *Kahl,* Der Europäische Verwaltungsverbund: Strukturen – Typen – Phänomene, Der Staat 50 (2011), 352; *Kaufhold,* Systemaufsicht, 2016; *Poelzig,* Durchsetzung und Sanktionierung des neuen Marktmissbrauchsrechts, NZG 2016, 492; *Ruffert,* Verwaltungsrecht im europäischen Verwaltungsverbund, Verw 48 (2015), 547; *Schneider,* Informationssysteme als Bausteine des Europäischen Verwaltungsverbunds, NVwZ 2012, 65; *Siegel,* Entscheidungsfindung im Verwaltungsverbund, 2009; *Weiß,* Der Europäische Verwaltungsverbund, 2010. 1

2. Entstehung und Zweck der Norm. Art. 93 wurde von der Kommission vorgeschlagen (Art. 81 des Entwurfs) und hat im Gesetzgebungsverfahren nur kleinere Änderungen erfahren: In Abs. 2 wurde klargestellt, dass die 2

MiCAR Art. 93 Titel VII. Zuständige Behörde, EBA und ESMA

Mitgliedstaaten auch mehrere Kontaktstellen für verschiedene Arten der Verwaltungszusammenarbeit benennen dürfen, Abs. 3 dann angepasst, sodass er auf Abs. 1 und Abs. 2 Bezug nimmt. Die Norm ist im Kern Art. 22 MarktmissbrauchsVO, Art. 31 ProspektVO, Art. 32 Leerverkaufsverordnung nachgebildet.

3   Art. 93 knüpft an die rechtsstaatlich bedeutsame **Bestimmung von Zuständigkeiten** an und trägt dabei den Besonderheiten des europäischen Verwaltungsverbunds Rechnung. Ausgehend davon, dass Zuständigkeitsregelungen „nicht nur eine Frage der Zweckmäßigkeit und einer vernünftigen Arbeitsteilung im staatlichen Bereich, sondern, wie heute immer mehr erkannt wird, von unmittelbarer Bedeutung auch für die Verwirklichung des materiellen Rechts und für einen wirksamen Rechtsschutz" sind,[1] und dass gerade das Europarecht der Zuständigkeit eine hohe Bedeutung beimisst (vgl. den Klagegrund in Art. 263 Abs. 2 AEUV), wird den Mitgliedstaaten vorgeschrieben, die für den Vollzug der Verordnung zuständigen Behörden zu benennen. Für das Funktionieren des europäischen **Verwaltungsverbunds**, in dem idealerweise immer genau eine Behörde mit europaweiter Wirkung zuständig ist, muss diese Zuständigkeit auch öffentlich bekannt sein, weshalb eine Mitteilungspflicht der Mitgliedstaaten besteht (Abs. 1 Satz 2) und eine Liste der Behörden veröffentlicht wird (Abs. 3). Welche Behörde(n) ein Mitgliedstaat benennt, ist ihm überlassen; damit realisiert sich hier die **Verfahrensautonomie**[2] der Mitgliedstaaten.

4   **3. Systematik.** Art. 93 ist die erste Vorschrift im Kapitel 1 („Befugnisse der zuständigen Behörden und Zusammenarbeit zwischen den zuständigen Behörden, der EBA und der ESMA") des Titels VII („Zuständige Behörden, die EBA und die ESMA"). Dieser umfasst außerdem noch die Kapitel „ESMA-Register", „Verwaltungsrechtliche Sanktionen und andere verwaltungsrechtliche Maßnahmen der zuständigen Behörden" sowie „Aufsichtsaufgaben der EBA in Bezug auf Emittenten signifikanter vermögenswertereferenzierter Token und signifikanter E-Geld-Token und Aufsichtskollegien". Dieser Titel stellt gewissermaßen den **verfahrensrechtlich-institutionellen Teil** der Kryptowerte-Verordnung dar.

5   Art. 93 trägt dem Umstand Rechnung, dass der Vollzug des Unionsrechts primär Sache der Mitgliedstaaten ist (vgl. Art. 291 AEUV, sog. **indirekter Vollzug**), wenn nicht das Unionsrecht selbst einen „direkten Vollzug" durch Unionsbehörden anordnet. Das ist im Fall der Kryptowerte-Verordnung nur in sehr begrenztem Umfang geschehen, so dass die Vollzugszuständigkeit vor allem bei den Mitgliedstaaten liegt. Deren Behörden agieren (wie häufig in grenzüberschreiten Konstellationen) in einem sog. Verwaltungsverbund, so dass (neben den Regeln über Zuständigkeit, Kooperation und Konfliktlösung) auch insbesondere die Frage des Ansprechpartners klar sein muss.

6   Der **Begriff** der zuständigen Behörde wird in Art. 3 Nr. 35 lit. a **legaldefiniert** als „eine oder mehrere Behörden, die von jedem Mitgliedstaat gemäß Artikel 93 bezüglich Anbietern von anderen Kryptowerten als vermögenswertereferenzierten Token und E-Geld-Token und Personen, die eine Zulassung zum Handel beantragen, Emittenten vermögenswertereferenzierter Token oder Anbietern von Kryptowerte-Dienstleistungen benannt wird bzw.

---

[1] Kopp, Verfassungsrecht und Verwaltungsverfahrensrecht, 1971, S. 67.
[2] Vgl. dazu eingehend Krönke, Die Verfahrensautonomie der Mitgliedstaaten der Europäischen Union, 2013.

werden". Gemeint sein kann bzw. können mit demselben Begriff gemäß Art. 3 Nr. 35 lit. b aber auch die Behörde(n), die von jedem Mitgliedstaat für die Zwecke der Anwendung der Richtlinie 2009/110/EG bezüglich Emittenten von E-Geld-Token benannt wird bzw. werden; das spielt für Art. 93 aber – soweit ersichtlich – keine Rolle.

II. Behördenbenennung

1. Zuständigkeitsbestimmung (Abs. 1). Art. 93 Abs. 1 ist nahezu 7 selbsterklärend. Nach Satz 1 **benennen** die Mitgliedstaaten die zuständigen Behörden, die für die Wahrnehmung der in dieser Verordnung vorgesehenen Funktionen und Aufgaben verantwortlich sind. Die Formulierung „benennen" legt nahe, dass die Behörden nicht neu errichtet werden müssen, sondern auf bestehende Behörden der Finanzmarktaufsicht, die zum Teil auch schon Aufgaben nach anderen europäischen Rechtsakten wahrnehmen, zurückgegriffen werden kann. Die Verwendung des Plurals „Behörden" resultiert, wie sich sowohl aus Art. 93 Abs. 2 als auch aus Art. 3 Nr. 35 lit. a ergibt, nicht nur daraus, dass mehrere Mitgliedstaaten zwangsläufig mehrere Behörden benennen, sondern jeder Mitgliedstaat kann mehrere Behörden benennen und damit die Vollzugsaufgaben verteilen. Anders als in Art. 22 MarktmissbrauchsVO und Art. 31 Abs. 1 ProspektVO wird also **keine Zuständigkeitskonzentration** auf eine einzige Behörde verlangt. An die Benennung werden weiter keine Anforderungen gestellt, die Benennung richtet sich nach innerstaatlichem Recht. Theoretisch könnte ein Mitgliedstaat – eine entsprechende Kooperationsvereinbarung vorausgesetzt – auch eine Behörde eines anderen Mitgliedstaats benennen. Anders als in Art. 31 Abs. 2 ProspektVO ist eine Delegation der Befugnisse, was nach deutschem Recht einer Beleihung entsprechen dürfte,[3] nicht vorgesehen (aber auch nicht ausdrücklich verboten).

Nach Art. 93 Abs. 1 S. 2 teilen die Mitgliedstaaten der EBA und der 8 ESMA die zuständigen Behörden mit. Details zu dieser **Mitteilung** enthält die Verordnung nicht; es bestehen also keine besonderen Formvorgaben. Die Mitteilung verschafft der EBA und der ESMA eine Übersicht über ihre Ansprechpartner und sie ist die Voraussetzung dafür, dass die ESMA die in Art. 93 Abs. 3 genannte Liste auf ihrer Website veröffentlichen kann. Im Fall einer **Zuständigkeitsänderung** muss die Mitteilung erneut erfolgen.

2. Mehrere Behörden (Abs. 2). Anders als beispielsweise in Art. 22 9 MarktmissbrauchsVO und Art. 31 ProspektVO überlässt es die Kryptowerte-Verordnung den Mitgliedstaaten, die Zahl der zuständigen Behörden festzulegen, gewährt also in diesem Punkt eine weitreichende **Verfahrensautonomie**. Gefordert wird in Art. 93 Abs. 2 S. 1 aber eine klare Aufgabenabgrenzung („legen deren jeweilige Aufgaben fest"). Das vermeidet Zuständigkeitskonflikte und sichert den **effektiven Vollzug** des Unionsrechts. Um das Funktionieren des Verwaltungsverbunds sicherzustellen, müssen die Mitgliedstaaten, wenn sie mehrere zuständige Behörden benannt haben, aus diesen „zentrale Kontaktstellen für die grenzüberschreitende Verwaltungszusammenarbeit zwischen den zuständigen Behörden sowie mit der EBA und der ESMA" auswählen. Eine vollständige Konzentration der Ansprechpartner ist indessen nicht gefordert, wie Art. 93 Abs. 2 S. 2 klarstellt: Die Mitglied-

---

[3] Assmann/Schlitt/von Kopp-Colomb/Gurlit, ProspektVO Art. 31 Rn. 5.

staaten können eine getrennte zentrale **Kontaktstelle** für jede dieser Arten der Verwaltungszusammenarbeit benennen.

10 **3. Liste der benannten Behörden (Abs. 3).** Die ESMA veröffentlicht auf ihrer Website eine **Liste** der gemäß den Absätzen 1 und 2 benannten zuständigen Behörden. Damit wird an zentraler Stelle die erforderliche Zuständigkeitstransparenz im europäischen Verwaltungsverbund geschaffen und geklärt, wer der richtige Ansprechpartner ist.

III. Umsetzungs-/Vollzugsvorschriften

11 Deutschland wird, wie auch im Wertpapierhandelsrecht, die Bundesanstalt für Finanzdienstleistungsaufsicht (BaFin) als einzige zuständige Stelle benennen (§ 3 Abs. 1 KMAG-E). Für Österreich ist die Benennung der Österreichischen Finanzmarktaufsicht (FMA) als zuständige Stelle zu erwarten.

Artikel 94 Befugnisse der zuständigen Behörden

(1) Zur Wahrnehmung ihrer Aufgaben gemäß den Titeln II bis VI der vorliegenden Verordnung müssen die zuständigen Behörden gemäß dem nationalen Recht zumindest über die folgenden Aufsichts- und Untersuchungsbefugnisse verfügen:

a) von jeder Person Informationen und Unterlagen zu verlangen, die nach Ansicht der zuständigen Behörden für die Ausführung ihrer Aufgaben von Belang sein könnten;

b) die Erbringung von Kryptowerte-Dienstleistungen für jeweils höchstens 30 aufeinanderfolgende Arbeitstage auszusetzen oder von den betreffenden Anbietern von Kryptowerte-Dienstleistungen die Aussetzung der Kryptowerte-Dienstleistungen für jeweils höchstens 30 aufeinanderfolgende Arbeitstage zu verlangen, wenn ein hinreichend begründeter Verdacht besteht, dass gegen diese Verordnung verstoßen wurde;

c) die Erbringung von Kryptowerte-Dienstleistungen zu untersagen, wenn sie feststellen, dass gegen diese Verordnung verstoßen wurde;

d) zur Gewährleistung des Schutzes der Interessen der Kunden, insbesondere der Kleinanleger, oder des reibungslosen Funktionierens des Marktes alle wesentlichen Informationen, die die Erbringung der betreffenden Kryptowerte-Dienstleistungen beeinflussen könnten, bekannt zu machen oder vom Anbieter der Kryptowerte-Dienstleistungen die Bekanntmachung dieser Informationen zu verlangen;

e) öffentlich bekannt zu machen, dass ein Anbieter von Kryptowerte-Dienstleistungen seinen Verpflichtungen nicht nachkommt;

f) die Erbringung von Kryptowerte-Dienstleistungen auszusetzen oder von einem Anbieter von Kryptowerte-Dienstleistungen die Aussetzung der Kryptowerte-Dienstleistungen zu verlangen, wenn die zuständigen Behörden der Auffassung sind, dass die Erbringung der Kryptowerte-Dienstleistungen angesichts der Lage des Anbieters von Kryptowerte-Dienstleistungen den Interessen der Kunden, insbesondere der Kleinanleger, abträglich wäre;

g) die Übertragung von bestehenden Verträgen vorbehaltlich der Zustimmung der Kunden und des Anbieters von Kryptowerte-Dienstleistungen, an den die Verträge übertragen werden sollen, auf einen anderen Anbieter von Kryptowerte-Dienstleistungen zu verlangen, falls dem Anbieter von Kryptowerte-Dienstleistungen nach Artikel 64 die Zulassung entzogen wurde;

h) wenn Grund zu der Annahme besteht, dass Kryptowerte-Dienstleistungen ohne Zulassung erbracht werden, die sofortige Einstellung der Tätigkeit ohne vorherige Warnung oder Fristsetzung anzuordnen;

i) von Anbietern, Personen, die die Zulassung von Kryptowerten zum Handel beantragen oder von Emittenten vermögenswertereferenzierter Token oder E-Geld-Token zu verlangen, ihr Kryptowerte-Whitepaper zu ändern oder ihr geändertes Kryptowerte-Whitepaper weiter zu ändern, wenn sie feststellen, dass das Kryptowerte-Whitepaper oder das geänderte Kryptowerte-Whitepaper nicht die nach den Artikeln 6, 19 oder 51 erforderlichen Informationen enthält;

j) von Anbietern, Personen, die die Zulassung von Kryptowerten zum Handel beantragen, oder von Emittenten vermögenswertereferenzierter Token oder E-Geld-Token zu verlangen, ihre Marketingmitteilungen zu ändern, wenn sie feststellen, dass die Marketingmitteilungen nicht den Anforderungen der Artikel 7, 29 oder 53 der vorliegenden Verordnung entsprechen;

k) von Anbietern, von Personen, die die Zulassung von Kryptowerten zum Handel beantragen, oder von Emittenten von vermögenswertereferenzierten Token und E-Geld-Token die Aufnahme zusätzlicher Informationen in ihre Kryptowerte-Whitepaper zu verlangen, wenn die Finanzstabilität oder der Schutz der Interessen der Inhaber von Kryptowerten, insbesondere der Kleinanleger, dies gebieten;

l) ein öffentliches Angebot oder eine Zulassung von Kryptowerten zum Handel für jeweils höchstens 30 aufeinanderfolgende Arbeitstage auszusetzen, wenn ein hinreichend begründeter Verdacht besteht, dass gegen die Bestimmungen dieser Verordnung verstoßen wurde;

m) ein öffentliches Angebot oder eine Zulassung von Kryptowerten zum Handel zu untersagen, wenn sie feststellen, dass gegen diese Verordnung verstoßen wurde, oder ein hinreichend begründeter Verdacht besteht, dass gegen diese Verordnung verstoßen würde;

n) den Handel mit Kryptowerten für jeweils höchstens 30 aufeinanderfolgende Arbeitstage auszusetzen oder von einem Anbieter von Kryptowerte-Dienstleistungen, der eine Handelsplattform für Kryptowerte betreibt, die Aussetzung des Handels mit Kryptowerten für jeweils höchstens 30 aufeinanderfolgende Arbeitstage zu verlangen, wenn ein hinreichend begründeter Verdacht besteht, dass gegen diese Verordnung verstoßen wurde;

o) den Handel mit Kryptowerten auf einer Handelsplattform für Kryptowerte zu untersagen, wenn sie feststellen, dass gegen diese Verordnung verstoßen wurde, oder ein hinreichend begründeter Verdacht besteht, dass gegen sie verstoßen werden wird;

p) Marketingmitteilungen auszusetzen oder zu verbieten, wenn ein hinreichend begründeter Verdacht besteht, dass gegen diese Verordnung verstoßen wurde;

q) Anbieter, Personen, die eine Zulassung von Kryptowerten zum Handel beantragen, Emittenten von vermögenswertereferenzierten Token oder E-Geld-Token oder entsprechende Anbieter von Kryptowerte-Dienstleistungen aufzufordern, die Marketingmitteilungen für maximal 30 aufeinanderfolgende Arbeitstage einzustellen oder auszusetzen, wenn der begründete Verdacht besteht, dass ein Verstoß gegen diese Verordnung vorliegt;

r) öffentlich bekannt zu machen, dass ein Anbieter, eine Person, die die Zulassung eines Kryptowerts zum Handel beantragt oder ein Emittent eines vermögenswertereferenzierten Token oder E-Geld-Token seinen bzw. ihren Verpflichtungen nach dieser Verordnung nicht nachkommt;

s) zur Wahrung des Schutzes der Interessen der Inhaber von Kryptowerten, insbesondere der Kleinanleger, oder eines reibungslosen Funktionierens des Marktes alle wesentlichen Informationen, die die Bewertung der öffentlich angebotenen oder zum Handel zugelassenen Kryptowerte beeinflussen könnten, offenzulegen oder eine derartige Offenlegung von einem Anbieter, einer Person, die die Zulassung eines Kryptowerts zum Handel beantragt, oder einem Emittenten eines vermögenswertereferenzierten Token oder E-Geld-Token zu verlangen;

t) den Handel mit Kryptowerten auf einer Handelsplattform für Kryptowerte auszusetzen oder eine solche Aussetzung von dem betreffenden Anbieter von Kryptowerte-Dienstleistungen, der Kryptowerte-Dienstleistungen eine Handelsplattform für Kryptowerte betreibt, zu verlangen, wenn sie der Auffassung sind, dass der Handel angesichts der Lage des Anbieters, der Person, die die Zulassung eines Kryptowerts zum Handel beantragt, oder des Emittenten eines vermögenswertereferenzierten Token oder eines E-Geld-Token den Interessen der Inhaber von Kryptowerten, insbesondere der Kleinanleger, abträglich wäre;

u) wenn Grund zu der Annahme besteht, dass vermögenswertereferenzierte Token oder E-Geld-Token ohne Zulassung ausgegeben werden oder die Zulassung zum Handel für andere Kryptowerte als vermögenswertereferenzierte Token oder E-Geld-Token ohne ein gemäß Artikel 8 übermitteltes Kryptowerte-Whitepaper angeboten oder beantragt wird, die sofortige Einstellung der Tätigkeit ohne vorherige Warnung oder Fristsetzung anzuordnen;

v) jede Art von Maßnahmen zu ergreifen, um sicherzustellen, dass ein Anbietereine Personen, die die Zulassung von Kryptowerten zum Handel beantragt, die Emittenten eines vermögenswertereferenzierten Token oder eines E-Geld-Token oder ein Anbieter von Kryptowerte-Dienstleistungen diese Verordnung einhalten, wozu auch die vorübergehende Einstellung von Handlungen und Verhaltensweisen verlangt werden kann, die nach Auffassung der zuständigen Behörden gegen diese Verordnung verstoßen;

w) Überprüfungen oder Untersuchungen vor Ort an anderen Standorten als den privaten Wohnräumen natürlicher Personen durchzuführen und zu jenem Zweck Zugang zu Räumlichkeiten zu erhalten, um Unterlagen und Daten gleich welcher Form einzusehen;

x) Überprüfungen oder Untersuchungen an Wirtschaftsprüfer oder Sachverständige auszulagern;

y) die Abberufung einer natürlichen Person aus dem Leitungsorgan eines Emittenten eines vermögenswertereferenzierten Token oder eines Anbieters von Kryptowerte-Dienstleistungen zu verlangen;

z) jede Person aufzufordern, Maßnahmen zu ergreifen, um den Umfang ihrer Position oder ihrer Risikoposition in Bezug auf Kryptowerte zu verringern;

aa) wenn keine anderen wirksamen Mittel zur Verfügung stehen, um die Einstellung des Verstoßes gegen diese Verordnung zu bewirken, und um das Risiko einer schwerwiegenden Schädigung der Interessen von Kunden oder von Inhabern von Kryptowerten zu verhindern, alle erforderlichen Maßnahmen, auch durch Aufforderung an Dritte oder Behörden, diese Maßnahmen durchzuführen, zu ergreifen, um

    i) Inhalte zu entfernen oder den Zugang zu einer Online-Schnittstelle zu beschränken oder anzuordnen, dass beim Zugriff auf die Online-Schnittstelle ein ausdrücklicher Warnhinweis angezeigt wird, der an die Kunden und Inhaber von Kryptowerten gerichtet ist,

    ii) anzuordnen, dass Hostingdiensteanbieter den Zugang zu einer Online-Schnittstelle entfernen, sperren oder beschränken oder

    iii) anzuordnen, dass Register oder Registrierungsstellen für Domänennamen einen vollständigen Domänennamen entfernen und der betreffenden zuständigen Behörde seine Registrierung zu gestatten;

ab) von einem Emittenten von vermögenswertereferenzierten Token oder E-Geld-Token gemäß Artikel 23 Absatz 4, Artikel 24 Absatz 3 oder Artikel 58 Absatz 3 zu verlangen, dass er eine Mindeststückelung oder eine Obergrenze für das Ausgabevolumen einführt.

(2) Die in Bezug auf die Anbieter, die Personen, die die Zulassung von Kryptowerten zum Handel beantragen, die Emittenten sowie die Anbieter von Kryptowerte-Dienstleistungen ausgeübten Aufsichts- und Untersuchungsbefugnisse lassen die Befugnisse, die denselben oder anderen Aufsichtsbehörden in Bezug auf diese Unternehmen übertragen werden, einschließlich der Befugnisse, die den jeweils zuständigen Behörden nach den Bestimmungen nationaler Rechtsvorschriften zur Umsetzung der Richtlinie 2009/110/EG übertragen werden, und die Aufsichtsbefugnisse, die der EZB im Rahmen der Verordnung (EU) Nr. 1024/2013 übertragen werden, unberührt.

(3) Zur Wahrnehmung ihrer Aufgaben gemäß Titel VI müssen die zuständigen Behörden im Einklang mit dem nationalen Recht zusätzlich zu den in Absatz 1 genannten Befugnissen zumindest über die erforderlichen Aufsichts- und Untersuchungsbefugnisse verfügen, um

a) auf Unterlagen und Daten jeglicher Form zuzugreifen und Kopien davon zu erhalten oder anzufertigen;

b) von jeder Person, auch von solchen, die nacheinander an der Übermittlung von Aufträgen oder an der Ausführung der betreffenden Tätigkeiten beteiligt sind, sowie von deren Auftraggebern Auskünfte zu verlangen oder zu fordern und erforderlichenfalls zum Erhalt von Informationen eine Person vorzuladen und zu befragen;

c) die Räumlichkeiten natürlicher und juristischer Personen zu betreten, um Unterlagen und Daten jeglicher Form zu beschlagnahmen, wenn der begründete Verdacht besteht, dass Unterlagen oder Daten, die sich auf den Gegenstand der Prüfung oder Untersuchung beziehen, für den Nachweis von Insidergeschäften oder Marktmanipulation relevant sein könnten;

d) eine Sache zwecks strafrechtlicher Verfolgung zu verweisen;

e) soweit dies nach nationalem Recht zulässig ist, bestehende Datenverkehrsaufzeichnungen im Besitz einer Telekommunikationsgesellschaft

anzufordern, wenn der begründete Verdacht eines Verstoßes besteht und wenn diese Aufzeichnungen für die Untersuchung eines Verstoßes gegen die Artikel 88, 89, 90 und 91 relevant sein könnten;
f) das Einfrieren oder die Beschlagnahme von Vermögenswerten oder beides zu beantragen;
g) ein vorübergehendes Berufsverbot zu verhängen;
h) alle erforderlichen Maßnahmen zu ergreifen, damit die Öffentlichkeit ordnungsgemäß informiert wird, unter anderem durch die Richtigstellung falscher oder irreführender offengelegter Informationen, insbesondere auch, indem sie einen Anbieter, eine Person, die die Zulassung zum Handel beantragt, oder einen Emittenten oder eine andere Person, die falsche oder irreführende Informationen veröffentlicht oder verbreitet hat, verpflichten, eine Berichtigung zu veröffentlichen.

(4) Sofern das nationale Recht dies erfordert, kann die zuständige Behörde das zuständige Gericht ersuchen, über die Ausübung der in den Absätzen 1 und 2 genannten Befugnisse zu entscheiden.

(5) Die zuständigen Behörden nehmen die in den Absätzen 1 und 2 genannten Befugnisse auf eine der folgenden Arten wahr:
a) unmittelbar;
b) in Zusammenarbeit mit anderen Behörden, einschließlich der für die Verhinderung und Bekämpfung von Geldwäsche und Terrorismusfinanzierung zuständigen Behörden;
c) unter eigener Verantwortung durch Übertragung von Aufgaben an die unter Buchstabe b genannten Behörden;
d) durch Antragstellung bei den zuständigen Gerichten.

(6) Die Mitgliedstaaten stellen durch geeignete Maßnahmen sicher, dass die zuständigen Behörden die zur Wahrnehmung ihrer Aufgaben erforderlichen Aufsichts- und Untersuchungsbefugnisse wahrnehmen können.

(7) Meldet eine Person der zuständigen Behörde gemäß dieser Verordnung Informationen, so gilt dies nicht als Verstoß gegen eine etwaige vertraglich oder durch Rechts- oder Verwaltungsvorschriften geregelte Einschränkung der Offenlegung von Informationen und hat keine diesbezügliche Haftung zur Folge.

Übersicht

	Rn.
I. Einführung	1
1. Literatur	1
2. Entstehung und Zweck der Norm	2
3. Systematik	4
II. Befugnisse und Befugnisausübung	6
1. Mindestausstattung an Befugnissen	6
2. Ausübungsmodalitäten	12
a) Verhältnis zu anderen Vorschriften	12
b) Richtervorbehalte	14
c) „Arten" der Befugnisausübung	15
d) Sicherstellungspflicht der Mitgliedstaaten	17
e) Ungeschriebene Aspekte der Befugnisausübung	19
III. Hinweisgeberschutz	21
IV. Umsetzungs-/Vollzugsvorschriften	24

Art. 94 MiCAR

I. Einführung

1. Literatur. Bislang keine, siehe aber die Kommentierungen insbes. zu 1
Art. 23 MarktmissbrauchsVO, Art. 33 LeerverkaufsVO und Art. 32 ProspektVO. Außerdem: *Gurlit*, Handlungsformen der Finanzmarktaufsicht,
ZHR 177 (2013), 862; *Kämmerer*, Das neue Europäische Finanzaufsichtssystem (ESFS) – Modell für eine europäisierte Verwaltungsarchitektur?,
NVwZ 2011, 1281; *Ohler*, Modelle des Verwaltungsverbunds in der Finanzmarktaufsicht, Verw 49 (2016), 309.

2. Entstehung und Zweck der Norm. Art. 94 wurde von der Kommis- 2
sion vorgeschlagen (Art. 82 des Entwurfs) und hat im Gesetzgebungsverfahren einige Änderungen erfahren, vor allem hinsichtlich des Katalogs in
Abs. 1. Ein Vorbild findet die Norm in Art. 23 MarktmissbrauchsVO und
Art. 32 ProspektVO, zu denen aber im Detail deutliche Unterschiede bestehen.

Art. 94 bezweckt eine **Harmonisierung der Vollzugsbefugnisse**, um 3
ein „level playing field" für die Marktteilnehmer zu schaffen. Art. 94 schreibt
dazu vor allem eine Mindestausstattung an Befugnissen der zuständigen
Behörden vor, für welche die Mitgliedstaaten zu sorgen haben; außerdem
werden gewisse Ausübungsmodalitäten geregelt. EG 98 S. 1 führt dazu aus:
„Die zuständigen Behörden sollten mit ausreichenden Befugnissen ausgestattet sein, um die Ausgabe von, das öffentliche Angebot über und die Zulassung zum Handel von Kryptowerten, einschließlich vermögenswertereferenzierter Token oder E-Geld-Token, zu überwachen und Anbieter von
Kryptowerte-Dienstleistungen zu beaufsichtigen." Der Mindestbestand an
Befugnissen soll dafür sorgen, dass die Verordnung effektiv vollzogen werden
kann und es nicht – wie in der Finanzkrise ab 2007[1] – zu Vollzugsdefiziten
kommt.

3. Systematik. Die gemäß Art. 94 Abs. 1 und 3 einzuräumenden Befug- 4
nisse stehen neben den exemplarisch in Art. 94 Abs. 2 erwähnten Befugnissen, die den jeweils zuständigen Behörden nach den Bestimmungen nationaler Rechtsvorschriften zur Umsetzung der Richtlinie 2009/110/EG
übertragen werden, und neben den Aufsichtsbefugnissen, die der EZB im
Rahmen der Verordnung (EU) Nr. 1024/2013 übertragen werden. Die
Befugnisse, die sich für die zuständigen Behörden unmittelbar aus der Kryptowerte-Verordnung ergeben, namentlich aus Art. 102 und 105, sind *leges
speciales* zu den mitgliedstaatlichen Regelungen, die gestützt auf Art. 94
geschaffen werden.

Die **Bezugspunkte** für die Befugnisausübung sind die Aufgaben der 5
Behörden nach den Titeln II bis VI der Verordnung, im Fall des Absatzes 3
ausschließlich Titel VI.

II. Befugnisse und Befugnisausübung

1. Mindestausstattung an Befugnissen. Die Verordnung schreibt den 6
Mitgliedstaaten vor, die „zuständigen Behörden" im nationalen Recht mit
bestimmten Befugnissen auszustatten. Diese gelten also – anders als die in
Art. 103 ff. – nicht schon unmittelbar nach der Verordnung, sondern der
Unionsgesetzgeber verwendet hier wie auch anderorts im Kapitalmarkt-

---
[1] Dazu Gurlit ZHR 177 (2013), 862 (863).

Schröder 763

recht² die Regelungstechnik der sog. **hinkenden Verordnung,**³ die punktuell einer Richtlinie ähnelt und noch einen Umsetzungsakt verlangt. Art. 94 Abs. 1 enthält einen Mindestkatalog zu schaffender Befugnisse („zumindest"), der aber schon sehr umfänglich ist. Über diesen Katalog hinausgehende Befugnisse sind nicht ausgeschlossen (sog. **Mindestharmonisierung**⁴), ihre Normierung unterliegt allerdings der (wohl eher theoretischen) Grenze, dass sie die materiellen Vorgaben der Verordnung nicht konterkarieren darf.

7   Der Katalog des Art. 94 Abs. 1 enthält „Aufsichts- und Untersuchungsbefugnisse". Der Begriff ist weit zu verstehen und beinhaltet auch Eingriffsmaßnahmen, insbesondere die auch schon in EG 98 S. 2 erwähnte Aussetzung oder Untersagung von Dienstleistungen. Im Übrigen umfasst das Spektrum nahezu **jede erdenkliche Maßnahme,** von der Informationsbeschaffung (lit. a) über die öffentliche Bekanntmachung von Missständen (lit. e, r), die Aufforderung zur Änderung von Marketingmitteilungen (lit. j) oder Kryptowerte-Whitepapern (lit. i, k), Transparenzverlangen (lit. s) bis hin zu Überprüfungen oder Untersuchungen vor Ort (lit. w). Bemerkenswert sind auch die (situativ eingeschränkten) **Generalklauseln** („jede Art von Maßnahmen zu ergreifen" bzw. „alle erforderlichen Maßnahmen ... zu ergreifen") in lit. v und lit. aa.

8   **Adressaten** der Maßnahmen können nicht etwa nur die Emittenten von Kryptowerten, die Erbringer von Krypto-Dienstleistungen oder Antragsteller in diesen Bereichen sein, sondern auch Personen, die Kryptowerte halten (lit. z) oder sogar jede Person, die etwas zur Aufgabenerfüllung der Behörden beitragen kann (lit. aa).

9   Speziell mit Blick auf Titel VI der Verordnung (Verhinderung und Verbot von **Marktmissbrauch** im Zusammenhang mit Kryptowerten) normiert Art. 94 Abs. 3 **zusätzliche Befugnisse,** über die die Behörden verfügen müssen. Die Formulierung „im Einklang mit dem nationalen Recht" mag auf den ersten Blick zu der Annahme verleiten, dass die Befugnisse durch nationales Recht relativiert werden dürfen, in Wahrheit handelt es sich um eine inkohärente Übersetzung der Formulierung „in accordance with national law", die sich sowohl in Abs. 1 als auch in Abs. 2 findet. Gemeint ist also auch hier nur, dass das nationale Recht die entsprechenden Vorgaben enthalten muss.

10 Der Katalog an **Maßnahmen in Abs. 3** ist vielfältig und ermöglicht teils gravierende Grundrechtseingriffe. Es darf auf Unterlagen zugegriffen werden und es dürfen Kopien angefertigt werden (lit. a). Es dürfen Auskünfte verlangt (lit. b) und die Öffentlichkeit darf informiert werden (lit. h). Es finden sich Betretungs- und Beschlagnahmerechte (lit. c und f). Falls nach nationalem Recht zulässig, dürfen auch Datenverkehrsaufzeichnungen von Telekommunikationsgesellschaften angefordert werden (lit. e). Zulässig ist auch die Verweisung der Sache zwecks strafrechtlicher Verfolgung (lit. d) und die Verhängung eines vorläufigen Berufsverbots.

11 Inhaltlich kommt es teilweise zu **Überschneidungen** der in Art. 94 Abs. 3 verlangten Befugnisse mit den in Art. 94 Abs. 1 geforderten. Das ist damit zu erklären, dass Abs. 1 nach dem ursprünglichen Vorschlag der Kommission

---

² Vgl. etwa Art. 23 MarktmissbrauchsVO, Art. 32 ProspektVO.
³ Dazu Calliess/Ruffert/Ruffert AEUV Art. 288 Rn. 22. Diese Regelungsform ist in der Rechtsprechung anerkannt, vgl. EuGH 21.12.2011 – C 316/10, Slg. 2011, I-13871 Rn. 40 f. = BeckRS 2012, 80386 – Danske Svineproducenter.
⁴ Dazu Streinz/Schröder, 3. Aufl. 2018, AEUV Art. 114 Rn. 49 ff.

nur für die Titel II bis V der Verordnung gelten sollte und für Titel VI ausschließlich Abs. 3. Der Rat veranlasste die Anwendung des Abs. 1 auf alle Titel, eine Streichung der dadurch „doppelt" geregelten Befugnisse in Abs. 3 unterblieb aber. Bei der „Umsetzung" durch die Mitgliedstaaten (zur Regelungstechnik der „hinkenden Verordnung" → Rn. 6) lässt sich diese Doppelung beheben, allerdings wird man davon ausgehen müssen, dass die exklusiv in Abs. 3 genannten Maßnahmen im Anwendungsbereich der Titel II bis V nicht, auch nicht gestützt auf die Generalklauseln, zur Anwendung kommen dürfen.

2. Ausübungsmodalitäten. a) Verhältnis zu anderen Vorschriften. 12
Art. 94 Abs. 2 bestimmt, dass die in Bezug auf die Anbieter, die Personen, die die Zulassung von Kryptowerten zum Handel beantragen, die Emittenten sowie die Anbieter von Kryptowerte-Dienstleistungen ausgeübten Aufsichts- und Untersuchungsbefugnisse die Befugnisse, die denselben oder anderen Aufsichtsbehörden in Bezug auf diese Unternehmen übertragen werden, einschließlich der Befugnisse, die den jeweils zuständigen Behörden nach den Bestimmungen nationaler Rechtsvorschriften zur Umsetzung der Richtlinie 2009/110/EG übertragen werden, und die Aufsichtsbefugnisse, die der EZB im Rahmen der Verordnung (EU) Nr. 1024/2013 übertragen werden, unberührt lassen. Art. 94 Abs. 1 entfaltet also **keine Sperrwirkung** gegenüber diesen Befugnisnormen. § 1 Abs. 3 KMAG-E übernimmt diese Vorgabe. Die Erwähnung der „ausgeübten Aufsichts- und Untersuchungsbefugnisse", die nicht auf das Verhältnis der Normen, sondern auf ihre Anwendung abzielt, wirft allerdings die (Folge-)Frage auf, ob Entscheidungen aufgrund der Kryptowerte-Verordnung Tatbestandswirkung entfalten können.[5] Aufgrund des Grundsatzes der Einheit der Rechtsordnung und im Interesse der Rechtssicherheit ist das anzunehmen, um widersprüchliche Entscheidungen zu vermeiden.

Auch wenn sich Art. 94 Abs. 2 systematisch nur auf Abs. 1 bezieht, ist 13 nicht davon auszugehen, dass der Bereich des Marktmissbrauchs durch Art. 94 Abs. 3 abschließend geregelt sein soll, das gilt insbesondere angesichts der dort erwähnten Möglichkeit, eine Sache an die Strafverfolgungsbehörden zu verweisen. Auch hinsichtlich eines Marktmissbrauchs bleiben also **andere Befugnisse unberührt.**

b) Richtervorbehalte. Art. 94 Abs. 4 nimmt Rücksicht darauf, dass nach 14 dem nationalen Recht bestimmte Maßnahmen aufgrund ihrer Eingriffsintensität unter einem (womöglich sogar verfassungsrechtlich gebotenen) Richtervorbehalt stehen. Ein solcher wäre zwar mithilfe des Anwendungsvorrangs grundsätzlich zu überwinden,[6] das Unionsrecht vermeidet hier aber sinnvollerweise einen Konflikt und trägt den auch in der Rechtsprechung des EuGH anerkannten Anforderungen an schwere Eingriffe in die Unionsgrundrechte[7] Rechnung, die auch gelten, wenn die Mitgliedstaaten die Verordnung durchführen (Art. 51 GRCh).

---

[5] Das Rechtsinstitut ist auch bei Verwaltungsakten auf der Basis von Unionsrecht im Grundsatz anerkannt, vgl. etwa BGH NJW 2023, 2259.
[6] Vgl. EuGH 15.7.1964 – 6/64, Slg. 1964, 1251 (1269 f.) = NJW 1964, 2371 – Costa/E.N.E.L.
[7] Siehe etwa für Richtervorbehalte EuGH 6.10.2020 – C-511/18, C-512/18, C-520/18, ECLI:EU:C:2020:791 = NJW 2021, 531 Rn. 189 – La Quadrature du Net.

MiCAR Art. 94   Titel VII. Zuständige Behörde, EBA und ESMA

15   c) **„Arten"** der Befugnisausübung. Art. 94 Abs. 5 regelt die „Arten" der Befugnisausübung. Die Vorschrift ist Art. 23 Abs. 2 Marktmissbrauchs-VO und Art. 32 Abs. 2 ProspektVO nachgebildet, weist aber im Detail einige Unterschiede auf. Die Arten der Befugnisausübung können einerseits als **Regelungsoptionen** verstanden werden,[8] andererseits aber auch „informell" im **Vollzug** relevant werden. Mit Blick auf die letztgenannte Konstellation ist der zuständigen Behörde ein **Auswahlermessen** zwischen den verschiedenen Arten eingeräumt, das sie unter Berücksichtigung des Ziels eines effektiven Vollzugs des Unionsrechts (vgl. Art. 291 Abs. 1 AEUV) auszuüben hat.

16   Die **unmittelbare Ausübung** durch die Behörde selbst (lit. a) bildet den Standardfall der Befugnisausübung; hier wird nur die zuständige Behörde iSd Art. 93 selbst tätig. Bei den anderen, **mittelbaren Arten** der Befugnisausübung sind weitere Stellen involviert. Nach lit. b und c können andere Behörden miteingebunden werden. Das sind nicht nur die ausdrücklich genannten, für die Verhinderung und Bekämpfung von Geldwäsche und Terrorismusfinanzierung zuständigen Behörden, sondern grundsätzlich alle Behörden (nicht hingegen wie in Art. 22 MarktmissbrauchsVO: Marktteilnehmer). Auch erfasst ist die (auch grenzüberschreitende) Zusammenarbeit gem. Art. 95 ff. MiCA-VO. Während bei lit. b die Zusammenarbeit nicht näher spezifiziert wird (gemeint sein dürfte insbesondere die Amtshilfe), erlaubt lit. c eine Delegation von Befugnissen (die deutsche Übersetzung spricht fehlerhaft von Aufgaben), wobei die Letztverantwortung bei der zuständigen Behörde iSd Art. 93 bleibt. Was das bedeutet, ist unklar, naheliegend ist die Rechtsfigur des öffentlich-rechtlichen Mandats.[9] Praktische Bedeutung dürfte diese Variante etwa bei der Involvierung von Sachverständigen haben. Falls erforderlich (→ Rn. 14), ist gemäß lit. d eine Antragstellung bei den zuständigen Gerichten notwendig.

17   d) **Sicherstellungspflicht der Mitgliedstaaten.** Art. 94 Abs. 6 verpflichtet die Mitgliedstaaten, durch geeignete Maßnahmen sicherzustellen, dass die zuständigen Behörden die zur Wahrnehmung ihrer Aufgaben erforderlichen Aufsichts- und Untersuchungsbefugnisse wahrnehmen können. Damit ist neben der erforderlichen „Umsetzung" der hinkenden Verordnung (→ Rn. 6) vor allem die **Ausstattung der Behörden** angesprochen, die nicht unterdimensioniert sein darf.

18   Bislang ist noch keine Umsetzung in deutsches Recht erfolgt. Diese ist gem. Art. 99 der Kommission, der EBA und der ESMA mitzuteilen.

19   e) **Ungeschriebene Aspekte der Befugnisausübung.** Nicht vorgeschrieben, sondern als selbstverständlich vorausgesetzt wird die Beachtung von **Verhältnismäßigkeitsgrundsatz, Bestimmtheitsgebot** usw. Dies – anders als beispielsweise in Art. 17 Data Act oder auch in Art. 105 der vorliegenden Verordnung – nicht ausdrücklich zu normieren, mag der Regelungstechnik der hinkenden Verordnung geschuldet sein; es ist auch im deutschen Recht nicht ungewöhnlich und daher nicht zu beanstanden.

20   Problematisch ist auf den ersten Blick vor dem Hintergrund der weitgehenden Auskunftsbefugnisse, dass **kein Aussageverweigerungsrecht** der

---

[8] So für die Parallelvorschrift in der ProspektVO Assmann/Schlitt/von Kopp-Colomb/Gurlit, ProspektVO Art. 32 Rn. 4.
[9] Siehe dazu Reinhardt, Delegation und Mandat im öffentlichen Recht, 2006.

Maßnahmeadressaten normiert wurde. Man könnte dies (wie den Richtervorbehalt, → Rn. 14) als zum Grundrechtsschutz („nemo tenetur se ipsum accusare" als Ausfluss des Persönlichkeitsrechts[10], nach anderer Auffassung sogar der Menschenwürde[11]) erforderlich ansehen. Allerdings wird das Bestehen eines Aussageverweigerungsrechts im Verwaltungsrecht (im Gegensatz zum Strafrecht), wo es primär um Gefahrenabwehr geht und nicht um Sanktionierung, mit guten Gründen bestritten.[12] Hinzuweisen ist aber auch darauf, dass zumindest der EGMR die Geltung des nemo-tenetur-Grundsatzes auch im Verwaltungsrecht anerkannt hat, wenn ein enger Zusammenhang mit einem strafrechtlichen Verfahren besteht.[13] Ob die Mitgliedstaaten ein Aussageverweigerungsrecht ohne besondere Ermächtigung im Unionsrecht normieren könnten, erscheint zweifelhaft; der deutsche Gesetzgeber plant es gleichwohl in § 4 Abs. 3 KMAG-E.

III. Hinweisgeberschutz

Etwas versteckt enthält Art. 94 Abs. 7 eine Bestimmung zum Hinweisgeberschutz: Meldet eine Person der zuständigen Behörde gemäß dieser Verordnung Informationen, so gilt dies nicht als Verstoß gegen eine etwaige vertraglich oder durch Rechts- oder Verwaltungsvorschriften geregelte Einschränkung der Offenlegung von Informationen und hat keine diesbezügliche Haftung zur Folge. Mit dieser **Haftungsfreistellung** soll die in der Praxis wichtige Rolle von Hinweisgebern (sog. Whistleblowern) gestärkt werden (vgl. auch noch Art. 108). Informanten sollen ohne Angst vor Konsequenzen die Aufsichtsbehörden über Missstände informieren können.[14] Angesichts ihrer ausnahmslosen Formulierung gilt die Vorschrift auch für Berufsgeheimnisträger.[15]   21

Die **unmittelbar anwendbare Bestimmung,** die Art. 32 Abs. 5 ProspektVO nachgebildet ist, ergänzt die Regelung des Art. 116, wonach die Richtlinie (EU) 2019/1937 für die Meldung von Verstößen gegen die Verordnung gilt. Hierzu hat Art. 147 der Verordnung den Anwendungsbereich der Richtlinie erweitert (siehe auch Erwgr. Nr. 115). Art. 94 Abs. 7 enthält aber – anders als Art. 23 Abs. 4 MarktmissbrauchsVO – keinen Regelungsauftrag an die Mitgliedstaaten zur Einrichtung besonderer Meldestellen.   22

Das Verhältnis von Art. 94 Abs. 7 zur **Richtlinie (EU) 2019/1937** und ihren Umsetzungsakten wird nicht näher geregelt. Unterschiede ergeben sich in doppelter Hinsicht: Erstens betrifft die Richtlinie (EU) 2019/1937 nur Hinweise auf Rechtsverstöße, während Art. 94 Abs. 7 allgemein von der Meldung von Informationen spricht. Zweitens knüpft die Richtlinie (EU) 2019/1937 den Schutz von Hinweisgebern an die Einhaltung eines abgestuften Verfahrens (interne Meldekanäle – externe Meldekanäle – Offenlegung), Art. 94 Abs. 7 fingiert dagegen (nur) eine Einhaltung der Verschwie-   23

---

[10] Vgl. BVerfGE 95, 220 (241) = BeckRS 1997, 20740.
[11] Vgl. Dürig/Herzog/Scholz/Herdegen, 101. EL Mai 2023, GG Art. 1 Abs. 1 Rn. 86.
[12] Scholl, Behördliche Prüfungsbefugnisse im Recht der Wirtschaftsüberwachung, 1989, S. 123, 126 ff.; Gröschner, Das Überwachungsrechtsverhältnis, 1992, S. 321.
[13] EGMR 5.4.2012 – 11663/04 Rn. 58 – Chambaz/Schweiz, abrufbar unter https://hudoc.echr.coe.int/fre#{%22itemid%22:[%22001-110240%22]}.
[14] Vgl. dazu auch Erwgr. Nr. 74 der MarktmissbrauchsVO.
[15] So auch zu Art. 23 Abs. 4 MAR BeckOK Wertpapierrecht/Weber/Harnos MAR Art. 23 Rn. 19.1.

genheitsverpflichtungen und etabliert damit eine punktuelle Haftungsfreistellung.

IV. Umsetzungs-/Vollzugsvorschriften

24 Art. 94 enthält eine Reihe von Vorgaben, die die Mitgliedstaaten in ihrem nationalen Recht erfüllen müssen (insbes. → Rn. 6). Nach dem Regierungsentwurf sollen die unionsrechtlichen Vorgaben wie folgt im KMAG-E umgesetzt werden:
- Art. 94 Abs. 1 lit. a in § 4 Abs. 3, § 25 und § 20 KMAG-E;
- Art. 94 Abs. 1 lit. b in § 29 KMAG-E;
- Art. 94 Abs. 1 lit. c in § 29 KMAG-E;
- Art. 94 Abs. 1 lit. d in § 30 KMAG-E;
- Art. 94 Abs. 1 lit. e in § 4 Abs. 4 KMAG-E;
- Art. 94 Abs. 1 lit. f in § 29 KMAG-E;
- Art. 94 Abs. 1 lit. g in § 13 Abs. 5 KMAG-E
- Art. 94 Abs. 1 lit. h in § 29 KMAG-E;
- Art. 94 Abs. 1 lit. i in § 16 Abs. 1 KMAG-E;
- Art. 94 Abs. 1 lit. j in § 17 Abs. 1 KMAG-E;
- Art. 94 Abs. 1 lit. l in § 15 Abs. 1 KMAG-E;
- Art. 94 Abs. 1 lit. m in § 15 Abs. 2 und 3 KMAG-E;
- Art. 94 Abs. 1 lit. n in § 15 und § 34 Abs. 4 KMAG-E;
- Art. 94 Abs. 1 lit. o in § 34 Abs. 4 KMAG-E;
- Art. 94 Abs. 1 lit. p in § 17 Abs. 2 KMAG-E;
- Art. 94 Abs. 1 lit. q in § 17 Abs. 2 KMAG-E;
- Art. 94 Abs. 1 lit. r in § 4 Abs. 4 KMAG-E;
- Art. 94 Abs. 1 lit. s in § 18 KMAG-E;
- Art. 94 Abs. 1 lit. t in § 34 Abs. 4 KMAG-E;
- Art. 94 Abs. 1 lit. u in § 9, § 15 Abs. 2 und 3, KMAG-E;
- Art. 94 Abs. 1 lit. v in § 4 Abs. 1 S. 3 KMAG-E;
- Art. 94 Abs. 1 lit. w in § 4 Abs. 5 und § 20 KMAG-E;
- Art. 94 Abs. 1 lit. x in § 3 Abs. 1 S. 4, § 20 und § 25 Abs. 2 KMAG-E;
- Art. 94 Abs. 1 lit. y in § 23 KMAG-E;
- Art. 94 Abs. 1 lit. z in § 4 Abs. 7 KMAG-E;
- Art. 94 Abs. 1 lit. aa in § 4 Abs. 6 und § 10 KMAG-E;
- Art. 94 Abs. 1 lit. ab in § 27 KMAG-E;
- Art. 94 Abs. 2 in § 1 Abs. 3 KMAG-E (→ Rn. 12);
- Art. 94 Abs. 3 lit. a in § 31 Abs. 1 KMAG-E;
- Art. 94 Abs. 3 lit. b in § 31 Abs. 1 KMAG-E;
- Art. 94 Abs. 3 lit. c in § 31 Abs. 2 KMAG-E;
- Art. 94 Abs. 3 lit. d in § 33 KMAG-E;
- Art. 94 Abs. 3 lit. e in § 31 Abs. 4 KMAG-E;
- Art. 94 Abs. 3 lit. f in § 31 Abs. 3 KMAG-E;
- Art. 94 Abs. 3 lit. g in § 31 Abs. 6 KMAG-E;
- Art. 94 Abs. 4 in § 31 Abs. 3 KMAG-E;
- Art. 94 Abs. 5 lit. b in § 7 Abs. 1 KMAG-E;
- Art. 94 Abs. 6 in § 21 Abs. 1–3 KMAG-E.

Artikel 95 Zusammenarbeit der zuständigen Behörden

(1) Die zuständigen Behörden arbeiten für die Zwecke dieser Verordnung zusammen. Die zuständigen Behörden leisten den zuständigen Behörden anderer Mitgliedstaaten, der EBA und der ESMA Amtshilfe. Sie tauschen Informationen unverzüglich aus und arbeiten bei ihrer Untersuchungs-, Aufsichts- und Durchsetzungstätigkeit zusammen.

Mitgliedstaaten, die nach Artikel 111 Absatz 1 Unterabsatz 2 strafrechtliche Sanktionen für Verstöße gegen diese Verordnung gemäß nach Artikel 111 Absatz 1 Unterabsatz 1 festgelegt haben, stellen durch geeignete Maßnahmen sicher, dass die zuständigen Behörden über alle notwendigen Befugnisse verfügen, um sich mit den Justiz-, Strafverfolgungs- oder Strafjustizbehörden in ihrem Hoheitsgebiet ins Benehmen zu setzen und im Zusammenhang mit strafrechtlichen Ermittlungen oder Verfahren, die wegen Verstößen gegen diese Verordnung eingeleitet wurden, spezifische Informationen zu erhalten und anderen zuständigen Behörden sowie der EBA und der ESMA zur Verfügung zu stellen, um ihre Pflicht zur Zusammenarbeit für die Zwecke dieser Verordnung zu erfüllen.

(2) Eine zuständige Behörde kann es nur dann ablehnen, einem Ersuchen um Informationen oder einer Anfrage in Bezug auf die Zusammenarbeit bei einer Untersuchung zu entsprechen, wenn einer der folgenden Fälle gegeben ist:

a) wenn die Weitergabe der relevanten Informationen die Sicherheit des ersuchten Mitgliedstaats beeinträchtigen könnte, insbesondere in Bezug auf die Bekämpfung von Terrorismus und anderen schwerwiegenden Straftaten;
b) wenn ein Stattgeben geeignet wäre, ihre eigene Untersuchung, ihre eigenen Durchsetzungsmaßnahmen oder gegebenenfalls eine strafrechtliche Ermittlung zu beeinträchtigen;
c) wenn aufgrund derselben Tat gegen dieselben natürlichen oder juristischen Personen bereits ein Verfahren vor einem Gericht des ersuchten Mitgliedstaats anhängig ist;
d) wenn aufgrund derselben Tat und gegen dieselben natürlichen oder juristischen Personen bereits ein rechtskräftiges Urteil in dem ersuchten Mitgliedstaat ergangen ist.

(3) Die zuständigen Behörden geben auf Ersuchen unverzüglich alle Informationen, die für die Zwecke dieser Verordnung erforderlich sind.

(4) Eine zuständige Behörde kann im Hinblick auf Prüfungen vor Ort oder Untersuchungen vor Ort die zuständige Behörde eines anderen Mitgliedstaats um Amtshilfe ersuchen. Die ersuchende zuständige Behörde setzt die EBA und die ESMA über jedes Ersuchen nach Unterabsatz 1 in Kenntnis. Erhält eine zuständige Behörde ein Ersuchen einer zuständigen Behörde eines anderen Mitgliedstaats auf Durchführung von Prüfungen vor Ort oder Untersuchungen vor Ort, so hat sie folgende Möglichkeiten:

a) die Prüfung oder Untersuchung selbst durchführen;
b) der ersuchenden zuständigen Behörde gestatten, sich an der Prüfung vor Ort oder Untersuchung vor Ort zu beteiligen;
c) der ersuchenden zuständigen Behörde gestatten, die Prüfung vor Ort oder Untersuchung vor Ort selbst durchzuführen;
d) sich bestimmte mit der Wahrnehmung der Aufsichtstätigkeiten zusammenhängende Aufgaben mit den anderen zuständigen Behörden teilen.

(5) Im Falle einer in Absatz 4 genannten Überprüfung oder Untersuchung vor Ort koordiniert die ESMA auf Ersuchen einer der zuständigen Behörden die Überprüfung oder Untersuchung.

Betrifft die in Absatz 4 genannte Überprüfung oder Untersuchung vor Ort einen Emittenten eines vermögenswertereferenzierten Token oder eines E-Geld-Token oder Kryptowerte-Dienstleistungen im Zusammenhang mit vermögenswertereferenzierten Token oder E-Geld-Token, so koordiniert die EBA auf Ersuchen einer der zuständigen Behörden die Überprüfung oder Untersuchung.

(6) Wurde ein Ersuchen um Zusammenarbeit, insbesondere um Informationsaustausch, zurückgewiesen oder hat es innerhalb einer angemessenen Frist zu keiner Reaktion geführt, so können die zuständigen Behörden die Angelegenheit der ESMA zur Kenntnis bringen.

In diesen Fällen gilt Artikel 19 Absatz 4 der Verordnung (EU) Nr. 1095/2010 entsprechend.

(7) Abweichend von Absatz 6 können die zuständigen Behörden die Angelegenheit der EBA zur Kenntnis bringen, sofern ein Ersuchen um Zusammenarbeit, insbesondere um Informationen, in Bezug auf einen Emittenten eines vermögenswertereferenzierten Token oder E-Geld-Token oder in Bezug auf Kryptowerte-Dienstleistungen im Zusammenhang mit vermögenswertereferenzierten Token oder E-Geld-Token zurückgewiesen wurde oder innerhalb einer angemessenen Frist zu keiner Reaktion geführt hat.

In diesen gilt Fällen Artikel 19 Absatz 4 der Verordnung (EU) Nr. 1093/2010 entsprechend.

(8) Die zuständigen Behörden stimmen ihre Aufsichtstätigkeit eng miteinander ab, um Verstöße gegen diese Verordnung festzustellen und diesen Verstößen abzuhelfen, bewährte Verfahren zu entwickeln und zu fördern, die Zusammenarbeit zu erleichtern, eine kohärente Auslegung zu fördern und bei Uneinigkeit rechtsordnungsübergreifende Bewertungen abzugeben.

Für die Zwecke des Unterabsatzes 1 dieses Absatzes nehmen die EBA und die ESMA eine Koordinierungsfunktion zwischen den zuständigen Behörden und den in Artikel 119 genannten Aufsichtskollegien, damit eine gemeinsame Aufsichtskultur und kohärente Aufsichtspraktiken geschaffen werden und einheitliche Verfahren sichergestellt werden.

(9) Stellt eine zuständige Behörde fest, dass eine der Anforderungen dieser Verordnung nicht erfüllt wurde oder hat Gründe für die Annahme, dass dies der Fall sei, so unterrichtet sie die Behörde, die für den oder die Urheber des Verstoßes zuständig ist, hinreichend genau über ihre Feststellungen.

(10) Die ESMA arbeitet in enger Zusammenarbeit mit der EBA Entwürfe technischer Regulierungsstandards zur Präzisierung der gemäß Absatz 1 zwischen den zuständigen Behörden auszutauschenden Informationen aus.

Die ESMA übermittelt der Kommission die in Unterabsatz 1 genannten Entwürfe technischer Regulierungsstandards spätestens am 30. Juni 2024.

Der Kommission wird die Befugnis übertragen, diese Verordnung durch den Erlass der in Unterabsatz 1 dieses Absatzes genannten technischen Regulierungsstandards gemäß den Artikeln 10 bis 14 der Verordnung (EU) Nr. 1095/2010 zu ergänzen.

(11) Die ESMA arbeitet in enger Zusammenarbeit mit der EBA Entwürfe technischer Durchführungsstandards aus, um die Standardformulare, Mustertexte und Verfahren für den Informationsaustausch zwischen den zuständigen Behörden festzulegen.
Die ESMA übermittelt der Kommission die in Unterabsatz 1 genannten Entwürfe technischer Durchführungsstandards spätestens am 30. Juni 2024.
Der Kommission wird die Befugnis übertragen, die in Unterabsatz 1 dieses Absatzes genannten technischen Durchführungsstandards gemäß Artikel 15 der Verordnung (EU) Nr. 1095/2010 zu erlassen.

Übersicht

	Rn.
I. Einführung	1
1. Literatur	1
2. Entstehung und Zweck der Norm	2
3. Systematik	4
II. Einzelkommentierung	6
1. Ausprägungen der Kooperationspflicht (Abs. 1)	6
2. Horizontale Kooperation	8
a) Untersuchungen und Informationsaustausch (Abs. 2, 3, 9)	8
b) Prüfungen und Untersuchungen vor Ort (Abs. 4)	13
c) Abstimmungspflicht (Abs. 8)	17
3. Rolle der Unionsstellen bei der Zusammenarbeit	18
a) Koordination	18
b) Zuständigkeit im Streitfall (Art. 95 Abs. 6 und 7)	20
c) Technische Standards	22

I. Einführung

1. Literatur. Bislang keine, siehe aber die Kommentierungen zu Art. 25 MarktmissbrauchsVO und Art. 33 ProspektVO. Außerdem: *Gurlit*, Handlungsformen der Finanzmarktaufsicht, ZHR 177 (2013), 862; *Kämmerer*, Das neue Europäische Finanzaufsichtssystem (ESFS) – Modell für eine europäisierte Verwaltungsarchitektur?, NVwZ 2011, 1281; *Ohler*, Modelle des Verwaltungsverbunds in der Finanzmarktaufsicht, Verw 49 (2016), 309. 1

2. Entstehung und Zweck der Norm. Art. 95 wurde von der Kommission vorgeschlagen (Art. 83 des Entwurfs) und hat im Gesetzgebungsverfahren nur relativ wenige Änderungen erfahren. Die Vorschrift ist im Kern Art. 25 MarktmissbrauchsVO und Art. 33 ProspektVO nachgebildet, weist aber im Detail deutliche Unterschiede auf. 2

Der **Zweck** der Bestimmung ergibt sich aus Erwgr. Nr. 100: „Da die Märkte für Kryptowerte grenzüberschreitend sind, sollten die zuständigen Behörden zusammenarbeiten, um Verstöße gegen diese Verordnung aufzudecken und davon abzuschrecken." Hintergrund ist, dass die Ausübung der Staatsgewalt grundsätzlich territorial beschränkt ist und jede zuständige Behörde daher grundsätzlich nur im Hoheitsgebiet ihres Staates tätig werden darf. Art. 95 betrifft nicht nur die Zusammenarbeit mit den zuständigen Behörden (→ Art. 93 Rn. 1 ff.) anderer Mitgliedstaaten, sondern auch mit den Aufsichtsbehörden der Union (EBA und ESMA) und uU sogar mit den 3

MiCAR Art. 95 Titel VII. Zuständige Behörde, EBA und ESMA

Justiz-, Strafverfolgungs- oder Strafjustizbehörden innerhalb desselben Mitgliedstaats (Art. 95 Abs. 1 UAbs. 1, → Rn. 7).

4 **3. Systematik.** Der Zweck der Aufsicht, Verstöße gegen die Verordnung aufzudecken, zu unterbinden und zu verfolgen, lässt sich angesichts der häufig grenzüberschreitenden Sachverhalte nur kooperativ erreichen. Art. 95 ist die erste einer ganzen **Reihe von Vorschriften** der Verordnung, die sich dieser Kooperation widmet. Während sie vor allem (aber nicht nur) Fragen der Zusammenarbeit im horizontalen Verhältnis der zuständigen Behörden der Mitgliedstaaten betrifft, regelt Art. 96 die Kooperation der zuständigen Behörden mit der EBA und der ESMA, und Art. 98 die Zusammenarbeit mit anderen Aufsichtsbehörden und Steuerbehörden.

5 Für den Bereich der **vertikalen Zusammenarbeit** der mitgliedstaatlichen Behörden mit der EBA und der ESMA konkretisiert Art. 95 die allgemeine Loyalitätspflicht des Art. 4 Abs. 3 EUV. Soweit es um die **horizontale Kooperation** geht, setzt Art. 95 Bestimmungen über die (europäische) Amtshilfe voraus.

II. Einzelkommentierung

6 **1. Ausprägungen der Kooperationspflicht (Abs. 1).** Art. 95 Abs. 1 UAbs. 1 S. 1 etabliert eine **horizontale Kooperationspflicht** der zuständigen Behörden iSd Art. 93 untereinander. Eine besondere Ausprägung dieser Kooperation ist die **Amtshilfe** (Abs. 1 UAbs. 1 S. 2), welche die zuständigen Behörden aber nicht nur den zuständigen Behörden anderer Mitgliedstaaten, sondern auch der EBA und der ESMA zu leisten haben (ebenfalls S. 2); letzteres begründet somit auch eine **vertikale Kooperationsplicht,** die noch näher in Art. 96 ausgestaltet wird. Zentrales Element der Kooperationspflicht ist der **Informationsaustausch,** der deshalb auch schon in Abs. 1 UAbs. 1 S. 3 Alt. 1 erwähnt wird; hinzu kommt die **Zusammenarbeit** bei der Untersuchungs-, Aufsichts- und Durchsetzungstätigkeit (Abs. 1 UAbs. 1 S. 3 Alt. 2). Obwohl die einzelnen Pflichten in den folgenden Absätzen teilweise näher beschrieben werden, hat Art. 95 Abs. 1 UAbs. 1 nicht nur deklaratorische Bedeutung, sondern ist selbst Rechtsgrundlage, etwa für Informationsverlangen.

7 Art. 95 Abs. 1 UAbs. 2 knüpft an Art. 111 Abs. 1 UAbs. 2 an: Soweit in einem Mitgliedstaat statt der in Art. 111 Abs. 1 UAbs. 1 eigentlich verlangten verwaltungsrechtlichen Sanktionen **strafrechtliche Sanktionen** vorgesehen sind, muss sichergestellt werden, dass die zuständigen Behörden von den Justiz-, Strafverfolgungs- oder Strafjustizbehörden die erforderlichen Informationen erhalten und diese ggf. im Rahmen der Zusammenarbeit mit anderen Behörden weiterleiten. Die innerstaatliche Organisation des Sanktionssystems und die damit verbundene Behördenorganisation darf also nicht die Pflicht zur Zusammenarbeit nach Art. 95 Abs. 1 UAbs. 1 aushebeln; letztere hat Vorrang.

8 **2. Horizontale Kooperation. a) Untersuchungen und Informationsaustausch (Abs. 2, 3, 9).** In Anknüpfung an die grundsätzliche **Pflicht zum Informationsaustausch und zur Zusammenarbeit** bei der Untersuchungs-, Aufsichts- und Durchsetzungstätigkeit normiert Art. 95 Abs. 2 die Fälle, in denen ein Ersuchen um Informationen oder eine Anfrage in Bezug auf die Zusammenarbeit abgelehnt werden darf. Die Bestimmung

bezieht sich insgesamt auf die in Art. 95 Abs. 1 genannte Zusammenarbeit und erfasst daher auch die in Folgebestimmungen genannten, spezielleren Fälle der Zusammenarbeit wie Prüfungen oder Untersuchungen vor Ort (Abs. 4). Auch die Befugnisausübung „in Zusammenarbeit mit einer anderen Behörde" iSd Art. 94 Abs. 5 lit. b (→ Art. 94 Rn. 16) stellt ggf. eine Form der Zusammenarbeit iSd Art. 95 Abs. 1 dar, so dass dann auch Art. 95 Abs. 2 gilt. Ein Zwang zur Ablehnung bei Vorliegen eines Ablehnungsgrundes besteht nicht.

Die **Ablehnungsgründe** sind eng begrenzt: (a) wenn die Weitergabe der relevanten Informationen die Sicherheit des ersuchten Mitgliedstaats beeinträchtigen könnte, insbesondere in Bezug auf die Bekämpfung von Terrorismus und anderen schwerwiegenden Straftaten; (b) wenn ein Stattgeben geeignet wäre, ihre eigene Untersuchung, ihre eigenen Durchsetzungsmaßnahmen oder gegebenenfalls eine strafrechtliche Ermittlung zu beeinträchtigen; (c) wenn aufgrund derselben Tat gegen dieselben natürlichen oder juristischen Personen bereits ein Verfahren vor einem Gericht des ersuchten Mitgliedstaats anhängig ist; und (d) wenn aufgrund derselben Tat und gegen die selben natürlichen oder juristischen Personen bereits ein rechtskräftiges Urteil in dem ersuchten Mitgliedstaat ergangen ist. Während lit. c. mehr der Verfahrenseffizienz dient und kollidierende Bewertungen desselben Verhaltens verhindert, dient lit. d der Realisierung des Grundsatzes „ne bis in idem" (vgl. Art. 50 GRCh). 9

Angesichts der **abschließenden Formulierung** des Art. 95 Abs. 2 („nur dann") kommt keine Ablehnung eines Ersuchens oder einer Anfrage in Betracht, weil die Voraussetzungen für die Maßnahme nicht vorlägen. Es besteht insbesondere **kein Prüfungsrecht** der ersuchten Behörde im Hinblick auf die Rechtmäßigkeit oder Validität des Ersuchens; sie kann aber, falls sie daran Zweifel hat, das Verfahren des Art. 95 Abs. 6/Art. 95 Abs. 7 einleiten. 10

Art. 95 Abs. 3 verpflichtet die Behörden dazu, Informationsersuchen **unverzüglich** zu erfüllen. Der Zusatz, dass es nur um Informationen geht, „die für die Zwecke dieser Verordnung erforderlich sind", ist angesichts der abschließend normierten Verweigerungsgründe in Art. 95 Abs. 2 deklaratorisch und gewährt der ersuchten Behörde kein materielles Prüfungsrecht, ob die angeforderten Informationen wirklich für diese Zwecke erforderlich sind (→ Rn. 10). 11

Die nationalen Behörden werden durch Art. 95 nicht nur zur Reaktion auf etwaige Anfragen oder Ersuchen verpflichtet. Vielmehr ergibt sich aus Art. 95 Abs. 9 auch eine **proaktive Informationspflicht** der zuständigen Behörden anderer Mitgliedstaaten: „Stellt eine zuständige Behörde fest, dass eine der Anforderungen dieser Verordnung nicht erfüllt wurde oder hat Gründe für die Annahme, dass dies der Fall sei, so unterrichtet sie die Behörde, die für den oder die Urheber des Verstoßes zuständig ist, hinreichend genau über ihre Feststellungen." 12

b) Prüfungen und Untersuchungen vor Ort (Abs. 4). Art. 95 Abs. 4 regelt die Zusammenarbeit im Hinblick auf **Prüfungen vor Ort** oder **Untersuchungen**. Ob letztere wirklich auch „vor Ort" stattfinden müssen, wie die deutsche Übersetzung suggeriert, ist wie bei anderen Rechtsakten aufgrund der unterschiedlichen Sprachfassungen unklar.[1] Für diese Sichtweise 13

---

[1] Vgl. BeckOK WpHR/Bauerschmidt LeerverkaufsVO Art. 37 Rn. 3.

spricht aber, dass sich das adressierte Problem, dass jede zuständige Behörde aufgrund der territorialen Beschränkung der Ausübung von Staatsgewalt grundsätzlichen immer nur im Hoheitsgebiet ihres Mitgliedstaats tätig werden kann (→ Rn. 4), nur für Maßnahmen in anderen Mitgliedstaaten stellt; hier ist sie auf die Kooperation der dortigen Behörden angewiesen.

14 Ausgangspunkt der Zusammenarbeit ist ein **Ersuchen um Amtshilfe** an die „vor Ort" zuständige Behörde (Art. 95 Abs. 4 UAbs. 1). Art. 95 schweigt zu den formellen und materiellen Details eines solchen Ersuchens und verlangt lediglich als Verfahrenspflicht, die EBA und die ESMA darüber zu informieren. Letzteres dient einerseits der Ermöglichung der Koordination gem. Art. 95 Abs. 5 (→ Rn. 18), andererseits erhalten die europäischen Aufsichtsbehörden einen Überblick über grenzüberschreitende Ermittlungen, die über einen bloßen Informationsaustausch hinausgehen, ein gewisses Gewicht aufweisen und daher möglicherweise eine europäische Reaktion erfordern.

15 Art. 95 Abs. 4 UAbs. 2 S. 2 regelt die **Reaktionsmöglichkeiten** einer mit einem Ersuchen um Amtshilfe im Hinblick auf Prüfungen vor Ort oder Untersuchungen vor Ort konfrontierten Behörde. Dabei geht es allerdings ausschließlich um die Durchführungsmodalitäten: Die ersuchte Behörde kann (a) die Prüfung oder Untersuchung selbst durchführen, sie kann (b) der ersuchenden zuständigen Behörde gestatten, sich an der Prüfung vor Ort oder Untersuchung vor Ort zu beteiligen, (c) der ersuchenden zuständigen Behörde gestatten, die Prüfung vor Ort oder Untersuchung vor Ort selbst durchzuführen oder (d) sich bestimmte mit der Wahrnehmung der Aufsichtstätigkeiten zusammenhängende Aufgaben mit den anderen zuständigen Behörden teilen. Welche Option sie wählt, liegt in ihrem **Ermessen,** bei dessen Ausübung das Ziel des effektiven Vollzugs der Verordnung im Vordergrund zu stehen hat.

16 Nicht ausdrücklich geregelt ist, ob und unter welchen Voraussetzungen ein Ersuchen abgelehnt werden darf. Da es sich auch bei der Durchführung von Prüfungen vor Ort oder Untersuchungen vor Ort um eine Form der Zusammenarbeit iSd Art. 95 Abs. 1 handelt, wird man die **Ablehnungsgründe** des Art. 95 Abs. 2 auch hier zur Anwendung bringen müssen (→ Rn. 8). Ein materielles Prüfungsrecht, ob die Prüfung oder Untersuchung rechtmäßig ist (→ Rn. 10), beispielsweise ein zureichender Anfangsverdacht besteht, ist auch hier nicht vorgesehen, was aus der Perspektive des Betroffenen schwierige Rechtsschutzfragen aufwirft.

17 c) **Abstimmungspflicht (Abs. 8).** Gemäß Art. 95 Abs. 8 UAbs. 1 stimmen die zuständigen Behörden ihre Aufsichtstätigkeit eng miteinander ab, um Verstöße gegen diese Verordnung festzustellen und diesen Verstößen abzuhelfen, bewährte Verfahren zu entwickeln und zu fördern, die Zusammenarbeit zu erleichtern, eine kohärente Auslegung zu fördern und bei Uneinigkeit rechtsordnungsübergreifende Bewertungen abzugeben. Die **Abstimmungspflicht** ist relativ vage formuliert und wird erst durch die **Koordination** durch die zuständigen Stellen der EU gemäß Art. 95 Abs. 8 UAbs. 2 (→ Rn. 19) an praktischer Relevanz gewinnen.

18 3. **Rolle der Unionsstellen bei der Zusammenarbeit. a) Koordination.** Art. 95 Abs. 5 regelt die **Koordination der Prüfungs- oder Untersuchungsmaßnahmen** mitgliedstaatlicher Behörden vor Ort (Art. 95 Abs. 4) durch die ESMA oder die EBA. Anders als in der Marktmissbrauchs-VO findet die Koordination hier nur auf Ersuchen einer der zuständigen

Behörden statt, nicht von Amts wegen. Grundsätzlich ist die **ESMA** für die Koordination zuständig (UAbs. 1); wenn die Prüfungen oder Untersuchungen einen Emittenten eines vermögenswertereferenzierten Token oder eines E-Geld-Token oder Kryptowerte-Dienstleistungen im Zusammenhang mit vermögenswertereferenzierten Token oder E-Geld-Token betreffen, an ihrer Stelle die **EBA** (UAbs. 2).

Eine weitere Koordinationsaufgabe wird der EBA und der ESMA in Art. 95 Abs. 8 UAbs. 2 zugewiesen. Im Kontext der Abstimmung der Aufsichtstätigkeit der mitgliedstaatlichen Behörden nehmen die EBA und die ESMA eine Koordinierungsfunktion zwischen den zuständigen Behörden und den in Art. 119 genannten Aufsichtskollegien für Emittenten eines signifikanten vermögenswertereferenzierter Token oder eines signifikanten E-Geld-Token ein, damit eine gemeinsame Aufsichtskultur und kohärente Aufsichtspraktiken geschaffen und einheitliche Verfahren sichergestellt werden. 19

b) Zuständigkeit im Streitfall (Art. 95 Abs. 6 und 7). Falls ein Ersuchen um Zusammenarbeit, insbesondere um Informationsaustausch, zurückgewiesen wurde oder es innerhalb einer angemessenen Frist zu keiner Reaktion geführt hat, können die zuständigen Behörden die Angelegenheit gem. Art. 95 Abs. 6 der ESMA zur Kenntnis bringen. In einem solchen Fall gilt **Art. 19 der Verordnung (EU) Nr. 1095/2010** entsprechend. Dass der im Amtsblatt veröffentlichte Text nur auf Art. 19 Abs. 4, nicht hingegen auf Art. 19 Abs. 1–3 verweist, stellt offensichtlich ein Redaktionsversehen dar: Vom Kommissionsentwurf bis hin zum Trilogergebnis sprechen alle Dokumente von Art. 19 (insgesamt). Es ist auch nicht ersichtlich, warum gerade der hier wichtige Streitschlichtungsmechanismus des Art. 19 Abs. 2 und die Möglichkeit, den zuständigen Behörden verbindliche Anweisungen zu erteilen (Art. 19 Abs. 3) ausgeschlossen sein sollte. Schließlich ergibt die isolierte Bezugnahme auf Art. 19 Abs. 4, der als „Ersatzvornahme" konzipiert ist und direkte Maßnahmen der ESMA an die Marktteilnehmer ermöglicht, ohne das vorige Verfahren überhaupt keinen Sinn und steht womöglich sogar im Widerspruch zu den Befugnissen der ESMA nach Art. 103 Kryptowerte-Verordnung. Die Befugnis der ESMA steht neben der Befugnis der Kommission, ein Vertragsverletzungsverfahren gem. Art. 258 AEUV einzuleiten, vgl. Art. 19 Abs. 4 der Verordnung (EU) Nr. 1095/2010. 20

Betrifft der Fall einen Emittenten eines vermögenswertereferenzierten Token oder E-Geld-Token oder in Bezug auf Kryptowerte-Dienstleistungen im Zusammenhang mit vermögenswertereferenzierten Token oder E-Geld-Token, tritt gemäß Art. 95 Abs. 7 die EBA an die Stelle der ESMA; ihre Handlungsbefugnis gegenüber dem Emittenten oder Dienstleister richtet sich dann nach Artikel 19 der Verordnung (EU) Nr. 1093/2010, der vergleichbar formuliert ist. 21

c) Technische Standards. Angesichts der Unbestimmtheit der Vorgaben des Art. 95 und zur Formalisierung der Zusammenarbeit wird die ESMA beauftragt, in enger Zusammenarbeit mit der EBA **Entwürfe** technischer Regulierungsstandards zur Präzisierung des Informationsaustauschs (Abs. 10) sowie technischer Durchführungsstandards auszuarbeiten, um die Standardformulare, Mustertexte und Verfahren für den Informationsaustausch zwischen den zuständigen Behörden festzulegen (Abs. 11). Diese Form der Beteiligung der ESA an der Tertiärrechtssetzung ist mit Art. 290 AEUV 22 vereinbar.[2] Die Entwürfe müssen bis 30.6.2024 an die **Kommission** übermittelt werden, die dann die Verordnung durch **Erlass der Standards** nach Art. 10–14 der Verordnung (EU) Nr. 1095/2010 bzw. Art. 15 der Verordnung (EU) Nr. 1095/2010 zu ergänzen befugt ist. Die Fristsetzung dient dazu, eine Situation wie in der ProspektVO zu vermeiden, wo die fakultativen Aufträge in Art. 33 Abs. 6 und 7 ProspektVO soweit ersichtlich bis heute nicht ausgeführt wurden.[3] Das Risiko, dass die ESMA die Entwürfe liefert, die Kommission sie dann aber nicht erlässt, bleibt allerdings bestehen.

Artikel 96 Zusammenarbeit mit EBA und ESMA

(1) Für die Zwecke dieser Verordnung arbeiten die zuständigen Behörden im Einklang mit der Verordnung (EU) Nr. 1095/2010 eng mit der ESMA und im Einklang mit der Verordnung (EU) Nr. 1093/2010 eng mit der EBA zusammen. Zur Wahrnehmung ihrer Aufgaben im Rahmen dieses Kapitels und der Kapitel 2 und 3 dieses Titels tauschen sie Informationen aus.

(2) Die zuständigen Behörden stellen der EBA und der ESMA gemäß Artikel 35 der Verordnung (EU) Nr. 1093/2010 und Artikel 35 der Verordnung (EU) Nr. 1095/2010 alle für die Ausführung ihrer Aufgaben erforderlichen Informationen unverzüglich zur Verfügung.

(3) Die ESMA arbeitet in enger Zusammenarbeit mit der EBA Entwürfe für technische Durchführungsstandards aus, um die Standardformulare, Mustertexte und Verfahren für die Zusammenarbeit und den Informationsaustausch zwischen den zuständigen Behörden und der EBA und der ESMA festzulegen.

Die ESMA übermittelt der Kommission die in Unterabsatz 1 genannten Entwürfe technischer Durchführungsstandards spätestens am 30. Juni 2024.

Der Kommission wird die Befugnis übertragen, die in Unterabsatz 1 genannten technischen Durchführungsstandards gemäß Artikel 15 der Verordnung (EU) Nr. 1095/2010 zu erlassen.

Übersicht

	Rn.
I. Einführung	1
1. Literatur	1
2. Entstehung und Zweck der Norm	2
3. Systematik	4
II. Einzelkommentierung	5
1. Zusammenarbeit und Informationsaustausch (Abs. 1 und 2)	5
2. Technische Durchführungsstandards (Abs. 3)	8

I. Einführung

1 **1. Literatur.** Siehe die zu Artikel 95.

2 **2. Entstehung und Zweck der Norm.** Art. 96 wurde von der Kommission vorgeschlagen (Art. 84 des Entwurfs) und hat im Gesetzgebungsverfah-

---

[2] So auch Gurlit ZHR 177 (2013), 862 (874) mit Nachweisen auch zur Gegenauffassung.
[3] Dazu Just/Voß/Ritz/Zeising/Voß ProspektVO Art. 33 Rn. 15 f.

ren nur redaktionelle Änderungen erfahren (Verschiebung von Absätzen in Art. 95). Die Norm ist im Kern Art. 24 MarktmissbrauchsVO und Art. 34 ProspektVO nachgebildet.

Art. 96 knüpft trägt dem Umstand Rechnung, dass sich die klassische 3 dezentrale, „nur" kooperative Finanzmarktaufsicht in der Finanzkrise ab 2008 nicht bewährt hat und deshalb seit 2010 in Teilen auf europäischer Ebene **zentralisiert** wurde. Diese Aufgabenverteilung wird für die Aufsicht im Bereich der Kryptowerte im Grundsatz übernommen. Sie erfordert notwendigerweise Bestimmungen über die Zusammenarbeit der mitgliedstaatlichen Behörden iSd Art. 93 mit den europäischen Aufsichtsbehörden.

3. Systematik. Art. 96 regelt die Zusammenarbeit zwischen zuständigen 4 Behörden der Mitgliedstaaten und den europäischen Behörden ESMA und EBA nur teilweise; von Bedeutung ist – namentlich für die Amtshilfe – auch Art. 95.

II. Einzelkommentierung

1. Zusammenarbeit und Informationsaustausch (Abs. 1 und 2). 5 Art. 96 Abs. 1 verpflichtet die zuständigen Behörden der Mitgliedstaaten zu einer **engen Zusammenarbeit** mit ESMA und EBA. Dass dies „im Einklang" mit deren Gründungsrechtsakten Verordnung (EU) Nr. 1095/2010 und Verordnung (EU) Nr. 1093/2010 erfolgt, ist wohl ein etwas versteckter Hinweis auf die Aufgaben dieser EU-Behörden, erweitert aber nicht den Anwendungsbereich des Art. 96.

Die Zusammenarbeit erfolgt primär durch den **Austausch von Informa-** 6 **tionen** (Art. 96 Abs. 1 S. 2). Der Informationsaustausch betrifft die Aufgaben im Rahmen „dieses Kapitels", also „Befugnisse der zuständigen Behörden und Zusammenarbeit zwischen den zuständigen Behörden, der EBA und der ESMA", sowie der Kapitel 2 und 3, dh die Vorschriften über das ESMA-Register und über „Verwaltungsrechtliche Sanktionen und andere verwaltungsrechtliche Maßnahmen der zuständigen Behörden".

Besonders normiert wird in Art. 96 Abs. 2 die Verpflichtung der zuständi- 7 gen Behörden der Mitgliedstaaten, der ESMA und der EBA gemäß Artikel 35 der Verordnung (EU) Nr. 1093/2010 und Artikel 35 der Verordnung (EU) Nr. 1095/2010 alle für die Ausführung ihrer Aufgaben erforderlichen Informationen unverzüglich zur Verfügung zu stellen. Diese in Bezug genommenen Vorschriften regeln detailliert die **Informationsrechte der ES-MA und der EBA** gegenüber den mitgliedstaatlichen Behörden. Trotz der damit einhergehenden Belastung für die Mitgliedstaaten bleibt damit in diesem Bereich ein **Rest an dezentralem Vollzug** bestehen, mag er auch nur den beschränkten Ermittlungskapazitäten der EU-Behörden geschuldet sein.

2. Technische Durchführungsstandards (Abs. 3). Art. 96 Abs. 3 ist 8 eine **Parallelvorschrift zu Art. 95 Abs. 11.** Zur Formalisierung der Zusammenarbeit wird die ESMA beauftragt, in enger Zusammenarbeit mit der EBA Entwürfe für technische Durchführungsstandards auszuarbeiten, um die Standardformulare, Mustertexte und Verfahren für die Zusammenarbeit und den Informationsaustausch zwischen den zuständigen Behörden und der EBA und der ESMA festzulegen. Die Entwürfe müssen bis 30.6.2024 an die Kommission übermittelt werden, die sie dann nach Art. 15 der Verordnung

MiCAR Art. 97   Titel VII. Zuständige Behörde, EBA und ESMA

(EU) Nr. 1095/2010 förmlich erlassen darf.[1] Die Beteiligung der ESA an der Tertiärrechtsetzung ist mit Art. 290 AEUV vereinbar (→ Art. 95 Rn. 22).

Artikel 97 Förderung der Konvergenz bei der Einstufung von Kryptowerten

(1) Bis zum 31.12.2024 geben die ESA gemeinsam Leitlinien gemäß Artikel 16 der Verordnung (EU) Nr. 1093/2010, Artikel 16 der Verordnung (EU) Nr. 1094/2010 and Artikel 16 der Verordnung (EU) Nr. 1095/2010 heraus, in denen Inhalt und Form der dem Kryptowerte-Whitepaper gemäß Artikel 8 Absatz 4 beigefügten Erklärung und der Rechtsgutachten zur Einstufung vermögenswertereferenzierter Token gemäß Artikel 17 Absatz 1 Buchstabe b Ziffer ii und Artikel 18 Absatz 2 Buchstabe e präzisiert werden. Die Leitlinien enthalten ein Muster für die Erklärung und das Gutachten sowie einen standardisierten Test für die Einstufung von Kryptowerten.

(2) Die ESA fördern im Einklang mit Artikel 29 der Verordnung (EU) Nr. 1093/2010, Artikel 29 der Verordnung (EU) Nr. 1094/2010 bzw. Artikel 29 der Verordnung (EU) Nr. 1095/2010 Diskussionen zwischen den zuständigen Behörden über die Einstufung der Kryptowerte, einschließlich über die Einstufung der Kryptowerte, die gemäß Artikel 2 Absatz 3 vom Anwendungsbereich dieser Verordnung ausgenommen sind. Die ESA ermitteln auch die Ursachen möglicher Unterschiede bei den Ansätzen der zuständigen Behörden für die Einstufung dieser Kryptowerte und fördern, soweit möglich, einen gemeinsamen diesbezüglichen Ansatz.

(3) Die zuständigen Behörden des Herkunfts- oder Aufnahmemitgliedstaats können die ESMA, die EIOPA oder die EBA gegebenenfalls um eine Stellungnahme zur Einstufung von Kryptowerten ersuchen, einschließlich der Kryptowerte, die gemäß Artikel 2 Absatz 3 vom Anwendungsbereich dieser Verordnung ausgenommen sind. Ja nach Fall legt die ESMA, die EIOPA oder die EBA eine solche Stellungnahme gemäß Artikel 29 der Verordnung (EU) Nr. 1093/2010, Artikel 29 der Verordnung (EU) Nr. 1094/2010 bzw. Artikel 29 der Verordnung (EU) Nr. 1095/2010 innerhalb von 15 Arbeitstagen nach Eingang des Ersuchens der zuständigen Behörden vor.

(4) Die ESA erstellen auf der Grundlage der in dem in Artikel 109 genannten Register enthaltenen Informationen und der Ergebnisse ihrer in den Absätzen 2 und 3 des vorliegenden Artikels genannten Arbeit gemeinsam einen Jahresbericht, in dem Schwierigkeiten bei der Einstufung von Kryptowerten und Unterschiede bei den Ansätzen der zuständigen Behörden aufgezeigt werden.

Übersicht

		Rn.
I.	Einführung	1
	1. Literatur	1
	2. Entstehung und Zweck der Norm	2
II.	Einzelkommentierung	4
	1. Entwicklung von Leitlinien (Abs. 1)	4

---

[1] Zu dem Verfahren → Art. 95 Rn. 22.

	Rn.
2. Förderung einer einheitlichen Aufsichtspraxis (Abs. 2) ...	5
3. Stellungnahmen in konkreten Fällen (Abs. 3)	7
4. Jahresbericht (Abs. 4)	9

I. Einführung

1. Literatur. Bislang keine. 1

2. Entstehung und Zweck der Norm. Art. 97 war im Kommissions- 2
entwurf nicht enthalten, sondern wurde durch den Rat (als Art. 84a) in das
Gesetzgebungsverfahren eingeführt. Der Vorschlag blieb im Trilog inhaltlich
unverändert.

Mit der Vorschrift reagiert der Unionsgesetzgeber auf die Schwierigkeiten 3
bei der Einstufung von Kryptowerten und bezweckt eine **Vereinheitlichung
der Aufsichtspraxis** (vgl. auch Erwgr. Nr. 8). Die Nachteile des im Grundsatz zur Anwendung kommenden „dezentralen Vollzugs" des Unionsrechts
(→ Art. 93 Rn. 5) sollen damit abgeschwächt werden.

II. Einzelkommentierung

1. Entwicklung von Leitlinien (Abs. 1). Die ESA (der Begriff wird 4
vom Verordnungsgeber als bekannt vorausgesetzt und nur in EG 14 erwähnt;
er umfasst die ESMA, die EIOPA und die EBA) werden in Art. 97 Abs. 1
beauftragt, gemeinsam **Leitlinien** herauszugeben, in denen Inhalt und Form
der dem Kryptowerte-Whitepaper gemäß Artikel 8 Absatz 4 beigefügten
Erklärung und der Rechtsgutachten zur Einstufung vermögenswertereferenzierter Token gemäß Artikel 17 Absatz 1 Buchstabe b Ziffer ii und Artikel 18
Absatz 2 Buchstabe e präzisiert werden. Die Leitlinien werden ein Muster für
die Erklärung und das Gutachten sowie einen standardisierten Test für die
Einstufung von Kryptowerten enthalten. Mit der Formalisierung der Erklärung und der Gutachten wird einerseits eine einheitliche Aufsichtspraxis
ermöglicht, andererseits aber auch grenzüberschreitend tätigen Marktakteuren ihre Tätigkeit erleichtert.

2. Förderung einer einheitlichen Aufsichtspraxis (Abs. 2). Art. 97 5
Abs. 2 beauftragt die ESA, **Diskussionen** zwischen den zuständigen Behörden über die Einstufung der Kryptowerte, einschließlich über die Einstufung
der Kryptowerte, die gemäß Artikel 2 Absatz 3 vom Anwendungsbereich
dieser Verordnung ausgenommen sind, zu **fördern**. Außerdem sollen die
ESA die Ursachen möglicher **Unterschiede** bei den Ansätzen der zuständigen Behörden für die Einstufung dieser Kryptowerte **ermitteln** und, soweit
möglich, einen gemeinsamen diesbezüglichen Ansatz fördern.

Die Mittel der „Förderung" ergeben sich aus den in Bezug genommenen 6
Art. 29 der Verordnung (EU) Nr. 1093/2010, der Verordnung (EU)
Nr. 1094/2010 und der Verordnung (EU) Nr. 1095/2010 – das sind die
„Gründungsdokumente" der ESMA, der EIOPA und der EBA. Demgemäß
stehen den ESA folgende Mittel zur Verfügung:

a) sie geben Stellungnahmen an die zuständigen Behörden ab;
b) sie fördern einen effizienten bi- und multilateralen Informationsaustausch
zwischen den zuständigen Behörden, wobei sie den nach den einschlägigen Rechtsvorschriften der Union geltenden Geheimhaltungs- und Datenschutzbestimmungen in vollem Umfang Rechnung tragen;

c) sie tragen zur Entwicklung qualitativ hochwertiger, einheitlicher Aufsichtsstandards einschließlich Berichterstattungsstandards sowie internationaler Rechnungslegungsstandards bei;
d) sie überprüfen die Anwendung der von der Kommission festgelegten einschlägigen technischen Regulierungs- und Durchführungsstandards und der von der ESA herausgegebenen Leitlinien und Empfehlungen und schlagen gegebenenfalls Änderungen vor; und
e) sie richten sektorspezifische und sektorübergreifende Schulungsprogramme ein, erleichtern den Personalaustausch und ermutigen die zuständigen Behörden, in verstärktem Maße Personal abzuordnen und ähnliche Instrumente einzusetzen.

Zudem können die ESA zur Förderung gemeinsamer Aufsichtskonzepte und -praktiken gegebenenfalls **neue praktische Hilfsmittel und Instrumente** entwickeln, die die Konvergenz erhöhen.

7 3. **Stellungnahmen in konkreten Fällen (Abs. 3).** Nach Art. 97 Abs. 3 können die zuständigen Behörden des Herkunfts- oder Aufnahmemitgliedstaats die ESMA, die EIOPA oder die EBA gegebenenfalls um eine Stellungnahme zur Einstufung von Kryptowerten ersuchen, einschließlich der Kryptowerte, die gemäß Artikel 2 Absatz 3 vom Anwendungsbereich dieser Verordnung ausgenommen sind. Das Ersuchen ist **fakultativ** („können", „gegebenenfalls"), allerdings können die ESA versuchen, den mitgliedstaatlichen Behörden über die in Abs. 2 genannten Mittel eine Anfrage nahezulegen. Eine förmliche Verpflichtung scheidet aber aus – sie stünde auch im Widerspruch zum Grundkonzept des dezentralen Vollzugs.

8 Die jeweils zuständige EU-Behörde (ESMA, EIOPA oder EBA) hat die gewünschte Stellungnahme innerhalb von 15 Arbeitstagen nach Eingang des Ersuchens der zuständigen Behörden vorzulegen. Die Stellungnahme ist **nicht verbindlich** (vgl. auch Art. 288 Abs. 5 AEUV), zudem unterliegt die abschließende Einstufung durch die zuständige mitgliedstaatliche Behörde ggf. der gerichtlichen Kontrolle.

9 4. **Jahresbericht (Abs. 4).** Die ESA haben auf der Grundlage des ESMA-Registers und ihrer Maßnahmen zur Konvergenzförderung einen **Jahresbericht** zu erstellen, in dem Schwierigkeiten bei der Einstufung von Kryptowerten und Unterschiede bei den Ansätzen der zuständigen Behörden aufgezeigt werden. Der Bericht schafft Transparenz über die Einstufungspraxis und -probleme und ermöglicht allen Akteuren – Aufsichtsbehörden, Marktteilnehmern und nicht zuletzt dem EU-Gesetzgeber, darauf zu reagieren.

Artikel 98 Zusammenarbeit mit anderen Behörden

Übt ein Anbieter, eine Person, die die Zulassung zum Handel beantragt, ein Emittent eines vermögenswertereferenzierten Token oder eines E-Geld-Token oder ein Anbieter von Kryptowerte-Dienstleistungen andere als die unter diese Verordnung fallenden Tätigkeiten aus, so arbeiten die zuständigen Behörden mit den Behörden zusammen, die gemäß den einschlägigen Rechtsvorschriften der Union oder der Mitgliedstaaten für die Beaufsichtigung oder Kontrolle dieser anderen Tätigkeiten zuständig sind, einschließlich der Steuerbehörden und der einschlägigen Aufsichtsbehörden von Drittländern.

Übermittlungspflicht   **Art. 99 MiCAR**

Übersicht

	Rn.
1. Literatur	1
2. Entstehung und Zweck der Norm	2
3. Sektorale Behördenkooperation	4

1. Literatur. Bislang keine. 1

2. Entstehung und Zweck der Norm. Art. 98 entspricht weitgehend 2 dem im Kommissionsentwurf vorgesehenen Art. 85. Im Gesetzgebungsverfahren wurde lediglich der persönliche Anwendungsbereich (Anbieter, eine Person, die die Zulassung zum Handel beantragt, ein Emittent eines vermögenswertereferenzierten Token oder eines E-Geld-Token oder ein Anbieter von Kryptowerte-Dienstleistungen) präzisiert. Die Vorschrift hat – soweit ersichtlich – kein Vorbild in der MarktmissbrauchsVO oder der ProspektVO.

Mit der Vorschrift reagiert der Unionsgesetzgeber auf die Probleme einer 3 eng gefassten sektorspezifischen Regulierung, die dazu führen kann, dass Wirtschaftsteilnehmer unter der Aufsicht mehrerer Behörden stehen.

3. Sektorale Behördenkooperation. Art. 98 verpflichtet die zuständigen 4 Behörden zur **Zusammenarbeit mit anderen Behörden,** die parallel für die Aufsicht über einen Anbieter, eine Person, die die Zulassung zum Handel beantragt, einen Emittenten eines vermögenswertereferenzierten Token oder eines E-Geld-Token oder einen Anbieter von Kryptowerte-Dienstleistungen zuständig sind. Voraussetzung für die Kooperationspflicht (und -notwendigkeit) ist, dass die genannte Person auch Tätigkeiten ausübt, die nicht unter die Kryptowerte-Verordnung fallen.

Die Aufsicht wird nicht bei einer der zuständigen Behörden konzentriert, 5 sondern jede Behörde bleibt für einen Teil der Tätigkeit der beaufsichtigten Person zuständig. Die zuständigen Behörden iSd Art. 93 überwachen also weiterhin nur die Einhaltung der Kryptowerte-Verordnung.

Durch Art. 98 werden nur die zuständigen Behörden iSd Art. 83 verpflich- 6 tet, nicht die „anderen Behörden", von denen beispielhaft die Steuerbehörden und die einschlägigen Aufsichtsbehörden von Drittländern genannt werden. Die Zusammenarbeit, deren Details anders als in Art. 95 nicht näher spezifiziert ist, hängt damit von der Kooperationsbereitschaft und von der (rechtlichen) Kooperationsfähigkeit der anderen Behörden ab. Soweit den anderen Behörden nach innerstaatlichem Recht ein Ermessen zusteht, wird dieses allerdings nach dem Rechtsgedanken des Art. 4 Abs. 3 EUV reduziert sein, um den effektiven Vollzug des Unionsrechts zu ermöglichen.

Artikel 99 Übermittlungspflicht

Die Mitgliedstaaten übermitteln der Kommission, der EBA und der ESMA bis zum 30. Juni 2025 die Rechts- und Verwaltungsvorschriften, einschließlich der einschlägigen strafrechtlichen Vorschriften, zur Umsetzung dieses Titels. Die Mitgliedstaaten teilen der Kommission, der EBA und der ESMA spätere Änderungen dieser Vorschriften unverzüglich mit.

Art. 99 entspricht weitgehend dem im Kommissionsentwurf vorgesehenen 1 Artikel 86. Auf Vorschlag des Rates wurde im Gesetzgebungsverfahren die

Frist für die Übermittlung von 12 auf 24 Monate nach dem Tag des Inkrafttretens der Verordnung verlängert. Der Vorschlag des Rates, nur die Kommission zu informieren und dieser die Weiterleitung an die EBA und die ESMA zu überlassen, setzte sich nicht durch.

2   Die Vorschrift dient, soweit sie die Übermittlung an die Kommission betrifft, der **Umsetzungskontrolle,** die durch die teilweise verwendete Regelungstechnik der richtlinienähnlichen „hinkenden Verordnung" notwendig wird. Die Kommission als „Hüterin der Verträge" kann im Fall der Nichtumsetzung ggf. ein Vertragsverletzungsverfahren einleiten. Die Übermittlung an die EBA und die ESMA verschafft diesen einen Überblick über die mitgliedstaatlichen Regelungsstrukturen.

3   Von einer Kommentierung der Umsetzungsaktivitäten wird abgesehen; sie erfolgt punktuell bei den umsetzungsbedürftigen Vorschriften.

Artikel 100 Wahrung des Berufsgeheimnisses

(1) Alle im Rahmen dieser Verordnung zwischen zuständigen Behörden ausgetauschten Informationen, die Geschäfts- oder Betriebsbedingungen und andere wirtschaftliche oder persönliche Angelegenheiten betreffen, gelten als vertraulich und unterliegen den Anforderungen des Berufsgeheimnisses, es sei denn, ihre Weitergabe wird von den zuständigen Behörden zum Zeitpunkt der Übermittlung für zulässig erklärt oder ist für Gerichtsverfahren oder Fälle aus dem Bereich des nationalen Steuerrechts oder des Strafrechts erforderlich.

(2) Die Pflicht zur Wahrung des Berufsgeheimnisses gilt für alle natürlichen oder juristischen Personen, die für die zuständigen Behörden tätig sind oder tätig waren. Die unter das Berufsgeheimnis fallenden Informationen dürfen nicht an andere natürliche oder juristische Personen oder an Behörden weitergegeben werden, es sei denn, dies geschieht aufgrund von Gesetzgebungsakten der Union oder nationalem Recht.

Übersicht

	Rn.
I. Einführung	1
1. Literatur	1
2. Entstehung und Zweck der Norm	2
3. Systematik	4
II. Einzelkommentierung	6
1. Schutzgegenstand Berufsgeheimnisse (Abs. 1)	6
2. Vertraulichkeit und Ausnahmen (Abs. 1)	9
3. Berufsgeheimnisträger und ihre Pflichten (Abs. 2)	13

I. Einführung

1   **1. Literatur.** Bislang keine, siehe aber die Kommentierungen zu Art. 27 MarktmissbrauchsVO, Art. 34 LeerverkaufsVO und Art. 35 ProspektVO sowie allgemein *Reichold,* Der Schutz des Berufsgeheimnisses im Recht der europäischen Union.

2   **2. Entstehung und Zweck der Norm.** Art. 100 entspricht weitgehend dem im Kommissionsentwurf vorgesehenen Art. 87. Die Vorschrift hat ein Vorbild in Art. 27 MarktmissbrauchsVO und entspricht nahezu wortgleich

Art. 35 ProspektVO. Im Gesetzgebungsverfahren wurde lediglich auf Vorschlag des Rates die Verwendungsmöglichkeit der Informationen auch für Fälle aus dem Bereich des nationalen Steuerrechts oder des Strafrechts (Art. 100 Abs. 1 aE) ergänzt.

Zweck der Vorschrift ist auf den ersten Blick die Wahrung der **Rechte** **der Beaufsichtigten.** Die Aufsichtsbehörden erhalten im Rahmen ihrer Tätigkeit zahlreiche Informationen, die als sog. Berufsgeheimnisse grundrechtlichen Schutz genießen (vgl. Art. 16 GRCh).[1] Dass die Behörden diese Informationen vertraulich behandeln, ist Voraussetzung für die Verhältnismäßigkeit des Eingriffs in die entsprechenden Grundrechte. Der EuGH sieht die Vertraulichkeit der Informationen bei der Aufsichtsbehörde zudem als **Voraussetzung für das Funktionieren der Aufsichtstätigkeit und damit der Märkte** an:[2] Das überzeugt auch, wenn man den Schutz situativ gerade auf den Informationsaustausch im Fall der Zusammenarbeit der zuständigen Behörden bezieht, was Art. 100 Abs. 1 nahelegt (→ Rn. 5). „Bestünde kein Berufsgeheimnis, so könnte dies daher den obligatorischen Informationsaustausch zwischen den zuständigen Behörden gefährden, weil die Behörde eines Mitgliedstaats in einem solchen Fall nicht sicher sein kann, dass die vertraulichen Auskünfte, die sie einer Behörde eines anderen Mitgliedstaats erteilt hat, grundsätzlich auch vertraulich bleiben."[3]

3. **Systematik.** Art. 100 Abs. 1 erklärt zunächst objektiv, ohne Normadressaten, bestimmte Informationen für vertraulich und unterwirft sie grundsätzlich, dh vorbehaltlich bestimmter Ausnahmen, „den Anforderungen des Berufsgeheimnisses". Art. 100 Abs. 2 normiert sodann einerseits die Adressaten der Pflicht zur Wahrung des Berufsgeheimnisses (S. 1) und andererseits konkrete Verbots- und Erlaubnistatbestände, denen diese Adressaten unterliegen (S. 2).

Zum Schutz von Berufsgeheimnissen werden in Art. 129 auch die EBA und alle Personen, die bei der EBA oder einer sonstigen Person, der die EBA Aufgaben übertragen hat, tätig sind oder tätig waren, einschließlich der von der EBA beauftragten Prüfer und Sachverständigen, verpflichtet. EU-Bedienstete unterliegen einer solchen Pflicht allerdings auch schon aufgrund von Art. 339 AEUV. Art. 107 Abs. 5 und Art. 126 Abs. 1 verpflichten zudem dazu, die Zusammenarbeit mit Drittstaaten von mindestens gleichwertigen Garantien zum Schutz von Berufsgeheimnissen abhängig zu machen.

II. Einzelkommentierung

1. **Schutzgegenstand Berufsgeheimnisse (Abs. 1).** Der Schutz des Art. 100 Abs. 1 erfasst inhaltlich alle Informationen, die Geschäfts- oder Betriebsbedingungen und andere wirtschaftliche oder persönliche Angelegenheiten betreffen. Die Formulierung ist sehr weit gefasst. Zu den „Geschäfts- oder Betriebsbedingungen" dürften vor allem, aber nicht nur die klassischen

---

[1] Vgl. etwa Calliess/Ruffert/Ruffert GRCh Art. 16 Rn. 3.
[2] Vgl. EuGH 11.12.1985 – 110/84, Slg. 1985, I-3947 Rn. 27 = BeckRS 2004, 71248 – Hillenius; EuGH 12.11.2014 – C-140/13, ECLI:EU:C:2014:2362 = EuZW 2015, 236 Rn. 31 ff. – Altmann.
[3] EuGH 11.12.1985 – 110/84, Slg. 1985, I-3947 Rn. 27 = BeckRS 2004, 71248 – Hillenius.

MiCAR Art. 100   Titel VII. Zuständige Behörde, EBA und ESMA

Geschäftsgeheimnisse zählen,[4] also alle auf ein Unternehmen bezogenen Tatsachen, Umstände und Vorgänge, die nicht offenkundig, sondern nur einem begrenzten Personenkreis zugänglich sind und an deren Nichtverbreitung der Geheimnisinhaber ein berechtigtes Interesse hat.[5] Die „wirtschaftlichen Angelegenheiten" erweitern den Kreis der Informationen noch, und die „persönlichen Angelegenheiten" verknüpfen den Berufsgeheimnisschutz mit dem Datenschutz (dazu noch Art. 101). Insgesamt dürften damit – anders als nach Art. 54 Richtlinie 2004/39, der nur von „vertraulichen Informationen" spricht[6] – praktisch **alle Informationen,** die im Zuge der Aufsichtstätigkeit über die Beaufsichtigten erlangt werden, **potentiell schutzfähig** sein. Eine Beschränkung auf Informationen, die dem Bank-, Betriebs- oder Aufsichtsgeheimnis unterliegen, wie sie im Bereich der MarktmissbrauchsVO erwogen wird,[7] ist weder im Wortlaut angelegt noch erscheint sie im Detail praktikabel.

7 Der Schutz bezieht sich dem Wortlaut nach nur auf die „im Rahmen dieser Verordnung zwischen zuständigen Behörden ausgetauschten Informationen". Er betrifft damit nur Informationen, die **im Wege der Behördenkooperation** erlangt wurden, nicht hingegen alle (auch selbst erhobenen), die im Rahmen der Aufsichtstätigkeit anfallen. Im Schrifttum zu Art. 35 ProspektVO, der Vorbild für Art. 100 ist, wird allerdings darauf hingewiesen, dass der Schutzumfang ursprünglich durch die allgemeinere Formulierung im Kontext der Normierung des Adressatenkreises (hier wie dort Abs. 2) bestimmt wurde und nicht ersichtlich ist, dass er durch die dann gewählte Formulierung reduziert werden sollte. Geschützt seien daher alle Informationen unabhängig davon, woher sie stammen.[8] Ob diese Sichtweise auf eine andere Verordnung übertragbar ist, erscheint aber fraglich. Auch in der Sache ist zweifelhaft, ob Art. 100 wirklich die Sicherstellung der Vertraulichkeit der Informationen durch den einzelnen Bediensteten (iSd allgemeinen Amtsgeheimnisses) in den Vordergrund stellen möchte und nicht eher in Abs. 1 für bestimmte Informationen eine besondere Vertraulichkeit etablieren möchte, deren Konsequenzen für einzelne Geheimnisträger dann in Abs. 2 konkretisiert wird. Die Platzierung im Kontext anderer Vorschriften zur Behördenkooperation, die Ausnahme der Einwilligung der übermittelnden Behörde (→ Rn. 10) und die Rechtsprechung des EuGH zum Normzweck der Berufsgeheimnisvorschriften (→ Rn. 3) legen dies jedenfalls nahe. Andere Informationen unterfallen dann den allgemeinen Regeln über die behördliche Geheimhaltung oder den Datenschutz.

8 Die Formulierung „zwischen zuständigen Behörden ausgetauschten Informationen" scheint auf Art. 93 Bezug zu nehmen, der die mitgliedstaatlichen Behörden meint. Zur Parallelvorschrift des Art. 27 MarktmissbrauchsVO wird allerdings überwiegend vertreten, dass auch die europäischen Aufsichtsbehörden erfasst seien.[9] Dagegen könnte man einwenden, dass Art. 126 die Vertraulichkeit für die EBA gesondert normiert und Art. 339 AEUV EU-

---

[4] Zur Parallelvorschrift Art. 35 ProspektVO Assmann/Schlitt/von Kopp-Colomb/Gurlit, ProspektVO Art. 35 Rn. 7.
[5] Vgl. BVerwG NVwZ 2009, 1113 (1114). Siehe jetzt auch das GeschGehG.
[6] Dazu EuGH 19.6.2018 – C-15/16, ECLI:EU:C:2018:464 Rn. 34 = NZG 2018, 1104 – Baumeister.
[7] Dazu BeckOK WpHR/Weber/Harnos VO (EU) 596/2014 Art. 27 Rn. 3 f.
[8] Assmann/Schlitt/von Kopp-Colomb/Gurlit, ProspektVO Art. 35 Rn. 4.
[9] Vgl. BeckOK WpHR/Weber/Harnos VO (EU) 596/2014 Art. 27 Rn. 4.

Bedienstete besonders zum Schutz von Berufsgeheimnissen verpflichtet[10]. Allerdings geht es bei Art. 100 auch darum, dass Informationen möglicherweise von den europäischen Aufsichtsbehörden erlangt wurden. Diese nicht einzubeziehen, wäre widersprüchlich. Wie bei Art. 27 MarktmissbrauchsVO sind daher auch bei Art. 100 mit zuständigen Behörden alle, **auch die europäischen Aufsichtsbehörden** gemeint, wobei für letztere selbst uU Spezialregeln gelten.

2. **Vertraulichkeit und Ausnahmen (Abs. 1).** Als „Rechtsfolge" normiert Art. 100 Abs. 1, dass die Informationen als **vertraulich** gelten und den **Anforderungen des Berufsgeheimnisses** unterliegen. Was das bedeutet, wird nicht näher ausgeführt. Für die einzelnen Bediensteten und ggf. involvierte juristische Personen ergeben sich die Konsequenzen aus Art. 100 Abs. 2. Für die Aufsichtsbehörde selbst wird man darüber hinaus annehmen müssen, dass sie die Informationen (vorbehaltlich der Ausnahmen, → Rn. 10) ebenfalls vertraulich behandeln muss, dh insbesondere nicht ohne Weiteres an andere Behörden weitergibt. Art. 100 Abs. 1 etabliert insofern implizit einen besonderen **Zweckbindungsgrundsatz,** der allerdings nicht greift, wenn eine Aufsichtsbehörde die Informationen innerhalb ihrer eigenen, möglicherweise weit gefassten Zuständigkeiten zu verschiedenen Zwecken einsetzen (und weitergeben) darf. 9

Art. 100 Abs. 1 normiert **zwei Fallkonstellationen,** in denen der besondere Schutz von Informationen nicht besteht („es sei denn"). Die Aufzählung ist abschließend; allerdings ist die Weitergabe im Rahmen der Aufsichtstätigkeit implizit ausgenommen.[11] Das Nichtbestehen des Schutzes ist zu unterscheiden von den in Abs. 2 Satz 2 geregelten Verboten, welche die tatsächlichen Inhaber der Information betreffen (→ Rn. 14). 10

Erste Ausnahme ist, dass die Weitergabe von den zuständigen Behörden zum Zeitpunkt der Übermittlung für zulässig erklärt wird. Die Weitergabe wird also unter einen **Einwilligungsvorbehalt** der Behörde gestellt, von der die Informationen stammen; eine nachträgliche Zustimmung (Genehmigung) ist nicht vorgesehen. Art. 100 Abs. 1 enthält keine Aussage dazu, unter welchen Voraussetzungen eine Weitergabe für zulässig erklärt werden darf; hier werden ggf. Fragen des Grundrechts- und Datenschutzes sowie des Vorbehalts des Gesetzes zu berücksichtigen sein. Unter welchen Voraussetzungen die die Informationen empfangende zuständige Behörde die Daten dann weitergeben darf, richtet sich nicht allein nach dem Vorliegen der Einwilligung, sondern auch nach dem für sie maßgeblichen (mitgliedstaatlichen) Recht. 11

Zweite Ausnahme ist, dass die Informationen **für Gerichtsverfahren oder Fälle aus dem Bereich des nationalen Steuerrechts oder des Strafrechts erforderlich** sind. Die Formulierung ist weiter als in anderen Rechtsakten. Sie umfasst nicht nur jegliches Gerichtsverfahren, sondern mit der Formulierung „Fälle aus dem Bereich des nationalen Steuerrechts oder des Strafrechts" auch entsprechende Verwaltungsverfahren, insbesondere (steuer-)strafrechtliche Ermittlungsverfahren. Anders als bei der ersten Ausnahme liegt die Entscheidungsmacht hier nicht bei der Behörde, von der die Informationen ursprünglich stammen, sondern allein bei der Behörde, die sie 12

---

[10] Dazu eingehend Reichold, Der Schutz des Berufsgeheimnisses im Recht der EU, 2013.
[11] So für eine Parallelvorschrift BeckOK WpHR/Bauerschmidt Art. 34 LeerverkaufsVO Art. 34 Rn. 7.

erhalten hat. Sie kann im Fall der Erforderlichkeit (im Sinne einer Verhältnismäßigkeit unter Berücksichtigung der Vorteile für das Verfahren und der Nachteile durch die Offenbarung des Geheimnisses[12]) und unter Beachtung des für sie maßgeblichen (mitgliedstaatlichen) Rechts die Informationen für die genannten Zwecke weitergeben.

13 **3. Berufsgeheimnisträger und ihre Pflichten (Abs. 2).** Art. 100 Abs. 2 bestimmt den **Kreis der Berufsgeheimnisträger** und regelt ihre Verhaltenspflichten. Zur Wahrung des Berufsgeheimnisses (iSd Abs. 1) verpflichtet sind alle natürlichen oder juristischen Personen, die für die zuständigen Behörden tätig sind oder tätig waren. Das umfasst neben den aktiven und ehemaligen Bediensteten auch (aktuelle und frühere) Beliehene, Verwaltungshelfer sowie Personen, die sich diesen traditionellen Kategorien des deutschen Verwaltungsrechts entziehen. Juristische Personen sind, anders als etwa in der ProspektVO, ausdrücklich erwähnt. Nicht zu den Berufsgeheimnisträgern zählt die zuständige Behörde als solche.[13] Auch kooperierende zuständige Behörden in Fällen des Art. 95 sind als solche nicht Berufsgeheimnisträger (bei Vorliegen der entsprechenden Übermittlungssituation, → Rn. 8, aber ihre Bediensteten).

14 Die Verpflichteten dürfen gem. Art. 100 Abs. 2 S. 2 die Berufsgeheimnisse iSd Abs. 1 vorbehaltlich der vorgesehenen Ausnahmen **nicht** an andere natürliche oder juristische Personen oder an Behörden **weitergeben**. Diese Ausnahmen normiert die Verordnung indessen nicht selbst, sondern nimmt global Bezug auf das Recht der Union und der Mitgliedstaaten. Die deutsche Übersetzung scheint nur für das Unionsrecht eine **formalgesetzliche Grundlage** einzufordern (Gesetzgebungsakte), die englische und französische Fassung verlangen dies jedoch einheitlich für Unionsrecht und mitgliedstaatliches Recht. Eine Regelung im Tertiärrecht scheidet damit genauso aus wie durch Rechtsverordnung.[14] Soweit aufgrund der Ausnahmen vom Begriff des Berufsgeheimnisses schon keine vertrauliche Information gegeben ist, bedarf es aber auch keiner (weiteren) Rechtsgrundlage iSd Art. 100 Abs. 2 S. 2. Keine Rechtsgrundlage iSd Art. 100 Abs. 2 S. 2 stellt das Informationsfreiheitsrecht dar; dieses muss vielmehr gerade auf die besonderen Berufsgeheimnisse Rücksicht nehmen.[15]

Artikel 101 Datenschutz

In Bezug auf die Verarbeitung personenbezogener Daten im Rahmen dieser Verordnung führen die zuständigen Behörden ihre Aufgaben im Sinne dieser Verordnung im Einklang mit der Verordnung (EU) 2016/679 aus.

Die Verarbeitung personenbezogener Daten für die Zwecke dieser Verordnung durch die EBA und die ESMA erfolgt im Einklang mit der Verordnung (EU) 2018/1725.

---

[12] Vgl. zur Parallelvorschrift der MarktmissbrauchsVO BeckOK WpHR/Weber/Harnos VO (EU) 596/2014 Art. 27 Rn. 10.

[13] Vgl. zur Parallelvorschrift der MarktmissbrauchsVO BeckOK WpHR/Weber/Harnos VO (EU) 596/2014 Art. 27 Rn. 7.

[14] Siehe aber zur damit unvereinbaren Tendenz, wesentliche Elemente des Finanzmarktaufsichtsrechts untergesetzlich zu regeln Gurlit ZHR 177 (2013), 862 (869 f.).

[15] Vgl. dazu EuGH 19.6.2018 – C-15/16, ECLI:EU:C:2018:464 Rn. 39, 42 = NZG 2018, 1104 – Baumeister.

Vorsorgliche Maßnahmen   **Art. 102 MiCAR**

Art. 101 entspricht unverändert dem im Kommissionsentwurf vorgesehe- 1
nen Art. 88. Es handelt sich um eine Standardvorschrift im Bereich der
Marktaufsicht, die sich auch in Art. 28 Abs. 1 MarktmissbrauchsVO, Art. 39
LeerverkaufsVO und Art. 36 ProspektVO (teilweise mit Verweis auf die alten
Datenschutzvorschriften) findet.

Art. 101 normiert eine **Selbstverständlichkeit:** Die Aufsichtsbehörden 2
handeln im Einklang mit dem Datenschutzrecht. Der Unionsgesetzgeber
wollte überflüssigerweise trotzdem klarstellen, dass das Datenschutzrecht zu
beachten ist (bzw. in der Terminologie des EG 117: unberührt bleibt). Da die
DS-GVO nicht für Stellen der EU selbst gilt, bedurfte es neben dem Hinweis
auf die Geltung der DS-GVO (Abs. 1) mit Blick auf die Aufsichtstätigkeit der
EBA und die ESMA auch eines Hinweises auf die Geltung der EU-DSVO
(Abs. 2).

Es gilt das jeweils genannte **gesamte Datenschutzrecht,** im Hinblick auf 3
die DS-GVO also beispielsweise auch der Abschnitt über Datenübertragungen in Drittstaaten[1]. Insofern kann die Möglichkeit zur Zusammenarbeit mit
Behörden in Drittstaaten über die unmittelbar in der Kryptowerte-VO geregelten Grenzen hinaus erschwert sein. Ebenfalls erfasst sind die zahlreichen
Öffnungs- und Spezifizierungsklauseln zugunsten des mitgliedstaatlichen
Rechts, namentlich die in Art. 6 Abs. 2 und 3 DS-GVO für Datenverarbeitungen zur Erfüllung öffentlicher Aufgaben (Art. 6 Abs. 1 UAbs. 1 lit. e DS-
GVO). Einzelne Bestimmungen der Kryptowerte-Verordnung können in
Verbindung mit Art. 6 Abs. 1 UAbs. 1 lit. e DS-GVO selbst als Rechtsgrundlage für Datenverarbeitungsvorgänge dienen. Auf besondere Begrenzungen der Verarbeitungsbefugnisse, wie sie etwa die Leerverkaufs-VO mit
einer Speicherhöchstfrist (Art. 39 Abs. 2) enthält, verzichtet die Kryptowerte-VO.

Die in Art. 100 normierten Datenschutzverpflichtungen der Aufsichts- 4
behörden sind abzugrenzen von den Datenschutzpflichten, denen die Emittenten von Kryptowerten gegebenenfalls unterliegen (vgl. Erwgr. Nr. 117).

Artikel 102 Vorsorgliche Maßnahmen

(1) Hat die zuständige Behörde eines Aufnahmemitgliedstaats eindeutige und nachweisbare Gründe für den Verdacht, dass es bei den Tätigkeiten eines Anbieters oder einer Person, die die Zulassung eines Kryptowerts zum Handel beantragt, oder eines Emittenten eines vermögenswertereferenzierten Token oder eines E-Geld-Token oder eines Anbieters von Kryptowerte-Dienstleistungen Unregelmäßigkeiten gibt, so setzt sie die zuständige Behörde des Herkunftsmitgliedstaats und die ESMA davon in Kenntnis.

Betreffen die Unregelmäßigkeiten gemäß Unterabsatz 1 einen Emittenten eines vermögenswertereferenzierten Token oder eines E-Geld-Token oder eine Kryptowerte-Dienstleistung im Zusammenhang mit vermögenswertereferenzierten Token oder E-Geld-Token, so setzt die zuständige Behörde des Aufnahmemitgliedstaats die EBA ebenfalls in Kenntnis.

(2) Dauern die Unregelmäßigkeiten, auf die in Absatz 1 Bezug genommen wird, trotz der von der zuständigen Behörde des Herkunftsmitglied-

---

[1] Stellungnahme des EDSB, ABl. 2021 C 337, 5.

MiCAR Art. 102

staats ergriffenen Maßnahmen an, was einen Verstoß gegen diese Verordnung darstellt, so ergreift die zuständige Behörde des Aufnahmemitgliedstaats nach vorheriger Unterrichtung der zuständigen Behörde des Herkunftsmitgliedstaats, der ESMA und gegebenenfalls der EBA alle für den Schutz der Kunden von Anbietern von Kryptowerte-Dienstleistungen und der Inhaber von Kryptowerten, insbesondere Kleinanleger, erforderlichen Maßnahmen. Zu diesen Maßnahmen gehört es, den Anbieter, die Person, die die Zulassung zum Handel beantragt, den Emittenten des vermögenswertereferenzierten Token oder des E-Geld-Token oder den Anbieter von Kryptowerte-Dienstleistungen daran zu hindern, weitere Tätigkeiten im Aufnahmemitgliedstaat auszuüben. Die zuständige Behörde unterrichtet die ESMA und gegebenenfalls die EBA unverzüglich darüber. Die ESMA und, sofern beteiligt, die EBA setzen die Kommission unverzüglich davon in Kenntnis.

(3) Ist eine zuständige Behörde des Herkunftsmitgliedstaats mit einer von einer zuständigen Behörde des Aufnahmemitgliedstaats nach Absatz 2 getroffenen Maßnahme nicht einverstanden, so kann sie die Angelegenheit der ESMA zur Kenntnis bringen. In diesen Fällen gilt Artikel 19 Absatz 4 der Verordnung (EU) Nr. 1095/2010 entsprechend.

Betreffen die Maßnahmen nach Absatz 2 einen Emittenten eines vermögenswertereferenzierten Token oder eines E-Geld-Token oder eine Kryptowerte-Dienstleistung im Zusammenhang mit vermögenswertereferenzierten Token oder E-Geld-Token, so kann die zuständige Behörde des Aufnahmemitgliedstaats die Angelegenheit abweichend von Unterabsatz 1 der EBA zur Kenntnis bringen. In diesen Fällen gilt Artikel 19 Absatz 4 der Verordnung (EU) Nr. 1093/2010 entsprechend.

Übersicht

	Rn.
1. Literatur	1
2. Entstehung und Zweck der Norm	2
3. Systematik	4
4. Vorsorgliche Maßnahmen	6

1 1. **Literatur.** Bislang keine; siehe aber die Kommentierungen zu Art. 37 ProspektVO sowie *Ohler,* Modelle des Verwaltungsverbunds in der Finanzmarktaufsicht, Verw 49 (2016), 309.

2 2. **Entstehung und Zweck der Norm.** Art. 102 entspricht weitgehend dem im Kommissionsentwurf vorgesehenen Art. 89. Im Gesetzgebungsverfahren fanden einige Änderungen statt, vor allem wurden die zulässigen Maßnahmen auf Vorschlag des Rates exemplifiziert (Art. 102 Abs. 2 S. 2, → Rn. 8). Die Vorschrift ist Art. 37 ProspektVO nachgebildet.

3 Art. 102 behandelt die im europäischen Verwaltungsverbund stets heikle Frage, welche Maßnahmen der Aufnahmemitgliedstaat gegenüber einem Wirtschaftsteilnehmer treffen darf und welche dem Herkunftsmitgliedstaat vorbehalten sein sollen. Im Ausgangspunkt sollen grenzüberschreitend tätige Marktteilnehmer nicht (womöglich widersprüchlichen) Maßnahmen verschiedener nationaler Behörden ausgesetzt sein, sondern nur denen ihres Herkunftslands. Art. 102 bezweckt, dem Aufnahmemitgliedstaat trotz grundsätzlicher Orientierung an diesem **Herkunftslandprinzip**[1] im Notfall gewis-

---
[1] Dazu Ohler Verw. 49 (2016), 309 (314).

se Handlungsmöglichkeiten gegenüber Marktteilnehmern einzuräumen, um öffentliche Interessen, hier die der Kunden von Anbietern von Kryptowerte-Dienstleistungen und der Inhaber von Kryptowerten, insbesondere Kleinanlegern, zu schützen. Art. 102 stellt damit eine klassische **Binnenmarkt-Schutzklausel** dar.

3. Systematik. Art. 102 stellt die erste Vorschrift einer Reihe von in der 4 Kryptowerte-Verordnung geregelten, unmittelbar anwendbaren Eingriffsbefugnissen (Art. 102–105) dar. Der Anwendungsbereich der Vorschriften ist über die jeweils **ermächtigte Behörde** voneinander abzugrenzen: Art. 102 richtet sich an die zuständigen Behörden des Aufnahmemitgliedstaats, Art. 103 an die ESMA, Art. 104 an die EBA und Art. 105 an die Behörden des Herkunftsmitgliedstaats eines Marktteilnehmers.

Während Art. 102 mögliche Maßnahmen isd Art. 105 im Tatbestand 5 berücksichtigt, ist das Verhältnis zu Art. 103 und Art. 104 unklar. Diese Vorschriften normieren zwar eine **Vorrangregelung** für Maßnahmen der ESMA oder EBA gegenüber früheren Maßnahmen der zuständigen Behörden (Art. 103 Abs. 7 bzw. Art. 104 Abs. 7), nicht hingegen eine **Sperrwirkung** für nachfolgende. Teleologisch wird man gleichwohl annehmen müssen, dass kein Raum mehr für die Anwendung der Schutzklausel bleibt, wenn bereits eine Maßnahme der ESMA oder EBA in derselben Angelegenheit getroffen wurde (→ Art. 103 Rn. 22).

4. Vorsorgliche Maßnahmen. Art. 102 normiert ein gestuftes Verfahren 6 für den Fall, dass der Aufnahmemitgliedstaat den begründeten Verdacht von Unregelmäßigkeiten bei einem Anbieter oder einer Person, die die Zulassung eines Kryptowerts zum Handel beantragt, oder einem Emittenten eines vermögenswertereferenzierten Token oder eines E-Geld-Token oder einem Anbieter von Kryptowerte-Dienstleistungen hat. Notwendig sind „eindeutige und nachweisbare Gründe" für den Verdacht. Der Begriff der **Unregelmäßigkeit** wird in der Kryptowerte-Verordnung nicht definiert; hierunter fällt zumindest jeder Verstoß gegen die Verordnung (→ Rn. 8).

Auf der ersten Stufe steht die **Benachrichtigung der zuständigen Be-** 7 **hörde des Herkunftslands** und der ESMA sowie, wenn es um einen Emittenten eines vermögenswertereferenzierten Token oder eines E-Geld-Token oder eine Kryptowerte-Dienstleistung im Zusammenhang mit vermögenswertereferenzierten Token oder E-Geld-Token, geht, zusätzlich der EBA (Art. 102 Abs. 1). Die Verordnung geht davon aus, dass der Herkunftsmitgliedstaat sodann die erforderlichen Maßnahmen ergreift und dafür sorgt, dass die Unregelmäßigkeiten abgestellt werden, beispielsweise auf der Basis von Art. 105. Insoweit setzt die Verordnung also auf das Herkunftslandprinzip.

Dauern die Unregelmäßigkeiten trotz der von der zuständigen Behörde des 8 Herkunftsmitgliedstaats ergriffenen Maßnahmen an (dh zeigt sich der Marktakteur ignorant) und liegt in den Unregelmäßigkeiten ein Verstoß gegen die Verordnung[2], erhält der Aufnahmemitgliedstaat die **Befugnis zu vorsorglichen Maßnahmen** (Art. 102 Abs. 2). Das gleiche wird man annehmen können, wenn die zuständige Behörde des Herkunftsmitgliedstaats untätig

---

[2] Die deutsche Übersetzung ist misslungen, klar dagegen die englische Fassung „Where, despite the measures taken by the competent authority of the home Member State, the irregularities referred to in paragraph 1 persist, amounting to an infringement of this Regulation".

MiCAR Art. 102   Titel VII. Zuständige Behörde, EBA und ESMA

bleibt. Der Begriff „vorsorgliche Maßnahmen" ist eine alternative Übersetzung von precautionary measures, das in Art. 37 ProspektVO etwa mit „Vorsichtsmaßnahmen"[3] übersetzt ist. Erlaubt sind alle für den Schutz der Kunden von Anbietern von Kryptowerte-Dienstleistungen und der Inhaber von Kryptowerten, insbesondere Kleinanleger, erforderlichen Maßnahmen (Art. 102 Abs. 2 S. 1). Dazu gehört es auch, den die Unregelmäßigkeit verursachenden Akteur daran zu hindern, weiterhin im Aufnahmemitgliedstaat aktiv zu sein[4] (Art. 102 Abs. 2 S. 2). Eine **Grenze** findet die Befugnis zu vorsorglichen Maßnahmen unter dem Gesichtspunkt der Nichtdiskriminierung darin, dass keine Maßnahmen getroffen werden dürfen, die nicht auch gemäß dem Art. 94 umsetzenden Recht oder nach Art. 105 gegenüber ortsansässigen Wirtschaftsteilnehmern getroffen werden könnten.[5]

9   Der Aufnahmemitgliedstaat muss den Heimatmitgliedstaat, die ESMA und ggf. die EBA über die Maßnahmen **vorab informieren** (Art. 102 Abs. 2 S. 1). Diese erhalten damit Gelegenheit, die binnenmarktunfreundliche Maßnahme des Aufnahmemitgliedstaats durch Maßnahmen mit allgemeiner Wirkung, die ihnen die Art. 103 ff. ermöglichen, abzuwenden (→ Rn. 4 f.). Warum speziell für die Untersagung der Tätigkeit des die Unregelmäßigkeit verursachenden Akteurs in Art. 102 Abs. 2 S. 3 zusätzlich eine Pflicht zur Information von ESMA und ggf. EBA normiert ist, erschließt sich nicht, da die Untersagung ja zu den erforderlichen Maßnahmen gehört, über die auch diese Stellen schon nach Art. 102 Abs. 2 S. 1 zu informieren sind. Art. 102 Abs. 2 S. 4 verpflichtet ESMA und ggf. EBA, die Kommission über solche Untersagungen in Kenntnis zu setzen.

10   Im Übrigen gilt für den Erlass der vorsorglichen Maßnahmen **nationales Verfahrensrecht**. Meist wird es sich bei den Maßnahmen um Verwaltungsakte iSd § 35 S. 1 VwVfG handeln.[6] Häufig wird, da es ja um Adressaten geht, die in anderen Mitgliedstaaten ansässig sind, § 15 VwVfG zur Anwendung kommen. Auch der **Rechtsschutz** gegen Maßnahmen nach Art. 102 richtet sich nach nationalem Verwaltungsprozessrecht. Zu beachten ist insofern, dass gem. § 5 KMAG-E Rechtsbehelfe gegen Maßnahmen nach Art. 102 Abs. 2 keine aufschiebende Wirkung haben sollen, so dass typischerweise ein Antrag nach § 80 Abs. 5 S. 1 Alt. 1 VwGO erforderlich sein wird.

11   Angesichts möglicher **Meinungsverschiedenheiten** zwischen dem Herkunftsmitgliedstaat und dem Aufnahmemitgliedstaat über die Notwendigkeit vorsorglicher Maßnahmen normiert Art. 102 Abs. 3 die Möglichkeit, die Angelegenheit der ESMA bzw. der EBA „zur Kenntnis zu bringen". Die Folge ist die entsprechende Anwendung von Art. 19 Verordnung (EU) Nr. 1095/2010 (bzw. im Fall der EBA Art. 19 der Verordnung (EU) Nr. 1093/2010). Die Vorschriften ermöglichen es der ESMA bzw. der EBA, ein **Schlichtungsverfahren** durchzuführen und den zuständigen Behörden Anweisungen zu erteilen.[7] Der Verweis nur auf Art. 19 Abs. 4 ist wie bei Art. 95 ein Redaktionsversehen (→ Art. 95 Rn. 20), im Gegenteil könnte

---

[3] Kritisch zu der Bezeichnung Just/Voß/Ritz/Zeising/Voß ProspektVO Art. 37 Rn. 5.
[4] Auch hier ist die deutsche Fassung der Verordnung nicht ganz klar formuliert.
[5] So für die entsprechende Vorschrift im Prospektrecht Just/Voß/Ritz/Zeising/Voß ProspektVO Art. 37 Rn. 5.
[6] Siehe zum „klassischen" Finanzmarktaufsichtsrecht Gurlit ZHR 177 (2013), 862 (878 f.).
[7] Dabei wird es sich um Beschlüsse iSd Art. 288 Abs. 4 AEUV handeln, vgl. Gurlit ZHR 177 (2013), 862 (881).

Art. 103 MiCAR

Art. 103 durch die Anwendung von Art. 19 Abs. 4 Verordnung (EU) Nr. 1095/2010 ausgehebelt werden.

Artikel 103 Befugnisse der ESMA zur vorübergehenden Intervention

(1) Gemäß Artikel 9 Absatz 5 der Verordnung (EU) Nr. 1095/2010 kann die ESMA, wenn die Bedingungen der Absätze 2 und 3 des vorliegenden Artikels erfüllt sind, Folgendes vorübergehend verbieten oder beschränken:

a) Vermarktung, Vertrieb oder Verkauf bestimmter anderer Kryptowerte als vermögenswertereferenzierter Token oder E-Geld-Token oder anderer Kryptowerte als vermögenswertereferenzierter Token oder E-Geld-Token mit bestimmten Merkmalen oder

b) eine Art der Tätigkeit oder Praxis im Zusammenhang mit anderen Kryptowerten als vermögenswertereferenzierten Token oder E-Geld-Token.

Ein Verbot oder eine Beschränkung kann unter von der ESMA festgelegten Bedingungen oder vorbehaltlich von der ESMA festgelegter Ausnahmen gelten.

(2) Die ESMA ergreift eine Maßnahme gemäß Absatz 1 nur, wenn alle folgenden Bedingungen erfüllt sind:

a) Mit dem vorgeschlagenen Verbot bzw. der vorgeschlagenen Beschränkung wird erheblichen Bedenken hinsichtlich des Anlegerschutzes oder einer Gefahr für das ordnungsgemäße Funktionieren und die Integrität der Märkte für Kryptowerte oder für die Stabilität des Finanzsystems in der Union als Ganzes oder von Teilen dieses Finanzsystems begegnet;

b) die Regulierungsanforderungen nach dem Unionsrecht, die auf die jeweiligen Kryptowerte und Kryptowerte-Dienstleistungen anwendbar sind, werden der betreffenden Bedrohung nicht gerecht;

c) eine zuständige Behörde hat keine Maßnahmen ergriffen, um der betreffenden Bedrohung zu begegnen, oder die ergriffenen Maßnahmen werden der Bedrohung nicht ausreichend gerecht.

(3) Ergreift die ESMA eine Maßnahme gemäß Absatz 1, so stellt sie sicher, dass die Maßnahme

a) keine nachteiligen Auswirkungen auf die Effizienz der Märkte für Kryptowerte oder auf die Inhaber von Kryptowerten oder Kunden, die Kryptowerte-Dienstleistungen erhalten, hat, die in keinem Verhältnis zu den Vorteilen der Maßnahme stehen, und

b) kein Risiko einer Aufsichtsarbitrage birgt.

Haben zuständige Behörden eine Maßnahme nach Artikel 105 ergriffen, kann die ESMA jede der in Absatz 1 genannten Maßnahmen ergreifen, ohne eine Stellungnahme gemäß Artikel 106 Absatz 2 abzugeben.

(4) Bevor die ESMA beschließt, eine Maßnahme gemäß Absatz 1 zu ergreifen, unterrichtet sie die jeweils zuständigen Behörden über die Maßnahme, die sie zu ergreifen beabsichtigt.

(5) Die ESMA veröffentlicht auf ihrer Website eine Mitteilung über jeden Beschluss zur Ergreifung einer Maßnahme gemäß Absatz 1. In dieser Mitteilung werden die Einzelheiten des verhängten Verbots oder der verhängten Beschränkung erläutert und ein Zeitpunkt nach der Ver-

öffentlichung der Mitteilung genannt, ab dem die Maßnahmen wirksam werden. Ein Verbot oder eine Beschränkung gilt nur für Tätigkeiten nach dem Wirksamwerden der Maßnahme.

(6) Die ESMA überprüft ein verhängtes Verbot oder eine verhängte Beschränkung gemäß Absatz 1 in geeigneten Zeitabständen, mindestens alle sechs Monate. Nach mindestens zwei aufeinanderfolgenden Verlängerungen und auf der Grundlage einer ordnungsgemäßen Analyse zur Bewertung der Auswirkungen auf die Verbraucher kann die ESMA die jährliche Verlängerung des Verbots oder der Beschränkung beschließen.

(7) Die von der ESMA gemäß diesem Artikel ergriffenen Maßnahmen haben Vorrang vor allen früheren Maßnahmen, die die jeweils zuständigen Behörden in derselben Angelegenheit ergriffen haben.

(8) Die Kommission erlässt gemäß Artikel 139 delegierte Rechtsakte zur Ergänzung dieser Verordnung durch Festlegung der Kriterien und Faktoren, die von der ESMA bei der Feststellung, ob erhebliche Bedenken hinsichtlich des Anlegerschutzes oder eine Gefahr für das ordnungsgemäße Funktionieren und die Integrität der Märkte für Kryptowerte oder für die Stabilität des Finanzsystems der Union als Ganzes oder von Teilen dieses Finanzsystems bestehen, für die Zwecke von Absatz 2 Buchstabe a des vorliegenden Artikels zu berücksichtigen sind.

Übersicht

	Rn.
I. Einführung	1
1. Literatur	1
2. Entstehung und Zweck der Norm	2
3. Systematik	4
II. Vorübergehende Intervention	5
1. Inhalt der Maßnahmen (Abs. 1)	5
2. Voraussetzungen (Abs. 2, 3, 8)	7
3. Verfahrensfragen (Abs. 4, 5)	14
4. Geltungsdauer der Maßnahmen (Abs. 6)	17
5. Verhältnis zu anderen Vorschriften (Abs. 7)	21
6. Rechtsschutzfragen	23
III. Umsetzungs-/Vollzugsvorschriften	25

I. Einführung

1 **1. Literatur.** Bislang keine; siehe aber die Kommentare zu Art. 40 MiFiR, Art. 16 PRIIP-VO und Art. 28 LeerverkaufsVO; außerdem *Ohler,* Modelle des Verwaltungsverbunds in der Finanzmarktaufsicht, Verw 49 (2016), 309.

2 **2. Entstehung und Zweck der Norm.** Art. 103–106 waren im Kommissionsentwurf nicht enthalten und sind erst im Gesetzgebungsverfahren auf Vorschlag des Ausschusses für Wirtschaft und Währung eingefügt worden.[1] Vorbild sind die Art. 40–43 der Verordnung über Märkte für Finanzinstrumente (MiFIR) sowie Art. 16–18 der Verordnung über Basisinformationsblätter für verpackte Anlageprodukte für Kleinanleger und Versicherungsanlageprodukte (PRIIP-VO). Speziell zu Art. 103 findet sich auch eine Parallelvorschrift in Art. 28 LeerverkaufsVO 236/2012, deren Rechtmäßigkeit der

---

[1] Vgl. Interinstitutionelles Dossier: 2020/0265(COD), abrufbar unter https://eur-lex.europa.eu/legal-content/DE/TXT/PDF/?uri=CONSIL:ST_8349_2023_INIT.

EuGH bereits bestätigt hat;[2] siehe im Übrigen auch Art. 16 PRIIP-VO und Art. 40 MiFiR.

Die Norm soll es den europäischen Aufsichtsbehörden, konkret der ESMA, ermöglichen, im Rahmen der Marktüberwachung in bestimmten gravierenden Fällen tätig zu werden. Die ESMA kann damit ausnahmsweise ihre ansonsten im Wesentlichen koordinierende Rolle (→ Art. 95 Rn. 18 ff.) verlassen und selbst gegenüber den Marktteilnehmern Interventionsmaßnahmen ergreifen. Die Zulässigkeit solch weitreichender Maßnahmen einer EU-Agentur wird vom EuGH großzügig bejaht.[3]

3. **Systematik.** Art. 103 ermächtigt die ESMA zu vorübergehenden Interventionen im Fall von Krisensituationen. Aufgrund der Formulierung der Tatbestandsvoraussetzungen für eine Intervention (→ Rn. 10) ist die Befugnis nach Art. 103 **subsidiär** gegenüber Maßnahmen der zuständigen Behörden gem. **Art. 105.** Gleichzeitig hat sie Vorrang gegenüber früheren (unzureichenden) Maßnahmen der zuständigen Behörden (→ Rn. 21) und sperrt auch die spätere Berufung auf die Schutzklausel des Art. 102 (→ Art. 102 Rn. 5).

II. Vorübergehende Intervention

1. **Inhalt der Maßnahmen (Abs. 1).** Art. 103 Abs. 1 UAbs. 1 normiert die **Rechtsfolge** der Norm. Er ermöglicht es der ESMA, bestimmte Tätigkeiten vorübergehend zu verbieten oder zu beschränken. Ein Verbot oder eine Beschränkung können sich beziehen auf (a) Vermarktung, Vertrieb oder Verkauf bestimmter anderer Kryptowerte als vermögenswertereferenzierter Token oder E-Geld-Token oder anderer Kryptowerte als vermögenswertereferenzierter Token oder E-Geld-Token mit bestimmten Merkmalen oder (b) auf eine Art der Tätigkeit oder Praxis im Zusammenhang mit anderen Kryptowerten als vermögenswertereferenzierten Token oder E-Geld-Token. Der Hinweis auf Art. 9 Abs. 5 Verordnung (EU) Nr. 1095/2010 stellt lediglich eine Verknüpfung mit der dort geschilderten Aufgabe der EMSA her, die erst durch Art. 103 Abs. 1 UAbs. 1 zu einer konkreten Befugnisnorm wird.

Gemäß 103 Abs. 1 UAbs. 2 kann die ESMA das Verbot mit ausgewählten **Nebenbestimmungen** versehen. In Frage kommen einerseits Bedingungen, andererseits Ausnahmen. Eine Befristung ist, obwohl es sich nur um „vorübergehende" Maßnahmen handeln darf, nicht ausdrücklich vorgesehen; ihre Zulässigkeit (und Notwendigkeit) ergibt sich aber aus Abs. 6 (→ Rn. 16).

2. **Voraussetzungen (Abs. 2, 3, 8).** Die Voraussetzungen für solche vorübergehenden Interventionsmaßnahmen ergeben sich aus Art. 103 Abs. 2 und 3. Während Art. 103 Abs. 2 kumulativ[4] drei Voraussetzungen dafür normiert, dass die ESMA überhaupt tätig werden darf, schränkt Abs. 3 ihre Befugnisse wieder ein, indem sie sicherstellen muss, dass aus den Interventionsmaßnahmen nicht bestimmte Gefahren resultieren.

Art. 103 Abs. 2 lit. a formuliert den **Interventionsanlass** und verlangt als erste Voraussetzung für ein Tätigwerden der ESMA, dass mit dem vorgeschlagenen Verbot bzw. der vorgeschlagenen Beschränkung erheblichen Bedenken

---

[2] EuGH 22.1.2014 – C-270/12, ECLI:EU:C:2014:18 Rn. 41 f. = NJW 2014, 1359 – UK/Parlament und Rat.
[3] EuGH 22.1.2014 – C-270/12, ECLI:EU:C:2014:18 Rn. 41 f. = NJW 2014, 1359 – UK/Parlament und Rat; krit. etwa Ohler Verw. 49 (2016), 309 (324).
[4] Siehe aber zum Verhältnis von lit. b zu lit. c BeckOK Wertpapierrecht/Schelling MiFiR Art. 40 Rn. 12.

hinsichtlich des Anlegerschutzes oder einer Gefahr für das ordnungsgemäße Funktionieren und die Integrität der Märkte für Kryptowerte oder für die Stabilität des Finanzsystems in der Union als Ganzes oder von Teilen dieses Finanzsystems begegnet wird. Während für den Anlegerschutz „erhebliche Bedenken" erforderlich sind, werden die anderen beiden Schutzgüter als so gewichtig erachtet, dass schon (jede) Gefahr ausreicht. Das steht im Einklang mit der allgemeinen Dogmatik des Gefahrenabwehrrechts, enthebt die ESMA aber nicht einer genauen Begründung dafür, dass die konkrete Tätigkeit des Beaufsichtigten (aus der maßgeblichen ex-ante Sicht der ESMA) tatsächlich geeignet ist, die Märkte oder das Finanzsystem zu gefährden. Angesichts der Unbestimmtheit der Begriffe sieht Art. 103 Abs. 8 vor, dass die Kommission gemäß Art. 139 **delegierte Rechtsakte** erlässt und **Kriterien und Faktoren** festlegt, die von der ESMA bei der Feststellung, ob erhebliche Bedenken hinsichtlich des Anlegerschutzes oder eine Gefahr für das ordnungsgemäße Funktionieren und die Integrität der Märkte für Kryptowerte oder für die Stabilität des Finanzsystems der Union als Ganzes oder von Teilen dieses Finanzsystems bestehen, zu berücksichtigen sind.

9   Art. 103 Abs. 2 lit. b stellt das Tätigwerden der ESMA unter den Vorbehalt, dass die **Regulierungsanforderungen** nach dem Unionsrecht, die auf die jeweilige Kryptowerte und Kryptowerte-Dienstleistungen anwendbar sind, der betreffenden Bedrohung nicht gerecht werden. Es muss sich mit anderen Worten um ein vom Unionsgesetzgeber nicht vorhergesehenes Gefahrenszenario handeln. Die ESMA darf hingegen nicht eine vorhandene Regulierung, die beispielsweise ein bestimmtes Anlegerschutzniveau intendiert, überspielen; ihre Tätigkeit muss – schon aufgrund der EuGH-Vorgaben zur Ausübung von Hoheitsgewalt durch Agenturen – subsidiär bleiben.[5]

10 Art. 103 Abs. 2 lit. c normiert einen weiteren Vorbehalt für ein Tätigwerden der ESMA, nämlich dass eine zuständige Behörde keine Maßnahmen ergriffen hat, um der betreffenden Bedrohung zu begegnen, oder die ergriffenen Maßnahmen der Bedrohung nicht ausreichend gerecht werden. Die Bestimmung aktualisiert für diesen Bereich das Subsidiaritätsprinzip (Art. 5 Abs. 3 EUV) und stellt einen prinzipiellen Vorrang der mitgliedstaatlichen Aufsicht sicher; der ESMA kommt nur eine **Reservekompetenz** zu; sie stellt gewissermaßen eine **Rechtsaufsichtsbehörde mit Selbsteintrittsrecht** dar.[6] Maßnahmen der zuständigen Behörden können insbesondere auf Art. 105 gestützt werden.

11 Art. 103 Abs. 3 UAbs. 1 lit. a verlangt von der ESMA sicherzustellen, dass die Maßnahme keine nachteiligen Auswirkungen auf die Effizienz der Märkte für Kryptowerte oder auf die Inhaber von Kryptowerten oder Kunden, die Kryptowerte-Dienstleistungen erhalten, hat, die in keinem Verhältnis zu den Vorteilen der Maßnahme stehen. Die Vorschrift fordert eine besondere Akzentsetzung in der (an sich selbstverständlichen) **Verhältnismäßigkeitsprüfung** und betrifft somit eigentlich die Rechtsfolge. Mittel der Sicherstellung können neben einem völligen Absehen von einer Maßnahme vor allem die in Art. 103 Abs. 1 UAbs. 2 genannten Bedingungen und Ausnahmen sein.

---

[5] Siehe zu den Details etwa BeckOK Wertpapierrecht/Schelling MiFiR Art. 40 Rn. 7 ff.; Assmann/Schneider/Mülbert/Gurlit MiFiR Art. 40 Rn. 20.
[6] Vgl. Kämmerer NVwZ 2011, 1281 (1285).

Art. 103 Abs. 3 UAbs. 1 lit. b verbietet ein Tätigwerden der ESMA, wenn 12
damit die Gefahr von **Aufsichtsarbitrage** verbunden ist. Da das Handeln der
ESMA ja für den gesamten EWR maßgeblich ist, besteht diese Gefahr
allenfalls dann, wenn sich ihr Handeln aufgrund der mehr oder weniger
zufälligen Gegebenheiten des Falls auf einen oder wenige Mitgliedstaat
bezieht und die verbotenen Tätigkeiten leicht substituierbar sind.[7] Darüber
hinaus könnte man eine Orientierung an der Aufsichtspraxis von Drittländern
für erforderlich halten (siehe noch Art. 107).

Art. 103 Abs. 3 UAbs. 2 normiert keine Interventionsvoraussetzung, son- 13
dern regelt, dass im Fall vorheriger mitgliedstaatlicher Maßnahmen nach
Art. 105 die eigentlich gemäß Art. 106 Abs. 2 erforderliche Stellungnahme
der ESMA entbehrlich ist und diese direkt Maßnahmen nach Art. 103 Abs. 1
ergreifen kann.

3. Verfahrensfragen (Abs. 4, 5). Art. 103 Abs. 4 verpflichtet die ESMA, 14
die jeweils zuständigen Behörden über die Maßnahme, die sie zu ergreifen
beabsichtigt, **vorab zu unterrichten**. Die Unterrichtungspflicht ist Ausfluss
der vertikalen Behördenkooperation, im Unterschied zu Art. 95 hier aber in
umgekehrter Richtung. Eine Konsultation, wie nach Art. 28 Abs. 4 LeerverkaufsVO, ist nicht erforderlich. Gleichwohl dient die Unterrichtung nicht
nur der schlichten Information darüber, wie sich die europäischen Aufsichtsbehörden im europäischen Verwaltungsverbund positionieren, sondern ermöglicht es den mitgliedstaatlichen Behörden, durch den Erlass eigener Maßnahmen zumindest formal die Entscheidungskompetenz zu behalten, weil
damit nach Art. 103 Abs. 2 lit. c die Grundlage für ein Tätigwerden der
ESMA entfällt. Ein solches Vorgehen würde allerdings dann auch etwaige
Rechtsschutzbegehren der Adressaten von der Union auf die Mitgliedstaaten
umleiten und erscheint daher wenig realistisch.

Gemäß Art. 103 Abs. 5 werden Beschlüsse über Maßnahmen der ESMA 15
auf deren Website **veröffentlicht** und dabei nicht nur der Inhalt der Maßnahmen, sondern auch der Zeitpunkt ihres Wirksamwerdens angegeben. Die
Maßnahmen können also erst nach der Veröffentlichung wirksam werden;
Satz 3 stellt klar, dass ein Verbot oder eine Beschränkung nur für Tätigkeiten
nach dem Wirksamwerden der Maßnahme gilt; eine rückwirkende Inkraftsetzung ist also ausgeschlossen. Anders als Art. 105 Abs. 5 verlangt Art. 103
Abs. 5 nicht die Angabe der Nachweise, auf welche die ESMA ihre Entscheidung gestützt hat und aufgrund derer sie davon überzeugt ist, dass die
Voraussetzungen für die Interventionsmaßnahme gegeben sind. Allerdings
unterliegt die ESMA schon unionsrechtlich einer Begründungspflicht für ihre
(rechtsverbindlichen) Handlungen (vgl. Art. 296 Abs. 2 AEUV, Art. 41
Abs. 2 GRCh).

Beim Erlass von Maßnahmen nach Art. 103 hat die ESMA die europäi- 16
schen **Verfahrensgrundsätze** zu beachten, insbesondere die sich aus Art. 41
GRCh ergebenden.[8] Dazu gehört insbesondere auch die Anhörung der
Adressaten einer geplanten Maßnahme.[9]

---

[7] So auch zu Art. 28 LeerverkaufsVO BeckOK Wertpapierrecht/Bauerschmidt LeerverkaufsVO Art. 28 Rn. 35; siehe auch Assmann/Schneider/Mülbert/Gurlit MiFiR Art. 40
Rn. 23.

[8] So auch zu Art. 28 LeerverkaufsVO BeckOK Wertpapierrecht/Bauerschmidt LeerverkaufsVO Art. 28 Rn. 14 f.

[9] Dazu Assmann/Schneider/Mülbert/Gurlit MiFiR Art. 40 Rn. 27.

MiCAR Art. 103 Titel VII. Zuständige Behörde, EBA und ESMA

17 **4. Geltungsdauer der Maßnahmen (Abs. 6).** Art. 103 Abs. 6 S. 1 verpflichtet die ESMA, ein verhängtes Verbot oder eine verhängte Beschränkung in geeigneten Zeitabständen, mindestens alle sechs Monate „zu überprüfen". Der Regelungsgehalt ist unklar. Die Formulierung impliziert angesichts der Höchstfrist und der Unklarheit, welcher Zeitabstand „geeignet" ist, wohl **keine Befristung ipso iure**. Da aber andererseits Art. 103 Abs. 6 S. 2 von „Verlängerungen" spricht, was eine vorherige Befristung voraussetzt und begrifflich wohl auch nicht mit dem negativen Ergebnis einer Prüfung, ob eine unbefristete Maßnahme aufgehoben wird, gleichgesetzt werden kann, wird man verlangen müssen, dass die ESMA selbst die Maßnahme auf eine geeignete Dauer, maximal sechs Monate, befristet.

18 Gegenstand der Überprüfung muss sein, ob die in Art. 103 Abs. 2 und 3 genannten Voraussetzungen für die Maßnahme noch vorliegen. Ist dies nicht der Fall, ist sie aufzuheben. Liegen die Voraussetzungen hingegen weiterhin vor, kann die Maßnahme verlängert werden. Gem. Art. 9 Abs. 5 UAbs. 3 ESMA-VO kann ein Mitgliedstaat jederzeit die ESMA auffordern, ihre Maßnahmen zu überprüfen.

19 Art. 103 Abs. 6 S. 2 erlaubt nach mindestens zwei aufeinanderfolgenden Verlängerungen und auf der Grundlage einer ordnungsgemäßen Analyse zur Bewertung der Auswirkungen auf die Verbraucher die **jährliche Verlängerung** des Verbots oder der Beschränkung. Welche Dauer die aufeinanderfolgenden Verlängerungen haben müssen, wird nicht vorgegeben, es muss sich also nicht zwingend um eine Maßnahme handeln, die schon 1,5 Jahre (6 Monate + 2x 6 Monate) Bestand hatte. Warum als einziges materielles Kriterium für die jährliche Verlängerung der Verbraucherschutz angegeben ist, bleibt angesichts der Gründe für eine Intervention, die auch für die Verlängerung maßgeblich sein müssen (→ Rn. 18), unklar.

20 Eine **Höchstfrist** für die Interventionsmaßnahmen normiert Art. 103 nicht. Das entspricht zwar dem Zweck der Gefahrenabwehr, ist aber mit dem Begriff der „vorübergehenden Maßnahmen" nur schwer vereinbar. Zu berücksichtigen ist allerdings, dass sowohl der Unionsgesetzgeber durch die Normierung regulatorischer Vorgaben als auch die mitgliedstaatlichen Behörden durch eigene Maßnahmen die Anwendung des Art. 103 verhindern können, weil dann die Voraussetzungen des Art. 103 Abs. 2 lit. b oder lit. c nicht mehr gegeben sind.

21 **5. Verhältnis zu anderen Vorschriften (Abs. 7).** Art. 104 Abs. 7 normiert einen **Vorrang** der ESMA-Maßnahmen **vor allen früheren** in derselben Angelegenheit von den zuständigen Behörden getroffenen **Maßnahmen**. Das ist vor dem Hintergrund der Bestandskraft von Verwaltungsakten eine sinnvolle Regelung und stellt für die Adressaten klar, was für sie gilt.

22 Unklar ist, ob auch **nachfolgende Maßnahmen** der zuständigen Behörden ausgeschlossen sind. Jedenfalls für auf die Schutzklausel des Art. 102 gestützte Maßnahmen wird man das bejahen können, soweit mit der Intervention der ESMA das Problem binnenmarktweit adressiert wurde (→ Art. 102 Rn. 5). Hinsichtlich Produktinterventionen nach Art. 105 könnte man Ähnliches vermuten. Hier erscheint es aber vorzugswürdig, dass solche Maßnahmen zumindest insoweit zulässig bleiben, als sie ohne inhaltlichen Widerspruch zur Entscheidung der ESMA lediglich den Normalfall der Regulierung des Marktes durch die zuständigen Behörden der Mitgliedstaaten wiederherstellen.

6. Rechtsschutzfragen. Bei den in Art. 103 vorgesehenen Verboten und 23 Beschränkungen der ESMA handelt es sich durchweg um **Beschlüsse** iSd Art. 288 Abs. 4 AEUV. Anders als Verwaltungsakte nach nationalem Recht stellen Beschlüsse nach Art. 288 Abs. 4 AEUV keine vollstreckbaren Titel dar.[10] Die Maßnahmen können sich sowohl gegen einen oder mehrere Adressaten richten als auch adressatenlos iS einer Allgemeinverfügung ergehen.

Da die ESMA-Verordnung in Art. 60 ein besonderes **Beschwerdeverfah-** 24 **ren** bereitstellt, können Beschlüsse der ESMA gem. Art. 263 Abs. 5 AEUV nicht unmittelbar mit der Nichtigkeitsklage nach Art. 263 Abs. 1, 2, 4 AEUV angegriffen werden,[11] sondern sind zunächst auf die Beschwerde zum gemeinsamen Beschwerdeausschuss der ESA verwiesen. Die Beschwerdeberechtigung ist dabei wie in Art. 263 Abs. 4 AEUV geregelt, so dass individuell und unmittelbar betroffene Personen, insbesondere Adressaten, beschwerdebefugt sind. Die Beschwerdefrist beträgt drei Monate. Entscheidet der Ausschuss nicht im Einklang mit dem Begehren des Beschwerdeführers, kann dann eine **Nichtigkeitsklage** gemäß Art. 263 Abs. 1, 2, 4 AEUV gegen die Ausschussentscheidung erhoben werden. Entscheidet der Ausschuss nicht innerhalb der vorgegebenen Frist, kommt auch eine **Untätigkeitsklage** gem. Art. 265 AEUV in Betracht.

III. Umsetzungs-/Vollzugsvorschriften

Der deutsche Gesetzgeber hat im Interesse effektiver Durchsetzung von 25 Produktinterventionen vorgesehen, dass die BaFin ein öffentliches Angebot oder eine Zulassung zum Handel aussetzen oder einschränken kann, solange eine Maßnahme der ESMA nach Art. 103 gilt (§ 15 Abs. 4 S. 2 iVm. S. 1 KMAG-E). Darin kann eine zulässige Ergänzungsmaßnahme liegen, wenn die Maßnahme der ESMA diese Punkte nicht betrifft (was sie durchaus könnte, → Rn. 5), ansonsten gilt der Vorrang der ESMA-Entscheidung (→ Rn. 21 f.).

Artikel 104 Befugnisse der EBA zur vorübergehenden Intervention

(1) Gemäß Artikel 9 Absatz 5 der Verordnung (EU) Nr. 1093/2010 kann die EBA, wenn die Bedingungen der Absätze 2 und 3 des vorliegenden Artikels erfüllt sind, Folgendes vorübergehend verbieten oder beschränken:
a) Vermarktung, Vertrieb oder Verkauf bestimmter vermögenswertereferenzierter Token oder E-Geld-Token oder vermögenswertereferenzierter Token oder E-Geld-Token mit bestimmten Merkmalen oder
b) eine Art der Tätigkeit oder Praxis im Zusammenhang mit vermögenswertereferenzierten Token oder E-Geld-Token.
Ein Verbot oder eine Beschränkung kann unter von der EBA festgelegten Bedingungen oder vorbehaltlich von der EBA festgelegter Ausnahmen gelten.
(2) Die EBA ergreift eine Maßnahme gemäß Absatz 1 nur, wenn alle folgenden Bedingungen erfüllt sind:

---

[10] Dazu Gurlit ZHR 177 (2013), 862 (884).
[11] Dazu GHN Das Recht der Europäischen Union/Dörr AEUV Art. 263 Rn. 112.

a) Mit dem vorgeschlagenen Verbot bzw. der vorgeschlagenen Beschränkung wird erheblichen Bedenken hinsichtlich des Anlegerschutzes oder einer Bedrohung für das ordnungsgemäße Funktionieren und die Integrität der Märkte für Kryptowerte oder für die Stabilität des Finanzsystems in der Union als Ganzes oder von Teilen dieses Finanzsystems begegnet;
b) die Regulierungsanforderungen nach dem Unionsrecht, die auf die jeweiligen vermögenswertereferenzierten Token, E-Geld-Token und damit verbundenen Kryptowerte-Dienstleistungen anwendbar sind, werden der betreffenden Bedrohung nicht gerecht;
c) eine zuständige Behörde hat keine Maßnahmen ergriffen, um der betreffenden Bedrohung zu begegnen, oder die ergriffenen Maßnahmen werden der Bedrohung nicht ausreichend gerecht.

(3) Ergreift die EBA eine Maßnahme gemäß Absatz 1, so stellt sie sicher, dass die Maßnahme

a) keine nachteiligen Auswirkungen auf die Effizienz der Märkte für Kryptowerte oder auf die Inhaber von vermögenswertereferenzierten Token oder E-Geld-Token oder auf Kunden, die Kryptowerte-Dienstleistungen erhalten, die in keinem Verhältnis zu den Vorteilen der Maßnahme stehen, und
b) kein Risiko einer Aufsichtsarbitrage birgt.

Haben zuständige Behörden eine Maßnahme nach Artikel 105 ergriffen, so kann die EBA jeder der in Absatz 1 genannten Maßnahmen ergreifen, ohne die in Artikel 106 Absatz 2 vorgesehene Stellungnahme abzugeben.

(4) Bevor die EBA beschließt, eine Maßnahme gemäß Absatz 1 zu ergreifen, unterrichtet sie die jeweils zuständigen Behörden über die Maßnahme, die sie zu ergreifen beabsichtigt.

(5) Die EBA veröffentlicht auf ihrer Website eine Mitteilung über jeden Beschluss zur Ergreifung einer Maßnahme gemäß Absatz 1. In dieser Mitteilung werden die Einzelheiten des verhängten Verbots oder der verhängten Beschränkung erläutert und ein Zeitpunkt nach der Veröffentlichung der Mitteilung genannt, ab dem die Maßnahmen wirksam werden. Ein Verbot oder eine Beschränkung gilt nur für Tätigkeiten nach dem Wirksamwerden der Maßnahme.

(6) Die EBA überprüft ein verhängtes Verbot oder eine verhängte Beschränkung gemäß Absatz 1 in geeigneten Zeitabständen, mindestens alle sechs Monate. Nach mindestens zwei aufeinanderfolgenden Verlängerungen und auf der Grundlage einer ordnungsgemäßen Analyse zur Bewertung der Auswirkungen auf die Verbraucher kann die EBA die jährliche Verlängerung des Verbots oder der Beschränkung beschließen.

(7) Die von der EBA gemäß diesem Artikel ergriffenen Maßnahmen haben Vorrang vor allen früheren Maßnahmen, die die jeweils zuständige Behörde in derselben Angelegenheit ergriffen hat.

(8) Die Kommission erlässt gemäß Artikel 139 delegierte Rechtsakte zur Ergänzung dieser Verordnung durch Festlegung der Kriterien und Faktoren, die von der EBA bei der Feststellung, ob erhebliche Bedenken hinsichtlich des Anlegerschutzes oder eine Gefahr für das ordnungsgemäße Funktionieren und die Integrität der Märkte für Kryptowerte oder für die Stabilität des Finanzsystems der Union als Ganzes oder von Teilen dieses Finanzsystems bestehen, für die Zwecke von Absatz 2 Buchstabe a des vorliegenden Artikels zu berücksichtigen sind.

Produktintervention durch die zuständigen Behörden **Art. 105 MiCAR**

Art. 104 ist eine weitgehend identische Komplementärvorschrift zu 1
Art. 103. Sie bezieht sich auf die in Art. 103 ausgenommenen vermögenswertereferenzierten Token oder E-Geld-Token oder vermögenswertereferenzierten Token oder E-Geld-Token mit bestimmten Merkmalen. Die Zuständigkeit für Maßnahmen in Bezug auf solche Kryptowerte liegt nicht bei der **ESMA**, sondern bei der **EBA**. Entsprechend wird in Art. 104 Abs. 1 die Verordnung (EU) Nr. 1093/2010 anstelle der Verordnung (EU) 1095/2010 genannt.

Angesichts der praktisch völligen Identität von Art. 104 mit Art. 103 wird 2 auf dessen Kommentierung verwiesen, solange nicht in der praktischen Anwendung Unterschiede sichtbar werden.

Artikel 105 Produktintervention seitens der zuständigen Behörden

(1) Eine zuständige Behörde kann in oder aus diesem Mitgliedstaat Folgendes verbieten oder beschränken:

a) Vermarktung, Vertrieb oder Verkauf bestimmter Kryptowerte oder Kryptowerte mit bestimmten Merkmalen oder
b) eine Art der Tätigkeit oder Praxis im Zusammenhang mit Kryptowerten.

(2) Eine zuständige Behörde kann die in Absatz 1 genannte Maßnahme nur ergreifen, wenn sie sich begründetermaßen vergewissert hat, dass

a) ein Kryptowert erhebliche Bedenken für den Anlegerschutz aufwirft oder eine Gefahr für das ordnungsgemäße Funktionieren und die Integrität der Märkte für Kryptowerte oder für die Stabilität des Finanzsystems in der Union als Ganzes oder von Teilen dieses Finanzsystems darstellt;
b) bestehende regulatorische Anforderungen nach Unionsrecht, die auf den betreffenden Kryptowert oder die betreffende Kryptowerte-Dienstleistung anwendbar sind, den unter Buchstabe a genannten Risiken nicht hinreichend begegnen und das Problem durch eine stärkere Aufsicht oder Durchsetzung der vorhandenen Anforderungen nicht besser gelöst würde;
c) die Maßnahme verhältnismäßig ist, wenn man die Wesensart der ermittelten Risiken, das Kenntnisniveau der betreffenden Anleger oder Marktteilnehmer und die wahrscheinliche Wirkung der Maßnahme auf Anleger und Marktteilnehmer berücksichtigt, die den betreffenden Kryptowert oder die betreffende Kryptowerte-Dienstleistung eventuell halten bzw. nutzen oder davon profitieren;
d) die zuständige Behörde die zuständigen Behörden anderer Mitgliedstaaten, die von der Maßnahme erheblich betroffen sein könnten, ordnungsgemäß angehört hat und
e) die Maßnahme sich nicht diskriminierend auf Dienstleistungen oder Tätigkeiten auswirkt, die von einem anderen Mitgliedstaat aus erbracht werden.

Sind die Bedingungen nach Unterabsatz 1 des vorliegenden Absatzes erfüllt, so kann die zuständige Behörde das Verbot oder die Beschränkung nach Absatz 1 vorsorglich aussprechen, bevor ein Kryptowert vermarktet, vertrieben oder an Kunden verkauft wird.

Die zuständige Behörde kann beschließen, das Verbot oder die Beschränkung nach Absatz 1 nur unter bestimmten Umständen oder vorbehaltlich Ausnahmen anzuwenden.

(3) Die zuständige Behörde verhängt keine Verbote oder Beschränkungen gemäß diesem Artikel, wenn sie nicht spätestens einen Monat, bevor die Maßnahme wirksam werden soll, allen anderen beteiligten zuständigen Behörden und der ESMA oder EBA schriftlich oder auf einem anderen von den Behörden vereinbarten Weg für vermögenswertereferenzierte Token oder E-Geld-Token folgende Einzelheiten mitgeteilt hat:

a) den Kryptowert oder die Tätigkeit oder Praxis, auf den bzw. die sich die vorgeschlagene Maßnahme bezieht;
b) die genaue Art des vorgeschlagenen Verbots oder der vorgeschlagenen Beschränkung sowie den geplanten Zeitpunkt des Inkrafttretens und
c) die Nachweise, auf die sie ihren Beschluss gestützt hat und die als Grundlage für die Feststellung dienen, dass die Bedingungen von Absatz 2 Unterabsatz 1 erfüllt sind.

(4) In Ausnahmefällen, in denen die zuständige Behörde es für notwendig hält, um nachteilige Auswirkungen, die durch den Kryptowert oder die Tätigkeit oder Praxis nach Absatz 1 entstehen könnten, abzuwenden, kann die zuständige Behörde frühestens 24 Stunden, nachdem sie alle anderen zuständigen Behörden und die ESMA von dem geplanten Inkrafttreten der Maßnahme unterrichtet hat, eine vorläufige dringende Maßnahmen ergreifen, sofern alle in diesem Artikel aufgeführten Kriterien erfüllt sind und außerdem eindeutig nachgewiesen ist, dass auf die konkreten Bedenken oder die konkrete Gefahr bei einer einmonatigen Mitteilungsfrist nicht angemessen reagiert werden kann. Die Dauer der vorläufigen Maßnahmen darf drei Monate nicht überschreiten.

(5) Die zuständige Behörde veröffentlicht auf ihrer Website eine Mitteilung über einen Beschluss zur Verhängung eines Verbots oder einer Beschränkung nach Absatz 1. In dieser Mitteilung werden die Einzelheiten des verhängten Verbots oder der verhängten Beschränkung sowie ein Zeitpunkt nach der Veröffentlichung der Mitteilung, ab dem die Maßnahmen wirksam werden, sowie die Nachweise, auf die die zuständige Behörde ihre Entscheidung gestützt hat und aufgrund derer sie davon überzeugt ist, dass jede der in Absatz 2 Unterabsatz 1 genannten Bedingungen erfüllt ist, angegeben. Das Verbot oder die Beschränkung gilt nur für Tätigkeiten nach dem Wirksamwerden der Maßnahme.

(6) Die zuständige Behörde widerruft ein Verbot oder eine Beschränkung, wenn die Bedingungen nach Absatz 2 nicht mehr erfüllt sind.

(7) Die Kommission erlässt gemäß Artikel 139 delegierte Rechtsakte zur Ergänzung dieser Verordnung durch Festlegung der Kriterien und Faktoren, die von den zuständigen Behörden bei der Feststellung, ob erhebliche Bedenken hinsichtlich des Anlegerschutzes oder eine Gefahr für das ordnungsgemäße Funktionieren oder die Integrität der Märkte für Kryptowerte oder für die Stabilität des Finanzsystems als Ganzes oder von Teilen davon in mindestens einem Mitgliedstaat bestehen, für die Zwecke von Absatz 2 Unterabsatz 1 Buchstabe a zu berücksichtigen sind.

Art. 105 MiCAR

Übersicht

	Rn.
I. Einführung	1
1. Literatur	1
2. Entstehung und Zweck der Norm	2
3. Systematik	4
II. Produktintervention	5
1. Inhalt der Maßnahmen (Abs. 1, Abs. 2 UAbs. 2 und 3)	5
2. Voraussetzungen (Abs. 2 UAbs. 1, Abs. 7)	9
3. Verfahrensablauf (Abs. 3, 4, 5)	15
4. Geltungsdauer der Maßnahmen (Abs. 6)	19
5. Verfahren im Übrigen und Rechtsschutz	20
III. Umsetzungs-/Vollzugsvorschriften	24

I. Einführung

1. Literatur. Bislang keine, siehe aber die Kommentierungen zu Parallelvorschriften wie Art. 17 PRIIP-VO oder Art. 42 MiFiR. **1**

2. Entstehung und Zweck der Norm. Art. 103–106 waren im Kommissionsentwurf nicht enthalten und sind erst im Gesetzgebungsverfahren auf Vorschlag des Ausschusses für Wirtschaft und Währung eingefügt worden.[1] Vorbild sind die Art. 40–43 der Verordnung über Märkte für Finanzinstrumente (MiFIR). **2**

Normzweck ist es, die Voraussetzungen für Produktinterventionen als einem zentralen Eingriffsinstrument zu harmonisieren, dabei aber die Vollzugszuständigkeit im Grundsatz bei den Mitgliedstaaten zu belassen. **3**

3. Systematik. Art. 105 ist eine eigene, unmittelbar anwendbare **Befugnisnorm** – der Unionsgesetzgeber verwendet hier nicht die Regelungstechnik der „hinkenden Verordnung". Die Vorschrift ist lex specialis zu den auf der Grundlage von Art. 94 geschaffenen mitgliedstaatlichen Befugnissen. Art. 103 und 104 sind aufgrund der Formulierung ihrer Tatbestandsvoraussetzungen subsidiär gegenüber einem mitgliedstaatlichen Tätigwerden. Das Verhältnis zu Art. 102 ist unklar (→ Rn. 6). **4**

II. Produktintervention

1. Inhalt der Maßnahmen (Abs. 1, Abs. 2 UAbs. 2 und 3). Art. 105 Abs. 1 UAbs. 1 normiert die **Rechtsfolge** der Norm. Er ermöglicht es den zuständigen Behörden (iSd Art. 93), in oder aus diesem Mitgliedstaat bestimmte Tätigkeiten zu verbieten oder zu beschränken. Ein Verbot oder eine Beschränkung kann sich beziehen auf a) Vermarktung, Vertrieb oder Verkauf bestimmter Kryptowerte oder Kryptowerte mit bestimmten Merkmalen oder b) auf eine Art der Tätigkeit oder Praxis im Zusammenhang mit Kryptowerten. Eine Aufteilung der „Interventionsgegenstände" wie in Art. 103 und Art. 104 findet hier naturgemäß nicht statt; sie ist nur der auf europäischer Ebene zwischen ESMA und EBA geteilten Aufsicht geschuldet. Die Intervention ist gegebenenfalls auch schon vorsorglich möglich, Art. 105 Abs. 2 UAbs. 2. **5**

---

[1] Vgl. Interinstitutionelles Dossier: 2020/0265(COD), abrufbar unter https://eur-lex.europa.eu/legal-content/DE/TXT/PDF/?uri=CONSIL:ST_8349_2023_INIT.

MiCAR Art. 105   Titel VII. Zuständige Behörde, EBA und ESMA

6   Die Formulierung „in oder aus diesem Mitgliedstaat" regelt die **Reichweite der Maßnahme**. Klar ist, dass sich die Maßnahme genauso auf rein innerstaatliche Sachverhalte beziehen kann wie auf Konstellationen, in denen jemand etwa Kryptowerte nur (oder auch) in einem anderen Mitgliedstaat als dem Sitzstaat (oder in einem Drittstaat) anbietet. Unsicher ist indessen, ob die zuständigen Behörden gestützt auf Art. 105 auch gegenüber ausländischen Anbietern „in" diesem Mitgliedstaat tätig werden dürften.[2] Dafür spricht zwar die umfassende Formulierung und der Charakter als parallele Notkompetenz zu der von ESMA und EBA, die ebenfalls unionsweit bestehen. Gegen eine solche Sichtweise lässt sich allerdings anführen, dass für eine Einschränkung des Herkunftslandprinzips in der Kryptowerte-VO (anders als in anderen Rechtsakten, in denen sich Parallelvorschriften zu Art. 105 finden), ausdrücklich und damit wohl abschließend Art. 102 vorgesehen ist.

7   Im Unterschied zu Art. 103 und Art. 104 kommen bei Art. 105 nicht befristete, sondern nur **dauerhafte Maßnahmen** in Frage. Art. 105 Abs. 6 statuiert allerdings eine Pflicht, die Maßnahmen zu widerrufen, wenn die Voraussetzungen nicht mehr gegeben sind (→ Rn. 19).

8   Die Frage der **Nebenbestimmungen** ist anders als in Art. 103 und Art. 104 erst in Art. 105 Abs. 2 UAbs. 3 geregelt. Auch hier kommen einerseits Bedingungen (hier in der deutschen Fassung sprachlich abweichend, aber gleichbedeutend mit „unter bestimmten Umständen" bezeichnet[3]), andererseits Ausnahmen in Betracht. Der Regelung lässt sich aber wohl keine Sperrwirkung für andere Nebenbestimmungen iSd § 36 VwVfG entnehmen (→ Rn. 20).

9   **2. Voraussetzungen (Abs. 2 UAbs. 1, Abs. 7).** Die Voraussetzungen für solche Produktinterventionen ergeben sich aus Art. 105 Abs. 2 UAbs. 1. Eine zuständige Behörde kann die in Art. 105 Abs. 1 genannten Maßnahmen nur ergreifen, wenn sie sich begründetermaßen vergewissert hat, dass bestimmte, katalogartig aufgelistete **Voraussetzungen** vorliegen. Die Formulierung „wenn sie sich begründetermaßen vergewissert hat" ist auf den ersten Blick schwächer als die in Art. 103 und Art. 104, die voraussetzen, dass die Voraussetzungen „erfüllt sind"; in der Sache dürften sich aber kaum Unterschiede ergeben.

10   Art. 105 Abs. 2 UAbs. 1 lit. a normiert den **Interventionsanlass**. Die Formulierung entspricht exakt Art. 103 Abs. 2 lit. a und Art. 104 Abs. 2 lit. a. Auch für Art. 105 gilt, dass die Kommission gemäß Art. 139 **delegierte Rechtsakte** erlassen und **Kriterien und Faktoren** festlegen muss, die von den zuständigen Behörden bei der Feststellung, ob erhebliche Bedenken hinsichtlich des Anlegerschutzes oder eine Gefahr für das ordnungsgemäße Funktionieren und die Integrität der Märkte für Kryptowerte oder für die Stabilität des Finanzsystems der Union als Ganzes oder von Teilen dieses Finanzsystems bestehen, zu berücksichtigen sind (Art. 105 Abs. 7). Indem die Kommission die Maßstäbe zur Beurteilung der Interventionsbedürftigkeit für alle drei Befugnisnormen (Art. 103, 104 und 105) vorgibt, wird eine Vereinheitlichung der Aufsichtspraxis durch die verschiedenen Aufsichtsbehörden angestrebt.

---

[2] Dafür mit Blick auf Parallelvorschriften BeckOK Wertpapierrecht/Schelling MiFiR Art. 42 Rn. 10; Assmann/Schneider/Mülbert/Gurlit MiFiR Art. 42 Rn. 11.
[3] Die englische Fassung spricht in beiden Fällen von „in certain circumstances".

Produktintervention durch die zuständige Behörden **Art. 105 MiCAR**

Art. 105 Abs. 2 UAbs. 1 lit. b formuliert ähnlich wie Art. 103 Abs. 2 lit. b 11
und Art. 104 Abs. 2 lit. b, dass bestehende **regulatorische Anforderungen**
nach Unionsrecht, die auf den betreffenden Kryptowert oder die betreffende
Kryptowerte-Dienstleistung anwendbar sind, den unter Buchstabe a genannten Risiken nicht hinreichend begegnen. Zusätzlich wird in Art. 105 aber
verlangt, dass das Problem durch eine stärkere Aufsicht oder Durchsetzung
der vorhandenen Anforderungen nicht besser gelöst würde.

Art. 105 Abs. 2 UAbs. 1 lit. c verlangt, dass die Maßnahme **verhältnis-** 12
mäßig ist, wenn man die Wesensart der ermittelten Risiken, das Kenntnisniveau der betreffenden Anleger oder Marktteilnehmer und die wahrscheinliche Wirkung der Maßnahme auf Anleger und Marktteilnehmer berücksichtigt, die den betreffenden Kryptowert oder die betreffende Kryptowerte-Dienstleistung eventuell halten bzw. nutzen oder davon profitieren. Auch hier
wird für die ohnehin selbstverständliche Verhältnismäßigkeitsprüfung eine
besondere Akzentsetzung vorgenommen, allerdings in anderer Richtung als
in Art. 103 und Art. 104.

Art. 105 Abs. 2 UAbs. 1 lit. d verlangt, dass die zuständige Behörde die 13
zuständigen Behörden anderer Mitgliedstaaten, die von der Maßnahme erheblich betroffen sein könnten, **ordnungsgemäß angehört** hat. Die Verfahrens- und Formvorgaben für eine „ordnungsgemäße" Anhörung werden
nicht näher beschrieben. Unklar ist auch, was eine erhebliche Betroffenheit
(im Unterschied zur einfachen Betroffenheit) sein soll. Trifft die erhebliche
Betroffenheit damit zusammen, dass eine andere Behörde „beteiligt" isd
Art. 105 Abs. 3 ist, dürfte die Anhörung mit der dort verlangten Information
und Stellungnahmemöglichkeit erfolgt sein.

Art. 105 Abs. 2 UAbs. 1 lit. e verlangt, dass die Maßnahme sich **nicht** 14
diskriminierend auf Dienstleistungen oder Tätigkeiten auswirkt, die von
einem anderen Mitgliedstaat aus erbracht werden. Auch das ist eine Selbstverständlichkeit; ihre Erwähnung kann angesichts des Verhältnisses des
Art. 105 zu Art. 102 (→ Rn. 6) anders als in Rechtsakten, bei denen es an
einer Art. 102 entsprechenden Bestimmung fehlt,[4] kaum damit erklärt werden, dass sich Art. 105 auch auf ausländische Anbieter bezieht und daher ein
besonderes Diskriminierungsrisiko besteht.

3. Verfahrensablauf (Abs. 3, 4, 5). Gemäß Art. 105 Abs. 3 muss die 15
zuständige Behörde grundsätzlich mindestens einen Monat, bevor eine Maßnahme nach Art. 105 Abs. 1 wirksam soll, allen anderen beteiligten zuständigen Behörden und der ESMA oder EBA schriftlich oder auf einem
anderen von den Behörden vereinbarten Weg für vermögenswertereferenzierte Token oder E-Geld-Token eine Reihe von **Informationen mit-
teilen** (Kryptowert bzw. Tätigkeit oder Praxis, auf den bzw. die sich die
vorgeschlagene Maßnahme bezieht, genaue Art des vorgeschlagenen Verbots
oder der vorgeschlagenen Beschränkung sowie den geplanten Zeitpunkt des
Inkrafttretens, und die Nachweise, auf die sie ihren Beschluss gestützt hat
und die als Grundlage für die Feststellung dienen, dass die Interventionsvoraussetzungen erfüllt sind). ESMA bzw. EBA sind stets zu informieren, die
zuständigen Behörden anderer Mitgliedstaaten nur, wenn sie „beteiligt" sind;
dies wird man jedenfalls im Fall einer Kooperation isd Art. 95 anzunehmen
haben.

---

[4] Dazu BeckOK Wertpapierrecht/Schelling MiFiR Art. 42 Rn. 10, 24 f.

Schröder 803

MiCAR Art. 105 Titel VII. Zuständige Behörde, EBA und ESMA

16 Das auf die Information folgende Verfahren ist teilweise in Art. 106 Abs. 2 und 3 geregelt. Die ESMA bzw. die EBA gibt eine **Stellungnahme** ab. Diese ist für die zuständige Behörde nicht bindend, aber die zuständige Behörde muss im Fall der Abweichung auf ihrer Website ihre Gründe dafür umfassend darlegen. Für die beteiligten zuständigen Behörden ist ein entsprechendes Verfahren nicht vorgesehen, allerdings wird man auch ihnen im Rahmen der allgemeinen Kooperationspflicht (Art. 95, 96) die Möglichkeit zu Stellungnahmen einräumen müssen.

17 Die aus der **einmonatigen Wartefrist** möglicherweise resultierenden Probleme berücksichtigt Art. 105 Abs. 4, indem er den Behörden eine begrenzte **Eilkompetenz** zuweist: Danach kann die zuständige Behörde ausnahmsweise schon frühestens 24 Stunden nach der in Art. 105 Abs. 3 beschriebenen Information der anderen Aufsichtsbehörden „**vorläufige dringende Maßnahmen**" treffen. Voraussetzung ist, dass die Interventionskriterien erfüllt sind und außerdem eindeutig nachgewiesen ist, dass auf die konkreten Bedenken oder die konkrete Gefahr bei einer einmonatigen Mitteilungsfrist nicht angemessen reagiert werden kann. Vorläufige dringende Maßnahmen sind auf **maximal drei Monate zu befristen** (Art. 105 Abs. 4 S. 2).

18 Gemäß Art. 105 Abs. 5 sind Beschlüsse über Maßnahmen auf der Website der zuständigen Behörde zu **veröffentlichen.** Dabei ist wie bei Art. 103, 104 nicht nur der Inhalt der Maßnahmen, sondern auch der Zeitpunkt ihres Wirksamwerdens anzugeben. Die Maßnahmen können also erst nach der Veröffentlichung wirksam werden; Satz 3 stellt klar, dass ein Verbot oder eine Beschränkung nur für Tätigkeiten **nach dem Wirksamwerden** der Maßnahme gilt; eine rückwirkende Inkraftsetzung ist also ausgeschlossen. Über die Vorgaben in Art. 103, 104 hinaus verlangt Art. 105 Abs. 5 auch die Angabe der Nachweise, auf die die zuständige Behörde ihre Entscheidung gestützt hat und aufgrund derer sie davon überzeugt ist, dass jede der in Absatz 2 Unterabsatz 1 genannten Bedingungen erfüllt ist. Das knüpft einerseits an die detailliertere Formulierung in Abs. 2 an und trägt andererseits dem Umstand Rechnung, dass mitgliedstaatliche Behörden auch im indirekten Vollzug nicht den unionsrechtlichen Begründungspflichten aus Art. 296 Abs. 2 AEUV und Art. 41 GRCh unterliegen.

19 **4. Geltungsdauer der Maßnahmen (Abs. 6).** Anders als in Art. 103 Abs. 6 S. 1 wird in Art. 105 Abs. 6 zum Ausdruck gebracht, dass die Maßnahmen nach Art. 105 Abs. 1 ohne Befristung erlassen werden können. Einer möglichen Änderung der Sachlage trägt Art. 105 Abs. 6 dadurch Rechnung, dass die zuständigen Behörden zum **Widerruf der Interventionsmaßnahme** verpflichtet sind, wenn deren Voraussetzungen nicht mehr gegeben sind. Das erfordert eine kontinuierliche Überprüfung laufender Maßnahmen. Für „vorläufige dringende Maßnahmen" nach Abs. 4 gilt die Höchstfrist von drei Monaten, auch sie sind aber ggf. früher zu widerrufen.

20 **5. Verfahren im Übrigen und Rechtsschutz.** Für die Produktintervention als Maßnahme einer zuständigen Behörde iSd Art. 93 gilt im Grundsatz deren nationales **Verwaltungsverfahrensrecht.** In Deutschland wird eine Produktintervention wohl stets in Form eines Verwaltungsakts (§ 35 VwVfG, ggf. auch in Form der Allgemeinverfügung) der BaFin erfolgen. Das dazu führende Verwaltungsverfahren (§§ 9 ff. VwVfG) wird dabei ergänzt um die Vorgaben des Art. 105 der Kryptowerte-Verordnung und das Fachrecht, insbesondere das KMAG-E. Dass die europäischen Vorgaben einzelne Bestim-

mungen des deutschen Verfahrensrechts unter dem Gesichtspunkt der Spezialität oder aufgrund der allgemeinen Gebote der Effektivität und Äquivalenz verdrängen würden, ist nicht erkennbar.

Der **Rechtsschutz** gegen Produktinterventionen durch eine zuständige Behörde iSd Art. 93 richtet sich nach den allgemeinen Vorgaben. Soweit derzeit ersichtlich ist, wird nach den den allgemeinen Vorgaben ein Widerspruchsverfahren gem. § 68 VwGO vor der BaFin erforderlich sein, danach kann eine Anfechtungsklage erhoben werden. Das Gericht prüft die Entscheidung der BaFin vollumfänglich nach; Gründe, der BaFin einen nur eingeschränkt justiziablen Beurteilungsspielraum zuzugestehen, sind nach nationalem Recht nicht ersichtlich; auch das Unionsrecht verlangt dies soweit ersichtlich nicht.[5] 21

Zu beachten ist weiter, dass gem. § 5 KMAG-E Rechtsbehelfe gegen Maßnahmen nach Art. 105 keine aufschiebende Wirkung haben sollen, so dass typischerweise **Eilrechtsschutz** in Form eines Antrags nach § 80 Abs. 5 S. 1 Alt. 1 VwGO erforderlich sein wird. Soweit die BaFin in ihren Entscheidungen durch europäische Vorgaben gebunden ist, kann dann die Rechtsprechung des EuGH in der Rs. Zuckerfabrik Süderdithmarschen[6] Bedeutung gewinnen. 22

Einen Anspruch auf Einschreiten der Aufsichtsbehörde gibt es wie üblich im Aufsichtsrecht nicht; dies ergibt sich für die Kryptowerte-VO auch aus der Verpflichtung zur Einrichtung des besonderen Beschwerdeverfahrens in Art. 108. 23

III. Umsetzungs-/Vollzugsvorschriften

Der deutsche Gesetzgeber hat im Interesse effektiver Durchsetzung von Produktinterventionen vorgesehen, dass die BaFin ein öffentliches Angebot oder eine Zulassung zum Handel aussetzen oder einschränken kann, solange eine von ihr nach Art. 105 verhängte Maßnahme gilt (§ 15 Abs. 4 S. 1 KMAG-E). Ob es dieser Regelung angesichts der weiten Rechtsfolge des Art. 105 (→ Rn. 5) überhaupt bedurfte, erscheint allerdings zweifelhaft. 24

Artikel 106 Koordinierung mit der ESMA oder der EBA

(1) Die ESMA oder – bei vermögenswertereferenzierten Token und E-Geld-Token – die EBA nimmt eine unterstützende und koordinierende Rolle in Bezug auf Maßnahmen wahr, die von den zuständigen Behörden gemäß Artikel 105 ergriffen werden. Die ESMA oder – bei vermögenswertereferenzierten Token und E-Geld-Token – die EBA stellt sicher, dass die von einer zuständigen Behörde ergriffenen Maßnahmen gerechtfertigt und verhältnismäßig sind und dass die zuständigen Behörden gegebenenfalls einen kohärenten Ansatz verfolgen.

(2) Nach Eingang der Mitteilung gemäß Artikel 105 Absatz 3 über eine nach dem genannten Artikel zu ergreifende Maßnahme gibt die ESMA oder – bei vermögenswertereferenzierten Token und E-Geld-Token – die EBA eine Stellungnahme dazu ab, ob das Verbot oder die Beschränkung gerechtfertigt und verhältnismäßig ist. Hält die ESMA oder – bei ver-

---

[5] Siehe zur Parallelvorschrift Assmann/Schneider/Mülbert/Gurlit MiFiR Art. 42 Rn. 50 f.
[6] EuGH 21.2.1991 – C-143/88, Slg. 1991, I-415 = NVwZ 1991, 460.

mögenswertereferenzierten Token und E-Geld-Token – die EBA Maßnahmen anderer zuständiger Behörden für notwendig, um das Risiko zu bewältigen, gibt sie dies in ihrer Stellungnahme an. Die Stellungnahme wird auf der Website der ESMA oder – bei vermögenswertereferenzierten Token und E-Geld-Token – der EBA veröffentlicht.

(3) Wenn eine zuständige Behörde im Widerspruch zu einer von der ESMA oder EBA gemäß Absatz 2 abgegebenen Stellungnahme Maßnahmen vorschlägt, so veröffentlicht die betreffende zuständige Behörde auf ihrer Website umgehend eine Mitteilung, in der sie ihre Gründe umfassend darlegt.

Übersicht

	Rn.
1. Literatur	1
2. Entstehung und Zweck der Norm	2
3. Koordinierung mit der ESMA bzw. EBA	4

1 **1. Literatur.** Bislang keine, siehe aber die Kommentierungen zu Parallelvorschriften wie Art. 18 PRIIPS-VO, Art. 43 MiFiR, Art. 27 Leerverkaufs-VO.

2 **2. Entstehung und Zweck der Norm.** Art. 103–106 waren im Kommissionsentwurf nicht enthalten und sind erst im Gesetzgebungsverfahren auf Vorschlag des Ausschusses für Wirtschaft und Währung eingefügt worden.[1] Vorbild sind die Art. 40–43 der Verordnung über Märkte für Finanzinstrumente (MiFIR).

3 Die Normzwecke ergeben sich aus Art. 106 Abs. 1: Die Norm soll einerseits eine gewisse Aufsicht über die zuständigen Behörden der Mitgliedstaaten etablieren, die dafür sorgt, dass deren auf Art. 105 gestützte Maßnahmen „gerechtfertigt und verhältnismäßig" sind. Andererseits bezweckt sie die Bekämpfung der im Bereich des dezentralen Vollzugs stets vorhandenen Gefahr der uneinheitlichen Anwendung des Unionsrechts und soll hier für einen „kohärenten Ansatz" sorgen.

4 **3. Koordinierung mit der ESMA bzw. EBA.** Ausgangspunkt der Koordinierung der zuständigen Behörden mit der ESMA bzw. der EBA ist die **Information über eine geplante Produktintervention** nach Art. 105 Abs. 3 (→ Art. 105 Rn. 15). Gemäß Art. 106 Abs. 2 muss die ESMA bzw. bei vermögenswertereferenzierten Token und E-Geld-Token die EBA grundsätzlich auf eine solche Information mit einer auf ihrer Website zu veröffentlichenden **Stellungnahme** reagieren, in der sie darlegt, ob die Maßnahme gerechtfertigt und verhältnismäßig ist (Art. 106 Abs. 2 S. 1). Gegebenenfalls weist die ESMA bzw. EBA auch darauf hin, wenn sie Maßnahmen anderer zuständiger Behörden für notwendig hält, um das Risiko zu bewältigen (Art. 106 Abs. 2 S. 2); das ist dann eine implizite Handlungsaufforderung. Anstatt eine Stellungnahme abzugeben, kann die ESMA bzw. EBA auch selbst Maßnahmen nach Art. 103 bzw. Art. 104 ergreifen (→ Art. 103 Rn. 13).

5 Art. 106 Abs. 3 stellt klar, dass die Stellungnahme der EMSA für die zuständige Behörde des Mitgliedstaats nicht bindend ist (das gilt wegen

---

[1] Vgl. Interinstitutionelles Dossier: 2020/0265(COD), abrufbar unter https://eur-lex.europa.eu/legal-content/DE/TXT/PDF/?uri=CONSIL:ST_8349_2023_INIT.

Art. 288 Abs. 5 AEUV auch für den Fall, dass die ESMA oder EBA gem. Art. 106 Abs. 2 S. 2 das Handeln anderer Behörden für erforderlich hält). Die zuständige Behörde muss aber, wenn sie von der Position der ESMA bzw. EBA abweicht, auf ihrer Website ihre Gründe dafür umfassend darlegen („comply or explain"[2]).

Artikel 107 Zusammenarbeit mit Drittländern

(1) Die zuständigen Behörden der Mitgliedstaaten treffen erforderlichenfalls mit den Aufsichtsbehörden von Drittländern Kooperationsvereinbarungen über den Informationsaustausch mit diesen Aufsichtsbehörden von Drittländern und die Durchsetzung von Verpflichtungen, die sich aus dieser Verordnung in diesen Drittländern ergeben. Diese Kooperationsvereinbarungen stellen zumindest einen wirksamen Informationsaustausch sicher, der den zuständigen Behörden die Wahrnehmung ihrer Aufgaben im Rahmen dieser Verordnung ermöglicht.

Beabsichtigt eine zuständige Behörde den Abschluss einer derartigen Vereinbarung, setzt sie die EBA, die ESMA und die anderen zuständigen Behörden davon in Kenntnis.

(2) In enger Zusammenarbeit mit der EBA unterstützt und koordiniert die ESMA nach Möglichkeit die Ausarbeitung von Kooperationsvereinbarungen zwischen den zuständigen Behörden und den jeweils zuständigen Aufsichtsbehörden von Drittländern.

(3) Die ESMA arbeitet in enger Zusammenarbeit mit der EBA Entwürfe technischer Regulierungsstandards mit einem Muster für Kooperationsvereinbarungen gemäß Absatz 1 aus, das nach Möglichkeit von den zuständigen Behörden der Mitgliedstaaten verwendet wird. Die ESMA übermittelt der Kommission die in Unterabsatz 1 genannten Entwürfe technischer Regulierungsstandards spätestens am 30. Juni 2024. Der Kommission wird die Befugnis übertragen, diese Verordnung durch den Erlass der in Unterabsatz 1 genannten technischen Regulierungsstandards gemäß den Artikeln 10 bis 14 der Verordnung (EU) Nr. 1095/2010 zu ergänzen.

(4) In enger Zusammenarbeit mit der EBA erleichtert und koordiniert die ESMA nach Möglichkeit auch den Informationsaustausch zwischen den zuständigen Behörden bei Informationen von Aufsichtsbehörden aus Drittländern, die für das Ergreifen von Maßnahmen nach Kapitel 3 dieses Titels von Belang sein könnten.

(5) Die zuständigen Behörden schließen Kooperationsvereinbarungen über den Informationsaustausch mit den Aufsichtsbehörden von Drittländern nur dann, wenn die Garantien zum Schutz des Berufsgeheimnisses in Bezug auf die offengelegten Informationen jenen nach Artikel 100 mindestens gleichwertig sind. Ein derartiger Informationsaustausch dient der Wahrnehmung der Aufgaben dieser zuständigen Behörden im Rahmen dieser Verordnung.

---

[2] Ablehnend zu dieser weitverbreiteten Begrifflichkeit mit beachtlichen Gründen Assmann/Schneider/Mülbert/Gurlit MiFiR Art. 43 Rn. 6.

MiCAR Art. 107   Titel VII. Zuständige Behörde, EBA und ESMA

Übersicht

	Rn.
1. Literatur	1
2. Entstehung und Zweck der Norm	2
3. Elemente der Zusammenarbeit	4

1 **1. Literatur.** Bislang keine, siehe aber etwa die Kommentierungen zu Art. 38 LeerverkaufsVO.

2 **2. Entstehung und Zweck der Norm.** Art. 107 entspricht nahezu vollständig dem im Kommissionsentwurf vorgesehenen Art. 90.

3 Mit Art. 107 reagiert der Unionsgesetzgeber auf den Umstand, dass Kryptowerte weltweit gehandelt werden und auch im Aufsichtsbereich Kooperationen mit Drittländern sinnvoll/notwendig sein können.

4 **3. Elemente der Zusammenarbeit.** Primärer Regelungsgegenstand des Art. 107 sind **Kooperationsvereinbarungen** der zuständigen Behörden mit den zuständigen Behörden von Drittländern. Sie sind erforderlichenfalls zu schließen (Abs. 1 UAbs. 1 S. 1); es besteht also grundsätzlich eine entsprechende Handlungspflicht der mitgliedstaatlichen Behörden (zu Grenzen → Rn. 8). Nach deutscher Begrifflichkeit dürfte es sich um **Verwaltungsabkommen** iSd Art. 59 Abs. 2 S. 2 GG handeln. Gegenstand der Vereinbarungen sind der Informationsaustausch mit den Aufsichtsbehörden der Drittländer sowie die Durchsetzung von Verpflichtungen, die sich aus der Verordnung in diesen Drittländern ergeben (Abs. 1 UAbs. 1 S. 1); der Informationsaustausch muss den zuständigen Behörden ihre Aufgabenwahrnehmung ermöglichen (Abs. 1 UAbs. 1 S. 2).

5 Das **Verfahren** zum Abschluss der Vereinbarungen ergibt sich (neben dem sowieso zu beachtenden innerstaatlichen Recht über den Abschluss von Verwaltungsabkommen) aus Art. 107 Abs. 1 UAbs. 2: Beabsichtigt eine zuständige Behörde den Abschluss einer Kooperationsvereinbarung, setzt sie die EBA, die ESMA und die anderen zuständigen Behörden davon in Kenntnis. Gemäß Art. 107 Abs. 2 unterstützt und koordiniert die ESMA nach Möglichkeit die Ausarbeitung von Kooperationsvereinbarungen. Diese Unterstützungsverpflichtung besteht generell mit Blick auf die Ausarbeitung von Kooperationsvereinbarungen und insbesondere, wenn es um eine konkret in Erwägung gezogene Vereinbarung geht, über die die ESMA nach Art. 107 Abs. 1 UAbs. 2 informiert worden ist.

6 Ein besonderes Element der Unterstützung ist die **Ausarbeitung von Entwürfen** technischer **Regulierungsstandards** mit einem Muster für Kooperationsvereinbarungen durch die ESMA (in enger Zusammenarbeit mit der EBA) gem. Art. 107 Abs. 3. Die Entwürfe müssen bis 30.6.2024 an die Kommission übermittelt werden, die dann die Verordnung durch Erlass der Standards nach Artikeln 10–14 der Verordnung (EU) Nr. 1095/2010 zu ergänzen befugt ist. Anders als im Fall der Art. 95, 96 (→ Art. 95 Rn. 22) sind die Standards hier aber nicht verbindlich, sondern sollen nur „nach Möglichkeit von den zuständigen Behörden der Mitgliedstaaten verwendet" werden.

7 Art. 107 beschränkt die Unterstützung der zuständigen Behörden durch ESMA und EBA nicht auf den Abschluss von Kooperationsvereinbarungen. Vielmehr erleichtert und koordiniert die ESMA (in enger Zusammenarbeit mit der EBA) nach Möglichkeit auch den **Informationsaustausch** zwischen den zuständigen Behörden bei Informationen von Aufsichtsbehörden aus

Drittländern, die für Sanktionen nach Kapitel 3 des Titels VII von Belang sein könnten (Art. 107 Abs. 4). Hierzu gehören beispielsweise die Aufklärung von Drittstaatsbehörden darüber, welche Behörde innerhalb der EU jeweils zuständig ist und die Informationen benötigen könnte, und umkehrt die Benachrichtigung einer zuständigen Behörde, wenn eine Drittstaatsbehörde Informationen anbietet.

Die grundsätzliche Verpflichtung zum Abschluss von Kooperationsvereinbarungen zwischen den zuständigen Behörden und Aufsichtsbehörden von Drittländern steht gem. Art. 107 Abs. 5 S. 1 unter dem Vorbehalt, dass die dort geltenden **Garantien zum Schutz des Berufsgeheimnisses** in Bezug auf die offengelegten Informationen jenen nach Artikel 100 mindestens gleichwertig sind. Der Schutz ist hier auf den allgemeinen Rahmen und nicht auf den konkreten Informationsaustausch bezogen; gleichwohl wird man, wenn bei einem konkreten Informationsaustausch Bedenken bestehen, diese zu berücksichtigen haben. 8

Art. 107 Abs. 5 S. 2 betont, dass der Informationsaustausch mit Drittlandsbehörden der Wahrnehmung der Aufgaben der zuständigen Behörden dient. Das dürfte einen versteckten Hinweis auf das **Datenschutzrecht** darstellen, das typischerweise beim Informationsaustausch Bedeutung erlangt. Art. 107 Abs. 5 S. 2 klärt insofern speziell für den Datenaustausch mit Drittländern, dass als Rechtsgrundlage Art. 6 Abs. 1 UAbs. 1 lit. e DSGVO in Betracht kommt. Das allein hilft allerdings noch nichts, da im Verhältnis zu Drittländern zusätzlich die Voraussetzungen der Art. 44 ff. DSGVO erfüllt sein müssen. 9

Artikel 108 Bearbeitung von Beschwerden durch die zuständigen Behörden

(1) Die zuständigen Behörden richten Verfahren ein, die es den Kunden und anderen interessierten Kreisen, insbesondere auch Verbraucherverbänden, ermöglichen, bei den zuständigen Behörden Beschwerde einzulegen, wenn Anbieter, Personen, die die Zulassung zum Handel beantragen, Emittenten von vermögenswertereferenzierten Token oder E-Geld-Token oder Anbieter von Kryptowerte-Dienstleistungen mutmaßlich gegen diese Verordnung verstoßen. Beschwerden können in schriftlicher, einschließlich elektronischer, Form und in einer Amtssprache des Mitgliedstaats, in dem sie eingereicht werden, oder in einer von den zuständigen Behörden dieses Mitgliedstaats akzeptierten Sprache eingereicht werden.

(2) Informationen über die Beschwerdeverfahren nach Absatz 1 stehen auf der Website jeder zuständigen Behörde zur Verfügung und werden der EBA und der ESMA übermittelt. Die ESMA veröffentlicht in ihrem in Artikel 109 genannten Register der Anbieter von Kryptowerte-Dienstleistungen Hyperlinks zu den die Beschwerdeverfahren betreffenden Abschnitten der Websites der zuständigen Behörden.

Übersicht

	Rn.
1. Literatur	1
2. Entstehung und Zweck der Norm	2
3. Beschwerdeverfahren	4

MiCAR Art. 108   Titel VII. Zuständige Behörde, EBA und ESMA

1   **1. Literatur.** Bislang keine.

2   **2. Entstehung und Zweck der Norm.** Art. 108 entspricht nahezu vollständig dem im Kommissionsentwurf vorgesehenen Art. 91.

3   Zweck der Vorschrift ist es, interessierten Kreisen die Möglichkeit zu geben, Aufsichtsmaßnahmen der zuständigen Behörden anzustoßen. Ein subjektives Recht auf bestimmte Maßnahmen wird damit aber nicht begründet.

4   **3. Beschwerdeverfahren.** Art. 108 Abs. 1 S. 1 verlangt, dass die zuständigen Behörden **Beschwerdeverfahren einrichten.** Diese – nicht zu verwechseln mit denen nach Art. 31, zu deren Einrichtung Emittenten von Kryptowerten verpflichtet sind – sollen es Kunden und anderen interessierten Kreisen, insbesondere auch Verbraucherverbänden, ermöglichen, bei den zuständigen Behörden Beschwerde einzulegen, wenn Anbieter, Personen, die die Zulassung zum Handel beantragen, Emittenten von vermögenswertereferenzierten Token oder E-Geld-Token oder Anbieter von Kryptowerte-Dienstleistungen mutmaßlich gegen diese Verordnung verstoßen.

5   Die **Einreichung** einer Beschwerde ist detailliert in Art. 108 Abs. 1 S. 2 geregelt: Beschwerden können in schriftlicher, einschließlich elektronischer, **Form** und in einer Amtssprache des Mitgliedstaats, in dem sie eingereicht werden, oder in einer von den zuständigen Behörden dieses Mitgliedstaats akzeptierten Sprache eingereicht werden.

6   Nicht geregelt ist dagegen die **weitere Bearbeitung** einer Beschwerde. Anders als etwa in Art. 77 Abs. 2 DSGVO ist insbesondere keine ausdrückliche Verbescheidungspflicht vorgesehen. Der Begriff der Beschwerde impliziert aber – gerade im Vergleich mit Regelungen, welche die Mitgliedstaaten lediglich verpflichten, Verfahren zur Meldung von Verstößen gegen einen Rechtsakt einzurichten,[1] dass ein Verfahren folgen muss, das mit einer Entscheidung endet. Ein subjektives Recht, das ggf. auch auf dem Rechtsweg durchsetzbar ist, besteht freilich nur auf Durchführung des Beschwerdeverfahrens, nicht hingegen auf die Ergreifung von Aufsichtsmaßnahmen (→ Art. 105 Rn. 23).

7   Um eine hinreichende Bekanntheit der Beschwerdemöglichkeit sicherzustellen, verpflichtet Art. 108 Abs. 2 die zuständigen Behörden, **Informationen über die Beschwerdeverfahren** auf ihren Websites zur Verfügung zu stellen und diese der EBA und der ESMA zu übermitteln. Die ESMA veröffentlicht dann im ESMA-Register nach Art. 109 Hyperlinks zu den die Beschwerdeverfahren betreffenden Abschnitten der Websites der zuständigen Behörden und schafft somit eine zentrale Informationsquelle für alle Beschwerdeverfahren.

---

[1] Vgl. etwa Art. 48 RL (EU) 2016/680.

Kapitel 2. ESMA- Register

Artikel 109 Register von Kryptowerte-Whitepapers, Emittenten von vermögenswertereferenzierten Token und E-Geld-Token und Anbietern von Kryptowerte-Dienstleistungen

(1) Die ESMA erstellt ein Register der
a) Kryptowerte-Whitepaper für andere Kryptowerte als vermögenswertereferenzierte Token oder E-Geld-Token,
b) Emittenten vermögenswertereferenzierter Token,
c) Emittenten von E-Geld-Token und
d) Anbieter von Kryptowerte-Dienstleistungen.
Die ESMA stellt dieses Register auf ihrer Website öffentlich zur Verfügung und aktualisiert es regelmäßig. Um diese Aktualisierung zu erleichtern, teilen die zuständigen Behörden der ESMA alle Änderungen mit, die ihnen in Bezug auf die in den Absätzen 2 bis 5 genannten Informationen gemeldet werden.
Die zuständigen Behörden stellen der ESMA die Daten zur Verfügung, die für die Klassifizierung von Kryptowerte-Whitepapers im Register gemäß Absatz 8 erforderlich sind.

(2) In Bezug auf Kryptowerte-Whitepaper für andere Kryptowerte als vermögenswertereferenzierte Token oder E-Geld-Token enthält das Register die Kryptowerte-Whitepaper und alle geänderten Kryptowerte-Whitepaper. Alle veralteten Versionen der Kryptowerte-Whitepaper werden in einem gesonderten Archiv aufbewahrt und deutlich als veraltete Versionen gekennzeichnet.

(3) In Bezug auf Emittenten vermögenswertereferenzierter Token enthält das Register folgende Angaben:
a) den Namen, die Rechtsform und die Unternehmenskennung des Emittenten,
b) den Handelsnamen, die Anschrift, die Telefonnummer, die E-Mail-Adresse und die Website des Emittenten,
c) die Kryptowerte-Whitepaper und alle geänderten Kryptowerte-Whitepaper, wobei die veralteten Versionen des Kryptowerte-Whitepapers in einem gesonderten Archiv aufbewahrt und deutlich als veraltet gekennzeichnet werden,
d) die Liste der Mitgliedstaaten, in denen der antragstellende Emittent beabsichtigt, einen vermögenswertereferenzierten Token öffentlich anzubieten oder die Zulassung des vermögenswertereferenzierten Token zum Handel zu beantragen,
e) das Startdatum oder, falls zum Zeitpunkt der Benachrichtigung durch die zuständige Behörde nicht verfügbar, das beabsichtigte Startdatum des öffentlichen Angebots oder der Zulassung zum Handel,
f) alle sonstigen vom Emittenten erbrachten Dienstleistungen, die nicht unter diese Verordnung fallen, mit Verweis auf das geltende Unionsrecht oder nationale Recht,
g) das Datum der Zulassung eines vermögenswertereferenzierten Token zum öffentlichen Anbieten oder das Datum, an dem die Zulassung eines vermögenswertereferenzierten Token zum Handel beantragt werden konnte oder das Datum der Zulassung als Kreditinstitut oder gegebenenfalls des Entzugs einer dieser Zulassungen.

(4) In Bezug auf Emittenten von E-Geld-Token enthält das Register folgende Angaben:
a) den Namen, die Rechtsform und die Unternehmenskennung des Emittenten,
b) den Handelsnamen, die Anschrift, die Telefonnummer, die E-Mail-Adresse und die Website des Emittenten,
c) die Kryptowerte-Whitepaper und alle geänderten Kryptowerte-Whitepaper, wobei die veralteten Versionen des Kryptowerte-Whitepapers in einem gesonderten Archiv aufbewahrt und deutlich als veraltet gekennzeichnet werden,
d) das Startdatum des öffentlichen Angebots oder der Zulassung zum Handel oder, falls zum Zeitpunkt der Meldung durch die zuständige Behörde nicht verfügbar, das Startdatum des geplanten Angebots oder der geplanten Zulassung zum Handel,
e) alle sonstigen vom Emittenten erbrachten Dienstleistungen, die nicht unter diese Verordnung fallen, mit Verweis auf das geltende Unionsrecht oder nationale Recht,
f) das Datum der Zulassung als Kreditinstitut oder als E-Geld-Institut und gegebenenfalls des Entzugs dieser Zulassung.

(5) In Bezug auf Anbieter von Kryptowerte-Dienstleistungen enthält das Register folgende Angaben:
a) den Namen, die Rechtsform und die Unternehmenskennung des Anbieters von Kryptowerte-Dienstleistungen sowie gegebenenfalls der Zweigniederlassungen des Anbieters von Kryptowerte-Dienstleistungen,
b) den Handelsnamen, die Anschrift, die Telefonnummer, die E-Mail-Adresse und die Website des Anbieters von Kryptowerte-Dienstleistungen sowie gegebenenfalls der Handelsplattform für Kryptowerte, die vom Anbieter von Kryptowerte-Dienstleistungen betrieben wird,
c) den Namen, die Anschrift und die Kontaktdaten der zuständigen Behörde, die die Zulassung erteilt hat,
d) die Liste der Kryptowerte-Dienstleistungen, die der Anbieter von Kryptowerte-Dienstleistungen erbringt,
e) die Liste der Aufnahmemitgliedstaaten, in denen der Anbieter von Kryptowerte-Dienstleistungen beabsichtigt, Kryptowerte-Dienstleistungen zu erbringen,
f) das Startdatum der Erbringung von Kryptowerte-Dienstleistungen oder, falls zum Zeitpunkt der Meldung durch die zuständige Behörde nicht verfügbar, das Startdatum der geplanten Erbringung von Krypto-Dienstleistungen,
g) alle sonstigen vom Anbieter von Kryptowerte-Dienstleistungen erbrachten Dienstleistungen, die nicht unter diese Verordnung fallen, mit Verweis auf das geltende Unionsrecht oder nationale Recht,
h) das Datum der Zulassung und gegebenenfalls des Entzugs der Zulassung.

(6) Die zuständigen Behörden melden der ESMA unverzüglich die in Artikel 94 Absatz 1 Unterabsatz 1 Buchstabe b, c, f, l, m, n, o oder t aufgeführten Maßnahmen und alle gemäß Artikel 102 ergriffenen öffentlichen Vorsichtsmaßnahmen, die sich auf die Erbringung von Kryptowerte-Dienstleistungen oder die Emission, das öffentliche Angebot oder die Nutzung von Kryptowerten auswirken. Die ESMA nimmt diese Informationen in das Register auf.

(7) Jeder Entzug der Zulassung eines Emittenten eines vermögenswertereferenzierten Token, eines Emittenten eines E-Geld-Token oder eines Anbieters von Kryptowerte-Dienstleistungen und jede gemäß Absatz 6 gemeldete Maßnahme bleibt fünf Jahre lang im Register veröffentlicht.

(8) Die ESMA arbeitet Entwürfe technischer Regulierungsstandards aus, in denen die für die Einstufung, nach Art von Kryptowerten, von Kryptowerte-Whitepapers im Register erforderlichen Daten einschließlich der Unternehmenskennung des Emittenten näher festgelegt sind und in denen die praktischen Vorkehrungen festgelegt sind, mit denen sichergestellt wird, dass diese Daten maschinenlesbar sind.

Die ESMA übermittelt der Kommission die in Unterabsatz 1 genannten Entwürfe technischer Regulierungsstandards spätestens am 30. Juni 2024.

Der Kommission wird die Befugnis übertragen, diese Verordnung durch den Erlass der in Unterabsatz 1 genannten technischen Regulierungsstandards gemäß den Artikeln 10 bis 14 der Verordnung (EU) Nr. 1095/2010 zu ergänzen.

Übersicht

	Rn.
I. Einführung	1
1. Literatur	1
2. Entstehung und Zweck der Norm	2
3. Normativer Kontext	3
II. Erstellung und Pflege des Registers (Abs. 1)	4
III. Registerfähige Angaben (Abs. 2–6)	6
IV. Modalitäten (Abs. 7 und 8)	7
V. Rechtsschutz	9

I. Einführung

1. Literatur. F. *Wollenschläger,* Register als Instrument der Wirtschaftsverwaltung, ZHR 186 (2022), 474–542. **1**

2. Entstehung und Zweck der Norm. Das Positivtransparenzregister nach Art. 109 MiCAR wurde – zusammen mit dem Negativtransparenzregister gemäß Art. 110 MiCAR – erst im Rahmen der **Trilogverhandlungen** in den Text der Verordnung aufgenommen. In früheren Entwurfsfassungen waren die Register noch nicht enthalten. Es handelt sich aus **Erwgr. Nr. 101** ersichtlich um Register zur Herstellung von **Verwaltungstransparenz**.[1] Der primäre Zweck liegt somit darin, der Allgemeinheit – und hier vor allem den Anlegern – eine Überprüfung der zu emittierten Kryptowerten publizierten Informationen (va der Whitepaper), der Zulassung von Anbietern und des Umfangs der zugelassenen Tätigkeit zu ermöglichen. Dementsprechend liegt der Schwerpunkt der Registerinhalte auf den Angaben zur Identifizierung der Werte und der Anbieter. **2**

3. Normativer Kontext. Gemeinsam mit Art. 110 MiCAR formt Art. 109 MiCAR das Kapitel 2 des Titels VII zu den **ESMA-Registern** aus. Im Unterschied zu dem Negativregister nach Art. 110 MiCAR, das Verstöße **3**

---

[1] Vgl. dazu und zur Abgrenzung von Verwaltungsinformationsregistern ausführlich F. Wollenschläger ZHR 186 (2022), 474 (474 ff., 487).

MiCAR Art. 109   Titel VII. Zuständige Behörde, EBA und ESMA

gegen Art. 59 und 61 MiCAR dokumentieren soll, lässt sich das Verzeichnis nach Art. 109 MiCAR als **Positivregister** bezeichnen, das jedenfalls überwiegend erfolgreich publizierte Whitepaper und erteilte Zulassungen erfassen soll.

II. Erstellung und Pflege des Registers (Abs. 1)

4   Gemäß Art. 109 Abs. 1 MiCAR erstellt und aktualisiert die ESMA ein Register der

- **Kryptowerte-Whitepaper** für andere Kryptowerte als vermögenswertereferenzierte Token oder E-Geld-Token (lit. a),
- **Emittenten vermögenswertereferenzierter Token** (lit. b),
- **Emittenten** von **E-Geld-Token** (lit. c) und
- Anbieter von **Kryptowerte-Dienstleistungen** (lit. d).

5   In UAbs. 2 wird außerdem eine **Pflicht** der zuständigen Behörden zur **Übermittlung relevanter Informationen** in das Register statuiert. Andernfalls könnte die registerführende Behörde ihrer Aktualisierungspflicht nicht nachkommen.

III. Registerfähige Angaben (Abs. 2–6)

6   Die registerfähigen Angaben sind in Art. 109 Abs. 2–6 MiCAR vorgegeben. Neben den **Kryptowerte-Whitepapers** sind dies vor allem Angaben zur **Identifizierung** der Anbieter und Dienstleister sowie Angaben zu den äußeren Merkmalen und zum Inhalt erteilter bzw. entzogener **Zulassungen**. Des Weiteren sind in dem Register bestimmte **marktrelevante Aufsichtsmaßnahmen** nach Art. 94 und 102 MiCAR zu publizieren (zB die Untersagung des Handel mit Kryptowerten auf einer Handelsplattform für Kryptowerte nach Art. 94 Abs. 1 lit. o MiCAR).

IV. Modalitäten (Abs. 7 und 8)

7   Zur **Dauer** der Speicherung von Informationen in dem Register nach Art. 109 MiCAR enthält Abs. 7 eine teilweise Regelung. Demnach sind der **Entzug von Zulassungen** sowie registerfähige **Aufsichtsmaßnahmen** iSv Abs. 6 für **fünf Jahre** in dem Register zu erfassen. Im Übrigen sind für die Angaben keine Speicherfristen vorgesehen, dh **grundsätzlich** werden die Angaben **dauerhaft** und so lange in dem Register vorgehalten, wie sie aktuell sind.

8   Mit Blick auf die **technischen Regulierungsstandards** sieht Art. 109 Abs. 8 MiCAR vor, dass die Kommission auf der Basis eines Vorschlags der EMSA zu den Standards für die zur Einstufung, nach Art von Kryptowerten, von Kryptowerte-Whitepapers im Register erforderlichen Daten einschließlich der Unternehmenskennung des Emittenten sowie zu den praktischen Vorkehrungen, mit denen sichergestellt wird, dass diese Daten maschinenlesbar, eine entsprechende Regelung erlässt.

V. Rechtsschutz

9   Für Anbieter, die eine Löschung oder Änderung von sie betreffenden Informationen in dem Register begehren, kann sich die Frage nach dem insoweit eröffneten Rechtsschutz stellen. ME haben die Betroffenen im Falle

eines entsprechenden negativ beschiedenen Antrags an die ESMA auf Löschung bzw. Änderung die Möglichkeit einer **Nichtigkeitsklage** nach Art. 263 Abs. 4 AEUV, sofern sie durch die ablehnende Entscheidung tatsächlich unmittelbar und individuell betroffen sind.

Artikel 110 Register der nicht konformen Unternehmen, die Kryptowerte-Dienstleistungen erbringen

(1) Die ESMA erstellt ein nicht erschöpfendes Register von Unternehmen, die unter Verstoß gegen Artikel 59 oder 61 Kryptowerte-Dienstleistungen erbringen.

(2) Das Register enthält mindestens den Handelsnamen oder die Website eines nicht konformen Unternehmens und den Namen der zuständigen Behörde, die die Informationen übermittelt hat.

(3) Das Register ist auf der Website der ESMA in maschinenlesbarem Format öffentlich zugänglich und wird regelmäßig aktualisiert, um etwaigen Änderungen der Umstände oder sonstigen Informationen, die der ESMA in Bezug auf die registrierten nicht konformen Unternehmen zur Kenntnis gebracht werden, Rechnung zu tragen. Das Register ermöglicht einen zentralisierten Zugang zu Informationen, die von den zuständigen Behörden der Mitgliedstaaten oder von Drittländern sowie von der EBA übermittelt werden.

(4) Die ESMA aktualisiert das Register, um Informationen über jeden Verstoß gegen diese Verordnung aufzunehmen, den sie auf eigene Initiative gemäß Artikel 17 der Verordnung (EU) Nr. 1095/2010 festgestellt hat und zu dem sie einen an ein nicht konformes Unternehmen, das Kryptowerte-Dienstleistungen erbringt, gerichteten Beschluss nach Absatz 6 des genannten Artikels erlassen hat, sowie Informationen über Unternehmen, die Kryptowerte-Dienstleistungen erbringen, ohne über die erforderliche Zulassung oder Registrierung zu verfügen, die von den zuständigen Aufsichtsbehörden von Drittländern vorgelegt wurde.

(5) In den in Absatz 4 des vorliegenden Artikels genannten Fällen kann die ESMA die einschlägigen Aufsichts- und Untersuchungsbefugnisse der zuständigen Behörden nach Artikel 94 Absatz 1 auf nicht konforme Unternehmen, die Kryptowerte-Dienstleistungen erbringen, anwenden.

Übersicht

	Rn.
I. Einführung	1
1. Literatur	1
2. Entstehung und Zweck der Norm	2
3. Normativer Kontext	3
II. Erstellung und Inhalte des Registers (Abs. 1 und 2)	4
III. Zugänglichkeit, Aktualisierung und Informationsquellen (Abs. 3 und 4)	6
IV. Eigene Aufsichtsbefugnisse der ESMA (Abs. 5)	7
V. Rechtsschutz	8

MiCAR Art. 110   Titel VII. Zuständige Behörde, EBA und ESMA

I. Einführung

1 **1. Literatur.** F. *Wollenschläger,* Register als Instrument der Wirtschaftsverwaltung, ZHR 186 (2022), 474–542.

2 **2. Entstehung und Zweck der Norm.** Das Negativtransparenzregister nach Art. 110 MiCAR wurde – zusammen mit dem Positivtransparenzregister gemäß Art. 109 MiCAR – erst im Rahmen der **Trilogverhandlungen** in den Text der Verordnung aufgenommen. In früheren Entwurfsfassungen waren die Register noch nicht enthalten. Es handelt sich aus **Erwgr. Nr. 101** ersichtlich um Register zur Herstellung von **Verwaltungstransparenz.**[1] Der primäre Zweck des Registers nach Art. 110 MiCAR liegt somit darin, der Allgemeinheit – und hier vor allem den Kunden von Kryptowerte-Dienstleistern – zu ermöglichen, diejenigen Akteure zu identifizieren, die ihre Dienstleistungen ohne die erforderliche Zulassung erbringen, mithin also formell rechtswidrig handeln.

3 **3. Normativer Kontext.** Gemeinsam mit Art. 109 MiCAR formt Art. 110 MiCAR das Kapitel 2 des Titels VII zu den **ESMA-Registern** aus. Im Unterschied zu dem Positivregister nach Art. 109 MiCAR, das die publizierten Whitepaper und erteilten Zulassungen erfassen soll, dokumentiert das **Negativregister** des Art. 110 MiCAR **Verstöße** gegen Art. 59 und 61 MiCAR.

II. Erstellung und Inhalte des Registers (Abs. 1 und 2)

4 Gemäß Art. 110 Abs. 1 MiCAR erstellt die ESMA ein nicht abschließendes (!) Register von Unternehmen, die unter **Verstoß gegen Art. 59 oder 61 MiCAR** Kryptowerte-Dienstleistungen erbringen. Erfasst werden somit alle Anbieter, die entgegen Art. 59 MiCAR keine Zulassung einholen oder sich zu Unrecht auf die Ausnahme nach Art. 61 MiCAR stützen.

5 In das Register einzustellen sind zumindest der Handelsname oder die Website eines nicht konformen Unternehmens und der Name der zuständigen Behörde, die die Informationen übermittelt hat. In erster Linie sollen die betreffenden Unternehmen somit anhand der Registerangaben **identifiziert** werden können.

III. Zugänglichkeit, Aktualisierung und Informationsquellen (Abs. 3 und 4)

6 Art. 110 Abs. 3 und 4 MiCAR enthalten Einzelheiten bezüglich der **Zugänglichkeit** und der **Aktualisierung** des Negativregisters. Mit Blick auf die möglichen **Informationsquellen** des Registers werden Eingaben mitglied- und drittstaatlicher Behörden und der EBA (Abs. 3 Satz 2) sowie Informationen aufgrund der eigenen aufsichtsrechtlichen Tätigkeit der ESMA gemäß Art. 17 ESMA-VO (Abs. 4) genannt.

IV. Eigene Aufsichtsbefugnisse der ESMA (Abs. 5)

7 Für Fälle des Art. 110 Abs. 4 MiCAR räumt Art. 110 Abs. 5 MiCAR der ESMA **ergänzende eigene Aufsichtsbefugnisse** nach Art. 94 Abs. 1 Mi-

---

[1] Vgl. dazu und zur Abgrenzung von Verwaltungsinformationsregistern ausführlich F. Wollenschläger ZHR 186 (2022), 474 (474 ff., 487).

CAR ein. Um die fein austarierte Zuständigkeitsverteilung zwischen den mitgliedstaatlichen Behörden und der ESMA durch diese erst im Trilog eingebrachte Vorschrift nicht aus der Balance zu bringen, wird man der ESMA einen Zugriff auf die ergänzenden Aufsichtsbefugnisse der mitgliedstaatlichen Behörden richtigerweise nur dann gestatten dürfen, wenn eine **mitgliedstaatliche Behörde keine Maßnahmen ergriffen** hat, um dem betreffenden Verhalten zu begegnen, oder die ergriffenen Maßnahmen der dadurch bewirkten Bedrohung nicht ausreichend gerecht werden, in entsprechender Anwendung des Art. 103 Abs. 2 lit. c MiCAR.

V. Rechtsschutz

Für Anbieter, die eine Löschung oder Änderung von sie betreffenden 8 Informationen in dem Register nach Art. 110 MiCAR begehren, kann sich die Frage nach dem insoweit eröffneten Rechtsschutz stellen. ME haben die Betroffenen im Falle eines entsprechenden negativ beschiedenen Antrags an die ESMA auf Löschung bzw. Änderung die Möglichkeit einer **Nichtigkeitsklage** nach Art. 263 Abs. 4 AEUV, sofern sie durch die ablehnende Entscheidung tatsächlich unmittelbar und individuell betroffen sind.

Kapitel 3. Verwaltungsrechtliche Sanktionen und andere verwaltungsrechtliche Maßnahmen der zuständigen Behörden

Artikel 111 Verwaltungsrechtliche Sanktionen und andere verwaltungsrechtliche Maßnahmen

(1) Unbeschadet strafrechtlicher Sanktionen und unbeschadet der Aufsichts- und Untersuchungsbefugnisse der in Artikel 94 aufgeführten zuständigen Behörden übertragen die Mitgliedstaaten im Einklang mit nationalem Recht den zuständigen Behörden die Befugnis, angemessene verwaltungsrechtliche Sanktionen und andere verwaltungsrechtliche Maßnahmen in Bezug auf mindestens die folgenden Verstöße zu ergreifen:

a) Verstöße gegen die Artikel 4 bis 14;
b) Verstöße gegen die Artikel 16, 17, 19, 22, 23 und 25, die Artikel 27 bis 41 und die Artikel 46 und 47;
c) Verstöße gegen die Artikel 48 bis 51, 53, 54 und 55;
d) Verstöße gegen den Artikel 59, 60, 64 und die Artikel 65 bis 83;
e) Verstöße gegen die Artikel 88 bis 92;
f) Verweigerung der Zusammenarbeit bei einer Untersuchung, einer Prüfung oder einem Ersuchen gemäß Artikel 94 Absatz 3.

Die Mitgliedstaaten können beschließen, keine Regelungen für verwaltungsrechtliche Sanktionen festzulegen, sofern die in Unterabsatz 1 Buchstaben a, b, c, d oder e genannten Verstöße zum 30. Juni 2024 gemäß dem nationalen Recht bereits strafrechtlichen Sanktionen unterliegen. Im Falle eines solchen Beschlusses teilen die Mitgliedstaaten der Kommission, der ESMA und der EBA die entsprechenden Bestimmungen ihres Strafrechts im Detail mit.

Die Mitgliedstaaten teilen der Kommission, der EBA und der ESMA die in den Unterabsätzen 1 und 2 genannten Regelungen im Detail bis zum 30. Juni 2024 mit. Außerdem teilen sie der Kommission, der ESMA und der EBA jede spätere Änderung dieser Regelungen unverzüglich mit.

(2) Die Mitgliedstaaten stellen im Einklang mit ihrem nationalen Recht sicher, dass die zuständigen Behörden die Befugnis haben, bei den in Absatz 1 Unterabsatz 1 Buchstaben a bis d genannten Verstößen zumindest die folgenden verwaltungsrechtlichen Sanktionen und anderen verwaltungsrechtlichen Maßnahmen zu verhängen:

a) öffentliche Bekanntgabe der für den Verstoß verantwortlichen natürlichen oder juristischen Person und der Art des Verstoßes;

b) Anordnung an die verantwortliche natürliche oder juristische Person, das den Verstoß darstellende Verhalten einzustellen und von einer Wiederholung abzusehen;

c) maximale Verwaltungsgeldbußen in mindestens zweifacher Höhe der infolge des Verstoßes erzielten Gewinne oder vermiedenen Verluste, soweit sich diese beziffern lassen, auch wenn sie über die in Buchstabe d dieses Absatzes und in Absatz 3 für juristische Personen genannten Maximalbeträge hinausgehen;

d) im Falle einer natürlichen Person maximale Verwaltungsgeldbußen von mindestens 700 000 EUR bzw. in den Mitgliedstaaten, deren amtliche Währung nicht der Euro ist, dem Gegenwert in der Landeswährung am 29. Juni 2024;

(3) Die Mitgliedstaaten stellen im Einklang mit ihrem nationalen Recht sicher, dass die zuständigen Behörden die Befugnis haben, bei Verstößen, die von juristischen Personen begangen werden, maximale Verwaltungsgeldbußen mindestens in folgender Höhe zu verhängen:

a) 5 000 000 EUR oder in den Mitgliedstaaten, deren amtliche Währung nicht der Euro ist, der Gegenwert in der amtlichen Währung am 29. Juni 2024 für Verstöße gemäß Absatz 1 Unterabsatz 1 Buchstaben a bis d;

b) 3 % des jährlichen Gesamtumsatzes der juristischen Person gemäß dem letzten verfügbaren vom Leitungsorgan gebilligten Abschluss für Verstöße gemäß Absatz 1 Unterabsatz 1 Buchstabe a;

c) 5 % des jährlichen Gesamtumsatzes der juristischen Person gemäß dem letzten verfügbaren vom Leitungsorgan gebilligten Abschluss für Verstöße gemäß Absatz 1 Unterabsatz 1 Buchstabe d;

d) 12,5 % des jährlichen Gesamtumsatzes der juristischen Person gemäß dem letzten verfügbaren vom Leitungsorgan gebilligten Abschluss für Verstöße gemäß Absatz 1 Unterabsatz 1 Buchstaben b und c.

Handelt es sich bei der juristischen Person gemäß Unterabsatz 1 Buchstaben a bis d um ein Mutterunternehmen oder ein Tochterunternehmen eines Mutterunternehmens, das nach der Richtlinie 2013/34/EU einen konsolidierten Abschluss aufzustellen hat, so ist der relevante jährliche Gesamtumsatz der jährliche Gesamtumsatz oder die entsprechende Einkunftsart nach dem geltenden Unionsrecht für die Rechnungslegung, der/die im letzten verfügbaren konsolidierten Abschluss ausgewiesen ist, der vom Leitungsorgan des Mutterunternehmens an der Spitze gebilligt wurde.

(4) Zusätzlich zu den verwaltungsrechtlichen Sanktionen und anderen verwaltungsrechtlichen Maßnahmen gemäß den Absätzen 2 und 3 stellen die Mitgliedstaaten im Einklang mit dem nationalen Recht sicher, dass die zuständigen Behörden die Befugnis haben, im Falle der in Absatz 1 Unterabsatz 1 Buchstabe d genannten Verstöße ein vorübergehendes

Verbot zu verhängen, das ein Mitglied des Leitungsorgans des Anbieters von Kryptowerte-Dienstleistungen oder jede andere natürliche Person, die für den Verstoß verantwortlich gemacht wird, daran hindert, bei einem Anbieter von Kryptowerte-Dienstleistungen Leitungsaufgaben wahrzunehmen.

(5) Die Mitgliedstaaten stellen im Einklang mit den nationalen Recht sicher, dass die zuständigen Behörden die Befugnis haben, bei den in Absatz 1 Unterabsatz 1 Buchstabe e genannten Verstößen zumindest die folgenden verwaltungsrechtlichen Sanktionen und anderen verwaltungsrechtlichen Maßnahmen zu verhängen:

a) öffentliche Bekanntgabe der verantwortlichen natürlichen oder juristischen Person und der Art des Verstoßes;

b) Anordnung an die verantwortliche natürliche oder juristische Person, das den Verstoß darstellende Verhalten einzustellen und von einer Wiederholung abzusehen;

c) Einzug der durch den Verstoß erzielten Gewinne oder vermiedenen Verluste, sofern diese sich beziffern lassen;

d) Entzug oder Aussetzung der Zulassung eines Anbieters von Kryptowerte-Dienstleistungen;

e) vorübergehendes Verbot für die Mitglieder des Leitungsorgans des Anbieters von Kryptowerte-Dienstleistungen oder für andere natürliche Person, die für den Verstoß verantwortlich gemacht werden, bei dem Anbieter von Kryptowerte-Dienstleistungen Leitungsaufgaben wahrzunehmen;

f) bei wiederholten Verstößen gegen die Artikel 89, 90, 91 oder 92 ein für mindestens zehn Jahre geltendes Verbot für ein Mitglied des Leitungsorgans des Anbieters von Kryptowerte-Dienstleistungen oder für andere natürliche Person, die für den Verstoß verantwortlich gemacht werden, bei einem Anbieter von Kryptowerte-Dienstleistungen Leitungsaufgaben wahrzunehmen;

g) vorübergehendes Verbot für die Mitglieder des Leitungsorgans des Anbieters von Kryptowerte-Dienstleistungen oder für andere natürliche Personen, die für den Verstoß verantwortlich gemacht werden, Eigengeschäfte zu tätigen;

h) maximale Verwaltungsgeldbußen in mindestens dreifacher Höhe der infolge des Verstoßes erzielten Gewinne oder vermiedenen Verluste, soweit sich diese beziffern lassen, auch wenn sie – ja nach Fall – über die unter Buchstabe i oder j, genannten Maximalbeträge hinausgehen;

i) bei natürlichen Personen maximale Verwaltungsgeldbußen in Höhe von mindestens 1 000 000 EUR für Verstöße gegen Artikel 88 und 5 000 000 EUR für Verstöße gegen die Artikel 89 bis 92 bzw. in den Mitgliedstaaten, deren amtliche Währung nicht der Euro ist, dem Gegenwert in der Landeswährung zum 29. Juni 2024;

j) bei juristischen Personen maximale Verwaltungsgeldbußen in Höhe von mindestens 2 500 000 EUR für Verstöße gegen Artikel 88 und 15 000 000 EUR für Verstöße gegen die Artikel 89 bis 91 oder 2 % für Verstöße gegen Artikel 88 und 15 % für Verstöße gegen die Artikel 89 bis 92 des jährlichen Gesamtumsatzes der juristischen Person gemäß dem letzten verfügbaren durch das Leitungsorgan gebilligten Abschluss bzw. in den Mitgliedstaaten, deren amtliche Währung nicht der Euro ist, dem Gegenwert in der Landeswährung zum 29. Juni 2024.

Für die Zwecke von Unterabsatz 1 Buchstabe j ist, wenn es sich bei der juristischen Person um ein Mutterunternehmen oder ein Tochterunter-

MiCAR Art. 111   Titel VII. Zuständige Behörde, EBA und ESMA

nehmen eines Mutterunternehmens handelt, das nach der Richtlinie 2013/34/EU einen konsolidierten Abschluss aufzustellen hat, der relevante jährliche Gesamtumsatz der jährliche Gesamtumsatz oder die entsprechende Einkunftsart nach dem geltenden Unionsrecht für die Rechnungslegung, der/die im letzten verfügbaren konsolidierten Abschluss ausgewiesen ist, der vom Leitungsorgan des Mutterunternehmens an der Spitze gebilligt wurde.

(6) Die Mitgliedstaaten können den zuständigen Behörden zusätzlich zu den in den Absätzen 2 bis 5 genannten Befugnissen weitere Befugnisse übertragen und sowohl gegen natürliche als auch gegen juristische Personen, die für den Verstoß verantwortlich sind, höhere als die in jenen Absätzen genannten Sanktionen vorsehen.

Übersicht

	Rn.
I. Einführung	1
1. Literatur	1
2. Entstehung und Zweck der Norm	2
3. Normativer Kontext	4
II. Grundlagen	6
1. Begrifflichkeiten	6
2. Struktur und Systematisches	8
III. Relevante Verstöße	10
1. Gegen Pflichten in Bezug auf das Anbieten bestimmter Kryptowerte oder Krypto-Dienstleistungen	11
2. Marktmissbrauch und Kooperationspflichten	15
IV. Mindestsanktionen/-befugnisse	16
1. Betreffend Verstöße gegen Pflichten in Bezug auf das Anbieten bestimmter Kryptowerte oder Krypto-Dienstleistungen	17
a) Öffentliche Bekanntgabe (Abs. 2 lit. a)	17
b) Anordnung den Verstoß abzustellen (Abs. 2 lit. b)	19
c) Geldbußen (Abs. 2 lit. c und d, Abs. 3)	20
d) Vorübergehendes Tätigkeitsverbot (Abs. 4)	22
2. Insiderhandel und Marktmissbrauch	23
a) Geldbußen (Abs. 5 lit. h–j)	23
b) Tätigkeitsverbote (Abs. 5 lit. e–g)	24
c) Sonstige verwaltungsrechtliche Maßnahmen (Abs. 5 lit. a–d)	25
V. Anschlussfragen	26
1. Begrenzung der behördlichen Handlungsermächtigung durch Grundrechte	26
a) Maßgebliches Grundrechtsregime	26
b) Einzelfragen	28
2. Insbesondere: Verschuldenserfordernis	30
VI. Umsetzung durch das geplante FinmadiG	31

I. Einführung

1 **1. Literatur.** *Ackermann,* Unternehmenssteuerung durch finanzielle Sanktionen, ZHR 179 (2015), 538; *Bekritsky,* Der Nemo-Tenetur-Grundsatz im Kapitalmarktrecht, BKR 2021, 340; *Canzler/Hammermaier,* Die Verfolgung und Ahndung wertpapierrechtlicher Delinquenz durch die Wertpapieraufsicht der BaFin: Das kapitalmarktrechtliche Bußgeldverfahren, AG 2014, 57

Grimm/Kreuter, Kryptowerte und Marktmissbrauch, AG 2023, 177; *Nietsch,* Selbstbelastungsfreiheit des Beschuldigten im Rahmen marktmissbrauchsrechtlicher Ermittlungen, WM 2021, 340; *Raschner,* Das (neue) Marktmanipulationsrecht für Kryptowerte BKR 2022, 217; *von Buttlar,* Stärkung der Aufsichts- und Sanktionsbefugnisse im EU-Kapitalmarktrecht, EuZW 2020, 598.

2. Entstehung und Zweck der Norm. Die Vorschrift verpflichtet die Mitgliedstaaten, den zuständigen Behörden iSd Art. 3 Abs. 1 Nr. 35 einen Mindeststandard an Befugnissen zu übertragen, damit diese angemessen auf Verstöße (jedenfalls) gegen die in Abs. 1 bestimmten Regelungen der Verordnung reagieren und damit zu deren **effektiver Durchsetzung** im Rahmen ihrer Zuständigkeiten beitragen können (zur Zuständigkeitsabgrenzungen → Rn. 4). Der **Mindeststandard** beschränkt sich nicht nur auf Befugnisse zur Beseitigung, Restitution oder zur Prävention durch ein „aus dem Verkehr ziehen" von natürlichen Personen oder Unternehmen, denen Verstöße gegen die Verordnung zugerechnet werden. Die zuständigen Behörden müssen auch ermächtigt werden, **signifikante Geldbußen** zu verhängen, die der **Abschreckung** dienen können. Damit entspricht Art. 111 Forderungen nach einer Verschärfung und Harmonisierung der allgemein als schwach und heterogen eingestuften Durchsetzungsinstrumente der Mitgliedstaaten, die bereits der De-Larosière-Bericht von 2009 als eine der zentralen Defizite der Regulierung des Finanzsektors identifiziert hatte,[1] und fügt sich gleichzeitig in ein **größeres Konzept der europäischen Rechtssetzung** in diesem Bereich ein.[2] Vergleichbare Regelungen enthalten beispielsweise auch die Marktmissbrauchsverordnung (MAR),[3] die Prospektrichtlinie,[4] MiFID-II,[5] die Verordnung über das Paneuropäische Private Pensionsprodukt (PEPP)[6] und die Schwarmfinanzierungsverordnung (SFi-VO).[7] Art. 111 hat im Wesentlichen deren Struktur und Instrumentarium übernommen, so dass für seine Interpretation teilweise auf die Überlegungen zu den entsprechenden **Patenregelungen** zurückgegriffen werden kann. Eine strafrechtliche Sanktionierung von Verstößen gegen Vorschriften der Verordnung ist anders als beispielsweise im allgemeinen Marktmissbrauchsrecht nicht verpflichtend vorgegeben.[8]

---

[1] The High-Level Group on Financial Supervision in the EU, Report, 25.2.2009, Ziffer 84 <www.esrb.europa.eu/shared/pdf/de_larosiere_report_de.pdf>.

[2] Dazu bereits Canzler/Hammermaier AG 2014, 57 (71 f.) mwN; Becker/Rodde ZBB 2016, 11 ff.

[3] Art. 30 Verordnung (EU) Nr. 596/2014 des Europäischen Parlaments und des Rates vom 16.4.2014 über Marktmissbrauch (Marktmissbrauchsverordnung) und zur Aufhebung der Richtlinie 2003/6/EG des Europäischen Parlaments und des Rates und der Richtlinien 2003/124/EG, 2003/125/EG und 2004/72/EG der Kommission (ABl. 2014 L 173, 1).

[4] Art. 38 Verordnung (EU) 2017/1129 des Europäischen Parlaments und des Rates vom 14.6.2017 über den Prospekt, der beim öffentlichen Angebot von Wertpapieren oder bei deren Zulassung zum Handel an einem geregelten Markt zu veröffentlichen ist und zur Aufhebung der Richtlinie 2003/71/EG (ABl. 2017 L 168, 12).

[5] Art. 70 Richtlinie 2014/65/EU des Europäischen Parlaments und des Rates vom 15.5.2014 über Märkte für Finanzinstrumente sowie zur Änderung der Richtlinien 2002/92/EG und 2011/61/EU (ABl. 2014 L 173, 349).

[6] Art. 67 Verordnung (EU) 2019/1238 des Europäischen Parlaments und des Rates vom 20.6.2019 über ein Paneuropäisches Privates Pensionsprodukt (ABl. 2019 L 198, 1).

[7] Art. 39 Verordnung (EU) 2020/1503 des Europäischen Parlaments und des Rates vom 7.10.2020 über Europäische Schwarmfinanzierungsdienstleister für Unternehmen und zur Änderung der Verordnung (EU) 2017/1129 und der Richtlinie (EU) 2019/1937 (ABl. 2020 L 347, 1).

[8] Dazu auch Grimm/Kreuter AG 2023, 177 (188).

MiCAR Art. 111   Titel VII. Zuständige Behörde, EBA und ESMA

3   Die finale Fassung von Art. 111 entspricht im Wesentlichen **Art. 92 des Kommissionsentwurfs,**[9] die Vorschrift hat im Laufe des Rechtssetzungsverfahrens inhaltlich **nur kleinere Anpassungen** erfahren: Art. 111 Abs. 4 lit. f lässt für wiederholte Verstöße gegen Marktmissbrauchs- und Insiderregelungen ein 10-jähriges Ausübungsverbot ausreichen, während im Kommissionsentwurf noch – wie in Art. 30 Abs. 2 lit. f MAR – ein dauerhaftes Verbot vorgesehen war. Die Mindestwerte für die obere Grenze des Bußgeldrahmens sind stärker ausdifferenziert. Ferner hat der Verordnungsgeber in der englischen Fassung der Vorschrift auf Vorschlag des Rates den Begriff „administrative sanctions" durch „administrative penalties" ersetzt.[10] In anderen Sprachfassungen, einschließlich der deutschen Fassung, spiegelt sich diese begriffliche Änderung aber (ganz überwiegend) nicht wider, so dass fraglich ist, inwiefern ihr tatsächlich eine inhaltliche Bedeutung zukommt. Nachträglich eingefügt wurde in Abs. 2 lit. c und Abs. 5 lit. h jeweils ein zweiter Halbsatz, der klarstellt, dass der Maximalbetrag der dort auf Basis des wirtschaftlichen Vorteils bemessenen Geldbuße im Ergebnis höher sein können muss, als der Maximalbetrag der für den gleichen Verstoß nach Umsatz bemessenen Geldbuße in Abs. 2 lit. d und Abs. 3 bzw. Abs. 5 lit. i und j (dazu → Rn. 23). Ferner sind redaktionell die Vorschriften über die Mindestsanktionen durch Zusammenziehen der Mindestsanktionen von Verstößen iSv lit. a–d in den Abs. 2–4 gestrafft und in Abs. 5 die Reihenfolge der Maßnahmen an Abs. 2 angeglichen worden, ohne dass damit eine inhaltliche Änderung verbunden gewesen wäre.

4   **3. Normativer Kontext.** Der Anwendungsbereich der Regeln zur Teilharmonisierung der Befugnisse der zuständigen Behörden der Mitgliedstaaten in Art. 111 ist zunächst von vergleichbaren **Regelungen in anderen unionalen Rechtakten** abzugrenzen. In Bezug auf die Abgrenzung zu anderen produkt- oder tätigkeitsbereichsbezogenen Regimen wie beispielsweise Art. 70 MiFID II ist Art. 111 nur insoweit maßgeblich, wie der gegenständliche und persönliche Anwendungsbereich der Verordnung reicht (→ Art. 2 Rn. 29 ff.). Soweit parallel die Anforderungen aus anderen Rechtsakten – wie etwa der Prospektrichtlinie gelten –, müssen den zuständigen Behörden in Bezug auf die Ahndung von Verstößen dagegen ergänzend die dort vorgeschriebenen Befugnisse zustehen. Sofern die spezifischen Regelungen zum Marktmissbrauch dieser Verordnung Anwendung finden (→ Art. 86 Rn. 6 ff.), ist das Maßnahmenregime von Abs. 5, nicht das des Art. 30 MAR maßgeblich. Dadurch entsteht eine relativ komplexe Matrix. Dass die durch Art. 111 vorgeschriebenen Mindestbefugnisse der zuständigen Behörden **neben deren Aufsichts- und Ermittlungsbefugnisse iSv Art. 94** treten müssen, ergibt sich unmittelbar aus dem Wortlaut der Vorschrift sowie aus der abweichenden Zielrichtung – Ermittlung und ggf. Sicherung auf der einen, Restitution und Ahndung auf der anderen Seite –, auch wenn sich in Bezug auf bestimmte Befugnisse, wie beispielsweise Art. 94 Abs. 1 lit. e und Art. 111 Abs. 2 lit. a Parallelen ergeben.[11]

---

[9] Vorschlag für eine Verordnungen des Europäischen Parlaments und des Rates über Märkte für Kryptowerte und zur Änderung der Richtlinie (EU) 2019/1937, COM/2020/ 593 final.

[10] Vgl. so auch die Formulierung Art. 67 PEPP und Art. 39 SF-VO; anders noch Art. 30 MAR, Art. 38 Prospektrichtlinie, Art. 61 CSDR Art. 70 MiFID-II.

[11] Dazu in Bezug auf die Parallelregelung in der MAR Schwark/Zimmer/Kumpan/Misterek Art. 30 VO (EU) 596/2014 Rn. 2.

Jedenfalls im Rahmen des Art. 114 bedarf es allerdings zwingend einer Abgrenzung, da die Veröffentlichungspflicht für Ermittlungsmaßnahmen nicht gilt (→ Art. 114 Rn. 4). Zudem können die Handlungs- und Sanktionsbefugnisse der zuständigen mitgliedstaatlichen Behörden nur soweit gehen (müssen), **wie ihre Zuständigkeit reicht.** Soweit dagegen die Aufsicht über signifikante vermögenswertereferenzierte Token und Emittenten signifikanter E-Geld-Token der EBA übertragen ist (→ Art. 117 Rn. 7 ff,), übt ausschließlich sie Aufsichts- und Sanktionsbefugnisse (Art. 130 f.) aus.

Die Mitgliedstaaten müssen die Vorgaben des Art. 111 bis zum 30.12.2024 umsetzen. In Bezug auf das österreichische Recht sind bisher keine konkreten Umsetzungsvorschläge bekannt. Es ist aber zu erwarten, dass die Umsetzung technisch im Wesentlichen parallel zur bereits erfolgten **Umsetzung** vergleichbarer unionsrechtlicher Regelungen gelöst wird. Der **österreichische Gesetzgeber** hat bisher entsprechende Vorgaben der MAR im Börsengesetz,[12] der MiFID II im WAG[13] und jüngst für die SFi-VO in § 3 f. Schwarmfinanzierungs-Vollzugsgesetz[14] schlicht *en bloc* eingefügt und wird diesem **kompakten Ansatz** wahrscheinlich auch in Bezug auf Art. 111 folgen. Im **deutschen Recht** sind die Befugnisse, die den Behörden nach Parallelregelungen in anderen unionalen Rechtsakten zu übertragen waren, bisher – nicht immer ganz übersichtlich – in den bestehenden Rahmen von allgemeinen und besonderen Ermächtigungen der BaFin integriert und dabei **auf unterschiedliche Rechtsakte verteilt** worden.[15] Vor diesem Hintergrund hätte man erwarten können, dass der Gesetzgeber die Vorgaben aus Art. 111 ebenfalls in nach diesem Muster umsetzen wird.[16] Der Ende 2023 veröffentlichte Referentenentwurf eines **Finanzmarktdigitalisierungsgesetzes**[17] sieht nun mit dem Gesetz zur Aufsicht über Märkte für Kryptowerte (KMAG-E) allerdings ein eigenes Fachgesetz vor, dass insbesondere auch die Vorgaben aus Art. 111 umsetzen soll und dabei im Einzelnen sogar über die unionsrechtlichen Vorgaben hinausgeht (→ Rn. 31).

---

[12] Dazu Zeder NZWiSt 2017, 41 (46 ff.); inzwischen §§ 154 ff. BörsenG 2018.
[13] Vgl. §§ 94 ff. WAG 2018.
[14] Bundesgesetz über das Wirksamwerden der Verordnung (EU) 2020/1503 über Europäische Schwarmfinanzierungsdienstleister für Unternehmen und zur Änderung der Verordnung (EU) 2017/1129.und der Richtlinie (EU) 2019/1937 (Schwarmfinanzierung-Vollzugsgesetz) (BGBl. I 2021 Nr. 25).
[15] So wurden etwa die notwendigen Bußgeldbefugnisse aus der MAR in § 120 Abs. 15 WpHG integriert bzw. in Bezug auf jüngere Rechtsakte wie der PEPP und der SFi-VO mit § 120a und § 120b neue Ordnungswidrigkeitstatbestände geschaffen. Die Ermächtigung zum Entzug der Zulassung oder Verhängung von Tätigkeitsverboten ist dagegen in § 35 Abs. 2 Nr. 7 KWG bzw. §§ 36 Abs. 2, 36a KWG aufgenommen worden, die Befugnis zur Anordnung der Einstellung oder zur Warnung bzw. Veröffentlichung eines Verstoßes wiederum bei den allgemeinen Befugnissen in § 6 Abs. 6–9 WpHG bzw. etwa in Bezug auf die Anbieter bestimmter Anlageprodukte in § 47 S. 2 Nr. 4 KWG eingefügt worden.
[16] So hinsichtlich der Bußgeldtatbestände auch Raschner BKR 2022, 217 (223); Grimm/Kreuter AG 2023, 177 (188).
[17] Bundesministerium der Finanzen, Entwurf eines Gesetz über die Digitalisierung des Finanzmarktes (Finanzmarktdigitalisierungsgesetz – FinmadiG), https://www.bundesfinanzministerium.de/Content/DE/Gesetzestexte/Gesetze_Gesetzesvorhaben/Abteilungen/Abteilung_VII/20_Legislaturperiode/2023-12-20-FinmadiG/2-Regierungsentwurf.pdf?__blob=publicationFile&v=2.

II. Grundlagen

6 **1. Begrifflichkeiten.** Ausweislich der Überschrift betrifft Art. 111 „**verwaltungsrechtliche Sanktionen**" und „**andere verwaltungsrechtliche Maßnahmen**". Beide Begriffe werden zwar schon seit längerer Zeit im Unionsrecht und in der Kommunikation der Unionsorgane[18] verwendet, bisher scheint aber weder deren genauer Inhalt, noch deren Verhältnis zueinander oder die Frage geklärt zu sein, ob es einer Differenzierung zwischen ihnen überhaupt bedarf.[19] In Art. 111 wird der Begriff der Sanktion – abseits des strafrechtlichen Kontextes – ganz überwiegend zusammen mit der anderen verwaltungsrechtlichen Maßnahmen verwandt, in Art. 112 und Art. 114 sogar ausschließlich. Lediglich **Abs. 1 UAbs. 2** bezieht sich ausschließlich auf „verwaltungsrechtliche Sanktionen", nicht dagegen auf „andere verwaltungsrechtlichen Maßnahmen", wenn es darum geht, dass diese entbehrlich sind, sofern die dort genannten Verstöße nach mitgliedstaatlichem Recht bereits strafrechtlichen Sanktionen unterliegen. Insbesondere für die Auslegung von Abs. 1 UAbs. 2 kann eine Klärung des Inhalts und eine **Abgrenzung der beiden Begriffen** nicht dahinstehen, denn ggf. ist nur ein Teil der in Abs. 2–5 genannten Mindestbefugnisse der zuständigen (Verwaltungs-)Behörden im Falle einer bereits bestehenden strafrechtlichen Sanktionierung entbehrlich.

7 In Bezug auf Art. 30 MAR besteht – sofern man eine Differenzierung wie hier für erforderlich hält – wohl Einigkeit darüber, dass **jedenfalls Geldbußen** gegen natürliche oder juristische Personen als verwaltungsrechtliche Sanktionen zu klassifizieren sind, da sie vor allem **repressiven Zwecken** sowie der Abschreckung dienen. Diese Überlegungen sind auch auf Art. 111 übertragbar, wonach die Mindestbefugnisse nach Abs. 2 lit. c und d, Abs. 3 und Abs. 5 lit. h–j jedenfalls unter den Begriff der verwaltungsrechtlichen Sanktionen fielen – auch Abs. 2 lit. c und Abs. 5 lit. h beschränken sich nicht auf die Abschöpfung des erlangten finanziellen Vorteils. Dagegen sind Anordnungen, einen Verstoß einzustellen und von einer Wiederholung abzusehen (Abs. 2 lit. b und Abs. 5 lit. b), sowie die Vorteilsabschöpfung nach Abs. 5 lit. c in erster Linie auf **Restitution** gerichtet, so dass ihre Einordnung als andere verwaltungsrechtliche Maßnahme näher liegt. Schwieriger zu kategorisieren sind dagegen die öffentliche Bekanntgabe des Verstoßes (Abs. 2 lit. a und Abs. 5 lit. a), der Entzug der Geschäftserlaubnis (Abs. 5d) und die Tätigkeitsverbote von Mitgliedern von Leitungsorganen (Abs. 4 und Abs. 5 lit. e–g). Auch sie haben in gewisser Hinsicht repressiven Charakter, wollen aber gleichzeitig künftige Verstöße verhindern, indem sie Unternehmen oder Personen, die sich als unzuverlässig erwiesen haben, von der entsprechenden Tätigkeit ausschließen bzw. die Öffentlichkeit zumindest über entsprechende Vorgänge in Kenntnis setzen. Gerade aufgrund der **Differenzierung in Art. 111 Abs. 1 UAbs. 2** spricht viel dafür, auch sie als andere verwaltungs-

---

[18] Vgl. etwa Mitteilung der Kommission an das Europäische Parlament, den Rat, den Europäischen Wirtschafts- und Sozialausschuss und den Ausschuss der Regionen, Stärkung der Sanktionsregelungen im Finanzdienstleistungssektor, 8.12.2010, KOM(2010) 716 endg., S. 5, Ziffer 1.3, worin der Begriff der Sanktion als Oberbegriff verstanden wird, der sowohl Geldbußen als auch Maßnahmen der Wiederherstellung der Rechtmäßigkeit u. a. umfassen soll.

[19] Ablehnend in Bezug auf Art. 30 MAR etwa Becker/Rodde ZBB 2016, 11 (14); von Buttlar BB 2014, 451 (454); Poelzig NZG 2016, 492 (496 f.).

rechtliche Maßnahmen und nicht als verwaltungsrechtliche Sanktionen einzustufen: Auf eine zusätzliche Sanktionierung strafbewerter Verstöße durch Geldbußen kann – bzw. muss vielleicht sogar (→ Rn. 29) – verzichtet werden. Der Entzug der Zulassung oder persönliche Tätigkeitsverbote sowie eine Information der Öffentlichkeit, behalten aber – ebenso wie Maßnahmen zur Restitution – auch **neben strafrechtlichen Sanktionen** ihre Berechtigung und sollten deshalb den zuständigen Behörden auch in diesem Fall offenstehen. Diese Begriffsabgrenzung stützt auch der Wortlaut der Öffnungsklausel des Abs. 6, wonach die Mitgliedstaaten den zuständigen Behörden zusätzlich zu den von Art. 111 Abs. 2–5 vorgegebenen Mindestbefugnissen *weitere Befugnisse übertragen* und sowohl gegen natürliche als auch gegen juristische Personen, die für den Verstoß verantwortlich sind, *höhere* (engl.: *higher levels;* frz.: *niveaux plus élevés*) als die in jenen Absätzen genannten *Sanktionen* vorsehen können. Auch das spricht für eine Unterscheidung zwischen Sanktionen und anderen verwaltungsrechtlichen Maßnahmen, wobei nur auf Geldbußen das Adjektiv *„höher"* wirklich passt. Vor diesem Hintergrund fallen nach der hier vertretenen Ansicht unter den Begriff der **verwaltungsrechtlichen Sanktionen lediglich Geldbußen** nach Abs. 2 lit. c, Abs. 3 und Abs. 5 lit. h–j, alle weiteren in Art. 111 normierten Mindestbefugnisse sind auf andere verwaltungsrechtliche Maßnahmen gerichtet, beide Kategorien können unter dem gemeinsamen Oberbegriff der verwaltungsrechtlichen Maßnahmen zusammengefasst werden. Dass der Verordnungsgeber an anderen Stellen vereinzelt den Begriff der Sanktionen ohne Qualifikation durch das Adjektiv „verwaltungsrechtlich" verwendet[20] und damit wohl sowohl strafrechtliche Sanktionen als auch verwaltungsrechtliche Sanktionen sowie andere verwaltungsrechtliche Maßnahmen erfassen will, ist sprachlich nicht glücklich, ändert aber nichts an der soeben vorgenommenen Bewertung.

2. Struktur und Systematisches. Im Ausgangspunkt normiert Abs. 1 **8** die Verpflichtung der Mitgliedstaaten, die zuständigen Behörden mit Befugnissen auszustatten, auf deren Grundlage sie zumindest in Bezug auf den dort aufgeführten Katalog von Verstößen angemessene verwaltungsrechtliche Sanktionen und andere verwaltungsrechtliche Maßnahmen ergreifen können. In den Abs. 2–5 wird daran anknüpfend ein unionsrechtlich **zwingender Mindeststandard** an unterschiedlichen Befugnissen definiert, den die nationalen Rechtsordnungen zwingend vorsehen müssen. Dabei hat der Verordnungsgeber eine **Unterscheidung zwischen** den unterschiedlichen in Abs. 1 aufgelisteten **Verstößen** vorgenommen: Abs. 5 legt spezifische Mindestbefugnisse für die Verstöße – im Sinne von Abs. 1 lit. e – gegen die spezifischen Marktmissbrauchs- und Insiderregeln (Art. 88–92) fest, dagegen beziehen sich die zwingend zu übertragenden Mindestbefugnisse nach Abs. 2–4 auf Verstöße nach Abs. 1 lit. a–d, dh gegen die jeweiligen Pflichten in Zusammenhang mit dem Anbieten von bestimmten Kryptowerten bzw. Kryptowert-Dienstleistungen. Dass die **Mitgliedstaaten darüber auch hinausgehen können,** ergibt sich bereits aus dem Wortlaut von Abs. 2, 3 und 5 („zumindest"/„mindestens"), wird aber in **Abs. 6** noch einmal ausdrücklich klargestellt. Die **grundsätzliche Pflicht** zur Übertragung von den genannten Befugnissen **entfällt,** soweit die genannten Verstöße **bereits strafrechtlich sanktioniert** sind. In Deutschland ist aktuell

---

[20] So zB Erwgr. Nr. 115, der sich auf die Anwendung der sog. Whistleblower-Richtlinie bezieht (Art. 116); Art. 68 Abs. 3 UAbs. 2 sowie Art. 92 Abs. 2 lit. c.

MiCAR Art. 111 Titel VII. Zuständige Behörde, EBA und ESMA

beispielsweise der Betrieb des Kryptoverwahrgeschäfts, ohne die erforderliche Zulassung strafbewehrt (zB § 54 Abs. 1 Nr. 2 KWG iVm §§ 32 Abs. 1 S. 1, 1 Abs. 1a S. 2 Nr. 6 KWG).[21]

9   Die Pflicht zur Umsetzung der Vorgaben aus Abs. 1 UAbs. 1 und Abs. 2–5 wird flankiert durch **Mitteilungspflichten** der Mitgliedstaaten gegenüber den unionalen Stellen. Nach **Abs. 1 UAbs. 2 S.** 2 müssen die Mitgliedstaaten, sofern sie wegen bereits bestehenden **strafrechtlichen Sanktionen** auf verwaltungsrechtliche Sanktionen verzichten, im Detail die entsprechenden Bestimmungen ihres Strafrechts der Kommission, der ESMA und der EBA mitteilen. Parallel muss nach Art. 95 Abs. 1 UAbs. 2 sichergestellt sein, dass die zuständigen (Verwaltungs-)Behörden mit den entsprechend für die strafrechtliche Verfolgung zuständigen Behörden zur effektiven Kooperation in der Lage sind (→ Art. 95 Rn. 7). Darüber hinaus besteht gemäß **Abs. 1 UAbs. 3** eine Mitteilungspflicht im Hinblick auf alle in **Umsetzung des Abs. 1 und 2 getroffenen Vorgaben** sowie deren Änderungen. In Bezug auf die originäre Mitteilung der Strafvorschriften der Mitgliedstaaten scheint sich eine Doppelung aus Abs. 1 UAbs. 2 S. 2 und Abs. 1 UAbs. 3 S. 1 zu ergeben. Allerdings wird über die Einbeziehung der bestehenden Strafvorschriften im Sinne des Abs. 1 UAbs. 2 S. 2 in Abs. 1 UAbs. 3 S. 1 sichergestellt, dass Änderungen dieser auch von Abs. 1 UAbs. 3 S. 2 erfasst werden. Als **Frist** gilt sowohl für die Mitteilungspflicht Abs. 1 UAbs. 2 S. 2 als auch für Abs. 1 UAbs. 3 S. 1 der 30.6.2024, Änderungen sind unverzüglich mitzuteilen. Der Vorschlag des Rates, wonach jeweils eine Mitteilung an die Kommission hätte reichen und diese verpflichtet werden sollen, die Informationen an die EBA und die ESMA weiterzugeben,[22] hat sich nicht durchgesetzt, so dass der Mitgliedstaat allen drei unionalen Stellen gegenüber mitteilungspflichtig ist.

III. Relevante Verstöße

10   Abs. 1 UAbs. 1 legt einen Katalog von Verstößen fest, in Bezug auf die den zuständigen Behörden zwingend Befugnisse zum Erlass angemessener verwaltungsrechtlicher Maßnahmen übertragen werden müssen. Dabei beziehen sich lit. a–d auf die besonderen Pflichten, die den Anbietern unterschiedlicher Arten von Kryptowährungen bzw. Kryptowerte-Dienstleistungen jeweils durch die Verordnung auferlegt werden, lit. e und d betreffen die spezifischen Marktmissbrauchsregeln sowie Kooperationspflichten im Rahmen von Aufsichts- und Untersuchungsverfahren vor den zuständigen Behörden in diesem Zusammenhang.

11   **1. Gegen Pflichten in Bezug auf das Anbieten bestimmter Kryptowerte oder Krypto-Dienstleistungen.** Von Titel II, der **andere Kryptowerte als vermögenswertreferenzierte oder E-Geld-Token** betrifft, werden in Abs. 1 UAbs. 1 lit. a sämtliche Vorschriften mit Ausnahme von Art. 15 über die Haftung in Bezug genommen, also formelle und inhaltliche

---

[21] In Österreich sind Verstöße gegen das Registrierungserfordernis für Dienstleistungen in Bezug auf virtuelle Währungen iSv § 2 Nr. 22 Finanzmarkt-Geldwäschegesetz (BGBl. I 2016 Nr. 118,) gemäß § 34 Abs. 4 iVm § 32a Finanzmarkt-Geldwäschegesetz bisher lediglich Verwaltungsübertretungen.

[22] Vorschlag für eine Verordnungen des Europäischen Parlaments und des Rates über Märkte für Kryptowerte und zur Änderung der Richtlinie (EU) 2019/1937, COM/2020/593 final, 632 f.

Anforderungen sowie die Pflichten in Bezug auf Whitepaper und Marketingmitteilungen – Art. 6 (Anforderungen an das Whitepaper), Art. 7 (Anforderung an die Marketingmitteilung), Art. 8 (Pflicht zur Übermittlung von Whitepaper und Marketingmitteilung), Art. 9 (Pflicht zur Veröffentlichung von Whitepaper und Marketingmitteilung) und Art. 12 (Pflicht zur Übermittlung und Veröffentlichung geänderter veröffentlichter Whitepaper und Marketingmitteilungen) – sowie die Pflicht zur Veröffentlichung des Ergebnisses des öffentlichen Angebots (Art. 10) und allgemeine Verhaltenspflichten der Anbieter (Art. 14). Zudem müssen den zuständigen Behörden nach Abs. 1 UAbs. 1 lit. a Befugnisse zum Erlass verwaltungsrechtlicher Maßnahmen in Bezug auf Verstöße gegen Art. 4 zustehen, – gemeint ist wohl – wenn eine Person einen von der Regelung erfassten Kryptowert anbietet, ohne die dort genannten Voraussetzungen zu erfüllen. Da die in 4 Abs. 1 genannten Voraussetzungen vor allem in der Einhaltung der Anforderungen und Pflichten in Bezug auf Whitepaper und Marketingmitteilungen (Art. 6–9) und den allgemeinen Verhaltensanforderung (Art. 14) bestehen, ergeben sich hier gewisse Doppelungen. Vergleichbares gilt in Bezug auf Art. 5, der entsprechend die Voraussetzung für eine Beantragung der Zulassung zum Handel normiert, die allerdings nach Abs. 2 und 3 auch Betreiber der Handelsplattform treffen können. In Bezug auf Art. 13 (Widerrufsrecht für Kleinanleger) kommt ein Erlass von verwaltungsrechtlichen Maßnahmen wohl nur in Bezug auf Verstöße gegen die Erstattungs- (Abs. 2) und die Informationspflicht (Abs. 3) in Betracht. Bei der Einbeziehung von Art. 11, der die *Rechte* der Anbieter von Kryptowerten regelt, scheint es sich um einen Redaktionsfehler zu handeln. Auch im Entwurf zum deutschen Umsetzungsgesetz lässt die Vorschrift über Strafvorschriften (§ 46 KMAG-E) Verstöße gegen Art. 11 außer Betracht.

Gemäß Abs. 1 UAbs. 1 lit. b werden aus Titel III über **vermögenswertreferenzierte Token** Verstöße gegen Anforderung an Form und Inhalt von Whitepapern (Art. 19), spezifische Bericht- und Unterrichtungspflichten (Art. 22 und 25), die Pflicht zur Beschränkung der Ausgabe (Art. 23) und laufende allgemeine Pflichten von Emittenten (Art. 27–41) sowie zusätzliche Pflichten für die Emittenten signifikanter Token (Art. 46 f.) erfasst. Daneben sind auch Verstöße gegen Art. 16 und 17 einbezogen, die die Voraussetzungen für das öffentliche Anbieten und die Zulassung zum Handel von vermögenswertreferenzierten Token bzw. spezifische Anforderungen insofern an Kreditinstitute regeln. Den zuständigen Behörden müssen also Befugnisse übertragen werden, verwaltungsrechtliche Maßnahmen gegen ein Kreditinstitut zu erlassen, das vermögenswertreferenzierte Token öffentlich anbietet oder handelt, ohne die in Art. 17 genannten Voraussetzungen zu erfüllen, sowie gegen sonstige juristische Personen, die dies ohne die nach Art. 21 notwendige Zulassung tun. 12

In Bezug auf **E-Geld-Token** müssen sich die Befugnisse der zuständigen Behörden nach Abs. 1 UAbs. 1 lit. c auf Verstöße gegen die Pflichten aus Art. 48–51 in Bezug auf das öffentliche Anbieten und die Zulassung zum Handel erstrecken sowie auf Verstöße gegen Anforderungen an die Marketingmitteilung (Art. 53), Pflichten der Emittenten in Bezug auf die Anlage von Geldbeträgen, die sie im Tausch gegen E-Geld-Token erhalten haben und die Pflichten betreffend der Erstellung eines Sanierungs- und Rückzahlungsplans, die sich über den Verweis aus Art. 55 nach Art. 46 f. richten. 13

MiCAR Art. 111   Titel VII. Zuständige Behörde, EBA und ESMA

14   Von den Regelungen in Titel V betreffend die Anbieter von **Krypto-werte-Dienstleistungen** nennt Abs. 1 UAbs. 1 lit. d Verstöße gegen die Art. 59, 60, 64 und die Art. 65–83. Die zuständigen Behörden müssen also gegen die Ausübung von Kryptowerte-Dienstleistungen ohne die nach Art. 59 erforderliche Zulassung vorgehen können sowie gegen die Nichteinhaltung spezifischer Anforderungen für privilegierte Unternehmen iSd Art. 60, die von der Zulassungspflicht befreit sind.[23] Daneben müssen verwaltungsrechtliche Maßnahmen in Bezug auf Verstöße gegen die allgemeinen, laufenden Pflichten von Anbietern von Kryptowerte-Dienstleistung (Art. 66–83) sowie gegen die in Art. 65 normierten Mitteilungspflichten von grenzüberschreitend tätiger Anbieter von Kryptowerte-Dienstleistungen eröffnet sein. Mit dem Verweis auf Art. 64 soll vermutlich sichergestellt werden, dass die Mitgliedstaaten den zuständigen Behörden die notwendigen Befugnisse übertragen, damit diese in den Fällen des Art. 64 Abs. 1 und Abs. 2 in der Lage sind, die Zulassung zu entziehen.

15   **2. Marktmissbrauch und Kooperationspflichten.** Abs. 1 UAbs. 1 lit. e verpflichtet zur Übertragung von Befugnissen in Bezug auf Verstöße gegen die spezifischen Regelungen der Verordnung zum Marktmissbrauch, insbesondere Vorgaben zu Insiderinformationen, das Verbot der Marktmanipulation sowie Pflichten zur Vorbeugung und Aufdeckung von Marktmissbrauch von Personen, die beruflich Geschäfte mit Kryptowerten vermitteln oder ausführen (Art. 88–92). Schließlich müssen die zuständigen Behörden ermächtigt werden, verwaltungsrechtliche Maßnahmen gegen Personen zu verhängen, die die Zusammenarbeit bei einer Untersuchung, einer Prüfung oder einem Ersuchen gemäß Art. 94 Abs. 3 verweigern. Art. 94 Abs. 3 normiert die Aufsichts- und Ermittlungsbefugnisse der zuständigen Behörden zur Wahrnehmung ihrer Aufgaben zur Verhinderung von Marktmissbrauch (Titel VI). Unter den **Begriff des Ersuchens** fällt am ehesten lit. b, wonach die zuständigen Behörden ermächtigt werden müssen, Auskünfte zu verlangen oder zu fordern sowie Person vorzuladen und zu befragen, aber auch die Kooperation in Bezug auf den Zugriff auf Dokumente und Daten (lit. a) sowie das Betreten von Räumlichkeiten (lit. c) könnte davon erfasst sein. Die Regelung ist deshalb potentiell problematisch, weil damit der Betroffene möglicherweise dazu angehalten wird, bei der behördlichen **Ermittlung selbstbelastender Tatsachen** aktiv mitzuwirken (→ Rn. 28).

IV. Mindestsanktionen/-befugnisse

16   Die nähere Bestimmung der Arten von verwaltungsrechtlichen Maßnahmen, die das nationale Recht vorsehen muss, ist in den Absätzen 2–5 geregelt. Dieser entspricht weitgehend dem **Standardset des „Werkzeugkastens"**, das der Unionsgesetzgeber im Kapitalmarktrecht schon etabliert hat.[24] Dabei wird vorliegend **differenziert zwischen Verstößen** gegen Pflichten in Bezug das Anbieten bestimmter Kryptowerte oder Krypto-Dienstleistungen (Verstöße nach Abs. 1 UAbs. 1 lit. a–d) in Bezug auf die sich die Mindestsanktionen/-befugnisse aus den Abs. 2–4 ergeben, sowie Verstöße gegen die Marktmissbrauchsvorschriften (Verstöße nach Abs. 1 UAbs. 1

---

[23] Dazu zählen insbesondere Kreditinstitute, zugelassene Zentralverwahrer, Wertpapierfirmen, E-Geld-Institute, OGAW-Verwaltungsgesellschaften, Verwalter alternativer Investmentfonds und zugelassene Marktbetreiber im Sinne der Richtlinie 2014/65/EU.
[24] In diesem Sinne zum Kapitalmarktrecht v. Buttlar EuZW 2020, 598.

lit. e), für die die weitergehenden Anforderungen des Abs. 5 gelten. Für **Verstöße gegen die Kooperationspflichten** im Rahmen des Art. 94 Abs. 3 (Verstöße nach Abs. 1 lit. f) sieht die Verordnung dagegen **keine näheren Anforderungen** an den notwendigen Inhalt des Werkzeugkastens vor. Insofern ist ausreichend, dass den zuständigen Behörden verwaltungsrechtliche Maßnahmen zur Verfügung stehen, die angemessen sind.[25]

1. Betreffend Verstöße gegen Pflichten in Bezug auf das Anbieten bestimmter Kryptowerte oder Krypto-Dienstleistungen. a) Öffentliche Bekanntgabe (Abs. 2 lit. a). Den zuständigen Behörden muss die Möglichkeit offenstehen, die für den Verstoß verantwortlichen natürlichen oder juristischen Personen und die Art des Verstoßes **öffentlich bekannt** zu machen. Die Vorschrift ist abzugrenzen von der öffentlichen Bekanntmachung von Entscheidungen nach Art. 114, was auch in anderen Bereichen der Finanzaufsicht üblicherweise als „*naming and shaming"* bezeichnet wird (→ Art. 114 Rn. 2). Abs. 2 lit. a spricht von „Bekanntgabe" nicht von „Warnung" wie etwa Art. 30 Abs. 2 UAbs. 1 lit. c MAR oder „öffentlicher Erklärung" wie Art. 38 Abs. 2 lit. a SFi-VO. Aus unionsrechtlicher Sicht reicht damit eine bloße Feststellung.

Das deutsche Recht sieht § 6 Abs. 2 S. 3 WpHG eine **allgemeine Ermächtigung für Warnungen** vor, soweit diese für die Erfüllung der Aufgaben der BaFin erforderlich sind.[26] Von dieser Regelung hätte möglicherweise auch die öffentliche Bekanntgabe im Sinne von Abs. 2 lit. a gewissermaßen als Minus, gedeckt sein können, wenn die Verordnung in § 1 Abs. 1 Nr. 8 WpHG aufgenommen worden wäre. Allerdings wird in § 4 Abs. 4 KMAG-E nun eine spezielle Ermächtigung zur öffentlichen Bekanntmachung in Umsetzung von Art. 111 Abs. 2 lit. a normiert, die neben die in Art. 114 selbst angelegten Offenlegungsbefugnisse tritt (→ Rn. 31).[27]

b) Anordnung den Verstoß abzustellen (Abs. 2 lit. b). Den zuständigen Behörden muss gemäß Art. 111 Abs. 2 lit. b die Befugnis zukommen Anordnungen gegenüber den verantwortlichen natürliche oder juristische Personen zu erlassen, die darauf gerichtet sind, den Verstoß darstellende Verhalten einzustellen und von einer Wiederholung abzusehen. Diese verwaltungsrechtliche Maßnahme ist unmittelbar auf die **Wiederherstellung rechtmäßiger Zustände** gerichtet und ist damit an sich eigentlich vergleichsweise selbstverständlich. Der Referentenentwurf ordnet die Maßnahme entsprechend bei den allgemeinen Befugnissen ein (§ 4 Abs. 1 S. 3 KMAG-E).

c) Geldbußen (Abs. 2 lit. c und d, Abs. 3). Zentrales Instrument zur Rechtsdurchsetzung ist auch nach der Verordnung die Verhängung von **signifikanten Geldbußen**. In Bezug auf Verstöße nach Art. 111 Abs. 1 lit. a–d ist den zuständigen Behörden deshalb zum einen die Befugnis einzuräumen, Geldbußen zu verhängen, die sich an dem durch Verstoß erlangten finanziellen Vorteil – erzielte Gewinne oder vermiedene Verluste – orientieren. Nach Abs. 2 lit. c müssen die Geldbußen sowohl gegen natürli-

---

[25] So entsprechend auch in Bezug auf Art. 30 MAR, auch Schwark/Zimmer/Kumpan/Misterek Art. 30 VO (EU) 596/2014 Rn. 10.
[26] Eingeführt wurde diese Regelung zur Umsetzung von MiFID II, BT-Drs. 18/10936, 225.
[27] Vgl. Bundesministerium der Finanzen, Entwurf eines Gesetz über die Digitalisierung des Finanzmarktes (Finanzmarktdigitalisierungsgesetz – FinmadiG), Begründung, S. 157.

che als auch juristische Personen mindestens die **zweifache Höhe der erlangten Vorteils** erreichen können und dürfen auch nicht in ihrer Höhe auf die möglichen Grenzen für die vorteilsunabhängige Festsetzung nach Abs. 2 lit. d und Abs. 3 beschränkt werden.

21 Vor dem Hintergrund, dass die Bezifferung von Gewinnen oder vermiedenen Verlusten in der Praxis die Bezifferung häufig Schwierigkeiten bereitet, ist den zuständigen Behörden parallel dazu zu ermöglichen, die Geldbuße unabhängig vom erlangten Vorteil festzusetzen, wobei insofern hinsichtlich der Mindestvorgaben zwischen natürlichen und juristischen Personen unterschieden wird. Dabei werden in Bezug auf **natürliche Personen** durch Abs. 2 lit. 700.000 EUR[28] **als Mindestwert für die obere Grenze des Bußgeldrahmens** unabhängig von der Art des Verstoßes vorgegeben. Komplexer sind die Vorgaben nach Abs. 3 für die Verhängung von Geldbußen bei **juristischen Personen**. Für alle in Bezug genommenen Verstöße muss das Bußgeld gemäß Abs. 3 lit. a **mindestens 5.000.000 EUR** erreichen können bzw. gemäß Abs. 3 lit. b–d einen **Mindestwert, der sich auf Basis des Gesamtumsatz in Abhängigkeit von der Art des Verstoßes** ergibt. Dabei werden Verstöße in Bezug auf die Regelung über vermögenswertreferenzierte Token und E-Geld-Token 12,5 % angesetzt, für Verstöße in Bezug auf die Regelungen über sonstige von der Verordnung erfasste Kryptowerte 3 % und für Verstöße in Bezug auf die Regelungen zum Anbieten von Krytowert-Dienstleistungen 5 %. Bezugspunkt ist dabei grundsätzlich jeweils der letzte verfügbare und vom Leitungsorgan gebilligte Abschluss der juristischen Person. In **Konzernstrukturen** kann sich der Maximalbetrag aber wesentlich dadurch erhöhen, dass auch bei Tochterunternehmen auf den konsolidierten Abschluss abzustellen ist, sofern das Mutterunternehmen nach Richtlinie 2013/34/EU einen solchen aufzustellen hat. Aus dem Wortlaut nicht unmittelbar ersichtlich ist, in welchem **Verhältnis Abs. 2 lit. a und Abs. 2 lit. b–d** stehen. Auch mit dem Blick auf Parallelregelungen ist näherliegend, dass sie sich nicht gegenseitig begrenzen, sondern der nationale Gesetzgeber beide Varianten aufnehmen muss und die zuständige Behörde den jeweils höheren Betrag wählen kann.[29]

22 **d) Vorübergehendes Tätigkeitsverbot (Abs. 4).** Speziell in Bezug auf **Verstöße in Bezug auf das Anbieten von Kryptowerte-Dienstleistungen** (Verstöße Abs. 1 UAbs. 1 lit. d) müssen die zuständigen Behörden gemäß Abs. 4 über die Befugnis verfügen, gegenüber einer natürlichen Person, die entweder Mitglied des Leitungsorgans des Anbieters von Kryptowerte-Dienstleistungen ist oder für den Verstoß verantwortlich gemacht wird, ein vorübergehendes Verbot zu verhängen, bei einem Anbieter von Kryptowerte-Dienstleistungen Leitungsaufgaben wahrzunehmen. Der **Begriff des Leitungsorgans** wird in Art. 3 Abs. 1 Nr. 27 legaldefiniert. Wer darüber hinaus als Verantwortlicher im Sinne der zweiten Alternative mit einem vorübergehenden Tätigkeitsverbot belegt werden kann, ist auslegungsbedürftig. Überwiegend wird in Bezug auf vergleichbare Parallelvorschriften gefordert, dass der Betroffene eine gewisse Führungsposition inne-

---

[28] Entsprechend gilt in Mitgliedstaaten, die den Euro nicht eingeführt haben, bei allen angegebenen Grenzwerten jeweils den Gegenwert in der Landeswährung zum Stichtag 29.6.2024.
[29] So in Bezug auf Art. 30 MAR auch Veil ZGR 2016, 305; zur entsprechenden Diskussion auch Poelzig NZG 2016, 492 (498).

hat.[30] Anders als etwa Art. 30 Abs. 2 lit. e MAR spricht Abs. 4 nicht von „verantwortlichen", sondern von „verantwortlich gemachten" Personen, was man im Sinne einer Definitionshoheit der zuständigen Behörde verstehen könnte. Angesichts der Schwere der Maßnahme, die ein vorübergehendes Tätigkeitsverbot bedeuten kann, darf die Adressatenbestimmung aber nicht einfach in deren Ermessen gelegt werden, sondern muss insbesondere auch gerichtlich überprüfbar sein.

2. Insiderhandel und Marktmissbrauch. a) Geldbußen (Abs. 5 lit. h–j). Abs. 5 lit. h entspricht im Wesentlichen Art. 111 Abs. 2 lit. c, mit dem Unterschied, dass er vorgibt, dass Geldbußen für Verstöße gegen die Marktmissbrauchsregel (Art. 111 UAbs. 1 lit. c) mindestens die **dreifache** – nicht nur die zweifache – Höhe des durch ihn erzielten Vorteils erreichen können muss. Alternativ ist auch hier die Befugnis einer vorteilsunabhängigen Festsetzung einer Geldbuße vorzusehen, die bei **natürlichen Personen** im Falle eines Verstoßes gegen die Pflicht zur Offenlegung von Insiderregelungen (Art. 88) bis **mindestens 1.000.000 EUR** reichen können muss, bei sonstigen Verstößen gegen die Vorschriften aus diesem Titel bis **mindestens 5.000.000,** bei juristischen Personen bis mindestens **2.500.000 EUR oder 2 %** des jährlichen Gesamtumsatzes **bzw. 15.000.000 EUR oder 15 %** des jährlichen Gesamtumsatzes (→ Rn. 21).

23

b) Tätigkeitsverbote (Abs. 5 lit. e–g). Abs. 5 lit. e sieht in Entsprechung zu Abs. 3 als notwendige Befugnis für die zuständigen Behörden die Möglichkeit zur Verhängung eines **vorübergehenden Tätigkeitsverbots** gegenüber natürlichen Personen vor, die Mitglied eines leitenden Leitungsorgans sind oder unabhängig davon für den Verstoß verantwortlich gemacht werden (→ Rn. 22). Im Falle von wiederholten Verstößen gegen die Art. 89, 90, 91 oder 92 muss der **mögliche Verbotszeitraum mindestens 10 Jahre** betragen können. Der ursprüngliche Verordnungsvorschlag enthielt noch die Pflicht zu Übertragung der Befugnis zur Verhängung eines dauerhaften Tätigkeitsverbots. Dies wurde aber im Laufe des Gesetzgebungsverfahrens – wahrscheinlich mit Blick auf den erheblichen Grundrechtseingriff, der damit verbunden ist – abgemildert.

24

c) Sonstige verwaltungsrechtliche Maßnahmen (Abs. 5 lit. a–d). Daneben sind auch in Bezug auf Verstöße iSv Abs. 1 lit. e die zuständigen Behörden zu einer **öffentlichen Bekanntgabe** (Abs. 5 lit. a) sowie zu **Einstellungs- und Unterlassungsanordnungen zu ermächtigen** (Abs. 5 lit. b) (→ Rn. 19). Über die Befugnisse nach Abs. 2–4 hinaus, sieht Abs. 5 verpflichtend die Übertragung einer Befugnis **Einziehung des Vermögensvorteils** (Abs. 5 lit. c) sowie zum Entzug oder Aussetzung der Zulassung eines Anbieters von Kryptowerte-Dienstleistungen (Abs. 5 lit. c) vor. Dabei sollte der Gesetzgeber die Unsicherheiten, die in Bezug auf dessen Unionsrechtskonformität durch die Beschränkung auf **nachhaltige** Verstöße entstanden sind,[31] auflösen.

25

---

[30] Ausführlich in diesem Sinne zu Art. 30 Abs. 2 lit. e MAR auch Bekritsky BKR 2020, 382 (386); BeckOK WpHR/Beritsky Art. 30 VO (EU) 596/2014 Rn. 77; Fischer/Schulte-Mattler/Fischer/Krolop KWG § 36a Rn. 6.
[31] Vgl. dazu BeckOK WpHR/Beritsky Art. 30 VO (EU) 596/2014 Rn. 73.

V. Anschlussfragen

26 **1. Begrenzung der behördlichen Handlungsermächtigung durch Grundrechte. a) Maßgebliches Grundrechtsregime.** Die Vorgaben des Art. 111 zwingen die nationalen Gesetzgeber den zuständigen Behörden **erhebliche Eingriffe** in die Grundrechte natürlicher und juristischer Personen zu eröffnen. Diese Wirkung wird potentiell noch dadurch verstärkt, dass verhängte verwaltungsrechtliche Maßnahmen in der Regel unter Angabe der Identität der natürlichen oder juristischen Person zu veröffentlichen sind (→ Art. 114 Rn. 4). Die Tätigkeitsverbote schränken die Ausübung der Erwerbstätigkeit der betroffenen Personen unter Umständen erheblich ein, die finanziellen Sanktionen sind potentiell geeignet existenzbedrohende Wirkung zu entfalten, aber auch die öffentliche Bekanntmachung kann aufgrund der **spezifischen Reputationsabhängigkeit des Finanzmarktes**[32] durchaus grundrechtssensibel sein.[33] Dabei muss sich Art. 111 ebenso wie nationale Umsetzungsvorschriften, jedenfalls sofern diese vollständig unionsrechtlich determiniert sind, unstreitig an den **Unionsgrundrechten**[34] messen lassen. In Bezug auf die nationalen Umsetzungsvorschriften bleiben, soweit sie über die Vorgaben des Art. 111 hinausgehen – beispielsweise, wenn der Gesetzgeber nicht nur eine Befugnis zur öffentlichen Bekanntgabe, sondern auch zu einer Warnung normiert –, nach der Rechtsprechung des BVerfG unmittelbar auch die **nationalen Grundrechte** maßgeblich[35]. Dabei können Tätigkeitsverbote sogar die Berufswahlfreiheit, Geldbußen unter besonderen Umständen nicht nur die allgemeine Handlungsfreiheit (Art. 2 Abs. 1 GG), sondern auch Art. 14 GG berühren.[36]

27 Problematischer ist welches Grundrechtsregime für die **Auswahl und Anwendung der verwaltungsrechtlichen Maßnahme im Einzelfall** maßgeblich ist.[37] Dabei sind grundrechtliche Grenzen hier besonders relevant, da Art. 111 grundsätzlich das Vorhalten eines jeweils mehrteiligen „Werkzeugkasten"[38] in Bezug auf ganz unterschiedliche Verstöße vorgibt, dessen Gefährdungspotential spätestens bei der konkreten Festlegung von Art und Umfang (grundrechtlich) einzufangen ist. Unionsrechtlich wird die Einzelfallentscheidung durch Art. 112 Abs. 1 eingehegt, der allerdings nur die Faktoren benennt, die in die Entscheidung einzufließen haben. Inwiefern hier eine Durchführung des Unionsrechts vorliegt, wäre wohl streitig.[39] Die Verordnung lässt bei der Festlegung von einzelnen Maßnahmen unstreitig

---

[32] Dazu ausführlich Eger, Unternehmensreputation als rechtlicher Parameter, 2020, 137; spezifisch zur Bankenaufsicht Vossen, Rechtsschutz in der europäischen Bankenaufsicht, 2020, S. 48, 58 f.; Heitzer, Don't mess with the regulator, 2023, 277 ff.
[33] Vgl. auch zum Lebensmittelrecht BVerfGE 148, 40 Rn. 25.
[34] Grundlegend EuGH 13.7.1989 – 5/88, Slg. 1989, I-2609 – Wachauf, stRspr; BVerfGE 73, 339 (387) – Solange II; BVerfGE 152, 216 Rn. 43 – Recht auf Vergessen II; stRspr; ausführlich zu den unterschiedlichen Ansätzen von EuGH und BVerfG sowie der Rechtsentwicklung Calliess/Ruffert/Kingreen GRCh Art. 51 Rn. 8 ff. mwN.
[35] BVerfGE 152, 152 Rn. 42 ff. – Recht auf Vergessen I.
[36] Vgl. zu den Anforderungen in der Rspr. des BVerfG ausführlich Dreier/Kempny GG Art. 14 Rn. 72 ff.; zu einzelnen Grundrechten auch Ackermann ZHR 179 (2015), 538 (553).
[37] Ähnlich zur parallelen Problematik in Bezug auf die Vorgaben aus der MAR BeckOK WpHR/Beritsky Art. 30 VO (EU) 596/2014 Rn. 20.
[38] So zum Kapitalmarktrecht v. Buttlar EuZW 2020, 598.
[39] Zu den unterschiedlichen Ansichten in Bezug auf verschiedene Fallkonstellationen ausführlich Calliess/Ruffert/Kingreen GRChArt. 51 Rn. 8 ff. mwN.

Spielräume, gleichzeitig schwebt darüber die Verpflichtung auf eine effektive Durchsetzung des Unionsrechts (Art. 4 Abs. 3 EUV), die durch Art. 111 und 112 in gewisser Weise näher ausgestaltet wird. Aus dieser Spannungslage kann ein synthetischer Ansatz einen Ausweg bieten, wonach auf die Entscheidung zwischen Grundrechtsregimen verzichtet werden kann, sofern sich ein kongruenter Standard aus ihrer Zusammenschau herausarbeiten lässt.[40]

b) Einzelfragen. Abs. 1 UAbs. 1 lit. f verpflichtet die Mitgliedstaaten angemessene Maßnahmen für den Fall vorzusehen, dass die betroffenen Personen im Rahmen von Untersuchungen nicht mit den Behörden kooperieren. Das wirft die Frage der Vereinbarkeit mit dem *Nemo-tenetur*-Grundsatz auf, der als gemeineuropäischer Standard auch von der Unionsrechtsordnung anerkannt ist und nach dem EuGH auch auf sog. **Verwaltungssanktionen strafrechtlicher Natur** anwendbar ist.[41] Mit dieser Problematik hatte sich der Gerichtshof bereits in Bezug auf die entsprechenden Regelung in der MAR teilweise auseinanderzusetzen und hat in diesem Rahmen einen Verstoß gegen Art. 47 Abs. 2 und Art. 48 GRCh abgelehnt. Auf Basis einer primärrechtskonformen Auslegung der sekundärrechtlichen Vorschriften sei ein **grundsätzliches Schweigerecht des Betroffenen** zum Schutz vor Selbstbelastung anzuerkennen, das es den **Mitgliedstaaten erlaubt, keine Sanktionen gegen eine natürliche Person zu verhängen**, die sich im Rahmen sie betreffender Ermittlungen weigert, der zuständigen Behörde Antworten zu geben, aus denen sich ihre Verantwortlichkeit für eine mit Verwaltungssanktionen strafrechtlicher Natur bewehrte Zuwiderhandlung oder ihre strafrechtliche Verantwortlichkeit ergeben kann.[42] Deutlich restriktiver war und ist die Linie des EuGH bisher in Bezug auf **juristische Personen,** etwa bezüglich der Pflicht zur Herausgabe inkriminierender Dokumente im Bereich des Kartellrechts,[43] was sich wohl auch in Bezug auf die finanzmarktrechtlichen Sanktionsvorschriften fortsetzen wird.[44] Insoweit sind in besonderer Weise die Mitgliedstaaten gefordert, denen hier mangels determinierender Vorgaben hinsichtlich der Art der vorzusehenden Maßnahmen (→ Rn. 16) ein Spielraum bei der Umsetzung verbleibt. In Deutschland wird diese Problematik bisher zum Teil in § 6 Abs. 15 WpHG adressiert.

Relevant werden kann auch das als tragender Grundsatz des Gemeinschaftsrechts anerkannte **Doppelbestrafungsverbot**,[45] das sich unter anderem in Art. 50 GRCh sowie Art. 4 Abs. 1 des Protokolls Nr. 7 zur EMRK einen positivrechtlichen Anknüpfungspunkt findet. Inwieweit letzterer auch auf verwaltungsrechtliche Sanktionen Anwendung findet, ist in der Rechtspre-

---

[40] BVerfGE 156, 182 Rn. 37 – Rumänien II; BVerfG BVerfG 158, 1 Rn. 58 ff. – Ökotox.
[41] Dazu sowie zu den Kriterien für eine entsprechende Einordnung EuGH 20.3.2018 – C-596/16 und C-597/16, EU:C:2018:192 Rn. 38 – Di Puma und Zecca; EuGH 20.3.2018 – C-537/16, EU:C:2018:193 Rn. 34 f. – Garlsson Real Estate; EuGH 2.2.2021– C-481/19, ECLI:EU:C:2021:84 Rn. 42 – Consob; dazu auch Nietsch WuB 2021, 374 (377) mwN; Beritsky BKR 2021, 340.
[42] EuGH 2.2.2021 – C-481/19, ECLI:EU:C:2021:84 Rn. 44 ff. – Consob.
[43] Vgl. etwa EuGH 18.10.1989 – 374/87, Slg. 1989, I-3283 Rn. 34 – Orkem; EuGH 29.6.2006 – C-301/04 P, Slg. 2006, I-5915 Rn. 41 – SGL Carbon.
[44] In diesem Sinne im Hinblick auf EuGH 2.2.2021– C-481/19, ECLI:EU:C:2021:84 Rn. 46 – Consob, aber jeweils kritisch Nietsch WuB 2021, 374 (377 f.); Beritsky BKR 2021, 340 (343 ff.) mwN.
[45] EuGH 15.10.2002 – C-238/99 P u. a., Slg. 2002, I-8375 Rn. 59 – Limburgse Vinyl Maatschappij.

chung des EGMR nicht eindeutig geklärt.[46] Der EuGH sieht in dem Nebeneinander von verwaltungsrechtlichen und strafrechtlichen Sanktionen im Bereich der Marktmissbrauchsregeln zwar eine Einschränkung von Art. 50 GRCh, die unter bestimmten Voraussetzungen, insbesondere zum Schutz der Integrität der Finanzmärkte, aber gerechtfertigt sein kann.[47] Die Verordnung verpflichtet die Mitgliedstaaten nicht zu strafrechtlichen Sanktionen und befreit sie von einer Pflicht zur Normierung verwaltungsrechtlicher Sanktionen, sofern die entsprechenden Verstöße nach mitgliedstaatlichem Recht strafrechtlich geahndet werden können (→ Rn. 8). Insofern liegt es insbesondere in der Verantwortung des nationalen Gesetzgebers potentielle Verletzungen des *ne bis in idem*-Grundsatz auszuschließen, dabei unterliegt er gegebenenfalls den strengeren Bindungen aus dem nationalen Verfassungsrecht.[48]

30 2. **Insbesondere: Verschuldenserfordernis.** Art. 111 enthält grundsätzlich keine Vorgaben dahingehend, ob die Verhängung der dort geregelten verwaltungsrechtlichen Sanktionen und anderen Maßnahmen eine Form von **Verschulden im Sinne einer persönlichen Vorwerfbarkeit**, also vorsätzliches oder fahrlässiges Verhalten voraussetzt. Eine Ausnahme gilt in Bezug auf Abs. 4 bzw. Abs. 5 lit. e, welche die Verhängung eines Tätigkeitsverbotes gegenüber anderen Personen als Mitgliedern von Leitungsorganen nur zulassen, wenn die Person für den Verstoß verantwortlich ist bzw. gemacht wird (→ Rn. 22). Vorsätzlichkeit oder Fahrlässigkeit des Verstoßes wird in Art. 112 als einer von mehreren Faktoren genannt und damit – anders als im ursprünglichen Vorschlag der Kommission[49] – nicht explizit herausgehoben. Das spricht dafür, dass ein Verschulden jedenfalls sekundärrechtlich nicht zwingend vorgeschrieben ist. Inwiefern der *nulla-poena-sine-culpa*-Grundsatz als allgemeiner unionsrechtlicher Rechtsgrundsatz hier Direktionskraft entfaltet, ist noch ungeklärt.[50] Sofern eine Maßnahme strafrechtsähnlichen Charakter hat, was jedenfalls in Bezug auf die Geldbußen nach Abs. 2 lit. c, Abs. 3 und Abs. 5 lit. h–j zutrifft, ist allerdings verfassungsrechtlich nach deutschem Recht ein Verschuldensbezug obligatorisch. Der *nulla poene sine culpa*-Grundsatz findet seine normative Grundlage im Rechtsstaatsprinzip[51] sowie vor allem der Menschenwürdegarantie (Art. 1 Abs. 1 GG)[52] und gehört damit sogar zum integrationsfesten Kern des Grundgesetzes.[53]

---

[46] EGMR NLMR 2014, 117 (121 f.); allerdings jetzt wieder eingeschränkt EGMR 2016, 556; zum Ganzen insbesondere auch vor dem Hintergrund des österreichischen Rechts Zeder NZWiSt 2017, 41 (45).
[47] EuGH 20.3.2018 – C-524/15, ECLI:EU:C:2018:197 Rn. 39 ff. – Menci; EuGH 20.3.2018 – C-537/16, ECLI:EU:C:2018:193 Rn. 32 ff., 42 ff. – Garlson Real Estate.
[48] Vgl. insbesondere zum österreichischen Recht etwa Zeder NZWiSt 2017, 41 (45).
[49] Vorschlag für eine Verordnungen des Europäischen Parlaments und des Rates über Märkte für Kryptowerte und zur Änderung der Richtlinie (EU) 2019/1937, COM/2020/ 593 final.
[50] EuGH 18.6.2013 – C-681/11, EuZW 2013, 624 – Schenker mkritAnm Meyer-Lindemann; zu Anknüpfungspunkten ausführlich die Schlussanträge GA Kokott NZKart 2013, 147 Rn. 42 ff.
[51] Grundlegend BVerfGE 20, 323.
[52] BVerfGE 57, 250 (275); 95, 96 (140), stRspr.
[53] BVerfGE 123, 267 (413); zum Ganzen auch Adam/Schmidt/Schumacher NStZ 2017, 7.

VI. Umsetzung durch das geplante FinmadiG

Nach dem Referentenentwurf für ein **Finanzmarktdigitalisierungs-** 31
gesetz[54] sollen auch die Vorgaben aus Art. 111 in Deutschland in einem
eigenen Fachgesetz, dem Gesetz zur Aufsicht über Märkte für Kryptowerte
(Kryptomärkteaufsichtsgesetz – KMAG-E), umgesetzt werden (zur bisherigen
Regelungstechnik → Rn. 5). Der Entwurf des KMAG-E (KMAG-E) übernimmt dabei nicht einfach die Systematik und Mindestvorgaben der Verordnung, sondern passt diese in ein aus anderen nationalen Rechtsakten wie
dem WpHG bekanntes – nicht immer ganz übersichtliches System – von
allgemeinen und besonderen Befugnissen ein. Insbesondere werden zahlreiche neue Bußgeldtatbestände geschaffen (§ 47 Abs. 3 und 4 KMAG-E) und
die entsprechenden Bußgeldrahmen in § 47 Abs. 5–9 KMAG-E differenziert
nach Berechnungsmethode, Art des Verstoßes sowie danach festgelegt, ob es
sich um eine natürliche oder juristische Person handelt.[55] Außerdem sieht das
KMAG-E insbesondere für Verstöße gegen bestimmte Zulassungspflichten
und Marktmissbrauchsregeln nicht nur verwaltungsrechtliche Maßnahmen,
sondern **strafrechtliche Sanktionen** vor (§ 46 Abs. 1 KMAG-E).[56] Auch in
Bezug auf andere Ermächtigungen, geht der deutsche Gesetzgeber über das
von der Verordnung vorgegebene Mindestmaß hinaus. So soll beispielsweise
der **Entzug der Zulassung** nicht nur bei Verstößen im Sinne von Abs. 1
lit. e (vgl. Abs. 5 lit. d) möglich sein, sondern auch bei Verstößen im Sinne
von Abs. 1 lit. b–d (§ 12 Abs. 1 KMAG-E). Anders als die entsprechende
Ermächtigung in § 6 Abs. 6 S. 1 WpHG,[57] ermöglicht § 4 Abs. 1 S. 3
KMAG-E **eine Anordnung der dauerhaften Einstellung** der den Verstoß
begründenden Handlung oder Verhaltensweise und vermeidet so die Problematik einer möglicherweise unzureichenden Umsetzung des Unionsrechts. Die Ermächtigung bezieht sich auf alle Verstöße gegen die Verordnung, nicht lediglich auf Verstöße im Sinne des Art. 111 Abs. 1 lit. a–e, und
alle vollziehbaren Anordnungen der BaFin. Die Rechtsgrundlage für **eine
Veröffentlichung von Verstößen** (§ 4 Abs. 4 KMAG-E), die neben die
unmittelbare Ermächtigung in Art. 114 tritt (→ Rn. 18),[58] beschränkt sich
nicht auf Verstöße im Sinne des Art. 111 Abs. 1 lit. a–e, sondern erstreckt
sich auf alle aufsichtsrechtlichen Verpflichtungen gegenüber dem Kunden,
aufsichtsrechtliche Bestimmungen oder Anordnungen der Bundesanstalt nach
den Vorschriften der Verordnung und des KMAG-E. Sie setzt nach ihrem
Wortlaut ferner nicht zwingend einen tatsächlichen Verstoß voraus, sondern
lässt einen hinreichend begründeten Verdacht insoweit genügen. Entsprechendes hatten die Gerichte teilweise schon in Bezug auf die Ermächtigung

---

[54] Bundesministerium der Finanzen, Entwurf eines Gesetz über die Digitalisierung des Finanzmarktes (Finanzmarktdigitalisierungsgesetz – FinmadiG), https://www.bundesfinanz ministerium.de/Content/DE/Gesetzestexte/Gesetze_Gesetzesvorhaben/Abteilungen/Abtei lung_VII/20_Legislaturperiode/2023-12-20-FinmadiG/2-Regierungsentwurf.pdf?__blob= publicationFile&v=2.
[55] Vgl. dazu im Einzelnen Bundesministerium der Finanzen, Entwurf eines Gesetz über die Digitalisierung des Finanzmarktes (Finanzmarktdigitalisierungsgesetz – FinmadiG), Begründung, S. 178 ff.
[56] Vgl. zur Differenzierung Bundesministerium der Finanzen, Entwurf eines Gesetz über die Digitalisierung des Finanzmarktes (Finanzmarktdigitalisierungsgesetz – FinmadiG), Begründung, S. 183 f.
[57] BeckOK Wertpapierhandelsrecht/Hippeli § 6 WpHG Rn. 76.
[58] Vgl. Bundesministerium der Finanzen, Entwurf eines Gesetz über die Digitalisierung des Finanzmarktes (Finanzmarktdigitalisierungsgesetz – FinmadiG), Begründung, S. 157.

des § 6 Abs. 2 S. 3 WpHG vertreten. In der Literatur ist dies kritisiert worden, weil dadurch potentiell die Befugnisse der BaFin auch insofern über das unionsrechtlich notwendige Maß ausgedehnt und in der Praxis einer effektiven gerichtlichen Überprüfung weitgehend entzogen würden.[59] Die **Sanktionsmöglichkeiten gegen Einzelpersonen,** insbesondere die Möglichkeit Mitglieder eines Leitungsorganes abzuberufen und Tätigkeitsverbote zu verhängen, sehen §§ 23 f. KMAG-E vor. § 24 KMAG-E erstreckt sich allerdings auch auf bestimmte Verstöße von Emittenten von vermögenswertreferenzierten Token und E-Geld-Token, was die Verordnung nicht zwingend vorschreibt.[60] Außerdem nimmt § 24 Abs. 1 Nr. 2 KMAG-E bei schwerwiegenden, systematischen oder wiederholten Verstößen die zeitliche Abstufung in Abs. 4 und Abs. 5 lit. e-g zwischen vorübergehendem und 10-jährigem Tätigkeitsverbot nicht auf, sondern ermöglicht dem Wortlaut nach ein dauerhaftes Tätigkeitsverbot. Anders als in Abs. 5 lit. f für ein mehr als vorübergehendes Tätigkeitsverbot vorgesehen, ist nach § 24 KMAG-E für Tätigkeitsverbot nicht zwingend ein wiederholter Verstoß notwendig, sondern soll auch ein schwerwiegender oder systematischer Verstoß ausreichen. Erst im Wege der Änderung des KMAG-E, die zum 31.12.2024 in Kraft treten soll, wird in § 24 Abs. 2 ein Verbot von Eigengeschäften normiert, das der Umsetzung der Anforderungen aus Abs. 5 S. 1 lit. g der Verordnung dienen soll.[61]

Artikel 112 Wahrnehmung der Aufsichts- und Sanktionsbefugnisse

(1) Bei der Festlegung von Art und Umfang einer nach Artikel 111 zu verhängenden verwaltungsrechtlichen Sanktion oder sonstigen verwaltungsrechtlichen Maßnahme berücksichtigen die zuständigen Behörden alle relevanten Umstände, gegebenenfalls einschließlich

a) der Schwere und Dauer des Verstoßes;
b) ob der Verstoß vorsätzlich oder fahrlässig begangen wurde;
c) des Grads an Verantwortung der für den Verstoß verantwortlichen natürlichen oder juristischen Person;
d) der Finanzkraft der für den Verstoß verantwortlichen natürlichen oder juristischen Person, wie sie sich aus dem Gesamtumsatz der verantwortlichen juristischen Person oder den Jahreseinkünften und dem Nettovermögen der verantwortlichen natürlichen Person ablesen lässt;
e) der Höhe der durch den Verstoß von der für den Verstoß verantwortlichen natürlichen oder juristischen Person erzielten Gewinne oder vermiedenen Verluste, sofern sich diese beziffern lassen;
f) der Verluste, die Dritten durch den Verstoß entstanden sind, sofern sich diese beziffern lassen;
g) des Ausmaßes der Zusammenarbeit der für den Verstoß verantwortlichen natürlichen oder juristischen Person mit der zuständigen Behörde, unbeschadet des Erfordernisses, die erzielten Gewinne oder vermiedenen Verluste dieser Person einzuziehen;

---

[59] Vgl. Hippeli BKR 2022, 405 (406).
[60] Bundesministerium der Finanzen, Entwurf eines Gesetz über die Digitalisierung des Finanzmarktes (Finanzmarktdigitalisierungsgesetz – FinmadiG), Begründung, S. 170.
[61] Bundesministerium der Finanzen, Entwurf eines Gesetz über die Digitalisierung des Finanzmarktes (Finanzmarktdigitalisierungsgesetz – FinmadiG), Begründung, S. 193.

h) früherer Verstöße gegen diese Verordnung der für den Verstoß verantwortlichen natürlichen oder juristischen Person;
i) der Maßnahmen, die von der für den Verstoß verantwortlichen Person ergriffen wurden, um eine Wiederholung des Verstoßes zu verhindern;
j) der Auswirkungen des Verstoßes auf die Interessen der Inhaber von Kryptowerten und der Kunden von Anbietern von Kryptowerte-Dienstleistungen, insbesondere Kleinanleger.

(2) Bei der Wahrnehmung ihrer Befugnisse zur Verhängung von verwaltungsrechtlichen Sanktionen oder anderen verwaltungsrechtlichen Maßnahmen nach Artikel 111 arbeiten die zuständigen Behörden eng zusammen, um sicherzustellen, dass die Wahrnehmung ihrer Aufsichts- und Untersuchungsbefugnisse sowie die von ihnen verhängten verwaltungsrechtlichen Sanktionen und anderen verwaltungsrechtlichen Maßnahmen wirksam und angemessen sind. Sie stimmen ihre Maßnahmen ab, um Doppelarbeit und Überschneidungen bei der Wahrnehmung ihrer Aufsichts- und Untersuchungsbefugnisse und bei der Verhängung von verwaltungsrechtlichen Sanktionen und anderen verwaltungsrechtlichen Maßnahmen in grenzüberschreitenden Fällen zu vermeiden.

Übersicht

	Rn.
I. Einführung	1
1. Entstehung und Zweck der Norm	1
2. Normativer Kontext	3
II. Kriterienkatalog (Abs. 1)	5
1. Grundlagen	5
2. Einzelne Kriterien	6
III. Zusammenarbeit zwischen den zuständigen Behörden (Abs. 2)	8

I. Einführung

1. Entstehung und Zweck der Norm. Art. 112 enthält **Faktoren**, die 1 die zuständigen Behörden bei der Festlegung der Art und der Höhe einer verwaltungsrechtlichen Sanktion oder einer anderen verwaltungsrechtlichen Maßnahme iSd Art. 111 zu berücksichtigen haben. Die Vorschrift **strukturiert damit die Auswahl- und Zumessungsentscheidung** und sorgt zum für eine gewisse Transparenz und Vorhersehbarkeit.[1] Vor allem soll dadurch aber ein **kongruenteres Vorgehen der Mitgliedstaaten** bei Verhängung von verwaltungsrechtlichen Maßnahmen bezweckt werden, dessen Fehlen im Zuge der Aufarbeitung der Finanzkrise als Problem identifiziert worden war.[2] Auch zu dieser Norm finden sich bereits **Entsprechungen in anderen Rechtsakten,** beispielsweise in Art. 31 der Marktmissbrauchsrichtlinie

---

[1] Lehmann/Kumpan/Kämmerer, European Financial Services Law, 2019, MAR 31 Rn. 1.
[2] Mitteilung der Kommission an das Europäische Parlament, den Rat, den Europäischen Wirtschafts- und Sozialausschuss und den Ausschuss der Regionen, Stärkung der Sanktionsregelungen im Finanzdienstleistungssektor, 8.12.2010, KOM(2010) 716 endg., S. 9 (ABl. 2010 C 248, 108); dazu auch Schwark/Zimmer/Kumpan/Misterek VO (EU) 596/2014 Art. 31 Rn. 1.

MiCAR Art. 112 Titel VII. Zuständige Behörde, EBA und ESMA

(MAR),[3] Art. 39 Prospektrichtlinie,[4] Art. 72 Abs. 2 MiFID-II,[5] Art. 68 Abs. 2 der Verordnung über das Paneuropäische Private Pensionsprodukt (PEPP)[6] oder Art. 40 der Schwarmfinanzierungsverordnung (SFi-VO).[7] Deshalb überrascht nicht, dass bereits Art. 93 des ursprünglichen Kommissionsvorschlages eine Art. 112 im Wesentlichen entsprechende Regelung enthielt[8]. Lediglich der **Aspekt der Vorsätzlichkeit bzw. Fahrlässigkeit** bei der Verursachung des Verstoßes ist im Laufe des Normgebungsverfahrens aus dem Einleitungssatz herausgenommen und in die Aufzählung aller anderen Kriterien eingereiht worden. Insofern weicht Art. 112 insbesondere von Art. 40 SFi-VO ab, in den anderen genannten Parallelregelungen ist das entsprechende Kriterium dagegen nicht als eigener Belang genannt.

2   Während Abs. 1 auf die Verbesserung der Kongruenz der Durchsetzung in den Mitgliedstaaten gerichtet ist, verpflichtet **Abs. 2** die Mitgliedstaaten zur **Koordination** untereinander und liefert seine Zwecksetzung gleich ausdrücklich mit: Die Zusammenarbeit soll Doppelarbeit und Überschneidungen bei der Verhängung von verwaltungsrechtlichen Sanktionen und anderen verwaltungsrechtlichen Maßnahmen in grenzüberschreitenden Fällen vermeiden und sicherstellen, dass die verhängten verwaltungsrechtlichen Maßnahmen wirksam und angemessen sind. Die Verhinderung von parallelem Vorgehen ist wie die Sicherung von Angemessenheit nicht nur im Sinne einer **effektiven Nutzung aufsichtsbehördlicher Ressourcen** geboten, sondern auch im Interesse der Betroffenen Unternehmen. Dass diese sich unmittelbar auf Abs. 2 berufen können, um eine Abstimmung zwischen den zuständigen Behörden zu fordern, ist nach dem Wortlaut wohl nicht anzunehmen (→ Rn. 8). Aufgrund des teilweise weit geratenen Wortlautes des Abs. 2 ergeben sich potentiell Überschneidungen zu Art. 95, der unter anderem in Abs. 1 auch für den Sonderfall des Art. 111 Abs. 1 UAbs. 2 eine Spezialregelung enthält (Art. 95 → Rn. 7).

3   **2. Normativer Kontext.** Auch in Anbetracht des systematischen Zusammenhangs mit Art. 111, der Regelungsaufträge an die nationale Legislative enthält, stellt sich die Frage, ob die dort genannten Kriterien unmittelbar gelten oder ebenfalls erst einer **Umsetzung durch den nationalen Gesetzgeber** bedürfen. Die Formulierung in Art. 112 Abs. 1 lautet „*die Mitglied-*

---

[3] Art. 30 Verordnung (EU) Nr. 596/2014 des Europäischen Parlaments und des Rates vom 16.4.2014 über Marktmissbrauch (Marktmissbrauchsverordnung) und zur Aufhebung der Richtlinie 2003/6/EG des Europäischen Parlaments und des Rates und der Richtlinien 2003/124/EG, 2003/125/EG und 2004/72/EG der Kommission (ABl. 2014 L 173, 1).

[4] Art. 38 Verordnung (EU) 2017/1129 des Europäischen Parlaments und des Rates vom 14.6.2017 über den Prospekt, der beim öffentlichen Angebot von Wertpapieren oder bei deren Zulassung zum Handel an einem geregelten Markt zu veröffentlichen ist und zur Aufhebung der Richtlinie 2003/71/EG (ABl. 2017 L 168, 12).

[5] Art. 70 Richtlinie 2014/65/EU des Europäischen Parlaments und des Rates vom 15.5.2014 über Märkte für Finanzinstrumente sowie zur Änderung der Richtlinien 2002/92/EG und 2011/61/EU (ABl. 2014 L 173, 349).

[6] Art. 67 Verordnung (EU) 2019/1238 des Europäischen Parlaments und des Rates vom 20.6.2019 über ein Paneuropäisches Privates Pensionsprodukt (ABl. 2019 L 198, 1).

[7] Art. 39 Verordnung (EU) 2020/1503 des Europäischen Parlaments und des Rates vom 7.10.2020 über Europäische Schwarmfinanzierungsdienstleister für Unternehmen und zur Änderung der Verordnung (EU) 2017/1129 und der Richtlinie (EU) 2019/1937 (ABl. 2020 L 347, 1).

[8] Vorschlag für eine Verordnungen des Europäischen Parlaments und des Rates über Märkte für Kryptowerte und zur Änderung der Richtlinie (EU) 2019/1937, COM/2020/593 final.

staaten berücksichtigen" und weicht damit insbesondere vom Wortlaut des Art. 31 MAR ab, dessen unmittelbare Wirkung teilweise verneint worden ist, weil er die Mitgliedstaaten zur Sicherstellung auffordert.[9] Diese Abweichung spricht dafür, dass die Vorgaben des Art. 112 Abs. 1 auch ohne nationalen Umsetzungsakt unmittelbar die nationale Exekutive binden sollen.[10] Auch der Referentenentwurf zum Finanzmarktdigitalisierungsgesetz zur Umsetzung der Verordnung sieht keine Regelung zur Umsetzung vor.[11] Diese muss die genannten Kriterien und alle sonstigen relevanten Umstände folglich **im Rahmen des Auswahl- und Zumessungsspielraums berücksichtigen**, ggf. werden damit nationale Regelungen überlagert. Sofern in einem Mitgliedstaat die Verhängung von Sanktionen unmittelbar durch die Judikative erfolgt, gilt eine entsprechende unmittelbare Bindung auch für diese.[12] Die Pflichten zur Zusammenarbeit in Abs. 2 sind jedenfalls unmittelbar an die zuständigen Behörden gerichtet, fordern gleichzeitig aber auch zu einer Schaffung der entsprechenden Rahmenbedingungen normativer und organisatorischer Art auf.

In Deutschland kommt der BaFin bei der Verhängung von Geldbußen im Rahmen von **§ 47 Abs. 1 S. 1, § 17 OWiG** grundsätzlich ein großer Spielraum zu, der es ermöglicht den Vorgaben des § 112 Rechnung zu tragen. Teilweise hat der Gesetzgeber die in § 17 Abs. 2 OWiG normierten Beschränkungen des Höchstmaßes der Geldbuße bei fahrlässigen Verstößen gegen unionales Finanzmarktrecht für nicht anwendbar erklärt (vgl. § 120 Abs. 25), so dass selbst diese Beschränkung nicht gelten würde, sofern Verstöße gegen diese Verordnung entsprechend umgesetzt würden. Zwar hat die BaFin in Bezug auf bestimmte Verstöße gegen das WpHG ihren Spielraum selbst durch den Erlass von Leitlinien (sog. **Bußgeldleitlinien**) ausgefüllt,[13] die auf Erfahrungen der BaFin in der wertpapieraufsichtsrechtlichen Sanktionspraxis zurückgehen. Mangels unmittelbarer Anwendbarkeit stehen dies der Berücksichtigung der Vorgaben von Art. 112 vorherein nicht entgegen. Selbst wenn man davon ausgeht, dass diese zum Teil allgemeine Grundsätze der Sanktionspraxis der BaFin verkörpern, lässt sich nicht erkennen, dass die dort vorgenommenen Wertungen den Vorgaben des Art. 112 nicht entgegenstehen.[14] Der **österreichische Gesetzgeber** dagegen hat die Vorgaben aus Parallelvorschriften einfach **ins nationale Recht übernommen** (zB § 158 BörsenG 2018, § 97 WAG 2018). Sofern er für Art. 112 den gleichen 4

---

[9] Schwark/Zimmer/Kumpan/Misterek VO (EU) 596/2014 Art. 31 Rn. 3; BeckOK WpHR/Bekritsky VO (EU) 596/2014 Art. 31 Rn. 3; nach Art. 31 MAR „stellen [die Mitgliedstaaten] sicher", dass die zuständigen Behörden bei der Bestimmung der Art und der Höhe der verwaltungsrechtlichen Sanktionen die berücksichtigen.

[10] So auch schon in Bezug auf Art. 31 MAR Lehmann/Kumpan/Kämmerer, European Financial Services Law, 2019, MAR 31 Rn. 3.

[11] Bundesministerium der Finanzen, Entwurf eines Gesetz über die Digitalisierung des Finanzmarktes (Finanzmarktdigitalisierungsgesetz – FinmadiG), https://www.bundesfinanzministerium.de/Content/DE/Gesetzestexte/Gesetze_Gesetzesvorhaben/Abteilungen/Abteilung_VII/20_Legislaturperiode/2023-12-20-FinmadiG/2-Regierungsentwurf.pdf?__blob=publicationFile&v=2.

[12] Entsprechend in Bezug auf Art. 31 MAR Assmann/Schneider/Mülbert/Spoerr WpHR VO Nr. 596/2014 Art. 31 Rn. 9; Schwark/Zimmer/Kumpan/Misterek VO (EU) 596/2014 Art. 31 Rn. 4.

[13] BaFin, WpHG-Bußgeldleitlinien (2013) und WpHG-Bußgeldleitlinien II (2016), <https://www.bafin.de/SharedDocs/Downloads/DE/Leitfaden/WA/dl_bussgeldleitlinien_2016.html>.

[14] In diesem Sinne auch in Bezug auf die MAR auch Seibt/Wollenschläger AG 2014, 593 (604).

Ansatz wählt, stellt sich dort die Frage der unmittelbaren Anwendbarkeit jedenfalls in der Praxis nicht.

II. Kriterienkatalog (Abs. 1)

5   1. **Grundlagen.** Dass Art. 112 sowohl **für verwaltungsrechtliche Sanktionen als auch für andere verwaltungsrechtliche Maßnahmen** gilt, ergibt sich unmittelbar aus dem Wortlaut. In Bezug auf die Parallelregelung in Art. 31 Abs. 1 MAR war insoweit Unsicherheit entstanden, als dieser sich explizit nur auf verwaltungsrechtliche Sanktionen, nicht auf andere verwaltungsrechtliche Maßnahmen bezieht.[15] Dass der Kriterienkatalog des Abs. 1 **nicht abschließend** ist, folgt schon aus der Einleitung mit „*einschließlich*",[16] und deckt sich insofern mit der Formulierung des entsprechenden Erwägungsgrundes.[17] Neben den aufgezählten Kriterien, müssen die zuständigen Behörden deshalb auch gegebenenfalls **alle weiteren relevanten Umstände** berücksichtigen. Die genannten Kriterien entsprechen im Wesentlichen denen, die auch in den nationalen Rechtsordnung im Rahmen der Zumessung angewandt werden.[18] Auch die Kriterien in den Bußgeldleitlinien der BaFin (dazu → Rn. 4) decken sich zu großen Teilen mit den Kriterien des Art. 112. Bei der Frage, inwiefern mildernde Faktoren, die Art. 112 nicht nennt – wie etwas lange Verfahrensdauer[19] – berücksichtigt werden dürfen, ist in der Konstellation des indirekten Vollzugs von Unionsrecht das unionale Interesse an einem effektiven Vollzug zu berücksichtigen, dieses setzt sich aber gegen unionsrechtlich anerkannte allgemeine Grundsätze – wie etwa den Grundsatz der Rechtssicherheit – nicht zwingend durch. Im Hinblick auf Art. 31 MAR wird angenommen, dass die explizit genannten Aspekte nicht alle zwingend in jedem Einzelfall berücksichtigt werden müssten, schließlich hat der Verordnungsgeber ein „**gegebenenfalls**" eingeschoben.[20] Wegen der gleichlautenden Formulierung, lässt sich dies auf Art. 112 Abs. 1 übertragen. Um ihre Entscheidungen rechtssicher zu treffen, müssen die für die anordnenden Behörden bzw. Gerichte aber den Kriterienkatalog des Abs. 1 abarbeiten, jedenfalls um feststellen zu können, ob die dort genannten Aspekte zu den relevanten Umständen gehören.

6   2. **Einzelne Kriterien.** Abs. 1 lit. b und c widmen sich dem Gesichtspunkt der Vorwerfbarkeit bzw. Verantwortlichkeit. Dabei werden wird neben dem **Grad der Verantwortlichkeit** (lit. c) auch die Frage, ob der betreffende Verstoß vorsätzlich oder fahrlässig begangen wurde, explizit als potentiell relevanter Umstand aufgeführt (lit. b). Bei den meisten Vorgängerregelungen, insbesondere Art. 31 Abs. 1 MAR, ist dies noch nicht der Fall, weshalb dort zwar auch teilweise auf eine Differenzierbarkeit hingewiesen und die Fahrlässigkeit/Vorsätzlichkeit unter Aspekt der Verantwortung (Art. 31 Abs. 1 lit. b) einbezogen wird.[21] In Bezug auf Abs. 1 sind beide Kriterien

---

[15] So beispielsweise Schwark/Zimmer/Kumpan/Misterek VO (EU) 596/2014 Art. 30 Rn. 15.
[16] So zu Art. 31 MAR Becker/Rodde ZBB 2016, 11 (15).
[17] ErwGR Nr. 99: „etwa".
[18] BeckOK OWiG/Sackreuther OWiG § 17 Rn. 34 ff.
[19] BaFin, WpHG-Bußgeldleitlinien (2013), 5 und Annex, I.
[20] Assmann/Schneider/Mülbert/Spoerr WpHR VO Nr. 596/2014 Art. 31 Rn. 6; Schwark/Zimmer/Kumpan/Misterek VO (EU) 596/2014 Art. 31 Rn. 4.
[21] BeckOK WpHR/Bekritsky VO (EU) 596/2014 Art. 31 Rn. 11 ff.; noch weitergehend Schwark/Zimmer/Kumpan/Misterek VO (EU) 596/2014 Art. 31 Rn. 8, wonach Grad der

nun getrennt zu prüfen. Grad der Verantwortung betrifft in Abgrenzung zu lit. b insbesondere die Rolle der betroffenen Person, dh ob diese etwa bei mehreren Beteiligten eher als treibende Kraft einzustufen ist oder eher einen geringen Beitrag zur Realisierung des Verstoßes geleistet hat.[22] In Bezug auf die **Fahrlässigkeit/Vorsätzlichkeit** des Verstoßes (lit. b), stellt sich die Frage, ob nicht eine unzulässige Doppelverwertung vorliegt, sofern das Verschulden bereits Tatbestandsvoraussetzung für die Verhängung einer verwaltungsrechtlichen Sanktion ist (→ Art. 111 Rn. 30). Sofern auf eine gesteigerte Form der einfachen Fahrlässigkeit oder Vorsätzlichkeit, wie etwa Leichtfertigkeit oder Absicht, als erschwerendes Kriterium abgestellt wird, ist das allerdings unproblematisch.[23] Der Vorwurf eines Verstoßes kann auch dadurch schwerer wiegen, dass die betroffene Person bereits zuvor Verstöße gegen die Verordnung begangen hat (lit. h). Daneben sind ganz allgemein die **objektive Schwere und Dauer des Verstoßes** zu berücksichtigen (lit. a). Subjektive Faktoren, die eine besondere Schwere begründen können – etwa Rücksichtslosigkeit –, sollen dagegen bei lit. b oder c einzuordnen sein.[24]

Ferner sollen die **Auswirkungen des Verstoßes,** nach Abs. 1 lit. e und f **7** insbesondere finanzielle Auswirkungen – in positiver Hinsicht für die Person, die den Verstoß begeht, aber auch in negativer Hinsicht für potentielle Geschädigte –, aber auch sonstige Auswirkungen des Verstoßes auf die Interessen der Inhaber von Kryptowerten und der Kunden von Anbietern von Kryptowerte-Dienstleistungen, insbesondere Kleinanleger (lit. j), berücksichtigt werden. Bei Bußgeldern spielt für die Effektivität einer Sanktion darüber hinaus vor allem die **Finanzkraft** der für den Verstoß verantwortlichen Person eine zentrale Rolle (lit. d), die mit Blick auf deren Gesamtumsatz oder Jahreseinkünfte und ihrem Nettovermögen bestimmt wird. Mildernd zu berücksichtigen ist dagegen potentiell das **„Nachtatverhalten",** dh wenn etwa die für den Verstoß verantwortliche Person bereits Maßnahmen ergriffen hat, um eine Wiederholung perspektivisch zu vermeiden (lit. i). Nicht völlig unproblematisch ist dagegen lit. g, wonach bei der Auswahl und Zumessung der verwaltungsrechtlichen Maßnahme auch das **Ausmaß der Zusammenarbeit** der für den Verstoß verantwortlichen Person mit der zuständigen Behörde relevant sein soll. Dieser Regelung gerät unter Umständen in Konflikt mit dem *nemo-tenetur*-Grundsatz, den der EuGH aber vermutlich wie bei Art. 111 Abs. 1 lit. f beschrieben auflösen würde (→ Art. 111 Rn. 28). Nicht ganz klar ist, was in diesem Zusammenhang der Zusatz bedeutet, dass dieser Aspekt – die Zusammenarbeit mit den Behörden – unbeschadet des Erfordernisses, die erzielten Gewinne oder vermiedenen Verluste dieser Person einzuziehen, zu berücksichtigen ist. Eine Klarstellung des Verhältnis zur Einziehung (nach Art. 111 Abs. 5 lit. c) wäre vielmehr in Bezug auf lit. e notwendig gewesen. In Bezug auf Art. 31 MAR ist insofern vertreten worden, dass der erzielte Gewinn nur dann berücksichtigt werden

---

Verantwortung im Sinne von Art. 31 Abs. 1 lit. b „insbesondere eine Differenzierung zwischen Leichtfertigkeit einerseits und den verschiedenen Vorsatzformen" bedeutet.
[22] Entsprechend zu Art. 31 Abs. 1 MAR BeckOK WpHR/Bekritsky VO (EU) 596/2014 Art. 31 Rn. 11 und 11.1.
[23] In diesem Sinne auch zu Art. 31 MAR Schwark/Zimmer/Kumpan/Misterek VO (EU) 596/2014 Art. 31 Rn. 8.
[24] Vgl. zu Art. 31 Abs. 1 MAR BeckOK WpHR/Bekritsky VO (EU) 596/2014 Art. 31 Rn. 8, der zur Konkretisierung insbesondere Überlegungen aus den Leitlinien der Kommission im Kartellrecht heranzieht.

darf, wenn er im Vermögen des Unternehmens verbleibt.[25] Sofern der Gewinn aber bezifferbar ist, sprechen in der Regel wenig Gründe dafür diesen nicht einzuziehen. Da die Bezifferbarkeit auch Voraussetzung für die Berücksichtigung nach lit. e ist, hätte dieser danach tatsächlich wohl eine geringe praktische Bedeutung.

III. Zusammenarbeit zwischen den zuständigen Behörden (Abs. 2)

8   Die zuständigen Behörden werden in Abs. 2 verpflichtet, zu kooperieren, um insbesondere die aufsichtsbehördlichen Ressourcen effektiv zu nutzen. Die Vermeidung von Überschneidungen liegt aber auch im Interesse der beaufsichtigten Unternehmen und ist vor dem Hintergrund des auch unionsrechtlich anerkannten **Doppelbestrafungsverbot** (Art. 111 → Rn. 29), das im Rahmen seines Anwendungsbereichs auch transnationale Wirkung hat,[26] primärrechtlich sogar in gewisser Weise indiziert. Der subjektiv-rechtliche Schutz greift aber – sofern man davon ausgeht, dass Abs. 2 keine individuellen Rechte vermittelt (→ Rn. 2) – somit wohl erst in Bezug auf das Ergebnis nicht schon in Bezug auf die Durchführung des Verfahrens, die für die betroffenen Unternehmen aber bereits ebenfalls – unabhängig vom Ergebnis – eine große Belastung sein kann. Eine Schwäche in dieser Verpflichtung zur Kooperation ist auch, dass nicht näher vorgeschrieben ist, wie sie mit Leben zu füllen ist,[27] insbesondere werden **keine konkreten Kooperationsmechanismen** vorgesehen.

Artikel 113 Rechtsmittel

(1) Die Mitgliedstaaten stellen sicher, dass Entscheidungen der zuständigen Behörden im Rahmen dieser Verordnung ordnungsgemäß begründet werden und gegen sie Rechtsmittel bei einem Gericht eingelegt werden können. Rechtsmittel bei einem Gericht können ebenfalls eingelegt werden, wenn über einen Zulassungsantrag, der alle nach den geltenden Vorschriften erforderlichen Angaben enthält, nicht binnen sechs Monaten nach seinem Eingang entschieden worden ist.

(2) Die Mitgliedstaaten sorgen dafür, dass eine oder mehrere der folgenden nach nationalem Recht bestimmten Stellen gemäß dem nationalen Recht die Gerichte oder die zuständigen Verwaltungsinstanzen im Interesse von Verbrauchern anrufen kann bzw. können, damit die Anwendung dieser Verordnung sichergestellt ist:

a) öffentliche Einrichtungen oder ihre Vertreter,
b) Verbraucherverbände, die ein berechtigtes Interesse am Schutz der Inhaber von Kryptowerten haben, und
c) Berufsverbände, die ein berechtigtes Interesse daran haben, sich für den Schutz ihrer Mitglieder einzusetzen.

---

[25] BeckOK WpHR/Bekritsky VO (EU) 596/2014 Art. 31 Rn. 16.
[26] Calliess/Ruffert/Blanke EU-GRCharta Art. 50 Rn. 1; Pechstein/Nowak/Häde, Frankfurter Kommentar EUV/GRC/AEUV/Hochmayr GRC Art. 50 Rn. 1.
[27] Insofern auch kritisch in Bezug auf Art. 31 MAR auch Schwark/Zimmer/Kumpan/ Misterek VO (EU) 596/2014 Art. 31 Rn. 13.

Art. 113 MiCAR

Übersicht

	Rn.
I. Einführung	1
1. Entstehung und Zweck der Norm	1
2. Normativer Kontext	2
II. Anforderungen nach Abs. 1	3
1. Anwendungsbereich	3
2. Begründungserfordernis	4
3. Eröffnung des Rechtswegs	5
III. Geltendmachung von Verbraucherschutzinteressen	6

I. Einführung

1. Entstehung und Zweck der Norm. Der Regelungsinhalt von Art. 113 unterfällt in zwei unterschiedliche Teile: **Abs. 1** stellt die Geltung **rechtsstaatlich fundierter Anforderungen** klar, die sich im Wesentlichen schon aus dem Primärrecht bzw. den allgemeinen Grundsätzen des Unionsrechts ergeben (→ Rn. 2), insbesondere das Erfordernis einer Begründung von Entscheidungen sowie der Gewährleistung eines Rechtsmittels gegen Entscheidung der zuständigen Behörden im Rahmen der Verordnung – allerdings ohne weitere Konkretisierung. Vor diesem Hintergrund kommt ihm wohl nur eine geringe eigenständige praktische Bedeutung zu. Dagegen enthält **Abs. 2** eine **spezifische Verpflichtung,** die im Kommissionsentwurf noch nicht enthalten war,[1] sondern erst auf Vorschlag des Europäischen Parlaments eingefügt worden ist.[2] Die Mitgliedstaaten müssen sicherstellen, dass eine oder mehrere der in lit. a–c aufgelisteten Stellen die Gerichte oder die zuständigen Verwaltungsinstanzen im Interesse von Verbrauchern befassen können, um die Anwendung der Verordnung sicherzustellen. 1

2. Normativer Kontext. Die Notwendigkeit zur Begründung von Entscheidungen ist ein „**Grundprinzip des Unionsrechts**"[3], das inzwischen auch in Art. 41 Abs. 2 lit. c GRCh einen primärrechtlichen Anknüpfungspunkt findet. Der EuGH geht aber im Hinblick auf den Wortlaut von Art. 41 davon aus, dass dieser sich nicht an die Mitgliedstaaten richtet.[4] Die sekundärrechtliche Anordnung des Begründungserfordernisses in Art. 113 Abs. 1 entbindet von einer Entscheidung dieser Auseinandersetzung in der Praxis sowie von der Beantwortung der Frage, ob sich ein solches auch in Bezug auf die mitgliedstaatlichen Behörden aus den allgemeinen Grundsätzen des Unionsrechts oder den mitgliedstaatlichen Verfassungsordnungen ergibt. Da die Vorschrift das Begründungserfordernis aber nicht näher konkretisiert, bedarf es insofern eines Rückgriffs auf die von der Rechtsprechung insofern entwickelten Maßstäbe (→ Rn. 4). Auch die **Gewährleistung von Rechtsmittel** gegen Entscheidungen der zuständigen Behörden ist – jedenfalls dann, wenn 2

---

[1] Vorschlag für eine Verordnungen des Europäischen Parlaments und des Rates über Märkte für Kryptowerte und zur Änderung der Richtlinie (EU) 2019/1937, COM/2020/ 593 final.
[2] Rat der Europäischen Union, MiCA: Proposal for a regulation on Markets in crypto-assets – Three-column table to commence trilogues (1.4.2022); Interinstitutional File: 2020/ 0265 (COD), 652 f.
[3] EuG 2.7.1992 – T-61/89, Slg. 1992, II-1931 Rn. 129 – Dansk Pelsdyravlerforening; EuG 26.9.1997 – T-183/97 R, Slg. 1997, II-1473 Rn. 56 – Micheli.
[4] EuGH 17.7.2014 – C-141/12 und C-372/12, ECLI:EU:C:2014:2081 Rn. 66 f. – Y.S.; EuGH NVwZ-RR 2015, 233; aA Pechstein/Nowak/Häde, Frankfurter Kommentar EUV/ GRC/AEUV/Terhechte GRC Art. 41 Rn. 16 mwN.

dadurch in die Rechtsstellung von Personen eingegriffen wird – ein Postulat das sich schon aus der Garantie effektiven Rechtsschutzes ergibt, welche inzwischen in **Art. 47 GRCh** ausdrücklich verankert ist. Die sekundärrechtliche Bekräftigung, dass Entscheidungen der zuständigen Behörden im Rahmen dieser Verordnung angefochten können werden müssen, setzt aber möglicherweise einen Akzent in der Abwägung des Rechts auf effektiven Rechtsschutz mit dem **Grundsatz der Verfahrensautonomie** der Mitgliedstaaten. Anders als die anderen Regelung in diesem Kapitel sieht beispielsweise die MAR keine Art. 113 entsprechende Vorschrift vor, die SFi-VO enthält lediglich ein Äquivalent zu Abs. 1. Patenregelungen finden sich allerdings beispielsweise in Art. 74 MIFID-II bzw. in Art. 52 der – bereits außer Kraft getretenen – Finanzmarkt-Richtlinie.[5]

II. Anforderungen nach Abs. 1

3   **1. Anwendungsbereich.** Der Anwendungsbereich von Abs. 1 bezieht sich auf „Entscheidungen", ein Begriff der in der Verordnung nicht definiert oder näher konkretisiert wird. Wenn die Vorschrift aber tatsächlich als Bekräftigung des Rechts auf effektiven Rechtsschutzes gedacht ist, muss er **weit zu verstehen** sein und insbesondere auch Handlungen umfassen, die nach nationalem Recht als **Realakte bzw. schlichtes Verwaltungshandeln** eingestuft werden, dh beispielsweise die öffentliche Bekanntmachung von Entscheidungen im Sinne von Art. 114. Während des Gesetzgebungsverfahrens ist die Formulierung des Bezugspunktes von „*any decision*" auf Initiative des Rates in „*decisions*" geändert worden.[6] Damit weicht die Regelung insofern beispielsweise von Art. 74 Abs. 2 MIFID II ab. Inwiefern darin tatsächlich eine relevante inhaltliche Änderung liegt, bleibt allerdings fraglich. Dem Wortlaut nach erstreckt sich Art. 113 Abs. 1 S. 1 auf **Entscheidungen im Rahmen der Verordnung** und ist demnach nicht auf verwaltungsrechtliche Maßnahmen iSd Art. 111 beschränkt. Bestätigt wird eine weite Interpretation des Anwendungsbereichs der Vorschrift auch durch den systematischen Zusammenhang mit Art. 113 Abs. 1 S. 2, wonach eine Möglichkeit vorzusehen ist, eine unterbliebene Entscheidung über einen Zulassungsantrag zu erzwingen. Dies steht mit den verwaltungsrechtlichen Maßnahmen nach Art. 111 in keinem Zusammenhang.

4   **2. Begründungserfordernis.** Da Abs. 1 **keinerlei Konkretisierung** in Bezug auf die Anforderungen an das Begründungserfordernis trifft, stellt sich die Frage, was eine ordnungsgemäße Begründung im Sinne dieser Vorschrift voraussetzt. Die in der Rechtsprechung primär in Bezug auf die Unionsverwaltung entwickelten **allgemeinen Grundsätze** lassen sich hier entsprechend heranziehen: Der erforderliche **Umfang** ist von der Natur des betreffenden Rechtsakts[7] sowie der Schwere der Folgen für seine Adressaten abhängig.[8] Die

---

[5] Richtlinie 2004/39/EG des Europäischen Parlaments und des Rates vom 21.4.2004 über Märkte für Finanzinstrumente, zur Änderung der Richtlinien 85/611/EWG und 93/6/EWG des Rates und der Richtlinie 2000/12/EG des Europäischen Parlaments und des Rates und zur Aufhebung der Richtlinie 93/22/EWG des Rates (ABl. 2004 L 145, 1).
[6] Rat der Europäischen Union, MiCA: Proposal for a regulation on Markets in crypto-assets – Three-column table to commence trilogues (1.4.2022); Interinstitutional File: 2020/0265 (COD), 652.
[7] EuGH 1.7.1986 – C-185/85, Slg. 1986, I-2079 Rn. 20 – Usinor.
[8] EuG 26.12.1997 – T-183/97 R, Slg. 1997, II-1473 Rn. 56 – Micheli; in diesem Sinne beispielsweise auch EuG 6.12.1994 – T-450/93, Slg. 1994, II-1177 Rn. 52 – Lisrestal.

Behörde muss zwar nicht jeden einschlägigen tatsächlichen oder rechtlichen Gesichtspunkt im Einzelnen nennen, aber **klar und eindeutig** die Überlegungen des Entscheidungsträgers erkennen lassen.[9] Die Begründung dient zum einen dazu, die zur Überprüfung beauftragten Gerichte in die Lage zu versetzen, ihre Kontrollaufgabe wahrnehmen zu können,[10] zum anderen aber auch dem Betroffenen, der auf dieser Basis die Rechtmäßigkeit der Entscheidung einschätzen können soll,[11] sowie einer gewissen Disziplinierung des Entscheidungsträgers. Vor diesem Hintergrund muss sie grundsätzlich mit der Entscheidung erfolgen, ein Nachschieben ist – nach der jüngeren Rechtsprechung des EuGH – nicht ohne Weiteres möglich.[12]

3. Eröffnung des Rechtswegs. Dass jeder Person, die eine potentielle 5 Verletzung in durch das Unionsrecht gewährleisteten Rechten geltend machen kann, die Möglichkeit gewährleistet sein muss, bei einem Gericht einen wirksamen Rechtsbehelf einzulegen, ergibt sich bereits aus **Art. 47 GRCh**, der auch die Mitgliedstaaten jedenfalls dann verpflichtet, wenn diese Unionsrecht durchführen.[13] Aufgrund der sekundärrechtlichen Verpflichtung Rechtsmittel vorzusehen, kommt es insoweit auf möglicherweise divergierende Auffassungen in Bezug Geltung der Unionsgrundrechte in der konkreten Konstellation nicht mehr an. Fraglich ist allerdings, inwiefern Art. 113 Abs. 1 darüber hinaus ein **eigener Bedeutungsgehalt** zukommt. Zum einen beschränkt die Vorschrift die Pflicht zur Gewährleistung eines Rechtsmittels dem Wortlaut nach nicht ausdrücklich auf Entscheidungen, die eine subjektive Rechtsverletzung begründen, so dass sich insofern eine Erweiterung ergeben könnte. Eine Pflicht den Rechtsweg frei von **subjektiven Zulassungsvoraussetzungen** zu eröffnen, wäre allerdings ein erheblicher Eingriff in die Verfahrensautonomie der Mitgliedstaaten und eine Weichenstellung von solchem Gewicht, dass der Verordnungsgeber dies hätte deutlicher zum Ausdruck bringen müssen. Deshalb ist davon auszugehen, dass die Regelung die Zugangsvoraussetzungen nicht modifizieren wollte. Über Abs. 1 S. 2 soll allerdings sichergestellt werden, dass die mitgliedstaatlichen Rechtsordnungen auch eine **Untätigkeitsklage** für den Fall zur Verfügung stellen, dass eine Behörde nicht binnen sechs Monaten über einen Zulassungsantrag entschieden hat. Der österreichische Gesetzgeber hat in Art. 130 Abs. 1 Nr. 3 B-VG die Möglichkeit einer allgemeine Säumnisbeschwerde geschaffen,[14] die in der Regel nach Ablauf von sechs Monaten zulässig ist (§ 8 VwGVG). Nach dem deutschen Recht ist einem Antragsteller generell bereits nach dem Ablauf von drei Monaten eine Klagemöglichkeit eröffnet (§ 75 S. 3 VwGO).

---

[9] EuG 26.9.1997 – T-183/97 R, Slg. 1997, II-1473 Rn. 56 – Micheli; in Bezug auf Rechtsakte so ebenfalls EuG 8.11.2004 –T-176/01, Slg. 2004, II-3931 Rn. 106 – Ferriere Nord.
[10] EuGH 1.7.1986 – C-185/85, Slg. 1986, I-2079 Rn. 20 – Usinor; EuGH 26.9.1997 – T-183/97 R, Slg. 1997, II-1473 Rn. 56 – Micheli; EuGH 28.6.2005 – C-189/02 P, Slg. 2005, I-5425 Rn. 462 – Dansk Rørindustri, mwN.
[11] EuGH 22.1.2004 – C-353/01 P, Slg. 2004, I-1073 Rn. 32 – Mattila; EuGH 28.6.2005 – C-189/02 P, Slg. 2005, I-5425 Rn. 462 – Dansk Rørindustri, mwN.
[12] EuGH 22.1.2004 – C-353/01 P, Slg. 2004, I-1073 Rn. 32 – Mattila; EuGH 28.6.2005 – C-189/02 P, Slg. 2005, I-5425 Rn. 463 – Dansk Rørindustri.
[13] Erläuterungen zur Charta der Grundrechte (ABl. 2007 C 303, 29); vgl. dazu auch Jarass GrCh EU-Grundrechte-Charta Art. 47 Rn. 4; weiter noch über Art. 19 Abs. 1 UAbs. 2 EUV etwa EuGH 24.6.2019 – C-619/18 Rn. 50 – Kommission/Polen.
[14] Dazu Grabenwarter/Mathis ZVG 2014, 290 ff.

III. Geltendmachung von Verbraucherschutzinteressen

6 Nach Abs. 2 muss mindestens einem der in lit. a–c kategorisierten **Repräsentanten von Verbraucherinteressen** – öffentlichen Einrichtungen, Verbraucherverbänden oder Berufsverbänden –, durch das nationale Recht die Möglichkeit eröffnet werden, die **Gerichte oder die zuständigen Verwaltungsinstanzen anzurufen,** um die Anwendung dieser Verordnung sicherzustellen. Das deutsche Recht sieht in § 4b FinDAG allgemein die Möglichkeit für Stellen nach § 3 Abs. 1 Nr. 1 UKlaG vor, bei einem potentiellen Verstoß gegen Bestimmungen, die der Aufsicht der BaFin unterliegen, Beschwerde bei dieser einzureichen. Voraussetzung dafür ist eine Eintragung als qualifizierter Verbraucherverband nach dem nationalen Recht bzw. als qualifizierte Einrichtungen im entsprechenden Verzeichnis nach der Verbandsklagerichtlinie[15].

Artikel 114 Öffentliche Bekanntmachung von Entscheidungen

(1) Eine Entscheidung, wegen eines Verstoßes gegen diese Verordnung gemäß Artikel 111 verwaltungsrechtliche Sanktionen und andere verwaltungsrechtliche Maßnahmen zu verhängen, wird von den zuständigen Behörden auf ihren offiziellen Websites veröffentlicht, unverzüglich nachdem die von der Entscheidung betroffene natürliche oder juristische Person über die Entscheidung informiert wurde. Diese Bekanntmachung umfasst zumindest Angaben zu Art und Charakter des Verstoßes sowie zur Identität der verantwortlichen natürlichen oder juristischen Personen. Entscheidungen, durch die Maßnahmen mit Ermittlungscharakter verfügt werden, müssen nicht veröffentlicht werden.

(2) Ist die zuständige Behörde nach einer einzelfallbezogenen Bewertung zu der Ansicht gelangt, dass die Bekanntmachung der Identität der juristischen Personen oder der Identität oder der personenbezogenen Daten der natürlichen Personen unverhältnismäßig wäre, oder würde eine solche Bekanntmachung eine laufende Untersuchung gefährden, so verfahren die zuständigen Behörden auf eine der folgenden Weisen:
a) Sie machen die Entscheidung, mit der eine verwaltungsrechtliche Sanktion oder eine sonstige verwaltungsrechtliche Maßnahme verhängt wird, erst dann bekannt, wenn die Gründe für die Nichtbekanntmachung weggefallen sind;
b) sie machen die Entscheidung, mit der eine verwaltungsrechtliche Sanktion oder eine sonstige verwaltungsrechtliche Maßnahme verhängt wird, in einer mit dem nationalen Recht in Einklang stehenden Weise in anonymisierter Form bekannt, sofern durch diese anonymisierte Bekanntmachung der wirksame Schutz der betreffenden personenbezogenen Daten sichergestellt wird;
c) sie sehen davon ab, die Entscheidung über die Verhängung einer verwaltungsrechtlichen Sanktion oder sonstigen verwaltungsrechtlichen Maßnahme bekannt zu machen, wenn die unter den Buchstaben a und b vorgesehenen Möglichkeiten ihrer Ansicht nach nicht ausreichen, um zu gewährleisten, dass

---

[15] Richtlinie (EU) 2020/1828 des Europäischen Parlaments und des Rates vom 25.11.2020 über Verbandsklagen zum Schutz der Kollektivinteressen der Verbraucher und zur Aufhebung der Richtlinie 2009/22/EG (ABl. 2020 L 409, 1).

i) die Stabilität der Finanzmärkte nicht gefährdet wird, und
ii) die Bekanntmachung einer derartigen Entscheidung auch bei geringfügigen Maßnahmen verhältnismäßig ist.

Im Falle einer Entscheidung, eine verwaltungsrechtliche Sanktion oder sonstige verwaltungsrechtliche Maßnahme nach Unterabsatz 1 Buchstabe b in anonymisierter Form bekannt zu machen, kann die Bekanntmachung der relevanten Daten für eine vertretbare Zeitspanne zurückgestellt werden, wenn abzusehen ist, dass die Gründe für die anonymisierte Bekanntmachung nach Ablauf dieser Zeitspanne wegfallen werden.

(3) Werden gegen eine Entscheidung zur Verhängung einer verwaltungsrechtlichen Sanktion oder einer sonstigen Maßnahme Rechtsmittel bei den zuständigen Gerichten oder Verwaltungsinstanzen eingelegt, geben die zuständigen Behörden dies auf ihrer offiziellen Website sofort bekannt und informieren dort auch über den Ausgang dieses Verfahrens. Bekannt gegeben wird auch jede Entscheidung, mit der eine frühere Entscheidung über die Verhängung einer verwaltungsrechtlichen Sanktion oder sonstigen verwaltungsrechtlichen Maßnahme aufgehoben wird.

(4) Die zuständigen Behörden stellen sicher, dass Bekanntmachungen nach diesem Artikel ab dem Zeitpunkt ihrer Veröffentlichung mindestens fünf Jahre lang auf ihrer offiziellen Website zugänglich bleiben. Enthält die Bekanntmachung personenbezogene Daten, so bleiben diese nur so lange auf der offiziellen Website der zuständigen Behörde einsehbar, wie dies nach den geltenden Datenschutzbestimmungen erforderlich ist.

Übersicht

	Rn.
I. Einführung	1
1. Literatur	1
2. Entstehung und Zweck der Norm	2
3. Normativer Kontext	3
II. Bekanntmachungspflicht	4
1. Anwendungsbereich, Inhalt und zeitliche Anforderungen	4
2. Ausnahmen (Abs. 2)	7
III. Anschlussfragen	8
1. Rechtsschutz	8
2. Höherrangiges Recht/Anwendung im Einzelfall	9

I. Einführung

1. Literatur. *Armbrüster/Böffel,* „Naming and shaming" als Instrument zur 1 Ahndung von Rechtsverstößen, ZIP 2019, 1885; *Koch,* Naming und Shaming im Kapitalmarktrecht, 2019; *Reimer,* Adverse Publizität. Der Pranger im Verwaltungsrecht, JöR 58 (2010), 275; *Schmieszek/Langer,* Der Pranger: Instrument moderner Finanz- und Wirtschaftsregulierung?; WM 2014, 1894.

2. Entstehung und Zweck der Norm. Die in Art. 114 angeordnete 2 Pflicht, Entscheidungen über die Verhängung von verwaltungsrechtlichen Maßnahmen in Reaktion auf Verstöße im Sinne von Art. 111 grundsätzlich bekannt zu machen, gehört inzwischen auch zum **Standardelement des „Werkzeugkastens"**[1] der Durchsetzung des Unionsrechts (nicht nur) in der

---
[1] In Bezug auf das Kapitalmarktrecht v. Buttlar EuZW 2020, 599 (599 f., 601 f.).

Finanzmarktregulierung (vgl. zB die Parallelvorschriften in Art. 34 MAR, Art. 42 Prospektverordnung, Art. 71 MiFID II, Art. 42 SFi-VO), das in der Literatur seit längerem unter dem schillernden Begriff des **„naming and shaming"** firmiert.[2] Darin kommt anders als in der Überschrift des Art. 114 zum Ausdruck, dass die Veröffentlichung nicht bloß der Befriedigung eines Informationsbedürfnisses der Öffentlichkeit dient, sondern ihr ein eigener Sanktionscharakter innewohnt[3], der vom Normgeber auch genauso intendiert wird. Aufgrund der **spezifischen Reputationsabhängigkeit** der Finanzmärkte,[4] wird die öffentliche Bekanntmachung von Verstößen überwiegend als besonders wirksames Instrument wahrgenommen,[5] vor allem aber in der deutschen Literatur häufig als schon im Ansatz problematisch kategorisiert.[6] Problematisch ist insbesondere, dass Restitution im Falle möglicher Rechtsverletzungen auf dem Rechtsschutzweg kaum zu erreichen ist (→ Rn. 8). Eine dem Art. 114 entsprechende Regelung war bereits in Art. 95 des ursprünglichen Kommissionentwurfs vorgesehen.[7] Der Rat hat lediglich die Anforderungen in zeitlicher Hinsicht von „*immediatley*" zu „*with undue delay*" abgeschwächt.[8]

3 **3. Normativer Kontext.** Bei der öffentlichen Bekanntmachung handelt es sich – auch in Anbetracht des soeben Dargestellten – um einen ggf. erheblichen Eingriff gegenüber den Adressaten einer Maßnahme, der einer **Rechtsgrundlage** bedarf.[9] Bisher haben sowohl der deutsche als auch der österreichische Gesetzgeber entsprechende Regelungen **im nationalen Recht umgesetzt bzw. konkretisiert,** was aus Gründen der Rechtssicherheit und Bestimmtheit zu begrüßen oder sogar geboten ist. In Deutschland ist die Umsetzung entsprechender Regeln bisher im Rahmen der Regelungen über Straf- und Bußgeldvorschriften im WpHG in den §§ 123 ff. erfolgt. Bei Fragen, die das Unionsrecht nicht eindeutig beantwortet oder bewusst offengelassen hat, verfolgt der **deutsche Gesetzgeber** dabei bisher **tendenziell restriktive Lösungen** im Sinne der Rechte der Betroffenen (→ Rn. 5 f.).[10] Die Umsetzung von Parallelregelungen in Österreich (wie beispielsweise § 100 WAG 2018, § 161 BörseG 2018) liegt dagegen recht nahe am Wortlaut von Art. 114. Im Referentenentwurf zum **Finanzmarktdigitalisie-**

---

[2] Zu einem breiteren Überblick Armbrüster/Böffel ZIP 2019, 1885 ff.; Schmieszek/Langer WM 2014, 1894.

[3] Dazu grundlegend Koch, Naming and Shaming im Kapitalmarktrecht, 2019, S. 14, 55 ff.

[4] Dazu ausführlich Heitzer, Don`t mess with the regulator, 2023, 257 ff. mzN, insbesondere auch aus der Reputationsforschung.

[5] Veil in Veil, European Capital Markets Law, § 2 Rn. 15; Koch, Naming and Shaming im Kapitalmarktrecht, 2019, S. 13 und 240 ff.

[6] Reimer JöR 58 (2010), 275 (287); Meyer/Veil/Rönnau MarktmissbrauchsrechtsR-HdB/Rönnau/Wegner, 2018, § 30 Rn. 3; zur Kritik auch umfassend Koch, Naming and Shaming im Kapitalmarktrecht, 2019, S. 14, 245 ff. mzN; Schwark/Zimmer/Kumpan/Misterek VO (EU) 596/2014 Art. 4 ff.; jeweils mwN.

[7] Vorschlag für eine Verordnungen des Europäischen Parlaments und des Rates über Märkte für Kryptowerte und zur Änderung der Richtlinie (EU) 2019/1937, COM/2020/593 final.

[8] Rat der Europäischen Union, MiCA: Proposal for a regulation on Markets in crypto-assets – Three-column table to commence trilogues (1.4.2022); Interinstitutional File: 2020/0265 (COD), 653.

[9] Vgl. in Bezug auf das Lebensmittelrecht BVerfGE 148, 40 Rn. 25 ff.

[10] So zur Parallelregelung in der MAR auch etwa Seibt/Wollenschläger AG 2014, 593 (605); Poelzig NZG 2016, 492 (500); Schwark/Zimmer/Kumpan/Misterek VO (EU) 596/2014 Art. 34 Rn. 2.

rungsgesetzes[11] geht der Gesetzgeber von in Art. 114 selbst angelegten Offenlegungsbefugnisse aus und hat deswegen auf eine Umsetzung verzichtet (→ Art. 111 Rn. 18, 31).[12]

II. Bekanntmachungspflicht

1. Anwendungsbereich, Inhalt und zeitliche Anforderungen. Im Ausgangspunkt ist **jede Entscheidung**, mit der eine verwaltungsrechtliche Sanktion oder eine andere Maßnahme gemäß Art. 111 verhängt wird, von den zuständigen Behörden zu veröffentlichen (Abs. 1 S. 1). Von den verwaltungsrechtlichen Maßnahmen in diesem Sinne zu unterscheiden sind nach Abs. 1 S. 1 **Maßnahmen mit Ermittlungscharakter**, die keiner Veröffentlichungspflicht unterliegen. Angesichts der Bezugnahme auf Art. 111, der repressive Maßnahmen betrifft, während Ermittlungsmaßnahmen Gegenstand von Art. 94 sind, war diese Klarstellung möglicherweise nicht zwingend, zeigt aber, dass es potentielle Überscheidungen zwischen den Vorschriften gibt (→ Art. 111 Rn. 4), die jedenfalls für die Zwecke des Art. 114 aufgelöst werden müssen. Anders als in Bezug auf die in Art. 111 Abs. 2–5 normierten Maßnahmen, ist bzw. fordert dies nicht nur eine entsprechende Befugnis der zuständigen Behörde. Eine Veröffentlichung ist **grundsätzlich zwingend**, sofern nicht ein Ausnahmefall im Sinne des Abs. 2 vorliegt. Die Veröffentlichung hat auf der öffentlichen Webseite der jeweiligen Behörde zu erfolgen und in zeitlicher Hinsicht „**unverzüglich**„ *(„with undue delay")* nachdem betroffene natürliche oder juristische Person über die Entscheidung informiert wurde. Unverzüglich heißt angesichts der Entstehungsgeschichte (→ Rn. 2) nicht zwingend sofort *(„immediately"),* aber ohne Verzögerung. **Inhaltlich** muss die Bekanntmachung, Angaben zu Art und Charakter des Verstoßes sowie zur Identität der verantwortlichen natürlichen oder juristischen Personen enthalten (Abs. 1 S. 2), zusätzliche Angaben sind grundsätzlich möglich. Ebenfalls zu veröffentlichen ist die Einlegung von Rechtsmitteln gegen eine veröffentlichte verwaltungsrechtliche Maßnahme sowie deren Aufhebung (Abs. 3).

Anders als beispielsweise Art. 29 PRIIP-Verordnung beschränkt Art. 114 die Veröffentlichungspflicht nicht auf unanfechtbare Entscheidungen. Vielmehr spricht Abs. 3 im Umkehrschluss dafür, dass die **Unanfechtbarkeit** keine Voraussetzung für die Pflicht zur Veröffentlichung ist.[13] Angesichts der Tatsache, dass die Folgen einer Bekanntmachung nur sehr eingeschränkt reversibel bzw. restituierbar sind,[14] ergeben sich insofern besondere Spannungslagen (→ Rn. 9). Der deutsche Gesetzgeber hat beispielsweise in Bezug auf Art. 34 MAR versucht, dies durch einen verpflichtenden Hinweis auf die fehlende Bestands- bzw. Rechtskraft zu mitigieren (§ 125 Abs. 4 S. 1 WpHG).

---

[11] Bundesministerium der Finanzen, Entwurf eines Gesetz über die Digitalisierung des Finanzmarktes (Finanzmarktdigitalisierungsgesetz – FinmadiG), https://www.bundesfinanz ministerium.de/Content/DE/Gesetzestexte/Gesetze_Gesetzesvorhaben/Abteilungen/Abtei lung_VII/20_Legislaturperiode/2023-12-20-FinmadiG/2-Regierungsentwurf.pdf?__blob= publicationFile&v=2.

[12] Vgl. Bundesministerium der Finanzen, Entwurf eines Gesetz über die Digitalisierung des Finanzmarktes (Finanzmarktdigitalisierungsgesetz – FinmadiG), Begründung, S. 157.

[13] In diesem Sinne auch zur Parallelregelung in der MAR Schwark/Zimmer/Kumpan/ Misterek VO (EU) 596/2014 Art. 34 Rn. 12.

[14] Entsprechend Poelzig NZG 2016, 492 (500); Schwark/Zimmer/Kumpan/Misterek VO (EU) 596/2014 Art. 34 Rn. 8.

MiCAR Art. 114   Titel VII. Zuständige Behörde, EBA und ESMA

6 Die öffentliche Bekanntmachung muss nach Abs. 4 grundsätzlich **mindestens fünf Jahre** nach ihrer Veröffentlichung auf der offiziellen Website der Behörde zugänglich bleiben. Der deutsche Gesetzgeber hat in Bezug auf entsprechende Parallelregelungen zu Art. 114 eine automatische Pflicht zur Löschung nach fünf Jahren normiert (insbes. § 123 Abs. 5, § 124 Abs. 4, § 125 Abs. 5 und § 126 Abs. 5 WpHG) und somit die unionsrechtliche Mindestdauer zur Höchstdauer erklärt. Die entsprechenden Regelungen im österreichischen Recht enthalten dagegen keine explizite Begrenzung (zB § 100 Abs. 6 WAG 2018; § 145 Abs. 4 BörseG 2018). In Bezug auf **personenbezogene Daten**, gilt insofern eine Modifikation, als diese nur so lange auf der offiziellen Website der zuständigen Behörde einsehbar bleiben sollen, „*wie dies nach den geltenden Datenschutzbestimmungen erforderlich ist*" (Abs. 4 S. 2). Diese Formulierung ist allerdings – wie schon bei Art. 34 MAR – nicht wirklich geglückt. Damit soll wohl eine frühere Löschung im Interesse des besonderen Schutzes personenbezogener Daten entsprechend der datenschutzrechtlichen Vorgaben ermöglicht werden. Der deutsche Gesetzgeber hat vor diesem Hintergrund in Bezug die Regelung in Art. 34 MAR in § 125 Abs. 5 S. 2 WpHG formuliert, dass personenbezogene Daten zu löschen sind, sobald ihre Bekanntmachung nicht mehr erforderlich ist.[15]

7 **2. Ausnahmen (Abs. 2).** Unter den in Abs. 2 geregelten Umständen kann die Bekanntmachung der Entscheidung aufgeschoben werden, in anonymisierter Form erfolgen oder sogar ganz unterbleiben. Grundvoraussetzung dafür ist, dass die zuständige Behörde im **Einzelfall** zum Ergebnis kommt, dass die Bekanntmachung der Identität der betroffenen Person **unverhältnismäßig** wäre oder die Bekanntmachung eine **laufende Untersuchung gefährden** würde. In diesem Fall muss die zuständige Behörde zuerst einen **Aufschub erwägen** und kann lediglich die Entscheidung in **anonymisierter Form** bekanntmachen, wenn dadurch der Schutz der betreffenden personenbezogenen Daten sichergestellt ist. Nur im Ausnahmefall, wenn Aufschub und Anonymisierung nicht ausreichen, kann von einer Veröffentlichung ganz abgesehen werden, namentlich, wenn nicht ausgeschlossen werden kann, dass andernfalls die **Stabilität der Finanzmärkte** nicht gefährdet wird und die Bekanntmachung einer derartigen Entscheidung auch bei **geringfügigen Maßnahmen** verhältnismäßig ist. Gemeint ist damit wohl, dass bei geringfügigen Maßnahmen die Verhältnismäßigkeit besonders sorgfältig geprüft und ggf. von einer Bekanntmachung abgesehen werden muss, ebenso wie bei einer möglichen Gefährdung der Stabilität des Finanzmarktes, die nach der Formulierung nicht überwiegend wahrscheinlich sein muss. Es reicht, dass sie nicht ausgeschlossen werden kann. Dagegen sind die **Individualinteressen** des Adressaten der Maßnahme – bei nicht geringfügigen Maßnahmen – nicht als eigener Grund für ein Absehen von einer öffentlichen Bekanntmachung genannt. Im Rahmen der Verhältnismäßigkeitsabwägung sind diese dagegen umfassend zu berücksichtigen (spezifisch zur Problematik des potentiell eingeschränkten Rechtsschutzes → Rn. 8).

---

[15] Der österreichische Gesetzgeber hat auf eine unmittelbare Umsetzung dieser Regelung in WAG 2018 verzichtet, § 103 enthält eine allgemeine Datenschutzklausel. In § 110 Abs. 1 S. 2 BörseG 2018 ist der Wortlaut der unionsrechtlichen Regelungen im Wesentlichen wiedergegeben.

III. Anschlussfragen

1. Rechtsschutz. Primärrechtsschutz gegen eine öffentliche Bekannt- 8
machung ist **nach den allgemeinen Grundsätzen möglich.** Soweit man
richtigerweise davon ausgeht, dass es sich bei der Löschung nach deutschem
Recht um einen Realakt handelt, ist insofern die allgemeine Leistungsklage
bzw. – praktisch wohl einzig sinnvoll – einstweiliger Rechtsschutz über § 123
VwGO eröffnet.[16] In Österreich ergibt sich eine entsprechende Klagemöglichkeit wohl unmittelbar aus dem Unionsrecht.[17] Aufgrund der Eigenart des
„naming and shaming", das auf die **Reaktion der Marktteilnehmer** abzielt,
stellt sich allerdings die Frage der Effektivität des nachträglichen Rechtsschutzes, ob eine gerichtlich erstrittene Löschung tatsächlich überhaupt dem klägerischen Begehren nach einer Beseitigung der Rechtsverletzung abhelfen
kann. Zwar ist die Einlegung von Rechtsmitteln ebenso wie die Aufhebung
von Maßnahmen im Rechtsmittelverfahren nach Abs. 3 ebenfalls zu veröffentlichen, inwieweit das wiederum Einfluss auf das Verhalten der anderen
Marktteilnehmer hat ist **nicht steuerbar.**[18] Dass Sekundärrechtsschutz gegenüber der zuständigen Behörde dies kompensieren kann, ist angesichts der
potentiellen Schwierigkeiten des Nachweises eines kausalen Schadens zweifelhaft. Vor diesem Hintergrund müsste der Rechtsschutz bereits daran ansetzen, die **Veröffentlichung präventiv zu verhindern,**[19] dh die gerichtliche
Entscheidung zwischen Verhängung der Maßnahme und Veröffentlichung
ergehen. Die Komplexität der Fragen, die von den Gerichten in einer solchen
Konstellation im Eilverfahren zu beantworten sind – insbesondere potentielle
(Markt-)Auswirkungen in Bezug auf den Betroffenen – stellt diese vor große
Herausforderungen,[20] dem Recht auf effektiven Rechtsschutz gerecht zu
werden, ohne die unionsrechtliche Pflicht zur unverzüglichen Veröffentlichung zu verletzen, die gerade nicht auf die Unanfechtbarkeit abstellt
(→ Rn. 5).

2. Höherrangiges Recht/Anwendung im Einzelfall. Die Vorgaben des 9
Art. 114 müssen sich an Unionsgrundrechten, insbesondere **Art. 7, 8 und
Art. 16 GRCh** messen lassen.[21] Angesichts der Ausnahmeregelung in Abs. 2
sowie der Privilegierung für personenbezogenen Daten in Ab. 5 ist anzunehmen, dass die Unionsgerichte jedenfalls eine primärrechtskonforme Auslegung
der Vorschrift für möglich hielten. Die **Spannungslage** – effektive Durchsetzung des Unionsrechts/potentiell intensiver Grundrechtseingriff bei nicht vollständig beherrschbarer Sanktionswirkung – **verlagert** sich damit voll auf die
Entscheidung der zuständigen Behörde – bzw. die Gerichte – im **Einzelfall.**[22]

---

[16] So in Bezug auf die Parallelregelung in der MAR Schwark/Zimmer/Kumpan/Misterek
VO (EU) 596/2014 Art. 34 Rn. 20; allgemein Schmieszek/Langer WM 2014, 1894 (1890).
[17] Vgl. in diesem Sinne zum Lebensmittelwarnsystem Öst. VerwGH 19.6.2023 – Ro
2021/01/0014-10 Rn. 39 ff.
[18] Zur spezifischen Ungewissheit ausführlich Koch, Naming and Shaming im Kapitalmarktrecht, 2019, 242 ff. mwN, einschließlich einer rechtökonomischen Betrachtung
(223 ff.).
[19] Zum vorbeugenden Rechtsschutz auch Meyer/Veil/Rönnau MarktmissbrauchsR-HdB/Rönnau/Wegner § 30 Rn. 43 ff. mwN.
[20] Vgl. in diesem Sinne auch zum Bereich des Lebensmittelrechts VGH Mannheim
NVwZ 2013, 1022 (1025).
[21] Zu Parallelregelungen bereits kritisch Schmieszek/Langer WM 2014, 1894 (1895).
[22] Dazu in Bezug auf das Lebensmittelrecht, insbesondere in Bezug auf nicht bestandskräftige Entscheidungen BVerfGE 148, 40 Rn. 44 ff.

Soweit die Entscheidung nicht umfassend unionsrechtlich determiniert ist, entfaltet insofern (auch) das **nationale Verfassungsrecht** Direktionswirkung (zur grundsätzlichen Problematik des anwendbaren Grundrechtsregimes → Art. 111 Rn. 26 f.).[23] Vor diesem Hintergrund stellen sich Fragen wie die nach der **Bestimmtheit** oder, wie eine entsprechende *ex-ante*-**Bewertung** durch die Behörden bzw. Gericht überhaupt erfolgen können soll, die schon in Bezug auf entsprechende Parallelregelungen aufgeworfen worden sind.[24] Noch nicht geklärt ist darüber hinaus, inwiefern die fehlende Reversibilität und die Problematik, dass eine zu Unrecht erfolgte Veröffentlichung nur noch schwer auf dem Rechtsweg „eingefangen" werden kann, als Abwägungskriterium in die Einzelfallprüfung nach Abs. 2 einfließen darf oder muss[25].

Artikel 115 Berichterstattung über verwaltungsrechtliche Sanktionen und sonstige verwaltungsrechtliche Maßnahmen an die ESMA und die EBA

(1) Die zuständige Behörde übermittelt der ESMA und der EBA alljährlich aggregierte Informationen über alle gemäß Artikel 111 verhängten verwaltungsrechtlichen Sanktionen und sonstigen verwaltungsrechtlichen Maßnahmen. Die ESMA veröffentlicht diese Informationen in einem Jahresbericht. Haben die Mitgliedstaaten gemäß Artikel 111 Absatz 1 Unterabsatz 2 strafrechtliche Sanktionen für Verstöße gegen die darin genannten Bestimmungen festgelegt, so übermitteln ihre zuständigen Behörden der EBA und der ESMA jedes Jahr anonymisierte und aggregierte Informationen über alle einschlägigen durchgeführten strafrechtlichen Ermittlungen und verhängten strafrechtlichen Sanktionen. Die ESMA veröffentlicht die Angaben zu den verhängten strafrechtlichen Sanktionen in einem Jahresbericht.

(2) Hat die zuständige Behörde verwaltungsrechtliche Sanktionen oder andere verwaltungsrechtliche Maßnahmen oder strafrechtliche Sanktionen öffentlich gemacht, so meldet sie diese gleichzeitig der ESMA.

(3) Die zuständigen Behörden unterrichten die EBA und die ESMA über alle verwaltungsrechtlichen Sanktionen oder anderen verwaltungsrechtlichen Maßnahmen, die verhängt, aber nicht veröffentlicht wurden, einschließlich aller in diesem Zusammenhang eingelegten Rechtsmittel und der Ergebnisse der Rechtsmittelverfahren. In Bezug auf verhängte strafrechtliche Sanktionen stellen die Mitgliedstaaten sicher, dass die zuständigen Behörden Informationen und das rechtskräftige Urteil erhalten und der ESMA und der EBA übermitteln. Die ESMA betreibt eine zentrale Datenbank der ihr gemeldeten verwaltungsrechtlichen Sanktionen und Maßnahmen, die einzig dem Informationsaustausch zwischen den zuständigen Behörden dient. Diese Datenbank ist nur der EBA, der ESMA und den zuständigen Behörden zugänglich und wird anhand der von den zuständigen Behörden übermittelten Informationen aktualisiert.

---

[23] Schmieszek/Langer WM 2014, 1894 (1897 ff.).
[24] Reimer JöR 58 (2010), 275 (288); Schmieszek/Langner WM 2014, 1893 (1895, 1897); Wendt VersR 2016, 1277 (1278).
[25] Dazu ansatzweise in Bezug auf das Marktmissbrauchsrecht Poelzig NZG 2016, 492 (500); Seibt/Wollenschläger AG 2014, 593 (605): Schwark/Zimmer/Kumpan/Misterek VO (EU) 596/2014 Art. 34 Rn. 8.

Berichterstattung an die ESMA und die EBA   Art. 115 MiCAR

Übersicht

	Rn.
I. Zweck, Entstehung und normativer Kontext	1
II. Regelungsinhalt	2
1. Gegenstand der Meldepflicht und Systematik	2
2. Periodische Meldepflichten und ESMA-Jahresbericht	3
3. Anlassbezogene Meldepflichten	4
a) Veröffentlichte Maßnahmen (Abs. 2)	4
b) Nicht veröffentlichte Maßnahmen (Abs. 3)	5

I. Zweck, Entstehung und normativer Kontext

Die Vorschrift regelt den Informationsaustausch bzw. vor allem die **Infor-** 1 **mationspflichten** der zuständigen nationalen Behörden gegenüber der ES-MA und der EBA in Bezug verhängte verwaltungsrechtlichen Maßnahmen oder strafrechtlichen Sanktionen (Abs. 1 S. 1 bzw. Abs. 1 S. 3 sowie Abs. 2 und 3) sowie die Veröffentlichung von bestimmten dieser Informationen im Jahresbericht der ESMA (Abs. 1 S. 1 und 4). Die Übermittlung von entsprechenden Informationen soll es den Europäischen Aufsichtsbehörden ermöglichen, die Anwendungspraxis von verwaltungsrechtlichen Maßnahmen und strafrechtlichen Sanktionen in Bezug auf Verstöße gegen die Verordnung nachzuvollziehen und damit ihre Aufgaben, insbesondere die Überwachung und Förderung einer **kohärenten Anwendung des Unionsrechts** (Art. 8 Abs. 1 lit. b EMSA-Verordnung[1], Art. 8 Abs. 1 lit. b EBA-Verordnung[2]), zu erfüllen. Auch hier hierzu gibt es Vorbilder in anderen Sekundärrechtsakten (zB Art. 33 MAR, Art. 43 SFi-VO). Art. 115 entspricht inhaltlich Art. 96 des ursprünglichen Kommissionsentwurfs.[3] Anders als beispielsweise Art. 33 Abs. 5 MAR sieht Art. 115 keine Ermächtigung zur Normierung technischer Durchführungsstandards vor, eine solche ist lediglich in Art. 95 Abs. 11 vorgesehen (→ Art. 95 Rn. 22).

II. Regelungsinhalt

1. Gegenstand der Meldepflicht und Systematik. Gegenstand der 2 Meldepflichten sind in Art. 115 ausschließlich **bereits verhängte verwaltungsrechtliche Maßnahmen** (Abs. 1 S. 1) sowie strafrechtliche Sanktionen und Ermittlungen (Abs. 1 S. 2). Verwaltungsermittlungen, sind – anders als beispielsweise in Bezug auf Verstöße gegen die Marktmissbrauchsverordnung (Art. 33 Abs. 1 S. 3 MAR) – nicht meldepflichtig. Zum einen normiert Abs. 1 insofern **periodische Meldepflichten,** zum anderen sind **konkrete verwaltungsrechtliche Maßnahmen** (und die Verhängung strafrechtlicher Sanktionen) **anlassbezogen** zu melden. Dabei trifft Art. 115 eine Grund-

---

[1] Verordnung (EU) Nr. 1095/2010 des Europäischen Parlaments und des Rates vom 24.11.2010 zur Errichtung einer Europäischen Aufsichtsbehörde (Europäische Wertpapier- und Marktaufsichtsbehörde), zur Änderung des Beschlusses Nr. 716/2009/EG und zur Aufhebung des Beschlusses 2009/77/EG der Kommission (ABl. L 331, 84).
[2] Verordnung (EU) Nr. 1093/2010 des Europäischen Parlaments und des Rates vom 24.11.2010 zur Errichtung einer Europäischen Aufsichtsbehörde (Europäische Bankenaufsichtsbehörde), zur Änderung des Beschlusses Nr. 716/2009/EG und zur Aufhebung des Beschlusses 2009/78/EG der Kommission (ABl. L 331, 12 ff.).
[3] Vorschlag für eine Verordnungen des Europäischen Parlaments und des Rates über Märkte für Kryptowerte und zur Änderung der Richtlinie (EU) 2019/1937, COM/2020/593 final.

MiCAR Art. 115   Titel VII. Zuständige Behörde, EBA und ESMA

unterscheidung zwischen veröffentlichten Maßnahmen (Abs. 2) und nicht veröffentlichen Maßnahmen (Abs. 3).

3   **2. Periodische Meldepflichten und ESMA-Jahresbericht.** Nach Abs. 1 müssen die zuständigen Behörden jährlich **aggregierte Informationen** über verhängte verwaltungsrechtliche Maßnahmen (S. 1) sowie über verhängte strafrechtliche Sanktionen und strafrechtliche Ermittlungen (S. 3) **sowohl der ESMA als auch der EBA** übermitteln. Interessanterweise nennt der Verordnungsgeber in S. 1 zuerst die ESMA in S. 3 zuerst die EBA. Dafür, dass damit aber eine Priorisierung verbunden wäre, ergeben sich keine Anhaltspunkte. Die Informationen nach S. 1 über verwaltungsrechtliche Maßnahmen werden ebenso wie die Informationen über strafrechtliche Sanktionen nach S. 3 im **Jahresbericht der ESMA** veröffentlicht (dazu S. 2 und 4). Keinen Eingang in den Jahresbericht der ESMA finden nach dem Wortlaut dagegen die Informationen zu den strafrechtlichen Ermittlungen nach S. 3. Dass ausschließlich die ESMA die Informationen in ihrem Jahresbericht veröffentlicht, ist vermutlich Praktikabilitätserwägungen geschuldet, da sie eine entsprechende Aufgabe beispielsweise schon in Bezug auf Art. 33 MAR übernimmt. Und auch in Bezug auf die zentrale Datenbank im Sinne des Abs. 3 kommt der ESMA eine Koordinierungsfunktion zu.

4   **3. Anlassbezogene Meldepflichten. a) Veröffentlichte Maßnahmen (Abs. 2).** Die Verhängung konkreter verwaltungsrechtlicher Maßnahmen oder strafrechtlicher Sanktionen haben die zuständigen Behörden **gleichzeitig an die ESMA** zu melden, sofern diese veröffentlicht werden. In Bezug auf verwaltungsrechtlichen Maßnahmen ist die Veröffentlichung nach Art. 114 der Regelfall (→ Art. 114 Rn. 4). Eine Meldpflicht an die EBA sieht die Vorschrift dagegen – anders als Abs. 3 und auch Abs. 1 – nicht vor. Da die Informationen über die veröffentlichten Maßnahmen ohnehin öffentlich verfügbar sind, dient die Meldepflicht in erster Linie der Entlastung der ESMA, die sich nicht proaktiv auf den jeweiligen offiziellen Websites in den Mitgliedstaaten informieren muss. Für **weitere Entwicklungen** in entsprechenden Verfahren, dh insbesondere der Einlegung von Rechtsmitteln und den Ausgang von entsprechenden Rechtmittelverfahren, sieht Abs. 2 – anders als Abs. 3 – **keine ausdrückliche Meldepflicht** vor. Möglicherweise geht der Verordnungsgeber davon aus, dass es insoweit ausreicht, dass die ESMA sich insofern über die öffentlichen Quellen informieren kann (zur Veröffentlichungspflicht in Bezug darauf → Art. 114 Rn. 4). Ein gewisses Ungleichgewicht wird dadurch aber nichtsdestotrotz geschaffen.

5   **b) Nicht veröffentlichte Maßnahmen (Abs. 3).** Über nicht veröffentliche konkrete verwaltungsrechtliche Maßnahme und strafrechtliche Sanktionen sind **die EBA und die ESMA** zu unterrichten. Gleiches gilt ausdrücklich für **weitere Entwicklungen** in diesen Verfahren, insbesondere der Einlegung von Rechtsmitteln sowie der Ergebnisse entsprechender Rechtsmittelverfahren. Bei strafrechtlichen Sanktionen muss zudem zwingend das **rechtskräftige Urteil** übermittelt werden. Dass die zuständigen Behörden überhaupt Zugriff auf die entsprechenden Informationen ggf. von anderen nationalen Stellen bekommen, haben die Mitgliedstaaten sicherzustellen. Die bei der ESMA gesammelten Informationen, werden von dieser in eine **zentrale Datenbank** eingespeist, die der ESMA, der EBA und den zuständigen nationalen Behörden zugänglich ist. Diese flankiert die Kooperationsverpflichtung nach Art. 112 Abs. 2 (→ Art. 112 Rn. 8) und soll zu deren praktischer Verwirklichung beitragen, schafft aber dadurch neue Gefahren. Auf diese Weise verbreiten sich möglicherweise auch unrichtige Informationen und potenzieren sich potentielle Rechtsverletzungen, die einem effektiven Rechtsschutz nur noch schwer zugänglich sind.[4]

Artikel 116 Meldung von Verstößen und Schutz von Hinweisgebern

Für die Meldung von Verstößen gegen diese Verordnung und den Schutz von Personen, die solche Verstöße melden, gilt die Richtlinie (EU) 2019/1937.

Die Vorschrift, die sich bereits in Art. 97 des ursprünglichen Kommissionsentwurfs[1] wiederfindet, erklärt die sog. **Wistleblower-Richtlinie**[2] für die Meldung von Verstößen gegen diese Verordnung und den Schutz von Personen, die solche Verstöße melden, ausdrücklich für anwendbar. Hinweisgebenden Personen soll auf diese Weise erleichtert werden, den zuständigen Behörden neue Erkenntnisse zu liefern und so bei der Aufdeckung von Verstößen und deren Belegung mit Sanktionen und verwaltungsrechtlichen Maßnahmen (zu den Begrifflichkeiten → Art. 111 Rn. 6 f.) zu unterstützen.[3] Nach der Systematik der Wistleblower-Richtlinie (Art. 2 Abs. 1) erfolgt die Einbeziehung eines Rechtsaktes in ihren Anwendungsbereich eigentlich über eine Aufnahme in den Anhang II.[4*] Sofern dies noch erfolgt, kommt Art. 116 lediglich **deklaratorische Wirkung** zu, spezifische inhaltliche Vorgaben sind ihm nicht zu entnehmen. In Österreich ist die Wistleblower-Richtlinie durch das HinweisgeberInnenschutzgesetz,[5] in Deutschland durch das Hinweisgeberschutzgesetz[6] umgesetzt worden, deren Erstreckung auf Verstöße gegen die vorliegende Verordnung der Gesetzgeber sicherstellen muss. In Österreich wäre dem wohl schon über die dynamische Verweisung auf die Anlagen zur Wistleblower-Richtlinie in § 2 Abs. 2 HinweisgeberInnenschutzgesetz genüge getan, sofern die vorliegende Verordnung dort aufgenommen wird, in Deutschland wäre ihre explizite Aufnahme in § 2 Hinweisgeberschutzgesetz jedenfalls aus Gründen der Rechtssicherheit geboten.

---

[4] Dazu beispielsweise in Bezug auf Informationssysteme im Bereich des Lebens- und Futtermittelrechts Wollenschläger Die Verwaltung 52 (2019), 1 ff.
[1] Vorschlag für eine Verordnungen des Europäischen Parlaments und des Rates über Märkte für Kryptowerte und zur Änderung der Richtlinie (EU) 2019/1937, COM/2020/593 final.
[2] Verordnung (EU) 2019/1937 des Europäischen Parlaments und des Rates vom 23.10.2019 zum Schutz von Personen, die Verstöße gegen das Unionsrecht melden (ABl. L 305, 17).
[3] Erwgr. Nr. 115.
[4*] Forst EuZA 2020, 283 (285 f.).
[5] BGBl. I Nr. 6/2023.
[6] BGBl. 2023 I Nr. 140; dazu etwa Bayreuther NZA-Beilage 2022, 20; Bruns NJW 2023, 1609; Thüsing/Musiol/Peisker ZGI 2023, 63: Steinhauser/Saalwächter-Hirsch/Trouvain ESG 2023, 9.

Kapitel 4. Aufsichtsaufgaben der EBA in Bezug auf Emittenten signifikanter vermögenswertreferenzierter Token und sifnifikanter E-Geld-Token und Aufsichtskollegien

Artikel 117 Aufsichtsaufgaben der EBA in Bezug auf Emittenten signifikanter vermögenswertreferenzierter Token und Emittenten signifikanter E-Geld-Token

(1) Wurde ein vermögenswertreferenzierter Token nach Artikel 43 oder Artikel 44 als signifikant eingestuft, wird die Tätigkeit des Emittenten des betreffenden vermögenswertreferenzierten Token von der EBA beaufsichtigt.

Unbeschadet der Befugnisse der zuständigen nationalen Behörden gemäß Absatz 2 dieses Artikels werden die in den Artikeln 22 bis 25, 29, 33, in Artikel 34 Absätze 7 und 12, Artikel 35 Absätze 3 und 5, Artikel 36 Absatz 10 und in den Artikeln 41, 42, 46 und 47 vorgesehenen Befugnisse der zuständigen Behörden bei Emittenten signifikanter vermögenswertreferenzierter Token von der EBA ausgeübt.

(2) Erbringt ein Emittent eines signifikanten vermögenswertreferenzierten Token auch Kryptowerte-Dienstleistungen oder gibt er Kryptowerte aus, die keine signifikanten vermögenswertreferenzierten Token sind, so werden diese Dienstleistungen und Tätigkeiten weiterhin von der zuständigen Behörde des Herkunftsmitgliedstaats beaufsichtigt.

(3) Wurde ein vermögenswertreferenzierter Token gemäß Artikel 43 als signifikant eingestuft, führt die EBA eine aufsichtliche Neubewertung durch, um sicherzustellen, dass der Emittent die Anforderungen des Titels III erfüllt.

(4) Wurde ein von einem E-Geld-Institut ausgegebener E-Geld-Token nach den Artikeln 56 oder 57 als signifikant eingestuft, so beaufsichtigt die EBA die Einhaltung der Artikel 55 und 58 durch den Emittenten des betreffenden signifikanten E-Geld-Token.

Für die Zwecke der Beaufsichtigung der Einhaltung der Artikel 55 und 58 übt die EBA die Befugnisse der zuständigen Behörden aus, die diesen in Bezug auf Emittenten signifikanter E-Geld-Token durch die Artikel 22 und 23, Artikel 24 Absatz 3, Artikel 35 Absätze 3 und 5, Artikel 36 Absatz 10, und die Artikel 46 und 47 übertragen wurden.

(5) Die EBA übt ihre Aufsichtsbefugnisse gemäß den Absätzen 1 bis 4 in enger Zusammenarbeit mit den anderen zuständigen Behörden aus, die mit der Beaufsichtigung des Emittenten betraut sind, insbesondere

a) der Aufsichtsbehörde, einschließlich der EZB gemäß der Verordnung (EU) Nr. 1024/2013, soweit zutreffend,
b) den nach den nationalen Rechtsvorschriften zur Umsetzung der Richtlinie 2009/110/EG zuständigen Behörden, soweit zutreffend, und
c) den in Artikel 20 Absatz 1 genannten zuständigen Behörden.

Übersicht

	Rn.
I. Einführung	1
1. Literatur	1
2. Entstehung und Zweck der Norm	2
3. Normativer Kontext	6

	Rn.
II. Aufsichtsaufgaben in Bezug auf Emittenten signifikanter vermögenswertereferenzierter Token (Abs. 1, 2 und 3)	7
1. Die Beaufsichtigung durch die EBA: Voraussetzungen und Ausnahme	7
2. Die (aufsichtlichen) Befugnisse der EBA	9
a) Der EBA übertragene Befugnisse	9
b) Aufsichtliche Neubewertung (Abs. 3)	10
III. Aufsichtsaufgaben in Bezug auf Emittenten signifikanter E-Geld-Token (Abs. 4)	11
1. Die Beaufsichtigung durch die EBA: Voraussetzungen ...	11
2. Die (aufsichtlichen) Befugnisse der EBA	13
IV. Zusammenarbeit mit anderen zuständigen Behörden (Abs. 5)	16

I. Einführung

1. Literatur. Bislang keine. Siehe aber im Allgemeinen *Raschauer/Kreisl,* 1 The regulation of crypto service providers in the EEA – MiCAR ante portas, SPWR 2023, 35 sowie *Brauneck,* Die verfehlte Rolle der EZB bei der EU-Regulierung von Kryptowerten durch die MiCA, RDi 2022, 10.

2. Entstehung und Zweck der Norm. Art. 117 MiCAR (Art. 98 des 2 Entwurfs) erfuhr im Gesetzgebungsverfahren teilweise Änderungen, die nicht nur sprachliche Verschlankungen sowie orthographische Adaptierungen betreffen, sondern ebenso den Gehalt der Bestimmung. Während der Titel des Art. 117 MiCAR sowie Abs. 1 S. 1 aus dem Kommissionsentwurf nahezu unverändert blieben, wurde etwa in Abs. 1 UAbs. 2 eine genaue Aufzählung der vorgesehenen Befugnisse der EBA bei Emittenten signifikanter vermögenswertereferenzierter Token vorangestellt. Der Vorschlag des Europäischen Parlaments – die ESMA als zuständige Behörde im Kontext mit den betreffenden Aufsichtsaufgaben in Bezug auf Emittenten signifikanter vermögenswertereferenzierter Token und Emittenten signifikanter E-Geld-Token zu benennen – setzte sich nicht durch. In der verabschiedeten Fassung – die auch vom Rat im Gesetzgebungsverfahren angenommen wurde – wird die **EBA** als zuständige Behörde erklärt. Auf die „zuständige Behörde" wird nachstehend noch näher eingegangen (→ Rn. 8, 12). Die **„ESMA/EBA-Zuständigkeitsproblematik"** zieht sich nahezu durch die gesamte MiCAR und wurde – soweit ersichtlich – stets zugunsten der EBA gelöst. Mit Blick auf Abs. 2 und 3 fanden im Gesetzgebungsverfahren keine nennenswerten inhaltlichen Änderungen statt. Betreffend den Abs. 4 wurde weitestgehend die Fassung des Rates übernommen, die sich vom Kommissionsvorschlag und der Stellung des Europäischen Parlaments dahingehend unterscheidet, dass die EBA zwar die Einhaltung der Anforderungen der Art. 55 und 58 MiCAR durch den Emittenten des betreffenden signifikanten E-Geld-Token beaufsichtigt („supervise"), sie allerdings nicht verantwortlich („responsible") ist. Darüber hinaus erfolgte dahingehend eine Klarstellung, dass die Beaufsichtigung durch die EBA nur für signifikante E-Geld-Token gilt, die von einem E-Geld-Institut ausgegeben werden, respektive nicht von einem Kreditinstitut (→ Rn. 12). Zudem wurde auf Vorschlag des Rates im Abs. 4 ein UAbs. 2 neu eingefügt, der klarstellt, dass die EBA für die Zwecke der Beaufsichtigung der Einhaltung der Art. 55 und 58 MiCAR durch den Emittenten des betreffenden signifikanten E-Geld-Token, die Befugnisse der

MiCAR Art. 117   Titel VII. Zuständige Behörde, EBA und ESMA

zuständigen Behörden ausübt, die diesen in einigen Artikeln in der MiCAR ausdrücklich übertragen wurden (→ Rn. 14). Nebstdem wurde auf Vorschlag des Rates Abs. 5 neu eingefügt, der festsetzt, dass die EBA ihre Aufsichtsbefugnisse nach den vorstehenden Absätzen in enger Zusammenarbeit mit den anderen zuständigen Behörden ausübt, die mit der Beaufsichtigung des Emittenten betraut sind und exemplifiziert dies (→ Rn. 16 f.).

3   Im Hinblick auf die Aufsichtsaufgaben der EBA bestehen weder in Bezug auf Emittenten signifikanter vermögenswertereferenzierter Token noch in Bezug auf signifikante E-Geld-Token inhaltliche **Vorgänger- oder Modellregelungen.** Lediglich im Bereich des E-Geldes bestehen teilweise Modellregelungen, man denke unter anderem an die E-Geld-Richtlinie (RL 2009/110/EG) sowie an die Zahlungsdienste-RL (RL [EU] 2015/2366), die etwa in Österreich zum Teil durch das E-Geldgesetz 2010[1] in nationales Recht umgesetzt wurden. In Deutschland etwa setzt das 2. EGeldRLUG[2] die E-Geld-RL um und normiert einige Änderungen in den Materiengesetzen. So sind mit Blick auf die Aufsicht bei E-Geld-Instituten die Bundesanstalt für Finanzdienstleistungsaufsicht (BaFin) sowie die Deutsche Bundesbank zuständig.[3]

4   Im Groben zielt Art. 117 MiCAR darauf ab, die Aufsicht über Emittenten signifikanter vermögenswertereferenzierter Token (→ MiCAR Art. 43 sowie 44 Rn. 1 ff.) und signifikanter E-Geld-Token (→ MiCAR Art. 56 sowie 57 Rn. 1 ff.) im (territorialen) Anwendungsbereich der MiCAR zu **koordinieren** sowie sicherzustellen, dass die geltenden Vorschriften und Standards eingehalten werden, um die **Integrität und Stabilität des Finanzsystems** zu gewährleisten. Er regelt insbes. die Aufsichtsaufgaben der EBA in Bezug auf Emittenten von signifikanten vermögenswertereferenzierten Token und die **(Doppel-)Beaufsichtigung** der Emittenten von signifikanten E-Geld-Token.

5   Mit Blick auf **die signifikanten vermögenswertereferenzierten Token** sind die Hauptziele, dass deren spezifischen Risiken berücksichtigt sowie gleichzeitig gemindert werden, da diese als Tauschmittel und für großvolumige Zahlungstransaktionen verwendet werden können, wodurch spezifische Risiken für die geldpolitischen Transmissionskanäle und die Währungshoheit einhergehen können. Um diesen spezifischen Risiken gebührend Rechnung zu tragen, sollte die Beaufsichtigung daher vielmehr von der EBA und gerade nicht von den (nationalen) zuständigen Behörden durchgeführt werden (s. **Erwgr. Nr. 102**). Im Kontext der **E-Geld-Token** sollen jene Emittenten in erster Linie von den zuständigen Behörden nach der E-Geld-RL beaufsichtigt werden, in Österreich sind dies etwa nach § 22 E-Geldgesetz 2010 die FMA als weisungsfreie Allfinanzaufsichtsstelle sowie die OeNB als Gutachter, einhergehend mit einer Prüfungs- sowie Analysefunktion.[4] Da die signifikanten E-Geld-Token, etwa als Zahlungsmittel, erhöhte Risiken für die **Finanzstabilität** darstellen können, sollen diese sowohl von den zuständigen (na-

---

[1] Bundesgesetz über die Ausgabe von E-Geld und die Aufnahme, Ausübung und Beaufsichtigung der Tätigkeit von E-Geld-Instituten (E-Geldgesetz 2010) vom 23.12.2012 (BGBl. I 107/2010), zuletzt geändert durch das Gesetz vom 20.4.2023 (BGBl. I 33/2023).
[2] Gesetz zur Umsetzung der Zweiten E-Geld-Richtlinie (2. EGeldRLUG) vom 1.3.2011 (BGBl. I 288).
[3] Dazu § 6 KWG; Gesetz über das Kreditwesen (Kreditwesengesetz – KWG) vom 9.9.1998 (BGBl. I 2776), zuletzt geändert durch das Gesetz vom 22.12.2023 (BGBl. I 411).
[4] Vonkilch/Miczajka E-Geldgesetz 2010 Rn. 1 ff.

tionalen) Behörden als auch von der EBA beaufsichtigt werden (s. **Erwgr. Nr. 103**). Folglich kommt es zu einer **(Quasi-)Doppelbeaufsichtigung** der Emittenten signifikanter E-Geld-Token, die von einem **E-Geld-Institut** ausgegeben werden (→ Rn. 13). Jene signifikanten E-Geld-Token, die nämlich von Kreditinstituten ausgegeben werden, sollen weiterhin (national) von den zuständigen Behörden beaufsichtigt werden (s. **Erwgr. Nr. 103**). Zudem soll die EBA bei signifikanten E-Geld-Token, die von einem E-Geld-Institut ausgegeben werden, lediglich die spezifischen Zusatzanforderungen (→ MiCAR Art. 55 und 58) beaufsichtigen. Folglich verbleibt die Beaufsichtigung aller anderen in der Verordnung festgelegten Anforderungen bei den „zuständigen Behörden" nach Art. 3 Abs. 1 Ziff. 35 MiCAR (→ MiCAR Art. 3 Rn. 186). Abschließend normiert Abs. 5, dass die EBA ihre Aufsichtsbefugnisse gem. den zuvor genannten Abs. in enger Zusammenarbeit mit den anderen zuständigen Behörden ausübt und setzt sich folglich das Ziel, **Synergien und Expertise** optimal ausnutzen zu können sowie einen fruchtbringenden Informationsaustausch zwischen den Behörden zu verankern.

Bereits an dieser Stelle ist darauf hinzuweisen, dass Einigkeit darüber zu bestehen scheint, dass eine duale Aufsicht (→ Rn. 13) durch die nationalen zuständigen Behörden sowie durch die EBA zu unklaren Zuständigkeitsbefugnissen, insbes. in der Praxis nicht exakt abgrenzbaren Zuständigkeiten, und zu einer Erhöhung der Komplexität der Regulierung führen kann. Diese **Kritik** lässt auch die EZB in ihrer Stellungnahme zum Kommissionsentwurf anklingen.[5] Im Schrifttum wird ebenso die duale aufsichtsbehördliche Zuständigkeit als „wenig geglückt" beschrieben.[6]

3. Normativer Kontext. Art. 117 MiCAR steht zu Beginn des Kapitels 6 vier „Aufsichtsaufgaben der EBA in Bezug auf Emittenten signifikanter vermögenswertereferenzierter Token und signifikanter E-Geld-Token und Aufsichtskollegien" und leitet nicht nur in die Art. 118 („Ausschuss der EBA für Kryptowerte"), Art. 119 („Kollegien für Emittenten signifikanter vermögenswertereferenzierter Token und Emittenten signifikanter E-Geld-Token") und Art. 120 („Unverbindliche Stellungnahmen der Kollegien für Emittenten signifikanter vermögenswertereferenzierter Token und signifikanter E-Geld-Token") ein, sondern dient in Kapitel fünf „Befugnisse und Zuständigkeiten der EBA hinsichtlich signifikanter vermögenswertereferenzierter Token und Emittenten signifikanter E-Geld-Token" für sämtliche Artikel als **Befugniszweck der EBA,** man denke zB an Art. 123 Abs. 1 MiCAR (→ MiCAR Art. 123 Rn. 9). Es bestehen etwa **Wechselbeziehungen** zu den Art. 121–126, 129, 134 und 137 MiCAR.

II. Aufsichtsaufgaben in Bezug auf Emittenten signifikanter vermögenswertereferenzierter Token (Abs. 1, 2 und 3)

1. Die Beaufsichtigung durch die EBA: Voraussetzungen und Aus- 7 **nahme.** Die Voraussetzungen für die Aufsicht der EBA in Bezug auf **Emittenten signifikanter vermögenswertereferenzierter Token,** die keine Kryptowerte-Dienstleistungen erbringen oder Kryptowerte ausgeben (vgl. Ausnahmeregelung von der Aufsicht durch die EBA in Abs. 2), die keine

---

[5] Siehe Stellungnahme der EZB vom 19.2.2021 zu einem Vorschlag für eine VO über Märkte für Kryptowerte und zur Änderung der RL (EU) 2019/1937 (ABl. 2021 C 152/1, 7).

[6] Dazu etwa Raschauer ZFR 2023, Editorial sowie Brauneck RDi 2022, 10 (14 f.).

signifikanten vermögenswertereferenzierten Token sind, werden konkret in Art. 117 Abs. 1 MiCAR definiert. So sind nach Abs. 1 **Voraussetzungen** für die Beaufsichtigung der Tätigkeit des betreffenden Emittenten (→ MiCAR Art. 3 Abs. 1 Ziff. 10 Rn. 82 ff.) durch die EBA, dass es sich i) um einen vermögenswertereferenzierten Token (→ MiCAR Art. 3 Abs. 1 Ziff. 6 Rn. 39 ff.) handelt und ii) dieser nach Art. 43 oder 44 MiCAR (→ MiCAR Art. 43 Rn. 1 ff.; → Art. 44 Rn. 1 ff.) als signifikant eingestuft wurde.

8 Sofern der Emittent eines signifikanten vermögenswertereferenzierten Tokens allerdings nicht nur Kryptowerte emittiert, sondern auch Kryptowerte-Dienstleistungen (→ MiCAR Art. 3 Abs. 1 Ziff. 16 Rn. 122) **erbringt**, man denke etwa an die Verwahrung und Verwaltung von Kryptowerten für Kunden oder an die Beratung zu oder Platzierung von Kryptowerten, oder Kryptowerte ausgibt, die keine signifikanten vermögenswertereferenzierten Token sind, erfolgt die Beaufsichtigung nicht durch die EBA. Diese Dienstleistungen und Tätigkeiten unterliegen gem. Abs. 2 **weiterhin** der Beaufsichtigung durch die zuständige Behörde des Herkunftsmitgliedstaats (→ MiCAR Art. 3 Abs. 1 Ziff. 33 Rn. 173 ff.). Daher findet in solchen Fällen – systemkonform[7] – keine Übertragung der Aufsicht auf die EBA statt. Der Grund dafür scheint zu sein, dass der Unionsgesetzgeber weder bei der Erbringung von Kryptowerte-Dienstleistungen noch bei der Ausgabe von nicht signifikanten vermögenswertereferenzierten Token eine besondere Art von Risiko sieht, die einer Beaufsichtigung auf europäischer Ebene von der EBA bedarf (s. Erwgr. Nr. 102). Insbes. iZm mit dem Anbieten von Kryptowerte-Dienstleistungen erscheint dem Gesetzgeber das Aufsichtsregime der EBA als unverhältnismäßig, da es sich bei diesen Emittenten sehr häufig um KMU handelt (s. sinngemäß Erwgr. Nr. 95).

9 **2. Die (aufsichtlichen) Befugnisse der EBA. a) Der EBA übertragene Befugnisse.** Im Rahmen der Beaufsichtigung der Tätigkeit des Emittenten von signifikanten vermögenswertereferenzierten Token durch die EBA, werden ihr nach Art. 117 Abs. 1 UAbs. 2 MiCAR explizit die folgenden (aufsichtsrechtlichen) Befugnisse übertragen:

– der Erhalt der Berichterstattung über vermögenswertereferenzierte Token sowie die Weiterleitung dieser Informationen an die EZB, ggf. an die Zentralbank sowie an die zuständigen Behörden der Aufnahmemitgliedstaaten (→ MiCAR Art. 22 Rn. 5 ff.);
– die Überwachungen sowie Bewertungen iZm Beschränkungen der Ausgabe vermögenswertereferenzierter Token, die gemeinhin als Tauschmittel verwendet werden (→ MiCAR Art. 23 Rn. 5 ff.);
– der Entzug der Zulassung (→ MiCAR Art. 24 Rn. 1 ff.);

---

[7] So beantragen etwa nach Art. 62 Abs. 1 MiCAR juristische Personen oder andere Unternehmen, die beabsichtigen Kryptowerte-Dienstleistungen zu erbringen, bei der zuständigen Behörde ihres **Herkunftsmitgliedstaats** eine Zulassung als Anbieter von Kryptowerte-Dienstleistungen. Diese entscheidet in weiterer Folge über die Erteilung oder Verweigerung der Zulassung und hat die ESMA lediglich darüber zu „unterrichten" (s. Art. 63 Abs. 13 MiCAR). So sind weder die EBA noch die ESMA direkt an der Entscheidung über die Erteilung oder Verweigerung der Zulassung beteiligt, haben aber nach Art. 64 Abs. 7 MiCAR die Möglichkeit, wenn Grund zum Verdacht besteht, dass der Anbieter von Kryptowerte-Dienstleistungen die Bedingungen, unter denen die Zulassung erteilt wurde, möglicherweise nicht mehr erfüllt, die zuständige Behörde des Herkunftsmitgliedstaats zu ersuchen, dies zu überprüfen.

- die Entgegennahme der Informationen betr. der beabsichtigten Änderung des Geschäftsmodells des Emittenten vermögenswertereferenzierter Token sowie in weiterer Folge die Tätigkeiten hins. der Änderungen veröffentlichter Kryptowerte-Whitepaper für vermögenswertereferenzierte Token, man denke etwa an dessen Genehmigung sowie Bestätigung oder etwa an die Konsultation der EZB und ggf. der Zentralbank (→ MiCAR Art. 25 Rn. 7 ff.);
- die Anfrage um Übermittlung der Marketingmitteilungen (→ MiCAR Art. 29 Rn. 7 ff.);
- der Erhalt von Mitteilungen betr. Leitungsorganänderungen (→ MiCAR Art. 33 Rn. 5 ff.);
- Regelungen zur Unternehmensführung: dies betrifft zum einen den Plan zur Genehmigung der Einstellung von verbundenen Dienstleistungen und Tätigkeiten (→ MiCAR Art. 34 Abs. 7 Rn. 12) und zum anderen die Zurverfügungstellung der Ergebnisse der regelmäßigen Prüfungen von unabhängigen Prüfern (→ MiCAR Art. 34 Abs. 12 Rn. 14);
- Eigenmittelanforderungen: dies betrifft zum einen die erhöhte Vorschreibung von Eigenmitteln, wenn aufgrund einer bestimmten Bewertung auf ein höheres Risiko zu schließen ist (→ MiCAR Art. 35 Abs. 3 Rn. 10 f.) und zum anderen unter bestimmten Umständen hins. der Risikoprognose und der Stresstestergebnisse einen erhöhten Betrag an Eigenmitteln zu halten (→ MiCAR Art. 35 Abs. 5 Rn. 12 f.);
- iZm der Pflicht zum Halten einer Vermögenswertreserve sowie der Zusammensetzung und der Verwaltung dieser Vermögenswertreserve: die Mitteilung der Ergebnisse der unabhängigen Prüfung der Vermögenswertreserve zu überprüfen (→ MiCAR Art. 36 Abs. 10 Rn. 12 ff.);
- die Prüfung der geplanten Übernahme eines Emittenten vermögenswertereferenzierter Token (→ MiCAR Art. 41 Rn. 5 ff.);
- die inhaltliche Prüfung der geplanten Übernahme eines Emittenten vermögenswertereferenzierter Token (→ MiCAR Art. 42 Rn. 5 ff.);
- die (rechtzeitige) Entgegennahme des Sanierungsplans sowie etwa das Verlangen nach dessen Aktualisierung oder nach dem Treffen von im Sanierungsplan festgelegten Vorkehrungen oder Maßnahmen (→ MiCAR Art. 46 Rn. 5 ff., 8 ff.) sowie
- die Entgegennahme des Rücktauschplans in bestimmten Situationen sowie ggf. die Übermittlung dessen an die für den Emittenten zuständigen Abwicklungs- und Aufsichtsbehörden (→ MiCAR Art. 47 Rn. 10 ff.).

b) Aufsichtliche Neubewertung (Abs. 3). Art. 117 Abs. 3 MiCAR **10** trägt den spezifischen Risiken für die geldpolitischen Transmissionskanäle und die Währungshoheit, die mit signifikanten vermögenswertereferenzierten Token einhergehen können, gebührend Rechnung und normiert eine aufsichtliche Neubewertung (**"supervisory reassessment"**) durch die **EBA,** um sicherzustellen, dass der Emittent die Anforderungen des **Titels III** (Art. 16 – Art. 47 MiCAR) erfüllt. Während die Befugnisse in den Art. 16– 42 sowie Art. 46 und 47 MiCAR nämlich der zuständigen (nationalen) Behörde zustehen, richten sich die Art. 43, 44 und 45 MiCAR insbes. an die EBA. Unter der **Voraussetzung,** dass ein vermögenswertereferenzierter Token nach Art. 43 MiCAR (→ MiCAR Art. 43 Rn. 1 ff.) als signifikant eingestuft wurde, hat ("shall") die EBA eine aufsichtliche Neubewertung vorzunehmen. Allerdings erscheint auf den ersten Blick fraglich, was Sinn

MiCAR Art. 117

und Zweck der aufsichtlichen Neubewertung iSd Abs. 3 ist, nimmt doch gerade die EBA die Einstufung vermögenswertereferenzierter Token als signifikante vermögenswertereferenzierte Token nach Art. 43 Abs. 6 bzw. nach Art. 44 Abs. 3 MiCAR vor. Wenn ein Kryptowert nämlich unter die Begriffsbestimmung eines vermögenswertereferenzierten Token oder eines E-Geld-Token fällt, findet Titel III bzw. IV der MiCAR Anwendung (s. Erwgr. Nr. 41). Im Lichte besehen wird die Neubewertung als **Anlass für die Prüfung des Titels III** („Vermögenswertereferenzierte Token") herangezogen. Obwohl die aufsichtliche Neubewertung durch die EBA nach dem ausdrücklichen Wortlaut der MiCAR (nur) sicherstellen soll, dass der Emittent die Anforderungen des Titels III erfüllt, scheint sie indirekt auch der „**Kontrolle**" der zuständigen Behörde zu dienen, da diese die Erfüllung der Anforderungen der ihr zugewiesenen Artikel des Titels III überprüft.

III. Aufsichtsaufgaben in Bezug auf Emittenten signifikanter E-Geld-Token (Abs. 4)

11   1. **Die Beaufsichtigung durch die EBA: Voraussetzungen.** Mit der potenziell weitverbreitenden Nutzung signifikanter E-Geld-Token als Zahlungsmittel und der damit möglicherweise verbundenen Risiken für die Finanzstabilität kann eine erhöhte Gefahr eintreten. Um diese möglichst gut einzudämmen, statuiert der Unionsgesetzgeber ein strengeres Aufsichtsregime und hält sogar in bestimmten Fällen eine **doppelte Beaufsichtigung,** einerseits durch die zuständigen Behörden und andererseits durch die EBA, für erforderlich.[8] Ähnlich zur Systematik in Art. 117 Abs. 1 MiCAR (→ Rn. 7) ist nach Abs. 4 MiCAR wiederum die Signifikanz Voraussetzung für die Aufsicht durch die EBA. Die Beaufsichtigung durch die EBA setzt nämlich voraus, dass ein von einem i) **E-Geld-Institut** iSd Art. 3 Abs. 1 Ziff. 43 MiCAR ausgegebener ii) **E-Geld-Token** nach Art. 56 (→ MiCAR Art. 56 Rn. 4 ff.) oder Art. 57 MiCAR (→ MiCAR Art. 57 Rn. 4 ff.) als iii) **signifikant** eingestuft wurde. Erst wenn die letztgenannten Voraussetzungen kumulativ erfüllt sind, beaufsichtigt die EBA – teilweise – den Emittenten des betreffenden signifikanten E-Geld-Token **(Teilaufsicht).**

12   Sofern allerdings Kreditinstitute iSd Art. 3 Abs. 1 Ziff. 28 MiCAR signifikante E-Geld-Token ausgeben, findet **keine** Beaufsichtigung durch die EBA statt, sondern vielmehr erfolgt diese weiterhin – gänzlich – durch die für sie zuständige Behörde (vgl. Erwgr. Nr. 103 MiCAR). Dieser zuständigen Behörde stehen die Befugnisse des Art. 94 MiCAR zu (→ MiCAR Art. 94 Rn. 6 ff.).

Darüber hinaus beschreibt der sprachlich etwas missglückte und lediglich deklarative Erwgr. Nr. 104 MiCAR einen **Sonderfall** hinsichtlich signifikanter E-Geld-Token. Wenn nämlich mindestens 80 % der Zahl der Inhaber und des Volumens der Transaktionen mit signifikanten E-Geld-Token iSd Erwgr. Nr. 104 MiCAR[9] im Herkunftsmitgliedstaat konzentriert sind, sollten die Aufsichtsaufgaben nicht der EBA übertragen werden und es findet folglich

---

[8] Raschauer/Kreisl SPWR 2023, 35 (43).
[9] Erwgr. Nr. 104 MiCAR lautet: „Signifikante E-Geld-Token, die auf eine amtliche Währung eines Mitgliedstaats lauten, bei der es sich nicht um den Euro handelt, und die als Tauschmittel und zur Abwicklung großvolumiger Zahlungstransaktionen genutzt werden, können – auch wenn dies unwahrscheinlich ist – spezifische Risiken für die Währungshoheit des Mitgliedstaats bergen, auf dessen amtliche Währung sie lauten".

weiterhin die Beaufsichtigung durch die für sie zuständigen (nationalen) Behörden statt. Hierbei ist kritisch zu sehen, dass diese **einschränkende** Statuierung nicht im Verordnungstext enthalten ist.

2. Die (aufsichtlichen) Befugnisse der EBA. Den folgenden Ausführungen ist voranzustellen, dass im Entwurf, wie eingangs erwähnt (→ Rn. 2), in Abs. 4 noch nicht explizit geregelt war, dass die Beaufsichtigung durch die EBA nur für die von **E-Geld-Instituten** ausgegebenen signifikanten E-Geld-Token gilt, da im Entwurf auch Kreditinstitute einbezogen waren. Dies hätte zur Folge gehabt, dass neben dem bereits normierten (dualen) Aufsichtsregime von EBA und den (nationalen) zuständigen Behörden, auch die EZB als dritte Behörde ins Spiel gekommen wäre. Das vorgeschlagene (duale) Aufsichtsregime wäre nämlich zu den bestehenden Aufsichtsrahmen hinzugetreten. Handelt es sich daher bei einem Emittenten signifikanter E-Geld-Token um ein bedeutendes Kreditinstitut, welches nach der SSM-VO (EU) 1024/2013 von der EZB beaufsichtigt wird, wäre der Emittent daher drei verschiedenen Behörden unterlegen, namentlich: i) der betreffenden nationalen zuständigen Behörde, ii) der EBA sowie iii) der EZB. 13

Nach Abs. 4 MiCAR gilt nun, dass bei von einem E-Geld-Institut ausgegebenen signifikanten E-Geld-Token die EBA – und zwar nur sie – die Einhaltung der **spezifischen Zusatzanforderungen der Art. 55** („Sanierungs- und Rücktauschplan") **und 58** („Einstufung von E-Geld-Token als signifikante E-geld-Token") **MiCAR** durch den Emittenten des bestreffenden signifikanten E-Geld-Token beaufsichtigt. Die restliche „normale" Beaufsichtigung wird weiterhin von der zuständigen Behörde ausgeübt (→ MiCAR Art. 93 Rn. 7 ff. bzw. → MiCAR Art. 94 Rn. 6 ff.). 14

Dabei übt die EBA die Befugnisse der zuständigen Behörden aus, die diesen in Bezug auf **E-Geld-Institute,** welche signifikante E-Geld-Token ausgeben, **übertragen** wurden. Dazu zählen Befugnisse im Zusammenhang mit: der **Berichterstattung** über vermögenswertereferenzierte Token (→ MiCAR Art. 22 Rn. 5 ff.); der **Beschränkungen** der Ausgabe vermögenswertereferenzierter Token, die gemeinhin als Tauschmittel verwendet werden (→ MiCAR Art. 23 Rn. 5 ff.); der **Begrenzung** der Menge eines auszugebenden vermögenswertereferenzierten Tokens oder der **Vorschreibung** einer Mindeststückelung des vermögenswertereferenzierten Tokens in bestimmten Fällen sowie der **Festlegung** der anzuwendenden Obergrenze oder Mindeststückelung (→ MiCAR Art. 24 Abs. 3 Rn. 7 f.); der erhöhten Vorschreibung Eigenmittel vorzuhalten (→ MiCAR Art. 35 Abs. 3 und Abs. 5 Rn. 10 ff., 12); der Entgegennahme der Ergebnisse der alle sechs Monate stattfindenden unabhängigen Prüfung der Vermögenswertreserve, in der die Einhaltung des Kapitels drei geprüft wird, sowie der Befugnis die Veröffentlichung der Ergebnisse der Prüfung in bestimmten Fällen aufzuschieben (→ MiCAR Art. 36 Abs. 10 Rn. 12 ff.); dem Sanierungsplan (→ MiCAR Art. 46 Rn. 5 ff.) sowie dem Rücktauschplan (→ MiCAR Art. 47 Rn. 5 ff.). 15

IV. Zusammenarbeit mit anderen zuständigen Behörden (Abs. 5)

Dass im Rahmen der Aufsichtsbefugnisse die Zusammenarbeit zwischen der EBA sowie den anderen (zuständigen) Behörden, die mit der Beaufsichtigung des Emittenten betraut sind, sinnvoll bzw. notwendig ist, wird mehrmals 16

MiCAR Art. 118   Titel VII. Zuständige Behörde, EBA und ESMA

in der MiCAR adressiert[10], so auch im gegenständlichen Art. 117 Abs. 5 MiCAR. Ziel ist es, eine **effektive Aufsicht** zu gewährleisten und mehrere Einrichtungen in die Aufsicht einzubinden, um **Synergien** und **Expertise** optimal ausnutzen zu können.
So normiert Abs. 5 MiCAR, dass die EBA ihre Aufsichtsbefugnisse gem. den Abs. 1–4 **insbes.** mit der Aufsichtsbehörde, einschließlich der EZB gem. der VO (EU) 1024/2013 (lit. a), den nach den nationalen Rechtsvorschriften zur Umsetzung der RL (EU) 2009/110/EG zuständigen Behörden (lit. b) und den in Art. 20 Abs. 1 MiCAR genannten zuständigen Behörden (lit. c), in **enger Zusammenarbeit** ausübt.

17   Vor allem **lit. a** reflektiert die Einbeziehung der EZB im Rahmen ihrer Aufsichtsfunktion bei bedeutenden Kreditinstituten. Im Rahmen der **Stellungnahme der EZB** und des dazugehörigen technischen Arbeitsdokuments schlug diese vor, dass die EBA ihre Aufsichtsbefugnisse in bestimmten Fällen erst nach Konsultation der EZB ausüben solle.[11] Darüber hinaus wurde die allfällige Dreifach-Aufsicht thematisiert, die im Verordnungsvorschlag bei bedeutenden Kreditinstituten entstanden wäre (→ Rn. 13).[12] Um eine Aufsichtsarbitrage und etwaige Aufsichtskonflikte zu vermeiden, wurde in der MiCAR normiert, man denke etwa an die signifikanten E-Geld-Token, dass im Falle der Ausgabe von Kreditinstituten die Aufsicht bei den für sie zuständigen Behörden verbleibt und nicht von der EBA ausgeübt wird. Während also lit. a die Kreditinstitute adressiert, richtet sich **lit. b** an E-Geld-Institute (vgl. zudem → Rn. 3). **Lit. c** normiert ausdrücklich die enge Zusammenarbeit mit den zuständigen Behörden (des Herkunftsmitgliedstaates), die für die Zulassungsbeantragung zuständig sind (→ MiCAR Art. 18 Rn. 5 ff.).

Artikel 118 Ausschuss der EBA für Kryptowerte

(1) Die EBA setzt gemäß Artikel 41 der Verordnung (EU) Nr. 1093/2010 einen ständigen internen Ausschuss ein, damit dieser die Beschlüsse der EBA vorbereitet, die im Einklang mit Artikel 44 der genannten Verordnung zu fassen sind, einschließlich der Beschlüsse, die sich auf Aufsichtsaufgaben beziehen, mit denen die EBA mit der vorliegenden Verordnung betraut wird.

(2) Der Ausschuss für Kryptowerte kann auch Beschlüsse betreffend Entwürfe technischer Regulierungsstandards und Entwürfe technischer Durchführungsstandards vorbereiten, die sich auf Aufsichtsaufgaben beziehen, mit denen die EBA mit der vorliegenden Verordnung betraut wird.

(3) Die EBA stellt sicher, dass der Ausschuss für Kryptowerte nur den in den Absätzen 1 und 2 genannten Tätigkeiten nachgeht sowie jegliche

---

[10] Siehe etwa auch Erwgr. Nr. 100 MiCAR sowie die Art. 95, 122 ff. und 126 ff. MiCAR.
[11] Vgl. das technische Arbeitsdokument, das iZm mit der EZB-Stellungnahme CON/2021/4 erstellt wurde: Entwurfsvorschläge in Bezug auf einen Vorschlag für eine VO des Europäischen Parlaments und des Rates über Märkte für Krypto-Assets und zur Änderung der RL (EU) 2019/1937, Änderung 23 zu Art. 98.
[12] Stellungnahme der EZB vom 19.2.2021 zu einem Vorschlag für eine VO über Märkte für Kryptowerte und zur Änderung der RL (EU) 2019/1937 (ABl. 2021 C 152, 7 ff.).

Ausschuss der EBA für Kryptowerte **Art. 118 MiCAR**

sonstigen Aufgaben erfüllt, die für die Ausführung seiner Tätigkeiten in Bezug auf Kryptowerte erforderlich sind.

Übersicht

	Rn.
I. Einführung	1
1. Literatur	1
2. Entstehung und Zweck der Norm	2
3. Normativer Kontext	5
II. Ausschuss der EBA für Kryptowerte	6
1. Grundlage und Organisation für die Einsetzung (Abs. 1)	6
2. Aufgaben und Befugnisse (Abs. 1 und Abs. 2)	8
a) Vorbereitung von Beschlüssen nach Abs. 1	9
b) Vorbereitung von Beschlüssen nach Abs. 2	16
3. Beschränkung der Tätigkeiten (Abs. 3)	18

I. Einführung

1. Literatur. Bislang keine. Siehe aber etwa die Kommentierungen zu 1 Art. 41 VO (EU) 1095/2010 sowie im Allgemeinen *Gurlit*, Handlungsformen der Finanzmarktaufsicht, ZHR 177 (2013), 862.

2. Entstehung und Zweck der Norm. Art. 118 MiCAR (Art. 98a des 2 Entwurfs) war im Kommissionsvorschlag nicht enthalten, wurde vom Rat erstmals hineinreklamiert und war in der Folge im endgültigen Entwurf der VO mit nur einem Absatz enthalten. Der inhaltliche Kern der Bestimmung ist im weiteren Gesetzgebungsverfahren nahezu unverändert geblieben. Dennoch gab es teilweise sprachliche Straffungen sowie inhaltliche Änderungen. Etwa wurde vom Rat explizit vorgeschlagen, dass sich der interne Ausschuss aus all den „zuständigen Behörden" gem. Art. 93 (Art. 81 des Entwurfs) der vorliegenden VO genannten zuständigen Behörden, die für die Beaufsichtigung von Emittenten wertreferenzierter Token und Emittenten von E-Geld-Token zuständig sind, zusammensetzt. Dass dies jedoch weder nach dem Trilogverfahren noch in der angenommenen Fassung so geregelt ist, wird an späterer Stelle noch näher erläutert (→ Rn. 7). Zur „ESMA/EBA-Zuständigkeitsproblematik" („ESMA/EBA issue"), die wiederum zugunsten der EBA gelöst wurde, siehe vorstehende Ausführungen (→ MiCAR Art. 117 Rn. 2).

Die Einrichtung eines ständigen internen Ausschusses gem. Art. 41 der VO 3 (EU) 1093/2010 ist ein bekanntes und häufig genutztes Instrumentarium der EBA; man denke etwa an Art. 127 RL (EU) 2014/59[1], der die Einrichtung eines EBA-Abwicklungsausschusses normiert oder etwa an Art. 24a VO (EU) 648/2012. Rechtsnormen, die die Einrichtung von ständigen internen Ausschüssen vorsehen, sind im Finanzmarktrecht durchaus bekannt und stellen sog. **Modellregelungen** dar. Im Kontext der Europäischen Wertpapier- und Marktaufsichtsbehörde regelt Art. 41 VO (EU) 1095/2010 die Einrichtung von internen Ausschüssen und Gremien.

---

[1] Richtlinie 2014/59/EU des Europäischen Parlaments und des Rates vom 15.5.2014 zur Festlegung eines Rahmens für die Sanierung und Abwicklung von Kreditinstituten und Wertpapierfirmen und zur Änderung der Richtlinie 82/891/EWG des Rates, der Richtlinien 2001/24/EG, 2002/47/EG, 2004/25/EG, 2005/56/EG, 2007/36/EG, 2011/35/EU, 2012/30/EU und 2013/36/EU sowie der Verordnungen (EU) 1093/2010 und (EU) 648/ 2012 des Europäischen Parlaments und des Rates (ABl. 2014 L 173, 190).

MiCAR Art. 118 Titel VII. Zuständige Behörde, EBA und ESMA

4 **Vorrangiges Ziel von Art. 118 MiCAR** ist es, einen nicht nur **effektiven**, sondern auch **effizienten Apparat** innerhalb der EBA zu etablieren, der sich speziell mit Aufsichtsfragen im Zusammenhang mit Kryptowerten befasst. Die eingerichteten ständigen internen Ausschüsse der EBA für Kryptowerte sollen dazu beitragen, klare und praktikable Standards zu entwickeln und sicherstellen, dass die EBA ihre **Aufsichtsaufgaben**, besonders diejenigen mit denen sie durch die vorliegende Verordnung betraut wird, wahrnehmen kann. Darüber hinaus dient der von der EBA eingerichtete Ausschuss für Kryptowerte der **effizienten Beschlussvorbereitung**. So soll der ständige interne Ausschuss jene Beschlüsse vorbereiten, die nach Art. 44 VO (EU) 1093/2010 zu fassen sind einschließlich jener die im Zusammenhang mit den Aufsichtsaufgaben stehen, die der EBA nach der MiCAR übertragen werden. Neben einer erheblichen **Zeitersparnis**, die vor allem in schnelllebigen Branchen wie dem Bereich der Kryptowerte relevant ist, kann eine effiziente Beschlussvorbereitung zur Ressourcenoptimierung beitragen. Im Kontext der **Ressourcenoptimierung** ist an den effizienteren Einsatz von Fachwissen, Personal und finanziellen Mitteln zu denken. Ferner können klarere Handlungsrichtlinien erreicht werden, die insbes. für die Marktteilnehmer:innen wichtig sind, da solche das Marktvertrauen sowie die Compliance erleichtern. All dies zusammen soll zu einer Verbesserung der Marktüberwachung durch die EBA führen.

5 **3. Normativer Kontext.** Art. 118 MiCAR ist – soweit ersichtlich – nicht nur die erste, sondern auch die einzige Vorschrift in der MiCAR, die die Einrichtung eines (ständigen internen) Ausschusses der EBA für Kryptowerte normiert. Es ist eine eigene, unmittelbare anwendbare Befugnisnorm für die EBA, einen ständigen internen Ausschuss gem. Art. 41 VO (EU) 1093/2010 für bestimmte Vorbereitungstätigkeiten einzusetzen. Hervorzuheben gilt, dass Art. 118 Abs. 2 MiCAR Bezug auf Art. 10 bzw. Art. 15 VO (EU) 1093/2010 nimmt, die die förmliche Erlassung der technischen Durchführungsstandards bzw. der technischen Regulierungsstandards regeln. **Wechselwirkungen** bestehen insbes. mit denjenigen Art. in der MiCAR, die Beschlüsse – ggf. betr. Entwürfe technischer Regulierungsstandards bzw. technischer Durchführungsstandards – durch die EBA normieren (→ Rn. 8 ff.). Darüber hinaus ist für das Verständnis der Norm („die sich auf Aufsichtsaufgaben beziehen, mit denen die EBA mit der vorliegenden Verordnung betraut wird") eine Zusammenschau mit **Art. 117 MiCAR** erforderlich, der die Aufsichtsaufgaben der EBA in Bezug auf Emittenten signifikanter vermögenswertereferenzierter Token und Emittenten signifikanter E-Geld-Token bestimmt.

II. Ausschuss der EBA für Kryptowerte

6 **1. Grundlage und Organisation für die Einsetzung (Abs. 1).** Art. 118 Abs. 1 MiCAR normiert, dass die EBA gem. Art. 41 VO (EU) 1093/2010 einen ständigen internen Ausschuss für näher bestimmte Tätigkeiten einsetzt. Die Grundlage hierfür setzt **Art. 41 VO (EU) 1093/2010**, demzufolge der Rat der Aufseher – das wichtigste Entscheidungsorgan der Behörde[2] – nach **Abs. 1** für bestimmte, ihm zugewiesene Aufgaben einen

---

[2] So auch auf der Homepage der EBA selbst betitelt https://www.eba.europa.eu/languages/home_de. Vgl. zudem Erwgr. Nr. 52 VO (EU) 1093/2010 der befindet, dass der Rat der Aufseher das Hauptbeschlussfassungsorgan sein sollte.

internen Ausschuss (und Gremien) einsetzen und die Delegation bestimmter, genau festgelegter Aufgaben auf interne Ausschüsse (und Gremien, den Verwaltungsrat oder den Vorsitzenden) vorsehen kann. Genau solch eine Zuweisung für bestimmte Aufgaben (→ Rn. 8 ff.) ist in Art. 118 Abs. 1 und Abs. 2 MiCAR verankert.

Betreffend die konkrete **Zusammensetzung** sowie die **Organisation** des Ausschusses der EBA für Kryptowerte erweist sich die Suche in der verabschiedeten MiCAR als wenig erfolgversprechend und gleicht der Suche nach der Nadel im Heuhaufen. Wie eingangs erwähnt (→ Rn. 2), hat der Rat zwar explizit vorgeschlagen, dass sich der interne Ausschuss aus all den „zuständigen Behörden" gem. Art. 93 (Art. 81 des Entwurfs) der vorliegenden VO genannten zuständigen Behörden, die für die Beaufsichtigung von Emittenten von wertreferenzierten Token und Emittenten von E-Geld-Token zuständig sind, zusammensetzt, die verabschiedete MiCAR enthält allerdings keine diesbezüglichen Vorgaben. Teilweise behilflich erweist sich die **Geschäftsordnung der EBA**[3]. Aber auch Art. 2 Ziff. 3 der EBA-Geschäftsordnung wiederholt lediglich die allgemeine Ermächtigung des Art. 41 VO (EU) 1093/2010 (zur konkreten Einsetzung vgl. Art. 118 Abs. 1 MiCAR) und Art. 13 „Interne Ausschüsse" im Titel IV „Organisation der Europäischen Bankenaufsichtsbehörde" der EBA-Geschäftsordnung schreibt nur vor, dass die internen Ausschüsse zur Arbeit des Rates der Aufseher beitragen und diesem über den Verwaltungsrat Bericht erstatten sowie, dass die internen Ausschüsse ihrerseits – mit Zustimmung des Verwaltungsrates – ständige „sub-groups" einrichten können. Einen Anhaltspunkt bietet allerdings Art. 9 Ziff. 6 EBA-Geschäftsordnung, der unter anderem vorsieht, dass die Mitglieder des Rates der Aufseher das Gleichgewicht der Geschlechter bei der Wahl bzw. Ernennung eines Kandidaten für einen **Ausschuss** oder ein Gremium berücksichtigen. Konkretere Regelungen enthält die EBA-Geschäftsordnung allerdings ebenso nicht.

Unter der Annahme, dass die Zusammensetzung des Ausschusses der EBA für Kryptowerte dem Vorschlag des Rates bzw. Art. 127 RL (EU) 2014/59 ähneln soll, ist davon auszugehen, dass er sich teilweise aus den in Art. 93 MiCAR genannten Behörden zusammensetzt.

2. Aufgaben und Befugnisse (Abs. 1 und Abs. 2). Dem Ausschuss der EBA für Kryptowerte wird sowohl nach Abs. 1 als auch nach Abs. 2 eine ausschließlich **vorzubereitende Beschlusstätigkeit** zugewiesen. Welche Beschlüsse er im Einzelnen vorbereiten darf, ist Gegenstand der nachfolgenden Ausführungen. Generell ist in diesem Kontext zu erwähnen, dass die Form der Beteiligung der EBA (bzw. der ESMA) an der Tertiärrechtsetzung mit Art. 290 AEUV vereinbar ist.[4]

a) Vorbereitung von Beschlüssen nach Abs. 1. Nach Art. 118 Abs. 1 MiCAR setzt die EBA einen ständigen internen Ausschuss ein, „damit dieser die Beschlüsse der EBA **vorbereitet**, die im Einklang mit Art. 44 der VO (EU) Nr. 1093/2010 zu fassen sind, einschließlich der Beschlüsse, die sich auf Aufsichtsaufgaben beziehen, mit denen die EBA mit der vorliegenden Verordnung [gemeint MiCAR] betraut wird".

---

[3] Beschluss der EBA vom 22.1.2020 über die Geschäftsordnung des Rats der Aufseher, EBA/DC/2020/307.
[4] So auch Gurlit ZHR 177 (2013), 862 (874) mwN, einschließlich der Gegenauffassung.

MiCAR Art. 118 Titel VII. Zuständige Behörde, EBA und ESMA

Die durch den **Rat der Aufseher** nach Art. 44 VO (EU) 1093/2010 zu fassenden Beschlüsse umfassen vor allem die in **Kapitel II der VO (EU) 1093/2010** genannten (s. Art. 43 Abs. 1 VO [EU] 1093/2010, der einen Ausschnitt seiner Aufgaben normiert). Um ein Beispiel zu nennen: die Ernennung der Mitglieder der Interessengruppe Bankensektor – auf Vorschlag der jeweiligen Interessenvertreter – nach Art. 37 Abs. 3 VO (EU) 1093/2010. Die nach Art. 44 VO (EU) 1093/2010 zu fassenden Beschlüsse werden in der Regel vom Rat der Aufseher mit einfacher Mehrheit gefasst (s. Erwgr. Nr. 53 VO [EU] 1093/2010), wobei jedes Mitglied über eine Stimme verfügt. Der Rat der Aufseher der EBA sollte – soweit ersichtlich – die vom ständigen internen Ausschuss der EBA vorzubereitenden Beschlüsse gebührend berücksichtigen, bevor er einen endgültigen Beschluss fasst. Die Zusammensetzung des Rats der Aufseher wird in Art. 40 VO (EU) 1093/2010 beschrieben. Stimmberechtigte Mitglieder des Organs sind insbes. die jeweiligen Leiter der für die Beaufsichtigung von Kreditinstituten zuständigen nationalen Behörden jedes Mitgliedstaates (s. Art. 40 Abs. 1 lit. b VO [EU] 1093/2010).

10 Von größerer Bedeutung für die gegenständlichen Ausführungen sind die „Beschlüsse, die sich auf Aufsichtsaufgaben beziehen, mit denen die EBA mit der [MiCAR] betraut wird". Dazu zählt beispielweise zunächst der von der EBA zu fassende Beschluss eines Entwurfes zur **Einstufung vermögenswertereferenzierter Token als signifikante vermögenswertereferenzierte Token** nach Art. 43 Abs. 5 MiCAR, der in weiterer Folge gem. **Art. 43 Abs. 6 MiCAR** innerhalb von 60 Arbeitstagen nach dem Tag der in Abs. 5 genannten Übermittlung endgültig von der EBA zu fassen ist (→ MiCAR Art. 43 Rn. 6 f.). Darüber hinaus hat die EBA nach Art. 43 Abs. 8 MiCAR einen Entwurf eines Beschlusses zu fassen, ob die **vermögenswertereferenzierten Token noch bzw. nicht länger als signifikant eingestuft werden,** wenn sie der Auffassung ist, dass gewisse vermögenswertereferenzierte Token die in Art. 43 Abs. 1 MiCAR festgelegten Kriterien gem. Abs. 2 nicht mehr erfüllen. Die endgültige Entscheidung darüber trifft die EBA nach **Art. 43 Abs. 9 MiCAR** innerhalb von 60 Arbeitstagen nach der in Abs. 8 genannten Übermittlung in Form eines Beschlusses (→ MiCAR Art. 43 Rn. 6 f.). Nebstdem fasst die EBA iZm der freiwilligen Einstufung vermögenswertereferenzierter Token als signifikante vermögenswertereferenzierte Token eines Emittenten den Entwurf eines Beschlusses, ob der vermögenswertereferenzierte Token tatsächlich oder voraussichtlich zumindest drei der in Art. 43 Abs. 1 festgelegten Kriterien erfüllt (vgl. Art. 44 Abs. 2 MiCAR). Die endgültige Entscheidung (Beschluss) hierüber trifft die EBA nach **Art. 44 Abs. 3 MiCAR** innerhalb von 60 Arbeitstagen nach der in Art. 44 Abs. 1 MiCAR genannten Übermittlung (→ MiCAR Art. 44 Rn. 7). Darüber hinaus kann die EBA nach **Art. 45 Abs. 4 MiCAR** beschließen, die **Liquiditätsanforderungen** bei Emittenten signifikanter vermögenswertereferenzierter Token zu verschärfen (→ MiCAR Art. 45 Rn. 8).

11 Ferner erstellt die EBA einen Entwurf eines Beschlusses zur Einstufung des E-Geld-Token als signifikanten E-Geld-Token, wenn sie der Auffassung ist, dass ein E-Geld-Token gem. Art. 56 Abs. 1 MiCAR die in Art. 43 Abs. 1 MiCAR genannten Kriterien erfüllt und fasst den endgültigen Beschluss darüber, **ob ein E-Geld-Token als signifikanter E-Geld-Token eingestuft** wird, nach **Art. 56 Abs. 5 MiCAR** innerhalb von 60 Arbeitstagen ab

dem Tag der in Art. 56 Abs. 4 MiCAR genannten Übermittlung (→ MiCAR Art. 56 Rn. 19 f.). Eng damit verbunden erstellt die EBA einen entsprechenden Entwurf eines Beschlusses, wenn gewisse E-Geld-Token die genannten Kriterien nicht mehr erfüllen, den **E-Geld-Token nicht länger als signifikant einzustufen** (s. Art. 56 Abs. 8 MiCAR). Den endgültigen Beschluss darüber, ob der E-Geld-Token nicht länger als signifikant eingestuft wird, trifft die EBA innerhalb von 60 Arbeitstagen nach dem Tag der Übermittlung der in Art. 56 Abs. 8 MiCAR genannten Informationen (s. **Art. 56 Abs. 9 MiCAR;** → MiCAR Art. 56 Rn. 25 ff.). Ferner trifft die EBA im Kontext der freiwilligen Einstufung von E-Geld-Token als signifikante E-Geld-Token den Entwurf eines Beschlusses, ob der E-Geld-Token tatsächlich oder voraussichtlich zumindest drei der in Art. 43 Abs. 1 MiCAR festgelegten Kriterien erfüllt, um als signifikant eingestuft werden zu können. Ihren endgültigen Beschluss darüber fasst die EBA nach **Art. 57 Abs. 3 MiCAR** innerhalb von 60 Arbeitstagen nach dem Tag der in Art. 57 Abs. 1 MiCAR genannten Übermittlung (→ MiCAR Art. 57 Rn. 8).

Überdies stehen der EBA gewisse **Befugnisse zur vorübergehenden** 12 **Intervention** zu. So kann die EBA etwa nach **Art. 104 Abs. 1 iVm Abs. 4 MiCAR** beschließen, eine in Abs. 1 verankerte Maßnahme zu ergreifen. Nach Art. 104 Abs. 5 MiCAR veröffentlicht die EBA auf ihrer Website eine Mitteilung über jeden entsprechenden Beschluss zur Ergreifung einer Maßnahme gem. Abs. 1. Zudem kann die EBA eine diesbezügliche jährliche Verlängerung des Verbots oder der Beschränkung nach **Art. 104 Abs. 6 MiCAR** beschließen (→ MiCAR Art. 104 Rn. 1 f.).

Zudem kann die EBA nach **Art. 122 Abs. 1 MiCAR** zur Wahrnehmung 13 ihrer Aufsichtsaufgaben nach Art. 117 MiCAR im Wege eines Beschlusses von bestimmten Personen die Vorlage sämtlicher **Informationen** verlangen, die sie für die Wahrnehmung ihrer Aufgaben im Rahmen dieser Verordnung benötigt. Der Beschlussinhalt ist in Art. 122 Abs. 3 MiCAR normiert und schreibt etwa nach lit. b den Zweck des Ersuchens vor (→ MiCAR Art. 122 Rn. 15).

Darüber hinaus kann die EBA zur Wahrnehmung ihrer Aufsichtsaufgaben 14 nach Art. 117 MiCAR Untersuchungen bei Emittenten signifikanter vermögenswertereferenzierten Token und Emittenten signifikanter E-Geld-Token durchführen, die ihrerseits nach Art. 123 Abs. 3 MiCAR verpflichtet sind, sich den durch **Beschluss der EBA eingeleiteten Untersuchungen** zu unterziehen (→ MiCAR Art. 123 Rn. 20 ff.). Ähnliches gilt für die durch **Beschluss der EBA angeordneten Prüfungen vor Ort** nach Art. 124 Abs. 5 MiCAR (→ MiCAR Art. 124 Rn. 17 ff.). Was die Aufsichtsmaßnahmen der EBA iSd Art. 130 MiCAR anbelangt, so kann die EBA, wenn sie feststellt, dass ein Emittent eines signifikanten vermögenswertereferenzierten Token einen in Anhang V aufgelisteten Verstoß begangen hat, eine oder mehrere der in Abs. 1 genannten Maßnahmen ergreifen, wie etwa nach lit. a den Erlass eines Beschlusses, mit dem der Emittent des signifikanten vermögenswertereferenzierten Token aufgefordert wird, das den Verstoß darstellende Verhalten einzustellen (→ MiCAR Art. 130 Rn. 14 ff.).

Im Kontext von **Geldbußen bzw. Zwangsgeldern** kann die EBA einer- 15 seits unter gewissen Voraussetzungen nach **Art. 131 Abs. 1** (→ MiCAR Art. 131 Rn. 1 ff.) bzw. **Art. 132 Abs. 1** (→ MiCAR Art. 132 Rn. 1 ff.) **MiCAR** einen Beschluss zur Verhängung einer Geldbuße bzw. eines Zwangsgeldes erlassen sowie andererseits nach Art. 133 Abs. 5 MiCAR

MiCAR Art. 118 Titel VII. Zuständige Behörde, EBA und ESMA

(→ MiCAR Art. 133 Rn. 50) beschließen, keine Geldbuße bzw. kein Zwangsgeld zu verhängen. Zuletzt wird auf die Möglichkeit der EBA hingewiesen iZm der Anhörung von betreffenden Personen, einen **Interimsbeschluss nach Art. 135 Abs. 2 MiCAR** zu fassen (→ MiCAR Art. 135 Rn. 5 ff.).

16 **b) Vorbereitung von Beschlüssen nach Abs. 2.** Nach Art. 118 Abs. 2 MiCAR kann der Ausschuss für Kryptowerte neben den oben beispielhaft genannten Beschlüssen iSd Abs. 1 auch Beschlüsse betreffend Entwürfe technischer Regulierungsstandards einerseits sowie Entwürfe technischer Durchführungsaufgaben andererseits vorbereiten, die sich auf Aufsichtsaufgaben beziehen, mit denen die EBA im Rahmen der MiCAR betraut wird.

Im Hinblick auf den ersten Themenkomplex – **Beschlüsse betreffend Entwürfe technischer Regulierungsstandards** – sollen anbei einige Beispiele angeführt werden. So können die folgenden Entwürfe technischer Regulierungsstandards vom Ausschuss für Kryptowerte vorbereitet werden: die von der ESMA und der EBA gemeinsam ausgearbeiteten Entwürfe für den Inhalt, die Methoden und die Darstellung der in Art. 6 Abs. 1 UAbs. 1 lit. j bzw. Art. 19 Abs. 1 UAbs. 1 lit. h MiCAR genannten Informationen über die Nachhaltigkeitsindikatoren in Bezug auf nachteilige Auswirkungen auf das Klima und sonstige umweltbezogene nachteilige Auswirkungen **(Art. 6 Abs. 12 bzw. Art. 19 Abs. 11 MiCAR)**; die von der EBA in enger Zusammenarbeit mit der ESMA und EZB ausgearbeiteten Entwürfe zur näheren Spezifizierung des Verfahrens für die Genehmigung eines Kryptowerte-Whitepapers **(Art. 17 Abs. 8 MiCAR)**; die von der EBA in enger Zusammenarbeit mit der ESMA und der EZB ausgearbeiteten Entwürfe, um die in Art. 18 Abs. 2 MiCAR genannten Informationen iZm mit der Beantragung der Zulassung näher zu präzisieren **(Art. 18 Abs. 6 MiCAR)**; die von der EBA in enger Zusammenarbeit mit der EZB erarbeiteten Entwürfe zur Spezifizierung der Methodik für die Schätzung für ein Quartal der durchschnittlichen Zahl und des durchschnittlichen aggregierten Werts der Transaktionen pro Tag im Zusammenhang mit der Verwendung des wertereferenzierten Token als Tauschmittel in einem einzelnen einheitlichen Währungsraum **(Art. 22 Abs. 6 MiCAR)** oder etwa die von der EBA in „lediglich" enger Abstimmung mit der ESMA ausgearbeiteten Entwürfe zur Präzisierung der Anforderungen, Standardformate und Beschwerdeverfahren **(Art. 31 Abs. 5 MiCAR)**.

Darüber hinaus können genannt werden: **Art. 32 Abs. 5 MiCAR**, die von der EBA allein ausgearbeiteten Entwürfe unter anderem betr. die Präzisierung der Anforderungen bzgl. der in Art. 32 Abs. 1 MiCAR genannten Strategien und Verfahren zur Ermittlung, Vermeidung, Regelung und Offenlegung von Interessenkonflikten; die von der EBA in enger Zusammenarbeit mit der ESMA und der EZB ausgearbeiteten Entwürfe zur Präzisierung unter anderem des Verfahrens und der Fristen für die Anpassung eines Emittenten eines signifikanten vermögenswertereferenzierten Token an höhere Eigenmittelanforderungen sowie die Kriterien für die Forderung eines höheren Eigenmittelbetrags gem. Art. 35 Abs. 3 MiCAR und die Mindestanforderungen an die Gestaltung von Stresstests unter Berücksichtigung des Volumens, der Komplexität und Art des vermögenswertereferenzierten Tokens, einschließlich – aber nicht beschränkt auf – zB die entsprechende Dateninfrastruktur **(Art. 35 Abs. 6 MiCAR)**; die von der EBA in enger Zusammenarbeit mit der ESMA und der EZB ausgearbeiteten Entwürfe, in denen die Liquiditätsanforderungen unter Berücksichtigung des Umfangs, der Komplexität und der Art der Vermögenswertereserve und des vermögenswertereferenzierten Token weiter präzisiert werden (**Art. 36 Abs. 4 MiCAR**). Ferner etwa **Art. 38 Abs. 5** („Anlage der Vermögenswertreserve"); **Art. 42 Abs. 4** („Inhalt der Prüfung der geplanten Übernahme eines Emittenten vermögenswertereferenzierter Token"); **Art. 45 Abs. 7** („Spezifische zusätzliche Pflichten von Emittenten signifikanter vermögenswertereferenzierter Token"); **Art. 51 Abs. 15** („Inhalt und Form des Kryptowerte-Whitepapers für E-Geld-Token"); **Art. 60 Abs. 13** („Erbringung von Kryptowerte-Dienstleistungen durch bestimmte Finanzunternehmen"); **Art. 62 Abs. 5** („Antrag auf Zulassung als Anbieter von Kryptowerte-Dienstleistungen"); **Art. 66 Abs. 6** („Pflicht zu ehrlichem, redlichem und professionellem Handeln im besten Interesse der Kunden"); **Art. 71 Abs. 5** („Beschwerdeverfahren"); **Art. 72 Abs. 5** („Ermittlung, Vermeidung, Regelung und Offenlegung von Interessenkonflikten"); **Art. 84 Abs. 4** („Inhalt der Bewertung der geplanten Übernahme eines Anbieters von Kryptowerte-Dienstleistungen"); **Art. 95 Abs. 10** („Zusammenarbeit der zuständigen Behörden); **Art. 107 Abs. 3** (Zusammenarbeit mit Drittländern") und **Art. 119 Abs. 8** („Kollegien für Emittenten signifikanter vermögenswertereferenzierter Token und Emittenten signifikanter E-Geld-Token").

Mit Blick auf den zweiten Themenkomplex – **Beschlüsse betreffend Entwürfe technischer Durchführungsstandards** – können exemplarisch die nachstehenden angeführt werden: die von der ESMA in Zusammenarbeit mit der EBA ausgearbeiteten Entwürfe zur Festlegung von Standardformularen, Standardformaten und Mustertexten für die Zwecke, dass das Kryptowerte-Whitepaper in einem maschinenlesbaren Format zur Verfügung zu stellen ist (**Art. 6 Abs. 11, Art. 19 Abs. 10** sowie **Art. 51 Abs. 10 MiCAR**); die von der EBA in enger Zusammenarbeit mit der ESMA ausgearbeiteten Entwürfe zur Festlegung von Standardformularen, Mustertexten und Verfahren für die in den Antrag aufzunehmenden Informationen, um im Gebiet der Union für Einheitlichkeit zu sorgen (**Art. 18 Abs. 7 MiCAR**); die von der EBA allein ausgearbeiteten Entwürfe, um Standardformulare, Standardformate und Mustertexte für die Zwecke der Berichterstattung des Emittenten bei jedem vermögenswertereferenzierten Token mit einem Ausgabewert von mehr als 100.000.000 EUR und das Zurverfügungstellen der Information gem. Art. 22 Abs. 3 MiCAR festzulegen (**Art. 22 Abs. 7 MiCAR**).

17

Darüber hinaus können genannt werden: **Art. 60 Abs. 14** („Erbringung von Kryptowerte-Dienstleistungen durch bestimmte Finanzunternehmen"); **Art. 62 Abs. 6** („Antrag auf Zulassung als Anbieter von Kryptowerte-Dienstleistungen"); **Art. 95 Abs. 11** (Zusammenarbeit der zuständigen Behörden) sowie **Art. 96 Abs. 3** („Zusammenarbeit mit EBA und ESMA").

3. Beschränkung der Tätigkeiten (Abs. 3). In Art. 118 Abs. 3 MiCAR weist der Verordnungsgesetzgeber der EBA folgende zwei explizite **Aufträge** bzw. **„Obliegenheiten"** zu: Danach hat die EBA zum einen sicherzustellen, dass der (ständige interne) Ausschuss für Kryptowerte nur den in den Abs. 1 und 2 genannten Tätigkeiten (→ Rn. 9 ff. sowie → Rn. 16 ff.) nachgeht und zum anderen, dass er alle sonstigen Aufgaben erfüllt, die für die Ausübung seiner Tätigkeiten in Bezug auf Kryptowerte **erforderlich** sind. Wie die

18

EBA diese beiden Obliegenheiten zu gewährleisten hat bzw. welche Sicherheitsmaßnahmen sie ergreifen kann, wird in der MiCAR allerdings nicht en détail beschrieben.

Förderliche Maßnahmen hierfür scheinen jedenfalls die **Festlegung klarer Zuständigkeiten** bzw. die **Definition der Aufgaben sowie der Arbeitsbereiche** betreffend die in Abs. 1 sowie Abs. 2 genannten Tätigkeiten für den Ausschuss für Kryptowerte zu sein. Die EBA kann dies beispielsweise in internen Regelungen bzw. Leitlinien festlegen und damit sicherstellen, dass der Ausschuss nur im Rahmen der genannten Tätigkeiten seine Arbeit verrichtet und es zu keinen Überschreitungen bzw. Unklarheiten hinsichtlich seiner Aufgaben- sowie Arbeitsbereiche kommt. Damit einhergehend könnten (regelmäßige) **Berichterstattungen** vom Ausschuss für Kryptowerte über die durchgeführten Tätigkeiten eingefordert werden. Eng damit verbunden und von höchster Relevanz ist die Dokumentation sowie Überwachung dieser Berichterstattungen. Durch die Implementierung von internen **Kontrollen** sowie **Revisionen** kann übergeprüft werden, ob die vom Ausschuss durchgeführten Tätigkeiten im Einklang mit den ihm zugewiesenen Aufgaben stehen. Darüber hinaus müssen klare **Kommunikationswege** zwischen dem Ausschuss für Kryptowerte sowie den anderen Organisationseinheiten der EBA geschaffen werden, um einerseits zu gewährleisten, dass der Ausschuss für Kryptowerte auf einer adäquaten Informationsbasis operieren kann und um andererseits sicherzustellen, dass der Ausschuss für Kryptowerte auch alle sonstigen Aufgaben erfüllen kann, die für die Ausführung seiner Tätigkeiten in Bezug auf Kryptowerte erforderlich sind.

Artikel 119 Kollegien für Emittenten signifikanter vermögenswertereferenzierter Token und Emittenten signifikanter E-Geld-Token

(1) Innerhalb von 30 Kalendertagen nach einem Beschluss über die Einstufung eines vermögenswertereferenzierten Token oder eines E-Geld-Token als signifikant gemäß Artikel 43 [,] 44, 56 oder 57 richtet die EBA für jeden Emittenten eines signifikanten vermögenswertereferenzierte[n] Token oder eines signifikanten E-Geld-Token ein beratendes Aufsichtskollegium ein und übernimmt dessen Management und Vorsitz, um im Rahmen dieser Verordnung die Wahrnehmung der Aufsichtsaufgaben zu erleichtern und als Vehikel für die Koordinierung der Aufsichtstätigkeiten zu dienen.

(2) Dem Kollegium nach Absatz 1 gehören an:
a) die EBA,
b) die ESMA,
c) die zuständigen Behörden des Herkunftsmitgliedstaats, in dem der Emittent des signifikanten vermögenswertereferenzierten Token oder des signifikanten E-Geld-Token niedergelassen ist,
d) die zuständigen Behörden der wichtigsten Anbieter von Kryptowerte-Dienstleistungen, Kreditinstitute oder Wertpapierfirmen, die die Verwahrung des Reservevermögens gemäß Artikel 37 oder des Geldbetrags, der im Tausch gegen die signifikanten E-Geld-Token eingenommen wurde, sicherstellen,
e) sofern anwendbar, die zuständigen Behörden der wichtigsten Handelsplattformen für Kryptowerte, auf denen die signifikanten ver-

mögenswertereferenzierten Token oder die signifikanten E-Geld-Token zum Handel zugelassen sind,
f) die zuständigen Behörden der wichtigsten zugelassenen Zahlungsdienstleister, die Zahlungsdienste im Zusammenhang mit den signifikanten E-Geld-Token erbringen,
g) sofern anwendbar, die zuständigen Behörden der Rechtsträger, die die in Artikel 34 Absatz 5 Unterabsatz 1 Buchstabe h genannten Aufgaben wahrnehmen,
h) sofern anwendbar, die Behörden, die für die wichtigsten Anbieter von Kryptowerte-Dienstleistungen für die Verwahrung und Verwaltung von Kryptowerten für Kunden in Bezug auf die signifikanten vermögenswertereferenzierten Token oder signifikanten E-Geld-Token zuständig sind,
i) die EZB,
j) wenn der Emittent des signifikanten vermögenswertereferenzierten Token in einem Mitgliedstaat niedergelassen ist, dessen amtliche Währung nicht der Euro ist, oder wenn eine amtliche Währung, die nicht der Euro ist, als Bezugsgröße für den signifikanten vermögenswertereferenzierten Token gilt, die Zentralbank des betreffenden Mitgliedstaats,
k) wenn der Emittent des signifikanten E-Geld-Token in einem Mitgliedstaat niedergelassen ist, dessen amtliche Währung nicht der Euro ist, oder wenn eine Währung, die nicht der Euro ist, als Bezugsgröße für den signifikanten E-Geld-Token gilt, die Zentralbank des betreffenden Mitgliedstaats,
l) zuständige Behörden der Mitgliedstaaten, in denen der vermögenswertereferenzierte Token oder der E-Geld-Token in großem Maßstab verwendet wird, auf deren Ersuchen,
m) einschlägige Aufsichtsbehörden von Drittländern, mit denen die EBA Verwaltungsvereinbarungen nach Artikel 126 geschlossen hat.

(3) Die EBA kann andere Behörden einladen, Mitglieder des in Absatz 1 genannten Kollegiums zu werden, wenn die von ihnen beaufsichtigten Rechtsträger für die Arbeit des Kollegiums von Bedeutung sind.

(4) Eine zuständige Behörde eines Mitgliedstaats, die nicht dem Kollegium angehört, kann vom Kollegium jedwede Auskunft verlangen, die sie für die Ausübung ihrer Aufsichtspflichten im Rahmen dieser Verordnung benötigt.

(5) Das in Absatz 1 dieses Artikels genannte Kollegium nimmt – unbeschadet der Verantwortlichkeiten zuständiger Behörden im Rahmen dieser Verordnung – folgende Aufgaben wahr:
a) Ausarbeitung der unverbindlichen Stellungnahme gemäß Artikel 120;
b) Informationsaustausch gemäß dieser Verordnung;
c) Einigung über die freiwillige Übertragung von Aufgaben unter seinen Mitgliedern.

Um die Durchführung der dem Kollegium in Unterabsatz 1 dieses Absatzes zugewiesenen Aufgaben zu erleichtern, haben die in Absatz 2 genannten Mitglieder des Kollegiums das Recht, sich an der Festlegung der Tagesordnung für die Sitzungen des Kollegiums zu beteiligen, insbesondere durch das Hinzufügen von Punkten zur Tagesordnung einer Sitzung.

(6) Grundlage für die Einrichtung und die Arbeitsweise des in Absatz 1 genannten Kollegiums ist eine schriftliche Vereinbarung zwischen allen Mitgliedern des Kollegiums.

MiCAR Art. 119   Titel VII. Zuständige Behörde, EBA und ESMA

In der in Unterabsatz 1 genannten Vereinbarung werden die praktischen Modalitäten der Arbeitsweise des Kollegiums festgelegt, einschließlich detaillierter Regelungen für
a) die Abstimmungsverfahren nach Artikel 120 Absatz 3,
b) die Verfahren für die Festlegung der Tagesordnung von Sitzungen des Kollegiums,
c) die Häufigkeit der Sitzungen des Kollegiums,
d) die angemessenen Mindestfristen für die Bewertung der einschlägigen Unterlagen durch die Mitglieder des Kollegiums,
e) die Modalitäten für die Kommunikation zwischen den Mitgliedern des Kollegiums,
f) die Einrichtung mehrerer Kollegien, jeweils eines für jeden konkreten Kryptowert oder jede Gruppe von Kryptowerten.

In der Vereinbarung können auch Aufgaben festgelegt werden, die der EBA oder einem anderen Mitglied des Kollegiums übertragen werden sollen.

(7) Als Vorsitz eines jeden Kollegiums ist die EBA dafür zuständig,
a) schriftliche Vereinbarungen und Verfahren für die Arbeitsweise des Kollegiums nach Konsultation der anderen Mitglieder des Kollegiums festzulegen,
b) alle Tätigkeiten des Kollegiums zu koordinieren,
c) dessen Sitzungen einzuberufen, in diesen Sitzungen den Vorsitz zu führen und die Mitglieder des Kollegiums vorab umfassend über die Anberaumung der Sitzungen des Kollegiums, die wichtigsten Tagesordnungspunkte und die zu erörternden Fragen zu informieren,
d) den Mitgliedern des Kollegiums mitzuteilen, welche Sitzungen geplant sind, damit diese um Teilnahme ersuchen können, und
e) die Mitglieder des Kollegiums über die in den betreffenden Sitzungen gefassten Beschlüsse und ihre Ergebnisse rechtzeitig zu unterrichten.

(8) Um die einheitliche und kohärente Arbeitsweise der Kollegien sicherzustellen, erarbeitet die EBA in Zusammenarbeit mit der ESMA und der EZB Entwürfe für technische Regulierungsstandards zur Festlegung
a) der Bedingungen, unter denen die in Absatz 2 Buchstaben d, e, f und h genannten Unternehmen als die wichtigsten anzusehen sind,
b) der Bedingungen, bei deren Vorliegen angenommen wird, dass vermögenswertereferenzierte Token oder E-Geld-Token in großem Maßstab im Sinne von Absatz 2 Buchstabe l verwendet werden, und
c) der Einzelheiten der in Absatz 6 genannten praktischen Modalitäten.

Die EBA übermittelt der Kommission die in Unterabsatz 1 genannten Entwürfe technischer Regulierungsstandards bis 30. Juni 2024.

Der Kommission wird die Befugnis übertragen, diese Verordnung durch die Annahme der in Unterabsatz 1 dieses Absatzes genannten technischen Regulierungsstandards gemäß den Artikeln 10 bis 14 der Verordnung (EU) Nr. 1093/2010 zu ergänzen.

Übersicht

	Rn.
I. Einführung	1
1. Literatur	1
2. Entstehung und Zweck der Norm	2
3. Normativer Kontext	4

	Rn.
II. Kollegien für Emittenten signifikanter vermögenswertereferenzierter Token und Emittenten signifikanter E-Geld-Token	6
1. Pflicht der EBA zur Einrichtung von Kollegien (Abs. 1) .	6
2. Mitglieder der Kollegien (Abs. 2)	10
3. Einladung der EBA von „anderen Behörden" (Abs. 3) ...	12
4. Auskunftsrechte von nicht den Kollegien angehörigen zuständigen Behörden (Abs. 4)	14
5. Aufgaben der Kollegien (Abs. 5)	15
6. Geschäftsordnung: Grundlage für die Einrichtung und die Arbeitsweise der Kollegien (Abs. 6)	17
7. Zuständigkeiten der EBA als Vorsitzende der Kollegien (Abs. 7)	19
8. Entwürfe für technische Regulierungsstandards (Abs. 8) .	20

I. Einführung

1. Literatur. Bislang keine. Siehe aber etwa die Kommentierungen zu Art. 18 VO (EU) 648/2012 und Art. 41 VO (EU) 1095/2010 sowie das EBA-Konsultationspapier betreffend die Entwürfe technischer Regulierungsstandards über Aufsichtskollegien gem. Art. 119 Abs. 8 der VO (EU) 2023/1114, CP/2023/33 vom 8.11.2023 (im Folgenden: E-RTS) und den Abschlussbericht von der EBA des Entwurfs technischer Regulierungsstandards über Aufsichtskollegien gem. Art. 119 Abs. 8 der VO (EU) 2023/1114, EBA/RTS/2024/14 vom 19.6.2024 (im Folgenden: RTS). 1

2. Entstehung und Zweck der Norm. Art. 119 MiCAR (Art. 99 des Entwurfs) wurde von der Kommission vorgeschlagen und hat im Gesetzgebungsverfahren – in Relation zu seiner Länge – nur teilweise Änderungen erfahren, die zum einen orthographischer und zum anderen inhaltlicher Natur sind. Betreffend den inhaltlichen Gehalt wurden vor allem hinsichtlich der Angehörigkeit zum Kollegium (→ Rn. 10 f.) sowohl Erweiterungen als auch Streichungen vorgenommen. Durch den Rat hinzugekommen ist neben kleineren Abwandlungen einerseits, dass die Kollegien auch für Emittenten signifikanter E-Geld-Token eingerichtet werden (Art. 101 des Entwurfs) sowie andererseits Abs. 7, der gewisse Aufgaben für die EBA als Vorsitzende eines jeden Kollegiums normiert. 2

Art. 119 MiCAR stellt die **Grundnorm** für die Kollegien dar und bezweckt ausdrücklich die **Wahrnehmung der Aufsichtsaufgaben** – insbes. die der EBA[1] – im Rahmen der MiCAR zu erleichtern (s. ebenso Erwgr. Nr. 105 MiCAR) sowie als Vehikel für die **Koordinierung der Aufsichtsaufgaben** zu dienen (Abs. 1). Es soll eine koordinierte und kohärente Aufsicht über Emittenten signifikanter vermögenswertereferenzierter Token und Emittenten signifikanter E-Geld-Token sichergestellt sowie die Zusammenarbeit zwischen den verschiedenen Akteuren (dazu sogleich → Rn. 6 ff.) gefördert werden. Dafür legt Art. 119 MiCAR unter anderem ausdrücklich 3

---

[1] Siehe hierfür das Konsultationspapier betr. die Entwürfe technischer Regulierungsstandards über Aufsichtskollegien gem. Art. 119 Abs. 8 der VO (EU) 2023/1114, EBA CP/2023/33 vom 8.11.2023, S. 5 sowie den Entwurf technischer Regulierungsstandards über Aufsichtskollegien gem. Art. 119 Abs. 8 der VO (EU) 2023/1114, EBA/RTS/2024/14 vom 19.6.2024, S. 2. Zur „ESMA/EBA-Zuständigkeitsproblematik" („ESMA/EBA issue"), die wiederum zugunsten der EBA gelöst wurde, siehe vorstehende Ausführungen (→ MiCAR Art. 117 Rn. 2).

MiCAR Art. 119   Titel VII. Zuständige Behörde, EBA und ESMA

fest, wer einem solchen Kollegium angehören soll (→ Rn. 10 f.), verleiht der EBA unter bestimmten Voraussetzungen die Befugnis andere Behörden als Mitglied in das Kollegium einzuladen (→ Rn. 12 f.), normiert die vom Kollegium wahrzunehmenden Aufgaben (→ Rn. 15 f.) und schreibt die Grundlage für die Einrichtung sowie Arbeitsweise vor (→ Rn. 17 f.). Darüber hinaus werden in Abs. 7 der EBA als Vorsitzende eines jeden Kollegiums gewisse Aufgaben zugeschrieben und in Abs. 8 wird festgeschrieben, dass die EBA in Zusammenarbeit mit der ESMA und der EZB Entwürfe für technische Regulierungsstandards betreffend in der MiCAR vorgegebener Aufgaben erarbeitet, um die einheitliche und kohärente Arbeitsweise der Kollegien sicherzustellen. Durch die Einbindung der Kollegien wird unter anderem ein ausreichender **Informationsfluss** und zum anderen eine **einheitliche Verwaltungspraxis** gefördert.

4   3. **Normativer Kontext.** Die Pflichten der EBA nach Art. 119 MiCAR stehen in engem Zusammenhang mit den Aufsichtsbefugnissen sowohl der EBA selbst als auch jener der Mitglieder der jeweiligen Kollegien. Um die Wahrnehmung von Aufsichtsaufgaben im Rahmen von Emittenten signifikanter vermögenswertereferenzierter Token und Emittenten signifikanter E-Geld-Token – insbes. für die EBA[2] – zu erleichtern, und so Verstöße gegen die MiCAR frühzeitig aufzudecken sowie in weiterer Folge zu unterbinden, sollen die Kollegien als Vehikel für die **Koordinierung** der Aufsichtstätigkeiten dienen. Wegen der voraussichtlich häufig grenzüberschreitenden Sachverhalte wird dies wohl nur kooperativ zu erreichen sein, sodass die Kooperation sowie Koordinierung der jeweiligen Mitglieder bzw. auch Nicht-Mitglieder (→ MiCAR Art. 128 Rn. 1 ff.) in den Kollegien von höchster Relevanz ist. Die Kooperation sowie Koordinierung steht nicht nur in engem Zusammenhang mit den **unverbindlichen Stellungnahmen der Kollegien** nach Art. 120 MiCAR, sondern auch mit dem **Informationsaustausch** im Rahmen der MiCAR (→ MiCAR Art. 125 Rn. 1 ff.). Ferner sind die Kollegien im Kontext von (allgemeinen) **Untersuchungsbefugnissen** bzw. **Prüfungen vor Ort** nach Art. 123 Abs. 1 sowie Art. 124 Abs. 1 MiCAR unverzüglich über alle Erkenntnisse zu unterrichten, die für die Erfüllung ihrer Aufgaben relevant sein könnten (→ MiCAR Art. 123 Rn. 1 ff. sowie → MiCAR Art. 124 Rn. 1 ff.). Darüber hinaus besteht ein Bezug zu Art. 128 („Zusammenarbeit mit anderen Behörden") bzw. zu Art. 137 Abs. 1 („Aufsichtsgebühren") MiCAR. Da im Rahmen des (aufsichtsrechtlichen) Informationsaustausches zweifellos die Regeln des **Berufsgeheimnisses** zu beachten sind, besteht ebenso ein Bezug zu Art. 129 MiCAR (→ MiCAR Art. 129 Rn. 1 ff.).

5   Die Förderung einer einheitlichen und kohärenten Anwendung des Unionsrechts in Aufsichtskollegien wird der EBA unter anderem in Art. 21 VO (EU) 1093/2010[3] ausdrücklich aufgetragen. Eine ähnliche Regelung findet

---

[2] Siehe erneut Konsultationspapier betr. die Entwürfe technischer Regulierungsstandards über Aufsichtskollegien gem. Art. 119 Abs. 8 der VO (EU) 2023/1114, EBA CP/2023/33 vom 8.11.2023, S. 5 sowie wiederum den Entwurf technischer Regulierungsstandards über Aufsichtskollegien gem. Art. 119 Abs. 8 der VO (EU) 2023/1114, EBA/RTS/2024/14 vom 19.6.2024, S. 6.

[3] Verordnung (EU) 1093/2010 des Europäischen Parlaments und des Rates vom 24.11.2010 zur Errichtung einer Europäischen Aufsichtsbehörde (Europäische Bankenaufsichtsbehörde), zur Änderung des Beschlusses Nr. 716/2009/EG und zur Aufhebung des Beschlusses 2009/78/EG der Kommission (ABl. 2010 L 331, 12).

Kollegien für Emittenten **Art. 119 MiCAR**

sich in Art. 116 RL (EU) 2013/36[4] (auch bekannt als Capital Requirements Directive IV), der die konsolidierende Aufsichtsbehörde zur Einrichtung von Aufsichtskollegien verpflichtet. Zu beachten ist, dass Art. 119 MiCAR dem Art. 116 RL (EU) 2013/36 bzw. Art. 18 VO (EU) 648/2012[5] bzw. Art. 41 VO (EU) 1095/2010 nachgebildet ist, wobei hervorzuheben gilt, dass ersterer noch der Umsetzung in nationales Recht bedarf, da es sich um eine RL und keine VO handelt.

II. Kollegien für Emittenten signifikanter vermögenswertereferenzierter Token und Emittenten signifikanter E-Geld-Token

1. Pflicht der EBA zur Einrichtung von Kollegien (Abs. 1).

Art. 119 Abs. 1 MiCAR normiert – ausschließlich – für die EBA die **Pflicht** zur Einrichtung eines **beratenden Aufsichtskollegiums**[6] für jeden Emittenten eines signifikanten vermögenswertereferenzierten Token oder eines signifikanten E-Geld-Token ohne Unterschied hinsichtlich der Art des Emittenten. Nach Ansicht der EBA folgt daraus, dass sie auch für Kreditinstitute, die signifikante E-Geld-Token emittieren, ein beratendes Aufsichtskollegium einrichten muss, auch wenn Kreditinstitute, die signifikante E-Geld-Token emittieren, weiterhin der Aufsicht durch die jeweils zuständige Behörde unterliegen und die Aufsichtsverantwortung im Rahmen der MiCAR folglich nicht auf die EBA übertragen wird.[7] Dies erscheint – soweit ersichtlich – nicht nur im Hinblick auf Art. 117 Abs. 4 MiCAR (→ MiCAR Art. 117 Rn. 12), sondern auch im Hinblick auf die Zweckbestimmung als Vehikel zur Koordinierung der Aufsichtstätigkeiten kohärent. Darüber hinaus gilt die Pflicht zur Einrichtung ausschließlich für die EBA, auch im Falle von (freiwilligen) Aufgabenübertragungen unter seinen Mitgliedern nach Art. 119 Abs. 5 lit. c MiCAR (→ Rn. 8).[8]

Ab dem Datum des Beschlusses über die jeweilige Einstufung eines vermögenswertereferenzierten Token oder eines E-Geld-Token als signifikant gem. Art. 43, 44, 56 oder 57 MiCAR steht der EBA eine **30-tägige Frist** zu, ein beratendes Aufsichtskollegium einzurichten. Im Gegensatz zur MiCAR ist eine solche Frist weder in der daran angelehnten Norm Art. 116 CRD IV noch in Art. 21 EBA-VO vorgesehen. Hinsichtlich der zeitlichen Vorgabe ist anzumerken, dass je nach **Größe** und **Komplexität** des jeweili-

---

[4] Richtlinie 2013/36/EU des Europäischen Parlaments und des Rates vom 26.6.2013 über den Zugang zur Tätigkeit von Kreditinstituten und die Beaufsichtigung von Kreditinstituten und Wertpapierfirmen, zur Änderung der Richtlinie 2002/87/EG und zur Aufhebung der Richtlinien 2006/48/EG und 2006/49/EG Text von Bedeutung für den EWR (ABl. 2013 L 176, 338).
[5] Verordnung (EU) 648/2012 des Europäischen Parlaments und des Rates vom 4.7.2012 über OTC-Derivate, zentrale Gegenparteien und Transaktionsregister (ABl. 2012 L 201, 1).
[6] Siehe zudem Art. 21 EBA-VO, der die Teilnahme an Aufsichtskollegien normiert.
[7] Siehe erneut Konsultationspapier betr. die Entwürfe technischer Regulierungsstandards über Aufsichtskollegien gem. Art. 119 Abs. 8 der VO (EU) 2023/1114, EBA CP/2023/33 vom 8.11.2023, S. 8 sowie den Entwurf technischer Regulierungsstandards über Aufsichtskollegien gem. Art. 119 Abs. 8 der VO (EU) 2023/1114, EBA/RTS/2024/14 vom 19.6.2024, S. 10.
[8] Siehe entsprechend das Konsultationspapier betr. die Entwürfe technischer Regulierungsstandards über Aufsichtskollegien gem. Art. 119 Abs. 8 der VO (EU) 2023/1114, EBA CP/2023/33 vom 8.11.2023, S. 18 sowie den Entwurf technischer Regulierungsstandards über Aufsichtskollegien gem. Art. 119 Abs. 8 der VO (EU) 2023/1114, EBA/RTS/2024/14 vom 19.6.2024, S. 16.

MiCAR Art. 119   Titel VII. Zuständige Behörde, EBA und ESMA

gen Kollegiums sicherlich ein straffes Programm auf die EBA zukommen kann, wenn man bedenkt, dass innerhalb der 30-tägigen Frist die schriftliche Vereinbarung zwischen allen Mitgliedern des Kollegiums abgeschlossen sein muss, einschließlich der Berücksichtigung der ggf. abgebenen Stellungnahmen sowie Vorbehalte der Mitglieder durch die EBA. Es ist zu erwarten, dass gem. Art. 6 Abs. 1 E-RTS bzw. 5 Abs. 1 RTS[9] die einzelnen Mitglieder der EBA zuvor innerhalb von zehn Tagen ihre Stellungnahmen zu dem von der EBA übermittelten Vorschlag für eine schriftliche Vereinbarung gem. Art. 119 Abs. 6 MiCAR übermitteln können und dass die EBA bei der Finalisierung der schriftlichen Vereinbarung alle geäußerten Ansichten und Vorbehalte berücksichtigen und ggf. deren Nichteinbeziehung erläutern wird.

8   Die MiCAR weist der EBA – als Regelfall – neben der Verpflichtung zur fristgerechten Einrichtung des beratenden Aufsichtskollegiums auch das jeweilige **Management** sowie den **Vorsitz** zu. Nach Art. 119 Abs. 5 lit. c MiCAR – bzw. iVm Art. 11 E-RTS bzw. 10 RTS – können die Mitglieder jedoch eine **freiwillige Aufgabenübertragung** untereinander vereinbaren, sodass sowohl das Management als auch der Vorsitz – als Ausnahmefall – nicht bei der EBA liegen. Mit Blick auf Art. 11 Abs. 2 E-RTS bzw. 10 Abs. 2 RTS ist jedoch zu erwarten, dass nur die Aufgaben nach Art. 119 Abs. 7 lit. b– lit. e MiCAR (freiwillig) übertragen werden können, nicht aber lit. a, wonach die schriftlichen Vereinbarungen und Verfahren für die Arbeitsweise des Kollegiums von der EBA nach Konsultation der anderen Mitglieder festzulegen sind. Dies erscheint konsistent mit der ausschließlichen Verpflichtung für die EBA zur Einrichtung der beratenden Aufsichtskollegien (→ Rn. 6).

Darüber hinaus ist zu erwähnen, dass die EBA generell als **Koordinatorin** zwischen den zuständigen Behörden tätig wird, insbes. in Fällen, in denen ungünstige Entwicklungen die geordnete Funktionsweise und die Integrität der Finanzmärkte oder die Stabilität des Finanzsystems in der Union gefährden könnten (s. Art. 31 VO [EU] 1093/2010).

9   Problematisch erscheint auf den ersten Blick, dass für den Fall von Meinungsverschiedenheiten innerhalb der Kollegien in Art. 119 MiCAR kein **Streitbeilegungsmechanismus** bzw. keine **Schlichtungsstelle** vorgesehen ist, wie dies etwa in Art. 95 Abs. 6 und 7 MiCAR der Fall ist. Art. 19 EBA-VO[10] sowie die Befugnis der Kommission zur Einleitung eines Vertragsverletzungsverfahrens nach Art. 258 AEUV[11] können hier jedoch Abhilfe schaffen.

10   **2. Mitglieder der Kollegien (Abs. 2).** Art. 119 Abs. 2 MiCAR ist nahezu selbsterklärend und normiert **abstrakt** die Mitglieder, die dem Kollegium nach Abs. 1 angehören („shall consist of"). Die Aufzählung ist – soweit ersichtlich – abschließend. Demnach gehören dem Kollegium folgende Mitglieder an: die **EBA** (lit. a); die **ESMA** (lit. b); die **zuständigen Behörden des Herkunftsmitgliedstaats,** in dem der Emittent des signifikanten vermögenswertereferenzierten Token oder des signifikanten E-Geld-Token nie-

---

[9] Siehe hierfür das Konsultationspapier betr. die Entwürfe technischer Regulierungsstandards über Aufsichtskollegien gem. Art. 119 Abs. 8 der VO (EU) 2023/1114, EBA CP/2023/33 vom 8.11.2023, S. 26 sowie den Entwurf technischer Regulierungsstandards über Aufsichtskollegien gem. Art. 119 Abs. 8 der VO (EU) 2023/1114, EBA/RTS/2024/14 vom 19.6.2024, S. 13 f.
[10] Dauses/Ludwigs/Burgard/Heimann HdB des EU-Wirtschaftsrechts E. IV Rn. 71.
[11] Grabitz/Hilf/Nettesheim/Karpenstein AEUV Art. 258 Rn. 48.

dergelassen ist (lit. c); die **zuständigen Behörden der wichtigsten Anbieter von Kryptowerte-Dienstleistungen, Kreditinstitute** oder **Wertpapierfirmen**, die die Verwahrung des Reservevermögens gem. Art. 37 oder des Geldbetrags, der im Tausch gegen die signifikanten E-Geld-Token eingenommen wurde, sicherstellen (lit. d); sofern anwendbar, die zuständigen Behörden der wichtigsten Handelsplattformen für Kryptowerte, auf denen die signifikanten vermögenswertereferenzierten Token oder die signifikanten E-Geld-Token zum Handel zugelassen sind (lit. e); die **zuständigen Behörden der wichtigsten zugelassenen Zahlungsdienstleister**, die Zahlungsdienste im Zusammenhang mit den signifikanten E-Geld-Token erbringen (lit. f); sofern anwendbar, die zuständigen Behörden der Rechtsträger, die die in Art. 34 Abs. 5 UAbs. 1 lit. h genannten Aufgaben wahrnehmen (lit. g); sofern anwendbar, die Behörden, die für die wichtigsten Anbieter von Kryptowerte-Dienstleistungen für die Verwahrung und Verwaltung von Kryptowerten für Kunden in Bezug auf die signifikanten vermögenswertereferenzierten Token oder signifikanten E-Geld-Token zuständig sind (lit. h); die EZB (lit. i); wenn der Emittent des signifikanten vermögenswertereferenzierten Token in einem Mitgliedstaat niedergelassen ist, dessen amtliche Währung nicht der Euro ist, oder wenn eine amtliche Währung, die nicht der Euro ist, als Bezugsgröße für den signifikanten vermögenswertereferenzierten Token gilt, die Zentralbank des betreffenden Mitgliedstaats (lit. j); wenn der Emittent des signifikanten E-Geld-Token in einem Mitgliedstaat niedergelassen ist, dessen amtliche Währung nicht der Euro ist, oder wenn eine Währung, die nicht der Euro ist, als Bezugsgröße für den signifikanten E-Geld-Token gilt, die Zentralbank des betreffenden Mitgliedstaats (lit. k); zuständige Behörden der Mitgliedstaaten, in denen der vermögenswertereferenzierte Token oder der E-Geld-Token in großem Maßstab verwendet wird, auf deren Ersuchen (lit. l) sowie abschließend (lit. m) **einschlägige Aufsichtsbehörden von Drittländern**, mit denen die EBA Verwaltungsvereinbarungen nach Art. 126 geschlossen hat. Hinsichtlich der „zuständigen Behörden" wird auf die Erläuterungen zu Art. 93 MiCAR (zuständige Behörden) verwiesen (→ MiCAR Art. 93 Rn. 1 ff.).

11 Im **Konkreten** hat die EBA in ihrem **Konsultationspapier** in Art. 2 E-RTS bzw. 1 RTS ihre Vorgaben dazu konkretisiert, unter welchen Voraussetzungen die in Art. 119 Abs. 2 lit. **d, e, f** und **h** MiCAR genannten Einrichtungen als die „wichtigsten" („most relevant") gelten, sowie in Art. 3 E-RTS bzw. 2 RTS dazu, unter welchen Voraussetzungen nach lit. **l** davon ausgegangen werden kann, dass vermögenswertereferenzierte Token oder E-Geld-Token „in großem Maßstab" („large scale") verwendet werden. Mit Blick auf die Art. 2 E-RTS bzw. 1 und 3 E-RTS bzw. 2 des RTS soll die EBA mindestens alle zwei Jahre eine Neubewertung hinsichtlich der Mitgliedereigenschaft vornehmen (s. Art. 5 E-RTS bzw. 4 RTS). Der Konsultationsprozess war zum Zeitpunkt des Verfassens dieser Kommentierung noch im Gange. Die Frist zur Einreichung von Stellungnahmen endete am 8.2.2024. Im Rahmen der Fahnenkorrektur wurde der Abschlussbericht von der EBA zum Entwurf technischer Regulierungsstandards über Aufsichtskollegien gem. Art. 119 Abs. 8 der VO (EU) 2023/1114, EBA/RTS/2024/14 vom 19.6.2024 noch eingearbeitet.

12 **3. Einladung der EBA von „anderen Behörden" (Abs. 3).** Neben den in Art. 119 Abs. 2 MiCAR genannten Mitgliedern, kann die EBA auch

MiCAR Art. 119   Titel VII. Zuständige Behörde, EBA und ESMA

andere Behörden einladen, Mitglied des beratenden Aufsichtskollegiums isd Abs. 1 zu werden, sofern die von ihnen beaufsichtigten Rechtsträger für die **Arbeit des Kollegiums** von Bedeutung sind. Nach dem ausdrücklichen Wortlaut „kann" („may") handelt es sich um eine **Ermessensentscheidung** der EBA. Weder in den Erwägungsgründen noch im Normtext der MiCAR finden sich nähere Erläuterungen dazu, wer die „anderen Behörden" bzw. „die beaufsichtigen Rechtsträger" sind bzw. was die Maßstäbe der **Bedeutungsschwelle** anbelangt[12]. Dies mag darauf zurückzuführen sein, dass Art. 119 Abs. 2 MiCAR im Kommissionsentwurf nicht enthalten war, sondern vom Rat (als Art. 99 Abs. 2a des Entwurfs) in das Gesetzgebungsverfahren eingebracht wurde. Der Vorschlag ist im Trilogverfahren inhaltlich im Wesentlichen unverändert geblieben. Hinsichtlich des Umfangs der „andere[n] Behörden" ist davon auszugehen, dass im Hinblick auf den Zweck des Art. 119 MiCAR – die Wahrnehmung der Aufsichtsaufgaben zu erleichtern und als Vehikel für die Koordinierung der Aufsichtstätigkeiten zu dienen – auch Behörden von **Drittländern** von der EBA eingeladen werden können. Bei den „beaufsichtigten Rechtsträger[n]" muss es sich – soweit ersichtlich – nicht um eine Beaufsichtigung im Rahmen der MiCAR handeln, sondern sie kann auch außerhalb des Anwendungsbereichs der MiCAR (→ MiCAR Art. 2 Rn. 14 ff.) liegen. Darüber hinaus ist davon auszugehen, dass die **Generalklausel** „von Bedeutung sind" weit zu verstehen ist und das Spektrum nahezu jede denkbare Unterstützung für die Arbeitsweise des jeweiligen Kollegiums umfasst.

13   Eine Verpflichtung der von der EBA eingeladenen anderen Behörde zur Teilnahme an einem beratenden Aufsichtskollegium ist Art. 119 Abs. 3 MiCAR nicht zu entnehmen. Ob sie Mitglied eines beratenden Aufsichtskollegiums wird, hängt daher einerseits von **Kooperationsbereitschaft** und andererseits von ihrer **(rechtlichen) Kooperationsfähigkeit** ab. Im Kontext der anderen Behörden *der Mitgliedstaaten* spricht allerdings – sofern ihnen nach nationalem Recht ein Ermessen zukommt – die allgemeine Kooperationspflicht isd Art. 4 Abs. 3 EUV, wonach nach stRspr des EuGH die Mitgliedstaaten verpflichtet sind im Anwendungsbereich des Unionsrechts für eine Teilnahme am Aufsichtskollegium loyal zusammenzuarbeiten.[13] Hervorzuheben ist jedoch, dass sich hieraus keine allgemeine Amtshilfe ergibt.[14] Den anderen Behörden *von Drittländern* kommt – soweit ersichtlich – eine noch geringere Kooperationspflicht zu.

14   **4. Auskunftsrechte von nicht den Kollegien angehörigen zuständigen Behörden (Abs. 4).** Zuständige Behörden eines Mitgliedstaates (→ MiCAR Art. 93 Rn. 1 ff.) gem. Art. 3 Ziff. 35 lit. a MiCAR bzw. Art. 93 MiCAR, die keinem Kollegium angehören, können nach Art. 119 Abs. 4 MiCAR **jedwede Auskunft verlangen,** die sie für die Ausübung ihrer Aufsichtspflichten im Rahmen der MiCAR **benötigen.** Damit wird einmal mehr deutlich, dass die behördenübergreifende Koordination nicht auf die Mitglieder der beratenden Aufsichtskollegien beschränkt ist, sondern viel-

---

[12] Betrachtet man etwa Art. 2 Abs. 2 lit. c MiCAR, der ausdrücklich von „andere[n] Behörden der Mitgliedstaaten" spricht, so wird nochmals deutlich, dass mit „andere[n] Behörden" in Art. 119 Abs. 3 MiCAR auch Behörden von Drittländern gemeint sein sollen.

[13] Groeben, von der/Schwarze/Walter Obwexer EUV Art. 4 Rn. 151 mit Verweis auf EuGH 42/82, Slg. 1983, I-1013 Rn. 36 – Kommission/Frankreich; EuGH C-251/89, Slg. 1991, I-2797 Rn. 57 – Athanasopoulos.

[14] Groeben, von der/Schwarze/Walter Obwexer EUV Art. 4 Rn. 152.

mehr auch andere – zuständige – Behörden einbezieht. Fraglich ist allerdings, ob Art. 119 Abs. 4 MiCAR eine **(versteckte) Auskunftspflicht** der Kollegien gegenüber den zuständigen Behörden normiert. Voraussetzung für ein Auskunftsersuchen ist jedenfalls, dass die zuständigen Behörden eines Mitgliedstaates, und nicht etwa Behörden von Drittländern, die Informationen zur Wahrnehmung ihrer **Aufsichtspflichten im Rahmen der MiCAR** benötigen. Dementsprechend müssen diese darlegen, inwiefern die Auskunft des Kollegiums zur Wahrnehmung ihrer Aufsichtspflichten **erforderlich** ist. Gegen eine (versteckte) Auskunftsplicht spricht – was teilweise auf den ersten Blick problematisch erscheinen mag – dass weder ein zeitlicher Rahmen, innerhalb dessen die Auskünfte erteilt werden (müssen), noch etwaige Formvorgaben normiert sind. Gegen eine Auskunftspflicht spricht ferner, dass ein Auskunftsverweigerungsrecht der Kollegien bzw. eine Durchsetzungsmöglichkeit der nicht einem Kollegium angehörenden zuständigen Behörden im Falle einer Auskunftsverweigerung durch die Kollegien nicht ausdrücklich normiert ist (anders etwa in Art. 125 Abs. 2 MiCAR; → MiCAR Art. 125 Rn. 9 f.). Für eine (versteckte) Auskunftspflicht spricht aber jedenfalls, dass die zuständigen Behörden – auch grenzüberschreitend – zusammenarbeiten sollen, um Verstöße gegen die MiCAR aufzudecken und davon abzuschrecken (s. Erwgr. Nr. 100 MiCAR). In diesem Zusammenhang ist nicht einzusehen, warum zwar prinzipiell die einzelnen Mitglieder untereinander kooperieren sollen, nicht aber, wenn sie als Kollegium einer anderen zuständigen Behörde gegenüberstehen. Darüber hinaus sprechen Art. 95 bzw. insbes. 125 MiCAR, die die Zusammenarbeit der zuständigen Behörden, einschließlich der gegenseitigen Amtshilfe, bzw. den Informationsaustausch mit der EBA normieren, für eine Auskunftspflicht. Im Ergebnis ist von einer **Auskunftspflicht der Kollegien** auszugehen. Am Rande sei angemerkt, dass allfällige andere behördenübergreifende Auskunftsersuchen, die auf anderen Rechtsgrundlagen als der MiCAR beruhen, man denke etwa an **internationale Kooperationsvereinbarungen,** davon unberührt bleiben.[15]

5. Aufgaben der Kollegien (Abs. 5). Art. 119 Abs. 5 MiCAR umschreibt einerseits die Aufgaben des **Kollegiums als Ganzes** und andererseits ein Mitwirkungsrecht der einzelnen Mitglieder bei den dem Kollegium zugewiesenen Aufgaben. So weist er im Konkreten dem Kollegium die **Ausarbeitung** der unverbindlichen Stellungnahme nach Art. 120 (lit. a), den **Informationsaustausch** nach der MiCAR (lit. b) – im Entwurf war lediglich der Verweis auf ex. Art. 107, jetzt Art. 125 MiCAR vorgesehen – sowie die Einigung über die freiwillige **Übertragung von Aufgaben** unter seinen Mitgliedern (lit. c) als Aufgaben zu. 15

Fraglich ist, ob es sich bei der erstgenannten Aufgabe tatsächlich um die 16 *Ausarbeitung* oder vielmehr um die *Vorbereitung* der **unverbindlichen Stellungnahmen** nach Art. 120 MiCAR handelt. Während nämlich etwa in Art. 118 Abs. 1 MiCAR der englische Ausdruck „preparing" mit „vorbereitet" ins Deutsche übersetzt wird, wird in Art. 119 Abs. 5 MiCAR „preparation" mit „Ausarbeitung" ins Deutsche übersetzt. Wirft man einen Blick auf die französische Fassung „la préparation", so wird deutlich, dass nur die deutsche Fassung abweicht und es sich lediglich um eine Abweichung in der Übersetzung, nicht aber um einen inhaltlichen Unterschied handeln dürfte. Darüber hinaus normiert Art. 119 in UAbs. 2 ausdrücklich, dass die **einzel-**

---

[15] Dazu sinngemäß BeckOK WpHR/Wagner VO (EU) 648/2012 Art. 18 Rn. 27 f.

nen Mitglieder des Kollegiums das Recht haben, an der Festlegung der Tagesordnung der Sitzungen des Kollegiums mitzuwirken. So können sie auch Punkte auf die Tagesordnung einer Sitzung setzen und damit die Agenda mitbestimmen. Ferner ist ausdrücklich niedergeschrieben, dass die Verantwortlichkeiten der zuständigen Behörden im Rahmen der MiCAR davon unberührt bleiben. Im Ergebnis werden den Kollegien **adäquate Aufgaben** zugewiesen, die nicht nur die Wahrnehmung der Aufsichtsaufgaben erleichtern, sondern auch eine bessere Koordinierung der Aufsichtstätigkeiten gewährleisten können. Den beratenden Aufsichtskollegien kommt eine **starke Stellung** zu, wenn man sowohl den Informationsaustausch als auch die Ausarbeitung der unverbindlichen Stellungnahmen berücksichtigt und bedenkt, dass die normierten Mehrheitsentscheidungen im Kollegium dazu führen können, dass die eigentlich für die Aufsicht zuständigen Behörden vom Kollegium – letztlich von anderen Kollegiumsmitgliedern – überstimmt werden können (näher dazu → MiCAR Art. 120 Rn. 10).[16]

17   6. **Geschäftsordnung: Grundlage für die Einrichtung und die Arbeitsweise der Kollegien (Abs. 6).** Eine **schriftliche Vereinbarung** zwischen allen Mitgliedern des Kollegiums, in der die praktischen Modalitäten der Arbeitsweise des Kollegiums, einschließlich bestimmter Detailregelungen, festgelegt sind, dient als Grundlage für die Einrichtung sowie die Arbeitsweise der Kollegien.[17] Nach Ansicht der EBA – soweit ersichtlich auch zutreffend – ist der Katalog mit den genannten Elementen in Art. 119 Abs. 6 MiCAR nicht erschöpfend und stellt lediglich die **Mindestanforderungen** dar[18]. Im Konkreten enthält der Katalog: die Abstimmungsverfahren nach Art. 120 Abs. 3 (lit. a); die Verfahren für die Festlegung der Tagesordnung von Sitzungen des Kollegiums (lit. b); die Häufigkeit der Sitzungen (lit. c); die angemessenen Mindestfristen für die Bewertung der einschlägigen Unterlagen durch die Mitglieder des Kollegiums (lit. d); die Modalitäten für die Kommunikation zwischen den Mitgliedern des Kollegiums (lit. e) sowie die Einrichtung mehrerer Kollegien, jeweils eines für jeden konkreten Kryptowert oder jede Gruppe von Kryptowerten (lit. f). Darüber hinaus können in der schriftlichen Vereinbarung weitere Regelungen getroffen werden, exemplarisch wird etwa die Übertragung von Aufgaben auf die EBA oder ein anderes Mitglied des Kollegiums genannt.

18   Nach Art. 119 Abs. 8 lit. c MiCAR erarbeitet die EBA in Zusammenarbeit mit der ESMA und der EZB **Entwürfe für technische Regulierungsstandards** zur Festlegung der Einzelheiten der **praktischen Modalitäten**. Dies soll zur Vereinheitlichung der Verfahrensweise beitragen. Das entsprechende Konsultationspapier bzw. der Abschlussbericht von der EBA wurde bereits veröffentlicht und sieht unter anderem Folgendes vor: Mit Blick auf die praktischen Modalitäten (Abs. 6) geht die EBA von nicht erschöpfenden Elementen aus und folgert daraus, dass die RTS zumindest die

---

[16] Siehe sinngemäß BeckOK WpHR/Wagner VO (EU) 648/2012 Art. 18 Rn. 3 sowie 29 ff.
[17] Dazu sinngemäß etwa BeckOK WpHR/Wagner VO (EU) 648/2012 Art. 18 Rn. 33 ff. sowie BeckOK WpHR/Manger-Nestler VO (EU) 1095/2010 Art. 41 Rn. 18 f.
[18] Siehe Konsultationspapier betr. die Entwürfe technischer Regulierungsstandards über Aufsichtskollegien gem. Art. 119 Abs. 8 der VO (EU) 2023/1114, EBA CP/2023/33 vom 8.11.2023, S. 17 sowie den Entwurf technischer Regulierungsstandards über Aufsichtskollegien gem. Art. 119 Abs. 8 der VO (EU) 2023/1114, EBA/RTS/2024/14 vom 19.6.2024, S. 21 f.

in Abs. 6 angeführten Elemente, aber auch weitere Elemente festlegen können. Zudem berücksichtigt die EBA, dass die Aufsichtskollegien im Rahmen der MiCAR unterschiedlich groß und komplex sein können, weshalb in den RTS nicht zu viele Einzelheiten zu den Bedingungen ihrer Arbeitsweise geregelt werden.[19] Im Kontext der schriftlichen Vereinbarung **spezifizieren** die folgenden Artikel die in Abs. 6 genannten Elemente: Art. 6 E-RTS bzw. 5 RTS den Abschluss der schriftlichen Vereinbarung, Art. 7 E-RTS bzw. 6 RTS die Teilnahme an den Kollegien, Art. 8 E-RTS bzw. 7 RTS die Erstellung sowie Aktualisierung von Kontaktlisten der Kollegien, Art. 9 E-RTS bzw. 8 RTS die operativen Aspekte der Kollegiumssitzungen, Art. 10 E-RTS bzw. 9 RTS den Informationsaustausch zwischen den Kollegiumsmitgliedern und Art. 11 E-RTS bzw. 10 RTS die Aufgabenverteilung unter den Kollegiumsmitgliedern.

7. Zuständigkeiten der EBA als Vorsitzende der Kollegien (Abs. 7). 19
Nach Art. 119 Abs. 7 MiCAR führt die EBA den **Vorsitz** der Kollegien. Hierfür weist ihr die MiCAR in den lit. a–e umfassende Zuständigkeiten zu. Diese umfassen etwa – die soweit ersichtlich auch nicht auf andere Mitglieder des Kollegiums übertragbare Aufgabe – **schriftliche Vereinbarungen und Verfahren für die Arbeitsweise des Kollegiums** nach Konsultation der anderen Mitglieder des Kollegiums festzulegen (lit. a). Darüber hinaus werden ihr – die nach Art. 119 Abs. 5 lit. c MiCAR auf andere Kollegiumsmitglieder übertragbaren – Aufgaben, wie die **Koordination aller Tätigkeiten** des Kollegiums (lit. b) oder die **Einberufung der Sitzungen** (lit. c) zugewiesen. Nach Art. 9 Abs. 2 E-RTS bzw. 8 Abs. 2 RTS ist zu erwarten, dass mindestens einmal pro Jahr eine Sitzung des Kollegiums stattfinden soll. Um die Zusammenarbeit im Kollegium sowie die Erreichbarkeit der Kollegiumsmitglieder zu erleichtern, führt der Vorsitzende des Kollegiums nach Art. 8 Abs. 1 E-RTS bzw. 7 Abs. 1 RTS eine **Kontaktliste** der Kollegiumsmitglieder. Die Kontaktliste wird den einzelnen Mitgliedern übermittelt und stetig aktualisiert.

8. Entwürfe für technische Regulierungsstandards (Abs. 8). Mit Be- 20
dacht auf das Ziel, eine einheitliche und kohärente Arbeitsweise der Kollegien sicherzustellen, wird gem. Art. 119 Abs. 8 MiCAR[20] die EBA in Zusammenarbeit mit der ESMA und der EZB beauftragt, **Entwürfe** technischer Regulierungsstandards zur Festlegung der Bedingungen, unter denen die in Abs. 2 lit. d, e, f und h genannten Unternehmen als die wichtigsten anzusehen sind (lit. a); der Bedingungen, bei deren Vorliegen angenommen wird, dass vermögenswertereferenzierte Token oder E-Geld-Token in großem Maßstab iSv Abs. 2 lit. l verwendet werden (lit. b); und der Einzelheiten der in Abs. 6 genannten praktischen Modalitäten (lit. c) zu erstellen. Nach Art. 119 Abs. 8 UAbs. 2 MiCAR müssen die Entwürfe technischer Regulierungsstandards der Kommission bis 30.6.2024 übermittelt werden, die in

---

[19] Siehe Konsultationspapier betr. die Entwürfe technischer Regulierungsstandards über Aufsichtskollegien gem. Art. 119 Abs. 8 der VO (EU) 2023/1114, EBA CP/2023/33 vom 8.11.2023, S. 18 sowie den Entwurf technischer Regulierungsstandards über Aufsichtskollegien gem. Art. 119 Abs. 8 der VO (EU) 2023/1114, EBA/RTS/2024/14 vom 19.6.2024, S. 21 f.
[20] Siehe zudem Art. 21 Abs. 3 EBA-VO, wonach die Behörde Entwürfe technischer Regulierungs- und Durchführungsstandards ausarbeiten kann, um einheitliche Anwendungsbedingungen in Bezug auf die Vorschriften für die operative Funktionsweise der Aufsichtskollegien zu gewährleisten.

weiterer Folge diese gem. den Art. 10–14 der VO (EU) 1093/2010 zu ergänzen befugt ist. Die **Standards** dienen der Ergänzung sowie Änderung bestehender, nicht wesentlicher Normen[21] und sind mit der Tertiärrechtssetzung in Art. 290 AEUV vereinbar.[22] Der Zweck der Entwürfe für technische Regulierungsstandards ergibt sich auch aus Erwgr. Nr. 109, der lautet: „Um die einheitliche Anwendung dieser Verordnung in der gesamten Union, einschließlich eines angemessenen Schutzes der Inhaber von Kryptowerten und der Kunden von Anbietern von Kryptowerte-Dienstleistungen, insbesondere wenn sie Verbraucher sind, zu fördern, sollten technische Standards ausgearbeitet werden. Da die EBA und die ESMA über hochspezialisiertes Fachwissen verfügen, ist es sinnvoll und angemessen, ihnen die Aufgabe zu übertragen, für technische Regulierungsstandards, die keine politischen Entscheidungen erfordern, Entwürfe zur Vorlage an die Kommission auszuarbeiten."

21 Die EBA hat bereits ein **Konsultationspapier**[23] (bzw. ihren Abschlussbericht vom 19.6.2024) betreffend die Entwürfe technischer Regulierungsstandards über Aufsichtskollegien gem. Art. 119 Abs. 8 MiCAR veröffentlicht, in dem sie die oben angeführten Punkte näher spezifiziert. Der Konsultationsprozess war zum Zeitpunkt des Verfassens dieser Kommentierung noch im Gange. Die Frist zur Einreichung von Stellungnahmen endete am 8.2.2024. Im Rahmen der Fahnenkorrektur wurde der Abschlussbericht von der EBA zum Entwurf technischer Regulierungsstandards über Aufsichtskollegien gem. Art. 119 Abs. 8 der VO (EU) 2023/1114 berücksichtigt.[24]

Artikel 120 Unverbindliche Stellungnahmen der Kollegien für Emittenten signifikanter vermögenswertereferenzierter Token und signifikanter E-Geld-Token

(1) Das in Artikel 119 Absatz 1 genannte Kollegium kann eine unverbindliche Stellungnahme zu Folgendem abgeben:
a) zur aufsichtlichen Neubewertung nach Artikel 117 Absatz 3;
b) zu jedem Beschluss, von einem Emittenten eines signifikanten vermögenswertereferenzierten Token oder eines E-Geld-Token einen höheren Eigenmittelbetrag je nach Einschlägigkeit gemäß Artikel 35 Absätze 2, 3 und 5, Artikel 45 Absatz 5 und Artikel 58 Absatz 1 zu verlangen;
c) zu jeder Aktualisierung des Sanierungsplans oder Rücktauschplans eines Emittenten eines signifikanten vermögenswertereferenzierten Token oder eines Emittenten eines signifikanten E-Geld-Token je nach Einschlägigkeit nach den Artikeln 46, 47 und 55;
d) zu jeder Veränderung des Geschäftsmodells des Emittenten eines signifikanten vermögenswertereferenzierten Token nach Artikel 25 Absatz 1;

---

[21] Grabitz/Hilf/Nettesheim/Nettesheim AEUV Art. 290 Rn. 36.
[22] Dauses/Ludwigs/Burgard/Heimann, HdB des EU-Wirtschaftsrechts E. IV Rn. 48 ff. sowie dazu eingehend BeckOK WpHR/Wagner VO (EU) 648/2012 Art. 18 Rn. 36 f.
[23] Dazu Konsultationspapier betr. die Entwürfe technischer Regulierungsstandards über Aufsichtskollegien gem. Art. 119 Abs. 8 der VO (EU) 2023/1114, EBA CP/2023/33 vom 8.11.2023, S. 1 ff.
[24] Abschlussbericht von der EBA zum Entwurf (EBA/RTS/2024/14).

e) zum Entwurf eines geänderten Kryptowerte-Whitepapers, der gemäß Artikel 25 Absatz 2 ausgearbeitet wurde;
f) zu jeder geplanten angemessenen Korrekturmaßnahme nach Artikel 25 Absatz 4;
g) zu jeder geplanten Aufsichtsmaßnahme nach Artikel 130;
h) zu jeder geplanten Verwaltungsvereinbarung über den Informationsaustausch mit der Aufsichtsbehörde eines Drittlands nach Artikel 126;
i) zu jeder Übertragung von Aufsichtsaufgaben von der EBA auf eine zuständige Behörde nach Artikel 138;
j) zu jeder geplanten Veränderung bei der Zulassung der in Artikel 119 Absatz 2 Buchstaben d bis h genannten Mitglieder des Kollegiums oder einer in Bezug auf diese Mitglieder geplanten Aufsichtsmaßnahme;
k) zum Entwurf eines geänderten Kryptowerte-Whitepapers, das gemäß Artikel 51 Absatz 12 ausgearbeitet wurde.

(2) Gibt das Kollegium eine Stellungnahme nach Absatz 1 ab, so kann die Stellungnahme auf Antrag eines Mitglieds des Kollegiums und nach Annahme durch eine Mehrheit des Kollegiums nach Absatz 3 Empfehlungen für die Behebung von Mängeln bei der von der EBA oder den zuständigen Behörden geplanten Maßnahme enthalten.

(3) Eine Stellungnahme des Kollegiums wird mit einfacher Mehrheit der Stimmen seiner Mitglieder verabschiedet.

Wird ein Mitgliedstaat im Kollegium durch mehrere Mitglieder vertreten, so ist nur eines dieser Mitglieder stimmberechtigt.

Hat das die EZB vertretende Mitglied des Kollegiums mehrere Funktionen, einschließlich Aufsichtsfunktionen, so verfügt es über nur eine Stimme.

Die in Artikel 119 Absatz 2 Buchstabe m genannten Aufsichtsbehörden von Drittländern sind bei Stellungnahmen des Kollegiums nicht stimmberechtigt.

(4) Die EBA bzw. die zuständigen Behörden tragen der gemäß Absatz 3 erarbeiteten Stellungnahme des Kollegiums gebührend Rechnung, einschließlich etwaiger Empfehlungen zur Behebung von Mängeln bei der Aufsichtsmaßnahme in Bezug auf einen Emittenten eines signifikanten vermögenswertereferenzierten Token, einen Emittenten eines signifikanten E-Geld-Token oder in Bezug auf die in Artikel 119 Absatz 2 Buchstaben d bis h genannten Unternehmen und Anbieter von Kryptowerte-Dienstleistungen. Folgen die EBA oder eine zuständige Behörde der Stellungnahme des Kollegiums einschließlich etwaiger enthaltener Empfehlungen für die Behebung von Mängeln bei der geplanten Aufsichtsmaßnahme nicht, so muss ihr Beschluss eine Begründung und eine Erläuterung jeder signifikanten Abweichung von dieser Stellungnahme oder diesen Empfehlungen enthalten.

Übersicht

	Rn.
I. Einführung	1
1. Literatur	1
2. Entstehung und Zweck der Norm	2
3. Normativer Kontext	4

MiCAR Art. 120 Titel VII. Zuständige Behörde, EBA und ESMA

	Rn.
II. Unverbindliche Stellungnahmen der Kollegien für Emittenten signifikanter vermögenswertereferenzierter Token und signifikanter E-Geld-Token	5
1. Unverbindliche Stellungnahmen der Kollegien (Abs. 1)	5
2. Ergänzende Empfehlungen der Kollegien (Abs. 2)	7
3. Stimmrechte der Kollegiumsmitglieder sowie Mehrheitserfordernisse (Abs. 3)	8
4. (Nicht-)Befolgung der Stellungnahmen und ggf. der Empfehlungen (Abs. 4)	11

I. Einführung

1 **1. Literatur.** Bislang keine. Siehe aber etwa die Kommentierungen zu Art. 19 (VO) EU 648/2012 und Art. 41 VO (EU) 1095/2010 sowie das EBA-Konsultationspapier betreffend die Entwürfe technischer Regulierungsstandards über Aufsichtskollegien gem. Art. 119 Abs. 8 der VO (EU) 2023/1114, CP/2023/33 vom 8.11.2023 (im Folgenden: E-RTS). Sowie den Abschlussbericht von der EBA des Entwurfs technischer Regulierungsstandards über Aufsichtskollegien gem. Art. 119 Abs. 8 der VO (EU) 2023/1114 vom 19.6.2024, EBA/RTS/2024/14 (im Folgenden: RTS).

2 **2. Entstehung und Zweck der Norm.** Art. 120 MiCAR (Art. 100 bzw. 101 des Entwurfs) wurde von der Kommission vorgeschlagen und hat im Gesetzgebungsverfahren teilweise Änderungen erfahren, die zum einen orthographischer und zum anderen inhaltlicher Natur sind. Betreffend letztere wurde vor allem der Gehalt des Artikels auf unverbindliche Stellungnahmen der **Kollegien für Emittenten signifikanter E-Geld-Token** erweitert und so der von der Kommission vorgeschlagene Art. 101 des Entwurfs in den jetzigen Art. 120 MiCAR integriert. Darüber hinaus wurde der Katalog in Abs. 1 hinsichtlich der Abgabe von unverbindlichen Stellungnahmen angepasst. So wurde etwa der jetzige Abs. 1 lit. k vom Rat gänzlich neu vorgeschlagen. Dass die EBA im Rahmen ihrer allgemeinen Funktion als Koordinatorin nach Art. 31 VO (EU) 1093/2010 die Annahme der Stellungnahme erleichtern soll, wurde zwar von der Kommission (Art. 100 Abs. 2 des Entwurfs) vorschlagen, letztendlich aber nicht in den verabschiedeten Art. 120 MiCAR aufgenommen. Während die Mehrheitserfordernisse unverändert blieben, wurden die Stimmrechte der Kollegiumsmitglieder zum Teil adaptiert (→ Rn. 9 ff.). Darüber hinaus wurde das Stimmrecht der EZB um die Hälfte – konkret von zwei auf eine Stimme – reduziert, wenn das die EZB vertretende Mitglied des beratenden Aufsichtskollegiums mehrere Funktionen, einschließlich Aufsichtsfunktionen, wahrnimmt.[1] Die jetzigen Abs. 2 sowie 4 blieben weitestgehend unverändert. Art. 120 MiCAR ist im Kern etwa Art. 19 VO (EU) 648/2012[2] nachgebildet.

3 Art. 120 MiCAR knüpft an Art. 119 MiCAR an und konkretisiert im Endeffekt die den beratenden Aufsichtskollegien nach Art. 119 Abs. 5 lit. a MiCAR zustehende Aufgabe, unverbindliche Stellungnahmen auszuarbeiten bzw. abzugeben. Das Aufsichtskollegium für Emittenten signifikanter vermögenswertereferenzierter Token sowie signifikanter E-Geld-Token soll daher nicht

---

[1] Siehe im Allgemeinen zur „verfehlten Rolle der EZB bei der EU-Regulierung von Kryptowerten durch MiCA" Braunek RDi 2022, 10 ff.
[2] Verordnung (EU) 648/2012 des Europäischen Parlaments und des Rates vom 4.7.2012 über OTC-Derivate, zentrale Gegenparteien und Transaktionsregister (ABl. 2012 L 321, 1).

nur die **Zusammenarbeit** und den **Informationsaustausch** zwischen seinen Mitgliedern erleichtern, sondern auch unverbindliche Stellungnahmen zu unter anderem Änderungen bei der Zulassung dieser Emittenten oder zu diese betreffenden Aufsichtsmaßnahmen abgeben (s. Erwgr. Nr. 105 MiCAR). Herauszustellen gilt, dass die Abgabe von unverbindlichen Stellungnahmen jedenfalls umfassende Einblicke in die Arbeit der Emittenten bzw. dessen Informationen voraussetzt. Durch solche Einblicke bzw. Informationen wird zum einen der EBA und den zuständigen Behörden bei der **Wahrnehmung ihrer Aufsichtsaufgaben** sowie der **Koordinierung der Aufsichtstätigkeiten** geholfen. Zum anderen bedarf es einer Kontrolle bei der von der EBA bzw. den zuständigen Behörden geplanten (weitreichenden) Maßnahmen, die etwa in Art. 120 Abs. 2 MiCAR verankert ist, wonach bereits einem Mitglied des Kollegiums das **Antrag**srecht zukommt, Stellungnahmen einschließlich Empfehlungen zur Behebung von Mängeln der von der EBA bzw. den zuständigen Behörden geplanten (weitreichenden) Maßnahmen abzugeben.

Aus der Gesamtschau ergibt sich, dass Art. 120 MiCAR einerseits der Zusammenarbeit dienen soll, Aufsichtstätigkeiten der EBA oder der zuständigen Behörden zu erleichtern bzw. untereinander besser zu koordinieren und folglich die **grenzüberschreitende Aufsicht** möglichst **kohärent** zu gestalten. Andererseits dient Art. 120 MiCAR der – gegenseitigen – **Kontrolle** und beinhaltet die Möglichkeit – auf Antrag (schon) eines Kollegiumsmitglieds – in die Stellungnahme eine Empfehlung für die Behebung von Mängeln bei den von der EBA oder den zuständigen Behörden geplanten Maßnahmen hineinzuschreiben. Bei Nichtbefolgung der Stellungnahme durch die EBA oder die zuständige Behörde normiert Art. 120 Abs. 4 MiCAR ausdrücklich, dass ihr gefasster Beschluss eine Begründung sowie Erklärung jeder signifikanten Abweichung von dieser Stellungnahme oder diesen Empfehlungen enthalten muss (→ Rn. 12).

3. Normativer Kontext. Wie bereits kurz erwähnt, steht Art. 119 MiCAR in engem Zusammenhang mit **Art. 120 MiCAR** (→ Rn. 2). Da letzterer insbes. die Wahrnehmung der Aufgabe der Ausarbeitung unverbindlicher Stellungnahmen konkretisiert, ist zu erwarten, dass ebenso Art. 7 E-RTS bzw. 6 RTS berücksichtigt werden muss. Dieser konkretisiert die Bestimmung betreffend die Mehrheitserfordernisse für die Annahme einer Stellungnahme des Kollegiums oder einer in einer Stellungnahme des Kollegiums enthaltenen Empfehlung. Art. 120 MiCAR regelt vor allem den Themenkatalog der unverbindlichen Stellungnahmen sowie teilweise das entsprechende Verfahren. Darüber hinaus steht er mit einer Fülle an anderen Artikeln der MiCAR in einer Wechselbeziehung. Zu denken ist etwa an die folgenden Normen: **Art. 117 Abs. 3** betreffend die aufsichtliche Neubewertung (→ MiCAR Art. 117 Rn. 10), **Art. 126** betreffend die Verwaltungsvereinbarungen über den Informationsaustausch mit der Aufsichtsbehörde eines Drittlands (→ MiCAR Art. 126 Rn. 1 ff.) oder etwa an **Art. 130** betreffend die Aufsichtsmaßnahmen (→ MiCAR Art. 130 Rn. 1 ff.) **MiCAR.**

II. Unverbindliche Stellungnahmen der Kollegien für Emittenten signifikanter vermögenswertereferenzierter Token und signifikanter E-Geld-Token

1. Unverbindliche Stellungnahmen der Kollegien (Abs. 1). Art. 120 Abs. 1 MiCAR normiert in elf Literä (lit. a–k) die Angelegenheiten, zu denen das beratende Aufsichtskollegium eine unverbindliche Stellungnahme abgeben kann. Dabei handelt es sich ausdrücklich um eine **Kann-Bestimmung** und nicht um eine Verpflichtung (**Ermessensentscheidung**). Obzwar die Stellungnahmen **unverbindlich** sind (s. auch Art. 288 Abs. 5 AEUV), darf dies nicht zu ihrer rechtlichen Bedeutungslosigkeit führen. So können unverbindliche Stellungnahmen nicht nur zur „weichen", influenzierenden Steuerung eingesetzt werden, sondern auch psychologisch-politische Wirkungen entfalten.[3] Zudem darf nicht übersehen werden, dass die Stellungnahme nach Abs. 2 (→ Rn. 8) unter bestimmten Voraussetzungen auch Empfehlungen für die Behebung von Mängeln bei den von der EBA oder den zuständigen Behörden geplanten Maßnahmen enthalten kann und damit ebenso eine gewisse **Kontrollfunktion** eingeführt wird.

6 Im Konkreten können unverbindliche Stellungnahmen zu den folgenden Angelegenheiten abgegeben werden: zur **aufsichtlichen Neubewertung** (durch die EBA) nach Art. 117 Abs. 3 (lit. a); zu jedem Beschluss, von einem Emittenten eines signifikanten vermögenswertereferenzierten Token oder eines E-Geld-Token einen höheren **Eigenmittelbetrag** je nach Einschlägigkeit gem. Art. 35 Abs. 2, 3 und 5, Art. 45 Abs. 5 und Art. 58 Abs. 1 zu verlangen (lit. b); zu jeder Aktualisierung des **Sanierungsplans oder Rücktauschplans** eines Emittenten eines signifikanten vermögenswertereferenzierten Token oder eines Emittenten eines signifikanten E-Geld-Token je nach Einschlägigkeit nach den Art. 46, 47 und 55 (lit. c); zu jeder Veränderung des **Geschäftsmodells** des Emittenten eines signifikanten vermögenswertereferenzierten Token nach Art. 25 Abs. 1 (lit. d); zum Entwurf eines geänderten **Kryptowerte-Whitepapers**, der gem. Art. 25 Abs. 2 ausgearbeitet wurde (lit. e); zu jeder geplanten angemessenen **Korrekturmaßnahme** nach Art. 25 Abs. 4 (lit. f); zu jeder geplanten **Aufsichtsmaßnahme** (der EBA) nach Art. 130 (lit. f); zu jeder geplanten **Verwaltungsvereinbarung** über den Informationsaustausch mit der Aufsichtsbehörde eines Drittlands nach Art. 126 (lit. h); zu jeder **Übertragung von Aufsichtsaufgaben** von der EBA auf eine zuständige Behörde nach Art. 138 (lit. i); zu jeder geplanten **Veränderung bei der Zulassung** der in Art. 119 Abs. 2 lit. d–h genannten Mitglieder des Kollegiums oder einer in Bezug auf diese Mitglieder geplanten Aufsichtsmaßnahme (lit. j) sowie zum Entwurf eines geänderten Kryptowerte-Whitepapers, das gem. Art. 51 Abs. 12 MiCAR ausgearbeitet wurde.

7 **2. Ergänzende Empfehlungen der Kollegien (Abs. 2).** Abs. 2 wurde von der Kommission vorgeschlagen und blieb nahezu unverändert (→ Rn. 2). Sofern das Kollegium eine Stellungnahme zu den in Abs. 1 angeführten Angelegenheiten abgibt, kann schon **ein** Mitglied des Kollegiums auf **Antrag** und nach **Annahme** durch die Mehrheit des Kollegiums nach Abs. 3 (→ Rn. 9 ff.) verlangen, dass die Stellungnahme auch **Empfehlungen** zur Behebung von Mängeln den von der EBA oder den zuständigen Behörden geplanten Maßnahmen enthält. Die zusätzlichen Empfehlungen bedürfen der Annahme durch die **einfache Mehrheit** der Stimmen seiner Mitglieder. Es ist – soweit ersichtlich – zu erwarten, dass ein **Quorum** von der Hälfte der stimmberechtigten Mitglieder des Kollegiums erforderlich ist (Beschlussfähigkeit). Im Falle des Nichterreichens dieses Quorums, kann der Vorsitz – im Regelfall durch die EBA – des Kollegiums eine **außerordentliche Sitzung**

---

[3] Siehe sinngemäß Calliess/Ruffert/Ruffert AEUV Art. 288 Rn. 97.

einberufen, in der Beschlüsse ohne Quorum gefasst werden können (s. Art. 7 Abs. 5 E-RTS bzw. 6 Abs. 5 RTS). Die in Abs. 3 genannte einfache Mehrheit wird nachstehend näher beleuchtet (→ Rn. 9).[4]

3. Stimmrechte der Kollegiumsmitglieder sowie Mehrheitserfordernisse (Abs. 3). Art. 120 Abs. 3 MiCAR normiert zum einen die **Mehrheitserfordernisse** für die Verabschiedung einer Stellungnahme, sowie für ergänzende Empfehlungen iSd Abs. 2, und zum anderen die **Stimmrechte** der Kollegiumsmitglieder. So genügt nach Abs. 2 für die Verabschiedung von Stellungnahmen iSd Abs. 1 die **einfache Mehrheit** der Stimmen der Mitglieder des Kollegiums. Nach Art. 7 Abs. 6 E-RTS bzw. 6 Abs. 6 RTS ist davon auszugehen, dass sich die genannte Mehrheit auf die einfache Mehrheit der **stimmberechtigten Kollegiumsmitglieder in einer Sitzung** bezieht. Die einfache Mehrheit ist nach Art. 7 Abs. 6 E-RTS bzw. 6 Abs. 6 RTS erreicht, wenn mehr stimmberechtigte Kollegiumsmitglieder für eine Stellungnahme stimmen als dagegen. **Stimmenthaltungen** sollen weder als Zustimmung noch als Ablehnung gewertet werden und sind folglich weder im Zähler noch im Nenner zu berücksichtigen. Die bereits angesprochene Beschlussfähigkeit, die – soweit ersichtlich – zu Beginn einer Sitzung des Kollegiums festzustellen ist, gilt auch für Stellungnahmen, weshalb auf die obigen Ausführungen verwiesen wird (→ Rn. 8). 8

Hinsichtlich einer etwaigen **Delegierungsmöglichkeit** des Stimmrechts von einem Kollegiumsmitglied auf ein anderes Kollegiumsmitglied sieht die MiCAR keine ausdrückliche Regelung vor, weshalb dies – soweit ersichtlich – zu verneinen ist.[5]

Die **Stimmberechtigung** der einzelnen Kollegiumsmitglieder ergibt sich prinzipiell aus der Grundnorm für die Kollegien (Art. 119 Abs. 2 MiCAR), soweit nicht eine **Ausnahme** einschlägig ist. So haben etwa nach Art. 120 Abs. 3 MiCAR die in Art. 119 Abs. 2 lit. m MiCAR genannten Aufsichtsbehörden von Drittländern bei Stellungnahmen des Kollegiums keine Stimmberechtigung. Darüber hinaus sieht Abs. 3 vor, dass, wenn ein Mitgliedstaat durch mehrere Mitglieder im Kollegium vertreten ist, nur eines dieser Mitglieder stimmberechtigt ist. Dies entspricht auch dem – voraussichtlich in Kraft tretenden – Art. 7 Abs. 3 E-RTS bzw. 6 Abs. 3 RTS. Darüber hinaus bestimmt Abs. 3, dass das die EZB vertretende Mitglied des Kollegiums im Falle der Wahrnehmung von mehreren Funktionen, einschließlich Aufsichtsfunktionen, nur über **eine** Stimme verfügt. Hinter diesen Stimmberechtigungs**beschränkungen** steht die Intention, den Einfluss eines Mitgliedstaates bzw. der EZB auf die Kollegiumsentscheidung zu begrenzen. Gleichwohl ist darauf hinzuweisen, dass den beratenden Aufsichtskollegien eine **starke Stellung** zukommt, wenn man bedenkt, dass die normierten Mehrheitsentscheidungen im Kollegium dazu führen können, dass die eigentlich für die Aufsicht zuständigen Behörden vom Kollegium – letztlich von anderen Kollegiumsmitgliedern – überstimmt werden können[6]. 9

Es ist zu erwarten, dass nach Art. 7 Abs. 1 E-RTS bzw. 6 Abs. 1 RTS jedes Kollegiumsmitglied **einen Teilnehmer** für die Kollegiumssitzung **benennt**. 10

---

[4] Vgl. sinngemäß BeckOK WpHR/Wagner VO (EU) 648/2012 Art. 19 Rn. 5.
[5] Vgl. sinngemäß die Literatur zur Vorbildbestimmung BeckOK WpHR/Wagner VO (EU) 648/2012 Art. 19 Rn. 9.
[6] Siehe sinngemäß BeckOK WpHR/Wagner VO (EU) 648/2012 Art. 18 Rn. 3 sowie Rn. 8 ff.

Ferner kann jedes Kollegiumsmitglied einen **Stellvertreter** benennen. Ausgenommen hiervon soll die EBA sein, die einen Vertreter benennt und weitere Teilnehmer ohne Stimmrecht zur Teilnahme an den Kollegiumssitzungen bitten kann. Darüber hinaus sieht Art. 7 Abs. 2 E-RTS bzw. 6 Abs. 2 RTS vor, dass in bestimmten Fällen weitere Teilnehmer ohne Stimmrecht zur Teilnahme an der Kollegiumssitzung oder Aktivitäten des Kollegiums, einschließlich der Benennung eines Stellvertreters, eingeladen werden können. Obendrein regelt Art. 7 Abs. 4 E-RTS bzw. 6 Abs. 4 RTS, dass der Vorsitzende des Kollegiums unter unverzüglicher Benachrichtigung der Kollegiumsmitglieder auch andere Behörden, die nicht dem Kollegium angehören, zur Teilnahme an einer Kollegiumssitzung oder zu einem bestimmten Tagesordnungspunkt einladen kann. Diese sind – folgerichtig – nicht stimmberechtigt.

11 **4. (Nicht-)Befolgung der Stellungnahmen und ggf. der Empfehlungen (Abs. 4).** Art. 120 Abs. 4 MiCAR sieht vor, dass die EBA sowie die zuständigen Behörden den Stellungnahmen iSd Abs. 3, einschließlich etwaiger Empfehlungen zur Behebung von Mängeln bei der Aufsichtsmaßnahme in Bezug auf einen Emittenten eines signifikanten vermögenswertereferenzierten Token, einen Emittenten eines signifikanten E-Geld-Token oder in Bezug auf die in Art. 119 Abs. 2 lit. d–h MiCAR genannten Unternehmen und Anbieter von Kryptowerte-Dienstleistungen, **gebührend Rechnung** tragen. Solche Stellungnahmen könnten beispielsweise die Aufforderung an einen Emittenten, mehr Eigenmittel vorzuhalten, oder sogar den Entzug der Zulassung bei schwerwiegenden Verstößen gegen die Verpflichtungen beinhalten. Sollten die EBA oder die zuständigen Behörden jedoch der Stellungnahme, einschließlich etwaiger darin enthaltener Empfehlungen, nicht folgen, muss ihr **Beschluss** hinsichtlich der Nichtbefolgung eine Begründung sowie eine Erläuterung jeder **signifikanten Abweichung** von dieser Stellungnahme oder diesen Empfehlungen enthalten.[7] Ab wann eine solche „signifikante Abweichung" vorliegt, ist – soweit ersichtlich – in der MiCAR nicht explizit geregelt. Es ist davon auszugehen, dass dies jedenfalls von Fall zu Fall unterschiedlich zu beurteilen ist.

Kapitel 5. Befugnisse und Zuständigkeiten der EBA bei Emittenten signifikanter vermögenswertreferenzierter Token und Emittenten signifikanter E-Geld-Token

Artikel 121 Rechtsprivileg

Die der EBA oder Bediensteten der EBA oder sonstigen von ihr bevollmächtigten Personen nach den Artikeln 122 bis 125 übertragenen Befugnisse dürfen nicht genutzt werden, um die Offenlegung von Informationen zu verlangen, die einem Rechtsprivileg unterliegen.

---

[7] Siehe etwa betreffend etwaiger Meinungsverschiedenheiten https://www.euractiv.de/section/finanzdienstleistungen/news/eu-will-neues-gremium-zur-ueberwachung-von-kryptowaehrungen-aufbauen/.

Art. 121 MiCAR

Übersicht

	Rn.
I. Einführung	1
1. Literatur	1
2. Entstehung und Zweck der Norm	2
3. Normativer Kontext	4
II. Rechtsprivilegien („legal privileges")	5
1. Einschränkung der nach den Art. 122–125 MiCAR übertragenen Befugnisse	5
2. Rechts(-anwalts-)privileg	6

I. Einführung

1. Literatur. Bislang keine. Siehe aber die Kommentierung zu Art. 25e 1 VO (EU) 648/2012 sowie im Allgemeinen *Momsen/Grützner*, Wirtschafts- und Steuerstrafrecht, 2. Auflage 2020.

2. Entstehung und Zweck der Norm. Art. 121 MiCAR (Art. 103 des 2 Entwurfs) wurde von der Kommission vorgeschlagen und hat im Gesetzgebungsverfahren teilweise Änderungen erfahren, blieb aber letztlich inhaltlich im Wesentlichen unverändert. Während der Kommissionsvorschlag den Artikel mit „Ausübung der in den Artikeln 122 bis 125 (Art. 104 bis 107 des Entwurfs) genannten Befugnisse" betitelte, wurde dieser auf Vorschlag des Rates auf seinen jetzigen Titel „Rechtsprivileg" („Legal Privilege") geändert. Das Parlament – wie auch sinngemäß der Entwurf – schlug vor, dass der Artikel sowohl die EBA oder Bedienstete der EBA als auch die ESMA oder Bedienstete der ESMA umfasst. Zur „ESMA/EBA-Zuständigkeitsproblematik" („ESMA/EBA issue"), die wiederum zugunsten der EBA gelöst wurde, siehe vorstehende Ausführungen (→ MiCAR Art. 117 Rn. 2). Die Vorschrift ist im Kern bis auf die Zuständigkeitszuweisung ausschließlich an die EBA und nicht auch an die ESMA etwa den Art. 25e bzw. 60 VO (EU) 648/2012, Art. 9 Abs. 2 VO (EU) 2015/2365, Art. 14 Abs. 2 VO (EU) 2017/2402 sowie Art. 23a VO (EG) 1060/2009 nachgebildet.[1] So machen überdies die Überschriften des Art. 25e VO (EU) 648/2012 und des Art. 23a VO (EU) 513/2011 bzw. VO (EG) 1060/2009 – „Ausübung der in den Artikeln [...] genannten Befugnisse" –, die sinngemäß dem Titel des Kommissionsvorschlags entsprechen, sowie der Wortlaut der Bestimmungen deutlich, dass es sich nahezu um eine Abschrift handelt.

Art. 121 MiCAR dient in erster Linie dem **Schutz der Informationen** 3 von Emittenten signifikanter vermögenswertereferenzierter Token oder Emittenten signifikanter E-Geld-Token, die einem Rechtsprivileg unterliegen. Die Befugnisse, die der EBA oder den Bediensteten der EBA oder den sonstigen von ihr bevollmächtigten Personen nach Art. 122–125 MiCAR übertragen sind, dürfen nicht dazu „missbraucht" werden, die „Offenlegung" von Informationen zu verlangen, die dem rechtlichen Privileg unterliegen. Die Bestimmung dient somit einerseits dem Schutz der unter das Rechtsprivileg fallenden Informationen und setzt andererseits der EBA oder den Bediensteten oder sonstigen von ihr bevollmächtigten Personen **Grenzen** bei der Ausübung ihrer übertragenen Befugnisse nach den Art. 122–125 MiCAR.

---

[1] Teilweise angelehnt an BeckOK WpHR/Steuer VO (EU) 648/2012 Art. 25e Rn. 1.

MiCAR Art. 121 Titel VII. Zuständige Behörde, EBA und ESMA

4   **3. Normativer Kontext.** Art. 121 MiCAR ist die erste Bestimmung des Kapitels fünf („Befugnisse und Zuständigkeiten der EBA hinsichtlich Emittenten signifikanter vermögenswertereferenzierter Token und Emittenten signifikanter E-Geld-Token") des Titels VII. Er steht in engem Zusammenhang (zu den Grenzen → Rn. 3, 5) mit den Ermittlungsbefugnissen in **Art. 122** („Informationsersuchen"), **Art. 123** („Allgemeine Untersuchungsbefugnisse"), **Art. 124** („Prüfungen vor Ort") sowie **Art. 125** („Informationsaustausch") MiCAR. Zudem steht er im Zusammenhang mit den beratenden Aufsichtskollegien iSd **Art. 119 MiCAR** sowie mit **Art. 134 Abs. 3 MiCAR,** der den Untersuchungsbeauftragten verpflichtet, bei der Ausübung seiner Befugnisse die Vorschriften des Rechtsprivilegs iSd Art. 121 MiCAR zu achten.

II. Rechtsprivilegien („legal privileges")

5   **1. Einschränkung der nach den Art. 122–125 MiCAR übertragenen Befugnisse.** Nach den Art. 122–125 MiCAR werden der EBA – oder Bediensteten der EBA oder sonstigen von ihr bevollmächtigten Personen – bestimmte Befugnisse übertragen, man denke etwa an Informationsersuchen der EBA (Art. 122 Abs. 1 MiCAR) oder an Prüfungen vor Ort in sämtlichen Geschäftsräumen der Emittenten signifikanter vermögenswertereferenzierter Token und Emittenten signifikanter E-Geld-Token (Art. 124 Abs. 1 MiCAR). Dabei wird ausdrücklich normiert, dass „die der EBA oder Bediensteten der EBA oder sonstigen von ihr bevollmächtigten Personen nach den [Art.] 122 bis 125 übertragenen Befugnisse [...] nicht genutzt werden [dürfen], um die Offenlegung von Informationen zu verlangen, die einem Rechtsprivileg unterliegen." Mit **„Offenlegung"** ist nicht die Veröffentlichung als solche gemeint, sondern die Offenlegung gegenüber der EBA oder Bediensteten der EBA oder sonstigen von ihr bevollmächtigten Personen. Bevor auf die einzelnen Befugnisse in den nachstehenden Art. 122–125 MiCAR näher eingegangen wird, normiert die MiCAR daher zuvörderst eine **Beschränkung** dieser Befugnisse und setzt dem Handeln der EBA oder Bediensteten der EBA oder sonstigen von ihr bevollmächtigten Personen Grenzen. Die normierten **Grenzen** beziehen sich, wie die beiden vorgenannten Beispiele zeigen, sowohl auf die **Informationsbeschaffungs-** als auch die **Ermittlungsbefugnisse.** Dabei ist davon auszugehen, dass es **unerheblich** ist, ob die unter ein Rechtsprivileg fallenden Informationen in mündlicher oder schriftlicher **Form** verlangt werden.[2] Zusammenfassend lässt sich festhalten, dass die EBA oder Bedienstete der EBA oder sonstige von ihr bevollmächtigte Personen im Rahmen der ihnen nach den Art. 122–125 MiCAR übertragenen Befugnisse keine Informationen verlangen dürfen, die einem Rechtsprivileg unterliegen, und dementsprechend ihre Befugnisse iSd MiCAR in Bezug auf solche Informationen nicht ausüben dürfen.

6   **2. Rechts(-anwalts-)privileg.** Der Begriff des Rechtsprivilegs („legal privilege") wird in der MiCAR nicht näher erläutert. Es bedarf daher einer spezifisch **unionsrechtlichen Auslegung** des Begriffes. Unionsrechtlich ist unter „legal privilege" das Rechtsanwaltsprivileg bzw. Verteidigerprivileg zu verstehen. Die (europäische) Rechtsprechung zur Bedeutung des Rechts(-an-

---

[2] Siehe sinngemäß hinsichtlich der Vorbildbildbestimmung BeckOK WpHR/Steuer VO (EU) 648/2012 Art. 25e Rn. 2.

walts-)privilegs hat sich – soweit ersichtlich – bisher vor allem mit den Ermittlungen der Kommission im Kartellverfahren befasst. So ist im **europäischen Kartellverfahrensrecht** anerkannt, dass das Rechts(-anwalts-)privileg nur unter zwei bestimmten Voraussetzungen gilt: Zum einen muss die anwaltliche Korrespondenz einen **ausreichenden Bezug zum Verfahren** aufweisen, zum anderen muss der Rechtsanwalt **hinreichend unabhängig** sein.[3] Es handelt sich also um restriktive Voraussetzungen. Allerdings ist darauf hinzuweisen, dass die VO (EG) 1/2003[4] keine dem Art. 121 MiCAR vergleichbare Vorschrift enthält. Es ist zu erwarten, dass die MiCAR für eine weniger restriktive Auslegung streitet und damit etwa auch die Kommunikationen mit Syndikusanwälten erfasst sieht.[5]

Das Rechts(-anwalts-)privileg umfasst hingegen weder allgemeine Verschwiegenheitspflichten noch Berufsgeheimnisse.[6] Dass letztere nicht unter das Rechtsprivileg fallen, verdeutlicht **Art. 129 MiCAR,** der ausdrücklich die „Wahrung des Berufsgeheimnisses" normiert (→ MiCAR Art. 129 Rn. 1 ff.).

Artikel 122 Informationsersuchen

(1) Zur Wahrnehmung ihrer Aufsichtsaufgaben nach Artikel 117 kann die EBA durch einfaches Ersuchen oder im Wege eines Beschlusses von folgenden Personen die Vorlage sämtlicher Informationen verlangen, die sie für die Wahrnehmung ihrer Aufgaben im Rahmen dieser Verordnung benötigt:

a) von einem Emittenten eines signifikanten vermögenswertereferenzierten Token oder einer Person, die einen Emittenten eines signifikanten vermögenswertereferenzierten Token kontrolliert oder direkt oder indirekt von einem Emittenten eines signifikanten vermögenswertereferenzierten Token kontrolliert wird;

b) von einem Drittunternehmen im Sinne von Artikel 34 Absatz 5 Unterabsatz 1 Buchstabe h, mit denen der Emittent eines signifikanten vermögenswertereferenzierten Token eine vertragliche Vereinbarung geschlossen hat;

c) von Anbietern von Kryptowerte-Dienstleistungen, Kreditinstituten oder Wertpapierfirmen, die die Verwahrung des Reservevermögens gemäß Artikel 37 sicherstellen;

d) von einem Emittenten eines signifikanten E-Geld-Token oder einer Person, die einen Emittenten eines signifikanten E-Geld-Token kontrolliert oder direkt oder indirekt von einem Emittenten eines signifikanten E-Geld-Token kontrolliert wird;

e) von einem Zahlungsdienstleister, der Zahlungsdienste im Zusammenhang mit signifikanten E-Geld-Token erbringt;

---

[3] Siehe Näheres hinsichtlich der Voraussetzungen in Momsen/Grützner/Prechtel/Schulz, WirtschaftsStrafR-HdB Kartellrecht § 24 Rn. 217 ff. sowie BeckOK WpHR/Steuer VO (EU) 648/2012 Art. 25e Rn. 3 ff.
[4] Verordnung (EG) 1/2003 des Rates vom 16.12.2002 zur Durchführung der in den Artikeln 81 und 82 des Vertrags niedergelegten Wettbewerbsregeln (ABl. 2003 L 1, 1).
[5] Vgl. diesbezüglich sinngemäß BeckOK WpHR/Steuer VO (EU) 648/2012 Art. 25e Rn. 5; Momsen/Grützner/Prechtel/Schulz WirtschaftsStrafR-HdB Kartellrecht § 24 Rn. 224 ff.
[6] Siehe BeckOK WpHR/Steuer VO (EU) 648/2012 Art. 25e Rn. 3 ff.

f) von einer natürlichen oder juristischen Person, die damit beauftragt wurde, signifikante E-Geld-Token für einen Emittenten signifikanter E-Geld-Token zu vertreiben;
g) von einem Anbieter von Kryptowerte-Dienstleistungen für die Verwahrung und Verwaltung von Kryptowerten für Kunden in Bezug auf signifikante vermögenswertereferenzierte Token oder signifikante E-Geld-Token;
h) von einem Betreiber einer Handelsplattform für Kryptowerte, der einen signifikanten vermögenswertereferenzierten Token oder einen signifikanten E-Geld-Token zum Handel zugelassen hat;
i) vom Leitungsorgan der unter den Buchstaben a bis h genannten Personen.

(2) Ein einfaches Informationsersuchen gemäß Absatz 1 enthält
a) eine Bezugnahme auf diesen Artikel als Rechtsgrundlage des Ersuchens,
b) den Zweck des Ersuchens,
c) nähere Angaben zu den verlangten Informationen,
d) die Frist für die Vorlage der Informationen,
e) eine Unterrichtung der Person, die um Informationen ersucht wird, darüber, dass sie nicht zu deren Übermittlung verpflichtet ist, dass aber die übermittelten Informationen im Falle einer freiwilligen Beantwortung des Ersuchens nicht falsch und nicht irreführend sein dürfen, und
f) Angaben zu der Geldbuße, die in Artikel 131 für den Fall vorgesehen ist, dass die Antworten auf gestellte Fragen falsch oder irreführend sind.

(3) Fordert die EBA die Vorlage von Informationen im Wege eines Beschlusses nach Absatz 1 an, so enthält der Beschluss
a) eine Bezugnahme auf diesen Artikel als Rechtsgrundlage des Ersuchens,
b) den Zweck des Ersuchens,
c) nähere Angaben zu den verlangten Informationen,
d) die Frist für die Vorlage der Informationen,
e) Angaben zu den Zwangsgeldern, die nach Artikel 132 verhängt werden, falls Informationen beizubringen sind,
f) Angaben zu der Geldbuße, die in Artikel 131 für den Fall vorgesehen ist, dass die Antworten auf gestellte Fragen falsch oder irreführend sind, und
g) den Hinweis auf das Recht, nach den Artikeln 60 und 61 der Verordnung (EU) Nr. 1093/2010 vor dem Beschwerdeausschuss der EBA Beschwerde gegen den Beschluss einzulegen und den Beschluss durch den Gerichtshof überprüfen zu lassen.

(4) Die in Absatz 1 genannten Personen oder deren Vertreter und bei juristischen Personen und nicht rechtsfähigen Vereinen die nach Gesetz zur Vertretung berufenen Personen stellen die geforderten Informationen zur Verfügung.

(5) Die EBA übermittelt der zuständigen Behörde des Mitgliedstaats, in dem die von dem Informationsersuchen betroffenen Personen ansässig oder niedergelassen sind, unverzüglich eine Kopie des einfachen Ersuchens oder ihres Beschlusses.

Informationsersuchen **Art. 122 MiCAR**

Übersicht

	Rn.
I. Einführung	1
1. Literatur	1
2. Entstehung und Zweck der Norm	2
3. Normativer Kontext	4
II. Informationsersuchen	5
1. Grundlagen der Informationsersuchen (Abs. 1)	5
a) Befugnis und Ermessen für Informationsersuchen (Abs. 1)	6
b) Adressatenkreis (lit. a–i)	7
c) Vorlagegegenstand	9
2. Einfaches Informationsersuchen (Abs. 2)	11
3. Beschlussersuchen (Abs. 3)	15
4. Verantwortlichkeit der Zurverfügungstellung der geforderten Informationen (Abs. 4)	18
5. Inkenntnissetzung der zuständigen Behörde des Mitgliedstaats (Abs. 5)	20

I. Einführung

1. Literatur. Bislang keine. Siehe aber etwa die Kommentierungen zu 1
Art. 25f bzw. 61 VO (EU) 648/2012, Art. 18 VO (EG) 1/2003 und Art. 10
VO (EU) 1024/2013.

2. Entstehung und Zweck der Norm. Art. 122 MiCAR (Art. 104 des 2
Entwurfs) wurde von der Kommission vorgeschlagen und erfuhr im Gesetzgebungsverfahren nur geringfügige Anpassungen, die sowohl orthographischer als auch inhaltlicher Natur sind. Neben manchen Verschlankungen wurde hinsichtlich des inhaltlichen Gehalts beispielsweise die bereits bekannte „ESMA/EBA-Zuständigkeitsproblematik" („ESMA/EBA issue"; → MiCAR Art. 117 Rn. 2) zugunsten der EBA aufgelöst. Zudem wurden beim Adressatenkreis des Abs. 1 sowohl Kürzungen als auch Ergänzungen vorgenommen, wobei exemplarisch die lit. c und g des Entwurfs hervorgehoben werden. Mit Blick auf Abs. 2 ergaben sich mit Ausnahme der Hinzufügung der lit. e keine nennenswerten inhaltlichen Änderungen. Die Abs. 3 sowie 5 blieben gänzlich unverändert. In Abs. 4 hatte die Kommission ursprünglich – entsprechend Art. 25f Abs. 4 VO (EU) 648/2012 – vorgesehen, dass auch ordnungsgemäß bevollmächtigte Rechtsanwälte die Auskünfte im Namen ihrer Mandanten erteilen können. Der Rat hatte vorgeschlagen, dies zu streichen, nach dem Trilogergebnis war dies nicht mehr in der Norm enthalten. Vergleichbare Vorschriften, die – soweit ersichtlich – dem Art. 18 VO (EG) 1/2003 nachgebildet sind, finden sich etwa in Art. 25f bzw. 61 VO (EU) 648/2012, Art. 38b VO (EU) 600/2014, Art. 48b VO(EU) 2016/1011, Art. 23b VO (EG) 1060/2009 sowie Art. 10 VO (EU) 1024/2013.[1]

Art. 122 MiCAR trägt dem Umstand Rechnung, dass es für die EBA zur 3
effektiven und kohärenten Wahrnehmung ihrer Aufsichtsaufgaben nach Art. 117 MiCAR sinnvoll bzw. notwendig ist, auf sämtliche **Informationen** bestimmter Personen zurückgreifen zu können und ermöglicht es der EBA daher, unter bestimmten Voraussetzungen Informationsersuchen zu stellen.

---

[1] Die Auflistung sowie die nachstehenden Ausführungen sind teilweise an BeckOK WpHR/Steuer VO (EU) 648/2012 Art. 25f Rn. 1 ff. angelehnt.

Tschachler 895

MiCAR Art. 122 Titel VII. Zuständige Behörde, EBA und ESMA

4   **3. Normativer Kontext.** Art. 122 MiCAR findet sich in Titel VII Kapitel fünf „Befugnisse und Zuständigkeiten der EBA hinsichtlich Emittenten signifikanter vermögenswertereferenzierter Token und Emittenten signifikanter E-Geld-Token" und leitet in die der EBA nach den **Art. 122, 123** („Allgemeine Untersuchungsbefugnisse"), **124** („Prüfungen vor Ort") sowie **125** („Informationsaustausch") **MiCAR** übertragenen Befugnisse ein. Nebstdem besteht ein Berührungspunkt zu **Art. 121 MiCAR**, der das Rechtsprivileg adressiert sowie zu den **Art. 132 Abs. 1** („Zwangsgelder"), **134** („Verfahrensvorschriften für Aufsichtsmaßnahmen und Geldbußen") und **138** („Übertragung von Aufgaben durch die EBA an die zuständigen Behörden") **MiCAR**. So sieht Abs. 1 die Möglichkeit der EBA vor, zur Wahrnehmung ihrer Aufsichtsaufgaben nach Art. 117 MiCAR von einem näher definierten Adressatenkreis die Vorlage sämtlicher Informationen zu verlangen, und bestimmt dazu die Grundlagen bzw. Voraussetzungen des Informationsersuchens. Während Abs. 2 bestimmte Formalia für das einfache Informationsersuchen regelt, legt Abs. 3 jene für das Beschlussersuchen fest. Abs. 4 regelt schließlich, wer für die Auskunftserteilung der verlangten Informationen verantwortlich ist und Abs. 5 verpflichtet die EBA, eine Kopie des jeweiligen Ersuchens an die zuständigen Behörden des Mitgliedstaats zu übermitteln.

II. Informationsersuchen

5   **1. Grundlagen der Informationsersuchen (Abs. 1).** Art. 122 Abs. 1 MiCAR leitet in die Voraussetzungen bzw. **Grundlagen** für Informationsersuchen ein und normiert hierzu die Befugnis sowie das Ermessen für Informationsersuchen (→ Rn. 6), den Adressatenkreis der begehrten Informationen in neun Literä (→ Rn. 7 f.) sowie schließlich den Vorlagegegenstand (→ Rn. 9 f.).

6   **a) Befugnis und Ermessen für Informationsersuchen (Abs. 1).** Art. 122 Abs. 1 MiCAR räumt der EBA zum einen die – alleinige – **Befugnis** ein, von dem definierten Adressatenkreis (→ Rn. 7 f.) die Vorlage sämtlicher Informationen zu verlangen (**Befugnisgrundlage),** sowie zum anderen ein **Ermessen** dahingehend, *ob* sie von ihrer Befugnis Gebrauch machen will (**Entschließungsermessen,** → Rn. 8) und wenn ja, *wie* sie bei Vorliegen der Voraussetzungen hinsichtlich des Informationsersuchens verfährt (**Auswahlermessen,** → Rn. 8). Darüber hinaus verfügt die EBA bei der Durchführung des Informationsersuchens über ein Ermessen dahingehend, ob sie ein einfaches Informationsersuchen (→ Rn. 11 ff.) oder ein Beschlussersuchen (→ Rn. 15 ff.) wählt. Dabei hat sie in Anbetracht des Interesses der Verfahrensbeschleunigung sowie der Proportionalität in der Regel dem einfachen Informationsersuchen den Vorzug zu geben, es sei denn, es ist zu erwarten, dass der Adressat die erbetene Information nur im Rahmen eines (förmlichen) Beschlussersuchens zur Verfügung stellen wird[2]. (**Tatbestands-)**Voraussetzung ist jedenfalls, dass die EBA die verlangten Informationen zur Wahrnehmung ihrer Aufgaben im Rahmen der MiCAR **benötigt (Erforderlichkeitskriterium,** → Rn. 10).[3]

---
[2] Siehe sinngemäß für Art. 25f VO (EU) 648/2012 BeckOK WpHR/Steuer VO (EU) 648/2012 Art. 25f Rn. 6.
[3] Vgl. BeckOK WpHR/Steuer VO (EU) 648/2012 Art. 25f Rn. 3 ff.

Zu beachten ist, dass Abs. 1 **keine Befugnisgrundlage** für Informationsersuchen *an* Drittländer darstellt. Für die Kooperation mit Drittländern sehen etwa Art. 126 („Verwaltungsvereinbarungen über den Informationsaustausch zwischen der EBA und Drittländern") sowie Art. 128 MiCAR („Zusammenarbeit mit anderen Behörden") spezielle Regelungen vor.

b) **Adressatenkreis (lit. a–i).** Art. 122 listet in Abs. 1 lit. a–i MiCAR den Adressatenkreis des Informationsersuchens auf. Als Adressaten kommen demnach – soweit ersichtlich abschließend – in Betracht: **Emittenten eines signifikanten vermögenswertereferenzierten Token** oder Personen, die einen Emittenten eines signifikanten vermögenswertereferenzierten Token kontrollieren oder direkt oder indirekt von einem Emittenten eines signifikanten vermögenswertereferenzierten Token kontrolliert werden (lit. a); selbiges wird für E-Geld-Token normiert (lit. d); **Drittunternehmen** iSv Art. 34 Abs. 5 UAbs. 1 lit. h MiCAR, mit denen der Emittent eines signifikanten vermögenswertereferenzierten Token eine vertragliche Vereinbarung geschlossen hat (lit. b); **Anbieter von Kryptowerte-Dienstleistungen, Kreditinstituten oder Wertpapierfirmen,** die die Verwahrung des Reservevermögens gem. Art. 37 MiCAR sicherstellen (lit. c); **Zahlungsdienstleister,** die Zahlungsdienste iZm signifikanten E-Geld-Token erbringen (lit. e); **natürliche oder juristische Personen,** die damit beauftragt wurden, signifikante E-Geld-Token für einen Emittenten signifikanter E-Geld-Token zu vertreiben (lit. f); Anbieter von Kryptowerte-Dienstleistungen für die **Verwahrung und Verwaltung** von Kryptowerten für Kunden in Bezug auf signifikante vermögenswertereferenzierte Token oder signifikante E-Geld-Token (lit. g); **Betreiber einer Handelsplattform für Kryptowerte,** die einen signifikanten vermögenswertereferenzierten Token oder einen signifikanten E-Geld-Token zum Handel zugelassen haben (lit. h) sowie letztlich **Leitungsorgane** (s. Legaldefinition in Art. 3 Abs. 1 Ziff. 27 MiCAR, → MiCAR Art. 3 Rn. 160 f.) der unter den lit. a–h genannten Personen.

Soweit sich die EBA im Rahmen ihres Ermessens dazu entschließt, die Vorlage sämtlicher Informationen zu verlangen (**Entschließungsermessen;** → Rn. 6), ist davon auszugehen, dass ihr bei mehreren in Betracht kommenden Adressaten ein **Auswahlermessen** zusteht. In einem solchen Fall sollte die EBA ihr Ermessen dahingehend ausüben, dass sie sämtliche Informationen vorrangig von dem Adressaten anfordert, bei dem die angeforderten Informationen mit höherer Wahrscheinlichkeit vorhanden sind. Darüber hinaus sind sicherlich auch die **Kosten des Informationsersuchens** zu berücksichtigen und es ist jener Adressat des Informationsersuchens zu wählen, bei dem das Ersuchen bei gleichem Nutzen für die Wahrnehmung ihrer Aufsichtsaufgaben nach Art. 117 MiCAR die geringsten Kosten verursacht.[4]

c) **Vorlagegegenstand.** Art. 122 Abs. 1 MiCAR regelt einen relativ **weiten Vorlagegegenstand** und normiert, dass „die Vorlage sämtlicher Informationen" von der EBA verlangt werden kann. Demnach kann im Rahmen eines Informationsersuchens prinzipiell jegliche Information, über die dieser verfügen **könnte,** vom Adressaten verlangt werden. Es können folglich sowohl **reine Auskünfte** als auch ganz **konkrete** dem Adressaten innehabende Informationen bzw. Dokumente verlangt werden, sofern ein gewisser **Sachzusammenhang** zwischen den verlangten Informationen und der Wahr-

---

[4] Dazu eingehend BeckOK WpHR/Steuer VO (EU) 648/2012 Art. 25f Rn. 6.

MiCAR Art. 122   Titel VII. Zuständige Behörde, EBA und ESMA

nehmung der Aufsichtsaufgaben der EBA besteht. Nach Abs. 1 kann die EBA ein Informationsersuchen einerseits „nur" zur Wahrnehmung ihrer Aufsichtsaufgaben nach Art. 117 MiCAR stellen, andererseits muss sie die verlangten Informationen zur Wahrnehmung ihrer Aufgaben im Rahmen der MiCAR **benötigen.** Interessant ist hier, dass Abs. 1 zu Beginn der Norm zum einen eine Einschränkung dahingehend vornimmt, dass die EBA die Vorlage sämtlicher Informationen nur „zur Wahrnehmung ihrer Aufsichtsaufgaben **nach Artikel 117**"[5] MiCAR verlangen kann, zum anderen aber nach dem Wortlaut „für die Wahrnehmung ihrer Aufgaben **im Rahmen dieser Verordnung** benötigt"[6] keine Einschränkung auf konkrete Aufgaben des Titels VII Kapitel fünf „Befugnisse und Zuständigkeiten der EBA hinsichtlich Emittenten signifikanter vermögenswertereferenzierter Token und Emittenten signifikanter E-Geld-Token" bzw. insbes. auf Art. 117 MiCAR festschreibt. Im Lichte des Telos der Norm und unter Berücksichtigung des Adressatenkreises ist jedoch davon auszugehen, dass die EBA das Informationsersuchen nur zur Wahrnehmung ihrer – ohnehin relativ umfassenden – Aufsichtsaufgaben nach Art. 117 MiCAR stellen (→ MiCAR Art. 117 Rn. 1 ff.) und nicht zur Wahrnehmung anderer Aufgaben verwenden darf.[7]

10   Neben dem Sachzusammenhang (→ Rn. 9) darf die EBA nach Abs. 1 die Vorlage sämtlicher Informationen nur dann verlangen, wenn sie diese „für die Wahrnehmung ihrer Aufgaben im Rahmen der MiCAR benötigt". Demnach darf die EBA die Informationen nur dann anfordern, wenn sie tatsächlich einen **Bedarf** an diesen hat und es keine andere ebenso effektive Möglichkeit gibt, diese Informationen zu erhalten. Dieses „versteckte" **Erforderlichkeitskriterium** ist unter Umständen dann nicht erfüllt, wenn die angeforderten Informationen etwa öffentlich verfügbar sind. Vor diesem Hintergrund darf jedoch Informationsersuchen, die sich etwa auf die Richtigkeit oder Validität anderweitig (öffentlich) verfügbarer Informationen beziehen, nicht von vornherein die Erfüllung des Erforderlichkeitskriteriums abgesprochen werden.[8]

11   **2. Einfaches Informationsersuchen (Abs. 2).** Wie bereits eingangs erwähnt, kommt der EBA nach Art. 122 Abs. 1 MiCAR hinsichtlich der Durchführung des Informationsersuchens prinzipiell ein **Ermessen** dahingehend zu, ob sie dieses als „einfaches Informationsersuchen" iSd Abs. 2 oder im Rahmen eines Beschlusersuchens iSd Abs. 3 stellt (→ Rn. 6 bzw. 15 ff.).

12   Für das „einfache Informationsersuchen" legt Art. 122 Abs. 2 MiCAR dessen **Mindestinhalt** („shall") fest. Dieser beinhaltet eine Bezugnahme auf diesen Artikel als **Rechtsgrundlage** des Ersuchens (lit. a); den **Zweck** des Ersuchens (lit. b); nähere Angaben zu den **verlangten Informationen,** wobei diese so ausreichend bestimmt sein müssen, dass für den Adressaten tatsächlich klar ist, welche Informationen die EBA vorgelegt haben möchte (lit. c); die **Frist** für die Vorlage der Informationen, die – soweit ersichtlich – mangels konkreter Regelung in der MiCAR von der EBA flexibel und

---

[5] Hervorhebung wurde fett markiert.
[6] Hervorhebung wurde fett markiert.
[7] Siehe etwa hinsichtlich der Vorbildbestimmung Art. 25f VO (EU) 648/2012, die in Abs. 1 keine Beschränkung auf bestimmte Aufsichtsaufgaben der ESMA normiert. Vgl. bezüglich der Wortauslegung „vorliegenden Verordnung" wiederum BeckOK WpHR/Steuer VO (EU) 648/2012 Art. 25f Rn. 2.
[8] Siehe wiederum sinngemäß BeckOK WpHR/Steuer VO (EU) 648/2012 Art. 25f Rn. 2 f.

898   *Tschachler*

einzelfallbezogen festgesetzt werden kann (lit. d); eine Unterrichtung der Person, die um Informationen ersucht wird, darüber, dass sie **nicht** zur Übermittlung der Informationen **verpflichtet** ist, dass aber die übermittelten Informationen im Falle einer freiwilligen Beantwortung des Ersuchens weder falsch noch irreführend sein dürfen (lit. e) sowie Angaben über die in Art. 131 MiCAR für den Fall der falschen oder irreführenden Beantwortung der gestellten Fragen vorgesehene **Geldbuße** (lit. f). Da die lit. a–d im Prinzip selbsterklärend sind, wird im Folgenden lediglich kurz auf die **lit. e** sowie **f** eingegangen.

Art. 122 Abs. 2 **lit. e** MiCAR verpflichtet dazu, den Adressaten des Informationsersuchens darüber zu unterrichten bzw. zu belehren, dass ihn bei einem einfachen Informationsersuchen **keine rechtliche Verpflichtung** zur Beantwortung des Informationsersuchens trifft, sondern diese vielmehr auf **freiwilliger Basis** erfolgt. Der Adressat kann daher in einem ersten Schritt entscheiden, ob er dem Informationsersuchen nachkommen möchte oder nicht. Ausdrücklich festgeschrieben ist allerdings, „dass [...] die übermittelten Informationen im Falle einer freiwilligen Beantwortung des Ersuchens nicht falsch oder irreführend sein dürfen". Daraus lässt sich ableiten, dass der Adressat – in einem zweiten Schritt – die Wahl hat, das Informationsersuchen etwa auch nur teilweise zu beantworten, diese Antwort dann aber weder falsch noch irreführend sein darf. Im Falle der **teilweisen Beantwortung** von Informationsersuchen erscheint es daher sinnvoll bzw. notwendig, dass der Adressat ausdrücklich klarstellt, dass dem Informationsersuchen nur teilweise nachgegangen wird, um etwaige Vorwürfe einer falschen oder irreführenden Beantwortung von vornherein zu vermeiden. Entscheidet sich der Adressat nämlich, dem Informationsersuchen nachzukommen, so trifft ihn nach Art. 122 Abs. 2 **lit. f** MiCAR *e contrario* die Pflicht, die verlangten Informationen bzw. die gestellten Fragen nicht falsch oder irreführend zu beantworten. Ein etwaiger Verstoß gegen die **Wahrheitspflicht** wird nach dem ausdrücklichen Wortlaut von Art. 122 Abs. 2 lit. f MiCAR mit einer Geldbuße nach Art. 131 MiCAR geahndet (→ MiCAR Art. 131 Rn. 1 ff.). Nach dem Wortlaut des Art. 131 Abs. 1 MiCAR erfasst der **Bußgeldtatbestand** einerseits Emittenten eines signifikanten vermögenswertereferenzierten Token oder Mitglieder seines Leitungsorgans, die vorsätzlich oder fahrlässig einen der in **Anhang V** aufgeführten Verstöße begangen haben (lit. a) oder andererseits Emittenten eines signifikanten E-Geld-Token oder ein Mitglied seines Leitungsorgans, die vorsätzlich oder fahrlässig einen der in **Anhang VI** aufgeführten Verstöße begangen haben. Da allerdings weder in Anhang V noch in Anhang VI ein entsprechender Verstoß(-tatbestand) genannt ist, erscheint – soweit ersichtlich – eine Ahndung mangels Erfüllung des Bußgeldtatbestands des Art. 131 MiCAR nicht möglich. Die Angabe auf die in Art. 131 MiCAR vorgesehene Geldbuße für den Fall der falschen oder irreführenden Beantwortung der gestellten Fragen (→ Rn. 12), dürfte entfallen können.[9]

Da den Adressaten im Rahmen eines einfachen Informationsersuchens keine rechtliche Verpflichtung zur Beantwortung des Informationsersuchens trifft, erscheint es schlüssig, dass ihm – soweit ersichtlich – auch keine **Rechtsschutzmöglichkeiten** zur Verfügung stehen. So scheidet etwa mangels Beschlussform eine Beschwerde iSd Art. 60 bzw. 61 VO (EU) 1093/

---

[9] Vgl. sinngemäß BeckOK WpHR/Steuer VO (EU) 648/2012 Art. 25f Rn. 9.

MiCAR Art. 122   Titel VII. Zuständige Behörde, EBA und ESMA

2010 aus und mangels Verpflichtung zur Beantwortung des Informationsersuchens sind die Rechtswirkung iSd Art. 263 AEUV und folglich die Statthaftigkeit der Nichtigkeitsklage zu verneinen.[10]

15   3. **Beschlussersuchen (Abs. 3).** Als Pendant zu Art. 122 Abs. 2 MiCAR (→ Rn. 11 ff.) regelt Abs. 3 in sehr ähnlicher Weise den **Mindestinhalt** von Beschlussersuchen. Demnach enthält ein Beschlussersuchen eine Bezugnahme auf diesen Artikel als **Rechtsgrundlage** des Ersuchens (lit. a); den **Zweck** des Ersuchens (lit. b); nähere Angaben zu den **verlangten Informationen,** wobei diese – wiederum – (→ Rn. 12) – so ausreichend bestimmt sein müssen, dass für den Adressaten tatsächlich klar ist, welche Informationen die EBA vorgelegt haben möchte (lit. c); die **Frist** für die Vorlage der Informationen, die – wiederum soweit ersichtlich (→ Rn. 12) – mangels konkreter Regelung in der MiCAR von der EBA flexibel und einzelfallbezogen festgesetzt werden kann (lit. d); Angaben zu den **Zwangsgeldern,** die nach Art. 132 MiCAR verhängt werden, falls Informationen beizubringen sind (lit. e); Angaben zu der **Geldbuße,** die in Art. 131 MiCAR für den Fall vorgesehen ist, dass die Antworten auf die gestellten Fragen falsch oder irreführend sind (lit. f) und den Hinweis auf das Recht, nach den Art. 60 und 61 VO (EU) 1093/2010 gegen das Beschlussersuchen **Beschwerde** beim Beschwerdeausschuss der EBA einzulegen und den Beschluss wiederum vom **Gerichtshof** überprüfen zu lassen (lit. g).

16   Anders als beim einfachen Informationsersuchen iSd Art. 122 Abs. 2 MiCAR (→ Rn. 11 ff.) ist der Adressat bei Beschlussersuchen verpflichtet, die gestellten Fragen bzw. das Informationsersuchen zu beantworten. Die **Antwortpflicht** umfasst zum einen die generelle Befolgung des Beschlussersuchens und zum anderen die (inhaltlich) vollständige Befolgung des Beschlussersuchens, dh anders als beim einfachen Informationsersuchen (→ Rn. 11 ff.) ist der Adressat zur **vollständigen Antwort** verpflichtet, eine lediglich teilweise Beantwortung reicht nicht aus. Folgerichtig kann die EBA nach Art. 132 Abs. 1 lit. b i) MiCAR im Falle des Nichtnachkommens der Antwortpflicht den Adressaten iSd Art. 122 Abs. 1 MiCAR notfalls verpflichten, die durch Beschlussersuchen begehrten Informationen vollständig zu erteilen. Über die Angaben hinsichtlich der Zwangsgelder, die nach Art. 132 MiCAR verhängt werden können, falls Informationen beizubringen sind, müssen die Adressaten bereits im Beschlussersuchen unterrichtet werden (→ Rn. 15). Zur Problematik der in Art. 131 MiCAR, für den Fall der falschen oder irreführenden Beantwortung von gestellten Fragen, vorgesehenen Bußgeldandrohung s. sinngemäß bereits oben (→ Rn. 13).[11]

17   Überzeugend ist der Hinweis im **Beschlussersuchen** auf das Recht, nach den Art. 60 und 61 VO (EU) 1093/2010 gegen diesen Beschluss vor dem Beschwerdeausschuss der EBA Beschwerde einlegen und den Beschluss wiederum durch den Gerichtshof überprüfen lassen zu können. Den Adressaten steht somit zum einen Rechtsschutz gegen das Beschlussersuchen als solches vor dem Beschwerdeausschuss der EBA gem. Art. 60 VO (EU) 1093/2010 zu. Nach Art. 60 Abs. 3 VO (EU) 1093/2010 kommt der Beschwerde beim Beschwerdeausschuss keine aufschiebende Wirkung zu. Zum anderen kann nach Art. 61 Abs. 1 VO (EU) 1093/2010 gegen die in Beschlussform ergan-

---

[10] Siehe im Allgemeinen Streinz/Ehricke AEUV Art. 263.
[11] Vgl. sinngemäß BeckOK WpHR/Steuer VO (EU) 648/2012 Art. 25f Rn. 10 f.

gene Entscheidung eine **Nichtigkeitsklage** (Art. 263 AEUV) beim EuGH erhoben werden.[12]

4. Verantwortlichkeit der Zurverfügungstellung der geforderten **18** **Informationen (Abs. 4).** Nach Art. 122 Abs. 4 MiCAR stellen die in Abs. 1 genannten Personen oder deren Vertreter und bei juristischen Personen und nicht rechtsfähigen Vereinen die nach Gesetz zur Vertretung berufenen Personen die geforderten Informationen zur Verfügung. Es wird ausdrücklich darauf hingewiesen, dass – wie ursprünglich im Rahmen des Gesetzgebungsverfahrens vorgesehen (→ Rn. 2) – **keine Vertretung durch Rechtsanwälte** zulässig ist. In jedem Fall bleiben daher die Normadressaten des Abs. 4 für die Zurverfügungstellung der angeforderten Informationen **verantwortlich**, weshalb gegebenenfalls auch etwaige Geldbußen bzw. Zwangsgelder an die Normadressaten des Abs. 4 zu richten sind. Während im Rahmen von Beschlusersuchen nach Abs. 3 die Verantwortlichen verpflichtet sind die geforderten Informationen **vollständig, nicht falsch und nicht irreführend** zur Verfügung zu stellen und Abs. 4 daher in vollem Umfang zur Anwendung kommt, entfaltet er bei einfachen Informationsersuchen nach Abs. 2 nur insoweit Wirkung, als das Informationsersuchen freiwillig – sei es vollständig oder nur teilweise – beantwortet wird. Im Falle der freiwilligen Beantwortung besteht die Verantwortlichkeit dahingehend, dass die Antworten auf die gestellten Fragen **weder falsch noch irreführend** sein dürfen (vgl. betreffend die Problematik der Ahndung → Rn. 13 und 16), nicht hingegen für die Vollständigkeit.[13]

Fraglich erscheint, ob den Verantwortlichen nach Abs. 4 bei einfachen **19** Informationsersuchen iSd Abs. 2 oder bei Beschlusersuchen iSd Abs. 3 ein gewisses **Auskunftsverweigerungsrecht** zukommt. Während dies bei einfachen Informationsersuchen mangels Obligation ohnehin nicht erforderlich ist, besteht es bei Beschlusersuchen zumindest partiell. Man denke etwa an Art. 121 MiCAR, wonach die der EBA oder ihren Bediensteten oder sonstigen von ihr bevollmächtigten Personen nach den Art. **122–125** übertragenen Befugnisse nicht dazu genutzt werden dürfen, die Offenlegung von Informationen zu verlangen, die einem **Rechtsprivileg** unterliegen. Dementsprechend müssen die Verantwortlichen iSd Art. 122 Abs. 4 MiCAR etwaigen Informationsersuchen bzw. gestellten Fragen, die dem Rechtsprivileg unterfallen, dahingehend nicht nachkommen. Darüber hinaus wird der Schutz von Berufs- (bzw. Geschäfts-)geheimnissen teilweise durch Art. 129 MiCAR gewährleistet, wonach die EBA und alle Personen, die bei der EBA oder einer sonstigen Person, der die EBA Aufgaben übertragen hat, tätig sind oder tätig waren, einschließlich der von der EBA beauftragten Prüfer und Sachverständigen, zur **Wahrung des Berufsgeheimnisses** verpflichtet sind.[14]

5. Inkenntnissetzung der zuständigen Behörde des Mitgliedstaats **20** **(Abs. 5).** Nach Art. 122 Abs. 5 MiCAR übermittelt die EBA der zuständigen Behörde des Mitgliedstaats, in dem die von dem Informationsersuchen betroffenen Personen ansässig oder niedergelassen sind, unverzüglich eine

---

[12] Siehe im Allgemeinen Streinz/Ehricke AEUV Art. 263.
[13] Vgl. sinngemäß BeckOK WpHR/Steuer VO (EU) 648/2012 Art. 25f Rn. 12 f.
[14] Siehe hinsichtlich eines eventuell aus dem Primärrecht herzuleitenden Selbstbezichtigungsverbot sowie sinngemäß zu Art. 25f VO (EU) 648/2012 2012 erneut BeckOK WpHR/Steuer VO (EU) 648/2012 Art. 25f Rn. 12 f.

Kopie des einfachen Ersuchens oder ihres Beschlussersuchens. Diese Bestimmung unterstreicht erneut die Bedeutung der Zusammenarbeit zwischen der EBA und den zuständigen Behörden der Mitgliedstaaten, um eine reziproke, kohärente und effektive Wahrnehmung der Aufsichtsaufgaben zu gewährleisten. Die **unionsrechtliche Verpflichtung** zur unverzüglichen Übermittlung der Kopie nach Erlass des jeweiligen Informationsersuchens trifft die EBA nach dem Wortlaut ausdrücklich sowohl bei einfachen Informationsersuchen nach Abs. 2 als auch bei Beschlussersuchen nach Abs. 3. Mangels näherer Ausführungen zur Unverzüglichkeit ergibt sich aus der autonomen Auslegung des Begriffs „**unverzüglich**" („without delay") – soweit ersichtlich –, dass kein subjektives Verschuldenselement vorhanden sein darf. Vielmehr ist objektiv auf den Zeitablauf abzustellen, sodass davon auszugehen ist, dass die EBA die Kopie grundsätzlich so schnell wie möglich zu übermitteln hat.[15] Abschließend ist darauf hinzuweisen, dass die EBA – soweit ersichtlich – keine Verpflichtung zur Übermittlung der Antworten des Adressaten an die zuständigen Behörden des Mitgliedstaats trifft.[16]

Artikel 123 Allgemeine Untersuchungsbefugnisse

(1) Zur Wahrnehmung ihrer Aufsichtsaufgaben nach Artikel 117 kann die EBA Untersuchungen in Bezug auf Emittenten signifikanter vermögenswertereferenzierter Token und Emittenten signifikanter E-Geld-Token durchführen. Zu diesem Zweck haben die Bediensteten der EBA und sonstige von ihr bevollmächtigte Personen die Befugnis,

a) Aufzeichnungen, Daten, Verfahren und sonstiges für die Erfüllung ihrer Aufgaben relevantes Material unabhängig davon, in welcher Form sie gespeichert sind, zu prüfen;

b) beglaubigte Kopien oder Auszüge dieser Aufzeichnungen, Daten und Verfahren und des sonstigen Materials anzufertigen oder zu verlangen;

c) jeden Emittenten eines signifikanten vermögenswertereferenzierten Token oder Emittenten eines signifikanten E-Geld-Token oder ihr Leitungsorgan oder ihre Mitarbeiter vorzuladen und zur Abgabe mündlicher oder schriftlicher Erklärungen von Sachverhalten oder Unterlagen aufzufordern, die mit Gegenstand und Zweck der Untersuchung in Zusammenhang stehen, und die Antworten aufzuzeichnen;

d) jede andere natürliche oder juristische Person zu befragen, die einer Befragung zum Zweck der Einholung von Informationen über einen Gegenstand der Untersuchung zustimmt;

e) Aufzeichnungen von Telefongesprächen und Datenübermittlungen anzufordern.

Ein Kollegium im Sinne von Artikel 119 Absatz 1 wird unverzüglich über alle Erkenntnisse unterrichtet, die für die Erfüllung seiner Aufgaben relevant sein könnten.

(2) Die Bediensteten der EBA und sonstige von ihr zur Untersuchung gemäß Absatz 1 bevollmächtigte Personen üben ihre Befugnisse unter Vorlage einer schriftlichen Vollmacht aus, in der Gegenstand und Zweck der Untersuchung angegeben werden. Darüber hinaus wird in der Voll-

---

[15] Siehe sinngemäß die Kommentierung BeckOK WpHR/Steuer VO (EU) 648/2012 Art. 25f Rn. 12 f.
[16] Vgl. sinngemäß BeckOK WpHR/Steuer VO (EU) 648/2012 Art. 25f Rn. 14.

macht angegeben, welche Zwangsgelder gemäß Artikel 132 verhängt werden, wenn die angeforderten Aufzeichnungen, Daten, Verfahren und das sonstige Material oder die Antworten auf die Fragen, die den Emittenten signifikanter vermögenswertereferenzierter Token oder den Emittenten signifikanter E-Geld-Token gestellt wurden, nicht oder unvollständig bereitgestellt beziehungsweise erteilt werden, und welche Geldbußen gemäß Artikel 131 verhängt werden, wenn die Antworten auf die Fragen, die den Emittenten signifikanter vermögenswertereferenzierter Token oder den Emittenten signifikanter E-Geld-Token gestellt wurden, sachlich falsch oder irreführend sind.

(3) Die Emittenten signifikanter vermögenswertereferenzierter Token und die Emittenten signifikanter E-Geld-Token sind verpflichtet, sich den durch Beschluss der EBA eingeleiteten Untersuchungen zu unterziehen. In dem Beschluss wird Folgendes angegeben: Gegenstand und Zweck der Untersuchung, die in Artikel 132 vorgesehenen Zwangsgelder, die nach der Verordnung (EU) Nr. 1093/2010 möglichen Rechtsbehelfe sowie das Recht, den Beschluss durch den Gerichtshof überprüfen zu lassen.

(4) Die EBA unterrichtet die zuständige Behörde des Mitgliedstaats, in dem die Untersuchung gemäß Absatz 1 erfolgen soll, rechtzeitig über die bevorstehende Untersuchung und die Identität der bevollmächtigten Personen. Auf Antrag der EBA unterstützen Bedienstete der zuständigen Behörde die bevollmächtigten Personen bei der Durchführung ihrer Aufgaben. Die Bediensteten der betreffenden zuständigen Behörde können auf Antrag auch an den Untersuchungen teilnehmen.

(5) Setzt die Anforderung von Aufzeichnungen von Telefongesprächen oder Datenübermittlungen gemäß Absatz 1 Unterabsatz 1 Buchstabe e nach geltendem nationalem Recht eine gerichtliche Genehmigung voraus, so muss die EBA eine solche beantragen. Die Genehmigung kann auch vorsorglich beantragt werden.

(6) Geht bei einem Gericht eines Mitgliedstaats ein Antrag auf Genehmigung einer Anforderung von Aufzeichnungen von Telefongesprächen oder Datenübermittlungen nach Absatz 1 Unterabsatz 1 Buchstabe e ein, so prüft das Gericht,

a) ob der in Absatz 3 genannte Beschluss der EBA echt ist, und
b) ob die zu ergreifenden Maßnahmen angemessen und weder willkürlich noch unverhältnismäßig sind.

(7) Für die Zwecke von Absatz 6 Buchstabe b kann das Gericht die EBA um detaillierte Erläuterungen ersuchen, insbesondere in Bezug auf die Gründe, warum die EBA einen Verstoß gegen diese Verordnung vermutet, in Bezug auf die Schwere des mutmaßlichen Verstoßes und die Art der Beteiligung der Person, gegen die sich die Zwangsmaßnahmen richten. Das Gericht darf jedoch weder die Notwendigkeit der Untersuchung prüfen noch die Übermittlung der in den Akten der EBA enthaltenen Informationen verlangen. Die Rechtmäßigkeit des Beschlusses der EBA unterliegt ausschließlich der Prüfung durch den Gerichtshof nach dem in der Verordnung (EU) Nr. 1093/2010 vorgesehenen Verfahren.

MiCAR Art. 123   Titel VII. Zuständige Behörde, EBA und ESMA

Übersicht

	Rn.
I. Einführung	1
1. Literatur	1
2. Entstehung und Zweck der Norm	2
3. Normativer Kontext	4
II. (Allgemeine) Untersuchungen	6
1. Grundlagen der (allgemeinen) Untersuchungsbefugnisse (Abs. 1)	6
a) Befugnis sowie Ermessen für (allgemeine) Untersuchungsmaßnahmen (Abs. 1)	7
b) Untersuchungszweck	9
c) Adressatenkreis	10
2. Untersuchungsmaßnahmen (Abs. 1 S. 2 lit. a–e)	11
a) Prüfung von Aufzeichnungen, Daten, Verfahren etc (Abs. 1 UAbs. 1 lit. a)	12
b) Verlangen oder Anfertigung von Aufzeichnungen, Daten und Verfahren etc (Abs. 1 UAbs. 1 lit. b)	13
c) Vorladung sowie Befragung von Emittenten, Leitungsorganen und Mitarbeitern (Abs. 1 UAbs. 1 lit. c)	14
d) Befragung anderer (natürlicher oder juristischer) Personen (Abs. 1 UAbs. 1 lit. d)	15
e) Anforderung von Aufzeichnungen von Telefongesprächen und Datenübermittlungen (Abs. 1 UAbs. 1 lit. e, Abs. 5–7)	16
3. Schlichte (allgemeine) Untersuchungen aufgrund einer schriftlichen Vollmacht (Abs. 2)	17
4. Förmliche (allgemeine) Untersuchungen aufgrund eines Beschlusses (Abs. 3)	20
5. Unterrichtung der Kollegien (Abs. 1) sowie der zuständigen Behörde des Mitgliedstaats (Abs. 4)	24

I. Einführung

1. Literatur. Bislang keine. Siehe aber etwa die Kommentierungen zu Art. 25g bzw. 62 VO (EU) 648/2012, Art. 11 VO (EU) 1024/2013, Art. 23c VO (EG) 1060/2009 sowie zu Art. 38c VO (EU) 600/2014.   **1**

2. Entstehung und Zweck der Norm. Art. 123 MiCAR (Art. 105 des Entwurfs) wurde von der Kommission vorgeschlagen und erfuhr im Gesetzgebungsverfahren nahezu keine Änderungen. Neben kleineren Verschlankungen gab es mit Blick auf den inhaltlichen Gehalt etwa die bereits bekannte „ESMA/EBA-Zuständigkeitsproblematik" (→ MiCAR Art. 117 Rn. 2), die wiederum zugunsten der EBA gelöst wurde. Zudem wurde in den Abs. 5, 6 und 7 der Adressat für den Eingang bzw. die Prüfung eines Antrags auf (gerichtliche) Genehmigung zur Anforderung von Aufzeichnungen von Telefongesprächen oder Datenübermittlungen dahingehend angepasst, dass dieser nicht mehr, wie im finalen Entwurf vorgesehen, bei allen nationalen Gerichts- bzw. Justizbehörden („national judicial authorities"), sondern bei Gerichten („courts") eingehen muss und diese Gerichte den Antrag auf Genehmigung prüfen. Inhaltlich scheint dies jedoch – soweit ersichtlich – keinen entscheidenden Unterschied zu machen. Vergleichbare Regelungen, die den Art. 19 und 20 VO (EU) 1/2003 nachgebildet zu sein scheinen, finden sich etwa in Art. 25g bzw. 62 VO (EU) 648/2012, Art. 23c VO (EG)   **2**

Allgemeine Untersuchungsbefugnisse Art. 123 MiCAR

1060/2009, Art. 11 VO (EU) 1024/2013, Art. 38c VO (EU) 600/2014 sowie Art. 48c VO (EU) 2016/1011.[1]

Art. 123 deutet in Abs. 1 S. 2 MiCAR teilweise den Normzweck an, der in S. 1 lautet: „[z]ur Wahrnehmung ihrer Aufsichtsaufgaben nach Artikel 117 kann die EBA Untersuchungen [...] durchführen". Zudem räumt Abs. 1 der EBA die Befugnis zur Durchführung von (allgemeinen) Untersuchungsbefugnissen ein, die für eine **effektive und kohärente Wahrnehmung ihrer Aufsichtsaufgaben nach Art. 117 MiCAR** sinnvoll bzw. notwendig ist, um – ähnlich wie Art. 122 MiCAR („Informationsersuchen") – bestimmte Informationen zu erlangen. Art. 123 MiCAR geht somit über Art. 122 MiCAR hinaus und räumt der EBA damit zusätzlich zu den Informationsersuchen bestimmte, in Art. 123 Abs. 1 UAbs. 1 S. 2 lit. a–e MiCAR näher genannte Untersuchungsbefugnisse zur Sachverhaltserforschung ein. Diese angeführten (allgemeinen) Untersuchungsbefugnisse stehen der EBA nach Art. 124 Abs. 2 MiCAR ebenso im Rahmen von Prüfungen vor Ort zu (→ MiCAR Art. 124 Rn. 11). 3

3. Normativer Kontext. Der in Art. 122 MiCAR normierte Informationsanspruch im Rahmen von einfachen Informationsersuchen oder im Rahmen von Beschlussersuchen wird durch **Art. 123 MiCAR flankiert,** der die (allgemeinen) Untersuchungsbefugnisse zum Gegenstand hat.[2] Darüber hinaus besteht ebenso eine Wechselbeziehung zu **Art. 124 MiCAR** („Prüfungen vor Ort"). So stehen der EBA nämlich die in Art. 123 Abs. 1 MiCAR genannten (allgemeinen) Untersuchungsbefugnisse auch im Rahmen der Prüfungen vor Ort zu. Fraglich erscheint daher, ob etwa zwischen den Informationsersuchen, (allgemeinen) Untersuchungsbefugnissen sowie den Prüfungen vor Ort ein gewisses **Rangverhältnis** besteht. Eine Beantwortung dieser Frage durch die MiCAR selbst ist mangels ausdrücklicher Regelung nicht möglich. Es ist daher – soweit ersichtlich – eher von einer **Gleichrangigkeit** und keiner Subsidiarität auszugehen. Im Regelfall kann sich allerdings zuvorderst ein Informationsersuchen als recht nützlich erweisen, sodass erst in einem zweiten Schritt – unter Erfüllung der etwas strengeren Voraussetzungen des Art. 123 Abs. 4 MiCAR – (allgemeine) Untersuchungsmaßnahmen ergriffen werden. Sicherlich kann es in anderen Fällen bzw. unter anderen Umständen auch nützlich bzw. zweckmäßig sein, direkt eine (allgemeine) Untersuchungsmaßnahme zu ergreifen und diese ggf. mit einer Prüfung vor Ort nach Art. 124 MiCAR zu verbinden. 4

Darüber hinaus wird in **Art. 132 Abs. 1 lit. b ii) MiCAR** ausdrücklich die **Verhängung von Zwangsgeldern** normiert, um eine in Art. 122 Abs. 1 MiCAR genannte Person zu verpflichten, sich einer Untersuchung zu unterziehen und insbes. die angeforderten Aufzeichnungen, Daten, Verfahren und sonstiges Material vollständig vorzulegen sowie sonstige Informationen, die im Rahmen einer durch Beschluss nach Art. 123 MiCAR angeordneten Untersuchung vorzulegen sind, zu vervollständigen oder zu berichtigen. Nebstdem bestehen Berührungspunkte zu **Art. 121** („Rechtsprivileg"), **Art. 125 Abs. 2** („Informationsaustausch"), **Art. 134 Abs. 3** („Verfahrensvorschriften für Aufsichtsmaßnahmen und Geldbußen") sowie **Art. 138** 5

---

[1] Die Auflistung sowie die nachstehenden Ausführungen sind teilweise an die Vorbildbestimmung Art. 25g VO (EU) 648/2012, BeckOK WpHR/Steuer VO (EU) 648/2012 Art. 25g Rn. 1 ff. angelehnt.
[2] Siehe sinngemäß zu Art. 23c VO (EG) 1060/2009 BeckOK WpHR/Harnos VO (EG) 1060/2009 Art. 23c.

MiCAR Art. 123 Titel VII. Zuständige Behörde, EBA und ESMA

Abs. 1 („Übertragung von Aufgaben durch die EBA an die zuständigen Behörden") **MiCAR.** Art. 123 Abs. 1 MiCAR bestimmt die Befugnis der EBA zur Wahrnehmung ihrer Aufsichtsaufgaben nach Art. 117 MiCAR, Untersuchungen in Bezug auf Emittenten signifikanter vermögenswertereferenzierter Token und Emittenten signifikanter E-Geld-Token durchzuführen. Dafür spezifiziert Abs. 1 in den lit. a–e die zulässigen Untersuchungsmaßnahmen. Die Abs. 2 und 3 regeln die Durchführung der Untersuchung. Abs. 4 regelt die Unterrichtung der zuständigen Behörde des Mitgliedstaats. Die letzten drei Abs. 5–7 normieren zusätzliche Voraussetzungen betreffend die Untersuchungsmaßnahmen hinsichtlich Aufzeichnungen von Telefongesprächen oder Datenübermittlungen.

II. (Allgemeine) Untersuchungen

6   **1. Grundlagen der (allgemeinen) Untersuchungsbefugnisse (Abs. 1).** Art. 123 **Abs. 1** MiCAR leitet in die Voraussetzungen bzw. **Grundlagen** der (allgemeinen) Untersuchungsbefugnisse ein und normiert insoweit die Befugnis sowie das Ermessen für (allgemeine) Untersuchungsmaßnahmen (→ Rn. 7 f.), den Untersuchungszweck (→ Rn. 9), die Erforderlichkeit (→ Rn. 8) sowie den Adressatenkreis (→ Rn. 10).

7   **a) Befugnis sowie Ermessen für (allgemeine) Untersuchungsmaßnahmen (Abs. 1).** Art. 123 Abs. 1 MiCAR räumt der EBA und sonstigen von ihr bevollmächtigten Personen zum einen die **Befugnis** ein, Untersuchungen in Bezug auf Emittenten signifikanter vermögenswertereferenzierter Token und Emittenten signifikanter E-Geld-Token durchzuführen **(Befugnisgrundlage)** und zum anderen ein Ermessen dahingehend, *ob* sie von ihrer Befugnis Gebrauch machen will („kann"; **Entschließungsermessen** → Rn. 11; ähnlich → MiCAR Art. 122 Rn. 3) und wenn ja, *wie* sie bei Vorliegen der Voraussetzungen hinsichtlich der allgemeinen Untersuchungsbefugnisse bei mehreren in Betracht kommenden Untersuchungsmaßnahmen vorgeht (zum **Auswahlermessen,** → Rn. 11; ähnlich → MiCAR Art. 122 Rn. 3). Darüber hinaus verfügt die EBA bei der Durchführung der Untersuchungsmaßnahmen ein Ermessen dahingehend, ob sie diese aufgrund einer schriftlichen Vollmacht (→ Rn. 17 ff.; ähnlich einem einfachen Informationsersuchen → MiCAR Art. 122 Rn. 3) oder aufgrund eines (förmlichen) Beschlusses (→ Rn. 20 ff.; ähnlich einem Beschlussersuchen → MiCAR Art. 122 Rn. 3) durchführt. Dabei wird sie in Anbetracht des Interesses der Verfahrensbeschleunigung sowie der Proportionalität in der Regel der schriftlichen Vollmacht den Vorzug geben, sofern nicht zu erwarten ist, dass der Adressat den Untersuchungsmaßnahmen erst im Rahmen eines (förmlichen) Beschlusses nachkommen wird[3]. Siehe nähere Ausführungen hinsichtlich des Nichtvorliegens eines **Rangverhältnisses** zwischen den Untersuchungsmaßnahmen bereits oben (→ Rn. 4).[4]

8   Anders als etwa in Art. 122 Abs. 1 MiCAR oder in einer der Vorbildbestimmungen, man denke etwa an Art. 25g VO (EU) 648/2012, muss es sich bei den von der EBA gesetzten Untersuchungsmaßnahmen nach dem

---
[3] Siehe sinngemäß zu Art. 25f VO (EU) 648/2012 BeckOK WpHR/Steuer VO (EU) 648/2012 Art. 25f Rn. 6.
[4] Siehe sinngemäß zu Art. 25g VO (EU) 648/2012 BeckOK WpHR/Steuer VO (EU) 648/2012 Art. 25g Rn. 4, 13.

Allgemeine Untersuchungsbefugnisse **Art. 123 MiCAR**

Wortlaut des Art. 123 Abs. 1 MiCAR nicht unbedingt um „**erforderliche**" und/oder „benötigte" Untersuchungsmaßnahmen handeln. In Art. 123 Abs. 1 MiCAR ist nämlich lediglich eine Eingrenzung des Untersuchungszwecks normiert (→ Rn. 9), nicht aber, dass es sich dabei etwa um „erforderliche Untersuchungen" handeln muss. Ob es sich dabei um ein Redaktionsversehen oder um eine bewusste Entscheidung handelt, kann nicht abschließend geklärt werden. Es ist allerdings davon auszugehen, dass die (allgemeinen) Untersuchungsmaßnahmen nicht ohne jegliche „Erforderlichkeit" bzw. „Benötigung" durchgeführt werden dürfen. So kann Sinn und Zweck der Untersuchungsmaßnahmen etwa auch „nur" die Überprüfung von bestimmten Informationen sein, man denke etwa an die Prüfung von Aufzeichnungen, Daten, Verfahren und sonstigem für die Erfüllung der Aufgaben der EBA relevantes Material, unabhängig davon, in welcher Form die Informationen gespeichert sind. Vor diesem Hintergrund ist davon auszugehen, dass die EBA die Untersuchungsmaßnahmen nur dann zur Wahrnehmung ihrer Aufsichtsaufgaben nach Art. 117 MiCAR durchführen darf, wenn es keine andere ebenso effektive Möglichkeit gibt, die dadurch erhofften Informationen zu erhalten (nähere Ausführungen zum Erforderlichkeitskriterium → MiCAR Art. 122 Rn. 6, 11)[5].

b) Untersuchungszweck. Art. 123 Abs. 1 S. 2 MiCAR enthält einen 9 ausdrücklichen Hinweis auf den Zweck der Untersuchung. Demnach kann die EBA „**zur Wahrnehmung ihrer Aufsichtsaufgaben nach Artikel 117**"[6] MiCAR Untersuchungen in Bezug auf Emittenten signifikanter vermögenswertereferenzierter Token und Emittenten signifikanter E-Geld-Token durchführen. Dadurch normiert Art. 123 Abs. 1 MiCAR das Erfordernis eines konkreten **sachlichen Zusammenhangs** zwischen den Untersuchungen – und den darin verlangten bzw. erhofften Informationen – sowie den von der EBA wahrgenommenen Aufsichtsaufgaben nach Art. 117 MiCAR (sachlicher Zusammenhang; ähnlich betr. Informationsersuchen → MiCAR Art. 122 Rn. 10 f.). Schließlich ist darauf hinzuweisen, dass der Wortlaut des Art. 123 MiCAR im Gegensatz zu Art. 122 Abs. 1 MiCAR nicht auf die „Wahrnehmung ihrer [gemeint ist die EBA] Aufgaben im Rahmen dieser Verordnung [gemeint ist die MiCAR]" abstellt.[7]

c) Adressatenkreis. Art. 123 listet, anders als etwa Art. 122 MiCAR 10 (→ MiCAR Art. 122 Rn. 8 f.), die Adressaten der (allgemeinen) Untersuchungsmaßnahmen nicht ausdrücklich auf. Mit Blick auf die in Abs. 1 UAbs. 1 lit. **a, b** und **e** MiCAR genannten Untersuchungsmaßnahmen scheinen sich die Adressaten unmittelbar aus Abs. 1 UAbs. 1 **S. 1** MiCAR zu ergeben, namentlich zum einen die **Emittenten signifikanter vermögenswertereferenzierter Token** und zum anderen **Emittenten signifikanter E-Geld-Token**. Ob es der Wortlaut in lit. e ebenso zulässt Telekommunikationsanbieter zu adressieren, ist fraglich.[8]

---

[5] Oder etwa in Bezug auf Art. 25g VO (EU) 648/2012 bei BeckOK WpHR/Steuer VO (EU) 648/2012 Art. 25g Rn. 3.
[6] Hervorhebungen sind fett markiert.
[7] Siehe sinngemäß zu Art. 25g VO (EU) 648/2012 BeckOK WpHR/Steuer VO (EU) 648/2012 Art. 25g Rn. 2.
[8] Siehe hinsichtlich einer der Vorbildbestimmungen, namentlich Art. 25g VO (EU) 648/2012 und die Adressierung von Telekommunikationsanbietern verneinend bei BeckOK WpHR/Steuer VO (EU) 648/2012 Art. 25g Rn. 12.

MiCAR Art. 123   Titel VII. Zuständige Behörde, EBA und ESMA

Demgegenüber ergeben sich die Adressaten in Abs. 1 UAbs. 1 lit. c und d unmittelbar aus der jeweiligen (Untersuchungsmaßnahmen-)Vorschrift. Demnach adressiert **lit. c** jeden Emittenten eines signifikanten vermögenswertereferenzierten Token oder Emittenten eines signifikanten E-Geld-Token oder deren **Leitungsorgan** oder deren **Mitarbeiter**. Mit Blick auf **lit. d** wird jede natürliche oder juristische Person adressiert, dh **jedermann**.

11   2. **Untersuchungsmaßnahmen (Abs. 1 S. 2 lit. a–e)**. Art. 123 Abs. 1 MiCAR regelt die Befugnis der EBA, insbes. ihrer Bediensteten und sonstigen von ihr bevollmächtigten Personen, bei den in Abs. 1 genannten Personen (zum Adressatenkreis → Rn. 10) Untersuchungen durchführen zu können. Diese Untersuchungsmaßnahmen werden in Abs. 1 S. 2 näher bestimmt und im Folgenden eingehend dargestellt. Vorab ist jedoch darauf hinzuweisen, dass der EBA zum einen ein **Entschließungsermessen** (→ Rn. 7) und zum anderen ein **Auswahlermessen** zusteht. Soweit sich die EBA im Rahmen ihres Ermessens dazu entschließt, Untersuchungen durchzuführen, ist davon auszugehen, dass ihr bei mehreren in Betracht kommenden Adressaten bzw. Untersuchungsmaßnahmen ein Auswahlermessen zukommt. In einem solchen Fall sollte die EBA von ihrem Ermessen dahingehend Gebrauch machen, dass die Untersuchungsmaßnahmen zuvörderst bei dem Adressaten durchgeführt werden, der sie bei der Wahrnehmung ihrer Aufsichtsaufgaben nach Art. 117 MiCAR am ehesten unterstützen kann. Darüber hinaus sind sicherlich auch die **Kosten** der jeweiligen Untersuchungsmaßnahme zu berücksichtigen und diejenige Untersuchungsmaßnahme zu wählen, die bei gleichem Nutzen für die Wahrnehmung der Aufsichtsaufgaben nach Art. 117 MiCAR die geringsten Kosten verursacht. Der Sachzusammenhang wurde bereits oben ausgeführt (→ Rn. 9).

12   a) **Prüfung von Aufzeichnungen, Daten, Verfahren etc (Abs. 1 UAbs. 1 lit. a)**. Nach Art. 123 Abs. 1 UAbs. 1 lit. a MiCAR haben die Bediensteten der EBA und sonstige von ihr bevollmächtigte Personen die Befugnis **Aufzeichnungen, Daten, Verfahren und sonstiges für die Erfüllung ihrer Aufgaben relevantes Material**, unabhängig davon in welcher Form es gespeichert ist, zu **prüfen**. Diese Untersuchungsmaßnahme enthält zum einen den versteckten Hinweis, dass die EBA auch das ihr freiwillig oder zwangsweise vorgelegte Material inspizieren darf und zum anderen, dass sie etwa im Rahmen von Prüfungen vor Ort nach Art. 124 MiCAR auch in originale Geschäftsunterlagen einsehen kann. Gegen diese Untersuchungsmaßnahme können die Adressaten (→ Rn. 10) lediglich das **Rechtsprivileg** nach Art. 121 MiCAR (→ MiCAR Art. 121 Rn. 1 ff.) einwenden. Hinsichtlich der **Wahrung des Berufsgeheimnisses** wird auf die Ausführungen in Art. 129 MiCAR verwiesen (→ MiCAR Art. 129 Rn. 1 ff.).[9] Bei Nichtbefolgung der Untersuchungsmaßnahme kann ein **Zwangsgeld** iSd Art. 132 Abs. 1 lit. b ii) iVm Art. 123 Abs. 3 MiCAR drohen.

---

[9] Siehe sinngemäß zu Art. 25g VO (EU) 648/2012 BeckOK WpHR/Steuer VO (EU) 648/2012 Art. 25g Rn. 5.

b) Verlangen oder Anfertigung von Aufzeichnungen, Daten und 13
Verfahren etc (Abs. 1 UAbs. 1 lit. b). Im Anschluss an die Untersuchungsmaßnahme in Art. 123 Abs. 1 UAbs. 1 lit. a MiCAR kommt den Bediensteten der EBA oder sonstigen von ihr bevollmächtigten Personen die Befugnis zu, **beglaubigte Kopien oder Auszüge** dieser Aufzeichnungen, Daten und Verfahren und des sonstigen Materials anzufertigen oder zu verlangen. Die Adressaten wurden bereits oben behandelt (→ Rn. 10). Bedeutung dürfte diese Untersuchungsmaßnahme vor allem im Zusammenhang mit Prüfungen vor Ort nach Art. 124 MiCAR haben und so eine **zügige Beweissicherung** mit Blick auf die in Abs. 1 UAbs. 1 lit. a geprüften Originale ermöglichen. Daraus kann allerdings – soweit ersichtlich – keine Befugnis der EBA abgeleitet werden, die Originale selbst zu beschlagnahmen. Deutlich wird erneut, dass die Informationsersuchen nach Art. 122 MiCAR mit den Untersuchungsmaßnahmen des Art. 123 Abs. 1 MiCAR flankieren (→ Rn. 4). So können nämlich Kopien und Auszüge auch im Rahmen von Informationsersuchen von der EBA angefordert werden. Bei Nichtbefolgung der Untersuchungsmaßnahme kann ein **Zwangsgeld** iSd Art. 132 Abs. 1 lit. b ii) iVm Art. 123 Abs. 3 MiCAR drohen.[10]

c) Vorladung sowie Befragung von Emittenten, Leitungsorganen 14
und Mitarbeitern (Abs. 1 UAbs. 1 lit. c). Nach Art. 123 Abs. 1 UAbs. 1 lit. c MiCAR kommt den Bediensteten der EBA oder sonstigen von ihr bevollmächtigten Personen die Befugnis zu, jeden Emittenten eines signifikanten vermögenswertereferenzierten Token oder Emittenten eines signifikanten E-Geld-Token oder ihr Leitungsorgan oder ihre Mitarbeiter **vorzuladen** und zur **Abgabe mündlicher oder schriftlicher Erklärungen von Sachverhalten oder Unterlagen** aufzufordern, die mit Gegenstand und Zweck der Untersuchung in Zusammenhang stehen, und die Antworten aufzuzeichnen. Erneut wird das Informationsersuchen nach Art. 122 MiCAR durch Art. 123 MiCAR flankiert (→ Rn. 4). Letzterer geht aber insoweit darüber hinaus, als auch **Mitarbeiter** vorgeladen und zur Abgabe mündlicher oder schriftlicher Erklärungen von Sachverhalten oder Unterlagen aufgefordert werden können, die mit Gegenstand und Zweck der Untersuchung im Zusammenhang stehen. Darüber hinaus geht die vorliegende Untersuchungsmaßnahme auch insoweit über die Informationsersuchen nach Art. 122 MiCAR hinaus, als auch **mündliche Erklärungen** angefordert und die Antworten **aufgezeichnet werden** können. Anders als nach Art. 123 Abs. 1 UAbs. 1 lit. d MiCAR (→ Rn. 15) scheint – soweit ersichtlich – für alle Adressaten in lit. c, also auch für die Mitarbeiter und das Leitungsorgan, eine gewisse Pflicht zur Befolgung der Untersuchungsmaßnahmen zu bestehen. Bei Nichtbefolgung der Untersuchungsmaßnahme kann ein Zwangsgeld iSd Art. 132 Abs. 1 lit. b ii) iVm Art. 123 Abs. 3 MiCAR drohen.[11]

d) Befragung anderer (natürlicher oder juristischer) Personen 15
(Abs. 1 UAbs. 1 lit. d). Im Gegensatz zu den in Art. 123 Abs. 1 UAbs. 1 lit. a–c MiCAR genannten Untersuchungsmaßnahmen handelt es sich bei der Untersuchungsmaßnahme nach lit. d, wonach jede andere natürliche oder juristische Person befragt werden kann, die einer Befragung zum Zweck der

---

[10] Siehe sinngemäß zu Art. 25g VO (EU) 648/2012 BeckOK WpHR/Steuer VO (EU) 648/2012 Art. 25g Rn. 6.
[11] Siehe sinngemäß zu Art. 25g VO (EU) 648/2012 BeckOK WpHR/Steuer VO (EU) 648/2012 Art. 25g Rn. 7.

MiCAR Art. 123   Titel VII. Zuständige Behörde, EBA und ESMA

Einholung von Informationen über einen Gegenstand der Untersuchung „zustimmt", – unbeschadet des Art. 123 Abs. 3 MiCAR[12] – um eine **fakultative Untersuchungsmaßnahme**. Demzufolge wird – weiter als bei den Informationsersuchen nach Art. 122 MiCAR sowie bei den zuvor behandelten Untersuchungsmaßnahmen – prinzipiell **jedermann** adressiert. Abs. 1 UAbs. 1 lit. d MiCAR normiert keine ausdrückliche Form der Befragung. Es ist davon auszugehen, dass diese sowohl schriftlich als auch mündlich erfolgen kann.[13]

16   e) **Anforderung von Aufzeichnungen von Telefongesprächen und Datenübermittlungen (Abs. 1 UAbs. 1 lit. e, Abs. 5–7).** Die zuletzt genannte Untersuchungsmaßnahme räumt der EBA und sonstigen von ihr bevollmächtigten Personen die Befugnis ein, Aufzeichnungen von Telefongesprächen und Datenübermittlungen anzufordern (Art. 123 Abs. 1 UAbs. 1 lit. e MiCAR). Diese Untersuchungsmaßnahme umfasst zum einen die Möglichkeit Aufzeichnungen von (reinen) Gesprächsinhalten und zum anderen (auch) von Metadaten anzufordern.

Hinsichtlich der Untersuchungsmaßnahme der Anforderung von Aufzeichnungen von Telefongesprächen und Datenübermittlungen normiert Art. 123 Abs. 5 MiCAR für den Fall des Erfordernisses einer **gerichtlichen Genehmigung nach nationalem Recht** („Richtervorbehalt"), dass die EBA eine solche Genehmigung beantragen muss und diese ggf. auch „vorsorglich" beantragt werden kann. Was genau unter „vorsorglich" zu verstehen ist, regelt die MiCAR nicht. Es ist jedoch davon auszugehen, dass damit nicht gerichtliche Genehmigungen „auf Vorrat" gemeint sind, sondern vielmehr der zeitliche Aspekt „im Vorhinein" bzw. der europäische Gesetzgeber mit dieser Vorgabe bestehenden mitgliedstaatlichen Richtervorbehalten Rechnung tragen will.[14] Wird ein solcher Antrag auf Genehmigung einer Anforderung von Aufzeichnungen von Telefongesprächen oder Datenübermittlungen gestellt, so hat das Gericht einerseits zu prüfen, ob der Untersuchungsbeschluss nach Abs. 3 (→ Rn. 20 ff.) der EBA **echt** ist (lit. a), **und**, ob die zu ergreifenden Maßnahmen **angemessen** und weder **willkürlich** noch **unverhältnismäßig** sind (lit. b). Mit Blick auf die letztgenannte Prüfung, namentlich hinsichtlich lit. b, kann das Gericht nach Abs. 7 die EBA um detaillierte Erläuterungen ersuchen, insbes. in Bezug auf die Gründe, warum die EBA einen Verstoß gegen die MiCAR vermutet, in Bezug auf die Schwere des mutmaßlichen Verstoßes und in Bezug auf die Art der Beteiligung der Person, gegen die sich die Zwangsmaßnahmen richten. Ausdrücklich von der Prüfung durch das Gericht ausgenommen sind die **Prüfung der Notwendigkeit der Untersuchung** sowie das **Verlangen der Übermittlung** der in den Akten der EBA enthaltenen Informationen. Die Rechtmäßigkeit des Beschlusses der EBA unterliegt ausschließlich der Prüfung durch den Gerichtshof nach dem in der VO (EU) 1093/2010 vorgesehenen Verfahren; man denke im Konkreten an Art. 61 VO (EU) 1093/2010.[15]

---

[12] Systemkonform scheidet dadurch mangels Erfüllung des Tatbestands eine Ahndung mittels Zwangsgeld nach Art. 132 Abs. 1 lit. b ii) iVm Art. 123 Abs. 3 MiCAR von vornherein aus. Dazu sinngemäß zu Art. 25g VO (EU) 648/2012 BeckOK WpHR/Steuer VO (EU) 648/2012 Art. 25g Rn. 8.
[13] Siehe sinngemäß zu Art. 25g VO (EU) 648/2012 BeckOK WpHR/Steuer VO (EU) 648/2012 Art. 25g Rn. 8.
[14] Siehe auch Assmann/Schneider/Mülbert/Gurlit MiFIR Art. 38c Rn. 14.
[15] Siehe sinngemäß zu Art. 25g VO (EU) 648/2012 BeckOK WpHR/Steuer VO (EU) 648/2012 Art. 25g Rn. 9.

Art. 123 MiCAR

3. Schlichte (allgemeine) Untersuchungen aufgrund einer schriftlichen Vollmacht (Abs. 2). Wie bereits eingangs erwähnt, kommt der EBA nach Art. 123 Abs. 1 MiCAR hinsichtlich der Durchführung der Untersuchungsmaßnahmen prinzipiell ein **Ermessen** dahingehend zu, diese aufgrund einer **(schlichten)** „schriftlichen Vollmacht" nach Abs. 2 (ähnlich einem „einfache[n] Informationsersuchen" iSd Art. 122 Abs. 2 MiCAR; → MiCAR Art. 122 Rn. 11 ff.) oder im Rahmen einer Untersuchung aufgrund eines **(förmlichen)** Beschlusses nach Abs. 3 (ähnlich einem Beschlussersuchen iSd Abs. 3; → MiCAR Art. 122 Rn. 15 ff.) durchzuführen (→ Rn. 7). Während die Betroffenen, die aufgrund einer schriftlichen Vollmacht untersucht werden, prinzipiell **nicht** zur Mitwirkung an der Untersuchung verpflichtet sind, sind hingegen die Adressaten aufgrund eines Beschlussersuchens sehr wohl zur Mitwirkung verpflichtet **(Mitwirkungspflicht).** Sofern die betroffenen Personen allerdings an einer Untersuchung aufgrund einer schriftlichen Vollmacht mitwirken, sind sie zur wahrheitsgemäßen und nicht irreführenden Beantwortung der gestellten Fragen verpflichtet; andernfalls kann eine Geldbuße nach Art. 131 MiCAR verhängt werden (→ MiCAR Art. 131 Rn. 1 ff.). 17

Mit Blick auf die Untersuchungen durch Bedienstete der EBA oder sonstige von ihr bevollmächtigte Personen aufgrund einer schriftlichen Vollmacht erklärt Art. 123 Abs. 2 MiCAR, dass diese **bei der Untersuchung vorzulegen** ist und sowohl den Gegenstand als auch den Zweck der Untersuchung enthalten muss. Im Hinblick auf die **inhaltlichen Anforderungen** ist in der schriftlichen Vollmacht darüber hinaus anzugeben, welche Zwangsgelder nach Art. 132 MiCAR bzw. welche Geldbußen nach Art. 131 MiCAR verhängt werden können. Hinsichtlich der Belehrung betreffend die **Zwangsgelder nach Art. 132 MiCAR** scheint es sich – wie bereits sinngemäß in der Vorbildbestimmung Art. 25g VO (EU) 648/2012 – um ein Versehen zu handeln, da sich aus Art. 132 Abs. 1 lit. b ii) MiCAR ergibt, dass die EBA einen Beschluss über die Verhängung von Zwangsgeldern nur dann erlassen darf, wenn „[…] sonstige im Rahmen einer per Beschluss nach Artikel 123 angeordneten Untersuchung vorzulegende Informationen zu vervollständigen oder zu berichtigen sind". Demzufolge ist Tatbestandsvoraussetzung für die Verhängung von Zwangsgeldern, dass die Untersuchung aufgrund eines Beschlusses angeordnet wurde.[16] 18

Da den Adressaten im Rahmen von Untersuchungen aufgrund einer schriftlichen Vollmacht keine rechtliche Verpflichtung zur Mitwirkung an den Untersuchungsmaßnahmen trifft, erscheint es schlüssig, dass ihnen – soweit ersichtlich – auch keine **Rechtsschutzmöglichkeiten** zur Verfügung stehen. So scheidet etwa mangels Beschlussform des Ersuchens eine Beschwerde iSd Art. 60 bzw. 61 VO (EU) 1093/2010 aus und mangels Verpflichtung zur Duldung bzw. Mitwirkung an den Untersuchungsmaßnahmen sind die Rechtswirkung iSd Art. 263 AEUV und folglich die Statthaftigkeit der Nichtigkeitsklage zu verneinen.[17] Zur isolierten Anfechtbarkeit von einzelnen Untersuchungsmaßnahmen siehe nachstehend (→ Rn. 23). Etwaige Rechtsschutzmöglichkeiten gegen getroffene Maßnahmen, die als Reaktion 19

---

[16] Vgl. sinngemäß BeckOK WpHR/Steuer VO (EU) 648/2012 Art. 25g Rn. 15.
[17] Siehe im Allgemeinen Streinz/Ehricke AEUV Art. 263 sowie sinngemäß BeckOK WpHR/Steuer VO (EU) 648/2012 Art. 25g Rn. 22.

MiCAR Art. 123 Titel VII. Zuständige Behörde, EBA und ESMA

auf die im Rahmen der (schlichten) Untersuchungen gewonnenen Erkenntnisse getroffen werden, bestehen erst zu einem späteren Zeitpunkt.

20   4. **Förmliche (allgemeine) Untersuchungen aufgrund eines Beschlusses (Abs. 3).** Als Pendant zu Art. 123 Abs. 2 MiCAR (→ Rn. 17 ff.) regelt Abs. 3 sehr ähnlich den **Inhalt** von **Untersuchungsbeschlüssen.** Demnach enthält ein Untersuchungsbeschluss Gegenstand und Zweck der Untersuchung, die in Art. 132 MiCAR – im Konkreten Art. 132 Abs. 1 lit. b ii) MiCAR – vorgesehenen Zwangsgelder, die nach der VO (EU) 1093/2010 möglichen Rechtsbehelfe – man denke etwa an Art. 60 und 61 VO (EU) 1093/2010 – sowie das Recht, den Beschluss durch den Gerichtshof überprüfen zu lassen.

21   Anders als bei Untersuchungen auf der Grundlage einer schriftlichen Vollmacht nach Abs. 2 (→ Rn. 17 ff.) sind die Emittenten signifikanter vermögenswertereferenzierter Token und Emittenten signifikanter E-Geld-Token bei Untersuchungsbeschlüssen nach Abs. 3 verpflichtet, sich den durch Beschluss der EBA eingeleiteten Untersuchungen zu unterwerfen. Notfalls kann deren Duldung bzw. Mitwirkung mit Zwangsgeldern nach Art. 132 MiCAR durchgesetzt werden. Hervorzuheben ist, dass konsequenterweise im Kontext der Untersuchungsbeschlüsse etwa die in Art. 123 Abs. 1 UAbs. 1 S. 2 lit. d MiCAR adressierten natürlichen und juristischen Personen – ob freiwilliger Zustimmung hinsichtlich der Untersuchungsmaßnahmen – nicht der nach Art. 123 Abs. 3 MiCAR bestehenden **Duldungs- sowie Mitwirkungspflicht** betroffen sind.

22   Fraglich erscheint, ob den betroffenen Personen bei Untersuchungen aufgrund einer (schlichten) schriftlichen Vollmacht nach Abs. 2 oder aufgrund eines (förmlichen) Beschlusses nach Abs. 3 ein gewisses **Auskunftsverweigerungsrecht** zusteht. Während dies bei Untersuchungen aufgrund einer (schlichten) schriftlichen Vollmacht mangels Obligation ohnehin nicht erforderlich ist, besteht ein solches bei Beschlussersuchen zumindest partiell. Man denke etwa an Art. 121 MiCAR, wonach die der EBA oder ihren Bediensteten oder sonstigen von ihr bevollmächtigten Personen nach den Art. 122, **123,** 124 und 125 übertragenen Befugnisse nicht dazu genutzt werden dürfen, die Offenlegung von Informationen zu verlangen, die einem **Rechtsprivileg** unterliegen. Dementsprechend müssen die Adressaten (→ Rn. 10) etwaigen Untersuchungsmaßnahmen bzw. gestellten Fragen, die dem Rechtsprivileg unterfallen, nicht nachkommen.[18] Darüber hinaus wird der **Schutz von Berufs- (bzw. Geschäfts-)geheimnissen** teilweise durch Art. 129 MiCAR gewährleistet, wonach die EBA und alle Personen, die bei der EBA oder einer sonstigen Person, der die EBA Aufgaben übertragen hat, tätig sind oder tätig waren, einschließlich der von der EBA beauftragten Prüfer und Sachverständigen, zur Wahrung des Berufsgeheimnisses verpflichtet sind (→ MiCAR Art. 129 Rn. 1 ff.).

23   Darüber hinaus erscheint fraglich, weshalb – etwa im Gegensatz zu Art. 122 Abs. 3 lit. g MiCAR – im Untersuchungsbeschluss keine Belehrung über das Recht, Beschwerde gegen den Untersuchungsbeschluss beim Beschwerdeausschuss der EBA nach Art. 60 VO (EU) 1093/2010 einlegen zu können, erfolgt. Entsprechend dem („duldungs- und mitwirkungspflichti-

---

[18] Siehe hinsichtlich eines eventuell aus dem Primärrecht herzuleitendem Selbstbezichtigungsverbot sowie sinngemäß zu Art. 25f VO (EU) 648/2012 2012 BeckOK WpHR/Steuer VO (EU) 648/2012 Art. 25f Rn. 12 f.

gen") Inhalt des Untersuchungsbeschlusses können die betroffenen Personen den Untersuchungsbeschluss durch den Gerichtshof überprüfen lassen. Den Adressaten steht daher zum einen **Rechtsschutz gegen das Beschlussersuchen** an sich beim Beschwerdeausschuss der EBA nach Art. 60 VO (EU) 1093/2010 zu. Nach Art. 60 Abs. 3 VO (EU) 1093/2010 kommt der Beschwerde beim Beschwerdeausschuss keine aufschiebende Wirkung zu. Zum anderen kann etwa nach Art. 61 Abs. 1 VO (EU) 1093/2010 die in Beschlussform ergehende Entscheidung mittels **Nichtigkeitsklage** (Art. 263 AEUV) beim EuGH angefochten werden.[19] Im Falle der positiven Stattgabe der Nichtigkeitsklage unterliegen die durch die Untersuchungsmaßnahme gewonnenen Erkenntnisse bzw. Informationen einem **Beweisverwertungsverbot** im Rahmen verfahrensabschließender Entscheidungen. Die einzelnen Untersuchungsmaßnahmen sind weder bei Untersuchungen aufgrund einer schriftlichen Vollmacht noch aufgrund eines Beschlusses **isoliert** anfechtbar. Gegen einzelne Untersuchungsmaßnahmen kann etwa – was grds. nicht empfehlenswert ist – ob Verletzung der Duldungs- bzw. Mitwirkungspflicht, und dem dann ggf. ergehenden Beschluss zur Verhängung des Zwangsgeldes nach Art. 132 MiCAR vorgegangen werden (bereits unter → MiCAR Art. 123 Rn. 23).[20]

5. Unterrichtung der Kollegien (Abs. 1) sowie der zuständigen Behörde des Mitgliedstaats (Abs. 4). Nach Art. 123 Abs. 4 S. 1 MiCAR unterrichtet („shall inform") die EBA die zuständige Behörde des Mitgliedstaats, in dem die Untersuchungsmaßnahme erfolgen soll, **rechtzeitig** über die **bevorstehende** Untersuchung sowie über die Identität der bevollmächtigten Personen. Vor diesem Hintergrund ist die EBA **verpflichtet,** die zuständige Behörde des Mitgliedstaats, in dem die Untersuchungsmaßnahme erfolgen soll, über die bevorstehende Untersuchung zu unterrichten. Dieser Obliegenheit scheint die EBA nachzukommen, indem sie die (schlichte) schriftliche Vollmacht bzw. den Untersuchungsbeschluss rechtzeitig vorab übermittelt. Was genau unter **„rechtzeitig"** zu verstehen ist, regelt die MiCAR nicht ausdrücklich. Aus der Formulierung „rechtzeitig über die bevorstehende Unterrichtung" kann jedoch – soweit ersichtlich – geschlossen werden, dass damit gemeint ist, dass die EBA die zuständige Behörde des Mitgliedstaats vor der „Ankündigung" der Untersuchung gegenüber dem betroffenen Adressaten zu unterrichten hat. Zudem scheint Abs. 4 S. 1 einen versteckten Hinweis darauf zu enthalten, dass die zuständige Behörde des Mitgliedstaats ggf. – vorab – eine entsprechende Stellungnahme abgeben kann.[21]

Darüber hinaus regelt Art. 123 Abs. 4 **S.** 2 MiCAR zwei Fallkonstellationen betreffend die Beteiligung von Bediensteten der zuständigen Behörde. Zum einen unterstützen („shall [...] assist") die Bediensteten der zuständigen Behörde **auf Antrag der EBA** die bevollmächtigten Personen bei der Durchführung ihrer *Aufgaben* aktiv. Zum anderen können („may") sie auf Antrag ebenso an den *Untersuchungen,* man denke etwa an Prüfungen vor Ort

---

[19] Siehe im Allgemeinen Streinz/Ehricke AEUV Art. 263.
[20] Siehe sinngemäß die Kommentierung zu Art. 25g VO (EU) 648/2012 BeckOK WpHR/Steuer VO (EU) 648/2012 Art. 25g Rn. 21 ff.
[21] Siehe sinngemäß die Kommentierung zu Art. 25g VO (EU) 648/2012 BeckOK WpHR/Steuer VO (EU) 648/2012 Art. 25g Rn. 17.

nach Art. 124 MiCAR, teilnehmen, ohne diese aktiv zu unterstützen (passives Teilnahmerecht).[22]

26 Neben der Unterrichtung der zuständigen Behörde des Mitgliedstaats, in dem die Untersuchung erfolgen soll, sind nach Art. 123 Abs. 1 UAbs. 3 MiCAR ebenso die **beratenden Aufsichtskollegien** isd Art. 119 Abs. 1 MiCAR **unverzüglich** über alle Erkenntnisse – soweit ersichtlich sowohl ex post hinsichtlich der Erkenntnisse der Untersuchungen als auch ex ante hinsichtlich der Einleitung der Untersuchungen – zu unterrichten, die für die Erfüllung ihrer Aufgaben relevant sein „**könnten**". Die Relevanzschwelle ist relativ niedrig angesetzt, sodass bereits die bloße Möglichkeit, dass Informationen für einzelne Mitglieder der beratenden Aufsichtskollegien relevant sein könnten, ausreicht, um das Kollegium unterrichten zu müssen.[23] Hinsichtlich der Unverzüglichkeit ergibt sich aus der autonomen Auslegung des Begriffs „unverzüglich" („without undue delay") – soweit ersichtlich –, dass kein subjektives Verschuldenselement vorliegen darf. Vielmehr ist objektiv auf den Zeitablauf abzustellen, sodass die erforderlichen Informationen einander so schnell wie möglich übermittelt werden müssen[24] (→ MiCAR Art. 124 Rn. 12 bzw. → MiCAR Art. 125 Rn. 7).

Artikel 124 Prüfungen vor Ort

(1) Zur Wahrnehmung ihrer Aufsichtsaufgaben nach Artikel 117 kann die EBA alle notwendigen Prüfungen vor Ort in sämtlichen Geschäftsräumen der Emittenten signifikanter vermögenswertereferenzierter Token und der Emittenten signifikanter E-Geld-Token durchführen.

Das in Artikel 119 genannte Kollegium wird unverzüglich über alle Erkenntnisse unterrichtet, die für die Erfüllung seiner Aufgaben relevant sein könnten.

(2) Die Bediensteten der EBA und sonstige von ihr zur Durchführung der Prüfungen vor Ort bevollmächtigte Personen sind befugt, die Geschäftsräume der Personen, die Gegenstand des Beschlusses der EBA über die Einleitung einer Untersuchung sind, zu betreten, und verfügen über sämtliche in Artikel 123 Absatz 1 genannten Befugnisse. Darüber hinaus sind sie befugt, die Geschäftsräume und Bücher oder Aufzeichnungen jeder Art für die Dauer der Prüfung und in dem für die Prüfung erforderlichen Ausmaß zu versiegeln.

(3) Die EBA unterrichtet die zuständige Behörde des Mitgliedstaats, in dem die Prüfung erfolgen soll, rechtzeitig über die bevorstehende Prüfung. Wenn die ordnungsgemäße Durchführung und die Wirksamkeit der Prüfung dies erfordern, kann die EBA die Prüfung vor Ort ohne vorherige Unterrichtung des Emittenten des signifikanten vermögenswertereferenzierten Token oder des Emittenten des signifikanten E-Geld-Token durchführen, sofern sie die zuständige Behörde zuvor entsprechend informiert hat.

---

[22] Siehe sinngemäß die Kommentierung zu Art. 25g VO (EU) 648/2012 BeckOK WpHR/Steuer VO (EU) 648/2012 Art. 25g Rn. 18.
[23] Siehe sinngemäß die Kommentierung zu Art. 25g VO (EU) 648/2012 BeckOK WpHR/Steuer VO (EU) 648/2012 Art. 25g Rn. 20.
[24] Siehe sinngemäß die Kommentierung zu Art. 25g VO (EU) 648/2012 BeckOK WpHR/Steuer VO (EU) 648/2012 Art. 25g Rn. 20.

(4) Die Bediensteten der EBA und sonstige von ihr zur Durchführung der Prüfungen vor Ort bevollmächtigte Personen üben ihre Befugnisse unter Vorlage einer schriftlichen Vollmacht aus, in der der Gegenstand und der Zweck der Prüfung genannt werden und angegeben wird, welche Zwangsgelder gemäß Artikel 132 verhängt werden, wenn sich die betreffenden Personen nicht der Prüfung unterziehen.

(5) Der Emittent des signifikanten vermögenswertereferenzierten Token oder der Emittent des signifikanten E-Geld-Token unterzieht sich den durch Beschluss der EBA angeordneten Prüfungen vor Ort. In dem Beschluss wird Folgendes angegeben: Gegenstand, Zweck und Zeitpunkt des Beginns der Prüfung, die in Artikel 132 festgelegten Zwangsgelder, die nach der Verordnung (EU) Nr. 1093/2010 möglichen Rechtsbehelfe sowie das Recht, den Beschluss durch den Gerichtshof überprüfen zu lassen.

(6) Auf Antrag der EBA unterstützen Bedienstete der zuständigen Behörde des Mitgliedstaats, in dem die Prüfung vorgenommen werden soll, sowie von dieser Behörde entsprechend ermächtigte oder bestellte Personen die Bediensteten der EBA und sonstige von ihr bevollmächtigte Personen aktiv. Bedienstete der zuständigen Behörde des betreffenden Mitgliedstaats können ebenfalls an den Prüfungen vor Ort teilnehmen.

(7) Die EBA kann auch die zuständigen Behörden ersuchen, in ihrem Namen im Sinne dieses Artikels und des Artikels 123 Absatz 1 spezifische Untersuchungsaufgaben wahrzunehmen und Prüfungen vor Ort durchzuführen.

(8) Stellen die Bediensteten der EBA oder andere von ihr bevollmächtigte Begleitpersonen fest, dass sich eine Person einer nach Maßgabe dieses Artikels angeordneten Prüfung widersetzt, so gewährt die zuständige Behörde des betreffenden Mitgliedstaats gegebenenfalls unter Einsatz von Polizeikräften oder einer entsprechenden vollziehenden Behörde die erforderliche Unterstützung, damit die Prüfung vor Ort durchgeführt werden kann.

(9) Setzt die Prüfung vor Ort gemäß Absatz 1 oder die Unterstützung gemäß Absatz 7 nach nationalem Recht eine gerichtliche Genehmigung voraus, so beantragt die EBA eine solche Genehmigung. Die Genehmigung kann auch vorsorglich beantragt werden.

(10) Geht bei einem Gericht in einem Mitgliedstaat ein Antrag auf Genehmigung einer Prüfung vor Ort gemäß Absatz 1 oder einer Unterstützung gemäß Artikel 7 ein, so prüft dieses Gericht,
a) ob der in Absatz 4 genannte Beschluss der EBA echt ist, und
b) ob die zu ergreifenden Maßnahmen angemessen und weder willkürlich noch unverhältnismäßig sind.

(11) Für die Zwecke von Absatz 10 Buchstabe b kann das Gericht die EBA um detaillierte Erläuterungen ersuchen, insbesondere in Bezug auf die Gründe, warum die EBA einen Verstoß gegen diese Verordnung vermutet, in Bezug auf die Schwere des mutmaßlichen Verstoßes und die Art der Beteiligung der Person, gegen die sich die Zwangsmaßnahmen richten. Das Gericht darf jedoch weder die Notwendigkeit der Untersuchung prüfen noch die Übermittlung der in den Akten der EBA enthaltenen Informationen verlangen. Die Rechtmäßigkeit des Beschlusses der EBA unterliegt ausschließlich der Prüfung durch den Gerichtshof nach dem in der Verordnung (EU) Nr. 1093/2010 vorgesehenen Verfahren.

MiCAR Art. 124   Titel VII. Zuständige Behörde, EBA und ESMA

Übersicht

	Rn.
I. Einführung	1
1. Literatur	1
2. Entstehung und Zweck der Norm	2
3. Normativer Kontext	4
II. Prüfungen vor Ort	6
1. Grundlagen der Prüfungen vor Ort (Abs. 1)	6
a) Befugnisse sowie Ermessen für Prüfungen vor Ort (Abs. 1)	7
b) Prüfungszweck	9
c) Adressatenkreis	10
2. Prüfungsmaßnahmen (Abs. 1 und Abs. 2)	11
3. Unterrichtung der Kollegien (Abs. 1) sowie der zuständigen Behörden des Mitgliedstaats und der Emittenten (Abs. 3)	12
4. Schlichte (allgemeine) Prüfungen vor Ort aufgrund einer schriftlichen Vollmacht (Abs. 4)	14
5. Förmliche (allgemeine) Prüfungen aufgrund eines Beschlusses (Abs. 5)	17
6. Beteiligung sowie Mithilfe der zuständigen Behörden des Mitgliedstaats (Abs. 6–11)	21

I. Einführung

1 **1. Literatur.** Bislang keine. Siehe aber etwa die Kommentierungen zu Art. 25h bzw. 63 VO (EU) 648/2012, Art. 12 bzw. 13 VO (EU) 1024/2013, Art. 20 VO (EG) 1/2003 sowie zu Art. 38d VO (EU) 600/2014.

2 **2. Entstehung und Zweck der Norm.** Art. 124 MiCAR (Art. 106 des Entwurfs) wurde von der Kommission vorgeschlagen und erfuhr im Rahmen des Gesetzgebungsverfahrens nur geringfügige Änderungen. Neben unbedeutenden Verschlankungen gab es mit Blick auf den inhaltlichen Gehalt etwa die bereits bekannte „ESMA/EBA-Zuständigkeitsproblematik" („ESMA/EBA issue"), die wiederum zugunsten der EBA gelöst wurde (→ MiCAR Art. 117 Rn. 2). Zudem wurde in den Abs. 9, 10 und 11 – ähnlich wie in Art. 123 MiCAR (→ MiCAR Art. 123 Rn. 2) – der Begriff **„national judicial authority"** durch „court" substituiert. Demnach hat die EBA, sofern eine gerichtliche Genehmigung für die Prüfung vor Ort erforderlich ist, diese primär nach Abs. 9 zu beantragen. Das Gericht prüft sodann den Antrag auf Genehmigung einer Prüfung vor Ort nach Abs. 10 und kann in bestimmten Fällen nach Abs. 11 von der EBA detailliertere Erläuterungen erbeten. Inhaltlich scheint dies jedoch – soweit ersichtlich – keinen entscheidenden Unterschied zu machen. Man denke etwa an eine der Vorbildbestimmungen, Art. 23d VO (EU) 513/2011 bzw. VO (EG) 1060/2009 – siehe sogleich –, in der nach Abs. 8 von einer „authorisation by a judicial authority according to national rules" die Rede ist, was ins Deutsche mit „nach nationalem Recht eine gerichtliche Genehmigung" übersetzt wird, oder mit Blick auf Abs. 9, wonach mit „national judicial authority" das „nationale Gericht" gemeint ist. **Vergleichbare Regelungen** zu Art. 124 MiCAR finden sich etwa in Art. 25h bzw. 63 VO (EU) 648/2012, Art. 23d VO (EU) 513/2011 bzw. VO (EG) 1060/2009, Art. 12 bzw. 13 VO (EU)

Prüfungen vor Ort **Art. 124 MiCAR**

1024/2013, Art. 38d VO (EU) 600/2014, Art. 48d VO (EU) 2016/1011 sowie in Art. 20 VO (EG) 1/2003.[1]

Art. 124 führt in Abs. 1 S. 2 MiCAR teilweise in den **Normzweck** ein, der in S. 1 lautet: „[z]ur Wahrnehmung ihrer Aufsichtsaufgaben nach Artikel 117 kann die EBA alle notwendigen Prüfungen vor Ort [...] durchführen". Zudem erklärt Abs. 2, dass die EBA über sämtliche in Art. 123 Abs. 1 MiCAR genannten Befugnisse verfügt, namentlich die Befugnis zur Durchführung von (allgemeinen) Untersuchungsbefugnissen, die zur **effektiven und kohärenten Wahrnehmung ihrer Aufsichtsaufgaben** nach Art. 117 MiCAR sinnvoll bzw. notwendig sind, um – ähnlich wie in den Art. 122 und 123 MiCAR – bestimmte Informationen zu erlangen. Art. 124 MiCAR geht somit über Art. 122 bzw. 123 MiCAR hinaus und räumt der EBA – zusätzlich zu den Informationsersuchen und (allgemeinen) Untersuchungsbefugnissen – auch die Möglichkeit ein, Prüfungen vor Ort durchzuführen. So kann sie sich etwa einen konkreten Eindruck von den organisatorischen sowie personellen Verhältnissen direkt vor Ort verschaffen, verbunden mit der Möglichkeit, im Zuge dessen die (allgemeinen) Untersuchungsbefugnisse nach Art. 123 MiCAR auszuüben. Die (allgemeinen) Untersuchungsbefugnisse stehen der EBA nach Art. 124 Abs. 2 MiCAR somit ebenso im Rahmen von Prüfungen vor Ort zu (→ MiCAR Art. 123 Rn. 13, 25). Die Befugnis zu Prüfungen vor Ort gehört zum gängigen Repertoire von Aufsichtsbehörden, soweit eine direkte Beaufsichtigung, wie etwa durch die EBA, vorgesehen ist.[2] Darüber hinaus wird in Erwgr. Nr. 106 ausgeführt, dass die EBA „[z]ur Beaufsichtigung der Emittenten signifikanter vermögenswertereferenzierter Token und signifikanter E-Geld-Token [...] unter anderem befugt sein [sollte], **Prüfungen vor Ort** durchzuführen, Aufsichtsmaßnahmen zu ergreifen und Geldbußen zu verhängen."[3]

3. **Normativer Kontext.** Art. 124 MiCAR knüpft zum einen an die **Informationsersuchen** nach Art. 122 MiCAR (→ MiCAR Art. 122 Rn. 1 ff.) und zum anderen an die **(allgemeinen) Untersuchungsmaßnahmen** nach Art. 123 MiCAR (→ MiCAR Art. 123 Rn. 1 ff.) an. Während der in Art. 122 MiCAR normierte Informationsanspruch durch Art. 123 MiCAR, der die (allgemeinen) Untersuchungsbefugnisse zum Gegenstand hat, flankiert wird, tritt Art. 124 MiCAR hinzu, der der EBA das Instrumentarium der Prüfungen vor Ort an die Hand gibt.[4] Damit stehen der EBA die in Art. 123 Abs. 1 MiCAR aufgelisteten (allgemeinen) Untersuchungsbefugnisse auch im Rahmen der Prüfungen vor Ort zu. Fraglich erscheint daher, ob etwa zwischen den Informationsersuchen, (allgemeinen) Untersuchungsbefugnissen sowie den Prüfungen vor Ort ein gewisses **Rangverhältnis** besteht. Eine Beantwortung dieser Frage durch die MiCAR selbst ist mangels einer ausdrücklichen Regelung nicht möglich. Es ist allerdings – soweit ersichtlich – eher von einem **Gleichklang** als von einer Subsidiarität auszugehen. Im Regelfall wird sich jedoch zuvörderst ein Informationsersu-

---

[1] Die Auflistung sowie die nachstehenden Ausführungen sind teilweise an die Vorbildbestimmung Art. 25h VO (EU) 648/2012, BeckOK WpHR/Steuer VO (EU) 648/2012 Art. 25h Rn. 1 ff. angelehnt.
[2] Siehe sinngemäß zu Art. 25h VO (EU) 648/2012 BeckOK WpHR/Steuer VO (EU) 648/2012 Art. 25h Rn. 1.
[3] Hervorhebungen wurden fett markiert.
[4] Siehe sinngemäß zu Art. 23c VO (EG) 1060/2009 BeckOK WpHR/Harnos VO (EG) 1060/2009 Art. 23c.

MiCAR Art. 124   Titel VII. Zuständige Behörde, EBA und ESMA

chen als zweckmäßig erweisen, sodass erst in einem zweiten Schritt – unter Erfüllung der etwas strengeren Voraussetzungen des Art. 123 Abs. 4 MiCAR – (allgemeine) Untersuchungsmaßnahmen, ggf. in Verbindung mit Prüfungen vor Ort nach Art. 124 MiCAR, ergriffen werden. Freilich kann es in anderen Fällen bzw. unter anderen Umständen auch sinnvoll bzw. zweckmäßig sein, direkt eine (allgemeine) Untersuchungsmaßnahme zu setzen und diese ggf. wiederum mit einer Prüfung vor Ort nach Art. 124 MiCAR zu **verbinden** (s. bereits → MiCAR Art. 123 Rn. 4).

5   Darüber hinaus normiert **Art. 132 Abs. 1 lit. b iii) MiCAR** ausdrücklich die Verhängung von Zwangsgeldern, um eine in Art. 122 Abs. 1 MiCAR genannte Person zur Duldung einer gem. Art. 124 MiCAR durch Beschluss angeordneten Prüfung vor Ort zu zwingen. Nebstdem bestehen Berührungspunkte zu **Art. 121** („Rechtsprivileg"), **Art. 125 Abs. 2** („Informationsaustausch"), **Art. 134 Abs. 3** („Verfahrensvorschriften für Aufsichtsmaßnahmen und Geldbußen") sowie **Art. 138 Abs. 1** („Übertragung von Aufgaben durch die EBA an die zuständigen Behörden") **MiCAR**.

Art. 124 Abs. 1 MiCAR bestimmt die Voraussetzungen sowie die Befugnisse der EBA zur Durchführung von Prüfungen vor Ort, um sich so einen direkten Eindruck von sämtlichen Geschäftsräumen der Emittenten signifikanter vermögenswertereferenzierter Token und Emittenten signifikanter E-Geld-Token verschaffen zu können. Hierfür spezifiziert Abs. 2 die Befugnisse der Bediensteten der EBA und sonstiger von ihr zur Durchführung der Prüfungen vor Ort bevollmächtigten Personen. Abs. 3 regelt die Unterrichtung der zuständigen Behörde des Mitgliedstaats, in dem die Prüfung erfolgen soll. Die Abs. 4 und 5 bestimmen – ähnlich wie Art. 123 Abs. 2 und 3 MiCAR (→ MiCAR Art. 123 Rn. 17 ff. bzw. 20 ff.) – die Durchführung der Prüfungen vor Ort. Die Abs. 6–8 regeln die Einzelheiten der Prüfungen vor Ort, einschließlich etwaiger Unterstützungen durch die zuständigen Behörden des Mitgliedstaats. Die letzten drei Abs. 9–11 betreffen die eventuell benötigte gerichtliche Genehmigung.

II. Prüfungen vor Ort

6   **1. Grundlagen der Prüfungen vor Ort (Abs. 1).** Art. 124 **Abs. 1** MiCAR leitet in die Voraussetzungen, respektive **Grundlagen**, der Prüfungen vor Ort ein und normiert hierzu die Befugnisse sowie das Ermessen für Prüfungen vor Ort (→ Rn. 7 f.), den Prüfungszweck (→ Rn. 9), die Erforderlichkeit (→ Rn. 7 f.) sowie den Adressatenkreis (→ Rn. 10).

7   **a) Befugnisse sowie Ermessen für Prüfungen vor Ort (Abs. 1).** Art. 124 Abs. 1 MiCAR gestattet der EBA zum einen zur Wahrnehmung ihrer Aufsichtsaufgaben nach Art. 117 MiCAR alle notwendigen Prüfungen vor Ort in sämtlichen Geschäftsräumen der Emittenten signifikanter vermögenswertereferenzierter Token und Emittenten signifikanter E-Geld-Token durchzuführen (**Befugnisgrundlage;** vgl. zum **Prüfungs- bzw. Untersuchungszweck** → Rn. 9). Ein konkreter „Anfangsverdacht" ist daher nicht erforderlich, damit die EBA Prüfungen vor Ort durchführen kann. Zum anderen räumt ihr Abs. 1 ein **Ermessen** dahingehend ein, *ob* sie von ihrer Befugnis Gebrauch machen will („may"; vgl. zum **Entschließungsermessen;** ähnlich → MiCAR Art. 122 Rn. 6, 8 und → MiCAR Art. 123 Rn. 7, 11) und wenn ja, *wie* sie bei Vorliegen der Voraussetzungen hinsichtlich der Prüfungen vor Ort bei mehreren in Betracht kommenden Untersuchungs-

maßnahmen vorgehen möchte (vgl. zum **Auswahlermessen,** → Rn. 11; ähnlich → MiCAR Art. 122 Rn. 6, 8 und → MiCAR Art. 123 Rn. 11).[5] Darüber hinaus verfügt die EBA bei der Durchführung von Prüfungen vor Ort ein **Ermessen** dahingehend, ob sie diese aufgrund einer (schlichten) schriftlichen Vollmacht nach Abs. 4 (→ Rn. 14 ff.; ähnlich einem einfachen Informationsersuchen → MiCAR Art. 122 Rn. 11 ff. bzw. einer schlichten Untersuchungsmaßnahme → MiCAR Art. 123 Rn. 17 ff.) oder aufgrund eines (förmlichen) Prüfungsbeschlusses (→ Rn. 17 ff.; ähnlich einem Beschlussersuchen → MiCAR Art. 122 Rn. 15 ff. bzw. einem Untersuchungsbeschluss → MiCAR Art. 123 Rn. 20 ff.) durchführt. Hierbei hat sie in Anbetracht des Interesses der Verfahrensbeschleunigung sowie der Proportionalität in der Regel der schriftlichen Vollmacht den Vorzug zu geben, sofern zu erwarten ist, dass der Adressat den Prüfungen vor Ort auch ohne (förmlichen) Prüfungsbeschluss nachkommen wird.[6] Hinsichtlich des Nichtvorliegens eines Rangverhältnisses zwischen den Untersuchungsmaßnahmen s. bereits oben (→ Rn. 4 bzw. → MiCAR Art. 123 Rn. 4).

Anders als etwa in Art. 123 Abs. 1 MiCAR, aber ähnlich wie in Art. 122 **8** Abs. 1 MiCAR oder einer der Vorbildbestimmungen, man denke an Art. 25g und 25h VO (EU) 648/2012, muss es sich bei den von der EBA durchgeführten Untersuchungen vor Ort um „**notwendige** Prüfungen"[7] („necessary") handeln. Mit Blick auf diese **Tatbestandsvoraussetzung** ist jedoch fraglich, ob die beiden Adjektive „notwendig" und „erforderlich" wechselseitig als Synonym zu betrachten sind. Unter Berücksichtigung der Begrifflichkeiten in einer der Vorbildbestimmungen, man denke etwa an Art. 23d VO (EU) 513/2011 bzw. VO (EG) 1060/2009, ist davon auszugehen, dass „notwendig" mit „erforderlich" inhaltlich gleichzusetzen ist. Denn nach Art. 23d VO (EU) 513/2011 bzw. VO (EG) 1060/2009 werden „all necessary investigations" mit „alle erforderlichen Prüfungen vor Ort" ins Deutsche übersetzt. Um unter den Tatbestand des Art. 124 Abs. 1 MiCAR zu fallen, müssen die von der EBA durchgeführten Prüfungen vor Ort somit zwingend „notwendig" bzw. „erforderlich" sein. Nebstdem darf keine andere, weniger intensive aber gleich effektive Möglichkeit bestehen, die Untersuchungserkenntnisse bzw. Informationen zu erlangen bzw. zu überprüfen (**Erforderlichkeitskriterium;** ähnlich → MiCAR Art. 122 Rn. 10).[8] So kann Sinn und Zweck der Prüfungen vor Ort etwa auch − „nur" − die Überprüfung bestimmter − ggf. bereits durch ein Informationsersuchen nach Art. 122 MiCAR und/oder durch (allgemeine) Untersuchungsmaßnahmen nach Art. 123 MiCAR gewonnener − Informationen sein. Dadurch soll die EBA in die Lage versetzt werden, etwaige Widersprüche zwischen der Realität und dem Bild, das sich aus den übermittelten Informationen ergibt, zu überprüfen. Auch in solch einem Fall wäre das Erforderlichkeitskriterium erfüllt. Das **Erforderlichkeitskriterium** ist allerdings unter Umständen dann nicht erreicht, wenn die angeforderten Informationen etwa öffentlich ver-

---

[5] Siehe sinngemäß zu Art. 25h VO (EU) 648/2012 BeckOK WpHR/Steuer VO (EU) 648/2012 Art. 25h Rn. 8.
[6] Siehe sinngemäß zu Art. 25f VO (EU) 648/2012 BeckOK WpHR/Steuer VO (EU) 648/2012 Art. 25f Rn. 6.
[7] Hervorhebung wurde fett markiert.
[8] Siehe in Bezug auf Art. 25g VO (EU) 648/2012 bei BeckOK WpHR/Steuer VO (EU) 648/2012 Art. 25g Rn. 3 bzw. Art. 25h VO (EU) 648/2012 BeckOK WpHR/Steuer VO (EU) 648/2012 Art. 25h Rn. 3.

fügbar sind. Vor diesem Hintergrund darf jedoch Prüfungen vor Ort, die sich etwa auf die Richtigkeit oder Validität anderweitig (öffentlich) verfügbarer Informationen beziehen, nicht von vornherein die Erfüllung des Erforderlichkeitskriteriums abgesprochen werden (→ MiCAR Art. 123 Rn. 8).[9]

9 **b) Prüfungszweck.** Art. 124 Abs. 1 S. 2 MiCAR enthält einen expliziten Hinweis auf den Zweck der Untersuchung und beschränkt die Untersuchungen der EBA dementsprechend auf **Prüfungen vor Ort in sämtlichen Geschäftsräumen** von Emittenten signifikanter vermögenswertereferenzierter Token und Emittenten signifikanter E-Geld-Token **zur Wahrnehmung ihrer Aufsichtsaufgaben nach Art. 117 MiCAR.** Neben der **Eingrenzung des Untersuchungs-** bzw. **Prüfungszwecks** normiert Art. 124 Abs. 1 MiCAR ebenso das Erfordernis des konkreten **sachlichen Zusammenhangs** zwischen den Prüfungen vor Ort – und den dabei erbetenen bzw. erhofften Informationen – sowie den von der EBA wahrgenommenen Aufsichtsaufgaben nach Art. 117 MiCAR (Sachzusammenhang; vgl. ähnlich zu Informationsersuchen → MiCAR Art. 122 Rn. 9 f. bzw. zu [allgemeinen] Untersuchungsbefugnissen → MiCAR Art. 123 Rn. 9). Neben dem Erfordernis des Sachzusammenhangs (→ MiCAR Art. 122 Rn. 9 f.) darf die EBA nach Abs. 1 nur „notwendige Prüfungen" durchführen (dazu bereits → Rn. 8). Schließlich ist darauf hinzuweisen, dass der Wortlaut des Art. 124 MiCAR im Gegensatz zu Art. 122 Abs. 1 MiCAR auf die „Wahrnehmung ihrer [gemeint ist die EBA] Aufgaben im Rahmen dieser Verordnung [gemeint ist die MiCAR]" abstellt, und somit **explizit** die **Eingrenzung** des Untersuchungszwecks auf die Wahrnehmung ihrer Aufsichtsaufgaben nach Art. 117 MiCAR normiert. Dementsprechend kann die EBA nicht für alle Aufgaben im Rahmen der MiCAR Prüfungen vor Ort durchführen, sondern nur für die im Rahmen des eingeschränkten Untersuchungszwecks.[10]

10 **c) Adressatenkreis.** Art. 124 enthält eine ähnliche Aufzählung wie Art. 122 MiCAR (→ MiCAR Art. 122 Rn. 7 f.), nennt aber im Gegensatz zu Art. 123 MiCAR (→ MiCAR Art. 123 Rn. 10) ausdrücklich die **beiden Adressaten** der Prüfungsbefugnisse vor Ort. Art. 124 Abs. 1 MiCAR adressiert zum einen **Emittenten signifikanter vermögenswertereferenzierter Token** und zum anderen **Emittenten signifikanter E-Geld-Token.** Eine Beschränkung auf lediglich juristische Personen besteht – soweit ersichtlich – nicht. Zudem ergibt sich aus Abs. 5, dass ein etwaiger (förmlicher) Beschluss zur Durchführung von Prüfungen vor Ort bei beiden Adressaten statthaft ist und gegen diese etwa nötigenfalls Zwangsgelder verhängt werden können.

11 **2. Prüfungsmaßnahmen (Abs. 1 und Abs. 2).** Art. 124 Abs. 1 bzw. Abs. 2 MiCAR regeln die Befugnis der EBA, respektive der Bediensteten der EBA und sonstiger von ihr zur Durchführung von Prüfungen vor Ort bevollmächtigten Personen, die **Geschäftsräume** der Personen zu betreten, die Gegenstand des Beschlusses der EBA über die Einleitung einer Untersuchung sind, und verfügen über **sämtliche in Art. 123 Abs. 1 MiCAR genannten Befugnisse,** man denke etwa an die Prüfung von Aufzeichnungen, Daten,

---

[9] Sinngemäß zu Art. 25h VO (EU) 648/2012 BeckOK WpHR/Steuer VO (EU) 648/2012 Art. 25h Rn. 3.
[10] Siehe sinngemäß zu Art. 25h VO (EU) 648/2012 BeckOK WpHR/Steuer VO (EU) 648/2012 Art. 25h Rn. 2.

Verfahren etc nach Abs. 1 UAbs. 1 lit. a (→ MiCAR Art. 123 Rn. 12). Dementsprechend darf die EBA, respektive die Bediensteten der EBA und sonstige von ihr zur Durchführung der Prüfungen vor Ort bevollmächtigten Personen, im Rahmen der Prüfungen vor Ort sämtliche (allgemeine) Untersuchungsmaßnahmen iSd Art. 123 Abs. 1 MiCAR ausüben. Darüber hinaus bestimmt Art. 124 Abs. 2 MiCAR, dass diese befugt sind, die Geschäftsräume und Bücher oder Aufzeichnungen jeder Art für die Dauer der Prüfung und in dem für die Prüfung erforderlichen Ausmaß zu **versiegeln** (vgl. zum Untersuchungs- bzw. Prüfungszweck [→ Rn. 9]). Dementsprechend können den Adressaten etwa Prüfungsgegenstände für die Dauer der Prüfung entzogen werden, ein generelles Beschlagnahmerecht steht der EBA bzw. den Bediensteten der EBA und den sonstigen von ihr zur Durchführung der Prüfungen vor Ort bevollmächtigten Personen – soweit ersichtlich – jedoch nicht zu.[11] Hinsichtlich des der EBA zukommenden **Auswahlermessens** s. bereits sinngemäß die Kommentierung zu Art. 123 MiCAR. (→ MiCAR Art. 123 Rn. 7, 11).

3. Unterrichtung der Kollegien (Abs. 1) sowie der zuständigen Behörden des Mitgliedstaats und der Emittenten (Abs. 3). Nach Art. 124 Abs. 1 S. 2 MiCAR sind die **beratenden Aufsichtskollegien** iSd Art. 119 Abs. 1 MiCAR **unverzüglich** über alle Erkenntnisse – soweit ersichtlich sowohl ex post im Hinblick auf die Erkenntnisse der Prüfungen als auch ex ante im Hinblick auf die Einleitung der Prüfungen – zu unterrichten („shall be informed"), die für die Erfüllung ihrer Aufgaben relevant sein **„könnten".** Die Relevanzschwelle ist relativ niedrig, sodass bereits die bloße Möglichkeit, dass Informationen für einzelne Mitglieder der beratenden Aufsichtskollegien relevant sein könnten, ausreicht, um das Kollegium unterrichten zu müssen (→ MiCAR Art. 123 Rn. 26).[12] Mit Blick auf die Unverzüglichkeit ergibt sich aus der autonomen Auslegung des Begriffs „unverzüglich" („without undue delay") – soweit ersichtlich –, dass kein subjektives Verschuldenselement vorhanden sein darf. Vielmehr ist objektiv auf den Zeitablauf abzustellen, sodass die erforderlichen Informationen einander so schnell wie möglich zu übermitteln sind (→ MiCAR Art. 123 Rn. 26 bzw. → MiCAR Art. 125 Rn. 7).

Neben der Unterrichtung der beratenen Aufsichtskollegien sind („shall give notice") nach Art. 124 Abs. 3 MiCAR sowohl die **zuständigen Behörden der Mitgliedstaaten,** in denen die Prüfung erfolgen soll, als auch, sofern die ordnungsgemäße Durchführung und die Wirksamkeit der Prüfung vor Ort dies zulassen, die **Emittenten** zu unterrichten. Nach Abs. 3 S. 1 soll die zuständige Behörde des Mitgliedstaats, in dem die Prüfung erfolgen soll, von der EBA rechtzeitig über die **bevorstehende** Prüfung unterrichtet werden. Anders als in Art. 123 Abs. 4 MiCAR ist nicht vorgesehen, dass die EBA auch die Identität der bevollmächtigten Personen mitzuteilen hat. Dass prinzipiell auch die Emittenten signifikanter vermögenswertereferenzierter Token oder die Emittenten signifikanter E-Geld-Token vorab über die Prüfung vor Ort unterrichtet werden sollen, ergibt sich erst aus dem Umkehrschluss aus Abs. 3 S. 2. Sofern die ordnungsgemäße Durchführung und Wirksamkeit der

---

[11] Siehe ähnlich bei Art. 25h VO (EU) 648/2012 BeckOK WpHR/Steuer VO (EU) 648/2012 Art. 25h Rn. 6.
[12] Siehe sinngemäß die Kommentierung zu Art. 25g VO (EU) 648/2012 BeckOK WpHR/Steuer VO (EU) 648/2012 Art. 25g Rn. 20.

MiCAR Art. 124 Titel VII. Zuständige Behörde, EBA und ESMA

Prüfung jedoch etwas anderes erfordern, man denke etwa aufgrund einer Verdunkelungsgefahr, kann die EBA nach Abs. 3 S. 2 die Prüfung vor Ort ohne vorherige Unterrichtung des Emittenten durchführen. Voraussetzung für sog. unangekündigte Prüfungen („**dawn raids**") ist allerdings, dass die zuständige Behörde zuvor entsprechend informiert wurde. Während Abs. 3 daher die EBA jedenfalls zur Unterrichtung der zuständigen Behörde **verpflichtet,** sind die Emittenten zwar in der Regel auch über bevorstehende Prüfungen vor Ort zu informieren, es besteht allerdings eine gewisse **Ausnahme** hierfür. Dieser Obliegenheit kommt die EBA nach, wenn sie die (schlichte) schriftliche Vollmacht bzw. den Prüfungsbeschluss rechtzeitig „vorab" übermittelt. Dies scheint auch den versteckten Hinweis zu enthalten, dass die zuständige Behörde des Mitgliedstaats bzw. die Emittenten ggf. eine entsprechende Stellungnahme abgeben können (vgl. ähnlich → MiCAR Art. 123 Rn. 24)[13].

14 **4. Schlichte (allgemeine) Prüfungen vor Ort aufgrund einer schriftlichen Vollmacht (Abs. 4).** Wie bereits eingangs erwähnt, kommt der EBA nach Art. 124 Abs. 1 MiCAR hinsichtlich der Durchführung der Untersuchungsmaßnahmen prinzipiell **Ermessen** dahingehend zu, ob sie diese aufgrund einer **(schlichten)** „schriftlichen Vollmacht" nach Abs. 4 (ähnlich einem „einfache[n] Informationsersuchen" iSd Art. 122 Abs. 2 MiCAR; vgl. → MiCAR Art. 122 Rn. 11 ff. bzw. einer (schlichten) allgemeinen Untersuchungsmaßnahme nach Art. 123 Abs. 2 MiCAR; vgl. → MiCAR Art. 123 Rn. 17 ff.) oder im Rahmen einer Prüfung aufgrund eines **(förmlichen)** Prüfungsbeschlusses nach Abs. 4 (ähnlich einem Beschlusersuchen iSd Abs. 3; → MiCAR Art. 122 Rn. 13 ff. bzw. einem Untersuchungsbeschluss nach Art. 123 Abs. 3 MiCAR; → MiCAR Art. 123 Rn. 20 ff.) durchführt (→ Rn. 7). Dies zeigt bereits, dass die **Systematik** des Art. 124 MiCAR im Wesentlichen etwa derjenigen des Art. 123 MiCAR entspricht (→ MiCAR Art. 123 Rn. 7). Während die Adressaten (→ Rn. 10) im Rahmen von Prüfungen vor Ort aufgrund einer schriftlichen Vollmacht nicht dazu verpflichtet sind, an der jeweiligen Prüfung mitzuwirken,[14] sind Prüfungen aufgrund eines Prüfungsbeschlusses hingegen für die Adressaten verpflichtend **(Duldungs- und Mitwirkungspflicht).** Sofern die Adressaten allerdings aufgrund einer schriftlichen Vollmacht an einer Prüfung mitwirken, sind sie prinzipiell zur wahrheitsgemäßen und nicht irreführenden Mitwirkung bzw. Beantwortung der gestellten Fragen verpflichtet. Die Verhängung einer Geldbuße nach Art. 131 MiCAR ist – soweit ersichtlich – selbst im Falle der freiwilligen Mitwirkung dagegen nicht von der MiCAR vorgesehen. Allerdings sieht Abs. 4 letzter Satz vor, dass **Zwangsgelder nach Art. 132 MiCAR** verhängt werden, wenn sich die betreffenden Personen der Prüfung nicht unterziehen. Fraglich ist jedoch, ob es sich hierbei nicht um ein gesetzgeberisches Versehen handelt, da nach Art. 132 Abs. 1 lit. b iii) MiCAR Zwangsgelder nur verhängt werden können, wenn die Prüfung mittels Beschluss nach Art. 124 MiCAR angeordnet wurde (vgl. das ähnliche Problem bereits bei Art. 123 Abs. 2 MiCAR → MiCAR Art. 123 Rn. 18).

---

[13] Siehe sinngemäß die Kommentierung zu Art. 25g VO (EU) 648/2012 BeckOK WpHR/Steuer VO (EU) 648/2012 Art. 25g Rn. 17.
[14] Siehe sinngemäß zu Art. 25h VO (EU) 648/2012 BeckOK WpHR/Steuer VO (EU) 648/2012 Art. 25h Rn. 9.

Mit Blick auf die Prüfungen durch die Bediensteten der EBA oder sonstige 15
von ihr zur Durchführung der Prüfungen vor Ort bevollmächtigten Personen
aufgrund einer schriftlichen Vollmacht erklärt Art. 124 Abs. 4 MiCAR, dass
die schriftliche Vollmacht im Zuge der Prüfung vor Ort **vorzulegen** ist und
sowohl den **Gegenstand** als auch den **Zweck** der Prüfung zu benennen hat.
Darüber hinaus ist in der schriftlichen Vollmacht anzugeben, welche
Zwangsgelder nach Art. 132 MiCAR verhängt werden können. Hinsichtlich der Belehrung über die Zwangsgelder nach Art. 132 MiCAR scheint es
sich – ähnlich wie bereits bei Art. 123 MiCAR (→ MiCAR Art. 123 Rn. 8)
– um ein Versehen zu handeln (bereits zuvor → Rn. 14).[15]

Da den Adressaten im Rahmen von Untersuchungen aufgrund einer 16
schriftlichen Vollmacht keine rechtliche Verpflichtung zur Duldung bzw.
Mitwirkung an den Prüfungen vor Ort trifft, erscheint es konsequent, dass
ihm – soweit ersichtlich – auch keine **Rechtsschutzmöglichkeiten** zur
Verfügung stehen. So scheidet etwa mangels Beschlussform betr. die geplanten Prüfungen eine Beschwerde iSd Art. 60 VO (EU) 1093/2010 aus und
mangels Verpflichtung zur Mitwirkung an den Prüfungsmaßnahmen sind die
Rechtswirkung iSd Art. 263 AEUV und folglich die Statthaftigkeit der Nichtigkeitsklage zu verneinen.[16] Hinsichtlich der isolierten Anfechtbarkeit einzelner Prüfungsmaßnahmen s. nachstehend (→ Rn. 20) bzw. hinsichtlich der
unter Umständen in Betracht kommenden weiteren Rechtsschutzmöglichkeiten s. sinngemäß Art. 123 MiCAR (→ MiCAR Art. 123 Rn. 19).

5. Förmliche (allgemeine) Prüfungen aufgrund eines Beschlusses 17
(Abs. 5). Als Pendant zu Art. 124 Abs. 4 MiCAR (→ Rn. 14 ff.) regelt
Abs. 5 S. 2 sehr ähnlich den **Inhalt** von Prüfungsbeschlüssen. Danach enthält
ein Prüfungsbeschluss den Gegenstand, den Zweck und den Zeitpunkt des
Beginns der Prüfung, die in Art. 132 MiCAR – konkret Art. 132 Abs. 1
lit. b iii) MiCAR – vorgesehenen Zwangsgelder, die nach der VO (EU)
1093/2010 möglichen Rechtsbehelfe – man denke etwa an Art. 60 und 61
VO (EU) 1093/2010 – sowie das Recht, den Beschluss durch den Gerichtshof überprüfen zu lassen (vgl. zur ähnlichen Systematik Art. 123 Abs. 3
MiCAR → MiCAR Art. 123 Rn. 20 ff.).

Anders als bei Prüfungen vor Ort aufgrund einer schriftlichen Vollmacht 18
nach Abs. 4 (→ Rn. 14 ff.) sind die Emittenten signifikanter vermögenswertereferenzierter Token und Emittenten signifikanter E-Geld-Token bei Prüfungsbeschlüssen nach Abs. 5 **verpflichtet,** sich den durch Beschluss der
EBA angeordneten Prüfungen vor Ort zu unterziehen. Es trifft sie eine
Duldungs- sowie Mitwirkungspflicht. Diese Pflicht beinhaltet – mit Blick
auf Abs. 2 (→ Rn. 11) – die Gewährung des Zugangs zu sämtlichen Geschäftsräumen sowie die Mitwirkung an sämtlichen in Art. 123 Abs. 1 MiCAR genannten Befugnissen (→ MiCAR Art. 123 Rn. 21). Darüber hinaus
erstreckt sie sich auf die Duldung bzw. Mitwirkung, die Geschäftsräume und
Bücher oder Aufzeichnungen jeder Art für die Dauer der Prüfung und in
dem für die Prüfung erforderlichen Ausmaß versiegeln zu lassen. Nicht
umfasst ist hingegen die Duldung einer generellen Beschlagnahme
(→ Rn. 11). Notfalls kann die Duldung bzw. Mitwirkung mit einem

---

[15] Siehe sinngemäß zu Art. 25g VO (EU) 648/2012 BeckOK WpHR/Steuer VO (EU) 648/2012 Art. 25g Rn. 15.
[16] Siehe im Allgemeinen Streinz/Ehricke AEUV Art. 263 sowie BeckOK WpHR/Steuer VO (EU) 648/2012 Art. 25h Rn. 15 bzw. Art. 25g Rn. 22.

MiCAR Art. 124   Titel VII. Zuständige Behörde, EBA und ESMA

Zwangsgeld nach Art. 132 MiCAR erzwungen werden, worauf konsequenterweise auch im Prüfungsbeschluss hinzuweisen ist (→ Rn. 17). Hervorzuheben ist, dass folgerichtig im Kontext der Prüfungsbeschlüsse etwa die von Art. 124 Abs. 4 MiCAR Adressierten, ob ihrer freiwilligen Zustimmung hinsichtlich der Prüfungen, von der nach Art. 124 Abs. 5 MiCAR bestehenden **Duldungs- sowie Mitwirkungspflicht** nicht betroffen sind. Wie bereits obig kurz aufgegriffen, unterrichtet die EBA den Emittenten rechtzeitig über die bevorstehende Prüfung vor Ort und übermittelt den Prüfungsbeschluss (→ Rn. 13). Hinsichtlich unangekündigter Prüfungen vor Ort s. ebenfalls bereits oben (→ Rn. 13).[17]

19 Fraglich erscheint, ob den betroffenen Personen bei Prüfungen aufgrund einer (schlichten) schriftlichen Vollmacht nach Abs. 4 oder aufgrund eines (förmlichen) Prüfungsbeschlusses nach Abs. 5 ein gewisses **Auskunftsverweigerungsrecht** zukommt (bereits unter → MiCAR Art. 123 Rn. 22). Während dies bei Prüfungen aufgrund einer (schlichten) schriftlichen Vollmacht mangels Obligation ohnehin nicht erforderlich ist, besteht ein solches bei Prüfungsbeschlüssen zumindest partiell. Man denke etwa an Art. 121 MiCAR, wonach die der EBA oder den Bediensteten der EBA oder sonstigen von ihr bevollmächtigten Personen nach den Art. 122, 123, 124 und 125 übertragenen Befugnisse nicht dazu genutzt werden dürfen, die Offenlegung von Informationen zu verlangen, die einem **Rechtsprivileg** unterliegen. Dementsprechend müssen die Adressaten (→ Rn. 10) etwaigen Prüfungsmaßnahmen bzw. gestellten Fragen dahingehend nicht nachkommen, die dem Rechtsprivileg unterfallen. Darüber hinaus wird der Schutz von Berufs-(bzw. Geschäfts-)geheimnissen teilweise durch Art. 129 MiCAR gewährleistet, wonach die EBA und alle Personen, die bei der EBA oder einer sonstigen Person, der die EBA Aufgaben übertragen hat, tätig sind oder tätig waren, einschließlich der von der EBA beauftragten Prüfer und Sachverständigen, zur **Wahrung des Berufsgeheimnisses** verpflichtet sind.[18]

20 Hinsichtlich der Rechtsschutzmöglichkeiten stehen den Adressaten bei Prüfungsbeschlüssen mehr Möglichkeiten zur Verfügung als bei schlichten (allgemeinen) Prüfungen vor Ort aufgrund einer schriftlichen Vollmacht (→ Rn. 16). So kommt den Adressaten zum einen ein Rechtsschutz gegen das (Prüfungs-)**Beschlussersuchen** an sich beim Beschwerdeausschuss der EBA nach Art. 60 VO (EU) 1093/2010 zu. Nach Art. 60 Abs. 3 VO (EU) 1093/2010 kommt der Beschwerde beim Beschwerdeausschuss keine aufschiebende Wirkung zu. Zum anderen kann etwa nach Art. 61 Abs. 1 VO (EU) 1093/2010 die in Beschlussform ergehende Entscheidung mittels **Nichtigkeitsklage** (Art. 263 AEUV) beim EuGH angefochten werden.[19] Im Falle der positiven Stattgabe der Nichtigkeitsklage unterliegen die durch die Prüfung vor Ort gewonnenen Erkenntnisse bzw. Informationen einem Beweisverwertungsverbot im Rahmen verfahrensabschließender Entscheidungen. Die einzelnen Prüfungsmaßnahmen sind weder bei Untersuchungen aufgrund einer schriftlichen Vollmacht noch aufgrund eines Prüfungsbeschlusses **isoliert** anfechtbar. Gegen einzelne Prüfungsmaßnahmen kann etwa – was

---

[17] Siehe sinngemäß zu Art. 25h VO (EU) 648/2012 BeckOK WpHR/Steuer VO (EU) 648/2012 Art. 25h Rn. 10 f.

[18] Siehe hinsichtlich eines etwaige aus dem Primärrecht herzuleitenden Selbstbezichtigungsverbots sowie sinngemäß zu Art. 25f VO (EU) 648/2012 2012 BeckOK WpHR/Steuer VO (EU) 648/2012 Art. 25f Rn. 12 f.

[19] Siehe im Allgemeinen Streinz/Ehricke AEUV Art. 263.

Prüfungen vor Ort **Art. 124 MiCAR**

grds. nicht empfehlenswert ist – ob Verletzung der Duldungs- bzw. Mitwirkungspflicht, und dem dann ggf. ergehenden Beschluss zur Verhängung des Zwangsgeldes nach Art. 132 MiCAR vorgegangen werden (bereits unter → MiCAR Art. 123 Rn. 23).[20]

6. Beteiligung sowie Mithilfe der zuständigen Behörden des Mitgliedstaats (Abs. 6–11). Art. 124 Abs. 6 MiCAR normiert zwei Fallkonstellationen betreffend die Beteiligung der Bediensteten der zuständigen Behörde des Mitgliedstaats, in dem die Prüfung vor Ort vorgenommen werden soll, sowie der von dieser Behörde entsprechend ermächtigten oder bestellten Personen. So unterstützen („shall [...] assist") nämlich zum einen die Bediensteten der zuständigen Behörde des Mitgliedstaats, in dem die Prüfung vor Ort vorgenommen werden soll, sowie die von dieser Behörde entsprechend ermächtigten oder bestellten Personen **auf Antrag der EBA** die Bediensteten der EBA oder sonstige von ihr bevollmächtigte Personen bei der Durchführung ihrer *Aufgaben* **aktiv** (aktives Teilnahmerecht). Zum anderen ist ausdrücklich geregelt, dass auch Bedienstete der zuständigen Behörde des betreffenden Mitgliedstaats an den Prüfungen vor Ort teilnehmen können. Im letztgenannten Fall handelt es sich dementsprechend um ein **passives** Teilnahmerecht (vgl. hierzu ebenfalls → MiCAR Art. 123 Rn. 25).[21] 21

Nebstdem stellt Art. 124 **Abs. 7** MiCAR klar, dass die EBA die zuständigen Behörden auch **ersuchen** kann, **in ihrem Namen** spezifische Untersuchungsaufgaben iSd Art. 124 sowie 123 Abs. 1 MiCAR wahrzunehmen und Prüfungen vor Ort durchzuführen. 22

Darüber hinaus trifft Art. 124 **Abs. 8** MiCAR spezifische Regelugen hinsichtlich der Unterstützung durch die zuständige Behörde des Mitgliedstaats, in dem die Prüfung vorgenommen werden soll, wenn die Bediensteten der EBA oder andere von ihr bevollmächtigte Begleitpersonen **feststellen,** dass sich eine Person einer nach Art. 124 MiCAR angeordneten Prüfung, konkret also entweder einer Prüfungsmaßnahme iSd Art. 124 Abs. 1 bzw. Abs. 2 MiCAR oder ggf. mit einer (allgemeinen) Untersuchungsmaßnahme iSd Art. 123 Abs. 1 MiCAR verbunden, **widersetzt.** In einem solchen Fall gewährt die zuständige Behörde des betreffenden Mitgliedstaats nach Art. 124 Abs. 8 MiCAR die **erforderliche Unterstützung,** ggf. unter Einsatz von Polizeikräften oder einer entsprechenden vollziehenden Behörde, damit die Prüfung vor Ort durchgeführt werden kann. 23

Art. 124 **Abs. 9** MiCAR greift – der Systematik des Art. 123 MiCAR folgend (→ MiCAR Art. 123 Rn. 16) – die Thematik auf, dass in manchen Fällen für die Durchführung einer Prüfung vor Ort nach Art. 124 Abs. 1 bzw. für die Unterstützung nach Art. 124 Abs. 7 MiCAR eine **gerichtliche Genehmigung** („Richtervorbehalt") erforderlich ist, und zwar dann, wenn das nationale Recht eine solche Genehmigung voraussetzt. So normiert Art. 124 Abs. 9 MiCAR für den Fall des Erfordernisses einer gerichtlichen Genehmigung nach nationalem Recht, dass die EBA eine solche Genehmigung zu beantragen hat und diese ggf. auch „vorsorglich" beantragt werden kann. Was genau unter „vorsorglich" zu verstehen ist, regelt die MiCAR nicht. Es ist jedoch davon auszugehen, dass damit nicht gerichtliche Geneh- 24

---

[20] Siehe sinngemäß die Kommentierung zu Art. 25g VO (EU) 648/2012 BeckOK WpHR/Steuer VO (EU) 648/2012 Art. 25g Rn. 21 ff.
[21] Siehe sinngemäß die Kommentierung zu Art. 25g VO (EU) 648/2012 BeckOK WpHR/Steuer VO (EU) 648/2012 Art. 25g Rn. 18.

Tschachler 925

migungen „auf Vorrat" gemeint sind, sondern vielmehr der zeitliche Aspekt „im Vorhinein" bzw. der europäische Gesetzgeber mit dieser Vorgabe bestehenden mitgliedstaatlichen Richtervorbehalten Rechnung tragen will.[22] Wird ein solcher Antrag auf Genehmigung einer Prüfung vor Ort nach Abs. 1 oder einer Unterstützung nach Abs. 7 gestellt, so hat das Gericht einerseits zu prüfen, ob der Prüfungsbeschluss nach Abs. 4 der EBA **echt** ist (lit. a) **und** andererseits, ob die zu ergreifenden Maßnahmen **angemessen** und weder **willkürlich** noch **unverhältnismäßig** sind (lit. b). Mit Blick auf die letztgenannte Prüfung, dh hinsichtlich lit. b, kann das Gericht nach Abs. 11 die EBA um detaillierte Erläuterungen ersuchen, insbes. in Bezug auf die Gründe, warum die EBA einen Verstoß gegen die MiCAR vermutet, in Bezug auf die Schwere des mutmaßlichen Verstoßes und die Art der Beteiligung der Person, gegen die sich die Zwangsmaßnahmen richten. Ausdrücklich von der Prüfung durch das Gericht **ausgenommen** werden die Prüfung der **Notwendigkeit der Untersuchung** sowie das **Verlangen der Übermittlung** der in den Akten der EBA enthaltenen Informationen. Die Rechtmäßigkeit des Beschlusses der EBA unterliegt ausschließlich der Prüfung durch den Gerichtshof nach dem in der VO (EU) 1093/2010 vorgesehenen Verfahren; man denke im Konkreten an Art. 61 VO (EU) 1093/2010 (vgl. → MiCAR Art. 123 Rn. 16).

Artikel 125 Informationsaustausch

(1) Zur Wahrnehmung der Aufsichtsaufgaben der EBA gemäß Artikel 117 und unbeschadet des Artikels 96 übermitteln die EBA und die zuständigen Behörden einander unverzüglich die zur Wahrnehmung ihrer Aufgaben im Rahmen dieser Verordnung erforderlichen Informationen. Hierzu tauschen die zuständigen Behörden und die EBA alle Informationen aus, die Folgendes betreffen:

a) Einen Emittenten eines signifikanten vermögenswertereferenzierten Token oder eine Person, die einen Emittenten eines signifikanten vermögenswertereferenzierter Token kontrolliert oder direkt oder indirekt von einem Emittenten eines signifikanten vermögenswertereferenzierten Token kontrolliert wird;

b) ein Drittunternehmen im Sinne von Artikel 34 Absatz 5 Unterabsatz 1 Buchstabe h, mit denen der Emittent eines signifikanten vermögenswertereferenzierten Token eine vertragliche Vereinbarung geschlossen hat;

c) Anbieter von Kryptowerte-Dienstleistungen, Kreditinstitute oder Wertpapierfirmen, die die Verwahrung des Reservevermögens gemäß Artikel 37 sicherstellen;

d) einen Emittenten eines signifikanten E-Geld-Token oder eine Person, die einen Emittenten signifikanter E-Geld-Token kontrolliert oder direkt oder indirekt von einem Emittenten eines signifikanten E-Geld-Token kontrolliert wird;

e) einen Zahlungsdienstleister, der Zahlungsdienste im Zusammenhang mit signifikanten E-Geld-Token erbringt;

f) eine natürliche oder juristische Person, die damit beauftragt wurde, signifikante E-Geld-Token für einen Emittenten der signifikanten E-Geld-Token zu vertreiben;

---

[22] Siehe etwa Assmann/Schneider/Mülbert/Gurlit MiFiR Art. 38d Rn. 16.

g) einen Anbieter von Kryptowerte-Dienstleistungen für die Verwahrung und Verwaltung von Kryptowerten für Kunden in Bezug auf signifikante vermögenswertereferenzierte Token oder signifikante E-Geld-Token;
h) eine Handelsplattform für Kryptowerte, auf der ein signifikanter vermögenswertereferenzierter Token oder ein signifikanter E-Geld-Token zum Handel zugelassen wurde;
i) das Leitungsorgan der unter den Buchstaben a bis h genannten Personen.

(2) Eine zuständige Behörde kann sich nur dann weigern, einem Antrag auf Informationsaustausch gemäß Absatz 1 des vorliegenden Artikels oder einem Antrag auf Kooperation bei der Durchführung einer Untersuchung oder einer Prüfung vor Ort, wie in den Artikeln 123 bzw. 124 vorgesehen, nachzukommen,
a) wenn ein Stattgeben geeignet wäre, ihre eigene Untersuchung, ihre eigenen Durchsetzungsmaßnahmen oder, falls zutreffend, eine strafrechtliche Ermittlung zu beeinträchtigen;
b) wenn aufgrund derselben Tat gegen dieselben natürlichen oder juristischen Personen bereits ein Verfahren vor einem Gericht des ersuchten Mitgliedstaats anhängig ist;
c) wenn gegen die genannten natürlichen oder juristischen Personen aufgrund derselben Tat bereits ein rechtskräftiges Urteil in dem ersuchten Mitgliedstaat ergangen ist.

Übersicht

	Rn.
I. Einführung	1
1. Literatur	1
2. Entstehung und Zweck der Norm	2
3. Normativer Kontext	4
II. Verpflichtung zur Zusammenarbeit (Informationsaustausch)	5
1. Zweck und Gegenstand der Zusammenarbeit (Abs. 1)	5
2. Ablehnung der Zusammenarbeit (Abs. 2)	9

I. Einführung

1. Literatur. Bislang keine. Siehe aber etwa die Kommentierungen zu Art. 25 bzw. Art. 26 VO (EU) 596/2014 sowie Art. 35 VO (EU) 236/2012. 1

2. Entstehung und Zweck der Norm. Art. 125 MiCAR (Art. 107 des Entwurfs) wurde von der Kommission vorgeschlagen und im Laufe des Gesetzgebungsverfahrens sowohl orthographisch als auch inhaltlich teilweise adaptiert. Mit Blick auf die orthographischen Adaptierungen wurden einige Verschlankungen sowie sprachliche Straffungen und Klarstellungen vorgenommen, die allerdings keine nennenswerten Unterschiede hervorbringen. Inhaltlich wurde durch den Rat unter anderem der Abs. 2 eingeführt, der die Modalitäten für die Ablehnung des Informationsaustausches regelt und der schließlich im Wesentlichen in die verabschiedete Fassung aufgenommen wurde. Darüber hinaus gab es geringfügige Änderungen hinsichtlich des in Art. 125 Abs. 1 MiCAR genannten Katalogs, wobei beispielhaft Abs. 1 lit. c und f des Entwurfs zu nennen sind (→ Rn. 8). Zur „ESMA/EBA-Zuständig- 2

MiCAR Art. 125   Titel VII. Zuständige Behörde, EBA und ESMA

keitsproblematik" („ESMA/EBA issue"), die wiederum zugunsten der EBA gelöst wurde, siehe vorstehende Ausführungen (→ MiCAR Art. 117 Rn. 2). Die Vorschrift hat – soweit ersichtlich – kein unmittelbares Vorbild. Die Verpflichtung zur Zusammenarbeit bzw. zum Informationsaustausch findet sich aber unter anderem auch in Art. 25 VO (EU) 596/2014, Art. 35 bzw. 36 VO (EU) 236/2012, Art. 38e VO (EU) 600/2014 sowie in Art. 79, 81, 83 und 87 RL (EU) 2014/65. Die **Parallelvorschrift/-en** zu Art. 125 MiCAR findet sich in **Art. 95 bzw. 96 MiCAR**, die die „Zusammenarbeit der zuständigen Behörden" bzw. „Zusammenarbeit mit der EBA und ESMA" regeln.

3   Der Unionsgesetzgeber trägt durch Art. 125 MiCAR (vgl. ähnlich zu Art. 128 MiCAR → MiCAR Art. 128 Rn. 3) dem Umstand Rechnung, dass die „Märkte für Kryptowerte [...] global und somit von Natur aus grenzüberschreitend [sind]" (s. Erwgr. Nr. 8 MiCAR) und daher „die zuständigen Behörden zusammenarbeiten [sollten], um Verstöße gegen diese Verordnung aufzudecken und davon abzuschrecken" (s. Erwgr. Nr. 100 MiCAR). Zudem wird auf die Probleme einer eng gefassten sektorspezifischen Regulierung reagiert, die dazu führen kann, dass Wirtschaftsteilnehmer der Aufsicht mehrerer Behörden unterliegen. So soll Art. 125 MiCAR sicherstellen, dass im Falle der Zuständigkeit mehrerer Behörden, jede ihre Aufgaben weiterhin effizient und effektiv wahrnehmen kann, und verpflichtet diese zum **unverzüglichen reziproken Informationsaustausch** zur Wahrnehmung ihrer Aufgaben im Rahmen der MiCAR.

4   **3. Normativer Kontext.** Art. 125 MiCAR findet sich in Titel VII Kapitel fünf „Befugnisse und Zuständigkeiten der EBA hinsichtlich Emittenten signifikanter vermögenswertereferenzierter Token und Emittenten signifikanter E-Geld-Token". Zur Parallelvorschrift s. bereits oben (→ Rn. 2). Darüber hinaus steht Art. 125 **Abs. 2** MiCAR sowohl mit den (allgemeinen) Untersuchungsbefugnissen nach **Art. 123 MiCAR** (→ MiCAR Art. 123 Rn. 5, 22) als auch mit den Prüfungen vor Ort nach **Art. 124 MiCAR** (→ MiCAR Art. 124 Rn. 5, 19) in einer **Wechselwirkung** und normiert die Modalitäten der Weigerung einer zuständigen Behörde, einem Antrag auf Informationsaustausch nach Art. 125 Abs. 1 MiCAR oder einem Antrag auf Kooperation bei der Durchführung einer Untersuchung oder einer Prüfung vor Ort nach den Art. 123 und 124 MiCAR zu entsprechen. Während Art. 125 Abs. 1 MiCAR zunächst den **Zweck** sowie den **Gegenstand** des Informationsaustausches regelt, befasst sich Abs. 2 mit den **Modalitäten einer Verweigerung** der Zusammenarbeit im Rahmen eines Informationsaustausches zwischen der EBA und den zuständigen Behörden.

II. Verpflichtung zur Zusammenarbeit (Informationsaustausch)

5   **1. Zweck und Gegenstand der Zusammenarbeit (Abs. 1).** Art. 125 Abs. 1 MiCAR greift die (vertikale) Zusammenarbeit, und zwar in Form eines **Informationsaustausches,** zwischen der EBA und den zuständigen Behörden auf. Sowohl aus dem ausdrücklichen Wortlaut des Abs. 1 („shall") als auch aus der Zusammenschau mit Abs. 2 ergibt sich, dass die zuständigen Behörden prinzipiell zur Zusammenarbeit mit der EBA **verpflichtet** sind, hiervon aber abschließend aufgezählte Ausnahmen bestehen (→ Rn. 9).

Die Pflicht zur Zusammenarbeit, respektive zum Informationsaustausch, ist eine Ausprägung des primärrechtlichen Grundsatzes der loyalen Zusammenarbeit nach Art. 4 Abs. 3 EUV[1] und verpflichtet damit sowohl die zuständigen Behörden als auch die EBA (**zweiseitiger Charakter**). Hinsichtlich des Informationsaustausches wird die (verpflichtende) Zusammenarbeit in den Art. 125 Abs. 1 MiCAR sowie Art. 35 VO (EU) 1093/2010 aufgegriffen. Betreffend die Kooperation im Rahmen von Prüfungen vor Ort ergibt sich die (verpflichtende) Zusammenarbeit prinzipiell aus den Art. 123 und 124 (iVm 125) MiCAR (vgl. → MiCAR Art. 123 Rn. 5, 22 sowie → MiCAR Art. 124 Rn. 5, 19). Dass die Zusammenarbeit prinzipiell einen „Antrag" voraussetzt, lässt sich aus Art. 125 Abs. 2 MiCAR herauslesen.

Nach Art. 125 Abs. 1 MiCAR sind vom Informationsaustausch **alle Informationen** umfasst, die zur Wahrnehmung der Aufgaben der **EBA** *sowie* der **zuständigen Behörden** im Rahmen der MiCAR **erforderlich** sind. Während Art. 125 Abs. 1 S. 1 MiCAR auf den ersten Blick eine Zweckbeschränkung des Informationsaustausches auf die „[z]ur Wahrnehmung der Aufgaben der EBA gemäß Artikel 117" MiCAR vornimmt, ist bei näherer Betrachtung – soweit ersichtlich – jedoch davon auszugehen, dass der **reziproke Informationsaustausch** zur Wahrnehmung der Aufgaben einerseits der EBA, und zwar insbes. zur Wahrnehmung ihrer Aufsichtsaufgaben nach Art. 117 MiCAR, und andererseits der Aufgaben der zuständigen Behörden im Rahmen der MiCAR erfolgt. Dementsprechend ist mit Blick auf das Merkmal „ihrer Aufgaben" zwar grds. eine weite Auslegung dieses Merkmals vorzunehmen, allerdings ist im Lichte besehen zwischen der EBA und den zuständigen Behörden wie folgt zu differenzieren: Im Kontext der EBA erfolgt im Gegensatz zu den zuständigen Behörden eine Einschränkung auf die „zur Wahrnehmung der Aufsichtsaufgaben der EBA gemäß Artikel 117" MiCAR. Mit Blick auf das **Erforderlichkeitskriterium** ist davon auszugehen, dass sowohl der EBA als auch den zuständigen Behörden ein Einschätzungsspielraum zukommt, welche Informationen „zur Wahrnehmung ihrer Aufgaben" von Belang sind. **Grenzen** des (verpflichtenden) Informationsaustausches scheinen zum einen durch das in Art. 121 MiCAR verankerte **Rechtsprivileg** (→ MiCAR Art. 121 Rn. 1 ff.) und durch die in Art. 129 MiCAR normierte **Wahrung des Berufsgeheimnisses** (→ MiCAR Art. 129 Rn. 1 ff.) sowie zum anderen durch Art. 125 Abs. 2 MiCAR gesetzt zu werden.

Darüber hinaus sieht Art. 125 Abs. 1 MiCAR vor, dass die EBA und die zuständigen Behörden einander die erforderlichen Informationen „**unverzüglich**" („without undue delay") übermitteln. Aus der autonomen Auslegung des Begriffs im Unionsrecht folgt – soweit ersichtlich –, dass kein subjektives Verschuldenselement vorhanden sein darf. Vielmehr ist objektiv auf den Zeitablauf abzustellen, sodass die erforderlichen Informationen einander so schnell wie möglich zu übermitteln sind (→ MiCAR Art. 123 Rn. 26 bzw. → MiCAR Art. 124 Rn. 12).[2]

Abs. 1 normiert in den lit. a–i den **Gegenstand** des Informationsaustausches und sieht insoweit vor, dass die zuständigen Behörden und die EBA alle Informationen austauschen, die Folgendes betreffen: einen Emittenten eines signifikanten vermögenswertereferenzierten Token oder eine Person, die einen Emittenten eines signifikanten vermögenswertereferenzierter Token

---

[1] GHN/Schill/Krenn EUV Art. 4 Rn. 59 ff.; Calliess/Ruffert/Kahl EU-Vertrag (Lissabon) Art. 4 Rn. 86 ff.; Streinz/Streinz EUV Art. 4 Rn. 25 ff.
[2] Siehe sinngemäß KOTW/Schramm, BörseG/MAR MAR 25 Rn. 6 sowie BeckOK WpHR/Weber/Harnos VO (EU) 596/2014 Art. 25 Rn. 11.

MiCAR Art. 125 Titel VII. Zuständige Behörde, EBA und ESMA

kontrolliert oder direkt oder indirekt **von einem Emittenten eines signifikanten vermögenswertereferenzierten Token kontrolliert** wird (lit. a); ein **Drittunternehmen** iSv Art. 34 Abs. 5 UAbs. 1 lit. h, mit dem der Emittent eines signifikanten vermögenswertereferenzierten Token eine vertragliche Vereinbarung geschlossen hat (lit. b); **Anbieter von Kryptowerte-Dienstleistungen, Kreditinstitute oder Wertpapierfirmen,** die die Verwahrung des Reservevermögens gem. Art. 37 sicherstellen (lit. c); einen **Emittenten eines signifikanten E-Geld-Token oder eine Person,** die einen Emittenten signifikanter E-Geld-Token kontrolliert oder direkt oder indirekt von einem Emittenten eines signifikanten E-Geld-Token kontrolliert wird (lit. d); einen **Zahlungsdienstleister,** der Zahlungsdienste izm signifikanten E-Geld-Token erbringt (lit. e); **eine natürliche oder juristische Person,** die damit beauftragt wurde, signifikante E-Geld-Token für einen Emittenten der signifikanten E-Geld-Token zu vertreiben (lit. f); einen **Anbieter von Kryptowerte-Dienstleistungen** für die Verwahrung und Verwaltung von Kryptowerten für Kunden in Bezug auf signifikante vermögenswertereferenzierte Token oder signifikante E-Geld-Token (lit. f); eine **Handelsplattform für Kryptowerte,** auf der ein signifikanter vermögenswertereferenzierter Token oder ein signifikanter E-Geld-Token zum Handel zugelassen wurde (lit. h) sowie das **Leitungsorgan** der unter den Buchstaben a bis h genannten Personen (lit. i).

9 **2. Ablehnung der Zusammenarbeit (Abs. 2).** Aus Art. 125 Abs. 2 MiCAR ergibt sich, dass die **zuständigen Behörden** nicht in jedem Fall verpflichtet sind, der (obligatorischen) Zusammenarbeit – erstens einem Antrag auf Informationsaustausch nach Art. 125 Abs. 1 MiCAR, zweitens einem Antrag auf Kooperation bei der Durchführung einer Untersuchung nach Art. 123 MiCAR oder drittens einem Antrag auf Kooperation bei der Durchführung einer Prüfung vor Ort nach Art. 124 MiCAR – nachzukommen. Abs. 2 normiert dementsprechend (absolute) Ausnahmen von den drei den zuständigen Behörden obliegenden Kooperationspflichten und normiert hierfür in den lit. a–c **abschließende Ausnahmetatbestände.** Demnach muss eine zuständige Behörde einem Antrag auf Kooperation nicht Folge leisten, wenn ein Stattgeben geeignet wäre, ihre eigene Untersuchung, ihre eigenen Durchsetzungsmaßnahmen oder – falls zutreffend – eine strafrechtliche Ermittlung zu beeinträchtigen (lit. a); wenn aufgrund derselben Tat gegen dieselben natürlichen oder juristischen Personen bereits ein Verfahren vor einem Gericht des ersuchten Mitgliedstaats anhängig ist (lit. b) und wenn gegen die genannten natürlichen oder juristischen Personen aufgrund derselben Tat bereits ein rechtskräftiges Urteil in dem ersuchten Mitgliedstaat ergangen ist (lit. c). Während **lit. a** unter anderem der Förderung der Verfahrenseffizienz dient, sorgen **lit. b** sowie **lit. c** dafür, dass das „ne bis in idem"-Grundsatz gewahrt bleibt. Nach dem Wortlaut von Abs. 2 „kann" („may") eine zuständige Behörde die Zusammenarbeit verweigern, woraus zu schließen ist, dass Abs. 2 ihr prinzipiell ein **Ermessen** einräumt, ob sie von ihrem **Ablehnungsrecht** Gebrauch macht oder nicht.[3]

10 Fraglich erscheint, ob im Falle einer **unzureichenden** oder (zu Unrecht) **verweigerten Zusammenarbeit** eine Abhilfemaßnahme bzw. ein Rechtsbehelf zur Verfügung steht. Art. 125 MiCAR trifft diesbezüglich keine ent-

---

[3] Siehe sinngemäß BeckOK WpHR/Weber/Harnos VO (EU) 596/2014 Art. 25 Rn. 42 ff.

Verwaltungsvereinbarungen **Art. 126 MiCAR**

sprechende Regelung und normiert daher auch kein eigenes Verfahren. Es ist jedoch davon auszugehen, dass gleichwohl – allerdings nur für die Kommission bzw. die Mitgliedstaaten – die Möglichkeit des Vertragsverletzungsverfahrens nach Art. 258 AEUV zur Verfügung steht.[4]

Artikel 126 Verwaltungsvereinbarungen über den Informationsaustausch zwischen der EBA und Drittländern

(1) Zur Wahrnehmung ihrer Aufsichtsaufgaben gemäß Artikel 117 darf die EBA Verwaltungsvereinbarungen über den Informationsaustausch mit den Aufsichtsbehörden von Drittländern nur schließen, wenn die Garantien zum Schutz des Berufsgeheimnisses in Bezug auf die offengelegten Informationen jenen nach Artikel 129 mindestens gleichwertig sind.

(2) Der Informationsaustausch dient der Wahrnehmung der Aufgaben der EBA oder der in Absatz 1 genannten Aufsichtsbehörden.

(3) Bei der Übermittlung personenbezogener Daten an ein Drittland wendet die EBA die Verordnung (EU) 2018/1725 an.

Übersicht

	Rn.
I. Einführung	1
1. Literatur	1
2. Entstehung und Zweck der Norm	2
3. Normativer Kontext	4
II. Verwaltungsvereinbarungen über den Informationsaustausch	5
1. Kompetenz zum Abschluss von Verwaltungsvereinbarungen (Abs. 1)	5
2. Gleichwertigkeit der Garantien zum Schutz des Berufsgeheimnisses (Abs. 1)	8
3. Zweckbestimmung (Abs. 2)	9
4. Übermittlung personenbezogener Daten an ein Drittland (Abs. 3)	10

I. Einführung

1. Literatur. Bislang keine. Siehe aber etwa die Kommentierungen zu 1 Art. 26 VO (EU) 596/2014, Art. 38 und 40 VO (EU) 236/2012, Art. 30 VO (EU) 2017/1129 sowie im Allgemeinen hinsichtlich Kooperationsvereinbarungen *Raschauer*, Aktuelle Strukturprobleme des europäischen und österreichischen Bankenaufsichtsrechts (2010).

2. Entstehung und Zweck der Norm. Art. 126 MiCAR (Art. 108 des 2 Entwurfs) wurde von der Kommission vorgeschlagen und entspricht inhaltlich nahezu vollständig dem Kommissionsentwurf. Im Rahmen des Gesetzgebungsverfahrens wurden nur sehr geringfügige Anpassungen, etwa sprachliche Anpassungen zur besseren Lesbarkeit, vorgenommen. Das Trilogergebnis war, dass die Norm sowohl die EBA als auch die ESMA adressiert, mit

---

[4] Vgl. Grabitz/Hilf/Nettesheim/Karpenstein AEUV Art. 258 Rn. 28 ff. sowie sinngemäß BeckOK WpHR/Weber/Harnos VO (EU) 596/2014 Art. 25 Rn. 50.

MiCAR Art. 126 Titel VII. Zuständige Behörde, EBA und ESMA

dem Hinweis auf die „ESMA/EBA-Zuständigkeitsproblematik" („ESMA/ EBA issue"). In der verabschiedeten MiCAR normiert Art. 126 – folgerichtig und die Problematik wiederum zugunsten der EBA gelöst –, dass nur die EBA von der Norm erfasst wird (bereits → MiCAR Art. 117 Rn. 2).

3   Erwgr. Nr. 8 MiCAR stellt ausdrücklich fest, dass „Märkte für Kryptowerte [...] global [sind] und somit von Natur aus grenzüberschreitend." Art. 126 MiCAR trägt daher dem Umstand Rechnung, dass es für die EBA **zur effektiven und kohärenten Wahrnehmung ihrer Aufsichtsaufgaben** nach Art. 117 MiCAR unerlässlich sein kann, auf Informationen aus Drittländern zurückzugreifen und normiert für solche Fälle die Möglichkeit, unter bestimmten Voraussetzungen (→ Rn. 4 ff.), Verwaltungsvereinbarungen über den Informationsaustausch zwischen der EBA und Drittländern zu schließen. Darüber hinaus führt Art. 126 Abs. 1 MiCAR teilweise versteckt den Zweck der Norm zu Beginn an, der wie folgt lautet: „zur Wahrnehmung ihrer Aufsichtsaufgaben gemäß Artikel 117" MiCAR.

4   **3. Normativer Kontext.** Art. 126 MiCAR befindet sich in Titel VII Kapitel fünf „Befugnisse und Zuständigkeiten der EBA hinsichtlich Emittenten signifikanter vermögenswertereferenzierter Token und Emittenten signifikanter E-Geld-Token" und nimmt in Abs. 1 auf die Aufsichtsmaßnahmen der EBA nach **Art. 117 MiCAR** Bezug. Er regelt die Zusammenarbeit in Form des Informationsaustausches zwischen der EBA und den Aufsichtsbehörden von Drittländern (vgl. **Art. 125 MiCAR** zum Informationsaustausch zwischen der EBA und den zuständigen Behörden → MiCAR Art. 125 Rn. 1 ff.). Darüber hinaus nimmt etwa **Art. 119 Abs. 2 lit. m MiCAR** auf Art. 126 MiCAR Bezug und sieht vor, dass einschlägige Aufsichtsbehörden von Drittländern, mit denen die EBA Verwaltungsvereinbarungen geschlossen hat, einem beratenden **Aufsichtskollegium** angehören. Damit im Zusammenhang steht die Möglichkeit des beratenden Aufsichtskollegiums nach Art. 120 Abs. 1 lit. h MiCAR, zu jeder geplanten Verwaltungsvereinbarung über den Informationsaustausch mit der Aufsichtsbehörde eines Drittlands eine **unverbindliche Stellungahme** abzugeben. Zur **Kontrollfunktion** und der Möglichkeit, der Stellungnahme eine Empfehlung zur Behebung von Mängeln den von der EBA (oder den zuständigen Behörden) geplanten Maßnahmen beizufügen, siehe die Kommentierung zu Art. 120 MiCAR (→ MiCAR Art. 120 Rn. 3 und 6). Schließlich kann sich ggf. ein Zusammenhang mit **Art. 127 MiCAR** ergeben, der die Weitergabe von Informationen aus Drittländern regelt.

II. Verwaltungsvereinbarungen über den Informationsaustausch

5   **1. Kompetenz zum Abschluss von Verwaltungsvereinbarungen (Abs. 1).** Nach Art. 126 Abs. 1 MiCAR darf („may") die EBA zur **Wahrnehmung ihrer Aufsichtsaufgaben nach Art. 117 MiCAR** (→ MiCAR Art. 117 Rn. 1 ff.) mit den Aufsichtsbehörden von Drittländern Verwaltungsvereinbarungen über den Informationsaustausch schließen, sofern gleichwertige Garantien zum Schutz des Berufsgeheimnisses (→ Rn. 8) bestehen. Der Abschluss solcher Verwaltungsvereinbarungen steht somit im **Ermessen** der EBA, die bei der inhaltlichen Ausgestaltung allerdings die Vorgaben dieser Norm, man denke etwa an die Garantien zum Schutz des Berufsgeheimnisses, zu beachten hat.

Der Begriff der „Drittländer" ist **unionsrechtlich** auszulegen. In der 6
MiCAR selbst wird der Begriff nicht definiert. Prinzipiell sind „Drittländer"
all diejenigen Länder, in denen das Unionsrecht keine Wirkung entfaltet, also
alle Staaten, die keine EU-Mitgliedstaaten sind. Ob die EWR-Staaten als
„Drittländer" qualifiziert werden, hängt davon ab, ob sie sich für die Anwendung der Unionsverordnung, namentlich der MiCAR, entschieden haben. Es
ist zu erwarten, dass zumindest Norwegen[1] und Liechtenstein[2] die Anwendung der MiCAR beschließen werden. Folglich wären diese beiden Länder
dann nicht als „Drittländer" zu qualifizieren.

Die MiCAR selbst regelt in Art. 126 MiCAR weder die Rechtsnatur noch 7
die Verbindlichkeit von Verwaltungsvereinbarungen. Streng genommen sind
Verwaltungsvereinbarungen („administrative agreements") prinzipiell von
Kooperationsvereinbarungen („cooperation arrangements"), wie etwa in
Art. 107 MiCAR enthalten, zu unterscheiden.[3] Interessant ist allerdings, dass
in Art. 8 VO (EU) 1024/2013 der Begriff „administrative arrangements" im
Deutschen mit „Verwaltungsvereinbarungen" übersetzt wird. Im Gegensatz
zu internationalen Übereinkünften, die völkerrechtlich bindende Verpflichtungen begründen, sind Verwaltungsvereinbarungen (zB in Form einer gemeinsamen Absichtserklärung bzw. eines Memorandum of Understanding) in
der Regel nicht verbindlich.[4] In Deutschland scheint das Pendant hierzu ein
Verwaltungsabkommen iSd Art. 59 Abs. 2 S. 2 GG[5] zu sein. Ebenso das
Verfahren zum Abschluss von Verwaltungsvereinbarungen sowie deren etwaigen Inkenntnissetzungen sind in der Norm nicht näher geregelt. Daher ist
jedenfalls das nationale Recht über den Abschluss von Verwaltungsvereinbarungen zu beachten. Auch die **Form** von Verwaltungsvereinbarungen ist in
Art. 126 MiCAR nicht vorgeschrieben. Es ist jedoch davon auszugehen, dass
sich die Norm nur auf schriftlich fixierte Verwaltungsvereinbarungen bezieht
und mündliche Abmachungen nicht erfasst sind. **Gegenstand** der Verwaltungsvereinbarungen ist ausschließlich der (reziproke) Informationsaustausch.
Im Gegensatz zu Art. 107 Abs. 3 MiCAR bzw. Erwgr. Nr. 110 MiCAR ist
etwa nicht vorgesehen, dass Entwürfe technischer Regulierungsstandards mit
einem **Muster** für Verwaltungsvereinbarungen ausgearbeitet werden.

2. Gleichwertigkeit der Garantien zum Schutz des Berufsgeheim- 8
nisses (Abs. 1). Nach Art. 126 Abs. 1 MiCAR darf die **EBA** die Verwaltungsvereinbarungen über den Informationsaustausch mit den Aufsichtsbehörden von Drittländern **nur** abschließen, **wenn** die **Garantien zum**
Schutz des Berufsgeheimnisses in Bezug auf die offengelegten Informationen denjenigen nach Art. 129 MiCAR mindestens **gleichwertig** sind.
Die Aufsichtsbehörden von Drittländern trifft nach der MiCAR – logischerweise – keine solche Bedingung. Die Auflage an die EBA dient dem Schutz
der offengelegten Informationen und soll damit unter anderem verhindern,
dass die dem Berufsgeheimnis nach Art. 129 MiCAR unterliegenden Informationen, nach dem Informationsaustausch weitergegeben werden oder an-

---

[1] Siehe hierfür https://www.globallegalinsights.com/practice-areas/blockchain-laws-and-regulations/norway#chaptercontent2.
[2] Siehe https://www.bdo.li/de-li/einblicke/publikationen/markets-in-crypto-assets-regulation-(micar).
[3] Im Allgemeinen betr. Kooperationsvereinbarungen Raschauer Aktuelle Strukturprobleme des europäischen und österreichischen Bankenaufsichtsrechts S. 509 ff.
[4] Siehe SWD (2020) 115 final sub. 7.1.
[5] Dürig/Herzog/Scholz/Nettesheim GG Art. 59 Rn. 188 ff.

MiCAR Art. 127 Titel VII. Zuständige Behörde, EBA und ESMA

derweitig an die Öffentlichkeit gelangen.[6] Der Verschwiegenheitspflicht der am Informationsaustausch Beteiligten kommt damit eine ganz erhebliche Bedeutung zu und steigert sicherlich die Bereitschaft zur Preisgabe von Informationen. Der ausdrückliche Verweis auf die Wahrung des Berufsgeheimnisses in Art. 129 MiCAR stellt die **Reziprozität** sicher. Der Schutz des Berufsgeheimnisses bezieht sich nach dem ausdrücklichen Wortlaut konkret auf die im Rahmen des Informationsaustausches **offengelegten Informationen.** Folglich ist beim Abschluss von Verwaltungsvereinbarungen über den Informationsaustausch zwischen der EBA und Drittländern zu gewährleisten, dass das Berufsgeheimnis in Bezug auf die übermittelten Informationen geschützt wird.[7]

9 3. **Zweckbestimmung (Abs. 2).** Art. 126 Abs. 2 MiCAR betont, dass der Informationsaustausch zur Wahrnehmung der Aufgaben der **EBA** einerseits *oder* der in Abs. 1 genannten Aufsichtsbehörden, dh den **Aufsichtsbehörden von Drittländern,** andererseits dient. Aufgrund der in Abs. 1 normierten Auflage für die EBA (→ Rn. 5 ff.) ist trotz des „oder" in Abs. 2 davon auszugehen, dass der Informationsaustausch mithin nur der Durchsetzung der materiellrechtlichen Vorgaben der MiCAR dient und keinen Informationsaustausch zu anderen Zwecken gestattet. Abs. 2 scheint sich somit ausschließlich auf den **Zweck** des Informationsaustausches zu beziehen. Ob Abs. 2 einen versteckten Hinweis auf das Datenschutzrecht enthält (vgl. hierzu → MiCAR Art. 107 Rn. 9), bleibt offen. Fest steht, dass die EBA nach Art. 126 Abs. 3 MiCAR bei der Übermittlung personenbezogener Daten an ein Drittland die VO (EU) 2018/1725 anzuwenden hat (→ Rn. 10).

10 4. **Übermittlung personenbezogener Daten an ein Drittland (Abs. 3).** Art. 126 Abs. 3 MiCAR **verpflichtet** die EBA, bei der Übermittlung personenbezogener Daten an ein Drittland die VO (EU) 2018/1725 anzuwenden. Zu denken ist hier insbes. an die **Art. 46 ff. VO (EU) 2018/ 1725,** die die Übermittlungen personenbezogener Daten an Drittländer (oder internationale Organisationen) regeln.[8] Gem. Art. 99 S. 2 VO (EU) 2018/ 1725 gelten die in UAbs. 1 S. 2 enthaltenen Bezugnahmen auf die inzwischen aufgehobene VO (EG) 45/2001 als Verweise auf die VO (EU) 2018/ 1725. Die VO (EU) 2018/1725 folgt hinsichtlich der Begriffsbestimmungen sowie der Regelungstechnik weitgehend der DSGVO.[9]

Artikel 127 Weitergabe von Informationen aus Drittländern

(1) Die EBA darf die von den Aufsichtsbehörden eines Drittlands erhaltenen Informationen nur dann weitergeben, wenn die EBA oder die zuständige Behörde, die der EBA die Informationen zur Verfügung gestellt hat, die ausdrückliche Zustimmung der Aufsichtsbehörde eines Drittlands, die die Informationen übermittelt hat, erhalten hat und die Informationen gegebenenfalls nur für die Zwecke, für die diese Aufsichts-

---

[6] Vgl. sinngemäß BeckOK WpHR/Bauerschmidt VO (EU) 236/2012 Art. 38 Rn. 5.
[7] Siehe sinngemäß im Kontext des Art. 26 VO (EU) 596/2014 Schwark/Zimmer/Kumpan/Grütze VO (EU) 596/2014 Art. 26 Rn. 6 und im Kontext des Art. 30 VO (EU) 2017/ 1129 Just/Voß/Ritz/Zeising/Voß EU-Prospekt-VO Art. 30 Rn. 12 sowie BeckOK WpHR/Bauerschmidt VO (EU) 236/2012 Art. 38 Rn. 1 ff.
[8] Vgl. sinngemäß BeckOK WpHR/Bekritsky VO (EU) 1286/2014 Art. 21 Rn. 6.
[9] Vgl. sinngemäß BeckOK WpHR/Bauerschmidt VO (EU) 236/2012 Art. 39 Rn. 5.

behörde ihre Zustimmung erteilt hat, weitergegeben werden oder wenn die Weitergabe für ein gerichtliches Verfahren erforderlich ist.

(2) Das Erfordernis einer ausdrücklichen Zustimmung gemäß Absatz 1 gilt nicht für sonstige Aufsichtsbehörden innerhalb der Union, wenn die von ihnen angeforderten Informationen für die Erfüllung ihrer Aufgaben erforderlich sind, und gilt nicht für Gerichte, wenn die von ihnen angeforderten Informationen für Untersuchungen oder Verfahren erforderlich sind, die Verstöße betreffen, die strafrechtlichen Sanktionen unterliegen.

Übersicht

	Rn.
I. Einführung	1
1. Literatur	1
2. Entstehung und Zweck der Norm	2
3. Normativer Kontext	4
II. Informationen aus Drittländern	5
1. Weitergabevoraussetzungen bzw. -beschränkungen (Abs. 1)	5
2. Sonderfälle der Weitergabe (Abs. 2)	10

I. Einführung

1. Literatur. Bislang keine. **1**

2. Entstehung und Zweck der Norm. Art. 127 MiCAR (Art. 109 des **2** Entwurfs) wurde von der Kommission vorgeschlagen und im Laufe des Gesetzgebungsverfahrens sowohl orthographisch als auch inhaltlich teilweise angepasst. Insgesamt ist die Norm sprachlich nicht ganz gelungen und wirft an einigen Stellen Unklarheiten auf. Betrachtet man etwa Abs. 1, der aus einem einzigen Satz besteht, so ist nicht ganz klar, ob sich die ausdrückliche Zustimmung auch auf den Passus „oder wenn die Weitergabe für ein gerichtliches Verfahren erforderlich ist" bezieht (→ Rn. 9). Neben einzelnen Kürzungen im Rahmen des Gesetzgebungsverfahrens, wurde vom Rat vorgeschlagen und schließlich auch in den finalen Entwurf aufgenommen, dass die Anforderungen des Abs. 1 nicht für die Weitergabe von Informationen an sonstige Aufsichtsbehörden innerhalb der Union und für die Weitergabe an Gerichte gelten sollen, wenn die von ihnen angeforderten Informationen für die Erfüllung ihrer Aufgaben bzw. für Untersuchungen oder Verfahren, die Verstöße betreffen, die strafrechtlichen Sanktionen unterliegen, erforderlich sind.[1] Die Formulierung, dass das „Erfordernis einer ausdrücklichen Zustimmung gemäß Absatz 1" nicht für die sonstigen Aufsichtsbehörden innerhalb der Union bzw. für die Gerichte gilt, ist allerdings erst in der verabschiedeten Fassung der MiCAR enthalten. Während der MiCAR-E also noch einen vollständigen Ausschluss der Voraussetzungen („requirements") des Abs. 1 für die in Abs. 2 ausdrücklich genannten Sonderfälle vorsah, normiert – nun – Art. 127 Abs. 2 MiCAR den Ausschluss nur für die Konstellationen, die die ausdrückliche Zustimmung betreffen. Darüber hinaus beinhaltet Art. 109 MiCAR-E erneut die „ESMA/EBA-Zuständigkeitsproblematik" („ESMA/

---

[1] Art. 109 des MiCAR-Entwurfs lautet: „These requirements shall not apply for disclosure to other EU supervisory authorities for the fulfilment of their asks, and for disclosure to judicial authorities when the information requested is needed for investigations or proceedings involving violations subject to criminal sanctions."

MiCAR Art. 127 Titel VII. Zuständige Behörde, EBA und ESMA

EBA issue"), die wiederum zugunsten der EBA gelöst wurde (→ MiCAR Art. 117 Rn. 2). Art. 127 MiCAR hat – soweit ersichtlich – keine Vorbildbestimmung.

3   Der Unionsgesetzgeber berücksichtigt in Art. 127 MiCAR den **Schutz von Informationen *aus* Drittländern** und schreibt der EBA bestimmte Auflagen in ihrer Rolle als (Informations-)**Schnittstelle** zu. Denn gerade bei einer eng gefassten sektorspezifischen Regulatorik, wie es die MiCAR ist, kann es vorkommen, dass Wirtschaftsteilnehmer der Aufsicht mehrerer Behörden unterliegen, darunter auch Aufsichtsbehörden eines Drittlands. Da die Märkte inzwischen länderübergreifend vernetzt sind, kommt es immer häufiger zu grenzüberschreitenden Sachverhalten, die auch Drittländer betreffen. Eine effektive Wahrnehmung der jeweiligen Aufgaben, etwa die Durchsetzung der materiellrechtlichen MiCAR-Vorgaben, kann daher nur gewährleistet werden, wenn – im Kontext des Art. 127 MiCAR – die EBA mit Aufsichtsbehörden aus Drittländern zusammenarbeitet, Informationen erhält und diese an die entsprechenden Einrichtungen, etwa an Gerichte, weitergeben darf. So normiert Art. 127 MiCAR in Abs. 1 zunächst die Weitergabevoraussetzungen bzw. -beschränkungen, die die EBA treffen, um die von den Aufsichtsbehörden eines Drittlands erhaltenen Informationen weitergeben zu dürfen (→ Rn. 5 ff.) und in Abs. 2 die Sonderfälle (→ Rn. 10 ff.).

4   **3. Normativer Kontext.** Art. 127 MiCAR findet sich in Titel VII Kapitel fünf „Befugnisse und Zuständigkeiten der EBA hinsichtlich Emittenten signifikanter vermögenswertereferenzierter Token und Emittenten signifikanter E-Geld-Token". Art. 127 MiCAR folgt unmittelbar Art. 126 Abs. 1 MiCAR, wonach die EBA zur Wahrnehmung ihrer Aufsichtsaufgaben nach Art. 117 MiCAR unter bestimmten Voraussetzungen **Verwaltungsvereinbarungen** über den Informationsaustausch mit den Aufsichtsbehörden von Drittländern abschließen darf. Erwgr. Nr. 8 MiCAR stellt ausdrücklich fest, dass „Märkte für Kryptowerte [...] global und somit von Natur aus grenzüberschreitend" sind. Art. 127 MiCAR trägt daher dem Umstand Rechnung, dass es unter anderem für eine effektive und kohärente Wahrnehmung der Aufsichtsaufgaben oder etwa für gerichtliche Verfahren erforderlich bzw. unerlässlich sein kann, auf Informationen aus Drittländern zurückzugreifen, und schreibt der EBA als (Informations-)Schnittstelle für solche Fälle bestimmte Weitergabevoraussetzungen bzw. -beschränkungen vor.

II. Informationen aus Drittländern

5   **1. Weitergabevoraussetzungen bzw. -beschränkungen (Abs. 1).** Nach Art. 127 Abs. 1 MiCAR darf die EBA Informationen, die von Aufsichtsbehörden eines Drittlands übermittelt wurden, nur unter bestimmten Voraussetzungen weitergeben. Es ist darauf hinzuweisen, dass Art. 127 MiCAR in Abs. 1 nicht die in Betracht kommenden **Empfänger der Informationsweitergabe** beschreibt, erst in Abs. 2 werden als Adressaten „sonstige Aufsichtsbehörden innerhalb der Union" und die „Gerichte" im Hinblick auf die Sonderfälle der Weitergabe genannt (→ Rn. 10). Mit Blick auf Abs. 1 bleibt daher der Empfängerhorizont der Informationsweitergabe mangels ausdrücklicher Regelung auf den ersten Blick offen. Aus dem Telos der Norm sowie in Zusammenschau mit den vorhergehenden und nachfolgenden Artikeln, man denke an Art. 125 („Informationsaustausch"), Art. 126 („Verwaltungsvereinbarungen über den Informationsaustausch zwischen der EBA

und Drittländern") sowie Art. 128 („Zusammenarbeit mit anderen Behörden") MiCAR, ist jedoch abzuleiten, dass der Empfängerhorizont nicht jede natürliche oder juristische Person, sondern vielmehr die in der MiCAR genannten Einrichtungen als erfasst sieht.

Unter der **Voraussetzung,** dass die EBA Informationen von den Aufsichtsbehörden eines Drittlands oder von einer zuständigen Behörde, die der EBA die Informationen zur Verfügung gestellt hat, **erhalten hat** (zB im Rahmen von Verwaltungsvereinbarungen → MiCAR Art. 126 Rn. 1 ff.), sieht Art. 127 Abs. 1 MiCAR bestimmte **Fallkonstellationen** der Weitergabe vor, von denen anscheinend jedenfalls zwei der ausdrücklichen Zustimmung der Aufsichtsbehörde des Drittlands bedürfen. Nicht ausdrücklich normiert ist jedoch zum einen, ob die ausdrückliche Zustimmung nur für den Einzelfall ad-hoc oder auch generell, etwa im Rahmen von Kooperations- bzw. Verwaltungsvereinbarungen, erteilt werden kann (→ MiCAR Art. 126 Rn. 1 ff.). Ein vollständig automatisierter Austausch dieser Informationen scheint jedoch nicht zulässig zu sein. Es ist davon auszugehen, dass die ausdrückliche Zustimmung (ggf. einschließlich einer Zweckbestimmung) auf **Anfrage ad-hoc** oder ebenso **im Voraus generell** für eine Mehrzahl von Fällen erteilt werden kann.[2] Zum anderen ist nicht ausdrücklich festgeschrieben, um welche „Informationen aus Drittländern" es sich genau handelt, ob also etwa nur „personenbezogene" bzw. „vertrauliche" Informationen oder ob vielmehr *sämtliche* Informationen gemeint sind und die Formulierung daher sehr weit zu verstehen ist. Legte man ein weites Verständnis der Informationen zugrunde, müsste etwa die in Abs. 1 genannte Voraussetzung der ausdrücklichen Zustimmung selbst bei überhaupt keinen personenbezogenen bzw. vertraulichen Informationen vorliegen. Dies würde und kann die Zusammenarbeit sowie den Austausch zwischen den Einrichtungen durchaus erschweren und ggf. sogar obstruieren. Insofern ist von einem engeren Wortlaut auszugehen, der personenbezogene bzw. vertrauliche Informationen umfasst.

Erstens dürfen die Informationen weitergegeben werden, wenn die EBA oder die zuständige Behörde (iSd Art. 3 Abs. 1 Z. 35 MiCAR), die der EBA die Informationen zur Verfügung gestellt hat, die **ausdrückliche Zustimmung** der Aufsichtsbehörde eines Drittlands, die die Informationen übermittelt hat, erhalten hat. Die Weitergabe steht somit unter dem ausdrücklichen Zustimmungsvorbehalt der Aufsichtsbehörde des Drittlands, aus dem die Informationen stammen. Zur Auslegung des Adjektivs „ausdrücklich" gibt die MiCAR keine Hinweise. Es ist allerdings davon auszugehen, dass lediglich konkludente Zustimmungen nicht ausreichend sind. Vielmehr ist davon auszugehen, dass die Aufsichtsbehörde eines Drittlands der Weitergabe von Informationen an die EBA ausdrücklich zustimmt, wenn dies **freiwillig,** in **Kenntnis der Sachlage, spezifisch** und **eindeutig** erfolgt. Darüber hinaus enthält Art. 127 MiCAR keine näheren Vorgaben zur **Form** der ausdrücklichen Zustimmung. Es ist daher anzunehmen, dass die MiCAR keine besondere Form verlangt und die Zustimmung somit sowohl mündlich als auch schriftlich erfolgen kann. Aus Gründen der besseren Nachvollziehbarkeit und Dokumentation empfiehlt sich jedoch sicherlich die Schriftform. Im Übrigen wird darauf hingewiesen, dass Art. 127 MiCAR **keine nachträgliche Zustimmung** (Genehmigung) zur Weitergabe vorsieht. Hinsicht-

---

[2] Vgl. sinngemäß BeckOK WpHR/Bauerschmidt VO (EU) 236/2012 Art. 40 Rn. 10 f.

MiCAR Art. 127 Titel VII. Zuständige Behörde, EBA und ESMA

lich der ausdrücklichen Zustimmung auf Anfrage ad-hoc oder im Voraus generell siehe bereits oben (→ Rn. 6).

8 Zweitens normiert Art. 127 Abs. 1 MiCAR die Fallkonstellation bzw. einen Unterfall der ersten Fallkonstellation (→ Rn. 7), dass die Aufsichtsbehörde eines Drittlands ihre Zustimmung zur Weitergabe von Informationen *gegebenenfalls* nur für bestimmte Zwecke erteilt (**Zweckbindung**)[3]. Auch in dieser Fallkonstellation kann die ausdrückliche Zustimmung wiederum – wie in der ersten Fallkonstellation – entweder gegenüber der EBA oder gegenüber der zuständigen Behörde, die der EBA die Informationen zur Verfügung gestellt hat, erteilt werden. Welche Zwecke dies etwa sein können, lässt die Vorschrift offen; der Begriff ist – soweit ersichtlich – relativ weit zu verstehen. Die EBA ist letztlich an die von der Aufsichtsbehörde eines Drittlands vorgegebenen Zwecke gebunden und darf die Informationen – soweit ersichtlich – nicht für andere Zwecke weitergeben. Hinsichtlich der ausdrücklichen Zustimmung, einschließlich Zweckbestimmung, auf Anfrage ad-hoc oder im Voraus generell siehe bereits oben (→ Rn. 6).

9 Drittens darf die EBA die erhaltenen Informationen nur weitergeben, wenn dies für ein **gerichtliches Verfahren erforderlich** ist. Welche „gerichtliche[n] Verfahren" bzw. welche „Gerichte" damit gemeint sind, lässt die Bestimmung offen. Es kann jedoch davon ausgegangen werden, dass sich diese innerhalb des territorialen Anwendungsbereichs der MiCAR befinden (betr. Gerichte → Rn. 13). Interessant ist mE die hier im zweiten Konditionalsatz situativ eingefügte (General-)Klausel, die eine Weitergabe von Informationen für ein gerichtliches Verfahren anscheinend auch **ohne ausdrückliche Zustimmung** der Aufsichtsbehörde des Drittlandes zulässt, wenn dies für ein gerichtliches Verfahren **erforderlich** ist. Wann die Schwelle der „**Erforderlichkeit**" für ein Gerichtsverfahren erreicht ist, wird aller Voraussicht nach von der EBA im Einzelfall zu entscheiden sein. Dabei wird sie sicherlich eine **Abwägung** zwischen dem Nutzen (Erforderlichkeit) der Information für das gerichtliche Verfahren einerseits und der **konkreten** (personenbezogenen bzw. vertraulichen) Information andererseits vorzunehmen haben.

10 **2. Sonderfälle der Weitergabe (Abs. 2).** Nach Art. 127 Abs. 2 MiCAR darf die EBA die Informationen von den Aufsichtsbehörden aus Drittländern in bestimmten Fällen auch **ohne ausdrückliche Zustimmung** weitergeben. Als Übermittlungsempfänger werden zum einen „sonstige Aufsichtsbehörden innerhalb der Union" und zum anderen „Gerichte" ausdrücklich genannt. Während Abs. 1 somit zuvörderst mE in zwei Fallkonstellationen das Erfordernis einer ausdrücklichen Zustimmung von der Aufsichtsbehörde aus Drittländern für die Weitergabe vorsieht, normiert Abs. 2 – soweit ersichtlich – erschöpfend zwei Sonderfälle, in denen das Erfordernis einer ausdrücklichen Zustimmung nach Abs. 1 nicht gilt. Gemein haben beide Sonderfälle, dass die Weitergabe der Informationen explizit angefordert wird.

11 Zum einen bedarf es keiner ausdrücklichen Zustimmung, wenn „sonstige Aufsichtsbehörden innerhalb der Union" Informationen anfordern, die für die **Erfüllung ihrer Aufgaben erforderlich** sind. Wie weit der Begriff „sonstige Aufsichtsbehörden" („other supervisory authorities") zu verstehen ist und ob ein tatsächlicher Unterschied zum Begriff „andere Behörden"

---

[3] Den Grundsatz der Zweckbindung kennt man etwa aus Art. 5 Abs. 1 lit. b VO (EU) 2016/679.

("other authorities")⁴ besteht, dazu gibt die MiCAR keine konkreten Anhaltspunkte. Es ist davon auszugehen, dass damit grundsätzlich alle anderen Aufsichtsbehörden innerhalb der Union gemeint sind, unabhängig vom Tätigkeitsbereich der Aufsicht. Hinsichtlich des Kriteriums der Erforderlichkeit ist wiederum aller Voraussicht nach von der EBA eine Einzelfallentscheidung zu treffen. Dabei wird sie sicherlich eine Abwägung zwischen dem Nutzen (Erforderlichkeit) der Informationen für die Erfüllung der Aufgaben der sonstigen Aufsichtsbehörden einerseits und der konkreten Information andererseits vorzunehmen haben. Schließlich ist darauf hinzuweisen, dass die MiCAR mit Blick auf die Formulierung „für die Erfüllung ihrer Aufgaben" anscheinend keine Beschränkung auf die Aufgaben im Rahmen der MiCAR vornehmen wollte und somit auch Aufgaben außerhalb der MiCAR erfasst sieht.

Zum anderen gilt das Erfordernis einer ausdrücklichen Zustimmung nach Abs. 1 nicht für **Gerichte,** wenn die von ihnen angeforderten Informationen für **Untersuchungen** oder **Verfahren** erforderlich sind, die Verstöße betreffen, die **strafrechtlichen Sanktionen** unterliegen. Wenn daher Gerichte Informationen anfordern, die für ihre Untersuchungen oder Verfahren, die strafrechtlichen Sanktionen unterliegen, erforderlich sind, bedarf es – unabhängig von der Lesart des Passus in Abs. 1 „oder wenn die Weitergabe für ein gerichtliches Verfahren erforderlich ist" – keiner ausdrücklichen Zustimmung durch die Aufsichtsbehörden aus Drittländern für die Weitergabe. Betont wird an dieser Stelle, dass diese Ausnahme nicht für sämtliche Untersuchungen oder Verfahren gilt, sondern tatsächlich nur dann, wenn diese strafrechtlichen Sanktionen unterliegen. 12

Betreffend den Begriff „Gericht": Es ist in Art. 127 MiCAR nicht näher geregelt, ob damit Gerichte iSd Unionsrechts nach Art. 267 AEUV oder nationale Gerichte gemeint sind. In Anbetracht der Autonomie der Unionsrechtsordnung sind Rechtsbegriffe des Unionsrechts allerdings **autonom** auszulegen, ohne Rücksicht auf das Begriffsverständnis in den Mitgliedstaaten.⁵ 13

Fraglich erscheint, inwieweit sich der Passus „wenn die Weitergabe für ein gerichtliches Verfahren erforderlich ist" (Art. 127 Abs. 1 MiCAR) und der soeben genannte Sonderfall überschneiden bzw. in welchem Verhältnis sie zueinander stehen. Ob es sich hierbei um ein redaktionelles Versehen handelt, ist fraglich, da bis zum Trilogergebnis in keinem der Dokumente in Abs. 2 ein Verweis auf die ausdrückliche Zustimmung nach Abs. 1 enthalten war. So ist nämlich nicht ersichtlich, warum in Abs. 2 – unter meiner Annahme der dritten Fallkonstellation (→ Rn. 9) – ausdrücklich normiert ist, dass das Erfordernis einer ausdrücklichen Zustimmung nach Abs. 1 „nicht […] für Gerichte [gilt], wenn die von ihnen angeforderten Informationen für […] Verfahren erforderlich sind, die Verstöße betreffen, die strafrechtlichen Sanktionen unterliegen"; wird doch gerade in Abs. 1 anscheinend keine ausdrückliche Zustimmung vorgesehen, „wenn die Weitergabe für ein gerichtliches Verfahren erforderlich ist". Mit Blick auf die in Abs. 2 genannten Verfahren, die Verstöße betreffen, die strafrechtlichen Sanktionen unterliegen, erscheint die ausdrückliche Normierung des Nichterfordernisses für die Weitergabe der Informationen an Gerichte auf den ersten Blick redundant, da 14

---

⁴ Man denke etwa an Art. 119 Abs. 3 MiCAR.
⁵ Klamert, EU-Recht, 3. Aufl. 2021, S. 25; Jaeger/Stöger/Schima EUV/AEUV AEUV Art. 267 Rn. 52.

MiCAR Art. 128   Titel VII. Zuständige Behörde, EBA und ESMA

die Weitergabe dieser Informationen durch die EBA schon nach Abs. 1 gestattet ist. Selbst wenn man davon ausgeht, dass die Weitergabe von Informationen nach Abs. 1, die für ein gerichtliches Verfahren erforderlich sind einer ausdrücklichen Zustimmung bedarf, kann die EBA aber jedenfalls Informationen, die von Gerichten angefordert werden und für Untersuchungen oder Verfahren erforderlich sind, welche Verstöße betreffen, die strafrechtlichen Sanktionen unterliegen, an Gerichte weitergeben, auch wenn die Aufsichtsbehörde eines Drittlands, die die Informationen übermittelt, sich dagegen ausspricht bzw. keine ausdrückliche Zustimmung iSd Abs. 1 erteilt. Bei näherer Betrachtung zeigt sich zudem der Unterschied, dass in Abs. 1 im Gegensatz zu Abs. 2 der Empfänger der von der EBA weitergegebenen Informationen aus Drittländern nicht ausdrücklich genannt wird (→ Rn. 5) und somit kein eingeschränkter Empfängerkreis besteht. Auch wenn Art. 127 Abs. 2 MiCAR demgegenüber ausdrücklich auf die Fallkonstellation abstellt, dass ein **Gericht** (bestimmte) Informationen anfordert, die es für (Untersuchungen bzw.) Verfahren benötigt, die Verstöße betreffen, die strafrechtlichen Sanktionen unterliegen, ist im Ergebnis – soweit ersichtlich – das Nichterfordernis einer ausdrücklichen Zustimmung nach Abs. 1 für diese Fallkonstellation bereits durch das in Abs. 1 genannte Tatbestandsmerkmal „wenn die Weitergabe für ein gerichtliches Verfahren erforderlich ist" erfasst und hätte keiner ausdrücklichen Normierung mehr in Abs. 2 bedurft.

15   Abschließend wird darauf aufmerksam gemacht, dass die EBA nach Art. 127 MiCAR **keine Pflicht zur Weitergabe** der Informationen trifft und folgerichtig prinzipiell auch kein Anspruch auf Weitergabe der Informationen besteht, die geltend gemacht werden kann. Art. 42 GRCh („Recht auf Zugang zu Dokumenten") gilt es ggf. zu beachten, wobei erwähnt wird, dass EU-Organe nicht Träger der Grundrechts sein dürfen.[6] Ein Rückgriff auf die Nichtigkeitsklage (Art. 263 AEUV)[7] sowie Untätigkeitsklage (Art. 265 AEUV)[8] kann unter Umständen bestehen.

Artikel 128 Zusammenarbeit mit anderen Behörden

Übt ein Emittent eines signifikanten vermögenswertereferenzierten Token oder ein Emittent eines signifikanten E-Geld-Token andere als die unter diese Verordnung fallenden Tätigkeiten aus, so arbeitet die EBA mit den Behörden zusammen, die gemäß den einschlägigen Vorschriften des Unionsrechts oder des nationalen Rechts für die Beaufsichtigung dieser anderen Tätigkeiten zuständig sind, einschließlich der Steuerbehörden und der einschlägigen Aufsichtsbehörden von Drittländern, die keine Mitglieder des Kollegiums gemäß Artikel 119 Absatz 2 Buchstabe m sind.

Übersicht

	Rn.
I. Einführung	1
1. Literatur	1
2. Entstehung und Zweck der Norm	2
3. Normativer Kontext	4

---

[6] Jarass GrCh EU-Grundrechte-Charta Art. 42 Rn. 9.
[7] Siehe im Allgemeinen Grabitz/Hilf/Nettesheim/Dörr AEUV Art. 263 Rn. 1 ff.
[8] Siehe im Allgemeinen Grabitz/Hilf/Nettesheim/Dörr AEUV Art. 265 Rn. 1 ff.

	Rn.
II. Obliegenheit zur Zusammenarbeit mit anderen Behörden ..	5
1. Anwendungsbereich	5
2. Behördenkooperation	6

I. Einführung

1. Literatur. Bislang keine. 1

2. Entstehung und Zweck der Norm. Art. 128 MiCAR (Art. 110 des 2 Entwurfs) wurde von der Kommission vorgeschlagen und im Laufe des Gesetzgebungsverfahrens sowohl orthographisch als auch inhaltlich teilweise adaptiert. So wurde vom Rat vorgeschlagen und schließlich auch in die verabschiedete Fassung aufgenommen, dass Art. 128 MiCAR auch die „einschlägigen Aufsichtsbehörden von Drittländern, die keine Mitglieder des Kollegiums gemäß Artikel 119 Absatz 2 Buchstabe m sind" erfasst. Die Bestimmung hat – soweit ersichtlich – **kein direktes Vorbild.** Die Verpflichtung zur Zusammenarbeit zwischen (anderen zuständigen) Behörden findet sich aber etwa auch in Art. 25 VO (EU) 596/2014 sowie in Art. 79 RL (EU) 2014/65, der – aber Vorsicht – die Pflicht zur Zusammenarbeit zwischen den zuständigen Behörden der einzelnen Mitgliedstaaten regelt, oder etwa in Art. 88 RL (EU) 2014/65, der den Informationsaustausch mit Drittländern regelt. Relevanter für den vorliegenden Kommentar erscheint der Hinweis auf die **Parallelbestimmung** zu Art. 128 MiCAR, die sich in **Art. 98 MiCAR** („Zusammenarbeit mit anderen Behörden") findet und in der es heißt, dass „die zuständigen Behörden mit den Behörden zusammen[arbeiten], die gemäß den einschlägigen Rechtsvorschriften der Union oder der Mitgliedstaaten für die Beaufsichtigung oder Kontrolle dieser anderen Tätigkeiten zuständig sind, einschließlich der Steuerbehörden und der einschlägigen Aufsichtsbehörden von Drittländern." Darüber hinaus sah der MiCAR-Entwurf vor, dass die EBA mit den anderen (zuständigen) Behörden zusammenarbeitet, die nach den einschlägigen Vorschriften des Unionsrechts oder des nationalen Rechts einerseits für die *Beaufsichtigung* und andererseits für die *Kontrolle* dieser anderen Tätigkeiten zuständig sind („with the authorities responsible for the supervision or oversight"; vgl. die identische Textpassage in Art. 98 MiCAR, → MiCAR Art. 98 Rn. 1 ff.). In der endgültigen Fassung der MiCAR wird die EBA allerdings lediglich zur Zusammenarbeit mit den nationalen bzw. Unionsbehörden angehalten, die für die *Beaufsichtigung* („supervision") der anderen Tätigkeiten zuständig sind.[1] Es ist jedoch – soweit ersichtlich – nicht klar erkennbar, dass der Unionsgesetzgeber damit den Anwendungsbereich des Art. 128 MiCAR einschränken wollte. Vielmehr ist die Vorschrift dahingehend auszulegen, dass die *Kontrolle* einen Teilbereich der *Beaufsichtigung* darstellt. Zur „ESMA/EBA-Zuständigkeitsproblematik" („ESMA/EBA issue"), die wiederum zugunsten der EBA gelöst wurde, siehe vorstehende Ausführungen (→ MiCAR Art. 117 Rn. 2).

Der Unionsgesetzgeber trägt in Art. 128 MiCAR unter anderem dem 3 Umstand Rechnung, dass zum einen die „Märkte für Kryptowerte [...] global und somit von Natur aus grenzüberschreitend [sind]" (vgl. **Erwgr. Nr. 8 MiCAR**) und zum anderen, dass deshalb „die zuständigen Behörden zusam-

---

[1] Zum Unterschied zwischen „supervision" und „oversight" siehe etwa in der online abrufbaren Rede von Ernest T. Patrikis: https://www.newyorkfed.org/newsevents/speeches/1997/ep970203.

MiCAR Art. 128 Titel VII. Zuständige Behörde, EBA und ESMA

menarbeiten [sollten], um Verstöße gegen diese Verordnung aufzudecken und davon abzuschrecken" (vgl. **Erwgr. Nr. 100 MiCAR**). Zudem wird auf die Probleme einer **eng gefassten sektorspezifischen Regulierung** reagiert, die dazu führen kann, dass Wirtschaftsteilnehmer der Aufsicht mehrerer Behörden unterliegen (vgl. → MiCAR Art. 93 Rn. 1 ff.). Art. 128 MiCAR soll daher nicht nur sicherstellen, dass trotz der Zuständigkeit mehrerer Behörden – auch außerhalb des Anwendungsbereichs der MiCAR – jede einzelne ihre Tätigkeit weiterhin effizient ausüben kann, sondern auch eine **Zusammenarbeit** zwischen diesen zur besseren Erfüllung ihrer jeweiligen Aufgaben begründen. Dies soll – soweit ersichtlich – einen relativ weiten Horizont abdecken und somit etwa auch einschlägige Aufsichtsbehörden von Drittländern umfassen, die keine Mitglieder des Kollegiums nach Art. 119 Abs. 2 lit. m MiCAR sind.

4   3. **Normativer Kontext.** Art. 128 MiCAR befindet sich in Titel VII Kapitel fünf „Befugnisse und Zuständigkeiten der EBA hinsichtlich Emittenten signifikanter vermögenswertereferenzierter Token und Emittenten signifikanter E-Geld-Token". Während die vorangehenden Artikel, man denke an die Art. 122–125 MiCAR bzw. im Drittländerkontext an die Art. 126 und 127 MiCAR, vor allem die Zusammenarbeit im Rahmen der Wahrnehmung von Aufsichtsaufgaben nach der MiCAR – aber sicherlich nicht nur – regeln, befasst sich Art. 128 MiCAR mit der Zusammenarbeit mit anderen Behörden in der Konstellation, dass ein „Emittent eines signifikanten vermögenswertereferenzierten Token oder ein Emittent eines signifikanten E-Geld-Token" gerade **keine Tätigkeiten** ausübt, die **unter die MiCAR** fallen (→ Rn. 5). Die Parallelbestimmung findet sich in **Art. 98 MiCAR** (→ Rn. 2).

Art. 128 MiCAR erläutert zunächst den persönlichen Anwendungsbereich (→ Rn. 5), bevor die Obliegenheit der EBA zur Zusammenarbeit mit den in der Bestimmung abstrakt genannten Behörden aufgezählt wird (→ Rn. 6 f.).

II. Obliegenheit zur Zusammenarbeit mit anderen Behörden

5   1. **Anwendungsbereich.** Art. 128 MiCAR erfasst einerseits Emittenten vermögenswertereferenzierter Token und andererseits Emittenten signifikanter E-Geld-Token. Soweit diese andere als die von der MiCAR erfassten Tätigkeiten ausüben, ist die **EBA** als **federführende Behörde** zur Zusammenarbeit mit den anderen Behörden verpflichtet. Die sogleich (→ Rn. 6 f.) näher erläuterte (obligatorische) Zusammenarbeit der Behörden setzt jedoch voraus, dass die genannten Emittenten sowohl **unter die MiCAR fallende Tätigkeiten** als auch *nicht* **unter die MiCAR fallende Tätigkeiten** ausüben. Dies hat zur Folge, dass die genannten Emittenten von mehreren Behörden parallel beaufsichtigt werden. Denn Art. 128 MiCAR normiert weder eine Behördenzuständigkeitsübertragung noch einen „one-stop-shop", wie man ihn etwa aus der DSGVO kennt[2].

6   2. **Behördenkooperation.** Nach Art. 128 MiCAR wird die **federführende Behörde**, namentlich die **EBA**, zur Zusammenarbeit mit den anderen zuständigen Behörden **verpflichtet**, die gem. den einschlägigen Vorschriften des Unionsrechts oder des nationalen Rechts für die Beaufsichtigung der

---

[2] Siehe das Konzept des One-Stop-Shop etwa in Kühling/Buchner/Dix DS-GVO Art. 60 Rn. 5.

Tätigkeiten zuständig sind, die nicht unter die MiCAR fallen, einschließlich der Steuerbehörden und der einschlägigen Aufsichtsbehörden von Drittländern, die keine Mitglieder des Kollegiums gem. Art. 119 Abs. 2 lit. m MiCAR sind ([sektorale] Behördenkooperation). Emittenten signifikanter vermögenswertereferenzierter Token bzw. Emittenten signifikanter E-Geld-Token werden somit **parallel** von mehreren (zuständigen) Behörden **beaufsichtigt**. Dabei bleibt jede Behörde ausschließlich für ihren Teil der Beaufsichtigung zuständig. Mit Blick auf die EBA bedeutet dies folglich, dass sie – soweit ersichtlich – nur für die unter die MiCAR fallenden Tätigkeiten zuständig ist und die Einhaltung der materiellrechtlichen MiCAR-Vorgaben in den ihr zugewiesenen Bereichen beaufsichtigt.

Art. 128 MiCAR zählt die Behörden, mit denen die EBA zur Zusammen- 7 arbeit verpflichtet ist, **abstrakt** auf und exemplifiziert dies anhand der Steuerbehörden und den einschlägigen Aufsichtsbehörden von Drittländern, die kein Mitglied des beratenden Kollegiums gem. Art. 119 Abs. 2 lit. m MiCAR sind. Hinsichtlich der **Pflicht** zur Zusammenarbeit wird betont, dass sich Art. 128 MiCAR ausschließlich **an die EBA** und nicht auch an die anderen Behörden richtet. Folgerichtig sieht Art. 128 MiCAR etwa auch kein **Mitwirkungsverweigerungsrecht** der anderen (zuständigen) Behörden vor. Die faktische Zusammenarbeit zwischen der EBA und den parallel zuständigen Behörden hängt daher – mangels Konkretisierung in Art. 128 MiCAR – von deren **Kooperationsbereitschaft** bzw. **(rechtlicher) Kooperationsfähigkeit** ab. Die nationalen (zuständigen) Behörden haben aber sicherlich den Grundsatz der loyalen Zusammenarbeit iSd Art. 4 Abs. 3 EUV zu berücksichtigen, um den effektiven Vollzug der MiCAR – also des Unionsrechts – zu gewährleisten und somit eine unionsrechtliche Position zu verwirklichen (sinngemäß → MiCAR Art. 98 Rn. 6).[3]

Artikel 129 Wahrung des Berufsgeheimnisses

Die EBA und alle Personen, die bei der EBA oder einer sonstigen Person, der die EBA Aufgaben übertragen hat, tätig sind oder tätig waren, einschließlich der von der EBA beauftragten Prüfer und Sachverständigen, sind zur Wahrung des Berufsgeheimnisses verpflichtet.

Übersicht

	Rn.
I. Einführung	1
1. Literatur	1
2. Entstehung und Zweck der Norm	2
3. Normativer Kontext	4
II. Berufsgeheimnis	5
1. Adressaten des Berufsgeheimnisses	5
2. Gegenstand des Berufsgeheimnisses	6
3. Ausnahmen vom Berufsgeheimnis	7

---

[3] Siehe näheres betreffend die Adressaten des Art. 4 Abs. 3 EUV in GHN/Schill/Krenn EUV Art. 4 Rn. 70 sowie hinsichtlich der Pflichten zwischen nationalen Verwaltungen GHN/Schill/Krenn EUV Art. 4 Rn. 100.

MiCAR Art. 129 Titel VII. Zuständige Behörde, EBA und ESMA

I. Einführung

1 **1. Literatur.** Bislang keine. Siehe aber die Kommentierungen etwa zu Art. 27 VO (EU) 596/2014, Art. 34 VO (EU) 236/2012, Art. 28 VO (EG) 1/2003 und Art. 339 AEUV sowie im Allgemeinen *Reichold*, der Schutz des Berufsgeheimnisses im Recht der europäischen (2013).

2 **2. Entstehung und Zweck der Norm.** Art. 129 MiCAR (Art. 111 des Entwurfs) wurde von der Kommission vorgeschlagen, im Laufe des Gesetzgebungsverfahrens teilweise adaptiert, blieb aber letztlich inhaltlich nahezu unverändert und dem Kommissionsvorschlag entsprechend. Das Parlament hat vorgeschlagen, dass die Pflicht zur Wahrung des Berufsgeheimnisses sowohl für die EBA und alle Personen, die bei der EBA oder einer sonstigen Person, der die EBA Aufgaben übertagen hat, als auch für die ESMA und alle Personen, die bei der ESMA oder einer sonstigen Person, der die ESMA Aufgaben übertragen hat, gilt. Besonders interessant ist, dass der Rat nur die EBA von Art. 129 MiCAR erfasst sehen wollte und der finale Entwurf wiederum sowohl die EBA als auch die ESMA von Art. 129 MiCAR erfasst sah. Die „ESMA/EBA-Zuständigkeitsproblematik" („ESMA/EBA issue") wurde wiederum zugunsten der EBA gelöst (→ MiCAR Art. 117 Rn. 2). Im Kern ist die Vorschrift – bis auf die Befugnisübertragung ausschließlich an die EBA und nicht an die ESMA – etwa den Art. 38f VO (EU) 600/2014, Art. 48a VO (EU) 2016/1011, Art. 83 VO (EU) 648/2012, Art. 27 VO (EU) 596/2014, Art. 34 VO (EU) 236/2012 sowie Art. 32 VO (EG) 1060/2009 nachgebildet.

3 Art. 129 MiCAR verpflichtet die EBA und alle Personen, die bei der EBA oder einer sonstigen Person, der die EBA Aufgaben übertragen hat, tätig sind oder tätig waren, einschließlich der von der EBA beauftragten Prüfer und Sachverständigen zur Wahrung des Berufsgeheimnisses. Die Vorschrift dient damit in erster Linie dem **Schutz** der Informationen der Beaufsichtigten und trägt zur **Stärkung des Vertrauens** in die Einrichtung der EBA als solche sowie gegenüber der in der Bestimmung genannten Personen bei. Ob seiner Stellung in Titel VII Kapitel fünf ist davon auszugehen, dass sich dies insbes. auf Emittenten signifikanter vermögenswertereferenzierter Token oder Emittenten signifikanter E-Geld-Token beziehen soll (→ Rn. 4). Darüber hinaus ermöglicht Art. 129 MiCAR eine effektive Ausübung der Aufsichtstätigkeit, indem der Informationsfluss sowie -austausch durch die Verpflichtung zur Wahrung des Berufsgeheimnisses ermöglicht wird. Hinzu kommt, dass die Informationen der Beaufsichtigten prinzipiell dem grundrechtlichen Schutz der unternehmerischen Freiheit iSv Art. 16 GRCh unterliegen.[1]

4 **3. Normativer Kontext.** Art. 129 MiCAR findet sich in Titel VII Kapitel fünf „Befugnisse und Zuständigkeiten der EBA hinsichtlich Emittenten signifikanter vermögenswertereferenzierter Token und Emittenten signifikanter E-Geld-Token". Es ist daher davon auszugehen, dass sich die Pflicht zur Wahrung des Berufsgeheimnisses *vor allem* auf die Befugnisse und Zuständigkeiten der EBA in Kapitel fünf bezieht. Zudem ist es schlüssig, dass Art. 129 MiCAR nur die EBA und nicht auch – wie vom Trilogergebnis vorgesehen – die ESMA erfasst. Darüber hinaus normiert auch Art. 100 MiCAR die

---

[1] Calliess/Ruffert/Ruffert EU-GRCharta Art. 16 Rn. 3 mit Verweis auf Reichold Der Schutz des Berufsgeheimnisses im Recht der EU S. 163 ff.

Tschachler

"Wahrung des Berufsgeheimnisses", allerdings mit einem anderen Norminhalt (→ MiCAR Art. 100 Rn. 1 ff.). Art. 129 MiCAR legt weder ausdrücklich fest, welche (vertraulichen) Informationen durch das Berufsgeheimnis geschützt sind, noch nennt er konkrete Verbots- und Erlaubnistatbestände, wie dies etwa in Art. 100 MiCAR der Fall ist. Nebstdem besteht ein Zusammenhang insbes. zu **Art. 126 Abs. 1 MiCAR** (bzw. Art. 107 Abs. 5 MiCAR). So normiert Art. 126 Abs. 1 MiCAR die Verpflichtung, dass die EBA „[z]ur Wahrnehmung ihrer Aufsichtsaufgaben gemäß Artikel 117 [MiCAR ...] Verwaltungsvereinbarungen über den Informationsaustausch mit den Aufsichtsbehörden von Drittländern nur schließen [darf], wenn die Garantien zum Schutz des Berufsgeheimnisses in Bezug auf die offengelegten Informationen jenen nach Artikel 129 mindestens gleichwertig sind." Gleiches sieht Art. 107 Abs. 5 MiCAR im Rahmen der Zusammenarbeit mit Drittländern vor. Darüber hinaus können Berührungspunkte zu den Informationsersuchen nach **Art. 122** (→ MiCAR Art. 122 Rn. 19), den (allgemeinen) Untersuchungsbefugnissen nach **Art. 123** (→ MiCAR Art. 123 Rn. 19), den Prüfungen vor Ort nach **Art. 124 MiCAR** (→ Rn. 6) oder etwa zum Informationsaustausch nach **Art. 125** (→ MiCAR Art. 125 Rn. 6) **MiCAR** bestehen.

II. Berufsgeheimnis

1. Adressaten des Berufsgeheimnisses. Gem. Art. 129 MiCAR obliegt 5 die Wahrung des Berufsgeheimnisses (i) der **EBA**, (ii) **allen Personen,** die bei der **EBA,** (iii) oder einer sonstigen Person, **der die EBA Aufgaben übertragen** hat, **tätig sind** oder **tätig waren,** einschließlich der von der EBA (iiii) beauftragten **Prüfer** und (iv) **Sachverständigen.** Die Verpflichtung zur Wahrung des Berufsgeheimnisses obliegt daher – erstens – der Einrichtung „EBA" als unabhängige Behörde der EU mit eigener Rechtspersönlichkeit (Art. 5 VO [EU] 1093/2010)[2]. Zweitens sind alle (natürlichen) Personen, die für die EBA tätig sind oder tätig waren, zur Wahrung des Berufsgeheimnisses verpflichtet. Nach dem Wortlaut erstreckt sich die Obliegenheit somit sowohl auf alle **gegenwärtigen** als auch auf alle **ehemaligen Beschäftigen.** Darüber hinaus – und drittens – verpflichtet Art. 129 MiCAR alle sonstigen Personen, denen die EBA Aufgaben übertragen hat, zur Wahrung des Berufsgeheimnisses. Welche Aufgaben dies genau sind und ob darunter nur Aufgaben im Rahmen der MiCAR zu verstehen sind, ist in Art. 129 MiCAR nicht ausdrücklich normiert. Nach dem Telos der Bestimmung ist davon auszugehen, dass damit sämtliche Aufgaben gemeint sind. Hinsichtlich des letztgenannten Adressatenkreises ist unter Berücksichtigung der englischen Sprachfassung „as well as for any other person to whom EBA has delegated tasks" davon auszugehen, dass sowohl natürliche als auch juristische Personen gemeint sind. Viertens werden ausdrücklich alle von der EBA beauftragten Prüfer und – fünftens – Sachverständige von der Bestimmung erfasst. Dass EU-Bedienstete einer Geheimhaltungspflicht unterliegen, ergibt sich schon aus Art. 339 AEUV (vgl. → MiCAR Art. 100 Rn. 8).[3] Aus

---

[2] Weber/Hakenberg, Rechtswörterbuch, Europäische Bankenaufsichtsbehörde.
[3] Grabitz/Hilf/Nettesheim/Jaeckel AEUV Art. 339 Rn. 26–30. Vgl. sinngemäß zu Art. 27 VO (EU) 596/2014, BeckOK WpHR/Weber/Harnos VO (EU) 596/2014 Art. 27 Rn. 5 ff.

MiCAR Art. 130   Titel VII. Zuständige Behörde, EBA und ESMA

alldem folgt, dass der Kreis der Berufsgeheimnisträger relativ groß zu sein scheint.

6   **2. Gegenstand des Berufsgeheimnisses.** Aus dem Wortlaut des Art. 129 MiCAR lässt sich kein ausdrücklicher Gegenstand des Berufsgeheimnisses herauslesen. Aus systematischer sowie teleologischer Sicht erscheint es jedoch geboten, **sämtliche** (insbes. im Rahmen der MiCAR in Titel VII Kapitel fünf) **erlangten, ausgetauschten sowie übermittelten (vertraulichen) Informationen**, dem Berufsgeheimnis zu unterstellen und den Begriff des Berufsgeheimnisses folglich **weit zu verstehen.**[4] Es kommt also einerseits auf die inhaltlichen Merkmale der erlangten Informationen und andererseits auf die situativen Bedingungen an, unter denen die Informationen erlangt/ausgetauscht bzw. übermittelt wurden.[5] Zu denken ist etwa an sämtliche Informationen, die im Rahmen von Prüfungen vor Ort (s. Art. 124 MiCAR) von der EBA zur Wahrnehmung ihrer Aufsichtsaufgaben nach Art. 117 MiCAR erlangt werden. Darüber hinaus muss nach Art. 126 Abs. 1 MiCAR auch der Informationsaustausch zwischen der EBA und Drittländern den Anforderungen des Art. 129 MiCAR genügen (→ MiCAR Art. 126 Rn. 8).

7   **3. Ausnahmen vom Berufsgeheimnis.** Im Gegensatz zu Art. 100 MiCAR, der ausdrücklich zwei Fallkonstellationen normiert, in denen der besondere Schutz von Informationen nicht besteht, sieht Art. 129 MiCAR keine solche Ausnahmen vor (→ MiCAR Art. 100 Rn. 1 ff.).

Artikel 130 Aufsichtsmaßnahmen der EBA

(1) **Stellt die EBA fest, dass ein Emittent eines signifikanten vermögenswertereferenzierten Token einen in Anhang V aufgeführten Verstoß begangen hat, kann sie eine oder mehrere der folgenden Maßnahmen ergreifen:**
a) Erlass eines Beschlusses, mit dem der Emittent des signifikanten vermögenswertereferenzierten Token aufgefordert wird, das den Verstoß darstellende Verhalten einzustellen;
b) Erlass eines Beschlusses über die Verhängung von Geldbußen oder Zwangsgeldern gemäß den Artikeln 131 und 132;
c) Erlass eines Beschlusses, mit dem der Emittent des signifikanten vermögenswertereferenzierten Token aufgefordert wird, zusätzliche Informationen zu übermitteln, wenn dies für den Schutz der Inhaber des vermögenswertereferenzierten Token, insbesondere der Kleinanleger, erforderlich ist;
d) Erlass eines Beschlusses, mit dem der Emittent des signifikanten vermögenswertereferenzierten Token aufgefordert wird, ein öffentliches Angebot von Kryptowerten für jeweils höchstens 30 aufeinanderfolgende Arbeitstage auszusetzen, wenn sie einen hinreichend begründeten Verdacht hat, dass gegen diese Verordnung verstoßen wurde;
e) Erlass eines Beschlusses, mit dem ein öffentliches Angebot eines signifikanten vermögenswertereferenzierten Token untersagt wird,

---

[4] Vgl. zu den Vorbildbestimmungen etwa BeckOK WpHR/Bauerschmidt VO (EU) 236/2012 Art. 34 Rn. 2 ff. sowie Immenga/Mestmäcker/Ritter/Wirtz VO 1/2003 Art. 28 Rn. 19.
[5] Vgl. sinngemäß zu Art. 27 VO (EU) 596/2014, BeckOK WpHR/Weber/Harnos VO (EU) 596/2014 Art. 27 Rn. 2 ff.

wenn sie feststellt, dass gegen diese Verordnung verstoßen wurde, oder sie einen hinreichend begründeten Verdacht hat, dass gegen sie verstoßen werden wird;

f) Erlass eines Beschlusses, mit dem der Anbieter von Kryptowerte-Dienstleistungen, der eine Handelsplattform für Kryptowerte betreibt, die den signifikanten vermögenswertereferenzierten Token zum Handel zugelassen hat, aufgefordert wird, den Handel mit diesen Kryptowerten für jeweils höchstens 30 aufeinanderfolgende Arbeitstage auszusetzen, wenn sie einen hinreichend begründeten Verdacht hat, dass gegen diese Verordnung verstoßen wurde;

g) Erlass eines Beschlusses, mit dem der Handel mit dem signifikanten vermögenswertereferenzierten Token auf einer Handelsplattform für Kryptowerte untersagt wird, wenn sie feststellt, dass gegen diese Verordnung verstoßen wurde;

h) Erlass eines Beschlusses, mit dem der Emittent des signifikanten vermögenswertereferenzierten Token aufgefordert wird, seine Marketingmitteilungen zu ändern, wenn sie feststellt, dass die Marketingmitteilungen nicht mit Artikel 29 im Einklang stehen;

i) Erlass eines Beschlusses über die Aussetzung oder das Verbot von Marketingmitteilungen, wenn ein hinreichend begründeter Verdacht besteht, dass gegen diese Verordnung verstoßen wurde;

j) Erlass eines Beschlusses, mit dem der Emittent des signifikanten vermögenswertereferenzierten Token aufgefordert wird, zur Gewährleistung des Verbraucherschutzes oder des reibungslosen Funktionierens des Marktes alle wesentlichen Informationen, die die Bewertung des öffentlich angebotenen oder zum Handel zugelassenen signifikanten vermögenswertereferenzierten Token beeinflussen könnten, offenzulegen;

k) Abgabe von Warnungen, dass ein Emittent eines signifikanten vermögenswertereferenzierten Token seinen Verpflichtungen gemäß dieser Verordnung nicht nachkommt;

l) Entzug der Zulassung des Emittenten eines signifikanten vermögenswertereferenzierten Token;

m) Erlass eines Beschlusses über die Abberufung einer natürlichen Person aus dem Leitungsorgan eines Emittenten eines signifikanten vermögenswertereferenzierten Token;

n) Aufforderung des unter ihrer Aufsicht stehenden Emittenten des signifikanten vermögenswertereferenzierten Token, gemäß Artikel 23 Absatz 4 und Artikel 24 Absatz 3 eine Mindeststückelung im Hinblick auf diesen signifikanten vermögenswertereferenzierten Token einzuführen oder die Menge der ausgegebenen signifikanten vermögenswertereferenzierten Token einzuschränken.

(2) Stellt die EBA fest, dass ein Emittent eines signifikanten E-Geld-Token einen in Anhang VI aufgeführten Verstoß begangen hat, kann sie eine oder mehrere der folgenden Maßnahmen ergreifen:

a) Erlass eines Beschlusses, mit dem der Emittent des signifikanten E-Geld-Token aufgefordert wird, das den Verstoß darstellende Verhalten einzustellen;

b) Erlass eines Beschlusses über die Verhängung von Geldbußen oder Zwangsgeldern gemäß den Artikeln 131 und 132;

c) Erlass eines Beschlusses, mit dem der Emittent des signifikanten E-Geld-Token aufgefordert wird, zusätzliche Informationen zu über-

mitteln, wenn dies für den Schutz der Inhaber des signifikanten E-Geld-Token, insbesondere der Kleinanleger, erforderlich ist;
d) Erlass eines Beschlusses, mit dem der Emittent des signifikanten E-Geld-Token aufgefordert wird, ein öffentliches Angebot von Kryptowerten für jeweils höchstens 30 aufeinanderfolgende Arbeitstage auszusetzen, wenn sie einen hinreichend begründeten Verdacht hat, dass gegen diese Verordnung verstoßen wurde;
e) Erlass eines Beschlusses, mit dem ein öffentliches Angebot signifikanter E-Geld-Token untersagt wird, wenn sie feststellt, dass gegen diese Verordnung verstoßen wurde, oder sie einen hinreichend begründeten Verdacht hat, dass gegen sie verstoßen würde;
f) Erlass eines Beschlusses, mit dem der jeweilige Anbieter von Kryptowerte-Dienstleistungen, der eine Handelsplattform für Kryptowerte betreibt, die die signifikanten E-Geld-Token zum Handel zugelassen hat, aufgefordert wird, den Handel mit diesen Kryptowerten für jeweils höchstens 30 aufeinanderfolgende Arbeitstage auszusetzen, wenn sie einen hinreichend begründeten Verdacht hat, dass gegen diese Verordnung verstoßen wurde;
g) Erlass eines Beschlusses, mit dem der Handel mit dem signifikanten E-Geld-Token auf einer Handelsplattform für Kryptowerte untersagt wird, wenn sie feststellt, dass gegen diese Verordnung verstoßen wurde;
h) Erlass eines Beschlusses, mit dem der Emittent des signifikanten E-Geld-Token aufgefordert wird, zur Gewährleistung des Verbraucherschutzes oder des reibungslosen Funktionierens des Marktes alle wesentlichen Informationen, die die Bewertung der öffentlich angebotenen oder zum Handel zugelassenen signifikanten E-Geld-Token beeinflussen könnten, offenzulegen;
i) Abgabe von Warnungen, dass der Emittent des signifikanten E-Geld-Token seinen Verpflichtungen gemäß dieser Verordnung nicht nachkommt;
j) Aufforderung des unter ihrer Aufsicht stehenden Emittenten des signifikanten E-Geld-Token, in Anwendung von Artikel 58 Absatz 3 eine Mindeststückelung im Hinblick auf diesen signifikanten E-Geld-Token einzuführen oder die Menge der ausgegebenen signifikanten E-Geld-Token einzuschränken.

(3) Wenn sie die in den Absätzen 1 und 2 genannten Maßnahmen ergreift, berücksichtigt die EBA Art und Schwere des Verstoßes anhand der folgenden Kriterien:

a) Dauer und Häufigkeit des Verstoßes;
b) ob Finanzkriminalität verursacht oder erleichtert wurde oder anderweitig mit dem Verstoß in Verbindung steht;
c) ob der Verstoß schwerwiegende oder systemische Schwächen in den Verfahren, Strategien und Risikomanagementverfahren des Emittenten des signifikanten vermögenswertereferenzierten Token oder des Emittenten signifikanter E-Geld-Token aufgedeckt hat;
d) ob der Verstoß vorsätzlich oder fahrlässig begangen wurde;
e) Grad an Verantwortung des für den Verstoß verantwortlichen Emittenten des signifikanten vermögenswertereferenzierten Token oder Emittenten des signifikanten E-Geld-Token;
f) Finanzkraft des für den Verstoß verantwortlichen Emittenten des signifikanten vermögenswertereferenzierten Token oder Emittenten des signifikanten E-Geld-Token, wie sie sich aus dem Gesamtumsatz der

verantwortlichen juristischen Person oder den Jahreseinkünften und dem Nettovermögen der verantwortlichen natürlichen Person ablesen lässt;
g) Auswirkungen des Verstoßes auf die Interessen der Inhaber der signifikanten vermögenswertereferenzierten Token oder der signifikanten E-Geld-Token;
h) Höhe der durch den Verstoß von dem für den Verstoß verantwortlichen Emittenten des signifikanten vermögenswertereferenzierten Token oder des signifikanten E-Geld-Token erzielten Gewinne bzw. vermiedenen Verluste oder Höhe der Dritten entstandenen Verluste, soweit diese sich beziffern lassen;
i) Ausmaß der Zusammenarbeit des für den Verstoß verantwortlichen Emittenten des signifikanten vermögenswertereferenzierten Token oder des Emittenten des signifikanten E-Geld-Token mit der EBA, unbeschadet der Notwendigkeit, den Einzug der von dieser Person erzielten Gewinne oder vermiedenen Verluste sicherzustellen;
j) frühere Verstöße des für den Verstoß verantwortlichen Emittenten des signifikanten vermögenswertereferenzierten Token oder Emittenten des signifikanten E-Geld-Token;
k) Maßnahmen, die der Emittent des signifikanten vermögenswertereferenzierten Token oder der Emittent des signifikanten E-Geld-Token nach dem Verstoß ergriffen hat, um eine Wiederholung zu verhindern.

(4) Bevor sie eine der in Absatz 1 Buchstaben d bis g und Buchstabe j genannten Maßnahmen ergreift, unterrichtet die EBA die ESMA und, wenn die signifikanten vermögenswertereferenzierten Token auf den Euro oder eine amtliche Währung eines Mitgliedstaats, die nicht der Euro ist, Bezug nehmen, die EZB bzw. die Zentralbank des betroffenen Mitgliedstaats, die die betreffende Währung ausgibt.

(5) Bevor sie eine der in Absatz 2 genannten Maßnahmen ergreift, unterrichtet die EBA die für den Emittenten des signifikanten E-Geld-Token zuständige Behörde und die Zentralbank des Mitgliedstaats, auf dessen amtliche Währung der signifikante E-Geld-Token Bezug nimmt.

(6) Die EBA teilt dem für den Verstoß verantwortlichen Emittenten des signifikanten vermögenswertereferenzierten Token oder Emittenten des signifikanten E-Geld-Token unverzüglich jede gemäß Absatz 1 oder 2 ergriffene Maßnahme mit und setzt die betroffen zuständigen Behörden sowie die Kommission unverzüglich von dieser Maßnahme in Kenntnis. Die EBA veröffentlicht jeden derartigen Beschluss innerhalb von zehn Arbeitstagen ab dem Tag der Annahme des Beschlusses auf ihrer Website, sofern dies die Stabilität der Finanzmärkte nicht ernsthaft gefährdet und den Beteiligten daraus kein unverhältnismäßiger Schaden erwächst. Diese Veröffentlichung darf keine personenbezogenen Daten enthalten.

(7) Die in Absatz 6 genannte Veröffentlichung umfasst die folgenden Hinweise:
a) Den Hinweis, dass die für den Verstoß verantwortliche Person das Recht hat, beim Gerichtshof Beschwerde gegen den Beschluss einzulegen;
b) gegebenenfalls den Hinweis, dass Beschwerde eingelegt wurde, diese jedoch keine aufschiebende Wirkung hat;
c) den Hinweis, dass der Beschwerdeausschuss der EBA die Möglichkeit hat, die Anwendung eines angefochtenen Beschlusses nach Artikel 60 Absatz 3 der Verordnung (EU) Nr. 1093/2010 auszusetzen.

MiCAR Art. 130 Titel VII. Zuständige Behörde, EBA und ESMA

Übersicht

	Rn.
I. Einführung	1
1. Literatur	1
2. Hintergrund und Zweck der Norm	2
3. Normstruktur und Kontext	4
4. Relevante Verstöße nach Art. 130 MiCAR	6
II. Aufsichtsmaßnahmen und Handlungsformen der EBA	9
1. Grundlegendes	9
2. Beschlüsse	14
3. Sonstige Handlungsformen	18
4. Die einzelnen Aufsichtsmaßnahmen	20
III. Kriterien für das Ergreifen von Aufsichtsmaßnahmen	35
IV. Unterrichtungs-, Mitteilungs- und Veröffentlichungspflichten	40

I. Einführung

1 **1. Literatur.** *Gurlit*, Handlungsformen der Finanzmarktaufsicht, ZHR 2013, 862; *Irmscher*, Rechtsschutz gegen „naming and shaming" im EU-Rechtsschutzsystem – eine Analyse anhand des Single Supervisory Mechanism (SSM), EWS 2016, 318; *Krönke*, Kryptoverwaltungsrecht, RDi 2024, 1; *Lehmann/Manger-Nestler*, Das neue Europäische Finanzaufsichtssystem, ZBB 2011, 2; *Lösing/John*, Die Regulierung von E-Geld Token, BKR 2023, 373; *Müller-Graff*, Rechtsschutz von Kreditinstituten in der Bankenaufsicht der Europäischen Zentralbank, EuZW 2018, 101; *Weismann*, Der Einheitliche Bankenaufsichtsmechanismus (SSM): ein rechtlich problematisches Konstrukt, ÖBA 2014, 265.

2 **2. Hintergrund und Zweck der Norm.** Die Art. 130 ff. MiCAR gehören zu Titel VII,[1] Kap. 5[2] und regeln damit einen in sachlicher wie persönlicher Hinsicht speziellen Bereich, nämlich die besonderen **Aufsichtsmaßnahmen** der **EBA** hinsichtlich **Emittenten**[3] signifikanter **ART** und **EMT;**[4] siehe parallel dazu Kap. 4[5] zu den Aufsichtsaufgaben der EBA.

3 Konkret befassen sich die Art. 130 ff. MiCAR[6] mit jenen Maßnahmen, die die EBA bei einem **Verstoß gegen die relevanten Regelungen** der MiCAR[7] setzen kann. Darüber hinaus enthalten diese Bestimmungen auch ein (in nationaler Terminologie) öffentlich-rechtliches Sonderverfahrensrecht und regeln Aufsichtsgebühren sowie die Übertragung von Aufgaben durch die EBA an die zuständigen Behörden der Mitgliedstaaten. Die Bestimmungen befassen sich daher mit dem Großbereich der **Rechtsdurchsetzung,** die hier direkt **durch die EBA** erfolgt.[8] Insgesamt sind die Befugnisse, die für

---

[1] Zuständige Behörden, die EBA und die ESMA, Art. 93 ff. MiCAR.
[2] Art. 121 ff. MiCAR.
[3] Art. 3 Abs. 1 Nr. 10 MiCAR.
[4] Siehe dazu Art. 3 Abs. 1 Nr. 6, 7, Art. 43 ff., Art. 56 ff. MiCAR.
[5] Art. 117 ff. MiCAR.
[6] Siehe zusammenfassend Vorschlag für eine Verordnung des Europäischen Parlaments und des Rates über Märkte für Kryptowerte und zur Änderung der Richtlinie (EU) 2019/1937, COM/2020/593 final, 16 f.
[7] → Rn. 6 ff.
[8] Vgl. Erwgr. Nr. 116 MiCAR; Stellungnahme der Europäischen Zentralbank vom 19.2.2021 zu einem Vorschlag für eine Verordnung über Märkte für Kryptowerte und zur Änderung der Richtlinie (EU) 2019/1937, ABl. C 2021/152, 1 (9); teilweise wurde erwogen, die Aufgaben zwischen ESMA (signifikante ART) und EBA (signifikante EMT) zu

die EBA damit geschaffen werden, relativ umfangreich und stellen ein Beispiel für eine **Ausnahme** vom Grundsatz dar, dass **Unionsrecht von den Mitgliedstaaten** durchgeführt wird (vgl. Art. 197, 291 AEUV;[9] im gegebenen Kontext Art. 93 ff. MiCAR).[10] Die neuen Kompetenzen der EBA (nicht nur im Rahmen der Art. 130 ff. MiCAR) reflektiert die Anpassung des Art. 1 Abs. 2 EBA-VO.[11]

3. Normstruktur und Kontext. Art. 130 Abs. 1 und 2 MiCAR enthalten einen umfangreichen **Katalog von Aufsichtsmaßnahmen**, die nach signifikanten ART und EMT gegliedert sind. Abs. 3 legt **Kriterien** fest, die die EBA bei der Ergreifung dieser Maßnahmen zu berücksichtigen hat. Abs. 4–7 schreiben **Unterrichtungs-, Mitteilungs- und Veröffentlichungspflichten** der EBA vor. Art. 131–133 MiCAR regeln **Geldbußen** und **Zwangsgelder** als besondere Formen der Aufsichtsmaßnahmen näher, Art. 134 MiCAR enthält spezielle **Verfahrensregelungen.** Art. 135 MiCAR stellt die **Anhörung von Personen,** die Gegenstand einer Untersuchung sind, sicher. Art. 136 MiCAR bezieht sich auf den **Rechtsschutz** durch den Gerichtshof, Art. 137 MiCAR auf Aufsichtsgebühren. Art. 138 MiCAR regelt schließlich die **Übertragung von Aufgaben** durch die EBA an die zuständigen Behörden.

Zahlreiche in diesen Normen verwendete Formulierungen erwecken Assoziationen zu **vorbestehendem EU-Finanzmarktrecht** (zB EMIR; MiFIR; Prospekt-VO etc), das im legistischen Prozess sicherlich vorbildhaft war. Soweit der Wortlaut vergleichbar ist, wird man den Meinungsstand zu entsprechenden Bestimmungen grundsätzlich berücksichtigen dürfen.

4. Relevante Verstöße nach Art. 130 MiCAR. Jene Verstöße, die die EBA zur Setzung der in Art. 130 MiCAR genannten Maßnahmen berechtigt, werden durch **Verweise** auf **Anhang V**[12] sowie **Anhang VI**[13] bestimmt. Diese „Anhanglösung"[14] setzt für Anhang V an den **Pflichten der Emittenten gem. Titel III (ART)**[15] und **Titel IV** (Marktmissbrauch),[16] für

---

teilen; vgl. Bericht über den Vorschlag für eine Verordnung des Europäischen Parlaments und des Rates über Märkte für Kryptowerte und zur Änderung der Richtlinie (EU) 2019/1937, A9-0052/2022, PE663.215v02-00, Art. 112 ff.

[9] Siehe dazu etwa Augsberg in Terhechte, Verwaltungsrecht, § 6 Rn. 10 ff. mwN; Calliess/Ruffert/Ruffert AEUV Art. 197 Rn. 1 ff., Art. 291 Rn. 2 ff. mwN.

[10] Vgl. Krönke RDi 2024, 1 (Rn. 25 f.). Vgl. auch etwa Art. 9 Abs. 5 EBA-VO (VO 2010/1093/EU); Art. 9 Abs. 5 ESMA-VO (VO 2010/1095/EU); Art. 25j, 25q, 65, 73 EMIR (VO 2012/648/EU); Art. 38g ff., 40 f. MiFIR (VO 2014/600/EU); Art. 28 Leerverkaufs-VO (VO 2012/236/EU). Vgl. etwa aus Sicht der MiFIR Assmann/Schneider/Mülbert/Gurlit MiFIR Art. 38g Rn. 2 f. mwN. Zur umfangreichen Diskussion über die primärrechtliche Beurteilung von EU-Agenturen und deren Kompetenzen vgl. auch Augsberg in Terhechte, Verwaltungsrecht, § 6 Rn. 39 ff., 73 ff., 85; Calliess/Ruffert/Ruffert AEUV Art. 290 Rn. 6 ff., Art. 298 Rn. 3 ff. mwN; mit Fokus auf die EBA zB Koslowski, Europäische Bankenaufsichtsbehörde, 152 ff.; Lehmann/Manger-Nestler ZBB 2011, 2 (7); Michel, Institutionelles Gleichgewicht, 107 ff., 166 ff., 201 ff.; zu den Kompetenzen der ESMA auf Grundlage der Leerverkaufs-VO EuGH C-270/12, ECLI:EU:C:2014:18 – Vereinigtes Königreich/Parlament und Rat.

[11] Erwgr. Nr. 116, Art. 144 MiCAR.

[12] Art. 130 Abs. 1 MiCAR.

[13] Art. 130 Abs. 2 MiCAR.

[14] Ein vergleichbarer legistischer Ansatz findet sich zB in Art. 25j, 25q, 65, 73 EMIR; vgl. Assmann/Schneider/Mülbert/Döhmel EMIR Art. 73 Rn. 2; siehe auch Art. 38g MiFIR; dazu Assmann/Schneider/Mülbert/Gurlit MiFIR Art. 38g Rn. 5 mwN (krit. hinsichtlich des unionsrechtlichen Bestimmtheitsgebots).

[15] Art. 16 ff. MiCAR.

[16] Art. 86 ff. MiCAR; betroffen ist nur Art. 88 MiCAR, siehe Anhang V Nr. 87.

MiCAR Art. 130   Titel VII. Zuständige Behörde, EBA und ESMA

Anhang VI an den Pflichten des Emittenten **gem. Titel IV** (EMT)[17] iVm Titel III an. Die jeweils genannten Vorgaben von Titel III und IV iVm Anhang V und VI stehen daher mit Art. 130 MiCAR gewissermaßen in einem Verhältnis von Tatbestand und Rechtsfolge. Wesentliche Teile der jeweiligen Bestimmungen von Titel III und IV werden in den Anhängen wiederholt; das führt zu sprachlichen Doppelungen bzw. simplen Negativformulierungen.

7   Auffällig ist, dass Anhang VI MiCAR trotz seines Titels[18] auf keine einzige Bestimmung des Titels IV[19] unmittelbar verweist. Vielmehr bezieht sich **Anhang VI** auf **bestimmte Verstöße gegen die Art. 22–47 MiCAR,** die allesamt zu Titel III gehören und an sich für ART formuliert sind. Die Regelungen des Titels III werden allerdings in den Art. 55 und 58 MiCAR selektiv auf EMT erweitert.[20]

8   Auch wenn Art. 130 Abs. 1 S. 1, Abs. 2 S. 1 MiCAR von einem „**Feststellen**" des Verstoßes durch die EBA als Voraussetzung für das Ergreifen von Aufsichtsmaßnahmen sprechen,[21] ergibt sich teilw. aus den einzelnen Befugnissen, dass bereits ein **hinreichend begründeter Verdacht** zum Ergreifen einer Maßnahme ausreichend ist.[22] **Zwangsgelder** sind in den Fällen des Art. 132 Abs. 1 lit. b MiCAR zudem nicht von der Feststellung eines relevanten Verstoßes iSd Art. 130 MiCAR abhängig.[23]

II. Aufsichtsmaßnahmen und Handlungsformen der EBA

9   **1. Grundlegendes.** Art. 130 MiCAR unterscheidet verschiedene **Handlungsformen,**[24] derer sich die EBA bedienen kann. Dies ist schon von grundsätzlichem Interesse (vgl. Art. 288 AEUV);[25] speziell für die MiCAR ist das unmittelbar deshalb relevant, weil die VO teilw. – zumindest dem Wortlaut nach – an der Handlungsform des Beschlusses ansetzt (vgl. Art. 130 Abs. 6 S. 2, Art. 134 Abs. 9, Art. 135 f. MiCAR).[26]

10   **Überbegriff** der EBA-Handlungen gem. Art. 130 MiCAR[27] ist ausweislich der Überschrift zur Bestimmung die „**Aufsichtsmaßnahme**".[28] Art. 130 Abs. 1 und 2 MiCAR listen diese separat für Emittenten signifikanter ART und EMT auf, woraus gewisse Redundanzen folgen. Dabei sind die Listen nicht kongruent, sondern für **ART umfangreicher** gestaltet. In dieser

---

[17] Art. 48 ff. MiCAR.
[18] „Liste der Verstöße gegen Bestimmungen des Titels IV in Verbindung mit Titel III für Emittenten Signifikanter E-Geld-Token".
[19] Art. 48 ff. MiCAR.
[20] Vgl. Lösing/John BKR 2023, 373 (379).
[21] Dafür ist in den Art. 134, 135 MiCAR ein spezielles Verfahren vorgesehen, → Art. 134, 135 Rn. 2 ff. mwN; vgl. auch Assmann/Schneider/Mülbert/Döhmel EMIR Art. 73 Rn. 4; Assmann/Schneider/Mülbert/Gurlit MiFIR Art. 38g Rn. 4 f.
[22] → Rn. 25; → Art. 134, 135 Rn. 39 mwN.
[23] Vgl. → Art. 132 Rn. 21, 31 ff.; → Art. 134, 135 Rn. 12.
[24] Vgl. allgemein zur Terminologie Szczekalla in Terhechte, Verwaltungsrecht, § 5 Rn. 1 ff. mwN; speziell zum Finanzmarktrecht etwa Dickschen, Empfehlungen und Leitlinien als Handlungsform, 11 ff.; Gurlit ZHR 2013, 862, jeweils mwN.
[25] Zur Frage, ob Art. 288 AEUV auf Beschlüsse von Unionsagenturen anwendbar ist, Lederer, Bankenunion, 128, 222 ff. (zum SRB im SRM); Michel, Institutionelles Gleichgewicht, 139; Szczekalla in Terhechte, Verwaltungsrecht, § 5 Rn. 75 ff.; Wörner, Verhaltenssteuerungsformen, 219; vgl. auch Nettesheim in Grabitz/Hilf/Nettesheim Das Recht der EU AEUV Art. 288 Rn. 71; Calliess/Ruffert/Ruffert AEUV Art. 288 Rn. 105.
[26] Dazu → Rn. 14 ff.; → Art. 134, 135 Rn. 35; → Art. 136 Rn. 22 ff.
[27] Vgl. auch zB Art. 25q, 73 EMIR; Art. 38g MiFIR.
[28] Vgl. auch Art. 120 Abs. 1 lit. g, j, Abs. 4 MiCAR.

Hinsicht ist auf die persönlichen Voraussetzungen für öffentliche Angebote/ die Zulassung zum Handel von EMT[29] sowie auf die Verteilung der behördlichen Kompetenzen[30] hinzuweisen.

Auch **Geldbußen**[31] und **Zwangsgelder**[32] gehören kraft Anordnung der MiCAR selbst[33] systematisch zu den Aufsichtsmaßnahmen.[34] Terminologisch inkohärent sind dagegen Erwgr. Nr. 106, Art. 134 Abs. 8 MiCAR sowie dessen Überschrift.

In Bezug auf (nationale) **zuständige Behörden** findet sich der Begriff der Aufsichtsmaßnahme hingegen nicht. Vielmehr tritt hier die – im europäischen Finanzmarktaufsichtsrecht nicht unübliche[35] – Unterscheidung zwischen „**Befugnissen**"[36] und (verwaltungsrechtlichen)[37] **Sanktionen** bzw. **anderen Maßnahmen**[38] stärker zu Tage, die aber naturgemäß in einem engen Konnex stehen. Art. 130 MiCAR enthält Elemente beider Bereiche.[39] Diese Bestimmung ist allerdings nicht abschließend, da Art. 122 ff. MiCAR weitere Befugnisse der EBA vorsehen. Diese könnte man als **Ermittlungs-** bzw. **Untersuchungsbefugnisse** beschreiben.[40]

Innerhalb der Aufsichtsmaßnahmen der EBA werden, wie erwähnt, formal weitere Handlungsformen unterschieden. Für die **zuständigen Behörden der Mitgliedstaaten** benennt die MiCAR hingegen keine Handlungsformen. Dies ist auch vor dem Hintergrund zu sehen, dass diese Behörden das **jeweilige nationale (Verfahrens-)Recht** anwenden.[41]

2. Beschlüsse. Wichtigste Handlungsform der EBA ist der **Beschluss**, der in den Art. 130 Abs. 1 lit. a–j, m, Abs. 2 lit. a–h MiCAR ausdrücklich vorgesehen ist.[42] Als ein Beschluss wird ein **verbindlicher Rechtsakt** bezeichnet,[43] der an einen **individuell bestimmten Adressaten** gerichtet sein

---

[29] E-Geld- oder Kreditinstitut, siehe Erwgr. Nr. 66, Art. 48 Abs. 1 lit. a MiCAR.
[30] Siehe Erwgr. Nr. 103 f., Art. 117 Abs. 4 MiCAR.
[31] Art. 131 MiCAR.
[32] Art. 132 MiCAR.
[33] Art. 130 Abs. 1 lit. b, Abs. 2 lit. b MiCAR.
[34] Ähnlich zB Art. 25q, 73 EMIR; vgl. dazu Assmann/Schneider/Mülbert/Spoerr EMIR Art. 65 Rn. 2.
[35] Vgl. Assmann/Schneider/Mülbert/Spoerr MAR Art. 30 Rn. 19 ff. mwN; vgl. etwa Art. 32, 38 Prospekt-VO (VO 2017/1129/EU); Art. 23, 30 MAR (VO 596/2014/EU); Art. 69 f. MiFID II (RL 2014/65/EU); Art. 30, 39 Schwarmfinanzierungs-VO (VO 2020/1503/EU); Art. 18 ff., 33, 41 Leerverkaufs-VO; Art. 41 f. BMR (VO 2016/1011/EU); vgl. auch Art. 100 Abs. 2, Art. 103 PSD2 (RL 2015/2366/EU); Art. 64 ff. CRD (RL 2013/36/EU); Art. 16, 18 SSRM (VO 1024/2013/EU); im nationalen Recht etwa §§ 14, 15 KMG 2019.
[36] Art. 94 MiCAR.
[37] Zum Begriff → Art. 133 Rn. 31 f.
[38] Art. 111 MiCAR.
[39] So sind zB die Art. 130 Abs. 1 lit. f, Abs. 2 lit. f MiCAR (Aussetzung des Handels auf einer Handelsplattform) mit Art. 94 Abs. 1 lit. n MiCAR vergleichbar, während etwa Art. 130 Abs. 1 lit. a, Abs. 2 lit. a MiCAR (Einstellen des den Verstoß darstellenden Verhaltens) insoweit Art. 111 Abs. 2 lit. b MiCAR entsprechen. Vgl. Raschauer et al/Wessely MiCAR Art. 130 Rn. 1 und 5.
[40] Vgl. etwa Art. 25 ff. EMIR; Art. 38b ff. MiFiR; Art. 34 ff. SRMR (VO 806/2014/EU); Art. 10 ff. SSMR; vgl. auch Weismann ÖBA 2014, 265 (268 f.).
[41] Siehe dazu Szczekalla in Terhechte, Verwaltungsrecht, § 5 Rn. 62 ff. mwN; Calliess/Ruffert/Ruffert AEUV Art. 197 Rn. 14. In Österreich entscheidet die FMA beispielsweise grundsätzlich durch Bescheid (vgl. Art. 130 ff. B-VG; siehe zB § 22 FMABG, § 7 ZaDiG 2018).
[42] Beschlüsse sind zB auch in Art. 43 f., 56 f., 104, 122 MiCAR vorgesehen.
[43] Calliess/Ruffert/Ruffert AEUV Art. 197 Rn. 1 ff., AEUV Art. 291 Rn. 90 mwN; siehe zum Ganzen auch Szczekalla in Terhechte, Verwaltungsrecht, § 5 Rn. 32 ff. mwN.

MiCAR Art. 130 Titel VII. Zuständige Behörde, EBA und ESMA

kann (vgl. 288 Abs. 4 S. 2 AEUV).[44] Beschlüsse der EBA, die verbindlich an individuell bestimmte Finanzmarktakteure gerichtet sind, finden sich insbes. bereits in den – freilich als Ausnahmen gedachten[45] – Art. 17 Abs. 6, Art. 18 Abs. 4, Art. 19 Abs. 4 EBA-VO. Freilich sind auch **adressatenlose Beschlüsse** mit normativer Wirkung bekannt.[46]

15   Ausdrücklich richten sich die in Art. 130 MiCAR genannten Beschlüsse etwa einerseits an **(individuell bestimmte) Emittenten** signifikanter ART[47] und EMT.[48] Andererseits werden Anbieter von Kryptowerte-Dienstleistungen, die eine **Handelsplattform** für Kryptowerte betreiben,[49] als individuell bestimmte Adressaten eines Beschlusses bezeichnet.[50]

16   **Geldbußen** werden immer über die **Emittenten** signifikanter ART oder EMT verhängt,[51] **Zwangsgelder** sind dagegen an "**Personen**" gerichtet.[52] Typologischer Unterschied zwischen Geldbußen und Zwangsgelder ist, dass erstere eine **Sanktion** für einen Verstoß darstellen, während zweitere zu einem konkreten **Verhalten** anhalten sollen.[53]

17   Dass die MiCAR den Begriff des Beschlusses als verbindliche und formalisierte Entscheidungsform bewusst verwendet, wird auch aus Art. 122 MiCAR ersichtlich, der den **Beschluss** von einem „**einfachem Ersuchen**" abgrenzt.[54]

18   **3. Sonstige Handlungsformen.** Andere Handlungsformen der EBA werden als die Abgabe von **Warnungen**,[55] der **Entzug der Zulassung**[56] oder schlicht als **Aufforderung**[57] bezeichnet. Den Entzug der Zulassung und die Aufforderungen könnte man typologisch wohl auch als Beschlüsse bezeichnen,[58] zumal diese einen individuell bestimmten Adressaten betreffen und ein entsprechendes Rechtsschutzbedürfnis besteht;[59] es wäre daher durchaus gangbar gewesen, diese auch „formal" als Beschlüsse zu bezeichnen.[60]

---

[44] Jaeger/Stöger/Stocker/Vcelouch AEUV Art. 288 Rn. 100 ff. mwN; Streinz/W. Schroeder EUV/AEUV, AEUV Art. 288 Rn. 117 ff. mwN.
[45] Vgl. Erwgr. Nr. 29 EBA-VO; dazu auch Gurlit ZHR 2013, 862 (881 ff.); Lehmann/Manger-Nestler ZBB 2011, 2 (14 f.); Michel, Institutionelles Gleichgewicht, 243 ff.
[46] Vgl. etwa zu Art. 9 Abs. 5 ESA-VO Gurlit ZHR 2013, 862 (884 f.); Kazimierski, Rechtsschutz im Rahmen der Europäischen Bankaufsicht, 40 f.; Michel, Institutionelles Gleichgewicht, 139 ff., 257 f., jeweils mwN.
[47] Art. 130 Abs. 1 lit. a, c, d, h, j, m MiCAR.
[48] Art. 130 Abs. 2 lit. a, c, d, h MiCAR.
[49] Art. 3 Nr. 16 lit. b, Nr. 18 MiCAR.
[50] Art. 130 Abs. 1 lit. f, Abs. 2 lit. f MiCAR.
[51] Art. 131 MiCAR.
[52] Art. 132 MiCAR.
[53] → Art. 131 Rn. 8 ff., → Art. 132 Rn. 5 ff. mwN.
[54] Ähnlich etwa Art. 25f, 61 EMIR.
[55] Art. 130 Abs. 1 lit. k, Abs. 2 lit. i MiCAR; vgl. bereits zB Art. 9 Abs. 3 EBA-VO; dazu etwa Michel, Institutionelles Gleichgewicht, 258 ff.
[56] Art. 130 Abs. 1 lit. l MiCAR.
[57] Art. 130 Abs. 1 lit. n, Abs. 2 lit. j MiCAR.
[58] Insoweit ein Beschluss zu einer Handlung „auffordert" (zB Art. 130 Abs. 1 lit. a MiCAR) verschwimmt die Grenze auch in sprachlicher Hinsicht.
[59] Vgl. → Art. 136 Rn. 23 ff.; vgl. auch etwa zum Entzug der Zulassung nach der SSMR Müller-Graff EuZW 2018, 101 (104).
[60] Vgl. Art. 73 EMIR, der alle Aufsichtsmaßnahmen nach Abs. 1 (auch öffentliche Bekanntmachungen) als „Beschlüsse" bezeichnet; zur Rating-VO (VO 2009/1060/EU) und dem Problem der (nur) formellen Bezeichnung als Beschluss etwa Rademacher, Realakte im Rechtsschutzsystem, 90 ff., 329 ff. mwN; vgl. auch Irmscher EWS 2016, 318 (319).

Warnungen enthalten an sich **keine verbindlichen Anordnungen,**[61] **19** wenngleich sich diese nach dem Konzept des Art. 130 MiCAR stets auf einen konkreten Emittenten und die Erfüllung seiner Verpflichtungen nach der MiCAR beziehen.[62]

4. Die einzelnen Aufsichtsmaßnahmen. Die einzelnen Aufsichtsmaß- **20** nahmen werden in Art. 130 Abs. 1 und Abs. 2 MiCAR aufgelistet:[63]

Beschluss, mit dem der Emittent zur **Einstellung des Verstoßes** aufgefor- **21** dert wird (Art. 130 Abs. 1 lit. a, Abs. 2 lit. a MiCAR).[64]

Beschluss zur Verhängung von **Geldbußen** (Art. 130 Abs. 1 lit. b, Abs. 2 **22** lit. b iVm Art. 131 MiCAR).[65]

Beschluss zur Verhängung von **Zwangsgeldern** (Art. 130 Abs. 1 lit. b, **23** Abs. 2 lit. b iVm Art. 132 MiCAR).[66]

Beschluss zur Übermittlung **zusätzlicher Information** durch den Emit- **24** tenten (Art. 130 Abs. 1 lit. c, Abs. 2 lit. c MiCAR).[67] Dieser Beschluss kann erfolgen, wenn dies zum Schutz der **Token-Inhaber**, insbes. Kleinanleger,[68] erforderlich ist. Durch diese Anforderung werden Art und Umfang der Information, zu deren Einholung die EBA ermächtigt wird, eingegrenzt, andererseits kann alleine der Emittent verpflichtet werden.[69] Gemeint sind **Tatsachen**, keine Antworten auf Rechtsfragen oder subjektive Einschätzungen des Emittenten.[70] Gem. der Schutzrichtung der Bestimmung[71] ist der Begriff der „Token-Inhaber" wohl **nicht eng auszulegen.** So werden neben zivilrechtlichen Eigentümern etwa auch wirtschaftliche Eigentümer (zB wenn ein Krypto-Dienstleister für seine Kunden als Treuhänder tätig wird)[72] gemeint sein.

Beschluss zur **Aussetzung eines öffentlichen** Angebots[73] von Kryptower- **25** ten (Art. 130 Abs. 1 lit. d, Abs. 2 lit. d MiCAR).[74] Die Aussetzung kann höchsten 30 aufeinanderfolgende Arbeitstage erfolgen und setzt „**hinreichend begründeten Verdacht**"[75] voraus, dass gegen die MiCAR verstoßen wurde.

---

[61] In der Vergangenheit war die EBA u. a. an unterschiedlichen Warnungen in Bezug auf Kryptowerten oder ICOs beteiligt, siehe zB EBA, ESAs warn consumers of risks in buying virtual currencies, https://www.eba.europa.eu/publications-and-media/press-releases/esas-warn-consumers-risks-buying-virtual-currencies (abgefragt am 28.8.2024); vgl. auch zur ESMA etwa Assmann/Schneider/Mülbert/Gurlit MiFIR Art. 40 Rn. 5 mwN.

[62] Vgl. krit. zu den Warnungsbefugnissen der ESAS nach den entsprechenden VO etwa Gurlit ZHR 2013, 862 (889 f.) mwN; vgl. auch BeckOK WpHR/Lange ESMA-VO Art. 9 Rn. 9 ff.; Michel, Institutionelles Gleichgewicht, 258 f.

[63] Vgl. Art. 112 COM/2020/593 final.

[64] Vgl. Art. 111 Abs. 2 lit. b, Abs. 5 lit. b MICAR; vgl. auch zB Art. 38 Abs. 2 lit. b Prospekt-VO; Art. 30 Abs. 2 lit. a MAR; Art. 70 Abs. 6 MiFID II.

[65] Ausführlich → Art. 131 Rn. 1 ff. Vgl. Art. 111 Abs. 2 lit. c, d, Abs. 5 lit. h–j MiCAR.

[66] Ausführlich → Art. 132 Rn. 1 ff.

[67] Vgl. Art. 94 Abs. 1 lit. a, d MiCAR; Art. 32 Abs. 1 lit. b, c Prospekt-VO; Art. 23 Abs. 2 lit. b MAR.

[68] Art. 3 Abs. 1 lit. Nr. 37 MiCAR.

[69] Vgl. zum Prospektrecht Toman/Frössel/Tuder/Ferk KMG § 14 Rn. 22 ff. mwN; deutlich weiter formuliert ist hingegen Art. 122 MiCAR zu Informationsansuchen, die sich (u.a.) an den Emittenten richten.

[70] Vgl. zum Prospektrecht Zivny/Mock, EU-Prospekt-VO/KMG 2019, KMG 2019 § 14 Rn. 12.

[71] Vgl. auch Erwgr. Nr. 6 MiCAR.

[72] Vgl. dazu etwa Miernicki, Kryptowerte im Privatrecht, 206 f., 658 f. mwN.

[73] Art. 3 Abs. 1 Nr. 12 f. MiCAR.

[74] Vgl. Art. 94 Abs. 1 lit. l MiCAR; Art. 32 Abs. 1 lit. d Prospekt-VO; Art. 30 Abs. 2 lit. a Schwarmfinanzierungs-VO.

[75] Vgl. zur ähnlichen Formulierung im Prospektrecht (§ 14 Abs. 1 Nr. 4 KMG 2019) zB Toman/Frössel/Tuder/Ferk KMG § 14 Rn. 36, 67 mwN.

MiCAR Art. 130   Titel VII. Zuständige Behörde, EBA und ESMA

Das steht in einem Spannungsverhältnis zu 130 Abs. 1 S. 1, Abs. 2 S. 1 MiCAR, nach dem die EBA einen in Anhang V oder VI genannten Verstoß (iSd Art. 134 Abs. 8 MiCAR)[76] „feststellen" muss. Das dürfte der Übernahme der Formulierung aus dem vorbestehenden EU-Finanzmarktrecht geschuldet sein.[77] Art. 130 MiCAR unterscheidet freilich bewusst zwischen „Verdacht" und „Feststellung" (vgl. zB Abs. 1 lit. f auf der einen, Abs. 1 lit. g auf der anderen Seite).[78] Es ist daher davon auszugehen, dass trotz der Formulierung des Einleitungssatzes schon ein entsprechender Verdacht immer dann für die Erlassung eines Beschlusses ausreicht, wenn auf einen solchen im jeweiligen Ermächtigungstatbestand abgestellt wird. Unklar ist auch, nach welcher Rechtsordnung zu bestimmen ist, wann ein **„Arbeitstag"** vorliegt.[79] Da es hier um die Befugnisse der EBA geht, ist fraglich, ob man auf das Recht der im Allgemeinen zuständigen Behörde (zur Abgrenzung siehe Art. 117 MiCAR) abstellen darf.[80] Wohl geht es um das auf die EBA anwendbare Recht (Frankreich).[81]

26   Beschluss zur **Untersagung eines öffentlichen Angebots** von signifikanten ART/EMT (Art. 130 Abs. 1 lit. e, Abs. 2 lit. e MiCAR).[82] Dieser Beschluss setzt voraus, dass die EBA einen Verstoß gegen die MiCAR feststellt oder – alternativ formuliert – hinreichenden begründeten Verdacht[83] besitzt, dass gegen sie verstoßen wird. Da die Untersagung im Vergleich zur Aussetzung des Angebots die weitergehende Maßnahme ist, wäre iSd **Verhältnismäßigkeit** zu prüfen, ob nicht auch mit letzterer ein Auslangen gefunden werden kann.[84]

27   Beschluss zur **Aussetzung des Handels** auf einer Handelsplattform für Kryptowerte,[85] die den signifikanten ART/EMT zum Handel zugelassen hat (Art. 130 Abs. 1 lit. f, Abs. 2 lit. f MiCAR).[86] Mit dem Beschluss wird der Betreiber der Plattform zur Aussetzung für höchstens 30 aufeinanderfolgenden Arbeitstagen aufgefordert. Das setzt hinreichend begründeten Verdacht[87] voraus, dass gegen die MiCAR verstoßen wurde. Die Formulierung erlaubt der EBA nicht, selbst den Handel auszusetzen. Sie hat sich an den Betreiber der Handelsplattform zu richten.[88]

28   Beschluss zur **Untersagung des Handels** mit signifikanten ART/EMT auf einer Handelsplattform für Kryptowerte (Art. 130 Abs. 1 lit. g, Abs. 2

---

[76] → Rn. 8; → Art. 134, 135 Rn. 30 ff.
[77] Wegen der anderen Textierung tritt das Spannungsverhältnis im Bereich des Art. 94 MiCAR nicht auf.
[78] Vgl. Raschauer et al/Wessely MiCAR Art. 130 Rn. 3 und 8; zB ähnlich Art. 32 Abs. 1 lit. g, h Prospekt-VO; dazu Toman/Frössel/Tuder/Ferk KMG § 14 Rn. 83 mwN.
[79] Vgl. zu ähnlichen Fragen bei Art. 101 PSD2 Gimigliano/Beroš/Lodder, The Payment Services Directive II, Art. 99–103 Rn. 13.050; Weilinger/Knauder/Miernicki/Tuder ZaDiG 2018 § 97 Rn. 79 ff. mwN; in der MiCAR ist daneben noch vom „Geschäftstag" die Rede, siehe Erwgr. Nr. 84, Anhang V Nr. 57, Anhang VI Nr. 20.
[80] Vgl. Art. 2 lit. t Prospekt-VO; dazu Toman/Frössel/Tuder/Ferk KMG § 14 Rn. 40 mwN.
[81] Auch → Art. 133 Rn. 27; siehe aber Raschauer et al/Wessely MiCAR Art. 130 Rn. 6 (Tage, an denen Kryptowerte auf Handelsplattformen gehandelt werden).
[82] Vgl. Art. 94 Abs. 1 lit. m MiCAR; Art. 32 Abs. 1 lit. f Prospekt-VO; Art. 30 Abs. 2 lit. c Schwarmfinanzierungs-VO.
[83] → Rn. 25.
[84] Vgl. Toman/Frössel/Tuder/Ferk KMG § 14 Rn. 64 mwN.
[85] Art. 3 Abs. 1 Nr. 16 lit. b, 18 MiCAR.
[86] Vgl. Art. 94 Abs. 1 lit. n; Art. 32 Abs. 1 lit. g Prospekt-VO.
[87] → Rn. 25.
[88] Vgl. zum Prospektrecht Zivny/Mock, EU-Prospekt-VO/KMG 2019, KMG 2019 § 14 Rn. 34 mwN.

lit. g MiCAR).[89] Voraussetzung ist hier, dass die EBA feststellt, dass gegen die MiCAR verstoßen wurde.[90] Da die Untersagung des Handels im Vergleich zu dessen Aussetzung die weitergehende Maßnahme darstellt, wird wiederum isD Verhältnismäßigkeit[91] zu prüfen sein, ob die Aussetzung die ausreichende Maßnahme ist.[92]

Beschluss zur **Änderung der Marketingmitteilungen** durch den Emittenten signifikanter ART (Art. 130 Abs. 1 lit. h MiCAR). Das setzt die Feststellung der EBA voraus, dass die Marketingmaßnahmen nicht Art. 29 MiCAR entsprechen. Besteht ein hinreichend begründeter Verdacht,[93] dass gegen die MiCAR verstoßen wird, kann die EBA auch die **Aussetzung oder das Verbot** von Marketingmitteilungen beschließen (Art. 130 Abs. 1 lit. i MiCAR).[94] Für signifikante EMT hält Art. 130 Abs. 2 MiCAR keine entsprechenden Regelungen bereit, auch wenn Art. 53 MiCAR ähnlich wie Art. 29 MiCAR Vorgaben zu Marketingmitteilungen macht.[95] Art. 53 MiCAR wird allerdings von Art. 94 Abs. 1 lit. j, Art. 111 Abs. 1 lit. c MiCAR erfasst.[96] 29

Beschluss zur **Offenlegung aller wesentlichen Informationen** durch den Emittenten des signifikanten ART/EMT, die die **Bewertung des öffentlich angebotenen oder zum Handel zugelassenen Tokens** beeinflussen können (Art. 130 Abs. 2 lit. j, Abs. 2 lit. h MiCAR).[97] Dies hat zur Gewährleistung des Verbraucherschutzes[98] oder zum reibungslosen Funktionieren des Marktes zu erfolgen. Der Wortlaut der Bestimmung gibt der EBA nicht die Möglichkeit, selbst Informationen zu veröffentlichen. 30

Abgabe von **Warnungen**, dass ein Emittent eines signifikanten ART/EMT seinen Verpflichtungen gem. der MiCAR nicht nachkommt (Art. 130 Abs. 1 lit. k, Abs. 2 lit. i MiCAR).[99] 31

Entzug der Zulassung des Emittenten eines signifikanten ART (Art. 130 Abs. 1 lit. l MiCAR).[100] Für signifikante EMT enthält Abs. 2 keine Parallelkompetenz. 32

Erlass eines Beschlusses über die **Abberufung einer natürlichen Person aus dem Leitungsorgan**[101] **eines Emittenten** eines signifikanten ART (Art. 130 Abs. 1 lit. m MiCAR).[102] Wiederum ist keine entsprechende Kom- 33

---

[89] Vgl. Art. 32 Abs. 1 lit. h Prospekt-VO.
[90] Vgl. zum Prospektrecht Toman/Frössel/Tuder/Ferk KMG § 14 Rn. 83 mwN.
[91] Vgl. → Rn. 26.
[92] Vgl. Zivny/Mock, EU-Prospekt-VO/KMG 2019, 2022, KMG 2019 § 14 Rn. 40 mwN.
[93] → Rn. 25.
[94] Vgl. Art. 94 Abs. 1 lit. j, p, q MiCAR; Art. 30 Abs. 2 lit. b Schwarmfinanzierungs-VO; dazu etwa Assmann/Schneider/Mülbert/Döhmel WpHG § 10 Rn. 73. Vgl. auch Art. 32 Abs. 1 lit. e Prospekt-VO.
[95] Art. 53 MiCAR wird in Anhang VI nicht erwähnt.
[96] Zu Art. 29 MiCAR siehe Art. 111 Abs. 1 lit. b MiCAR.
[97] Vgl. Art. 94 Abs. 1 lit. d, s MiCAR; Art. 32 Abs. 1 lit. l Prospekt-VO; Art. 30 Abs. 2 lit. g Schwarmfinanzierungs-VO; vgl. zur Art der Veröffentlichung Toman/Frössel/Tuder/Ferk KMG § 14 Rn. 115.
[98] Vgl. Art. 4 Nr. 20 PSD2. Von Kleinanlegern (Art. 3 Abs. 1 Nr. 37 MiCAR) ist hier nicht die Rede, auch wenn ein weiter Überschneidungsbereich bestehen wird. Art. 32 Abs. 1 lit. l Prospekt-VO bezieht sich im Übrigen auf den Anlegerschutz.
[99] Vgl. Art. 94 Abs. 1 lit. e, r MiCAR; Art. 32 Abs. 1 lit. i Prospekt-VO; Art. 30 Abs. 2 lit. c MAR; Art. 30 Abs. 2 lit. f Schwarmfinanzierungs-VO.
[100] Vgl. Art. 24 MiCAR.
[101] Art. 3 Abs. 1 Nr. 27 MiCAR; vgl. Art. 4 Abs. 1 Nr. 36 MiFID II; Art. 3 Abs. 1 Nr. 7 ff. CRD.
[102] Vgl. Art. 69 Abs. 1 lit. u MiFID II; vgl. auch Art. 111 Abs. 5 lit. e, f MiCAR; Art. 30 Abs. 2 lit. e, f MAR; Art. 28 BRRD; Art. 16 Abs. 2 lit. m SSMR.

MiCAR Art. 130   Titel VII. Zuständige Behörde, EBA und ESMA

petenz für EMT vorgesehen. Die Maßnahme ist wohl so zu verstehen, dass die EBA die Abberufung der Person vom Emittenten verlangen kann.[103] Demnach ergeht der Beschluss an den Emittenten, der die Abberufung nach den anwendbaren (gesellschaftsrechtlichen) Regelungen vorzunehmen hat.[104]

34   Aufforderung zur **Einführung einer Mindeststückelung**[105] durch den beaufsichtigten Emittenten des signifikanten ART gem. Art. 23 Abs. 4, Art. 24 Abs. 3 MiCAR (Art. 130 Abs. 1 lit. n MiCAR).[106] Für EMT gilt dies gem. Art. 130 Abs. 2 lit. j iVm Art. 58 Abs. 3 MiCAR. Alternativ kann die EBA die **Menge** der ausgegebenen signifikanten ART/EMT **einschränken**.

III. Kriterien für das Ergreifen von Aufsichtsmaßnahmen

35   Gem. Art. 130 Abs. 1 S. 1 und Art. 130 Abs. 2 S. 1 MiCAR ist die Feststellung eines relevanten **Verstoßes des Emittenten**[107] die Grundvoraussetzung für das Ergreifen einer Aufsichtsmaßnahme.[108] Manche Bestimmungen lassen aber auch das Bestehen eines hinreichend **begründeten Verdachts** ausreichen.[109]

36   Der Wortlaut von Abs. 1 und Abs. 2 erlaubt, dass mehrere Aufsichtsmaßnahmen **parallel** ergriffen werden. Es ist jedoch für jede Maßnahme ein gesonderter Beschluss erforderlich, wobei mehrere Beschlüsse auch in einer Entscheidung zusammengefasst werden können.[110]

37   **Art. 130 Abs. 3 lit. a–k MiCAR** legt darüber hinaus eine **Reihe von Kriterien** fest, die die EBA in einem konkreten Fall zu berücksichtigen hat, wenn sie Aufsichtsmaßnahmen ergreift.[111] Diese Kriterien sollen einen Rahmen für die Beurteilung von Art und Schwere von Verstößen vorgeben und sind für die Ausübung der Aufsichtsmaßnahmen im Rahmen des **Auswahlermessens** der EBA relevant.[112] Als selbstverständlich vorausgesetzt wird, dass eine besondere Gefährlichkeit bzw. eine größere Schwere des Verstoßes regelmäßig zu strengeren Aufsichtsmaßnahmen führt.[113] Die Liste des Abs. 3 dient damit der näheren Determinierung der Kompetenzen der EBA sowie der Verhältnismäßigkeit der ergriffenen Aufsichtsmaßnahmen. Freilich sind die Kriterien teilweise vage formuliert und bedürfen einer Interpretation im Einzelfall. Im europäischen Bankaufsicht-[114] und Wertpapieraufsichtsrecht[115]

---

[103] So Art. 94 Abs. 1 lit. y MiCAR; vgl. auch die englische Fassung: „decision requiring the removal of a natural person [...]"; siehe aber Raschauer et al/Wessely MiCAR Art. 130 Rn. 8.
[104] Vgl. zu § 70 Abs. 4b Nr. 2 BWG idF BGBl. I 2021/98 ErläutRV 663 BlgNR 27. GP 23; vgl. auch etwa Schwennicke/Auerbach/Schwennicke KWG § 36 Rn. 10; zu § 44 Abs. 1 Nr. 5 BaSAG Kammel/Schütz/Pagowski BaSAG § 44 Rn. 15.
[105] Hier geht es um den Nominalwert des ART/EMT, vgl. Just/Voß/Ritz/Zeising/Ritz/Zeising EU-Prospekt-VO Art. 1 Rn. 76 mwN.
[106] Vgl. Erwgr. Nr. 62, Art. 94 Abs. 1 lit. ab MiCAR.
[107] → Rn. 6 ff.
[108] → Art. 134, 135 Rn. 30 ff.
[109] → Rn. 25.
[110] Vgl. Assmann/Schneider/Mülbert/Döhmel EMIR Art. 73 Rn. 5.
[111] Vgl. Art. 112 Abs. 1 MiCAR.
[112] Assmann/Schneider/Mülbert/Gurlit MiFIR Art. 38g Rn. 10 f. mwN; Raschauer et al/Wessely MiCAR Art. 130 Rn. 11 mwH.
[113] Vgl. auch zur abschreckenden Wirkung des europäisches Sanktionssystems Assmann/Schneider/Mülbert/Gurlit MiFIR Art. 38g Rn. 13 mwN.
[114] Vgl. Art. 2 Abs. 3 VO (EG) Nr. 2532/98; Art. 70 CRD.
[115] Vgl. Art. 39 Abs. 1 Prospekt-VO; Art. 25q Abs. 2, Art. 65 Abs. 3 iVm Anhang II, Art. 73 Abs. 2 EMIR; Art. 38g Abs. 2 MiFIR; Art. 31 MAR; Art. 40 Schwarmfinanzierungs-VO; Art. 72 Abs. 2 MiFID II.

sind ähnliche Kriterien-Listen bekannt.[116] Unterschiedliche Elemente dieser Listen finden sich in Art. 130 Abs. 3 MiCAR.

Die Kriterien des Art. 130 Abs. 3 MiCAR gelten für **signifikante ART** **38** **und EMT** gleichermaßen und sind **abschließend** formuliert.[117]

Eine **idente Liste** findet sich in Art. 131 Abs. 2 lit. a–k MiCAR hinsicht- **39** lich der **Verhängung von Geldbußen.** Das ist redundant, da die Liste des Art. 130 Abs. 3 MiCAR wegen Art. 130 Abs. 1 lit. b, Abs. 2 lit. b MiCAR ohnehin auch für Geldbußen gem. Art. 131 MiCAR gilt.

IV. Unterrichtungs-, Mitteilungs- und Veröffentlichungspflichten

Die Unterrichtungspflichten, die die EBA gem. Art. 130 Abs. 4–6 MiCAR **40** treffen,[118] können **nach Adressaten** gegliedert werden:

Bei Maßnahmen gem. Art. 130 Abs. 1 lit. d–g, j MiCAR **(ART)** ist **41** zunächst die **ESMA** zu unterrichten. Dazu kommt die **EZB** oder die betreffende Währung ausgebende **Zentralbank des Mitgliedstaates,** wenn signifikante ART auf den Euro oder eine amtliche Währung[119] eines Mitgliedstaats Bezug nehmen.[120]

Bei Maßnahmen gem. Art. 130 Abs. 2 MiCAR **(EMT)** sind die für den **42** Emittenten des signifikanten EMT **zuständigen Behörden** und die **Zentralbank des Mitgliedstaats,** auf dessen amtliche Währung der signifikante EMT Bezug nimmt, zu unterrichten (Art. 130 Abs. 5 MiCAR).

Die Unterrichtung hat **vor dem Ergreifen** der jeweiligen Maßnahme zu **43** erfolgen.

Jede Maßnahme nach Art. 130 Abs. 1 und 2 MiCAR ist dem für den **44** Verstoß **verantwortlichen Emittenten unverzüglich mitzuteilen.** Außerdem sind die betroffenen **zuständigen Behörden** sowie die **Kommission** in Kenntnis zu setzen.[121] Der Wortlaut der Bestimmung legt (auch im Vergleich zu Abs. 4 und 5) nahe, dass die Mitteilung hier nicht vor dem Ergreifen der Maßnahmen erfolgen muss. Zu fordern ist allerdings ein sehr enges **zeitliches Naheverhältnis.**

Die EBA hat jeden „derartigen" Beschluss innerhalb von zehn Arbeits- **45** tagen[122] ab dem Tag der Annahme des Beschlusses **auf ihrer Website zu veröffentlichen,**[123] sofern dies die Stabilität der Finanzmärkte nicht ernsthaft gefährdet und den Beteiligten daraus kein unverhältnismäßiger Schaden erwächst (Art. 130 Abs. 6 S. 2 MiCAR).[124] Unter „Beschluss" müsste wegen dem systematischen Zusammenhang mit S. 1 jede Aufsichtsmaßnahme gem. 130 Abs. 1 und 2 MiCAR zu verstehen sein, auch wenn diese nicht formal als Beschluss bezeichnet wird. **Personenbezogene Daten** (vgl. Erwgr. Nr. 117 MiCAR) dürfen nicht veröffentlicht werden (Art. 130 Abs. 6 S. 3 MiCAR).

---

[116] Vgl. in anderem Kontext etwa Art. 83 Abs. 2 DSGVO.
[117] Vgl. Assmann/Schneider/Mülbert/Gurlit MiFIR Art. 38g Rn. 11.
[118] Vgl. etwa Art. 28 Abs. 4 ff. Leerverkaufs-VO.
[119] Art. 3 Abs. 1 Nr. 8 MiCAR.
[120] Art. 130 Abs. 4 MiCAR; vgl. Erwgr. Nr. 18, Art. 3 Abs. 1 Nr. 6 MiCAR.
[121] Art. 130 Abs. 6 S. 1 MiCAR.
[122] Vgl. → Rn. 25.
[123] Vgl. Art. 114 MiCAR; Art. 25q Abs. 3, 73 Abs. 3 EMIR; Art. 28 Abs. 7 Leerverkaufs-VO.
[124] Zum Zusammenhang mit Art. 133 MiCAR → Art. 133 Rn. 7 ff.; vgl. Kalss/Oppitz/U. Torggler/Winner/Rohregger/Palmstorfer BörseG/MAR § 157 Rn. 14 ff.

MiCAR Art. 131   Titel VII. Zuständige Behörde, EBA und ESMA

46   Die Veröffentlichung hat – neben der Aufsichtsmaßnahme – **für den Rechtsschutz bedeutsame Hinweise** zu enthalten.[125]

Artikel 131 Geldbußen

(1) Die EBA erlässt einen Beschluss zur Verhängung einer Geldbuße gemäß Absatz 3 oder Absatz 4 des vorliegenden Artikels, wenn sie gemäß Artikel 134 Absatz 8 feststellt, dass
a) ein Emittent eines signifikanten vermögenswertereferenzierten Token oder ein Mitglied seines Leitungsorgans vorsätzlich oder fahrlässig einen der in Anhang V aufgeführten Verstöße begangen hat;
b) ein Emittent eines signifikanten E-Geld-Token oder ein Mitglied seines Leitungsorgans vorsätzlich oder fahrlässig einen der in Anhang VI aufgeführten Verstöße begangen hat;

Ein Verstoß gilt als vorsätzlich begangen, wenn die EBA anhand objektiver Faktoren nachweisen kann, dass ein Emittent oder ein Mitglied seines Leitungsorgans den Verstoß absichtlich begangen hat.

(2) Erlässt die EBA einen Beschluss gemäß Absatz 1, so berücksichtigt sie die Art und die Schwere des Verstoßes anhand der folgenden Kriterien:

a) Dauer und Häufigkeit des Verstoßes;
b) ob Finanzkriminalität verursacht oder erleichtert wurde oder anderweitig mit dem Verstoß in Verbindung steht;
c) ob der Verstoß schwerwiegende oder systemische Schwächen in den Verfahren, Strategien und Risikomanagementverfahren des Emittenten des signifikanten vermögenswertereferenzierten Token oder des Emittenten des signifikanten E-Geld-Token aufgedeckt hat;
d) ob der Verstoß vorsätzlich oder fahrlässig begangen wurde;
e) Grad an Verantwortung des für den Verstoß des verantwortlichen Emittenten des signifikanten vermögenswertereferenzierten Token oder des Emittenten des signifikanten E-Geld-Token;
f) Finanzkraft des für den Verstoß verantwortlichen Emittenten des signifikanten vermögenswertereferenzierten Token oder Emittenten des signifikanten E-Geld-Token, wie sie sich aus dem Gesamtumsatz der verantwortlichen juristischen Person oder den Jahreseinkünften und dem Nettovermögen der verantwortlichen natürlichen Person ablesen lässt;
g) Auswirkungen des Verstoßes auf die Interessen der Inhaber der signifikanten vermögenswertereferenzierten Token oder der signifikanten E-Geld-Token;
h) Höhe der durch den Verstoß von dem für den Verstoß verantwortlichen Emittenten des signifikanten vermögenswertereferenzierten Token oder des signifikanten E-Geld-Token erzielten Gewinne bzw. vermiedenen Verluste oder Höhe der Dritten entstandenen Verluste, soweit diese sich beziffern lassen;
i) Ausmaß der Zusammenarbeit des für den Verstoß verantwortlichen Emittenten des signifikanten vermögenswertereferenzierten Token oder des signifikanten E-Geld-Token mit der EBA, unbeschadet der Notwendigkeit, den Einzug der von dieser Person erzielten Gewinne oder vermiedenen Verluste sicherzustellen;

---

[125] Art. 130 Abs. 7 MiCAR.

j) frühere Verstöße des für den Verstoß verantwortlichen Emittenten des signifikanten vermögenswertereferenzierten Token oder Emittenten des signifikanten E-Geld-Token;
k) Maßnahmen, die der Emittent des signifikanten vermögenswertereferenzierten Token oder der Emittent des signifikanten E-Geld-Token nach dem Verstoß ergriffen hat, um eine Wiederholung zu verhindern.

(3) Bei Emittenten signifikanter vermögenswertereferenzierter Token beträgt die in Absatz 1 genannte Geldbuße bis zu 12,5 % ihres jeweiligen Jahresumsatzes im vorangegangenen Geschäftsjahr oder den zweifachen Betrag der infolge des Verstoßes erzielten Gewinne oder vermiedenen Verluste, sofern diese sich beziffern lassen.

(4) Bei Emittenten signifikanter E-Geld-Token beträgt die in Absatz 1 genannte Geldbuße bis zu 10 % ihres jeweiligen Jahresumsatzes im vorangegangenen Geschäftsjahr oder den zweifachen Betrag der infolge des Verstoßes erzielten Gewinne oder vermiedenen Verluste, sofern diese sich beziffern lassen.

Übersicht

	Rn.
I. Literatur	1
II. Hintergrund und Zweck der Norm	2
III. Zurechenbarkeit von Verhalten und Wissen	13
IV. Voraussetzungen für die Verhängung der Geldbuße	19
V. Bemessungsgrundsätze und Höhe der Geldbuße	36
VI. Konkurrenzen	52
VII. Verjährung der Geldbuße	57

I. Literatur

von Buttlar, Die Stärkung der Aufsichts- und Sanktionsbefugnisse im EU- 1 Kapitalmarktrecht: ein neues „field of dreams" für Regulierer? BB 2014, 451; *von Buttlar*, Stärkung der Aufsichts- und Sanktionsbefugnisse im EU-Kapitalmarktrecht, EuZW 2020, 598.

II. Hintergrund und Zweck der Norm

Art. 131 MiCAR beinhaltet die Rechtsgrundlage für die **Verhängung** 2 **von Geldbußen** durch die EBA.[1]

Die **Ausgestaltung** dieser Vorschrift geht auf Empfehlungen der **EK** in 3 der Mitteilung über die „**Stärke der Sanktionsregelungen im Finanzdienstleistungssektor**" aus dem Jahr 2010 **zurück**.[2] In der Mitteilung

---

[1] Inhaltlich vergleichbare Bestimmungen finden sich etwa in Art. 65 EMIR (VO 2012/648/EU); Art. 60 EUGBV (VO 2023/2631/EU); Art. 38h MiFIR (VO 2014/600/EU); Art. 36a Rating-VO (VO 2009/1060/EU); Art. 48f BMR (VO 2016/1011/EU) sowie Art. 38 SRM-VO (VO 2014/806/EU). Die Verhängung von Geldbußen kommt hierbei jeweils der ESMA zu, außer im Rahmen der SRM-VO, wo diese Aufgabe von einem Ausschuss (Art. 42 SRM-VO) übernommen wird. Die Befugnis der EBA wurde über die Befugnis im Rahmen der VO 2019/2175/EU in die Regelwerke eingefügt, bei der Rating-VO durch die VO 2011/513/EU. Aufgrund des weitgehend übereinstimmenden Wortlautes wird man die hierzu bestehende Literatur auch für die gegenständliche Bestimmung heranziehen dürfen.

[2] EK, Mitteilung vom 8.12.2010, Stärkung der Sanktionsregelungen im Finanzdienstleistungssektor, KOM(2010) 716 final; Assmann/Schneider/Mülbert/Gurlit MiFIR Art. 38h Rn. 3; Assmann/Schneider/Mülbert/Spoerr EMIR Art. 65 Rn. 2.

wurde festgehalten, dass eine große Diskrepanz bei den mitgliedstaatlichen Regelungen zu den Sanktionsvorschriften besteht und die EK gab in dieser entsprechende Empfehlungen ab, um dieser Problematik entgegenzuwirken.[3] Seitdem folgen die Vorschriften zur Sanktionierung von Fehlverhalten durch Finanzmarktakteure einem einheitlichen Muster.[4] Es wird hierbei jedoch ein sektorspezifischer Legislativansatz verfolgt, um den Besonderheiten der einzelnen Sektoren und der EU-Rechtsakte im Finanzdienstleistungssektor hinreichend Rechnung zu tragen.[5]

4 Obwohl sich die in der Mitteilung der EK enthaltenen Empfehlungen in erster Linie auf die Sanktionsvorschriften der Mitgliedstaaten beziehen, sind diese auch bei den Bestimmungen auf EU-Ebene entsprechend zu berücksichtigen.[6] Damit ist klargestellt, dass auch die EBA über geeignete Sanktionsvorschriften zu verfügen hat, um die ihr zukommenden Aufgaben entsprechend vollziehen zu können.

5 Die Bestimmung des Art. 131 MiCAR regelt einerseits die **Feststellung von Verstößen** gegen Anhang V und VI MiCAR sowie anderseits die **Verhängung von Geldbußen** für diese Verstöße.[7] Sie stellt dabei eine **Aufsichtsmaßnahme gem. Art. 130 MiCAR** dar, die verhängt werden kann, wenn von der EBA festgestellt wird, dass ein in Anhang V oder VI MiCAR aufgeführter Verstoß begangen wurde.[8]

6 Die **Bestimmung verfolgt** dabei sowohl **generalpräventive als auch spezialpräventive Ziele**.[9]

7 Die **generalpräventiven Ziele** sollen va dadurch erreicht werden, indem durch die Verhängung einer Geldbuße das **Kosten-Nutzen-Kalkül** von **potenziellen Rechtsverletzern** beeinträchtigt wird und dementsprechend auch eine **abschreckende Wirkung** durch die jeweiligen **Sanktionsvorschriften erzielt werden soll**.[10] **Spezialpräventiv** soll die Geldbuße dagegen dadurch wirken, indem sie potenzielle Rechtsverletzer von zukünftigen Verstößen abhält.[11]

8 Mit einer **Geldbuße** wird damit **primär eine Sanktion gegen einen Verstoß** verfolgt. Dies stellt einen wesentlichen Unterschied zum Zwangsgeld dar, durch welches der Adressat dazu angehalten werden soll, den ihm durch die EBA auferlegten Verpflichtungen nachzukommen.[12]

9 Des Weiteren dient der hier gegenständliche Sanktionsbestimmung iwS auch dem **Verbraucher- bzw. Anlegerschutz** sowie der **Marktintegrität**. Schließlich soll hierdurch auch das **Vertrauen in den Finanzmarkt gestärkt werden**.[13]

---

[3] EK, KOM(2010) 716 final 7 ff.
[4] Assmann/Schneider/Mülbert/Gurlit MiFIR Art. 38h Rn. 3 mwN.
[5] EK, KOM(2010) 716 final 12; zu diesem Ansatz siehe etwa von Buttlar BB 2014, 451 (451 und 457); von Buttlar EuZW 2020, 598 (598 f.).
[6] Ebenso Assmann/Schneider/Mülbert/Gurlit MiFIR Art. 38h Rn. 3; Assmann/Schneider/Mülbert/Spoerr EMIR Art. 65 Rn. 2.
[7] Assmann/Schneider/Mülbert/Spoerr EMIR Art. 65 Rn. 2.
[8] Assmann/Schneider/Mülbert/Spoerr EMIR Art. 65 Rn. 2.
[9] Vgl. Assmann/Schneider/Mülbert/Gurlit MiFIR Art. 38h Rn. 3 mwN; Raschauer et al/Wessely MiCAR Art. 131 Rn. 1. → Art. 133 Rn. 11 f.
[10] Vgl. Assmann/Schneider/Mülbert/Gurlit MiFIR Art. 38h Rn. 3 und 10 mwN.
[11] Vgl. Assmann/Schneider/Mülbert/Gurlit MiFIR Art. 38h Rn. 3 mwN.
[12] → Art. 130 Rn. 16; → Art. 132 Rn. 5.
[13] Vgl. Erwgr. Nr. 108 MiCAR; EK, KOM(2010) 716 final 11; von Buttlar EuZW 2020, 598 (598 f.); Assmann/Schneider/Mülbert/Gurlit MiFIR Art. 38h Rn. 3.

Durch die Befugnis Geldbußen verhängen zu können, soll die EBA auch in die Lage versetzt werden, die **kohärente Anwendung der Rechtsvorschriften der EU sicherstellen** zu können.[14] 10

Die EBA ist jedoch nicht verpflichtet eine Geldbuße nach Art. 131 MiCAR zu verhängen, sondern kann hiervon auch absehen **(Entschließungsermessen).**[15] 11

In jenen Fällen, in denen die Emittenten von ART und EMT nicht als signifikant eingestuft wurden und dadurch von den mitgliedstaatlichen Aufsichtsbehörden beaufsichtigt werden, verpflichtet Art. 111 MiCAR die Mitgliedstaaten dazu, entsprechende nationale Befugnisse zu erlassen. 12

III. Zurechenbarkeit von Verhalten und Wissen

Hinsichtlich der Zurechnung von Verstößen aus Anhang V und VI MiCAR setzt Art. 131 Abs. 1 lit. a und b MiCAR eine Begehung durch einen Emittenten von signifikanten ART oder EMT oder eines Mitglieds seines Leitungsorgans voraus[16],[17] 13

Bei einem **Mitglied eines Leitungsorgans** handelt es sich um ein Organ, welches nach nationalem Recht bestellt wurde und das befugt ist, Strategie, Ziele und Gesamtpolitik des Unternehmens festzulegen. Ferner kontrolliert und überwacht dieses die Entscheidungen der Geschäftsführung und führt die Geschäfte des Unternehmens.[18] Hierunter sind bspw. bei einer **GmbH** folglich die **Geschäftsführer** und bei einer **AG** der **Vorstand** zu verstehen. 14

Die separate Nennung des „Leitungsorgans" im Gesetzestext wäre uE für die Zurechnung von Verstößen nicht zwingend erforderlich gewesen und ist wohl darauf zurückzuführen, dass der europäische Gesetzgeber hiermit die Verantwortung der Geschäftsführung besonders hervorheben wollte.[19] 15

Neben den Mitgliedern des Leitungsorgans kommen jedoch **auch noch weitere Personen in Betracht,** deren **Verhalten und Wissen** Emittenten von signifikanten ART und EMT **zugerechnet werden kann,** ohne ausdrücklich im Gesetzestext genannt zu sein.[20] 16

Zu diesem Ergebnis gelangt man durch eine Übertragung der **EuGH-Rechtsprechung** zur Zurechnung von Verhalten[21] im **Kartellrecht.**[22] Hiernach kann das **Verhalten und Wissen sämtlicher Personen dem** 17

---

[14] Vgl. Erwgr. Nr. 10 EMIR.
[15] Ausführlich hierzu → Art. 133 Rn. 50 ff.; Raschauer et al/Wessely MiCAR Art. 131 Rn. 8.
[16] Nach Wessely besteht hierbei eine kumulative Verantwortlichkeit, wodurch die Verhängung einer Geldbuße gegenüber einem Emittenten, der Verhängung einer Geldbuße gegenüber einem Mitglied eines Leitungsorgans nicht entgegen stehen soll, Raschauer et al/ Wessely MiCAR Art. 131 Rn. 2 mwN.
[17] Vgl. Assmann/Schneider/Mülbert/Spoerr EMIR Art. 65 Rn. 6.
[18] Vgl. Art. 3 Abs. 1 Nr. 27 MiCAR.
[19] Bereits ebenso Assmann/Schneider/Mülbert/Spoerr EMIR Art. 65 Rn. 6.
[20] Ausführlich hierzu siehe Assmann/Schneider/Mülbert/Gurlit MiFIR Art. 38h Rn. 7 mwN; Assmann/Schneider/Mülbert/Spoerr EMIR Art. 65 Rn. 6 f. mwN.
[21] Nach der hL wird bei der Wissenszurechnung ebenfalls die EuGH-Rechtsprechung zur Zurechnung von Verhalten im Kartellrecht herangezogen; Assmann/Schneider/Mülbert/ Spoerr EMIR Art. 65 Rn. 7 mwN.
[22] EuGH 7.6.1983 – C-100/80, ECLI:EU:C:1983:158 – SA Musique Diffusion française und andere/Kommission der Europäischen Gemeinschaften; hierzu siehe auch Assmann/ Schneider/Mülbert/Gurlit MiFIR Art. 38h Rn. 7 mwN; Assmann/Schneider/Mülbert/ Spoerr EMIR Art. 65 Rn. 6 mwN.

MiCAR Art. 131 Titel VII. Zuständige Behörde, EBA und ESMA

Unternehmen zugerechnet werden, die berechtigt sind, für das Unternehmen zu handeln. Die **Kenntnis über ein Fehlverhalten durch die Geschäftsführung** ist hierfür zudem **nicht erforderlich**.[23]

18 Schließlich ist es für die **Verhängung einer Geldbuße** durch die EBA **nicht erforderlich**, dass die **konkret handelnde Person ermittelt und bekannt wird**.[24]

IV. Voraussetzungen für die Verhängung der Geldbuße

19 Die EBA verhängt gem. Art. 131 Abs. 1 iVm Art. 134 Abs. 8 MiCAR eine Geldbuße, wenn sie auf Grundlage der Verfahrensakte und nach Anhörung gem. Art. 135 MiCAR festgestellt hat, dass ein Aufsichtsadressat vorsätzlich oder fahrlässig einen der in Anhang V oder VI MiCAR aufgeführten Verstöße begangen hat.

20 Der **Feststellung** eines vorwerfbaren Verstoßes nach Anhang V oder VI MiCAR hat dadurch zwingend ein **Verfahren durch einen Untersuchungsbeauftragten**[25] gem. Art. 134 MiCAR **vorauszugehen**.[26]

21 Die EBA muss dabei aber nicht mit den **Prüfungsfeststellungen** des Untersuchungsbeauftragten übereinstimmen.[27] Die Verhängung einer Geldbuße ist demnach auch möglich, wenn die EBA sachlich von dessen Feststellungen abweicht.[28]

22 Um die Rechte des **Aufsichtsadressaten** in entsprechender Weise sicherzustellen, kommen diesen sowohl beim Verfahren des Untersuchungsbeauftragen als auch bei der Vorbereitung der darauf beruhenden Entscheidung durch die EBA weitreichende **Beteiligungsrechte** zu.[29] Eine **Konkretisierung** dieser Rechte findet sich in der **DelVO 2024/1504/EU**.

23 Die Feststellung setzt ferner einen in **Anhang V oder VI MiCAR** aufgeführten Verstoß voraus.[30]

24 Im Rahmen der **Verhängung einer Geldstrafe** durch die EBA nach Art. 131 MiCAR haben damit folgende **Schritte** zu erfolgen:
- Wahrnehmungen der EBA, dass ein Verstoß nach Anhang V oder VI MiCAR vorliegen könnte;
- ein Verfahren durch einen Untersuchungsbeauftragten (Art. 134 MiCAR);[31]
- das Entscheidungsverfahren bei der EBA[32] (Art. 134 und 135 MiCAR)[33] und schließlich

---

[23] EuGH 7.6.1983 – C-100/80, ECLI:EU:C:1983:158 – SA Musique Diffusion française und andere/Kommission der Europäischen Gemeinschaften; hierzu siehe auch Assmann/Schneider/Mülbert/Gurlit MiFIR Art. 38h Rn. 7 mwN.
[24] EuGH 18.9.2003 – C-338/00 P, ECLI:EU:C:2003:473 – Volkswagen AG/Kommission der Europäischen Gemeinschaften; Assmann/Schneider/Mülbert/Gurlit MiFIR Art. 38h Rn. 7 mwN; Assmann/Schneider/Mülbert/Spoerr EMIR Art. 65 Rn. 7 mwN.
[25] Art. 134 Abs. 1 MiCAR.
[26] Vgl. Assmann/Schneider/Mülbert/Gurlit MiFIR Art. 38h Rn. 4.
[27] Art. 2 und Erwgr. Nr. 4 DelVO 2024/1504/EU.
[28] Assmann/Schneider/Mülbert/Gurlit MiFIR Art. 38h Rn. 4.
[29] Assmann/Schneider/Mülbert/Gurlit MiFIR Art. 38h Rn. 4.
[30] Ausführlich zu der Frage, ob hierdurch dem unionsrechtlichen Bestimmtheitsgrundsatz entsprochen wird siehe Assmann/Schneider/Mülbert/Gurlit MiFIR Art. 38h Rn. 5.
[31] Hierzu → Art. 134, 135 Rn. 8 ff.
[32] Im Rahmen dieses Verfahrens kommt es zu einer Anhörung der betroffenen Person und gegebenenfalls zur Feststellung eines vorwerfbaren Verstoßes durch die EBA.
[33] Hierzu → Art. 134, 135 Rn. 30 ff.

- die Feststellung eines vorwerfbaren Verstoßes nach Anhang V oder VI MiCAR.

Hinsichtlich eines vorwerfbaren **Verstoßes nach Anhang V oder VI MiCAR** ist dabei noch zu berücksichtigen, dass dieses Verhalten **vorsätzlich oder fahrlässig begangen**[34] sein muss.[35]

Ein Verstoß gilt dabei als **vorsätzlich begangen,** wenn die EBA anhand **objektiver Faktoren** nachweisen kann, dass ein Aufsichtsadressat den Verstoß „**absichtlich**" begangen hat.[36]

Durch die geforderten **objektiven Anhaltspunkte** zum Nachweis eines vorsätzlichen Handelns lässt der europäische Gesetzgeber verstehen, dass hierfür grundsätzlich **Beweise vorzuliegen haben.**[37]

Die **Vorsatzdefinition** wirft darüber hinaus jedoch auch rechtliche **Fragestellungen auf.**[38] Nach dem hier verwendeten Wortlaut ist nicht klar, welche Vorsatzformen[39] hiervon umfasst bzw. sanktionsbeschwert sein sollen.[40]

Ein dementsprechender (unmittelbarer) **Rückgriff auf das nationale Recht** hat schon **aufgrund des europarechtlichen Hintergrundes zu unterbleiben.** Die **Auslegung des Begriffs** des Vorsatzes hat mit Blick auf die MiCAR folglich **europarechtlich autonom zu erfolgen.**[41]

Es bestehen wohl **gleichlautende Formulierungen in Parallelbestimmungen in anderen finanzmarktrechtlichen Vorschriften** des Europarechts (zB Art. 65 EMIR, Art. 38h MiFIR), jedoch wird in diesen ebenfalls nicht näher auf diese Problematik eingegangen. Ein Blick ins übrige **Unionsrecht** hilft ebenfalls nicht weiter, da in diesem **keine einheitliche Vorsatzdefinition** besteht.[42]

Im Bezug auf das **Kartellrecht** bestünde hierzu wohl eine entsprechende **EuGH-Rechtsprechung,**[43] jedoch wird eine **Übertragung** auf die **finanzmarktrechtlichen Vorschriften von der Literatur abgelehnt,** da das vom EuGH vertretene, in die bewusste Fahrlässigkeit hineinspielende Ver-

25
26
27
28
29
30
31

---

[34] Siehe hierzu etwa auch Raschauer et al/Wessely MiCAR Art. 131 Rn. 6.
[35] Vgl. Art. 130 Abs. 3 lit. d und Art. 131 Abs. 2 lit. d MiCAR.
[36] Art. 131 Abs. 1 UAbs. 2 MiCAR.
[37] Assmann/Schneider/Mülbert/Gurlit MiFIR Art. 38h Rn. 6; Assmann/Schneider/Mülbert/Spoerr EMIR Art. 65 Rn. 8.
[38] Ausführlich hierzu siehe ebenfalls Assmann/Schneider/Mülbert/Gurlit MiFIR Art. 38h Rn. 6; Assmann/Schneider/Mülbert/Spoerr EMIR Art. 65 Rn. 4 f.
[39] Diesbezüglich ist darauf zu achten, dass die Verschuldensanforderungen in den Mitgliedstaaten der EU nicht überall gleich ausgestaltet sind; siehe hierzu etwa FK-KartellR/Meyer VO 1/2003 Art. 23 Rn. 88 ff. mwN; von Buttlar EuZW 2020, 598 (601).
[40] Ausführlich zu dieser Frage siehe Assmann/Schneider/Mülbert/Spoerr EMIR Art. 65 Rn. 4.
[41] Ebenso Assmann/Schneider/Mülbert/Spoerr EMIR Art. 65 Rn. 4 mwN; vgl. EuGH 18.1.1984 – C-327/82, ECLI:EU:C:1984:11 – Ekro BV Vee- en Vleeshandel/Produktschap voor Vee en Vlees; EuGH 19.9.2000 – C-287/98, ECLI:EU:C:2000:468 – Grossherzogtum Luxemburg/Berthe Linster, Aloyse Linster und Yvonne Linster; EuGH 21.10.2010 – C-467/08, ECLI:EU:C:2010:620 – Padawan SL/Sociedad General de Autores y Editores de España (SGAE).
[42] Schlussanträge der GA Kokott vom 24.10.2013 – C-396/12, ECLI:EU:C:2013:698 Rn. 32 – A. M. van der Ham und A. H. van der Ham-Reijersen van Buuren/College van Gedeputeerde Staten van Zuid-Holland; Assmann/Schneider/Mülbert/Spoerr EMIR Art. 65 Rn. 4 mwN.
[43] FK-KartellR/Meyer VO 1/2003 Art. 23 Rn. 86 ff. mwN; Assmann/Schneider/Mülbert/Spoerr EMIR Art. 65 Rn. 4 mwN.

MiCAR Art. 131   Titel VII. Zuständige Behörde, EBA und ESMA

ständnis von Vorsatz im Widerspruch zur Verwendung des Begriffs „absichtlich" steht.[44]

32 Obwohl der europäische Gesetzgeber klargestellt hat, dass sowohl **vorsätzliche als auch fahrlässige Verstöße** gegen Anhang V und VI MiCAR geahndet werden sollen, bleiben zwischen diesen beiden Begriffen **Abgrenzungsprobleme** bestehen, die noch einer näheren Klärung bedürfen.[45]

33 Die überfällige Klärung dieser Problematik wäre auch deswegen wichtig, da sich die **Begehungsform** (Vorsatz oder Fahrlässigkeit) auf die **Höhe der zu verhängenden Geldbuße durch die EBA auswirkt**.[46]

34 Diese offene Frage führt dabei wohl zu keiner Wettbewerbsverzerrung, da für die Verhängung ausschließlich die EBA verantwortlich ist, jedoch bringt dieser Umstand sehr wohl eine gewisse **Rechtsunsicherheit** für potenziell Betroffene mit sich, da die Höhe der möglichen Geldbuße hierdurch schwerer eingeschätzt werden kann.

35 Diesbezüglich wird es interessant sein, welche **zukünftige Verwaltungspraxis** sich in den nächsten Jahren hierbei von der EBA und in den Parallelbestimmungen von der ESMA herausbilden wird, da hierdurch möglicherweise ein gewisser Aufschluss über diese Abgrenzungsproblematik gewonnen werden kann.

V. Bemessungsgrundsätze und Höhe der Geldbuße

36 Die von der EBA verhängten Geldbußen haben **wirksam**[47] **und verhältnismäßig**[48] zu sein **(Bemessungsgrundsätze)**.

37 Diese Voraussetzungen beziehen sich damit zu einem Teil auf die **Frage**, ob **überhaupt eine Geldbuße** von der EBA **verhängt werden soll**. Kann diese mit ja beantwortet werden, hat sich die EBA in weiterer Folge damit auseinanderzusetzen, **in welcher Höhe diese verhängt werden soll**, damit den Anforderungen entsprochen wird.[49]

38 Im **Vergleich zu Art. 132 MiCAR fehlt** es dem gegenständlichen Art. an einer **ausdrücklichen Bestimmung hierzu**. Dies ändert uE jedoch nichts daran, dass diese **Bemessungsgrundsätze auch hier zu gelten** haben. Ferner wird hierdurch auch dem von der **EK** formulierten **Anspruch gerecht**, dass ein **bestehendes Sanktionsregime wirksam und verhältnismäßig**[50] **zu sein hat**.[51] Hiermit soll auch ein etwaiges „Kosten-Nutzen-Kalkül" von potenziellen Rechtsverletzern beeinträchtigt werden und

---

[44] Assmann/Schneider/Mülbert/Spoerr EMIR Art. 65 Rn. 4.
[45] Vgl. Assmann/Schneider/Mülbert/Gurlit MiFIR Art. 38h Rn. 6; Assmann/Schneider/Mülbert/Spoerr EMIR Art. 65 Rn. 4 f.
[46] Vgl. Assmann/Schneider/Mülbert/Gurlit MiFIR Art. 38h Rn. 6 mwN; Assmann/Schneider/Mülbert/Spoerr EMIR Art. 65 Rn. 5.
[47] Eine Sanktion kann als wirksam angesehen werden, wenn sie die Einhaltung des EU-Rechts sicherstellen kann; EK, KOM(2010) 716 final 5.
[48] Eine Sanktion kann als verhältnismäßig angesehen werden, wenn sie der Schwere des Verstoßes angemessen ist und nicht über das zur Erreichung der verfolgten Ziele notwendige Maß hinausgeht; EK, KOM(2010) 716 final 5.
[49] Auch → Art. 132 Rn. 48.
[50] Die Verhältnismäßigkeit ergibt sich auch aus den Kriterienkatalogen der Art. 130 und 131 MiCAR; vgl. → Art. 130 Rn. 37.
[51] EK, KOM(2010) 716 final 14 f.; siehe hierzu Assmann/Schneider/Mülbert/Spoerr EMIR Art. 65 Rn. 12.

Geldbußen **Art. 131 MiCAR**

dementsprechend auch eine **abschreckende Wirkung**[52] durch die jeweiligen **Sanktionsvorschriften erzielt werden**.[53]

Ob durch Art. 131 MiCAR tatsächlich das Ziel der EK erreicht wird, dass eine effektive Einhaltung der Organisations- und Verhaltenspflichten durch die Aufsichtsadressaten erreicht wird, lässt sich aktuell nicht mit aller Sicherheit sagen. 39

Dies liegt insbes. daran, dass es der **europäische Gesetzgeber**, im Unterschied zu anderen finanzmarktrechtlichen Vorschriften,[54] hier **unterlassen** hat, **fixe Unter- und Obergrenzen für Verstöße vorzusehen**. Abgesehen von den umsatzbezogenen Grenzen für Geldbußen, welche in Art. 133 Abs. 3 und 4 MiCAR vorgesehen sind, lässt sich damit nur sehr schwer eruieren, in welchem Rahmen man sich hier bewegt. 40

Das vollkommene Fehlen von fixen Unter- und Obergrenzen ist auch deswegen so verwunderlich, da derartige Grenzen **bei den verwaltungsrechtlichen Sanktionen der Mitgliedstaaten** sehr wohl **vorgesehen** sind (Art. 111 MiCAR). Die dort festgehaltenen Grenzwerte können aufgrund der besonderen Größe von Emittenten von signifikanten ART und EMT jedoch wohl nur als ein schlichter Näherungswert dienen. 41

Das nicht Vorsehen von fixen Unter- und Obergrenzen für Geldbußen gem. Art. 131 MiCAR führt wohl zu keiner Wettbewerbsverzerrung, da für die Verhängung ausschließlich die EBA verantwortlich ist, jedoch bringt dieser Umstand sehr wohl eine gewisse **Rechtsunsicherheit** für potenziell Betroffene mit sich, da der Rahmen der möglichen Geldbuße nur schwer eingeschätzt werden kann. Da in Parallelbestimmungen in anderen finanzmarktrechtlichen Vorschriften derartige Grenzen vorgesehen sind, ist hier uE wohl von einem legistischen Versehen auszugehen. 42

Infolge der Vorgaben des Art. 131 MiCAR ist die **Höhe der Geldbuße folgendermaßen zu bestimmen**: 43

• Wurde der **Verstoß vorsätzlich oder fahrlässig begangen** und
• welche **Art und Schwere von Verstoß** liegt aufgrund der Kriterien des Art. 131 Abs. 2 MiCAR vor.

Im ersten Schritt hat die EBA damit festzustellen, ob die betreffende Person einen der in Anhang V oder VI MiCAR aufgeführten Verstöße vorsätzlich oder fahrlässig begangen hat. Im daran anschließenden Schritt hat sie anhand der Kriterien des Art. 131 Abs. 2 MiCAR noch die Art und Schwere des Verstoßes zu bestimmen. 44

Der **Kriterienkatalog** gilt dabei für die in Art. 131 Abs. 1 lit. a und b MiCAR genannten Personen gleichermaßen.[55] Der Katalog enthält eine **Reihe von erschwerenden und mildernden Koeffizienten**, deren Vorliegen in der Folge zu einer höheren oder niedrigeren Bemessung der Geldbuße führt.[56] 45

---

[52] Eine Sanktion kann als abschreckend angesehen werden, wenn sie schwer genug ist, um einen Urheber von einem weiteren Verstoß und andere potenzielle Rechtsbrecher von einem erstmaligen Verstoß abzuhalten; EK, KOM(2010) 716 final 5.
[53] Assmann/Schneider/Mülbert/Gurlit MiFIR Art. 38h Rn. 3 und 10 mwN; vgl. Assmann/Schneider/Mülbert/Spoerr EMIR Art. 65 Rn. 12.
[54] Siehe etwa Art. 65 Abs. 2 EMIR, Art. 38h Abs. 2 MiFIR, Art. 36a Abs. 2 Rating-VO.
[55] → Art. 130 Rn. 38.
[56] Assmann/Schneider/Mülbert/Spoerr EMIR Art. 65 Rn. 10; vgl. von Buttlar EuZW 2020, 598 (599).

46 So bringt etwa eine besondere Gefährlichkeit bzw. eine größere Schwere eines Verstoßes eine höhere Geldbuße mit sich.[57] Demgegenüber hat eine verstärkte Zusammenarbeit der betreffenden Person mit der EBA[58] sowie ergriffene Maßnahmen zur Verhinderung einer Wiederholung des Verstoßes,[59] eine reduzierende Wirkung auf die Geldbuße zur Folge.

47 Die Kriterien des Art. 131 Abs. 1 lit. a–k MiCAR[60] sind dabei teilweise recht wage formuliert und bedürfen demnach einer Interpretation im Einzelfall.[61]

48 Eine **idente Liste** von Kriterien findet sich zudem in **Art. 130 Abs. 3 lit. a–k MiCAR** hinsichtlich des **Ergreifens von Aufsichtsmaßnahmen**. Die hier angeführte Liste wäre demnach nicht zwingend erforderlich gewesen, sondern es hätte auch ein schlichter Verweis auf die Kriterienliste in Art. 130 Abs. 3 lit. a–k MiCAR genügt.[62]

49 Schließlich sind bei der Bemessung einer Geldbuße auch noch die **Art. 131 Abs. 4 und 5 MiCAR** zu beachten.[63] Darin ist festgelegt, dass die Geldbuße bei

- Emittenten von signifikanten **ART** nicht mehr als **12,5 %** und bei
- Emittenten von signifikanten **EMT** nicht mehr als **10 %**

des jeweiligen **Jahresumsatzes im vorangegangenen Geschäftsjahr** oder den zweifachen Betrag der infolge des Verstoßes erzielten Gewinne oder vermiedenen Verluste betragen darf, sofern diese sich beziffern lassen.

50 Die etwas **geringere umsatzbezogene Grenze bei Emittenten von signifikanten EMT** lässt sich wohl auf ihre **geringeren Verpflichtungen,** im Vergleich zu Emittenten von signifikanten ART, **zurückführen.** Ferner lässt sich hierdurch auch erkennen, dass der europäische Gesetzgeber wohl von einem etwas **geringeren Risiko** bei Emittenten von signifikanten EMT ausgeht. Unter **Berücksichtigung des Verhältnismäßigkeitsgrundsatzes** ist es demnach nur sachgerecht, dass für Emittenten von signifikanten EMT eine **geringere umsatzbezogene Grenze** gilt, als dies bei Emittenten von signifikanten ART der Fall ist.[64]

51 Schließlich hat die EBA bei der Verhängung einer Geldbuße auch die bisherige **Rechtsprechung des EuGH** zur Umsetzung und Anwendung bei der Festlegung von Geldbußen bei EU-Vorschriften zu berücksichtigen.[65]

VI. Konkurrenzen

52 **Keine Regelung** findet sich in Art. 131 MiCAR dahingehend, wie in jenen Fällen vorzugehen ist, wenn ein Aufsichtsadressat mehr als einen der

---

[57] → Art. 130 Rn. 37.
[58] Art. 131 Abs. 2 lit. i MiCAR.
[59] Art. 131 Abs. 2 lit. k MiCAR.
[60] Ausführlich zu den einzelnen Kriterien siehe Raschauer et al/Wessely MiCAR Art. 130 Rn. 11 mwN.
[61] → Art. 130 Rn. 37; nach Gurlit dürfte der Kriterienkatalog dennoch den Bestimmtheitsgrundsätzen der EU entsprechen; Assmann/Schneider/Mülbert/Gurlit MiFIR Art. 38h Rn. 10 mwN.
[62] Vgl. → Art. 130 Rn. 39.
[63] Siehe hierzu auch Raschauer et al/Wessely MiCAR Art. 131 Rn. 9.
[64] Vgl. → Art. 137 Rn. 16.
[65] Siehe etwa EuGH 26.11.2015 – C-487/14, ECLI:EU:C:2015:780 – SC Total Waste Recycling SRL/Országos Környezetvédelmi és Természetvédelmi Főfelügyelőség; EuGH 9.6.2016 – C-69/15, ECLI:EU:C:2016:425 – Nutrivet D.O.O.E.L./Országos Környezetvédelmi és Természetvédelmi Főfelügyelőség.

Anhang V und VI MiCAR aufgeführten Verstöße begangen hat (**Konkurrenzen**).

Folglich wird man sich an anderen **vergleichbaren finanzmarktrechtlichen Vorschriften zu orientieren** haben.[66] In diesen wird für derartige Fälle bestimmt, dass gegenüber der betreffenden Person immer **nur die höhere berechnete Geldbuße**, für einen der zugrundeliegenden Verstöße, **verhängt wird**. Diese Vorgangsweise hat uE auch für Art. 131 MiCAR zu gelten. 53

Dies entspricht auch **Art. 4 ¶ 7. ZPEMRK**, wonach man wegen derselben Sache von einem Staat nicht zweimal bestraft und auch nicht zweimal, also in zwei verschiedenen Verfahren, verfolgt werden darf (**Doppelbestrafungsverbot**).[67] 54

Im Umkehrschluss hat diese Vorgangsweise auch zur Folge, dass **Geldbußen von Verstößen**, die auf **unterschiedlichen Handlungen oder Unterlassungen** beruhen, zu **addieren** sind.[68] 55

Die Bestimmung darüber, ob die Verstöße auf unterschiedliche Handlungen oder Unterlassungen beruhen oder nicht, spielt demnach eine entscheidende Rolle für die Höhe der Geldbuße.[69] 56

VII. Verjährung der Geldbuße

Die Regelungen hinsichtlich der **Verjährungsfrist für die Verhängung von Geldbußen** finden sich in Art. 6 DelVO 2024/1504/EU.[70] Darin ist festgelegt, dass die **Frist fünf Jahre** beträgt und dass diese einen Tag nach dem der Verstoß begangen wurde zum Laufen beginnt.[71] 57

Sollten fortgesetzte oder wiederholte Verstöße vorliegen, beginnt die Verjährungsfrist demgegenüber erst an dem Tag, an dem die Zuwiderhandlung abgestellt wird.[72] 58

Setzt die EBA oder eine nationale Behörde, infolge einer Aufgabenübertragung gem. Art. 138 MiCAR, **Maßnahmen zur Untersuchung** in Bezug auf einen Verstoß nach Anhang V oder VI MiCAR, so führt dies zu einer **Unterbrechung**[73] der Verjährungsfrist.[74] 59

Wird eine dementsprechende Maßnahme gesetzt, führt eine Unterbrechung dazu, dass die **Verjährungsfrist neu zum Laufen beginnt**.[75] 60

Es kann zudem auch zu einem **Aussetzen der Verjährungsfrist** kommen, wenn der gegenständliche Beschluss der EBA Gegenstand bei der EBA-Beschwerdestelle[76] oder beim EuGH[77] anhängig ist.[78] 61

---

[66] Siehe etwa Art. 65 Abs. 4 UAbs. 1 EMIR, Art. 48f Abs. 5 BMR, Art. 36a Abs. 4 UAbs. 1 Rating-VO.
[67] Vgl. Art. 50 GRCh.
[68] Assmann/Schneider/Mülbert/Spoerr EMIR Art. 65 Rn. 11.
[69] Vgl. Assmann/Schneider/Mülbert/Spoerr EMIR Art. 65 Rn. 11 mwN.
[70] Erwgr. 8 DelVO 2024/1504/EU; vgl. hierzu Assmann/Schneider/Mülbert/Gurlit MiFIR Art. 38h Rn. 11.
[71] Art. 6 Abs. 2 DelVO 2024/1504/EU.
[72] Art. 6 Abs. 2 DelVO 2024/1504/EU.
[73] Die Verjährungsfrist gilt dabei ab jenem Tag als unterbrochen, ab welchem die betroffene Person von der Maßnahme in Kenntnis gesetzt wurde (Art. 6 Abs. 3 DelVO 2024/1504/EU).
[74] Art. 6 Abs. 3 DelVO 2024/1504/EU.
[75] Art. 6 Abs. 4 DelVO 2024/1504/EU.
[76] Art. 60 EBA-VO.
[77] Art. 136 MiCAR.
[78] Art. 6 Abs. 5 DelVO 2024/1504/EU.

MiCAR Art. 132 Titel VII. Zuständige Behörde, EBA und ESMA

Artikel 132 Zwangsgelder

(1) Die EBA erlässt einen Beschluss zur Verhängung von Zwangsgeldern, um
a) eine Person im Einklang mit einem Beschluss gemäß Artikel 130 dazu zu verpflichten, das Verhalten, das einen Verstoß darstellt, abzustellen;
b) eine in Artikel 122 Absatz 1 genannte Person dazu zu verpflichten,
   i) Informationen, die per Beschluss nach Artikel 122 angefordert wurden, vollständig zu erteilen;
   ii) sich einer Untersuchung zu unterziehen und insbesondere vollständige Aufzeichnungen, Daten, Verfahren und sonstiges angefordertes Material vorzulegen sowie sonstige im Rahmen einer per Beschluss nach Artikel 123 angeordneten Untersuchung vorzulegende Informationen zu vervollständigen oder zu berichtigen;
   iii) eine Prüfung vor Ort zu dulden, die mit Beschluss gemäß Artikel 124 angeordnet wurde.

(2) Ein Zwangsgeld muss wirksam und verhältnismäßig sein. Die Zahlung des Zwangsgelds wird für jeden Tag des Verzugs angeordnet.

(3) Unbeschadet des Absatzes 2 beträgt das Zwangsgeld 3 % des durchschnittlichen Tagesumsatzes im vorangegangenen Geschäftsjahr bzw. bei natürlichen Personen 2 % des durchschnittlichen Tageseinkommens im vorausgegangenen Kalenderjahr. Es wird ab dem im Beschluss der EBA über die Verhängung des Zwangsgelds genannten Termin berechnet.

(4) Ein Zwangsgeld wird für einen Zeitraum von höchstens sechs Monaten ab der Übermittlung des Beschlusses der EBA verhängt. Am Ende dieses Zeitraums überprüft die EBA diese Maßnahme.

Übersicht

	Rn.
I. Literatur	1
II. Hintergrund und Zweck der Norm	2
III. Adressaten des Zwangsgeldes	10
IV. Verfahren der Zwangsgeldverhängung	14
V. Zwangsgeldtatbestände	20
1. Aufsichtsmaßnahmen (Art. 132 Abs. 1 lit. a MiCAR)	24
2. Ermittlungsmaßnahmen (Art. 132 Abs. 1 lit. b MiCAR)	31
VI. Bemessungsgrundsätze und Höhe des Zwangsgeldes	47
VII. Dauer des Zwangsgeldes	51
VIII. Verjährung des Zwangsgeldes	55

I. Literatur

1   Siehe allgemeines Verzeichnis.

II. Hintergrund und Zweck der Norm

2   Art. 132 MiCAR beinhaltet die Rechtsgrundlage für die **Verhängung von Zwangsgeldern** durch die EBA, um von ihr per Beschluss auferlegte Verpflichtungen durchzusetzen.[1]

---

[1] Inhaltlich vergleichbare Bestimmungen finden sich etwa in Art. 66 EMIR (VO 2012/648/EU); Art. 61 EUGBV (VO 2023/2631/EU); Art. 38i MiFIR (VO 2014/600/EU);

Die Notwendigkeit des Bestehens dieser Bestimmung ist auf die Befugnis 3
der EBA zum Erlass beschlussförmiger Maßnahmen zurückzuführen.[2]

Durch sie soll folglich **sichergestellt werden,** dass von der EBA erlasse- 4
ne **Beschlüsse** in Bezug auf Maßnahmen nach Art. 122–124 und 130
MiCAR **beachtet werden** und die hiervon betroffenen Personen dazu
gebracht werden, ihr Zuwiderhandeln gegen diese zu beenden.[3]

Mit der Bestimmung des Art. 132 MiCAR werden damit **präventive** 5
Ziele verfolgt, da der Adressat durch die Verhängung eines Zwangsgeldes
dazu angehalten werden soll, den ihm durch die EBA auferlegten Verpflichtungen nachzukommen, sei es durch eine Handlung, Duldung oder Unterlassung.[4] Klargestellt ist hierdurch auch, dass der gegenständlichen Vorschrift
kein Sanktionscharakter zukommt.[5]

Durch die Befugnis Zwangsgelder verhängen zu können, soll die EBA in 6
die Lage versetzt werden, die **kohärente Anwendung der Rechtsvorschriften der EU sicherstellen** zu können.[6]

Die EBA ist jedoch nicht verpflichtet ein Zwangsgeld nach Art. 132 7
MiCAR zu verhängen, sondern kann hiervon auch absehen **(Entschließungsermessen).**[7]

Bei der **Befugnis** der EBA **zur Verhängung von Zwangsgeldern** 8
handelt es sich zudem **weder um zivilrechtliche Ansprüche noch um
eine strafrechtliche Anklage iSd Art. 6 EMRK.**[8]

In jenen Fällen, in denen die Emittenten von ART und EMT nicht als 9
signifikant eingestuft wurden und dadurch von den mitgliedstaatlichen Aufsichtsbehörden beaufsichtigt werden, verpflichtet Art. 111 MiCAR die Mitgliedstaaten dazu, entsprechende nationale Befugnisse zu erlassen.

III. Adressaten des Zwangsgeldes

Der konkrete Adressat des Zwangsgeldes wird durch die Verpflichtung 10
bestimmt, die durch die Zwangsgeldverhängung durchgesetzt werden soll
(Art. 132 Abs. 1 lit. a oder lit. b MiCAR).

Art. 36b Rating-VO (VO 2009/1060/EU); Art. 48g BMR (VO 2016/1011/EU) sowie Art. 39 SRM-VO (VO 2014/806/EU). Die Verhängung von Zwangsgeldern kommt hierbei jeweils der ESMA zu, außer im Rahmen der SRM-VO, wo diese Aufgabe von einem Ausschuss (Art. 42 SRM-VO) übernommen wird. Bei der MiFIR und der BMR wurde diese Befugnis im Rahmen der VO 2019/2175/EU in die Regelwerke eingefügt, bei der Rating-VO durch die VO 2011/513/EU. Aufgrund des weitgehend übereinstimmenden Wortlautes wird man die hierzu bestehende Literatur auch für die gegenständliche Bestimmung heranziehen dürfen.

[2] Vgl. Erwgr. Nr. 116 MiCAR; Assmann/Schneider/Mülbert/Gurlit MiFIR Art. 38i Rn. 2.

[3] Vgl. Erwgr. Nr. 52 VO 2019/2175/EU; Erwgr. Nr. 82 EMIR; Assmann/Schneider/Mülbert/Spoerr EMIR Art. 66 Rn. 3 mwN.

[4] Dies stellt einen wesentlichen Unterschied zur Geldbuße gem. Art. 131 MiCAR dar, welche primär eine Sanktion gegen einen Verstoß darstellen soll; hierzu auch → Art. 130 Rn. 16; Art. 131 Rn. 8.

[5] Assmann/Schneider/Mülbert/Gurlit MiFIR Art. 38i Rn. 3; vgl. Assmann/Schneider/Mulbert/Spoerr EMIR Art. 66 Rn. 5 mwN.

[6] Vgl. Erwgr. Nr. 10 EMIR; Assmann/Schneider/Mülbert/Spoerr EMIR Art. 66 Rn. 3 mwN; vgl. Assmann/Schneider/Mülbert/Gurlit MiFIR Art. 38i Rn. 3.

[7] Ausführlich hierzu → Art. 133 Rn. 50 ff.; Raschauer et al/Wessely MiCAR Art. 132 Rn. 3.

[8] Ausführlich hierzu Assmann/Schneider/Mülbert/Spoerr EMIR Art. 66 Rn. 5 mwN; im Ergebnis ebenso Assmann/Schneider/Mülbert/Gurlit MiFIR Art. 38i Rn. 3.

MiCAR Art. 132   Titel VII. Zuständige Behörde, EBA und ESMA

11   **Adressaten** der Verhängung eines Zwangsgeldes gem. **Art. 132 Abs. 1 lit. a MiCAR** sind dabei all jene **Personen,** an die sich eine durchzusetzende Aufsichtsmaßnahme zur **Beendigung eines Verstoßes nach Art. 130 MiCAR richtet.**

12   Der europäische Gesetzgeber unterlässt in Art. 132 Abs. 1 lit. a MiCAR die möglichen Adressaten einzeln anzuführen. Mit einem Blick in Art. 130 MiCAR kann es sich hierbei aber bspw. um Emittenten von signifikanten ART sowie von EMT oder um Anbieter von Kryptowerte-Dienstleistungen handeln.[9]

13   Bei **Adressaten** gegenüber denen ein Zwangsgeld gem. **Art. 132 Abs. 1 lit. b MiCAR** verhängt werden soll, handelt es sich demgegenüber um **Personen die in Art. 122 Abs. 1 MiCAR genannt sind.** Dies trifft etwa auf Emittenten von signifikanten ART sowie von EMT, Drittunternehmen iSv Art. 34 Abs. 5 UAbs. 1 lit. h MiCAR, Zahlungsdienstleister die Zahlungsdienste im Zusammenhang mit signifikanten E-Geld-Token erbringen oder Leitungsorgane der in Art. 122 Abs. 1 lit. a–h MiCAR genannten Personen zu.

IV. Verfahren der Zwangsgeldverhängung

14   Beim Beschluss über die Verhängung von Zwangsgeldern handelt es sich um ein **zweistufiges Verfahren.** Dies ergibt sich aus dem Verhältnis der Bestimmung zu Art. 130 MiCAR und Art. 3 Abs. 1 DelVO 2024/1404/EU.[10]

15   Vor einem Beschluss über die Verhängung eines Zwangsgeldes hat die **EBA** der dem Verfahren unterliegenden Person in einem **ersten Schritt die Prüfungsfeststellungen zu übermitteln.** Darin sind die Gründe für die Verhängung des Zwangsgeldes und der Betrag dieses Zwangsgeldes für jeden Tag der Nichteinhaltung angeführt. Ferner wird darin auch eine Frist[11] festgelegt,[12] innerhalb welcher die betroffene Person eine Stellungnahme zum gegenständlichen Sachverhalt abgeben kann **(Anhörungsrecht).**[13]

16   Die EBA kann die dem Verfahren unterliegende Person darüber hinaus auch zu einer **mündlichen Anhörung** einladen, sofern sie dies zur Klärung erforderlich erachtet. Die betroffene Person kann sich in diesem Fall von einem Berater ihrer Wahl begleiten lassen.[14] Die mündliche Anhörung findet unter dem Ausschluss der Öffentlichkeit statt.[15]

17   Die betroffene Person hat zudem auch die Möglichkeit, die **Verhängung des Zwangsgeldes abzuwenden,** indem diese die von der EBA geforderte Maßnahme entsprechend umsetzt.[16] Damit wird klargestellt, dass mit der **Bestimmung des Art. 132 MiCAR keine Pönalisierung verbunden** ist.[17]

---

[9] Ausführlich hierzu → Art. 130 Rn. 15 f.; vgl. Raschauer et al/Wessely MiCAR Art. 132 Rn. 2.
[10] Assmann/Schneider/Mülbert/Gurlit MiFIR Art. 38i Rn. 4; Assmann/Schneider/Mülbert/Spoerr EMIR Art. 66 Rn. 12.
[11] Die Frist hat hierbei mindestens vier Wochen zu betragen.
[12] Stellungnahmen die erst nach der festgelegten Frist bei ihr eingehen, muss die EBA bei ihrer Entscheidung nicht berücksichtigen.
[13] Art. 135 Abs. 1 MiCAR; Art. 3 Abs. 1 DelVO 2024/1504/EU.
[14] Z. B. durch einen Rechtsanwalt oder eine sonstige qualifizierte Person.
[15] Art. 3 Abs. 2 DelVO 2024/1504/EU.
[16] Art. 3 Abs. 4 DelVO 2024/1504/EU.
[17] Assmann/Schneider/Mülbert/Gurlit MiFIR Art. 38i Rn. 3.

Art. 132 MiCAR

Hat die betroffene Person die geforderte Maßnahme nicht umgesetzt und ist es auch durch deren Anhörung nicht zum Absehen der Verhängung des Zwangsgeldes durch die EBA gekommen, hat diese in einem **weiteren Schritt den Beschluss über die Verhängung des Zwangsgeldes zu fassen.** 18

Im Beschluss sind dabei die Rechtsgrundlage und die Gründe für den Beschluss, die Höhe des Zwangsgelds sowie das Datum der ersten zu leistenden Zahlung anzugeben **(Beschlussinhalt).**[18] 19

V. Zwangsgeldtatbestände

In **Art. 132 Abs. 1 MiCAR** findet sich die **abschließende Aufzählung** der Tatbestände unter welchen die EBA die Befugnis hat Zwangsgelder zu verhängen. 20

Dabei wird zwischen der **Durchsetzung von Aufsichtsmaßnahmen** nach Art. 130 MiCAR und der **Durchsetzung von Ermittlungsmaßnahmen** zur Sachverhaltsklärung nach Art. 122–124 MiCAR **unterschieden.**[19] 21

Die **Verhängung des Zwangsgeldes dient** dabei nicht der Durchsetzung verordnungsunmittelbarer Anforderungen, sondern soll sicherstellen, dass von der EBA erlassene Maßnahmenbeschlüsse beachtet und entsprechend durchgesetzt werden.[20] 22

Es handelt sich hierbei um eine **beschlussakzessorische Maßnahme**, die ihrerseits **ebenfalls in Form eines Beschlusses**[21] **zu ergehen hat.**[22] 23

1. Aufsichtsmaßnahmen (Art. 132 Abs. 1 lit. a MiCAR). Gem. Art. 132 Abs. 1 lit. a MiCAR kann die EBA Zwangsgelder gegen eine Person verhängen, wenn diese der Aufforderung nicht nachkommt, einen nach Anhang V oder VI MiCAR[23] begangenen Verstoß zu beenden. 24

In den sehr umfangreich ausgefallenen Listen des Anhangs V und VI finden sich va Verstöße gegen organisatorische und betriebliche Anforderungen an Emittenten von signifikanten ART und EMT.[24] Eine besondere Rolle kommt hierbei dem **Bestimmtheitsgrundsatz** zu.[25] Nach diesem haben nachteilige Regelungen immer klar und deutlich ausgestaltet zu sein, damit der Adressat seine daraus entstehenden Pflichten eindeutig erkennen und sein Handeln danach ausrichten kann.[26] Als ein Grundsatz der Rechtssicherheit stellt dieses Prinzip eines der tragendsten Prinzipen des Unionsrechts dar.[27] 25

Der **Beschluss** zur Beendigung des Verstoßes kann dabei in der **Aufforderung zu einer Handlung oder zu einem Unterlassen liegen.** Eine dementsprechende **Verpflichtung hierzu** besteht dabei jedoch bereits aufgrund des **Beschlusses nach Art. 130 MiCAR** und nicht, wie es der 26

---

[18] Art. 3 Abs. 3 DelVO 2024/1504/EU.
[19] Vgl. Assmann/Schneider/Mülbert/Gurlit MiFIR Art. 38i Rn. 1.
[20] Vgl. Assmann/Schneider/Mülbert/Gurlit MiFIR Art. 38i Rn. 4; Assmann/Schneider/Mülbert/Spoerr EMIR Art. 66 Rn. 3.
[21] Ausführlich zum Begriff „Beschluss" → Art. 130 Rn. 14 ff.
[22] Assmann/Schneider/Mülbert/Gurlit MiFIR Art. 38i Rn. 4.
[23] Ausführlich zu dieser „Anhanglösung" → Art. 130 Rn. 6 ff.
[24] Vgl. Assmann/Schneider/Mülbert/Spoerr EMIR Art. 66 Rn. 4.
[25] Hierzu siehe Assmann/Schneider/Mülbert/Spoerr EMIR Art. 66 Rn. 6.
[26] EuGH 13.2.1996 – C-143/93, ECLI:EU:C:1996:45 – Gebroeders van Es Douane Agenten/Inspecteur der Invoerrechten en Accijnzen.
[27] EuGH 21.9.1983 – C-205–215/82, ECLI:EU:C:1983:233 – Deutsche Milchkontor GmbH u.a./Bundesrepublik Deutschland.

MiCAR Art. 132   Titel VII. Zuständige Behörde, EBA und ESMA

unklare Wortlaut des Art. 132 Abs. 1 lit. a MiCAR möglicherweise vermuten lassen würde, erst aufgrund des Beschlusses über die Verhängung eines Zwangsgeldes. Der **Beschluss nach Art. 132 Abs. 1 lit. a MiCAR** dient nämlich vielmehr der unmittelbaren **Durchsetzung der Verpflichtung**.[28]

27   Voraussetzung für die Verhängung eines Zwangsgeldes ist es demnach, dass die EBA die betroffene Person per Beschluss dazu aufgefordert hat, den gegenständlichen Verstoß zu beenden.[29]

28   Keine näheren Angaben macht der europäische Gesetzgeber jedoch dahingehend, ob der Beschluss über die Verhängung eines Zwangsgeldes bereits mit dem Beschluss zur Beendigung eines Verstoßes nach Anhang V oder VI MiCAR verbunden werden kann.[30]

29   Die hierzu bestehende Literatur gibt ein uneinheitliches Bild wieder.[31] UE ist eine dementsprechende Verbindung der beiden Beschlüsse jedoch abzulehnen. Der Beschluss über die Verhängung eines Zwangsgeldes kann dementsprechend erst dann seine Wirkung entfalten, wenn dem zeitlich vorgelagerten Beschluss über die Beendigung des Verstoßes von der betroffenen Person nicht in entsprechender Form nachgekommen wurde.[32]

30   Diese Ansicht lässt sich insbes. mit dem zweistufigen Verfahren der Zwangsgeldverhängung begründen. Vor dem Verhängen des Beschlusses über ein Zwangsgeld ist die EBA nämlich dazu verpflichtet, der betroffenen Person eine Auflistung der Prüfungsfeststellungen zu übermitteln. Hierauf hat die dem Verfahren unterliegende Person das Recht eine Stellungnahme abzugeben (Anhörungsrecht).[33] Aufgrund dieser verfahrensrechtlichen Ausgestaltung würde es der EBA folglich sehr schwer fallen, beide Beschlüsse zu verbinden.[34]

31   **2. Ermittlungsmaßnahmen (Art. 132 Abs. 1 lit. b MiCAR).** Art. 132 Abs. 1 lit. b MiCAR gibt der EBA die Möglichkeit, für die Durchsetzung der in den Ziff. i–iii genannten beschlussförmigen Ermittlungsmaßnahmen, Zwangsgelder zu verhängen.

32   Nach **Art. 132 Abs. 1 lit. b Ziff. i MiCAR** soll eine in Art. 122 Abs. 1 MiCAR genannte Person durch die Verhängung eines Zwangsgeldes dazu verpflichtet werden, eine per Beschluss nach Art. 122 MiCAR angeforderte Information vollständig zu erteilen **(Informationserteilung)**.

33   Hierbei muss erwähnt werden, dass die **EBA** nach **Art. 122 Abs. 1 MiCAR** die Möglichkeit hat, **Informationen** nicht nur im **Wege eines Beschlusses,** sondern auch durch ein **einfaches Ersuchen** anzufordern. Da durch **Letzteres** jedoch **keine Redepflicht** der betroffenen Person zur Informationserteilung begründet wird, kann ein **Zwangsgeld nur bei Aufforderung per Beschluss verhängt werden**.[35]

---

[28] Vgl. auch englischer Wortlaut: „compel"; Assmann/Schneider/Mülbert/Gurlit MiFIR Art. 38i Rn. 5.
[29] Assmann/Schneider/Mülbert/Spoerr EMIR Art. 66 Rn. 7.
[30] Assmann/Schneider/Mülbert/Gurlit MiFIR Art. 38i Rn. 5; ebenso Assmann/Schneider/Mülbert/Spoerr EMIR Art. 66 Rn. 7.
[31] Dafür Assmann/Schneider/Mülbert/Gurlit MiFIR Art. 38i Rn. 5 mwN; dagegen Assmann/Schneider/Mülbert/Spoerr EMIR Art. 66 Rn. 7.
[32] Ebenso Assmann/Schneider/Mülbert/Spoerr EMIR Art. 66 Rn. 7.
[33] Vgl. Assmann/Schneider/Mülbert/Spoerr EMIR Art. 66 Rn. 7.
[34] Vgl. Assmann/Schneider/Mülbert/Gurlit MiFIR Art. 38i Rn. 5.
[35] Assmann/Schneider/Mülbert/Gurlit MiFIR Art. 38i Rn. 6; Assmann/Schneider/Mülbert/Spoerr EMIR Art. 66 Rn. 8.

Der Beschluss über die **Verhängung des Zwangsgeldes dient** zudem 34 nicht der Begründung der Verpflichtung zur Informationserteilung, sondern **deren Durchsetzung**.[36] Die Bestimmung setzt folglich voraus, dass die EBA die betroffene Person per Beschluss dazu aufgefordert hat, eine vollständige Auskunft gem. Art. 122 MiCAR zu erteilen (**Informationsbeschluss**).[37]

Die Zwangsgeldverhängung hat dabei im Einklang mit dem Beschluss nach 35 Art. 122 MiCAR zu stehen. Der Beschluss gem. Art. 132 Abs. 1 lit. b Ziff. i MiCAR darf sich dadurch ausschließlich auf die Erteilung jener Informationen beziehen, zu deren Auskunft die betroffene Person nach Art. 122 MiCAR verpflichtet wurde.[38]

Es ist zudem **nicht möglich, dass der Beschluss über die Informati-** 36 **onserteilung mit jenem über die Zwangsgeldverhängung verbunden wird.** Der Beschluss gem. Art. 122 MiCAR ist folglich dem Beschluss über die Verhängung des Zwangsgeldes vorgelagert und setzt voraus, dass die betroffene Person die verlangten Informationen nicht (vollständig)[39] erteilt hat.[40] Zu diesem Schluss hat man durch Art. 122 Abs. 3 lit. e MiCAR[41] zu gelangen, da ein Beschluss zur Informationserteilung auch Angaben dahingehend zu enthalten hat, dass Zwangsgelder verhängt werden können, sollte dem Informationsansuchen nicht vollständig nachgekommen werden.[42]

Nach **Art. 132 Abs. 1 lit. b Ziff. ii MiCAR** soll eine in Art. 122 Abs. 1 37 MiCAR genannte Person durch die Verhängung eines Zwangsgeldes dazu verpflichtet werden, sich einer **Untersuchung zu unterziehen** und insbes. vollständige Aufzeichnungen, Daten, Verfahren und sonstiges angefordertes Material vorzulegen sowie sonstige im Rahmen einer per Beschluss nach Art. 123 MiCAR angeordneten Untersuchung vorzulegende Informationen zu vervollständigen oder zu berichtigen.[43]

Durch Art. 132 Abs. 1 lit. b Ziff. ii S. 1 MiCAR wird die betroffene 38 Person dazu angehalten, sich einer durch die EBA eingeleiteten Untersuchung zu unterziehen.[44] Der Beschluss über die Einleitung der EBA verpflichtet diese dabei jedoch nicht nur zur schlichten Duldung der Untersuchung, sondern sie hat im Rahmen der Befugnisse der EBA nach Art. 123 Abs. 1 MiCAR auch daran mitzuwirken (**Duldungs- und Mitwirkungspflicht**).[45]

Der Beschluss über die **Verhängung des Zwangsgeldes dient** zudem 39 nicht der Begründung der Verpflichtung zur Duldung und Mitwirkung an der Untersuchung, sondern **deren Durchsetzung**.[46] Die Bestimmung setzt folglich voraus, dass die EBA die betroffene Person per Beschluss dazu auf-

---

[36] Assmann/Schneider/Mülbert/Gurlit MiFIR Art. 38i Rn. 6.
[37] Assmann/Schneider/Mülbert/Spoerr EMIR Art. 66 Rn. 8.
[38] Assmann/Schneider/Mülbert/Gurlit MiFIR Art. 38i Rn. 6.
[39] Die Zwangsgeldverhängung setzt damit nicht zwingend voraus, dass die betroffene Person jegliche Informationserteilung verweigert hat, sondern es ist hierfür ausreichend, dass diese der Aufforderung nicht vollständig nachgekommen ist; vgl. Assmann/Schneider/Mülbert/Gurlit MiFIR Art. 38i Rn. 6 mwN.
[40] Bereits ebenso Assmann/Schneider/Mülbert/Gurlit MiFIR Art. 38i Rn. 6 mwN.
[41] Ausführlich hierzu siehe Art. 122 Rn. 15 ff.
[42] Vgl. Assmann/Schneider/Mülbert/Gurlit MiFIR Art. 38i Rn. 6.
[43] Ausführlich zu der Frage, ob hierdurch der „nemo tenetur" Grundsatz (Grundsatz der Selbstbelastungsfreiheit) verletzt ist siehe Assmann/Schneider/Mülbert/Spoerr EMIR Art. 66 Rn. 10 mwN.
[44] Art. 123 Abs. 3 MiCAR.
[45] Assmann/Schneider/Mülbert/Gurlit MiFIR Art. 38i Rn. 7.
[46] Assmann/Schneider/Mülbert/Gurlit MiFIR Art. 38i Rn. 7.

MiCAR Art. 132

gefordert hat, sich einer Untersuchung gem. Art. 123 MiCAR zu unterziehen (**Untersuchungsbeschluss**).

40   Die Zwangsgeldverhängung hat dabei im Einklang mit dem Beschluss nach Art. 123 MiCAR zu stehen. Der Beschluss gem. Art. 132 Abs. 1 lit. b Ziff. ii MiCAR darf sich dadurch ausschließlich auf die Durchsetzung jener Untersuchungen beziehen, zu deren Duldung und Mitwirkung die betroffene Person nach Art. 123 MiCAR verpflichtet wurde.[47]

41   Es ist zudem **nicht möglich, dass der Beschluss über die Duldung und Mitwirkung an einer Untersuchung mit jenem über die Zwangsgeldverhängung verbunden wird.** Der Beschluss gem. Art. 123 MiCAR ist folglich dem Beschluss über die Verhängung des Zwangsgeldes vorgelagert und setzt voraus, dass die betroffene Person die Untersuchung nicht geduldet hat oder seinen Mitwirkungspflichten nicht (vollständig)[48] nachgekommen ist.[49] Zu diesem Schluss hat man durch Art. 123 Abs. 3 MiCAR[50] zu gelangen, da ein Untersuchungsbeschluss der EBA auch Angaben dahingehend zu enthalten hat, dass Zwangsgelder verhängt werden können, sollte der Duldungs- und Mitwirkungspflicht nicht vollständig nachgekommen werden.[51]

42   Nach **Art. 132 Abs. 1 lit. b Ziff. iii MiCAR** soll eine in Art. 122 Abs. 1 MiCAR genannte Person durch die Verhängung eines Zwangsgeldes dazu verpflichtet werden, eine Prüfung vor Ort zu dulden, die mit Beschluss gem. Art. 124 MiCAR angeordnet wurde.

43   Durch Art. 132 Abs. 1 lit. b Ziff. iii MiCAR wird die betroffene Person dazu angehalten, sich einer durch die EBA angeordneten Vor-Ort-Prüfung (VOP) zu unterziehen.[52] Der Beschluss über die Anordnung der EBA verpflichtet diese dabei jedoch nicht nur zur schlichten Duldung der VOP, sondern sie hat im Rahmen der Befugnisse der EBA nach Art. 124 Abs. 1 MiCAR auch daran mitzuwirken (**Duldungs- und Mitwirkungspflicht**).[53]

44   Der Beschluss über die **Verhängung des Zwangsgeldes dient** zudem nicht der Begründung der Verpflichtung zur Duldung und Mitwirkung an der VOP, sondern **deren Durchsetzung**.[54] Die Bestimmung setzt folglich voraus, dass die EBA die betroffene Person per Beschluss dazu aufgefordert hat, sich einer VOP gem. Art. 124 MiCAR zu unterziehen.

45   Die Zwangsgeldverhängung hat dabei im Einklang mit dem Beschluss nach Art. 124 MiCAR zu stehen. Der Beschluss gem. Art. 132 Abs. 1 lit. b Ziff. iii MiCAR darf sich dadurch ausschließlich auf die Durchsetzung jener Maßnahmen beziehen, zu deren Duldung und Mitwirkung die betroffene Person nach Art. 124 MiCAR verpflichtet wurde.[55]

46   Es ist zudem **nicht möglich, dass der Beschluss über die Duldung und Mitwirkung an einer VOP mit jenem über die Zwangsgeldver-**

---

[47] Assmann/Schneider/Mülbert/Gurlit MiFIR Art. 38i Rn. 7.
[48] Die Zwangsgeldverhängung setzt damit nicht zwingend voraus, dass die betroffene Person jegliche Mitwirkung verweigert hat, sondern es ist hierfür ausreichend, dass diese der Mitwirkungspflicht nicht vollständig nachgekommen ist; vgl. Assmann/Schneider/Mülbert/Gurlit MiFIR Art. 38i Rn. 7 mwN.
[49] Assmann/Schneider/Mülbert/Gurlit MiFIR Art. 38i Rn. 7 mwN; vgl. → Rn. 29.
[50] Ausführlich hierzu siehe Art. 123 Rn. 20 ff.
[51] Vgl. Assmann/Schneider/Mülbert/Gurlit MiFIR Art. 38i Rn. 7.
[52] Art. 124 Abs. 5 MiCAR.
[53] Assmann/Schneider/Mülbert/Gurlit MiFIR Art. 38i Rn. 8.
[54] Assmann/Schneider/Mülbert/Gurlit MiFIR Art. 38i Rn. 8.
[55] Assmann/Schneider/Mülbert/Gurlit MiFIR Art. 38i Rn. 8.

hängung verbunden wird. Der Beschluss gem. Art. 124 MiCAR ist folglich dem Beschluss über die Verhängung des Zwangsgeldes vorgelagert und setzt voraus, dass die betroffene Person die VOP nicht geduldet hat oder seinen Mitwirkungspflichten nicht (vollständig)[56] nachgekommen ist.[57] Zu diesem Schluss hat man durch Art. 124 Abs. 5 MiCAR[58] zu gelangen, da ein Beschluss über eine VOP der EBA auch Angaben dahingehend zu enthalten hat, dass Zwangsgelder verhängt werden können, sollte der Duldungs- und Mitwirkungspflicht nicht vollständig nachgekommen werden.[59]

VI. Bemessungsgrundsätze und Höhe des Zwangsgeldes

Art. 132 Abs. 2 S. 1 MiCAR legt fest, dass ein **Zwangsgeld wirksam**[60] **47** **und verhältnismäßig**[61] zu sein hat **(Bemessungsgrundsätze)**. Dieser **Bestimmung** kommt uE hierbei jedoch lediglich eine **klarstellende Funktion** zu, da diese Bemessungsgrundsätze auch ohne ausdrückliches Vorsehen zu gelten haben.[62]

Diese Voraussetzungen beziehen sich damit zu einem Teil auf die **Frage, 48 ob überhaupt ein Zwangsgeld** von der EBA **verhängt werden soll.** Kann diese mit ja beantwortet werden, hat sich die EBA in weiterer Folge damit auseinanderzusetzen, **in welcher Höhe dieses verhängt werden soll**, damit den Anforderungen des Art. 132 Abs. 2 S. 1 MiCAR entsprochen wird.[63]

Nach Art. 132 Abs. 3 MiCAR hat das Zwangsgeld bei **juristischen Per- 49 sonen** grundsätzlich **3 %** des durchschnittlichen **Tagesumsatzes** im vorangegangenen Geschäftsjahr zu betragen bzw. bei **natürlichen Personen 2 %** des durchschnittlichen **Tageseinkommens**[64] im vorausgegangenen Kalenderjahr. Hiermit wird ein **quantitativer Rahmen** für die Höhe des Zwangsgeldes bestimmt.[65]

Mit der einleitenden **Wendung** bei Art. 132 Abs. 3 MiCAR „**unbescha- 50 det des Abs. 2**" möchte der europäische Gesetzgeber zudem zum Ausdruck bringen, dass die **Höhe des Zwangsgeldes** in **Einzelfällen auch geringer oder höher ausfallen kann,** als dies in Art. 132 Abs. 3 MiCAR angegeben ist, sofern dies zur Wahrung der Wirksamkeit und Verhältnismäßigkeit erforderlich ist.[66]

---

[56] Die Zwangsgeldverhängung setzt damit nicht zwingend voraus, dass die betroffene Person jegliche Mitwirkung verweigert hat, sondern es ist hierfür ausreichend, dass diese der Mitwirkungspflicht nicht vollständig nachgekommen ist; vgl. Assmann/Schneider/Mülbert/ Gurlit MiFIR Art. 38i Rn. 8 mwN.
[57] Assmann/Schneider/Mülbert/Gurlit MiFIR Art. 38i Rn. 8 mwN; vgl. → Rn. 29.
[58] Ausführlich hierzu siehe Art. 124 Rn. 17 ff.
[59] Vgl. Assmann/Schneider/Mülbert/Gurlit MiFIR Art. 38i Rn. 8.
[60] Eine Maßnahme kann als wirksam angesehen werden, wenn sie die Einhaltung des EU-Rechts sicherstellen kann; EK, KOM(2010) 716 final, 5.
[61] Eine Maßnahme kann als verhältnismäßig angesehen werden, wenn sie der Schwere des Verstoßes angemessen ist und nicht über das zur Erreichung der verfolgten Ziele notwendige Maß hinausgeht; EK, KOM(2010) 716 final, 5.
[62] Vgl. hierzu → Art. 131 Rn. 38.
[63] Vgl. Assmann/Schneider/Mülbert/Gurlit MiFIR Art. 38i Rn. 11.
[64] Nach Wessely ist hierunter das durchschnittliche Tagesnettoeinkommen zu verstehen, Raschauer et al/Wessely MiCAR Art. 132 Rn. 4.
[65] Assmann/Schneider/Mülbert/Gurlit MiFIR Art. 38i Rn. 1.
[66] Assmann/Schneider/Mülbert/Gurlit MiFIR Art. 38i Rn. 11; ebenso Assmann/Schneider/Mülbert/Spoerr EMIR Art. 66 Rn. 13.

VII. Dauer des Zwangsgeldes

51 Gem. Art. 132 Abs. 3 S. 2 MiCAR wird das Zwangsgeld ab dem im Beschluss der EBA über die Verhängung des Zwangsgeldes genannten Termin berechnet. Die Zahlung des Zwangsgeldes wird dabei für jeden Tag des Verzugs angeordnet.[67]

52 Die **Verhängung** des Zwangsgeldes ist durch die EBA nach Art. 132 Abs. 4 S. 1 MiCAR darüber hinaus auf einen Zeitraum von **höchstens sechs Monaten beschränkt**. Diese Frist beginnt ab der Übermittlung des Beschlusses an die betroffene Person zum Laufen.

53 Nach Ablauf der im Beschluss festgelegten Dauer des Zwangsgeldes hat die EBA den Auftrag die Maßnahme zu überprüfen. Der in Art. 132 Abs. 4 S. 2 MiCAR normierte **Prüfauftrag an die EBA bezieht sich** dabei mit der „Maßnahme" **auf die durchzusetzende Anordnung.**[68]

54 Die nachträgliche Prüfung der Maßnahme gibt der EBA wohl keine Möglichkeit, die Dauer des Zwangsgeldes zu verlängern,[69] jedoch steht es ihr natürlich offen, gegen die betroffene Person ein neuerliches Zwangsgeld zu verhängen, sollte sie feststellen, dass der Maßnahme immer noch nicht entsprochen wurde.

VIII. Verjährung des Zwangsgeldes

55 Die Regelungen hinsichtlich der **Verjährungsfrist für die Verhängung von Zwangsgeldern** finden sich in Art. 6 DelVO 2024/1504/EU[70].[71] Darin ist festgelegt, dass die **Frist fünf Jahre** beträgt und dass diese einen Tag nach dem der Verstoß begangen wurde zum Laufen beginnt.[72]

56 Sollte es sich um fortgesetzte oder wiederholte Verstöße handeln, beginnt die Verjährungsfrist demgegenüber erst an dem Tag, an dem die Zuwiderhandlung abgestellt wird.[73]

57 Setzt die EBA oder eine nationale Behörde, infolge einer Aufgabenübertragung gem. Art. 138 MiCAR, **Maßnahmen zur Untersuchung** in Bezug auf einen Verstoß nach Anhang V oder VI MiCAR, so führt dies zu einer **Unterbrechung**[74] **der Verjährungsfrist.**[75]

58 Wird eine dementsprechende Maßnahme gesetzt, führt eine Unterbrechung dazu, dass die **Verjährungsfrist neu zum Laufen beginnt.**[76]

59 Es kann zudem auch zu einem **Aussetzen der Verjährungsfrist** kommen, wenn der gegenständliche Beschluss der EBA Gegenstand bei der EBA-Beschwerdestelle[77] oder beim EuGH[78] anhängig ist.[79]

---

[67] Hierzu siehe auch Raschauer et al/Wessely MiCAR Art. 132 Rn. 5.
[68] Assmann/Schneider/Mülbert/Gurlit MiFIR Art. 38i Rn. 11.
[69] Assmann/Schneider/Mülbert/Gurlit MiFIR Art. 38i Rn. 11.
[70] Siehe hierzu auch Erwgr. Nr. 8 DelVO 2024/1504/EU.
[71] Erwgr. 8 DelVO 2024/1504/EU.
[72] Art. 6 Abs. 2 DelVO 2024/1504/EU.
[73] Art. 6 Abs. 2 DelVO 2024/1504/EU.
[74] Die Verjährungsfrist gilt dabei ab jenem Tag als unterbrochen, ab welchem die betroffene Person von der Maßnahme in Kenntnis gesetzt wurde (Art. 6 Abs. 3 DelVO 2024/1504/EU).
[75] Art. 6 Abs. 3 DelVO 2024/1504/EU.
[76] Art. 6 Abs. 4 DelVO 2024/1504/EU.
[77] Art. 60 EBA-VO.
[78] Art. 136 MiCAR.
[79] Art. 6 Abs. 5 DelVO 2024/1504/EU.

Artikel 133 Offenlegung, Art, Vollstreckung und Zuweisung der Geldbußen und Zwangsgelder

(1) Die EBA veröffentlicht sämtliche gemäß den Artikeln 131 und 132 verhängten Geldbußen und Zwangsgelder, sofern dies die Finanzstabilität nicht ernsthaft gefährdet oder den Beteiligten daraus kein unverhältnismäßiger Schaden erwächst. Diese Veröffentlichung darf keine personenbezogenen Daten enthalten.

(2) Gemäß den Artikeln 131 und 132 verhängte Geldbußen und Zwangsgelder sind verwaltungsrechtlicher Art.

(3) Die gemäß den Artikeln 131 und 132 verhängten Geldbußen und Zwangsgelder sind vollstreckbar gemäß den Vorschriften des Zivilprozessrechts des Staates, in dessen Hoheitsgebiet die Vollstreckung der Geldbuße oder des Zwangsgelds stattfindet.

(4) Die Geldbußen und Zwangsgelder werden dem Gesamthaushaltsplan der Union zugewiesen.

(5) Beschließt die EBA ungeachtet der Artikel 131 und 132, keine Geldbußen oder Zwangsgelder zu verhängen, so informiert sie das Europäische Parlament, den Rat, die Kommission und die zuständigen Behörden des betreffenden Mitgliedstaats darüber und legt die Gründe für ihren Beschluss dar.

Übersicht

	Rn.
I. Literatur	1
II. Hintergrund und Zweck der Norm	2
III. Veröffentlichung der verhängten Geldbußen und Zwangsgelder	6
IV. Rechtsnatur der verhängten Geldbußen und Zwangsgelder	31
V. Vollstreckung des Buß- oder Zwangsgeldes	33
VI. Zuweisung der erhobenen Buß- und Zwangsgelder	46
VII. Absehen vom Verhängen einer Geldbuße oder eines Zwangsgelds	50

I. Literatur

Dannecker, Zur bußgeldrechtlichen Verantwortung der Unternehmen in der Europäischen Union, NZWiSt 2022, 85. 1

II. Hintergrund und Zweck der Norm

Art. 133 MiCAR beinhaltet die Rechtsgrundlage einiger **ergänzender** 2 **Vorgaben hinsichtlich verhängter Geldbußen** (Art. 131 MiCAR) **und Zwangsgelder** (Art. 132 MiCAR) **von Seiten der EBA,** die untereinander nur in einem losen Zusammenhang stehen.

Sachlich sind die einzelnen Bestimmungen des Art. 133 MiCAR dabei 3 den **Sanktionsvorschriften zuzuordnen.**[1]

Das Bestehen dieser Bestimmung lässt sich va auf den Umstand zurück- 4 führen, dass die Beaufsichtigung von Emittenten von signifikanten ART und

---

[1] Assmann/Schneider/Mülbert/Spoerr EMIR Art. 68 Rn. 2.

MiCAR Art. 133   Titel VII. Zuständige Behörde, EBA und ESMA

EMT unmittelbar der EBA zukommt und ihr hierdurch auch entsprechende Vollzugskompetenzen einzuräumen waren.[2]

5   Hinsichtlich ihrer Ausgestaltung entspricht Art. 133 MiCAR dabei anderen bereits bestehenden finanzmarktrechtlichen Vorschriften, welche augenscheinlich als Vorbilder herangezogen wurden.[3]

III. Veröffentlichung der verhängten Geldbußen und Zwangsgelder

6   Nach Art. 133 Abs. 1 MiCAR hat die EBA **sämtliche** verhängten Geldbußen und Zwangsgelder zu veröffentlichen, soweit hierdurch die Stabilität der Finanzmärkte nicht ernsthaft gefährdet ist oder den Beteiligten hieraus kein unverhältnismäßiger Schaden entsteht.[4] Aus dem Wortlaut der Bestimmung wird deutlich, dass es sich hierbei grundsätzlich um eine **Veröffentlichungspflicht** handelt, **sofern kein Ausschlussgrund gegeben ist**.[5]

7   Eine **wörtlich fast idente Veröffentlichungspflicht** findet sich in Art. 130 Abs. 6 MiCAR, nur mit dem Unterschied, dass sich diese auf alle Maßnahmen der EBA gem. Art. 130 Abs. 1 und 2 MiCAR bezieht.[6]

8   Ferner stellt die Bestimmung des Art. 133 Abs. 1 MiCAR ein **teilweises Spiegelbild zu Art. 114 MiCAR** dar (Öffentliche Bekanntmachung von Entscheidungen). Die beiden Regelungen unterscheiden sich jedoch insbes. dadurch, dass die Veröffentlichungen gem. Art. 133 Abs. 1 MiCAR von der EBA vorzunehmen sind, wohingegen die öffentlichen Bekanntmachungen nach Art. 114 MiCAR durch die zuständigen nationalen Behörden zu erfolgen haben.

9   Aufgrund des ähnlichen Regelungsinhalts der beiden eben angeführten Bestimmungen, wird man sich uE, bei bestehenden offenen Fragen im Zusammenhang mit Art. 133 Abs. 1 MiCAR, an den **Vorgaben der Art. 114 MiCAR sowie Art. 130 Abs. 6 MiCAR orientieren können** (zB hinsichtlich Form, Zeitpunkt und Inhalt der Veröffentlichung).

10   Die durch Art. 133 Abs. 1 MiCAR vorgesehene Bekanntmachung von Rechtsverstößen, hat etwa – wie auch bei Art. 114 MiCAR – das im europäischen Kapitalmarkt gebräuchliche **„naming and shaming"**[7] von Rechtsverletzern vor Augen.[8]

---

[2] Vgl. Erwgr. Nr. 116 MiCAR.

[3] Inhaltlich vergleichbare Bestimmungen finden sich etwa in Art. 68 EMIR (VO 2012/648/EU); Art. 62 EUGBV (VO 2023/2631/EU); Art. 38j MiFIR (VO 2014/600/EU); Art. 36d Rating-VO (VO 2009/1060/EU); Art. 48h BMR (VO 2016/1011/EU) sowie Art. 41 SRM-VO (VO 2014/806/EU). Die Verhängung von Geldbußen und Zwangsgeldern kommt hierbei jeweils der ESMA zu, außer im Rahmen der SRM-VO, wo diese Aufgabe von einem Ausschuss (Art. 42 SRM-VO) übernommen wird. Bei der MiFIR und der BMR wurde diese Befugnis im Rahmen der VO 2019/2175/EU in die Regelwerke eingefügt. Aufgrund des weitgehend übereinstimmenden Wortlautes wird man die hierzu bestehende Literatur auch für die gegenständliche Bestimmung heranziehen dürfen.

[4] Ausführlich hierzu Assmann/Schneider/Mülbert/Gurlit MiFIR Art. 38j Rn. 3 ff.; Assmann/Schneider/Mülbert/Spoerr EMIR Art. 68 Rn. 4 ff.; ebenfalls hierzu siehe Raschauer et al/Wessely MiCAR Art. 133 Rn. 1.

[5] Assmann/Schneider/Mülbert/Gurlit MiFIR Art. 38j Rn. 7.

[6] Gem. Art. 130 Abs. 1 lit. b und Abs. 2 lit. b MiCAR zählen hierzu auch die Erlässe eines Beschlusses über die Verhängung von Geldbußen gem. Art. 131 MiCAR sowie über Zwangsgelder gem. Art. 132 MiCAR; vgl. → Art. 130 Rn. 45 f.

[7] Dieses Prinzip wurde von Großbritannien im Rahmen seines Financial Markets Act 2000 entwickelt; siehe hierzu Assmann/Schneider/Mülbert/Spoerr EMIR Art. 68 Rn. 4 mwN.

[8] Assmann/Schneider/Mülbert/Gurlit MiFIR Art. 38j Rn. 3; Assmann/Schneider/Mülbert/Spoerr EMIR Art. 68 Rn. 4 mwN.

Die **Bestimmung verfolgt** dabei sowohl **generalpräventive als auch spezialpräventive Ziele.**[9] 11

Die **generalpräventiven Ziele** sollen va dadurch erreicht werden, indem die Finanzmarktakteure durch die Veröffentlichung von verhängten Geldbußen und Zwangsgeldern daran erinnert werden sollen, dass Rechtsverstöße Sanktionen nach sich ziehen können und eine reale Gefahr für deren Aufdeckung sowie Ahndung besteht. **Spezialpräventiv** soll die Veröffentlichung dagegen dadurch wirken, indem sie Rechtsverletzer von zukünftigen Verstößen abhält.[10] 12

In Art. 133 Abs. 1 S. 2 MiCAR wird zudem festgehalten, dass die **Veröffentlichung keine personenbezogenen Daten enthalten darf.**[11] 13

Bei **personenbezogenen Daten**[12] handelt es sich nach Art. 4 Nr. 1 DSGVO um alle Informationen, die sich auf eine identifizierte oder identifizierbare **natürliche Person** beziehen. Die Identifizierbarkeit kann sich dabei direkt oder indirekt ergeben, bspw. durch Zuordnung besonderer Merkmale (zB Name, Kennnummer, Standortdaten), die Ausdruck der physischen, physiologischen, genetischen, psychischen, wirtschaftlichen, kulturellen oder sozialen Identität sind.[13] 14

Dies **entspricht auch dem Schutz des Art. 8 GRCh,** der den Schutz personenbezogener Daten beinhaltet.[14] 15

Daten von juristischen Personen sind folglich **grundsätzlich hiervon nicht erfasst, es sei denn, dass die Angaben Rückschlüsse auf konkrete dahinterstehende natürliche Personen gestatten** (bspw. bei Personengesellschaften).[15] Im Rahmen der Veröffentlichung einer verhängten Geldbuße oder eines verhängten Zwangsgeldes darf die EBA folglich das betreffende Unternehmen nennen, jedoch nicht die handelnden natürlichen Personen (zB Geschäftsführer).[16] 16

Ferner bestimmt Art. 133 Abs. 1 MiCAR, dass eine **Veröffentlichung zu unterbleiben hat,** wenn die Finanzmarktstabilität ernsthaft gefährdet ist oder den Beteiligten hieraus ein unverhältnismäßiger Schaden entsteht **(Ausschlussgründe).**[17] 17

Von einer **ernsthaften Gefährdung der Finanzmarktstabilität** ist auszugehen, wenn es durch ein Ereignis zu einer gravierenden Störung der Volkswirtschaft oder zu einer Insolvenz eines Kreditinstitutes kommt, wodurch in der Folge die finanzielle Stabilität der gesamten EU beeinträchtigt 18

---

[9] Assmann/Schneider/Mülbert/Gurlit MiFIR Art. 38j Rn. 3 mwN.
[10] Assmann/Schneider/Mülbert/Gurlit MiFIR Art. 38j Rn. 3 mwN.
[11] Siehe ebenso Art. 130 Abs. 6 S. 3 MiCAR; vgl. Erwgr. Nr. 117 MiCAR; ausführlich hierzu siehe Assmann/Schneider/Mülbert/Gurlit MiFIR Art. 38j Rn. 5; Assmann/Schneider/Mülbert/Spoerr EMIR Art. 68 Rn. 5 mwN.
[12] Art. 3 Abs. 1 Z 45 MiCAR; ausführlich hierzu siehe Art. 3 Rn. 204 ff.
[13] Ausführlich hierzu Knyrim/Hödl DSGVO Art. 4 Rn. 6 ff. mwN (Stand 1.12.2018, rdb.at).
[14] Ausführlich hierzu siehe Assmann/Schneider/Mülbert/Gurlit MiFIR Art. 38j Rn. 5 mwN; Assmann/Schneider/Mülbert/Spoerr EMIR Art. 68 Rn. 5 mwN.
[15] Assmann/Schneider/Mülbert/Gurlit MiFIR Art. 38j Rn. 5; Assmann/Schneider/Mülbert/Spoerr EMIR Art. 68 Rn. 5 mwN.
[16] Assmann/Schneider/Mülbert/Spoerr EMIR Art. 68 Rn. 5 mwN.
[17] Siehe ebenso Art. 130 Abs. 6 S. 2 MiCAR; ausführlich hierzu siehe Assmann/Schneider/Mülbert/Gurlit MiFIR Art. 38j Rn. 6; Assmann/Schneider/Mülbert/Spoerr EMIR Art. 68 Rn. 6.

MiCAR Art. 133   Titel VII. Zuständige Behörde, EBA und ESMA

ist.[18] Zu einer derartigen Situation kann es etwa durch einen Vertrauensverlust oder einer Panikreaktion auf den Finanzmärkten kommen.[19]

19 In der Literatur wird jedoch **teilweise in Zweifel gezogen,** ob eine **Veröffentlichung** von Geldbußen oder Zwangsgeldern **dementsprechende Folgewirkungen nach sich ziehen kann.**[20] Dies wird insbes. damit begründet, dass es sich bei derartigen Veröffentlichungen um eine routinemäßige Bekanntmachungspraxis handelt.[21] UE kann eine Veröffentlichung wohl nur in Ausnahmefällen eine solche Situation nach sich ziehen, wobei hierbei insbes. auf das betroffene Unternehmen sowie auf die verhängte Höhe der Strafe abzustellen ist.

20 Den **Beteiligten** darf durch die Veröffentlichung darüber hinaus auch **kein unverhältnismäßiger Schaden entstehen.** Hierdurch gibt der europäische Gesetzgeber deutlich zu verstehen, dass er davon ausgeht, dass mit der Veröffentlichung von verhängten Geldbußen und Zwangsgeldern grundsätzlich ein Schaden einhergehen kann und dass dieser von ihm auch bis zu einem gewissen Grad toleriert wird.[22]

21 Ob eine **Unverhältnismäßigkeit** der Veröffentlichung vorliegt, lässt sich durch die **Art. 15 und 16 GRCh bestimmen.**[23] Diese ist für gewöhnlich immer dann als gegeben anzusehen, wenn die mit ihr in Verbindung stehenden Nachteile in keinem angemessenen Verhältnis zu den mit der Veröffentlichung bezweckten Zielen der General- und Spezialprävention stehen.[24]

22 Liegt jedoch keiner der beiden eben genannten Ausschlussgründe vor, so hat die EBA eine entsprechende Veröffentlichung vorzunehmen. Art. 133 Abs. 1 MiCAR gibt hierbei jedoch nicht unmittelbar vor, auf welche Weise die EBA diese öffentlich bekanntzumachen hat **(Bekanntmachungsmedium).**

23 Diese Frage lässt sich durch **Art. 130 Abs. 6 MiCAR** klären, da die EBA Maßnahmen nach Art. 130 Abs. 1 und 2 MiCAR auf ihrer Website zu veröffentlichen hat und hierzu zählen auch Beschlüsse über die Verhängung von Geldbußen und Zwangsgeldern. Folglich sind Veröffentlichungen gem. Art. 133 Abs. 1 MiCAR ebenfalls auf der **Website der EBA** vorzunehmen.

24 Ferner kann man sich aufgrund des ähnlichen Regelungsinhalts, wie bereits oben angemerkt, auch noch an den Vorgaben des **Art. 114 MiCAR orientieren.**

25 Darin ist festgelegt, dass verhängte verwaltungsrechtliche Sanktionen und andere verwaltungsrechtliche Maßnahmen von den zuständigen Behörden auf ihren **offiziellen Websites zu veröffentlichen** sind.

26 Die **EBA** wird dieser Verpflichtung in der Praxis folglich dadurch nachkommen, indem sie die **verhängten Geldstrafen und Zwangsgelder auf ihrer Website veröffentlichen wird.** Diese Form der Veröffentlichung stellt mit Sicherheit das bestmögliche Mittel dar, um die Öffentlichkeit rasch und unkompliziert über diesen Umstand in Kenntnis zu setzen.[25]

---

[18] Assmann/Schneider/Mülbert/Spoerr EMIR Art. 68 Rn. 6 mwN; vgl. EuGH 8.11.2016 – C-41/15, ECLI:EU:C:2016:836 – Dowling u.a./Minister for Finance.
[19] Assmann/Schneider/Mülbert/Spoerr EMIR Art. 68 Rn. 6 mwN; vgl. Assmann/Schneider/Mülbert/Gurlit MiFIR Art. 38j Rn. 6 mwN.
[20] Assmann/Schneider/Mülbert/Gurlit MiFIR Art. 38j Rn. 6 mwN.
[21] Assmann/Schneider/Mülbert/Gurlit MiFIR Art. 38j Rn. 6 mwN.
[22] Assmann/Schneider/Mülbert/Spoerr EMIR Art. 68 Rn. 6.
[23] Assmann/Schneider/Mülbert/Gurlit MiFIR Art. 38j Rn. 6.
[24] Assmann/Schneider/Mülbert/Gurlit MiFIR Art. 38j Rn. 6 mwN.
[25] Vgl. Toman/Frössel/Tuder/Ferk KMG § 14 Rn. 92.

Zeitlich hat die Bekanntmachung durch die EBA **innerhalb von zehn** 27
Arbeitstagen[26] **ab dem Tag der Annahme des Beschlusses** zu erfolgen.[27]
Der Veröffentlichung vorgelagert hat die EBA der hiervon betroffenen Person
unverzüglich jede gem. Art. 130 Abs. 1 oder 2 MiCAR ergriffene Maßnahme mitzuteilen.[28] Ferner sind auch noch die betroffenen zuständigen
Behörden sowie die EK hiervon in Kenntnis zu setzen.[29]

Abgesehen davon, dass eine **Veröffentlichung** nach Art. 133 Abs. 1 Mi- 28
CAR keine personenbezogenen Daten enthalten darf, gibt der europäische
Gesetzgeber auch **keine** weiteren **inhaltlichen (Mindest-)Vorgaben** an
diese vor.[30] Dementsprechend kann eine Veröffentlichung gem. Art. 133
MiCAR insbes. folgende Angaben enthalten:[31]

- Den Namen des betroffenen Unternehmens;
- die Höhe der Geldbuße bzw. des Zwangsgeldes;
- die Dauer der Verhängung;
- die Rechtsgrundlagen;
- die Dauer sowie Art und Weise (Vorsatz oder Fahrlässigkeit) des Verstoßes und
- den dazugehörigen Sachverhalt.

Aufgrund des offenen Wortlauts der Bestimmung liegt es jedoch im **Er-** 29
messen der EBA, welche Angaben die Veröffentlichung konkret auf
weist. Im Zuge einer einheitlichen Rechtsanwendung hat die EBA jedoch
darauf zu achten, dass die Rechtsverletzer nicht ohne sachliche Rechtfertigung unterschiedlich behandelt werden.[32]

In anderen vergleichbaren kapitalmarktrechtlichen Vorschriften beinhaltet 30
eine dementsprechende Veröffentlichung zumeist das betroffene Unternehmen, die Höhe der Geldbuße bzw. des Zwangsgeldes sowie den Grund für
die Verhängung.[33] Es ist davon auszugehen, dass auch die Veröffentlichungen
nach Art. 133 Abs. 1 MiCAR ähnlich ausgestaltet sein werden.

IV. Rechtsnatur der verhängten Geldbußen und Zwangsgelder

Im Rahmen des Art. 133 Abs. 2 MiCAR ist festgelegt, dass **Geldbußen** 31
und Zwangsgelder verwaltungsrechtlicher Art sind.[34]

---

[26] Unklar ist hierbei, nach welcher Rechtsordnung zu bestimmen ist, wann ein „Arbeitstag" vorliegt. Da es sich beim Adressaten dieser Bestimmung um die EBA handelt und diese
ihren Sitz in Frankreich hat, ist uE jedoch davon auszugehen, dass man hierbei wohl auf die
französische Rechtsordnung abzustellen hat. UE wäre es hierbei zudem idealer gewesen, wie
allgemein im Finanzmarktbereich üblich, von Geschäftstagen („business days") zu sprechen,
wie es teilweise in der MiCAR auch der Fall ist; vgl. hierzu → Art. 130 Rn. 25.
[27] Art. 130 Abs. 6 MiCAR; vgl. Art. 114 MiCAR.
[28] Art. 160 Abs. 6 S. 1 MiCAR.
[29] Art. 130 Abs. 6 S. 1 MiCAR; hierzu auch → Art. 130 Rn. 44.
[30] Assmann/Schneider/Mülbert/Spoerr EMIR Art. 68 Rn. 7.
[31] Vgl. Art. 114 Abs. 1 MiCAR; Assmann/Schneider/Mülbert/Spoerr EMIR Art. 68
Rn. 7; für Wessely ergibt sich demgegenüber der Inhalt der Veröffentlichung aus Art. 130
Abs. 7 MiCAR, Raschauer er al/Wessely MiCAR Art. 133 Rn. 1.
[32] Assmann/Schneider/Mülbert/Spoerr EMIR Art. 68 Rn. 7.
[33] Siehe etwa hinsichtlich Art. 68 Abs. 1 EMIR, ESMA, 31.3.2016, ESMA fines DTCC
Derivatives Repository Limited € 64,000 for data access failures, https://www.esma.europa. eu/press-news/esma-news/esma-fines-dtcc-derivatives-repository-limited-%E2%82%
AC64 000-data-access-failures (abgerufen am 19.8.2024).
[34] Ausführlich zur Einordnung von Geldbußen und Zwangsgeldern siehe Assmann/
Schneider/Mülbert/Gurlit MiFIR Art. 38j Rn. 8; der Gegensatz zu „strafrechtlichen Sank-

32 Die Bestimmung hat nur eine **klarstellende Funktion,** da Geldbußen nach Art. 131 MiCAR als auch Zwangsgelder nach Art. 132 MiCAR nicht von einem Strafgericht, sondern von der **EBA als Verwaltungsbehörde verhängt** werden und ihre konkrete Rechtsnatur nicht angezweifelt wird; hierzu siehe auch Raschauer et al/Wessely MiCAR Art. 133 Rn. 1.[35]

V. Vollstreckung des Buß- oder Zwangsgeldes

33 In Art. 133 Abs. 3 MiCAR[36] wird bestimmt, dass verhängte Geldbußen und Zwangsgelder vollstreckbar sind. Das Verfahren für die Vollstreckung richtet sich dabei nach den **Vorschriften des Zivilprozessrechts** (Exekutionsrechtes) des Mitgliedstaats, in dessen **Hoheitsgebiet**[37] **sie stattfindet.**[38]

34 Das **Vollstreckungsverfahren** folgt damit einer **dualistischen Struktur.**[39] Ferner wird mit dieser Bestimmung die **funktionale Kompetenzaufteilung** innerhalb der EU deutlich.[40] **Die materielle Kompetenz zur Verhängung von Geldbußen und von Zwangsgeldern** liegt in diesem Fall bei der **EBA,** wohingegen die **formale Kompetenz für die Durchsetzung der Vollstreckung** bei den **Mitgliedstaaten** verbleibt.[41] Letzteres ist deswegen erforderlich, da das **Unionsverwaltungsrecht keine Selbstvollstreckung** kennt.[42]

35 **Art. 133 Abs. 3 MiCAR ist an Art. 299 AEUV angelehnt,** der die Regelungen für die Vollstreckung von Rechtsakten des Rates, der EK sowie der EZB enthält.[43] Dies führt dazu, dass dessen Maßgaben auch bei der Vollstreckung von Geldbußen und Zwangsgeldern nach Art. 133 Abs. 3 MiCAR heranzuziehen sind.[44]

36 Möchte die **EBA,** dass eine verhängte Geldbuße oder ein verhängtes Zwangsgeld vollstreckt wird, hat sie dadurch in einem **ersten Schritt** einen Antrag auf **Erteilung einer Vollstreckungsklausel** (Vollstreckbarerklärung) **zu stellen.**[45] Die Erteilung hat durch jene **Behörde** zu erfolgen, die durch die Regierung des **Mitgliedstaates hierzu bestimmt** und sowohl gegen-

---

tionen" ist etwa in Art. 111 Abs. 1 und Art. 115 Abs. 2 MiCAR ersichtlich; vgl. auch zur Diskussion im Kartellrecht etwa Dannecker NZWiSt 2022, 85 (89).

[35] Vgl. Assmann/Schneider/Mülbert/Gurlit MiFIR Art. 38j Rn. 8.
[36] Hierzu siehe auch Raschauer et al/Wessely MiCAR Art. 133 Rn. 1.
[37] Kommen hierbei mehrere Staaten in Betracht, so liegt es im Ermessen der EBA jenen Mitgliedstaat zu bestimmen, in welchem die Vollstreckung erfolgen soll; Raschauer et al/Wessely MiCAR Art. 133 Rn. 1.
[38] Vgl. hierzu Erwgr. Nr. 87 EMIR; EuGH 9.11.2017 – C-217/16, ECLI:EU:C:2017:841 – Kommission/Dimos Zagoriou; Assmann/Schneider/Mülbert/Gurlit MiFIR Art. 38j Rn. 10 ff.; Assmann/Schneider/Mülbert/Spoerr EMIR Art. 68 Rn. 9 ff.; Jaeger/Stöger/Vcelouch AEUV Art. 299 Rn. 11 mwN (Stand 15.8.2019, rdb.at).
[39] Assmann/Schneider/Mülbert/Gurlit MiFIR Art. 38j Rn. 12.
[40] Assmann/Schneider/Mülbert/Spoerr EMIR Art. 68 Rn. 9; Jaeger/Stöger/Vcelouch AEUV Art. 299 Rn. 10 (Stand 15.8.2019, rdb.at).
[41] Assmann/Schneider/Mülbert/Spoerr EMIR Art. 68 Rn. 9 mwN.
[42] Assmann/Schneider/Mülbert/Gurlit MiFIR Art. 38j Rn. 10.
[43] Es finden sich zudem auch in anderen finanzmarktrechtlichen Regelwerken vergleichbare Regelungen, die jedoch zumeist ausführlicher ausgestaltet sind und fast vollständig Art. 299 AEUV entsprechen; vgl. Assmann/Schneider/Mülbert/Gurlit MiFIR Art. 38j Rn. 10.
[44] Vgl. Assmann/Schneider/Mülbert/Gurlit MiFIR Art. 38j Rn. 10.
[45] Assmann/Schneider/Mülbert/Spoerr EMIR Art. 68 Rn. 10; Jaeger/Stöger/Vcelouch AEUV Art. 299 Rn. 12 ff. mwN (Stand 15.8.2019, rdb.at); nach Wessely tritt die EBA hierbei folglich als betreibender Gläubiger auf, siehe Raschauer et al/Wessely MiCAR Art. 133 Rn. 1.

über der EBA als auch dem EuGH genannt wurde.[46] In **Österreich** kommt diese Aufgabe dem **Bezirksgericht**[47] zu.[48]

Die **Prüfung** der zuständigen Behörde ist dabei auf die **Echtheit des** 37 **Titels beschränkt.**[49] Es handelt sich folglich lediglich um eine **rein förmliche Prüfung,** die sich darauf erstreckt, ob es sich tatsächlich um einen Exekutionstitel handelt und ob der zwangsweise durchzusetzende Rechtsakt tatsächlich von dem als Urheber genannten Organ stammt.[50]

Ein materielles Prüfrecht kommt der zuständigen nationalen Behörde demgegenüber nicht zu.[51] Dieser ist es dadurch etwa untersagt zu prüfen, ob die EBA für die Verhängung der Geldbuße oder des Zwangsgeldes zuständig war oder ob ein rechtmäßiger Titel für die Verhängung vorgelegen hat.[52]   38

Nach Erteilung der Vollstreckungsklausel hat sich die **EBA** als **nächsten Schritt an die für die Vollstreckung zuständige Stelle zu wenden.**[53] Da sich nach Art. 133 Abs. 3 MiCAR die Vollstreckung nach den Vorschriften des Zivilprozessrechts jenes Mitgliedstaates zu richten hat, in dessen Hoheitsgebiet sie stattfindet, ist klargestellt, dass die Durchsetzung von unionsrechtlichen Rechtsakten nach den für das Zivilrecht geltenden exekutionsrechtlichen Bestimmungen zu erfolgen hat.[54]   39

In **Österreich** handelt es sich hierbei um die **Bestimmungen der Exekutionsordnung (EO)** und der bezughabenden Nebengesetze.[55] Die zuständige **Vollstreckungsstelle** stellt folglich das **Bezirksgericht (BG)** dar.[56]   40

Selbstverständlich besteht auch ein **Rechtsschutz** gegen die Vollstreckungsmaßnahmen. Dieser folgt, wie auch das Vollstreckungsverfahren selbst, einer **dualistischen Struktur.**[57] Handelt es sich um die **Prüfung der Ordnungsmäßigkeit der Vollstreckungsmaßnahmen,** liegt die **Zuständigkeit bei den nationalen Gerichten.**[58] Bezieht sich der **Rechtsschutz**   41

---

[46] Vgl. Art. 299 Abs. 2 AEUV; Assmann/Schneider/Mülbert/Gurlit MiFIR Art. 38j Rn. 11; Assmann/Schneider/Mülbert/Spoerr EMIR Art. 68 Rn. 10.
[47] Eine separate Benennung der zuständigen Stelle ist hier nicht erforderlich, da die Grundsätze des Exekutionsverfahrens anzuwenden sind. Im Rahmen der Bestimmung des Art. 299 AEUV ist Österreich seiner Verpflichtung bisher noch nicht nachgekommen und hat dementsprechend bisher noch keine spezifische Behörde zur Erteilung der Vollstreckungsklausel bestimmt und gegenüber der EK und dem EuGH benannt. Vcelouch geht etwa davon aus, dass diese Aufgabe gegenwärtig den Bezirksgerichten als zur Bewilligung der Exekution zur Erteilung von Vollstreckbarerklärungen zuständigen Gerichten zukommt, Jaeger/Stöger/Vcelouch AEUV Art. 299 Rn. 14 (Stand 15.8.2019, rdb.at).
[48] In Deutschland ist für die Erteilung das Bundesjustizministerium zuständig.
[49] Vgl. Art. 299 Abs. 2 AEUV; Assmann/Schneider/Mülbert/Gurlit MiFIR Art. 38j Rn. 11; Assmann/Schneider/Mülbert/Spoerr EMIR Art. 68 Rn. 10; Jaeger/Stöger/Vcelouch AEUV Art. 299 Rn. 15 ff. mwN (Stand 15.8.2019, rdb.at).
[50] Vgl. Jaeger/Stöger/Vcelouch AEUV Art. 299 Rn. 16 mwN (Stand 15.8.2019, rdb.at); EuGH 15.6.1994 – C-137/92, ECLI:EU:C:1994:247 – Kommission/BASF AG.
[51] Assmann/Schneider/Mülbert/Gurlit MiFIR Art. 38j Rn. 11 mwN.
[52] Assmann/Schneider/Mülbert/Spoerr EMIR Art. 68 Rn. 10 mwN.
[53] Vgl. Art. 299 Abs. 3 AEUV.
[54] Jaeger/Stöger/Vcelouch AEUV Art. 299 Rn. 27 (Stand 15.8.2019, rdb.at).
[55] Eine Vollstreckung, etwa nach den Bestimmungen des Verwaltungsvollstreckungsgesetzes (VVG), kommt nach Vcelouch demgegenüber nicht in Betracht, Jaeger/Stöger/Vcelouch AEUV Art. 299 Rn. 28 (Stand 15.8.2019, rdb.at).
[56] In Deutschland stellt die zuständige Vollstreckungsstelle das Vollstreckungsgericht gem. § 764 dZPO dar, welches in der Folge die Vollstreckung durchführt (§ 828 Abs. 1 dZPO).
[57] Assmann/Schneider/Mülbert/Gurlit MiFIR Art. 38j Rn. 12.
[58] Assmann/Schneider/Mülbert/Gurlit MiFIR Art. 38j Rn. 12; Assmann/Schneider/Mülbert/Spoerr EMIR Art. 68 Rn. 11; Jaeger/Stöger/Vcelouch AEUV Art. 299 Rn. 37 ff. mwN (Stand 15.8.2019, rdb.at).

demgegenüber **auf den Vollstreckungstitel,** kann dieser nur durch eine **Entscheidung des EuGH ausgesetzt werden.**[59] Einwände gegen den Vollstreckungstitel sind dadurch gegenüber dem EuGH zu erheben (zB im Wege einer Nichtigkeitsklage).[60]

42 Die Regelungen hinsichtlich der **Vollstreckungsverjährung** finden sich in Art. 7 DelVO 2024/1504/EU[61].[62] Darin ist festgelegt, dass die Befugnis der EBA zur Vollstreckung der verhängten Buß- und Zwangsgelder **innerhalb von fünf Jahren verjährt** und dass die Frist einen Tag nach der Rechtskraft des betreffenden Beschlusses zum Laufen beginnt.[63]

43 Die **Verjährungsfrist** gilt dabei als **unterbrochen,** wenn Maßnahmen durch die EBA oder eine nationale Behörde, infolge einer Aufgabenübertragung gem. Art. 138 MiCAR, gesetzt werden, durch welche die Zahlung oder die Zahlungsbedingungen der Geldbuße oder des Zwangsgelds durchgesetzt werden sollen.[64]

44 Liegt einer der eben genannten Fälle vor, führt eine Unterbrechung dazu, dass die **Verjährungsfrist neu zum Laufen beginnt.**[65]

45 Es kann zudem auch zu einem **Aussetzen der Verjährungsfrist** kommen, wenn eine Zahlungsfrist bewilligt oder weil der gegenständliche Beschluss der EBA Gegenstand bei der EBA-Beschwerdestelle[66] oder beim EuGH[67] anhängig ist.[68]

VI. Zuweisung der erhobenen Buß- und Zwangsgelder

46 In Art. 133 Abs. 4 MiCAR ist festgelegt, dass die von der EBA erhobenen Buß- und Zwangsgelder dem **Gesamthaushaltsplan der EU** zuzuweisen sind.[69] Eine **Konkretisierung** dieser Bestimmung findet sich in Art. 8 DelVO 2024/1504/EU.[70]

47 Dabei sind diese Gelder bis zu dem Zeitpunkt, an dem sie rechtskräftig werden, auf einem von der EBA eröffneten zinstragenden Konto zu hinterlegen. Hierbei ist dabei darauf zu achten, dass diese nicht dem EBA-Haushalt zugerechnet oder als Haushaltsposten verbucht werden dürfen.[71]

48 **Nach Eintritt der Rechtskraft** über die verhängten Geldbußen und Zwangsgelder hat die EBA die Überweisung dieser, einschließlich der bis zu diesem Zeitpunkt eventuell angefallener Zinsen, an die EK zu veranlassen.

---

[59] Assmann/Schneider/Mülbert/Gurlit MiFIR Art. 38j Rn. 12; Assmann/Schneider/Mülbert/Spoerr EMIR Art. 68 Rn. 11; Jaeger/Stöger/Vcelouch AEUV Art. 299 Rn. 29 ff. mwN (Stand 15.8.2019, rdb.at).

[60] Jaeger/Stöger/Vcelouch AEUV Art. 299 Rn. 29 (Stand 15.8.2019, rdb.at).

[61] Siehe hierzu auch Erwgr. Nr. 8 DelVO 2024/1504/EU.

[62] Vgl. hierzu Assmann/Schneider/Mülbert/Gurlit MiFIR Art. 38j Rn. 13; Assmann/Schneider/Mülbert/Spoerr EMIR Art. 68 Rn. 12.

[63] Art. 7 Abs. 2 DelVO 2024/1504/EU.

[64] Art. 7 DelVO 2024/1504/EU; auch wenn in Art. 7 DelVO 2024/1504/EU eine ausdrückliche Regelung hierzu fehlt, ist uE davon auszugehen, dass die Frist der Vollstreckungsverjährung ab jenem Tag als unterbrochen zu gelten hat, ab welchem die betroffene Person von der Maßnahme in Kenntnis gesetzt wurde (vgl. Art. 6 Abs. 3 DelVO 2024/1504/EU).

[65] Art. 7 Abs. 4 DelVO 2024/1504/EU.

[66] Art. 60 EBA-VO.

[67] Art. 136 MiCAR.

[68] Art. 7 Abs. 5 DelVO 2024/1504/EU.

[69] Vgl. hierzu Assmann/Schneider/Mülbert/Gurlit MiFIR Art. 38j Rn. 14.

[70] Siehe auch Erwgr. Nr. 9 DelVO 2024/1504/EU.

[71] Art. 8 Abs. 1 DelVO 2024/1504/EU.

Diese wiederum übernimmt die Aufgabe, dass diese Beträge anschließend dem Haushalt der EU zufließen.⁷²

Die EBA hat zudem der EK in regelmäßigen Abständen über die Höhe der verhängten Geldbußen und Zwangsgelder sowie deren Stand zu berichten.⁷³ 49

VII. Absehen vom Verhängen einer Geldbuße oder eines Zwangsgelds

Sollte die EBA von der Verhängung einer Geldbuße oder eines Zwangs- 50 gelds absehen, so hat sie nach Art. 133 Abs. 5 MiCAR das Europäische Parlament, den Rat, die EK sowie die zuständigen Behörden des betreffenden Mitgliedstaats hierüber **in Kenntnis zu setzen** und hierbei auch die **Gründe für diesen Beschluss darzulegen (Unterrichtungspflichten)**.⁷⁴ In Österreich muss die EBA über einen derartigen Beschluss folglich die **FMA** informieren.

Das Bestehen dieser Regelung zeigt dabei deutlich, dass die **EBA** grund- 51 sätzlich keine Verpflichtung⁷⁵ zur **Verhängung von Geldbußen und Zwangsgeldern** trifft, sondern dass sie über ein entsprechendes **Entschließungsermessen**⁷⁶ verfügt.⁷⁷

Gleichzeitig ist aufgrund der bestehenden Ausgestaltung der Bestimmung 52 davon auszugehen, dass das **Absehen** von dementsprechenden Maßnahmen, wohl eher einen **Ausnahmefall** als die **Regel darstellen** soll.⁷⁸

Dies soll va auch durch die umfassenden **Informationspflichten** gegen- 53 über den zahlreichen Institutionen sichergestellt werden, da der EBA beim Absehen vom Verhängen einer Geldbuße oder eines Zwangsgeldes ebenfalls ein entsprechender Arbeitsaufwand entsteht.⁷⁹

Artikel 134 Verfahrensvorschriften für Aufsichtsmaßnahmen und Geldbußen

(1) Bestehen im Rahmen der Wahrnehmung der Aufsichtsaufgaben der EBA nach Artikel 117 eindeutige und nachweisbare Gründe für die Annahme, dass einer der in den Anhängen V oder VI aufgeführten Verstöße vorliegt oder vorliegen wird, benennt die EBA aus dem Kreis ihrer Bediensteten einen unabhängigen Untersuchungsbeauftragten zur Untersuchung des Sachverhalts. Der Untersuchungsbeauftragte darf nicht direkt oder indirekt in die Beaufsichtigung der betreffenden Emittenten

---

⁷² Art. 8 Abs. 2 DelVO 2024/1504/EU.
⁷³ Art. 8 Abs. 3 DelVO 2024/1504/EU.
⁷⁴ Vgl. Assmann/Schneider/Mülbert/Gurlit MiFIR Art. 38h Rn. 8 und Art. 38j Rn. 9; Assmann/Schneider/Mülbert/Spoerr EMIR Art. 65 Rn. 9 und Art. 68 Rn. 8; Ramsauer et al/Wessely MiCAR Art. 131 Rn. 8, Art. 132 Rn. 3 und Art. 133 Rn. 1.
⁷⁵ Demgegenüber hat die EBA verhängte Geldbußen und Zwangsgelder verpflichtend zu veröffentlichen, sofern kein Ausschließungsgrund vorliegt (Art. 133 Abs. 1 MiCAR).
⁷⁶ Ausführlich hierzu Assmann/Schneider/Mülbert/Gurlit MiFIR Art. 38i Rn. 10.
⁷⁷ Assmann/Schneider/Mülbert/Gurlit MiFIR Art. 38j Rn. 9.
⁷⁸ Vgl. Assmann/Schneider/Mülbert/Spoerr EMIR Art. 68 Rn. 8; Ramsauer et al/Wessely MiCAR Art. 131 Rn. 8, Art. 132 Rn. 3 und Art. 133 Rn. 1.
⁷⁹ Nach Gurlit ist dieser bürokratische Aufwand, im Vergleich zur Verhängung einer Maßnahme nach Art. 131 oder 132 MiCAR, aber derart gering, dass dieser nicht wirklich geeignet ist, die EBA davon einem Verzicht über die Verhängung einer Geldbuße oder eines Zwangsgeldes absehen wird, Assmann/Schneider/Mülbert/Gurlit MiFIR Art. 38j Rn. 9; aA Assmann/Schneider/Mülbert/Spoerr EMIR Art. 68 Rn. 8.

signifikanter vermögenswertereferenzierter Token oder signifikanter E-Geld-Token einbezogen sein oder gewesen sein und nimmt seine Aufgaben unabhängig von der EBA wahr.

(2) Der Untersuchungsbeauftragte untersucht die mutmaßlichen Verstöße, wobei er alle Bemerkungen der Personen, die Gegenstand der Untersuchung sind, berücksichtigt, und legt der EBA eine vollständige Verfahrensakte mit seinen Feststellungen vor.

(3) Zur Erfüllung seiner Aufgaben kann der Untersuchungsbeauftragte von der Befugnis, nach Artikel 122 Informationen anzufordern, und von der Befugnis, nach den Artikeln 123 und 124 Untersuchungen und Vor-Ort-Prüfungen durchzuführen, Gebrauch machen. Bei der Ausübung dieser Befugnisse muss der Untersuchungsbeauftragte Artikel 121 einhalten.

(4) Bei der Erfüllung seiner Aufgaben hat der Untersuchungsbeauftragte Zugang zu allen Unterlagen und Informationen, die die EBA bei ihren Aufsichtstätigkeiten zusammengetragen hat.

(5) Beim Abschluss seiner Untersuchung gibt der Untersuchungsbeauftragte den Personen, die Gegenstand der Untersuchung sind, Gelegenheit, zu den untersuchten Fragen angehört zu werden, bevor er der EBA die Verfahrensakte mit seinen Feststellungen vorlegt. Der Untersuchungsbeauftragte stützt seine Feststellungen nur auf Tatsachen, zu denen sich die betreffenden Personen äußern konnten.

(6) Während der Untersuchungen nach diesem Artikel sind die Verteidigungsrechte der betreffenden Personen in vollem Umfang zu wahren.

(7) Wenn der Untersuchungsbeauftragte der EBA die Verfahrensakte mit seinen Feststellungen vorlegt, setzt er die Personen, die Gegenstand der Untersuchung sind, davon in Kenntnis. Vorbehaltlich des berechtigten Interesses anderer Personen an der Wahrung ihrer Geschäftsgeheimnisse haben die Personen, die Gegenstand der Untersuchungen sind, das Recht auf Einsicht in die Verfahrensakte. Vom Recht auf Akteneinsicht ausgenommen sind Dritte betreffende vertrauliche Informationen sowie interne vorbereitende Unterlagen der EBA.

(8) Anhand der Verfahrensakte mit den Feststellungen des Untersuchungsbeauftragten und – wenn die Personen, die Gegenstand der Untersuchung sind, darum ersuchen – nach der gemäß Artikel 135 erfolgten Anhörung dieser Personen, entscheidet die EBA darüber, ob der Emittent des signifikanten vermögenswertereferenzierten Token oder der Emittent des signifikanten E-Geld-Token, der Gegenstand der Untersuchung ist, einen der in den Anhängen V oder VI aufgeführten Verstöße begangen hat; ist dies der Fall, ergreift sie eine Aufsichtsmaßnahme nach Artikel 130 oder verhängt eine Geldbuße nach Artikel 131.

(9) Der Untersuchungsbeauftragte nimmt nicht an den Beratungen der EBA teil und greift auch nicht in anderer Weise in den Beschlussfassungsprozess der EBA ein.

(10) Die Kommission erlässt bis zum 30. Juni 2024 delegierte Rechtsakte nach Artikel 139 zur Ergänzung dieser Verordnung durch Verfahrensvorschriften für die Ausübung der Befugnis zur Verhängung von Geldbußen oder Zwangsgeldern, einschließlich Bestimmungen zu den Verteidigungsrechten, zu Zeitpunkten und Fristen, zur Einziehung der Geldbußen und Zwangsgelder und zur Verjährung bezüglich der Verhängung und Vollstreckung von Buß- und Zwangsgeldzahlungen.

(11) Stößt die EBA bei der Wahrnehmung ihrer Aufgaben nach dieser Verordnung auf ernsthafte Anhaltspunkte für das Vorliegen von Tatsachen, die Straftaten darstellen könnten, bringt sie diese Sachverhalte zur Untersuchung und gegebenenfalls zur strafrechtlichen Verfolgung den zuständigen nationalen Behörden zur Kenntnis. Ferner sieht die EBA davon ab, Geldbußen oder Zwangsgelder zu verhängen, wenn sie Kenntnis davon hat, dass ein früherer Freispruch oder eine frühere Verurteilung aufgrund identischer oder im Wesentlichen gleichartiger Tatsachen als Ergebnis eines Strafverfahrens nach nationalem Recht bereits Rechtskraft erlangt hat.

Artikel 135 Anhörung der betreffenden Personen

(1) Vor einem Beschluss gemäß Artikel 130, 131 oder 132 gibt die EBA den Personen, die Gegenstand einer Untersuchung sind, Gelegenheit, zu ihren Feststellungen angehört zu werden. Die EBA stützt ihre Beschlüsse nur auf Feststellungen, zu denen sich die Personen, die Gegenstand der betreffenden Untersuchung sind, äußern konnten.

(2) Absatz 1 gilt nicht, wenn dringende Maßnahmen ergriffen werden müssen, um erheblichen und unmittelbar drohenden Schaden für die Finanzstabilität oder die Inhaber von Kryptowerten, insbesondere Kleinanleger, abzuwenden. In einem solchen Fall kann die EBA einen Interimsbeschluss fassen und muss den betreffenden Personen die Gelegenheit geben, so bald wie möglich nach Erlass ihres Beschlusses gehört zu werden.

(3) Die Verteidigungsrechte der Personen, die Gegenstand einer Untersuchung sind, müssen in vollem Umfang gewahrt werden. Diese Personen haben vorbehaltlich der berechtigten Interessen anderer Personen an der Wahrung ihrer Geschäftsgeheimnisse Recht auf Einsicht in die Akten der EBA. Vom Recht auf Einsicht in die Akten der EBA ausgenommen sind vertrauliche Informationen sowie interne vorbereitende Unterlagen der EBA.

Übersicht

	Rn.
I. Literatur	1
II. Hintergrund und Zweck der Norm	2
III. Überblick über das Verfahren für das Ergreifen einer Aufsichtsmaßnahme	5
IV. Untersuchungsverfahren des Untersuchungsbeauftragten	8
1. Eröffnung des Verfahrens	8
2. Unabhängigkeit des Untersuchungsbeauftragten	13
3. Aufgaben, Pflichten und Rechte des Untersuchungsbeauftragten	21
V. Entscheidungsverfahren der EBA	30
1. Feststellung eines relevanten Verstoßes	30
2. Anhörung	32
3. Ergreifen von Aufsichtsmaßnahmen	38
VI. Delegierter Rechtsakt	42
VII. Verhältnis zu Strafverfahren	45

I. Literatur

Siehe allgemeines Verzeichnis.   1

MiCAR Art. 134, 135 — Titel VII. Zuständige Behörde, EBA und ESMA

II. Hintergrund und Zweck der Norm

2   Die Art. 134 und 135 MiCAR regeln die **Kernelemente des Verfahrens zur Ergreifung von Aufsichtsmaßnahmen** durch die EBA (Art. 130 ff. MiCAR).[1] Art. 134 MiCAR unterscheidet dabei zwischen dem eigentlichen **Entscheidungsverfahren** der EBA und dem vorgelagerten **Untersuchungsverfahren** des Untersuchungsbeauftragten. Vergleichbare Bestimmungen finden sich in anderen Rechtsakten des EU-Finanzmarktrechts;[2] aufgrund des **weitgehend übereinstimmenden Wortlauts** wird man die hierzu bestehende Literatur auch für die gegenständliche Bestimmung heranziehen dürfen.

3   Die VO zielt auf die grundsätzlich **getrennte Führung dieser Verfahrensabschnitte** ab, was der **Richtigkeitsgewähr** dient. Art. 134 Abs. 8 MiCAR verknüpft diese beiden Abschnitte.[3] Maßgebliche Teile des Art. 134 MiCAR enthalten die Regelungen zum **Untersuchungsbeauftragten**[4] bzw. zum Untersuchungsverfahren. Darüber hinaus finden sich in Art. 134 MiCAR Regelungen zu einem **delegierten Rechtsakt** der EK[5] sowie zum Verhältnis zu **nationalen Strafverfahren**.[6]

4   Art. 135 MiCAR regelt demgegenüber das **Anhörungsrecht** der Personen, die Gegenstand des Verfahrens sind, gegenüber der EBA.[7]

III. Überblick über das Verfahren für das Ergreifen einer Aufsichtsmaßnahme

5   Soweit die Voraussetzungen des Art. 134 Abs. 1 MiCAR erfüllt sind (eindeutige und nachweisbare Gründe für die Annahme, dass ein relevanter Verstoß[8] vorliegt oder vorliegen wird), **benennt die EBA einen in Frage kommenden Untersuchungsbeauftragten**. Dieser **untersucht** die mutmaßlichen Verstöße und **berichtet der EBA über seine Feststellungen**.[9]

6   Hiervon sind **betroffene Personen zu verständigen**.[10] Schon vor der Berichterstattung an die EBA ist den betroffenen Personen zudem **Gelegenheit zur Anhörung** zu geben.[11] Anhand der Feststellungen des Untersuchungsbeauftragten **entscheidet die EBA** darüber, ob ein Verstoß vorliegt und ergreift entsprechende Aufsichtsmaßnahmen,[12] wobei betroffene Personen vor einer entsprechenden Entscheidung ein **Anhörungsrecht** haben.[13]

---

[1] Zur Terminologie → Art. 130 Rn. 9 ff.
[2] Vgl. zu Art. 134 MiCAR etwa Art. 25i, 64 EMIR (VO 2012/648/EU); Art. 38k MiFIR (VO 2014/600/EU); Art. 63 VO 2023/2631/EU; zum weiteren Überblick über vergleichbare Bestimmungen BeckOK WpHR/Steuer EMIR Art. 25i Rn. 1 mwN; auch → Art. 131 Rn. 20; vgl. zu Art. 135 MiCAR etwa Art. 25l, 67 EMIR; Art. 38l MiFIR; Art. 64 VO 2023/2631/EU; vgl. auch Assmann/Schneider/Mülbert/Gurlit MiFIR Art. 38l Rn. 2 mwN.
[3] Vgl. Assmann/Schneider/Mülbert/Gurlit MiFIR Art. 38k Rn. 1 f. mwN.
[4] → Rn. 8 ff.; Englisch: „independent investigation officer".
[5] → Rn. 42 ff.
[6] → Rn. 45 ff.
[7] → Rn. 32 ff.
[8] Vgl. → Art. 130 Rn. 6 ff.
[9] Art. 134 Abs. 2 MiCAR.
[10] Art. 134 Abs. 7 MiCAR.
[11] Art. 134 Abs. 5 MiCAR.
[12] Art. 134 Abs. 8 MiCAR.
[13] Art. 135 MiCAR.

Die EBA berücksichtigt in diesem Zusammenhang auch die **Unterrichtungs-, Mitteilungs- und Veröffentlichungspflichten** gem. Art. 130 Abs. 4–7 sowie gem. Art. 133 Abs. 1 MiCAR. 7

IV. Untersuchungsverfahren des Untersuchungsbeauftragten

1. Eröffnung des Verfahrens. Der Untersuchungsbeauftragte wird **von** 8 **der EBA bestellt** („benannt"). Ihm kommt hierbei folglich **kein eigenständiges Recht** darauf zu, das Untersuchungsverfahren selbst einzuleiten.[14] Für die EBA wiederum besteht **kein Ermessen zur Bestellung,** wenn die Voraussetzungen des Art. 134 Abs. 1 MiCAR erfüllt sind.[15]

Grundvoraussetzung ist hierzu, dass der EBA im Rahmen der Wahrnehmung ihrer Aufsichtsaufgaben nach Art. 117 MiCAR – die für ART und 9 EMT nicht parallel ausgestaltet sind – „**eindeutige und nachweisbare Gründe für die Annahme**" vorliegen, dass einer der in den Anhängen V oder VI MiCAR angeführten Verstöße „**vorliegt oder vorliegen wird**".[16]

Die **Formulierung** erscheint einerseits **strenger** als die in Art. 25i, 64 10 EMIR und Art. 38k Abs. 1 MiFIR, die von „ernsthaften Anhaltspunkten" sprechen, dass Verstöße vorliegen „können". Unklar ist, ob der Gesetzgeber damit eine Verschärfung intendiert.[17]

Andererseits muss ein Verstoß nach dem Wortlaut der Bestimmung **noch** 11 **nicht stattgefunden haben.** Es ist demnach vielmehr bereits ausreichend, dass der Verstoß in der Zukunft (höchstwahrscheinlich) **stattfinden wird.** Insofern ermöglicht die MiCAR eine **präventive Bestellung des Untersuchungsbeauftragten** (bzw. Einleitung des Untersuchungsverfahrens). Zumindest sprachlich weicht dies von der Formulierung der Art. 25i, 64 EMIR und Art. 38k MiFIR ab.

Art. 134 Abs. 1 MiCAR fordert für die Einleitung eines Untersuchungs- 12 verfahrens jedenfalls einen Zusammenhang mit den in den **Anhängen V oder VI MiCAR angeführten Verstößen.** Das entspricht dem Konzept des Art. 130 Abs. 1 und 2 MiCAR. Hingewiesen sei aber darauf, dass **Zwangsgelder gem. Art. 132 Abs. 1 lit. b MiCAR** nicht an Beschlüssen gem. Art. 130 MiCAR (und damit einem Verstoß iSd Anhang V oder VI MiCAR) ansetzen.[18] Das bedeutet, dass die Verhängung von Zwangsgeldern zur Durchsetzung von Ermittlungsbefugnissen der EBA (Art. 122 ff. MiCAR) keine Durchführung eines Untersuchungsverfahrens gem. Art. 134 MiCAR voraussetzt.[19]

2. Unabhängigkeit des Untersuchungsbeauftragten. Der Unter- 13 suchungsbeauftragte hat zwingend ein „**Bediensteter**" der EBA (Englisch: *within EBA*) zu sein, was auf eine dauerhafte unselbstständige Tätigkeit für die Behörde hindeutet. Es handelt sich also bei dieser Rolle nicht um eine externe Person, wie dies zB aus dem Bereich der Abschlussprüfung bekannt

---

[14] Assmann/Schneider/Mülbert/Spoerr EMIR Art. 64 Rn. 5.
[15] Vgl. Raschauer et al/Wessely MiCAR Art. 134 Rn. 4; BeckOK WpHR/Steuer EMIR Art. 25i Rn. 9.
[16] Art. 134 Abs. 1 MiCAR.
[17] Art. 25i und 64 EMIR sprechen darüber hinaus vom „möglichen Vorliegen von Tatsachen"; vgl. zum Ganzen Assmann/Schneider/Mülbert/Gurlit MiFIR Art. 38k Rn. 3 mwN; Steuer in BeckOK WpHR[10] EMIR Art. 25i Rn. 8 f. mwN.
[18] Vgl. → Art. 132 Rn. 20 ff.
[19] Vgl. zur EMIR BeckOK WpHR/Steuer EMIR Art. 25i Rn. 4 f.

ist. Dennoch bestimmt Art. 134 Abs. 1 S. 1 MiCAR weiter, dass der Untersuchungsbeauftragte **„unabhängig"** zu sein hat.[20]

14 Diese „Unabhängigkeit" iSd MiCAR äußert sich etwa dadurch, dass der Untersuchungsbeauftragte **nicht direkt oder indirekt in die Beaufsichtigung der betreffenden Emittenten** signifikanter ART oder signifikanter EMT einbezogen sein oder gewesen sein darf.[21]

15 Gleichzeitig nimmt er seine Aufgaben **unabhängig von der EBA wahr**.[22] Hierunter ist wohl zu verstehen, dass er im Rahmen dieser Aufgaben – abweichend von allgemeinen Regelungen – seiner Tätigkeit **weisungsfrei** nachgehen darf.[23]

16 Schließlich nimmt der Untersuchungsbeauftragte **nicht an den Beratungen der EBA teil** und greift auch sonst **nicht in deren Beschlussfassungsprozess** ein.[24]

17 Aus der Betonung der „Unabhängigkeit" ergibt sich darüber hinaus, dass keine anderen Gründe vorliegen dürfen, die die **Unbefangenheit des Untersuchungsbeauftragten in Zweifel** ziehen. Die Sicherstellung eines unparteiischen Verfahrens wird man zudem ohnehin zu den Pflichten der EBA zählen müssen.[25] Es empfiehlt sich folglich, die Rolle des Untersuchungsbeauftragten nicht als jene des „Anklägers", sondern als die eines **neutralen Ermittlers** zu begreifen.[26]

18 Das Unabhängigkeitserfordernis ist jedoch nicht so zu verstehen, dass der Untersuchungsbeauftragte die **Ressourcen und die Infrastruktur der EBA** im Rahmen seiner Tätigkeit nicht nutzen dürfte. Auf diese Mittel wird er etwa zur Durchführung von Vor-Ort-Prüfungen[27] als auch zur Vorbereitung seiner Feststellungen zwingend angewiesen sein. Entsprechende Mittel sind daher auch in jenem Ausmaß bereitzustellen, dass er die Tätigkeit ordnungsgemäß ausführen kann.

19 Schließlich hat der Untersuchungsbeauftragte **Zugang zu allen relevanten Informationen** zum gegenständlichen Fall von der EBA zu erhalten, für welchen er bestellt wurde (zB Kommunikation mit dem und Dokumentation der Tätigkeiten des Emittenten, Ergebnisse der Ermittlungen und Untersuchungen gem. Art. 122 ff. MiCAR).[28]

20 Das Untersuchungsverfahren **endet mit Vorlage der Feststellungen an die EBA**,[29] die Sonderstellung des EBA-Bediensteten – insbes. das Verbot, an den folgenden Beratungen teilzunehmen – mit Abschluss des Entscheidungsverfahrens durch die EBA. Eine „cooling-off"-Periode oder Ähnliches für eine erneute Bestellung oder andere Verfahren sieht die MiCAR nicht vor.

---

[20] Vgl. dazu Assmann/Schneider/Mülbert/Gurlit MiFIR Art. 38k Rn. 8 f. mwN; Assmann/Schneider/Mülbert/Spoerr EMIR Art. 64 Rn. 8 mwN.
[21] Art. 134 Abs. 1 S. 2 Hs. 1 MiCAR.
[22] Art. 134 Abs. 2 S. 2 Hs. 2 MiCAR.
[23] Raschauer et al/Wessely MiCAR Art. 134 Rn. 5; vgl. Assmann/Schneider/Mülbert/Gurlit MiFIR Art. 38k Rn. 6 und 9; BeckOK WpHR/Steuer EMIR Art. 25i Rn. 7.
[24] Art. 134 Abs. 9 MiCAR.
[25] Vgl. zu Art. 41 GRCh Assmann/Schneider/Mülbert/Gurlit MiFIR Art. 38k Rn. 8 mwN; Assmann/Schneider/Mülbert/Spoerr EMIR Art. 64 Rn. 8 mwN.
[26] BeckOK WpHR/Steuer EMIR Art. 25i Rn. 11.
[27] Art. 134 Abs. 3 MiCAR.
[28] Art. 134 Abs. 4 MiCAR.
[29] Assmann/Schneider/Mülbert/Gurlit MiFIR Art. 38k Rn. 6; BeckOK WpHR/Steuer EMIR Art. 25i Rn. 15.

3. Aufgaben, Pflichten und Rechte des Untersuchungsbeauftragten. 21
Zentrale Aufgabe des Untersuchungsbeauftragten ist die **Untersuchung der mutmaßlichen** – von der EBA wahrgenommenen – **(zukünftigen) Verstöße.** Er soll weitere Tatsachen ermitteln, die den Anfangsverdacht erhärten oder auch entkräften.[30] Dabei sind alle „Bemerkungen" (Englisch: *comments*) der Personen, die Gegenstand der Untersuchung sind,[31] zu berücksichtigen. Diese Vorgaben werden in einem delegierten Rechtsakt[32] konkretisiert; so ist etwa festgelegt, dass der Untersuchungsbeauftragte eine **Frist von mind. vier Wochen zur Äußerung** zu setzten hat.[33] Schließlich ist der **EBA eine vollständige Verfahrensakte** mit seinen Feststellungen[34] **vorzulegen.**[35] Auch diese Vorgaben werden im delegierten Rechtsakt konkretisiert.[36]

Die Feststellungen darf der Untersuchungsbeauftragte **nur auf Tatsachen** 22 **stützen,** zu denen sich die **Personen,** die Gegenstand der Untersuchung sind, **äußern konnten,** was die Möglichkeit der Anhörung dieser Personen voraussetzt. Eine die geschützten Personen treffende Pflicht zur Äußerung besteht aber nicht.

Diese Anhörungsmöglichkeit hat der Untersuchungsbeauftragte **(spätes-** 23 **tens) bei Abschluss seiner Untersuchung** zu gewähren.[37] Anders als das Anhörungsrecht nach Art. 135 MiCAR, das gegenüber der EBA besteht,[38] greift das gegenständliche Recht zeitlich vorgelagert schon gegenüber dem Untersuchungsbeauftragten.[39] Das dient neben der Rechtsstaatlichkeit und dem Grundrechtsschutz auch der Richtigkeitsgewähr der zu treffenden Entscheidung.[40] Obwohl das nicht ausdrücklich in der MiCAR festgeschrieben ist, wird auch der Untersuchungsbeauftragte in den Fällen des Art. 135 Abs. 2 MiCAR jedoch eine **Ausnahme** von der Anhörungsmöglichkeit machen dürfen.[41]

Während der Untersuchungen hat der Untersuchungsbeauftragte die **Ver-** 24 **teidigungsrechte** (seien sie in der MiCAR näher ausgeführt oder nicht)[42] der betreffenden Personen in vollem Umfang zu wahren.[43]

---

[30] Assmann/Schneider/Mülbert/Gurlit MiFIR Art. 38k Rn. 4.
[31] Hier werden die Personen gemeint sein, die potenzielle Adressaten der späteren Aufsichtsmaßnahme gem. Art. 130 ff. MiCAR sind, vgl. zur MiFIR Assmann/Schneider/Mülbert/Gurlit MiFIR Art. 38k Rn. 11; zur EMIR Assmann/Schneider/Mülbert/Spoerr EMIR Art. 64 Rn. 12 mwN.
[32] → Rn. 42 ff.
[33] Art. 1 Abs. 3 DelVO (EU) 2024/1504; vgl. zum Vorschlag Art. 1 Abs. 3 C/2024/0898 final.
[34] Die Feststellungen werden dabei nicht frei von rechtlichen Wertungen sein (vgl. auch Art. 1 Abs. 2 DelVO (EU) 2024/1504), da sie sich auf normative Verhaltensgebote beziehen, Assmann/Schneider/Mülbert/Gurlit MiFIR Art. 38k Rn. 4; Assmann/Schneider/Mülbert/Spoerr EMIR Art. 64 Rn. 6; BeckOK WpHR/Steuer EMIR Art. 25i Rn. 11, jeweils mwN.
[35] Art. 134 Abs. 2 MiCAR.
[36] Vgl. zum Vorschlag Art. 2 Abs. 1, 2 DelVO (EU) 2024/1504.
[37] Art. 134 Abs. 5 MiCAR.
[38] → Rn. 32; vgl. auch Art. 134 Abs. 8 MiCAR.
[39] Vgl. Assmann/Schneider/Mülbert/Spoerr EMIR Art. 64 Rn. 13 f.; BeckOK WpHR/Steuer EMIR Art. 25i Rn. 13.
[40] Assmann/Schneider/Mülbert/Gurlit MiFIR Art. 38k Rn. 5; siehe auch Assmann/Schneider/Mülbert/Hartenfels EMIR Art. 25i Rn. 10.
[41] Vgl. Assmann/Schneider/Mülbert/Hartenfels EMIR Art. 25i Rn. 12 (mit Verweis auf DelVO 2021/731/EU); siehe auch BeckOK WpHR/Steuer EMIR Art. 25i Rn. 4.
[42] Siehe zu den Verteidigungsrechten (insbes. mit Bezug auf Art. 41 GRCh) Assmann/Schneider/Mülbert/Gurlit MiFIR Art. 38k Rn. 10; Assmann/Schneider/Mülbert EMIR Art. 64 Rn. 11 ff. mwN; siehe auch Assmann/Schneider/Mülbert/Hartenfels EMIR Art. 25i Rn. 21 ff.; BeckOK WpHR/Steuer EMIR Art. 25i Rn. 14.
[43] Art. 134 Abs. 6 MiCAR; vgl. auch Art. 135 Abs. 3 S. 1 MiCAR.

25 Zu den Pflichten des Untersuchungsbeauftragten gehört des Weiteren, dass er die **untersuchungsgegenständlichen Personen** von der Vorlage der Verfahrensakte mit seinen Feststellungen an die EBA **in Kenntnis** setzt.[44]

26 Diese Personen haben auch ein **Einsichtsrecht in die Verfahrensakte.** Dieses Recht **ist dreifach beschränkt:**
- einerseits hinsichtlich des **berechtigten Interesses** anderer Personen an der Wahrung ihrer **Geschäftsgeheimnisse;**[45]
- andererseits hinsichtlich Dritte betreffende „**vertrauliche**" Informationen[46] sowie
- darüber hinaus noch hinsichtlich „**interner vorbereitender Unterlagen**" der EBA (Art. 134 Abs. 7 S. 2, 3 MiCAR; nicht aber jene des Untersuchungsbeauftragten).[47]

27 Der letzte genannte Ausschlussgrund findet sich an dieser Stelle nicht in der MiFIR,[48] wortgleich aber in Art. 135 Abs. 3 S. 3 MiCAR. Insofern soll wohl klargestellt werden, dass eine **Umgehung dieser Bestimmung** auch über die Rechte hinsichtlich der Verfahrensakte des Untersuchungsbeauftragten nicht möglich ist.

28 In **Bezug auf Dritte** wird der Untersuchungsbeauftragte zur Erfüllung seiner Aufgaben mit den Rechten gemäß Art. 122 MiCAR **(Informationsersuchen),** Art. 123 MiCAR **(Allgemeine Untersuchungsbefugnisse)** und Art. 124 MiCAR **(Prüfungen vor Ort)** ausgestattet, wobei die Beschränkungen des Art. 121 MiCAR **(Rechtsprivileg)** zu beachten sind.[49]

29 In Bezug auf die EBA ist dem Untersuchungsbeauftragten zur Erfüllung seiner Aufgaben **Zugang zu allen Unterlagen und Informationen** einzuräumen, die die EBA bei ihren Aufsichtstätigkeiten zusammengetragen hat.[50]

V. Entscheidungsverfahren der EBA

30 1. **Feststellung eines relevanten Verstoßes.** Gem. Art. 134 Abs. 8 MiCAR entscheidet die EBA „**anhand**" (Englisch: *based on*) der **Verfahrensakte** mit den Feststellungen des Untersuchungsbeauftragten. Aus dieser Wendung und der intendierten Trennung von Untersuchungs- und Entscheidungsverfahren ergibt sich, dass die EBA **nicht an diese Feststellungen** bei der Frage **gebunden ist,** ob ein Verstoß vorliegt bzw. vorliegen wird.[51]

31 Auch kann sie in diesem Verfahrensabschnitt **eigene und abweichende Feststellungen** treffen, ohne dass der Untersuchungsbeauftragte eingeschaltet wird.[52]

---

[44] Art. 134 Abs. 7 S. 1 MiCAR.
[45] Vgl. Assmann/Schneider/Mülbert/Spoerr EMIR Art. 64 Rn. 15 mwN.
[46] Assmann/Schneider/Mülbert/Gurlit MiFIR Art. 38k Rn. 15 mwN schlägt vor, die vom EuGH für finanzmarktrechtliche Verschwiegenheitspflichten entwickelten Grundsätze heranzuziehen.
[47] Vgl. dazu Assmann/Schneider/Mülbert/Gurlit MiFIR Art. 38k Rn. 15 mwN.
[48] Vgl. Assmann/Schneider/Mülbert/Gurlit MiFIR Art. 38l Rn. 6 mwN; vgl. dagegen Art. 25i Abs. 4 und Art. 64 Abs. 4 EMIR.
[49] Art. 134 Abs. 3 MiCAR; es stellt sich die Frage, ob der Untersuchungsbeauftragte ggf. Zwangsgelder verhängen kann; vgl. Assmann/Schneider/Mülbert/Spoerr EMIR Art. 64 Rn. 10.
[50] Art. 134 Abs. 4 MiCAR; vgl. → Rn. 19.
[51] Vgl. Art. 2 Abs. 4 DelVO (EU) 2024/1504; Assmann/Schneider/Mülbert/Gurlit MiFIR Art. 38k Rn. 7 mwN; BeckOK WpHR/Steuer EMIR Art. 25i Rn. 17 mwN.
[52] Assmann/Schneider/Mülbert/Gurlit MiFIR Art. 38k Rn. 7 mwN; vgl. BeckOK WpHR/Steuer EMIR Art. 25i Rn. 17 mwN; siehe aber zu eigenständigen Untersuchungsschritten Raschauer et al/Wessely MiCAR Art. 134 Rn. 10.

Anhörung der betreffenden Personen   Art. 134, 135 MiCAR

2. Anhörung. Die EBA hat den Personen, die Gegenstand einer Untersuchung sind, **vor einem Beschluss** gem. den Art. 130, 131 oder 132 MiCAR[53] **Gelegenheit** zu geben, zu ihren Feststellungen **angehört zu werden.**[54] Gemeint sind hier die Feststellungen der EBA.[55] 32

Der Verweis auf Art. 132 MiCAR bezieht sich **nicht nur auf dessen Abs. 1 lit. a** MiCAR, sondern auch auf **lit. b.**[56] 33

Die EBA darf ihre Beschlüsse nur **insoweit auf Feststellungen** stützen, als eine **Anhörungsmöglichkeit tatsächlich bestand.**[57] 34

Art. 135 MiCAR spricht von einem „**Beschluss**" gem. den Art. 130, 131 und 132 MiCAR. Jedenfalls bezieht sich Art. 135 MiCAR daher auf die als Beschlüsse bezeichneten Aufsichtsmaßnahmen. Art. 130 MiCAR listet hingegen daneben verschiedene Aufsichtsmaßnahmen auf, die nicht (zumindest formal) als „Beschlüsse" bezeichnet werden.[58] Neben dem Schutzgedanken der Norm spräche für ein weites Verständnis, dass die MiCAR die Begriffe der „(Aufsichts-)Maßnahme" und des „Beschlusses" teils synonymisch zu verwenden scheint;[59] das streitet dafür, dass die EBA wird vor Ergreifen einer Aufsichtsmaßnahme iSd Art. 130 MiCAR generell Art. 135 MiCAR zu beachten hat. 35

Das **Anhörungsrecht gilt ausnahmsweise nicht,** wenn **dringende Maßnahmen** ergriffen werden müssen, um erheblichen und unmittelbar drohenden Schaden für die Finanzstabilität oder die Inhaber von Kryptowerten, insbes. Kleinanleger,[60] abzuwenden.[61] In einem solchen Fall kann die EBA einen **Interimsbeschluss** fassen und muss die Anhörungsmöglichkeit so bald wie möglich nach Erlass des Beschlusses einräumen.[62] 36

Die EBA hat die **Verteidigungsrechte** der betroffenen Personen in vollem Umfang zu wahren. Zugunsten dieser Personen besteht auch ein **Einsichtsrecht** gegenüber der EBA.[63] 37

3. Ergreifen von Aufsichtsmaßnahmen. Stellt die EBA einen **relevanten Verstoß** fest, ergreift sie gem. Art. 134 Abs. 8 MiCAR eine **Aufsichtsmaßnahme** gem. Art. 130 MiCAR oder verhängt ein **Bußgeld** gem. Art. 131 MiCAR. 38

Unmittelbar aus dem Wortlaut des Art. 131 MiCAR ergibt sich dann auch, dass eine **Feststellung gem. Art. 134 Abs. 8 MiCAR,** die anhand des Untersuchungsverfahrens getroffen wird, **Voraussetzung für die Verhängung einer Geldbuße ist.**[64] Ohne explizit auf Art. 134 Abs. 8 MiCAR zu verweisen, stellen aber auch Art. 130 Abs. 1, 2 MiCAR auf die „Feststellung" eines Verstoßes ab. Die Feststellung gem. Art. 134 Abs. 8 MiCAR wird 39

---

[53] Vgl. zur etwaigen Anhörung vor Maßnahmen zur Sachverhaltsermittlung Assmann/Schneider/Mülbert/Gurlit MiFIR Art. 38l Rn. 3 mwN.
[54] Art. 135 Abs. 1 S. 1 MiCAR.
[55] Vgl. → Rn. 23; Assmann/Schneider/Mülbert/Gurlit MiFIR Art. 38l Rn. 4.
[56] Vgl. → Rn. 12, 41.
[57] Art. 135 Abs. 1 S. 2 MiCAR vgl. Raschauer et al/Wessely MiCAR Art. 135 Rn. 2.
[58] Vgl. → Art. 130 Rn. 9 ff.
[59] Vgl. Art. 130 Abs. 6 S. 1, 2, Art. 134 Abs. 8, 9 MiCAR.
[60] Art. 4 Abs. 1 Z. 37 MiCAR; vgl. → Art. 130 Rn. 24.
[61] Vgl. Assmann/Schneider/Mülbert/Gurlit MiFIR Art. 38l Rn. 5.
[62] Vgl. Art. 135 Abs. 2 S. 2 MiCAR; vgl. dazu Art. 4 DelVO (EU) 2024/1504; BeckOK WpHR/Steuer EMIR Art. 25l Rn. 4 mwN.
[63] Vgl. Art. 135 Abs. 3 MiCAR; vgl. → Rn. 26 f.; Assmann/Schneider/Mülbert/Hartenfels EMIR Art. 25l Rn. 11.
[64] Vgl. → Art. 131 Rn. 19 ff.

MiCAR Art. 134, 135   Titel VII. Zuständige Behörde, EBA und ESMA

daher auch für die anderen **Aufsichtsmaßnahmen Relevanz** besitzen,[65] solange Art. 130 MiCAR nicht davon abweichend einen hinreichend **begründeten Verdacht** ausreichen lässt.[66] Jedenfalls wird die EBA aber in letzteren Fällen Untersuchungen zur definitiven Klärung, ob tatsächlich ein Verstoß vorliegt, durchführen müssen.

40   Trotz der Unterscheidung in Art. 134 MiCAR gehören **Bußgelder** nach der Systematik des Art. 130 MiCAR zu den Aufsichtsmaßnahmen.[67] Die in Art. 134 Abs. 8 gebrauchte Formulierung („oder") bedeutet uE nicht, dass sich die Anwendung der beiden Artikel notwendig gegenseitig ausschließen, sodass die **Verhängung eines Bußgeldes neben einer (anderen) Maßnahme nach Art. 130 MiCAR grundsätzlich möglich** ist. Allerdings impliziert der Wortlaut der Bestimmung, dass die EBA jedenfalls eine Aufsichtsmaßnahme zu ergreifen hat – die freilich auch in einer Aufforderung nach Art. 130 Abs. 1 lit. a, Abs. 2 lit. a MiCAR bestehen kann –, wenn sie einen relevanten Verstoß feststellt. Hinzuweisen ist jedoch auf das **Entschließungsermessen** der EBA bei der Verhängung von Geldbußen und Zwangsgeldern.[68]

41   Obwohl auch **Zwangsgelder** gem. Art. 132 MiCAR systematisch zu den Aufsichtsmaßnahmen gehören (Art. 130 Abs. 1 lit. b, Abs. 2 lit. b MiCAR),[69] werden diese in Art. 134 Abs. 8 MiCAR[70] und der Überschrift des Art. nicht angesprochen. Hintergrund dürfte sein, dass die Verhängung von Zwangsgeldern einen Beschluss gem. Art. 132 Abs. 1 lit. a iVm Art. 130 MiCAR voraussetzt,[71] vor dessen Erlassung wiederum das **Untersuchungsverfahren** durchzuführen ist.[72] Will die EBA zur Durchsetzung eines solchen Beschlusses ein Zwangsgeld verhängen, wird sie – unbeschadet ihrer Pflichten nach Art. 135 MiCAR[73] – dann kein separates Untersuchungsverfahren zu diesem Zweck mehr einleiten müssen.

VI. Delegierter Rechtsakt

42   Art. 134 Abs. 10 MiCAR enthält die Grundlage für die **Erlassung eines delegierten Rechtsakts** gem. Art. 139 MiCAR, der bis zum 30.6.2024 zu erlassen ist.[74]

43   In diesem Rechtsakt sind die **Verfahrensvorschriften** für die Ausübung der **Befugnis zur Verhängung von Geldbußen oder Zwangsgeldern,**

---

[65] Vgl. Assmann/Schneider/Mülbert/Gurlit MiFIR Art. 38g Rn. 4 mwN.
[66] Dazu → Art. 130 Rn. 8, 25.
[67] → Art. 130 Rn. 9 ff.
[68] Vgl. Art. 133 Rn. 5; → Art. 133 Rn. 50 ff.; vgl. aber zum Ganzen Raschauer et al/ Wessely MiCAR Art. 130 Rn. 11.
[69] Vgl. → Art. 130 Rn. 9 ff.
[70] Anders wieder Art. 134 Abs. 10 und 11.
[71] → Art. 132 Rn. 20 ff. mwN.
[72] Vgl. zur Frage, ob diese Beschlüsse verbunden werden können Assmann/Schneider/ Mülbert/Spoerr EMIR Art. 66 Rn. 7 mwN (ablehnend für die EMIR, mit Verweis auf Art. 73. Abs. 1 lit. a–d EMIR und DelVO 2014/667/EU). Die EMIR ist hier jedoch anders formuliert als Art. 130 MiCAR (der Zwangsgelder unmittelbar anspricht). Art. 3 Abs. 1 DelVO (EU) 2024/1504 sieht allerdings vor, dass vor einem Zwangsgeldbeschluss die entsprechenden Gründe separat dargelegt werden müssen und eine eigene Äußerungsfrist besteht; vgl. zum Ganzen Assmann/Schneider/Mülbert/Gurlit MiFIR Art. 38i Rn. 5 mwN; → Art. 132 Rn. 28 ff., 41 ff.
[73] Vgl. Assmann/Schneider/Mülbert/Gurlit MiFIR Art. 38l Rn. 3; BeckOK WpHR/ Steuer EMIR Art. 25l Rn. 3.
[74] Vgl. auch Art. 149 Abs. 4 MiCAR.

einschließlich Bestimmungen zu den Verteidigungsrechten, zu Zeitpunkten und Fristen, zur Einziehung der Geldbußen und Zwangsgelder und zur Verjährung bezüglich der Verhängung und Vollstreckung von Buß- und Zwangsgeldzahlungen zu konkretisieren.
Die DelVO gem. Art 134 Abs. 10 MiCAR wurde mittlerweile erlassen.[75] 44

VII. Verhältnis zu Strafverfahren

Art. 134 Abs. 11 MiCAR greift das Verhältnis der Aufgaben der EBA zu nationalen Strafverfahren auf. 45

Sollte die EBA bei der Wahrnehmung ihrer Aufgaben auf **„ernsthafte Anhaltspunkte"** für das Vorliegen von Tatsachen stoßen, die Straftaten darstellen könnten, bringt sie diese Sachverhalte zur Untersuchung und gegebenenfalls zur strafrechtlichen Verfolgung **den zuständigen nationalen Behörden zur Kenntnis**. 46

Außerdem hat sie von der Verhängung von – verwaltungsrechtlichen[76] – Geldbußen und Zwangsgeldern abzusehen, wenn sie Kenntnis davon hat, dass ein früherer Freispruch oder eine frühere Verurteilung aufgrund identischer oder im Wesentlichen gleichartiger Tatsachen als Ergebnis eines Strafverfahrens nach nationalem Recht bereits Rechtskraft erlangt hat. Das normiert ein (weit verstandenes) **Verbot der Doppelbestrafung**.[77] 47

Artikel 136 Überprüfung durch den Gerichtshof

Der Gerichtshof hat die unbeschränkte Befugnis zur Überprüfung von Beschlüssen, mit denen die EBA eine Geldbuße, ein Zwangsgeld oder eine verwaltungsrechtliche Sanktion oder sonstige Verwaltungsmaßnahme gemäß dieser Verordnung verhängt hat. Er kann die verhängten Geldbußen oder Zwangsgelder aufheben, herabsetzen oder erhöhen.

Übersicht

	Rn.
I. Literatur	1
II. Hintergrund und Zweck der Norm	2
III. Normativer Kontext	4
1. Unionsrechtliche Basis	4
2. Rechtsschutz nach der EBA-VO	10
3. Nichtigkeitslage nach Art. 263 f. AEUV	16
4. Untätigkeitsklage nach Art. 265 AEUV	21
IV. Überprüfung durch den Gerichtshof	22
1. Erfasste Handlungen der EBA	22
2. Unbeschränkte Befugnis zur Überprüfung	32

---

[75] Delegierte Verordnung (EU) 2024/1504 der Kommission vom 22. Februar 2024 zur Ergänzung der Verordnung (EU) 2023/1114 des Europäischen Parlaments und des Rates durch Festlegung der Verfahrensvorschriften für die Ausübung der Befugnis zur Verhängung von Geldbußen oder Zwangsgeldern gegen Emittenten signifikanter vermögenswertereferenzierter Token und Emittenten signifikanter E-Geld-Token durch die Europäische Bankenaufsichtsbehörde, ABl. L 2024/1504.

[76] Vgl. Art. 133 Abs. 2 MiCAR.

[77] Siehe dazu Assmann/Schneider/Mülbert/Gurlit MiFIR Art. 38k Rn. 16 mwN; Assmann/Schneider/Mülbert/Spoerr EMIR Art. 64 Rn. 16.

MiCAR Art. 136   Titel VII. Zuständige Behörde, EBA und ESMA

I. Literatur

1 *Gundel,* Der Rechtsschutz gegen Handlungen der EG-Agenturen – endlich geklärt? EuR 2009, 383; *Gundel,* Rechtsschutz gegen „Soft Law"-Regulierungsmaßnahmen der Union mit dem Instrument der Gültigkeitsvorlage, EWS 2021, 317; *Irmscher,* Rechtsschutz gegen „naming and shaming" im EU-Rechtsschutzsystem – eine Analyse anhand des Single Supervisory Mechanism (SSM), EWS 2016, 318; *Lehmann/Manger-Nestler,* Das neue Europäische Finanzaufsichtssystem, ZBB 2011, 2; *Saurer,* Individualrechtsschutz gegen das Handeln der Europäischen Agenturen, EuR 2010, 51; *Scholz,* Soft Law: Rechtsschutzpotenzial von Nichtigkeitsklage und Vorabentscheidungsverfahren, EuZW 2022, 453.

II. Hintergrund und Zweck der Norm

2 Art. 136 MiCAR beschäftigt sich mit der **Überprüfung von EBA-Beschlüssen durch den Gerichtshof**[1] und fügt sich damit in das unionsrechtliche Rechtsschutzregime ein. Das dient dem Prinzip der Rechtsstaatlichkeit und wahrt die Grundrechte.[2]

3 Die Funktion des Art. 136 MiCAR iVm Art. 261 AEUV liegt in der **Ausdehnung des Kontrollumfangs** des Gerichtshofs.[3]

III. Normativer Kontext

4 **1. Unionsrechtliche Basis.** Gem. Art. 261 AEUV können Rat und Europäisches Parlament dem Gerichtshof in den von ihnen erlassenen VO, die Zwangsmaßnahmen vorsehen, die **Befugnis zur unbeschränkten Ermessensnachprüfung und zur Änderung oder Verhängung dieser Maßnahmen** übertragen.

5 Es liegt nach dem herrschenden Verständnis jedoch kein eigener Rechtsbehelf oder eine eigene Verfahrensart vor, sondern es handelt sich vielmehr um eine durch den Sekundärrechtsgesetzgeber eingeräumte **Annexbefugnis,** die an der Zuständigkeit des Gerichtshofs zur Entscheidung über die Nichtigkeitsklage[4] ansetzt.[5]

6 Art. 136 MiCAR ist als eine solche **spezielle Kompetenznorm** iSd Art. 261 AEUV zu sehen.[6]

---

[1] Für Nichtigkeitsklagen ist freilich zunächst das EuG zuständig (→ Rn. 19). Es ist daher davon auszugehen, dass damit die europäische Gerichtsbarkeit im Ganzen gemeint ist, Assmann/Schneider/Mülbert/Spoerr EMIR Art. 69 Rn. 5 mwN; BeckOK WpHR/Steuer EMIR Art. 25n Rn. 4 mwN.

[2] Vgl. Art. 47 GRCh; Grabitz/Hilf/Nettesheim/Booß, Das Recht der Europäischen Union, AEUV Art. 261 Rn. 1; Assmann/Schneider/Mülbert/Spoerr EMIR Art. 69 Rn. 2.

[3] → Rn. 32 ff. Vergleichbare Vorschriften finden sich – im Kontext der Kompetenzen der ESMA – etwa in den Art. 25n, 69 EMIR (VO 2012/648/EU) oder Art. 38m MiFIR (VO 2014/600/EU); siehe auch zB Art. 65 VO 2023/2631/EU; Art. 36e Rating-VO (VO 2009/1060/EU); vgl. bereits zur EZB Art. 5 VO 2532/98/EG sowie zum Kartellrecht Art. 31 VO 1/2003/EG; zum Überblick vgl. auch BeckOK WpHR/Steuer EMIR Art. 25n Rn. 1 mwN.

[4] Art. 263 AEUV.

[5] Siehe etwa Jaeger/Stöger/Nehl AEUV Art. 261 Rn. 2 mwN; offenlassend Calliess/Ruffert/Cremer AEUV Art. 261 Rn. 1.

[6] Vgl. zur MiFIR Assmann/Schneider/Mülbert/Gurlit MiFIR Art. 38m Rn. 1 und 3; zur EMIR BeckOK WpHR/Steuer EMIR Art. 25n Rn. 4; Assmann/Schneider/Mülbert/Spoerr EMIR Art. 69 Rn. 9.

Art. 261 AEUV gilt jedoch an sich nur für **„Zwangsmaßnahmen"**. 7
Typische Beispiele sind in Beschlussform[7] ergehende Geldbußen[8] und
Zwangsgelder.[9]
Dieses Regelungsmodell findet sich auch in den bereits erwähnten 8
Art. 38m MiFIR und Art. 25n und 69 EMIR.
Art. 136 MiCAR geht jedoch zumindest **in seiner Formulierung darü-** 9
ber hinaus und bezieht sich neben Beschlüssen über die Verhängung von
Geldbußen und Zwangsgeldern ganz allgemein auf „eine verwaltungsrechtliche Sanktion oder sonstige Verwaltungsmaßnahme", die gem. der MiCAR
verhängt werden. Der Sekundärrechtsgesetzgeber legt somit offensichtlich ein
weites Verständnis der in Art. 261 AEUV erwähnten „Zwangsmaßnahmen" an.[10]

2. Rechtsschutz nach der EBA-VO. Für den Rechtsschutz relevante 10
Bestimmungen finden sich bereits[11] in den Art. 60 ff. EBA-VO.[12] Gem.
Art. 60 Abs. 1 EBA-VO können die genannten Personen **Beschwerde** gegen einen gem. Art. 17 ff. EBA-VO oder gem. einem in Art. 1 Abs. 2 EBA-VO genannten Rechtsakt erlassenen Beschluss erheben.
Darüber entscheidet der **Beschwerdeausschuss**.[13] Dieser kann den Be- 11
schluss entweder bestätigen oder die Angelegenheit an die zuständige Stelle
zurückverweisen, die wiederum an den Beschluss des Beschwerdeausschusses
gebunden ist und einen geänderten Beschluss zu treffen hat.[14]
Gegen einen Beschluss des Beschwerdeausschusses kann nach den Grund- 12
sätzen des Art. 263 AEUV **Klage beim Gerichtshof** erhoben werden.
Gleiches gilt für Beschlüsse der EBA selbst, soweit kein Rechtsbehelf beim
Beschwerdeausschuss möglich ist.[15]
Art. 144 MiCAR passt Art. 1 Abs. 2 EBA-VO an, sodass nunmehr Be- 13
schlüsse nach der MiCAR auch dort genannt werden. Beschlüsse der EBA
nach der MiCAR sind demnach solche, die gem. Art. 60 iVm Art. 1 Abs. 2
EBA-VO kontrollfähig sind. Darauf wird in Art. 130 Abs. 7 MiCAR lit. c
MiCAR Bezug genommen und etwa von Art. 122 Abs. 3 lit. g, Art. 123
Abs. 3 und 5, Art. 124 Abs. 5 und 11 MiCAR vorausgesetzt.
Das bedeutet, dass **vor einer Anrufung des Gerichtshof der Beschwer-** 14
deausschuss gem. Art. 61 Abs. 1 EBA-VO anzurufen ist, bei Erfolglosigkeit kann die Nichtigkeitsklage gem. Art. 263 AEUV erhoben werden.[16]

---

[7] Vgl. Art. 288 Abs. 4 AEUV; dazu → Art. 130 Rn. 14 ff.
[8] Vgl. Art. 131 MiCAR.
[9] Vgl. Art. 132 MiCAR; zum Ganzen Grabitz/Hilf/Nettesheim/Booß, Das Recht der Europäischen Union, AEUV Art. 261 Rn. 6; Calliess/Ruffert/Cremer AEUV Art. 261 Rn. 1; Jaeger/Stöger/Nehl AEUV Art. 261 Rn. 5.
[10] Zu den Art. 136 MiCAR unterfallenden Handlungen → Rn. 22 ff.
[11] Zum Hintergrund Michel, Institutionelles Gleichgewicht, 269 ff. mwN.
[12] VO 2010/1093/EU. Vgl. dazu Art. 263 Abs. 5 AEUV; Lehmann/Manger-Nestler ZBB 2011, 2 (18 ff.); Michel, Institutionelles Gleichgewicht, 217; Assmann/Schneider/Mülbert/Spoerr EMIR Art. 69 Rn. 4; allgemein Geiger/Khan/Kotzur Kirchmair/Kotzur/Dienelt AEUV Art. 263 Rn. 41 mwN.
[13] Vgl. Art. 58 f. EBA-VO.
[14] Art. 60 Abs. 5 EBA-VO.
[15] Art. 61 Abs. 1 und 2 EBA-VO; vgl. Michel, Institutionelles Gleichgewicht, 273.
[16] Assmann/Schneider/Mülbert/Gurlit MiFIR Art. 38m Rn. 2 f.; BeckOK WpHR/Steuer EMIR Art. 25n Rn. 2 f.; vgl. auch Grabitz/Hilf/Nettesheim/Dörr, Das Recht der Europäischen Union, EL 49, 2012, AEUV Art. 263 Rn. 111 ff.; Geiger/Khan/Kirchmair/Kotzur/Dienelt AEUV Art. 263 Rn. 7 und 41; Michel, Institutionelles Gleichge-

15 Die Beschwerde an den Beschwerdeausschuss hat grundsätzlich **keine aufschiebende Wirkung**.[17] Der Beschwerdeausschuss kann den Vollzug des angefochtenen Beschlusses aber aussetzen, „wenn die Umstände dies nach seiner Auffassung erfordern".[18]

16 3. Nichtigkeitslage nach Art. 263 f. AEUV. Eine Kernvorschrift des unionsrechtlichen Rechtsschutzes ist die **Nichtigkeitsklage** gem. Art. 263 f. AEUV.[19] Danach überwacht der Gerichtshof die Rechtmäßigkeit der Gesetzgebungsakte sowie der Handlungen des Rates, der EK und der EZB, soweit es sich nicht um Empfehlungen oder Stellungnahmen handelt, und der Handlungen des Europäischen Parlaments und des Europäischen Rates mit Rechtswirkung gegenüber Dritten.

17 Dies wird seit dem Vertrag von Lissabon[20] auf **„Einrichtungen oder sonstige Stellen der Union"** erweitert.[21] Darunter können insbes. Agenturen und Einrichtungen verstanden werden, die – wie die EBA – nicht auf Grund des Primär-, sondern des Sekundärrechts bestehen.[22] Deren „Handlungen mit Rechtswirkung gegenüber Dritten"[23] unterliegen folglich ebenfalls der Nichtigkeitsklage.

18 Die Befugnis zur Erhebung der Nichtigkeitsklage regeln Art. 263 Abs. 2–4 AEUV, wobei sich Abs. 4 auf (nicht privilegierte) **natürliche oder juristische Personen** bezieht.[24]

19 Zuständig ist hier in **erster Instanz das EuG**.[25] Auf Basis des Art. 263 Abs. 5 AEUV iVm Art. 60 ff. EBA-VO besteht allerdings ein vorgeschaltetes Beschwerdeverfahren.[26]

20 Ist die Klage begründet, erklärt der Gerichtshof die angefochtene Handlung für **nichtig**.[27]

21 4. Untätigkeitsklage nach Art. 265 AEUV. Auch Art. 265 AEUV über die **Untätigkeitsklage** gilt entsprechend für die „Einrichtungen und sonstigen Stellen der Union"[28] und somit grundsätzlich auch für die EBA.[29]

---

wicht, 271; anders für Transaktionsregister aber etwa Assmann/Schneider/Mülbert/Spoerr EMIR Art. 69 Rn. 4 (Beschwerdeverfahren für Buß- und Zwangsgelder nicht vorgesehen).
[17] Art. 60 Abs. 3 UAbs. 1 EBA-VO.
[18] Art. 60 Abs. 3 UAbs. 2 EBA-VO; kritisch zur Formulierung Lehmann/Manger-Nestler ZBB 2011, 2 (18 f.).
[19] Vgl. Jaeger/Stöger/Nehl AEUV Art. 263 Rn. 1 mwN.
[20] Vgl. dazu Jaeger/Stöger/Nehl AEUV Art. 263 Rn. 2.
[21] Art. 263 Abs. 1 S. 2 AEUV; vgl. Calliess/Ruffert/Cremer AEUV Art. 263 Rn. 10 ff. und 77.
[22] Vgl. Geiger/Khan/Kotzur/Kirchmair/Kotzur/Dienelt AEUV Art. 263 Rn. 7 und 41; Jaeger/Stöger/Nehl AEUV Art. 263 Rn. 24 mwN; siehe auch Saurer EuR 2010, 51.
[23] Vgl. dazu Calliess/Ruffert/Cremer AEUV Art. 263 Rn. 7 ff. mwN.
[24] Vgl. dazu Jaeger/Stöger/Nehl AEUV Art. 263 Rn. 13 ff., 17 ff. mwN.
[25] Art. 256 Abs. 1 AEUV iVm Satzung des Gerichtshofs; Assmann/Schneider/Mülbert/Gurlit MiFIR Art. 38m Rn. 2; Assmann/Schneider/Mülbert/Spoerr EMIR Art. 69 Rn. 5; BeckOK WpHR/Steuer EMIR Art. 25n Rn. 3; allgemein Jaeger/Stöger/Nehl AEUV Art. 263 Rn. 6 ff.
[26] → Rn. 10 ff.
[27] Art. 264 Abs. 1 AEUV.
[28] Art. 265 Abs. 1 S. 2 AEUV.
[29] Vgl. Art. 61 Abs. 3 EBA-VO; Assmann/Schneider/Mülbert/Spoerr EMIR Art. 69 Rn. 7 mwN.

IV. Überprüfung durch den Gerichtshof

1. Erfasste Handlungen der EBA. Die unbeschränkte Prüfbefugnis gem. Art. 136 AEUV betrifft zunächst **Geldbußen und Zwangsgelder**. Damit bezieht sich die Bestimmung zunächst unproblematisch auf die Beschlüsse gem. Art. 130 Abs. 1 lit. b sowie Abs. 2 lit. b iVm Art. 131 ff. MiCAR. Fraglich ist, was darüber hinaus mit den weiteren Begriffen der „**verwaltungsrechtlichen Sanktion**" bzw. „**sonstigen Verwaltungsmaßnahme**" gemeint ist. Jedenfalls geht dies über den Ansatz von VO wie der EMIR oder der MiFIR hinaus.[30]

In der MiCAR begegnet man ähnlichen Begriffe („**verwaltungsrechtliche Sanktionen und andere verwaltungsrechtliche Maßnahmen**") etwa in Art. 111 ff. MiCAR zu den (nationalen) zuständigen Behörden. Art. 111 MiCAR verwendet die Wendung in Abgrenzung zu strafrechtlichen Sanktionen und zu Aufsichts- und Untersuchungsbefugnissen gem. Art. 94 MiCAR, was dafürspräche, entsprechende Befugnisse der EBA von der Anordnung gem. Art. 136 MiCAR auszunehmen. Gemeint ist das aber wohl nicht, denn bei den Befugnissen der EBA **findet das Begriffspaar** der „verwaltungsrechtlichen Sanktion" bzw. „sonstigen Verwaltungsmaßnahme" an sich **keine Verwendung**.[31]

Vielmehr dürfte sich der Gesetzgeber mit dem weiten Wortlaut – eine Limitation auf „Sanktionen" erfolgt bewusst nicht – **auf die Befugnisse der EBA allgemein beziehen.**[32] Das würde auch der Kohärenz hinsichtlich des Rechtsschutzes gegen ein Handeln der EBA durch den Gerichtshof[33] dienen. Art. 136 MiCAR wird sich – jedenfalls, wenn sie an eine bestimmte Person gerichtet sind[34] – daher auf **verbindlichen Handlungen der EBA beziehen**, mögen sie in der MiCAR auch formal nicht als Beschluss bezeichnet sein.[35]

Warnungen uÄ werden dann, zumal diese idR als tauglicher Gegenstand der Nichtigkeitsklage gem. Art. 263 AEUV ausgeschlossen werden,[36] mangels Verbindlichkeit[37] nicht von Art. 136 MiCAR erfasst sein.

Entsprechende Veröffentlichungen können für den Emittenten, der grundsätzlich konkret genannt wird, jedoch sehr **negative Auswirkungen** haben, weshalb ein **Rechtsschutzbedürfnis** bestünde.[38]

---

[30] → Rn. 8 f.
[31] Vgl. → Art. 130 Rn. 9 ff.
[32] Vgl. Erwgr. Nr. 106 MiCAR.
[33] Vgl. Art. 122 Abs. 3 lit. g, Art. 123 Abs. 3 und 5, Art. 124 Abs. 5 und 11, Art. 130 Abs. 7 lit. c MiCAR.
[34] Vgl. Calliess/Ruffert/Cremer AEUV Art. 261 Rn. 1.
[35] Vgl. → Art. 130 Rn. 9 ff.; Geiger/Khan/Kotzur/Kirchmair/Kotzur/Dienelt AEUV Art. 261 Rn. 1 (Geldbußen, Zwangsgelder, aber auch Verhängung „sonstiger Nachteile").
[36] Siehe iZm Art. 9 Abs. 3 EBA-VO Michel, Institutionelles Gleichgewicht, 279 f.; Kazimierski, Rechtsschutz im Rahmen der Europäischen Bankenaufsicht, 41 und 248; vgl. auch Gundel EuR 2009, 383 (391); Gundel EWS 2021, 317 (322); Scholz EuZW 2022, 453; zum naming and shaming nach der Rating-VO Rademacher, Realakte im Rechtsschutzsystem der Europäischen Union, 91 f.; allgemein zur Frage der Außenrechtswirkung als Voraussetzung für die Nichtigkeitsklage Calliess/Ruffert/Cremer AEUV Art. 263 Rn. 13 ff.
[37] Vgl. → Art. 130 Rn. 19 mwN.
[38] Vgl. zum Problemkreis zB Assmann/Schneider/Mülbert/Gurlit MiFIR Art. 38j Rn. 3; Irmscher EWS 2016, 318; BeckOK WpHR/Lange ESMA-VO Art. 9 Rn. 14 ff.; monographisch Koch, Naming and Shaming im Kapitalmark, 1 ff.; im Unterschied zum „klassischen" Naming and Shaming kann man allerdings vorbringen, dass bei Warnungen der Schutz vor Gefahren (und nicht die Sanktionierung) im Vordergrund steht; vgl. etwa in

30 Der **Sekundärrechtsschutz** zum Ersatz etwaiger Schäden steht jedoch davon unabhängig zur Verfügung.[39]

31 Art. 136 MiCAR beschränkt sich auf Beschlüsse **„gem. dieser VO"**, also solche, die nach der MiCAR erlassen werden. Beschlüsse der EBA, die auf anderen Rechtsgrundlagen basieren, fallen daher nicht unter Art. 136 MiCAR.

32 **2. Unbeschränkte Befugnis zur Überprüfung.** Die maßgebliche Bedeutung des Art. 136 MiCAR ergibt sich daraus, dass der Kontrollumfang des Gerichtshofs iVm Art. 261 AEUV erweitert wird. Der Gerichtshof ist also **nicht auf die Kontrolle der Rechtmäßigkeit**[40] **der erfassten Handlungen beschränkt,**[41] sondern kann auch ihre **Zweckmäßigkeit** und **Billigkeit** prüfen.[42]

33 Der Gerichtshof kann darüber hinaus **eigenständige Ermessenserwägungen** (etwa hinsichtlich Schwere oder Dauer des Verstoßes) anstellen und die verhängten Maßnahmen **abändern**.[43] Ebenso kann er **zusätzliche Informationen** heranziehen und **weiterführende Anordnungen** treffen.[44]

34 Speziell zu Geldbußen und Zwangsgeldern bestimmt Art. 136 S. 2 MiCAR (hier sehr wohl im Einklang mit EMIR und MiFIR), dass der Gerichtshof zu deren **Aufhebung, Herabsetzung oder Erhöhung** berechtigt ist. Daraus ergibt sich, dass die *reformatio in peius* grundsätzlich zulässig ist.[45]

35 Art. 261 AEUV würde es grundsätzlich erlauben, dass der Gerichtshof erstmalig – also **ohne vorherige Festsetzung** durch die EBA – in einem bei ihm anhängigen Verfahren eine Zwangsmaßnahme verhängt.[46]

36 Art. 136 MiCAR sieht dies – im Einklang mit den vorhergehenden VO zu diesem Thema – allerdings nicht vor, weshalb diese Möglichkeit nach der MiCAR nicht eröffnet wird.

Artikel 137 Aufsichtsgebühren

(1) Die EBA stellt Emittenten signifikanter vermögenswertereferenzierter Token und Emittenten signifikanter E-Geld-Token Gebühren in Rechnung. Diese Gebühren decken die Aufwendungen der EBA im Zusammenhang mit Beaufsichtigungsaufgaben in Bezug auf Emittenten signifikanter vermögenswertereferenzierter Token und Emittenten signifikanter E-Geld-Token nach Artikeln 117 und 119 sowie die Erstattung der Kosten, die den zuständigen Behörden bei der Durchführung von

---

anderem Kontext Kalss/Oppitz/U. Torggler/Winner/Rohregger/Palmstorfer BörseG/ MAR § 157 Rn. 15 mwN.
[39] Michel, Institutionelles Gleichgewicht, 279 f. mwN.
[40] Vgl. Art. 263 Abs. 2 AEUV.
[41] Vgl. Grabitz/Hilf/Nettesheim/Booß, Das Recht der Europäischen Union, AEUV Art. 261 Rn. 1.
[42] Assmann/Schneider/Mülbert/Spoerr EMIR Art. 69 Rn. 2 und 9; BeckOK WpHR/ Steuer EMIR Art. 25n Rn. 4; siehe allgemein Jaeger/Stöger/Nehl AEUV Art. 261 Rn. 3 und 6 ff. mwN; vgl. aber Raschauer et al/Wessely MiCAR Art. 136 Rn. 2.
[43] Assmann/Schneider/Mülbert/Gurlit MiFIR Art. 38m Rn. 3 mwN.
[44] Assmann/Schneider/Mülbert/Spoerr EMIR Art. 69 Rn. 9 mwN; siehe auch Calliess/ Ruffert/Cremer AEUV Art. 261 Rn. 7 mwN.
[45] Assmann/Schneider/Mülbert/Gurlit MiFIR Art. 38m Rn. 3; Assmann/Schneider/ Mülbert/Spoerr EMIR Art. 69 Rn. 9; BeckOK WpHR/Steuer EMIR Art. 25n Rn. 5; Raschauer et al/Wesseley MiCAR Art. 136 Rn. 1; siehe auch Jaeger/Stöger/Nehl AEUV Art. 261 Rn. 9 mwN.
[46] Calliess/Ruffert/Cremer AEUV Art. 261 Rn. 5 mwN.

Tätigkeiten im Rahmen dieser Verordnung, insbesondere infolge einer Übertragung von Aufgaben nach Artikel 138, entstehen könnten.

(2) Die Gebühr, die einem einzelnen Emittenten eines signifikanten vermögenswertereferenzierten Token in Rechnung gestellt wird, steht im Verhältnis zur Größe seines Reservevermögens und deckt alle Kosten, die der EBA durch die Wahrnehmung ihrer Aufsichtsaufgaben im Rahmen dieser Verordnung entstehen.

Die Gebühr, die einem einzelnen Emittenten eines signifikanten E-Geld-Token in Rechnung gestellt wird, steht im Verhältnis zum Umfang des im Tausch gegen einen Geldbetrag ausgegebenen E-Geld-Token und deckt alle Kosten, die der EBA durch die Wahrnehmung ihrer Aufsichtsaufgaben im Rahmen dieser Verordnung entstehen, einschließlich der Erstattung von Kosten, die bei der Wahrnehmung dieser Aufgaben anfallen.

(3) Die Kommission erlässt bis zum 30. Juni 2024 einen delegierten Rechtsakt nach Artikel 139 zur Ergänzung dieser Verordnung durch die Präzisierung der Gebührenarten, der Gebührenanlässe, der Gebührenhöhe und Zahlungsweise sowie der Methode zur Berechnung des in Absatz 2 dieses Artikels genannten Höchstbetrags, den die EBA einem einzelnen Rechtsträger in Rechnung stellen kann.

Übersicht

	Rn.
I. Literatur	1
II. Hintergrund und Zweck der Norm	2
III. Verpflichtete und Gebührentatbestände	8
IV. Gebührenhöhe und Bemessungsgrundsätze	11
V. Zahlung und Fälligkeit der Aufsichtsgebühren	23
VI. Delegierte Verordnung über die zu entrichtenden Aufsichtsgebühren an die EBA	26

I. Literatur

Brauneck, Die verfehlte Rolle der EZB bei der EU-Regulierung von Kryptowerten, RDi 2022, 10; *König/Marek,* Der Kommissionsvorschlag einer Verordnung über Märkte für Kryptowerte – ein erster Überblick, RdW_digitalOnly 2021, 1; *Tuder,* Handbuch Zahlungsverkehr 4.0, 1. Aufl. 2023 (zitiert als Bearbeiter, Kapitel, in: Tuder, Zahlungsverkehr 4.0). 1

II. Hintergrund und Zweck der Norm

Art. 137 MiCAR[1] enthält die Rechtsgrundlage hinsichtlich der **Gebühren**, die von der EBA von **Emittenten von signifikanten ART und EMT** eingehoben werden können.[2] Eine **Konkretisierung** der 2

---

[1] Ausführlich hierzu siehe EBA, The EBA responds to the European Commission's Call for Advice on significance criteria and supervisory fees under the Markets in Crypto-Assets Regulation vom 29.9.2023, https://www.eba.europa.eu/eba-responds-european-commissi on%E2%80%99s-call-advice-significance-criteria-and-supervisory-fees-under (abgefragt am 19.8.2024).

[2] Erwgr. Nr. 107 MiCAR; inhaltlich vergleichbare Bestimmungen finden sich etwa in Art. 72 EMIR (VO 2012/648/EU); Art. 66 EUGBV (VO 2023/2631/EU); Art. 38n MiFIR (VO 2014/600/EU); Art. 19 Rating-VO (VO 2009/1060/EU) sowie Art. 48l BMR (VO 2016/1011/EU). Die Einhebung der Aufsichtsgebühren kommt hierbei jeweils der

darin enthaltenen Bestimmungen findet sich in der **DelVO 2024/1503/ EU**.[3]

3   Eine Einordnung als Emittent von signifikanten ART oder EMT bringt es mit sich, dass einerseits **erhöhte Anforderungen** an diesen gestellt und dass **bestimmte Aufsichtsbefugnisse unmittelbar von der EBA (Art. 117 MiCAR)**[4] **wahrgenommen werden** und nicht mehr von der betreffenden nationalen Aufsichtsbehörde, in welchem Mitgliedstaat der betreffende Emittent seinen Sitz[5] hat.[6]

4   Hinsichtlich der **Aufsichtsbefugnisse der EBA** ist zu beachten, dass diese unterschiedlich ausgestaltet sind, je nachdem, ob es sich um signifikante ART oder um signifikante EMT handelt.[7]

5   Bei **signifikanten ART** sind diese dahingehend ausgestaltet, dass der Emittent hinsichtlich der signifikanten ART der **Aufsicht der EBA** unterliegt.[8] Gibt der Emittent neben diesen gleichzeitig auch noch andere Kryptowerte heraus (die nicht als signifikant eingestuft werden) oder erbringt dieser Kryptowerte-Dienstleistungen, so verbleibt die Aufsicht über diese Tätigkeiten demgegenüber bei der nationalen Aufsichtsbehörde im Herkunftsmitgliedstaat.[9]

6   Bei **signifikanten EMT** kommt es hingegen zu einer **dualen Aufsicht** durch die **EBA und** der zuständigen **nationalen Aufsichtsbehörde**.[10] Bei der EBA liegt dabei die Verantwortung über die Aufsicht über die zusätzlichen Anforderungen an diese Emittenten, wohingegen die Beaufsichtigung über die gewöhnlichen Voraussetzungen an Emittenten von EMT weiterhin von den nationalen Aufsichtsbehörden wahrgenommen werden.[11]

7   Der **Zweck der Bestimmung** lässt sich folglich schlicht darauf zurückführen, dass der EBA aufgrund der übertragenen Aufsichtsaufgaben im Zusammenhang mit Emittenten von signifikanten ART und EMT Aufsichtskosten entstehen, welche damit gedeckt werden sollen. Hierdurch wird die **EBA** in weiterer Folge auch in die Lage versetzt, ihre **Aufgaben im Rahmen der MiCAR entsprechend wahrnehmen zu können**.

ESMA zu. Bei der MiFIR und der BMR wurde diese Befugnis im Rahmen der VO 2019/2175/EU in die Regelwerke eingefügt, bei der Rating-VO durch die VO 2011/513/EU. Aufgrund des weitgehend übereinstimmenden Wortlautes wird man die hierzu bestehende Literatur auch für die gegenständliche Bestimmung heranziehen dürfen.

[3] Ausführlich hierzu → Rn. 26 ff.
[4] Erwgr. Nr. 102 f. MiCAR.
[5] Ausführlich zum Begriff „Sitz" siehe etwa Tuder, Kapitel 6: Voraussetzungen zur Erlangung einer Konzession nach dem ZaDiG 2018, in: Tuder, Zahlungsverkehr 4.0, 334 ff. mwN.
[6] Tuder, Kapitel 1: Rahmenbedingungen und Entwicklungen des Zahlungsverkehrs, in: Tuder, Zahlungsverkehr 4.0, 111; ausführlich hierzu siehe König/Marek RdW_digitalOnly 2021, 1.
[7] Tuder, Kapitel 1: Rahmenbedingungen und Entwicklungen des Zahlungsverkehrs, in: Tuder, Zahlungsverkehr 4.0, 111.
[8] Art. 117 Abs. 1 MiCAR.
[9] Art. 117 Abs. 2 MiCAR.
[10] Art. 117 Abs. 4 MiCAR; Erwgr. Nr. 103 MiCAR; krit. EZB, CON/2021/4 Ziff. 3.3.1 ff.; ausführlich hierzu siehe etwa Brauneck RDi 2022, 10 (14) mwN.
[11] Art. 117 Abs. 4 MiCAR; König/Marek RdW digitalOnly 2021, 1.

III. Verpflichtete und Gebührentatbestände

In Art. 137 Abs. 1 MiCAR sind jene Emittenten benannt, welche zum Kreis der **gebührenpflichtigen Personen** gegenüber der EBA zählen. Es handelt sich hierbei um **Emittenten von signifikanten ART und EMT**,[12] die damit in der Folge zumindest teilweise unter die Aufsicht der EBA fallen.[13] Im Umkehrschluss sind dementsprechend alle Emittenten von ART und EMT, die von den mitgliedstaatlichen Aufsichtsbehörden überwacht werden, nicht nach Art. 137 MiCAR gebührenpflichtig.

Als **Gebührentatbestände** werden in der Bestimmung folgende Punkte angeführt:

- Aufsichtsaufgaben nach **Art. 117 MiCAR**;
- Aufsichtsaufgaben der einzurichtenden Kollegien für Emittenten von signifikanten ART und EMT nach **Art. 119 MiCAR** sowie
- Kostenerstattung für die Delegierung von Aufsichtsaufgaben an mitgliedstaatliche Aufsichtsbehörden nach **Art. 138 Abs. 3 MiCAR**.[14]

Wichtig ist hierbei zu wissen, dass die Gebühren, die aufgrund der eben angeführten Tatbestände von der EBA eingehoben werden können, ihre Aufwendungen im Rahmen der MiCAR vollkommen abzudecken haben **(Kostendeckungsprinzip)**.

IV. Gebührenhöhe und Bemessungsgrundsätze

In Art. 137 Abs. 2 MiCAR wird die Gebührenhöhe festgelegt und welche Bemessungsgrundsätze hierfür herangezogen werden.[15] Eine nähere **Konkretisierung** für diese Tatbestandsmerkmale wird in der **DelVO 2024/1503/EU** vorgenommen.

Einleitend kann hierbei festgehalten werden, dass sich die nach Art. 137 MiCAR einzuhebenden Gebühren nach dem **(vollständigen) Kostendeckungsprinzip** richten.[16] Sie stellen damit nicht nur die einzige Möglichkeit zur Finanzierung der Aufsichtsaufgaben der EBA im Rahmen der MiCAR dar, sondern haben auch **alle damit im Zusammenhang stehenden geschätzten jährlichen direkten sowie indirekten Kosten zu decken** (zB Personal-, Infrastruktur- und Betriebsausgaben).[17] Hiervon erfasst sind zudem auch die geschätzten Kosten, die dadurch entstehen, in dem die EBA Aufsichtsaufgaben an mitgliedstaatliche Aufsichtsbehörden delegiert (Art. 138 MiCAR).[18]

Aufgrund der Tatsache, dass die genaue Anzahl von Emittenten, welche unter die Aufsicht der EBA fallen, nicht feststeht und sich zudem im Laufe der Zeit ändern wird, kann auch die Höhe der Ausgaben für die bestehenden

---

[12] Erwgr. Nr. 107 MiCAR.
[13] Ausführlich hierzu → Rn. 3 ff.
[14] Der Wortlaut des Gesetzes („insbesondere") spricht zudem dafür, dass mitgliedstaatlichen Aufsichtsbehörden auch Kosten zu erstatten sind, die ihnen dadurch entstehen, indem diese die EBA aufgrund von anderen Bestimmungen der MiCAR bei der Ausübung ihrer Aufgaben in irgendeiner Form unterstützen (zB Art. 125 MiCAR).
[15] Vgl. Erwgr. Nr. 107 MiCAR.
[16] Art. 1 Abs. 2 DelVO 2014/1503/EU; Erwgr. Nr. 5 DelVO 2024/1503/EU.
[17] Vgl. Erwgr. Nr. 5 DelVO 2024/1503/EU.
[18] Um sicherzustellen, dass die geschätzten jährlichen Kosten durch die in Rechnung gestellten Gebühren gedeckt sind, hat die EBA hierfür ein tätigkeitsbezogenes Managementmodell (Activity-Based Management Model) zu implementieren; Art. 2 Abs. 1 DelVO 2024/1503/EU.

Aufsichtsverpflichtungen nicht exakt bestimmt werden. Es ist daher **nicht möglich, feste jährliche Aufsichtsgebühren vorzuschreiben.**[19]

14 Die **jährlichen Aufsichtsgebühren** der EBA werden dadurch grundsätzlich **auf der Grundlage der geschätzten direkten und indirekten Kosten berechnet,**[20] die der EBA bei der Wahrnehmung ihrer Aufsichtsaufgaben entstehen.[21]

15 Dabei ist darauf zu achten, dass die **Gebühren in dem Maß festgelegt** sind, dass hierdurch für die **EBA keine erheblichen wirtschaftlichen Defizite oder Überschüsse entstehen.**[22] Treten wiederholt erhebliche Überschüsse oder Defizite auf, so hat die EBA die Höhe der Gebühren entsprechend anzupassen.[23]

16 Wie zudem bereits oben hingewiesen,[24] fällt die **Intensität der Aufsichtspflichten der EBA bei Emittenten von signifikanten ART und EMT unterschiedlich** aus. Hierbei sind die **Verpflichtungen bei Emittenten von signifikanten EMT als geringer einzustufen,** als bei jenen von signifikanten ART. Auch unter der Berücksichtigung des Verhältnismäßigkeitsgrundsatzes[25] hat dies wohl in aller Regel zur **Folge,** dass Emittenten von signifikanten EMT **geringere Gebühren in Rechnung zu stellen** sind, als dies bei Emittenten von signifikanten ART der Fall ist.[26]

17 Die Gebühren werden dabei von der EBA in Form einer **Jahresaufsichtsgebühr** von den betreffenden Emittenten eingehoben.[27] Der Jahresaufsichtsgebühr eines Emittenten von signifikanten ART oder EMT liegt dabei die von der EBA geschätzte **Gesamtjahresaufsichtsgebühr zugrunde,** die **anteilig auf alle zugelassenen Emittenten aufgeteilt** wird.[28]

18 Bei **Emittenten von signifikanten ART** richtet sich der hierbei zu tragende Anteil nach dem Verhältnis **ihres Reservevermögens** zum Reservevermögen aller Emittenten von signifikanten ART.[29] Im Vergleich dazu bemisst sich der zu tragende Anteil an der Gesamtjahresaufsichtsgebühr bei **Emittenten von signifikanten EMT am Verhältnis des Umfangs**[30] **der von ihnen emittierten signifikanten EMT** zum Umfang aller ausgegebenen signifikanten EMT **(Gebührenbemessungsgrundsätze).**[31]

19 Durch die Anknüpfung am „Reservevermögen" bzw. am „Umfang der ausgegebenen signifikanten EMT" soll der **Grundsatz der Verhältnismäßigkeit** beim zu tragenden Gebührenanteil gewahrt bleiben.[32]

---

[19] Erwgr. Nr. 4 DelVO 2024/1503/EU.
[20] Es erfolgt demnach etwa keine Nachverrechnung unter der Zugrundelegung der tatsächlich entstandenen Kosten, siehe Raschauer et al/Wesseley MiCAR Art. 137 Rn. 2.
[21] Erwgr. Nr. 5 DelVO 2024/1503/EU; in diesem Zusammenhang soll zudem auch eine jährliche Anpassung der Aufsichtsgebühren anhand der geschätzten Kosten vorgenommen werden.
[22] Vgl. Erwgr. Nr. 3 DelVO 2024/1503/EU; vgl. Raschauer et al/Wesseley MiCAR Art. 137 Rn. 2.
[23] Vgl. Art. 3 DelVO 2024/1503/EU.
[24] → Rn. 4 ff.
[25] Erwgr. Nr. 6 DelVO 2024/1503/EU.
[26] Vgl. Art. 131 Rn. 50.
[27] Vgl. Art. 4 Abs. 1 DelVO 2024/1503/EU.
[28] Vgl. Assmann/Schneider/Mülbert/Gurlit MiFIR Art. 38n Rn. 3 und 5.
[29] Art. 137 Abs. 2 MiCAR; Art. 2 Abs. 1 lit. b DelVO 2024/1503/EU.
[30] Unter dem Begriff „Umfang" ist wohl der Gesamtgegenwert des Angebots zu verstehen. So wird etwa in der englischen Sprachfassung des Art. 137 Abs. 2 MiCAR die Wendung „size of issuance" verwendet.
[31] Art. 137 Abs. 2 UAbs. 1 MiCAR; Art. 2 Abs. 2 lit. b DelVO 2024/1503/EU.
[32] Vgl. Erwgr. Nr. 5 DelVO 2024/1503/EU.

Zudem wird hierdurch erreicht, dass sich die Aufsichtsgebühr nicht schlicht am individuell verursachten Aufwand orientiert, was insbes. Unternehmen mit geringen Umsätzen vor größere Probleme stellen würde.[33]

Sollte ferner der Fall gegeben sein, dass ein Emittent von signifikanten ART oder EMT nicht das ganze Kalenderjahr unter die Aufsicht der EBA gefallen ist, so ist die Gebühr entsprechend dem Jahresanteil zu berechnen, in welchem dieser unter die Aufsicht der EBA gefallen ist.[34]

V. Zahlung und Fälligkeit der Aufsichtsgebühren

Die Regelungen hinsichtlich der Zahlung und Fälligkeit der zu entrichtenden jährlichen Aufsichtsgebühren gegenüber der EBA finden sich nicht unmittelbar in Art. 137 MiCAR, sondern in **Art. 4 DelVO 2024/1503/EU** wieder.[35]

Die Aufsichtsgebühren sind bis spätestens 31.3. des Kalenderjahres fällig und sind in **Euro** an die EBA **zu entrichten.**

Die EBA ist in diesem Zusammenhang dazu verpflichtet, den betreffenden Emittenten mindestens 30 Tage davor, die dazugehörige Rechnung zu übermitteln.

Sollte der Fall eintreten, dass ein Emittent die Aufsichtsgebühr nicht rechtzeitig an die EBA entrichtet (Zahlungsverzug), fallen **Verzugszinsen** gem. Art. 99 VO 2018/1046/EU (EU, Euratom)[36] an.

VI. Delegierte Verordnung über die zu entrichtenden Aufsichtsgebühren an die EBA

Zur Konkretisierung der zu entrichtenden (jährlichen) Aufsichtsgebühren gegenüber der EBA sieht Art. 137 Abs. 3 MiCAR vor, dass die EK hierzu einen delegierten Rechtsakt zu erlassen hat.[37]

Hinsichtlich dieser übertragenen Befugnis bzw. Verpflichtung verweist die Bestimmung auf **Art. 139 MiCAR**, wo sich die **Bedingungen für die Ausübung der auf die EK übertragenen Befugnisse** finden.[38]

Im Gesetzestext wurde zudem festgelegt, dass der **delegierte Rechtsakt** inhaltlich **folgende Punkte zu konkretisieren** hat:[39]

- Die Arten der Gebühren;
- die Tatbestände, für die Gebühren zu entrichten sind;
- die Höhe der Gebühren[40] und
- die Art und Weise der Gebührenentrichtung.

---

[33] Vgl. Assmann/Schneider/Mülbert/Gurlit MiFIR Art. 38n Rn. 5.
[34] Art. 2 Abs. 6 DelVO 2024/1503/EU.
[35] Vergleichbare Bestimmungen finden sich etwa in Art. 5–7 DelVO 2022/930/EU und Art. 9–12 DelVO 2013/1003/EU.
[36] VO 2018/1046/EU des Europäischen Parlaments und des Rates vom 18.7.2018 über die Haushaltsordnung für den Gesamthaushaltsplan der Union, zur Änderung der Verordnungen (EU) Nr. 1296/2013, (EU) Nr. 1301/2013, (EU) Nr. 1303/2013, (EU) Nr. 1304/2013, (EU) Nr. 1309/2013, (EU) Nr. 1316/2013, (EU) Nr. 223/2014, (EU) Nr. 283/2014 und des Beschlusses Nr. 541/2014/EU sowie zur Aufhebung der Verordnung (EU, Euratom) Nr. 966/2012, ABl. 2018/193, 1.
[37] Inhaltlich vergleichbare Bestimmungen finden sich etwa in Art. 72 Abs. 3 EMIR; Art. 38n Abs. 3 MiFIR sowie Art. 48l Abs. 3 BMR.
[38] Vgl. Assmann/Schneider/Mülbert/Döhmel EMIR Art. 72 Rn. 6.
[39] Vgl. Erwgr. Nr. 91 EMIR; Assmann/Schneider/Mülbert/Döhmel EMIR Art. 72 Rn. 7.
[40] Inkl. der Methode zur Berechnung des in Art. 137 Abs. 2 MiCAR genannten Höchstbetrags.

MiCAR Art. 138   Titel VII. Zuständige Behörde, EBA und ESMA

29 Der in Art. 137 Abs. 3 MiCAR auferlegten Verpflichtung ist die EK durch die **DelVO 2024/1503/EU** nachgekommen, welche **am 19.6.2024 in Kraft getreten** ist[41] und in welcher auch auf die eben angeführten Aspekte der Gebührenvorschrift näher eingegangen wird. Für einen detaillierten Einblick in diese soll hier direkt auf den delegierten Rechtsakt verwiesen werden.

Artikel 138 Übertragung von Aufgaben durch die EBA an die zuständigen Behörden

(1) Soweit es für die ordnungsgemäße Erfüllung einer Aufsichtsaufgabe in Bezug auf Emittenten signifikanter vermögenswertereferenzierter Token oder Emittenten signifikanter E-Geld-Token erforderlich ist, kann die EBA einer zuständigen Behörde spezifische Aufsichtsaufgaben übertragen. Zu diesen spezifischen Aufsichtsaufgaben kann die Befugnis zur Anforderung von Informationen gemäß Artikel 122 und zur Durchführung von Untersuchungen und Vor-Ort-Prüfungen gemäß den Artikeln 123 oder 124 zählen.

(2) Bevor die EBA Aufgaben im Sinne von Absatz 1 überträgt, konsultiert sie die jeweils zuständige Behörde in Bezug auf:
a) den Umfang der zu übertragenden Aufgabe,
b) den Zeitplan für die Ausführung der Aufgabe und
c) die Übermittlung erforderlicher Informationen durch und an die EBA.

(3) Gemäß dem von der Kommission nach Artikel 137 Absatz 3 und Artikel 139 erlassenen delegierten Rechtsakt zu den Gebühren erstattet die EBA einer zuständigen Behörde die Kosten, die dieser bei der Durchführung übertragener Aufgaben entstanden sind.

(4) Die EBA überprüft die Übertragung von Aufgaben in angemessenen Zeitabständen. Eine Aufgabenübertragung kann jederzeit widerrufen werden.

Übersicht

	Rn.
I. Literatur	1
II. Hintergrund und Zweck der Norm	2
III. Anwendungsbereich	13
IV. Konsultierung der nationalen Aufsichtsbehörde	26
V. Erstattung der entstandenen Kosten durch die EBA	34
VI. Überprüfung und Widerruf der Aufgabenübertragung	38

I. Literatur

1 *Brauneck,* Die verfehlte Rolle der EZB bei der EU-Regulierung von Kryptowerten, RDi 2022, 10; *König/Marek,* Der Kommissionsvorschlag einer Verordnung über Märkte für Kryptowerte – ein erster Überblick, RdW_digitalOnly 2021, 1; *Tuder,* Handbuch Zahlungsverkehr 4.0, 1. Aufl. 2023 (zitiert als Bearbeiter, Kapitel, in: Tuder, Zahlungsverkehr 4.0).

---

[41] Art. 6 DelVO 2024/1503/EU.

II. Hintergrund und Zweck der Norm

Art. 138 MiCAR enthält die Regelungen hinsichtlich der begrenzten Übertragungsmöglichkeit von Aufgaben durch die EBA an mitgliedstaatliche Aufsichtsbehörden[1].[2]

Hintergrund dieser Bestimmung ist es, dass für **Emittenten von ART und EMT**, welche gewisse Schwellenwerte überschreiten, bestimmte Besonderheiten gelten. Die Token werden in derartigen Fällen als **„signifikant"** bezeichnet und stellen eine Unterkategorie zu den gewöhnlichen ART und EMT dar.

Diese dementsprechende Zuordnung bringt es mit sich, dass einerseits **erhöhte Anforderungen** an diese Emittenten gestellt und dass **bestimmte Aufsichtsbefugnisse unmittelbar von der EBA (Art. 117 MiCAR)**[3] **wahrgenommen werden** und nicht mehr von der betreffenden nationalen Aufsichtsbehörde, in welchem Mitgliedstaat der betreffende Emittent seinen Sitz[4] hat.[5]

Die **zusätzlichen Anforderungen** für Emittenten von signifikanten ART und EMT liegen bspw. in höheren Eigenkapital- und Interoperabilitätsverpflichtungen und sie haben weitere Anforderungen in Bezug auf ihre Vergütungspolitik, den Vertrieb und die Liquiditätssteuerung zu erfüllen.[6]

Hinsichtlich der **Aufsichtsbefugnisse der EBA** ist zu beachten, dass diese unterschiedlich ausgestaltet sind, je nachdem, ob es sich um signifikante ART oder um signifikante EMT handelt.[7]

Bei **signifikanten ART** sind diese dahingehend ausgestaltet, dass der Emittent hinsichtlich der signifikanten ART der **Aufsicht der EBA** unterliegt.[8] Gibt der Emittent neben diesen gleichzeitig auch noch andere Kryptowerte heraus (die nicht als signifikant eingestuft werden) oder erbringt dieser Kryptowerte-Dienstleistungen, so verbleibt die Aufsicht über diese Tätigkeiten demgegenüber bei der nationalen Aufsichtsbehörde im Herkunftsmitgliedstaat.[9]

Bei **signifikanten EMT** kommt es hingegen zu einer **dualen Aufsicht durch die EBA und** der zuständigen **nationalen Aufsichtsbehörde**.[10] Bei

---

[1] Bspw. in Deutschalnd an die BaFin und in Österreich an die FMA.
[2] Inhaltlich vergleichbare Bestimmungen finden sich etwa in Art. 74 EMIR (VO 2012/648/EU); Art. 38o MiFIR (VO 2014/600/EU) sowie Art. 48m BMR (VO 2016/1011/EU). Die Übertragungsmöglichkeit von Aufsichtsaufgaben kommt hierbei jeweils der ESMA zu. Bei der MiFIR und der BMR wurde diese Befugnis im Rahmen der VO 2019/2175/EU in die Regelwerke eingefügt. Aufgrund des weitgehend übereinstimmenden Wortlautes wird man die hierzu bestehende Literatur auch für die gegenständliche Bestimmung heranziehen dürfen.
[3] Erwgr. Nr. 102 f. MiCAR.
[4] Ausführlich zum Begriff „Sitz" siehe etwa Tuder, Kapitel 6: Voraussetzungen zur Erlangung einer Konzession nach dem ZaDiG 2018, in: Tuder, Zahlungsverkehr 4.0, 334 ff. mwN.
[5] Tuder, Kapitel 1: Rahmenbedingungen und Entwicklungen des Zahlungsverkehrs, in: Tuder, Zahlungsverkehr 4.0, 111; ausführlich hierzu siehe König/Marek RdW_digitalOnly 2021, 1.
[6] Tuder, Kapitel 1: Rahmenbedingungen und Entwicklungen des Zahlungsverkehrs, in: Tuder, Zahlungsverkehr 4.0, 111; vgl. Art. 45 MiCAR; Art. 58 Abs. 1 MiCAR; Erwgr. Nr. 59 MiCAR; König/Marek RdW digitalOnly 2021, 1.
[7] Tuder, Kapitel 1: Rahmenbedingungen und Entwicklungen des Zahlungsverkehrs, in: Tuder, Zahlungsverkehr 4.0, 111.
[8] Art. 117 Abs. 1 MiCAR.
[9] Art. 117 Abs. 2 MiCAR.
[10] Art. 117 Abs. 4 MiCAR; Erwgr. Nr. 103 MiCAR; krit. EZB, CON/2021/4 Ziff. 3.3.1 ff.; ausführlich hierzu siehe etwa Brauneck RDi 2022, 10 (14) mwN.

9 Mit der Tatsache, dass die **Emittenten von signifikanten ART und EMT** unter die (unmittelbare) **Aufsicht der EBA** fallen, geht eine gewisse Systemänderung einher.[12] Bisher kommt dieser nämlich (hauptsächlich) die Aufgabe zu, das Funktionieren des Binnenmarktes sicherzustellen.[13] Dies wird insbes. dadurch erreicht, dass die EBA die nationalen Aufsichtsbehörden bei der kohärenten Auslegung und Anwendung von Sekundärrechtsakten (RL und VO) unterstützt. Hierfür stehen ihr als Instrumente va die Entwicklung von RTS und ITS sowie die Veröffentlichung von GL und Empfehlungen zur Verfügung. Ihr Aufgabenfeld wird durch die MiCAR jedoch nun dahingehend ausgeweitet, dass ihr (unmittelbare) Aufsichtsbefugnisse über Institute zukommen, wodurch sie[14] nunmehr ebenfalls als eine **(vollwertige) Aufsichtsbehörde (zB neben den nationalen Aufsichtsbehörden und der EZB)** anzusehen ist.[15]

Der Text, der vor Abschnitt 9 steht:

der EBA liegt dabei die Verantwortung über die Aufsicht über die zusätzlichen Anforderungen an diese Emittenten, wohingegen die Beaufsichtigung über die gewöhnlichen Voraussetzungen an Emittenten von EMT weiterhin von den nationalen Aufsichtsbehörden wahrgenommen werden.[11]

10 Zu den **unmittelbaren Aufsichtsbefugnissen der EBA**[16] zählt hierbei etwa die Stellung von Informationsersuchen (Art. 122 MiCAR), die Vornahme allgemeiner Untersuchungen (Art. 123 MiCAR) oder die Durchführung von Vor-Ort-Prüfungen (Art. 124 MiCAR).[17]

11 Hinsichtlich der ihr zukommenden Befugnisse, gibt **Art. 138 MiCAR** der EBA jedoch auch die **Möglichkeit, spezifische Aufsichtsaufgaben** an eine national (zuständige) Behörde **zu übertragen**, falls dies für deren ordnungsgemäße Erfüllung erforderlich ist.

12 Der **Zweck dieser Bestimmung** liegt demnach insbes. darin, dass sich unter gewissen Konstellationen bestimmte Aufsichtsaufgaben besser durch eine nationale Aufsichtsbehörde wahrnehmen lassen als von der EBA.[18] Eine Delegierung von Aufgaben kann sich etwa aus dem Umstand heraus als zweckmäßig erweisen, da zwischen der nationale Behörde und dem betreffenden Emittenten eine **örtliche Nahebeziehung** besteht.[19] Für gewöhnlich stehen sie zudem generell in einem ständigen Austausch und auch etwaige kommunikative Schwierigkeiten können hierdurch – insbes. aufgrund des selben Sprachraums der betroffenen Akteure – ebenfalls ausgeschlossen wer-

---

[11] Art. 117 Abs. 4 MiCAR; König/Marek RdW digitalOnly 2021, 1.
[12] Vgl. Tuder, Kapitel 1: Rahmenbedingungen und Entwicklungen des Zahlungsverkehrs, in: Tuder, Zahlungsverkehr 4.0, 111.
[13] Ausführlich zu den Aufgaben und Zielen der EBA siehe etwa Tuder/Riesenfelder, Kapitel 1: Rahmenbedingungen und Entwicklungen des Zahlungsverkehrs, in: Tuder, Zahlungsverkehr 4.0, 14 ff. mwN.
[14] Die ESMA ist ebenfalls als (vollwertige) Aufsichtsbehörde anzusehen, da ihr etwa in der MiFIR vergleichbare Befugnisse zukommen (Art. 38b–g MiFIR). Diese wurden im Zuge der VO 2019/2175/EU in die MiFIR hinzugefügt.
[15] Tuder, Kapitel 1: Rahmenbedingungen und Entwicklungen des Zahlungsverkehrs, in: Tuder, Zahlungsverkehr 4.0, 112 mwN.
[16] Vgl. zur Terminologie der Handlungsformen der EBA → Art. 130 Rn. 9 ff.
[17] Vgl. Erwgr. Nr. 106 MiCAR.
[18] In Bezug auf Art. 74 EMIR (Übertragungsbefugnis der ESMA an mitgliedstaatliche Aufsichtsbehörden) wird in Erwgr. Nr. 80 ESMA etwa angeführt, dass die ESMA spezifische Aufsichtsaufgaben an die zuständige Behörde eines Mitgliedstaats delegieren kann, wenn bspw. für eine Aufsichtsaufgabe Kenntnisse der Bedingungen vor Ort und entsprechende Erfahrungen notwendig sind, die eher auf nationaler Ebene verfügbar sind.
[19] Vgl. Assmann/Schneider/Mülbert/Döhmel EMIR Art. 74 Rn. 2; Assmann/Schneider/Mülbert/Gurlit MiFIR Art. 38o Rn. 1.

den. Ähnlich zu allgemeinen Auslagerungen, wird im Ergebnis auch mit Art. 138 MiCAR das Ziel verfolgt, dass (Aufsichts-)Aufgaben schneller, einfacher und besser vollzogen werden können.[20]

III. Anwendungsbereich

Die gegenständliche Bestimmung legt wie bereits oben angeführt fest, dass die EBA die Möglichkeit hat, bestimmte ihr zukommende Aufsichtsaufgaben, an eine national zuständige Behörde zu übertragen. 13

Dies setzt voraus, dass es sich um einen **Emittenten von signifikanten ART oder EMT** handelt und dass die **Delegierung für die ordnungsgemäße Erfüllung der Aufsichtsaufgabe erforderlich ist**.[21] 14

Das **Kriterium der „Erforderlichkeit"** ist aufgrund des zugrundeliegenden Zwecks der Bestimmung uE dahingehend zu verstehen, dass es für die Vornahme einer Übertragung ausreichend ist, wenn hierdurch die **Erfüllung der betreffenden Aufsichtsaufgabe effizienter wahrgenommen werden kann**. Eine Delegierung darf dadurch nicht etwa erst dann vorgenommen werden, wenn die ordnungsgemäße Erfüllung einer Aufsichtsaufgabe nicht mehr durch die EBA gewährleistet werden kann.[22] An diese Anforderung ist demnach **kein überhöhter Anforderungsmaßstab** zu stellen.[23] 15

Die Entscheidung darüber, ob für eine ordnungsgemäße Erfüllung eine Übertragung bestimmter Befugnisse an eine nationale zuständige Behörde notwendig ist, liegt ferner im **Ermessen der EBA**. Die EBA kann uE damit grundsätzlich frei darüber entscheiden, ob sie eine dementsprechende Delegierung als erforderlich ansieht **(Einzelfallentscheidung)**. Sollte die EBA jedoch zu dem Schluss gelangen, dass eine ordnungsgemäße Aufsicht ohne Delegation nicht gewährleistet werden kann, so hat sie in jedem Fall eine Delegation an die nationale Aufsichtsbehörde vorzunehmen. 16

Zu beachten gilt es hierbei jedoch, dass für jeden Emittenten derartiger ART oder EMT ein **Aufsichtskollegium** (Art. 119 MiCAR)[24] eingerichtet wird und dass diesem das **Recht** zukommt, eine **Stellungnahme zu jeder Übertragung** von Aufsichtsaufgaben von der EBA auf eine zuständige Behörde nach Art. 138 MiCAR **abzugeben** (Art. 120 Abs. 1 lit. i MiCAR). 17

Da es sich hierbei jedoch nur um eine **unverbindliche Stellungnahme** handelt,[25] dient diese der EBA lediglich als eine mögliche Hilfestellung bei ihrer Entscheidung, der aber **keine Bindungswirkung** zukommt. Insofern kann die Stellungnahme auch keine normative Kraft entfalten. Im Ergebnis kommt der **EBA** damit weiterhin die **alleinige Entscheidungsbefugnis** darüber zu, ob sie Aufsichtsbefugnisse an jene zuständige Behörde überträgt, in welchem Staat der betreffende Emittent seinen Sitz hat.[26] 18

Die **EBA** darf dabei aber **nicht alle ihr** nach Art. 117 MiCAR **zukommenden Aufsichtsaufgaben an eine national zuständige Behörde** 19

---

[20] Assmann/Schneider/Mülbert/Döhmel EMIR Art. 74 Rn. 2.
[21] Wessely spricht in diesem Zusammenhang von einer „begründungspflichtigen Ausnahme", Raschauer et al/Wessely MiCAR Art. 138 Rn. 2.
[22] Vgl. Assmann/Schneider/Mülbert/Döhmel EMIR Art. 74 Rn. 2.
[23] Vgl. Assmann/Schneider/Mülbert/Döhmel EMIR Art. 74 Rn. 2.
[24] Erwgr. Nr. 105 MiCAR.
[25] Ausführlich hierzu siehe Art. 120 Rn. 5 f.
[26] Folgt die EBA der Stellungnahme des Kollegiums jedoch nicht, so führt dies gem. Art. 120 Abs. 4 MiCAR dazu, dass ihr Beschluss eine Begründung und eine Erläuterung jeder signifikanten Abweichung von dieser Stellungnahme enthalten muss; ausführlich hierzu siehe Art. 120 Rn. 11.

MiCAR Art. 138   Titel VII. Zuständige Behörde, EBA und ESMA

übertragen. Eine Delegierung von Aufgaben darf demnach etwa nicht dazu führen, dass dadurch die laufende Aufsicht in Wirklichkeit der national zuständigen Behörde zukommt, wie es bei gewöhnlichen ART und EMT der Fall ist.[27] Ferner ist es der EBA verständlicherweise nur gestattet, Aufgaben zu übertragen, die ihr auch nach Art. 117 MiCAR zugewiesen wurden.[28]

20   Art. 138 Abs. 1 MiCAR gestattet es der EBA dadurch nur, **spezifische Aufsichtsaufgaben zu übertragen.** Hinzuweisen ist hierbei, dass es sich bei diesen „Aufgaben", nach dem österreichischen Verwaltungsrecht in Wirklichkeit um „Befugnisse" handelt.[29]

21   Im Gesetzestext werden folgende Befugnisse ausdrücklich angeführt:
- Die Anforderung von Informationen (Art. 122 MiCAR);
- die Durchführung von Untersuchungen (Art. 123 MiCAR) und
- die Durchführung von Vor-Ort-Prüfungen (Art. 124 MiCAR).

22   Im Gesetzestext kommt nicht völlig klar zum Ausdruck, ob es sich hierbei um eine taxative Aufzählung handelt, oder ob hier nur die wichtigsten Befugnisse genannt werden, die in jedem Fall übertragen werden können. Für eine nicht abschließende Aufzählung würde einerseits die Wendung „*zu diesen spezifischen Aufsichtsaufgaben kann*" im Gesetzestext sprechen und andererseits findet sich in der **EMIR,**[30] **MiFIR**[31] **sowie der BMR**[32] **eine inhaltlich sehr ähnliche Übertragungsmöglichkeit der ESMA,** die jedoch hinsichtlich der Aufzählung noch um das Adverb „insbesondere" ergänzt wurde. Trotz des Fehlens dieses Zusatzes, besteht uE kein ersichtlicher Grund, warum bei einer inhaltlich gleichen Bestimmung, die Übertragungsrechte der EBA, im Vergleich zu jenen der ESMA, eingeschränkter sein sollen. Im Ergebnis sprechen wir uns folglich dafür aus, dass die **Aufzählung in Art. 138 Abs. 1 MiCAR als nicht abschließend anzusehen** ist.

23   Der **Begriff „spezifische Aufsichtsaufgaben"** ist uE zudem dahingehend zu verstehen, dass lediglich **einzelne, klar definierte Aufgaben übertragen werden dürfen.** Hierfür würde auch sprechen, dass die EBA nach Art. 138 Abs. 2 lit. a MiCAR den Umfang der zu übertragenden Aufgabe mit der betreffenden nationalen Behörde abzustimmen hat, bevor es zur tatsächlichen Übertragung kommt. Die nicht abschließende Aufzählung in Art. 138 Abs. 1 MiCAR ändert folglich nichts daran, dass die EBA ihre Aufgaben nicht vollständig an andere zuständige Behörden übertragen darf, sondern lediglich spezifische bzw. einzelne Aufgaben, soweit dies für die ordnungsgemäße Erfüllung erforderlich ist.[33]

24   Aus Art. 138 MiCAR ist darüber hinaus nicht ersichtlich, ob auch ein **Übertragungsverbot für bestimmte Aufsichtsaufgaben** der EBA besteht.[34] In vergleichbaren Übertragungsbestimmungen der ESMA sind nämlich teilweise gewisse zentrale Aufsichtsmaßnahmen von einer Übertragung ausgenommen.[35] Da in Art. 138 MiCAR jedoch kein explizites Delegie-

---

[27] Vgl. Assmann/Schneider/Mülbert/Döhmel EMIR Art. 74 Rn. 4.
[28] Assmann/Schneider/Mülbert/Gurlit MiFIR Art. 38o Rn. 2.
[29] Vgl. Assmann/Schneider/Mülbert/Gurlit MiFIR Art. 38o Rn. 3 mwN; Raschauer et al/Wessely MiCAR Art. 138 Rn. 1.
[30] Art. 74 EMIR.
[31] Art. 38o MiFIR.
[32] Art. 48m BMR.
[33] Vgl. Assmann/Schneider/Mülbert/Gurlit MiFIR Art. 38o Rn. 2.
[34] Vgl. zu dieser Frage siehe Assmann/Schneider/Mülbert/Gurlit MiFIR Art. 38o Rn. 3.
[35] Art. 74 Abs. 5 S. 2 EMIR; Art. 48m Abs. 1 UAbs. 2 BMR.

rungsverbot normiert ist, spricht dies im gegenständlichen Fall dafür, dass hier keine dementsprechende Beschränkung besteht. Die Übertragung darf dabei aber nicht die grundsätzliche Zuständigkeit der EBA beeinträchtigen und hat innerhalb der zuvor genannten Grenzen zu erfolgen (zB keine vollständige Übertragung der Aufsichtsaufgaben). So hat etwa auch die finale Entscheidungsgewalt darüber, ob und welche Befugnis ausgeübt wird, bei der EBA zu verbleiben.[36]

Es kann damit abschließend auch festgehalten werden, dass die **Übertragung von Aufgaben die grundsätzliche Zuständigkeit der EBA nicht beeinträchtigen** darf. Ferner darf hierdurch auch **nicht die Möglichkeit der EBA eingeschränkt werden, die übertragene Tätigkeit durchzuführen und zu überwachen.**[37] 25

IV. Konsultierung der nationalen Aufsichtsbehörde

In Art. 138 Abs. 2 MiCAR sind die **verfahrensrechtlichen Vorgaben** festgelegt, wobei die EBA **vor jeder Aufgabenübertragung** Kontakt mit jener Behörde aufzunehmen hat, an welche die Übertragung erfolgen soll. 26

Damit wird klargestellt, dass keine Delegierung von Aufgaben durch die EBA an eine national zuständige Aufsichtsbehörde erfolgen darf, bevor nicht eine nähere Abstimmung hinsichtlich der genauen Bedingungen der betreffenden Aufgabenübertragung zwischen den beiden Institutionen erfolgt ist.[38] 27

Der zuständigen Behörde kommt dabei nicht nur die Möglichkeit zur Abgabe einer Stellungnahme zu, sondern es hat im Rahmen der Konsultation ein entsprechender **Abstimmungsprozess** über die zu übertragende Aufgabe zu erfolgen.[39] 28

Hierbei ist auf **folgende Punkte einzugehen:** 29

- Den Umfang der zu übertragenden Aufgabe;
- den Zeitplan für die Ausführung der Aufgabe und
- die Übermittlung erforderlicher Informationen durch und an die EBA.

Im Ergebnis hat die zuständige nationale Behörde hierdurch **alle Informationen** von der EBA zu **erhalten,** damit sie in der **Folge in der Lage** ist, die **ihr übertragene Aufsichtsaufgabe ordnungsgemäß zu erfüllen.** Ferner handelt es sich hierbei um eine speziellere Regelung als jener zum vorgesehenen Informationsaustausch zwischen der EBA und den mitgliedstaatlichen Aufsichtsbehörden in Art. 125 MiCAR. 30

Auch wenn nicht ausdrücklich in Art. 138 MiCAR angeführt,[40] hat die Übertragung der Aufgaben dabei in **Form eines Beschlusses iSv Art. 288 Abs. 4 AEUV**[41] von der EBA vorgenommen zu werden **(Übertragungsbeschluss).**[42] 31

---

[36] Vgl. → Rn. 38 ff.
[37] Vgl. Art. 38o Abs. 5 MiFIR und Art. 48m Abs. 5 BMR; eine dementsprechende Bestimmung fehlt in der Übertragungsmöglichkeit des Art. 138 MiCAR. Dies kann uE dem Umstand geschuldet sein, dass es sich hierbei lediglich um eine Klarstellung handelt und dementsprechend auch im Rahmen der MiCAR zu gelten hat, auch wenn dies nicht explizit im Gesetzestext angeführt wird; ausführlich hierzu → Rn. 38 ff.
[38] Vgl. Erwgr. Nr. 80 EMIR.
[39] Assmann/Schneider/Mülbert/Döhmel EMIR Art. 74 Rn. 5.
[40] Anders etwa in Art. 38o Abs. 4 MiFIR.
[41] Ausführlich zu Art. 288 Abs. 4 AEUV siehe Jaeger/Stöger/Vcelouch AEUV Art. 288 Rn. 100 ff. (Stand 1.11.2017, rdb.at).
[42] Ausführlich hierzu siehe Assmann/Schneider/Mülbert/Gurlit MiFIR Art. 38o Rn. 5 f.

MiCAR Art. 138 Titel VII. Zuständige Behörde, EBA und ESMA

32 Selbstverständlich stehen die **EBA** und die **betreffende Behörde** auch nach der Übertragung **laufend in Kontakt.** Dies kann etwa sein, um auftretende Unklarheiten oder Schwierigkeiten zu besprechen oder um sich über die Durchführung der Aufsichtsaufgabe auf den aktuellen Stand zu bringen (vgl. Art. 138 Abs. 4 MiCAR). Hieraus kann es sich zudem ergeben, dass vorab vereinbarte Parameter, nachträglich angepasst werden müssen (zB Zeitplan). Es ist dementsprechend ohne Weiteres auch möglich, dass Punkte geändert werden, welche davor im Rahmen der Konsultation gem. Art. 138 Abs. 2 MiCAR festgelegt wurden.

33 Der hohe verfahrensrechtliche Aufwand spricht zudem dafür, dass dementsprechende Übertragungen va längerfristige Aufgaben vor Augen haben.[43] Diese Ansicht lässt sich auch darauf stützen, dass die EBA nach Art. 138 Abs. 4 MiCAR Übertragungen innerhalb von angemessenen Zeitabständen zu überprüfen hat.

V. Erstattung der entstandenen Kosten durch die EBA

34 In Folge einer Aufgabenübertragung entstehen einer mitgliedstaatlichen Aufsichtsbehörde Kosten (zB Personal, IT, Logistik) für eine Tätigkeit, welche grundsätzlich in die Zuständigkeit der EBA fällt. Es wäre dadurch unbillig, wenn die national zuständige Behörde die hierdurch entstehenden Kosten zu tragen hätte.[44]

35 Art. 138 Abs. 3 MiCAR legt demnach fest, dass die EBA der betroffenen mitgliedstaatlichen Aufsichtsbehörde all jene Kosten zu ersetzen hat, die ihr durch die Durchführung der übertragenen Aufgabe entstanden sind **(Kostenerstattung)**[45].[46] Die Erstattung erfolgt demnach im Nachhinein.[47] Die Kostentragung richtet sich dabei ferner nach der Gebührenvorschrift des Art. 137 MiCAR und der in diesem Zusammenhang zu erlassenden Gebührenverordnung[48].[49]

36 Durch diese Form der Kostenerstattung ist auch klargestellt, dass die durch Art. 138 MiCAR entstehenden **Kosten ausschließlich von der EBA** von den betroffenen Emittenten **einzuheben** sind und nicht von den mitgliedstaatlichen Aufsichtsbehörden.[50]

37 Den betroffenen zuständigen nationalen Behörden wird hierdurch die Rolle eines gegen Entgelt tätig werdenden Dienstleisters zu Teil, welche nach *Gurlit,* aufgrund der an sie übertragenen Befugnisse, als schlichte **„gehobene Verwaltungshelfer"**[51] anzusehen sind.[52]

---

[43] Vgl. Assmann/Schneider/Mülbert/Gurlit MiFIR Art. 38o Rn. 2.
[44] Assmann/Schneider/Mülbert/Döhmel EMIR Art. 74 Rn. 8.
[45] Die Höhe der Erstattung ist dabei an folgende Bedingungen geknüpft, nämlich einerseits, dass der entsprechende Betrag von der EBA und der zuständigen Behörde vor der Aufgabenübertragung vereinbart wurde und andererseits, dass der Betrag kleiner oder gleich dem Gesamtbetrag der jährlichen Aufsichtsgebühr ist, die von den betreffenden Emittenten signifikanter ART oder EMT an die EBA entrichtet wird (Art. 5 Abs. 2 DelVO 2024/1503/EU).
[46] Vgl. Assmann/Schneider/Mülbert/Gurlit MiFIR Art. 38o Rn. 1.
[47] Raschauer et al/Wessely MiCAR Art. 138 Rn. 3.
[48] Art. 5 DelVO 2024/1503/EU.
[49] Vgl. Assmann/Schneider/Mülbert/Döhmel EMIR Art. 74 Rn. 8.
[50] Art. 5 Abs. 1 DelVO 2024/1503/EU.
[51] Der Begriff ist dem deutschen Verwaltungsrecht entliehen.
[52] Vgl. Assmann/Schneider/Mülbert/Döhmel EMIR Art. 74 Rn. 8; Assmann/Schneider/Mülbert/Gurlit MiFIR Art. 38o Rn. 5.

VI. Überprüfung und Widerruf der Aufgabenübertragung

In Art. 138 Abs. 4 MiCAR hält der Europäische Gesetzgeber abschließend 38
noch fest, dass die EBA die übertragenen Aufgaben in angemessenen Zeitabständen zu überprüfen hat.

Der Wortlaut der Bestimmung spricht hierbei dafür, dass die EBA bei jeder 39
Übertragung auch eine entsprechende Überprüfung vorzunehmen hat. Die EBA darf dadurch nicht einfach zuwarten, bis die übertragene Befugnis entsprechend durchgeführt wurde, sondern hat sich immer wieder über den aktuellen Stand zu informieren und zu überprüfen, ob die übertragene Aufgabe ordnungsgemäß erfüllt wird. Es handelt sich bei dieser Bestimmung folglich um eine **Verpflichtung**, welcher die **EBA nachzukommen hat** und nicht nur um eine „schlichte" Befugnis.

Die Überprüfung soll dabei in **angemessenen Zeitabständen** erfolgen. 40
Die Zeitabstände werden sich insbes. daran orientieren, was für eine Aufsichtsaufgabe übertragen wurde und welcher Zeitraum für deren Erfüllung im Rahmen der Konsultation vereinbart wurde.[53] Es ist hierbei folglich auf den betreffenden **Einzelfall abzustellen.**

Keine näheren Angaben macht der Europäische Gesetzgeber dahingehend, 41
wie diese Überprüfung konkret ausgestaltet zu sein hat. Es ist diesbezüglich jedoch anzunehmen, dass die EBA in diesem Zusammenhang zu kontrollieren hat, ob die gem. Art. 138 Abs. 2 MiCAR festgelegten verfahrensrechtlichen Vorgaben eingehalten werden.

Im Rahmen dieser Überprüfungen kann es in der Folge dadurch auch 42
erforderlich sein, Anpassungen bei den festgelegten verfahrensrechtlichen Bestimmungen vorzunehmen. Dies kann etwa der Fall sein, wenn sich die mitgliedstaatliche Aufsichtsbehörde nicht im Stande sieht, die übertragene Aufsichtsaufgabe, innerhalb der zeitlichen Vorgabe, durchzuführen.

Die **EBA** ist in diesem Zusammenhang schließlich auch noch dazu er- 43
mächtigt, eine **Aufgabenübertragung jederzeit widerrufen zu können.** Eine derartige Vorgangsweise wird in der Praxis wohl als letzter möglicher Schritt dafür angesehen werden, um eine ordnungsgemäße Erfüllung der betreffenden Aufsichtsaufgabe gewährleisten zu können.

Sollte die EBA daher im Rahmen der Überprüfung einer Übertragung von 44
Aufgaben feststellen, dass diese etwa nicht in der von ihr gewünschten Form durchgeführt werden, wird sie in einem ersten Schritt wohl Anpassungen in den festgelegten verfahrensrechtlichen Bestimmungen vornehmen (gemeinsam mit der zuständigen Behörde). Kommt es in weiterer Folge zu keiner Besserung und sieht die EBA die ordnungsgemäße Erfüllung der Aufsichtsaufgabe in Gefahr, wird sie in weiterer Folge die Übertragung widerrufen.

Es soll hier jedoch darauf hingewiesen werden, dass die EBA nicht ver- 45
pflichtet ist, eine dementsprechende Vorgangsweise zu wählen, sondern **jederzeit** die bestehende Aufgabenübertragung **widerrufen** kann. Eine **Fristsetzung** ist demnach **nicht erforderlich.** Ebenfalls scheint es nicht notwendig zu sein, dass hierfür (besondere) Gründe vorliegen müssen und dass die EBA der mitgliedstaatlichen Aufsichtsbehörde diese nennt.[54]

---

[53] Vgl. Assmann/Schneider/Mülbert/Döhmel EMIR Art. 74 Rn. 9.
[54] Vgl. Assmann/Schneider/Mülbert/Döhmel EMIR Art. 74 Rn. 10; in der Praxis ist wohl davon auszugehen, dass die EBA die betroffene zuständige nationale Behörde sehr wohl über die näheren Hintergründe für ihren Widerruf der Übertragung in Kenntnis setzen wird.

MiCAR Art. 138   Titel VII. Zuständige Behörde, EBA und ESMA

46   Im Ergebnis zeigt auch Art. 138 Abs. 4 MiCAR deutlich, dass die Übertragung von Aufgaben nichts daran ändert, dass die grundsätzliche Zuständigkeit hierfür weiterhin bei der EBA verbleibt[55] und sie dafür Sorge zu tragen hat, dass die ihr zukommenden Aufsichtsaufgaben ordnungsgemäß erfüllt werden (**Letztverantwortung**).

---

[55] Vgl. Assmann/Schneider/Mülbert/Döhmel EMIR Art. 74 Rn. 10.

Titel VIII. Delegierte Rechtsakte

Artikel 139 Ausübung der Befugnisübertragung

(1) Die Befugnis zum Erlass delegierter Rechtsakte wird der Kommission unter den in diesem Artikel festgelegten Bedingungen übertragen.

(2) Die Befugnis zum Erlass delegierter Rechtsakte gemäß Artikel 3 Absatz 2, Artikel 43 Absatz 11, Artikel 103 Absatz 8, Artikel 104 Absatz 8, Artikel 105 Absatz 7, Artikel 134 Absatz 10 und Artikel 137 Absatz 3 wird der Kommission für einen Zeitraum von 36 Monaten ab dem 29. Juni 2023 übertragen. Die Kommission erstellt spätestens neun Monate vor Ablauf des Zeitraums von 36 Monaten einen Bericht über die Befugnisübertragung. Die Befugnisübertragung verlängert sich stillschweigend um Zeiträume gleicher Länge, es sei denn, das Europäische Parlament oder der Rat widersprechen einer solchen Verlängerung spätestens drei Monate vor Ablauf des jeweiligen Zeitraums ab.

(3) Die Befugnisübertragung gemäß Artikel 3 Absatz 2, Artikel 43 Absatz 11, Artikel 103 Absatz 8, Artikel 104 Absatz 8 Artikel 105 Absatz 7, Artikel 134 Absatz 10 und Artikel 137 Absatz 3 kann vom Europäischen Parlament oder vom Rat jederzeit widerrufen werden. Der Beschluss über den Widerruf beendet die Übertragung der in diesem Beschluss angegebenen Befugnis. Er wird am Tag nach seiner Veröffentlichung im Amtsblatt der Europäischen Union oder zu einem im Beschluss über den Widerruf angegebenen späteren Zeitpunkt wirksam. Die Gültigkeit von delegierten Rechtsakten, die bereits in Kraft sind, wird von dem Beschluss über den Widerruf nicht berührt.

(4) Vor dem Erlass eines delegierten Rechtsakts konsultiert die Kommission die von den einzelnen Mitgliedstaaten benannten Sachverständigen im Einklang mit den in der Interinstitutionellen Vereinbarung vom 13. April 2016 über bessere Rechtsetzung enthaltenen Grundsätzen.

(5) Sobald die Kommission einen delegierten Rechtsakt erlässt, übermittelt sie ihn gleichzeitig dem Europäischen Parlament und dem Rat.

(6) Ein delegierter Rechtsakt, der gemäß Artikel 3 Absatz 2, Artikel 43 Absatz 11, Artikel 103 Absatz 8, Artikel 104 Absatz 8, Artikel 105 Absatz 7, Artikel 134 Absatz 10 und Artikel 137 Absatz 3 erlassen wurde, tritt nur in Kraft, wenn weder das Europäische Parlament noch der Rat innerhalb einer Frist von drei Monaten nach Übermittlung dieses Rechtsakts an das Europäische Parlament und den Rat Einwände erhoben haben oder wenn vor Ablauf dieser Frist das Europäische Parlament und der Rat beide der Kommission mitgeteilt haben, dass sie keine Einwände erheben werden. Auf Initiative des Europäischen Parlaments oder des Rates wird diese Frist um drei Monate verlängert.

Übersicht

	Rn.
I. Literatur	1
II. Hintergrund und Zweck der Norm	2
III. Delegierter Rechtsakt	5
1. Unionsrechtliche Basis	5

	Rn.
2. Delegierte Rechtsakte in der MiCAR	10
3. Abgrenzungen	15
IV. Dauer der Befugnisübertragung	25
V. Kontrolle der EK	28
1. Widerruf der Delegation	28
2. Delegation unter Vorbehalt eines Einwandes	32
VI. Verfahrensbestimmungen für den Erlass delegierter Rechtsakte	35

I. Literatur

1 *Gundel,* Rechtsschutz gegen „Soft Law"-Regulierungsmaßnahmen der Union mit dem Instrument der Gültigkeitsvorlage, EWS 2021, 317; *Gurlit,* Handlungsformen der Finanzmarktaufsicht, ZHR 2013, 86; *Schellner/Dellinger,* EBA-Leitlinien – rechtlich verbindliches, (un)anfechtbares soft law? ÖBA 2020, 18; *Scholz,* Rechtsschutzpotenzial von Nichtigkeitsklage und Vorabentscheidungsverfahren, EuZW 2022, 453.

II. Hintergrund und Zweck der Norm

2 Art. 139 MiCAR legt die **Bedingungen** fest, zu denen die **EK delegierte Rechtsakte** nach der MiCAR erlassen kann.[1]

3 Art. 139 MiCAR setzt daher an den über die MiCAR verstreuten, unterschiedlichen Befugnissen der EK zur Erlassung delegierter Rechtsakte an. Ähnliche Bestimmungen sind im unionalen Finanzmarktrecht (und darüber hinaus) weit verbreitet und spielen in der Regulierungspraxis eine wichtige Rolle.[2]

4 Ein maßgeblicher Vorteil delegierter Rechtsakte liegt in der **Entlastung des Unionsgesetzgebers** von Detailregelungen.[3] Damit soll auch eine **schnellere Anpassung** an veränderte Umstände ermöglicht werden.[4]

III. Delegierter Rechtsakt

5 **1. Unionsrechtliche Basis.** Gem. Art. 290 Abs. 1 UAbs. 1 AEUV kann der EK in **Gesetzgebungsakten**[5] die Befugnis übertragen werden, **Rechtsakte ohne Gesetzescharakter mit allgemeiner Geltung** zur **Ergänzung oder Änderung** bestimmter nicht wesentlicher Vorschriften des betreffenden Gesetzgebungsaktes zu erlassen.[6] Diese Gesetzgebungsakte müssen Ziele, Inhalt, Geltungsbereich und Dauer der Befugnisübertragung ausdrücklich festlegen.

---

[1] Siehe ähnlich etwa Art. 82 EMIR (VO 2012/648/EU); Art. 50 MiFIR (VO 2014/600/EU); Art. 38a ff. Rating-VO (VO 2009/1060/EU). Siehe auch zB Art. 89 MiFID II (RL 2014/65/EU); Art. 44 Prospekt-VO (VO 2017/1129/EU); Art. 35 MAR (VO 596/2014/EU); Art. 104 f. PSD2 (RL 2015/2366/EU); Art. 148 CRD (RL 2013/36/EU); Art. 462 CRR (VO 575/2013/EU).
[2] Vgl. BeckOK WpHR/Lange ESMA-VO Art. 10 Rn. 19 ff. mwN.
[3] Calliess/Ruffert/Ruffert AEUV Art. 290 Rn. 10 ff. mwN.
[4] Vgl. Interinstitutionelle Vereinbarung zwischen dem Europäischen Parlament, dem Rat der Europäischen Union und der Europäischen Kommission über bessere Rechtsetzung, ABl. 2016 L 123, 1, Rn. 26; Gimigliano/Beroš/Miernicki, The Payment Services Directive II, Art. 104–106 Rn. 14.006.
[5] Vgl. Art. 289 Abs. 3 AEUV; Jaeger/Stöger/Schusterschitz AEUV Art. 290 Rn. 10 mwN.
[6] Vgl. zu den Delegationsvoraussetzungen etwa Calliess/Ruffert/Ruffert AEUV Art. 290 Rn. 13 ff. mwN.

Zudem ist eine Übertragung an die EK für die „**wesentlichen Aspekte** 6
eines Bereichs"[7] ausgeschlossen.[8]

Die Bedingungen, unter denen die Übertragung erfolgt, werden in 7
Art. 290 Abs. 2 AEUV näher spezifiziert. Der Gesetzgebungsakt kann hier
einen **Widerruf der Übertragung** durch das Europäische Parlament oder
den Rat vorsehen und/oder[9] ein **Inkrafttreten des delegierten Akts daran
binden**, dass das Europäisches Parlament oder der Rat innerhalb einer bestimmten Frist **keine Einwände** erhebt.

Vor diesem Hintergrund legt Art. 139 MiCAR die **Bedingungen** für – 8
manche – der von der EK nach dieser Verordnung zu erlassenden delegierten
Rechtsakte fest.[10]

Die delegierten Rechtsakte der EK sind als **delegierter Rechtsakt** (etwa 9
Delegierte Verordnung/DelVO) zu bezeichnen.[11]

2. Delegierte Rechtsakte in der MiCAR. Die Übertragung der Befug- 10
nis an die EK, delegierte Rechtsakte zu erlassen, sind in **zahlreichen Bestimmungen der MiCAR** enthalten und werden in Art. 139 Abs. 2, 3, 6
MiCAR iZm den Bedingungen für ihre Ausübung aufgelistet. Dazu zählen
etwa die Anpassung der Definitionen,[12] die Verfahrensvorschriften zur Verhängung von Geldbußen und Zwangsgeldern[13] oder die Präzisierungen im
Kontext der Aufsichtsgebühren.[14]

Vielfach sieht die MiCAR – wiederum wie zahlreiche andere Rechtsakte 11
im unionalen Finanzmarktrecht – aber auch delegierte Rechtsakte der EK
vor, die der Erlassung von **technischen Regulierungsstandards (RTS)**
dienen. Diese an unterschiedlichen Stellen der VO[15] vorgesehenen Rechtsakte werden trotz des insofern zu weiten Wortlauts von Abs. 1[16] **in Art. 139
MiCAR nicht angesprochen**. Sie müssen von den in dieser Bestimmung
genannten delegierten Rechtsakten unterschieden werden und unterliegen
eigenen Regelungen.

Die **Erlassung von RTS**[17] weist nämlich **Besonderheiten** auf:[18] Sie 12
werden von der EBA bzw. der ESMA ausgearbeitet[19] und dann der EK

---

[7] Vgl. dazu etwa Lenz/Borchardt/Hetmeier AEUV Art. 290 Rn. 5 mwN.
[8] Art. 290 Abs. 1 UAbs. 2 AEUV.
[9] Vgl. dazu Grabitz/Hilf/N/Nettesheim/Nettesheim, Das Recht der Europäischen Union, AEUV Art. 290 Rn. 59 mwN; Streinz/Gellermann, AEUV Art. 290 Rn. 10 mwN.
[10] → Rn. 10 ff.
[11] Art. 290 Abs. 3 AEUV.
[12] Art. 3 Abs. 2 MiCAR.
[13] Art. 134 Abs. 10 MiCAR.
[14] Art. 137 Abs. 3 MiCAR; vgl. Erwgr. Nr. 108 MiCAR.
[15] Siehe Art. 6 Abs. 12, Art. 17 Abs. 8, Art. 18 Abs. 6, Art. 19 Abs. 11, Art. 22 Abs. 6, Art. 31 Abs. 5, Art. 32 Abs. 5, Art. 35 Abs. 6, Art. 36 Abs. 4, Art. 38 Abs. 5, Art. 42 Abs. 4, Art. 45 Abs. 7, Art. 51 Abs. 15, Art. 60 Abs. 13, Art. 62 Abs. 5, Art. 66 Abs. 6, Art. 68 Abs. 10, Art. 71 Abs. 5, Art. 72 Abs. 5, Art. 76 Abs. 16, Art. 84 Abs. 4, Art. 92 Abs. 2 (hier fehlt allerdings eine explizite Ermächtigung der EK), Art. 95 Abs. 10, Art. 107 Abs. 3, Art. 110 Abs. 8, Art. 119 Abs. 8 MiCAR.
[16] Vgl. Assmann/Schneider/Mülbert/Hartenfels MiFIR Art. 50 Rn. 2, EMIR Art. 82 Rn. 2.
[17] Ausführlich zu RTS, ITS und GL siehe Tuder/Riesenfelder, Kapitel 1: Rahmenbedingungen und Entwicklungen des Zahlungsverkehrs, in: Tuder, Zahlungsverkehr 4.0, 16 f. mwN.
[18] Vgl. auch die Differenzierung in Erwgr. Nr. 119 MiCAR.
[19] IdR erfolgt dies durch EBA und ESMA in Zusammenarbeit (mit variierender Führungsrolle). Es gibt aber Abweichungen, etwa Art. 32. Abs. 5 MiCAR (nur EBA); Art. 35 Abs. 6 MiCAR (EBA, ESMA, EZB); Art. 68 Abs. 10 MiCAR (nur ESMA).

vorgelegt, die die RTS in der Folge (als – verbindlichen – delegierten Rechtsakt iSd Art. 290 AEUV) annehmen kann.[20]

13 Spezifische Rechtsgrundlagen für das Vorgehen finden sich in den Art. 10 ff. EBA-VO/ESMA-VO.[21] Diese Besonderheiten (vgl. **„Lamfalussy-Verfahren"**) sollen die besondere Sachkenntnis der Europäischen Aufsichtsagenturen bzw. der Mitgliedstaaten einbringen.[22]

14 Häufig werden RTS als sogenannte **Level-2-Rechtsakte** bezeichnet, die auf einem Basisrechtsakt (Level 1) beruhen.[23]

15 **3. Abgrenzungen.** Gem. Art. 291 AEUV werden **Durchführungsrechtsakte** von der EK oder (ausnahmsweise) dem Rat erlassen.

16 Solche Befugnisse können in einem verbindlichen Rechtsakt der EU, dessen **Durchführung einheitlicher Bedingungen bedarf,** vorgesehen werden.[24] Entsprechende Rechtsakte sind als solche zu bezeichnen (etwa Durchführungsverordnung).[25]

17 Es handelt sich wie RTS typologisch um **Level-2-Rechtsakte**.[26] Im Unterschied zu delegierten Rechtsakten dürfen hier aber grundsätzlich nur **konkretisierende, nicht aber ändernde Rechtsakte** erlassen werden.[27]

18 Für die MiCAR sind Durchführungsrechtsakte gem. Art. 291 AEUV für zahlreiche in der Verordnung vorgesehene **technische Durchführungsstandards (ITS)**[28] relevant.[29] Ähnlich wie bei RTS bestehen Sonderregelungen für deren Erlassung.[30]

19 **Leitlinien (Guidelines, GL)**[31] sind an unterschiedlichen Stellen der MiCAR vorgesehen.[32]

---

[20] Vgl. Erwgr. Nr. 7, 109 und 110 MiCAR.
[21] Vgl. dazu etwa BeckOK WpHR/Lange ESMA-VO Art. 10 Rn. 5 ff. mwN; Schemmel, Europäische Finanzmarktverwaltung, 207 ff. mwN; vgl. auch Art. 118 Abs. 2 MiCAR; Interinstitutionelle Vereinbarung, ABl. 2016 L 123, 1, Anhang 4 Rn. 4.
[22] Siehe etwa BeckOK WpHR/Bauerschmidt MAR Art. 35 Rn. 20 mwN; zum Hintergrund Ellenberger/Bunte/Kolassa Bankrechts-HB § 121 Rn. 45 ff. mwN; siehe auch Erklärung Nr. 39 zu Art. 290 AEUV; Erwgr. 109 S. 2 MiCAR („Da die EBA und die ESMA über hochspezialisiertes Fachwissen verfügen, ist es sinnvoll und angemessen, ihnen die Aufgabe zu übertragen, für technische Regulierungsstandards, die keine politischen Entscheidungen erfordern, Entwürfe zur Vorlage an die Kommission auszuarbeiten").
[23] Siehe zB BeckOK WpHR/Lange ESMA-VO Art. 10 Rn. 4 mwN; BeckOK WpHR/Leyens Rating-VO Art. 1 Rn. 49 ff. mwN; vgl. auch Augsberg in Terhechte, Verwaltungsrecht, § 6 Rn. 72 mwN; Tuder/Riesenfelder, Kapitel 1: Rahmenbedingungen und Entwicklungen des Zahlungsverkehrs, in: Tuder, Zahlungsverkehr 4.0, 13 mwN.
[24] Art. 291 Abs. 2 AEUV.
[25] Art. 291 Abs. 4 AEUV.
[26] BeckOK WpHR/Lange ESMA-VO Art. 15 Rn. 1 und 9.
[27] Zum Problemkreis EuGH 16.7.2015 – C-88/14, ECLI:EU:C:2015:499 – Kommission/Parlament und Rat; Streinz/Gellermann AEUV Art. 291 Rn. 2 mwN; Jaeger/Stöger/Schusterschitz AEUV Art. 291 Rn. 2 ff. mwN; vgl. auch BeckOK WpHR/Bauerschmidt MAR Art. 35 Rn. 13 ff. mwN.
[28] Ausführlich zu ITS siehe Tuder/Riesenfelder, Kapitel 1: Rahmenbedingungen und Entwicklungen des Zahlungsverkehrs, in: Tuder, Zahlungsverkehr 4.0, 16 f. mwN.
[29] Vgl. Erwgr. Nr. 111 MiCAR; siehe Art. 6 Abs. 11, Art. 18 Abs. 7, Art. 19 Abs. 10, Art. 22 Abs. 7, Art. 51 Abs. 10, Art. 60 Abs. 14, Art. 62 Abs. 6, Art. 88 Abs. 4, Art. 95 Abs. 11, Art. 96 Abs. 3 MiCAR.
[30] Vgl. Art. 15 EBA-VO/ESMA-VO; Ellenberger/Bunte/Kolassa Bankrechts-HB § 121 Rn. 57 mwN; BeckOK WpHR/Lange ESMA-VO Art. 15 Rn. 2 ff. mwN; vgl. auch Art. 118 Abs. 2 MiCAR.
[31] Ausführlich zu GL siehe Tuder/Riesenfelder, Kapitel 1: Rahmenbedingungen und Entwicklungen des Zahlungsverkehrs, in: Tuder, Zahlungsverkehr 4.0, 17 ff. mwN.
[32] Vgl. Erwgr. Nr. 14 und 38 MiCAR; siehe Art. 2 Abs. 5, Art. 14 Abs. 1 UAbs. 2, Art. 21 Abs. 3, Art. 34 Abs. 13, Art. 45 Abs. 8, Art. 46 Abs. 6, Art. 47 Abs. 5, Art. 61

Ausübung der Befugnisübertragung **Art. 139 MiCAR**

Sie werden nicht von der EK, sondern von der **EBA** bzw. der **ESMA** 20
erlassen. Trotz sekundärrechtlicher Grundlage liegen keine delegierten
Rechtsakte vor; eine Delegation iSv Art. 290 AEUV kommt nämlich nur an
die EK in Betracht.[33]

Häufig werden sie auch als **Level-3-Rechtsakte** bezeichnet,[34] wenngleich 21
entsprechende Ermächtigungen (wie zB in der MiCAR) schon auf Level 1
vorgesehen sein können.[35]

Wiederum bestehen für die Erlassung Sonderregelungen.[36] Leitlinien sind 22
an sich unverbindlich,[37] besitzen jedoch (häufig auch als „soft-law" bezeichnet) faktisch große Relevanz.[38] Die **Rechtsqualität** von Leitlinien, sowie
entsprechende **Rechtsschutzmöglichkeiten** werden umfangreich diskutiert[39] und sind Gegenstand der Rechtsprechung.[40]

Verschiedentlich bezieht sich die MiCAR auch auf **Stellungnahmen**.[41] 23
Während Stellungnahmen (so wie Leitlinien) an sich unverbindlich sind,[42]
spricht die MiCAR durchaus auch von bindenden Stellungnahmen.[43]

Art. 138 MiCAR regelt die **Delegation von Aufgaben** durch die EBA 24
an die **zuständige Behörde**[44] und spricht daher keine delegierten Rechtsakte iSd Art. 290 AEUV an.

Abs. 3, Art. 63 Abs. 11, Art. 81 Abs. 15, Art. 82 Abs. 2, Art. 92 Abs. 3, Art. 97 Abs. 1 MiCAR; vgl. auch zB Art. 21 Abs. 6, 23a Abs. 3, Art. 24 Abs. 8, Art. 45 Abs. 3, Art. 54 Abs. 4 EMIR.
[33] Streinz/Gellermann, EUV/AEUV³, AEUV Art. 290 Rn. 5 mwN.
[34] BeckOK WpHR/Lange Art. 16 ESMA-VO (einführende Erläuterung); BeckOK WpHR/Leyens Rating-VO Art. 1 Rn. 51.
[35] Ellenberger/Bunte/Kolassa Bankrechts-HB § 121 Rn. 58; vgl. Tuder/Riesenfelder, Kapitel 1: Rahmenbedingungen und Entwicklungen des Zahlungsverkehrs, in: Tuder, Zahlungsverkehr 4.0, 13 mwN.
[36] Art. 16 EBA-VO/ESMA-VO; Ellenberger/Bunte/Kolassa Bankrechts-HB § 121 Rn. 58; BeckOK WpHR/Lange ESMA-VO Art. 16 Rn. 4 ff.; Schemmel, Finanzmarktverwaltung, 65 ff.
[37] Vgl. Art. 288 Abs. 5 AEUV; Gurlit ZHR 2013, 862 (875 ff.); Michel, Institutionelles Gleichgewicht und EU-Agenturen, 239; Streinz/W. Schroeder AEUV Art. 288 Rn. 2 und 33, jeweils mwN; siehe aber auch Art. 16 Abs. 3 UAbs. 1 EBA-/ESMA-VO („Die zuständigen Behörden und die Finanzmarktteilnehmer unternehmen alle erforderlichen Anstrengungen, um diesen Leitlinien und Empfehlungen nachzukommen"); dazu BeckOK WpHR/Lange ESMA-VO Art. 16 Rn. 8 ff.; vgl. Tuder/Riesenfelder, Kapitel 1: Rahmenbedingungen und Entwicklungen des Zahlungsverkehrs, in: Tuder, Zahlungsverkehr 4.0, 20 mwN.
[38] Vgl. BeckOK WpHR/Lange ESMA-VO Art. 16 Rn. 12 ff.; Tuder/Riesenfelder, Kapitel 1: Rahmenbedingungen und Entwicklungen des Zahlungsverkehrs, in: Tuder, Zahlungsverkehr 4.0, 19 f. mwN.
[39] Zum Problemkreis bspw. Dicksehen, Empfehlungen und Leitlinien als Handlungsform der Europäischen Finanzaufsichtsbehörden, 58 ff. und 115 ff.; Gundel EWS 2021, 317; Kazimierski, Rechtsschutz im Rahmen der Europäischen Bankenaufsicht, 18, 36 f. und 240 ff.; Michel, Institutionelles Gleichgewicht, 278 f.; Calliess/Ruffert/Ruffert AEUV Art. 288 Rn. 102 ff., 109; Schellner/Dellinger ÖBA 2020, 18; Schemmel, Finanzmarktverwaltung, 65 ff.; Scholz EuZW 2022, 453, jeweils mwN.
[40] Siehe etwa EuGH 15.7.2021 – C-911/19, ECLI:EU:C:2021:599 – FBF.
[41] Vgl. etwa Art. 17 Abs. 5, Art. 21 Abs. 4, Art. 24 Abs. 2 f., Art. 25 Abs. 3, Art. 97 Abs. 3, Art. 106 Abs. 2, Art. 120 MiCAR.
[42] Vgl. Art. 288 Abs. 5 AEUV; Erwgr. Nr. 45, 105 MiCAR.
[43] Siehe Erwgr. Nr. 46 MiCAR zu Stellungnahmen der EZB, der auf Art. 263 AEUV und die Prüfmöglichkeiten des Gerichtshofs verweist; vgl. Calliess/Ruffert/Ruffert AEUV Art. 288 Rn. 98 mwN; Jaeger/Stöger/Stocker/Vcelouh AEUV Art. 288 Rn. 119 ff. mwN.
[44] Dazu → Art. 138 Rn. 2 ff.

IV. Dauer der Befugnisübertragung

25 Die Befugnis zum Erlass delegierter Rechtsakte wird der EK gem. Art. 139 Abs. 2 S. 1 MiCAR für einen **Zeitraum von 36 Monaten** ab dem 29.6.2023 übertragen.

26 Die EK wird dabei verpflichtet, spätestens neun Monate vor Ablauf des Zeitraums von 36 Monaten einen Bericht über die Befugnisübertragung zu erstellen.[45] Wenn das Europäische Parlament oder der Rat nicht spätestens drei Monate vor Ablauf des jeweiligen Zeitraums widersprechen, verlängert sich die Befugnisübertragung stillschweigend um Zeiträume gleicher Länge.[46]

27 Damit wird in Art. 139 Abs. 2 MiCAR die **Dauer der Befugnisübertragung**[47] iSd Art. 290 Abs. 1 UAbs. 2 AEUV festgelegt.

V. Kontrolle der EK

28 **1. Widerruf der Delegation.** Die Befugnisübertragung kann vom Europäischen Parlament oder vom Rat **jederzeit durch Beschluss** widerrufen werden.[48]

29 Damit wird ein **Widerrufsrecht** gem. Art. 290 Abs. 2 lit. a AEUV festgelegt.[49]

30 Der Beschluss über den Widerruf wird am Tag nach seiner **Veröffentlichung im Amtsblatt** der EU oder zu einem im Beschluss über den Widerruf **angegebenen späteren Zeitpunkt wirksam.**

31 Ein Widerruf **berührt dabei aber nicht die Gültigkeit** von delegierten Rechtsakten, die bereits in Kraft sind.[50]

32 **2. Delegation unter Vorbehalt eines Einwandes.** Gem. Art. 139 Abs. 6 MiCAR tritt ein delegierter Rechtsakt nur in Kraft, wenn weder das Europäische Parlament noch der Rat **innerhalb einer Frist von drei Monaten** nach Übermittlung dieses Rechtsakts an diese **Einwände** erhoben haben oder wenn vor Ablauf dieser Frist das Europäische Parlament und der Rat beide der EK mitgeteilt haben, dass sie keine Einwände erheben werden.

33 Diese Frist kann auf Initiative des Europäischen Parlaments oder des Rates um **drei Monate verlängert** werden.[51]

34 Damit wird ein **Einwandsvorbehalt** gem. Art. 290 Abs. 2 lit. b AEUV festgelegt.[52]

VI. Verfahrensbestimmungen für den Erlass delegierter Rechtsakte

35 **Vor dem Erlass** eines delegierten Rechtsaktes hat die EK die von den einzelnen Mitgliedstaaten benannten **Sachverständigen** zu konsultieren.

36 Details richten sich nach der interinstitutionellen Vereinbarung vom 13.4.2016 über bessere Rechtsetzung.[53] Die Konsultation von Sachverständi-

---

[45] Art. 139 Abs. 2 S. 2 MiCAR; vgl. auch Art. 11 Abs. 1 EBA-VO/ESMA-VO.
[46] Art. 139 Abs. 2 S. 3 MiCAR.
[47] Eine unbestimmte Dauer wäre allerdings zulässig, Calliess/Ruffert/Ruffert AEUV Art. 290 Rn. 20 mwN.
[48] Art. 139 Abs. 3 S. 1, 2 MiCAR; vgl. auch Art. 12 EBA-VO/ESMA-VO.
[49] Vgl. dazu Calliess/Ruffert/Ruffert AEUV Art. 290 Rn. 25 f. mwN.
[50] Art. 139 Abs. 3 S. 3 und 4 MiCAR.
[51] Vgl. auch Art. 13 EBA-VO/ESMA-VO.
[52] Vgl. dazu Calliess/Ruffert/Ruffert AEUV Art. 290 Rn. 27 mwN.
[53] ABl. 2016 L 123, 1; Art. 139 Abs. 4 MiCAR.

gen aus den Mitgliedstaaten ist in Punkt V. Rn. 28 sowie Anhang Rn. 4 ff. der Vereinbarung geregelt.[54]

Die EK hat einen delegierten Rechtsakt schließlich gleichzeitig **dem Europäischen Parlament und dem Rat zu übermitteln,** sobald sie ihn erlässt.[55] 37

---

[54] Vgl. Assmann/Schneider/Mülbert/Hartenfels EMIR Art. 82 Rn. 7.
[55] Art. 139 Abs. 5 MiCAR.

Titel IX. Übergangs- und Schlussbestimmungen

Artikel 140 Berichte über die Anwendung dieser Verordnung

(1) Bis zum 30. Juni 2027 legt die Kommission nach Anhörung der EBA und der ESMA dem Europäischen Parlament und dem Rat einen Bericht über die Anwendung dieser Verordnung vor, dem gegebenenfalls ein Gesetzgebungsvorschlag beigefügt ist. Bis zum 30. Juni 2025 wird ein Zwischenbericht vorgelegt, dem gegebenenfalls ein Gesetzgebungsvorschlag beigefügt ist.

(2) Die Berichte gemäß Absatz 1 enthalten Folgendes:
a) die Anzahl der Emissionen von Kryptowerten in der Union, die Anzahl der den zuständigen Behörden vorgelegten und übermittelten Kryptowerte-Whitepaper, die Art der ausgegebenen Kryptowerte und ihre Marktkapitalisierung und die Anzahl der zum Handel zugelassenen Kryptowerte;
b) eine Beschreibung der Erfahrungen mit der Einstufung von Kryptowerten, einschließlich möglicher Unterschiede bei den Ansätzen der zuständigen Behörden;
c) eine Bewertung, ob die Einführung eines Genehmigungsverfahrens für Krypotwerte-Whitepaper für andere Kryptowerte als vermögenswertereferenzierte Token oder E-Geld-Token notwendig ist;
d) eine Schätzung der Zahl der in der Union ansässigen Personen, die in der Union ausgegebene Kryptowerte nutzen oder in diese investieren;
e) wenn möglich eine Schätzung der Zahl der in der Union ansässigen Personen, die außerhalb der Union ausgegebene Kryptowerte nutzen oder in diese investieren, und eine Erklärung zur Verfügbarkeit von Daten hierzu;
f) die Anzahl und den Wert der in der Union gemeldeten Fälle von größeren und kleineren Betrugsdelikten, Hacking, der Nutzung von Kryptowerten für Zahlungen im Zusammenhang mit Ransomware-Angriffen, Cyber-Angriffen, des Diebstahls, des Verlusts im Zusammenhang mit Kryptowerten, die Arten von betrügerischem Verhalten, die Anzahl von bei Anbietern von Kryptowerte-Dienstleistungen und Emittenten vermögenswertereferenzierter Token eingegangenen Beschwerden, die Anzahl von bei den zuständigen Behörden eingegangenen Beschwerden und den Gegenstand der eingegangenen Beschwerden;
g) die Anzahl der zugelassenen Emittenten vermögenswertereferenzierter Token und eine Analyse der Arten des Reservevermögens, der Höhe der Vermögenswertreserve und des Volumens der Zahlungen mit vermögenswertereferenzierten Token;
h) die Anzahl der zugelassenen Emittenten signifikanter vermögenswertereferenzierter Token und eine Analyse Arten des Reservevermögens, der Höhe der Vermögenswertreserve und des Volumens der mit signifikanten vermögenswertereferenzierten Token getätigten Zahlungen;
i) die Anzahl der Emittenten von E-Geld-Token und eine Analyse der amtlichen Währungen, auf die sich die E-Geld-Token beziehen, der Zusammensetzung und Höhe der gemäß Artikel 54 hinterlegten und

investierten Vermögenswertreserven und des Volumens der mit E-Geld-Token getätigten Zahlungen;
j) die Anzahl der Emittenten signifikanter E-Geld-Token und eine Analyse der amtlichen Währungen, auf die sich die E-Geld-Token beziehen und für E-Geld-Institute, die signifikante E-Geld-Token ausgeben, eine Analyse der Arten von Reservevermögen, der Höhe der Vermögenswertreserven und des Volumens der mit signifikanten E-Geld-Token getätigten Zahlungen;
k) die Anzahl der nach dieser Verordnung zugelassenen signifikanten Anbieter von Kryptowerte-Dienstleistungen;
l) eine Bewertung des Funktionierens der Märkte für Kryptowerte in der Union, einschließlich Marktentwicklung und -trends, unter Berücksichtigung der Erfahrungen der Aufsichtsbehörden, der Anzahl der zugelassenen Anbieter von Kryptowerte-Dienstleistungen und ihres jeweiligen durchschnittlichen Marktanteils;
m) eine Bewertung des Schutzniveaus, das den Inhabern von Kryptowerten und den Kunden von Anbietern von Kryptowerte-Dienstleistungen, insbesondere den Kleinanlegern, geboten wird;
n) eine Bewertung von betrügerischen Marketingmitteilungen und kleineren Betrugsdelikten im Zusammenhang mit Kryptowerten über Netzwerke der sozialen Medien;DE 9.6.2023 Amtsblatt der Europäischen Union L 150/177;
o) eine Bewertung der Anforderungen, die für Emittenten von Kryptowerten und Anbieter von Kryptowerte-Dienstleistungen gelten, und ihrer Auswirkungen auf die Betriebsstabilität, die Marktintegrität, die Finanzstabilität und den Schutz der Kunden sowie der Inhaber von Kryptowerten;
p) eine Bewertung der Anwendung des Artikels 81 und der Möglichkeit, in die Artikel 78, 79 und 80 Angemessenheitsprüfungen aufzunehmen, um Kunden von Anbietern von Kryptowerte-Dienstleistungen, insbesondere Kleinanleger, besser zu schützen;
q) eine Bewertung, ob durch diese Verordnung eine angemessene Bandbreite von Kryptowerte-Dienstleistungen erfasst wird und ob eine Anpassung der in dieser Verordnung enthaltenen Begriffsbestimmungen erforderlich ist sowie ob zusätzliche innovative Formen von Kryptowerten in den Anwendungsbereich dieser Verordnung aufgenommen werden sollen;
r) eine Bewertung, ob die Aufsichtsanforderungen für Anbieter von Kryptowerte-Dienstleistungen ausreichend sind und ob sie an die nach der Verordnung (EU) 2019/2033 des Europäischen Parlaments und des Rates (46) und der Richtlinie (EU) 2019/2034 des Europäischen Parlaments und des Rates (47) für Wertpapierfirmen geltenden Anforderungen in Bezug auf das Anfangskapital und die Eigenmittel angeglichen werden sollten;
s) eine Bewertung der Angemessenheit der in Artikel 43 Absatz 1 Buchstaben a, b und c festgelegten Schwellenwerte zur Einstufung von vermögenswertereferenzierten Token oder E-Geld-Token und eine Bewertung, ob die Schwellenwerte regelmäßig überprüft werden sollten;
t) eine Bewertung der Entwicklung des dezentralen Finanzsektors auf den Märkten für Kryptowerte und der angemessenen regulatorischen Behandlung dezentraler Krypto-Systeme;
u) eine Bewertung der Angemessenheit der Schwellenwerte gemäß Artikel 85, ab denen Anbieter von Kryptowerte- Dienstleistungen als

signifikant gelten, und eine Bewertung, ob die Schwellenwerte regelmäßig überprüft werden sollten;
v) eine Bewertung, ob im Rahmen dieser Verordnung für Unternehmen, die Kryptowerte-Dienstleistungen erbringen, Emittenten vermögenswertereferenzierter Token oder Emittenten von E-Geld-Token aus Drittländern eine Gleichwertigkeitsregelung eingeführt werden sollte;
w) eine Bewertung, ob die Freistellungen nach den Artikeln 4 und 16 angemessen sind;
x) eine Bewertung der Auswirkungen dieser Verordnung auf das reibungslose Funktionieren des Binnenmarkts in Bezug auf Kryptowerte, einschließlich etwaiger Auswirkungen auf den Zugang von KMU zu Finanzmitteln und auf die Entwicklung neuer Zahlungsmittel, einschließlich Zahlungsinstrumenten;
y) eine Beschreibung der Entwicklungen bei Geschäftsmodellen und Technologien auf den Märkten für Kryptowerte, wobei besonderes Augenmerk auf die Umweltauswirkungen neuer Technologien zu legen ist, sowie eine Bewertung der Strategieoptionen und erforderlichenfalls zusätzlicher Maßnahmen, die gerechtfertigt sein könnten, um die nachteiligen Auswirkungen auf das Klima und andere umweltbezogene Auswirkungen der auf den Märkten für Kryptowerte eingesetzten Technologien und insbesondere der Konsensmechanismen, die bei der Validierung von Transaktionen mit Kryptowerten zum Einsatz kommen, abzumildern;
z) eine Bewertung, ob die in dieser Verordnung vorgesehenen Maßnahmen verändert werden müssen, um den Schutz der Kunden und der Inhaber von Kryptowerten, die Marktintegrität und die Finanzstabilität zu gewährleisten;
aa) die Anwendung verwaltungsrechtlicher Sanktionen und anderer verwaltungsrechtlicher Maßnahmen;
ab) eine Bewertung der Zusammenarbeit zwischen den zuständigen Behörden, der EBA, der ESMA, den Zentralbanken und sonstigen einschlägigen Behörden, auch im Hinblick auf das Zusammenspiel zwischen ihren Zuständigkeiten oder Aufgaben, sowie eine Bewertung der Vor- und Nachteile der Verantwortlichkeit der zuständigen Behörden der Mitgliedstaaten bzw. der EBA für die Beaufsichtigung im Rahmen dieser Verordnung;
ac) eine Bewertung der Zusammenarbeit zwischen den zuständigen Behörden und der ESMA im Hinblick auf die Beaufsichtigung signifikanter Anbieter von Kryptowerte-Dienstleistungen sowie eine Bewertung der Vor- und Nachteile der Verantwortlichkeit der zuständigen Behörden der Mitgliedstaaten bzw. der ESMA für die Beaufsichtigung signifikanter Anbieter von Kryptowerte-Dienstleistungen im Rahmen dieser Verordnung;
ad) die Befolgungskosten, die Emittenten von anderen Kryptowerten als vermögenswertereferenzierten Token und E-Geld-Token durch diese Verordnung prozentual zu dem durch die Ausgabe von Kryptowerten eingenommenen Betrag entstehen;
ae) die Befolgungskosten, die Emittenten vermögenswertereferenzierter Token und Emittenten von E-Geld-Token durch diese Verordnung prozentual zu ihren Betriebskosten entstehen;
af) die Befolgungskosten, die Anbietern von Kryptowerte-Dienstleistungen durch diese Verordnung prozentual zu ihren Betriebskosten entstehen;

ag) **Anzahl und Höhe** der von den zuständigen Behörden und der EBA wegen Verstößen gegen diese Verordnung verhängten Verwaltungsgeldbußen und strafrechtlichen Sanktionen.

(3) Gegebenenfalls werden in den in Absatz 1 des vorliegenden Artikels genannten Berichten auch die Themen weiterverfolgt, die in den in den Artikeln 141 bzw. 142 genannten Berichten behandelt werden.

Übersicht

	Rn.
I. Literatur	1
II. Hintergrund und Zweck der Norm	2
III. Berichtspflichten	12
IV. Inhalt der Berichtspflichten	24

I. Literatur

Tuder, Handbuch Zahlungsverkehr 4.0, 1. Aufl. 2023 (zitiert als Bearbeiter, Kapitel, in: Tuder, Zahlungsverkehr 4.0). **1**

II. Hintergrund und Zweck der Norm

Art. 140 MiCAR enthält die Regelungen der sog. **Überprüfungsklausel** **2** bzw. **Revisionsklausel,** welche sich seit einigen Jahren für gewöhnlich in den meisten EU-Rechtsakten (VO und RL)[1] in einer ähnlichen Ausgestaltungsform wiederfinden.[2]

Nach der hier gegenständlichen Bestimmung ist die **Europäische Kom-** **3** **mission** (EK) nach Abs. 1 dazu verpflichtet, dem Europäischen Parlament sowie dem Rat, **bis** (spätestens) **zum 30.6.2027,** einen **Bericht** über die Anwendung der MiCAR **vorzulegen,** welchem gegebenenfalls ein Legislativvorschlag[3] beizufügen ist.

Ergänzt wird Abs. 1 interessanter Weise noch dahingehend, dass im Falle **4** der MiCAR nicht nur ein (Abschluss-)Bericht vorzulegen ist, sondern auch noch ein **Zwischenbericht,** dem gegebenenfalls ebenfalls ein Gesetzesvorschlag beigefügt werden kann. Dieser Bericht soll dabei bereits **bis** (spätestens) **zum 30.6.2025** dem Europäischen Parlament und dem Rat **zu übermitteln sein.**

Ihren **Ursprung** finden die **Überprüfungsklauseln** im Aktionsplan der **5** EK zur „Vereinfachung und Verbesserung des Regelungsumfelds" **(„Better Regulation"-Initiative)**[4] aus dem Jahr 2002.[5] In diesem Rahmen hat sich

---

[1] Siehe bspw. in Art. 69 AIFM-VO; Art. 45 ECSP-VO; Art. 85 EMIR; Art. 71 Abs. 6 EUGBV; Art. 45 Leerverkaufs-VO; Art. 17 MIF-VO; Art. 90 MiFID II; Art. 52 MiFIR; Art. 28 PAD, Art. 48 Prospekt-VO und Art. 108 PSD2; Art. 39b Rating-VO.

[2] Ausführlich zum Begriff „Überprüfungsklausel" siehe etwa Uhlenbruck/Deppenkemper VO (EU) 2015/848 Art. 90 Rn. 1 f.; Koller/Lovrek/Spitzer/Kapetanovic Art. 90 Rn. 1 ff. mwN; Ferrari IntVertrR/Kieninge VO (EG) 593/2008 Art. 27 Rn. 1 f.; MüKoBGB/Kindler EuInsVO Art. 90 Rn. 1 ff. mwN; BeckOGK/Paulus Rom I-VO Art. 27 Rn. 1 ff. (Stand 1.3.2023).

[3] Vgl. Art. 294 Abs. 2 AEUV.

[4] EK, Mitteilung der Kommission KOM(2002) 278 final „Aktionsplan zur Vereinfachung und Verbesserung des Regelungsumfelds" vom 5.6.2002, 8.

[5] Vgl. Uhlenbruck/Deppenkemper VO (EU) 2015/848 Art. 90 Rn. 1; Koller/Lovrek/Spitzer/Kapetanovic Art. 90 Rn. 2 mwN; MüKoBGB/Kindler EuInsVO Art. 90 Rn. 4 mwN.

die EK dazu verpflichtet, eine Überprüfungsklausel in ihre Rechtsvorschläge aufzunehmen. Diese Verpflichtung soll dabei jedoch nicht (zwingend) für alle Bereiche gelten, sondern im Wesentlichen nur für jene, welche einem raschen technologischen Wandel unterliegen.[6]

6 Hiermit soll in der Folge innerhalb eines angemessenen Zeitrahmens überprüft werden, ob die in den Rechtsakten enthaltenen Regelungen in der Praxis angenommen wurden und ob sich bei deren Anwendung Unklarheiten oder regulatorische Lücken ergeben haben.[7] Ferner soll hierdurch auch ermittelt werden, ob technologische Entwicklungen und mögliche neue Geschäftsmodelle, noch von den bestehenden Regularien erfasst sind und wenn nicht, sollen diese an die neuen Gegebenheiten angepasst werden.[8]

7 Im Zuge einer Überprüfung soll damit im Ergebnis insbes. festgestellt werden, welche Veränderungen sich seit dem Bestehen eines Rechtsaktes ereignet haben und die bei einem möglichen Legislativvorschlag mitberücksichtigt werden müssen, damit die darin enthaltenen **Vorschriften** (wieder) den **aktuellen Gegebenheiten entsprechen.**[9]

8 Ebenfalls dient die Überprüfung der bestehenden Regelungen dazu, ermitteln zu können, ob die **Ziele,** welche man sich mit dem betreffenden Rechtsakt gesteckt hat, auch **tatsächlich erreicht wurden.**

9 Die vorgesehenen **Ziele** der unterschiedlichen **Rechtsakte** ähneln sich dabei zumeist sehr. Über allem steht hierbei immer die **Schaffung eines vollständig integrierten Binnenmarktes** im jeweiligen Rechtsgebiet, ohne Zersplitterung der hierzu bestehenden Rechtsvorschriften auf nationaler Ebene.[10] Des Weiteren zielen die Rechtsakte darauf ab, für **gleiche Wettbewerbsbedingungen** (level playing field) zwischen neuen und traditionellen Marktteilnehmern zu sorgen, gem. dem **Grundsatz „Gleiche Tätigkeit, gleiche Risiken, gleiche Regeln".**[11]

10 Darüber hinaus nimmt auch die **Wahrung bzw. Stärkung des Daten- sowie des Verbraucherschutzes** immer eine gewichtige Rolle bei allen Rechtsakten des Europäischen Gesetzgebers ein.[12] Schließlich stecken hinter jeder derartigen Initiative auch gewisse **wirtschaftspolitische Motive** und dass durch diese die Stellung Europas gegenüber anderen Staaten gestärkt wird.[13]

---

[6] EK, KOM(2002) 278 final 8.

[7] Tuder, Kapitel 1: Rahmenbedingungen und Entwicklungen des Zahlungsverkehrs, in: Tuder, Zahlungsverkehr 4.0, 134; vgl. Uhlenbruck/Deppenkemper VO (EU) 2015/848 Art. 90 Rn. 1; MüKoBGB/Kindler EuInsVO Art. 90 Rn. 4; BeckOGK/Paulus Rom I-VO Art. 27 Rn. 1 (Stand 1.3.2023).

[8] Tuder, Kapitel 1: Rahmenbedingungen und Entwicklungen des Zahlungsverkehrs, in: Tuder, Zahlungsverkehr 4.0, 134.

[9] Tuder, Kapitel 1: Rahmenbedingungen und Entwicklungen des Zahlungsverkehrs, in: Tuder, Zahlungsverkehr 4.0, 134; Kieninge spricht etwa auch davon, dass hierdurch eine „Versteinerung" des supranationalen Rechts verhindert werden soll, siehe Ferrari IntVertrR/Kieninge VO (EG) 593/2008 Art. 27 Rn. 1.

[10] Tuder, Kapitel 1: Rahmenbedingungen und Entwicklungen des Zahlungsverkehrs, in: Tuder, Zahlungsverkehr 4.0, 95; vgl. Raschauer et al/Raschauer MiCAR Art. 140 Rn. 4.

[11] Tuder, Kapitel 1: Rahmenbedingungen und Entwicklungen des Zahlungsverkehrs, in: Tuder, Zahlungsverkehr 4.0, 95.

[12] Tuder, Kapitel 1: Rahmenbedingungen und Entwicklungen des Zahlungsverkehrs, in: Tuder, Zahlungsverkehr 4.0, 95.

[13] Tuder, Kapitel 1: Rahmenbedingungen und Entwicklungen des Zahlungsverkehrs, in: Tuder, Zahlungsverkehr 4.0, 95.

Schließlich dient die Überprüfungsklausel auch noch dazu, die EK in die Lage zu versetzen, die **Anwendung des Unionsrechts** entsprechend **überwachen zu können** (Art. 17 Abs. 1 S. 3 EUV)[14].[15]

III. Berichtspflichten

Die gegenständliche Bestimmung legt wie bereits oben angeführt fest, dass die EK dem Europäischen Parlament und dem Rat einen Bericht über die Anwendung der MiCAR vorzulegen hat **(Abschlussbericht).** Dies soll grundsätzlich bis spätestens 30.6.2027 erfolgen. Ferner sind von der EK auch noch die EBA sowie die ESMA vor der Übermittlung des Berichts anzuhören.

Darüber hinaus hat die EK bis zum 30.6.2025 auch noch einen **Zwischenbericht** an das Europäische Parlament sowie den Rat zu übermitteln. Obwohl in diesem Fall nicht explizit verlangt, wird wohl für diesen Bericht eine vorherige Anhörung der EBA und der ESMA von der EK durchgeführt werden müssen. Zu diesem Schluss hat man durch einen Vergleich mit der Berichtspflicht in Art. 142 MiCAR zu gelangen. Bei dieser wird ebenfalls eine dementsprechende Anhörungspflicht vorgesehen, obwohl die Frist für die Übermittlung an das Europäische Parlament und dem Rat bereits für den 30.12.2024 vorgesehen ist.

Die **Anhörung der EBA und ESMA** durch die EK ergibt sich daraus, dass diese beiden Institutionen in die MiCAR eingebunden sind und ihnen hieraus entsprechende Aufgaben zukommen. Durch die vorgesehene Anhörung wird damit sichergestellt, dass die EK im Rahmen ihrer Berichte die Erfahrungen und Erkenntnisse der EBA und ESMA entsprechend berücksichtigt, welche diese in Bezug auf die MiCAR gemacht haben.[16]

Beide **Berichte** können von der EK gegebenenfalls ferner um einen **Gesetzgebungsvorschlag**[17] **ergänzt werden,** um erforderliche Anpassungen im gegenständlichen Rechtsakt vornehmen zu können.

Ein entsprechender Gesetzesvorschlag kann hierbei etwa dahingehend ausgestaltet sein, dass es zu einer schlichten **Änderung des bestehenden Rechtsaktes** kommt[18] **oder** dass dieser gleich **vollständig überarbeitet wird.**[19] Wie hierbei vorgegangen wird, hängt in der Regel davon ab, wie umfangreich die angedachten Änderungen beim bestehenden Rechtsakt ausfallen sollen. Je umfangreicher folglich ein bestehender Rechtsakt angepasst werden soll, desto eher entscheidet sich die EK zumeist dafür, den betreffenden Rechtsakt vollständig neu zu fassen, um insbes. auch dessen Leserlichkeit zu gewährleisten.

Schließlich ist bezüglich der Rechtsvorschläge der **EK** ganz generell noch darauf hinzuweisen, dass diese in der letzten Zeit dabei vermehrt dem **Rechtsinstrument der VO den Vorzug** gegenüber der RL gibt, da sie

---

[14] Ausführlich zur Bestimmung des Art. 17 Abs. 1 S. 3 EUV siehe Jaeger/Stöger/Hable EUV Art. 17 Rn. 17 ff. (Stand 1.1.2023, rdb.at).
[15] Uhlenbruck/Deppenkemper VO (EU) 2015/848 Art. 90 Rn. 1; Koller/Lovrek/Spitzer/Kapetanovic Art. 90 Rn. 2 mwN; Pabst in Ahrens/Gehrlein/Ringstmeier, Insolvenzrecht⁴, EuInsVO Art. 90 Rn. 1; J. Schmidt in Mankowski/Müller/J. Schmidt EuInsVO 2015 Art. 90 Rn. 3.
[16] Vgl. Raschauer et al/Raschauer MiCAR Art. 140 Rn. 2.
[17] Vgl. Art. 294 Abs. 2 AEUV.
[18] So kam es bei der Zweiten Entgelt-VO (VO 2009/924//EG) durch die VO 2019/518/EU zu einer schlichten Änderung der bestehenden VO.
[19] Aufgrund der zahlreichen Änderungen und Neuerungen wurde bspw. die PSD1 (RL 2007/64/EG) durch die PSD2 (RL 2015/2366/EU) ersetzt.

MiCAR Art. 140

hierdurch die Schaffung eines „**level playing fields**" besser verwirklicht sieht.

18   Hinsichtlich der eben genannten **Fristen** für die Übermittlung des (Abschluss-)Berichts und des Zwischenberichts gilt es darauf hinzuweisen, dass die **EK** die in Überprüfungsklauseln enthaltenen Fristen **für gewöhnlich großzügig überzieht.**[20]

19   Dieser Umstand ist jedoch schon zumeist allein der Tatsache geschuldet, dass zwischen dem Beginn der (vollumfänglichen) Geltung eines Rechtsaktes und der darin festgelegten Übermittlungsfrist keine allzu große Zeitspanne besteht. Dies gilt auch für die vorgesehenen Fristen in der MiCAR. Insbes. jene für die Übermittlung des Zwischenberichts scheint wenig realistisch, da zwischen dieser und dem Datum des vollständigen Geltungsbeginns der MiCAR (30.12.2024) gerade einmal sechs Monate liegen.

20   Im Vergleich zu Überprüfungsklauseln[21] in anderen Rechtsakten fällt auch noch auf, dass beide **Berichte nicht** (zwingend) auch noch dem **Europäischen Wirtschafts- und Sozialausschuss (EWSA) übermittelt werden müssen.** Einen näheren Hintergrund hierfür ist der Europäische Gesetzgeber schuldig geblieben. Es kann folglich nicht mit Klarheit festgestellt werden, ob es sich hierbei um ein schlichtes legistisches Versehen handelt oder ob das Fehlen der Übermittlungspflicht an den EWSA auf tiefere Gründe zurückzuführen ist.

21   Anders als in Art. 141 MiCAR **fehlt** bei Art. 140 MiCAR eine entsprechende **Klarstellung im Gesetzestext**, ob die **Berichte zu veröffentlichen sind.** Für gewöhnlich handelt es sich bei **Berichten der EK** jedoch um **keine internen Papiere**, die ausschließlich den Organen der EU sowie den zuständigen Aufsichtsbehörden zugänglich sind. Es ist demnach davon auszugehen, dass auch die Berichte nach Art. 140 MiCAR von der EK veröffentlicht[22] werden,[23] damit die breite Öffentlichkeit darin Einsicht nehmen kann.[24]

22   In Art. 140 Abs. 3 MiCAR wird zudem abschließend noch festgehalten, dass die **Berichte** nach Abs. 1 auch noch um **Themen ergänzt werden können**, welche in den **Berichtspflichten gem. Art. 141 und 142 MiCAR behandelt werden.** Wenn man die drei Berichtspflichten ganzheitlich betrachtet, fällt auf, dass diese zahlreiche Überschneidungen zueinander aufweisen, jedoch nicht in allen Belangen abgestimmt zueinander wirken. Da die Berichtspflichten gem. Art. 140 MiCAR insbes. auf den anderen Berichten aufbauen, werden die kurzen und unterschiedlichen Fristen für die Ausarbeitung dazu führen, dass diese wohl nicht eingehalten werden können.

---

[20] Vgl. hierzu Ferrari IntVertrR/Kieninge VO (EG) 593/2008 Art. 27 Rn. 2; Beck-OGK/Paulus Rom I-VO Art. 27 Rn. 2 (Stand 1.3.2023).

[21] Bspw. Art. 90 EuInsVO; Art. 27 Rom I-VO; Art. 108 PSD2.

[22] Raschauer geht ebenfalls davon aus, dass die Berichte zu veröffentlichen sind und verweist hierbei insbes. auf Art. 15 AEUV, siehe Raschauer et al/Raschauer MiCAR Art. 140 Rn. 2.

[23] Diesbezüglich gilt es jedoch anzumerken, dass die Berichte trotz Veröffentlichung nicht immer leicht aufzufinden sind. Am besten sind die Berichte dabei direkt über die Website der EK oder über „EUR-Lex" zu finden.

[24] Siehe bspw. den Bericht der EK über die Überprüfung der PSD2, EK, COM/2023/365 final, Bericht der Kommission an das Europäische Parlament, den Rat, die EZB und den Europäischen Wirtschafts- und Sozialausschuss über die Überprüfung der PSD2 des Europäischen Parlaments und des Rates über Zahlungsdienste im Binnenmarkt, https://eur-lex.europa.eu/legal-content/DE/TXT/PDF/?uri=CELEX:52023DC0365 (abgefragt am 21.8.2024).

Die umfassenden Berichtspflichten in den Art. 140–142 MiCAR sowie die 23
kurzen Fristen für deren Erstellung, werden ferner auch dazu führen, dass
einerseits noch nicht genügend Daten vorliegen und anderseits nicht ausreichend Zeit dafür vorhanden ist, sich mit den verfügbaren Daten entsprechend
auseinandersetzen zu können, um ein sachgerechtes Bild über die Anwendung und Auswirkungen der MiCAR abgeben zu können. Auch diese
Umstände werden wiederum dazu beitragen, dass die EK als auch die ESMA
ihren Berichtspflichten wohl erst verspätet nachkommen werden können.

IV. Inhalt der Berichtspflichten

In Abs. 2[25] werden die Inhalte aufgelistet, welche die Berichte der EK in 24
jedem Fall umfassen müssen.[26] Es handelt sich hierbei va um **Punkte,** die im
Rahmen des Gesetzgebungsverfahrens zu **längeren Diskussionen geführt
haben**[27] und welche dazu dienen sollen, den **Organen der EU** einen
besseren **Einblick** darüber zu verschaffen, ob die **MiCAR in gewünschter
Form angewendet** wird und die darin **gesteckten Ziele erreicht wurden.**[28] Schließlich soll dadurch auch besser abgeschätzt werden können, in
welchem Umfang der Markt von der MiCAR Gebrauch gemacht hat und
welche Bedeutung ihr für die Volkswirtschaft innerhalb der EU zukommt.

Im gegenständlichen Fall haben die Berichte demnach etwa eine große 25
Anzahl an **Statistiken** zu enthalten. Dies betrifft bspw. die Anzahl[29]

- der Emissionen von Kryptowerten;
- der übermittelten Kryptowerte-Whitepaper;
- der zum Handel zugelassenen Kryptowerte;
- der zugelassenen Emittenten von Kryptowerten sowie
- der Anbieter von Kryptowerte-Dienstleistungen.

Sie haben ferner auch (schlichte) **Schätzungen**[30] zur Anzahl jener Per- 26
sonen zu enthalten, welche innerhalb der EU ansässig sind und dabei Kryptowerte nutzen oder in diese investieren, die in der EU ausgegeben wurden.

Die EK hat in den Berichten darüber hinaus auch noch zahlreiche **Be-** 27
wertungen zur MiCAR abzugeben. Dies betrifft bspw. Bewertungen[31] hinsichtlich

- des Funktionierens der Märkte für Kryptowerte in der EU, einschließlich Marktentwicklung und -trends;
- des Schutzniveaus, das den Inhabern von Kryptowerten und den Kunden von Anbietern von Kryptowerte-Dienstleistungen geboten wird;
- der Aufsichtsanforderungen für Anbieter von Kryptowerte-Dienstleistungen und ob diese als ausreichend anzusehen sind sowie
- der Auswirkungen der MiCAR auf das reibungslose Funktionieren des Binnenmarkts in Bezug auf Kryptowerte.

Die **Basis für die Inhalte** der **Berichtspflichten der EK** werden dabei 28
zu großen Teilen die **Jahresberichte der ESMA über die Marktentwick-**

---

[25] Hierzu siehe auch Art. 85 Rn. 13.
[26] Insgesamt handelt es sich hierbei um 32 Berichtsthemen.
[27] Vgl. BeckOGK/Paulus Rom I-VO Art. 27 Rn. 1 (Stand 1.3.2023).
[28] Vgl. Koller/Lovrek/Spitzer/Kapetanovic Art. 90 Rn. 5 mwN; MüKoBGB/Martiny Rom I-VO Art. 27 Rn. 1.
[29] Art. 140 Abs. 2. lit. a, f, g, h, j, k, l und ag MiCAR.
[30] Art. 140 Abs. 2 lit. d und e MiCAR.
[31] Art. 140 Abs. 2 lit. c, l, m, n, o, p, q, r, s, t, u, v, w, x, z, ab und ac MiCAR; Erwgr. Nr. 59 MiCAR.

MiCAR Art. 141 Titel IX. Übergangs- und Schlussbestimmungen

lungen gem. Art. 141 MiCAR sowie der **Bericht der EK über die jüngsten Entwicklungen bei Kryptowerten** darstellen, da zwischen den Inhalten dieser Berichtspflichten zahlreiche Überschneidungen bestehen[32] und gem. Abs. 3 auch entsprechende Themen aus den Berichten gem. Art. 141 und 142 MiCAR weiterverfolgt werden sollen.

29 Die in **Abs. 2 enthaltene Aufzählung** ist ferner **nicht als abschließend anzusehen.**[33] Zu dieser Ansicht hat man schon allein aufgrund von Abs. 3 zu gelangen, wonach die Berichte auch Themen behandeln können, die sich aus Berichten gem. Art. 141 MiCAR (Jahresbericht der ESMA über Marktentwicklungen) und Art. 142 MiCAR (Bericht über die jüngsten Entwicklungen bei Kryptowerten) ergeben. Der mögliche Inhalt der Berichte findet darin uE aber nicht seine Grenze, sondern die EK ist in der Lage, die MiCAR auch noch darüber hinaus oder gar einer vollständigen Überprüfung in ihren Berichten zu unterziehen, wenn sie dies für erforderlich erachtet (vgl. Art. 17 Abs. 1 S. 3 EUV).[34] Zum dem Schluss, dass diesbezüglich keine Sperrwirkung besteht, hat man uE des Weiteren auch noch durch das bestehende Initiativmonopol der EK zu gelangen.

Artikel 141 Jahresbericht der ESMA über Marktentwicklungen

Bis zum 31. Dezember 2025 und danach jährlich legt die ESMA in enger Zusammenarbeit mit der EBA dem Europäischen Parlament und dem Rat einen Bericht über die Anwendung dieser Verordnung und die Entwicklungen auf den Märkten für Kryptowerte vor. Dieser Bericht wird veröffentlicht.

Der Bericht enthält Folgendes:

a) die Anzahl der Emissionen von Kryptowerten in der Union, die Anzahl der den zuständigen Behörden vorgelegten oder übermittelten Krypto-Whitepaper, die Art der ausgegebenen Kryptowerte und ihre Marktkapitalisierung und die Anzahl der zum Handel zugelassenen Kryptowerte;

b) die Anzahl der Emittenten vermögenswertereferenzierter Token und eine Analyse der Reservevermögen, der Höhe der Vermögenswertreserve und des Volumens der Geschäfte mit vermögenswertereferenzierten Token;

c) die Anzahl der Emittenten signifikanter vermögenswertereferenzierter Token und eine Analyse der Arten des Reservevermögens, der Höhe der Vermögenswertreserve und des Volumens der Geschäfte mit signifikanten vermögenswertereferenzierten Token;

d) die Anzahl der Emittenten von E-Geld-Token und eine Analyse der zugrunde liegenden amtlichen Währungen, auf die sich der E-Geld-Token, bezieht, der Zusammensetzung und der Höhe der gemäß Artikel 54 hinterlegten und investierten Vermögenswertreserven und des Volumens der Zahlungen mit E-Geld-Token;

e) die Anzahl der Emittenten signifikanter E-Geld-Token und eine Analyse der Währungen, auf die sich der signifikante E-Geld-Token be-

---

[32] Überschneidungen bestehen etwa in Art. 141 lit. a, d, e, f, g, h, k und l MiCAR und in Art. 142 Abs. 2 lit. a MiCAR.
[33] Vgl. BeckOGK/Paulus Rom I-VO Art. 27 Rn. 3 mwN (Stand 1.3.2023); Raschauer et al/Raschauer MiCAR Art. 140 Rn. 3.
[34] Vgl. BeckOGK/Paulus Rom I-VO Art. 27 Rn. 3 mwN (Stand 1.3.2023).

zieht, und für E-Geld-Institute, die signifikante E-Geld-Token ausgeben, eine Analyse der Arten von Reservevermögen, der Höhe der Vermögenswertreserven und des Volumens der Zahlungen mit signifikanten E-Geld-Token;
f) die Anzahl der Anbieter von Kryptowerte-Dienstleistungen und die Anzahl der signifikanten Anbieter von Kryptowerte-Dienstleistungen;
g) eine Schätzung der Zahl der in der Union ansässigen Personen, die in der Union ausgegebene Kryptowerte nutzen oder in diese investieren;
h) wenn möglich eine Schätzung der Zahl der in der Union ansässigen Personen, die außerhalb der Union ausgegebene Kryptowerte nutzen oder in diese investieren, und eine diesbezügliche Erklärung zur Verfügbarkeit von Daten;
i) eine Darstellung der geografischen Standorte und des Niveaus der Verfahren zur Feststellung der Kundenidentität und der Kundensorgfaltspflicht von nicht zugelassenen Handelsplattformen, die Kryptowerte-Dienstleistungen für in der Union ansässige Personen erbringen, einschließlich der Anzahl der Handelsplattformen ohne eindeutigen Sitz und der Anzahl der Handelsplattformen, die ihren Sitz in Ländern und Gebieten haben, die auf der Liste der Länder mit hohem Risiko für die Zwecke der Rechtsvorschriften der Union für die Bekämpfung von Geldwäsche und Terrorismusfinanzierung oder auf der Liste nicht kooperativer Länder und Gebiete für Steuerzwecke aufgeführt sind, aufgeschlüsselt nach dem Grad der Einhaltung der angemessenen Verfahren zur Feststellung der Kundenidentität;
j) den Anteil der Geschäfte mit Kryptowerten, die über einen Anbieter von Kryptowerte-Dienstleistungen oder einen nicht zugelassenen Dienstleister oder Peer-to-Peer-Netzwerke erfolgen, sowie das entsprechende Transaktionsvolumen;
k) die Anzahl und den Wert der in der Union gemeldeten Fälle von größeren und kleineren Betrugsdelikten, Hacking, der Nutzung von Kryptowerten für Zahlungen im Zusammenhang mit Ransomware-Angriffen, Cyberangriffen, des Diebstahls und des Verlusts von Kryptowerten, die Arten von betrügerischem Verhalten, die Anzahl von bei Anbietern von Kryptowerte-Dienstleistungen und Emittenten vermögenswertereferenzierter Token eingegangenen Beschwerden, die Anzahl von bei den zuständigen Behörden eingegangenen Beschwerden und den Gegenstand der eingegangenen Beschwerden;
l) die Anzahl der Beschwerden, die bei Anbietern von Kryptowerte-Dienstleistungen, Emittenten und den zuständigen Behörden im Zusammenhang mit falschen und irreführenden Angaben in Kryptowerte-Whitepaper oder in Marketingmitteilungen, auch über Plattformen der sozialen Medien, eingegangen sind;
m) mögliche Ansätze und Optionen, die sich auf bewährte Verfahren und Berichte einschlägiger internationaler Organisationen stützen, um das Risiko der Umgehung dieser Verordnung, auch im Zusammenhang mit der Erbringung von Kryptowerte-Dienstleistungen in der Union durch Akteure aus Drittländern, die über keine Genehmigung verfügen, zu verringern.

Die zuständigen Behörden übermitteln der ESMA die für die Ausarbeitung des Berichts erforderlichen Informationen. Für die Zwecke des Berichts kann die ESMA Informationen von Strafverfolgungsbehörden anfordern.

MiCAR Art. 141   Titel IX. Übergangs- und Schlussbestimmungen

Übersicht

	Rn.
I. Literatur	1
II. Hintergrund und Zweck der Norm	2
III. Berichtspflichten	9
IV. Inhalt der Berichtspflichten	16

I. Literatur

1 Siehe allgemeines Verzeichnis.

II. Hintergrund und Zweck der Norm

2 Art. 141 MiCAR enthält die Regelungen des von der ESMA[1] zu erstellenden **Jahresberichts über Marktentwicklungen** im Zusammenhang mit der MiCAR.[2]

3 Nach der hier gegenständlichen Bestimmung ist die **Europäische Wertpapier- und Marktaufsichtsbehörde** (European Securities and Markets Authority, ESMA) dazu verpflichtet, dem Europäischen Parlament sowie dem Rat, erstmalig **bis** (spätestens) **zum 31.12.2025**, einen **Bericht** über die Anwendung dieser Verordnung und die Entwicklungen auf den Märkten für Kryptowerte vorzulegen. Danach hat die ESMA dieser Verpflichtung **jährlich nachzukommen**.

4 Wie bereits aus dem Titel der Bestimmung ableitbar, hat der gegenständliche Bericht primär die **Marktentwicklungen** im Zusammenhang mit Kryptowerten vor Augen. Dem Europäischen Parlament sowie dem Rat soll hierdurch insbes. ermöglicht werden, etwaige Trends in diesem Bereich frühzeitig erkennen zu können.

5 Jedoch beschränkt sich der Bericht nicht nur auf diesen Themenbereich, sondern die ESMA hat darin auch noch **Auskünfte zur generellen Anwendung der MiCAR** zu geben, wie aus dem Wortlaut der Bestimmung ersichtlich ist. Hiermit dient auch diese Bestimmung dazu, feststellen zu können, ob die mit der MiCAR verfolgten Ziele auch tatsächlich erreicht wurden.[3]

6 Der **Jahresbericht** der ESMA ist ferner nicht nur den Organen der EU, sondern auch der breiten **Öffentlichkeit zur Verfügung zu stellen**,[4] da dieser nach Art. 141 MiCAR zwingend zu veröffentlichen ist. Hiermit soll sichergestellt werden, dass auch diese einen entsprechenden Einblick in die aktuellen Marktentwicklungen im Zusammenhang mit Kryptowerten erhält.

7 Aufgrund der Tatsache, dass sich die Inhalte des Jahresberichts teilweise mit jenen der Berichtspflichten gem. Art. 140 MiCAR decken, werden diese wohl als **Grundlage** für den **Abschlussbericht der EK** über die Anwendung der MiCAR herangezogen werden.

---

[1] Art. 3 ESMA-VO beinhaltet bereits weitreichende Berichts- und Rechenschaftspflichten für die ESMA, welche durch Art. 141 MiCAR noch um eine periodische Informationsverpflichtung erweitert werden; Raschauer et al/Raschauer MiCAR Art. 141 Rn. 1.
[2] Eine vergleichbare Bestimmung findet sich etwa in Art. 85 Abs. 2 EMIR und Art. 47 Prospekt-VO.
[3] Ausführlich hierzu → Art. 140 Rn. 8 ff.
[4] Vgl. Jahresberichte werden von der ESMA etwa bereits im Zusammenhang mit der Prospekt-VO zur Verfügung gestellt, siehe ESMA, https://www.esma.europa.eu/sites/default/files/2023-12/ESMA50-524821-3029_ESMA_Market_Report_-_EU_prospectuses_2023.pdf (abgefragt am 21.8.2024).

Ein Zweck der Bestimmung über die Erstellung von Jahresberichten über 8
Marktentwicklungen durch die **ESMA** kann schließlich auch noch darin
gesehen werden, dass sie hierdurch auch den ihr **übertragenen Aufgaben**
entsprechend **nachkommen kann**.[5]

III. Berichtspflichten

Die gegenständliche Bestimmung legt wie bereits oben angeführt fest, dass 9
die ESMA dem Europäischen Parlament und dem Rat einen Jahresbericht
über die Marktentwicklungen vorzulegen hat. Erstmalig soll dies grundsätzlich bis spätestens 31.12.2025 erfolgen. Danach hat die ESMA in einem
jährlichen Intervall einen dementsprechenden Bericht vorzulegen.[6]

Die **Erstellung des Jahresberichts** über die Marktentwicklungen soll 10
dabei in enger **Zusammenarbeit mit der Europäischen Bankenaufsichtsbehörde** (European Banking Authority, EBA) erfolgen. Die Zusammenarbeit mit der EBA ergibt sich für die ESMA daraus, dass auch die EBA
in die MiCAR eingebunden ist und ihr hieraus entsprechende Aufgaben
zukommen.

Der Europäische Gesetzgeber unterlässt es hierbei jedoch, anzugeben, wie 11
diese Zusammenarbeit konkret ausgestaltet sein soll. Es ist aber davon auszugehen, dass die EBA der ESMA aufgrund dieser Bestimmung all jene
Informationen zukommen lassen muss, über welche sie aufgrund ihrer Zuständigkeit im Rahmen der MiCAR verfügt und welche diese für die Erstellung des Jahresberichts benötigt. Die Übermittlung der Informationen an die
ESMA wird zeitlich zudem so zu erfolgen haben, dass diese in der Lage ist, die
in Art. 141 MiCAR vorgesehene Frist, entsprechend einhalten zu können.

Für die Ausarbeitung des Berichts ist die ESMA, neben der EBA, auch 12
noch auf die **national zuständigen Aufsichtsbehörden angewiesen**
(bspw. in Deutschland: BaFin und in Österreich: FMA). Damit sichergestellt
ist, dass diese auch die erforderlichen Informationen übermitteln, wird in
Art. 141 letzter Abs. eine dementsprechende Verpflichtung hierzu vorgesehen. Auch hier hat die zeitliche Übermittlung der Informationen natürlich
derart zu erfolgen, dass die ESMA den Jahresbericht rechtzeitig erstellen kann.

Schließlich wird in der Bestimmung des Art. 141 MiCAR auch noch 13
festgelegt, dass die ESMA für die Zwecke des Berichts auch Informationen
unmittelbar von **Strafverfolgungsbehörden** anfordern kann.

Ob der erste Jahresbericht zudem tatsächlich bereits bis 31.12.2025 vor- 14
gelegt werden kann, wird sich zeigen. Zwischen dem Beginn der (vollumfänglichen) Geltung der MiCAR (30.12.2024) und der Zeitspanne für die
Erstellung des gegenständlichen Berichts liegt nämlich lediglich ein Jahr. Der
ESMA dürfte es dadurch schwerfallen, einen vollwertigen Bericht gem.
Art. 141 MiCAR vorzulegen, da bis dahin wohl noch nicht alle erforderlichen Daten (in finaler Form) vorliegen werden. Es kann diesbezüglich daher
das Ergebnis eintreten, dass der erste Jahresbericht erst zu einem späteren
Zeitpunkt veröffentlicht werden und/oder noch nicht sehr aussagekräftig
ausfallen wird.

Beim **Jahresbericht** handelt es sich schließlich um **kein internes Papier,** 15
welches ausschließlich den Organen der EU sowie den zuständigen Aufsichts-

---

[5] Art. 8 Abs. 1 ESMA-VO.
[6] Raschauer zeigt sich etwa überrascht, dass diese Berichtspflicht der ESMA zugewiesen wurde, da doch va der EBA zentrale Aufsichtskompetenzen im Rahmen der MiCAR zukommen, siehe Raschauer et al/Raschauer MiCAR Art. 141 Rn. 3.

MiCAR Art. 141 Titel IX. Übergangs- und Schlussbestimmungen

behörden zugänglich ist, sondern dieses ist von der ESMA auf ihrer Website entsprechend **zu veröffentlichen,** womit auch die **breite Öffentlichkeit** ebenfalls darin **Einsicht nehmen** kann.

IV. Inhalt der Berichtspflichten

16   In Art. 141 MiCAR werden schließlich auch noch die Inhalte aufgelistet, welche der Jahresbericht der ESMA in jedem Fall umfassen muss.[7] Es handelt sich, wie auch schon bei Art. 140 MiCAR, hierbei va um **Punkte,** die im Rahmen des Gesetzgebungsverfahrens zu **längeren Diskussionen geführt haben** und welche dazu dienen sollen, den **Organen der EU** einen besseren **Einblick** darüber zu verschaffen, ob die **MiCAR in gewünschter Form angewendet** wird und die darin **gesteckten Ziele erreicht wurden.**[8] Schließlich soll dadurch insbes. auch ein besserer **Einblick in die Marktentwicklungen** im Zusammenhang mit Kryptowerten gegeben werden, um daraus besser etwaige **Trends erkennen zu können.**

17   Bezüglich des (zwingenden) **Inhalts des Jahresberichts** ist auffällig, dass sich dieser in großen **Teilen** mit jenem der **Überprüfungsklausel** des Art. 140 MiCAR **deckt.**[9]

18   Dies betrifft bspw. Statistiken hinsichtlich der Anzahl

- der Emissionen von Kryptowerten;
- der übermittelten Kryptowerte-Whitepaper;
- der zum Handel zugelassenen Kryptowerte;
- der zugelassenen Emittenten von Kryptowerten sowie
- der Anbieter von Kryptowerte-Dienstleistungen.

19   Hinsichtlich der **inhaltsgleichen Punkte** ist wohl in der Folge davon auszugehen, dass die **EK** hierbei auf die **Jahresberichte der ESMA zurückgreifen** wird, um ihrer **eigenen Berichtspflicht** gegenüber dem Europäischen Parlament sowie dem Rat **nachzukommen** (Abschlussbericht)[10].

20   Dieser Ansatz ist als sinnvoll zu erachten, da die EK hierdurch nicht dazu gezwungen ist, Daten ein weiteres Mal zu erheben, sondern bereits auf vorhandenes Datenmaterial zurückgreifen kann.

21   Trotz des Umstandes, dass einzelne Inhalte des Jahresberichts nicht explizit in Art. 140 MiCAR angeführt sind, wird wohl dennoch davon auszugehen sein, dass sich diese in einer gewissen Art und Weise dennoch in den Berichten der EK gem. Art. 140 MiCAR wiederfinden werden. Dies liegt daran, dass die Aufzählung in Art. 140 MiCAR einerseits nicht als abschließend anzusehen ist und anderseits, dass Art. 140 Abs. 3 MiCAR selbst fest-

---

[7] Insgesamt handelt es sich hierbei um 13 Berichtsthemen.
[8] Nach Raschauer sind diese Berichtspflichten als überbordend und nicht im Detail mit Art. 140 MiCAR abgestimmt anzusehen, siehe Raschauer et al/Raschauer MiCAR Art. 141 Rn. 3.
[9] Dies trifft etwa auf folgende Bestimmungen des Art. 141 MiCAR zu: lit. a, d, e, f, g, h, k und l MiCAR.
[10] Hinsichtlich des erforderlichen Zwischenberichts kann die EK höchstwahrscheinlich jedoch nicht auf die Jahresberichte der EMSA zurückgreifen, da dieser erstmalig erst bis zum 31.12.2025 zu erstellen ist und der Zwischenbericht bereits bis zum 30.6.2025 an das Europäische Parlament und den Rat übermittelt werden soll. Es ist natürlich möglich, dass die ESMA bereits vor dem 31.12.2025 über die gewünschten Informationen verfügt, jedoch zeigt sich hierbei wiederum deutlich, dass die vorgegebenen Berichtspflichten als relativ kurz einzustufen sind und in diesem Fall auch nicht wirklich aufeinander abgestimmt zu sein scheinen.

legt, dass die Berichte auch Themen behandeln können, die sich aus den Jahresberichten der ESMA ergeben.

Der **Inhalt des Berichts** des Art. 141 MiCAR, ist wie auch bei Art. 140 MiCAR, **nicht als abschließend anzusehen.** Dies hat sich uE daraus zu ergeben, dass die ESMA im jährlichen Bericht auch ganz generell Auskunft über die Anwendung der MiCAR geben soll. Die ESMA ist damit in der Lage, die MiCAR auch noch darüber hinaus oder gar einer vollständigen Überprüfung in ihren (Jahres-)Berichten zu unterziehen, wenn sie dies für erforderlich erachtet.[11]

Abschließend soll hier auch noch darauf hingewiesen werden, dass der **Jahresbericht** auch noch alle **strafrechtlichen, verwaltungsrechtlichen Sanktionen und sonstigen verwaltungsrechtlichen Maßnahmen zu enthalten** hat, welche die nationalen Aufsichtsbehörden gem. Art. 111 MiCAR verhängt haben.[12] Damit die ESMA diese Informationen im Bericht anführen kann, haben die zuständigen Aufsichtsbehörden ihr alljährlich (anonymisierte) und aggregierte Informationen in diesem Zusammenhang zu übermitteln (Art. 115 MiCAR).[13] Für die Zwecke des Berichts ist die ESMA darüber hinaus auch noch in der Lage, Informationen unmittelbar von Strafverfolgungsbehörden anzufordern.

Artikel 142 Bericht über die jüngsten Entwicklungen bei Kryptowerten

(1) Bis zum 30. Dezember 2024 und nach Anhörung der EBA und der ESMA legt die Kommission dem Europäischen Parlament und dem Rat einen Bericht über die neuesten Entwicklungen im Zusammenhang mit Kryptowerten, insbesondere zu Sachverhalten, die in dieser Verordnung nicht behandelt werden, vor, dem gegebenenfalls ein Gesetzgebungsvorschlag beigefügt ist.

(2) Der Bericht nach Absatz 1 enthält mindestens Folgendes:
a) eine Bewertung der Entwicklung des dezentralen Finanzsektors auf den Märkten für Kryptowerte und der angemessenen regulatorischen Behandlung dezentraler Krypto-Systeme ohne Emittenten oder Anbieter von Kryptowerte- Dienstleistungen, einschließlich einer Bewertung der Notwendigkeit und Durchführbarkeit einer Regulierung des dezentralen Finanzsektors;
b) eine Bewertung der Notwendigkeit und Durchführbarkeit der Regulierung der Kreditvergabe und Kreditaufnahme mit Kryptowerten;
c) eine Bewertung der Behandlung von Dienstleistungen im Zusammenhang mit der Übertragung von E-Geld-Token, sofern dies nicht im Rahmen der Überprüfung der Richtlinie (EU) 2015/2366 erfolgte;
d) eine Bewertung der Entwicklung von Märkten für einmalige und nicht fungible Kryptowerte und der angemessenen regulatorischen Behandlung solcher Kryptowerte, einschließlich einer Bewertung der Notwendigkeit und Durchführbarkeit einer Regulierung der Anbieter einmaliger und nicht fungibler Kryptowerte sowie der Anbieter von Dienstleistungen im Zusammenhang mit solchen Kryptowerten.

---

[11] Vgl. Art. 8 Abs. 1 ESMA-VO.
[12] Vgl. Art. 85 Abs. 5 EMIR.
[13] Vgl. Bestimmungen finden sich etwa in Art. 43 ECSP-VO; Art. 33 MAR und Art. 43 Prospekt-VO.

MiCAR Art. 142

Titel IX. Übergangs- und Schlussbestimmungen

Übersicht

	Rn.
I. Literatur	1
II. Hintergrund und Zweck der Norm	2
III. Berichtspflichten	9
IV. Inhalt der Berichtspflichten	14

I. Literatur

1 Siehe allgemeines Verzeichnis.

II. Hintergrund und Zweck der Norm

2 Art. 142 MiCAR[1] enthält die Regelungen des von der Europäischen Kommission (EK) zu erstellenden **Berichts über die jüngsten Entwicklungen bei Kryptowerten**.

3 Nach der hier gegenständlichen Bestimmung ist die **EK** nach Abs. 1 dazu verpflichtet, dem Europäischen Parlament sowie dem Rat, **bis** (spätestens) **zum 30.12.2024**, einen **Bericht** über die neuesten Entwicklungen im Zusammenhang mit Kryptowerten **vorzulegen**. Hierbei ist insbes. auf Sachverhalte einzugehen, die in der MiCAR nicht behandelt werden. Falls die EK es zudem als notwendig erachtet, kann sie dem Bericht auch einen **Legislativvorschlag**[2] beifügen.

4 Wie bereits aus dem Titel der Bestimmung ableitbar, hat der gegenständliche Bericht primär die **jüngsten Entwicklungen bei Kryptowerten** vor Augen. Im Vergleich zur Bestimmung des Art. 141 MiCAR (Jahresbericht der ESMA über Marktentwicklungen) geht es hierbei jedoch insbes. um **Entwicklungen bei Sachverhalten in Bezug auf Kryptowerte,** die explizit vom aktuellen **Anwendungsbereich** der MiCAR **ausgenommen** wurden.[3] Dem Europäischen Parlament sowie dem Rat soll es durch diesen **Bericht** folglich va ermöglicht werden, etwaige bestehende regulatorische Lücken zu erkennen und ob die **aktuellen Entwicklungen** es **erforderlich machen,** den **Anwendungsbereich** der MiCAR entsprechend **zu erweitern.**

5 Die Notwendigkeit zur **Ausweitung des Anwendungsbereichs** eines Rechtsaktes kann sich dabei etwa aus dem **Umstand** ergeben, dass sich bestimmte bisher davon **ausgenommene Elemente** – in Anbetracht von aktuellen Entwicklungen – als **zu wenig eindeutig, zu allgemein oder schlicht als überholt** erweisen. Hiermit sollen in der Folge bestehende Rechtsunsicherheiten, potenzielle Sicherheitsrisiken oder mangelnder Verbraucherschutz beseitigt werden, die aufgrund der zuvor angeführten Umstände bestehen.

6 Wie die Berichtspflichten in Art. 140 und 141 MiCAR, dient aber auch diese Bestimmung des Weiteren dazu, feststellen zu können, ob die mit der MiCAR verfolgten **Ziele auch tatsächlich erreicht** wurden.[4]

7 Damit zielt die Berichtspflicht gem. Art. 142 MiCAR ebenfalls darauf ab, für gleiche Wettbewerbsbedingungen **(level playing field)** zwischen neuen

---

[1] Hierzu siehe auch in → Art. 2 Rn. 26 f.
[2] Vgl. Art. 294 Abs. 2 AEUV.
[3] Siehe hierzu etwa Erwgr. Nr. 10 und 94 MiCAR.
[4] Ausführlich hierzu → Art. 140 Rn. 8 ff.

und traditionellen Marktteilnehmern zu sorgen, gem. dem Grundsatz „Gleiche Tätigkeit, gleiche Risiken, gleiche Regeln".

Aufgrund der Tatsache, dass sich die Inhalte des Berichts über die jüngsten Entwicklungen bei Kryptowerten teilweise mit jenen der Berichtspflichten gem. Art. 140 MiCAR decken[5] bzw. überschneiden, werden diese wohl auch gleich als Grundlage für die dort festgelegten Berichtspflichten von der EK herangezogen werden. 8

III. Berichtspflichten

Die gegenständliche Bestimmung legt wie bereits oben angeführt fest, dass die EK dem Europäischen Parlament und dem Rat einen Bericht über die jüngsten Entwicklungen bei Kryptowerten vorzulegen hat. Dies soll grundsätzlich bis spätestens 30.12.2024 erfolgen. Ferner sind von der EK auch noch die EBA sowie die ESMA vor der Übermittlung des Berichts anzuhören. 9

Die **Anhörung der EBA und ESMA** durch die EK ergibt sich daraus, dass diese beiden Institutionen in die MiCAR eingebunden sind und ihnen hieraus entsprechende Aufgaben zukommen. Durch die vorgesehene Anhörung wird damit sichergestellt, dass die EK im Rahmen ihres Berichts die Erfahrungen und Erkenntnisse der EBA und ESMA entsprechend berücksichtigt, welche diese in Bezug auf die MiCAR gemacht haben. 10

Der **Bericht** kann von der EK gegebenenfalls ferner um einen **Gesetzgebungsvorschlag**[6] **ergänzt werden,** um erforderliche Anpassungen im gegenständlichen Rechtsakt vornehmen zu können.[7] 11

Hinsichtlich der in Art. 142 MiCAR angeführten **Frist** für die Übermittlung des Berichts gilt es darauf hinzuweisen, dass die **EK** vergleichbare Fristen **für gewöhnlich großzügig überzieht.**[8] 12

Obwohl etwa im Vergleich zu Art. 141 MiCAR eine entsprechende Klarstellung im Gesetzestext fehlt, ist wohl auch für diesen Bericht davon auszugehen, dass es sich um **kein internes Papier** handelt, welches ausschließlich den Organen der EU sowie den zuständigen Aufsichtsbehörden zugänglich ist, sondern von der EK entsprechend auch **veröffentlicht** werden wird, womit auch die breite **Öffentlichkeit** darin **Einsicht nehmen** kann.[9] 13

IV. Inhalt der Berichtspflichten

In **Abs. 2** werden die **Inhalte aufgelistet,** welche der **Bericht** der EK **in jedem Fall umfassen muss.**[10] Dies wird dadurch deutlich, indem hierbei das Adverb „**mindestens**" dem Gesetzeswortlaut beigefügt wurde. In diesem Zusammenhang handelt es sich va um Punkte, die vom Europäischen Gesetzgeber explizit vom aktuellen Anwendungsbereich der MiCAR ausgenommen wurden. 14

Der Bericht hat gem. Art. 142 Abs. 2 lit. a–d MiCAR mindestens folgende Inhalte aufzuweisen: 15

• Eine Bewertung der Entwicklung des dezentralen Finanzsektors auf den Märkten für Kryptowerte und der angemessenen regulatorischen Behand-

---

[5] Art. 140 Abs. 2 lit. t MiCAR.
[6] Vgl. Art. 294 Abs. 2 AEUV.
[7] Hierzu → Art. 140 Rn. 15 ff.
[8] Hierzu → Art. 140 Rn. 18 f.
[9] Hierzu siehe ebenfalls Art. 140 Rn. 21.
[10] Insgesamt handelt es sich hierbei um 4 Berichtsthemen.

lung dezentraler Krypto-Systeme ohne Emittenten oder Anbieter von Kryptowerte-Dienstleistungen, einschließlich einer Bewertung der Notwendigkeit und Durchführbarkeit einer Regulierung des dezentralen Finanzsektors (lit. a);
- eine Bewertung der Notwendigkeit und Durchführbarkeit der Regulierung der Kreditvergabe und Kreditaufnahme mit Kryptowerten (lit. b);
- eine Bewertung der Behandlung von Dienstleistungen im Zusammenhang mit der Übertragung von E-Geld-Token, sofern dies nicht im Rahmen der Überprüfung der PSD2 (RL 2015/2366/EU) erfolgte (lit. c) sowie
- eine Bewertung der Entwicklung von Märkten für einmalige und nicht fungible Kryptowerte und der angemessenen regulatorischen Behandlung solcher Kryptowerte, einschließlich einer Bewertung der Notwendigkeit und Durchführbarkeit einer Regulierung der Anbieter einmaliger und nicht fungibler Kryptowerte sowie der Anbieter von Dienstleistungen im Zusammenhang mit solchen Kryptowerten (lit. d).

16 Wie bereits aus dem Gesetzestext ableitbar, handelt es sich hierbei um **keine abschließende Aufzählung.** Das Adverb „mindestens" dient dabei uE nur der Klarstellung, dass der Bericht zwingend die aufgezählten Punkte beinhalten muss, aber auch noch darüber hinausgehende Inhalte aufweisen kann.

17 Die **behandelten Punkte** im Bericht haben sich dabei aber va auf **Sachverhalte im Zusammenhang mit Kryptowerten** zu beziehen, welche **bisher (noch) nicht von der MiCAR erfasst** sind. Ferner bedeutet dies etwa nicht, dass es sich bei den in Art. 140 und 141 MiCAR genannten Inhalten um taxative Aufzählungen handelt, nur weil der Zusatz „mindestens" bei diesen Bestimmungen fehlt, da sich der (mögliche) weitere Umfang dieser Berichtspflichten aus anderen Umständen heraus ergibt.

18 Art. 142 Abs. 2 **lit. a** MiCAR entspricht im Wesentlichen Art. 140 Abs. 2 lit. t MiCAR, wurde jedoch noch um gewisse Inhalte erweitert. Insbes. hinsichtlich einer Bewertung der Notwendigkeit und Durchführbarkeit einer Regulierung des dezentralen Finanzsektors.

19 **Lit. b** geht auf **Erwgr. Nr. 94 MiCAR** zurück, wonach diese VO nicht die Kreditvergabe und Kreditaufnahme mit Kryptowerten, einschließlich E-Geld-Token, regeln soll. Die Durchführbarkeit und Notwendigkeit der Regulierung dieser Tätigkeiten soll jedoch überprüft werden, dem durch Art. 142 Abs. 2 lit. b MiCAR nachgekommen wird.

20 Nach **lit. c** hat der Bericht auch eine Bewertung der Behandlung von Dienstleistungen im Zusammenhang mit der Übertragung von E-Geld-Token zu beinhalten. Dies jedoch nur soweit, als dies nicht im Rahmen der Überprüfung der PSD2 erfolgte.[11]

21 Schließlich hat der Bericht nach **lit. d** mindestens auch noch eine Bewertung der Entwicklung von Märkten für einmalige und nicht fungible Kryptowerte und der angemessenen regulatorischen Behandlung solcher Kryptowerte aufzuweisen. Diese Bewertung ist dabei auf **Erwgr. Nr. 10 MiCAR** zurückzuführen. Demnach soll diese VO keine Anwendung auf Kryptowerte

---

[11] EK, COM/2023/365 final, Bericht der Kommission an das Europäische Parlament, den Rat, die EZB und den Europäischen Wirtschafts- und Sozialausschuss über die Überprüfung der PSD2 des Europäischen Parlaments und des Rates über Zahlungsdienste im Binnenmarkt, https://eur-lex.europa.eu/legal-content/DE/TXT/?uri=CELEX%3A52023DC0365&qid=1698220605864 (abgefragt am 21.8.2024).

finden, die einmalig und nicht mit anderen Kryptowerten fungibel sind, einschließlich digitaler Kunst und Sammlerstücken.[12]

Die eben genannten **Inhalte** und weitere Themen, die möglicherweise im Rahmen **des Art. 142 MiCAR** behandelt werden, werden die **Basis für die Inhalte** der **Berichtspflichten der EK** gem. **Art. 140 MiCAR** darstellen. Dies hat sich bereits aus bestehenden inhaltlichen Überschneidungen der beiden Art. zu ergeben und aus Art. 140 Abs. 3 MiCAR, wonach die Berichte des Art. 140 MiCAR um behandelte Themen des Art. 142 MiCAR ergänzt werden dürfen, soweit dies die EK für erforderlich erachtet. 22

Artikel 143 Übergangsmaßnahmen

(1) Die Artikel 4 bis 15 gelten nicht für öffentliche Angebote von Kryptowerten, die vor dem 30. Dezember 2024 abgelaufen sind.

(2) Abweichend von Titel II gelten für andere Kryptowerte als vermögenswertereferenzierte Token und E-Geld-Token, die vor dem 30. Dezember 2024 zum Handel zugelassen wurden, nur die folgenden Anforderungen:

a) Die Artikel 7 und 9 gelten für Marketingmitteilungen, die nach dem 30. Dezember 2024 veröffentlicht werden;

b) Betreiber von Handelsplattformen stellen bis zum 31. Dezember 2027 sicher, dass in den in dieser Verordnung vorgeschriebenen Fällen ein Kryptowerte-Whitepaper gemäß den Artikeln 6, 8 und 9 erstellt, übermittelt und veröffentlicht und gemäß Artikel 12 aktualisiert wird.

(3) Anbieter von Kryptowerte-Dienstleistungen, die ihre Dienste nach geltendem Recht vor dem 30. Dezember 2024 erbracht haben, dürfen damit bis zum 1. Juli 2026 oder bis zu dem Zeitpunkt fortfahren, zu dem sie eine Zulassung oder Verweigerung nach Artikel 63 erhalten, je nachdem, welcher Zeitpunkt zuerst eintritt.

Die Mitgliedstaaten können beschließen, die in Unterabsatz 1 vorgesehene Übergangsregelung für Anbieter von Kryptowerte-Dienstleistungen nicht in Anspruch zu nehmen oder ihre Geltungsdauer zu verkürzen, wenn sie der Auffassung sind, dass ihr vor dem 30. Dezember 2024 geltender nationaler Rechtsrahmen weniger streng ist als diese Verordnung.

Bis zum 30. Juni 2024 teilen die Mitgliedstaaten der Kommission und der ESMA mit, ob sie von der in Unterabsatz 2 vorgesehenen Möglichkeit Gebrauch gemacht haben, und geben die Dauer der Ausnahmeregelung an.

(4) Emittenten vermögenswertereferenzierter Token, die keine Kreditinstitute sind und vermögenswertereferenzierte Token nach geltendem Recht vor dem 30. Juni 2024 ausgegeben haben, dürfen damit fortfahren, bis ihnen eine Zulassung gemäß Artikel 21 erteilt oder verweigert wird, sofern sie vor dem 30. Juli 2024 eine Zulassung beantragen.

(5) Kreditinstitute, die vermögenswertereferenzierte Token nach geltendem Recht vor dem 30. Juni 2024 ausgegeben haben, dürfen damit fortfahren, bis das Kryptowerte-Whitepaper gemäß Artikel 17 genehmigt oder nicht genehmigt wurde, sofern sie die für sie zuständige Behörde

---

[12] Art. 2 Abs. 3 MiCAR; Erwgr. Nr. 10 MiCAR.

gemäß Absatz 1 jenes Artikels vor dem 30. Juli 2024 darüber benachrichtigen.

(6) Abweichend von den Artikeln 62 und 63 dürfen die Mitgliedstaaten bei Zulassungsanträgen, die zwischen dem 30. Dezember 2024 und dem 1. Juli 2026 von Unternehmen gestellt werden, die am 30. Dezember 2024 nach nationalem Recht für die Erbringung von Kryptowerte-Dienstleistungen zugelassen waren, ein vereinfachtes Verfahren anwenden. Bevor sie eine Zulassung nach diesen vereinfachten Verfahren erteilen, stellen die zuständigen Behörden sicher, dass Kapitel 2 und 3 des Titels V erfüllt sind.

(7) Die EBA nimmt ihre Aufsichtsaufgaben nach Artikel 117 ab dem Geltungsbeginn der in Artikel 43 Absatz 11 genannten delegierten Rechtsakte wahr.

Übersicht

	Rn.
I. Literatur	1
II. Hintergrund und Zweck der Norm	2
III. Übergangsmaßnahmen	5
1. Maßnahmen hinsichtlich anderer Kryptowerte als ART und EMT	5
2. Maßnahmen hinsichtlich ART	9
3. Maßnahmen hinsichtlich Kryptowerte-Dienstleistungen	11
4. Maßnahmen hinsichtlich der EBA	17

I. Literatur

1 Siehe allgemeines Verzeichnis.

II. Hintergrund und Zweck der Norm

2 Art. 143 MiCAR legt verschiedene Übergangsbestimmungen fest, die besonders auf jene Personen abzielen, die **bereits vor Geltungsbeginn der VO relevante Tätigkeiten ausgeführt** haben.[1] Dies soll die Umstellung auf die Anforderungen des MiCAR-Regimes erleichtern[2] und dem Umstand Rechnung tragen, dass die nationalen Regulierungsrahmen für Kryptowerte in den Mitgliedstaaten unterschiedlich ausgestaltet sind.[3]

3 Art. 143 MiCAR steht daher iZm Art. 149 MiCAR, der das **Inkrafttreten** und die **Geltung** der VO regelt.

4 Grundsätzlich gilt die MiCAR ab dem 30.12.2024, Titel III und IV ab dem 30.6.2024. Eine Reihe weiterer Bestimmungen gelten hingegen bereits ab dem 29.6.2023.[4]

---

[1] Das wird auch als „Grandfathering" bezeichnet; siehe zum Ganzen auch die von ESMA veröffentlichten diesbezüglichen Q&A, ESMA, New Q&As available (2024), https://www.esma.europa.eu/press-news/esma-news/new-qas-available-17 (abgefragt am 28.8.2024).
[2] Vgl. Erwgr. Nr. 113 MiCAR.
[3] Vgl. Erwgr. Nr. 114 MiCAR.
[4] Art. 149 Abs. 2–4; dazu → Art. 149 Rn. 2 ff. mwN.

III. Übergangsmaßnahmen

1. Maßnahmen hinsichtlich anderer Kryptowerte als ART und EMT. Die Art. 4–15 MiCAR gelten **nicht für öffentliche Angebote**,[5] die vor dem 30.12.2024 abgelaufen sind.[6] Bezug genommen wird damit auf Kryptowerte, die keine ART oder EMT sind, weil die Art. 4 ff. MiCAR (Titel II der VO) für eben solche Kryptowerte gelten. 5

Wann ein Angebot dabei als „abgelaufen" gilt, wird man im Einklang mit den Grundsätzen interpretieren dürfen, die für **Angebote nach der Prospekt-VO** (vgl. etwa Art. 2 lit. y Prospekt-VO – Angebotsfrist)[7] gelten.[8] 6

Für Kryptowerte außer ART und EMT, die **vor dem 30.12.2024 zum Handel zugelassen wurden,**[9] gelten gem. Art. 143 Abs. 2 MiCAR abweichend von Titel II nur die besonders genannten Anforderungen. 7

Einerseits gelten die Art. 7 und 9 MiCAR für **Marketingmitteilungen,**[10] die nach dem 30.12.2024 veröffentlicht werden.[11] Andererseits stellen **Betreiber von Handelsplattformen**[12] bis zum 31.12.2027 sicher, dass im Hinblick auf Kryptowerte-Whitepaper, die gem. der MiCAR zu erstellen sind, die Anforderungen der Art. 6, 8, 9 und 12 MiCAR eingehalten werden. 8

2. Maßnahmen hinsichtlich ART. Emittenten von ART, die **keine Kreditinstitute**[13] sind und ART **nach geltendem Recht** – dh im Einklang mit den jeweils anwendbaren Normen – **vor dem 30.6.2024** ausgegeben haben, dürfen damit fortfahren, bis ihnen eine Zulassung gem. Art. 21 MiCAR erteilt oder verweigert wird. Allerdings müssen sie **vor dem 30.7.2024** eine Konzession bei der zuständigen Behörde[14] beantragen.[15] 9

Hingegen dürfen **Kreditinstitute**, die ART nach geltendem Recht vor dem 30.6.2024 ausgegeben haben, mit dieser Tätigkeit fortfahren, bis das **Kryptowerte-Whitepaper gem. Art. 17 MiCAR genehmigt oder nicht genehmigt wurde.** Hier wird vorausgesetzt, dass sie die für sie zuständige Behörde gem. Art. 17 Abs. 1 MiCAR vor dem 30.7.2024 darüber benachrichtigen.[16] 10

3. Maßnahmen hinsichtlich Kryptowerte-Dienstleistungen. Anbieter von **Kryptowerte-Dienstleistungen,**[17] die ihre Dienste **nach geltendem Recht**[18] **vor dem 30.12.2024** erbracht haben, dürfen damit **bis zum 1.7.2026** oder bis zu dem Zeitpunkt fortfahren, zu dem sie **eine Zulassung** 11

---

[5] Art. 3 Abs. 1 Nr. 12 MiCAR.
[6] Art. 143 Abs. 1 MiCAR.
[7] „Zeitraum, in dem potenzielle Anleger die betreffenden Wertpapiere erwerben oder zeichnen können".
[8] Vgl. dazu etwa Zivny/Mock EU-Prospekt-VO/KMG 2019 Art. 2 Rn. 74 ff. und 129 mwN.
[9] Vgl. Erwgr. Nr. 23, Art. 1 Abs. 2 lit. a MiCAR.
[10] Vgl. auch Erwgr. Nr. 24 MiCAR.
[11] Art. 143 Abs. 2 lit. a MiCAR.
[12] Art. 3 Abs. 1 Nr. 16 lit. b, Nr. 18 MiCAR.
[13] Art. 3 Abs. 1 Nr. 28 MiCAR.
[14] Art. 3 Abs. 1 Nr. 35 MiCAR.
[15] Art. 143 Abs. 4 MiCAR.
[16] Art. 143 Abs. 5 MiCAR.
[17] Art. 3 Abs. 1 Nr. 15 MiCAR.
[18] Vgl. → Rn. 9.

MiCAR Art. 143 Titel IX. Übergangs- und Schlussbestimmungen

oder **Verweigerung nach Art. 63 MiCAR** erhalten, je nachdem, welcher Zeitpunkt zuerst eintritt.[19]

12   IdZ bestehen **Mitgliedstaatenwahlrechte.** So können die Mitgliedstaaten beschließen, die genannte **Übergangsfrist nicht in Anspruch zu nehmen** oder ihre **Geltungsdauer zu verkürzen**, wenn sie der Auffassung sind, dass ihr vor dem 30.12.2024 geltender nationaler Rechtsrahmen **weniger streng** ist als das MiCAR-Regime.[20]

13   Dies deutet auf einen **Beurteilungsspielraum** der Mitgliedstaaten hin.[21] Die Mitgliedstaaten teilen der EK und der ESMA bis 30.6.2024 mit, ob sie von dieser Möglichkeit Gebrauch gemacht haben, und geben ggf. die Dauer der Ausnahmeregelung an.[22] Der Ausnahmecharakter der Regelungen wird in Erwgr. Nr. 114 letzter S. MiCAR besonders betont.[23]

14   Außerdem dürfen die Mitgliedstaaten bei **Zulassungsanträgen, die zwischen dem 30.12.2024 und dem 1.7.2026** von Unternehmern gestellt werden, die **am 30.12.2024** nach nationalem Recht für die Erbringung von Kryptowerte-Dienstleistungen zugelassen waren, ein **vereinfachtes Verfahren** anwenden.[24]

15   Der ausdrückliche Bezug zu Art. 62 und 63 MiCAR macht deutlich, dass die vom Mitgliedstaat gewählten „**Vereinfachungen**" nur auf Abweichungen von den Anforderungen dieser Bestimmungen abzielen dürfen.

16   Bevor eine Zulassung nach einem solchen vereinfachten Verfahren erteilt wird, haben die zuständigen Behörden darüber hinaus sicherzustellen, dass **Kapitel 2** (Art. 66 ff. MiCAR) und **Kapitel 3** (Art. 75 ff. MiCAR) des **Titels V** erfüllt sind.[25]

17   **4. Maßnahmen hinsichtlich der EBA.** Schließlich bestimmt Art. 143 Abs. 7 MiCAR, dass die **EBA** ihre **Aufsichtsaufgaben** nach Art. 117 MiCAR ab dem **Geltungsbeginn der in Art. 43 Abs. 11 MiCAR genannten delegierten Rechtsakte** wahrnimmt. Die hier referenzierten delegierten Rechtsakte[26] der EK beziehen sich auf die Einstufung von ART als signifikant, was die Brücke zu den Aufgaben der EBA schließt.[27]

18   Der Verweis auf Art. 43 Abs. 11 MiCAR ist wohl so zu verstehen, dass er gem. Art. 56 iVm Art. 43 Abs. 1 und 11 MiCAR **auch für delegierte Rechtsakte zu EMT** gilt.[28]

---

[19] Art. 143 Abs. 3 UAbs. 1 MiCAR; vgl. zur fehlenden unionsweiten Wirkung Raschauer et al/Raschauer MiCAR Art. 143 Rn. 8.
[20] Art. 143 Abs. 3 UAbs. 2 MiCAR; vgl. für Österreich § 23 MiCA-Verordnung-Vollzugsgesetz, BGBl. I 2024/111.
[21] Vgl. Erwgr. Nr. 114 MiCAR.
[22] Art. 143 Abs. 3 UAbs. 3 MiCAR.
[23] „Eine solche Option für die Mitgliedstaaten sollte keinen Präzedenzfall für etwaige andere Gesetzgebungsakte der Union über Finanzdienstleistungen schaffen."
[24] Art. 143 Abs. 6 S. 1 MiCAR.
[25] Art. 143 Abs. 6 S. 2 MiCAR.
[26] Vgl. → Art. 139 Rn. 10 ff.
[27] Vgl. Art. 117 MiCAR.
[28] Vgl. Erwgr. Nr. 108 MiCAR (delegierte Rechtsakte „[...] hinsichtlich der genaueren Spezifizierung bestimmter Kriterien für die Einstufung eines vermögenswertereferenzierten Token oder E-Geld-Token als signifikant [...]"); dazu Delegierte Verordnung (EU) 2024/1506 der Kommission vom 22. Februar 2024 zur Ergänzung der Verordnung (EU) 2023/1114 des Europäischen Parlaments und des Rates durch Spezifizierung bestimmter Kriterien für die Einstufung vermögenswertereferenzierter Token und E-Geld-Token als signifikant, ABl 2024 L 1506.

Artikel 144 Änderung der Verordnung (EU) Nr. 1093/2010

Artikel 1 Absatz 2 Unterabsatz 1 der Verordnung (EU) Nr. 1093/2010 erhält folgende Fassung:

„Die Behörde handelt im Rahmen der ihr durch diese Verordnung übertragenen Befugnisse und innerhalb des Anwendungsbereichs der Richtlinie 2002/87/EG, der Richtlinie 2008/48/EG (*), der Richtlinie 2009/110/EG, der Verordnung (EU) Nr. 575/2013 (**), der Richtlinie 2013/36/EU (***), der Richtlinie 2014/49/EU (****), der Richtlinie 2014/92/EU (*****), der Richtlinie (EU) 2015/2366 (******), der Verordnung (EU) 2023/1114 (*******) des Europäischen Parlaments und des Rates und, soweit diese Gesetzgebungsakte sich auf Kredit- und Finanzinstitute sowie die zuständigen Behörden, die diese beaufsichtigen, beziehen, der einschlägigen Teile der Richtlinie 2002/65/EG, einschließlich sämtlicher Richtlinien, Verordnungen und Beschlüsse, die auf der Grundlage dieser Gesetzgebungsakte angenommen wurden, sowie aller weiteren verbindlichen Rechtsakte der Union, die der Behörde Aufgaben übertragen. Die Behörde handelt ferner im Einklang mit der Verordnung (EU) Nr. 1024/2013 des Rates (********).

(*) Richtlinie 2008/48/EG des Europäischen Parlaments und des Rates vom 23. April 2008 über Verbraucherkreditverträge und zur Aufhebung der Richtlinie 87/102/EWG des Rates (ABl. L 133 vom 22.5.2008, S. 66).

(**) Verordnung (EU) Nr. 575/2013 des Europäischen Parlaments und des Rates vom 26. Juni 2013 über Aufsichtsanforderungen an Kreditinstitute und Wertpapierfirmen und zur Änderung der Verordnung (EU) Nr. 648/2012 (ABl. L 176 vom 27.6.2013, S. 1).

(***) Richtlinie 2013/36/EU des Europäischen Parlaments und des Rates vom 26. Juni 2013 über den Zugang zur Tätigkeit von Kreditinstituten und die Beaufsichtigung von Kreditinstituten und Wertpapierfirmen, zur Änderung der Richtlinie 2002/87/EG und zur Aufhebung der Richtlinien 2006/48/EG und 2006/49/EG (ABl. L 176 vom 27.6.2013, S. 338).

(****) Richtlinie 2014/49/EU des Europäischen Parlaments und des Rates vom 16. April 2014 über Einlagensicherungssysteme (ABl. L 173 vom 12.6.2014, S. 149).

(*****) Richtlinie 2014/92/EU des Europäischen Parlaments und des Rates vom 23. Juli 2014 über die Vergleichbarkeit von Zahlungskontoentgelten, den Wechsel von Zahlungskonten und den Zugang zu Zahlungskonten mit grundlegenden Funktionen (ABl. L 257 vom 28.8.2014, S. 214).

(******) Richtlinie (EU) 2015/2366 des Europäischen Parlaments und des Rates vom 25. November 2015 über Zahlungsdienste im Binnenmarkt, zur Änderung der Richtlinien 2002/65/EG, 2009/110/EG und 2013/36/EU und der Verordnung (EU) Nr. 1093/2010 sowie zur Aufhebung der Richtlinie 2007/64/EG (ABl. L 337 vom 23.12.2015, S. 35).

(*******) Verordnung (EU) 2023/1114 des Europäischen Parlaments und des Rates vom 31. Mai 2023 über Märkte für Kryptowerte und zur Änderung der Verordnungen (EU) Nr. 1093/2010 und (EU) Nr. 1095/2010 sowie der Richtlinien 2013/36/EU und (EU) 2019/1937 (ABl. L 150 vom 9.6.2023, S. 40).

(********) Verordnung (EU) Nr. 1024/2013 des Rates vom 15. Oktober 2013 zur Übertragung besonderer Aufgaben im Zusammenhang mit der Aufsicht über Kreditinstitute auf die Europäische Zentralbank (ABl. L 287 vom 29.10.2013, S. 63)."

MiCAR Art. 145 Titel IX. Übergangs- und Schlussbestimmungen

Übersicht

Rn.
I. Literatur 1
II. Hintergrund und Normzweck 2

I. Literatur

1 Siehe allgemeines Verzeichnis.

II. Hintergrund und Normzweck

2 Art. 144 MiCAR ändert Art. 1 Abs. 2 EBA-VO (VO 2010/1093/EU) und fügt den aufgelisteten Rechtsakten die MiCAR hinzu. Damit zählt die MiCAR ausdrücklich zum Tätigkeitsbereich der EBA.[1] Das ist für zahlreiche Bestimmungen der EBA-VO relevant[2] und trägt den unterschiedlichen Aufgaben Rechnung, die die EBA nach der MiCAR zu erfüllen hat.[3]

3 Eine vergleichbare Bestimmung existiert auch für die ESMA.[4]

Artikel 145 Änderung der Verordnung (EU) Nr. 1095/2010

Artikel 1 Absatz 2 Unterabsatz 1 der Verordnung (EU) Nr. 1095/2010 erhält folgende Fassung:

„Die Behörde handelt im Rahmen der ihr durch diese Verordnung übertragenen Befugnisse und innerhalb des Anwendungsbereichs der Richtlinien 97/9/EG, 98/26/EG, 2001/34/EG, 2002/47/EG, 2004/109/EG, 2009/65/EG, der Richtlinie 2011/61/EU des Europäischen Parlaments und des Rates (*), der Verordnung (EG) Nr. 1060/2009, der Richtlinie 2014/65/EU des Europäischen Parlaments und des Rates (**), der Verordnung (EU) 2017/1129 des Europäischen Parlaments und des Rates (***) und der Verordnung (EU) 2023/1114 des Europäischen Parlaments und des Rates (****) und, soweit diese Gesetzgebungsakte sich auf Firmen, die Wertpapierdienstleistungen erbringen, Organismen für gemeinsame Anlagen, die ihre Anteilsscheine oder Anteile vertreiben, Emittenten oder Anbieter von Kryptowerten, Personen, die die Zulassung zum Handel beantragen, oder Anbieter von Kryptowerte-Dienstleistungen und die Behörden, die sie beaufsichtigen, beziehen, der einschlägigen Teile der Richtlinien 2002/87/EG und 2002/65/EG, einschließlich sämtlicher Richtlinien, Verordnungen und Beschlüsse, die auf der Grundlage dieser Gesetzgebungsakte angenommen wurden, sowie aller weiteren verbindlichen Rechtsakte der Union, die der Behörde Aufgaben übertragen.

(*) Richtlinie 2011/61/EU des Europäischen Parlaments und des Rates vom 8. Juni 2011 über die Verwalter alternativer Investmentfonds und zur Änderung der Richtlinien 2003/41/EG und 2009/65/EG und der Verordnungen (EG) Nr. 1060/2009 und (EU) Nr. 1095/2010 (ABl. L 174 vom 1.7.2011, S. 1).

---

[1] Vgl. BeckOK WpHR/Bauerschmidt ESMA-VO Art. 1 Rn. 35 ff. mwN; vgl. auch den Ansatz in § 2 FMABG.
[2] Siehe zB Art. 9 Abs. 5, Art. 10 Abs. 1, Art. 15 Abs. 1, Art. 16 Abs. 1, Art. 17 Abs. 1 und 2, Art. 18 Abs. 4, Art. 19 Abs. 2, 4 EBA-VO; vgl. auch bereits → Art. 130 Rn. 3 und → Art. 136 Rn. 10 ff.
[3] Vgl. Erwgr. Nr. 116 MiCAR.
[4] Art. 145 MiCAR.

Änderung der Richtlinie 2013/36/EU **Art. 146 MiCAR**

(**) Richtlinie 2014/65/EU des Europäischen Parlaments und des Rates vom 15. Mai 2014 über Märkte für Finanzinstrumente sowie zur Änderung der Richtlinien 2002/92/EG und 2011/61/EU (ABl. L 173 vom 12.6.2014, S. 349).

(***) Verordnung (EU) 2017/1129 des Europäischen Parlaments und des Rates vom 14. Juni 2017 über den Prospekt, der beim öffentlichen Angebot von Wertpapieren oder bei deren Zulassung zum Handel an einem geregelten Markt zu veröffentlichen ist und zur Aufhebung der Richtlinie 2003/71/EG (ABl. L 168 vom 30.6.2017, S. 12).

(****) Verordnung (EU) 2023/1114 des Europäischen Parlaments und des Rates vom 31. Mai 2023 über Märkte für Kryptowerte und zur Änderung der Verordnungen (EU) Nr. 1093/2010 und (EU) Nr. 1095/2010 sowie der Richtlinien 2013/36/EU und (EU) 2019/1937 (ABl. L 150 vom 9.6.2023, S. 40)."

Übersicht

	Rn.
I. Literatur	1
II. Normzweck	2
III. Hintergrund und Normzweck	3

I. Literatur

Siehe allgemeines Verzeichnis. 1

II. Hintergrund und Normzweck

Art. 145 MiCAR ändert Art. 1 Abs. 2 ESMA-VO (VO 2010/1095/EU) und fügt den aufgelisteten Rechtsakten die MiCAR hinzu. Damit zählt die MiCAR ausdrücklich zum Tätigkeitsbereich der ESMA.[1] Das ist für zahlreiche Bestimmungen der ESMA-VO relevant[2] und trägt den unterschiedlichen Aufgaben Rechnung, die die ESMA nach der MiCAR zu erfüllen hat.[3] 2

Eine vergleichbare Bestimmung existiert auch für die EBA.[4] 3

Artikel 146 Änderung der Richtlinie 2013/36/EU

In Anhang I der Richtlinie 2013/36/EU erhält Nummer 15 folgende Fassung:

„15. Ausgabe von E-Geld, einschließlich E-Geld-Token im Sinne des Artikels 3 Absatz 1 Nummer 7 der Verordnung (EU) 2023/1114 des Europäischen Parlaments und des Rates (*).

16. Ausgabe von vermögenswertereferenzierten Token im Sinne des Artikels 3 Absatz 1 Nummer 6 der Verordnung (EU) 2023/1114.

17. Kryptowerte-Dienstleistungen im Sinne des Artikels 3 Absatz 1 Nummer 16 der Verordnung (EU) 2023/1114.

---

[1] Vgl. BeckOK WpHR/Bauerschmidt ESMA-VO Art. 1 Rn. 35 ff. mwN; vgl. auch den Ansatz in § 2 FMABG.
[2] Siehe zB Art. 9 Abs. 5, Art. 10 Abs. 1, Art. 15 Abs. 1, Art. 16 Abs. 1, Art. 17 Abs. 1, 2, Art. 18 Abs. 4, Art. 19 Abs. 2, 4 ESMA-VO.
[3] Vgl. Erwgr. Nr. 116 MiCAR.
[4] Art. 144 MiCAR.

MiCAR Art. 147   Titel IX. Übergangs- und Schlussbestimmungen

(*) Verordnung (EU) 2023/1114 des Europäischen Parlaments und des Rates vom 31. Mai 2023 über Märkte für Kryptowerte und zur Änderung der Verordnungen (EU) Nr. 1093/2010 und (EU) Nr. 1095/2010 sowie der Richtlinien 2013/36/EU und (EU) 2019/1937 (ABl. L 150 vom 9.6.2023, S. 40)."

Übersicht

	Rn.
I. Literatur	1
II. Hintergrund und Zweck der Norm	2
III. Anpassungen von Anhang I CRD	3
IV. Umsetzung	5

I. Literatur

1   Siehe allgemeines Verzeichnis.

II. Hintergrund und Zweck der Norm

2   Art. 146 MiCAR passt Anhang I CRD (RL 2013/36/EU) an. Dieser regelt die Liste der **Tätigkeiten, für die die gegenseitige Anerkennung** gilt und steht daher im Kontext der grenzüberschreitenden Tätigkeiten, die von der **Niederlassungs-** bzw. der **Dienstleistungsfreiheit** geschützt sind.[1]

III. Anpassungen von Anhang I CRD

3   Nr. 15 Anhang I CRD bezog sich bislang schlicht auf die **Ausgabe von E-Geld.** Klargestellt wird nunmehr, dass auch **E-Geld-Token** – die freilich kraft normativer Anordnung allgemein als E-Geld gelten[2] – auch dazu gehören.

4   Obwohl der Einleitungssatz des Art. 146 MiCAR „Nr. 15" Anhang I CRD eine neue Fassung geben will, werden nunmehr die neuen Nr. 16 und 17 hinzugefügt. Diese beziehen sich auf die **Ausgabe von ART**[3] und **Kryptowerte-Dienstleistungen** isd Art. 3 Abs. 1 Z. 16 MiCAR.

IV. Umsetzung

5   **Art. 148 MiCAR** regelt die Umsetzung der Vorschrift durch die Mitgliedstaaten.

Artikel 147 Änderung der Richtlinie (EU) 2019/1937

In Teil I.B des Anhangs der Richtlinie (EU) 2019/1937 wird folgende Nummer angefügt:

„xxii) Verordnung (EU) 2023/1114 des Europäischen Parlaments und des Rates vom 31. Mai 2023 über Märkte für Kryptowerte und zur Änderung der Verordnungen (EU) Nr. 1093/2010 und (EU) Nr. 1095/2010

---

[1] Art. 33 ff. CRD; vgl. in Österreich etwa §§ 9 ff. BWG; zum Hintergrund Dellinger/Putzer BWG § 11 Rn. 1 ff. mwN; Dellinger/Schramm BWG § 9 Rn. 3 ff. mwN.
[2] Art. 48 Abs. 2 MiCAR.
[3] Art. 3 Abs. 1 Nr. 6 MiCAR.

Übersicht

	Rn.
I. Literatur	1
II. Hintergrund und Zweck der Norm	2
III. Umsetzung	6

I. Literatur

Ornetsmüller, Whistleblowing als Grundrechtsfrage und aktuelle Vorgaben des Whistleblower-Schutzes, ÖJZ 2023, 829.   1

II. Hintergrund und Zweck der Norm

RL 2019/1937/EU[1] regelt den Schutz von Personen, die Verstöße gegen das Unionsrecht melden („**Whistleblowing-RL**", „Hinweisgeberschutz-RL").[2] Der Gesetzgeber möchte mit Art. 147 MiCAR sicherstellen, dass **diese RL auf Verstöße gegen die MiCAR anwendbar** ist.   2

Es soll dadurch sichergestellt werden, dass „angemessene Vorkehrungen bestehen, um Hinweisgebern die Unterrichtung der zuständigen Behörden über tatsächliche oder etwaige Verstöße gegen die MiCAR zu ermöglichen und sie vor Vergeltungsmaßnahmen zu schützen."[3]   3

Zu diesem Zweck passt Art. 147 MiCAR Teil I.B Anhang Whistleblowing-RL an, der sich mit **Finanzdienstleistungen, Finanzprodukten und Finanzmärkten sowie der Verhinderung von Geldwäsche und Terrorismusfinanzierung** beschäftigt. Der Anhang wird um einen Verweis auf die MiCAR ergänzt, was iVm Art. 2 Abs. 1 lit. a sublit. ii Whistleblowing-RL den sachlichen Anwendungsbereich der RL eröffnet.   4

Davon abgesehen bestimmt Art. 116 MiCAR, dass die Whistleblowing-RL für die Meldung von Verstößen gegen die MiCAR und den Schutz von Personen, die solche Verstöße melden, gilt.   5

III. Umsetzung

Art. 148 MiCAR regelt die Umsetzung der Vorschrift durch die Mitgliedstaaten.   6

Artikel 148 Umsetzung der Änderungen der Richtlinien 2013/36/EU und (EU) 2019/1937

(1) Die Mitgliedstaaten erlassen und veröffentlichen bis zum 30. Dezember 2024 die Rechts- und Verwaltungsvorschriften an, die erforderlich sind, um den Artikeln 146 und 147 nachzukommen.

---

[1] RL 2019/1937/EU des Europäischen Parlaments und des Rates vom 23.10.2019 zum Schutz von Personen, die Verstöße gegen das Unionsrecht melden, ABl. 2019 L 305, 17.
[2] Vgl. zum Hintergrund etwa Bleckmann/Knaipp/Korenjak/Bleckmann HSchG § 1 Rn. 1 ff.; Exenberger/Höntsch/G. Miernicki, HSchG; Ornetsmüller ÖJZ 2023, 829.
[3] Erwgr. Nr. 115 MiCAR.

MiCAR Art. 148

Titel IX. Übergangs- und Schlussbestimmungen

(2) Die Mitgliedstaaten teilen der Kommission, der EBA und der ESMA den Wortlaut der wichtigsten nationalen Vorschriften mit, die sie auf dem unter Artikel 116 fallenden Gebiet erlassen.

Übersicht

	Rn.
I. Literatur	1
II. Hintergrund und Zweck der Norm	2
III. Umsetzungsfrist	3
IV. Mitteilungspflicht	4

I. Literatur

1   Siehe allgemeines Verzeichnis.

II. Hintergrund und Zweck der Norm

2   Art. 148 MiCAR legt die Anforderungen für die **Umsetzung** der Art. 146 (Anpassung der CRD)[1] und 147 MiCAR (Anpassung der „Whistleblowing-RL")[2] in das nationale Recht fest. Art. 148 MiCAR richtet sich somit an die **Mitgliedstaaten**.

III. Umsetzungsfrist

3   Die Mitgliedstaaten haben die nationalen **Rechts- und Verwaltungsvorschriften,** die zur Umsetzung der durch die Art. 146 und 147 MiCAR bewirkten Änderungen erforderlich sind, **bis zum 30.12.2024** zu erlassen und zu veröffentlichen.[3] Mangels anderer Festlegung[4] ist davon auszugehen, dass die Vorschriften ab diesem Tag Anwendung finden müssen; das fällt mit dem Geltungsbeginn der MiCAR zusammen.[5]

IV. Mitteilungspflicht

4   Die Mitgliedstaaten haben der **EK,** der **EBA** und der **ESMA** den **Wortlaut der wichtigsten nationalen Vorschriften mitzuteilen,** „die sie auf dem unter Art. 116 MiCAR fallenden Gebiet erlassen."[6]

5   Art. 116 MiCAR stellt klar, dass die **„Whistleblowing-RL"** für die Meldung von Verstößen gegen die MiCAR und den Schutz von Personen gilt, die solche Verstöße melden. Somit wird gemeint sein, dass sich die Mitteilungspflicht nur auf Umsetzungsmaßnahmen gem. Art. 147 MiCAR bezieht. Dabei beschränkt sich die Pflicht auf die „wichtigsten" nationalen Vorschriften.[7]

---

[1] RL 2013/36/EU.
[2] RL 2019/1937/EU.
[3] Art. 148 Abs. 1 MiCAR.
[4] Vgl. etwa Art. 93 Abs. 1 UAbs. 2 MiFID II; Art. 115 Abs. 2 PSD2.
[5] Art. 149 Abs. 2 MiCAR.
[6] Art. 148 Abs. 2 MiCAR.
[7] Vgl. auch etwa Art. 115 Abs. 3 PSD2 (RL 2015/2366/EU).

Artikel 149 Inkrafttreten und Anwendung

(1) Diese Verordnung tritt am zwanzigsten Tag nach ihrer Veröffentlichung im Amtsblatt der Europäischen Union in Kraft.

(2) Diese Verordnung gilt ab 30. Dezember 2024.

(3) Abweichend von Absatz 2 gelten die Titel III und IV ab 30. Juni 2024.

(4) Abweichend von Absatz 2 und 3 des vorliegenden Artikels gelten Artikel 2 Absatz 5, Artikel 3 Absatz 2 Artikel 6 Absätze 11 und 12, Artikel 14 Absatz 1 Unterabsatz 2, Artikel 17 Absatz 8, Artikel 18 Absätze 6 und 7, Artikel 19 Absätze 10 und 11, Artikel 21 Absatz 3, Artikel 22 Absätze 6 und 7, Artikel 31 Absatz 5, Artikel 32 Absatz 5, Artikel 34 Absatz 13, Artikel 35 Absatz 6, Artikel 36 Absatz 4, Artikel 38 Absatz 5, Artikel 42 Absatz 4, Artikel 43 Absatz 11, Artikel 45 Absätze 7 und 8, Artikel 46 Absatz 6, Artikel 47 Absatz 5, Artikel 51 Absätze 10 und 15, Artikel 60 Absätze 13 und 14, Artikel 61 Absatz 3, Artikel 62 Absätze 5 und 6, Artikel 63 Absatz 11, Artikel 66 Absatz 6, Artikel 68 Absatz 10, Artikel 71 Absatz 5, Artikel 72 Absatz 5, Artikel 76 Absatz 16, Artikel 81 Absatz 15, Artikel 82 Absatz 2, Artikel 84 Absatz 4, Artikel 88 Absatz 4, Artikel 92 Absätze 2 und 3, Artikel 95 Absätze 10 und 11, Artikel 96 Absatz 3, Artikel 97 Absatz 1, Artikel 103 Absatz 8, Artikel 104 Absatz 8, Artikel 105 Absatz 7, Artikel 107 Absätze 3 und 4, Artikel 109 Absatz 8 und Artikel 119 Absatz 8, Artikel 134 Absatz 10, Artikel 137 Absatz 3 und Artikel 139 gelten ab dem 29. Juni 2023.

Übersicht

	Rn.
I. Literatur	1
II. Hintergrund und Zweck der Norm	2
III. Inkrafttreten	4
IV. Geltung und Anwendung	7
1. Zeitlicher Anwendungsbereich	7
2. Verbindlichkeit und Unmittelbarkeit	17x

I. Literatur

Siehe allgemeines Verzeichnis. 1

II. Hintergrund und Zweck der Norm

Art. 149 MiCAR regelt das **Inkrafttreten** und den **zeitlichen Anwendungsbereich** der MiCAR. 2

Art. 149 MiCAR steht außerdem iZm Art. 143 MiCAR, der verschiedene **Übergangsmaßnahmen** enthält.[1] 3

III. Inkrafttreten

Gem. Art. 149 Abs. 1 MiCAR tritt die VO am **zwanzigsten Tag nach ihrer Veröffentlichung** im ABl. der EU in Kraft. Das entspricht der Grundregel des Art. 297 Abs. 1 UAbs. 3 AEUV.[2] 4

---

[1] → Art. 143 Rn. 2 ff. mwN.
[2] Vgl. dazu Jaeger/Stöger/Stocker/Vcelouch AEUV Art. 297 Rn. 77 ff. mwN.

MiCAR Art. 149   Titel IX. Übergangs- und Schlussbestimmungen

5   Die MiCAR wurde lt. ABl. der EU am 9.6.2023 veröffentlicht, was zum **Inkrafttreten am 29.6.2023** führte.[3]

6   Als das **Inkrafttreten** kann allgemein das **Entfalten normativer Wirkungen** bzw. **das Entstehen der sich aus dem Rechtsakt ergebenden Rechte und Pflichten** bezeichnet werden.[4] Das **Inkrafttreten** ist – wenngleich ggf. eine rückwirkende *Anwendbarkeit* angeordnet sein kann – Grundvoraussetzung für die **Anwendbarkeit** (Geltung) einer VO,[5] die **Veröffentlichung** der VO gem. Art. 297 AEUV wiederum für das Inkrafttreten.[6] Das Datum der Veröffentlichung ist neben dem Inkrafttreten auch für den Beginn der **Klagefrist des Art. 263 AEUV** relevant.[7]

IV. Geltung und Anwendung

7   **1. Zeitlicher Anwendungsbereich.** Die MiCAR ist grundsätzlich **ab dem 30.12.2024 anzuwenden**.[8]

8   Die **Titel III** (Art. 16 ff. MiCAR zu ART) und **IV** (Art. 48 ff. MiCAR zu EMT) gelten hingegen **bereits ab 30.6.2024**. Das kann man auch als „stufenweise Umsetzung" beschreiben.[9]

9   Für die Dauer von Geltung und Wirksamkeit der VO ist nationales Recht – egal, ob vor oder nach dem Inkrafttreten der VO erlassen – nicht anwendbar, da dem Unionsrecht **Anwendungsvorrang** zukommt.[10]

10   Die Verschiebung der Anwendbarkeit im Vergleich zum Inkrafttreten gibt den Normunterworfenen, aber auch den involvierten Behörden, **Zeit für die erforderlichen Anpassungen** an das MiCAR-Regime.[11] Einen ähnlichen Zweck verfolgt Art. 143 MiCAR bezüglich der **Übergangsmaßnahmen**.[12]

11   Ein Grund für das Hinausschieben des zeitlichen Anwendungsbereichs liegt außerdem in den **RTS**,[13] **anderen delegierten Rechtsakten** und **ITS**,[14] die für die MiCAR erst erarbeitet und in der Folge erlassen werden müssen.[15]

---

[3] Vgl. Art. 3 f. VO (EWG, Euratom) Nr. 1182/71 des Rates vom 3.6.1971 zur Festlegung der Regeln für die Fristen, Daten und Termine ABl. 1971 L 124, 1; Streinz/Gellermann AEUV Art. 297 Rn. 4 f. mwN.

[4] von der Groeben/Schwarze/Hatje/Greismann AEUV Art. 297 Rn. 7.

[5] von der Groeben/Schwarze/Hatje/Greismann AEUV Art. 297 Rn. 10 f. mwN; Callies/Ruffert/Ruffert AEUV Art. 297 Rn. 8 mwN.

[6] Streinz/Gellermann AEUV Art. 297 Rn. 7 mwN; Jaeger/Stöger/Stocker/Vcelouch AEUV Art. 297 Rn. 24 ff., 80 ff. mwN.

[7] Callies/Ruffert/Cremer AEUV Art. 263 Rn. 82 mwN; Jaeger/Stöger/Stocker/Vcelouch AEUV Art. 297 Rn. 29 mwN.

[8] Art. 149 Abs. 2 MiCAR.

[9] Tuder, Kapitel 2.4.1.1: Market in Crypto-Assets Regulation, in Tuder, Zahlungsverkehr 4.0, 112.

[10] Vgl. dazu Jaeger/Stöger/Stocker/Vcelouch AEUV Art. 297 Rn. 23 mwN; Tuder, Kapitel 1: Rahmenbedingungen und Entwicklungen des Zahlungsverkehrs, in Tuder, Zahlungsverkehr 4.0, 154 mwN.

[11] Vgl. zur ROM I-VO Staudinger/Magnus, BGB, ROM I Art. 29 Rn. 1.

[12] Vgl. → Art. 143 Rn. 2.

[13] Ausführlich zu RTS, ITS und GL siehe Tuder/Riesenfelder, Kapitel 1: Rahmenbedingungen und Entwicklungen des Zahlungsverkehrs, in Tuder, Zahlungsverkehr 4.0, 16 ff. mwN.

[14] Erwgr. Nr. 119 MiCAR.

[15] Vgl. dazu → Art. 139 Rn. 10 ff.

Der Gedanke trifft allerdings auch für die zahlreichen in der MiCAR vorgesehenen **GL**[16] zu.[17]

In diesem Kontext steht auch **Art. 149 Abs. 4 MiCAR,** der die Geltung einer ganzen Reihe von Bestimmungen bereits **ab dem 29.6.2023** anordnet. Diese Bestimmungen betreffen (neben Art. 149 MiCAR selbst) ganz überwiegend[18] jene Regelungen, die sich mit der Erarbeitung und dem Erlass der RTS, anderer delegierter Rechtsakte, ITS und GL befassen. 12

Damit gelten die jeweiligen Rechtsgrundlagen bereits zu einem vorgelagerten Zeitpunkt, um zusätzliche Zeit für Erarbeitung und Erlass zur Verfügung zu stellen. Insbes. die EBA und die ESMA können so unmittelbar mit ihren Aufgaben beginnen. 13

Das Inkrafttreten und die Anwendbarkeit von delegierten Rechtsakten etc sind nach den **jeweiligen Bestimmungen** dieser Akte selbst zu beurteilen.[19] 14

Explizit stellt Art. 143 Abs. 7 MiCAR (hinsichtlich der Aufsichtsaufgaben der EBA) den Zusammenhang zu den entsprechenden delegierten Rechtsakten der EK her.[20] 15

Soweit der Text der VO keinen entsprechenden Zusammenhang enthält, muss mit Blick auf Art. 149 MiCAR davon ausgegangen werden, dass die Geltung **unabhängig vom Erlass der vorgesehenen Akte** eintritt. Sollte eine Norm anwendbar werden, ohne dass der „zugehörige" Akt bereits erlassen wurde, kann dies naturgemäß zu praktischen Problemen führen. 16

2. Verbindlichkeit und Unmittelbarkeit. Unterhalb und eingerückt zu Art. 149 MiCAR findet sich – möglicherweise als Art. 149 Abs. 4 UAbs. 2 MiCAR gedacht, mit dem er allerdings an sich nichts Spezielles zu tun hat – die Klarstellung, dass die MiCAR **in allen ihren Teilen verbindlich ist und unmittelbar in jedem Mitgliedstaat gilt.**[21] Das entspricht Art. 288 Abs. 2 AEUV.[22] 17

---

[16] Vgl. → Art. 139 Rn. 19 ff.
[17] Vgl. zB Art. 149 Abs. 4 iVm Art. 2 Abs. 5 MiCAR.
[18] Vgl. aber auch Art. 149 Abs. 4 iVm Art. 107 Abs. 4 MiCAR.
[19] Vgl. Assmann/Schneider/Mülbert/Hartenfels Art. 91 Rn. 1.
[20] Vgl. dazu → Art. 143 Rn. 17 f.
[21] Dieser Satz findet sich typischerweise am Ende jeder VO der EU.
[22] Bereits → Rn. 9.

DLT-Pilotregelung

Vorbemerkungen zur DLT-Pilotregelung

Übersicht

	Rn.
I. Einführung	1
1. Literatur	1
2. Hintergrund, Ziele und Ansatz der DLT-Pilotregelung	2
II. Finanzmarktrechtliche Vorgaben für Geschäfte mit DLT-Finanzinstrumenten nach MiFID II und CDSR	7
III. Wesentliche Gehalte der DLT-Pilotregelung	11
1. Anwendungsbereich	12
2. Besondere Genehmigung für DLT-Marktinfrastrukturen	14
a) Genehmigungsvoraussetzungen	15
b) Inhalte und Rechtsfolgen der Genehmigung	19
3. Sonstige Regelungen	23
a) Vorgaben zum Betrieb einer DLT-Marktinfrastruktur	23
b) Entziehung der besonderen Genehmigung	25
c) Zusammenarbeit zwischen Betreibern und zuständigen Behörden	26
d) „Befristung" und Evaluierung der Pilotregelung	27
IV. Bewertung	28

I. Einführung

1. Literatur. *Ebner,* Finanzinstrumente auf der Blockchain: Die neue EU-Pilotregelung für DLT-Marktinfrastrukturen im Überblick, GesRZ 2022, 271; *Hirzle/Hugendubel,* Die Entwicklung des Kryptorechts im Jahr 2022, BKR 2022, 821; *Krimphove/Rohwetter,* Regulatory Sandbox – Sandkastenspiele auch für Deutschland? Zur Möglichkeit einer „vereinfachten" aufsichtsrechtlichen Prüfung von FinTechs, BKR 2018, 494; *Krönke,* Sandkastenspiele – „Regulatory Sandboxes" aus der Perspektive des Allgemeinen Verwaltungsrechts, JZ 2021, 434; *ders.,* Regulatory Sandboxes aus der Perspektive des Allgemeinen Verwaltungsrechts. Zugleich eine dogmatische Einordnung des neuen § 23a FMABG, ÖZW 2020, 108; *ders.,* Die Regulatory Sandbox – Maßanfertigung oder Multifunktionstool?, ÖZW 2022, 3 (3 ff.); *Litten,* Mit dem DLT-Piloten in die Zukunft des digitalen Kapitalmarktaufsichtsrechts, BKR 2022, 551; *McCarthy,* Distributed ledger technology and financial market infrastructures: an EU pilot regulatory regime, CMLJ 2022, 288; *Möslein/Omlor,* Die europäische Agenda für innovative Finanztechnologien (FinTech), BKR 2018, 236; *Patz,* Handelsplattformen für Kryptowährungen und Kryptoassets, BKR 2019, 435; *Priem,* A DLT pilot regime: introducing a new type of financial market infrastructure, 2022; *Weiss,* Intermediärs- und Innovationsverständnis von DLT-Finanzinstrumenten am Beispiel des DLT-Pilotregimes, RDi 2022, 196; *Zetzsche/Woxholth,* The DLT sandbox under the Pilot-Regulation, CMLJ 2022, 212.

2. Hintergrund, Ziele und Ansatz der DLT-Pilotregelung. Die Pilotregelung für auf Distributed-Ledger-Technologie (DLT) basierende Marktin-

Vorbemerkungen

frastrukturen (im Folgenden: DLT-PR)[1] wurde erlassen als Teil eines **Digital Finance Packages,** das die Europäische Kommission am 24.9.2020 geschnürt hatte.[2] Die Kommission reagierte damit auf den **aufgekommenen Handel** mit digital, insbesondere mittels Distributed-Ledger-Technologie dargestellten Werten oder Rechten (**„Kryptowerten"**)[3], der Marktteilnehmern wie auch Verbrauchern gegenüber den Geschäften mit herkömmlichen Finanzinstrumenten erhebliche Vorteile bieten kann. Dazu zählen der allein mediumbedingt deutlich niedrigschwelligere Zugang zu Primär- und Sekundärfinanzmärkten sowie die Entbehrlichkeit klassischer Finanzintermediäre wie Banken, Zentralverwahrer etc und die damit verbundene Dezentralisierung der Märkte.[4] Begrifflich eingefangen werden diese Entwicklungen hin zu dezentralen Bank- und Finanzdienstleistungen mit „Decentralized Finance" – kurz: **„DeFi".**[5] Neben der Pilotregelung enthielt das Digital Finance Package der Kommission zuvörderst den Entwurf für die Verordnung über Markets in Crypto-Assets (MiCAR)[6], ferner den Entwurf für die Verordnung von Digital Operational Resilience for the Financial Sector (DORA)[7] sowie zwei Strategiepapiere zum digitalen Finanzwesen[8]. Die Stoßrichtung der im Kern des Pakets stehenden **MiCAR** ist dabei bekannt: Da die Mehrheit der Kryptowerte nicht im Geltungsbereich der seit je her bestehenden Vorschriften der Europäischen Union über Finanzdienstleistungen liegen und sich die Handelsgeschäfte mit ihnen insbesondere den Regelungsansprüchen der Markets in Financial Instruments Directive (MiFID II)[9] und der Central Securities Depositories Regulation (CSDR)[10] entziehen, soll die MiCAR spezifische Vorschriften für alle **nicht unter MiFID II bzw. CSDR fallenden Kryptowerte** schaffen. Dadurch sollen, einerseits, die aus dem Fehlen rechtlicher Vorgaben folgenden erheblichen Risiken sowohl für die Verbraucher als auch für die Marktintegrität auf dem Sekundärmarkt eingehegt werden und, andererseits, die Entwicklung eines Marktes für derartige Werte befördert werden,

---

[1] Verordnung (EU) 2022/858 des Europäischen Parlaments und des Rates vom 30.5.2022 über eine Pilotregelung für auf Distributed-Ledger-Technologie basierende Marktinfrastrukturen und zur Änderung der Verordnungen (EU) Nr. 600/2014 und (EU) Nr. 909/2014 sowie der Richtlinie 2014/65/EU.

[2] S. <https://finance.ec.europa.eu/publications/digital-finance-package_en>.

[3] Zum Begriff der „Kryptowerte" bzw. „Crypto-Assets" → Einl. A Rn. 16.

[4] Vgl. dazu etwa Erwgr. Nr. 5 Sätze 7 und 8 DLT-PR.

[5] Vgl. etwa Möslein/Kaulartz/Rennig RDi 2021, 517 (517 ff.).

[6] Verordnung (EU) 2023/1114 des Europäischen Parlaments und des Rates vom 31.5.2023 über Märkte für Kryptowerte und zur Änderung der Richtlinie (EU) 2019/1937.

[7] Verordnung (EU) 2022/2554 des Europäischen Parlaments und des Rates vom 14.12.2022 über die digitale operationale Resilienz im Finanzsektor und zur Änderung der Verordnungen (EG) Nr. 1060/2009, (EU) Nr. 648/2012, (EU) Nr. 600/2014, (EU) Nr. 909/2014 und (EU) 2016/1011.

[8] Mitteilung der Kommission an das Europäische Parlament, den Rat, den Europäischen Wirtschafts- und Sozialausschuss und den Ausschuss der Regionen über eine Strategie für ein digitales Finanzwesen, COM(2020) 591 final, s. dazu etwa Wellerdt EuZW 2021, 52 (52 ff.); Mitteilung der Kommission an das Europäische Parlament, den Rat, den Europäischen Wirtschafts- und Sozialausschuss und den Ausschuss der Regionen über eine EU-Strategie für den Massenzahlungsverkehr, COM(2020) 592 final.

[9] Richtlinie 2014/65/EU des Europäischen Parlaments und des Rates vom 15.5.2014 über Märkte für Finanzinstrumente sowie zur Änderung der Richtlinien 2002/92/EG und 2011/61/EU.

[10] Verordnung (EU) Nr. 909/2014 des Europäischen Parlaments und des Rates vom 23.7.2014 zur Verbesserung der Wertpapierlieferungen und -abrechnungen in der Europäischen Union und über Zentralverwahrer sowie zur Änderung der Richtlinien 98/26/EG und 2014/65/EU und der Verordnung (EU) Nr. 236/2012.

Vorbemerkungen

einschließlich der damit einhergehenden Chancen für innovative digitale Dienste, alternative Zahlungsinstrumente und neue Finanzierungsquellen für Unternehmen.[11]

Während die MiCAR das aufsichtsrechtliche Regime für die erfassten Kryptowerte von Beginn an innovationsoffen gestalten konnte, sehen sich die Akteure, die Geschäfte mit als **Finanzinstrumente** im Sinne des MiFID-Regimes[12] einzuordnenden und **mittels DLT begebenen, verbuchten, übertragenen und gespeicherten Kryptowerten** (im Folgenden: „DLT-Finanzinstrumenten")[13] betreiben, dem **herkömmlichen, „analogen" Aufsichtsregime** gegenüber (dazu → Rn. 7 ff.). Dieses Regime hatte die Besonderheiten von Kryptowerten noch nicht berücksichtigt und enthält Bestimmungen, die nach Ansicht des europäischen Gesetzgebers den Einsatz von DLT bei der Emission, beim Handel und bei der Abwicklung von als Finanzinstrumente geltenden Kryptowerten einschränken oder gar ausschließen können – und damit auch deren spezifische **Vorteile preiszugeben** drohen.[14] So gewähren etwa Plattformen für den Handel mit Kryptowerten typischerweise auch Kleinanlegern direkten Zugang, während traditionelle Handelsplätze für Kleinanleger nach den konventionellen finanzmarktrechtlichen Vorgaben regelmäßig nur über Finanzintermediäre zugänglich sind.[15] Wichtige Intermediärsfunktionen – insbesondere Elemente ihrer Transaktions- und Ordnungsfunktion – werden dabei unter Nutzung der Besonderheiten der DLT gleichsam auf die teilnehmenden Parteien übertragen: Die DLT-spezifische dezentrale Speicherung und Verifizierung transaktionsrelevanter Informationen durch das gesamte Nutzer-Netzwerk kann in hohem Maße vertrauensbildend wirken, da die Finanzgeschäfte dadurch ausgesprochen transparent, nachvollziehbar und manipulationsresistent gestaltet werden können.[16] Zugleich sieht der europäische Gesetzgeber aber auch **aufsichtsrechtliche Lücken** und **neuartige Risiken,** die sich aufgrund der Besonderheiten jener Technologie ergeben können – etwa das Fehlen von Transparenz-, Zuverlässigkeit- oder Sicherheitsanforderungen für die im Handel mit Kryptowerten vielfach verwendeten Smart Contracts.[17]

Das erklärte **Ziel der Pilotregelung** ist es nun, die Entwicklung von DLT-Finanzinstrumenten zu ermöglichen und gleichzeitig ein hohes Maß an

---

[11] Vgl. Erwgr. Nr. 2 MiCAR.
[12] Art. 18 Nr. 1 DLT-PR enthält in diesem Kontext eine (klarstellende) Neufassung der Definition des Finanzinstruments iSv Art. 4 Abs. 1 Nr. 15 MiFID II, die nun explizit auch mittels DLT emittierte Instrumente erfasst. Dass auch Kryptowerte unter den Begriff der Finanzinstrumente fallen können, wurde bislang kaum ernstlich bestritten, vgl. etwa Hacker/Thomale ECFR 2018, 645 (671 ff.).
[13] S. dazu die Definition in Art. 2 Nr. 11 DLT-PR. Es sei bereits an dieser Stelle darauf hingewiesen, dass die dort ausgegebene Definition des DLT-Finanzinstruments relativ eng gefasst ist, da sie jedenfalls ihrem Wortlaut nach voraussetzt, dass der gesamte Lebenszyklus des Finanzinstruments auf dem Ledger abgebildet wird. Zumindest der daraus bei strenger Interpretation folgende Ausschluss von ursprünglich konventionell begebenen, später tokenisierten Finanzinstrumenten vom Begriff des DLT-Finanzinstruments dürfte richtigerweise nicht intendiert sein. So spricht auch die ESMA von einer „extensive interpretation of the concept of ‚DLT financial instrument', which allows for existing financial instruments to be reissued in digital form", ESMA, Report on the DLT Pilot Regime, 27.9.2022, ESMA70-460-11, S. 49. Vgl. zum Ganzen bereits Ebner GesRZ 2022, 271 (280 f.), sowie → DLT-PR Art. 2 Rn. 15.
[14] Vgl. Erwgr. Nr. 4 DLT-PR.
[15] Vgl. erneut Erwgr. Nr. 5 Sätze 7 und 8 DLT-PR.
[16] Vgl. allgemein etwa Krönke, Öffentliches Digitalwirtschaftsrecht, 2020, S. 19 ff.
[17] Vgl. Erwgr. Nr. 5 Sätze 1 und 2 DLT-PR.

Vorbemerkungen

Anlegerschutz, Marktintegrität, Finanzstabilität und Transparenz zu wahren. Es sollen einerseits die möglichen **Vorteile** der Entwicklung von Kryptowerten genutzt werden können. So soll beispielsweise die charakteristische Dezentralisierung des Handels mit Krypto-Finanzinstrumenten erhalten bleiben, unter Verzicht auf die klassischen Finanzintermediäre. Andererseits sollen die technologiespezifischen **Risiken** von Geschäften mit „tokenisierten" Finanzinstrumenten gesondert adressiert werden.

5 Um diese beiden Regelungsziele zu verwirklichen hat der europäische Gesetzgeber den Betreibern sogenannter **DLT-Marktinfrastrukturen** die Möglichkeit gegeben, eine **besondere Genehmigung** für diese Infrastrukturen zu beantragen. Mit dieser Genehmigung können die Anbieter, zum einen, für die Durchführung von (bestimmten)[18] Handelsgeschäften mit (bestimmten)[19] DLT-Finanzinstrumenten Ausnahmen von (bestimmten)[20] Vorgaben des herkömmlichen Aufsichtsregimes begehren – um in der Folge zum Beispiel auch Kleinanleger unter bestimmten Voraussetzungen zum Handel mit Kryptowerten zulassen zu dürfen. Zum anderen sieht die Pilotregelung vor, dass die Aufsichtsbehörden den Betreibern der DLT-Marktinfrastrukturen **Ausgleichs- und besondere Schutzmaßnahmen** auferlegen können bzw. müssen – zum Beispiel besondere Kundeninformationspflichten oder Vorgaben zur Etablierung robuster IT-Strukturen.

6 Der Regelungsansatz des europäischen Gesetzgebers ist dabei in **doppelter** Hinsicht **experimentell**. Zum einen sieht die Pilotregelung vor, dass die besonderen **Genehmigungen** mit einer **Befristung** von bis zu sechs Jahren versehen werden müssen.[21] Zum anderen ist auch die **Pilotregelung selbst** zunächst nur auf **drei Jahre** angelegt, mit einer **Verlängerungsmöglichkeit** auf bis zu **sechs Jahre**.[22] Mit diesen zeitlichen Eingrenzungen trägt der europäische Gesetzgeber nach eigener Aussage dem Umstand Rechnung, dass es bislang nur sehr vorläufige Erfahrungen mit dem Handel mit DLT-Finanzinstrumenten gibt; es sei deswegen verfrüht, die herkömmliche Regulierung von Finanzdienstleistungen nachhaltig zu ändern und den Handel mit DLT-Finanzinstrumenten umfassend zu ermöglichen.[23] Sowohl die Pilotregelung als auch die auf ihrer Grundlage erteilten besonderen Genehmigungen sind daher als Experimente gedacht und tragen Züge eines „**Reallabors**" bzw. einer „**Regulatory Sandbox**",[24] wie sie in Deutschland[25] und in anderen

---

[18] Zu den erfassten „DLT-Marktinfrastrukturen" iSv Art. 2 Nr. 5 DLT-PR → Rn. 8.
[19] Für den Handel und die Verbuchung sind gemäß Art. 3 Abs. 1 DLT-PR nur bestimmte Finanzinstrumente zugelassen, → Rn. 3.
[20] Zu den verschiedenen Ausnahmen nach Art. 4–6 DLT-PR → Vorb. Art. 4–6 Rn. 5.
[21] S. dazu Art. 8, 9 und 10 jeweils in Abs. 11 DLT-PR.
[22] S. dazu Art. 14 DLT-PR, der allerdings keine förmliche Befristung der Pilotregelung vorsieht, sondern auf ein Handeln des europäischen Gesetzgebers ausgerichtet ist dazu → Rn. 26.
[23] S. explizit Erwgr. Nr. 5 Satz 6 DLT-PR.
[24] Gemeint sind damit verwaltungsrechtliche Gestaltungen, die es Aufsichtsbetroffenen, zumal Unternehmen, ermöglichen, vielfach digitale Produkte und Dienstleistungen unter realen Bedingungen zu testen, und zwar innerhalb eines zeitlich begrenzten Rahmens und im engen, kooperativen Austausch mit der Aufsichtsbehörde, ggf. auch unter gewissen regulatorischen Erleichterungen. Vgl. dazu allgemein ausf. Krönke JZ 2021, 434 (434 ff.); im Kontext kapitalmarktrechtlicher Regulierung Möslein/Omlor BKR 2018, 236 (238); Krimphove/Rohwetter BKR 2018, 494 (494 ff.); speziell zum Pilotregime Weiss RDi 2022, 196 (196); McCarthy CMLJ 2022, 288 (290 ff.).
[25] Auf Bundesebene existiert mit Blick auf die vorwiegend unter dem Begriff „Reallabore" gefassten Testräume eine gleichnamige Geschäftsstelle beim Bundesministerium für Wirtschaft und Klimaschutz (BMWK), die eine Reallabor-Strategie des BMWK entwickelt hat,

EU-Mitgliedstaaten sowie auf Unionsebene verstärkt implementiert werden, innerhalb[26] wie außerhalb[27] des Finanzmarktrechts. Charakteristisch dafür sind neben den als **Experimentierklauseln** einzuordnenden Genehmigungs- und Ausnahmebestimmungen die **spezifischen Überwachungs- und Evaluierungsmechanismen,** die die Pilotregelung in Art. 11 DLT-PR vorsieht: Die Betreiber der DLT-Marktinfrastrukturen müssen den zuständigen Behörden unverzüglich Meldung über risikorelevante Ereignisse erstatten (Art. 11 Abs. 1 DLT-PR), alle erforderlichen Informationen zur Verfügung stellen (Art. 11 Abs. 2 DLT-PR) und regelmäßig Berichte übermitteln (Art. 11 Abs. 4 DLT-PR). Die zuständigen nationalen Behörden und die Europäische Wertpapier- und Marktaufsichtsbehörde (ESMA) sind ihrerseits berichtspflichtig, um eine Entscheidung darüber zu ermöglichen, ob das Pilotregime um weitere drei Jahre verlängert oder gar dauerhaft etabliert werden soll.

II. Finanzmarktrechtliche Vorgaben für Geschäfte mit DLT-Finanzinstrumenten nach MiFID II und CDSR

Die Vorzüge der Pilotregelung zeigen sich vor allem dann in besonderer Deutlichkeit, wenn sie vor dem Hintergrund der konventionellen finanzmarktrechtlichen Vorgaben für Geschäfte mit DLT-Finanzinstrumenten nach MiFID II und CSDR betrachtet werden. Die Durchführung eines Handelsgeschäfts mit Finanzinstrumenten lässt sich in den eigentlichen **Handel** (im Englischen: Trading) sowie die **Lieferung und Abwicklung** (im Englischen: Settlement) untergliedern, die je eigenständigen Regeln unterliegen.[28] 7

Eine „echte" Krypto-Handelsplattform, die den **Handel** mit tokenisierten Finanzinstrumenten ermöglichen soll – also insbesondere die Vermittlung von Käufen bzw. Verkäufen von DLT-Wertpapieren –, ist regelmäßig als Handelsplatz zu qualifizieren, der der Regulierung zumal durch die **MiFID II-Richtlinie** unterliegt.[29] Die Richtlinie beschränkt den Zugang zu (genehmigungspflichtigen) Handelsplätzen auf bestimmte Kategorien von Mitgliedern oder Teilnehmern (s. Art. 53 Abs. 3 MiFID II); natürliche Personen erfüllen die Zugangsvoraussetzungen regelmäßig nicht. Des Weiteren trifft den Betreiber des Handelsplatzes eine umfangreiche Pflicht zur (Nachhandels-)Meldung von Geschäften (s. Art. 26 der Markets in Financial Instruments Regulation – MiFIR[30]). 8

---

einschließlich eines Reallabor-Gesetzes, dessen Entwurf im Frühjahr 2024 erwartet wird. s. dazu <www.reallabore-bmwk.de>.

[26] S. etwa § 23a des österreichischen Finanzmarktaufsichtsbehördengesetzes (öFMABG), der für die Erprobung innovativer Finanzdienstleistungen allgemein eine Sandbox eingerichtet hat. Vgl. dazu Krönke ÖZW 2020, 108 (108 ff.).

[27] Auf Unionsebene soll im Rahmen der europäischen KI-Verordnung etwa das Instrument der „KI-Reallabore" geschaffen werden, s. Art. 53 des Vorschlags der Kommission zur Festlegung harmonisierter Vorschriften für Künstliche Intelligenz (Gesetz über Künstliche Intelligenz), COM(2021) 206 final.

[28] Vgl. zum Folgenden anschaulich Litten BKR 2022, 551 (553 f.).

[29] Vgl. zur Einordnung von Krypto-Handelsplattformen gemäß den einschlägigen finanzmarktrechtlichen Erlaubnistatbeständen etwa Patz BKR 2019, 435 (437 ff.). Bislang liegt der Schwerpunkt angesichts der aufsichtsrechtlichen Vorgaben auf den bilateralen Over-the-Counter-Trading (OTC-Trading) tokenisierter Finanzinstrumente, vgl. etwa ESMA, Report on the DLT Pilot Regime, 27.9.2022, ESMA70-460-111, S. 12 f. und 17 f.

[30] Verordnung (EU) Nr. 600/2014 des Europäischen Parlaments und des Rates vom 15.5.2014 über Märkte für Finanzinstrumente und zur Änderung der Verordnung (EU) Nr. 648/2012.

Vorbemerkungen

9 Die **Lieferung und Abwicklung** der DLT-Finanzinstrumente richtet sich dagegen nach den einschlägigen Bestimmungen der **CSDR**. Handelt es sich bei dem Handelsgeschäft – wie bei DLT-Finanzinstrumenten üblicherweise anzunehmen ist – um ein Geschäft mit übertragbaren Wertpapieren, müssen diese Wertpapiere zwingend im Effektengiro bei einem Zentralverwahrer (Central Securities Depository – CSD) eingebucht werden (Art. 3 CSDR). Da CSDs einem besonderen Zulassungsverfahren unterfallen (Art. 16 ff. CSDR), für ihre Tätigkeit strenge Vorgaben gelten (Art. 26 ff. CSDR), mit denen Transaktionen auf Krypto-Plattformen kaum vereinbar sind – man denke nur an die Regeln für das Zahlungselement der Abwicklung (Art. 40 CSDR: „Cash settlement")[31] –, und der Kreis der Teilnehmer an einem CSD zudem stark eingeschränkt ist (s. Art. 2 Abs. 1 Nr. 19 CSDR)[32], erfolgt die Lieferung und Abrechnung von Handelsgeschäften mit derartigen Wertpapieren typischerweise über mehrere Stufen, unter Zwischenschaltung einer Depotbank und gegebenenfalls weiterer Zwischenverwahrer.[33] Einer Krypto-Plattform ist die Tätigkeit als CSD damit allein aufgrund der regulatorischen Anforderungen in aller Regel nicht möglich. Hinzu kommt, dass die Erbringung von Liefer- und Abrechnungsleistungen allein einem CSD vorbehalten sind, also prinzipiell nicht von dem Betreiber eines Handelsplatzes erbracht werden dürfen (s. Art. 18 Abs. 2 und Art. 16 Abs. 2 CSDR), und ein CSD einer gesonderten Anhörung durch die Aufsichtsbehörde bedarf, wenn er ausnahmsweise auch Handelsdienstleistungen erbringen möchte (Art. 17 Abs. 5 CSDR).[34]

10 In der Gesamtschau erweist sich die Durchführung von Handelsgeschäften mit tokenisierten Wertpapieren daher regelmäßig als **ausgesprochen aufwändig**. Ein einzelnes, zumal kleines Krypto-Unternehmen kann die entsprechenden Dienstleistungen daher kaum anbieten. Die beschriebenen Vorteile der Geschäfte mit Kryptowerten – die Dezentralisierung der Handelsgeschäfte unter Ausschaltung der klassischen Finanzintermediäre sowie der niedrigschwellige Marktzugang für Digitalunternehmen – gehen damit zu erheblichem Grad verloren.

III. Wesentliche Gehalte der DLT-Pilotregelung

11 Die Pilotregelung gibt den Betreibern von eigens definierten **DLT-Marktinfrastrukturen** die Möglichkeit, die mit dem herkömmlichen Aufsichtsregime verbundenen Erschwernisse zumindest teilweise zu überwinden, indem sie eine **besondere Genehmigung** zum Betrieb der Marktinfrastruktur einholen. Mit der Genehmigung kann Ihnen die zuständige Behörde **Ausnahmen** von bestimmten regulatorischen Vorgaben zumal der **MiFID II** und der **CSDR** erteilen, sofern die Betreiber gewisse **zusätzliche Anforderungen** erfüllen. Neben den Voraussetzungen, Rechtsfolgen und Modalitäten der Erteilung der zweifellos im Mittelpunkt der Pilotregelung stehenden Genehmigung enthält die Regelung verschiedene flankierende materielle und formelle Vorgaben.

---

[31] Vgl. Weiss RDi 2022, 196 (199).
[32] Die Vorschrift verweist auf Art. 2 lit. f der Richtlinie 98/26/EG, die als Teilnehmer „ein Institut, eine zentrale Vertragspartei, eine Verrechnungsstelle oder eine Clearingstelle" ausweist.
[33] Vgl. etwa Patz BKR 2019, 435 (440 f.).
[34] Vgl. dazu Litten BKR 2022, 551 (554).

Vorbemerkungen

1. Anwendungsbereich. Die Verordnung über die Pilotregelung findet in **sachlicher** Hinsicht Anwendung auf den **Betrieb von DLT-Marktinfrastrukturen.** Als solche definiert die Verordnung in Art. 2 Nr. 5 DLT-PR insgesamt **drei Formen** von Marktinfrastrukturen, die sich an den oben beschriebenen Stufungen eines herkömmlichen Handelsgeschäfts mit **DLT-Finanzinstrumenten iSv Art. 2 Nr. 11 DLT-PR** orientieren. DLT-Marktinfrastruktur können demnach sein

1. ein **multilaterales DLT-Handelssystem** (im Folgenden: „DLT-MTF") gemäß Art. 2 Nr. 6 DLT-PR, dh ein multilaterales Handelssystem im Sinne von Art. 4 Abs. 1 Nr. 22 MiFID II, das nur DLT-Finanzinstrumente zum Handel zulässt (Handel/Trading),
2. ein **DLT-Abwicklungssystem** (im Folgenden: „DLT-SS") gemäß Art. 2 Nr. 7 DLT-PR, dh ein Abwicklungssystem, mit dem Transaktionen mit DLT-Finanzinstrumenten gegen Zahlung oder Lieferung abgewickelt werden (Lieferung und Abwicklung/Settlement), und
3. ein **DLT-Handels- und Abwicklungssystem** (im Folgenden: „DLT-TSS"), dh ein System, das die von einem DLT-MTF und einem DLT-SS erbrachten Dienstleistungen kombiniert, Art. 2 Nr. 10 DLT-PR (Kombination von Trading und Settlement).

Der damit eröffnete Blick auf den Kreis der von der DLT-PR erfassten Dienste verdeutlicht, dass der Unionsgesetzgeber mit der Verordnung lediglich **bestimmte marktinfrastrukturelle** Tätigkeiten erfassen wollte. Ein **allgemeines Reallabor** für Geschäfte mit DLT-Finanzinstrumenten wurde damit **nicht** geschaffen, da andere Aspekte solcher Geschäfte (zB die Emission von DLT-Wertpapieren)[35] nicht in den Anwendungsbereich der Verordnung fallen und damit der herkömmlichen Regulierung unterliegen.

In **persönlicher** Hinsicht richtet sich die Verordnung an die **Betreiber** der betreffenden Systeme. Dabei orientiert sie sich weitgehend an den Begrifflichkeiten der MiFID II und der CSDR. Auch wenn die Idee von DeFi gerade darin liegt, jegliche Intermediation zu überwinden, einschließlich etwaiger Plattformbetreiber,[36] dürfte ein regulatorischer Zugriff auf DLT-Systeme ohne Bestimmung eines **eindeutigen Zugriffsobjekts** kaum möglich sein – und überdies auch der ökonomischen Realität entsprechen, dass hinter den betreffenden Krypto-Plattformen regelmäßig ein verantwortlicher Betreiber steht.

2. Besondere Genehmigung für DLT-Marktinfrastrukturen. Die Vorschriften über die besonderen Genehmigungen zum Betrieb von DLT-Marktinfrastrukturen finden sich in den **Art. 8–10 DLT-PR.** Sie differenzieren danach, ob es sich bei der Infrastruktur um ein DLT-MTF, ein DLT-SS oder ein DLT-TSS handelt. Strukturell folgen die Genehmigungsvorschriften jeweils folgendem einheitlichem Schema.

a) Genehmigungsvoraussetzungen. In **persönlicher** Hinsicht setzt die **Berechtigung** zur Stellung eines Antrags auf Erteilung einer besonderen Genehmigung jeweils voraus, dass es sich bei dem Antragsteller um eine

---

[35] Vgl. zu den regulatorischen Anforderungen für die Begebung elektronischer Wertpapiere in Deutschland nach dem „Gesetz zur Einführung von elektronischen Wertpapieren" (eWpG) etwa Bartlitz NJW 2022, 1981 (1981 ff.); Omlor RDi 2021, 371 (371 ff.); zu den weiterhin geltenden Vorgaben des europäischen Kapitalmarktrechts Veil/Zickgraf ZHR 183 (2019), 346 (346 ff.).
[36] Darauf zu Recht hinweisend Zetzsche/Woxholth CMLJ 2022, 212 (220 f. und 231 f.).

Vorbemerkungen

juristische Person handelt, die nach Maßgabe der MiFID II bzw. der CSDR entweder bereits zugelassen ist oder zumindest gleichzeitig die **Zulassung** als Wertpapierfirma, für den Betrieb eines geregelten Marktes oder als Zentralverwahrer **beantragt**. Dies zeigt, dass die Pilotregelung eng an die Aufsichtsregime der MiFID II und der CSDR anknüpft.

16 Mit Blick auf die **sachlichen** Genehmigungsvoraussetzungen verweist die Pilotregelung zunächst auf die Anforderungen, die für den Betrieb einer Wertpapierfirma bzw. eines geregelten Marktes oder für einen Zentralverwahrer nach der MiFID II bzw. der CSDR gelten (s. Art. 4, 5 und 6 jeweils in Abs. 1 UAbs. 1 DLT-PR). Zusätzlich bzw. zum Teil auch anstelle dieser Voraussetzungen statuiert die Pilotregelung weitere, zunächst **allgemeine Genehmigungsanforderungen** in **Art. 7 DLT-PR**. Aus Art. 8, 9 und 10, jeweils Abs. 4 DLT-PR ersichtlich müssen die Betreiber von DLT-Marktinfrastrukturen

- klare und detaillierte **Geschäftspläne** erstellen (Art. 7 Abs. 1 DLT-PR), einschließlich der Bestimmung der Regeln und rechtlichen Bedingungen, mit denen die Rechte, Pflichten, Verantwortlichkeiten und Haftung des jeweiligen Betreibers sowie der Mitglieder, Teilnehmer, Emittenten und Kunden, die ihre DLT-Marktinfrastruktur nutzen, festgelegt werden,[37]
- Beschreibungen über die Funktionsweise der verwendeten **DLT** anfertigen (Art. 7 Abs. 2 DLT-PR),
- robuste, risikoangemessene **IT- und Cyber-Strukturen** einrichten (Art. 7 Abs. 4 DLT-PR),
- gegebenenfalls die Etablierung angemessener Strukturen für die **Verwahrung** der DLT-Finanzinstrumente (Art. 7 Abs. 5 DLT-PR) und zur Gewährleistung des **Anlegerschutzes,** für die Behandlung von **Kundenbeschwerden** sowie Entschädigungs- und Abhilfeverfahren für den Fall von **Verlusten** (Art. 7 Abs. 6 DLT-PR) und
- eine klare, detaillierte Strategie für die Einschränkung der Tätigkeit einer bestimmten DLT-Marktinfrastruktur oder für den Ausstieg aus einer bestimmten DLT-Marktinfrastruktur oder die Einstellung ihres Betriebs festlegen (**Übergangsstrategie,** Art. 7 Abs. 7 DLT-PR).[38]

Des Weiteren muss der Antragsteller Angaben zu den **Ausnahmen** machen, die er gemäß Art. 4–6 DLT-PR beantragt, einschließlich der **Gründe** für jede beantragte Ausnahme, etwaiger vorgeschlagene **Ausgleichsmaßnahmen** sowie der vorgesehenen **Mittel,** um die an diese Ausnahmen geknüpften Bedingungen zu erfüllen.

17 Je nachdem, um welche Art von DLT-Marktinfrastruktur es sich handelt, und welche Ausnahme der Betreiber beantragt (dazu sogleich → Rn. 2), sind über diese allgemeinen Anforderungen hinaus weitere, **besondere Genehmigungsvoraussetzungen** zu beachten. Diese Voraussetzungen sind in **Art. 4– 6 DLT-PR** im Einzelnen aufgeführt und dienen jeweils dazu, die **Nichteinhaltung der betreffenden Vorschriften,** von denen eine **Ausnahme** gewährt werden soll, zu rechtfertigen und/oder durch andere Anforderungen zu kompensieren sowie etwaige spezifische Risiken im Umgang mit DLT-Fi-

---

[37] In dem Umstand, dass diese Festlegungen den Betreibern selbst überlassen werden („Business Plan Approach"), wird ein besonders innovativer Ansatz der Pilotregelung gesehen, vgl. Zetzsche/Woxholth CMLJ 2022, 212 (224).

[38] Vgl. zu den allgemeinen Genehmigungsvoraussetzungen auch Priem, A DLT Pilot Regime, 2022, S. 16 f.

nanzinstrumenten einzuhegen. So soll beispielsweise dem Betreiber eines DLT-SS eine Ausnahme von dem in Art. 3 CSDR statuierten Erfordernis der Einbuchung eines Wertpapiers im Effektengiro gemäß Art. 5 Abs. 2 DLT-PR gewährt werden, wenn der Betreiber – als Rechtfertigung – nachweisen kann, dass die Einbuchung nicht mit der Verwendung der betreffenden DLT vereinbar ist, und er – als Kompensation für die Nichteinhaltung des Erfordernisses – Ausgleichsmaßnahmen anführen kann, die den Sinn und Zweck des Buchungserfordernisses ebenfalls effektiv fördern. Dabei muss der Antragsteller in Bezug auf jede beantragte Ausnahme gesondert nachweisen, dass diese in Bezug auf den Einsatz einer DLT verhältnismäßig und durch den Einsatz der DLT gerechtfertigt ist und sich auf die DLT-Marktinfrastruktur bezieht, für die die Ausnahme beantragt wird (Art. 4 Abs. 4 und Art. 5 Abs. 10 DLT-PR).

Die zuständige Behörde **prüft** im Rahmen des **Genehmigungsverfahrens**, ob 18

– die **allgemeinen Genehmigungsvoraussetzungen** vorliegen (Art. 7 DLT-PR), ob
– die besonderen, **ausnahmespezifischen Genehmigungsanforderungen** eingehalten werden (Art. 4–6 DLT-PR) und ob
– **Ausgleichsmaßnahmen** geboten sind, welche die Behörde für angemessen hält, um die Ziele der Bestimmungen zu erreichen, von denen eine Ausnahme beantragt worden ist, oder um den Anlegerschutz, die Marktintegrität oder die Finanzstabilität zu gewährleisten (Art. 4 Abs. 1, Art. 5 Abs. 1 und Art. 6 DLT-PR).

Bestehen dagegen erhebliche **Risiken** für den Anlegerschutz, die Marktintegrität oder die Finanzstabilität, ist die besondere Genehmigung jeweils zu verweigern; gleiches gilt für den Fall, dass die besondere Genehmigung und die Ausnahmen dazu dienen, rechtliche oder regulär tropische Anforderungen zu **umgehen,** oder wenn der Betreiber der DLT-Marktinfrastruktur **nicht in der Lage** sein wird, die einschlägigen rechtlichen Vorgaben einzuhalten (Art. 8, 9 und 10 jeweils in Abs. 10 DLT-PR).

b) Inhalte und Rechtsfolgen der Genehmigung. Liegen die genannten 19 Genehmigungsvoraussetzungen vor, muss die zuständige Behörde die beantragte Genehmigung und die Ausnahmen erteilen. Es besteht insoweit kein Ermessen, der Betreiber der betreffenden DLT-Marktinfrastruktur hat einen **gebundenen Anspruch** auf Genehmigungserteilung und Gewährung der Ausnahme.

Die **Inhalte** der besonderen Genehmigung sind in Art. 8, 9 und 10 jeweils 20 in Abs. 11 DLT-PR aufgeführt. Die zentrale Rechtsfolge der Genehmigungserteilung liegt darin, dass der Antragsteller von bestimmten Vorgaben der MiFID II bzw. der CSDR befreit wird. Im Einzelnen können **Ausnahmen** erteilt werden

1. für ein **DLT-MDF** von
– den strikten Anforderungen an die **Zulassung natürlicher Personen,** die vor allem Kleinanleger regelmäßig nicht erfüllen (Art. 4 Abs. 2 DLT-PR),
– den strengen **Meldepflichten** nach Art. 26 MiFIR (Art. 4 Abs. 3 DLT-PR),[39]

---

[39] Vgl. dazu mit Ausführungen zum DLT-PR BeckOK WpHR/Patz VO (EU) 600/2014 Art. 26 Rn. 62 ff.

Vorbemerkungen DLT-Pilotregelung

2. für ein **DLT-SS** von
   - dem Erfordernis, ein **Depotkonto** nach Art. 2 Abs. 1 Nr. 28 CSDR zu verwenden oder Wertpapiere gemäß Art. 3 CSDR im **Effektengiro** einzubuchen (Art. 5 Abs. 2 DLT-PR),
   - den Pflichten zur Ergreifung von Maßnahmen zur Verhinderung und Einhegung von **gescheiterten Abwicklungen** nach Art. 6 und 7 CSDR (Art. 5 Abs. 3 DLT-PR),
   - den strikten Anforderungen an die **Zulassung von Personen** als Teilnehmer zu dem DLT-SS (Art. 5 Abs. 5 DLT-PR),
   - den strengen **Wohlverhaltensregeln** nach Art. 33–35 CSDR (Art. 5 Abs. 6 DLT-PR),
   - bestimmten Anforderungen an die **Wirksamkeit der Lieferung und Abrechnung** der Wertpapiere gemäß Art. 39 CSDR (Art. 5 Abs. 7 DLT-PR),
   - den Vorgaben bezüglich des **Barausgleichs** gemäß Art. 40 CSDR (Art. 5 Abs. 8 DLT-PR)[40] und
   - den strengen Vorgaben für den **Zugang zu und von anderen Zentralverwahrern** gemäß Art. 50, 51 und 53 CSDR (Art. 5 Abs. 9 DLT-PR),
3. für ein **DLT-TSS**, also ein kombiniertes Handels- und Abwicklungssystem, von den in Art. 4 Abs. 2 und 3 DLT-PR bezeichneten, für **Handelssysteme** geltenden Vorgaben und von den in Art. 5 Abs. 2–9 DLT-PR bezeichneten, für **Abwicklungssysteme** geltenden Vorgaben (Art. 6 DLT-PR) sowie – ganz grundsätzlich – von den oben (→ Rn. 9) beschriebenen Hürden für ein Unternehmen, ein Handels- und Abrechnungssystem „aus einer Hand" anzubieten[41].[42]

21 Eine nach Maßgabe von Art. 8–10 DLT-PR erteilte besondere Genehmigung **modifiziert** nach Maßgabe des Inhalts der mit ihr verbundenen Ausnahmen die Regelungswirkung der von der betreffenden DLT-Marktinfrastruktur bereits erlangten bzw. zugleich beantragten **Zulassung** nach MiFID II bzw. CSDR. Sie ist jedoch formal von der Zulassung zu unterscheiden und ein **selbstständiger Verwaltungsakt**.

22 Neben den Ausnahmen kann die besondere Genehmigung auch **weitere Regelungen** enthalten. So legt die Behörde in der Genehmigung gemäß Art. 3 Abs. 6 DLT-PR eine etwaige **Herabsetzung der Schwellenwerte** der zugelassenen Finanzinstrumente fest. Außerdem – und vor allem – kann die Behörde die Genehmigung mit **Nebenbestimmungen** iSv Art. 1 lit. c DLT-PR versehen. Darunter fallen
   - gemäß **Art. 8, 9 und 10 jeweils in Abs. 4 lit. h DLT-PR Bedingungen,** die an die Erteilung einer Ausnahme geknüpft werden, sowie
   - gemäß **Art. 4, 5 und 6 jeweils in Abs. 1 UAbs. 2 lit. c DLT-PR Ausgleichsmaßnahmen,** die die zuständige Behörde für angemessen hält, um die Ziele der Bestimmungen zu erreichen, von denen eine Ausnahme

---

[40] Vgl. dazu mit Problematisierung McCarthy CMLJ 2022, 288 (298 f.).
[41] Vgl. speziell zum letztgenannten Punkt Litten BKR 2022, 551 (554), der die „größte reformerische Leistung des DLT-Piloten" gar darin erblickt, „dass er für die DLT-Welt eine ausdrückliche Ausnahme von dem Trennungsgebot zwischen Handel auf der einen und Abrechnung und Verwahrung auf der anderen Seite schafft (und einen solche kombinierten Dienstleister DLT-TSS nennt")".
[42] Vgl. zu den möglichen Ausnahmen mit Übersicht Zetzsche/Woxholth CMLJ 2022, 212 (221 ff.).

beantragt worden ist, oder um den Anlegerschutz, die Marktintegrität oder die Finanzstabilität zu gewährleisten.

Ein wesentlicher Unterschied zwischen diesen beiden Formen von Nebenbestimmungen ergibt sich mit Blick auf die Rechtsfolgen etwaiger Verstöße. Während die Nichtvornahme von aufgegebenen **Ausgleichsmaßnahmen** keine unmittelbare Rechtsfolge nach sich zieht und lediglich – aber immerhin – nach Maßgabe des jeweiligen mitgliedstaatlichen Verwaltungsverfahrensrechts **vollstreckt** werden kann, stellt der Verstoß gegen eine **Bedingung** gemäß Art. 8, 9 und 10 jeweils in Abs. 12 lit. b einen Grund für die **Entziehung** der besonderen Genehmigung dar.

3. Sonstige Regelungen. a) Vorgaben zum Betrieb einer DLT-Marktinfrastruktur. Über die Voraussetzungen und Modalitäten der Genehmigungserteilung hinaus enthält die Pilotregelung flankierend weitere Regelungen. Diese betreffen zunächst den **Betrieb einer DLT-Marktinfrastruktur**. Die diesbezüglichen Anforderungen sind in **Art. 7 DLT-PR** niedergelegt, allerdings weitgehend als **Genehmigungsanforderungen** ausgestaltet (s. Art. 8, 9 und 10 jeweils in Abs. 4 DLT-PR) und – abgesehen von den in Art. 11 Abs. 3 DLT-PR genannten, ihrerseits aber nicht sanktionierbaren Abhilfebefugnissen – **nicht selbstständig,** dh nicht auch außerhalb eines Genehmigungsverfahrens **durchsetzbar**. 23

Ebenfalls **nicht selbstständig vollziehbar** sind die in **Art. 3 DLT-PR** vorgesehenen **Beschränkungen** in Bezug auf Finanzinstrumente, die zum Handel über eine DLT-Marktinfrastruktur zugelassen oder von einer DLT-Marktinfrastruktur verbucht werden dürfen. Die Privilegierungen des DLT-PR gelten demnach nur in Bezug auf 24

– **Aktien** sind, deren Emittent eine (voraussichtliche) Marktkapitalisierung von weniger als 500 Mio. EUR aufweist (Art. 3 Abs. 1 lit. a DLT-PR),

– **Anleihen** oder andere Formen **verbriefter Schuldtitel** mit einem Emissionsvolumen von weniger als 1 Mrd. EUR (Art. 3 Abs. 1 lit. b DLT-PR) und

– **Anteile an Organismen für gemeinsame Anlagen in Wertpapieren** im Sinne von Art. 25 Abs. 4 lit. a Ziff. iv) MiFID II mit einem Marktwert der verwalteten Vermögenswerte von weniger als 500 Mio. EUR sind (Art. 3 Abs. 1 lit. c DLT-PR).

Die einschlägigen **Schwellenwerte** können von der zuständigen Behörde nach Maßgabe des Art. 3 Abs. 6 DLT-PR herabgesetzt werden und bilden dann einen Regelungsbestandteil der besonderen **Genehmigung** nach Art. 8, 9 oder 10 DLT-PR.

b) Entziehung der besonderen Genehmigung. Als Sanktionsmöglichkeit für Verstöße gegen die genannten Vorgaben für den Betrieb einer DLT-Marktinfrastruktur sowie als Instrument für nötige **Korrekturen** kommt vor allem die Entziehung der besonderen Genehmigung in Betracht. Eine solche Entziehung ist gemäß Art. 8, 9 und 10 jeweils in Abs. 12 DLT-PR vorgesehen, wenn 25

– die Behörde eine Schwachstelle entdeckt, die ein erhebliches Risiko darstellt, wenn

– der Betreiber der Maßinfrastruktur gegen die Bedingungen verstoßen hat, die an die Ausnahmen geknüpft sind, wenn

Vorbemerkungen
DLT-Pilotregelung

– der Betreiber gegen die in Art. 3 Abs. 1–3 vorgesehene Schwellenwerte überschritten hat oder wenn
– der Betreiber die Genehmigung auf der Grundlage irreführender Informationen oder einer wesentlichen Auslastung erhalten hat.

Man wird richtigerweise annehmen dürfen, dass Art. 8, 9 und 10 jeweils in Abs. 12 DLT-PR als gleichartiges „Minus" gegenüber der Entziehung auch eine Befugnis der zuständigen Behörde zur Korrektur der Genehmigung mittels **Teilentziehung und Änderung** enthalten ist, wenn und soweit dies mit den Regelungszielen der DLT-PR, insbesondere dem Anlegerschutz, der Marktintegrität und der Finanzstabilität vereinbar ist. Auf diese Weise kann den Grundrechten der Betreiber hinreichend Rechnung getragen werden.

26 **c) Zusammenarbeit zwischen Betreibern und zuständigen Behörden.** Des Weiteren enthält das Pilotregime in Art. 11 DLT-PR Regelungen über die Zusammenarbeit zwischen Betreibern von DLT-Marktinfrastrukturen, zuständigen Behörden und der ESMA. Besonders relevant sind hier die spezifischen **Kooperationspflichten der Betreiber** der DLT-Marktinfrastrukturen. Diese sind zur unverzüglichen **Meldung** an die zuständige Behörde verpflichtet, wenn es zu einer wesentlichen Änderung des Geschäftsplans, relevanten Störungen, technischen oder betrieblichen Schwierigkeiten oder Risiken für den Anlegerschutz, die Marktintegrität oder die Finanzstabilität kommt (Art. 11 Abs. 1 DLT-PR). Der Betreiber hat der Behörde dabei sämtliche erforderlichen **Informationen** zur Verfügung zu stellen (Art. 11 Abs. 2 DLT-PR). Dieser stehen gemäß Art. 11 Abs. 3 DLT-PR korrespondierende **Abhilfemaßnahmen** in Bezug auf den Geschäftsplan des Betreibers, die Regeln der Marktinfrastruktur und die rechtlichen Bedingungen zu, um Anlegerschutz, Marktintegrität oder Finanzstabilität zu gewährleisten. Als mögliche Sanktion für Verstöße kommt wiederum der Entzug der besonderen Genehmigung nach Art. 8, 9 oder 10 jeweils in Abs. 12 lit. a DLT-PR in Betracht. Ebenfalls Hervorhebung verdient die halbjährliche **Berichtspflicht der Betreiber** von DLT-Marktinfrastrukturen gemäß Art. 11 Abs. 4 DLT-PR. Sie gewährleistet, dass die zuständige Behörde den Pilotbetrieb der Marktinfrastruktur hinreichend effektiv überwachen kann.

27 **d) „Befristung" und Evaluierung der Pilotregelung.** Im Übrigen statuiert das Pilotregime verschiedene Verfahrens- und Organisationsvorgaben, um die Regelungen der DLT-PR zu Operationalisierung. Dazu gehört auch die **Evaluation des Pilotregimes** selbst, die in Art. 14 DLT-PR näher ausgestaltet ist. Demnach soll die **ESMA** der Kommission zum **24.3.2026** einen Bericht über die Pilotregelung vorlegen (Art. 14 Abs. 1 DLT-PR). Die **Kommission** wiederum erstellt für das europäische Parlament und den Rat einen Bericht mit einer Kosten-Nutzen-Analyse, mit einem Vorschlag für eine Verlängerung des Pilotregimes um bis zu drei Jahre, für etwaige Änderungen des Regimes und/oder der einschlägigen Rechtsvorschriften der Union über Finanzdienstleistungen (Art. 14 Abs. 2 DLT-PR). Der Verordnungstext sieht somit keine förmliche Befristung der Pilotregelung vor, sondern statuiert lediglich einen zunächst auf den 24.3.2026 zulaufenden Evaluierungsmechanismus, der den europäischen Gesetzgeber in die Lage versetzen soll, ein Auslaufen oder eine Verlängerung des Pilotregimes sowie Änderungen auch des regulären Aufsichtsregimes anzuordnen.

Vorbemerkungen

Der Gesetzgeber hat sich mit der Pilotregelung die Überarbeitung des regulären Rechtsrahmens für Finanzdienstleistungen somit gewissermaßen selbst „**auf Wiedervorlage**" gelegt. Dass der Gesetzgeber davon ausging, dass die Pilotregelung über die ganzen sechs Jahre hinweg, also bis **März 2029** in Kraft bleiben wird, zeigt sich indes an der für die besonderen Genehmigungen jeweils vorgesehenen Befristung auf bis zu sechs Jahre (s. Art. 8, 9 und 10 jeweils in Abs. 11 DLT-PR).[43]

IV. Bewertung

Betrachtet man den Regelungsgehalt des Pilotregimes für sich, ergeben sich 28 kaum Zweifel daran, dass der europäische Gesetzgeber damit ein seinen selbst gesetzten **Regelungszielen** – also (1) Ermöglichung und Erleichterung des Handels und der Verbuchung von DLT-Finanzinstrumenten und zugleich (2) Einhegung der damit einhergehenden Risiken – durchaus **entsprechendes Regulierungsinstrument** geschaffen hat. Die Möglichkeit für die (prospektiven) Betreiber bestimmter Krypto-Plattformen zur Einholung einer besonderen Genehmigung, die mit Ausnahmen von einigen anspruchsvollen Vorgaben des regulären Finanzmarktrechts verbunden werden kann, erweitert die Handlungsspielräume der Betreiber substanziell. Zusätzliche, auch unabhängig von der Beantragung einer besonderen Genehmigung selbständig vollziehbare Anforderungen an den Betrieb von DLT-Marktinfrastrukturen werden mit dem DLT-PR nicht eingeführt. Die Betreiber haben es vielmehr selbst in der Hand, ob sie durch Beantragung einer besonderen Genehmigung von den Privilegien der DLT-PR unter Inkaufnahme der damit verbundenen zusätzlichen bzw. kompensatorischen Anforderungen Gebrauch machen möchten – oder eben nicht. Aus **Betreibersicht** ist das DLT-PR somit ein **optionales Regime**. Es wird dementsprechend auch im Allgemeinen erwartet, dass das DLT-PR Newcomern den **Eintritt** in die Märkte für Kryptowerte deutlich **erleichtert** und zugleich auch für etablierte Anbieter **Anreize** setzt, verstärkt **digitale Handels- und Abwicklungssysteme** für DLT-Finanzinstrumente aufzulegen.[44]

Bezieht man über den Regelungsgehalt hinaus auch den Anwendungs- 29 bereich und die Regelungsgegenstände der Pilotregelung in ihre Bewertung mit ein, zeigt sich freilich, dass der europäische Gesetzgeber mit der DLT-PR **nicht** das gesamte **Potenzial des Reallabor-Ansatzes** ausgeschöpft hat. So betrifft das Regime mit dem Handel und der Abrechnung von DLT-Finanzinstrumenten zwar – im wahrsten Sinne – marktinfrastrukturelle Tätigkeiten, aber eben nur einen bestimmten **Ausschnitt** der im Krypto-Ökosystem vorfindlichen Dienste. Andere potenzielle Regelungsgegenstände (zB die Zulassung auch anderer Akteure als MTFs und CSDs[45], oder die Regelung der Emission von DLT-Finanzinstrumenten) wurden demgegenüber ausgeblendet bzw. eignen sich weniger für den auf die Erteilung befristeter Genehmigungen gerichteten Regulierungsansatz der DLT-PR und unterliegen daher weiterhin der herkömmlichen Regulierung. Des Weiteren verfolgt das Pilotregime ein sehr spezifisches Konzept und beschränkt sich weitgehend

---
[43] Mit vorzeitiger Beendigung des Pilotregimes würden auch die auf seiner Grundlage erteilten Genehmigungen „beendet", Art. 14 Abs. 2 lit. e DLT-PR. Vgl. zum zeitlichen Rahmen bereits eingehend Ebner GesRZ 2022, 271 (275 f.).
[44] Vgl. etwa Litten BKR 2022, 551 (555 f.); Hirzle/Hugendubel BKR 2022, 821 (823).
[45] Vgl. kritisch zu dieser Einschränkung etwa Zetzsche/Woxholth CMLJ 2022, 212 (236).

auf die Normierung von Ausnahmetatbeständen, also die Schaffung eines experimentellen Rechtsrahmens (**„Experimentierklausel-Ansatz"**). Reallabore können indes noch **weitere Bausteine**, insbesondere auch verfahrensrechtliche Elemente zur Eröffnung innovationsermöglichender Testräume aufweisen – zB die fortlaufende, auch rechtliche **Beratung** und Begleitung innovativer Dienste („Individual Guidance"), die (ggf. vertraglich fixierte) **Zusicherung**, keine aufsichtsrechtlichen Maßnahmen zu ergreifen („No-Action-Letter"), solange sich das Unternehmen an die im **Testplan** zuvor vereinbarten Testbedingungen hält („Testing Plan"), und ein über schlichte Informations- und halbjährliche Berichtspflichten und Evaluation (s. Art. 11 Abs. 1–4 DLT-PR) hinausgehendes **Monitoring** der Pilotdienste.[46] Dies bedeutet keineswegs, dass die Pilotregelung all diese Elemente zwingend hätte aufgreifen müssen – gerade zur Ein- und Durchführung der beschriebenen Verfahrenselemente sind auch die **nationalen (Verwaltungsverfahrens-)Gesetzgeber** und **Aufsichtsbehörden** berufen. Es verdeutlicht jedoch, dass die DLT-PR mit der Schaffung eines experimentellen Rechtsrahmens eine sehr wichtige, aber eben nicht die einzige Voraussetzung für ein gleichermaßen innovationsoffenes wie risikoangemessenes Aufsichtsregime für den Handel und die Abwicklung von DLT-Finanzinstrumenten geschaffen hat.

30 Der **tatsächliche** Erfolg (oder Misserfolg) des DLT-PR wird schließlich auch – in Abwandlung des berühmten Böckenförde-Diktums – von Voraussetzungen abhängig sein, die das DLT-PR selbst nicht garantieren kann. So müssen die **Aufsichtsbehörden** bei der Anwendung der DLT-PR-Tatbestände die Bedürfnisse der Ermöglichung von Geschäften mit DLT-Finanzinstrumenten einerseits und der Einhegung der damit verbundenen Risiken einerseits behutsam austarieren und die Regelungen insbesondere nicht übermäßig streng interpretieren; andernfalls wird die Beantragung einer besonderen DLT-PR-Genehmigung für Anbieter kaum attraktiv sein. Des Weiteren wird die Entwicklung des Handels mit Krypto-Finanzinstrumenten zu erheblichem Grad auch davon abhängen, wie zuverlässig und seriös die **Anbieter** handeln. Die Unregelmäßigkeiten bei einigen Krypto-Plattformen und mit ihnen verbundenen Instituten, von denen seit Ende 2022 berichtet wurde, und der darauf folgende Rückgang des Krypto-Handels verdeutlichen, wie wichtig, aber auch empfindlich das Vertrauen in die Unternehmen für die Entwicklung jener Branche ist. Dies führt vor Augen, dass ein Bedürfnis nach Regulierung tatsächlich besteht und auch im Rahmen von „Reallaboren", wie sie die DLT-PR ermöglicht, nicht zu stark zurückgefahren werden darf.

Artikel 1 Gegenstand und Anwendungsbereich

In dieser Verordnung werden Anforderungen hinsichtlich der DLT-Marktinfrastrukturen und ihrer Betreiber in Bezug auf Folgendes festgelegt:

a) die Erteilung und den Entzug einer besonderen Genehmigung für den Betrieb von DLT-Marktinfrastrukturen gemäß der vorliegenden Verordnung;

---

[46] Vgl. dazu und zum Folgenden eingehend Krönke JZ 2021, 434 (434 ff.); mit vergleichenden Überlegungen auch zum österreichischen Recht Krönke ÖZW 2022, 3 (6 ff.).

Gegenstand und Anwendungsbereich   **Art. 1 DLT-PR**

b) die Erteilung, die Änderung und der Entzug der mit einer besonderen Genehmigung verbundenen Ausnahmen;
c) die Festlegung, die Änderung und der Entzug der mit einer Genehmigung verbundenen Bedingungen sowie die Festlegung, die Änderung und der Entzug von Ausgleichs- oder Abhilfemaßnahmen;
d) den Betrieb von DLT-Marktinfrastrukturen;
e) die Beaufsichtigung von DLT-Marktinfrastrukturen und
f) die Zusammenarbeit zwischen Betreibern von DLT-Marktinfrastrukturen, zuständigen Behörden und der durch die Verordnung (EU) Nr. 1095/2010 errichteten Europäischen Aufsichtsbehörde (Europäische Wertpapier- und Marktaufsichtsbehörde) (ESMA).

Übersicht

	Rn.
I. Einführung	1
1. Literatur	1
2. Entstehung und Zweck der Norm	2
3. Normativer Kontext	4
II. Anwendungsbereich der DLT-Pilotregelung	7
1. Sachlicher Anwendungsbereich	7
2. Persönlicher Anwendungsbereich	8
3. Zeitlicher Anwendungsbereich	9
III. Regelungsgegenstände der DLT-Pilotregelung	10
1. Erteilung und Entzug besonderer Genehmigungen (lit. a)	11
2. Erteilung, Änderung und Entzug von Ausnahmen (lit. b)	12
3. Nebenbestimmungen (lit. c)	13
4. Betrieb von DLT-Marktinfrastrukturen (lit. d)	14
5. Beaufsichtigung (lit. e)	16
6. Zusammenarbeit von Betreibern und Behörden (lit. f)	17

I. Einführung

1. Literatur. *Litten,* Mit dem DLT-Piloten in die Zukunft des digitalen 1 Kapitalmarktaufsichtsrechts, BKR 2022, 551; *Möslein/Kaulartz/Rennig,* Decentralized Finance (DeFi), RDi 2021, 517; *Zetzsche/Woxholth,* The DLT sandbox under the Pilot-Regulation, CMLJ 2022, 212.

2. Entstehung und Zweck der Norm. Art. 1 DLT-PR wurde im **Ge-** 2 **setzgebungsverfahren** nur geringfügig verändert, durch sprachliche Anpassungen und Verschlankungen. Der Gehalt der Bestimmung – dh die Festlegung des Anwendungsbereichs des Pilotregimes die Aufzählung seiner Regelungsgegenstände – entspricht im Wesentlichen der Fassung des Kommissionsentwurfs. Inhaltlich vergleichbare **Vorgänger- oder Modellregelungen** existieren **nicht,** da es im europäischen Finanzmarktrecht zuvor kein gesondertes Sandbox- bzw. Experimentierregime[1] gab. Soweit der europäische Gesetzgeber in der Vergangenheit einen spezifischen Rechtsrahmen für innovative Finanzdienstleistungen schaffen wollte, hatte er entweder lediglich punktuelle Änderungen an den bestehenden Vorgaben vorgenommen oder unmittelbar ein vollwertiges Regelungsregime für die betreffenden Dienstleistungen eingeführt – man denke etwa an die gesonderte Crowdfunding-

---
[1] Dazu bereits → Vor DLT-PR Rn. 28.

Verordnung für Schwarmfinanzierungsdienstleister[2], die vom Anwendungsbereich des MiFID-Regimes gänzlich ausgenommen wurden (s. Art. 2 Abs. 1 lit. p MiFID II). Im Übrigen fügt sich Art. 1 regelungstechnisch in die übliche Architektur unionsrechtlicher Rechtsakte ein, die in ihren ersten Artikeln Aussagen zu ihrer normativen Tragweite treffen.

3 Erklärtes Ziel der Pilotregelung insgesamt ist es, wie bereits einleitend dargelegt, einen **fakultativen Unionsstatus** für die Betreiber von **DLT-Marktinfrastrukturen** iSv Art. 2 Nr. 5 DLT-PR zu schaffen (s. **Erwgr. Nr. 7**), indem sie die Möglichkeit eröffnet, mittels **besonderer Genehmigung** bestimmte DLT-Marktinfrastrukturen vorübergehend von einigen spezifischen Anforderungen der Rechtsvorschriften der Union über Finanzdienstleistungen – dh insbesondere von der Anforderungen der **MiFID II**, der **MiFiR** und der **CSDR** – auszunehmen (s. **Erwgr. Nr. 6 Satz 2**), diesen Infrastrukturen zugleich aber auch besondere **Pflichten** zum Anleger- und Marktschutz aufzuerlegen (s. **Erwgr. Nr. 6 Satz 3**).[3] Die DLT-PR soll dadurch einerseits die mit der Entwicklung des Handels mit Kryptowerten verbundenen **Vorteile** (zB die Dezentralisierung und Disintermediation des Handels mit und der Verwahrung von tokenisierten Finanzinstrumenten) erhalten – diese drohen bei der Anwendung des regulären Aufsichtsregimes verloren zu gehen (s. **Erwgr. Nr. 3, 4 und 5 Sätze 7 und 8**). Andererseits soll die DLT-PR die mit der Nutzung von DLT beim Handel und bei der Verwahrung von DLT-Finanzinstrumenten möglicherweise verbundenen **Risiken** für Anleger und Märkte (zB Intransparenzen der verwendeten Smart Contracts) angemessen adressieren (s. **Erwgr. Nr. 5 Sätze 1–3**). Diese gleichsam „doppelte" Zwecksetzung der DLT-PR als optionales Instrument ist auch bei der Interpretation der in Art. 1 DLT-PR enthaltenen Definition ihres Regelungsgegenstandes und ihres Anwendungsbereichs zu berücksichtigen.

4 **3. Normativer Kontext.** Der Anwendungsbereich und der Regelungsgehalt gemäß Art. 1 DLT-PR kommen einigermaßen schlank und selbsterklärend daher. Beides ergibt sich freilich erst im Zusammenhang mit weiteren Bestimmungen der DLT-PR. So knüpfen etwa der sachliche und persönliche **Anwendungsbereich** an zahlreiche Begrifflichkeiten an (zB der „DLT-Marktinfrastrukturen"), die in den **Begriffsbestimmungen** nach **Art. 2 DLT-PR** näher definiert werden. Und auch aus der Ausdifferenzierung der in Art. 1 lit. a–f DLT-PR genannten Regelungsgegenstände der Verordnung ergibt sich nicht ohne Weiteres, dass der **zentrale Regelungsgegenstand** der DLT-PR – gewissermaßen ihr Dreh- und Angelpunkt – in den **besonderen Genehmigungen** nach den Bestimmungen der **Art. 8–10 DLT-PR** liegt, denn an deren Beantragung und Erteilung knüpft die DLT-PR ihre wesentlichen Rechtsfolgen.

5 Ebenfalls nicht aus Art. 1 DLT-PR selbst ersichtlich ist die **Abgrenzung** des Regelungsanspruchs der Verordnung von anderen, insbesondere den regulären aufsichtsrechtlichen Vorgaben zumal der **MiFID II**, der **MiFIR** und der **CSDR**. Dass die letztgenannten Regelwerke grundsätzlich unberührt bleiben und die DLT-PR lediglich gewisse **Modifizierungen** für den

---

[2] Verordnung (EU) 2020/1503 des Europäischen Parlaments und des Rates vom 7.10.2020 über Europäische Schwarmfinanzierungsdienstleister für Unternehmen und zur Änderung der Verordnung (EU) 2017/1129 und der Richtlinie (EU) 2019/1937.
[3] Zum Zweck der DLT-PR bereits eingehend → Vor DLT-PR Rn. 4 ff.

Gegenstand und Anwendungsbereich **Art. 1 DLT-PR**

Fall vorsieht, dass dem betreffenden Betreiber einer DLT-Marktinfrastruktur kraft besonderer Genehmigung gemäß Art. 8–10 DLT-PR eine Ausnahme erteilt wird, ergibt sich aus **Art. 4–6,** jeweils in **Abs. 1 UAbs. 1 DLT-PR.** Die Abgrenzung von der **MiCAR** erfolgt dagegen über den Begriff des **(DLT-)Finanzinstruments,** da die MiCAR nicht für Kryptowerte gelten soll, die als Finanzinstrumente einzuordnen sind.

Zwar wurde die DLT-PR als Verordnung erlassen und ist daher unmittel- 6 bar auch in den mitgliedstaatlichen Rechtsordnungen anwendbar. In **begrenztem** Umfang ist sie gleichwohl einer Ergänzung durch **nationale Durchführungsbestimmungen** zugänglich.[4]

II. Anwendungsbereich der DLT-Pilotregelung

1. Sachlicher Anwendungsbereich. Der **sachliche Anwendungs-** 7 **bereich** der DLT-PR setzt – wie bereits eingehend dargelegt[5] – gemäß Art. 1 DLT-PR eine **DLT-Marktinfrastruktur** iSv Art. 2 Nr. 5 DLR voraus, also entweder eine DLT-MTF (→ DLT-PR Art. 2 Rn. 8), ein DLT-SS (→ DLT-PR Art. 2 Rn. 10) oder ein DLT-TSS (→ DLT-PR Art. 2 Rn. 14). Diese Begriffe werden in Art. 2 DLT-PR näher definiert und knüpfen jeweils an Transaktionen mit **DLT-Finanzinstrumenten** iSv Art. 2 Nr. 11 DLT-PR an (→ DLT-PR Art. 2 Rn. 15). Des Weiteren sieht Art. 3 DLT-PR Beschränkungen in Bezug auf Finanzinstrumente vor, die zum Handel bzw. zur Verwahrung auf DLT-Marktinfrastrukturen zugelassen werden dürfen. Dies ist allerdings keine Frage des Anwendungsbereichs der Verordnung mehr,[6] sondern betrifft bereits die Betriebsanforderungen (dazu → DLT-PR Art. 3 Rn. 3 ff.).

2. Persönlicher Anwendungsbereich. In **persönlicher** Hinsicht richtet 8 sich die Verordnung an die **Betreiber** von DLT-Marktinfrastrukturen. Dies sind
– im Falle einer **DLT-MTF** gemäß Art. 4 Abs. 1 Nr. 22 MiFID II iVm Art. 2 Nr. 5, 19 und 20 und Art. 8 Abs. 1 DLT-PR
 – eine **Wertpapierfirma** oder
 – ein **Marktbetreiber** (→ DLT-PR Art. 2 Rn. 24) sowie
– im Falle eines **DLT-SS** ein **Zentralverwahrer** gemäß Art. 2 Abs. 1 Nr. 1 CSDR iVm Art. 2 Nr. 6 und 14 und Art. 9 Abs. 1 DLT-PR (→ DLT-PR Art. 2 Rn. 18);
– im Falle eines **DLT-TSS** kommen aus Art. 10 Abs. 1 DLT-PR alle genannten Varianten in Betracht.

Kann eine Krypto-Plattform keinem Betreiber in diesem Sinne zugeordnet werden – etwa weil sie, ganz im Sinne der Idee von Decentralized Finance („DeFi"), **vollständig dezentral** organisiert ist –, kommen weder die Regelungen der DLT-PR[7] noch das herkömmliche Aufsichtsregime[8] zur Anwendung. Das spezifische (Nicht-)Regulierungsproblem von DeFi lösen damit weder die MiCAR noch die DLT-PR.

---

[4] Vgl. etwa das österreichische DLT-Verordnung-Vollzugsgesetz – DLT-VVG.
[5] Zum Folgenden bereits ausf. → Vor DLT-PR Rn. 1 f.
[6] So aber wohl Litten BKR 2022, 551 (552).
[7] Vgl. Zetzsche/Woxholth CMLJ 2022, 212 (220 f. und 231 f.).
[8] Vgl. dazu ausf. Möslein/Kaulartz/Rennig RDi 2021, 517 (523 ff.).

9 **3. Zeitlicher Anwendungsbereich.** Sowohl die Bezeichnung der Verordnung („Pilotregelung") als auch Erwgr. Nr. 53 („Verlängerung") und die Befristungsregeln bezüglich der besonderen Genehmigungen in Art. 8, 9 und 10 jeweils in Abs. 11 DLT-PR deuten darauf hin, dass mit der Verordnung errichtete Regime nur ein **vorläufiges** sein soll und in entsprechende dauerhafte Änderungen des regulären Aufsichtsregimes münden soll. Gleichwohl ist für die DLT-PR selbst weder in Art. 1 noch in anderen operativen Regeln eine förmliche Befristung vorgesehen. Insbesondere Art. 14 DLT-PR statuiert lediglich einen zunächst auf den 24.3.2026 zulaufenden Evaluierungsmechanismus, der den europäischen Gesetzgeber in die Lage versetzen soll, ein Auslaufen oder eine Verlängerung des Pilotregimes bis März 2029 sowie Änderungen auch des regulären Aufsichtsregimes anzuordnen.[9] Formal ist der **zeitliche Anwendungsbereich** der DLT-PR somit **nicht eingegrenzt.**

III. Regelungsgegenstände der DLT-Pilotregelung

10 Art. 1 **lit. a–f** DLT-PR führen die wesentlichen Regelungsgegenstände der DLT-PR auf (dazu bereits ausf. → Vor DLT-PR Rn. 11 ff.). Ein besonderer **normativer Gehalt** ist damit allerdings jeweils **kaum** verbunden. Zusätzlich zu den in Art. 1 DLT-PR genannten Regelungen enthält die Verordnung auch Bestimmungen zur Berichterstattung und Überprüfung der Pilotregelung selbst (Art. 14 und 15 DLT-PR), zur Änderung verschiedener anderer Rechtsakte (Art. 16–18 DLT-PR) sowie zum Inkrafttreten und zum Geltungsbeginn (Art. 19 DLT-PR).

11 **1. Erteilung und Entzug besonderer Genehmigungen (lit. a).** Im Mittelpunkt der Pilotregelung und dementsprechend an der Spitze des Art. 1 DLT-PR stehen als Regelungsgegenstand in **lit. a** die Erteilung und der Entzug einer **besonderen Genehmigung** für den Betrieb von DLT-Marktinfrastrukturen (dazu ausf. → Vor DLT-PR Rn. 14 ff.). Die diesbezüglichen Vorschriften finden sich – ausdifferenziert für die drei Marktinfrastrukturtypen DLT-MTF, DLT-SS und DLT-TSS – vor allem in den **Art. 8–10 DLT-PR.** Dort wird jeweils auf die allgemeinen Genehmigungsvoraussetzungen in Art. 7 DLT-PR sowie die besonderen Genehmigungsvoraussetzungen gemäß Art. 4–6 DLT-PR (dazu sogleich in → Rn. 2) verwiesen.

12 **2. Erteilung, Änderung und Entzug von Ausnahmen (lit. b).** Wesentliche Bestandteile der besonderen Voraussetzungen sowie des Inhalts und der Rechtsfolgen der besonderen Genehmigungen sind gemäß Art. 1 **lit. b** DLT-PR – wiederum für die drei Marktinfrastrukturtypen ausdifferenziert – die in **Art. 4–6 DLT-PR** enthaltenen Regelungen über die mit den Genehmigungen verbundenen Ausnahmen von bestimmten Vorgaben der MiFID II, der MiFIR und der CSDR (dazu ausf. → Vor DLT-PR Rn. 18). Sie bilden gewissermaßen das materiell-rechtliche Kernstück des mit der DLT-PR statuierten Genehmigungsrechts.

13 **3. Nebenbestimmungen (lit. c).** Mit den besonderen Genehmigungen verbunden werden können aus Art. 1 **lit. c** DLT-PR ersichtlich als Nebenbestimmungen

– gemäß **Art. 8, 9 und 10 jeweils in Abs. 4 lit. h DLT-PR Bedingungen,** die an die Erteilung einer Ausnahme geknüpft werden, sowie

---

[9] Dazu bereits → Vor DLT-PR Rn. 27.

– gemäß **Art. 4, 5 und 6 jeweils in Abs. 1 UAbs. 2 lit. c DLT-PR Ausgleichsmaßnahmen,** die die zuständige Behörde für angemessen hält, um die Ziele der Bestimmungen zu erreichen, von denen eine Ausnahme beantragt worden ist, oder um den Anlegerschutz, die Marktintegrität oder die Finanzstabilität zu gewährleisten.

Ein wesentlicher Unterschied zwischen diesen beiden Formen von Nebenbestimmungen ergibt sich mit Blick auf die Rechtsfolgen etwaiger Verstöße (dazu → Vor DLT-PR Rn. 22).

4. Betrieb von DLT-Marktinfrastrukturen (lit. d). Neben den Vorschriften betreffend die besonderen Genehmigungen enthält die Verordnung gemäß Art. 1 **lit. d** DLT-PR verschiedene Regelungen, die den Betrieb von DLT-Marktinfrastrukturen betreffen (dazu → Vor DLT-PR Rn. 23 f.). Dies sind zum einen die in **Art. 7 DLT-PR** niedergelegten „**zusätzlichen Anforderungen**" an DLT-Marktinfrastrukturen". Sie sind allerdings weitgehend als Genehmigungsanforderungen ausgestaltet (s. Art. 8, 9 und 10 jeweils in Abs. 4 DLT-PR) und **nicht selbstständig,** dh nicht auch außerhalb eines Genehmigungsverfahrens **durchsetzbar.** Gleiches gilt für die in **Art. 3 DLT-PR** statuierten **Beschränkungen** in Bezug auf die dort definierten Finanzinstrumente, die zum Handel über eine DLT-Marktinfrastruktur zugelassen oder von einer DLT-Marktinfrastruktur verbucht werden dürfen. 14

Dies wirft die Frage auf, ob die Pilotregelung den Betreibern von DLT-Marktinfrastrukturen iSv Art. 2 Nr. 5 DLT-PR die in Art. 3 und 7 DLT-PR geregelten Anforderungen überhaupt als **selbständige betriebsbezogene Verpflichtungen** auferlegen soll, die auch unabhängig von der Beantragung einer besonderen Genehmigung nach Art. 8–10 DLT-PR Geltung beanspruchen. Für die Selbständigkeit der Verpflichtungen spricht zunächst Art. 1 lit. d DLT-PR sowie der Wortlaut der Art. 3 und 7 DLT-PR, die jeweils nicht an die Beantragung bzw. Erteilung einer besonderen Genehmigung anknüpfen. Aus dem oben (→ Rn. 2) dargelegten Sinn und Zweck der Pilotregelung wird man allerdings ableiten müssen, dass der europäische Gesetzgeber den Betreibern von DLT-Marktinfrastrukturen mit der Pilotregelung prinzipiell **keine** über MiFID II, MiFIR und/oder CSDR hinausgehenden **zusätzlichen Pflichten** auferlegen wollte, sondern – wie es in Erwgr. Nr. 7 explizit heißt –, einen „**fakultativen Unionsstatus**" schaffen wollte. Richtigerweise ist Art. 1 lit. d DLT-PR (und mit ihm Art. 3 und 7 DLT-PR) dahingehend **teleologisch reduziert** auszulegen, dass sie keine eigenständigen betriebsbezogenen Verpflichtungen statuieren sollen, sondern nur dann eingreifen, wenn dem Betreiber einer DLT-Marktinfrastruktur eine besondere Genehmigung im iSv Art. 8–10 DLT-PR erteilt wird. 15

5. Beaufsichtigung (lit. e). In Bezug auf die Beaufsichtigung von DLT-Marktinfrastrukturen im iSv Art. 1 **lit. e** DLT-PR enthalten **Art. 12 DLT-PR** (Benennung der zuständigen Behörde) sowie **Art. 13 DLT-PR** (Mitteilung der zuständigen Behörde) Regeln betreffend die **Behördenzuständigkeit.** Darüber hinaus enthält auch Art. 11 DLT-PR Vorschriften über die Beaufsichtigung, allerdings als Bestandteil der „Zusammenarbeit" zwischen Betreibern und Behörden (dazu sogleich in → Rn. 17). 16

6. Zusammenarbeit von Betreibern und Behörden (lit. f). Die Zusammenarbeit zwischen Betreibern von DLT-Marktinfrastrukturen, zuständigen Behörden und der ESMA iSv Art. 1 **lit. f** DLT-PR wird in **Art. 11** 17

DLT-PR Art. 2 DLT-Pilotregelung

DLT-PR adressiert. Besonders relevant sind hier die spezifischen Kooperationspflichten der Betreiber der DLT-Marktinfrastrukturen, insbesondere die Melde- und Informationspflichten gemäß Art. 11 Abs. 1 und 2 DLT-PR, sowie damit korrespondierende Abhilfebefugnisse der Behörden gemäß Art. 11 Abs. 3 DLT-PR (dazu ausf. → Vor DLT-PR Rn. 2).

Artikel 2 Begriffsbestimmungen

Für die Zwecke dieser Verordnung bezeichnet der Ausdruck

1. „Distributed-Ledger-Technologie" oder „DLT" eine Technologie, die den Betrieb und die Nutzung von Distributed Ledger ermöglicht;
2. „Distributed Ledger" einen Informationsspeicher, der Aufzeichnungen über Transaktionen enthält und der unter Verwendung eines Konsensmechanismus auf eine Reihe von DLT-Netzwerkknoten verteilt und zwischen diesen synchronisiert wird;
3. „Konsensmechanismus" die Regeln und Verfahren, durch die eine Übereinstimmung unter DLT-Netzwerkknoten dahin gehend erzielt wird, dass eine Transaktion validiert ist;
4. „DLT-Netzwerkknoten" ein Gerät oder Prozess, das bzw. der Teil eines Netzwerks ist und das bzw. der eine vollständige oder teilweise Kopie von Aufzeichnungen aller Transaktionen in einem Distributed-Ledger enthält;
5. „DLT-Marktinfrastruktur" ein „multilaterales DLT-Handelssystem", ein „DLT-Abwicklungssystem" oder ein „DLT-Handels- und Abwicklungssystem";
6. „multilaterales DLT-Handelssystem" oder „DLT-MTF" ein multilaterales Handelssystem, das nur DLT-Finanzinstrumenten zum Handel zulässt;
7. „DLT-Abwicklungssystem" oder „DLT-SS" ein Abwicklungssystem, mit dem Transaktionen mit DLT-Finanzinstrumenten gegen Zahlung oder Lieferung abgewickelt werden, unabhängig davon, ob dieses Abwicklungssystem gemäß der Richtlinie 98/26/EG benannt und gemeldet wurde, und das die erstmalige Erfassung von DLT-Finanzinstrumenten oder die Erbringung von Verwahrungsdienstleistungen in Bezug auf DLT-Finanzinstrumente ermöglicht;
8. „Lieferung und Abrechnung" bzw. „Abwicklung" eine Lieferung und Abrechnung bzw. Abwicklung im Sinne von Artikel 2 Absatz 1 Nummer 7 der Verordnung (EU) Nr. 909/2014;
9. „gescheiterte Abwicklung" eine gescheiterte Abwicklung im Sinne von Artikel 2 Absatz 1 Nummer 15 der Verordnung (EU) Nr. 909/2014;
10. „DLT-Handels- und Abwicklungssystem" oder „DLT-TSS" ein DLT-MTF oder ein DLT-SS, das die von einem DLT-MTF und einem DLT-SS erbrachten Dienstleistungen kombiniert;
11. „DLT-Finanzinstrument" ein Finanzinstrument, das mittels Distributed-Ledger-Technologie emittiert, verbucht, übertragen und gespeichert wird;
12. „Finanzinstrument" ein Finanzinstrument im Sinne von Artikel 4 Absatz 1 Nummer 15 der Richtlinie 2014/65/EU;
13. „multilaterales Handelssystem" ein multilaterales Handelssystem im Sinne von Artikel 4 Absatz 1 Nummer 22 der Richtlinie 2014/65/EU;
14. „Zentralverwahrer" einen Zentralverwahrer im Sinne von Artikel 2 Absatz 1 Nummer 1 der Verordnung (EU) Nr. 909/2014;

Begriffsbestimmungen Art. 2 DLT-PR

15. „Wertpapierliefer- und -abrechnungssystem" ein Wertpapierliefer- und -abrechnungssystem im Sinne von Artikel 2 Absatz 1 Nummer 10 der Verordnung (EU) Nr. 909/2014;
16. „Geschäftstag" einen Geschäftstag im Sinne von Artikel 2 Absatz 1 Nummer 14 der Verordnung (EU) Nr. 909/2014;
17. „Lieferung gegen Zahlung" eine Lieferung gegen Zahlung im Sinne von Artikel 2 Absatz 1 Nummer 27 der Verordnung (EU) Nr. 909/2014;
18. „Kreditinstitut" ein Kreditinstitut im Sinne von Artikel 4 Absatz 1 Nummer 1 der Verordnung (EU) Nr. 575/2013 des Europäischen Parlaments und des Rates;
19. „Wertpapierfirma" eine Wertpapierfirma im Sinne von Artikel 4 Absatz 1 Nummer 1 der Richtlinie 2014/65/EU;
20. „Marktbetreiber" einen Marktbetreiber im Sinne von Artikel 4 Absatz 1 Nummer 18 der Richtlinie 2014/65/EU;
21. „zuständige Behörde" eine oder mehrere zuständige Behörden, die
    a) gemäß Artikel 67 der Richtlinie 2014/65/EU benannt wurde bzw. wurden;
    b) gemäß Artikel 11 der Verordnung (EU) Nr. 909/2014 benannt wurde bzw. wurden; oder
    c) auf sonstige Weise von einem Mitgliedstaat zum Zwecke der Überwachung der Anwendung dieser Verordnung benannt wurde bzw. wurden;

Übersicht

	Rn.
I. Einführung	1
1. Literatur	1
2. Entstehung und Zweck der Norm	2
3. Normativer Kontext	3
II. Einzelkommentierungen	4
1. „Distributed-Ledger-Technologie" oder „DLT" (Nr. 1)	4
2. „Distributed Ledger" (Nr. 2)	5
3. „Konsensmechanismus" (Nr. 3)	6
4. „DLT-Netzwerkknoten" (Nr. 4)	7
5. „DLT-Marktinfrastruktur" (Nr. 5)	8
6. „Multilaterales DLT-Handelssystem" – „DLT-MTF" (Nr. 6)	9
7. „DLT-Abwicklungssystem" – „DLT-SS" (Nr. 7)	10
8. „Lieferung und Abrechnung" bzw. „Abwicklung" (Nr. 8)	12
9. „Gescheiterte Abwicklung" (Nr. 9)	13
10. „DLT-Handels- und Abwicklungssystem" – „DLT-TSS" (Nr. 10)	14
11. „DLT-Finanzinstrument" (Nr. 11)	15
12. „Finanzinstrument" (Nr. 12)	16
13. „Multilaterales Handelssystem" (Nr. 13)	17
14. „Zentralverwahrer" (Nr. 14)	18
15. „Wertpapierliefer- und -abrechnungssystem" (Nr. 15)	19
16. „Geschäftstag" (Nr. 16)	20
17. „Lieferung gegen Zahlung" (Nr. 17)	21
18. „Kreditinstitut" (Nr. 18)	22
19. „Wertpapierfirma" (Nr. 19)	23
20. „Marktbetreiber" (Nr. 20)	24
21. „zuständige Behörde" (Nr. 21)	25

I. Einführung

1 **1. Literatur.** Siehe dazu das in → Vor DLT-PR Rn. 1 angegebene Schrifttum.

2 **2. Entstehung und Zweck der Norm.** Art. 2 DLT-PR enthält – wie für Unionsrechtsakte durchweg üblich – einen Katalog von Definitionen relevanter Begriffe, die in dem Rechtsakt verwendet werden. Die Funktion und Bedeutung der Definitionen ist dabei durchaus unterschiedlich. Während die Definitionen in den Art. 2 Nr. 1–4 DLT-PR vor allem die erfassten **Technologien eingrenzen** sollen, enthält die wohl überwiegende Zahl an Definitionen Verweise auf Definitionen in anderen finanzmarktrechtlichen Instrumenten (va MiFID II, CSDR); die Bestimmungen haben insoweit lediglich **Scharnierfunktion.** Eine gewisse eigenständige Bedeutung für den **sachlichen Anwendungsbereich** der Verordnung hat schließlich die Definition des DLT-Finanzinstruments in Art. 2 Nr. 11 DLT-PR, zumal sie – zumindest ihrem Wortlaut nach – einigermaßen eng geführt ist.

3 **3. Normativer Kontext.** Die Definitionen weisen vielfältige Verweise in andere Rechtsakte auf, insbesondere auf die Terminologie von **MiFID II** und der **CSDR.** Dies entspricht der Funktion der DLT-PR als die MiFID-II-Richtlinie und die CSDR ergänzendes **Sandbox-Regime** für den Handel von Kryptowerten, die als Finanzinstrumente im Sinne der überkommenen finanzmarktrechtlichen Regulierung einzuordnen sind. Mit Blick auf die technologiebezogenen Definitionen in Art. 2 Nr. 1–4 DLT-PR ergeben sich überdies Überschneidungen mit Art. 3 Nr. 1–4 **MiCAR.**

II. Einzelkommentierungen

4 **1. „Distributed-Ledger-Technologie" oder „DLT" (Nr. 1).** Der Begriff der Distributed-Ledger-Technologie ist vor dem Hintergrund der Zwecksetzung der DLT-PR, den Einsatz von Distributed Ledgers als einer innovativen Technologie im Bereich der Finanzdienstleistungen zu ermöglichen und zu fördern,[1] in einem weiten Sinne auf jede Technologie bezogen, die den Betrieb und die Nutzung von Distributed Ledger iSv Art. 2 Nr. 2 DLT-PR ermöglicht. Erforderlich ist damit einerseits ein **unmittelbarer funktionaler Bezug** der betreffenden Technologie zum Betrieb und zur Nutzung eines **Distributed Ledgers.** Eine einschränkende Auslegung, die nur bestimmte DLT-Konzepte oder -Designs miteinbezieht, ist dagegen andererseits unzulässig.

5 **2. „Distributed Ledger" (Nr. 2).** Art. 2 Nr. 2 DLT-PR enthält eine gemäß **Erwgr. Nr. 9** technologieneutrale Definition eines Distributed Ledgers (im Folgenden: „DL") als eines Informationsspeichers, der Aufzeichnungen über Transaktionen enthält und der unter Verwendung eines Konsensmechanismus auf eine Reihe von DLT-Netzwerkknoten verteilt und zwischen diesen synchronisiert wird. Auf welche Weise die Informationen gespeichert werden, welche Transaktionsdaten erfasst werden, wie der Konsensmechanismus konzipiert ist usw, ist für den DL-Begriff nicht relevant. Wesentlich für die Einordnung eines **Informationsspeichers** als DL sind vor diesem Hintergrund allein (1) die Erfassung von **Transaktionsdaten,** (2) die

---
[1] Siehe Erwgr. Nr. 1 DLT-PR.

Begriffsbestimmungen **Art. 2 DLT-PR**

netzwerkförmige Verteilung der erfassten Informationen auf Knotenpunkte iSv Art. 2 Nr. 4 DLT-PR und (3) die **Validierung** der Informationen durch einen Mechanismus zum Abgleich der auf den Knoten gespeicherten Daten.

3. „**Konsensmechanismus**" (Nr. 3). Der für DL begriffsnotwendige 6 Konsensmechanismus ist der Inbegriff der Regeln und Verfahren, nach denen eine Übereinstimmung der bei den Knotenpunkten des DL („DLT-Netzwerkknoten") gespeicherten Transaktionsdaten festgestellt wird bzw. nicht festgestellt wird, mit dem Ergebnis, dass eine Transaktion **validiert** ist bzw. nicht validiert ist. Die Qualität des Konsensmechanismus ist entscheidend für die Integrität des DL.

4. „**DLT-Netzwerkknoten**" (Nr. 4). Art. 2 Nr. 4 DLT-PR definiert als 7 DLT-Netzwerkknoten ein **Gerät** oder einen **Prozess**, das bzw. der Teil eines Netzwerks ist und das bzw. der eine vollständige oder teilweise Kopie von Aufzeichnungen aller Transaktionen in einem Distributed-Ledger enthält. Der Begriff des DLT-Netzwerkknotens geht letztlich vollkommen in der Definition eines DL auf.

5. „**DLT-Marktinfrastruktur**" (Nr. 5). In Art. 2 Nr. 5 DLT-PR wird 8 der für die DLT-PR **zentrale Status** der DLT-Marktinfrastruktur adressiert und abschließend definiert. Als DLT-Markinfrastrukturen zu verstehen sind demnach (ausschließlich)

– multilaterale DLT-Handelssysteme (Art. 2 Nr. 6 DLT-PR)
– DLT-Abwicklungssysteme (Art. 2 Nr. 7 DLT-PR) und
– DLT-Handels- und Abwicklungssysteme.

6. „**Multilaterales DLT-Handelssystem**" – „**DLT-MTF**" (Nr. 6). 9 Gemäß Art. 2 Nr. 6 DLT-PR soll als ein multilaterales DLT-Handelssystem („DLT-MTF") ein **multilaterales Handelssystem** iSd **MiFID-II-Richtlinie**[2] verstanden werden, das **nur DLT-Finanzinstrumente** iSv Art. 2 Nr. 11 DLT-PR zum Handel zulässt. Ein DLT-MTF kann daher nur von einer Wertpapierfirma oder einem Marktbetreiber betrieben werden, die bzw. der gemäß der Richtlinie 2014/65/EU zugelassen ist. Aus **Erwgr. Nr. 13** ergibt sich, dass einem gemäß der Eigenkapitalrichtlinie (2013/36/EU) zugelassenen Kreditinstitut, das Wertpapierdienstleistungen erbringt oder Anlagetätigkeiten ausübt, der Betrieb eines DLT-MTF nur gestattet werden sollte, wenn es als Wertpapierfirma oder Marktbetreiber gemäß der Richtlinie 2014/65/EU zugelassen ist. DLT-MTF und ihre Betreiber unterliegen daher allen Anforderungen, die im Rahmen der Verordnung (EU) Nr. 600/2014 des Europäischen Parlaments und des Rates (12), der Richtlinie 2014/65/EU oder sonstiger anwendbarer Rechtsvorschriften der Union über Finanzdienstleistungen für multilaterale Handelssysteme und ihre Betreiber gelten, es sei denn, es handelt sich um Anforderungen, von denen die zuständige nationale Behörde gemäß der vorliegenden Verordnung eine Ausnahme erteilt hat.

7. „**DLT-Abwicklungssystem**" – „**DLT-SS**" (Nr. 7). Als DLT-Ab- 10 wicklungssystem („DLT-SS") definiert Art. 2 Nr. 7 DLT-PR ein Abwicklungssystem, mit dem **Transaktionen** mit DLT-Finanzinstrumenten gegen

---

[2] Siehe Art. 2 Nr. 13 DLT-PR, der auf Artikel 4 Absatz 1 Nummer 22 der Richtlinie 2014/65/EU (MiFID II) verweist.

DLT-PR Art. 2 DLT-Pilotregelung

Zahlung oder Lieferung iSv Art. 2 Nr. 8 DLT-PR **abgewickelt** werden, und das die erstmalige Erfassung von DLT-Finanzinstrumenten oder die Erbringung von Verwahrungsdienstleistungen in Bezug auf DLT-Finanzinstrumente ermöglicht. Dies soll unabhängig davon gelten, ob dieses Abwicklungssystem gemäß der Richtlinie 98/26/EG benannt und gemeldet wurde. Richtigerweise wird man es mit Rücksicht auf die innovationsermöglichende Funktion des DLT-PR nicht als zwingende begriffliche Anforderung an ein DLT-TSS ansehen dürfen, dass diese auf die „erstmalige Erfassung" von DLT-Finanzinstrumenten (dh die Erstbegebung) gerichtet sind. Genügen dürfte es auch, wenn das DLT-TSS es ermöglicht, dass konventionell begebene Finanzinstrumente erstmals als DLT-Finanzinstrumente erfasst werden.

11   Aus **Erwgr. Nr. 16** ergibt sich, dass ein DLT-SS grundsätzlich von einem gemäß der CSDR („Zentralverwahrerverordnung" – Verordnung (EU) Nr. 909/2014) **zugelassenen Zentralverwahrer** betrieben wird, der eine besondere Genehmigung zum Betrieb eines DLT-SS gemäß der vorliegenden Verordnung erhalten hat. Um die Anforderungen der CSDR flexibler auf Wertpapierfirmen oder Marktbetreiber anwenden zu können, die ein **kombiniertes DLT-TSS** iSv Art. 2 Nr. 10 DLT-PR betreiben, sieht die DLT-PR aus **Erwgr. Nr. 17** ersichtlich allerdings substanzielle Ausnahmen von den Anforderungen der CSDR vor, die es ansonsten praktisch unmöglich machen würden, die Dienstleistungen eines DLT-MTF und eines DLT-SS zu kombinieren.

12   **8. „Lieferung und Abrechnung" bzw. „Abwicklung" (Nr. 8).** Die Begriffe der „Lieferung und Abrechnung" bzw. der „Abwicklung" decken sich mit der entsprechenden **Terminologie der CSDR**, siehe Art. 2 Abs. 1 Nr. 7 der Verordnung (EU) Nr. 909/2014.

13   **9. „Gescheiterte Abwicklung" (Nr. 9).** Ebenfalls mit der Begrifflichkeit der **CSDR** entspricht die „gescheiterte Abwicklung". Auf sie wird in Art. 5 Abs. 3b) DLT-PR Bezug genommen.

14   **10. „DLT-Handels- und Abwicklungssystem" – „DLT-TSS" (Nr. 10).** Das DLT-Handels- und Abwicklungssystem (DLT-TSS) kombiniert DLT-MTF- und DLT-SS-Dienstleistungen. Gemäß **Erwgr. Nr. 15** ist ein DLT-TSS denkbar entweder in Form
- eines DLT-MTF, das von einer **Wertpapierfirma** oder einem **Marktbetreiber** iSd **MiFID-II-Richtlinie** betrieben wird, die bzw. der eine besondere Genehmigung für den Betrieb eines DLT-TSS gemäß dieser Verordnung erhalten hat, oder
- eines DLT-SS, das von einem **Zentralverwahrer** betrieben wird, der eine besondere Genehmigung für den Betrieb eines DLT-TSS gemäß der DLT-PR erhalten hat.

15   **11. „DLT-Finanzinstrument" (Nr. 11).** Art. 2 Nr. 11 DLT-PR definiert den für die Eröffnung des Anwendungsbereichs der Pilotregelung gemäß Art. 1 iVm Art. 2 Nr. 6 bzw. 7 DLT-PR durchaus **zentralen Begriff** des DLT-Finanzinstruments im Einklang mit **Erwgr. Nr. 8** als ein Finanzinstrument iSv der MiFID-II-Richtlinie, das mittels Distributed-Ledger-Technologie emittiert, verbucht, übertragen und gespeichert wird. Durch die augenscheinlich kumulative Verknüpfung („und") der Emission, Verbuchung,

Übertragung und Speicherung des betreffenden Finanzinstruments wird der Begriff relativ eng gefasst. Jedenfalls seinem Wortlaut nach setzt Art. 2 Nr. 11 DLT-PR voraus, dass der gesamte Lebenszyklus des Finanzinstruments auf dem DL abgebildet wird. Der daraus folgende Ausschluss von ursprünglich konventionell begebenen, später tokenisierten Finanzinstrumenten vom Begriff des DLT-Finanzinstruments dürfte freilich nicht intendiert gewesen sein. So spricht auch die ESMA von einer „extensive interpretation of the concept of ‚DLT financial instrument', which allows for existing financial instruments to be reissued in digital form".[3] Richtigerweise dürfte es für das Vorliegen eines DLT-Finanzinstruments daher nur darauf ankommen, dass das betreffende Finanzinstrument **gegenwärtig auf einem DL dargestellt** wird.

12. **„Finanzinstrument"** (Nr. 12). Gemäß Art. 2 Nr. 12 DLT-PR deckt sich der Begriff des Finanzinstruments mit demjenigen der **MiFID-II-Richtlinie**. Dabei ist zu bemerken, dass mit **Art. 18 DLT-PR** der Begriff des Finanzinstruments nach Art. 4 Abs. 1 Nr. 15 MiFID II erweitert wurde um den Zusatz „einschließlich mittels Distributed-Ledger-Technologie emittierter Instrumente". Ob diese Klarstellung erforderlich war, wie **Erwgr. Nr. 59** es nahelegt, darf in Anbetracht des weiten begrifflichen Verständnisses der Finanzinstrumente bezweifelt werden.

13. **„Multilaterales Handelssystem"** (Nr. 13). Der Begriff des multilateralen Handelssystems wird mit der Terminologie des Art. 4 Abs. 1 Nr. 22 **MiFID II** synchronisiert. Der Betrieb eines DLT-MTF setzt daher grundsätzlich eine Zulassung als Wertpapierfirma bzw. Marktbetreiber voraus.

14. **„Zentralverwahrer"** (Nr. 14). Mit Blick auf den Begriff des Zentralverwahrers, dem der Betrieb eines DLT-SS und eines DLT-TSS offensteht, verweist die DLT-PR grundsätzlich auf die einschlägige **CDSR** (Verordnung (EU) Nr. 909/2014). Die DLT-PR sieht zur Ermöglichung alternativer Abwicklungsmodelle auf DLT-Basis die in **Erwgr. Nr. 30 ff.** genannten regulatorischen Erleichterungen gegenüber den Anforderungen der CDSR vor.

15. **„Wertpapierliefer- und -abrechnungssystem"** (Nr. 15). Den Begriff des Wertpapierliefer- und -abrechnungssystems gleicht Art. 2 Nr. 15 DLT-PR mit der Terminologie des **CDSR** ab, zumal ein Zentralverwahrer, der ein DLT-SS betreibt, grundsätzlich den für einen Zentralverwahrer, der ein Wertpapierliefer- und -abrechnungssystem betreibt, geltenden Anforderungen unterliegen soll, Art. 5 Abs. 1 DLT-PR. Aus den in **Erwgr. Nr. 33** genannten Gründen soll das System dagegen nicht als Wertpapierliefer- und -abrechnungssystem iSd Richtlinie 98/26/EG gelten, vgl. Art. 5 Abs. 7 DLT-PR.

16. **„Geschäftstag"** (Nr. 16). Der Begriff des Geschäftstags soll der Terminologie des Art. 2 Abs. 1 Nr. 14 **CDSR** entsprechen.

17. **„Lieferung gegen Zahlung"** (Nr. 17). Als Lieferung gegen Zahlung soll der entsprechende Begriff des Art. 2 Abs. 1 Nr. 27 **CDSR** gelten.

18. **„Kreditinstitut"** (Nr. 18). Für den Begriff des Kreditinstituts soll die Terminologie nach Art. 4 Abs. 1 Nr. 1 der **Kapitaladäquanzverordnung** maßgeblich sein.

---

[3] ESMA, Report on the DLT Pilot Regime, 27.9.2022, ESMA70-460-11, S. 49. Vgl. zum Ganzen bereits Ebner GesRZ 2022, 271 (280 f.).

DLT-PR Art. 3 DLT-Pilotregelung

23   19. „Wertpapierfirma" (Nr. 19). Der Begriff der Wertpapierfirma entspricht Art. 4 Abs. 1 Nr. 1 **MiFID II**.

24   20. „Marktbetreiber" (Nr. 20). Der Terminus „Marktbetreiber" entstammt Art. 4 Abs. 1 Nr. 18 **MiFID II**.

25   21. „zuständige Behörde" (Nr. 21). Der Begriff der zuständigen Behörde hängt von der Verteilung der Behördenzuständigkeiten ab. Diese richtet sich aus **Art. 12 DLT-PR** ersichtlich nach dem konkreten Aufsichtsobjekt. Während für die Aufsicht über Wertpapierfirmen und Marktbetreiber die Behördenzuständigkeiten nach MiFID II maßgeblich sind, ist für die Beaufsichtigung von Zentralverwahrern die nach der CSDR bestimmte Behörde zuständig.

Artikel 3 Beschränkungen in Bezug auf Finanzinstrumente, die zum Handel über eine DLT-Marktinfrastruktur zugelassen oder von einer DLT-Marktinfrastruktur verbucht werden können

(1) DLT-Finanzinstrumente werden nur zum Handel über eine DLT-Marktinfrastruktur oder zur Verbuchung auf einer DLT-Marktinfrastruktur zugelassen, wenn sie zum Zeitpunkt der Zulassung zum Handel oder zum Zeitpunkt der Verbuchung in einem Distributed Ledger

a) Aktien sind, deren Emittent eine Marktkapitalisierung oder eine voraussichtliche Marktkapitalisierung von weniger als 500 Mio. EUR aufweist;

b) Anleihen, andere Formen verbriefter Schuldtitel, einschließlich Hinterlegungsscheine in Bezug auf solche Wertpapiere, oder Geldmarktinstrumente mit einem Emissionsvolumen von weniger als 1 Mrd. EUR, wobei Instrumente ausgeschlossen sind, die ein Derivat oder eine Struktur enthalten, die es dem Kunden erschwert, das mit ihnen verbundene Risiko zu verstehen, sind; oder

c) Anteile an Organismen für gemeinsame Anlagen in Wertpapieren im Sinne von Artikel 25 Absatz 4 Buchstabe a Ziffer iv der Richtlinie 2014/65/EU mit einem Marktwert der verwalteten Vermögenswerte von weniger als 500 Mio. EUR sind.

Unternehmensanleihen, die von Emittenten emittiert wurden, deren Marktkapitalisierung zum Zeitpunkt ihrer Emission 200 Mio. EUR nicht überstieg, sind von der Berechnung des Schwellenwerts gemäß Unterabsatz 1 Buchstabe b ausgenommen.

(2) Der Gesamtmarktwert aller DLT-Finanzinstrumente, die zum Handel auf einer DLT-Marktinfrastruktur zugelassen sind oder in einer DLT-Marktinfrastruktur verbucht werden, darf zum Zeitpunkt der Zulassung eines neuen DLT- Finanzinstruments zum Handel oder der erstmaligen Verbuchung 6 Mrd. EUR nicht überschreiten.

Würde die Zulassung zum Handel oder die erste Verbuchung eines neuen DLT-Finanzinstruments dazu führen, dass der in Unterabsatz 1 genannte Gesamtmarktwert 6 Mrd. EUR erreicht, so lässt die DLT-Marktinfrastruktur das DLT- Finanzinstrument nicht für den Handel zu oder verbucht es nicht.

(3) Wenn der Gesamtmarktwert aller DLT-Finanzinstrumente, die zum Handel auf einer DLT-Marktinfrastruktur zugelassen sind oder in einer DLT-Marktinfrastruktur verbucht werden, 9 Mrd. EUR erreicht, leitet

der Betreiber der DLT- Marktinfrastruktur die Übergangsstrategie nach Maßgabe von Artikel 7 Absatz 7 ein. Der Betreiber der DLT-Marktinfrastruktur teilt der zuständigen Behörde in seinem Monatsbericht gemäß Absatz 5 die Einleitung seiner Übergangsstrategie und den Zeitplan für den Übergang mit.

(4) Der Betreiber einer DLT-Marktinfrastruktur berechnet den monatlichen durchschnittlichen Gesamtmarktwert der in dieser DLT-Marktinfrastruktur gehandelten oder verbuchten DLT-Finanzinstrumente. Dieser monatliche Durchschnitt wird berechnet als Durchschnitt der täglichen Abschlusskurse jedes DLT-Finanzinstruments, multipliziert mit der Anzahl der DLT-Finanzinstrumente, die in dieser DLT-Marktinfrastruktur mit derselben Internationalen Wertpapier-Identifikationsnummer (ISIN) gehandelt oder verbucht werden.

Der Betreiber der DLT-Marktinfrastruktur verwendet diesen monatlichen Durchschnitt

a) bei der Bewertung, ob die Zulassung zum Handel oder die Verbuchung eines neuen DLT-Finanzinstruments im Folgemonat dazu führen würde, dass der Gesamtmarktwert der DLT-Finanzinstrumente den in Absatz 2 dieses Artikels genannten Schwellenwert erreicht und
b) bei der Entscheidung zur Einleitung der Übergangsstrategie gemäß Artikel 7 Absatz 7.

(5) Der Betreiber einer DLT-Marktinfrastruktur legt seiner zuständigen Behörde monatliche Berichte vor, aus denen hervorgeht, dass alle DLT-Finanzinstrumente, die in der DLT-Marktinfrastruktur zum Handel zugelassen sind oder verbucht werden, die in den Absätzen 2 und 3 genannten Schwellenwerte nicht überschreiten.

Für die Zwecke des Unterabsatzes 1 dieses Absatzes berücksichtigt die zuständige Behörde die Marktgröße und die durchschnittliche Kapitalisierung von DLT-Finanzinstrumenten einer bestimmten Art, die auf Handelsplattformen in den Mitgliedstaaten zugelassen wurden, in denen die Dienstleistungen und Tätigkeiten ausgeführt werden, und sie berücksichtigen die Risiken, die mit den Emittenten, der Art der verwendeten Distributed-Ledger-Technologie und den Dienstleistungen und Tätigkeiten der DLT-Marktinfrastruktur verbunden sind.

(6) Eine zuständige Behörde kann niedrigere Schwellenwerte als die in den Absätzen 1 und 2 festgelegten Werte festlegen. Senkt eine zuständige Behörde den in Absatz 2 genannten Schwellenwert, so gilt der in Absatz 3 festgelegte Wert als proportional herabgesetzt.

(7) Die Verordnung (EU) Nr. 596/2014 gilt für DLT-Finanzinstrumente, die zum Handel über ein DLT-MTF oder über ein DLT-TSS zugelassen sind.

Übersicht

	Rn.
I. Einführung	1
1. Literatur	1
2. Entstehung und Zweck der Norm, normativer Kontext	2
II. Beschränkungen in Bezug auf bestimmte DLT-Finanzinstrumente (Abs. 1)	3
1. Aktien mit Marktkapitalisierung unter 500 Mio. EUR (lit. a)	3

		Rn.
	2. Verbriefte Schuldtitel und Geldmarktinstrumente unter 1 Mrd. EUR (lit. b) und Satz 2)	4
	3. Anteile an OGAW unter 500 Mio. EUR (lit. c)	6
III.	Zulassungs- bzw. Verbuchungsbeschränkungen in Bezug auf den Gesamtwert der auf einer DLT-MTF gehandelten oder verbuchten DLT-Finanzinstrumente (Abs. 2)	7
IV.	Exit-Pflicht bei Erreichen des Höchstgesamtwerts (Abs. 3)	8
V.	Berechnung und Berücksichtigung der Werte (Abs. 4)	9
VI.	Berichtspflicht (Abs. 5)	10
VII.	Herabsetzung der Werte (Abs. 6)	11
VIII.	Geltung der Marktmissbrauchsverordnung (Abs. 7)	12

I. Einführung

1   **1. Literatur.** Siehe dazu das bereits in → Vor DLT-PR Rn. 1 zitierte Schrifttum.

2   **2. Entstehung und Zweck der Norm, normativer Kontext.** Der Zweck des Art. 3 DLT-PR erschließt sich aus **Erwgr. Nr. 23.** Demnach sei die DLT-PR dazu bestimmt, Innovationen und experimentelle Erprobung „in einem **soliden rechtlichen Umfeld** zu ermöglichen und dabei **Anlegerschutz, Marktintegrität** und **Finanzstabilität** zu wahren". Aus diesem Grunde sollen einerseits die **Art der Finanzinstrumente,** die zum Handel auf einer DLT-Marktinfrastruktur zugelassen sind oder dort verbucht werden, auf bestimmte Typen beschränkt werden – namentlich auf bestimmte Aktien, Anleihen und Anteile an Organismen für gemeinsame Anlagen, die unter die Ausnahme für reine Ausführungsgeschäfte gemäß **Art. 25 Abs. 4a) MiFID II** fallen (dazu Art. 3 **Abs. 1** DLT-PR). Andererseits sollen zusätzlich auch verschiedene Einschränkungen in Bezug auf den **Umfang** der gehandelten Finanzinstrumente vorgesehen sein. Dies geschieht konkret in Form einer Festsetzung von **Schwellenwerten,** die in bestimmten Situationen gesenkt werden können (dazu Art. 3 **Abs. 6** DLT-PR). Die Werte beziehen sich dabei teils auf die **einzelnen zugelassenen Finanzinstrumente** (dazu wiederum Art. 3 **Abs. 1** DLT-PR). Teils stellt die Verordnung auch auf den **Gesamtmarktwert** der zum Handel auf einer DLT-Marktinfrastruktur zugelassenen oder dort verbuchten DLT-Finanzinstrumente ab (dazu Art. 3 **Abs. 2 und 3** DLT-PR). Zusätzlich werden Pflichten der Betreiber von DLT-MTF zur **regelmäßigen Berechnung und Berücksichtigung** der Werte (Art. 3 **Abs. 4** DLT-PR) sowie zur Übermittlung von **Berichten** bezüglich der Einhaltung der Schwellenwerte (Art. 3 **Abs. 5** DLT-PR) statuiert. Und schließlich soll aus **Erwgr. Nr. 24** ersichtlich die **Marktmissbrauchsverordnung** gelten, um im Verhältnis zu den regulären Finanzdienstleistungen vergleichbare Wettbewerbsbedingungen zu halten und außerdem ein hohes Maß an Anlegerschutz, Marktintegrität und Finanzstabilität zu gewährleisten (Art. 3 **Abs. 7** DLT-PR). Insgesamt soll Art. 3 DLT-PR somit die innovationsermöglichende Zwecksetzung der Pilotregelung mit den finanzmarktrechtlichen Zielen (Anleger-, Stabilitäts- und Systemschutz, Wettbewerblichkeit) in Einklang bringen, indem das mit dem Handel mit

Finanzinstrumenten regelmäßig einhergehende **Risiko typisierend beschränkt** wird.

II. Beschränkungen in Bezug auf bestimmte DLT-Finanzinstrumente (Abs. 1)

1. Aktien mit Marktkapitalisierung unter 500 Mio. EUR (lit. a). 3
Gemäß Art. 3 Abs. 1a) DLT-PR werden DLT-Finanzinstrumente nur zum Handel über eine DLT-Marktinfrastruktur oder zur Verbuchung auf einer DLT-Marktinfrastruktur zugelassen, wenn sie zum Zeitpunkt der Zulassung zum Handel oder zum Zeitpunkt der Verbuchung in einem DL **Aktien** sind, deren Emittent eine Marktkapitalisierung oder eine voraussichtliche **Marktkapitalisierung von weniger als 500 Mio. EUR** aufweist. Wird beabsichtigt oder festgestellt, dass auf einer DLT-Marktinfrastruktur **nicht gemäß Art. 3 Abs. 1 DLT-PR** zulässige DLT-Finanzinstrumente gehandelt bzw. verbucht werden (sollen), ist die zuständige Behörde zur **Versagung** bzw. zum **Entzug** einer **besonderen Genehmigung** nach Art. 8 ff. DLT-PR berechtigt, vgl. Art. 8 Abs. 12c), Art. 9 Abs. 12c) und Art. 10 Abs. 12c) DLT-PR.

2. Verbriefte Schuldtitel und Geldmarktinstrumente unter 1 Mrd. 4
EUR (lit. b) und Satz 2). Für den Handel zugelassen bzw. verbuchbar sind gemäß Art. 3 Abs. 1b) DLT-PR außerdem **Anleihen,** andere Formen **verbriefter Schuldtitel,** einschließlich Hinterlegungsscheine in Bezug auf solche Wertpapiere, oder **Geldmarktinstrumente** mit einem **Emissionsvolumen von weniger als 1 Mrd. EUR.** Dabei sind gemäß Satz 2 **Unternehmensanleihen,** die von Emittenten emittiert wurden, deren Marktkapitalisierung zum Zeitpunkt ihrer Emission 200 Mio. EUR nicht überstieg, von der Berechnung jenes Schwellenwerts ausgenommen.

Interpretations- und erläuterungsbedürftig ist vor allem die im zweiten 5
Satzteil („wobei") enthaltene **Rückausnahme** zu Lasten von Instrumenten, die ein **Derivat** enthalten, sowie von Instrumenten, die eine **Struktur** aufweisen, „die es dem **Kunden erschwert,** das mit ihnen verbundene **Risiko zu verstehen".** Aus Erwgr. Nr. 23 DLT-PR ersichtlich soll Art. 3 Abs. 1 DLT-PR insgesamt mit der in **Art. 25 Abs. 4a) MiFID II** enthaltenen Ausnahme von der prinzipiellen Pflicht zur Durchführung einer Angemessenheitsprüfung nach Art. 25 Abs. 3 MiFID II für reine Ausführungsgeschäfte gleichlaufen. Auch dort finden sich in lit. a ii, iii und v vergleichbare Formulierungen, die auf eine Erschwerung des Verständnisses der Risiken aus Kundensicht abstellen. Für Art. 3 Abs. 1 lit. b DLT-PR dürften daher grundsätzlich die zu jenen Bestimmungen entwickelten Leitlinien heranzuziehen sein. Demnach wird es für die Bestimmung der Komplexität des betreffenden Instruments zunächst auf die Umstände des Einzelfalls ankommen, insbesondere, „ob ein gängiges Finanzinstrument – über welches leicht Informationen zu erlangen sind – oder ein exotisches Finanzinstrument – über welches schwer Informationen zu erlangen sind" – auf der DLT-Marktinfrastruktur gehandelt oder verbucht werden soll.[1] Die für Art. 25 Abs. 4 MiFID II (bzw.

---

[1] Schwark/Zimmer/Rothenhöfer WpHG § 63 Rn. 345, mit Verweis auf die nachfolgend aufgeführten beispielhaften Kriterien zur Bestimmung der Komplexität.

DLT-PR Art. 3   DLT-Pilotregelung

§ 63 Abs. 11 WpHG) maßgeblichen Leitlinien der ESMA[2] und der BaFin[3] stellen insoweit **beispielsweise** ab auf
- die Abhängigkeit der Rendite oder des Ertrags von Vermögenswerten in einem zugrunde liegenden Forderungs-Pools,
- nachrangige Zugriffsrechte der Titelinhaber bei der Insolvenz des Emittenten,
- die Abhängigkeit der Zins- oder Rückzahlung des Kapitalbetrags von Variablen, die der Emittent nach seinem Ermessen festlegt,
- das Fehlen eines Fälligkeitstermins und eines Termins für die Rückzahlung des Kapitalbetrags,
- die Abhängigkeit der Zins- oder Rückzahlung von für den durchschnittlichen Privatkunden unbekannten oder ungewöhnlichen Variablen,
- die Komplexität der Berechnung der Rendite der Schuldtitel,
- den Umstand, dass unter bestimmten Bedingungen lediglich eine Teilrückzahlung oder keine Rückzahlung des Kapitals erfolgt, sowie
- die Ausstattung des Schuldtitels mit Hebelwirkungen, die insbesondere so strukturiert sind, dass der Ertrag oder Verlust des Anlegers ein vielfaches des Kapitalbetrages betragen kann.

6   **3. Anteile an OGAW unter 500 Mio. EUR (lit. c).** Offen stehen für die Zulassung zum Handel bzw. zur Verbuchung schließlich auch Anteile an Organismen für gemeinsame Anlagen in Wertpapieren – **OGAW** – im Sinne von Artikel 25 Abs. 4a) iv) MiFID II mit einem Marktwert der verwalteten Vermögenswerte von **weniger als 500 Mio. EUR**. Widrigenfalls gelten die in → Rn. 4 genannten Sanktionsmöglichkeiten.

III. Zulassungs- bzw. Verbuchungsbeschränkungen in Bezug auf den Gesamtwert der auf einer DLT-MTF gehandelten oder verbuchten DLT-Finanzinstrumente (Abs. 2)

7   Zusätzlich zu den instrumentenbezogenen qualitativen und quantitativen Beschränkungen werden in Art. 3 **Abs.** 2 DLT-PR überdies Obergrenzen statuiert, die sich am **Gesamtmarktwert** aller DLT-Finanzinstrumente, die zum Handel auf einer DLT-Marktinfrastruktur zugelassen sind oder in einer DLT-Marktinfrastruktur verbucht werden, orientieren. Dieser Wert darf zum Zeitpunkt der **Zulassung** eines neuen DLT-Finanzinstruments zum Handel oder der **erstmaligen Verbuchung** 6 Mrd. EUR nicht überschreiten **(UAbs. 1).** Für die Zulassung zum Handel oder die erste Verbuchung eines neuen DLT-Finanzinstruments dazu führen, dass der in UAbs. 1 genannte Gesamtmarktwert 6 Mrd. EUR erreicht, so lässt die DLT-Marktinfrastruktur das DLT-Finanzinstrument nicht für den Handel zu oder verbucht es nicht **(UAbs. 2).** Verstöße gegen diese Vorgaben können gemäß Art. 8 Abs. 12d), Art. 9 Abs. 12d) und Art. 10 Abs. 12d) DLT-PR zum **Entzug einer besonderen Genehmigung** führen.

---

[2] ESMA, Guidelines on complex debt instruments and structured deposits, ESMA/2015/1787, 4.2.2016, S. 5 ff. (verfügbar unter https://www.esma.europa.eu/sites/default/files/library/2015-1787_-_guidelines_on_complex_debt_instruments_and_structured_deposits.pdf).

[3] BaFin, Rundschreiben 05/2018 (WA) – MaComp, v. 19.4.2018 (Stand 30.6.2023), BT 13.2 (verfügbar unter https://www.bafin.de/SharedDocs/Veroeffentlichungen/DE/Rundschreiben/2018/rs_18_05_wa3_macomp.html).

IV. Exit-Pflicht bei Erreichen des Höchstgesamtwerts (Abs. 3)

Der Gesamtwert der gehandelten bzw. verbuchten DLT-Finanzinstrumente 8
unterliegt naturgemäß Schwankungen. Den Wertentwicklungen am Markt entsprechend kann der Gesamtwert die in Abs. 2 genannte Grenze übersteigen. Dies führt nach der Konzeption der DLT-PR nicht unmittelbar zum Erlöschen der besonderen Genehmigung oder zu ihrem Entzug. Allerdings sieht Art. 3 **Abs. 3** DLT-PR einen **Höchstgesamtwert** von **9 Mrd. EUR** vor und statuiert im Falle des Erreichens dieses Wertes eine **Pflicht zum „Exit" aus dem Regime der DLT-PR**, dh der Betreiber der DLT-Marktinfrastruktur muss seine Übergangsstrategie nach Maßgabe von Art. 7 Abs. 7 einleiten und übermittelt der zuständigen Behörde in seinem Monatsbericht gemäß Art. 3 Abs. 5 DLT-PR eine Mitteilung über die Einleitung seiner Übergangsstrategie sowie den Zeitplan für den Übergang. Wie und mit welchem Ziel der Exit aus dem DLT-PR-Regime im Einzelnen erfolgt, bleibt dem Betreiber überlassen, dh er hat aus Art. 7 Abs. 7 DLT-PR ersichtlich die **Wahl** zwischen

- der **Einschränkung** der Tätigkeit der DLT-Marktinfrastruktur,
- dem **Ausstieg** aus der DLT-Marktinfrastruktur sowie
- der **Einstellung des Betriebs** der DLT-Marktinfrastruktur,

einschließlich des Übergangs oder der Rückführung ihres DLT-Betriebs zu **traditionellen Marktinfrastrukturen**.

V. Berechnung und Berücksichtigung der Werte (Abs. 4)

Gemäß Art. 3 **Abs. 4 UAbs.** 1 DLT-PR berechnet der Betreiber einer 9
DLT-Marktinfrastruktur den **monatlichen durchschnittlichen Gesamtmarktwert** der in dieser DLT-Marktinfrastruktur gehandelten oder verbuchten DLT-Finanzinstrumente. Die Berechnung erfolgt dabei als **Durchschnitt der täglichen Abschlusskurse** jedes DLT-Finanzinstruments, multipliziert mit der Anzahl der DLT-Finanzinstrumente, die in dieser DLT-Marktinfrastruktur mit derselben Internationalen Wertpapier-Identifikationsnummer (ISIN) gehandelt oder verbucht werden. Nach **UAbs.** 2 verwendet der Betreiber der DLT-Marktinfrastruktur diesen monatlichen Durchschnitt – einerseits – bei der Bewertung, ob die Zulassung zum Handel oder die Verbuchung eines **neuen DLT-Finanzinstruments** im Folgemonat dazu führen würde, dass der Gesamtmarktwert der DLT-Finanzinstrumente den in **Absatz 2** dieses Artikels genannten Schwellenwert erreicht (lit. **a**). Außerdem ist der berechnete Wert für die Entscheidung maßgeblich, bei Erreichen des **Höchstgesamtwertes** nach **Absatz 3** die Übergangsstrategie nach Art. 7 Abs. 7 DLT-PR einzuleiten (lit. **b**).

VI. Berichtspflicht (Abs. 5)

Gemäß Art. 3 **Abs. 5 UAbs.** 1 DLT-PR legt der Betreiber einer DLT- 10
Marktinfrastruktur seiner zuständigen Behörde **monatliche Berichte** vor, aus denen die **Wahrung** der in den Absätzen 2 und 3 genannten **Schwellenwerte** hervorgeht. Zu berücksichtigen sind dabei gemäß **UAbs.** 2 die **Marktgröße** und die **durchschnittliche Kapitalisierung** von DLT-Finanzinstrumenten einer bestimmten Art, die auf Handelsplattformen in den Mitgliedstaaten zugelassen wurden, in denen die Dienstleistungen und Tätig-

keiten ausgeführt werden, sowie die **Risiken**, die mit den Emittenten, der Art der verwendeten DLT und den Dienstleistungen und Tätigkeiten der DLT-Marktinfrastruktur verbunden sind. Dabei bleibt freilich im Unklaren, welche rechtliche Relevanz die letztgenannten Kriterien über die in Art. 3 Abs. 4 DLT-PR genannten Vorgaben hinaus haben sollen.

VII. Herabsetzung der Werte (Abs. 6)

11 Eine zuständige **Behörde** kann gemäß Art. 3 Abs. 6 DLT-PR **niedrigere Schwellenwerte** als die in den **Absätzen 1 und 2** festgelegten Werte **festlegen**. Senkt eine zuständige Behörde dabei den in Absatz 2 genannten Schwellenwert, so gilt der in Absatz 3 festgelegte Wert als proportional herabgesetzt. Eine **Mindestwertgrenze** ist in Art. 3 DLT-PR **nicht** vorgesehen.

VIII. Geltung der Marktmissbrauchsverordnung (Abs. 7)

12 Art. 3 Abs. 7 DLT-PR ordnet schließlich die Geltung der **Marktmissbrauchsverordnung** für den Handel von DLT-Finanzinstrumenten auf DLT-MTF und DLT-TSS an.

Vorbemerkungen zu den Ausnahmebestimmungen (Art. 4–6)

Übersicht

	Rn.
I. Einführung	1
1. Literatur	1
2. Bedeutung und Zweck der Ausnahmen	2
II. Optionale Inanspruchnahme	4
III. Inhaltliche Ausrichtung der Ausnahmen	6
IV. Anforderungen bei Inanspruchnahme von Ausnahmen	7
1. Geltung der Anforderungen des EU-Finanzmarktrechts	7
2. Zusätzliche Anforderungen der DLT-Pilotregelung	8
a) Allgemeine Anforderungen an DLT-Marktinfrastrukturen	9
b) Ausnahmespezifische Anforderungen	10
c) Rechtfertigung und Verhältnismäßigkeit	11
d) Beschränkung auf die DLT-Marktinfrastruktur	14
e) Ausgleichsmaßnahmen	15
V. Durchbrechungen der Vorgaben des Art. 3 CSDR	17

I. Einführung

1 **1. Literatur.** *Annunziata/Chisari/Amendola,* DLT-Based Trading Venues and EU Capital Markets Legislation: State of the Art and Perspectives Under the DLT Pilot Regime, ItaLJ 2023, 141; *Ebner,* Finanzinstrumente auf der Blockchain: Die neue EU-Pilotregelung für DLT-Marktinfrastrukturen im Überblick, GesRZ 2022, 271; *Krönke,* Die Regulatory Sandbox – Maßanfertigung oder Multifunktionstool? ÖZW 2022, 3; *ders.,* Sandkastenspiele – „Regulatory Sandboxes" aus der Perspektive des allgemeinen Verwaltungsrechts, JZ 2021, 434; *Litten,* Mit dem DLT-Piloten in die Zukunft des digitalen Kapitalmarktaufsichtsrechts, BKR 2022, 551; *Maume/Kesper,* The

EU DLT Pilot Regime for Digital Assets, ECLJ 2023, 118; *McCarthy,* Distributed ledger technology and financial market infrastructures: an EU pilot regulatory regime, CMLJ 2022, 288; *Priem,* A European distributed ledger technology pilot regime for market infrastructures: finding a balance between innovation, investor protection and financial stability, JFRC 2021, 371; *Van de Velde/Garré/Voisin/Hay/Nejman/Le Vesconte,* Euroclear's digital financial market infrastructure, CMLJ 2024, 113; *Zetzsche/Woxholth,* The DLT Sandbox under the Pilot-Regulation, CMLJ 2022, 212.

2. Bedeutung und Zweck der Ausnahmen. Während sich für zahlreiche Kryptowerte binnen kürzester Zeit eine Vielzahl an Handelsplätzen herausgebildet hat, konnte sich für jene Kryptowerte, die als Finanzinstrumente iSd MiFID II einzuordnen sind, bis zum Inkrafttreten der DLT-PR in der EU **kein institutionalisierter Sekundärmarkt** bilden. Dadurch wird eine nachhaltige Entwicklung solcher Instrumente behindert. Als Ursache für das Fehlen etablierter Handelsplätze gelten neben der mangelnden Erfahrung von Marktteilnehmern und Behörden insbes. **regulatorische Hürden im Unionsrecht** (ErwGr. Nr. 5; → Vor DLT-PR Rn. 7 ff.).[4]

Die DLT-PR soll bestehende Hürden abbauen und die Entwicklung eines regulierten Sekundärmarkts für DLT-basierte Finanzinstrumente ermöglichen. Zwar können auch auf nationaler Ebene „Reallabore" bzw. „Regulatory Sandboxes" eingerichtet werden, in denen Marktteilnehmer und Behörden unter kontrollierten Bedingungen gemeinsam Erfahrung mit neuartigen Geschäftsmodellen sammeln; das nationale Recht kann aber geltendes Unionsrecht nicht suspendieren. Die Gewährung von **Ausnahmen vom europäischen Finanzmarktrecht** ist ebenso wie dessen Anpassung dem **Unionsgesetzgeber vorbehalten.**[5] Die in den Art. 4–6 geregelten Ausnahmen vom geltenden EU-Finanzmarktrecht bilden insofern ein **wesentliches Kernstück der DLT-PR** und haben eine doppelte Bedeutung: Sie dienen einerseits als notwendiges Mittel, um ausreichend **regulatorischen Spielraum für den Testbetrieb im Rahmen der DLT-PR** zu schaffen (Erwgr. Nr. 6). Andererseits sind die Ausnahmen **Gegenstand des Evaluierungsprozesses,** da während der Laufzeit untersucht werden soll, ob eine permanente Einführung der Regelungen durch Änderungen des EU-Finanzmarktrechts sinnvoll ist (vgl. Art. 14 Abs. 2 lit. d).

II. Optionale Inanspruchnahme

Die Beantragung einer **besonderen Genehmigung für DLT-Marktinfrastrukturen** und die Nutzung der **Pilotregelung insgesamt** sind aus Sicht der Marktteilnehmer eine **fakultative Möglichkeit,** den Einsatz und die Erprobung der DLT zu erleichtern (vgl. Erwgr. Nr. 7). Sieht sich der Marktteilnehmer in der Lage, Handels- und Abwicklungsdienstleistungen in Einklang mit den bestehenden Rechtsvorschriften zu erbringen, ist eine reguläre Zulassung ausreichend. Darüber hinaus ist auch die Inanspruchnahme der **einzelnen Ausnahmen optional.** Marktteilnehmer können alle oder nur einen Teil der Ausnahmen beantragen und haben dies in ihrem Antrag anzuführen (vgl. Art. 8–10). Dieser **flexible Ansatz** ist notwendig und sinnvoll: In Hinblick auf viele Anforderungen des geltenden Finanz-

---

[4] Vgl. Ebner GesRZ 2022, 271 (272 f., 277).
[5] Siehe auch Erwgr. Nr. 55.

marktrechts besteht derzeit noch Unsicherheit, ob und wie diese bei Einsatz der DLT erfüllt werden können.[6] Die verschiedenen DLT-Systeme können dahingehend Unterschiede aufweisen und entwickeln sich laufend weiter. Ausnahmen vom geltenden Finanzmarktrecht sollen außerdem nur gewährt werden, soweit dies im Hinblick auf das verwendete DLT-System notwendig ist (→ Rn. 11 ff.).

5 Fraglich ist, ob eine **Nutzung der DLT-PR ganz ohne Beantragung von Ausnahmen** nach den Art. 4–6 möglich ist, um auf diesem Weg eine intensivierte Zusammenarbeit mit den Behörden zu erzielen. Ein solches Vorgehen erschiene nicht von vornherein ausgeschlossen, da eine engere Abstimmung mit den Aufsichtsbehörden ohne regulatorische Erleichterungen dem Konzept einiger national eingerichteter „Regulatory Sandboxes" entspricht.[7] Anders als viele nationale Regelungen beschränkt die DLT-PR zudem den Zugang nicht auf besonders förderungswürdige Marktteilnehmer.[8] Für die Zulässigkeit könnte zwar sprechen, dass die DLT-PR nicht nur regulatorische Hindernisse beseitigen, sondern durch zusätzliche Anforderungen auch die besonderen Risiken von DLT-Marktinfrastrukturen adressieren soll (siehe Erwgr. Nr. 38 ff.). Die enge Zusammenarbeit mit den Behörden ist aber klar als Ausgleich zu den vorgesehenen Ausnahmen konzipiert (Erwgr. Nr. 50). Es besteht dagegen gerade **kein Anspruch auf „Individual Guidance"**[9] im Sinne einer laufenden Begleitung und Beratung durch die Behörden (→ Vor DLT-PR Rn. 29). Zu bedenken ist außerdem, dass die besondere Genehmigung nach der DLT-PR mit **zusätzlichen Anforderungen und sachlichen Beschränkungen** einhergeht.

III. Inhaltliche Ausrichtung der Ausnahmen

6 Art. 4–6 enthalten eine Reihe von explizit normierten Ausnahmebestimmungen. Systematisch sind die Ausnahmebestimmungen der DLT-PR **auf die jeweilige Marktinfrastruktur zugeschnitten.** In Art. 4 sind die Ausnahmen geregelt, die für den Betrieb eines DLT-MTF zur Verfügung stehen (→ Art. 4 Rn. 13 ff.); in Art. 5 jene für den Betrieb eines DLT-SS (→ Art. 5 Rn. 10 ff.). Nach Art. 6 können für den Betrieb eines DLT-TSS, das die Tätigkeiten von DLT-MTF und DLT-SS kombiniert, sowohl die für DLT-MTF als auch die für DLT-TSS vorgesehenen Ausnahmen in Anspruch genommen werden (→ Art. 6 Rn. 17 ff.). Inhaltlich liegt der **Schwerpunkt** der Ausnahmen auf den Vorgaben der **CSDR**, da diese die größeren Hürden für den Einsatz der DLT enthält.[10] Neben den explizit normierten Ausnahmen ergeben sich durch die DLT-PR mehrere Durchbrechungen des Art. 3 CSDR (→ Rn. 17 ff.).

---

[6] Vgl. den zusammenfassenden Bericht zum CSDR-Review Europäische Kommission, Summary report of the targeted consultation document on the review of regulation on improving securities settlement in the European Union and on central securities depositories, abrufbar unter <https://finance.ec.europa.eu/regulation-and-supervision/consultations/2020-csdr-review_de>.

[7] Vgl. den gemeinsamen Bericht der europäischen Aufsichtsbehörden zu Regulatory Sandboxes und Innovation Hubs, JC 2018 74, S. 16; für die in Österreich eingerichtete Sandbox Caramanica/Raschner wbl 2019, 492.

[8] Ebner GesRZ 2022, 271 (275).

[9] Dazu u. a. Krönke ÖZW 2022, 3 (6 f.).

[10] Annunziata/Chisari/Amendola ItaLJ 2023, 141 (153).

IV. Anforderungen bei Inanspruchnahme von Ausnahmen

1. Geltung der Anforderungen des EU-Finanzmarktrechts. Gemeinsamer Ausgangspunkt der Art. 4–6 ist die Klarstellung, dass die regulatorischen **Anforderungen des EU-Finanzmarktrechts auch für DLT-Marktinfrastrukturen** unterschiedslos gelten, soweit nicht eine behördliche Ausnahme nach den Art. 4–6 erteilt wird. Die DLT-PR sieht mit ihren Ausnahmebestimmungen also lediglich **punktuelle Durchbrechungen** der regulären Anforderungen vor. Zusätzlich bestimmt Art. 6 aufgrund der kombinierten Erbringung von Handels- und Nachhandelsdienstleistungen durch **DLT-TSS** die **sinngemäße Anwendung der Bestimmungen der MiFID II bzw. CSDR** auf Betreiber, die den jeweiligen Regelungen nicht bereits aufgrund ihrer Zulassung unterliegen (→ Art. 6 Rn. 9 ff.). 7

2. Zusätzliche Anforderungen der DLT-Pilotregelung. Um die mit dem Einsatz der DLT und der Gewährung von Ausnahmen verbundenen Risiken zu adressieren, werden die **Ausnahmen an zusätzliche Anforderungen geknüpft.** Der jeweilige Abs. 1 UAbs. 1 der Art. 4–6 verweist dafür überblicksartig auf die einschlägigen Bestimmungen der DLT-PR. Die DLT-PR spricht in diesem Kontext zumeist von *„Bedingungen"*, an welche die Ausnahmen gebunden sind (zum Begriffsverständnis der DLT-PR → Art. 10 Rn. 33). Dennoch führt die spätere Nichterfüllung der Anforderungen **nicht zum Wegfall der Privilegierung** *ex-lege*. Sie berechtigt und verpflichtet die Behörde zu Wahrnehmung ihrer Befugnisse und allenfalls zur Entziehung der Ausnahme oder der besonderen Genehmigung (→ Art. 10 Rn. 32 ff.).[11] Im Rahmen des Genehmigungsverfahrens wird die Erfüllung der Anforderungen von der Behörde prospektiv anhand der im Antrag zu machenden Angaben geprüft (→ Art. 8–10 Rn. 24 ff.). 8

Nachfolgende Anforderungen sind bei Inanspruchnahme von Ausnahmen zu erfüllen, wobei sich diese inhaltlich teilweise überschneiden:

a) **Allgemeine Anforderungen an DLT-Marktinfrastrukturen:** Art. 7 stellt Anforderungen auf, die von **allen DLT-Marktinfrastrukturen** zu erfüllen sind. Die allgemeinen Anforderungen sollen vor allem die (neuartigen) **Risiken der Nutzung der DLT** adressieren (Erwgr. Nr. 38) und enthalten den umfangreichsten Maßnahmenkatalog (im Überblick → Vor DLT-PR Rn. 16, im Detail → Art. 7 Rn. 1 ff.). 9

b) **Ausnahmespezifische Anforderungen:** Die einzelnen Ausnahmeregelungen sehen Anforderungen vor, denen bei Beantragung bzw. Gewährung der jeweiligen Ausnahme nachzukommen ist. Inhaltlich sind die ausnahmespezifischen Anforderungen je nach Ausnahme völlig unterschiedlich ausgestaltet (im Einzelnen → Art. 4 Rn. 13 ff.; → Art. 5 Rn. 10 ff.). 10

c) **Rechtfertigung und Verhältnismäßigkeit:** Für jede beantragte Ausnahme muss der Antragsteller nachweisen, dass diese *„in Bezug auf den Einsatz einer Distributed-Ledger-Technologie verhältnismäßig und durch den Einsatz einer Distributed-Ledger-Technologie gerechtfertigt"*[12] ist. Damit wird neben der Nachweispflicht auch eine **materielle Anforderung** normiert.[13] Ausnah- 11

---

[11] Vgl. Art. 8–10, jeweils Abs. 12 lit. b.
[12] Art. 4 Abs. 4 lit. a, Art. 5 Abs. 10 lit. a.
[13] Siehe auch Litten BKR 2022, 551 (554).

men sollen nur gewährt werden, wenn diese notwendig sind und Risiken dennoch adäquat adressiert werden. Bei einigen Ausnahmen enthalten bereits die spezifischen Anforderungen Vorgaben, die auf eine Rechtfertigung bzw. einen Ausgleich der Risiken abzielen. Davon abgesehen gibt die Verordnung nur wenige Hinweise dazu, wie die Prüfung im Detail vorzunehmen ist. Bezugspunkt ist jeweils das **konkrete DLT-System,** das der Betreiber einsetzen will und im Geschäftsplan beschreiben muss (vgl. Erwgr. Nr. 28, 37).

12 Gerechtfertigt ist eine Ausnahme idR nicht erst dann, wenn das eingesetzte DLT-System mit den Anforderungen, von denen eine Ausnahme gewährt werden soll, gänzlich inkompatibel ist. Die Unvereinbarkeit mit dem eingesetzten DLT-System ist nur für die Inanspruchnahme bestimmter Ausnahmen Voraussetzung.[14] In diesen Fällen ergibt sich umgekehrt die Rechtfertigung bereits aus der Erfüllung der ausnahmespezifischen Anforderungen.[15] In der Lit. wurde erwogen, die erforderliche Rechtfertigung als Anforderung an die Neuheit und Innovativität zu verstehen.[16] Dafür fehlen jedoch Anhaltspunkte im Text der Verordnung. Ausreichend ist mE – sofern die jeweilige Ausnahme keine strengeren Vorgaben vorsieht –, dass die Einhaltung der regulären Anforderung bei Einsatz der DLT **nicht praktikabel**[17] ist (zB weil damit ein unverhältnismäßiger Aufwand verbunden wäre oder wesentliche Vorteile der Technologie verloren gehen) oder der **Zweck** der regulären Anforderung durch den Einsatz der DLT **auf andere Weise erreicht** werden kann.[18]

13 Für die Prüfung der **Verhältnismäßigkeit** einer Ausnahme ist unter Berücksichtigung der Zwecke der Pilotregelung (vgl. Erwgr. Nr. 6) und des Prinzips einer risikobasierten und proportionalen Aufsicht (siehe Erwgr. Nr. 10) mE abzustellen

- auf die Hindernisse für die Einhaltung der regulären Anforderungen und den mit der Einhaltung verbundenen Aufwand für den Betreiber einerseits,
- auf den Zweck der Anforderungen und die durch die Ausnahme entstehenden Risiken für den Anlegerschutz, die Marktintegrität und die Finanzstabilität andererseits.[19]

In die Abwägung einzubeziehen sind gesetzlich vorgesehene und/oder vom Antragsteller vorgeschlagene Ausgleichsmaßnahmen (→ Rn. 15 f.), da diese gerade das mit der Ausnahme verbundene Risiko reduzieren sollen.

14 **d) Beschränkung auf die DLT-Marktinfrastruktur:** Der Antragsteller hat nachzuweisen, dass sich die beantragte Ausnahme auf die jeweilige DLT-Marktinfrastruktur beschränkt und nicht auf ein anderes Handelssystem oder Wertpapierliefer- und -abrechnungssystem desselben Betreibers ausgedehnt wird. Die Ausnahmen dürfen mithin **keine Umgehung regulatorischer**

---

[14] Vgl. Art. 5 Abs. 2 lit. a., Art. 5 Abs. 4; ferner Art. 5 Abs. 9 UAbs. 1, nicht aber zB Art. 4 Abs. 2 und Abs. 3.
[15] MkritAnm zu dieser Überschneidung Zetzsche/Woxholth CMLJ 2022, 212 (222, 233).
[16] Zetzsche/Woxholth CMLJ 2022, 212 (222 f.), die dieses Erfordernis aufgrund der notwendigen Beurteilung durch die Behörde jedoch kritisch sehen.
[17] Vgl. mit einem ähnlichen Gedanken die Ausnahme von den Bestimmungen über den Barausgleich in Art. 5 Abs. 8.
[18] Vgl. die Ausnahme in Art. 4 Abs. 3, die anstelle von Meldeverpflichtungen einen direkten Zugang der Behörde zu den relevanten Informationen vorsieht.
[19] Vgl. den Prüfungsmaßstab der Behörde nach Art. 8–10, jeweils Abs. 10 lit. a.

Anforderungen bewirken.[20] Prozessual kann der Nachweis nach den Standardformularen der ESMA dadurch erfolgen, dass entsprechende Belege für die Einhaltung der regulären Anforderungen in Bezug auf weitere Marktinfrastrukturen des Betreibers beigebracht werden.[21] Betreibt der Antragsteller keine weiteren Marktinfrastrukturen, ist folglich kein Nachweis erforderlich.

e) **Ausgleichsmaßnahmen:** Zusätzlich zu den bereits erörterten Anforderungen hat die zuständige Behörde die Kompetenz, Ausgleichsmaßnahmen vorzuschreiben, um den entstehenden Risiken zu begegnen. Diese Kompetenz ist weniger unbestimmt als dies auf den ersten Blick erscheint: Die Erforderlichkeit, die Ausrichtung und der Inhalt möglicher Ausgleichsmaßnahmen werden **in zahlreichen Ausnahmebestimmungen konkretisiert**.[22] Die DLT-PR weist dem **Antragsteller** außerdem eine betont aktive Rolle zu, da dieser bei der Beantragung bestimmter Ausnahmen selbst **geeignete Ausgleichsmaßnahmen vorschlagen** muss.[23] Nicht ausgeschlossen ist, dass die zuständige Behörde auf eigene Initiative weitere Ausgleichsmaßnahmen verlangt, die sie für angemessen hält, um die Ziele der von der Ausnahme betroffenen Bestimmungen zu erreichen oder den Anlegerschutz, die Marktintegrität oder die Finanzstabilität zu gewährleisten (vgl. Art. 4–6, jeweils Abs. 1 UAbs. 2 lit. c).[24] In Hinblick auf die zahlreichen übrigen Anforderungen und die notwendige Vorhersehbarkeit veraltungsbehördlichen Handelns erscheint eine sorgsame Ausübung des eingeräumten **Ermessensspielraums** angezeigt. Geboten ist die Vorschreibung weiterer Ausgleichsmaßnahmen jedenfalls, wenn die Genehmigung sonst aufgrund von erheblichen Risiken für den Anlegerschutz, die Marktintegrität oder die Finanzstabilität zu versagen wäre (vgl. Art. 8–10, jeweils Abs. 10 lit. a).

Zur Sicherstellung einer kohärenten Verwaltungspraxis beobachtet die **ESMA** laufend die von den zuständigen Behörden vorgeschriebenen Ausgleichsmaßnahmen und geht darauf in einem jährlichen Bericht an die Kommission ein (Art. 11 Abs. 6; → Art. 11 Rn. 11 f.). Da die Ausgleichsmaßnahmen mit den Ausnahmen eng verstrickt sind, kann die ESMA im Wege einer Stellungnahme im Zulassungsverfahren wohl auch für Ausgleichsmaßnahmen unverbindliche Vorgaben machen.

V. Durchbrechungen der Vorgaben des Art. 3 CSDR

Neben den explizit normierten Ausnahmen ergeben sich durch die DLT-PR insgesamt mehrere Durchbrechungen des Art. 3 CSDR. Die Bestimmung ist zentral für den Aufbau der traditionellen Marktinfrastruktur und regelt die verpflichtende Einbuchung übertragbarer Wertpapiere in den Effektengiro bei einem Zentralverwahrer, wenn diese an einem Handelsplatz iSd MiFID II gehandelt werden:

– Nach Art. 3 Abs. 2 CSDR sind übertragbare Wertpapiere spätestens vor dem vorgesehenen Abwicklungstag in den Effektengiro bei einem Zentralverwahrer einzubuchen, wenn Geschäfte mit übertragbaren Wertpapieren an einem Handelsplatz ausgeführt werden oder wenn sie als Finanzsicher-

---

[20] Vgl. den Prüfungsmaßstab der Behörde nach Art. 8–10, jeweils Abs. 10 lit. b.
[21] ESMA Final Report: Guidelines on standard forms, formats and templates to apply for permission to operate a DLT Market Infrastructure, ESMA70-460-206, Tabelle 3 und 4.
[22] Vgl. Art. 4 Abs. 2 UAbs. 2, Art. 5 Abs. 2 lit. b, Art. 5 Abs. 6, Art. 5 Abs. 7.
[23] Vgl. Art. 5 Abs. 2, Abs. 6 und Abs. 7.
[24] MkritAnm Zetzsche/Woxholth CMLJ 2022, 212 (224).

heiten übertragen werden. Die **Abwicklung der Transaktionen** hat bislang also zwingend über eine **separate Marktinfrastruktur**, nämlich das **Wertpapierliefer- und –abrechnungssystem (SSS) eines zugelassenen Zentralverwahrers** zu erfolgen. Damit einher geht u. a. die Trennung von Handels- und Nachhandelstätigkeiten und die Einschaltung weiterer Intermediäre.
- Seit 1.1.2023 (für neu emittierte Wertpapiere) bzw. ab 1.1.2025 (für Altbestände)[25] verpflichtet außerdem Art. 3 Abs. 1 CSDR Emittenten übertragbarer Wertpapiere, frühzeitig für die **vollständige Erfassung aller (zugelassenen)**[26] **Wertpapiere einer Emission in Form von Bucheinträgen** Sorge zu tragen, wenn eine Zulassung oder Einbeziehung in den Handel an einem Handelsplatz erfolgt. Dadurch soll verhindert werden, dass neben den buchmäßig erfassten Wertpapieren effektive Stücke im Umlauf sind, wodurch die Ziele der CSDR beeinträchtigt werden könnten.[27] Die buchmäßige Erfassung muss bis zur Ausführung von Transaktionen oder Übertragung als Finanzsicherheit aber nicht zwingend bei einem Zentralverwahrer erfolgen (Erwgr. Nr. 11 CSDR).

18 Die Grundsätze des Art. 3 CSDR werden durch die DLT-PR unabhängig von der Inanspruchnahme von Ausnahmen durch einen bestimmten Marktteilnehmer modifiziert:
- Die Erfassung der übertragbaren Wertpapiere muss nach Art. 5 Abs. 2 nicht zwingend als Bucheintrag im Effektengiro nach traditionellem Verständnis erfolgen (→ Art. 5 Rn. 15). Auch in Hinblick auf Art. 3 CSDR muss es daher als ausreichend angesehen werden, wenn übertragbare Wertpapiere nicht in Buchform, sondern **als DLT-Finanzinstrumente auf einem DLT-System** (→ Art. 18 Rn. 7 f.) erfasst werden.
- Die DLT-PR schafft neue Marktinfrastrukturen für die Abwicklung von DLT-Finanzinstrumenten (DLT-SS, DLT-TSS) und gewährt einem größeren Kreis an Marktteilnehmern[28] Zugang zur Erbringung dieser Dienstleistungen. Art. 3 Abs. 2 CSDR ist daher korrigierend dahingehend zu interpretieren, dass die **Abwicklung** wahlweise über ein **traditionelles SSS**, ein **DLT-SS** oder ein **DLT-TSS** erfolgen kann, wobei die Erfassung der übertragbaren Wertpapiere bei einem **zur Erbringung von Abwicklungsdienstleistungen berechtigten Marktteilnehmer** (nicht nur bei einem Zentralverwahrer) ausreichend ist.
- Handel und Abwicklung müssen nicht zwingend separiert werden, sondern können im Rahmen eines DLT-TSS durch eine **einheitliche Marktinfrastruktur** erfolgen, die von einem einzigen Marktteilnehmer betrieben wird.

---

[25] Art. 76 Abs. 2 CSDR.
[26] Im Ausnahmefall ist nach börserechtlichen Vorgaben eine Teilzulassung von Wertpapieren einer bestimmten Gattung oder Emission zulässig, Segna, Bucheffekten, 2018, S. 110. Aus Art. 5 Abs. 2 lit. b ergibt sich, dass diese Möglichkeit auch beim Einsatz von DLT-Marktinfrastrukturen weiter besteht.
[27] Segna Bucheffekten S. 109 f.
[28] Vgl. Art. 10 Abs. 1 sowie Art. 9 Abs. 2, Art. 10 Abs. 2.

Artikel 4 Anforderungen und Ausnahmen im Zusammenhang mit DLT-MTF

(1) Ein DLT-MTF unterliegt den Anforderungen, die gemäß der Verordnung (EU) Nr. 600/2014 und der Richtlinie 2014/65/EU für ein multilaterales Handelssystem gelten.
Unterabsatz 1 gilt nicht in Bezug auf die Anforderungen, für die der Wertpapierfirma oder dem Marktbetreiber, die bzw. der das DLT-MTF betreibt, eine Ausnahme gemäß den Absätzen 2 und 3 dieses Artikels erteilt wurde, wenn die Wertpapierfirma oder der Marktbetreiber, die bzw. der das DLT-MTF betreibt, folgende Anforderungen erfüllt:
a) Artikel 7;
b) die Absätze 2, 3 und 4 dieses Artikels und
c) alle Ausgleichsmaßnahmen, die die zuständige Behörde für angemessen hält, um die Ziele der Bestimmungen zu erreichen, von denen eine Ausnahme beantragt worden ist, oder um den Anlegerschutz, die Marktintegrität oder die Finanzstabilität zu gewährleisten.

(2) Zusätzlich zu den in Artikel 53 Absatz 3 der Richtlinie 2014/65/EU bezeichneten Personen kann die zuständige Behörde auf Antrag eines Betreibers eines DLT-MTF diesem Betreiber gestatten, natürliche und juristische Personen zum Handel für eigene Rechnung als Mitglieder oder Teilnehmer zuzulassen, sofern diese Personen die folgenden Anforderungen erfüllen:
a) Sie sind ausreichend gut beleumundet;
b) sie verfügen über ein ausreichendes Maß an Handelsfähigkeiten, Kompetenz und Erfahrung, einschließlich Kenntnissen über die Funktionsweise der Distributed-Ledger-Technologie;
c) sie sind keine Market-Maker in dem DLT-MTF;
d) sie verwenden in dem DLT-MTF keine hochfrequente algorithmische Handelstechnik;
e) sie gewähren anderen Personen keinen direkten elektronischen Zugang zu dem DLT-MTF;
f) sie handeln bei der Ausführung von Kundenaufträgen über die DLT-Marktinfrastruktur nicht für eigene Rechnung und
g) sie haben in Kenntnis der Sachlage dem Handel in dem DLT-MTF als Mitglieder oder Teilnehmer zugestimmt und wurden von dem DLT-MTF über die potenziellen Risiken informiert, die mit der Nutzung seiner Systeme für den Handel mit DLT-Finanzinstrumenten verbunden sind.

Erteilt die zuständige Behörde die in Unterabsatz 1 genannte Ausnahme, kann sie zusätzliche Maßnahmen zum Schutz natürlicher Personen vorschreiben, die als Mitglieder oder Teilnehmer des DLT-MTF zugelassen sind. Diese Maßnahmen müssen dem Risikoprofil dieser Mitglieder oder Teilnehmer angemessen sein.

(3) Auf Antrag eines Betreibers eines DLT-MTF kann die zuständige Behörde diesen Betreiber oder seine Mitglieder oder Teilnehmer von Artikel 26 der Verordnung (EU) Nr. 600/2014 ausnehmen.
Erteilt die zuständige Behörde eine in Unterabsatz 1 dieses Absatzes genannte Ausnahme, führt das DLT-MTF Aufzeichnungen über alle über seine Systeme ausgeführten Geschäfte. Die Aufzeichnungen enthalten alle in Artikel 26 Absatz 3 der Verordnung (EU) Nr. 600/2014 genannten Angaben, die für das von dem DLT-MTF und dem die Transaktion

ausführenden Mitglied oder Teilnehmer verwendete System relevant sind. Das DLT-MTF stellt ferner sicher, dass die zuständigen Behörden, die berechtigt sind, die Daten direkt vom multilateralen Handelssystem gemäß Artikel 26 der genannten Verordnung zu empfangen, direkten und unmittelbaren Zugang zu diesen Angaben haben. Um Zugang zu diesen Aufzeichnungen zu erhalten, wird diese zuständige Behörde als teilnehmender regulatorischer Beobachter zum DLT-MTF zugelassen.

Die zuständige Behörde stellt der ESMA alle Informationen, auf die sie gemäß diesem Artikel zugegriffen hat, unverzüglich zur Verfügung.

(4) Beantragt der Betreiber eines DLT-MTF eine Ausnahme gemäß Absatz 2 oder 3, weist er nach, dass die beantragte Ausnahme

a) in Bezug auf den Einsatz einer Distributed-Ledger-Technologie verhältnismäßig und durch den Einsatz einer Distributed-Ledger-Technologie gerechtfertigt ist und

b) auf das DLT-MTF beschränkt ist und sich nicht auf ein anderes multilaterales Handelssystem erstreckt, das von dem betreffenden Betreiber betrieben wird.

(5) Die Absätze 2, 3 und 4 des vorliegenden Artikels gelten entsprechend für einen Zentralverwahrer, der ein DLT-TSS gemäß Artikel 6 Absatz 2 betreibt.

(6) Die ESMA arbeitet Leitlinien für die Ausgleichsmaßnahmen nach Absatz 1 Unterabsatz 2 Buchstabe c aus.

Übersicht

	Rn.
I. Einführung	1
1. Literatur	1
2. Entstehung und Zweck der Norm	2
3. Normativer Kontext	4
II. Allgemeines	6
1. Ausrichtung und Bedeutung der Marktinfrastruktur	6
2. Einsatz der Distributed-Ledger-Technologie?	8
3. Alternative Infrastrukturen für den Handel von DLT-Finanzinstrumenten	10
III. Anwendung der Bestimmungen der MiFID II und MiFIR (Abs. 1 UAbs. 1)	11
IV. Ausnahmen	13
1. Allgemeines	13
2. Ausnahme vom mediatisierten Zugang zum Handelssystem (Abs. 2)	14
a) Reguläre Anforderungen	14
b) Ausnahmebestimmung	16
c) Ausnahmespezifische Anforderungen	17
d) Ausgleichsmaßnahmen	22
e) Rechtfertigung und Verhältnismäßigkeit	24
3. Ausnahme von der Pflicht zur Meldung von Geschäften (transaction reporting) (Abs. 3)	25
a) Reguläre Anforderungen	25
b) Ausnahmebestimmung	27
c) Ausnahmespezifische Anforderungen	29
d) Ausgleichsmaßnahmen	32
e) Rechtfertigung und Verhältnismäßigkeit	33
V. Guidelines (Abs. 6)	34

I. Einführung

1. Literatur. *Annunziata/Chisari/Amendola*, DLT-Based Trading Venues 1 and EU Capital Markets Legislation: State of the Art and Perspectives Under the DLT Pilot Regime, ItaLJ 2023, 141; *Busch/Gulyás*, Regulated Markets, alternative Trading Venues & systematic Internalisers in Europe, EBI Working Paper 75/2020; *Ebner*, Finanzinstrumente auf der Blockchain: Die neue EU-Pilotregelung für DLT-Marktinfrastrukturen im Überblick, GesRZ 2022, 271; *Maume/Kesper*, The EU DLT Pilot Regime for Digital Assets, ECLJ 2023, 118; *McCarthy*, Distributed ledger technology and financial market infrastructures: an EU pilot regulatory regime, CMLJ 2022, 288; *Priem*, A European distributed ledger technology pilot regime for market infrastructures: finding a balance between innovation, investor protection and financial stability, JFRC 2021, 371; *Schopper/Raschner*, Die aufsichtsrechtliche Einordnung von Krypto-Börsen, ÖBA 2019, 249; *Wilfling*, Praxishandbuch Börserecht, 2. Aufl. 2020; *Zaccaroni*, Decentralized Finance and EU Law: The Regulation on a Pilot Regime for Market Infrastructures based on Distributed Ledger Technology, European Papers 2022, 601; *Zetzsche/Woxholth*, The DLT Sandbox under the Pilot-Regulation, CMLJ 2022, 212.

2. Entstehung und Zweck der Norm. Die Bestimmung regelt Anforderungen und Ausnahmen im Zusammenhang mit **DLT-MTF**. Für diese gelten 2 grds. die allgemeinen Regelungen des Finanzmarktrechtes für multilaterale Handelssysteme (MTF). Art. 4 beinhaltet jedoch **antragsgebundene Ausnahmen von bestimmten Anforderungen der MiFID II und MiFIR**. Dadurch sollen Hürden für den Einsatz der DLT adressiert und genügend Spielraum für die Erprobung im Rahmen der DLT-Pilotregelung geschaffen werden. Flankierend sieht Art. 4 **zusätzliche Anforderungen für DLT-MTF** vor. Sie adressieren das mit der Gewährung von Ausnahmen einhergehende Risiko. Zu Zweck und Systematik der Ausnahmebestimmungen ausf. → Vor Art. 4–6.

Während des **Gesetzgebungsverfahrens** hat Art. 4 **grundlegende Ver-** 3 **änderungen** erfahren:

– In Art. 4 Abs. 2 idF des **Kommissionsentwurfs** war zunächst vorgesehen, dass Betreiber von DLT-MTF die Genehmigung erteilt werden konnte, unter **Ausnahme von Art. 3 CSDR** übertragbare Wertpapiere zum Handel zuzulassen, die nicht bei einem Zentralverwahrer in den Effektengiroverkehr eingebucht sind. Dadurch wäre es DLT-MTF möglich gewesen, bei Einsatz eines DLT-Systems wesentliche **Kernaufgaben eines Zentralverwahrers**[1] unter gänzlichem Entfall dieser Infrastruktur zu übernehmen. Die Kommission begründete diesen Ansatz damit, dass DLT-Systeme selbst als „*dezentrale Version eines (...) Zentralverwahrers*"[2] betrachtet werden können.[3] Im Gesetzgebungsverfahren wurde die Ausnahme in Hinblick auf die Schaffung eines *level-playing-field* als problematisch emp-

---

[1] Erstmalige Erfassung der Wertpapiere, Abwicklung von Transaktionen und Verwahrung der Wertpapiere; vgl. Erwgr. Nr. 9 KOM(2020) 594 endg.
[2] Erwgr. Nr. 9 S. 3 KOM(2020) 594 endg.
[3] Der Ansatz der Kommission ist insofern nachvollziehbar, als DLT-Systeme die Erfüllung einiger Aufgaben, die derzeit von Zentralverwahrern besorgt werden, mithilfe technischer Mittel sicherstellen oder zumindest erleichtern.

funden, weil Zentralverwahrer als Betreiber von DLT-SS ihrerseits keinen Zugang zur Erbringung von Handelstätigkeiten gehabt hätten.[4] Wichtiger ist, dass die Bestimmung im Ergebnis eine Art Generalausname von der CSDR und dem Großteil der dort normierten Anforderungen bedeutet hätte.[5]

– In der **Endfassung** der DLT-PR ist das DLT-MTF dagegen eine **reine Handelsinfrastruktur**. Für die Kombination von Handels- und Nachhandelstätigkeiten steht stattdessen das **DLT-TSS als neue, eigenständige Marktinfrastruktur** zur Verfügung. Betreiber eines DLT-TSS müssen die wesentlichen Bestimmungen der MiFID II/MiFIR *und* CSDR einhalten (→ Art. 6 Rn. 9 ff.). Damit wurde zugleich die Eintrittshürde für den Betrieb kombinierter Marktinfrastrukturen deutlich erhöht.[6]

4 **3. Normativer Kontext.** Das multilaterale Handelssystem (MTF) ist eine von mehreren in der **MiFID II** vorgesehenen **Infrastrukturen, die den Handel mit Finanzinstrumenten ermöglichen**. Nur MTF werden (als DLT-MTF) von der DLT-PR erfasst, weshalb für andere Infrastrukturen keine Ausnahmen beantragt werden können. Bei Erfüllung der regulären Anforderungen können DLT-Finanzinstrumente aber auch über andere Infrastrukturen gehandelt werden (→ Rn. 10).

5 Betreiber eines MTF unterliegen zahlreichen regulatorischen Anforderungen, die grundsätzlich auch bei Einsatz der DLT gelten. **Unionsrechtlich** sind die Anforderungen für den Betrieb eines MTF in der MiFID II und MiFIR geregelt. Unter anderem sieht Art. 19 Abs. 2 iVm Art. 53 Abs. 3 MiFID II einen **mediatisierten Zugang zum MTF** vor (→ Rn. 14 f.). Art. 26 MiFIR normiert für Wertpapierfirmen umfassende **Pflichten zur Meldung von Geschäften** *(transaction reporting)* an die zuständigen Behörden (→ Rn. 25 f.). An die Betreiber von MTF richtet sich auch Art. 3 CSDR: Übertragbare Wertpapiere müssen für die Abwicklung der Geschäfte verpflichtend in den Effektengiro bei einem Zentralverwahrer eingebucht werden. **National** werden die Vorgaben für den Betrieb von MTF in Deutschland durch das BörsG[7] und WpHG[8], in Österreich durch das BörseG 2018[9], WAG 2018[10] und WPFG[11], in Liechtenstein (noch)[12] durch das BankG[13] und

---

[4] Vgl. ECON Draft Report, PE689.571v01-00, 58 f. (Abänderung 74).
[5] Als Mindestanforderungen hatten DLT-MTF zum Ausgleich lediglich sicherzustellen, dass die Wertpapiere auf einem DLT-System verbucht werden, die Integrität der Emission im Hinblick auf die Gesamtzahl der verbuchten Wertpapiere gewahrt bleibt und eine vollständige Kontentrennung gewährleistet ist.
[6] Ebner GesRZ 2022, 271 (276 f.).
[7] Börsengesetz vom 16.7.2007 (dBGBl. I 1330).
[8] Wertpapierhandelsgesetz in der Fassung der Bekanntmachung vom 9.9.1998 (dBGBl. I 2708).
[9] Bundesgesetz über die Wertpapier- und allgemeinen Warenbörsen 2018 (BörseG 2018) vom 26.7.2017 (öBGBl. I Nr. 107).
[10] Wertpapieraufsichtsgesetz 2018 (WAG 2018) vom 26.7.2017 (öBGBl. I Nr. 107).
[11] Bundesgesetz über die Beaufsichtigung von Wertpapierfirmen (WPFG) vom 30.12.2018 (öBGBl. I Nr. 237).
[12] Im Zuge der Neukonzeption des Finanzmarktrechts sollen bis Anfang 2025 wesentliche Bestimmungen in ein eigenständiges Handelsplatz- und Börsegesetz (HPBG) ausgegliedert werden, vgl. den Bericht und Antrag Nr. 72/2024.
[13] Gesetz über die Banken und Wertpapierfirmen (BankG) vom 21.10.1992 (lieLGBl Nr. 108).

die BankenV[14] umgesetzt. Innerhalb der DLT-PR bilden die **Ausnahmebestimmungen der Art. 4–6** systematisch eine Einheit (→ Vor Art. 4–6 Rn. 6).

II. Allgemeines

1. Ausrichtung und Bedeutung der Marktinfrastruktur. Nach den Änderungen im Gesetzgebungsverfahren (→ Rn. 3) ist das DLT-MTF als **reine Handelsinfrastruktur** konzipiert. Die Erbringung von Nachhandelstätigkeiten durch DLT-MTF bzw. eine Ausnahme von Art. 3 CSDR sind nicht mehr vorgesehen. Die größte Hürde für den Betrieb eines Handelsplatzes für DLT-basierte Finanzinstrumente wird damit nicht durch Art. 4, sondern durch die Erleichterungen für DLT-SS und DLT-TSS adressiert. Damit ist das DLT-MTF als Marktinfrastruktur insgesamt weniger bedeutend als von der Kommission ursprünglich vorgesehen. 6

Beim Betrieb eines DLT-MTF bleibt folglich die **Abwicklung der getätigten Geschäfte über eine separate Marktinfrastruktur** erforderlich. Die Abwicklung kann 7

– traditionell über das **Wertpapierliefer- und -abrechnungssystem (SSS)** eines Zentralverwahrers,
– über das **DLT-Abwicklungssystem (DLT-SS)** eines Zentralverwahrers oder eines Marktteilnehmers mit beschränkter Zulassung nach Art. 9 Abs. 2, oder
– über das **DLT-Handels- und Abwicklungssystem (DLT-TSS)** eines Zentralverwahrers, eines Marktbetreibers, einer Wertpapierfirma oder eines Marktteilnehmers mit beschränkter Zulassung nach Art. 10 Abs. 2

erfolgen.[15] DLT-MTF unterscheiden sich insofern nicht von MTF (→ Vor Art. 4–6 Rn. 17 f.). Die Beantragung einer besonderen Genehmigung für den Betrieb eines DLT-MTF ist daher nur dann notwendig und sinnvoll, wenn Endanlegern direkter Zugang zum Handelssystem gewährt werden soll oder eine Ausnahme von den Meldepflichten angestrebt wird.

2. Einsatz der Distributed-Ledger-Technologie? Überraschenderweise **im Text der Verordnung nicht klar geregelt** ist die Frage, ob der Betrieb eines DLT-MTF und die Gewährung von Ausnahmen überhaupt den Einsatz der DLT durch die Marktinfrastruktur voraussetzen. Nach der Begriffsdefinition des Art. 2 Nr. 6 ist ein DLT-MTF „*ein multilaterales Handelssystem, das nur DLT-Finanzinstrumente zum Handel zulässt*". Der Einsatz der DLT für das Handelssystem selbst wäre danach nicht notwendig; es genügt, dass die gelisteten Werte auf der DLT basieren. Demgegenüber verlangt Art. 4 Abs. 4 lit. a, dass jede Ausnahme für DLT-MTF durch den Einsatz der DLT gerechtfertigt und verhältnismäßig ist (→ Vor Art. 4–6 Rn. 11 ff.). Nach Ansicht der Kommission ist der **Einsatz der DLT für das Handelssystem selbst nicht zwingend**.[16] Auch Erwgr. Nr. 26 spricht dafür, dass die Gewährung von Ausnahmen ohne Einsatz eines DLT-Systems für das Trading möglich ist: Der Gesetzgeber wollte mit der Ausnahme von der verpflichten- 8

---

[14] Verordnung über die Banken und Wertpapierfirmen (BankV) vom 22.2.1994 (lieLGBl Nr. 022).
[15] Siehe auch ESMA Q&A zur DLT-Pilotregulung, ESMA70-460-189, Abschnitt 8, Frage 2 (Stand 2.6.2023).
[16] Vgl. ESMA Q&A zur DLT-Pilotregulung, ESMA70-460-189, Abschnitt 8, Frage 1 (Stand 2.6.2023).

den Mediatisierung die gängige Marktpraxis vieler „*Plattformen für den Handel mit Kryptowerten*", Kleinanlegern direkten Zugang zu gewähren, auch für DLT-Finanzinstrumente ermöglichen. Die überwiegende Mehrzahl dieser Plattformen ist jedoch bekanntlich zentralisiert ausgestaltet (sog. *centralised exchanges – CEX*) und setzt für Handel und Abwicklung gar kein DLT-System ein.[17] Das steht freilich zur **Gleichbehandlung der Marktteilnehmer** (Betreiber von MTF und DLT-MTF) und **Technologieneutralität** in einem gewissen Spannungsverhältnis (siehe auch → Rn. 24).

9 Ob der Einsatz der DLT für ein reines Handelssystem, das nicht zugleich der Abwicklung der gehandelten Werte dient, aus **technischer und ökonomischer Sicht** effizient ist, muss die Praxis noch zeigen. Zentralisierte Handelsplattformen für Kryptowerte nutzen bislang vorwiegend Orderbook-Systeme, die „off-chain" – also ohne Einsatz der DLT – betrieben werden. Von dezentralisierten Handelsplattformen (zB UniSwap oder SushiSwap) bekannte „Automated Market Maker" basieren dagegen auf Smart Contracts. Diese Protokolle kombinieren aber Handel und Abwicklung.[18]

10 **3. Alternative Infrastrukturen für den Handel von DLT-Finanzinstrumenten.** Das **multilaterale Handelssystem (MTF)** ist eine von mehreren in der MiFID II vorgesehenen Infrastrukturen, die den Handel mit Finanzinstrumenten ermöglichen. Für MTF ist kennzeichnend, dass es sich um **multilaterale Systeme** handelt, die die Interessen einer Vielzahl Dritter am Kauf und Verkauf von Finanzinstrumenten nach nichtdiskretionären Regeln, dh **ohne Entscheidungsermessen,** zusammenführen. Sie greifen nicht aktiv in den Handelsprozess ein und dürfen nur bestimmte Teilnehmer (idR Wertpapierfirmen und Kreditinstitute) zulassen. Dafür fehlt es weitgehend an kundenbezogenen Vorgaben.[19] Nur MTF werden von der DLT-PR erfasst und können Ausnahmen in Anspruch nehmen. Bei Erfüllung der regulären Anforderungen können DLT-Finanzinstrumente aber auch über andere Infrastrukturen gehandelt werden. Das **Fehlen von Ausnahmen für andere Marktinfrastrukturen** ist auch in Zusammenhang mit den unterschiedlichen Funktionsweisen und Anforderungen zu sehen:

- **Geregelte Märkte (RM)** entsprechen in ihrer Funktionsweise multilateralen Handelssystemen, werden aber ausschließlich von Marktbetreibern betrieben und unterliegen strengen **Zulassungsvorschriften für Finanzinstrumente.**[20] Ein Listing von DLT-Finanzinstrumenten ist deshalb (derzeit) praktisch weniger relevant.
- **Organisierte Handelssysteme (OTF)** sind multilaterale Systeme, welche die Interessen einer Vielzahl Dritter am Kauf und Verkauf bestimmter Finanzinstrumenten zusammenführen, deren Betreiber jedoch Entscheidungsermessen ausüben und in bestimmten Fällen selbst in die Geschäfte eintreten können. Für sie gelten bereits regulär **weniger strenge Anforde-**

---

[17] Die Kunden übertragen für den Handel ihre Kryptowerte auf eine Adresse des Plattformbetreibers. Die Handelsgeschäfte werden über ein herkömmliches Order-book-System abgeschlossen und über die internen Aufzeichnungen der Handelsplattform „abgewickelt". Erst, wenn die Kunden ihre Kryptowerte abziehen *(withdrawal),* veranlasst der Plattformbetreiber eine Transaktion auf dem DLT-System.

[18] Vgl. Park, Conceptual Flaws of Decentralized Automated Market Making, S. 1, abrufbar unter <https://ssrn.com/abstract=3805750>.

[19] Vgl. Art. 19 Abs. 4 MiFID II; Busch/Gulyás EBI Working Paper 75/2020, 14. Stattdessen werden die Teilnehmer gegenüber ihren eigenen Kunden entsprechend verpflichtet.

[20] Busch/Gulyás EBI Working Paper 75/2020, 16 f.

rungen für den Zugang,[21] dafür aber kundenbezogenen Regelungen.[22] An OTF dürfen allerdings keine Eigenkapitalinstrumente gehandelt werden.[23]

- Systematische Internalisierer (SI) führen in großen Volumen Kundenaufträge gegen das eigene Buch aus und ermöglichen damit einen bilateralen Handel von Finanzinstrumenten. Die Geschäfte werden direkt zwischen dem Betreiber und seinen Kunden abgeschlossen, wofür kundenbezogene Regelungen gelten.[24] Da SI keine Handelsplätze iSd MiFID II sind, ist **keine Einbuchung in den Effektengiro** vorgeschrieben.[25]

III. Anwendung der Bestimmungen der MiFID II und MiFIR (Abs. 1 UAbs. 1)

DLT-MTF sind multilaterale Handelssysteme iSd MiFID II (Art. 2 Nr. 1). Art. 4 Abs. 1 UAbs. 1 stellt dementsprechend klar, dass die Anforderungen der **MiFID II und MiFIR** auch für DLT-MTF gelten, soweit nicht eine behördliche Ausnahme erteilt wird. Anwendbar sind **auch Level 2 und Level 3-Vorgaben,** sofern keine Anpassungen für DLT-MTF erfolgen oder eigene Standards erlassen werden. 11

Bei der **MiFID II** handelt es sich – im Gegensatz zu den anderen durch die DLT-PR referenzierten Rechtsakten – um eine **Richtlinie.** Unmittelbar zur Anwendung gelangt daher nicht die MiFID II selbst, sondern die **nationalen Umsetzungsrechtsakte.** MTF dürfen von Wertpapierfirmen und von Marktbetreibern (idR ohne gesonderte Zulassung)[26] betrieben werden. In **Deutschland** wird der Betrieb eines MTF durch eine Wertpapierfirma durch das **WpHG**[27] und **KWG**[28] geregelt. Betreibt ein Börsenunternehmen ein MTF, kommen die Regelungen des **BörsG** zur Anwendung. In **Österreich** ist der Betrieb eines MTF eine Finanzdienstleistung iSd **WAG 2018;**[29] zentrale Regelungen finden sich aber im **BörseG 2018.**[30] In Liechtenstein finden sich die relevanten Anforderungen derzeit in BankG und BankenV, künftig voraussichtlich im HPBG.[31] 12

---

[21] Abweichend davon greifen in Österreich nach § 75 Abs. 2 Nr. 1 lit. b BörseG 2018 für OTF dieselben Zugangsregelungen wie für RM und MTF. Das widerspricht der Idee, dass OTF keine „Teilnehmer", sondern „Kunden" haben (vgl. ESMA Q&A MiFID II und MiFIR Marktinfrastruktur, ESMA70-872942901-38, Abschnitt 5, Frage 12 [Stand 3.4.2017]) und dürfte ein Versehen sein, da sich die Erläuterungen nur auf MTF beziehen (ErlRV BlgNR. 25. GP 13), vgl. bereits Gruber/Arlt/Schrader, BörseG 2018 § 75 Rn. 27.
[22] Busch/Gulyás EBI Working Paper 75/2020, 15 f.
[23] Vgl. Art. 4 Abs. 1 Nr. 23 MiFID II.
[24] Busch/Gulyás EBI Working Paper 75/2020, 5 f.
[25] Vgl. Art. 3 CSDR.
[26] Vgl. Art. 5 Abs. 2 MiFID II; für Österreich § 3 Abs. 3 BörseG 2018, Kalss/Oppitz/U. Torggler/Winner/Wenzl BörseG 2018 § 75 Rn. 11; für Deutschland § 48 BörsG, Schwark/Zimmer/Kumpan BörsG § 2 Rn. 32; für Liechtenstein Art. 30t Abs. 2 BankG.
[27] Vgl. insbes. §§ 72 ff. WpHG.
[28] Vgl. § 1 Abs. 1a Nr. 1b KWG.
[29] § 1 Nr. 3 lit. h WAG 2018.
[30] Vgl. §§ 75 ff. BörseG 2018.
[31] Vgl. den Bericht und Antrag Nr. 72/2024.

IV. Ausnahmen

13 **1. Allgemeines.** Kernstück der Bestimmung sind die in Abs. 2 und Abs. 3 geregelten **Ausnahmen von bestimmten Anforderungen der MiFID II und MiFIR.** Die Gewährung von Ausnahmen ist an **zusätzliche Anforderungen** geknüpft: Betreiber von DLT-MTF müssen (i) die allgemeinen Anforderungen an DLT-Marktinfrastrukturen nach Art. 7 und (ii) ausnahmespezifische Anforderungen erfüllen. Die Ausnahme muss (iii) in Bezug auf den Einsatz der DLT gerechtfertigt und verhältnismäßig sein und sich (iv) auf die jeweilige DLT-Marktinfrastruktur beschränken. Außerdem sind (v) durch die Behörde vorgeschriebene Ausgleichsmaßnahmen einzuhalten (ausf. → Vor Art. 4–6 Rn. 8 ff.). Ausnahmen für DLT-MTF gelten nach Abs. 5 **sinngemäß für DLT-TSS** (→ Art. 6 Rn. 18 f.).

14 **2. Ausnahme vom mediatisierten Zugang zum Handelssystem (Abs. 2). a) Reguläre Anforderungen.** Betreiber eines MTF müssen auf Basis objektiver Kriterien transparente und nichtdiskriminierende Regeln für den Zugang zum Handelssystem festlegen.[32] Die **MiFID II** sieht dafür in Art. 53 Abs. 3[33] Mindestanforderungen vor. Diese werden durch **mitgliedstaatliche Regelungen** weiter konkretisiert und dadurch idR verschärft. Die Bestimmungen dienen dem Schutz eines funktionsfähigen Börsewesens und sollen Beeinträchtigungen durch unkundige und unzuverlässige Personen hintanhalten.[34] Die Level-1 Vorgaben der MiFID II dürften die Zulassung von privaten[35] Endanlegern als Teilnehmer zwar nicht vollständig ausschließen, begründen aber erhebliche Hürden.[36] Nach den nationalen Bestimmungen ist meist von vornherein nur die Zulassung **regulierter Marktteilnehmer** möglich. Dadurch kommt es zu einer verpflichtenden Mediatisierung des Zugangs zum Handelssystem:

- In **Deutschland** macht § 74 Abs. 1 WpHG iVm § 19 Abs. 2 und 4 S. 1 und § 2 BörsG Vorgaben für den Zugang zu MTF. Die Bestimmungen des § 19 Abs. 2 BörsG schränken den Zugang im Regelfall auf **Institute** und **Wertpapierinstitute** ein.[37]
- In **Österreich** wird der Zugang zu MTF durch § 75 iVm §§ 28 f. BörseG 2018 geregelt. Die Bestimmungen des § 29 BörseG 2018 beschränken den Zugang iW auf **Kreditinstitute, Wertpapierfirmen und Clearingstellen**.[38]

---

[32] Art. 18 Abs. 3 MiFID II.
[33] Art. 53 Abs. 3 MiFID II betrifft geregelte Märkte, gilt aber kraft Verweises in Art. 19 Abs. 2 MiFID II auch für MTF.
[34] Gruber/Leitner-Baier BörseG 2018 § 28 Rn. 2.
[35] Der gewerbliche Eigenhandel begründet nach Art. 5 Abs. 1 iVm Art. 2 Abs. 1 lit. d MiFID II ausnahmsweise eine Zulassungspflicht, wenn er von einem Teilnehmer eines MTF betrieben wird. Vgl. auch ESMA Q&A MiFID II und MiFIR Marktinfrastruktur, ESMA70-872942901-38, Abschnitt 5, Frage 4 (Stand 7.7.2017).
[36] Art. 53 Abs. 3 MiFID II nennt neben Wertpapierfirmen und Kreditinstituten auch „andere Personen", sieht aber in lit. c und lit. d. Anforderungen an die Organisation und finanzielle Mittel vor. Erwgr. Nr. 26 DLT-PR geht davon aus, dass Kleinanleger dadurch ausgeschlossen werden.
[37] Dazu Seibt/Buck-Heeb/Harnos/Stötzel WpHG § 74 Rn. 1 ff.
[38] Wilfling Börserecht Rn. 92; Schopper/Raschner ÖBA 2019, 249 (257 f.); näher Kalss/Oppitz/U. Torggler/Winner/Oppitz BörseG 2018 § 29 Rn. 2 ff.; Raschner, Algorithm Governance am Kapitalmarkt, 2023, S. 83 ff.

Die Anforderungen in **Liechtenstein** orientieren sich dagegen eng an den Vorgaben der MiFID II und lassen neben Banken und Wertpapierfirmen andere Personen zu, wenn diese die Mindestanforderungen erfüllen (vgl. Art. 55m Abs. 2 iVm Art. 55d Abs. 1 BankV).

Die verpflichtende Mediatisierung steht in einem **Spannungsverhältnis zur Marktpraxis beim Handel mit Kryptowerten.** Einerseits gewähren zentralisierte Handelsplattformen für Kryptowerte (sog. *centralised exchanges – CEX*) Endanlegern häufig direkten Zugang zum Handelssystem (Erwgr. Nr. 26). Andererseits können Kryptowerte über Protokolle auf Basis von *Smart Contracts* gehandelt werden, ohne dass dafür die Zwischenschaltung eines Intermediärs erforderlich wäre (→ Rn. 8 f.). 15

b) Ausnahmebestimmung. In Abweichung von den allgemeinen Regeln ermöglicht Art. 4 Abs. 2 den Betreibern von DLT-MTF, auch **anderen Personen** Zugang zum Handelssystem zu gewähren, wenn sie bestimmte Anforderungen (→ Rn. 17 ff.) erfüllen. Die Bestimmung ist nicht als Ausnahme im engeren Sinn, sondern als **Ermächtigung der zuständigen Behörde** formuliert. Diese tritt neben die nationalen Normen und erlaubt der Behörde, dem Betreiber – **unabhängig von Vorgaben des nationalen Rechts** – die Zulassung weiterer Personen zu gestatten. 16

c) Ausnahmespezifische Anforderungen. Der Zugang darf **natürlichen und juristischen Personen** für den **Handel auf eigene Rechnung** gewährt werden, sofern sie die **weiteren genannten Anforderungen** erfüllen. Die Bestimmung hat ausweislich der Erwgr. vor allem Kleinanleger *(retail investors)*[39] vor Augen. Die Gewährung des Zugangs zu einem DLT-MTF für den Handel auf eigene Rechnung alleine begründet für die zugelassene Person keine Zulassungspflicht als Wertpapierfirma (Erwgr. Nr. 26). 17

In Art. 4 Abs. 2 lit. a–g werden nachfolgende **Mindestanforderungen für den Zugang** festgelegt. Eine Erläuterung der einzelnen Mindestanforderungen in den Erwgr. fehlt.

- **Zuverlässigkeit (lit. a):** Die Vorgabe entspricht Art. 53 Abs. 3 lit. a MiFID II. Die fehlende Zuverlässigkeit kann sich u. a. aus rechtskräftigen und noch nicht getilgten Bestrafungen der Person oder deren Geschäftsleiter ergeben, insbes. wegen einschlägiger Delikte wie Marktmanipulation oder Insiderhandel.[40] Da keine Abweichung zu den regulären Anforderungen der MiFID II besteht, spricht nichts gegen eine Orientierung an den nationalen Umsetzungsnormen. 18

- **Kenntnisse und Erfahrungen (lit. b):** Die zugelassenen Personen müssen über ein ausreichendes Maß an Handelsfähigkeiten, Kompetenz und Erfahrung, einschließlich Kenntnissen über die Funktionsweise der DLT, verfügen. Die Bestimmung entspricht im Kern der Mindestanforderung nach Art. 53 Abs. 3 lit. b MiFID II, die sich eigentlich an professionelle Marktteilnehmer richtet; gleichzeitig werden die Mindestanforderungen um technologische Kenntnisse erweitert. Die Anforderung steht insofern in einem gewissen Spannungsverhältnis zum Ziel, Kleinanlegern direkten Zugang zum MTF zu ermöglichen (vgl. Erwgr. Nr. 26). Auch bei der Inanspruchnahme anderer Dienstleistungen müssen Kleinanleger aber entsprechende 19

---

[39] Das sind nach Art. 4 Abs. 1 Nr. 10 f. MiFID II alle Kunden, die nicht die Kriterien in Anhang II MiFID II erfüllen und daher keine professionellen Kunden sind.
[40] Vgl. § 28 Abs. 1 Nr. 4 BörseG 2018.

Kenntnisse und Erfahrungen vorweisen.[41] Um Kleinanleger nicht auszuschließen, ist die Anwendung eines gelockerten Maßstabs gegenüber professionellen Marktteilnehmern angezeigt. Gleichzeitig muss sichergestellt sein, dass der Handel am DLT-MTF nicht gestört wird.

20 • **Ausschluss von Market-Makern, Hochfrequenzhändlern, der Gewährung direkten elektronischen Zugangs an Dritte und Eigengeschäften im Kundenauftrag (lit. c–f):** Die in lit. c–f enthaltenen Anforderungen finden sich als Gegenausnahmen ähnlich[42] in Art. 2 Abs. 1 lit. d MiFID II, der Personen, die ausschließlich für eigene Rechnung Handel mit Finanzinstrumenten betreiben, von der MiFID II ausnimmt. Die Regelung entspricht dem Grundgedanken, dass bei **ausschließlichem Handel auf eigene Rechnung** – sofern dabei keine anderen Wertpapierdienstleistungen erbracht werden – kein Regulierungsbedarf besteht.[43] Agiert der Marktteilnehmer dagegen als Market-Maker (lit. c), verwendet hochfrequente, algorithmische Handelstechniken (lit. d), gewährt anderen Personen direkten elektronischen Zugang zum Handelssystem (lit. e) oder führt Kundenaufträge auf eigene Rechnung aus (lit. f), sind **Interessen anderer Personen betroffen,** weshalb die *ratio* nicht mehr zutrifft. Im Kontext des Art. 4 können die Vorgaben mE als Schutz vor der Umgehung allgemeiner Anforderungen verstanden werden: Trifft einer der Tatbestände zu, ist der Marktteilnehmer idR reguliert und muss die allgemeinen Anforderungen an den Zugang zu MTF erfüllen.

21 • **Informierte Zustimmung (lit. g):** Die Bestimmung verlangt eine informierte Zustimmung zur Teilnahme am Handel und soll sicherstellen, dass die zugelassenen Personen Klarheit über die damit verbundenen Risiken haben. Sie beinhaltet zugleich eine **Aufklärungspflicht** in Bezug auf die Sachlage, die Risiken der Anbindung an die Marktinfrastruktur und den experimentellen Charakter der Pilotregelung,[44] die vom Betreiber des DLT-MTF vor Gewährung des Zugangs zu erfüllen ist.

22 **d) Ausgleichsmaßnahmen.** Zum Ausgleich sieht Art. 4 Abs. 2 UAbs. 2 vor, dass die zuständige Behörde zusätzliche Maßnahmen zum **Schutz natürlicher Personen,** denen Zugang zum Handelssystem gewährt wird, vorschreiben kann. Die Maßnahmen müssen dem Risikoprofil der Personen angemessen sein. Die Bestimmung hat erkennbar den Schutz privater Kleinanleger vor Augen. Zusätzliche Maßnahmen zum Schutz **juristischer Personen** sind dennoch nicht ausgeschlossen, weil die zuständige Behörde nach Art. 4 Abs. 1 lit. c weitere Ausgleichsmaßnahmen anordnen kann (→ Vor Art. 4–6 Rn. 15). Konkrete Ausgleichsmaßnahmen nennt die Bestimmung nicht. In Frage kommen u. a. Maßnahmen, die sich an Bestimmungen zum Anlegerschutz nach den Art. 24 ff. MiFID II orientieren. Eine Verpflichtung zur kundengünstigsten Ausführung von Geschäften *(best execution-obligation)*

---

[41] Vgl. Art. 25 Abs. 3 MiFID II.
[42] Eine Abweichung besteht insbes. darin, dass – notwendiger Weise – die Gegenausnahme für Mitglieder oder Teilnehmer an geregelten Märkten oder MTF fehlt. Nach Art. 2 Abs. 1 lit. d MiFID II besteht außerdem eine Gegenausnahme für Personen, die direkten Zugang zu einem Handelsplatz *haben* und nicht *gewähren.*
[43] Vgl. Brandl/Saria/Seggermann WAG 2018 § 2 Rn. 29.
[44] Der Wortlaut des Art. 4 Abs. 2 lit. g weicht teilweise von der Parallelbestimmung in Art. 5 Abs. 5 lit. c ab. Da der experimentelle Charakter der Pilotregelung für das Risiko wesentlich ist, darf auch nach Art. 4 Abs. 2 lit. g eine entsprechende Aufklärungspflicht angenommen werden.

kommt nicht in Betracht, weil Betreibern von MTF bei der Zusammenführung von Kauf- und Verkaufsinteressen kein Entscheidungsermessen zukommt (→ Rn. 10).

Andere Ausgleichsmaßnahmen, die nicht unmittelbar dem Schutz der zugelassenen Anleger dienen, können auf Grundlage des Art. 4 Abs. 1 lit. c ebenfalls angeordnet werden. Eine relevante Ausgleichsmaßnahme ist die Verpflichtung zur Meldung von Geschäften natürlicher Personen in sinngemäßer Anwendung des Art. 26 Abs. 5 MiFIR. Dadurch kann die regulatorische Lücke, die durch den Zugang natürlicher Personen entsteht (→ Rn. 26), geschlossen werden.[45] Darüber hinaus besteht durch die Erweiterung des Kreises der Handelsteilnehmer auf Retail-Trader generell ein erhöhtes Risiko für Marktmanipulationen.[46] Zur Reduktion dieses Risikos könnten weitere technische und organisatorische Maßnahmen vorgeschrieben werden. 23

e) **Rechtfertigung und Verhältnismäßigkeit.** Hinsichtlich der Rechtfertigung und Verhältnismäßigkeit stellt sich die bereits erörterte Frage nach der Notwendigkeit des Einsatzes der DLT für das Handelssystem: Obwohl Abs. 4 explizit verlangt, dass eine Ausnahme nach Abs. 2 in Bezug auf den Einsatz der DLT verhältnismäßig und durch den Einsatz der DLT gerechtfertigt sein muss, sprechen Art. 2 Nr. 6 und Erwgr. Nr. 26. dafür, dass der **Einsatz der DLT für das Handelssystem selbst nicht zwingend erforderlich** ist (näher → Rn. 8). Wird kein DLT-System für das Trading eingesetzt, kann eine Rechtfertigung der Ausnahme (nur) darin erblickt werden, dass für die Verwahrung und Abwicklung von DLT-Finanzinstrumenten die Einschaltung von Intermediären nicht nötig ist und daher im Sinne der **Innovationsförderung** auch ein direkter Zugang zum Handelssystem möglich sein soll. Das **Erfordernis** der Rechtfertigung wird damit **weitgehend ausgehöhlt.** 24

3. **Ausnahme von der Pflicht zur Meldung von Geschäften** *(transaction reporting)* **(Abs. 3). a) Reguläre Anforderungen.** Für Geschäfte mit Finanzinstrumenten, die einen Bezug zu einem Handelsplatz aufweisen (vgl. Art. 26 Abs. 2 MiFIR), besteht nach Art. 26 der unmittelbar anwendbaren MiFIR eine Verpflichtung zur **Meldung der Transaktionsdetails an die zuständige Behörde** *(transaction reporting).* Die Meldepflicht gilt dabei unabhängig davon, ob das konkrete Geschäft an einem Handelsplatz abgeschlossen wurde. Zu melden sind u. a. Bezeichnung, Zahl und Volumen der Finanzinstrumente, der Zeitpunkt des Geschäftsabschlusses und Angaben zum Kunden, in dessen Namen die Wertpapierfirma das Geschäft abgeschlossen hat. Zweck der Bestimmung ist die Versorgung der Behörden mit den notwendigen Informationen, um das ordnungsgemäße Funktionieren der Märkte überwachen und potenzielle Fälle von Marktmissbrauch aufdecken und untersuchen zu können.[47] Die Meldepflichten werden durch **Level-2 und Level-3-Maßnahmen** konkretisiert, wobei vor allem die technischen 25

---

[45] ESMA Report on the DLT Pilot Regime, ESMA70-460-111, 31. Bei gleichzeitiger Inanspruchnahme der Ausnahme nach Abs. 3 kann die Behörde stattdessen direkten Zugang zu den relevanten Informationen über Geschäfte natürlicher Personen verlangen (→ Rn. 32).
[46] Vgl. zu Handelsplattformen für Kryptowerte iSd MiCAR Raschner, Das (neue) Marktmanipulationsrecht für Kryptowerte, BKR 2022, 217 (220).
[47] Seibt/Buck-Heeb/Harnos/Patz MiFIR Art. 26 Rn. 3 f.

Regulierungsstandards für die Meldung von Geschäften an die zuständigen Behörden (**RTS 22**) zu nennen sind.[48]

26 **Meldepflichtig** sind primär Wertpapierfirmen, die Geschäfte mit erfassten Finanzinstrumenten tätigen (Art. 26 Abs. 1 MiFIR) oder entsprechende Aufträge übermitteln (Art. 26 Abs. 4 MiFIR).[49] Dazu gehören auch Teilnehmer eines MTF. Betreiber von Handelsplätzen sind selbst zur Meldung verpflichtet, wenn auf ihrem Handelssystem Geschäfte durch Firmen ausgeführt werden, die nicht der Meldepflicht nach Art. 26 MiFIR unterliegen (Art. 26 Abs. 5 MiFIR). Durch die Einschränkung dieser subsidiären Meldepflicht auf *Firmen* (dh juristische Personen) entsteht bei Zulassung natürlicher Personen als Teilnehmer eine **Regelungslücke**,[50] die durch entsprechende Ausgleichsmaßnahmen (→ Rn. 23, 32) geschlossen werden sollte. **Durchgeführt** werden können die Meldungen allgemein nicht nur durch die Wertpapierfirma direkt, sondern auch im Namen der Wertpapierfirma über einen genehmigten Meldemechanismus (ARM)[51] oder **über den Handelsplatz**, an dem die Geschäfte ausgeführt wurden (Art. 26 Abs. 7 MiFIR).

27 **b) Ausnahmebestimmung.** Nach Abs. 4 kann der Betreiber eines DLT-MTF eine **Ausnahme von Art. 26 MiFIR** beantragen, wenn die meldepflichtigen Informationen stattdessen durch das DLT-MTF aufgezeichnet werden und die **zuständige Behörde direkten und unmittelbaren Zugang zu den relevanten Informationen** erhält. Die Ausnahme entspricht dem Grundgedanken, dass auf einem DLT-System Transaktionsdaten unveränderbar gespeichert werden und für die Teilnehmer des Netzwerks zugänglich sind. Die Behörde soll dementsprechend als *„teilnehmender regulatorischer Beobachter"*[52] zugelassen werden. Sie leitet die Informationen anschließend an die ESMA weiter (Abs. 3 UAbs. 3).

28 Die Ausnahme kann nur für den **Betreiber** und für die **Teilnehmer oder Mitglieder eines DLT-MTF** beantragt werden (Abs. 4 UAbs. 1). Geschäfte, die durch **sonstige Wertpapierfirmen** getätigt werden, bleiben daher meldepflichtig.[53]

29 **c) Ausnahmespezifische Anforderungen.** Der Betreiber des DLT-MTF muss **Aufzeichnungen über alle über sein Handelssystem ausgeführten Geschäfte** führen. Die Aufzeichnungen haben alle Informationen zu umfassen, die nach Art. 26 Abs. 3 MiFIR meldepflichtig sind. Obwohl Abs. 3 DLT-Systeme vor Augen hat, enthält die Bestimmung keine Verpflichtung, alle relevanten Informationen „on chain" zu speichern. Auch die ESMA geht davon aus, dass in der Praxis nur einige Transaktionsdaten auf dem DLT-System gespeichert werden. Die übrigen Daten können „off-chain" aufgezeichnet und mit den Transaktionsdaten verknüpft werden.[54]

---

[48] DelVO (EU) 2017/590; siehe außerdem die ESMA Leitlinien Meldung von Geschäften, Aufzeichnungen von Auftragsdaten und Synchronisierung der Uhren nach MiFID II, ESMA/2016/1452.
[49] Bei der Übermittlung von Aufträgen können die Transaktionsdetails wahlweise der Auftragsübermittlung beigefügt oder direkt an die Behörde gemeldet werden.
[50] ESMA Q&A zur DLT-Pilotregelung, ESMA70-460-189, Abschnitt 3, Frage 6 (Stand 3.2.2023).
[51] Art. 2 Nr. 36 MiFIR.
[52] Art. 4 Abs. 3 UAbs. 2 S. 4.
[53] ESMA Q&A zur DLT-Pilotregelung, ESMA70-460-189, Abschnitt 3, Frage 1 (Stand 3.2.2023).
[54] ESMA Report on the DLT Pilot Regime, ESMA70-460-111, 55.

Die Speicherung bestimmter Daten außerhalb des DLT-Systems kann auch aus regulatorischen Gründen geboten sein (insbes. bei personenbezogenen Daten).[55]

Im Oktober 2023 veröffentlichte die ESMA eine erste **Studie zur Aufzeichnung von Transaktionsdaten auf unterschiedlichen DLT-Systemen**[56]. Diese untersucht exemplarisch anhand von drei relevanten Systemen (Corda, Ethereum und Hyperledger Fabric), welche Transaktionsdaten gespeichert werden (können) und ob dadurch die Vorgaben des RTS 22 erfüllt werden. Im Ergebnis zeigt sich, dass die wenigsten der in RTS 22 vorgesehenen Daten standardmäßig auf den DLT-Systemen erfasst werden,[57] alle Systeme aber entsprechend angepasst werden können. Das unterstreicht die Notwendigkeit der Entwicklung einheitlicher Standards. Zusätzlich legt die Studie nahe, dass eine Erweiterung der RTS 22 sinnvoll sein könnte. Im Fokus steht die Aufnahme eines **Digital Token Identifiers (DTI)** als Komplementärinformation zur ISIN.[58] 30

Der Betreiber des DLT-MTF muss ferner sicherstellen, dass die zuständige Behörde **direkten und unmittelbaren Zugang** zu den aufgezeichneten Daten hat. Die Bestimmung verweist explizit auf die Zulassung der Behörde als „*teilnehmenden regulatorischen Beobachter*", konkretisiert diese Anforderung aber nicht. Seitens der Marktteilnehmer wird darauf hingewiesen, dass es aus technischer Sicht keine bevorzugte Methode für die Einbindung regulatorischer Beobachter in DLT-Systeme gibt.[59] Obwohl der Wortlaut auf den ersten Blick eine Einbindung der Behörde als Netzwerkteilnehmer *(node)* des DLT-Systems nahelegt, werden in einer ebenfalls im Oktober 2023 von der ESMA veröffentlichten **Studie über die Gewinnung von Transaktionsdaten**[60] drei Möglichkeiten untersucht: (i) Die Aufbereitung und Bereitstellung der Transaktionsdaten durch die DLT-Marktinfrastruktur im XML-Format nach RTS 22 („*file-based approach*"), (ii) die Bereitstellung einer technischen Schnittstelle durch die DLT-Marktinfrastruktur zur direkten Abfrage der Transaktionsdaten durch die Behörde („*API-based approach*") und (iii) die Einbindung der Behörde als Netzwerkteilnehmer des DLT-Systems („*native access to DLT-network*"). Die Studie legt nahe, dass sich aufgrund der geringsten Umstellungs- und Gesamtkosten vorerst der erste Ansatz („*file-based approach*") durchsetzen könnte.[61] Fraglich ist freilich, worin in diesem Fall der Unterschied zum regulären *transaction reporting* und die Notwendigkeit für die Beantragung einer Ausnahme liegt.[62] Langfristig sieht die ESMA das Ziel der 31

---

[55] Vgl. die Studie ESMA12-2121844265-3183, 34 f. und 64 f.

[56] ESMA Report on the DLT Pilot Regime: Study on how financial instrument transactions are registered in various Distributed Ledger Technologies, ESMA12-21211844265-3183.

[57] Für eine Übersicht siehe ESMA12-21211844265-3183, Annex II.

[58] Der DTI gibt im Unterschied zur ISIN nicht nur über das Wertpapier, sondern auch über das DLT-System, auf dem die Transaktion stattfindet, Auskunft. Das ist u. a. in Zusammenhang mit der nachträglichen „Tokenisierung" von Finanzinstrumenten von Bedeutung, vgl. ESMA Report on the DLT Pilot Regime, ESMA70-460-111, 39 f.

[59] Vgl. ESMA Report on the DLT Pilot Regime, ESMA70-460-111, 58.

[60] ESMA Report on the DLT Pilot Regime: Study on extraction of transaction data, ESMA12-2121844265-3182.

[61] ESMA Study on extraction of transaction data, ESMA12-212–1844265-3182, 78 f.

[62] Die Studie selbst nennt als Unterschied zu den bisherigen Abläufen lediglich eine höhere Frequenz der Berichte, vgl. ESMA Study on extraction of transaction data, ESMA12-212–1844265-3182, 22.

Ausnahme in der Entwicklung von effektiveren und effizienteren Formen des Datenzugangs.[63]

32 **d) Ausgleichsmaßnahmen.** Zusätzliche Ausgleichsmaßnahmen werden durch Erwgr. Nr. 27 angesprochen, durch Abs. 3 aber nicht konkretisiert. Die zuständige Behörde kann jedenfalls abweichend von Art. 26 Abs. 5 MiFIR auch **Zugang zu Informationen** verlangen, die **natürliche Personen** betreffen. Dadurch kann die regulatorische Lücke, die durch den direkten Zugang für Endanleger entsteht (→ Rn. 26), bei gleichzeitiger Inanspruchnahme der Ausnahme nach Abs. 3 geschlossen werden.[64]

33 **e) Rechtfertigung und Verhältnismäßigkeit.** Anders als bei der Ausnahme nach Abs. 2 (→ Rn. 8, 23) hat der Gesetzgeber bei der Ausnahme von Art. 26 MiFIR den Einsatz der DLT für das Handelssystem vor Augen.[65] Die Nichtanwendung ist durch den Einsatz eines DLT-Systems gerechtfertigt, weil auf diesem Transaktionsdaten unveränderbar gespeichert werden und für die Teilnehmer des Netzwerks zugänglich sind (→ Rn. 27). Allerdings trifft diese *ratio* auch dann zu, wenn der ohnehin beaufsichtigte Betreiber eines Handelsplatzes die relevanten Daten in einer zentralen Datenbank speichert und der zuständigen Behörde unmittelbaren Zugang gewährt. In Hinblick auf die Gleichbehandlung der Marktteilnehmer (Betreiber von MTF und DLT-MTF) und die Technologieneutralität ist daher auch diese Ausnahme **nicht unproblematisch.**

V. Guidelines (Abs. 6)

34 Die ESMA ist nach Abs. 6 dazu verpflichtet, Guidelines für die in Abs. 1 UAbs. 2 lit. c allgemein angesprochenen Ausgleichsmaßnahmen auszuarbeiten. Dabei kann sie auf die Informationen zurückgreifen, die sie im Zuge der Beantragung besonderer Genehmigungen (Art. 8 Abs. 6 UAbs. 2) und der Zusammenarbeit mit Betreibern und zuständigen Behörden (Art. 11 Abs. 5 UAbs. 2 und Abs. 6) erhält.[66]

Artikel 5 Anforderungen und Ausnahmen im Zusammenhang mit dem DLT-SS

(1) Ein Zentralverwahrer, der ein DLT-SS betreibt, unterliegt den für einen Zentralverwahrer, der ein Wertpapierliefer- und -abrechnungssystem betreibt, gemäß der Verordnung (EU) Nr. 909/2014 geltenden Anforderungen.

Unterabsatz 1 gilt nicht in Bezug auf die Anforderungen, für die dem Zentralverwahrer, der das DLT-SS betreibt, eine Ausnahme gemäß den

---

[63] ESMA Study on extraction of transaction data, ESMA12-212–1844265-3182, 79.
[64] ESMA Report on the DLT Pilot Regime, ESMA70-460-111, 31; ESMA Q&A zur DLT-Pilotregulierung, ESMA70-460-189, Abschnitt 3, Frage 6 (Stand 3.2.2023). Wird keine Ausnahme nach Abs. 3 beantragt, kann die zuständige Behörde als Ausgleichsmaßnahme die Meldung der relevanten Informationen über natürliche Personen durch den Betreiber des DLT-MTF verlangen (→ Rn. 23).
[65] Vgl. insbes. Abs. 3 UAbs. 2 S. 4: „*teilnehmender regulatorischer Beobachter*" bzw. „*regulatory observer participant*".
[66] Zum Zeitpunkt der Fertigstellung des Manuskripts waren noch keine Guidelines veröffentlicht.

Absätzen 2 bis 9 dieses Artikels erteilt wurde, und wenn der Zentralverwahrer folgende Anforderungen erfüllt:
a) Artikel 7
b) Absätze 2 bis 10 des vorliegenden Artikels und
c) alle Ausgleichsmaßnahmen, welche die zuständige Behörde für angemessen hält, um die Ziele der Bestimmungen zu erreichen, von denen eine Ausnahme beantragt worden ist, oder um den Anlegerschutz, die Marktintegrität oder die Finanzstabilität zu gewährleisten.

(2) Auf Antrag eines Zentralverwahrers, der ein DLT-SS betreibt, kann eine zuständige Behörde diesen Zentralverwahrer von Artikel 2 Absatz 1 Nummern 4, 9 oder 28 oder von den Artikeln 3, 37 oder 38 der Verordnung (EU) Nr. 909/2014 ausnehmen, sofern der Zentralverwahrer
a) nachweist, dass die Verwendung eines „Depotkontos" im Sinne von Artikel 2 Absatz 1 Nummer 28 der genannten Verordnung oder die Einbuchung im Effektengiro gemäß Artikel 3 jener Verordnung nicht mit der Verwendung der verwendeten Distributed-Ledger-Technologie vereinbar ist;
b) Ausgleichsmaßnahmen vorschlägt, um die Ziele der Bestimmungen zu erreichen, von denen eine Ausnahme beantragt worden ist, und zumindest sicherstellt, dass
   i) die DLT-Finanzinstrumente im Distributed Ledger verbucht werden;
   ii) die Anzahl der DLT-Finanzinstrumente einer Emission oder eines Teils einer Emission, die von dem Zentralverwahrer, der das DLT-SS betreibt, verbucht wurden, zu jedem beliebigen Zeitpunkt der Gesamtanzahl der DLT-Finanzinstrumente entspricht, aus denen diese Emission oder ein Teil dieser Emission besteht und die in dem Distributed Ledger verbucht sind, und
   iii) er Aufzeichnungen führt, anhand deren der Zentralverwahrer, der das DLT-SS betreibt, zu jedem beliebigen Zeitpunkt unverzüglich die DLT-Finanzinstrumente eines Mitglieds, Teilnehmers, Emittenten oder Kunden von denen eines anderen Mitglieds, Teilnehmers, Emittenten oder Kunden trennen kann und
   iv) er keine Wertpapierkredite, Sollsalden oder die unrechtmäßige Schaffung oder Löschung von Wertpapieren zulässt.

(3) Auf Antrag eines Zentralverwahrers, der ein DLT-SS betreibt, kann die zuständige Behörde diesen Zentralverwahrer von Artikel 6 oder 7 der Verordnung (EU) Nr. 909/2014 ausnehmen, sofern dieser Zentralverwahrer mindestens mittels solider Verfahren und Vorkehrungen sicherstellt, dass das DLT-SS
a) eine klare, genaue und rechtzeitige Bestätigung der Einzelheiten von Transaktionen mit DLT-Finanzinstrumenten, einschließlich aller im Zusammenhang mit DLT-Instrumenten geleisteten Zahlungen, sowie die Freigabe von Sicherheiten in Bezug auf DLT-Instrumente oder die Einforderung von Sicherheiten in Bezug auf diese ermöglicht und
b) entweder gescheiterten Abwicklungen vorbeugt oder gescheiterte Abwicklungen angeht, wenn sie nicht verhindert werden können.

(4) Auf Antrag eines Zentralverwahrers, der ein DLT-SS betreibt, kann die zuständige Behörde diesen Zentralverwahrer von Artikels 19 der Verordnung (EU) Nr. 909/2014 nur in Bezug auf die Auslagerung einer Kerndienstleistung an einen Dritten ausnehmen, sofern die Anwendung des genannten Artikels mit dem Einsatz der Distributed-Ledger-Tech-

nologie, wie sie in dem von diesem Zentralverwahrer betriebenen DLT-SS vorgesehen ist, unvereinbar ist.

(5) Auf Antrag eines Zentralverwahrers, der ein DLT-SS betreibt, kann die zuständige Behörde diesem Zentralverwahrer gestatten, natürliche und juristische Personen zusätzlich zu den in Artikel 2 Buchstabe f der Richtlinie 98/26/EG aufgeführten als Teilnehmer zu dem DLT-SS zuzulassen, sofern diese Personen

a) ausreichend gut beleumundet sind,
b) über ausreichende Fähigkeiten, Kompetenzen, Erfahrungen und Kenntnisse in Bezug auf Abwicklung, die Funktionsweise der Distributed-Ledger-Technologie und Risikobewertung verfügen und
c) ihre in Kenntnis der Sachlage erteilte Zustimmung zur Teilnahme an der Pilotregelung gemäß dieser Verordnung gegeben haben und angemessen über deren experimentellen Charakter und die damit verbundenen potenziellen Risiken informiert sind.

(6) Auf Antrag eines Zentralverwahrers, der ein DLT-SS betreibt, kann eine zuständige Behörde diesen Zentralverwahrer von Artikel 33, 34 oder 35 der Verordnung (EU) Nr. 909/2014 ausnehmen, sofern der Zentralverwahrer Ausgleichsmaßnahmen vorschlägt, um die Ziele dieser Artikel zu erreichen, und zumindest sicherstellt, dass

a) das DLT-SS Teilnahmekriterien veröffentlicht, die allen Personen, die Teilnehmer werden wollen, einen fairen und offenen Zugang ermöglichen, und dass diese Kriterien transparent, objektiv und diskriminierungsfrei sind und
b) das DLT-SS Preise und Gebühren im Zusammenhang mit den von ihm erbrachten Abwicklungsdiensten veröffentlicht.

(7) Auf Antrag eines Zentralverwahrers, der ein DLT-SS betreibt, kann eine zuständige Behörde diesen Zentralverwahrer von Artikel 39 der Verordnung (EU) Nr. 909/2014 ausnehmen, sofern der Zentralverwahrer Ausgleichsmaßnahmen vorschlägt, um die Ziele dieser Artikel zu erreichen, und mittels solider Verfahren und Vorkehrungen zumindest sicherstellt, dass

a) das DLT-SS Transaktionen mit DLT-Finanzinstrumenten in nahezu Echtzeit oder innerhalb eines Tages, in jedem Fall jedoch spätestens am zweiten Geschäftstag nach Abschluss des Geschäfts abwickelt,
b) das DLT-SS die für das Abwicklungssystem geltenden Regeln veröffentlicht und
c) mit dem DLT-SS alle Risiken gemindert werden, die sich daraus ergeben, dass das DLT-SS nicht als System im Sinne der Richtlinie 98/26/EG benannt wird, insbesondere im Hinblick auf Insolvenzverfahren.

Für die Zwecke des Betriebs eines DLT-SS darf die Bestimmung des Begriffs des „Zentralverwahrers" in der Verordnung (EU) Nr. 909/2014 als juristische Person, die ein Wertpapierabwicklungssystem betreibt, nicht dazu führen, dass die Mitgliedstaaten ein DLT-SS als Wertpapierliefer- und -abrechnungssystem gemäß der Richtlinie 98/26/EG benennen und melden müssen. Die Mitgliedstaaten werden jedoch nicht daran gehindert, ein DLT-SS als Wertpapierliefer- und -abrechnungssystem gemäß der Richtlinie 98/26/EG zu benennen und zu melden, wenn das DLT-SS die Anforderungen dieser Richtlinie erfüllt.

Wird ein DLT-SS nicht als Wertpapierliefer- und -abrechnungssystem gemäß der Richtlinie 98/26/EG benannt und gemeldet, so schlägt der

Zentralverwahrer, der dieses DLT-SS betreibt, Ausgleichsmaßnahmen zur Minderung der Risiken vor, die sich aus einer Insolvenz ergeben.

(8) Auf Antrag eines Zentralverwahrers, der ein DLT-SS betreibt, kann ein Zentralverwahrer von der zuständigen Behörde von Artikel 40 der Verordnung (EU) Nr. 909/2014 ausgenommen werden, sofern der Zentralverwahrer auf der Grundlage von Lieferung gegen Zahlung abwickelt.

Die Abwicklung von Zahlungen erfolgt, sofern praktisch und verfügbar, über Zentralbankgeld, auch in tokenisierter Form, oder, sofern dies nicht praktisch und verfügbar ist, über das Konto des Zentralverwahrers gemäß Titel IV der Verordnung (EU) Nr. 909/2014 oder über Geschäftsbankgeld, auch in tokenisierter Form gemäß jenem Titel oder unter Verwendung von E-Geld-Tokens.

Abweichend von Unterabsatz 2 des vorliegenden Absatzes gilt Titel IV der Verordnung (EU) Nr. 909/2014 nicht für ein Kreditinstitut, wenn es Zahlungen unter Verwendung von Geschäftsbankgeld für eine DLT-Marktinfrastruktur abwickelt, die DLT-Finanzinstrumente verbucht, deren Gesamtmarktwert zum Zeitpunkt der erstmaligen Verbuchung eines neuen DLT-Finanzinstruments 6 Mrd. EUR nicht übersteigt, wie gemäß Artikel 3 Absatz 4 der vorliegenden Verordnung berechnet.

Erfolgt die Abwicklung unter Verwendung von Geschäftsbankgeld, das von einem Kreditinstitut bereitgestellt wird, für das Titel IV der Verordnung (EU) Nr. 909/2014 gemäß Unterabsatz 3 des vorliegenden Absatzes nicht gilt, oder erfolgt die Abwicklung von Zahlungen unter Verwendung von E-Geld-Token, identifiziert, misst, überwacht, kontrolliert und minimiert der Zentralverwahrer, der das DLT-SS betreibt, alle Risiken, die sich aus der Nutzung dieser Mittel ergeben.

Dienstleistungen im Zusammenhang mit E-Geld-Token, die den in Abschnitt C Buchstaben b und c des Anhangs der Verordnung (EU) Nr. 909/2014 aufgeführten Dienstleistungen gleichwertig sind, werden von dem Zentralverwahrer, der das DLT-SS betreibt, gemäß Titel IV der Verordnung (EU) Nr. 909/2014 erbracht oder von einem Kreditinstitut erbracht.

(9) Auf Antrag kann ein Zentralverwahrer, der ein DLT-SS betreibt, von der zuständigen Behörde von der Anwendung von Artikel 50, 51 oder 53 der Verordnung (EU) Nr. 909/2014 ausgenommen werden, sofern der Zentralverwahrer nachweist, dass der Einsatz einer Distributed-Ledger-Technologie mit den bereits vorhandenen Systemen anderer Zentralverwahrer oder anderer Marktinfrastrukturen nicht vereinbar ist oder dass die Gewährung des Zugangs durch andere Zentralverwahrer oder durch andere Marktinfrastruktur, die bereits vorhandene Systeme verwenden, angesichts des Umfangs der Tätigkeiten des DLT-SS unverhältnismäßig hohe Kosten verursachen würde.

Wurde einem Zentralverwahrer, der ein DLT-SS betreibt, eine Ausnahme gemäß Unterabsatz 1 dieses Absatzes erteilt, so gewährt er anderen Betreibern von DLT-SS oder anderen Betreibern von DLT-TSS Zugang zu seinem DLT-SS. Der Zentralverwahrer, der das DLT-SS betreibt, muss die zuständige Behörde über seine Absicht, einen derartigen Zugang zu gewähren, informieren. Die zuständige Behörde kann einen derartigen Zugang verbieten, soweit dieser Zugang der Stabilität des Finanzsystems der Union oder des Finanzsystems des betreffenden Mitgliedstaats abträglich wäre.

(10) Beantragt ein Zentralverwahrer, der ein DLT-SS betreibt, eine Ausnahme gemäß den Absätzen 2 bis 9, weist er nach, dass die beantragte Ausnahme
a) in Bezug auf den Einsatz einer DLT verhältnismäßig und durch den Einsatz einer Distributed-Ledger-Technologie gerechtfertigt ist und
b) sich auf das DLT-SS beschränkt und sich nicht auf ein Wertpapierliefer- und -abrechnungssystem erstreckt, das von demselben Zentralverwahrer betrieben wird.

(11) Die Absätze 2 bis 10 dieses Artikels gelten entsprechend für eine Wertpapierfirma oder einen Marktbetreiber, die bzw. der ein DLT-TSS gemäß Artikel 6 Absatz 1 betreibt.

(12) Die ESMA arbeitet Leitlinien für die Ausgleichsmaßnahmen nach Absatz 1 Unterabsatz 2 Buchstabe c dieses Artikels aus.

Übersicht

	Rn.
I. Einführung	1
1. Literatur	1
2. Entstehung und Zweck der Norm	2
3. Normativer Kontext	4
II. Allgemeines	5
1. Ausrichtung und Bedeutung der Marktinfrastruktur	5
2. Schnittstelle zum nationalen Wertpapier- und Depotrecht	7
III. Anwendung der Bestimmungen der CSDR und Finalitäts-RL (Abs. 1 UAbs. 1)	9
IV. Ausnahmen	10
1. Allgemeines	10
2. Zentrale Konzepte und Begriffsdefinitionen (Abs. 2)	12
a) Reguläre Anforderungen	12
b) Ausnahmebestimmung	15
c) Ausnahmespezifische Anforderungen	17
d) Ausgleichsmaßnahmen	18
3. Abwicklungsdisziplin (Abs. 3)	19
a) Reguläre Anforderungen	19
b) Ausnahmebestimmung, ausnahmespezifische Anforderungen und Ausgleichsmaßnahmen	21
4. Auslagerung von Kerndienstleistungen (Abs. 4)	23
a) Reguläre Anforderungen	23
b) Ausnahmebestimmung	25
5. Ausnahme von der verpflichtenden Mediatisierung (Abs. 5)	27
a) Reguläre Anforderungen	27
b) Ausnahmebestimmung	29
c) Ausnahmespezifische Anforderungen	30
d) Ausgleichsmaßnahmen, Rechtfertigung und Verhältnismäßigkeit	34
6. Wohlverhaltensregeln (Abs. 6)	36
a) Reguläre Anforderungen	36
b) Ausnahmebestimmung, ausnahmespezifische Anforderungen und Ausgleichsmaßnahmen	38
7. Anforderungen der Finalitäts-RL (Abs. 7)	40
a) Reguläre Anforderungen	40

	Rn.
b) Ausnahmebestimmung, ausnahmespezifische Anforderungen und Ausgleichsmaßnahmen	43
8. Cash Settlement (Barausgleich) (Abs. 8)	46
a) Reguläre Anforderungen	46
b) Ausnahmebestimmung, ausnahmespezifische Anforderungen und Ausgleichsmaßnahmen	48
9. CSD-Links (Abs. 9)	50
a) Reguläre Anforderungen	50
b) Ausnahmebestimmung, ausnahmespezifische Anforderungen	52
V. Guidelines (Abs. 12)	54

I. Einführung

1. Literatur. *Annunziata/Chisari/Amendola*, DLT-based Trading Venues and EU Capital Markets Legislation: State of the Art and Perspectives Under the DLT Pilot Regime, ItaLJ 2023, 141; *Banque de France*, Payments and market infrastructures in the digital era (Stand 1.7.2021); *Bayer/Lutter/ Schmidt*, Europäisches Unternehmens- und Kapitalmarktrecht, 6. Aufl. 2018, § 39; *Ebner*, Finanzinstrumente auf der Blockchain: Die neue EU-Pilotregelung für DLT-Marktinfrastrukturen im Überblick, GesRZ 2022, 271; *Ebner/ Kalss*, Die österreichische digitale Sammelurkunde, RDi 2022, 108; *Maume/ Kesper*, The EU DLT Pilot Regime for Digital Assets, ECLJ 2023, 118; *McCarthy*, Distributed ledger technology and financial market infrastructures: an EU pilot regulatory regime, CMLJ 2022, 288; *Priem*, A European distributed ledger technology pilot regime for market infrastructures: finding a balance between innovation, investor protection and financial stability, JFRC 2021, 371; *Taudes/Hackel/Haunold/Hermanky*, Distributed ledger technologies for securities settlement – the case for running T2S on DLT, Monetary Policy & The Economy Q2/2021, 13; *Weiss*, Intermediärs- und Innovationsverständnis von DLT-Finanzinstrumenten am Beispiel des DLT Pilot Regimes, RDi 2022, 196; *Zetzsche/Woxholth*, The DLT Sandbox under the Pilot-Regulation, CMLJ 2022, 212. 1

2. Entstehung und Zweck der Norm. Die Bestimmung regelt Anforderungen und Ausnahmen im Zusammenhang mit **DLT-SS**. Grundsätzlich gelten dieselben Regelungen wie für Wertpapierliefer- und –abrechnungssysteme (Securities Settlement Systems – SSS), die von Zentralverwahrern betrieben werden. Art. 5 ermöglicht jedoch die Beantragung von **Ausnahmen von bestimmten Anforderungen der CSDR**[1] **und der Finalitäts-RL**[2]. Dadurch sollen Hürden für den Einsatz der DLT beim Betrieb von Abwicklungssystemen adressiert und genügend Spielraum für die Erprobung solcher Marktinfrastrukturen geschaffen werden. Flankierend sieht Art. 5 **zusätzliche Anforderungen für DLT-SS** vor, die das mit der Gewährung von Ausnahmen einhergehende Risiko adressieren. Zu Zweck und Systematik der Ausnahmebestimmungen ausf. → Vor Art. 4–6 Rn. 6. 2

Während des **Gesetzgebungsverfahrens** wurde Art. 5 selbst nur geringfügig verändert. Nach der Endfassung der DLT-PR gibt es keine Möglichkeit mehr für DLT-MTF, Abwicklungsdienstleistungen zu erbringen (→ Art. 4 3

---

[1] VO (EU) 2014/909.
[2] RL 98/26/EG.

Rn. 3). Damit ist Art. 5 die zentrale materielle Norm für die Abwicklung von DLT-Finanzinstrumenten, die unmittelbar für DLT-SS und sinngemäß für DLT-TSS (Abs. 11) gilt.

4 3. **Normativer Kontext.** Die **aufsichtsrechtlichen Vorgaben** für die Lieferung und Abrechnung von Wertpapieren sind durch die CSDR größtenteils unmittelbar unionsrechtlich determiniert. Die **privatrechtliche Grundlage** für die Begebung, Verwahrung und Übertragung von Wertpapieren bildet dagegen das jeweilige nationale Wertpapier- und Depotrecht. Dieses kann ebenfalls aufsichtsrechtliche Vorgaben beinhalten (→ Rn. 8). Innerhalb der DLT-PR bilden die **Ausnahmebestimmungen der Art. 4–6** systematisch eine Einheit (→ Vor Art. 4–6 Rn. 6).

II. Allgemeines

5 1. **Ausrichtung und Bedeutung der Marktinfrastruktur.** Das DLT-SS ist in Anlehnung an die Aufgaben eines Zentralverwahrers als **Abwicklungsinfrastruktur** konzipiert (vgl. Art. 2 Nr. 7). Im Mittelpunkt steht der Betrieb eines Systems, mit dem Transaktionen mit DLT-Finanzinstrumenten gegen Zahlung oder gegen Lieferung anderer DLT-Finanzinstrumente abgewickelt werden.[3] Darüber hinaus ermöglichen DLT-SS – ähnlich wie Zentralverwahrer im Rahmen der weiteren Kerndienstleistungen – die **erstmalige Erfassung von DLT-Finanzinstrumenten**[4] und die Erbringung von **Verwahrdienstleistungen**[5].

6 Das Unionsrecht (Art. 3 CSDR) normiert in vielen Fällen (näher → Vor Art. 4–6 Rn. 17) eine **Verpflichtung zur Nutzung einer institutionalisierten Abwicklungsinfrastruktur,** nämlich des Wertpapierliefer- und -abrechnungssystems eines Zentralverwahrers. Die Erfassung und Abwicklung von DLT-Finanzinstrumenten in einem DLT-SS versteht sich als **alternative Möglichkeit** zur Erfüllung der Verpflichtungen nach Art. 3 CSDR (→ Vor Art. 4–6 Rn. 18).

Die Verpflichtung betrifft nur **übertragbare Wertpapiere** (Art. 4 Abs. 1 Nr. 44 MiFID II). Wichtigster Anwendungsfall ist die Ausführung von Geschäften an einem **Handelsplatz iSd MiFID II.** Konkret erfasst ist die Ausführung von Geschäften

– an einem geregelten Markt (RM),
– über ein multilaterales Handelssystem (MTF),
– über ein multilaterales DLT-Handelssystem (DLT-MTF), weil es sich dabei um ein Handelssystem iSd MiFID II handelt (→ Art. 4 Rn. 11), und
– über ein DLT-Handels- und Abwicklungssystem (DLT-TSS), soweit die ausgeführten Geschäfte nicht über das DLT-TSS selbst abgewickelt werden. DLT-TSS sind zwar nach dem Wortlaut nicht von Art. 4 Abs. 1 Nr. 24 MiFID II umfasst, Art. 3 CSDR ist aber analog anzuwenden, weil DLT-TSS dieselben Tätigkeiten wie andere Handelsplätze erbringen können und dadurch nachträglich eine Lücke entstand.

---

[3] Entspricht der Kerndienstleistung nach Abschnitt A Nr. 3 Anhang CSDR.
[4] Entspricht iW der Kerndienstleistung nach Abschnitt A Nr. 1 Anhang CSDR.
[5] Entspricht iW der Kerndienstleistung nach Abschnitt A Nr. 2 Anhang CSDR. Die CSDR spricht in diesem Kontext von der „*Bereitstellung und Führung von Depotkonten auf oberster Ebene*". Die Formulierung des Art. 2 Nr. 7 DLT-PR ist weiter, weil DLT-SS aufgrund der normierten Ausnahmen weder zwingend mehrstufig ausgestaltet sind, noch über Depotkonten ieS verfügen müssen (→ Rn. 13).

Keine **Handelsplätze** sind *bulletin boards,* solange an diesen Kauf- und Verkaufsinteressen nur bekannt gemacht werden, sowie Systematische Internalisierer (→ Art. 4 Rn. 10).[6]

2. Schnittstelle zum nationalen Wertpapier- und Depotrecht. Das 7
Unionsrecht betrifft lediglich aufsichtsrechtliche Anforderungen für die Lieferung und Abrechnung von Wertpapieren. Die **privatrechtliche Grundlage** bildet das nationale Wertpapier- und Depotrecht. Danach bestimmen sich u. a. der Modus der Übertragung, Legitimationswirkungen, Verkehrsschutzwirkungen (gutgläubiger und einredefreier Erwerb) und die Rechtsposition der Anleger in der Insolvenz eines Verwahrers. Die nationalen Normen sind für die Rechtssicherheit bei Handel- und Abwicklung von Wertpapieren von zentraler Bedeutung. Fehlt für ein bestimmtes Instrument eine klare Rechtsgrundlage, kann dies der vollständigen Nutzung der DLT-PR entgegenstehen.[7]

– Für die „**nachträgliche Tokenisierung**", dh die Erfassung traditionell begebener Wertpapiere bei einem DLT-SS als DLT-Finanzinstrumente,[8] wird häufig das jeweilige Depotrecht (Recht der Wertpapierverwahrung) eine ausreichende Grundlage bieten, weil dieses idR nicht nach der technischen Infrastruktur des Verwahrers unterscheidet.

– Die **vollständig entmaterialisierte Begebung von Wertpapieren** verlangt dagegen nach einer eigenen Grundlage, die diese Möglichkeit absichert. Während in Deutschland (eWpG), Liechtenstein (TVTG) und in der Schweiz (Registerwertrechte nach Art. 973d ff. OR) umfassende Rechtsrahmen eingeführt wurden, ist die rechtssichere Begebung von digitalen Wertpapieren in Österreich (Digitale Sammelurkunde nach § 1 Abs. 4 DepotG) bislang nur eingeschränkt möglich und erfordert zwingend die Einbindung eines Zentralverwahrers.[9]

Das nationale Wertpapier- und Depotrecht kann auch **aufsichtsrechtliche** 8
Anforderungen enthalten (zB eine Zulassungspflicht für Registerstellen), die – wie die ESMA klarstellte – unabhängig von den Anforderungen der DLT-PR zu erfüllen sind.[10] In **Deutschland** wäre danach für die vollständig entmaterialisierte Begebung von DLT-Finanzinstrumenten grds. eine Berechtigung zur **Kryptowertpapierregisterführung** (§ 1 Abs. 1a Nr. 8 KWG) nötig. Mit dem deutschen Vollzugsgesetz (→ Art. 12–13 Rn. 8) wurde jedoch in § 53s KWG bestimmt, dass die Betreiber von DLT-Marktinfrastrukturen für die Dienstleistungen nach der DLT-PR keine weitere Lizenz nach dem KWG benötigen, was nach den Materialien auch eine **Ausnahme von der Zulassungspflicht** für die Führung eines Kryptowertpapierregisters sowie eines zentralen Registers bedeutet. Die Betreiber haben jedoch die Vorgaben des eWpG einzuhalten.[11]

---

[6] Vgl. zuletzt ESMA Final Report on ESMA's Opinion on the Trading Venue Perimeter, ESMA70-156-6360; BaFin Merkblatt Tatbestand des Betriebs eines multilateralen Handelssystems gemäß § 1 Abs. 1 S. 2 Nr. 1b KWG (Stand 27.4.2023).
[7] Vgl. auch → Art. 8–10 Rn. 26.
[8] Dies ist nach der DLT-PR zulässig, vgl. Erwgr. Nr. 3, ESMA Q&A ESMA70-460-189, Abschnitt 7, Frage 2 (Stand 2.6.2023). Näher → Art. 2 Rn. 15; → Art. 18 Rn. 7f.
[9] Ebner/Kalss RDi 2022, 108 (115 f.).
[10] ESMA Final Report, ESMA 70-460-206, 10.
[11] BT-Drs. 20/8292, 139 f.

III. Anwendung der Bestimmungen der CSDR und Finalitäts-RL (Abs. 1 UAbs. 1)

9   Art. 5 Abs. 1 UAbs. 1 bestimmt, dass die Anforderungen der **CSDR** für SSS auch für den Betrieb eines DLT-SS gelten, soweit nicht eine behördliche Ausnahme erteilt wird. Die Bestimmungen über die internalisierte Abwicklung sind in Bezug auf Zentralverwahrer und Teilnehmer eines DLT-SS nicht anwendbar.[12] Auch die Vorgaben der **Finalitäts-RL** gelten, sofern nicht in Einklang mit Abs. 7 von der Meldung des Systems nach Art. 2 lit. b Finalitäts-RL abgesehen wird. Anzuwenden sind schließlich **Level 2 und Level 3-Vorgaben**.

IV. Ausnahmen

10 **1. Allgemeines.** Kernstück der Bestimmung sind die in den Abs. 2–9 geregelten **Ausnahmen von bestimmten Anforderungen der CSDR und Finalitäts-RL**. Die Gewährung von Ausnahmen ist an **zusätzliche Anforderungen** geknüpft: Betreiber von DLT-SS müssen (i) die allgemeinen Anforderungen an DLT-Marktinfrastrukturen nach Art. 7 und (ii) ausnahmespezifische Anforderungen erfüllen. Die Ausnahme muss (iii) in Bezug auf den Einsatz der DLT gerechtfertigt und verhältnismäßig sein und sich (iv) auf die jeweilige DLT-Marktinfrastruktur beschränken. Außerdem sind (v) durch die Behörde vorgeschriebene Ausgleichsmaßnahmen einzuhalten (ausf. → Vor Art. 4–6 Rn. 8 ff.). Die Ausnahmen gelten nach Abs. 11 **sinngemäß für DLT-TSS** (→ Art. 6 Rn. 18 f.).

11 Die CSDR ist grundsätzlich technologieneutral ausgestaltet, enthält aber einige Anforderungen, die in einem **Spannungsverhältnis zum Einsatz der DLT** stehen. Dabei geht es nicht nur um explizit formulierte Vorgaben, sondern auch um grundlegende Konzepte. Inwieweit die einzelnen Anforderungen der CSDR dem Einsatz der DLT tatsächlich entgegenstehen, ist derzeit – auch unter den Marktteilnehmern – noch nicht geklärt.[13] Dementsprechend sind zahlreiche Ausnahmen vorgesehen, die in Anspruch genommen werden *können* aber nicht in Anspruch genommen werden *müssen* (→ Vor Art. 4–6 Rn. 4).

12 **2. Zentrale Konzepte und Begriffsdefinitionen (Abs. 2). a) Reguläre Anforderungen.** Die Anforderungen der CSDR gehen von den **Abläufen im Effektengiro** aus: Die Aufzeichnungen des Zentralverwahrers basieren idR auf einer doppelten Kontoführung.[14] Bei der erstmaligen Einbuchung in den Effektengiro erfasst der Zentralverwahrer alle Wertpapiere in Form eines Bucheintrags (vgl. Art. 3 CSDR in der engl. Sprachfassung) auf einem *issuance account*.[15] Die CSDR lässt offen, ob dafür Wertpapierurkunden beim Zentralverwahrer immobilisiert (Art. 2 Abs. 1 Nr. 3 CSDR) oder die Wertpapiere von Anfang an in dematerialisierter Form (Art. 2 Abs. 1 Nr. 4

---

[12] ESMA Q&A zur DLT-Pilotregelung, ESMA70-460-189, Abschnitt 10, Frage 1 (Stand 2.6.2023).
[13] Vgl. ESMA Report: Use of FinTech by CSDs, ESMA70-156–4576.
[14] Vgl. Art. 59 Abs. 1 DelVO (EU) 2017/392.
[15] ECB Advisory Group on Market Infrastructures for Securities and Collateral (AMI-SeCo), The potential impact of DLTs on securities post-trading harmonization and on the wider EU financial market integration (2017), 32 ff.

CSDR) begeben werden.[16] Bei der Ausgabe der Wertpapiere erfolgt eine Gegenbuchung auf den Depotkonten (Art. 2 Abs. 1 Nr. 28 CSDR) der Teilnehmer des Wertpapierliefer- und -abrechnungssystems.[17] Anhand der doppelten Kontoführung überprüft der Zentralverwahrer zumindest einmal täglich, ob die Gesamtsumme der auf den Depotkonten gutgeschriebenen Wertpapiere der Summe der eingebuchten Wertpapiere entspricht. Die Gutschrift zusätzlicher Wertpapiere über die Depotkonten, Schaffung von Sollsalden oder Gewährung von Wertpapierkrediten ist streng verboten (Integrität der Emission – Art. 37 CSDR). Die Depotkonten führt der Zentralverwahrer für jeden Teilnehmer getrennt, wobei die Depots der einzelnen Teilnehmer idR nur in Eigen- und Fremddepots separiert werden (Omnibus-Kunden-Kontentrennung). Der Zentralverwahrer muss seinen Teilnehmern jedoch anbieten, auch für deren Kunden getrennte Depotkonten zu führen (Einzelkunden-Kontentrennung), wenn die Mehrkosten übernommen werden (Schutz der Wertpapiere der Teilnehmer und derjenigen ihrer Kunden – Art. 38 CSDR).[18] Die Lieferung und Abrechnung von Wertpapieren wird durch Zahlungs- bzw. Übertragungsaufträge (Art. 2 Abs. 1 Nr. 9 CSDR iVm Art. 2 lit. i zweiter Gedankenstrich Finalitäts-RL), dh durch Weisungen angestoßen, die nach den Regeln der Finalitäts-RL zu einem bestimmten Zeitpunkt eingehen und wirksam werden müssen.

DLT-Systeme sind auf die **Erfüllung derselben Ziele** ausgelegt, erreichen das aber vorwiegend durch technologische Maßnahmen und – je nach Art des DLT-Systems – mit **anderen Mitteln** als im Effektengiro. Die Werte werden in einer verteilten Datenbank gespeichert, sind aber strukturell nicht unbedingt als Gut- und Lastschriften auf Depotkonten nach traditionellem Verständnis festgehalten.[19] Die Zahl der von einem Teilnehmer gehaltenen Werte kann sich zB auch rechnerisch aus bisherigen Transaktionen, die in der Datenbank gespeichert werden, ergeben. Die Integrität der Emission wird idR dadurch sichergestellt, dass bei der Validierung von Transaktionen durch (bestimmte) Netzwerkteilnehmer die Zulässigkeit jeder einzelnen Transaktion nach den Regeln des Systems überprüft und so die mehrfache Übertragung desselben Werts *(double spending)* verhindert wird. Dafür existieren nicht zwingend doppelt geführte Konten. Die Trennung des Vermögens der Teilnehmer kann durch Zuweisung der Werte bzw. Transaktionen zu unterschiedlichen *public keys* und Adressen gewährleistet werden. Angestoßen werden Übertragungen durch eine direkte Interaktion der Teilnehmer mit dem DLT-System, wobei es je nach DLT-System dazu kommen kann, dass bereits vom System akzeptierte Transaktionen zurückgestellt und zu einem späteren Zeitpunkt verarbeitet werden (zur Finalität → Rn. 40 ff.). 13

Durch die unterschiedlichen Mittel kann sich ein **Spannungsverhältnis** zu den Konzepten und Anforderungen der CSDR ergeben. Das gilt namentlich dann, wenn auf dem DLT-System keine Bucheinträge oder Depotkonten nach traditionellem Verständnis vorhanden sind. Ob die Abläufe im jeweiligen DLT-System noch unter die Definitionen und Konzepte der CSDR subsumiert werden können, ist eine **Frage der Auslegung der Bestim-** 14

---

[16] Art. 3 Abs. 1, Erwgr. Nr. 11 CSDR.
[17] Noch nicht gezeichnete Wertpapiere können zur Vorbereitung der Emission auf einem *distribution account* verbucht werden, der in die Prüfung der Integrität der Emission miteinzubeziehen ist (vgl. Art. 37 Abs. 1 CSDR).
[18] Vgl. Erwgr. Nr. 42 CSDR.
[19] Vgl. Erwgr. Nr. 30.

DLT-PR Art. 5

mungen der CSDR, die durch die (nationalen) Behörden vorgenommen wird.

15 **b) Ausnahmebestimmung.** Vor diesem Hintergrund sieht Abs. 2 Ausnahmen von bestimmten Begriffsdefinitionen und Konzepten vor. Ausnahmen können für **einzelne oder alle genannten Bestimmungen** beantragt und gewährt werden. Erfasst sind:
- Verpflichtung zur Erfassung in **Form eines Bucheintrags** nach Art. 3 CSDR (vgl. die engl. Sprachversion)
- Definition **„dematerialisierte Form"** (Art. 2 Abs. 1 Nr. 4 CSDR): *„die Tatsache, dass Finanzinstrumente nur in Form von buchmäßigen Aufzeichnungen bestehen"*
- Definition **„Depotkonto"** (Art. 2 Abs. 1 Nr. 28 CSDR): *„ein Konto, dem Wertpapiere gutgeschrieben oder von dem Wertpapiere abgebucht werden können"*,
- Bestimmung über die **Integrität der Emission** (Art. 37 CSDR),
- Bestimmungen über den **Schutz der Wertpapiere der Teilnehmer und derjenigen ihrer Kunden** (Art. 38 CSDR, aber → Art. 7 Rn. 24 ff.),
- Definition **„Zahlungs- und Übertragungsauftrag"** (Art. 2 Abs. 1 Nr. 9 CSDR iVm Art. 2 lit. b zweiter Gedankenstrich Finalitäts-RL): *„eine Weisung eines Teilnehmers, die auf die Übertragung des Eigentums an Wertpapieren oder eines Anspruchs auf Übereignung von Wertpapieren im Wege der Verbuchung oder auf sonstige Weise gerichtet ist"*.

16 Die regelungstechnisch eigenartig anmutende **Ausnahme von Begriffsdefinitionen** ist im Lichte der unterschiedlichen Mittel zur Zielerreichung (→ Rn. 13) zu interpretieren. Die nach Art. 5 Abs. 2–9 möglichen Ausnahmen nennen auch jene Bestimmungen der CSDR, die auf die genannten Begriffsdefinitionen verweisen.

17 **c) Ausnahmespezifische Anforderungen.** Ausnahmen dürfen nach Abs. 2 lit. a nur gewährt werden, wenn der Betreiber des DLT-TSS nachweist, dass (i) die Verwendung von **Depotkonten** iSd Art. 2 Abs. 1 Nr. 28 oder alternativ (ii) die Erfassung der Finanzinstrumente in Form eines **Bucheintrags** iSd Art. 3 CSDR (vgl. die engl. Sprachfassung) mit dem verwendeten DLT-System **inkompatibel** ist. Aufgrund dieses **strengen Rechtfertigungserfordernisses** entfällt eine selbständige Prüfung der Rechtfertigung nach Abs. 10 (→ Vor Art. 4–6 Rn. 12). Die Begründung für erforderliche Inkompatibilität gerade mit einem dieser beiden Begriffe dürfte darin liegen, dass die beschriebenen Konzepte der CSDR im Kern daran anknüpfen.[20] Die Anforderung ist jedoch **zu eng formuliert**, weil die genannten Bestimmungen auch aus anderen Gründen problematisch sein können.[21] Die Lückenschließung im Wege einer Analogie ist mE zu erwägen, es muss aber jedenfalls eine Inkompatibilität mit dem verwendeten DLT-System vorliegen.

18 **d) Ausgleichsmaßnahmen.** Nach Abs. 2 lit. b besteht eine **Verpflichtung, Ausgleichsmaßnahmen vorzuschlagen,** um die Ziele der betroffenen Bestimmungen zu erreichen. Die vorgesehenen **Mindestanforderungen** orientieren sich an den bereits beschriebenen **Charakteristika von**

---

[20] Vgl. Erwgr. Nr. 30.
[21] So wird etwa die Definition des „Zahlungs- und Übertragungsauftrags" in Erwgr. Nr. 30 als problematisch erachtet, obwohl Art. 2 lit. i zweiter Gedankenstrich Finalitäts-RL die Übereignung von Wertpapieren im Wege der „Verbuchung" gar nicht zwingend verlangt.

DLT-Systemen (→ Rn. 13). Die Formulierung der dt. Sprachfassung, wonach DLT-Finanzinstrumente auf dem DLT-System *„verbucht"* werden müssen, ist unglücklich gewählt, weil gerade eine Ausnahme von der Form des Bucheintrags gewährt werden soll. Es genügt die Aufzeichnung in jedweder Form, selbst wenn sich die Gesamtsumme der DLT-Finanzinstrumente erst aus der Aggregation gespeicherter Transaktionsdaten ergibt. **Inhaltlich** dürften die Ausgleichsmaßnahmen auf eine Beschreibung der technischen Maßnahmen zur Erreichung der Ziele und eine Verpflichtung des Betreibers, deren Funktionsfähigkeit laufend sicherzustellen, hinauslaufen.

3. Abwicklungsdisziplin (Abs. 3). a) Reguläre Anforderungen. Geschäfte mit übertragbaren Wertpapieren, die an einem Handelsplatz ausgeführt werden, müssen spätestens am zweiten Geschäftstag nach Geschäftsabschluss durch Lieferung und Zahlung abgewickelt werden **(Settlement T+2).**[22] Aus unterschiedlichen Gründen kann es jedoch dazu kommen, dass die Wertpapiere am vorgesehenen Abwicklungstag nicht geliefert werden, dh die Abwicklung scheitert *(settlement fails)*. Häufige Ursachen sind fehlerhafte oder unvollständige Abwicklungsinformationen oder die verspätete Freigabe von Wertpapieren, die als Sicherheit verwendet werden.[23] Die CSDR sieht einerseits **Präventivmaßnahmen gegen gescheiterte Abwicklungen (Art. 6 CSDR)** vor und verlangt u. a., dass Zentralverwahrer geeignete Verfahren zur Erleichterung bzw. Beschleunigung der Lieferung und Abwicklung festlegen (Art. 6 Abs. 3 CSDR) und Anreize für eine fristgerechte Abwicklung durch die Teilnehmer setzen (Art. 6 Abs. 4 CSDR). Kommt es dennoch zu *settlement fails*, gelten **Abhilfemaßnahmen (Art. 7 f. CSDR),** die gescheiterte Abwicklungen adressieren. Dazu gehört neben einem Sanktionsmechanismus mit Geldbußen *(penalty mechanism)* grundsätzlich[24] auch ein verpflichtendes Eindeckungsverfahren *(buy-in process)*. Sowohl die Präventiv- als auch die Abhilfemaßnahmen werden **auf Level-2 detailliert geregelt.**[25]

Die Regelungen in Bezug auf die Abwicklungsdisziplin stehen **je nach konkreter Ausgestaltung des DLT-Systems und der Marktinfrastruktur** in einem **Spannungsverhältnis** zum Einsatz der DLT:

– Bei der **Trennung von Trading und Settlement** kann es auch beim Einsatz von DLT-Systemen zu gescheiterten Abwicklungen kommen, die adressiert werden müssen.[26] Eine mögliche Hürde sind die detaillierten Vorgaben für die einzurichtenden Verfahren auf Level-2, wenn entsprechende Eingriffe nach den Regeln des DLT-Systems nicht möglich sind.
– Insbes. beim Betrieb eines DLT-TSS ist es denkbar, dass Trading und Settlement zu einem einheitlichen Prozess kombiniert werden, bei dem die **Lieferung (nahezu) in Echtzeit** erfolgt und Geschäfte überhaupt nur aus-

---

[22] Vgl. Art. 5 Abs. 2 CSDR.
[23] Vgl. ECB AMI-SeCo, The potential impact of DLTs on securities post-trading harmonization and on the wider EU financial market integration, 59 f.
[24] Die Anwendbarkeit des Eindeckungsverfahrens wurde mit der DLT-PR verschoben (→ Art. 17 Rn. 3) und muss nun nach Art. 7a CSDR idF VO (EU) 2023/2845 erst von der Kommission durch Verordnung aktiviert werden.
[25] DelVO (EU) 2018/1229 idF DelVO (EU) 2023/1626.
[26] Vgl. ECB/Bank of Japan, Project Stella 2nd Report (März 2018): Delivery versus payment in a distributed ledger environment, Annex 2, abrufbar unter <https://www.ecb.europa.eu/pub/pdf/other/stella_project_report_march_2018.pdf>; vgl. auch den zusammenfassenden Bericht der Kommission zum CSDR Review 2020, S. 22, abrufbar unter <https://finance.ec.europa.eu/regulation-and-supervision/consultations/2020-csdr-review_en>.

geführt werden, wenn Wertpapiere und Gegenleistung zuvor auf dem DLT-System vollständig bereitgestellt wurden. Das Risiko gescheiterter Abwicklungen reduziert sich in diesem Fall auf die technische Komponente,[27] weshalb die Regelungen über die Abwicklungsdisziplin überschießend sind.

– Nach Abs. 5 kann **Kleinanlegern direkter Zugang** gewährt werden (→ Rn. 27 ff.). Strenge Geldbußen und Eindeckungsverfahren sind in diesem Fall nicht adäquat; vielmehr liegt es in der Verantwortung der Marktinfrastruktur, gescheiterten Abwicklungen so gut wie möglich vorzubeugen.

21 **b) Ausnahmebestimmung, ausnahmespezifische Anforderungen und Ausgleichsmaßnahmen.** Abs. 3 erlaubt unter bestimmten Voraussetzungen eine **vollständige Ausnahme von den Vorgaben der CSDR für die Abwicklungsdisziplin.** Sie gilt entgegen dem Wortlaut mE auch für Art. 7a CSDR, dessen Inhalt vor den Änderungen durch die VO (EU) 2023/2845 („CSDR Refit") in Art. 7 CSDR verortet war.

22 Die Ausnahme kann in Anspruch genommen werden, wenn **zwei Mindestanforderungen** erfüllt sind. Der Zentralverwahrer muss mittels solider Verfahren und Vorkehrungen sicherstellen, dass sein System

– eine klare, genaue und rechtzeitige Bestätigung der Abwicklungsinformationen sowie die (rechtzeitige) Freigabe oder Einforderung von Sicherheiten ermöglicht (Abs. 3 lit. a) und
– gescheiterten Abwicklungen vorbeugt oder diese adressiert, wenn sie nicht verhindert werden können (Abs. 3 lit. b).

Die Bestimmung bedeutet im Ergebnis eine weitgehende **Flexibilisierung der Präventiv- und Abhilfemaßnahmen,** weil die normierten Mindestanforderungen lediglich das Ziel verbindlich vorgeben. Da die geeigneten Verfahren und Vorkehrungen stark vom eingesetzten DLT-System abhängen, wird der Betreiber eines DLT-SS bei Beantragung der Ausnahme geeignete Maßnahmen vorzuschlagen und mit der Behörde zu erörtern haben. Gegebenenfalls können diese von der Behörde als **Ausgleichsmaßnahmen** iSd Abs. 1 lit. c festgesetzt werden.

23 **4. Auslagerung von Kerndienstleistungen (Abs. 4). a) Reguläre Anforderungen.** Die Auslagerung von Dienstleistungen oder Tätigkeiten durch Zentralverwahrer an spezialisierte Dienstleister ist üblich, bringt jedoch Risiken mit sich. Die CSDR sieht einerseits **Rahmenbedingungen für die Auslagerung (Art. 30 CSDR)** vor. Diese stellen klar, dass der Zentralverwahrer in vollem Umfang für die Einhaltung der Verpflichtungen nach der CSDR verantwortlich bleibt und beinhalten mehrere Bedingungen, die auf die Auslagerung an professionelle Dienstleister zugeschnitten sind.[28] Betrifft die Auslagerung **Kerndienstleistungen** nach Abschnitt A des Anhangs zur CSDR (notarielle Dienstleistung, zentrale Kontoführung, Abwicklungsdienstleistung), gilt andererseits zusätzlich eine behördliche **Genehmigungspflicht (Art. 19 CSDR).**

---

[27] Vgl. ECB AMI-SeCo, The potential impact of DLTs on securities post-trading harmonization and on the wider EU financial market integration, 60 f.

[28] Die Bedingungen implizieren, dass der Zentralverwahrer die *„Angemessenheit der Organisationsstruktur und der Eigenkapitalausstattung des Dienstleisters"* zu prüfen hat (Art. 30 Abs. 1 lit. f CSDR). Der Dienstleister ist gegenüber der Behörde zur Mitwirkung und Bereitstellung von Informationen verpflichtet (Art. 30 Abs. 1 lit. h und Art. 30 Abs. 3 CSDR). Außerdem müssen die Rechte und Pflichten des Dienstleisters in einer schriftlichen Vereinbarung mit dem Zentralverwahrer festgelegt werden (Art. 30 Abs. 2 CSDR).

Von Seiten der Marktteilnehmer wurden Bedenken geäußert, dass diese 24
Vorgaben dem Einsatz der DLT entgegenstehen könnten und Klarstellungen
fehlen.[29] Die Sorge bezieht sich insbes. auf die **Validierung von Transaktionen,** die je nach Ausgestaltung des DLT-Systems durch den Zentralverwahrer, autorisierte Dritte oder aber – im Fall von *permissionless* DLT-Systemen – durch beliebige natürliche und juristische Personen erfolgen kann. Die Beteiligung Dritter am Validierungsprozess könnte als Auslagerung der Abwicklungsdienstleistung (Kerndienstleistung iSd CSDR) verstanden werden. Die Anforderungen des Art. 30 CSDR und die Genehmigungspflicht nach Art. 19 CSDR lassen sich jedoch nicht sinnvoll auf einen nichtprofessionellen und uU ständig wechselnden Personenkreis anwenden.

b) Ausnahmebestimmung. Die Lösung des Gesetzgebers wirft mehrere 25
Fragen auf:
Eine Ausnahme kann nach Abs. 4 **lediglich von der Genehmigungspflicht nach Art. 19**[30] für die Auslagerung von Kerndienstleistungen beantragt werden. Darunter sind im Kontext der DLT-PR die erstmalige Erfassung, die Verwahrung und die Abwicklung von DLT-Finanzinstrumenten zu verstehen.[31] Die Vorgaben nach **Art. 30 CSDR** sind dagegen nach dem Wortlaut von der Ausnahmebestimmung **nicht erfasst** und würden daher grundsätzlich weiterhin gelten. Allerdings führen die **Erläuterungen in Erwgr. Nr. 31** explizit aus, dass die *„Übertragung von Aufgaben im Zusammenhang mit dem Betrieb eines DLT-SS oder der Nutzung von Distributed-Ledger-Technologie zur Abwicklung"* generell **keine Auslagerung iSd CSDR** darstellen soll. Nimmt man diese breite Formulierung ernst, wären schon aus diesem Grund in praktisch allen Fällen – der *„Betrieb eines DLT-SS"* umfasst nach Art. 2 Nr. 7 alle Kerndienstleistungen – weder die Vorgaben nach Art. 30 CSDR noch die Genehmigungspflicht nach Art. 19 CSDR anwendbar. Der Ausnahme in Abs. 4 bedürfte es nicht.

Insgesamt ist der Ansatz der DLT-PR in Bezug auf die Auslagerung **nicht** 26
überzeugend. Die in Erwgr. Nr. 31 S. 4 vorgenommene Auslegung ist nicht haltbar, weil Abs. 4 kein sinnvoller Anwendungsbereich verbliebe. Umgekehrt wäre die strikte Anwendung des Art. 30 CSDR ohne Ausnahme im Kontext von DLT-Systemen problematisch (→ Rn. 24). ME müssen Art. 19, Art. 30 CSDR und der **Begriff der „Auslagerung" teleologisch interpretiert** werden: Entscheidend ist, ob durch die Einbindung Dritter in das Netzwerk eines DLT-Systems dieselben Risiken wie bei der Auslagerung zentral erbrachter Dienstleistungen an einen Dritten entstehen. Die unterschiedlichen Konsensmechanismen sind bei DLT-Systemen idR gerade darauf gerichtet, einen Missbrauch durch einzelne Teilnehmer zu verhindern.

---

[29] Vgl. European Commission, Summary report of the targeted consultation document on the review of regulation on improving securities settlement in the European Union and on central securities depositories, S. 23, abrufbar unter < https://finance.ec.europa.eu/regulation-and-supervision/consultations/2020-csdr-review_en>; Rückmeldung der Deutsche Börse Group, S. 13 f., abrufbar unter <https://www.deutsche-boerse.com/resource/blob/2642196/7325b795f3d5a56d13d2d82e5e58362f/data/Feb2021-csdr-response.pdf>.
[30] Die übrigen Regelungen des Art. 19 CSDR sind nicht betroffen (Arg.: *„nur"*).
[31] Die Systematik der DLT-PR stimmt nicht mit der CSDR überein: Während die CSDR den Betrieb eines SSS mit der Abwicklungsdienstleistung gleichsetzt (Abschnitt A Nr. 3 des Anhangs zur CSDR), umfasst der Betrieb eines DLT-SS nach Art. 2 Nr. 7 DLT-PR auch die erstmalige Erfassung und die Verwahrung von DLT-Finanzinstrumenten. Im Ergebnis sind aber jedenfalls alle drei Tätigkeiten als Kerndienstleistungen zu betrachten.

DLT-PR Art. 5 DLT-Pilotregelung

Die Einbindung Dritter (zB zur Validierung von Transaktionen) ist daher dann **keine Auslagerung iSd CSDR,** wenn dies durch den Betreiber des DLT-SS gezielt im Rahmen eines Systems mit entsprechenden Sicherheitsvorkehrungen und Kontrollmechanismen geschieht.[32] Fehlen solche Mechanismen oder werden die Einrichtung und der Betrieb des DLT-Systems gesamthaft an einen Dienstleister ausgelagert, gelten die Anforderungen des Art. 30 CSDR und ggf. die Genehmigungspflicht nach Art. 19 CSDR in Bezug auf diesen Dienstleister.

27 **5. Ausnahme von der verpflichtenden Mediatisierung (Abs. 5). a) Reguläre Anforderungen.** Der Effektengiroverkehr ist traditionell pyramidenartig organisiert und zumindest zweistufig ausgestaltet: Die oberste Ebene[33] bildet ein Zentralverwahrer; auf der zweiten Ebene stehen Verwahrer, die Wertpapiere für Endanleger oder weitere Intermediäre halten.[34] Die CSDR begrenzt den Kreis der möglichen Teilnehmer des Wertpapierliefer- und -abrechnungssystems eines Zentralverwahrers über einen **Verweis auf die Finalitäts-RL** auch in rechtlicher Hinsicht (Art. 2 Abs. 1 Nr. 19 CSDR). Teilnehmer können nach Art. 2 lit. f Finalitäts-RL nur **bestimmte, idR regulierte Marktteilnehmer** sein.[35] Andere juristische Personen und natürliche Personen – insbes. **Endanleger** – können nur **über einen zusätzlichen Intermediär,** der zur Verwahrung und Verwaltung von Wertpapieren befugt ist (idR Depotbanken oder Wertpapierfirmen), an das Wertpapierliefer- und -abrechnungssystem angebunden werden.

28 Ein entscheidender Vorteil von **DLT-Systemen** ist, dass die Werte auf einer gemeinsamen, dezentralen Datenbank gespeichert und von den Endanlegern direkt gehalten werden können. Die **Einbindung eines Verwahrers,** der über den *private key* verfügt und die Werte verwaltet, ist möglich und in vielen Fällen sinnvoll, aber **optional.**[36] Die **Begrenzung des Teilnehmerkreises verhindert die Nutzung dieses Vorteils** der DLT. Zwar können Zentralverwahrer nach Art. 38 Abs. 4 CSDR auch getrennte Konten für Endanleger führen (sog. Einzelkunden-Kontentrennung). Für den Zugang ist aber stets die Zwischenschaltung eines Verwahrers erforderlich.[37]

29 **b) Ausnahmebestimmung.** Nach Abs. 5 kann die Behörde dem Betreiber eines DLT-SS gestatten, auch **anderen juristischen und natürlichen Personen** Zugang zu gewähren, wenn sie bestimmte Anforderungen

---

[32] Bei *permissionless* DLT-Systemen verhindern idR komplexe Anreizmechanismen wie Proof-of-Work oder Proof-of-Stake einen Missbrauch. Bei *permissioned* DLT-Systemen wäre die Validierung durch mehrere, voneinander unabhängige Akteure (zB Depotbanken) denkbar.
[33] Vgl. Abschnitt A Nr. 2 Anhang CSDR.
[34] S. Schwarz, Globaler Effektenhandel, 2016, S. 27 ff.
[35] Teilnehmer nach Art. 2 lit. f Finalitäts-RL sind Institute iSd Art. 2 lit. b Finalitäts-RL (Kreditinstitute, Wertpapierfirmen, öffentlich-rechtliche Körperschaften und bestimmte staatsnahe Unternehmen), zentrale Gegenparteien, Verrechnungsstellen, Clearingstellen, zentrale Gegenparteien, Systembetreiber (dh Betreiber von Clearingsystemen oder andere Zentralverwahrer) oder Clearingmitglieder zentraler Gegenparteien. Die Teilnahmeanforderungen in Art. 33 CSDR nehmen zudem ausschließlich auf juristische Personen Bezug.
[36] Rein technisch kann bei *permissionless* DLT-Systemen überhaupt auf die Einbindung vertrauenswürdiger Marktteilnehmer verzichtet werden.
[37] Solche „transparenten Verwahrsysteme" sind derzeit praktisch selten, vgl. S. Schwarz Effektenhandel S. 42 ff.

(→ Rn. 30 ff.) erfüllen.[38] Die Bestimmung zielt auf **Endanleger** ab (Erwgr. Nr. 32); Zulassungserfordernisse für die Verwahrung und Verwaltung von Wertpapieren für andere werden nicht berührt. Die Ausnahme ermöglicht die Umsetzung von zwei Strukturen, die nach den regulären Vorgaben der CSDR nicht möglich sind:

– **Eigenverwahrung durch Endanleger:** Der Endanleger erhält den *private key*, mit dem er – ähnlich wie bei der Eigenverwahrung physischer Wertpapiere – unmittelbar über die DLT-Finanzinstrumente verfügen kann. Er ist selbst für dessen Aufbewahrung[39] und die Initiierung von Transaktionen verantwortlich. Dafür werden *non-custodial* Wallets genutzt, bei denen nur der Endanleger Zugang zum *private key* hat (zB Software-, Hardware-, oder Paper-Wallets).[40]

– **Verwahrung durch den Betreiber des DLT-SS:** Die DLT-Finanzinstrumente werden durch den Betreiber des DLT-SS verwahrt und verwaltet. Die Ausnahme nach Abs. 5 erlaubt dem Betreiber des DLT-SS, sowohl die Dienstleistungen eines Zentralverwahrers als auch die Verwahrung und Verwaltung von Wertpapieren (Depotgeschäft) für Endanleger aus einer Hand anzubieten.

c) Ausnahmespezifische Anforderungen. Der Zugang darf anderen juristischen und natürlichen Personen nur dann gewährt werden, wenn sie die in Abs. 5 lit. a–c normierten **Mindestanforderungen für den Zugang** erfüllen.[41]

30

- **Zuverlässigkeit (lit. a):** Die Vorgabe trägt dem Umstand Rechnung, dass ohne die Ausnahme nach Abs. 5 nur regulierte Marktteilnehmer mit entsprechenden Zulassungsvoraussetzungen direkten Zugang zum Abwicklungssystem haben. Die fehlende Zuverlässigkeit kann sich u. a. aus rechtskräftigen und noch nicht getilgten Bestrafungen der Person oder deren Geschäftsleiter ergeben, insbes. wegen kapitalmarktrelevanter Delikte. Inhaltlich entspricht die Vorgabe Art. 4 Abs. 2 lit. a (→ Art. 4 Rn. 18).

31

- **Kenntnisse und Erfahrungen (lit. b):** Die zugelassenen Personen müssen über ausreichende Fähigkeiten, Kompetenzen, Erfahrungen und Kenntnisse in Bezug auf die Abwicklung von Finanzinstrumenten, die Funktionsweise der DLT und Risikobewertung verfügen. Die Bestimmung steht in einem Spannungsverhältnis zum Ziel der Ausnahmebestimmungen, auch Kleinanlegern direkten Zugang zum DLT-SS zu ermöglichen (vgl. Erwgr. Nr. 32), zumal diese von Abwicklungssystemen normalerweise ausgeschlossen sind und über keine entsprechende Erfahrung verfügen werden. Die direkte Anbindung an ein DLT-SS unter Nutzung der Ausnahme in Abs. 5 hat jedoch eine andere Zielrichtung als die Teilnahme an einem SSS, weil diese Personen idR als Endanleger für eigene Rechnung und nicht als

32

---

[38] Wie in Art. 4 Abs. 2 ist die Bestimmung als Ermächtigung der Behörde formuliert, die neben nationales Recht tritt (→ Art. 4 Rn. 16). Die nationale Umsetzung der Finalitäts-RL ist jedoch bereits deshalb nicht relevant, weil die CSDR unmittelbar auf den Richtlinientext verweist.

[39] Damit einher geht grundsätzlich das Verlustrisiko. Bei der Gestaltung des DLT-Systems/Smart Contracts können jedoch Sicherheitsmechanismen vorgesehen werden, die unter bestimmten Umständen die Wiederherstellung verlorener Werte ermöglichen (→ Art. 7 Rn. 22).

[40] Zu den unterschiedlichen Arten von Wallets → Einf. Rn. 16 ff.

[41] Zusätzlich legt Art. 33 CSDR Teilnahmeanforderungen fest, von denen nach Abs. 6 eine separate Ausnahme beantragt werden kann (→ Rn. 36 ff.).

Intermediäre für ihre Kunden auftreten. Daher ist die Anwendung eines angepassten Maßstabs angezeigt. Der Betreiber ist in der Pflicht, ggf. die notwendigen Kenntnisse und Erfahrungen für die Nutzung seines Systems auf ein von Kleinanlegern leistbares Ausmaß zu reduzieren.

33 • **Informierte Zustimmung (lit. c):** Die Bestimmung verlangt eine informierte Zustimmung und soll sicherstellen, dass sich die zugelassenen Personen über die damit verbundenen Risiken im Klaren sind. Im Gegensatz zu Art. 4 Abs. 2 lit. g bezieht sich die Bestimmung nicht auf die Teilnahme an der Marktinfrastruktur, sondern *„an der Pilotregelung"*, wobei es sich um ein Redaktionsversehen handeln dürfte. Wesentlich sind die mit der Nutzung und direkten Anbindung an das DLT-SS verbundenen Risiken. Die Bestimmung beinhaltet zugleich eine **Aufklärungspflicht** in Bezug auf die Sachlage, die Risiken der Anbindung an die Marktinfrastruktur und den experimentellen Charakter der Pilotregelung, die vom Betreiber des DLT-SS vor Gewährung des Zugangs zu erfüllen ist.

34 **d) Ausgleichsmaßnahmen, Rechtfertigung und Verhältnismäßigkeit.** Anders als Art. 4 Abs. 2 spricht Art. 5 Abs. 5 nicht explizit von **Ausgleichsmaßnahmen** an. Wie bei der Ausnahme von der verpflichtenden Mediatisierung bei DLT-MTF (→ Art. 4 Rn. 22 f.) ist davon auszugehen, dass va zusätzliche Maßnahmen zum Schutz von Kleinanlegern, die sonst durch die zwischengeschalteten Intermediäre gesetzt werden, in Betracht kommen. Von wesentlicher Bedeutung ist mE das erhöhte Verlustrisiko, das mit der Eigenverwahrung und direkten Veranlassung von Transaktionen einhergehen kann (zB verlorene *private keys*, Transaktionen an ungültige Adressen).

35 **Gerechtfertigt** ist die Ausnahme schon dadurch, dass bei Zwischenschaltung regulierter Intermediäre wesentliche Vorteile der Technologie nicht genutzt werden können (→ Vor Art. 4–6 Rn. 12).

36 **6. Wohlverhaltensregeln (Abs. 6). a) Reguläre Anforderungen.** Die in Art. 32–35 CSDR normieren Wohlverhaltensregeln betreffen vorwiegend die transparente Gestaltung der **Beziehungen zwischen dem Zentralverwahrer und seinen Nutzern.**[42] Danach muss der Zentralverwahrer

- eindeutig bestimmte und realistische Ziele aufstellen und mit Beschwerden transparent umgehen (Art. 32 CSDR);
- seinen Teilnehmern einen fairen und offenen Zugang ermöglichen und entsprechende, nicht-diskriminierende Teilnahmekriterien veröffentlichen; eine **Beschränkung des Zugangs** ist **nur aufgrund des damit verbundenen Risikos** zulässig (Art. 33 CSDR);
- Preise und Gebühren transparent gestalten sowie erzielte Einnahmen und Kosten aufschlüsseln und gegenüber der Behörde offenlegen; der Zentralverwahrer ist dabei **an die veröffentlichte Preisgestaltung gebunden** (Art. 34 CSDR);
- bei der Kommunikation mit Teilnehmern und anderen Marktinfrastrukturen, mit denen sie über Schnittstellen verbunden sind, die einschlägigen **internationalen offenen Kommunikationsverfahren und Normen** berücksichtigen (Art. 35 CSDR).

---

[42] Erwgr. Nr. 40 CSDR; Lutter/Bayer/Schmidt, Europäisches Unternehmens- und Kapitalmarktrecht, 6. Aufl. 2018, Rn. 39.18.

Die strengen Anforderungen sind vor dem Hintergrund der starken Marktstellung von Zentralverwahrern sowie der oligopolistischen Marktstruktur zu sehen und dienen vorrangig der **Förderung des grenzüberschreitenden Wettbewerbs** (vgl. Erwgr. Nr. 4, 40 CSDR). Die **DLT** ist eine junge Technologie, die sich rasch weiterentwickelt und **noch nicht hinreichend standardisiert** ist. Möglichkeit, Aufwand und Risiko der Anbindung anderer Marktteilnehmer können je nach verwendetem DLT-System und konkreter Situation **höchst unterschiedlich** sein, was die strengen Wohlverhaltensregeln nicht berücksichtigen. 37

b) Ausnahmebestimmung, ausnahmespezifische Anforderungen und Ausgleichsmaßnahmen. Abs. 6 erlaubt eine **Ausnahme von Art. 33–35 CSDR** (nicht jedoch Art. 32 CSDR), sofern der Zentralverwahrer **zwei Mindestanforderungen** erfüllt. Der Betreiber des DLT-SS muss 38

– **Teilnahmekriterien** veröffentlichen, die allen juristischen und natürlichen[43] Personen einen fairen und offenen Zugang gewähren, wobei die Kriterien transparent, objektiv und diskriminierungsfrei sind. Im Unterschied zu Art. 33 CSDR erlaubt die Anforderung die Beschränkung des Zugangs nicht nur aufgrund des damit verbundenen Risikos, sondern auch aus anderen sachlichen[44] Gründen;
– **Preise und Gebühren** im Zusammenhang mit den von ihm erbrachten Abwicklungsdiensten veröffentlichen, wobei anders als nach Art. 34 CSDR keine strikte Bindung an die Preisgestaltung gilt.

Zusätzlich muss der Betreiber nach Abs. 6 **Ausgleichsmaßnahmen** vorschlagen, um die Ziele der Art. 33–35 CSDR zu *erreichen*. Bei näherer Betrachtung besteht ein **Zielkonflikt** zwischen der Förderung des grenzüberschreitenden Wettbewerbs und der Ermöglichung von Innovation, die zumindest kurzfristig zu einer stärkeren Fragmentierung führt. Insgesamt wird der Wettbewerb durch die DLT-PR aber gefördert, weil DLT-Marktinfrastrukturen zu traditionellen Marktinfrastrukturen in Konkurrenz treten. Die Ausgleichsmaßnahmen sollten sich daher mE darauf konzentrieren, **missbräuchliche Verhaltensweisen** hintanzuhalten. 39

7. Anforderungen der Finalitäts-RL (Abs. 7). a) Reguläre Anforderungen. Die CSDR sieht in Art. 39 CSDR in Verbindung mit der Finalitäts-RL Regelungen über die Unwiderruflichkeit und Wirksamkeit von Zahlungs- und Übertragungsaufträgen sowie Wertpapier- und Geldübertragungen vor. Die Anforderungen dienen dem **Schutz vor systemischen Risiken** und sollen insbes. Dominoeffekte durch die Eröffnung eines **Insolvenzverfahrens in Bezug auf einen Teilnehmer** verhindern, die eine Gefahr für die Finanzstabilität darstellen.[45] Nach Art. 39 CSDR müssen 40

– **Wertpapierliefer- und -abrechnungssysteme (SSS)**, die von Zentralverwahrern betrieben werden, durch den Mitgliedstaat als **System iSd Finalitäts-RL gemeldet** werden, wodurch die Anforderungen der Finalitäts-RL zur Anwendung gelangen (Art. 39 Abs. 1 CSDR);

---

[43] Art. 33 CSDR bezieht sich nach seinem Wortlaut nur auf juristische Personen. Bei Inanspruchnahme der Ausnahme nach Abs. 5 können jedoch auch natürliche Personen zugelassen werden.
[44] Die Kriterien müssen objektiv und diskriminierungsfrei sein.
[45] Konecny Insolvenzgesetze/Maderbacher EuInsVO 2015 Art. 12 Rn. 2 (Stand 1.9.2018).

DLT-PR Art. 5

– für jedes SSS der **Zeitpunkt des Einbringens** *("SF1")* und der Unwiderruflichkeit *("SF2")* **von Zahlungs- und Übertragungsaufträgen** in Einklang mit der Finalitäts-RL festgelegt werden (Art. 39 Abs. 2 CSDR);

– für jedes SSS die **Regelungen zur Feststellung der Wirksamkeit von Wertpapier- und Geldübertragungen** *("SF3")* bekanntgegeben werden (Art. 39 Abs. 3 CSDR).[46]

Darüber hinaus besteht eine Verpflichtung, die Wirksamkeit von Geld- und Wertpapierübertragungen spätestens am Ende des Abwicklungstags sicherzustellen und Lieferungen Zug um Zug gegen Zahlung *(delivery v payment – DvP)* abzuwickeln (Art. 39 Abs. 5–7 CSDR).

41 Nach den Bestimmungen der Finalitäts-RL bleiben **Zahlungs- und Übertragungsaufträge,** die vor Eröffnung eines Insolvenzverfahrens über einen Teilnehmer in das System eingebracht wurden, Dritten gegenüber wirksam und sind **vor nachträglichen Eingriffen im Insolvenzverfahren geschützt.** Dasselbe gilt für Abrechnungen und Übertragungen, die auf Grundlage solcher Aufträge vorgenommen werden (Art. 3, 7 Finalitäts-RL). Nach Insolvenzeröffnung eingebrachte Zahlungs- und Übertragungsaufträge bleiben wirksam, wenn sie noch am Tag der Insolvenzeröffnung abgewickelt werden und der Betreiber nachweist, dass er keine Kenntnis von der Insolvenzeröffnung hatte oder haben musste, bevor die Aufträge unwiderruflich wurden (Art. 3 Abs. 1 UAbs. 2 CSDR). Nach dem Zeitpunkt der Unwiderruflichkeit können Zahlungs- und Übertragungsaufträge von Teilnehmern oder Dritten zudem **nicht mehr einseitig geändert** werden (Art. 5 Finalitäts-RL). Der Zeitpunkt der Wirksamkeit von Wertpapier- und Geldübertragungen wird nur in Art. 39 CSDR genannt und beschreibt die endgültige und unwiderrufliche Buchung auf den Wertpapier- und Geldkonten.[47]

42 Als Hürde für den Einsatz der DLT nennt Erwgr. Nr. 33 in erster Linie den **beschränkten Kreis der zulässigen Teilnehmer** eines Systems iSd Finalitäts-RL (→ Rn. 27), der in Verbindung mit der Ausnahme von der verpflichtenden Mediatisierung nach Abs. 5 problematisch ist. Daneben bestehen unter den Marktteilnehmern weitere Bedenken hinsichtlich der **Kompatibilität mit den Anforderungen an die Finalität,** die sich vor allem – aber nicht ausschließlich – auf *permissionless* DLT-Systeme konzentrieren. Denkbar ist, dass solche Systeme über keinen Verantwortlichen verfügen, der die relevanten Zeitpunkte festlegen könnte.[48] Die DLT-PR setzt freilich ohnehin das Vorhandensein eines verantwortlichen Betreibers voraus. Bedingt durch ihre Funktionsweise lässt sich bei manchen DLT-Systemen außerdem der Zeitpunkt der (technischen) Unwiderruflichkeit von Änderungen nicht im Vorhinein festlegen, sondern diese werden im Zeitverlauf immer weniger wahrscheinlich *(probabilistic finality).*[49] Ferner bestehen je

---

[46] Die drei Zeitpunkte werden in Fachkreisen als SF 1–3 bezeichnet. Nach dem T2S Collective Agreement tritt die Einbringung (SF1) mit dem Abschluss der Validierung der Aufträge und die Unwiderruflichkeit (SF2) mit dem Abschluss des Matching ein.

[47] Vgl. Erwgr. Nr. 43 CSDR.

[48] Europäische Kommission, Summary report of the targeted consultation in the review of the Directive on settlement finality in payment and securities settlement systems (23.6.2023), 29.

[49] So wird etwa im Bitcoin-Netzwerk stets die längste Kette als gültig anerkannt. Je mehr Blöcke nach einer Transaktion angefügt wurden, desto unwahrscheinlicher ist es, dass sich ein anderer „Strang" schneller fortsetzt und als gültig anerkannt wird, vgl. Antonopoulos, Mastering Bitcoin, 2. Aufl. 2018, S. 240 f.

nach konkretem DLT-System auch in Bezug auf die Finalitäts-RL Zweifel an der Vereinbarkeit mit bestimmten Begriffsdefinitionen und Konzepten (für die CSDR → Rn. 12 ff.).[50] Die 2023 veröffentlichten Rückmeldungen zur Konsultation im Rahmen des SFD Review 2021[51] zeigen deutlich, dass bei Marktteilnehmern und Behörden **derzeit noch erhebliche Unsicherheit** darüber besteht, ob und wie DLT-Systeme die Anforderungen an die Finalität erfüllen können.

b) Ausnahmebestimmung, ausnahmespezifische Anforderungen und Ausgleichsmaßnahmen. Die Behörde kann nach Abs. 7 eine **Ausnahme von Art. 39** CSDR gewähren, wenn bestimmte **Mindestanforderungen** erfüllt und **Ausgleichsmaßnahmen** vorgeschlagen werden: 43

- **Settlement:** Transaktionen müssen schnellstmöglich und spätestens am zweiten Geschäftstag nach Geschäftsabschluss (T+2) abgewickelt werden (lit. a).
- **Transparenz:** Die für das Abwicklungssystem geltenden Regeln müssen veröffentlicht werden (lit. b), wobei damit insbes. die Möglichkeiten zum Widerruf von Transaktionsanweisungen und die Endgültigkeit von Transaktionen angesprochen sein dürften. Die Formulierung lässt Raum für Regeln, die nicht (alleine) vom Betreiber festgelegt werden oder bei denen sich der Zeitpunkt im Vorhinein nicht exakt bestimmen lässt.
- **Finalitäts-RL:** Aus UAbs. 2–3 ergibt sich, dass eine Meldung des DLT-SS als System iSd Finalitäts-RL bei Erfüllung der Anforderungen auch im Fall der Beantragung einer Ausnahme von (den übrigen Bestimmungen des) Art. 39 CSDR möglich bleibt. Wird das DLT-SS **nicht** als System iSd der Finalitäts-RL gemeldet, müssen alle dadurch entstehenden **Risiken gemindert** (lit. c) und **geeignete Ausgleichsmaßnahmen** vorgeschlagen werden (UAbs. 3).

Die Regelung entspricht einer weitgehenden **Flexibilisierung** der Maßnahmen, während das Ziel verbindlich bleibt.

Fraglich ist, in welchem Verhältnis die Ausnahme zu **nationalen Umsetzungsbestimmungen der Finalitäts-RL** steht. IdZ bestimmt UAbs. 2 lediglich, dass die Mitgliedsstaaten nicht zur Meldung des DLT-SS als System iSd Finalitäts-RL verpflichtet sind. Die nationale Umsetzung muss aber nicht zwingend an der Meldung als System iSd Finalitäts-RL anknüpfen, sondern kann auch im allgemeinen Zivil- oder Insolvenzrecht verankert sein. Bei einer Inkompatibilität mit solchen Bestimmungen kommt - je nach Zweck der nationalen Norm - eine teleologische Reduktion in Betracht. **Grenzen bestehen für Ausgleichsmaßnahmen:** Die Finalitäts-RL und die jeweiligen Umsetzungsbestimmungen enthalten *leges speciales*, die insolvenzrechtlichen Bestimmungen vorgehen und im Fall einer Ausnahme nicht privatautonom substituiert werden können. 44

Ausnahmen können aufgrund der genannten Hürden (→ Rn. 42) **gerechtfertigt** sein. Naheliegend ist die **Verhältnismäßigkeit:** Die Anforderungen an die Finalität bezwecken vorrangig den Schutz vor Systemrisiken. Im 45

---

[50] Europäische Kommission, Summary report of the targeted consultation in the review of the Directive on settlement finality in payment and securities settlement systems (23.6.2023), 30 ff.

[51] Europäische Kommission, Summary report of the targeted consultation in the review of the Directive on settlement finality in payment and securities settlement systems (23.6.2023), 27 ff.

Rahmen der DLT-Pilotregelung werden systemische Risiken bereits durch andere Vorkehrungen beschränkt (→ Art. 3 Rn. 2), weshalb Erleichterungen sachgerecht sind.

46 8. **Cash Settlement (Barausgleich) (Abs. 8). a) Reguläre Anforderungen.** Um Ausfallrisiken bei Geldtransaktionen zu minimieren[52] macht Art. 40 CSDR **abgestufte Vorgaben** für die Abwicklung von Zahlungen in Zusammenhang mit Wertpapiertransaktionen (*cash settlement* – Barausgleich):
– Primär sind Zahlungen über **Konten der emittierenden Zentralbank** abzuwickeln, wenn solche verfügbar sind und die Abrechnung praktisch durchführbar ist *(pracitcal and available)*.
– Nur wenn dies nicht der Fall ist, kann der Zentralverwahrer die Zahlungen über **Konten bei einem Kreditinstitut,** bei einem anderen Zentralverwahrer oder über **eigene Konten** abrechnen. In diesen Fällen gelten die **Vorgaben für die Erbringung bankartiger Nebendienstleistungen** (Titel IV CSDR), wobei Zentralverwahrer für die Führung von Geldkonten zusätzlich eine **Zulassung als Kreditinstitut** benötigen (Art. 54 Abs. 3 lit. a CSDR). Diese Anforderungen adressieren die entstehenden Kredit- und Liquiditätsrisiken.

47 Die Technologie kann ihre Vorteile va dann ausspielen, wenn **Wertpapier-** *und* **Geldseite** auf dem DLT-System abgebildet sind. Diesfalls kann die gesamte Transaktion über Smart Contracts abgebildet und bereits auf technischer Ebene die Abwicklung Zug um Zug *(DvP)* gewährleistet werden: Entweder es werden beide Teile der Transaktion abgewickelt, oder die gesamte Transaktion scheitert (sog. *atomic settlement*). Ein Systembruch erhöht dagegen den Aufwand und bringt Risiken mit sich.

48 **b) Ausnahmebestimmung, ausnahmespezifische Anforderungen und Ausgleichsmaßnahmen.** Um die Abwicklung von Zahlungen über ein DLT-System zu ermöglichen, sieht Abs. 8 eine Ausnahme von Art. 40 CSDR vor, die **angepasste Vorgaben** enthält:
– Primär sind Zahlungen weiterhin über Zentralbankengeld abzuwickeln. Die Bestimmung stellt zunächst klar, dass die Verwendung von **Zentralbankengeld in tokenisierter Form (CBDC)** zulässig ist. Nach **Erwgr. Nr. 34** darf außerdem davon ausgegangen werden, dass eine Abwicklung in Zentralbankengeld nicht verfügbar bzw. nicht praktisch durchführbar ist, solange die Abwicklung in Zentralbankengeld über ein DLT-System nicht möglich ist. Dadurch wird der **Zugang zu den alternativen Möglichkeiten für das Cash-Settlement erleichtert.**
– Unter dieser Voraussetzung können Zahlungen sekundär
 (i) über eigene Konten des Zentralverwahrers gemäß Titel IV CSDR,
 (ii) über Geschäftsbankengeld (ggf. in tokenisierter Form); Titel IV CSDR gilt dabei nur, wenn die Grenze für die Verbuchung von DLT-Finanzinstrumenten von 6 Mrd. EUR überschritten wurde (UAbs. 3 iVm Art. 3 Abs. 2), oder
 (iii) über E-Geld-Token iSd MiCAR[53]
abgewickelt werden.

---

[52] Erwgr. Nr. 44 CSDR.
[53] Bis zur Anwendbarkeit der MiCAR ist unter dem Begriff „E-Geld-Token" jede Form von E-Geld zu verstehen, vgl. ESMA Q&A zur DLT-Pilotregelung, ESMA70-460-189, Abschnitt 9, Frage 1 (Stand 2.6.2023).

Die Abwicklung über **E-Geld-Token** ist ohne Zulassung des Zentralverwahrers als Kreditinstitut und Einhaltung der Anforderungen des Titel IV CSDR möglich, wenn diese von einem berechtigten Kreditinstitut oder E-Geld Institut emittiert werden. Nur die Erbringung ausgewählter bankartiger Nebendienstleistungen unterliegt Titel IV oder muss an ein Kreditinstitut ausgelagert werden (UAbs. 5).[54] Das ist im Ansatz konsequent, da der Betreiber die E-Geld-Token nur „verwahrt" und keine eigenen Kredit- und Liquiditätsrisiken eingeht, drängt aber die Frage nach dem zivilrechtlichen Schutz von E-Geld-Token in der Insolvenz auf. **Soweit Titel IV CSDR nicht anwendbar ist,** weil in E-Geld-Token abgewickelt wird oder die Voraussetzungen nach UAbs. 3 erfüllt sind, muss der Betreiber alle **Risiken,** die sich aus der Nutzung dieser Mittel ergeben, identifizieren, messen, überwachen, adressieren und minimieren. 49

9. CSD-Links (Abs. 9). a) Reguläre Anforderungen. Die CSDR verlangt, dass Zentralverwahrer anderen Zentralverwahrern oder Marktinfrastrukturen in nicht-diskriminierender und transparenter Weise Zugang gewähren. Die Verbindung zwischen CSDs **(CSD Link)** bringt aufgrund der Verschränkung systemrelevanter Infrastrukturen besondere Risiken mit sich. Daher ist idR eine Anzeige an die zuständigen Behörden nötig (Art. 19 Abs. 5 CSDR) und es gelten **zusätzliche Anforderungen** (Art. 48 CSDR), die in Art. 84 ff. DelVO (EU) 2017/392 konkretisiert werden. U. a. muss ein solides Abgleichverfahren eingerichtet (Art. 48 Abs. 6) und die Abwicklung Zug um Zug (DvP) ermöglicht werden, sofern dies praktisch durchführbar ist (Art. 48 Abs. 7). Bei interoperablen Verbindungen[55] ist letzteres zwingend und es sind identische Zeitpunkte für die Einbringung und Unwiderruflichkeit von Zahlungs- und Übertragungsaufträgen festzulegen (Art. 48 Abs. 8–9 CSDR). 50

Bei den Verbindungen ist zu unterscheiden:

– Andere Zentralverwahrer können – wie jeder andere Marktteilnehmer – nach Art. 33 CSDR Zugang über eine Standard-Verbindung verlangen **(Standard CSD Link – Art. 50 CSDR).** Der Zugang darf nur aufgrund des damit verbundenen **Risikos** eingeschränkt und nur auf Grundlage einer umfassenden Risikobewertung verweigert werden (Art. 33 CSDR), sofern keine Ausnahme nach Abs. 6 beantragt wurde (→ Rn. 36 ff.).

– Sofern die Kosten ersetzt werden, können andere Zentralverwahrer die Einrichtung einer angepassten Verbindung verlangen **(Customised CSD Link – Art. 51 CSDR).** Auch diese Verbindung darf nur aus **Risikoerwägungen** abgelehnt werden.

– Gegen Kostenersatz müssen Zentralverwahrer schließlich auch Handelsplätzen und zentralen Gegenparteien Zugang zum SSS gewähren **(Zugang einer anderen Marktinfrastruktur – Art. 53 CSDR).** Dies darf nur abgelehnt werden, wenn das reibungslose und geordnete **Funktionieren der Finanzmärkte** gefährdet wird oder **Systemrisiken** entstehen.

Die Erläuterungen führen aus, dass die **Verbindung zwischen traditionellen Infrastrukturen und DLT-Marktinfrastrukturen** schwierig und mit unverhältnismäßigem Aufwand verbunden sein kann, weil die Interoperabilität mit solchen Altsystemen noch nicht getestet wurde (Erwgr. Nr. 36). 51

---

[54] ESMA Q&A zur DLT-Pilotregelung, ESMA70-460-189, Abschnitt 9, Frage 1 (Stand 2.6.2023).
[55] Art. 2 Abs. 1 Nr. 33 CSDR.

Die Herausforderungen betreffen aber auch die **Verbindung zwischen DLT-Marktinfrastrukturen:** Die DLT ist eine junge Technologie, die sich rasch weiterentwickelt und noch **nicht hinreichend standardisiert** ist. Der große Vorteil einer durchgehenden Automatisierung der Prozesse (sog. *straight-through-processing*) kann nur gehoben werden, wenn eine Verbindung auf technischer Ebene erfolgt. Die Interoperabilität zwischen unterschiedlichen DLT-Systemen ist aktuell jedoch eine der größten Herausforderungen der Technologie. Möglichkeit, Aufwand und Risiko der Anbindung anderer Marktteilnehmer können daher je nach verwendetem DLT-System und konkreter Situation in beiden Fällen höchst unterschiedlich sein.

52 **b) Ausnahmebestimmung, ausnahmespezifische Anforderungen.** Nach Abs. 9 kann der Betreiber eine Ausnahme von Art. 50, 51 oder 53 CSDR beantragen, wenn er nachweist, dass

– der Einsatz der DLT mit den Altsystemen der anderen Marktinfrastruktur **inkompatibel** ist, oder

– die Gewährung des Zugangs im Verhältnis zur Tätigkeit des DLT-SS **unverhältnismäßig hohe Kosten** verursacht.

53 Diese **zusätzlichen Ablehnungsmöglichkeiten** beziehen sich trotz der vergleichbaren Problemlage (→ Rn. 51) nur auf traditionelle Marktinfrastrukturen, die Altsysteme *(„legacy systems")* verwenden. Der **Zugang für andere DLT-Marktinfrastrukturen** ist **nicht erfasst**. Der Betreiber des DLT-SS ist – ganz im Gegenteil – bei Inanspruchnahme der Ausnahme verpflichtet, Betreibern anderer DLT-SS oder DLT-TSS Zugang zu gewähren. Nur die Behörde kann dies untersagen, wenn die Finanzstabilität beeinträchtigt wird (Abs. 9 UAbs. 2). Damit stellt der Gesetzgeber die Förderung des Wettbewerbs zwischen den Infrastrukturen über die wirtschaftlichen Interessen der einzelnen DLT-Marktinfrastruktur. Die Ablehnung des Zugangs aufgrund von **Risikoerwägungen** (→ Rn. 50) bleibt zulässig.

V. Guidelines (Abs. 12)

54 Die ESMA ist nach Abs. 12 dazu verpflichtet, Guidelines für die in Abs. 1 UAbs. 2 lit. c allgemein angesprochenen Ausgleichsmaßnahmen auszuarbeiten. Dabei kann sie auf die Informationen zurückgreifen, die sie im Zuge der Beantragung besonderer Genehmigungen (Art. 9 Abs. 6 UAbs. 2) und der Zusammenarbeit mit Betreibern und zuständigen Behörden (Art. 11 Abs. 5 UAbs. 2 und Abs. 6) erhält.[56]

Artikel 6 Anforderungen und Ausnahmen im Zusammenhang mit DLT-TSS

(1) **Eine Wertpapierfirma oder ein Marktbetreiber, der ein DLT-TSS betreibt, unterliegt**

a) **den Anforderungen, die für ein multilaterales Handelssystem gemäß der Verordnung (EU) Nr. 600/2014 und der Richtlinie 2014/65/EU gelten, und**

---

[56] Zum Zeitpunkt der Fertigstellung des Manuskripts waren noch keine Guidelines veröffentlicht.

b) entsprechend den Anforderungen, die gemäß der Verordnung (EU) Nr. 909/2014 für einen Zentralverwahrer gelten, mit Ausnahme der Artikel 9, 16, 17, 18, 20, 26, 27, 28, 31, 42, 43, 44, 46 und 47 der genannten Verordnung.

Unterabsatz 1 gilt nicht in Bezug auf die Anforderungen, für die der Wertpapierfirma oder dem Marktbetreiber, die bzw. der das DLT-TSS betreibt, eine Ausnahme gemäß Artikel 4 Absätze 2 und 3 sowie Artikel 5 Absätze 2 bis 9 erteilt wurde, wenn diese Wertpapierfirma oder dieser Marktbetreiber folgende Anforderungen erfüllt:

a) Artikel 7;
b) Artikel 4 Absätze 2, 3 und 4 und Artikel 5 Absätze 2 bis 10 und
c) alle Ausgleichsmaßnahmen, welche die zuständige Behörde für angemessen hält, um die Ziele der Bestimmungen zu erreichen, von denen eine Ausnahme beantragt worden ist, oder um den Anlegerschutz, die Marktintegrität oder die Finanzstabilität zu gewährleisten.

(2) Ein Zentralverwahrer, der ein DLT-TSS betreibt, unterliegt
a) den Anforderungen, die für einen Zentralverwahrer gemäß der Verordnung (EU) Nr. 909/2014 gelten, und
b) entsprechend den Anforderungen, die für ein multilaterales Handelssystem gemäß der Verordnung (EU) Nr. 600/2014 und der Richtlinie 2014/65/EU gelten, mit Ausnahme der Artikel 5 bis 13 der genannten Richtlinie.

Unterabsatz 1 dieses Absatzes gilt nicht in Bezug auf die Anforderungen, für die dem Zentralverwahrer, der das DLT-TSS betreibt, eine Ausnahme gemäß Artikel 4 Absätze 2 und 3 sowie Artikel 5 Absätze 2 bis 9 erteilt wurde, wenn dieser Zentralverwahrer folgende Anforderungen erfüllt:

a) Artikel 7,
b) Artikel 4 Absätze 2, 3 und 4 und Artikel 5 Absätze 2 bis 10 und
c) alle Ausgleichsmaßnahmen, welche die zuständige Behörde für angemessen hält, um die Ziele der Bestimmungen zu erreichen, von denen eine Ausnahme beantragt worden ist, oder um den Anlegerschutz, die Marktintegrität oder die Finanzstabilität zu gewährleisten.

Übersicht

	Rn.
I. Einführung	1
1. Literatur	1
2. Entstehung und Zweck der Norm	2
3. Normativer Kontext	4
II. Ausrichtung und Bedeutung der Marktinfrastruktur	5
III. Anwendbare Anforderungen	9
1. Allgemeines	9
2. Betrieb durch eine Wertpapierfirma oder einen Marktbetreiber (Abs. 1 UAbs. 1)	11
3. Betrieb durch einen Zentralverwahrer (Abs. 2 UAbs. 1)	14
IV. Ausnahmen	17
1. Allgemeines	17
2. Sinngemäße Anwendung der Ausnahmen nach Art. 4–5	18

I. Einführung

1. Literatur. *Annunziata/Chisari/Amendola,* DLT-based Trading Venues and EU Capital Markets Legislation: State of the Art and Perspectives Under the DLT Pilot Regime, ItaLJ 2023, 141; *Ebner,* Finanzinstrumente auf der Blockchain: Die neue EU-Pilotregelung für DLT-Marktinfrastrukturen im Überblick, GesRZ 2022, 271; *Litten,* Mit dem DLT-Piloten in die Zukunft des digitalen Kapitalmarktaufsichtsrechts, BKR 2022, 551; *Priem,* A DLT pilot regime: introducing a new type of financial market infrastructure, abrufbar unter <https://ssrn.com/abstract=4286047>; *ders.,* A European distributed ledger technology pilot regime for market infrastructures: finding a balance between innovation, investor protection and financial stability, JFRC 2021, 371; *Zaccaroni,* Decentralized Finance and EU Law: The Regulation on a Pilot Regime for Market Infrastructures based on Distributed Ledger Technology, European Papers 2022, 601; *Zetzsche/Woxholth,* The DLT Sandbox under the Pilot-Regulation, CMLJ 2022, 212.

2. Entstehung und Zweck der Norm. Die Bestimmung regelt Anforderungen und Ausnahmen in Zusammenhang mit **DLT-TSS.** Betreiber eines DLT-TSS müssen die relevanten **Anforderungen der MiFID II/MiFIR *und* CSDR** einhalten. Art. 6 ermöglicht durch einen Verweis auf Art. 4–5 jedoch die Beantragung von **Ausnahmen von bestimmten Anforderungen.** Dadurch sollen rechtliche Hürden für den Einsatz der DLT adressiert und genügend Spielraum für die Erprobung solcher Marktinfrastrukturen im Rahmen der DLT-Pilotregelung geschaffen werden. Flankierend verweist Art. 6 auf **zusätzliche Anforderungen.** Sie adressieren das mit der Gewährung von Ausnahmen einhergehende Risiko. Zu Zweck und Systematik der Ausnahmebestimmungen ausführlich → Vor Art. 4–6 Rn. 6.

Art. 6 war **im Kommissionsentwurf[1] nicht enthalten,** da ursprünglich DLT-MTF die Erbringung wesentlicher Kernaufgaben eines Zentralverwahrers ermöglicht werden sollte. Dieser Ansatz stieß jedoch im Gesetzgebungsverfahren u. a. aufgrund des fehlenden *level-playing-field* auf Bedenken und hätte zudem eine Art Generalausname von der CSDR bedeutet (ausf. → Art. 4 Rn. 3). Die Einführung des DLT-TSS als eigenständige Marktinfrastruktur für die kombinierte Erbringung von Handels- und Nachhandelsdienstleistungen wurde erstmals im **vorläufigen Bericht des Ausschusses für Wirtschaft und Währung (ECON) des EP**[2] vorgeschlagen und später übernommen. Durch die kumulative Anwendbarkeit der Anforderungen der MiFID II/MiFIR *und* CSDR wurde zugleich die Eintrittshürde für den Betrieb kombinierter Marktinfrastrukturen deutlich erhöht.[3] Anders als im vorläufigen Bericht des ECON, der eine vollständige Zulassung als Wertpapierfirma/Marktbetreiber *und* Zentralverwahrer verlangte,[4] genügt nach der **Endfassung** *eine* vollständige[5] Lizenz. Anforderungen des komplementären Regimes kommen – jeweils mit einigen Ausnahmen – sinngemäß zur Anwendung.

---

[1] KOM(2020) 594 endg.
[2] ECON Draft Report, PE689.571v01-00 (insbes. Abänderungen 8, 53).
[3] Ebner GesRZ 2022, 271 (276 f.).
[4] ECON Draft Report, PE689.571v01-00 (Abänderung 12).
[5] Nach Art. 10 Abs. 2 besteht außerdem die Möglichkeit einer beschränkten Zulassung für neue Marktteilnehmer (→ Art. 8–10 Rn. 10 ff.).

3. Normativer Kontext. Das DLT-TSS ist eine neue Marktinfrastruktur, 4
die **kein direktes Regelungsvorbild** hat. Die Regulierung knüpft jedoch
an den bestehenden Regelungen der MiFID II/MiFIR für den Betrieb eines
MTF und der CSDR für den Betrieb eines SSS an. Innerhalb der DLT-PR
bilden die **Ausnahmebestimmungen der Art.** 4–6 systematisch eine Einheit (→ Vor Art. 4–6 Rn. 6).

II. Ausrichtung und Bedeutung der Marktinfrastruktur

Das DLT-TSS erlaubt die **Erbringung und Kombination von Handels-** 5
und Nachhandelstätigkeiten durch eine einzige Marktinfrastruktur und ist
damit ein Novum im regulatorischen Rechtrahmen. Es hat von allen DLT-Marktinfrastrukturen das **größte Innovationspotential**: Einerseits bietet das
DLT-TSS genügend Flexibilität, um die potenziellen **Vorteile der DLT** zu
nutzen. Andererseits bricht das DLT-TSS durch die Kombinationsmöglichkeit etablierte finanzmarktrechtliche Strukturen auf und hat damit das Potenzial, auch **rechtliche Innovation** zu ermöglichen.

Die besondere Bedeutung des DLT-TSS liegt darin, dass es im Idealfall 6
einem einzigen Marktteilnehmer ermöglicht, alle wesentlichen **Dienst-**
leistungen entlang der gesamten Wertschöpfungskette eines DLT-Finanzinstruments abzudecken. Der vollständige Verzicht auf Intermediäre ist
nach der DLT-PR dagegen nicht möglich.

Betreiber von DLT-TSS dürfen nach Art. 2 Nr. 10 die Tätigkeiten eines 7
DLT-MTF und eines DLT-SS kombinieren und daher folgende Dienstleistungen anbieten:

– **Notarielle Dienstleistung:** Erstmalige Erfassung von DLT-Finanzinstrumenten (Art. 2 Nr. 7). Die Dienstleistung entspricht funktional der Kerndienstleistung nach Abschnitt A Nr. 1 Anhang CSRD und kann im Rahmen einer entmaterialisierten Begebung von DLT-Finanzinstrumenten oder durch nachträgliche „Tokenisierung" traditioneller Finanzinstrumente erbracht werden (→ Art. 18 Rn. 7 f.).
– **Verwahrdienstleistungen:** Erbringung von Verwahrdienstleistungen in Bezug auf DLT-Finanzinstrumente (Art. 2 Nr. 7), wobei nicht nur Depotkonten auf oberster Ebene geführt werden (vgl. die Kerndienstleistung nach Abschnitt A Nr. 2 Anhang CSRD), sondern Verwahrdienstleistungen aufgrund der Ausnahme in Art. 5 Abs. 5 auch an Endanleger angeboten werden können (Depotgeschäft, vgl. auch Abschnitt B Nr. 1 Anhang MiFID II). Wenn das cash settlement nach Art. 5 Abs. 8 mithilfe von Geld in tokenisierter Form oder von E-Geld-Token erbracht wird, kann damit auch die Verwahrung solcher Werte verbunden sein (→ Art. 7 Rn. 27).
– **Betrieb einer Handelsinfrastruktur:** Das DLT-TSS darf analog dem DLT-MTF ein multilaterales Handelssystem betreiben, das nur DLT-Finanzinstrumente zum Handel zulässt (Art. 2 Nr. 6)
– **Abwicklungsdienstleistung:** Abwicklung von Transaktionen mit DLT-Finanzinstrumenten gegen Zahlung oder Lieferung (Art. 2 Nr. 7), wobei davon auszugehen ist, dass als „Minus" Transaktionen *free of payment* (FoP) ebenfalls zulässig sind.

Darüber hinaus können die Betreiber eines DLT-TSS in ihrer Eigenschaft 8
als Wertpapierfirmen/Marktbetreiber oder Zentralverwahrer unter bestimmten Voraussetzungen **weitere Dienstleistungen** (Wertpapierdienstleistungen und Anlagetätigkeiten, Wertpapiernebendienstleistungen bzw. nicht-bankarti-

ge und bankartige Nebendienstleistungen) erbringen. Dabei gelten teilweise Sondervorschriften:

– **Wertpapierfirmen** können nach Art. 6 Abs. 1 MiFID II eine Zulassung für mehrere Wertpapierdienstleistungen und Anlagetätigkeiten (Abschnitt A Anhang MiFID II) sowie Wertpapiernebendienstleistungen (Abschnitt B Anhang MiFID II) beantragen. Diese Möglichkeit wird durch die DLT-PR nicht eingeschränkt.

– Für **Marktbetreiber** ist neben der Möglichkeit zum Betrieb eines MTF oder OTF (Art. 5 Abs. 2 MiFID II) der begriffsnotwendige Betrieb oder die Verwaltung eines geregelten Markts vorgesehen (Art. 4 Abs. 4 Nr. 18 MiFID II). Andere Tätigkeiten können nach Maßgabe des anwendbaren nationalen Rechts und ggf. mit einer separaten Zulassung ausgeübt werden.

– Bei **Zentralverwahrern** gelten für die Erbringung **nicht-bankartiger Nebendienstleistungen,** die in Abschnitt B Anhang zur CSDR explizit genannt sind, weder die Zulassungspflicht noch die sonstigen Anforderungen der MiFID II. Sie müssen der Aufsichtsbehörde des Zentralverwahrers lediglich angezeigt werden (Art. 73 UAbs. 1 CSDR iVm Art. 16 Abs. 2, Art. 19 Abs. 8 CSDR). **Andere Wertpapierdienstleistungen und Anlagetätigkeiten** dürfen unter Einhaltung der Anforderungen der MiFID II nach Genehmigung durch die Aufsichtsbehörde des Zentralverwahrers ausgeübt werden. Die nach Art. 67 MiFID II zuständige Behörde ist vor der Genehmigung anzuhören (Art. 73 UAbs. 2 CSDR iVm Art. 17 Abs. 5, Art. 19 Abs. 1 lit. b CSDR). Für die Erbringung **bankartiger Nebendienstleistungen** (Abschnitt C Anhang CSDR) ist dagegen aufgrund der zusätzlichen Risiken neben einer Zulassung als Kreditinstitut auch eine gesonderte Bewilligung nach Art. 54 ff. CSDR nötig. Das nationale Recht kann Besonderheiten (zB eine beschränkte Bankkonzession)[6] vorsehen.

III. Anwendbare Anforderungen

9 **1. Allgemeines.** Während der Betrieb eines DLT-MTF auf Wertpapierfirmen oder Marktbetreiber und der Betrieb von DLT-SS auf Zentralverwahrer eingeschränkt ist,[7] können DLT-TSS von allen **drei Arten von Marktteilnehmern** betrieben werden. Die bereits vorliegende Zulassung hat auch **Auswirkungen auf die Anforderungen:** Je nachdem, ob das DLT-TSS durch eine Wertpapierfirma/Marktbetreiber oder einen Zentralverwahrer betrieben wird, kommen entweder die Bestimmungen der MiFID II/MiFIR oder der CSDR unmittelbar zur Anwendung. Die Anforderungen des komplementären Regimes gelten jeweils „sinngemäß".[8] Da sich die Regulierung von Wertpapierfirmen/Marktbetreibern und Zentralverwahrern teilweise (zB bei den prudentiellen Anforderungen) überschneidet, sehen Abs. 1 und Abs. 2 punktuelle Ausnahmen von der Anwendung des komplementären Rechtsrahmens vor (→ Rn. 12, 15).

10 Die grundsätzlich **straffere Regulierung von Zentralverwahrern,** die systemrelevante Marktinfrastrukturen sind,[9] führt insgesamt zu einer strenge-

---

[6] Vgl. für Österreich: § 12 ZvVG.
[7] Möglich ist auch der Betrieb durch neue Marktteilnehmer mit der jeweiligen beschränkten Zulassung nach Art. 8 Abs. 2 oder Art. 9 Abs. 2.
[8] In der dt. Sprachversion unglücklich: „*entsprechend*"; in der engl. Sprachversion „*mutatis mutandis*".
[9] CPSS-IOSCO, Principles for Financial Market Infrastructures (2012), S. 12.

ren Regulierung von DLT-TSS, die durch einen Zentralverwahrer betrieben werden. Für neue Marktteilnehmer, die eine vollständige oder beschränkte (Art. 10 Abs. 2) Zulassung erst beantragen müssen, ergibt sich daraus uU eine **Möglichkeit zur Aufsichtsarbitrage.**[10]

2. Betrieb durch eine Wertpapierfirma oder einen Marktbetreiber 11
(Abs. 1 UAbs. 1). Für DLT-TSS, die von einer Wertpapierfirma oder einem Marktbetreiber betrieben werden, gelten – ebenso wie bei DLT-MTF (→ Art. 4 Rn. 11 f.) – alle **Anforderungen der MiFID II und MiFIR in Bezug auf MTF unmittelbar.** Das betrifft auch **nationale Umsetzungsnormen.**[11]

Zusätzlich kommen die Anforderungen der **CSDR sinngemäß** zur Anwendung. Davon sind auch Level-2 und Level-3 Maßnahmen erfasst, die auf Grundlage dieser Bestimmungen erlassen wurden. Generell **ausgenommen** sind die Bestimmungen der CSDR über 12

– Abwicklungsinternalisierer (Art. 9 CSDR),[12]
– das Zulassungsverfahren für Zentralverwahrer (Art. 16–18 CSDR),
– den Entzug der Zulassung (Art. 20 CSDR),
– bestimmte organisatorische Anforderungen inkl. der Verpflichtung zur Einrichtung eines Nutzerausschusses (Art. 26–28 CSDR),
– die Möglichkeit zur Erbringung von Kerndienstleistungen durch andere Einrichtungen aufgrund nationaler Vorgaben (Art. 31 CSDR) und
– bestimmte prudentielle Anforderungen inkl. der Anforderungen an das Eigenkapital (Art. 42–44 und 46–47 CSDR).

Die **prudentiellen Anforderungen** richten sich aufgrund der Ausnahmen und der notwendigen Zulassung als Marktbetreiber oder Wertpapierfirma primär nach der Systematik der MiFID II. Während für Marktbetreiber einige Anforderungen durch das nationale Recht festgelegt werden können,[13] gelten für Wertpapierfirmen die Vorgaben der **Investment Firm Directive (IFD)**[14] und **Investment Firm Regulation (IFR)**[15]. Bei Wertpapierfirmen, die (nur) ein DLT-TSS betreiben, wird es sich idR um sog. „**Klasse 2 Wertpapierfirmen**" handeln, weil sie Vermögenswerte verwahren und verwalten (Art. 12 iVm Art. 4 Abs. 1 Nr. 29 IFR).[16] 13

3. Betrieb durch einen Zentralverwahrer (Abs. 2 UAbs. 1). Für DLT-TSS, die von einem Zentralverwahrer betrieben werden, gelten – wie bei DLT-SS (→ Art. 5 Rn. 9) – die **Anforderungen der CSDR unmittelbar.** 14

---

[10] Priem, A DLT pilot regime: introducing a new type of financial market infrastructure, 26 f., abrufbar unter <https://ssrn.com/abstract=4286047>.
[11] Bei der von DLT-TSS betriebenen Handelsinfrastruktur handelt es sich – wie beim Betrieb eines DLT-MTF (→ Art. 4 Rn. 11) – tatbestandlich um ein multilaterales Handelssystem iSd MiFID II und der Umsetzungsnormen. Die Anwendbarkeit ergibt sich darüber hinaus klar aus der Systematik.
[12] ESMA Q&A zur DLT-Pilotregelung, ESMA70-460-189, Abschnitt 10, Frage 1 (Stand 2.6.2023).
[13] Art. 47 Abs. 1 lit. f MiFID II macht nur sehr allgemeine Vorgaben für die Kapitalausstattung, vgl. Veil in Veil, European Capital Markets Law, 3. Aufl. 2022, § 30 Rn. 8.
[14] RL (EU) 2019/2034.
[15] VO (EU) 2019/2033.
[16] Zu den unterschiedlichen Klassen von Wertpapierfirmen und den jeweiligen Anforderungen nach der IFR/IFD allgemein Blassl, Das neue Aufsichtsregime für Wertpapierinstitute WM 2021, 2413.

DLT-PR Art. 6

15 Zusätzlich kommen die **Anforderungen der MiFIR und MiFID II in Bezug auf MTF sinngemäß** zur Anwendung. Aus der Systematik muss auch hier geschlossen werden, dass sowohl Level-2 und Level-3 Maßnahmen als auch **nationale Umsetzungsbestimmungen** anzuwenden sind. Während die MiFIR umfassend gilt, gibt es einige generelle **Ausnahmen von der MiFID II.** Das betrifft:
- die Zulassungsverpflichtung und den Umfang der Zulassung (Art. 5–6 MiFID II),
- das Zulassungsverfahren für Wertpapierfirmen (Art. 7 MiFID II),
- den Entzug der Zulassung (Art. 8 MiFID II),
- die Anforderungen an das Leitungsorgan (Art. 9 MiFID II), sowie
- die Anforderungen bei qualifizierten Beteiligungen und dem Erwerb solcher Beteiligungen (Art. 10–13 MiFID II).

16 Die **prudentiellen Vorgaben** richten sich primär nach der **CSDR**. Die **IFR** und **IFD** sind vom Verweis nicht erfasst und mE **nicht anwendbar**, weshalb keine Ausnahmen notwendig sind.

IV. Ausnahmen

17 **1. Allgemeines.** Die Ausnahmebestimmungen nehmen auch bei DLT-TSS eine zentrale Rolle ein. Die Ausnahmen werden in Abs. 6 jedoch nicht eigenständig normiert: Die Bestimmung **verweist auf die Ausnahmen für DLT-MTF und DLT-SS.** Die **zusätzlichen Anforderungen** entsprechen ebenfalls jenen in Art. 4–5: Betreiber von DLT-TSS müssen (i) die allgemeinen Anforderungen an DLT-Marktinfrastrukturen nach Art. 7 und (ii) ausnahmespezifische Anforderungen erfüllen. Die Ausnahme muss (iii) in Bezug auf den Einsatz der DLT gerechtfertigt und verhältnismäßig sein und sich (iv) auf die jeweilige DLT-Marktinfrastruktur beschränken. Außerdem sind (v) durch die Behörde vorgeschriebene Ausgleichsmaßnahmen einzuhalten (ausführlich → Vor Art. 4–6 Rn. 8 ff.).

18 **2. Sinngemäße Anwendung der Ausnahmen nach Art. 4–5.** Die in Art. 4 und Art. 5 normierten Ausnahmen gelten nach Art. 6 Abs. 1 und 2, jeweils UAbs. 2, kraft Verweises grundsätzlich unmittelbar und mit demselben Inhalt (zu den einzelnen Ausnahmen → Art. 4 Rn. 13 ff. und → Art. 5 Rn. 10 ff.). Dass Art. 4 Abs. 5 und Art. 5 Abs. 11 die eigentlich bereits getroffene Anordnung wiederholen, aber von einer „sinngemäßen"[17] Geltung der Ausnahmen sprechen, könnte einen erweiterten **Auslegungsspielraum** indizieren, mit dessen Hilfe etwaigen Besonderheiten des DLT-TSS Rechnung getragen werden kann. Solche Besonderheiten können sich insbes. aus der kumulativen Anwendbarkeit der Ausnahmen ergeben.

19 Sowohl nach Art. 4 Abs. 2 als auch nach Art. 5 Abs. 5 besteht die Möglichkeit, eine **Ausnahme von der verpflichtenden Mediatisierung** zu beantragen und Kleinanlegern direkten Zugang zu gewähren. Die festgelegten Mindestanforderungen sind ähnlich, aber nicht deckungsgleich: Die notwendigen **Kenntnisse und Erfahrungen** (jeweils lit. b) beziehen sich bei DLT-MTF u. a. auf den Handel, bei DLT-SS auf die Abwicklung und Risikobewertung. Für den direkten Zugang zu einem DLT-TSS sind beide Anforderungen zu erfüllen, wobei mE der Betreiber in der Pflicht ist, die

---

[17] In der dt. Sprachversion unglücklich: „*entsprechend*"; in der engl. Sprachversion „*mutatis mutandis*".

Anforderungen an alle DLT-Marktinfrastrukturen **Art. 7 DLT-PR**

notwendigen Kenntnisse auf ein leistbares Ausmaß zu reduzieren (→ Art. 5 Rn. 32). Die Regelung für DLT-MTF schließt **bestimmte Dienstleister** (Art. 4 Abs. 2 lit. c–f) aus und gibt damit als engere Ausnahme den Anwendungsbereich vor. Die **Aufklärungspflicht und das Zustimmungserfordernis** (Art. 4 Abs. 2 lit. g und Art. 5 Abs. 5 lit. c) ist in Bezug auf Handels- *und* Nachhandelstätigkeiten zu erfüllen.[18] Theoretisch denkbar, wenngleich praktisch wohl nicht relevant, ist die Beschränkung des Zugangs bestimmter Teilnehmer bzw. Kunden auf Handels- *oder* Nachhandelstätigkeiten.

Artikel 7 Zusätzliche Anforderungen an DLT-Marktinfrastrukturen

(1) Betreiber von DLT-Marktinfrastrukturen erstellen klare und detaillierte Geschäftspläne, aus denen hervorgeht, wie sie ihre Dienstleistungen zu erbringen und ihre Tätigkeiten durchzuführen beabsichtigen, einschließlich einer Beschreibung der kritischen Mitarbeiter, der technischen Aspekte und des Einsatzes der Distributed-Ledger-Technologie sowie der gemäß Absatz 3 geforderten Informationen.

Betreiber von DLT-Marktinfrastrukturen machen darüber hinaus machen eine aktuelle, klare und detaillierte schriftliche Dokumentation öffentlich zugänglich, in der die Regeln festgelegt sind, nach denen die DLT-Marktinfrastrukturen betrieben werden und deren Betreiber agieren sollen, einschließlich der damit verbundenen rechtlichen Bedingungen, mit denen die Rechte, Pflichten, Verantwortlichkeiten und Haftung des Betreibers der DLT-Marktinfrastrukturen sowie der Mitglieder, Teilnehmer, Emittenten und Kunden, die ihre betreffenden DLT-Marktinfrastrukturen nutzen, festgelegt werden. In diesen rechtlichen Bedingungen werden das anwendbare Recht, etwaige vorprozessuale Streitbeilegungsverfahren, etwaige Insolvenzschutzmaßnahmen gemäß der Richtlinie 98/26/EG und die Gerichtsstände für den Rechtsweg festgelegt. Betreiber von DLT-Marktinfrastrukturen können ihre schriftliche Dokumentation in elektronischer Form zur Verfügung stellen.

(2) Betreiber von DLT-Marktinfrastrukturen legen Regeln für die Funktionsweise der von ihnen verwendeten Distributed-Ledger-Technologie fest bzw. dokumentieren diese, einschließlich Regeln für den Zugang zu dem Distributed Ledger, für die Beteiligung der validierenden Knotenpunkte, für den Umgang mit potenziellen Interessenkonflikten sowie für das Risikomanagement einschließlich etwaiger Maßnahmen zur Risikominderung, um Anlegerschutz, Marktintegrität und Finanzstabilität zu gewährleisten.

(3) Betreiber von DLT-Marktinfrastrukturen stellen ihren Mitgliedern, Teilnehmern, Emittenten und Kunden auf ihrer Website klare und unmissverständliche Informationen darüber zur Verfügung, wie die Betreiber ihre Funktionen, Dienstleistungen und Tätigkeiten ausüben und inwieweit diese Ausübung von Funktionen, Dienstleistungen und Tätigkeiten von denen abweicht, die von einem multilateralen Handelssystem oder Wertpapierliefer- und -abrechnungssystem ausgeübt werden, das nicht auf der Distributed-Ledger-Technologie beruht. Diese Informationen umfassen auch die Art der verwendeten Distributed-Ledger-Technologie.

---

[18] Zur korrigierenden Auslegung der Mindestanforderung bei DLT-SS → Art. 5 Rn. 33.

(4) Betreiber von DLT-Marktinfrastrukturen stellen sicher, dass die allgemeinen IT- und Cyber-Strukturen im Zusammenhang mit der Nutzung ihrer Distributed-Ledger-Technologie der Art, dem Umfang und der Komplexität ihres Geschäfts angemessen sind. Diese Strukturen gewährleisten die Kontinuität und kontinuierliche Transparenz, Verfügbarkeit, Zuverlässigkeit und Sicherheit ihrer Dienstleistungen und Tätigkeiten, unter anderem auch die Zuverlässigkeit der in der DLT-Marktinfrastruktur verwendeten intelligenten Verträgen. Diese Strukturen gewährleisten zudem die Integrität, Sicherheit und Vertraulichkeit der von diesen Betreibern gespeicherten Daten und gewährleisten, dass diese Daten verfügbar und zugänglich sind.

Betreiber von DLT-Marktinfrastrukturen verfügen über ein spezifisches Verfahren für das Management operationeller Risiken für die Risiken, die durch den Einsatz von Distributed-Ledger-Technologie und von Kryptowerten entstehen, und legen dar, wie diesen Risiken im Falle ihres Eintretens begegnet wird.

Um die Zuverlässigkeit der allgemeinen IT- und Cyber-Strukturen einer DLT-Marktinfrastruktur zu bewerten, kann die zuständige Behörde eine Prüfung dieser Strukturen verlangen. Verlangt die zuständige Behörde eine Prüfung, benennt sie einen unabhängigen Prüfer, der die Prüfung durchführt. Die Kosten der Prüfung werden von der DLT-Marktinfrastruktur getragen.

(5) Übernimmt der Betreiber einer DLT-Marktinfrastruktur die Verwahrung von Geldern, Sicherheiten und DLT-Finanzinstrumenten von Mitgliedern, Teilnehmern, Emittenten oder Kunden und stellt er die Mittel für den Zugang zu diesen Vermögenswerten, einschließlich in Form von kryptografischen Schlüsseln, sicher, so verfügt dieser Betreiber über angemessene Regelungen, um die Verwendung jener Vermögenswerte für eigene Rechnung des Betreibers zu verhindern, ohne dass eine ausdrückliche vorherige, schriftliche Zustimmung des betreffenden Teilnehmers, Mitglieds, Emittenten oder Kunden vorliegt, die auf elektronischem Wege erfolgen kann.

Betreiber einer DLT-Marktinfrastruktur führen sichere, genaue, zuverlässige und abrufbare Aufzeichnungen über die Gelder, Sicherheiten und DLT-Finanzinstrumente, die von ihrer DLT-Marktinfrastruktur für ihre Mitglieder, Teilnehmer, Emittenten oder Kunden gehalten werden, sowie über die Mittel für den Zugang zu diesen Geldern, Sicherheiten und DLT-Finanzinstrumenten.

Betreiber einer DLT-Marktinfrastruktur trennen die Gelder, Sicherheiten und DLT-Finanzinstrumente der Mitglieder, Teilnehmer, Emittenten oder Kunden, die ihre DLT-Marktinfrastruktur nutzen, und die Mittel für den Zugang zu diesen Vermögenswerten, von denen des Betreibers sowie von denjenigen anderer Mitglieder, Teilnehmer, Emittenten und Kunden.

Durch die in Absatz 4 genannten allgemeinen IT- und Cyber-Strukturen wird sichergestellt, dass diese Gelder, Sicherheiten und DLT-Finanzinstrumente, die von einer DLT-Marktinfrastruktur für ihre Mitglieder, Teilnehmer, Emittenten oder Kunden gehalten werden, sowie die Mittel für den Zugang zu diesen vor den Risiken eines unbefugten Zugriffs, eines Hackerangriffs, einer Werteinbuße, eines Verlusts, eines Cyber-Angriffs, eines Diebstahls, eines Betrugs, eines fahrlässigen Verhaltens und sonstiger schwerwiegender operativer Fehlfunktionen geschützt sind.

(6) Im Falle eines Verlusts von Geldern, eines Verlusts von Sicherheiten oder eines Verlusts eines DLT-Finanzinstruments haftet der Betreiber einer DLT-Marktinfrastruktur, der die Gelder, Sicherheiten oder DLT-Finanzinstrumente verloren hat, für den Verlust bis zum Marktwert des verlorenen Vermögenswerts. Der Betreiber der DLT-Marktinfrastruktur haftet nicht für den Verlust, wenn er nachweist, dass der Verlust auf ein externes Ereignis zurückzuführen ist, das sich seiner vernünftigen Kontrolle entzogen hat und dessen Folgen trotz aller zumutbaren Anstrengungen unvermeidbar waren.

Betreiber einer DLT-Marktinfrastruktur treffen transparente und angemessene Vorkehrungen, um den Anlegerschutz zu gewährleisten, und richten Mechanismen für die Behandlung von Kundenbeschwerden sowie Entschädigungs- und Abhilfeverfahren für den Fall von Verlusten für einen Anleger infolge eines der in Unterabsatz 1 dieses Absatzes genannten Umstände oder infolge der Einstellung der Geschäftstätigkeit aufgrund eines der Umstände gemäß Artikel 8 Absatz 13, Artikel 9 Absatz 11 und Artikel 10 Absatz 10 ein.

Um den Anlegerschutz zu gewährleisten, können eine zuständige Behörde im Einzelfall beschließen, vom Betreiber einer DLT-Marktinfrastruktur zusätzliche aufsichtsrechtliche Schutzvorkehrungen in Form von Eigenmitteln oder einer Versicherungspolice zu verlangen, wenn die zuständige Behörde feststellt, dass potenzielle Verbindlichkeiten aufgrund von Schäden, die Kunden des Betreibers der DLT-Marktinfrastruktur durch einen der in Unterabsatz 1 dieses Absatzes genannten Umstände entstanden sind, von den Aufsichtsanforderungen der Verordnung (EU) Nr. 909/2014, der Verordnung (EU) 2019/2033 des Europäischen Parlaments und des Rates (18), der Richtlinie 2014/65/EU oder der Richtlinie (EU) 2019/2034 des Europäischen Parlaments und des Rates (19) nicht angemessen abgedeckt werden.

(7) Ein Betreiber einer DLT-Marktinfrastruktur legt eine klare, detaillierte Strategie für die Einschränkung der Tätigkeit einer bestimmten DLT-Marktinfrastruktur oder für den Ausstieg aus einer bestimmten DLT-Marktinfrastruktur oder die Einstellung ihres Betriebs (im Folgenden „Übergangsstrategie"), einschließlich des Übergangs oder der Rückführung ihres Distributed-Ledger-Technologie-Betriebs zu traditionellen Marktinfrastrukturen, fest und macht diese öffentlich zugänglich für den Fall, dass

a) der in Artikel 3 Absatz 3 festgelegte Schwellenwert überschritten wurde;
b) eine gemäß dieser Verordnung erteilte besondere Genehmigung oder Ausnahme entzogen oder auf andere Weise beendet werden soll, auch wenn die besondere Genehmigung oder Ausnahme aufgrund eines der in Artikel 14 Absatz 2 vorgesehenen Ereignisse beendet wird, oder
c) der Betrieb der DLT-Marktinfrastruktur freiwillig oder unfreiwillig eingestellt wird.

Die Übergangsstrategie muss zeitnah umgesetzt werden können.

In der Übergangsstrategie ist dargelegt, wie Mitglieder, Teilnehmer, Emittenten und Kunden im Falle eines Entzugs oder einer Beendigung einer besonderen Genehmigung oder der Einstellung des Betriebs im Sinne von Unterabsatz 1 dieses Absatzes behandelt werden sollen. In der Übergangsstrategie wird festgelegt, wie Kunden, insbesondere Kleinanleger, vor unverhältnismäßigen Auswirkungen eines Entzugs oder einer

Beendigung einer besonderen Genehmigung oder der Einstellung des Betriebs zu schützen sind. Die Übergangsstrategie wird vorbehaltlich der vorherigen Genehmigung durch die zuständige Behörde laufend aktualisiert.

In der Übergangsstrategie wird festgelegt, was zu tun ist, wenn der in Artikel 3 Absatz 3 genannte Schwellenwert überschritten wird.

(8) Wertpapierfirmen oder Marktbetreiber, die nur zum Betrieb eines DLT-MTF gemäß Artikel 8 Absatz 2 der vorliegenden Verordnung zugelassen sind und die in ihren Übergangsstrategien nicht angeben, dass sie beabsichtigen, eine Zulassung für den Betrieb eines multilateralen Handelssystems gemäß der Richtlinie 2014/65/EU zu erhalten, sowie Zentralverwahrer, die ein DLT-TSS betreiben, bemühen sich nach besten Kräften, mit Wertpapierfirmen oder Marktbetreibern, die ein multilaterales Handelssystem gemäß der Richtlinie 2014/65/EU betreiben, Vereinbarungen zur Übernahme ihres Betriebs zu schließen, und beschreiben diese Regelungen in ihren Übergangsstrategien.

(9) Zentralverwahrer, die ein DLT-SS betreiben, die nur zum Betrieb eines DLT-SS gemäß Artikel 9 Absatz 2 der vorliegenden Verordnung zugelassen sind und die in ihren Übergangsstrategien nicht angeben, dass sie beabsichtigen, eine Genehmigung für den Betrieb eines Wertpapierliefer- und -abrechnungssystems gemäß der Verordnung (EU) Nr. 909/2014 zu erhalten, und Wertpapierfirmen oder Marktbetreiber, die ein DLT-TSS betreiben, bemühen sich nach besten Kräften, mit Zentralverwahrern, die ein Wertpapierliefer- und -abrechnungssystem betreiben, Vereinbarungen über die Übernahme ihres Betriebs zu schließen, und beschreiben diese Regelungen in ihren Übergangsstrategien.

Zentralverwahrer, die ein Wertpapierliefer- und -abrechnungssystem betreiben und einen Antrag auf Abschluss der in Unterabsatz 1 dieses Absatzes genannten Vereinbarungen erhalten, antworten innerhalb von drei Monaten nach Eingang des Antrags. Der Zentralverwahrer, der das Wertpapierliefer- und -abrechnungssystem betreibt, schließt die Vereinbarungen in diskriminierungsfreier Weise ab und kann eine angemessene Geschäftsgebühr auf der Grundlage der tatsächlichen Kosten in Rechnung stellen. Er lehnt einen solchen Antrag nur ab, wenn er der Auffassung ist, dass die Vereinbarung das reibungslose und ordnungsgemäße Funktionieren der Finanzmärkte beeinträchtigen oder ein Systemrisiko darstellen würden. Er lehnt einen Antrag nicht aufgrund möglicher Marktanteileinbußen ab. Lehnt er einen Antrag ab, unterrichtet er den Betreiber der DLT-Marktinfrastruktur, der den Antrag gestellt hat, schriftlich über seine Gründe.

(10) Die in den Absätzen 8 und 9 genannten Vereinbarungen müssen spätestens fünf Jahre ab dem Datum der Erteilung der besonderen Genehmigung in Kraft treten, oder zu einem früheren Zeitpunkt, wenn die zuständige Behörde dies verlangt, um einem Risiko einer vorzeitigen Beendigung der besonderen Genehmigung entgegenzuwirken.

Übersicht

	Rn.
I. Einführung	1
1. Literatur	1
2. Entstehung und Zweck der Norm	2
3. Normativer Kontext	4

	Rn.
II. Allgemeines	5
III. Geschäftsplan und weitere Dokumentationspflichten (Abs. 1–3)	7
1. Geschäftsplan (Abs. 1 UAbs. 1)	7
2. Regeln der DLT-Marktinfrastruktur und rechtliche Bedingungen (Abs. 1 UAbs. 2)	9
3. Informationen über die Funktionsweise, Dienstleistungen und Tätigkeiten der DLT-Marktinfrastruktur (Abs. 3)	13
4. Informationen über die Funktionsweise des verwendeten DLT-Systems (Abs. 2)	15
IV. IT- und Cyber-Strukturen (Abs. 4)	18
V. Verwahrung und Schutz des Kundenvermögens (Abs. 5)	24
1. Allgemeines	24
2. Keine Verwendung für eigene Rechnung	30
3. Führung der Aufzeichnungen	31
4. Trennung der Vermögenswerte	34
VI. Haftung und Maßnahmen zum Anleger- bzw. Kundenschutz (Abs. 6)	37
1. Haftung für den Verlust von Kundenvermögen	37
a) Allgemeines	37
b) Anwendungsbereich und Anspruchskonkurrenz	38
c) Haftungsvoraussetzungen, Haftungsausschluss und Beweislast	42
d) Haftungsbeschränkungen	46
e) Eigenmittelanforderungen und Versicherung von Schäden	47
2. Haftung des Betreibers aus anderem Anlass	48
3. Weitere Maßnahmen zum Anleger- bzw. Kundenschutz	49
VII. Übergangsstrategie (Abs. 7–10)	50
1. Allgemeines	50
2. Anwendungsfälle	51
3. Inhalt	52
4. Vereinbarungen mit anderen Marktinfrastrukturen	54

I. Einführung

1. Literatur. *Beck,* Die neue Haftung für Kryptoverwahrer gemäß Art. 75 Abs. 8 MiCAR, WM 2024, 425; *Dittrich/Heinelt,* Der Europäische DORA – neue Sicherheitsvorgaben für den Finanzsektor, RDi 2023, 164; *Ebner,* Finanzinstrumente auf der Blockchain: Die neue EU-Pilotregelung für DLT-Marktinfrastrukturen im Überblick, GesRZ 2022, 271; *Heinze,* Schadensersatz im Unionsprivatrecht, 2017; *Hirsch,* Blockchain and Information Security, in Artzt/Richter, Handbook of Blockchain Law, 2020, 77; *Iro,* Drittverwahrung von Wertpapieren: Regelungskonflikt zwischen §§ 29 ff. WAG und DepG? ÖBA 2009, 253; *Koziol,* Schadenersatz im Europäischen Privatrecht, in Remien, Schadensersatz im europäischen Privat- und Wirtschaftsrecht, 2012, 5; *Litten,* Mit dem DLT-Piloten in die Zukunft des digitalen Kapitalmarktaufsichtsrechts, BKR 2022, 551; *Maume/Kesper,* The EU DLT Pilot Regime for Digital Assets, ECLJ 2023, 118; *McCarthy,* Distributed ledger technology and financial market infrastructures: an EU pilot regulatory regime, CMLJ 2022, 288; *Priem,* A European distributed ledger technology pilot regime for market infrastructures, JFRC 2023, 371; *Škorjanc,* Digital Operational Resilience Act: Das neue IT-Sicherheitsrecht für den

1

DLT-PR Art. 7 DLT-Pilotregelung

Finanzsektor, ÖBA 2023, 658; *Zaccaroni,* Decentralized Finance and EU Law: The Regulation on a Pilot Regime for Market Infrastructures based on Distributed Ledger Technology, European Papers 2022, 601; *Zetzsche/Woxholth,* The DLT Sandbox under the Pilot-Regulation, CMLJ 2022, 212.

2 **2. Entstehung und Zweck der Norm.** Die Bestimmung bildet neben den Ausnahmebestimmungen (→ Vor Art. 4–6 Rn. 3) das zweite **Kernstück der DLT-PR** und normiert **allgemeine Anforderungen,** die alle Betreiber von DLT-Marktinfrastrukturen zusätzlich zu den Vorgaben der MiFID II/MiFIR bzw. CSDR einhalten müssen. Die Regelung in Art. 7 soll vor allem die **(neuartigen) Risiken der Nutzung der DLT** adressieren (siehe Erwgr. Nr. 38) und enthält einen umfangreichen Maßnahmenkatalog. Im Mittelpunkt steht die Erstellung eines Geschäftsplans *(„Business Plan Approach")*[1] samt ergänzender Dokumentations- und Informationspflichten (→ Rn. 7 ff.). Zusätzlich muss eine **Übergangsstrategie** erarbeitet werden, die im Fall der Einstellung, Einschränkung oder Umstellung des Betriebs der DLT-Marktinfrastruktur greift (→ Rn. 50 ff.). Darüber hinaus bestehen **ergänzende Anforderungen** in Bezug auf IT- und Cyberstrukturen (→ Rn. 18 ff.), den Schutz des Kundenvermögens (→ Rn. 24 ff.) und den Anleger- bzw. Kundenschutz (→ Rn. 37 ff.). Letztere beinhalten eine unionsrechtlich angeordnete **Haftung des Betreibers** für den Verlust von Kundenwerten.

3 Während des **Gesetzgebungsverfahrens** wurde Art. 7 punktuell angepasst. Wesentliche Änderungen betreffen u. a. die Möglichkeit des Einsatzes von *permissionless* DLT-Systemen und den **Kundenschutz:**

– Nach Art. 7 Abs. 2 müssen die Betreiber von DLT-Marktinfrastrukturen die Regeln für die Funktionsweise des eingesetzten DLT-Systems einschließlich der Regeln für den Zugang zum DLT-System und die Beteiligung der validierenden Knotenpunkte definieren. Der **Kommissionsentwurf** ging vom Einsatz eines *„proprietären"*[2] DLT-Systems aus und sah vor, dass der Betreiber der DLT-Marktinfrastruktur die Regeln *festzulegen* hat.[3] Nach der **Endfassung**[4] genügt dagegen auch die *Dokumentation* der Regeln. Das ermöglicht den Einsatz von Systemen, bei denen bestimmte Aspekte außerhalb der Einflusssphäre des Betreibers liegen (→ Rn. 16).[5]

– Erst während des Gesetzgebungsverfahrens hinzugekommen sind die **Haftung für den Verlust von Kundenwerten** sowie weitere **Vorkehrungen zur Gewährleistung des Anleger- und Kundenschutzes** in Art. 7 Abs. 6.[6] In der Endfassung trägt auch die Haftungsregelung durch einen Haftungsausschluss dem Umstand Rechnung, dass Betreiber bei Einsatz eines *permissionless* DLT-Systems nicht die vollständige Kontrolle über das System haben (→ Rn. 43).[7]

– Mit der Einführung einer beschränkten Zulassung (→ Art. 8–10 Rn. 10 ff.) wurden **ergänzende Regelungen für die Übergangsstrategie** in Abs. 8 und 9 aufgenommen, um den Übergang auf eine traditionelle

---

[1] Zetzsche/Woxholth CMLJ 2022, 212 (224 ff.).
[2] Vgl. Art. 7 Abs. 2 lit. c und Art. 8 Abs. 2 lit. c idF KOM(2020) 594 endg.
[3] Art. 6 Abs. 2 idF KOM(2020) 594 endg.
[4] Die neue Regelung wurde durch den vorläufigen Bericht des ECON vorgeschlagen, vgl. PE689.571v01-00, 73 f. (Abänderung 103).
[5] Siehe bereits Ebner GesRZ 2022, 271 (279 f.).
[6] Vgl. den vorläufigen Bericht des ECON, PE693.549v01-00, 33 (Abänderung 389).
[7] Ebner GesRZ 2022, 271 (280).

Infrastruktur auch dann sicherzustellen, wenn der Betreiber selbst keine solche betreibt (→ Rn. 54 ff.).[8]

3. Normativer Kontext. Die Regelung in Art. 7 hat nur teilweise (insbes. in Bezug auf den Schutz des Kundenvermögens) Regelungsvorbilder in MiFID II und CSDR. Die Erfüllung der allgemeinen Anforderungen nach Art. 7 ist Voraussetzung für die Gewährung von Ausnahmen nach Art. 4–6 (→ Vor Art. 4–6 Rn. 9). 4

II. Allgemeines

Die DLT-PR soll dezentrale Innovationen ermöglichen, aber gleichzeitig die (neuartigen) Risiken in Zusammenhang mit der Nutzung der DLT und der abweichenden Funktionsweise von DLT-Marktinfrastrukturen adressieren (Erwgr. Nr. 38). Um dies zu erreichen, ist Art. 7 durch eine **weitgehende Technologieneutralität** gekennzeichnet und lässt auch den Einsatz vollständig dezentralisierter DLT-Systeme zu, hält aber andererseits an der **Verantwortlichkeit eines regulierten Betreibers** fest. Im Vergleich zu traditionellen Ansätzen gewährt die Regelung ein hohes Maß an Flexibilität, zumal der Betreiber die Rollen der Mitglieder, Teilnehmer, Emittenten, Kunden und Knotenpunkte sehr frei gestalten kann.[9] Inhaltlich setzt die Regelung auf eine **Kombination von Maßnahmen** bestehend aus organisatorischen Vorkehrungen, Dokumentationspflichten, Informations- bzw. Publizitätspflichten und Haftungsregelungen. 5

Legistisch sind insbes. die unterschiedlichen **Dokumentations- und Informationspflichten gem. Abs. 1–3** nicht durchwegs geglückt, da sie **Überschneidungen** aufweisen und schwer voneinander abzugrenzen sind. Eine Orientierungshilfe bieten die von der ESMA veröffentlichten **Standardformulare**,[10] deren Systematik die folgende Darstellung folgt. Die ESMA verlangt auch eine Beschreibung der organisatorischen Vorkehrungen (Abs. 4–6) und der Übergangsstrategie (Abs. 7–10) im Antrag. Abweichend von der gesetzlichen Struktur können die Informationen in einem oder mehreren logisch gegliederten Dokumenten festgehalten und im Antrag darauf verwiesen werden.[11] 6

III. Geschäftsplan und weitere Dokumentationspflichten (Abs. 1–3)

1. Geschäftsplan (Abs. 1 UAbs. 1). Dreh- und Angelpunkt der Anforderungen ist ein detaillierter Geschäftsplan *(business plan)*, in dem der Betreiber die **Rahmenbedingungen für die Erbringung der Dienstleistungen und Tätigkeiten** definiert. Der Geschäftsplan wird durch weitere Dokumentationspflichten flankiert. Die Behörde prüft den Geschäftsplan und die zusätzlichen Unterlagen insbes. hinsichtlich der Risiken für den Anleger- 7

---

[8] Vgl. Art. 6 Abs. 6a DLT-PT-E idF des Berichts des ECON, A9-0240/2021 sowie Art. 6 Abs. 6a ff. DLT-PR-E idF der interinstitutionellen Einigung, PE703.109.
[9] Vgl. Zetzsche/Woxholth CMLJ 2022, 224 ff. Der Ansatz ist jedoch nicht gänzlich neu, da auch Betreiber traditioneller MI die Regeln ihrer Infrastruktur und ihrer Geschäftsbeziehungen festlegen, vgl. etwa Art. 43 CSDR oder Art. 53 MiFID II.
[10] Vgl. die Leitlinien ESMA70-460-213, Tabelle 2.
[11] Dabei wird es sich empfehlen, die nach Abs. 1 UAbs. 1 und Abs. 3 zu veröffentlichenden Informationen in separaten Dokumenten unterzubringen.

schutz, die Marktintegrität und die Finanzstabilität sowie in Bezug auf die Einhaltung der rechtlichen Anforderungen (→ Art. 8–10 Rn. 24 ff.).[12]

8   **In den Geschäftsplan aufzunehmen** sind nach Abs. 1 UAbs. 1 jedenfalls Beschreibungen (i) der kritischen Mitarbeiter,[13] (ii) der technischen Aspekte[14] und (iii) der Verwendung der DLT aus Nutzer- und Betreibersicht.[15] Die ESMA verlangt ergänzend (iv) Angaben zur Kundenzielgruppe.[16] Zusätzlich sind (v) die nach Abs. 3 geforderten Informationen über die Funktionsweise, die Dienstleistungen und die Tätigkeiten der DLT-Marktinfrastruktur samt der Abweichungen zu traditionellen Marktinfrastrukturen (→ Rn. 13 ff.) in den Geschäftsplan zu inkorporieren.

9   **2. Regeln der DLT-Marktinfrastruktur und rechtliche Bedingungen (Abs. 1 UAbs. 2).** Der Betreiber muss zusätzlich eine klare und detaillierte **schriftliche Dokumentation** mit den **Regeln der DLT-Marktinfrastruktur** erstellen, nach denen die jeweilige Infrastruktur betrieben wird und der Betreiber agiert. Das inkludiert insbes. die **rechtlichen Bedingungen** *(legal terms)*, in denen die Rechte, Pflichten, Verantwortlichkeiten und die Haftung des Betreibers, der Mitglieder, Teilnehmer, Emittenten und Kunden festgelegt sind. Die Dokumentation setzt voraus, dass der Betreiber entsprechende **Geschäftsbedingungen erstellt** und ggf. **Vereinbarungen abschließt**. Die Regeln ergeben sich insgesamt aus einem Zusammenspiel von Geschäftspolitik, technischen Aspekten (näher → Rn. 15 ff.) und rechtlichen Aspekten (→ Rn. 10 ff.).

10 Die **rechtlichen Bedingungen** können sich einerseits aus **gesetzlichen**, andererseits aus **privatautonomen Regelungen** ergeben. Letzteres setzt zumindest eine konkludente Vereinbarung mit den jeweiligen Betroffenen voraus.[17] In der Lit. wird vorgeschlagen, die Erteilung und Dokumentation der Zustimmung durch einen separaten Mechanismus sicherzustellen, bevor Marktteilnehmer mit dem DLT-System interagieren können.[18] Für die in Abs. 1 UAbs. 2 genannten **Mitglieder, Teilnehmer, Emittenten und Kunden** kann die Zustimmung problemlos in das ohnehin nötige Onboarding integriert werden. In Bezug auf (sonstige) Betreiber von **DLT-Netzwerkknoten**[19] (zB validierenden Knotenpunkten) ist eine Festlegung der *rechtlichen* Bedingungen mE nicht zwingend erforderlich, da diese nicht in Abs. 1 UAbs. 2 genannt werden.[20]

---

[12] Art. 8–10, jeweils Abs. 10 lit. a und c.
[13] Für jeden Bereich ist anzugeben, welche Mitarbeiter als kritisch angesehen werden und welche Rolle sie innehaben, vgl. die Leitlinien ESMA70-460-213, Tabelle 2.
[14] Die Angaben überschneiden sich mit den in Abs. 2 vorgesehenen Informationen über die Funktionsweise des verwendeten DLT-Systems.
[15] Vgl. die Leitlinien ESMA70-460-213, Tabelle 2.
[16] Vgl. die Leitlinien ESMA70-460-213, Tabelle 2.
[17] Die von Zetzsche/Woxholth CMLJ 2022, 212 (226) vorsichtig angedachte Geltung ohne Zustimmung wäre mit zivilrechtlichen Grundsätzen nicht vereinbar und kann mE ohne explizite Anordnung nicht angenommen werden.
[18] Zetzsche/Woxholth CMLJ 2022, 212 (226).
[19] Dabei handelt es sich nach Art. 2 Nr. 4 um Geräte oder Prozesse, die Teil des Netzwerks sind.
[20] Ob rechtlich durchsetzbare Vereinbarungen mit Betreibern von DLT-Netzwerkknoten erforderlich sind, bestimmt sich mE nach den Anforderungen an die Funktionsfähigkeit, Sicherheit und Integrität (vgl. etwa Art. 7 Abs. 4). Bei *permissioned* DLT-Systemen, die das Vertrauen in (einzelne) DLT-Netzwerkknoten voraussetzen, werden vertragliche Vereinbarungen mit den Betreibern dieser Knoten sinnvoll sein. Bei *permissionless* DLT-Systemen wird die Funktionsfähigkeit dagegen durch spieltheoretische Anreize im Rahmen des Kon-

Inhalt der rechtlichen Bedingungen sind die Rechte und Pflichten, die 11
Verantwortlichkeit und die Haftung (→ Rn. 38) des Betreibers sowie der
Mitglieder, Teilnehmer, Emittenten und Kunden, welche die Marktinfrastruktur nutzen. Jedenfalls aufzunehmen sind das anwendbare Recht, der
Gerichtsstand sowie ggf. vorprozessuale Streitbeilegungsmaßnahmen und Insolvenzschutzmaßnahmen nach der Finalitäts-RL. Die ESMA verlangt ergänzend Angaben zu den Teilnahmekriterien.[21] Die Erstellung der rechtlichen
Bedingungen muss in Einklang mit dem **unionsrechtlichen und nationalen Rechtsrahmen** erfolgen. Für die Rechte an Kundenwerten hat insbes.
das nationale Wertpapier- und Depotrecht Bedeutung (→ Art. 8–10 Rn. 26).

Für die schriftliche Dokumentation gilt eine **Veröffentlichungspflicht,** 12
die in elektronischer Form (zB Bereitstellung auf der Website) erfüllt werden
kann, sowie eine **Aktualisierungspflicht**[22]. Sind **wesentliche Änderungen**
geplant, ist dies mindestens 4 Monate im Vorhinein der zuständigen Behörde
anzuzeigen und kann ggf. eine neuerliche Genehmigung durch die Behörde
erfordern (Art. 11 Abs. 1 UAbs. 3–4).

3. Informationen über die Funktionsweise, Dienstleistungen und 13
Tätigkeiten der DLT-Marktinfrastruktur (Abs. 3). Nach Abs. 3 müssen
die Betreiber klare und unmissverständliche Informationen über die Funktionsweise, Dienstleistungen und Tätigkeiten der DLT-Marktinfrastruktur zur
Verfügung stellen. Die Anforderung ist primär als **Informationspflicht**
gegenüber den Nutzern der DLT-Marktinfrastruktur ausgestaltet
(Erwgr. Nr. 40) und sieht eine **Veröffentlichung auf der Website** des
Betreibers vor. Die Begründung ist mE, dass die Nutzer einen Teil der
(neuartigen) Risiken übernehmen,[23] für deren Beurteilung sie auf Informationen des Betreibers angewiesen sind. Eine Informationshaftung ordnet das
Unionsrecht nicht explizit an. Denkbar ist jedoch die **Haftung des Betreibers** gegenüber geschädigten Nutzern für unrichtige Informationen im Rahmen zivilrechtlicher Grundsätze.[24] Die Informationen sind zusätzlich in den
Geschäftsplan aufzunehmen (→ Rn. 8).

Die ESMA konkretisiert und erweitert den **Inhalt der Informationen** in 14
den Standardformularen.[25] Aufzunehmen sind

– die Art der gehandelten/abgewickelten **Finanzinstrumente,**
– die Art des **verwendeten DLT-Systems;** die ESMA unterscheidet zwischen *permissioned, permissionless, private* und *public* DLT-Systemen, vermischt in den Erläuterungen jedoch die Kriterien;[26]
– Angaben zu den für Kunden **erbrachten Dienstleistungen,**
– Angaben dazu, auf welche **Art und Weise** der Betreiber seine Funktionen,
Dienstleistungen und Tätigkeiten ausübt, sowie
– Angaben dazu, welche **Abweichungen** bei der Ausübung dieser Funktionen, Dienstleistungen und Tätigkeiten **im Vergleich zu traditionellen**

---

sensmechanismus sichergestellt, sodass auf eine vertragliche Vereinbarung verzichtet werden
kann.
[21] Vgl. die Leitlinien ESMA70-460-213, Tabelle 2.
[22] Arg.: „aktuelle [...] *Dokumentation*".
[23] Vgl. die Haftungsregelung in Art. 7 Abs. 6 (→ Rn. 43); siehe auch Art. 4 Abs. 2 lit. g
und Art. 5 Abs. 5 lit. c.
[24] Bei Mitgliedern, Teilnehmern, Emittenten und Kunden ist primär an eine vertragliche
Haftung zu denken (→ Rn. 48).
[25] Vgl. die Leitlinien ESMA70-460-213, Tabelle 2.
[26] Zur Bedeutung der Begriffe → Einf. Rn. 16 ff.

DLT-PR Art. 7

Marktinfrastrukturen bestehen; in Bezug auf die Abweichungen ist ggf. auch anzugeben, wie diese Unterschiede identifiziert wurden.

15 **4. Informationen über die Funktionsweise des verwendeten DLT-Systems (Abs. 2).** Nach Abs. 2 müssen die Betreiber die Regeln für die Funktionsweise des verwendeten DLT-Systems *festlegen* bzw. *dokumentieren.* Anders als Abs. 1 und Abs. 3 zielt die Verpflichtung primär auf die **technische Ebene** ab. Im Vordergrund steht nicht die Geschäftsbeziehung zu den Mitgliedern, Teilnehmern, Emittenten oder Kunden, sondern das Zusammenspiel der Netzwerkteilnehmer und die Möglichkeiten zur Interaktion mit dem DLT-System. Der Betreiber muss festhalten, wie die Funktionsfähigkeit des DLT-Systems sichergestellt und die Integrität gewährleistet, dh Manipulationen verhindert werden. Außerdem ist mE darzulegen, wie Nutzer technisch mit dem System interagieren (zB Transaktionen anstoßen).

16 Die explizite Unterscheidung zwischen *Festlegung* und *Dokumentation*[27] der Regeln ist Ausdruck der **Technologieneutralität** und ermöglicht den Einsatz unterschiedlicher DLT-Systeme.[28] Bei zugangsbeschränkten DLT-Systemen (sog. *permissioned* **DLT-Systemen**) hat der Betreiber idR ein hohes Maß an Kontrolle und kann auf technischer und rechtlicher Ebene *festlegen,* wer Zugang zum DLT-System hat und durch wen Transaktionen validiert werden. Bei vollständig dezentralisierten Systemen (sog. *permissionless* **DLT-Systemen**) ist es dagegen – va bei Verwendung bestehender Systeme – möglich, dass bestimmte Umstände ganz außerhalb der Einflusssphäre des Betreibers liegen und daher nur *dokumentiert* werden können.[29] Typischerweise hat der Betreiber bei *permissionless* DLT-Systemen auf alle Aspekte Einfluss, die durch **Smart Contracts** definiert werden, nicht jedoch auf den Konsensmechanismus, dh die Validierung von Transaktionen und sonstigen Änderungen auf *Layer 1.*

17 Der **Inhalt der Informationen** inkludiert nach Abs. 2 und den Standardformularen der ESMA[30] Informationen über:
- die Regeln für die **Funktionsweise** des DLT-Systems,
- die Regeln für den **Zugang** zum DLT-System,
- die Regeln für die **Beteiligung validierender Knotenpunkte,**
- die **Validierung von Transaktionen** mit DLT-Finanzinstrumenten,
- die Regeln für die Erkennung von **Interessenkonflikten** und den Umgang damit,[31]
- die Regeln für das **Risikomanagement,** einschließlich etwaiger Maßnahmen zur Risikominderung in Bezug auf Anlegerschutz, Marktintegrität und Finanzstabilität und
- ggf. sonstige relevante Informationen.

---

[27] Zur Entstehung → Rn. 3.
[28] Vgl. zu diesem Ziel Erwgr. Nr. 9.
[29] Siehe bereits Ebner GesRZ 2022, 271 (279 f.).
[30] Vgl. die Leitlinien ESMA70-460-213, Tabelle 2.
[31] In Bezug auf DLT-Netzwerkknoten ist dies mE va für *permissioned* DLT-Systeme relevant, bei denen Vertrauen in (einzelne) Netzwerkteilnehmer notwendig ist.

IV. IT- und Cyber-Strukturen (Abs. 4)

Die **IKT-Sicherheit**[32] ist beim Betrieb von DLT-Marktinfrastrukturen aufgrund der Verwendung von Smart Contracts (→ Rn. 21), dem Risiko von Hackerangriffen[33] und der stark technologischen Ausrichtung des Geschäftsmodells von besonderer Bedeutung. Die Regelungen in Abs. 4 zielen speziell auf das mit der **DLT und DLT-Finanzinstrumenten**[34] verbundene Risiko (Erwgr. Nr. 41). Nach Abs. 4 müssen die Betreiber in Bezug auf die DLT über angemessene IT- und Cyberstrukturen sowie spezifische Risikomanagementverfahren für operationelle Risiken verfügen. Die Regelungen bilden jedoch nur einen Teil der **Anforderungen im Bereich der IKT-Sicherheit** und ergänzen den allgemeinen Rahmen:[35] 18

– **Zentralverwahrer** unterliegen den organisatorischen Anforderungen nach Art. 42 ff. CSDR, die bei den operationellen Risiken zahlreiche Vorgaben für die IKT-Sicherheit machen, sowie Art. 75 DelVO (EU) 2017/392 über IT-Systeme.

– Für **Wertpapierfirmen und Marktbetreiber** gelten die organisatorischen Anforderungen der DelVO (EU) 2017/565,[36] die Anforderungen zum Schutz des Kundenvermögens der DelVO (EU) 2017/593, ggf. die Anforderungen der DelVO (EU) 2017/584 in Bezug auf Handelsplätze sowie nationale und verwaltungsbehördliche Vorgaben.[37]

– Die kritische Infrastruktur, worunter auch bestimmte Banken und Finanzmarktinfrastrukturen fallen können, wird von der NIS-RL[38] und künftig von der NIS-2-RL[39] erfasst.

– Mit 17.1.2025 gilt außerdem der **Digital Operational Resilience Act (DORA)**[40] als unmittelbar anwendbare EU-Verordnung speziell **für Finanzinstitute**.[41]

Die in Abs. 4 angesprochenen **IT- und Cyberstrukturen iZm der Nutzung der DLT** beziehen sich einerseits auf das von der DLT-Marktinfrastruktur konkret **eingesetzte DLT-System**,[42] andererseits auf die **konkrete Tätigkeit**. Die Strukturen können sich dementsprechend je nach Marktinfrastruktur unterscheiden und müssen der Art, dem Umfang und der Komplexität des Geschäfts angemessen sein. Damit wird das Prinzip der **Proportionalität** betont. Exemplarisch ist anzuführen, dass DLT-MTF, welche die DLT nicht für das Handelssystem einsetzen (→ Art. 4 Rn. 8), geringere technologiespezifische Risiken aufweisen als andere DLT-Marktinfrastrukturen. 19

---

[32] Sicherheit von Informations- und Kommunikationstechnologien (IKT).
[33] Maume/Kesper ECLJ 2023, 118 (124 f.).
[34] Vgl. die Leitlinien ESMA70-460-213, Tabelle 2.
[35] Zu den bestehenden Vorgaben insbes. Škorjanc ÖBA 2023, 658 (658 ff.).
[36] Vgl. insbes. Art. 21 Abs. 2 f. DelVO (EU) 2017/565.
[37] Vgl. in Deutschland: BaFin Rundschreiben Mindestanforderungen an das Risikomanagement (MaRisk), BaFin Rundschreiben Bankaufsichtliche Anforderungen an die IT (BAIT); in Österreich: FMA-Leitfaden für IT-Sicherheit in Wertpapierfirmen und Wertpapierdienstleistungsunternehmen sowie FMA-Leitfaden für IT-Sicherheit in Banken, abrufbar unter <https://www.fma.gv.at/fma/fma-leitfaeden/> (abgerufen am 4.2.2024).
[38] RL (EU) 2016/1148.
[39] RL (EU) 2022/2555.
[40] VO (EU) 2022/2554; dazu Škorjanc ÖBA 2023, 658; Dittrich/Heinelt RDi 2023, 164.
[41] Das sind u. a. Wertpapierfirmen, Handelsplätze, Zentralverwahrer und IKT-Drittdienstleister, vgl. Art. 2 Abs. 1 DORA.
[42] Arg.: „*ihrer Distributed-Ledger-Technologie*" (Hervorhebung durch den Autor).

DLT-PR Art. 7   DLT-Pilotregelung

20   Die eingerichteten IT- und Cyberstrukturen sollen
- die Kontinuität, *„kontinuierliche Transparenz"*,[43] Verfügbarkeit, Zuverlässigkeit und Sicherheit der **Dienstleistungen und Tätigkeiten** sicherstellen, und
- die Integrität, Sicherheit und Vertraulichkeit der **Daten** gewährleisten und sicherstellen, dass diese verfügbar und zugänglich bleiben.[44]

DLT-Marktinfrastrukturen müssen außerdem über spezielle **Risikomanagementverfahren** verfügen, die operationelle Risiken durch den Einsatz der DLT und von DLT-Finanzinstrumenten adressieren und konkret darlegen, wie den Risiken im Fall des Eintretens begegnet wird (**Notfallplan**, Abs. 4 UAbs. 2). Die **Standardformulare der ESMA** konkretisieren idZ die Anforderungen weiter und sehen Angaben zu den **Strukturen und Kontrollverfahren in sechs Teilbereichen** vor.[45]

21   Ein archimedischer Punkt für die Tätigkeiten der DLT-Marktinfrastrukturen sind die explizit erwähnten **Smart Contracts**,[46] mit denen die meisten Prozesse abgebildet werden. Da sie – einmal in Gang gesetzt – grundsätzlich selbstausführend sind, können Fehler ohne Sicherheitsvorkehrungen enorme Konsequenzen haben.[47] Hier wird insbes. auf eine sorgfältige Programmierung durch geeignete Personen, ausreichende Tests, eine laufende Überprüfung auf Sicherheitslücken sowie entsprechende Notfallmaßnahmen zu achten sein.

22   Das zweite große Risiko liegt im **Verlust verwahrter Kundenwerte bzw. Zugangsmittel (insbes.** *private keys*). Potenzielle Risiken entstehen va durch Hacker-Angriffe, Betrugsversuche und sonstigen unbefugten Zugriff,[48] aber auch durch operative Fehlfunktionen oder fahrlässiges Verhalten des Betreibers oder der Nutzer (zB verlorene *private keys*, Transaktionen an falsche Adressen).[49] Die **IT- und Cyberstrukturen** müssen die Kundenwerte nach **Abs. 5 UAbs. 4** bestmöglich schützen. Marktstandard bei Handelsplattformen für Kryptowerte iSd MiCAR ist idZ die Verwahrung der *private keys* für große Positionen mithilfe sog. Cold Wallets (→ Einf. Rn. 25), die keine Verbindung zum Internet haben. Dabei besteht allerdings ein struktureller Unterschied zu DLT-Marktinfrastrukturen nach der DLT-PR: Handelsplattformen für Kryptowerte wickeln Transaktionen idR *„off chain"* ab, sodass Transaktionen auf den DLT-Systemen nur bei Ein- und Auszahlungen nötig sind. *Private keys* für nicht bewegte Kryptowerte können unproblematisch in Cold Wallets verbleiben. DLT-SS und DLT-TSS sind dagegen auf die Abwicklung von Transaktionen *„on chain"* ausgelegt, wofür der *private key* benötigt wird. Jedenfalls sind entsprechende Maßnahmen zu treffen, um

---

[43] Art. 7 Abs. 4 S. 2; das Kriterium bleibt im Detail unklar, da die Formulierung – soweit ersichtlich – nicht in anderen Rechtsakten zur IKT-Sicherheit verwendet wird.
[44] Dabei handelt es sich um anerkannte Schutzziele der Informationssicherheit; vgl. dazu Kipker Rechts-HdB Cybersecurity/Sohr/Kemmerich Kapitel 2 Rn. 6 ff.
[45] Vgl. die Leitlinien ESMA70-460-213, Tabelle 2.
[46] Dabei handelt es sich um Computerprogramme, die auf dem DLT-System ausgeführt werden (→ Einf. Rn. 65). Die deutsche Übersetzung mit *„intelligenten Verträgen"* ist unglücklich gewählt.
[47] Zum bekannten Fehler im Smart Contract von „The DAO", durch den beinahe mehrere Mio. USD verloren gingen, statt vieler Mann, Die Decentralized Autonomous Organization – ein neuer Gesellschaftstyp? NZG 2017, 1014 (1015 f.).
[48] Vgl. etwa den jährlichen Crypto Crime Report von Chainalysis, abrufbar unter <https://chainalysis.com>.
[49] Ausf. Artzt/Richter, Handbook of Blockchain Law/Hirsch Chapter 2.

gespeicherte *private keys* bestmöglich vor unberechtigten Zugriffen zu schützen. Zu denken ist weiter an IT-Sicherheitsvorkehrungen zur Verhinderung von Fehlüberweisungen sowie zur Wiederherstellung verlorener Assets bzw. *private keys*.[50]

Da einerseits die IKT-Sicherheit bei DLT-Marktinfrastrukturen besondere Bedeutung hat und andererseits die Bewertung der IT- und Cyberstrukturen sehr spezielles Know-How verlangt, kann die Behörde einen **unabhängigen Prüfer** zur Bewertung der **Zuverlässigkeit der IT- und Cyberstrukturen** bestellen, der über entsprechenden Sachverstand verfügt. Die **Kosten** sind von der DLT-Marktinfrastruktur zu tragen. 23

V. Verwahrung und Schutz des Kundenvermögens (Abs. 5)

1. Allgemeines. Verwahrt die DLT-Marktinfrastruktur Gelder, Sicherheiten oder DLT-Finanzinstrumente, sind bestimmte Maßnahmen zum Schutz des Kundenvermögens zu treffen. Die angeordneten Maßnahmen konkretisieren und ergänzen wiederum allgemeine Vorschriften: 24

- Für **Wertpapierfirmen isd MiFID II** gelten die Vorgaben des Art. 16 MiFID II und die detaillierten Regelungen der DelVO (EU) 2017/593 zum Schutz von Finanzinstrumenten und Kundengeldern bzw. die jeweilige nationale Umsetzung. Daneben gibt es idR behördliche Vorgaben.[51]
- **Zentralverwahrer** müssen die Anforderungen der CSDR (insbes. Art. 38)[52] erfüllen, wobei teilw. ebenfalls behördliche Vorgaben bestehen.[53]
- **Betreiber von DLT-TSS** haben – da in Art. 6 Abs. 1 f. keine Ausnahme enthalten ist – grds. alle diese Bestimmungen einzuhalten.

Zu beachten ist, dass Betreiber von DLT-SS und DLT-TSS nach Art. 5 Abs. 2 unter bestimmten Voraussetzungen eine Ausnahme von Art. 38 CSDR (→ Art. 5 Rn. 15) beantragen können. Davon abgesehen sind etwaige **Normenkonflikte** mE im Zweifel zu Gunsten des Art. 7 Abs. 5 als speziellere Norm aufzulösen. Eine vollständige Verdrängung der allgemeinen Normen durch Art. 7 Abs. 5 als *lex specialis* kommt dagegen nicht in Betracht, da die in Art. 5 Abs. 2 vorgesehene Ausnahme für Art. 38 CSDR dann keinen Anwendungsbereich hätte.

Abs. 5 orientiert sich an **zwei tradierten Vorgaben** aus der CSDR bzw. MiFID II/DelVO (EU) 2017/593: 25

1. Zum Schutz vor dem Verlust von Kundenwerten ist dem Betreiber einerseits die **Verwendung des Kundenvermögens für eigene Rechnung** ohne Zustimmung verboten. Die Einhaltung des Verbots ist durch organisatorische Maßnahmen abzusichern.

---

[50] Transaktionen an unbekannte Adressen können bei entsprechender Ausgestaltung der Smart Contracts durch ein „Whitelisting" verhindert werden. Die Wiederherstellung verlorener Assets ist möglich, wenn die Kunden identifiziert sind und die Smart Contracts entsprechend programmiert werden. Vgl. dazu den ERC3643 Token Standard (vormals T-Rex Protokoll von Tokeny), abrufbar unter <https://tokeny.com/erc3643-whitepaper/>.
[51] Vgl. in Deutschland BaFin Rundschreiben Mindestanforderungen an die ordnungsgemäße Erbringung des Depotgeschäfts und den Schutz von Kundenfinanzinstrumenten für Wertpapierdienstleistungsunternehmen (MaDepot); dazu Kümpel/Mülbert/Früh/Seyfried, Bank-/KapMarktR/Bauer Rn. 18.181 ff.
[52] Siehe auch Art. 26 DelVO (EU) 2017/392.
[53] Vgl. in Deutschland die Depotbekanntmachung; dazu Kümpel/Mülbert/Früh/Seyfried, Bank-/KapMarktR/Bauer Rn. 18.162 ff.

2. Um zu verhindern, dass Gläubiger des Verwahrers oder eines anderen Kunden auf das Kundenvermögen greifen, müssen andererseits Aufzeichnungen geführt werden, die eine **Trennung des Vermögens** jedes Kunden vom eigenen Vermögen des Verwahrers und vom Vermögen anderer Kunden erlauben. Damit bereitet das Aufsichtsrecht die **Grundlage für den Insolvenz- und Vollstreckungsschutz**, der durch das nationale Recht zu gewährleisten ist (→ Rn. 34).

Für Abs. 5 gelten jedoch **zahlreiche Besonderheiten**, welche die Regelung insgesamt schwer zugänglich machen:

26 • Abs. 5 bezieht sich nach dem Wortlaut auf Gelder, Sicherheiten und DLT-Finanzinstrumente und übersieht dabei, dass aufgrund der Möglichkeit zur nachträglichen Tokenisierung (→ Art. 18 Rn. 7 f.) auch **Finanzinstrumente in traditioneller Form** relevant sind. Diese werden bei der nachträglichen Tokenisierung durch DLT-SS oder DLT-TSS erstmalig als DLT-Finanzinstrumente auf dem DLT-System erfasst und müssen dafür – gleich wie Wertpapierurkunden bei einem traditionellen CSD – immobilisiert werden *("safekeeping")*. Entgegen dem Wortlaut des Art. 2 Nr. 7 spricht die Systematik der DLT-PR (→ Art. 18 Rn. 7 f.)[54] mE dafür, dass DLT-SS und DLT-TSS traditionelle Finanzinstrumente selbst aufbewahren dürfen, zumal sie die Anforderungen der CSDR erfüllen.

27 • Die Verwaltung von **Geldern** wird bei traditionellen Marktinfrastrukturen idR durch Kreditinstitute bzw. Zentralbanken übernommen.[55] Bei DLT-MI hat sie dagegen eine erweiterte Bedeutung, da **tokenisierte Geldmittel einer Verwahrung ieS zugänglich** sind.[56]

28 • Abs. 5 adressiert aufgrund der technologiespezifischen Besonderheiten auch die **Mittel für den Zugang** zu den Vermögenswerten, insbes. *private keys*.[57] Die Anforderung ist vor dem Hintergrund zu sehen, dass tokenisierte Werte keine bloßen Buchpositionen sind, die vom Betreiber stets korrigiert werden können, sondern digitale Assets, auf die grds. nur mit dem *private key* zugegriffen werden kann. Den Zugangsmitteln kommt daher entscheidende Bedeutung für die sichere Aufbewahrung und den Ausschluss unberechtigter Zugriffe zu.

29 • Die CSDR und DelVO (EU) 2017/593 stellen primär darauf ab, dass der Dienstleister interne Aufzeichnungen führt, anhand derer die verwahrten Vermögenswerte zugeordnet werden können. Die Anordnung in Abs. 5 differenziert dagegen nicht zwischen der Trennung in den Aufzeichnungen und der **getrennten Aufbewahrung der Vermögenswerte selbst**, wodurch sich Auslegungsfragen ergeben (→ Rn. 36).

30 **2. Keine Verwendung für eigene Rechnung.** Nach Abs. 5 UAbs. 1 muss der Betreiber durch angemessene Regelungen sicherstellen, dass fremdes Vermögen **nicht für eigene Rechnung verwendet** wird, es sei denn, es

---

[54] Siehe bereits Ebner GesRZ 2022, 271 (280 f.).
[55] Zentralverwahrer können im Rahmen der Erbringung bankartiger Nebendienstleistungen auch Geldkonten führen, wenn sie eine entsprechende Zulassung besitzen und die Genehmigung nach Titel IV CSDR erhalten.
[56] Für die Abwicklung in CBDC, tokenisiertem Geschäftsbankengeld oder E-Geld-Token gelten die modifizierten Vorgaben nach Art. 40 CSDR iVm Art. 5 Abs. 8 DLT-PR (→ Art. 5 Rn. 48 ff.).
[57] Vgl. Erwgr. Nr. 42. Ebenso dazu zählen andere Mittel, mit denen der Zugang erlangt oder wiederhergestellt werden kann, zB sog. *seed phrases*.

liegt eine **ausdrückliche Zustimmung** vor. Die Anforderung findet sich allgemein bereits in Art. 16 Abs. 8 MiFID II und Art. 38 Abs. 7 CSDR. Die Zustimmung kann auf elektronischem Weg erteilt werden und wird durch Art. 5 DelVO (EU) 2017/593 näher konkretisiert.

3. Führung der Aufzeichnungen. Nach Abs. 5 UAbs. 2 muss der Betreiber sichere, genaue, zuverlässige und „*abrufbare*"[58] **Aufzeichnungen** über (i) die **verwahrten Vermögenswerte** und (ii) die **Zugangsmittel** führen. Die Verpflichtung betrifft grds. alle Vermögenswerte, dh Finanzinstrumente, Sicherheiten und Gelder in tokenisierter und nicht-tokenisierter Form (→ Rn. 26 f.). 31

Die **Aufzeichnungen über die verwahrten Vermögenswerte** sind idR funktional mit der Führung von Depotkonten vergleichbar.[59] Da die Pilotregelung den Einsatz der DLT für das Settlement ermöglichen soll,[60] hat sie dabei – anders als die MiCAR – allerdings die Führung der Aufzeichnungen „*on-chain*" **auf dem DLT-System** vor Augen. Das zeigt sich konkret an Art. 5 Abs. 2: Die Bestimmung sieht – weil es in DLT-Systemen uU keine „Depotkonten" iSd CSDR gibt – in Bezug auf die Kontoführung für die Teilnehmer nach Art. 38 CSDR eine Ausnahme vor.[61] Außerdem geht Art. 5 Abs. 2 lit. b ii) betreffend die Gewährleistung der Integrität der Emission davon aus, dass nicht nur die Gesamtemission, sondern auch die einzelnen, den Kunden zugeordneten DLT-Finanzinstrumente auf dem DLT-System verzeichnet sind. Anders formuliert: Die bei einer traditionellen Marktinfrastruktur geführten Depotkonten werden durch **Adressen bzw. *public keys* der Kunden** auf dem eingesetzten DLT-System ersetzt, die auf den Depotkonten verbuchten Wertpapiere in Form eines Bucheintrags durch **DLT-Finanzinstrumente,** die den Kundenadressen zugeordnet sind.[62] 32

Die **Aufzeichnungen über die Zugangsmittel** werden dagegen „*off-chain*" geführt: *Private keys* werden nicht auf dem DLT-System, sondern in *wallets* gespeichert und müssen durch entsprechende Vorkehrungen, einschließlich entsprechender **IT- und Cyberstrukturen (Abs. 5 UAbs. 4),** vor fremden Zugriffen geschützt werden (näher → Rn. 22). 33

4. Trennung der Vermögenswerte. Mit der Verpflichtung zur Trennung der Vermögenswerte legt das Aufsichtsrecht vorrangig[63] die **Grundlage für den Insolvenz- und Vollstreckungsschutz,** der durch das nationale Recht zu gewährleisten ist. Das europäische Aufsichtsrecht geht dabei von einer **Relevanz der Vermögenstrennung** aus und macht Mindestvorgaben. Unter welchen konkreten Voraussetzungen Insolvenz- und Vollstreckungsschutz besteht, richtet sich jedoch letztendlich nach dem anwendbaren **nationalen Recht.** Privatrechtliche Grundlage für die Ausscheidung aus der Insolvenzmasse bzw. den Vollstreckungsschutz kann je nach Fall und Rechtsordnung u. a. eine dingliche Berechtigung[64] oder ein Treuhandver- 34

---

[58] Vgl. auch in Abs. 4: „Verfügbarkeit und Zugänglichkeit" von Daten.
[59] Das gilt zumindest in Bezug auf DLT-Finanzinstrumente und Sicherheiten.
[60] Vgl. Erwgr. Nr. 4.
[61] Vgl. auch Erwgr. Nr. 30.
[62] Siehe auch → Art. 18 Rn. 7 f.
[63] Vgl. für die Regelung in der MiFID II Brandl/Saria/Zahradnik WAG 2018 § 38 Rn. 8.
[64] In Deutschland gelten auch elektronische Wertpapiere iSd eWpG als Sachen iSd § 90 BGB (§ 2 Abs. 3 eWpG).

DLT-PR Art. 7   DLT-Pilotregelung

hältnis[65] sein. Ein höherer Trennungsgrad führt dabei nicht zwingend zu einem besseren Schutz; insbes. ist häufig bereits die Trennung von Eigen- und Fremdvermögen ausreichend.[66]

35 In Bezug auf den aufsichtsrechtlich vorgeschriebenen „**Trennungsgrad**" ist es hilfreich, im Ausgangspunkt gedanklich zwischen der Aufbewahrung der Vermögenswerte *(„safekeeping")* und der Führung der Aufzeichnungen über die verwahrten Vermögenswerte zu unterscheiden. Das Konzept der CSDR und DelVO (EU) 2017/593 sieht vor, dass der Rechtsträger interne Aufzeichnungen und Konten führt, die es ihm ermöglichen, in diesen Konten die Vermögenswerte eines Teilnehmers oder Kunden von denjenigen jedes anderen Teilnehmers oder Kunden und ggf. von den eigenen Vermögenswerten zu trennen (**Kontentrennung**). Die Kontentrennung ist nicht gleichbedeutend mit der getrennten Aufbewahrung der hinterlegten Vermögenswerte im Sinne einer Sonderverwahrung;[67] diese ist nicht zwingend und findet bei traditionellen Infrastrukturen nur selten statt. Werden Finanzinstrumente einem Drittverwahrer übergeben, muss allerdings in den Konten des Drittverwahrers zumindest eine Trennung zwischen den Eigen- und Fremdbeständen des Verwahrers erfolgen, dh der Verwahrer hält die Kundenwerte auf einem Sammeldepot des Drittverwahrers getrennt vom Depot für seine eigenen Werte (**Omnibus-Kunden-Kontentrennung**).[68] Die Führung getrennter Depots für jeden Kunden des Verwahrers auch beim Drittverwahrer (**Einzelkunden-Kontentrennung**)[69] ist möglich, aber nicht verpflichtend. Vergleichbares gilt für Gelder, die über Konten von Kreditinstituten verwaltet werden.[70]

36 Die Bestimmung in Abs. 5 UAbs. 3 differenziert insofern nicht und spricht von einer Trennung aller Gelder, Sicherheiten und DLT-Finanzinstrumente sowie der Mittel für den Zugang für alle Mitglieder, Teilnehmer, Emittenten oder Kunden, welche die DLT-Marktinfrastruktur nutzen. Dadurch ergeben sich **Auslegungsfragen:**

– Bei **DLT-Finanzinstrumenten und tokenisierten Geldern** entspricht die Zuweisung der Werte zu Adressen auf dem DLT-System funktional der Führung von Depotkonten und damit den internen Aufzeichnungen der DLT-Marktinfrastruktur (→ Rn. 32). Das spricht dafür, dass für diese Werte eine **Einzelkundentrennung** *„on chain"* notwendig ist.[71] Nach der expliziten Anordnung in Abs. 5 UAbs. 3 sind grds. auch die **Zugangsmittel** (insbes. *private keys*) auf Einzelkundenbasis zu trennen. Technisch wäre auch eine Kombination aus einem *private key* und mehreren Adressen möglich.

– In Bezug auf Assets, die zum Zweck der nachträglichen Tokenisierung bei einer DLT-Marktinfrastruktur eingeliefert und „immobilisiert" werden *(„safekeeping")*, spricht dagegen die Systematik eher dafür, dass keine

---

[65] Vgl. zum persönlichen Recht auf Aussonderung ausf. Spitzer, Das persönliche Recht auf Aussonderung, 2017, S. 57 ff.
[66] Scherer/Behrends DepotG/Kollik Anhang zu § 5: Länderbericht Österreich Rn. 49 ff.
[67] Vgl. Scherer/Behrends DepotG/Kollik Anhang zu § 5: Länderbericht Österreich Rn. 48.
[68] Vgl. Art. 2 Abs. 1 lit. d DelVO (EU) 2017/593 aus der Sicht des untergeordneten Verwahrers und spiegelbildlich Art. 38 Abs. 2 und 3 CSDR aus Sicht des übergeordneten Zentralverwahrers.
[69] Vgl. Art. 38 Abs. 4 CSDR.
[70] Art. 2 Abs. 1 lit. e DelVO (EU) 2017/593.
[71] Darin liegt ein wesentlicher Unterschied zu Art. 75 Abs. 7 MiCAR.

gesonderte Aufbewahrung nötig ist. Damit wäre die DLT-PR für die Einlieferung elektronischer Wertpapiere iSd eWpG durch **Sammeleintragung** anschlussfähig. Tokenisierte Assets, die bei einer DLT-Marktinfrastruktur immobilisiert werden, könnten ggf. auf einer Sammeladresse in einer „*cold wallet*" gehalten werden. Die Parallelregelung des Art. 75 Abs. 7 MiCAR verlangt allerdings zumindest eine Trennung zwischen Eigen- und Fremdvermögen „*auf dem Distributed Ledger*".

– Die **Drittverwahrung** wird von Art. 5 Abs. 3 nicht explizit angesprochen, weshalb mE die allgemeinen Regeln gelten. In den Büchern eines etwaigen Drittverwahrers sind daher zumindest Eigen- und Fremdbestände zu trennen.

VI. Haftung und Maßnahmen zum Anleger- bzw. Kundenschutz (Abs. 6)

1. Haftung für den Verlust von Kundenvermögen. a) Allgemeines. 37
Die Haftung nach Abs. 6 bringt eine Fülle an Auslegungsfragen mit sich: Das Unionsrecht kennt weder allgemeine Regelungen zum Schadenersatzrecht noch ein kohärentes haftungsrechtliches Gesamtkonzept.[72] Haftungsregelungen müssen daher anhand der konkreten Bestimmungen und des Normzwecks ausgelegt werden. Die autonome Anordnung einer zivilrechtlichen Haftung direkt durch eine **unmittelbar anwendbare EU-Verordnung** ist zudem im europäischen Finanzmarktrecht[73] – wie im Unionsrecht überhaupt[74] – ein **relativ neues Instrument:** Art. 11 Prospekt-VO[75] enthält – ungeachtet der Harmonisierung des Prospektrechts durch eine Verordnung – nur einen Regelungsauftrag an die Mitgliedstaaten. Die zivilrechtliche Haftung von Ratingagenturen wird zwar direkt in Art. 35a Rating-VO[76] angeordnet, wesentliche Aspekte der Haftungsbestimmung sind jedoch nach Art. 35a Abs. 4 Rating-VO nicht europäisch-autonom, sondern „*im Einklang mit dem jeweils geltenden nationalen Recht*" auszulegen und anzuwenden.[77] Mit dem **Digital Finance Package** vollzieht der Unionsgesetzgeber insofern einen Richtungswechsel:[78] Sowohl die Haftung für fehlerhafte Informationen in einem Whitepaper nach Art. 15, 26 und 52 MiCAR (→ MiCAR Art. 15 Rn. 7) als auch die Haftung für den Verlust von Kundenvermögen nach Art. 7 Abs. 6 DLT-PR werden unmittelbar durch die EU-VO determiniert. Eine gleichgerichtete, aber abweichend formulierte **Parallelbestimmung für Krypto-Verwahrer** findet sich in Art. 75 Abs. 8 MiCAR (→ MiCAR Art. 75 Rn. 30 f.).[79] Auch wenn die Regelungen (zB in Bezug auf die Verjährung) durch nationales Recht ergänzt werden müssen,[80] sind wesentliche Aspekte **europäisch-autonom auszulegen**.[81] Umso überraschender ist,

---
[72] Vgl. Heinze Schadensersatz S. 4 ff.; Koziol in Remien Schadensersatz S. 5 ff.
[73] Maume/Kesper ECLJ 2023, 118 (125).
[74] Heinze Schadensersatz S. 112.
[75] VO (EU) 2017/1129.
[76] VO (EG) 1060/2009.
[77] Die Lit. spricht von einer „janusköpfigen" Haftungsbestimmung, vgl. Baumgartner, Die (Dritt-)Haftung von Ratingagenturen und anderen Informationsexperten, 2016, S. 745 ff.
[78] Maume/Kesper ECLJ 2023, 118 (125).
[79] Dazu ausf. Beck WM 2024, 425.
[80] Vgl. für die Whitepaper-Haftung Buck-Heeb, Whitepaper-Haftung nach MiCAR, BKR 2023, 689 (693 f.).
[81] Für Art. 75 Abs. 8 MiCAR ebenso Beck WM 2024, 425 (426).

dass sich zu den schadenersatzrechtlichen Grundfragen kaum Interpretationshinweise in den Erwgr. finden.[82]

38 **b) Anwendungsbereich und Anspruchskonkurrenz.** Die Haftung nach Abs. 6 greift bei **Verlust von Vermögenswerten** und betrifft damit lediglich einen Teil der möglichen Anlassfälle für eine Haftung des Betreibers (→ Rn. 48). Beim Verlust von Vermögenswerten ist grds. nicht nur an den (endgültigen) Verlust einer Rechtsposition, sondern auch an den Verlust der faktischen Verfügungsmöglichkeit (zB bei Diebstahl der *private keys* durch einen Hackerangriff → Rn. 22) zu denken (s. aber zum Erfordernis eines Schadens → Rn. 45).

39 Die Haftung bezieht sich nach dem Wortlaut auf den Verlust von **Geldern, Sicherheiten** und **DLT-Finanzinstrumenten.** Andere Vermögenswerte (zB **Finanzinstrumente in traditioneller Form**) erfasst der Wortlaut nicht. Da Abs. 6 erkennbar den Verlust des gesamten Kundenvermögens (nicht nur tokenisierter Assets) sanktionieren soll, Art. 7 aber die Relevanz der Verwahrung traditioneller Finanzinstrumente bei der nachträglichen Tokenisierung übersieht (→ Rn. 26), kommt mE eine analoge Anwendung in Betracht. Eine alternative Haftungsgrundlage bietet das nationale Recht (→ Rn. 41).

40 Der Kreis der **anspruchsberechtigten Personen** wird in Abs. 6 nicht klar bestimmt.[83] Aus Abs. 5 ergibt sich mE, dass sich alle **Mitglieder, Teilnehmer, Kunden** sowie **Emittenten,** deren Vermögenswerte durch die DLT-Marktinfrastruktur verwahrt werden, auf die Haftungsnorm stützen können.

41 **Andere Haftungsansprüche** aus dem Verlust von Kundenwerten (insbes. vertragliche Schadenersatzansprüche oder Ansprüche nach dem nationalen Depotrecht) werden mE durch Abs. 6 **nicht verdrängt.** Die Bestimmung betrifft eine Konstellation, in der typischerweise auch ein Vertragsverhältnis mit dem Betreiber besteht. Für eine abschließende Regelung der Haftung durch Abs. 6 gibt es aber keine hinreichenden Anhaltspunkte; zudem ist nach Abs. 1 UAbs. 2 die Haftung des Betreibers auch Gegenstand der „rechtlichen Bedingungen", die vom Betreiber in Einklang mit dem anwendbaren nationalen Rechtsrahmen festzulegen sind (→ Rn. 11). Die Bestimmung in Abs. 6 dürfte im Ausgangspunkt vielmehr darauf ausgerichtet sein, einen **einheitlichen Mindeststandard** für die Haftung bei Verlust von Kundenvermögen zu schaffen.[84]

42 **c) Haftungsvoraussetzungen, Haftungsausschluss und Beweislast.** Die weiteren Haftungsvoraussetzungen und die Rechtsnatur erschließen sich nicht unmittelbar aus dem Wortlaut, sodass eine schrittweise Annäherung nötig ist. Satz 1 normiert lediglich allgemein, dass „[i]*m Falle eines Verlusts von* [Vermögenswerten]" der Betreiber haftet, der die Vermögenswerte „*verloren hat*". Satz 2 sieht einen Ausschluss der Haftung vor, wenn der Betreiber „*nachweist, dass der Verlust auf ein externes Ereignis zurückzuführen ist, das sich*

---

[82] Vgl. Erwgr. Nr. 22 DLT-PR sowie Erwgr. Nr. 39 und 83 MiCAR.
[83] Die Haftungsbestimmung in Abs. 6 UAbs. 1 trifft selbst keine Regelung. Abs. 6 UAbs. 2 und 3 sprechen uneinheitlich von „*Verlusten für einen Anleger*" und Schäden der „*Kunden des Betreibers*", beziehen sich aber auch auf andere Haftungskonstellationen.
[84] Vgl. den Einleitungssatz Erwgr. Nr. 22 S. 1. Für Art. 75 Abs. 8 MiCAR im Ergebnis ähnlich Beck WM 2024, 425 (433 f.).

seiner vernünftigen Kontrolle entzogen hat und dessen Folgen trotz aller zumutbaren Anstrengungen unvermeidbar waren".

Der **Haftungsausschluss** in Satz 2 wurde mit der interinstitutionellen 43 Einigung eingefügt (→ Rn. 3) und zielt insbes. auf die Regulierung des Haftungsrisikos bei Einsatz von *permissionless* **DLT-Systemen** durch den Betreiber ab. Da bei diesen Systemen bestimmte Aspekte außerhalb der Einflusssphäre des Betreibers der DLT-Marktinfrastrukturen liegen (→ Rn. 16), würde eine volle Verantwortlichkeit ein nicht beherrschbares Risiko bedeuten. Die Bestimmung stellt idZ klar, dass der Betreiber bei einem Verlust aufgrund eines Fehlers in einem DLT-System nicht haftet, wenn er nachweisen kann, dass der Verlust auf ein **Ereignis außerhalb seiner Einflusssphäre** zurückzuführen ist und ihm zudem die **Verhinderung der Folgen** trotz aller zumutbaren Anstrengungen nicht möglich war. Die Bestimmung verteilt zugleich das technologische Risiko: Der Betreiber muss alle **zumutbaren Anstrengungen** unternehmen, um Verluste auch durch Ereignisse außerhalb seiner Einflusssphäre zu verhindern; das nicht vermeidbare **Restrisiko** tragen die Inhaber der Vermögenswerte.

Hinsichtlich der **Haftungsvoraussetzungen** erhellt aus Erwgr. Nr. 22, 44 dass Satz 2 keine abschließende Regelung beinhaltet, sondern Ausdruck einer allgemeinen Beschränkung der Haftung auf dem Betreiber **zurechenbare Verluste** ist.[85] Daraus ergibt sich zunächst ein **Kausalitätserfordernis:** Für Verluste, die unabhängig von der Tätigkeit des Betreibers entstanden sind, haftet dieser jedenfalls nicht.[86] **Unklar** bleibt indessen, ob die Haftung darüber hinaus eine **bestimmte Pflichtverletzung** und ggf. ein (objektiviertes) **Verschulden** des Betreibers voraussetzt, oder ob sie als strikte Haftung bzw. verschuldensunabhängige Haftung, jeweils mit einer besonderen Entlastungsmöglichkeit (nach Satz 2), ausgestaltet ist.[87] Während der Wortlaut eher auf eine strikte Haftung hindeutet, sprechen Erwgr. Nr. 22 und die detaillierten Vorgaben für den Schutz des Kundenvermögens mE tendenziell dafür, dass zumindest eine Verletzung des Pflichtenkatalogs des Betreibers[88] notwendig ist. Der Nachweis für die fehlende Zurechenbarkeit obliegt nach der in Satz 2 normierten **Beweislastumkehr** – unabhängig von den genauen Haftungsvoraussetzungen – jedenfalls dem Betreiber. Das bringt eine **wesentliche Erleichterung für den Kläger** mit sich, zumal die getroffenen (IKT) Sicherheitsvorkehrungen schwer zu beurteilen sind.[89]

Der Eintritt eines **Schadens** wird von der Haftungsbestimmung in Abs. 6 45 UAbs. 1 nicht explizit angesprochen,[90] sondern *prima facie* mit dem Verlust der Vermögenswerte gleichgesetzt. Aus der Haftung des Betreibers „*bis zum Marktwert des verlorenen Vermögenswerts*" (→ Rn. 46) wird jedoch deutlich, dass die Begriffe nicht ident sind[91] und der Eintritt eines Schadens gesondert zu

---

[85] Vgl. Erwgr. Nr. 22 S. 3: „*Der Betreiber* [...] *sollte nicht für Ereignisse haftbar sein, die dem Betreiber* **nicht zuzurechnen** *sind,* **insbesondere** *für Ereignisse, für die der Betreiber nachweist* [...]" (Hervorhebung durch den Autor).
[86] Erwgr. Nr. 22 S. 3; vgl. auch Art. 7 Abs. 6 UAbs. 1 S. 1: „*verloren hat*".
[87] Vgl. zur vergleichbaren Diskussion bei der Produkthaftung Heinze Schadensersatz S. 385 ff. mwN; zum uneinheitlichen Bild in Bezug auf das Verschuldenserfordernis im Unionsprivatrecht Heinze Schadensersatz S. 573 ff.
[88] Davon dürften auch Maume/Kesper ECLJ 2023, 118 (125) ausgehen.
[89] Dazu Maume/Kesper ECLJ 2023, 118 (125 f.).
[90] Siehe aber Abs. 6 UAbs. 3: „*Schäden, die Kunden des Betreibers durch einen der in Unterabsatz 1 genannten Umstände entstanden sind*".
[91] Für Art. 75 Abs. 8 MiCAR ähnlich Beck WM 2024, 425 (430).

prüfen ist. Können die Folgen des Verlusts, etwa durch entsprechende Sicherheitsvorkehrungen (zB Entwertung und Ersatz eines verlorenen DLT-Finanzinstruments), gemindert werden, haftet der Betreiber nicht bzw. nur für den tatsächlich entstandenen Schaden (zB Kosten einer Kraftloserklärung je nach nationalem Recht). Fraglich ist, inwieweit die Auslegung aufgrund des Schweigens der DLT-PR nach unionsrechtlichen Maßstäben erfolgt.[92] Inhaltlich steht das Unionsrecht sowohl dem Ersatz entgangenen Gewinns als auch der Naturalrestitution grds. offen gegenüber.[93]

46 **d) Haftungsbeschränkungen.** Die Haftung des Betreibers ist **gesetzlich** mit dem Marktwert des verlorenen Vermögenswerts begrenzt. Relevant ist der Zeitpunkt des Verlusts des Vermögenswerts (Erwgr. Nr. 22). **Privatautonomen** Haftungsbeschränkungen – wie sie teilweise in AGB von Zentralverwahrern vorgesehen sind[94] – steht das Unionsrecht dagegen grds. ablehnend gegenüber.[95] Fraglich ist idZ aus unionsrechtlicher Perspektive auch, ob eine Beschränkung der Haftung bei Einschaltung eines **Drittverwahrers** (diese ist zB in Grenzen des § 3 Abs. 2 dDepotG, § 3 Abs. 3 öDepotG und Art. 33 BEG möglich) zulässig ist.

47 **e) Eigenmittelanforderungen und Versicherung von Schäden.** Als besonderes Instrument zur Absicherung der Einbringlichkeit der Ansprüche gegen den Betreiber aus dem Verlust von Kundenwerten, kann die zuständige Behörde nach Abs. 6 UAbs. 3 **zusätzliche Eigenmittel** oder die **Versicherung von Schäden** verlangen. Voraussetzung ist, dass die Behörde feststellt, dass potenzielle Verbindlichkeiten aufgrund des Verlusts von Kundenvermögen iSd Abs. 6 UAbs. 1 durch die Anforderungen der MiFID II, IFD/IFR bzw. CSDR nicht angemessen abgedeckt werden. Die Entscheidung muss im **Einzelfall** getroffen werden. Die engl. Sprachfassung[96] schließt – anders als die dt. Version nahelegt[97] – jedoch nicht aus, dass die zusätzlichen Maßnahmen prognostisch auch für **Verbindlichkeiten aus noch nicht eingetretenen Schäden** gesetzt werden.

48 **2. Haftung des Betreibers aus anderem Anlass.** Die Regelungen in Art. 7 gehen erkennbar davon aus, dass der Betreiber der DLT-Marktinfrastruktur nicht nur für den Verlust von Kundenvermögen, sondern **auch aus anderem Anlass haftbar** ist.[98] Die Haftung richtet sich primär nach dem **anwendbaren nationalen Recht,** wobei insbes. vertragliche Schadenersatzansprüche in Betracht kommen. Sollte ausnahmsweise keine ausreichende

---

[92] Vgl. dazu Heinze Schadensersatzrecht S. 579 ff.
[93] Heinze Schadensersatzrecht S. 583 ff. Gegen einen Anspruch auf Naturalrestitution nach Art. 75 Abs. 8 MiCAR allerdings Beck WM 2024, 425 (430 f.).
[94] Vgl. für die AGB der OeKB CSD GmbH Scherer/Behrends DepotG/Kollik Anhang zu § 5: Länderbericht Österreich Rn. 71 ff.
[95] Heinze Schadensersatzrecht S. 614 ff.
[96] Die relevante Passage lautet: „*potential liabilities for damages* [...] *as a result of any of the circumstances referred to in*".
[97] Die relevante Passage lautet: „*potenzielle Verbindlichkeiten aus Schäden, die* [...] *entstanden sind*".
[98] Gem. Abs. 6 UAbs. 2 muss der Betreiber u. a. Entschädigungs- und Abhilfeverfahren auch für Verluste von Anlegern infolge einer Einstellung der Geschäftstätigkeit einrichten (→ Rn. 49); nach Abs. 1 UAbs. 2 ist die Verantwortlichkeit und Haftung des Betreibers auch Gegenstand der „rechtlichen Bedingungen", die in Einklang mit dem anwendbaren nationalen Rechtsrahmen festzulegen sind (siehe bereits → Rn. 41).

Haftungssanktion bestehen, gilt der unionsrechtliche Effektivitäts- und Äquivalenzgrundsatz.[99]

3. Weitere Maßnahmen zum Anleger- bzw. Kundenschutz. Die Bestimmungen in Abs. 6 UAbs. 2 und 3 sehen über die Haftung bei Verlust des Kundenvermögens hinaus **weitere Schutzmaßnahmen** vor. Die Regelungen erwähnen zwar vordergründig den Anlegerschutz, beziehen sich aber in der Folge auf **alle Kunden des Betreibers** der DLT-Marktinfrastruktur, zu denen u. a. auch Emittenten und ggf. Finanzintermediäre gehören. Die Betreiber müssen *„transparente und angemessene Vorkehrungen"* treffen, um den Kundenschutz zu gewährleisten. Dazu gehört jedenfalls die Einrichtung eines **Mechanismus für Kundenbeschwerden** und die Einrichtung von **Entschädigungs- und Abhilfeverfahren für Verluste von Kunden,** die durch den Verlust von Kundenvermögen (Abs. 6 UAbs. 1) oder eine Einstellung der Geschäftstätigkeit infolge des Entzugs der Zulassung oder der besonderen Genehmigung (Art. 8–10, jeweils Abs. 12)[100] entstehen. Die in Abs. 6 UAbs. 3 vorgesehene Möglichkeit, zusätzliche Eigenmittel oder eine Versicherung zu verlangen, beschränkt sich auf die Abdeckung von Schäden aus dem Verlust von Kundenvermögen iSd Abs. 6 UAbs. 1 (dazu → Rn. 47). 49

VII. Übergangsstrategie (Abs. 7–10)

1. Allgemeines. Die Einstellung, Einschränkung oder Umstellung des Betriebs kann je nach Marktinfrastruktur und konkreter Situation erhebliche Gefahren und Auswirkungen für die Kunden mit sich bringen: Die Kunden verlieren uU die **Handelsmöglichkeit** für die DLT-Finanzinstrumente, wenn diese an keinem anderen Handelsplatz gehandelt werden. Noch schwerer wiegt der Verlust einer Infrastruktur für die **Begebung, Verwahrung und Abwicklung.** Bei DLT-Finanzinstrumenten, die in tokenisierter Form direkt über das DLT-System eines DLT-SS oder DLT-TSS begeben wurden, wäre im Extremfall sogar der gänzliche Verlust der Vermögenswerte denkbar.[101] Da die DLT-PR einen experimentellen Rahmen bildet und zudem zeitlich beschränkt ist, werden diese Risiken durch die Verpflichtung zur **Erstellung und Veröffentlichung einer Übergangsstrategie** gesondert adressiert. Zudem verwendet die DLT-PR die Aktivierung der Übergangsstrategie als Sanktion (→ Rn. 51). Eine *„glaubwürdige"* Übergangsstrategie muss bereits bei Erteilung bzw. **Beantragung der besonderen Genehmigung** vorliegen (Erwgr. Nr. 43); sie muss aber noch nicht in allen Teilen umgesetzt sein (→ Rn. 56). Die Übergangsstrategie ist laufend zu **aktualisieren,** wobei für Änderungen die vorherige Genehmigung durch die zuständige Behörde erforderlich ist (Abs. 7 UAbs. 3 aE). 50

2. Anwendungsfälle. Die Übergangsstrategie gilt nach Abs. 7 allgemein für die **Einstellung** oder die **Einschränkung** des Betriebs einer bestimmten DLT-Marktinfrastruktur, einschließlich der **Umstellung** von einem DLT- 51

---

[99] Ausf. zur Existenz von (ungeschriebenen) Schadensersatzansprüchen im Unionsrecht Heinze Schadensersatzrecht S. 497 ff.
[100] Art. 6 UAbs. 2 enthält Fehlverweise und bezieht sich – wie aus Art. 6 Abs. 5a UAbs. 2 DLT-PR-E idF des Vorschlags des EP (A9-0240/2021), mit dem die Regelung eingefügt wurde, hervorgeht – auf den Entzug der Zulassung bzw. der besonderen Genehmigung.
[101] Je nach anwendbarem Recht können hierfür auch nationale Schutzmechanismen bestehen; vgl. etwa § 21 Abs. 2 eWpG.

gestützten auf ein traditionelles System. Konkret kommt sie in folgenden Fällen zur Anwendung:
- **Überschreitung des Schwellenwerts nach Art. 3 Abs. 3 (Abs. 7 lit. a):** Die Bestimmung normiert mit einem Marktwert von 9 Mrd. EUR eine absolute Grenze für die DLT-Finanzinstrumente, die bei einer DLT-Marktinfrastruktur zum Handel zugelassen oder verbucht sein dürfen. Bei Überschreitung des Schwellenwerts ist die Übergangsstrategie als Sanktion verpflichtend zu aktivieren (→ Art. 3 Rn. 8).
- **Wegfall der besonderen Genehmigung oder von Ausnahmen (Abs. 7 lit. b):** Die Genehmigung für den Betrieb einer DLT-Marktinfrastruktur kann dem Betreiber aus unterschiedlichen Gründen entzogen werden (→ Art. 8–10 Rn. 32 ff.). Der Entzug einer Ausnahme erfordert mE nicht jedenfalls, sondern nur dann die Aktivierung der Übergangsstrategie, wenn der Betreiber bisher angebotene Dienstleistungen nicht mehr erbringen kann.[102] Sollte die DLT-PR nach Art. 14 Abs. 2 lit. e beendet werden, verlieren alle besonderen Genehmigungen automatisch ihre Gültigkeit (→ Art. 8–10 Rn. 31); auch eine Änderung der DLT-PR kann die Aktivierung der Übergangsstrategie erfordern.
- **Freiwillige oder unfreiwillige Einstellung des Betriebs (Abs. 7 lit.c):** Lit. c erfasst alle sonstigen Fälle einer freiwilligen oder unfreiwilligen (zB aus technischen Gründen) Einstellung des Betriebs. Ebenfalls anzuwenden ist die Übergangsstrategie mE bei einer Einschränkung oder Umstellung, wenn bisher angebotene Dienstleistungen nicht mehr erbracht werden können. Die Aktivierung der Übergangsstrategie bei einem freiwillig herbeigeführten Ereignis lässt sich mit dem berechtigten Vertrauen auf die veröffentlichte Übergangsstrategie erklären; mit Zustimmung der Behörde (vgl. Abs. 7 UAbs. 3) bzw. der betroffenen Kunden wird jedoch ein abweichendes Vorgehen zulässig sein.

52   **3. Inhalt.** Die inhaltlichen Vorgaben sind nur wenig detailliert.[103] Die Übergangsstrategie beinhaltet zumindest eine **Beschreibung der Auswirkungen** auf die Mitglieder, Teilnehmer, Emittenten und Kunden einer DLT-Marktinfrastruktur. Sie muss darlegen, wie diese Personengruppen im Fall einer Einstellung, Einschränkung oder Umstellung des Betriebs behandelt werden. Kernstück ist der **Schutz vor unverhältnismäßigen Auswirkungen** auf Kunden (insbes. Kleinanleger), der durch entsprechende Maßnahmen zu gewährleisten und in der Strategie zu beschreiben ist. Kann eine DLT-Marktinfrastruktur ihre Dienstleistungen nicht mehr erbringen, wird idR die **Übernahme der Dienstleistungen, Kundenbeziehungen und ggf. der DLT-Finanzinstrumente** durch eine andere Marktinfrastruktur erforderlich sein.[104] Dabei sind im Wesentlichen **drei Konstellationen** denkbar: Die Übernahme durch (i) eine DLT-Marktinfrastruktur eines anderen Betreibers, (ii) eine traditionelle Marktinfrastruktur desselben Betreibers und (iii) eine traditionelle Marktinfrastruktur eines anderen Betreibers. Da die Übergangsstrategie den Fall der gänzlichen Aufhebung der DLT-PR beden-

---

[102] ZB Entzug der Ausnahme von der Mediatisierungsverpflichtung nach Art. 4 Abs. 2 oder Art. 5 Abs. 5, wenn zuvor Endanleger direkt zum Handels- oder Abwicklungssystem zugelassen wurden.
[103] McCarthy CMLJ 2022, 288 (296).
[104] Vgl. Abs. 8 und 9, die von einer „Übernahme des Betriebs" durch eine andere Marktinfrastruktur ausgehen.

ken muss und damit alle Genehmigungen zum Betrieb von DLT-Marktinfrastrukturen erlöschen (→ Rn. 51), ist die **Umstellung bzw. Übertragung auf eine traditionelle Marktinfrastruktur verpflichtend einzuplanen** (vgl. Erwgr. Nr. 43).[105]

In der Strategie ist auch festzulegen, welche Schritte konkret auf eine **Überschreitung des Schwellenwerts** nach Art. 3 Abs. 3 folgen. Die DLT-PR lässt jedoch offen, ob in diesem Fall der Betrieb der DLT-Marktinfrastruktur zur Gänze einzustellen ist (→ Art. 3 Rn. 8).[106] 53

4. Vereinbarungen mit anderen Marktinfrastrukturen. Da die Erlaubnis zum Betrieb einer DLT-Marktinfrastruktur grds. als zusätzliche Genehmigung zu einer bestehenden Zulassung konzipiert ist (→ Art. 8–10 Rn. 5), geht die DLT-PR davon aus, dass der verpflichtend zu planende Übergang auf eine traditionelle Marktinfrastruktur (→ Rn. 52) grds. durch Überführung der DLT-Finanzinstrumente in die **traditionelle Marktinfrastruktur desselben Betreibers** erfolgen kann. Das ist nicht möglich, wenn der Betreiber im Rahmen einer beschränkten Zulassung (→ Art. 8–10 Rn. 10 ff.) ausschließlich eine DLT-Marktinfrastruktur betreibt. Ähnliches gilt für den Betrieb eines DLT-TSS, weil die Kombination von Handel- und Abwicklung bei traditionellen Infrastrukturen nicht vorgesehen ist. In diesen Fällen muss daher eine **Vereinbarung mit (dem Betreiber) einer anderen Marktinfrastruktur** getroffen werden. Betreiber mit einer beschränkten Zulassung können in ihrer Übergangsstrategie als **Alternative** vorsehen, dass sie beabsichtigen, in diesem Fall selbst eine Zulassung für den Betrieb eines traditionellen MTF oder SSS zu beantragen. Voraussetzung ist freilich, dass sie zugleich um eine vollständige Zulassung als Wertpapierfirma, Marktbetreiber oder Zentralverwahrer ansuchen (→ Art. 8–10 Rn. 12). 54

Inhalt der Vereinbarung ist nach der dt. Sprachfassung der Abs. 8 und 9 die „*Übernahme ihres Betriebs*". Aus dem Zweck und der engl. Sprachfassung[107] lässt sich mE schließen, dass die Übernahme der jeweiligen Dienstleistungen, Verträge mit Kunden und ggf. der DLT-Finanzinstrumente ausreichend ist. Der Abschluss einer Vereinbarung setzt die **Zustimmung des anderen Betreibers** voraus, sofern der Grundsatz der Privatautonomie nicht im Einzelfall durch das nationale Recht oder das Unionsrecht durchbrochen ist. Die Regelungen in Abs. 8 und 9 verpflichten die Betreiber von DLT-Marktinfrastrukturen daher nur zu einem **Bemühen** „*nach besten Kräften*". Das inkludiert jedenfalls das Angebot einer angemessenen Vergütung für die Leistungen des anderen Betreibers.[108] 55

Die Vereinbarung muss nach Abs. 10 nicht sofort, sondern zu einem von der Behörde bestimmten **Zeitpunkt** wirksam sein. Als spätesten Termin nennt Abs. 10 „*fünf Jahre ab dem Datum der Erteilung der besonderen Genehmigung*". Das korrespondiert mit einer ersten Geltungsperiode der DLT-PR von sechs Jahren, übersieht aber, dass sich die Zeitspanne bei später erteilten Genehmigungen verkürzt. Mittlerweile wird auf politischer Ebene indes betont, dass ein zeitnahes Auslaufen der DLT-PR nicht beabsichtigt ist (zum Zeitrahmen → Art. 14–15 Rn. 7 f.). Die fehlende Aussicht auf Ab- 56

---

[105] Auch traditionelle Marktinfrastrukturen können jedoch DLT-Systeme einsetzen, sofern sie alle aufsichtsrechtlichen Anforderungen einhalten (→ Vor Art. 4–6 Rn. 4).
[106] Priem JFRC 2021, 371 (380).
[107] Diese lautet: „*take over their operations*".
[108] Vgl. für den verpflichtenden Abschluss durch Zentralverwahrer Abs. 9 UAbs. 2: „*angemessene Geschäftsgebühr auf der Grundlage der tatsächlichen Kosten*".

schluss einer Vereinbarung kann zur Verweigerung der besonderen Genehmigung führen, wenn erhebliche Risiken für den Anlegerschutz verbleiben (→ Art. 8–10 Rn. 27).

57 Aufgrund der besonderen Gefahren bei Verlust der Begebungs-, Verwahrungs- und Abwicklungsinfrastruktur (→ Rn. 50),[109] sieht Abs. 9 UAbs. 2 für **traditionelle Zentralverwahrer,** die ein Wertpapierliefer- und Abwicklungssystem betreiben, unter bestimmten Voraussetzungen eine **Verpflichtung zum Abschluss einer Vereinbarung** mit DLT-Marktinfrastrukturen vor. Die Regelung adressiert damit auch Marktteilnehmer, die sonst keine Berührungspunkte mit der DLT-PR haben. Zentralverwahrer müssen binnen drei Monaten auf eine entsprechende Anfrage einer DLT-Marktinfrastruktur reagieren und gegen eine angemessene Geschäftsgebühr auf Grundlage der tatsächlichen Kosten[110] in diskriminierungsfreier Weise eine Vereinbarung abschließen. Eine **Ablehnung** ist nur möglich, wenn die Vereinbarung das reibungslose und ordnungsgemäße Funktionieren der Finanzmärkte beeinträchtigen oder ein Systemrisiko entstehen würde; sie ist gegenüber der DLT-Marktinfrastruktur zu begründen.

Artikel 8 Besondere Genehmigung für den Betrieb eines DLT-MTF

(1) Eine juristische Person, die gemäß der Richtlinie 2014/65/EU als Wertpapierfirma oder für den Betrieb eines geregelten Marktes zugelassen ist, kann eine besondere Genehmigung für den Betrieb eines DLT-MTF gemäß dieser Verordnung beantragen.

(2) Beantragt eine juristische Person die Zulassung als Wertpapierfirma oder für den Betrieb eines geregelten Marktes im Sinne der Richtlinie 2014/65/EU und beantragt sie zugleich eine besondere Genehmigung gemäß diesem Artikel zu dem einzigen Zweck, ein DLT-MTF zu betreiben, prüft die zuständige Behörde nicht, ob der Antragsteller die Anforderungen der Richtlinie 2014/65/EU erfüllt, für die der Antragsteller eine Ausnahme gemäß Artikel 4 der vorliegenden Verordnung beantragt hat.

(3) Beantragt eine juristische Person, wie in Absatz 2 dieses Artikels beschrieben, gleichzeitig die Zulassung als Wertpapierfirma, oder für den Betrieb eines geregelten Marktes, und eine besondere Genehmigung, so legt sie in ihrem Antrag die nach Artikel 7 der Richtlinie 2014/65/EU erforderlichen Informationen vor, mit Ausnahme von Informationen, die notwendig wären, um die Erfüllung der Anforderungen zu belegen, für die der Antragsteller eine Ausnahme gemäß Artikel 4 der vorliegenden Verordnung beantragt hat.

(4) Einem Antrag auf eine besondere Genehmigung für den Betrieb eines DLT-MTF gemäß dieser Verordnung sind folgende Informationen beizufügen:
a) der Geschäftsplan des Antragstellers, die Regeln des DLT-MTF und die rechtlichen Bedingungen gemäß Artikel 7 Absatz 1 sowie die Informationen über die Funktionsweise, die Dienstleistungen und die Tätigkeiten des DLT-MTF gemäß Artikel 7 Absatz 3;

---

[109] Erwgr. Nr. 43 S. 4.
[110] Das inkludiert einen Gewinnaufschlag, vgl. Erwgr. Nr. 43: „kommerzielle Gebühr auf der Grundlage der tatsächlichen Kosten".

b) eine Beschreibung über die Funktionsweise der verwendeten Distributed-Ledger-Technologie gemäß Artikel 7 Absatz 2;
c) eine Beschreibung über die allgemeinen IT- und Cyber-Strukturen des Antragstellers gemäß Artikel 7 Absatz 4;
d) einen Nachweis darüber, dass der Antragsteller für ausreichende aufsichtsrechtliche Sicherheitsvorkehrungen gesorgt hat, um seinen Verbindlichkeiten nachzukommen und seine Kunden zu entschädigen, wie in Artikel 7 Absatz 6 Unterabsatz 3 ausgeführt;
e) gegebenenfalls eine Beschreibung der Strukturen für die Verwahrung der DLT-Finanzinstrumente für Kunden gemäß Artikel 7 Absatz 5;
f) eine Beschreibung der Vorkehrungen zur Gewährleistung des Anlegerschutzes sowie der Mechanismen für die Behandlung von Beschwerden von Verbrauchern und für Abhilfeverfahren gemäß Artikel 7 Absatz 6 Unterabsatz 2;
g) die Übergangsstrategie des Antragstellers und
h) Angaben zu den Ausnahmen, die der Antragsteller gemäß Artikel 4 beantragt, den Gründen für jede beantragte Ausnahme, den etwaigen vorgeschlagenen Ausgleichsmaßnahmen sowie den vorgesehenen Mitteln, um die an diese Ausnahmen geknüpften Bedingungen zu erfüllen.

(5) Bis zum 23. März 2023 arbeitet die ESMA Leitlinien zur Festlegung von Standardformularen, Standardformaten und Mustertexten für die Zwecke von Absatz 4 aus.

(6) Die zuständige Behörde prüft innerhalb von 30 Arbeitstagen nach Eingang des Antrags auf eine besondere Genehmigung für den Betrieb eines DLT-MTF, ob der Antrag vollständig ist. Ist der Antrag unvollständig, legt die zuständige Behörde eine Frist fest, innerhalb deren der Antragsteller die fehlenden oder etwaige zusätzliche Angaben vorlegen muss. Die zuständige Behörde informiert den Antragsteller, wenn sie den Antrag als vollständig erachtet.
Sobald die zuständige Behörde den Antrag für vollständig erachtet, übermittelt sie eine Kopie des Antrags an die ESMA.

(7) Wenn dies zur Förderung der Kohärenz und Verhältnismäßigkeit der Ausnahmen oder zur Gewährleistung des Anlegerschutzes, der Marktintegrität und der Finanzstabilität erforderlich ist, übermittelt die ESMA der zuständigen Behörde innerhalb von 30 Kalendertagen nach Eingang einer Kopie dieses Antrags eine unverbindliche Stellungnahme zu den vom Antragsteller beantragten Ausnahmen oder zur Angemessenheit der für die Zwecke dieser Verordnung verwendeten Art der Distributed-Ledger-Technologie.
Bevor die ESMA eine unverbindliche Stellungnahme abgibt, konsultiert sie die zuständigen Behörden der anderen Mitgliedstaaten und trägt deren Standpunkten in ihrer Stellungnahme weitestgehend Rechnung.
Gibt die ESMA eine unverbindliche Stellungnahme ab, so berücksichtigt die zuständige Behörde diese Stellungnahme gebührend und übermittelt der ESMA eine Erklärung zu etwaigen erheblichen Abweichungen von dieser Stellungnahme, wenn die ESMA darum ersucht. Die Stellungnahme der ESMA und die Erklärung der zuständigen Behörde werden nicht veröffentlicht.

(8) Bis zum 24. März 2025 arbeitet die ESMA Leitlinien zur Förderung der Kohärenz und Verhältnismäßigkeit der folgenden Elemente aus:

a) den Betreibern von DLT-MTF in der gesamten Union erteilte Ausnahmen, auch im Zusammenhang mit der Bewertung der Angemessenheit der verschiedenen Arten von Distributed-Ledger-Technologien, die von den Betreibern von DLT-MTF für die Zwecke dieser Verordnung verwendet werden, und
b) der Rückgriff auf die Option gemäß Artikel 3 Absatz 6.

Mit den Leitlinien werden der Anlegerschutz, die Marktintegrität und die Finanzstabilität gewährleistet.

Die ESMA aktualisiert die Leitlinien regelmäßig.

(9) Die zuständige Behörde führt innerhalb von 90 Arbeitstagen nach Eingang eines vollständigen Antrags auf eine besondere Genehmigung für den Betrieb eines DLT-MTF eine Überprüfung des Antrags durch und entscheidet, ob die besondere Genehmigung erteilt wird. Beantragt der Antragsteller gleichzeitig eine Zulassung gemäß der Richtlinie 2014/65/EU und eine besondere Genehmigung gemäß dieser Verordnung, so kann der Bewertungszeitraum um einen weiteren Zeitraum bis zu dem in Artikel 7 Absatz 3 der Richtlinie 2014/65/EU genannten Zeitraum verlängert werden.

(10) Unbeschadet der Artikel 7 und 44 der Richtlinie 2014/65/EU verweigert die zuständige Behörde eine besondere Genehmigung zum Betrieb eines DLT-MTF, wenn Gründe dafür vorliegen, Folgendes anzunehmen:

a) Erhebliche Risiken für den Anlegerschutz, die Marktintegrität oder die Finanzstabilität werden vom Antragsteller nicht angemessen angegangen und abgemildert;
b) die besondere Genehmigung für den Betrieb eines DLT-MTF und die beantragten Ausnahmen sollen dazu dienen, rechtliche oder regulatorische Anforderungen zu umgehen, oder
c) der Betreiber des DLT-MTF wird nicht in der Lage sein, die geltenden Bestimmungen des Unionsrechts oder die Bestimmungen der nationalen Rechtsvorschriften, die nicht in den Anwendungsbereich des Unionsrechts fallen, zu erfüllen, bzw. wird es seinen Nutzern nicht ermöglichen, diese Bestimmungen zu erfüllen.

(11) Eine besondere Genehmigung gilt in der gesamten Union für einen Zeitraum von bis zu sechs Jahren ab dem Ausstellungsdatum. In der besonderen Genehmigung werden die gemäß Artikel 4 erteilten Ausnahmen, etwaige Ausgleichsmaßnahmen und niedrigere Schwellenwerte, die von der zuständigen Behörde gemäß Artikel 3 Absatz 6 festgelegt wurden, aufgeführt.

Die zuständige Behörde unterrichtet die ESMA unverzüglich über die Erteilung, die Verweigerung oder den Entzug einer besonderen Genehmigung gemäß diesem Artikel, einschließlich aller in Unterabsatz 1 des vorliegenden Absatzes genannten Informationen.

Die ESMA veröffentlicht auf ihrer Website:

a) die Liste der DLT-MTF, das Anfangs- und Enddatum ihrer besonderen Genehmigungen, die Liste der für jedes dieser DLT-MTF erteilten Ausnahmen und die für jedes dieser DLT-MTF von den zuständigen Behörden festgelegten niedrigeren Schwellenwerte und
b) die Gesamtzahl der nach Artikel 4 gestellten Anträge auf Ausnahmen mit Angabe der Anzahl und der Art der erteilten und der verweigerten Ausnahmen sowie der Begründung der Ablehnungen.

Die in Unterabsatz 3 Buchstabe b genannten Informationen werden anonym veröffentlicht.

(12) Unbeschadet der Artikel 8 und 44 der Richtlinie 2014/65/EU entzieht die zuständige Behörde eine besondere Genehmigung oder damit verbundene Ausnahmen, wenn

a) in der Funktionsweise der verwendeten Distributed-Ledger-Technologie oder den vom Betreiber des DLT-MTF erbrachten Dienstleistungen und durchgeführten Tätigkeiten eine Schwachstelle entdeckt wurde, die ein Risiko für den Anlegerschutz, die Marktintegrität oder die Finanzstabilität darstellt und das Risiko schwerer wiegt als die Vorteile der zu erprobenden Dienstleistungen und Tätigkeiten;
b) der Betreiber des DLT-MTF gegen die Bedingungen verstoßen hat, die an die Ausnahmen geknüpft sind;
c) der Betreiber des DLT-MTF Finanzinstrumente zum Handel zugelassen hat, die nicht die Bedingungen gemäß Artikel 3 Absatz 1 erfüllen;
d) der Betreiber des DLT-MTF einen in Artikel 3 Absatz 2 festgelegten Schwellenwert überschritten hat;
e) der Betreiber des DLT-MTF die in Artikel 3 Absatz 3 festgelegten Schwellenwerte überschritten und die Übergangsstrategie nicht aktiviert hat oder
f) der Betreiber des DLT-MTF die besondere Genehmigung oder die damit verbundenen Ausnahmen auf der Grundlage irreführender Informationen oder einer wesentlichen Auslassung erhalten hat.

(13) Beabsichtigt ein Betreiber eines DLT-MTF, eine wesentliche Änderung der Funktionsweise der verwendeten Distributed-Ledger-Technologie oder der Dienstleistungen oder Tätigkeiten dieses Betreibers vorzunehmen, und erfordert diese wesentliche Änderung eine neue besondere Genehmigung, eine neue Ausnahme oder die Änderung einer oder mehrerer bestehender Ausnahmen des Betreibers oder von an eine Ausnahme geknüpften Bedingungen, so beantragt der Betreiber des DLT-MTF eine neue besondere Genehmigung, Ausnahme oder Änderung.

Beantragt ein Betreiber eines DLT-MTF eine neue besondere Genehmigung, Ausnahme oder Änderung, findet das Verfahren nach Artikel 4 Anwendung. Dieser Antrag wird von der zuständigen Behörde gemäß dem vorliegenden Artikel bearbeitet.

Artikel 9 Besondere Genehmigungen zum Betrieb von DLT-SS

(1) Eine juristische Person, die gemäß der Verordnung (EU) Nr. 909/2014 als Zentralverwahrer zugelassen ist, kann eine besondere Genehmigung für den Betrieb eines DLT-SS gemäß der vorliegenden Verordnung beantragen.

(2) Beantragt eine juristische Person die Zulassung als Zentralverwahrer im Sinne der Verordnung (EU) Nr. 909/2014 und beantragt sie zugleich eine besondere Genehmigung gemäß diesem Artikel zu dem einzigen Zweck, ein DLT-SS zu betreiben, prüft die zuständige Behörde nicht, ob der Antragsteller die Anforderungen der Verordnung (EU) Nr. 909/2014 erfüllt, für die der Antragsteller eine Ausnahme gemäß Artikel 5 der vorliegenden Verordnung beantragt hat.

(3) Beantragt eine juristische Person, wie in Absatz 2 dieses Artikels beschrieben, gleichzeitig die Zulassung als Zentralverwahrer und eine

besondere Genehmigung, so legt sie in ihrem Antrag die Informationen nach Artikel 17 Absatz 2 der Verordnung (EU) Nr. 909/2014 vor, mit Ausnahme von Informationen, die notwendig wären, um die Erfüllung der Anforderungen zu belegen, für die der Antragsteller eine Ausnahme gemäß Artikel 5 der vorliegenden Verordnung beantragt hat.

(4) Einem Antrag auf eine besondere Genehmigung für den Betrieb eines DLT-SS gemäß dieser Verordnung sind folgende Informationen beizufügen:
a) der Geschäftsplan des Antragstellers, die Regeln des DLT-SS und die rechtlichen Bedingungen gemäß Artikel 7 Absatz 1 sowie die Informationen über die Funktionsweise, die Dienstleistungen und die Tätigkeiten des DLT-SS gemäß Artikel 7 Absatz 3;
b) eine Beschreibung der Funktionsweise der verwendeten Distributed-Ledger-Technologie gemäß Artikel 7 Absatz 2;
c) eine Beschreibung der allgemeinen IT- und Cyber-Strukturen des Antragstellers gemäß Artikel 7 Absatz 4;
d) ein Nachweis darüber, dass der Antragsteller für ausreichende aufsichtsrechtliche Sicherheitsvorkehrungen gesorgt hat, um seinen Verbindlichkeiten nachzukommen und seine Kunden zu entschädigen, wie in Artikel 7 Absatz 6 Unterabsatz 3 ausgeführt;
e) gegebenenfalls eine Beschreibung der Strukturen für die Verwahrung der DLT-Finanzinstrumente für Kunden gemäß Artikel 7 Absatz 5;
f) eine Beschreibung der Vorkehrungen zur Gewährleistung des Anlegerschutzes sowie der Mechanismen für die Behandlung von Beschwerden von Verbrauchern und für Abhilfeverfahren für Verbraucher gemäß Artikel 7 Absatz 6 Unterabsatz 2;
g) die Übergangsstrategie des Antragstellers;
h) Angaben zu den Ausnahmen, die der Antragsteller gemäß Artikel 5 beantragt, den Gründen für jede beantragte Ausnahme, den etwaigen vorgeschlagenen Ausgleichsmaßnahmen sowie den Mitteln, durch die er beabsichtigt, die an diese Ausnahmen geknüpften Bedingungen zu erfüllen.

(5) Bis zum 23. März 2023 arbeitet die ESMA Leitlinien zur Festlegung von Standardformularen, Standardformaten und Mustertexten für die Zwecke von Absatz 4 aus.

(6) Die zuständige Behörde prüft innerhalb von 30 Arbeitstagen nach Eingang des Antrags auf eine besondere Genehmigung für den Betrieb eines DLT-SS, ob der Antrag vollständig ist. Ist der Antrag unvollständig, legt die zuständige Behörde eine Frist fest, innerhalb deren der Antragsteller die fehlenden oder etwaige zusätzliche Angaben vorlegen muss. Die zuständige Behörde informiert den Antragsteller, wenn sie den Antrag als vollständig erachtet.

Sobald die zuständige Behörde den Antrag für vollständig erachtet, übermittelt sie eine Kopie dieses Antrags an:
a) die ESMA und
b) die in Artikel 12 der Verordnung (EU) Nr. 909/2014 genannten betreffenden Behörden.

(7) Wenn dies zur Förderung der Kohärenz und Verhältnismäßigkeit der Ausnahmen oder zur Gewährleistung des Anlegerschutzes, der Marktintegrität und der Finanzstabilität erforderlich ist, übermittelt die ESMA der zuständigen Behörde innerhalb von 30 Kalendertagen nach Eingang einer Kopie dieses Antrags eine unverbindliche Stellungnahme

zu den beantragten Ausnahmen oder zur Angemessenheit der für die Zwecke dieser Verordnung verwendeten Art der Distributed-Ledger-Technologie.

Bevor die ESMA eine unverbindliche Stellungnahme abgibt, konsultiert sie die zuständigen Behörden der anderen Mitgliedstaaten und trägt deren Standpunkten in ihrer Stellungnahme weitestgehend Rechnung.

Gibt die ESMA eine unverbindliche Stellungnahme ab, so berücksichtigt die zuständige Behörde diese Stellungnahme gebührend und übermittelt der ESMA eine Erklärung zu etwaigen erheblichen Abweichungen von dieser Stellungnahme, wenn die ESMA darum ersucht. Die Stellungnahme der ESMA und die Erklärung der zuständigen Behörde werden nicht veröffentlicht.

Die in Artikel 12 der Verordnung (EU) Nr. 909/2014 genannten betreffenden Behörden übermitteln der zuständigen Behörde innerhalb von 30 Kalendertagen nach Eingang einer Kopie dieses Antrags eine unverbindliche Stellungnahme zu den Merkmalen des vom Antragsteller betriebenen DLT-SS.

(8) Bis zum 24. März 2025 arbeitet die ESMA Leitlinien zur Förderung der Kohärenz und Verhältnismäßigkeit der folgenden Elemente aus:

a) den Zentralverwahrern, die DLT-SS betreiben, in der gesamten Union erteilte Ausnahmen, auch im Zusammenhang mit der Bewertung der Angemessenheit der verschiedenen Arten von Distributed-Ledger-Technologien, die von den Marktbetreibern für die Zwecke dieser Verordnung verwendet werden, und

b) der Rückgriff auf die Option gemäß Artikel 3 Absatz 6.

Mit den Leitlinien werden der Anlegerschutz, die Marktintegrität und die Finanzstabilität gewährleistet.

Die ESMA aktualisiert diese Leitlinien regelmäßig.

(9) Innerhalb von 90 Arbeitstagen nach Eingang eines vollständigen Antrags auf eine besondere Genehmigung für den Betrieb eines DLT-SS, führt die zuständige Behörde eine Überprüfung des Antrags durch und entscheidet, ob die besondere Genehmigung erteilt wird. Beantragt der Antragsteller gleichzeitig eine Zulassung als Zentralverwahrer gemäß der Verordnung (EU) Nr. 909/2014 und eine besondere Genehmigung nach dieser Verordnung, so kann der Bewertungszeitraum um einen weiteren Zeitraum bis zu dem in Artikel 17 Absatz 8 der Verordnung (EU) Nr. 909/2014 genannten Zeitraum verlängert werden.

(10) Unbeschadet des Artikels 17 der Verordnung (EU) Nr. 909/2014 verweigert die zuständige Behörde dem Antragsteller eine besondere Genehmigung zum Betrieb eines DLT-SS, wenn Gründe dafür vorliegen, Folgendes anzunehmen:

a) Erhebliche Risiken für den Anlegerschutz, die Marktintegrität oder die Finanzstabilität werden vom Antragsteller nicht angemessen angegangen und abgemildert;

b) die besondere Genehmigung für den Betrieb eines DLT-SS und die beantragten Ausnahmen sollen dazu dienen, rechtliche oder regulatorische Anforderungen zu umgehen, oder

c) der Zentralverwahrer wird nicht in der Lage sein, die geltenden Bestimmungen des Unionsrechts oder die Bestimmungen der nationalen Rechtsvorschriften, die nicht in den Anwendungsbereich des Unionsrechts fallen, zu erfüllen, bzw. wird es seinen Nutzern nicht ermöglichen, diese Bestimmungen zu erfüllen.

(11) Eine besondere Genehmigung gilt in der gesamten Union für einen Zeitraum von bis zu sechs Jahren ab dem Ausstellungsdatum. In der besonderen Genehmigung werden die gemäß Artikel 5 erteilten Ausnahmen, etwaige Ausgleichsmaßnahmen und niedrigere Schwellenwerte, die von der zuständigen Behörde gemäß Artikel 3 Absatz 6 festgelegt wurden, aufgeführt.

Die zuständige Behörde unterrichtet die ESMA und die in Absatz 7 dieses Artikels genannten betreffenden Behörden unverzüglich über die Erteilung, die Verweigerung oder den Entzug einer besonderen Genehmigung gemäß diesem Artikel, einschließlich aller in Unterabsatz 1 des vorliegenden Absatzes genannten Informationen.

Die ESMA veröffentlicht auf ihrer Website:

a) die Liste der DLT-SS, das Anfangs- und Enddatum ihrer besonderen Genehmigungen, die Liste der für jedes dieser DLT-SS erteilten Ausnahmen und die für jedes dieser DLT-SS von den zuständigen Behörden festgelegten niedrigeren Schwellenwerte und
b) die Gesamtzahl der nach Artikel 5 gestellten Anträge auf Ausnahmen mit Angabe der Anzahl und der Art der erteilten und der verweigerten Ausnahmen sowie der Begründung der Ablehnungen.

Die in Unterabsatz 3 Buchstabe b genannten Informationen werden anonym veröffentlicht.

(12) Unbeschadet von Artikel 20 der Verordnung (EU) Nr. 909/2014 entzieht die zuständige Behörde eine besondere Genehmigung oder alle damit verbundenen Ausnahmen, wenn

a) in der Funktionsweise der verwendeten Distributed-Ledger-Technologie oder den vom Zentralverwahrer, der das DLT-SS betreibt, erbrachten Dienstleistungen und durchgeführten Tätigkeiten eine Schwachstelle entdeckt wurde, die ein Risiko für den Anlegerschutz, die Marktintegrität oder die Finanzstabilität darstellt und das Risiko schwerer wiegt als die Vorteile der zu erprobenden Dienstleistungen und Tätigkeiten;
b) der Zentralverwahrer, der das DLT-SS betreibt, gegen die Bedingungen verstoßen hat, die an die Ausnahmen geknüpft sind;
c) der Zentralverwahrer, der das DLT-SS betreibt, Finanzinstrumente zum Handel verbucht hat, die nicht die Bedingungen gemäß Artikel 3 Absatz 1 erfüllen;
d) der Zentralverwahrer, der das DLT-SS betreibt, einen in Artikel 3 Absatz 2 festgelegten Schwellenwert überschritten hat;
e) der Zentralverwahrer, der das DLT-SS betreibt, den in Artikel 3 Absatz 3 genannten Schwellenwert überschritten und die Übergangsstrategie nicht aktiviert hat, oder
f) der Zentralverwahrer, der das DLT-SS betreibt, die besondere Genehmigung oder die damit verbundenen Ausnahmen auf der Grundlage irreführender Informationen oder einer wesentlichen Auslassung erhalten hat.

(13) Beabsichtigt ein Zentralverwahrer, der ein DLT-SS betreibt, eine wesentliche Änderung der Funktionsweise der verwendeten Distributed-Ledger-Technologie oder der Dienstleistungen oder Tätigkeiten dieses Zentralverwahrers vorzunehmen, und erfordert diese wesentliche Änderung eine neue besondere Genehmigung, eine neue Ausnahme oder die Änderung einer oder mehrerer bestehender Ausnahmen des Zentralverwahrers oder von an eine Ausnahme geknüpften Bedingungen, so be-

Besondere Genehmigung für den Betrieb　　　　　　　　Art. 10 DLT-PR

antragt der Zentralverwahrer, der das DLT-SS betreibt, eine neue besondere Genehmigung, Ausnahme oder Änderung.

Beantragt ein Zentralverwahrer, der ein DLT-SS betreibt, eine neue Genehmigung, Ausnahme oder Änderung, findet das Verfahren nach Artikel 5 Anwendung. Dieser Antrag wird von der zuständigen Behörde gemäß dem vorliegenden Artikel bearbeitet.

Artikel 10 Besondere Genehmigungen zum Betrieb von DLT-TSS

(1) Eine juristische Person, die gemäß der Richtlinie 2014/65/EU als Wertpapierfirma oder für den Betrieb eines geregelten Marktes zugelassen ist oder gemäß der Verordnung (EU) Nr. 909/2014 als Zentralverwahrer zugelassen ist, kann eine besondere Genehmigung für den Betrieb eines DLT-TSS gemäß der vorliegenden Verordnung beantragen.

(2) Beantragt eine juristische Person die Zulassung als Wertpapierfirma oder für den Betrieb eines geregelten Marktes im Sinne der Richtlinie 2014/65/EU oder als Zentralverwahrer im Sinne der Verordnung (EU) Nr. 909/2014 und beantragt sie zugleich eine besondere Genehmigung gemäß diesem Artikel zu dem einzigen Zweck, ein DLT-TSS zu betreiben, prüft die zuständige Behörde nicht, ob der Antragsteller die Anforderungen der Richtlinie 2014/65/EU oder die der Verordnung (EU) Nr. 909/2014 erfüllt, für die der Antragsteller eine Ausnahme gemäß Artikel 6 der vorliegenden Verordnung beantragt hat.

(3) Beantragt eine juristische Person, wie in Absatz 2 des vorliegenden Artikels beschrieben, gleichzeitig die Zulassung als Wertpapierfirma oder für den Betrieb eines geregelten Marktes oder als Zentralverwahrer und eine besondere Genehmigung, so legt sie in ihrem Antrag die nach Artikel 7 der Richtlinie 2014/65/EU bzw. Artikel 17 der Verordnung (EU) Nr. 909/2014 erforderlichen Informationen vor, mit Ausnahme von Informationen, die notwendig wären, um die Erfüllung der Anforderungen zu belegen, für die der Antragsteller eine Ausnahme gemäß Artikel 6 der vorliegenden Verordnung beantragt hat.

(4) Ein Antrag auf eine besondere Genehmigung für den Betrieb eines DLT-TSS gemäß dieser Verordnung muss folgende Informationen enthalten:

a) der Geschäftsplan des Antragstellers, die Regeln des DLT-TSS und die rechtlichen Bedingungen gemäß Artikel 7 Absatz 1 sowie die Informationen über die Funktionsweise, die Dienstleistungen und die Tätigkeiten des DLT-TSS gemäß Artikel 7 Absatz 3;
b) eine Beschreibung der Funktionsweise der verwendeten Distributed-Ledger-Technologie gemäß Artikel 7 Absatz 2;
c) eine Beschreibung der allgemeinen IT- und Cyber-Strukturen des Antragstellers gemäß Artikel 7 Absatz 4;
d) ein Nachweis darüber, dass der Antragsteller für ausreichende aufsichtsrechtliche Sicherheitsvorkehrungen gesorgt hat, um seinen Verbindlichkeiten nachzukommen und seine Kunden zu entschädigen, wie in Artikel 7 Absatz 6 ausgeführt;
e) gegebenenfalls eine Beschreibung der Strukturen für die Verwahrung der DLT-Finanzinstrumente für Kunden gemäß Artikel 7 Absatz 5;
f) eine Beschreibung der Vorkehrungen zur Gewährleistung des Anlegerschutzes sowie der Mechanismen für die Behandlung von Beschwer-

den von Verbrauchern und für Abhilfeverfahren für Verbraucher gemäß Artikel 7 Absatz 6 Unterabsatz 2;
g) die Übergangsstrategie des Antragstellers und
h) Angaben zu den Ausnahmen, die der Antragsteller gemäß Artikel 6 beantragt, den Gründen für jede beantragte Ausnahme, den etwaigen vorgeschlagenen Ausgleichsmaßnahmen sowie den vorgesehenen Mitteln, um die an diese Ausnahmen geknüpften Bedingungen zu erfüllen.

(5) Zusätzlich zu den in Absatz 4 des vorliegenden Artikels genannten Informationen übermittelt ein Antragsteller, der beabsichtigt, ein DLT-TSS als Wertpapierfirma oder Marktbetreiber zu betreiben, die Informationen darüber, wie er die in Artikel 6 Absatz 1 der vorliegenden Verordnung genannten geltenden Anforderungen der Verordnung (EU) Nr. 909/2014 zu erfüllen gedenkt, mit Ausnahme von Informationen, die notwendig wären, um die Erfüllung der Anforderungen zu belegen, für die der Antragsteller eine Ausnahme gemäß dem genannten Artikel beantragt hat.

Zusätzlich zu den in Absatz 4 des vorliegenden Artikels genannten Informationen legt ein Antragsteller, der beabsichtigt, ein DLT-TSS als Zentralverwahrer zu betreiben, die Informationen darüber vor, wie er die in Artikel 6 Absatz 2 der vorliegenden Verordnung genannten geltenden Anforderungen der Richtlinie 2014/65/EU zu erfüllen gedenkt, mit Ausnahme von Informationen, die notwendig wären, um die Erfüllung der Anforderungen zu belegen, für die der Antragsteller eine Ausnahme gemäß dem genannten Artikel beantragt hat.

(6) Bis zum 23. März 2023 arbeitet die ESMA Leitlinien zur Festlegung von Standardformularen, Standardformaten und Mustertexten für die Zwecke von Absatz 4 aus.

(7) Die zuständige Behörde prüft innerhalb von 30 Arbeitstagen nach Eingang des Antrags auf eine besondere Genehmigung für den Betrieb eines DLT-TSS, ob der Antrag vollständig ist. Ist der Antrag unvollständig, legt die zuständige Behörde eine Frist fest, innerhalb deren der Antragsteller die fehlenden oder etwaige zusätzliche Angaben vorlegen muss. Die zuständige Behörde informiert den Antragsteller, wenn sie den Antrag als vollständig erachtet.

Sobald die zuständige Behörde den Antrag für vollständig erachtet, übermittelt sie eine Kopie des Antrags an
a) die ESMA und
b) die in Artikel 12 der Verordnung (EU) Nr. 909/2014 genannten betreffenden Behörden.

(8) Wenn dies zur Förderung der Kohärenz und Verhältnismäßigkeit der Ausnahmen oder zur Gewährleistung des Anlegerschutzes, der Marktintegrität und der Finanzstabilität erforderlich ist, übermittelt die ESMA der zuständigen Behörde innerhalb von 30 Kalendertagen nach Eingang einer Kopie dieses Antrags eine unverbindliche Stellungnahme zu den beantragten Ausnahmen oder zur Angemessenheit der für die Zwecke dieser Verordnung verwendeten Art der Distributed-Ledger-Technologie.

Bevor die ESMA eine unverbindliche Stellungnahme abgibt, konsultiert sie die zuständigen Behörden der anderen Mitgliedstaaten und trägt deren Standpunkten in ihrer Stellungnahme weitestgehend Rechnung.

Gibt die ESMA eine unverbindliche Stellungnahme ab, so berücksichtigt die zuständige Behörde diese Stellungnahme gebührend und übermittelt der ESMA eine Erklärung zu etwaigen erheblichen Abweichungen von dieser Stellungnahme, wenn die ESMA darum ersucht. Die Stellungnahme der ESMA und die Erklärung der zuständigen Behörde werden nicht veröffentlicht.

Die in Artikel 12 der Verordnung (EU) Nr. 909/2014 genannten betreffenden Behörden übermitteln der zuständigen Behörde innerhalb von 30 Kalendertagen nach Eingang einer Kopie dieses Antrags eine unverbindliche Stellungnahme zu den Merkmalen des vom Antragsteller betriebenen DLT-TSS.

(9) Die zuständige Behörde führt innerhalb von 90 Arbeitstagen nach Eingang eines vollständigen Antrags auf eine besondere Genehmigung für den Betrieb eines DLT-TSS eine Überprüfung des Antrags durch und entscheidet, ob die besondere Genehmigung erteilt wird. Beantragt der Antragsteller gleichzeitig eine Zulassung gemäß der Richtlinie 2014/65/EU oder der Verordnung (EU) Nr. 909/2014 und eine besondere Genehmigung nach diesem Artikel, so kann der Bewertungszeitraum um einen weiteren Zeitraum bis zu dem in Artikel 7 Absatz 3 der Richtlinie 2014/65/EU bzw. Artikel 17 Absatz 8 der Verordnung (EU) Nr. 909/2014 genannten Zeitraum verlängert werden.

(10) Unbeschadet der Artikel 7 und 44 der Richtlinie 2014/65/EU und des Artikels 17 der Verordnung (EU) Nr. 909/2014 verweigert die zuständige Behörde eine besondere Genehmigung zum Betrieb eines DLT-TSS, wenn Gründe dafür vorliegen, Folgendes anzunehmen

a) erhebliche Risiken für den Anlegerschutz, die Marktintegrität oder die Finanzstabilität bestehen, die vom Antragsteller nicht angemessen angegangen und abgemildert werden;

b) die besondere Genehmigung für den Betrieb eines DLT-TSS und die beantragten Ausnahmen dazu dienen sollen, rechtliche oder regulatorische Anforderungen zu umgehen, oder

c) der Betreiber des DLT-TSS nicht in der Lage sein wird, die geltenden Bestimmungen des Unionsrechts oder die Bestimmungen der nationalen Rechtsvorschriften, die nicht in den Anwendungsbereich des Unionsrechts fallen, zu erfüllen, bzw. es seinen Nutzern nicht ermöglichen wird, diese Bestimmungen zu erfüllen.

(11) Eine besondere Genehmigung gilt in der gesamten Union für einen Zeitraum von bis zu sechs Jahren ab dem Ausstellungsdatum. In der besonderen Genehmigung sind die gemäß Artikel 6 erteilten Ausnahmen, etwaige Ausgleichsmaßnahmen und niedrigere Schwellenwerte, die von der zuständigen Behörde gemäß Artikel 3 Absatz 6 festgelegt wurden, anzugeben.

Die zuständige Behörde unterrichtet die ESMA und die in Artikel 12 der Verordnung (EU) Nr. 909/2014 genannten betreffenden Behörden unverzüglich über die Erteilung, die Verweigerung oder den Entzug einer besonderen Genehmigung gemäß diesem Artikel, einschließlich aller in Unterabsatz 1 des vorliegenden Absatzes genannten Informationen.

Die ESMA veröffentlicht auf ihrer Website

a) die Liste der DLT-TSS, das Anfangs- und Enddatum ihrer besonderen Genehmigungen, die Liste der für jedes dieser DLT-TSS erteilten Ausnahmen und die für jedes dieser DLT-TSS von den zuständigen Behörden festgelegten niedrigeren Schwellenwerte und

b) die Gesamtzahl der nach Artikel 6 gestellten Anträge auf Ausnahmen mit Angabe der Anzahl und der Art der erteilten und der verweigerten Ausnahmen sowie der Begründung der Ablehnungen.

Die in Unterabsatz 3 Buchstabe b genannten Informationen werden anonym veröffentlicht.

(12) Unbeschadet der Artikel 8 und 44 der Richtlinie 2014/65/EU und des Artikels 20 der Verordnung (EU) Nr. 909/2014 entzieht die zuständige Behörde eine besondere Genehmigung oder alle damit verbundenen Ausnahmen, wenn

a) in der Funktionsweise der verwendeten Distributed-Ledger-Technologie oder den vom Betreiber des DLT-TSS erbrachten Dienstleistungen und durchgeführten Tätigkeiten eine Schwachstelle entdeckt wurde, die ein Risiko für den Anlegerschutz, die Marktintegrität oder die Finanzstabilität darstellt und das Risiko schwerer wiegt als die Vorteile der zu erprobenden Dienstleistungen und Tätigkeiten;

b) der Betreiber des DLT-TSS gegen die Bedingungen verstoßen hat, die an die Ausnahmen geknüpft sind;

c) der Betreiber des DLT-TSS Finanzinstrumente zum Handel zugelassen oder verbucht hat, die nicht die Bedingungen gemäß Artikel 3 Absatz 1 erfüllen;

d) der Betreiber des DLT-TSS einen in Artikel 3 Absatz 2 festgelegten Schwellenwert überschritten hat;

e) der Betreiber des DLT-TSS den in Artikel 3 Absatz 3 genannten Schwellenwert überschritten und die Übergangsstrategie nicht aktiviert hat oder

f) der Betreiber des DLT-TSS die besondere Genehmigung oder die damit verbundenen Ausnahmen auf der Grundlage irreführender Informationen oder einer wesentlichen Auslassung erhalten hat.

(13) Beabsichtigt ein Betreiber eines DLT-TSS, eine wesentliche Änderung der Funktionsweise der verwendeten Distributed-Ledger-Technologie oder der Dienstleistungen oder Tätigkeiten dieses Betreibers vorzunehmen, und erfordert diese wesentliche Änderung eine neue besondere Genehmigung, eine neue Ausnahme oder die Änderung einer oder mehrerer bestehender Ausnahmen des Betreibers oder von an eine Ausnahme geknüpften Bedingungen, so beantragt der Betreiber des DLT-TSS eine neue besondere Genehmigung, Ausnahme oder Änderung. Beantragt ein Betreiber eines DLT-TSS eine neue Genehmigung, Ausnahme oder Änderung, findet das Verfahren nach Artikel 6 Anwendung. Dieser Antrag wird von der zuständigen Behörde gemäß diesem Artikel bearbeitet.

Übersicht

	Rn.
I. Einführung	1
1. Literatur	1
2. Entstehung und Zweck der Normen	2
3. Normativer Kontext	4
II. Allgemeines	5
III. Erfasste Marktteilnehmer	6
1. Marktteilnehmer mit vollständiger Zulassung (Abs. 1)	6
2. Beschränkte Zulassung für neue Marktteilnehmer (Abs. 2–3)	10

Besondere Genehmigung für den Betrieb **Art. 8–10 DLT-PR**

	Rn.
IV. Genehmigungsverfahren	14
1. Allgemeines	14
2. Antragsvoraussetzungen und Unterlagen	15
3. Prüfung der Vollständigkeit des Antrags	18
4. Möglichkeit zur Stellungnahme und Konsultation durch die ESMA	19
5. Stellungnahme weiterer Behörden bei DLT-SS und DLT-TSS	22
6. Inhaltliche Prüfung des Antrags und Entscheidung (Abs. 9–10)	24
V. Rechtswirkungen der besonderen Genehmigung (Abs. 11)	29
1. Inhalt und Veröffentlichung	29
2. Passporting	30
3. Zeitliche Befristung	31
VI. Entzug der besonderen Genehmigung (Abs. 12)	32
VII. Wesentliche Änderungen (Abs. 13)	35

I. Einführung

1. Literatur. *Ebner*, Finanzinstrumente auf der Blockchain: Die neue EU-Pilotregelung für DLT-Marktinfrastrukturen im Überblick, GesRZ 2022, 271; *Brauneck*, Kryptowertpapiere: DLT-Pilotregime und CSDR contra eWpG? WM 2023, 860; *Maume/Kesper*, The EU DLT Pilot Regime for Digital Assets, ECLJ 2023, 118; *Ringe/Ruof*, Regulating Fintech in the EU: the Case for a Guided Sandbox, EJRR 2020, 604; *Romba/Oppenheim/Pfaf*, Pilotregelung für DLT-Marktinfrastrukturen, RDi 2023, 145; *Zaccaroni*, Decentralized Finance and EU Law: The Regulation on a Pilot Regime for Market Infrastructures based on Distributed Ledger Technology, European Papers 2022, 601; *Zetzsche/Woxholth*, The DLT Sandbox under the Pilot-Regulation, CMLJ 2022, 212. 1

2. Entstehung und Zweck der Normen. Die Art. 8–10 regeln die besondere Genehmigung für den Betrieb von DLT-Marktinfrastrukturen, die für die Inanspruchnahme von Ausnahmen notwendig ist (→ Vor Art. 4–6 Rn. 4 f.). Die Normen sind jeweils auf eine bestimmte DLT-Marktinfrastruktur zugeschnitten, folgen jedoch strukturell demselben Schema (→ Vor DLT-PR Rn. 14) und unterscheiden sich nur in wenigen Aspekten. Sie bestimmen u.a., welche **Marktteilnehmer** eine besondere Genehmigung beantragen können und regeln das **Genehmigungsverfahren** und die **Rechtswirkungen der besonderen Genehmigung**. Die ESMA muss nach Art. 8–10 Leitlinien mit **Standardformularen** zur Verfügung stellen. Die Art. 8 Abs. 8 und Art. 9 Abs. 8 enthalten zudem einen Auftrag an die ESMA, zur Förderung der Kohärenz und Verhältnismäßigkeit **Leitlinien** zur Gewährung von Ausnahmen nach Art. 4 und Art. 5, zur Eignung unterschiedlicher DLT-Systeme sowie zur Ausübung der Option zur Herabsetzung der Schwellenwerte nach Art. 3 Abs. 6 auszuarbeiten. 2

Abgesehen von punktuellen Anpassungen des Zulassungsverfahrens wurden im Gesetzgebungsverfahren folgende wesentliche Punkte ergänzt: 3
– Infolge der Einführung des DLT-TSS als eigenständige Marktinfrastruktur (→ Art. 4 Rn. 3; → Art. 6 Rn. 3) wurde eine Regelung der **besonderen Genehmigung für DLT-TSS** notwendig. Während im Bericht des Aus-

schusses für Wirtschaft und Währung (ECON) des EP[1] noch ein paralleler Antrag der Genehmigungen für den Betrieb eines DLT-MTF und eines DLT-SS vorgesehen war, führte die interinstitutionelle Einigung[2] die Anträge in einer Bestimmung zusammen, die als Art. 10 Eingang in den finalen Text der VO fand.

– Obwohl Innovationen häufig von jungen Unternehmen ausgehen, adressiert die DLT-Pilotregelung aufgrund der vorausgesetzten Zulassung (→ Rn. 5) primär etablierte Marktteilnehmer.[3] Um auch neuen Akteuren Zugang zu gewähren, wurde im jeweiligen Abs. 2 eine Erleichterung in Form einer **beschränkten Zulassung für neue Marktteilnehmer** vorgesehen (→ Rn. 10 ff.).

4   **3. Normativer Kontext.** Die Bestimmungen der Art. 8–10 bilden systematisch eine Einheit. Die wesentlichen Genehmigungsanforderungen werden zwar in den Art. 8–10 aufgezählt, ergeben sich aber bereits aus den allgemeinen Anforderungen an DLT-Marktinfrastrukturen (Art. 7) sowie – je nach Marktinfrastruktur – aus den Ausnahmebestimmungen der Art. 4–6 (→ Vor DLT-PR Rn. 16 f.).

II. Allgemeines

5   Die besondere Genehmigung nach Art. 8–10 ist als **zusätzliche Genehmigung zu einer bestehenden Zulassung** konzipiert, die einen selbständigen Verwaltungsakt darstellt. Sie ist (nur) für die Inanspruchnahme von Ausnahmen notwendig und modifiziert insofern eine etwaige, bereits bestehende Zulassung (→ Vor DLT-PR Rn. 21). Bei Einhaltung der regulären Bestimmungen des Finanzmarktrechts ist für den Einsatz der DLT dagegen keine besondere Genehmigung nötig (→ Vor Art. 4–6 Rn. 4 f.). Um auch neuen Marktteilnehmern Zugang zu gewähren, besteht die Möglichkeit zur **gleichzeitigen Beantragung einer beschränkten Zulassung** nach der MiFID II oder CSDR (→ Rn. 10 ff.). Darüber hinaus hält Erwgr. Nr. 19 fest, dass bestimmte **öffentliche Stellen** (EZB, nationale Zentralbanken und mitgliedstaatliche Einrichtungen mit ähnlichen Aufgaben, öffentliche Stellen im Rahmen der Staatsschuldenverwaltung) ein DLT-SS ohne besondere Genehmigung betreiben können, da sie nur bestimmten Anforderungen der CSDR unterliegen und nicht unter der Aufsicht der zuständigen Behörde stehen.

III. Erfasste Marktteilnehmer

6   **1. Marktteilnehmer mit vollständiger Zulassung (Abs. 1).** DLT-Marktinfrastrukturen können von drei unterschiedlichen Gruppen von Marktteilnehmern betrieben werden, die bereits über eine vollständige Zulassung nach der MiFID II oder CSDR verfügen:

7   • **Marktbetreiber:** Betreiber eines DLT-MTF oder DLT-TSS kann „*eine juristische Person, die gemäß der Richtlinie 2014/64/EU [...] für den Betrieb eines geregelten Marktes zugelassen ist*"[4] sein. Obwohl die in Art. 8 Abs. 1 und Art. 10 Abs. 1 verwendete Formulierung enger ist als die Definition des

---

[1] A9-0240/2021 (vgl. Art. 7 Abs. 1b und Art. 8 Abs. 1b).
[2] PE703.109v01-00 (vgl. Art. 8a).
[3] Ebner GesRZ 2022, 271 (277).
[4] Art. 8 Abs. 1, Art. 10 Abs. 1.

Besondere Genehmigung für den Betrieb   **Art. 8–10 DLT-PR**

„Marktbetreibers" nach Art. 2 Nr. 20 DLT-PR iVm Art. 4 Abs. 1 Nr. 18 MiFID II, dürften sich daraus keine relevanten Einschränkungen ergeben.[5] Wer einen geregelten Markt betreiben darf und welche Zulassungsanforderungen gelten, ist unionsrechtlich nicht vollständig harmonisiert und kann sich je nach Mitgliedstaat unterscheiden.

- **Wertpapierfirmen:** DLT-MTF und DLT-TSS dürfen darüber hinaus durch „*eine juristische Person, die gemäß der Richtlinie 2014/64/EU als Wertpapierfirma* [...] *zugelassen ist*"[6] betrieben werden. Der Begriff „Wertpapierfirma" bezieht sich auf die Definition nach Art. 4 Abs. 1 Nr. 1 MiFID II[7] und ist teilw. weiter als das Begriffsverständnis nationaler Normen.[8] Von der DLT-PR erfasst werden grundsätzlich alle **juristischen Personen**, die (zulässigerweise)[9] gewerbsmäßig Wertpapierdienstleistungen für Dritte erbringen oder Anlagetätigkeiten ausüben. Andere als juristische Personen, die nach Art. 4 Abs. 1 Nr. 1 UAbs. 2 MiFID II durch die Mitgliedsstaaten ebenfalls in den Kreis der Wertpapierfirmen einbezogen werden können, fallen nicht darunter. Zu den Wertpapierfirmen iSd MiFID II zählen grundsätzlich auch nach der CRD/CRR zugelassene **Kreditinstitute**, wenn sie Wertpapierdienstleistungen erbringen oder Anlagetätigkeiten ausüben.[10] Erwgr. Nr. 13 führt jedoch aus, dass Kreditinstitute – entsprechend dem Wortlaut der Bestimmungen – eine DLT-Marktinfrastruktur nur betreiben dürfen, wenn sie (auch) über eine **Zulassung nach der MiFID II** verfügen. Die Bestimmung gibt nicht vor, auf welche Wertpapierdienstleistungen oder Anlagetätigkeiten sich die **bestehende Zulassung** beziehen muss. Spätestens mit Beantragung der besonderen Genehmigung müssen Wertpapierfirmen jedoch alle Anforderungen der MiFID II für den Betrieb eines MTF erfüllen (→ Art. 4 Rn. 11).[11] **8**

- **Zentralverwahrer:** DLT-SS und DLT-TSS dürfen durch „*eine juristische Person, die* [...] *gemäß der Verordnung (EU) Nr. 909/2014 als Zentralverwahrer zugelassen ist*"[12], betrieben werden. Die Zulassung von Zentralverwahrern wird durch die unmittelbar anwendbare CSDR selbst geregelt. **9**

2. Beschränkte Zulassung für neue Marktteilnehmer (Abs. 2–3). Die DLT-PR steht aufgrund des Erfordernisses einer bestehenden Zulassung primär etablierten Marktteilnehmern offen. Dies ist vor dem Hintergrund zu sehen, dass die DLT-PR streng regulierte und potenziell systemrelevante Bereiche betrifft.[13] **Innovationen am Finanzmarkt** und speziell im Bereich „FinTech" gehen aber häufig nicht von etablierten Marktteilnehmern, sondern von jungen Unternehmen aus, die aufgrund ihrer fehlenden Erfahrung im regulierten Umfeld in besonderem Maße von einer Sandbox-Lösung profitieren.[14] **10**

---

[5] Vgl. auch Erwgr. Nr. 13, der von einem „Marktbetreiber" spricht.
[6] Art. 8 Abs. 1, Art. 10 Abs. 1.
[7] Vgl. Art. 2 Nr. 19.
[8] Vgl. etwa für Österreich § 3 Abs. 1 WAG 2018.
[9] Brandl/Saria/Seggermann WAG 2018 § 1 Rn. 8 (Stand 1.7.2023).
[10] Moloney, EU Securities and Financial Markets Regulation, 3. Aufl. 2014, 342.
[11] Vgl. Art. 4 Abs. 1, Art. 6 Abs. 1; DLT-MTF *sind* multilaterale Handelssysteme iSd MiFID II.
[12] Art. 9 Abs. 1, Art. 10 Abs. 1.
[13] Vgl. ECON_PR(2021)689571, 69 (Abänderung 95).
[14] Ringe/Ruof EJJR 2020, 605 (613); vgl. auch McCarthy CMLJ 2022, 788 (290 f.); siehe bereits Ebner GesRZ 2022, 271 (277).

11 Um auch **neuen Marktteilnehmern** Zugang zu gewähren (Erwgr. Nr. 11), sehen die Art. 8–10 jeweils in Abs. 2 f. eine Erleichterung vor: Soll **ausschließlich eine DLT-Marktinfrastruktur** betrieben werden, können Marktteilnehmer **gleichzeitig** mit der besonderen Genehmigung die Zulassung als Marktbetreiber, Wertpapierfirma oder Zentralverwahrer **beantragen**. In diesem Fall sind jene Anforderungen, für die in der besonderen Genehmigung **Ausnahmen nach Art. 4–6** beantragt werden, von vornherein nicht zu erfüllen. Abs. 3 stellt klar, dass in Bezug auf solche Anforderungen auch keine Informationen zu übermitteln sind. Die Behörde hat jedoch die Möglichkeit, die **Entscheidungsfrist** für beide Anträge von 90 Arbeitstagen (ca. 4 Monate) um einen zusätzlichen Zeitraum von höchstens sechs Monaten (reguläre Frist für einen Antrag nach MiFID II und CSDR), sohin auf insgesamt ca. 10 Monaten,[15] auszudehnen (Abs. 9 Satz 2; → Rn. 13).

12 Bei der erteilten Bewilligung handelt es sich um eine **beschränkte Zulassung,** die ausschließlich zum Betrieb einer DLT-Marktinfrastruktur berechtigt. Läuft die besondere Genehmigung nach der DLT-PR aus, ist die beschränkte Zulassung von der Behörde zu widerrufen, sofern der Marktteilnehmer keinen Antrag auf vollständige Zulassung nach der MiFID II oder CSDR stellt (Erwgr. Nr. 11). Gleiches muss für den Widerruf der besonderen Genehmigung gelten.[16]

13 Abgesehen vom erleichterten Zulassungsverfahren werden die Anforderungen im Vergleich zu Marktteilnehmern mit vollständiger Zulassung nicht herabgesetzt. Die beschränkte Zulassung hat daher den Charakter eines **vereinfachten Zulassungsverfahrens.**[17] Dieses kann in Hinblick auf die Befristung der DLT-PR (siehe aber → Art. 14–15 Rn. 7 f.) Startvorteile etablierter Marktteilnehmer zum Teil entschärfen; problematisch ist jedoch die großzügige Verlängerungsmöglichkeit für die Entscheidungsfrist (→ Rn. 11). Teleologisch kann sie damit erklärt werden, dass bei gleichzeitiger Beantragung einer beschränkten Zulassung – anders als bei Marktteilnehmern mit bestehender Zulassung – zahlreiche allgemeine Anforderungen zu prüfen sind.

IV. Genehmigungsverfahren

14 **1. Allgemeines.** Das Genehmigungsverfahren orientiert sich ausweislich der Erläuterungen an den Verfahren nach der MiFID II bzw. CSDR (Erwgr. Nr. 44). Der **Gegenstand des Verfahrens** ist freilich im Regelfall – anders als Erwgr. Nr. 44 suggeriert – aufgrund der Konzeption als zusätzliche Genehmigung ein anderer und betrifft primär die allgemeinen Anforderungen an DLT-Marktinfrastrukturen nach Art. 7 und die Ausnahmen nach Art. 4–6. Nur soweit eine beschränkte Zulassung oder eine besondere Genehmigung für den Betrieb eines DLT-TSS beantragt wird oder eine antragstellende Wertpapierfirma noch nicht über eine Zulassung für den Betrieb eines MTF verfügt, deckt sich der Prüfungsgegenstand mit dem regulären Zulassungsverfahren nach der MiFID II bzw. CSDR. Die **verfahrensmäßi-**

---

[15] Während die engl. und dt. Sprachfassung nicht eindeutig sind, ergibt sich aus der französischen Version, dass sich die sechs Monate auf die zusätzliche Periode und nicht auf die Gesamtdauer beziehen.

[16] Die Möglichkeit zur Beantragung einer vollständigen Zulassung wird in diesem Fall vom Widerrufsgrund abhängen.

[17] MkritAnm bereits Ebner GesRZ 2022, 271 (277).

ge Besonderheit liegt insbes. in der Möglichkeit zur Stellungnahme durch die ESMA samt dem vorangehenden Konsultationsverfahren (→ Rn. 19 ff.).

2. Antragsvoraussetzungen und Unterlagen. Im jeweiligen Abs. 4 ist 15 geregelt, welche Unterlagen mit dem Antrag auf eine besondere Genehmigung einzureichen sind. Die Bestimmung bildet die **Genehmigungsvoraussetzungen** ab, die sich bereits aus den Art. 4–7 ergeben (→ Vor DLT-PR Rn. 16 f.). Die Erforderlichkeit des Nachweises über die Erfüllung aufsichtsrechtlicher Sicherheitsvorkehrungen zur Entschädigung von Kunden (jeweils lit. d) ist absolut formuliert, kommt aber nur zum Tragen, wenn die Behörde solche Sicherheitsvorkehrungen anordnet (Art. 7 Abs. 6 UAbs. 3). Die ESMA hat entsprechend des Regelungsauftrags **Leitlinien mit Standardformularen**[18] für den Antrag erlassen, die Verweise auf ein einheitliches Antragsdokument ermöglichen. Die nationalen Behörden veröffentlichen auf ihrer Website weitere Informationen zu Form, Sprache und zuständiger Kontaktstelle.[19]

Neue Marktteilnehmer, die eine **beschränkte Zulassung** nach Abs. 2–3 16 beantragen, müssen – mit Ausnahme von Informationen zu jenen Anforderungen, von denen eine Ausnahme beantragt wird – zusätzlich die Unterlagen nach Art. 7 MiFID II bzw. Art. 17 Abs. 2 CSDR vorlegen. Hierfür gelten die allgemeinen Konkretisierungen auf Level-2 und Level-3.[20]

Betreiber von DLT-TSS unterliegen – je nach bestehender Zulassung – 17 zusätzlich den Anforderungen der MiFID II für MTF oder der CSDR, die sinngemäß zur Anwendung kommen (→ Art. 6 Rn. 9 ff.). Dementsprechend muss der Antragsteller nach Art. 10 Abs. 5 Informationen dazu vorlegen, wie die jeweils anwendbaren Anforderungen erfüllt werden. Wiederum besteht eine Ausnahme für jene Anforderungen, für die nach Art. 6 eine Ausnahme beantragt wird.

3. Prüfung der Vollständigkeit des Antrags. Nach Eingang des Antrags 18 prüft die Behörde im ersten Schritt innerhalb von **30 Arbeitstagen (6 Wochen)** die Vollständigkeit des Antrags und setzt dem Antragsteller ggf. eine Frist für Ergänzungen. Die Phase der Vollständigkeitsprüfung kann sich bei Ergänzungsersuchen mehrmals verlängern, findet jedoch ein **formales Ende** mit der Mitteilung über die Vollständigkeit an den Antragsteller und der gleichzeitigen Übermittlung einer Kopie des Antrags an die ESMA.

4. Möglichkeit zur Stellungnahme und Konsultation durch die ES- 19 **MA.** Nach Eingang der Antragskopie hat die ESMA die Möglichkeit, eine Stellungnahme zu

– den vom Antragsteller **beantragten Ausnahmen** und
– zur Angemessenheit des konkret **eingesetzten DLT-Systems**

abzugeben. Bemerkenswert ist, dass die DLT-PR – anders als in Bezug auf die Ausnahmen (→ Vor Art. 4–6 Rn. 8 ff.) – für die Angemessenheit des eingesetzten DLT-Systems keinerlei Vorgaben macht, sondern sich betont technologieneutral gibt (→ Art. 7 Rn. 3, 16). Die Angemessenheit kann sich sohin nur nach der Möglichkeit zur Einhaltung der regulatorischen Anforderungen und den Gefahren für den Anlegerschutz, die Marktintegrität und die Finanzstabilität bestimmen. Die Stellungnahme in Bezug auf das eingesetzte

---

[18] ESMA70-460-213.
[19] ESMA70-460-213, 8.
[20] ESMA70-460-213, 6.

DLT-System ist mithin ein reines **Konvergenzinstrument,** durch welches die Erfahrungen der ESMA und anderer nationaler Behörden mit dem Einsatz bestimmter Arten von DLT-Systemen in das Genehmigungsverfahren einfließen.

20 Die ESMA unterliegt **gebundenem Ermessen** und muss sich äußern, wenn dies zur Förderung der Kohärenz und Verhältnismäßigkeit der Ausnahmen oder zur Gewährleistung des Anlegerschutzes, der Marktintegrität und der Finanzstabilität erforderlich ist.[21] Die Stellungnahme ist nach dem Wortlaut **unverbindlich** und soll nach Erwgr. Nr. 44 „*nicht als Stellungnahme im Sinne der Verordnung (EU) Nr. 1095/2010* [ESMA-VO] *angesehen werden.*" Die Bedeutung der Erläuterungen ist unklar, zumal Stellungnahmen nach Art. 29 Abs. 1 lit. a ESMA-VO gerade ein (unverbindliches) Instrument zur Förderung kohärenter Aufsichtspraktiken sind.[22] Gleichwohl ordnen Art. 8–10 einen eigenständigen *„Comply-or-explain"*-**Mechanismus** an, nach dem die Behörden die Stellungnahme gebührend berücksichtigen und erhebliche Abweichungen auf Ersuchen der ESMA erklären müssen. Das Verfahren setzt eine **Verpflichtung der Behörde zur Benachrichtigung der ESMA über erhebliche Abweichungen** voraus. Stellungnahmen und etwaige Abweichungserklärungen sind **nicht öffentlich.**

21 Vor Abgabe einer Stellungnahme ist die ESMA zur **Konsultation der übrigen mitgliedstaatlichen Behörden** verpflichtet, deren Standpunkten sie „*weitestgehend"*[23] Rechnung tragen muss. Die Bestimmung entspricht dem Ziel eines institutionellen Lernprozesses[24] und fördert eine einheitliche Aufsichtspraxis. Auffallend ist die **kurze Frist für Konsultation und Stellungnahme** von lediglich 30 *Kalender***tagen** im Vergleich zu den großzügigen Entscheidungsfristen der nationalen Behörden (→ Rn. 11, 13).

22 **5. Stellungnahme weiterer Behörden bei DLT-SS und DLT-TSS.** Wird eine besondere Genehmigung für den Betrieb eines DLT-SS oder DLT-TSS beantragt, ist eine Kopie der vollständigen Antragsunterlagen ggf. auch an die *„Relevant Authorities"* nach Art. 12 CSDR zu übermitteln. Dazu gehören

– bei grenzüberschreitender Tätigkeit eines Zentralverwahrers die zuständige Behörde in dem Mitgliedstaat, dessen Recht das betriebene Wertpapierliefer- und -abrechnungssystem unterliegt,[25]
– die Zentralbank der wichtigsten Abrechnungswährungen des Wertpapierliefer- und -abrechnungssystems,
– Zentralbanken, über deren Konten das Cash-Settlement erfolgt.

Die ESMA veröffentlicht eine **Liste mit den relevanten Stellen** für alle Zentralverwahrer.[26]

23 Die relevanten Stellen sollen – ebenfalls innerhalb von 30 *Kalender***tagen** – eine unverbindliche Stellungnahme zu den *„Merkmalen"*[27] des vom Antrag-

---

[21] Vgl. auch Erwgr. Nr. 44.
[22] Besondere Rechtsfolgen sieht die ESMA-VO für Leitlinien und Empfehlungen und idZ für förmliche Stellungnahmen der Kommission vor (Art. 16 f. ESMA-VO).
[23] Art. 8 Abs. 7, Art. 9 Abs. 7, Art. 10 Abs. 8.
[24] Ebner GesRZ 2022, 279; Zetzsche/Woxholth CMLJ 2022, 212 (234 ff.).
[25] Die NASDAQ CSD SE betreibt zB Wertpapierliefer- und Abwicklungssysteme nach der jeweiligen Rechtsordnung in Estland, Lettland, Litauen und Island, vgl. ESMA70-151-887 (Stand 10.7.2023).
[26] ESMA70-151-887.
[27] Art. 9 Abs. 7 UAbs. 4; Art. 10 Abs. 8 UAbs. 4.

steller betriebenen DLT-SS oder DLT-TSS übermitteln. Der Inhalt, auf den auch die Erwgr. nicht eingehen, dürfte sich je nach Aufgabe der relevanten Stellen auf das Abwicklungssystem bzw. auf das Cash-Settlement beziehen.

6. Inhaltliche Prüfung des Antrags und Entscheidung (Abs. 9–10). 24
Im zweiten Schritt prüft die Behörde inhaltlich, ob die Voraussetzungen für die Erteilung der besonderen Genehmigung vorliegen. Dazu gehört jedenfalls die Einhaltung
– der **Anforderungen der CSDR bzw. der MiFID II/MiFIR für den Betrieb eines MTF** (Art. 4–6, jeweils Abs. 1 UAbs. 1), soweit sich diese nicht aus einer bereits bestehenden Zulassung ergibt,
– der **allgemeinen Anforderungen an DLT-Marktinfrastrukturen** (Art. 7) und
– der **besonderen Anforderungen nach Art. 4–6** (ausnahmespezifische Anforderungen, Rechtfertigung und Verhältnismäßigkeit, Beschränkung auf die DLT-Marktinfrastruktur, vorgeschlagene Ausgleichsmaßnahmen).[28]

Die Behörde hat die Kompetenz, im Rahmen des Genehmigungsverfah- 25
rens **Ausgleichsmaßnahmen** vorzuschreiben. Sie unterliegt dabei **gebundenem Ermessen** und muss tätig werden, wenn dies notwendig ist, um den entstehenden Risiken zu begegnen (näher → Vor Art. 4–6 Rn. 15 f.). Vom Antragsteller nach Art. 4–6 **vorgeschlagene Ausgleichsmaßnahmen** werden im Genehmigungsverfahren daraufhin zu prüfen sein, ob sie zur Erreichung der verfolgten Ziele geeignet und angemessen sind.

Im Genehmigungsverfahren ist neben der **Einhaltung der DLT-PR** im 26
Rahmen einer prognostischen Beurteilung auch zu prüfen, ob der Marktbetreiber in der Lage sein wird, die **sonstigen Bestimmungen des Unionsrechts und des nationalen Rechts** zu erfüllen bzw. seinen Nutzern die Erfüllung zu ermöglichen (vgl. jeweils Abs. 10 lit. c).[29] Die Prüfung zielt nach den Materialien va auf nicht harmonisierte, nationale **Normen des Wertpapier- und Depotrechts**, die auf die (erstmalige) Einbuchung von Wertpapieren,[30] die Führung von Depotkonten und den Betrieb von Settlement-Systemen zur Anwendung kommen (Erwgr. Nr. 45).[31] Sie bilden die privatrechtliche Grundlage für die Lieferung und Abrechnung von Wertpapieren (→ Art. 5 Rn. 7 f.). In Abs. 10 lit. c versteckt sich damit nicht nur eine zusätzliche Anforderung, sondern auch eine **potenzielle Hürde** mit erheblicher Sprengkraft:[32] Die privatrechtliche Einordnung von DLT-Finanzinstrumenten ist – je nach konkreter Ausgestaltung – nicht in allen Rechtsordnungen klar (näher → Art. 5 Rn. 7 f.).

Die Erteilung der besonderen Genehmigung ist nach dem jeweiligen 27
Abs. 10 insbes. zu **verweigern,** wenn Gründe für die Annahme bestehen, dass
– **erhebliche Risiken für den Anlegerschutz, die Marktintegrität oder die Finanzstabilität** bestehen, die vom Betreiber **nicht angemessen**

---

[28] S. auch → Vor DLT-PR Rn. 18.
[29] Mit krit. Tenor Brauneck WM 2023, 860 (863 f.).
[30] Aus der engl. Sprachfassung des Erwgr. Nr. 45 geht hervor, dass mit dem „*Verbuchung von Wertpapieren*" eigentlich die (erstmalige) Erfassung von Wertpapieren iSd Art. 3 CSDR gemeint ist.
[31] Erwgr. Nr. 45 nennt auch gesellschaftsrechtliche Normen, die (zB bei der Begebung digitaler Aktien) ebenfalls einschlägig sein können.
[32] Die Klärung der privatrechtlichen Fragen ist auch für die Erstellung der rechtlichen Bedingungen nach Art. 7 Abs. 1 UAbs. 1 erforderlich (→ Art. 7 Rn. 11).

adressiert oder gemildert werden (lit. a); die Vorschreibung zusätzlicher Ausgleichsmaßnahmen ist mE als gelinderes Mittel geboten, wenn die Genehmigung sonst zu versagen wäre (→ Vor Art. 4–6 Rn. 15 f.);
- die besondere Genehmigung und die beantragten Ausnahmen der **Umgehung rechtlicher Anforderungen** dienen (lit. b); der Verweigerungsgrund stellt insbes. den Bezug zur Anforderung der Art. 4–6 her, wonach sich die beantragten Ausnahmen auf die jeweilige DLT-Marktinfrastruktur beschränken müssen (→ Vor Art. 4–6 Rn. 14);
- der Betreiber nicht in der Lage sein wird, **Bestimmungen des Unionsrechts oder nicht harmonisierte, nationale Rechtsvorschriften** zu erfüllen bzw. seinen Nutzern die Erfüllung zu ermöglichen (→ Rn. 26).

Darüber hinaus gelten – je nach Antragsteller und beantragter Marktinfrastruktur – die Voraussetzungen und Verweigerungsgründe der **Art. 7 und 44 MiFID II bzw. Art. 17 CSDR**. Allen voran ist die Genehmigung – was sich jedoch ohnehin bereits aus der DLT-PR ergibt – zu verweigern, wenn die Anforderungen der CSDR, MiFIR oder nationale Bestimmungen in Umsetzung der MiFID II nicht eingehalten werden.

28 In allen anderen Fällen hat die Behörde bei Erfüllung der Genehmigungsvoraussetzungen die besondere Genehmigung zu erteilen. Der Antragsteller hat insofern bei Erfüllung der Voraussetzungen einen **Anspruch auf Erteilung der Genehmigung und Gewährung von Ausnahmen** (→ Vor DLT-PR Rn. 19). Es besteht weder Ermessen noch eine Beschränkung auf besonders förderungswürdige Marktteilnehmer (→ Vor Art. 4–6 Rn. 5).

V. Rechtswirkungen der besonderen Genehmigung (Abs. 11)

29 **1. Inhalt und Veröffentlichung.** Die besondere Genehmigung, die von der Behörde als **verwaltungsbehördlicher Akt** zu erlassen ist, beinhaltet die wesentlichen **Eckpunkte der Genehmigung** (jeweils Abs. 11 UAbs. 1). Die Behörde hat die ESMA und ggf. die zuständigen Stellen nach Art. 12 CSDR (→ Rn. 22 f.) unverzüglich über die Erteilung, Verweigerung oder den Entzug einer besonderen Genehmigung zu informieren. Die **ESMA veröffentlicht** im Anschluss eine Liste aller DLT-Marktinfrastrukturen unter Angabe des Gültigkeitszeitraums der Bewilligung, der erteilten Ausnahmen und ggf. der herabgesetzten Schwellenwerte. Ebenso werden – wohl zur **Information der Behörden und des Marktes** – in anonymisierter Form Informationen über die Anzahl der gestellten Anträge und die erteilten oder verweigerten Ausnahmen (ggf. samt Begründung der Verweigerung) veröffentlicht.

30 **2. Passporting.** Die besondere Genehmigung gilt „*in der gesamten Union*" sowie im **EWR**[33] und ermöglicht dem Betreiber damit jedenfalls die grenzüberschreitende Erbringung von Dienstleistungen im gesamten Binnenmarkt.[34] Nicht explizit angesprochen wird, ob dafür ggf. eine **Mitteilung an die zuständige Behörde des Herkunftsmitgliedsstaats** nötig ist. Dafür spricht, dass neben der besonderen Genehmigung eine Zulassung als Marktbetreiber, Wertpapierfirma oder Zentralverwahrer notwendig ist und Dienstleistungen nach der MiFID II/MiFIR bzw. CSDR erbracht werden, für die

---

[33] Vgl. den Übernahmebeschluss des Gemeinsamen EWR-Ausschusses Nr. 185/2023 vom 5.7.2023.
[34] Romba/Oppenheim/Pfaf RDi 2023, 145 (150).

Art. 34 MiFID II[35] bzw. Art. 23 CSDR gelten.[36] Keine Notifizierung ist jedenfalls in Hinblick auf den Betrieb von **DLT-Netzwerkknoten** erforderlich, da sich diese prinzipiell überall auf der Welt befinden können und der Betreiber – je nach Art des DLT-Systems – darüber uU keine Kontrolle hat (→ Art. 7 Rn. 16).

3. Zeitliche Befristung. Die besondere Genehmigung ist zeitlich befristet und gilt **ab dem Tag ihrer Ausstellung** für einen Zeitraum von *„bis zu sechs Jahren"*[37]. Der Zeitraum korrespondiert mit der ersten Geltungsperiode der DLT-PR, die grds. ebenfalls auf sechs Jahre, sohin bis März 2029, ausgelegt ist (siehe aber zum Zeitrahmen → Art. 14–15 Rn. 7 f.).[38] Im Fall der **Beendigung der DLT-PR** verlieren alle besonderen Genehmigungen automatisch ihre Gültigkeit (Art. 14 Abs. 2 lit. e). Obwohl die ESMA das jeweilige Anfangs- und Enddatum der besonderen Genehmigung zu veröffentlichen hat,[39] ist mE zweifelhaft, ob die zuständige Behörde für die besondere Genehmigung eine **kürzere Befristung** als sechs Jahre bzw. bis zum Ende der ersten Geltungsperiode vorsehen kann: Der Antrag und die Einrichtung einer DLT-Marktinfrastruktur ist für den Betreiber idR mit erheblichen Investitionen verbunden. Eine weitere Verkürzung des Zeitraums würde diesen – insbes. nach Anfall des Aufwands für den Antrag – in seinen wirtschaftlichen Interessen schwer beeinträchtigen.[40]

31

VI. Entzug der besonderen Genehmigung (Abs. 12)

Die zuständige Behörde kann die besondere Genehmigung in bestimmten, schwerwiegenden Fällen entziehen. Erfährt die Behörde von Problemen iZm der DLT-Marktinfrastruktur, wird sie als **gelinderes Mittel** vor dem Entzug ggf. **Abhilfemaßnahmen** anzuordnen oder den Betreiber zur **Einbringung eines Änderungsantrags** aufzufordern haben (vgl. Art. 11 Abs. 1 UAbs. 3). Als „Minus" zur Entziehung der besonderen Genehmigung kommt auch eine Teilentziehung (→ Vor DLT-PR Rn. 25) bzw. der **Entzug von Ausnahmen** (vgl. Art. 1 lit. b) oder die Festlegung bzw. Änderung von Ausgleichsmaßnahmen (vgl. Art. 1 lit. c) in Betracht.

32

Ein **Entziehungsgrund** nach der DLT-PR liegt vor, wenn
– eine **Schwachstelle** in der Funktionsweise des DLT-Systems oder den Dienstleistungen und Tätigkeiten des Betreibers entdeckt wurde, die ein **Risiko für den Anlegerschutz, die Marktintegrität oder die Finanzstabilität** darstellt (lit.a); die Behörde hat nach gebundenem Ermessen das Risiko gegen die Vorteile durch die Erprobung der DLT-Marktinfrastruktur abzuwägen;
– der Betreiber gegen die **Bedingungen verstoßen** hat, die an die Ausnahmen geknüpft sind (lit. b); die DLT-PR verwendet den Terminus *„Bedingungen"* (in der engl. Sprachversion: *„conditions"*) nicht einheitlich.[41]

33

---

[35] Vgl. insbes. Art. 34 Abs. 6–7 MiFID II für MTF.
[36] Offenbar aA Zetzsche/Woxholth CMLJ 2022, 228.
[37] Art. 8–10, jeweils Abs. 11 Satz 1.
[38] Ebner GesRZ 2022, 271 (276); vgl. auch Erwgr. Nr. 48.
[39] Art. 8–10, jeweils Abs. 11 lit. a.
[40] Gegen eine Verkürzung spricht auch Erwgr. Nr. 48, der eine Dauer von sechs Jahren als angemessen beurteilt.
[41] Während Erwgr. Nr. 16 *„Bedingungen"* und *„Ausgleichsmaßnahmen"* gegeneinander abgrenzt, versteht Erwgr. Nr. 17 darunter explizit die mit den Ausnahmen verbundenen *„Mindestanforderungen"* **und** *„Ausgleichsmaßnahmen"*.

Aus Erwgr. Nr. 48[42] und aus dem Telos der Bestimmung ergibt sich jedoch mE, dass darunter **alle** in Art. 4–6 Abs. 1 UAbs. 1 genannten **Anforderungen und Verpflichtungen** zu verstehen sind, sodass ein Entzug auch bei Nichteinhaltung von allgemeinen Anforderungen nach Art. 7 und von Ausgleichsmaßnahmen[43] (aA → Vor DLT-PR Rn. 22) möglich ist. Andernfalls blieben wesentliche Schutzinstrumente der DLT-PR nicht ausreichend sanktioniert;
- der Betreiber entgegen der **Beschränkungen nach Art. 3 Abs. 1–2** DLT-Finanzinstrumente zugelassen bzw. verbucht hat oder bei Überschreitung des Schwellenwerts nach Art. 3 Abs. 3 die **Übergangsstrategie nicht rechtzeitig eingeleitet** hat;
- die besondere Genehmigung oder Ausnahmen durch **irreführende Informationen** oder wesentliche Auslassungen erlangt wurde.

34 Zu einem Entzug der besonderen Genehmigung muss es zudem kommen, wenn die (beschränkte) **Zulassung als Marktbetreiber, Wertpapierfirma oder Zentralverwahrer** erlischt, da diese eine Voraussetzung für die Erteilung der besonderen Genehmigung ist. Die Zulassung kann nach **Art. 8, 44 MiFID II bzw. Art. 20 CSDR**[44] u. a. auch dann entzogen werden, wenn
- die **Zulassungsvoraussetzungen** nicht mehr erfüllt sind,
- **schwerwiegende bzw. systematische Verstöße gegen Anforderungen** vorliegen, oder
- der Betreiber nicht innerhalb von zwölf Monaten von der Zulassung Gebrauch macht oder innerhalb der letzten sechs Monate keine entsprechenden Dienstleistungen erbracht oder Tätigkeiten ausgeübt hat, dh die **Zulassung nicht nutzt.**

VII. Wesentliche Änderungen (Abs. 13)

35 Alle wesentlichen Änderungen sind der zuständigen Behörde generell mindestens vier Monate im Vorhinein zu melden (**Meldepflicht** nach Art. 11 Abs. 1 UAbs. 3). Ergibt sich aus der Änderung darüber hinaus ein Bedarf zur Anpassung oder Erweiterung der besonderen Genehmigung, der Ausnahmen oder der an die Ausnahmen geknüpften Bedingungen (→ Rn. 33), muss der Betreiber unabhängig davon einen **Änderungsantrag** stellen (Art. 8–10 Abs. 13). Die Behörde kann vom Betreiber erforderlichenfalls auch die Einbringung eines Änderungsantrags verlangen oder Abhilfemaßnahmen anordnen (Art. 11 Abs. 1 UAbs. 4 → Art. 11 Rn. 7). Mithilfe eines Änderungsantrags hat der Betreiber auch die Möglichkeit, während des Betriebs zusätzliche Ausnahmen zu beantragen.[45] Der Antrag unterliegt demselben **Genehmigungsverfahren** wie die ursprüngliche Genehmigung.

---

[42] In der engl. Sprachfassung: „*any obligations attached to the permissions or exemptions granted by the competent authority*".
[43] Für diese Auslegung spricht auch die etwas undeutliche Bestimmung des Art. 1 lit. c, die den „*Entzug von Ausgleichs- und Abhilfemaßnahmen*" erwähnt.
[44] Diese Bestimmungen bleiben nach Art. 8–10 Abs. 12 S. 1 unberührt.
[45] Erwgr. Nr. 49.

Artikel 11 Zusammenarbeit zwischen Betreibern von DLT-Marktinfrastrukturen, zuständigen Behörden und der ESMA

(1) Unbeschadet der Verordnung (EU) Nr. 909/2014 und der Richtlinie 2014/65/EU arbeiten die Betreiber von DLT-Marktinfrastrukturen mit den zuständigen Behörden zusammen.

Insbesondere benachrichtigen die Betreiber von DLT-Marktinfrastrukturen ihre zuständigen Behörden unverzüglich, sobald sie Kenntnis von einem der nachstehend aufgeführten Sachverhalte erlangen:

a) bei einer geplanten wesentlichen Änderung des Geschäftsplans, einschließlich der kritischen Mitarbeiter, der Regeln der DLT-Marktinfrastruktur und der rechtlichen Bedingungen;

b) bei Hinweisen auf unbefugten Zugriff, wesentliche Fehlfunktionen, Verlust, Cyber-Angriffe oder andere Cyber-Bedrohungen, Betrug, Diebstahl oder anderes schwerwiegendes Fehlverhalten im Zusammenhang mit dem Betreiber der DLT-Marktinfrastruktur;

c) bei einer wesentlichen Änderung der Informationen, die der zuständigen Behörde zur Verfügung gestellt wurden;

d) bei technischen oder betrieblichen Schwierigkeiten bei der Durchführung der Tätigkeiten oder Erbringung der Dienstleistungen, die der besonderen Genehmigung unterliegen, unter anderem bei Schwierigkeiten im Zusammenhang mit der Entwicklung oder Verwendung der Distributed-Ledger-Technologie und der DLT-Finanzinstrumente; oder

e) bei Risiken für den Anlegerschutz, die Marktintegrität oder die Finanzstabilität, die sich ergeben haben und die in dem Antrag auf Erteilung der besonderen Genehmigung oder zum Zeitpunkt der Erteilung der besonderen Genehmigung nicht vorhergesehen wurden.

Änderungen gemäß Unterabsatz 2 Buchstabe a sind mindestens vier Monate vor der geplanten Änderung mitzuteilen, ungeachtet dessen, ob die vorgeschlagene wesentliche Änderung eine Änderung der besonderen Genehmigung oder der damit verbundenen Ausnahmen oder Bedingungen gemäß Artikel 8, 9 oder 10 erfordert.

Werden der zuständigen Behörde Sachverhalte im Sinne von Unterabsatz 2 Buchstaben a bis e mitgeteilt, kann sie vom Betreiber der betreffenden DLT-Infrastruktur verlangen, einen Antrag gemäß Artikel 8 Absatz 13, Artikel 9 Absatz 13 oder Artikel 10 Absatz 13 zu stellen, oder vom Betreiber der betreffenden DLT-Marktinfrastruktur verlangen, alle erforderlichen Abhilfemaßnahmen gemäß Absatz 3 ergreifen.

(2) Der Betreiber der DLT-Marktinfrastrukturen stellt der zuständigen Behörde alle relevanten Informationen zur Verfügung, die sie benötigt.

(3) Die zuständige Behörde kann Abhilfemaßnahmen in Bezug auf den Geschäftsplan des Betreibers der DLT-Marktinfrastruktur, die Regeln der DLT-Marktinfrastruktur und die rechtlichen Bedingungen verlangen, um Anlegerschutz, Marktintegrität oder Finanzstabilität zu gewährleisten. Der Betreiber der DLT-Marktinfrastruktur berichtet in seinen Berichten gemäß Absatz 4 über die Umsetzung der von der zuständigen Behörde geforderten Abhilfemaßnahmen.

(4) Alle sechs Monate ab dem Tag der Erteilung der besonderen Genehmigung übermittelt der Betreiber einer DLT-Marktinfrastruktur der

zuständigen Behörde einen Bericht. Dieser Bericht enthält unter anderem Folgendes:
a) eine Zusammenfassung der in Absatz 1 Unterabsatz 2 aufgeführten Informationen;
b) die Anzahl und den Wert der DLT-Finanzinstrumente, die zum Handel über das DLT-MTF oder DLT-TSS zugelassen wurden, und die Anzahl und den Wert der DLT-Finanzinstrumente, die vom Betreiber des DLT-SS oder DLT-TSS verbucht wurden;
c) die Anzahl und den Wert der Transaktionen, die über das DLT-MTF oder DLT-TSS gehandelt und vom Betreiber des DLT-SS oder DLT-TSS abgewickelt wurden;
d) eine mit Gründen versehene Bewertung etwaiger Schwierigkeiten bei der Anwendung der Rechtsvorschriften der Union über Finanzdienstleistungen oder des nationalen Rechts und
e) alle Maßnahmen zur Umsetzung der an die Ausnahmen geknüpften Bedingungen oder von etwaigen von der zuständigen Behörde geforderten Ausgleichs- oder Abhilfemaßnahmen.

(5) Die ESMA fungiert als Koordinator zwischen den zuständigen Behörden, um ein gemeinsames Verständnis der Distributed-Ledger-Technologie und von DLT-Marktinfrastrukturen zu entwickeln, eine gemeinsame Aufsichtskultur einzuführen und die Aufsichtspraktiken einander anzunähern und somit für eine kohärente Vorgehensweise und einheitliche Aufsichtsergebnisse zu sorgen.

Die zuständigen Behörden übermitteln der ESMA rechtzeitig die Informationen und Berichte, die sie von Betreibern von DLT-Marktinfrastrukturen gemäß den Absätzen 1, 2 und 4 dieses Artikels erhalten haben, und unterrichten die ESMA über alle gemäß Absatz 3 dieses Artikels ergriffenen Maßnahmen.

Die ESMA informiert die zuständigen Behörden regelmäßig über
a) die gemäß Absatz 4 dieses Artikels übermittelten Berichte;
b) die besonderen Genehmigungen und Ausnahmen, die gemäß dieser Verordnung erteilt wurden, sowie die an die Ausnahmen geknüpften Bedingungen;
c) jede Weigerung einer zuständigen Behörde, eine besondere Genehmigung oder eine Ausnahme zu erteilen, jeden Entzug einer besonderen Genehmigung oder Ausnahme und jede Einstellung der Geschäftstätigkeit durch eine DLT-Marktinfrastruktur.

(6) Die ESMA beobachtet die Anwendung der besonderen Genehmigungen und aller damit verbundenen Ausnahmen und Bedingungen sowie alle von den zuständigen Behörden geforderten Ausgleichs- oder Abhilfemaßnahmen. Die ESMA legt der Kommission jährlich einen Bericht über die Anwendungen dieser besonderen Genehmigungen, Ausnahmen, Bedingungen und Ausgleichs- oder Abhilfemaßnahmen in der Praxis vor.

Übersicht

	Rn.
I. Einführung	1
1. Literatur	1
2. Entstehung und Zweck der Norm	2
3. Normativer Kontext	3

	Rn.
II. Zusammenarbeit der Betreiber mit den nationalen Behörden (Abs. 1–4) ...	4
1. Allgemeines ...	4
2. Anlassbezogene Meldepflichten (Abs. 1) ...	5
3. Abhilfemaßnahmen und Änderungsanträge ...	7
4. Regelmäßige Berichte (Abs. 4) ...	9
III. Zusammenarbeit der nationalen Behörden mit der ESMA (Abs. 5–6) ...	11

I. Einführung

1. Literatur. *Ebner,* Finanzinstrumente auf der Blockchain: Die neue EU-Pilotregelung für DLT-Marktinfrastrukturen im Überblick, GesRZ 2022, 271; *Maume/Kesper,* The EU DLT Pilot Regime for Digital Assets, ECLJ 2023, 118; *McCarthy,* Distributed ledger technology and financial market infrastructures: an EU pilot regulatory regime, CMLJ 2022, 288; *Romba/Oppenheim/Pfaf,* Pilotregelung für DLT-Marktinfrastrukturen, RDi 2023, 145; *Zaccaroni,* Decentralized Finance and EU Law: The Regulation on a Pilot Regime for Market Infrastructures Based on Distributed Ledger Technology, European Papers 2022, 601; *Zetzsche/Woxholth,* The DLT Sandbox under the Pilot-Regulation, CMLJ 2022, 212.

1

2. Entstehung und Zweck der Norm. Dem Regelungskonzept der DLT-PR als „*unionsrechtliche Sandbox*"[1] (siehe auch → Vor DLT-PR Rn. 6) entspricht eine enge Kooperation zwischen den Marktteilnehmern, zuständigen Behörden und der ESMA. Die verstärkte Zusammenarbeit dient zum einen als **Ausgleich für die gewährten Ausnahmen** vom geltenden Finanzmarktrecht (Erwgr. Nr. 50). Zum anderen ist sie entscheidend für den **institutionellen Lernprozesses** der Marktteilnehmer, Aufsichtsbehörden und des Gesetzgebers, den die DLT-PR bezweckt.[2] Art. 11 normiert eine **Verpflichtung der Betreiber zur Zusammenarbeit mit den Behörden** und weist der **ESMA,** an die alle wesentlichen Informationen umgehend weiterzuleiten sind, eine **starke Koordinierungsfunktion** zu. Im Gesetzgebungsverfahren wurden hauptsächlich redaktionelle Änderungen vorgenommen.

2

3. Normativer Kontext. Da alle Betreiber zumindest über eine beschränkte Zulassung nach der MiFID II oder CSDR verfügen (→ Art. 8–10 Rn. 5), regelt Art. 11 die Verpflichtungen und Kompetenzen nicht eigenständig. Die Bestimmung setzt insbes. voraus, dass die Betreiber ihre allgemeinen Verpflichtungen einhalten und die Behörden ihre Befugnisse im Rahmen des **Vollzugs der CSDR und MiFID II** ausüben können. Auf **unionsrechtlicher Ebene** sind sowohl in der MiFID II[3] als auch in der CSDR[4] **Mindestanforderungen für die Aufsichts- und Sanktionsbefugnisse** der zuständigen Behörden vorgesehen. Darüber hinaus kennen

3

---
[1] Ebner GesRZ 2022, 271 (275).
[2] Ebner GesRZ 2022, 271 (274); Zetzsche/Woxholth CMLJ 2022, 212 (234 ff.). Vgl. dazu die Erläuterungen der Kommission, KOM(2020) 594 endg. und die durchgeführte Folgenabschätzung, SWD(2020) 201 endg. Besonders instruktiv ist die Präsentation zum Kommissionsentwurf, abrufbar unter <https://finance.ec.europa.eu/system/files/2020-10/200924-presentation-proposal-market-infrastructures-pilot-regime_en.pdf>.
[3] Art. 67 ff. MiFID II.
[4] Art. 11 Abs. 3 und Art. 61 ff. CSDR.

die Rechtsakte Meldepflichten und Verpflichtungen zur Zusammenarbeit zwischen den Behörden und der ESMA.[5] Auf **nationaler Ebene** werden die behördlichen Befugnisse **konkretisiert und erweitert.** Sie können sich dementsprechend je nach Marktteilnehmer und Mitgliedsstaat unterscheiden. Innerhalb der DLT-PR normieren Art. 8–10 und Art. 4–6 weitere wichtige Kompetenzen (→ Rn. 4).

II. Zusammenarbeit der Betreiber mit den nationalen Behörden (Abs. 1–4)

4 **1. Allgemeines.** Art. 11 regelt die Pflichten der Betreiber und Kompetenzen der Behörden nicht abschließend, sondern betrifft lediglich **bestimmte Aspekte der verstärkten Zusammenarbeit.** Die meisten Kompetenzen der Aufsichtsbehörden ergeben sich nach den Vorgaben der MiFID II und CSDR aus dem nationalen Recht (→ Rn. 3). Darüber hinaus sind in anderen Bestimmungen der DLT-PR, insbes. in Art. 8–10 (Erteilung, Verweigerung und Entzug der besonderen Genehmigung und von Ausnahmen) und Art. 4–6 (Anordnung von Ausgleichsmaßnahmen) wichtige Befugnisse geregelt. Weitere Melde- und Berichtspflichten der Betreiber können sich ebenfalls aus der MiFID II oder CSDR ergeben. Die in Art. 11 angeordneten Verpflichtungen und Kompetenzen sind dementsprechend als **Ausdruck der Verpflichtung zur Zusammenarbeit im Rahmen der Sandbox** (Abs. 1 UAbs. 1; Erwgr. Nr. 50) zu verstehen.

5 **2. Anlassbezogene Meldepflichten (Abs. 1).** Als wichtige Ausprägung der Zusammenarbeit sieht Abs. 1 umfassende Meldepflichten des Betreibers an die zuständige Behörde vor. Die Bestimmung enthält eine **demonstrative Aufzählung** jener Umstände, die jedenfalls an die Behörde zu melden sind. Die genannten Umstände sind **grds. unverzüglich** (siehe aber lit. a) zu melden. Dazu gehören:

– **Wesentliche Änderungen des Geschäftsplans (lit. a)** bzw. Änderungen, die sich auf den Geschäftsplan auswirken, einschließlich der kritischen Mitarbeiter, der Regeln der DLT-Marktinfrastruktur und der rechtlichen Bedingungen (→ Art. 7 Rn. 7 ff.). Geplante Änderungen sind mindestens **vier Monate im Vorhinein** zu melden (Abs. 1 UAbs. 3); ungeplante Änderungen (zB der Austritt kritischer Mitarbeiter) sind der Behörde freilich ebenfalls (unverzüglich) mitzuteilen.
– **Hinweise auf Störungen und Angriffe (lit. b)**, dh auf wesentliche Fehlfunktionen, unbefugte Zugriffe, den Verlust von Vermögenswerten, Cyber-Angriffe und andere Cyber-Bedrohungen (zB Sicherheitslücken), Betrug, Diebstahl oder anderes schweres Fehlverhalten gegenüber[6] dem Betreiber. Die Bestimmung dürfte vorrangig externe Ereignisse vor Augen haben, während lit. d primär interne Ereignisse adressiert.
– **Wesentliche Änderungen von an die Behörde übermittelten Informationen (lit. c),** worunter sich sowohl im Genehmigungsverfahren als auch sonstige, nach Abs. 2 übermittelte Informationen subsumieren lassen.
– **Technische oder betriebliche Schwierigkeiten (lit. d),** die bei der Durchführung von Tätigkeiten oder Erbringung von Dienstleistungen im Rahmen der besonderen Genehmigung auftreten, insbes. in Zusammen-

---

[5] Vgl. exemplarisch Art. 68 und 79 ff. MiFID II sowie Art. 14 CSDR.
[6] Vgl. die engl. Sprachversion: „*suffered by the operator*".

hang mit der Entwicklung und dem Betrieb des DLT-Systems sowie in Bezug auf die DLT-Finanzinstrumente. Eine Meldepflicht besteht mE jedenfalls auch dann, wenn die **Einhaltung von Anforderungen** der DLT-PR, MiFID II, MiFIR, CSDR oder des nationalen Rechts (→ Art. 8 –10 Rn. 26) nicht sichergestellt werden kann.[7] Über Schwierigkeiten bei der Anwendung von Rechtsvorschriften ist außerdem im Rahmen der regelmäßigen Berichterstattung zu berichten.[8]

– **Risiken für den Anlegerschutz, die Marktintegrität oder die Finanzstabilität (lit. e).** Die Bestimmung hat vorrangig solche Risiken im Blick, die bei Beantragung bzw. Erteilung der besonderen Genehmigung noch nicht absehbar waren.[9] Eine Meldepflicht ist jedoch auch bei bereits antizipierten Risiken anzunehmen, die durch die vorgesehenen **Ausgleichsmaßnahmen** nicht ausreichend adressiert werden konnten.

Wesentliche Umstände, die nach ihrer Gravität den genannten Sachverhalten vergleichbar sind oder ein Handeln der Behörde erfordern, werden im Rahmen der allgemeinen Kooperationspflicht ebenso zu melden sein. Der Betreiber muss der Behörde bei der Meldung – so wie allgemein – alle **relevanten Informationen zur Verfügung stellen,** die sie für die Beaufsichtigung benötigt (Abs. 2). Zur Durchsetzung der Verpflichtung stehen der Behörde **Auskunfts-, Einsichts- und Ermittlungsbefugnisse** nach dem nationalen Recht zur Verfügung.[10]

3. Abhilfemaßnahmen und Änderungsanträge. Werden der Behörde Umstände nach Abs. 1 lit. a–e mitgeteilt bzw. werden ihr diese sonst bekannt, kann die Behörde nach Abs. 1 UAbs. 4

– vom Betreiber die **Einbringung eines Änderungsantrags** verlangen; dies setzt voraus, dass sich aus den Umständen ein Bedarf zur Anpassung oder Erweiterung der besonderen Genehmigung, der Ausnahmen oder der mit den Ausnahmen verknüpften Bedingungen ergibt (→ Art. 8–10 Rn. 35), oder

– nach Abs. 3 **jegliche geeigneten Abhilfemaßnahmen**[11] in Bezug auf den Geschäftsplan des Betreibers, die Regeln der DLT-Marktinfrastruktur und die rechtlichen Bedingungen verlangen, um den Anlegerschutz, die Marktintegrität oder die Finanzstabilität zu gewährleisten, wobei der Betreiber in seinen halbjährlichen Berichten auf die Umsetzung der Maßnahmen eingehen muss.

Nicht ganz klar ist das **Verhältnis zwischen Abhilfemaßnahmen und Änderungsantrag:** Einerseits kann die Behörde Abhilfemaßnahmen, dh Änderungen in Bezug auf den Geschäftsplan, einschließlich der Regeln der DLT-Marktinfrastruktur und der rechtlichen Bedingungen anordnen. Andererseits bedarf nach Art. 8–10 Abs. 13 bereits die Änderung von Ausgleichsmaßnahmen, die Bestandteil der an die Ausnahmen geknüpften Bedingungen sind (→ Art. 8–10 Rn. 33) und der besonderen Genehmigung (Art. 8–10 Abs. 11 UAbs. 1) sind, grds. eines neuen Antrags durch den Betreiber. Jedenfalls darf die Möglichkeit zur Stellungnahme der ESMA nicht durch weitreichende Abhilfemaßnahmen gänzlich unterlaufen werden.

---

[7] Vgl. den Verweigerungsgrund nach Art. 8–10, jeweils Abs. 10 lit. c.
[8] Art. 11 Abs. 4 lit. d.
[9] Vgl. auch Erwgr. Nr. 50.
[10] Vgl. die Mindestanforderungen in Art. 69 MiFID II.
[11] Vgl. in der engl. Sprachversion: *„any corrective measures"*.

8 Die **übrigen Kompetenzen** bleiben durch diese Maßnahmen mE unberührt. Die zuständige Behörde kann daher auch ihre Aufsichts- und Sanktionsbefugnisse nach dem nationalen Recht (→ Rn. 4) wahrnehmen und erforderlichenfalls von ihrem Recht zum (teilweisen) Entzug der besonderen Genehmigung (→ Art. 8–10 Rn. 32 ff.) Gebrauch machen.

9 **4. Regelmäßige Berichte (Abs. 4).** Nach Abs. 4 muss der Betreiber der zuständigen Behörde ab Erteilung der besonderen Genehmigung **alle sechs Monate** einen Bericht zukommen lassen. Die Berichtspflicht greift **zusätzlich zur Meldepflicht** nach Abs. 1 und enthält u. a. eine Zusammenfassung aller meldepflichtigen Informationen, die Anzahl und den Wert der gehandelten oder verbuchten DLT-Finanzinstrumente, eine begründete Einschätzung etwaiger Schwierigkeiten bei der Einhaltung des europäischen und des nationalen Rechts sowie Informationen zu allen Maßnahmen zur Umsetzung von Bedingungen, Ausgleichs- und Abhilfemaßnahmen.

10 Die regelmäßigen Berichte dienen nicht nur der individuellen Beaufsichtigung, sondern auch dem gemeinsamen **Lernprozess,** da die Informationen nach Abs. 5 zunächst an die ESMA und anschließend an die anderen nationalen Behörden übermittelt werden. Weitergehend fordert Erwgr. Nr. 51 die ESMA auf, Diskussionen über die Berichte zu organisieren, damit alle zuständigen Behörden in der gesamten Union Erkenntnisse über die Auswirkungen der DLT und nötige Änderungen des Finanzmarktrechts gewinnen können.

III. Zusammenarbeit der nationalen Behörden mit der ESMA (Abs. 5–6)

11 Art. 5–6 betonen die **Koordinierungsfunktion der ESMA** und räumen dieser insgesamt eine **starke Stellung** ein. Sämtliche Informationen, welche die nationale Behörde nach Art. 11 erhält, sind – gemeinsam mit Informationen über ggf. angeordnete Abhilfemaßnahmen – an die ESMA weiterzuleiten (Abs. 5 UAbs. 2). Die ESMA wertet diese Informationen aus und informiert wiederum die nationalen Behörden über bestimmte Umstände (Abs. 5 UAbs. 3). Nach Abs. 6 übernimmt die ESMA außerdem generell eine **Monitoring-Funktion** und erstattet einen **jährlichen Bericht an die Kommission** über die Anwendung der besonderen Genehmigungen, Ausnahmen, Bedingungen, Ausgleichs- und Abhilfemaßnahmen in der Praxis.

12 Die gesammelten und ausgewerteten Informationen bilden eine wesentliche Grundlage für die **weiteren Aufgaben der ESMA.** Dazu gehört insbes.

– die Ausarbeitung von Leitlinien zu den Ausgleichsmaßnahmen (Art. 4 Abs. 6, Art. 5 Abs. 12),

– die Abgabe von Stellungnahmen zu den beantragten Ausnahmen und zur Angemessenheit der eingesetzten DLT-Systeme im Genehmigungsverfahren (Art. 8 Abs. 7, Art. 9 Abs. 7, Art. 10 Abs. 8),

– die Ausarbeitung von Leitlinien zu erteilten Ausnahmen, zur Angemessenheit von DLT-Systemen und zur Herabsetzung von Schwellenwerten nach Art. 3 Abs. 6 (Art. 8 Abs. 8, Art. 9 Abs. 8),

– die Veröffentlichung jährlicher Zwischenberichte zur Information der Marktteilnehmer (Art. 15), und

– die Evaluierung der DLT-PR nach drei Jahren (Art. 14).

Artikel 12 Benennung der zuständigen Behörden

(1) Die für eine Wertpapierfirma, die ein DLT-MTF oder DLT-TSS betreibt, zuständige Behörde ist die durch den Mitgliedstaat, der gemäß Artikel 4 Absatz 1 Nummer 55 Buchstabe a Ziffern ii und iii der Richtlinie 2014/65/EU bestimmt wurde, benannte zuständige Behörde;

(2) Die für einen Marktbetreiber, der ein DLT-MTF oder DLT-TSS betreibt, zuständige Behörde ist die durch den Mitgliedstaat, in dem der satzungsmäßige Sitz des Marktbetreibers, der ein DLT-MTF oder DLT-TSS betreibt, sich befindet, oder — sofern er nach dem Recht dieses Mitgliedstaats dort keinen satzungsmäßigen Sitz unterhält — den Mitgliedstaat, in dem sich die Hauptverwaltung des Marktbetreibers der ein DLT-MTF oder DLT-TSS betreibt, befindet, benannte zuständige Behörde;

(3) Die für einen Zentralverwahrer, der ein DLT-SS oder DLT-TSS betreibt, zuständige Behörde ist die durch den Mitgliedstaat, der gemäß Artikel 2 Absatz 1 Ziffer 23 der Verordnung (EU) Nr. 909/2014 bestimmt wurde, benannte zuständige Behörde.

Artikel 13 Mitteilung der zuständigen Behörden

Die Mitgliedstaaten teilen der ESMA und der Kommission ihre zuständigen Behörden im Sinne von Artikel 2 Nummer 21 Buchstabe c mit. Die ESMA veröffentlicht eine Liste dieser zuständigen Behörden auf ihrer Website.

Übersicht

	Rn.
I. Einführung	1
1. Literatur	1
2. Entstehung und Zweck der Normen	2
3. Normativer Kontext	3
II. Behördenzuständigkeit (Art. 12)	4
III. Mitteilung an die ESMA (Art. 13)	7
IV. Nationale Vollzugsgesetze	8
1. Deutschland	8
2. Österreich	9
3. Liechtenstein	10

I. Einführung

1. Literatur. *Brauneck*, Kryptowertpapiere: DLT-Pilotregime und CSDR contra eWpG? WM 2023, 860; *Ruhm*, Entwurf zum Zentralverwahrer-Vollzugsgesetz (ZvVG), ZFR 2015, 198; *Zetzsche/Woxholth*, The DLT sandbox under the Pilot-Regulation, CMLJ 2022, 212. 1

2. Entstehung und Zweck der Normen. Die Bestimmungen wurden ohne Erläuterungen in die finale Fassung der DLT-PR eingefügt und dienen offenkundig dem Wirksamwerden der Verordnung. Art. 12 bestimmt, welcher Mitgliedstaat jeweils zur **Benennung der zuständigen Behörden** für die Betreiber der unterschiedlichen Marktinfrastrukturen berufen ist. Art. 13 verpflichtet die Mitgliedstaaten zur **Meldung an die ESMA**. 2

DLT-PR Art. 12–13

3   **3. Normativer Kontext.** Die Normen ergänzen die Anordnung in Art. 2 Nr. 21 lit. c, aus der sich die Möglichkeit für die Mitgliedsstaaten ergibt, eine oder mehrere Behörden zur Überwachung und Vollziehung der DLT-PR zu benennen.[1] Die Zuständigkeit für die ebenfalls erforderliche Zulassung und Beaufsichtigung als Wertpapierfirma, Marktbetreiber oder Zentralverwahrer bestimmt sich nach Art. 67 MiFID II bzw. Art. 11 CSDR. Zur Benennung der zuständigen Behörde erlassen die Mitgliedsstaaten idR Vollzugsgesetze, die konkret sehr unterschiedlich ausgestaltet sind (→ Rn. 8 ff.).

II. Behördenzuständigkeit (Art. 12)

4   Als unionsrechtlich eingerichtete Sandbox sieht die DLT-PR eine **Aufgabenteilung zwischen den nationalen Behörden und der ESMA** vor. Während der ESMA insgesamt relativ viele Kompetenzen zukommen,[2] liegt mit der Zulassung und der unmittelbaren Beaufsichtigung der Betreiber die **Hauptzuständigkeit bei den nationalen Behörden.**

5   Da die DLT-PR an der Zulassung als Wertpapierfirma, Marktbetreiber oder Zentralverwahrer anknüpft (→ Art. 8–10 Rn. 5), liegt der Verordnung erkennbar die **Idee eines Gleichlaufs der Behördenzuständigkeiten** zu Grunde.[3] Das Konzept ist *prima facie* durch Art. 2 Nr. 21 lit. c durchbrochen, der den Mitgliedsstaaten die **Benennung einer anderen Behörde** für die Überwachung der Einhaltung der DLT-PR erlaubt. Aufgrund der Identität der erbrachten Dienstleistungen und der Möglichkeit, gleichzeitig mit der besonderen Genehmigung eine beschränkte Zulassung als Wertpapierfirma, Marktbetreiber oder Zentralverwahrer zu beantragen (→ Art. 8–10 Rn. 10 ff.), sind unterschiedliche Zuständigkeiten für das Genehmigungsverfahren kaum vorstellbar und wohl auch nicht bezweckt. Möglich ist eine geteilte Zuständigkeit mit **zusätzlichen Behörde,** da nach Art. 2 Nr. 21 mehrere Behörden benannt werden können. In Mitgliedsstaaten mit **integrierter Finanzmarktaufsicht** fallen die Zuständigkeiten idR ohnehin zusammen.

6   Art. 12 bestimmt den jeweils **zuständigen Mitgliedstaat** für die Benennung der Behörden und **vermeidet eine grenzüberschreitende Kompetenzteilung.** Für Wertpapierfirmen und Zentralverwahrer benennt der nach den jeweiligen Normen ermittelte **Herkunftsmitgliedstaat,** dessen Behörden auch für die Zulassung als Wertpapierfirma[4] bzw. Zentralverwahrer[5] zuständig sind, die Aufsichtsbehörde. Für Marktbetreiber normiert Abs. 2 die Zuständigkeit nach denselben Grundsätzen autonom, zumal Art. 4 Abs. 1 Nr. 55 MiFID II nicht direkt auf Marktbetreiber abstellt.

III. Mitteilung an die ESMA (Art. 13)

7   Nach Art. 13 sind die Mitgliedsstaaten verpflichtet, die von ihnen für zuständig erklärten Behörden der ESMA mitzuteilen. Die ESMA veröffentlicht auf ihrer Website eine Liste der zuständigen Behörden.[6]

---

[1] Vgl. auch Zetzsche/Woxholth CMLJ 2022, 212 (224).
[2] Ebner GesRZ 2022, 271 (278 f.).
[3] Vgl. Art. 2 Nr. 21 lit. a und b; Zetzsche/Woxholth CMLJ 2022, 212 (224).
[4] Art. 5 Abs. 1 MiFID II.
[5] Art. 10 CSDR.
[6] Die Liste ist abrufbar unter <https://www.esma.europa.eu/sites/default/files/2023-07/Competent_authorities_designated_under_Article_2__point__21__c__of_Regulation__EU__2022_858_DLTR.pdf>.

IV. Nationale Vollzugsgesetze

1. Deutschland. In Deutschland wurde die DLT-PR mit dem ZuFinG[7] 8
in Kraft gesetzt, das punktuelle Anpassungen im nationalen Recht vornimmt. Zuständige Behörde ist für alle DLT-Marktinfrastrukturen die **BaFin**.[8] Flankierend ordnet u. a. § 53s Abs. 1 KWG an, dass DLT-Marktinfrastrukturen „*keine weitere Erlaubnis nach § 32 KWG* [benötigen], *soweit die erbrachte Finanzdienstleistung oder das betriebene Bankgeschäft von der besonderen Genehmigung umfasst ist*".[9] Für die **Verwahrung von DLT-Finanzinstrumenten** durch DLT-SS und DLT-TSS ist die Anordnung lediglich klarstellender Natur, zumal diese Dienstleistung explizit zum Tätigkeitsumfang nach Art. 2 Z. 7 iVm Z. 10 DLT-PR gehört. Die Verwahrung traditioneller Finanzinstrumente im Rahmen der nachträglichen Tokenisierung ist mE ebenfalls zulässig, da die Betreiber von DLT-SS und DLT-TSS entweder über eine vollständige Zulassung als Zentralverwahrer verfügen oder zumindest die Anforderungen der CSDR erfüllen müssen (→ Art. 6 Rn. 12, 14). Die Erlaubnispflicht für die **Kryptowertpapierregisterführung** bliebe dagegen nach europäischen Grundsätzen unberührt (→ Art. 5 Rn. 8). Eine separate Erlaubnis ist aber nach den Materialien des ZuFinG aufgrund von § 53s Abs. 1 KWG nicht notwendig.[10] Gleiches gilt im Ergebnis für die **Führung eines zentralen Registers**.[11] Die Anforderungen und gesetzlichen Bestimmungen für die jeweiligen Tätigkeiten sind jedoch einzuhalten.[12]

2. Österreich. In Österreich wurde mit dem **DLT-VVG**[13] ein selbständi- 9
ges Vollzugsgesetz erlassen. Zuständige Behörde für alle DLT-Marktinfrastrukturen ist die **öFMA**.[14] Zusätzlich sehen § 1 Abs. 3 und Abs. 4 DLT-VVG eine **Zusammenarbeit mit der österreichischen Nationalbank (OeNB)** vor, wie sie nach dem ZvVG[15] auch für Zentralverwahrer besteht. Die Zusammenarbeit beschränkt sich auf jene Dienstleistungen eines DLT-SS oder DLT-TSS, die auch von traditionellen Zentralverwahrern erbracht werden und lässt die Kompetenzen der OeNB im Bereich der Zahlungssystemaufsicht unberührt.[16] Ebenfalls nach Vorbild des ZvVG regelt § 2 DLT-VVG die **Behördenkompetenzen**. Die FMA kann u. a. in Bücher, Schriftstücke

---

[7] Gesetz zur Finanzierung von zukunftssichernden Investitionen (ZuFinG) vom 14.12.2023 (dBGBl I Nr. 354).
[8] § 53r KWG.
[9] Hervorhebung durch den Autor.
[10] BT-Drs. 20/8292, 139 f.; siehe zum Ganzen auch Brauneck WM 2023, 860 (864 f.), jedoch ohne klares Ergebnis.
[11] Vgl. BT-Drs. 20/8292, 139 f. Die Rechtfertigung kann wiederum darin gesehen werden, dass die Betreiber von DLT-SS und DLT-TSS jedenfalls die Anforderungen der CSDR erfüllen und damit materiell Wertpapiersammelbanken iSd § 12 Abs. 2 Nr. 1 eWpG sind.
[12] BT-Drs. 20/8292, 139 f.
[13] Bundesgesetz über das Wirksamwerden der Verordnung (EU) 2022/858 über eine Pilotregelung für auf Distributed-Ledger-Technologie basierende Marktinfrastrukturen und zur Änderung der Verordnungen (EU) Nr. 600/2014 und (EU) Nr. 909/2014 sowie der Richtlinie 2014/65/EU (DLT-VVG) vom 21.6.2023 (öBGBl I Nr. 63).
[14] § 1 Abs. 1 DLT-VVG.
[15] Bundesgesetz über das Wirksamwerden der Verordnung (EU) Nr. 909/2014 zur Verbesserung der Wertpapierlieferungen und -abrechnungen in der Europäischen Union und über Zentralverwahrer sowie zur Änderung der Richtlinien 98/26/EG und 2014/65/EU und der Verordnung (EU) Nr. 236/2012 (ZvVG) v. 18.6.2015 (öBGBl I Nr. 69).
[16] 2029 BlgNR 27. GP, 2 f.

und Datenträger Einsicht nehmen und Kopien anfordern, Auskünfte von Organen und Abschlussprüfern einholen sowie Vor-Ort-Prüfungen durch eigene Mitarbeiter, Wirtschaftsprüfer oder sonstige Sachverständige anordnen bzw. – in deren Wirkungsbereich – die OeNB mit der Prüfung des Betreibers beauftragen. Das DLT-VVG kennt darüber hinaus – ebenso wie das ZvVG und andere Aufsichtsgesetze[17] – eingriffsintensive, **befristete Maßnahmen** zur *„Abwendung einer Gefahr für die Erfüllung der Verpflichtungen eines Betreibers einer DLT-Marktinfrastruktur"* (§ 2 Abs. 3 DLT-VVG). Nach der demonstrativen[18] Aufzählung kann die FMA u. a. Kapitalausschüttungen verbieten, die Fortführung des Geschäftsbetriebs ganz oder teilweise untersagen oder eine **Aufsichtsperson (Regierungskommissär)** bestellen, die sämtliche in § 2 Abs. 1 DLT-VVG normierten Behördenkompetenzen wahrnehmen und dem Betreiber Geschäfte untersagen kann.[19]

10   3. **Liechtenstein.** Das liechtensteinische Vollzugsgesetz[20] passt das Finanzmarktrecht punktuell an. Zugleich übernimmt es im Rahmen einer **Vorabumsetzung** die DLT-PR als nationales Gesetz in den liechtensteinischen Rechtsbestand (→ Art. 19 Rn. 4).[21] Zuständige Behörde für alle DLT-Marktinfrastrukturen ist die **lieFMA**.[22] Die Regelungen in Art. 35 BankG und Art. 4 EWR-ZVDG stellen klar, dass die lieFMA ihre **behördlichen Kompetenzen** auch in Bezug auf die DLT-PR ausüben kann. In Art. 2a EWR-ZVDG wird – nach dem Vorbild anderer Aufsichtsgesetze – für Zentralverwahrer allgemein eine periodische Prüfung durch einen anerkannten Wirtschaftsprüfer verankert.[23] Zu beachten ist, dass in Liechtenstein derzeit die Rechtsgrundlage für den Betrieb von geregelten Märkten unvollständig ist, weil u. a. die Börsezulassungs-RL[24] nie umgesetzt wurde.[25] MTF können dagegen nach den Regelungen des BankG eingerichtet werden. Der liechtensteinische Rechtsrahmen wird derzeit im Rahmen des Projekts **„Neukonzeption des Finanzmarktrechts"** durchgreifend neu gefasst.[26] Die Regierung hat dazu Entwürfe für vier neue Gesetze vorgelegt, die **Anfang 2025** in Kraft treten sollen.[27]

---

[17] Vgl. u. a. § 92 WAG 2018, § 70 BWG.
[18] Arg.: *„insbesondere";* vgl. Ruhm ZFR 2015, 198.
[19] Zu den befristeten Maßnahmen Oppitz/Chini/Oppitz BWG, 2. Aufl. 2022 § 70 Rn. 14 ff.
[20] Die gesetzlichen Änderungen wurden am 7.3.2024 im Landtag beschlossen, jedoch zum Zeitpunkt der Drucklegung noch nicht im LGBl veröffentlicht. Siehe dazu BuA Nr. 115/2023 sowie die Stellungnahme der Regierung Nr. 4/2024.
[21] Stellungnahme der Regierung Nr. 4/2024.
[22] Art. 3 Abs. 1 EWR-ZVDG sowie Art. 35 Abs. 1 und Abs. 3 BankG-E idF BuA Nr. 115/2023.
[23] BuA Nr. 115/2023, 27.
[24] RL 2001/34/EG.
[25] Vgl. den Vernehmlassungsbericht betreffend den Erlass eines Gesetzes über den Betrieb und die Beaufsichtigung von Handelsplätzen und Börsen (HPBG), abrufbar unter <https://www.llv.li/de/landesverwaltung/stabsstelle-regierungskanzlei/vernehmlassungen>.
[26] Vgl. <https://www.fma-li.li/de/regulierung/regulierungsprojekte/neukonzeption-des-finanzmarktrechts.html> (abgerufen am 1.1.2024).
[27] Vgl. BuA Nr. 74/2024 zum Bankengesetz (BankG), BuA Nr. 73/2024 zum Wertpapierfirmengesetz (WPFG), BuA Nr. 75/2024 zum Wertpapierdienstleistungsgesetz (WPDG) und BuA Nr. 72/2024 zum Handelsplatz- und Börsengesetz (HPBG).

Artikel 14 Berichterstattung und Überprüfung

(1) Bis zum 24. März 2026 legt die ESMA der Kommission einen Bericht über Folgendes vor:
a) die Funktionsweise der DLT-Marktinfrastrukturen in der gesamten Union;
b) die Anzahl der DLT-Marktinfrastrukturen;
c) die Arten der von den DLT-Marktinfrastrukturen beantragten Ausnahme und die Arten der erteilten Ausnahme;
d) die Anzahl und den Wert der DLT-Finanzinstrumente, die zum Handel zugelassen wurden und die auf DLT-Marktinfrastrukturen verbucht wurden;
e) die Anzahl und den Wert der Transaktionen, die über DLT-Marktinfrastrukturen gehandelt oder abgewickelt wurden;
f) die Arten der verwendeten Distributed-Ledger-Technologie und technische Aspekte im Zusammenhang mit der Verwendung von Distributed-Ledger-Technologie, einschließlich der in Artikel 11 Absatz 1 Unterabsatz 2 Buchstabe b genannten Sachverhalte, und die Auswirkungen der Nutzung von Distributed-Ledger-Technologie auf die klimapolitischen Ziele der Union;
g) die von Betreibern eines DLT-SS oder DLT-TSS gemäß Artikel 5 Absatz 3 Buchstabe b eingerichteten Verfahren;
h) etwaige Risiken, Schwachstellen und Ineffizienzen in Bezug auf den Anlegerschutz, die Marktintegrität oder die Finanzstabilität, die mit dem Einsatz einer Distributed-Ledger-Technologie verbunden sind, einschließlich sämtlicher neuen Arten von rechtlichen, systemischen und operationellen Risiken, denen im Rahmen der Rechtsvorschriften der Union über Finanzdienstleistungen nicht ausreichend begegnet wird, sowie sämtlicher weiteren unbeabsichtigten Auswirkungen auf Liquidität, Volatilität, Anlegerschutz, Marktintegrität oder Finanzstabilität;
i) Risiken von Aufsichtsarbitrage oder Probleme in Bezug auf gleiche Wettbewerbsbedingungen zwischen DLT-Marktinfrastrukturen innerhalb der in dieser Verordnung vorgesehenen Pilotregelung und zwischen DLT-Marktinfrastrukturen und anderen Marktinfrastrukturen, die bereits vorhandene Systeme verwenden;
j) etwaige Probleme bezüglich der Interoperabilität zwischen DLT-Marktinfrastrukturen und anderen Infrastrukturen, die bereits vorhandene Systeme verwenden;
k) sämtliche sich aus dem Einsatz einer Distributed-Ledger-Technologie ergebenden Vorteile und Kosten im Hinblick auf zusätzliche Liquidität und Finanzierung für Start-up-Unternehmen und kleine und mittlere Unternehmen, mehr Sicherheit und Effizienz, Energieeinsparungen und Risikominderung in der gesamten Handels- und Nachhandelskette, unter anderem in Bezug auf die Einbuchung und Verwahrung von DLT-Finanzinstrumenten, die Rückverfolgbarkeit von Transaktionen und die bessere Einhaltung von Verfahren zur Legitimationsprüfung („Know your customer") und zur Bekämpfung von Geldwäsche, Kapitalmaßnahmen und die unmittelbare Wahrnehmung von Anlegerrechten mithilfe intelligenter Verträge, Berichts- und Aufsichtsfunktionen auf Ebene der DLT-Marktinfrastruktur;
l) jede Weigerung besondere Genehmigungen oder Ausnahmen zu erteilen, sowie Änderungen oder Entzüge dieser besonderen Genehmi-

gungen oder Ausnahmen sowie von Ausgleichs- oder Abhilfemaßnahmen;
m) jede Einstellung der Geschäftstätigkeit durch eine DLT-Marktinfrastruktur und die Gründe für diesen Schritt;
n) die Angemessenheit der in Artikel 3 und in Artikel 5 Absatz 8 festgelegten Schwellenwerte, einschließlich der potenziellen Auswirkungen einer Erhöhung dieser Schwellenwerte unter Berücksichtigung insbesondere systemischer Erwägungen und verschiedener Arten von Distributed-Ledger-Technologien;
o) eine Gesamtbewertung der Kosten und der Vorteile der in dieser Verordnung vorgesehenen Pilotregelung sowie eine Empfehlung zur der Frage, ob und unter welchen Bedingungen diese Pilotregelung fortgeführt werden soll.

(2) Auf der Grundlage des in Absatz 1 genannten Berichts legt die Kommission innerhalb von drei Monaten nach Erhalt dieses Berichts dem Europäischen Parlament und dem Rat einen Bericht vor. Dieser Bericht enthält eine Kosten-Nutzen-Analyse dahin gehend, ob die Pilotregelung im Rahmen dieser Verordnung

a) um einen weiteren Zeitraum von bis zu drei Jahren verlängert werden sollte;
b) auf andere Arten von Finanzinstrumenten ausgedehnt werden sollte, die mittels einer Distributed-Ledger-Technologie emittiert, verbucht, übertragen oder gespeichert werden können;
c) geändert werden sollte;
d) durch geeignete Änderungen der einschlägigen Rechtsvorschriften der Union über Finanzdienstleistungen dauerhaft eingeführt werden sollte oder
e) einschließlich aller besonderen Genehmigungen, die gemäß dieser Verordnung erteilt wurden, beendet werden sollte.

In ihrem Bericht kann die Kommission geeignete Änderungen des Rechtsrahmens der Union für Finanzdienstleistungen oder eine Harmonisierung der nationalen Rechtsvorschriften vorschlagen, die den Einsatz der Distributed-Ledger-Technologie im Finanzsektor erleichtern würden; ferner kann sie Maßnahmen vorschlagen, die erforderlich sind, um den Ausstieg von DLT-Marktinfrastrukturen aus der in dieser Verordnung vorgesehenen Pilotregelung zu erleichtern.

Wird diese Pilotregelung gemäß Unterabsatz 1 Buchstabe a des vorliegenden Absatzes um einen weiteren Zeitraum verlängert, ersucht die Kommission die ESMA, spätestens drei Monate vor Ablauf des Verlängerungszeitraums einen zusätzlichen Bericht gemäß Absatz 1 vorzulegen. Nach Erhalt dieses Berichts legt die Kommission dem Europäischen Parlament und dem Rat einen zusätzlichen Bericht gemäß diesem Absatz vor.

Artikel 15 Zwischenberichte

Die ESMA veröffentlicht jährliche Zwischenberichte, um den Marktteilnehmern Informationen über die Funktionsweise der Märkte zur Verfügung zu stellen, Fehlverhalten von Betreibern von DLT-Marktinfrastrukturen anzugehen, Erläuterungen zur Anwendung dieser Verordnung zu geben und frühere Angaben auf der Grundlage der Entwicklung der Distributed-Ledger-Technologie zu aktualisieren. Diese Berichte enthalten zudem eine allgemeine Beschreibung der Anwendung der in dieser Verordnung vorgesehenen Pilotregelung, wobei der Schwerpunkt auf Entwicklungen und aufkommenden Risiken liegt, und werden dem Europäischen Parlament, dem Rat und der Kommission übermittelt. Der erste Bericht wird bis zum 24. März 2024 veröffentlicht.

Übersicht

	Rn.
I. Einführung	1
1. Literatur	1
2. Entstehung und Zweck der Normen	2
3. Normativer Kontext	3
II. Evaluierung (Art. 14)	4
1. Bericht der ESMA an die Kommission (Abs. 1)	4
2. Bericht der Kommission und Handlungsoptionen (Abs. 2)	5
3. Zeitlicher Rahmen der DLT-Pilotregelung	7

I. Einführung

1. Literatur. *Ebner,* Finanzinstrumente auf der Blockchain: Die neue EU-Pilotregelung für DLT-Marktinfrastrukturen im Überblick, GesRZ 2022, 271; *Zetzsche/Woxholth,* The DLT sandbox under the Pilot-Regulation, CMLJ 2022, 212. **1**

2. Entstehung und Zweck der Normen. Da die DLT-PR ein experimenteller Rechtsrahmen ist, sind besondere Mechanismen zur Überprüfung der DLT-PR und eine engmaschige Berichterstattung vorgesehen. Die Evaluierung erfolgt dabei in zweifacher Weise: Einerseits ist die **DLT-PR selbst** Gegenstand der Überprüfung; andererseits wird erhoben, ob die vorgesehenen **Regelungen und Ausnahmen** permanent in das Finanzmarktrecht übernommen werden sollen. Im **Kommissionsentwurf** war die erste Überprüfung erst nach fünf Jahren vorgesehen,[1] was als zu spät kritisiert wurde.[2] Die **Endfassung** verkürzt die Zeit bis zur ersten Überprüfung auf drei Jahre, wodurch einige Unklarheiten entstanden sind. Mittlerweile wird auf politischer Ebene betont, dass eine zeitnahe Beendigung der DLT-PR nicht intendiert ist (→ Rn. 7). **2**

3. Normativer Kontext. Die besonderen Genehmigungen nach Art. 8–10 werden für längstens sechs Jahre erteilt. Im Fall der früheren Beendigung der DLT-PR verlieren sie automatisch ihre Gültigkeit (→ Art. 8–10 Rn. 31). **3**

II. Evaluierung (Art. 14)

1. Bericht der ESMA an die Kommission (Abs. 1). Die ESMA muss der Kommission **bis zum 24.3.2026** einen umfassenden Bericht über die DLT-PR vorlegen. Der Inhalt des Berichts wird in Art. 14 Abs. 1 detailliert geregelt und geht teilweise über die Informationen, die der ESMA im Rahmen ihrer Koordinierungsfunktion durch Marktteilnehmer und nationale Behörden zur Verfügung gestellt werden müssen, hinaus. Die Berichterstellung dürfte daher nicht nur einer **umfassenden Auswertung der aufsicht-** **4**

---

[1] Vgl. Erwgr. Nr. 36 und Art. 10 idF KOM(2020) 594 endg.
[2] Zetzsche/Woxholth CMLJ 2022, 212 (234 f.).

DLT-PR Art. 14–15 DLT-Pilotregelung

lichen Informationen, sondern uU **weitere Studien** erfordern. Neben technischen, rechtlichen und ökonomischen Aspekten muss die ESMA auch über die Auswirkungen der Nutzung der DLT auf die **klimapolitischen Ziele der Union** berichten (Art. 14 Abs. 1 lit. f). Es ist jedoch zu erwarten, dass wegen der notwenigen Skalierbarkeit keine DLT-Systeme mit dem energieintensiven Proof-of-Work Konsens-Mechanismus zum Einsatz gelangen werden. Entscheidender Bestandteil des Berichts ist eine **Gesamtbewertung der Kosten, Nutzen und Vorteile** der DLT-PR und eine **Empfehlung,** ob und unter welchen Bedingungen die Sandbox weitergeführt werden soll (Art. 14 Abs. 1 lit. o). Bei einer längeren Geltung der DLT-PR ist ein zusätzlicher Bericht spätestens drei Monate vor Ablauf des „Verlängerungszeitraums" (→ Rn. 7 f.) zu erstatten (Art. 14 Abs. 2 UAbs. 3).

5 **2. Bericht der Kommission und Handlungsoptionen (Abs. 2).** Auf Grundlage des Berichts der ESMA erstellt die Kommission innerhalb von drei Monaten einen Bericht an den Rat und das EP, der eine **Kosten-Nutzen-Analyse** und eine **Handlungsempfehlung** enthält. Die Kommission kann insbes. vorschlagen, die DLT-PR

– um weitere drei Jahre zu verlängern,
– auf andere Finanzinstrumente auszudehnen,
– abzuändern,
– durch geeignete Änderungen des Finanzmarktrechts in ein dauerhaftes Regime zu überführen, oder
– die DLT-PR – einschließlich aller besonderer Genehmigungen (Art. 14 Abs. 2 lit. e) – zu beenden.

Aus dem Markt lässt sich vernehmen, dass insbes. die Beschränkungen und Wertgrenzen nach Art. 3 als zu restriktiv empfunden werden. **Grundsätzlich nicht erwünscht** ist es iSd Technologieneutralität und iS eines *level-playing-field*, die DLT-PR zu perpetuieren und dadurch **zwei parallele Rechtsrahmen** für den Handel und die Abwicklung von Finanzinstrumenten zu schaffen (Erwgr. Nr. 53). Auf politischer Ebene gibt es aber nunmehr ein klares Bekenntnis dazu, die DLT-PR bis auf Weiteres in Geltung zu lassen (→ Rn. 7 f.).

6 Bemerkenswert ist, dass die Kommission in ihrem Bericht nicht nur Änderungen der DLT-PR und des EU-Finanzmarktrechts, sondern ggf. auch eine **Harmonisierung nationaler Rechtsvorschriften** vorschlagen soll (Art. 14 Abs. 2 UAbs. 2). Die größten Hindernisse für einen grenzüberschreitenden Sekundärmarkt mit DLT-Finanzinstrumenten sind mE (i) das Fehlen adäquater Kollisionsnormen für disintermediatisierte Systeme, bei denen das PRIMA-Prinzip nicht greift,[3] und (ii) das heterogene Wertpapierrecht, das der technischen Entwicklung nur langsam nachzieht. Aufgrund der unterschiedlichen Rechtstraditionen und vergangener Erfahrungen[4] dürfte zumindest eine Harmonisierung des Wertpapierrechts jedoch keine großen Aussichten auf Erfolg haben.

7 **3. Zeitlicher Rahmen der DLT-Pilotregelung.** Wegen der erheblichen Investitionen, die Marktteilnehmer für den Antrag und den Betrieb einer DLT-Marktinfrastruktur tätigen müssen, ist der zeitliche Rahmen **praktisch**

---

[3] Green/Snagg, Intermediated Securities and Distributed Ledger Technology, in Gullifer/Payne, Intermediation and Beyond, 2019, 337 (352 ff.).
[4] Segna Bucheffekten 583 ff.

von enormer Bedeutung. Dazu kommt die erhebliche Dauer des Antragsprozesses, zumal Mitte 2024 noch keine DLT-Marktinfrastruktur zugelassen war (→ Rn. 10). Vor diesem Hintergrund stellt sich die Frage, ob sich durch die frühere Evaluierung (→ Rn. 2) auch der **ursprünglich vorgesehene Zeitrahmen von sechs Jahren**[5] verkürzt. Rechtspolitisch ist außerdem fraglich, ob selbst ein Zeitraum von sechs Jahren ausreichend Rechtssicherheit für die erforderlichen Investitionen bietet.

Aus rechtlicher Sicht ist zunächst zu bemerken, dass die DLT-PR trotz der früheren Evaluierung tw. erkennbar noch von einer ersten Geltungsperiode von sechs Jahren, dh bis März 2029, ausgeht.[6] Eine vorzeitige Beendigung bereits nach der Evaluierung 2026 ist zwar nicht ausgeschlossen, aber sehr unwahrscheinlich. Noch gewichtiger ist, dass die DLT-PR zwar einen Evaluierungsmechanismus, aber **kein automatisches Außerkrafttreten** vorsieht (s. *Krönke* → DLT-PR Vorbem. 27). Mittlerweile wird auch auf politischer Ebene betont, dass für das Außerkrafttreten eine **legislative Änderung nötig** ist, auf die sich Rat und Parlament einigen müssen. Von Seiten der Kommission besteht derzeit keine Intention, einen entsprechenden Änderungsantrag einzubringen.[7] Es gibt damit ein klares politisches Bekenntnis zur DLT-PR und es ist davon auszugehen, dass die **DLT-PR bis auf weiteres unverändert in Geltung bleiben wird**. 8

III. Zwischenberichte für die Marktteilnehmer (Art. 15)

In Art. 15 ist ergänzend vorgesehen, dass die ESMA einen – primär – an die Marktteilnehmer gerichteten **Jahresbericht** veröffentlicht. Dieser soll insb. auf die Marktsituation, etwaiges Fehlverhalten der Betreiber sowie aktuelle Entwicklungen (inkl. Risiken) eingehen. Der Bericht wird auch der Kommission, dem Rat und dem EP übermittelt. 9

Da mit April 2024 noch keine DLT-Marktinfrastrukturen zugelassen waren, erstattete die ESMA im ersten Jahr keinen vollständigen Bericht, sondern beschränkte sich auf eine Kurzinformation.[8] Mit **Stand April 2024** gab es danach vier laufende Zulassungsanträge, und zwar für ein DLT-MTF (Deutschland), ein DLT-SS (Tschechien) und zwei DLT-TSS (Deutschland und Niederlande). Für 2024 wurden ca. acht weitere Zulassungsanträge erwartet. Diese Zahlen sind zur überschaubaren Anzahl traditioneller Marktinfrastrukturen in Beziehung zu setzen. Im Anhang zur Kurzinformation identifizierte die ESMA außerdem fünf Herausforderungen bei der Umsetzung der DLT-PR, die im Rahmen der Q&A adressiert werden sollen.[9] 10

Artikel 16 Änderung der Verordnung (EU) Nr. 600/2014

Artikel 54 Absatz 2 Unterabsatz 1 der Verordnung (EU) Nr. 600/2014 erhält folgende Fassung:

„Wenn die Kommission zu der Einschätzung gelangt, dass börsengehandelte Derivate nicht gemäß Artikel 52 Absatz 12 vom Anwen-

---

[5] Vgl. Erwgr. 36 KOM(2020) 594 endg.
[6] Vgl. Art. 8–10 Abs. 11, Art. 7 Abs. 10; Ebner GesRZ 2022, 271 (276).
[7] Vgl. den Brief der EU-Kommissarin McGuinness an die ESMA vom 3.5.2024, Ares (2024) 3056562.
[8] ESMA75-117376770-460.
[9] Vgl. ESMA75-117376770-460; Ares(2024) 3056562.

dungsbereich der Artikel 35 und 36 ausgenommen werden müssen, kann eine zentrale Gegenpartei oder ein Handelsplatz vor 22. Juni 2022 bei der zuständigen Behörde Antrag auf Inanspruchnahme von Übergangsregelungen stellen. Aufgrund der Risiken für ein ordnungsgemäßes Funktionieren der zentralen Gegenpartei oder des Handelsplatzes, die sich durch Inanspruchnahme der Zugangsrechte nach Artikel 35 oder 36 bei börsengehandelten Derivaten ergeben, kann die zuständige Behörde entscheiden, dass Artikel 35 oder 36 bei börsengehandelten Derivaten für diese zentrale Gegenpartei oder diesen Handelsplatz für einen Übergangszeitraum bis zum 3. Juli 2023 nicht zur Anwendung kommt. Wenn die zuständige Behörde beschließt, einen solchen Übergangszeitraum zu genehmigen, darf die zentrale Gegenpartei oder der Handelsplatz die Zugangsrechte nach Artikel 35 oder 36 bei börsengehandelten Derivaten innerhalb des Übergangszeitraums nicht in Anspruch nehmen. Die zuständige Behörde unterrichtet die ESMA und im Fall einer zentralen Gegenpartei das Kollegium der zuständigen Behörden für diese zentrale Gegenpartei, wenn sie einen Übergangszeitraum genehmigt hat."

1 Die Bestimmung in Art. 16 steht in **keinem Zusammenhang** mit der DLT-PR. Sie ändert eine individuelle Übergangsregelung der MiFIR und ist mittlerweile **ausgelaufen**. Denkbar ist, dass die Regelung – wie bereits durch die DLT-PR (→ Art. 19 Rn. 2) nachträglich noch einmal verlängert wird.

2 Nach Art. 29 Abs. 1 MiFIR gilt – nach Vorbild der EMIR für OTC-Derivate – eine **Clearingpflicht für börsegehandelte Derivate**. Flankierend sehen Art. 35 und 36 MiFIR Regelungen über einen offenen und **diskriminierungsfreien Zugang zu zentralen Gegenparteien und Handelsplätzen** vor, der nur unter genau festgelegten Bedingungen verweigert werden kann. Da der offene Zugang zu zentralen Gegenparteien und Handelsplätzen auch Risiken und Nachteile mit sich bringen kann, konnte die Kommission nach Art. 52 Abs. 12 MiFIR auf Grundlage einer Risikobewertung entscheiden, ob börsegehandelte Derivate vorübergehend allgemein vom Anwendungsbereich der Art. 35 f. MiFIR ausgenommen werden sollen. Von dieser Möglichkeit hat die Kommission keinen Gebrauch gemacht.[1] Als sekundäre Abhilfemaßnahme kann die zuständige Behörde die Anwendung der Art. 35 oder 36 MiFIR im Rahmen einer **Übergangsregelung auf Antrag einer zentralen Gegenpartei oder eines Handelsplatzes** aussetzen (Art. 54 Abs. 2 UAbs. 1 MiFIR). Die Übergangsregelung konnte ursprünglich bis längstens 3.7.2019 in Anspruch genommen werden und wurde bereits mehrmals verlängert. Die Bestimmung in Art. 16 hatte den Zeitraum **bis zum 3.7.2023 ausgedehnt**.

Artikel 17 Änderung der Verordnung (EU) Nr. 909/2014

Artikel 76 Absatz 5 Unterabsatz 1 der Verordnung (EU) Nr. 909/2014 erhält folgende Fassung:

„Jede der in Artikel 7 Absätze 1 bis 13 genannten Maßnahmen zur Abwicklungsdisziplin gilt ab dem Datum der Anwendung, das für jede Maßnahme zur Abwicklungsdisziplin in dem von der Kommission gemäß Artikel 7 Absatz 15 erlassenen delegierten Rechtsakt angegeben ist."

---

[1] KOM(2017)468 endg.

Änderungen der Richtlinie 2014/65/EU **Art. 18 DLT-PR**

Die Bestimmung in Art. 17 betrifft die Anwendbarkeit bestimmter Maß- 1
nahmen zur Abwicklungsdisziplin nach der CSDR und steht **nur in mittelbarem Zusammenhang** mit der DLT-PR.

Die CSDR verpflichtet Zentralverwahrer dazu, Präventivmaßnahmen 2
(Art. 6 CSDR) und Abhilfemaßnahmen (Art. 7 f. CSDR) gegen gescheiterte
Abwicklungen zu treffen (näher → Art. 5 Rn. 19). Zu den Abhilfemaßnahmen gehört auch ein **verpflichtendes Eindeckungsverfahren** *(buy-in process),* bei dem die zu liefernden Wertpapiere auf Kosten des ausfallenden
Teilnehmers beschafft und geliefert werden. Das Eindeckungsverfahren wird
durch die **RTS – DelVO (EU) 2018/1229** näher geregelt. **DLT-SS und
DLT-TSS** können nach Art. 5 Abs. 3 eine Ausnahme von den Bestimmungen über die Abwicklungsdisziplin (Art. 6 ff. CSDR) beantragen (ausf.
→ Art. 5 Rn. 19 ff.).

Die Anwendbarkeit der Regelungen über die Abwicklungsdisziplin wurde 3
jedoch aus unterschiedlichen Gründen generell bereits mehrfach verschoben.[1]
Während die Regelungen grds. mit 1.2.2022 in Kraft getreten sind,[2] äußerten
Marktteilnehmer im Rahmen des CSDR-Review massive Bedenken hinsichtlich der Umsetzbarkeit des verpflichtenden Eindeckungsverfahrens.[3] Die
Regelung in Art. 17 sah eine **Änderung der CSDR** vor, die es erlaubte,
den Geltungsbeginn der einzelnen Abhilfemaßnahmen individuell in den
RTS zu bestimmen.[4] Mit der VO (EU) 2023/2845 **(""CSDR Refit"")** wurde
das Eindeckungsverfahren zwischenzeitlich in Art. 7a CSDR neu geregelt.
Das Verfahren muss nun erst durch einen Durchführungsrechtsakt der Kommission aktiviert werden. Diese ist dabei an den Eintritt bestimmter Bedingungen und ein besonderes Prüfverfahren gebunden (siehe näher Art. 7a
CSDR).

Artikel 18 Änderungen der Richtlinie 2014/65/EU

Die Richtlinie 2014/65/EU wird wie folgt geändert:
1. Artikel 4 Absatz 1 Nummer 15 erhält folgende Fassung:
„15. ‚Finanzinstrument' die in Anhang I Abschnitt C genannten Instrumente, einschließlich mittels Distributed-Ledger-Technologie
emittierter Instrumente;"
2. In Artikel 93 wird folgender Absatz eingefügt:
„3a. Bis zum 23. März 2023 verabschieden und veröffentlichen die
Mitgliedstaaten die erforderlichen Vorschriften zur Erfüllung von Artikel 4 Absatz 1 Nummer 15 und teilen sie der Kommission mit. Sie
wenden diese Vorschriften ab dem 23. März 2023 an.

Abweichend von Unterabsatz 1 wird den Mitgliedstaaten, die nicht in der
Lage sind, die erforderlichen Vorschriften zur Erfüllung von Artikel 4
Absatz 1 Nummer 15 bis zum 23. März 2023 zu verabschieden, da ihre
Gesetzgebungsverfahren mehr als neun Monate in Anspruch nehmen,

---

[1] Vgl. Erwgr. Nr. 2 DelVO (EU) 2022/1930; ESMA70-156–5011, 5.
[2] Art. 42 DelVO (EU) 2018/1229.
[3] European Commission, Summary report of the targeted consultation document on the
review of regulation on improving securities settlement in the European Union and on
central securities depositories, S. 31 ff., abrufbar unter < https://finance.ec.europa.eu/regulation-and-supervision/consultations/2020-csdr-review_en>; siehe auch ESMA70-156–5011,
5.
[4] Erwgr. Nr. 60.

Ebner

eine Verlängerung von höchstens sechs Monaten ab dem 23. März 2023 gewährt, sofern sie der Kommission bis zum 23. März 2023 mitteilen, dass sie diese Verlängerung in Anspruch nehmen müssen."

Übersicht

	Rn.
I. Einführung	1
1. Literatur	1
II. Anpassung der Begriffsdefinition „Finanzinstrument"	2
III. Verhältnis zu „DLT-Finanzinstrumenten"	7

I. Einführung

1 **1. Literatur.** *Ebner,* Finanzinstrumente auf der Blockchain: Die neue EU-Pilotregelung für DLT-Marktinfrastrukturen im Überblick, GesRZ 2022, 271; *Ebner/Kalss,* Die digitale Sammelurkunde – ein erster Schritt zur vollständigen Digitalisierung des österreichischen Wertpapierrechts, GesRZ 2020, 369; *Hacker/Thomale,* Crypto-Securities Regulation: ICOs, Token Sales and Crypto-currencies under EU Financial Law, ECFR 2018, 645; *Kalss/Ebner,* Auf dem Weg zum digitalen Wertpapier, EuZW 2019, 433; *Zickgraf,* Initial Coin Offerings – Ein Fall für das Kapitalmarktrecht? AG 2018, 293.

II. Anpassung der Begriffsdefinition „Finanzinstrument"

2 Die Begriffsdefinition des „Finanzinstruments" nach Art. 4 Abs. 1 Nr. 15 MiFID II ist ein **zentraler Anknüpfungspunkt für das gesamte Finanzmarktrecht**. Art. 18 ordnet eine Änderung der MiFID II an: Finanzinstrumente sind künftig *„die in Anhang I Abschnitt C genannten Instrumente, einschließlich mittels Distributed-Ledger-Technologie emittierter Instrumente".*[1]

3 Auf **europäischer Ebene** hat die Änderung lediglich **klarstellenden Charakter**.[2] Bereits 2019 hat die ESMA nach ausführlicher Konsultation der nationalen Behörden im Ergebnis festgehalten, dass der Begriff technologieneutral zu verstehen ist und auch mithilfe der DLT begebene Instrumente darunter zu subsumieren sind, wenn sie traditionellen Finanzinstrumenten vergleichbar ausgestaltet sind.[3] Dieses Verständnis liegt auch der DLT-PR (vgl. Erwgr. Nr. 2) sowie der MiCAR (vgl. Erwgr. Nr. 3 MiCAR) zu Grunde. Da Art. 4 Abs. 1 Nr. 15 MiFID II eine Richtlinienbestimmung ist, können jedoch nationale Unterschiede bestehen, weshalb Art. 18 Nr. 2 die Mitgliedstaaten – erforderlichenfalls – zu einer **raschen Umsetzung bis 23.3.2023** (mit individueller Verlängerungsmöglichkeit bis 23.9.2023) verpflichtete.

4 Im deutschsprachigen Raum hat sich analog zum Begriff der Finanzinstrumente darüber hinaus das Verständnis durchgesetzt, dass der **kapitalmarktrechtliche Begriff des „übertragbaren Wertpapiers"** nach Art. 4 Abs. 1 Nr. 44 MiFID II, der einen wichtigen Teilbereich der Finanzinstrumente iSd MiFID II abgrenzt, vom zivilrechtlichen Wertpapierbegriff zu trennen ist.[4]

---

[1] Hervorhebung der Änderungen durch den Autor.
[2] Siehe bereits Ebner GesRZ 2022, 271 (280) mwN.
[3] ESMA, Advice on Initial Coin Offerings and Crypto Assets vom 9.1.2019, ESMA50-157–1391; vgl. in der frühen Lit. insbes. Hacker/Thomale ECFR 2018, 645 (671 ff.).
[4] Siehe bereits Kalss/Ebner EuZW 2019, 433.

Obwohl die **Verbriefung in einem physischen Verkehrspapier** – je nach Rechtsordnung – durch die Gewährleistung des Verkehrsschutzes (gutgläubiger Erwerb, Ausschluss von Einreden) uU große Bedeutung für den rechtssicheren Handel am Kapitalmarkt hat,[5] ist sie für die Qualifikation als übertragbares Wertpapier iSd MiFID II und die Anwendung der finanzmarktrechtlichen Regelungen richtigerweise **keine Voraussetzung.** Das finanzmarktrechtliche Regelungsbedürfnis besteht auch dann, wenn die Handelbarkeit am Kapitalmarkt faktisch durch andere Mittel (insbes. die Dokumentation auf einem DLT-System) gewährleistet wird.[6]

Die neue Begriffsdefinition in Art. 4 Abs. 1 Nr. 15 MiFID II verzichtet bereits im Ansatzpunkt auf technologische Merkmale und ist damit – im Unterschied zur Definition „Kryptowert" iSd MiCAR (→ MiCAR Art. 3 Rn. 15) – **vollständig technologieneutral.** Die Nennung der Distributed-Ledger-Technologie im zweiten Halbsatz ist lediglich demonstrativer Natur, sodass der Einsatz der DLT weder Voraussetzung noch Grenze für die Qualifikation als „Finanzinstrument" ist. Werte, die unter Verwendung einer „*ähnlichen Technologie*" iSd Art. 3 Abs. 1 Nr. 5 begeben werden, sind daher ebenfalls erfasst.

Ungelöst bleibt durch die Neuregelung das **gravierende Problem,** dass Art. 4 Abs. 1 Nr. 15 MiFID II in einer Richtline geregelt ist und damit den nationalen Gesetzgebern und Behörden Umsetzungs- und Auslegungsspielraum einräumt, während gleichzeitig wichtige **unmittelbar anwendbare Verordnungen auf die Richtlinienbestimmung verweisen.**[7] Das Problem hat sich durch Art. 2 Abs. 4 lit. a MiCAR, der den Anwendungsbereich der MiCAR negativ zum bestehenden Finanzmarktrecht abgrenzt, noch einmal deutlich verschärft und bereitet bereits vor Anwendbarkeit der MiCAR Kopfzerbrechen.[8]

Zum **Begriffsinhalt** und zur **Abgrenzung des Anwendungsbereichs der MiCAR** → MiFID Art. 1–4 Rn. 8 ff. → MiCAR Art. 2 Rn. 43.

III. Verhältnis zu „DLT-Finanzinstrumenten"

Obwohl Art. 4 Abs. 1 Nr. 15 MiFID II nun sogar explizit klarstellt, dass Finanzinstrumente auch auf Basis der DLT begeben werden können, führt Art. 2 Nr. 11 noch eine eigene Definition eines „DLT-Finanzinstruments" ein, deren genauer Zweck im Dunkeln bleibt. Während der Wortlaut nahelegt, dass der gesamte Lebenszyklus des DLT-Finanzinstruments auf einem DLT-System abgebildet sein muss, spricht Erwgr. Nr. 3 für ein weiteres Verständnis, das auch die **nachträgliche Tokenisierung** traditioneller Finanzinstrumente zulässt (→ Art. 2 Rn. 15).[9] Diese Interpretation wurde mittlerweile von der Kommission bestätigt.[10]

Das Ergebnis kann mE durch einen **systematischen Vergleich mit traditionellen Marktinfrastrukturen** gestützt werden, der zugleich Licht

---

[5] Ebner/Kalss GesRZ 2020, 369 mwN.
[6] Überzeugend Zickgraf AG 2018, 293 (301 f.).
[7] Vgl. nur Art. 1 Nr. 1 MAR, Art. 2 Abs. 1 Nr. 9 MiFIR, Art. 2 Abs. 1 Nr. 8 CSDR und Art. 3 Abs. 1 Nr. 49 MiCAR.
[8] Vgl. das ESMA Consultation Paper on the draft Guidelines on the conditions and criteria for the qualification of crypto-assets as financial instruments, ESMA75-453128700-52, 6.
[9] Siehe bereits Ebner GesRZ 2022, 271 (280); ESMA70-460-11, 39 f.
[10] ESMA Q&A, ESMA70-460-189, Abschnitt 7, Frage 2 (Stand 2.6.2023).

in das Verhältnis von Finanzinstrumenten und DLT-Finanzinstrumenten bringt:[11]

– Eine wichtige Aufgabe **traditioneller Zentralverwahrer** ist es, Wertpapiere unterschiedlicher Form (zB als physische Einzelurkunde, physische Sammelurkunde oder Wertrecht) in die **Form eines Bucheintrags** (*„book-entry form"*)[12] zu überführen, um diese anschließend im Effektengiroverkehr verwahren und übertragen zu können. Dafür werden die Wertpapiere – sofern sie nicht bereits in dematerialisierter Form begeben wurden – beim Zentralverwahrer immobilisiert und anschließend im Rahmen der notariellen Dienstleistung erstmalig in den Effektengiro eingebucht (Art. 3 und Abschnitt A Nr. 1 Anhang CSDR, Erwgr. Nr. 11 CSDR).

– Eine Aufgabe von **DLT-SS und DLT-TSS** ist dagegen die *„erstmalige Erfassung von DLT-Finanzinstrumenten"*.[13] Der finanzmarktrechtlichen Systematik entspricht es, diese Funktion – entgegen dem strengen Wortsinn des Art. 2 Nr. 7[14] – so zu verstehen, dass Finanzinstrumente in unterschiedlicher Form bei einem DLT-SS oder DLT-TSS ankommen können und durch die Marktinfrastruktur zur weiteren Verarbeitung in die **Form eines DLT-Finanzinstruments** überführt werden. Die eingelieferten Finanzinstrumente können die Form einer physischen Einzel- oder Sammelurkunde, eines Bucheintrags oder eines bereits tokenisierten Finanzinstruments (Security Token) haben und werden iwS bei der DLT-Marktinfrastruktur „immobilisiert".[15] Alternativ dazu können die Finanzinstrumente unter Mitwirkung der DLT-Marktinfrastruktur direkt in Form eines DLT-Finanzinstruments begeben werden.[16]

Das DLT-Finanzinstrument stellt nach diesem Verständnis das **Gegenstück zum Wertpapier in Form eines Bucheintrags** (*„book-entry security"*) dar und bezeichnet Finanzinstrumente in tokenisierter Form, die von einer DLT-Marktinfrastruktur auf einem DLT-System erfasst werden können.

Artikel 19 Inkrafttreten und Geltungsbeginn

(1) **Diese Verordnung tritt am zwanzigsten Tag nach ihrer Veröffentlichung im Amtsblatt der Europäischen Union in Kraft.**

(2) **Sie gilt ab dem 23. März 2023, mit Ausnahme von:**

a) **Artikel 8 Absatz 5, Artikel 9 Absatz 5, Artikel 10 Absatz 6 und Artikel 17, die ab dem 22. Juni 2022 gelten, und**
b) **Artikel 16, der ab dem 4. Juli 2021 gilt.**

---

[11] Siehe zum Ganzen bereits Ebner GesRZ 2022, 271 (280 f.).
[12] Vgl. die engl. Sprachversion des Art. 3 CSDR.
[13] Art. 2 Z. 7.
[14] Die Bestimmung spricht von der erstmaligen „Erfassung *von* DLT-Finanzinstrumenten". Nach der hier vertretenen Auffassung müsste man dagegen streng genommen von der Erfassung *als* DLT-Finanzinstrument sprechen, siehe bereits Ebner GesRZ 271 (280).
[15] Vgl. dazu das Schweizer Konzept: Nach Art. 6 Abs. 1 lit. d können Bucheffekten auch durch Übertragung von (entmaterialisierten) Registerwertrechten auf eine Verwahrstelle und anschließender Gutschrift auf einem Effektenkonto entstehen.
[16] Vgl. Erwgr. Nr. 3, ESMA Q&A, ESMA70-460-189 Abschnitt 7, Frage 2 (Stand 2.6.2023).

Inkrafttreten und Geltungsbeginn **Art. 19 DLT-PR**

Übersicht

	Rn.
I. Europäische Union	1
II. EWR	3

I. Europäische Union

Die DLT-PR beansprucht als Verordnung in den Mitgliedsstaaten unmittelbare Geltung und Anwendbarkeit und ist **seit 23.3.2023 vollständig anwendbar.** Eine sofortige Anwendbarkeit bestimmte Art. 19 Abs. 2 lit. a für 1

– jene Bestimmungen, welche die ESMA mit der Ausarbeitung von Leitlinien bereits bis zum Inkrafttreten der DLT-PR beauftragten, sowie für
– die Verschiebung der Maßnahmen über die Abwicklungsdisziplin (→ Art. 17 Rn. 3).

Für die Verlängerung des Überganszeitraums für den offenen Zugang zu zentralen Gegenparteien und Handelsplätzen in Bezug auf börsegehandelte Derivate (→ Art. 16 Rn. 1 f.) wurde durch Abs. 2 lit. b eine **rückwirkende Anwendbarkeit** angeordnet, was in engen Grenzen (u. a. bei begünstigenden Rechtsakten) zulässig ist.[1] 2

II. EWR

In Liechtenstein, Island und Norwegen bedarf das Wirksamwerden der DLT-PR der **Übernahme in den EWR.** Während Liechtenstein den Übernahmebeschluss des Gemeinsamen EWR-Ausschusses[2] mit dem zustimmenden Landtagsbeschluss vom 6.12.2023[3] bereits ratifiziert hat, war die parlamentarische Genehmigung in Island und Norwegen Anfang 2024 noch nicht absehbar. 3

Da der Übernahmebeschluss erst mit Abschluss aller drei parlamentarischen Genehmigungsprozesse in Kraft tritt, hat sich **Liechtenstein** aufgrund der Bedeutung für den Finanzplatz und der Befristung der DLT-PR für eine **Vorabumsetzung** entschieden. Die DLT-PR gilt damit bis zum Inkrafttreten des Übernahmebeschlusses als **nationale Rechtsvorschrift.**[4] Im Rahmen der Vorabumsetzung tritt die DLT-PR in Liechtenstein mit dem Erlass des Vollzugsgesetzes (→ Art. 12–13 Rn. 10) in Kraft.[5] 4

---

[1] Vgl. Jaeger/Stöger/Stocker/Vcelouch AEUV Art. 297 Rn. 89 ff.; GHN/Krajewski/Rösslein AUEV Art. 297 Rn. 26.
[2] Beschluss des Gemeinsamen EWR-Ausschusses Nr. 185/2023 vom 5.7.2023.
[3] BuA Nr. 113/2023; die Referendumsfrist ist am 12.1.2024 verstrichen.
[4] Stellungnahme der Regierung Nr. 4/2024.
[5] Die notwendigen Änderungen wurden am 7.3.2024 im Landtag beschlossen, jedoch zum Zeitpunkt der Drucklegung noch nicht im LGBl veröffentlicht. Siehe dazu BuA Nr. 115/2023 sowie die Stellungnahme der Regierung Nr. 4/2024.

RL 2014/65/EU (MiFID II)

Vorbemerkungen zur MiFID II

Übersicht

	Rn.
I. Einführung	1
1. Literatur	1
2. Gegenstand und Zweck	2
3. Gesetzgebungsverfahren und Stand	4
4. Ausgestaltung als Richtlinie	8
II. Maßgebliche Inhalte der MiFID II	14
1. Kernregelungen	14
a) Anwendungsbereich und Begriffsdefinitionen	14
b) Wertpapierfirmen und alternative Handelsplätze	15
c) Geregelte Märkte	16
d) Kompetenzen der Aufsichtsbehörden	17
2. Flankierende Regelungen außerhalb des MiFID II-Regelwerks	18
III. Zusammenspiel mit DLT-Pilotregelung und MiCAR	21
1. DLT-Pilotregelung: Anpassung der MiFID II	21
2. MiCAR: Implementierungen zweier Parallelregime	25
a) Abgrenzung zu MiFID II	25
b) MiFID II vs. MiCAR: Parallelen und Unterschiede	29
IV. Herausforderungen	32

I. Einführung

1. Literatur. *Anzinger/Dannecker*, Kryptowerte als Herausforderung für Rechtsbefolgung und Rechtsdurchsetzung, Zeitschrift für Vergleichende Rechtswissenschaft 2023, 243; *Aubrunner/Tatschl*, Markets in Crypto-Assets Regulation (MiCAR): Regulatorische Weichenstellung in der Blockchain-Sphäre, GesRZ 2022, 347; *Aubrunner/Reder*, MiCAR: Das Whitepaper bei sonstigen Kryptowerten, GesRZ 2023, 158; Assmann/Schneider/Mülbert (Hrsg.), Wertpapierhandelsrecht, Kommentar, Aufl. 8 2023, Band 2, *Auerbach*, Banken- und Wertpapieraufsicht, 2. Aufl. 2023 (Wertpapieraufsicht); *Kalss/Oppitz/Zollner*, Kapitalmarktrecht: System, 2. Aufl. 2015 (KapMarktR); Klöhn (Hrsg.), Marktmissbrauchsverordnung, Kommentar, 2. Aufl. 2023; *Liegl/Duy*, Überprüfung des MiFID II/MiFIR-Regelungsrahmens inklusive „MiFID II Quick Fix", ÖBA 2020, 724; *Litten*, Mit dem DLT-Piloten in die Zukunft des digitalen Kapitalmarktaufsichtsrechts, BKR 2022, 551; *Poelzig/Kläsener*, Phänomenologie und zivilrechtliche Einordnung von Währungen und anderen Kryptowerten, Zeitschrift für Vergleichende Rechtswissenschaft 2023, 356; *Paul/Schröder/Schumacher*, Auswirkungsstudie MiFID II/MiFIR und PRIIPs-VO: Effektivität und Effizienz der Neuregelungen vor dem Hintergrund des Anleger- und Verbraucherschutzes, 2019 (Auswirkungsstudie MiFID II/MiFIR); *Poelzig*, Stellungnahme zum Entwurf eines Zweiten Gesetzes zur Novellierung von Finanzmarktvorschriften auf Grund europäischer Rechtsakte (Zweites Finanzmarktnovellierungsgesetz –

FiMaNoG) und dem Entwurf eines Änderungsantrags der Fraktionen CDU/CSU und SPD, 2017 (Stellungnahme 2. FiMaNoG); *Riesenhuber* (Hrsg.), Europäische Methodenlehre, 4. Aufl. 2022 (EuMethodenlehre); *Toman/Schinerl*, Kryptowerte zwischen WAG 2018 und MiCAR, ÖBA 2023, 178; *Toman*, MiFID II, WAG 2018 und Interessenskonflikte, 2019 (Interessenskonflikte); *Veil* (Hrsg.), Europaisches und deutsches Kapitalmarktrecht, 3. Aufl. 2022 (EuKapMR); *Zickgraf*, Primärmarktpublizität in der Verordnung über die Märkte für Kryptowerte (MiCAR) (Teil I), BKR 2021, 196.

2 2. Gegenstand und Zweck. Die Richtlinie 2014/65/EU über Märkte für Finanzinstrumente (Finanzmarktrichtlinie II oder Markets in Financial Instruments Directive II)[1], besser bekannt als **MiFID II,** ist einer der **zentralen Gesetzgebungsakte** der Europäischen Union im Bereich des europäischen Kapitalmarktrechts. Im Zusammenspiel mit anderen Rechtsakten verknüpft sie wesentliche kapitalmarkt- und aufsichtsrechtliche Regelungsprinzipien. **Regelungsgegenstand** des MiFID II-Regimes ist iwS der **Handel mit Finanzinstrumenten bzw. Wertpapieren.** Im Kern werden spezifische Anforderungen an die Erbringung der dahinterstehenden Wertpapierdienstleistungen für bestimmte am Kapitalmarkt tätige Institutionen, wie zB an Kreditinstitute, Wertpapierfirmen oder Börsen, gestellt (dazu näher → Rn. 14 ff.).

3 Die Schaffung eines europäischen Binnenmarkts – und damit auch eines gemeinsamen Kapitalmarkts – war eines der Hauptziele bei der Gründung der Europäischen Wirtschaftsgemeinschaft (EWG) im Jahr 1957.[2] Nach dessen Verwirklichung am 1.1.1993 „feierte er im Jahr 2023" sein 30-jähriges Bestehen.[3] Ein gemeinsamer Markt für Wirtschaft und BürgerInnen benötigt jedoch weitgehend einheitliche Regelungen, die u. a. das (europäische) Kapitalmarktrecht vorgibt. Zentrale Regulierungskonzepte sind dabei Publizitätsvorschriften, Verbote und die Etablierung eines Kontrollregimes.[4] Die Normen sind von einer **doppelten Schutzrichtung** geprägt: I) Funktionsfähigkeit und Integrität des Finanzmarkts **(Funktionsschutz)** sowie II) Schutz der beteiligten Akteure, insbesondere der Kapitalgeber **(Anlegerschutz).**[5] Dieser Grundgedanke zieht sich auch durch das Aufsichtsregime unter MiFID II. Einerseits war es dem Unionsgesetzgeber ein Anliegen die Integrität, Transparenz und Funktionsfähigkeit des (europäischen) Finanzmarkts zu gewährleisten, andererseits soll dem individuellen sowie dem kollektiven Anlegerschutz Rechnung getragen werden.[6] Es gibt **keine vorgegebene Rangfolge** dieser beiden Schutzrichtungen.[7] Das Finanzmarkt- und Aufsichtsrecht ist auch vom **Grundsatz der Technolo-**

---

[1] Richtlinie 2014/65/EU des Europäischen Parlaments und des Rates vom 15.5.2014 über Märkte für Finanzinstrumente sowie zur Änderung der Richtlinien 2002/92/EG und 2011/61/EU.

[2] Vgl. Kalss/Oppitz/Zollner KapMarktR § 1 Rn. 42.

[3] Zur Rechtsgrundlage s. Art. 114 f. AEUV, Art. 26 f. AEUV und 4 Abs. 2 lit. a AEUV; zum 30-jährigen Bestehen des europäischen Binnenmarkts s. https://single-market-economy.ec.europa.eu/single-market/30th-anniversary_en.

[4] ZB wird Transparenz durch Publizität und öffentlicher Zugänglichkeit von Informationen gewährleistet; s. dazu im Detail (sowie zu den weiteren Regulierungskonzepten) Veil/ Veil EuKapMR § 2 Rn. 26 ff.; vgl. auch Kalss/Oppitz/Zollner KapMarktR § 1 Rn. 14 f.

[5] S. dazu nur Kalss/Oppitz/Zollner KapMarktR § 1 Rn. 17 f.

[6] Vgl. nur Erwgr. Nr. 3 MiFID II; dazu allg. Auerbach Wertpapieraufsicht Kap. 4 Rn. 1.

[7] Auch wenn in Zielkonflikten der Funktionsschutz vor dem (individuellen) Anlegerschutz tritt; s. dazu Auerbach Wertpapieraufsicht Kap. 4 Rn. 1.

gieneutralität geprägt.[8] Es ist daher durchaus beachtlich, dass zuletzt Rechtsakte in Kraft getreten sind, die gerade eine Technologie (Blockchain- oder Distributed-Ledger-Technologie bzw. **DLT**) voraussetzen. Anzumerken ist hierbei dennoch der **technologieoffen ausgestaltete Begriff des „Kryptowerts"**.[9]

3. Gesetzgebungsverfahren und Stand. Das Vorgängerregime von Mi- 4 FID II, die (erste) Richtlinie über Märkte für Finanzinstrumente (**MiFID I**)[10], wurde im Jahr 2004 verabschiedet. Die damalige Rahmenrichtlinie (mit deren zahlreichen Durchführungsrechtsakten)[11] zielte auf eine Verbesserung des Anlegerschutzes und regelte die Finanzmarktorganisation, bei der den Wertpapierfirmen bestimmte Verhaltenspflichten auferlegt wurden.[12] Dieses Vorhaben gelang jedoch nur eingeschränkt: Die Finanzmarktkrise 2009 hat die Schwächen des Regelwerks offengelegt; die Transparenzvorschriften und die Funktionsweise des Marktes waren mangelhaft.[13] Im Jahr 2014 wurde – auch aufgrund der Beschlüsse des G20-Gipfels von Pittsburgh vom 24. und 25.9.2009[14] – **MiFID I** reformiert. **MiFID II** und **MiFIR**[15] sollten der Schwächen des damaligen Regulierungsrahmens entgegenwirken.[16]

Ziele des MiFID II-Regimes sind die Stärkung der **Effizienz**, Erhöhung 5 der **Widerstandsfähigkeit** und **Integrität der Finanzmärkte** sowie die **Vereinheitlichungen** von Marktbedingungen.[17] Dem Gesetzgeber war es nach der Finanzmarktkrise ein Anliegen, das Vertrauen in den (europäischen) Kapitalmärkten wieder zu etablieren.[18] Der unzulängliche **Anlegerschutz** sollte erhöht werden: Finanzmarktteilnehmer und -produkte sollen nicht unreguliert bleiben, damit Vermögensrisiken für den Anleger bereits im Vorhinein minimiert oder verhindert werden.[19] So sollen etwa die am Finanzmarkt bedeutenden (OTC-)Derivate aufgrund ihres spekulativen und risikobehafteten Charakters nur mehr auf regulierten Märkten gehandelt werden können.[20] Einheitliche Transparenzvorgaben (u. a. Offenlegung der

---

[8] Veil/Veil EuKapMR § 5 Rn. 15; vgl. auch Toman/Schinerl ÖBA 2023, 178 (179).
[9] Zum Begriff der Kryptowerte → MiCAR Art. 2 Rn. 31 und Art. 3 Rn. 15.
[10] Richtlinie 2004/39/EG über Märkte für Finanzinstrumente.
[11] ZB die Richtlinie 2006/73 der Kommission zur Durchführung der Richtlinie 2004/39/EG des Europäischen Parlaments und des Rates in Bezug auf die organisatorischen Anforderungen an Wertpapierfirmen und die Bedingungen für die Ausübung ihrer Tätigkeit sowie in Bezug auf die Definition bestimmter Begriffe für die Zwecke der genannten Richtlinie.
[12] Vgl. Veil/Veil EuKapMR § 1 Rn. 25.
[13] Erwgr. Nr. 4 MiFID II.
[14] Vgl. Erwgr. Nr. 125 MiFID II; vgl. dazu auch Veil/Veil EuKapMR § 1 Rn. 44; zur deutschen Übersetzung der Erklärung der Staats- und Regierungschefs Gipfeltreffen in Pittsburgh 24./25.9.2009 s. https://www.bundesregierung.de/resource/blob/975254/474982/ba28f22bea0df3b25beee209cd62f936/g20-erklaerung-pittsburgh-2009-de-data.pdf?download=1.
[15] Verordnung (EU) Nr. 600/2014 des Europäischen Parlaments und des Rates vom 15.5.2014 über Märkte für Finanzinstrumente und zur Änderung der Verordnung (EU) Nr. 648/2012.
[16] Vgl. die Begründung für den Vorschlag einer Neufassung der MiFID, 20.10.2011, KOM(2011) 656 endg., S. 2.
[17] Vgl. Auerbach Wertpapieraufsicht Kap. 4 Rn. 16.
[18] Erwgr. Nr. 4 MiFID II.
[19] Vgl. Veil/Veil EuKapMR § 1 Rn. 45; zum Anlegerrisiko und den ex-ante- sowie expost-Regelungen s. Kalss/Oppitz/Zollner KapMarktR § 1 Rn. 24.
[20] Die (damals) unregulierten Märkte für OTC-Derivate (in Zsh. mit der Insolvenz von Lehman Brothers und dem Bailout von AIG) waren ein Mitgrund und Auslöser der Finanzmarktkrise 2009; s. dazu näher Veil/Veil EuKapMR § 1 Rn. 48.

Vor MiFID II RL 2014/65/EU (MiFID II)

Kosten einzelner Transaktionen für Anleger) sollen den Anlegerschutz wesentlich erhöhen. Bedeutende Änderungen lagen in der Vergrößerung der Risikoklassen, in der Einführung einer Geeignetheitserklärung statt des Beratungsprotokolles sowie grundsätzliche Änderungen im Privatkundengeschäft.

6 Besonders bedeutsam sind die Regelungen für traditionelle Börsen (**geregelter Markt** in Art. 44 ff. MiFID II) und alternative Handelsplätze (multilaterales Handelssystem – **MTF** und organisiertes Handelssystem – **OTF** in Art. 18 f. MiFID II). Die strengeren Transparenzverpflichtungen, die Förderung der Marktintegrität sowie die Kontrolle der zahlreichen Verhaltenspflichten tragen zum engmaschigen Aufsichtskonzept bei (Art. 31 und 54 MiFID II). Die Steigerung der Markttransparenz – zB durch die Bekanntgabe von Informationen über die Wertpapiertransaktion – hat auch unmittelbaren Einfluss auf das europäische Marktmissbrauchsrecht.[21] Art. 33 etabliert die KMU-Wachstumsmärkte. Damit soll die Finanzierung von Klein- und Mittelbetrieben erleichtert werden, indem einerseits der Bekanntheitsgrad für solche Märkte erhöht wird und andererseits ein geringerer Verwaltungs- und Kostenaufwand für die Beteiligten entsteht.[22]

7 Seit dem Inkrafttreten der MiFID II-Regelungen am 3. Jänner 2018[23] gab es bereits mehrere Berichtigungen und Anpassungen des MiFID II-Regimes.[24] Zuletzt kam es in einem Schnellverfahren im Rahmen des Capital Market Recovery Packages (CMRP)[25] zu punktuellen Änderungen der MiFID II aufgrund der COVID-19-Pandemie (**MiFID II Quick Fix**).[26] Dazu kommen etliche Level 2- und Level 3-Rechtsakte, die die MiFID II (und MiFIR) näher konkretisieren sollen (dazu näher → Rn. 11). Mit der Digitalisierungsstrategie im Rahmen des **Digital Finance Packages** aus dem Jahr 2020, das einen Regulierungsrahmen für (noch nicht vom Aufsichtsrecht erfasste) **Kryptowerte** geschaffen hat und einen **„befristeten" Sekundärmarkt** für DLT-Finanzinstrumente ermöglichen soll, wurde auf **aktuelle technische Entwicklungen** reagiert (zur Auswirkung der Digitalisierungsinitiative auf das MiFID II-Regime näher → Rn. 21 ff.).[27]

8 **4. Ausgestaltung als Richtlinie.** Die MiFID II ist als **Richtlinie** gefasst, die zur Harmonisierung der nationalen Rechtsordnungen dient.[28] Die Mitgliedstaaten waren – nach einjähriger Verlängerung aufgrund des enormen

---

[21] Vgl. Veil/Veil EuKapMR § 1 Rn. 45.
[22] Erwgr. Nr. 132 MiFID II.
[23] Art. 93 MiFID II.
[24] Die einzelnen konsolidierten Fassungen sind hier abrufbar: https://eur-lex.europa.eu/legal-content/DE/TXT/?uri=CELEX:02014L0065-20230323.
[25] Richtlinie (EU) 2021/338 des Europäischen Parlaments und des Rates vom 16.2.2021 zur Änderung der Richtlinie 2014/65/EU im Hinblick auf die Informationspflichten, die Produktüberwachung und die Positionslimits sowie der Richtlinien 2013/36/EU und (EU) 2019/878 im Hinblick auf ihre Anwendung auf Wertpapierfirmen, zur Förderung der wirtschaftlichen Erholung von der COVID-19-Krise.
[26] Insbes. gab es Erleichterungen bei der Produktüberwachung (Art. 16a MiFID II), Änderungen der Kostenoffenlegung und Form der Informationspflichten (Art. 24 Abs. 4 UAbs. 4 und Abs. 5a MiFID II) sowie weitere Ausnahmen für professionelle Kunden und geeigneten Gegenparteien (Art. 29a und Art. 30 Abs. 1 MiFID II); vgl. dazu Liegl/Duy, ÖBA 2020, 724.
[27] S. Mitteilung der Kommission an das Europäische Parlament, den Rat, den Europäischen Wirtschafts- und Sozialausschuss und den Ausschuss der Regionen über eine Strategie für ein digitales Finanzwesen, KOM(2020) 591 endg.
[28] Vgl. Veil/Veil EuKapMR § 3 Rn. 16.

Umsetzungsumfangs – bis zum 3.7.2017 angehalten, das nationale Recht an die europarechtlichen Vorgaben **anzugleichen**.[29] Der Detaillierungsgrad der MiFID II-Regelungen ist hoch. Sie deuten auf eine **Vollharmonisierung** hin.[30] Auch die in MiFID II bestimmten Durchführungs- und delegierten Rechtsakte (dazu sogleich → Rn. 11) führen zu einer Beschränkung der Regelungsautonomie auf nationaler Ebene.[31]

In **Deutschland** sind die relevanten Bestimmungen der MiFID II (größtenteils) im Wertpapierhandelsgesetz **(WpHG)**[32], ferner im deutschen Börsegesetz (BörseG)[33] und Kreditwesengesetz (KWG)[34] umgesetzt worden; in **Österreich** im Wertpapieraufsichtsgesetz **(WAG 2018)**[35], ferner im öst. Börsegesetz (BörseG 2018)[36] und Bankwesengesetz (BWG)[37]; in **Liechtenstein**[38] in Bankengesetz **(BankG)**[39], im Vermögensverwaltungsgesetz (VVG)[40], ferner in der Bankenverordnung (BankV)[41] und der Vermögensverwaltungsverordnung (VVO)[42].[43] Die gesamte Finanzmarktregulierung ist aber in Zusammenhang mit weiteren Rechtsakten zu verstehen; insbesondere ist die MiFID II mit der MiFIR zu lesen.[44]

Generell ist auf europäischer Ebene aktuell eine **Tendenz zur Erlassung von Verordnungen** im Bereich des europäischen Kapitalmarkt- und Aufsichtsrechts zu erkennen. Die einheitlichen Regelungen sollte ein **Level**

---

[29] Richtlinie (EU) 2016/1034 des Europäischen Parlaments und des Rates vom 23.6.2016 zur Änderung der Richtlinie 2014/65/EU über Märkte für Finanzinstrumente; vgl. Toman Interessenskonflikte 7.

[30] Im Gegensatz dazu waren die ersten kapitalmarktrechtlichen Richtlinien noch mit wenigen Regelungen versehen; vgl. Veil/Veil EuKapMR § 3 Rn. 16; zur Vollharmonisierung s. auch Poelzig, Stellungnahme zum Entwurf eines Zweiten Gesetzes zur Novellierung von Finanzmarktvorschriften auf Grund europäischer Rechtsakte (Zweites Finanzmarktnovellierungsgesetz - 2. FiMaNoG) und dem Entwurf eines Änderungsantrags der Fraktionen CDU/CSU und SPD (2017) 3.

[31] Veil/Veil EuKapMR § 4 Rn. 13.

[32] Wertpapierhandelsgesetz, dBGBl. 1998 I S. 2708, zuletzt geändert durch dBGBl. 2023 I Nr. 354.

[33] Börsegesetz, dBGBl. 2007 I S. 1330 (1351), zuletzt geändert durch dBGBl. 2023 I Nr. 354.

[34] Kreditwesengesetz, dBGBl. 1998 I S. 2776, zuletzt geändert durch dBGBl. 2023 I Nr. 354.

[35] Wertpapieraufsichtsgesetz 2018, öBGBl. 2017 I Nr. 107, zuletzt geändert durch öBGBl. 2023 I Nr. 63.

[36] Im Zuge der Neukonzeption des Finanzmarktrechts sollen bis 2025 wesentliche Bestimmungen vom 3.8.2023 (LNR 2023/708).

[37] Bankwesengesetz, öBGBl. 1993 I Nr. 107, zuletzt geändert durch öBGBl. 2023 I Nr. 106.

[38] Zum aktuellen Stand des EWR-Übernahmeverfahrens von MiFID II/MiFIR s. https://www.efta.int/eea-lex.

[39] Bankengesetz, lieBGBl. 1992 Nr. 108, zuletzt geändert durch lieBGBl. 2023 Nr. 154.

[40] Vermögensverwaltungsgesetz, lieBGBl. 2005 Nr. 278, zuletzt geändert durch lieBGBl. 2023 Nr. 158.

[41] Bankenverordnung, lieBGBl. 1994 Nr. 22, zuletzt geändert durch lieBGBl. 2022 Nr. 130.

[42] Vermögensverwaltungsverordnung, lieBGBl. 2005 Nr. 289, zuletzt geändert durch lieBGBl. 2022 Nr. 373.

[43] Der öst. Gesetzgeber hat im Zuge der MiFID II-Implementierung über 40 Gesetze angepasst; vgl. Toman Interessenskonflikte 8. In Liechtenstein werden in naher Zukunft tw. Bestimmungen in ein eigenes Gesetz, dem Handelsplatz- und Börsegesetz (HPBG), überführt; vgl. dazu den Vernehmlassungsbericht betreffend den Erlass eines Gesetzes über den Betrieb und die Beaufsichtigung von Handelsplätzen und Börsen (HPBG) vom 3.8.2023 (LNR 2023/708).

[44] Vgl. Erwgr. Nr. 7 MiFID II.

Vor MiFID II

Playing Field schaffen.⁴⁵ Diese Intention spiegelt sich auch in der neuen Regulierung für Kryptowerten wieder: MiCAR und DLT-Pilotregelung sind als Verordnungen ausgestaltet (dazu → Rn. 21 ff.).

11 Die MiFID II ist eine Basisrichtlinie **(Level 1-Rechtsakt);** darauf bauen weitere Stufen der Regulierung darauf auf (Level 2, Level 3 und Level 4). Diese Art von kapitalmarktrechtlicher Rechtssetzung folgt dem sog. **Lamfalussy II-Verfahren**.⁴⁶ **Level 2** sind **verbindliche Durchführungs- sowie delegierte Rechtsakte** der Kommission sowie Technische Regulierungsstandards (Regulatory Technical Standards – **RTS**) oder Technische Durchführungsstandard (Implementing Technical Standards – **ITS**) der ESMA⁴⁷ nach Bestätigung durch die Kommission. Diese Art von Rechtsakten wird ohne Einbeziehung der ursprünglichen Rechtssetzungsorgane auf Level 1 vollzogen. **Level 3** sind Leitlinien und Empfehlungen der ESMA. Die MiFID II begleiten zahlreiche solcher Level 2 und 3-Rechtsakte,⁴⁸ wobei erstere zumeist eine nähere **Konkretisierung** einzelner Bestimmungen oder der Anwendung als Inhalt haben und zweitere als **Auslegungshilfe** dienen.⁴⁹ Leitlinien und Empfehlungen auf Level 3 sind im Gegensatz zu Level 2 zwar **nicht verbindlich,** haben jedoch einen enormen praktischen Wert.⁵⁰ **Level 4** ist die Kontrolle der nationalstaatlichen Rechtssetzung durch ESMA und Kommission (Zur Kritik am Umfang des MiFID II-Regimes → Rn. 32).⁵¹

12 Bei der **Auslegung** der nationalen Bestimmungen sind unionsrechtliche Auslegungsmethoden zu beachten.⁵² Grundlage der Auslegung des umgesetzten Rechts bilden die mitgliedstaatlichen Interpretationsmethoden, die jedoch bei angeglichenen Bestimmungen um die **richtlinienkonforme Auslegung** ergänzt werden.⁵³ Die Vorschriften in Richtlinien und Verordnungen sind **autonom** auszulegen.⁵⁴ Nach dem **effet utile**-Grundsatz sind die relevanten Bestimmungen derart auszulegen und anzuwenden, dass das Ziel der Richtlinie am besten und einfachsten erreicht werden kann.⁵⁵ Die **Erwägungsgründe** dienen der Zweckermittlung.⁵⁶

13 Da jeder Mitgliedstaat selbst für die Angleichung nationalstaatlichen Rechts verantwortlich ist, können sich nicht zu vernachlässigende **Divergenzen in den einzelnen Rechtsordnungen** und in Folge auch eine **Rechtsunsicherheit** ergeben. Die Unterschiede reichen vom (Detail-)Grad der Implementierung bis hin zu den verschiedenen Auslegungen in den Mitgliedstaaten.⁵⁷ Insbesondere beim neuen **Aufsichtsregime für Kryptowerte** (MiCAR) ist die Auslegung der Bestimmungen von großer Bedeutung. Im Kern handelt es sich dabei um Fragen über die Abgrenzung der einzelnen Anwendungsbereiche (zu MiFID II vs. MiCAR → Rn. 25).

---

⁴⁵ Auch zu den Hintergründen s. Veil/Veil EuKapMR § 3 Rn. 22.
⁴⁶ Veil/Veil EuKapMR § 4 Rn. 1, 3; zur Kritik ebd. Rn. 37 ff.
⁴⁷ European Securities and Markets Authority oder Europäische Wertpapier- und Marktaufsichtsbehörde.
⁴⁸ Vgl. Assmann/Schneider/Mülbert/Assmann Einleitung Rn. 14, 20.
⁴⁹ Veil/Veil EuKapMR § 4 Rn. 16, 18 und 23.
⁵⁰ Vgl. Assmann/Schneider/Mülbert/Assmann Einleitung Rn. 32 f.
⁵¹ Zu den Stufen im Detail s. Veil/Veil EuKapMR § 4 Rn. 4 ff. und 36.
⁵² Dazu Riesenhuber/Köndgen EuMethodenlehre § 7.
⁵³ Assmann/Schneider/Mülbert/Assmann Einleitung Rn. 27.
⁵⁴ Assmann/Schneider/Mülbert/Assmann Einleitung Rn. 28.
⁵⁵ Assmann/Schneider/Mülbert/Assmann Einleitung Rn. 30.
⁵⁶ Assmann/Schneider/Mülbert/Assmann Einleitung Rn. 31.
⁵⁷ Vgl. Aubrunner/Reder GesRZ 2023, 158 (159).

II. Maßgebliche Inhalte der MiFID II

1. Kernregelungen. a) Anwendungsbereich und Begriffsdefinitio- 14
nen. Das umfangreiche MiFID II-Regelwerk ist in mehreren Abschnitten gegliedert und bestimmt u. a. die Organisation von Wertpapierfirmen und Handelsplätzen, die Bedingungen zur Erbringung von Wertpapierdienstleistungen und Nebendienstleistungen (inkl. Tätigkeiten durch Drittlandfirmen) sowie Kompetenzen der zuständigen Behörden. Kern- und Angelpunkt der Finanzmarktregulierung sind die in Titel 1 niedergeschriebenen Bedingungen: Art. 1–3 MiFID II legt den **Anwendungsbereich** fest, die wesentlich mit den in Art. 4 MiFID II eingeführten **Begriffsbestimmungen** verknüpft sind. Anhang I zur MiFID II ergänzt die Bestimmungen in Titel 1; von besonderer Bedeutung ist hierbei die **Liste von Finanzinstrumenten** in Abschnitt C.[58]

b) Wertpapierfirmen und alternative Handelsplätze. Titel II bestimmt 15
Anforderungen an die Organisation und Tätigkeit von Wertpapierfirmen. Diese führen eine oder mehrere in Anhang I Abschnitt A/B zur MiFID II definierten Wertpapierdienstleistungen und/oder Anlagetätigkeiten aus.[59] In Art. 5–20 MiFID II werden **Zulassungsbedingungen und -Verfahren** von Wertpapierfirmen festgelegt, die Organisations- (zB Kapitalausstattung), Governance- und Compliance-Vorschriften (zB Anforderungen an Leitungsorgane oder strategische Vorkehrungen bei Gefährdung der Kundeninteressen) vorsehen. Betreibt eine Wertpapierfirma (oder Marktbetreiber) einen alternativen Handelsplatz (**MTF** oder **OTF**) oder **algorithmischen Handel** sind besondere Anforderungen einzuhalten (Art. 17–20 MiFID II). Zudem werden generelle Bestimmungen zum **Anlegerschutz** (Art. 24–30 MiFID II) sowie zu den **Rechten von Wertpapierfirmen** (Art. 34–38 MiFID II) festgelegt. Auch für die Erbringung von Wertpapierdienstleistung durch eine **Drittlandfirma** oder durch deren Zweigniederlassung sind besondere Anforderungen, wie zB die Mitteilungspflicht an die zuständige Behörde, zu erfüllen (Art. 39–43 MiFID II).

c) Geregelte Märkte. Zentral sind die Bestimmungen zum „Geregelten 16
Markt" in Titel III der MiFID II. Für geregelte Märkte gilt ein eigenes Regime, denn sie sind nicht als Wertpapierdienstleistungen aufgelistet (nur Betrieb eines MTF/OTF).[60] Dieser wird von einem **Marktbetreiber** nach Art. 4 Abs. 1 Nr. 18 MiFID II geführt. Dieser hat – ähnlich wie MTF/OTF – organisatorische Anforderungen einzuhalten.[61] Zusätzlich statuiert die Norm weitere Anforderungen (zB Anforderungen an Leitungsorgane oder andere beeinflussende Personen, Tick-Größen, Belastbarkeit der Systeme oder Synchronisation von Uhren)[62]. Die RL sieht auch Transparenzvorschriften für die Zulassung von Finanzinstrument und den Zugang zum geregelten Markt vor (Art. 51 und 53 MiFID II).

d) Kompetenzen der Aufsichtsbehörden. Titel VI der MiFID II sieht 17
Aufsichts- sowie **Sanktionsbefugnisse** der zuständigen Behörden vor

---

[58] Dazu näher → Art. 1–4 Rn. 11 ff.
[59] Zu den genauen Anforderungen der Wertpapierdienstleistungen s. Art. 21 ff. MiFID II.
[60] Veil/Veil EuKapMR § 30 Rn. 11.
[61] Art. 44–56 MiFID II.
[62] Vgl. Art. 45 ff. MiFID II.

Vor MiFID II   RL 2014/65/EU (MiFID II)

(Art. 67–78 MiFID II). Als zuständige Behörde wurde in Deutschland die Bundesanstalt für Finanzdienstleistungsaufsicht (**BaFin**) mitsamt acht Ministerien auf Landesebene und in Österreich die Finanzmarktaufsichtsbehörde (**FMA**) ernannt;[63] beide zentrale Aufsichtsinstitutionen sind als Allfinanzaufsicht organisiert. Ferner werden die **Zusammenarbeit** und der **Informationsaustausch** zwischen den Behörden innerhalb eines Mitgliedsstaats und mehreren Mitgliedstaaten, der ESMA sowie mit Drittstaaten näher geregelt (Art. 68, 79–88 MiFID II).

18   **2. Flankierende Regelungen außerhalb des MiFID II-Regelwerks.** Seit 2014 gilt parallel zur MiFID II die **MiFIR** (Markets in Financial Instruments Regulation). Sie ist im Gegensatz zum MiFID II-Regime als Verordnung ein unmittelbar anwendbarer Rechtsakt der EU; es bedarf daher keinem nationalstaatlichen Umsetzungsakt. Der Regelungsgegenstand sind u. a. Anforderungen für die Veröffentlichung von Handelsdaten, die Meldung von Geschäftsdaten an die zuständigen Behörden sowie die Erleichterung des Zugangs zu Clearing-Stellen.[64] Regelungen zur Überführung eines großen Teils des **Derivatehandels an organisierte Handelsplätze** sollen der angestrebten Transparenzerhöhung Rechnung tragen.[65] Zudem wurden weitere Aufsichtsbefugnisse für nationalstaatliche Aufsichtsbehörden, ESMA und EBA[66] festgelegt.[67] Die Bestimmungen der MiFIR sowie der MiFID II sind ab 3.1.2018 anzuwenden.[68]

19   Zusätzlich zur Rahmenrichtlinie MiFID II sowie zur MiFIR begleiteten zahlreiche **Level 2 und Level 3-Rechtsakte** die Finanzmarktregulierung.[69] Sie dienen zur Konkretisierung des Inhalts und der Anwendung (Level 2) sowie als Auslegungshilfe (Level 3) (dazu bereits → Rn. 11).[70]

20   Das europäische Kapitalmarkt- und Aufsichtsrecht besteht aus weiteren Rechtsakten, die dicht mit MiFID II/MiFIR verwoben sind. Sie stehen zT im unmittelbaren Zusammenhang mit MiFID II, da oftmals auf bestimmte Begriffe verwiesen wird (zB Finanzinstrument oder Wertpapierfirma). Von besonderer Bedeutung sind die **Prospekt-VO**[71], die Marktmissbrauchs-RL (**MAD**)[72] und Marktmissbrauchs-VO (**MAR**)[73] oder die Wertpapierzentralverwahrer-VO (Central Securities Depositories Regulation oder

---

[63] Liste der zuständigen Behörden für MiFID II/MiFIR (Stand 12.1.2023) abrufbar unter https://www.esma.europa.eu/sites/default/files/mifid_ii_mifir.pdf.
[64] Vgl. Art. 1 Abs. 1 lit. a, b und d MiFIR.
[65] Erwgr. Nr. 1 MiFIR; Art. 1 Abs. 1 lit. c MiFIR.
[66] European Banking Authority oder Europäische Bankenaufsicht.
[67] Art. 1 Abs. 1 lit. e MiFIR.
[68] Art. 55 MiFIR.
[69] Vgl. Assmann/Schneider/Mülbert/Assmann Einleitung Rn. 14, 20; zu den einzelnen Durchführungsrechtsakten sowie delegierten Rechtsakten (u.a. RTS) von MiFIR s. https://finance.ec.europa.eu/system/files/2018-01/mifid-mifir-its-rts-overview-table_en_0.pdf.
[70] Veil/Veil EuKapMR § 4 Rn. 16, 18 und 23.
[71] Verordnung (EU) 2017/1129 des Europäischen Parlaments und des Rates vom 14.6.2017 über den Prospekt, der beim öffentlichen Angebot von Wertpapieren oder bei deren Zulassung zum Handel an einem geregelten Markt zu veröffentlichen ist und zur Aufhebung der Richtlinie 2003/71/EG.
[72] Richtlinie 2014/57/EU des Europäischen Parlaments und des Rates vom 16.4.2014 über strafrechtliche Sanktionen bei Marktmanipulation.
[73] Verordnung (EU) Nr. 596/2014 des Europäischen Parlaments und des Rates vom 16.4.2014 über Marktmissbrauch und zur Aufhebung der Richtlinie 2003/6/EG des Europäischen Parlaments und des Rates sowie der Richtlinien 2003/124/EG, 2003/125/EG und 2004/72/EG der Kommission.

CSDR)⁷⁴. Die Verabschiedung der **PRIIPS-VO**⁷⁵ im Jahr 2014 soll das Vertrauen der (Klein-)Anleger in den Finanzmarkt stärken.⁷⁶ Weitere Bestimmungen, wie geldwäscherechtliche Vorgaben im Rahmen der 5. AMLD⁷⁷ sowie die Leerverkaufs-VO (SSR)⁷⁸, die Verbriefungs-VO⁷⁹ oder die Finalitäts-RL⁸⁰ sowie die Transparenz-RL (TD)⁸¹ tragen zu einer engeren Verflechtung des europäischen Kapitalmarkt- und Aufsichtsrecht bei.

III. Zusammenspiel mit DLT-Pilotregelung und MiCAR

1. DLT-Pilotregelung: Anpassung der MiFID II.

Sog. *Digital Assets* wie zB Kryptowährungen, NFT, Stablecoins oder auch digitale Wertpapiere haben in den vergangen Jahren im Finanzsektor an Bedeutung gewonnen. Im Rahmen des **Digital Finance Packages** der Europäischen Union aus dem Jahr 2020 wurden in den vergangenen Jahren verschiedene Rechtsakte erlassen und eine Digitalisierungsstrategie festgelegt, um das europäische Kapitalmarktrecht im Bereich der digitalen Vermögenswerte basierend auf der DLT angemessen zu gestalten. Neben der bekannten Markets in Crypto-Assets Regulation **(MiCAR)**⁸², dem Digital Operational Resilience Act **(DORA)**⁸³, wurde auch die DLT-Pilotregelung **(DLT-PR)**⁸⁴ verabschiedet.

Die Einführung der DLT-PR hatte eine **unmittelbare Änderung der MiFID II** zur Folge: In Art. 4 Abs. 1 Nr. 15 MiFID II wurde beim Begriff

---

⁷⁴ Verordnung (EU) Nr. 909/2014 des Europäischen Parlaments und des Rates vom 23.7.2014 zur Verbesserung der Wertpapierlieferungen und -abrechnungen in der Europäischen Union und über Zentralverwahrer sowie zur Änderung der Richtlinien 98/26/EG und 2014/65/EU und der Verordnung (EU) Nr. 236/2012.

⁷⁵ Verordnung (EU) Nr. 1286/2014 des Europäischen Parlaments und des Rates vom 26.11.2014 über Basisinformationsblätter für verpackte Anlageprodukte für Kleinanleger und Versicherungsanlageprodukte.

⁷⁶ Veil/Veil EuKapMR § 1 Rn. 44 f.

⁷⁷ Richtlinie (EU) 2018/843 des Europäischen Parlaments und des Rates vom 30.5.2018 zur Änderung der Richtlinie (EU) 2015/849 zur Verhinderung der Nutzung des Finanzsystems zum Zwecke der Geldwäsche und der Terrorismusfinanzierung und zur Änderung der Richtlinien 2009/138/EG und 2013/36/EU.

⁷⁸ Verordnung (EU) Nr. 236/2012 des Europäischen Parlaments und des Rates vom 14.3.2012 über Leerverkäufe und bestimmte Aspekte von Credit Default Swaps.

⁷⁹ Verordnung (EU) 2017/2402 des Europäischen Parlaments und des Rates vom 12.12.2017 zur Festlegung eines allgemeinen Rahmens für Verbriefungen und zur Schaffung eines spezifischen Rahmens für einfache, transparente und standardisierte Verbriefung und zur Änderung der Richtlinien 2009/65/EG, 2009/138/EG, 2011/61/EU und der Verordnungen (EG) Nr. 1060/2009 und (EU) Nr. 648/2012.

⁸⁰ Richtlinie 98/26/EG des Europäischen Parlaments und des Rates vom 19.5.1998 über die Wirksamkeit von Abrechnungen in Zahlungs- sowie Wertpapierliefer- und -abrechnungssystemen.

⁸¹ Richtlinie 2004/109/EG des Europäischen Parlaments und des Rates vom 15.12.2004 zur Harmonisierung der Transparenzanforderungen in Bezug auf Informationen über Emittenten, deren Wertpapiere zum Handel auf einem geregelten Markt zugelassen sind, und zur Änderung der Richtlinie 2001/34/EG.

⁸² Verordnung (EU) 2023/1114 des Europäischen Parlaments und des Rates vom 31.5.2023 über Märkte für Kryptowerte und zur Änderung der Verordnungen (EU) Nr. 1093/2010 und (EU) Nr. 1095/2010 sowie der Richtlinien 2013/36/EU und (EU) 2019/1937.

⁸³ Verordnung (EU) 2022/2554 des Europäischen Parlaments und des Rates vom 14.12.2022 über die digitale operationale Resilienz im Finanzsektor.

⁸⁴ Verordnung (EU) 2022/858 des Europäischen Parlaments und des Rates vom 30.5.2022 über eine Pilotregelung für auf Distributed-Ledger-Technologie basierende Marktinfrastrukturen und zur Änderung der Verordnungen (EU) Nr. 600/2014 und (EU) Nr. 909/2014 sowie der Richtlinie 2014/65/EU.

Vor MiFID II

des Finanzinstruments, der im Kern auf die Liste von Finanzinstrumenten in Anhang I Abschnitt C der MiFID II verweist, die Wortfolge „einschließlich mittels Distributed-Ledger-Technologie emittierter Instrumente" hinzugefügt.[85] Diese Ergänzung hat jedoch keine unmittelbare materiell-rechtliche Auswirkung auf den Anwendungsbereich der MiFID II, sondern lediglich eine **klarstellende Funktion**.[86] Aufgrund des im Aufsichtsrecht vorherrschenden Grundsatzes der Technologieneutralität fallen nämlich auch bereits **digitale Wertpapiere** (oder Finanzinstrumente) unter das MiFID II-Regime.[87] Die traditionelle Verbriefung des Rechts in einem körperlichen Informationsträger (wie zB einem Papier) ist in einem solchen Fall nicht vorgesehen und entspricht idS auch dem kapitalmarktrechtlichen Wertpapierbegriff.[88] Das Gleiche gilt daher auch bereits für digitale Wertpapiere, bei denen die DLT oder Blockchain-Technologie als technische Lösung für die digitale Abbildung des Vermögenswerts dient. Bei dieser Art von (DLT-)Finanzinstrumenten handelt es sich um sog. **Security Tokens**.[89] Solche Kryptowerte unterliegen der schon bestehenden Finanzmarktregulierung.[90]

23 Der Erfolg von Kryptowerten hängt wesentlich von der Etablierung eines passenden Sekundärmarkts und der Integration in das bestehende System ab.[91] Der **Emission** (Issuance), dem **Handel** (Trading), der **Lieferung und Abwicklung** (Settlement) sowie in weiterer Folge auch der **Verwahrung** (Custody) von DLT-Finanzinstrumenten stehen zT strikte Vorgaben entgegen, die den Einsatz von DLT verhindern oder beschränken.[92] Ohne einen funktionierenden Sekundärmarkt gehen die wesentliche Vorteile der Technologie verloren (zB Transparenz und Effizienz im Handel und Abwicklung solcher Instrumente).[93] Mit dem DLT-PR sollen diese Vorteile in einer **zeitlich-befristeten Regulatory Sandbox** genutzt und aufsichtsrechtliche Lücken geschlossen werden können.[94] Der Anwendungsbereich des DLT-PR ist jedoch eingeschränkt, da nur bestimmte Arten von DLT-Finanzinstrumenten zugelassen werden.[95]

24 Mit Einführung der DLT-PR folgte die **Einführung neuer Marktinfrastrukturen** für **bestimmte Tätigkeiten,** welche die DLT für Handel, Verwahrung und Abwicklung von Kryptowerten verwenden: Das multilaterale DLT-Handelssystem (**DLT-MTF;** Art. 2 Nr. 6 DLT-PR) ist ein von einer Wertpapierfirma oder Marktbetreiber betriebener MTF, der nur den Handel mit DLT-Finanzinstrumenten zulässt. Ein DLT-Abwicklungssystem (**DLT-SS;** Art. 2 Nr. 7 DLT-PR) wird von einem Zentralverwahrer und als Wertpapierabwicklungssystem betrieben. Ein DLT-Handels- und Abwicklungssystem (**DLT-TSS;** Art. 2 Nr. 10 DLT-PR) kombiniert die vorgenannten Marktinfrastrukturen. DLT-Marktinfrastrukturen vereinen mehrere daher be-

---

[85] Vgl. Art. 18 DLT-PR.
[86] Zum Begriff Finanzinstrument näher → Art. 1–4 Rn. 8 ff.
[87] Vgl. Veil/Veil EuKapMR § 5 Rn. 15.
[88] Vgl. Klöhn/Klöhn Art. 2 Rn. 19.
[89] Zum Begriff Security Token näher → Art. 1–4 Rn. 34.
[90] S. dazu ESMA, Advice Initial Coin Offerings and Crypto-Assets, 9.1.2019, ESMA50-157–1391, S. 36 f.
[91] Erwgr. Nr. 3 und 4 DLT-PR.
[92] Vgl. dazu Litten BKR 2022, 551 (553, 555 f.).
[93] Erwgr. Nr. 4 DLT-PR.
[94] Erwgr. Nr. 5 DLT-PR; zu den Vorzügen der DLT-PR → Vor DLT-PR Rn. 3 und 10.
[95] Art. 3 DLT-PR; näher → DLT-PR Art. 3 Rn. 3 ff.

reits aus dem Finanzmarktrecht bekannte Institutionen mit gezielten Erleichterungen für DLT-Anwendungen.[96]

2. MiCAR: Implementierungen zweier Parallelregime. a) Abgrenzung zu MiFID II. Der europäische Gesetzgeber hat aus Gründen des Anlegerschutzes ein Regelungsbedürfnis für bestimmte Kryptowerte gesehen. Um das Vertrauen in diesen Märkten zu stärken und die Entwicklung voranzutreiben, wollte er für **Kryptowerte außerhalb des MiFID II-Regimes** einen einheitlichen Aufsichtsrahmen einführen.[97] Es gab theoretisch mehrere Möglichkeiten solche Kryptowerte zu regulieren: Entweder durch eine punktuelle Anpassung bestehender Finanzmarktregelungen (zB auch unter Erweiterung des Begriffs „Finanzinstrument" iSd MiFID II)[98], einer Implementierung eines komplett neuen Aufsichtsregimes für Kryptowerte oder durch Selbstregulierung durch den Markt. Der Unionsgesetzgeber entschied sich für eine leichte Mischform, indem er ein **eigenes Aufsichtsregime für Kryptowerte** erschuf (MiCAR) und zudem **klarstellende Anpassungen** im traditionellen Finanzmarktrecht (zB beim Begriff des Finanzinstruments in Art. 4 Abs. 1 Nr. 15 MiFID II) vornahm.[99]

25

Die MiCAR hat daher auch einen **mittelbaren Einfluss** auf das MiFID II-Regime. Bis vor dem Inkrafttreten der Kryptowerte-Regulierung war es für die nationalstaatlichen Aufsichtsbehörden durchwegs herausfordernd, das Phänomen solcher digitalen Vermögenswerte unter dem tradierten Aufsichtsregelwerk MiFID II einzufangen.[100] Die zentrale Herausforderung bestand darin, anlegerschützende Normen auf nicht vom Aufsichtsrecht erfasste Kryptowerte anzuwenden.[101] Durch die MiCAR-Regelungen sollen nun **Umgehungen** verhindert oder zumindest eingeschränkt werden.[102] Das bedeutet nun, dass zwei Aufsichtsregimes **nebeneinander bestehen** und im besten Falle **Finanzinstrumente** auf der einen Seite (MiFID II) sowie **(ähnliche) digitale Vermögenswerte** (MiCAR) auf der anderen Seite regulatorisch abdecken. Die Aufsichtsregimes sind unterschiedlich detailliert geregelt.

26

Im Detail kommen jedoch **schwierige Abgrenzungsfragen** zwischen dem **traditionellen Aufsichtsregime** (MiFID II, MiFIR, etc) und dem **neuen Aufsichtsregime** (MiCAR) hervor. Der Grund liegt im regulatorischen Anknüpfungspunkt: In der MiFID II ist dies das **Finanzinstrument** (Art. 4 Nr. 17 MiFID II); in der MiCAR der **Kryptowert** (Art. 3 Nr. 5 MiCAR). Die wohl wichtigste Abgrenzung ist in Art. 2 Abs. 3 Nr. 1 MiCAR statuiert. Die Bestimmung nimmt eine Weichenstellung ein, indem sie generell **als Finanzinstrument ausgestaltete Kryptowerte** aus der MiCAR ausschließt. Die Abgrenzung greift aber nur zum Teil. Kryptowerte können nämlich in unterschiedlicher Art und Weise gestaltet sein und daher (wenn auch nur schwach ausgeprägte) Ähnlichkeiten zu einem Finanzinstru-

27

---

[96] Näher → DLT-PR Vorb. Rn. 12.
[97] Vgl. Erwgr. Nr. 4 f. MiCAR.
[98] Es wurde vorgeschlagen, den Katalog im Anhang I Abschnitt C MiFID II mit Nr. 12 um den Terminus „crypto-assets" zu erweitern; ESMA, Legal qualification of crypto-assets – survey to NCAs, ESMA50-157–1384, S. 21.
[99] Vgl. Aubrunner/Reder GesRZ 2023, 158 Fn. 10.
[100] Vgl. Erwgr. Nr. 6 MiCAR; dazu näher Zickgraf BKR 2021, 196 (196 und 198 f.); Aubrunner/Tatschl GesRZ 2022, 347 (347 f. und 351).
[101] ESMA stellte im Jahr 2019 zwar klar, die Ausgabe von Security Token unter das tradierte Finanzmarktrecht zu stellen, jedoch galt dies nicht für andere Kryptowerte; s. ESMA Advice Initial Coin Offerings and Crypto-Assets, ESMA50-157–1391, S. 4.
[102] Vgl. Erwgr. Nr. 4 und 5 MiCAR.

ment und insbes. zu einem **übertragbaren Wertpapier** gem. Art. 4 Abs. 1 Nr. 44 MiFID II haben. Ein Grenzfall ist zB der **Utility Token mit Investment- oder Finanzierungsfunktion,** der jedoch nun unter die MiCAR fällt.[103] Eine korrekte Einordnung aufgrund des breiten Spektrums von Kryptowerten ist dennoch nicht für alle möglichen Ausformungen im Vorhinein möglich. Die ESMA muss bis zum 30.12.2024 – und hat bereits (zumindest den Erstentwurf) – Leitlinien zu den Kriterien für die Einstufung von Kryptowerten als Finanzinstrumente veröffentlichen.[104] Eine falsche Einordnung, die durch den Antragsteller nach Art. 8 Abs. 4 MiCAR vorzunehmen ist, hat weitreichende Konsequenzen für die handelnden Personen (u. a. Haftungen und Verwaltungsstrafen).[105]

28   Im Kern hat die Schwierigkeit der **Einordnung** zwei Wurzeln: Die unterschiedliche **Richtlinien-Umsetzung** des Begriffs „Finanzinstrument" führt schon im traditionellen Bereich zu einer Uneinheitlichkeit in den einzelnen Rechtsordnungen der Mitgliedsstaaten. Dazu kommt die unterschiedliche **Auslegung** des Begriffs „Finanzinstrument" in den einzelnen Mitgliedstaaten durch die nationalstaatlichen Aufsichtsbehörden, die die korrekte Einordnung über die Grenzen hinaus erschwert.[106] Der Blick richtet sich daher auf das **Begriffsverständnis des Finanzinstruments.**[107] Der Begriff Finanzinstrument dient als (negative) Abgrenzung zum Kryptowert iSd MiCAR. Ein Kryptowert kann nämlich bereits nach seiner Begriffsdefinition in Art. 3 Abs. 1 Nr. 5 MiCAR nahezu alles darstellen, da er jeden Wert und jedes Recht repräsentiert (zB Kryptowährungen wie Bitcoin, Utility Token oder Security Token).[108] Die Gefahr ist offensichtlich: In einem Mitgliedstaat kann das Instrument als Kryptowert iSd MiCAR eingeordnet werden; in einem anderen als Finanzinstrument iSd MiFID II.[109] Die Rechtsunsicherheit strahlt auf die (potenziellen) Emittenten und Dienstleister aus und folglich auch auf den nachhaltigen Erfolg und die Stabilität des Krypto-Markts.

29   **b) MiFID II vs. MiCAR: Parallelen und Unterschiede.** MiCAR ist ein Zusammenkommen bestehender kapitalmarktrechtlichen Vorschriften für Kryptowerte. Der Unionsgesetzgeber greift auf **bereits bekannte Regelungen und erprobte Aufsichtskonzepte** zurück. Sie werden teilweise liberaler oder restriktiver gestaltet. Der erste Unterschied ist jedoch eklatant: Die Kryptowerte-Regulierung ist in einer einzigen Verordnung zusammengefasst. Im Gegensatz dazu gründet der herkömmliche Aufsichtsrahmen für Finanzinstrumente auf mehreren Rechtsakten. Der gewählte MiCAR-Regelungsansatz macht auf dem ersten Blick auch Sinn: Die Ziele der MiCAR ähneln der MiFID II und zielen ebenso auf eine Erhöhung des **Anlegerschutzes** und **Finanzmarktschutzes** ab (→ Rn. 3); zusätzlich soll

---

[103] Aubrunner/Tatschl GesRZ 2022, 351; Klöhn/Klöhn Art. 2 Rn. 83 ff.; Zickgraf BKR 2021, 198; zum Begriff Utility Token iSd MiCAR → MiCAR Art. 3 Rn. 73 f.
[104] Art. 2 Abs. 5 MiCAR, ESMA, Consultation Paper on the draft Guidelines on the conditions and criteria for the qualification of crypto-assets as financial instruments, 29.1.2024, ESMA75-453128700-52.
[105] Toman/Schinerl ÖBA 2023, 182; Aubrunner/Reder GesRZ 2023, 159.
[106] Vgl. ESMA50-157-1391; S. 5.
[107] Zum Begriff Finanzinstrument → Art. 1–4 Rn. 8 ff.
[108] Art. 3 Abs. 1 Nr. 5 MiCAR lautet: „Kryptowert" eine digitale Darstellung eines Werts oder eines Rechts, der bzw. das unter Verwendung der Distributed-Ledger-Technologie oder einer ähnlichen Technologie elektronisch übertragen und gespeichert werden kann".
[109] Toman/Schinerl ÖBA 2023, 182; Aubrunner/Reder GesRZ 2023, 159.

jedoch auch die **Einführung disruptiver Technologien gefördert** werden.[110] Die MiCAR bietet einen breiten Katalog von Begriffsdefinitionen. Die Begriffsumschreibungen werden mit bereits im **Finanzmarktrecht bekannte Begriffe** abgestimmt (zB Emittent, Leitungsorgan oder Kunde).[111] Zudem werden **neue Begrifflichkeiten** eingeführt (zB Kryptowert, Utility Token oder Kryptowerte-Dienstleistungen)[112]. Die MiCAR setzt im Gegensatz zur MiFID II gerade die Verwendung einer Technologie (DLT oder ähnliche Technologien) voraus.

Kernregelungen der MiCAR sind **Publizitäts- und Verhaltenspflichten** auf dem Primär- und Sekundärmarkt für idR **Anbieter** und Emittenten von Kryptowerten.[113] Die Regelungen zum öffentlichen Angebot (Art. 4 MiCAR) und zur Zulassung zum Handel (Art. 5 MiCAR) bei sonstigen Kryptowerten haben größtenteils bekannte Prospektregelungen als Vorbild (Begriff und die Ausnahmetatbestände ähnlich der Prospekt-VO).[114] Da die MiCAR bei den Publizitätspflichten ein (erleichtertes) **Zulassungsverfahren**[115] für sonstige Kryptowerte vorsieht und auch ein Informationsdokument (sog. **Whitepaper**)[116] zu veröffentlichen ist, wird sie als „Prospekt-VO light" bezeichnet.[117] Für den Rechtsanwender sind die Qualifikation und Einordnung in eines der beiden Aufsichtsregime von zentraler Bedeutung, da sich daraus verschiedene Pflichten und Rechtsfolgen ergeben. 30

Die MiCAR normiert Bedingungen für die Zulassung von **Krypto-Dienstleistern**.[118] Auch die **Krypto-Dienstleistungen** erinnern an die MiFID II Wertpapierdienstleistungen.[119] Bereits regulierte Finanzmarktinstitutionen unterliegen einem erleichterten Zulassungsverfahren (Art. 59 Abs. 2 iVm 60 MiCAR). Zudem besteht ein eigenes **Marktmissbrauchsregime für Kryptowerte**.[120] Zum großen Teil wurden die Bestimmungen des Marktmissbrauchs der MAR übernommen (zB Verbot des Insiderhandels und der Marktmanipulation).[121] Die MiCAR verzichtet auf Verweise in die MAR. Regelungen für Insiderlisten (Art. 18 MAR) und Eigengeschäften von Führungskräften (Directors' Dealing; Art. 19 MAR) wurden jedoch nicht übernommen.[122] Es besteht daher die **Gefahr der Auseinanderentwicklung** der beiden Marktmissbrauchsregime, da auch die Neuerungen zum Insiderrecht im Rahmen des veröffentlichten **Listing Acts**[123] nur die 31

---

[110] Erwgr. Nr. 1, 74 MiCAR.
[111] MiCAR verweist einerseits auf bestimmte Richtlinien und Verordnungen oder definiert die Begriffe mit einer anderen Bedeutung; vgl. Art. 4 Abs. 1 Nr. 10, 27, 37 MiCAR.
[112] Vgl. Art. 4 Abs. 1 Nr. 4, 9, 16 MiCAR.
[113] Art. 4 ff. MiCAR (Titel II – IV).
[114] Dazu näher Aubrunner/Reder GesRZ 2023, 158 ff.
[115] Vgl. Art. 8 MiCAR.
[116] Der Inhalt gleicht (in abgeschwächter und ergänzter Form) dem Prospekt; vgl. Art. 6 MiCAR.
[117] Vgl. Aubrunner/Tatschl GesRZ 2022, 350.
[118] Art. 59 ff. MiCAR (Titel V).
[119] Vgl. Anhang I Abschnitt A zur MiFID II.
[120] Art. 86 ff. MiCAR (Titel VI); vgl. Klöhn/Klöhn Art. 2 Rn. 8.
[121] Vgl. nur die Regelung zur Insiderinformation iSd Art. 7 Abs. 1–4 MAR mit Art. 87 Abs. 1–4 MiCAR.
[122] Wobei in Art. 111 Abs. 5 lit. g MiCAR ein vorübergehendes Verbot für die Mitglieder des Leitungsorgans Eigengeschäfte zu tätigen statuiert ist.
[123] S. dazu die Mitteilung des Europäischen Parlaments zum Listing Act vom Mai 2023, abrufbar unter: https://www.europarl.europa.eu/RegData/etudes/BRIE/2023/747111/EPRS_BRI(2023)747111_EN.pdf.

MAR betreffen (u. a. Entkoppelung der Adhoc-Publizität vom Insiderrecht bei den Zwischenschritten).[124]

IV. Herausforderungen

32 Die Umstellung von MiFID I auf MiFID II/MiFIR bewirkte einen verschärften Regulierungsrahmen und Standardisierung im Bereich des Wertpapierhandels. Das Regime hat bei Kreditinstituten, Fondsgesellschaften und weiteren Marktteilnehmern **Kritik** hervorgerufen, zumal die Einhaltung einen hohen **Kosten- und Zeitaufwand** verlangt. Der **Umfang** des Regelwerks ist sehr groß. In Summe umfassen die Regelungen zur MiFID II, MiFIR sowie zu den zahlreichen Level 2- und Level 3-Rechtsakten mehr als 20.000 (!) Seiten.[125] Weitere, zahlreiche Dokumente, wie zB Abschlussberichte, FAQ und Leitlinien von nationalen und europäischen Aufsichtsbehörden, Stellungnahmen verschiedenster Stellen (EBA, ESMA, EIOPA etc) tragen zur Unübersichtlichkeit bei.[126] Diese **Informationsflut** sorgt für zusätzliche Bürokratie und erschwert den Zutritt zum Kapitalmarkt. Die Attraktivität des Investments leidet darunter und viele Emittenten und Anleger sind mit den Anforderungen überfordert.[127]

33 Die zentrale Herausforderung der Anwendung von kapitalmarktrechtlichen Bestimmungen sind die **Komplexität** und **Unübersichtlichkeit**.[128] Durch die zahlreichen Verweisketten und der tiefen Verflechtung von Querschnittsmaterie ist die gesamte Rechtsmaterie schwer zu fassen. ZB wird der Begriff des Finanzinstruments zentral in Art. 4 Abs. 1 Nr. 15 MiFID II definiert und durch Verweisketten in mehreren Verordnungen (zB in Art. 3 Abs. 1 Nr. 1 MAR oder Art. 2 Abs. 1 lit. a SSR) aufgegriffen, jedoch in den einzelnen Mitgliedsstaaten uneinheitlich umgesetzt.[129] Zudem stellt auch die **stufenweise Einführung** der delegierten und Durchführungsrechtsakte die Praxis vor Probleme. Die Sprachenvielfalt der EU und die Unterschiede zwischen den verschiedenen Amtssprachen der Gesetzestexte fordern die Rechtspraxis zusätzlich.[130]

34 Die neue **Kryptowerte-Regulierung** der MiCAR bewirkt neue Herausforderungen: Erstens wird die Finanzmarktregulierung um ein weiteres Regime erweitert. Auch die MiCAR sieht etliche Level 2- und Level 3-Rechtsakte vor (in Summe an die 56)[131], die wiederum zur **höheren Komplexität** und Unübersichtlichkeit des Kapitalmarktrechts beitragen werden. Zweitens treten **zwei unterschiedliche Regime** in Kraft, die zwar ähnliche Zwecke verfolgen (insbes. Anlegerschutz und Finanzmarktstabilität), jedoch unter-

---

[124] Vorschlag für eine Verordnung des Europäischen Parlaments und des Rates zur Änderung der Verordnungen (EU) 2017/1129, (EU) Nr. 596/2014 und (EU) Nr. 600/2014 zur Steigerung der Attraktivität der öffentlichen Kapitalmärkte in der Union für Unternehmen und zur Erleichterung des Kapitalzugangs für kleine und mittlere Unternehmen, KOM (2022) 763 endg.
[125] Vgl. Veil/Veil EuKapMR § 1 Rn. 44.
[126] Vgl. Toman Interessenskonflikte 9.
[127] S. dazu vom der. Kreditwirtschaft aufgetragene Studie in Paul/Schröder/Schumacher, Auswirkungsstudie MiFID II/MiFIR und PRIIPs-VO, abrufbar unter: https://die-dk.de/media/files/Auswirkungsstudie_MiFID_II_MiFIR_und_PRIIPs-VO_Effektivitae_und_Effizien._.pdf.
[128] Assmann/Schneider/Mülbert/Assmann Einleitung Rn. 9.
[129] Vgl. Toman/Schinerl ÖBA 2023, 183.
[130] Vgl. Toman Interessenskonflikte 9.
[131] Vgl. Aubrunner/Reder GesRZ 2023, 163.

schiedliche Regelungen und Rechtsfolgen vorsehen. ZB wird die Verhinderung des Marktmissbrauchs im tradierten Aufsichtsregime sowie in der MiCAR geregelt. Zusätzlich besteht die Gefahr, dass sich – auch im Rahmen des Listing Acts[132] mit Neuerungen im Insiderrecht – zwei unterschiedliche Regime für ähnliche (!) Instrumente entwickeln werden (dazu → Rn. 26).

Drittens, und dies ist wohl die derzeit größte Herausforderung, sorgt die im Detail **unscharfe Abgrenzung der beiden Aufsichtsregime** für Schwierigkeiten in der praktischen Handhabung. Das Ziel einer korrekten Trennung zwischen Finanzinstrumente (bzw. übertragbarer Wertpapiere) und MiCAR-Kryptowerten wird angesteuert, aber aufgrund der Überlappungen der Anwendungsbereiche nicht erreicht.[133] Fraglich bleibt, ob eine klare Trennung überhaupt möglich ist, da auch eine **dynamische Entwicklung sowie Betrachtungsweise** gegeben sind. Die korrekte Einordnung liegt im Detail, die Folgen einer falschen Einordnung sind jedoch für die verantwortlichen Personen durchwegs dramatisch:[134] Als Finanzinstrument unter MiFID II müssen die strikten Prospektvorschriften beachtet werden; ein Teil der Kryptowerte folgen unter der MiCAR „bloß" dem Notifizierungsverfahren.[135] Schon von diesem Gesichtspunkt macht es für den Rechtsanwender einen großen Unterschied, unter welches Aufsichtsregime sein (Finanz-)Instrument fällt.

Art. 1–4 MiFID II

Artikel 1 Anwendungsbereich

(1) Diese Richtlinie gilt für Wertpapierfirmen, Marktbetreiber sowie für Drittlandfirmen, die in der Union durch die Einrichtung einer Zweigniederlassung Wertpapierdienstleistungen erbringen oder Anlagetätigkeiten ausüben.

(2) Diese Richtlinie legt Anforderungen in den folgenden Bereichen fest:
a) Bedingungen für die Zulassung und Tätigkeit von Wertpapierfirmen,
b) Erbringung von Wertpapierdienstleistungen oder Ausübung von Anlagetätigkeiten durch Drittlandfirmen durch die Errichtung einer Zweigniederlassung,
c) Zulassung und Betrieb geregelter Märkte,
d) (aufgehoben)
e) Überwachung, Zusammenarbeit und Durchsetzung durch die zuständigen Behörden.

(3) Folgende Bestimmungen gelten auch für Kreditinstitute, die gemäß der Richtlinie 2006/48/EG zugelassen sind, wenn sie eine oder mehrere Wertpapierdienstleistungen erbringen und/oder Anlagetätigkeiten ausüben:
a) Artikel 2 Absatz 2, Artikel 9 Absatz 3, Artikel 14, Artikel 16 bis Artikel 20

---

[132] S. dazu die Mitteilung des Europäischen Parlaments zum Listing Act vom Mai 2023, abrufbar unter: https://www.europarl.europa.eu/RegData/etudes/BRIE/2023/747111/EPRS_BRI(2023)747111_EN.pdf.
[133] Vgl. dazu → Art. 1–4 Rn. 31 ff.
[134] Dazu näher Toman/Schinerl ÖBA 2023, 182.
[135] Vgl. Aubrunner/Reder GesRZ 2023, 159 f. (162 f.).

b) Titel II Kapitel II, ausgenommen Artikel 29 Absatz 2 Unterabsatz 2
c) Titel II Kapitel III, ausgenommen Artikel 34 Absätze 2 und 3 sowie Artikel 35 Absätze 2 bis 6 und 9
d) die Artikel 67 bis 75 und die Artikel 80, 85 und 86.

(4) Folgende Bestimmungen gelten auch für Wertpapierfirmen und Kreditinstitute, die gemäß der Richtlinie 2006/48/EG zugelassen sind, wenn sie strukturierte Einlagen an Kunden verkaufen oder sie über diese beraten:

a) Artikel 9 Absatz 3, Artikel 14 und Artikel 16 Absätze 2, 3 und 6;
b) Artikel 23 bis Artikel 26, Artikel 28 und Artikel 29, ausgenommen Artikel 29 Absatz 2 Unterabsatz 2 und Artikel 30 und
c) Artikel 67 bis 75.

(5) Artikels 17 Absätze 1 bis 6 gelten auch für Mitglieder oder Teilnehmer von geregelten Märkten und MTF, die gemäß Artikel 2 Absatz 1 Buchstaben a, e, i und j keine Zulassung gemäß dieser Richtlinie benötigen.

(6) Artikel 57 und 58 gelten auch für Personen, die gemäß Artikel 2 dieser Richtlinie vom Anwendungsbereich ausgenommen sind.

Artikel 2 Ausnahmen

(1) Diese Richtlinie gilt nicht für

a) Versicherungsunternehmen sowie Unternehmen, die die in der Richtlinie 2009/138/EG genannten Rückversicherungs- und Retrozessionstätigkeiten ausüben, wenn sie die in jener Richtlinie genannten Tätigkeiten ausüben;
b) Personen, die Wertpapierdienstleistungen ausschließlich für ihr Mutterunternehmen, ihre Tochterunternehmen oder andere Tochterunternehmen ihres Mutterunternehmens erbringen;
c) Personen, die nur gelegentlich Wertpapierdienstleistungen im Rahmen ihrer beruflichen Tätigkeit erbringen, wenn diese Tätigkeit durch Rechts- oder Verwaltungsvorschriften oder Standesregeln geregelt ist, die die Erbringung dieser Dienstleistung nicht ausschließen;
d) Personen, die für eigene Rechnung Handel mit Finanzinstrumenten treiben, bei denen es sich nicht um Warenderivate oder Emissionszertifikate oder Derivate davon handelt, und die keine anderen Wertpapierdienstleistungen erbringen oder anderen Anlagetätigkeiten in Finanzinstrumenten vornehmen, bei denen es sich nicht um Warenderivate oder Emissionszertifikate oder Derivate davon handelt, außer diese Personen
　i) sind Market-Maker oder
　ii) sind Mitglied oder Teilnehmer eines geregelten Marktes oder MTF mit Ausnahme nichtfinanzieller Unternehmen, die an einem Handelsplatz zum Zwecke des Liquiditätsmanagements Geschäfte tätigen oder die in objektiv messbarer Weise die direkt mit der Geschäftstätigkeit oder dem Liquiditäts- und Finanzmanagement verbundenen Risiken dieser nichtfinanziellen Unternehmen oder ihrer Gruppen verringern
　iii) wenden eine hochfrequente algorithmische Handelstechnik an oder
　iv) treiben für eigene Rechnung bei der Ausführung von Kundenaufträgen Handel;

Personen, die gemäß den Buchstaben a, i oder j von der Anwendung ausgenommen sind, müssen die in diesem Buchstaben genannten Bedingungen nicht erfüllen, um von der Anwendung ausgenommen zu werden.

e) Anlagenbetreiber mit Verpflichtung zur Einhaltung der Anforderungen der Richtlinie 2003/87/EG, die beim Handel mit Emissionszertifikaten keine Kundenaufträge ausführen und die keine anderen Wertpapierdienstleistungen erbringen oder Anlagetätigkeiten ausüben als den Handel für eigene Rechnung unter der Voraussetzung, dass diese Personen keine hochfrequente algorithmische Handelstechnik anwenden;

f) Personen, deren Wertpapierdienstleistungen ausschließlich in der Verwaltung von Systemen der Arbeitnehmerbeteiligung bestehen;

g) Personen, die als einzige Wertpapierdienstleistungen sowohl die Verwaltung von Systemen der Arbeitnehmerbeteiligung als auch Wertpapierdienstleistungen ausschließlich für ihre Mutterunternehmen, ihre Tochterunternehmen oder andere Tochterunternehmen ihrer Mutterunternehmen erbringen;

h) die Mitglieder des Europäischen Systems der Zentralbanken (ESZB) und andere nationale Stellen mit ähnlichen Aufgaben in der Union, andere staatliche Stellen, die für die staatliche Schuldenverwaltung in der Union zuständig oder daran beteiligt sind, und internationale Finanzinstitute, die von zwei oder mehr Staaten gegründet wurden und dem Zweck dienen, Finanzmittel zu mobilisieren und Finanzhilfen zugunsten ihrer Mitglieder zu geben, die von schwerwiegenden Finanzierungsproblemen betroffen oder bedroht sind;

i) Organismen für gemeinsame Anlagen und Pensionsfonds, unabhängig davon, ob sie auf der Ebene der Union koordiniert werden, sowie die Verwahrer und Verwalter solcher Organismen;

j) Personen,
　i) die für eigene Rechnung mit Warenderivaten oder Emissionszertifikaten oder Derivaten davon handeln, einschließlich Market-Maker, aber mit Ausnahme der Personen, die Handel für eigene Rechnung treiben, wenn sie Kundenaufträge ausführen, oder
　ii) die in Bezug auf Warenderivate oder Emissionszertifikate oder Derivate davon andere Wertpapierdienstleistungen als den Handel für eigene Rechnung für die Kunden oder Zulieferer ihrer Haupttätigkeit erbringen,
sofern
– dies in jedem dieser Fälle auf individueller und aggregierter Basis auf der Ebene der Unternehmensgruppe eine Nebentätigkeit zu ihrer Haupttätigkeit darstellt,
– diese Personen nicht Teil einer Unternehmensgruppe sind, deren Haupttätigkeit in der Erbringung von Wertpapierdienstleistungen im Sinne der vorliegenden Richtlinie, in unter Anhang I der Richtlinie 2013/36/EU aufgeführten Tätigkeiten oder in der Tätigkeit als Market-Maker in Bezug auf Warenderivate besteht,
– diese Personen keine hochfrequente algorithmische Handelstechnik anwenden und
– diese Personen der zuständigen Behörde auf Anforderung die Grundlage mitteilen, auf der sie zu der Auffassung gelangen, dass ihre Tätigkeit nach den Ziffern i und ii eine Nebentätigkeit zu ihrer Haupttätigkeit darstellt;

k) Personen, die im Rahmen einer anderen, nicht unter diese Richtlinie fallenden beruflichen Tätigkeit Anlageberatung betreiben, sofern eine solche Beratung nicht besonders vergütet wird;

l) Vereinigungen, die von dänischen und finnischen Pensionsfonds mit dem ausschließlichen Ziel gegründet wurden, die Vermögenswerte von Pensionsfonds zu verwalten, die Mitglieder dieser Vereinigungen sind;

m) „agenti di cambio", deren Tätigkeiten und Aufgaben in Artikel 201 des italienischen Gesetzesdekrets Nr. 58 vom 24. Februar 1998 geregelt sind;

n) Übertragungsnetzbetreiber im Sinne von Artikel 2 Nummer 4 der Richtlinie 2009/72/EG oder Artikel 2 Nummer 4 der Richtlinie 2009/73/EG, wenn sie ihre Aufgaben gemäß diesen Richtlinien, der Verordnung (EG) Nr. 714/2009, der Verordnung (EG) Nr. 715/2009 bzw. den nach diesen Verordnungen erlassenen Netzcodes oder Leitlinien wahrnehmen, Personen, die in ihrem Namen als Dienstleister handeln, um die Aufgaben eines Übertragungsnetzbetreibers gemäß diesen Gesetzgebungsakten bzw. den nach diesen Verordnungen erlassenen Netzcodes oder Leitlinien wahrzunehmen, sowie Betreiber oder Verwalter eines Energieausgleichssystems, eines Rohrleitungsnetzes oder eines Systems zum Ausgleich von Energieangebot und -verbrauch bei der Wahrnehmung solcher Aufgaben.

Diese Ausnahme gilt für Personen, die in diesem Buchstaben genannte Tätigkeiten ausüben nur, wenn sie in Bezug auf Warenderivate Anlagetätigkeiten ausüben oder Wertpapierdienstleistungen erbringen, die mit den obengenannten Tätigkeiten im Zusammenhang stehen. Diese Ausnahme gilt nicht für den Betrieb eines Sekundärmarktes, einschließlich einer Plattform für den Sekundärhandel mit finanziellen Übertragungsrechten;

o) Zentralverwahrer mit den in Artikel 73 der Verordnung (EU) Nr. 909/2014 des Europäischen Parlaments und des Rates vorgesehenen Ausnahmen;

p) Schwarmfinanzierungsdienstleister im Sinne von Artikel 2 Absatz 1 Buchstabe e der Verordnung (EU) 2020/1503 des Europäischen Parlaments und des Rates.

(2) Die durch diese Richtlinie verliehenen Rechte erfassen nicht die Erbringung von Dienstleistungen als Gegenpartei bei Geschäften, die von staatlichen Stellen der staatlichen Schuldenverwaltung oder von Mitgliedern des ESZB in Wahrnehmung ihrer Aufgaben gemäß dem AEUV und Protokoll Nr. 4 über die Satzung des Europäischen Systems der Zentralbanken und der Europäischen Zentralbank oder in Wahrnehmung vergleichbarer Aufgaben gemäß nationalen Vorschriften abgeschlossen werden.

(3) Die Kommission erlässt gemäß Artikel 89delegierte Rechtsakte um für die Zwecke von Absatz 1 Buchstabe c zu klären, wann eine Tätigkeit als nur gelegentlich erbracht gilt.

(4) Bis zum 31. Juli 2021 erlässt die Kommission einen delegierten Rechtsakt gemäß Artikel 89, um diese Richtlinie zu ergänzen, indem sie für die Zwecke von Absatz 1 Buchstabe j des vorliegenden Artikels die Kriterien festlegt, nach denen eine Tätigkeit auf Ebene der Unternehmensgruppe als Nebentätigkeit zur Haupttätigkeit gilt.

Diese Kriterien berücksichtigen die folgenden Punkte:

a) ob der Netto-Nominalwert der ausstehenden Forderungen in Bezug auf in der Union gehandelte Warenderivate oder Emissionszertifikate oder Derivate davon für die Barabwicklung, ausgenommen Warenderivate oder Emissionszertifikate oder Derivate davon, die an einem Handelsplatz gehandelt werden, unter einem jährlichen Schwellenwert von 3 Mrd. EUR liegt, oder

b) ob das Kapital der Gruppe, der die Person angehört, überwiegend dem Hauptgeschäft der Gruppe zugeordnet wird, oder

c) ob der Umfang der in Absatz 1 Buchstabe j genannten Tätigkeiten den Gesamtumfang der anderen Handelstätigkeiten auf Gruppenebene übersteigt.

Die in dem vorliegenden Absatz genannten Tätigkeiten werden auf Gruppenebene betrachtet.

Von den in Unterabsatz 2 des vorliegenden Absatzes genannten Punkten sind auszunehmen:

a) gruppeninterne Geschäfte nach Artikel 3 der Verordnung (EU) Nr. 648/2012, die dem gruppenweiten Liquiditäts- oder Risikomanagement dienen,

b) Geschäfte mit Warenderivaten oder Emissionszertifikaten oder Derivaten davon, die die mit der Geschäftstätigkeit oder dem Liquiditäts- und Finanzmanagement direkt verbundenen Risiken objektiv messbar verringern,

c) Geschäfte mit Warenderivaten oder Emissionszertifikaten oder Derivaten davon, die abgeschlossen werden, um der Verpflichtung, einen Handelsplatz mit Liquidität zu versorgen, nachzukommen, wenn solche Verpflichtungen von Regulierungsbehörden im Einklang mit dem Unionsrecht oder dem nationalen Recht, Rechts- und Verwaltungsvorschriften oder von Handelsplätzen verlangt werden.

Artikel 4 Begriffsbestimmungen

(1) Für die Zwecke dieser Richtlinie bezeichnet der Ausdruck:

1. „Wertpapierfirma" jede juristische Person, die im Rahmen ihrer üblichen beruflichen oder gewerblichen Tätigkeit gewerbsmäßig eine oder mehrere Wertpapierdienstleistungen für Dritte erbringt und/oder eine oder mehrere Anlagetätigkeiten ausübt.

Die Mitgliedstaaten können als Wertpapierfirma auch Unternehmen, die keine juristischen Personen sind, definieren, sofern

a) ihre Rechtsform Dritten ein Schutzniveau bietet, das dem von juristischen Personen gebotenen Schutz gleichwertig ist, und

b) sie einer gleichwertigen und ihrer Rechtsform angemessenen Aufsicht unterliegen.

Erbringt eine natürliche Person jedoch Dienstleistungen, die das Halten von Geldern oder übertragbaren Wertpapieren Dritter umfassen, so kann diese Person nur dann als Wertpapierfirma im Sinne dieser Richtlinie und der Verordnung (EU) Nr. 600/2014 gelten, wenn sie unbeschadet der sonstigen Anforderungen dieser Richtlinie, der Verordnung (EU) Nr. 600/2014 und der Richtlinie 2013/36/EU folgende Bedingungen erfüllt:

a) Die Eigentumsrechte Dritter an Wertpapieren und Geldern müssen insbesondere im Falle der Insolvenz der Firma oder ihrer Eigentümer, einer Pfändung, einer Aufrechnung oder anderer von den Gläubigern der Firma oder ihrer Eigentümer geltend gemachter Ansprüche gewahrt werden;

b) die Firma muss Vorschriften zur Überwachung ihrer Solvenz einschließlich der ihrer Eigentümer unterworfen sein;
c) der Jahresabschluss der Firma muss von einer oder mehreren nach nationalem Recht zur Rechnungsprüfung befugten Personen geprüft werden;
d) hat eine Firma nur einen Eigentümer, so muss diese Person entsprechende Vorkehrungen zum Schutz der Anleger für den Fall treffen, dass die Firma ihre Geschäftstätigkeit aufgrund seines Ablebens, seiner Geschäftsunfähigkeit oder einer vergleichbaren Gegebenheit einstellt;

2. „Wertpapierdienstleistungen und Anlagetätigkeiten" jede in Anhang I Abschnitt A genannte Dienstleistung und Tätigkeit, die sich auf eines der Instrumente in Anhang I Abschnitt C bezieht.
Die Kommission erlässt delegierte Rechtsakte gemäß Artikel 89 zur Festlegung der
a) in Anhang I Abschnitt C Nummer 6 genannten Derivatkontrakte, die Merkmale von Energiegroßhandelsprodukten, die effektiv geliefert werden müssen, aufweisen, und der C.6-Energiederivatkontrakte;
b) in Anhang I Abschnitt C Nummer 7 genannten Derivatkontrakte, die Merkmale anderer derivativer Finanzinstrumente aufweisen;
c) in Anhang I Abschnitt C Nummer 10 genannten Derivatkontrakte, die Merkmale anderer derivativer Finanzinstrumente aufweisen, wobei unter anderem berücksichtigt wird, ob sie an einem geregelten Markt, einem MTF oder einem OTF gehandelt werden;

3. „Nebendienstleistung" jede in Anhang I Abschnitt B genannte Dienstleistung;

4. „Anlageberatung" die Abgabe persönlicher Empfehlungen an einen Kunden entweder auf dessen Aufforderung oder auf Initiative der Wertpapierfirma, die sich auf ein oder mehrere Geschäfte mit Finanzinstrumenten beziehen;

5. „Ausführung von Aufträgen im Namen von Kunden" die Tätigkeit zum Abschluss von Vereinbarungen, ein oder mehrere Finanzinstrumente im Namen von Kunden zu kaufen oder zu verkaufen, und umfasst den Abschluss von Vereinbarungen über den Verkauf von Finanzinstrumenten, die von einer Wertpapierfirma oder einem Kreditinstitut zum Zeitpunkt ihrer Emission ausgegeben werden;

6. „Handel für eigene Rechnung" den Handel unter Einsatz des eigenen Kapitals, der zum Abschluss von Geschäften mit einem oder mehreren Finanzinstrumenten führt;

7. „Market-Maker" eine Person, die an den Finanzmärkten auf kontinuierlicher Basis ihre Bereitschaft anzeigt, durch den An- und Verkauf von Finanzinstrumenten unter Einsatz des eigenen Kapitals Handel für eigene Rechnung zu von ihr gestellten Kursen zu betreiben;

8. „Portfolioverwaltung" die Verwaltung von Portfolios auf Einzelkundenbasis mit einem Ermessensspielraum im Rahmen eines Mandats des Kunden, sofern diese Portfolios ein oder mehrere Finanzinstrumente enthalten;

8a. „Umschichtung von Finanzinstrumenten" den Verkauf eines Finanzinstruments und Kauf eines anderen Finanzinstruments oder die Inanspruchnahme eines Rechts, eine Änderung im Hinblick auf ein bestehendes Finanzinstrument vorzunehmen;

9. „Kunde" jede natürliche oder juristische Person, für die eine Wertpapierfirma Wertpapierdienstleistungen oder Nebendienstleistungen erbringt;
10. „professioneller Kunde" einen Kunden, der die in Anhang II genannten Kriterien erfüllt;
11. „Kleinanleger" einen Kunden, der kein professioneller Kunde ist;
12. „KMU-Wachstumsmarkt" ein in Einklang mit Artikel 33 als KMU-Wachstumsmarkt registriertes MTF;
13. „kleine und mittlere Unternehmen" für die Zwecke dieser Richtlinie Unternehmen, deren durchschnittliche Marktkapitalisierung auf der Grundlage der Notierungen zum Jahresende in den letzten drei Kalenderjahren weniger als 200 000 000 EUR betrug;
14. „Limitauftrag" einen Auftrag zum Kauf oder Verkauf eines Finanzinstruments innerhalb eines festgelegten Kurslimits oder besser und in einem festgelegten Umfang;
15. „Finanzinstrument" die in Anhang I Abschnitt C genannten Instrumente, einschließlich mittels Distributed-Ledger-Technologie emittierter Instrumente;
16. „C.6-Energiederivatkontrakte" Optionen, Terminkontrakte (Futures), Swaps oder andere in Anhang I Abschnitt C Nummer 6 genannte Derivatkontrakte in Bezug auf Kohle oder Öl, die an einem OTF gehandelt werden und effektiv geliefert werden müssen;
17. „Geldmarktinstrumente" die üblicherweise auf dem Geldmarkt gehandelten Gattungen von Instrumenten, wie Schatzanweisungen, Einlagenzertifikate und Commercial Papers, mit Ausnahme von Zahlungsinstrumenten;
18. „Marktbetreiber" eine Person oder Personen, die das Geschäft eines geregelten Marktes verwaltet bzw. verwalten und/oder betreibt bzw. betreiben und die der geregelte Markt selbst sein kann.
19. „multilaterales System" ein System im Sinne von Artikel 2 Absatz 1 Nummer 11 der Verordnung (EU) Nr. 600/2014;
20. „systematischer Internalisierer" eine Wertpapierfirma, die in organisierter, häufiger und systematischer Weise Handel mit Eigenkapitalinstrumenten für eigene Rechnung treibt, indem sie Kundenaufträge außerhalb eines geregelten Marktes oder eines MTF bzw. OTF ausführt, ohne ein multilaterales System zu betreiben, oder die sich für den Status eines systematischen Internalisierers entscheidet;
21. „geregelter Markt" ein von einem Marktbetreiber betriebenes und/oder verwaltetes multilaterales System, das die Interessen einer Vielzahl Dritter am Kauf und Verkauf von Finanzinstrumenten innerhalb des Systems und nach seinen nichtdiskretionären Regeln in einer Weise zusammenführt oder das Zusammenführen fördert, die zu einem Vertrag in Bezug auf Finanzinstrumente führt, die gemäß den Regeln und/oder den Systemen des Marktes zum Handel zugelassen wurden, und das eine Zulassung erhalten hat und ordnungsgemäß und gemäß Titel III dieser Richtlinie funktioniert;
22. „multilaterales Handelssystem" (MTF) ein von einer Wertpapierfirma oder einem Marktbetreiber betriebenes multilaterales System, das die Interessen einer Vielzahl Dritter am Kauf und Verkauf von Finanzinstrumenten innerhalb des Systems und nach nichtdiskretionären Regeln in einer Weise zusammenführt, die zu einem Vertrag gemäß Titel II dieser Richtlinie führt;

23. „organisiertes Handelssystem (OTF)" ein multilaterales System, bei dem es sich nicht um einen geregelten Markt oder ein MTF handelt und das die Interessen einer Vielzahl Dritter am Kauf und Verkauf von Schuldverschreibungen, strukturierten Finanzprodukten, Emissionszertifikaten oder Derivaten innerhalb des Systems in einer Weise zusammenführt, die zu einem Vertrag gemäß Titel II dieser Richtlinie führt;
24. „Handelsplatz": einen geregelten Markt, ein MTF oder ein OTF;
25. „liquider Markt": einen Markt für ein Finanzinstrument oder eine Kategorie von Finanzinstrumenten, auf dem kontinuierlich kauf- oder verkaufsbereite vertragswillige Käufer oder Verkäufer verfügbar sind und der nach den folgenden Kriterien unter Berücksichtigung der speziellen Marktstrukturen des betreffenden Finanzinstruments oder der betreffenden Kategorie von Finanzinstrumenten bewertet wird:
    a) Durchschnittsfrequenz und -volumen der Geschäfte bei einer bestimmten Bandbreite von Marktbedingungen unter Berücksichtigung der Art und des Lebenszyklus von Produkten innerhalb der Kategorie von Finanzinstrumenten;
    b) Zahl und Art der Marktteilnehmer, einschließlich des Verhältnisses Marktteilnehmer zu gehandelten Instrumenten in Bezug auf ein bestimmtes Produkt;
    c) durchschnittlicher Spread, sofern verfügbar;
26. „zuständige Behörde" die Behörde, die von jedem Mitgliedstaat gemäß Artikel 67 benannt wird, sofern diese Richtlinie nichts anderes bestimmt;
27. „Kreditinstitut" ein Kreditinstitut im Sinne des Artikels 4 Absatz 1 Nummer 1 der Verordnung (EU) Nr. 575/2013;
28. „OGAW-Verwaltungsgesellschaft" eine Verwaltungsgesellschaft im Sinne von Artikel 2 Absatz 1 Buchstabe b der Richtlinie 2009/65/EG des Europäischen Parlaments und des Rates;
29. „vertraglich gebundener Vermittler" eine natürliche oder juristische Person, die unter unbeschränkter und vorbehaltsloser Haftung einer einzigen Wertpapierfirma, für die sie tätig ist, Wertpapier- und/oder Nebendienstleistungen für Kunden oder potenzielle Kunden erbringt, Weisungen oder Aufträge des Kunden in Bezug auf Wertpapierdienstleistungen oder Finanzinstrumente annimmt und weiterleitet, Finanzinstrumente platziert und/oder Kunden oder potenzielle Kunden bezüglich dieser Finanzinstrumente oder Dienstleistungen berät;
30. „Zweigniederlassung" eine Betriebsstelle, die nicht die Hauptverwaltung ist, die einen rechtlich unselbstständigen Teil einer Wertpapierfirma bildet und Wertpapierdienstleistungen, gegebenenfalls auch Nebendienstleistungen, erbringt und/oder Anlagetätigkeiten ausübt, für die der Wertpapierfirma eine Zulassung erteilt wurde; alle Geschäftsstellen einer Wertpapierfirma mit Hauptverwaltung in einem anderen Mitgliedstaat, die sich in ein und demselben Mitgliedstaat befinden, gelten als eine einzige Zweigniederlassung;
31. „qualifizierte Beteiligung" direktes oder indirektes Halten einer Beteiligung an einer Wertpapierfirma von mindestens 10 % des Kapitals oder der Stimmrechte gemäß den Artikeln 9 und 10 der Richtlinie 2004/109/EG des Europäischen Parlaments und des Rates (5) unter Berücksichtigung der Voraussetzungen für das Zusammenrechnen

der Beteiligungen nach Artikel 12 Absätze 4 und 5 jener Richtlinie oder die Möglichkeit der Ausübung eines maßgeblichen Einflusses auf die Geschäftsführung einer Wertpapierfirma, an der eine direkte oder indirekte Beteiligung gehalten wird;
32. „Mutterunternehmen" ein Mutterunternehmen im Sinne des Artikels 2 Nummer 9 und Artikel 22 der Richtlinie 2013/34/EU des Europäischen Parlaments und des Rates (6);
33. „Tochterunternehmen" ein Tochterunternehmen im Sinne des Artikels 2 Nummer 10 und des Artikels 22 der Richtlinie 2013/34/EU, einschließlich aller Tochterunternehmen eines Tochterunternehmens des an der Spitze stehenden Mutterunternehmens;
34. „Gruppe" eine Gruppe im Sinne des Artikels 2 Nummer 11 der Richtlinie 2013/34/EU;
35. „enge Verbindungen" eine Situation, in der zwei oder mehr natürliche oder juristische Personen auf eine der folgenden Weisen miteinander verbunden sind:
   a) über eine Beteiligung in Form des direkten Haltens oder des Haltens im Wege der Kontrolle von mindestens 20 % der Stimmrechte oder des Kapitals an einem Unternehmen;
   b) durch Kontrolle, d. h. das Verhältnis zwischen einem Mutter- und einem Tochterunternehmen in allen Fällen des Artikels 22 Absätze 1 und 2 der Richtlinie 2013/34/EU oder ein ähnliches Verhältnis zwischen einer natürlichen oder juristischen Person und einem Unternehmen; Tochterunternehmen von Tochterunternehmen gelten ebenfalls als Tochterunternehmen des Mutterunternehmens, das an der Spitze dieser Unternehmen steht;
   c) über ein dauerhaftes Kontrollverhältnis beider oder aller mit ein und derselben dritten Person;
36. „Leitungsorgan" das Organ oder die Organe einer Wertpapierfirma, eines Marktbetreibers oder eines Datenbereitstellungsdienstleisters im Sinne von Artikel 2 Absatz 1 Nummer 36a der Verordnung (EU) Nr. 600/2014, das bzw. die nach nationalem Recht bestellt wurde bzw. wurden und befugt ist bzw. sind, Strategie, Ziele und Gesamtpolitik des Unternehmens festzulegen und die Entscheidungen der Geschäftsleitung zu kontrollieren und zu überwachen, und dem bzw. denen die Personen angehören, die die Geschäfte des Unternehmens tatsächlich führen.
Wird in dieser Richtlinie auf das Leitungsorgan Bezug genommen und ist nach nationalem Recht vorgesehen, dass die Geschäftsleitungs- und die Aufsichtsfunktion des Leitungsorgans verschiedenen Organen oder verschiedenen Mitgliedern innerhalb eines Organs zugewiesen ist, bezeichnet der Mitgliedstaat die gemäß seinem nationalen Recht jeweils verantwortlichen Organe oder Mitglieder des Leitungsorgans, soweit in dieser Richtlinie nichts anderes angegeben ist;
37. „Geschäftsleitung" die natürlichen Personen, die in einer Wertpapierfirma, einem Marktbetreiber oder einem Datenbereitstellungsdienstleister im Sinne von Artikel 2 Absatz 1 Nummer 36a der Verordnung (EU) Nr. 600/2014 Geschäftsführungsaufgaben wahrnehmen und für das Tagesgeschäft des Unternehmens verantwortlich und gegenüber dem Leitungsorgan rechenschaftspflichtig sind, einschließlich der Umsetzung der Firmenstrategie hinsichtlich des Vertriebs von Produkten und Dienstleistungen durch die Firma und ihr Personal an die Kunden;

38. „Zusammenführung sich deckender Kundenaufträge" ein Geschäft, bei dem zwischen Käufer und Verkäufer einer Transaktion ein Vermittler zwischengeschaltet ist, der während der gesamten Ausführung der Transaktion zu keiner Zeit einem Marktrisiko ausgesetzt ist, vorausgesetzt, dass sowohl Kaufgeschäft als auch Verkaufsgeschäft gleichzeitig ausgeführt werden und die Transaktion zu einem Preis abgeschlossen wird, bei dem der Vermittler abgesehen von einer vorab offengelegten Provision, Gebühr oder sonstigen Vergütung weder Gewinn noch Verlust macht;

39. „algorithmischer Handel" der Handel mit einem Finanzinstrument, bei dem ein Computeralgorithmus die einzelnen Auftragsparameter automatisch bestimmt, z. B. ob der Auftrag eingeleitet werden soll, Zeitpunkt, Preis bzw. Quantität des Auftrags oder wie der Auftrag nach seiner Einreichung mit eingeschränkter oder gar keiner menschlichen Beteiligung bearbeitet werden soll, unter Ausschluss von Systemen, die nur zur Weiterleitung von Aufträgen zu einem oder mehreren Handelsplätzen, zur Bearbeitung von Aufträgen ohne Bestimmung von Auftragsparametern, zur Bestätigung von Aufträgen oder zur Nachhandelsbearbeitung ausgeführter Aufträge verwendet werden;

40. „hochfrequente algorithmische Handelstechnik" eine algorithmische Handelstechnik, die gekennzeichnet ist durch
    a) eine Infrastruktur zur Minimierung von Netzwerklatenzen und anderen Verzögerungen bei der Orderübertragung (Latenzen), die mindestens eine der folgenden Vorrichtungen für die Eingabe algorithmischer Aufträge aufweist: Kollokation, Proximity Hosting oder direkter elektronischer Hochgeschwindigkeitszugang,
    b) die Entscheidung des Systems über die Einleitung, das Erzeugen, das Weiterleiten oder die Ausführung eines Auftrags ohne menschliche Intervention, und
    c) ein hohes untertägiges Mitteilungsaufkommen in Form von Aufträgen, Quotes oder Stornierungen;

41. „direkter elektronischer Zugang" eine Regelung, in deren Rahmen ein Mitglied, ein Teilnehmer oder ein Kunde eines Handelsplatzes einer anderen Person die Nutzung seines Handelscodes gestattet, damit diese Person Aufträge in Bezug auf Finanzinstrumente elektronisch direkt an den Handelsplatz übermitteln kann, einschließlich Vereinbarungen, die die Nutzung der Infrastruktur des Mitglieds, des Teilnehmers oder des Kunden bzw. irgendeines Verbindungssystems des Mitglieds, des Teilnehmers oder des Kunden durch Person zur Übermittlung von Aufträgen (direkter Marktzugang) sowie diejenigen Vereinbarungen, bei denen eine solche Infrastruktur nicht durch diese Person genutzt wird (geförderter Zugang);

42. „Querverkäufe" das Angebot einer Wertpapierdienstleistung zusammen mit einer anderen Dienstleistung oder einem anderen Produkt als Teil eines Pakets oder als Bedingung für dieselbe Vereinbarung bzw. dasselbe Paket;

43. „strukturierte Einlage" eine Einlage im Sinne des Artikels 2 Absatz 1 Nummer 3 der Richtlinie 2014/49/EU des Europäischen Parlaments und des Rates, die bei Fälligkeit in voller Höhe zurückzuzahlen ist, wobei sich die Zahlung von Zinsen oder einer Prämie bzw. das Zinsoder Prämienrisiko aus einer Formel ergibt, die von Faktoren abhängig ist, wie etwa

a) einem Index oder einer Indexkombination, ausgenommen variabel verzinsliche Einlagen, deren Ertrag unmittelbar an einen Zinsindex wie Euribor oder Libor gebunden ist,
b) einem Finanzinstrument oder einer Kombination von Finanzinstrumenten,
c) einer Ware oder einer Kombination von Waren oder anderen körperlichen oder nicht körperlichen nicht übertragbaren Vermögenswerten oder
d) einem Wechselkurs oder einer Kombination von Wechselkursen;

44. „übertragbare Wertpapiere" die Kategorien von Wertpapieren, die auf dem Kapitalmarkt gehandelt werden können, mit Ausnahme von Zahlungsinstrumenten, wie
   a) Aktien und andere, Aktien oder Anteilen an Gesellschaften, Personengesellschaften oder anderen Rechtspersönlichkeiten gleichzustellende Wertpapiere sowie Aktienzertifikate;
   b) Schuldverschreibungen oder andere verbriefte Schuldtitel, einschließlich Zertifikaten (Hinterlegungsscheinen) für solche Wertpapiere;
   c) alle sonstigen Wertpapiere, die zum Kauf oder Verkauf solcher Wertpapiere berechtigen oder zu einer Barzahlung führen, die anhand von übertragbaren Wertpapieren, Währungen, Zinssätzen oder -erträgen, Waren oder anderen Indizes oder Messgrößen bestimmt wird;

44a. „Make-Whole-Klausel" eine Klausel, die den Anleger schützen soll, indem sichergestellt wird, dass der Emittent im Falle der vorzeitigen Rückzahlung einer Anleihe verpflichtet ist, dem Anleger, der die Anleihe hält, einen Betrag zu zahlen, der der Summe des Nettogegenwartswertes der verbleibenden Kuponzahlungen, die bis zur Fälligkeit erwartet werden, und dem Kapitalbetrag der zurückzuzahlenden Anleihe entspricht;

45. „Aktienzertifikate" (Hinterlegungsscheine) jene Wertpapiere, die auf dem Kapitalmarkt handelbar sind und ein Eigentumsrecht an Wertpapieren gebietsfremder Emittenten darstellen, wobei sie aber gleichzeitig zum Handel auf einem geregelten Markt zugelassen und unabhängig von den Wertpapieren gebietsfremder Emittenten gehandelt werden können;

46. „börsengehandelter Fonds" einen Fonds, bei dem mindestens eine Anteils- oder Aktiengattung ganztätig an mindestens einem Handelsplatz und mit mindestens einem Market-Maker, der tätig wird, um sicherzustellen, dass der Preis seiner Anteile oder Aktien an diesem Handelsplatz nicht wesentlich von ihrem Nettovermögenswert und gegebenenfalls von ihrem indikativen Nettovermögenswert abweicht, gehandelt wird;

47. „Zertifikate" jene Wertpapiere im Sinne von Artikel 2 Absatz 1 Nummer 27 der Verordnung (EU) Nr. 600/2014;

48. „strukturierte Finanzprodukte" Wertpapiere, im Sinne von Artikel 2 Absatz 1 Nummer 28 der Verordnung (EU) Nr. 600/2014;

49. „Derivate" Finanzinstrumente, die in Artikel 2 Absatz 1 Nummer 29 der Verordnung (EU) Nr. 600/2014 definiert sind;

50. „Warenderivate" Finanzinstrumente, die in Artikel 2 Absatz 1 Nummer 30 der Verordnung (EU) Nr. 600/2014 definiert sind;

51. „zentrale Gegenpartei" eine CCP im Sinne von Artikel 2 Absatz 1 der Verordnung (EU) Nr. 648/2012;

52. [aufgehoben]
53. [aufgehoben]
54. [aufgehoben]
55. „Herkunftsmitgliedstaat"
    a) im Falle von Wertpapierfirmen
        i) den Mitgliedstaat, in dem sich ihre Hauptverwaltung befindet, wenn die Wertpapierfirma eine natürliche Person ist;
        ii) den Mitgliedstaat, in dem sie ihren Sitz hat, wenn die Wertpapierfirma eine juristische Person ist;
        iii) den Mitgliedstaat, in dem sich ihre Hauptverwaltung befindet, wenn die Wertpapierfirma gemäß dem für sie maßgebenden nationalen Recht keinen Sitz hat;
    b) im Falle eines geregelten Marktes den Mitgliedstaat, in dem der geregelte Markt registriert ist, oder – sofern er gemäß dem Recht dieses Mitgliedstaats keinen Sitz hat – den Mitgliedstaat, in dem sich die Hauptverwaltung des geregelten Marktes befindet;
56. „Aufnahmemitgliedstaat" einen Mitgliedstaat, der nicht der Herkunftsmitgliedstaat ist und in dem eine Wertpapierfirma eine Zweigniederlassung hat oder Wertpapierdienstleistungen erbringt und/oder Anlagetätigkeiten ausübt, oder einen Mitgliedstaat, in dem ein geregelter Markt geeignete Vorkehrungen bietet, um in diesem Mitgliedstaat niedergelassenen Fernmitgliedern oder -teilnehmern den Zugang zum Handel über das System dieses Mitgliedstaats zu erleichtern;
57. „Drittlandfirma" eine Firma, die ein Kreditinstitut, das Wertpapierdienstleistungen erbringt oder Anlagetätigkeiten ausführt, oder eine Wertpapierfirma wäre, wenn sie ihre Hauptverwaltung oder ihren Sitz in der Union hätte;
58. „Energiegroßhandelsprodukt" Energiegroßhandelsprodukt im Sinne von Artikel 2 Nummer 4 der Verordnung (EU) Nr. 1227/2011;
59. „Derivate auf landwirtschaftliche Erzeugnisse" Derivatkontrakte in Bezug auf die Erzeugnisse, die in Artikel 1 und Anhang I Teile I bis XX und XXIV/1 der Verordnung (EU) Nr. 1308/2013 des Europäischen Parlaments und des Rates sowie in Anhang I der Verordnung (EU) Nr. 1379/2013 des Europäischen Parlaments und des Rates aufgeführt sind;
60. „öffentlicher Emittent" folgende Emittenten von Schuldtiteln:
    i) die Union;
    ii) einen Mitgliedstaat einschließlich eines Ministeriums, einer Behörde oder einer Zweckgesellschaft dieses Mitgliedstaats;
    iii) im Falle eines bundesstaatlich organisierten Mitgliedstaats einen Gliedstaat des Bundes;
    iv) eine für mehrere Mitgliedstaaten tätige Zweckgesellschaft;
    v) ein von zwei oder mehr Mitgliedstaaten gegründetes internationales Finanzinstitut, das dem Zweck dient, Finanzmittel zu mobilisieren und seinen Mitgliedern Finanzhilfen zu gewähren, die von schwerwiegenden Finanzierungsproblemen betroffen oder bedroht sind;
    vi) die Europäische Investitionsbank;
61. „öffentlicher Schuldtitel" ein Schuldinstrument, das von einem öffentlichen Emittenten begeben wird;

62. „dauerhafter Datenträger" jedes Medium, das
   a) es dem Kunden gestattet, an ihn persönlich gerichtete Informationen derart zu speichern, dass er sie in der Folge für eine für die Zwecke der Informationen angemessene Dauer einsehen kann, und
   b) die unveränderte Wiedergabe der gespeicherten Informationen ermöglicht;
62a. „elektronische Form" ein dauerhaftes Medium, das kein Papier ist;
63. [aufgehoben]
64. „Zentralverwahrer" Zentralverwahrer im Sinne von Artikel 2 Absatz 1 Nummer 1 der Verordnung (EU) Nr. 909/2014;
65. „überwiegend kommerzielle Gruppe" jede Gruppe, deren Haupttätigkeit nicht in der Erbringung von Wertpapierdienstleistungen im Sinne der vorliegenden Richtlinie, oder in der Erbringung von unter Anhang I der Richtlinie 2013/36/EU aufgeführten Tätigkeiten oder in der Tätigkeit als Market-Maker in Bezug auf Warenderivate besteht.

(2) Der Kommission wird die Befugnis übertragen, delegierte Rechtsakte gemäß Artikel 89 zu erlassen, um einige technische Elemente der Begriffsbestimmungen in Absatz 1 zu bestimmen, mit dem Ziel, sie an die Marktentwicklungen, die technologischen Entwicklungen und die Erfahrungen mit nach der Verordnung (EU) Nr. 596/2014 verbotenen Tätigkeiten anzupassen und die einheitliche Anwendung dieser Richtlinie sicherzustellen.

Anhang I – Liste der Dienstleistungen und Tätigkeiten und Finanzinstrumente

ABSCHNITT A Wertpapierdienstleistungen und Anlagetätigkeiten
(1) Annahme und Übermittlung von Aufträgen, die ein oder mehrere Finanzinstrument(e) zum Gegenstand haben;
(2) Ausführung von Aufträgen im Namen von Kunden;
(3) Handel für eigene Rechnung;
(4) Portfolio-Verwaltung;
(5) Anlageberatung;
(6) Übernahme der Emission von Finanzinstrumenten und/oder Platzierung von Finanzinstrumenten mit fester Übernahmeverpflichtung;
(7) Platzierung von Finanzinstrumenten ohne feste Übernahmeverpflichtung;
(8) Betrieb eines MTF;
(9) Betrieb eines OTF.

ABSCHNITT B Nebendienstleistungen
(1) Verwahrung und Verwaltung von Finanzinstrumenten für Rechnung von Kunden, einschließlich Depotverwahrung und verbundener Dienstleistungen wie Cash-Management oder Sicherheitenverwaltung und mit Ausnahme der Bereitstellung und Führung von Wertpapierkonten auf oberster Ebene („zentrale Kontenführung") gemäß Abschnitt A Nummer 2 des Anhangs zur Verordnung (EU) Nr. 909/2014;
(2) Gewährung von Krediten oder Darlehen an Anleger für die Durchführung von Geschäften mit einem oder mehreren Finanzinstrumenten, sofern die kredit- oder darlehensgewährende Unternehmen an diesen Geschäften beteiligt ist;

(3) Beratung von Unternehmen hinsichtlich der Kapitalstrukturierung, der branchenspezifischen Strategie und damit zusammenhängender Fragen sowie Beratung und Dienstleistungen bei Unternehmensfusionen und -aufkäufen;

(4) Devisengeschäfte, wenn diese im Zusammenhang mit der Erbringung von Wertpapierdienstleistungen stehen;

(5) Wertpapier- und Finanzanalyse oder sonstige Formen allgemeiner Empfehlungen, die Geschäfte mit Finanzinstrumenten betreffen;

(6) Dienstleistungen im Zusammenhang mit der Übernahme von Emissionen;

(7) Wertpapierdienstleistungen und Anlagetätigkeiten sowie Nebendienstleistungen des in Anhang I Abschnitt A oder B enthaltenen Typs 1 betreffend den Basiswert der in Abschnitt C Nummern 5, 6, 7 und 10 enthaltenen Derivate, wenn diese mit der Erbringung der Wertpapier- oder der Nebendienstleistung in Zusammenhang stehen.

ABSCHNITT C Finanzinstrumente

(1) Übertragbare Wertpapiere;

(2) Geldmarktinstrumente;

(3) Anteile an Organismen für gemeinsame Anlagen;

(4) Optionen, Terminkontrakte (Futures), Swaps, außerbörsliche Zinstermingeschäfte (Forward Rate Agreements) und alle anderen Derivatkontrakte in Bezug auf Wertpapiere, Währungen, Zinssätze oder -erträge, Emissionszertifikate oder andere Derivat-Instrumente, finanzielle Indizes oder finanzielle Messgrößen, die effektiv geliefert oder bar abgerechnet werden können;

(5) Optionen, Terminkontrakte (Futures), Swaps, Termingeschäfte (Forwards) und alle anderen Derivatkontrakte in Bezug auf Waren, die bar abgerechnet werden müssen oder auf Wunsch einer der Parteien bar abgerechnet werden können, ohne dass ein Ausfall oder ein anderes Beendigungsereignis vorliegt;

(6) Optionen, Terminkontrakte (Futures), Swaps und alle anderen Derivatkontrakte in Bezug auf Waren, die effektiv geliefert werden können, vorausgesetzt, sie werden an einem geregelten Markt, über ein MTF oder über ein OTF gehandelt; ausgenommen davon sind über ein OTF gehandelte Energiegroßhandelsprodukte, die effektiv geliefert werden müssen;

(7) Optionen, Terminkontrakte (Futures), Swaps, Termingeschäfte (Forwards) und alle anderen Derivatkontrakte in Bezug auf Waren, die effektiv geliefert werden können, die sonst nicht in Nummer 6 dieses Abschnitts genannt sind und nicht kommerziellen Zwecken dienen, die die Merkmale anderer derivativer Finanzinstrumente aufweisen;

(8) Derivative Instrumente für den Transfer von Kreditrisiken;

(9) Finanzielle Differenzgeschäfte;

(10) Optionen, Terminkontrakte (Futures), Swaps, außerbörsliche Zinstermingeschäfte (Forward Rate Agreements) und alle anderen Derivatkontrakte in Bezug auf Klimavariablen, Frachtsätze, Inflationsraten oder andere offizielle Wirtschaftsstatistiken, die bar abgerechnet werden müssen oder auf Wunsch einer der Parteien bar abgerechnet werden können, ohne dass ein Ausfall oder ein anderes Beendigungsereignis vorliegt, sowie alle anderen Derivatkontrakte in Bezug auf Vermögenswerte, Rechte, Obligationen, Indizes und Messgrößen, die sonst nicht im vorliegenden Abschnitt C genannt sind und die die Merkmale anderer derivativer Finanzinstrumente aufweisen, wobei unter anderem berücksich-

tigt wird, ob sie auf einem geregelten Markt, einem OTF oder einem MTF gehandelt werden;

(11) Emissionszertifikate, die aus Anteilen bestehen, deren Übereinstimmung mit den Anforderungen der Richtlinie 2003/87/EG (Emissionshandelssystem) anerkannt ist.

Übersicht

	Rn.
I. Einführung	1
1. Literatur	1
2. Normzweck und Regelungsansatz (Art. 1–4 MiFID II)	2
II. Anwendungsbereich der MiFID II	3
1. Persönlicher Anwendungsbereich	3
2. Sachlicher Anwendungsbereich	6
3. Zeitlicher Anwendungsbereich	7
III. Finanzinstrumente (Art. 4 Abs. 1 Nr. 15 MiFID II)	8
1. Überblick	8
2. Übertragbare Wertpapiere (Art. 4 Abs. 1 Nr. 44 MiFID II)	11
a) Typusbegriff und Innovationsfragen	11
b) Einordnungskriterien als Wertpapier	13
c) Beispiele	19
3. Geldmarktinstrumente (Art. 4 Abs. 1 Nr. 17 MiFID II)	26
4. Anteile an Organismen für Gemeinsame Anlagen (OGAW)	27
5. Derivatkontrakte und derivative Instrumente	28
IV. MiFID II vs. MiCAR	31
1. Unterschiedliche Anwendungsbereiche	31
2. Kryptowerte: Security Token, Utility Token, Currency Token	33
a) Überblick: Drei Archetypen an Crypto-Assets	33
b) Kapitalmarktrechtliche Einordnung nach MiFID II	34
3. Weitere Abgrenzungsschwierigkeiten zur MiCAR	41
a) „Sonstige Kryptowerte"	41
b) Stablecoins unter MiCAR	43
V. Wertpapierdienstleistung	46
1. Überblick	46
2. Zusammenspiel mit MiCAR	48
VI. Weitere Begriffsbestimmungen im Verhältnis zur MiCAR	50

I. Einführung

1. Literatur. *Anzinger/Dannecker,* Kryptowerte als Herausforderung für Rechtsbefolgung und Rechtsdurchsetzung, Zeitschrift für Vergleichende Rechtswissenschaft 2023, 243; *Assmann/Schneider/Mülbert* (Hrsg.), Wertpapierhandelsrecht, Kommentar, Band 2, 8. Aufl. 2023; *Aubrunner/Fürst,* Unternehmenswertanteile der FlexCo: Die neue Anteilsklasse im Kapitalgesellschaftsrecht, GesRZ 2023, 359; *Aubrunner/Tatschl,* Markets in Crypto-Assets Regulation (MiCAR): Regulatorische Weichenstellung in der Blockchain-Sphäre, GesRZ 2022, 347; *Brandl/Saria* (Hrsg.), WAG – Wertpapieraufsichtsgesetz, Kommentar, 2. Aufl. 2018; *Brauneis/Mestel,* Finanzmarktinstrumente, 2. Aufl. 2018; *Brugger,* Unternehmenserwerb, 2. Aufl. 2022; *Denga,* Non-Fungible Token im Bank- und Kapitalmarktrecht, BKR 2022, 288; Gebauer/

Teichmann (Hrsg.), Europäisches Privat- und Unternehmensrecht, 2022 (EuUntR); Fuchs (Hrsg.), Wertpapierhandelsgesetz: WpHG, Kommentar, 2. Aufl. 2016; *Hacker/Thomale*, Crypto-Securities regulation: ICOs, Token Sales and Cryptocurrencies under EU Financial Law, ECFR 2018, 645; *Kalss/Oppitz/Zollner*, Kapitalmarktrecht, 2. Aufl. 2015 (KapitalMarktR); *Kalss/Schauer/Winner*, Allgemeines Unternehmensrecht und Wertpapierrecht, 4. Aufl. 2022 (UntR); Klöhn (Hrsg.), Marktmissbrauchsverordnung, Kommentar, 2. Aufl. 2023; Kümpel/Mülbert/Früh/Seyfried (Hrsg.), Bankrecht und Kapitalmarktrecht, 6. Aufl. 2022 (KapMarktR); *Lehmann*, Finanzinstrumente: Vom Wertpapier- und Sachenrecht zum Recht der unkörperlichen Vermögensrechte, 2009; *Maume/Fromberger*, Regulation of Initial Coin Offerings: Reconciling US and EU Securities Laws, Chicago Journal of International Law 2019; *Poelzig/Kläsener*, Phänomenologie und zivilrechtliche Einordnung von Währungen und anderen Kryptowerten, Zeitschrift für Vergleichende Rechtswissenschaft 2023, 356; Schwark/Zimmer (Hrsg.), Kapitalmarktrechts-Kommentar, 5. Aufl. 2020; *Steiner*, Krypto-Assets und das Aufsichtsrecht, 2019 (Krypto-Assets); *Toman*, MiFID II, WAG 2018 und Interessenskonflikte, 2019 (Interessenskonflikte); *Toman/Schinerl*, Kryptowerte zwischen WAG 2018 und MiCAR, ÖBA 2023, 178; *Omlor/Link*, Kryptowährungen und Token, 2. Aufl. 2023 (Kryptowährungen); *Rirsch*, Crypto-Assets: DLT-Token als Objekt der Finanzmarktaufsicht, 2022 (Crypto-Assets); Veil (Hrsg.), Europäisches und deutsches Kapitalmarktrecht, 3. Aufl. 2022; *Völkel*, MiCAR versus MiFID – Wann ist ein vermögenswertreferenzierter Token kein Finanzinstrument? ZFR 2023, 268; *Von Rosenstiel*, Die jüngsten Entwicklungen der Regulierung des US-Kryptomarkts: „Innovation kaputt?", RDi 2023, 445; Zerey (Hrsg.), Finanzderivate, Kommentar, 5. Aufl. 2023; *Zickgraf*, Initial Coin Offerings – Ein Fall für das Kapitalmarktrecht? AG 2018, 293; *Zickgraf*, Primärmarktpublizität in der Verordnung über die Märkte für Kryptowerte (MiCAR) – Teil 1, BKR 2021, 196.

2   **2. Normzweck und Regelungsansatz (Art. 1–4 MiFID II).** Ziel des europäischen Kapitalmarktrechts ist die Schaffung eines harmonisierten Regelwerks für das **Angebot und den Handel von Finanzinstrumenten**.[1] Mit den hohen Anforderungen für die am Kapitalmarkt tätigen Institutionen sollen die **Finanzmarktstabilität** und – insbesondere aufgrund der Lücken des Vorgängerregimes MiFID I als Reaktion auf die Finanzmarktkrise 2009 – ein hinreichender **Anlegerschutz** gewährleistet werden (zu den weiteren Hintergründen → Vor MiFID II Rn. 4 ff.). Zu beachten ist die tiefe Verflechtung vieler kapitalmarktrechtlicher Rechtsakte, bei dem die MiFID II – mit ihren **Zentralbegriffen** wie zB **Finanzinstrument, Wertpapier** oder **Wertpapierfirma** – eine herausragende Stellung einnimmt. Die wichtigsten Bestimmungen werden in den Art. 1 und Art. 4 MiFID II normiert. Sie stecken den **Anwendungsbereich** ab und definieren – in Zusammenschau mit weiteren Bestimmungen – **grundlegende Begriffe** des europäischen Finanzmarktrechts.

II. Anwendungsbereich der MiFID II

3   **1. Persönlicher Anwendungsbereich.** MiFID II stellt **Wertpapierfirmen, Marktbetreiber** sowie **Drittlandfirmen** unter einem einheitlichen

---
[1] Veil/Veil EuKapMR § 8 Rn. 2.

Anwendungsbereich **Art. 1–4 MiFID II**

Regelungsrahmen. In Art. 1 Abs. 2 MiFID II werden programmatisch die Regelungsinhalte der Finanzmarktregulierung angeführt:
- Zulassung und Tätigkeit von Wertpapierfirmen,
- Erbringung von Wertpapierdienstleistungen oder Ausübung von Anlagetätigkeiten durch Drittlandfirmen durch die Errichtung einer Zweigniederlassung,
- Zulassung und Betrieb geregelter Märkte, sowie
- Überwachung, Zusammenarbeit und Durchsetzung durch die zuständigen Behörden.

Diese Institutionen erbringen Wertpapier(neben)dienstleistungen oder Anlagetätigkeiten nach Maßgabe von Anhang I Abschnitt A oder B MiFID II in Bezug auf ein oder mehrere Finanzinstrumente (vgl. Art. 4 Abs. 1 Nr. 2 MiFID II). Sie unterliegen besonderen Anforderungen sowie einer engmaschigen Aufsicht durch die zuständigen Behörden, wie der Finanzmarktaufsichtsbehörde **(FMA)** in Österreich oder der Bundesanstalt für Finanzdienstleistungsaufsicht **(BaFin)** in Deutschland bzw. der Europäischen Wertpapier- und Marktaufsicht **(ESMA)** auf europäischer Ebene.[2] Im Zuge der **Umstellung der MiFID I auf MiFID II**[3] wurde der (persönliche) Anwendungsbereich der jetzigen Finanzmarktregulierung (MiFID II, MiFIR, EMIR, etc) wesentlich erweitert. Nicht nur am Finanzmarkt tätige Akteure sind von der Regulierung umfasst, wie zB die „nichtfinanzielle Gegenparteien"[4], die typischerweise außerhalb des Finanzsektors angesiedelt sind.[5]

Die **Ausnahmetatbestände** nach Art. 2 MiFID II sind breit formuliert. Nach Abs. 1 leg cit werden öffentliche Institutionen, wie zB Mitglieder des Europäischen Systems der Zentralbanken oder andere nationale Stellen mit ähnlichen Aufgaben (lit. h) oder Zentralverwahrstellen (lit. o). Auch private Institutionen, die bereits einer anderen Regulierung unterliegen, wie bspw. Versicherungsunternehmen (lit. a) oder Schwarmfinanzierungsdienstleister (lit. p), werden ausgenommen. Etliche nationale Besonderheiten fallen nicht unter die MiFID II (zB die italienische „agenti di cambio" nach lit. m oder Vereinigungen des dänischen und finnischen Pensionsfonds nach lit. l). Ferner sind u. a. die nicht gewerbsmäßige Durchführungen von Wertpapierdienstleistungen (lit. c), „konzerninterne Dienstleistungen" zwischen Tochter- und Muttergesellschaft (lit. b), Personen, die auf eigene Rechnung handeln (lit. d oder j) oder deren Wertpapierdienstleistung nur die Verwaltung von Systemen der Arbeitnehmerbeteiligung ist (lit. f). Sie werden von der Finanzmarktregulierung nicht umfasst. Weitere **fakultative Ausnahmen,** die nur eine Option für die Mitgliedstaaten darstellen, sind in Art. 3 MiFID II geregelt. Ein Beispiel dafür sind die in Österreich etablierten sog. „Wertpapierdienstleistungsunternehmen" nach § 4 WAG 2018[6], die nur bestimmte Wertpapierdienstleistungen in einem engeren Rahmen erbringen dürfen.

4

---

[2] Liste der zuständigen Behörden für MiFID II/MiFIR (Stand 12.1.2023), abrufbar unter https://www.esma.europa.eu/sites/default/files/mifid_ii_mifir.pdf. In Deutschland sind zudem acht weitere Ministerien auf Länderebene als zuständige Behörde berufen.
[3] Zu Umsetzungsfragen näher → Vor MiFID II Rn. 4.
[4] Vgl. Art. 2 Nr. 9 EMIR.
[5] Beim Geschäft mit OTC-Derivaten werden somit auch Unternehmen beaufsichtigt, die nicht Emittenten sind.
[6] Wertpapieraufsichtsgesetz 2018, öBGBl. 2017 I Nr. 107, zuletzt geändert durch öBGBl. 2023 I Nr. 63.

5 Das **neue Aufsichtsregime für Kryptowerte** (MiCAR)[7] hat einen deutlich kleineren und anderen, aber doch zT ähnlichen Ausnahmekatalog (vgl. Art. 2 Abs. 2 MiCAR). Zu nennen sind die Parallelen zu den ausgenommenen öffentlichen Stellen wie zB Europäische Zentralbank (EZB) oder Nationalbanken (lit. c), Dienstleister innerhalb eines Konzerns (lit. a); ferner die Europäische Investitionsbank und Europäischen Finanzstabilisierungsfazilität (lit. d) sowie Stabilitätsmechanismus (lit. e). Im Unterschied zur MiFID II werden auch Liquidatoren und Insolvenzverwalter (lit. b) und internationale Organisationen (lit. f) ausgenommen.

6 **2. Sachlicher Anwendungsbereich.** Dienstleistungen, die mit einem Finanzinstrument zusammenhängen, sollen reguliert und beaufsichtigt werden (vgl. Art. 4 Abs. 1 Nr. 2 MiFID II). Entscheidend ist das **Begriffsverständnis des Finanzinstruments**, das den (sachlichen) Anwendungsbereich der MiFID II absteckt. Auch weitere Verordnungen, wie zB die Marktmissbrauchs-VO (MAR)[8] oder die Leerverkaufs-VO (SSR)[9], verweisen auf den in MiFID II statuierten Rechtsbegriff „Finanzinstrument". **Zusätzliche Kriterien** können hinzutreten. ZB erfasst die MAR nach Art. 2 Abs. 1 nur Finanzinstrumente, sofern ein hinreichender Marktbezug gegeben ist.[10] Bei anderen Rechtsakten, wie zB der Prospekt-VO[11] oder der Transparenz-RL (TD)[12] ist der **Anwendungsbereich enger,** da nicht auf das Finanzinstrument, sondern auf eine Unterkategorie und zwar das „übertragbare Wertpapier" abgestellt wird.[13] Andere Aufsichtsregime knüpfen gänzlich an einen **anderen Begriff** an (zB „Kryptowert" iSd MiCAR), wobei hier durch die Negativabgrenzung in Art. 2 Abs. 3 MiCAR auch auf den Finanzinstrumentsbegriff abgestellt wird. Die genaue Abgrenzung zum Finanzinstrument ist höchst umstritten (dazu → Rn. 31 ff.).

7 **3. Zeitlicher Anwendungsbereich.** Ursprünglich war der Geltungsbeginn bei der Erstverkündung im Amtsblatt der EU am 3.1.2017 vorgesehen, jedoch wurde dieser aufgrund des großen Umsetzungsumfangs um ein Jahr nach hinten verschoben.[14] Die Bestimmungen der Richtlinie (sowie auch der MiFIR) waren daher ab **3.1.2018** anzuwenden und die Mitgliedstaaten waren bis zum 3.7.2017 angehalten, die Vorgaben in nationales Recht umzusetzen (Art. 93 Abs. 1 MiFID II).

---

[7] Verordnung (EU) 2023/1114 des Europäischen Parlaments und des Rates vom 31.5.2023 über Märkte für Kryptowerte und zur Änderung der Verordnungen (EU) Nr. 1093/2010 und (EU) Nr. 1095/2010 sowie der Richtlinien 2013/36/EU und (EU) 2019/1937.
[8] Verordnung (EU) Nr. 596/2014 des Europäischen Parlaments und des Rates vom 16.4.2014 über Marktmissbrauch und zur Aufhebung der Richtlinie 2003/6/EG des Europäischen Parlaments und des Rates und der Richtlinien 2003/124/EG, 2003/125/EG und 2004/72/EG der Kommission.
[9] Verordnung (EU) Nr. 236/2012 des Europäischen Parlaments und des Rates vom 14.3.2012 über Leerverkäufe und bestimmte Aspekte von Credit Default Swaps.
[10] Vgl. nur Klöhn/Klöhn Art. 2 Rn. 14.
[11] Verordnung (EU) 2017/1129 des Europäischen Parlaments und des Rates vom 14.6.2017 über den Prospekt, der beim öffentlichen Angebot von Wertpapieren oder bei deren Zulassung zum Handel an einem geregelten Markt zu veröffentlichen ist und zur Aufhebung der Richtlinie 2003/71/EG.
[12] Richtlinie 2013/50/EU.
[13] Vgl. Veil/Veil EuKapMR § 8 Rn. 3.
[14] Richtlinie (EU) 2016/1034 des Europäischen Parlaments und des Rates vom 23.6.2016 zur Änderung der Richtlinie 2014/65/EU über Märkte für Finanzinstrumente; vgl. Toman Interessenskonflikte 7.

III. Finanzinstrumente (Art. 4 Abs. 1 Nr. 15 MiFID II)

1. Überblick. Der **Zentralbegriff** und zugleich finanzmarktregulatorischer **Anknüpfungspunkt** von MiFID II ist das **Finanzinstrument** nach Art. 4 Abs. 1 Nr. 15 MiFID II.[15] Finanzinstrumente werden definiert als *„die in Anhang I Abschnitt C genannten Instrumente, einschließlich mittels Distributed-Ledger-Technologie emittierter Instrumente".* Die **Definition** sowie das **Begriffsverständnis** des „Finanzinstruments" sind für die Abgrenzung des Anwendungsbereichs der MiFID II (sowie auch der MiCAR) maßgeblich. Sie nehmen daher eine bedeutende Rolle ein.[16] Es besteht aber **keine kapitalmarktrechtliche Legaldefinition.**[17] Art. 4 Abs. 1 Nr. 15 MiFID II verweist auf Anhang I Abschnitt C MiFID II, der wiederum eine **abschließende Liste** von verschiedenen Arten von Finanzinstrumenten enthält. Die einzelnen Arten sind aber sehr breit mit Generelklauseln umschrieben. Es wird somit **keine isolierte Generalumschreibung** vorgenommen; vielmehr handelt es sich um eine **Typenbeschreibung,** die repräsentative Finanzinstrumente aufzählt.[18] Jedem Instrument liegen zumindest (handelbare) Rechtsverhältnisse zugrunde. Konkret werden folgende Instrumente genannt:

– Übertragbare Wertpapiere (Nr. 1);
– Geldmarktinstrumente (Nr. 2);
– Anteile an Organismen für gemeinsame Anlagen – OGAW (Nr. 3);
– Derivatkontrakte und derivative Instrumente und (u. a. Optionen, Futures, Swaps, Differenzgeschäfte; Emissionszertifikate) (Nr. 4–10)
– Emissionszertifikate (Nr. 11)

Diese Typen werden wiederum zT in den Begriffsbestimmungen nach Art. 4 Abs. 1 MiFID II näher konkretisiert oder von anderen Rechtsakten (zB MiFIR) miteinbezogen (→ Rn. 6).

In Österreich wurde die **Umschreibung des MiFID II-Begriffs „Finanzinstrument"** nahezu wortgleich in § 1 Nr. 7 WAG 2018 vorgenommen; ähnlich auch Liechtenstein in Anhang 2 Abschnitt C BankG[19]. Der deutsche Gesetzgeber ist hingegen in § 2 Abs. 4 Nr. 1–7 WpHG[20] von den Vorgaben – sowie auch bei den Begriffen „Wertpapiere" in Abs. 1 leg cit und insbes. „Derivate" in Abs. 3 leg cit – abgewichen, da er zB auch Vermögensanlagen als Finanzinstrument ansieht. Die Mitgliedstaaten haben somit Umschreibungen im unterschiedlichen Detailgrad vorgenommen, die wiederum zu einer europaweiten **Uneinheitlichkeit** führt und daher bei grenzüberschreitenden Sachverhalten für Einordnungsschwierigkeiten sorgen könnte (dazu ausführlich → Rn. 31 ff. und → Vor MiFID II Rn. 25 ff.). Im Übrigen ist der Begriff „Finanzinstrument" iSd MiFID II streng von **anderen Regelwerken** zu unterscheiden, die zT breiter formuliert sind (bspw. zählen

---

[15] Vgl. Gebauer/Teichmann/Zetzsche/Veidt EuUntR § 12 Rn. 192; Klöhn/Klöhn Art. 2 Rn. 9.
[16] Vgl. dazu nur Assmann/Schneider/Mülbert/Assmann WpHG, § 2 Rn. 80.
[17] Klöhn/Klöhn Art. 2 Rn. 9.
[18] Vgl. Lehmann Finanzinstrumente 288 ff.; Gebauer/Teichmann/Zetzsche/Veidt EuUntR § 12 Rn. 194 Fn. 599.
[19] Bankengesetz, lieBGBl. 1992 Nr. 108, zuletzt geändert durch lieBGBl. 2023 Nr. 154.
[20] Wertpapierhandelsgesetz, dBGBl. 1998 I S. 2708, zuletzt geändert durch dBGBl. 2023 I Nr. 354.

Schwarmfinanzierungsinstrumente als „Finanzinstrument" nach § 1 Abs. 11 S. 1 Nr. 11 dKWG[21]).[22]

10 Die Aufzählung unter Verwendung weitgreifender und generalisierender Sammelbegriffe – wie zB „und alle anderen Derivatinstrumente"[23] – zeigt, dass das europäische Kapitalmarktrecht darauf ausgerichtet ist, **möglichst alle gehandelten Finanzprodukte** zu erfassen. Der Grund liegt in der enormen Entwicklungsgeschwindigkeit von Kapitalmarkprodukten. **Finanzinnovationen**, Entwicklungen zur Entmaterialisierung und Digitalisierung sollen von der Regulierung miterfasst werden (aber zum Einordnungsproblem → Rn. 31 ff.).[24] Im Verhältnis zur **MiCAR** ist es bemerkenswert, dass nun ein Aufsichtsregime in Kraft getreten ist, dass die **Verwendung einer bestimmten Technologie** voraussetzt. Im Rahmen der Verabschiedung der DLT-Pilotregelung (**DLT-PR**) im Juni 2022 wurde die Terminologie des Begriffs „Finanzinstruments" teilweise angepasst bzw. erweitert. In der neuesten Fassung wird fortan festgehalten, dass auch auf der **Distributed-Ledger-Technologie (DLT) begebene Instrumente** vom Begriffsverständnis mitumfasst sind. Aufgrund des vorhin genannten technologieneutralen Regulierungsansatzes wären DLT-Finanzinstrumente ohnehin unter MiFID II zu subsumieren gewesen.[25] Die Neuerung dient daher nur zur **Klarstellung**, wäre jedoch durchwegs vernachlässigbar gewesen.

11 **2. Übertragbare Wertpapiere (Art. 4 Abs. 1 Nr. 44 MiFID II). a) Typusbegriff und Innovationsfragen.** Das bedeutendste Finanzinstrument ist das „übertragbare Wertpapier".[26] Anhang I Abschnitt C MiFID II stellt sie geradezu an erste Stelle, wobei sich das nähere Begriffsverständnis wiederum aus Art. 4 Abs. 1 Nr. 44 MiFID II ergibt. Das Wertpapier ist wie das Finanzinstrument ein **Zentralbegriff** des europäischen Kapitalmarktrechts, der als Anknüpfungspunkt für zahlreiche Bestimmungen dient (zB für das Prospektrecht nach Art. 1 Abs. 1 iVm Art. 2 lit. a Prospekt-VO).[27] Zu beachten ist, dass es bei der Auslegung nicht auf die zivilrechtlichen Charakteristika ankommt (zB Übertragung oder Geltendmachung des Rechts, Gutglaubensschutzfunktion, Einwendungsausschluss)[28], sondern vielmehr der Kapitalmarkt und die beteiligten Vertragspartner in einen beaufsichtigten Rahmen eingebettet werden soll.[29] Übertragbare Wertpapiere iSd MiFID II sind *„Kategorien von Wertpapieren, die auf dem Kapitalmarkt gehandelt werden können, mit Ausnahme von Zahlungsinstrumenten […]"*. Der europäische Wertpapierbegriff wird per se nicht näher erörtert, sondern es erfolgt am Ende der Definition auch hier eine **typologische Aufzählung**. Als übertragbare Wertpapiere zählen nach Art. 4 Abs. 1 Nr. 44 MiFID II (vereinfacht gesagt) am **Kapitalmarkt handelbare Wertpapiere**, die **Aktien(-zertifikate)** und

---

[21] Gesetz über das Kreditwesen, dBGBl. 1998 I, S. 2776, zuletzt geändert durch dBGBl. 2023 I Nr. 51.
[22] Der Begriff „Finanzinstrument" wird in Deutschland auch in WpIG und dKWG definiert; vgl. näher Omlor/Link Kryptowährungen/Schwennicke Kap. 8 Rn. 32.
[23] Vgl. Anhang I Abschnitt C Nr. 4–7, 10 MiFID II.
[24] Veil/Veil EuKapMR § 8 Rn. 1 f.
[25] Dazu bereits ESMA50-157–1391, S. 5.
[26] Assmann/Schneider/Mülbert/Assmann WpHG § 2 Rn. 9.
[27] Klöhn/Klöhn Art. 2 Rn. 10; Assmann/Schneider/Mülbert/Assmann WpHG § 2 Rn. 9.
[28] Zu den zivilrechtlichen Wertpapiereigenschaften s. nur Kalss/Schauer/Winner Unternehmensrecht Rn. 13/36 ff.
[29] Assmann/Schneider/Mülbert/Assmann WpHG § 2 Rn. 9.

aktienähnliche **Wertpapiere** (lit. a), **Schuldverschreibungen** oder **andere Schuldtitel** einschließlich deren **Hinterlegungsscheine** (lit. b) oder **derivative Wertpapiere** (lit. c) sind. Trotz des Fehlens abstrakter Begriffsmerkmale können drei wesentliche Voraussetzungen ausgemacht werden: I) Übertragbarkeit, II) Standardisierung und III) Handelbarkeit (→ Rn. 13). Zusätzlich muss das Instrument unter den Beispielkatalog fallen und darf auch kein Zahlungsinstrument sein (→ Rn. 16, 18 ff.).

Ob und wann **innovative Finanzprodukte als übertragbare Wertpapiere** einzuordnen sind, wurde bis vor kurzem kaum diskutiert;[30] auch der EuGH musste sich bis heute dazu nicht äußern.[31] Mit der immer höheren Marktrelevanz von **digitalen Vermögenswerten** in Form von Kryptowerten, und allen voran Utility Token, nahm die Diskussion über die Einordnung zuletzt wieder an Fahrt auf und veranlasste auch den Unionsgesetzgeber u. a. einen Aufsichtsrahmen für bestimmte – derzeit noch nicht regulierte – Kryptowerte (MiCAR) einzuführen.[32] Die **Abgrenzungsfragen zwischen Finanzinstrument und Kryptowert** bleiben zum Teil offen, da das Spektrum von Kryptowerten nahezu ausufernd erscheint (dazu ausführlich → Rn. 31 ff.).[33] Im Gegensatz zur fehlenden EuGH-Judikatur existiert für den US-amerikanischen Wertpapierbegriff einschlägige Rechtsprechung des U. S. Supreme Court, aus dem auch der bekannte **Howey-Test**[34] aus dem Jahr 1964 hervorkam.[35] Dabei kommt es im Kern darauf an, dass der Anleger **durch Anstrengung Dritter** eine **Renditeerwartung** hat. Die SEC[36] verfolgt dabei einen dynamischen Ansatz, indem sie aktuelle Entwicklungen rund um digitale Vermögenswerte dem Howey-Test miteinbezieht.[37] Diese weite Auffassung sorgte nicht zuletzt[38] für Aufregung, da nach Ansicht der SEC auch **Kryptowährungen** (Altcoins) wie zB Ripple (mit dem Kürzel: XRP), Filecoin (FIL), Solana (SOL) oder Cardano (ADA) uvm[39] **als Wertpapiere eingestuft** werden sollen.[40] Herkömmliche Krypto-Handelsbörsen wären in der USA auf

12

---

[30] Assmann/Schneider/Mülbert/Assmann WpHG § 2 Rn. 28.
[31] Assmann/Schneider/Mülbert/Assmann WpHG § 2 Rn. 28.
[32] Hacker/Thomale ECFR 2018, 645.
[33] Klöhn/Klöhn Art. 2 Rn. 39.
[34] SEC v. W. J. Howey Co., 328 U. s. 293 (1964). Der gegenständliche „investment contract" liegt nach Ansicht des U. S. Supreme Courts dann vor, wenn „a person invests his money in a common enterprise and is led to expect profits solely from the efforts of the promoter or a third party".
[35] Vgl. Veil/Veil EuKapMR § 8 Rn. 5; Assmann/Schneider/Mülbert/Assmann WpHG § 2 Rn. 28.
[36] US Securities and Exchange Commission oder US-amerikanische Wertpapier- und Börsenaufsichtsbehörde.
[37] SEC, Framework for „Investment Contract" Analysis of Digital Assets, abrufbar unter https://www.sec.gov/files/dlt-framework.pdf.
[38] Abrufbar unter https://www.btc-echo.de/news/krypto-regulierung-darum-geht-die-sec-zu-weit-159552/.
[39] Insgesamt sind mehr als 60 Kryptowährungen (und Mirror Protokolle) als Wertpapiere eingestuft worden. Weitere Bsp. sind Terra USD (UST), Luna (LUNA), Dash (DASH), BNB (BNB), Binance USD (BUSD), Solana (SOL), Cardano (ADA), Polygon (MATIC), Cosmos (ATOM); s. dazu die Klageschrift von SEC gegen die Kryptobörse Binance vom 5.6.2023 vor dem Bundesbezirksgericht in Washington, D.C (District Court for the District of Columbia); 23-cv-01599; abrufbar unter https://www.sec.gov/files/litigation/complaints/2023/comp-pr2023-101.pdf.
[40] S. auch die Klageschrift von SEC gegen die Kryptobörse Coinbase vom 6.6.2023 vor dem Bundesbezirksgericht in New York (District Court for the Southern District of New York), 23 Civ. 4738, S. 33, abrufbar unter https://www.sec.gov/files/litigation/complaints/2023/comp-pr2023-102.pdf.

einen Schlag als Wertpapierdienstleister anzusehen und würden verbotenerweise unregistrierte Wertpapiere an ein öffentliches Publikum vertreiben. Manche Krypto-Börsen haben daher schon etliche Delisting bekannter Altcoins durchgeführt;[41] die Marktlage geriet folglich ins Schwanken. Wegweisend und ein Präzedenzfall könnte in diesem Zusammenhang jedoch die zuletzt ergangene gerichtliche Entscheidung im New Yorker Bundesbezirksgericht sein, die einen jahrelangen Rechtsstreit zwischen SEC und Ripple vorerst beendete: Die Kryptowährung Ripple (XRP) wird – sofern der Kauf nicht von einem institutionellen Anleger vorgenommen wird – nicht als Wertpapier eingestuft, da sie die Howey-Kriterien nicht erfüllt.[42] Im Übrigen würde **Bitcoin** (BTC) nach Ansicht der SEC kein Wertpapier darstellen.[43]

13   **b) Einordnungskriterien als Wertpapier. aa) Übertragbarkeit.** Das Instrument muss grds. übertragbar, somit **fungibel**, sein (vgl. den Wortlaut „übertragbare Wertpapiere"). Eine komplett „freie Übertragung" muss jedoch nicht vorliegen.[44] **Vinkulierungen, Lock-Up-Vereinbarungen**[45] oder uU auch weitere vertragliche Übertragungseinschränkungen (zB Tag along- oder Drag along-Vereinbarungen)[46] stören trotz Unwirksamkeit der Übertragung nicht.[47] Bei **gesetzlichen Hindernissen** im Zuge der Veräußerung (zB Formvorschriften) wird nach hM das Kriterium der Übertragbarkeit hingegen nicht erfüllt. Darunter wird bspw. die **Notariatsaktpflicht** (notarielle Beurkundung) bei der Übertragung von GmbH-Anteilen verstanden;[48] somit liegt bei solchen Geschäftsanteilen kein Wertpapier vor.[49] Im Grunde kommt der Übertragbarkeit keine entscheidende Bedeutung zu, denn das Wertpapier iSd MiFID II muss bereits nach dem Wortlaut „handelbar" sein. Die Handelbarkeit setzt eine Übertragbarkeit voraus.[50]

14   **bb) Standardisierung.** Da das Instrument in eine „**Kategorie von Wertpapier**" fallen muss, können nur inhaltlich vergleichbare bzw. gattungsmäßig ausgestattete[51] Instrumente als Wertpapiere gelten. Sie werden somit **austauschbar** und **vertretbar**.[52] Individuelle Anlegerbedürfnisse dürfen nicht

---

[41] Binance in USA hatte angekündigt, mehr als 100 Kryptowährungen zu entfernen; abrufbar unter https://cryptopotato.com/binance-us-delists-101-trading-pairs-following-sec-freezing-order/.
[42] Urteil im Case SEC gegen Ripple vom 13.7.2023 des Bundesbezirksgerichts in New York (District Court for the Southern District of New York), 20 Civ. 10832 (AT), S. 22, 25 und 27 f.; abrufbar unter https://storage.courtlistener.com/recap/gov.uscourts.nysd.551082/gov.uscourts.nysd.551082.874.0_2.pdf; vgl. den Auszug: „Therefore, having considered the economic reality and totality of circumstances, the Court concludes that Ripple's Programmatic Sales of XRP did not constitute the offer and sale of investment contracts."; ausführlich Von Rosenstiel RdI 2023, 445.
[43] Abrufbar unter https://www.investopedia.com/news/sec-chair-says-bitcoin-not-security/.
[44] Assmann/Schneider/Mülbert/Assmann WpHG § 2 Rn. 9.
[45] Das sind Klauseln, die ein Veräußerungsverbot innerhalb eines bestimmten Zeitraums (meistens 6 bis 18 Monaten) bestimmen.
[46] Für Bsp. zu Tag along- und drag along-Vereinbarungen s. Brugger Unternehmenserwerb Kap. 14 Rn. 14.233 ff.
[47] Dazu Assmann/Schneider/Mülbert/Assmann WpHG § 2 Rn. 13 f.; Klöhn/Klöhn Art. 2 Rn. 15.
[48] § 76 Abs. 2 öGmbHG; § 15 Abs. 3 dGmbHG.
[49] Veil/Veil EuKapMR § 8 Rn. 6.
[50] Assmann/Schneider/Mülbert/Assmann WpHG § 2 Rn. 14; vgl. auch Brandl/Saria/Seggermann § 1 Rn. 55.
[51] Assmann/Schneider/Mülbert/Assmann WpHG § 2 Rn. 11.
[52] Vgl. Klöhn/Klöhn Art. 2 Rn. 18.

berücksichtigt werden.⁵³ Die MiCAR schlägt in eine ähnliche Kerbe: **Non-Fungible Token** (NFT) – also Kryptowerte, die (tatsächlich) einzigartige Charakteristika aufweisen – sind grds. aus dem Krypto-Aufsichtsrahmen ausgenommen und sind darüber hinaus auch nicht als übertragbares Wertpapier einzuordnen, da sie eben u. a. nicht standardisiert sind.⁵⁴

cc) Handelbarkeit am Kapitalmarkt. Nach dem Wortlaut des Art. 4 Abs. 1 Nr. 44 MiFID II müssen die Instrumente „auf dem Kapitalmarkt gehandelt werden können". Es gibt keine Legaldefinition für den Begriff „Kapitalmarkt" sowie Handelbarkeit; ebensowenig sind Level 2- und Level 3-Rechtsakte verabschiedet worden.⁵⁵ Es genügt die Eignung des Instruments, Gegenstand für einen Handel an einem Markt zu sein.⁵⁶ Es ist dabei irrelevant, ob der Handel über einen **geregelten Markt, OTF, MTF** oder auf anderem Wege (zB **OTC**) stattfindet.⁵⁷ Genauso wenig muss ein gutgläubiger Erwerb des Wertpapiers möglich sein;⁵⁸ alleine schon wegen den nationalen Abweichungen kann dieses Kriterium nicht berücksichtigt werden.⁵⁹ Auch ein tatsächlicher Handel muss nicht stattfinden, vielmehr muss nur die Möglichkeit dazu bestehen.⁶⁰ Eine „freie Handelbarkeit" muss nicht gegeben sein; für die weitere Einschränkungen (wie zB Übertragungshindernisse) kann auf die Ausführungen oben (→ Rn. 13) verwiesen werden. **15**

dd) Funktionale Vergleichbarkeit. Das Instrument muss unter eines der aufgezählten Wertpapiere nach Art. 4 Abs. 1 Nr. 44 MiFID II fallen (vgl. den Wortlaut „Kategorien von Wertpapieren"). Die weite Formulierung für aktienähnliche Instrumente (lit. a) bzw. für sonstige Schuldtitel (lit. b) dient als **Auffangtatbestände** (zur Definition sogleich → Rn. 19 ff.). Derivative Wertpapiere (vgl. den Wortlaut „sonstige Wertpapiere") sind in lit. c leg cit geregelt. **16**

ee) Keine Verbriefung. Eine Verbriefung in einer Urkunde – wie es das Zivilrecht zumeist vorgibt⁶¹ – ist nicht notwendig und daher für die Einordnung als (europäisches) Wertpapier iSd MiFID II **irrelevant**. Hier wird die Technologieneutralität des europäischen Kapitalmarktrechts und auch des europäischen Wertpapierbegriffs ersichtlich. Auch DLT begebene Instrumente können daher Wertpapiere iSd MiFID II sein. Bsp. dafür sind die Inhaberschuldverschreibung oder die Aktie als **elektronisches Wertpapier** nach eWpG⁶². Dies wird auch im MiCAR-Regime festgehalten, da der Unionsgesetzgeber berechtigterweise davon ausgeht, dass Kryptowerte als Finanzinstrumente ausgestaltet sein können (vgl. Art. 2 Abs. 3 Nr. 1 MiCAR).⁶³ Auch die erweiterte Formulierung des Finanzinstruments (Art. 4 Abs. 1 Nr. 15 MiFID II) spricht nun von DLT-Instrumenten (→ Rn. 10). **17**

---

⁵³ Veil/Veil EuKapMR § 8 Rn. 7; Brandl/Saria/Seggermann § 1 Rn. 56.
⁵⁴ Dazu → MiCAR Art. 3 Rn. 33 ff.; vgl. auch Denga BKR 2022, 288 (292).
⁵⁵ Klöhn/Klöhn Art. 2 Rn. 13 f.
⁵⁶ Assmann/Schneider/Mülbert/Assmann WpHG § 2 Rn. 12.
⁵⁷ Veil/Veil EuKapMR § 8 Rn. 8; Brandl/Saria/Seggermann § 1 Rn. 54.
⁵⁸ Zickgraf AG 2018, 293 (302); vgl. auch Veil/Veil EuKapMR § 8 Rn. 8.
⁵⁹ Vgl. Klöhn/Klöhn Art. 2 Rn. 17.
⁶⁰ Vgl. Fuchs/Fuchs WpHG § 2 Rn. 23; Assmann/Schneider/Mülbert/Assmann WpHG § 2 Rn. 12.
⁶¹ Zu digitalen Wertpapieren: Segna ZIP 2024 (in Druck).
⁶² Gesetz über elektronische Wertpapiere, dBGBl. 2021 I 1423.
⁶³ ESMA50-157-1391, S. 5; Klöhn/Klöhn Art. 2 Rn. 19.

18 **ff) Kein Zahlungsinstrument.** Ebenso schließt Art. 4 Abs. 1 Nr. 44 MiFID II ausdrücklich Zahlungsinstrumente als übertragbare Wertpapiere aus (vgl. dazu den Wortlaut „mit Ausnahme von Zahlungsinstrumenten"). Die MiFID II definiert den Begriff „Zahlungsinstrument" nicht, sondern orientiert sich in groben Zügen an Art. 4 Nr. 14 PSD II[64].[65] Zahlungsinstrumente sind bspw. Bar- und Buchgeld, Münzen, E-Geld, Schecks oder andere liquide Zahlungsmittel. Kryptowährungen sind keine Zahlungsinstrumente iSd PSD II.[66]

19 **c) Beispiele. aa) Aktien, Aktienzertifikate und aktienähnliche Wertpapiere (lit. a).** Bei Aktien handelt es sich um den **Prototypen** kapitalmarktrechtlicher und damit handelbarer Wertpapiere.[67] Der Begriff „Aktie" ist europarechtlich nicht näher definiert und daher nach europäischem Gesellschaftsrecht zu konkretisieren.[68] Eine Aktie ist eine Beteiligung am Gesellschaftskapital und gewährt **Mitgliedschaftsrechte;** typischerweise Verwaltungsrechte (zB Stimmrecht) und Vermögensrechte (zB Anspruch auf Dividende).[69] Auch weitere Beteiligungen an Unternehmen, die **mit Aktien vergleichbar** sind, gelten als Wertpapiere nach MiFID II, sofern sie die bereits oben genannten (→ Rn. 13 ff.) Voraussetzungen erfüllen. Zudem sind Aktienzertifikate (oder besser: Aktien vertretende **Hinterlegungsscheine**) übertragbare Wertpapiere. Nach Art. 4 Abs. 1 Nr. 45 MiFID II ermöglichen Hinterlegungsscheine ein Eigentumsrecht an Wertpapieren gebietsfremder Emittenten. Bsp. sind American Depositary Recepts (ADRs) oder Crest Depositary Interests (CDIs).[70] Mit Hinterlegungsscheinen nicht zu verwechseln ist der im Sprachgebrauch üblich verwendete Begriff des **„Zertifikats",** das den Kurs einer Aktie „bloß" als Basiswert (Underlying) heranzieht. Sie zählen zu den **Schuldtiteln** (→ Rn. 22).[71]

20 Bei den Wertpapieren, die Aktien oder sonstigen Anteilen an Gesellschaften **gleichzustellen** sind, handelt es sich um einen **Auffangtatbestand.**[72] Die Organisationsform ist daher generell unerheblich.[73] Nach hM sind Anteile an **Personengesellschaften (OHG, KG)** und der **GmbH** sowie der österreichischen **FlexCo**[74] nicht als Wertpapiere iSd MiFID II zu qualifizieren, da bestimmte Voraussetzungen nicht erfüllt werden oder gesetzliche Hürden

---

[64] Richtlinie (EU) 2015/2366 des Europäischen Parlaments und des Rates vom 25.11.2015 über Zahlungsdienste im Binnenmarkt, zur Änderung der Richtlinien 2002/65/EG, 2009/110/EG und 2013/36/EU und der Verordnung (EU) Nr. 1093/2010 sowie zur Aufhebung der Richtlinie 2007/64/EG.
[65] Klöhn/Klöhn Art. 2 Rn. 21.
[66] Klöhn/Klöhn Art. 2 Rn. 22 f.
[67] Assmann/Schneider/Mülbert/Assmann WpHG § 2 Rn. 18.
[68] Veil/Veil EuKapMR § 8 Rn. 11 f. Die TD definiert lediglich den Begriff „Aktionär" in Art. 2 Abs. 1 lit. e TD.
[69] Veil/Veil EuKapMR § 8 Rn. 12.
[70] Klöhn/Klöhn Art. 2 Rn. 30.
[71] Assmann/Schneider/Mülbert/Assmann WpHG § 2 Rn. 24; Klöhn/Klöhn Art. 2 Rn. 31.
[72] Klöhn/Klöhn Art. 2 Rn. 28.
[73] Assmann/Schneider/Mülbert/Assmann WpHG § 2 Rn. 18.
[74] Das wird zumindest für den „üblichen" FlexCo-Anteil gelten; bei den neuen Anteilsklasse der Unternehmenswert-Anteile (UWA) scheint die Einordnung zumindest diskussionswürdig, da diese Geschäftsanteile durchaus – auch legistisch – an den Namensaktien angelehnt sind und für die Übertragung eine erleichterte Formvorschrift (einfache Schriftform und kein Notariatsakt) ausreichend ist; allg. zu dem UWA s. Aubrunner/Fürst GesRZ 2023, 359.

vorliegen (→ Rn. 13).[75] Wie bereits oben erörtert (→ Rn. 12), war es zunächst aufgrund fehlender Begriffsdefinitionen und EuGH-Rsp. sowie der typologischen Aufzählung fraglich, ob und wann diverse **Finanzinnovationen** (zB Utility Token) darunter zu subsumieren sind. In der Lit. wurden folgende Kriterien herausgearbeitet: Es muss eine I) **Eigenkapitalbeteiligung** an einem Rechtsträger, II) ein Versprechen an einer **finanziellen Rendite**, die hauptsächlich **von Dritten abhängig** ist sowie III) die Verschaffung von **Mitgliedschaftsrechten** vorliegen.[76] Diese Kriterien erinnern nicht umsonst an den US-amerikanischen **Howey-Test** (→ Rn. 12) und sind auch unter **Erwgr. Nr. 8 MiFID II** zu verstehen.[77] Nach der hier vertretenen Auffassung ist jedoch beim Renditeversprechen eine engere Auslegung zu verstehen, da schlichte Erwartungen an einer Wertsteigerung nicht ausreichen. Für die Einordnung als Wertpapier muss vielmehr eine „Verkörperung" eines Mitgliedschaftsrechts vorliegen (→ Rn. 19).

bb) Schuldverschreibungen, andere Schuldtitel und deren Hinterlegungsscheine (lit. b). Schuldverschreibungen sind das wichtigste Fremdkapitalinstrument und werden ebenso wenig wie Aktien in den europäischen Rechtsakten definiert.[78] Typischerweise repräsentieren sie **schuldrechtliche Forderungsansprüche** (zB Rückzahlung eines bestimmten Betrags samt Zinsen); aktienrechtliche Mitgliedschaftsrechte scheiden grds. aus, können aber schuldrechtlich – mit Ausnahme von Verwaltungsrechten – vereinbart werden.[79] Bsp. dafür sind Inhaberschuldverschreibungen, Pfandbriefe, Wandelschuldverschreibungen oder auch Genussscheine. Ebenso gibt es **Hinterlegungsscheine,** die Schuldtitel vertreten.[80] Darüber hinaus gibt es Schuldtitel, die – zumeist aufgrund mangelnder Standardisierung – nicht als Finanzinstrument und Wertpapier iSd MiFID II einzuordnen sind (zB Schuldscheindarlehen oder Nachrangdarlehen). Bei solchen Finanzprodukten kommt es auf die einzelstaatliche Regulierung an.[81] 21

Wie bei den aktienähnlichen Wertpapieren, hat auch lit. b leg cit einen **Auffangtatbestand** (vgl. den Wortlaut „andere verbriefte Schuldtitel"). Das Begriffsverständnis unterscheidet sich dahingehend, dass einerseits Fremdkapitalinteresse (und kein Eigenkapitalinteresse) vorliegt und andererseits keine Mitgliedschaftsrechte, sondern **Forderungsrechte** „verbrieft"[82] werden; typischerweise sind das zukünftige Zahlung eines im Vorhinein bestimmten Betrags.[83] Die Auslegung der Bestimmung hatte insbes. im Hinblick auf die **kapitalmarktrechtliche Einordnung von Utility Token** 22

---

[75] S. dazu nur Fuchs/Fuchs WpHG § 2 Rn. 23. KG-Anteile aber auch Genossenschaftsanteile können hingegen uU Wertpapiere iSd MiFID II sein, wenn die Standardisierung und die uneingeschränkte Übertragbarkeit gegeben ist, wobei auch auf die einzelstaatlichen (Sonder-)Regelungen und den Gesetzeszweck abzustellen ist; vgl. dazu Klöhn/Klöhn Art. 2 Rn. 27; vgl. auch Mock/Zivny ProspektVO Art. 2 Rn. 15 f. Vereinzelt wird vertreten, dass die Einordnungskriterien auch für GmbH-Anteile gelten könnten; vgl. dazu Assmann/Schneider/Mülbert/Assmann § 2 Rn. 20 f.
[76] Dazu nur Klöhn/Klöhn Art. 2 Rn. 29.
[77] Klöhn/Klöhn Art. 2 Rn. 29.
[78] Klöhn/Klöhn Art. 2 Rn. 32 ff.
[79] Vgl. Assmann/Schneider/Mülbert/Assmann WpHG § 2 Rn. 16.
[80] MiFID II nennt sie bedauerlicherweise auch „Zertifikate".
[81] Vgl. Veil/Veil EuKapMR § 8 Rn. 27. In Deutschland werden zB solche Schuldtitel im Vermögensanlagegesetz (VermAnlG) geregelt; in Österreich im Alternativfinanzierungsgesetz (AltFG) oder öKMG 2019.
[82] Eine Verbriefung iSe Urkundenausstellung ist nicht notwendig.
[83] Vgl. Klöhn/Klöhn Art. 2 Rn. 40.

Bedeutung erlangt, ist jedoch mit Inkrafttreten der Krypto-Regulierung (MiCAR) zT überflüssig geworden, da solche Kryptowerte nun regulatorisch erfasst werden. Die Frage der genauen Abgrenzung zwischen MiFID II und MiCAR, vorallem bei Instrumenten mit einer Investmentkomponente, bleibt dennoch offen (→ Rn. 31 ff.).

23   cc) **Derivative Wertpapiere (lit. c)**. Auch Wertpapiere, „die zum Kauf oder Verkauf solcher Wertpapiere berechtigen oder zu einer Barzahlung führen, die anhand von übertragbaren Wertpapieren, Währungen, Zinssätzen oder -erträgen, Waren oder anderen Indizes oder Messgrößen bestimmt wird" gelten als übertragbare Wertpapiere nach Art. 4 Abs. 1 Nr. 44 lit. c MiFID II. Sie beziehen sich auf einen **Basiswert** (underlying). Es ist aber nicht notwendig, dass sie Ähnlichkeiten zu Aktien (lit. a) oder Schuldtitel (lit. b) aufweisen. Bei den derivativen Wertpapieren handelt es sich um **Derivate** iSd Art. 2 Abs. 1 Nr. 29 MiFIR iVm Art. 4 Abs. 1 Nr. 49 MiFID II und auch Anhang I Abschnitt C Nr. 4–10 MiFID II (dazu weiter → Rn. 28 ff.).[84] Die vom Gesetzgeber herbeigeführten Doppelungen sind für die praktische Anwendung schwierig. Die bekanntesten Beispiele sind Call- und Put-Optionen (Optionsscheine).[85] Zur **Abgrenzung zw. derivativen Wertpapieren und Schuldtiteln** siehe sogleich → Rn. 24.

24   dd) **Abgrenzung: „Zertifikate" als Schuldverschreibung oder derivates Wertpapier (lit. b oder lit. c)**. Für die Krypto-Regulierung (MiCAR) kann auch der Begriff **„Zertifikat"** für zusätzliche Diskussion sorgen (→ Rn. 43 f.) und darf nicht mit den Hinterlegungsscheinen und Zertifikaten iSd Art. 2 Abs. 1 Nr. 27 MiFIR verwechselt werden. Solch ein „Zertifikat" ist in seiner einfachsten Form eine Schuldverschreibung, die auf **einen oder mehrere Basiswerte („underlying")** referenziert. Der **Rückzahlungsanspruch** (des Kapitals) kann unterschiedlichst ausgestaltet sein und richtet sich idR nach dem dahinterstehenden Wert, der im Vorhinein nicht feststeht.[86] Es kann aber auch vereinbart werden, dass der Rückzahlungsanspruch durch **Lieferung des Referenzgegenstands** erfüllt wird.[87] Als Basiswert kann nahezu jeder Referenzwert herangezogen werden (→ Rn. 23). Die Bezugnahme auf einen Basiswert (zB Aktie) führt aber nicht dazu, dass ein Direktinvestment vorliegt. Die Aktionärsrechte gehen nicht auf den „Zertifikats"-Käufer über, vielmehr verbleibt dieses Recht dem „Zertifikats"-Emittenten. Das gleiche gilt für Zinszahlung aus einem Anleihen-„Zertifikat".[88] Zukünftige Zahlungsströme sind daher idR kein Charakteristikum des „Zertifikats"; es bleibt aber die breite Ausgestaltungsmöglichkeit des „Rückzahlungsanspruchs" bestehen.

25   Hinsichtlich der Bezugnahme auf einen Basiswert liegt die Einordnung als **Derivat** nahe (→ Rn. 28). Es gibt u. a. Index-, Basket-, Garantie-, Turbo-, oder Knock-out-Zertifikate. Das gewaltige Gestaltungsspektrum macht eine korrekte Einordnung jedoch schwierig.[89] **„Einfach" ausgestaltete Produk-**

---

[84] Klöhn/Klöhn Art. 2 Rn. 52.
[85] Klöhn/Klöhn Art. 2 Rn. 43.
[86] Vgl. dazu ausführlich Zerey/Lemke Finanzderivate Kap. 25 Rn. 13; Veil/Veil EuKapMR § 8 Rn. 19; Klöhn/Klöhn Art. 2 Rn. 36; aA auch Lehmann, Finanzinstrumente 110.
[87] Veil/Veil EuKapMR § 8 Rn. 19.
[88] Zerey/Lemke Finanzderivate Kap. 25 Rn. 46 ff.
[89] Ausführlich zur Kategorisierung s. Brauneis/Mestel, Finanzmarktinstrumente Kap. Zertifikate.

te (zB Index-„Zertifikate") werden – auch trotz keinem „zukünftigen Cashflow" – unter Schuldtitel qualifiziert (lit. b); bei **höherer Komplexität** bzw. bei bspw. überproportionaler Kursentwicklung im Verhältnis zur Preisentwicklung des Basiswerts (zB Knockout- oder Turbo-Zertifikate) wären sie als derivative Wertpapiere (lit. c) und damit als Derivat anzusehen (zur Streitfrage → Rn. 29 ff.).[90] Die Abgrenzung hat etwa Bedeutung für mögliche **Erleichterungen** an die Anforderungen bestimmter Dienstleistungen für **nichtkomplexe Finanzinstrumente** (vgl. zB § 63 Abs. 11 Nr. 1 lit. f WpHG; § 58 WAG 2018). Konkret geht es um die Ausführungsgeschäfte auf Initiative des Anlegers oder Anlageberatung. Nach Art. 57 lit. a DelVO 2017/565 sind Wertpapiere iSd Art. 4 Abs. 1 Nr. 44 lit. b MiFID II als nichtkomplexe Finanzinstrumente einzustufen; im Gegenteil zu derivativen Wertpapieren.[91] Aktien und Schuldtitel werden nur dann als nichtkomplex eingestuft, wenn in ihnen u. a. kein **„Derivat eingebettet"** ist (in Ö. nach § 1 Nr. 8 lit. a und b WAG 2018; in D. nach § 63 Abs. 11 Nr. 1 lit. a und b WpHG). Nach Art. 10 Abs. 1 RL 2007/16/EG ist ein Derivat eingebettet, wenn „einige oder alle Cashflows […] in ähnlicher Weise wie [bei einem] eigenständige[n] Derivat" variieren (lit. a), „die wirtschaftlichen Merkmale und Risiken […] nicht eng mit den wirtschaftlichen Merkmalen und Risiken des Basisvertrags verbunden" sind (lit. b) und wenn die derivative Komponente „einen signifikanten Einfluss auf das Risikoprofil und die Preisgestaltung des Wertpapiers" hat (lit. c).

3. Geldmarktinstrumente (Art. 4 Abs. 1 Nr. 17 MiFID II). Eine Definition von Geldmarktinstrumenten findet sich in Art. 4 Abs. 1 Nr. 17 MiFID II. Sie werden nach dem Wortlaut üblicherweise auf einem Geldmarkt gehandelt und sind keine Zahlungsinstrumente (→ Rn. 18). Darüber hinaus muss nach Art. 11 DelVO 2017/565 ihr Wert jederzeit bestimmt werden können (lit. a), sie dürfen keine Derivate darstellen (lit. b) und ihre Fälligkeit bei Emission beträgt höchstens 397 Tage (lit. c). Bsp. für Geldmarktinstrumente sind Schatzanweisungen, Einlagenzertifikate und Commercial Papers (CP).[92] 26

4. Anteile an Organismen für Gemeinsame Anlagen (OGAW). OGAW werden in der MiFID II nicht legaldefiniert. Dessen Begriff geht auf Art. 1 Abs. 2 OGAW-RL[93] zurück. OGAWs sind **Retailprodukte auf dem Fondsmarkt** und insbes. von alternativen Investmentfonds (AIFs) abzugrenzen (Art. 4 Abs. 1 lit. a AIFM-RL[94]). Das bekannteste Beispiel sind Exchange Traded Funds (ETFs).[95] 27

5. Derivatkontrakte und derivative Instrumente. Derivate sind der Oberbegriff etlicher Finanzinstrumente. Sie werden in Art. 2 Abs. 1 Nr. 29 MiFIR iVm Art. 4 Abs. 1 Nr. 44 lit. c und Nr. 49 sowie Anhang I Ab- 28

---

[90] Vgl. Schwark/Zimmer/Kumpan WpHG § 2 Rn. 26, 30; Klöhn/Klöhn Art. 2 Rn. 36; aA Lehmann, Finanzinstrumente 98.
[91] Näher dazu Schwark/Zimmer/Kumpan WpHG § 2 Rn. 26; vgl. auch Brandl/Saria/Seggermann § 1 Rn. 91.
[92] Vgl. Assmann/Schneider/Mülbert/Assmann WpHG § 2 Rn. 40 ff.; Klöhn/Klöhn Art. 2 Rn. 45.
[93] Richtlinie 2009/65/EG des Europäischen Parlaments und des Rates vom 13.7.2009 zur Koordinierung der Rechts- und Verwaltungsvorschriften betreffend bestimmte Organismen für gemeinsame Anlagen in Wertpapieren (OGAW).
[94] Richtlinie 2011/61/EU des Europäischen Parlaments und des Rates vom 8.6.2011 über die Verwalter alternativer Investmentfonds und zur Änderung der Richtlinien 2003/41/EG und 2009/65/EG und der Verordnungen (EG) Nr. 1060/2009 und (EU) Nr. 1095/2010.
[95] Klöhn/Klöhn Art. 2 Rn. 50.

schnitt C Nr. 4–10 MiFID II bestimmt. Der Anhang zählt die facettenreichen Varianten von Derivaten auf (u. a. Optionen, Futures, Swaps mit jeweils anderen Bezugspunkten). Im Unterschied zu Wertpapieren nach Art. 4 Abs. 1 Nr. 44 MiFID II können Derivate auch individuell ausgestaltet sein; es muss daher **keine Standardisierung und Handelbarkeit** gegeben sein. Sollten die Voraussetzungen doch vorliegen, würden sie als „derivative Wertpapiere" gelten (→ Rn. 23). Zumeist werden Derivate für **Arbitragegewinne,** zur **Risikoabsicherung** (zB Mikro-, Makro- und Portfolie Hedge) oder zur **Spekulation** verwendet.[96] Die Gefahren sind (komplette) **Verlustrisiken;** insbes. durch einen möglichen **Hebeleffekt** oder durch einen Totalausfalls des dahinterstehenden Basiswerts.[97] Aufgrund des dargestellten Risikos wurden mit der Umstellung auf MiFID II/MiFIR zahlreiche **anlegerschützende Normen** eingeführt (zB Pflicht der Geeignetheitserklärung oder erhöhte Anforderungen an die Qualifikation der Mitarbeiter).[98] Zudem ist für Derivate der **Differenzausgleich** charakteristisch, dh dass zum Zeitpunkt der Erfüllung idR nicht die Basiswerte geliefert werden, sondern nur die Kursdifferenz zwischen vereinbartem Kurs und dem Marktwert.[99] Die **Komplexität des europäischen Kapitalmarktrechts** wird am Begriff „Derivat" ersichtlich. Dieser wird in der MiFIR (!) gesondert definiert, wobei hier wieder auf die MiFID II (auf Art. 4 Abs. 1 Nr. 44 **lit. c** sowie Anhang I Anhang C Nr. 4 ff.) zurückverwiesen wird. Die Rückverweisungen und zT Wiederholungen machen den Themenkomplex unübersichtlich.[100] Der deutsche Gesetzgeber versuchte daher dem Derivatbegriff in § 2 Abs. 3 Nr. 1–5 WpHG einen **abstrakteren Rahmen** zu geben.[101] Österreich hat sich hingegen für eine nahezu wortgleiche Überschreibung des Textes von MiFID II in § 1 Nr. 7 WAG 2018 entschieden.

29 Gemein mit allen Derivaten ist, dass sie sich auf **Basiswerte** (underlying) beziehen und deren Wert davon abhängt.[102] Die MiFID II unterscheidet in Anhang I Abschnitt C zwischen folgenden Kategorien:[103]

- **Finanzderivatkontrakte** mit Bezug auf Währungen, Wertpapieren, Indizes, Zinssätze oder andere Derivate. (Nr. 4)
- **Warenderivate,** die bar (Nr. 5) oder effektiv geliefert werden (Nr. 6 und 7)
- **Derivatkontrakte nach bestimmter Messwerte** wie Klimavariablen oder Inflationsraten (Nr. 10)
- Weitere **derivative Instrumente,** wie Transfer von Kreditrisiken und finanziellen Differenzgeschäfte (Nr. 8 und 9)[104]

30 Das zweite Kriterium ist das Auseinanderfallen der Abschluss- und Erfüllungszeitpunkte **(Termingeschäft).** Im Gegensatz zum Kassageschäft müssen nach Art. 7 Abs. 2 DelVO 2017/565 zumindest **zwei Handelstage**

---

[96] Vgl. Brandl/Saria/Seggermann § 1 Rn. 64. Dazu ausführlich Kümpel/Mülbert/Früh/Seyfried/Kraft KapMarktR Rn. 19.31 ff.; Kalss/Oppitz/Zollner KapMarktR § 35 Rn. 4 ff.
[97] Kümpel/Mülbert/Früh/Seyfried/Kraft KapMarktR Rn. 19.46 und 19.49.
[98] Kümpel/Mülbert/Früh/Seyfried/Kraft KapMarktR Rn. 19.6 ff. und 19.61.
[99] Kümpel/Mülbert/Früh/Seyfried/Kraft KapMarktR Rn. 19.23.
[100] S. nur Klöhn/Klöhn Art. 2 Rn. 52.
[101] Vgl. auch Kümpel/Mülbert/Früh/Seyfried/Kraft KapMarktR Rn. 19.10 und 19.14; Klöhn/Klöhn Art. 2 Rn. 52.
[102] Vgl. dazu nur Veil/Veil EuKapMR § 8 Rn. 30.
[103] Im Detail zu den einzelnen Derivatgruppen s. Kümpel/Mülbert/Früh/Seyfried/Kraft KapMarktR Rn. 19.64 ff.; Klöhn/Klöhn Art. 2 Rn. 59 ff.; Assmann/Schneider/Mülbert/Assmann WpHG § 2 Rn. 40 ff.
[104] Wobei hier auf einen Basiswert verzichtet wird; vgl. Fuchs/Fuchs WpHG § 2 Rn. 43.

zwischen Vertragsabschluss und Erfüllung (Lieferung) liegen. Fraglich hierbei ist der genaue Erfüllungszeitpunkt und damit auch, ob bei simplen Strukturen (im folgenden Fall bei einem bei Index-„Zertifikat") ein Derivat vorliegt (zum „Zertifikats" bereits → Rn. 24). Der BGH hat im Jahr 2004 das Vorliegen eines Derivats und somit eines Termingeschäfts aufgrund des Fehlens einer **„spezifischen Gefährlichkeit"**[105] verneint, da bei Index-„Zertifikaten" kein hinausgeschobener Erfüllungszeitpunkt und somit **kein besonderes Schutzbedürfnis** für Anleger besteht. Zudem wurde erneut bestätigt, dass Termingeschäfte „standardisierte Verträge" sind, die **„von beiden Seiten erst zu einem späteren Zeitpunkt […] zu erfüllen sind"**[106]. Es wird auf die Elemente der Standardisierung sowie der **zukünftigen Erfüllung beider (!) Vertragsparteien** abgestimmt. Bei Index-„Zertifikaten" ist das idR nicht der Fall, da der Käufer sofort bei Vertragsabschluss den (Markt-)Preis entrichtet und erst später den Rücktauschanspruch geltend macht und damit die Erfüllungspflicht des Verkäufers auslöst (Rückzahlung des jetzigen Marktpreises). Die Ansicht wurde in der Lehre zT kritisiert.[107] **Deutschland** hat die **typologische Betrachtung** aufgegeben, sondern legt abstrakte Definition des Termingeschäfts fest in § 2 Abs. 3 WpHG.[108] Es sind nur die Bezugnahme auf einen Basiswert sowie der hinausgeschobene Erfüllungszeitpunkt relevant; auf bestimmte Typenmerkmale, wie zB Hebelwirkung, erhöhtes Risiko eines Totalverlusts oder Nachschusspflichten, wird verzichtet. In Österreich liegt eine ähnliche Betrachtung zumindest nahe,[109] auch wenn nach dem Gesetz die typologische Betrachtung aufgrund der nahezu wortgleichen Umschreibung der MiFID II ins WAG 2018 naheliegt; OGH-Rsp. existiert nicht.[110] Dennoch überzeugt – auch aufgrund der fehlenden Notwendigkeit eines erhöhten Anlegerschutzes – die Einordnung simpler Strukturen **als Kassageschäfte,** da der Erfüllungszeitpunkt nur von einer Vertragspartei nach hinten verschoben wird.[111] Stets muss jedoch auf den Einzelfall abgestellt werden; ein erhöhtes Risiko muss zwar nicht zwingend vorliegen, aber zumindest wird damit die Einordnung als Derivat intendiert (bereits → Rn. 25).

IV. MiFID II vs. MiCAR

1. Unterschiedliche Anwendungsbereiche. Als die ersten **ICOs** (Initial Coin Offerings) – und später **STOs** (Security Token Offerings) – durchgeführt wurden, war es zunächst fraglich, ob solche Kapitalmaßnahmen dem tradierten Kapitalmarktrecht, besonders dem Prospektrecht, unterliegen sollen.[112] Die ESMA hat Anfang des Jahres 2019 zunächst die zuständigen

31

---

[105] BGH 13.7.2004 – XI ZR 178/03, NJW 2004, 2967.
[106] BGH 13.7.2004 – XI ZR 178/03, NJW 2004, 2967.
[107] Dazu ausführlich Lehmann Finanzinstrumente 111 ff.
[108] Vgl. Fuchs/Fuchs WpHG § 2 Rn. 43; § 2 Abs. 3 Nr. 1 lautet: „[Termingeschäfte sind] Festgeschäfte oder Optionsgeschäfte, die zeitlich verzögert zu erfüllen sind und deren Wert sich unmittelbar oder mittelbar vom Preis oder Maß eines Basiswertes ableitet (Termingeschäfte)".
[109] Vgl. Brandl/Saria/Seggermann § 1 Rn. 62.
[110] Vgl. auch Völkel ZFR 2023, 268 (273).
[111] So auch Schwark/Zimmer/Kumpan WpHG § 2 Rn. 30; Klöhn/Klöhn Art. 2 Rn. 36.
[112] Erste Auseinandersetzungen mit ICOs in der Lit. s. Zickgraf AG 2018, 293; Hacker/Thomale ECFR 2018, 645; vgl. auch mit Perspektive zum US-Recht Maume/Fromberger Chicago Journal of International Law 2019, 548.

Aufsichtsbehörden mit sechs unterschiedlichen ICO-Use-Cases[113] konsolidiert, wobei sich herausgestellt hat, dass in den einzelnen Mitgliedstaaten **Divergenzen in der Auslegung** und damit einhergehend auch in der **Aufsichtspraxis** vorliegen.[114] Zurückzuführen ist dies u. a. auf die **uneinheitliche Umsetzung des Begriffs "Finanzinstrument"**[115] iSd Art. 4 Abs. 1 Nr. 15 MiFID II in den nationalen Rechtsordnungen.[116] Die ESMA hat jedoch erstmals generell festgehalten, dass bestimmte "Crypto-Assets" (oder idS besser: „Token") der herkömmlichen Finanzmarktregulierung unterliegen sollen und zwar dann, wenn sie Finanzinstrumente darstellen (sog. **Security Token**).[117] Die Abgrenzung zwischen solchen Security Token und „Kryptowerten"[118] ist im Detail jedoch unscharf. Der Unionsgesetzgeber erkannte aber auch ein Regulierungsbedürfnis für (noch nicht vom Aufsichtsrecht erfasste)[119] Kryptowerte, um auch hier einen Anlegerschutz zu gewährleisten.

32 Mit der Verabschiedung des **Parallelregimes für DLT-Vermögenswerte** im Juni 2023 – der Markets in Crypto Assets Regulation **(MiCAR)** – ist nun ein Aufsichtsrahmen in Kraft getreten, das **Kryptowerte** regulieren soll. Damit wird zumindest eine Nichtregulierung von etlichen Kryptowerten verhindert, dennoch bleiben **Schwierigkeiten bei der korrekten Einordnung** solcher digitalen Vermögenswerte bestehen (zum **Einordnungsproblem** → Vor MiFID II Rn. 27 f.). Nach Art. 3 Abs. 1 Nr. 5 MiCAR ist ein Kryptowert „eine digitale Darstellung eines Werts oder eines Rechts". Ein Kryptowert kann daher – wie ein Wertpapier – nahezu jedes Recht abbilden. Konsequenterweise werden **Finanzinstrumente** nach MiFID II (und daher Wertpapiere sowie weitere Finanzprodukte) ausgenommen, da diese bereits (strenger) reguliert sind.[120] Um die Abgrenzung der **Anwendungsbereiche** zu schärfen, muss daher zwischen den beiden Anknüpfungspunkten „Kryptowert" und „Finanzinstrument" differenziert werden. Eine falsche Einordnung hätte höchst riskante Folgen für den Emittenten bzw. den Anbieter von (vermeintlichen) Kryptowerten iSd MiCAR sowie auch deren Leitungsorgane.[121] Um den Anwendungsbereich der MiCAR zu definieren, ist es daher entscheidend, **zuallererst den Anwendungsbereich der MiFID II** festzulegen; und zwar mit einer **negativen Abgrenzung** zu Finanzinstrumenten, die sich aus Art. 2 Abs. 3 MiCAR ergibt. Die Frage ist daher, ab wann ist ein Kryptowert kein Finanzinstrument?[122] Für die Aufsichtspraxis ist hier neben der Einordnung wie bspw. des **Utility Tokens mit Investmentfunktion**[123] als womöglich „übertragbares Wertpapier" besonders die regulatorische Behandlung von sog. vermögenswertreferenzierte Token iSd MiCAR **(ART oder asset referenced token)** herausfordernd, da diese eine große Ähnlich-

---

[113] Die ICOs waren FINOM, Polybius, Crypterium, PAquarium, Filecoin und Alchemy-Bite; s. ESMA, Legal qualification of crypto-assets – survey to NCAs, ESMA50-157-1384, Appendix 1 S. 23 f.
[114] Vgl. ESMA50-157-1384, S. 4 ff., 17.
[115] Vgl. dazu einen Auszug aus der Umfrage: „Only four jurisdictions have developed the definition of 'class' in their regulation [...]"; ESMA50-157-1384, S. 4 f.
[116] ESMA, Advice Initial Coin Offerings and Crypto-Assets, ESMA50-157-1391, S. 5.
[117] ESMA50-157-1391, S. 5.
[118] Zur Terminologie nach MiCAR → MiCAR Art. 3 Rn. 14 ff.
[119] S. dazu Erwgr. Nr. 4 f. MiCAR.
[120] Art. 2 Abs. 3 Nr. 1 MiCAR; vgl. auch Art. 4 Abs. 1 Nr. 15 MiFID II.
[121] Dazu bereits → Vor MiFID II Rn. 26 f.
[122] Vgl. dazu insbes. die Abhandlungen von Völkel ZFR 2023, 268 und Toman/Schinerl ÖBA 2023, 178.
[123] Zum Begriff → Rn. 39; vgl. u. a. auch Aubrunner/Tatschl GesRZ 2022, 347 (350 f.).

keit zum Derivats bzw. „Zertifikat" aufweisen können. Delegierte Rechtsakte zur MiCAR (Level 2 und Level 3) sollen für mehr Klarheit sorgen; die Veröffentlichung des **„Consultation Package 3"** der ESMA, das u. a. die Kriterien für die Kategorisierung als Finanzinstrument adressiert, wurde bereits veröffentlicht.[124] Die Abgrenzungsfrage (MiFID II vs. MiCAR) wird jedoch auch weiterhin eine bedeutende Rolle einnehmen, denn die Vergangenheit hat gezeigt, dass die Kreativität der Finanzmarktteilnehmer und damit auch der Finanzprodukte nahezu unbegrenzt erscheint (zu den Herausforderungen MiFID II vs. MiCAR → Vor MiFID II Rn. 25 ff.).[125]

2. Kryptowerte: Security Token, Utility Token, Currency Token. 33
a) Überblick: Drei Archetypen an Crypto-Assets. Die Verbriefung für die Einordnung als europäisches (oder kapitalmarktrechtliches) Wertpapier nicht notwendig. Daher ist es dem europäischen – im Gegensatz zum nationalstaatlichen – Verständnis gleichgültig, ob ein digitales oder analoges Informationsmedium für den Finanzinstrumentenhandel gewählt wird. Dennoch stellt sich die Frage, welche DLT-Token als Finanzinstrumente iSd MiFID II einzuordnen sind. Aufgrund der enormen Breite an möglichen Ausgestaltungen haben die **Aufsichtspraxis**[126] sowie zahlreiche **rechtswissenschaftliche Abhandlungen**[127] Grundkategorien von Token herausgearbeitet. Folgende drei Archetypen haben sich etabliert: **Security Token**, **Utility Token** und **Currency Token**. Eine korrekte rechtliche Einordnung ist jedoch im Detail schwierig, da öfters Merkmale mehrerer Grundkategorien zusammentreffen (hybride Token) und zudem die Entwicklung neuer „Typen" noch nicht zu Ende ist.[128]

b) Kapitalmarktrechtliche Einordnung nach MiFID II. aa) Security 34
Token als Finanzinstrument. Security Token (auch „Equity Token" für eigenkapitalähnliche Token und „Debt Token" für fremdkapitalähnliche Token genannt) sind digitale Vermögenswerte, die **wertpapierähnliche Eigenschaften** haben. Sie repräsentieren typischerweise **aktien-** (zB Mitgliedschaftsrechte wie Stimm- und Teilnahmerechte, Anspruch auf Dividende) oder **anleiheähnliche Rechte** (zB Anspruch auf Zinszahlung). Security Token werden des Öfteren auch als eine Unterkategorie von sog. **Investment Token** oder **Asset Token** gesehen. Diese Art von Token „verkörpern" wiederrum absolute Eigentumsrechte an einem Vermögenswert (bspw. tokenisierte Liegenschaften oder tokenisiertes Gold; s. dazu aber auch die sog. Stablecoins → Rn. 43 f.).[129] Hier von Bedeutung sind insbes. die „klassischen", also wertpapierähnlichen, Security Token. Die formellen und materiellen Voraussetzungen für ein übertragbares Wertpapier nach Art. 4 Abs. 1

---

[124] ESMA, Consultation Paper on the draft Guidelines on the conditions and criteria for the qualification of crypto-assets as financial instruments, 29.1.2024, ESMA75-453128700-52; s. dazu auch die ESMA „MiCA Implementing Measures", abrufbar unter https://www.esma.europa.eu/esmas-activities/digital-finance-and-innovation/markets-crypto-assets-regulation-mica.
[125] Klöhn/Klöhn Art. 2 Rn. 39.
[126] BaFin-Merkblatt, WA 51-Wp 7100-2019/0011 und IF 1-AZB 1505-2019/0003; FMA FinTech-Navigator; abrufbar unter https://www.fma.gv.at/kontaktstelle-fintech-sandbox/fintechnavigator/initial-coin-offering/.
[127] Hacker/Thomale ECFR 2018, 652; Omlor/Link/Schwennicke Kryptowährungen Kap. 8 Rn. 6 ff.; Zickgraf AG 2018, 295 f.; Klöhn/Klöhn Art. 2 Rn. 81 ff.; Steiner Krypto-Assets; Poelzig/Klaesener, Zeitschrift für vergleichende Rechtswissenschaft 2023, 252 ff.
[128] Steiner Krypto Assets 151 ff.
[129] Rirsch Crypto-Assets 52 f.

Nr. 44 MiFID II müssen jedenfalls vorliegen, um als Finanzinstrument eingestuft werden zu können (→ Rn. 13 ff.):

- **Übertragbarkeit:** Da eine Verbriefung nicht notwendig ist, genügt auch die Eintragung in ein Register, um das Vermögensrecht dem richtigen Inhaber zuzuordnen und ggf. übertragen zu können. Die Möglichkeit eines Gutglaubenserwerbs ist kein Kriterium, auch wenn die Tokenübertragung eines Nichtberechtigten aufgrund der Technologie nahezu ausgeschlossen werden kann.[130] Es wird als ausreichend angesehen, wenn die Dokumentation auf einer DLT bzw. Blockchain stattfindet.[131]
- **Standardisierung:** Grds. genügt ein geringer Standardisierungsmaßstab.[132] Die Security Token müssen nach Art und Zahl der Stücke bestimmbar und **untereinander austauschbar** sein und **allen Anlegern in gleicher Weise** zustehen;[133] dh **Non Fungible Token** (NFT) scheiden aufgrund ihrer Individualität aus. Standardisierung heißt aber nicht, dass die Security Token unter mehreren Emittenten vergleichbar seien müssen.[134]
- **Handelbarkeit:** Es wird als ausreichend angesehen, wenn solche Token **theoretisch** die Handelbarkeit erleichtern. Es muss nicht tatsächlich ein Listing an einem geregelten Markt, MTF oder OTF vorliegen; ausreichend ist der mögliche Handel auch außerbörslich (zB an einer Krypto-Börse).[135]
- Der Security Token stellt idR auch **kein Zahlungsinstrument** dar, da er keine Zahlungsfunktion hat.
- **Wertpapierähnlichkeit:** Security Token müssen auch mit Aktien, Schuldverschreibungen oder ähnlichen Wertpapieren sowie derivativen Wertpapieren vergleichbar sein und daher Mitgliedschafts- und/oder Vermögensrechte repräsentieren. Sie müssen die wirtschaftliche Stellung eines Wertpapierinhabers vermitteln.[136] Das **Kriterium der subjektiven Erwartungshaltung** des Anlegers (zB Wertsteigerung des Token und anschließende Realisierung des möglichen Kursgewinns) spielt – im Gegensatz zum US-amerikanischen Howey-Test[137] – für die Einordnung als Security Token **keine Rolle.** Es kommt vielmehr auf den „**zukünftigen Cashflow**"[138] bzw. zukünftigen Zahlungsanspruch gegen den Emittenten an (zB Dividenden- oder Zinszahlungen; zu beachten ist, dass es aber auch Nullkuponanleihen gibt, die keine jährlichen Zinszahlungen vorsehen).[139] Sie können aber Utility Token sein (zur Abgrenzung Utility Token und Security Token → Rn. 39 ff.).

35 Security Token sind daher idR als **Finanzinstrumente iSd MiFID II** einzuordnen und fallen nicht unter die MiCAR. Zu beachten ist jedoch, dass

---

[130] Hacker/Thomale ECFR 2018, 666; Omlor/Link/Schwennicke Kryptowährungen Kap. 8 Rn. 81; Zickgraf AG 2018, 301.
[131] BaFin Merkblatt, WA 51-Wp 7100-2019/0011 und IF 1-AZB 1505–2019/0003; FMA FinTech-Navigator; Omlor/Link/Schwennicke Kryptowährungen Kap. 8 Rn. 78.
[132] Omlor/Link/Schwennicke Kryptowährungen Kap. 8 Rn. 79.
[133] Klöhn/Klöhn Art. 2 Rn. 18.
[134] Zickgraf AG 2018, 302; Omlor/Link/Schwennicke Kryptowährungen Kap. 8 Rn. 79; FMA FinTech-Navigator.
[135] Vgl. Zickgraf AG 2018, 301 f.; Omlor/Link/Schwennicke Kryptowährungen Kap. 8 Rn. 80; BaFin, WA 51-Wp 7100-2019/0011 und IF 1-AZB 1505–2019/0003, S. 8; FMA FinTech-Navigator.
[136] Omlor/Link/Schwennicke Kryptowährungen Kap. 8 Rn. 85 ff.
[137] Vgl. dazu → Rn. 16; zum Howey-Test V. Rosenstiel RDi 2023, 447 f.
[138] Vgl. FMA FinTech-Navigator.
[139] Vgl. Hacker/Thomale ECFR 2018, 685 f.; Omlor/Link/Schwennicke Kryptowährungen Kap. 8 Rn. 43.

uU DLT-Finanzinstrumente iS **anderer Aufsichtsregime** (zB dKMG oder WpIG[140]) – aufgrund des breiteren Begriffsverständnisses – auch unter die MiCAR einzuordnen wären, da die Ausnahme nach Art. 2 Abs. 4 lit. a MiCAR nicht mehr greifen würde. In einem solchen Fall besteht die Gefahr einer doppelte Regulierung.[141]

bb) Abgrenzung zu Currency Token. Currency Token (oder Payment 36 Token) sind digital gespeicherte Werteinheiten, die als **Zahlungsmittel** für Waren oder Dienstleistungen verwendet werden. Der Zweck liegt somit in einer Zahlungs- und Tauschfunktion. Sie sind mit offiziellen Währungen vergleichbar, wobei nach der hier vertretenen Ansicht die weiteren Geldfunktionen (Wertaufbewahrungsfunktion sowie Funktion als Rechnungseinheit) nicht vorliegen müssen.[142] Die bekanntesten Bsp. sind Coins oder Kryptowährungen (zB Bitcoin, Ether, CRP, BNB); ferner mit Währung gedeckte „Stablecoins" (zB E-Geld-Token nach MiCAR). Das entscheidende Abgrenzungskriterium zum Utility Token (→ Rn. 38) ist die Anforderung an einen **(emittentenfremden) Dritten, diese Token als Zahlungs- bzw. Tauschmittel zu akzeptieren.**[143] Eine anderweitige Verwendung sehen Currency Token grds. nicht vor und sie sind daher auch nicht mit Wertpapieren vergleichbar.

Currency Token sind aufgrund obiger Ausführungen **nicht als Finanz-** 37 **instrumente iSd MiFID II** einzuordnen.[144] Es gibt keinen Anspruch gegen einen Rechtsträger und darüber hinaus kein generelles Eigen- oder Fremdkapitalinteresse.[145] Sie sind jedoch Kryptowerte iSd MiCAR und können als E-Geld-Token unter die MiCAR fallen, sofern sie an **eine** Währung gekoppelt sind.[146]

cc) Abgrenzung zu Utility Token. Utility Token sind mit (digitalen) 38 Gutscheinen vergleichbar und ermöglichen den **Zugang zu einem Produkt oder zu einer Dienstleistung.** Dies kann zB durch einen digitale Zugang zu einer Plattform bzw. zum Netzwerk des Emittenten, einen Tausch gegen ein Produkt oder eine Dienstleistung oder auch durch Mitbestimmung bei der Produktentwicklung gegeben sein. Diesen Token fehlt es aber generell an der Nähe zu Wertpapieren und Geld. Es gibt keinen Anspruch auf zukünftige Zahlungen des Emittenten (Dividende, Zinsen) oder sie werden allgemein (bei Dritten) als Tauschmittel nicht akzeptieren.[147] Die Abgrenzung ist zT schwierig, da die Kategorie des „Utility Token" nicht als Auffangbecken aller sonstigen Token dient, sondern auf unterschiedlichste Art und Weise ausgestaltet sein können.

Für die Einordnung als übertragbares Wertpapier iSd Art. 4 Abs. 1 Nr. 44 39 MiFID II ist das entscheidende Kriterium die **Ähnlichkeit zum Wertpapier** (→ Rn. 16):

– Die vorhin genannten Mitspracherechte bzw. auch Nutzungsrechte auf einer Plattform (ev. sogar in Form einer DAO) sind nicht mit den Stimm-

---

[140] Wertpapierinstitutsgesetz, dBGBl. I S. 990, zuletzt geändert durch dBGBl. I 2023 Nr. 51.
[141] Omlor/Link/Schwennicke Kryptowährungen Kap. 8 Rn. 33.
[142] Vgl. Omlor/Link/Schwennicke Kryptowährungen Kap. 8 Rn. 8; vgl. auch Steiner Krypto-Assets 22.
[143] Vgl. Zickgraf AG 2018, 296.
[144] Sehrwohl aber u. a. als „Rechnungseinheit" und daher Finanzinstrument iSd § 2 Abs. 5 Nr. 7 WpIG; vgl. Omlor/Link/Schwennicke Kryptowährungen Kap. 8 Rn. 13.
[145] Klöhn/Klöhn Art. 2 Rn. 86.
[146] Dazu EMT→ MiCAR Art. 3 Rn. 60 ff.
[147] Omlor/Link/Schwennicke Kryptowährungen Kap. 8 Rn. 10.

und Teilnahmerechten im wertpapierrechtlichen Sinn zu verwechseln. Die **Mitgliedschaftsrechte** aus einem Wertpapier zielen auf die Einflussnahme an der zukünftigen Entwicklung des Unternehmens ab; sei es durch zukünftige Auszahlungen oder auch Unternehmenswertsteigerung. Das ist bei den herkömmlichen Utility Token idR nicht der Fall, da hier das Produkt oder die Dienstleistung im Vordergrund steht (s. aber sogleich unten). Umgekehrt verkörpern Aktien auch keine kostenlose Nutzung der angebotenen Produkte oder Dienstleistungen des Emittenten.[148]

— Schuldrechtliche Tauschansprüche aus einem Utility Token an ein bestimmtes Produkt oder Dienstleistung sind nicht mit Zahlungsansprüchen aus einer Schuldverschreibung zu verwechseln. Solchen Utility Token fehlt es idR an der notwendigen **Standardisierung**. Das ändert auch nichts bei Produkten mit einem hohen Sammlerwert (zB exklusive Markenprodukte oder eine limitierte Auflage an Luxusgütern), vor allem da hier **produktbezogene** (und nicht wie bei Wertpapieren üblich emittentenbezogene) **Informationen** im Vordergrund stehen.[149]

— Utility Token können aber auch zur Unternehmensfinanzierung beitragen. Meistens beziehen sie sich **auf noch zu entwickelnde Produkte oder noch nicht angebotene Dienstleistungen** (Utility Token mit **Finanzierungs- oder Investmentkomponente**). Der Unterschied ist hier, dass das Produkt oder Dienstleistung in den Hintergrund rückt und nun emittentenbezogene Informationen relevanter sind.[150] Das löst zumindest anfangs ein wertpapiertypisches Informationsbedürfnis für den Markt und die Anleger aus und die Einordnung als übertragbares Wertpapier liegt nahe.[151] Ein Teil der Lehre hat solche Token als übertragbare Wertpapiere eingeordnet. Sie stellten darauf, welche Erwartungen an die Anleger geschürt werden, wie der (dezentrale) Handel aufgebaut ist oder wird und welchen Zweck der Emittent verfolgt.[152] Die **subjektive Erwartungshaltung** an Wertsteigerung und Gewinn- oder Spekulationsabsicht der Anleger sind jedoch kein Kriterium für die Wertpapierähnlichkeit. Es muss vielmehr ein **zukünftiger Zahlungsstrom des Emittenten** vorliegen (dazu bereits → Rn. 20, 22).[153] Auch herkömmliche Warengutscheine können nur gegen Produkte oder Dienstleistungen eingetauscht werden, aber nicht gegen einen Cashflow.[154] Die Diskussion über Utility Token mit Investmentkomponente ist jedoch mit Inkrafttreten der MiCAR vorerst beendet worden. Solche Utility Token sollen nach gesetzgeberischen Wertungen unter das neue Aufsichtsregime fallen, vor allem da das Schutzbedürfnis der Anleger durch ein auf Kryptowerte angepasstes Publizitätsregime gewährleistet ist.[155]

40 Utility Token sind idR nicht als **Finanzinstrumente iSd MiFID II** einzuordnen, da es ihnen an der Wertpapierähnlichkeit fehlt. Liegt keine zukünftige Zahlung eines Emittenten vor, liegt idR kein Security Token vor. Es

---

[148] So Hacker/Thomale ECFR 2018, 673 f.; vgl. auch Omlor/Link/Schwennicke Kryptowährungen Kap. 8 Rn. 92.
[149] Vgl. Hacker/Thomale ECFR 2018, 675; Zickgraf AG 2018, 304; Omlor/Link/Schwennicke Kryptowährungen Kap. 8 Rn. 93.
[150] Vgl. Zickgraf AG 2018, 304; Aubrunner/Tatschl GesRZ 2022, 351.
[151] Vgl. Zickgraf AG 2018, 304.
[152] Vgl. Klöhn/Klöhn Art. 2 Rn. 83 f.
[153] Vgl. Hacker/Thomale ECFR 2018, 685 f.; Omlor/Link/Schwennicke Kryptowährungen Kap. 8 Rn. 43.
[154] Rirsch Crypto-Assets 138 f.
[155] Zickgraf BKR 2021, 196 (198); vgl. auch Klöhn/Klöhn Art. 2 Rn. 85.

wurde sogar der Begriff „Utility Token" im europäischen Kapitalmarktrecht in Art. 3 Abs. 1 Nr. 9 MiCAR eingeführt, der jedoch eingeschränkt zu verstehen ist, da der Utility Token nur ein Unterfall der „sonstigen Kryptowerte" iSd MiCAR ist. Spannend ist hingegen die weitere Abgrenzung zwischen Utility Token mit und ohne Investmentfunktion iSd MiCAR, die Auswirkungen auf die Anwendbarkeit der Publizitätsvorschriften haben.[156]

3. Weitere Abgrenzungsschwierigkeiten zur MiCAR. a) „Sonstige Kryptowerte". Da die Diskussion über die Einordnung von Utility Token als Wertpapier mit Inkrafttreten der MiCAR ausgelaufen ist (→ Rn. 39), könnte denkmöglich nun eine Wertpapierähnlichkeit **anderer Token** bzw. „sonstiger Kryptowerte" iSd MiCAR vorliegen. Hintergrund ist die **weite Definition des Kryptowerts** nach Art. 3 Abs. 1 Nr. 5 MiCAR (vgl. den Wortlaut „digitale Darstellung eines Werts oder eines Rechts [...] ") und die **eingeschränkte Definition des Utility Token** nach Art. 3 Abs. 1 Nr. 9 MiCAR, der „ausschließlich dazu bestimmt ist, Zugang zu einer Ware oder Dienstleistung zu verschaffen, die von seinem Emittenten bereitgestellt wird". Für die sonstigen Kryptowerte ist somit die Negativabgrenzung und Restmenge zu Utility Token (sowie zu den Stablecoins) iSd MiCAR relevant. Im Wesentlichen kommt es auf die Auslegung dreier Kriterien der Utility Token-Definition an: 41

– Das Wort **„ausschließlich"** könnte sehr einschränkend verstanden werden. Ein Utility Token darf nur einen Anspruch auf Zugang zu einem Produkt gewähren. Hier geht es insbes. um die Einordnung von hybriden Token, also Kryptowerte, die mehrere verschiedene Ansprüche repräsentieren. Sollten hybride Token zB auch Mitgliedschaftsrechte „verkörpern", wäre aufgrund des bereits dargestellten Subsidiaritätsprinzips die MiFID II, und nicht die MiCAR, anwendbar.
– Die Wörter **„Ware"** und **„Dienstleistung"** müssten breit ausgelegt werden, damit auch digitale Inhalte vom Regelungsgehalt erfasst werden (zB Zugriff auf digitale Plattformen). Es muss zudem nur ein Zugang gewährt werden. Es kommt daher nicht auf den tatsächlichen Konsum des Anlegers an. Mit weiterem Blick wird aber klar, dass sich der „Anspruch auf Zugang" auf **irgendwelche Produkte** eines Emittenten beziehen. Ansprüche, die direkt auf den Emittenten abzielen, sind idR wertpapierähnlich (zB Stimmrecht) und fallen erneut bereits unter den Begriff des Finanzinstruments. Ein weiterer (anderer) Spielraum ist daher schwer auszumachen.
– Das Kriterium, dass die Ware oder Dienstleistung **nur vom Emittenten**, und nicht von einem Dritten, **angeboten** wird, ist einschränkend zu verstehen. Das bedeutet, dass Token, die von gar keinem (bzw. keinem zentralen) Emittenten angeboten werden, uU als sonstige Kryptowerte auszulegen sind oder gar nicht von MiCAR umfasst sind. Regulierung stellt jedoch immer auf einen Emittenten ab. Fraglich bleibt auch die Einordnung von Kryptowerten, bei denen die Produkte auch bei Dritten bereitgestellt werden (zB digitale Gutscheine in mehreren unabhängigen Geschäften einlösbar).[157] Hier könnte die Abgrenzung zum E-Geld-Token relevant werden.

---

[156] Vgl. auch Aubrunner/Tatschl GesRZ 2022, 347 (350 f.).
[157] Vgl. aber die Ausnahme des begrenzten Netzes in Art. 4 Abs. 3 lit. d MiCAR.

42 Die Restmenge der „sonstigen Token" scheint daher eingeschränkt zu sein und darüber hinaus kein Finanzinstrument iSd MiFID II. Außerdem sind Token, die **gar keine Rechte repräsentieren** (besser: Coins, Kryptowährungen oder auch No Right-Token[158] genannt), also auch keinen Zugang zu Produkten gewähren, von keiner Abgrenzungsschwierigkeit betroffen. Diese Art von „Token" repräsentieren keinen durchsetzbaren Anspruch gegenüber dem Emittenten und somit auch keine wie bei Finanzinstrumenten üblichen Rechte. Der bloße Wert des „Tokens", der idR auf der Marktlage bzw. auf Angebot und Nachfrage basiert, ist für die Einordnung als Security Token nicht relevant. Im Ergebnis fallen auch „sonstige Kryptowerte" nicht unter die MiFID II.

43 **b) Stablecoins unter MiCAR.** In der MiCAR wird auch ein Aufsichtsregime für sog. Stablecoins eingeführt. Nach Art. 3 Abs. 1 Nr. 6 MiCAR ist ein vermögenswertreferenzierter Token (oder **ART**) ein Kryptowert, der seine „Wertstabilität durch Bezugnahme auf einen anderen Wert oder ein anderes Recht oder eine Kombination davon" erreichen soll. Ein ART ist demnach an einem **Basiswert** (underlying) gekoppelt. Der ART-Emittent ist verpflichtet, eine **Vermögenswertreserve** einzurichten (Art. 36 Abs. 1 MiCAR). Der Anleger eines ARTs hat auch ein jederzeitiges Recht auf Rücktausch der Token (Art. 39 Abs. 1 MiCAR). Der Rücktauschanspruch kann in **Auszahlung eines Geldbetrags** oder **Auslieferung der Ware** bestehen; fraglich ist, ob dem Anleger ein Wahlrecht zukommt.[159] In der Lit. wird nun das **Verhältnis von Stablecoins iSd MiCAR zu Derivaten iSd MiFID II** diskutiert.[160]

44 Es war Ziel des Unionsgesetzgebers, die Anwendungsbereiche zwischen MiFID II und MiCAR überschneidend zu gestalten, um keine aufsichtsrechtlichen Lücken bestehen zu lassen.[161] **Gemeinsam** haben ARTs und Derivate die **Komponente des Basiswerts** sowie den **Rückzahlungsanspruch** (in bar oder Auslieferung der Ware) (→ Rn. 24). Die **typologischen Merkmale** eines Derivats – u. a. der Spekulationszweck, eine erhöhte Risikokomponente (zur Hebelwirkung s. sogleich) sowie der Notwendigkeit anlegerschützender Normen – sind kein geeignetes Unterscheidungskriterium; es kann aber zumindest auf ein Derivat hinweisen (→ Rn. 28).[162] **Demgegenüber** beschränkt sich die Abgrenzungsfrage auf das **Vorliegen eines Termingeschäfts:** Geht der Anleger zuerst in Vorleistung (Kauf des ARTs) und verschiebt sich der Zeitpunkt der Leistungserbringung des Token-Emittenten nach hinten (Rückzahlung des Geldbetrags oder Auslieferung des Basiswerts), liegt bei ARTs idR **kein Termingeschäft** und somit auch kein Derivat vor (→ Rn. 30).[163] Zudem dürfen in ART **keine Hebelwirkungen** vereinbart werden, dies würde der angeforderten „Wertstabilität" entgegenstehen. Die Wertentwicklung von solchen „Hebel-Zertifikaten" folgt nicht parallel zum Basiswert, sondern verändert sich zumeist beträchtlich gegenüber den Kurs des Basiswerts. ARTs sind im Ergebnis daher für Spekulations-

---

[158] So Steiner Krypto-Assets 151.
[159] Vgl. dazu Stern ZFR 2023, 282.
[160] Vgl. Völkel ZFR 2023, 268.
[161] Dazu → Vor MiFID II Rn. 25 ff.
[162] Wohl aA Völkel ZFR 2023, 268.
[163] So auch Völkel ZFR 2023, 268; am Beispiel eines PAX Gold-Tokens s. Toman/ Schinerl ÖBA 2023, 187.

zwecke gänzlich ungeeignet, und damit wird zumindest **kein Derivat intendiert**.[164]

Nun stellt sich jedoch die Frage zur Abgrenzung zu **Schuldtiteln** iSd MiFID II. Offensichtlich gibt es eine große Überlappung der beiden Aufsichtsregime, da auch bei Schuldtiteln kein Termingeschäft vorliegt, jedoch auf ein Basiswert referenziert werden kann (zB „simple Index-Zertifikaten" → Rn. 25). Ein Abgrenzungskriterium könnten hier nun die durch MiCAR festgesetzten Verhaltenspflichten und insbes. das Halten einer Vermögenswertreserve für ART-Emittenten sein. Das hat unmittelbare Auswirkung auf die **freie Verfügbarkeit** des eingesammelten Kapitals, das wiederum bei Schuldtiteln vorliegt und bei ARTs eben nicht.[165] Auch der Rückzahlungsanspruch könnte zu Unterscheidungen führen, der bei Schuldtiteln idR bei (nur) in Geld erfolgt (vgl. aber → Rn. 24). Ferner, unterliegen ARTs einem **Zinsverbot,** das sie von klassischen Anleihen abgrenzt (Art. 40 MiCAR). ARTs sollen offenbar nicht als Anlageobjekt dienen, im Gegensatz zu Schuldtiteln. Sind ARTs daher MiCAR-konform ausgestaltet, wird am Ende **kein Finanzinstrument** vorliegen. Dennoch könnten mit einem AIF weitere Überschneidungen bestehen, wo gerade keine freie Verfügbarkeit des Kapitals vorliegt.[166] Eine konkrete Abgrenzung muss jedoch stets im Einzelfall getroffen werden. Es kann dennoch festgehalten werden, dass der Anwendungsbereich von ARTs nicht viel Spielraum zulässt. 45

V. Wertpapierdienstleistung

1. Überblick. Eine Wertpapierdienstleistung wird dann ausgeführt, wenn sie sich auf ein Finanzinstrument bezieht (vgl. Art. 4 Abs. 1 Nr. 2 MiFID II).[167] Anhang I Abschnitt A und B MiFID II listet Wertpapierdienstleistungen und Anlagetätigkeiten sowie Nebendienstleistungen auf.[168] Der Betrieb eines geregelten Markt wird nicht als Wertpapierdienstleistung aufgelistet, sondern fällt unter ein eigenes Regime (Art. 44 ff. MiFID II). Die Bestimmungen sind in **Deutschland** in § 2 Abs. 2 Nr. 1–10 und Abs. 3 WpIG und nahezu wortgleich in **Österreich** in § 1 Nr. 3 lit. a–i und Nr. 4 WAG 2018 umgesetzt worden. Die Wertpapierdienstleistungen sind: 46
– Annahme und Übermittlung von Aufträgen, die ein oder mehrere Finanzinstrument(e) zum Gegenstand haben;
– Ausführung von Aufträgen im Namen von Kunden;
– Handel für eigene Rechnung;
– Portfolio-Verwaltung;
– Anlageberatung;
– Übernahme der Emission von Finanzinstrumenten und/oder Platzierung von Finanzinstrumenten mit fester Übernahmeverpflichtung;
– Platzierung von Finanzinstrumenten ohne feste Übernahmeverpflichtung;
– Betrieb eines MTF oder OTF.

Die **Nebendienstleistungen** sind die Verwahrung und Verwaltung von Finanzinstrumenten für Rechnung von Kunden (Nr. 1), bestimmte Darle-

---
[164] Vgl. Völkel ZFR 2023, 268.
[165] So auch Rirsch Crypto-Assets 302.
[166] Vgl. Rirsch Crypto-Assets 297 ff.
[167] Hier kann auf die näheren Ausführungen u. a. in Brandl/Saria/Seggermann § 1 Rn. 13 ff. und Veil/Veil EuKapMR § 30 Rn. 3 ff. verwiesen werden.
[168] Veil/Veil EuKapMR § 30 Rn. 11.

hensgewährung (Nr. 2), bestimmte Unternehmensberatung (Nr. 3), Devisengeschäfte (Nr. 4), Wertpapier- und Finanzanalyse (Nr. 5), Dienstleistungen im Zusammenhang mit der Übernahme von Emissionen (Nr. 6), Dienstleistungen betreffend bestimmter Basiswerte (Nr. 7).

47 Sollten Kryptowerte als Finanzinstrumente ausgestaltet sein (Security Token), lösen sie die herkömmlichen **Erlaubnis- und Konzessionspflichten** aus (zB die eines Wertpapierinstituts nach § 15 WpIG oder einer Wertpapierfirma nach § 3 WAG 2018).[169] Eine **zusätzliche Erlaubnispflicht** gibt es nach dem **DLT-PR** für **MTF**, auf denen DLT-Finanzinstrumente gehandelt werden sollen (Art. 8 DLT-PR). Darüber hinaus können in Deutschland Erlaubnispflichten bei der **Führung von Kryptowertpapierregistern** nach § 16 eWpG iVm § 1 Abs. 1a S. 2 Nr. 8 dKWG entstehen.[170]

48 **2. Zusammenspiel mit MiCAR.** In der MiFID II führen Wertpapierfirmen und Marktbetreiber die Wertpapierdienstleistungen aus. In der MiCAR sind das **Kryptowert-Dienstleister.** Es gibt **keine Kryptowerte-Nebendienstleistungen,** jedoch hat (fast) jede Kryptowerte-Dienstleistung eine **Ähnlichkeit zu Wertpapierdienstleistungen.** Die Übersicht zeigt deutlich (nächste → Rn. 49), dass alle – mit Ausnahme der **Transferdienstleistung** – Kryptowerte-Dienstleistungen **vergleichbar** sind. Erbringt eine Wertpapierfirma bzw. ein Marktbetreiber bereits ähnliche Wertpapierdienstleistungen können **Erleichterungen** beim Zulassungsverfahren nach Art. 60 MiCAR eintreten. Für Ausführungen zu einzelnen Kryptowerte-Dienstleistungen s. die entsprechenden Abhandlungen in (→ MiCAR Art. 75 ff.).

49	MiCAR (Art. 4 Abs. 1 Nr. 16)	MiFID II (Anhang 1 Abschnitt A/B)	WpIG (§ 2)	WAG 2018 (§ 1)
	Verwahrung und Verwaltung von Kryptowerten (lit. a)	Verwahrung und Verwaltung von Finanzinstrumenten (B Nr. 1)	Abs. 3 Nr. 1	Nr. 4 lit. a
	Betrieb einer Handelsplattform für Kryptowerte (lit. b)	Betrieb eines MTF/OTF (A Nr. 8 und 9)	Abs. 2 Nr. 6 und 7	Nr. 3 lit. h und i
	Tausch von Kryptowerten gegen einen Geldbetrag (lit. c)	Handel für eigene Rechnung (A Nr. 3)	Abs. 2 Nr. 10	Nr. 3 lit. c
	Tausch von Kryptowerten gegen andere Kryptowerte (lit. d)	Handel für eigene Rechnung (A Nr. 3)	Abs. 2 Nr. 10	Nr. 3 lit. c
	Ausführung von Aufträgen über Kryptowerte für Kunden (lit. e)	Ausführung von Aufträgen im Namen von Kunden (A Nr. 2)	Abs. 2 Nr. 5	Nr. 3 lit. b

---

[169] Für weitere Ausführungen s. Omlor/Link/Schwennicke Kryptowährungen Kap. 8 Rn. 105 ff.
[170] Vgl. Omlor/Link/Schwennicke Kryptowährungen Kap. 8 Rn. 111 ff.

MiCAR (Art. 4 Abs. 1 Nr. 16)	MiFID II (Anhang 1 Abschnitt A/B)	WpIG (§ 2)	WAG 2018 (§ 1)
Platzierung von Kryptowerten (lit. f)	Übernahme der Emission und/oder Platzierung von Finanzinstrumenten mit fester (A Nr. 6) oder ohne fester Übernahmeverpflichtung (A Nr. 7)	Abs. 2 Nr. 2 oder 8	Nr. 3 lit. f oder g
Annahme und Übermittlung von Aufträgen über Kryptowerte für Kunden (lit. g)	Annahme und Übermittlung von Aufträgen über Finanzinstrumente (A Nr. 1)	Abs. 2 Nr. 3	Nr. 3 lit. a
Beratung zu Kryptowerten (lit. h)	Anlageberatung (A Nr. 5)	Abs. 2 Nr. 4	Nr. 3 lit. e
Portfolioverwaltung von Kryptowerten (lit. i)	Portfolioverwaltung (A Nr. 4)	Abs. 2 Nr. 9	Nr. 3 lit. d
Erbringung von Transferdienstleistungen für Kryptowerte für Kunden (lit. j)	–	–	–

VI. Weitere Begriffsbestimmungen im Verhältnis zur MiCAR

Begriffsbestimmungen sind wesentlicher Bestandteil für die Anwendbarkeit jeglicher Regime. Die MiCAR hat ebenfalls einen großen Katalog an Begriffen (vgl. Art. 3 Abs. 1 MiCAR). Aufgrund der Ähnlichkeiten zur MiFID II überrascht es nicht, dass bekannte Rechtsbegriffe bereits in der MiCAR sich wiederfinden. ZT wurde bloß auf **bereits bekannte Begriffsdefinitionen verwiesen,** wie zB „Geldbetrag" (Nr. 14), „Kreditinstitut" (Nr. 28), „Wertpapierfirma" (Nr. 29), „qualifizierte Anleger" (Nr. 30), „E-Geld-Institut" und „E-Geld" (Nr. 43 und 44), „Finanzinstrument" (Nr. 49) oder (strukturierte) Einlage (Nr. 50 und 51). ZT wurden **bereits bekannte Begriffe eigens definiert,** wie „Leitungsorgan" (Nr. 27), „Herkunftsmitgliedstaat" (Nr. 33), „Kleinanleger" (Nr. 37) oder „Kunde" (Nr. 39). 50

Der angepasste Regelungsrahmen an Kryptowerte sorgt aber dafür, dass auch **neue technologielastige Begriffe** eingeführt wurden. Hintergrund ist die Notwendigkeit eines Technologiebezugs, um den Anwendungsbereich abzustecken, und weiters die Vereinigung mehrerer Regime in einem (zB Marktmissbrauchs- und Publizitätsrecht). Beispiele nach Art. 3 Abs. 1 Nr. 1–7 und 9 MiCAR sind „DLT", „Distributed Ledger", „Konsensmechanismus", „DLT-Netzwerkknoten", „Kryptowert", „vermögenswertereferenzierter Token", „E-Geld-Token" oder „Utility Token". Dazu kommen in Nr. 15. bis 26 leg cit die Kryptowerte-Dienstleistungen, die jedoch angelehnt an die MiFID II-Dienstleistungen ausgestaltet sind (bis auf die Transferdienstleistungen für Kryptowerte). Auch die für ARTs notwendige „Vermögenswertreserve" in Nr. 32 leg cit wurde neu definiert. 51

Art. 5–9 MiFID II

Artikel 5 Zulassungsanforderung

(1) Jeder Mitgliedstaat schreibt vor, dass die Erbringung von Wertpapierdienstleistungen und/oder die Ausübung von Anlagetätigkeiten als übliche berufliche oder gewerbliche Tätigkeit der vorherigen Zulassung gemäß diesem Kapitel bedarf. Diese Zulassung wird von der gemäß Artikel 67 benannten zuständigen Behörde des Herkunftsmitgliedstaats erteilt.

(2) Abweichend von Absatz 1 genehmigen die Mitgliedstaaten allen Marktbetreibern, ein MTF oder ein OTF zu betreiben, sofern zuvor festgestellt wurde, dass sie diesem Kapitel nachkommen.

(3) Die Mitgliedstaaten registrieren sämtliche Wertpapierfirmen. Dieses Register ist öffentlich zugänglich und enthält Informationen über die Dienstleistungen und/oder Tätigkeiten, für die die Wertpapierfirma zugelassen ist. Es wird regelmäßig aktualisiert. Jede Zulassung wird der ESMA mitgeteilt.

Die ESMA erstellt ein Verzeichnis sämtlicher Wertpapierfirmen in der Union. Dieses Verzeichnis enthält Informationen über die Dienstleistungen oder Tätigkeiten, für die jede einzelne Wertpapierfirma zugelassen ist, und es wird regelmäßig aktualisiert. Die ESMA veröffentlicht dieses Verzeichnis auf ihrer Website und aktualisiert es regelmäßig.

Hat eine zuständige Behörde gemäß Artikel 8 Buchstaben b, c und d eine Zulassung entzogen, wird dies für einen Zeitraum von fünf Jahren im Verzeichnis veröffentlicht.

(4) Jeder Mitgliedstaat schreibt vor, dass

a) jede Wertpapierfirma, die eine juristische Person ist, ihre Hauptverwaltung im selben Mitgliedstaat hat wie ihren Sitz,

b) jede Wertpapierfirma, die keine juristische Person ist, oder jede Wertpapierfirma, die eine juristische Person ist, aber gemäß dem für sie geltenden nationalen Recht keinen Sitz hat, ihre Hauptverwaltung in dem Mitgliedstaat hat, in dem sie ihre Geschäftstätigkeit tatsächlich ausübt.

Artikel 6 Umfang der Zulassung

(1) Der Herkunftsmitgliedstaat stellt sicher, dass in der Zulassung die Wertpapierdienstleistungen oder Anlagetätigkeiten spezifiziert werden, die die Wertpapierfirma erbringen bzw. ausüben darf. Die Zulassung kann sich auch auf eine oder mehrere der in Anhang I Abschnitt B genannten Nebendienstleistungen erstrecken. Die Zulassung wird auf keinen Fall lediglich für die Erbringung von Nebendienstleistungen erteilt.

(2) Eine Wertpapierfirma, die um eine Zulassung zur Ausweitung ihrer Tätigkeit auf zusätzliche Wertpapierdienstleistungen oder Anlagetätigkeiten oder Nebendienstleistungen ersucht, die bei der Erstzulassung nicht vorgesehen waren, stellt einen Antrag auf Ausweitung ihrer Zulassung.

(3) Die Zulassung ist in der gesamten Union gültig und gestattet einer Wertpapierfirma, Wertpapierdienstleistungen oder Anlagetätigkeiten, für die ihr eine Zulassung erteilt wurde, in der gesamten Union zu erbringen bzw. auszuüben; dies kann entweder durch die Niederlassungsfreiheit,

auch über die Errichtung einer Zweigniederlassung, oder im Rahmen des freien Dienstleistungsverkehrs geschehen.

Artikel 7 Verfahren für die Erteilung der Zulassung und die Ablehnung von Anträgen auf Zulassung

(1) Die zuständige Behörde erteilt eine Zulassung erst dann, wenn ihr hinreichend nachgewiesen wurde, dass der Antragsteller sämtliche Anforderungen der zur Umsetzung dieser Richtlinie erlassenen Vorschriften erfüllt.

(2) Die Wertpapierfirma übermittelt sämtliche Informationen, einschließlich eines Geschäftsplans, aus dem unter anderem die Art der geplanten Geschäfte und der organisatorische Aufbau hervorgehen, damit die zuständige Behörde sich davon überzeugen kann, dass die Wertpapierfirma bei der Erstzulassung alle erforderlichen Vorkehrungen getroffen hat, um den Verpflichtungen gemäß diesem Kapitel nachzukommen.

(3) Dem Antragsteller wird binnen sechs Monaten nach Einreichung eines vollständigen Antrags mitgeteilt, ob eine Zulassung erteilt wird oder nicht.

(4) Die ESMA entwickelt Entwürfe technischer Regulierungsstandards, um Folgendes zu bestimmen:

a) die nach Absatz 2 dieses Artikels an die zuständige Behörde zu übermittelnden Informationen einschließlich des Geschäftsplans;
b) die für die Leitung von Wertpapierfirmen nach Artikel 9 Absatz 6 geltenden Anforderungen und die Informationen für die Mitteilungen nach Artikel 9 Absatz 5;
c) die Anforderungen an Aktionäre und Mitglieder mit qualifizierten Beteiligungen sowie die Umstände, die die zuständige Behörde an der ordnungsgemäßen Wahrnehmung ihrer Überwachungsfunktionen hindern könnten, nach Artikel 10 Absätze 1 und 2.

Die ESMA legt der Kommission diese Entwürfe technischer Regulierungsstandards bis zum 3. Juli 2015 vor.

Der Kommission wird die Befugnis übertragen, die in Unterabsatz 1 genannten technischen Regulierungsstandards gemäß den Artikeln 10 bis 14 der Verordnung (EU) Nr. 1095/2010 zu erlassen.

(5) Die ESMA entwickelt Entwürfe technischer Durchführungsstandards, um Standardformulare, Mustertexte und Verfahren für die in Absatz 2 dieses Artikels und Artikel 9 Absatz 5 vorgesehenen Mitteilungen oder die Bereitstellung von Informationen festzulegen.

Die ESMA legt der Kommission diese Entwürfe technischer Durchführungsstandards bis zum 3. Januar 2016 vor.

Der Kommission wird die Befugnis übertragen, die in Unterabsatz 1 genannten technischen Durchführungsstandards nach Artikel 15 der Verordnung (EU) Nr. 1095/2010 zu erlassen.

Artikel 8 Entzug von Zulassungen

Die zuständige Behörde kann einer Wertpapierfirma die Zulassung entziehen, wenn diese Wertpapierfirma

a) nicht binnen zwölf Monaten von der Zulassung Gebrauch macht, ausdrücklich auf sie verzichtet oder in den sechs vorhergehenden Monaten keine Wertpapierdienstleistungen erbracht oder Anlagetätigkeit ausgeübt hat, es sei denn, der betreffende Mitgliedstaat sieht in diesen Fällen das Erlöschen der Zulassung vor;
b) die Zulassung aufgrund falscher Erklärungen oder auf sonstige rechtswidrige Weise erhalten hat;
c) die Voraussetzungen, auf denen die Zulassung beruht, wie etwa die Erfüllung der Anforderungen der Verordnung (EU) 2019/2033 des Europäischen Parlaments und des Rates (10) nicht mehr erfüllt;
d) in schwerwiegender Weise systematisch gegen die Bestimmungen zur Durchführung dieser Richtlinie oder der Verordnung (EU) Nr. 600/2014 verstoßen hat, die die Bedingungen für die Ausübung der Tätigkeit einer Wertpapierfirma regeln;
e) einen der Fälle erfüllt, in denen das nationale Recht in Bezug auf Angelegenheiten, die außerhalb des Anwendungsbereichs dieser Richtlinie liegen, den Entzug vorsieht.

Jeder Entzug der Zulassung wird der ESMA mitgeteilt.

Artikel 9 Leitungsorgan

(1) Die zuständigen Behörden, die die Zulassung gemäß Artikel 5 erteilen, sorgen dafür, dass Wertpapierfirmen und ihre Leitungsorgane die Artikel 88 und 91 der Richtlinie 2013/36/EU einhalten.

Die ESMA und die EBA erlassen gemeinsam Leitlinien zu den in Artikel 91 Absatz 12 der Richtlinie 2013/36/EU aufgeführten Elementen.

(2) Bei der Erteilung der Genehmigung gemäß Artikel 5 können die zuständige Behörden den Mitgliedern des Leitungsorgans genehmigen, eine Aufsichtsfunktion mehr, als gemäß Artikel 91 Absatz 3 der Richtlinie 2013/36/EU zulässig ist, innezuhaben. Die zuständigen Behörden unterrichten die EBA regelmäßig über derartige Genehmigungen.

Die EBA und die ESMA stimmen die Einholung der Informationen gemäß Unterabsatz 1 dieses Absatzes und Artikel 91 Absatz 6 der Richtlinie 2013/36/EU mit Bezug auf Wertpapierfirmen ab.

(3) Die Mitgliedstaaten stellen sicher, dass das Leitungsorgan einer Wertpapierfirma die Umsetzung der Unternehmensführungsregelungen, die die wirksame und umsichtige Führung der Wertpapierfirma gewährleisten und unter anderem eine Aufgabentrennung in der Wertpapierfirma und die Vorbeugung von Interessenkonflikten vorsehen, festlegt, überwacht und für sie rechenschaftspflichtig ist. Dies hat auf eine Weise zu erfolgen, durch die die Integrität des Markts und die Interessen von Kunden gefördert werden.

Unbeschadet der Anforderungen nach Artikel 88 Absatz 1 der Richtlinie 2013/36/EU müssen solche Regelungen gewährleisten, dass das Leitorgan:

a) für die Festlegung, die Annahme und die Überwachung der Firmenorganisation zur Erbringung von Wertpapierdienstleistungen und zur Ausübung von Anlagetätigkeiten sowie zur Erbringung von Nebendienstleistungen, einschließlich der vom Personal geforderten Fähigkeiten, Kenntnisse und Erfahrungen sowie der Ressourcen, der Verfahren und der Regelung für die Erbringung von Dienstleistungen und die Ausübung von Anlagetätigkeiten durch die Firma sorgt, wobei die Art, der Umfang und die Komplexität ihrer Geschäfte sowie alle von der Firma einzuhaltenden Anforderungen zu berücksichtigen sind.

b) für die Festlegung, die Annahme und die Überwachung einer Firmenpolitik hinsichtlich der angebotenen und erbrachten bzw. gelieferten Dienstleistungen, Anlagetätigkeiten, Produkte und Geschäfte in Einklang mit der Risikotoleranz der Firma und den Besonderheiten und Bedürfnissen der Kunden der Firma, denen diese angeboten und für die diese erbracht bzw. geliefert werden, sorgt, gegebenenfalls einschließlich der Durchführung geeigneter Stresstests.

c) für die Festlegung, die Annahme und die Überwachung einer Vergütungspolitik für Personen, die an der Erbringung von Dienstleistungen für Kunden beteiligt sind, sorgt, die auf eine verantwortungsvolle Unternehmensführung, auf eine faire Behandlung der Kunden und auf eine Vermeidung von Interessenkonflikten im Verhältnis zu den Kunden abzielt.

Das Leitungsorgan überwacht und überprüft regelmäßig die Eignung und die Umsetzung der strategischen Ziele der Firma bei der Erbringung von Wertpapierdienstleistungen sowie bei der Ausübung von Anlagetätigkeiten und der Erbringung von Nebendienstleistungen, die Wirksamkeit der Unternehmensführungsregelungen der Wertpapierfirma und die Angemessenheit der Firmenpolitik hinsichtlich der Erbringung von Dienstleistungen an die Kunden und unternimmt die erforderlichen Schritte, um etwaige Mängel zu beseitigen.

Die Mitglieder des Leitungsorgans haben einen angemessenen Zugang zu den Informationen und Dokumenten, die für die Beaufsichtigung und Überwachung der Entscheidungsfindung der Geschäftsleitung erforderlich sind.

(4) Die zuständige Behörde verweigert die Zulassung, wenn sie nicht davon überzeugt ist, dass die Mitglieder des Leitungsorgans der Wertpapierfirma gut beleumdet sind, über ausreichende Kenntnisse, Fähigkeiten und Erfahrungen verfügen und der Wahrnehmung ihrer Aufgaben ausreichend Zeit widmen, oder wenn objektive und nachweisbare Gründe für die Vermutung vorliegen, dass die Geschäftsleitung der Firma deren wirksame, solide und umsichtige Führung sowie die angemessene Berücksichtigung der Interessen ihrer Kunden und der Marktintegrität gefährden könnte.

(5) Die Mitgliedstaaten schreiben vor, dass die Wertpapierfirma der zuständigen Behörde Angaben über alle Mitglieder seines Leitungsorgans sowie sämtliche Veränderungen in der Mitgliedschaft zusammen mit allen Informationen übermittelt, die erforderlich sind, um zu beurteilen, ob eine Wertpapierfirma die Absätze 1, 2 und 3 erfüllt.

(6) Die Mitgliedstaaten schreiben vor, dass mindestens zwei Personen, die die Anforderungen des Absatzes 1 erfüllen, die Geschäftstätigkeit der antragstellenden Wertpapierfirma tatsächlich lenken.

Abweichend von Unterabsatz 1 können die Mitgliedstaaten Wertpapierfirmen, die natürliche Personen sind, oder Wertpapierfirmen, die juristische Personen sind, aber in Übereinstimmung mit ihrer Satzung und den nationalen Rechtsvorschriften von einer einzigen natürlichen Person geführt werden, die Zulassung erteilen. Die Mitgliedsaaten schreiben jedoch vor, dass

a) alternative Regelungen bestehen, die die solide und umsichtige Führung solcher Wertpapierfirmen und die angemessene Berücksichtigung der Kundeninteressen und der Marktintegrität gewährleisten;
b) die betreffenden natürlichen Personen ausreichend gut beleumundet sind, ausreichende Kenntnisse, Fähigkeiten und Erfahrungen besitzen und der Wahrnehmung ihrer Aufgaben ausreichend Zeit widmen.

Übersicht

	Rn.
I. Einführung	1
1. Literatur	1
2. Regelungsinhalt und normativer Zweck	2
II. Zulassung und Tätigkeit von Wertpapierfirmen	4
1. Wertpapierfirmen (Art. 4 Abs. 1 Nr. 1 und Art. 5 MiFID II)	4
2. Umfang der Zulassung und Verfahren (Art. 6 und 7 MiFID II)	6
3. Zulassungsvoraussetzungen (Art. 9 ff. MiFID II)	8
4. Entzug der Zulassung (Art. 8 MiFID II)	10
III. Verhältnis zur MiCAR und DLT-PR	11

I. Einführung

1 **1. Literatur.** *Auerbach,* Banken- und Wertpapieraufsicht, 2. Aufl. 2023 (Wertpapieraufsicht); Brandl/Saria (Hrsg.), Wertpapieraufsichtsgesetz 2018, Kommentar, 2. Aufl. 2018; Veil (Hrsg.), Europäisches und deutsches Kapitalmarktrecht, 3. Aufl. 2022 (EuKapMR).

2 **2. Regelungsinhalt und normativer Zweck.** Art. 5–9 MiFID II erfassen Bedingungen für Unternehmen **(Wertpapierfirmen)**, die Wertpapierdienstleistungen ausführen wollen. Die Wertpapierfirma ist einer der Zentralbegriffe des europäischen Kapitalmarktrechts und zugleich **regulatorische Anknüpfungspunkt** zahlreicher MiFID II-Regelungen. Es werden Anforderungen an die Zulassung gestellt (Art. 5 und 6), das Zulassungsverfahren vor der zuständigen Behörde (Art. 7) und dessen Entzug (Art. 8) geregelt sowie weitere (organisatorische) Anforderungen an Wertpapierfirmen, wie zB an das Leitungsorgan, an qualifizierte Beteiligte oder an das Anfangskapital, bestimmt (Art. 9 ff.). Außerhalb der MiFID II wurden zuletzt mit der **Investment Firm Directive** (IFD)[1] sowie der **Investment Firm Regulation** (IFR)[2] weitere Rechtsakte bzgl. Organisationsanforderungen verabschiedet (insbes. zu Eigenmittel-, Kapital- und Liquiditätsanforderungen, Berichterstattungs- und Offenlegungspflichten).

3 Der Begriff „Wertpapierfirma" wurde bereits in der MiFID I verwendet. Die Übersetzung aus dem englischen Wortlaut „investment firm" ist ungenau: Erstens ist nicht nur die Erbringung von Dienstleistungen für Wert-

---

[1] Richtlinie (EU) 2019/2034 des Europäischen Parlaments und des Rates vom 27. November 2019 über die Beaufsichtigung von Wertpapierfirmen und zur Änderung der Richtlinien 2002/87/EG, 2009/65/EG, 2011/61/EU, 2013/36/EU, 2014/59/EU und 2014/65/EU.

[2] Verordnung (EU) 2019/2033 des Europäischen Parlaments und des Rates vom 27. November 2019 über Aufsichtsanforderungen an Wertpapierfirmen und zur Änderung der Verordnungen (EU) Nr. 1093/2010, (EU) Nr. 575/2013, (EU) Nr. 600/2014 und (EU) Nr. 806/2014.

papiere reguliert (sondern auch von Finanzinstrumenten) und zweitens kommt dem Rechtsbegriff „Firma", die der Name eines Unternehmens ist, eine falsche Bedeutung zu.[3] In **Österreich** wird dennoch der Begriff „Wertpapierfirma" in § 3 iVm § 1 Nr. 1 WAG 2018[4] übernommen, der jedoch nicht dem „Wertpapierdienstleistungsunternehmen" iSd § 4 WAG 2018 verwechselt werden darf. Zudem wurde 2022 das Wertpapierfirmengesetz (WPFG)[5] verabschiedet. **Deutschland** verwendet hingegen den Begriff „Wertpapierinstitut" iSv § 2 Abs. 1 WpIG[6].[7]

II. Zulassung und Tätigkeit von Wertpapierfirmen

1. Wertpapierfirmen (Art. 4 Abs. 1 Nr. 1 und Art. 5 MiFID II). 4
Nach Art. 4 Abs. 1 Nr. 1 MiFID II ist eine Wertpapierfirma „jede juristische Person, die im Rahmen ihrer üblichen beruflichen oder gewerblichen Tätigkeit gewerbsmäßig eine oder mehrere Wertpapierdienstleistungen für Dritte erbringt und/oder eine oder mehrere Anlagetätigkeiten ausübt". Nur Dienstleistungen betreffend **Finanzinstrumenten** – entgegen dem Wortlaut „Wertpapierdienstleistung" – unterliegen der Zulassungspflicht. Art. 5 Abs. 4 MiFID II schreibt zudem vor, dass eine Wertpapierfirma ihren **Sitz** sowie ihre **Hauptverwaltung** in demselben Mitgliedsstaat haben muss. Es soll damit **licence shopping** verhindert werden.[8] Darüber hinaus unterliegen nur **gewerbliche Ausführungen** der Zulassungspflicht.[9] Ferner hat die zuständige Aufsichtsbehörde ein **öffentlich zugängliches Register** sämtlicher Wertpapierfirmen einzurichten und regelmäßig zu aktualisieren (vgl. Art. 5 Abs. 3 MiFID II und die Umsetzungen in § 3 Abs. 11 WAG 2018 sowie § 16 Abs. 3 WpIG).[10]

Zu beachten sind Abgrenzungen auf nationaler Ebene zu anderen Zulas- 5
sungen und Vorbehalten. In Österreich sind bspw. **Kreditinstitute** (§ 4 BWG[11]) und **Wertpapierdienstleistungsunternehmen** (§ 4 WAG 2018) keine Wertpapierfirmen iSd § 3 WAG 2018, da sie ihre Berechtigung auf andere gesetzliche Grundlagen erlangen bzw. von Anforderungen teilweise ausgenommen werden.[12] Aufgrund der Vereinheitlichung wurden mit dem neuen WPFG die zuvor Kreditinstituten vorbehaltenen Zulassungstatbestände ins WAG 2018 überführt (u. a. das Depotgeschäft, Emissionsgeschäft oder der Handel auf eigener Rechnung). Der öst. Gesetzgeber hat zudem die Möglichkeit der **fakultativen Ausnahme** nach Art. 3 MiFID II ergriffen: Die sog. Wertpapierdienstleistungsunternehmen unterliegen **niedrigeren organisatorischen Anforderungen**, da es sich u. a. zumeist um Einzelunternehmer handelt und diese nicht überreguliert werden sollen. Sie dürfen nur

---

[3] Vgl. Brandl/Saria/Zahradnik § 3 Rn. 1.
[4] Wertpapieraufsichtsgesetz 2018, öBGBl. 2017 I Nr. 107, zuletzt geändert durch öBGBl. 2023 I Nr. 63.
[5] Bundesgesetz über die Beaufsichtigung von Wertpapierfirmen, öBGBl. I 2022 Nr. 237.
[6] Wertpapierinstitutsgesetz, dBGBl. I S. 990, zuletzt geändert durch dBGBl. 2023 I Nr. 51.
[7] Auerbach Wertpapieraufsicht Kap. 4 Rn. 28 und Kap. 6 Rn. 1 ff.
[8] Brandl/Saria/Zahradnik § 3 Rn. 41.
[9] Vgl. dazu die Ausnahme in Art. 2 Abs. 1 lit. c MiFID II; Brandl/Saria/Zahradnik § 3 Rn. 15.
[10] Vgl. Brandl/Saria/Zahradnik § 3 Rn. 55.
[11] Bankwesengesetz, öBGBl. 1993 Nr. 532, zuletzt geändert durch öBGBl. I 2023 Nr. 106.
[12] Brandl/Saria/Zahradnik § 3 Rn. 3 ff.

MiFID II Art. 5–9

bestimmte Dienstleistungen im Inland betreiben und zwar die Anlageberatung und Annahme und Übermittlung von Aufträgen (§ 4 Abs. 1 WAG 2018)[13]

6 **2. Umfang der Zulassung und Verfahren (Art. 6 und 7 MiFID II).** Die Erbringung von Wertpapierdienstleistungen ist generell **erlaubnis- und konzessionspflichtig** (**Zulassungspflicht** nach § 3 Abs. 1 WAG 2018 oder § 15 Abs. 1 WpIG).[14] Die Zulassung muss auf eine oder mehrere Wertpapierdienstleistungen nach Anhang I Abschnitt A MiFID II lauten. Zusätzlich können auch Nebendienstleistungen iSd Anhang I Abschnitt B MiFID II erbracht werden, jedoch nur in Verbindung mit einer Wertpapierdienstleistung (Art. 6 Abs. 1 MiFID II). Bei Ausweitung der Tätigkeit, muss ein weiterer Antrag gestellt werden (Art. 6 Abs. 2 MiFID II). Wird die Zulassung erteilt, können Wertpapierfirmen in der gesamten Europäischen Union ihre Dienstleistungen erbringen (**Europäischer Pass** iSd Art. 6 Abs. 3 MiFID II; § 3 Abs. 12 WAG 2018; §§ 70 ff. WpIG).

7 Die zuständige Behörde erteilt die Zulassung nur dann, wenn alle Anforderungen (→ Rn. 8) erfüllt sind.[15] Dabei hat die Wertpapierfirma zahlreiche Informationen zu übermitteln, wie zB über die geplanten Geschäfte oder die Organisation der Wertpapierfirma (Art. 7 Abs. 2 MiFID II). Binnen **sechs Monaten** muss die zuständige Behörde eine Entscheidung treffen (Art. 7 Abs. 3 MiFID II; § 3 Abs. 5 WAG 2018; § 16 Abs. 3 WpIG).

8 **3. Zulassungsvoraussetzungen (Art. 9 ff. MiFID II).** Die Wertpapierfirma muss neben einem **Anfangskapital** (Art. 15 MiFID II iVm Art. 9 IFR) auch **organisatorische Anforderungen** (Art. 16 MiFID II iVm Art. 25 ff. IFR) sowie **Corporate Governance-Anforderungen** (insbes. zum **Leitungsorgan** nach Art. 9 MiFID II) erfüllen.[16] Vor allem die Corporate Governance hat in den letzten Jahren eine immer größere Bedeutung erlangt und ist nun stets im Fokus aufsichtsrechtlicher Regulierungen.[17] Die Zwecke solcher Vorgaben sind insbes. die Erhöhung des Anlegerschutzes sowie Stärkung der Marktintegrität.[18] In der Eigenkapital-RL (**CRD IV**)[19] und Eigenkapital-VO (**CRR**)[20] werden solche Anforderungen bereits bei Kreditinstituten gestellt. Das MiFID II-Regime hat diesen Rahmen für Wertpapierfirmen inkorporiert und angepasst bzw. zT erweitert.[21] **Art. 9 MiFID II** ist daher eng mit **Art. 88** und **91 CRD IV** zu lesen. Nach CRD IV muss das Leitungsorgan[22] u. a. Regelungen für die Unternehmens-

---

[13] Brandl/Saria/Zahradnik § 3 Rn. 3 f.
[14] Veil/Veil EuKapMR § 30 Rn. 1 und 6; in Deutschland war das Zulassungsverfahren vor Umsetzung der IFD in § 32 dKWG geregelt.
[15] § 3 Abs. 5 WAG 2018.
[16] Veil/Veil EuKapMR § 30 Rn. 5.
[17] Veil/Wundenberg EuKapMR § 34 Rn. 2.
[18] Erwgr. Nr. 53 MiFID II.
[19] Richtlinie 2013/36/EU des Europäischen Parlaments und des Rates vom 26.6.2013 über den Zugang zur Tätigkeit von Kreditinstituten und die Beaufsichtigung von Kreditinstituten und Wertpapierfirmen, zur Änderung der Richtlinie 2002/87/EG und zur Aufhebung der Richtlinien 2006/48/EG und 2006/49/EG.
[20] Verordnung (EU) Nr. 575/2013 des Europäischen Parlaments und des Rates vom 26.6.2013 über Aufsichtsanforderungen an Kreditinstitute und Wertpapierfirmen und zur Änderung der Verordnung (EU) Nr. 646/2012.
[21] Veil/Wundenberg EuKapMR § 34 Rn. 3.
[22] Ein Leitungsorgan ist nach Art. 4 Abs. 1 Nr. 36 MiFID II „das Organ oder die Organe einer Wertpapierfirma […] das bzw. die nach nationalem Recht bestellt wurde bzw. wurden

führung und -kontrolle festlegen, ausreichende Kenntnisse, Fähigkeiten und Erfahrung haben sowie genügend Zeit für die Erfüllung der Aufgaben aufbringen. Ferner muss jedes Mitglied ordnungsgemäß handeln und zudem eine geeignete Zusammensetzung des Leitungsorgans vorliegen.[23] Art. 9 Abs. 3 und 4 MiFID II ergänzen die Vorgaben der CRD IV.[24] Darüber hinaus wurden **Leitlinien** der ESMA in Zusammenarbeit mit der EBA (Level 3) veröffentlicht.[25] Wiederum ist bspw. eine Bestellung einer ausreichenden Anzahl unabhängiger Aufsichtsratsmitglieder weder in der MiFID II noch in der CRD IV vorgesehen, wobei dies für eine wirkungsvolle Corporate Governance als notwendig angesehen wird.[26]

Soll ein **MTF** oder **OTF** betrieben werden, gibt es zudem besondere Anforderungen an Wertpapierfirmen in Art. 18–20 MiFID II. Demgegenüber gehört der Betrieb eines geregelten Marktes nicht zu den aufgelisteten Wertpapierdienstleistungen in Anhang I Abschnitt A oder B MiFID II; dh für Marktbetreiber, also Dienstleister die einen **geregelten Markt** betreiben, sieht MiFID II ein Sonderregime vor. **9**

4. Entzug der Zulassung (Art. 8 MiFID II). Sollte nach Art. 8 MiFID II die Wertpapierfirma zB innerhalb von 12 Monaten von der Zulassung kein Gebrauch machen oder ausdrücklich auf sie verzichten (lit. a), falsche Erklärungen gemacht haben (lit. b), Zulassungsvoraussetzungen nicht mehr erfüllen (lit. d) oder auch gegen andere nationalstaatliche Regelungen (lit. e)[27] verstoßen, kann die zuständige Behörde die Zulassung entziehen (vgl. auch § 6 WAG 2018 oder § 19 WpIG). Darüber hinaus wurden **zwei Level 2-Rechtsakte** (RTS[28]/ITS[29]) veröffentlicht, die Art. 8 MiFID II näher konkretisieren.[30] **10**

III. Verhältnis zur MiCAR und DLT-PR

Das Aufsichtsregime für Kryptowerte **(MiCAR)**[31] hat nach Art. 59 ff. MiCAR ein ähnliches Aufsichtskonzept für sog. **Kryptowerte-Dienstleister** **11**

---

und befugt ist bzw. sind, Strategie, Ziele und Gesamtpolitik des Unternehmens festzulegen und die Entscheidungen der Geschäftsleitung zu kontrollieren und zu überwachen, und dem bzw. denen die Personen angehören, die die Geschäfte des Unternehmens tatsächlich führen […]"; vgl. die nahezu wortgleiche Umsetzung in § 1 Nr. 54 WAG 2018.
[23] Veil/Wundenberg EuKapMR § 34 Rn. 15.
[24] Veil/Wundenberg EuKapMR § 34 Rn. 16.
[25] Guidelines on the assessment of the suitability of members of the management body and key function holders (2.7.2021), EBA/GL/2021/06 und ESMA35-36–2319.
[26] Veil/Wundenberg EuKapMR § 34 Rn. 30.
[27] Vgl. dazu bspw. den in Öst. eingeführten Tatbestand der Eröffnung des Konkursverfahrens einer Wertpapierfirma nach § 6 Abs. 2 lit. d WAG 2018.
[28] Delegierte Verordnung (EU) 2017/1943 der Kommission vom 14.7.2016 zur Ergänzung der Richtlinie 2014/65/EU des Europäischen Parlaments und des Rates durch technische Regulierungsstandards in Bezug auf Informationen und Anforderungen für die Zulassung von Wertpapierfirmen.
[29] Durchführungsverordnung (EU) 2017/1945 der Kommission vom 19.6.2017 zur Festlegung technischer Durchführungsstandards für Mitteilungen von und an Wertpapierfirmen, die eine Zulassung beantragen oder besitzen, gemäß der Richtlinie 2014/65/EU des Europäischen Parlaments und des Rates.
[30] Allgemein zu den Delegierten Rechtsakten vgl. → Vor MiFID II Rn. 11.
[31] Verordnung (EU) 2023/1114 des Europäischen Parlaments und des Rates vom 31.5.2023 über Märkte für Kryptowerte und zur Änderung der Verordnungen (EU) Nr. 1093/2010 und (EU) Nr. 1095/2010 sowie der Richtlinien 2013/36/EU und (EU) 2019/1937.

(oder CASP). CASPs erbringen ein oder mehrere Kryptowerte-Dienstleistungen. Das Zulassungsverfahren (Art. 62 f. MiCAR) sowie der etwaige Entzug der Zulassung (Art. 64 MiCAR) sind detailliert geregelt und erinnert zT an das MiFID II-Regelwerk (vgl. zB die Tatbestände des Zulassungsentzugs). Es gibt auch den **Europäischen Pass** für CASPs (Art. 59 Abs. 7 MiCAR). Neben den allgemeinen Anforderungen (Art. 66 ff. MiCAR) sind besondere Regelungen für die einzelnen Dienstleistungen (Art. 75 ff. MiCAR) statuiert. Besonders ist hierbei aber die **Erleichterung für bereits aktive Finanzmarktteilnehmer.** Wertpapierfirmen (oder auch Kreditinstitute oder OGAW) müssen nur ein vereinfachtes CASP-Zulassungsverfahren durchlaufen, sofern sie **ähnliche Wertpapierdienstleistungen**[32] erbringen (Art. 60 MiCAR). Jede einzelne Dienstleistung hat auch Anforderungen zB an das Mindestkapital iHv 50.000 EUR bis 150.000 EUR, das zT hoch angesetzt ist, aber typischerweise als **Seriositätsschwelle** gilt.[33] Zudem ist ein **öffentliches Register** aller CASP einzurichten (Art. 109 MiCAR).

12 Außerdem können Wertpapierfirmen, die einen MTF oder OTF betreiben, in den Anwendungsbereich der DLT-Pilotregelung **(DLT-PR)**[34] fallen. Das DLT-PR ist eine befristete regulatory Sandbox, die den Handel, das Settlement und auch die Verwahrung von DLT-Finanzinstrumenten ermöglichen soll.[35]

Artikel 16 Organisatorische Anforderungen

(1) Der Herkunftsmitgliedstaat schreibt vor, dass **Wertpapierfirmen die organisatorischen Anforderungen der Absätze 2 bis 10 dieses Artikels und des Artikels 17 erfüllen.**

(2) Eine Wertpapierfirma sieht angemessene Strategien und Verfahren vor, die ausreichen, um sicherzustellen, dass die Firma, ihre Geschäftsleitung, Beschäftigten und vertraglich gebundenen Vermittler den Verpflichtungen gemäß dieser Richtlinie sowie den einschlägigen Vorschriften für persönliche Geschäfte dieser Personen nachkommen.

(3) Eine Wertpapierfirma muss auf Dauer wirksame organisatorische und verwaltungsmäßige Vorkehrungen für angemessene Maßnahmen treffen um zu verhindern, dass Interessenkonflikte im Sinne des Artikels 23 den Kundeninteressen schaden.

Eine Wertpapierfirma, die Finanzinstrumente zum Verkauf an Kunden konzipiert, hat ein Verfahren für die Genehmigung jedes einzelnen Finanzinstruments und jeder wesentlichen Anpassung bestehender Finanzinstrumente zu unterhalten, zu betreiben und zu überprüfen, bevor es an Kunden vermarktet oder vertrieben wird.

In dem Produktgenehmigungsverfahren wird ein bestimmter Zielmarkt für Endkunden innerhalb der jeweiligen Kundengattung für jedes Finanzinstrument festgelegt und sichergestellt, dass alle einschlägigen

---

[32] Dazu bereits → MiFID II Art. 4 Rn. 48 ff.
[33] Vgl. Anhang IV MiCAR.
[34] Verordnung (EU) 2022/858 des Europäischen Parlaments und des Rates vom 30.5.2022 über eine Pilotregelung für auf Distributed-Ledger-Technologie basierende Marktinfrastrukturen und zur Änderung der Verordnungen (EU) Nr. 600/2014 und (EU) Nr. 909/2014 sowie der Richtlinie 2014/65/EU.
[35] Dazu näher die Kommentierungen zur DLT-PR.

Risiken für diesen bestimmten Zielmarkt bewertet werden und dass die beabsichtigte Vertriebsstrategie dem bestimmten Zielmarkt entspricht.

Eine Wertpapierfirma hat außerdem von ihr angebotene oder vermarktete Finanzinstrumente regelmäßig zu überprüfen und dabei alle Ereignisse zu berücksichtigen, die wesentlichen Einfluss auf das potentielle Risiko für den bestimmten Zielmarkt haben könnten. Außerdem muss sie zumindest beurteilen, ob das Finanzinstrument weiterhin den Bedürfnissen des bestimmten Zielmarkts entspricht und ob die beabsichtigte Vertriebsstrategie immer noch geeignet ist.

Eine Wertpapierfirma, die Finanzinstrumente konzipiert, stellt allen Vertreibern sämtliche sachgerechten Informationen zu dem Finanzinstrument und dem Produktgenehmigungsverfahren, einschließlich des bestimmten Zielmarkts des Finanzinstruments, zur Verfügung.

Wenn eine Wertpapierfirma Finanzinstrumente anbietet oder empfiehlt, die sie nicht konzipiert, muss sie über angemessene Vorkehrungen verfügen, um die in Unterabsatz 5 genannten Informationen zu erhalten und die Merkmale und den bestimmten Zielmarkt jedes Finanzinstruments zu verstehen.

Durch die in diesem Absatz genannten Maßnahmen, Verfahren und Vorkehrungen werden alle anderen Anforderungen nach dieser Richtlinie und der Verordnung (EU) Nr. 600/2014, einschließlich derjenigen, die sich auf Offenlegung, Eignung oder Angemessenheit, Ermittlung von Interessenkonflikten und den Umgang mit ihnen sowie Anreize beziehen, nicht berührt.

(4) Eine Wertpapierfirma trifft angemessene Vorkehrungen, um die Kontinuität und Regelmäßigkeit der Wertpapierdienstleistungen und Anlagetätigkeiten zu gewährleisten. Zu diesem Zweck greift sie auf geeignete und verhältnismäßige Systeme, Ressourcen und Verfahren zurück.

(5) Eine Wertpapierfirma stellt sicher, dass beim Rückgriff auf Dritte zur Wahrnehmung betrieblicher Aufgaben, die für die kontinuierliche und zufrieden stellende Erbringung bzw. Ausübung von Dienstleistungen für Kunden und Anlagetätigkeiten ausschlaggebend sind, angemessene Vorkehrungen getroffen werden, um unnötige zusätzliche Geschäftsrisiken zu vermeiden. Die Auslagerung wichtiger betrieblicher Aufgaben darf nicht dergestalt erfolgen, dass die Qualität der internen Kontrolle und die Fähigkeit der beaufsichtigenden Stelle zu überprüfen, ob die Wertpapierfirma sämtlichen Anforderungen genügt, wesentlich beeinträchtigt werden.

Eine Wertpapierfirma muss über eine ordnungsgemäße Verwaltung und Buchhaltung, interne Kontrollmechanismen, effiziente Verfahren zur Risikobewertung sowie wirksame Kontroll- und Sicherheitsmechanismen für Datenverarbeitungssysteme verfügen.

Unbeschadet der Möglichkeit der zuständigen Behörden, Zugang zu Kommunikation im Einklang mit dieser Richtlinie und mit Verordnung (EU) Nr. 600/2014 zu verlangen, muss eine Wertpapierfirma über solide Sicherheitsmechanismen verfügen, durch die die Sicherheit und Authentifizierung der Informationsübermittlungswege gewährleistet werden, das Risiko der Datenverfälschung und des unberechtigten Zugriffs minimiert und ein Durchsickern von Informationen verhindert wird, so dass die Vertraulichkeit der Daten jederzeit gewährleistet ist.

(6) Eine Wertpapierfirma sorgt dafür, dass Aufzeichnungen über alle ihre Dienstleistungen, Tätigkeiten und Geschäfte geführt werden, die

ausreichen, um der zuständigen Behörde zu ermöglichen, ihrer Aufsichtspflicht nachzukommen und die in dieser Richtlinie, in der Verordnung (EU) Nr. 600/2014, in der Richtlinie 2014/57/EU und in der Verordnung (EU) Nr. 596/2014 vorgesehenen Durchsetzungsmaßnahmen zu ergreifen und sich vor allem zu vergewissern, dass die Wertpapierfirma sämtlichen Verpflichtungen, einschließlich denen gegenüber den Kunden oder potenziellen Kunden und im Hinblick auf die Integrität des Marktes, nachgekommen ist.

(7) Die Aufzeichnungen enthalten die Aufzeichnung von Telefongesprächen oder elektronischer Kommunikation zumindest in Bezug auf die beim Handel für eigene Rechnung getätigten Geschäfte und die Erbringung von Dienstleistungen, die sich auf die Annahme, Übermittlung und Ausführung von Kundenaufträgen beziehen.

Diese Telefongespräche und elektronische Kommunikation umfassen auch solche, mit denen Geschäfte im Rahmen des Handels für eigene Rechnung oder die Erbringung von Dienstleistungen veranlasst werden sollen, die sich auf die Annahme, Übermittlung und Ausführung von Kundenaufträgen beziehen, auch wenn diese Gespräche und Mitteilungen nicht zum Abschluss solcher Geschäfte oder zur Erbringung solcher Dienstleistungen führen.

Eine Wertpapierfirma ergreift zu diesem Zweck alle angemessenen Maßnahmen, um einschlägige Telefongespräche und elektronische Kommunikation aufzuzeichnen, die mit Geräten erstellt oder von Geräten gesendet oder empfangen wurden, die die Firma einem Angestellten oder freien Mitarbeiter zur Verfügung gestellt hat oder deren Nutzung durch einen Angestellten oder freien Mitarbeiter von der Firma gebilligt oder gestattet wurde.

Eine Wertpapierfirma teilt Neu- und Altkunden mit, dass Telefongespräche oder -kommunikation zwischen der Wertpapierfirma und ihren Kunden, die zu Geschäften führen oder führen können, aufgezeichnet werden.

Es genügt, dies Neu- und Altkunden ein Mal vor Erbringung der Wertpapierdienstleistungen mitzuteilen.

Eine Wertpapierfirma, die ihre Kunden nicht im Voraus über die Aufzeichnung ihrer Telefongespräche oder Kommunikation informiert hat, darf für diese weder telefonische Wertpapierdienstleistungen erbringen noch telefonische Anlagetätigkeiten ausüben, wenn sich diese Wertpapierdienstleistungen und Anlagetätigkeiten auf die Annahme, Übermittlung und Ausführung von Kundenaufträgen beziehen.

Die Kunden dürfen ihre Aufträge über andere Kanäle platzieren, allerdings müssen solche Mitteilungen über einen dauerhaften Datenträger erfolgen, wie z. B. E-Mail, Fax oder während eines Treffens erstellte Aufzeichnungen über Kundenaufträge. Insbesondere der Inhalt der relevanten persönlichen Gespräche darf durch die Anfertigung schriftlicher Protokolle oder Vermerke aufgezeichnet werden. Diese Aufträge gelten als den telefonisch entgegengenommenen Aufträgen gleichwertig.

Eine Wertpapierfirma ergreift alle angemessenen Maßnahmen um zu verhindern, dass ein Angestellter oder freier Mitarbeiter mithilfe privater Geräte Telefongespräche oder elektronische Mitteilungen erstellt, sendet oder empfängt, die die Firma nicht aufzeichnen oder kopieren kann.

Die in Einklang mit diesem Absatz gespeicherten Aufzeichnungen werden den betreffenden Kunden auf Anfrage zur Verfügung gestellt und fünf Jahre aufbewahrt. Wenn dies von der zuständigen Behörde verlangt wird, werden sie bis zu sieben Jahre aufbewahrt.

(8) Eine Wertpapierfirma, die Kunden gehörende Finanzinstrumente hält, trifft geeignete Vorkehrungen, um deren Eigentumsrechte — insbesondere für den Fall der Insolvenz der Wertpapierfirma — an diesen Finanzinstrumenten zu schützen und zu verhindern, dass die Finanzinstrumente eines Kunden ohne dessen ausdrückliche Zustimmung für eigene Rechnung verwendet werden.

(9) Eine Wertpapierfirma, die Kunden gehörende Gelder hält, trifft geeignete Vorkehrungen, um die Rechte der Kunden zu schützen und — außer im Falle von Kreditinstituten — zu verhindern, dass die Gelder der Kunden für eigene Rechnung verwendet werden.

(10) Eine Wertpapierfirma schließt keine Finanzsicherheiten in Form von Rechtsübertragungen mit Kleinanlegern zur Besicherung oder Deckung bestehender oder künftiger, tatsächlicher, möglicher oder voraussichtlicher Verpflichtungen der Kunden ab.

(11) Im Falle von Zweigniederlassungen von Wertpapierfirmen ist die zuständige Behörde des Mitgliedstaats, in dem sich die Zweigniederlassung befindet, unbeschadet der direkten Zugriffsmöglichkeit der zuständigen Behörde des Herkunftsmitgliedstaats der Wertpapierfirma auf diese Aufzeichnungen, für die Kontrolle der Einhaltung der Absätze 6 und 7 in Bezug auf die von der Zweigniederlassung getätigten Geschäfte verantwortlich.

Die Mitgliedstaaten können den Wertpapierfirmen unter außergewöhnlichen Umständen zusätzlich zu den Bestimmungen in den Absätzen 8, 9 und 10 und den entsprechenden delegierten Rechtsakten nach Absatz 12 Anforderungen betreffend den Schutz der Vermögenswerte der Kunden vorschreiben. Diese Anforderungen müssen sachlich gerechtfertigt und verhältnismäßig sein und der Steuerung spezifischer Risiken für den Anlegerschutz oder die Marktintegrität, die angesichts der Umstände der Marktstruktur dieses Mitgliedstaats besonders bedeutsam sind, dienen, sofern die Wertpapierfirmen den Schutz der Vermögenswerte und Gelder der Kunden gewährleisten.

Die Mitgliedstaaten teilen der Kommission unverzüglich etwaige Anforderungen mit, die sie gemäß diesem Absatz mindestens zwei Monate vor Inkrafttreten der betreffenden Anforderung vorzuschreiben beabsichtigen. Die Mitteilung enthält eine Begründung für diese Anforderung. Durch solche zusätzlichen Anforderungen werden die Rechte von Wertpapierfirmen nach den Artikeln 34 und 35 nicht eingeschränkt oder in sonstiger Weise berührt.

Die Kommission nimmt innerhalb von zwei Monaten ab der Mitteilung gemäß Unterabsatz 3 zu der Verhältnismäßigkeit und der Begründung der zusätzlichen Anforderungen Stellung.

Die Mitgliedstaaten dürfen zusätzliche Anforderungen beibehalten, sofern sie der Kommission im Einklang mit Artikel 4 der Richtlinie 2006/73/EG vor dem 2. Juli 2014 gemeldet wurden und die in diesem Artikel festgelegten Bedingungen erfüllt sind.

Die Kommission unterrichtet die Mitgliedstaaten über die zusätzlichen Anforderungen, die gemäß diesem Absatz vorgeschrieben werden, und veröffentlicht sie auf ihrer Website.

(12) Der Kommission wird die Befugnis übertragen, delegierte Rechtsakte gemäß Artikel 89 zu erlassen, um die in den Absätzen 2 bis 10 dieses

MiFID II Art. 16 — RL 2014/65/EU (MiFID II)

Artikels festgelegten konkreten organisatorischen Anforderungen zu präzisieren, die Wertpapierfirmen und in Einklang mit Artikel 41 zugelassenen Zweigniederlassungen von Drittlandfirmen vorzuschreiben sind, die verschiedene Wertpapierdienstleistungen, Anlagetätigkeiten und/oder Nebendienstleistungen oder entsprechende Kombinationen erbringen oder ausüben.

Übersicht

	Rn.
I. Einführung	1
1. Literatur	1
2. Regelungsinhalt und -zweck	2
3. Normativer Kontext	4
II. Anwendungsbereich	8
III. Kryptobezogene Risiken in der Unternehmensorganisation	11
1. Risikoidentifikation als Vorfrage	11
2. Internes Kontrollsystem (IKS)	12
3. Datensicherheit	14
4. Notfallplanung & Business Continuity Management	16

I. Einführung

1 1. Literatur. *Ammann/Zirnstein*, DORA – IT-Sicherheit gesetzlich verordnet, CB 2023, 21; *Bervoets/John* in *Brandl/Saria*, WAG, 2. Aufl. § 29 (30. Lfg., Februar 2020); *BSI*, Blockchain sicher gestalten – Eckpunkte des BSI 2.0, 2018, 2 https://www.bsi.bund.de/SharedDocs/Downloads/DE/BSI/Krypto/Blockchain_Eckpunktepapier.pdf?__blob=publicationFile&v=2; *BSI*, Blockchain sicher gestalten: Konzepte, Anforderungen, Bewertungen, 2019, https://www.bsi.bund.de/SharedDocs/Downloads/DE/BSI/Krypto/Blockchain_Analyse.pdf?__blob=publicationFile&v=3; BVI-Kryptoleitfaden, 14.7.2022, https://www.bvi.de/fileadmin/user_upload/Regulierung/Branchenstandards/2022_07_14_BVI-Kryptoleitfaden_final.pdf; *EBA*, Leitlinien zur internen Governance gemäß der Richtlinie (EU) 2019/2034, EBA/GL/2021/14, https://www.eba.europa.eu/sites/default/documents/files/document_library/Publications/Guidelines/2021/EBA-GL-2021-14%20Guidelines%20on%20internal%20governance%20under%20IFD/translations/1028044/GL%20on%20internal%20governance%20under%20IFD_DE_COR.pdf; EBA-Leitlinien für das Management von IKT- und Sicherheitsrisiken, EBA/GL/2019/04, https://www.eba.europa.eu/sites/default/documents/files/document_library/Publications/Guidelines/2020/GLs%20on%20ICT%20and%20security%20risk%20management/Updated%20Translations/880810/Final%20draft%20Guidelines%20on%20ICT%20and%20security%20risk%20management_COR_DE.pdf; *ESA*, EU-Finanzbehörden warnen Verbraucher vor den Risiken von Kryptowerten, ESA 2022 15 https://www.esma.europa.eu/sites/default/files/library/esa_2022_15_joint_esas_warning_on_crypto-assets_de.pdf; *ESMA*, Advice: Initial Coin Offerings and Crypto-Assets, ESMA50-157-1391 https://www.esma.europa.eu/sites/default/files/library/esma50-157-1391_crypto_advice.pdf; *ESMA*, Report: The Distributed Ledger Technology Applied to Securities Markets, ESMA50-1121423017-285 https://www.esma.europa.eu/sites/default/files/library/dlt_report_-_esma50-1121423017-285.pdf; *ESMA*, Leitlinien zu den

Produktüberwachungsanforderungen der MiFID, ESMA35-43-3448 https://www.esma.europa.eu/sites/default/files/2023-08/ESMA35-43-3448_Guidelines_on_product_governance_DE.pdf; *ESMA*, Leitlinien zu einigen Aspekten der MiFID II-Vergütungsanforderungen, ESMA35-43-3565 ESMA35-43-3565_Guidelines_on_certain_aspects_of_the_MiFID_II_remuneration_requirements_DE.pdf (europa.eu); *Fett* in *Schwark/Zimmer*, Kapitalmarktrechts-Kommentar, 5. Aufl. 2020, § 80 WpHG; FMA-Leitfaden: IT-Sicherheit in Wertpapierdienstleistungsunternehmen und Wertpapierfirmen, 4/2018 https://www.fma.gv.at/fma/fma-mindeststandards/; *Gorzala*, Regulatorischer Fokus im Konzessionserteilungsverfahren, ÖBA 2019, 50; *Gorzala*, Robo Advice, ÖBA 2020, 622; *Kalss/Oppitz/Zollner*, Kapitalmarktrecht, 2. Aufl. 2015; *Ladler*, Soft Law und Sorgfaltspflichten: Strukturprinzipien im Unternehmens- und Wirtschaftsrecht, 2023; *Mock* in *Seibt/Buck-Heeb/Harnos*, BeckOK Wertpapierhandelsrecht, 8. Aufl. Stand 1.6.2023, § 80 WpHG; *Tiemeyer/Pirkner*, Enterprise IT-Governance in der Praxis: Herausforderungen, Ziele, Handlungsprinzipien und Handlungsfelder, GRCaktuell 2023, 2.

2. Regelungsinhalt und -zweck. Art. 16 enthält eine Reihe interner Organisations-, Überwachungs- und Dokumentationspflichten. Diese beziehen sich auf die MiFID-Compliance, die Verhinderung von Interessenkonflikten, den Vertrieb von Finanzinstrumenten, die Notfallplanung, die Datensicherheit, Aufzeichnungen, sowie das interne Kontrollsystem und Risikomanagement. Die Bestimmung wird durch Art. 21 ff. DelVO (EU) 2017/565[1] konkretisiert, die weitere allgemeine Organisationsanforderungen normieren und die Compliance-Organisation näher ausgestalten. Ergänzt werden die sekundärrechtlichen Vorgaben durch Soft Law-Instrumente der ESMA[2], wie insbes. den Leitlinien zu einigen Aspekten der MiFID-II-Anforderungen an die Compliance-Funktion,[3] den Leitlinien zu den Produktüberwachungsanforderungen der MiFID II[4] und den Leitlinien zu einigen Aspekten der MiFID-II-Vergütungsanforderungen[5].

Die interne Governance von Finanzinstituten ist untrennbar mit der **Finanzmarktstabilität** verbunden. Denn „Schwächen in der Unternehmensführung und -kontrolle von mehreren Finanzinstituten, darunter das Fehlen wirksamer institutsinterner Kontrollen" gelten als „einer der Faktoren […], die zur Finanzkrise beigetragen haben".[6] Mit organisatorischen Vorkehrungen wird zugleich der **Anlegerschutz** gestärkt, weil Verstöße gegen die MiFID II, insbes. die Wohlverhaltenspflichten, reduziert werden (dazu → MiFID Art. 24 Rn. 4)[7] Konsequenterweise haben die organisatorischen Anforderungen auch eine besondere Relevanz für Kryptowerte, wenn und weil

---

[1] Delegierte Verordnung (EU) 2017/565 der Kommission vom 25.4.2016 zur Ergänzung der Richtlinie 2014/65/EU des Europäischen Parlaments und des Rates in Bezug auf die organisatorischen Anforderungen an Wertpapierfirmen und die Bedingungen für die Ausübung ihrer Tätigkeit sowie in Bezug auf die Definition bestimmter Begriffe für die Zwecke der genannten Richtlinie in Artikel 21.
[2] Zur Rechtsqualität und (privatrechtlichen) Bindungswirkung Ladler Soft Law, S. 152 ff.
[3] ESMA35-36-1952.
[4] ESMA35-43-3448.
[5] ESMA35-43-3565.
[6] Erwgr. Nr. 5 MiFID II.
[7] Vgl. Brandl/Saria/Bervoets/John WAG § 29 Rn. 11.

4 3. **Normativer Kontext.** Art. 16 ist Anknüpfungspunkt und Grundlage einer Reihe weiterer Verpflichtungen unter der MiFID II. Denn insbes. die Einhaltung der Wohlverhaltenspflichten (Art. 24 f.) und der Regelungen über Interessenkonflikte (Art. 23) wird durch organisatorische Vorkehrungen sichergestellt (→ MiFID Art. 24 Rn. 4).[9] Auch Art. 18 Abs. 1 zu den von MTF/OTF vorzusehenden organisatorischen Anforderungen basiert auf Art. 16. Die **zentrale Bedeutung der organisatorischen Vorkehrungen** wird auch in einer sektorübergreifenden Betrachtung deutlich: Korrespondierende Vorgaben zur internen Organisation bestehen gemäß Art. 74 Abs. 1 und 2 sowie Art. 88 Abs. 1 CRD[10] für Kreditinstitute sowie gemäß Art. 12 OGAW-RL[11] iVm DelRL 2010/43/EU[12] für OGAW-Verwaltungsgesellschaften bzw. gemäß Art. 18 AIFM-RL[13] und Art. 60 DelVO 231/2013[14] für AIFM.

5 Da kryptobezogene Dienstleistungen auf der Informations- und Kommunikationstechnologie basieren (auch sogleich → Rn. 11), sind im hier interessierenden Zusammenhang neben Art. 16 außerdem die durch **DORA** *(Digital Operational Resilience Act)*[15] auferlegten Organisationspflichten relevant. DORA ist als horizontaler Rechtsakt auf alle Finanzunternehmen anwendbar (Art. 2),[16] wobei unternehmensintern die Geschäftsleitung die Gesamtverantwortung für die Umsetzung und Einhaltung der organisatorischen Vorkehrungen trägt (Art. 5 Abs. 2).

6 Auch die **MiCAR** enthält organisatorische Anforderungen für Anbieter von Kryptowerte-Dienstleistungen (Art. 68). Diese entsprechen inhaltlich

---

[8] ESA, Risiken, ESA 2022 15, S. 3; vgl. auch Erwgr. Nr. 5 DLT-PR; Risiken für die Finanzmarktstabilität erscheinen hingegen gering: ESMA, Advice, ESMA50-157-1391, Rn. 68 f.

[9] Diese Verzahnung wird insbes. in der Umsetzung durch den dt. Gesetzgeber in § 80 WpHG deutlich, der Art. 16, 17, 23 und 24 gemeinsam umsetzt. Siehe auch Kalss/Oppitz/Zollner KapMarktR § 5 Rn. 54 unter Verweis auf die dt. Rechtslage.

[10] Richtlinie 2013/36/EU des Europäischen Parlaments und des Rates vom 26.6.2013 über den Zugang zur Tätigkeit von Kreditinstituten und die Beaufsichtigung von Kreditinstituten und Wertpapierfirmen, zur Änderung der RL 2002/87/EG und zur Aufhebung der RL 2006/48/EG und 2006/49/EG.

[11] Richtlinie 2009/65/EG des Europäischen Parlaments und des Rates vom 13.7.2009 zur Koordinierung der Rechts- und Verwaltungsvorschriften betreffend bestimmte Organismen für gemeinsame Anlagen in Wertpapieren (OGAW) (Neufassung).

[12] Richtlinie 2010/43/EU der Kommission vom 1.7.2010 zur Durchführung der Richtlinie 2009/65/EG des Europäischen Parlaments und des Rates im Hinblick auf organisatorische Anforderungen, Interessenkonflikte, Wohlverhalten, Risikomanagement und den Inhalt der Vereinbarung zwischen Verwahrstelle und Verwaltungsgesellschaft.

[13] Richtlinie 2011/61/EU des Europäischen Parlaments und des Rates vom 8.6.2011 über die Verwalter alternativer Investmentfonds und zur Änderung der Richtlinien 2003/41/EG und 2009/65/EG und der Verordnungen (EG) Nr. 1060/2009 und (EU) Nr. 1095/2010.

[14] Delegierte Verordnung (EU) Nr. 231/2013 der Kommission vom 19.12.2012 zur Ergänzung der Richtlinie 2011/61/EU des Europäischen Parlaments und des Rates im Hinblick auf Ausnahmen, die Bedingungen für die Ausübung der Tätigkeit, Verwahrstellen, Hebelfinanzierung, Transparenz und Beaufsichtigung.

[15] Verordnung (EU) 2022/2554 des Europäischen Parlaments und des Rates vom 14.12.2022 über die digitale operationale Resilienz im Finanzsektor und zur Änderung der Verordnungen (EG) Nr. 1060/2009, (EU) Nr. 648/2012, (EU) Nr. 600/2014, (EU) Nr. 909/2014 und (EU) 2016/1011. Einen Überblick bieten bspw. Ammann/Zirnstein CB 2023, 21.

[16] Ausnahmen bestehen u. a. für Wertpapierfirmen, die keine Zulassung erhalten haben: Erwgr. Nr. 41 DORA.

teils den MiFID II-Anforderungen, bspw. in Bezug auf die Compliance, Notfallplanung oder Risikomanagement. Dabei wird die MiCAR aber besonders der **Informations- und Kommunikationstechnologieabhängigkeit** von Kryptowerten gerecht, indem direkt an die DORA-Anforderungen angeknüpft wird (Art. 7 und 8). Zu den organisatorischen Vorkehrungen im Anwendungsbereich der MiCAR insbes. → MiCAR Art. 68 Rn. 17 ff. Dabei besteht zumindest in Bezug auf die IT-Organisation ein **einheitliches Regelungsregime für MiCAR-Kryptowerte-Dienstleister und MiFID-Kryptowerte-Dienstleister:** denn da Wertpapierfirmen, die kryptobezogene Wertpapierdienstleistungen erbringen, aufgrund der **IT- und Technologieabhängigkeit erhöhten digitalen Risiken** ausgesetzt sind, sind diese nach dem Proportionalitätsprinzip auch besonders in der Ausgestaltung der internen Organisation zu berücksichtigen und in die internen Prozesse zu integrieren.[17] Dabei sind auch die durch DORA auferlegten Organisationspflichten zu beachten; näher → Rn. 13, 15, 16.

Dies findet auch in Art. 60 Abs. 7 MiCAR seine Entsprechung: Soweit die 7 Tätigkeit **auf MiCAR-Kryptowerte** gemäß Art. 60 MiCAR **erweitert** wird, sind ergänzende organisatorische Vorkehrungen und Nachweise erforderlich (Abs. 7 leg. cit.; näher → MiCAR Art. 60 Rn. 27). In Bezug auf IT-Risiken ist insbes. Art. 60 Abs. 7 lit. b sublit. iii MiCAR über den Plan zur Aufrechterhaltung des Geschäftsbetriebes relevant. Vorzusehen sind außerdem IKT-Systeme und deren Sicherheitsvorkehrungen (vgl. Art. 60 Abs. 7 lit. c MiCAR), → Rn. 27. Diese Verpflichtungen werden sich aber bereits aus den allgemeinen Vorgaben der MiFID II bzw. DORA ergeben; sogleich → Rn. 12 ff. Insoweit dienen die diesbezüglichen Vorgaben der MiCAR der Klarstellung.

II. Anwendungsbereich

Die Mitgliedstaaten haben gemäß Art. 16 Abs. 1 sicherzustellen, dass Wert- 8 papierfirmen die organisatorischen Anforderungen zu erfüllen haben; Art. 21 ff. DelVO 2017/565 verpflichtet Wertpapierfirmen unmittelbar zur Einhaltung der unionsrechtlichen Vorgaben. Regelungsadressaten sind damit die **Rechtsträger**.[18] Unternehmensintern ist die Organisation des Unternehmens Aufgabe der Geschäftsleitung, womit diese auch die Verantwortung für die Umsetzung und Einhaltung der gesetzlichen Regelungen trägt.[19] Die konkrete organisatorische Ausgestaltung ist nach dem **Proportionalitätsprinzip** von Art, Umfang und Komplexität der Geschäfte abhängig;[20] dies wird gesellschaftsrechtlich durch das unternehmerische Ermessen reflektiert.

Die Regelung bezieht sich damit auch auf **Wertpapierfirmen**, die krypto- 9 bezogene Wertpapierdienstleistungen anbieten, wenn und weil **Kryptowerte Finanzinstrumente** gemäß Art. 4 Abs. 1 Nr. 15 (→ Anhang I MiFID II Rn. 8 ff., 33 ff.) sind. Sie ist außerdem für Wertpapierfirmen relevant, die ihre Dienstleistungen auf **MiCAR-Kryptowerte** gemäß Art. 60 Abs. 3 MiCAR **erweitern**. Über die organisatorischen Vorkehrungen gemäß Art. 16 hinaus

---

[17] Vgl. Gorzala ÖBA 2020, 628.
[18] Siehe näher bspw. Brandl/Saria/Bervoets/John WAG § 29 Rn. 15 ff.
[19] Siehe auch Art. 25 DelVO 2017/565; BeckOK WpHR/Mock WpHG § 80 Rn. 23.
[20] Art. 22 Abs. 4, Art. 23 Abs. 2, Art. 24, Art. 34 Abs. 1 DelVO 2017/565; näher Schwark/Zimmer/Fett WpHG § 80 Rn. 29 f.

sind dann die von Art. 60 Abs. 7 MiCAR verlangten Prozesse einzurichten (→ MiCAR Art. 60 Rn. 27).

10 Außerdem sind die organisatorischen Vorgaben auch für **Krypto-Plattformen** (zum Handel von Finanzinstrumenten) beachtlich, die gemäß Art. 18 auch Art. 16 einzuhalten haben (näher → MiFID Art. 18 Rn. 2).[21] Damit ist Art. 16 auch für **DLT-MTF** zentral, zumal die DLT-PR gemäß Art. 4 jene Anforderungen vorschreibt, die nach der MiFID II für MTF gelten (→ DLT-PR Art. 4 Rn. 11 ff.; → MiFID Art. 18 Rn. 4 ff.). Ferner sind die MiFID II-Anforderungen von Handelsplattformen zu wahren, die ihre Tätigkeiten gemäß Art. 60 Abs. 6 MiCAR auf **MiCAR-Kryptowerte** erweitern (→ MiCAR Art. 60 Rn. 25). Auch hier treten zu Art. 16 die in Art. 60 Abs. 7 MiCAR genannten Anforderungen hinzu.

III. Kryptobezogene Risiken in der Unternehmensorganisation

11 **1. Risikoidentifikation als Vorfrage.** Kryptowerte unterliegen besonderen **Risiken,** deren Reduktion bzw. Vermeidung durch organisatorische Vorkehrungen zunächst ihre Identifikation voraussetzt. In der Natur der Sache liegen dabei Risiken, die ganz generell mit dem Einsatz von **IT-Infrastruktur** einhergehen.[22] Dies können Risiken aus der IT-Verfügbarkeit und IT-Kontinuität, IT-Sicherheit, IT-Änderungen, IT-Datenintegrität und IT-Auslagerungen sein.[23] Darüber hinaus eröffnet der Einsatz der **Blockchain-Technologie** besondere operationelle Risiken:[24] Wie bei jedem Einsatz von Software können Fehler im Programmcode der Blockchain auftreten. Daneben können bspw. sog. EMP-Angriffe durch elektromagnetische Pulse technische Geräte zerstören und zu einem Totalverlust der Blockchain-Inhalte führen. Wenngleich die Blockchain als relativ sicher gilt, scheinen darüber hinaus Manipulationsrisiken nicht ausgeschlossen. Nicht zu vernachlässigen sind schließlich **Nachhaltigkeitsrisiken,** die aus dem erhöhten Energieverbrauch von Kryptowerten entstehen.[25] Denn auch Wertpapierfirmen sollten ganz in Einklang mit der Sustainable Finance-Agenda der EU die unternehmensinterne Implementation von Nachhaltigkeitsrisiken sicherstellen.[26]

12 **2. Internes Kontrollsystem (IKS).** Organisationsrechtlicher Anknüpfungspunkt zur Begegnung dieser spezifischen Risiken ist insbes. Abs. 5 UAbs. 2. Demnach muss eine Wertpapierfirma u. a. über **ordnungsgemäße interne Kontrollmechanismen,** effiziente Verfahren zur **Risikobewertung** sowie wirksame **Kontroll- und Sicherheitsmechanismen für Datenverarbeitungssysteme** verfügen. Ergänzend verpflichtet Art. 21 Abs. 1 lit. c DelVO (EU) 2017/565 zur Schaffung und dauerhaften Umsetzung angemessener interner Kontrollmechanismen, die die Einhaltung von Beschlüssen und Verfahren auf allen Ebenen gewährleisten. Art. 23 DelVO (EU) 2017/565 enthält Vorgaben zum Risikomanagement und Art. 24 Del-

---

[21] ESMA, Advice, ESMA50-157–1391, Rn. 107, 111.
[22] Vgl. zu FinTecs generell Gorzala ÖBA 2019, 54.
[23] S. bspw. FMA-Leitfaden: IT-Sicherheit, 4/2018, S. 4 ff.
[24] S. näher BVI, Kryptoleitfaden 9 f.; ESMA, Advice, ESMA50-157–1391, Rn. 62 f.; ESMA, Report, ESMA50-1121423017-285, Rn. 32 ff.; umfassend BSI, Blockchain sicher gestalten, 2019.
[25] Zu Letzterem: ESA, Risiken, ESA 2022 15, S. 3.
[26] Art. 21 Abs. 1 UAbs. 2 DelVO 2017/565; siehe bereits EBA, Leitlinien zur internen Governance, EBA/GL/2021/14, Rn. 26.

VO (EU) 2017/565 zur internen Revision, die die allgemeine Verpflichtung zur Schaffung interner Kontrollmechanismen konkretisieren.[27]

Das IKS wird bereits nach ganz allgemeinen Erwägungen auch **IT-bezogene Überwachungsmaßnahmen** einbeziehen. Diese können EDV-Zugangsbeschränkungen, Plausibilitätsprüfungen der Softwareergebnisse, interne Regelwerke zur Definition von Standardprozessen oder Mitarbeiterschulungen und ad-hoc Maßnahmen im Bedrohungsfall umfassen.[28] Auch die besonderen Organisationspflichten nach der MiFID II wurden bereits vor Inkrafttreten von DORA dahingehend ausgelegt, dass sie **IT-Risken** umfassen; bspw. sind interne IT- bzw. Sicherheitsleitlinien zu erstellen, das IT-Risikomanagement entsprechend auszustatten und IT-Risiken generell in internen Prozessen zu berücksichtigen.[29] Die Integration von IT-Risiken wird nunmehr gesetzlich ausdrücklich durch Art. 5 ff. DORA normiert. Diese sind insoweit als *lex specialis* in der Ausgestaltung des IKS zu berücksichtigen. Art. 5 leg. cit. verpflichtet zur Einrichtung eines internen Governance- und Kontrollrahmens einschließlich der Festlegung klarer Aufgaben und Zuständigkeiten, der Einrichtung von Kommunikations- und Meldekanälen, Verfassung interner Leitlinien, sowie der Sicherstellung der Mitarbeiterkompetenz. Art. 6 enthält besondere Vorgaben für das Risikomanagement und verpflichtet zur Einrichtung einer IKT-Kontrollfunktion. 13

3. Datensicherheit. Besondere Vorgaben bestehen für die Datensicherheit. Ganz generell gilt die Gewährleistung von Datensicherheit aufgrund der langen Verfügbarkeit der Daten auf der Blockchain als besonders herausfordernd.[30] Gemäß Abs. 5 UAbs. 3 muss die Sicherheit und Authentifizierung der Informationsübermittlungswege gewährleistet, das Risiko der Datenverfälschung und des unberechtigten Zugriffs minimiert und ein Durchsickern von Informationen verhindert werden, sodass die Vertraulichkeit der Daten jederzeit gewährleistet ist.[31] Praktisch kann die Datensicherheit u. a. gewährleistet werden, indem ein allfälliger Austausch der Sicherheitsmechanismen der Blockchain sichergestellt wird und potenzielle Gefährdungen aus technischen Fortschritten in der Kryptoanalyse mitbedacht werden.[32] 14

Die Erfüllung dieser Verpflichtung verlangt gemäß Art. 21 Abs. 2 DelVO (EU) 2017/565 die Einrichtung entsprechender Systeme und Verfahren. Diese umfassen nach Auffassung der Aufsichtsbehörden insbes. eine Informationssicherheitsrichtlinie, die die Ziele und Grundsätze des Unternehmens in Bezug auf die Informationssicherheit enthält und die Basis für weitere, themenabhängige Richtlinien bildet. Diese können sich auf die Bereiche Netzwerksicherheit, Datenverwahrung, Authentisierung etc beziehen.[33] Eine entsprechende Regelung enthält nunmehr Art. 5 Abs. 2 lit. b bzw. 9 Abs. 2 ff. DORA. 15

4. Notfallplanung & Business Continuity Management. Weitere einschlägige organisatorische Anforderungen normiert Abs. 4 zum Business 16

---

[27] Brandl/Saria/Bervoets/John WAG § 29 Rn. 41.
[28] Bspw. OGH 8 ObA 109/20t; Tiemeyer/Pirkner GRCaktuell 2023, 2.
[29] FMA-Leitfaden: IT-Sicherheit, 4/2018, S. 7 ff.; EBA-Leitlinien für das Management von IKT- und Sicherheitsrisiken, EBA/GL/2019/04.
[30] BSI, Eckpunkte des BSI 2.0, 2018, S. 2.
[31] Näher s. statt vieler Schwark/Zimmer/Fett WpHG § 80 Rn. 115; Brandl/Saria/Bervoets/John WAG § 29 Rn. 110.
[32] BSI, Eckpunkte des BSI 2.0, 2018, S. 2.
[33] FMA-Leitfaden: IT-Sicherheit, 4/2018, S. 9 f.

Continuity Management. Demnach sind jene Vorkehrungen zu treffen, die für die Gewährleistung der Kontinuität und Regelmäßigkeit der Wertpapierdienstleistungen und Anlagetätigkeiten angemessen sind. Erfasst sind damit nicht nur Störungen in der elektronischen Datenverarbeitung (zB Cyberangriffe), sondern jegliche Umstände, die zu einer Unterbrechung der Dienstleistungserbringung führen (zB physische Ereignisse)[34]. Hierfür sind geeignete und verhältnismäßige Systeme, Ressourcen und Verfahren erforderlich. Diese umfassen gemäß Art. 22 Abs. 3 DelVO (EU) 2017/565 eine Notfallplanung, die für den Erhalt der wesentlichen Daten und Funktionen sorgen soll bzw. Vorkehrungen für die Wiederherstellung enthält. Art. 11 DORA verlangt eine besondere „IKT-Geschäftsfortführungsleitlinie", die auch IKT-Reaktions- und Wiederherstellungspläne beinhaltet.

17 Da auch vielfache Angriffe auf die **Blockchain** denkbar sind,[35] ist auch besonderes Augenmerk auf Abwehrmaßnahmen und Schutzvorkehrungen zu legen. In der praktischen Umsetzung kann dies Maßnahmen des Sicherheitsmanagements (Sicherheitskonzept; Dokumentation, Prüfung und Aktualisierung der Maßnahmen), Notfallmanagements (Notfallplan mit Rollen und Sofortmaßnahmen), der Infrastruktur (Brandschutz, (redundante) Stromversorgung), Netzsicherheit (Absicherung des Internetzugangs, Firewalls), Computersicherheit (Zugriffsschutz, sichere Grundkonfiguration, Virenschutz), Maßnahmen im laufenden Betrieb (Protokollierung inkl. Monitoring, Updates und Patches, Datensicherung), Zugriffskontrollen und des Schlüsselmanagements (Sichere Erzeugung, Speicherung (mit Zugriffsschutz) und Löschung umfassen.[36]

Artikel 17 Algorithmischer Handel

(1) Eine Wertpapierfirma, die algorithmischen Handel betreibt, verfügt über wirksame Systeme und Risikokontrollen, die für das von ihr betriebene Geschäft geeignet sind, um sicherzustellen, dass ihre Handelssysteme belastbar sind und über ausreichende Kapazitäten verfügen, angemessenen Handelsschwellen und Handelsobergrenzen unterliegen sowie die Übermittlung von fehlerhaften Aufträgen oder eine Funktionsweise der Systeme vermieden wird, durch die Störungen auf dem Markt verursacht werden könnten bzw. ein Beitrag zu diesen geleistet werden könnte. Eine solche Wertpapierfirma verfügt außerdem über wirksame Systeme und Risikokontrollen, um sicherzustellen, dass die Handelssysteme nicht für einen Zweck verwendet werden können, der gegen die Verordnung (EU) Nr. 596/2014 oder die Vorschriften des Handelsplatzes verstößt, mit dem sie verbunden ist. Die Wertpapierfirma verfügt über wirksame Notfallvorkehrungen, um mit jeglichen Störungen in ihrem Handelssystemen umzugehen, und stellt sicher, dass ihre Systeme vollständig geprüft sind und ordnungsgemäß überwacht werden, damit die in diesem Absatz festgelegten Anforderungen erfüllt werden.

(2) Eine Wertpapierfirma, die in einem Mitgliedstaat algorithmischen Handel betreibt, teilt dies den zuständigen Behörden ihres Herkunftsmit-

---

[34] Brandl/Saria/Bervoets/John WAG § 29 Rn. 82, 85; Schwark/Zimmer/Fett WpHG § 80 Rn. 77.
[35] Zu Angriffen auf die Blockchain BSI, Konzepte, 2019, S. 46 ff.
[36] BSI, Konzepte, 2019, S. 55.

gliedstaats und des Handelsplatzes mit, als dessen Mitglied oder Teilnehmer sie algorithmischen Handel betreibt.

Die zuständige Behörde des Herkunftsmitgliedstaats der Wertpapierfirma kann dieser vorschreiben, regelmäßig oder ad hoc eine Beschreibung ihrer algorithmischen Handelsstrategien, die Einzelheiten zu den Handelsparametern oder Handelsobergrenzen, denen das System unterliegt, die wichtigsten Kontrollen für Einhaltung und Risiken, die sie zur Erfüllung der in Absatz 1 festgelegten Bedingungen eingerichtet hat, sowie die Einzelheiten über ihre Systemprüfung vorzulegen. Die zuständige Behörde des Herkunftsmitgliedstaats der Wertpapierfirma kann von dieser jederzeit weitere Informationen über ihren algorithmischen Handel und die für diesen Handel eingesetzten Systeme anfordern.

Die zuständige Behörde des Herkunftsmitgliedstaats der Wertpapierfirma leitet auf Verlangen einer zuständigen Behörde des Handelsplatzes, als dessen Mitglied oder Teilnehmer eine Firma algorithmischen Handel betreibt, unverzüglich die in Unterabsatz 2 genannten Informationen weiter, die sie von der algorithmischen Handel betreibenden Firma erhält.

Die Wertpapierfirma sorgt dafür, dass Aufzeichnungen zu den in diesem Absatz genannten Angelegenheiten aufbewahrt werden, und stellt sicher, dass diese ausreichend sind, um der zuständigen Behörde zu ermöglichen, die Einhaltung der Anforderungen dieser Richtlinie zu überprüfen.

Eine Wertpapierfirma, die eine Hochfrequente algorithmische Handelstechnik anwendet, muss von allen von ihr platzierten Aufträgen, einschließlich Auftragsstornierungen, ausgeführter Aufträge und Kursnotierungen an Handelsplätzen, in einer genehmigten Form zutreffende und chronologisch geordnete Aufzeichnungen aufbewahren und muss diese der zuständigen Behörde auf deren Anfrage hin zur Verfügung stellen.

(3) Eine Wertpapierfirma, die in Verfolgung einer Market-Making-Strategie algorithmischen Handel betreibt, muss, unter Berücksichtigung der Liquidität, des Umfangs und der Art des konkreten Markts und der Merkmale des gehandelten Instruments,

a) dieses Market-Making während eines festgelegten Teils der Handelszeiten des Handelsplatzes — abgesehen von außergewöhnlichen Umständen — kontinuierlich betreiben, wodurch der Handelsplatz regelmäßig und verlässlich mit Liquidität versorgt wird,
b) eine rechtlich bindende schriftliche Vereinbarung mit dem Handelsplatz schließen, in der zumindest die Verpflichtungen der Wertpapierfirma im Einklang mit Buchstabe a festgelegt werden, und
c) über wirksame Systeme und Kontrollen verfügten, durch die gewährleistet wird, dass sie jederzeit ihre Verpflichtungen nach der in Buchstabe b genannten Vereinbarung erfüllt.

(4) Für die Zwecke dieses Artikels und des Artikels 48 dieser Richtlinie wird angenommen, dass eine Wertpapierfirma, die algorithmischen Handel betreibt, eine Market-Making-Strategie verfolgt, wenn sie Mitglied oder Teilnehmer eines oder mehrerer Handelsplätze ist und ihre Strategie beim Handel auf eigene Rechnung beinhaltet, dass sie in Bezug auf ein oder mehrere Finanzinstrumente an einem einzelnen Handelsplatz oder an verschiedenen Handelsplätzen feste, zeitgleiche Geld- und Briefkurse vergleichbarer Höhe zu wettbewerbsfähigen Preisen stellt, so dass der Gesamtmarkt regelmäßig und kontinuierlich mit Liquidität versorgt wird.

(5) Eine Wertpapierfirma, die einen direkten elektronischen Zugang zu einem Handelsplatz bietet, verfügt über wirksame Systeme und Kontrollen, durch die eine ordnungsgemäße Beurteilung und Überprüfung der Eignung der Kunden gewährleistet wird, die diesen Dienst nutzen, und sichergestellt wird, dass diese Kunden die angemessenen voreingestellten Handels- und Kreditschwellen nicht überschreiten können, der Handel dieser Kunden ordnungsgemäß überwacht wird und ein Handel, durch den Risiken für die Wertpapierfirma selbst entstehen oder durch den Störungen am Markt auftreten könnten oder dazu beigetragen werden könnte oder der gegen die Verordnung (EU) Nr. 596/2014 bzw. die Vorschriften des Handelsplatzes verstoßen könnte, durch angemessene Risikokontrollen verhindert wird. Direkter elektronischer Zugang ohne solche Kontrollen ist verboten.

Eine Wertpapierfirma, die einen direkten elektronischen Zugang bietet, hat sicherzustellen, dass Kunden, die diesen Dienst nutzen, die Anforderungen dieser Richtlinie erfüllen und die Vorschriften des Handelsplatzes einhalten. Die Wertpapierfirma überwacht die Geschäfte, um Verstöße gegen diese Regeln, marktstörende Handelsbedingungen oder auf Marktmissbrauch hindeutende Verhaltensweisen, welche der zuständigen Behörde zu melden sind, zu erkennen. Die Wertpapierfirma sorgt dafür, dass eine rechtlich bindende schriftliche Vereinbarung zwischen ihr und dem jeweiligen Kunden im Hinblick auf die wesentlichen Rechte und Pflichten, die durch diesen Dienst entstehen, besteht und die Verantwortung im Rahmen dieser Richtlinie nach dieser Vereinbarung bei der Wertpapierfirma verbleibt.

Eine Wertpapierfirma, die einen direkten elektronischen Zugang zu einem Handelsplatz bietet, macht den zuständigen Behörden ihres Herkunftsmitgliedstaats und des Handelsplatzes, an dem sie den direkten elektronischen Zugang bietet, eine entsprechende Meldung.

Die zuständige Behörde des Herkunftsmitgliedstaats der Wertpapierfirma kann dieser vorschreiben, regelmäßig oder ad hoc eine Beschreibung der in Unterabsatz 1 genannten Systeme und Kontrollen sowie Nachweise für ihre Anwendung vorzulegen.

Auf Ersuchen einer zuständigen Behörde des Handelsplatzes, zu dem eine Firma direkten elektronischen Zugang bietet, leitet die zuständige Behörde des Herkunftsmitgliedstaats der Wertpapierfirma die in Unterabsatz 4 genannten Informationen, die sie von der Firma erhält, unverzüglich weiter.

Die Wertpapierfirma sorgt dafür, dass Aufzeichnungen zu den in diesem Absatz genannten Angelegenheiten aufbewahrt werden, und stellt sicher, dass diese ausreichend sind, um der zuständigen Behörde zu ermöglichen, die Einhaltung der Anforderungen dieser Richtlinie zu überprüfen.

(6) Eine Wertpapierfirma, die als allgemeines Clearing-Mitglied für andere Personen handelt, verfügt über wirksame Systeme und Kontrollen, um sicherzustellen, dass Clearing-Dienste nur für Personen angewandt werden, die dafür geeignet sind und die eindeutigen Kriterien erfüllen, und diesen Personen geeignete Anforderungen auferlegt werden, damit sie die Risiken für die Wertpapierfirma und den Markt verringern. Die Wertpapierfirma sorgt dafür, dass eine rechtlich bindende schriftliche Vereinbarung zwischen der Wertpapierfirma und der jeweiligen Person im Hinblick auf die wesentlichen Rechte und Pflichten besteht, die durch diesen Dienst entstehen.

(7) Die ESMA arbeitet Entwürfe technischer Regulierungsstandards aus, in denen Folgendes präzisiert wird:
a) die Einzelheiten der in den Absätzen 1 bis 6 festgelegten konkreten organisatorischen Anforderungen, die Wertpapierfirmen vorzuschreiben sind, die verschiedene Wertpapierdienstleistungen und/oder Anlagetätigkeiten und Nebendienstleistungen oder entsprechende Kombinationen erbringen bzw. ausüben; in den Präzisierungen zu den organisatorischen Anforderungen gemäß Absatz 5 werden besondere Anforderungen für den direkten Marktzugang und für den geförderten Zugang in einer Weise festgelegt, dass sichergestellt ist, dass die beim geförderten Zugang durchgeführten Kontrollen denjenigen, die beim direkten Marktzugang durchgeführt werden, zumindest gleichwertig sind;
b) die Umstände, unter denen eine Wertpapierfirma verpflichtet wäre, eine Market-Making-Vereinbarung im Sinne von Absatz 3 Buchstabe b zu schließen, und der Inhalt einer solchen Vereinbarung, einschließlich des Teils der Handelszeiten des Handelsplatzes gemäß Absatz 3;
c) die Situationen, die außergewöhnliche Umstände im Sinne von Absatz 3 darstellen, darunter Zustände extremer Volatilität, politische und makroökonomische Gegebenheiten, systembedingte und operationelle Sachverhalte sowie Umstände, die verhindern, dass die Wertpapierfirma solide Risikomanagementverfahren nach Absatz 1 verfolgen kann;
d) der Inhalt und das Format der in Absatz 2 Unterabsatz 5 genannten genehmigten Form und die Zeitspanne, während der solche Aufzeichnungen von der Wertpapierfirma aufbewahrt werden müssen.

Die ESMA legt der Kommission diese Entwürfe technischer Regulierungsstandards bis zum 3. Juli 2015 vor.

Der Kommission wird die Befugnis übertragen, die in Unterabsatz 1 genannten technischen Regulierungsstandards gemäß den Artikeln 10 bis 14 der Verordnung (EU) Nr. 1095/2010 zu erlassen.

Übersicht

	Rn.
I. Einführung	1
1. Literatur	1
2. Regelungsinhalt und -zweck	2
3. Normativer Kontext	4
II. Anwendungsbereich	6
III. Anforderungen an Wertpapierfirmen	10
1. Organisatorische Anforderungen	10
2. Market-Making	13
3. Aufbewahrungs- und Meldepflichten	14
IV. Anforderungen an DEA-Bereitsteller	15
1. Organisatorische Anforderungen	15
2. Aufbewahrungs- und Meldepflichten	18

I. Einführung

1. Literatur. *Brandl/Meister*, MiFID II und MiFIR – Ein Ausblick auf die Reform des europäischen Kapitalmarktrechts, in *Braumüller/Ennöckl/Gruber/Raschauer*, Europäisches Finanzmarktrecht vor neuen Herausforderungen

(2013) 85; *Kalss/Oppitz/Zollner,* Kapitalmarktrecht, 2. Aufl. 2015; *Kreisl* in *Gruber,* BörseG 2018/MAR, Bd. I: BörseG, 2020, §§ 11, 12; *ESMA,* Leitlinien: Systeme und Kontrollen für Handelsplattformen, Wertpapierfirmen und zuständige Behörden in einem automatisierten Handelsumfeld, ESMA/2012/122   https://www.esma.europa.eu/sites/default/files/library/esma_2012_122_de.pdf?execution=e2s1; *ESMA,* Q&A On MiFID II and MiFIR market structure topics, ESMA70-872942901- https://www.esma.europa.eu/sites/default/files/library/esma70-872942901-38_qas_markets_structu res_issues.pdf?execution=e2s1; *Fett* in *Schwark/Zimmer,* Kapitalmarktrechts-Kommentar, 5. Aufl. 2020, § 80 WpHG; *IOSCO,* Policies on Direct Electronic Access: Consultation Report, February 2009 https://www.iosco.org/library/pubdocs/pdf/IOSCOPD284.pdf; *Mock* in *Seibt/Buck-Heeb/Harnos,* BeckOK Wertpapierhandelsrecht, 8. Aufl. Stand 1.6.2023, § 80 WpHG; *Škorjanc,* Anwendung der KI im Finanzsektor aus rechtlicher Perspektive (2023); *Sliskovic,* MiFID II-Anforderungen an den algorithmischen Handel aus der Perspektive eines Energieunternehmens, CB 2020, 145; *Toman/Braunauer* in *Brandl/Saria,* WAG 2018, 2. Aufl. §§ 27, 28 (33. Lfg., September 2020); *Winternitz/Beer/Steinmair,* WAG 2018, 2018.

2 **2. Regelungsinhalt und -zweck.** Art. 17 enthält ergänzende Vorgaben für Wertpapierfirmen, die **algorithmischen Handel betreiben.** Denn mit algorithmischem Handel sind besondere Risiken für den Markt verbunden, welchen durch organisatorische Vorkehrungen begegnet wird.[1] Neben Systemanforderungen werden Wertpapierfirmen erweiterten Aufzeichnungs-, Aufbewahrungs- und Mitteilungspflichten unterworfen (Abs. 1). Erweiterte Organisations-, Überwachungs- und Mitteilungspflichten werden außerdem für Wertpapierfirmen vorgeschrieben, die Kunden einen **direkten elektronischen Zugang (DEA) zu einem Handelsplatz bieten** (Abs. 5). Denn Kunden, die mittels DEA am Markt teilnehmen und handeln, sind keine Marktmitglieder und dem Marktbetreiber unbekannt; die Wertpapierfirma aber für ihre Handlungen verantwortlich.[2] Art. 17 wird durch DelVO (EU) 2017/589[3] konkretisiert; bei Market Making durch algorithmischen Handel ist DelVO (EU) 2017/578[4] und für DEA-Bereitsteller zusätzlich Art. 18 ff. DelVO (EU) 2017/565[5] beachtlich. Auslegungs- und Anwendungshinweise

---

[1] Kalss/Oppitz/Zollner KapMarktR § 2 Rn. 81 f. Zu möglichen Risiken Erwgr. Nr. 62 MiFID; Brandl/Meister in Braumüller/Ennöckl/Gruber/Raschauer, Finanzmarktrecht, 2013, 85 (95 f.); Schwark/Zimmer/Fett WpHG § 80 Rn. 154; Kreisl in Gruber BörseG/MAR BörseG §§ 11, 12 Rn. 7; Brandl/Saria/Toman/Braunauer WAG § 27 Rn. 1, 4; Škorjanc, Anwendung der KI im Finanzsektor, S. 172 ff.
[2] Siehe zu diesen und weiteren Risiken IOSCO Policies 13.
[3] Delegierte Verordnung (EU) 2017/589 der Kommission vom 19.7.2016 zur Ergänzung der Richtlinie 2014/65/EU des Europäischen Parlaments und des Rates durch technische Regulierungsstandards zur Festlegung der organisatorischen Anforderungen an Wertpapierfirmen, die algorithmischen Handel betreiben.
[4] Delegierte Verordnung (EU) 2017/578 der Kommission vom 13.6.2016 zur Ergänzung der Richtlinie 2014/65/EU des Europäischen Parlaments und des Rates über Märkte für Finanzinstrumente durch technische Regulierungsstandards zur Angabe von Anforderungen an Market-Making-Vereinbarungen und -Systeme.
[5] Delegierte Verordnung (EU) 2017/565 der Kommission vom 25.4.2016 zur Ergänzung der Richtlinie 2014/65/EU des Europäischen Parlaments und des Rates in Bezug auf die organisatorischen Anforderungen an Wertpapierfirmen und die Bedingungen für die Ausübung ihrer Tätigkeit sowie in Bezug auf die Definition bestimmter Begriffe für die Zwecke der genannten Richtlinie.

finden sich in den ESMA-Q&A zu market structure topics[6]; die ESMA-Leitlinien zum automatisierten Handelsumfeld wurden mittlerweile aufgehoben[7].

Art. 17 dient insbes. der Gewährleistung von **Finanzmarktstabilität**, weil durch interne organisatorische Vorkehrungen potenzielle Systemstörungen und Marktbeeinflussungen reduziert werden.[8] Damit geht die Aufrechterhaltung des **Anlegerschutzes** einher; die diesbezüglich zu Art. 16 angestellten Überlegungen gelten entsprechend (→ MiFID Art. 16 Rn. 3). 3

3. Normativer Kontext. Art. 17 erweitert die allgemeinen organisatorischen Anforderungen gemäß Art. 16, die von jeder Wertpapierfirma zu beachten sind. Dem Zweck der Bestimmung entsprechend, die Marktintegrität zu schützen, sind außerdem die Vorgaben der **MAR**[9] beachtlich: denn der algorithmische Handel ist gemäß Art. 12 Abs. 2 lit. c MAR ein taugliches Mittel für die Verwirklichung von Marktmanipulation. Damit sind auch insbes. durch Marktmanipulation hervorgerufene Marktstörungen zu unterbinden (Abs. 1 Satz 2, Abs. 5).[10] 4

Da sich Art. 17 auf Wertpapierfirmen und nicht auf Marktbetreiber bezieht, enthält die **DLT-PR** keine entsprechende Regelung. Das dem algorithmischen Handel beigemessene erhöhte Risiko findet in der DLT-PR aber insoweit Ausdruck, als gemäß Art. 4 Abs. 2 lit. d der Zugang zu einem DLT-MTF für solche natürlichen und juristischen Personen ausgeschlossen ist, die eine hochfrequente algorithmische Handelstechnik verwenden. Auch die **MiCAR** enthält keine besonderen Vorgaben. 5

II. Anwendungsbereich

Vom persönlichen Anwendungsbereich sind **Wertpapierfirmen** erfasst, die eine konzessionspflichtige Wertpapierdienstleistung in Verbindung mit **algorithmischem Handel** betreiben.[11] Dieser ist gemäß Art. 4 Abs. 1 Nr. 39 definiert als der Handel mit einem **Finanzinstrument,** bei dem die **einzelnen Auftragsparameter durch einen Computeralgorithmus bestimmt** werden, wie zB Einleitung, Preis oder Quantität des Auftrags, unter Ausschluss von Systemen, die nur zur Weiterleitung von Aufträgen zu einem oder mehreren Handelsplätzen, zur Bearbeitung von Aufträgen ohne Bestimmung von Auftragsparametern, zur Bestätigung von Aufträgen oder zur Nachhandelsbearbeitung ausgeführter Aufträge verwendet werden. Eine Sonderform[12] des algorithmischen Handels ist der **Hochfrequenzhandel** (sog. hochfrequente algorithmische Handelstechnik). 6

---

[6] ESMA, Q&A On MiFID II and MiFIR market structure topics, ESMA70-872942901-38.
[7] ESMA, Leitlinien: Systeme und Kontrollen für Handelsplattformen, Wertpapierfirmen und zuständige Behörden in einem automatisierten Handelsumfeld, ESMA/2012/122.
[8] Erwgr. Nr. 62 f. MiFID II. Umfassend Brandl/Saria/Toman/Braunauer WAG § 27 Rn. 1 ff.; vgl. auch Winternitz/Beer/Steinmair WAG § 28 Rn. 5.
[9] Verordnung (EU) Nr. 596/2014 des Europäischen Parlaments und des Rates vom 16.4.2014 über Marktmissbrauch (Marktmissbrauchsverordnung) und zur Aufhebung der Richtlinie 2003/6/EG des Europäischen Parlaments und des Rates und der Richtlinien 2003/124/EG, 2003/125/EG und 2004/72/EG der Kommission.
[10] Zu diesem Aspekt Winternitz/Beer/Steinmair WAG § 28 Rn. 5; Kreisl in Gruber BörseG/MAR BörseG §§ 11, 12 Rn. 7.
[11] Brandl/Saria/Toman/Braunauer WAG § 27 Rn. 4. Nicht der Betrieb von algorithmischem Handel an sich löst die MiFID-Konzessionspflicht aus: Erwgr. Nr. 63 MiFID II.
[12] Erwgr. Nr. 23 DelVO 2017/565.

MiFID II Art. 17 RL 2014/65/EU (MiFID II)

7   Art. 17 ist darüber hinaus auch auf **andere Rechtsträger** anwendbar, die zwar nicht nach der MiFID II zugelassen sind, aber algorithmische Handelstechniken an einem Handelsplatz (geregelten Markt oder MTF) verwenden.[13] Auch diese haben die Maßnahmen und Kontrollen einzuführen, die auf die Minderung der speziellen Risiken aus dem algorithmischen Handel abzielen.[14] Die Organisationspflichten sind damit bspw. auch für Energieunternehmen beachtlich.[15] **Marktbetreiber,** die algorithmischen Handel zulassen oder ermöglichen, unterliegen hingegen Art. 48 MiFID II und DelVO (EU) 2017/584. Näher → MiFID Art. 53 Rn. 31 ff.

8   Erfasst sind außerdem Wertpapierfirmen, die Kunden einen **direkten elektronischen Zugang** (DEA) zu einem Handelsplatz bieten. Dies ist gemäß Art. 4 Abs. 1 Nr. 41 gegeben bei Verwendung der Infrastruktur der Wertpapierfirma oder bei direkter Übermittlung des Auftrages an den Handelsplatz unter Verwendung der Handels-ID der Wertpapierfirma.[16] Kein DEA wird bei der bloßen Auftragsvermittlung geboten, bei denen Kundenaufträge mit Hilfe elektronischer Mittel vermittelt werden,[17] wie durch Online-Broker[18].

9   Für **Kryptowerte** ist Art. 17 ganz generell einschlägig, wenn diese **Finanzinstrumente** gemäß Art. 4 Abs. 1 Nr. 15 sind (→ Anhang I MiFID II Rn. 8 ff., 33 ff.), **auf die sich die algorithmischen Handels- bzw. Ausführungsentscheidungen beziehen.** Nicht ausschlaggebend ist, dass sich die Kryptowerten zugrunde liegende Technologie eines Algorithmus bedient.

III. Anforderungen an Wertpapierfirmen

10 **1. Organisatorische Anforderungen.** Abs. 1 enthält die Hauptpflicht der Wertpapierfirmen, mittels Systemen und Risikokontrollen die Belastbarkeit und Kapazität des Handelssystems sicherzustellen. Das Handelssystem muss das erwartbare Handelsaufkommen verarbeiten können.[19] Zu diesem Zweck sind gemäß DelVO 2017/589 Tests vor der Einführung eines algorithmischen Handelssystems durchzuführen[20] und jährliche Validierungen und Selbstbeurteilungen vorzunehmen.[21] Die Belastbarkeit erfordert es, auf außergewöhnliche Situationen reagieren zu können, was auch Notfallvorkehrungen voraussetzt.[22]

11 Abs. 1 verlangt außerdem eine **ordnungsgemäße Überwachung,** damit die vorangeführten Anforderungen erfüllt werden. Dies verlangt gemäß DelVO 2017/589 klare und formalisierte Vorgaben zu Hierarchien und Rechenschaftspflichten, zur Informationsweiterleitung und unternehmensinterner Firewalls (Art. 1). Eingebunden in die Überwachung ist insbes. die Compliance-Funktion, die als zusätzliche Pflicht gemäß Art. 2 u. a. die Funktionsweise ihrer algorithmischen Handelssysteme und Handelsalgorithmen zumindest in Grundzügen verstehen muss. Erforderlich ist weiters eine angemessene Per-

---

[13] Art. 1 Abs. 5 MiFID II.
[14] Erwgr. Nr. 63 MiFID II.
[15] Eingehend dazu Sliskovic CB 2020, 145.
[16] Näher konkretisiert durch Art. 20 DelVO 2017/565.
[17] Erwgr. Nr. 25 f. DelVO 2017/565.
[18] Brandl/Saria/Toman/Braunauer WAG § 28 Rn. 10, 13.
[19] Brandl/Saria/Toman/Braunauer WAG § 27 Rn. 15.
[20] Art. 5 ff. DelVO 2017/589. Näher s. Schwark/Zimmer/Fett WpHG § 80 Rn. 159 ff.
[21] Art. 9 ff. DelVO 2017/589.
[22] Art. 17 Abs. 1 S. 3 MiFID II; Art. 12 ff. DelVO 2017/589.

sonalausstattung (Art. 3). Auch die Überwachung durch die interne Revision wird sich auf die algorithmischen Systeme erstrecken.[23]

Die organisatorischen Vorkehrungen sind nach dem **Proportionalitätsprinzip** in Abhängigkeit vom jeweils betriebenen Geschäft[24] und dem Umfang, Risiko und der Komplexität der Geschäftstätigkeit der Wertpapierfirma umzusetzen.[25]   12

2. Market-Making. Besondere Organisationspflichten bestehen, wenn Market Making durch algorithmischen Handel betrieben wird. Eine Market-Making-Strategie liegt gemäß Abs. 4 vor, wenn die Wertpapierfirma Mitglied oder Teilnehmer eines oder mehrerer Handelsplätze ist, Handel auf eigene Rechnung betreibt und dabei feste, zeitgleiche Geld- und Briefkurse für ein oder mehrere Finanzinstrumente in vergleichbarer Höhe zu wettbewerbsfähigen Preisen stellt zur regelmäßigen und kontinuierlichen Versorgung des Gesamtmarktes mit Liquidität. Die Wertpapierfirma muss die **Kontinuität** der Market-Making-Strategie sicherstellen, um den Handelsplatz regelmäßig mit Liquidität zu versorgen (Abs. 3 lit. a). Diese Pflicht entfällt bei außergewöhnlichen Umständen, die in Art. 3 DelVO 2017/578 genannt sind, was gemäß Art. 4 DelVO 2017/578 durch den Handelsplatz festzustellen ist. Erforderlich ist weiters der Abschluss einer schriftlichen **Market-Making-Vereinbarung** mit dem Handelsplatz, die die Verpflichtungen der Wertpapierfirma gemäß lit. a beschreibt und den Mindestinhalt gemäß Art. 1 ff. DelVO 2017/578 aufweist. Die Einhaltung der schriftlichen Vereinbarung ist **durch wirksame Systeme und Kontrollen** sicherzustellen (Abs. 3 lit. c).[26]   13

3. Aufbewahrungs- und Meldepflichten. Neben umfangreicheren organisatorischen Anforderungen unterliegen Wertpapierfirmen, die sich algorithmischer Handelstechniken bedienen, auch einer engmaschigeren Aufsicht. Wertpapierfirmen, die algorithmischen Handel betreiben, müssen dies der NCA des Herkunftsstaates **melden.** Die NCA kann jederzeit Informationen über Handelsstrategien, Handelsparameter, die wichtigsten eingerichteten Kontrollmaßnahmen[27] und Systemprüfungen anfordern. Die Meldepflichten setzen ihrerseits interne **Aufzeichnungen** über die zu meldenden Informationen und **Aufbewahrungspflichten** voraus (Abs. 2).[28] Die Aufzeichnungen sind fünf Jahre lang aufzubewahren.[29]   14

---

[23] Brandl/Saria/Toman/Braunauer WAG § 27 Rn. 20.
[24] Art. 17. Abs. 1 S. 1 MiFID II.
[25] Erwgr. Nr. 1, Art. 1 DelVO 2017/589.
[26] Näher Schwark/Zimmer/Fett WpHG § 80 Rn. 174 ff.; BeckOK WpHR/Mock WpHG § 80 Rn. 43 ff.; Brandl/Saria/Toman/Braunauer WAG § 27 Rn. 91 ff.
[27] Die NCA kann damit nur Informationen über die wichtigsten Kontrollen anfordern. Diese beziehen sich auf das Überwachungssystem in Bezug auf Marktmanipulation, die Notfallvorkehrungen und die Kontrollen vor Einführung eines Handelssystems: Brandl/Saria/Toman/Braunauer WAG § 27 Rn. 74.
[28] Die Nachverfolgbarkeit soll gewährleistet werden: BeckOK WpHR/Mock WpHG § 80 Rn. 38.
[29] Art. 28 Abs. 3 DelVO 2017/589; dies entspricht der allgemeinen Aufbewahrungsfrist von fünf Jahren gemäß Art. 16 Abs. 7 MiFID II; zutr. daher Škorjanc Anwendung der KI im Finanzsektor, S. 222 f.; anders aber Brandl/Saria/Toman/Braunauer WAG § 27 Rn. 66, die eine Aufbewahrungspflicht nur für den Zeitraum des Betriebes des algorithmischen Handels annehmen, die bei Einstellung des Handels endet. In D wurde die Frist von fünf Jahren gesondert in § 80 Abs. 3 WpHG festgelegt; s. dazu BeckOK WpHR/Mock WpHG § 80 Rn. 39.

IV. Anforderungen an DEA-Bereitsteller

15 **1. Organisatorische Anforderungen.** Die Wertpapierfirma ist dazu verpflichtet, die Einhaltung der MiFID II und der Regeln des Handelsplatzes durch den Kunden sicherzustellen, sodass sie letztlich selbst rechtskonform handelt (Art. 17 Abs. 5 UAbs. 2; Art. 19 DelVO 2017/589). Dies wird zunächst durch **Regulierung des Zuganges des Kunden** zu einem Handelsplatz erreicht. Die Wertpapierfirma hat zu überprüfen, ob der Kunde überhaupt für einen direkten Zugang geeignet ist. Außerdem ist seine Handelstätigkeit durch die Wertpapierfirma zu **beschränken,** die angemessene Handels- und Kreditschwellen vorzugeben hat. Darüber hinaus ist die Handelstätigkeit durch die Wertpapierfirma zu **überwachen.** Anknüpfungspunkt zur Verwirklichung dieser Ziele sind wiederum **interne organisatorische Vorkehrungen** der Wertpapierfirma: Diese hat Systeme und Kontrollen zur Eignungsprüfung des Kunden, Handelsgrenzen und Risikokontrollen einzurichten. Im Verhältnis zum Kunden werden die wechselseitigen Rechte und Pflichten durch eine (schriftliche) **vertragliche Vereinbarung** abgesichert.

16 Die **Eignungsprüfung** gemäß Art. 17 Abs. 5 ist dabei von der Eignungsprüfung im Rahmen der Wohlverhaltenspflichten gemäß Art. 25 (→ MiFID Art. 25 Rn. 6 ff.) abzugrenzen. Die Wertpapierfirma hat gemäß Art. 22 f. DelVO 2017/589 eine anfängliche Due Diligence durchzuführen, bevor sie dem Kunden Zugang gewährt. Die Eignung des Kunden ist jährlich neu zu bewerten. Ist der Kunde nicht geeignet, ist der Zugang nach zutr. Ansicht zu verwehren bzw. zu kündigen.[30] Denn nur dann kann die Wertpapierfirma bereits dem Grunde nach sicherstellen, dass die Kunden die Anforderungen der MiFID II erfüllen (→ Rn. 15). Die Eignungsprüfung des Kunden ist nicht nur Zugangsvoraussetzung, sondern bestimmt in weiterer Folge auch die von der Wertpapierfirma festzulegenden **Handelsschwellen** (Art. 20 Abs. 3 DelVO 2017/589).

17 Die **Risikokontroll- und Überwachungspflichten** der Wertpapierfirma beziehen sich auf die Vorhandelskontrolle, Echtzeitüberwachung und Nachhandelskontrolle. Verpflichtend einzurichten sind außerdem automatisierte Überwachungssysteme zur Verhinderung von Marktmanipulation (Art. 20 Abs. 1 DelVO 2017/589). Gegenstand der Überwachung sind damit die einzelnen Auftragsflüsse bzw. Aufträge von Kunden. Darüber hinaus haben sich die Risikokontrollen und Überwachungsmechanismen auch auf die Wertpapierfirma selbst zu beziehen. Firmenspezifische Risiken, wie zB besondere technologische Risiken,[31] sind zu bewerten und zu steuern, was u. a. die Einrichtung interner Informationsprozesse voraussetzt (Art. 21 Abs. 2 DelVO 2017/589).

18 **2. Aufbewahrungs- und Meldepflichten.** Auch die Organisationspflichten von DEA-Bereitstellern werden durch Dokumentations-, Aufbewahrungs- und Meldepflichten ergänzt. Die **Aufzeichnungspflichten** beziehen sich auf alle Organisationspflichten und müssen so umfassend sein, dass sie der NCA die Prüfung der Einhaltung der Pflichten ermöglichen (Art. 17 Abs. 5 UAbs. 6). Die zur Aufbewahrungsfrist gemäß Abs. 2 angestellten Überlegungen gelten entsprechend (→ Rn. 14); die entsprechende dt. Regelung findet sich in § 77

---

[30] Brandl/Saria/Toman/Braunauer WAG § 28 Rn. 32 f.
[31] Brandl/Saria/Toman/Braunauer WAG § 28 Rn. 45.

Abs. 3 WpHG. Wertpapierfirmen haben ganz generell der Herkunftslandaufsicht sowie der NCA des Handelsplatzes eine **Meldung** zu erstatten, an dem der DEA angeboten wird. Die NCA kann regelmäßige oder anlassbezogene weitere Meldungen vorschreiben (Art. 17 Abs. 5 UAbs. 3, 4).[32]

Artikel 18 Handel und Abschluss von Geschäften über MTF und OTF

(1) Die Mitgliedstaaten schreiben vor, dass Wertpapierfirmen und Marktbetreiber, die ein MTF oder ein OTF betreiben, neben der Einhaltung der organisatorischen Anforderungen des Artikels 16 transparente Regeln und Verfahren für einen fairen und ordnungsgemäßen Handel sowie objektive Kriterien für die wirksame Ausführung von Aufträgen festlegen. Sie verfügen über Vorkehrungen für eine solide Verwaltung der technischen Abläufe des Systems, einschließlich wirksamer Notfallvorkehrungen für den Fall einer Systemstörung.

(2) Die Mitgliedstaaten schreiben vor, dass Wertpapierfirmen und Marktbetreiber, die ein MTF oder ein OTF betreiben, transparente Regeln für die Kriterien aufstellen, nach denen sich bestimmt, welche Finanzinstrumente innerhalb ihrer Systeme gehandelt werden können.

Die Mitgliedstaaten schreiben vor, dass Wertpapierfirmen und Marktbetreiber, die ein MTF oder ein OTF betreiben, gegebenenfalls ausreichende öffentlich zugängliche Informationen bereitstellen oder sich vergewissern, dass Zugang zu solchen Informationen besteht, damit seine Nutzer sich ein Urteil über die Anlagemöglichkeiten bilden können, wobei sowohl die Art der Nutzer als auch die Art der gehandelten Instrumente zu berücksichtigen ist.

(3) Die Mitgliedstaaten schreiben vor, dass Wertpapierfirmen und Marktbetreiber, die ein MTF oder ein OTF betreiben, transparente und nichtdiskriminierende, auf objektiven Kriterien beruhende Regeln festlegen, veröffentlichen, beibehalten und umsetzen, die den Zugang zu dem System regeln.

(4) Die Mitgliedstaaten schreiben vor, dass Wertpapierfirmen und Marktbetreiber, die ein MTF oder ein OTF betreiben, Vorkehrungen treffen, mit denen sich mögliche nachteilige Auswirkungen von Interessenkonflikten zwischen dem MTF, dem OTF, ihren Eigentümern oder der Wertpapierfirma bzw. dem Marktbetreiber, die/der das MTF oder OTF betreibt, und dem einwandfreien Funktionieren des MTF bzw. OTF auf den Betrieb des MTF bzw. OTF oder auf seine Mitglieder bzw. Teilnehmer und Nutzer klar erkennen und regeln lassen.

(5) Die Mitgliedstaaten schreiben vor, dass Wertpapierfirmen oder Marktbetreiber, die ein MTF oder ein OTF betreiben, mit den Artikeln 48 und 49 im Einklang stehen und hierfür über wirksame Systeme, Verfahren und Vorkehrungen verfügen.

(6) Die Mitgliedstaaten schreiben vor, dass Wertpapierfirmen und Marktbetreiber, die ein MTF oder ein OTF betreiben, ihre Mitglieder oder Teilnehmer klar über ihre jeweilige Verantwortung für die Abrechnung der über das System abgewickelten Geschäfte informieren. Die Mitgliedstaaten schreiben vor, dass Wertpapierfirmen und Marktbetreiber,

---

[32] Näher Brandl/Saria/Toman/Braunauer WAG § 28 Rn. 57 ff.

die ein MTF oder ein OTF betreiben, die erforderlichen Vorkehrungen getroffen haben müssen, um die wirksame Abrechnung der innerhalb der Systeme dieses MTF oder OTF abgeschlossenen Geschäfte zu erleichtern.

(7) Die Mitgliedstaaten schreiben vor, dass MTF und OTF mindestens drei aktive Mitglieder oder Nutzer haben, die über die Möglichkeit verfügen, mit allen übrigen zum Zwecke der Preisbildung in Verbindung zu treten.

(8) Wird ein übertragbares Wertpapier, das zum Handel an einem geregelten Markt zugelassen wurde, ohne Zustimmung des Emittenten auch über ein MTF oder ein OTF gehandelt, entstehen dem Emittenten dadurch keine Verpflichtungen in Bezug auf die erstmalige, laufende oder punktuelle Veröffentlichung von Finanzinformationen für das MTF oder das OTF.

(9) Die Mitgliedstaaten schreiben vor, dass Wertpapierfirmen oder Marktbetreiber, die ein MTF oder ein OTF betreiben, unverzüglich jeder Anweisung ihrer zuständigen Behörde aufgrund von Artikel 69 Absatz 2 nachkommen, ein Finanzinstrument vom Handel auszuschließen oder den Handel damit auszusetzen.

(10) Die Mitgliedstaaten schreiben vor, dass Wertpapierfirmen und Marktbetreiber, die ein MTF oder ein OTF betreiben, der zuständigen Behörde eine ausführliche Beschreibung über die Funktionsweise des MTF oder OTF übermitteln, einschließlich — unbeschadet des Artikels 20 Absätze 1, 4 und 5 — etwaiger Verbindungen zu einem geregelten Markt, einem MTF, einem OTF oder einem systematischen Internalisierer im Eigentum derselben Wertpapierfirma oder desselben Marktbetreibers, sowie eine Liste ihrer Mitglieder, Teilnehmer und/oder Nutzer. Die zuständigen Behörden stellen der ESMA diese Informationen auf Anfrage zur Verfügung. Jede Zulassung einer Wertpapierfirma oder eines Marktbetreibers als MTF und OTF wird der ESMA mitgeteilt. Die ESMA erstellt ein Verzeichnis sämtlicher MTF und OTF in der Union. Das Verzeichnis enthält Informationen über die Dienste, die ein MTF oder ein OTF bietet, und den einheitlichen Code, der das MTF oder OTF in den Meldungen gemäß Artikel 23 dieser Richtlinie und den Artikeln 6 und 10 der Verordnung (EU) Nr. 600/2014 kennzeichnet. Es wird regelmäßig aktualisiert. Die ESMA veröffentlicht dieses Verzeichnis auf ihrer Website und aktualisiert es regelmäßig.

(11) Die ESMA arbeitet Entwürfe technischer Durchführungsstandards aus, um den Inhalt und das Format der in Absatz 10 genannten Beschreibung und Meldung zu bestimmen.

Die ESMA legt der Kommission bis zum 3. Januar 2016 diese Entwürfe technischer Durchführungsstandards vor.

Der Kommission wird die Befugnis übertragen, die in Unterabsatz 1 genannten technischen Durchführungsstandards gemäß Artikel 15 der Verordnung (EU) Nr. 1095/2010 zu erlassen.

Artikel 19 Besondere Anforderungen für MTF

(1) Die Mitgliedstaaten schreiben vor, dass Wertpapierfirmen und Marktbetreiber, die ein MTF betreiben, zusätzlich zur Einhaltung der Anforderungen der Artikel 16 und 18, nichtdiskretionäre Regeln für die Ausführung der Aufträge im System festlegen und umsetzen.

(2) Die Mitgliedstaaten schreiben vor, dass die in Artikel 18 Absatz 3 genannten Vorschriften, die den Zugang zu einem MTF regeln, in Einklang mit den Bestimmungen von Artikel 53 Absatz 3 stehen.

(3) Die Mitgliedstaaten schreiben vor, dass Wertpapierfirmen oder Marktbetreiber, die ein MTF betreiben, Vorkehrungen treffen,

a) um angemessen für die Steuerung ihrer Risiken gerüstet zu sein, angemessene Vorkehrungen und Systeme zur Ermittlung aller für ihren Betrieb wesentlichen Risiken zu schaffen und wirksame Maßnahmen zur Begrenzung dieser Risiken zu treffen,

b) um über wirksame Vorkehrungen zu verfügen, die einen reibungslosen und rechtzeitigen Abschluss der innerhalb ihrer Systeme ausgeführten Geschäfte erleichtern, und

c) um bei der Zulassung und fortlaufend über ausreichende Finanzmittel zu verfügen, um ihr ordnungsgemäßes Funktionieren zu erleichtern, wobei der Art und dem Umfang der an dem geregelten Markt abgeschlossenen Geschäfte sowie dem Spektrum und der Höhe der Risiken, denen sie ausgesetzt sind, Rechnung zu tragen ist.

(4) Die Mitgliedstaaten stellen sicher, dass die Artikel 24, 25, Artikel 27 Absätze 1, 2, und 4 bis 10 und Artikel 28 nicht für Geschäfte gelten, die nach den für ein MTF geltenden Regeln zwischen dessen Mitgliedern oder Teilnehmern oder zwischen dem MTF und seinen Mitgliedern oder Teilnehmern in Bezug auf die Nutzung des MTF abgeschlossen werden. Die Mitglieder oder Teilnehmer des MTF müssen allerdings den Verpflichtungen der Artikel 24, 25, 27 und 28 in Bezug auf ihre Kunden nachkommen, wenn sie im Namen ihrer Kunden deren Aufträge im Rahmen eines MTF ausführen.

(5) Die Mitgliedstaaten gestatten Wertpapierfirmen und Marktbetreibern, die ein MTF betreiben, nicht, Kundenaufträge unter Einsatz des Eigenkapitals auszuführen oder auf die Zusammenführung sich deckender Kundenaufträge zurückzugreifen.

Artikel 20 Besondere Anforderungen für OTF

(1) Die Mitgliedstaaten schreiben vor, dass Wertpapierfirmen und Marktbetreiber, die ein OTF betreiben, Vorkehrungen treffen, durch die die Ausführung von Kundenaufträgen in einem OTF unter Einsatz des Eigenkapitals der Wertpapierfirmen oder Marktbetreiber, die das OTF betreiben, oder einer Einrichtung derselben Gruppe oder juristischen Person wie die Wertpapierfirma oder der Marktbetreiber verhindert wird.

(2) Die Mitgliedstaaten gestatten Wertpapierfirmen oder Marktbetreibern, die ein OTF betreiben, auf die Zusammenführung sich deckender Kundenaufträge für Schuldverschreibungen, strukturierte Finanzprodukte, Emissionszertifikate und bestimmte Derivate zurückzugreifen nur, wenn der Kunde dem Vorgang zugestimmt hat.

Wertpapierfirmen oder Marktbetreiber, die ein OTF betreiben, greifen nicht auf die Zusammenführung sich deckender Kundenaufträge zurück, um Kundenaufträge in einem OTF auszuführen, wenn diese Derivate betreffen, die zu einer Derivatekategorie gehören, die der Verpflichtung zum Clearing nach Artikel 5 der Verordnung (EU) Nr. 648/2012 unterliegt.

Wertpapierfirmen oder Marktbetreiber, die ein OTF betreiben, treffen Vorkehrungen, um sicherzustellen, dass die Definition der „Zusammenführung sich deckender Kundenaufträge" in Artikel 4 Absatz 1 Nummer 38 erfüllt wird.

(3) Die Mitgliedstaaten gestatten Wertpapierfirmen oder Marktbetreibern, die ein OTF betreiben, den Handel für eigene Rechnung, bei dem es sich nicht um die Zusammenführung sich deckender Kundenaufträge handelt, nur in Bezug auf öffentliche Schuldtitel, für die kein liquider Markt besteht.

(4) Die Mitgliedstaaten untersagen den Betrieb eines OTF und die systematische Internalisierung innerhalb derselben rechtlichen Einheit. Ein OTF darf keine Verbindung zu einem systematischen Internalisierer in einer Weise herstellen, dass die Interaktion von Aufträgen in einem OTF und Aufträgen oder Offerten in einem systematischen Internalisierer ermöglicht wird. Ein OTF wird nicht mit einem anderen OTF verbunden, wenn dadurch die Interaktion von Aufträgen in unterschiedlichen OTF ermöglicht wird.

(5) Die Mitgliedstaaten hindern Wertpapierfirmen oder Marktbetreiber, die ein OTF betreiben, nicht daran, eine andere Wertpapierfirma zu beauftragen, unabhängig in einem OTF Market-Making zu betreiben.

Für die Zwecke dieses Artikels betreibt eine Wertpapierfirma nicht unabhängig in einem OTF Market-Making, wenn sie in enger Verbindung zu der Wertpapierfirma oder dem Marktbetreiber steht, die bzw. der das OTF betreibt.

(6) Die Mitgliedstaaten schreiben vor, dass Aufträge in einem OTF nach Ermessen ausgeführt werden.

Wertpapierfirmen oder Marktbetreiber, die ein OTF betreiben, üben ihr Ermessen nur bei Vorliegen eines oder beider der folgenden Umstände aus:

a) wenn sie darüber entscheiden, einen Auftrag über das von ihnen betriebene OTF zu platzieren oder zurückzunehmen;

b) wenn sie darüber entscheiden, einen bestimmten Kundenauftrag nicht mit anderen zu einem bestimmten Zeitpunkt im System vorhandenen Aufträgen zusammenzuführen, sofern dies gemäß den spezifischen Anweisungen eines Kunden und ihren Verpflichtungen nach Artikel 27 erfolgt.

Bei dem System, bei dem gegenläufige Kundenaufträge eingehen, kann die Wertpapierfirma oder der Marktbetreiber, die bzw. der das OTF betreiben, entscheiden, ob, wann und in welchem Umfang er zwei oder mehr Aufträge innerhalb des Systems zusammenzuführen wünscht. Im Einklang mit den Absätzen 1, 2, 4 und 5 und unbeschadet des Absatzes 3 kann die Wertpapierfirma oder der Marktbetreiber, die bzw. der das OTF betreibt, bei einem System, über das Geschäfte mit Nichteigenkapitalinstrumenten in die Wege geleitet werden, die Verhandlungen zwischen den Kunden erleichtern, um so zwei oder mehr möglicherweise kompatible Handelsinteressen in einem Geschäft zusammenzuführen.

Diese Verpflichtung gilt unbeschadet der Artikel 18 und 27.

(7) Die zuständige Behörde kann entweder beim Antrag einer Wertpapierfirma oder eines Marktbetreibers auf Zulassung für den Betrieb eines OTF oder ad hoc ausführliche Erklärung darüber, warum das System keinem geregelten Markt, MTF oder systematischen Internalisierer

entspricht und nicht als solcher bzw. solches betrieben werden kann, und eine ausführliche Beschreibung dazu verlangen, wie der Ermessensspielraum genutzt wird, insbesondere wann ein Auftrag im OTF zurückgezogen werden kann und wann und wie zwei oder mehr sich deckende Kundenaufträge innerhalb des OTF zusammengeführt werden. Außerdem stellen Wertpapierfirmen oder Marktbetreiber eines OTF der zuständigen Behörde Informationen zur Verfügung, mit denen ihr Rückgriff auf die Zusammenführung sich deckender Kundenaufträge erklärt wird. Die zuständige Behörde überwacht den Handel durch Zusammenführung sich deckender Aufträge, den Wertpapierfirmen oder Marktbetreiber betreiben, damit sichergestellt ist, dass er weiterhin mit der Definition eines solchen Handels in Einklang steht, und dass der von ihnen betriebene Handel durch Zusammenführung sich deckender Aufträge nicht zu Interessenkonflikten zwischen den Wertpapierfirmen bzw. Marktbetreibern und ihren Kunden führt.

(8) Die Mitgliedstaaten stellen sicher, dass die Artikel 24, 25, 27 und 28 für Geschäfte gelten, die über ein OTF abgeschlossen wurden.

Übersicht

	Rn.
I. Einführung	1
1. Literatur	1
2. Regelungsinhalt und -zweck	2
3. Normativer Kontext	3
II. Anwendungsbereich	8
III. Organisationspflichten	11
1. Allgemeine organisatorische Vorkehrungen (Abs. 1)	11
2. Zugang zum MTF/OTF (Abs. 2 und 3)	12
3. Interessenkonflikte (Abs. 4)	14
4. Systemfunktionalität und elektronische Handelsanforderungen (Abs. 5)	15
5. Abrechnung (Abs. 6)	16
6. Mindestanzahl an Mitgliedern (Abs. 7)	17

I. Einführung

1. Literatur. *Alrt/von Schrader* in *Gruber*, BörseG 2018/MAR, Bd. I: BörseG, 2020, § 75; *Denga*, Non-fungible Token im Bank- und Kapitalmarktrecht, BKR 2022, 288; *ESMA*, Advice: Initial Coin Offerings and Crypto-Assets, ESMA50-157-1391 https://www.esma.europa.eu/sites/default/files/library/esma50-157-1391_crypto_advice.pdf; *ESMA*, Q&A on MiFID and MiFIR market structures topics, ESMA70-872942901-38, https://www.esma.europa.eu/sites/default/files/library/esma70-872942901-38_qas_markets_structures_issues.pdf; *Ladler*, Soft Law und Sorgfaltspflichten: Strukturprinzipien im Unternehmens- und Wirtschaftsrecht, 2023; *Leitner-Baier* in *Gruber*, BörseG 2018/MAR, Bd. I: BörseG, 2020, § 1; *Oppitz* in *Kalss/Oppitz/Torggler/Winner*, BörseG/MAR, 2019, § 21 BörseG; *Patz*, Handelsplattformen für Kryptowährungen und Kryptoassets, BKR 2019, 435; *Pekler/Rirsch/Tomanek*, Kapitalmarktrechtliche Hindernisse für den Handel von Security Token, ZFR 2020, 172; *Röh* in *Schwark/Zimmer*, Kapitalmarktrechts-Kommentar, 5 Aufl. 2020, § 72 WpHG; *Schopper/Raschner*, Die aufsichtsrechtliche Einordnung von Krypto-Börsen in Österreich, ÖBA 2019, 1

MiFID II Art. 18–20 RL 2014/65/EU (MiFID II)

249; *Steiner*, Security Token – ein Überblick, in *Hanzl/Pelzmann/Schragl*, Handbuch Digitalisierung, 2021, S. 98; *Tuder/Ahari*, Die aufsichtsrechtliche Einordnung von Krypto-Assets und Krypto-Assets-Handelsplattformen, in *Hanzl/Pelzmann/Schragl*, Handbuch Digitalisierung, 2021, S. 42; *Wenzl* in *Kalss/Oppitz/Torggler/Winner*, BörseG/MAR, 2019, § 75 BörseG.

2   **2. Regelungsinhalt und -zweck.** Art. 18 leitet die Regelungen der MiFID über multilaterale Handelssysteme (MTF) und organisierte Handelssysteme (OTF) ein. Die Regelung unterwirft Betreiber von MTF und OTF den Organisationsanforderungen gemäß Art. 16 und ergänzt diese um weitere Vorgaben. Damit wird die Finanzstabilität und der Anlegerschutz sichergestellt (→ MiFID Art. 16 Rn. 3). Spezifische Anforderungen für MTF enthalten Art. 19 bzw. Art. 20 für OTF. Art. 19 und 20 legen außerdem die Bedingungen fest, unter denen die Wohlverhaltenspflichten gemäß Art. 24, 25, 27, und 28 auf MTF und OTF anwendbar sind. Konkretisiert werden die Level I-Bestimmungen durch die DelVO (EU) 2017/584 über organisatorische Anforderungen an Handelsplätze[1] und DVO 2016/824 zu aufsichtsrechtlichen Meldepflichten[2]. In der Auslegung der sekundärrechtlichen Bestimmungen sind außerdem Soft Law-Instrumente der ESMA beachtlich.[3]

3   **3. Normativer Kontext.** Mit dem Betrieb eines MTF/OTF gehen eine Reihe an **Folgepflichten** einher. Diese betreffen insbes. die Systemfunktionalität gemäß Art. 48 f. (sogleich → Rn. 15 bzw. → MiFID Art. 48 Rn. 31 ff.), die Überwachung der Einhaltung der Regeln des MTF/OTF durch dessen Mitglieder gemäß Art. 31 und die Handelsaussetzung gemäß Art. 32. Beachtlich ist außerdem Art. 26 MiFIR[4], der Betreiber von Handelsplätzen der Verpflichtung unterwirft, am Handelsplatz getätigte Geschäfte mit Finanzinstrumenten zu melden. Darüber hinaus sind die Vorgaben der MAR[5] einzuhalten.[6]

4   Art. 18 ff. sind eng mit der **DLT-PR** verzahnt, die **an die MiFID II anknüpft** und zugleich Sonderregelungen enthält. Diese sind teils strenger und erweitern den MiFID-Pflichtenkatalog, schaffen aber zugleich Ausnahmen. Denn die MiFID II-Regelungen für Handelsplattformen sind für Kryptowerte nur begrenzt tauglich. Zunächst steht der Zugang zu einem MTF gemäß Art. 19 Abs. 2 iVm Art. 53 Abs. 3 MiFID II nur einem eingeschränkten Teilnehmerkreis offen: dies sind Wertpapierfirmen, Kreditinstitute und

---

[1] Delegierte Verordnung (EU) 2017/584 der Kommission vom 14.7.2016 zur Ergänzung der RL 2014/65/EU des Europäischen Parlaments und des Rates durch technische Regulierungsstandards zur Festlegung der organisatorischen Anforderungen an Handelsplätze.
[2] Durchführungsverordnung (EU) 2016/824 der Kommission vom 25.5.2016 zur Festlegung technischer Durchführungsstandards in Bezug auf den Inhalt und das Format der Beschreibung der Funktionsweise multilateraler Handelssysteme und organisierter Handelssysteme sowie die Benachrichtigung der Europäischen Wertpapier- und Marktaufsichtsbehörde gemäß der Richtlinie 2014/65/EU des Europäischen Parlaments und des Rates über Märkte für Finanzinstrumente.
[3] ESMA, Q&A on MiFID and MiFIR market structures topics, ESMA70-872942901-38; zur Rechtsqualität und (privatrechtlichen) Bindungswirkung Ladler Soft Law, S. 152 ff.
[4] Verordnung (EU) Nr. 600/2014 des Europäischen Parlaments und des Rates vom 15.5.2014 über Märkte für Finanzinstrumente und zur Änderung der Verordnung (EU) Nr. 648/2012.
[5] Verordnung (EU) Nr. 596/2014 des Europäischen Parlaments und des Rates vom 16.4.2014 über Marktmissbrauch (Marktmissbrauchsverordnung) und zur Aufhebung der Richtlinie 2003/6/EG des Europäischen Parlaments und des Rates und der Richtlinien 2003/124/EG, 2003/125/EG und 2004/72/EG der Kommission.
[6] Siehe zu Folgepflichten auch Denga BKR 2022, 288 (293).

Personen, die die besonderen Voraussetzungen gemäß Art. 53 Abs. 3 lit. a–d erfüllen. Natürliche Personen erfüllen diese Voraussetzungen in der Regel nicht (→ Vor DLT-PR Rn. 8) und sind damit vom direkten **Zugang zu einem MTF ausgeschlossen.**[7] Diese Lücke wird durch die DLT-PR geschlossen: Diese knüpft zwar dem Grunde nach an die MiFID II-Vorgaben für Marktbetreiber an: Ein DLT-MTF ist ein MTF iSv Art. 4 Abs. 1 Nr. 22 MiFID II, das nur DLT-Finanzinstrumente zum Handel zulässt (Art. 2 Nr. 6 iVm Nr. 13 DLT-PR). Es unterliegt gemäß Art. 4 DLT-PR jenen Anforderungen, die nach der MiFID II für MTF gelten. Außerdem setzt eine Genehmigung gemäß Art. 8 ff. DLT-PR eine **aufrechte bzw. zeitgleich beantragte MiFID II-Zulassung** zum Betrieb eines MTF voraus (→ Vor DLT-PR Rn. 15; → DLT-PR Art. 8 Rn. 5 ff.). Allerdings können im Genehmigungsantrag **Befreiungen von bestimmten MiFID II-Vorgaben** beantragt werden, insbes. von den Zugangsvoraussetzungen gemäß Art. 19 Abs. 2 iVm Art. 53 Abs. 3 MiFID II (Art. 4 Abs. 2 DLT-PR), womit **DLT-MTF auch für Kleinanleger** zugänglich werden (s. Art. 4 Abs. 2 DLT-PR; → Vor DLT-PR Rn. 19). Rechtliche und faktische Hindernisse für eine Anwendung von Art. 18 ff. MiFID II auf Handelsplattformen für Kryptowerte bestehen aber auch dann im Hinblick auf die Verwahrung. Denn Art. 3 Abs. 2 UAbs. 1 CSDR[8] verlangt, dass auf einem Handelsplatz iSd MiFID gehandelte Wertpapiere im Effektengiro bei einem **Zentralverwahrer** eingebucht werden müssen. Dies erscheint bei Kryptowerten, die dezentral auf der Blockchain verbucht werden, aber nicht möglich.[9] Daher enthält die DLT-PR auch Vorgaben zu **DLT-Abwicklungssystemen,** die eine Abwicklung von Transaktionen mit DLT-Finanzinstrumenten mittels einer Ausnahme von Art. 3 CSDR ermöglichen (→ Art. 5 Abs. 2 DLT-PR Rn. 15 ff.). Erleichterungen bestehen auch im Bereich der **Folgepflichten,** zumal eine Ausnahmemöglichkeit von der Art. 26 MiFIR-Meldepflicht gemäß Art. 4 Abs. 3 DLT-PR von DLT-MTF in Anspruch genommen werden kann (→ DLT-PR Art. 4 Rn. 25 ff.).

Die DLT-PR unterwirft DLT-Marktinfrastrukturen einschließlich **DLT- 5 MTF Organisationspflichten,** die dem Grunde nach der MiFID II entsprechen. Vorzusehen sind u. a. Regelungen über den Zugang zum DLT-MTF und Interessenkonflikte, sowie ein Risikomanagement und robuste IT-Strukturen (Art. 7 Abs. 2, 4 DLT-PR). Um den „neuartigen" Risiken der Technologie zu begegnen,[10] werden darüber hinaus **strengere Anforderungen** vorgeschrieben. So ist u. a. ein Geschäftsplan zu erstellen, der die Nutzung der Technologie und die rechtlichen Bedingungen beschreibt (Art. 7 Abs. 1 DLT-PR). Darzulegen ist außerdem, inwieweit es durch den Einsatz der Technologie zu Abweichungen gegenüber einer herkömmlichen (Mi-

---

[7] Erwgr. Nr. 5 DLT-PR; Patz BKR 2019, 435 (437); Pekler/Rirsch/Tomanek ZFR 2020, 172 (174).
[8] Verordnung (EU) Nr. 909/2014 des Europäischen Parlaments und des Rates vom 23.7.2014 zur Verbesserung der Wertpapierlieferungen und -abrechnungen in der Europäischen Union und über Zentralverwahrer sowie zur Änderung der Richtlinien 98/26/EG und 2014/65/EU und der Verordnung (EU) Nr. 236/2012.
[9] Pekler/Rirsch/Tomanek ZFR 2020, 172 (175); diesen zust. Steiner in Hanzl/Pelzmann/Schragl 117 sowie Tuder/Ahari in Hanzl/Pelzmann/Schragl 93; dies erkennt auch die FMA an: https://www.fma.gv.at/kontaktstelle-fintech-sandbox/fintechnavigator/initial-coin-offering/; siehe zur Problematik auch ESMA, Advice, ESMA50-157-1391, Rn. 144 ff.
[10] Erwgr. Nr. 38 DLT-PR.

MiFID II Art. 18–20 RL 2014/65/EU (MiFID II)

FID-)Dienstleistungserbringung kommt (Art. 7 Abs. 3 DLT-PR). Näher zu den zusätzlichen Anforderungen der DLT-PR → DLT-PR Art. 7 Rn. 7 ff.

6 Auf Kryptowerte eigens zugeschnittene organisatorische Vorgaben enthält Art. 76 **MiCAR.** Auch die Anforderungen an Betreiber von Krypto-Handelsplattformen für MiCAR-Kryptowerte gemäß Art. 76 MiCAR sind **umfassender** als die allgemeinen Anforderungen gemäß Art. 18 ff. MiFID. Insbes. besteht eine besondere Prüfpflicht vor der Zulassung eines Kryptowerts zum Handel in Bezug auf die Zuverlässigkeit der verwendeten technischen Lösungen und eine potenzielle Verbindung zu illegalen Tätigkeiten oder den Leumund des Emittenten der Kryptowerte (Abs. 2). Konkretisiert werden außerdem insbes. die allgemeinen Anforderungen in Bezug auf den **Zugang zur Handelsplattform** (Abs. 1) und die **Systemfunktionalität** (Abs. 7). In diesen Bereichen können die Vorgaben der MiCAR in der konkreten Ausgestaltung der Organisationspflichten wichtige Anhaltspunkte liefern, zumal die zugrunde liegende Technologie und die damit einhergehenden Risiken unter der MiFID II und MiCAR vergleichbar und die MiFID-Regelungen nur vage und auslegungsbedürftig sind (→ Rn. 11 ff.). In anderen Bereichen ist die MiCAR wiederum **liberaler** als die MiFID; insbes. ist keine Mindestanzahl an Mitgliedern vorgegeben (zu all dem im Detail → MiCAR Art. 76 Rn. 10 ff.).

7 Damit besteht trotz der Einbeziehung von Krypto-Plattformen in das Finanzmarktrecht durch die DLT-PR und die MiCAR ein **Regulierungsgefälle** zwischen herkömmlichen Handelsplattformen und Krypto-Handelsplattformen. Auch innerhalb der Krypto-Handelsplattformen bestehen Unterschiede zwischen Handelsplattformen von als Finanzinstrumenten qualifizierten Kryptowerten und Handelsplattformen von anderen MiCAR-Kryptowerten. Dies kann wiederum Regulierungsarbitrage begünstigen, wenn und weil Betreiber bewusst ein Regelungsregime wählen.

II. Anwendungsbereich

8 Art. 18 enthält Vorgaben, die sowohl von **Betreibern von MTF** als auch von **Betreibern von OTF** zu erfüllen sind. Ein MTF ist gemäß Art. 4 Abs. 1 Nr. 22 ein von einer Wertpapierfirma oder einer Marktbetreiberin betriebenes multilaterales System, das die Interessen einer Vielzahl Dritter am Kauf und Verkauf von Finanzinstrumenten innerhalb des Systems nach nicht-diskretionären Regeln in einer Weise zusammenführt, die zu einem Vertrag gemäß den Bestimmungen des Titels II der (MiFID II) führt. Diese Definition ist technologieneutral;[11] auch **Plattformen zum Handel mit Kryptowerten** können demnach die Voraussetzungen eines **MTF** erfüllen, wenn sie Kauf- und Verkaufsaufträge von **als Finanzinstrumente** qualifizierten Kryptowerten ohne Ermessensspielraum zusammenführen, wobei die Preisbildung über das Handelssystem erfolgt.[12] Konsequenterweise benötigen sie dann auch eine entsprechende **Konzession,** weil der Betrieb eines MTF als eine Wertpapierdienstleistung zu qualifizieren ist, die ihrerseits einer Zulassung gemäß Teil II der MiFID II bedarf.[13]

---

[11] Erwgr. Nr. 9 f. DLT-PR; ESMA, Q&A, Abschnitt 5.2, Q 10 lit. b.
[12] Eingehend Schopper/Raschner ÖBA 2019, 249 (258 mwN).
[13] ESMA, Advice, ESMA50-157–1391, Rn. 111; allgemein Kalss/Oppitz/Zollner KapMarktR § 13 Rn. 18; Gruber BörseG 2018/Leitner-Baier § 1 Rn. 48.

Alternativ kann eine **Handelsplattform für Kryptowerte** die Vorausset- 9
zungen eines **OTF** erfüllen, wenn dem Marktbetreiber ein Ermessensspielraum zukommt.[14] Voraussetzung ist allerdings auch hier, dass nur als Finanzinstrumente qualifizierte Kryptowerte gehandelt werden unter der zusätzlichen Einschränkung, dass diese keine Eigenkapitalinstrumente bzw. Eigenkapitalinstrumenten vergleichbar sind.[15] Denn auf einem OTF dürfen gemäß Art. 4 Abs. 1 Nr. 23 nur Schuldverschreibungen, strukturierte Finanzprodukte, Emissionszertifikate oder Derivate gehandelt werden. Auch der Betrieb eines OTF ist eine Wertpapierdienstleistung und damit konzessionspflichtig.[16]

Vom Anwendungsbereich erfasst sind demnach **Handelsplattformen** 10
von als Finanzinstrumenten qualifizierten Kryptowerten, die als Intermediär zwischen Verkäufer und Käufer treten und damit als Handelsforum dienen (sog. **Krypto-Assets-Handelsplattformen mit Vermittlerinnentätigkeit**).[17] Zur Anwendbarkeit im Rahmen der **DLT-PR** bereits → Rn. 4 f.

III. Organisationspflichten

1. Allgemeine organisatorische Vorkehrungen (Abs. 1). Art. 18 ent- 11
hält eine Reihe von Organisationspflichten. Diese sind allgemein in Abs. 1 umschrieben und werden durch Abs. 2 ff. weiter konkretisiert. Abs. 1 stellt zunächst klar, dass Betreiber von MTF/OTF die organisatorischen Anforderungen gemäß **Art. 16** einhalten müssen. Außerdem haben sie **transparente Regeln und Verfahren** für einen fairen und ordnungsgemäßen Handel festzulegen und objektive **Kriterien für die Auftragsausführung** zu erstellen. Dies ergibt sich bereits aus der Legaldefinition eines MTF/OTF gemäß Art. 4 Abs. 1 Nr. 22/23, die vorab festgelegte Regelungen voraussetzen und wird in Art. 18 Abs. 2 und 3 näher konkretisiert. Dennoch sind die Anforderungen an Regelungen relativ weit umschrieben und auslegungsbedürftig;[18] wenige Hinweise sind insbes. den Q&A der ESMA zu entnehmen. Sicherzustellen ist gemäß Abs. 1 schließlich die **technische Funktionalität** des Systems, was eine Notfallplanungen für den Fall einer Systemstörung miteinschließt (zu den diesbezüglichen allgemeinen Vorgaben → MiFID Art. 16 Rn. 16).

2. Zugang zum MTF/OTF (Abs. 2 und 3). Betreiber von MTF/OTF 12
sind verpflichtet, Regelungen[19] für den Zugang zum MTF/OTF festlegen. Diese beziehen sich sowohl auf die innerhalb des MTF/OTF gehandelten Finanzinstrumente als auch den zugangsberechtigten Nutzerkreis. Gemäß Abs. 2 sind **Kriterien zur Bestimmung der Finanzinstrumente** festzulegen, die innerhalb des MTF/OTF gehandelt werden können. Dies umfasst eine gattungsmäßige Beschreibung; möglich ist auch die Festlegung spezi-

---

[14] Ein Ermessensspielraum wird auch durch den Einsatz von Algorithmen nicht ausgeschlossen: ESMA, Q&A, Abschnitt 5.2, Q 21.
[15] Schopper/Raschner ÖBA 2019, 249 (259 f.); Hanzl/Pelzmann/Schragl/Tuder/Ahari 92 f.
[16] Abschnitt A(9) Annex I MiFID II; zum öst. Recht bspw. Leitner-Baier in Gruber BörseG § 1 Rn. 51.
[17] Zu Einordnung und Formen von Krypto-Assets-Plattformen anschaulich Tuder/Ahari in Hanzl/Pelzmann/Schragl 89 ff.
[18] Gruber BörseG 2018/Alrt/von Schrader § 75 Rn. 16.
[19] Dies sind nach öst. Rechtslage AGB: § 75 Abs. 2 BörseG 2018.

MiFID II Art. 18–20 RL 2014/65/EU (MiFID II)

fischer Voraussetzungen wie zB ein bestimmtes Rating.[20] „Gegebenenfalls" sind „Informationen" – und damit systematisch zunächst die Regelungen zu den einbezogenen Finanzinstrumenten, aber dem Zweck der Bestimmung entsprechend weiter sämtliche Informationen, die für die Nutzung des MTF/OTF erforderlich sind[21]– öffentlich zur Verfügung zu stellen, sofern durch die Art der Nutzer und der Art der Finanzinstrumente erforderlich. Denn die Nutzer müssen in die Lage versetzt werden, sich ein ausreichendes, informiertes Urteil über die Anlagemöglichkeiten zu bilden. Die Veröffentlichungspflicht wird nach hA durch eine Veröffentlichung auf der Website des Betreibers erfüllt.[22]

13 Der **zugangsberechtigte Nutzerkreis** zu einem MTF wird durch Art. 19 Abs. 2 iVm 53 Abs. 3 abgegrenzt (bereits → Rn. 4). Für OTF bestehen keine besonderen Vorgaben. Innerhalb dieses allgemeinen Rahmens haben die Betreiber von MTF/OTF privatautonome Gestaltungsmöglichkeiten. Diese werden wiederum durch Art. 18 Abs. 3 begrenzt. Die Kriterien zum zugangsberechtigten Nutzerkreis müssen gemäß Abs. 3 transparent und nichtdiskriminierend sein, sowie auf objektiven Kriterien beruhen. **Transparenz** erfordert, dass die Regelungen einsehbar und nachvollziehbar sind.[23] Das Tatbestandsmerkmal der **Nichtdiskriminierung** schließt etwa das Erfordernis einer Mindesthandelsaktivität aus, weil andernfalls nur große Nutzer am MTF/OTF teilnehmen könnten. Ausgeschlossen ist weiters die Begrenzung der Interaktionen mit anderen Nutzern.[24] Auch die Zugangsregeln sind gemäß Abs. 3 zu veröffentlichen, was sich aber bereits aus dem Transparenzerfordernis bzw. der Information der Nutzer gemäß Abs. 2 ergibt (→ Rn. 12). Die Zugangsregeln sind außerdem beizubehalten und umzusetzen.

14 **3. Interessenkonflikte (Abs. 4).** Die Verpflichtung zu angemessenen Vorkehrungen zur Verhinderung von Interessenkonflikten ergibt sich bereits aus Art. 18 Abs. 1 iVm Art. 16 Abs. 3. Art. 18 Abs. 4 konkretisiert, dass ein Interessenkonflikt zwischen dem MTF/OTF und seinem Eigentümer, dem MTF/OTF und seinem Betreiber, den Anforderungen für die einwandfreie Funktionsweise des MTF/OTF bzw. dem Betrieb des MTF/OTF und den Mitgliedern bzw. Nutzern auftreten kann. Die Bestimmung verpflichtet Betreiber eines MTF/OTF dazu, Vorkehrungen zur **Identifikation** dieser Interessenkonflikte zu treffen und diese zu regeln.[25] Damit sind nachteilige Auswirkungen von Interessenkonflikten auf den Betrieb des MTF/OTF und auf die Marktteilnehmer zu ermitteln, ist der Umgang mit ihnen zu regeln und sind diese zu lösen. Über die **internen Organisationsvorkehrungen** hinaus sind Interessenkonflikte und die getroffenen internen Maßnahmen der NCA zu **melden**.[26]

---

[20] Gruber BörseG 2018/Arlt/von Schrader § 75 Rn. 24 mwN.
[21] Schwark/Zimmer/Röh WpHG § 72 Rn. 31; dem zust. Gruber BörseG 2018/Arlt/von Schrader § 75 Rn. 34.
[22] Kalss/Oppitz/Torggler/Winner/Wenzl BörseG § 75 Rn. 37; dem folgend Gruber BörseG 2018/Arlt/von Schrader § 75 Rn. 33.
[23] Kalss/Oppitz/Torggler/Winner/Oppitz BörseG § 21 Rn. 13.
[24] Zu diesen und weiteren Bsp. ESMA, Q&A, Abschnitt 5.1, Q 3.
[25] Näher Art. 33 DelVO 2017/565; zu Bsp. Siehe Schwark/Zimmer/Röh WpHG § 72 Rn. 55 ff.
[26] Art. 3 Abs. 2 DVO 2016/824.

4. Systemfunktionalität und elektronische Handelsanforderungen 15
(Abs. 5). Gemäß Abs. 5 haben Betreiber von MTF/OTF die Anforderungen der Art. 48 f. zu erfüllen. Damit haben sie die Belastbarkeit der Systeme und eine Notfallsicherung sicherzustellen, sowie die Vorschriften über den elektronischen Handel sowie Tick-Größen einzuhalten. Die Bestimmung ist zugleich eine Ergänzung von Art. 16 Abs. 4 und 5, die ihrerseits eine ordnungsgemäße Funktionsweise der Systeme und deren Sicherheit verlangen (→ MiFID Art. 16 Rn. 14 ff.).

5. Abrechnung (Abs. 6). Betreiber von MTF/OTF müssen einerseits die 16 erforderlichen Vorkehrungen treffen, um die Abrechnung der innerhalb des MTF/OTF geschlossenen Geschäfte zu erleichtern. Andererseits müssen sie die Mitglieder bzw. Teilnehmer über ihre Verantwortung für die Abrechnung der abgeschlossenen Geschäfte informieren (Abs. 6).[27]

6. Mindestanzahl an Mitgliedern (Abs. 7). Abs. 7 setzt die Mindest- 17 anzahl an Mitgliedern eines MTF/OTF fest. Demgemäß sind **mindestens drei aktive Mitglieder** erforderlich, die außerdem über die Möglichkeit verfügen, mit den übrigen Mitgliedern zum Zweck der Preisbildung in Kontakt zu treten.[28] Weniger als drei aktive Mitglieder führen zum Konzessionsentzug.[29]

Artikel 24 Allgemeine Grundsätze und Kundeninformation

(1) Die Mitgliedstaaten schreiben vor, dass eine Wertpapierfirma bei der Erbringung von Wertpapierdienstleistungen oder gegebenenfalls Nebendienstleistungen für ihre Kunden ehrlich, redlich und professionell im bestmöglichen Interesse ihrer Kunden handelt und insbesondere den Grundsätzen dieses Artikels und des Artikels 25 genügt.

(2) Wertpapierfirmen, die Finanzinstrumente zum Verkauf an Kunden konzipieren, sorgen dafür, dass diese Finanzinstrumente so ausgestaltet sind, dass sie den Bedürfnissen eines bestimmten Zielmarktes von Endkunden innerhalb der jeweiligen Kundengattung entsprechen, dass die Strategie für den Vertrieb der Finanzinstrumente mit dem bestimmten Zielmarkt vereinbar ist und dass die Wertpapierfirma zumutbare Schritte unternimmt um zu gewährleisten, dass das Finanzinstrument an den bestimmten Zielmarkt vertrieben wird.
Eine Wertpapierfirma muss die von ihr angebotenen oder empfohlenen Finanzinstrumente verstehen, die Vereinbarkeit der Finanzinstrumente mit den Bedürfnissen der Kunden, denen sie Wertpapierdienstleistungen erbringt, beurteilen und auch den in Artikel 16 Absatz 3 genannten Zielmarkt von Endkunden berücksichtigen sowie sicherstellen, dass Finanzinstrumente nur angeboten oder empfohlen werden, wenn dies im Interesse des Kunden liegt.

(3) Alle Informationen, einschließlich Marketing-Mitteilungen, die die Wertpapierfirma an Kunden oder potenzielle Kunden richtet, müssen

---

[27] Siehe auch Gruber BörseG 2018/Alrt/von Schrader § 75 Rn. 48 f.
[28] Wenzl in Kalss/Oppitz/Torggler/Winner BörseG § 75 Rn. 29.
[29] Im Ergebnis Alrt/von Schrader in Gruber BörseG § 75 Rn. 51. Anders Schwark/ Zimmer/Röh WpHG § 72 Rn. 61, der eine Einstellung des MTF/OTF durch den Betreiber verlangt.

redlich, eindeutig und nicht irreführend sein. Marketing-Mitteilungen müssen eindeutig als solche erkennbar sein.

(4) Kunden und potenziellen Kunden sind angemessene Informationen über die Wertpapierfirma und ihre Dienstleistungen, die Finanzinstrumente und die vorgeschlagenen Anlagestrategien, Ausführungsorte und sämtliche Kosten und verbundenen Gebühren rechtzeitig zur Verfügung zu stellen. Diese Informationen enthalten das Folgende:

a) wird eine Anlageberatung erbracht, informiert die Wertpapierfirma den Kunden rechtzeitig vor dieser Beratung darüber,
  i) ob die Beratung unabhängig erbracht wird oder nicht;
  ii) ob die Beratung sich auf eine umfangreiche oder eine eher beschränkte Analyse verschiedener Arten von Finanzinstrumenten stützt und insbesondere ob die Palette an Finanzinstrumenten auf Finanzinstrumente beschränkt ist, die von Einrichtungen emittiert oder angeboten wurden, die in enger Verbindung zu der Wertpapierfirma stehen oder andere rechtliche oder wirtschaftliche Verbindungen, wie etwa Vertragsbeziehungen, zu dieser unterhalten, die so eng sind, dass das Risiko besteht, dass die Unabhängigkeit der Beratung beeinträchtigt wird;
  iii) ob die Wertpapierfirma dem Kunden eine regelmäßige Beurteilung der Eignung der Finanzinstrumente bietet, die diesem Kunden empfohlen wurden;
b) die Information zu Finanzinstrumenten und vorgeschlagenen Anlagestrategien muss geeignete Leitlinien und Warnhinweise zu den mit einer Anlage in diese Finanzinstrumente oder mit diesen Anlagestrategien verbundenen Risiken und zu der Frage umfassen, ob die Finanzinstrumente für Kleinanleger oder professionelle Kunden bestimmt sind, wobei der bestimmte Zielmarkt im Einklang mit Absatz 2 zu berücksichtigen ist;
c) die Information zu sämtlichen Kosten und Nebenkosten muss Informationen sowohl in Bezug auf Wertpapierdienstleistungen als auch auf Nebendienstleistungen, einschließlich gegebenenfalls der Beratungskosten, der Kosten des dem Kunden empfohlenen oder an ihn vermarkteten Finanzinstruments und der diesbezüglichen Zahlungsmöglichkeiten des Kunden sowie etwaiger Zahlungen durch Dritte, umfassen.

Die Informationen über Kosten und Nebenkosten, einschließlich Kosten und Nebenkosten im Zusammenhang mit der Wertpapierdienstleistung und dem Finanzinstrument, die nicht durch das zugrundeliegende Marktrisiko verursacht werden, sind zusammenzufassen, um es den Kunden zu ermöglichen, die Gesamtkosten sowie die kumulative Wirkung auf die Rendite der Anlage verstehen kann, und — falls der Kunde dies verlangt — ist eine Aufstellung nach Posten zur Verfügung zu stellen. Gegebenenfalls werden solche Informationen dem Kunden regelmäßig, mindestens aber jährlich, während Laufzeit der Anlage zur Verfügung gestellt.

Wenn die Vereinbarung, ein Finanzinstrument zu kaufen oder zu verkaufen, unter Verwendung eines Fernkommunikationsmittels geschlossen wird, das eine vorherige Übermittlung der Informationen über Kosten und Gebühren verhindert, kann die Wertpapierfirma dem Kunden diese Informationen über Kosten und Nebenkosten unmittelbar nach Geschäftsabschluss entweder in elektronischer Form oder auf Papier,

wenn ein Kleinanleger darum ersucht, übermitteln, sofern beide folgenden Bedingungen erfüllt sind:
i) der Kunde hat eingewilligt, die Informationen unverzüglich nach dem Geschäftsabschluss zu erhalten;
ii) die Wertpapierfirma hat dem Kunden die Möglichkeit eingeräumt, den Geschäftsabschluss aufzuschieben, bis er die Informationen erhalten hat.

Zusätzlich zu den Anforderungen des Unterabsatzes 3 muss die Wertpapierfirma dem Kunden die Möglichkeit einräumen, vor Abschluss des Geschäfts über das Telefon Informationen über Kosten und Entgelte zu erhalten.

(5) Die in den Absätzen 4 und 9 genannten Informationen werden auf verständliche und eine solche Weise zur Verfügung gestellt, dass die Kunden bzw. potenziellen Kunden nach vernünftigem Ermessen die genaue Art und die Risiken der Wertpapierdienstleistungen und des speziellen Typs von Finanzinstrument, der ihnen angeboten wird, verstehen können und somit auf informierter Grundlage Anlageentscheidungen treffen können. Die Mitgliedstaaten können zulassen, dass diese Informationen in standardisierter Form zur Verfügung gestellt werden.

(5a) Wertpapierfirmen stellen ihren Kunden oder potenziellen Kunden alle gemäß dieser Richtlinie zur Verfügung zu stellenden Informationen in elektronischer Form bereit, es sei denn, der Kunde oder potenzielle Kunde ist ein Kleinanleger oder potenzieller Kleinanleger, der darum gebeten hat, die Informationen in Papierform zu erhalten; in diesem Fall werden die Informationen kostenlos in Papierform bereitgestellt.

Wertpapierfirmen setzen Kleinanleger oder potenzielle Kleinanleger darüber in Kenntnis, dass sie die Möglichkeit haben, die Informationen in Papierform zu erhalten.

Wertpapierfirmen setzen bestehende Kunden, die die gemäß dieser Richtlinie zur Verfügung zu stellenden Informationen in Papierform erhalten haben, spätestens acht Wochen vor dem Versenden der Informationen in elektronischer Form darüber in Kenntnis, dass sie diese in elektronischer Form erhalten werden. Wertpapierfirmen setzen diese bestehenden Kunden darüber in Kenntnis, dass sie die Wahl haben, die Informationen entweder weiterhin in Papierform oder künftig in elektronischer Form zu erhalten. Wertpapierfirmen setzen bestehende Kunden zudem darüber in Kenntnis, dass ein automatischer Wechsel zur elektronischen Form stattfinden wird, wenn diese innerhalb der Frist von acht Wochen nicht mitteilen, dass sie die Informationen weiterhin in Papierform erhalten möchten. Bestehende Kunden, die die gemäß dieser Richtlinie zur Verfügung zu stellenden Informationen bereits in elektronischer Form erhalten, müssen nicht informiert werden.

(6) Wird eine Wertpapierdienstleistung als Teil eines Finanzprodukts angeboten, das in Bezug auf die Informationspflichten bereits anderen Bestimmungen des Unionsrechts in den Bereichen Kreditinstitute und Verbraucherkredite unterliegt, unterliegt diese Dienstleistung nicht zusätzlich den Anforderungen der Absätze 3, 4 und 5.

(7) Informiert eine Wertpapierfirma den Kunden darüber, dass die Anlageberatung unabhängig erbracht wird, dann
a) bewertet diese Wertpapierfirma eine ausreichende Palette von auf dem Markt angebotenen Finanzinstrumenten, die hinsichtlich ihrer Art und Emittenten oder Produktanbieter hinreichend gestreut sein müs-

sen, um zu gewährleisten, dass die Anlageziele des Kunden in geeigneter Form erreicht werden können, und sie dürfen nicht auf Finanzinstrumente beschränkt sein, die
   i) von der Wertpapierfirma selbst oder von Einrichtungen emittiert oder angeboten werden, die in enger Verbindung zur Wertpapierfirma stehen,
   ii) von anderen Einrichtungen emittiert oder angeboten werden, zu denen die Wertpapierfirma so enge rechtliche oder wirtschaftliche Beziehungen, wie etwa Vertragsbeziehungen, unterhält, dass das Risiko besteht, dass die Unabhängigkeit der Beratung beeinträchtigt wird,
b) ist es dieser Wertpapierfirma nicht gestattet, für die Erbringung der Dienstleistung an die Kunden Gebühren, Provisionen oder andere monetäre und nichtmonetäre Vorteile einer dritten Partei oder einer Person, die im Namen einer dritten Partei handelt, anzunehmen und zu behalten. Kleinere nichtmonetäre Vorteile, die die Servicequalität für den Kunden verbessern können und die von ihrem Umfang und ihrer Art her nicht vermuten lassen, dass sie die Einhaltung der Pflicht der Wertpapierfirma, im bestmöglichen Interesse ihrer Kunden zu handeln, beeinträchtigen, sind unmissverständlich offenzulegen und fallen nicht unter diesen Buchstaben.

(8) Bietet die Wertpapierfirma ein Portfolio-Management an, ist es ihr nicht gestattet, für die Erbringung der Dienstleistung an die Kunden Gebühren, Provisionen oder andere monetäre oder nichtmonetäre Vorteile einer dritten Partei oder einer Person, die im Namen einer dritten Partei handelt, anzunehmen und zu behalten. Kleinere nichtmonetäre Vorteile, die die Servicequalität für den Kunden verbessern können und die von ihrem Umfang und ihrer Art her nicht vermuten lassen, dass sie die Einhaltung der Pflicht der Wertpapierfirma, im bestmöglichen Interesse ihrer Kunden zu handeln, beeinträchtigen, sind unmissverständlich offenzulegen und fallen nicht unter diesen Absatz.

(9) Die Mitgliedstaaten tragen dafür Sorge, dass nicht davon ausgegangen wird, dass Wertpapierfirmen ihre Verpflichtungen nach Artikel 23 oder Absatz 1 dieses Artikel erfüllen, wenn sie eine Gebühr oder Provision zahlen oder eine Gebühr oder Provision erhalten oder einen nichtmonetären Vorteil im Zusammenhang mit der Erbringung einer Wertpapierdienstleistung oder einer Nebendienstleistung einer Partei gewähren oder von einer Partei erhalten, sofern es sich bei dieser Partei nicht um den Kunden oder eine Person handelt, die im Auftrag des Kunden tätig wird, es sei denn, die Provision oder der Vorteil
a) ist dazu bestimmt, die Qualität der jeweiligen Dienstleistung für den Kunden zu verbessern, und
b) beeinträchtigt nicht die Erfüllung der Pflicht der Wertpapierfirma, im bestmöglichen Interesse der Kunden zu handeln.

Die Existenz, die Art und der Betrag der in Unterabsatz 1 genannten Gebühr oder Provision oder – wenn der Betrag nicht feststellbar ist – die Art und Weise der Berechnung dieses Betrages müssen dem Kunden vor Erbringung der betreffenden Wertpapier- oder Nebendienstleistung in umfassender, zutreffender und verständlicher Weise unmissverständlich offen gelegt werden. Gegebenenfalls hat die Wertpapierfirma den Kunden über den Mechanismus für die Weitergabe der Gebühren, Provisionen und monetären oder nicht-monetären Vorteile an den Kunden zu unter-

richten, die sie im Zusammenhang mit der Erbringung der Wertpapierdienstleistung und Nebenleistung eingenommen hat.
Die Zahlung oder der Vorteil, die bzw. der die Erbringung von Wertpapierdienstleistungen – wie Verwahrungsgebühren, Abwicklungs- und Handelsplatzgebühren, Verwaltungsabgaben oder gesetzliche Gebühren – ermöglicht oder für sie notwendig ist und wesensbedingt keine Konflikte mit der Verpflichtung der Wertpapierfirma hervorrufen kann, im besten Interesse ihrer Kunden ehrlich, redlich und professionell zu handeln, unterliegt nicht der Anforderung nach Unterabsatz 1.

(9a) Die Mitgliedstaaten sorgen dafür, dass die Bereitstellung von Analysen durch Dritte an Wertpapierfirmen, die Portfolioverwaltungs- oder andere Wertpapierdienstleistungen oder Nebendienstleistungen für Kunden erbringen, als Erfüllung der Verpflichtungen nach Absatz 1 gilt, wenn

a) vor der Erbringung der Ausführungs- oder Analysedienstleistungen eine Vereinbarung zwischen der Wertpapierfirma und dem Analyseanbieter getroffen wurde, in der festgelegt ist, welcher Teil der kombinierten Gebühren oder gemeinsamen Zahlungen für Ausführungsdienstleistungen und Analysen auf Analysen entfallen,
b) die Wertpapierfirma ihre Kunden über die gemeinsamen Zahlungen für Ausführungsdienstleistungen und Analysen informiert, die an die Drittanbieter von Analysen geleistet werden, und
c) die Analysen, für die die kombinierten Gebühren oder die gemeinsame Zahlung geleistet werden, betreffen Emittenten, die in den 36 Monaten vor der Bereitstellung der Analysen eine Marktkapitalisierung von 1 Mrd. EUR nicht überschritten haben, ausgedrückt durch die Notierungen am Jahresende die Jahre, in denen sie notiert sind oder waren, oder durch das Eigenkapital für die Geschäftsjahre, in denen sie nicht notiert sind oder waren.

Zum Zwecke dieses Artikels bezeichnet der Ausdruck „Analysen" Analysematerial oder Analysedienste in Bezug auf eines oder mehrere Finanzinstrumente oder sonstige Vermögenswerte oder die Emittenten bzw. potenziellen Emittenten von Finanzinstrumenten oder auf Analysematerial oder -dienstleistungen, die in engem Zusammenhang mit zu einem bestimmten Wirtschaftszweig oder Markt stehen, sodass die Analysen die Grundlage für die Einschätzung von Finanzinstrumenten, Vermögenswerten oder Emittenten des Wirtschaftszweigs oder des Marktes liefern.

Zu Analyse gehören auch Material oder Dienstleistungen, mit denen explizit oder implizit eine Anlagestrategie empfohlen oder nahegelegt und eine fundierte Stellungnahme zum aktuellen oder künftigen Wert oder Preis solcher Instrumente oder Vermögenswerte abgegeben oder anderweitig eine Analyse und neuartige Erkenntnisse vermittelt werden und auf der Grundlage neuer oder bereits vorhandener Informationen Schlussfolgerungen gezogen werden, die genutzt werden könnten, um eine Anlagestrategie zu begründen, und die für die Entscheidungen, die die Wertpapierfirma für die die Analysegebühr entrichtenden Kunden trifft, relevant und von Mehrwert sein könnten.

(10) Eine Wertpapierfirma, die Wertpapierdienstleistungen für Kunden erbringt, stellt sicher, dass sie die Leistung ihrer Mitarbeiter nicht in einer Weise vergütet oder bewertet, die mit ihrer Pflicht, im bestmöglichen Interesse ihrer Kunden zu handeln, kollidiert. Insbesondere trifft sie keine Vereinbarung im Wege der Vergütung, Verkaufsziele oder auf sonstigem

Wege, die ihre Mitarbeiter verleiten könnte, einem Kleinanleger ein bestimmtes Finanzinstrument zu empfehlen, obwohl die Wertpapierfirma ein anderes, den Bedürfnissen des Kunden besser entsprechendes Finanzinstrument anbieten könnte.

(11) Wird eine Wertpapierdienstleistung zusammen mit einer anderen Dienstleistung oder einem Produkt als Teil eines Pakets oder als Bedingung für dieselbe Vereinbarung bzw. dasselbe Paket angeboten, informiert die Wertpapierfirma den Kunden darüber, ob die verschiedenen Bestandteile getrennt voneinander gekauft werden können, und erbringt für jeden Bestandteil einen getrennten Nachweis über Kosten und Gebühren.

Besteht die Wahrscheinlichkeit, dass sich die mit solchen einem Kleinanleger angebotenen Vereinbarungen bzw. Paketen verbundenen Risiken von den mit den einzelnen Bestandteilen verknüpften Risiken unterscheiden, legt die Wertpapierfirma eine angemessene Beschreibung der verschiedenen Bestandteile der Vereinbarung bzw. des Pakets vor, in der auch dargelegt wird, inwiefern deren Wechselwirkung die Risiken verändert.

Die ESMA arbeitet gemeinsam mit der EBA und der EIOPA spätestens bis zum 3. Januar 2016 Leitlinien für die Bewertung und die Beaufsichtigung von Querverkäufen aus, in denen insbesondere Situationen beschrieben werden, in denen Querverkäufe die Verpflichtungen von Absatz 1 nicht erfüllen, und aktualisiert diese in regelmäßigen Abständen.

(12) Die Mitgliedstaaten können den Wertpapierfirmen in Ausnahmefällen zusätzliche Anforderungen vorschreiben, die Sachverhalte betreffen, die durch diesen Artikel geregelt werden. Diese Anforderungen müssen sachlich gerechtfertigt und verhältnismäßig sein und der Steuerung spezifischer Risiken für den Anlegerschutz oder die Marktintegrität, die angesichts der Umstände der Marktstruktur dieses Mitgliedstaats besonders bedeutsam sind, dienen.

Die Mitgliedstaaten teilen der Kommission unverzüglich und mindestens zwei Monate vor Inkrafttreten der betreffenden Anforderung etwaige Anforderungen mit, die sie gemäß diesem Absatz vorzuschreiben beabsichtigen. Die Mitteilung enthält eine Begründung für diese Anforderung. Durch solche zusätzlichen Anforderungen werden die Rechte von Wertpapierfirmen nach den Artikeln 34 und 35 dieser Richtlinie nicht eingeschränkt oder in sonstiger Weise berührt.

Die Kommission nimmt innerhalb von zwei Monaten ab der Mitteilung gemäß Unterabsatz 2 zu der Verhältnismäßigkeit und der Begründung der zusätzlichen Anforderungen Stellung.

Die Kommission unterrichtet die Mitgliedstaaten über die zusätzlichen Anforderungen, die sie gemäß diesem Absatz vorschreibt, und veröffentlicht sie auf ihrer Website.

Die Mitgliedstaaten dürfen zusätzliche Anforderungen beibehalten, die der Kommission im Einklang mit Artikel 4 der Richtlinie 2006/73/EG vor dem 2. Juli 2014 gemeldet wurden, sofern die in dieser Bestimmung festgelegten Bedingungen erfüllt sind.

(13) Der Kommission wird die Befugnis übertragen, delegierte Rechtsakte gemäß Artikel 89 zu erlassen, um sicherzustellen, dass die Wertpapierfirmen bei der Erbringung von Wertpapierdienstleistungen oder Nebendienstleistungen für ihre Kunden die in diesem Artikel vorgeschriebenen Grundsätze einhalten; hierzu zählen:

a) die Bedingungen, die Informationen erfüllen müssen, um redlich, eindeutig und nicht irreführend zu sein,
b) Einzelheiten zu Inhalt und Form der Kundeninformationen im Hinblick auf die Kundeneinstufung, die Wertpapierfirmen und ihre Dienstleistungen, die Finanzinstrumente und die Kosten und Gebühren,
c) die Kriterien für die Bewertung einer Auswahl von auf dem Markt angebotenen Finanzinstrumenten,
d) die Kriterien, anhand derer beurteilt wird, ob Firmen, die Anreize erhalten, die Pflicht erfüllen, ehrlich, redlich und professionell im bestmöglichen Interesse ihrer Kunden zu handeln.

Bei der Aufstellung der Anforderungen für Informationen zu Finanzinstrumenten in Bezug auf Absatz 4 Buchstabe b sind gegebenenfalls Informationen über die Struktur des Produkts unter Berücksichtigung der entsprechenden nach Unionsrecht vorgeschriebenen standardisierten Informationen einbezogen werden.

(14) Bei den in Absatz 13 genannten delegierten Rechtsakten sind folgende Aspekte zu berücksichtigen:
a) die Art der den Kunden oder potenziellen Kunden angebotenen oder für diese erbrachten Dienstleistung(en) unter Berücksichtigung von Typ, Gegenstand, Umfang und Häufigkeit der Geschäfte;
b) die Art und die Palette der anM.gebotenen oder in Betracht gezogenen Produkte, einschließlich der unterschiedlichen Arten von Finanzinstrumenten;
c) ob es sich bei den Kunden oder potenziellen Kunden um Kleinanleger oder professionelle Anleger handelt oder im Fall von Absatz 4 und Absatz 5 deren Einstufung als geeignete Gegenpartei.

Übersicht

	Rn.
I. Einführung	1
1. Literatur	1
2. Regelungsinhalt und -zweck	2
3. Normativer Kontext	4
II. Anwendungsbereich	8
III. Kryptobezogene Zielmarktbestimmung	9
IV. Information über Kryptowerte	11

I. Einführung

1. Literatur. *Assmann*, Europäisches Kapitalmarktrecht: Das Verhältnis 1 von Aufsichtsrecht und Zivilrecht, in *Braumüller/Ennöckl/Gruber/Raschauer*, Aktuelles Finanzmarktrecht: Band zur ZFR-Jahrestagung 2009 (2010) 23 (27); *BaFin*, Verbraucherschutz – Bitcoin, Ether und Co.: Anlagen in Kryptowerte sind riskant, 7. Februar 2022 https://www.bafin.de/DE/Verbraucher/GeldanlageWertpapiere/verbraucher_kryptowerte.html; *Baum*, Das Spannungsverhältnis zwischen dem funktionalen Zivilrecht der „Wohlverhaltensregeln" des WpHG und dem allgemeinem Zivilrecht, ÖBA 2013, 396; *Brandl/Klausberger* in *Brandl/Saria*, WAG 2018, 2. Aufl, § 47 (5. Lfg Mai 2018); *ESA*, EU-Finanzbehörden warnen Verbraucher vor den Risiken von Kryptowerten, ESA 2022 15, https://www.esma.europa.eu/sites/default/files/library/esa_2022_15_joint_esas_warning_on_crypto-assets_de.pdf; *ESMA*, Advice: Initial Coin Offerings and Crypto-Assets, ESMA50-157-1391 https://www.esma.europa.eu/sites/default/files/library/esma50-157-1391_crypto_advice.pdf; *ESMA*, Leitlinien zu den Produktüberwachungsanforderungen der MiFID, ESMA35-43-3448 https://www.esma.europa.eu/sites/default/files/2023-08/ESMA35-43-3448_Guidelines_on_product_governance_DE.pdf; *Fett* in *Schwark/Zimmer*, Kapitalmarktrechts-Kommentar, 5. Aufl. 2020, § 80 WpHG; *Kalss/Oppitz/Zollner*, Kapitalmarktrecht, 2. Aufl. 2015; *Knobl*, Bedeutung und unionsrechtliche Hintergründe der Wohlverhaltensregeln unter dem WAG 2018, ÖBA 2018, 410; *Ladler*, Soft Law und Sorgfaltspflichten: Strukturprinzipien im Unternehmens- und Wirtschaftsrecht, 2023; *Mock* in *Seibt/Buck-Heeb/Harnos*, BeckOK Wertpapierhandelsrecht, 8. Aufl. Stand 1.6.2023, § 80 WpHG; *Rothenhöfer* in *Schwark/Zimmer*, Kapitalmarktrechts-Kommentar, 5. Aufl. 2020, Vor §§ 63 ff. WpHG, § 63 WpHG; *Stadler/Chochola*, Kryptowährungen: Aufklärungspflichten im Verhältnis Unternehmer – Verbraucher, ecolex 2017, 641.

2 **2. Regelungsinhalt und -zweck.** Art. 24 ist Auftakt der sog. **Wohlverhaltenspflichten**[1]. Diese legen fest, wie sich die Wertpapierfirma gegenüber ihren Kunden zu verhalten hat. Entsprechend breit und unterschiedlich ist auch der in Art. 24 f. enthaltene Pflichtenkanon, der vielfältige Lebenssachverhalte abdeckt.[2] Art. 24 Abs. 1 normiert den allgemeinen Grundsatz, dass Wertpapierfirmen stets ehrlich, redlich und professionell im bestmöglichen Interesse des Kunden handeln müssen. Art. 24 Abs. 2–11 enthalten Sondertatbestände[3] zur Zielmarktbestimmung, Information des Kunden, Vorteilsannahme sowie zu Finanzanalysen. Konkretisiert und erweitert werden die Verpflichtungen durch DelVO 2017/565[4], und durch DelRL 2017/593[5]. Außerdem sind die ESMA-Leitlinien zu den Produktüberwachungsanforderungen der MiFID II[6] beachtlich.

3 Die Wohlverhaltenspflichten dienen vorrangig dem **Anlegerschutz**.[7] Damit wird zugleich der Schutz der **Finanzsystemstabilität** sichergestellt, weil durch Verhaltenspflichten der Wertpapierfirmen das Vertrauen in den Kapitalmarkt gestärkt wird. Der Schutz des Finanzsystems ist dabei keine Reflexwirkung des Anlegerschutzes, sondern eigenständiges Regelungsziel.[8]

---

[1] Erwgr. Nr. 70 MiFID II. Der Begriff bezeichnet die Handlungs- und Unterlassungspflichten zur Wahrung der Anlegerinteressen sowie die damit verbundenen Organisationspflichten: Kalss/Oppitz/Zollner KapMarktR § 5 Rn. 1.
[2] Bspw. Brandl/Saria/Brandl/Klausberger WAG § 47 Rn. 1.
[3] Zu diesem Verständnis Brandl/Saria/Brandl/Klausberger WAG § 47 Rn. 39 ff.; diesen folgend Kalss/Oppitz/Zollner KapMarktR § 5 Rn. 82.
[4] Delegierte Verordnung (EU) 2017/565 der Kommission vom 25.4.2016 zur Ergänzung der Richtlinie 2014/65/EU des Europäischen Parlaments und des Rates in Bezug auf die organisatorischen Anforderungen an Wertpapierfirmen und die Bedingungen für die Ausübung ihrer Tätigkeit sowie in Bezug auf die Definition bestimmter Begriffe für die Zwecke der genannten Richtlinie.
[5] Delegierte Richtlinie (EU) 2017/593 der Kommission vom 7.4.2016 zur Ergänzung der Richtlinie 2014/65/EU des Europäischen Parlaments und des Rates im Hinblick auf den Schutz der Finanzinstrumente und Gelder von Kunden, Produktüberwachungspflichten und Vorschriften für die Entrichtung beziehungsweise Gewährung oder Entgegennahme von Gebühren, Provisionen oder anderen monetären oder nicht-monetären Vorteilen.
[6] ESMA, Leitlinien zu den Produktüberwachungsanforderungen, ESMA35-43-3448.
[7] Erwgr. Nr. 70 MiFID II; so auch der öst. Gesetzgeber: 1661 BlgNR 25. GP 37.
[8] Vgl. Erwgr. Nr. 4, 37 MiFID II; deutlich Schwark/Zimmer/Rothenhöfer WpHG Vor §§ 63 ff. Rn. 1.

3. Normativer Kontext. Systematisch ist Art. 24 eng mit einer Reihe 4
anderer Bestimmungen verflochten. Gemäß Abs. 1 ist das bestmögliche Interesse des Kunden insbes. dann gewahrt, wenn in Einklang mit Art. 24 und
Art. 25 gehandelt wird. Damit wird in einer Gesamtschau durch einen
mehrstufigen Prozess sichergestellt, dass ein Kunde eine auf ihn **zugeschnittene Anlageentscheidung** tätigt: Bereits in der Konzeption eines
Produkts ist auf einer ersten Stufe der Zielmarkt zu definieren, um einen
Vertrieb an ungeeignete Anleger auszuschließen. Der vom Konzepteur vorgegebene Zielmarkt ist durch den Vertrieb auf einer zweiten Stufe mit dem
Zielmarkt des Endkunden abzugleichen (Art. 24 Abs. 2, → Rn. 9 f.). Innerhalb der hierdurch gefilterten Produkte ist auf einer dritten Stufe eine
individuelle Eignungs- bzw. Angemessenheitsprüfung des Kunden durchzuführen[9] (Art. 25 Abs. 2 f.; näher → MiFID Art. 25 Rn. 6 f.). Die hierdurch
gewährleistete Auswahl von dem Kunden entsprechenden Finanzinstrumenten wird durch umfangreiche Aufklärungspflichten ergänzt (Art. 24 Abs. 4,
→ Rn. 11 ff.).

Außerdem sind die Wohlverhaltenspflichten mit den **organisatorischen** 5
Vorkehrungen gemäß Art. 16 verzahnt: Wertpapierfirmen sind dem bestmöglichen Interesse des Kunden verpflichtet, was durch Art. 24 Abs. 1 Ausdruck findet und für den Bereich der Vorteilsannahme durch Abs. 8 f. konkretisiert wird. Dies setzt auch die Unterbindung von allfälligen Interessenkonflikten gemäß Art. 23 voraus, was vorrangig durch organisatorische
Vorkehrungen gemäß Art. 16. Abs. 3 erreicht wird. Auch die Produktüberwachungspflichten und damit einhergehende Zielmarktbestimmung gemäß
Art. 24 Abs. 2 sind gemäß Art. 16 Abs. 3 durch organisatorische Vorkehrungen sicherzustellen.[10]

Dogmatisch sind die Wohlverhaltenspflichten öffentlich-rechtliches Auf- 6
sichtsrecht, regeln aber **funktionell Zivilrecht**.[11] Nach hA geht damit aber
kein Vorrang vor dem allgemeinen Zivilrecht einher, sondern besteht eine
Ausstrahlungswirkung der Wohlverhaltenspflichten auf die korrespondierenden zivilrechtlichen Regelungen: MaW sind die Wohlverhaltenspflichten
in der zivilrechtlichen Beurteilung zu berücksichtigen, weil andernfalls die
Effektivität des Unionsrechts gehindert würde, ohne dass aber eine Bindung
an das Aufsichtsrecht besteht.[12] Damit ist mit einer Verletzung der Wohlverhaltenspflichten nicht notwendigerweise zugleich eine zivilrechtliche Haftungsfolge verbunden; vielmehr wird dies im jeweiligen Einzelfall zu prüfen
sein.

Regulierungsgefälle MiFID II/MiCAR: Die Wohlverhaltenspflichten 7
der MiCAR sind systematisch verstreut: Art. 66 normiert den allgemeinen

---

[9] Die Zielmarktbestimmung ist zusätzlich und vor der Eignungs- und Angemessenheitsprüfung durchzuführen: ESMA-Leitlinien, ESMA35-43-3448, Rn. 41.
[10] Diese Verzahnung wird insbes. in der Umsetzung durch den dt. Gesetzgeber in § 80 WpHG deutlich, der Art. 16, 17, 23 und 24 gemeinsam umsetzt.
[11] Zum Begriff Braumüller/Ennöckl/Gruber/Raschauer/Assmann, Aktuelles Finanzmarktrecht, S. 23 (27); Baum ÖBA 2013, 396 (397). Näher zB Brandl/Saria/Brandl/Klausberger WAG § 47 Rn. 10 ff.
[12] Siehe dazu auch Ladler Soft Law, S. 167 ff.; zur Diskussion Kalss/Oppitz/Zollner KapMarktR § 1 Rn. 119 ff.; § 5 Rn. 16; Schwark/Zimmer/Rothenhöfer WpHG Vor §§ 63 ff. Rn. 9 ff. In diesem Sinne hat auch der EuGH zur auf die Niederlassungsfreiheit gemäß Art. 53 Abs. 1 AEUV gestützten MiFID I ausgesprochen, dass die Mitgliedstaaten „die vertraglichen Folgen eines Verstoßes gegen diese Verpflichtungen festzulegen [haben], wobei die Grundsätze der Äquivalenz und der Effektivität beachtet werden müssen": EuGH C-604/11 Rn. 57 – Bankinter.

MiFID II Art. 24

Grundsatz, sich ehrlich, redlich und zum Interesse des Kunden zu verhalten; dieser ist der MiFID II entsprechend mit organisatorischen Anforderungen zur Vermeidung von Interessenkonflikten gemäß Art. 72 verzahnt. Sondertatbestände zur Eignungsprüfung, Information des Kunden und Vorteilsannahme finden sich in Art. 81. Trotz dieses grundsätzlichen Gleichlaufs mit der MiFID II bestehen wesentliche Unterschiede: Anders als Art. 24 f. MiFID enthält die MiCAR keine Vorgaben zur **Zielmarktbestimmung und Angemessenheitsprüfung** (dazu → Art. 25 Rn. 11 f.). Hingegen ist die **Information** des Anlegers unter der MiCAR granularer geregelt als unter der MiFID. Art. 81 Abs. 9 enthält inhaltliche Anforderungen zur Information über Kryptowerte: hinzuweisen ist auf potenzielle Wertschwankungen, Wertverluste, die Illiquidität von Kryptowerten sowie deren allfällige Ausnahme von Anlegerentschädigungs- und Einlagensicherungssystemen (näher → MiCAR Art. 81 Rn. 53 f.). Die MiFID II macht hingegen nur allgemeine Vorgaben für sämtliche Finanzinstrumente, die an MiFID-Kryptowerte anzupassen sind (näher → Rn. 11 ff.). Auch lassen die MiFID-Aufklärungspflichten Abstufungen zwischen Anlegern zu. Damit wirft die MiFID II Auslegungsfragen zu Inhalt und Umfang der kryptobezogenen Aufklärung auf, in deren Beantwortung die MiCAR durchaus eine Orientierung bieten kann. Zugleich eröffnet die MiFID II aber einen weiteren Handlungsspielraum, womit im Ergebnis kein Gleichlauf zwischen den MiFID- und MiCAR-Pflichten besteht.

II. Anwendungsbereich

8   Die Wohlverhaltenspflichten sind von Wertpapierfirmen **bei der Erbringung von Wertpapierdienstleistungen oder gegebenenfalls Nebendienstleistungen** zu erfüllen. Wertpapierdienstleistungen sind gemäß Art. 4 Abs. 1 Nr. 2 jene in Anhang I Abschnitt A genannten Tätigkeiten, die sich ihrerseits auf Finanzinstrumente gemäß Abschnitt C beziehen. Soweit Kryptowerte Finanzinstrumente unter der MiFID II sind (→ Anhang I MiFID II Rn. 8 ff., 33 ff.), sind die Wohlverhaltenspflichten gemäß Art. 24 f. bei der Erbringung von Wertpapierdienstleistungen anwendbar. Nebentätigkeiten sind gemäß Art. 4 Abs. 1 Nr. 3 die in Anhang I Abschnitt B gelisteten Tätigkeiten; die Wohlverhaltenspflichten gemäß Art. 24 f. sind damit bspw. anwendbar bei der Abgabe von Finanzanalysen, die Geschäfte mit Kryptowerten als Finanzinstrumente betreffen.

III. Kryptobezogene Zielmarktbestimmung

9   Im Zuge der Konzeption eines Produkts[13] hat die Wertpapierfirma stets den Zielmarkt zu berücksichtigen. Für jedes Finanzinstrument ist ein Zielmarkt zu definieren; im Vertrieb ist sicherzustellen, dass diese Zielmarktdefinition auch dem Zielmarkt des Endkunden entspricht. Daher muss die Wertpapierfirma die von ihr angebotenen Finanzinstrumente verstehen und ihre Vereinbarkeit mit den Bedürfnissen des Anlegers gewährleisten. Außerdem dürfen Finanzinstrumente nur angeboten bzw. empfohlen werden, wenn dies im Interesse des Anlegers liegt (Art. 16 Abs. 3 UAbs. 2–5; Art. 24 Abs. 2). Ausnahmen bestehen gemäß Art. 16a für bestimmte Wertpapierdienstleistungen

---

[13] Das Finanzinstrument muss neu geschaffen werden: BeckOK WpHR/Mock WpHG § 80 Rn. 74.

oder gegenüber geeigneten Gegenparteien. Durch die Zielmarktbestimmung soll vermieden werden, dass ein Produkt an Anleger vertrieben wird, für die es nicht geeignet ist (Art. 9 Abs. 9 DelRL 2017/593). Sie dient damit als ein erster Filter für die dem Kunden angebotenen Finanzinstrumente (→ Rn. 4).

Der Zielmarkt ist „mit ausreichender Detailtiefe" zu bestimmen in Bezug auf die **Bedürfnisse, Merkmale und Ziele einzelner Kundengruppen** (Art. 9 Abs. 9 DelRL 2017/593). Abzustellen ist damit nicht auf den individuellen Kunden, sondern auf die **Kundengattung**.[14] Dabei sind quantitative und qualitative Kriterien einzubeziehen. Die ESMA hat fünf Kategorien definiert, die jedenfalls festzulegen sind: der Kundentyp, seine Kenntnisse und Erfahrungen, finanzielle Situation, Risikotoleranz, sowie seine Ziele und Bedürfnisse.[15] Abhängig von der Komplexität, des Risikos oder Innovativität eines Produkts sind umfangreichere Bestimmungen des Zielmarktes notwendig.[16] Für **Kryptowerte** folgt hieraus, dass eine **breitere Herausarbeitung des Zielmarktes** notwendig sein wird. Denn Kryptowerte sind relativ neuartig und bergen andere Risiken in sich als herkömmliche Finanzinstrumente (näher zu Risiken → MiFID Art. 16 Rn. 11, sogleich → Rn. 12 f.). Besonders zu konkretisieren sind damit die **Kenntnisse** über die allen Kryptowerten zugrunde liegende Technologie einschließlich der technischen Geräte (zB Wallet) oder die bisherigen Erfahrungen mit Kryptowerten. Besonderes Augenmerk wird auch auf die Festlegung der **Risikotoleranz** zu legen sein. 10

IV. Information über Kryptowerte

Die Informationspflichten bezwecken, dem normativen Leitbild des mündigen, informierten Anlegers jene Aufklärung zu vermitteln, die er für eine fundierte Anlageentscheidung benötigt.[17] Abs. 3 normiert den allgemeinen Grundsatz, dass jegliche Informationen redlich und eindeutig sind und nicht irreführend sein dürfen.[18] Abs. 4 legt jene Informationen fest, die dem Anleger jedenfalls bereitzustellen sind: diese sind Angaben zur Wertpapierfirma und ihren Dienstleistungen (lit. a), zu den Finanzinstrumenten und vorgeschlagenen Anlagestrategien (lit. b), sowie zu sämtlichen Kosten und Gebühren (lit. c). Diese Informationen sind „rechtzeitig", dh **vor einem Vertragsabschluss** zu übermitteln,[19] wobei eine Ausnahme zu kosten- und gebührenbezogenen Informationen bei Vertragsabschluss im Fernabsatz vereinbart werden kann (Abs. 4 lit. c UAbs. 3). 11

Diese allgemeinen Pflichten gelten uneingeschränkt auch für kryptobezogene Wertpapierdienstleistungen im MiFID II-Anwendungsbereich.[20] Besonderes Augenmerk wird insbes. auf die **Information zu Finanzinstrumenten** und vorgeschlagenen Anlagestrategien gemäß Abs. 4 lit. b zu richten sein: Denn diese hat geeignete **Leitlinien und Warnhinweise** zu den mit einer Anlage in diese Finanzinstrumente oder mit diesen Anlagestrategien verbundenen **Risiken** zu umfassen. Dies beinhaltet gemäß Art. 48 Abs. 1 f. 12

---

[14] BeckOK WpHR/Mock WpHG § 80 Rn. 77.
[15] ESMA-Leitlinien, ESMA35-43-3448, Rn. 19.
[16] ESMA-Leitlinien, ESMA35-43-3448, Rn. 23 ff.
[17] Vgl. Knobl ÖBA 2018, 410 (415 f.); Art. 24 Abs. 5 MiFID II.
[18] Näher zB Schwark/Zimmer/Rothenhöfer WpHG § 63 Rn. 162 ff.
[19] Die Informationen richten sich an „Kunden oder potenzielle Kunden" (Art. 24 Abs. 3); ausdrücklich Art. 48 Abs. 1 DelVO 2017/565; deutlich auch Kalss/Oppitz/Zollner KapMarktR § 5 Rn. 88 mwN Rn. 100.
[20] ESMA, Advice, ESMA50-157-1391, Rn. 118.

MiFID II Art. 24 RL 2014/65/EU (MiFID II)

DelVO (EU) 2017/565 eine Beschreibung der Wesensmerkmale, der Funktionsweise und Wertentwicklung des Finanzinstruments in unterschiedlichen Performance-Szenarien, sowie eine Beschreibung der Risiken insbes. im Hinblick auf möglichen Verlust, Volatilität und Ausstiegsverfahren. Bei erfahrenen Kunden kann diesbezüglich nach ganz allgemeinen Grundsätzen ein Hinweis auf die Risikoträchtigkeit der Anlage genügen, weil die Informationspflichten nicht überspannt werden dürfen.[21] Weiterreichende Aufklärungspflichten werden bei unerfahrenen Kunden bestehen.[22]

13 Anhaltspunkte über den konkreten Inhalt der **kryptobezogenen Aufklärung** können aus einer Risikowarnung der ESA vor Kryptowerten[23] gewonnen werden. Demnach sollen sich Verbraucher folgende Fragen stellen, bevor der Kauf von Kryptowerten oder damit zusammenhängenden Produkten oder Dienstleistungen in Erwägung gezogen wird:

- Können Sie sich leisten, das gesamte investierte Geld zu verlieren?
- Sind Sie bereit, hohe Risiken einzugehen, um die beworbenen Renditen zu erzielen?
- Verstehen Sie die Eigenschaften von Kryptowerten oder damit verbundenen Produkten und Dienstleistungen?
- Handelt es sich um renommierte Unternehmen/Vertragsparteien, mit denen Sie zu tun haben?
- Warnen die zuständigen nationalen Behörden vor den Unternehmen/Vertragsparteien, mit denen Sie Geschäfte eingehen?
- Sind Sie in der Lage, die technischen Geräte, die Sie für den Kauf, die Speicherung oder die Übertragung von Kryptowerten verwenden, einschließlich Ihrer privaten Passwörter, wirksam zu schützen?

Die ESA wählen dabei offensichtlich ein anlageobjektbezogenes Informationsmodell, das auf die speziellen Risiken des Anlageobjekts (bspw. das Renommee einer konkreten Vertragspartei) Bezug nimmt. Unter der MiFID II ist aber nur eine **anlageformbezogene Information** geschuldet, die die Risiken des jeweiligen Typs eines Finanzinstruments abbildet. Dies erfordert es nach allgemeinen Grundsätzen auch nicht, über das Risiko der Zahlungsunfähigkeit eines konkreten Emittenten aufzuklären.[24] Allerdings wird auch im MiFID-Anwendungsbereich insbes. eine Aufklärung über das **höhere Risiko von Kryptowerten** und die besonderen **Produkteigenschaften** relevant sein. Dies wird auch eine Aufklärung über Risiken beinhalten, die aus dem Einsatz der zugrundeliegenden Technologie (→ MiFID Art. 16 Rn. 11) entstehen können,[25] zumal diese Wesensmerkmal von Kryptowerten

---

[21] Die Information ist nach der Einstufung des Kunden als Kleinanleger, professioneller Kunde oder geeignete Gegenpartei zu bemessen gemäß Art. 48 Abs. 1 DelVO 2017/565 (vgl. auch Schwark/Zimmer/Rothenhöfer WpHG § 63 Rn. 242), was aber nicht mit einer individualspezifischen Information gleichzusetzen ist und eine standardisierte Information nicht ausschließt: siehe Brandl/Saria/Brandl/Klausberger WAG § 48 Rn. 61 ff.; vgl. OGH 4 Ob 2/08k.

[22] Zur Reichweite der Aufklärungspflicht allgemein OGH 9 Ob 2330/02t, 9 Ob 10/04t; Kalss/Oppitz/Zollner KapMarktR § 5 Rn. 88.

[23] ESA, EU-Finanzbehörden warnen Verbraucher vor den Risiken von Kryptowerten, ESA 2022 15. Kryptowerte werden von den ESA weit definiert „als digitale Darstellungen von Werten oder Rechten, die unter Verwendung der Distributed-Ledger-Technologie oder ähnlicher Technologien elektronisch übertragen und gespeichert werden können." (S. 3).

[24] Näher Brandl/Saria/Brandl/Klausberger WAG § 48 Rn. 83 ff. mwN.

[25] Vgl. BaFin, Verbraucherschutz, die generell ein Grundverständnis der Technologie empfiehlt.

ist. Damit einhergehend wird auch über die **Verwahrung** von Kryptowerten in der Wallet und die vom Anleger zu erbringenden Sicherheitsvorkehrungen aufzuklären sein, wie die Eigenverantwortlichkeit des Anlegers für die Verschlüsselung und Datensicherheit und die Empfehlung zur Anfertigung regelmäßiger Sicherungskopien.²⁶ Zu den Aufklärungspflichten unter der MiCAR bereits → Rn. 7 bzw. insbes. → MiCAR Art. 81 Rn. 53 f.

Artikel 25 Beurteilung der Eignung und Zweckmäßigkeit sowie Berichtspflicht gegenüber Kunden

(1) Die Mitgliedstaaten verlangen von Wertpapierfirmen, dafür zu sorgen und der zuständigen Behörde auf Anfrage nachzuweisen, dass natürliche Personen, die gegenüber Kunden im Namen der Wertpapierfirma eine Anlageberatung erbringen oder Kunden Informationen über Anlageprodukte, Wertpapierdienstleistungen oder Nebendienstleistungen erteilen, über die Kenntnisse und Kompetenzen verfügen, die für die Erfüllung der Verpflichtungen nach Artikel 24 und diesem Artikel notwendig sind. Die Mitgliedstaaten veröffentlichen die Kriterien, die für die Beurteilung der Kenntnisse und Kompetenzen angelegt werden.

(2) Erbringt die Wertpapierfirma Anlageberatung- oder Portfolio-Management, holt sie die notwendigen Informationen über die Kenntnisse und Erfahrung des Kunden oder potenziellen Kunden im Anlagebereich in Bezug auf den speziellen Produkttyp oder den speziellen Typ der Dienstleistung, seine finanziellen Verhältnisse, einschließlich seiner Fähigkeit, Verluste zu tragen, und seine Anlageziele, einschließlich seiner Risikotoleranz, ein, um ihr zu ermöglichen, dem Kunden oder potenziellen Kunden Wertpapierdienstleistungen und Finanzinstrumente zu empfehlen, die für ihn geeignet sind und insbesondere seiner Risikotoleranz und seiner Fähigkeit, Verluste zu tragen, entsprechen.

Die Mitgliedstaaten stellen sicher, dass in dem Fall, dass eine Wertpapierfirma eine Anlageberatung erbringt, bei der ein Paket von Dienstleistungen oder Produkten empfohlen wird, die gemäß Artikel 24 Absatz 11 gebündelt sind, das gesamte gebündelte Paket für den Kunden geeignet ist.

Erbringen Wertpapierfirmen entweder Anlageberatung oder Portfolioverwaltung, die eine Umschichtung von Finanzinstrumenten umfassen, so holen sie die notwendigen Informationen über die Investition des Kunden ein und analysieren die Kosten und den Nutzen der Umschichtung von Finanzinstrumenten. Bei der Erbringung von Anlageberatungsdienstleistungen informieren Wertpapierfirmen den Kunden darüber, ob die Vorteile einer Umschichtung von Finanzinstrumenten die im Rahmen der Umschichtung anfallenden Kosten überwiegen oder nicht.

(3) Die Mitgliedstaaten stellen sicher, dass Wertpapierfirmen bei anderen als den in Absatz 2 genannten Finanzdienstleistungen Kunden oder potenzielle Kunden um Angaben zu ihren Kenntnissen und Erfahrungen im Anlagebereich in Bezug auf den speziellen Typ der angebotenen oder angeforderten Produkte oder Dienstleistungen bitten, um beurteilen zu können, ob die in Betracht gezogenen Wertpapierdienstleistungen oder Produkte für den Kunden angemessen sind. Wird ein Bündel von Dienstleistungen oder Produkten gemäß Artikel 24 Absatz 11 in Betracht gezo-

---

²⁶ Vgl. Stadler/Chochola ecolex 2017, 641 (642 f.).

gen, wird bei der Beurteilung berücksichtigt, ob das gesamte gebündelte Paket angemessen ist.

Ist die Wertpapierfirma aufgrund der gemäß Unterabsatz 1 erhaltenen Informationen der Auffassung, dass das Produkt oder die Dienstleistung für den Kunden oder potenziellen Kunden nicht angemessen ist, warnt sie den Kunden oder potenziellen Kunden. Dieser Hinweis kann in standardisierter Form erfolgen.

Machen die Kunden oder potenziellen Kunden die in Unterabsatz 1 genannten Angaben nicht oder machen sie unzureichende Angaben zu ihren Kenntnissen und Erfahrungen, warnt sie die Wertpapierfirma, dass sie nicht in der Lage ist zu beurteilen, ob die in Betracht gezogene Wertpapierdienstleistung oder das in Betracht gezogene Produkt für sie angemessen ist. Dieser Hinweis kann in standardisierter Form erfolgen.

(4) Die Mitgliedstaaten gestatten Wertpapierfirmen, deren Wertpapierdienstleistungen lediglich in der Ausführung von Kundenaufträgen oder der Annahme und Übermittlung von Kundenaufträgen mit oder ohne Nebendienstleistungen bestehen, mit Ausnahme der in Anhang 1 Abschnitt B Nummer 1 genannten Gewährung von Krediten oder Darlehen, die keine bestehenden Kreditobergrenzen von Darlehen, Girokonten und Überziehungsmöglichkeiten von Kunden beinhalten, solche Wertpapierdienstleistungen für ihre Kunden zu erbringen, ohne zuvor die Angaben gemäß Absatz 3 einholen oder bewerten zu müssen, wenn alle der nachstehenden Voraussetzungen erfüllt sind:

a) die Dienstleistungen beziehen sich auf eines der folgenden Finanzinstrumente:
   i) Aktien, die zum Handel an einem geregelten Markt oder einem gleichwertigen Markt eines Drittlandes oder in einem MTF zugelassen sind, sofern es sich um Aktien von Unternehmen handelt, mit Ausnahme von Anteilen an Organismen für gemeinsame Anlagen, die keine OGAW sind, und Aktien, in die ein Derivat eingebettet ist;
   ii) Schuldverschreibungen oder sonstige verbriefte Schuldtitel, die zum Handel an einem geregelten Markt oder einem gleichwertigen Markt eines Drittlandes oder in einem MTF zugelassen sind, mit Ausnahme der Schuldverschreibungen oder verbrieften Schuldtitel, in die ein Derivat eingebettet ist oder die eine Struktur enthalten, die es dem Kunden erschwert, die damit einhergehenden Risiken zu verstehen;
   iii) Geldmarktinstrumente, mit Ausnahme der Instrumente, in die ein Derivat eingebettet ist oder die eine Struktur enthalten, die es dem Kunde erschwert, die damit einhergehenden Risiken zu verstehen;
   iv) Aktien oder Anteile an OGAW, mit Ausnahme der in Artikel 36 Absatz 1 Unterabsatz 2 der Verordnung (EU) Nr. 583/2010 genannten strukturierten OGAW;
   v) strukturierte Einlagen mit Ausnahme der Einlagen, die eine Struktur enthalten, die es dem Kunden erschwert, das Ertragsrisiko oder die Kosten eines Verkaufs des Produkts vor Fälligkeit zu verstehen;
   vi) andere nicht komplexe Finanzinstrumente im Sinne dieses Absatzes.

Für die Zwecke dieses Buchstabens gilt ein Markt eines Drittlandes als einem geregelten Markt gleichwertig, wenn die Anforderungen und das Verfahren der Unterabsätze 3 und 4 erfüllt sind.

Auf Antrag der zuständigen Behörde eines Mitgliedstaats erlässt die Kommission gemäß dem in Artikel 89a Absatz 2 genannten Prüfungsverfahren Beschlüsse über die Gleichwertigkeit, durch die festgestellt wird, ob der Rechts- und Aufsichtsrahmen eines Drittlands gewährleistet, dass ein in diesem Drittland zugelassener geregelter Markt rechtlich bindende Anforderungen erfüllt, die zum Zweck der Anwendung des vorliegenden Buchstabens den Anforderungen, die sich aus der Verordnung (EU) Nr. 596/2014, aus Titel III der vorliegenden Richtlinie, aus Titel II der Verordnung (EU) Nr. 600/2014 sowie aus der Richtlinie 2004/109/EG ergeben, gleichwertig sind und in diesem Drittland einer wirksamen Beaufsichtigung und Durchsetzung unterliegen. Die zuständige Behörde legt dar, weshalb sie der Ansicht ist, dass der Rechts- und Aufsichtsrahmen des betreffenden Drittlands als gleichwertig anzusehen ist, und legt hierfür einschlägige Informationen vor.

Ein solcher Rechts- und Aufsichtsrahmen eines Drittlands kann als gleichwertig betrachtet werden, wenn dieser Rahmen mindestens die folgenden Bedingungen erfüllt:

i) Die Märkte unterliegen der Zulassung und kontinuierlichen wirksamen Beaufsichtigung und Durchsetzung;

ii) die Märkte verfügen über klare und transparente Vorschriften für die Zulassung von Wertpapieren zum Handel, sodass diese Wertpapiere fair, ordnungsgemäß und effizient gehandelt werden können und frei handelbar sind;

iii) die Wertpapieremittenten unterliegen regelmäßig und kontinuierlich Informationspflichten, die ein hohes Maß an Anlegerschutz gewährleisten; und

iv) Markttransparenz und -integrität sind gewährleistet, indem Marktmissbrauch in Form von Insider-Geschäften und Marktmanipulation verhindert wird.

b) die Dienstleistung wird auf Veranlassung des Kunden oder potenziellen Kunden erbracht;

c) der Kunde oder potenzielle Kunde wurde eindeutig darüber informiert, dass die Wertpapierfirma bei der Erbringung dieser Dienstleistung die Angemessenheit der Finanzinstrumente oder Dienstleistungen, die erbracht oder angeboten werden, nicht prüfen muss und der Kunde daher nicht in den Genuss des Schutzes der einschlägigen Wohlverhaltensregeln kommt. Eine derartige Warnung kann in standardisierter Form erfolgen;

d) die Wertpapierfirma kommt ihren Pflichten gemäß Artikel 23 nach.

(5) Die Wertpapierfirma erstellt eine Aufzeichnung, die das Dokument oder die Dokumente mit den Vereinbarungen zwischen der Wertpapierfirma und dem Kunden enthält, die die Rechte und Pflichten der Parteien sowie die sonstigen Bedingungen, zu denen die Wertpapierfirma Dienstleistungen für den Kunden erbringt, festlegt. Die Rechte und Pflichten der Vertragsparteien können durch einen Verweis auf andere Dokumente oder Rechtstexte aufgenommen werden.

(6) Die Wertpapierfirma stellt dem Kunden geeignete Berichte über die erbrachten Dienstleistungen mittels eines dauerhaften Datenträgers zur Verfügung. Diese Berichte enthalten regelmäßige Mitteilungen an die Kunden, in denen der Art und der Komplexität der jeweiligen Finanzinstrumente sowie der Art der für den Kunden erbrachten Dienstleistung Rechnung getragen wird, und gegebenenfalls die Kosten, die mit den im

Namen des Kunden durchgeführten Geschäften und den erbrachten Dienstleistungen verbunden sind.

Leistet die Wertpapierfirma Anlageberatung, erhält der Kunde vor Durchführung des Geschäfts von ihr eine Erklärung zur Geeignetheit auf einem dauerhaften Datenträger, in der sie die erbrachte Beratung nennt und erläutert, wie die Beratung auf die Präferenzen, Ziele und sonstigen Merkmale des Kleinanlegers abgestimmt wurde.

Wenn die Vereinbarung, ein Finanzinstrument zu kaufen oder zu verkaufen, unter Verwendung eines Fernkommunikationsmittels geschlossen wird und die vorherige Aushändigung der Geeignetheitserklärung somit nicht möglich ist, kann die Wertpapierfirma dem Kunden die schriftliche Erklärung zur Geeignetheit auf einem dauerhaften Datenträger übermitteln, unmittelbar nachdem dieser sich vertraglich gebunden hat, sofern die folgenden Bedingungen erfüllt sind:

a) Der Kunde hat der Übermittlung der Geeignetheitserklärung unverzüglich nach Geschäftsabschluss zugestimmt, und

b) die Wertpapierfirma hat den Kunden die Option eingeräumt, das Geschäft zu verschieben, um die Geeignetheitserklärung vorher zu erhalten.

Wenn eine Wertpapierfirma eine Portfolioverwaltung erbringt oder dem Kunden mitgeteilt hat, dass sie eine regelmäßige Beurteilung der Geeignetheit vornehmen werde, muss der regelmäßige Bericht eine aktualisierte Erklärung dazu enthalten, wie die Anlage auf die Präferenzen, Ziele und sonstigen Merkmale des Kleinanlegers abgestimmt wurde.

(7) Ist ein Wohnimmobilienkreditvertrag, der den Bestimmungen zur Beurteilung der Kreditwürdigkeit von Verbrauchern der Richtlinie 2014/17/EU des Europäischen Parlaments und des Rates ([12]) unterliegt, an die Vorbedingung geknüpft, dass demselben Verbraucher eine Wertpapierdienstleistung in Bezug auf speziell zur Besicherung der Finanzierung des Kredits begebene Pfandbriefe mit denselben Konditionen wie der Wohnimmobilienkreditvertrag erbracht wird, damit der Kredit ausgezahlt, refinanziert oder abgelöst werden kann, unterliegt diese Dienstleistung nicht den in diesem Artikel genannten Verpflichtungen.

(8) Der Kommission wird die Befugnis übertragen, delegierte Rechtsakte gemäß Artikel 89 zu erlassen um zu gewährleisten, dass Wertpapierfirmen bei der Erbringung von Wertpapierdienstleistungen oder Nebendienstleistungen für ihre Kunden den in den Absätzen 2 bis 6 dieses Artikels festgelegten Grundsätzen genügen; hierzu zählen die zur Beurteilung der Eignung oder Zweckmäßigkeit der Dienstleistungen und der Finanzinstrumente für ihre Kunden einzuholenden Informationen, die Kriterien zur Beurteilung nicht komplexer Finanzinstrumente für die Zwecke des Absatzes 4 Buchstabe a Ziffer vi dieses Artikels, der Inhalt und das Format der Aufzeichnungen und Vereinbarungen für die Erbringung von Dienstleistungen für Kunden und der regelmäßigen Berichte an die Kunden über die erbrachten Leistungen. In diesen delegierten Rechtsakten sind folgende Aspekte zu berücksichtigen:

a) die Art der den Kunden oder potenziellen Kunden angebotenen oder für diese erbrachten Dienstleistung(en) unter Berücksichtigung von Typ, Gegenstand, Umfang und Häufigkeit der Geschäfte;

b) die Art der angebotenen oder in Betracht gezogenen Produkte, einschließlich der unterschiedlichen Arten von Finanzinstrumenten;

c) ob es sich bei den Kunden oder potenziellen Kunden um Kleinanleger oder professionelle Anleger handelt oder im Fall von Absatz 6 deren Einstufung als geeignete Gegenpartei.

(9) Die ESMA nimmt bis zum 3. Januar 2016 Leitlinien an, in denen die Kriterien für die Beurteilung der Kenntnisse und Kompetenzen, die nach Absatz 1 erforderlich sind, angegeben werden.

(10) Die ESMA arbeitet bis zum 3. Januar 2016 Leitlinien für die Bewertung von Folgendem aus:

a) Finanzinstrumente, die gemäß Absatz 4 Buchstabe a Ziffern ii und iii eine Struktur enthalten, die es dem Kunden erschwert, die damit einhergehenden Risiken zu verstehen;

b) strukturierte Einlagen, die gemäß Absatz 4 Buchstabe a Ziffer v eine Struktur enthalten, die es dem Kunden erschwert, das Ertragsrisiko oder die Kosten eines Verkaufs des Produkts vor der Fälligkeit zu verstehen.

(11) Die ESMA kann Leitlinien für die Bewertung von Finanzinstrumenten, die als nicht komplex für die Zwecke des Absatzes 4 Buchstabe a Ziffer vi eingestuft werden, unter Berücksichtigung der nach Absatz 8 erlassenen delegierten Rechtsakte ausarbeiten und sie regelmäßig aktualisieren.

Übersicht

	Rn.
I. Einführung	1
1. Literatur	1
2. Regelungsinhalt und -zweck	2
3. Normativer Kontext	3
II. Anwendungsbereich	5
III. Kryptobezogene Eignungsprüfung	6
IV. Kryptobezogene Angemessenheitsprüfung	11
V. Berichtspflichten	13

I. Einführung

1. Literatur. *Brandl/Klausberger* in *Brandl/Saria*, WAG 2018, 2. Aufl., Vor §§ 55–59, § 57, (23. Lfg. Dezember 2018), § 60 (24. Lfg. Dezember 2018); *ESA*, EU-Finanzbehörden warnen Verbraucher vor den Risiken von Kryptowerten, ESA 2022 15, https://www.esma.europa.eu/sites/default/files/library/esa_2022_15_joint_esas_warning_on_crypto-assets_de.pdf; *ESMA*, Leitlinien zu einigen Aspekten der MiFID II-Anforderungen an die Geeignetheit, 3/4/2023, ESMA 35-43-3172, https://www.esma.europa.eu/sites/default/files/2023-04/ESMA35-43-3172_Guidelines_on_certain_aspects_of_the_MiFID_II_suitability_requirements_DE.pdf; *Kalss/Oppitz/Zollner*, Kapitalmarktrecht, 2. Aufl. 2015; *Rothenhöfer* in *Schwark/Zimmer*, Kapitalmarktrechts-Kommentar, 5. Aufl. 2020, § 64 WpHG; *Völkel*, MiCAR versus MiFID – Wann ist ein vermögenswertreferenzierter Token kein Finanzinstrument? ZFR 2023, 268; *WKÖ*, Leitfaden zur Anwendung der Wohlverhaltensregeln nach dem Wertpapieraufsichtsgesetz 2018, Stand August 2023, https://www.wko.at/branchen/bank-versicherung/wag-2018-leitfaden.pdf.

MiFID II Art. 25

2. Regelungsinhalt und -zweck. Art. 25 enthält weitere Wohlverhaltenspflichten der Wertpapierfirma. Die Bestimmung normiert Anforderungen an die Eignung sowohl des Anlageberaters (Abs. 1) als auch des Kunden (Abs. 2 f.) und stellt damit eine anlage- und objektgerechte Beratung sicher.[1] Hinsichtlich des Grades der Beratung unterscheidet Art. 25 zwischen **drei Dienstleistungstypen:**[2] der Anlageberatung und Portfolioverwaltung (Abs. 2), dem sog. „beratungsfreien Geschäft" (Abs. 3) und dem sog. „Execution-only Geschäft" (Abs. 4). Während die Anlageberatung eine umfassende Eignungsprüfung des Kunden verlangt (→ Rn. 6 ff.), ist im beratungsfreien Geschäft eine reduzierte Angemessenheitsprüfung durchzuführen (→ Rn. 11 f.), die im Execution-only Geschäft gänzlich entfällt. Art. 25 verpflichtet die Wertpapierfirma außerdem zu Aufzeichnungen und Berichten gegenüber dem Kunden (Abs. 6 f.). Konkretisiert wird Art. 25 durch DelVO (EU) 2017/565[3], insbes. Art. 54 ff. zur Eignungs- und Angemessenheitsbeurteilung des Kunden. Ergänzend hat die ESMA Leitlinien zur Eignungsprüfung[4] veröffentlicht. Zum Zweck der Wohlverhaltensregeln → MiFID Art. 24 Rn. 3.

3. Normativer Kontext. Zur dogmatischen und systematischen Einbettung → MiFID Art. 24 Rn. 4 ff.

Die **MiCAR** enthält korrespondierende Vorgaben zur Eignungsprüfung (Art. 81 Abs. 1 iVm Abs. 8, näher → MiCAR Art. 81 Rn. 12 ff.). Eine Angemessenheitsprüfung ist in der MiCAR hingegen nicht vorgesehen.[5] Bereits → MiFID Art. 24 Rn. 7.

II. Anwendungsbereich

Die Wohlverhaltenspflichten gemäß Art. 25 knüpfen an die **Erbringung von Wertpapierdienstleistungen** an, denen ihrerseits Finanzinstrumente zugrunde liegen. Sie sind damit für die Erbringung von Wertpapierdienstleistungen relevant, die sich auf Kryptowerte beziehen, die ihrerseits Finanzinstrumente gemäß Art. 4 Abs. 1 Nr. 15 sind (→ Anhang I MiFID II Rn. 8 ff., 33 ff.). Besondere Bedeutung wird im Rahmen der Eignungs- und Angemessenheitsprüfung der Kenntnis des Anlegers zukommen, die kryptobezogenes Wissen bzw. Erfahrung verlangt (sogleich → Rn. 7 f.).

III. Kryptobezogene Eignungsprüfung

Die Wertpapierfirma ist bei Erbringung von Dienstleistungen der **Anlageberatung oder Portfolioverwaltung** gemäß Abs. 2 dazu verpflichtet, Informationen vom Kunden einzuholen. Denn diese sind Voraussetzung dafür, dem Kunden geeignete Wertpapierdienstleistungen oder Finanzinstrumente zu empfehlen. In diesem Sinne sind die Kenntnisse und Erfahrung des Kunden in Bezug auf den speziellen Produkttyp, seine finanziellen Verhältnisse sowie Verlusttragfähigkeit, seine Anlageziele und Risikotoleranz ab-

---

[1] Brandl/Saria/Brandl/Klausberger WAG Vor §§ 55–59 Rn. 7.
[2] Näher Kalss/Oppitz/Zollner KapMarktR § 5 Rn. 122 ff.
[3] Delegierte Verordnung (EU) 2017/565 der Kommission vom 25.4.2016 zur Ergänzung der Richtlinie 2014/65/EU des Europäischen Parlaments und des Rates in Bezug auf die organisatorischen Anforderungen an Wertpapierfirmen und die Bedingungen für die Ausübung ihrer Tätigkeit sowie in Bezug auf die Definition bestimmter Begriffe für die Zwecke der genannten Richtlinie.
[4] ESMA-Leitlinien, ESMA 35–43–3172.
[5] Krit. zum Regulierungsgefälle daher Völkel ZFR 2023, 268 (269).

zufragen. Dabei ist gemäß Art. 54 Abs. 7 DelVO 2017/565 die Zuverlässigkeit der eingeholten Informationen sicherzustellen. Auf dieser Grundlage dürfen gemäß Art. 54 Abs. 2 DelVO 2017/565 nur solche Geschäfte empfohlen werden, die den Anlagezielen des Kunden entsprechen (Risikobereitschaft), deren Risiken für ihn finanziell tragbar sind (Risikotragfähigkeit) und die vom Kunden nach Maßgabe seiner individuellen Kenntnisse und Erfahrungen verstanden werden (Risikoverständnis). Erleichterungen bestehen für professionelle Kunden.[6]

Kryptobezogene Besonderheiten werden sich bereits in der Informationseinholung auftun. Denn nach ganz allgemeinen Grundsätzen müssen uU **ausführlichere Informationen** über den Kunden erhoben werden, wenn Wertpapierfirmen Zugang zu komplexen oder riskanten Finanzprodukten bieten. Denn nur dadurch können Wertpapierfirmen überprüfen, ob Kunden das für die Eignungsprüfung notwendige Risikoverständnis mitbringen (näher sogleich → Rn. 8).[7] Da Kryptowerte ganz generell als riskantes Finanzprodukt betrachtet werden,[8] wird damit eine erweiterte Informationsabfrage notwendig sein. 7

Ebenso ist die **Empfehlung von Kryptowerten** an besonderen Maßstäben zu messen. Ganz generell können – in Anbetracht der Technologieneutralität des Finanzmarktrechts – auch Kryptowerte empfohlen werden, soweit die gesetzlichen Voraussetzungen erfüllt sind. Die **Risikotragfähigkeit** des Kunden (gemäß Art. 54 Abs. 2 lit. b DelVO 2017/565) hat mit der uU erhöhten Risikoexposition von Kryptowerten vereinbar zu sein.[9] Besonderer Bedeutung wird im Bezug auf Kryptowerte auch den **Anlagezielen** (gemäß Art. 54 Abs. 2 lit. a DelVO 2017/565) des Kunden zukommen. Denn soweit Kryptowerten erhöhte Risiken beigemessen werden, dürfen diese auch nur bei entsprechender **Risikobereitschaft** des Kunden empfohlen werden.[10] Besonderes Augenmerk ist schließlich auf das **Risikoverständnis des Kunden** (gemäß Art. 54. Abs. 2 lit. c DelVO 2017/565) zu richten. Denn gerade weil es sich bei Kryptowerten um relativ neuartige Finanzinstrumente handelt, werden die Kenntnisse und Erfahrungen des Kunden ganz generell geringer ausgeprägt sein, als bei traditionellen Anlageformen. Allerdings kann das Risikoverständnis nach hA durch eine entsprechende Aufklärung kompensiert werden.[11] 8

In der Beurteilung der Eignung von Kryptowerten können letztlich auch die **Nachhaltigkeitspräferenzen** des Kunden eine Rolle spielen.[12] Diese 9

---

[6] Näher zur Informationseinholung und Eignungsprüfung Brandl/Saria/Brandl/Klausberger WAG § 56 Rn. 9 ff.; Kalss/Oppitz/Zollner KapMarktR § 5 Rn. 124 ff.; Schwark/Zimmer/Rothenhöfer KMRK WpHG § 64 Rn. 52 ff.
[7] ESMA-Leitlinien, ESMA 35–43-3172, Rn. 36.
[8] Die ESA haben eine entsprechende Risikowarnung veröffentlicht: EU-Finanzbehörden warnen Verbraucher vor den Risiken von Kryptowerten, ESA 2022 15. Kryptowerte werden von den ESA weit definiert „als digitale Darstellungen von Werten oder Rechten, die unter Verwendung der Distributed-Ledger-Technologie oder ähnlicher Technologien elektronisch übertragen und gespeichert werden können." (S. 3) Sie beziehen damit Finanzinstrumente und andere Kryptowerte ein.
[9] Vgl. WKÖ, Leitfaden zur Anwendung der Wohlverhaltensregeln, Punkt 4.1.3: Detailinformationen zu den finanziellen Verhältnissen sind umso genauer und umfassender einzuholen, je höher das Risiko ist.
[10] Allgemein zu diesen Aspekten Brandl/Saria/Brandl/Klausberger WAG § 56 Rn. 47 f.; Kalss/Oppitz/Zollner KapMarktR § 5 Rn. 132.
[11] Schwark/Zimmer/Rothenhöfer WpHG § 64 Rn. 125.
[12] Zur Abfrage der Nachhaltigkeitspräferenzen ESMA-Leitlinien, ESMA 35–43-3172, Rn. 26 ff.

sind ganz generell erst zu berücksichtigen, nachdem die Eignungsprüfung anhand von Risikobereitschaft, Risikotragfähigkeit und Risikoverständnis durchgeführt wurde.[13] Denn Kryptowerte sind energieintensiv und haben damit Auswirkungen auf die Umwelt.[14]

10 Soweit die Eignungsprüfung ergibt, dass kein Finanzinstrument bzw. keine Wertpapierdienstleistung für den Kunden geeignet ist, dürfen keine Geschäfte empfohlen oder abgeschlossen werden (Art. 54 Abs. 10 DelVO 2017/565). Damit darf auch keine Handlungsempfehlung für Kryptowerte abgegeben werden, wenn insbes. die Risikobereitschaft oder das Risikoverständnis des Kunden fehlt.

IV. Kryptobezogene Angemessenheitsprüfung

11 Von der Eignungsprüfung ist die Angemessenheitsprüfung gemäß Art. 25 Abs. 3 zu unterscheiden. Eine Angemessenheitsprüfung ist bei **anderen Finanzdienstleistungen** durchzuführen, die nicht in der Anlageberatung oder Portfolioverwaltung bestehen. Die Erkundigungs- und Prüfpflicht der Wertpapierfirma ist im beratungsfreien Geschäft gegenüber der Informationspflicht und Eignungsprüfung bei Anlageberatung oder Portfolioverwaltung beschränkt. So bezieht sich die Erkundigungspflicht gemäß Abs. 3 nur auf die Kenntnisse und Erfahrungen des Kunden in Bezug auf spezielle Produkttypen, um deren Angemessenheit für den Kunden zu beurteilen. Die Anlageziele und die Risikotragfähigkeit bleiben bei der Angemessenheitsprüfung außer Betracht.[15] Wie bei der Eignungsprüfung wird die Risikosensitivität in Bezug auf kryptobezogene Risiken zu eruieren sein (→ Rn. 8).

12 Soweit die Angemessenheitsprüfung ergibt, dass das Produkt/die Dienstleistung den Kenntnissen und Erfahrungen des Kunden nicht entspricht, trifft die Wertpapierfirma gemäß Art. 25 Abs. 3 UAbs. 2 eine **Warnpflicht**. Eine Warnpflicht besteht gemäß UAbs. 3 auch, wenn der Kunde die Auskunft über die einzuholenden Informationen verweigert. Aufgrund der Innovativität von Kryptowerten kann der diesbezügliche Kenntnisstand und Erfahrungswert des Kunden gering ausgeprägt sein, sodass der Warnpflicht im hier interessierenden Zusammenhang eine besondere Bedeutung zukommt. Entscheidet sich der Kunde trotz Warnung für ein Produkt/eine Dienstleistung, kann das Geschäft durchgeführt werden und trifft die Wertpapierfirma im Schadensfall keine Ersatzpflicht.[16]

V. Berichtspflichten

13 Die Wertpapierfirma unterliegt gemäß Abs. 6 Berichtspflichten gegenüber dem Kunden. Diese werden durch Art. 59 ff. DelVO 2017/565 konkretisiert. Bei Anlageberatung ist vor Durchführung des Geschäfts ein „Eignungsbericht" oder eine „Geeignetheitserklärung" zu erstatten, worin die erbrachte Beratung genannt und erläutert wird. Auf regelmäßiger Basis sind außerdem Mitteilungen an den Kunden zu richten über die erbrachten Dienstleistungen

---

[13] ESMA-Leitlinien, ESMA 35–43-3172, Rn. 81.
[14] ESA, EU-Finanzbehörden warnen Verbraucher vor den Risiken von Kryptowerten, ESA 2022 15, 3.
[15] Im Detail Brandl/Saria/Brandl/Klausberger WAG § 57 Rn. 7 ff., Rn. 12 ff.
[16] Brandl/Saria/Brandl/Klausberger WAG § 57 Rn. 22, 24.

und deren Kosten. Die Berichte sind mittels eines dauerhaften Datenträgers zur Verfügung zu stellen.[17]

Artikel 34 Freiheit der Wertpapierdienstleistung und der Anlagetätigkeit

(1) Die Mitgliedstaaten stellen sicher, dass jede Wertpapierfirma, die von den zuständigen Behörden eines anderen Mitgliedstaats im Einklang mit dieser Richtlinie und bei Kreditinstituten im Einklang mit der Richtlinie 2013/36/EU zugelassen und beaufsichtigt wird, in ihrem Hoheitsgebiet ungehindert Wertpapierdienstleistungen erbringen und/oder Anlagetätigkeiten ausüben sowie Nebendienstleistungen erbringen kann, sofern diese Dienstleistungen und Tätigkeiten durch ihre Zulassung gedeckt sind. Nebendienstleistungen dürfen nur in Verbindung mit einer Wertpapierdienstleistung und/oder Anlagetätigkeit erbracht werden.

Die Mitgliedstaaten erlegen diesen Wertpapierfirmen oder Kreditinstituten in den von der vorliegenden Richtlinie erfassten Bereichen keine zusätzlichen Anforderungen auf.

(2) Jede Wertpapierfirma, die im Hoheitsgebiet eines anderen Mitgliedstaats erstmals Dienstleistungen erbringen oder Anlagetätigkeiten ausüben möchte oder die Palette ihrer dort angebotenen Dienstleistungen oder Tätigkeiten ändern möchte, übermittelt der zuständigen Behörde ihres Herkunftsmitgliedstaats folgende Angaben:

a) den Mitgliedstaat, in dem sie ihre Tätigkeit auszuüben beabsichtigt;
b) einen Geschäftsplan, aus dem insbesondere hervorgeht, welche Wertpapierdienstleistungen und/oder Anlagetätigkeiten sowie Nebendienstleistungen sie im Hoheitsgebiet dieses Mitgliedstaats zu erbringen bzw. auszuüben beabsichtigt und ob sie beabsichtigt, hierfür vertraglich gebundene Vermittler heranzuziehen, die in ihrem Herkunftsmitgliedstaat niedergelassen sind. Beabsichtigt die Wertpapierfirma, vertraglich gebundene Vermittler heranzuziehen, teilt sie der zuständigen Behörde ihres Herkunftsmitgliedstaats die Namen dieser vertraglich gebundenen Vermittler mit.

Beabsichtigt eine Wertpapierfirma, im Hoheitsgebiet der Mitgliedstaaten, in denen sie Dienstleistungen zu erbringen beabsichtigt, vertraglich gebundene Vermittler heranzuziehen, die in ihrem Herkunftsmitgliedstaat niedergelassen sind, teilt die zuständige Behörde des Herkunftsmitgliedstaats der Wertpapierfirma innerhalb eines Monats nach Erhalt aller Informationen der gemäß Artikel 79 Absatz 1 als Kontaktstelle benannten zuständigen Behörde des Aufnahmemitgliedstaats den beziehungsweise die Namen der vertraglich gebundenen Vermittler mit, die die Wertpapierfirma in dem genannten Mitgliedstaat zur Erbringung von Wertpapierdienstleistungen und Anlagetätigkeiten heranzuziehen beabsichtigt. Der Aufnahmemitgliedstaat veröffentlicht die entsprechenden Angaben. Die ESMA kann nach dem Verfahren und unter den in Artikel 35 der Verordnung (EU) Nr. 1095/2010 festgelegten Bedingungen den Zugang zu diesen Informationen beantragen.

---

[17] Ausführlich bspw. Brandl/Saria/Brandl/Klausberger WAG § 60; Schwark/Zimmer/ Rothenhöfer WpHG § 64 Rn. 144 ff.

(3) Die zuständige Behörde des Herkunftsmitgliedstaats leitet diese Angaben innerhalb eines Monats nach Erhalt an die gemäß Artikel 79 Absatz 1 als Kontaktstelle benannte zuständige Behörde des Aufnahmemitgliedstaats weiter. Die Wertpapierfirma kann dann im Aufnahmemitgliedstaat die betreffenden Wertpapierdienstleistungen und Anlagetätigkeiten erbringen.

(4) Bei einer Änderung der nach Absatz 2 übermittelten Angaben teilt die Wertpapierfirma der zuständigen Behörde des Herkunftsmitgliedstaats diese Änderung mindestens einen Monat vor Durchführung der Änderung schriftlich mit. Die zuständige Behörde des Herkunftsmitgliedstaats setzt die zuständige Behörde des Aufnahmemitgliedstaats von dieser Änderung in Kenntnis.

(5) Jedes Kreditinstitut, das gemäß Absatz 1 Wertpapierdienstleistungen oder Anlagetätigkeiten sowie Nebendienstleistungen durch vertraglich gebundene Vermittler erbringen bzw. ausüben möchte, teilt der zuständigen Behörde seines Herkunftsmitgliedstaats die Namen dieser vertraglich gebundenen Vermittler mit.

Beabsichtigt das Kreditinstitut, im Hoheitsgebiet der Mitgliedstaaten, in denen es Dienstleistungen zu erbringen beabsichtigt, vertraglich gebundene Vermittler heranzuziehen, die in seinem Herkunftsmitgliedstaat niedergelassen sind, teilt die zuständige Behörde des Herkunftsmitgliedstaats des Kreditinstituts innerhalb eines Monats nach Erhalt aller Informationen der gemäß Artikel 79 Absatz 1 als Kontaktstelle benannten zuständigen Behörde des Aufnahmemitgliedstaats den bzw. die Namen der vertraglich gebundenen Vermittler mit, die das Kreditinstitut in dem genannten Mitgliedstaat als Dienstleistungserbringer heranzuziehen beabsichtigt. Der Aufnahmemitgliedstaat veröffentlicht die entsprechenden Angaben.

(6) Die Mitgliedstaaten gestatten Wertpapierfirmen und Marktbetreibern aus anderen Mitgliedstaaten, die MTF und OTF betreiben, ohne weitere rechtliche oder verwaltungstechnische Auflagen, in ihrem Hoheitsgebiet geeignete Systeme bereitzustellen, um Fernnutzern, -mitgliedern oder -teilnehmern in ihrem Hoheitsgebiet den Zugang zu sowie den Handel an ihren Märkten zu erleichtern.

(7) Wertpapierfirmen oder Marktbetreiber, die ein MTF oder OTF betreiben, teilen der zuständigen Behörde ihres Herkunftsmitgliedstaats mit, in welchem Mitgliedstaat sie derartige Systeme bereitzustellen beabsichtigen. Die zuständige Behörde des Herkunftsmitgliedstaats übermittelt diese Angaben innerhalb eines Monats an die Behörde des Mitgliedstaats, in dem das MTF oder das OTF derartige Systeme bereitstellen möchte.

Die zuständige Behörde des Herkunftsmitgliedstaats des MTF übermittelt der zuständigen Behörde des Aufnahmemitgliedstaats des MTF auf deren Ersuchen unverzüglich die Namen der Fernmitglieder oder -teilnehmer des in jenem Mitgliedstaat niedergelassenen MTF.

(8) Die ESMA entwickelt Entwürfe technischer Regulierungsstandards zur Präzisierung der Angaben, die gemäß den Absätzen 2, 4, 5 und 7 zu übermitteln sind.

Die ESMA legt der Kommission bis zum 3. Juli 2015 diese Entwürfe technischer Regulierungsstandards vor.

Der Kommission wird die Befugnis übertragen, die in Unterabsatz 1 genannten technischen Regulierungsstandards gemäß den Artikeln 10 bis 14 der Verordnung (EU) Nr. 1095/2010 zu erlassen.

(9) Die ESMA entwickelt nach Maßgabe der Absätze 2, 3, 4, 5 und 7 Entwürfe technischer Durchführungsstandards, um Standardformulare, Mustertexte und Verfahren für die Übermittlung von Angaben festzulegen.

Die ESMA legt der Kommission bis 31. Dezember 2016 die Entwürfe dieser technischen Durchführungsstandards vor.

Der Kommission wird die Befugnis übertragen, die in Unterabsatz 1 genannten technischen Durchführungsstandards gemäß Artikel 15 der Verordnung (EU) Nr. 1095/2010 zu erlassen.

Artikel 35[1] Errichtung einer Zweigniederlassung

(1) [1]Die Mitgliedstaaten stellen sicher, dass in ihrem Hoheitsgebiet Wertpapierdienstleistungen und/oder Anlagetätigkeiten sowie Nebendienstleistungen im Einklang mit dieser Richtlinie und der Richtlinie 2013/36/EU im Wege der Niederlassungsfreiheit – sei es durch die Errichtung einer Zweigniederlassung oder durch Heranziehung eines vertraglich gebundenen Vermittlers, der in einem anderen Mitgliedstaat als dem Herkunftsmitgliedstaat niedergelassen ist – erbracht bzw. ausgeübt werden können, sofern diese Dienstleistungen und Tätigkeiten von der Wertpapierfirma oder dem Kreditinstitut im Herkunftsmitgliedstaat erteilten Zulassung abgedeckt sind. [2]Nebendienstleistungen dürfen nur in Verbindung mit einer Wertpapierdienstleistung und/oder Anlagetätigkeit erbracht werden.

Mit Ausnahme der nach Absatz 8 zulässigen Auflagen sehen die Mitgliedstaaten keine zusätzlichen Anforderungen an die Errichtung und den Betrieb einer Zweigniederlassung in den von dieser Richtlinie erfassten Bereichen vor.

(2) Die Mitgliedstaaten schreiben jeder Wertpapierfirma, die im Hoheitsgebiet eines anderen Mitgliedstaats eine Zweigniederlassung errichten oder vertraglich gebundener Vermittler, die in einem anderen Mitgliedstaat niedergelassen sind, in dem sie keine Zweigniederlassung errichtet hat, heranziehen möchte, vor, die zuständige Behörde ihres Herkunftsmitgliedstaats zuvor davon in Kenntnis zu setzen und dieser folgende Angaben zu übermitteln:

a) die Mitgliedstaaten, in deren Hoheitsgebiet die Errichtung einer Zweigniederlassung geplant ist, oder die Mitgliedstaaten, in denen sie keine Zweigniederlassung errichtet hat, in denen sie jedoch vertraglich gebundene Vermittler, die dort niedergelassen sind, heranzuziehen beabsichtigt;
b) einen Geschäftsplan, aus dem unter anderem die Art der angebotenen Wertpapierdienstleistungen und/oder Anlagetätigkeiten sowie Nebendienstleistungen hervorgeht;
c) gegebenenfalls die Organisationsstruktur der Zweigniederlassung erläutert und angibt, ob beabsichtigt ist, dass die Zweigniederlassung vertraglich gebundene Vermittler heranzieht, sowie die Namen dieser vertraglich gebundenen Vermittler;
d) falls in einem Mitgliedstaat, in dem eine Wertpapierfirma keine Zweigniederlassung errichtet hat, vertraglich gebundene Vermittler herangezogen werden sollen, eine Beschreibung des beabsichtigten

---

[1] Art. 35 Abs. 12 UAbs. 1 ber. ABl. 2017 L 64 S. 116.

Einsatzes dieser Vermittler und der Organisationsstruktur, was auch Berichtslinien mit einschließt, aus denen hervorgeht, wie die Vermittler in die Unternehmensstruktur der Wertpapierfirma eingeordnet sind;
e) die Anschrift, unter der im Aufnahmemitgliedstaat Unterlagen angefordert werden können,
f) die Namen der verantwortlichen Geschäftsführer der Zweigniederlassung oder des vertraglich gebundenen Vermittlers.

Zieht eine Wertpapierfirma einen vertraglich gebundenen Vermittler heran, der in einem anderen Mitgliedstaat als ihrem Herkunftsmitgliedstaat ansässig ist, wird dieser vertraglich gebundene Vermittler der Zweigniederlassung – sofern eine solche errichtet wurde – gleichgestellt und unterliegt in jedem Fall den für Zweigniederlassungen geltenden Bestimmungen dieser Richtlinie.

(3) Sofern die zuständige Behörde des Herkunftsmitgliedstaats in Anbetracht der geplanten Tätigkeiten keinen Grund hat, die Angemessenheit der Verwaltungsstrukturen oder der Finanzlage der Wertpapierfirma anzuzweifeln, übermittelt sie die Angaben innerhalb von drei Monaten nach Eingang sämtlicher Angaben der gemäß Artikel 79 Absatz 1 als Kontaktstelle benannten zuständigen Behörde des Aufnahmemitgliedstaats und teilt dies der betreffenden Wertpapierfirma mit.

(4) [1] Zusätzlich zu den Angaben gemäß Absatz 2 übermittelt die zuständige Behörde des Herkunftsmitgliedstaats der zuständigen Behörde des Aufnahmemitgliedstaats genaue Angaben zu dem anerkannten Anlegerentschädigungssystem, dem die Wertpapierfirma gemäß der Richtlinie 97/9/EG angeschlossen ist. [2] Im Falle einer Änderung dieser Angaben teilt die zuständige Behörde des Herkunftsmitgliedstaats dies der zuständigen Behörde des Aufnahmemitgliedstaats mit.

(5) Verweigert die zuständige Behörde des Herkunftsmitgliedstaats die Übermittlung der Angaben an die zuständige Behörde des Aufnahmemitgliedstaats, nennt sie der betroffenen Wertpapierfirma innerhalb von drei Monaten nach Eingang sämtlicher Angaben die Gründe dafür.

(6) Nach Eingang einer Mitteilung der zuständigen Behörde des Aufnahmemitgliedstaats oder bei deren Nichtäußerung spätestens nach zwei Monaten nach Weiterleitung der Mitteilung durch die zuständige Behörde des Herkunftsmitgliedstaats, kann die Zweigniederlassung errichtet werden und ihre Tätigkeit aufnehmen.

(7) Jedes Kreditinstitut, das zur Erbringung von Wertpapierdienstleistungen und/oder zur Ausübung von Anlagetätigkeiten und Nebendienstleistungen im Einklang mit dieser Richtlinie einen vertraglich gebundenen Vermittler heranziehen möchte, der in einem anderen Mitgliedstaat als seinem Herkunftsmitgliedstaat ansässig ist, teilt dies der zuständigen Behörde seines Herkunftsmitgliedstaats mit und übermittelt dieser die in Absatz 2 genannten Informationen.

Sofern die zuständige Behörde des Herkunftsmitgliedstaats keinen Grund hat, die Angemessenheit der Verwaltungsstrukturen oder der Finanzlage des Kreditinstituts anzuzweifeln, übermittelt es die Angaben innerhalb von drei Monaten nach Eingang sämtlicher Angaben der gemäß Artikel 79 Absatz 1 als Kontaktstelle benannten zuständigen Behörde des Aufnahmemitgliedstaats und teilt dies dem betreffenden Kreditinstitut mit.

Verweigert die zuständige Behörde des Herkunftsmitgliedstaats die Übermittlung der Angaben an die zuständige Behörde des Aufnahmemitgliedstaats, nennt sie dem betreffenden Kreditinstitut innerhalb von drei Monaten nach Eingang sämtlicher Angaben die Gründe dafür.

Nach Eingang einer Mitteilung der zuständigen Behörde des Aufnahmemitgliedstaats oder bei Ausbleiben einer solchen Mitteilung spätestens nach zwei Monaten nach der Weiterleitung der Mitteilung durch die zuständige Behörde des Herkunftsmitgliedstaats, kann der vertraglich gebundene Vermittler seine Tätigkeit aufnehmen. Dieser vertraglich gebundene Vermittler unterliegt den für Zweigniederlassungen geltenden Bestimmungen dieser Richtlinie.

(8) Der zuständigen Behörde des Mitgliedstaats, in dem sich die Zweigniederlassung befindet, obliegt es zu gewährleisten, dass die Zweigniederlassung bei Erbringung ihrer Leistungen im Hoheitsgebiet dieses Staates den Verpflichtungen nach den Artikeln 24, 25, 27 und 28 dieser Richtlinie und den Artikeln 14 bis 26 der Verordnung (EU) Nr. 600/2014 sowie den im Einklang damit vom Aufnahmemitgliedstaat erlassenen Maßnahmen nachkommt, soweit sie gemäß Artikel 24 Absatz 12 zulässig sind.

Die zuständige Behörde des Mitgliedstaats, in dem sich die Zweigniederlassung befindet, hat das Recht, die von der Zweigniederlassung getroffenen Vorkehrungen zu überprüfen und Änderungen zu verlangen, die zwingend notwendig sind, um der zuständigen Behörde zu ermöglichen, die Einhaltung der Verpflichtungen gemäß den Artikeln 24, 25, 27 und 28, dieser Richtlinie und den Artikeln 14 bis 26 der Verordnung (EU) Nr. 600/2014 sowie den im Einklang damit erlassenen Maßnahmen in Bezug auf die Dienstleistungen und/oder Aktivitäten der Zweigniederlassung in ihrem Hoheitsgebiet zu überwachen.

(9) Jeder Mitgliedstaat sieht vor, dass die zuständige Behörde des Herkunftsmitgliedstaats einer Wertpapierfirma, die in einem anderen Mitgliedstaat zugelassen ist und in seinem Hoheitsgebiet eine Zweigniederlassung errichtet hat, in Wahrnehmung ihrer Pflichten und nach Unterrichtung der zuständigen Behörde des Aufnahmemitgliedstaats vor Ort Ermittlungen in dieser Zweigniederlassung vornehmen kann.

(10) [1] Bei einer Änderung der nach Absatz 2 übermittelten Angaben teilt die Wertpapierfirma der zuständigen Behörde des Herkunftsmitgliedstaats diese Änderung mindestens einen Monat vor Durchführung der Änderung schriftlich mit. [2] Die zuständige Behörde des Aufnahmemitgliedstaats wird von der zuständigen Behörde des Herkunftsmitgliedstaats ebenfalls über diese Änderung in Kenntnis gesetzt.

(11) Die ESMA entwickelt Entwürfe technischer Regulierungsstandards zur Präzisierung der Angaben, die gemäß den Absätzen 2, 4, 7 und 10 zu übermitteln sind.

Die ESMA legt der Kommission diese Entwürfe technischer Regulierungsstandards bis zum 3. Juli 2015 vor.

Der Kommission wird die Befugnis übertragen, die in Unterabsatz 1 genannten technischen Regulierungsstandards gemäß den Artikeln 10 bis 14 der Verordnung (EU) Nr. 1095/2010 zu erlassen.

(12) Die ESMA entwickelt nach Maßgabe der Absätze 2, 3, 4, 7 und 10 Entwürfe technischer Durchführungsstandards, um Standardformulare, Mustertexte und Verfahren für die Übermittlung von Angaben festzulegen.

Die ESMA legt der Kommission diese Entwürfe technischer Durchführungsstandards bis zum 3. Januar 2016 vor.

Der Kommission wird die Befugnis übertragen, die in Unterabsatz 1 genannten technischen Durchführungsstandards gemäß Artikel 15 der Verordnung (EU) Nr. 1095/2010 zu erlassen.

Artikel 36 Zugang zu geregelten Märkten

(1) Die Mitgliedstaaten schreiben vor, dass Wertpapierfirmen aus anderen Mitgliedstaaten, die zur Ausführung von Kundenaufträgen oder zum Handel auf eigene Rechnung berechtigt sind, auf eine der nachstehend genannten Arten Mitglied der in ihrem Hoheitsgebiet ansässigen geregelten Märkte werden können oder zu diesen Märkten Zugang haben:

a) unmittelbar durch Errichtung von Zweigniederlassungen in den Aufnahmemitgliedstaaten;

b) in Fällen, in denen die Handelsabläufe und -systeme des betreffenden Marktes für Geschäftsabschlüsse keine physische Anwesenheit erfordern, durch Fernmitgliedschaft in dem geregelten Markt oder Fernzugang zu diesem ohne im Herkunftsmitgliedstaat des geregelten Marktes niedergelassen sein zu müssen.

(2) Die Mitgliedstaaten erlegen Wertpapierfirmen, die das Recht gemäß Absatz 1 in Anspruch nehmen, in den von dieser Richtlinie erfassten Bereichen keine zusätzlichen rechtlichen oder verwaltungstechnischen Auflagen auf.

Artikel 37 Zugang zu zentralen Gegenparteien, Clearing- und Abrechnungssystemen sowie Recht auf Wahl eines Abrechnungssystems

(1) Unbeschadet der Titel III, IV bzw. V der Verordnung (EU) Nr. 648/2012 schreiben die Mitgliedstaaten vor, dass Wertpapierfirmen aus anderen Mitgliedstaaten in ihrem Hoheitsgebiet für den Abschluss von Geschäften mit Finanzinstrumenten oder die Vorkehrungen zum Abschluss von Geschäften mit Finanzinstrumenten das Recht auf direkten und indirekten Zugang zu zentralen Gegenparteien, Clearing- und Abrechnungssystemen haben.

Die Mitgliedstaaten schreiben vor, dass für den direkten und indirekten Zugang dieser Wertpapierfirmen zu diesen Einrichtungen dieselben nichtdiskriminierenden, transparenten und objektiven Kriterien gelten wie für inländische Mitglieder oder Teilnehmer. Die Mitgliedstaaten beschränken die Nutzung dieser Einrichtungen nicht auf Clearing und Abrechnung von Geschäften mit Finanzinstrumenten, die an einem Handelsplatz in ihrem Hoheitsgebiet getätigt werden.

(2) Die Mitgliedstaaten schreiben vor, dass geregelte Märkte in ihrem Hoheitsgebiet allen ihren Mitgliedern oder Teilnehmern das Recht auf Wahl des Systems einräumen, über das die an diesem geregelten Markt getätigten Geschäfte mit Finanzmarkinstrumenten abgerechnet werden, vorausgesetzt, dass die folgenden Bedingungen erfüllt sind:

a) es bestehen die Verbindungen und Vereinbarungen zwischen dem gewählten Abrechnungssystem und jedem anderen System oder jeder anderen Einrichtung, die für eine effiziente und wirtschaftliche Abrechnung des betreffenden Geschäfts erforderlich sind,
b) die für die Überwachung des geregelten Marktes zuständige Behörde ist der Auffassung, dass die technischen Voraussetzungen für die Abrechnung der an dem geregelten Markt getätigten Geschäfte durch ein anderes Abrechnungssystem als das von dem geregelten Markt gewählte ein reibungsloses und ordnungsgemäßes Funktionieren der Finanzmärkte ermöglichen.

Diese Beurteilung der für den geregelten Markt zuständigen Behörde lässt die Zuständigkeit der nationalen Zentralbanken als Aufsichtsorgan von Abrechnungssystemen oder anderer für diese Systeme zuständigen Aufsichtsbehörden unberührt. Die zuständige Behörde berücksichtigt die von diesen Stellen bereits ausgeübte Aufsicht, um unnötige Doppelkontrollen zu vermeiden.

Artikel 38 Vereinbarungen mit einer zentralen Gegenpartei und über Clearing und Abrechnung in Bezug auf MTF

(1) Die Mitgliedstaaten hindern Wertpapierfirmen und Marktbetreiber, die ein MTF betreiben, nicht daran, mit einer zentralen Gegenpartei oder Clearingstelle und einem Abwicklungssystem eines anderen Mitgliedstaats geeignete Vereinbarungen über Clearing und/oder Abwicklung einiger oder aller Geschäfte, die von den Mitgliedern oder Teilnehmern innerhalb ihrer Systeme getätigt werden, zu schließen.

(2) Die zuständigen Behörden von Wertpapierfirmen und Marktbetreibern, die ein MTF betreiben, dürfen die Nutzung einer zentralen Gegenpartei, einer Clearingstelle und/oder eines Abwicklungssystems in einem anderen Mitgliedstaat nicht untersagen, es sei denn, dies ist für die Aufrechterhaltung des ordnungsgemäßen Funktionierens dieses geregelten Markts unumgänglich; die Bedingungen des Artikels 37 Absatz 2 für den Rückgriff auf Abwicklungssysteme sind zu berücksichtigen.

Zur Vermeidung unnötiger Doppelkontrollen berücksichtigt die zuständige Behörde die von den Zentralbanken als Aufsichtsorgane von Clearing- und Abwicklungssystemen oder anderer für diese Systeme zuständigen Aufsichtsbehörden ausgeübte Aufsicht über das Clearing- und Abwicklungssystem.

Übersicht

	Rn.
I. Einführung	1
1. Literatur	1
2. Regelungsinhalt und -zweck	2
3. Normativer Kontext	4
II. Anwendungsbereich	6
III. Verfahren	7
1. Notifikation der Herkunftslandaufsicht	7
a) Wertpapierfirmen	8
b) Kreditinstitute	10
c) Betreiber von MTF bzw. OTF	11

Ladler

	Rn.
2. Prüfung und Weiterleitung durch die Herkunftslandaufsicht	12
3. Kompetenzen der Gastlandaufsicht	15
4. Änderungen	16

I. Einführung

1 **1. Literatur.** *Budischowsky* in *Jaeger/Stöger*, EUV/AEUV Art. 57 AEUV (Stand 1.10.2018, rdb.at); *ESMA*, Draft-RTS amending Commission Delegated Regulation (EU) 2017/1018 of 29 June 2016 supplementing Directive 2014/65/EU of the European Parliament and of the Council on markets in financial instruments with regard to regulatory technical standards specifying information to be notified by investment firms, market operators and credit institutions, ESMA35-36-2848 https://www.esma.europa.eu/sites/default/files/2023-07/ESMA35-36-2848_Final_Report_on_review_of_technical_standards_on_passporting_under_Article_34_of_MiFID_II.pdf; *ESMA*, Consultation Paper: Review of the technical standards under Article 34 of MiFID II, ESMA35-36-2640 https://www.esma.europa.eu/sites/default/files/library/esma35-36-2640_cp_on_passporting_ts_under_art_34_of_mifid_ii.pdf; *Fett* in *Schwark/Zimmer*, Kapitalmarktrechts-Kommentar, 5. Aufl. 2020, § 90 WpHG; *Jedlicka* in *Brandl/Saria*, WAG 2018, 2. Aufl., §§ 17, 19 (16. Lfg., Dezember 2018); *Ladler*, Finanzmarkt und institutionelle Finanzaufsicht in der EU, 2014; *N. Raschauer*, Überlegungen zur grenzüberschreitenden Rechtsaufsicht über EWR-Finanzdienstleistungsunternehmen nach MiFID und WAG 2007, RdW 2009, 183.

2 **2. Regelungsinhalt und -zweck.** Art. 34 ff. verwirklichen die Dienstleistungs- (Art. 56 AEUV) und Niederlassungsfreiheit (Art. 49 iVm Art. 54 AEUV) für Wertpapierfirmen, Kreditinstitute und Marktbetreiber von MTF bzw. OTF: Der **„Europäische Pass"** ermöglicht gemäß Art. 34 eine grenzüberschreitende Dienstleistungserbringung nach erstmaliger Zulassung der Wertpapierfirma bzw. des Kreditinstituts durch die NCA *(national competent authority)* des Herkunftsstaates, ohne dass die NCA des Aufnahmestaates ergänzende Anforderungen vorschreiben darf (Abs. 1) *(single licence).*[1] Voraussetzung ist gemäß Abs. 2 allerdings eine Notifikation der Aufsichtsbehörde des Herkunftsstaats über die beabsichtigte grenzüberschreitende Dienstleistungserbringung. Ebenso ist der barrierefreie Zugang zu MTF und OTF, die von Marktbetreibern aus anderen Mitgliedstaaten betrieben werden, gewährleistet (Abs. 6). Auch dieser ist aber an eine entsprechende Notifikation der Aufsichtsbehörde des Herkunftsstaates gebunden (Abs. 7). Konkretisiert werden den die im Zuge der Notifikation zu bereitstellenden Informationen durch DelVO 2017/1018[2] sowie DVO 2017/2382[3].

---

[1] Allgemein dazu Ladler, Finanzmarkt, 2014, S. 145 ff.; zur MiFID bspw. Schwark/Zimmer/Fett WpHG § 90 Rn. 1 ff.; Brandl/Saria/Jedlicka WAG § 17 Rn. 1. Zum Herkunftslandprinzip im Rahmen der Dienstleistungsfreiheit allgemein Jaeger/Stöger/Budischowsky AEUV Art. 57 Rn. 35.

[2] Delegierte Verordnung (EU) 2017/1018 der Kommission vom 29.6.2016 zur Ergänzung der Richtlinie 2014/65/EU des Europäischen Parlaments und des Rates über Märkte für Finanzinstrumente durch technische Regulierungsstandards zur Präzisierung der Angaben, die von Wertpapierfirmen, Marktbetreibern und Kreditinstituten zu übermitteln sind.

[3] Durchführungsverordnung (EU) 2017/2382 der Kommission vom 14.12.2017 zur Festlegung technischer Durchführungsstandards in Bezug auf Standardformulare, Mustertexte

Damit ist nach dem Prinzip der sog. *home country control* die Zuständigkeit 3
der NCA des Herkunftsstaates auch für grenzüberschreitende Dienstleistungen bzw. Niederlassungen eines Finanzinstituts eröffnet. Ergänzt wird diese durch eine enge Kooperation der NCA des Herkunftsstaates mit der NCA des Aufnahmestaates. Letztere werden durch die NCA des Herkunftsstaates über die grenzüberschreitende Dienstleistungserbringung in Kenntnis gesetzt und haben geringe Mitwirkungspflichten (näher → Rn. 15).[4]

3. Normativer Kontext. Flankiert wird Art. 34 durch Art. 35, der die 4
Niederlassungsfreiheit für Wertpapierfirmen verwirklicht und eine uneingeschränkte Errichtung von **Zweigniederlassungen** und Heranziehung vertraglich gebundener Vermittler sicherstellt. Auch dies setzt nur eine Notifikation der NCA des Herkunftsstaates voraus. Art. 36 ff. stellen den grenzüberschreitenden **Zugang von Wertpapierfirmen zur Marktinfrastruktur** sicher. Art. 36 regelt den Zugang zu geregelten Märkten und Art. 37 f. regeln den Zugang zu zentralen Gegenparteien, Clearing und Abrechnungssystemen. Dem *single licence*-Prinzip entsprechend haben die Mitgliedstaaten den grenzüberschreitenden Zugang sicherzustellen ohne zusätzliche Anforderungen vorzuschreiben (Art. 36 Abs. 2). Abweichend von den allgemeinen Prinzipien der Herkunftslandkontrolle und gegenseitigen Anerkennung sind allerdings Beschränkungen in der Wahl des Abrechnungs- und Clearingsystems durch die NCA des Aufnahmestaates aus Gründen der Finanzsystemstabilität möglich (Art. 37 Abs. 2 lit. b, Art. 38 Abs. 2).

Da die Märkte für **Kryptowerte** dem Grunde nach grenzüberschreitend 5
sind,[5] ist der Europäische Pass insbes. im Hinblick auf Kryptowerte relevant. Eine Art. 34 MiFID II entsprechende Regelung enthält damit Art. 59 Abs. 7 iVm Art. 65 **MiCAR** (→ MiCAR Art. 59 Rn. 52 f.).

II. Anwendungsbereich

Der persönliche Anwendungsbereich von Art. 34 umfasst neben **Wert-** 6
papierfirmen und **Marktbetreibern** von MTF bzw. OTF auch **Kreditinstitute**, die Wertpapierdienstleistungen erbringen und/oder Anlagetätigkeiten sowie Nebentätigkeiten ausüben.[6] Auch Wertpapierfirmen und Kreditinstitute, die kryptobezogene Wertpapierdienstleistungen anbieten, sowie Marktbetreiber von Kryptobörsen profitieren damit vom Europäischen Pass, – wenn und weil Kryptowerte Finanzinstrumente gemäß Art. 4 Abs. 1 Nr. 15 (→ Anhang I MiFID II Rn. 8 ff., 33 ff.) sind.

III. Verfahren

1. Notifikation der Herkunftslandaufsicht. Eine grenzüberschreitende 7
Tätigkeitserbringung setzt eine Notifikation der NCA des Herkunftsstaates voraus. Die Notifikation ist in einer akzeptierten Amtssprache der Union in

---

und Verfahren für die Übermittlung von Angaben nach Maßgabe der Richtlinie 2014/65/EU des Europäischen Parlaments und des Rates.
[4] Diese wurden auch als „Reservekompetenz" bezeichnet: N. Raschauer RdW 2009, 183 (185).
[5] Erwgr. Nr. 8, 100 MiCAR; allgemein Erwgr. Nr. 2 Draft-RTS, wonach das digitale Finanzwesen die grenzüberschreitende Tätigkeit von Finanzdienstleistern erheblich erleichtert und beschleunigt hat.
[6] Näher Brandl/Saria/Jedlicka WAG § 17 Rn. 4 ff.

MiFID II Art. 34–38 RL 2014/65/EU (MiFID II)

Papierform oder in Einverständnis mit der NCA elektronisch an die NCA des Herkunftsstaates zu übermitteln (Art. 2 Abs. 2 DVO 2017/2382). Hierzu sind die Formulare im Anhang zur DVO 2017/2382 zu verwenden. Der Inhalt der Notifikation unterscheidet sich aber **abhängig vom Rechtsträger**. Kreditinstitute unterliegen grundsätzlich auch bei grenzüberschreitender Erbringung von Wertpapierdienstleistungen und/oder Anlagetätigkeiten den bankrechtlichen Regelungen gemäß Art. 39 CRD[7]. Soweit sie aber im Aufnahmestaat vertraglich gebundene Vermittler einsetzen, sind die Regelungen der MiFID II einschließlich ihrer delegierten und durchführenden Rechtsakte relevant.[8] Für Wertpapierfirmen und Marktbetreiber wird das Verfahren durch DelVO 2017/1018 sowie DVO 2017/2382 rechtsträgerspezifisch geregelt.

8 a) **Wertpapierfirmen.** Die im Zuge der Notifikation von der Wertpapierfirma zu übermittelnden Informationen umfassen gemäß Art. 34 Abs. 2 MiFID iVm Art. 3 DelVO 2017/1018 und Art. 3, Anhang I DVO 2017/2382 folgende Angaben:
1. Angaben zur **Wertpapierfirma:** Diese sind Name, Anschrift und Kontaktangaben der Wertpapierfirma sowie der Name eines bestimmten Ansprechpartners in der Wertpapierfirma.
2. Bezeichnung des **Mitgliedstaats,** in dem die Tätigkeitserbringung beabsichtigt ist. Ist eine Dienstleistungserbringung in mehreren Mitgliedstaaten beabsichtigt, ist gemäß Art. 3 Abs. 2 DVO 2017/2382 eine gesonderte Notifizierung erforderlich.
3. **Geschäftsplan,** der die Wertpapierdienstleistungen, Anlagetätigkeiten und Nebendienstleistungen, die in dem Aufnahmemitgliedstaat erbracht und ausgeübt werden sollen, sowie die Finanzinstrumente, die eingesetzt werden sollen, bezeichnet. Erforderlich ist außerdem eine Angabe, ob im Herkunftsstaat ansässige vertraglich gebundene Vermittler im Aufnahmestaat eingesetzt werden. Bejahendenfalls sind der Name, die Anschrift, die Kontaktangaben bekannt zu geben sowie jene Wertpapierdienstleistungen oder Anlagetätigkeiten, Nebendienstleistungen und Finanzinstrumente, die von diesem erbracht, ausgeführt oder bereitgestellt werden.

9 Diese sollen künftig um folgende Angaben ergänzt werden,[9] um dem zunehmenden Anstieg der grenzüberschreitenden Tätigkeit zu begegnen[10]:
4. eine Übersicht der aktuellen aktiven[11] grenzüberschreitenden Tätigkeiten und deren Zielgruppe, einschließlich des Zeitpunktes, ab dem mit der Dienstleistungserbringung begonnen werden soll[12];

---

[7] Richtlinie 2013/36/EU des Europäischen Parlaments und des Rates vom 26.6.2013 über den Zugang zur Tätigkeit von Kreditinstituten und die Beaufsichtigung von Kreditinstituten, zur Änderung der Richtlinie 2002/87/EG und zur Aufhebung der Richtlinien 2006/48/EG und 2006/49/EG.
[8] Art. 1 Abs. 2 DelVO; Art. 1 Abs. 2 DVO 2017/2382. Näher zur Abgrenzung Brandl/Saria/Jedlicka WAG § 17 Rn. 13.
[9] Art. 1 Draft-RTS.
[10] Vgl. Erwgr. Nr. 2 Draft-RTS bzw. ESMA, Consultation Paper, ESMA35-36-2640, Annex III.
[11] Nicht erfasst sind Märkte, für die zwar ein Europäischer Pass erlangt wird/wurde, in denen aber keine aktive Dienstleistungserbringung, einschließlich Marketing, erfolgt: ESMA, Consultation Paper, ESMA35-36-2640, Rn. 14.
[12] ESMA, Consultation Paper, ESMA35-36-2640, Rn. 15.

5. die eingesetzten Marketingmittel einschließlich Social Media-Plattformen, Apps, Call-Center, Websites und verwendeten Sprachen;[13]
6. die Sprache(n), in denen Beschwerden von Kunden aus jedem der Aufnahmemitgliedstaaten bearbeitet werden,
7. die interne Organisation der Wertpapierfirma in Bezug auf die grenzüberschreitenden Tätigkeiten, insbes. a) die internen Meldekanäle betreffend die grenzüberschreitende Tätigkeit, b) die Einbeziehung der grenzüberschreitenden Tätigkeit in das IKS, c) die organisatorischen Vorkehrungen in Bezug auf die Beschwerdebearbeitung.

b) Kreditinstitute. Kreditinstitute, die sich vertraglich gebundener Vermittler im Aufnahmestaat bedienen, haben gemäß Art. 34 Abs. 5 iVm Art. 3 Abs. 2 Angaben zum Kreditinstitut zu übermitteln und im Geschäftsplan den vertraglich gebundenen Vermittler zu bezeichnen. Hierzu sind lediglich die Abschnitte des Formulars in Anhang I DVO 2017/2382 zu befüllen, die für den vertraglich gebundenen Vermittler relevant sind.[14] 10

c) Betreiber von MTF bzw. OTF. Die grenzüberschreitende Bereitstellung eines Zugangs zu einem MTF bzw. OTF − durch in einem anderen Mitgliedstaat niedergelassene Fernnutzer, -mitglieder oder -teilnehmer − setzt gemäß Art. 34 Abs. 7 iVm Art. 5 DelVO 2017/1018 die Übermittlung folgender Informationen durch Wertpapierfirmen bzw. Marktbetreiber voraus: 11

1. Angaben zur **Wertpapierfirma oder Marktbetreiber:** Name, Anschrift und Kontaktangaben sowie Benennung eines bestimmten Ansprechpartners;
2. Bezeichnung des **Aufnahmemitgliedstaats;**
3. Beschreibung der notwendigen **Vorkehrungen** einschließlich des Zeitpunktes, ab dem diese Vorkehrungen im Aufnahmemitgliedstaat zur Verfügung gestellt werden;
4. Beschreibung des **Geschäftsmodells** des MTF bzw. OTF. Diese umfasst eine Beschreibung der Art der gehandelten Finanzinstrumente, der Art der Teilnehmer, sowie des Vermarktungsansatzes für die Fernnutzer, -mitglieder oder -teilnehmer.

2. Prüfung und Weiterleitung durch die Herkunftslandaufsicht. Aus der „single licence" folgt, dass die grenzüberschreitende Dienstleistungserbringung in der EU nach Zulassung durch eine NCA uneingeschränkt möglich ist (→ Rn. 2 f.). IdS kann die NCA die grenzüberschreitende Dienstleistungserbringung nach erfolgter Notifikation auch nicht untersagen. Allerdings besteht eine Prüfpflicht in Bezug auf die Vollständigkeit und Richtigkeit übermittelten Informationen.[15] Diese wird gesetzlich nur in Bezug auf die Notifizierung durch Wertpapierfirmen und Kreditinstitute angeordnet.[16] Eine Prüfpflicht wird aber auch bei Notifizierung eines Betriebs eines MTF bzw. OTF zu bejahen sein,[17] weil der Schutzzweck der Sicherstellung einer umfassenden grenzüberschreitenden Aufsicht und Qualität der übermittelten Angaben[18] ansonsten nicht gewährleistet werden kann. 12

---

[13] ESMA, Consultation Paper, ESMA35-36-2640, Rn. 19; Annex I, Teil 4 Draft-RTS.
[14] Art. 3 Abs. 3 DVO 2017/2382.
[15] Art. 4 Abs. 1 DVO 2017/2382.
[16] Art. 4 DVO 2017/2382.
[17] So auch Erwgr. Nr. 4 DVO 2017/2382.
[18] Erwgr. Nr. 3, 4 DVO 2017/2382.

13 Soweit die übermittelten Informationen unvollständig oder unrichtig sind, setzt die NCA die Wertpapierfirma oder das Kreditinstitut davon in Kenntnis. Diese Mitteilung ist unverzüglich zu erstatten und hat die unvollständigen oder unrichtigen Angaben genau zu bezeichnen.[19]

14 Die NCA setzt in weiterer Folge die NCA des Aufnahmestaates über die beabsichtigte grenzüberschreitende Tätigkeitserbringung mittels des Formulars in Anhang II/V DVO 2017/2382 binnen 1 Monats in Kenntnis.[20] Soweit Angaben unrichtig oder unvollständig erstattet wurden, beginnt der Fristenlauf erst mit Einlangen der vollständigen und richtigen Angaben.[21] Der Dienstleistungserbringer ist unverzüglich über die Weiterleitung zu informieren.[22] Mit der Weiterleitung kann die grenzüberschreitende Tätigkeit im Aufnahmestaat aufgenommen werden.[23]

15 **3. Kompetenzen der Gastlandaufsicht.** Die NCA des Aufnahmestaates hat nach dem Prinzip der *home country control* grds. keine direkten Aufsichtskompetenzen über die auf ihrem Staatsgebiet tätigen Rechtsträger. Insbes. kann sie dem Rechtsträger keine weiteren Anforderungen vorschreiben und treffen sie keine Prüfpflichten im Passporting-Verfahren. Allerdings bestehen für eine funktionierende Kooperation mit der NCA des Herkunftsstaates Mitwirkungspflichten: Soweit ein vertraglich gebundener Vermittler im Aufnahmestaat benannt wird, hat die NCA des Aufnahmestaates die Namen der Vermittler zu veröffentlichen.[24] Außerdem kann die NCA des Aufnahmestaates Informationen zu den Fernnutzern, -mitgliedern oder -teilnehmern eines MFT/OTF anfordern.[25] Als Ausgleich für die eingeschränkten Kompetenzen[26] kann die NCA des Aufnahmestaates als *ultima ratio* die Sicherungsmaßnahmen gemäß Art. 86 MiFID ergreifen.[27]

16 **4. Änderungen.** Änderungen der im Zuge des Passporting-Verfahrens erforderlichen Informationen (→ Rn. 8 f.) sind gemäß Abs. 4 notifikationspflichtig. Die Änderungen sind der NCA des Herkunftsstaates mittels des Formulars in Anhang I/IV DVO 2017/2382 zumindest 1 Monat vor Durchführung der Änderung bekanntzugeben, wobei nur jene Teile des Formulars zu befüllen sind, auf die sich die Änderungen beziehen.[28] Von der Notifikationspflicht sind Änderungen der künftig erweiterten Angaben zu Marketingmitteln und Beschwerdeverfahren ausgenommen.[29] Auch die Notifizierung der Änderungen ist mittels des Formulars in Anhang III DVO 2017/2382 unverzüglich an die NCA des Aufnahmestaates weiterzuleiten.[30]

---

[19] Art. 4 Abs. 2 DVO 2017/2382.
[20] Art. 34 Abs. 3 MiFID II; Art. 5 Abs. 1, Art. 9 Abs. 1 DVO 2017/2382.
[21] Art. 4 Abs. 3 DVO 2017/2382.
[22] Art. 5 Abs. 2, Art. 9 Abs. 2 DVO 2017/2382.
[23] Art. 34 Abs. 3 MiFID II. So im Ergebnis auch Brandl/Saria/Jedlicka WAG § 17 Fn. 44 bzw. § 19 Rn. 17.
[24] Art. 34Abs. 2 lit. b UAbs. 2, 5 UAbs. 2 MiFID II.
[25] Art. 7 UAbs. 2 MiFID II.
[26] N. Raschauer RdW 2009, 183 (184).
[27] S. auch Brandl/Saria/Jedlicka WAG § 17 Rn. 17.
[28] Art. 6 Abs. 1, 2; 10 DVO 2017/2382.
[29] ESMA, Consultation Paper, ESMA35-36-2640, Rn. 20, 24; Art. 4 Draft-RTS.
[30] Art. 7, 11 DVO 2017/2382.

Artikel 44 Zulassung und anwendbares Recht

(1) Die Mitgliedstaaten lassen nur diejenigen Systeme als geregelten Markt zu, die diesem Titel genügen.

Die Zulassung als geregelter Markt wird nur erteilt, wenn die zuständige Behörde sich davon überzeugt hat, dass sowohl der Marktbetreiber als auch die Systeme des geregelten Marktes zumindest den Anforderungen dieses Titels genügen.

Handelt es sich bei einem geregelten Markt um eine juristische Person, die von einem anderen Marktbetreiber als dem geregelten Markt selbst verwaltet oder betrieben wird, legen die Mitgliedstaaten fest, welche der verschiedenen Verpflichtungen des Marktbetreibers nach dieser Richtlinie von dem geregelten Markt und welche vom Marktbetreiber zu erfüllen sind.

Der Marktbetreiber stellt alle Angaben, einschließlich eines Geschäftsplans, aus dem unter anderem die Arten der in Betracht gezogenen Geschäfte und die Organisationsstruktur hervorgehen, zur Verfügung, damit die zuständige Behörde prüfen kann, ob der geregelte Markt bei der Erstzulassung alle erforderlichen Vorkehrungen getroffen hat, um seinen Verpflichtungen gemäß diesem Titel nachzukommen.

(2) [1] Die Mitgliedstaaten schreiben vor, dass der Marktbetreiber die mit der Organisation und dem Betrieb des geregelten Marktes zusammenhängenden Aufgaben unter der Aufsicht der zuständigen Behörde wahrnimmt. [2] Die Mitgliedstaaten stellen sicher, dass die zuständigen Behörden die geregelten Märkte regelmäßig auf die Einhaltung dieses Titels hin überprüfen. [3] Sie stellen ferner sicher, dass die zuständigen Behörden überwachen, ob die geregelten Märkte jederzeit die Voraussetzungen für die Erstzulassung nach diesem Titel erfüllen.

(3) Die Mitgliedstaaten stellen sicher, dass der Marktbetreiber dafür verantwortlich ist, zu gewährleisten, dass der geregelte Markt, den er verwaltet, den in diesem Titel festgelegten Anforderungen genügt.

Die Mitgliedstaaten stellen ferner sicher, dass der Marktbetreiber die Rechte wahrnehmen darf, die dem von ihm verwalteten geregelten Markt durch diese Richtlinie zustehen.

(4) Unbeschadet etwaiger einschlägiger Bestimmungen der Verordnung (EU) Nr. 596/2014 oder der Richtlinie 2014/57/EU unterliegt der nach den Systemen des geregelten Marktes betriebene Handel dem öffentlichen Recht des Herkunftsmitgliedstaats des geregelten Marktes.

(5) Die zuständige Behörde kann einem geregelten Markt die Zulassung entziehen, wenn dieser

a) nicht binnen zwölf Monaten von der Zulassung Gebrauch macht, ausdrücklich auf die Zulassung verzichtet oder in den sechs vorhergehenden Monaten nicht tätig gewesen ist, es sei denn, der betreffende Mitgliedstaat sieht in diesen Fällen das Erlöschen der Zulassung vor;
b) die Zulassung aufgrund falscher Angaben oder auf sonstige rechtswidrige Weise erhalten hat,
c) die Voraussetzungen, auf denen die Zulassung beruhte, nicht mehr erfüllt;
d) in schwerwiegender Weise systematisch gegen die Bestimmungen zur Durchführung dieser Richtlinie oder der Verordnung (EU) Nr. 600/2014 verstoßen hat;

e) einen der Fälle erfüllt, in denen das nationale Recht den Entzug vorsieht.

(6) Jeder Entzug der Zulassung wird der ESMA mitgeteilt.

Artikel 45 Anforderungen an das Leitungsorgan eines Marktbetreibers

(1) ¹Die Mitgliedstaaten schreiben vor, dass sämtliche Mitglieder des Leitungsorgans eines Marktbetreibers zu jeder Zeit ausreichend gut beleumundet sind und ausreichende Kenntnisse, Fähigkeiten und Erfahrungen besitzen, um ihre Aufgaben wahrnehmen zu können. ²Die Zusammensetzung des Leitungsorgans spiegelt ferner insgesamt ein angemessen breites Spektrum an Erfahrung wider.

(2) ¹Die Mitglieder des Leitungsorgans erfüllen insbesondere die folgenden Anforderungen:

a) Alle Mitglieder des Leitungsorgans widmen der Wahrnehmung ihrer Funktionen für den Marktbetreiber ausreichend Zeit. Die Zahl der Leitungsfunktionen, die ein Mitglied des Leitungsorgans in einer rechtlichen Einheit gleichzeitig wahrnehmen kann, richtet sich nach den einzelnen Umständen sowie nach Art, Umfang und Komplexität der Tätigkeiten des Marktbetreibers.

Sofern sie nicht den Mitgliedstaat vertreten, beschränken die Mitglieder des Leitungsorgans von Marktbetreibern, die aufgrund ihrer Größe, ihrer internen Organisation und der Art, des Umfangs und der Komplexität ihrer Geschäfte von erheblicher Bedeutung sind, die Kumulierung auf eine der folgenden Kombinationen:

i) eine Leitungsfunktion mit zwei Aufsichtsfunktionen,

ii) vier Aufsichtsfunktionen.

Leitungs- oder Aufsichtsfunktionen innerhalb derselben Gruppe oder innerhalb von Unternehmen, an denen der Marktbetreiber über eine qualifizierte Beteiligung verfügt, werden als eine einzige Funktion betrachtet.

Die zuständigen Behörden können Mitgliedern des Leitungsorgans genehmigen, eine weitere Aufsichtsfunktion auszuüben. Die zuständigen Behörden unterrichten die EBA regelmäßig über derartige Genehmigungen.

Die Leitungs- oder Aufsichtsfunktionen in Organisationen, die nicht vorwiegend kommerzielle Ziele verfolgen, sind von den Beschränkungen der Zahl der Leitungs- und Aufsichtsfunktionen, die ein Mitglied des Leitungsorgans wahrnehmen kann, ausgenommen.

b) Das Leitungsorgan verfügt kollektiv über die zum Verständnis der Tätigkeiten des Marktbetreibers samt seinen Hauptrisiken notwendigen Kenntnisse, Fähigkeiten und Erfahrungen.

c) Jedes Mitglied des Leitungsorgans handelt aufrichtig, integer und unvoreingenommen, um die Entscheidungen der Geschäftsleitung wirksam zu beurteilen und erforderlichenfalls in Frage zu stellen und die Entscheidungsfindung wirksam zu kontrollieren und zu überwachen.

(3) Die Marktbetreiber setzen für die Einführung der Mitglieder des Leitungsorgans in ihr Amt und deren Schulung Personal und Finanzressourcen in angemessenem Umfang ein.

(4) Die Mitgliedstaaten stellen sicher, dass Marktbetreiber, die aufgrund ihrer Größe, ihrer internen Organisation und der Art, des Umfangs und der Komplexität ihrer Geschäfte von erheblicher Bedeutung sind, einen Nominierungsausschuss einsetzen, der sich aus Mitgliedern des Leitungsorgans zusammensetzt, die bei dem betreffenden Marktbetreiber keine Geschäftsführungsaufgaben wahrnehmen.

Der Nominierungsausschuss hat folgende Aufgaben:

a) Ist im Leitungsorgan eine Stelle zu besetzen, ermittelt er Bewerber und empfiehlt diese dem Leitungsorgan oder der Hauptversammlung zur Zustimmung. Dabei bewertet der Nominierungsausschuss die Ausgewogenheit der Kenntnisse und Fähigkeiten, der Diversität und der Erfahrungen des Leitungsorgans. Darüber hinaus erstellt der Ausschuss eine Aufgabenbeschreibung mit Bewerberprofil und beurteilt den mit der Aufgabe verbundenen Zeitaufwand. Ferner entscheidet der Nominierungsausschuss über eine Zielvorgabe für die Vertretung des unterrepräsentierten Geschlechts im Leitungsorgan, und erstellt eine Strategie für die Anhebung des Anteils des unterrepräsentierten Geschlechts im Leitungsorgan, um diese Zielvorgabe zu erreichen.

b) Er bewertet regelmäßig und zumindest einmal jährlich die Struktur, Größe, Zusammensetzung und Leistung des Leitungsorgans und empfiehlt diesem etwaige Änderungen.

c) Er bewertet regelmäßig und zumindest einmal jährlich die Kenntnisse, Fähigkeiten und Erfahrung sowohl der einzelnen Mitglieder des Leitungsorgans in seiner geschäftsführenden Funktion als auch des Leitungsorgans insgesamt und informiert das Leitungsorgan entsprechend.

d) Er überprüft den Kurs des Leitungsorgans bei der Auswahl und Bestellung der Geschäftsleitung und richtet Empfehlungen an das Leitungsorgan.

Bei der Wahrnehmung seiner Aufgaben berücksichtigt der Nominierungsausschuss soweit wie möglich und kontinuierlich, die Notwendigkeit, sicherzustellen, dass die Entscheidungen des Leitungsorgans nicht von einer einzigen Person oder einer kleinen Gruppe von Personen in einer Weise beherrscht werden, die für die Interessen des Marktbetreibers als Ganzem von Nachteil ist.

Bei der Wahrnehmung seiner Aufgaben kann der Nominierungsausschuss auf alle Ressourcen zurückgreifen, die er für angemessen hält, einschließlich externer Berater.

Ist das Leitungsorgan nach nationalem Recht in keiner Weise an der Auswahl und Bestellung seiner Mitglieder beteiligt, findet dieser Absatz keine Anwendung.

(5) Die Mitgliedstaaten oder die zuständigen Behörden verlangen von Marktbetreibern und deren Nominierungsausschüssen, dass sie bei der Berufung von Mitgliedern in das Leitungsorgan auf eine große Bandbreite von Eigenschaften und Fähigkeiten achten und zu diesem Zweck eine Politik der Förderung von Diversität innerhalb des Leitungsorgans verfolgen.

(6) Die Mitgliedstaaten stellen sicher, dass das Leitungsorgan eines Marktbetreibers die Umsetzung der Unternehmensführungsregelungen, die die wirksame und umsichtige Führung einer Organisation sicherstellen und unter anderem eine Aufgabentrennung in der Organisation und

die Vorbeugung von Interessenkonflikten vorsehen, auf eine Weise festlegt und überwacht, durch die die Integrität des Markts gefördert wird.

Die Mitgliedstaaten sorgen dafür, dass das Leitungsorgan die Wirksamkeit der Unternehmensführungsregelungen des Marktbetreibers überwacht und regelmäßig bewertet und angemessene Schritte zur Behebung etwaiger Defizite einleitet.

Die Mitglieder des Leitungsorgans haben einen angemessenen Zugang zu den Informationen und Dokumenten, die für die Beaufsichtigung und Überwachung der Entscheidungsfindung der Geschäftsleitung erforderlich sind.

(7) Die zuständige Behörde verweigert die Zulassung, wenn sie nicht davon überzeugt ist, dass die Mitglieder des Leitungsorgans des Marktbetreibers gut beleumdet sind, über ausreichende Kenntnisse, Fähigkeiten und Erfahrungen besitzen und der Wahrnehmung ihrer Aufgaben ausreichend Zeit widmen, oder wenn objektive und nachweisbare Gründe für die Vermutung vorliegen, dass die Geschäftsleitung des Marktbetreibers dessen wirksame, solide und umsichtige Führung sowie die angemessene Berücksichtigung der Marktintegrität gefährden könnte.

Die Mitgliedstaaten stellen sicher, dass bei der Zulassung eines geregelten Markts davon ausgegangen wird, dass die Personen, die die Geschäfte und den Betrieb eines bereits in Einklang mit dieser Richtlinie zugelassenen geregelten Markts tatsächlich leiten, die Anforderungen von Absatz 1 erfüllen.

(8) Die Mitgliedstaaten schreiben vor, dass der Marktbetreiber der zuständigen Behörde die Namen aller Mitglieder seines Leitungsorgans und jede Änderung in dessen Zusammensetzung sowie alle Informationen übermittelt, die erforderlich sind, um zu beurteilen, ob der Marktbetreiber die Bestimmungen der Absätze 1 bis 5 erfüllt.

(9) Die ESMA gibt Leitlinien heraus zu

a) dem Konzept des ausreichenden Zeitaufwands, d. h. der Zeit, die ein Mitglied des Leitungsorgans für die Wahrnehmung seiner Aufgaben aufwenden muss, damit dies im Verhältnis zu den Umständen im Einzelfall und zu Art, Umfang und Komplexität der Geschäfte des Marktbetreibers als ausreichend anzusehen ist,

b) notwendigen Kenntnisse, Fähigkeiten und Erfahrungen, über die das Leitungsorgan nach Absatz 2 Buchstabe b kollektiv verfügen muss;

c) Aufrichtigkeit, Integrität und Unvoreingenommenheit eines Mitglieds des Leitungsorgans im Sinne des Absatzes 2 Buchstabe c;

d) dem Konzept des angemessenem Umfangs von Personal und Finanzressourcen für die Einführung der Mitglieder des Leitungsorgans in ihr Amt und deren Schulung im Sinne des Absatzes 3;

e) dem Konzept der Diversität als einem gemäß Absatz 5 bei der Auswahl der Mitglieder des Leitungsorgans heranzuziehenden Kriterium.

Die ESMA gibt diese Leitlinien bis zum 3. Januar 2016 heraus.

Artikel 46 Anforderungen an Personen mit wesentlichem Einfluss auf die Verwaltung des geregelten Marktes

(1) Die Mitgliedstaaten schreiben vor, dass die Personen, die direkt oder indirekt tatsächlich wesentlichen Einfluss auf die Verwaltung des

geregelten Marktes nehmen können, die zu diesem Zweck erforderliche Eignung besitzen müssen.

(2) Die Mitgliedstaaten schreiben vor, dass der Marktbetreiber des geregelten Marktes
a) der zuständigen Behörde Angaben zu den Eigentumsverhältnissen des geregelten Marktes und/oder des Marktbetreibers, insbesondere die Namen aller Parteien, die wesentlichen Einfluss auf seine Geschäftsführung nehmen können, und die Höhe ihrer Beteiligung vorlegt und diese Informationen veröffentlicht;
b) die zuständige Behörde über jede Eigentumsübertragung, die den Kreis derjenigen verändert, die wesentlichen Einfluss auf die Führung des geregelten Marktes nehmen, unterrichtet und diese Übertragung veröffentlicht.

(3) Die zuständige Behörde verweigert die Genehmigung vorgeschlagener Änderungen der Mehrheitsbeteiligung des geregelten Marktes und/oder des Marktbetreibers, wenn objektive und nachweisbare Gründe für die Vermutung vorliegen, dass sie die solide und umsichtige Verwaltung des geregelten Marktes gefährden würden.

Artikel 47[1] Organisatorische Anforderungen

(1) Die Mitgliedstaaten schreiben vor, dass der geregelte Markt
a) Vorkehrungen trifft, mit denen sich etwaige nachteilige Auswirkungen von Interessenkonflikten zwischen dem geregelten Markt, seinen Eigentümern oder seinem Marktbetreiber und dem einwandfreien Funktionieren des geregelten Marktes auf den Betrieb des geregelten Marktes oder seine Mitglieder oder Teilnehmer klar erkennen und regeln lassen, und zwar insbesondere dann, wenn solche Interessenkonflikte die Erfüllung von Aufgaben, die dem geregelten Markt von der zuständigen Behörde übertragen wurden, behindern könnten;
b) um angemessen für die Steuerung seiner Risiken, einschließlich der IKT-Risiken gemäß Kapitel II der Verordnung (EU) 2022/2554, ausgestattet zu sein, angemessene Vorkehrungen und Systeme zur Ermittlung von für seinen Betrieb wesentlichen Risiken einrichtet und wirksame Maßnahmen zur Begrenzung dieser Risiken trifft;
c) *[aufgehoben]*
d) transparente und nichtdiskretionäre Regeln und Verfahren für einen fairen und ordnungsgemäßen Handel sowie objektive Kriterien für eine effiziente Auftragsausführung festlegt;
e) um über wirksame Vorkehrungen zu verfügen, die einen reibungslosen und rechtzeitigen Abschluss der innerhalb seiner Systeme ausgeführten Geschäfte erleichtern,
f) um bei der Zulassung und fortlaufend über ausreichende Finanzmittel zu verfügen, um ihr ordnungsgemäßes Funktionieren zu erleichtern, wobei der Art und dem Umfang der an dem geregelten Markt abgeschlossenen Geschäfte sowie dem Spektrum und der Höhe der Risiken, denen sie ausgesetzt sind, Rechnung zu tragen ist,

---

[1] Art. 47 Abs. 1 Buchst. b neu gef., Buchst. c aufgeh. mWv 16.1.2023 durch RL v. 14.12.2022 (ABl. L 333 S. 153); Abs. 1 Buchst. g und h angef. mWv 28.3.2024 durch RL v. 28.2.2024 (ABl. L, 2024/790, 8.3.2024).

g) Vorkehrungen trifft, um sicherzustellen, dass er die in Artikel 22b der Verordnung (EU) Nr. 600/2014 festgelegten Standards für die Datenqualität erfüllt,
h) mindestens drei aktive Mitglieder oder Nutzer hat, die die Möglichkeit haben, mit allen anderen zum Zwecke der Preisbildung in Verbindung zu treten.

(2) Die Mitgliedstaaten gestatten Marktbetreibern nicht, an einem von ihnen betriebenen geregelten Markt Kundenaufträge unter Einsatz des Eigenkapitals auszuführen oder auf die Zusammenführung sich deckender Kundenaufträge zurückzugreifen.

Artikel 48[1] Belastbarkeit der Systeme, Notfallsicherungen („circuit breakers") und elektronischer Handel

(1) Die Mitgliedstaaten schreiben vor, dass ein geregelter Markt seine operationale Resilienz zentsprechend den in Kapitel II der Verordnung (EU) 2022/2554 festgelegten Anforderungen herstellt und erhält, um sicherzustellen, dass seine Handelssysteme belastbar sind und über ausreichende Kapazitäten für Spitzenvolumina an Aufträgen und Mitteilungen verfügen, in der Lage sind, unter extremen Stressbedingungen auf den Märkten einen ordnungsgemäßen Handel zu gewährleisten, vollständig geprüft sind, um zu gewährleisten, dass diese Bedingungen erfüllt sind, und wirksamen Vorkehrungen zur Fortführung der Geschäftstätigkeiten unterliegen, die IKT-Geschäftsfortführungsleitlinie und -pläne sowie IKT-Reaktions- und Wiederherstellungspläne gemäß Artikel 11 der Verordnung (EU) 2022/2554 einschließen, um im Fall von Störungen in seinen Handelssystemen die Kontinuität seines Geschäftsbetriebs zu gewährleisten.

(2) Die Mitgliedstaaten schreiben vor, dass ein geregelter Markt über
a) schriftliche Vereinbarungen mit allen Wertpapierfirmen, die eine Market-Making-Strategie an dem geregelten Markt verfolgen, und
b) Systeme, durch die sichergestellt wird, dass an diesen Vereinbarungen eine ausreichende Zahl an Wertpapierfirmen teilnimmt, die feste Kurse zu wettbewerbsfähigen Preisen abgeben, wodurch dem Markt regelmäßig und vorhersehbar Liquidität zugeführt wird, wenn eine solche Anforderung der Art und dem Umfang der Handelstätigkeit an diesem geregelten Markt angemessen ist, verfügt.

(3) In der im Absatz 2 genannten schriftlichen Vereinbarung ist mindestens Folgendes festgelegt:
a) die Verpflichtungen der Wertpapierfirma im Zusammenhang mit der Zuführung von Liquidität und gegebenenfalls sonstige Verpflichtungen, die sich aus der Teilnahme an dem in Absatz 2 genannten System ergeben;
b) etwaige Anreize in Form von Rabatten oder sonstigem, die vom geregelten Markt einer Wertpapierfirma dafür angeboten werden, dass sie dem Markt regelmäßig und vorhersehbar Liquidität zuführt, und

---

[1] Art. 48 Abs. 1, Abs. 6, Abs. 12 Buchst. a und g neu gef. mWv 16.1.2023 durch RL v. 14.12.2022 (ABl. L 333 S. 153); Abs. 5 UAbs. 1 neu gef., UAbs. 3 und 4 angef., Abs. 12 UAbs. 1 Buchst. h und i angef., UAbs. 2 und 3 neu gef., Abs. 13 aufgeh. mWv 28.3.2024 durch RL v. 28.2.2024 (ABl. L, 2024/790, 8.3.2024).

gegebenenfalls sonstige Rechte, die die Wertpapierfirma aufgrund ihrer Teilnahme an dem in Absatz 2 genannten System erwirbt.

¹Es obliegt dem geregelten Markt, zu überwachen und dafür zu sorgen, dass die Wertpapierfirmen den Anforderungen dieser rechtlich bindenden schriftlichen Vereinbarungen nachkommen. ²Der geregelte Markt teilt der zuständigen Behörde den Inhalt der rechtlich bindenden Vereinbarung mit und legt der zuständigen Behörde auf Anfrage alle weiteren Informationen vor, die erforderlich sind, damit die zuständige Behörde prüfen kann, ob der geregelte Markt diesen Absatz einhält.

(4) Die Mitgliedstaaten schreiben vor, dass ein geregelter Markt über wirksame Systeme, Verfahren und Vorkehrungen verfügt, um Aufträge abzulehnen, die die im Voraus festgelegten Grenzen für Volumina und Kurse überschreiten oder eindeutig irrtümlich zustande kamen.

(5) ¹Die Mitgliedstaaten schreiben vor, dass ein geregelter Markt in der Lage sein muss, den Handel vorübergehend einzustellen oder zu beschränken, wenn eine Notfallsituation vorliegt oder es kurzfristig zu einer erheblichen Preisbewegung bei einem Finanzinstrument auf diesem Markt oder einem benachbarten Markt kommt, und dass er bei Ausnahmefällen in der Lage sein muss, jedwedes Geschäft zu stornieren, zu ändern oder zu berichtigen. ²Die Mitgliedstaaten schreiben vor, dass ein geregelter Markt sicherzustellen hat, dass die Parameter für die Einstellung oder Beschränkung des Handels in geeigneter Weise so austariert werden, dass der Liquidität der einzelnen Kategorien und Teilkategorien von Vermögenswerten, der Art des Marktmodells und der Art der Nutzer Rechnung getragen wird, und die Möglichkeit besteht, wesentliche Störungen eines ordnungsgemäßen Handels zu unterbinden.

¹Die Mitgliedstaaten sorgen dafür, dass ein geregelter Markt die Parameter für die Einstellung des Handels und wesentliche Änderungen an ihnen der zuständigen Behörde auf kohärente und vergleichbare Weise meldet und dass die zuständige Behörde sie ihrerseits der ESMA meldet. ²Die Mitgliedstaaten schreiben vor, dass bei Einstellung des Handels in einem Mitgliedstaat durch einen geregelten Markt, der für die Liquidität in Bezug auf dieses Finanzinstrument maßgeblich ist, dieser Handelsplatz über die Systeme und Verfahren verfügt, die notwendig sind um sicherzustellen, dass er die zuständigen Behörden benachrichtigt, damit eine marktweite Reaktion koordinieren und entscheiden können, ob es angemessen ist, den Handel an anderen Handelsplätzen, an denen das Finanzinstrument gehandelt wird, einzustellen, bis der Handel am ursprünglichen Markt wieder aufgenommen wird.

Die Mitgliedstaaten schreiben vor, dass ein geregelter Markt auf seiner Website Angaben zu den Umständen, die zur Einstellung oder Beschränkung des Handels führen, und die Grundsätze für die Festlegung der wichtigsten technischen Parameter, die dazu verwendet werden, veröffentlicht.

¹Die Mitgliedstaaten stellen sicher, dass die zuständigen Behörden geeignete Maßnahmen ergreifen können, um das normale Funktionieren der Märkte wiederherzustellen, was auch die Nutzung der in Artikel 69 Absatz 2 Buchstaben m bis p genannten Aufsichtsbefugnisse einschließt, wenn ein geregelter Markt den Handel gemäß Unterabsatz 1 trotz erheblicher Kursbewegungen, die ein Finanzinstrument oder damit zusammenhängende Finanzinstrumente betreffen und zu marktstörenden Han-

delsbedingungen auf einem oder mehreren Märkten geführt haben, nicht einstellt oder beschränkt.

(6) Die Mitgliedstaaten setzen voraus, dass ein geregelter Markt über wirksame Systeme, Verfahren und Vorkehrungen verfügt, einschließlich der Anforderung, dass Mitglieder oder Teilnehmer gemäß den in den Kapiteln II und IV der Verordnung (EU) 2022/2554 festgelegten Anforderungen angemessene Tests von Algorithmen durchführen und ein Umfeld schaffen, um diese Tests zu vereinfachen, um sicherzustellen, dass algorithmische Handelssysteme keine marktstörenden Handelsbedingungen auf dem Markt schaffen oder zu solchen beitragen, und um etwaige marktstörende Handelsbedingungen, die sich aus algorithmischen Handelssystemen ergeben, zu kontrollieren, einschließlich Systemen zur Begrenzung des Verhältnisses nicht ausgeführter Handelsaufträge zu Geschäften, die von einem Mitglied oder Teilnehmer in das System eingegeben werden können, mit dem Ziel, das Auftragsaufkommen zu verlangsamen, wenn das Risiko besteht, dass seine Systemkapazität erreicht wird, und die kleinstmögliche Tick-Größe zu begrenzen und durchzusetzen, die auf dem Markt ausgeführt werden kann.

(7) Die Mitgliedstaaten schreiben vor, dass ein geregelter Markt, der einen direkten elektronischen Zugang gestattet, über wirksame Systeme, Verfahren und Vorkehrungen verfügt um sicherzustellen, dass die Mitglieder oder Teilnehmer eine solche Dienstleistung nur erbringen dürfen, wenn es sich dabei um in Einklang mit dieser Richtlinie zugelassene Wertpapierfirmen oder im Einklang mit der Richtlinie 2006/48/EG zugelassene Kreditinstitute handelt, dass angemessene Kriterien in Bezug auf die Eignung der Personen festgelegt sind und angewandt werden, die einen solchen Zugang erhalten können, und dass die Verantwortung für Aufträge und Geschäfte, die über diesen Dienst abgeschlossen werden, in Bezug auf die Anforderungen dieser Richtlinie bei dem Mitglied oder Teilnehmer verbleibt.

Die Mitgliedstaaten schreiben auch vor, dass der geregelte Markt angemessene Standards in Bezug auf Risikokontrollen und Schwellen für den Handel über einen solchen Zugang festlegt und in der Lage ist, zwischen Aufträgen und Geschäften zu unterscheiden, die von einer Person über einen direkten elektronischen Zugang abgeschlossen werden und sonstigen Aufträgen und Geschäften, die von Mitgliedern oder Teilnehmern ausgeführt werden, und diese Aufträge und Geschäfte gegebenenfalls einzustellen.

Der geregelte Markt muss über Vorkehrungen verfügen, um die Bereitstellung des direkten elektronischen Zugangs durch ein Mitglied oder einen Teilnehmer für einen Kunden im Falle der Nichteinhaltung dieses Absatzes auszusetzen oder einzustellen.

(8) Die Mitgliedstaaten schreiben vor, dass ein geregelter Markt gewährleistet, dass seine Bestimmungen über Kollokationsdienste transparent, gerecht und nichtdiskriminierend sind.

(9) [1]Die Mitgliedstaaten schreiben vor, dass ein geregelter Markt sicherstellt, dass seine Gebührenstrukturen, einschließlich Ausführungsgebühren, Nebengebühren und möglichen Rabatten, transparent, gerecht und diskriminierungsfrei sind und keine Anreize schaffen, Aufträge so zu platzieren, zu ändern oder zu stornieren bzw. Geschäfte so zu tätigen, dass dies zu marktstörenden Handelsbedingungen oder Marktmissbrauch beiträgt. [2]Insbesondere verlangen die Mitgliedstaaten von einem geregel-

ten Markt, im Austausch für gewährte Rabatte Market-Making-Pflichten in Bezug auf einzelne Aktien oder Aktienportfolios aufzuerlegen.

Die Mitgliedstaaten geben einem geregelten Markt die Möglichkeit, seine Gebühren für stornierte Aufträge an die Zeitspanne anzupassen, in der der Auftrag aufrechterhalten wurde, und austarierte Gebühren für jedes Finanzinstrument festzulegen, für das sie gelten.

Die Mitgliedstaaten können einem geregelten Markt erlauben, höhere Gebühren für die Erteilung von Aufträgen, die später storniert werden, oder Teilnehmern, bei denen der Anteil stornierter Aufträge hoch ist, oder solchen Teilnehmern zu berechnen, die eine Methode des algorithmischen Hochfrequenzhandels anwenden, um der zusätzlichen Belastung der Systemkapazität Rechnung zu tragen.

(10) [1]Die Mitgliedstaaten schreiben vor, dass ein geregelter Markt in der Lage sein muss, mittels Kennzeichnung durch die Mitglieder oder Teilnehmer die durch algorithmischen Handel erzeugten Aufträge, die verschiedenen für die Auftragserstellung verwendeten Algorithmen sowie die Personen, die diese Aufträge initiiert haben, kenntlich zu machen. [2]Diese Informationen werden den zuständigen Behörden auf deren Ersuchen hin zugänglich gemacht.

(11) Die Mitgliedstaaten schreiben vor, dass der geregelte Markt den zuständigen Behörden des Herkunftsmitgliedstaats auf deren Anfrage Daten in Bezug auf das Auftragsbuch zur Verfügung stellt bzw. den zuständigen Behörden Zugang zu dem Auftragsbuch gibt, so dass diese in der Lage sind, die Geschäfte zu überwachen.

(12) Die ESMA arbeitet Entwürfe technischer Regulierungsstandards aus,

a) um die Anforderungen festzulegen, die sicherstellen, dass die Handelssysteme eines geregelten Markts belastbar sind und über ausreichende Kapazität verfügen; davon ausgenommen sind die Anforderungen in Bezug auf die digitale operationale Resilienz;

b) um das in Absatz 6 genannte Verhältnis unter Berücksichtigung von Faktoren festzulegen, wie etwa des Wertes nicht ausgeführter Aufträge im Verhältnis zum Wert ausgeführter Geschäfte;

c) um Kontrollen für einen direkten elektronischen Zugang so festzulegen, dass sichergestellt ist, dass auf geförderten Zugang angewandte Kontrollen denjenigen, die auf direkten Marktzugang angewandt werden, zumindest gleichwertig sind;

d) um die Anforderungen festzulegen, die sicherstellen, dass Kollokationsdienste und Gebührenstrukturen gerecht und nichtdiskriminierend sind und dass die Gebührenstrukturen keine Anreize für marktstörende Handelsbedingungen oder Marktmissbrauch schaffen;

e) um zu bestimmen, wann ein geregelter Markt für die Liquidität in Bezug auf dieses Finanzinstrument maßgeblich ist;

f) um die Anforderungen festzulegen, die sicherstellen, dass Market-Making-Systeme fair und nichtdiskriminierend sind, und die Mindestanforderungen festzulegen, die geregelte Märkte bei der Entwicklung eines Market-Making-Systems vorsehen müssen, sowie um festzulegen, unter welchen Bedingungen es je nach der Art und dem Umfang des Handels auf diesem geregelten Markt nicht angemessen ist, die Einrichtung eines solchen Systems vorzuschreiben, wobei auch zu berücksichtigen ist, ob der geregelte Markt algorithmischen Handel über seine Systeme erlaubt oder ermöglicht;

g) um dafür zu sorgen, dass angemessene Tests durchgeführt werden, um sicherzustellen, dass die algorithmischen Handelssysteme, einschließlich hochfrequenter algorithmischer Handelssysteme, keine marktstörenden Handelsbedingungen auf dem Markt schaffen können; davon ausgenommen sind Tests der digitalen operationalen Resilienz;
h) um die Grundsätze festzulegen, die geregelte Märkte bei der Einrichtung ihrer Mechanismen zur Einstellung oder Beschränkung des Handels gemäß Absatz 5 berücksichtigen müssen, wobei die Liquidität der verschiedenen Anlageklassen und -unterklassen, die Art des Marktmodells und die Arten von Nutzern zu berücksichtigen sind und der Ermessensspielraum der geregelten Märkte bei der Festlegung dieser Mechanismen unberührt bleibt;
i) um die Informationen zu bestimmen, die geregelte Märkte offenlegen müssen, einschließlich der Parameter für die Einstellung des Handels, die geregelte Märkte den zuständigen Behörden gemäß Absatz 5 melden müssen.

Die ESMA übermittelt der Kommission diese Entwürfe technischer Regulierungsstandards bis zum 29. März 2025.

Der Kommission wird die Befugnis übertragen, die vorliegende Richtlinie durch Erlass der in Unterabsatz 1 genannten technischen Regulierungsstandards gemäß den Artikeln 10 bis 14 der Verordnung (EU) Nr. 1095/2010 zu ergänzen.

Artikel 49[1] Tick-Größen

(1) [1]Die Mitgliedstaaten schreiben vor, dass geregelte Märkte Regelungen für die Tick-Größen bei Aktien, Aktienzertifikaten, börsengehandelten Fonds, Zertifikaten und anderen vergleichbaren Finanzinstrumenten sowie anderen Finanzinstrumenten erlassen, für die technische Regulierungsstandards gemäß Absatz 4 ausgearbeitet werden. [2]Die Anwendung von Tick-Größen darf geregelte Märkte nicht daran hindern, Aufträge mit großem Volumen beim Mittelwert zwischen den aktuellen Geld- und Briefkursen zusammenzuführen.

(2) Die in Absatz 1 genannten Systeme für die Tick-Größe
a) werden so austariert, dass sie das Liquiditätsprofil des Finanzinstruments auf verschiedenen Märkten widerspiegeln sowie der durchschnittliche Geld-Brief-Spread, wobei berücksichtigt wird, dass es wünschenswert ist, angemessen stabile Preise zu ermöglichen, ohne die weitere Einengung der Spreads übermäßig zu beschränken,
b) passen die Tick-Größe für jedes Finanzinstrument in geeigneter Weise an.

In Bezug auf Aktien mit einer internationalen Wertpapierkennnummer (ISIN), die außerhalb des Europäischen Wirtschaftsraums (EWR) vergeben wurde, oder Aktien mit einer EWR-ISIN, die an einem Handelsplatz in einem Drittstaat in der Landeswährung oder in einer nicht dem EWR zuzuordnenden Währung im Sinne von Artikel 23 Absatz 1 Buchstabe a der Verordnung (EU) Nr. 600/2014 gehandelt werden, für die der Handelsplatz, der in Bezug auf die Liquidität der wichtigste Markt ist, in

---

[1] Art. 49 Abs. 1 neu gef. mWv 25.12.2019 durch RL v. 27.11.2019 (ABl. L 314 S. 64); Abs. 2 UAbs. 2 angef. mWv 28.3.2024 durch RL v. 28.2.2024 (ABl. L, 2024/790, 8.3.2024).

einem Drittstaat liegt, können die geregelten Märkte die gleiche Tick-Größe vorsehen, die an diesem Handelsplatz gilt.

(3) Die ESMA arbeitet Entwürfe technischer Regulierungsstandards aus, um die kleinstmögliche Tick-Größe oder Tick-Größen-Systeme für spezifische Aktien, Aktienzertifikate, börsengehandelte Fonds, Zertifikate und andere vergleichbare Finanzinstrumente festzulegen, sofern dies notwendig ist, um das reibungslose Funktionieren der Märkte im Einklang mit den in Absatz 2 genannten Faktoren sowie dem Preis, den Spreads und der Tiefe der Liquidität der Finanzinstrumente sicherzustellen.

Die ESMA legt der Kommission diese Entwürfe technischer Regulierungsstandards bis zum 3. Juli 2015 vor.

Der Kommission wird die Befugnis übertragen, die in Unterabsatz 1 genannten technischen Regulierungsstandards gemäß den Artikeln 10 bis 14 der Verordnung (EU) Nr. 1095/2010 zu erlassen.

(4) Die ESMA kann Entwürfe technischer Regulierungsstandards ausarbeiten, um die kleinstmögliche Tick-Größe oder Tick-Größen-Systeme für spezifische Finanzinstrumente festzulegen, die nicht in Absatz 3 aufgeführt sind, sofern dies notwendig ist, um das reibungslose Funktionieren der Märkte im Einklang mit den in Absatz 2 genannten Faktoren sowie dem Preis, den Spreads und der Tiefe der Liquidität der Finanzinstrumente sicherzustellen.

Die ESMA legt der Kommission diese Entwürfe technischer Regulierungsstandards bis zum 3. Januar 2016 vor.

Der Kommission wird die Befugnis übertragen, die in Unterabsatz 1 genannten technischen Regulierungsstandards gemäß den Artikeln 10 bis 14 der Verordnung (EU) Nr. 1095/2010 zu erlassen.

Artikel 50[1] *[aufgehoben]*

Artikel 51 Zulassung von Finanzinstrumenten zum Handel

(1) Die Mitgliedstaaten schreiben vor, dass geregelte Märkte über klare und transparente Regeln für die Zulassung von Finanzinstrumenten zum Handel verfügen müssen.

Diese Regeln gewährleisten, dass alle zum Handel an einem geregelten Markt zugelassenen Finanzinstrumente fair, ordnungsgemäß und effizient gehandelt werden können und, im Falle übertragbarer Wertpapiere, frei handelbar sind.

(2) Bei Derivaten stellen die Regeln nach Absatz 1 insbesondere sicher, dass die Ausgestaltung des Derivatgeschäfts eine ordnungsgemäße Kursbildung sowie eine wirksame Abrechnung ermöglicht.

(3) Zusätzlich zu den Verpflichtungen der Absätze 1 und 2 schreiben die Mitgliedstaaten dem geregelten Markt vor, auf Dauer wirksame Vorkehrungen zur Prüfung zu treffen, ob die Emittenten von übertragbaren Wertpapieren, die zum Handel an dem geregelten Markt zugelassen sind, ihren Verpflichtungen nach dem Recht der Union bezüglich erstmaliger, laufender oder punktueller Veröffentlichungsverpflichtungen nachkommen.

---

[1] Art. 50 aufgeh. mWv 28.3.2024 durch RL v. 28.2.2024 (ABl. L, 2024/790, 8.3.2024).

Die Mitgliedstaaten stellen sicher, dass der geregelte Markt Vorkehrungen trifft, die seinen Mitgliedern oder Teilnehmern den Zugang zu den nach dem Recht der Union veröffentlichten Informationen erleichtern.

(4) Die Mitgliedstaaten stellen sicher, dass geregelte Märkte die notwendigen Vorkehrungen treffen, um die von ihnen zum Handel zugelassenen Finanzinstrumente regelmäßig auf Erfüllung der Zulassungsanforderungen hin zu überprüfen.

(5) [1] Ein zum Handel an einem geregelten Markt zugelassenes übertragbares Wertpapier kann in der Folge auch ohne Zustimmung des Emittenten und im Einklang mit den einschlägigen Bestimmungen der Richtlinie 2003/71/EG zum Handel an anderen geregelten Märkten zugelassen werden. [2] Der geregelte Markt unterrichtet den Emittenten darüber, dass seine Wertpapiere an dem betreffenden geregelten Markt gehandelt werden. [3] Der Emittent ist nicht verpflichtet, die Angaben gemäß Absatz 3 dem geregelten Markt, der seine Wertpapiere ohne seine Zustimmung zum Handel zugelassen hat, direkt zu übermitteln.

(6) Die ESMA arbeitet Entwürfe technischer Regulierungsstandards aus, in denen

a) die Eigenschaften verschiedener Kategorien von Finanzinstrumenten festgelegt werden, die vom geregelten Markt bei der Prüfung der Frage zu berücksichtigen sind, ob ein Finanzinstrument in einer Art und Weise ausgegeben wurde, die den Bedingungen des Absatzes 1 Unterabsatz 2 für die Zulassung zum Handel in den von ihm betriebenen Marktsegmenten entspricht;
b) die Vorkehrungen präzisiert werden, die der geregelte Markt durchführen muss, damit davon ausgegangen wird, dass er seiner Verpflichtung zur Prüfung, ob der Emittent eines übertragbaren Wertpapiers seine Verpflichtungen nach dem Recht der Union bezüglich erstmaliger, laufender oder punktueller Veröffentlichungsverpflichtungen erfüllt;
c) die Vorkehrungen präzisiert werden, die der geregelte Markt gemäß Absatz 3 zu treffen hat, um seinen Mitgliedern oder Teilnehmern den Zugang zu Informationen zu erleichtern, die gemäß den Auflagen des Rechts der Union veröffentlicht wurden.

Die ESMA legt der Kommission diese Entwürfe technischer Regulierungsstandards bis zum 3. Juli 2015 vor.

Der Kommission wird die Befugnis übertragen, die in Unterabsatz 1 genannten technischen Regulierungsstandards gemäß den Artikeln 10 bis 14 der Verordnung (EU) Nr. 1095/2010 zu erlassen.

Artikel 52 Aussetzung des Handels und Ausschluss von Finanzinstrumenten vom Handel an einem geregelten Markt

(1) Unbeschadet des Rechts der zuständigen Behörde gemäß Artikel 69 Absatz 2, die Aussetzung des Handels mit einem Finanzinstrument oder dessen Ausschluss vom Handel zu verlangen, kann ein Marktbetreiber den Handel mit einem Finanzinstrument, das den Regeln des geregelten Marktes nicht mehr entspricht, aussetzen oder dieses Instrument vom Handel ausschließen, sofern die Anlegerinteressen oder das ordnungs-

gemäße Funktionieren des Marktes durch eine solche Aussetzung oder einen solchen Ausschluss nicht erheblich geschädigt werden könnte.

(2) ¹Die Mitgliedstaaten schreiben vor, dass ein Marktbetreiber, der den Handel mit einem Finanzinstrument aussetzt oder dieses vom Handel ausschließt, ebenfalls den Handel mit Derivaten gemäß Anhang I Abschnitt C Nummern 4 bis 10, die mit diesem Finanzinstrument verbunden sind oder sich darauf beziehen, aussetzt oder sie vom Handel ausschließt, wenn dies zur Verwirklichung der Ziele der Aussetzung des Handels mit dem zugrundeliegenden Finanzinstrument oder dessen Ausschlusses vom Handel erforderlich ist. ²Der Marktbetreiber veröffentlicht seine Entscheidung über die Aussetzung des Handels mit dem Finanzinstrument oder mit entsprechenden Derivaten oder deren Ausschluss vom Handel und übermittelt die einschlägigen Entscheidungen der für ihn zuständigen Behörde.

Die zuständige Behörde, in deren Zuständigkeitsbereich die Aussetzung oder der Ausschluss veranlasst wurde, schreibt vor, dass andere geregelte Märkte, MTF, OTF und systematische Internalisierer in ihrem Zuständigkeitsbereich, die mit demselben Finanzinstrument oder mit Derivaten gemäß Anhang I Abschnitt C Nummern 4 bis 10 dieser Richtlinie handeln, die mit dem betreffenden Finanzinstrument verbunden sind oder sich darauf beziehen, den Handel mit diesem Finanzinstrument oder diesen Derivaten ebenfalls aussetzen oder sie vom Handel ausschließen, sofern die Aussetzung oder der Ausschluss durch einen mutmaßlichen Marktmissbrauch, ein Übernahmeangebot oder die Nichtveröffentlichung von Insider-Informationen über den Emittenten oder das Finanzinstrument unter Verstoß gegen die Artikel 7 und 17 der Verordnung (EU) Nr. 596/2014 bedingt ist, außer in den Fällen, in denen durch eine solche Aussetzung oder einen solchen Ausschluss die Anlegerinteressen oder das ordnungsgemäße Funktionieren des Marktes erheblich geschädigt werden könnten.

Jede zuständige Behörde, die eine entsprechende Meldung erhalten hat, teilt ihre Entscheidung der ESMA und den anderen zuständigen Behörden mit; falls sie entscheidet, den Handel mit dem Finanzinstrument oder den Derivaten gemäß Anhang I Abschnitt C Nummern 4 bis 10, die mit diesem Finanzinstrument verbunden sind oder sich darauf beziehen, nicht auszusetzen bzw. diese nicht vom Handel auszuschließen, erläutert sie ihre Entscheidung.

Die zuständige Behörde veröffentlicht ihre Entscheidung unverzüglich und teilt diese der ESMA und den zuständigen Behörden der anderen Mitgliedstaaten mit.

Die zuständigen Behörden der anderen Mitgliedstaaten, die eine entsprechende Mitteilung erhalten haben, schreiben vor, dass geregelte Märkte, andere MTF, andere OTF und systematische Internalisierer in ihrem Zuständigkeitsbereich, die mit demselben Finanzinstrument oder mit Derivaten gemäß Anhang I Abschnitt C Nummern 4 bis 10 dieser Richtlinie handeln, die mit dem betreffenden Finanzinstrument verbunden sind oder sich darauf beziehen, den Handel mit diesem Finanzinstrument oder diesen Derivaten ebenfalls aussetzen oder diese vom Handel ausschließen, sofern die Aussetzung oder der Ausschluss durch einen mutmaßlichen Marktmissbrauch, ein Übernahmeangebot oder die Nichtveröffentlichung von Insider-Informationen über den Emittenten oder das Finanzinstrument unter Verstoß gegen die Artikel 7 und 17 der Verordnung (EU) Nr. 596/2014 bedingt ist, außer in den Fällen, in denen durch eine solche Aussetzung oder einen solchen Ausschluss die Anlegerinteressen oder das ordnungsgemäße Funktionieren des Marktes erheblich geschädigt werden könnten.

Dieser Absatz gilt auch, wenn die Aussetzung des Handels mit einem Finanzinstrument oder mit Derivaten gemäß Anhang I Abschnitt C Nummern 4 bis 10, die mit diesem Finanzinstrument verbunden sind oder sich darauf beziehen, aufgehoben wird.

Das Meldeverfahren nach diesem Absatz gilt auch für den Fall, dass die Entscheidung über die Aussetzung des Handels mit einem Finanzinstrument oder mit Derivaten gemäß Anhang I Abschnitt C Nummern 4 bis 10, die mit dem betreffenden Finanzinstrument verbunden sind oder sich darauf beziehen, oder über deren Ausschluss vom Handel von der zuständigen Behörde gemäß Artikel 69 Absatz 2 Buchstaben m und n getroffen wird.

Um sicherzustellen, dass die Verpflichtung zur Aussetzung oder zum Ausschluss des Handels mit solchen Derivaten verhältnismäßig angewandt wird, erarbeitet die ESMA Entwürfe technischer Regulierungsstandards zur Bestimmung von Fällen, in denen die Verbindung zwischen einem Derivat, das mit einem vom Handel ausgesetzten oder ausgeschlossenen Finanzinstrument verbunden ist oder sich darauf bezieht, und dem ursprünglichen Finanzinstrument es erfordert, dass der Handel mit dem Derivat ebenfalls ausgesetzt oder es vom Handel ausgeschlossen werden muss, um die Ziele der Aussetzung oder des Ausschlusses des zugrunde liegenden Finanzinstruments zu verwirklichen.

Die ESMA legt der Kommission diese Entwürfe technischer Regulierungsstandards bis zum 3. Juli 2015 vor.

Der Kommission wird die Befugnis übertragen, die technischen Regulierungsstandards im Sinne von Unterabsatz 1 gemäß den Artikeln 10 bis 14 der Verordnung (EU) Nr. 1095/2010 zu erlassen.

(3) Die ESMA arbeitet Entwürfe technischer Durchführungsstandards aus, um das Format und den Zeitpunkt der in Absatz 2 genannten Mitteilung und Veröffentlichung zu bestimmen.

Die ESMA legt der Kommission diese Entwürfe technischer Durchführungsstandards bis zum 3. Januar 2016 vor.

Der Kommission wird die Befugnis übertragen, die in Unterabsatz 1 genannten technischen Durchführungsstandards gemäß Artikel 15 der Verordnung (EU) Nr. 1095/2010 zu erlassen.

(4) Die Kommission wird ermächtigt, delegierte Rechtsakte gemäß Artikel 89 zu erlassen, um die Situationen aufzulisten, in denen gemäß den Absätzen 1 und 2 die Anlegerinteressen oder das ordnungsgemäße Funktionieren des Marktes erheblich geschädigt würden.

Artikel 53 Zugang zum geregelten Markt

(1) Die Mitgliedstaaten schreiben vor, dass der geregelte Markt auf Dauer transparente, diskriminierungsfreie und auf objektiven Kriterien beruhende Regeln für den Zugang zu dem geregelten Markt oder die Mitgliedschaft darin festlegt und umsetzt.

(2) In den Regeln nach Absatz 1 wird festgelegt, welche Pflichten den Mitgliedern oder Teilnehmern erwachsen aus

a) der Einrichtung und Verwaltung des geregelten Marktes,

b) den Regeln für die am Markt getätigten Geschäfte,
c) den Standesregeln, zu deren Einhaltung die Mitarbeiter der am Markt tätigen Wertpapierfirmen oder Kreditinstitute verpflichtet sind,
d) den für andere Mitglieder oder Teilnehmer als Wertpapierfirmen und Kreditinstitute gemäß Absatz 3 festgelegten Bedingungen,
e) den Regeln und Verfahren für das Clearing und die Abrechnung der am geregelten Markt getätigten Geschäfte.

(3) Geregelte Märkte können als Mitglieder oder Teilnehmer Wertpapierfirmen, nach der Richtlinie 2013/36/EU zugelassene Kreditinstitute sowie andere Personen zulassen, die

a) ausreichend gut beleumundet sind,
b) über ausreichende Fähigkeiten, Kompetenzen und Erfahrung in Bezug auf den Handel verfügen,
c) über die gegebenenfalls erforderlichen organisatorischen Grundlagen verfügen,
d) über ausreichende Mittel verfügen, um ihre Funktion auszuführen, wobei den etwaigen finanziellen Vorkehrungen Rechnung zu tragen ist, die der geregelte Markt gegebenenfalls getroffen hat, um die angemessene Abrechnung der Geschäfte zu gewährleisten.

(4) [1] Die Mitgliedstaaten stellen sicher, dass Mitglieder und Teilnehmer in Bezug auf Geschäfte, die an einem geregelten Markt geschlossen werden, den Verpflichtungen der Artikel 24, 25, 27 und 28 nicht nachkommen müssen. [2] Allerdings müssen die Mitglieder und Teilnehmer des geregelten Marktes die Verpflichtungen gemäß den Artikeln 24, 25, 27 und 28 in Bezug auf ihre Kunden einhalten, wenn sie für diese Aufträge an einem geregelten Markt ausführen.

(5) Die Mitgliedstaaten stellen sicher, dass die Regeln für den Zugang zu dem geregelten Markt oder die Mitgliedschaft oder Teilnahme darin die direkte Teilnahme oder die Fernteilnahme von Wertpapierfirmen und Kreditinstituten vorsehen.

(6) Die Mitgliedstaaten gestatten geregelten Märkten aus anderen Mitgliedstaaten ohne weitere rechtliche oder verwaltungstechnische Auflagen, in ihrem Hoheitsgebiet angemessene Systeme bereitzustellen, um Fernmitgliedern oder -teilnehmern in ihrem Hoheitsgebiet den Zugang zu diesen Märkten und den Handel an ihnen zu erleichtern.
[1] Der geregelte Markt teilt der zuständigen Behörde seines Herkunftsmitgliedstaats mit, in welchem Mitgliedstaat er derartige Systeme bereitzustellen beabsichtigt. [2] Die zuständige Behörde des Herkunftsmitgliedstaats übermittelt diese Angaben innerhalb eines Monats dem Mitgliedstaat, in dem der geregelte Markt derartige Systeme bereitstellen will.
[3] Die ESMA kann nach dem Verfahren und unter den Bedingungen in Artikel 35 der Verordnung (EU) Nr. 1095/2010 den Zugang zu diesen Informationen beantragen.

Die zuständige Behörde des Herkunftsmitgliedstaats des geregelten Marktes übermittelt der zuständigen Behörde des Aufnahmemitgliedstaats auf deren Ersuchen unverzüglich die Namen der Mitglieder oder Teilnehmer des im Herkunftsmitgliedstaat niedergelassenen geregelten Marktes.

(7) Die Mitgliedstaaten schreiben vor, dass der Marktbetreiber der zuständigen Behörde des geregelten Marktes regelmäßig das Verzeichnis der Mitglieder bzw. Teilnehmer des geregelten Marktes übermittelt.

MiFID II Art. 44–53   RL 2014/65/EU (MiFID II)

Übersicht

	Rn.
I. Einführung	1
1. Literatur	1
2. Einleitung sowie Entstehung und Zweck der Norm	2
3. Normativer Kontext	5
II. Inhalt der Bestimmungen	7
1. Anwendungsbereich und Definitionen der Bestimmungen	7
2. Exkurs: Krypto-Assets-Handelsplätze als Warenbörsen?	9
3. Zu Art. 44 MiFID II (Zulassung und anwendbares Recht):	10
a) Normativer Kontext und Überblick	10
b) Besondere Relevanz iZm DLT/Krypto-Assets	12
4. Zu Art. 45 MiFID II (Anforderungen Leitungsorgan Betreiber):	20
a) Normativer Kontext und Überblick	20
b) Besondere Relevanz iZm DLT/Krypto-Assets	21
5. Zu Art. 46 MiFID II (Anforderungen bei wesentlichem Einfluss):	24
a) Normativer Kontext und Überblick	24
b) Besondere Relevanz iZm DLT/Krypto-Assets	25
6. Zu Art. 47 MiFID II (Organisatorische Anforderungen):	27
a) Normativer Kontext und Überblick	27
b) Besondere Relevanz iZm DLT/Krypto-Assets	28
7. Zu Art. 48 MiFID II (Belastbarkeit, Notfallsicherung uä):	31
a) Normativer Kontext und Überblick	31
b) Besondere Relevanz iZm DLT/Krypto-Assets	32
8. Zu Art. 51 MiFID II (Zulassung Finanzinstrumente zum Handel):	34
a) Normativer Kontext und Überblick	34
b) Besondere Relevanz iZm DLT/Krypto-Assets	35
9. Zu Art. 52 MiFID II (Aussetzung/Ausschluss vom Handel):	45
a) Normativer Kontext und Überblick	45
b) Besondere Relevanz iZm DLT/Krypto-Assets	47
10. Zu Art. 53 MiFID II (Zugang zum geregelten Markt/Mitglieder):	52
a) Normativer Kontext und Überblick	52
b) Besondere Relevanz iZm DLT/Krypto-Assets	54

I. Einführung

1. Literatur. *Brandl/Saria,* Kommentar zum WAG, 2. Aufl. (2018–2021, abgerufen via rdb.at); *ESMA,* Final Report for Draft RTS MiFID II/MiFIR (2015), ESMA/2015/1464; *ESMA,* Final Report – First Package MiCAR (2024), ESMA 18–72330276-1634; *ESMA,* Leitlinien zu den Leitungsorganen von Marktbetreiber (2017), ESMA70-154–271 DE; *ESMA,* Second Consultation Paper (2024), ESMA75-453128700-438; *FMA,* Fintech-Navigator – ICO – Zu Security Token, https://www.fma.gv.at/kontaktstelle-fintech-sandbox/fintechnavigator/initial-coin-offering/; *Kalss/Krönke/Völkel,* MiCAR Kommentar (2024) – im Weiteren Autor zu Bestimmung; *Kalss/Oppitz/Zollner,* Kapitalmarktrecht – System, 2. Aufl. (2015); *Kalss/Oppitz/U. Torggler/Winner,* BörseG/MAR (2019); *Pekler/Rirsch/Tomanek,* Kapitalmarktrechtliche Hindernisse für den Handel von Security Token ZFR 2020/73

Einführung **Art. 44–53 MiFID II**

Piska/Völkel, Kryptowährungen und AML – Smart Regulation in Sicht, ecolex 2018, 671; *Rirsch/Tomanek*, Sind Crypto-Assets Waren? – Ja und Nein!; ZFR 2018/259; *Schopper*, Die aufsichtsrechtliche Einordnung von Krypto-Börsen in Österreich, ÖBA 2019, 249; *Steiner*, Krypto-Assets und das Aufsichtsrecht (2019) – im Weiteren Steiner, Krypto-Assets; *Temmel*, BörseG – Praxiskommentar (2011); *Tuder*, Handbuch Zahlungsverkehr 4.0 (2023); *Wiener Börse*, Volatilitätsunterbrechung – Definition, https://www.wienerborse.at/handel/handelsinformationen/volatilitaetsunterbrechung/.

2. Einleitung sowie Entstehung und Zweck der Norm. Wie von *Kalss/Aubrunner* bereits einleitend und umfassend dargestellt,[1] fallen Finanzinstrumente nicht unter die MiCAR.[2] Umgekehrt fallen Krypto-Assets iSd MiCAR[3] gerade nicht unter die MiFID II, da es sich hierbei nicht um Finanzinstrumente handelt[4] und sämtliche MiFID II Services einen Bezug zu Finanzinstrumenten voraussetzen.[5] MiCAR und MiFID II kommen daher alternierend, und nicht kumulativ, zur Anwendung.[6] Assets, welche auf DLT-Basis begeben wurden,[7] können aber sehr wohl unter die Bestimmungen der MiFID II fallen[8] – eben wenn Sie als Finanzinstrument zu subsumieren sind. Konkret ist hier insbesondere an sog. Security Token[9] sowie an tokenisierte Wertpapiere[10] zu denken. Diese – auf DLT-Basis geschaffenen – Finanzinstrumente fallen nach gänzlich hM unter die MiFID II.[11] 2

Damit können auch die hier kommentierten Artikel (44–48 sowie 51–53 MiFID II) für diese Assets von Relevanz sein. Bei dieser Kommentierung handelt es sich daher um einen Exkurs, da eben keine Anwendung der MiCAR besteht, weshalb – neben einer kurzen allgemeinen Darstellung der Bestimmungen und deren Inhalt – folgende Schwerpunkte gesetzt werden (soweit jeweils anwendbar): 3

---

[1] Dazu in diesem Kommentar, Kalss/Aubrunner → Vor MiFID Rn. 25 ff. sowie Art. 164 MiFID Rn. 32 ff.
[2] Ausdrücklich so Art. 2 Abs. 4 lit. a MiCAR; dazu → MiCAR Art. 2 Rn. 41 ff.
[3] Zur Begriffsbestimmung → MiCAR Art. 3 Rn. 14 ff.
[4] Selbst wenn die Definition in Art. 3 Abs. 1 Z 5 MiCAR nicht ausdrücklich darauf Bezug nimmt, ergibt sich dies mE bereits aus dem normativen Zusammenhang und der eben erwähnten Ausnahme. Allgemein stellen Krypto-Assets – von Security Token abgesehen – in aller Regel gerade keine Finanzinstrumente dar: ausführlich dazu Steiner Krypto-Assets 33 ff.
[5] Dazu etwa Brandl/Saria/Seggermann WAG 2018 § 1 Rn. 13.
[6] Ausführlich dazu Kalss/Aubrunner → MiFID II Art. 1–4 Rn. 32 ff.; Tuder, Handbuch Zahlungsverkehr 4.0, 907 f. in diesem Kommentar. Siehe dazu – insbes. im Gegensatz zur EMD und MiCAR – auch Steiner Krypto-Assets im Zahlungsverkehr in Tuder, Handbuch Zahlungsverkehr 4.0, 907 f.
[7] Es wurde bewusst ein breiter Begriff gewählt, insbes. um keine Unklarheiten zur MiCAR Definition von Krypto-Assets oder zur DLT-Pilot-Regime Definition auszulösen. etc Gemeint sind hier sämtliche Formen von über die DLT begebene Assets, also etwa klassische Krypto-Assets, aber auch tokenisierte Wertpapiere und Security Token.
[8] Vgl. dazu auch die Klarstellung im Rahmen der MiFID II Novelle, wo der Finanzinstrumente-Begriff um den Zusatz „einschließlich mittels Distributed-Ledger-Technologie emittierter Instrumente" ergänzt wurde. In Österreich ist das bereits das vorherrschende Verständnis, siehe dazu etwa Kalss/Oppitz/Zollner Kapitalmarktrecht § 11 Rn. 15 sowie Steiner Krypto-Assets S. 35 ff. mwN.
[9] Zum Begriff siehe → Krönke/Völkel → Einführung Rn. 60 sowie Kalss/Aubrunner → MiFID II Anhang I Rn. 34 f., siehe dazu auch Steiner, Security Token – ein Überblick, in Hanzl/Pelzmann/Schragl, Handbuch Digitalisierung 97 ff.
[10] Zum Begriff siehe → Krönke/Völkel → Einführung Rn. 71.
[11] Ausführlich dazu Steiner Krypto-Assets S. 33 ff.; siehe auch FMA, Fintech-Navigator – ICO – Zu Security Token, https://www.fma.gv.at/kontaktstelle-fintech-sandbox/fintech-navigator/initial-coin-offering/ (abgerufen am 28.9.2023).

- Besonderheiten der Bestimmungen für Krypto-Assets iwS (etwa Security Token)
- Relevanz der Bestimmungen iZm den neuen Regeln zum DLT-Pilotregime
- die Interaktion mit Krypto-Assets iSd MiCAR sowie
- (kurzer) Abgleich zu den inhaltlichen Vorgaben der MiCAR zu ähnlichen Gebieten.

4 Allgemein regelt die MiFID II, wie ihr Name schon sagt, den Markt für Finanzinstrumente. Genauer gesagt werden die regulatorischen Vorgaben für Dienstleistungen iZm Finanzinstrumenten sowie die Anforderungen für die jeweiligen Dienstleister, etwa Börsen/MTFs, Wertpapierfirmen oder Banken, im Detail festgelegt. Wie einleitend erwähnt handelt es sich um keinen MiFID II Kommentar, sondern um einen Kommentar zur MiCAR, weshalb auf weitere Hintergründe zur MiFID II verzichtet wird.[12]

5 **3. Normativer Kontext.** Zum sachlichen und persönlichem Anwendungsbereich der Bestimmungen wird auf → Rn. 7 f. verwiesen. Wie bereits einleitend erwähnt – → Rn. 2 ff. – regelt die MiFID den Markt für Finanzinstrumente, womit Krypto-Assets im Regelfall gerade nicht unter diese Regeln fallen.[13] Für die Abgrenzung zwischen MiFID II und MiCAR sowie umfassend zum normativen Kontext der MiFID II wird auf das einführende Kapitel von *Kalss/Aubrunner* verwiesen.[14]

6 Während die MiCAR als VO direkt anwendbar ist, sind sämtliche Bestimmungen der MiFID II, in nationales Recht zu normieren, da es sich um eine Richtlinie handelt. Auf Grund der nationalen Umsetzung können teilweise unterschiedliche Begrifflichkeiten oder auch zusätzliche Tatbestandselemente auf nationaler Ebene bestehen. Dies ist insbesondere für die Abgrenzung von Finanzinstrumenten und Krypto-Assets von Relevanz.[15] Konkret wurden die kommentierten Bestimmungen in Österreich insbes. im BörseG umgesetzt.

II. Inhalt der Bestimmungen

7 **1. Anwendungsbereich und Definitionen der Bestimmungen.** Der **sachliche Anwendungsbereich** der Art. 44–48 sowie Art. 51–53 MiFID betrifft die Voraussetzungen zum Betrieb eines geregelten Markts sowie die Zulassung von Finanzinstrumenten an diesem. Unter geregelter Markt versteht man allgemeinen ein multilaterales System, welches die Interessen einer Vielzahl Dritter zum Kauf und Verkauf nach nicht diskretionären Regeln zusammenführt.[16] Im informellen Sprachgebrauch wird für den geregelten Markt häufig der Begriff Börse verwendet.[17] Wie bereits einleitend erwähnt, setzt die Definition des geregelten Markts das Vorliegen eines Finanzinstruments voraus, worauf in → Rn. 8 ff. näher eingegangen wird.[18] Ein MTF

---

[12] Näher zum Hintergrund der MiFID II siehe Kalss/Aubrunner → Vor MiFDI II Rn. 1 ff. in diesem Kommentar.
[13] Näher dazu und zu den Einschränkungen → nur Rn. 2 f. mwN.
[14] Ausführlich zu alledem Kalss/Aubrunner → MiFID II Anhang I Rn. 31 ff.
[15] Umfassend dazu Kalss/Aubrunner → MiFID II Anhang I Rn. 8 ff.
[16] Näher Oppitz in Kalss/Oppitz/U. Torggler/Winner BörseG/MAR BörseG § 1 Rn. 9 (im Weiteren Autor in Kalss et al).
[17] Dies ist aber etwas unpräzise, da das BörseG auch Warenbörsen normiert, siehe dazu Oppitz in Kalss et al Rn. 10 ff. sowie BörseG § 1 Rn. 55.
[18] Oppitz in Kalss et al Rn. 9 zu § 1 BörseG.

liegt hingegen nur vor, wenn kein geregelter Markt besteht.[19] Der **persönliche Anwendungsbereich** richtet sich an Betreiber von geregelten Märkten, somit an die Marktbetreiber bzw. Börseunternehmen,[20] sowie indirekt an Personen, welche die Zulassung zum Handel beantragen.[21] Der zeitliche Anwendungsbereich ist bereits gegeben, da es sich um bereits bestehendes und national umgesetztes Recht handelt.

Wie auch in → Rn. 3 einleitend festgehalten, werden die relevanten Assets **8** für diese Kommentierung beschränkt. Grundsätzlich gelten die Art. 44–48 sowie 51–53 für alle Finanzinstrumente. Für die generelle Relevanz der Bestimmungen für Finanzinstrumente wird auf diverse Kommentare zur MiFID II bzw. zu deren nationalen Umsetzung verwiesen.[22] Im Rahmen dieser Kommentierung erfolgt – wie bereits mehrfach festgehalten – eine Beschränkung auf als Finanzinstrumente zu qualifizierende Krypto-Assets bzw. auf DLT-basierte Finanzinstrumente. Konkret besteht für diese Kommentierung somit insbesondere eine Relevanz für Security Token und tokenisierte Wertpapiere.

2. Exkurs: Krypto-Assets-Handelsplätze als Warenbörsen? Neben **9** Regulierungen zum geregeltem Markt, also dem Handel von Finanzinstrumente und somit der Umsetzung der Art. 44 ff. MiFID II, bestehen im BörseG auch Regelungen zu Warenbörsen.[23] Obwohl die nationalen Regelungen zu Warenbörsen hier nicht relevant sind, da diese keine Umsetzung der hier zu kommentierenden Bestimmungen der MiFID II darstellen,[24] soll dies auf Grund der praktischen Bedeutung als kurzer Exkurs behandelt werden. Festzuhalten ist, dass zeitweise diskutiert wurde, ob Krypto-Assets unter Waren iSd Warenbörse fallen.[25] Obwohl Krypto-Assets häufig als Waren klassifiziert wurden,[26] wird die die Einordnung als Ware iSd BörseG im Regelfall verneint.[27] Mit In-Kraft-Treten der MiCAR und der somit EU-rechtlich gebotenen Interpretation des Begriffs wird mE aber jeder „Rest-Zweifel" an der Einordnung als Warenbörse beseitigt. Einerseits besteht sodann eine – dem Gedanken der Voll-Harmonisierung folgende – Regulierung auf europäischer Ebene, andererseits stellt die MiCAR unstrittig lex specialis und lex posterior dar. ME war schon bisher die Einordnung als **Warenbörse zu verneinen** – mit der **MiCAR** erscheint dies aber mE nunmehr **unstrittig**.

---

[19] Vgl. Oppitz in Kalss et al Rn. 17 zu § 1 BörseG. Näher zum MTF auch Kalss, Art. 20 MiFID II Rn. 2 ff. in diesem Kommentar.
[20] Dazu Oppitz in Kalss et al Rn. 51 ff. zu 55 zu § 1 BörseG; somit nur sofern es sich beim Börseunternehmen nicht um den Betreiber einer Warenbörse handelt.
[21] Siehe hierzu insbes. Steiner → MiFID II Art. 51 und dazu → Rn. 34 ff.
[22] In Österreich etwa Kalss et al, Kommentar zum BörseG oder Temmel, BörseG – Praxiskommentar.
[23] Zum Begriff und zur Übersicht: Oppitz in Kalss et al Rn. 10 ff. zu § 1 BörseG.
[24] Siehe dazu Art. 44 ff. MiFID II; hier werden lediglich die Märkte in Bezug auf Finanzinstrumente reguliert.
[25] Dazu etwa Schopper ÖBA 2019, 249 (255 ff.); Rirsch/Tomanek ZFR 2018/259 (259 ff.).
[26] Siehe dazu etwa Piska/Völkel ecolex 2018, 671 (672 f.); Schopper ÖBA 2019, 249 (255 ff.); differenzierend: Rirsch/Tomanek ZFR 2018/259 (553 ff.).
[27] So Rirsch/Tomanek ZFR 2018/259 (553 ff.), Steiner Krypto-Assets S. 68; aM Schopper ÖBA 2019, 249 (255 sowie 259 ff.). Es sind auch keine Praxisfälle bekannt, wo eine Krypto-Asset-Handelsplattform als Warenbörse eingestuft wurde – wobei dies auch an der fehlenden Strafbarkeit im BörseG liegen könnte (dazu Rirsch/Tomanek ZFR 2018/259 (553 f.).

MiFID II Art. 44–53

10 **3. Zu Art. 44 MiFID II (Zulassung und anwendbares Recht): a) Normativer Kontext und Überblick.** Artikel 44 definiert allgemein die Notwendigkeit der Zulassung des Marktbetreibers und seiner Systeme zum Betrieb eines geregelten Markts. Mit anderen Worten hat somit eine Wertpapierbörse vor Aufnahme der Tätigkeiten eine entsprechende Konzession zu beantragen.[28] Erst nach Erteilung dieser von der jeweils zuständigen Aufsichtsbehörde (national competent authority; NCA) kann der Betrieb begonnen werden.[29] Weiters werden in Art. 44 Verhaltensnormen für den Betrieb eines geregelten Markts normiert, u. a. Einhaltung der in Titel III MiFID II (Art. 44 ff.) festgehaltener Normen sowie die Verantwortlichkeit des Marktbetreibers, aber auch seine Rechte.[30] Der geregelte Markt unterliegt trotz europäischer Normen, wie etwa der MAR/MAD (VO 596/2014 sowie RL 2014/57/EU), dem öffentlichen Recht des Herkunftsmitgliedsstaats, also idR jenem wo die Börse ihren Sitz hat.[31]

11 Die jeweils zuständige Behörde dieses Herkunftsmitgliedstaats (NCA) kann auch die Zulassung entziehen, wenn einer der in Abs. 5 leg cit vorliegenden Gründe gegeben ist: a) bei Nicht-Ausübung binnen 12 Monaten, b) bei „Erschleichung" der Konzession, c) bei Wegfall der Zulassungsvoraussetzungen, d) bei schwerwiegenden und systematischen Verstößen sowie e) in Fällen, wo das nationale Recht den Entzug vorsieht.[32] Zusätzlich erlischt die Konzession aus gewissen Gründen, etwa bei Zurücklegung oder im Konkursfall.[33]

12 **b) Besondere Relevanz iZm DLT/Krypto-Assets. i) Relevanz für DLT-basierte Finanzinstrumente und/oder DLT-Pilot-Regime:** Es wird im **Rahmen des Geschäftsmodells,** aber auch in der **Beschreibung des Handels und Abwicklungssystems,**[34] besonders zu berücksichtigen sein, wenn auch Security Token/tokenisierte Wertpapiere gehandelt werden sollen. Dies wird insbes. dann gelten, wenn der Betrieb über ein DLT-Pilot-Regime erfolgen soll (siehe dazu auch nächste Rn.). Sollte eine solche Änderung erst nach Konzessionierung auftreten, etwa da auch zusätzlich Security-Token gelistet werden sollen oder eben ein DLT-Pilot zusätzlich geplant ist, ist dies mE im Rahmen der laufenden Abstimmung mit der Aufsicht im Detail zu thematisieren. Ansonsten besteht soweit ersichtlich mE **keine Besonderheit für DLT-basierte FI iZm Art. 44 MiFID II.**

13 Wenn der geregelte Markt (auch) im Rahmen von DLT-Pilot Regime aktiv sein möchte, sind bei der Zulassung bereits die entsprechenden Unterlagen zu liefern.[35] Für die zu übermittelnden Unterlagen wird auf *Ebner,*

---

[28] Zum Verfahrensablauf und zu den Unterlagen: Oppitz in Kalss et al Rn. 13 ff. zu § 3 BörseG.
[29] In Österreich ist für die Leitung und Verwaltung eines Geregelten Markts eine Konzession der FMA einzuholen (§ 3 Abs. 2 BörseG), dazu Oppitz in Kalss et al Rn. 6 ff. zu § 3 BörseG.
[30] Siehe zu den allgemeinen Pflichten des Börseunternehmens auch Oppitz in Kalss et al Rn. 1 ff. zu § 3 BörseG.
[31] Vgl. nur Art. 4 Z 55 lit. b MiFID II.
[32] Vgl. Oppitz in Kalss et al Rn. 1 ff. zu § 5 BörseG; in gewissen Fällen hat die FMA ein Ermessen (etwa bezüglich der Rücknahme bei 12 Monaten Nicht-Ausübung), während in anderen Fällen die Konzession verpflichtend zu entziehen ist, dazu Oppitz in Kalss et al Rn. 6.
[33] Dazu Oppitz in Kalss et al Rn. 1 ff. zu § 6 BörseG.
[34] Siehe dazu Oppitz in Kalss et al Rn. 18 zu § 3 BörseG.
[35] Siehe dazu Art. 8 Abs. 3 DLT-Pilot-VO und dazu Ebner zu → DLT-PR Art. 8 Rn. 7.

Kommentierung zu Art. 8 DLT-Pilot-VO, in diesem Kommentar verwiesen.[36] Die Aufsicht wird im Rahmen des Konzessionsverfahrens gemäß Art. 44 MiFID II somit auch über den Antrag auf Genehmigung eines DLT-MTF abzusprechen haben. Eine Erteilung der Konzession als geregelter Markt, jedoch die Verweigerung der DLT-MTF-Genehmigung, erscheint rechtlich zulässig, jedoch in der Praxis weitgehend unrealistisch. ME wird davon auszugehen sein, dass die Aufsichtsbehörde beide Anträge gemeinsam behandelt und gerade keine Differenzierung erfolgt. Dies wird noch verstärkter gelten, wenn die Abwicklung via DLT-Pilot einen zentralen Bestandteil des Geschäftsmodells darstellt. Die Erteilung einer DLT-Pilotregime-Genehmigung – ohne Zulassung als geregelter Markt/MTF – ist dagegen schon rechtlich ausgeschlossen.[37] Häufig wird aber auch ein bereits bestehender geregelter Markt eine solche Zusatzgenehmigung beantragen, womit das Genehmigungsverfahren iSd Art. 8 Abs. 1 DLT-Pilot-VO (2022/858) zur Anwendung gelangen wird.[38] Damit hat die Aufsicht gesondert und unabhängig von der Konzessionierung nach Art. 44 MiFID II über diese Genehmigung des DLT-MTFs zu entscheiden.

Sofern durch den Betrieb im Rahmen des DLT-Pilot-Regimes Gründe für die **Rücknahme** der DLT-**Genehmigung** bestehen sollten,[39] wird generell auch die **Konzessionsrücknahme** nach Art. 44 MiFID II **zu prüfen** sein. **14**

ii) **Relevanz iZm Krypto-Assets iSd MiCAR:** Es erscheint wohl fraglich, ob am geregelten Markt auch Krypto-Assets gehandelt werden dürften. Dabei wären folgende Sachverhaltskonstruktionen denkbar: **15**

– Handel von Krypto-Assets gegen EUR/andere Währungen (zB BTC/EUR)
– Handel von Finanzinstrumenten gegen Krypto-Assets (zB OMV/BTC)

In beiden Fällen wäre jedenfalls aus meiner Sicht zusätzlich zur Konzessionierung als geregelter Markt iSd Art. 44 MiFID II auch eine MiCAR-Lizenz, konkret als Handelsplatz für Krypto-Assets,[40] notwendig. Früher war strittig, ob ein geregelter Markt/MTF auch den Handel mit Krypto-Assets anbieten dürfte.[41] Festzuhalten ist, dass ein geregelter Markt/Marktbetreiber, und somit eine Wertpapierbörse, gemäß Art. 60 Abs. 6 MiCAR eine Handelsplattform für Krypto-Assets betreiben darf, sofern er dies entsprechend notifiziert.[42] Die Formulierung in § 1 Z 1 BörseG ist mE daher jedenfalls dahingehend zu interpretieren, dass der Handel mit ausländischen Zahlungsmittel, Münzen und Edelmetallen im Rahmen der Konzession mitumfasst ist,[43] aber keineswegs als Beschränkung des Börsenunternehmens zu verstehen sein kann. Es ist lediglich eine zusätzliche Lizenz gemäß MiCAR – im Rahmen der Erleichterungen des Art. 60 Abs. 6 MiCAR – notwendig. Die dortige **klare gesetzliche Anordnung** führt mE unstrittig zum Ergebnis das Wertpapierbörsen – nach erfolgter Notifikation iSd leg cit – **auch den Handel von**

---

[36] Dazu Ebner zu → DLT-PR Art. 8 Rn. 15 ff.
[37] Die DLT-Pilotregelung setzt eine solche Lizenz voraus, dazu Ebner zu → DLT-PR Art. 8 Rn. 15 ff.
[38] Näher dazu Ebner zu → DLT-PR Art. 8 Rn. 14.
[39] Siehe Art. 8 Abs. 12 DLT-PR und dazu Ebner zu → DLT-PR Art. 8 Rn. 32 ff.
[40] Näher dazu Völkel zur → MiCAR Art. 3 Rn. 128 ff. sowie Völkel zu → MiCAR Art. 76 Rn. 4 ff.
[41] Näher zum Problemfeld Schopper ÖBA 2019, 249 (260 f.).
[42] Näher dazu Prinz/Raue → MiCAR Art. 60 Rn. 25 in diesem Kommentar.
[43] Dazu auch Oppitz in Kalss et al Rn. 6 zu § 1 BörseG.

MiFID II Art. 44–53   RL 2014/65/EU (MiFID II)

Krypto-Assets anbieten dürfen. Eine entsprechende organisatorische Trennung – wenn auch nicht in verschiedene Gesellschaften – wird aber wohl sicherzustellen sein.[44]

16 **iii) Vergleich zur MiCAR im Überblick:** Im Vergleich zur MiCAR besteht zwar eine gewisse Ähnlichkeit zum „Handelsplatz". Allerdings entspricht dieser mE im Ergebnis eher einem MTF/OTF und weniger einem geregelten Markt. Trotzdem sollen in aller Kürze die wesentlichsten Normen gegenübergestellt werden.[45]

17 Auch ein Handelsplatz hat ein entsprechendes Konzessionsverfahren zu durchlaufen (Art. 59 ff. MiCAR),[46] ebenso besteht eine Verpflichtung zur Einhaltung der entsprechenden Vorgaben, etwa Art. 66 ff. sowie insbes. Art. 76 MiCAR).[47] Art. 60 bzw. 62 MiCAR legen dabei im Detail[48] – und somit mit an viel höheren Regelungstiefe als dies in der programmatischen Bestimmung des Art. 44 Abs. 1 UAbs. 3 MiFID II – die zu übermittelnden Dokumente fest. Diese Vorgaben werden durch den RTS, welcher gemäß Art. 62 Abs. 5 MiCAR seitens der ESMA vorzulegen ist, noch weiter präzisiert.[49] Auch die Vorgaben zur Prüfung des Konzessionsantrags sind wesentlich umfassend (Art. 63 MiCAR).[50]

18 Der Entzug der Zulassung ist im Wesentlichen vergleichbar geregelt, wobei die MiCAR in Art. 64 eine umfangreichere und detailliertere Aufzählung der Entzugsgründe vornimmt. Festzuhalten ist, dass im Fall der Nicht-Ausübung der Dienstleistung binnen 12 Monaten – im Gegensatz zur MiFID II bzw. der nationalen Umsetzung im BörseG[51] (Art. 64 Abs. 1 lit. a MiCAR)– kein Wahlrecht der FMA besteht, sondern die Zulassung zu entziehen ist.[52] Dies wird in der Praxis uU eine relevante Rolle spielen, da sich die Aufnahme des Geschäftsbetriebs uU durch andere Gründen als der Konzession verzögern kann. Die Zulassung kann auch nur teilweise, etwa nur in Bezug auf eine Dienstleistung, entzogen werden. Es bestehen auch Konsultationsvorgaben, etwa anderer Mitgliedsstaaten (Abs. 5 leg cit) oder der AML-/CFT-Behörden (Abs. 6). Zudem bestehen – soweit ersichtlich anders als beim geregelten Markt – Anregungsrechte zum Konzessionsentzug durch EBA/ESMA (Abs. 7). Weiters normiert die MiCAR die Verpflichtung der Krypto-Dienstleister, und somit auch der Handelsplätze, dass im Fall des Entzugs der Konzession die Kryptowerte und Geldbeträge zeitnah und ordnungsgemäß an andere Dienstleister übertragen werden können (Abs. 8).[53]

19 In Summe kann mE festgehalten werden, dass sowohl das Lizenzverfahren inkl. notwendiger Unterlagen sowie der Entzug der Zulassung in der **Mi-CAR** – schon im Gesetzestext selbst – **wesentlich detaillierter geregelt**

---

[44] Diesbezüglich zutreffend Schopper ÖBA 2019, 249 (261).
[45] Zum Vergleich zwischen MTF und der MiCAR Kalss → MiFID II Art. 20 Rn. 7; Prinz/Raue → MiCAR Art. 62 Rn. 2 ff.
[46] Näher dazu → MiCAR Art. 59 Rn. 2 ff. in diesem Kommentar.
[47] Siehe jeweils dazu die Kommentierung zu diesen Artikeln in diesem Kommentar.
[48] Dazu Prinz/Raue → MiCAR Art. 62 Rn. 2 ff. in diesem Kommentar.
[49] Es wird auf den Finalen Report der ESMA (ESMA 18–72330276-1634, 25.3.2024) verwiesen. Zum Zeitpunkt des Kommentars war der RTS – soweit ersichtlich – noch nicht erlassen.
[50] Dazu → MiCAR Art. 63 Rn. 2 ff. in diesem Kommentar.
[51] Dazu Prinz/Raue → MiCAR Art. 85 Rn. 7; Steiner → MiFID II Art. 44 ff. Rn. 11.
[52] Expressis verbis: Die zuständigen Behörden entziehen […] falls er: (Art. 64 Abs. 1 MiCAR), dazu → MiCAR Art. 64 Rn. 7 in diesem Kommentar.
[53] Ausführlich zu alledem → Prinz/Raue → MiCAR Art. 64 Rn. 23 ff.

wurde. Dies überrascht schon auf Grund der direkten Anwendbarkeit der MiCAR im Gegensatz zur MiFID II nicht, zeigt mE aber auch eine allgemeine Tendenz des EU-Gesetzgebers zur detaillierten Regelung.

4. Zu Art. 45 MiFID II (Anforderungen Leitungsorgan Betreiber): 20
a) Normativer Kontext und Überblick. Artikel 45 definiert die Anforderungen an Leitungsorgane des Marktbetreibers, konkret daher des Vorstands sowie des Aufsichtsrats von Wertpapierbörsen.[54] Näher und allgemein zu den Anforderungen an Leitungsorgane iSd MiFID II wird auf die Kommentierung von Art. 9 MiFID II verwiesen, welcher die Anforderungen für Leitungsorgane von Wertpapierfirmen festlegt.[55] Zusammenfassend verlangt Art. 45 MiFID II einen guten Leumund, ausreichende Kenntnisse, Fähigkeiten und Erfahrungen (Abs. 1) sowie ausreichend Zeit für die Tätigkeit und eine zahlenmäßige Beschränkung der gleichzeitigen Funktionen (Abs. 2 lit. a), ausreichende Schulungen des Leitungsorgans (Abs. 3) sowie allgemein eine wirksame Unternehmensführung, eine ausreichende Aufgabentrennung und eine Vorbeugung von Interessenskonflikte (Abs. 6).[56] Die Anforderungen müssen einerseits auf Ebene des jeweiligen Mitglieds, andererseits aber auch kollektiv für das Leitungsorgan erfüllt sein.[57] Wie üblich ist auch jede Änderung der Leitungsorgane an die zuständige Behörde zu melden (Abs. 8). Im Fall des Zweifels seitens der Behörden am Leitungsorgan verweigert die NCA die Zulassung (Abs. 7).[58] Wenn die Lizenz bereits erteilt wurde, kann auch der Entzug der Lizenz[59] im Raum stehen,[60] wobei mE die NCA vorher die vorgeschlagenen Leitungsorgane ablehnen würde und wohl erst nach „mehrfacher/anhaltender" Nicht-Besetzbarkeit ein solches Verfahren einleiten würde. Marktbetreiber, die von erheblicher Bedeutung sind, haben zudem einen Nominierungsausschuss einzusetzen (Abs. 4 und 5).[61] Zusätzlich hat die ESMA detaillierte Leitlinien zu Art. 45 erlassen.[62]

b) Besondere Relevanz iZm DLT/Krypto-Assets. i) Relevanz für 21
DLT-basierte Finanzinstrumente und/oder DLT-Pilot-Regime: Es sind mE keine besonderen Anforderungen an das Leitungsorgan iZm DLT-basierte Finanzinstrumenten bzw. mit dem DLT-Pilot-Regime ersichtlich. Allerdings werden mE im Fall der angedachten Nutzung von DLT-Systemen die Leitungsorgane – zumindest kollektiv – über die entsprechende Eignung und Erfahrung und somit über ein ausreichendes technisches Verständnis der DLT-Systeme zu verfügen haben, sofern sich der „modus operandi" des geregelten Markt maßgeblich ändert.[63]

---

[54] Für Viele Oppitz in Kalss et al BörseG § 25 Rn. 3.
[55] Näher dazu → MiFID Art. 9 Rn. 8 in diesem Kommentar.
[56] Zu alledem Oppitz in Kalss et al BörseG § 25 Rn. 1 ff.
[57] Vgl. zu Kenntnissen, Fähigkeiten und Erfahrungen im Kollekiv Oppitz in Kalss et al BörseG § 25 Rn. 5.
[58] Dazu Oppitz in Kalss et al BörseG § 25 Rn. 17 f.
[59] Allgemein dazu Steiner → MiFID II Art. 44 ff. Rn. 11.
[60] Oppitz in Kalss et al BörseG § 25 Rn. 18.
[61] Ausführlich dazu Winner in Kalss et al BörseG § 26 Rn. 1 ff.
[62] Siehe dazu ESMA, Leitlinien zu den Leitungsorganen von Marktbetreiber (2017), ESMA70-154-271 DE.
[63] Implizit wohl auch Art. 8 ff. DLT-Pilot-VO; konkret Anforderungen sind jedoch nicht ersichtlich, sondern geben sich mE aus einer Zusammenschau aus Art. 45 MiFID II und DLT-Pilot-VO.

22 **ii) Relevanz iZm Krypto-Assets iSd MiCAR:** Hier ist ebenfalls keine Relevanz ersichtlich. Lediglich wenn ein Mitglied eines Leitungsorgans zusätzlich auch Mitglied eines Leitungsorgans eines CASP ist oder war, wird davon auszugehen sein, dass dortige Verwaltungsstrafen oder gar Straftaten, aufsichtsrechtliche Maßnahmen, wie etwa die Festellung der Uneignung zur Führung, die Abberufung einer Person aus dem Leitungsorgan oder Berufsverbote (siehe sogleich zur MiCAR unten) auch die – entweder gleichzeitig bestehende oder zukünftig angestrebte – Eignung als Leitungsorgan eines geregelten Markts verhindern. Selbiges gilt auch wenn Maßnahmen gemäß MiFID II ergriffen wurden im Rahmen der Eignungsprüfung für die MiCAR.

23 **iii) Vergleich zur MiCAR im Überblick:** Die MiCAR sieht in Art. 62 weitgehend vergleichbare Regelungen vor.[64] Diese werden auch durch gemeinsame Leitlinien der ESMA und EBA weiter präzisiert werden.[65] Auch hier hat die NCA die Zulassung bei Bedenken zum Leitungsorgan zu verweigern.[66] Ebenfalls sind Änderungen zum Leitungsorgan an die jeweils zuständige Behörde unverzüglich anzuzeigen.[67] Die zuständige Behörde hat gemäß Art. 94 MiCAR zusätzlich das Recht Mitglieder aus dem Leitungsorgan abzuberufen (Abs. 1 lit. y) oder Berufsverbote zu verhängen (Abs. 3 lit. g).[68] In Summe bestehen mE ähnliche Regeln, auch wenn sich diese teilweise in der Tiefe unterscheiden. Selbstverständlich werden nicht allgemein dieselben Anforderungen an CASP-Leitungsorgane gestellt werden können, wie es derzeit für Leitungsorgane des Marktbetreibers gilt. Es wird vielmehr ein proportionaler Ansatz zu wählen sein, welcher auch die Besonderheiten der Krypto-Services Rechnung trägt.

24 **5. Zu Art. 46 MiFID II (Anforderungen bei wesentlichem Einfluss): a) Normativer Kontext und Überblick.** Allgemein kann für die Kommentierung von Art. 46 MiFID II weitgehend auf Art. 45 verwiesen werden. Art. 46 legt Anforderungen an Personen vor, die direkt oder indirekt wesentlichen Einfluss auf die Verwaltung des geregelten Markts haben. Konkret werden darunter insbes. qualifizierte direkte oder indirekte Beteiligungen, somit Anteile von über 10 %, zu verstehen sein.[69] Zudem sieht Art. 46 eine Veröffentlichung der Eigentumsverhältnisse (Abs. 2 lit. a) sowie eine Anzeigepflicht bei Änderung des „Eigentümer-Kreises" (lit. b) vor.[70] Wie auch schon in Art. 45 verweigert die Behörde die Zulassung bei entsprechenden Bedenken.[71]

25 **b) Besondere Relevanz iZm DLT/Krypto-Assets.** Es sind mE weder für DLT-basierte Finanzinstrumente noch für das DLT-Pilot-Regime Besonderheiten iZm Art. 46 MiFID II zu berücksichtigen. Selbiges gilt iZm

---

[64] Siehe etwa Abs. 2 lit. g oder Abs. 3 lit. a und b; näher zu den Anforderungen an Leitungsorgane Prinz/Raue → MiCAR Art. 62 Rn. 15 ff.

[65] Es wird auf den Finalen Report der ESMA (ESMA 18-72330276-1634, 25.3.2024) verwiesen. Zum Zeitpunkt des Kommentars war der RTS – soweit ersichtlich – noch nicht erlassen.

[66] Art. 63 Abs. 10 lit. b MiCAR; dazu → MiCAR Art. 63 Rn. 37 ff. in diesem Kommentar.

[67] Art. 69; dazu Prinz/Raue → MiCAR Art. 69 Rn. 4.

[68] Näher zu den Befugnissen Schröder zu → MiCAR Art. 94 Rn. 2 ff. in diesem Kommentar.

[69] Oppitz in Kalss et al BörseG § 48 Rn. 3.

[70] Dazu auch Oppitz in Kalss et al BörseG § 48 Rn. 2 ff.

[71] Sofern es sich hierbei um objektive und nachweisbare Gründe handelt (Art. 46 Abs. 3), dazu auch Oppitz in Kalss et al BörseG § 48 Rn. 7 und 10 ff.

Krypto-Assets, wobei sich hier – wie zu Art. 45 (→ Rn. 22) aufgegriffen – auch Bedenken aus einer gleichzeitigen/früheren Beteiligung an CASPs ergeben könnten. ME kann dies aber wiederum nur gelten, wenn objektive und nachweisbare Gründe – etwa das Vorliegen von Straftaten, Geldwäsche-Untersuchungen oä, vorliegen. Eine „Unvereinbarkeit", also etwa bei Eigentum an einem geregelten Markt und an einem Krypto-Asset-Handelsplatz, ist mE jedenfalls abzulehnen (dazu auch → Rn. 15). Im Ergebnis sind somit mE auch hier keine Besonderheiten zu berücksichtigen, sondern lediglich die allgemeinen Regeln zu erstrecken.

Wie auch schon zu Art. 45 MiFID II ausgeführt, bestehen auch im Fall der Art. 46 mE im wesentlich vergleichbare Regeln. Auch hier verweigern die Behörde die Zulassung als CASP bei entsprechenden Bedenken bzw. ergreift Maßnahmen, wenn der Anteilseigner der soliden und umsichtigen Geschäftsführung voraussichtlich abträglich ist.[72] Die – in der MiFID II allgemeinen gehaltenen – Bedenken werden in der MiCAR auf guten Leumund und Bedenken iZm AML/CFT konkretisiert,[73] wobei dies mE lediglich eine demonstrative Aufzählung sein kann.[74] 26

6. Zu Art. 47 MiFID II (Organisatorische Anforderungen): a) Normativer Kontext und Überblick. Artikel 47 legt organisatorische Anforderungen für den geregelten Markt vor. Näher zu den organisatorischen Anforderungen wird auf die Kommentierung von Art. 16 und 18 f. MiFID II verwiesen, welcher die organisatorische Anforderungen an Wertpapierfirmen iSd MiFID II bzw. zusätzlich für MTF/OTF festlegt.[75] Diese sind im Wesentlichen vergleichbar – etwa bestehen in beiden Fällen Vorgaben zu Interessenskonflikten) (Art. 47 Abs. 1 lit. a und Art. 16 Abs. 3 MiFID II), Risikosteuerung (lit. b und Art. 19 Abs. 3 lit. a), technische Abläufe und transparente Verfahren für den Handel (lit. c/d und Art. 18 Abs. 1/2), reibungslosen Abschluss der Geschäfte und ausreichende Finanzmittel (lit. e/f und Art. 19 Abs. 3 lit. b/c).[76] Wie auch beim MTF (Art. 19 Abs. 5 MiFID II)[77] ist es dem geregelten Markt nicht gestattet Kundenaufträge unter dem Einsatz des Eigenkapitals – also in Form des Eigenhandels[78] – oder unter Zusammenführung deckender Kundenaufträge abzuwickeln.[79] 27

b) Besondere Relevanz iZm DLT/Krypto-Assets. Wiederum sind zu Artikel 47 mE keine Besonderheiten iZm DLT-basierten Finanzinstrumenten oder mit Krypto-Assets iSd MiCAR ersichtlich. Im Fall des Betriebs eines DLT-Systems wird – wie üblich – die Einhaltung des Art. 47 MiFID II zu gewährleisten zu sein. 28

---

[72] Siehe Art. 63 Abs. 10 lit. c bzw. Art. 68 Abs. 3 MiCAR. Dazu → MiCAR Art. 63 Rn. 37 ff. sowie zu → MiCAR Art. 68 Rn. 12 ff. in diesem Kommentar.
[73] Art. 68 Abs. 2, auch dazu → MiCAR Art. 68 Rn. 12 ff. in diesem Kommentar.
[74] Andere Bedenken wären mE im Rahmen des üblichen EKV-Verfahrens zu berücksichtigen.
[75] Näher dazu → MiFID Art. 16 Rn. 2 ff. sowie → MiFID II Art. 18 und 19 Rn. 2 ff. in diesem Kommentar.
[76] Detailliert zu den jeweiligen organisatorischen Anforderungen siehe Oppitz in Kalss et al BörseG § 21 Rn. 1 ff.
[77] Näher dazu → MiFID Art. 19 Rn. 4 ff. in diesem Kommentar.
[78] Gemeint wohl: Firmengeld und nicht Eigenkapital im regulatorischen Sinne und somit im Ergebnis Eigenhandel, dazu auch Brandl/Saria/Seggermann WAG-Kommentar, WAG 2018 § 1 Rn. 22.
[79] Dazu auch Oppitz in Kalss et al BörseG § 21 Rn. 23 f.

MiFID II Art. 44–53

29 **i) Vergleich zur MiCAR im Überblick:** Die organisatorischen Vorgaben im Vergleich zur MiCAR sind zwar sicherlich unterschiedlich, jedoch sind die obigen Themenkomplexe weitgehend auch in der MiCAR reguliert. So legt etwa Art. 72 detaillierte Vorgaben zum Umgang mit Interessenskonflikte fest oder verlangt Art. 62 Abs. 2 lit. i eine Beschreibung des IKS und der Risikosteuerung.[80] Die organisatorischen Anforderungen an die technische Abwicklung sind in der MiCAR derzeit noch weniger detailliert geregelt.[81] Allerdings ist dazu festzuhalten, dass die technischen Regulierungstandards noch nicht erlassen wurden,[82] womit eine Einschätzung derzeit noch nicht möglich ist.

30 Wie auch in Art. 47 Abs. 2 MiFID legt Art. 76 Abs. 5 MiCAR fest, dass Krypto-Asset-Handelsplätze auf ihrer eigenen Handelsplattform keine Geschäfte für eigene Rechnung tätigen dürfen.[83] Allerdings – und somit anders als in der MiFID II – **erlaubt** die **MiCAR** unter gewissen Umständen **die Zusammenführung von Kundenaufträgen**,[84] sofern der Kunde diesem zugestimmt hat.[85]

31 **7. Zu Art. 48 MiFID II (Belastbarkeit, Notfallsicherung uä): a) Normativer Kontext und Überblick.** Artikel 48 MiFID II legt eine Vielzahl von Regelungen fest, unter anderem dass die Handelssysteme belastbar sind und über ausreichende Kapazitäten für Spitzenvolumina und Stressbedingungen verfügen (Abs. 1), Vorgaben zum Market Making (Abs. 2 und 3), das Aufträge die irrtümlich zu Stande kommen oder Limits überschreiten abgelehnt werden (Abs. 4), der Handel eingestellt oder ausgesetzt werden kann – etwa im Fall von Volatilitätsunterbrechungen[86] (Abs. 5) sowie Vorgaben zu Kollokationsdienstem[87] (Abs. 8).[88] Es besteht zudem eine Verpflichtung zum Abschluss einer schriftlichen Market-Making-Vereinbarung.[89] Der Aufsichtsbehörde ist Zugang zu Daten und zum Auftragsbuch einzuräumen (Abs. 11). Außerdem sind die Gebühren transparent zu gestalten (Abs. 9)[90] und es bestehen Vorgaben zum algorithmischen Handeln (Abs. 6 und 10)[91] sowie zum direkten elektronischen Zugang (Abs. 7)[92]. Zudem wurden detaillierte RTS/delVO zu diesen Themen erlassen.[93]

---

[80] Dazu → MiCAR Art. 62 Rn. 14 sowie zu MiCAR Art. 68 Rn. 17 ff. in diesem Kommentar.
[81] Vgl. Art. 76 und dazu Völkel zu → MiCAR Art. 76 Rn. 10 ff. in diesem Kommentar.
[82] Siehe Art. 76 Abs. 16; es bestehen bisher erst Entwürfe.
[83] Näher dazu Völkel zu → MiCAR Art. 76 Rn. 14 in diesem Kommentar.
[84] Für die Definition wird wiederum auf die MiFID II Definition verwiesen, siehe dazu Art. 3 Abs. 1 Z 40 MiCAR; zur Begriffsdefinition Völkel vgl. → MiCAR Art. 3 Rn. 197 ff. in diesem Kommentar.
[85] Näher dazu Völkel zu → MiCAR Art. 76 Rn. 15 ff. in diesem Kommentar.
[86] Zum Begriff siehe etwa Wiener Börse, Volatilitätsunterbrechung – Definition, https://www.wienerborse.at/handel/handelsinformationen/volatilitaetsunterbrechung/ (abgerufen 28.9.2023).
[87] Dabei handelt es sich um Infrastruktur zur Minimierung der Latenzzeiten, so Wurzer in Kalss et al BörseG § 10 Rn. 94 f.; ausführlich zu diesen Diensten: Wurzer in Kalss et al BörseG § 10 Rn. 92 ff.
[88] Ausführlich zu alledem Wurzer in Kalss et al BörseG § 10 Rn. 1 ff.
[89] Näher dazu auch delVO 2017/578.
[90] Dazu Mayer/U. Torggler in Kalss et al BörseG § 24 Rn. 1 ff.
[91] Näher dazu Wurzer in Kalss et al BörseG § 11 Rn. 1 ff.
[92] Näher dazu Wurzer in Kalss et al BörseG § 13 Rn. 1 ff.
[93] Siehe dazu auch Abs. 12; vgl. delVO 2017/578 (zu Market Making) bzw. delVO 2017/584 (zu organisatorischen Anforderungen).

b) Besondere Relevanz iZm DLT/Krypto-Assets. Es kann weit- 32
gehend auf die Kommentierung zu Art. 47 verwiesen werden (→ Rn. 28). Es
sind mE keine Besonderheiten iZm Krypto-Assets, DLT-Finanzinstrumente
und dem DLT-Pilotregime iZm Art. 48 MiFID II zu erwarten. Auch in
Abgleich zur MiCAR kann weitgehend auf Art. 47 verwiesen werden
(→ Rn. 29 f.). Die technischen Details zum Handel sind in dieser Form nicht
vergleichbar normiert; allerdings sieht Art. 76 MiCAR spezifische Vorgaben
für den Betrieb einer Krypto-Handelsplattform vor.[94] Wiederum ist festzuhalten, dass die technischen Regulierungsstandards der ESMA noch nicht erlassen
wurde,[95] womit der Abgleich derzeit noch nicht möglich ist. Allgemein ist
mE aber wohl damit zu rechnen, dass die ESMA zumindest Teile der inhaltlichen Vorgaben der Art. 47 und 48 MiFID II faktisch im Rahmen des RTS
vorgeben wird, soweit dies im Rahmen des Auftrags in Art. 76 Abs. 16
MiCAR Deckung findet.

Als spezifischer Punkt ist festzuhalten, dass **Market Maker** auch im Kryp- 33
to-Bereich eine wesentliche Rolle spielen. Es fehlt schon an der gesetzlichen
Definition – anders als in der MiFID II.[96] Obwohl die Ansicht vertreten wird,
dass Market Maker als CASPs idR unter die MiCAR fallen, sind die Grenzen
und die Anforderungen an das Market Making deutlich unklarer als dies im
Bereich der MiFID II gilt. So besteht – soweit ersichtlich – weder eine
Verpflichtung zu einem schriftlichen Vertragsabschluss, noch generelle Vorgaben zum Market Making. Zudem ist uU zwischen einem Market Maker,
welcher auf Auftrag der Krypto-Asset-Handelsplattform tätig ist und einem
solchen welcher schlicht auf eigene Rechnung -und somit ohne vertragliche
Abrede mit der Handelplattform durch Stellung von Brief-/Geldkursen –
agiert, zu unterscheiden. Im zweiten Fall erscheint mE unklar, ob die
Service-Tatbestände der MiCAR und somit auch die Konzessionspflicht
überhaupt zur Anwendung gelangen. Die Aufsichtspraxis wird zeigen, ob es
sich bei alledem um eine Regelungslücke handelt oder ob dies im Rahmen
der Aufsicht der Market Maker als CASPs hinreichend Berücksichtigung
finden wird. In diesem Zusammenhang wird auch zu beobachten sein,
welche Unternehmen als Market Maker zukünftig auftreten bzw. aus welcher
Jurisdiktion diese stammen und ob eine Verpflichtung von CASPs zur ausschließlichen Zusammenarbeit mit MiCAR-regulierten Market Maker in der
Praxis gesehen wird – und falls ja basierend auf welcher juristischen Argumentation.

8. Zu Art. 51 MiFID II (Zulassung Finanzinstrumente zum Han- 34
del): a) Normativer Kontext und Überblick. Artikel 51 definiert unter
welchen Kriterien die Zulassung der Finanzinstrumente zum Handel erfolgt
und normiert dabei u.a., dass die Mitgliedsstaaten klare und transparente
Regeln für die Zulassung festlegen müssen. Auf Grund des Richtlinien-
Charakters und da teilweise Besonderheiten je Marktsegment – in Österreich
etwa für den Amtlichen Handel[97] – definiert wurden, ist der normative Kontext iZm Art. 51 immer auch im Zusammenhang mit den jeweiligen nationalen Umsetzungen zu evaluieren. Dabei wurden diverse Rechtsgrund-

---

[94] Ausführlich dazu Völkel in → MiCAR Art. 76 Rn. 10 ff. in diesem Kommentar.
[95] Siehe Art. 76 Abs. 16; es bestehen bisher erst Entwürfe.
[96] Siehe dort Art. 4 Abs. 1 Z 7 MiFID II; näher dazu Brandl/Saria/Seggermann WAG-Kommentar WAG 2018 § 1 Rn. 125 ff.
[97] Siehe insbes. § 40f BörseG; dazu auch Fidler in Kalss et al BörseG § 39 Rn. 8 f. sowie BörseG § 41 Rn. 1 ff.

lagen gemeinsam umgesetzt, was insgesamt teilweise zu einer „schwer durchschaubaren Rechtslage" führt.[98] Jedenfalls ist sicherzustellen, dass der Handel fair, ordnungsgemäß und effizient erfolgt und – für übertragbare Wertpapiere[99] – auch frei ist (Art. 51 Abs. 1 MiFID II).[100] Nicht alle Teile dieser Regelungen gelten somit für sämtliche Arten von Wertpapieren; so differenzieren die Regeln teilweise zwischen Schuldverschreibungen, Aktien, Optionsscheinen/Zertifikaten oder Investmentfondanteilen.[101] Sowohl für übertragbare Wertpapiere, als auch für Derivate (Art. 51 Abs. 2 MiFID II) bestehen Sonderregeln.[102] Die zulassende Stelle, also das Börseunternehmen,[103] hat die Einhaltung der Veröffentlichungspflichten bzw. allgemeiner der Zulassungsanforderungen für den Emittent bei Beginn sowie laufend zu prüfen (Art. 51 Abs. 3 und 4 MiFID II).[104] Jedenfalls unterliegen sämtliche Finanzinstrumente die zum Handel zugelassen werden sollen, der Zulassungspflicht,[105] womit in aller Regel ein Zulassungsantrag erforderlich ist.[106] Art. 51 Abs. 5 MiFID II normiert aber auch den Sonderfall, dass Wertpapiere ohne Zustimmung des Emittenten zum Handel zugelassen werden können;[107] in Deutschland ist diesbezüglich auch von der „Einbeziehung" die Rede.[108] Weiters bestehen technische Regulierungsstandards zu Art. 51 MiFID II gemäß Abs. 6 leg cit.[109]

35 **b) Besondere Relevanz iZm DLT/Krypto-Assets.** Ähnlich wie zu anderen Artikeln sind auch hier mE kaum Besonderheiten iZm DLT-basierten Finanzinstrumenten bzw. in Bezug zu Krypto-Assets ersichtlich. Ein kurzer Überblick erfolgt jeweils in den folgenden Unterkapitel.

36 **i) Relevanz für DLT-basierte Finanzinstrumente und/oder DLT-Pilot-Regime:** Zu DLT-basierten Finanzinstrumenten, etwa Security Token, ist festzuhalten, dass die obigen Regeln in diesem Fall wie oben dargestellt greifen und keine Besonderheiten ersichtlich sind. Somit müssen auch DLT-basierte Finanzinstrumente die jeweils geltenden Regeln, basierend auf der Ausgestaltung des Finanzinstruments, einhalten. Weder steht die Ausgestaltung als DLT-Finanzinstrument der Zulassung per se im Wege,[110] noch ergeben sich daraus Erleichterungen.

37 Das DLT-Pilot-Regime legt teilweise Besonderheiten für die Zulassung zum Handel fest, etwa Beschränkungen in Bezug auf Marktkapitalisierung (Art. 3 DLT-Pilot-Regime). So können nur Aktien oder OGAW mit Markt-

---

[98] Ausdrücklich so Fidler in Kalss et al BörseG § 39 Rn. 7: näher zum Hintergrund und zu den einzelnen Normquellen: Fidler in Kalss et al BörseG § 39 Rn. 1 ff.
[99] Dazu auch Art. 35 VO 1287/2006.
[100] Ausführlich zu den einzelnen Kriterien siehe Fidler in Kalss et al BörseG § 39 Rn. 14 ff.
[101] Im Detail dazu und zur jeweils anwendbaren Rechtslage Fidler in Kalss et al BörseG § 39 Rn. 14 ff.
[102] Siehe dazu jeweils Fidler in Kalss et al BörseG § 39 Rn. 24 ff. sowie Rn. 32 ff.
[103] Gemäß § 38 BörseG entscheidet das Börseunternehmen über Anträge auf Zulassung.
[104] Näher dazu Fidler in Kalss et al BörseG § 38 Rn. 24 f., 35 ff. sowie 52.
[105] Fidler in Kalss et al BörseG § 39 Rn. 10.
[106] Siehe § 42 BörseG und ausführlich dazu Fidler in Kalss et al BörseG § 42 Rn. 1 ff.
[107] Dazu und wann so eine zustimmunglose Handelszulassung erfolgen kann: Fidler in Kalss et al BörseG § 39 Rn. 36 ff.
[108] Siehe § 33 deutsches BörseG.
[109] Vgl. delVO 2017/568 sowie ESMA, Final Report for Draft RTS, ESMA/2015/1464.
[110] Jedenfalls wird darauf zu achten sein, dass die jeweiligen Voraussetzungen des Börseunternehmens erfüllt sind, was auch technische Besonderheiten iZm dem Handel uä umfassen kann.

kapitalisierung von weniger als 500 Mio. EUR (Abs. 1 lit. a und c leg cit) bzw. Anleihen bis zu 1 Mrd. EUR (lit. b) zugelassen werden und der Gesamtwert aller DLT-Finanzinstrumente darf 6 Mrd. EUR (Abs. 2) nicht überschreiten.[111] Diese Zulassungsvoraussetzungen können uU mit jenen gemäß § 40f BörseG im Konflikt stehen, da dort eher Mindest-Nominale normiert werden.[112] DLT-Pilot-Regime Titel haben somit sowohl Untergrenzen, etwa nach BörseG, als auch Höchstgrenzen (insbes. gemäß Art. 3 DLT-Pilot-Regime) zu beachten.

ii) **Relevanz iZm Krypto-Assets iSd MiCAR:** Da Krypto-Assets iSd MiCAR keine Finanzinstrumente darstellen[113] und vom Anwendungsbereich der MiCAR ausgenommen sind, sofern sie Finanzinstrumente darstellen,[114] ist keine Relevanz dieser Bestimmung für Krypto-Assets iSd MiCAR ersichtlich. 38

iii) **Vergleich zur MiCAR im Überblick:** Eine ähnliche Regelungsthematik wie zu Art. 51 MiFID II findet sich in Art. 5 MiCAR. Auch dort werden die Voraussetzungen für die Zulassung zum Handel normiert, jedoch in Bezug auf „andere Kryptowerte" (in weiterer Folge Krypto-Assets), somit ausgenommen E-Geld-/vermögenswertreferzierte Token. Während Art. 51 MiFID II die Zulassung von Finanzinstrumenten zum Handel am geregelten Markt erfasst, regelt Art. 5 MICAR die Zulassung von „klassischen" Krypto-Assets zum Handel an einer MiCAR-Handelsplattform.[115] Die Verpflichtungen sowie die Verfahrensabläufe unterscheiden sich jedoch deutlich: für die Aufnahme von Krypto-Assets sind lediglich die Vorgaben zu White-Paper und zu Marketingmitteilungen (Art. 6 ff. MiCAR)[116] sowie gewisse „Emittenten"-Pflichten (Art. 14 MiCAR) einzuhalten.[117] 39

Während dem Zulassungsantrag gemäß § 42 Abs. 3 Z 7 iVm § 46 BörseG der gebilligte Wertpapierprospekt beizuschließen ist,[118] betont somit die MiCAR die Wichtigkeit der Whitepaper. Diese sollen – vereinfachend – ähnliche Informationspflichten erfüllen wie der Prospekt,[119] womit durch diese Bestimmung den Besonderheiten des MiCAR-Regimes Rechnung getragen wird, aber dennoch die Informationsmöglichkeiten der Anleger gewährleistet werden. Wenn die Zulassung zum Handel beantragt wird oder angedacht ist, muss dies im Whitepaper sowie in den Marketing-Unterlagen ersichtlich sein.[120] 40

Beim Antragsteller kann es sich – nach allgemeinen Regeln – um den Emittenten (Regelfall), den Anbieter oder um eine Person, welche die Zulassung beantragt (Dritter) handeln. Jedenfalls hat es sich bei dem Antragsteller um eine juristische Person zu handeln (Art. 5 Abs. 1 lit. a MiCAR).[121] Die Krypto-Assets können auch auf Initiative des Betreibers der Handelsplattform, also eines dafür zugelassenen CASP, erfolgen (Art. 5 Abs. 2 MiCAR), 41

---

[111] Ausführlich zu alledem Krönke → DLT-PR Art. 3 Rn. 3 ff.
[112] Dazu Fidler in Kalss et al Rn. 7 ff. zu § 40/41 BörseG.
[113] Siehe dazu auch Steiner in Einführung zu MiFID II Art. 44 ff. Rn. 2.
[114] Expressis verbis Art. 2 Abs. 4 lit. a MiCAR; ausführlich dazu Kalss/Aubrunner → MiFID II Art. 1–4 Rn. 31 ff.
[115] Ausführlich zum Begriff Völkel, Rn. 128 ff. zu Art. 3 MiCAR (Z 18).
[116] Siehe dazu die jeweiligen Kommentierungen in diesem Kommentar.
[117] Dazu Renning in → MiCAR Art. 14 Rn. 4 ff. zu Art. 14 MiCAR.
[118] Dazu Russ/Ebner in Kalss et al Rn. 1 ff. zu § 46 BörseG.
[119] Siehe dazu → MiCAR Art. 4 Rn. 4.
[120] Dazu etwa → MiCAR Art. 6 Rn. 9.
[121] Vgl. → MICAR Art. 5 Rn. 6.

wobei dann den CASP die entsprechenden Verpflichtungen treffen.[122] Auch eine „Teilung/Übertragung der Anforderungen" ist gemäß Abs. 3 leg cit mit schriftlicher Vereinbarung möglich.[123] Zusätzlich dazu treffen den Anbieter der Kryptowerte (etwa der Emittent oder Anbieter) bzw. jene Person die die Zulassung zum Handel beantragt gemäß Art. 14 MiCAR zusätzliche Pflichten, etwa Vermeidung von Irreführung oder Interessenskonflikte bzw. allgemein die Pflicht redlich, ehrlich und professionell zu handeln.[124]

42 Weiters legt Art. 76 MiCAR fest, dass CASPs die Handelsplattformen betreiben wesentliche zusätzliche Regeln einzuhalten haben.[125] In Bezug auf die Zulassung zum Handel finden sich dort u. a. folgende Vorgaben: a) CASPs haben die Eignung der Kryptowerte zu beurteilen, b) ggf. Ausschlusskategorien zu führen bzw. jedenfalls „nicht identifizierbare anonymisierte Kryptowerte" von der Zulassung auszunehmen sowie c) in den Betriebsvorschriften vorzusehen, dass keine Zulassung ohne Whitepaper erfolgen kann[126].

43 Anders als „sonstige Kryptowerte" dürfen wertreferenzierte Token (ARTs) bzw. E-Geld-Token (EMTs) nur zum Handel zugelassen werden, wenn dies durch den Emittenten/eine Zulassung zum Handel beantragende Person erfolgt, welche entsprechend konzessioniert ist.[127] Für den Antrag zur Zulassung zum Handel von ARTs ist somit eine „Zulassung" gemäß Art. 21 MiCAR Voraussetzung;[128] für jene von EMTs sogar eine solche als E-Geld-/Kreditinstitut.[129]

44 Als **Gesamtresümee** kann somit mE festgehalten werden, dass die Vorgaben in Art. 51 MiFID II zwar deutlich über jene der MiCAR hinausgehend sind, aber dass die MiCAR – in verschiedenen Teilbereichen – spezifische Vorgaben zur Zulassung zum Handel normiert. Diese basieren auf der Systematik der MiCAR und weichen somit von jenen – sehr hohen – Anforderungen der MiFID II materiell ab. Im Ergebnis werden aber ähnliche Regelungszwecke angestrebt. Die MiCAR Anforderungen sind somit – unter Berücksichtigung von Proportionalität und den Besonderheiten von Krypto-Assets sowie des „Krypto-Markts" – mE angemessen und ausreichend. Allgemein ist ersichtlich, dass der Gesetzgeber bemüht war, die Grundzwecke dieser normativen Regelungen der MiFID II auch in der MiCAR umzusetzen.

45 **9. Zu Art. 52 MiFID II (Aussetzung/Ausschluss vom Handel): a) Normativer Kontext und Überblick.** Artikel 52 MiFID II regelt wann der Handelsbetreiber den Handel von Finanzinstrumenten aussetzen kann[130] bzw. wann Titel vom Handel an einem geregelten Markt ausgeschlossen werden können. Die Aussetzung wird als bloß vorübergehende[131] Maßnahme verstanden, während der Ausschluss dauerhaft den Handel mit diesem Finanz-

---

[122] Näher → MICAR Art. 5 Rn. 7 ff.
[123] Näher → MICAR Art. 5 Rn. 10 ff.
[124] Näher dazu → MiCAR Art. 14 Rn. 4 ff.
[125] Ausführlich → MiCAR Art. 76 Rn. 1 ff.
[126] Zu alledem Völkel → MiCAR Art. 76 Rn. 10.
[127] Siehe Art. 16 (für ARTs) bzw. Art. 48 MiCAR (für EMTs).
[128] Näher dazu MiCAR Art. 21 Rn. 2 ff.
[129] Näher dazu MiCAR Art. 48 Rn. 20 ff.
[130] In Österreich wurde dies strenger umgesetzt („hat auszusetzen"), wobei unklar ist, ob dies tatsächlich der Wille des Gesetzgebers ist: Wenzl in Kalss et al BörseG § 17 Rn. 7.
[131] Wenn auch zeitlich grundsätzlich unbefristet möglich Wenzl in Kalss et al BörseG § 17 Rn. 6 und 12.

instrument beendet.¹³² Teilweise steht der Ausschluss vom Handel (§ 17 BörseG) in unklarem Verhältnis zum Widerruf der Zulassung (§ 38 Abs. 4 BörseG).¹³³ In der Praxis sind schon Aussetzungen relativ selten und die Dauer ist so gering wie möglich zu halten.¹³⁴ Jedenfalls hat das Börseunternehmen dabei eine Interessensabwägung zwischen aufrechtem Handel und Anlegerinteressen bzw. ordnungsgemäßem Funktionieren des Marktes zu treffen.¹³⁵

Die Details in Art. 52 Abs. 2 MiFID II regeln die Reichweite/Erstreckung der Aussetzung/des Ausschlusses. So sind etwa die Erstreckung auf a) Derivate auf diese Finanzinstrumente,¹³⁶ b) weitere Marktteilnehmer (OTF, MTF, Systematische Internalisierer etc),¹³⁷ c) Unternehmen in anderen Mitgliedstaaten¹³⁸ bzw. d) allgemein die Einbindung der ESMA¹³⁹ normiert. Vereinfachend kann somit festgehalten werden, dass einer Aussetzung EU-weite Wirkung zukommen kann. Weiters bestehen diverse weitere Rechtsakte in diesem Zusammenhang.¹⁴⁰ Als Exkurs ist festzuhalten, dass auch die zuständige Behörde die Aussetzung des Handels verlangen kann (Art. 69 Abs. 2 MiFID II bzw. § 93 Abs. 2 Z 7 BörseG). **46**

b) Besondere Relevanz iZm DLT/Krypto-Assets. Aus meiner Sicht ist keine besondere Relevanz für Krypto-Assets oder DLT-Finanzinstrumente/DLT-Pilot-Regime in diesem Zusammenhang ersichtlich. Festgehalten werden soll jedoch, dass – je nach technischer Ausgestaltung– Übertragungen oder gar Handelsaktivitäten weiterhin möglich sein können.¹⁴¹ In diesem Zusammenhang sind insbes. auch sogenannte „decentralised exchanges" zu nennen, welche den Handel direkt über die Blockchain anbieten.¹⁴² Eine solche technische Ausgestaltung steht einer Erstreckung des Handelstops wohl auf ersten Blick entgegen, jedoch werden auch hier – sofern ein entsprechender Betreiber identifiziert werden kann – aufsichtsrechtliche Maßnahmen zur Verfügung stehen. **47**

i) Vergleich zur MiCAR im Überblick: Einleitend ist festzuhalten, dass der Rechtsrahmen gemäß MiCAR nicht vergleichbar ist. Es fehlen viele Details, welche in der MiFID II normiert sind, insbes. wann eine Aussetzung erfolgen kann/zu erfolgen hat; inwieweit eine Erstreckung erfolgt oder inwiefern überhaupt Informationspflichten, etwa an die Aufsichtsbehörden, bestehen. In diesem Zusammenhang ist festzuhalten, dass auch die bisherigen **48**

---

¹³² Wenzl in Kalss et al BörseG § 17 Rn. 6 mwN und Hinweis auf aA.
¹³³ So Wenzl in Kalss et al BörseG § 17 Rn. 6; näher zum amtswegiggen Widerrufsverfahren bzw. zum Delisting auf Antrag des Emittenten siehe Fidler in Kalss et al BörseG § 38 Rn. 46 ff.
¹³⁴ Wenzl in Kalss et al BörseG § 17 Rn. 9 und 12.
¹³⁵ Vgl. etwa Wenzl in Kalss et al BörseG § 17 Rn. 8.
¹³⁶ Dazu Wenzl in Kalss et al BörseG § 17 Rn. 13 f.
¹³⁷ Dies erfolgt durch die Aufsichtsbehörde, näher Wenzl in Kalss et al BörseG § 17 Rn. 16 ff.
¹³⁸ So hat etwa in Österreich die FMA das Börseunternehmen über Aussetzungen in anderen Mitgliedstaaten zu informieren (§ 17 Abs. 6 BörseG) bzw. dieses mit der Handelsaussetzung zu beauftragen (Abs. 5 leg cit), dazu auch Wenzl in Kalss et al BörseG § 17 Rn. 17 f.
¹³⁹ Es bestehen wechselseitige Informationspflichten bei Handelsaussetzungen, vgl. Wenzl in Kalss et al BörseG § 17 Rn. 19.
¹⁴⁰ Siehe Art. 80 ff. delVO 2017/565; delVO 2017/569; DurchführungsVO 2017/1005.
¹⁴¹ Etwa in Form einer permissionless Blockchain ohne eigene Kontrolle.
¹⁴² Zum Begriff etwa Krönke/Völkel → Einführung Rn. 22.

MiFID II Art. 44–53

Entwürfe für die technischen Regulierungsstandards iSd Art. 76 Abs. 16 MiCAR hierfür keine Details normieren.[143]

49 Soweit ersichtlich findet sich in der MiCAR somit nur eine sehr kurze Bestimmung zur Aussetzung des Handels. Konkret normiert Art. 76 Abs. 1 lit. g MiCAR, dass CASPs die eine Handelsplattform betreiben, in den Betriebsvorschriften Bedingungen für die mögliche Aussetzung des Handels mit Kryptowerten festlegen müssen.[144] Aus der Zusammenschau mit Abs. 1 leg cit ergibt sich, dass diese Betriebsvorschriften, und somit auch die Bedingungen für die mögliche Aussetzung, klar und transparent auszugestalten sind. Anders als in der MiFID II räumt der Gesetzgeber – soweit ersichtlich – den CASPs weitgehende Autonomie ein, wann eine Handelsaussetzung erfolgen kann. Damit erkennt der Gesetzgeber auch Unterschiede zwischen Kryptowerten und Finanzinstrumenten an. Während die Aussetzung des Handels bei Finanzinstrumenten der Ausnahmefall ist, ist dies bei Kryptowerten nicht gänzlich unüblich. Dies erscheint auch auf Grund der Bandbreite des Marktes wohl angemessen und ermöglicht sinnvollerweise weitergehende Flexibilität. Ob im Ergebnis damit Anlegerschutzinteressen gefährdet werden – etwa da zu weit gehende Aussetzungen erfolgen – wird erst mit praktischer Erfahrung beurteilbar sein. Im Ergebnis kann mE festgehalten werden, dass der Markt wohl selbst entscheiden kann, wann und wie weit eine Aussetzung erfolgt. Systemkonform sieht daher die MiCAR auch keine Mechanismen für eine Erstreckung auf andere CASPs oder auf andere Produkte und noch nicht einmal eine Informationspflicht an die Aufsichtsbehörde vor. Hier zeigt sich, dass die MiCAR im Vergleich zur MiFID II teilweise libertärere Ansätze vertritt.

50 Ähnlich wie auch in der MiFID II kann auch gemäß MiCAR (Art. 94 Abs. 1 lit. n bzw. lit. t) die jeweilige Aufsichtsbehörde den Handel aussetzen oder die Aussetzung von der Handelsplattform verlangen bzw. den Handel sogar untersagen (lit. o leg cit). Ob diesen Befugnissen der Aufsichtsbehörde auf Grund des fehlenden Rechtsrahmens für die Erstreckung von Handelsaussetzungen in der Praxis größere Relevanz zukommen wird, erscheint ebenso unklar, wie der zukünftige Umgang der Aufsichtsbehörden mit Aussetzungen seitens der CASPs. Es wäre mE nicht unerwartet, wenn die Aufsichtsbehörden ein relevantes Interesse an den faktischen Aussetzungen hätten und uU allgemeine Anlegerinteressen gefährdet sehen könnten, was wiederum Aufsichtsmaßnahmen zur Konsequenz haben könnte. Im Ergebnis wird sich der praktische Umgang der Aufsichtsbehörden mit Aussetzungen vom Handel in Bezug auf Kryptowerte mE erst im Laufe der Zeit zeigen.

51 Gesamthaft ist mE jedenfalls festzuhalten, dass die MiCAR wesentlich weniger Details zur Handelsaussetzung regelt. Dies legt nahe, dass der Markt selbst über Handelsaussetzungen entscheiden kann. Eine „Bindungswirkung"/„EU-weite Aussetzung" wie Art. 52 MiFID II in gewissen Fällen vorsieht, sieht die MiCAR derzeit nicht vor. Allerdings kann auch unter MiCAR eine behördliche Aussetzung erfolgen.

52 **10. Zu Art. 53 MiFID II (Zugang zum geregelten Markt/Mitglieder): a) Normativer Kontext und Überblick.** Art. 53 MiFID II regelt die Voraussetzungen zum Zugang zum geregelten Markt. U. a. wird dort normiert, dass der Zugang auf transparente, diskriminierungsfreie und objektive

---

[143] Siehe ESMA, Second Consultation Paper, ESMA75-453128700-438.
[144] Näher dazu Völkel → MiCAR Art. 76 Rn. 10 zu Art. 76 MiCAR.

Kriterien beruhen muss (Abs. 1 leg cit). Die Mitgliedsstaaten haben in ihrer Umsetzung festzulegen, welche Pflichten den Mitgliedern oder Teilnehmern erwachsen (Abs. 2).[145] Der Zugang zum geregelten Markt ist beschränkt auf Wertpapierfirmen, Kreditinstitute und sonstige Personen, welche hohe Anforderungen erfüllen (Abs. 3).[146] Art. 53 MiFID II liegt somit eine „Vermittlungspflicht" zu Grunde.[147] Kleinanleger werden somit nicht direkt Mitglied oder Teilnehmer und können somit keine direkten Order ggü. dem geregelten Markt abgeben.[148]

Hier unterscheidet sich der „Krypto-Markt" sehr deutlich von der Herangehensweise der MiFID II.[149] Es ist dem „Krypto-Markt" immanent, dass selbst Kleinanleger direkten Zugang zu den jeweiligen Handelsplattformen haben und eben nicht „vermittelt" werden. Da es sich um eine Kommentierung aus Gesichtspunkten der MiCAR handelt, wird von einer näheren Abhandlung zu den Börsemitgliedern Abstand genommen.[150] 53

b) Besondere Relevanz iZm DLT/Krypto-Assets. Die Beschränkung des Zugangs zum Markt auf ausgewählte und lizensierte Mitglieder, etwa Wertpapierfirmen, Kreditinstitute etc, ist dem „Krypto-Markt" – wie oben dargestellt – unbekannt. Diese Regelung hat daher grundsätzlich weder für die MiCAR noch für Krypto-Assets eine Bedeutung. 54

i) Relevanz für DLT-basierte Finanzinstrumente und/oder DLT-Pilot-Regime: . Art. 4 Abs. 2 DLT-Pilot-Regime adressiert genau den oben dargestellten Unterschied zwischen den Marktgepflogenheiten bei Kryptowerten bzw. Finanzinstrumenten. Um dies zu überbrücken, kann die zuständige Behörde auf Antrag des DLT-MTF eine Befreiung von der „Vermittlungspflicht" und somit im Ergebnis auch die Aufnahme von Privatanlegern ermöglichen.[151] Die oben dargestellte und in der Literatur aufgegriffene[152] regulatorische Hürde[153] wurde somit durch das DLT-Pilot-Regime bereits teilweise gelöst. Konkret kann seitens der zuständigen Behörde auf Antrag des DLT-MTF ein befristeter Zugang von Kleinanlegern zum Handel für eigene Rechnung und unter angemessenen Vorkehrungen in Bezug auf Anlegerschutz sowie unter Erfüllung bestimmter Bedingungen direkter eingeräumt werden.[154] Erste Praxiserfahrungen werden zeigen, wie weit diese Ausnahme zur Anwendung gebracht werden kann. UU wird der – im „Krypto-Bereich" bereits übliche – direkte Zugang von Kleinanlegern langfristig auch im Bereich der geregelten Märkte ermöglicht, womit ein direkterer Zugang zum Kapitalmarkt ermöglicht werden könnte. 55

---

[145] Näher zu den Pflichten in Österreich etwa Oppitz in Kalss et al BörseG § 33 Rn. 1 ff.
[146] Ausführlich dazu Oppitz in Kalss et al BörseG § 29 Rn. 2 ff.
[147] In diesem Sinne auch Erwgr. Nr. 26 DLT-Pilot-Regime.
[148] Zum Problemfeld siehe Pekler/Rirsch/Tomanek ZFR 2020/73 sowie Steiner, Security Token – ein Überblick, in Hanzl/Pelzmann/Schragl, Handbuch Digitalisierung 97 ff.
[149] Ausdrücklich auch Erwgr. Nr. 26 DLT-Pilot-Regime.
[150] Dafür wird etwa auf die Kommentierungen in §§ 29 ff. BörseG in Kalss et al verwiesen.
[151] Expressis verbis in Erwgr. Nr. 26 DLT-Pilot-Regime.
[152] U. a. Pekler/Rirsch/Tomanek ZFR 2020/73 sowie Steiner, Security Token in Hanzl et al, Handbuch Digitalisierung, 97 ff.
[153] Ausdrücklich einräumend Erwgr. Nr. 26 DLT-Pilot-Regime.
[154] Wiederum Erwgr. Nr. 26 DLT-Pilot-Regime, im Detail siehe Art. 4 Abs. 2 DLT-Pilot-Regime; ausführlich dazu Ebner → DLT-PR Art. 4 Rn. 14 ff.

56 **ii) Vergleich zur MiCAR im Überblick:** Wie bereits einleitend erwähnt, besteht am „Krypto-Markt" idR ein direkter Zugang und eben gerade keine „Vermittlungspflicht"/Beschränkung auf Mitglieder. Somit kann sich grundsätzlich jeder einen Account erstellen; jedenfalls haben auch Kleinanleger/innen in den meisten Fällen direkten Zugang. Ähnlich wie Art. 53 MiFID II legt aber auch die MiCAR eine nicht-diskriminierende Geschäftspolitik[155] bzw. „objektive, nichtdiskriminierende Vorschriften und verhältnismäßige Kriterien für die Teilnahme an den Handelstätigkeiten"[156] vor. Da bei Handelsplattformen – anders als beim geregelten Markt – in aller Regel gerade kein Monopol vorliegt, werden auch keine Erwägungen zum Kontrahierungszwang greifen. Den CASPs ist es somit im Rahmen der Privatautonomie freistehend, welche Kunden sie aufnehmen; sofern dies auf objektiven und diskriminierungsfreien Kriterien beruht. Mit anderen Worten könnten CASP aber auch eine Beschränkung auf ausgewählte Kundengruppen, etwa nur auf „Börsemitglieder im obigen Sinne" oder auf institutionelle Kunden, bzw. auf bestimmte Länder vorsehen.

Artikel 67 Benennung der zuständigen Behörden

(1) Jeder Mitgliedstaat benennt die zuständigen Behörden, die für die Wahrnehmung der verschiedenen Aufgaben gemäß den einzelnen Bestimmungen der Verordnung (EU) Nr. 600/2014 und dieser Richtlinie verantwortlich sind. Die Mitgliedstaaten teilen der Kommission, der ESMA und den zuständigen Behörden der anderen Mitgliedstaaten den Namen der für die Wahrnehmung dieser Aufgaben verantwortlichen zuständigen Behörden sowie jede etwaige Aufgabenteilung mit.

(2) Unbeschadet der Möglichkeit, in den in Artikel 29 Absatz 4 ausdrücklich genannten Fällen anderen Stellen Aufgaben zu übertragen, muss es sich bei den zuständigen Behörden im Sinne von Absatz 1 um staatliche Stellen handeln.
Eine Übertragung von Aufgaben auf andere Stellen als die Behörden gemäß Absatz 1 darf weder mit der Ausübung der Staatsgewalt noch einem Ermessensspielraum bei Entscheidungen verbunden sein. Die Mitgliedstaaten schreiben vor, dass die zuständigen Behörden vor einer Übertragung durch zweckmäßige Vorkehrungen sicherstellen, dass die Stelle, der Aufgaben übertragen werden sollen, über die notwendigen Kapazitäten und Mittel verfügt, um diese tatsächlich wahrnehmen zu können, und dass eine Übertragung nur stattfindet, wenn eine klar definierte und dokumentierte Regelung für die Wahrnehmung übertragener Aufgaben existiert, in der die Aufgaben und die Bedingungen für ihre Wahrnehmung dargelegt sind. Zu diesen Bedingungen gehört eine Klausel, die die betreffende Stelle verpflichtet, so zu handeln und organisiert zu sein, dass Interessenkonflikte vermieden werden und die in Wahrnehmung der übertragenen Aufgaben erhaltenen Informationen nicht in unredlicher Weise oder zur Verhinderung des Wettbewerbs verwendet werden. Die gemäß Absatz 1 benannte(n) zuständige(n) Behörde(n) ist/sind in letzter Instanz für die Überwachung der Einhaltung dieser Richtlinie und der zu ihrer Durchführung erlassenen Maßnahmen zuständig.

---

[155] Art. 60 Abs. 7 lit. g MiCAR.
[156] Art. 76 Abs. 1 lit. d MiCAR, dazu Völkel → MiCAR Art. 70 Rn. 10.

Die Mitgliedstaaten unterrichten die Kommission, die ESMA und die zuständigen Behörden der anderen Mitgliedstaaten über jede Regelung, die im Hinblick auf eine Übertragung von Aufgaben getroffen wurde, sowie über die genauen Bedingungen dieser Übertragung.

(3) Die ESMA veröffentlicht ein Verzeichnis der zuständigen Behörden im Sinne der Absätze 1 und 2 auf ihrer Website und aktualisiert es regelmäßig.

Übersicht

	Rn.
A. Einführung	1
I. Literatur	1
II. Entstehung und Zweck der Norm	2
III. Normativer Kontext	3
B. Grundlagen der Vorschrift	4
C. Anwendbarkeit der MiFiD-II im Zusammenhang von Crypto-Assets	5
D. Zuständige Behörden im Einzelnen	8

A. Einführung

I. Literatur

Deloitte, EU legislators have agreed on a landmark law regulating crypto assets, 7.7.2022, abrufbar unter https://www2.deloitte.com/lu/en/pages/financial-services/articles/european-legislators-agreement-landmark-law-crypto-union-mica-regulation.html; *Gortsos,* Public enforcement of MiFID II, in: Busch/Ferrarini (Hrsg.), Regulation of the EU Financial Markets – MiFID II and MiFIR, Oxford 2017, Kap. 19; *Herrmann/Aschenbeck,* Die MiCAR ist da: Ausgewählte Abgrenzungsfragen zum Anwendungsbereich – Welche Kryptowerte sind erfasst und was ist mit NFTs?, BB 2023, 1987; *Lindner/Heller/Löbing,* Kryptowerte und Handelsüberwachung – Umgang mit Kryptowerten aus Sicht der Kapitalmarkt-Compliance, WM 2022, 2159; *Read/Diefenbach,* The Path to the EU Regulation Markets in Crypto-assets (MiCA), WIFIN Working Paper 13/2022. 1

II. Entstehung und Zweck der Norm

Art. 67 MiFID-II geht im Wesentlichen zurück auf Art. 48 MiFID-I. Die Vorschrift knüpft daran an, dass im Rahmen der MiFID im Wege der Mindestharmonisierung Befugnisse vorgegeben werden, die die Mitgliedstaaten den nach nationalem Recht zuständigen Behörden einräumen müssen (vgl. insbesondere → MiFID-II Art. 69 Rn. 4, 8 ff.). Ferner ist eine Zusammenarbeit der Behörden verschiedener Mitgliedstaaten sowie mitgliedstaatlicher und unionaler Behörden vorgesehen (vgl. → Art. 79 ff. MiFID II Rn. 5 ff.). Dies verlangt, dass die Mitgliedstaaten festlegen, welche Behörden die Befugnisse wahrnehmen, und, dass sie hierüber die Union und die anderen Mitgliedstaaten in Kenntnis setzen. 2

III. Normativer Kontext

3   In der Bundesrepublik Deutschland regelt § 6 WpHG die Zuständigkeit der BaFin,[1] in der Republik Österreich § 90 WAG die Zuständigkeit der FMA (zu den entsprechenden Mitteilungen D.). Die Regelungen zur Aufsichtszuständigkeit nationaler Behörden werden ergänzt durch die in Art. 38a ff. MiFIR geregelten Befugnisse der europäischen Finanzmarktaufsicht. Für die Umsetzung der Befugnisnormen im Rahmen der DLT-Pilotregelung sehen Art. 12 der Pilotregelung, für Crypto-Assets, die keine Finanzinstrumente sind (dazu B.), Art. 93 MiCA vergleichbare Vorschriften vor.

B. Grundlagen der Vorschrift

4   Gemäß Art. 2 Abs. 4 Buchst. a MiCA findet die MiCA-Verordnung keine Anwendung auf Finanzinstrumente, mithin nach Art. 3 Abs. 1 Nr. 49 MiCA „Finanzinstrumente im Sinne des Artikels 4 Abs. 1 Nr. 15 der Richtlinie 2014/65/EU". Soweit Crypto-Assets somit Finanzinstrumente im Sinne der MiFiD-II-Richtlinie darstellen, bleibt es bei der Anwendbarkeit von MiFiD-II und den entsprechenden nationalen Umsetzungsregelungen; die MiCA-Verordnung findet dann keine Anwendung.[2] Somit entsteht auch ein gespaltenes aufsichtsrechtliches Regime: Zuständigkeit und aufsichtsrechtliche Befugnisse für Crypto-Assets bestimmen sich nach der MiCA-Verordnung dann, wenn es sich nicht um Finanzinstrumente handelt, sonst nach den im folgenden dargestellten Vorgaben.[3] Finanzinstrumente iSd Art. 4 Abs. 1 Nr. 15 der MiFiD-II-Richtlinie sind die in Anhang 1 Abschnitt C dieser Richtlinie genannten Instrumente.

C. Anwendbarkeit der MiFiD-II im Zusammenhang von Crypto-Assets

5   Anhang 1 Abschnitt C der MiFiD-II-Richtlinie fasst derzeit unter den Begriff „Finanzinstrumente":
(1) Übertragbare Wertpapiere;
(2) Geldmarktinstrumente;
(3) Anteile an Organismen für gemeinsame Anlagen;
(4) Optionen, Terminkontrakte (Futures), Swaps, außerbörsliche Zinstermingeschäfte (Forward Rate Agreements) und alle anderen Derivatkontrakte in Bezug auf Wertpapiere, Währungen, Zinssätze oder -erträge, Emissionszertifikate oder andere Derivat-Instrumente, finanzielle Indizes oder finanzielle Messgrößen, die effektiv geliefert oder bar abgerechnet werden können;
(5) Optionen, Terminkontrakte (Futures), Swaps, Termingeschäfte (Forwards) und alle anderen Derivatkontrakte in Bezug auf Waren, die bar

---

[1] Daneben stehen in „Folge der komplexen Zuständigkeitsverteilung auf nationaler Ebene" die Zuständigkeiten der Börsenaufsichtsbehörden der Länder, dazu Seibt/Buck-Heeb/Harnos/Hippeli WpHG § 6 Rn. 39.
[2] Zum auf digitale Finanzinstrumente anwendbaren DLT-Pilotregime → DLT-PR Art. 69 Rn. 17.
[3] Lindner/Heller/Löbig WM 2022, 2159 (2162); Herrmann/Aschenbeck BB 2023, 1987 (1989).

abgerechnet werden müssen oder auf Wunsch einer der Parteien bar abgerechnet werden können, ohne dass ein Ausfall oder ein anderes Beendigungsereignis vorliegt;
(6) Optionen, Terminkontrakte (Futures), Swaps und alle anderen Derivatkontrakte in Bezug auf Waren, die effektiv geliefert werden können, vorausgesetzt, sie werden an einem geregelten Markt, über ein MTF oder über ein OTF gehandelt; ausgenommen davon sind über ein OTF gehandelte Energiegroßhandelsprodukte, die effektiv geliefert werden müssen;
(7) Optionen, Terminkontrakte (Futures), Swaps, Termingeschäfte (Forwards) und alle anderen Derivatkontrakte in Bezug auf Waren, die effektiv geliefert werden können, die sonst nicht in Nummer 6 dieses Abschnitts genannt sind und nicht kommerziellen Zwecken dienen, die die Merkmale anderer derivativer Finanzinstrumente aufweisen;
(8) Derivative Instrumente für den Transfer von Kreditrisiken;
(9) Finanzielle Differenzgeschäfte;
(10) Optionen, Terminkontrakte (Futures), Swaps, außerbörsliche Zinstermingeschäfte (Forward Rate Agreements) und alle anderen Derivatkontrakte in Bezug auf Klimavariablen, Frachtsätze, Inflationsraten oder andere offizielle Wirtschaftsstatistiken, die bar abgerechnet werden müssen oder auf Wunsch einer der Parteien bar abgerechnet werden können, ohne dass ein Ausfall oder ein anderes Beendigungsereignis vorliegt, sowie alle anderen Derivatkontrakte in Bezug auf Vermögenswerte, Rechte, Obligationen, Indizes und Messgrößen, die sonst nicht im vorliegenden Abschnitt C genannt sind und die die Merkmale anderer derivativer Finanzinstrumente aufweisen, wobei unter anderem berücksichtigt wird, ob sie auf einem geregelten Markt, einem OTF oder einem MTF gehandelt werden;
(11) Emissionszertifikate, die aus Anteilen bestehen, deren Übereinstimmung mit den Anforderungen der Richtlinie 2003/87/EG (Emissionshandelssystem) anerkannt ist.

Mangels genauer Regelungen ist die Frage, wann Crypto-Assets dem Anwendungsbereich der MiFiD-II-Richtlinie unterfallen, bislang mit Unsicherheiten behaftet. Dies gilt zumal als die Umsetzung der Richtlinie den Mitgliedstaaten obliegt.[4] Im Jahr 2019 hat die ESMA eine Studie zur Einbeziehung verschiedener Crypto-Assets in den Anwendungsbereich der MiFiD-II-Richtlinie durch die Mitgliedstaaten durchgeführt, wobei sich erhebliche Unterschiede in den Details gezeigt haben.[5] In der Bundesrepublik Deutschland werden nach § 1 Abs. 11 S. 1 Nr. 10 KWG sog. Kryptowerte als Finanzinstrumente im Sinne des Kreditwirtschaftsrechts eingeordnet;[6] § 2 Abs. 5 Nr. 10 des Gesetzes zur Beaufsichtigung von Wertpapierinstituten (WpIG) nimmt auf den Begriff der Kryptowerte nach dem KWG Bezug und ordnet diese ebenfalls als Finanzinstrumente ein. Nach § 1 Abs. 11 S. 4 f. KWG sind Kryptowerte im Sinne dieses Gesetzes

---

[4] Zum Problem Read/Diefenbach, WIFIN Working Paper 13/2022, S. 14.
[5] Vgl. European Securities and Markets Authority, Legal qualification of crypto-assets – survey to NCAs, ESMA50-157–1384, S. 2 ff.
[6] Gesetz zur Umsetzung der Änderungsrichtlinie zur Vierten EU-Geldwäscherichtlinie vom 12.12.2019, BGBl. I 2602.

MiFID II Art. 67 RL 2014/65/EU (MiFID II)

„digitale Darstellungen eines Wertes, der von keiner Zentralbank oder öffentlichen Stelle emittiert wurde oder garantiert wird und nicht den gesetzlichen Status einer Währung oder von Geld besitzt, aber von natürlichen oder juristischen Personen aufgrund einer Vereinbarung oder tatsächlichen Übung als Tausch- oder Zahlungsmittel akzeptiert wird oder Anlagezwecken dient und der auf elektronischem Wege übertragen, gespeichert und gehandelt werden kann. Keine Kryptowerte im Sinne dieses Gesetzes sind
1. E-Geld im Sinne des § 1 Absatz 2 Satz 3 des Zahlungsdiensteaufsichtsgesetzes oder
2. ein monetärer Wert, der die Anforderungen des § 2 Absatz 1 Nummer 10 des Zahlungsdiensteaufsichtsgesetzes erfüllt oder nur für Zahlungsvorgänge nach § 2 Absatz 1 Nummer 11 des Zahlungsdiensteaufsichtsgesetzes eingesetzt wird."

7   Nach Auffassung der BaFin umfasst diese Definition insbesondere „Payment-Token und sogenannte virtuelle Währungen wie Bitcoin, Ether und XRP"[7]. Für das deutsche Recht steht somit eine Abgrenzung zur Verfügung, die über die Anwendbarkeit finanzmarktrechtlicher Regelungen entscheidet. Bei der weitreichenden Definitionsfreiheit des mitgliedstaatlichen Gesetzgebers und den damit verbundenen, von der ESMA festgestellten, Unterschieden, aber wird es nicht bleiben können, wenn die Abgrenzung über die Anwendbarkeit auch der MiCA-Verordnung entscheiden soll. Hierfür braucht es auf europäischer Ebene entwickelter, einheitlicher Maßstäbe, die Finanzinstrumente, die mittels der Distributed-Ledger-Technologie emittiert werden, ausdrücklich einschließen sollten.[8] Jedenfalls sollte die ESMA von ihrer Befugnis, den Anwendungsbereich der verschiedenen Aufsichtsregime zu spezifizieren, Gebrauch machen.[9]

D. Zuständige Behörden im Einzelnen

8   Art. 67 MiFiD-II-Richtlinie regelt die Verpflichtung der Mitgliedstaaten, die für den Vollzug der MiFID-II-Richtlinie zuständigen Behörden gegenüber der ESMA zu benennen (Abs. 1), die diese Behörden auf ihrer Website veröffentlicht (Abs. 3). Art. 67 Abs. 2 MiFiD-II-Richtlinie gibt vor, dass es sich dabei grundsätzlich um staatliche Stellen handeln muss und regelt Vorgaben für Fälle, in denen dies nicht der Fall ist.[10] Die Bundesrepublik Deutschland hat als zuständige Behörden die Bundesanstalt für Finanzdienstleistungen (BaFin) – diese auch als nationalen „Single Contact Point" – sowie die Wirtschaftsministerien der Länder bzw. dort eingerichtete Aufsichtsbehörden, die Republik Österreich die Österreichische Finanzmarktaufsicht (FMA) benannt. Die Frage nach dem Umgang mit Privatisierungskonstellationen (Abs. 2) stellt sich hier also nicht.

---

[7] Vgl. https://www.bafin.de/DE/Aufsicht/FinTech/Geschaeftsmodelle/DLT_Blockchain_Krypto/Kryptotoken/Kryptotoken_node.html (zuletzt aufgerufen am 2.1.2023).
[8] Vgl. auch Verordnung (EU) 2022/858 des Europäischen Parlaments und des Rates vom 30.5.2022, Erwgr. Nr. 59.
[9] Vgl. auch Deloitte, EU legislators have agreed on a landmark law regulating crypto assets, 7.7.2022, abrufbar unter https://www2.deloitte.com/lu/en/pages/financial-services/articles/european-legislators-agreement-landmark-law-crypto-union-mica-regulation.html.
[10] Dazu Busch/Ferrarini/Gortsos Rn. 19.11 ff.

Artikel 69 Aufsichtsbefugnisse

(1) Die zuständigen Behörden sind mit allen für die Erfüllung ihrer Aufgaben gemäß dieser Richtlinie und gemäß der Verordnung (EU) Nr. 600/2014 notwendigen Aufsichtsbefugnissen, Ermittlungsbefugnissen und Befugnissen zur Festlegung von Abhilfemaßnahmen auszustatten.

(2) Die Befugnisse gemäß Absatz 1 umfassen zumindest folgende Befugnisse:

a) Unterlagen oder sonstige Daten aller Art einzusehen, die nach Ansicht der zuständigen Behörde für die Ausführung ihrer Aufgaben von Belang sein könnten, und Kopien von ihnen zu erhalten oder zu machen,
b) von jeder Person die Erteilung von Auskünften zu fordern oder zu verlangen und, falls notwendig, eine Person vorzuladen und zu vernehmen,
c) Ermittlungen oder Untersuchungen vor Ort durchzuführen,
d) bereits existierende Aufzeichnungen von Telefongesprächen, elektronische Mitteilungen oder sonstigen Datenübermittlungen anzufordern, die sich im Besitz einer Wertpapierfirma, eines Kreditinstituts oder sonstiger Stellen gemäß dieser Richtlinie oder der Verordnung (EU) Nr. 600/2014 befinden,
e) das Einfrieren oder die Beschlagnahme von Vermögenswerten oder beides zu verlangen,
f) ein vorübergehendes Verbot der Ausübung der Berufstätigkeit zu verlangen,
g) von den Wirtschaftsprüfern von zugelassenen Wertpapierfirmen, geregelten Märkte und Datenbereitstellungsdiensten die Erteilung von Auskünften zu verlangen,
h) eine Sache zwecks strafrechtlicher Verfolgung zu verweisen,
i) Überprüfungen oder Ermittlungen durch Wirtschaftsprüfer oder Sachverständige vornehmen zu lassen,
j) von jeder Person die Bereitstellung von Informationen, einschließlich aller einschlägigen Unterlagen, über Volumen und Zweck einer mittels eines Warenderivats eingegangenen Position oder offenen Forderung sowie über alle Vermögenswerte oder Verbindlichkeiten am Basismarkt zu fordern oder zu verlangen,
k) zu verlangen, dass Praktiken oder Verhaltensweisen, die nach Ansicht der zuständigen Behörde den Bestimmungen der Verordnung (EU) Nr. 600/2014 und den zur Umsetzung dieser Richtlinie erlassenen Vorschriften zuwiderlaufen, vorübergehend oder dauerhaft eingestellt werden, und eine Wiederholung dieser Praktiken und Verhaltensweisen zu verhindern,
l) Maßnahmen beliebiger Art zu erlassen, um sicherzustellen, dass Wertpapierfirmen, geregelte Märkte und andere Personen, auf die diese Richtlinie oder die Verordnung (EU) Nr. 600/2014 Anwendung findet, weiterhin den rechtlichen Anforderungen genügen,
m) die Aussetzung des Handels mit einem Finanzinstrument zu verlangen,
n) den Ausschluss eines Finanzinstruments vom Handel zu verlangen, unabhängig davon, ob dieser an einem geregelten Markt oder über ein anderes Handelssystem stattfindet,
o) von jeder Person zu verlangen, dass sie Schritte zur Verringerung der Größe der Position oder offenen Forderung unternimmt,

MiFID II Art. 69 RL 2014/65/EU (MiFID II)

p) für jede Person die Möglichkeiten einzuschränken, eine Position in Warenderivaten einzugehen, einschließlich der Möglichkeit zur Festlegung von Limits für die Größe einer Position, die eine Person jederzeit gemäß Artikel 57 halten kann,

q) öffentliche Bekanntmachungen abzugeben,

r) bereits existierende Aufzeichnungen von Datenübermittlungen, die sich im Besitz eines Telekommunikationsbetreibers befinden, anzufordern, soweit dies nach nationalem Recht zulässig ist, wenn ein begründeter Verdacht eines Verstoßes besteht und wenn derlei Aufzeichnungen für eine Ermittlung im Zusammenhang mit Verstößen gegen diese Richtlinie oder die Verordnung (EU) Nr. 600/2014 von Belang sein könnten,

s) den Vertrieb oder Verkauf von Finanzinstrumenten oder strukturierten Einlagen auszusetzen, wenn die Bedingungen der Artikel 40, 41 oder 42 der Verordnung (EU) Nr. 600/2014 erfüllt sind,

t) den Vertrieb oder Verkauf von Finanzinstrumenten oder strukturierten Einlagen auszusetzen, wenn die Wertpapierfirma kein wirksames Genehmigungsverfahren für Produkte entwickelt hat oder anwendet oder in anderer Weise gegen Artikel 16 Absatz 3 dieser Richtlinie verstoßen hat,

u) die Abberufung einer natürlichen Person aus dem Leitungsorgan einer Wertpapierfirma oder eines Marktbetreibers zu verlangen.

Die Mitgliedstaaten unterrichten die Kommission und die ESMA bis zum 3. Juli 2017 über die Gesetze, Verordnungen und Verwaltungsvorschriften, mit denen die Absätze 1 und 2 umgesetzt werden. Sie teilen der Kommission und der ESMA unverzüglich jede spätere Änderung dieser Gesetze, Verordnungen und Verwaltungsvorschriften mit.

Die Mitgliedstaaten sorgen dafür, dass Mechanismen eingerichtet werden, um sicherzustellen, dass in Übereinstimmung mit den nationalen Gesetzen für finanzielle Verluste oder entstandene Schäden aufgrund eines Verstoßes gegen diese Richtlinie oder die Verordnung (EU) Nr. 600/2014 Entschädigungen gezahlt oder andere Abhilfemaßnahmen ergriffen werden können.

Übersicht

	Rn.
A. Einführung	1
I. Literatur	1
II. Entstehung und Zweck der Norm	2
III. Normativer Kontext	3
B. Grundlagen der Vorschrift	4
C. Befugnisse der Aufsichtsbehörden nach Art. 69 Abs. 2 MiFID-II	8
I. Informationserhebungsbefugnisse	9
II. Ermittlungsbefugnisse	10
III. Sicherungsbefugnisse	11
IV. Operative Befugnisse	12
1. Handlungs- und instrumentbezogene Befugnisse	13
2. Instituts- und personenbezogene Befugnisse	14
V. Verweisung zur Strafverfolgung	15
VI. Information der Öffentlichkeit	16
VII. Besondere Befugnisse in Bezug auf Warenderivate	17
D. Umsetzung und Anwendung auf Crypto-Assets, Verhältnis zu anderen Vorschriften	18

Art. 69 MiFID II

A. Einführung

I. Literatur

Gortsos, Public enforcement of MiFID II, in: Busch/Ferrarini (Hrsg.), Regulation of the EU Financial Markets – MiFID II and MiFIR, Oxford 2017, Kap. 19; Heitzer, Messing with the regulator, 2023; Kämmerer, in: Lehmann (Hrsg.), European financial services law. Article-by-article commentary, Baden-Baden 2019; Kaufhold/Müller, Öffentliches und privates Geld- und Finanzmarktrecht, in: Kahl/Ludwigs (Hrsg.), HVwR VI, § 183; Klöhn, War die BaFin wirklich nicht für die Kontrolle der Wirecard-Bilanzen zuständig? Zur angeblichen Sperrwirkung der §§ 106 ff. WpHG gegenüber § 6 WpHG bei Untersuchungen wegen Marktmanipulation, ZIP 2021, 381; Müller, Mittelbare staatliche Verhaltenssteuerung als Gegenstand rechtswissenschaftlicher Forschung, in: ders. (Hrsg.), Mittelbare Verhaltenssteuerung, 2024, i.E.; Müller/Schwabenbauer, Unionsgrundrechte und Datenverarbeitung durch nationale Sicherheitsbehörden, NJW 2021, 2079; Wagner, Eingriffswirkungen staatlicher Publikumsinformationen aus rechtlicher Perspektive, in: Müller (Hrsg.), Mittelbare Verhaltenssteuerung, 2024, i. E. 1

II. Entstehung und Zweck der Norm

Art. 69 MiFID II geht zurück auf Art. 50 MiFiD I. Im Laufe der Zeit sind die vorgesehenen Befugnisse moderat ausgeweitet worden. Die Vorschrift sieht im Wege der Mindestharmonisierung Aufsichtsbefugnisse vor, die die Mitgliedstaaten den zuständigen Behörden der Finanzmarktaufsicht (zu deren Benennung → Art. 67 MiFID II Rn. 8; zu ihrer Zusammenarbeit → Art. 79 ff. MiFID II Rn. 5 ff.) mindestens zuweisen müssen (zum Konzept der Mindestharmonisierung B.). Auf diese Weise soll eine wirksame Durchsetzung der unionsrechtlich harmonisierten inhaltlichen Vorschriften des Finanzmarktrechts in den Mitgliedstaaten (dazu auch Art. 4 Abs. 3 EUV) sichergestellt werden. 2

III. Normativer Kontext

Die Vorschriften werden in der Bundesrepublik Deutschland in den §§ 6 ff. WpHG umgesetzt,[1] in der Republik Österreich in § 90 WAG. Neben diesen Befugnissen der nationalen Behörden stehen die Eingriffsbefugnisse der Unionsorgane sowie mitgliedstaatlicher Behörden gem. Art. 38a ff. VO (EU) 600/214 (MiFIR).[2] Für Crypto-Assets, die keine Finanzinstrumente sind (→ Art. 67 MiFID II Rn. 4 ff.), sieht Art. 94 MiCA Befugnisnormen vor, die mit Art. 69 MiFID II vergleichbar sind. 3

B. Grundlagen der Vorschrift

Die Vorschrift regelt die aufsichtsrechtlichen Befugnisse, mit denen die nach Art. 67 MiFiD-II zuständigen Behörden im nationalen Recht auszustat- 4

---

[1] Assmann/Schneider/Mülbert/Döhmel WpHG § 6 Rn. 6.
[2] Vgl. insbesondere die Produktintervention nach Art. 40 ff. VO (EU) 600/214 (MiFIR); dazu Assmann/Schneider/Mülbert/Gurlit WpHG § 15 Rn. 1.

ten sind. Die jeweiligen Befugnisnormen sind auf Crypto-Assets anzuwenden, soweit diese als Finanzinstrumente anzusehen sind und damit nicht der MiCA-Verordnung, sondern der MiFID-II-Richtlinie unterfallen (→ Art. 67 MiFID II Rn. 4 ff.).

5 Abs. 1 der Vorschrift enthält den allgemeinen Grundsatz, dass die zuständigen Behörden mit all jenen Aufsichtsbefugnissen, Ermittlungsbefugnissen und Befugnissen zur Festlegung von Abhilfemaßnahmen auszustatten sind, die für die Erfüllung der Aufgaben nach der MiFID-II-Richtlinie sowie der MiFIR-Verordnung[3] erforderlich sind. Diese Befugnisse müssen gem. Art. 4 Abs. 3 EUV möglichst wirksam ausgestaltet werden. Abs. 2 zählt Befugnisse auf, die den Aufsichtsmaßnahmen jedenfalls zu gewähren sind. Es handelt sich insofern um eine Mindestharmonisierung, die Mitgliedstaaten können auch hierüber hinausgehende Befugnisse vorsehen.[4]

6 Die Aufsichtsbefugnisse des Art. 69 MiFID II sind von den Sanktionsbefugnissen nach Art. 70 MiFID II zu unterscheiden. Es geht nicht um die Sanktionierung festgestellter Verstöße, sondern um die Durchsetzung der aufsichtsrechtlichen Vorschriften und damit vor allem die Verhinderung drohender Verstöße und Gefährdungen der aufsichtlichen Schutzgüter.[5]

7 Weiterhin werden die Mitgliedstaaten verpflichtet, die Kommission und die ESMA über die Umsetzung der Vorgaben und Änderungen der Gesetze, Verordnungen und Verwaltungsvorschriften, mit denen die Vorgaben umgesetzt werden, zu informieren (Abs. 3). Außerdem müssen die Mitgliedstaaten Mechanismen einrichten, durch die Entschädigungszahlungen oder sonstige Abhilfemaßnahmen bei finanziellen Verlusten oder entstandenen Schäden aufgrund von Verstößen gegen MiFID-II oder MiFIR sichergestellt sind (Abs. 4)[6].

C. Befugnisse der Aufsichtsbehörden nach Art. 69 Abs. 2 MiFID-II

8 Die Mindestbefugnisse lassen sich in sieben Gruppen ordnen: Informationserhebungsbefugnisse (nachfolgend I.), weitergehende Ermittlungsbefugnisse (II.), Sicherungsbefugnisse (III.), operative Befugnisse (IV.), Verweisung zur Strafverfolgung (V.), Befugnisse zur Information der Öffentlichkeit (VI.) sowie Sonderregelungen in Bezug auf Warenderivate (VII.).

I. Informationserhebungsbefugnisse

9 Art. 69 Abs. 2 Buchstaben a–d umfassen Befugnisse zur Informationserhebung. Hier geht es um das Herausverlangen von Informationen gegenüber den betroffenen Instituten. Die Aufsichtsbehörden müssen die Befugnis erhalten, Unterlagen oder sonstige Daten aller Art einzusehen, die nach Ansicht der zuständigen Behörde für die Ausführung ihrer Aufgaben von Belang sein könnten, und Kopien von ihnen zu erhalten oder zu machen (Buchst. a), von jeder Person die Erteilung von Auskünften zu fordern oder zu verlangen und,

---

[3] Verordnung (EU) Nr. 600/2014.
[4] Vgl. Erw.Gr. 137; ferner Lehmann/Kämmerer MiFID-II Art. 69 Rn. 3; Busch/Ferrarini/Gortsos Rn. 19.06, 19.37.
[5] VGH Kassel BKR 2022, 401 (403); Assmann/Schneider/Mülbert/Döhmel WpHG § 6 Rn. 70.
[6] Dazu Lehmann/Kämmerer MiFID-II Art. 69 Rn. 8 f.

falls notwendig, eine Person vorzuladen und zu vernehmen (Buchst. b), Ermittlungen oder Untersuchungen vor Ort durchzuführen (Buchst. c) sowie bereits existierende Aufzeichnungen von Telefongesprächen, elektronische Mitteilungen oder sonstigen Datenübermittlungen anzufordern, die sich im Besitz einer Wertpapierfirma, eines Kreditinstituts oder sonstiger Stellen gemäß MiFID-II oder MiFIR befinden (Buchst. d). Es handelt sich um durchaus erhebliche Maßnahmen, wie sie ansonsten Strafverfolgungsbehörden zukommen.[7] In der Literatur ist zurecht darauf hingewiesen worden, dass eine unbegrenzte Auskunftspflicht in Konstellationen, in denen Verstöße gegen Aufsichtsrecht strafbewehrt sind (vgl. insbes. Art. 70 MiFID II) mit dem auch unionsrechtlich anerkannten Grundsatz der Selbstbelastungsfreiheit (*nemo tenetur*-Grundsatz) in Konflikt geraten kann –[8] in solchen Konstellationen ist eine einschränkende Auslegung und Anwendung der Befugnisnormen geboten.

II. Ermittlungsbefugnisse

In die Gruppe der Ermittlungsbefugnisse kann man Befugnisse zur Informationserhebung fassen, die gegenüber Dritten bestehen, wobei Art. 69 Abs. 2 MiFID II hier insbesondere auf Wirtschaftsprüfer abstellt und sich so deren Prüfungstätigkeit für aufsichtliche Zwecke zunutze macht. Geregelt sind die Befugnisse, von den Wirtschaftsprüfern von zugelassenen Wertpapierfirmen, geregelten Märkten und Datenbereitstellungsdiensten die Erteilung von Auskünften zu verlangen (Buchst. g) und Überprüfungen oder Ermittlungen durch Wirtschaftsprüfer oder Sachverständige vornehmen zu lassen (Buchst. i). Weiterhin können nach Buchst. r bereits existierende Aufzeichnungen von Datenübermittlungen, die sich im Besitz eines Telekommunikationsbetreibers befinden, angefordert werden, wenn ein begründeter Verdacht eines Verstoßes besteht und wenn derlei Aufzeichnungen für eine Ermittlung im Zusammenhang mit Verstößen gegen diese Richtlinie oder die Verordnung (EU) Nr. 600/2014 von Belang sein könnten. Soweit die Richtlinie weiterhin den Vorbehalt enthält, dass diese Befugnis nur besteht, soweit die Anforderung nach nationalem Recht zulässig ist, ist zu sehen, dass die Regelungen zur Telekommunikationsüberwachung und zu Herausgabeverlangen gegenüber Telekommunikationsanbietern inzwischen stark unionsrechtlich überformt sind.[9]

---

[7] Vgl. Klöhn ZIP 2021, 381 (382) zu § 6 WpHG.
[8] Vgl. Lehmann/Kämmerer MiFID-II Art. 69 Rn. 4 mit Verweis zum Grundsatz der Selbstbelastungsfreiheit auf die Entscheidungen des Europäischen Gerichtshof C 374/87, [1989] ECR 3283 Rn. 28–35 – Orkem/Commission; C T-112/98, [2001] ECR II-729 Rn. 63–67 – Mannesmannröhrenwerke AG/Commission; sowie in Bezug auf Art. 6 EMRK die Entscheidungen des Europäischen Gerichtshofs für Menschenrechte, App Nr. 10828/84, 25.2.1993, BeckRS 1993, 125405 Rn. 41–44 – Funke/France; App Nr. 18731/91, 18.1.1994, BeckRS 1994, 124945 Rn. 47 – Murray/UK; App Nr. 19187/91, 7.12.1993, BeckRS 1993, 124788 Rn. 68 – Saunders/UK; App Nr. 54810/00, 11.7.2006, NJW 2006, 3117 Rn. 102 – Jalloh/Germany; App Nr. 15809/02 und 25624/02, 29.6.2007, NJW 2008, 3549 Rn. 53–55 – O'Halloran und Francis/UK.
[9] Maßgeblich Art. 15 Abs. 1 RL 2002/58/EG (Datenschutz-RL für elektronische Kommunikation); dazu ausführlich Müller/Schwabenbauer NJW 2021, 2079; s. auch den Entwurf der EU-Kommission v. 10.1.2017 für eine E-Privacy-Verordnung, COM(2017) 10 final.

III. Sicherungsbefugnisse

11 Unter Sicherungsbefugnissen sollen hier Befugnisse zu solchen Maßnahmen gefasst werden, die temporäre Wirkung haben und hierdurch weitere Ermittlungen oder operative Maßnahmen der Behörde oder Dritter ermöglichen sollen. Hierzu zählen die Befugnisse, das Einfrieren oder die Beschlagnahme von Vermögenswerten oder beides (Buchst. e) sowie ein vorübergehendes Verbot der Ausübung der Berufstätigkeit zu verlangen (Buchst. f). Auch die im Rahmen der operativen Befugnisse (dazu sogleich 4.) häufig mitgeregelte Möglichkeit, die jeweiligen Anordnungen „vorübergehend" zu treffen, hat Sicherungscharakter. Zu beachten ist, dass auch vorübergehende Maßnahmen – insbesondere das vorübergehende Verbot einer Berufsausübung – schwerwiegende Auswirkungen auf grundrechtlich geschützte Interessen der Betroffenen haben können. Es ist deshalb eine strenge Verhältnismäßigkeitsprüfung vorzunehmen.[10]

IV. Operative Befugnisse

12 Die operativen Befugnisse, die den Behörden zugebilligt werden müssen, sind vielfältig. Sie schaffen ein intensives Aufsichtsregime, mit Befugnissen in Bezug auf einzelne Handlungsformen und Finanzinstrumente (1.), Institute und sogar natürliche Personen (2.). Aufgrund der intensiven Eingriffe in grundrechtlich geschützte Positionen der Betroffenen ist hier der Grundsatz der Verhältnismäßigkeit besonders zu beachten.[11]

13 **1. Handlungs- und instrumentbezogene Befugnisse.** Handlungs- bzw. instrumentbezogen sind die Befugnisse, die Einstellung von Praktiken oder Verhaltensweisen zu verlangen und deren Wiederholung zu verhindern (Buchst. k), die Aussetzung des Handels mit einem Finanzinstrument (Buchst. m) oder dessen Ausschluss vom Handel (Buchst. n) und die Aussetzung des Vertriebs oder Verkaufs von Finanzinstrumenten oder strukturierten Einlagen (Buchst. s und t).

14 **2. Instituts- und personenbezogene Befugnisse.** Instituts- und personenbezogen sind die Befugnisse, von jeder Person zu verlangen, dass sie Schritte zur Verringerung der Größe einer Position oder offenen Forderung unternimmt (Buchst. o), die Abberufung natürlicher Person aus dem Leitungsorgan einer Wertpapierfirma oder eines Marktbetreibers zu verlangen (Buchst. u) sowie, als eine Art Generalklausel, die Befugnis, Maßnahmen beliebiger Art zu erlassen, um sicherzustellen, dass Wertpapierfirmen, geregelte Märkte und andere Personen im Anwendungsbereich von MiFID II und MiFiR den rechtlichen Anforderungen genügen (Buchst. l).

V. Verweisung zur Strafverfolgung

15 Die in Buchst. h genannte Befugnis, die Sache zwecks strafrechtlicher Verfolgung zu verweisen, bezieht sich auf Fälle, in denen aufsichtsrechtliche Befugnisse strafbewehrt sind, neben aufsichtsrechtlichen auch strafrechtliche Vorschriften verletzt werden oder die Behörde Kenntnis von strafrechtlich

---

[10] Dazu allg. auch Erwgr. Nr. 138; Lehmann/Kämmerer MiFID-II Art. 69 Rn. 7; Busch/Ferrarini/Gortsos Rn. 19.37.
[11] Dazu allg. auch Erwgr. Nr. 138; Busch/Ferrarini/Gortsos Rn. 19.37; Lehmann/Kämmerer MiFID-II Art. 69 Rn. 6 mit Blick auf Buchst. m.

relevantem Verhalten hat. Die Behörde muss dann die Möglichkeit haben, die nach nationalem Recht zuständigen Strafverfolgungsbehörden mit der Sache zu befassen. Die effiziente Umsetzung dieser Befugnis verlangt eine Verpflichtung der Strafverfolgungsbehörden, sich mit der Sache zu befassen. Gleichzeitig darf der Verweis – sprachlich etwas ungenau, besser wäre: Befugnis, die Strafverfolgungsbehörden mit der Sache zu befassen – nicht ausschließen, dass die Aufsichtsbehörde daneben auch eigene Sicherungs- oder operative Maßnahmen (oben 3. und 4.) erfasst, da anderenfalls die effiziente Verwirklichung der aufsichtsrechtlichen Schutzgüter gefährdet wäre.

VI. Information der Öffentlichkeit

Nach Buchst. q muss die Befugnis zur Abgabe öffentlicher Bekanntmachungen bestehen. Die Information der Öffentlichkeit ist ein wichtiges Instrument einer nicht-imperativen Verhaltenssteuerung,[12] zumal in dem in hohem Maße auf Vertrauen der Marktteilnehmenden beruhenden System des Finanzmarkts.[13] Beziehen sich öffentliche Informationen, insbesondere in Form von Warnungen, auf einzelne Marktteilnehmende, können, vermittelt über Marktmechanismen, bei diesen nachteilige Wirkungen eintreten, die operativen Maßnahmen gleich- oder nahekommen. In diesen Fällen sind auch Informationsmaßnahmen an den Grundrechten der Betroffenen zu messen.[14]   **16**

VII. Besondere Befugnisse in Bezug auf Warenderivate

In Bezug auf Warenderivate besteht in Buchst. j eine zusätzliche Ermittlungsbefugnis, wonach von jeder Person die Bereitstellung von Informationen, einschließlich aller einschlägigen Unterlagen, über Volumen und Zweck einer mittels eines Warenderivats eingegangenen Position oder offenen Forderung sowie über alle Vermögenswerte oder Verbindlichkeiten am Basismarkt gefordert oder verlangt werden kann. Operativ kann gem. Buchst. p für jede Person die Möglichkeiten eingeschränkt werden, eine Position in Warenderivaten einzugehen; es können auch Limits für die Größe der Position, die eine Person jederzeit halten kann, festgelegt werden.   **17**

D. Umsetzung und Anwendung auf Crypto-Assets, Verhältnis zu anderen Vorschriften

Hinsichtlich der Aufsichtsbefugnisse bedient sich die MiFiD-II des Konzepts der Mindestharmonisierung. Die Mitgliedstaaten müssen die Vorschriften im nationalen Recht umsetzen,[15] dabei sind sie nach Art. 288 Abs. 3 AEUV hinsichtlich der Wahl der Mittel grundsätzlich frei, sie müssen allerdings die effektive Verwirklichung der Zielsetzungen des Unionsrechts gewährleisten, Art. 4 Abs. 3 EUV. Die Mitgliedstaaten müssen daher auch sicherstellen, dass die Aufsichtsbefugnisse auf Crypto-Assets unterschiedslos anwendbar sind, sofern es sich dabei um Finanzinstrumente iSd MiFID II handelt. Dies ist im   **18**

---

[12] Zum Begriff Müller in Müller (Hrsg.), Mittelbare Verhaltenssteuerung, 2024, i. E., Abschn. 2.
[13] Dazu Kahl/Ludwigs/Kaufhold/Müller HVwR VI § 183 Rn. 5 f.
[14] Im Detail Wagner in Müller (Hrsg.), Mittelbare Verhaltenssteuerung, 2024, i. E., Abschn. 2.4.
[15] Vgl. in Deutschland §§ 6 ff. WpHG.

Wesentlichen eine Frage der Ausgestaltung des Anwendungsbereichs (→ Art. 67 Rn. 4 ff.), da die unternehmens- und produktbezogenen Aufsichtsbefugnisse des Art. 69 MiFID II grundsätzlich technologieneutral ausgestaltet sind.[16] Den Besonderheiten von Krypto-Finanzprodukten ist vor allem durch spezifische Transparenz-, Zuverlässigkeits- und Sicherheitsanforderungen sowie Zulassungsbestimmungen Rechnung zu tragen, wie sie im DLT-Pilotregime erprobt werden.[17] Eingriffsbefugnisse nach diesem Regime lassen die Aufsichtsbefugnisse nach MiFID II ausdrücklich unberührt.[18]

19 Eine genauere Konturierung der Befugnisnormen durch die Rechtswissenschaft steht vor dem Problem, dass es im Bereich der Finanzmarktaufsicht kaum gerichtliche Auseinandersetzungen gibt. Das Verhältnis zwischen Aufsichtsbehörden und Marktteilnehmenden ist in erheblichem Maße von Informalität und, vor dem Hintergrund eines regelmäßigen Austauschs, von dem Interesse geprägt, eine Zuspitzung von Konflikten und gerichtliche Auseinandersetzungen zu vermeiden.[19] Dadurch besteht größere Unsicherheit im Umgang mit neuen Technologien, vor allem, wenn sie wie im Fall der Crypto-Assets neue Marktteilnehmende mit sich bringen. Gerade deshalb ist es dringend erforderlich, dass die Aufsichtsbehörden über ihre Praxis öffentlich berichten und Leitlinien veröffentlichen.

Artikel 79 Pflicht zur Zusammenarbeit

(1) Die zuständigen Behörden der einzelnen Mitgliedstaaten arbeiten zusammen, wann immer dies zur Wahrnehmung der in dieser Richtlinie oder der Verordnung (EU) Nr. 600/2014 festgelegten Aufgaben erforderlich ist, und machen dazu von den ihnen entweder durch diese Richtlinie oder die Verordnung (EU) Nr. 600/2014 oder das nationale Recht übertragenen Befugnissen Gebrauch.

Haben die Mitgliedstaaten beschlossen, im Einklang mit Artikel 70 strafrechtliche Sanktionen für die Verstöße gegen dort genannten die Bestimmungen niederzulegen, so sorgen sie dafür, dass angemessene Vorkehrungen getroffen werden, damit die zuständigen Behörden über die für die Kontaktaufnahme mit den zuständigen Justizbehörden innerhalb ihres Hoheitsgebiets notwendigen Befugnisse verfügen, um spezifische Informationen in Bezug auf strafrechtliche Ermittlungen oder Verfahren zu erhalten, die aufgrund mutmaßlicher Verstöße gegen diese Richtlinie und die Verordnung (EU) Nr. 600/2014 eingeleitet wurden, und dasselbe für andere zuständige Behörden und die ESMA zu leisten, um ihrer Verpflichtung nachzukommen, im Sinne dieser Richtlinie und

---

[16] Vgl. dazu auch Erwgr. Nr. 9 der MiCA-Verordnung: „Die Gesetzgebungsakte der Union im Bereich Finanzdienstleistungen sollten auf dem Prinzip ‚Gleiches Geschäft, gleiche Risiken, gleiche Regeln' beruhen und dem Grundsatz der Technologieneutralität folgen. Deshalb sollten Kryptowerte, die in den Anwendungsbereich bestehender Gesetzgebungsakte der Union zu Finanzdienstleistungen fallen, auch künftig nicht durch diese Verordnung, sondern durch den bestehenden Rechtsrahmen geregelt werden, und zwar unabhängig davon, welche Technologie für ihre Ausgabe oder ihre Übertragung verwendet wird."
[17] Vgl. Verordnung (EU) 2022/858 des Europäischen Parlaments und des Rates vom 30.5.2022; zu den Herausforderungen dort insbes. Erwgr. Nr. 3 ff. Dazu Krönke Vorbemerkungen zur DLT-Pilotregelung mwN.
[18] Verordnung (EU) 2022/858 des Europäischen Parlaments und des Rates vom 30.5.2022; Erwgr. Nr. 49.
[19] Näher Heitzer S. 307 ff., 340 ff.; Kahl/Ludwigs HVwR VI/Kaufhold/Müller § 183 Rn. 74.

der Verordnung (EU) Nr. 600/2014 miteinander sowie mit der ESMA zu kooperieren.

Die zuständigen Behörden leisten den zuständigen Behörden der anderen Mitgliedstaaten Amtshilfe. Bei Ermittlungen oder der Überwachung tauschen sie insbesondere Informationen aus und arbeiten zusammen.

Die zuständigen Behörden können auch mit den zuständigen Behörden anderer Mitgliedstaaten zusammenarbeiten, was die Erleichterung der Einziehung von Geldbußen angeht.

Zur Erleichterung und Beschleunigung der Zusammenarbeit und insbesondere des Informationsaustauschs benennen die Mitgliedstaaten für die Zwecke dieser Richtlinie und der Verordnung (EU) Nr. 600/2014 eine einzige zuständige Behörde als Kontaktstelle. Die Mitgliedstaaten teilen der Kommission, der ESMA und den anderen Mitgliedstaaten die Namen der Behörden mit, die dazu bestimmt sind, die Ersuchen um Austausch von Informationen oder um Zusammenarbeit gemäß diesem Absatz entgegenzunehmen. Die ESMA veröffentlicht ein Verzeichnis dieser Behörden auf ihrer Website und aktualisiert es regelmäßig.

(2) Haben die Geschäfte eines Handelsplatzes, der Vorkehrungen in einem Aufnahmemitgliedstaat errichtet hat, in Anbetracht der Lage an den Wertpapiermärkten des Aufnahmemitgliedstaats wesentliche Bedeutung für das Funktionieren der Wertpapiermärkte und den Anlegerschutz in diesem Mitgliedstaat erlangt, so treffen die zuständigen Behörden des Herkunfts- und des Aufnahmemitgliedstaats des Handelsplatzes angemessene Vorkehrungen für die Zusammenarbeit.

(3) Die Mitgliedstaaten ergreifen die notwendigen verwaltungstechnischen und organisatorischen Maßnahmen, um die Amtshilfe gemäß Absatz 1 zu erleichtern.

Die zuständigen Behörden können für die Zwecke der Zusammenarbeit von ihren Befugnissen Gebrauch machen, auch wenn die Verhaltensweise, die Gegenstand der Ermittlung ist, keinen Verstoß gegen eine in dem betreffenden Mitgliedstaat geltende Vorschrift darstellt.

(4) Hat eine zuständige Behörde begründeten Anlass zu der Vermutung, dass Unternehmen, die nicht ihrer Aufsicht unterliegen, im Hoheitsgebiet eines anderen Mitgliedstaats gegen die Bestimmungen dieser Richtlinie oder der Verordnung (EU) Nr. 600/2014 verstoßen oder verstoßen haben, so unterrichtet sie die zuständige Behörde des anderen Mitgliedstaats und die ESMA so genau wie möglich. Die unterrichtete zuständige Behörde ergreift geeignete Maßnahmen. Sie unterrichtet die zuständige Behörde, von der sie die Mitteilung erhalten hat, und die ESMA über den Ausgang dieser Maßnahmen und so weit wie möglich über wesentliche zwischenzeitlich eingetretene Entwicklungen. Die Befugnisse der zuständigen Behörde, die die Informationen übermittelt hat, werden durch diesen Absatz nicht berührt.

(5) Unbeschadet der Absätze 1 und 4 unterrichten die zuständigen Behörden die ESMA und die anderen zuständigen Behörden über die Einzelheiten

a) etwaiger Aufforderungen gemäß Artikel 69 Absatz 2 Buchstabe o, die Größe einer Position oder offene Forderung zu verringern;
b) etwaiger Einschränkungen der Möglichkeiten von Personen, Positionen in einem Warenderivat einzugehen, gemäß Artikel 69 Absatz 2 Buchstabe p.

Die Unterrichtung beinhaltet gegebenenfalls auch Einzelheiten der Aufforderung oder des Verlangens nach Artikel 69 Absatz 2 Buchstabe j einschließlich der Identität der Person bzw. der Personen, an die sie gerichtet wurde, und die Gründe dafür, sowie den Umfang der gemäß Artikel 69 Absatz 2 Buchstabe p verhängten Einschränkungen einschließlich der betroffenen Person, der jeweiligen Finanzinstrumente, etwaiger Beschränkungen der Größe der Positionen, die diese Person jederzeit halten darf, etwaiger gemäß Artikel 57 gestatteter Ausnahmen und der Gründe dafür.

Die Unterrichtung erfolgt mindestens 24 Stunden, bevor die Schritte oder Maßnahmen in Kraft treten sollen. Ist eine Unterrichtung 24 Stunden im Voraus nicht möglich, kann die zuständige Behörde die Unterrichtung im Ausnahmefall auch weniger als 24 Stunden vor dem geplanten Inkrafttreten der Maßnahme vornehmen.

Die zuständige Behörde eines Mitgliedstaats, die gemäß diesem Absatz unterrichtet wird, kann Maßnahmen nach Artikel 69 Absatz 2 Buchstabe o oder p ergreifen, wenn sie überzeugt ist, dass die Maßnahme notwendig ist, um das Ziel der anderen zuständigen Behörde zu erreichen. Will die zuständige Behörde Maßnahmen ergreifen, nimmt sie ebenfalls eine Unterrichtung gemäß diesem Absatz vor.

Betrifft eine Maßnahme nach Unterabsatz 1 Buchstabe a oder b dieses Absatzes Energiegroßhandelsprodukte, so unterrichtet die zuständige Behörde auch die durch Verordnung (EG) Nr. 713/2009 gegründete Agentur für die Zusammenarbeit der Energieregulierungsbehörden (ACER).

(6) Im Hinblick auf Emissionszertifikate arbeiten die zuständigen Behörden mit den für die Beaufsichtigung der Spot- und Auktionsmärkte zuständigen staatlichen Stellen sowie mit den zuständigen Behörden, Registerverwaltern und anderen mit der Überwachung der Einhaltung der Richtlinie 2003/87/EG betrauten staatlichen Stellen zusammen, um sicherzustellen, dass sie sich einen Gesamtüberblick über die Emissionszertifikatmärkte verschaffen können.

(7) In Bezug auf Derivate auf landwirtschaftliche Grunderzeugnisse erstatten die zuständigen Behörden den für die Beaufsichtigung, Verwaltung und Regulierung der landwirtschaftlichen Warenmärkte gemäß der Verordnung (EU) Nr. 1308/2013 zuständigen öffentlichen Stellen Bericht und arbeiten mit diesen zusammen.

(8) Der Kommission wird die Befugnis übertragen, delegierte Rechtsakte gemäß Artikel 89 zur Festlegung der Kriterien zu erlassen, nach denen sich bestimmt, ob die Geschäfte eines Handelsplatzes in einem Aufnahmemitgliedstaat als von wesentlicher Bedeutung für das Funktionieren der Wertpapiermärkte und den Anlegerschutz in diesem Mitgliedstaat angesehen werden können.

(9) Die ESMA arbeitet Entwürfe technischer Durchführungsstandards aus, um Standardformulare, Mustertexte und Verfahren für die in Absatz 2 genannten Vorkehrungen für die Zusammenarbeit festzulegen.

Die ESMA legt der Kommission bis zum 3. Januar 2016 diese Entwürfe technischer Durchführungsstandards vor.

Der Kommission wird die Befugnis übertragen, die in Unterabsatz 1 genannten technischen Durchführungsstandards gemäß Artikel 15 der Verordnung (EU) Nr. 1095/2010 zu erlassen.

Artikel 80 Zusammenarbeit zwischen den zuständigen Behörden bei der Überwachung, den Überprüfungen vor Ort oder den Ermittlungen

(1) Die zuständige Behörde eines Mitgliedstaats kann die zuständige Behörde eines anderen Mitgliedstaats um Zusammenarbeit bei einer Überwachung oder einer Überprüfung vor Ort oder einer Ermittlung ersuchen. Im Falle von Wertpapierfirmen, die Fernmitglieder oder -teilnehmer eines geregelten Marktes sind, kann die zuständige Behörde des geregelten Marktes sich auch direkt an diese wenden, wobei sie die zuständige Behörde des Herkunftsmitgliedstaats des Fernmitglieds oder -teilnehmers davon in Kenntnis setzt.

Erhält eine zuständige Behörde ein Ersuchen um eine Überprüfung vor Ort oder eine Ermittlung, so wird sie im Rahmen ihrer Befugnisse tätig, indem sie

a) die Überprüfungen oder Ermittlungen selbst vornimmt;
b) der ersuchenden Behörde die Durchführung der Überprüfung oder Ermittlung gestattet;
c) Wirtschaftsprüfern oder Sachverständigen die Durchführung der Überprüfung oder Ermittlung gestattet.

(2) Mit dem Ziel, die Aufsichtspraktiken anzugleichen, kann die ESMA an den Tätigkeiten der Aufsichtskollegien, auch in Form von Überprüfungen oder Ermittlungen vor Ort, teilnehmen, die gemeinsam von zwei oder mehreren zuständigen Behörden gemäß Artikel 21 der Verordnung (EU) Nr. 1095/2010 des Europäischen Parlaments und des Rates durchgeführt werden.

(3) Die ESMA arbeitet Entwürfe technischer Regulierungsstandards zur Präzisierung der Informationen aus, die zwischen den zuständigen Behörden im Rahmen der Zusammenarbeit bei der Überwachung, bei Überprüfungen vor Ort oder bei Ermittlungen auszutauschen sind.

Die ESMA legt der Kommission bis zum 3. Juli 2015 diese Entwürfe technischer Regulierungsstandards vor.

Der Kommission wird die Befugnis übertragen, die in Unterabsatz 1 genannten technischen Regulierungsstandards gemäß den Artikeln 10 bis 14 der Verordnung (EU) Nr. 1095/010 zu erlassen.

(4) Die ESMA arbeitet Entwürfe technischer Durchführungsstandards aus, um Standardformulare, Mustertexte und Verfahren für die zuständigen Behörden festzulegen, die bei der Überwachung, bei Überprüfungen vor Ort oder bei Ermittlungen zusammenarbeiten.

Die ESMA legt der Kommission bis zum 3. Januar 2016 diese Entwürfe technischer Durchführungsstandards vor.

Der Kommission wird die Befugnis übertragen, die in Unterabsatz 1 genannten technischen Durchführungsstandards gemäß Artikel 15 der Verordnung (EU) Nr. 1095/2010 zu erlassen.

Artikel 81 Informationsaustausch

(1) Die gemäß Artikel 79 Absatz 1 dieser Richtlinie für die Zwecke dieser Richtlinie und der Verordnung (EU) Nr. 600/2014 als Kontaktstellen benannten zuständigen Behörden der Mitgliedstaaten übermitteln einander unverzüglich die für die Wahrnehmung der Aufgaben der ge-

mäß Artikel 67 Absatz 1 dieser Richtlinie benannten zuständigen Behörden erforderlichen Informationen, die in den Bestimmungen zur Durchführung der Richtlinie oder der Verordnung (EU) Nr. 600/2014 genannt sind.

Zuständige Behörden, die aufgrund dieser Richtlinie oder der Verordnung (EU) Nr. 600/2014 Informationen mit anderen zuständigen Behörden austauschen, können bei der Übermittlung darauf hinweisen, dass diese nur mit ihrer ausdrücklichen Zustimmung veröffentlicht werden dürfen, in welchem Fall sie nur für die Zwecke, für die die Zustimmung erteilt wurde, ausgetauscht werden dürfen.

(2) Die gemäß Artikel 79 Absatz 1 als Kontaktstelle benannte zuständige Behörde darf gemäß Absatz 1 dieses Artikels und gemäß den Artikeln 77 und 88 empfangene Informationen an die in Artikel 67 Absatz 1 genannten Behörden weiterleiten. Außer in gebührend begründeten Fällen dürfen sie diese Informationen nur mit ausdrücklicher Zustimmung der Behörden, die sie übermittelt haben, und nur für die Zwecke, für die diese Behörden ihre Zustimmung gegeben haben, an andere Stellen oder natürliche oder juristische Personen weitergeben. In diesem Fall unterrichtet die betreffende Kontaktstelle unverzüglich die Kontaktstelle, von der die Information stammt.

(3) Die in Artikel 71 genannten Behörden sowie andere Stellen oder natürliche oder juristische Personen, die vertrauliche Informationen nach Absatz 1 oder nach den Artikeln 77 und 88 erhalten, dürfen diese in Wahrnehmung ihrer Aufgaben insbesondere nur für folgende Zwecke verwenden:

a) zur Prüfung, ob die Zulassungsbedingungen für Wertpapierfirmen erfüllt sind, und zur leichteren Überwachung der Ausübung der Tätigkeit, der verwaltungsmäßigen und buchhalterischen Organisation und der internen Kontrollmechanismen,
b) zur Überwachung des reibungslosen Funktionierens der Handelsplätze,
c) zur Verhängung von Sanktionen,
d) im Rahmen von Verwaltungsverfahren über die Anfechtung von Entscheidungen der zuständigen Behörden,
e) im Rahmen von Gerichtsverfahren aufgrund von Artikel 74,
f) im Rahmen außergerichtlicher Verfahren für Anlegerbeschwerden gemäß Artikel 75.

(4) Die ESMA arbeitet Entwürfe technischer Durchführungsstandards aus, um Standardformulare, Mustertexte und Verfahren für den Informationsaustausch festzulegen.

Die ESMA legt der Kommission bis zum 3. Januar 2016 diese Entwürfe technischer Durchführungsstandards vor.

Der Kommission wird die Befugnis übertragen, die in Unterabsatz 1 genannten technischen Durchführungsstandards gemäß Artikel 15 der Verordnung (EU) Nr. 1095/2010 zu erlassen.

(5) Weder dieser Artikel noch die Artikel 76 und 88 hindern die zuständigen Behörden, der ESMA, dem Europäischen Ausschuss für Systemrisiken, den Zentralbanken, dem ESZB und der EZB in ihrer Eigenschaft als Währungsbehörden sowie gegebenenfalls anderen staatlichen Behörden, die mit der Überwachung der Zahlungs- und Abwicklungssysteme betraut sind, zur Erfüllung ihrer Aufgaben vertrauliche Informationen zu übermitteln. Ebenso wenig hindern sie diese Behörden oder Stellen, den

Übersicht

	Rn.
A. Einführung	1
I. Literatur	1
II. Entstehung und Zweck der Norm	2
III. Normativer Kontext	3
B. Grundlagen der Vorschriften	4
C. Zusammenarbeit im Allgemeinen (Art. 79 MiFID II)	5
D. Zusammenarbeit bei der Überwachung, den Überprüfungen vor Ort oder den Ermittlungen (Art. 80 MiFID II)	7
E. Informationelle Zusammenarbeit (Art. 81)	9
F. Herausforderungen im Zusammenhang mit Crypto-Assets	10

zuständigen Behörden die Informationen zu übermitteln, die diese zur Erfüllung ihrer Aufgaben gemäß dieser Richtlinie oder der Verordnung (EU) Nr. 600/2014 benötigen.

A. Einführung

I. Literatur

Gortsos, Public enforcement of MiFID II, in: Busch/Ferrarini (Hrsg.), Regulation of the EU Financial Markets – MiFID II and MiFIR, Oxford 2017, Kap. 19; *Kaufhold/Müller*, Öffentliches und privates Geld- und Finanzmarktrecht, in: Kahl/Ludwigs (Hrsg.), HVwR VI, § 183; *Lutter/Bayer/J. Schmidt*, EuropUR, 6. Aufl. 2017. **1**

II. Entstehung und Zweck der Norm

Die hier im Zusammenhang kommentierten Vorschriften der Art. 79–81 MiFID II gehen im Wesentlichen zurück auf Art. 56–58 MiFID I. Sie knüpfen an möglicherweise parallel bestehende Zuständigkeiten verschiedener Behörden innerhalb einzelner Mitgliedstaaten, verschiedener Mitgliedstaaten und auf mitgliedstaatlicher und unionaler Ebene an und regeln hierfür die Zusammenarbeit im Allgemeinen (Art. 79 MiFID II, C.), bei der Überwachung, Überprüfungen vor Ort und bei Ermittlungen (Art. 80 MiFID II, D.) sowie den Informationsaustausch (Art. 81 MiFID II, E.). **2**

III. Normativer Kontext

Die Vorschriften werden in der Bundesrepublik Deutschland in §§ 17 WpHG, in der Republik Österreich in §§ 90 Abs. 5 ff., 104 ff. WAG umgesetzt. Den Zusammenarbeitsvorschriften der MiFID korrespondieren Vorschriften der MiFIR zur Aufgabenübertragung (→ MiFIR Art. 38o) und Koordinierung der Wahrnehmung von Befugnissen (→ MiFIR Art. 43). Innerhalb der MiFID II enthält Art. 68 weitere Vorgaben für die Zusammenarbeit zwischen Behörden desselben Mitgliedstaates, Art. 82 ff. gestalten die Behördenzusammenarbeit nach Maßgabe von Art. 79–81 weiter aus. In der MiCA enthalten Art. 95 ff. Parallelvorschriften, die sich auf die Behördenzusammenarbeit in Bezug auf solche Crypto-Assets beziehen, die keine Finanzinstrumente sind (→ Art. 67 Rn. 4 ff.). **3**

B. Grundlagen der Vorschriften

4 Die Vorschriften regeln die Zusammenarbeit zwischen unionalen und mitgliedstaatlichen Behörden, zwischen den Behörden verschiedener Mitgliedstaaten, aber auch zwischen Aufsichts- und Strafverfolgungsbehörden innerhalb eines Mitgliedstaates (Art. 79 Abs. 1 UAbs. 2). Art. 79 MiFiD II verpflichtet die beteiligten Behörden allgemein zur Zusammenarbeit (C.), Art. 80 MiFiD II enthält spezielle Vorschriften für Überwachungen, Überprüfungen vor Ort und Ermittlungen (D.), Art. 81 MiFID-II für den Informationsaustausch (E.).

C. Zusammenarbeit im Allgemeinen (Art. 79 MiFID II)

5 Art. 79 MiFID II regelt in Abs. 1–3 im Wesentlichen die Zusammenarbeit zwischen den Behörden verschiedener Mitgliedstaaten: Hier verpflichtet Art. 79 Abs. 1 MiFID II zur Zusammenarbeit einschließlich der Nutzung der ihnen jeweils unionsrechtlich oder nationalrechtlich eingeräumten Befugnisse, wann immer dies zur Wahrnehmung der Aufgaben nach MiFID II und MiFIR erforderlich ist (Abs. 1 UAbs. 1). Sofern Verstöße gegen aufsichtliche Befugnisse nach nationalem Recht strafbewehrt sind (dazu auch → Art. 69 Rn. 14), müssen angemessene Vorkehrungen getroffen werden, um auch hier eine Kooperation zu ermöglichen, mit den Behörden anderer Mitgliedstaaten und der ESMA, aber auch zwischen Aufsichts- und Strafverfolgungsbehörden innerhalb eines Mitgliedstaates (Abs. 1 UAbs. 2).[1] Die Zusammenarbeit schließt Amtshilfe, Informationsaustausch (dazu auch Art. 81) und Zusammenarbeit bei Ermittlungen und Überwachung ein (Abs. 1 UAbs. 3). Zur Erleichterung der Amtshilfe müssen die Mitgliedstaaten die notwendigen verwaltungstechnischen und organisatorischen Maßnahmen ergreifen (Abs. 3 UAbs. 1). Bei der Einziehung von Geldbußen ist die Zusammenarbeit fakultativ ausgestaltet; sie ist hier von nicht so entscheidender Bedeutung wie bei präventiven Maßnahmen oder der Verfolgung von Straftaten als solcher (Abs. 1 UAbs. 4). Die Benennung einer zentralen Kontaktstelle pro Mitgliedstaat (dazu schon → Art. 67 Rn. 8) soll die Zusammenarbeit und den Informationsaustausch (dazu auch Art. 81) erleichtern (Abs. 1 UAbs. 5).

6 Abs. 3 UAbs. 2 hat befugniserweiternde Funktion: Die zuständigen Behörden können im Rahmen der Zusammenarbeit auch dann von ihren Befugnissen Gebrauch machen, wenn nach den Maßstäben des nationalen Rechts die betroffene Verhaltensweise nicht gegen geltende Vorschriften verstößt. Abs. 2 enthält eine Sonderbestimmung für die Zusammenarbeit im Umgang mit transnational operierenden Handelsplätzen; Abs. 4 regelt Informationspflichten bei Hinweisen auf Verstöße im Hoheitsgebiet anderer Mitgliedstaaten, Abs. 5 Unterrichtungspflichten im Zusammenhang mit Maßnahmen nach Art. 69 Abs. 2 Buchst. o und p. Abs. 6 regelt die Zusammenarbeit mit weiteren Stellen im Hinblick auf Emissionszertifikate, Abs. 7 in Bezug auf Derivate auf landwirtschaftliche Grunderzeugnisse. Abs. 8 und 9 regeln die

---

[1] Dazu Busch/Ferrarini/Gortsos Rn. 19.85.

Informationsaustausch **Art. 81 MiFID II**

Befugnis der Kommission zum Erlass delegierter Rechtsakte[2] und technischer Durchführungsstandards.[3]

D. Zusammenarbeit bei der Überwachung, den Überprüfungen vor Ort oder den Ermittlungen (Art. 80 MiFID II)

Art. 80 MiFID II regelt die Zusammenarbeit der zuständigen Behörden 7 verschiedener Mitgliedstaaten bei bestimmten Maßnahmen: der Überwachung, der Überprüfung vor Ort oder einer Ermittlung. Zuständige Behörden können einander hierbei um Zusammenarbeit ersuchen (Abs. 1 UAbs. 1). Die ersuchte Behörde nimmt die Überprüfungen oder Ermittlungen selbst vor oder gestattet der ersuchenden Behörde oder Wirtschaftsprüfern oder Sachverständigen die Durchführung (Abs. 1 UAbs. 2). Art. 1 UAbs. 2 enthält eine Sonderbestimmung in Bezug auf Fernmitglieder und -teilnehmer geregelter Märkte; Abs. 2 die Teilnahmemöglichkeit der 8 ESMA an Aufsichtskollegien iSd Art. 21 VO (EU) Nr. 1095/2020; Abs. 3 und 4 wiederum (vgl. schon → Rn. 6) die Befugnis der Kommission zum Erlass technischer Regulierungsstandards.[4]

E. Informationelle Zusammenarbeit (Art. 81)

Art. 81 MiFiD II enthält Bestimmungen über den Informationsaustausch 9 zwischen mitgliedstaatlichen Behörden. Übermittlungen an und durch Unionsbehörden und andere in Abs. 5 genannte Stellen bleiben von der Vorschrift ausdrücklich unberührt. Nach Abs. 1 UAbs. 1 übermitteln die nationalen Kontaktstellen (Art. 79 Abs. 1; dazu → Art. 67 Rn. 8) einander unverzüglich die zur Wahrnehmung der Befugnisse aller zuständigen nationalen Behörden erforderlichen Informationen. Der Informationsfluss soll so über die Kontaktstellen kanalisiert werden. Abs. 2 regelt die Weiterleitung der Informationen: Die Kontaktstelle darf die Informationen stets an die in Art. 67 Abs. 1 genannten Behörden (→ Art. 67 Rn. 8) übermitteln, an andere Stellen oder an natürliche oder juristische Personen nur mit Zustimmung der übermittelnden Stelle oder in besonderen Ausnahmefällen. Abs. 1 UAbs. 2 sieht

---

[2] Vgl. hierzu Art. 90 der Delegierten Verordnung (EU) 2017/565 der Kommission vom 25.4.2016, ABl. 2017 L 87, 1.
[3] Vgl. hierzu Durchführungs-Verordnung (EU) 2017/988 der Kommission vom 6.6.2017 zur Festlegung technischer Durchführungsstandards für Standardformulare, Muster und Verfahren für die Zusammenarbeit in Bezug auf Handelsplätze, deren Geschäfte in einem Aufnahmemitgliedstaat von wesentlicher Bedeutung sind, ABl. 2017 L 149, 3; vgl. dazu auch Lutter/Bayer/J. Schmidt, EuropUR, 6. Aufl. 2017, Rn. 32.83.
[4] Vgl. hierzu Delegierte Verordnung (EU) 2017/586 der Kommission vom 14.7.2016 zur Ergänzung der Richtlinie 2014/65/EU des Europäischen Parlaments und des Rates durch technische Regulierungsstandards für den Informationsaustausch zwischen den zuständigen Behörden im Rahmen der Zusammenarbeit bei der Überwachung, bei Überprüfungen vor Ort und bei Ermittlungen, ABl. 2017 L 87, 382; Durchführungs-Verordnung (EU) 2017/980 der Kommission vom 7.6.2017 zur Festlegung technischer Durchführungsstandards für die Standardformulare, Muster und Verfahren für die Zusammenarbeit der zuständigen Behörden bei der Überwachung, den Überprüfungen vor Ort und den Ermittlungen und für den Informationsaustausch zwischen den zuständigen Behörden gemäß der RL 2014/65/EU des Europäischen Parlaments und des Rates, ABl. 2017 L 148, 3; vgl. auch Lutter/Bayer/J. Schmidt, EuropUR, 6. Aufl. 2017, Rn. 32.84.

die Möglichkeit der übermittelnden Stelle vor, den weiteren Datenaustausch von ihrer Zustimmung abhängig zu machen; Abs. 3 beschränkt darüber hinaus die Verwendung vertraulicher Informationen auf enumerativ aufgelistete Zwecke. Abs. 4 sieht wiederum die Befugnis der Kommission zum Erlass technischer Durchführungsstandards vor.[5]

F. Herausforderungen im Zusammenhang mit Crypto-Assets

10 Durch die MiCA-Verordnung treten weitere Behörden zu dem ohnehin schon komplizierten Geflecht europäischer und nationaler Aufsichtsbehörden[6] hinzu. Titel VII sieht hierzu in struktureller Parallele zu den hier behandelten Vorschriften der MiFID II Behördenzuständigkeiten und -befugnisse vor. Zwar sind die Anwendungsbereiche von MiFID II und MiCA grundsätzlich durch den Begriff des Finanzinstruments unterschieden. Dennoch dürfte, im Umgang mit Unschärfen dieses Begriffs (→ Art. 67 Rn. 4 ff.), sowie hinsichtlich ähnlicher Fragen des Umgangs mit den Herausforderungen der neuen Technologien, eine sektorenübergreifende Behördenzusammenarbeit naheliegen. Diese ist etwa in Art. 95 Abs. 1 UAbs. 1 S. 1, 98 MiCA-Verordnung angedeutet, könnte aber noch expliziter gesetzlich ausgestaltet werden.

---

[5] Vgl. Durchführungs-Verordnung (EU) 2017/981 der Kommission v. 7.6.2017 zur Festlegung technischer Durchführungsstandards für die Standardformulare, Muster und Verfahren zur Konsultation anderer zuständiger Behörden vor einer Zulassung gemäß der RL 2014/65/EU des Europäischen Parlaments und des Rates, ABl. 2017 L 148, 16; dazu Lutter/Bayer/J. Schmidt, EuropUR, 6. Aufl. 2017, Rn. 32.84.
[6] Hierzu auch Kahl/Ludwigs HVwR VI/Kaufhold/Müller § 183 Rn. 11, 78.

VO 2017/2019 (Prospektverordnung)

Artikel 2 Begriffsbestimmungen

(…) (a) „Wertpapiere" übertragbare Wertpapiere im Sinne des Artikels 4 Absatz 1 Nummer 44 der Richtlinie 2014/65/EU (MiFID) mit Ausnahme von Geldmarktinstrumenten im Sinne des Artikels 4 Absatz 1 Nummer 17 der Richtlinie 2014/65/EU mit einer Laufzeit von weniger als 12 Monaten;

(…) (d) „öffentliches Angebot von Wertpapieren" eine Mitteilung an die Öffentlichkeit in jedweder Form und auf jedwede Art und Weise, die ausreichende Informationen über die Angebotsbedingungen und die anzubietenden Wertpapiere enthält, um einen Anleger in die Lage zu versetzen, sich für den Kauf oder die Zeichnung jener Wertpapiere zu entscheiden. Diese Definition gilt auch für die Platzierung von Wertpapieren durch Finanzintermediäre;

Übersicht

	Rn.
I. Einführung	1
1. Literatur	1
2. Entstehung und Zweck der Norm	2
a) Einführung in die ProspektVO	2
b) Bedeutung der Vorschrift im Rahmen der Prospekt-VO	3
3. Normativer Kontext Subsidiarität der MICAR	4
II. Die einzelnen Definitionen	5
1. Wertpapier (lit. a)	5
2. Öffentliches Angebot (lit. d)	7
3. Abgrenzung typisierter Kryptowerte	8

I. Einführung

1. Literatur. RegBegr. Prospektrichtlinie-Umsetzungsgesetz, BT-Drs. 15/4999, Bauerschmidt, Die Prospektverordnung in der Kapitalmarktunion BKR 2019, 324 ff., BaFin, Zweites Hinweisschreiben zu Prospekt- und Erlaubnispflichten im Zusammenhang mit der Ausgabe sogenannter Krypto-Token; Groß, Kapitalmarktrecht, 8. Auflage 2022, Schwark/Zimmer/Preuße Kapitalmarktrechts-Kommentar, 5. Aufl. 2020, Maume/Siadat, Struktur, Definitionen und Anwendungsfälle der Kryptoregulierung, NJW 2023, 1168 ff., Eckhold/F. Schäfer, § 17 in Assmann/Schütze/Buck-Heeb, Handbuch des Kapitalanlagerechts, 6. Aufl. 2024. 1

2. Entstehung und Zweck der Norm. a) Einführung in die ProspektVO. Für die Zwecke dieser Kommentierung ist relevant, dass die ProspektVO (Verordnung (EU) 2017/1129) (als im Rahmen des Aktionsplans zur Schaffung einer Kapitalmarktunion Nachfolgerin der Prospektrichtlinie) zusammen mit weiteren Delegierten Verordnungen den unionsrechtlichen Rahmen des Prospektinhalts darstellt[1]. 2

---

[1] Bauerschmidt, Die Prospektverordnung in der Kapitalmarktunion BKR 2019, 324 ff.

ProspektVO Art. 2 VO 2017/2019 (Prospektverordnung)

3 **b) Bedeutung der Vorschrift im Rahmen der ProspektVO.** Art. 2 definiert die in der ProspektVO verwendeten Begriffe. Da das vorliegende Werk nur eine Kommentierung von Art. 2 und Art. 3 ProspektVO vorsieht, wird auf die Erläuterung von dort nicht vorkommenden Begriffen verzichtet.

Die für diese Kommentierung relevanten Definitionen verweisen weitgehend auf den Wertpapierbegriff der MiFID II. Die Qualifikation als Finanzinstrument unter der MiFID II ist für die Eröffnung des Anwendungsbereichs der Prospektverordnung, aber auch für zahlreiche andere europäische Verordnungen relevant, unter ihnen die Marktmissbrauchsverordnung (siehe unten in Kapitel X). Insoweit verweist die hiesige Kommentierung auch auf die Kommentierung von → Vor MiFID II Rn. 8.

4 **3. Normativer Kontext Subsidiarität der MICAR.** Eine der wichtigsten dogmatischen Abgrenzungsregelungen findet sich in Art. 2 Abs. 4 (a) MICAR. Danach ist die MICAR in ihrem Anwendungsbereich subsidiär, soweit Finanzinstrumente im Sinne der MiFID II betroffen sind. Sie bestimmt negativ, dass Kryptowerte, die bereits unter bestehende EU-Rechtsvorschriften für Finanzdienstleistungen fallen, unabhängig von der für ihre Ausgabe oder Übertragung verwendeten Technologie weiterhin nach bestehenden Rechtsrahmen und nicht nach der MICAR geregelt werden. Der Anwendungsbereich ist daher gemäß Art. 2 Abs. 4 lit. a ausdrücklich nicht eröffnet, wenn ein Kryptowert ein Finanzinstrument iSd Art. 2 Abs. 1 Nr. 15, Anlage 1 Abschnitt C MiFID II darstellt. Dies wurde damit begründet, dass es für diese Finanzinstrumente bereits einen unionsweiten Rahmen gebe, um Rechtssicherheit, Verbraucher- und Anlegerschutz und Finanzstabilität zu gewährleisten[2].

Im Ergebnis bedeutet das, dass es drei Kategorien von Instrumenten gibt: solche, die als Krypto-Assets in den Anwendungsbereich der MICAR fallen, solche, die als Finanzinstrumente in den Anwendungsbereich der MiFID II fallen, sowie unregulierte Produkte, die weder in den Anwendungsbereich der MICAR noch der MiFID II fallen.

II. Die einzelnen Definitionen

5 **1. Wertpapier (lit. a).** Art. 2 lit. a der ProspektVO verweist auf die in Art. 4 Abs. 1 Nr. 44 der MiFID II enthaltende Definition des „übertragbaren Wertpapiers". Aus der dortigen Definition lassen sich drei Merkmale ableiten, die ein Instrument erfüllen muss, um als „Wertpapier" im Sinne der MiFID II und der ProspektVO klassifiziert zu werden. Übertragbare Wertpapiere sind solche, die auf dem Kapitalmarkt **gehandelt** werden können, mit Ausnahme von Geldmarktinstrumenten mit einer Laufzeit von weniger als 12 Monaten.

Zu Wertpapieren gehören insbesondere Aktien, vergleichbare Wertpapiere, Aktienzertifikate (lit. a), Schuldverschreibungen (gewöhnliche Anleihen, Wandel- und Optionsanleihen, Umtauschanleihen) oder andere verbriefte Schuldtitel und Zertifikate (lit. b) sowie alle sonstigen Wertpapiere, die zum Kauf oder Verkauf solcher Wertpapiere berechtigen oder zu einer nach

---

[2] Erwgr. Nr. 3 und 9 zur MICAR.

bestimmten Kriterien errechneten Barzahlung führen (lit. c); s. Art. 4 Abs. 1 Nr. 44 MiFID II)

Trotz dieser aufzählenden Formulierung hat die Lehre drei Kriterien gefunden, wonach etwas als übertragbares Wertpapier gilt: 6

(i) Auf dem Kapitalmarkt übertragbar, dh es muss (in seinem rechtlichen und/oder technischen Wesensgehalt unverändert) auf Dritte übertragen werden können,
(ii) fungibel bzw. vereinheitlicht, was eine gewisse Standardisierung des Instruments erfordert (Für die Handelbarkeit auf den Finanzmärkten reicht insoweit eine Handelbarkeit an speziellen Krypto-Börsen aus.[3] Eine Verbriefung des Token in einer Urkunde ist im Rahmen der EU-Prospekt-VO keine zwingende Voraussetzung eines Wertpapiers. Ausreichend ist vielmehr, dass der Inhaber des Token, beispielsweise anhand der DLT, jeweils dokumentiert werden kann), und
(iii) den für Art. 4 Abs. 1 Ziffer 44 MiFID II genannten Instrumenten vergleichbar (gleichzustellen), dh wertpapierähnliche Rechte verkörpern, also für den Inhaber vermögensmäßige oder mitgliedschaftliche Rechte vermitteln, wodurch der Token Ähnlichkeiten zu Eigen- oder Fremdkapitalinstrumenten aufweist.[4]

2. Öffentliches Angebot (lit. d). Lit. (d) bestimmt als „öffentliches Angebot von Wertpapieren" eine Mitteilung an die Öffentlichkeit in jedweder Form und auf jedwede Art und Weise, die ausreichende Informationen über die Angebotsbedingungen und die anzubietenden Wertpapiere enthält, um einen Anleger in die Lage zu versetzen, sich für den Kauf oder die Zeichnung jener Wertpapiere zu entscheiden. 7

Ein Angebot im Sinne von lit. (d) ist ein Verkaufsangebot (und nicht ein Kaufangebot[5]) und setzt nach der gesetzlichen Formulierung und nach der bereits in der Regierungsbegründung zum Prospektrichtlinie-Umsetzungsgesetz[6] getroffenen ausdrücklichen Feststellung nicht ein Angebot im Rechtssinne voraus. Ausreichend ist auch eine „Aufforderung zur Abgabe von Angeboten", d.h eine „invitatio ad offerendum"[7]. Erforderlich ist aber in jedem Fall die auf den Abschluss eines Kaufvertrages gerichtete Tätigkeit, weil das öffentliche Angebot eine Investitionsentscheidung voraussetzt („über den Kauf oder die Zeichnung dieser Wertpapiere zu entscheiden"). Beim Erwerb neuer Wertpapiere von Gesetzes wegen ohne Kaufvertrag, zB bei Kapitalerhöhung aus Gesellschaftsmitteln, Verschmelzung, Spaltung oder Umwandlung, liegt dagegen kein öffentliches Angebot vor.

3. Abgrenzung typisierter Kryptowerte. Nach der Subsidiaritätsregelung ist damit grundsätzlich in jedem konkreten Einzelfall zu prüfen, ob ein bestimmter Krypto-Token ein Wertpapier ist und damit in den Anwendungsbereich der MICAR oder unter die klassische Kapitalmarktregulierung fällt. 8

---

[3] Blockchain Bundesverband, Regulierung von Token, 6.4.2018, 13 f.
[4] BaFin, Zweites Hinweisschreiben zu Prospekt- und Erlaubnispflichten im Zusammenhang mit der Ausgabe sogenannter Krypto-Token, S. 7 ff.; Blockchain Bundesverband, Regulierung von Token, 6.4.2018, 19.
[5] Groß KapMarktR Rn. 10.
[6] RegBegr. Prospektrichtlinie-Umsetzungsgesetz, BT-Drs. 15/4999, 25, 28.
[7] Schwark/Zimmer/Preuße § 2 Rn. 12.

Currency-Token und Utility-Token

Einig ist man sich bei den typisierten Token-Archetypen, dass Currency Token und Utility Token die Merkmale eines Wertpapiers nicht erfüllen.[8] Eine Prospektpflicht nach KAGB kommt in Betracht, wenn ein Token im Einzelfall als Anteil an einem Investmentvermögen bzw. an einem Organismus für gemeinsame Anlagen anzusehen ist.[9] Subsidiär kann ein Token eine Vermögensanlage gem. § 1 Abs. 2 VermAnlG darstellen, dessen öffentliches Angebot eine Prospektpflicht nach VermAnlG auslösen kann.

Security-Token

Dagegen sind Security-Token in der Regel als Wertpapiere im Sinne der ProspektVO anzusehen, so dass sie – sofern sie im Inland öffentlich angeboten werden – einer Prospektpflicht unterliegen.[10] Den erforderlichen Inlandsbezug bejaht die BAFin bereits dann, wenn in der Bundesrepublik ansässige Anleger angesprochen werden sollen. Für ein unbeschränkt zugängliches öffentliches Angebot im Internet bedeute das, dass auch eine Prospektpflicht in Deutschland bestehe.[11]

Vermögenswertereferenzierter Token

Nach Art. 3 Abs. 1 Nr. 6 MICAR wird von diesem, gegenüber dem E-Geld-Token als Auffangtatbestand konzipiertem Begriff jeder „Kryptowert, der kein E-Geld-Token ist und dessen Wertstabilität durch Bezugnahme auf einen anderen Wert oder ein anderes Recht oder eine Kombination davon, einschließlich einer oder mehrerer amtlicher Währungen, gewahrt werden soll", erfasst.

Emittentinnen vermögenswertreferenzierter Token müssen gemäß Art. 18 Abs. 2 lit. e (i) MICAR in einem Rechtsgutachten darlegen, dass es sich bei den auszugebenden Token nicht um einen Kryptowert handelt, der gemäß Art. 2 Abs. 4 MICAR vom Anwendungsbereich der Vorschrift ausgenommen ist, es sich also, unter anderem, um kein Finanzinstrument handelt. Ein vermögenswertreferenzierter Token kann damit auch ein Finanzinstrument sein.

„E-Geld-Token"

E-Geld-Token, die nach Art. 48 Abs. 1a) MICAR nur von Kreditinstituten oder E-Geld-Instituten öffentlich angeboten oder auf einer Handelsplattform für Kryptowerte zugelassen werden dürfen, können als „Zahlungsinstrumente" gemäß Art. 4 Abs. 1 Ziff. 44 MiFID II explizit keine Finanzinstrumente sein.

NFT

Bei Non-Fungible Tokens gilt *substance over form*[12]. Ein als NFT bezeichneter Token muss im Einzelfall auf seine Ausgestaltung als MiFID II-Finanzinstrument geprüft werden.

---

[8] Maume/Siadat NJW 2023, 1168 (1169).
[9] BaFin, Hinweisschreiben zu Prospekt- und Erlaubnispflichten im Zusammenhang mit der Ausgabe sogenannter Krypto-Token, S. 3.
[10] BaFin, Zweites Hinweisschreiben zu Prospekt- und Erlaubnispflichten im Zusammenhang mit der Ausgabe sogenannter Krypto-Token, S. 9).
[11] BaFin, Zweites Hinweisschreiben zu Prospekt- und Erlaubnispflichten im Zusammenhang mit der Ausgabe sogenannter Krypto-Token, S. 7 ff.; Blockchain Bundesverband, Regulierung von Token, 6.4.2018, S. 15, 20.
[12] Vgl. BaFin Journal, Non Fungible Token: Auf den Inhalt kommt es an, 8.3.2023.

Da die Abgrenzung von Kryptowerten und Finanzinstrumenten in der 9
Praxis jedoch außerordentlich schwierig ist und sich in den Mitgliedstaaten
der EU unterschiedliche Auffassungen entwickelt haben, gibt Art. 2
Abs. 5 der ESMA auf, bis Ende 2024 für „die Bedingungen und Kriterien
für die Einstufung von Kryptowerten als Finanzinstrumente" Leitlinien herauszugeben. Räumlich erfasst werden Kryptowerte weltweit mit Ausnahme
derjenigen, deren Zeichnung bzw. Erwerb aus der EU nicht möglich ist.

Artikel 3 Pflicht zur Veröffentlichung eines Prospekts und Ausnahmen

(1) Unbeschadet des Artikels 1 Absatz 4 werden Wertpapiere in der Union nur nach vorheriger Veröffentlichung eines Prospekts gemäß dieser Verordnung öffentlich angeboten.

(2) Unbeschadet des Artikels 4 kann ein Mitgliedstaat beschließen, öffentliche Angebote von Wertpapieren von der Pflicht zur Veröffentlichung eines Prospekts gemäß Absatz 1 auszunehmen, sofern a) diese Angebote nicht der Notifizierung gemäß Artikel 25 unterliegen und b) der Gesamtgegenwert eines solchen Angebots in der Union über einen Zeitraum von 12 Monaten 8 000 000 EUR nicht überschreitet. Die Mitgliedstaaten unterrichten die Kommission und die ESMA, ob und auf welche Weise sie beschließen, die Ausnahme nach Unterabsatz 1 anzuwenden, und teilen mit, welchen Gegenwert sie als Obergrenze festgesetzt haben, unterhalb deren die Ausnahme für Angebote in diesem Mitgliedstaat gilt. Sie unterrichten die Kommission und die ESMA ferner über alle späteren Änderungen dieses Gegenwerts.

(3) Unbeschadet des Artikels 1 Absatz 5 werden Wertpapiere erst nach vorheriger Veröffentlichung eines Prospekts gemäß dieser Verordnung zum Handel an einem geregelten Markt, der sich in der Union befindet oder dort betrieben wird, zugelassen.

Übersicht

	Rn.
I. Einführung	1
1. Literatur	1
2. Entstehung und Zweck der Norm	2
3. Normativer Kontext	3
II. Prospektpflicht und Ausnahmen	4
a) Prospekt versus Kryptowerte-Whitepaper	4
b) Ausnahme	6
c) Vergleich mit MICAR	7

I. Einführung

1. Literatur. Schwark/Zimmer/Preuße Kapitalmarktrechts-Kommentar, 1
5. Aufl. 2020, Eckhold/F. Schäfer, § 17 in Assmann/Schütze/Buck-Heeb,
Handbuch des Kapitalanlagerechts, 6. Aufl. 2024.

2. Entstehung und Zweck der Norm. Artikel 3 der Prospektverord- 2
nung enthält eine generelle Prospektpflicht für jedes öffentliche Angebot von
Wertpapieren in der Europäischen Union, es sei denn eine der Ausnahme-

regelungen in Art. 1 Abs. 4 oder Art. 3 Abs. 2 der Prospektverordnung liegt vor.

3 3. **Normativer Kontext.** Die Prospektpflicht ist abhängig von der der Qualifizierung als Wertpapier iSv Art. 2 der Prospektverordnung. Hierzu → Prospektverordnung Art. 2 Rn. 4.

II. Prospektpflicht und Ausnahmen

4 a) **Prospekt versus Kryptowerte-Whitepaper.** Soweit eine Einordnung des Krypto-Assets als iSv Art. 2 der ProspektVO erfolgt ist, gilt bei einem öffentlichen Angebot im Inland die Prospektpflicht. Nur wenn die Prüfung nicht zu einem Anwendungsvorrang der ProspektVO führt, muss ein Kryptowerte-Whitepaper angeboten werden, siehe dazu Art. 2 Abs. 4 (a) MICAR.

5 Zumindest in der Regelungsstruktur entspricht ein Kryptowerte-Whitepaper der EU-Prospekt-VO für Finanzinstrumente. Danach hat ein öffentlicher Anbieter von Kryptowerten ein Kryptowerte-Whitepaper gemäß Art. 6 MICAR zu erstellen, es der zuständigen Behörde des Herkunftsmitgliedstaates gemäß Art. 8 MICAR zu übermitteln, es gemäß Art. 9 MICAR zu veröffentlichen und ggf. Änderungen gemäß Art. 12 MICAR bekannt zu machen.

§ 13 WpPG sieht ein Billigungsverfahren vor, wonach ein Prospekt vor seiner Billigung durch die BaFin nicht veröffentlich werden darf. Die Vorschrift dient dem Anlegerschutz, indem öffentliche Angebote bzw. die Zulassung zum Handel an einem organisierten Markt nicht ohne Veröffentlichung eines informierenden Prospektes erfolgen, der vorher von einer neutralen Stelle geprüft und gebilligt wurde.

Das Kryptowerte-Whitepaper setzt ein solches Billigungs- oder Genehmigungsverfahren gemäß Art. 16 und Art. 20 der MICAR für vermögenswertreferenzierte Token voraus, nicht aber für andere der Whitepaper-Pflicht unterliegenden Kryptowerte. Für solche „einfachen" Kryptowerte sieht Art. 8 Abs. 1 MICAR, bzw. für E-Geld Token, Art. 51 Abs. 11 S. 1 MICAR lediglich die Übermittlung des Kryptowerte-Whitepapers an die zuständige Behörde vor. Einer formellen Genehmigung bedarf es nicht (Art. 8 Abs. 3, bzw. Art. 51 Abs. 11 S. 2 für E-Geld Token).

Für die Angaben im Whitepaper sieht die MICAR eine spezielle Prospekthaftung vor. Mögliches Haftungssubjekt sind neben dem Emittenten als Unternehmen auch unmittelbar dessen Verwaltungs-, Geschäftsführungs- oder Aufsichtsorganmitglieder. Das fehlende Billigungsverfahren bei E-Geld Token und sonstigen „einfachen" Kryptowerten wird damit durch die persönliche Haftung der Organmitglieder flankiert (Art. 52 für E-Geld Token und Art. 16 für die „einfachen" Kryptowerte, sowie ohnehin Art. 26 für vermögenswertreferenzierte Token).

6 b) **Ausnahme.** Art. 3 Abs. 2 eröffnet den Mitgliedstaaten die Möglichkeit, öffentliche Angebote von Wertpapieren, die über einen Zeitraum von 12 Monaten den Gesamtgegenwert von 8 Millionen EUR nicht überschreiten, von der Prospektpflicht auszunehmen. Deutschland hat von dieser Möglichkeit im Rahmen des Optionsausübungsgesetzes vom 21.7.2018 (bzw. durch das EU-ProspektVOAusfG) durch Aufnahme einer Bestimmung § 3 Nr. 2 WpPG wie folgt Gebrauch gemacht.

Betroffen sind Angebote mit einem Gesamtgegenwert von weniger als 1 Mio. EUR über einen Zeitraum von 12 Monaten, wobei die Mitgliedstaaten jedoch die Möglichkeit haben, diesen Schwellenwert auf bis zu 8 Mio. EUR anzuheben. Deutschland hat von dieser Möglichkeit Gebrauch gemacht und eine komplexe Regelung für Angebote zwischen 100.000 EUR und unter 8.000.000 EUR im EWR über einen Zeitraum von 12 Monaten eingeführt, die vorbehaltlich der folgenden Bestimmungen befreit sind:

- Der Emittent muss ein Wertpapierinformationsblatt erstellen und es der BaFin zur Genehmigung vorlegen. Das Wertpapierinformationsblatt darf nicht länger als drei A4-Seiten sein und hat einen genau definierten Inhalt.
- Während des Angebots muss der Emittent auf Anfrage seinen letzten Jahresabschluss in Textform zur Verfügung stellen. Ist er nicht veröffentlicht, muss der Jahresabschluss dem Informationsblatt beigefügt werden.
- Wesentliche Unrichtigkeiten oder Unvollständigkeiten des Merkblattes lösen eine gesetzliche Haftung aus.
- Bei Angeboten von mehr als 1 Mio. EUR und weniger als 8 Mio. EUR können nicht qualifizierte Anleger die Wertpapiere nur auf der Grundlage einer Anlageberatung oder von Maklerdienstleistungen einer Wertpapierfirma erwerben, und für diese Anleger gilt die höhere der folgenden Anlagegrenzen:
  - 1.000 EUR;
  - 10.000 EUR, wenn der Anleger auf der Grundlage eines Fragebogens zur Selbsteinschätzung über ein frei verfügbares Vermögen in Form von Bankkonten oder Finanzinstrumenten in Höhe von mindestens 100.000 EUR verfügt; oder
  - das Doppelte des durchschnittlichen monatlichen Nettoeinkommens auf der Grundlage eines Fragebogens zur Selbsteinschätzung, jedoch nicht mehr als 10.000 EUR.

c) Vergleich mit MICAR. Soweit die Pflicht zur Veröffentlichung eines 7 Kryptowerte-Whitepaper besteht, sieht auch die MICAR in Art. 4 Abs. 2 Ausnahmen von der Whitepaper- pflicht für andere Kryptowerte als vermögenswertreferenzierte Token oder E-Geld Token vor, soweit

- ein Angebot an weniger als 150 natürliche oder juristische Personen je Mitgliedstaat, wenn diese Personen für eigene Rechnung handeln;
- ein öffentliches Angebot eines Kryptowerts in der Union, dessen Gesamtgegenwert über einen Zeitraum von zwölf Monaten ab dem Beginn des Angebots 1 Million EUR oder den Gegenwert in einer anderen amtlichen Währung oder in Kryptowerten nicht übersteigt;
- ein Angebot eines Kryptowerts, das sich ausschließlich an qualifizierte Anleger richtet, sofern der Kryptowert nur von diesen qualifizierten Anlegern gehalten werden kann.

Art. 3 Abs. 3 schließlich ist das Gegenstück zu Abs. 1, der die Prospekt- 8 pflicht für ein öffentliches Angebot begründet und legt seinerseits die Prospektpflicht für die Zulassung an einem „geregelten" Markt im Inland fest.

Am 7.12.2022 veröffentlichte die Europäische Kommission ihren Vor- 9 schlag für den „EU Listing Act". Zweck des vorgeschlagenen EU-Listing Acts ist es, die Entwicklung der europäischen Kapitalmarktunion zu fördern. Ziel ist es, die Attraktivität der europäischen Kapitalmärkte für kleine und mittlere Unternehmen zu erhöhen. Der vorgeschlagene EU-Listing Act

ProspektVO Art. 3 — VO 2017/2019 (Prospektverordnung)

enthält Änderungen an mehreren Kapitalmarktvorschriften, darunter auch an der Prospektverordnung. Vorgeschlagen werden u. a. erweiterte Ausnahmen von der Prospektpflicht, eine weitere Vereinheitlichung der Prospektform, Begrenzungen der Seitenzahl und neue Arten von vereinfachten Prospekten für bestimmte Situationen.

Verordnung (EU) Nr. 596/2014 des Europäischen Parlaments und des Rates vom 16. April 2014 über Marktmissbrauch (Marktmissbrauchsverordnung)

Artikel 2 Anwendungsbereich

(1) Diese Verordnung gilt für
a) Finanzinstrumente, die zum Handel auf einem geregelten Markt zugelassen sind oder für die ein Antrag auf Zulassung zum Handel auf einem geregelten Markt gestellt wurde;
b) Finanzinstrumente, die in einem multilateralen Handelssystem gehandelt werden, zum Handel in einem multilateralen Handelssystem zugelassen sind oder für die ein Antrag auf Zulassung zum Handel in einem multilateralen Handelssystem gestellt wurde;
c) Finanzinstrumente, die in einem organisierten Handelssystem gehandelt werden;
d) Finanzinstrumente, die nicht unter die Buchstaben a, b oder c fallen, deren Kurs oder Wert jedoch von dem Kurs oder Wert eines unter diesen Buchstaben genannten Finanzinstruments abhängt oder sich darauf auswirkt; sie umfassen Kreditausfall-Swaps oder Differenzkontrakte, sind jedoch nicht darauf beschränkt.

Diese Verordnung gilt außerdem für Handlungen und Geschäfte, darunter Gebote, bezüglich Versteigerungen von Treibhausgasemissionszertifikaten und anderen darauf beruhenden Auktionsobjekten auf einer als geregelten Markt zugelassenen Versteigerungsplattform gemäß der Verordnung (EU) Nr. 1031/2010, selbst wenn die versteigerten Produkte keine Finanzinstrumente sind. Sämtliche Vorschriften und Verbote dieser Verordnung in Bezug auf Handelsaufträge gelten unbeschadet etwaiger besonderer Bestimmungen zu den im Rahmen einer Versteigerung abgegebenen Geboten für diese Gebote.

(2) Die Artikel 12 und 15 gelten auch für
a) Waren-Spot-Kontrakte, die keine Energiegroßhandelsprodukte sind, bei denen die Transaktion, der Auftrag oder die Handlung eine Auswirkung auf den Kurs oder den Wert eines Finanzinstruments gemäß Absatz 1 hat, oder eine solche Auswirkung wahrscheinlich oder beabsichtigt ist;
b) Arten von Finanzinstrumenten, darunter Derivatekontrakte und derivative Finanzinstrumente für die Übertragung von Kreditrisiken, bei denen das Geschäft, der Auftrag, das Gebot oder das Verhalten eine Auswirkung auf den Kurs oder Wert eines Waren-Spot-Kontrakts hat oder voraussichtlich haben wird, dessen Kurs oder Wert vom Kurs oder Wert dieser Finanzinstrumente abhängen, und
c) Handlungen in Bezug auf Referenzwerte

(3) Diese Verordnung gilt für alle Geschäfte, Aufträge und Handlungen, die eines der in den Absätzen 1 und 2 genannten Finanzinstrumente betreffen, unabhängig davon, ob ein solches Geschäft, ein solcher Auftrag oder eine solche Handlung auf einem Handelsplatz getätigt wurden.

(4) Die Verbote und Anforderungen dieser Verordnung gelten für Handlungen und Unterlassungen in der Union und in Drittländern in Bezug auf die in den Absätzen 1 und 2 genannten Instrumente.

Übersicht

	Rn.
I. Einführung	1
1. Literatur	1
2. Entstehung und Zweck der Norm	2
3. Normativer Kontext	5
II. Die Vorschrift im Einzelnen	6
1. Anwendung auf Finanzinstrumente, die an einem Handelsplatz gehandelt werden (Abs. 1)	6
2. Anwendung auf andere Instrumente (Abs. 2)	10
3. Anwendung auch auf Geschäfte außerhalb eines Handelsplatzes (Abs. 3)	11
4. Extraterritorialität (Abs. 4)	12

I. Einführung

1. Literatur. Klöhn, Kommentar zur Marktmissbrauchsverordnung, 2. Aufl. 2023, Kommentierung zu Art. 2 MAR.

2. Entstehung und Zweck der Norm. Die MAR ersetzt die MarktmissbrauchsRL von 2003.[1] Durch den Ersatz einer Richtlinie durch eine Verordnung wurde das Marktmissbrauchsrecht in der EU noch stärker vereinheitlicht. Bestimmte Regelungskomplexe wurden erheblich erweitert und verfeinert. Nach Zählung des Verf. hat sich seinerzeit das Volumen aller relevanten Vorschriften (einschließlich aller Sekundärrechtsakte) ungefähr versechsfacht. Man kann mit Ernüchterung feststellen, dass sich (erwartbar) die Zahl der unklaren Rechtsfragen – trotz Einarbeitung von Rechtsprechung des EuGH in den Rechtstext – nicht verkleinert sondern erhöht hat. Einige Bereiche der MAR-Neuregelungen haben sich als praxisfern und überbürokratisierend erwiesen, etwa die komplexen Vorschriften zur Marktsondierung (Art. 11) oder die unnötigen Verkomplizierungen bei den Insiderlisten (Art. 18). Nach Meinung des Verf. ist die MAR daher im Vergleich zur Vorgängerregelung ein Fehlwurf, der zu keinen spürbaren Verbesserungen in der Bekämpfung des Marktmissbrauchs geführt hat und lediglich den Marktteilnehmern zusätzlichen Aufwand bei der Einhaltung von Vorschriften beschert hat. So nimmt es nicht Wunder, dass nach einer langen Phase der Verschärfung des EU-Kapitalmarktrechts inzwischen ein vorsichtiges Umdenken eingesetzt hat, um durch Regulierung verursachte Standortnachteile des EU-Kapitalmarkts abzubauen und dieses zu entbürokratisieren, wenn auch nicht notwendigerweise damit eine Reduktion von Komplexität verbunden ist. Der Schwerpunkt der Bemühungen liegt dabei auf einer Erleichterung des Kapitalmarktzugangs für KMU. Jedenfalls sieht der Entwurf eines EU-Listing Act[2] Erleichterungen auch im Marktmissbrauchsrecht vor. So wird uA. klargestellt, dass es sich bei den Marktsondierungsvorschriften

---

[1] Richtlinie 2003/6/EG des Europäischen Parlaments und des Rates vom 28.1.2003 über Insider-Geschäfte und Marktmanipulation (Marktmissbrauch).

[2] Vorschlag der EU-Kommission für eine Verordnung des Europäischen Parlaments und des Rates zur Änderung der Verordnungen (EU) 2017/1129, (EU) Nr. 596/2014 und (EU) Nr. 600/2014 zur Steigerung der Attraktivität der öffentlichen Kapitalmärkte in der Union

Anwendungsbereich   **Art. 2 Marktmissbrauchsverordnung**

(Art. 11) nur um einen so genannten Safe Harbor handelt, die Regelung zu den Insiderlisten wird vereinfacht und der Schwellenwert für die Meldungen von Transaktionen durch Führungskräfte angehoben. Auch das Meldeverfahren für Aktienrückkaufprogramme wird vereinfacht. Der Vorstoß der EU-Kommission mit dem Listing Act den EU Kapitalmarkt attraktiver zu machen, ist zu begrüßen. Ob die Vorschläge weit genug gehen, ist eine andere Frage.

Die MAR regelt im Wesentlichen das Verbot des Insiderhandels und der Marktmanipulation und Ausnahmen, etwa für Rückkaufprogramme (Art. 5–16), die Offenlegung von Insiderinformationen durch Emittenten (Art. 17), die Pflicht von Emittenten und der für sie tätigen Unternehmen zur Führung von Insiderlisten (Art. 18); die Veröffentlichung von Eigengeschäften von Führungskräften von Emittenten (Art. 19) und die Erstellung und Verbreitung von Finanzanalyseberichten über börsennotierte Wertpapiere (nun Anlageempfehlungen und Anlagestrategieempfehlungen genannt) in den Art. 20 und 21.   3

Die Vorschrift legt den Anwendungsbereich der MAR fest.   4

3. Normativer Kontext. Die MiCAR enthält ein stark an die Vorschriften der MAR angelehntes System von Vorschriften zur Bekämpfung des Marktmissbrauchs für Kryptowerte (Art. 86 ff. MiCAR) Das wurde in Erwgr. Nr. 95 der MiCAR damit begründet, dass es unverhältnismäßig sei, alle Vorschriften der MAR auf Kryptowerte anzuwenden. Dem ist zuzustimmen. Ob es im Ergebnis gelungen ist, eine angemessene Regelung für Marktmissbrauch mit Kryptowerten zu schaffen, wird die Zukunft zeigen. Im Übrigen wird dazu auf die Kommentierung von Art. 86 ff. verwiesen. Damit stellt sich die Frage der Abgrenzung der Marktmissbrauchsvorschriften der MAR im Vergleich zu denen der MiCAR, zu deren Beantwortung in Bezug auf die MAR deren Art. 2 herangezogen werden muss. Relevant ist das auch insoweit, als dass die MiCAR (anders als bei der Regulierung von E-Geld) eine klare Trennlinie zu Finanzinstrumenten zieht, für die ungeachtet von deren Speicherung mithilfe der DLT schon immer das normale Kapitalmarktrecht galt, insbesondere für Security Token (vgl. insoweit Art. 2 Abs. 4) lit. a MiCAR. „Finanzinstrument" wird in Art. 3 Abs. 1 Nr. 49 MiCAR zwar unter Bezugnahme auf die MiFID definiert; wie aber an anderer Stelle (→ Art. 3 Rn. 6) gezeigt wird, hat diese Trennlinie auch entscheidende Bedeutung für die Abgrenzung der Marktmissbrauchsregimes von MAR und MiCAR.   5

II. Die Vorschrift im Einzelnen

1. Anwendung auf Finanzinstrumente, die an einem Handelsplatz gehandelt werden (Abs. 1). Abs. 1 erster UAbs. lit. a–c legen fest, dass die MAR insgesamt nur Anwendung findet, wenn das fragliche Finanzinstrument an einem regulierten Markt börsengehandelt wird oder in einem multilateralen oder organisierten Handelssystem. Wegen der verwendeten Begriffe → Art. 3 Rn. 7. Darüber hinaus erfasst die MAR Finanzinstrumente auch schon dann wenn ein Zulassungsantrag gestellt wurde (gilt nicht für organisierte Handelssysteme). Lit. d erfasst darüber hinaus auch nicht an einem   6

---

für Unternehmen und zur Erleichterung des Kapitalzugangs für kleine und mittlere Unternehmen vom 7.12.2022, COM(2022) 762 final.

Handelsplatz gehandelte Finanzinstrumente, deren Wert sich von an Handelsplätzen gehandelten Finanzinstrumenten ableitet oder die deren Kurs beeinflussen, wobei Kreditausfall-Swaps und Contracts for Difference nur beispielhaft genannt werden.

7   Wichtig ist, dass die genannten Handelsplätze nur solche sind, die in der EU/im EWR belegen sind. Für an Handelsplätzen in Drittstaaten gehandelte Finanzinstrumente gilt die MAR nicht, allerdings mit der Maßgabe, dass schon ein sekundärer Handel in der EU genügt, etwa wenn eine US-Aktie, die im Rahmen eines Erstlistings an einer US-Börse gehandelt wird, in einem Freiverkehrssegment der EU (mit oder ohne Zustimmung des Emittenten) gehandelt wird.

8   In Bezug auf die DLT-PR ist festzuhalten, dass ein an einem DLT-MTF oder DLT-TSS zugelassenes Finanzinstrument von der MAR erfasst wird (vgl. Art. 3 Abs. 7 DLT-PR).

9   Der zweite UAbs. erweitert den Anwendungsbereich der MAR auf Handlungen und Geschäfte, darunter auch Gebote, bei Versteigerungen von Treibhausemissionszertifikaten und darauf beruhenden Aktionsobjekten auf einer als geregelter Markt zugelassenen Versteigerungsplattform, selbst wenn die Versteigerungsobjekte keine Finanzinstrumente sind. Womöglich könnte sich hier eine unbeabsichtigte Doppelregulierung zur MiCAR ergeben, wenn es um tokenisierte Instrumente geht, die auf Treibhausgasemissionszertifikate bezogen sind. Allerdings müssten diese an einem geregelten Markt gehandelt werden, damit die MAR gilt.

10 **2. Anwendung auf andere Instrumente (Abs. 2).** Lediglich Art. 12 und 15 MAR (Verbot der Marktmanipulation) werden auf die in lit. a–c genannten Instrumente erstreckt. Damit soll eine indirekte Manipulation von Kursen börsengehandelter Finanzinstrumente durch Waren-Spotgeschäfte, Kreditausfall-Swaps etc verhindert werden. Lit. c ist breiter angelegt und erfasst die Manipulationen von Referenzwerten. Ein Konnex zur MAR oder zur DLT-PR erscheint hier eher unwahrscheinlich.

11 **3. Anwendung auch auf Geschäfte außerhalb eines Handelsplatzes (Abs. 3).** Abs. 3 rückt das schiefe Bild zurecht, dass Abs. 1 und 2 womöglich erzeugen, wonach es um Papiere geht, die an einem Handelsplatz gehandelt werden. Abs. 3 stellt nämlich klar, dass das nicht dazu führt, dass nur Handlungen an diesen Handelsplätzen von der MAR erfasst werden. Vielmehr kann ein Verstoß insbesondere gegen das Insiderhandelsverbot oder eine Marktmanipulation selbstverständlich auch durch Geschäfte außerhalb diese Handelsplätze oder durch Handlungen jeglicher Art begangen werden. Strukturell orientiert sich Art. 86 (2) MiCAR an Abs. 3.

12 **4. Extraterritorialität (Abs. 4).** Abs. 4 erweitert den territorialen Anwendungsbereich der MAR über das Gebiet der EU und des EWR hinaus auf Handlungen in Drittländern. Festzuhalten ist, dass als Nexus für die Anwendung der MAR nur die Zulassung zum Handel eines Instruments an einem Handelsplatz in der EU genügt (wobei selbst hier noch die in Abs. 2 beschriebenen Erweiterungen gelten). Ist dieser Nexus gegeben, kann die Tat gänzlich in einem Drittland stattgefunden haben und ist trotzdem von den Verboten der MAR erfasst. Strukturell orientiert sich Art. 86 Abs. 3 MiCAR an Abs. 4.

Artikel 3 Begriffsbestimmungen

(1) Für die Zwecke dieser Verordnung gelten folgende Begriffsbestimmungen:

1. „Finanzinstrument" bezeichnet ein Finanzinstrument im Sinne von Artikel 4 Absatz 1 Nummer 15 der Richtlinie 2014/65/EU;
2. „Wertpapierfirma" bezeichnet eine Wertpapierfirma im Sinne von Artikel 4 Absatz 1 Nummer 1 der Richtlinie 2014/65/EU;
3. „Kreditinstitut" bezeichnet ein Kreditinstitut oder im Sinne des Artikels 4 Absatz 1 Nummer 1 der Verordnung (EU) Nr. 575/2013 des Europäischen Parlaments und des Rates;
4. „Finanzinstitut" bezeichnet ein Finanzinstitut im Sinne von Artikel 4 Absatz 1 Nummer 26 der Verordnung (EU) Nr. 575/2013;
5. „Marktbetreiber" bezeichnet einen Marktbetreiber im Sinne von Artikel 4 Absatz 1 Nummer 18 der Richtlinie 2014/65/EU;
6. „geregelter Markt" bezeichnet einen geregelten Markt im Sinne von Artikel 4 Absatz 1 Nummer 21 der Richtlinie 2014/65/EU;
7. „multilaterales Handelssystem" bezeichnet ein multilaterales System in der Union im Sinne von Artikel 4 Absatz 1 Nummer 22 der Richtlinie 2014/65/EU;
8. „organisiertes Handelssystem" bezeichnet ein System oder eine Fazilität in der Union im Sinne von Artikel 4 Absatz 1 Nummer 23 der Richtlinie 2014/65/EU;
9. „zulässige Marktpraxis" bezeichnet eine bestimmte Marktpraxis, die von einer zuständigen Behörde gemäß Artikel 13 anerkannt wurde;
10. „Handelsplatz" bezeichnet einen Handelsplatz im Sinne von Artikel 4 Absatz 1 Nummer 24 der Richtlinie 2014/65/EU;
11. „KMU-Wachstumsmarkt" bezeichnet einen KMU-Wachstumsmarkt im Sinne von Artikel 4 Absatz 1 Nummer 12 der Richtlinie 2014/65/EU;
12. „zuständige Behörde" bezeichnet eine gemäß Artikel 22 benannte zuständige Behörde, sofern nicht in dieser Verordnung etwas anderes bestimmt ist;
13. „Person" bezeichnet eine natürliche oder juristische Person;
14. „Ware" bezeichnet eine Ware im Sinne von Artikel 2 Nummer 1 der Verordnung (EG) Nr. 1287/2006 der Kommission (2);
15. „Waren-Spot-Kontrakt" bezeichnet einen Kontrakt über die Lieferung einer an einem Spotmarkt gehandelten Ware, die bei Abwicklung des Geschäfts unverzüglich geliefert wird, sowie einen Kontrakt über die Lieferung einer Ware, die kein Finanzinstrument ist, einschließlich physisch abzuwickelnde Terminkontrakte;
16. „Spotmarkt" bezeichnet einen Warenmarkt, an dem Waren gegen bar verkauft und bei Abwicklung des Geschäfts unverzüglich geliefert werden, und andere Märkte, die keine Finanzmärkte sind, beispielsweise Warenterminmärkte;
17. „Rückkaufprogramm" bezeichnet den Handel mit eigenen Aktien gemäß den Artikeln 21 bis 27 der Richtlinie 2012/30/EU des Europäischen Parlaments und des Rates (3);
18. „algorithmischer Handel" bezeichnet den algorithmischen Handel mit im Sinne von Artikel 4 Absatz 1 Nummer 39 der Richtlinie 2014/65/EU;
19. „Emissionszertifikat" bezeichnet ein Emissionszertifikat im Sinne von Anhang I Abschnitt C Nummer 11 der Richtlinie 2014/65/EU;

20. „Teilnehmer am Markt für Emissionszertifikate" bezeichnet eine Person, die Geschäfte einschließlich der Erteilung von Handelsaufträgen, mit Emissionszertifikaten und anderen darauf beruhenden Auktionsobjekten oder Derivaten betreibt, und die nicht unter die Ausnahme von Artikel 17 Absatz 2 Unterabsatz 2 fällt;
21. „Emittent" bezeichnet eine juristische Person des privaten oder öffentlichen Rechts, die Finanzinstrumente emittiert oder deren Emission vorschlägt, wobei der Emittent im Fall von Hinterlegungsscheinen, die Finanzinstrumente repräsentieren, der Emittent des repräsentierten Finanzinstruments ist;
22. „Energiegroßhandelsprodukt" bezeichnet ein Energiegroßhandelsprodukt im Sinne von Artikel 2 Nummer 4 der Verordnung (EU) Nr. 1227/2011;
23. „nationale Regulierungsbehörde" bezeichnet eine nationale Regulierungsbehörde im Sinne von Artikel 2 Nummer 10 der Verordnung (EU) Nr. 1227/2011;
24. „Warenderivate" bezeichnet Warenderivate im Sinne von Artikel 2 Absatz 1 Nummer 30 der Verordnung (EU) Nr. 600/2014 des Europäischen Parlaments und des Rates (4);
25. eine „Person, die Führungsaufgaben wahrnimmt", bezeichnet eine Person innerhalb eines Emittenten, eines Teilnehmers am Markt für Emissionszertifikate oder eines anderen in Artikel 19 Absatz 10 genannten Unternehmens,
    a) die einem Verwaltungs-, Leitungs- oder Aufsichtsorgan dieses Unternehmens angehört oder
    b) die als höhere Führungskraft zwar keinem der unter Buchstabe a genannten Organe angehört, aber regelmäßig Zugang zu Insiderinformationen mit direktem oder indirektem Bezug zu diesem Unternehmen hat und befugt ist, unternehmerische Entscheidungen über zukünftige Entwicklungen und Geschäftsperspektiven dieses Unternehmens zu treffen;
26. „eng verbundene Person" bezeichnet
    a) den Ehepartner oder einen Partner dieser Person, der nach nationalem Recht einem Ehepartner gleichgestellt ist;
    b) ein unterhaltsberechtigtes Kind entsprechend dem nationalen Recht;
    c) einen Verwandten, der zum Zeitpunkt der Tätigung des betreffenden Geschäfts seit mindestens einem Jahr demselben Haushalt angehört oder
    d) eine juristische Person, Treuhand oder Personengesellschaft, deren Führungsaufgaben durch eine Person, die Führungsaufgaben wahrnimmt, oder durch eine in den Buchstaben a, b oder c genannte Person wahrgenommen werden, oder die direkt oder indirekt von einer solchen Person kontrolliert wird, oder die zugunsten einer solchen Person gegründet wurde oder deren wirtschaftliche Interessen weitgehend denen einer solchen Person entsprechen;
27. „Datenverkehrsaufzeichnungen" bezeichnet die Aufzeichnungen von Verkehrsdaten im Sinne von Artikel 2 Buchstabe b Unterabsatz 2 der Richtlinie 2002/58/EG des Europäischen Parlaments und des Rates (5);
28. „Person, die beruflich Geschäfte vermittelt oder ausführt" bezeichnet eine Person, die beruflich mit der Entgegennahme und Übermittlung

von Aufträgen oder der Ausführung von Geschäften mit Finanzinstrumenten befasst ist;
29. „Referenzwert" bezeichnet einen Kurs, Index oder Wert, der der Öffentlichkeit zugänglich gemacht oder veröffentlicht wird und periodisch oder regelmäßig durch die Anwendung einer Formel auf den Wert eines oder mehrerer Basiswerte oder -preise, einschließlich geschätzter Preise, tatsächlicher oder geschätzter Zinssätze oder sonstiger Werte, oder auf Erhebungsdaten ermittelt bzw. auf der Grundlage dieser Werte bestimmt wird und auf den bei der Festsetzung des für ein Finanzinstrument zu entrichtenden Betrags oder des Wertes eines Finanzinstruments Bezug genommen wird;
30. „Market-Maker" bezeichnet einen Market-Maker im Sinne von Artikel 4 Absatz 1 Nummer 7 der Richtlinie 2014/65/EU;
31. „Beteiligungsaufbau" bezeichnet den Erwerb von Anteilen an einem Unternehmen, durch den keine rechtliche oder regulatorische Verpflichtung entsteht, in Bezug auf das Unternehmen ein öffentliches Übernahmeangebot abzugeben;
32. „offenlegender Marktteilnehmer" bezeichnet eine natürliche oder juristische Person, die zu einer der Kategorien gemäß Artikel 11 Absatz 1 Buchstaben a bis d sowie Artikel 11 Absatz 2 gehört und im Zuge einer Marktsondierung Informationen offenlegt;
33. „Hochfrequenzhandel" bezeichnet die Methode des algorithmischen Hochfrequenzhandels im Sinne des Artikels 4 Absatz 1 Nummer 40 der Richtlinie 2014/65/EU;
34. „Empfehlung oder Vorschlag einer Anlagestrategie" bezeichnet
    i) eine von einem unabhängigen Analysten, einer Wertpapierfirma, einem Kreditinstitut oder einer sonstigen Person, deren Haupttätigkeit in der Erstellung von Anlageempfehlungen besteht, oder einer bei den genannten Einrichtungen im Rahmen eines Arbeitsvertrags oder anderweitig tätigen natürlichen Person erstellte Information, die direkt oder indirekt einen bestimmten Anlagevorschlag zu einem Finanzinstrument oder einem Emittenten darstellt;
    ii) eine von anderen als den in Ziffer i genannten Personen erstellte Information, die direkt eine bestimmte Anlageentscheidung zu einem Finanzinstrument vorschlägt;
35. „Anlageempfehlungen" bezeichnet Informationen mit expliziten oder impliziten Empfehlungen oder Vorschlägen zu Anlagestrategien in Bezug auf ein oder mehrere Finanzinstrumente oder Emittenten, die für Verbreitungskanäle oder die Öffentlichkeit vorgesehen sind, einschließlich einer Beurteilung des aktuellen oder künftigen Wertes oder Kurses solcher Instrumente.

(2) Für die Anwendung des Artikels 5 gelten folgende Begriffsbestimmungen

a) „Wertpapiere" bezeichnet:
    i) Aktien und andere Wertpapiere, die Aktien entsprechen;
    ii) Schuldverschreibungen und sonstige verbriefte Schuldtitel oder
    iii) verbriefte Schuldtitel, die in Aktien oder andere Wertpapiere, die Aktien entsprechen, umgewandelt bzw. gegen diese eingetauscht werden können.
b) „verbundene Instrumente" bezeichnet die nachstehend genannten Finanzinstrumente selbst wenn sie nicht zum Handel auf einem Handelsplatz zugelassen sind, gehandelt werden oder für sie kein Antrag

auf Zulassung zum Handel auf einem solchen Handelsplatz gestellt wurde:
  i) Verträge über bzw. Rechte auf Zeichnung, Kauf oder Verkauf von Wertpapieren,
  ii) Finanzderivate auf Wertpapiere,
  iii) bei wandel- oder austauschbaren Schuldtiteln die Wertpapiere, in die diese wandel- oder austauschbaren Titel umgewandelt bzw. gegen die sie eingetauscht werden können,
  iv) Instrumente, die vom Emittenten oder Garantiegeber der Wertpapiere ausgegeben werden bzw. besichert sind und deren Marktkurs den Kurs der Wertpapiere erheblich beeinflussen könnte oder umgekehrt,
  v) in Fällen, in denen die Wertpapiere Aktien entsprechen, die von diesen vertretenen Aktien bzw. die von diesen vertretenen anderen Wertpapiere, die Aktien entsprechen;
c) „signifikantes Zeichnungsangebot" bezeichnet eine Erst- oder Zweitplatzierung von Wertpapieren, die sich sowohl hinsichtlich des Werts der angebotenen Wertpapiere als auch hinsichtlich der Verkaufsmethoden vom üblichen Handel unterscheidet;
d) „Kursstabilisierung" ist jeder Kauf bzw. jedes Angebot zum Kauf von Wertpapieren oder eine Transaktion mit vergleichbaren verbundenen Instrumenten, die ein Kreditinstitut oder eine Wertpapierfirma im Rahmen eines signifikanten Zeichnungsangebots für diese Wertpapiere mit dem alleinigen Ziel tätigen, den Marktkurs dieser Wertpapiere für einen im Voraus bestimmten Zeitraum zu stützen, wenn auf diese Wertpapiere Verkaufsdruck besteht.

Übersicht

	Rn.
I. Einführung	1
1. Literatur	1
2. Entstehung und Zweck der Norm	2
3. Normativer Kontext	5
II. Definitionen im Einzelnen	7
1. Definitionen in Abs. 1	7
2. Definitionen in Abs. 2	8

I. Einführung

1 **1. Literatur.** Klöhn, Kommentar zur Marktmissbrauchsverordnung, 2. Aufl. 2023, Kommentierung zu Art. 3 MAR.

2 **2. Entstehung und Zweck der Norm.** Zu Entstehung → MAR Art. 2 Rn. 2 f.

3 Art. 3 definiert die in der MAR verwendeten Begriffe. Da das vorliegende Werk nur eine Kommentierung von Art. 2 MAR enthält, wird auf die Erläuterung von dort nicht vorkommenden Begriffen verzichtet.

4 Die verbliebenen Definitionen verweisen weitgehend auf die in der MiFID II verwendeten Definitionen.

5 **3. Normativer Kontext.** Art. 3 hat für den in Art. 2 geregelten Anwendungsbereich der MAR wesentliche Bedeutung, da viele definierte Begriff in Art. 2 MAR verwendet werden.

Begriffsbestimmungen **Art. 3 Marktmissbrauchsverordnung**

Im Verhältnis zur MiCAR ist der Schlüsselbegriff derjenige des Finanz- 6
instruments wegen des Ausschlusses der Anwendung der MiCAR auf Finanzinstrumente in Art. 2 Abs. 4 lit. a MiCAR. Die dortige Bereichsausnahme verweist auf den Finanzinstrumente-Begriff in der MiFID II. Da auch in der MAR-Definition von Finanzinstrumenten in Art. 3 Abs. 1 Nr. 1 MAR auf den entsprechenden Begriff der MiFID II verwiesen wird, fungiert Art. 2 Abs. 4 lit. a MiCAR zugleich als präzise Abgrenzungsnorm zwischen den Marktmissbrauchsregimen in der MICAR und in der MAR. Erfreulicherweise (oder auch nur zufällig) ergibt sich auf diese Weise eine einheitliche Demarkationslinie zwischen dem traditionellen EU-Kapitalmarktrecht und der MiCAR mit klarem Vorrang für das in den meisten Aspekten strengeren Kapitalmarktrechts vor dem Sonderrecht für Kryptowerte. Das klare Signal lautet: Durch die Verwendung der DLT kann ein Finanzinstrument dem Anwendungsbereich des Kapitalmarktrechts nicht entzogen werden, und das ist auch gut so.

II. Definitionen im Einzelnen

1. Definitionen in Abs. 1. Nicht in Art. 2 verwendete Begriffe (Abs. 1 7
Nr. 2–5, 9, 12, 13, 17, 18, 20, 21, 23–28 und 30–35) werden nachstehend nicht behandelt.

- **Finanzinstrumente:** Abs. 1 Nr. 1 verweist auf Art. 4 (1) Nr. 15 MiFID II → MiFID II Anhang I Rn. 8.
- **geregelter Markt:** Abs. 1 Nr. 6 verweist auf Art. 4 (1) Nr. 21 MiFID II → MiFID II Art. 53 Rn. 7 f.
- **multilaterales Handelssystem (MTF):** Abs. 1 Nr. 7 verweist auf Art. 4 (1) Nr. 22 MiFID II. Danach handelt es sich um ein von einer Wertpapierfirma oder einem Marktbetreiber betriebenes multilaterales System, das die Interessen einer Vielzahl Dritter am Kauf und Verkauf von Finanzinstrumenten innerhalb des Systems und nach nichtdiskretionären Regeln in einer Weise zusammenführt, die zu einem Vertrag gemäß Titel II von MiFID II führt. Die Abgrenzung von einem gegelten Markt (Art. 4 Abs. 1 Nr. 21 MiFID II) ist schwierig, da die Unterscheidung nur darin liegt, dass ein geregelter Markt als solcher zugelassen ist, nicht von einer Wertpapierfirma betrieben werden kann und dass die Finanzinstrumente auf dem Markt auf Antrag zugelassen wurden. Letzteres ist aber schwammig, da an anderer Stelle in der MAR und der MiFID II der Begriff „zugelassen" auch in Zusammenhang mit MTFs verwendet wird, z. B. in Art. 2 Abs. 1 Buchst. b MAR oder in Art. 25 Abs. 4 Buchst. a MiFID II.
- **organisiertes Handelssystem (OTF):** Abs. 1 Nr. 8 verweist auf Art. 4 (1) Nr. 23 MiFID II. Danach handelt es sich um ein multilaterales System, bei dem es sich nicht um einen geregelten Markt oder ein MTF handelt und das die Interessen einer Vielzahl Dritter am Kauf und Verkauf von Schuldverschreibungen, strukturierten Finanzprodukten, Emissionszertifikaten oder Derivaten innerhalb des Systems in einer Weise zusammenführt, die zu einem Vertrag gemäß Titel II von MiFID II führt. Von einem multilateralen Handelssystem unterscheidet sich das organisierte Handelssystem, dass es nur für den Handel von Schuldverschreibungen, strukturierten Finanzprodukten, Emissionszertifikaten oder Derivaten ermöglicht und das Zustandekommen auch nach diskretionären Regeln erfolgen kann.

Marktmissbrauchsverordnung Art. 3   VO (EU) Nr. 596/2014

- **Handelsplatz:** Abs. 1 Nr. 10 verweist auf Art. 4 (1) Nr. 24 MiFID II. Handelsplatz ist ein geregelter Markt, ein MTF oder ein OTF.
- **KMU-Wachstumsmarkt:** Abs. 1 Nr. 11 verweist auf Art. 4 (1) Nr. 12 MiFID II. Dabei handelt es sich um ein im Einklang mit Art. 33 MiFID II als solcher registriertes MTF. Ohne in die Einzelheiten zu gehen, ist ein solcher Markt vor allem dadurch charakterisiert, dass mindestens 50 % der Emittenten, deren Finanzinstrumente dort zum Handel zugelassen sind, kleine oder mittlere Unternehmen sind (Art. 33 Abs. 2 lit. a MiFID II).
- **Ware:** Abs. 1 Nr. 14 verweist auf Art. 2 Nr. 1 der VO (EG) 1287/2006 und bezeichnet „Güter fungibler Art, die geliefert werden können; dazu zählen auch Metalle sowie ihre Erze und Legierungen, landwirtschaftliche Produkte und Energien wie Strom."
- **Waren-Spotkontrakt** (Abs. 1 Nr. 15): Es handelt sich um Kontrakte, bei denen unverzügliche Lieferung einer am Spotmarkt gehandelten Ware vereinbart ist oder über Lieferung von Waren, die kein Finanzinstrument sind (also auch mit nicht unverzüglicher Lieferung.) Hervorgehoben wird, dass dies insbesondere Terminkontrakte mit physischer Lieferung umfasst. Etwas überraschend ist, dass diese noch als „Spot"-Kontrakte bezeichnet werden.
- **Spotmarkt** (Abs. 1 Nr. 16): Die Definition von Waren-Spotkontrakt enthält die Definition eines Spotmarkts. Auf diesen Märkten werden Waren „gegen bar" verkauft und bei Abwicklung unverzüglich geliefert. Erfasst werden auch Warenterminmärkte, die keine Finanzmärkte sind.
- **Emissionszertifikat:** Abs. 1 Nr. 19 verweist auf Anhang 1 Abschnitt C Nr. 1 MiFID II. Danach handelt es sich um solche, die aus Anteilen bestehen, deren Übereinstimmung mit den Anforderungen der Richtlinie 2003/87/EG (Emissionshandelssystem) anerkannt ist. Art. 2 verwendet allerdings den Begriff „Treibhausgasemissionszertifikate". Es dürfte sich hier um ein redaktionelles Versehen handeln.
- **Energiegroßhandelsprodukte:** Abs. 1 Nr. 22 verweist auf Art. 2 Nr. 4 der VO (EU) Nr. 1227/2011 (REMIT). Vereinfacht gesagt handelt es sich um Strom- und Gaslieferverträge und deren Derivate, sowie Verträge über den Transport von Strom und Gas und deren Derivate, jeweils mit EU-Bezug und unter Ausschluss von Verträgen mit Verbrauchern.
- **Referenzwert** (Nr. 29): Der Begriff wird nicht durch Bezugnahme auf die EU-Referenzwerte-VO[1] definiert und ist breiter als die dortige Definition gefasst. Anders als in der genannten VO beschränkt sich die Definition nicht auf Indizes, die dazu dienen einen unter einem Finanzinstrument zahlbaren Betrag zu bestimmen, eine Performance eines Fonds zu definieren oder die Zusammensetzung eines Portfolios oder die Berechnung von Performance-Fees zu ermöglichen. Vielmehr erfasst der Begriff neben Indices auch „Kurse" oder „Werte", die publiziert werden und die mithilfe einer Formel auf den Wert von Basiswerten und andere Daten zugreifen und auf die zur Berechnung eines Zahlbetrags eines Finanzinstrumentes oder der Festsetzung dessen Wertes verwendet wird. Die Definition wird in Art. 2 Abs. 2 lit. c verwendet und spielt im Rahmen des Verbotes von Marktmanipulationen eine Rolle → Art. 2 Rn. 9.

---

[1] Verordnung (EU) 2016/1011 des Europäischen Parlaments und des Rates vom 8.6.2016 über Indizes, die bei Finanzinstrumenten und Finanzkontrakten als Referenzwert oder zur Messung der Wertentwicklung eines Investmentfonds verwendet werden.

2. Definitionen in Abs. 2. Die in Abs. 2 aufgeführten Definitionen **8**
spielen nur für Art. 5 MAR eine Rolle, der sich mit Rückkaufprogrammen befasst. Da diese Vorschrift in diesem Werk nicht behandelt wird, wird auf eine Kommentierung von Abs. 2 verzichtet.

Richtlinie 2009/110/EG (E-Geld-Richtlinie)

Artikel 2 Begriffsbestimmungen

Für die Zwecke dieser Richtlinie bezeichnet der Ausdruck

1. „E-Geld-Institut" eine juristische Person, die nach Titel II eine Zulassung für die Ausgabe von E-Geld erhalten hat;
2. „E-Geld" jeden elektronisch — darunter auch magnetisch — gespeicherten monetären Wert in Form einer Forderung gegenüber dem Emittenten, der gegen Zahlung eines Geldbetrags ausgestellt wird, um damit Zahlungsvorgänge im Sinne des Artikels 4 Nummer 5 der Richtlinie 2007/64/EG durchzuführen, und der auch von anderen natürlichen oder juristischen Personen als dem E-Geld-Emittenten angenommen wird;
3. „E-Geld-Emittent" in Artikel 1 Absatz 1 genannte Einrichtungen, Institute, denen eine Freistellung nach Artikel 1 Absatz 3 gewährt wird, sowie juristische Personen, denen eine Freistellung nach Artikel 9 gewährt wird;
4. „durchschnittlicher E-Geld-Umlauf" den durchschnittlichen Gesamtbetrag der am Ende jedes Kalendertags über die vergangenen sechs Kalendermonate bestehenden, aus E-Geld erwachsenden finanziellen Verbindlichkeiten, der am ersten Kalendertag jedes Kalendermonats berechnet wird und für diesen Kalendermonat gilt.

Übersicht

	Rn.
I. Einführung	1
1. Literatur	1
2. Entstehung und Zweck der Norm	2
a) Einführung in die E-Geld-RL	2
b) Bedeutung der Vorschrift im Rahmen der E-Geld-RL	3
3. Normativer Kontext	4
4. Umsetzung in Deutschland und Österreich	5
II. Die einzelnen Definitionen	6
1. E-Geld-Institut (Abs. 1)	6
2. E-Geld (Abs. 2)	10
3. E-Geld-Emittent (Abs. 3)	23
4. Durchschnittlicher E-Geld-Umlauf (Abs. 4)	26

I. Einführung

1. Literatur. *BaFin,* Merkblatt – Hinweise zum Zahlungsdiensteaufsichtsgesetz (ZAG); Casper/Terlau, ZAG, 2. Aufl., Kommentierung von § 1 ZAG; Ellenberger/Findeisen/Nobbe/Böger, Kommentar zum Zahlungsverkehrsrecht, 3. Aufl., Kommentierung von § 1 ZAG; Grohé, MiCAR und Zahlungsrecht auf Kollisionskurs, RdZ 2021, 148 ff.; Luz/Neus/Schaber/Schneider/Wagner/Weber, Kommentar zum ZAG, Kommentierung von § 1 ZAG; Schäfer/Omlor/Mimberg, ZAG Kommentar, Kommentierung von § 1 ZAG; *Wittig,* Digitales Geld – Gegenwärtige und zukünftige Regulierung von E-Geld und E-Geld-Token nach dem ZAG und MiCAR; WM 2023, 412 ff.

2 **2. Entstehung und Zweck der Norm. a) Einführung in die E-Geld-RL.** Die aktuelle E-Geld-RL ersetzt die erste E-Geld-RL aus dem Jahr 2000.[1] Die E-Geld-RL stellt ein Erlaubniserfordernis für die Ausgabe von E-Geld auf und unterwirft E-Geld-Emittenten einem Aufsichtsregime. Bei den aufsichtsrechtlichen Vorschriften wird großzügig auf die ZDRL verwiesen, vgl. → Art. 3 Rn. 5 ff. Es handelt sich um eine so genannte Vollharmonisierungs-Richtlinie, vgl. Art. 16 E-Geld-RL. Im Rahmen der Ersetzung der ZDRL durch die ZDRL III[2] und die ZDVO[3] soll die E-Geld-RL in das Regime für Zahlungsdienste integriert werden. Die Definitionen von E-Geld und durchschnittlichem E-Geld-Umlauf bleiben gleich. Der Begriff E-Geld-Institut wird durch den Begriff „Zahlungsinstitut, das E-Geld-Dienste erbringt" ersetzt (Art. 2 Nr. 39 ZDRL III-E; Art. 3 Nr. 55 ZDVO-E) und bekommt strukturell wegen des Aufgehens der E-Geld-RL in der ZDRL III eine andere Bedeutung. Der Begriff E-Geld-Emittent soll entfallen.

3 **b) Bedeutung der Vorschrift im Rahmen der E-Geld-RL.** Art. 2 enthält die relevanten Definitionen. Die E-Geld-RL kommt mit vergleichsweise wenigen, aber dafür zentralen Definitionen aus. Wichtig ist die Unterscheidung zwischen E-Geld-Institut und E-Geld-Emittent und die Definition von E-Geld, die in der Praxis erhebliche Auslegungsprobleme verursacht.

4 **3. Normativer Kontext.** Emittenten von E-Geld-Token müssen entweder als Kreditinstitut oder als E-Geld-Institut zugelassen sein (Erwgr. Nr. 19, 66 und Art. 48 Abs. 1 lit. a MiCAR). Also ist die Definition von E-Geld-Institut wichtig. Im Übrigen wird auf die Definition von E-Geld-Institut in der E-Geld-RL in Art. 3 Abs. 1 Nr. 43 MiCAR und auf die Definition von E-Geld in Art. 3 Abs. 1 Nr. 44 MiCAR verwiesen, wobei die letztere Definition in der MiCAR nur in den Erwägungsgründen und in Art. 48 Abs. 2 MiCAR verwendet wird, wo sie allerdings eine fundamentale Bedeutung hat.

5 **4. Umsetzung in Deutschland und Österreich.** In Deutschland finden sich die Definitionen in § 1 Abs. 2 und (14) ZAG. In Österreich finden sich die Definitionen in § 1 Abs. 1 und Abs. 2, § 3 Abs. 2, sowie § 11 Abs. 3 Nr. 2 S. 2 E-GeldG.

II. Die einzelnen Definitionen

6 **1. E-Geld-Institut (Abs. 1).** Zentral ist, dass nach der Definition ein Unternehmen, das E-Geld ausgibt, erst durch die Zulassung nach Titel II zum E-Geld-Institut wird (formeller Institutsbegriff); ebenso in Österreich (§ 3 Abs. 2 E-GeldG). Für Deutschland ist das anders, da § 1 Abs. 2 Nr. 1 ZAG die Institutseigenschaft an die Tätigkeit anknüpft (materieller Instituts-

---

[1] Richtlinie 2000/46/EG des Europäischen Parlaments und des Rates vom 18.9.2000 über die Aufnahme, Ausübung und Beaufsichtigung der Tätigkeit von E-Geld-Instituten; ABl. 2000 L 275, 39 ff.
[2] Vorschlag für eine Richtlinie des Europäischen Parlaments und des Rates über Zahlungsdienste und E-Geld-Dienste im Binnenmarkt, zur Änderung der Richtlinie 98/26/EG und zur Aufhebung der Richtlinien (EU) 2015/2366 und 2009/110/EGC; COM/2023/366 final.
[3] Vorschlag für eine Verordnung des Europäischen Parlaments und des Rates über Zahlungsdienste im Binnenmarkt und zur Änderung der Verordnung (EU) Nr. 1093/201.

Begriffsbestimmungen **Art. 2 E-Geld-Richtlinie**

begriff) und die Zulassungspflicht dann die Folge ist.[4] Im Rahmen von MiCAR können neben den Kreditinstituten nur E-Geld-Institute iSd E-Geld-RL E-Geld-Token ausgeben (Art. 48 Abs. 1 lit. a MiCAR). Für die E-Geld-Token wird im Übrigen in Art. 48 Abs. 2 MiCAR durch eine gesetzliche Fiktion bestimmt, dass diese E-Geld sind. Damit sind alle auf E-Geld bezogenen Anforderungen aus der E-Geld-RL auch auf E-Geld-Token anwendbar, selbst wenn die E-Geld-Token im Einzelfall die Definition von E-Geld tatsächlich nicht erfüllen, es sei denn die E-Geld-RL wird durch eine Sondervorschrift in der MiCAR verdrängt.

Die Bedeutung der Definition des E-Geld-Instituts wird erst im Kontext 7 anderer Vorschriften der E-Geld-RL klar. E-Geld kann nur durch dafür nach der E-Geld-RL zugelassenen E-Geld Institute und durch andere E-Geld-Emittenten (→ Rn. 23 f.) ausgegeben werden. E-Geld-Institute unterliegen – anders als die anderen E-Geld-Emittenten – den in Titel II der E-Geld-RL enthaltenen Aufsichtsvorschriften und benötigen insbesondere eine Zulassung, die an Voraussetzungen in Bezug auf Anfangskapital, Eigenmittel geknüpft sind. Weitere Anforderungen betreffen u. a. die Zuverlässigkeit und Erfahrung der Geschäftsleiter sowie die Anforderungen an eine ordnungsgemäße Geschäftsorganisation, die sich aus den Verweisen in Art. 3 Abs. 1 der E-Geld-RL u. a. auf Art. 5 ZDRL ergeben (→ Art. 3 Rn. 6).

E-Geld-Institute zeichnen sich im Übrigen dadurch aus, dass sie neben der 8 Ausgabe von E-Geld auch sämtliche Zahlungsdienste nach der ZDRL erbringen dürfen, wie sich aus Art. 6 Abs. 1 E-Geld-RL ergibt. Art. 6 E-Geld-RL erlaubt die Erbringung weiterer Dienstleistungen, etwa die Gewährung von Krediten in dem für Zahlungsinstitute nach ZDRL erlaubtem Umfang, der Betrieb von Zahlungssystemen und jegliche anderen erlaubten Tätigkeiten. Hingegen ist es E-Geld-Instituten untersagt, Einlagen und andere rückzahlbare Gelder entgegenzunehmen (Art. 6 Abs. 2 E-Geld-RL); dies bleibt den Kreditinstituten vorbehalten. Vielmehr müssen erhaltene Gelder der Kunden unverzüglich in E-Geld „umgetauscht" werden (Art. 6 Abs. 3 E-Geld-RL. Damit korreliert die Pflicht der E-Geld-Institute, die entgegengenommenen Gelder, die das E-Geld unterlegen, nach Art. 7 E-Geld-RL zu sichern.

Art. 60 Abs. 4 MiCAR erlaubt es E-Geld-Instituten, im Hinblick auf die 9 von ihnen ausgebenenen E-Geld-Token die Verwahrung und Verwaltung von Kryptowerten im Namen von Kunden und Transferdienstleistungen für Kryptowerte im Namen von Kunden zu erbringen, wenn sie der zuständigen Behörde des Herkunftsmitgliedstaats spätestens 40 Arbeitstage vor der erstmaligen Erbringung dieser Dienstleistungen die in Art. 60 (7) MiCAR genannten Informationen übermitteln.

2. E-Geld (Abs. 2). Die Bedeutung dieser Definition ist im Rahmen von 10 MiCAR praktisch irrelevant, da E-Geld-Token kraft gesetzlicher Fiktion als E-Geld gelten (Art. 48 Abs. 2 MiCAR). Das war im Kommissionsentwurf noch anders. Danach sollten Kryptowerte, die E-Geld sind, nicht unter die MiCAR fallen (Art. 2 Abs. 2 (b) Kommissionsentwurf). Nach dem Kommissionsentwurf war indes schon vorgesehen, dass die Emittenten von E-Geld-Token Titel II und III der E-Geld-RL einhalten sollten(Art. 43 Abs. 1 (b) des Kommissionsentwurfs). Dieser Effekt wird nunmehr mit der Gleichstellung von E-Geld-Token mit E-Geld in Art. 48 Abs. 2 MiCAR und dem

---

[4] Vgl. Ellenberger/Findeisen/Nobbe/Böger/Findeisen ZAG § 1 Rn. 530; Luz/Neus/Schaber/Schneider/Wagner/Weber/Haucke ZAG § 1 Rn. 52.

E-Geld-Richtlinie Art. 2

Verweis auf Titel II und III der E-Geld-RL in Art. 48 Abs. 3 MiCAR erzielt. Aus Illustrationsgründen soll der E-Geld-Begriff hier dennoch dargestellt werden um den Hintergrund der infolge dieser Rechtsfolgenverweisung anzuwendenden Vorschriften der E-Geld-RL auszuleuchten, falls eines oder mehrere Merkmale von E-Geld für einen in Frage stehenden E-Geld-Token einmal nicht vorliegen sollten.

11   Die Definition von E-Geld besteht aus mehreren Elementen, weshalb nicht alle nach laienhaften Verständnis als E-Geld verstandenen Instrumente auch E-Geld im Rechtssinn sind.

Monetärer Wert: Anders als man vielleicht annehmen könnte, setzt das nicht zwingend voraus, das der Wert der E-Geldes in einer gesetzlichen Währung ausgedrückt oder beziffert werden kann. Nach der Auslegung der BaFin beinhaltet das „neben gesetzlichen Zahlungsmitteln jede Art von Tauschmittel, das allgemein oder auch nur in einem bestimmten soziokulturellen Umfeld oder auch nur von den Parteien einer multilateralen Rahmenvereinbarung als Bezahlung für bestimmte Waren oder Dienstleistungen akzeptiert wird".[5] Das bedeutet insbesondere dass -bei Vorliegen der weiteren Voraussetzungen auch Guthaben in Form von Punkten, Meilen, Sternen oder anderen Phantasiebezeichnungen als E-Geld gelten[6]. Das gilt ungeachtet des Nennwertprinzips → Art. 11 Rn. 5.

12   **Forderung an den Emittenten:** Durch den Umtauschvorgang von gesetzlichen Zahlungsmitteln in E-Geld entsteht eine Forderung gegen den Emittenten, also letztlich ein Guthaben, das als Zahlungsmittel eingesetzt werden kann, indem die Forderung an den Verkäufer oder Dienstleister weiterübertragen werden kann. Nach Auffassung der BaFin[7] ist dieses Merkmal auch dann gegeben, wenn der Emittent sich nach den vertraglichen Abreden mit den Kunden ausschließlich gegenüber Dritten (Dienstleister bzw. Akzeptanten) zur Leistung verpflichtet. Das ist allerdings nur insoweit richtig, als dessen ungeachtet der Inhaber des E-Gelds einen Anspruch auf Rücktausch in gesetzliche Zahlungsmittel hat (Art. 11 Abs. 2 E-Geld-RL).[8]

13   **Ausstellung gegen Zahlung eines Geldbetrags:** Der Inhaber des E-Gelds muss dieses gegen Zahlung in gesetzlichen Zahlungsmitteln erworben haben. E-Geld entsteht auch, wenn es mit (anderem) E-Geld erworben wird.[9] Beispielsweise sehen manche sozialen Medien und Veranstalter von Online-Videospielen die Möglichkeit für Konsumenten von Inhalten vor, sog. Content Provider mit Punkten oder Münzen zu belohnen, die diese in gesetzliche Zahlungsmittel tauschen können. Dabei wird das gegen Geldzahlung erworbene Guthaben von Punkten, digitalen Münzen, zunächst in ein anderes Punktesystem mit anderer Bezeichnung (Diamanten, Sterne, Herzchen oÄ) umgewechselt wird bevor es an die Content Provider übertragen wird.

14   Die BaFin hat aber klargestellt, dass **gratis** ausgestellte Guthaben nicht unter den E-Geld-Begriff fallen, insbesondere Punkte, Meilen, etc im Rahmen von Loyalitätsprogrammen oder Guthaben, die kulanzhalber bei einer

---

[5] BaFin, Merkblatt – Hinweise zum Zahlungsdiensteaufsichtsgesetz (ZAG), Abschnitt D I.1.
[6] Schäfer/Omlor/Mimberg/Mimberg ZAG § 1 Rn. 212.
[7] Schäfer/Omlor/Mimberg ZAG § 1 Rn. 212.
[8] Vgl. näher und kritisch zu dieser Unschärfe Casper/Terlau/Terlau ZAG § 1 Rn. 241.
[9] BaFin, Merkblatt – Hinweise zum Zahlungsdiensteaufsichtsgesetz (ZAG), Abschnitt D I.1., dem folgend: Luz/Neus/Schaber/Schneider/Wagner/Weber/Haucke ZAG § 1 Rn. 63.

Kundenreklamation schenkweise übertragen werden.[10] Unter diesem Gesichtspunkt sollen auch ohne Zahlung geschürfte Kryptowährungen wie Bitcoin aus dem E-Geld-Begriff fallen – allerdings auch deshalb, weil solche Währungen – anders als E-Geld-Token – keine Forderung gegen irgendeinen Emittenten gewähren.[11] Bei Loyalitätspunkten ist weiter zu beachten, dass der Programmbetreiber nicht den Zukauf von Punkten offeriert, weil dann sämtliche Punkte – auch die gratis ausgegebenen – als E-Geld qualifizieren und ein Erlaubniserfordernis für den Betreiber des Programms ausgelöst wird. Das soll auch dann der Fall sein, wenn es in solchen Rabattsystem Akzeptanzstellen gibt, die nur Punkte einlösen ohne auch Punkte auszugeben.[12] Art. 4 Abs. 3 lit. a MiCAR nimmt kostenlos ausgegebene Kryptowerte vom White-Paper-Erfordernis aus – allerdings gilt Art. 4 MiCAR nicht für E-Geld-Token. Die Definition von E-Geld-Token enthält nicht das Merkmal der Ausstellung gegen Zahlung eines Geldbetrags, so dass – ungeachtet des Nennwertprinzips in Art. 11 E-Geld-RL bzw. Art. 49 Abs. 3 MiCAR kostenlos ausgegebene E-Geld-Token jedenfalls nicht von vornherein aus der Definition fallen.

Elektronisch gespeichert: Besonders erwähnt wird die „magnetische" 15 Speicherung, worunter in erstere Linie die Speicherung auf einem Magnetstreifen einer Plastikkarte verstanden werden sollte, eine heutzutage veraltete Technologie. Von der – ebenfalls kaum noch gebräuchlichen – Geldkarte wird das E-Geld Guthaben typischerweise auf Servern in Konten (gern auch als „Wallets" in Abgrenzung zu Zahlungskonten) gespeichert, wobei es nicht darauf ankommt, ob solche „Konten" oder „Wallets" geführt werden. Es ist für die Definition auch gleichgültig, ob das Speichermedium sich in den Händen des Kunden befindet oder beim Emittenten.[13] Auch die bei E-Geld-Token charakteristische dezentrale Speicherung in einem Distributed Ledger wäre eine „elektronische" Speicherung im Sinne der E-Geld-Definition.[14] Damit dient dieses Merkmal am Ende nur der Abgrenzung zu einer rein physischen Verkörperung des monetären Wertes, etwa in Form eines Papiergutscheins oder einer (physischen) Wertmarke (zB eine Plastikmarke oder Metallmünze). Ein papierner Beleg mit einem QR-Code, hinter dem ein serverbasiertes Konto steht, dürfte dagegen die Definition erfüllen, dann hier erfüllt der Code nur eine Legitimationsfunktion und der Wert selbst ist elektronisch gespeichert.

Bestimmung für die Durchführung von Zahlungsvorgängen: Das ist 16 weit zu verstehen und umfasst nach Auffassung der BaFin „jedwede Über-

---

[10] BaFin, Merkblatt – Hinweise zum Zahlungsdiensteaufsichtsgesetz (ZAG), Abschnitt D I.1; vgl. Casper/Terlau/Terlau ZAG § 1 Rn. 248 zu der Diskussion, ob das auch dann gilt, wenn der Gegenwert der Punkte nicht vom Kunden, sondern vom die Punkte gewährenden Händler an den Emittenten gezahlt wird. Die bessere Auffassung ist, dass es nur auf die Kundeperspektive ankommt; siehe dazu auch Schäfer/Omlor/Mimberg/Mimberg ZAG § 1 Rn. 222. Ob der Punktewert in den Kaufpreis „eingebaut" wurde, ist nicht relevant, jedenfalls wenn Kunden, die keine Punkte gewährt bekommen, keinen niedrigeren Kaufpreis zahlen; so auch Schwennicke/Auerbach/Schwennicke ZAG § 1 Rn. 109.
[11] So auch Casper/Terlau/Terlau ZAG § 1 Rn. 242.
[12] BaFin, Merkblatt – Hinweise zum Zahlungsdiensteaufsichtsgesetz (ZAG), Abschnitt D I.1.unter Verweis auf BT-Drs. 17/3023, 41.
[13] BaFin, Merkblatt – Hinweise zum Zahlungsdiensteaufsichtsgesetz (ZAG), Abschnitt D I.1.
[14] Auffenberg BKR 2019, 341 (342 f.); dem folgend Casper/Terlau/Terlau ZAG § 1 Rn. 228 u. 232; ebenso Schäfer/Omlor/Mimberg/Mimberg ZAG § 1 Rn. 215 und Grohé RdZ 2021, 148 (149).

E-Geld-Richtlinie Art. 2 — Richtlinie 2009/110/EG

tragung der monetären Werte vom Kunden auf den Akzeptanten, ungeachtet der zwischen ihnen begründeten Rechtsbeziehung im Valutaverhältnis aufgrund derer der Kunde gegenüber dem Dienstleister zur Zahlung in der Pflicht steht".[15] Der Begriff ist von dem engeren Begriff der „Ausführung" von Zahlungsvorgängen zu unterscheiden.

17 **Akzeptanz durch vom Emittenten verschiedene Dritte:** Dies ist ein weiteres Kernmerkmal des E-Geld-Begriffs. Kann das Guthaben ausschließlich beim Emittenten als Zahlungsmittel eingesetzt werden (zweiseitiges System), liegt kein E-Geld vor. Das Guthaben muss bei rechtlich vom Emittenten unterschiedenen Dritten eingelöst werden können. Das ist auch schon dann der Fall, wenn diese Dritten zu demselben Konzern wie der E-Geld Emittent gehören, ebenso Franchisenehmer. Ggf. sind solche „Closed Loop" Systeme aber von einer Bereichsausnahme für begrenzte Netzwerke oder für ein enges Spektrum von Waren oder Dienstleistungen erfasst (vgl. dazu Art. 1 Abs. 4 E-Geld-RL iVm Art. 3 lit. k ZDRL, sowie → Rn. 18). Anwendungsfälle für zweiseitige Systeme, die den E-Geld-Begriff nicht erfüllen, sind elektronische Geschenkkarten und andere aufladbare Guthabenkarten, die nur beim Aussteller eingelöst werden können, oder virtuelle Währungen in Videospielen die gegen gesetzliche Zahlungsmittel von Spielern gekauft werden um innerhalb des Spiels virtuelle Gegenstände vom Spielveranstalter zu erwerben oder Funktionen im Spiel (zB weitere Spiele-Level) freizuschalten. Zweiseitige Systeme könnten als Einlagengeschäft zu betrachten sein wenn das vorausbezahlte Guthaben gegen gesetzliche Zahlungsmittel rückgetauscht werden kann. Um das Entstehen einer Bankerlaubnispflicht für Einlagengeschäft zu vermeiden, ist es essentiell, bei zweiseitigen Systemen einen Rücktausch in gesetzliche Zahlungsmittel vertraglich auszuschließen.

18 **Bereichsausnahme für Closed Loop-Systeme:** Zu beachten ist noch dass der E-Geld-Begriff negativ definiert wird, indem sog. „Closed Loop"-E-Geld von der Anwendung der E-Geld-RL ausgeschlossen wird. Vgl. Art. 1 Abs. 4 und Abs. 5 E-Geld-RL, dh E-Geld, das auf Instrumenten gespeichert ist, die unter die Bereichsausnahmen in Art. 3 li. k und lit. l ZDRL fallen. Lit. k betrifft Instrumente die den Bezug von Waren und Dienstleistungen in den Geschäftsräumen des Emittenten oder innerhalb eines begrenzten Netzes von Dienstleistern im Rahmen einer Geschäftsvereinbarung mit einem professionellen Emittenten gestatten, oder den Erwerb eines sehr begrenzten Waren- und Dienstleistungsspektrums sowie bestimmte zu sozialen oder steuerlichen Zwecken emittierte Instrumente. Lit. l betrifft Instrumente zur Durchführung von Zahlungsvorgängen, die von einem Anbieter elektronischer Kommunikationsnetze oder -dienste zusätzlich zu elektronischen Kommunikationsdiensten für einen Teilnehmer des Netzes oder Dienstes bereitgestellt werden und in Zusammenhang mit dem Erwerb von digitalen Inhalten und Sprachdiensten stehen oder von einem elektronischen Gerät aus oder über dieses ausgeführt werden und auf der entsprechenden Rechnung im Rahmen einer gemeinnützigen Tätigkeit oder für den Erwerb von Tickets abgerechnet werden. Im Rahmen von lit. l darf die Einzelzahlung 50 EUR nicht überschreiten und ein Monatsbetrag von 300 EUR nicht überschritten werden.[16]

---

[15] BaFin, Merkblatt – Hinweise zum Zahlungsdiensteaufsichtsgesetz (ZAG), Abschnitt D I.1.

[16] Vgl. im Einzelnen zur Auslegung dieser Bereichsausnahmen BaFin, Merkblatt – Hinweise zum Zahlungsdiensteaufsichtsgesetz (ZAG), Abschnitt D II. Siehe zur Auslegung im

Abgrenzung zu E-Geld-Token: Wie bereits erwähnt, sind E-Geld-Token kraft Fiktion in Art. 48 Abs. 2 MiCAR dem E-Geld gleichgestellt. Aus Erwgr. Nr. 19 der MiCAR wird deutlich, das befürchtet wurde, dass E-Geld-Token trotz vergleichbarer Funktionalität nicht immer alle Merkmale von E-Geld hätten, etwa, dass kein Anspruch auf Rücktausch in gesetzliche Währungen bestehen könnte (den MiCAR dann allerdings in Art. 49 Abs. 2 festschreibt). Umgekehrt ist aber eben nicht jede Form von E-Geld ein E-Geld-Token.[17] Daher ist es zum Verständnis des Verhältnisses von MiCAR zur Regulierung von E-Geld sinnvoll, sich die strukturellen Unterschiede zwischen E-Geld und E-Geld-Token vor Augen zu führen. E-Geld fordert die Speicherung eines „monetären Werts", während E-Geld Token als Unterfall des Kryptowerts nur einen gespeicherten „Wert" erfordern (Art. 3 Abs. 1 Nr. 5 MiCAR). Tatsächlich ergibt sich aber kein Unterschied, da sich der E-Geld-Token durch seine Bezugnahme auf den Wert einer amtlichen Währung auch als „monetärer Wert" darstellt.[18]

19

E-Geld-Token unterscheiden sich von E-Geld durch die enger definierte Technologie zur Speicherung, nämlich vermittels Distributed Ledger oder vergleichbarer Technologie. E-Geld kann dagegen dezentral (mithilfe der DLT) oder zentral gespeichert sein oder auf einem transportablen Medium in den Händen des Inhabers (Karte, Smartphone). Seiner Natur nach kann der E-Geld-Token nur elektronisch übertragen werden, während das beim E-Geld nicht zwingend der Fall ist – nur die Speicherung hat elektronisch zu sein.[19] Konzeptionell setzt ein E-Geld-Token nach einer im Schrifttum geäußerten Auffassung auch keine zivilrechtliche Forderung gegen den Emittenten voraus, was bei E-Geld ein zentrales Kriterium ist.[20] In Art. 49 Abs. 2 MiCAR ist ausdrücklich eine solche Forderung geregelt, wenngleich sich deren Inhalt im Kontext nur auf die Rücktauschbarkeit bezieht und deshalb argumentiert wird, der Rücktauschanspruch gegen den Emittenten sei eher eine Rechtsfolge als ein Definitionsmerkmal.[21] Im Ergebnis ergibt sich freilich kein Unterschied, denn das „Forderungsrecht" eines Inhabers gegen den Emittenten materialisiert sich durch das Recht, einen Rücktausch in gesetzliche Zahlungsmittel zu verlangen. Durch dieses Recht, kombiniert mit der Übertragbarkeit werden sowohl E-Geld, als auch E-Geld-Token zum Zahlungsmittel. Weiter ist für einen E-Geld-Token keine Ausgabe gegen Zahlung eines Geldbetrags erforderlich; allerdings sieht Art. 49 Abs. 3 MiCAR eine Ausgabe zum Nennwert vor.[22] Wiederum mag der Unterschied darin liegen, dass die Ausgabe zum Nennwert nicht Teil der Definition E-Geld-Token, sondern Rechtsfolge ist, was aber im praktischen Ergebnis keinen Unterschied macht. Anders als beim E-Geld ist nicht Teil der Definition, dass der E-Geld-Token zur Durchführung von Zahlungsvorgängen dienen

20

Übrigen auch die Leitlinie der EBA über die Ausnahme für begrenzte Netz gemäß der PSD2, EBA/GL/2022/02 vom 24.2.2022.

[17] Wittig WM 2023, 412 (416).
[18] Grohé RdZ 2021, 148 (149).
[19] Casper/Terlau/Terlau ZAG § 1 Rn. 261.
[20] Casper/Terlau/Terlau ZAG § 1 Rn. 261; Grohé RdZ 2021, 148 (150).
[21] Casper/Terlau/Terlau ZAG § 1 Rn. 261; Grohé RdZ 2021, 148 (150).
[22] Zur Frage, ob die Verpflichtung der Ausgabe von E-Geld-Token zum Nennwert eine Gratis-Ausgabe verhindert, siehe die Kommentierung zu Art. 11 → Art. 11. Art. 4 Abs. 3 lit. a MiCAR nimmt gratis ausgegebenen Kryptowerte von Abschnitt II aus (Whitepaper-Erfordernis), was sich aber ausdrücklich nicht auf E-Geld-Token auswirkt, da diese nicht von Abschnitt II erfasst werden.

muss.[23] Weiter muss ein E-Geld-Token im Gegensatz zu E-Geld nicht von Dritten als Zahlungsmittel akzeptiert werden.[24]

21 Im Hinblick auf **Closed Loop-E-Geld-Token** ergibt sich kein Unterschied, da in Art. 48 Abs. 5 MiCAR auf Art. 1 Abs. 4 und Abs. 5 E-Geld-RL verwiesen wird. Allerdings ist auch dann ein White Paper zu erstellen, wie sich aus Art. 48 Abs. 7 ergibt.

22 **Bedeutung des Unterschieds E-Geld/E-Geld Token:** Es mag bei der Anwendung der E-Geld-RL nur in den wenigsten Fällen darauf ankommen, ob ein bestimmtes Instrumente E-Geld oder ein E-Geld Token ist, weil E-Geld-Token in Art. 48 Abs. 2 MiCAR dem E-Geld gleichgestellt sind.[25] Dennoch stellen sich im umgekehrten Fall (E-Geld, das kein E-Geld-Token ist) uU Abgrenzungsfragen zwischen inhaltlich ähnlichen Regelungen der E-Geld-RL und der MiCAR, die in der MiCAR größtenteils zugunsten von Sonderregelungen in der MiCAR gelöst werden (etwa indem Art. 49 und 50 MiCAR Vorrang vor Art. 11 und 12 der E-Geld-RL haben, bzw. die Sonderregelung in Art. 54 und Art. 58 Abs. 1 MiCAR im Vergleich zu Art. 7 der E-Geld-RL). E-Geld Institute müssen sich in jedem Fall klar machen, ob ihre ausgegebenen Instrumente „nur" E-Geld sind oder unter MiCAR fallen könnten, angesichts der Anzeigepflicht in Art. 60 Abs. 4 MiCAR und der erheblichen Sonder- und Zusatzvorschriften in Titel IV der MiCAR insbesondere dem Erfordernis eines White Paper.

23 **3. E-Geld-Emittent (Abs. 3).** Der Begriff umfasst E-Geld-Institute und weitere Unternehmen, die, ohne E-Geld-Institut zu sein, E-Geld emittieren dürfen, darunter insbesondere Kreditinstitute, Zentralbanken, der Staat, sowie Länder, Gemeinden etc; allerdings nur soweit sie hoheitlich handeln (vgl. Art. 1 Abs. 1 lit. a, c–e E-Geld-RL).[26] Darüber hinaus würden bestimmte nach Art. 1 Abs. 3 E-Geld-RL durch die Mitgliedsstaaten freigestellte Institute erfasst, in Deutschland die Kreditanstalt für Wiederaufbau, in Österreich die Unternehmen, die als gemeinnützige Bauvereine anerkannt sind, und die Österreichische Kontrollbank AG (ÖKB). Von dieser Befreiungsmöglichkeit wurde in Deutschland in § 1 Abs. 2 Nr. 2 ZAG durch Verweis auf Art. 2 Abs. 5 Nr. 5 der RL 2013/36 Gebrauch gemacht; in Österreich für die ÖKB in § 1 Abs. 2 Nr. 6 E-GeldG. In manchen EU-Mitgliedsstaaten wurde auch von der Möglichkeit der Freistellung nach Art. 9 für kleine E-Geld-Emittenten Gebrauch gemacht (zB in Dänemark). Kern der Voraussetzungen für diese Freistellungsmöglichkeit ist ein durchschnittlicher E-Geld-Umlauf von weniger als 5.000.000 EUR (Art. 9 Abs. 1 lit. a E-Geld RL). In der MiCAR gibt es eine Parallel-Ausnahme in Art. 48 Abs. 4 MiCAR, so dass entsprechend nach nationalen Vorschriften freigestellte kleine E-Geld-Unternehmen auch E-Geld-Token ohne Zulassung und ohne Veröffentlichung eines White Paper emittieren können.

---

[23] Casper/Terlau/Terlau ZAG § 1 Rn. 261; Wittig WM 2023, 412 (415); anders noch der Kommissionsentwurf der MiCAR; der in Art. 3 Abs. 4 vorsah, dass der Hauptzweck eines E-Geld-Tokens seine Funktion als Tauschmittel sein sollte. Diese Voraussetzung wurde vom Rat aus der Definition gestrichen.
[24] Grohé RdZ 2021, 148 (150).
[25] Grohé RdZ 2021, 148 (154) erwägt noch, ob es E-Geld-Token geben könnte, die kein E-Geld sind. Dabei geht sie naturgemäß vom Kommissionsvorschlag aus, der hier noch Interpretationsspielräume enthielt. Nach dem Dafürhalten des Verf. kann auf der Basis der Endfassung von Art. 48 Abs. 2 MiCAR ein solcher Fall ausgeschlossen werden.
[26] Vgl. Casper/Terlau/Terlau ZAG § 1 Rn. 208 ff. zur sehr großzügigen Umsetzung in Deutschland in Bezug auf die erfassten Behörden.

Begriffsbestimmungen **Art. 2 E-Geld-Richtlinie**

Auf E-Geld-Emittenten, die keine E-Geld-Institute sind, sind nur sehr 24 wenige Vorschriften der E-Geld-RL anwendbar, insbesondere Art. 11 (Ausgabe und Rücktausch, in Deutschland §§ 32, 33 ZAG), Art. 13 (Streitbeilegungsverfahren, in Deutschland §§ 60–62 ZAG) und Art. 16 Abs. 2 (keine Abweichung von den Vorschriften der RL zu lasten der E-Geld-Inhaber). Der Grund dafür liegt darin, dass es sich bei dieser Gruppe entweder um Kreditinstitute handelt, für die strengere Aufsichtsvorschriften gelten, oder staatliche Akteure. Wesentlicher Kern ist, dass E-Geld Emittenten für die Ausgabe von E-Geld keiner zusätzlichen Erlaubnis als E-Geld-Institut bedürfen. In den nationalen Vorschriften ergeben sich dessen ungeachtet weitere Vorschriften, die auf E-Geld-Emittenten Anwendung finden, in Deutschland, im Aufsichtsrecht die §§ 48 ff. ZAG (Pflichten von kontoführenden Zahlungsdienstleistern beim „Open Banking"), §§ 53 f. ZAG Meldepflichten bei sicherheitsrelevanten Vorfällen, § 55 ZAG (starke Kundenauthentifizierung), § 56 ZAG (Zugang zu Zahlungskontodiensten bei CRR-Kreditinstituten) und § 57 ZAG (Zugang zu Zahlungssystemen). Vgl. im Übrigen → E-Geld-RL Art. 3 Rn. 5 ff.

Im Rahmen der MiCAR spielt dieser Begriff eine Rolle, da nur E-Geld- 25 Institute und Kreditinstitute E-Geld Token ausgeben dürfen (Art. 48 Abs. 1 lit. a MiCAR). Andere E-Geld-Emittenten können E-Geld ausgeben, aber eben keine E-Geld-Token. Ein erheblicher inhaltlicher Unterschied besteht darin, dass E-Geld Emittenten, die kein E-Geld-Institut sind, keine Sicherungsverpflichtung nach Art. 7 E-Geld-RL haben. Das betrifft insbesondere Kreditinstitute, die E-Geld ausgeben. Das ist im Rahmen von MiCAR anders: Art. 48 Abs. 3 MiCAR verweist für E-Geld-Token undifferenziert für alle Emittenten auf Titel II und III E-GeldRL, so dass Kreditinstitute, die E-Geld-Token ausgeben, den Gegenwert der Token durch Einzahlung auf ein Treuhandkonto oÄ sichern, dh von ihrem anderen Vermögen getrennt halten müssen,[27] wobei Art. 54 MiCAR die Anlage der Gelder gegenüber Art. 7 E-Geld-RL weiter einengt. Näheres → MiCAR Art. 48 Rn. 38 ff. und → MiCAR Art. 54 Rn. 4 f. Ob das eine sinnvolle Regelung ist, Kreditinstitute mit Sicherungspflichten bei E-Geld-Token zu belasten, die sie bei Ausgabe von E-Geld nicht hätten, bleibt dahingestellt.

4. Durchschnittlicher E-Geld-Umlauf (Abs. 4). Die Definition spielt 26 bei der Berechnung der Eigenmittel nach Methode D eine Rolle. Nach Art. 5 Abs. 3 E-Geld-RL müssen die Eigenmittel nach dieser Methode berechnet mindestens 2% des durchschnittlichen E-Geld-Umlaufs betragen. Daneben ist ein durchschnittlicher E-Geld-Umlauf von weniger als 5.000.000 EUR. Voraussetzung für die Freistellungsmöglichkeit gemäß Art. 9 E-Geld-RL, auf den in Art. 48 Abs. 4 MiCAR verwiesen wird. Nach der Definition ist dieser Betrag ein monatlich am ersten Monatstag rückwärts für 6 Monate zu berechnender Betrag. Der Durchschnitt berechnet sich aus den Salden am Ende eines jeden Kalendertags.

---

[27] Wittig WM 2023, 413 (417 f.); Grohé RdZ 2021, 148 (151) spricht hier gar von einem „Systembruch".

Artikel 3 Allgemeine Aufsichtsvorschriften

(1) Unbeschadet der vorliegenden Richtlinie gelten Artikel 5, die Artikel 11 bis 17, Artikel 19 Absätze 5 und 6 sowie die Artikel 20 bis 31 der Richtlinie (EU) 2015/2366 des Europäischen Parlaments und des Rates einschließlich der nach Artikel 15 Absatz 4, Artikel 28 Absatz 5 und Artikel 29 Absatz 7 angenommenen delegierten Rechtsakte für E-Geld-Institute entsprechend.

(2) E-Geld-Institute unterrichten die zuständigen Behörden im Voraus über alle wesentlichen Änderungen der zur Sicherung der Gelder getroffenen Maßnahmen, die für ausgegebenes E-Geld entgegengenommen wurden.

(3) Jede natürliche oder juristische Person, die beabsichtigt, direkt oder indirekt eine qualifizierte Beteiligung im Sinne von Artikel 4 Nummer 11 der Richtlinie 2006/48/EG an einem E-Geld-Institut zu erwerben oder aufzugeben bzw. eine solche qualifizierte Beteiligung direkt oder indirekt zu erhöhen oder zu verringern, mit der Konsequenz, dass der Anteil am gehaltenen Kapital oder an den Stimmrechten 20%, 30% oder 50% erreicht, überschreitet oder unterschreitet oder das E-Geld-Institut zu ihrem Tochterunternehmen wird oder nicht mehr ihr Tochterunternehmen ist, hat diese Absicht den zuständigen Behörden vor dem Erwerb, der Aufgabe, der Erhöhung oder der Verringerung anzuzeigen.

Der interessierte Erwerber liefert der zuständigen Behörde Angaben über den Umfang der geplanten Beteiligung sowie alle relevanten Angaben gemäß Artikel 19a Absatz 4 der Richtlinie 2006/48/EG.

Falls sich der von den in Unterabsatz 2 genannten Personen ausgeübte Einfluss zulasten einer umsichtigen und soliden Geschäftsführung des Instituts auswirken könnte, erheben die zuständigen Behörden Einspruch oder ergreifen andere angemessene Maßnahmen, um diesen Zustand zu beseitigen. Solche Maßnahmen können Unterlassungsklagen, Sanktionen gegen Direktoren oder Geschäftsleiter oder die Aussetzung der Stimmrechtsausübung in Verbindung mit den von den betreffenden Anteilseignern oder Mitgliedern gehaltenen Beteiligungen einschließen.

Ähnliche Maßnahmen finden auf natürliche oder juristische Personen Anwendung, die der in diesem Absatz genannten Verpflichtung zur Unterrichtung im Voraus nicht nachkommen.

Wird eine Beteiligung trotz Einspruchs der zuständigen Behörden erworben, sorgen die zuständigen Behörden unbeschadet anderer zu verhängender Sanktionen für die Aussetzung der Ausübung der Stimmrechte des Erwerbers, für die Ungültigkeit der abgegebenen Stimmen oder die Möglichkeit der Annullierung dieser Stimmen.

Die Mitgliedstaaten können E-Geld-Institute, die eine oder mehrere der in Artikel 6 Absatz 1 Buchstabe e angeführten Tätigkeiten ausüben, von den Verpflichtungen aus diesem Absatz ganz oder teilweise freistellen oder ihre zuständigen Behörden ermächtigen, sie freizustellen.

(4) Die Mitgliedstaaten erlauben E-Geld-Instituten den Vertrieb und den Rücktausch von E-Geld über natürliche oder juristische Personen, die in ihrem Namen tätig sind. Vertreibt ein E-Geld-Institut in einem anderen Mitgliedstaat unter Inanspruchnahme einer solchen natürlichen oder juristischen Person E-Geld, so gelten die Artikel 27 bis 31, mit Ausnahme des Artikels 29 Absätze 4 und 5, der Richtlinie (EU) 2015/2366, einschließlich der nach Artikel 28 Absatz 5und Artikel 29 Absatz 7 an-

genommenen delegierten Rechtsakte, für ein solches E-Geld-Institut entsprechend.

(5) Ungeachtet des Absatzes 4 des vorliegenden Artikels emittieren E-Geld-Institute elektronisches Geld nicht über Agenten. E-Geld-Institute sind befugt, Zahlungsdienste gemäß Artikel 6 Absatz 1 Buchstabe a der vorliegenden Richtlinie über Agenten zu erbringen, wenn die Voraussetzungen des Artikels 19 der Richtlinie (EU) 2015/2366 erfüllt sind.

Übersicht

	Rn.
I. Einführung	1
1. Literatur	1
2. Entstehung und Zweck der Norm	2
3. Normativer Kontext	3
II. Anwendbares Aufsichtsregime für E-Geld-Institute	4
1. Grundsätzliches zum Verhältnis MiCAR – E-Geld-RL	4
2. Verweis auf Vorschriften der ZDRL (Abs. 1)	5
3. Meldepflicht (Abs. 2)	12
4. Inhaberkontrollverfahren (Abs. 3)	13
5. Vertrieb und Rücktausch über Distributoren, Nutzung von Agenten (Abs. 4 und 5)	14

I. Einführung

1. Literatur. Siehe die Angaben in → E-Geld RL Art. 2 Rn. 1.   **1**

2. Entstehung und Zweck der Norm. Zur Entstehung und Zweck **2** → E-Geld RL Art. 2 Rn. 2 f.

3. Normativer Kontext. E-Geld-Institute (aber nicht andere E-Geld **3** Emittenten) werden von Art. 3 erfasst. Anders ist das für die Emittenten von E-Geld-Token, die Kreditinstitute sind. Kreditinstitute, die E-Geld-Token ausgeben, unterliegen der MiCAR und Titel II und III der E-Geld-RL, wie sich aus Art. 48 Abs. 3 MiCAR ergibt (und der Bankenaufsicht). Teilweise werden die Regeln der E-Geld-RL aber durch Sondervorschriften in der MiCAR verdrängt. Die Anwendung eines Großteils der in Art. 3 genannten Vorschriften auf Kreditinstitute macht aber keinen Sinn, da diese Institute unter dem KWG einem strengeren Regime unterliegen.

II. Anwendbares Aufsichtsregime für E-Geld-Institute

1. Grundsätzliches zum Verhältnis MiCAR – E-Geld-RL. Der **4** Grund für die Regelung in Art. 48 Abs. 1 lit. a MiCAR, dass nur E-Geld-Institute und CRR-Kreditinstitute E-Geld-Token ausgeben dürfen und dass E-Geld-Token als E-Geld gelten (Art. 48 Abs. 2 MiCAR) liegt darin, dass damit anders als für die Emittenten anderer Kryptowerte wegen der (erwarteten) Nutzbarkeit von E-Geld-Token als Zahlungsmittel eine funktionale Gleichwertigkeit zum E-Geld entsteht, die ein besonderes Vertrauen darin rechtfertigt, dass der Emittent zuverlässige Geschäftsleiter, eine ausreichende Kapitalisierung und eine ordnungsgemäße Geschäftsorganisation hat. Wegen der vergleichbaren Funktion von E-Geld-Token und E-Geld liegt es daher nahe, das Aufsichtsregime der E-Geld-RL zur Anwendung zu bringen, mit gewissen Modifikationen, die sich aus der Natur der E-Geld-Token ergeben.

Das wird auch in Erwgr. Nr. 19 und 66 der MiCAR zum Ausdruck gebracht. Es soll nicht möglich sein, durch die Ausgabe von E-Geld-Token (anstelle von E-Geld) sich der Anwendung der aufsichtsrechtlichen Vorschriften für E-Geld zu entziehen. Zusätzlich werden die Emittenten von E-Geld-Token sogar strenger reguliert, da sie ein White Paper erstellen müssen (Art. 51 ff. MiCAR) und zusätzliche Vorschriften für signifikante E-Geld-Token (Art. 56 ff. MiCAR) gelten. Damit wurde der naheliegende Gedanke[1] aufgegeben, E-Geld-Token nur der Regulierung als E-Geld zu unterwerfen; wenngleich die Sondervorschriften der MiCAR, die die E-Geld-rechtlichen Aufsichtsvorschriften verdrängen, sehr ähnlich gefasst sind.[2] Als Grundprinzip gilt also: E-Geld-Token unterscheiden sich von E-Geld dadurch, dass die aufsichtsrechtlichen E-Geld-Vorschriften *und* die MiCAR-Vorschriften gelten, die die Vorschriften der E-Geld-RL teilweise verdrängen. Daneben sollte nicht aus dem Auge verloren werden, dass durch die Gleichstellung von E-Geld-Token mit E-Geld auch die auf E-Geld anwendbaren zivilrechtlichen Vorschriften gelten, etwa vorvertragliche Offenlegungspflichten und in Deutschland zB die §§ 675c ff. BGB, soweit diese auf E-Geld anwendbar sind.[3]

5 **2. Verweis auf Vorschriften der ZDRL (Abs. 1).** Abs. 1 führt zur Anwendung wesentlicher Vorschriften der ZDRL, was erklärt, warum die E-Geld-RL relativ schlank gehalten ist. mit der ZDRL II ist eine weitere Harmonisierung von E-Geld und Zahlungsdiensten bereits vorgezeichnet. Im Einzelnen sind dies folgende Vorschriften:

6 **Art. 5 ZDRL:** Diese Vorschrift regelt umfassend dass Erlaubnisverfahren und die Erlaubnisvoraussetzungen. Wesentliche Elemente sind die Vorlage eines Geschäftsmodells und eines Geschäftsplans mit Planzahlen für 3 Jahre, der Nachweis des Anfangskapitals, die Sicherung der Geldbeträge der Kunden, die Darstellung einer ordnungsgemäßen Geschäftsorganisation einschließlich interner Kontrollsysteme, Risikomanagement und Rechnungslegung, der Handhabung von Sicherheitsvorfällen und Kundenbeschwerden, der Datenschutz, der Geschäftsfortführung im Krisenfall, einer Sicherheitsstrategie, die Inhaber bedeutender Beteiligungen, der Nachweis geeigneter und zuverlässiger Geschäftsleiter (vgl. im einzelnen Art. 5 Abs. 1 ZDRL). In Deutschland ist diese Vorschrift in § 11 iVm § 10 ZAG umgesetzt; in Österreich in § 4 E-GeldG, der wiederum auf § 9 ZaDiG verweist.

7 **Art. 11–17 ZDRL:** Art. 11 Regelt die Erlaubniserteilung durch die zuständigen Behörden. Hervorzuheben ist Art. 11 Abs. 4 ZDRL: Die zuständigen Behörden erteilen die Zulassung nur, wenn, im Interesse der Gewährleistung einer soliden und umsichtigen Führung eines Zahlungsinstituts, das Zahlungsinstitut über solide Unternehmenssteuerungsregelungen für sein Zahlungsdienstgeschäft verfügt. Ein Ablehnungsgrund besteht auch, wenn das Unternehmen keine zuverlässigen Eigner hat (Art. 11 Abs. 6 ZDRL). Dabei gilt allerdings nicht Art. 6 ZDRL sondern Art. 3 Abs. 3 E-Geld-RL, was aber keinen wesentlichen Unterschied macht. Der Erlaubnisbescheid ist binnen drei Monaten vor Vorliegen vollständiger Unterlagen zu erteilen oder abzulehnen (Art. 12 ZDRL). Art. 13 ZDRL regelt den Widerruf der Erlaubnis, Art. 14 und 14 die Errichtung eines öffentlichen Registers der zugelasse-

---

[1] So auch Wittig WM 2023, 412 (416).
[2] So auch Wittig WM 2023, 412 (417).
[3] So auch Wittig WM 2023, 412 (419).

nen Institute durch die zuständigen Behörden und bei der EBA. Art. 16 ZDRL regelt die Pflichten des Instituts zur Mitteilung von Änderungen. Art. 17 ZDRL regelt die Rechnungslegung. Die entsprechenden Umsetzungen finden sich in Deutschland in § 11 iVm § 10 ZAG, sowie §§ 13 und 22 ZAG; in Österreich in §§ 4, 5, 7 und 14 E-GeldG.

Art. 19 Abs. 5 und Abs. 6 und 20 ZDRL: Diese Vorschriften regeln 8 Anzeigepflichten für die Inanspruchnahme von Agenten und die Errichtung von Niederlassungen in andern Mitgliedsstaaten (Inanspruchnahme des sog. EU-Passes) und die Anzeige von Auslagerungen, einschließlich der Haftung für die ausgelagerten Tätigkeiten. In Deutschland sind diese Vorschriften in §§ 25 und 38 ZAG umgesetzt, in Österreich in § 10 E-GeldG iVm §§ 28 ff. ZaDiG, sowie § 15 E-GeldG.

Art. 21–27 ZDRL: Art. 21 ZDRL regelt die Dokumentationspflichten 9 von Instituten, umgesetzt in Deutschland in § 27 Abs. 1 Nr. 2 ZAG. Art. 22 ff. ZDRL befassen sich mit den zuständigen Behörden, deren Aufsichtsbefugnissen, deren Geheimhaltungspflichten, einer Rechtsweggarantie, dem Informationsaustausch innerhalb der EU und mit der EBA und der Regelung von Meinungsverschiedenheiten unter den Aufsehern. In Deutschland findet sich die Umsetzung in §§ 4 ff. ZAG; in Österreich in §§ 22 ff. und 32 ff. E-GeldG.

Daneben wird in **Art. 28–31 ZDRL** auch der „**europäische Pass**" geregelt, 10 also das Recht zur grenzüberschreitenden Tätigkeit im Wege der Niederlassungsfreiheit und des grenzüberschreitenden Dienstleistungsverkehrs durch bloße Anzeige an die Herkunftslandbehörde; umgesetzt in Deutschland in §§ 38 ff. ZAG; in Österreich in § 10 E-GeldG iVm §§ 28 ff. ZaDiG.

Kritik: Die Anwendung dieser Vorschriften auf Kreditinstitute, die unter 11 der MiCAR E-Geld-Token ausgeben, macht größtenteils keinen Sinn. Das KWG sollte hier einen ausreichenden Regelungsrahmen bereitstellen.

3. Meldepflicht (Abs. 2). Im Voraus zu melden sind alle wesentlichen 12 Änderungen der zur Sicherung der Gelder getroffenen Maßnahmen, die für ausgegebenes E-Geld entgegengenommen wurde. In Deutschland findet sich die Umsetzung in § 28 Abs. 2 ZAG; in Österreich in § 7 Abs. 1 Nr. 9 E-GeldG. Da auch die Kreditinstitute Sicherungsverpflichtungen haben, macht die Anwendung der Regelung im Rahmen der MiCAR auch auf Kreditinstitute Sinn.

4. Inhaberkontrollverfahren (Abs. 3). Abs. 3 regelt die Anzeigepflich- 13 ten bei beabsichtigtem Erwerb, Erhöhung oder Verringerung einer qualifizierten Beteiligung (10 % oder mehr), wobei die weiteren Schwellen 20 %, 30 % oder 50 % sind. Es ist nicht ganz klar, warum hier nicht auf Art. 6 ZDRL mit gleichem Regelungsinhalt verwiesen wurde. Markante Unterschiede sind nicht zu erkennen. So wurden Art. 6 ZDRL und Art. 3 Abs. 3 der E-Geld-RL beispielsweise in Deutschland undifferenziert in nur einer Vorschrift (§ 14 ZAG) umgesetzt, mit weitgehendem Verweis auf § 2c KWG, so wie auch Art. 3 Abs. 3 der E-Geld-RL auf die RL 2013/36 verweist. In Österreich findet sich die Umsetzung in § 8 E-GeldG. Maßnahmen, einschließlich einer Untersagung des Erwerbs sind möglich, wenn der Einfluss der Inhaber der Beteiligung sich zu Lasten einer umsichtigen und soliden Geschäftsführung des Instituts auswirken können. In der Praxis bedeutet dies, dass diese Inhaber zuverlässig und solvent sein müssen. Die Vorschriften sollten bei Kreditinstituten, die E-Geld-Token ausgeben durch unmittelbare Anwendung von § 2c KWG verdrängt werden. Im Ergebnis ergibt sich kein Unterschied. Gesetzgebungstechnisch zeigt sich hier die Unsinnigkeit des Pauschalverweises auf Titel II und III der E-Geld-RL für Emittenten von E-Geld-Token in Art. 48 Abs. 3 MiCAR.

14 **5. Vertrieb und Rücktausch über Distributoren, Nutzung von Agenten (Abs. 4 und 5).** Abs. 4 erlaubt es den Vertrieb und den Rücktausch von E-Geld über Distributoren vorzunehmen. Sind diese Distributoren im EU-Ausland, so gelten die Anzeigepflichten für den Europäischen Pass (Art. 27–31 ZDRL, mit Ausnahme von Art. 29 Abs. 4 und Abs. 5). Umgesetzt werden diese Vorschriften in Deutschland in § 32 ZAG; in Österreich in § 15 E-GeldG. Der wesentliche Vorteil des Einsatzes von Distributoren besteht darin, dass diese keiner Erlaubnispflicht unterfallen, was die Errichtung eines Netzes zum Vertrieb von E-Geld beträchtlich erleichtert. Im deutschen Recht werden E-Geld Distributoren – reichlich verwirrend – als E-Geld Agenten bezeichnet (vgl. § 1 (10) ZAG). Man beachte aber, das die E-Geld-Agenten Verpflichtete nach dem Geldwäschegesetz sind (vgl. § 2 Abs. 1 Nr. 4 GwG) und der grenzüberschreitende Einsatz von E-Geld-Agenten dazu führt, dass ein EU-E-Geld-Institut selbst den deutschen Geldwäschevorschriften unterliegt (§ 2 Abs. 1 Nr. 4 GWG). Faktisch wird damit der Einsatz von E-Geld Agenten geldwäscherechtlich der Errichtung einer Niederlassung gleichgestellt.

15 In Abs. 5 wird klargestellt, dass E-Geld nicht über Agenten emittiert werden darf; indes Agenten für die Erbringung von Zahlungsdiensten eingesetzt werden dürfen. In der Praxis macht das Verbot keine Schwierigkeiten, da Distributoren eingesetzt werden, die das vom E-Geld Institut ausgegebenen E-Geld bloß „vertreiben" dürfen. In der Praxis nehmen diese Distributoren natürlich die Barbeträge entgegen, die zur Ausgabe von E-Geld führen, nur die Ausgabe im Sinne der Begründung einer Forderung gegen das E-Geld-Institut bleibt diesem vorbehalten. In der Praxis sollte allerdings auf eine saubere juristische Trennung der beiden Tätigkeiten geachtet werden.[4] Bei der Anwendung dieser Vorschrift auf die Ausgabe von E-Geld-Token sollten sich hier keine Besonderheiten ergeben, wenn man davon absieht, dass nach Titel IV MiCAR ein White Paper zu veröffentlichen ist. In diesem Zusammenhang ist noch auf Art. 48 Abs. 1 letzter UAbs. MiCAR zu verweisen: Der sieht vor, dass mit Zustimmung des Emittenten auch Dritte E-Geld-Token öffentlich anbieten können oder die Zulassung zum Handel beantragen; diese Dritten aber Art. 50 und Art. 53 MiCAR einhalten müssen.

Artikel 11 Ausgabe und Rücktauschbarkeit

(1) Die Mitgliedstaaten stellen sicher, dass E-Geld-Emittenten E-Geld zum Nennwert des entgegengenommenen Geldbetrags ausgeben.

(2) Die Mitgliedstaaten stellen sicher, dass E-Geld-Emittenten den monetären Wert des gehaltenen E-Geldes auf Verlangen des E-Geld-Inhabers jederzeit zum Nennwert erstatten.

(3) Im Vertrag zwischen dem E-Geld-Emittenten und dem E-Geld-Inhaber sind die Rücktauschbedingungen, einschließlich etwaiger diesbe-

---

[4] Vgl. Zur Abgrenzung Schäfer/Omlor/Mimberg/Werner ZAG § 32 Rn. 12 und Ellenberger/Findeisen/Nobbe/Böger/Findeisen ZAG § 32 Rn. 15.

züglicher Entgelte, eindeutig und deutlich erkennbar anzugeben; der E-Geld-Inhaber ist über diese Bedingungen zu informieren, bevor er durch einen Vertrag oder ein Angebot gebunden wird.

(4) Beim Rücktausch fällt nur dann ein Entgelt an, wenn dies im Vertrag gemäß Absatz 3 geregelt wurde, und nur in folgenden Fällen:

a) wenn vor Vertragsablauf ein Rücktausch verlangt wird;
b) wenn vertraglich ein Ablaufdatum vereinbart wurde und der E-Geld-Inhaber den Vertrag vorher beendet hat oder
c) wenn der Rücktausch mehr als ein Jahr nach Vertragsablauf verlangt wird.

Ein solches Entgelt muss in einem angemessenen Verhältnis zu den tatsächlich entstandenen Kosten des E-Geld-Emittenten stehen.

(5) Wird der Rücktausch vor Vertragablauf verlangt, kann der E-Geld-Inhaber entweder einen Teil oder den gesamten Betrag des E-Geldes verlangen.

(6) Wird der Rücktausch vom E-Geld-Inhaber zum Vertragsablauf oder bis zu einem Jahr nach Vertragsablauf gefordert, wird

a) der gesamte Nennwert des gehaltenen E-Geldes erstattet oder
b) der Gesamtbetrag, den der E-Geld-Inhaber fordert, erstattet, falls ein E-Geld-Institut eine oder mehrere der in Artikel 6 Absatz 1 Buchstabe e genannten Tätigkeiten ausübt und im Voraus nicht bekannt ist, welcher Anteil der Geldbeträge als E-Geld verwendet werden soll.

(7) Unbeschadet der Absätze 4, 5 und 6 unterliegen die Rücktauschrechte von anderen Personen als Verbrauchern, die E-Geld akzeptieren, der vertraglichen Vereinbarung zwischen E-Geld-Emittenten und diesen Personen.

Übersicht

	Rn.
I. Einführung	1
1. Literatur	1
2. Entstehung und Zweck der Norm	2
3. Normativer Kontext	3
II. Einzelheiten	4
1. Ausgabe zum Nennwert (Abs. 1)	4
2. Rücktausch zum Nennwert (Abs. 2)	5
3. Entgelte beim Rücktausch (Abs. 3 und 4)	6
4. Rücktausch vor Vertragsablauf (Abs. 5)	12
5. Rücktausch bei oder nach Vertragsablauf (Abs. 6)	13
6. Abweichende Regelung bei Nichtverbrauchern (Abs. 7)	14

I. Einführung

1. Literatur. Siehe die Angaben in → Art. 2 E-Geld-RL Rn. 1. 1

2. Entstehung und Zweck der Norm. Zur Entstehung und Zweck 2
→ Art. 2 E-Geld-RL Rn. 2 f.

3. Normativer Kontext. Art. 11 E-Geld-RL regelt die Ausgabe von E- 3
Geld zum Nennwert und die Rücktauschbarkeit von E-Geld in gesetzliche Währung – ebenfalls zum Nennwert. Darüber hinaus beschränkt die Vorschrift die Möglichkeit Rücktauschentgelte zu erheben. Im Rahmen der

Emission von E-Geld-Token hat diese Vorschrift keine Bedeutung, denn sie wird durch Art. 49 MiCAR verdrängt, wodurch die in § 48 Abs. 2 MiCAR geregelte Gleichstellung von E-Geld-Token und E-Geld teilweise wieder rückgängig gemacht wird. Das bedeutet freilich nicht, dass Inhabern von E-Geld-Token kein Rücktauschrecht hätten, aber eben nach Art. 49 MiCAR anstelle von Art. 11 E-Geld. RL. Die nachstehende Kommentierung legt den Schwerpunkt deshalb auf die Darstellung der Unterschiede zwischen diesen beiden Vorschriften. Umgesetzt ist diese Vorschrift in Deutschland in § 33 ZAG; in Österreich in §§ 17, 18 und 19 E-GeldG. Die Vorschrift hat sowohl öffentlich-rechtlichen als auch privatrechtlichen Charakter.[1]

II. Einzelheiten

4   **1. Ausgabe zum Nennwert (Abs. 1).** Abs. 1 bestimmt das einfache Prinzip, dass der hingegebene Geldbetrag 1:1 in einen Nennwert des ausgegebenen E-Geldes münden muss. E-Geld kann damit weder mit einem Rabatt, noch mit einem Aufschlag ausgegeben werden. Die Vorschrift ist nicht abdingbar.[2] Art. 49 Abs. 3 MiCAR weicht hiervon nicht ab. Beide Vorschriften würden es hingegen wohl nicht verbieten, dass E-Geld/E-Geld-Token verschenkt werden, wenn der Schenker zuvor den Nennbetrag für den Token an den E-Geld- bzw. E-Geld-Token-Emittenten gezahlt hat[3].

5   **2. Rücktausch zum Nennwert (Abs. 2).** Abs. 2 bestimmt, dass eine grundsätzliche nicht abdingbare Rücktauschpflicht besteht und auch beim Rücktausch der Nennwert in gesetzlicher Währung auszuzahlen ist. Man wird wohl auch einen unbaren Rücktausch noch als von Abs. 2 gedeckt ansehen.[4] Ein Rücktauschrecht (nur) in eine private Kryptowährung wäre dagegen nicht zulässig. Auch im Hinblick auf das Rücktauschrecht zum Nennwert bestimmt die MiCAR in Art. 49 Abs. 4 nichts Anderes.

6   **3. Entgelte beim Rücktausch (Abs. 3 und 4).** Abs. 3 sieht vor, dass Rücktauschbedingungen, einschließlich etwaiger Entgelte eindeutig und deutlich erkennbar anzugeben sind und der E-Geld-Inhaber vorvertraglich darauf hinzuweisen ist. Abs. 4 begrenzt gegenüber Verbrauchern (siehe Abs. 6), die Fälle des entgeltlichen Rücktausches (der vertraglich geregelt worden sein muss) auf drei Fälle: a) vor Vertragsablauf, b) bei Beendigung des Vertrags vor Ablauf eines vereinbarten Ablaufdatums, und c) Rücktauschverlangen, die mehr als ein Jahr nach Vertragsablauf erfolgen. In jedem Fall muss das verlangte Entgelt in einem angemessenen Verhältnis zu den tatsächlichen Kosten stehen.

7   Ein Rücktauschentgelt darf dementsprechend von Verbrauchern in anderen Fällen nicht verlangt werden, vor allen Dingen dann nicht, wenn der Vertrag abgelaufen ist und/oder der E-Geld-Inhaber vor Ablauf eines Jahres nach Vertragsende verlangt.[5]

8   Unabhängig davon, ob der Vertrag zwischen Kunde und E-Geld-Emittenten eine feste Laufzeit hat oder auf unbestimmte Zeit abgeschlossen wurde,

---

[1] Casper/Terlau/Koch ZAG § 33 Rn. 5.
[2] Schäfer/Omlor/Mimberg/Werner ZAG § 33 Rn. 9; Luz/Neus/Schaber/Schneider/Wagner/Weber/Becker ZAG § 33 Rn. 9; Casper/Terlau/Koch ZAG § 33 Rn. 8.
[3] Grohé RdZ 2021, 148 (150); man beachte allerdings, dass gratis-Gutscheine, Rabattpunkte oÄ aus der Definition von E-Geld meistens herausfallen → Art. 2 Rn. 12.
[4] Ellenberger/Findeisen/Nobbe/Böger/Findeisen ZAG § 33 Rn. 40.
[5] Casper/Terlau/Koch ZAG § 33 Rn. 18.

kann ein (im Vergleich zu den Kosten angemessenes) Entgelt für den Rücktausch vor Vertragsende vereinbart werden.

Bei Vertragsablauf und für einen Zeitraum von bis zu einem Jahr nach Vertragsablauf muss das E-Geld hingegen entgeltfrei in gesetzliche Währung rückgetauscht werden können. 9

Anders als in Abs. 3, der eine vorvertragliche Informationspflicht statuiert, sind nach der MiCAR die Rücktauschbedingungen „an gut erkennbarer Stelle" im Whitepaper anzugeben (Art. 49 Abs. 4 MiCAR). 10

Die MiCAR unterscheidet sich inhaltlich fundamental von Abs. 4, denn, denn Art. 49 Abs. 6 MiCAR enthält ein absolutes Verbot der Erhebung von Rücktauschgebühren, abgesehen vom Fall des Art. 46 (Sanierungsfall). Zu den Einzelheiten → MiCAR Art. 49 Rn. 11. 11

4. Rücktausch vor Vertragsablauf (Abs. 5). Die Vorschrift stellt klar, dass der E-Geld-Inhaber das E-Geld-Guthaben ganz oder teilweise rücktauschen kann. 12

5. Rücktausch bei oder nach Vertragsablauf (Abs. 6). Die Vorschrift bestimmt, dass sich das Rücktauschrecht nach Vertragsablauf nur auf den ganzen E-Geld-Guthabenbetrag erstreckt. Ein Teilumtausch ist nach Vertragsablauf ausgeschlossen. Lit. b behandelt den Fall, in dem die Vertragsbeziehung des E-Geld-Emittenten auch weitere Nebenleistungen umfasst und unklar geblieben ist, welcher Teil der Gelder des Kunden für E-Geld verwendet werden soll. In diesem Fall erstreckt sich das Rückforderungsrecht auf den Gesamtbetrag der für den Kunden gehaltenen Gelder, aber in der Vorschrift ist unklar geblieben, ob der E-Geld-Inhaber hier auch Teilbeträge fordern können soll. Nach der Literatur soll die Vorschrift lediglich fingieren, dass der Gesamtbetrag E-Geld gewesen ist, was dafür spricht, dass ein teilweiser Rücktausch nicht verlangt werden könnte.[6] Dagegen spricht allerdings, dass sich das Rücktauschrecht auf den **vom Kunden geforderten** Gesamtbetrag erstrecken soll, was die Möglichkeit offen ließe, dass der Kunden nur einen Teilbetrag rücktauschen will. Das zeigt, dass die Formulierung wenig durchdacht ist. 13

6. Abweichende Regelung bei Nichtverbrauchern (Abs. 7). Die Vorschrift erlaubt abweichende vertragliche Regelungen des Rücktauschrechts mit Nichtverbrauchern, wobei die äußere Grenze das Prinzip des Rücktauschs zum Nennwert ist und die vorvertraglichen Informationspflichten nicht abdingbar sind.[7] Das Nennwertprinzip wird freilich dadurch aufgeweicht, dass eine Rücktauschgebühr auch zum Vertragsende vereinbart werden könnte. 14

Die MiCAR differenziert bei Rücktauschentgelten hingegen nicht zwischen Verbrauchern und Nichtverbrauchern; diese sind in keinem Fall zulässig (Art. 49 Abs. 6 MiCAR). 15

---

[6] Casper/Terlau/Koch ZAG § 33 Rn. 25v mwN.
[7] Casper/Terlau/Koch ZAG § 33 Rn. 26.

E-Geld-Richtlinie Art. 12

Artikel 12 Verbot der Verzinsung

Die Mitgliedstaaten verbieten die Gewährung von Zinsen oder anderen Vorteilen, die im Zusammenhang mit dem Zeitraum stehen, in dem ein E-Geld-Inhaber das E-Geld hält.

Übersicht

	Rn.
I. Einführung	1
1. Literatur	1
2. Entstehung und Zweck der Norm	2
3. Normativer Kontext	3
II. Einzelheiten	4
1. Zinsbegriff	4
2. Vergleich mit Art. 50 MiCAR	5

I. Einführung

1. Literatur. Siehe die Angaben in → Art. 2 E-Geld-RL Rn. 1.

2. Entstehung und Zweck der Norm. Zur Entstehung und Zweck → Art. 2 E-Geld-RL Rn. 2 f.

3. Normativer Kontext. Die Vorschrift verbietet die Gewährung von Zinsen oder „anderen Vorteilen", die an die Haltedauer des E-Gelds anknüpfen. In Deutschland ist die Vorschrift etwas verdeckt in § 3 Abs. 2 S. 2 Nr. 2 S. 2 ZAG umgesetzt; in Österreich wortgetreu in § 20 E-GeldG. Die deutsche Umsetzung bestimmt, dass E-Geld nur dann kein erlaubnispflichtiges Einlagengeschäft im Sinne des KWG darstellt, wenn keine Zins- oder ähnlichen Ansprüche gewährt werden.[1] Im Ergebnis führt das freilich auf Dasselbe hinaus, bzw. man kann das Verbot in § 3 Abs. 2 ZAG, dass sich nach seinem Wortlaut nur auf Zahlungskonten bezieht ergänzend auch so auslegen, dass es E-Geld selbst dann umfasst, wenn es nicht auf einem Zahlungskonto gebucht ist.[2]

II. Einzelheiten

1. Zinsbegriff. Was Zinsen sind, wird in der E-Geld-RL nicht definiert. Gemeint ist damit ein Prozentsatz des Kapitalstocks über eine bestimmte Laufzeit.[3] Alle anderen Vergütungen fielen unter den Begriff der anderen Vorteile. Entscheidend ist die Verknüpfung mit der Haltedauer. Andere Bonifizierungen, die nicht an die Haltedauer anknüpfen, sind hingegen zulässig. Es soll nach der Gesetzesbegründung zum ZAG sogar zulässig sein, die Zinseinnahmen, die das E-Geld-Institut auf die treuhänderischen Einlagen im Rahmen der Sicherungspflicht erzielt, mit den Kunden zu teilen.[4]

---

[1] Auf diese etwas „schiefe" Umsetzung weist auch Schäfer/Omlor/Mimberg/Schäfer ZAG § 3 Rn. 33 hin („leicht missverständlich").
[2] So wohl auch Schäfer/Omlor/Mimberg/Schäfer ZAG § 3 Rn. 33.
[3] Casper/Terlau/Koch ZAG § 3 Rn. 42.
[4] RegBegr. ZDUG, BT-Drs. 16/11613, 41 f.; BaFin, Merkblatt – Hinweise zum Zahlungsdiensteaufsichtsgesetz (ZAG), Abschn. E. III.4; Casper/Terlau/Terlau ZAG § 3 Rn. 43; die zitierten Stellen in der Gesetzesbegründung und im BaFin-Merkblatt beziehen sich auf das Verzinsungsverbot auf Zahlungskonten in § 3 Abs. 3 S. 2 ZAG; das sollte indes auch für E-Geld gelten; so auch Schäfer/Omlor/Mimberg/Schäfer ZAG § 3 Rn. 34.

Art. 12 E-Geld-Richtlinie

2. Vergleich mit Art. 50 MiCAR. Art. 50 Abs. 1 MiCAR verdrängt 5
Art. 12 E-Geld-RL für E-Geld-Token, da das Zinsverbot nach seinem Wortlaut „abweichend" von Art. 12 geregelt wird. Man mag sich allerdings fragen, worin die Abweichung im Einzelnen besteht.

Art. 50 Abs. 1 MiCAR spricht zunächst nur ein Zinsverbot aus, was auf 6
den ersten Blick enger erscheint als die MiCAR. Art. 50 Abs. 3 MiCAR klärt aber dann, dass mit „Zinsen" auch andere Vorteile gemeint sind, die einer Verzinsung gleichkommen. Der wesentliche Unterschied zu Art. 12 E-Geld-RL besteht darin, dass diese anderen Vorteile – nicht abschließend – näher spezifiziert werden als „Nettovergütungen oder -abschläge, die einer vom Inhaber eines E-Geld-Token erhaltenen Verzinsung gleichkommen, unabhängig davon, ob sie unmittelbar vom Emittenten stammen oder durch Dritte gewährt werden, und unabhängig davon, ob sie unmittelbar im Zusammenhang mit dem E-Geld-Token stehen oder durch die Vergütung oder Preisgestaltung anderer Produkte gewährt werden." Es ist nicht ganz klar, ob mit „Verzinsung gleichkommenden" Vorteilen auch nicht an die Haltedauer der E-Geld-Token anknüpfende Vorteile gemeint sein könnten. Interessant ist auch die Ausdehnung auf Bonifizierungen, die durch Dritte gewährt werden. Näheres → MiCAR Art. 50 Rn. 9.

Ob hingegen Art. 12 E-Geld-RL auch an die Haltedauer anknüpfende 7
Vorteile umfasst, die von anderen Personen als dem E-Geld-Emittenten gewährt werden, ist unklar.

Eine weitere „Abweichung" von Art. 12 besteht darin, dass in Art. 50 8
Abs. 2 MiCAR auch ein Zinsverbot für die Anbieter von Kryptowerte-Dienstleistungen „in Zusammenhang mit E-Geld-Token" ausgesprochen wird. Näheres → MiCAR Art. 50 Rn. 7 f. Dafür findet sich weder in Art. 12 noch an anderer Stelle in der E-Geld-RL für Dienstleistungen in Zusammenhang mit E-Geld eine Entsprechung.

Geldwäscherichtlinie idF RL 2018/843

Artikel 1

(1) Ziel dieser Richtlinie ist die Verhinderung der Nutzung des Finanzsystems der Union zum Zwecke der Geldwäsche und der Terrorismusfinanzierung.

(2) Die Mitgliedstaaten sorgen dafür, dass Geldwäsche und Terrorismusfinanzierung untersagt werden.

(3) Als Geldwäsche im Sinne dieser Richtlinie gelten die folgenden Handlungen, wenn sie vorsätzlich begangen werden:
a) der Umtausch oder Transfer von Vermögensgegenständen in Kenntnis der Tatsache, dass diese Gegenstände aus einer kriminellen Tätigkeit oder aus der Teilnahme an einer solchen Tätigkeit stammen, zum Zwecke der Verheimlichung oder Verschleierung des illegalen Ursprungs der Vermögensgegenstände oder der Unterstützung von Personen, die an einer solchen Tätigkeit beteiligt sind, damit diese den Rechtsfolgen ihrer Tat entgehen;
b) die Verheimlichung oder Verschleierung der wahren Natur, Herkunft, Lage, Verfügung oder Bewegung von Vermögensgegenständen oder von Rechten oder Eigentum an Vermögensgegenständen in Kenntnis der Tatsache, dass diese Gegenstände aus einer kriminellen Tätigkeit oder aus der Teilnahme an einer solchen Tätigkeit stammen;
c) der Erwerb, der Besitz oder die Verwendung von Vermögensgegenständen, wenn dem Betreffenden bei der Übernahme dieser Vermögensgegenstände bekannt war, dass sie aus einer kriminellen Tätigkeit oder aus der Teilnahme an einer solchen Tätigkeit stammen;
d) die Beteiligung an einer der unter den Buchstaben a, b und c aufgeführten Handlungen, Zusammenschlüsse zur Ausführung einer solchen Handlung, Versuche einer solchen Handlung, Beihilfe, Anstiftung oder Beratung zur Ausführung einer solchen Handlung oder Erleichterung ihrer Ausführung.

(4) Der Tatbestand der Geldwäsche liegt auch dann vor, wenn die Handlungen, die den zu waschenden Vermögensgegenständen zugrunde liegen, im Hoheitsgebiet eines anderen Mitgliedstaats oder eines Drittlandes vorgenommen wurden.

(5) Im Sinne dieser Richtlinie bedeutet „Terrorismusfinanzierung" die Bereitstellung oder Sammlung finanzieller Mittel, gleichviel auf welche Weise, unmittelbar oder mittelbar, mit dem Vorsatz oder in Kenntnis dessen, dass sie ganz oder teilweise dazu verwendet werden, eine der Straftaten im Sinne der Artikel 1 bis 4 des Rahmenbeschlusses 2002/475/JI des Rates (1) zu begehen.

(6) Ob Kenntnis, Vorsatz oder Zweck, die ein Merkmal der in den Absätzen 3 und 5 genannten Handlungen sein müssen, vorliegen, kann aus den objektiven Tatumständen abgeleitet werden.

Geldwäscherichtlinie Art. 1

Geldwäscherichtlinie idF RL 2018/843

Übersicht

	Rn.
I. Einführung	1
1. Literatur	1
2. Entstehung und Zweck der Norm	2
3. Normativer Kontext	9
II. Begriff der Geldwäsche (Art. 1 (3))	10
1. Tatbestandsmerkmale	10
2. Relevante Handlungen iZm virtuellen Währungen	11
3. Örtliche Abgrenzung (Art. 1(4))	17

I. Einführung

1. Literatur. *Bernt,* Kryptostrafrecht 101: zu strafrechtlichen Relevanz von Krypto-Assets, ÖJZ 2021/119; *Brewi,* Bedeutung von Krypto-Assets für den strafrechtlichen Bereich, GRAU 2022/30; FMA Rundschreiben Risikoanalyse zur Prävention von Geldwäscherei und Terrorismusfinanzierung (Feb 2022); *Ikemeyer/Krimphove,* Geldwäsche: Tatbestände, Aufgriffsmöglichkeiten, Indizien im Zahlungs- und Kapitalmarkt, CB 2022, 432; *Köck,* Die Sicherstellung von Krypto-Assets im Finanzstrafverfahren, ZWF 2023,84; *Mager,* Die EU-Geldwäscherichtlinien: Überblick zum Wirtschaftlichen Eigentümer Registergesetz (WiEReG), 2020; *Paulmayer,* Krypto-Dienstleister und Geldwäscherei: Regulierung in der Grauzone, GRAU 2022/25; *Schemmel,* Non-Fungible Token (NFT) und Geldwäsche – eine aktuelle Einordnung, CB 2022, 286; *Schmidt,* Kryptowährungen und Blockchains (2019).

2. Entstehung und Zweck der Norm. Die GW-RL ist die mittlerweile 5. „Ausbaustufe" der Regelungen zur Verhinderung der Geldwäsche. Die 1. Geldwäsche-Richtlinie wurde 1991 durch die EU (damals EG) erlassen. Sie beruhte auf Empfehlungen *(Forty Recommendations)* der Financial Action Task Force (FATF) von 1990[1]. Die FATF war 1989 von den G7 gegründet worden[2]. Der Kapital- und Finanzmarkt wird im Schrifttum aufgrund seiner oftmaligen Intransparenz und komplexen Produkte als für Geldwäsche besonders geeignet empfunden[3].

Bereits vor Erlassung der 1. Geldwäsche-Richtlinie beschäftigte sich die Europäische Union (damals EG) mit dem Problem der Geldwäsche. Im Jahr 1980 erließ der Europarat eine Empfehlung[4]. Kernpunkt der Empfehlung war der Rat an die Mitgliedstaaten, den Kredit- und Finanzinstituten eine Identifizierungspflicht aufzuerlegen. Es folgte im Jahre 1988 die Baseler Grundsatzerklärung vom 12.12.1988[5] des Basel Committee on Banking Supervision (BCBS) zur Verhütung des Missbrauchs des Bankensystems für die Geldwäsche. Im Bereich des Strafrechts folgte am 20.12.1988 das Übereinkommen der Vereinten Nationen gegen den unerlaubten Verkehr mit Betäubungsmitteln und psychotropen Stoffen[6] und am 8.11.1990 das inhaltlich

---

[1] https://www.fatf-gafi.org/content/dam/fatf-gafi/recommendations/FATF%20Recommendations%201990.pdf.
[2] https://www.fatf-gafi.org/en/the-fatf/history-of-the-fatf.html.
[3] Vgl. Ikemeyer/Krimphove CB 2022, 432.
[4] https://rm.coe.int/CoERMPublicCommonSearchServices/DisplayDCTMContent?documentId=09000016804f6321.
[5] https://www.bis.org/publ/bcbsc137de.pdf.
[6] https://www.fedlex.admin.ch/eli/cc/2006/76/de.

gleich gelagerte Übereinkommen über Geldwäsche sowie Ermittlung, Beschlagnahme und Einziehung von Erträgen aus Straftaten[7].

Zwischen den Jahren 2001 und 2022 folgten weitere Empfehlungen bzw. Standards der FATF zur Verhinderung der Geldwäsche und Terrorismusfinanzierung.

Auf EU-Ebene folgten die folgenden Überarbeitungen der Geldwäsche-Richtlinien:

a) 2. Geldwäsche-Richtlinie vom 4.12.2001 (Richtlinie 2001/97/EG);
b) 3. Geldwäsche-Richtlinie vom 26.10.2005 (Richtlinie 2005/60/EG);
c) 4. Geldwäsche-Richtlinie vom 20.5.2015 (Richtlinie (EU) 2015/849);
d) 5. Geldwäsche-Richtlinie vom 4.12.2001 (Richtlinie (EU) 2018/843).

Die 2. Geldwäsche-Richtlinie weitete den Kreis der Verpflichteten auf Berufe wie Abschlussprüfer, Immobilienmakler, Notare und Rechtsanwälte aus. Dort sah man ein Risiko des Missbrauchs für Zwecke der Geldwäsche. Mit der 3. Geldwäsche-Richtlinie wurden weitere Straftaten in den Katalog der umfassten Vortaten aufgenommen. Überdies wurde der wirtschaftliche Eigentümer als Begriff eingeführt sowie die Regelungen zur Ermittlung desselben wesentlich überarbeitet. Die 4. Geldwäsche-Richtlinie führte zu Anpassungen in einigen Bereichen, die auch bedingt durch Empfehlungen der FATF waren.

Für den Krypto-Bereich war schließlich die 5. Geldwäsche-Richtlinie von grundlegender Bedeutung. So wurden durch sie Dienstleister, die virtuelle Währungen in Fiatgeld und umgekehrt tauschen, und Anbieter von elektronischen Geldbörsen zur Einhaltung von Sorgfaltspflichten verpflichtet. Überdies wurde die Regelung eingeführt, dass solche Dienstleister einer Regulierung durch die Mitgliedstaaten unterzogen werden müssen.

Derzeit befinden sich die Arbeiten für eine umfassende Neugestaltung des Bereichs Geldwäscherei und Terrorismusfinanzierung im fortgeschrittenen Stadium. Die GW-RL soll absehbar durch eine neue direkt anwendbare EU-Verordnung (AMLR) ersetzt werden. Die AMLR soll durch die 6. Geldwäsche-Richtlinie ergänzt werden. Die für Verpflichtete wesentlichen inhaltlichen Anforderungen werden sich in der AMLR finden, die damit ein EU-weit einheitliches AML-Regime etablieren wird. Bestimmte im Rahmen der 5. Geldwäsche-Richtlinie noch mögliche nationale Anpassungen soll es dann nicht mehr geben. Auch eine eigene EU-Behörde soll im Rahmen des Pakets eingeführt werden, die AMLA (Anti-Money Laundering Authority). Die AMLA soll einige Verpflichtete direkt beaufsichtigen, ähnlich der direkten Beaufsichtigung von signifikanten Kreditinstituten durch die EZB. Für den Kryptobereich wird die Neufassung maßgebliche Änderungen mit sich bringen: die derzeitig nötigen individuellen nationalen Registrierungen, die den grenzüberschreitenden Kryptohandel maßgeblich erschweren, werden durch einen „EU Passport" für CASPs nach der MICAR ersetzt werden. Damit wird der Kryptobereich dem „klassischen" Finanzmarkt angenähert, der den EU Pass schon seit Jahrzehnten kennt. CASPs werden demnach in Hinkunft nur mehr der AML-Aufsicht durch die nationale Behörde (bzw. die AMLA) unterliegen und müssen nicht mehr 27 AML-Regime parallel einhalten – wie es heute für Kredit- und andere Finanzinstitute bereits üblich ist[8].

---

[7] https://rm.coe.int/168007bd3a.
[8] Vgl. Paulmayer GRAU 2022/25.

Geldwäscherichtlinie Art. 1   Geldwäscherichtlinie idF RL 2018/843

9   **3. Normativer Kontext.** Art. 1 definiert primär den Begriff der Geldwäsche. Weiters legt Art. 1 den Mitgliedstaaten die grundlegende Verpflichtung auf, Geldwäsche und Terrorismusfinanzierung im Finanzsystem zu verhindern und den Missbrauch des Finanzsystems für diese Zwecke zu unterbinden.

II. Begriff der Geldwäsche (Art. 1 (3))

10   **1. Tatbestandsmerkmale.** Die GW-RL versteht unter Geldwäsche verschiedene Handlungen im Zusammenhang mit Gegenständen, die aus einer kriminellen Vortat stammen. Die relevanten Handlungen dienen allesamt der Verheimlichung oder der Verschleierung des kriminellen Ursprungs oder der wahren Herkunft dieser Vermögensgegenstände.

11   **2. Relevante Handlungen iZm virtuellen Währungen.** Auch virtuelle Währungen iSd GW-RL (siehe auch Art. 3) können Gegenstände bzw. (unkörperliche) Sachen[9] darstellen, die aus kriminellen Vortaten stammen und im Strafverfahren auch sichergestellt werden können[10]. Damit können auch virtuelle Währungen Gegenstände sein, die vom Anwendungsbereich des Art. 1(3) der GW-RL betroffen sind. Das wird auch dadurch untermauert, dass 2021 rund USD 8,6 durch Kryptotransaktionen „gewaschen" wurden[11]. Laut der öster. FMA zählen Kryptowährungen zu den häufigsten Methoden der Geldwäscherei[12].

12   Virtuelle Währungen und andere Lösungen auf Basis eines Distributed Ledger/einer Blockchain wurden gerade am Anfang des Hypes um 2016/17 besonders für ihre Intransparenz gepriesen – die „breite Masse" sollte dadurch unabhängig vom angeblich zentral gesteuerten Banken- und Finanzmarkt macht werden. Für einen im Finanzmarktaufsichtsrecht versierten Marktbeobachter war sohin bereits am Beginn des Hypes abzusehen, dass dieses „Feature" von virtuellen Währungen und Blockchains mittel- bis langfristig zu einer Regulierung von virtuellen Währungen und Crypto Assets führen musste.

13   Im Schrifttum wird gängig zwischen Vortaten unterschieden, die nach folgenden Kriterien gegliedert werden können[13]: (i) Rechtswidrige Übertragungen von virtuellen Währungen (zB zur Vornahme der Geldwäsche), (ii) Rechtswidriges Ansichbringen fremder Wallets, (iii) Kryptobetrug (zB durch ICOs[14]) und (iv) Mirror Trading.

14   Grundsätzlich ist zu unterscheiden zwischen „Offline"-Vortaten und „Online"-Vortaten. Bei „Offline"-Vortaten hat der Kriminelle Erlöse in Fiatgeld erzielt und versucht diese nun in Crypto Assets zu tauschen, um deren Herkunft zu verschleiern. Bei „Online"-Vortaten kommen vorrangig wohl Taten wie Phishing, Erpressung oder Betrug in Betracht. Der Kriminelle ist hierbei entweder bereits direkt an Crypto Assets gelangt.

15   Relevante Tatbestände im Strafrechtrecht können sein[15]:
a) Geldwäsche;

---

[9] Vgl. Brewi GRAU 2022/30, 132.
[10] Vgl. Köck ZWF 2023, 84 f.
[11] Vgl. Schemmel CB 2022, 288.
[12] Vgl. FMA Rundschreiben Risikoanalyse, 21 und 26.
[13] Vgl. Brewi GRAU 2022/30, 133 f.; Ikemeyer/Krimphove CB 2022, 433.
[14] Vgl. Brewi GRAU 2022/30, 135.
[15] Vgl. Brewi GRAU 2022/30, 132 f.; Schmidt Kryptowährungen und Blockchain (2019) 170 f.

b) Betrügerischer Datenverarbeitungsmissbrauch;
c) Erpressung;
d) Betrug;
e) Datenbeschädigung;
f) Urkundenunterdrückung;
g) Steuerbetrug/-hinterziehung.

Die genaue Einordnung hängt stark vom nationalen Strafrecht ab und welche Voraussetzungen dieses an die Subsumtion einer Handlung unter einen bestimmten Tatbestand setzt. So ist vorstellbar, dass je nach Normengestaltung zB das Ansichbringen eines Tokens einen Diebstahl darstellt, während in einer anderen Jurisdiktion die gleiche Handlung bspw. als Datenmissbrauch zu qualifizieren wäre.

Diese Einordnung wird stets auch vor dem Hintergrund der konkreten virtuellen Währung bzw. Kryptoprodukts zu beurteilen sein.

CASPs werden je nach ihrem Geschäftsmodell bei Einhaltung der Pflichten gemäß den Umsetzungsgesetzen der GW-RL zu erheben und zu bewerten haben, welche der von angebotenen Dienstleistungen welcher potenziellen Vortat entstammen können. Besonders bei virtuellen Währungen, die Kunden eines EU-CASPs von einer „nicht-regulierten" Wallet (zB einer Wallet, die von einem nicht-regulierten Dienstleister, zB in einem Drittstaat, verwaltet wird) auf ihre Wallet bei betreffenden EU-CASP übertragen, wird der EU-CASP im Rahmen seiner Möglichkeiten, besondere Sorgfalt walten lassen müssen. Aus Sicht eines CASP tendenziell weniger sensitiv werden hingegen Übertragungen (i) von Fiat-Mitteln von Konten von in der EU regulierten Banken und Kreditinstituten und (ii) von virtuellen Währungen und Crypto Assets von Wallets anderer regulierter EU-CASPs sein. Dies deshalb, weil in diesem Fällen die Vermögenswerte bereits durch andere regulierte Unternehmen geprüft sein sollte. Die Prüfung, ob eine Transaktion mit virtuellen Währungen geldwäsche-geneigt ist, wird aber letztlich auch vom konkreten Produkt/Token/Crypto Asset abhängen. **16**

3. Örtliche Abgrenzung (Art. 1(4)). In welchem Land die Vortat verübt wurde, ist für die Einordnung als Geldwäsche (im jeweiligen Staat der Registrierung des CASP) nicht von Relevanz. Vielmehr hat der CASP nach dem (Geldwäsche-)Recht seiner Registrierungsstaates. Auch wenn also die Mittelherkunft zeigt, dass die virtuellen Währungen aus einer Vortat zB in Spanien stammen, hat somit der belgische CASP dies bei der Wahrnehmung seiner Sorgfaltspflichten zu berücksichtigen. **17**

Artikel 2

(1) Diese Richtlinie gilt für die folgenden Verpflichteten
[...]
g) Dienstleister, die virtuelle Währungen in Fiatgeld und umgekehrt tauschen,
h) Anbieter von elektronischen Geldbörsen,
[...]
(2) [...]
(3) Die Mitgliedstaaten können beschließen, dass Personen, die eine Finanztätigkeit nur gelegentlich oder in sehr begrenztem Umfang aus-

üben und bei denen ein geringes Risiko der Geldwäsche oder Terrorismusfinanzierung besteht, nicht unter diese Richtlinie fallen, wenn alle nachstehend genannten Kriterien erfüllt sind:
a) Die Finanztätigkeit ist in absoluter Hinsicht begrenzt;
b) die Finanztätigkeit ist auf Transaktionsbasis begrenzt;
c) die Finanztätigkeit stellt nicht die Haupttätigkeit der Personen dar;
d) die Finanztätigkeit ist eine Nebentätigkeit und hängt unmittelbar mit der Haupttätigkeit der Personen zusammen;
e) die Haupttätigkeit der Personen ist keine der in Absatz 1 Nummer 3 Buchstaben a bis d oder Buchstabe f aufgeführten Tätigkeiten;
f) die Finanztätigkeit wird nur für Kunden der Haupttätigkeit der Personen und nicht für die allgemeine Öffentlichkeit erbracht.

Unterabsatz 1 gilt nicht für Personen, die Finanztransfers im Sinne von Artikel 4 Nummer 13 der Richtlinie 2007/64/EG des Europäischen Parlaments und des Rates durchführen.

(4) Für die Zwecke des Absatzes 3 Buchstabe a schreiben die Mitgliedstaaten vor, dass der Gesamtumsatz der Finanztätigkeit einen Schwellenwert, der ausreichend niedrig anzusetzen ist, nicht überschreitet. Dieser Schwellenwert wird abhängig von der Art der Finanztätigkeit auf nationaler Ebene festgelegt.

(5) Für die Zwecke des Absatzes 3 Buchstabe b wenden die Mitgliedstaaten einen maximalen Schwellenwert je Kunde und einzelner Transaktion an, unabhängig davon, ob die Transaktion in einem einzigen Vorgang oder in mehreren Vorgängen, die miteinander verknüpft zu sein scheinen, ausgeführt wird. Dieser maximale Schwellenwert wird abhängig von der Art der Finanztätigkeit auf nationaler Ebene festgelegt. Er muss so niedrig sein, dass sichergestellt ist, dass die fraglichen Transaktionen für Zwecke der Geldwäsche oder Terrorismusfinanzierung nicht praktikabel und ungeeignet sind, und 1 000 EUR nicht übersteigen.

(6) Für die Zwecke des Absatzes 3 Buchstabe c schreiben die Mitgliedstaaten vor, dass der Umsatz der Finanztätigkeit nicht über 5 % des jährlichen Gesamtumsatzes der betroffenen natürlichen oder juristischen Person hinausgehen darf.

(7) Bei der Bewertung des Risikos der Geldwäsche oder Terrorismusfinanzierung im Sinne dieses Artikels richten die Mitgliedstaaten ihr spezielles Augenmerk auf alle Finanztätigkeiten, die naturgemäß als besonders geeignet gelten, für Zwecke der Geldwäsche oder Terrorismusfinanzierung genutzt oder missbraucht zu werden.

(8) Die Beschlüsse der Mitgliedstaaten nach Absatz 3 sind zu begründen. Die Mitgliedstaaten dürfen beschließen, solche Beschlüsse bei geänderten Voraussetzungen zurückzunehmen. Die Mitgliedstaaten übermitteln derartige Beschlüsse der Kommission. Die Kommission setzt die anderen Mitgliedstaaten von diesen Beschlüssen in Kenntnis.

(9) Die Mitgliedstaaten legen risikobasierte Überwachungsmaßnahmen fest oder treffen andere geeignete Maßnahmen, um sicherzustellen, dass eine durch Beschlüsse aufgrund dieses Artikels gewährte Ausnahmeregelung nicht missbraucht wird.

Art. 2 Geldwäscherichtlinie

Übersicht

	Rn.
I. Einführung	1
1. Literatur	1
2. Entstehung und Zweck der Norm	2
3. Normativer Kontext	4
II. Verpflichtete	5
1. Dienstleister, die virtuelle Währungen in Fiatgeld und umgekehrt tauschen	5
2. Anbieter von elektronischen Geldbörsen	9
III. Mögliche Ausnahmen	10

I. Einführung

1. Literatur. *Gorzala,* Kryptoindustrie und Geldwäsche ab 2020, RdW 2019, 830; *Schiestl.* Die 5. Geldwäscherichtlinie: Ein Versuch, die Blockchain an die Kette zu nehmen, EALR 2020, 46; *Zahradnik/Schöller/Sieder* in *Anderl,* Blockchain in der Rechtspraxis, Kapitel E. Erste „Krypto-Regulierung" durch die 5. Geldwäsche-Richtlinie (2020).

2. Entstehung und Zweck der Norm. § 2 GW-RL stellt im Zusammenhang mit der geldwäsche-rechtlichen Regulierung von Kryptowährungen und Crypto-Assets eine zentrale Regelung dar. Seit der Anpassung der GW-RL in 2018, unterstellen die neu eingeführten Punkte g) und h) Anbieter gewisser Dienste im Zusammenhang mit virtuellen Währungen und Krypto dem Kreis der Verpflichteten unter der GW-RL. Im Zuge der Änderung der GW-RL 2019 wurde der Text von § 2 nicht weiter geändert.

Bereits vor Erlassung der ursprünglichen Fassung der GW-RL wurde im Jahr 2014 – soweit ersichtlich erstmals – auf das Geldwäsche- bzw. Terrorismusfinanzierungs-Risiko von virtuellen Währungen hingewiesen[1]. Nach Erlassung der ursprünglichen Fassung der GW-RL fand in den Europäischen Gremien eine fortgesetzte Diskussion über die Gefahren der Geldwäscherei und Terrorismusfinanzierung statt[2]. Erwähnung finden virtuelle Währungen in der Mitteilung der Kommission an das Europäische Parlament und den Rat über einen Aktionsplan für ein intensiveres Vorgehen gegen die Terrorismusfinanzierung vom 2.2.2016[3]. Die Kommission stellt darin fest, dass „*neue Finanzinstrumente wie virtuelle Währungen [...] auch die Bekämpfung der Terrorismusfinanzierung vor neue Herausforderungen*" stellen. Die damals mit virtuellen Währungen verbundene Anonymität wird von der Kommission als Risiko identifiziert. „Umtausch-Plattformen für virtuelle Währungen" stehen für die Kommission im besonderen Blickpunkt. Hier wird die Gefahr der Nutzung für Terrorismusfinanzierung gesehen. Zwar erkennt die Kommission bereits an, dass durch die Blockchain eine gewisse Registrierung von Transaktionen erfolgt, jedoch bestehen für die Kommission keine „*den Verfahren im normalen Bankensystem gleichwertige Berichtspflichten [..], mit denen verdächtige Vorgänge festgestellt werden könnten*". Als erster Schritt sollten daher die

---

[1] Vgl. https://www.fatf-gafi.org/content/dam/fatf-gafi/reports/Virtual-currency-key-definitions-and-potential-aml-cft-risks.pdf; Stellungnahme der Europäischen Bankenaufsicht zu virtuellen Währungen, 4.7.2014; Leitfaden der FATF zu einem risikobasierten Umgang mit virtuellen Währungen, Juni 2015.

[2] Vgl. auch die Zeitleiste unter https://www.consilium.europa.eu/de/policies/fight-against-terrorism/fight-against-terrorist-financing/timeline/.

[3] Vgl. https://eur-lex.europa.eu/legal-content/de/TXT/?uri=CELEX:52016DC0050.

Geldwäscherichtlinie Art. 2   Geldwäscherichtlinie idF RL 2018/843

besagten Plattformen in den Kreis der Verpflichteten aufgenommen werden. Näher zu prüfen wären laut Kommission noch die Zulassungsvorschriften sowie die Frage der Erweiterung auf Wallet-Anbieter.

In den „Schlussfolgerungen des Rates zur Bekämpfung der Terrorismusfinanzierung" vom 12.2.2016[4] wurde das Thema vom Rat aufgenommen. Dort heißt es, dass virtuelle Währungen zu jenen Bereichen zählen, in denen „rasche Fortschritte" von der Kommission erzielt werden müssen. Der Rat fordert die Kommission darin auf, eine Änderung der GW-RL zu erarbeiten.

Der erste Vorschlag für eine Änderung der GW-RL wurde am 12.7.2016 veröffentlicht[5]. Der Vorschlag sah vor, die folgenden Dienstleister in den Kreis der Verpflichteten aufzunehmen:

– *Dienstleister, die in erster Linie und auf beruflicher Basis virtuelle Währungen in echte Währungen und umgekehrt tauschen;*
– *Anbieter von elektronischen Geldbörsen, die Verwahrungsdienstleistungen für Referenzen anbieten, die für den Zugang zu virtuellen Währungen benötigt werden.*

Am 20.12.2016 legte der Rat seine Verhandlungsposition fest[6]. Daraufhin sollte der Ratsvorsitz die Verhandlungen mit dem Europäischen Parlament über die Endfassung der vorgeschlagenen Überarbeitung der Geldwäscherichtlinie aufnehmen.

In dieser Endfassung wurden die Definitionen der Verpflichteten bereits auf den heute geltenden verkürzten Standard geändert:

– *Dienstleister, die virtuelle Währungen in Fiatgeld und umgekehrt tauschen,*
– *Anbieter von elektronischen Geldbörsen,*

Im Vergleich zum Erstentwurf wurden die Definitionen entschlackt. Nunmehr sind sämtliche Dienstleister, die den Tausch von virtuellen Währungen in Fiatgeld (und umgekehrt) anbieten erfasst, nicht mehr nur bloß solche, die das „in erster Linie" und „beruflich" tun. Die Klarstellung ist zu begrüßen, weil der Erstentwurf eine Interpretationsgrundlage geboten, um sich dem Kreis der Verpflichteten zB dadurch zu entziehen, dass man den Tausch von virtuellen Währungen nur als Nebengeschäft erbringt. Auch die Definition der Anbieter elektronischer Geldbörsen ist offener gestaltet. Der Zusatz, dass Verwahrdienstleistungen für Referenzen, die für den Zugang zu virtuellen Währungen benötigt werden, erbracht werden müssen, wurde gestrichen. Dafür wurde eine neue Definition für den Begriff des Anbieters eine elektronischen Geldbörse eingefügt (→ GW-RL Art. 3 Rn. 12 ff.).

Rund ein Jahr später, im Dezember 2017 wurde die politische Einigung zwischen dem Vorsitz des Rates und dem Europäischen Parlament über strengere EU-Vorschriften zur Verhinderung von Geldwäsche und Terrorismusfinanzierung bestätigt. In diesem finalen Entwurf zur Änderung der GW-RL wurde der verkürzte Text zur Definition der Verpflichteten wie in der Endfassung des Rates bestätigt.

4   **3. Normativer Kontext.** Art. 2 der GW-RL setzt den Rahmen für die Anwendbarkeit der geldwäscherechtlichen Regulierung. Einerseits regelt Art. 2 den Kreis der iSd GW-RL Verpflichteten (dh jener Personen, die die

---

[4] Vgl. https://data.consilium.europa.eu/doc/document/ST-6068-2016-INIT/en/pdf.
[5] Vgl. https://eur-lex.europa.eu/legal-content/DE/TXT/HTML/?uri=CELEX:52016PC0450.
[6] Vgl. https://data.consilium.europa.eu/doc/document/ST-15605-2016-INIT/en/pdf.

Geldwäscherei-Vorschriften einhalten müssen), anderseits ermöglicht er den Mitgliedstaaten begrenzte Ausnahmen im nationalen Recht vorzusehen.

II. Verpflichtete

1. Dienstleister, die virtuelle Währungen in Fiatgeld und umgekehrt tauschen. Nach Art. 2(1)lit. g unterliegen nur solche Dienstleister dem Kreis der Verpflichteten, die virtuelle Währungen in Fiatgeld und umgekehrt tauschen. Die in der GW-RL verwendete Beschreibung dieser Verpflichteten ist grob fehlerhaft und erfüllt an sich den Zweck nicht, den die GW-RL verfolgt. Die Beschränkung auf Dienstleister, die virtuelle Währungen in Fiatgeld und umgekehrt tauschen, umfasst *expressis verbis* nämlich nicht jene Dienstleister, die virtuelle Währungen untereinander tauschen. Die Beschränkung zeigt auch, dass der Europäische Gesetzgeber bei Erlassung der Bestimmung nicht mitgedacht hat. Da „Fiatgeld" im „Tausch" gegen virtuelle Währungen in aller Regel von Käufern von virtuellen Währungen aus bereits regulierten Quellen bereitgestellt wird (zB durch Zahlung über Kreditkarten oder durch Banküberweisungen), ist der Tausch von „Fiatgeld" gegen virtuelle Währungen **auf Ebene eines regulierten Dienstleisters** wohl ein oft unproblematischer Sachverhalt. Das Geld stamm ja somit vielfach aus einer Quelle, bei der bereits geldwäscherechtliche Prüfungen vorgenommen wurden. 5

Vor Augen hatte der Gesetzgeber dabei den typischen „Bitcoin-Bankomaten", wo kriminelle Elemente ihr aus Straftaten stammendes Bargeld gegen Bitcoins eintauschen. In der realen Welt – und bezogen auf Krypto-Dienstleister – scheinen aber wohl andere Vorgänge als eher praxisrelevant. Vielfach ist wohl zu erwarten, dass sich Kriminelle bevor sie zu einem Dienstleister in virtuellen Währungen iSd GW-RL kommen, die Mittelherkunft bereits durch den vorherigen Umtausch ihrer illegalen Barmittel gegen eben virtuelle Währungen verschleiert haben. Sofern diese Ankäufe/Umtauschvorgänge *peer-to-peer* erfolgt sind[7], unterlagen diese Vorgänge keiner geldwäscherechtlichen Prüfung. Erst danach wird der gegen das aus illegalen Quellen stammende Fiatgeld getauschte Token dann in das „Finanzsystem" gebracht, nämlich in dem der Token zB von der privaten Wallet auf die Wallet bei einem Dienstleister transferiert wird, um dort gegen andere virtuelle Währungen oder Token getauscht zu werden. Auch die im Schrifttum immer wieder genannten Mixer oder Tumbler[8] sind von der GW-RL nicht umfasst. 6

Der regulierte Dienstleister wird somit wohl vielfach mit Transaktionen konfrontiert sein, bei denen virtuelle Währungen gegen virtuelle Währungen getauscht werden und nicht gegen Fiatgeld. Genau dieser Vorgang ist aber von der GW-RL nicht reguliert. Wenn dieser Vorgang (Tausch virtueller Währung gegen virtuelle Währung) oft genug vollzogen, wird am Ende die geldwäscherechtliche Prüfung des letzten Dienstleisters in der Kette (der dann die virtuelle Währung wieder gegen Fiatgeld tauscht) wohl idR kein Ergebnis erzielen, dass eben diesen letzten Umtausch in Fiatgeld verhindert. 7

Nationale Gesetzgeber haben diese Lücke aber bei Umsetzung der GW-RL erkannt. So regelt zB § 2 Z 22 des öst. FM-GwG, das von der Regulierung in Österreich auch Dienstleister umfasst sind, die virtuelle Währungen untereinander tauschen.

---

[7] Vgl. Gorzala RdW 2019, 830 f.
[8] Vgl. zB Zahradnik/Schöller/Sieder in Anderl, 164.

8 Jedenfalls vom Begriff des Dienstleisters in virtuellen Währungen ausgenommen sind Miner bzw. Miner Communities. Bei diesen mangelt es schon am Tatbestand des Umtausches von virtuellen Währungen gegen Fiatgeld. Selbst wenn nationale Gesetzgeber den Anwendungsbereich wie oben dargelegt erweitern, dürften Miner idR nicht unter den geldwäscherechtlichen Verpflichteten-Begriff fallen. Denn selbst wenn man auch Dienstleister umfasst, die virtuelle Währungen gegen andere virtuelle Währungen tauschen, erbringen Miner eben keine solche Dienstleister. Vielmehr schaffen die Miner durch ihre Rechenoperationen neue Einheiten von virtuellen Währungen. Dafür werden sie wiederum mit Einheiten eben dieser Währung „belohnt". Dies macht solche Miner aber mE nicht selbst zu Dienstleistern iSd GW-RL[9].

9 **2. Anbieter von elektronischen Geldbörsen.** Unter einem Anbieter von elektronischen Geldbörsen versteht Art. 3 Z 19 der GW-RL *„einen Anbieter, der Dienste zur Sicherung privater kryptografischer Schlüssel im Namen seiner Kunden anbietet, um virtuelle Währungen zu halten, zu speichern und zu übertragen".* Eine genaue Auseinandersetzung mit dem Begriff des Anbieters einer elektronischen Geldbörse findet sich unter → GW-RL Art. 3 Rn. 12 ff. Für Zwecke des Art. 2 der GW-RL gilt: Wer als Dienstleister unter den Begriff fällt, ist Verpflichteter und hat die geldwäscherechtlichen Vorschriften der GW-RL einzuhalten.

III. Mögliche Ausnahmen

10 Die Absätze (3) bis (9) ermöglichen es den Mitgliedstaaten bestimmte Ausnahmen von der Anwendung der geldwäscherechtlichen Bestimmungen vorzusehen. Dies soll in sehr begrenzten Fällen möglich sein, bei denen Personen eine Finanztätigkeit nur gelegentlich und in sehr begrenztem Umfang ausüben und bei denen nur ein geringes Risiko der Geldwäsche oder Terrorismusfinanzierung besteht. Damit Mitgliedstaaten bei Umsetzung der GW-RL diese Ausnahmen vorsehen können, müssen die Absatz (3) genannten Kriterien kumulativ vorliegen. Für die hier relevanten und interessanten Dienstleister in virtuellen Währungen spielen diese möglichen Ausnahmen keine Rolle. Denn bei diesen Dienstleistern besteht ihre Haupttätigkeit ja in der gemeinten Finanztätigkeit, weswegen eine Ausnahme schon grundsätzlich für solche Dienstleister denkunmöglich erscheint. Es erübrigt sich daher, auf die Absätze (3) bis (9) hier näher einzugehen.

Artikel 3

Im Sinne dieser Richtlinie bezeichnet der Ausdruck
[...]
18. „virtuelle Währungen" eine digitale Darstellung eines Werts, die von keiner Zentralbank oder öffentlichen Stelle emittiert wurde oder garantiert wird und nicht zwangsläufig an eine gesetzlich festgelegte Währung angebunden ist und die nicht den gesetzlichen Status einer Währung oder von Geld besitzt, aber von natürlichen oder juristischen Personen als Tauschmittel akzeptiert wird und die auf elektronischem Wege übertragen, gespeichert und gehandelt werden kann;

---

[9] Vgl. Schiestl. EALR 2020, 52.

Art. 3 Geldwäscherichtlinie

19. „Anbieter von elektronischen Geldbörsen" einen Anbieter, der Dienste zur Sicherung privater kryptografischer Schlüssel im Namen seiner Kunden anbietet, um virtuelle Währungen zu halten, zu speichern und zu übertragen.

Übersicht

	Rn.
I. Einführung	1
1. Literatur	1
2. Entstehung und Zweck der Norm	2
3. Normativer Kontext	4
II. Begriffsbestimmungen	5
1. Virtuelle Währungen	5
2. Anbieter elektronischer Geldbörsen	12
III. Rechtsfolgen	15

I. Einführung

1. Literatur. *Bielezs,* Päpstlicher als der Papst? Identifikationspflichten bei 1
Kryptotransfers unter der neuen EU-Geldtransfer-VO, ecolex 2022, 516; *Gorzala,* Kryptoindustrie und Geldwäsche ab 2020, RdW 2019, 830; *Kulnigg/Tyrybon,* Non Fungible Token (NFTs) – ein Fall für die Finanzregulierung?, ecolex 2021/328. *Lindtner,* Die 5. GeldwäscheRL und ihre Umsetzung im Finanzmarkt-GeldwäscheG, ecolex 2019, 949; *Pateter/ Huber,* Sind NFTs virtuelle Währungen im Sinne des FM-GWG?, Jahrbuch Digitalisierung und Recht 2022, 245; *Rirsch,* Crypto-Assets: DLT-Token als Objekt der Finanzmarktaufsicht. Taxonomie, Kritik und Lösungsansätze (2022); *Schemmel,* Non-Fungible Token (NFT) und Geldwäsche – eine aktuelle Einordnung, CB 2022, 286; *Schock,* Virtuelle Währungen – 5. GeldwäscheRl, FM-GwG, WiEReG, 2022 *Schiestl*. Die 5. Geldwäscherichtlinie: Ein Versuch, die Blockchain an die Kette zu nehmen, EALR 2020, 46; *Völkel/Piska (Hrsg),* Blockchain rules (2019); *Zahradnik/Schöller/Sieder* in *Anderl,* Blockchain in der Rechtspraxis, Kapitel E. Erste „Krypto-Regulierung" durch die 5. Geldwäsche-Richtlinie (2020).

2. Entstehung und Zweck der Norm. Im ersten Entwurf zur Änderung 2
der GW-RL vom 12.7.2016 lautete die Definition von virtuellen Währungen wie folgt:
– *„virtuelle Währungen" eine digitale Darstellung eines Werts, die von keiner Zentralbank oder öffentlichen Stelle emittiert wurde und nicht zwangsläufig an eine echte Währung angebunden ist, aber von natürlichen oder juristischen Personen als Zahlungsmittel akzeptiert wird und auf elektronischem Wege übertragen, gespeichert und gehandelt werden kann.*

Am 20.12.2016 legte der Rat seine Verhandlungsposition fest[1]. In dieser 3
Fassung war die Definition der virtuellen Währungen wie folgt adaptiert:
– *'virtual currencies' means a digital representation of value that can be digitally transferred, stored or traded and is accepted by natural or legal persons as a medium of exchange, but does not have legal tender status and which is not funds as defined in point (25) of Article 4 of the Directive 2015/2366/EC nor monetary value stored on instruments exempted as specified in Article 3(k) and 3(l) of that Directive.*

---

[1] Vgl. https://data.consilium.europa.eu/doc/document/ST-15605-2016-INIT/en/pdf.

Geldwäscherichtlinie Art. 3   Geldwäscherichtlinie idF RL 2018/843

Der Schwerpunkt der Definition wurde auf die digitale Übertragbarkeit und die Akzeptanz der digitalen Darstellung als Tauschwert gelegt. Überdies wurden Bezüge auf die Zahlungsdienste-RL aufgenommen, um die virtuellen Währungen von Geldbeträgen bzw. Zahlungsinstrumenten abzugrenzen.

Überdies findet sich in der Fassung eine konkrete Definition für Wallet-Anbieter:

– *„custodian wallet provider" means an entity that provides services to safeguard private cryptographic keys on behalf of their customers, to holding, store and transfer virtual currencies.*

Rund ein Jahr später, im Dezember 2017 wurde die politische Einigung zwischen dem Vorsitz des Rates und dem Europäischen Parlament über strengere EU-Vorschriften zur Verhinderung von Geldwäsche und Terrorismusfinanzierung bestätigt.

In diesem finalen Entwurf zur Änderung der GW-RL wurde der Textvorschlag zur Definition des Anbieters einer elektronischen Geldbörse wie in der Endfassung des Rates bestätigt. Geändert wurde jedoch wiederum die Definition der virtuellen Währung:

– *„virtual currencies" means a digital representation of value that is not issued or guaranteed by a central bank or a public authority, is not necessarily attached to a legally established currency, and does not possess a legal status of currency or money, but is accepted by natural or legal persons, as a means of exchange, and which can be transferred, stored and traded electronically.*

Der finale Text orientiert sich somit näher am Erstentwurf der Definition und erweitert diesen Erstentwurf. Die Verweise auf die Zahlungsdienste-GW-RL wurden wieder gestrichen.

4   **3. Normativer Kontext.** Die Begriffsbestimmungen in Art. 3 der GW-RL haben zentrale Bedeutung für die Beurteilung, ob Dienstleister, die mit Crypto Assets handeln, den Geldwäsche-Regelungen der GW-RL unterliegen (bzw. konkret deren nationaler Umsetzung).

Nur solche Crypto Assets, die die Def der virtuellen Währung erfüllen, sind auch vom Anwendungsbereich erfasst. Dort, wo Crypto Assets keine virtuellen Währungen iSd GW-RL darstellen, ist ihr Handel – rein bezogen auf geldwäscherechtliche Bestimmungen und MICAR außer Acht lassend – nicht reguliert.

Nach ihrem Wortlaut ist die GW-RL auf die geldwäscherechtliche Beaufsichtigung überdies auf den Tausch von Fiatgeld in virtuelle Währungen und umgekehrt sowie des Anbietens einer Wallet-Lösung beschränkt. Andere Crypto Dienstleistungen sind derzeit vielfach noch nicht von der geldwäscherechtlichen Regulierung der GW-RL umfasst.

II. Begriffsbestimmungen

5   **1. Virtuelle Währungen.** Unter virtuellen Währungen versteht die GW-RL *„eine digitale Darstellung eines Werts, die von keiner Zentralbank oder öffentlichen Stelle emittiert wurde oder garantiert wird und nicht zwangsläufig an eine gesetzlich festgelegte Währung angebunden ist und die nicht den gesetzlichen Status einer Währung oder von Geld besitzt, aber von natürlichen oder juristischen Personen als Tauschmittel akzeptiert wird und die auf elektronischem Wege übertragen, gespeichert und gehandelt werden kann".*[2]

---

[2] Art. 3 Z 18 GW-RL.

Art. 3 Geldwäscherichtlinie

Um den konkreten Anwendungsbereich der geldwäscherechtlichen Regelungen der GW-RL zu ermitteln, sind daher die konkreten Crypto Assets, die auf dem Markt angeboten werden, gegen die Definition abzugleichen. Die hM sieht Payment Token[3] und „genuine" virtual currencies wie Bitcoin und Ether jedenfalls von der Definition umfasst. 6

Strittiger ist, ob sog. Security Token und Utility Token unter den Begriff der virtuellen Währung iSd GW-RL fallen[4]. Die zentralen Elemente der Def sind (i) die digitale Darstellung eines Werts und (ii) die Akzeptanz als Tauschmittel.

Die Wertträger-Eigenschaft wird mE vielfach ohne Weiteres erfüllt sein. So gut wieder jeder Token/jedes Crypto Asset, der/das auf dem Markt bzw. Sekundärmarkt gehandelt wird, wird wohl einen „Wert" haben, der diesem Token/Crypto Asset von zumindest einem Teil des Publikums zugemessen wird. Sonst würde ja kein Handel stattfinden und wo kein Handel stattfindet, braucht es keine Dienstleister, die durch technische Lösungen eben diesen Handel fördern bzw. ermöglichen oder erleichtern.

Bei der Akzeptanz als Tauschmittel kommt es darauf an, ob dem Wertträger vom Markt ein Tauschwert faktisch zugestanden wird, ob also eine Nachfrage nach der virtuellen Währung besteht[5].

Dies macht die grundsätzliche Einordnung von bestimmten Arten von Crypto Assets schwierig. So dienen zB Security Token vorrangig dem Investment in einen dem Security Token zugrundeliegenden Vermögenswert (zB ein Unternehmen oder ein bestimmtes Projekt). Security Token sind somit ein Wertpapier-Ersatz. Security Token verkörpern somit mE unstrittig einen „Wert". Bei der Qualifikation unter den Begriff der virtuellen Währung ist mE jedoch zu differenzieren: Security Token, die für aufsichts- bzw. kapitalmarktrechtliche Zwecke als Übertragbare Wertpapiere zu qualifizieren sind, sind vom Anwendungsbereich der virtuellen Währungen wohl eher nicht umfasst. Vielmehr ist deren Handel ja nach dem „traditionellen" Finanzmarktaufsichtsrecht reguliert. Sie unterliegen damit bereits den Anti-Geldwäsche-Pflichten und müssen nicht erst wie sonstige virtuelle Währungen diesen gesondert unterworfen werden. 7

Denkbar scheint hingegen, dass Security Token je nach Ausgestaltung den aufsichtsrechtlichen Wertpapierbegriff nicht erfüllen. In diesem Fall würden diese Token bei enger Sichtweise der Def keinen AML/KYC-Pflichten unterliegen. Dieses Ergebnis ist aufsichtsrechtlich – und dogmatisch – unbefriedigend. Es ist nicht erkennbar, wieso Geldwäsche mit dieser Art von Token möglich sein sollte. Insofern halte ich im Schrifttum vertretene Ansichten, wonach Security Token generell nicht von der Def der virtuellen Währungen umfasst sein sollen für verfehlt[6]. Vielmehr wird man sich im Einzelfall ansehen müssen, ob ein konkreter Security Token so ausgestaltet ist, dass er die Definition der virtuellen Währung erfüllt. Dabei ist zu berücksichtigen, dass der EU-Gesetzgeber ein weites Verständnis dieses Begriffs hat[7]. 8

---

[3] Vgl. Gorzala RdW 2019, 831.
[4] Vgl. Gorzala RdW 2019, 831.
[5] Vgl. Völkel in Völkel/Piska, 1.100.
[6] Ähnlich scheint zu denken: Schock, 2022.
[7] Siehe die Erwägungsgründe der GW-RL; vgl. auch Rirsch, 111.

9 Verfehlt sind Ansichten, wonach virtuelle Währungen iSd GW-RL generell keinen Emittenten haben können[8], womit alle Token von der Def ausgenommen sein sollen, die einen Emittenten aufweisen. Die Def spricht lediglich davon, dass virtuelle Währungen *„von keiner Zentralbank oder öffentlichen Stelle emittiert"* sind. Die Def schließt somit Security Token, die zweifellos einen Emittenten haben, nicht automatisch von der Def aus. Denn diese Security Token werden ja in der Regel privat und nicht von öffentlichen Stellen oder Zentralbanken emittiert.

10 Ähnlich Security Token verhält es sich mE mit Utility Token. Auch wenn diese ursprünglich eine „Gutschein"-Funktion haben, werden viele Utility Token mit dem Ziel aufgelegt, dass sich eben ein Sekundärmarkt entwickelt und sich so ein Marktpreis für die Utility Token bildet. Solche Utility Token werden dann entsprechend auch von anderen Personen als Tauschmittel akzeptiert (sei es im Tausch gegen Fiatgeld oder andere virtuelle Währungen wie Bitcoin oder Ether). Zumindest solche Utility Token, die damit eine „Tauschfunktion" entwickeln (ohne jedoch „klassische" Payment Token zu sein), werden im Zweifel wohl als unter die Def der virtuellen Währung fallend, angesehen werden müssen.

11 Bei einer in jüngerer Zeit bekannten Gattung an Token, den Non-Fungible Token (NFT) ist die Einordnung tatsächlich schwieriger. Vielfach als „digitale Kunstwerke" bezeichnet, haben typische NFT wohl tatsächlich eher keinen Tauschcharakter. Verneint man den Tauschcharakter von Token, scheitert mE auch die Qualifikation von NFT als virtuelle Währung iSd GW-RL. Entsprechend wäre der Verkauf bzw. Handel mit bzw. von NFT kein den Regelungen der GW-RL unterliegender Tausch von virtuellen Währungen und Anbieter wären diesbezüglich keinen KYC-Pflichten unterworfen[9].

12 **2. Anbieter elektronischer Geldbörsen.** Ein Anbieter einer elektronischen Geldbörse ist nach der Def ein *„Anbieter, der Dienste zur Sicherung privater kryptografischer Schlüssel im Namen seiner Kunden anbietet, um virtuelle Währungen zu halten, zu speichern und zu übertragen"*.

Die elektronischen Geldbörsen ermöglichen ihren Kunden die Speicherung der Private Keys (zugeordnet den jeweiligen Public Keys der vom Kunden gehaltenen virtuellen Währungen[10]). Dadurch können mit benutzerfreundlichen Interfaces die vom Kunden gehaltenen virtuellen Währungen/Token verwaltet werden, was auch die Übertragung auf andere Wallets miteinschließt.

13 Nicht umfasst sein sollen sogenannte Unhosted Wallets[11]. Dabei handelt sich um eine Wallet, die nicht von einem Dienstleister in virtuellen Währungen verwaltet wird. Vielmehr ermöglicht es die Unhosted Wallet, dem Besitzer von virtuellen Währungen, diese selbst zu verwalten. Fraglich ist, ob diese Rechtsansicht auch tatsächlich korrekt ist oder Bestand in einer behördlichen oder gerichtlichen Prüfung hätte. Die Definition der GW-RL stellt darauf ab, dass es einen *„Anbieter"* gibt, der *„Dienste zur Sicherung privater kryptografischer Schlüsseln"* anbietet, *„um virtuelle Währungen zu halten, zu speichern und zu übertragen"*. Aus der Def ist mE nicht zu erkennen, dass der

---

[8] Vgl. Lindner ecolex 2019, 950.
[9] So auch Pateter/Huber, Sind NFTs virtuelle Währungen im Sinne des FM-GWG?, 2023; Kulnigg/Tyrybon, Non Fungible Token (NFTs) – ein Fall für die Finanzregulierung?, ecolex 2021/328.
[10] Vgl. Zahradnik/Schöller/Sieder in Anderl, 165.
[11] Vgl. Bielesz ecolex 2022, 516.

Anbieter auch derjenige sein muss, der die virtuellen Währungen hält, speichert oder überträgt. Vielmehr scheint die Def vorrangig auf die Dienstleistung der Sicherung der privaten Schlüssel abzustellen. Es ist nicht ersichtlich, wieso diese Def daher nicht auch Anbieter von Unhosted Wallets umfassen soll. Ausgenommen sind natürlich jene Unhosted Wallets, die jemand selbst für sich selbst programmiert hat. Es gibt jedoch reihenweise Anbieter von Unhosted Wallet-Lösungen[12], die diese Unhosted Wallets zum Kauf oder als Abo-Modell anbieten.

Diese Anbieter bieten zweifellos Dienste an, die es jedermann ermöglichen, die privaten kryptografischen Schlüssel zu sichern. Dass in der Praxis solche Unhosted Wallets ohne vorherige Registrierung als Anbieter von elektronischen Geldbörsen angeboten werden und offenbar auch keine Ermittlungen von AML-Behörden gegen solche Anbieter gesetzt werden, ändert mE nichts an der dogmatischen Einordnung. Abhängig von ihrer konkreten Ausgestaltung, erfüllen wohl vielfach die Anbieter solcher Unhosted Wallets rein formal die Def sehr wohl.

III. Rechtsfolgen

Im Grunde scheinen die oben getätigten Überlegungen zur Subsumption verschiedener Crypto Assets unter den Begriff der virtuellen Währung aber praktisch nicht sonderlich relevant. Die Def der virtuellen Währung dient ausschließlich dazu, festzulegen, ob ein Dienstleister den Geldwächeregelungen grundsätzlich unterliegt. Dazu reicht es aus, wenn der Dienstleister seine Dienstleistungen auch nur in Bezug auf eine einzige virtuelle Währung erbringt, ansonsten aber beispielsweise auch andere, nicht von dieser Definition umfasste, Crypto Assets handelt.

Der Dienstleister ist damit ein Verpflichteter iSd Art. 2(1)lit. g bzw. h der GW-RL und hat folglich die Geldwäscherei-Bestimmungen einzuhalten. Die GW-RL differenziert in weiterer Folge nicht mehr zwischen den einzelnen Dienstleistungen und Produkten. Es ist sohin nicht entscheidend, ob ein Kunde mit virtuellen Währungen oder sonstigen Cryptoprodukten über die Plattform des Dienstleisters handelt. Der Dienstleister hat die Sorgfaltspflichten als Verpflichteter einzuhalten und das Risiko der Geldwäsche und Terrorismusfinanzierung zu steuern.

Es scheint praktisch nicht wirklich denkbar, dass ein einschlägiger Dienstleister tatsächlich nur Dienstleistungen in Bezug auf solche Crypto Assets erbringt, die gerade nicht in den Anwendungsbereich der einschlägigen Def der GW-RL fallen. Daher sind mE die vielfach angestellten Diskussionen über den Anwendungsbereich der GW-RL eher akademischer Natur. Da alle bekannten und namhaften Crypto Dienstleister zumindest den Tausch von Bitcoin und Ether in Fiatgeld bzw. umgekehrt anbieten, fallen diese auch unzweifelhaft in den Anwendungsbereich der GW-RL. Ihre Kunden müssen sich somit legitimieren, die Dienstleister müssen die Sorgfaltspflichten in Bezug auf diese Kunden sowie die sonstigen organisatorischen Anforderungen grundsätzlich erfüllen.

---

[12] ZB https://bitbox.swiss/de/bitbox02/; https://www.coinomi.com/en/.

Geldwäscherichtlinie Art. 8 Geldwäscherichtlinie idF RL 2018/843

Artikel 8

(1) Die Mitgliedstaaten sorgen dafür, dass die Verpflichteten angemessene Schritte unternehmen, um die für sie bestehenden Risiken der Geldwäsche und Terrorismusfinanzierung unter Berücksichtigung von Risikofaktoren, einschließlich in Bezug auf ihre Kunden, Länder oder geografische Gebiete, Produkte, Dienstleistungen, Transaktionen oder Vertriebskanäle zu ermitteln und zu bewerten. Diese Schritte stehen in einem angemessenen Verhältnis zu Art und Größe der Verpflichteten.

(2) Die in Absatz 1 genannten Risikobewertungen werden aufgezeichnet, auf aktuellem Stand gehalten und den jeweiligen zuständigen Behörden und den betroffenen Selbstverwaltungseinrichtungen zur Verfügung gestellt. Die zuständigen Behörden können beschließen, dass einzelne aufgezeichnete Risikobewertungen nicht erforderlich sind, wenn die in dem Sektor bestehenden konkreten Risiken klar erkennbar sind und sie verstanden werden.

(3) Die Mitgliedstaaten sorgen dafür, dass die Verpflichteten über Strategien, Kontrollen und Verfahren zur wirksamen Minderung und Steuerung der auf Unionsebene, auf mitgliedstaatlicher Ebene und bei sich selbst ermittelten Risiken von Geldwäsche und Terrorismusfinanzierung verfügen. Die Strategien, Kontrollen und Verfahren stehen in einem angemessenen Verhältnis zu Art und Größe dieser Verpflichteten.

(4) Die in Absatz 3 genannten Strategien, Kontrollen und Verfahren umfassen

a) die Ausarbeitung interner Grundsätze, Kontrollen und Verfahren, unter anderem in Bezug auf eine vorbildliche Risikomanagementpraxis, Sorgfaltspflichten gegenüber Kunden, Verdachtsmeldungen, Aufbewahrung von Unterlagen, interne Kontrolle, Einhaltung der einschlägigen Vorschriften einschließlich der Benennung eines für die Einhaltung der einschlägigen Vorschriften zuständigen Beauftragten auf Leitungsebene, wenn dies angesichts des Umfangs und der Art der Geschäftstätigkeit angemessen ist und Mitarbeiterüberprüfung;

b) eine unabhängige Prüfung, die die unter Buchstabe a genannten internen Strategien, Kontrollen und Verfahren testet, sollte dies mit Blick auf Art und Umfang der Geschäftstätigkeit angemessen sein.

(5) Die Mitgliedstaaten schreiben den Verpflichteten vor, bei ihrer Führungsebene eine Genehmigung für die von ihnen eingerichteten Strategien und Verfahren einzuholen, und die getroffenen Maßnahmen bei Bedarf zu überwachen und zu verbessern.

Übersicht

	Rn.
I. Einführung	1
1. Literatur	1
2. Entstehung und Zweck der Norm	2
3. Normativer Kontext	3
II. Risikoanalyse	4
III. Interne Organisation	9
IV. Money-Laundering Officer (MLO)	14

Art. 8 Geldwäscherichtlinie

I. Einführung

1. Literatur. *Droschl-Enzi* (Hrsg), Geldwäscherei und Terrorismusfinanzierung (2020); FMA Rundschreiben Interne Organisation zur Prävention von Geldwäscherei und Terrorismusfinanzierung (Feb 2022); FMA Rundschreiben Risikoanalyse zur Prävention von Geldwäscherei und Terrorismusfinanzierung (Feb 2022); *Rirsch,* Crypto-Assets: DLT-Token als Objekt der Finanzmarktaufsicht. Taxonomie, Kritik und Lösungsansätze (2022); *Völkel/Piska (Hrsg),* Blockchain rules (2019). 1

2. Entstehung und Zweck der Norm. Zur Entstehungsgeschichte der Geldwäsche-Regulierung siehe die Kommentierung in → GW-RL Art. 1 Rn. 2 ff. 2

3. Normativer Kontext. Art. 8 setzt für Verpflichtete den Rahmen der unternehmensinternen Governance-Regelungen iZm Geldwäscherei und Terrorismusfinanzierung. Die Bestimmung regelt einerseits grundlegende Anforderungen an eine Risikoanalyse und darauf aufbauend an eine laufende Risikobewertung und -steuerung. Diese Regelungen sind neben den Sorgfaltspflichten gegenüber Kunden (Art. 13 der GW-RL) durch jeden Verpflichteten einzuhalten. 3

II. Risikoanalyse

Die Verpflichteten können den Umfang der folgenden Sorgfaltspflichten grundsätzlich risikoorientiert festlegen. Sie haben somit einen gewissen Ermessensspielraum[1]. Die gesetzten Maßnahmen müssen in einem angemessenen Verhältnis zur Art und Größe des Verpflichteten stehen. Die Untersuchungs- und Bewertungsschritte und deren Ergebnisse sind zu dokumentieren. Die Ergebnisse sind laufend, zumindest einmal jährlich[2], zu aktualisieren und der zuständigen Behörde in elektronischer Form zur Verfügung zu stellen. Die Verpflichteten müssen der zuständigen Behörde außerdem nachweisen können, dass die von ihnen getroffenen Maßnahmen im Hinblick auf die festgestellten Risiken der Geldwäsche und Terrorismusfinanzierung angemessen sind. 4

Die Risikoanalyse umfasst die Bewertung und Identifizierung potenzieller Geldwäsche- und Terrorismusfinanzierungsrisiken, denen das Unternehmen ausgesetzt ist. Dabei legt der Verpflichteten Daten und Informationen für seine erbrachten Tätigkeiten zugrunde und berücksichtigt alle relevanten Risikofaktoren, insbesondere in Bezug auf Kunden, Länder oder geografische Gebiete, Produkte, Dienstleistungen, Transaktionen und Vertriebskanäle sowie andere neue oder aufkommende Technologien für neue und bestehende Produkte. Die Ermittlung und Bewertung von Risiken im Zusammenhang mit neuen Produkten, Praktiken und Technologien muss auf jeden Fall vor deren Einführung erfolgen. 5

Wie in → GW-RL Art. 3 Rn. 19 ausgeführt, haben Verpflichtete bei der Risikobeurteilung die in Anhang I der GW-RL genannten Variablen (insbesondere Art, Umfang, Dauer der Geschäftsbeziehung sowie Höhe der betroffenen Vermögenswerte bzw. Transaktionen zu berücksichtigen. Nach Art. 16 der GW-RL gibt es auch verstärkte Sorgfaltspflichten zu beachten. 6

---

[1] Vgl. Drobesch/Droschl-Enzi in Droschl-Enzi (Hrsg.), 11.
[2] Vgl. FMA Rundschreiben Risikoanalyse, 27.

Geldwäscherichtlinie Art. 8

Diese werden durch Anhang II der GW-RL näher konkretisiert[3]. Die Kunden des Unternehmens sind als Ergebnis der Risikoanalyse in Kategorien einzuteilen, für die je eigene Risikoprofile zu entwickeln sind[4]. Die Kategorisierung kann automationsgestützt und unter Verwendung von idR zugekauften Lösungen erfolgen[5].

7   Jeder Verpflichtete hat dabei die Ergebnisse der nationalen Risikoanalyse durch die zuständige Geldwäscherei-Behörde und den periodischen Bericht der Europäischen Kommission über die Risiken der Geldwäsche und Terrorismusfinanzierung im Binnenmarkt zu berücksichtigen.

8   Im Zusammenhang mit virtuellen Währungen werden Verpflichtete bei ihrer Risikoanalyse insbesondere die verschiedenen Arten von virtuellen Währungen und deren Besonderheiten berücksichtigen müssen. Im Grunde wird anhand der möglichen und von den eigenen Dienstleistungen umfassten virtuellen Währungen das jeweilige Risiko von Geldwäscherei und Terrorismusfinanzierung zu beurteilen sein. Der CASPs wird für sich auch Maßnahmen definieren müssen, anhand deren – im Rahmen der technischen Möglichkeiten – die Herkunft der virtuellen Währungen nachvollzogen werden kann. Die Angaben des Kunden zu seinen wirtschaftlichen Ressourcen sind mit den vom Kunden transferierten Crypto Assets bzw. angekauften Crypto Assets zu plausibilisieren.

III. Interne Organisation

9   Gemäß Abs. 3 muss jeder Verpflichtete über interne Grundsätze, Kontrollen und Verfahren verfügen, um das Risiko der Geldwäscherei und Terrorismusfinanzierung zu steuern und zu vermindern. Diese sind vom Leitungsorgan des Verpflichteten (Vorstand oder Geschäftsführung) zu genehmigen. Auch hier gilt wiederum der Grundsatz der Verhältnismäßigkeit: Es ist ein angemessenes Verhältnis zu finden zwischen den Strategien, Kontrollen und Verfahren sowie der Art und Größe des Verpflichteten.

10 Zur Etablierung einer solcher internen Organisation zählt auch die Implementierung eines Prozesses, der die Einhaltung der Sorgfaltspflichten ggü. Kunden sicherstellt. Diese Sorgfaltspflichten sind in Art. 13 ff. der GW-RL geregelt. Dazu → GW-RL Art. 13 Rn. 4 ff.

11 Andererseits müssen Verpflichtete sicherstellen, dass durch geeignete Maßnahmen und Prozesse auch die Einhaltung aller sonstigen Pflichten unter der GW-RL gewährleistet sind. Dazu zählt, dass bei Verdachtsfällen unverzüglich die Meldung an die zuständige Financial Intelligence Unit (FIU), dh zuständige Geldwäsche-Behörde, erstattet wird. Ebenfalls ist vorzusehen, dass eine ausreichende Aufbewahrung von Unterlagen erfolgt.

12 Die getroffenen Maßnahmen, Strategien, Verfahren und Kontrollen sind von unabhängiger Seite periodisch zu überprüfen. Wiederum gilt der Grundsatz der Verhältnismäßigkeit und die Intervalle (sowie die Intensität) der Prüfungshandlungen sind an das konkrete Geschäft des Verpflichteten anzupassen.

13 Die unternehmensintern mit der Verhinderung von Geldwäscherei und Terrorismusfinanzierung befassten Mitarbeiter sind laufend zu schulen. Die Mitarbeiter müssen mit den gesetzlichen Bestimmungen vertraut sein, soweit

---

[3] Vgl. Farahmandia in Völkel/Piska (Hrsg.), 8.46 ff.
[4] Vgl. Drobesch/Droschl-Enzi in Droschl-Enzi (Hrsg.), 14.
[5] Vgl. Drobesch/Droschl-Enzi in Droschl-Enzi (Hrsg.), 15.

dies für die Erfüllung ihrer Aufgaben erforderlich ist. Dies beinhaltet die Teilnahme der betreffenden Mitarbeiter an speziellen Fortbildungsprogrammen, in denen sie lernen, Transaktionen zu erkennen, die mit Geldwäsche oder Terrorismusfinanzierung in Verbindung stehen könnten, und in solchen Fällen richtig zu handeln. Bei der Auswahl von Mitarbeitern in diesem Bereich ist auf deren persönliche Zuverlässigkeit zu achten.

IV. Money-Laundering Officer (MLO)

Verpflichtete haben ein Mitglied des Leitungsorgans zu benennen, das für die Einhaltung der Vorschriften zur Verhinderung oder Bekämpfung der Geldwäsche oder der Terrorismusfinanzierung verantwortlich ist. In der Praxis wird häufig ein dem Leitungsorgan direkt unterstellter Sonderbeauftragter (der Money Laundering Officer, auch MLO genannt) bestellt. 14

Ein solcher Sonderbeauftragter muss fachlich qualifiziert sein. Dies bedeutet, dass die Person über eine ausreichende fachliche Eignung, über geldwäscherechtliche Kenntnisse sowie praktische Erfahrungen in diesem Bereich verfügen muss. Darüber hinaus muss die Person persönlich zuverlässig und integer sein[6]. Dieser tadellose Ruf ist zB durch einen Auszug aus dem Strafregister zu bescheinigen. Es wird in diesem Zusammenhang auch eine Verlässlichkeit in Bezug auf die Bindung an rechtliche Werte verlangt. 15

Der MLO ist nur gegenüber dem Leitungsorgan verantwortlich. Dies ist allenfalls arbeitsvertraglich sicherzustellen. Zum Teil wird es nötig sein, dem MLO als „*primus inter pares*" ggü. sonstigen Mitarbeitern des Verpflichteten Weisungs- und Kontrollrechte einzuräumen, selbst wenn der MLO an sich ein „normaler" Angestellter des Verpflichteten ist. Bei der Berichtsebene bedeutet dies, dass der MLO ohne Zwischenebenen direkt dem Leitungsorgan Bericht erstattet. Auch ist sicherzustellen, dass der MLO jederzeitigen Zugang zum Leitungsorgan hat. Zum Teil fordern aber nationale Regulatoren (wie die öst. FMA), dass zumindest ein Stellvertreter für den MLO zu bestellen ist, der in dessen Abwesenheit die Agenden des MLO ausübt[7]. 16

Unternehmensintern ist ein freier Zugang zu allen Informationen, Daten, Aufzeichnungen und Systemen, die in irgendeinem Zusammenhang mit Geldwäsche und Terrorismusfinanzierung stehen könnten, zu gewährleisten[8]. Andernfalls kann der MLO seinen Aufgaben nicht sinnvoll nachkommen. 17

Zu den Kernaufgaben eines MLO zählen u.a.[9]: 18

- Erstellung der Risikoanalyse;
- Befugnis, Anordnungen zur Einstellung oder Freigabe von Geschäften und zur Sperrung von Konten zu treffen oder Geschäftsbeziehungen nicht einzugehen oder zu beenden;
- Entscheidung über die Einreichung einer Verdachtsmeldung;
- Überwachung der laufenden Einhaltung der internen Vorschriften durch die Mitarbeiter des Verpflichteten; und
- generell die Sicherstellung der Einhaltung der Pflichten des Verpflichteten gemäß der GW-RL.

---

[6] Vgl. FMA Rundschreiben Interne Organisation, 9.
[7] Vgl. FMA Rundschreiben Interne Organisation, 12.
[8] Vgl. FMA Rundschreiben Interne Organisation, 16.
[9] Vgl. FMA Rundschreiben Interne Organisation, 14.

Geldwäscherichtlinie Art. 11 idF RL 2018/843

Artikel 11

Die Mitgliedstaaten stellen sicher, dass die Verpflichteten unter den folgenden Umständen Sorgfaltspflichten gegenüber Kunden anwenden:
a) bei Begründung einer Geschäftsbeziehung,
b) bei Ausführung gelegentlicher Transaktionen,
   i) die sich auf 15 000 EUR oder mehr belaufen, und zwar unabhängig davon, ob diese Transaktion in einem einzigen Vorgang oder in mehreren Vorgängen, zwischen denen eine Verbindung zu bestehen scheint, ausgeführt wird, oder
   ii) bei denen es sich um Geldtransfers im Sinne des Artikels 3 Nummer 9 der Verordnung (EU) 2015/847 des Europäischen Parlaments und des Rates (13) von mehr als 1 000 EUR handelt;
c) im Falle von Personen, die mit Gütern handeln, bei Abwicklung gelegentlicher Transaktionen in bar in Höhe von 10 000 EUR oder mehr, und zwar unabhängig davon, ob die Transaktion in einem einzigen Vorgang oder in mehreren Vorgängen, zwischen denen eine Verbindung zu bestehen scheint, ausgeführt wird,
d) im Falle von Anbietern von Glücksspieldiensten im Zusammenhang mit Gewinnen oder Einsätzen bei Glücksspielen oder mit beidem bei Ausführung von Transaktionen in Höhe von 2 000 EUR oder mehr, und zwar unabhängig davon, ob die Transaktion in einem einzigen Vorgang oder in mehreren Vorgängen, zwischen denen eine Verbindung zu bestehen scheint, ausgeführt wird,
e) bei Verdacht auf Geldwäsche oder Terrorismusfinanzierung, ungeachtet etwaiger Ausnahmeregelungen, Befreiungen oder Schwellenwerte,
f) bei Zweifeln an der Richtigkeit oder Eignung zuvor erhaltener Kundenidentifikationsdaten.

Übersicht

	Rn.
I. Einführung	1
1. Literatur	1
2. Entstehung und Zweck der Norm	2
3. Normativer Kontext	3
II. Anwendung der Sorgfaltspflichten	4
1. Begründung einer Geschäftsbeziehung	4
2. Gelegentliche Transaktionen	5
3. Ad hoc in Verdachtsfällen	8
4. Bei Zweifeln betreffend Kundeninformationen	9
III. Rechtsfolgen unterlassener Anwendung	11

I. Einführung

1 **1. Literatur.** *Droschl-Enzi* (Hrsg), Geldwäscherei und Terrorismusfinanzierung (2020); FMA Rundschreiben Sorgfaltspflichten zur Prävention von Geldwäscherei und Terrorismusfinanzierung (Feb 2022).

2 **2. Entstehung und Zweck der Norm.** Zur Entstehungsgeschichte der Geldwäsche-Regulierung siehe die Kommentierung in → GW-RL Art. 1 Rn. 2 ff.

3. Normativer Kontext. Die in Art. 13 genannten Sorgfaltspflichten der Verpflichteten gegenüber Kunden bzw. die damit zusammenhängenden Handlungen sind in den Art. 11 genannten Zeitpunkten einzuhalten bzw. zu setzen.

II. Anwendung der Sorgfaltspflichten

1. Begründung einer Geschäftsbeziehung. Unter der Geschäftsbeziehung versteht Art. 3 Nr. 13 der GW-RL *„jede geschäftliche, berufliche oder gewerbliche Beziehung, die mit den beruflichen Tätigkeiten eines Verpflichteten in Verbindung steht und bei der bei Zustandekommen des Kontakts davon ausgegangen wird, dass sie von gewisser Dauer sein wird"*.

Bei CASPs wird dies in der Regel die Registrierung einer natürlich Person mit der Plattform bzw. der App sein, über die der CASP seine Dienstleistungen erbringt.

2. Gelegentliche Transaktionen. Bei CASPs von praktisch geringerer Bedeutung ist wohl der zweite Anwendungsfall, nämlich die Durchführung bloß gelegentlicher Transaktionen. Hier trifft CASP die Pflicht bei Ausführung gelegentlicher Transaktionen (außerhalb einer laufenden Geschäftsbeziehung) (i) die sich auf 15.000 EUR oder mehr belaufen bzw. (ii) denen sich um Geldtransfers iSd VO 2015/847 von mehr als 1.000 EUR handelt.

Die geringere praktische Bedeutung bei CASPs ergibt sich mE, weil wohl bei allen gängigen und bekannten CASPs die Erbringung von Dienstleistungen erst nach erfolgreicher Registrierung des Kunden erfolgt. Insofern spielen derzeit mE gelegentliche Transaktionen bei registrierten bzw. konzessionierten CASPs eine eher untergeordnete Rolle.

Zu beachten ist, dass VO 2015/847 (die Geldtransfer-VO) mit 31.12.2024 nicht unwesentlich geändert werden wird. Die sogenannte Travel Rule nach dieser VO wird dann auch *„Kryptowertetransfers, einschließlich über Krypto-Geldautomaten abgewickelte Kryptowertetransfers"* umfassen und damit für CASPs beachtlich sein. Gemäß VO 2023/1113, die VO 2015/847 ändert, versteht man unter einem Kryptowertetransfer *„jede Transaktion, die zum Ziel hat, Kryptowerte von einer Distributed-Ledger-Adresse, einem Kryptowertekonto oder einem anderen zur Speicherung von Kryptowerten verwendeten Gerät auf ein(e) andere (s) zu transferieren, und die von mindestens einem Anbieter von Krypto-Dienstleistungen durchgeführt wird, der im Auftrag eines Originators oder eines Begünstigten handelt, unabhängig davon, ob es sich bei Originator und Begünstigtem um dieselbe Person handelt, und unabhängig davon, ob es sich beim Anbieter von Krypto-Dienstleistungen des Originators und dem Anbieter von Krypto-Dienstleistungen des Begünstigen um ein und denselben Anbieter handelt"*.

Der Kryptowert iSd der VO 2023/1113 ist übrigens nicht ident mit dem Begriff der virtuellen Währung iSd gegenwärtigen GW-RL. Vielmehr handelt sich durch den Verweis auf die MICAR um *„eine digitale Darstellung eines Werts oder eines Rechts, der bzw. das unter Verwendung der Distributed-Ledger-Technologie oder einer ähnlichen Technologie elektronisch übertragen und gespeichert werden kann"*. Ausgenommen vom Anwendungsbereich der VO 2023/1113 sind jene Kryptowerte, die gemäß Art. 2 Abs. 2–4 der MICAR auch nicht in den Anwendungsbereich der MICAR fallen bzw. die ohnehin als Geldbeträge gelten.

8   **3. *Ad-hoc* in Verdachtsfällen.** Hat der Verpflichtete Verdacht auf Geldwäsche oder Terrorismusfinanzierung, sind die Sorgfaltspflichten ungeachtet etwaiger Ausnahmeregelungen, Befreiungen oder Schwellenwerte jederzeit anzuwenden. Hinsichtlich jener Kunden, die mit dem Verpflichteten in einer dauerhaften Geschäftsbeziehung stehen, muss der Verpflichtete bereits über die Angaben zur Identität verfügen. Ergeben sich nunmehr aufgrund von Verdachtsmomenten Zweifel an der Identität des Kunden, so sind die Angaben zur Identität neuerlich einzuholen bzw. fehlende Angaben zu ergänzen und die eingeholten Angaben (allenfalls in Kombination mit bereits vorhandenen Angaben) einer neuerlichen Überprüfung zu unterziehen. Zur Bestätigung der erhobenen Angaben können zusätzlich weitere Unterlagen, Daten und Informationen von einer glaubwürdigen und unabhängigen Stelle eingeholt werden.[1]

9   **4. Bei Zweifeln betreffend Kundeninformationen.** Ergeben sich Zweifel an der Richtigkeit oder Eignung zuvor erhaltener Kundenidentifikationsdaten, hat der Verpflichtete ebenfalls die Sorgfaltspflichten anlassbezogen erneut zur Anwendung zu bringen. Es sind sohin zur Überprüfung der erhobenen Identitätsdaten weitere Dokumente, Daten und Informationen von einer glaubwürdigen und unabhängigen Stelle anzufordern und zur Überprüfung der Identität heranzuziehen. Können die Zweifel durch die erneute oder ergänzende Identifizierung nicht ausgeräumt werden, sind weitere angemessene Sorgfaltsmaßnahmen zu treffen.[2]

10 Zweifel können sich zB durch das laufende Transaktionsmonitoring ergeben, wenn bspw. vom Kunden gemachte Angaben zu seinem Einkommen bzw. seinen finanziellen Mitteln nicht mehr plausibel zu den vom Kunden durchgeführten Transaktionen passen[3].

III. Rechtsfolgen unterlassener Anwendung

11 Hat der Verpflichtete die Sorgfaltspflichten nicht ordnungsgemäß angewendet, darf der Verpflichtete keine Geschäftsbeziehung mit dem Kunden begründen bzw. für den Kunden keine Transaktionen durchführen. Hat der Verpflichtete die Geschäftsbeziehung bereits begründet, hat er sie zu beenden[4]. Zivilrechtlich ist sicherzustellen, dass die vertragliche Grundlage mit dem Kunden in diesen Fällen auch eine Kündigung erlaubt.[5]

12 Besteht der Verdacht, dass eine Geschäftsbeziehung oder eine Transaktion der Geldwäscherei oder der Terrorismusfinanzierung dient oder dass die Kundin oder der Kunde einer terroristischen Organisation angehört, so ist zudem eine Verdachtsmeldung an die FIU zu erstatten. Werden nach Erstattung einer Verdachtsmeldung durch die FIU keine Maßnahmen ergriffen, darf der Verpflichtete dennoch keine Transaktion durchführen und keine Geschäftsbeziehung begründen bzw. sind bestehende Geschäftsbeziehungen zu beenden, soweit die Anwendung der Sorgfaltspflichten nicht erfolgt ist oder nicht erfolgen kann.[6]

---

[1] Vgl. FMA Rundschreiben Sorgfaltspflichten 41.
[2] Vgl. FMA Rundschreiben Sorgfaltspflichten 45 f.
[3] Vgl. Drobesch/Droschl-Enzi in Droschl-Enzi (Hrsg.), 31.
[4] Vgl. FMA Rundschreiben Sorgfaltspflichten 301.
[5] Vgl. FMA Rundschreiben Sorgfaltspflichten 306.
[6] Vgl. FMA Rundschreiben Sorgfaltspflichten 307 f.

Artikel 13

(1) Die Sorgfaltspflichten gegenüber Kunden umfassen:
a) Feststellung der Identität des Kunden und Überprüfung der Kundenidentität auf der Grundlage von Dokumenten, Daten oder Informationen, die von einer glaubwürdigen und unabhängigen Quelle stammen, einschließlich soweit verfügbar elektronischer Mittel für die Identitätsfeststellung, einschlägiger Vertrauensdienste gemäß der Verordnung (EU) Nr. 910/2014 des Europäischen Parlaments und des Rates (15) oder mittels anderer von den zuständigen nationalen Behörden regulierter, anerkannter, gebilligter oder akzeptierter sicherer Verfahren zur Identifizierung aus der Ferne oder auf elektronischem Weg eingeholt wurden;
b) Feststellung der Identität des wirtschaftlichen Eigentümers und Ergreifung angemessener Maßnahmen zur Überprüfung seiner Identität, so dass die Verpflichteten davon überzeugt sind zu wissen, wer der wirtschaftliche Eigentümer ist; im Falle von juristischen Personen, Trusts, Gesellschaften, Stiftungen und ähnlichen Rechtsvereinbarungen schließt dies ein, dass angemessene Maßnahmen ergriffen werden, um die Eigentums- und Kontrollstruktur des Kunden zu verstehen. Wenn der ermittelte wirtschaftliche Eigentümer ein Angehöriger der Führungsebene im Sinne von Artikel 3 Nummer 6 Buchstabe a Ziffer ii ist, ergreifen die Verpflichteten die erforderlichen angemessenen Maßnahmen, um die Identität der natürlichen Person, die die Position als Angehöriger der Führungsebene innehat, zu überprüfen, und führen Aufzeichnungen über die ergriffenen Maßnahmen sowie über etwaige während des Überprüfungsvorgangs aufgetretene Schwierigkeiten;
c) Bewertung und gegebenenfalls Einholung von Informationen über den Zweck und die angestrebte Art der Geschäftsbeziehung;
d) kontinuierliche Überwachung der Geschäftsbeziehung, einschließlich einer Überprüfung der im Verlauf der Geschäftsbeziehung ausgeführten Transaktionen, um sicherzustellen, dass diese mit den Kenntnissen der Verpflichteten über den Kunden, seine Geschäftstätigkeit und sein Risikoprofil, einschließlich erforderlichenfalls der Herkunft der Mittel, übereinstimmen, und Gewährleistung, dass die betreffenden Dokumente, Daten oder Informationen auf aktuellem Stand gehalten werden.

Bei Durchführung der unter Unterabsatz 1 Buchstaben a und b genannten Maßnahmen müssen sich die Verpflichteten zudem vergewissern, dass jede Person, die vorgibt, im Namen des Kunden zu handeln, dazu berechtigt ist, und die Identität dieser Person feststellen und überprüfen.

(2) Die Mitgliedstaaten sorgen dafür, dass die Verpflichteten alle in Absatz 1 genannten Sorgfaltspflichten gegenüber Kunden erfüllen. Die Verpflichteten können den Umfang dieser Sorgfaltspflichten jedoch auf risikoorientierter Grundlage bestimmen.

(3) Die Mitgliedstaaten schreiben vor, dass die Verpflichteten bei der Bewertung der Risiken von Geldwäsche und Terrorismusfinanzierung zumindest die in Anhang I aufgeführten Variablen berücksichtigen.

(4) Die Mitgliedstaaten sorgen dafür, dass die Verpflichteten gegenüber zuständigen Behörden oder Selbstverwaltungseinrichtungen nachweisen können, dass die Maßnahmen angesichts der ermittelten Risiken von Geldwäsche und Terrorismusfinanzierung angemessen sind.

(5) Für Lebensversicherungen oder andere Versicherungen mit Anlagezweck stellen die Mitgliedstaaten sicher, dass die Kreditinstitute und die Finanzinstitute neben den Sorgfaltspflichten gegenüber Kunden und wirtschaftlichen Eigentümern hinsichtlich der Begünstigten von Lebensversicherungs- und anderen Versicherungspolicen mit Anlagezweck die nachstehend genannten Sorgfaltspflichten erfüllen, sobald diese Begünstigten ermittelt oder bestimmt sind:

a) Bei Begünstigten, die als namentlich genannte Person oder Rechtsvereinbarung identifiziert werden, hält das Kredit- oder Finanzinstitut den Namen dieser Person fest;

b) bei Begünstigten, die nach Merkmalen oder nach Kategorie oder auf andere Weise bestimmt werden, holt das Kreditinstitut oder das Finanzinstitut ausreichende Informationen über diese Begünstigten ein, um sicherzugehen, dass es zum Zeitpunkt der Auszahlung in der Lage sein wird, ihre Identität festzustellen.

In den in Unterabsatz 1 Buchstaben a und b genannten Fällen wird die Identität der Begünstigten zum Zeitpunkt der Auszahlung überprüft. Wird die Lebens- oder andere Versicherung mit Anlagezweck ganz oder teilweise an einen Dritten abgetreten, so stellen die über diese Abtretung unterrichteten Kreditinstitute und Finanzinstitute die Identität des wirtschaftlichen Eigentümers zu dem Zeitpunkt fest, in dem die Ansprüche aus der übertragenen Police an die natürliche oder juristische Person oder die Rechtsvereinbarung abgetreten werden.

(6) Werden die Begünstigten von Trusts oder von ähnlichen Rechtsvereinbarungen nach besonderen Merkmalen oder nach Kategorie bestimmt, so holt ein Verpflichteter ausreichende Informationen über den Begünstigten ein, um sicherzugehen, dass er zum Zeitpunkt der Auszahlung oder zu dem Zeitpunkt, zu dem der Begünstigte seine erworbenen Rechte wahrnimmt, in der Lage sein wird, die Identität des Begünstigten festzustellen.

Übersicht

	Rn.
I. Einführung	1
1. Literatur	1
2. Entstehung und Zweck der Norm	2
3. Normativer Kontext	3
II. Sorgfaltspflichten gegenüber Kunden	4
1. Feststellung der Identität des Kunden	4
2. Feststellung der Identität des wirtschaftlichen Eigentümers	8
3. Informationen über die Geschäftsbeziehung	10
4. Kontinuierliche Überwachung	11
5. Exkurs: Biometrische Identifizierung	13
6. Exkurs: Videoidentifizierung	14
7. Outsourcing	15
8. Zu berücksichtigende Variablen	19

I. Einführung

1. Literatur. *Droschl-Enzi* (Hrsg), Geldwäscherei und Terrorismusfinanzierung (2020); FMA Rundschreiben Interne Organisation zur Prävention von Geldwäscherei und Terrorismusfinanzierung (Feb 2022); FMA Rundschreiben Risikoanalyse zur Prävention von Geldwäscherei und Terrorismusfinanzierung (Feb 2022); FMA Rundschreiben Sorgfaltspflichten zur Prävention von Geldwäscherei und Terrorismusfinanzierung (Feb 2022); *Völkel/ Piska (Hrsg),* Blockchain rules (2019).

2. Entstehung und Zweck der Norm. Zur Entstehungsgeschichte der Geldwäsche-Regulierung siehe die Kommentierung in → GW-RL Art. 1 Rn. 2 ff.

3. Normativer Kontext. Neben den organisatorischen Anforderungen enthält die GW-RL auch grundlegende Verpflichtungen zur Einhaltung von Sorgfaltspflichten gegenüber Kunden.

II. Sorgfaltspflichten gegenüber Kunden

1. Feststellung der Identität des Kunden. Die wohl wesentlichste Sorgfaltspflicht besteht in der Feststellung der Identität des Kunden, dh des Namens, Geburtsdatum und Wohnsitz[1]. Dies geschieht bei natürlichen Personen (die wohl in den meisten Fällen auch die Kunden von CASPs sein werden) vorrangig durch Vorlage eines amtlichen Lichtbildausweises. Zum Teil sehen nationale Umsetzungsregeln vor, dass der Lichtbildausweis persönlich vorgelegt werden muss[2]. Dies ist aber nach der GW-RL nicht zwingend verlangt. Ein Lichtbildausweis ist ein amtlicher Lichtbildausweis, der als ein von einer staatlichen Behörde ausgestelltes Dokument definiert ist, das ein nicht austauschbares erkennbares Kopfbild der betreffenden Person trägt und den Namen, das Geburtsdatum und die Unterschrift der Person sowie die ausstellende Behörde zeigt. Auch abgelaufene amtliche Lichtbildausweise können verwendet werden, wenn sie ansonsten unbedenklich sind[3]. Dies kann zB dann der Fall sein, wenn ein Vergleich des Kopfbildes mit der sich identifizierenden Person bzw. ein Vergleich von Unterschriften möglich ist.

Als weitere Sicherheitsmaßnahmen neben der (allenfalls persönlichen) Vorlage eines amtlichen Lichtbildausweises wären zulässig:
- Vorlage des amtlichen Lichtbildausweises im Rahmen eines videobasierten elektronischen Verfahrens.
- Ein allenfalls gesetzlich vorgesehenes Verfahren, das auf sichere Weise die gleichen Informationen liefert wie die Vorlage eines amtlichen Lichtbildausweises (elektronischer Ausweis).
- Abwicklung der ersten Zahlung im Rahmen des Zahlungsverkehrs über ein auf den Namen des Kunden lautendes Konto bei einem Kreditinstitut, wenn Kopien von Dokumenten des Kunden vorliegen, aus denen die Angaben des Kunden oder seiner vertretungsbefugten natürlichen Person glaubhaft rekonstruiert werden können. Anstelle dieser Kopien ist es ausreichend, wenn eine schriftliche Bestätigung des Kreditinstituts, über das die erste Zahlung abgewickelt werden soll, vorliegt, dass die Identität des Kunden im Sinne der GW-RL festgestellt und überprüft wurde.
- Die Abgabe einer rechtsgeschäftlichen Erklärung des Kunden in Form einer qualifizierten elektronischen Signatur gemäß Art. 3 Z 12 der eIDAS-Verordnung

---

[1] Vgl. FMA Rundschreiben Sorgfaltspflichten, 52.
[2] Vgl. Farahmandia in Völkel/Piska (Hrsg.), 8.11.
[3] Vgl. FMA Rundschreiben Sorgfaltspflichten, 60.

• Die Zustellung der eidesstattlichen Versicherung des Verpflichteten per Einschreiben an die Adresse, die als Wohnsitz oder Geschäftssitz des Kunden angegeben ist, wenn darüber hinaus.

6   Juristische Personen werden anhand von beweiskräftigen Dokumenten identifiziert, die nach dem in dem Land, in dem die juristische Person ihren Sitz hat, üblichen Rechtsstandard verfügbar sind. In jedem Fall ist die gültige Existenz, der Name, die Rechtsform, die Vertretungsbefugnis und der Sitz der juristischen Person zu überprüfen[4]. Die Unterlagen sollten nicht älter als 6 Wochen sein[5]. Die natürliche Person, die die juristische Person ggü. dem Verpflichteten vertritt, ist wiederum gemäß den oben genannten Methoden zu identifizieren.

7   Fremdsprachige Dokumente müssen mit einer notariell beglaubigten Übersetzung (Deutsch oder Englisch) und einer Apostille versehen sein, sofern dies nach geltendem Recht erforderlich ist.

8   **2. Feststellung der Identität des wirtschaftlichen Eigentümers.** Als weitere Kern-Sorgfaltspflicht sieht die GW-RL die Feststellung der Identität des wirtschaftlichen Eigentümers (einer juristischen Person) und das Ergreifen geeigneter Maßnahmen zur Überprüfung seiner Identität vor. Der Verpflichtete muss gemäß der Bestimmung überzeugt sein, zu wissen, wer jene natürliche Person ist, die durch eine juristischen Person, Treuhandgesellschaft, ein Unternehmen, eine Stiftung oder ähnliche Konstrukte wirtschaftlich begünstigt ist, dh vereinfacht gesagt „wem sie gehört".

Dazu zählen angemessene Schritte, um die Eigentums- und Kontrollstruktur des Kunden zu verstehen. Die genaue Ermittlung des wirtschaftlichen Eigentümers erfolgt anhand der Def des Begriffs nach Art. 3 der GW-RL.

9   Die Mitgliedstaaten sind nunmehr verpflichtet, für Verpflichtete zugängliche Register über wirtschaftliche Eigentümer zu führen. Die Verpflichteten können Auszüge aus diesen Registern heranziehen, dürfen sich aber nicht ausschließlich auf diese Auszüge verlassen, sondern haben diese vielmehr durch eigene Erkundigungen beim Kunden zu plausibilisieren.

10   **3. Informationen über die Geschäftsbeziehung.** Weiters haben Verpflichtete Informationen über den Zweck und die beabsichtigte Art der Geschäftsbeziehung einzuholen und zu bewerten. Dazu gehören zB die beruflichen oder geschäftlichen Tätigkeiten, Einkommen oder Geschäftsergebnisse oder die allgemeinen finanziellen Verhältnisse des Kunden und seiner wirtschaftlichen Eigentümer.

11   **4. Kontinuierliche Überwachung.** Die Geschäftsbeziehung ist schließlich laufend zu überwachen. Dazu zählt auch die Überprüfung der im Rahmen der Geschäftsbeziehung getätigten Transaktionen. Damit wird sichergestellt, dass die Transaktionen mit den Kenntnissen des Verpflichteten über den Kunden, seine Geschäftstätigkeit und sein Risikoprofil, gegebenenfalls einschließlich der Herkunft der Mittel, in Einklang stehen. Bei der Prüfung der Mittelherkunft ist zu prüfen, ob die vom Kunden transferierten Mittel plausibel Deckung in den vom Kunden angegebenen Einnahmequellen finden[6].

---

[4] FMA Rundschreiben Sorgfaltspflichten, 74.
[5] Vgl. Drobesch/Droschl-Enzi in Droschl-Enzi (Hrsg.), 23.
[6] Vgl. Drobesch/Droschl-Enzi in Droschl-Enzi (Hrsg.), 27 f.

Die auf der Grundlage der Bestimmungen der GW-RL durchzuführende Transaktionsüberwachung kann mit einem auf künstlicher Intelligenz oder anderen fortgeschrittenen Technologien basierenden Ansatz durchgeführt oder ergänzt werden, wenn bestimmte Voraussetzungen erfüllt sind, die primär das nationale Umsetzungsrecht vorgibt. In Österreich gibt es seit 2022 eine ausdrückliche Bestimmung dazu, die Anforderungen an ein solches AI-Monitoring knüpft: Die Funktionsweise des AI-Ansatzes muss so entwickelt und implementiert werden, dass er auf Basis der verwendeten Szenarien, Parameter, Schwellenwerte und sonstigen Mechanismen die Anforderungen der GW-RL risikobasiert unter Berücksichtigung der jeweiligen Risikoanalyse auf Unternehmensebene sowie auf Kundenebene erfüllt. Das AI-Konzept ist auf dem neuesten Stand zu halten und ad hoc zu aktualisieren. Die Entwicklung und die Umsetzung der Funktionsweise des AI-Konzepts ist ausreichend zu dokumentieren, sodass die Funktionsweise zurückverfolgt und entsprechend nachgewiesen werden kann. Bei der Entwicklung und Durchführung der Transaktionsüberwachung dürfen Daten, die von Verpflichteten für Zwecke der Erfüllung der Pflichten gemäß den geldwäscherechtlichen Bestimmungen verarbeitet werden, und Daten aus öffentlich zugänglichen Datenquellen mit Hilfe automatisierter Systeme verarbeitet werden, soweit dies zur Verhinderung von Geldwäsche und Terrorismusfinanzierung geeignet und erforderlich ist. Zu Recht wird aber auch darauf hingewiesen, dass die reine Verwendung von IT Tools nicht hinreichend sein wird und gewisse manuelle Kontrollen durch Mitarbeiter des Verpflichteten vorzusehen sind[7].

5. Exkurs: Biometrische Identifizierung. CASPs sind vielfach bestrebt, gesetzliche Verpflichtungen möglichst ohne Verwaltungsaufwand zu erfüllen. Weil sie oft auch Technologieunternehmen sind, sind sie oft auch daran interessiert, dies durch den Einsatz neuer Technologien zu erreichen.

Als Alternative zur ebenfalls sehr beliebten Videoidentifikation erkennen nationale Gesetzgeber zunehmend auch biometrische Identifikation als Möglichkeit zur Feststellung der Identität der Kunden bzw. wirtschaftlichen Eigentümer an.

Dabei steht natürlich auch die Einhaltung datenschutzrechtlicher Vorgaben im Fokus. Die geeigneten biometrischen Identifikationsverfahren müssen gemäß Art. 9 Abs. 2 lit. a der Verordnung (EU) 2016/679 zulässig sein und der Verpflichtete hat geeignete technische und organisatorische Maßnahmen zur Erreichung eines dem Risiko angemessenen Schutzniveaus iSd Art. 32 der Verordnung (EU) 2016/679 zu treffen.

Das biometrische Identifizierungsverfahren muss in jedem Fall dem aktuellen Stand der Technik entsprechen, *ad hoc* aktualisiert werden und ein Sicherheitsniveau erreichen, das mindestens die Gleichwertigkeit mit einer „herkömmlichen" Kunden-Identifizierung gewährleistet. Für biometrische Identifizierungsverfahren bestimmt zB der öst. Gesetzgeber, dass nur Lichtbildausweise verwendet werden dürfen, deren Inhalt von der ausstellenden Behörde elektronisch signiert wurde.

6. Exkurs: Videoidentifizierung. Bereits seit langem etabliert ist die Kunden- und UBO-Identifizierung über Video-Identifikation. Nicht nur technik-affine FinTechs und CASPs, sondern auch viele „traditionelle" Fi-

---
[7] Vgl. Drobesch/Droschl-Enzi in Droschl-Enzi (Hrsg.), 35.

Geldwäscherichtlinie Art. 13 Geldwäscherichtlinie idF RL 2018/843

nanzinstitute setzen auf diese meist von Dienstleistern im Wege des Outsourcing abgewickelte Form der Identifizierung.

Typicherweise erfolgt Die Videoidentifizierung über eine Videokonferenz in Anwesenheit eines Bankmitarbeiters oder eines Mitarbeiters des Outsourcing -Providers.

Je nach nationaler Umsetzungsgesetzgebung unterliegt die Video-Identifizierung bestimmten Sicherheitsmaßnahmen. Im Wesentlichen sind folgende Anforderungen an eine solche Art der Identifizierung zu legen[8]: Der Mitarbeiter muss sich überzeugen, dass der Kunde auch tatsächlich persönlich anwesend ist. Der öst. Gesetzgeber sieht bspw. vor, dass der Kunde auf Anfrage seinen Kopf bewegen und die Seriennummer seines amtlichen Lichtbildausweises oder eine vom Verpflichteten nach dem Zufallsprinzip generierte Zeichen- oder Wortfolge von mindestens vier Zeichen angeben muss.

Die Echtheit des amtlichen Lichtbildausweises ist zu prüfen: Dies erfolgt durch visuelle Überprüfung des Vorhandenseins der optischen Sicherheitsmerkmale, einschließlich bewegungsoptischer (holografischer) oder gleichwertiger Sicherheitsmerkmale, die auf Verlangen deutlich sichtbar sein müssen, in dem der Kunde auf Nachfrage den amtlichen Lichtbildausweis horizontal und vertikal kippen muss.

Das Gespräch oder der Teil des Gesprächs, der der Online-Identifizierung dient, wird in seiner Gesamtheit akustisch aufgezeichnet. Zusätzlich sind Bildschirmkopien anzufertigen, die unter geeigneten Belichtungsbedingungen Folgendes aus der Online-Identifizierung grafisch darstellen: in jedem Fall das Gesicht des potenziellen Kunden oder der natürlichen Person des potenziellen Kunden, die zu seiner Vertretung befugt ist und die Vorder- sowie Rückseite des amtlichen Lichtbildausweises.

15 **7. Outsourcing.** Die Heranziehung von Outsourcing-Dienstleistern ist üblich und zulässig. Die Auslagerung darf (i) die ordnungsgemäße Erfüllung der Verpflichtungen nach den anwendbaren Anti-Geldwäscherei-Gesetzen, (ii) etwaige Führungs- oder Kontrollmöglichkeiten der Geschäftsleitung des Verpflichteten und (iii) die Aufsicht durch die Aufsichtsbehörde nicht beeinträchtigen. In der Praxis bedeutet dies insbesondere, dass Aufzeichnungen und andere Dokumente, die im Zusammenhang mit der Identifizierung erstellt werden, direkt und umfassend vom Dienstleister an den Verpflichteten übermittelt werden müssten.

Der Verpflichtete bleibt trotz Auslagerung letztverantwortlich für die Erfüllung der Sorgfaltspflichten. dh Verstöße gegen KYC-Pflichten durch den Dienstleister werden dem Verpflichteten zugerechnet. Die Outsourcing-Vereinbarung muss den für den Kunden geltenden rechtlichen Anforderungen (falls vorhanden) entsprechen, was von Fall zu Fall zu prüfen ist.

16 Der Dienstleister muss für die Erfüllung der KYC-Aufgaben geeignet sein. Die Eignung wird vom Verpflichteten hinsichtlich der Zuverlässigkeit des Systems zur Überprüfung der Identität des Endnutzers (einschließlich der manuellen Kontrollen) und der Angemessenheit und Einhaltung der Maßnahmen zur Erfüllung der KYC-Verpflichtung geprüft. Während des Vertragsverhältnisses ist dies auch stichprobenartig laufend zu überprüfen.

17 Der Dienstleister kann im Ausland ansässig sein. Dritte mit Sitz im Ausland, die KYC-Dienstleistungen für einen in der EU ansässigen Verpflichteten

---

[8] Vgl. Online-Identifikationsverordnung der öster. FMA, BGBl. Nr. II/2/2017 idgF.

erbringen, müssen alle KYC-Verpflichtungen in Übereinstimmung mit den Bestimmungen der GW-RL und den Umsetzungsgesetzen, denen der auslagernde Verpflichtete unterliegt, erfüllen. Die Eignung von Personen und Unternehmen mit Sitz im Ausland, insbesondere deren Fähigkeit zur Anwendung EU-rechtlicher Rechtsvorschriften, ist von den Verpflichteten besonders intensiv zu prüfen und zu dokumentieren.

Die Funktion des MLO (→ GW-RL Art. 8 Rn. [13] ff.) kann an sich ebenfalls ausgelagert werden. Zum Teil fordern aber nationale Regulatoren (wie die öst. FMA), dass in diesen Fällen zumindest ein „fachkundiger Mitarbeiter" im Unternehmen des Verpflichteten selbst für die Themen AML Und KYC verantwortlich bleibt[9]. **18**

8. Zu berücksichtigende Variablen. Im Rahmen der Erfüllung der Sorgfaltspflichten ggü. Kunden haben die Verpflichteten die in Anhang I der GW-RL genannten variablen bei ihrer Risikobewertung zu berücksichtigen. Diese Variablen sind: **19**

- Zweck der Geschäftsbeziehung;
- Höhe der vom Kunden eingezahlten oder transferierten Vermögenswerte;
- Umfang der vom Kunden getätigten Transaktionen;
- Regelmäßigkeit von Transaktionen; und
- Dauer der Geschäftsbeziehung.

---

[9] Vgl. FMA Rundschreiben Interne Organisation, 49.

Sachverzeichnis

Die fetten Zahlen bezeichnen die Artikel, die mageren die Randnummern.

Abschreckung 111 MiCAR 2
Abstimmungspflicht der zuständigen Behörden 95 MiCAR 17
Abwicklung 74 MiCAR 1 ff.; 76 MiCAR 21
Abwicklungsdisziplin
– Anwendbarkeit, Verschiebung der 17 DLT-PR 1 ff.
– bei DLT-Marktinfrastrukturen 5 DLT-PR 19 ff.
Ad-hoc-Publizität 30 MiCAR 15
Änderung des Kryptowerte-Whitepaper und Marketingmitteilungen 25 MiCAR 4, 5
Änderung von Kryptowerte-Whitepaper und Marketingmitteilungen 12 MiCAR
Äquivalenzverfahren 60 MiCAR 10
AGB 26 MiCAR 18; 75 MiCAR 21 f.
Agenten 11 E-GeldRL 14 f.
Airdrop Einf. C. I. 176 f., 184, 186, 208
Algorithmischer Handel 17 MiFID II 6 f.
Amtliche Währung 3 MiCAR 65 ff.
– Virtuelle Währung 3 MiCAR 70
– Währung von Drittstaaten 3 MiCAR 71
Amtshilfe, Ersuchen um 95 MiCAR 14 ff.
– Ablehnungsgründe 95 MiCAR 16
– Ermessen bei der Wahl der Durchführungsmodalität 95 MiCAR 15
– Prüfungsrecht der ersuchten Behörde 95 MiCAR 10
– Reaktionsmöglichkeiten 95 MiCAR 15
– Zuständigkeit der EBA im Streitfall 95 MiCAR 21
– Zuständigkeit der ESMA im Streitfall 95 MiCAR 20
An- und Verkauf Einf. C. I. 181
Anbieter 3 MiCAR 114 f.
– Anbieter von Kryptowerte-Dienstleistungen 3 MiCAR 118 ff.; 22 MiCAR 11; 59 MiCAR 17 ff.
– Signifikante Anbieter *s. dort*
– Unterschied Emittent 3 MiCAR 87, 89
– Verzinsungsverbot 50 MiCAR 7 f.

Angemessenheitsprüfung 25 MiFID II 11 ff.
Anhörungsrecht gegenüber der EBA 134, 135 MiCAR 4, 32 ff.
Anlegerschutz 19 MiCAR 3; 27 MiCAR 3
Annahme von Aufträgen 80 MiCAR 2 ff.
Anonymisierungsfunktion 76 MiCAR 12
Anschaffungskosten Einf. C. I. 186, 203
Anspruchsberechtigung 26 MiCAR 5
– -gegner 26 MiCAR 7, 17
Antragsdossier 20 MiCAR 13
Anwendungsbereich 81 MiCAR 9 f.; 142 MiCAR 4 f.
Anzeigepflicht 8 MiCAR 6
– des interessierten Erwerbers 41 MiCAR 5 f.
– des Veräußerers 41 MiCAR 7
Arbeitstage 8 MiCAR 11; 10 MiCAR 7
Aufbewahrungspflicht 76 MiCAR 23
Aufgabenübertragung durch EBA 138 MiCAR 2 ff.
– Abstimmungsprozess 138 MiCAR 28 ff.
– Anwendungsbereich 138 MiCAR 13 ff.
– Aufsichtskollegium 138 MiCAR 17
– Erforderlichkeit 138 MiCAR 14 f.
– Konsultierung NCA 138 MiCAR 26 ff.
– Kostenerstattung 138 MiCAR 34 ff.
– Letztverantwortung 138 MiCAR 46
– Stellungnahme 138 MiCAR 17 f.
– Überprüfung 138 MiCAR 38 ff.
– Übertragungsbeschluss 138 MiCAR 31
– Übertragungsverbot 138 MiCAR 24
– Umfang 138 MiCAR 19 ff.
– Widerruf 138 MiCAR 38 ff.
Aufklärungspflichten 24 MiFID II 11
Auflagen 25 MiCAR 16
Aufnahmemitgliedstaat 3 MiCAR 182 ff.

1447

Sachverzeichnis

fette Zahlen = Paragraphen

Aufsichts- und Untersuchungsbefugnisse der zuständigen Behörden 94 MiCAR 7
– Abstimmungspflicht **95 MiCAR** 17
– Aufsichtsbefugnisse (MiFID II) **69 MiFID II** 2 ff.
– Aussageverweigerungsrecht **94 MiCAR** 20
– Ausstattung der Behörden **94 MiCAR** 17
– Ausübungsmodalitäten **94 MiCAR** 12 f.
– Auswahlermessen **94 MiCAR** 15
– Bestimmtheitsgebot **94 MiCAR** 19
– Generalklauseln **94 MiCAR** 7
– Grundrechtseingriffe durch Befugnisausübung **94 MiCAR** 10
– Koordination **95 MiCAR** 18 f.
– Maßnahmeadressaten **94 MiCAR** 8
– Maßnahmenspektrum **94 MiCAR** 7
– mittelbare Befugnisausübung **94 MiCAR** 16
– Richtervorbehalte **94 MiCAR** 14
– Sicherstellungspflicht der Mitgliedstaaten **94 MiCAR** 17
– Sperrwirkung, Entfaltung keiner **94 MiCAR** 12
– Tatbestandswirkung von Entscheidungen **94 MiCAR** 12
– Umsetzung in nationales Recht **94 MiCAR** 24
– unmittelbare Ausführung durch Behörde **94 MiCAR** 16
– Verhältnismäßigkeitsgrundsatz **94 MiCAR** 19
Aufsichtsgebühren an die EBA 137 MiCAR 2 ff.
– Bemessungsgrundsätze **137 MiCAR** 11 ff.
– delegierte Verordnung **137 MiCAR** 26 ff.
– Fälligkeit **137 MiCAR** 22 ff.
– Gebührenhöhe **137 MiCAR** 11 ff.
– Gebührentatbestände **137 MiCAR** 8 ff.
– Kostendeckungsprinzip **137 MiCAR** 10, 12
– Verhältnismäßigkeit **137 MiCAR** 19
– Verpflichtete **137 MiCAR** 8 ff.
– Verzugszinsen **137 MiCAR** 25
– Zahlung **137 MiCAR** 22 ff.
Aufsichtsmaßnahmen 130 MiCAR 9 ff.
Aufsichtspraxis, einheitliche 97 MiCAR 3 ff.
Auftragsbuch 76 MiCAR 9
Aufzeichnungspflicht 68 MiCAR 26

Ausführung von Aufträgen 78 MiCAR 2 ff.
– Ausführung außerhalb einer Handelsplattform **78 MiCAR** 10
– bestmögliche Ausführung **78 MiCAR** 6
– Initial Exchange Offering **78 MiCAR** 5
– Sekundärmarkttransaktionen **78 MiCAR** 5
Ausgabebeschränkungen 23 MiCAR 5
Aushändigung 75 MiCAR 26 f.
(versteckte) Auskunftspflicht 119 MiCAR 14
Auskunftsverweigerungsrecht 122 MiCAR 19; **123 MiCAR** 22; **124 MiCAR** 19
Auslagerung 73 MiCAR 1 ff.
– Auslagerungsstrategie **73 MiCAR** 15
– Auslagerungsvertrag **73 MiCAR** 16
Auslobungsmodell Einf. B. I. 111
Ausnahmebestimmungen für DLT-Marktinfrastrukturen Vor 4–6 DLT-PR 1 ff.
– Anforderungen bei Inanspruchnahme **Vor 4–6 DLT-PR** 7 ff.
– DLT-MTF **4 DLT-PR** 13 ff.; *s. auch dort*
– DLT-SS **5 DLT-PR** 10 ff.; *s. auch dort*
– DLT-TSS **6 DLT-PR** 17 ff.; *s. auch dort*
– Einbuchung in den Effektengiro **Vor 4–6 DLT-PR** 17 f.
– Leitlinien **4 DLT-PR** 34; **5 DLT-PR** 54
– Systematik **Vor 4–6 DLT-PR** 1 ff.
Ausschuss der EBA für Kryptowerte 118 MiCAR 6 ff.
außerordentliche Sitzung (Kollegien) 120 MiCAR 7
Auswahlermessen 111 MiCAR 27; **112 MiCAR** 3; **122 MiCAR** 6, 8; **123 MiCAR** 7, 11; **124 MiCAR** 7, 11
Autonomer Token Einf. B. I. 81, 88, 89

Backup 76 MiCAR 23
BaFin (Deutschland) 67 MiFID II 3, 8
– Benennung als zuständige Behörde **93 MiCAR** 11
– Ergänzungsmaßnahmen, zulässige **103 MiCAR** 25
Bagatellgrenze 16 MiCAR 10
Bankaufsichtsrecht 35 MiCAR 5

magere Zahlen = Randnummern

Sachverzeichnis

befristetes Angebot 10 MiCAR 7; **13 MiCAR** 19
Befugnisse der EBA 117 MiCAR 9 ff., 13
Begründungserfordernis 113 MiCAR 4
Behörde, zuständige 67 MiFID II 2 ff.; **79–81 MiFID II** 2
– Änderung **93 MiCAR** 8
– Aufsichts- und Untersuchungsbefugnisse **94 MiCAR** 7 ff.
– BaFin **93 MiCAR** 11
– Benennung **93 MiCAR** 7
– Festlegung der Anzahl **93 MiCAR** 9
– Kooperation im horizontalen Verhältnis **95 MiCAR** 4, 5
– Kooperation im vertikalen Verhältnis **95 MiCAR** 5
– Kooperationspflicht **95 MiCAR** 6 ff.
– Legaldefinition **93 MiCAR** 6
– Liste **93 MiCAR** 10
– Mindestausstattung an Befugnissen **94 MiCAR** 3, 6
– Mitteilung **93 MiCAR** 8
– Sektorale Kooperationspflicht **98 MiCAR** 4
– Zusammenarbeit **95 MiCAR** 3
Behördenzusammenarbeit 112 MiCAR 8
behördliche Genehmigung 8 MiCAR 6 ff.; **12 MiCAR** 9
Bekanntmachung, öffentliche 114 MiCAR 2 ff.
Benachrichtigung
– der ESMA **17 MiCAR** 21
– der Zentralbanken **17 MiCAR** 15
Beratung zu Kryptowerten 81 MiCAR 2 ff.
Bereicherungsrecht Einf. B. I. 149
Bericht der EK 81 MiCAR 63 ff.; **140 MiCAR** 2 ff.
– Abschlussbericht **140 MiCAR** 4, 12, 18; **141 MiCAR** 7, 19
– Anhörung **140 MiCAR** 12 ff.
– Frist **140 MiCAR** 18 f.
– Inhalt **140 MiCAR** 24 ff.
– Pflichten **140 MiCAR** 12 ff.
– Umfang **140 MiCAR** 22, 29; **141 MiCAR** 21
– Veröffentlichung **140 MiCAR** 21
– Zwischenbericht **140 MiCAR** 4, 13, 18 f.
Bericht Entwicklungen bei Kryptowerten 142 MiCAR 2 ff.
– Anhörung **142 MiCAR** 10
– Frist **142 MiCAR** 12

– Gesetzgebungsvorschlag *siehe* Legislativvorschlag
– Inhalt **142 MiCAR** 3 f., 14 ff.
– Legislativvorschlag **142 MiCAR** 3, 11
– Pflichten **142 MiCAR** 9 ff.
– Umfang **142 MiCAR** 14 ff.
– Veröffentlichung **142 MiCAR** 13
Berichterstattungspflicht 22 MiCAR 5, 17
Berichtsmöglichkeit 76 MiCAR 23
Berufsgeheimnis 100 MiCAR 3 ff.
– Ausnahmen **100 MiCAR** 10, 11, 12
– Berufsgeheimnisträger, Pflichten der **100 MiCAR** 13, 14
– Gleichwertige Garantien **107 MiCAR** 8
– Grundrechtlicher Schutz **100 MiCAR** 3
– Informationsverwendung für Gerichtsverfahren **100 MiCAR** 12
– Informationsverwendung für steuer- oder strafrechtliche Fälle **100 MiCAR** 2, 12
– Schutzgegenstand **100 MiCAR** 6, 7, 8
– Verbots- und Erlaubnistatbestände **100 MiCAR** 4
– Verpflichtete **100 MiCAR** 4 f., 13
Beschreibung des Geschäftsmodells 17 MiCAR 8
Beschwerde 108 MiCAR 1 ff.
– Bearbeitung **31 MiCAR** 7 ff.; **108 MiCAR** 6
– Beschwerdeverfahren, Pflicht zur Einrichtung durch zuständige Behörden **108 MiCAR** 4
– Einreichung **108 MiCAR** 5
– subjektives Recht auf **108 MiCAR** 6
Beschwerdebefugnis 31 MiCAR 10
Beschwerdeeinrichtungspflicht 71 MiCAR 5
Beschwerdemanagement 31 MiCAR 3
Beschwerdeverfahren 27 MiCAR 13; **31 MiCAR** 5 ff.
Besitzschutz Einf. B. I. 148
Besondere Genehmigung für DLT-Marktinfrastrukturen Vor DLT-PR 14 ff.; **8–10 DLT-PR** 1 ff.
– Änderungen **8–10 DLT-PR** 35
– Befristung **8–10 DLT-PR** 31
– Entzug **Vor DLT-PR** 25; **8–10 DLT-PR** 32 ff.

1449

Sachverzeichnis

fette Zahlen = Paragraphen

– Erteilung, Anspruch auf **Vor DLT-PR** 19; **8–10 DLT-PR** 28
– Rechtswirkungen **Vor DLT-PR** 19 ff.; **8–10 DLT-PR** 29 ff.
– Verfahren **Vor DLT-PR** 18 ff.; **8–10 DLT-PR** 14 ff.
Bestimmtheitsgrundsatz 132 MiCAR 25
Bestmögliche Ausführung 78 MiCAR 6, 11
Betreiber der Handelsplattform 5 MiCAR 8; **76 MiCAR** 2 ff.
Betriebseinnahmen Einf. C. I. 171, 176
Betriebsvermögen Einf. C. I. 171, 176, 180 f., 188
Betriebsvorschriften 76 MiCAR 10
Better Regulation-Initiative 140 MiCAR 5 ff.
Beweislast 15 MiCAR 14
Beweispflicht 26 MiCAR 13, 19
Beweisverwertungsverbot 123 MiCAR 23; **124 MiCAR** 20
Bewertung Einf. C. I. 176
Binnenmarkt 140 MiCAR 9
Binnenmarkt-Schutzklausel 102 MiCAR 3
Bitcoin 3 MiCAR 8
– Emittent **3 MiCAR** 86
– Wert **3 MiCAR** 23, 26 f.
Blockchain 3 MiCAR 6 ff.; **16 MiFID II** 11, 17
Börse siehe geregelter Markt
Bußgeldleitlinien 112 MiCAR 4

Call-to-Action 75 MiCAR 23 ff.
Change Output Einf. C. I. 180
(Informations-)Schnittstelle 127 MiCAR 3 f.
Clearingpflicht 16 DLT-PR 1 f.
Closed-Loop-E-Geld-Token 2 E-GeldRL 21
Closed-Loop-Systeme 2 E-GeldRL 17 f.
Compliance 32 MiCAR 4; **34 MiCAR** 4, 10 ff.
Comply or explain 106 MiCAR 5
Contracts for Difference 2 MAR 6
Currency-Token Einf. C. I. 174, 201; **2 ProspektVO** 8

Datenbank, zentrale 115 MiCAR 5
Datenschutz 101 MiCAR 1 ff.
Datensicherheit 16 MiFID II 14
Dauer der Antragsprüfung 20 MiCAR 3

Delegierte Rechtsakte 103 MiCAR 8; **105 MiCAR** 10; **139 MiCAR** 5 ff.
– Dauer der Befugnisübertragung **139 MiCAR** 25 ff.
– in der MiCAR **139 MiCAR** 10 ff.
– Kontrolle der Kommission **139 MiCAR** 28 ff.
– primärrechtliche Basis **139 MiCAR** 5 ff.
– Verfahren **139 MiCAR** 25 ff.
Delegierungsmöglichkeit Stimmrecht (Kollegien) 120 MiCAR 8
Dezentralität Vor 3 MiCAR 7 f.
Dienstleistungsfreiheit 34–38 MiFID II 2 ff.
Direkter Zugang 44 ff. MiFID II 53
Distributed-Ledger-Technologie 3 MiCAR 6 ff.
– ähnliche Technologie **3 MiCAR** 15 ff.
– DLT-Netzwerkknoten **3 MiCAR** 8
– permissioned **5 DLT-PR** 24; **7 DLT-PR** 10, 14, 16
– permissionless **5 DLT-PR** 24; **7 DLT-PR** 3, 10, 14, 16, 43
DLT Abwicklungssystem s. DLT-SS
DLT Handels- und Abwicklungssystem s. DLT-MTF
DLT-Finanzinstrument 2 DLT-PR 15; **18 DLT-PR** 7 ff.
– Aktien **3 DLT-PR** 3
– Anteile an OGAW **3 DLT-PR** 6
– Beschränkungen **3 DLT-PR** 3 ff.
– Geldmarktinstrumente **3 DLT-PR** 4 f.
– Schuldtitel **3 DLT-PR** 4 f.
DLT-Marktinfrastrukturen Vor DLT-PR 12; **2 DLT-PR** 8
– Anforderungen, allgemeine **7 DLT-PR** 1 ff.
– Ausnahmebestimmungen s. dort
– Beaufsichtigung, Zuständigkeit für die **12–13 DLT-PR** 4 ff.
– Besondere Genehmigung s. dort
– Betreiber **8–10 DLT-PR** 6 ff.
– DLT-MTF s. dort
– DLT-SS s. dort
– DLT-TSS s. dort
– Dokumentationspflichten **7 DLT-PR** 7 ff.
– Geschäftsplan **7 DLT-PR** 7 ff.
– Informationspflichten **7 DLT-PR** 13 f.
– IT- und Cyberstrukturen **7 DLT-PR** 18 ff.
– Kundenvermögen **7 DLT-PR** 24 ff.
– neue Marktteilnehmer **8–10 DLT-PR** 10 ff.

1450

magere Zahlen = Randnummern

Sachverzeichnis

- rechtliche Bedingungen **7 DLT-PR** 9 ff.
- Technologieneutralität **7 DLT-PR** 5, 16
- Übergangsstrategie **7 DLT-PR** 50 ff.
- Zusammenarbeit mit Behörden **Vor DLT-PR** 26; **1 DLT-PR** 17; **11 DLT-PR** 4 ff.

DLT-MTF
- Anforderungen, aufsichtsrechtliche **4 DLT-PR** 11 f.
- Ausnahmen **4 DLT-PR** 13 ff.
- Bedeutung **4 DLT-PR** 6 f.
- Betreiber **8–10 DLT-PR** 6 ff.
- Definition **2 DLT-PR** 9
- Einsatz der DLT **4 DLT-PR** 8 f.
- transaction reporting **4 DLT-PR** 25 ff.
- Zugang **4 DLT-PR** 14 ff.

DLT-Pilotregelung Vor DLT-PR 1 ff.; **Vor MiFID II** 21 ff.; 18–20 **MiFID II** 4 f.
- Anwendungsbereich **Vor DLT-PR** 7 ff.
- Ausnahmebestimmungen *s. dort*
- Befristung **Vor DLT-PR** 27; 14–15 **DLT-PR** 7 f.
- Besondere Genehmigung *s. dort*
- DLT-Finanzinstrumente *s. dort*
- DLT-Marktinfrastrukturen *s. dort*
- EWR **19 DLT-PR** 3 f.
- Inkrafttreten **19 DLT-PR** 1 ff.
- Sandbox **Vor DLT-PR** 6
- Vollzugsgesetze, nationale **12–13 DLT-PR** 8 ff.
- Ziel **Vor DLT-PR** 4

DLT-SS
- Abwicklungsdisziplin **5 DLT-PR** 19 ff.
- Anforderungen, aufsichtsrechtliche **5 DLT-PR** 9
- Auslagerung **5 DLT-PR** 23 ff.
- Ausnahmen **5 DLT-PR** 10 ff.
- Bedeutung **5 DLT-PR** 5 f.
- Betreiber **8–10 DLT-PR** 6 ff.
- book entry form **5 DLT-PR** 12 ff.; **18 DLT-PR** 8
- cash settlement **5 DLT-PR** 46 ff.
- CBDC **5 DLT-PR** 48
- CSD-Links **5 DLT-PR** 50 ff.
- Definition **2 DLT-PR** 10 f.
- Depotkonten **5 DLT-PR** 12 ff.
- Finalität **5 DLT-PR** 40 ff.
- Wertpapierrecht, Schnittstelle zum **5 DLT-PR** 7 f.
- Wohlverhaltensregeln **5 DLT-PR** 36 ff.
- Zugang **5 DLT-PR** 27 ff.

DLT-TSS
- Anforderungen, aufsichtsrechtliche **6 DLT-PR** 9 ff.
- Ausnahmen **6 DLT-PR** 17 ff.
- Bedeutung **6 DLT-PR** 5 ff.
- Betreiber **6 DLT-PR** 9 ff.; **8–10 DLT-PR** 6 ff.
- Definition **2 DLT-PR** 14

Dokumentationspflicht 31 MiCAR 9

Doppelbestrafungsverbot 111 MiCAR 29; **112 MiCAR** 6

DORA 10 MiCAR 10; **14 MiCAR** 12; **16 MiFID II** 5

Drittländer 107 MiCAR 1 ff.

Due Diligence 76 MiCAR 11

Duldungs- und Mitwirkungspflicht 123 MiCAR 19, 21, 23; **124 MiCAR** 14, 16, 18, 20

Durchführungsrechtsakte 139 MiCAR 15 ff.

Durchschnittlicher E-Geld-Umlauf 2 E-GeldRL 26

(Doppel-)Beaufsichtigung; Quasi-Doppelbeaufsichtigung 117 MiCAR 4 f., 11 f.

EBA
- Informationsrechte gegenüber mitgliedstaatlichen Behörden **96 MiCAR** 7
- Schlichtungsverfahren **102 MiCAR** 11
- Stellungnahme zur Einstufung von Kryptowerten **97 MiCAR** 7
- Zusammenarbeit mit **95 MiCAR** 3; **96 MiCAR** 5

Effektengiro
- Verpflichtende Einbuchung **Vor DLT-PR** 9; **Vor 4–6 DLT-PR** 17 f.; **4 DLT-PR** 7; **5 DLT-PR** 6

E-Geld 3 MiCAR 203; **2 E-GeldRL** 10 ff., 22
- Abgrenzung zu E-Geld-Token **2 E-GeldRL** 19 f.
- Akzepzanz durch Dritte **2 E-GeldRL** 17
- Ausgabe zum Nennwert **11 E-GeldRL** 4
- Ausstellung gegen Zahlung **2 E-GeldRL** 13
- Bestimmung für Zahlungsvorgänge **2 E-GeldRL** 16
- Content Provider **2 E-GeldRL** 13
- Distributoren **11 E-GeldRL** 14 f.
- Elektronische Speicherung **2 E-GeldRL** 15

1451

Sachverzeichnis

fette Zahlen = Paragraphen

- Entgelt beim Rücktausch **11 E-GeldRL** 6
- Forderung an den Emittenten **2 E-GeldRL** 12
- gratis ausgestellte Guthaben **2 E-GeldRL** 14
- Loyalitätspunkte **2 E-GeldRL** 14
- Monetärer Wert **2 E-GeldRL** 11
- Rücktausch bei/nach Vertragsablauf **11 E-GeldRL** 13
- Rücktausch vor Vertragsablauf **11 E-GeldRL** 12
- Rücktausch zum Nennwert **11 E-GeldRL** 2
- Vertrieb **3 E-GeldRL** 14
- Verzinsungsverbot **12 E-GeldRL** 6 ff.

E-Geld Token 3 MiCAR 60 ff.; **2** ; **3 ProspektVO** 5, 8; **2 E-GeldRL** 19 f., 22
- Abgrenzung **48 MiCAR** 12, 16
- Anwendbares Recht **48 MiCAR** 38 ff., 47
- Anwendungsbereich **48 MiCAR** 5 ff., 17 ff.; **49 MiCAR** 3; **50 MiCAR** 3; **55 MiCAR** 5; **56 MiCAR** 4; **58 MiCAR** 7
- Ausgabe **49 MiCAR** 5 ff.
- Berichterstattung **58 MiCAR** 6 f.
- Definition **48 MiCAR** 9, 13 ff.
- EDM2-Regeln **54 MiCAR** 6
- E-Geld-Institut **58 MiCAR** 5
- Erwerb **48 MiCAR** 15
- Forderungsrecht **3 MiCAR** 61 ff.
- Funktion **48 MiCAR** 36 f.
- Hybrides Produkt **48 MiCAR** 4
- Rechtsbeziehungen **48 MiCAR** 41 ff.
- Rechtsnatur **48 MiCAR** 2, 34 f.
- Referenzwert **3 MiCAR** 63
- Rücktauschbarkeit **49 MiCAR** 8 ff.; **55 MiCAR** 2, 4
- Sanierungsplan **55 MiCAR** 4 f.
- Settlement **5 DLT-PR** 48 f.
- Sicherungsanforderung **49 MiCAR** 13; **54 MiCAR** 6
- Signifikantesiehe *siehe* signifikante E-Geld-Token
- Sonderregeln **54 MiCAR** 4 f.
- Stabilisierungsmechanismus **48 MiCAR** 10
- Vermögenswertreserven **55 MiCAR** 2
- Verwahrung **7 DLT-PR** 27
- Verzinsungsverbot **50 MiCAR** 6
- Wertstabilität **48 MiCAR** 11
- Zielsetzung **49 MiCAR** 8
- Zusatzpflichten Emittenten **58 MiCAR** 2, 5

E-Geld-Emittent 2 E-GeldRL 23 ff.
- Sicherungsverpflichtung **2 E-GeldRL** 25

E-Geld-Institut 3 MiCAR 202; **48 MiCAR** 23; **58 MiCAR** 3; **60 MiCAR** 21, 22; **2 E-GeldRL** 6 ff.
- Ausgabe von E-Geld-Token **2 E-GeldRL** 6, 9
- formeller Institutsbegriff **2 E-GeldRL** 6
- Inhaberkontrollverfahren **3 E-GeldRL** 13
- materieller Institutsbegriff **2 E-GeldRL** 6
- Meldepflicht **3 E-GeldRL** 12
- Zahlungsdiensterichtlinie **3 E-GeldRL** 7 ff.

ehrliches, redliches und professionelles Handeln 14 MiCAR 5 ff.
Eigene Rechnung 76 MiCAR 14
Eigenmittel 67 MiCAR 6, 18
Eigenmittelanforderungen 35 MiCAR 4 ff.
- Begriff **35 MiCAR** 9
- Berechnung **35 MiCAR** 8 f.
- risikospezifische Anpassung **35 MiCAR** 10 f.

Eigentümerkontrollverfahren
- Anbieter von Kryptowerte-Dienstleistungen **83 MiCAR** 1 ff.
- Anzeigepflichten **41 MiCAR** 5 ff.; **83 MiCAR** 15 ff., 21
- Einspruch durch die Behörde **42 MiCAR** 6; **83 MiCAR** 20
- Emittenten von ART **41 MiCAR** 1 ff.
- Erforderliche Informationen **42 MiCAR** 7; **84 MiCAR** 5 ff.
- Fristenlauf **83 MiCAR** 18
- Gemeinsame Leitlinien **83 MiCAR** 4, 12
- Inhaltliche Kriterien für die Bewertung **42 MiCAR** 5; **84 MiCAR** 9 ff.
- Qualifizierte Beteiligung **3 MiCAR** 187 ff.; **83 MiCAR** 6 ff.
- Verfahren **42 MiCAR** 8 ff.; **83 MiCAR** 18 ff.
- Verstöße **83 MiCAR** 22

Eigentumsschutz 70 MiCAR 4
Eignungsprüfung 81 MiCAR 12 ff.; **25 MiFID II** 6 ff.
- Berichtspflicht **81 MiCAR** 63 ff.
- Beurteilung der Eignung **81 MiCAR** 21 ff.
- Geeignetheitserklärung **81 MiCAR** 66 ff.
- Informationseinholung **81 MiCAR** 15 ff.

magere Zahlen = Randnummern

Sachverzeichnis

– Risikobereitschaft **81 MiCAR** 19 f.
– Strategien und Verfahren zur Informationserhebung **81 MiCAR** 55 ff.
– Verbot der Dienstleistungserbringung **81 MiCAR** 61 f.
Eingriffsbefugnisse, unmittelbar anwendbare 102 MiCAR 4
– Anwendungsbereich **102 MiCAR** 4
– Verhältnis zu Maßnahmen der ESMA oder EBA **102 MiCAR** 5
Einlage 3 MiCAR 223 ff.
EIOPA
– Stellungnahme zur Einstufung von Kryptowerten **97 MiCAR** 7
Emissionsverfahren bei Kreditinstituten 17 MiCAR 2
Emissionszertifikat
– Definition **3 MAR** 7
Emittent 3 MiCAR 82 ff.; **5 MiCAR** 5; **6 MiCAR** 9; **48 MiCAR** 20 ff.
– Antragstellender Emittent **3 MiCAR** 91 ff.
– Ausschluss **48 MiCAR** 24 ff., 27 ff., 29 ff.
– Bitcoin **3 MiCAR** 86
– Delegationsbefugnis **48 MiCAR** 31
– Kryptowerte-Whitepaper **51 MiCAR** 9
– Marketingmitteilungen **53 MiCAR** 4
– Pflichten **48 MiCAR** 32; **49 MiCAR** 14; **58 MiCAR** 6 f.
– Rücktauschanspruch **55 MiCAR** 3
– Sicherungsanforderung **54 MiCAR** 3, 5
– Signifikante E-Geld-Token **56 MiCAR** 5
– Unterschied Anbieter **3 MiCAR** 87, 89
– vermögenswertereferenzierter Token, Prüfungsinhalt bei Übernahme **42 MiCAR** 5 ff.
– vermögenswertereferenzierter Token, Übernahme **41 MiCAR** 5 ff.
– Zulassungsverfahren **48 MiCAR** 21
– Zusatzpflichten **58 MiCAR** 2
Energiegroßhandelsprodukte
– Definition **3 MAR** 7
Enge Verbindungen 3 MiCAR 170 f.
Entscheidung über den Zulassungsantrag 21 MiCAR 7
Entscheidungsentwurf
– Erstellung **20 MiCAR** 10
– Weiterleitung **20 MiCAR** 13
Entscheidungsverfahren der EBA 134, 135 MiCAR 2 f., 30 ff.

Entschließungsermessen 122 MiCAR 6, 8; **123 MiCAR** 7, 11; **124 MiCAR** 7
Entstehungsgeschichte 27 MiCAR 5; **28 MiCAR** 2; **29 MiCAR** 2 f.; **31 MiCAR** 2 f.; **32 MiCAR** 2 ff.; **33 MiCAR** 2 ff.; **34 MiCAR** 2 ff.; **35 MiCAR** 2 ff.
Entwürfe für technische Regulierungsstandards 118 MiCAR 16; **119 MiCAR** 18, 20 f.; **120 MiCAR** 20; **126 MiCAR** 7
Entziehung der Zulassung 25 MiCAR 14; **64 MiCAR** 5, 7 ff.
Entzugsgründe 24 MiCAR 5
Erforderlichkeitskriterium 122 MiCAR 6, 10; **123 MiCAR** 8; **124 MiCAR** 6, 8; **125 MiCAR** 6; **127 MiCAR** 9, 11
Erkenntnisverfahren Einf. B. I. 153
Erlaubnisvorbehalt 59 MiCAR 9
Erwerb Einf. B. I. 140
ESA
– Begriff **97 MiCAR** 4
– Beteiligung an Tertiärrechtsetzung **95 MiCAR** 22
– Entwicklung neuer praktischer Hilfsmittel und Instrumente zur Erhöhung der Konvergenz **97 MiCAR** 6
– Entwicklung von Leitlinien **97 MiCAR** 4
– Förderung einheitlicher Aufsichtspraxis **97 MiCAR** 5
– Jahresbericht **97 MiCAR** 7
ESG-Angaben 66 MiCAR 24
ESMA
– Befugnisse zur vorübergehenden Intervention **103 MiCAR** 1 ff.; *siehe auch* Intervention, Befugnisse der ESMA zur vorübergehenden
– „ESMA/EBA-Zuständigkeitsproblematik" **117 MiCAR** 2, 6; **118 MiCAR** 2, 16; **119 MiCAR** 6 ff.; **121 MiCAR** 2; **122 MiCAR** 2; **123 MiCAR** 2; **124 MiCAR** 2; **125 MiCAR** 2; **126 MiCAR** 2; **127 MiCAR** 2; **128 MiCAR** 2; **129 MiCAR** 2
– Informationsrechte gegenüber mitgliedstaatlichen Behörden **96 MiCAR** 7
– Rolle **103 MiCAR** 10
– Schlichtungsverfahren **102 MiCAR** 11
– Stellungnahme zur Einstufung von Kryptowerten **97 MiCAR** 7
– Zusammenarbeit mit **95 MiCAR** 3; **96 MiCAR** 5

1453

Sachverzeichnis

fette Zahlen = Paragraphen

ESMA-Jahresbericht 115 MiCAR 3
EU Listing Act 87 MiCAR 3; 88 MiCAR 4
EU-Listing Act 3 ProspektVO 9; 2 MAR 2
Europäischer Pass 11 MiCAR 5; 65 MiCAR 2, 4; 34–38 MiFID II 2 ff.
Extraterriorialität 2 MAR 12

Fachliche Eignung;Persönliche Anforderungen;Zuverlässigkeit 68 MiCAR 3 ff.
Fahrlässigkeit 15 MiCAR 19
Fairnessgebot 19 MiCAR 7
Finalität
– DLT-Abwicklungssysteme 5 DLT-PR 40 ff.
Finanzinstrument 3 MiCAR 219 ff.; 67 MiFID II 4; MiFID II Anhang I 8 ff.
– Definition 3 MAR 7
– Definition, Anpassung der 2 DLT-PR 16; 18 DLT-PR 1 ff.
– DLT-Finanzinstrument s. dort
Finanzkrise ab 2007, 2008 94 MiCAR 3; 96 MiCAR 3
Finanzmarktaufsicht, in Teilen zentralisierte 96 MiCAR 3
Finanzmarktdigitalisierungsgesetz (FinmadiG) 4 MiCAR 45 f.; 5 MiCAR 16; 12 MiCAR 18; 111 MiCAR 31; 114 MiCAR 4
Fit & Proper 69 MiCAR 2
Fixe Gemeinkosten 67 MiCAR 13–16
FMA (Österreich) 67 MiFID II 3, 8
förmliche (allgemeine) Prüfungen – Beschluss//Prüfungsbeschlüsse 124 MiCAR 7, 13 f., 17 ff.
förmliche (allgemeine) Untersuchungen – Beschluss//Untersuchungsbeschlüsse 123 MiCAR 16, 20 ff.; 124 MiCAR 7, 14
Forging Einf. C. I. 176

Gebühren 76 MiCAR 22
Geeignetheitserklärung 81 MiCAR 66 ff.
Geeignetheitsprüfung 81 MiCAR 3 ff, 12 ff.
Gefährdungshaftung 15 MiCAR 18
Gefahr für die Finanzstabilität
– Zahlungssysteme und geldpolitische signifikanter, vermögenswertreferenzierter Token 23 MiCAR 4
– Zahlungssysteme und geldpolitische Transmission 20 MiCAR 4, 17; 21 MiCAR 11

Gefahren 16 MiCAR 3
– für die Finanzstabilität, Zahlungssysteme und geldpolitische Transmission 16 MiCAR 4
Geldbetrag 3 MiCAR 116 f.
Geldbußen 111 MiCAR 2, 6, 20, 23; 130 MiCAR 11, 22; 131 MiCAR 2 ff.; 133 MiCAR 2 ff.; 134, 135 MiCAR 39 f.
– Bemessungsgrundsätze 131 MiCAR 36 ff.
– Beteiligungsrechte 131 MiCAR 22
– Doppelbestrafungsverbot 131 MiCAR 54
– Entschließungsermessen 131 MiCAR 11; 133 MiCAR 50 ff.
– Höhe 131 MiCAR 36 ff.
– Konkurrenzen 131 MiCAR 52 ff.
– Kosten-Nutzen-Kalkül 131 MiCAR 7, 38
– Kriterienkatalog 131 MiCAR 45 ff.
– Rechtsnatur 133 MiCAR 31 ff.
– Unter- und Obergrenzen 131 MiCAR 40 ff.
– Verhältnismäßigkeit 131 MiCAR 38, 50
– Verjährung 131 MiCAR 57 ff.
– Veröffentlichung 133 MiCAR 6 ff.
 – Ausschlussgründe 133 MiCAR 17 ff.
 – Bekanntmachungsmedium 133 MiCAR 22 ff.
 – Frist 133 MiCAR 27
 – Inhalt 133 MiCAR 28 ff.
 – naming and shaming 133 MiCAR 10
 – personenbezogene Daten 133 MiCAR 13 ff.
 – Unverhältnismäßigkeit 133 MiCAR 21
 – Ziele 133 MiCAR 11 f.
– Vollstreckung 133 MiCAR 33 ff.
 – dualistische Struktur 133 MiCAR 34, 41
 – Verjährung 133 MiCAR 42 ff.
 – Vollstreckungserklärung siehe Vollstreckungsklausel
 – Vollstreckungsklausel 133 MiCAR 36, 39 ff.
– Voraussetzungen für die Verhängung 131 MiCAR 19 ff.
– Ziele 131 MiCAR 6 ff.
– Zurechenbarkeit 131 MiCAR 13 ff.
– Zuweisung 133 MiCAR 46 ff.
Geltung der MiCAR 143 MiCAR 3; 149 MiCAR 7 ff.
Genehmigungspflicht 19 MiCAR 4

magere Zahlen = Randnummern

Sachverzeichnis

Geregelter Markt 44 ff. MiFID II 7 ff.
– Aussetzung/Ausschluss vom Handel **44 ff. MiFID II** 45 ff.
– Definition **3 MAR** 7
– DLT-Finanzinstrumente **44 ff. MiFID II** 12 f.
– DLT-Pilotregime **44 ff. MiFID II** 13, 25, 36 f., 55
– EKV **44 ff. MiFID II** 24 ff.
– Konzessionsentzug **44 ff. MiFID II** 11, 14
– Krypto-Assets **44 ff. MiFID II** 15, 33, 53
– Leitungsorgan **44 ff. MiFID II** 20 ff.
– MiCAR **44 ff. MiFID II** 15, 16 ff., 23, 29 f., 32 f., 39 ff., 48 ff., 56
– Organisatorische Anforderungen **44 ff. MiFID II** 27 ff.
– Zugang zum geregelten Markt **44 ff. MiFID II** 52 ff.
– Zulassung zum Handel **44 ff. MiFID II** 34 ff.
– Zulassung/Konzession **44 ff. MiFID II** 10 f.
gerichtliche Genehmigung 123 MiCAR 16; **124 MiCAR** 24; **127 MiCAR** 9, 12, 14; **128 MiCAR** 14 f.
gerichtliche Zuständigkeit 15 MiCAR 28
Geschäftsführungssitz und -ort 59 MiCAR 31 ff.
Geschäftsleiter 33 MiCAR 5
Geschäftsleiter, Anforderungen 34 MiCAR 8 f.
Geschäftsorganisation 34 MiCAR 7
Gesetzesvorschlag *siehe* Legislativvorschlag
Gewerbliche Tätigkeit Einf. C. I. 181; **Vor 3 MiCAR** 5 f.
Gleichbehandlung 14 MiCAR 13; **27 MiCAR** 4, 9, 24 ff.

Haftung 75 MiCAR 30 f.
– Marktwert **75 MiCAR** 30
– Schadenersatzansprüche **75 MiCAR** 30
Haftungsadressaten 15 MiCAR 9 ff.
Haftungsbegründende Kausalität 15 MiCAR 15; **26 MiCAR** 13
Haftungskonkurrenz 26 MiCAR 22
Haftungslücken 15 MiCAR 26
Handelsplätze 2 MAR 6 ff.
Handlungsformen der EBA 130 MiCAR 9 ff.
– Befugnisse **130 MiCAR** 20 ff.
– Beschluss **130 MiCAR** 14 ff.

Hard Fork Einf. C. I. 177, 185, 208
Herkunftslandprinzip 102 MiCAR 3, 7
Herkunftsmitgliedstaat 3 MiCAR 173 ff.
Herstellungskosten Einf. C. I. 203
Hinweisgeberschutz 94 MiCAR 21 ff.; **116 MiCAR** 1
– für Berufsgeheimnisträger **94 MiCAR** 21
– Haftungsfreistellung **94 MiCAR** 21
– unmittelbare Anwendbarkeit **94 MiCAR** 22

ICO Einf. C. I. 184, 201, 203
Inanspruchnahme anderer Dienstleister 75 MiCAR 32
Individualschutz 27 MiCAR 2
Informationsaustausch 96 MiCAR 6; **119 MiCAR** 14 ff.; **120 MiCAR** 6; **125 MiCAR** 5 ff.; **126 MiCAR** 5 ff.; **127 MiCAR** 5; **129 MiCAR** 6
Informationsbeschaffung 94 MiCAR 7
Informationserhebung 69 MiFID II 9
Informationsersuchen 122 MiCAR 5 ff.; **123 MiCAR** 7, 9, 13 ff., 17; **124 MiCAR** 7 ff., 14
– Beschluss **122 MiCAR** 15 ff.; **123 MiCAR** 4, 7, 17, 22 f.; **124 MiCAR** 7, 14, 20
– einfach **122 MiCAR** 11 ff., 18 ff.; **123 MiCAR** 7, 17; **124 MiCAR** 7, 14
– Vorlagegegenstand **122 MiCAR** 9 ff.
Informationskatalog 18 MiCAR 7
Informationspflicht 78 MiCAR 8; **81 MiCAR** 2 ff.
– Ausführung außerhalb einer Handelsplattform **78 MiCAR** 10
– besondere Informationen bei Beratung **81 MiCAR** 24 ff.
– Interessenkonflikte **81 MiCAR** 25 ff.
– Kostenaufklärung **81 MiCAR** 37 ff.
– proaktive der zuständigen Behörden **95 MiCAR** 12
– wesentliche Änderungen **78 MiCAR** 11
Informationspflichtverletzung 15 MiCAR 12; **26 MiCAR** 8
Informationssicherheit *s.* Datensicherheit
Informationsvermittlung 29 MiCAR 4
Ingame-Währung *s.* Virtuelles Spielgeld

1455

Sachverzeichnis

fette Zahlen = Paragraphen

Inhaber eines Haftungsanspruchs
15 MiCAR 8
Inhaberkontrollverfahren s. Eigentümerkontrollverfahren
Initiativmonopol 140 MiCAR 29
Inkrafttreten der MiCAR
143 MiCAR 3; 149 MiCAR 4 f.
Insidergeschäft
– Definition 89 MiCAR 7 ff.
– Front Running 89 MiCAR 7
Insiderhandel 111 MiCAR 23
Insiderhandelsverbot 89 MiCAR 7 ff.
– Anwendungsbereich
  – persönlicher 89 MiCAR 4 f.
  – sachlicher 89 MiCAR 6
– Durchführungsbestimmungen im KMAG 89 MiCAR 14
– Empfehlungs- und Verleitungsverbot 89 MiCAR 11
– Entstehung 89 MiCAR 3
– Insidergeschäft 89 MiCAR 7 ff., 10
– Nutzungsverbot 89 MiCAR 13
– Primärinsider 89 MiCAR 4
– Sekundärinsider 89 MiCAR 5
– Spector-Vermutung 89 MiCAR 9, 11
– Tippempfänger-Haftung 89 MiCAR 13
Insiderinformation
– Aufschub der Offenlegung
  – Bedingungen 88 MiCAR 11
  – Offenlegungspflicht 88 MiCAR 12
– Begriff 87 MiCAR 4 ff.
– Beispiele 87 MiCAR 4
– Bezugsobjekt 87 MiCAR 4 ff.
– Drittbezug 87 MiCAR 6
– Durchführungsbestimmungen im KMAG 87 MiCAR 13
– Kenntnis 89 MiCAR 8
– Kurserheblichkeit 87 MiCAR 11 f.
– Kursspezifität 87 MiCAR 9
– Need-to-know-Prinzip 90 MiCAR 6
– nicht öffentliche 87 MiCAR 7
– Offenlegung, rechtmäßige 90 MiCAR 6
– Offenlegungsinteresse 90 MiCAR 6
– Offenlegungspflicht 88 MiCAR 5 ff.
  – Adressaten 88 MiCAR 5
  – Durchführungsbestimmungen im KMAG 88 MiCAR 15
  – Durchführungsstandards, technische (ITS) 88 MiCAR 13 f.
  – Entstehung 88 MiCAR 3
  – Form 88 MiCAR 8 f.
  – Umfang 88 MiCAR 6 f.
  – Vermarktungsverbot 88 MiCAR 9
  – Zeitpunkt 88 MiCAR 10

– Offenlegungsverbot
  – Adressaten 90 MiCAR 3
  – Durchführungsbestimmungen im KMAG 90 MiCAR 8
  – Entstehung 90 MiCAR 2
  – Handlungen, verbotene 90 MiCAR 4 f.
  – präzise 87 MiCAR
  – Verfügen über 89 MiCAR 8
  – Weitergabe 90 MiCAR 5, 7
  – zeitlich gestreckte Vorgänge 87 MiCAR 10
Insiderrecht 30 MiCAR 7
Insolvenz Einf. B. I. 167; 75 MiCAR 29
Interessenkonflikt 14 MiCAR 9 ff.; 32 MiCAR 7 ff.; 72 MiCAR 5 ff.; 79 MiCAR 10
Interessewahrungspflicht
27 MiCAR 4, 7, 12, 19–21; 32 MiCAR 9
Internes Kontrollsystem
16 MiFID II 12 f.
Intervention, Befugnisse der ESMA zur vorübergehenden
103 MiCAR 1 ff.; 104 MiCAR 1 f.
– Als Reservekompetenz 103 MiCAR 10
– Aufsichtsarbitrage 103 MiCAR 12
– Befristung der Maßnahmen 103 MiCAR 17
– Beschwerdeberechtigung 103 MiCAR 24
– Beschwerdefrist 103 MiCAR 24
– Beschwerdeverfahren 103 MiCAR 24
– Ergänzungsmaßnahmen der BaFin 103 MiCAR 25
– Geltungsdauer der Maßnahmen 103 MiCAR 17 ff.
– Höchstfrist 103 MiCAR 20
– Interventionsanlässe 103 MiCAR 8
– Nachfolgende Maßnahmen der zuständigen Behörden 103 MiCAR 22
– Nebenbestimmungen zum Verbot 103 MiCAR 6
– Nichtigkeitsklage 103 MiCAR 24
– Rechtsfolge des Verbots oder der Beschränkung bestimmter Tätigkeiten 103 MiCAR 5
– Rechtsschutzfragen 103 MiCAR 23 f.
– Überprüfung der Maßnahmen 103 MiCAR 18
– Untätigkeitsklage 103 MiCAR 24
– Verfahrensfragen 103 MiCAR 14 ff.
– Verfahrensgrundsätze 103 MiCAR 11
– Verhältnis zu anderen Befugnissen 103 MiCAR 4

magere Zahlen = Randnummern

– Verhältnis zu Maßnahmen der zuständigen Behörden **103 MiCAR** 4, 21
– Verlängerung der Maßnahmen **103 MiCAR** 19
– Voraussetzungen **103 MiCAR** 7 ff.
Invitatio ad Offerendum 2 Prospekt-VO 7
Irreführungsschutz 59 MiCAR 48 ff.
IT-Sicherheit
– bei DLT-Marktinfrastrukturen **7 DLT-PR** 18 ff.

Jahresbericht der ESA 97 MiCAR 9
Jahresbericht über Marktentwicklungen 141 MiCAR 2 ff.
– Frist **141 MiCAR** 14
– Inhalt **141 MiCAR** 16 ff.
– Pflichten **141 MiCAR** 9 ff.
– Umfang **141 MiCAR** 5, 22
– Veröffentlichung **141 MiCAR** 6, 15
– Zusammenarbeit **141 MiCAR** 10 ff.
juristische Person 4 MiCAR 7 ff.; **5 MiCAR** 6
Justiz-, Strafverfolgungs- oder Strafjustizbehörden 95 MiCAR 3, 7

Kauf Einf. B. I. 119; **76 MiCAR** 4 ff.
Kenntnisse Berater 81 MiCAR 49 ff.
Kettenemission 4 MiCAR 18
Klassifizierung Vor 3 MiCAR 2 ff.
Kleinanleger 3 MiCAR 190 f.; **10 MiCAR** 11; **31 MiCAR** 4
Kleinstemissionen 4 MiCAR 19 f.
KMU-Wachstumsmarkt
– Definition **3 MAR** 7
Know your customer 27 MiCAR 17
Kollegien für Emittenten signifikanter vermögenswertreferenzierter Token und Emittenten signifikanter E-Geld-Token 119 MiCAR 6 ff.; **120 MiCAR** 5 ff.; **123 MiCAR** 24, 26; **124 MiCAR** 12, 13; **128 MiCAR** 6 f.; **129 MiCAR** 6 f.
Kommunikation 27 MiCAR 22; **29 MiCAR** 4
Kompetenzen Berater 81 MiCAR 49 ff.
Konliktvermeidung 32 MiCAR 9
Konsensmechanismus 66 MiCAR 25 ff.
– Definition **Einf.** 39; **3 MiCAR** 12; **2 DLT-PR** 6
– vertragliche Vereinbarungen **7 DLT-PR** 10
Konsultationspflicht 63 MiCAR 24 ff.

Sachverzeichnis

Kooperationsbereitschaft 119 MiCAR 13; **125 MiCAR** 9; **129 MiCAR** 7
Kooperationspflicht der zuständigen Behörden 95 MiCAR 6 ff.
– Ablehnungsgründe **95 MiCAR** 9
– Abstimmungspflicht **95 MiCAR** 17
– Amtshilfe **95 MiCAR** 6, 14 ff.
– horizontale Kooperationspflicht **95 MiCAR** 6, 8
– Informationsaustausch **95 MiCAR** 6, 8
– Mit Drittländern **107 MiCAR** 7
– proaktive Informationspflicht **95 MiCAR** 12
– Prüfungen und Untersuchungen vor Ort **95 MiCAR** 13
– Prüfungsrecht, kein **95 MiCAR** 10
– Sektorale Kooperationspflicht **98 MiCAR** 4
– Unverzügliche Erfüllung von Informationsersuchen, Pflicht zur **95 MiCAR** 11
– vertikale Kooperationspflicht **95 MiCAR** 6; **96 MiCAR** 1 ff.
– Zusammenarbeit bei Untersuchungs-, Aufsichts- und Durchsetzungstätigkeit **95 MiCAR** 6, 8
Koordination von Prüfungs- oder Untersuchungsmaßnahmen durch ESMA oder EBA 95 MiCAR 18
Koordinierung mit der ESMA oder der EBA 106 MiCAR 1 ff.
– Comply or explain **106 MiCAR** 5
– Information über eine geplante Produktintervention als Ausgangspunkt **106 MiCAR** 4
– Stellungnahme der ESMA bzw. EBA **106 MiCAR** 4
– Zwecke **106 MiCAR** 3
Kostenaufklärung 81 MiCAR 37 ff.
kostenloses Angebot 4 MiCAR 28 f.
Kreditausfall-Swaps 2 MAR 6
Kreditinstitut 3 MiCAR 162 f.; **60 MiCAR** 13, 14
Kritische Tätigkeiten 74 MiCAR 7, 8
Krypto-Dienstleistungen 3 MiCAR 122
– Anbieter **3 MiCAR** 118 ff.
– Annahme von Aufträgen **3 MiCAR** 145 f.
– Ausführung von Aufträgen **3 MiCAR** 137 ff.
– Beratung **3 MiCAR** 147 ff.
– Betrieb einer Handelsplattform **3 MiCAR** 128 ff.

1457

Sachverzeichnis

fette Zahlen = Paragraphen

- Kauf von Kryptowerten **3 MiCAR** 133 ff.
- Platzierung **3 MiCAR** 140 ff.
- Portfolioverwaltung **3 MiCAR** 153 ff.
- Tausch von Kryptowerten **3 MiCAR** 133 ff.
- Transferdienstleistungen **3 MiCAR** 156 ff.
- Übermittlung von Aufträgen **3 MiCAR** 145 f.
- Verwahrung und Verwaltung **3 MiCAR** 123 ff.

Kryptomärkteaufsichtsgesetz 48 MiCAR 48; **49 MiCAR** 15; **50 MiCAR** 14; **51 MiCAR** 41; **53 MiCAR** 13; **58 MiCAR** 8

Kryptowert 3 MiCAR 14 ff.
- Digitale Darstellung **3 MiCAR** 22
- Elektronische Übertrag- und Speicherbarkeit **3 MiCAR** 19 ff.
- Recht **3 MiCAR** 28 ff.
  - Erlöschen **3 MiCAR** 31
  - Finanzinstrument iSd MiFID II **3 MiCAR** 32
- Verwendung von DLT oder ähnlicher Technologie **3 MiCAR** 15 ff.
- Wert **3 MiCAR** 23 ff.
  - Bitcoin **3 MiCAR** 23, 26 f.
  - Virtuelle Währung **3 MiCAR** 24

Kryptowerte-Dienstleister 4 MiCAR 40 ff.; **10 MiCAR** 9; **27 MiCAR** 8; **32 MiCAR** 6; **34 MiCAR** 5

Kryptowerte-Whitepaper 4 MiCAR 10, 26; **6 MiCAR**; **15 MiCAR**; **17 MiCAR** 6; **19 MiCAR** 6; **51 MiCAR** 2 ff.
- Aktualisierungspflicht **51 MiCAR** 37 f.
- Anwendungsbereich **51 MiCAR** 5, 20; **52 MiCAR** 3
- Aufforderung zur Änderung von **94 MiCAR** 7
- Beweislast **52 MiCAR** 11
- Erstellung **51 MiCAR** 6 ff., 26 f., 34
- ESMA-Register **51 MiCAR** 35
- Exklusivitätsverhältnis **52 MiCAR** 16
- Form **51 MiCAR** 25, 33
- Haftung **51 MiCAR** 40; **52 MiCAR** 2, 4 f., 12
- Hinweispflicht **51 MiCAR** 28 ff.
- Information Overload **51 MiCAR** 23
- Inhalt **19 MiCAR** 6
- Konformitätserklärung **51 MiCAR** 31
- Pflichtverletzung **52 MiCAR** 7 f.

- ProspektVO **51 MiCAR** 8, 28, 31; **52 MiCAR** 10
- Redlich, eindeutig, nicht irreführend **51 MiCAR** 14 ff.
- Regulierungsstandards **51 MiCAR** 39
- Schadensersatzanspruch **52 MiCAR** 5 ff.
- Schadensrecht **52 MiCAR** 14
- Sprache **51 MiCAR** 32
- Systematik **51 MiCAR** 3
- Übermittlung **51 MiCAR** 35
- Umfang **51 MiCAR** 22 f.
- Verjährung **52 MiCAR** 13
- Veröffentlichung **51 MiCAR** 36
- Voraussetzungen **51 MiCAR** 10 ff., 20 ff., 26 f.
- Warnhinweis **51 MiCAR** 24
- Zusammenfassung **19 MiCAR** 11
- Zuständigkeit **51 MiCAR** 9, 40
- Zweck **51 MiCAR** 4, 7

Kryptowertpapierregisterführung 5 DLT-PR 8; **12–13 DLT-PR** 8

Kunde 3 MiCAR 195 f.

Kundenbeschwerdeverfahren 71 MiCAR 2 ff.

Kundenveranlassung 61 MiCAR 11 ff.

Kundenvermögen
- Haftung bei Verlust **75 MiCAR** 30 f.; **7 DLT-PR** 37 ff.
- Schutz **70 MiCAR** 1 ff.; **7 DLT-PR** 24 ff.
- Trennung **70 MiCAR** 9 f.; **7 DLT-PR** 34 ff.; **75 DLT-PR** 28 f.
- Verwahrung durch DLT-Marktinfrastrukturen **7 DLT-PR** 24 ff.

Kurs 77 MiCAR 7 ff.

Kursdifferenzschaden 15 MiCAR 21

Lamfalussy-Verfahren 139 MiCAR 13

Laufzeit des öffentlichen Angebots 4 MiCAR 43

Legislativvorschlag 140 MiCAR 3 f., 7, 15 ff.

Leitbild 6 MiCAR 8

Leitlinien 139 MiCAR 19
- zur Eignungsbewertung **21 MiCAR** 10

Leitungsorgan 3 MiCAR 160 f.; **33 MiCAR** 6 ff.; **69 MiCAR** 4 ff.

Lending Einf. C. I. 177, 184, 199

Leumund 68 MiCAR 8

level playing field 140 MiCAR 9, 17; **142 MiCAR** 7

Level playing field, Schaffung eines 94 MiCAR 3

magere Zahlen = Randnummern

Sachverzeichnis

Level-2-Rechtsakte 139 MiCAR 14, 17
Level-3-Rechtsakte 139 MiCAR 21
Loyalitätspflicht, allgemeine 95 MiCAR 5

Market Maker 17 MiFID II 13; **44 ff. MiFID II** 33
Marketing 79 MiCAR 5 f.
Marketingmitteilungen 4 MiCAR 10; **7 MiCAR; 29 MiCAR** 5 ff.
– Abgrenzung **53 MiCAR** 6
– Begriff **29 MiCAR** 7; **53 MiCAR** 5
– Bezug zu Angebot bzw. Zulassung **29 MiCAR** 8
– Bezug zum Whitepaper **29 MiCAR** 12 ff.
– Erkennbarkeit **29 MiCAR** 10
– Genehmigungsfreiheit **29 MiCAR** 18
– Gesetzliche Grundlagen **53 MiCAR** 2 f.
– Haftungsrecht **53 MiCAR** 11
– Verbreitungsverbot **53 MiCAR** 10
– Vergleich zum Prospektrecht **29 MiCAR** 5
– Veröffentlichung **29 MiCAR** 16 f.
– Veröffentlichungspflicht **53 MiCAR** 8 f.
– Voraussetzungen **53 MiCAR** 7
Marketingmitteilungen, Aufforderung zur Änderung von 94 MiCAR 7
Marketingmitteilungen, Haftungstatbestand 7 MiCAR 17
Marktbetreiber 60 MiCAR 25
– Betrieb einer DLT-Marktinfrastruktur **8–10 DLT-PR** 6 ff.
Marktmanipulation
– Abusive Squeeze **91 MiCAR** 12
– Begriff **91 MiCAR** 6
– Beispiele **91 MiCAR** 11 ff.
– handelsgestützte **91 MiCAR** 6 ff.
– informationsgestützte **91 MiCAR** 6, 10
– Scalping **91 MiCAR** 14
Marktmanipulationsverbot
– Anwendungsbereich
  – persönlicher **91 MiCAR** 4
  – räumlicher **91 MiCAR** 5
  – sachlicher **91 MiCAR** 5
– Durchführungsbestimmungen im KMAG **91 MiCAR** 16
– Entstehung **91 MiCAR** 2
– Handlungen, verbotene **91 MiCAR** 6 ff.
– Journalistenprivileg **91 MiCAR** 10
– Täuschung **91 MiCAR** 15

– Voraussetzungen, subjektive **91 MiCAR** 15
– Zweck **91 MiCAR** 2
Marktmissbrauch 76 MiCAR 19; **111 MiCAR** 15, 23
– abschließende Regelung, keine **94 MiCAR** 13
– Vorbeugung und Aufdeckung **92 MiCAR** 4 ff.
– zusätzliche Befugnisse zur Verhinderung von **94 MiCAR** 4
Marktmissbrauchsvorschriften
– Abgrenzung zur MAR **86 MiCAR** 3
– Anwendungsbereich **86 MiCAR** 4
– Durchführungsbestimmungen im KMAG **86 MiCAR** 11
– Entstehung **86 MiCAR** 5
– Geltungsbereich
  – persönlicher **86 MiCAR** 10
  – räumlicher **86 MiCAR** 9
  – sachlicher **86 MiCAR** 6 ff.
– Leitlinien **92 MiCAR** 10
– Organisations- und Meldepflichten **92 MiCAR** 4 ff.
– Regulierungsstandards, technische (RTS) **92 MiCAR** 8 f.
– Übermittlungspflicht **92 MiCAR** 7
– Vorbeugung und Aufdeckung
– Durchführungsbestimmunge n im KMAG **92 MiCAR** 11
– Zielsetzung **86 MiCAR** 2
Marktsondierung 7 MiCAR 9
maschinenlesbares Format 6 MiCAR 20; **9 MiCAR** 6
Maßnahmen, andere verwaltungsrechtliche 111 MiCAR 6
Maßnahmen, vorsorgliche 102 MiCAR 1 ff.
– Befugnis des Aufnahmemitgliedstaats zur Durchführung **102 MiCAR** 8
– Benachrichtigung der zuständigen Behörde und der ESMA oder EBA **102 MiCAR** 7
– Geltung des nationalen Verfahrensrechts **102 MiCAR** 10
– Pflicht zur Vorabinformation **102 MiCAR** 9
– Schlichtungsverfahren der ESMA oder EBA **102 MiCAR** 11
– Voraussetzungen **102 MiCAR** 6, 8
Meldepflichten 115 MiCAR 2 ff.
Meldepflichten, anlassbezogene 115 MiCAR 4
Meldepflichten, periodische 115 MiCAR 3
mengenmäßige Begrenzung 24 MiCAR 7

1459

Sachverzeichnis

fette Zahlen = Paragraphen

MiCAR Einf. B. I. 79, 80
- Entstehung 48 MiCAR 3
- Kryptowerte-Whitepaper
51 MiCAR 2; 52 MiCAR 15
MiFID II vs MiCAR
44 ff. MiFID II 2 ff.
Mindestharmonisierung
94 MiCAR 6
Mindestinhalt 75 MiCAR 9
Mindestsanktionen/-befugnisse
111 MiCAR 16 ff.
Mindeststückelung 24 MiCAR 7
Mindestvertragsinhalt
79 MiCAR 7 ff.
Mining Einf. C. I. 176, 192, 201;
4 MiCAR 30
Missbrauchsverbot 80 MiCAR 7
Mitglieder der Verwaltungs-, Leitungs- und Aufsichtsorgane
15 MiCAR 10
Mitgliedstaaten, Verfahrensautonomie der 93 MiCAR 3, 9
Mitwirkungsverweigerungsrecht
129 MiCAR 7
MTF s. Multilaterales Handelssystem
Multilaterales DLT-Handelssystem
s. DLT-MTF
Multilaterales Handelssystem 18–20 MiFID II 8 ff.
- Definition 3 MAR 7

Nachhaltigkeitsindikatoren
6 MiCAR 11
Nachhaltigkeitspräferenzen
25 MiFID II 9
Nachweis 78 MiCAR 9
naming and shaming 114 MiCAR 2
Ne bis in idem 95 MiCAR 9
negative Stellungnahme
21 MiCAR 11
Nemo-tenetur-Grundsatz
111 MiCAR 28
Nennwert 11 E-GeldRL 4 f.
Nennwertprinzip 11 E-GeldRL 14
NFTs Einf. C. I. 174
Nichtdiskriminierende Geschäftspolitik 77 MiCAR 5 f.
Nichtigkeitsklage 122 MiCAR 14, 17; 123 MiCAR 19, 23; 124 MiCAR 16, 20; 128 MiCAR 15; 136 MiCAR 16 ff.
Nießbrauch Einf. B. I. 139
Non-Fungible Token/NFT
3 MiCAR 33 ff.; 2 ProspektVO 8
- Serie oder Sammlung 3 MiCAR 36
- Teilanteile 3 MiCAR 37 f.

Normzweck 28 MiCAR 3;
30 MiCAR 4
Notfallplanung 16 MiFID II 16 f.
Notifikationsverfahren
64 MiCAR 21; 65 MiCAR 8 ff.

objektiver Sorgfaltspflichtverstoß
15 MiCAR 18
öffentliche Zugänglichkeit
9 MiCAR 4 ff.
Öffentliches Angebot
3 MiCAR 93 ff.; 48 MiCAR 8
- Abgrenzung Marketingmitteilung
3 MiCAR 105 f.
- Anzahl der Personen 3 MiCAR 100 f.
- Ausnahmen 3 MiCAR 110 ff.
- Ausrichtung 3 MiCAR 107 f.
- Disclaimer 3 MiCAR 109
- Marktort 3 MiCAR 107 f.
- Mitteilung 3 MiCAR 102 ff.
- Vergleich Prospektrecht
3 MiCAR 95 ff.
Öffentlichkeit 69 MiFID II 16
Offenlegungspflicht 72 MiCAR 13 ff.;
s. Transparenzpflicht
OGAW-Verwaltungsgesellschaft
3 MiCAR 218; 60 MiCAR 23, 24
Online-Schnittstelle 3 MiCAR 192 ff.
Organisationspflicht 27 MiCAR 1, 6, 14
Organisatorische Anforderungen
- Algorithmischer Handel
17 MiFID II 10 ff.
- DEA-Bereitsteller 17 MiFID II 15 ff.
- Market Making 17 MiFID II 13
- Multilaterales Handelssystem 18–20 MiFID II 5, 11 ff.
- Unterschiede MiCAR/MiFID
16 MiFID II 6 f.; 18–20 MiFID II 6
- Wertpapierfirmen 16 MiFID II 8 ff.

Passporting 16 MiCAR 12, 13;
65 MiCAR 2 ff.; s. Europäischer Pass
- DLT-Marktinfrastrukturen 8–10 DLT-PR 30
Payment Token s. Currency Token
Personelle Eignung 62 MiCAR 15 ff.
Personenbezogene Daten
3 MiCAR 204 ff.; 4 MiCAR 28
Personenhandelsgesellschaften
4 MiCAR 8
Personenverschiedenheit
4 MiCAR 5
Pflicht zu ehrlichem Handeln
27 MiCAR 16
Pflicht zu professionellem Handeln
27 MiCAR 18

magere Zahlen = Randnummern

Sachverzeichnis

Pflicht zu redlichem Handeln 27 MiCAR 17
Platzierung 79 MiCAR 2 ff.
Portfolioverwaltung 81 MiCAR 2 ff.
Positionsaufstellung 75 MiCAR 23 ff.
Positionsregister 75 MiCAR 10
private enforcement 14 MiCAR 16 f.
Private Key Einf. C. I. 175
Private Vermögensverwaltung Einf. C. I. 181 f.
Privatrecht Einf. B. I. 78
Privatvermögen Einf. C. I. 171, 177, 182 ff., 188
Produktintervention der zuständigen Behörden 105 MiCAR 1 ff.
– Anspruch auf Einschreiten 105 MiCAR 23
– Befugnisnorm, unmittelbar anwendbare 105 MiCAR 4
– Dauerhaftigkeit der Maßnahmen 105 MiCAR 7
– Eilkompetenz 105 MiCAR 17
– Ergänzungsmaßnahmen der BaFin 105 MiCAR 24
– Geltung nationalen Verwaltungsverfahrensrechts 105 MiCAR 20
– Geltungsdauer der Maßnahmen 105 MiCAR 19
– Grenze der Nichtdiskriminierung 105 MiCAR 14
– Informationspflicht 105 MiCAR 15
– Maßnahmen, vorläufige dringende 105 MiCAR 17
– Nebenbestimmungen 105 MiCAR 8
– Ordnungsgemäße Anhörung 105 MiCAR 13
– Rechtsschutz 105 MiCAR 21 f.
– Reichweite der Maßnahmen 105 MiCAR 6
– Rückwirkende Inkraftsetzung, keine 105 MiCAR 18
– Stellungnahme der ESMA bzw. EBA 105 MiCAR 16
– Verfahrensablauf 105 MiCAR 15 ff.
– Verhältnismäßigkeitsprüfung 105 MiCAR 12
– Veröffentlichung der Maßnahmen 105 MiCAR 18
– Voraussetzungen 105 MiCAR 9 ff.
– Wartefrist, einmonatige 105 MiCAR 17
– Widerruf 105 MiCAR 19
– Zweck 205 MiCAR 3
Prospektpflicht 3 ProspektVO 4 ff.
– Ausnahme von 3 ProspektVO 6
– Billigungsverfahren 3 ProspektVO 5
– EU-Listing Act 3 ProspektVO 9

– Kryptowerte-Whitepaper 3 Prospekt-VO 4, 7
– Wertpapierinformationsblatt 3 ProspektVO 6
Provisionsverbot 81 MiCAR 30 ff.
– geringfügige, nichtmonetäre Vorteile 81 MiCAR 33 ff.
– Portfolioverwaltung 81 MiCAR 41 ff.
– unabhängige Beratung 81 MiCAR 28 ff.
– zulässige Vorteilsannahme 81 MiCAR 45 ff.
Prozessualer Schutz Einf. B. I. 152
Prüfung des Zulassungsantrags 20 MiCAR 9
Prüfung, unabhängige 34 MiCAR 14
Prüfungen vor Ort 121 MiCAR 5; 123 MiCAR 10, 25; 124 MiCAR 6 ff.; 125 MiCAR 5
– Prüfungs- bzw. Untersuchungszweck (Prüfungen vor Ort) 124 MiCAR 7, 9
Publizität
– anlassbezogene 30 MiCAR 13 ff.
– laufende 30 MiCAR 2, 8 ff.

Qualifizierte Beteiligung 3 MiCAR 187 ff.; 68 MiCAR 13
Qualifizierter Anleger 3 MiCAR 165 f.; 4 MiCAR 21 ff.

Realakt Einf. B. I. 123
Rechtsausübung 75 MiCAR 18 ff.
– AGB 75 MiCAR 21 f.
Rechts(-anwalts-)privileg 121 MiCAR 6; 123 MiCAR 12; 124 MiCAR 19; 125 MiCAR 6
Rechtsfolgen 26 MiCAR 16
Rechtsgutachten 17 MiCAR 9; 18 MiCAR 7, 8
Rechtsmittel, Gewährleistung von 113 MiCAR 2
Rechtsschutz Einf. B. I. 143
Rechtsschutz nach der EBA-VO 136 MiCAR 10 ff.
Rechtsweg 113 MiCAR 5
Referenzierter Token Einf. B. I. 81, 90
Referenzwert
– Definition 3 MAR 7
Regulierungsgefälle MiCAR/MiFID 16 MiFID II 6 f.; 18–20 MiFID II 6; 24 MiFID II 7
Regulierungsstandards 31 MiCAR 12; 32 MiCAR 14; 35 MiCAR 13

1461

Sachverzeichnis

fette Zahlen = Paragraphen

Reservevermögen 27 MiCAR 8;
30 MiCAR 8; **32 MiCAR** 8;
36 MiCAR 6
– vertragliche Vereinbarungen zur Verwahrung **37 MiCAR** 12
– Verwahrstelle **37 MiCAR** 13 ff.
– Verwahrstrategie **37 MiCAR** 6 ff.
Resilienz 76 MiCAR 18
Restitution 111 MiCAR 7
Reverse Solicitation 61 MiCAR 2 ff.
Revisionsklausel *siehe* Überprüfungsklausel
Richtervorbehalte 94 MiCAR 14
Risiko
– Aus Kryptowerten **16 MiFID II** 11, 17; **24 MiFID II** 13
Risikohinweis 81 MiCAR 53 ff.
Risikomanagement 34 MiCAR 13
Rückabwicklungsschaden
15 MiCAR 21
Rücktauschentgelt 11 E-GeldRL 6 f.
Rücktauschplan 47 MiCAR 5 ff.
– Erstellung und Aufrechterhaltung **47 MiCAR** 5 ff.
– Inhalt **47 MiCAR** 8 f.
Rücktauschrecht 29 MiCAR 15; **39 MiCAR** 5 ff.; **11 E-GeldRL** 3
– Anspruchsgegner **39 MiCAR** 5
– Anspruchsinhalt **39 MiCAR** 8
– Anspruchsvoraussetzungen **39 MiCAR** 6 f.

Sachbezug Einf. C. I. 179
Sachenrechtliche Konstruktion Einf. B. I. 99
Sanierungsplan
– Aktivierung **46 MiCAR** 11 ff.
– Inhalt **46 MiCAR** 5 ff.
– Sanierungs- und Rücktauschplan **55 MiCAR** 4 f.
– Mitteilungspflicht **55 MiCAR** 5
– Sanierungsplan **46 MiCAR** 5 ff.
– Übermittlung **46 MiCAR** 8 ff.
Sanktionen
– strafrechtliche **95 MiCAR** 7; **111 MiCAR** 7
– verwaltungsrechtliche **111 MiCAR** 6, 26
Schaden 26 MiCAR 16
Schadensersatz Einf. B. I. 151
schlichte (allgemeine) Prüfungen vor Ort – schriftliche Vollmacht 124 MiCAR 14 ff.
schlichte (allgemeine) Untersuchungen – schriftliche Vollmacht 123 MiCAR 7, 13, 17 ff., 24; **124 MiCAR** 7, 14 ff.

schriftliche Vereinbarungen (Kollegien) 119 MiCAR 7, 17, 19
Schuldrechtliche Konstruktion Einf. B. I. 109
Schutz des Anlegerinteresses 25 MiCAR 3
Schutz von Kleinanlegern 17 MiCAR 10
Security-Token Einf. C. I. 174, 178, 182, 202; **2 ProspektVO** 8
Self-Hosting Vor 3 MiCAR 16
Sicherungsanforderungen
– Anwendungsbereich **54 MiCAR** 3
– E-Geld-Token **54 MiCAR** 4 f.
– Haftung **54 MiCAR** 7
– Zweck **54 MiCAR** 2
Signifikante Anbieter von Kryptowerte-Dienstleistungen 85 MiCAR 1 ff.
– Rechtsfolgen **85 MiCAR** 9 ff.
– Schwellenwert **85 MiCAR** 6 ff.
Signifikante E-Geld-Token
– Anwendungsbereich **56 MiCAR** 3
– Aufhebung der Einstufung **56 MiCAR** 25 ff.
– Berichtsadressat **56 MiCAR** 16
– Berichtspflicht **56 MiCAR** 11 f.
– Berichtszeitpunkt **56 MiCAR** 15
– E-Geld-Institute **58 MiCAR** 4
– Einstufungsentscheidung **56 MiCAR** 19
– Einstufungsverfahren **56 MiCAR** 17 ff.
– Freiwillige Einstufung **57 MiCAR** 2
– Maßgeblicher Zeitraum **56 MiCAR** 9 f.
– Rechtsfolgen **56 MiCAR** 21 f.
– Überprüfungspflicht **56 MiCAR** 23 f.
– Vermögenswertreserven **58 MiCAR** 4
– Voraussetzungen
– *Formell* **56 MiCAR** 17 ff.
– *Materiell* **56 MiCAR** 7 ff.
– Zusatzpflichten Emittenten **58 MiCAR** 2, 4
– Zweck **56 MiCAR** 2
Signifikante vermögenswertereferenzierte Token, zusätzliche Pflichten des Emittenten 45 MiCAR 5 ff.
Signifikate E-Geld-Token, freiwillige
– Aufhebungsverfahren **57 MiCAR** 10
– Einstufungsverfahren **57 MiCAR** 6 f.
– Entscheidungsbeschluss **57 MiCAR** 8
– Rechtsfolgen **57 MiCAR** 9
– Voraussetzungen
– *Formell* **57 MiCAR** 6 f.
– *Materiell* **57 MiCAR** 5

magere Zahlen = Randnummern

Sachverzeichnis

– Zuständigkeit 57 MiCAR 2
– Zweck 57 MiCAR 2 f.
Sorgfaltspflicht 27 MiCAR 4, 7, 15
spezialgesetzliche Prospekthaftung 15 MiCAR 5
Spielwährung s. Virtuelles Spielgeld
Spotmarkt
– Definition 3 MAR 7
Sprache 76 MiCAR 13
Stable Coins 16 MiCAR 3
Stablecoin 30 MiCAR 4
Staking Einf. C. I. 177, 184, 193
Stellungnahmen 20 MiCAR 4, 16, 17, 18; 24 MiCAR 6; 139 MiCAR 23
Stille Reserven Einf. C. I. 204
Stimmberechtigungsbeschränkungen 120 MiCAR 9 f.
Stimmrechte/Mehrheitserfordernisse der Kollegiumsmitglieder 120 MiCAR 8, 10
Strafverfahren 134, 135 MiCAR 45 ff.
Strafverfolgung 69 MiFID II 15
Stresstest 35 MiCAR 12
Strukturierte Einlage 3 MiCAR 223 ff.
Subsidiaritätsprinzip 103 MiCAR 10

Tätigkeitsverbot 111 MiCAR 22, 24
Tausch Einf. C. I. 181, 184, 186, 196; 76 MiCAR 4 ff.; 77 MiCAR 2 ff.
Technische Durchführungsstandards (ITS) 139 MiCAR 18
Technische Regulierungsstandards (RTS) 95 MiCAR 22; 96 MiCAR 8; 107 MiCAR 6; 139 MiCAR 11 ff.
Telekommunikationsüberwachung 69 MiFID II 10
Tokenisierung Einf. B. I. 91, 93, 97, 114
Transaktionsanzahl 23 MiCAR 3, 5
– -volumen 23 MiCAR 3, 5
Transferdienstleistungen 82 MiCAR 4
Transmission 23 MiCAR 3
Transparenzgebot s. Transparenzpflicht
Transparenzpflicht 27 MiCAR 1, 4, 6, 11, 22 ff.; 29 MiCAR 11; 32 MiCAR 11 ff.
Transparenzverlangen 94 MiCAR 7
Treibhausemissionszertifikate 2 MAR 9
Trennungsgebot 36 MiCAR 9 f.
Trennungsprinzip 75 MiCAR 28 f.
– Eigenbestand 75 MiCAR 28
– Insolvenz 75 MiCAR 29

Übergangsmaßnahmen 143 MiCAR 2 ff.; 149 MiCAR 3
– hinsichtlich anderer Kryptowerte als ART und EMT 143 MiCAR 5 ff.
– hinsichtlich ART 143 MiCAR 9 f.
– hinsichtlich der EBA 143 MiCAR 17 f.
– hinsichtlich Kryptowerte-Dienstleistungen 143 MiCAR 11 ff.
Übermittlung von Aufträgen 80 MiCAR 2 ff.
– ordnungsgemäße Übermittlung 80 MiCAR 6
Überprüfung der EBA-Entscheidungen durch den EuGH 136 MiCAR 1 ff., 22 ff.
Überprüfungen oder Untersuchungen vor Ort 94 MiCAR 7
Überprüfungsklausel 140 MiCAR 2 ff.; 141 MiCAR 17
Überwachungspflicht 78 MiCAR 11
Unabhängigkeit 81 MiCAR 28 ff.
Unionsrecht, effektiver Vollzug des 93 MiCAR 9; 94 MiCAR 15; 98 MiCAR 6
unionsrechtliche Haftungsgrundlage 15 MiCAR 7
Unspent Transaction Output (UTXO) Einf. C. I. 180
Untätigkeitsklage 136 MiCAR 21
Unterlassungsanspruch Einf. B. I. 150
Unternehmensführung 34 MiCAR 7
Unterrichtung der ESMA 24 MiCAR 11
Unterrichtungsverpflichtung
– bei (Nicht-)Kreditinstituten 25 MiCAR 9
– bei wesentlichen Änderungen 25 MiCAR 7
– Katalog 25 MiCAR 8
(allgemeine) Untersuchungsbefugnisse 123 MiCAR 6 ff.; 124 MiCAR 9
Untersuchungsmaßnahmen (EBA) 123 MiCAR 7 ff., 11 ff.; 124 MiCAR 7, 11, 14, 23
Untersuchungsverfahren der EBA 134, 135 MiCAR 2 f., 8 ff.
unverbindliche Stellungnahmen (Kollegien) 120 MiCAR 5 ff.
Urheberrecht Einf. B. I. 134
Utility-Token Einf. C. I. 174, 182, 184, 202; 3 MiCAR 73 ff.; 4 MiCAR 32 f.; 13 MiCAR 25; 2 ProspektVO 8
– Attention Token 3 MiCAR 78

1463

Sachverzeichnis

fette Zahlen = Paragraphen

- Bereitstellung **3 MiCAR** 81
- Hybrid Token **3 MiCAR** 74
- Transaktionsgebühren **3 MiCAR** 79
- Zugang zu Waren und Dienstleistungen **3 MiCAR** 75 ff.

Verantwortlichkeit 112 MiCAR 6
Verantwortung für Inhalt des Kryptowerte-Whitepapers 6 MiCAR 13 f.; **15 MiCAR** 9
Verbot wertbezogener Aussagen 19 MiCAR 8
Verbraucherschutz 4 MiCAR 33 f.; **13 MiCAR** 7 f.; **81 MiCAR** 4 f.; **113 MiCAR** 6
Verdacht, hinreichend begründeter 130 MiCAR 8, 25, 35
Vereinbarung 82 MiCAR 5
Verfahren 25 MiCAR 11 ff.
Verfahren der zuständigen Behörde 17 MiCAR 12
Verfahren zur Ergreifung von Aufsichtsmaßnahmen durch die EBA 134, 135 MiCAR 2 ff.
Verfahrensautonomie der Mitgliedstaaten, Realisierung der 93 MiCAR 3, 9
Verfahrensdauer 63 MiCAR 16 ff.
Verfügungsgeschäft Einf. B. I. 121, 125 ff.
Vergütungsverbot 80 MiCAR 8
Verhaltenspflicht 27 MiCAR 1, 6
Verhaltenspflichtverstoß 66 MiCAR 31 ff.
Verhaltensregeln für Anbieter von Kryptowerte-Dienstleistungen 66 MiCAR 4 ff.
Verjährung 15 MiCAR 22
Verkauf 77 MiCAR 4 ff.
Verkaufspreis 77 MiCAR 7 ff.
Verluste 75 MiCAR 30 f.
Vermarktung 79 MiCAR 5 f.
Vermittler 76 MiCAR 15 ff.
Vermögenstrennung 70 MiCAR 2 ff.; s. Kundenvermögen, Trennung
Vermögenswertereferenzierte Token 3 MiCAR 39 ff.; **16 MiCAR** 2; **17 MiCAR** 2; **18 MiCAR** 2; **19 MiCAR** 2, 12; **20 MiCAR** 6; **21 MiCAR** 2, 4; **22 MiCAR** 3; **23 MiCAR** 2; **24 MiCAR** 3; **25 MiCAR** 5; **26 MiCAR** 3; **27 MiCAR** 20; **30 MiCAR** 5; **2 ProspektVO** 8
- Abgrenzung zu Finanzinstrumenten **3 MiCAR** 45 ff.
- Derivate **3 MiCAR** 51 ff.

- freiwillig Signifikante **44 MiCAR** 5 f.
- Signifikante **43 MiCAR** 5 f.
- Wertstabilität **3 MiCAR** 41 ff.

Vermögenswertreserve 3 MiCAR 172; **27 MiCAR** 23; **36 MiCAR** 6
- Anlage **38 MiCAR** 5 ff.
- Bewertung **36 MiCAR** 11
- unabhängige Prüfung **36 MiCAR** 12

Veröffentlichung von Daten 76 MiCAR 20
Verordnung, hinkende 94 MiCAR 6, 11, 17, 19; **99 MiCAR** 2; **105 MiCAR** 4
Verpfändung Einf. B. I. 139
Verpflichtungsgeschäft Einf. B. I. 116, 120
Verschulden 26 MiCAR 14
Verschuldenserfordernis 111 MiCAR 30
Verschuldensmaßstab 15 MiCAR 18 ff.
Versicherungspolice 67 MiCAR 17–27
verständiger Anleger 6 MiCAR 8; **14 MiCAR** 8; **15 MiCAR** 13; **26 MiCAR** 8
Vertriebsketten 4 MiCAR 18
Verwahren und Verwalten 75 MiCAR 4 ff.
- privater Schlüssel **75 MiCAR** 6 f.

Verwahrstelle, Entschädigungs- und Rückgewähranspruch 37 MiCAR 17
Verwahrstrategie 75 MiCAR 14 ff.
Verwahrung
- DLT-Marktinfrastrukturen **7 DLT-PR** 24 ff.
- Haftung **75 MiCAR** 30 f.; **7 DLT-PR** 37 ff.
- Private Schlüssel **75 MiCAR** 2; **7 DLT-PR** 28

Verwaltungsabkommen 107 MiCAR 5
Verwaltungsakt 4 MiCAR 36
Verwaltungsverbund, europäischer 93 MiCAR 3, 5, 9
Verwaltungsvereinbarungen 119 MiCAR 10; **120 MiCAR** 6; **122 MiCAR** 6; **126 MiCAR** 1 ff.; **127 MiCAR** 5 ff.
Verweigerung der Zulassung 63 MiCAR 34 ff.
Verwendung des Token 22 MiCAR 7
Verwendung gemeinhin als Tauschmittel 23 MiCAR 2

magere Zahlen = Randnummern

Sachverzeichnis

Verzinsungsverbot 50 MiCAR 2
– Dritte **50 MiCAR** 9
– Nettovergütungen und -abschläge MiCAR **50 MiCAR** 12 f.
– Zinsbegriff **50 MiCAR** 10 ff.
Virtuelles Spielgeld Einf. C. I. 194
Vollständigkeitserklärung 19 MiCAR 10, 13
Vollständigkeitsprüfung 20 MiCAR 9
Vollstreckungsverfahren Einf. B. I. 158
Vollzug, dezentraler 93 MiCAR 5; **96 MiCAR** 7; **97 MiCAR** 3
Voraussetzungsvorbehalt 4 MiCAR 6; **5 MiCAR** 6
Vorwerfbarkeit, persönliche 111 MiCAR 30

Waren
– Definition **3 MAR** 7
Warenbörse 44 ff. MiFID II 9
Warenderivate 69 MiFID II 17
Waren-Spotkontrakt
– Definition **3 MAR** 7
Warnhinweis 6 MiCAR 18; **19 MiCAR** 9
Warnungen durch die EBA 130 MiCAR 18 f.
Wartefrist 48 MiCAR 33
Werbungskosten Einf. C. I. 186
Wertpapier- und Depotrecht 5 DLT-PR 7 f.; **8–10 DLT-PR** 26
Wertpapiere
– Abgrenzung zu Kryptowerten **2 ProspektVO** 8 f.
– Begriff **2 ProspektVO** 5
– Fungibilität **2 ProspektVO** 6
– Öffentliches Angebot **2 ProspektVO** 7
– Übertragbarkeit **2 ProspektVO** 6
– Verkörperung on Rechten **2 ProspektVO** 6
Wertpapierfirma 3 MiCAR 164; **60 MiCAR** 18 ff.
– Betrieb einer DLT-Marktinfrastruktur **8–10 DLT-PR** 6 ff.
– Grenzüberschreitende Tätigkeit **34–38 MiFID II** 7 ff.
– Organisation **16 MiFID II** 8 ff.; **24 MiFID II** 5
Wertpapierprospekt
– Vergleich mit Whitepaper **3 ProspektVO** 4 f.
Wertstabilität 30 MiCAR 4, 8

Whitepaper 28 MiCAR 4 ff.; **29 MiCAR** 12 ff.
– Form der Veröffentlichung **28 MiCAR** 6
– Haftung **25 MiCAR** 14; **26 MiCAR** 5
– Verfügbarkeit **28 MiCAR** 9
– Vergleich zum Prospektrecht **28 MiCAR** 7
– Zeitpunkt der Veröffentlichung **28 MiCAR** 8
Widerrufsrecht 10 MiCAR 11; **13 MiCAR,** 20 ff.
Wiederaufnahme der Emission 23 MiCAR 10
wiederholte Emission 17 MiCAR 11; **18 MiCAR** 9
Wirtschaftlicher Eigentümer Einf. C. I. 175
Wirtschaftsgutqualität Einf. C. I. 169, 200
Wohlverhaltenspflichten 24 f MiFID II

zahlenmäßig begrenzter Personenkreis 4 MiCAR 15 ff.
Zahlungsdienst 3 MiCAR 200
Zahlungsdiensterecht 48 MiCAR 41 ff.
Zahlungsdienstleister 3 MiCAR 201
Zahlungsinstitut 3 MiCAR 217
Zeitraum 25 MiCAR 6
Zentrale Kontaktstelle 67 MiFID II 8; **79–81 MiFID II** 5
Zentralverwahrer 60 MiCAR 15 ff.
– Betrieb einer DLT-Marktinfrastruktur **8–10 DLT-PR** 6 ff.
–]Verpflichtungen durch die DLT-PR **7 DLT-PR** 57
Zielmarktbestimmung 24 MiFID II 9
Zinsbegriff 12 E-GeldRL 4
Zinsverbot 40 MiCAR 6 ff.
Zulassung zum Handel 5 MiCAR 5; **13 MiCAR** 17 f.
Zulassungsantrag 18 MiCAR 5; **62 MiCAR** 11 ff.
– Inhalt **18 MiCAR** 6
Zulassungsentzug 24 MiCAR 5
Zulassungsuntätigkeit 64 MiCAR 8 ff.
Zulassungsverfahren 16 MiCAR 4; **63 MiCAR** 4 ff.
Zulassungsverweigerungsgründe 21 MiCAR 9
Zusammenarbeit 79– 81 MiFID II 4 ff.

1465

Sachverzeichnis

fette Zahlen = Paragraphen

Zusammenarbeit mit Drittländern
107 MiCAR 1 ff.
Zusammenfassung des Kryptowerte-Whitepapers 6 MiCAR 17;
15 MiCAR 24
Zusammenführung sich deckender Kundenaufträge 3 MiCAR 197 ff.;
76 MiCAR 15 ff.
Zusammenführung von Kundenaufträgen
44 ff. MiFID II 30
Zuständige Behörde 3 MiCAR 186;
93 MiCAR 3
Zuständigkeitskonzentration
93 MiCAR 7
Zustimmung des Emittenten
79 MiCAR 9
Zuverlässigkeitsnachweise
18 MiCAR 11
Zwangsgeld durch die EBA
130 MiCAR 8, 11, 23;
132 MiCAR 2 ff.; 133 MiCAR 2 ff.;
134, 135 MiCAR 41
– Adressaten 132 MiCAR 10 ff.
– Anhörungsrecht 132 MiCAR 15
– Aufsichtsmaßnahmen
132 MiCAR 24 ff.
– Bemessungsgrundsätze
132 MiCAR 47 ff.
– Dauer 132 MiCAR 51 ff.
– Duldungs- und Mitwirkungspflicht
132 MiCAR 38, 43
– Entschließungsermessen
132 MiCAR 7; 133 MiCAR 50 ff.
– Ermittlungsmaßnahmen
132 MiCAR 31 ff.
– Höhe 132 MiCAR 47 ff.

– Informationsbeschluss
132 MiCAR 34 ff.
– Informationserteilung
132 MiCAR 32 f.
– Rechtsnatur 133 MiCAR 31 ff.
– Untersuchungsbeschluss
132 MiCAR 39 ff.
– Verfahren 132 MiCAR 14 ff.
– Verhältnismäßigkeit 132 MiCAR 47
– Verjährung 132 MiCAR 55 ff.
– Veröffentlichung 133 MiCAR 6 ff.
  – Ausschlussgründe
  133 MiCAR 17 ff.
  – Bekanntmachungsmedium
  133 MiCAR 22 ff.
  – Frist 133 MiCAR 27
  – Inhalt 133 MiCAR 28 ff.
  – naming and shaming
  133 MiCAR 10
  – personenbezogene Daten
  133 MiCAR 13 ff.
  – Unverhältnismäßigkeit
  133 MiCAR 21
  – Ziele 133 MiCAR 11 f.
– Vollstreckung 133 MiCAR 33 ff.
  – dualistische Struktur
  133 MiCAR 34, 41
  – Verjährung 133 MiCAR 42 ff.
  – Vollstreckungserklärung *siehe* Vollstreckungsklausel
  – Vollstreckungsklausel
  133 MiCAR 36, 39 ff.
– Vor-Ort-Prüfung 132 MiCAR 42 ff.
– Ziele 132 MiCAR 5 f.
– Zuweisung 133 MiCAR 46 ff.
– Zwangsgeldtatbestände
132 MiCAR 20 ff.